제 4 판

회사법강의

정 찬 형 저

박영사

Lecture on the Law of Corporation

Fourth Edition

By

Dr. Chan-Hyung Chung
Professor Emeritus of School of Law,
Korea University

Seoul
Parkyoung Publishing & Company

제 4 판 서 문

제 3 판 출간(2003. 4. 15) 이후 개정판을 내지 못하여 항상 마음의 부담이 있었는데, 이번에 제 4 판을 출간하게 되어 매우 기쁘게 생각한다. 제 3 판 출간 이후 다수 개정된 회사법(상법 제 3 편의 2009년 1월 개정, 2009년 5월 개정, 2011년 4월 개정, 2014년 5월 개정, 2015년 12월 개정, 2020년 12월 개정) 및 새로 나온 대법원판례(판례공보를 기준으로 2003년 1월 1일부터 2021년 12월 15일까지 공표된 대법원판례)를 반영하고, 내용상 미흡한 부분(회사의 종류, 유한책임회사, 기업매수〈M&A〉 등)을 보완하여 이번에 제 4 판을 출간하게 되었다. 제 4 판에서는 거의 전반적인 내용을 수정·보완하였으므로 전면 개정판이라 볼 수 있고, 그 내용이 매우 up-to-date하고 훨씬 충실하여졌다고 본다. 앞으로도 많은 애독자들의 변함없는 사랑과 성원을 바라며, 미흡한 부분과 새로운 내용은 계속 수정하고 보완할 것을 다짐한다.

제 4 판의 출간을 위하여 도와주신 박영사 안종만·안상준 대표이사·조성호 이사 및 편집부 이승현 차장에게 깊은 감사를 드린다.

2022년 8월

정 찬 형 씀

第3版 序　　文

第2版 出刊 이후에 새로이 제정되거나 개정된 法令(예컨대 民事訴訟法·銀行法·證券去來法 등) 및 새로 나온 大法院判例(判例公報를 기준으로 2002년 12월 15일까지 공표된 大法院判例)를 반영하고, 체제 및 내용상 미흡한 부분(예컨대 株式買受請求權 등)을 補完 및 改訂하였으며, 또한 국내의 최근 法學專門學術誌(예컨대 商事法硏究·比較私法 등)에 게재된 다수의 論文을 반영하여 이번에 第3版을 出刊하게 되었다. 위와 같은 수정과 보완으로 第3版의 내용이 매우 up-to-date하고 훨씬 충실하여졌다고 본다. 앞으로도 많은 독자들의 변함없는 사랑과 성원을 바라며, 미흡한 부분과 새로운 내용은 계속 修訂하고 補完할 것을 다짐한다.

第3版의 出刊을 위하여 도와주신 본인의 지도로 高麗大學校 大學院(法學科) 碩士課程에 있는 金融監督院 調査役 崔仁鎬 君과 博英社 安鍾萬 회장님·노현 차장·박노일 차장 및 조성호 과장에게 깊은 감사를 드린다.

2003. 2.

鄭 燦 亨 씀

第2版 序　　文

「會社法講義」初版이 1997년 3월에 弘文社에서 出刊된 이래 商法이 1997년 말 IMF 경제체제 이후 거의 매년(1998년, 1999년, 2001년) 빈번하게 改正됨으로 인하여 改訂版을 미처 내지 못하고 있다가, 이번에 2001년 말까지의 改正商法 및 證券去來法 등을 위시한 각종 商事特別法令의 改正內容을 모두 반영하고 또한 2001년 7월까지 나온 大法院判例(大判 2001. 7. 1, 2001 다 12973)를 반영하여「第2版 會社法講義」를 출간하게 되었다. 第2版도 기본적으로 初版의 기본체제를 유지하면서 미흡한 부분을 補完하고 체제를 부분적으로 수정하였다. 위와 같은 수정과 보완으로 第2版의 내용이 매우 up-to-date하고 훨씬 참신하여졌다고 본다. 앞으로도 많은 독자들의 변함없는 사랑과 성원을 바라며, 미흡한 부분과 새로운 내용은 계속 補完할 것을 다짐한다.

會社法講義 初版은 弘文社에서 출간되었으나 第2版은 사정상 博英社에서 출간하게 되었다.

第2版의 出刊을 위하여 도와주신 본인의 高麗大學校 大學院(法學科) 碩士課程의 지도학생인 司法硏修院生 長俊浩 君 및 金融監督院 調査役 崔仁鎬 君과 博英社 安鍾萬 회장님·박규태 편집위원님·조성호 과장 및 박노일 차장에게 깊은 감사를 드린다.

2002. 4.

鄭 燦 亨 씀

序　文

商法典 중에서도 會社法은 그 자체만으로 量이 많은데, 이에 각종 會社에 관한 特別法令(예컨대 證券去來法 등) 및 규정(예컨대 企業會計基準 등)도 많기 때문에, 會社法은 전체적으로 그 量이 매우 방대하다. 또한 이에 회사법에 관한 판례도 상법의 다른 분야에 비하여 특히 많다. 따라서 會社法講義에서 항상 그 내용이 미흡함을 느끼던 중에, 弘文社 林勸圭 사장님의 강력한 요청에 힘입어 이번에 「會社法講義」라는 이 책을 출간하게 된 것이다.

이 책에서는 그동안 본인이 多年間에 걸쳐 집필하고 또 개정한 「商法原論(上)」의 會社編을 기본으로 하면서 그 내용이 미흡한 부분을 보충하고, 또 대부분의 중요한 판례를 본문에서 소개함으로써 본문의 내용과 함께 판례를 공부할 수 있도록 하였다. 또 본문에서 소개되는 모든 판례의 앞에는 제목을 붙여 그 판례가 어떤 내용에 관한 것인가를 한눈에 알 수 있게 하였다.

이 책의 출간 직전인 1996년 12월 資本市場育成에 관한 법률이 폐지되고 證券去來法이 대폭 개정되는 證券去來法改正法律案이 제181회 정기국회에서 통과되고 1997. 1. 13. 법 제5254호로 공포됨에 따라(同法施行令은 1997년 1월 현재 개정되지 않았음) 同改正法의 내용을 이 책에서 반영하였고, 이와 함께 株式會社의 外部監査에 관한 法律·銀行法 등의 改正內容도 반영하였다. 이와 아울러 1996년 3월에 대폭 개정된 企業會計基準의 내용도 반영하였다. 또한 1995년 12월의 商法改正에 따라 商法教科書가 그 후 많이 개정되었는데, 이 책에서는 대부분의 개정판의 내용이 반영되었다. 判例는 法院行政處에서 발행한 判例公報의 발행일자를 기준으로 1996. 12. 15까지(이는 1996년 말까지임) 同公報에 수록된 大法院判例를 거의 빠짐없이 소개하였다.

앞으로 이 책에서는 이번에 다루지 못한 미흡한 부분의 보충을 더욱 확대하고, 또 會社法의 이해에 도움을 주기 위한 事例를 가능한 한 많이 추가하여 회사법의 폭넓은 이해를 원하는 분들에게 실질적인 도움을 주고자 한다. 아무쪼록 많은 독자들의 아낌없는 성원과 조언을 바라고, 이에 힘입어 이 책을 계속 보완할 것을 다짐한다.

그동안 이 책의 출간을 위하여 많이 애써주신 弘文社 林勸圭 사장님과 劉炳哲 과장께 깊은 감사를 드린다.

1996. 12.
高麗大學校 法科大學 研究室에서
鄭 燦 亨 씀

주요목차

제1편 회사법 총론

제2편 회사법 각론

제3편 외국회사 및 벌칙

세부목차

제1편 회사법 총론

제1장 총 설

제 2 장 회사법 통칙

제2편 회사법 각론

제1장 합명회사

제2장 합자회사

제 3 장 유한책임회사

제5장 유한회사

제3편 외국회사 및 벌칙

제1장 외국회사

제2장 벌　　칙

참고서적 및 인용약어표

Ⅰ. 국내서(가나다순)

저 자	서 명	발행연도	인용약어
강 위 두	상법강의	1985	강
	회사법(전정판)	2000	강, (회)
권 기 범	기업구조조정법(제 3 판)	2002	권(기), (구조조정)
김 용 태	전정 상법(상)	1984	김(용)
김 영 호	회사법총론	1990	김(영), (회)
김 정 호	상법강의(상)(제 4 판)	2005	김(정)
김 표 진	회사법총람 Ⅰ	1965	김(표)
김 홍 기	상법강의(제 3 판)	2018	김(홍)
박 상 조	신회사법론(제 2 증보판)	1999	박(상), (회)
박 원 선	새상법(상)	1982	박
박 원 선 이 정 한	전정 회사법	1979	박 · 이
법 무 부	상법회사편해설(2011년 개정 내용)	2012	해설(2012)
서 돈 각 정 완 용	제 4 전정 상법강의(상)	1999	서 · 정
서 돈 각	개정상법요론	1984	서(돈), (요론)
	상법개정시안 및 의견서	1975	의견서
서 돈 각 김 태 주	주석 개정회사법(상)	1984	주회(상)
서 정 갑	상법(상)	1984	서(정)
손 주 찬	제15보정판 상법(상)	2004	손(주)
손 주 찬	제13정증보판 상법(상)	2002	손(주)(2002)
손 주 찬	개정상법축조해설	1984	손(주), (축조)
손 주 찬 이 범 찬 양 승 규 박 길 준	개정상법해설	1984	해설(1984)
손 주 찬 외 6인(공저)	상법개정안해설	1995	해설(1995)

저자	서명	연도	약어
손주찬 서정갑 안병수 차낙훈	학설판례 주석상법(상)	1977	주상(상)
손주찬 정동윤 이균성 이범찬 서정갑 안동섭 박길준	주석상법(Ⅱ-상) 주석상법(Ⅱ-하)	1991 1991	주상(Ⅱ-상) 주상(Ⅱ-하)
김교창 박원선 이정한 손주찬	주석상법(Ⅲ)	1988	주상(Ⅲ)
손주찬 정동윤	주석상법(제 3 판)(Ⅴ)[회사 (4)]	1999	주상(Ⅴ)(1999)
정동윤 (편집대표)	주석상법(제5판)[회사 Ⅰ]	2014	주상(제5판)(회사Ⅰ)
송옥렬	상법강의(제11판)	2021	송(옥)
안동섭	상법원론	1985	안(동)
양승규 박길준	상법요론(제 3 판)	1993	양·박
양승규	상법사례연구(증보판)	1983	양(승), (사례)
이기수	회사법학	1990	이(기)(1990)
이기수 유진희 이동승	회사법	2022	이(기) 외, (회)
서돈각 이범찬	상법예해(상)	1967	서·이, (예해)
이범찬	예해상법(상) 개정 상법강의	1988 1985	이(범), (예해) 이(범)
이범찬 최준선	상법개론(제 3 판)	1996	이·최
이병태	전정 상법(상)	1988	이(병)
이원석	신상법(상)	1985	이(원)
이윤영	기업법개론	1982	이(윤)
이태로	판례교재 회사법 (개정제2증보판)	1982	교재
이태로 이철송	회사법강의(제 7 판)	1999	이·이, (회)(1999)
이철송	회사법강의(제29판) 회사법강의(제22판)	2021 2014	이(철), (회) 이(철), (회)(2014)

임 재 연	(개정 7판)회사법 Ⅰ,Ⅱ	2020	임(재), (회Ⅰ, Ⅱ)
임 홍 근	회사법	2001	임(홍), (회)
정 경 영	상법학강의	2007	정(경)
정 동 윤	회사법(제 7 판)	2001	정(동), (회)
정 무 동	전정판 상법강의(상)	1984	정(무)
정 찬 형	EC 회사법	1992	정(찬), (EC)
	상법사례연습(제 4 판)	2006	연습
	상법강의(상)(제25판)	2022	정(찬), (상)
	상법강의(상)(제14판)	2011	정(찬), (상)(제14판)
	상법강의(하)(제23판)	2022	정(찬), (하)
정 희 철	상법학(상)	1989	정(희)
차 낙 훈	상법(상)	1966	차
채 이 식	개정판 상법강의(상)	1996	채
최 기 원	제15판 상법학신론(상)	2004	최(기)
	제11대정판 신회사법론	2001	최(기), (회)

Ⅱ. 외국서(알파벳순)

[일 본]

鈴 木 竹 雄	新版會社法(全訂第 2 版)	1983	鈴木
松 田 二 郎	新會社法概論	1957	松田
西 原 寛 一	會社法(商法講義 Ⅱ)	1952	西原, (會社)
北 澤 正 啓	會社法(新版)	1983	北澤
永 井 和 之	會社法(第 3 版)	2001	永井, (會)

[독 일]

Biedenkopf 외	Kölner Kommentar zum Aktiengesetz	1970~1981	Kölner Kommentar
Hueck, G.	Gesellschaftsrecht, 18. Aufl.	1983	Hueck
Kübler, F.	Gesellschaftsrecht	1981	Kübler
Raiser, T.	Recht der Kapitalgesellschaften	1982	Raiser
Schmidt, K.	Gesellschaftsrecht	1986	Schmidt(GR)
Steiger, F. V.	Das Recht der Aktiengesellschaft in der Schweiz	1966	Steiger
Wiedemann, H.	Gesellschaftsrecht Ⅰ	1980	Wiedemann

Würdinger, H.	Aktienrecht und das Recht der verbundenen Unternehmen, 4. Aufl.	1981	Würdinger
	Juristische Schulung		JuS
	Juristische Wochenschrift		JW
	Juristen Zeitung		JZ
	Zeitschrift für Handels-und Wirtschaftsrecht		ZHR

[영 미]

Ballantine, H. W.	On Corporations, rev. ed.	1946	Ballantine
Dooley, Michael P.	Fundamentals of Corporation Law	1995	Dooley
Eisenberg, M.	The Structure of the Corporation	1976	Eisenberg
Gower, L.C.B.	The Principles of Modern Company Law, 4th ed.	1979	Gower(1979)
	The Principles of Modern Company Law, 5th ed.	1992	Gower(1992)
Hamilton, W. Robert	Cases and Materials on Corporation, 2nd ed.	1981	Hamilton
	The Law of Corporations in a Nutshell, 2nd ed.	1987	Hamilton (Nutshell)
	The Law of Corporations in a Nutshell, 4th ed.	1996	Hamilton (Nutshell)(1996)
	The Law of Corporations in a Nutshell, 5th ed.	2000	Hamilton(Nutshell) (2000)
Henn, H.	Handbook of the Law of Corporation, 2nd ed.	1970	Henn
Henn & Alexander	Laws of Corporations and Other Business Enterprises, 3rd ed.	1983	Henn & Alexander
Lattin, N.	The Law of Corporations, 2nd ed.	1971	Lattin
Morse, G.	Charlesworth's Company Law, 13th ed.	1987	Morse
Schmitthoff, C. E.	Palmer's Company Law, 23th ed.	1982	Palmer/ Schmitthoff

Ⅲ. 법령약어(가나다순)

〔간 투〕……………………………간접투자자산운용업법(개정: 2008. 3. 14, 법 8910호)[이 법은 「자본시장과 금융투자업에 관한 법률」(2007. 8. 3, 법 8635호, 시행일자: 2009. 2. 4) 부칙 제2조에 의하여 시행일자에 폐지됨]

〔공 사 등〕……………………………공사채 등록법(제정: 1970. 1. 1, 법 2164호, 개정: 2014. 10. 15, 법 12834호)[이 법은 「주식 · 사채 등의 전자등록에 관한 법률」(2016. 3. 22, 법 14096호, 시행일자: 2019. 9. 16) 부칙 제 2 조에 의하여 시행일자에 폐지됨]

〔공 운〕……………………………공공기관의 운영에 관한 법률(개정: 2022. 2. 3, 법 18795호)

〔공 증〕……………………………공증인법(개정: 2017. 12. 12, 법 15150호)

〔관 세〕……………………………관세법(개정: 2021. 12. 21, 법 18583호)

〔국 공〕……………………………국가공무원법(개정: 2021. 7. 20, 법 18308호)

〔국사(國私)〕…………………………국제사법(개정: 2022. 1. 4, 법 18670호)

〔근 기〕……………………………근로복지기본법(개정: 2021. 8. 17, 법 18424호)

〔금 산〕……………………………금융산업의 구조개선에 관한 법률(개정: 2021. 4. 20, 법 18115호)

〔기 준〕……………………………일반기업회계기준(제정: 2009. 11. 27)(2010년까지는 기업회계기준이 적용되었으나, 2011년 1월 1일부터는 일반기업회계기준이 비상장회사에 대하여 적용되고 있다. 일반기업회계기준은 종래의 기업회계기준을 수정·보완하여 제정된 것이다)

〔농 협〕……………………………농업협동조합법(개정: 2021. 4. 13, 법 18020호)

〔담 보 사〕……………………………담보부사채신탁법(개정: 2021. 4. 20, 법 18120호)

〔독 규〕……………………………독점규제 및 공정거래에 관한 법률(개정: 2021. 12. 28, 법 18661호)

〔獨商(HGB)〕 ……………………독일 상법(Handelsgesetzbuch)(제정: 1897. 5. 10, 개정: 2000. 12. 19; 2000. 12. 21; 2001. 1. 18)

〔獨株(AktG)〕 ……………………독일 주식법(Aktiengesetz)(제정: 1965. 9. 6, 개정: 2000. 2. 24; 2001. 1. 18; 2001. 2. 16)

〔민〕…………………………………민법(개정: 2021. 1. 26, 법 17905호)

〔민 소〕……………………………민사소송법(개정: 2021. 8. 17, 법 18396호)

〔민 집〕……………………………민사집행법(개정: 2022. 1. 4, 법 18671호)

〔법 인〕……………………………법인세법(개정: 2021. 8. 17, 법 18425호)

〔법 조〕……………………………법원조직법(개정: 2021. 1. 26, 법 17907호)

〔변 호 사〕……………………………변호사법(개정: 2021. 1. 5, 법 17828호)
〔벤　　육〕……………………………벤처기업 육성에 관한 특별조치법(개정: 2021. 12. 28, 법 18661호)
〔보　　험〕……………………………보험업법(개정: 2021. 8. 17, 법 18435호)
〔보 험 시〕……………………………보험업법 시행령(개정: 2022. 4. 19, 대통령령 32599호)
〔부　　등〕……………………………부동산등기법(개정: 2020. 2. 4, 법 16912호)
〔부 정 경〕……………………………부정경쟁방지 및 영업비밀보호에 관한 법률(개정: 2021. 12. 7, 법 18548호)
〔佛　　商〕……………………………프랑스 상법(개정: 2001. 5. 15)
〔佛　　會〕……………………………프랑스 상사회사법(이 법은 1966년 7월 24일에 제정되어 시행되었는데, 2001년 프랑스 개정상법에 의하여 폐지되고 상법에 흡수됨)
〔비　　송〕……………………………비송사건절차법(개정: 2020. 2. 4, 법 16912호)
〔산　　발〕……………………………산업발전법(개정: 2022. 6. 10, 법 18888호)
〔산　　은〕……………………………한국산업은행법(개정: 2020. 3. 24, 법 17112호)
〔상〕……………………………………상법(개정: 2020. 12. 29, 법 17764호)
〔상　　등〕……………………………상업등기법(제정: 2007. 8. 3, 법 8582호, 개정: 2020. 6. 9, 법 17362호)
〔상 등 규〕……………………………상업등기규칙(제정: 2007. 12. 24, 대법원규칙 2129호, 개정: 2021. 11. 29, 대법원규칙 3007호)
〔상　　부〕……………………………상법부칙
〔상　　시〕……………………………상법 시행령(「상법의 일부규정의 시행에 관한 규정」은 2009년 2월 4일부터 상법시행령으로 그 명칭이 변경되고, 2009년 개정 상법상 시행령 등이 추가 규정됨)(개정: 2021. 12. 28, 대통령령 32274호)
〔상 시 법〕……………………………상법시행법(제정: 1962. 12. 12, 법 1213호, 개정: 2010. 7. 23, 법 10372호)
〔상　　저〕……………………………상호저축은행법(개정: 2021. 1. 26, 법 17915호)
〔상　　표〕……………………………상표법(개정: 2021. 12. 7, 법 18548호)
〔瑞　　債〕……………………………스위스 채무법
〔선　　등〕……………………………선박등기법(개정: 2020. 2. 4, 법 16912호)
〔선　　박〕……………………………선박법(개정: 2018. 12. 31, 법 16160호)
〔선 박 안〕……………………………선박안전법(개정: 2020. 2. 18, 법 17028호)
〔선　　원〕……………………………선원법(개정: 2021. 8. 17, 법 18425호)
〔소　　기〕……………………………소비자기본법(개정: 2020. 12. 29, 법 17799호)
〔소　　득〕……………………………소득세법(개정: 2021. 12. 8, 법 18578호)

〔수〕……………………………………수표법(개정: 2010. 3. 31, 법 10197호)
〔신 탁〕……………………………신탁법(개정: 2017. 10. 31, 법 15022호)
〔신 탁 업〕…………………………신탁업법(개정: 2008. 3. 14, 법 8908호)[이 법은 「자본시장과 금융투자업에 관한 법률」(2007. 8. 3, 법 8635호, 시행일자: 2009. 2. 4) 부칙 제2조에 의하여 시행일자에 폐지됨]
〔약 규〕……………………………약관의 규제에 관한 법률(개정: 2020. 12. 29, 법 17799호)
〔어〕……………………………………어음법(개정: 2010. 3. 31, 법 10198호)
〔여 금〕……………………………여신전문금융업법(개정: 2020. 3. 24, 법 17112호)
〔여 금 시〕…………………………여신전문금융업법 시행령(개정: 2021. 12. 28, 대통령령 32274호)
〔英會(CA)〕 ………………………영국 회사법(Companies Act, 2006)
〔외 감〕……………………………주식회사 등의 외부감사에 관한 법률(개정: 2020. 5. 19, 법 17298호)
〔외 감 시〕…………………………주식회사 등의 외부감사에 관한 법률 시행령(개정: 2020. 5. 3, 대통령령 32626호, 시행: 2022. 5. 3)
〔외 투〕……………………………외국인투자촉진법(개정: 2022. 1. 11, 법 18755호)
〔우 편〕……………………………우편법(개정: 2021. 10. 19, 법 18476호)
〔유 상〕……………………………유가증권시장 상장규정(개정: 2021. 8. 25, 규정 1976호)
〔은 행〕……………………………은행법(개정: 2021. 12. 7, 법 18573호)
〔은 행 시〕…………………………은행법 시행령(개정: 2022. 5. 9, 대통령령 32640호)
〔日 商〕……………………………일본 상법(개정: 2002, 법 44호)
〔日 會〕……………………………일본 회사법(제정: 2005, 법 85호)
〔자 금〕……………………………자본시장과 금융투자업에 관한 법률(제정: 2007. 8. 3, 법 8635호, 개정: 2021. 12. 28, 법 18661호)
〔자 금 시〕…………………………자본시장과 금융투자업에 관한 법률 시행령(제정: 2008. 7. 29, 대통령령 20947호, 개정 2022. 3. 22, 대통령령 32545호)
〔자 재〕……………………………자산재평가법(개정: 2019. 8. 27, 법 16568호)(이 법은 2000년 말부터 적용되지 않고 있으나 폐지된 것도 아니기 때문에 타법에 의한 개정만 이루어지고 있음)
〔전 단〕……………………………전자단기사채 등의 발행 및 유통에 관한 법률(제정: 2011. 7. 14, 법 10855호, 시행: 2013. 1. 15)[이 법은 「주식·사채 등의 전자등록에 관한 법률」(제정: 2016. 3. 22, 법 14096호, 시행일자: 2019. 9. 16) 부칙 제2조 제2항에 의하여 시행일자에 폐지됨]
〔전 등〕……………………………주식·사채 등의 전자등록에 관한 법률(제정: 2016. 3. 22, 법 14096호, 개정: 2017. 4. 18, 법 14827호)

〔전 등 시〕……………………………주식·사채 등의 전자등록에 관한 법률 시행령(제정: 2019. 6. 25, 대통령령 29892호, 개정: 2022. 2. 17, 대통령령 32449호)

〔전 어〕……………………………전자어음의 발행 및 유통에 관한 법률(개정: 2020. 6. 9, 법 17354호)

〔종 회〕……………………………종합금융회사에 관한 법률(개정: 2008. 3. 14, 법 8909호)[이 법은 「자본시장과 금융투자업에 관한 법률」(제정: 2007. 8. 3, 법 8635호, 시행일자: 2009. 2. 4) 부칙 제2조에 의하여 시행일자에 폐지됨]

〔中 會〕……………………………중국회사법(개정: 2005. 10. 27)

〔증 거〕……………………………증권거래법(개정: 2008. 3. 21, 법 8985호)[이 법은 「자본시장과 금융투자업에 관한 법률」(제정: 2007. 8. 3, 법 8635호, 시행일자: 2009. 2. 4) 부칙 제2조에 의하여 시행일자에 폐지됨]

〔지 공〕……………………………지방공무원법(개정: 2021. 7. 20, 법 18308호)

〔지 배〕……………………………금융회사의 지배구조에 관한 법률(제정: 2015. 7. 31, 법 13453호, 개정: 2020. 12. 29, 법 17799호)

〔지 배 시〕……………………………금융회사의 지배구조에 관한 법률 시행령(제정: 2016. 7. 28, 대통령령 27414호, 개정: 2022. 2. 17, 대통령령 32449호)

〔지 자〕……………………………지방자치법(개정: 2021. 12. 28, 법 18661호)

〔철 도〕……………………………철도사업법(제정: 2004. 12. 31, 법 7303호, 개정: 2021. 5. 18, 법 18186호)

〔특 허〕……………………………특허법(개정: 2021. 10. 19, 법 18505호)

〔파〕…………………………………채무자회생 및 파산에 관한 법률(개정: 2021. 12. 28, 법 18652호)

〔한 전〕……………………………한국전력공사법(개정: 2017. 3. 21, 법 14678호)

〔헌〕…………………………………헌법(개정: 1987. 10. 29)

〔형〕…………………………………형법(개정: 2020. 12. 8, 법 17571호)

〔ALI원칙〕…………………………American Law Institute(ALI)가 1992. 3. 31에 Proposed Final Draft로 발표한 Principles of Corporate Governance: Analysis and Recommendations(회사지배구조의 원칙)

〔K-IFRS(기업회계기준서)〕 ……한국채택국제회계기준(제정: 2007. 11. 23, 개정: 2019. 4. 19)

〔RMBCA(2006)〕 …………………미국의 개정모범사업회사법(Revised Model Business Corporation Act, 2006)

〔Cal. Corp. Code〕…………………California Corporations Code(2008)

〔N.Y. Bus Corp. Law〕 ············New York Business Corporation Law(2008)
〔Del. Gen. Corp. Law〕 ············Delaware General Corporation Law(2008)

Ⅳ. 판결 · 결정약어

〔대 판〕·····························대법원판결
〔대판(전)〕·····························대법원 전원합의체 판결
〔대 결〕·····························대법원결정
〔○○고판〕·····························○○고등법원판결
〔○○민지판〕··························○○민사지방법원판결
〔헌 결〕·····························헌법재판소결정
〔朝 高 判〕·····························조선고등법원판결
〔日最高判〕·····························일본최고재판소판결
〔日 大 判〕·····························일본대심원판결
〔日○○高判〕··························일본○○고등재판소판결
〔日○○地判〕··························일본○○지방재판소판결
〔대판(헌결) 1978.11.6, 78 다 216〕··· 선고연월일, 사건번호
〔BGH〕 ································독일의 Bundesgerichtschof 판결
〔RG〕 ···································독일의 Reichsgerichtshof 판결

Ⅴ. 판결전거약어

〔집 16 ① 민 20〕·····················대법원판결집 제16권 1호 민사편, 20면
〔고집 1967 민 156〕··················고등법원판결집 1967년 민사편, 156면
〔카드 2775〕 ··························판례 카드 No. 2775
〔공보 315, 6783〕 ·····················법원공보 315호, 6783면
〔공보 1989, 233〕 ·····················법원공보 1989년도, 233면(이는 1996년도부터 '판례공보'로 명칭이 바뀌었다. 1996년 이후의 앞의 숫자표시는 연도를 의미함)
〔판공 2016, 333〕 ·····················각급법원(제1, 2심) 판결공보 2016년, 333면
〔신문 1785, 4〕 ························법률신문 1785호, 4면
〔회고 6, 56〕 ··························판례회고 6호, 56면
〔월보 87, 67〕 ························판례월보 87호, 67면
〔대전 635〕····························이영준편 판례대전, 635면
〔교재 [25]〕 ···························이태로, 판례교재 회사법, 판결례 25
〔주판집 민 Ⅲ, 574〕··················주석 한국판례집 민사편 제3권, 574면

〔요지 민·상 Ⅱ, 336〕……………대법원판결요지집 민·상사편 Ⅱ집, 336면
〔민판집 82, 299〕……………………대법원민사판결원본 82집, 299면
〔판총 11-1, 730-11〕……………청림각편 판례총람, 제11권 1호, 730-11면

제 1 편
회사법 총론

제 1 장

총 설

제 1 회사제도의 경제적 기능

I. 공동기업형태

기업의 형태에는 크게 개인기업(single trader, individual proprietorship)과 공동기업(business association)이 있는데, 이 가운데 개인기업이 수적으로는 압도적으로 많다. 우리나라의 실정법상 공동기업형태에는 민법상의 조합(BGB-Gesellschaft)(민 703조~724조), 상법상의 익명조합(stille Gesellschaft)(상 78조~86조), 합자조합(상 86조의 2~86조의 9), 회사(Handelsgesechaft)(상 169조~637조의 2) 및 해상기업에 특유한 것으로 선박공유(Reederei)(상 756조~768조)가 있다. 개인기업은 그 수에 있어서는 월등히 많으나 그 경제적 기능은 공동기업에 비하여 훨씬 취약하다. 즉, 개인기업은 기업의 위험이 분산되지 못하여 기업주가 기업의 손실에 대하여 무한책임을 지고, 개인이 조달할 수 있는 자본과 개인의 경영능력에는 한계가 있는 등의 취약점을 갖고 있다.[1] 공동기업형태 중에도 민법상의 조합, 상법상의 익명조합과 합자조합 및 선박공유는 개인기업의 단점을 부분적으로는 보충하나 일정한 한계가 있고, 또 법인격도 없기 때문에 거대한 기업형태로는 적절하지 못하다. 따라서 오늘날 공동기업형태의 대표적인 형태는 회사이고, 이에는 법인격이 부여되어 있어(상 169조) 자연인과 같이 독립적으로 활동한다. 우리 상법상 회사에는 인적회사로서 합명회사와 합자회사가 있고, 물적회사로서 주식회사와 유한회사가 있으며, 합명회사에 주식회사의 요소를 부분적으로 반영한 유한책임회사가 있는데, 이 중에서 주식회사가 가장 대표적인 공동기업형태이다.[2] 따라서 오늘날

1) 이에 관한 상세는 이(철), (회) 5면 참조.

2) 이 외에도 독일과 프랑스에서는 주식합자회사 등이 인정되어 있고(獨株 278조, 佛商 L 226-1

대기업은 어느 국가에서나 주식회사 형태를 취하고 있다.

2. 회사제도의 장점과 단점

(1) 장 점

기업은 물적 요소(物力, 즉 자본)와 인적 요소(人力)가 유기적으로 결합·통일된 경제적 단위인데, 資本(capital; Kapital)과 人力(manpower; Arbeitskrafte) 없이는 경영될 수 없다. (i) 회사제도는 이러한 자본의 결합과 인력의 보충을 가장 합리적으로 실현하는 기업형태로서, 능력과 책임에 있어서 한계가 있는 개인기업으로서는 수행할 수 없는 거대한 영리사업을 수행할 수 있는 장점을 갖고 있다(자본의 결합 및 인력의 보충). 물적 회사는 자본의 결합에 중점이 있고, 인적 회사는 인력의 보충에 중점이 있다. 이로 인하여 회사라는 공동기업형태는 집중된 物力과 人力을 통하여 이익의 절대량도 증대시킨다. (ii) 그런데 기업은 항상 손실의 위험도 부담하고 있는바, 회사제도는 이러한 손실을 분담하는 방식에 의하여 그 손실을 상대적으로 경감시키는 장점도 있다(손실의 분산). 이러한 손실의 분산의 기능은 물적 회사(특히, 주식회사)에서 전형적으로 나타난다. (iii) 그리고 물적 회사는 출자자의 유한책임제도와 그 지위의 자유양도성이 확립되면서부터 회사를 구성하는 개인으로부터 독립된 독특한 지위를 갖게 되었고, 이로 인하여 일단 성립한 기업은 그 영속성이 보존될 수 있는 장점도 있게 되었다(기업의 영속성). 이러한 기업의 영속성의 기능은 물적 회사(특히, 주식회사)에서 전형적으로 나타나고, 인적 회사(특히, 합명회사)에서는 적게 나타난다.

이러한 회사제도의 장점으로 인하여 회사제도는 오늘날 산업발달의 기초가 되고 있는데, 특히 자본적 공동기업으로서의 주식회사제도는 오늘날 자본주의 경제의 발달에 크게 공헌하였다.

(2) 단 점

회사제도는 한편으로는 위와 같은 많은 장점이 있음에도 불구하고, 다른 한편으로는 이에 수반하는 단점도 많다. 즉, 회사 외부로는 기업의 독점에 의한 부당한 이익, 회사 내부로는 소수사원이나 종업원 등의 이익을 희생하게 되

조), 미국에서는 Massachusetts or Business Trust와 Joint Stock Company 등이 인정되어 있다 (Lattin, p. 50 ff., p. 54 ff.; Henn & Alexander, p. 36 ff.).

는데, 이러한 단점은 주로 주식회사에서 발생한다.

그러나 회사제도의 장점은 그 단점을 보충하고도 남음이 있는 것으로서, 회사제도는 과거·현재는 물론 장래에 있어서도 자본주의 경제하에서의 전형적인 기업형태로서 존속할 것임에 틀림이 없다. 따라서 오늘날 회사제도의 운영에 있어서는 이러한 장점을 살리면서 단점을 개선하여 나가는 것이 하나의 과제가 될 것이다.

3. 회사의 종류와 기능의 차이

위와 같은 회사제도의 장점은 모든 종류의 회사에 공통적인 것은 아니고, 회사의 종류에 따라 상이하다. 즉, 물적 회사인 주식회사와 유한회사의 경우에는 자본의 결합·손실의 분산 및 기업의 영속성의 장점은 있으나, 인력의 보충이라는 장점은 거의 없다. 이에 반하여 인적 회사인 합명회사와 합자회사의 경우에는 인력의 보충이라는 장점은 크게 발휘되나, 자본의 결합·손실의 분산 및 기업의 영속성의 장점은 크게 기대할 수 없다. 유한책임회사는 합명회사의 장점(인력의 보충)과 주식회사의 장점(자본의 결합·손실의 분산)을 살린 회사라고 볼 수 있다.

제 2 회사법의 개념

I. 실질적 의의의 회사법

회사법(corporation law; Gesellschaftsrecht; droit des sociétés commerciales)의 의의에는 실질적·형식적인 두 가지 뜻이 있다. 실질적 의의의 회사법은 資本(物力)과 人力의 결합체인 「회사기업에 고유한 사법(私法)」을 말하는데, 이를 분설하면 다음과 같다.

1) 회사법은 「회사기업」에 관한 법이다 자본과 인력의 결합체인 회사기업 그 자체는 법적 주체성이 없으므로, 현행법은 회사기업의 자본형성에 참가한 출자자의 단체를 매개로 하여 회사기업의 법적 규제를 하고 있다. 즉, 이러한 단체에 법인격을 부여하여 이를 회사라고 부르고, 이 회사의 조직과 활동을 통하여 회사기업 그 자체의 조직과 활동으로 하고 있다. 따라서 회사기업의 고유한 법규라는 것은 동시에 출자자 단체의 고유한 법규임을 뜻하므로, 회

사법은 자본형성에 참가한 단체와 인력을 제공한 단체 등에 관한 단체법이라고 할 수 있다.

2) 회사법은 회사기업에 관한 「사법」이다 회사법이란 말은 회사공법이나 회사국제법 등을 포함하여 사용되는 일이 많은데, 회사법학의 핵심 대상이 되는 것은 회사사법이다. 물론 회사에 관한 법규 중에는 행정법적 규정·형법적 규정 또는 소송법적 규정도 있지만, 그 중심이 되는 것은 사법규정이다. (i) 현대의 법학의 방법론이 공사법(公私法)을 융화한 사회학적 방법을 사용하는 경향이 있으므로 회사에 직접 관계가 있는 공법도 포함시키는 것이 옳다고 하는 설이 다수설이나,[1] (ii) 회사법의 핵심이 사법규정인 점에서 사법만을 의미한다고 보고 이러한 사법만이 회사법학의 대상이 된다고 본다.[2] 그러나 회사에 관계되는 공법적 규정을 전연 무시하고자 하는 것은 아니고, 다만 회사를 법학적으로 고찰함에 있어서는 회사형법·회사세법 등을 종합적으로 고찰할 필요는 있다고 본다.

3) 회사법은 회사기업에 「고유」한 법이다 회사법은 회사기업의 고유한 사항만을 규정하는 법이므로, 회사기업에 고유하지 않은 사항을 규율하는 법은 회사법의 범위에 들지 않는다. 따라서 세법·자본시장과 금융투자업에 관한 법률 등이 회사기업과 관련된 법이라고 하더라도 이러한 법은 회사기업에 고유한 사항만을 규정하는 법이 아니므로 회사법이 아니다.

4) 회사법은 회사기업에 「관한」 법이다 회사법은 회사기업의 설립·활동 및 소멸에 관한 법이다. 그러므로 그 내용은 조직법적인 면과 행위(거래)법적인 면이 있다.

2. 형식적 의의의 회사법

형식적 의의의 회사법은 「회사기업에 관한 성문법규」를 말한다. 이러한 의미의 회사법은 그 규정의 내용이 회사기업에 고유한 것인가 아닌가를 불문하고, 오로지 그 규정의 형식에만 착안하여 회사(법)이라는 명칭을 사용한 법

1) 서·정, 270면; 손(주), 422면; 정(동), (회) 57면; 이(철), (회) 6면; 주회(상), 51면; 주상(Ⅱ-상), 38면; 주상(제5판)(회사 Ⅰ), 42면; 최(기), 461면.

2) 동지: 정(희), 265면; 채, 363면.

이에 대하여 광의로는 회사에 관한 법규의 전체, 협의로는 회사에 관한 사법규(私法規)라고 하는 설도 있다[이(병), 364면].

률 또는 편·장을 말한다. 우리나라에 있어서의 형식적인 의의의 회사법은 상법 제 3 편이다. 불문법국가인 영미법계에서도 회사법은 성문법인 형식적 의의의 회사법을 갖고 있다.

제 3 회사법의 특성

회사법은 상법의 일부분이므로 상법이 가지는 일반적 특성을 가지는 것은 물론이요, 회사법은 사법의 일부분으로서 사법의 일반법인 민법이 가지는 일반적 특성도 갖는다. 회사법은 이 외에도 그에 고유한 특성을 갖고 있는데, 이하에서는 특히 회사법에 고유한 몇 가지 특성을 간단히 살펴보겠다.

I. 단체법적(조직법적) 성질과 거래법적(행위법적) 성질

(1) 회사법은 자본형성 또는 인력을 제공한 단체 등에 관한 단체법이므로 회사법의 거의 전부는 단체법에 속한다[1](기업조직법적인 면). 따라서 회사법은 개인법에서와는 다른 특수한 원리(기관관계, 다수결원리, 법률관계의 획일확정, 사원평등의 원칙 등)에 의하여 지배된다. 즉, 회사와 사원·사원과 사원과의 관계와 같은 대내관계에 대해서는 법률관계를 획일적으로 확정하기 위한 규정(회사법상의 소) 또는 개인법상의 평등관계와는 다른 특수한 종속관계를 규율하는 규정(대표관계의 규정 등) 등이 있다. 그러므로 이 범위에서의 회사법은 대부분 강행법적 성질을 갖고, 때로는 공법적 감독이나 벌칙이 있다.

(2) 회사법 중에는 회사와 회사채권자·사원과 회사채권자와의 관계와 같은 대외관계(기업행위법적인 면)를 규율하는 규정도 있고, 또 사원권의 이전 등을 목적으로 하는 규정도 있다. 즉, 사채(社債) 또는 주식의 양도와 같은 규정이 이에 해당하는데, 이러한 규정은 단체법적 성질 이외에 거래법적(개인법적) 성질을 함께 갖고 있다. 따라서 회사법 중의 이러한 규정은 거래의 안전보호와 개인법상의 원리에 의하여 지배된다.

---

1) 회사법의 이러한 면은 민법의 사단법인에 관한 규정이나, 이는 국가 또는 지방자치단체의 조직법인 헌법이나 행정법과 유사한 일면이 있다[주상(Ⅱ-상), 39면; 주상(제 5 판)(회사 Ⅰ), 43면].

2. 이익단체법적(영리적) 성질과 공동단체법적(사회적) 성질

(1) 회사는 그 구성원인 사원의 경제적 이익을 도모할 것을 목적으로 하는 단체이므로 이익단체(Gesellschaft)이지 공동단체(Gemeinschaft)가 아니다. 즉, 회사는 사원인 개인 그 자체가 목적적 존재이며, 회사는 그 목적에 대한 수단적 존재이다. 그러므로 회사는 사원인 개인이 그 영리목적을 실현하기 위하여 편의상 설립된 것이고, 이윤추구목적의 수단으로서의 실체를 가지고 있다. 그러나 한편 회사는 일단 성립한 뒤에는 그 자체가 영리추구단체로서의 실질적 활동을 하게 되는 만큼, 회사의 영리성은 회사의 필연적 속성이라고 하겠다. 회사법은 이러한 이익(영리)단체적 성질로 인하여, 공익법인이나 국가·지방자치단체의 조직을 규율하는 법과는 근본적으로 구별된다.

(2) 이러한 영리단체인 회사는 그 회사의 사원으로서 관계하고 있는 자와 회사를 상대로 하는 제3자의 수가 대단히 많고, 또 회사의 활동범위도 대단히 넓어져서 자본재생산사회에 있어서의 생산과 분배의 대부분이 회사를 통하여 실현됨으로써, 회사는 사회일반에 막대한 이해관계를 미치게 된다. 이러한 점에서 회사는 이익단체적 성질과 함께 공동단체적 성질을 갖게 된다. 회사 특히 주식회사에 관하여 「기업 자체」(Unternehmen an sich) 또는 「기업의 사회적 책임」[1]이라는 말은 이러한 회사의 공동단체적 성질을 반영하는 말이다.

기업의 사회적 책임이란 보통 회사기업(특히, 주식회사)의 사회적 책임을 의미하는데, 이 말은 매우 다의적으로 사용되고 있다. 즉, 어떤 학자는 이 책임을 도덕적 책임으로 파악하여 기업의 경영을 담당하고 있는 자의 경영의 자세와 방법의 문제로 보고 있고,[2] 다른 학자는 이 책임을 법적 책임으로 파악하여 이 책임의 수행을 위하여 회사법 및 이에 영향을 주는 법들이 어떻게 수정되어야 하는가를 설명하고 있다.[3]

---

1) 이에 관하여는 Rathenau, *Vom Aktienwesen*, 1917, S. 38; Hausmann, *Von Aktienrecht und Aktienwesen*, 1928, S. 27; 정(동), (회) 5~9면; 남기윤, "기업자체 사상에 관한 연구 서설(그 경제사상적, 법학방법론적 기초를 중심으로)," 「경영법률」(한국경영법률학회), 제12집(2001), 109~137면; 서의경, "기업의 사회적 책임(CSR) 확산을 위한 입법적 검토 — 상법을 중심으로 —," 「상사판례연구」(한국상사판례학회), 제27집 제4권(2014. 12), 3~46면(사회책임정보의 공시와 이사회 내에 사회책임위원회를 설립하고 이에는 반드시 1인 이상의 사외이사를 포함하도록 구성하여야 한다고 한다) 등 참조.

2) 이태로, "대규모주식회사의 본질과 사회적 의무," Fides Vol. 18, No. 2, 15면(1973).

3) 정희철, "이른바 기업의 사회적 책임과 법적 제문제," 「기업법의 전개」(박영사, 1979), 99면

기업의 사회적 책임이라는 개념은, 기업은 오로지 이윤추구에만 전념할 것이 아니라 종업원·소비자·국민 전체의 이익을 균형 있게 고려하여 기업의 이익을 사회에 환원하여 사회봉사를 다한 후에 이익을 향수하여야 할 책임이라는 뜻으로 다소 추상적이면서 적극적인 의미로 사용되고 있다.[1)]

이러한 기업의 사회적 책임에 관한 논의는 독일에서는 1920년대부터 있었고, 미국에서는 1930년대부터 있었는데,[2)] 우리나라에서도 1960년대 이후 활발하게 논의되어 왔다. 또한 기업의 사회적 책임에 관하여 상법에 일반규정을 두어야 한다고 주장하는 견해도 있었으나,[3)] 아직 상법에 입법화되지는 못하였다.[4)]

3. 강행법적 성질과 임의법적 성질

(1) 회사법은 위와 같이 대부분이 단체법적 성질을 가지고 있기 때문에, 대부분이 강행법적 성질을 가지고 있다. 또한 거래법적 성질을 가진 규정이라도 회사채권자의 이익보호나 거래의 안전을 위한 규정은 역시 강행법적 성질을 갖고 있다. 따라서 이러한 의미에서 회사법은 엄격주의 또는 간섭주의의 입법을 취하고 있는데, 당사자간의 사적 자치가 광범위하게 인정되는 상행위법과는 현저한 대조를 이루고 있다.

(2) 회사법 중에는 거래법적 성질을 가진 규정으로 당사자간의 의사를 특히 존중할 필요가 있는 사항에 대하여는, 임의법적인 성질을 가진 것도 있다.

제 4 회사법의 법원(法源)

I. 상 법 전

상법전(1962. 1. 20, 법 1000호, 시행일자: 1963. 1. 1) 제 3 편이 회사법의 가장 중요한 법원(法源)이다.

이하; 손주찬, "기업의 사회적 책임," 「상사법의 제문제」, 1983, 625면 이하.

1) 정희철, 전게논문, 100~101면; 정(동), (회) 6면.

2) Berle, "Corporate Powers as Powers in Trust," 44 *Harv. L. Rev.* 1049(1931); Dodd, "For Whom are Corporate Managers Trustees?," 45 *Harv. L. Rev.* 1145(1932); Berle and Means, *The Modern Corporation and Private Company,* 1932, p. 58; D. L. Engel, "Approach to Corporate Social Responsibility," 32 *Stand. L. Rev.* 1-98(N'79).

3) 정희철, "주식회사법개정의 방향," 「법무자문위원논설집(법무부)」, 제 1 집(1978), 35면 이하 외.

4) 이와 관련하여 우리나라에서 간행된 회사법 책들이 기업의 사회적 책임에 관하여 지나치게 많은 지면을 할당하고 있는 경향이 있는데, 이것은 자칫하면 회사법의 기본방향을 혼미시킬 우려가 없지 않다고 보는 견해가 있다[정(희), 276면 주 2].

중국은 이를 회사법에 입법화하였다(2005년 개정 중국 회사법 5조).

그 내용은 독일법을 기본으로 하고 미국법의 수권자본제, 영국법의 주식할인발행제도 등을 부분적으로 채용함으로써 독일법에 영미법을 가미하고 있다. 또한 구(舊)상법(의용〈依用〉상법)에 있던 주식합자회사제도를 폐지하고, 특별법으로 있던 유한회사에 관한 규정을 상법 안에 두었으며, 구 상법 안에 있던 주식회사의 정리(구상〈舊商〉 381조 이하) 및 특별청산에 관한 규정(구상 431조 이하)을 상법에서 삭제하고 특별법인 회사정리법에 규정하였는데, 회사정리법은 2005년 3월 31일 법 7428호로 제정된 채무자 회생 및 파산에 관한 법률에 흡수되었다.

이러한 상법전 제 3 편(회사)은 그 후 기업환경의 변화에 따라 1984년(1984. 4. 10, 법 3724호, 시행일자: 1984. 9. 1)과 1995년(1995. 12. 29, 법 5053호, 시행일자: 1996. 10. 1)에 대폭적인 개정이 있었고(이하 각각 '1984년 개정상법,' '1995년 개정상법'이라 약칭한다), 1998년(1998. 12. 28, 법 5591호, 시행일자: 1998. 12. 28)·1999년(1999. 12. 31, 법 6086호, 시행일자: 1999. 12. 31) 및 2001년(2001. 7. 24, 법 6488호, 시행일자: 2001. 7. 24)에는 IMF 경제체제에 대응하고 기업의 구조조정 및 자금조달의 편의와 기업경영의 투명성 제고를 위하여 특히 주식회사에 관한 부분에 많은 개정이 있었다(이하 각각 '1998년 개정상법,' '1999년 개정상법' 및 '2001년 개정상법'이라 약칭한다). 이러한 개정을 통하여 우리 회사법은 영미회사법에 더 접근하고 있다고 볼 수 있다.

자본시장과 금융투자업에 관한 법률이 제정(2007. 8. 3. 법 8635호, 시행일자: 2009. 2. 4)됨에 따라 동법의 시행일에 폐지되는 증권거래법상 상장회사의 지배구조에 관한 특례규정을 상법 회사편에 포함시키는 내용의 상법개정(2009. 1. 30, 법 9362호, 시행일자: 2009. 2. 4)이 2009년 1월에 있었고(이하 '2009년 1월 개정상법'이라 약칭한다), 2009년 5월에는 소규모 주식회사의 설립절차 간소화 및 지배구조의 개선·전자투표 등 회사경영의 정보기술(IT)화에 관한 규정의 일부 등에 관한 상법개정(2009. 5. 28, 법 9746호, 시행일자: 공포 후 1년이 경과한 날〈2010. 5. 29〉부터 시행하는데, 제292조, 제318조, 제329조, 제363조, 제383조, 제409조는 공포한 날〈2009. 5. 28〉부터 시행)이 있었다(이하 '2009년 5월 개정상법'이라 약칭한다).

2008년 10월 21일 정부가 국회에 제출한 「상법중 일부(회사편)개정법률안」의 내용 중 2009년 1월 개정상법 및 2009년 5월 개정상법에서 반영한 부분을 제외한 나머지의 광범위한 내용에 대하여 2011년 4월 상법개정(2011. 4. 14, 법 10600호, 시행일자: 2012. 4. 15)이 있었다(이하 '2011년 4월 개정상법'이라 약칭한다).

2014년 5월 무기명주식제도를 폐지하는 상법개정(2014. 5. 20, 법 12591호, 시행일자: 2014. 5. 20)이 있었다(이하 '2014년 5월 개정상법'이라 약칭한다).

2015년 삼각주식교환·삼각분할합병·간이영업양도 등의 제도를 인정하는 상법개정(2015. 12. 1, 법 13523호, 시행일자: 2016. 3. 2)이 있었다(이하 '2015년 개정상법'이라 약칭한다).

2020년 12월 다중대표소송제도의 신설, 감사위원회 위원 중 1명의 분리선출제, (1995년 개정상법에서 신설된) 신주의 이익배당 기준일에 관한 규정의 삭제, 주주총회에서 감사·감사위원회 위원의 선임시 전자투표의 경우에는 '발행주식총수의 4분의 1 이상'을 의결정족수에서 배제, 상장회사에서 소수주주권은 일반규정에 따라서도 행사할 수 있도록 한 상법개정(2020. 12. 29, 법 17764호, 시행일자: 2020. 12. 29)이 있었다(이하 '2020년 개정상법'이라 약칭한다).

2. 상법전 이외의 법원

(1) 조 약

회사법에는 해상법에서와 같은 국제적 통일조약은 거의 없고, 다만 통상조약에 외국회사를 인정하는 취지의 규정이 있을 뿐이다. 그러나 우리나라의 사법(私法)에서는 외국회사에 대한 차별을 두고 있지 않고 내국회사와 동일한 권리능력을 인정하고 있으므로(상 621조), 조약 중의 이런 규정은 소송법상의 당사자능력을 인정하는 뜻밖에 없다.[1)]

(2) 특별법령

회사법에 관한 특별법령은 그 수가 매우 많지만, 그 중 중요한 것을 소개하면 다음과 같다. 상법시행령(구〈舊〉상법의 일부규정의 시행에 관한 규정)(전문개정: 2012. 4. 10, 대통령령 23720호, 개정: 2021. 12. 28, 대통령령 32274호), 상법시행법(제정: 1962. 12. 12, 법 1213호, 개정: 2010. 7. 23, 법 10372호), 채무자 회생 및 파산에 관한 법률(제정: 2005. 3. 31, 법 7428호, 개정: 2021. 12. 28, 법 18652호), 은행법(전문개정: 1998. 1. 13, 법 5499호, 개정: 2021. 4. 20, 법 18128호), 보험업법(전문개정: 2003. 5. 29, 법 6891호, 개정: 2021. 8. 17, 법 18435호), 공공기관의 운영에 관한 법률(제정: 2007. 1. 19, 법 8258호, 개정: 2022. 2. 3, 법 18795호), 담보부사채신탁법(제정: 1962. 1. 20, 법 991호, 개정: 2021. 4. 20, 법 18120호), 자산재평가법(제정: 1958. 1. 2, 법 468호, 개정: 2019. 8. 27, 법 16568호), 자본시장과 금융투자업에 관한 법률(제정: 2007. 8. 3, 법 8635호, 개정: 2021. 12. 28, 법 18661호), 법인세법(전문개정: 1998. 12. 28, 법 5581호, 개정: 2021. 8. 17, 법 18425호), 외국인투자 촉진법(제정: 1998. 9. 16, 법 5559호, 개정: 2022. 1. 11, 법 18755호), 주식회사 등의 외부감사에 관한 법률(제정: 1980. 12. 31, 법 3297호, 개정: 2020. 5. 19, 법 17298호), 독점규제 및 공정거래에 관한 법률(전문개정: 1990. 1. 13, 법 4198호, 개정: 2021. 12. 28, 법 18661호), 금융회사의 지배구조에 관한 법률(제정: 2015. 7. 31, 법 13453호, 개정: 2020. 12. 29, 법 17799호) 등이 있다.

(3) 관 습 법

1981년에 재무부장관(현재는 금융위원회)의 승인을 얻어 증권관리위원회(2000. 8. 25. 이후에는 금융〈감독〉위원회의 위탁을 받은 한국회계연구원이 설치한 회계기준위원회)가 제정한 기업회계기준(2011년부터는 한국채택국제회계기준 및 일반기업회계기준)은 기업회계의 관행을 집약한 것으로서 회사법에 관한 관습법

1) 동지: 주상(Ⅱ-상), 41면; 주상(제 5 판)(회사 Ⅰ), 46면; 정(희), 273~274면.

적 성질을 갖는 것이라고 볼 수 있다.

(4) 각 회사의 정관

회사의 정관의 법률적 성질에 관하여는 여러 가지 설이 있으나, 그것이 공서양속에 반하지 아니하는 한 회사의 내부문제에 관하여는 법규범으로서의 효력이 있으므로(통설), 이는 자치법으로서 회사의 법원(法源)이 된다고 본다(판례법· 조리에 관하여는 상법의 법원에 관한 설명 참조).

3. 법원(法源) 적용의 순위

회사에 관한 법률문제에서는 (i) 첫째로 각 회사의 정관이 자치법으로서 우선 적용되고, (ii) 둘째로 회사에 관한 각종의 특별법령(또는 조약)이 그 다음으로 적용되며, (iii) 셋째로 상법전 제 3 편(회사)이 그 다음으로 적용된다. (iv) 회사에 관한 상관습법은 성문법과 관습법과의 관계에서 대등적 효력설을 취하는 입장에서는 상법전과 동순위로 적용되고, 보충적 효력설을 취하는 입장에서는 상법전에 규정이 없는 경우에 한하여 적용된다(상 1조). (v) 이러한 상관습법도 없는 경우에는 민법의 일반규정이 보충적으로 적용된다(상 1조). 그러나 상법 제 3 편(회사)은 회사에 관한 거의 자족적인 법인 점, 민법의 법인에 관한 규정은 그 내용이 비영리법인에 관한 규정이므로(민 39조 참조) 영리법인인 회사에 적용하기에는 스스로 한계가 있다는 점 등에서 볼 때, 상관습법의 규정이 없는 경우에는 바로 민법의 규정을 적용할 것이 아니라 그에 앞서 관련규정을 유추적용하여 합리적인 해석을 하여야 할 경우가 많을 것이다.[1)]

제 5 각국의 회사법

회사법의 법계(法系)를 크게 나누면 독일법계 · 프랑스법계 · 영미법계 · EU 법계로 나눌 수 있는데, 이들 각 법계의 내용을 간단히 소개하면 다음과 같다.[2)]

1) 동지: 정(동), (회) 59면; 최(기), 463면; 이(철), (회) 10면; 주상(Ⅱ-상), 42면; 주상(제 5 판)(회사 Ⅰ), 47면.

2) 2000년 전후에 있어서 각국의 회사법 개정동향에 관하여는 강희갑, “주요 서구 국가의 회사법 개정의 최근 동향,” 「비교사법」, 제 8 권 1호(하)(2001. 6), 1125～1172면; 전국경제인연합회, 「주요국 회사법」, 2009; 법무부, 「비교회사법총서(1)～(11)」, 2014～2017 등 참조.

I. 독일법계

(1) 독 일

1897년의 상법은 제 2 장「상사회사 및 익명조합」에서 합명회사·합자회사·주식회사·주식합자회사의 네 가지 형태의 회사에 대하여 규정하였으나, 우리나라 상법의 회사편 통칙에 해당하는 규정은 없었다. 이러한 독일 상법은 제정 후 약 100년만인 1998년에 상법개정법(Handelsrechtsreformgesetz, HRefG)으로 대폭 개정되었다(상인·상호·인적 회사 등이 개정됨). 독일에서는 1870년에 주식회사에 관한 입법정책에서 면허주의를 폐지하고 준칙주의로 변경하였는데, 이는 1897년의 독일 상법에 반영되었다.

그 후 1937년에는 주식법(Gesetz über Aktiengesellschaften und Kommanditgesellschaften auf Aktien: Aktiengesetz)이 제정되어 주식회사·주식합자회사 및 결합기업에 관하여 규정함으로써, 독일 상법 중 주식회사와 주식합자회사에 관한 규정은 폐지되었다. 이 주식법은 1965년에 다시 대폭 개정되었는데(전문 410조), 이 개정법에서는 공동결정법(Montan Mitbestimmungsgesetz vom 21. Mai 1951, Betriebsverfassungsgesetz vom 11. Okt. 1952, Mitbestimmungsergänzungsgesetz vom 7. Aug. 1956, Mitbestimmungsgesetz vom 4. Mai 1976)과 조화시키기 위한 문제·기타 결합기업(Konzern)에 관한 여러 문제의 해결을 꾀하였다.[1)]

독일의 주식법의 그 후의 개정은 주로 EU의 지침에 따른 개정인데, 공시에 관한 제 1 지침에 의한 1969년 개정, 자본에 관한 제 2 지침에 의한 1976년 개정, 합병에 관한 제 3 지침에 의한 1982년 개정, 계산에 관한 제 4 지침에 의한 1985년 개정 등이 그것이다. 이러한 독일의 주식법은 1998년 상법 개정과 함께 다시 일부가 개정되었고, 그 후 2008년에 개정되었다.[2)]

또한 독일에서는 1994년에 사업재편법(Unwandlungsgesetz: UmwG)의 제정에 의하여, 각종 회사의 합병·분할·영업양도·조직변경 등에 관한 규정을 단

1) 이에 관하여는 독영대역(獨英對譯)의 Text로서 Müller-Galbraith, *Aktiengesetz* 1965(*The German Stock Corporation Law*, 1966); 김정후 역, "독일주식법,"「법제월보」, 1969. 9~1970. 6 등 참조.

2) 2000년 이전과 이후 독일 주식법 개정동향에 관한 소개로는 정대익, "21세기 진입을 전후한 독일 주식회사법의 주요개정내용(1)(2),"「법학논고」, 제21집(2004. 12), 217~245면 및 제25집(2006. 12), 211~246면 참조.

일법으로 통일하였다.[1)]

독일의 유한회사는 1892년에 제정된 유한책임회사법(Gesetz betreffend die Gesellschaft mit beschränkter Haftung vom 20. 4. 1892: GmbHG)에 의하여 규율되는데, 동법은 1980년에 부분적인 개정이 있었으며(1인 회사가 인정되고, 최저자본금을 50,000DM으로 인상하는 등의 개정이 있었다),[2)] 2008년에는 대폭적인 개정이 있었다.[3)]

(2) 오스트리아

오스트리아는 1938년 독일과의 합병에 의하여 독일의 상법과 주식법이 시행되었다. 그 후 1965년에는 주식법이 제정되었는데, 이에 의하여 주식합자회사는 폐지되었다. 유한회사는 1906년에 제정된 유한책임회사법에 의하여 규율되고 있다.

(3) 스 위 스

1936년에 개정된 채무법 제3장에서 합명회사·합자회사·주식회사·주식합자회사·유한회사의 5종의 회사를 인정하고, 1949년에 자본금의 최저액을 인상하는 개정(5만 프랑)과 채권자단체구성법(Ordnung über die Gläubigergemeinschaft)에 따르는 개정이 있었으나, 그 내용은 대체로 독일법과 같다.[4)] 1983년에 주식회사제도의 효율적 운영에 관한 대대적 개정이 있었다.[5)]

(4) 중 국

1) 대만의 1965년 제정 신회사법(公司法)(전문 499조)은 우리나라와 같이 합명회사·합자회사·주식회사 및 유한회사의 네 종류의 회사를 인정하고, 수권자본제·주주총회의 권한축소·이사회의 법정기관화·의결권의 대리행사의 제한·누적투표제도·법정준비금의 자본전입 등 새로운 제도를 마련하였으나, 무액면주식은 채용하지 않고 있다. 동법은 그 후 수차에 걸쳐 개정되었다(1983년 개정 등).

2) 중화인민공화국(중국)은 1979년 시장경제체제로 전환함에 따라 처음에

---

1) 이에 관한 소개로는 정동윤, "독일의 새로운 사업재편법," 「상장」, 제249호(1995. 9), 83면 이하 참조.

2) 독일의 주식법과 유한회사법에 관한 간단한 소개로는 정(찬), (EU) 25~100면 참조.

3) 이에 관하여는 정대익, 독일 및 유럽연합(EU)의 회사법제연구(독일 유한회사법 개정을 중심으로)(경북대 산학협력단)(2009년도 법제처 연구용역과제보고서) 참조.

4) F. v. Steiger, *Das Recht der Aktiengesellschaft in der Schweiz*, 3. Aufl., 1966 참조.

5) 이에 관하여는 최기원, "스위스 주식회사법의 개정방향에 관한 고찰," 「상사법논집」(무애서돈각교수정년기념), 1986, 105면 이하 참조.

는 외자를 유치하는 합작투자기업에 관한 특별법 등이 있을 뿐이었으나, 1993년부터는 회사법(중화인민공화국公司法, 1993.12.29 제정, 2005.10.27, 2013.12.28 개정)을 제정하여 시행하고 있다.

(5) 일　　본

일본의 회사법은 2차대전까지는 우리나라에 시행되었던 의용(依用)상법과 동일한 내용이었다. 일본에서는 독일 상법에 따라 1899년에 제정된 상법전에 합명회사·합자회사 및 주식회사가 규정되었고, 유한회사는 1938년에 제정된 유한회사법에 규정되었다. 종전 후 이 상법은 수 차에 걸쳐 개정되어 주금전액납입제도를 확립하고(1948년 개정), 다시 미국법상의 수권자본제도(日商 166조 1항·3항)와 무액면주식제도(日商 166조 1항 6호, 199조)[1]를 실시함으로써 그 내용이 독일법과 영미법의 절충식으로 되어 갔다. 1990년에는 주식회사에 관한 부분이 다시 개정되었는데(1990.6.29 공포, 1991.4.1 시행), 그 주요내용은 발기인의 수에 제한을 두지 않은 점(日商 165조), 최저자본제(1,000만엔)의 도입, 무기명주권제도의 폐지(日商 227조, 228조 참조), 주주에게 원칙적으로 신주인수권을 부여한 점(日商 280조의 5의2), 주식배당제도를 주식분할설의 입장에서 배당가능이익의 자본전입제도로 변경하여 입법한 점(日商 293조의2) 등이다.[2] 일본의 회사법은 1993년에 다시 개정되어(1993.10.1. 시행), 감사제도에 관한 부분이 많이 변경되었고, 그 후 1994년 및 1997년에도 부분적으로 개정되었다. 일본의 회사법은 1999년에도 개정되어 (i) 주식교환·주식이전제도가 도입되었고, (ii) 모자회사법제를 정비하였으며, (iii) 기업회계에서 시가주의 평가제도가 도입되었다. 그 후 일본의 회사법은 2000년에 개정되어 회사분할에 대하여 규정하고, 2001～2002년에 다시 크게 개정되어 회사의 자금조달의 원활을 기하고 회사의 지배구조(Corporate Governance)에 대하여 미국제도를 도입하였다.

일본은 2005년에 회사법을 별도로 제정하여(법률 제85호) 상법·유한회사법 및 특별법상 회사법에 관한 규정을 회사법에서 통일하여 규정하고 있다.

---

1) 日商 제166조 1항 6호(정관의 절대적 기재사항): 회사설립시에 발행하는 주식의 총수 및 액면·무액면 주식의 수.
日商 제199조: 회사는 액면주식 또는 무액면주식 또는 그 양자를 발행할 수 있다.
그런데 일본의 2001년 회사법에서는 액면주식제도를 폐지하여, 이에 관한 규정을 두지 않았다(日會 27조).

2) 이에 관한 간단한 소개로는 김교창, "일본상법중 주식회사법 개정요지,"「상장」, 제204호(1991.12), 11～13면 참조.

2. 프랑스법계

(1) 프 랑 스

프랑스에서는 1807년의 상법전 제 1 편 제 3 장에서 회사에 관한 규정을 두었다(합명회사 · 합자회사 및 주식회사). 인적회사(sociétés intérêt)에 관하여는 대체로 그대로 시행되고 있으나, 물적회사(sociétés par actions)에 관하여는 19세기의 자본주의경제의 발달에 따라 1867년에 주식합자회사 및 주식회사에 관한 회사법을 제정하고 면허주의에서 준칙주의로 옮겼다. 이 법은 그 후 수차례의 개정을 거쳐 1966년에 프랑스상사회사법(Loi n° 66-537 du 24 juillet 1966 sur les sociétés commerciales)이 제정되기에 이르렀다. 이 법은 그 때까지의 단편적인 회사법규를 통합하여 새로운 체계 아래 회사의 기본법으로 만든 것으로, 회사의 헌장이라고 할 수 있다[1](전문 509조). 이 법에서 합명회사 · 합자회사 · 주식회사 · 주식합자회사 및 유한회사가 규정되고 있다. 프랑스도 EU국가이므로 EU각료회의지침에 따라 회사법의 몇 차례 개정이 있었다.

그 후 프랑스는 2001년에 상법전을 대폭 개정하여 상법전 제 2 편에 '상사회사 및 경제이익단체'를 규정하게 됨으로써 1966년의 상사회사법을 폐지하고 이를 상법전에 흡수하게 되어 다시 상법전 제정 당시의 입법형식을 취하게 되었다.[2]

(2) 이탈리아

1882년의 상법 제 1 편 제 9 장에 회사에 관하여 규정되었는데, 동법은 1923년의 소규모의 개정을 거친 후 1942년 국민법전에 흡수되어 오늘날까지

1) 이에 관하여는 법제처, 「독불(獨佛)상사법」, 법제자료 제30집 안에 전문 번역이 있다. 또한 이윤영, 「프랑스 상사회사법」, 1985 등 참조.
프랑스 회사법의 번역서로는 조르즈 리뻬르 저 · 정진세 역, 「프랑스 회사법론」(삼지원, 1996) 참조. 프랑스의 회사지배구조에 관한 논의의 소개에 대하여는 정진세, "주식회사의 경영감사제도(프랑스의 회사지배구조 효율성에 관한 논의를 참조하여)," 「상사법연구」, 제20권 1호(2001), 9~50면 참조.

2) 2001년 프랑스 개정상법에 관한 상세는 원용수, "주요국가의 기업규제 개혁법제에 관한 비교법적 연구(Ⅴ)(프랑스)," 비교법제 연구 08-02(한국법제연구원), 2008. 6. 30; 동, "프랑스의 회사법 개정방향과 시사점," 「상장협연구」(한국상장회사협의회), 제54호(2006. 10); 동, "프랑스 상사법의 개별입법화동향(프랑스 상법의 판별 개별 입법화현황과 시사점을 중심으로)," 「기업법연구」(한국기업법학회), 제23권 제 4 호(2009. 12); 정준혁, "프랑스 회사법의 현대화에 관한 연구(주식회사의 자금조달방법을 중심으로)," 법학석사학위논문(서울대, 2006. 12); 동, "주요국가의 기업규제 개혁법제에 관한 비교법적 연구(Ⅴ)(프랑스 회사법상 주식 및 사채제도의 자유화)," 비교법제 연구 08-06(한국법제연구원), 2008. 6. 등 참조.

시행되고 있다. 이탈리아는 민·상이법(民·商二法)통일법전(전문 2969조)을 가진 국가로서 회사법이 민법전에 규정되어 있는데(제5편 5장), 이에 합명회사·합자회사·주식회사·주식합자회사 및 유한회사가 규정되어 있다. 이탈리아의 상법은 원래 프랑스법을 기초로 한 것이지만, 그 후에 독일법의 영향을 많이 받았고, 특히 EU지침에 따른 수차의 개정이 있었다.

3. 영미법계

(1) 영 국

영국법과 미국법은 common law에 기초를 둔 법인 점에서 공통적이기는 하지만, 영국법은 국가의 감독이 엄중한 점에서 대륙법에 가깝고, 미국법은 회사에 관하여 광범한 자유를 인정하고 있다. 영미의 회사법이 현격하게 달라진 이유는 영국의 경우 17세기의 식민지 개척시대에 이어 상업자본주의 하에서 풍미했던 주식투기 기타 회사제도를 악용한 경제적 혼란으로 회사 불신풍조가 일어나자 이에 힘입어 제정되었던 Bubble Act(1720)가 (1825년 그 법이 폐지될 때까지) 영국 회사법의 정상적 발전을 저해하였기 때문이며, 한편 영국 회사법은 영국이 EU 가입에 따라 더욱 대륙법화가 되었기 때문이다.[1]

영국의 회사법으로서 중요한 것은 1985년의 Companies Act(CA)이다. 이것은 영국의 회사법이 그 전에 다수의 개정을 거치면서 복잡하게 된 내용을 총정리하여 단일법으로 제정한 것으로 27편 747조로 된 방대한 법전이다. 이 영국의 회사법은 2006년에 많은 개정이 있었다(Companies Act 2006). 이 외에도 1890년의 Partnership Act, 1907년의 Limited Partnership Act 및 2000년의 Limited Liability Partnership Act가 있고, 그 밖에 많은 판례법이 있다.

영국에서 법인격이 인정되는 회사는 네 종류가 있는데, (i) Companies Act (CA)(회사법)에 의하여 설립되는 Registered Company(등록회사), (ii) Private Bill(私權法)에 의하여 설립되는 Statutory Company(법령회사), (iii) Crown(왕실의 특허)에 의하여 설립되는 Chartered Company(특허회사), (iv) Cost Book Companies(mine companies in the stannaries)가 그것이다.

회사법에 의하여 설립되는 등록회사(우리 상법상 '물적 회사'에 해당)는 10여 종류가 있다. 즉, 크게는 사회사(Private Company)(우리 상법상 '유한회사'에

1) 정(희), 271~272면.

해당)와 공회사(Public Company)(우리 상법상 '주식회사'에 해당)로 나뉘고, 각각에 대하여 사원의 책임이 유한책임(limited)인 경우와 무한책임(unlimited)인 경우로 나뉘며, 유한책임인 경우는 주식에 의한 유한책임(by shares)과 보증에 의한 유한책임(by guarantee)으로 나뉜다. 보증에 의한 유한책임회사와 무한책임회사는 각각 주식자본을 가진 경우(with share capital)와 주식자본을 가지지 않은 경우(without share capital)로 나뉜다.

영국에서 오늘날 존재하는 대부분의 회사는 주식에 의한 유한책임회사로서 사회사(유한회사)이다. 주식에 의한 유한책임회사로서 공회사(주식회사)는 그 수에 있어서는 적지만 경제력은 크다. 한편 무한책임회사 및 보증에 의한 유한책임회사는 그 수에 있어서나 중요성에 있어서나 미미하다. 주식자본을 가진 보증유한책임회사 및 무한책임회사로서 공회사는 1980년 회사법 이후에는 설립될 수 없다.[1](CA §1 ③·④).

(2) 미　국

미국은 연방제도를 채택하고 있기 때문에 주내(州內)통상에 관하여는 각 주가 입법권을 가진다. 따라서 회사법은 주법으로 각 주의 제정법에 따라 다르다. 그러므로 각 주의 제정법의 차이를 피하고 이를 통일시키기 위한 통일법안이 통일법위원회에 의하여 제정되어 각 주의 채용이 권고되고 있는데, 이러한 통일법안으로는 Uniform Partnership Act(1914년, Geogia주 및 Louisiana주를 제외한 48개 주가 채택), Uniform Limited Partnership Act(1976년, 43개 주 채택), Revised Uniform Limited Partnership Act(1976년, 7개 주 채택), Uniform Stock Trans-fer Act(1990년, 48개 주 채택), Uniform Business Corporation Act[2] (1928년) 등이 있다. 이 외에 미국변호사회(American Bar Association)의 회사법위원회가 편찬한 Model Business Corporation Act가 있는데, 이 법은 1950년·1969년·1979년 등의 개정을 거친 후 1984년에 다시 대대적인 개정을 하였고, 그 후 2006년에 개정된 Revised Model Business Corporation Act가 나와 있다. 이 법은 여러 주의 회사입법에 많은 영향을 주었다. 미국 각 주의 회사법 중

1) 영국 회사법에 관한 간단한 소개로는 정(찬), (EC) 183~246면 참조.

2) 이 법안은 National Conference of Commissioners on Uniform State Laws에 의하여 제정된 것으로, 몇 개의 주에 의해서만 채택되고 California(1929~1931)·Illinois(1933)·Michigan(1931)주 등에는 회사법 중요개정의 자료를 제공하였다. 이 법안은 1943년부터 1958년 폐지시까지 'Model Business Corporation Act'로도 불려졌는데, 이는 ABA회사법위원회가 제정한 Model Business Corporation Act와는 구별되는 것이다.

뉴욕사업회사법과 델라웨어주 회사법, 캘리포니아주 회사법은 중요한 회사법이라고 볼 수 있다.[1]

위와 같은 각 주의 입법권에 대하여 연방은 헌법에 의하여 인정된 주간(州間)통상에 관한 입법권을 가지고 있는데, 이 입법권에 의하여 각 주의 회사법에 영향을 미치는 많은 입법을 하고 있다. 이러한 연방법으로 회사법과 관련된 대표적인 법으로는 Securities Act[2](1933년), Securities Exchange Act(1934년), Bankruptcy Reform Act(1978년) 등이 있다.

4. EU법계

1957년 상품과 인(人)(회사 포함)의 자유로운 유통을 목적으로 EC(European Economy Community: 유럽경제공동체)가 성립되었다. 이러한 EC는 처음에는 관세연합에서 출발하였으나, 그 후 경제연합을 지향하게 되어 대내적으로는 시장을 단일화하고 대외적으로는 공동관세를 설치하였다. 이러한 EC는 창설 당시(1951. 4. 18 파리조약, 1952. 7. 25 발효)에는 그 회원국이 6개국이었는데(독일·프랑스·이탈리아·네덜란드·룩셈부르크·벨기에), 1973년에는 영국·아일랜드·덴마아크가 가입하여 9개국이 되었고, 1981년에 그리스가 가입하여 10개국이 되었으며, 다시 1986년에 스페인과 포르투갈이 가입하여 12개국이 되었다. EC는 1992. 2. 8. 마스트리히트조약으로 EU(European Union: 유럽연합)로 개편되었는데(1993. 1. 1 발효), 1995년에는 오스트리아·핀란드·스웨덴이 다시 회원으로 가입하여 15개국이 되었고, 2004년에는 새로 10개국(사이프러스·체코·에스토니아·헝가리·라트비아·라투아니아·몰타·폴란드·슬로바키아·슬로베니아)이 가입하여 25개국이 되었으며, 2007년에는 불가리아와 루마니아가 가입하여 27개국이 되었다. 또한 EU는 2002년부터 단일통화인 유로를 사용하고 있는데, 이 유로를 사용하고 있는 국가는 17개국이다(벨기에·독일·그리스·스페인·프랑스·아일랜드·이탈리아·사이프러스·슬로바키아·몰타·룩셈부르크·네덜란드·오스트리아·포르투갈·핀란드·슬로베니아·에스토니아).

---

1) 미국 회사법에 관한 저서로는 Ballantine, *On Corporations*, rev. ed.(1946)이 대표적이고 고전적인 저서이다. 개설서로는 Henn & Alexander, *Law of Corporations and Other Business Enterprises* (3rd ed., 1983); Lattin, *Corporation* (2nd ed., 1971); Michael P. Dooley, *Fundamentals of Corporation Law*(1995); James D. Cox & Thomas Lee Hazen, *Corporations*(2nd ed., 2003); Robert W. Hamilton & Jonathan R. Macey, *Corporations*(8th ed., 2003) 등이 있다.

2) 이는 각 주가 제정한 State Securities Act(일명 'Blue Sky Laws'로 불림)와 구별된다.

이러한 시장단일화 및 관세연합에는 기업(회사) 및 기업법(회사법)이 중요한 역할을 하게 되는데, EU에는 현재 하나의 통일된 회사법은 없고 EU각료회의에서 제정한 지침에 의하여 간접적으로 통일되어 가고 있을 뿐이다.[1)] 또한 EU주식회사법(안)(Societas Europaea: SE)이 1970년에 각료회의에 제출되었고 동안(同案)은 1975년에 보충되었는데,[2)3)] 2001년에 EU각료회의에서 통과되었다.[4)] 동법은 2004년 10월 8일부터 시행되고 있는데, 동법에 의하여 설립되는 유럽회사는 주식회사·공개회사 및 유한책임회사이고, 2021년 1월 1일 현재 이 법에 의하여 유럽회사로 등기되어 있는 회사는 3,358개이다.[5)] 그런데 EU주식회사법이 성립된다 하더라도 동법은 EU 각국의 회사법을 폐지하거나 대체하지 않고 단지 보충할 뿐이다. 따라서 현재 회사법에 관한 EU법계의 법원(法源)은 지금까지 나와 있고 또 앞으로 나오는 EU각료회의의 지침과 EU주식회사법이라고 볼 수 있다.

참고로 EU주식회사법과는 달리 EU경제이익단체(EEIG; GIE; EWIV)가 있으나, 이는 회사와는 직접 관련이 없다.

---

1) 이러한 지침에 관한 상세한 소개로는 이(철), (회) 21~23면 참조.

2) 동안(同案)은 1970. 6. 24에 제1차안이 제출되었고 1975. 5. 13에 이를 수정한 제2차안이 제출되었는데, 그 내용은 본문 284개조와 4개의 부칙으로 되어 있고, 대체로 프랑스 회사법과 독일 주식법을 절충한 것이다.

3) 제2차안에 관한 독일어판으로는 Marcus Lutter, *Europäisches Gesellschaftsrecht* (ZGR Sonderheft), 2. Aufl. (Berlin, New York: Walter de Gruyter, 1984)이 있고, 이의 번역으로는 이윤영 역, 유럽회사법(안)(일조각, 1981) 참조.

4) 이에 관한 소개로는 김정호, "유럽주식회사," 「현대상사법논집」(우계강희갑박사화갑기념논문집), 2001, 67~78면이 있고, 독일어판의 소개로는 Heibert Hirte, "Die Europäische Aktiengesellschaft," 「경영법률」, 제12집(2001), 19~46면 참조.

5) 이(철), (회) 20면.

제 2 장

회사법 통칙

제 1 절 회사의 개념

제 1 회사의 의의

상법상 회사(company, business corporation; Handelsgesellschaft; société commerciale)라 함은 「상행위나 그 밖의 영리를 목적으로 하여 설립한 법인」을 말한다(상 169조). 이러한 회사의 요소를 분설하면 다음과 같다.

1. 영 리 성

(1) 회사는 「상행위나 그 밖의 영리」를 목적으로 하여야 한다. 우리나라에서 회사의 영리성은 회사라는 단체가 만들어진 동기이고 또 그 존재와 활동을 성격지우는 요소이다.[1] 회사가 영리를 목적으로 하는 것 중에서 「상행위」를 영업으로 하면 상사회사가 되고, 「상행위 이외의 영리」를 목적으로 하면 민사회사가 된다. 상사회사는 당연상인(상 4조, 46조)이고 민사회사는 의제상인(상 5조 2항, 민 39조)으로서 양자는 개념상 구별되나, 양자는 모두 상인으로 상법이 적용되므로 상법상 이를 구별할 실익은 없다.

(2) 영리를 목적으로 한다는 뜻에 대하여는 (i) 회사가 영리사업을 경영하여 이익귀속의 주체가 된다는 뜻으로 보는 설(영리사업설)도 있으나,[2] (ii) 회사

---

1) 정(희), 277면.
그러나 독일 주식법 제3조는 「주식회사는 기업의 목적이 상업의 경영(Betrieb eines Handelsgewerbes)에 있지 아니한 경우에도 상사회사로 본다」고 규정하여, 회사의 영리성을 배제하고 있다.

2) 青木徹二, 「會社法論」, 1909, 55면.

가 영리사업을 경영하여 이익귀속의 주체가 되는 것만으로는 부족하고, 다시 그 이익을 사원에게 분배하여야 한다는 뜻으로 해석하여야 한다(이익분배설).[1] 따라서 구성원이 없는 재단법인은 영리법인(회사)으로 인정될 수 없고 공법인이 수단으로서 영리사업을 하는 경우에도 그 구성원에게 이익을 분배하지 않으므로 영리법인(회사)으로 인정되지 않는다.

또한 회사가 그 구성원에게 이익을 분배한다는 뜻은 회사가 대외적 활동에 의하여 이익을 얻고 이 이익을 이익배당 등의 방식으로 그 구성원에게 분배하는 것을 의미하므로,[2] 단체의 내부적 활동에 의하여(즉, 사원 상호간의 계산에 의하여) 그 구성원에게 직접 이익을 주는 협동조합이나 상호회사(보험 34조 이하 참조) 등은 회사의 정의에서 영리성이 없으므로 상법상의 회사가 아니다.[3]

회사의 영리성은 이와 같이 그 구성원에게 이익을 분배하여야 한다는 점에서, 회사의 영리성은 대외적 활동에서 영리를 추구하고자 하는 의사만 있으면 되는 상인의 영리성(상 4조, 5조)과는 구별된다. 이러한 점에서 보면 공법인이 수단으로서 영리사업을 하는 경우에, 그 범위에서 공법인은 상인은 될 수 있으나 회사는 될 수 없다.[4]

회사의 영리성은 회사가 직접 그 사업을 경영·관리하여야 한다는 의미는 아니다. 즉, 회사가 타인에게 이를 임대하거나 경영위임하고 임대료 등을 받는 경우에도 종국적으로 이익이 그 구성원에게 귀속되는 이상 회사의 정의에서 영리성이 있어 회사가 되는 데 지장이 없다고 본다.[5]

(3) 회사가 정관에 영리사업을 내건 이상 영리사업에 부수하여 비영리사업을 겸하거나 각종의 기부행위를 하는 것은 상관이 없다. 이것을 영리성의 형식화경향이라고 한다. 그런데 비영리사업의 겸영에서 한 걸음 더 나아가 정관에

---

1) 우리나라의 정설: 정(희), 278면; 서·정, 282면; 박·이, 37면; 정(동), (회) 10면; 이(철), (회) 45면; 손(주), 437면; 강, 170면; 양·박, 175면; 최(기), 474면; 이(병), 394면; 주회(상), 61면; 주상(Ⅱ-상), 61면; 주상(제5판)(회사 Ⅰ), 79~80면; 채, 378면; 이(기) 외, (회) 67면; 송(옥), 706면 외.

이러한 이익분배설에 대하여 문제점을 제기한 견해로는 김진우, "영리법인과 비영리법인의 구별에 관한 법비교적 고찰," 「비교사법」, 제10권 3호(2009. 9), 99~130면 참고.

2) 동지: 정(동), (회) 11면.

3) 동지: 이(철), (회) 45면; 채, 378면; 이(기) 외, (회) 67면; 주상(Ⅱ-상), 62면; 주상(제5판)(회사 Ⅰ), 80면; 이·최, 378면.

4) 동지: 정(동), (회) 11면; 채, 378면; 이(기) 외, (회) 67면; 주상(Ⅱ-상), 63면; 주상(제5판)(회사 Ⅰ), 81면; 임(재), (회 Ⅰ) 47면; 송(옥), 706면.

5) 동지: 日大判 1931. 12. 27(民集 5, 906); 주상(Ⅱ-상), 62면; 주상(제5판)(회사 Ⅰ), 80면.

서 영리사업을 목적으로 표방하고 있으나 실질적으로는 비영리사업을 경영하는 경우에, 이를 회사로 인정할 수 있을 것인가에 대하여는 의문이 있다. 이 경우에도 회사로 됨에 아무런 지장이 없다고 하는 견해가 있으나,[1] 타당하지 않다고 본다. 왜냐하면 비영리사업인 학원이나 병원의 경영이라 할지라도 그것을 실질적으로 영리로 경영하는 한 영리사업으로 보아야 할 것이요, 이와 반대로 영리성을 띠지 않는 사업을 실질적으로 할 목적으로 설립된 것을 정관의 기재만으로 영리성을 단정하여 회사의 성립을 인정할 수는 없기 때문이다.[2] 따라서 「부수적인」 한에 있어서 비영리사업의 겸영이 허용된다고 보아야 한다.[3]

2. 사 단 성[4]

(1) 사단성의 폐지

1) 2011년 4월 개정상법 이전에 우리 상법 제169조는 「본법에서 회사라 함은 … 사단을 이른다」고 규정하여 「사단성」을 회사의 요소로 하고 있었다. 그런데 우리 상법상 인정된 다섯 종류의 회사 중에서 인적회사(합명회사·합자회사) 및 유한책임회사는 단체의 실질이 조합인데 어떻게 사단으로 설명될 수 있으며, 물적회사(특히, 주식회사)는 단체의 실질이 사람의 결합이기보다는 재산의 결합으로서 재단성이 있으며 또한 1인설립 및 1인회사로서의 존속이 가능한데 어떻게 사단으로 설명될 수 있을 것인가가 항상 문제점이 되었다. 따라서 2011년 4월 개정상법에서는 회사의 의의에서 사단을 삭제하였다(상 169조).

2) 이와 같이 우리 상법상 어떤 회사의 실체도 민법상 사단과 동일하지 않음에도 불구하고 2011년 4월 개정상법 이전에 상법 제169조에서 모든 회사의 요소를 「사단」이라고 규정한 것은, 그 자체가 모순이고 또한 실익도 없었

---

1) 서·정, 283면; 서(정), 178면; 이(병), 395면; 정(동), (회) 11면; 양·박, 175면; 채, 378면; 주상(제 5 판)(회사 I), 80면; 주회(상), 61면(정관에 영리성을 정한 이상 이익을 분배하지 않고 공익사업을 하더라도 무방하다고 한다. 그러나 공익사업을 한다는 것과 이익분배를 하지 않는다는 것은 뜻이 다르므로 이것은 구별하여야 할 것이다).

2) 독일 주식법 제 3 조, 독일 유한회사법 제 1 조, 스위스 채무법 제620조 3항과 같은 명문의 규정이 없는 우리나라에서는 그러한 입법의 경향만 가지고 영리성의 존재가 형식화하였다고 단정할 수는 없다[동지: 정(희), 278~279면].

3) 동지: 정(희), 279면; 정(무), 305면; 이(기) 외, (회) 67면.

4) 이에 관한 상세는 정찬형, "상법상 회사의 사단성에 관한 연구," 「논문집」(경찰대), 제 6 집 (1987), 407~433면; 동, "회사의 사단성," 「고시연구」, 1986. 7, 115~148면; 동, 연습, 205~210면(사례 35) 참조.

다(단체의 법률관계를 획일명확하게 처리하기 위한 입법기술은 법인성이고, 이러한 법인성은 사단성과 아무런 논리필연적인 관계도 없다). 또한 외국의 입법례에서도 모든 회사를 일률적으로 사단으로 정의하고 있는 입법례는 없었다. 따라서 2011년 4월 개정상법에서는 상법 제169조에서 「사단」을 삭제한 것이다. 그런데 2011년 4월 개정상법상 회사의 의의에서 「사단」을 삭제하였다고 하여 회사는 사단과 무관하다고 볼 수는 없다. 즉, 회사는 민법상의 사단과 같지는 않으나, 회사에 따라 정도의 차이는 있을지라도 사단의 성질을 갖고 있음은 부인할 수 없다.[1)]

(2) 1인회사[2)]

1) 우리 상법상 1인회사는 합명회사·합자회사에서는 인정되지 않으나, 주식회사·유한회사·유한책임회사에서 인정되고 있다. 왜냐하면 합명회사·합자회사에서는 「2인 이상의 사원」을 회사의 성립요건(상 178조, 268조)으로 뿐만 아니라 존속요건(상 227조 3호, 269조)으로 규정하고 있어 1인회사가 존재할 여지가 없으나, 주식회사·유한회사·유한책임회사에서는 1인설립이 가능하고[3)](상 288조, 543조, 287조의 2) 또한 존속요건으로는 2인 이상의 주주 또는 사원을 요구하고 있지 않기 때문이다[4)](상 517조 1호, 609조 1항 1호, 287조의 38 2호). 따라서 우리 상법상 물적회사 및 유한책임회사의 경우 1인회사가 인정될 수 있을 것인가에 관한 논의는 처음부터 문제가 되지 않는다. 이 때의 1인회사란 법률상 전 주식(지분)을 1인이 소유한 경우뿐만 아니라, 형식상 수인에게 분산되어 있으나 사실상은 1인이 소유하고 있는 것과 같은 실질적 의미의 1인회사도 포함한다고 본다.[5)]

---

1) 동지: 송(옥), 717~718면; 주상(제5판)(회사 I), 107면.

2) 1인주식회사에 관하여는 주상(제5판)(회사 I), 107~113면; 김태형, "1인주식회사의 법적 문제점," 법학석사학위논문(고려대, 2003. 2), 참조.

참고로 독일 주식법에서는 1인주주가 된 경우에는 즉시 주주의 성명·생년월일 및 주소를 상업등기부에 등기하여 공시하도록 하고(獨株 42조), EU의 1인유한회사지침(1989. 12. 22. 지침) 제3조 및 제6조에서도 1인유한회사 또는 1인주식회사가 된 경우에는 그 사실 및 1인사원(주주)의 인적 사항을 공시하도록 하고 있다.

3) 1인설립의 회사에 대하여 설립중의 1인회사와 성립 후의 1인회사를 기본적으로 동질로 보고 설립중의 1인회사를 법인(권리주체자)으로 설명하는 견해가 있으나[안성포, "1인회사 설립의 법리," 「상사법연구」(한국상사법학회), 제20권 2호(2001), 261~288면], 이는 설립중의 회사의 능력을 확대하여 보고자 하는 점에서는 이해되나 회사의 법인격 취득에 관한 상법의 규정(상 169조, 172조)에 너무나 반하는 해석이라고 본다.

4) 참고로 독일의 주식회사 및 유한회사의 경우도 설립시부터 1인회사가 가능하고(AktG §2, GmbHG §1), 프랑스에서도 일부 회사에서는 1인회사의 설립이 가능하며(C. com. Art. L 223-1, 227-1), 일본에서도 1인회사의 설립이 가능하고(日會 26조), 미국의 대부분의 주에서도 1인회사의 설립이 가능하다(RMBCA §2. 01; Del. Gen. Corp. Law §101 등).

5) 동지: 임(재), (회 I) 49면(실질적 의미의 1인회사를 광의의 1인회사라고 하고, 이에는 협

2) 우리 상법상 물적회사 및 유한책임회사의 경우 1인회사는 명문으로 인정되고 있으므로(상 517조 1호, 609조 1항 1호, 287조의 38 2호), 1인회사에 관한 법률관계가 문제되는데 주식회사의 경우 학설·판례를 중심으로 살펴보면 다음과 같다.

(가) 주주총회(내부관계) 1인주식회사에서는 주주가 1인이므로 복수의 주주를 전제로 하여 주주의 이익을 보호하기 위한 상법상의 규정은 완화하여 적용된다. 즉, 주주총회의 소집절차나 결의방법이 상법의 규정에 위배된다고 하여도, 그것이 1인주주의 의사에 합치하는 한 유효라고 볼 수 있다.[1)]

우리나라의 대법원판례도 이와 동지로 다음과 같이 판시하고 있다.

[총회소집절차가 필요 없다고 본 판례]

1인주식회사의 경우에는 그 주주가 유일한 주주로서 주주총회에 출석하면 전원총회로서 성립하고 그 주주의 의사대로 결의가 될 것임이 명백하므로 따로이 총회소집절차가 필요 없다 할 것이고, 실제로 총회를 개최한 사실이 없다 하더라도 그 1인주주에 의하여 의결이 있었던 것으로 주주총회의사록이 작성되었다면 특별한 사정이 없는 한 그 내용의 결의가 있었던 것으로 볼 수 있어 형식적인 사유만에 의하여 결의가 없었던 것으로 다툴 수도 없다[대판 1976. 4. 13, 74 다 1755(집 24 ① 민 203)].

동지: 대판 1964. 9. 22, 63 다 792(민판집 82, 296)(1인주식회사의 경우 그 주주가 유일한 주주로서 출석하면 전원총회로서 성립할 수 있을 것이며, 따로 총회소집절차는 필요 없다); 동 1966. 9. 20, 66 다 1187·1188(집 14 ③ 민 54)(임시주주총회가 소집권한 없는 자의 소집에 의하여 소집되었고 또 임시주주총회를 소집키로 한 이사회의 정족수와 결의절차에 흠결이 있어 이 주주총회 소집절차가 위법한 것이라 하더라도, 피고회사가 1인주주로 그 주주가 참석하여 총회개최에 동의하고 아무 이의 없이 결의한 것이라면, 이 결의 자체를 위법한 것이라고 볼 아무런 이유가 없다); 동 2004. 12. 10, 2004 다 25123(공보 2005, 107)(주식회사에 있어서 회사가 설립된 이후 총 주식을 한 사람이 소유하게 된 이른바 1인회사의 경우에는 그 주주가 유일한 주주로서 주주총회에 출석하면 전원총회로서 성립하고 그 주주의 의사대로 결의가 될 것임이 명백하므로 따로 총회소집절차가 필요 없고, 실제로 총회를 개최한 사실이 없었다 하더라도 그 1인 주주에 의하여 의결이 있었던 것으로 주주총회의사록이 작성되었다면 특별

의의 1인회사의 법리가 그대로 적용된다고 한다); 대판 2004. 12. 10, 2004 다 25123(공보 2005, 107)(이는 실질적으로 1인회사인 주식회사의 주주총회의 경우도 마찬가지이다).

1) 통설: 손(주), 429~430면; 정(동), (회) 16면; 채, 376면; 이(기) 외, (회) 69면; 주상(제5판)(회사 Ⅰ), 110~111면; 송(옥), 718~719면 외.
반대: 이(철), (회) 47면, 526~528면.

한 사정이 없는 한 그 내용의 결의가 있었던 것으로 볼 수 있고, 이는 실질적으로 1인회사인 주식회사의 주주총회의 경우도 마찬가지이며, 그 주주총회 의사록이 작성되지 아니한 경우라도 증거에 의하여 주주총회 결의가 있었던 것으로 볼 수 있다).

또한 1인주식회사에서 1인주주가 대표이사를 겸하는 경우에는 주주총회의 특별결의를 요하는 행위(상 374조)라도 그 대표이사의 행위만으로 족하다고 다음과 같이 판시하고 있다.

[주주총회의 특별결의를 요하지 않는다고 본 판례]

1인주식회사의 경우에는 그 주주가 유일한 주주로서 주주총회에 출석하면 전원총회로서 성립하여 그 주주의 의사대로 결의가 될 것이므로, 그 주주가 주식회사의 대표이사로서 회사를 대표하여 회사의 중요한 영업재산을 양도하는 경우에도 따로 주주총회의 특별결의를 거칠 필요는 없다[대판 1964. 9. 22, 63 다 743(민판집 82, 289)].

동지: 대판 1976. 5. 11, 73 다 52(민판집 221의 상, 8)(실질상 1인회사의 소유재산을 그 회사의 대표이사이자 1인주주가 처분하였다면 그러한 처분의사결정은 곧 주주총회의 특별결의에 대치되는 것이라 할 것이므로, 그 재산이 회사의 유일한 영업재산이라 하더라도 동 처분은 유효하다고 할 것이다).

㈏ 1인주주와 회사와의 거래(내부관계) 2011년 4월 개정상법에서는 주요주주와 회사와의 거래에도 이사회의 승인을 받도록 하고 있으므로(상 398조 1호 후단), 1인주주와 회사와의 거래에는 (1인주주가 이사인지 여부를 불문하고) 이사회의 승인을 받아야 한다(상 398조 1호 후단).

㈐ 업무상 배임(내부관계) 1인주식회사에서 1인주주 겸 대표이사(또는 대표집행임원)가 회사에 손해를 가하였을 경우에 이는 회사에 대한 배임죄가 성립되는지 여부에 대하여, 우리나라의 과거의 판례는 이를 부정하였으나, 그 후 전원합의체판결에서 이를 긍정하고 있다.

[배임죄를 부정한 판례]

1인주식회사에서 회사의 손해는 바로 그 주주 한 사람의 손해인 것임에 비추어 회사에 손해를 가하려는 범의가 없어 회사에 대한 업무상 배임죄는 성립될 수 없다[대판 1974. 4. 23, 73 도 2611(집 22 ① 형 53)].

[배임죄를 긍정한 경우]

1인주주와 1인회사는 별개의 인격이므로 회사에 대한 업무상 배임죄가 성립한다[대판(전원합의체판결) 1983. 12.13, 83 도 2330].

동지: 대판 1989. 5. 23, 89 도 570(집 37 ② 민 650)(1인주주가 회사재산을 횡령한 경우 횡령죄의 성립을 인정함).

생각건대 1인주주와 1인회사는 별개의 인격이므로 변경된 판례의 입장에 찬성한다.[1)]

㈑ 법인격부인론과의 관계(외부관계) 1인주식회사도 회사와 1인주주는 별개의 인격이므로 1인주주는 복수주주가 있는 주식회사의 경우와 같이 유한책임을 부담하고, 또 회사채권과 주주재산은 구별되는 것이 원칙이다. 즉, 이때의 1인주주는 회사채권자에 대하여 무한책임을 부담하지 않는 것이 원칙이다.

그러나 1인주주가 자기 개인이 부담하는 채무를 면탈하기 위하여 1인주식회사를 설립하고, 1인주식회사는 이에 필요한 충분한 자본금을 갖지 못하며, 또 1인주주 개인의 재산과 회사의 재산이 상호혼융되어 있는 등의 사유가 있어 1인주주와 1인주식회사가 도저히 별개의 법인격이라고 볼 수 없는 사정이 있다면, 동 회사의 법인격은 부인되어 회사와 1인주주가 동일시되어 그 1인주주는 회사채권자에 대하여 무한책임을 부담하여야 할 것이다.[2)] 따라서 1인주식회사의 경우에는 복수주주의 주식회사에 비하여 법인격부인론이 적용될 여지가 크다고 볼 수 있다.[3)]

3. 법 인 성

(1) 법인의 의의와 주소

1) 우리 상법은 모든 회사를 법인으로 규정하고 있다(상 169조). 법인이란 단체

1) 1인주식회사와 배임죄에 관한 상세는 유주선·이정민, "1인주식회사와 배임죄," 「경영법률」(한국경영법률학회), 제28집 제4호(2018. 7), 97~145면 참조.

2) 1985년 영국 회사법은 「사원이 2인 미만이 되고 또 이것이 6개월 이상 계속되는 경우에는 이를 알고 있는 잔존사원은 그 후 사원이 2인 이상이 될 때까지 발생하는 회사의 모든 채무를 변제할 책임을 진다」고 규정하여(CA §24), 이와 같은 경우에 법인격부인론을 원용할 필요가 없게 되었으나[동지: 이탈리아 민법 제2497조(유한회사의 1인사원에 대하여 직접·무한책임을 인정함)], 2006년 영국 회사법에서는 이 규정이 폐지되었다.

2005년 개정 중국 회사법 제64조는 「1인 유한회사의 사원은 회사의 자산이 사원 자신의 자산과 별개임을 증명하지 못할 경우 회사채무에 대하여 연대책임을 진다」고 규정하고 있다.

3) 동지: 이(철), (회) 48면; 채, 377면; 김(영), (회) 51면.

의 법률관계를 간명하게 처리하기 위한 입법기술로서 권리의무의 주체가 될 수 있는 지위(자격)이다. 앞에서 본 사단성은 단체의 내부관계에서 구성원의 결합관계를 의미하는데, 법인격은 단체의 외부관계에서 인격자로 나타나는 문제이다.[1]

2) 회사는 법인이므로 자연인과 같이 반드시 그 주소가 있어야 하는데, 이는 본점소재지에 있는 것으로 한다(상 171조).

(2) 법인의 속성

1) 법인의 속성으로는 (i) 법인명의로 권리의무의 주체가 되고, (ii) 법인 자체의 명의로 소송당사자가 되며, (iii) 법인 자체에 대한 집행권원(채무명의)에 의해서만 법인재산에 대하여 강제집행을 할 수 있고, (iv) 법인의 재산이 법인 구성원(사원) 개인의 채권자에 대한 책임재산이 되지 않으며, (v) 법인의 채권자에 대하여는 법인 자체의 재산만이 책임재산이 되는 것이지 법인의 구성원(사원)의 재산은 책임재산이 되지 않는다는 것 등을 들 수 있다.[2]

이와 같은 취지의 대법원판례는 다음과 같다.

[회사재산의 소유자는 회사이지 주주가 아니라고 본 판례]

개인이 어떤 회사의 주식을 매수하여 동 회사의 주주가 된 경우에는 회사에 대하여 주주권을 행사할 뿐이고 직접 회사재산에 대하여 소유권을 행사할 수 없음은 사단법인이 그 구성원과는 독립한 인격자로서 독립하여 재산을 소유하고 모든 법률행위를 할 수 있는 법칙상 多論을 불요하는 바이고, 소위 귀속법인의 주식을 불하받은 주주에 있어서도 그 이(理)를 달리할 바 없다[대판 1959. 5. 7, 4290 민상 496(집 7 민 87)].

동지: 대판 1990. 11. 27, 90 다카 10862(공보 888, 207)(주주권은 상법상의 이익배당청구권의 자익권과 의결권 등의 공익권을 그 본질적 내용으로 할 뿐 주식회사 소유의 재산을 직접 이용하거나 지배·처분할 수 있는 권한은 여기에 포함되지 않으므로 회사가 그 소유의 골프장을 운영함에 있어 소위 주주회원제를 채택하기로 하였다고 할지라도 골프장 이용권〈회원권〉을 판매하여 그 대금〈가입금〉을 취득할 권리는 원칙적으로 회사에 귀속된다고 할 것이다).

2) 이러한 법인의 속성은 조합적 성질이 있는 합명회사·합자회사에서는 희박하고, 주식회사에서 가장 뚜렷하다. 즉, 합명회사와 합자회사의 경우에는 사원의 채권자가 사원의 지분을 압류하여 그 사원을 퇴사시킬 수 있으며

1) 동지: 손(주), 432면.
2) 주상(제 5 판)(회사 I), 81면; 정(회), 280면.

(상 223조, 224조, 269조), 이 경우에는 퇴사에 의한 지분반환청구권에 지분압류의 효력이 미치므로 ⅳ의 속성이 없으며, 또 합명회사·합자회사의 사원은 회사채권자에 대하여 직접책임을 지므로(상 212조, 269조) (v)의 속성도 없다.[1)]

이 다섯 가지 속성을 고루 갖춘 것이 주식회사인데, 이 주식회사 형태의 남용에서 생기는 폐단을 방지하고자 하는 목적에서 발전한 이론이 다음에서 보는 법인격부인론이다.

⑶ 회사와 법인성

회사를 법인으로 할 것인지 여부는 입법정책의 문제이지, 그 단체의 실질이 조합인가 또는 사단인가와는 무관하다.[2)] 따라서 어떤 회사를 법인으로 할 것인지는 입법례에 따라 약간의 차이가 있다. 즉, 프랑스법·일본법은 우리나라와 같이 모든 회사를 법인으로 규정하고 있지만, 독일법이나 영미법에서는 회사에 따라 법인성이 인정되는 것과 인정되지 않는 것이 있다. 즉, 독일법에서는 주식회사(AG)와 주식합자회사(KGaA) 및 유한회사(GmbH)는 법인이지만 합명회사(OHG)와 합자회사(KG)는 법인이 아니고 단순한 조합에 지나지 않고, 영미법에서는 물적회사인 company(영국)와 corporation(미국)은 법인이지만 인적회사에 해당하는 partnership과 limited partnership은 법인이 아니다.

⑷ 법인격부인론[3)]

1) 의 의

㈎ 법인격이란 단체의 법률관계를 간명하게 처리하기 위한 하나의 법률상

1) 동지: 주상(제 5 판)(회사 Ⅰ), 81~82면; 정(희), 280면.

2) 동지: 이(철), (회) 44면; 임(재), (회 Ⅰ) 55~56면; 송(옥), 709면 외.

민법상의 조합이라도 이를 법률정책적으로 법인으로 할 수 있다고 본다. 따라서 이 경우 법인격을 부여받지 못한 민법상의 조합만이 민법의 규정이 적용된다.

3) 법인격부인론에 대한 논문으로는 김표진, "회사법인격부인의 법리," 「법정」, 1965. 12, 50면 이하; 이병태, "법인격부인의 법리," 「새법정」, 1971. 6, 43면; 정동윤, "주식회사의 법형태의 남용의 규제와 법인격부인론," 「저스티스」(한국법학원), 제10권 1호(1972), 95면 이하; 정희철, "법인격부인의 이론과 실제," 「법조」, 24-7(1975), 1면 이하; 정찬형, "법인격부인론," 「현대민상법의 연구」(위정 이재철박사 화갑기념), 1984, 367면 이하; 남장우, "회사법인격무시의 법리," 법학박사학위논문(고려대, 1996. 2)(Powell 교수의 발전적 도구이론에 따라 적용요건을 제시하고 있다); 김정호, "법인격부인론의 적용범위," 「고려법학」, 제41호(2003), 95~118면(법인격이 형해화한 모든 경우에 본 이론을 적용할 수 있다고 한다); 김재범, "회사의 동일성, 채무면탈 목적과 법인격부인론의 적용—대법원 2010. 1. 14. 선고 2009 다 77327 판결—," 「경영법률」(한국경영법률학회), 제22집 제 1 호(2011), 1~22면 등이 있다.

법인격부인론을 채택한 입법으로는 중국 회사법(2005년 개정) 제20조 참조.

또한 중국 회사법상 법인격부인론에 관하여는 최연화, "중국 회사법상 법인격부인론," 법학석사학위논문(고려대, 2013. 2) 참조.

의 기술로서, 앞에서 본 바와 같은 단체의 구성원과는 독립한 권리·의무의 주체가 될 수 있는 등의 속성을 갖고 있다. 법이 이와 같이 법인격을 인정한 목적은 그것이 일반사회에서 유용한 기능을 영위하도록 하기 위해서인데, 이러한 법인격이 때로는 남용되어 불법 또는 부정한 목적을 달성하기 위한 수단으로 악용되기도 한다. 따라서 이러한 경우에는 법인격이 비양심적인 기업인을 보호하여 그 기업과 관계하는 다수인(특히 채권자)을 해하기도 하고, 때로는 공공의 이익을 해하거나 위법을 정당화하여 정의와 형평에 반하게 되기도 하여, 법인격을 인정한 목적에 반하는 결과가 발생한다. 이러한 법인격의 남용은 회사(특히 주식회사)에서 많이 발생하므로, 이하에서는 회사의 법인격 남용에 관하여 설명한다.

(나) 회사의 법인격남용을 규제하는 방법으로는 (i) 회사의 최저자본액을 법정하는 방법(예방적인 방법), (ii) 법원이 회사를 해산명령하는 방법(교정적인 방법)(상 176조), (iii) 회사의 법인격을 특정한 법률관계에서만 부인하는 방법(교정적인 방법)이 있다. 그런데 최저자본액을 법정하는 방법은 1984년 개정상법에서 주식회사와 유한회사에 규정하였는데(1984년 개정상법 329조 1항, 546조 1항), 주식회사의 최저자본에 관한 규정은 2009년 개정상법에서 폐지되었고 유한회사의 최저자본에 관한 규정은 2011년 개정상법에서 폐지되었다. 이는 회사 설립을 쉽게 하고자 하는 국제적 조류에 따른 것이다. 따라서 최저자본액을 법정하는 방법으로 회사의 법인격남용을 규제하는 것은 회사 설립을 용이하게 하는 점과 상충하여 현재 이용할 수 없는 점이 있다. 또한 회사의 해산명령제도는 법인격의 전면적·영구적 부인으로 이는 상법의 기업의 유지이념에서 볼 때 그 적용에 있어서 스스로의 한계가 있다. 따라서 법인격 남용의 경우에는 법인격 부인론의 적용 여부가 가장 많이 논의되고 있다.

(다) 법인격부인론이란 「법인격 자체를 박탈하지 않고 그 법인격이 남용된 특정한 경우에 한하여 독립적인 법인격을 제한하여 단체와 그 구성원을 동일시함으로써 법인격의 남용에서 생기는 폐단을 교정하고자 하는 이론」이다. 이러한 법인격부인론은 **특정**한 경우에 한하여 법인격을 **일시적**으로 부인하여 단체와 그 구성원의 인격을 동일시함으로써 어느 한 쪽의 법률관계를 다른 쪽에도 미치게 하는 점에 특색이 있다. 단체와 그 구성원간 어느 한 쪽의 법률관계를 다른 쪽에도 미치게 하는 데는 대리·허위표시·사해행위취소 등의 거래법

적 법리에 의해서도 가능한 경우가 있으나, 법인격부인론은 그러한 거래법적 법리만에 의하여서는 해결에 미흡하거나 또는 무리가 가는 경우에 많이 적용될 수 있다.

㈑ 법인격부인론은 원래 모든 법인 또는 모든 회사에 관하여 발전된 이론이 아니라, 주주의 유한책임제도가 확립되고 또 소유와 경영이 분리된 주식회사에 관하여 발전된 이론이다. 우리 상법에서도 합명회사·합자회사·유한책임회사 및 유한회사에는 사해행위취소에 해당하는 설립취소의 제도가 있고(상 184조, 269조, 287조의 6, 552조) 또 합명회사·합자회사와 같은 인적회사에서는 무한책임사원이 있으므로(상 212조, 269조) 회사의 법인격의 남용에 따른 폐단이 적지만, 주식회사의 경우에는 설립취소제도도 없을 뿐더러(상 328조 참조) 또 주주의 책임이 출자의무를 한도로 하는 엄격한 유한책임이기 때문에[1](상 331조) 주식회사(특히 1인회사 또는 가족회사의 경우)에서 법인격부인론이 특히 문제가 되고 또 그 효용이 크다고 볼 수 있다.

2) 연 혁 법인격부인론은 영국의 판례에서 처음으로 논의된 이후 미국의 판례에서 형성·발전되어 각국에 보급되었는데, 현재는 대부분의 국가에서 이를 공통적으로 인정하고 있다고 볼 수 있다.[2]

㈎ 영국에서 법인격 남용과 관련하여 최초로 발생한 사건은 Salomon 사건[3]인데, 이 사건에서 Salomon은 개인기업에서 주식회사로 조직변경을 하였는데 그 회사는 사실상 1인회사이었으므로 동 회사의 채권자는 법인격부인론을 주장하여 Salomon 개인에게 변제책임이 있다고 주장하였다. 이에 대하여 제 1 심과 제 2 심에서는 법인격부인론을 채택하였으나, 상고심에서는 법인격부인론을 채택하지 않고 회사의 독립성의 원칙을 확립하였다. 이 후 영국에서는 주식회사의 법인격을 부인하는 판례나 학설은 별로 활발하지 못하였고, 오히려 입법을 통하여 법인격부인론이 더 반영되고 있었다. 그러나 판례에서도 주주가 회사의 법인격을 사기 또는 위법한 행위를 감추기 위한 방편으로 이용할 때

1) 유한회사의 사원의 책임도 주식회사의 주주의 책임과 같이 유한책임이기는 하나(상 553조), 유한회사의 사원은 회사의 성립시 현물출자(상 550조) 또는 출자미필액(상 551조)에 대한 전보책임이 있고 또 증자시 현물출자에 대한 전보책임(상 593조)이 있으므로 주식회사의 주주와 같은 엄격한 유한책임은 아니다.

2) 각국의 법인격부인론에 관한 비교에 관하여는 윤명희, "법인격부인론에 관한 연구," 법학석사 학위논문(경희대, 1989. 8), 13면 이하 참조.

3) Salomon v. Salomon & Co. Ltd.(1897) A.C. 22 House of Lords.

에는 회사의 법인격을 부인하였는데, 이러한 다수의 판례는 Gower 교수가 정리하고 있다.[1)]

(나) 미국의 판례는 19세기 후반부터 법인격부인론을 채택하여 가장 활발하게 발전시켰다. 가장 대표적인 판례는 19세기 말의 Trebin사건[2)]으로 동 사건에서 다액의 채무를 진 Trebin은 가족만으로 회사를 설립하였고 이에 그의 재산을 모두 양도하였는데, 이에 법원은 이 회사의 법인격을 부인하여 이 회사는 Trebin의 채권자에게 변제할 책임이 있다고 판시하였다. 이 후 미국의 많은 판례가 법인격부인론을 채택하여 판시하였는데, 그 근거에 대하여는 대리이론(agency rule)·동일체이론(identity theory)·분신이론(alter ego doctrine) 또는 도구이론(instrumentality rule) 등에 의하여 설명되고 있다. 이러한 법인격부인론을 채택한 많은 판례에 대하여 학자들의 연구도 활발하게 전개되었는데, 법인격부인론(특히 적용요건 등에 대하여)을 최초로 이론적으로 체계화한 학자는 Wormser 교수이고,[3)] 그 후 Barber 교수 등도 이 이론을 더욱 간명하게 정리하고 있다.[4)]

(다) 독일에서는 법인격부인론이 실체파악이론(Durchgriffstheorie)으로 발전하였는데, 이 이론이 적용된 대표적인 사건은 Reich 법원의 Tivoli 극장사건[5)] 이었다. 동 사건에서 Tivoli 극장은 유한회사의 형태로 운영되고 있었는데, 동 회사의 지분은 그 회사의 경영담당 이사에 의하여 단독으로 소유되고 또 그 단독사원은 그 극장건물도 개인적으로 소유하여 이를 위 회사에게 임대한 경우에, 법원은 위 단독사원은 회사의 불법행위로 인한 손해배상책임에 대하여 채권자에게 변제할 책임이 있다고 판시하였다. 그 후 독일연방대법원도 Reich 법원의 선례에 따라 법인격부인론을 채택하여 판시하고 있고,[6)] 학설도 이 이론의 채택을 주장하고 있다.[7)] 독일에서는 법인격부인론이 사원이 회사의 채권자인 사원소비대차의 경우에 사원의 청구를 배척하는 방법으로도 이용되었으

1) L. C. B. Gower, *Principles of Modern Company Law*, 1979, pp. 200~201.
2) First National Bank of Chicago v. Trebin Company, 59 Ohio St. 316(1898).
3) Wormser, "Piercing the Veil of Corporate Entity," 12 *Columbia Law Review* 496(1912).
4) D. Barber, "Incorporation Risks: Defective Incorporation and Piercing the Corporate Veil in California," 12 *Pacific Law Journal* 829(1981).
5) RGZ 22, 10(1934).
6) BGHZ 22, 226, 230; BGHZ 29, 385, 392; BGHZ 54, 222, 224.
7) Wiedemann, *Gesellschaftsrecht*, Bd. I, 1980, S. 224~228 외.

나, 유한회사의 사원소비대차에 관하여는 1981년 유한회사법 개정시에 동법 제32조가 이를 입법적으로 해결하고 있다.

㈑ 일본에서는 세계 제 2 차대전이 끝난 뒤인 1950년에 처음으로 일부 실무가 및 상법학자들에 의하여 영미법상의 법인격부인론의 도입 가능성이 논의되기 시작하여,[1] 그 후 이 법리는 많은 학자들에 의하여 지지를 받다가 1960년에 이르러서는 하급심에서 채택하였고,[2] 마침내 1969년에는 최고재판소에서 채택하게 되었다.[3] 최고재판소는 전기상을 경영하는 A가 X(원고)에 대하여 부담하는 채무(임차건물의 명도채무)를 A가 설립하고 사실상 A의 1인회사인 Y주식회사(피고)도 부담한다고 판시하였다.

㈒ 우리나라에서는 1960년대 초부터 법인격부인론이 논의되기 시작하여, 그 후 이에 관한 논문이 많이 발표되었다.[4] 법인격부인론의 우리나라에서의 적용가능성에 대하여 다수설은 이 이론은 모두 법체계에서 공통적으로 가능하고 또 필요한 이론으로서 우리나라에서도 이 이론이 적용될 수 있고 또 적용되어야 하는 것은 당연하다고 하여 긍정하나,[5] 소수설은 이 이론을 적용하지 않더라도 다른 사법규정의 확장해석 등으로 타당한 해결을 가져올 수 있다는 점 등을 들어 부정한다.[6]

생각건대 법인격부인론은 법인격의 남용을 방지하여 구체적인 사안에서 정의와 형평에 맞고 법인격을 인정한 법의 목적에 부합시키고자 하는 것이므로 모든 법체계에서 공통적으로 가능하고 또 필요한 것이라고 본다. 따라서 긍정설에 찬성한다.[7]

법인격부인론에 관하여 우리나라의 법원에서 최초로 논의된 것은 1974년

1) 松田二郎, "コンシェルン關係における株式會社の自主獨立性,"「法曹時報」, 제 2 권 2호(1950), 117면 이하; 大隅健一郎, "法人格否認の法理,"「法曹時報」, 제 2 권 8호(1950).
2) 態本地裁八代支部判決 1960. 1. 13(下民 11-1, 4); 千葉地裁判決 1960. 1. 30(下民 11-1, 194).
3) 日最高判 1969. 2. 27(民集 23, 511).
4) 법인격부인론에 관한 국내 중요논문의 연대순 소개로는 윤명희, 전게논문, 61~62면 주 169 참조.
5) 이에 관한 대표적인 논문으로는 정동윤, "주식회사의 법형태의 남용의 규제와 법인격부인론,"「저스티스」, 제10권 1호(1972. 12), 95면 이하.
6) 정기남, "회사법인격무시의 법리,"「현대법학의 제문제」(서돈각박사 화갑기념논문집)(법문사, 1981), 321~337면; 고평석, "법인격부인론의 부인,"「상사법의 현대적과제」(손주찬박사화갑기념논문집)(박영사, 1984), 73~99면.
7) 정찬형, "법인격부인론,"「현대민상법의 연구」(위정이재철박사화갑기념논문집)(법문사, 1984), 367면 이하; 동, "법인격부인론,"「고려법학」(고려대 법학연구원), 제37호(2001), 293~311면; 동, "회사의 법인격부인론,"「고시계」, 2001. 7, 49~64면.

의 서울고등법원판결이었다. 즉, Y(피고)는 사실상의 1인회사인 A주식회사를 설립하고 그 회사의 대표이사에 취임하여 X(원고)로부터 다액의 채무를 부담하였는데, Y개인은 변제자력이 있으나 A회사는 변제자력이 없는 사안에서, 서울고등법원은 A회사는 형해에 불과하다고 하여 A회사의 법인격을 부인하고 Y개인의 변제책임을 인정하였다.[1] 그러나 이에 대하여 3년 후 대법원은 위 A회사는 형해에 불과한 것이 아니라 하여 법인격부인론의 채택을 거부하였다.[2] 그 후 법인격부인론과 관련된 판례는 거의 없었는데 1988년 편의치적을 위하여 설립된 외국의 선박회사에 대하여, 우리 대법원은 「그 회사가 별개의 법인격을 가지는 회사라고 주장하는 것은 신의성실의 원칙에 위반하거나 법인격을 남용하는 것으로 허용되어서는 아니 된다」고 하여 다소 의문의 여지는 있으나 법인격부인을 인정하여 판시한 것이 있다.[3] 그 후 2001년 대법원판례는 오피스텔을 분양하는 회사에 대하여 법인격부인의 요건을 설명하면서 명백히 법인격부인을 인정하는 판결을 하였다.[4] 이러한 우리나라의 판례에 대하여는 뒤에서 다시 소개하겠다.

3) 근 거 법인격부인론을 채택하는 경우 그 실정법적 근거가 무엇이냐에 대하여, 우리나라의 다수설은 민법 제2조 1항의 신의성실의 원칙[5]에서 구하거나 또는 민법 제2조 2항의 권리남용금지[6]에서 구하고 있다. 그러나 법인격은 권리와는 구별되기 때문에 권리에 적용되는 행위법상의 고도의 추상적·일반적인 지도원리인 민법 제2조를 법인격부인론의 근거로 하는 것은 적당하지 않다고 본다.[7] 따라서 법인격부인론의 실정법적 근거는 미국의 다수의 판례·학설에서와 같이 법인격의 개념에 내재하는 한계, 즉 상법 제169조에서 구하는 것이 보다 합리적이라고 본다. 다시 말하면 법인격이라는 것은 합법적인 목적을 위하여 사용되는 것을 조건으로 법이 인정한 하나의 특권인데, 이러한 법인격이 정의의 관념에 반하거나 형평의 이념에 반하는 목적을 위하여 악용되는 경우에는 이미 법인격을 인정한 존재근거는 상실하게 된다는

1) 서울고판 1974. 5. 8, 72 나 2582(집 25 ③ 민 8).
2) 대판 1977. 9. 13, 74 다 954(집 25 ③ 민 1).
3) 대판 1988. 11. 22, 87 다카 1671(공보 839, 17).
4) 대판 2001. 1. 19, 97 다 21604(공보 2001, 485).
5) 정(경), 305면 외.
6) 정(동), (회) 33면; 주상(제 5 판)(회사 Ⅰ), 100면 외.
7) 동지: 정주환, "회사법인격부인의 법리," 「단국대논문집」, 제19집(1985), 194~195면.

것이다.[1)]

4) 요 건 법인격부인론에서 가장 중요하고 또 논란이 많으면서도 아직까지 뚜렷한 정설이 없는 부분이 이 요건이다. 이에 대하여 우리나라에서도 여러 가지로 달리 설명되고 있으나, 다음과 같이 법인격부인론의 요건을 두 가지로 나누어서 정리하는 것이 가장 간명한 것으로 생각한다.[2)]

여기에서 주의할 것은 이 두 요건은 모두 객관적 요건이라는 점이다. 과거에는 미국 또는 독일의 판례·학설에서 법인격부인론의 요건으로 객관적 요건 외에, 사해·범법·기타 부당한 목적을 위하여 법인격을 악용할 목적이 있어야 한다는 주관적 요건을 요하는 입장도 있었으나, 오늘날에는 이러한 주관적 요건은 법인격부인에 있어서 필요한 요건이 아니라고 해석하고 있으므로 이러한 주관적 요건은 무시해도 무방하다고 본다.[3)]

㈎ 회사와 사원간에 이해 및 소유의 일치가 있을 것(지배〈형태〉요건) 이것은 사원이 회사를 철저하게 지배하거나 사원과 회사간의 재산이 상호 혼융되어 있어, 사실상 회사의 독립된 법인격이 그 사원 개인과 분리하여 존재하지 않는다는 것이다. 이러한 형태요건의 흠결은 종종 다른 이름으로 불려지는데, 「1인주주의 분신으로서의 회사」·「주주와 회사 간의 완전한 이해의 일치」·「주주의 단순한 도구가 된 회사」 등으로 불려진다. 1인주주의 경우에는 미국의 모든 판례에서 이 요건의 충족을 인정하고, 어느 주주가 주주총회의 결정을 지배하거나 회사의 이사 및 임원으로서 활동함으로써 회사를 지배하는 경우에

---

1) 정찬형, 전게 논문(현대민상법의 연구), 403~404면.
동지: 윤명희, 전게 논문, 64~65면.
신의칙과 내재적 한계를 모두 법인격부인론의 근거로 볼 수 있다는 견해로는 임(재), (회 Ⅰ) 64면(신의칙설과 내재적 한계설 모두 실질적으로 차이가 없고, 신의칙의 속성인 보충성을 요건으로 보는지 여부에서만 다르다고 한다); 송(옥), 710면(두 견해 사이에 실질적인 차이는 없다고 한다); 손(주), 436면(법인격 남용론과 더불어 법인격을 규정한 상법 제169조의 해석론을 바탕으로 한다고 보는 것이 옳을 것이다고 한다).

2) 이는 D. Barber, *supra* 12 Pacific *L. J.* 829, 845~869에 따른 것이다.

3) 동지: 정(동), (회) 32면; 이(철), (회) 55면.
반대: 송(옥), 711~712면; 대판 2006. 8. 25, 2004 다 26119(자회사의 임·직원이 모회사의 임·직원 신분을 겸유하고 있었다거나 모회사가 자회사의 전 주식을 소유하여 자회사에 대해 강한 지배력을 가진다거나 자회사의 사업 규모가 확장되었으나 자본금의 규모가 그에 상응하여 증가하지 아니한 사정 등만으로는 모회사가 자회사의 독자적인 법인격을 주장하는 것이 자회사의 채권자에 대한 관계에서 법인격의 남용에 해당한다고 보기에 부족하고, … 자회사의 법인격이 모회사에 대한 법률 적용을 회피하기 위한 수단으로 사용되거나 채무면탈이라는 위법한 목적달성을 위하여 회사제도를 남용하는 등의 주관적 의도 또는 목적이 인정되어야 한다).

는 회사와 주주간에 「이해의 일치」가 명백히 존재함을 인정하고 있다.

이러한 지배요건에 대하여 우리나라의 학설 중에는 지배의 완전성(완전한 지배)과 재산의 혼융(업무와 재산의 혼융)으로 나누어서 설명하고 이 두 가지 요건을 합하여 객관적 요건 또는 법인격 형해화 요건으로 설명하는 견해가 있는데,[1] 이는 모두 여기의 지배(형태)요건에 포함되거나 이에 대한 다른 명칭이라고 본다.

(나) 그 행위가 회사의 행위로 인정되면 형평에 어긋나는 결과가 발생할 것(자본불충분〈공정〉요건) 이러한 공정요건의 흠결의 대표적인 것은 자본불충분인데, 자본불충분이란 회사가 그 경영하는 사업의 목적에 비추어 현저하게 불충분한 자본을 가지고 영업을 하는 것이다. 이러한 자본불충분은 최소한 두 가지 형태로 나타나는데, 하나는 총자산(자본과 부채)이 그 회사를 운영하는 데 적절하지 못한 경우이고, 다른 하나는 총자산은 그 회사를 운영하는 데 적절하나 부채가 자본을 현저하게 초과하는 경우이다. 구체적인 사례에서 얼마의 자본이 적절한 자본인지 여부를 평가하는 것은 가장 어려운 문제 중의 하나인데, 미국에서도 법원이 이를 평가하기 위하여 채택한 일반원칙은 없다.

우리나라의 학설 중에는 자본불충분(회사의 무자력)을 법인격부인의 별도의 요건으로 설명하는 견해도 있으나,[2] 자본불충분을 위의 지배(형태)요건에 포함시켜 설명하는 견해도 있다.[3]

5) 효 과

(가) 회사의 법인격이 부인되면 그 회사의 독립된 존재가 부인되어 그 회사는 사원과 동일한 실체로 취급된다. 즉, 법인격의 속성인 권리주체성·재산독립성·인격독립성 등의 속성 중에서 인격독립성이 부인되어 회사와 사원의 실질적인 동일성이 인정된다.[4] 따라서 회사의 채무는 바로 사원의 채무가 되고(사원의 유한책임의 배제), 사원의 채무는 회사의 채무가 된다(회사의 인격독립성의 배제).[5] 이 때 사원(회사)의 책임은 그 채권자가 회사(사원)의 재산으로

1) 이(철), (회) 53면; 임(재), (회 I) 65면; 송(옥), 711면.
2) 임(재), (회 I) 67면; 이(철), (회) 54면.
3) 김교창, "법인격부인의 법리," 「회사법의 제문제」, 1982, 197~203면; 주상(제 5 판)(회사 I), 99면.
4) 정(희), 282면.
5) 이를 법인격부인의 역적용으로 설명하는 견해가 있는데[이(철), (회) 57~58면(그러나 법인격부인론의 역적용을 인정해서는 안 된다고 한다); 송(옥), 713~714면; 임(재), (회 I) 71~

부터 만족을 받을 수 없는 전액에 대하여 미친다(무한책임). 주식회사의 경우 회사의 채권자에 대하여 이사 등이 악의 또는 중대한 과실로 인하여 임무를 해태한 때에는 그 책임을 부담하는데(상 401조, 414조 2항·3항), 이러한 이사 등이 주주인 경우에는 그러한 주주는 상법의 규정에 의해서도 회사의 채권자에게 책임을 부담하게 되어 법인격부인의 대체적 기능을 하고 있다고 볼 수 있다.[1)]

(나) 법인격부인론의 요건에 해당하는 경우에 판결의 기판력과 집행력이 회사(사원)에 관한 경우 사원(회사)에게 미치는가의 문제가 있다. 이에 대하여 이를 긍정하는 견해도 있으나,[2)] 집행절차의 형식성·명확성·안정성의 요청에 의하여 이를 부정하는 견해가 타당하다고 본다(통설).[3)] 따라서 회사(사원)에 대한 집행권원으로써는 사원(회사)의 재산에 대하여 강제집행을 할 수 없고, 사원(회사)의 재산에 대하여 강제집행을 하고자 하는 경우에는 다시 그에 대한 집행권원을 얻어야 한다.

우리 대법원판례도 이와 동지로 다음과 같이 판시하고 있다.

[Y회사가 법인격부인에 해당하는 경우에도 그에 대한 집행권원을 얻지 않으면 A회사에 대한 판결의 기판력이 Y회사에 미치지 않는다고 본 경우]

Y회사와 A회사가 기업의 형태·내용이 실질적으로 동일하고, Y회사는 A회사의 채무를 면탈할 목적으로 설립된 것으로서 Y회사가 A회사의 채권자에 대하여 A회사와는 별개의 법인격을 가지는 회사라는 주장을 하는 것이 신의성실의 원칙에 반하거나 법인격을 남용하는 것으로 인정되는 경우에도, 권리관계의 공권적인 확정 및 그 신속·확실한 실현을 도모하기 위하여 절차의 명확·안정을 중시하는 소송절차 및 강제집행절차에 있어서는 그 절차의 성격상 A회사에 대한 판결의 기판력 및 집행력의 범위를 Y회사에까지 확장하는 것은 허용되지 아니한다[대판 1995. 5. 12, 93 다 44531(공보 994, 2090)].

73면], 이것도 법인격이 부인되는 하나의 형태라고 본다.

1) 정(희), 495면.

2) Booth v. Bunce, 33 N.T.139(1865); 日大阪高判 1975. 3. 28(判時 781, 101).

3) 정(희), 282면; 정(동), (회) 34~35면(다만 회사와 사원 개인이 완전히 동일한 실체법상의 지위에 있으면 회사에 대한 판결의 기판력 및 집행력이 사원에게 미친다고 한다. 따라서 동 교수는 우리의 통설·판례를 '전면적 부정설'로 부르면서, 이를 '절충설'로 부르고 있다); 이(철), (회) 58면; 임(재), (회 I) 69~70면; 송(옥), 714면; 손(주), 437면; 채, 386면; 주상(제 5 판)(회사 I), 101~102면(위의 정동윤교수의 견해와 동일함) 외. 동지: 日最高判 1978. 9. 14(判時 906, 88).

6) 적용범위

㈎ 법인격부인론이 계약의 경우(능동적 채권자)에 적용되는 것은 가장 전형적인 예이다. 그런데 계약의 경우에 위의 두 요건을 적용하기 위하여는 자본불충분(공정)요건에서 회사와 계약을 체결하는 상대방의 인식 여부가 판단되어야 하는 점이다. 즉, 회사와 거래하는 상대방이 자본불충분(불공정성)을 인식하고 있으면 이는 법원이 법인격을 부인할 정당성이 없게 된다. 어떤 경우에는 상대방에게 회사와 계약을 체결하기 이전에 회사의 재정상황 등을 조사할 기회가 부여되면, 상대방은 회사의 자본불충분 등을 알고 있는 것으로 추정될 수도 있다.

㈏ 법인격부인론이 불법행위의 경우(수동적 채권자)에도 적용되는가의 문제가 있다. 이에 대하여 불법행위에 있어서는 상대방의 신뢰보호란 문제가 생기지 않고 또 피해자는 회사 및 대표기관의 책임에 의하여 충분히 보호되므로 불법행위책임을 추궁하는 데 있어서는 법인격부인론이 적용되지 않는 것으로 생각될 수도 있겠으나,[1] 법인격부인론이란 원래 거래법상 상대방의 신뢰를 보호하기 위한 것만이 아니라 법인격의 남용에 따른 부당한 결과를 방지하기 위한 것이기 때문에 불법행위의 경우에도 법인격부인론의 적용을 긍정하여야 할 것으로 본다.[2] 미국의 학설·판례는 거의 예외 없이 불법행위에도 법인격부인론을 긍정하고 있으며, 학설에서는 불법행위에서 법인격부인론을 적용하는 데 있어서는 오히려 그 요건을 감경하여 지배(형태)요건은 무시하고 자본불충분(공정)요건만을 적용하여야 한다고 한다(그러나 판례에서는 일반적으로 두 요건을 적용하고 있다).

㈐ 법인격부인론은 종래의 사법이론으로써 해결할 수 없는 경우에만 적용되는가의 문제가 있다. 이에 대하여 우리나라의 학설은 법인격부인론을 부정하는 견해에서는 법인격부인론이 적용될 수 있는 사안은 종래의 사법이론에 의하여 해결될 수 있으므로 법인격부인론의 적용 자체를 부정한다. 또한 법인격부인론을 긍정하는 견해에서도 대부분 이 이론은 종래의 사법이론에 의하여 적절히 해결될 수 없는 경우에 한하여 보충적으로만 적용되어야 한다고 설명

---

1) 이·이, (회)(1987) 37면. 그러나 동 교수는 1991년판 이후에는 견해를 바꾸어 불법행위책임의 추궁에 있어서도 법인격부인론을 적용할 필요성은 크다고 한다[이·이, (회)(1991) 42~43면; 이(철), (회) 56~57면].

2) 동지: 임(재), (회 Ⅰ) 70면; 송(옥), 712~713면.

한다.[1] 그러나 법인격부인론의 목적이 법인격의 남용을 방지하여 구체적인 사안에서 정의와 형평에 맞고자 하는 것이므로, 일정한 사안이 법인격부인의 요건에 해당하는 경우에는 다른 사법이론에 명백히 상충되지 않는 한 인정되어야 할 것으로 본다. 법인격부인론을 긍정하는 우리나라의 다수의 학설은 앞에서 본 바와 같이 법인격부인의 근거를 전통적인 사법이론으로서의 포괄규정인 민법 제 2 조의 신의칙위반 또는 권리남용에서 구하고 있는데, 만일 법인격부인론을 전통적인 사법이론(구체적 규정 및 포괄규정을 포함하여)이 전혀 적용될 수 없는 경우에만 보충적으로 적용할 수 있다고 하면 이것은 법인격부인론을 결과적으로 부정하는 것과 같게 되어 타당하지 않다고 본다. 법인격부인론이 타구제수단과 병존할 수 있다고 하여 당사자 일방에게 특히 형평에 반하는 결과를 가져오는 것도 아니고, 오히려 양자는 서로 배타적인 관계가 아니라 보충적인 관계에 있어 무리 없이 구체적으로 타당한 결론에 도달할 수 있다고 본다.[2]

7) 입 법 론 법인격부인론을 일반조항으로 입법화할 필요가 있는가의 문제가 있다. 외국의 입법예 중에는 이를 입법화한 국가도 있다. 즉, 이탈리아의 국민법전(1942년) 제2362조는 「회사가 지급불능이 되었을 때 주식이 단독소유에 속하고 있던 기간 중에 생긴 회사채무에 관하여는 그 자가 무한책임을 진다」고 규정하고 있다. 또한 중국 회사법 제20조도 「회사는 자기의 독립적인 법인지위와 주주의 유한책임을 남용하여 회사채권자의 이익을 해하여서는 아니 된다. 회사의 주주가 회사법인의 독립적인 지위 및 주주의 유한책임을 남용하여 채무를 회피함으로써 회사채권자의 이익을 중대하게 해한 경우, 주주는 회사채무에 대하여 연대책임을 부담하여야 한다」고 규정하여, 회사의 법인격부인에 대하여 실정법에서 규정하고 있는 입법례를 취하고 있다. 우리나라의 경우 장기적으로 볼 때는 법인격부인론의 입법화를 고려하여 볼 수도 있겠으나, 이를 입법화하는 경우에는 법인의 본질과 상충되는 면이 있으므로 신중하게 하여야 할 것으로 본다. 또한 법인격부인론이 입법화되기까지는(또는 그와 함께 병존하여) 기업의 책임보험의 강제가입에 의하여 회사의 채권자를

1) 정(동), (회) 28~29면(예컨대, 민법 406조·민사소송법 584조 등과 같은 법률, 당사자 간의 계약, 약관의 해석 등에 의하여 문제를 해결할 수 있으면, 법인격부인론이 적용되지 않는다고 한다); 이(철), (회) 56면; 주상(제 5 판)(회사 Ⅰ), 98면; 송(옥), 712면 외(다수설).

2) 정찬형, 전게 논문(현대민상법의 연구), 402면. 동지: 김교창, 전게 논문, 203면.

보호하여야 할 것으로 본다.[1] 학설 중에는 법인격부인론의 입법화를 대신하여 회사의 경영자로 하여금 그가 경영자로 있던 기간중에 생긴 회사채무에 대하여는 연대하여 무한책임을 지도록 입법화하자는 견해도 있으나,[2] 이것은 지배주주(또는 1인주주)가 경영자를 겸하는 경우에는 법인격부인의 대체효과가 있겠으나, 그렇지 않고 경영자를 채용하여 경영하는 경우에는 법인격부인의 대체효과를 거두지 못할 뿐만 아니라 오히려 유능한 경영인을 채용할 길을 봉쇄하는 것이 되어 타당하지 않다고 본다.

[법인격부인론의 적용을 부정한 판례]

[사실관계] 이 사건의 A회사는 Y가 1967. 7. 10. 설립한 가족회사 형태의 주식회사인데, 처음의 상호는 오리진이었으나 1968년 11월 12일에는 이 회사의 상호를 태원주식회사로 개칭하였다. 그 동안 회사기관에 다소의 변경이 있었다가 1969년 7월 11일에 이사에 Y·B, 감사에 C, 대표이사에 Y 등이 취임하고, 같은 해 9월 2일에 D가 이사로 취임하였다가 1969년 12월 3일에는 위 이사·감사가 모두 사임하고, 이사에 E(Y의 동서)·F(Y의 처남)·G(Y의 생질), 대표이사에 E, 감사에 H(Y의 처남의 처) 등이 취임하였다. 그런데 A주식회사(대표이사 Y)가 X에게 1969년 9월 18일에 액면 금 200,000원의, 1969년 10월 22일에 액면 금 525,000과 액면 금 3,150,000원의, 1969년 8월 26일에 액면 금 300,000원의 각 지급은행 제일은행 충무로지점으로 하는 당좌수표 4매(위 합계금 4,175,000원)를 발행하였다가 1970년 1월 14일에 모두 부도가 났으며, 1969년 6월 3일부터 1969년 8월 26일에 이르기까지 총 8,240,000원에 달하는 약속어음을 여러 번에 걸쳐 발행하였고, 위 회사가 위 각 당좌수표 또는 약속어음을 X에게 발행할 때에는 X로부터 그 액면액 상당액의 금원을 대표이사 Y가 그때그때 차용하였다. X는 위 약속어음을 각 지급기일에 제시하였으나, 위의 총금액이 결제되지 아니하자 Y개인을 상대로 수표대금 및 약속어음 청구소송을 제기하였다.

이 무렵 이 회사는 그 사업이 부진하여 1969년 9월 30일경에는 그 수표가 부도되고, 1969년 8월 5일경에는 회사의 운영권을 일시 X와 I·D 등에게 맡겼다가 해약하고, 회사의 기본재산인 성동구 화양동 151의 22 대지 529.5평과 그 지상 아연조 스레이트즙 평가건 공장 1동 건평 46평 가량을 회사의 결의 없이 일시 Y 명의로 가등기하였다가 역시 회사의 결의 없이 Y가 1969년 12월 29일

1) 정찬형, 전게 논문(현대민상법의 연구), 405~406면. 동지: 정동윤, 전게 논문(저스티스), 95면 이하.

2) 정희철, 전게 논문(법조), 8~9면; 정동윤, 전게 논문(저스티스), 95면 이하.

과 1970년 4월 2일에 J주식회사에 금 1,625만원에 매각처분하여 Y 스스로 사용하여 버렸고, 그 밖에 회사재산은 별로 없었다.

이에 X는 Y를 상대로 법인격부인의 법리를 주장하여 그 개인의 책임을 물은 것이다.

[판결요지] 살피건대 이는 원심이 강학상 이른바 법인형해론을 채용하여 입론한 것인바, 그 형해론을 채용함이 가한가 여부의 문제에 들어가기 전에 우선 본건 소외 A주식회사의 실태가 형해에 불과한 지경에 이르렀는가 여부를 기록에 의하여 살펴보기로 한다. …… (중략) …… Y가 위 회사의 대표이사로서 원판시와 같이 위법·부당한 절차에 의하여 회사 운영상 필요로 하는 주주총회절차를 무시하고 등한히 하였다고 인정하기 어렵고, 더구나 1인주주인 소위 1인회사도 해산사유로 보지 않고 존속한다는 것이 당원 판례의 태도이고 보면 원심이 A회사를 「형해」에 불과하다고 인정한 것은 잘못이고 판결에 영향을 미친 것이라 아니할 수 없다[대판 1977. 9. 13, 74 다 954(집 25 ③ 민 1; 공보 570, 10285)].

동지: 대판 1977. 5. 24, 76 다 1688·1689; 동 2006. 8. 25, 2004 다 26119(공보 2006, 1600)(친자회사는 상호간에 상당 정도의 인적·자본적 결합관계가 존재하는 것이 당연하므로, 자회사의 임·직원이 모회사의 임·직원 신분을 겸유하고 있었다거나 모회사가 자회사의 전 주식을 소유하여 자회사에 대해 강한 지배력을 가진다거나 자회사의 사업규모가 확장되었으나 자본금의 규모가 그에 상응하여 증가하지 아니한 사정 등만으로는 모회사가 자회사의 독자적인 법인격을 주장하는 것이 자회사의 채권자에 대한 관계에서 법인격의 남용에 해당한다고 보기에 부족하고, 적어도 자회사가 독자적인 의사 또는 존재를 상실하고 모회사가 자신의 사업의 일부로서 자회사를 운영한다고 할 수 있을 정도로 완전한 지배력을 행사하고 있을 것이 요구되며, 구체적으로는 모회사와 자회사간의 재산과 업무 및 대외적인 기업거래활동 등이 명확히 구분되어 있지 않고 양자가 서로 혼용되어 있다는 등의 객관적 징표가 있어야 하며, 자회사의 법인격이 모회사에 대한 법률 적용을 회피하기 위한 수단으로 사용되거나 채무면탈이라는 위법한 목적 달성을 위하여 회사제도를 남용하는 등의 주관적 의도 또는 목적이 인정되어야 한다).

[평석] 위의 대법원판결은 다음과 같은 점에서 의문이다.[1]

① 먼저 대법원은 원심이 인정한 법인격부인론에 대하여 그 요건 등에 대한 설시는 고사하고라도 자신의 방향제시도 없이, 겨우 원심이 인정한 사실인정을 부인하여 태원(주)(A주식회사)가 「형해」에 불과한 것이 아니라고만 간단히

1) 이에 관한 상세한 평석은 정찬형, 전게 논문(현대민상법의 연구), 408~409면 참조.

판시한 점은 유감이 아닐 수 없다.[1)]

② 대법원은 태원(주)가 위법·부당한 주주총회소집절차 등을 밟지 않았다 하여 법인격부인론을 채택하지 않고 있으나, 이러한 형식적인 의미의 서류(절차)의 구비 여부는 법인격부인의 요건이 될 수 없다. 법인격부인론은 오히려 형식적인 의미의 서류(절차)는 잘 구비되어 있으나, 실질적으로 지배주주(또는 1인주주)에 의하여 태원(주)가 운영되고 있을 때 형태요건이 구비될 수 있겠다.

③ 대법원은 1인회사를 인정하기 때문에 법인격부인론을 채택할 수 없다고 하나, 이것은 법인격부인론을 채택할 수 없는 근거가 도저히 될 수 없다. 왜냐하면 1인회사를 부정하면 이것은 회사(법인)가 아니므로 법인격부인론이 논의될 수 없고, 1인회사를 긍정하는 경우에 법인격부인론이 논의될 수 있는데, 이 때에는 대부분 법인격부인론의 형태요건(회사와 사원의 재산의 상호 혼융)이 충족되고 있으므로 오히려 법인격부인론을 채택할 수 있는 근거가 된다. 1인회사의 경우에는 미국의 거의 모든 판례에서 의심 없이 법인격부인론의 형태요건의 충족을 인정하고 있는데, 우리의 경우도 동일하게 볼 수 있을 것이다.

[법인격부인론의 적용을 긍정한 판례]

[사실관계] X회사(원고, 그랜드 하모니 인코퍼레이티드 몬로비아 리베리아)는 몬로비아 브로드 스트리트 80에 주사무소를 둔 리베리아회사로서, 1981. 4. 1. 역시 리베리아회사로서 주사무소를 X회사와 같이 하는 소외 T회사(Touchest Shipping Ltd)와의 사이에 본건 선박에 관한 선박관리계약을 체결하면서 X회사를 대표하여 A(다니엘 푸치에리)가, T회사를 대표하여 B(데니스 푸핑 리)가 각 서명하였고, 같은 날 T회사는 같은 선박에 관하여 홍콩 케네디로드 17호 프웰센터 36층에 사무소를 둔 C회사(칩스테드리미티드)와 선박관리복대리계약을 체결하면서 T회사를 대표하여 B가, C회사를 대표하여 앞서 X회사의 대표자로 서명한 A가 서명하였다. T회사의 사실상의 주소지는 C회사와 같을 뿐 아니라 전화번호, 텔렉스번호도 같으며 T회사의 회장은 B, 사장은 X회사의 총무이사인 A이고, C회사의 이사는 A와 B이고, X회사의 사장은 B이었는데, 이들 A와 B는 형제간이었다. 본건 선박의 선장(추이윙 첸)은 C회사의 홍콩 본사로부터 본건 선박을 한국에 있는 Y회사(피고, 주식회사 현대미포조선소)에서 수리하라는 지시를 받고 1985. 4. 1. 본건 선박을 울산항에 입항시키면서 입항신고시 소유자를 C회사 홍콩으로 기재하였고, C회사 동경지사장(이석록)도 1985. 6. 10. 위 Y회사와의 사이에 선박수리비에 관한 대금결제계약서를 작성함에 있어서 본건 선박소유자를 C회사로 기재하였으므로 위 Y회사는 본건 선박을 C회사의 소유

1) 동지: 양승규, "법인격무시의 법리(위 대법원판결에 대한 판례평석)," 법률신문, 제1243호 (1978. 3. 13), 12면; 김교창, 전게서(회사법의 제문제), 187면.

로 알고 수리해 주었다.

국제외항해운에 종사하는 선박소유자나 기업은 자신이 소속된 국가 또는 실제로 선박의 운항에 관하여 기업의 중추가 되는 회사가 소재하는 국가와는 별도의 국가인 파나마, 리베리아 등에 해운기업상 편의를 위하여 형식적으로 개인 명의 또는 회사를 설립하여 그 명의로 선박의 적을 두고(이른바 편의치적) 그 나라의 국기를 게양하여 항해하며, 실제소유자는 이와는 별도의 명의로 위 이름뿐인 회사 등과 관리계약을 체결하여 마치 선박관리만을 담당하는 기업인 것처럼 행세함으로써 선박소유자가 자국과 선적국과의 사이에 발생하는 재무·노무·금융 등 각 부문의 수준차를 이용하고, 기타 사회 제조건의 차이 및 행정상의 법령·규칙·단속감독의 정도차를 이용하여 자유롭게 해운기업을 경영하는 방편으로 이용하는 경우가 많다. Y회사들 뿐 아니라 다른 수리조선소나 기타 선박관련 사업자들도 편의치적선의 경우 형식상의 소유자를 따지지 않고 실제의 소유자인 관리회사와 모든 계약을 체결하고 대금을 받는 것이 통례로 되어 있다.

따라서 Y회사는 C회사를 상대로 하여 그 수리비를 청구하였으나 C회사는 이를 지급하지 않아, Y회사는 본건 선박을 가압류하였다. 이 가압류에 대하여 X회사는 위 선박이 C회사의 소유가 아니라 X회사의 소유라고 주장하면서 제3자이의의 소를 제기하였다.

이에 대하여 원심(대구고등법원)은 먼저 X회사는 편의치적을 위하여 설립된 회사에 불과한데 X회사가 본건 선박의 소유자라고 주장하여 본건 가압류집행의 불허를 구하는 것은 선박의 편의치적이라는 일종의 편법행위가 용인되는 한계를 넘어서 채무면탈이라는 불법목적을 달성하려고 함에 지나지 아니하여 신의칙상 허용될 수 없다고 하고, 부가적인 판단으로 Y회사는 이 사건 선박에 관해 상법 제861조 제1항 제5호에 의한 선박우선특권이 있으므로 그 소유자가 누구이든 압류할 수 있다고 하여, X회사의 주장을 배척하였다.

이에 X회사는 대법원에 상고하게 된 것이다.

[판결요지] X·T·C의 회사는 외형상 별개의 회사로 되어 있으나 X회사 및 T회사는 본건 선박의 실제상 소유자인 C회사가 편의치적을 위하여 설립한 회사들로서 실제로는 사무실과 경영진 등이 동일하므로 이러한 지위에 있는 X회사가 법률의 적용을 회피하기 위하여 별개의 법인격을 가지는 회사라는 주장을 내세우는 것은 신의성실의 원칙에 위반하거나 법인격을 남용하는 것으로서 허용되어서는 아니 된다 할 것이다.

선박우선특권 있는 채권자는 선박소유자의 변동에 관계 없이 그 선박에 대하여 채무명의 없이도 경매청구권을 행사할 수 있으므로 채권자는 채권을 보전하기 위하여 그 선박에 대한 가압류를 하여 둘 필요가 없다 할 것인데(대법원 1982. 7. 13.

(선고, 80 다 2318 판결 참조), 원심이 부가적인 판단으로 Y회사는 선박우선특권이 있으므로 그 소유자가 누구이든 압류할 수 있다고 판단한 것은 잘못이라 하겠으나, 이것은 그 설시에 선박우선특권에 관한 법리오해가 있다 하여도 판결에 영향이 없는 것으로 논지는 채용할 수 없다[대판 1988. 11. 22, 87 다카 1671(공보 839, 17). 동지: 대판 1989. 9. 12, 89 다카 678].

[평석] 위의 대법원판결에 대하여 「이 판결은 대법원이 여러 번의 우여곡절 끝에 최초로 법인격부인론을 명백하게 채택한 것이라는 점에서 매우 획기적인 의의를 가지며, … 이러한 이번의 대법원판결은 그 의의를 아무리 높이 평가하여도 지나치다고 할 수 없다」고 하여, 우리나라의 대법원이 최초로 법인격부인론을 명백히 채택한 판결이라고 보는 견해가 있다.[1)]

그러나 위의 대법원판결은 다음과 같은 몇 가지 의문점이 있어 이를 법인격부인론을 명백히 채택한 최초의 판결이라고 보기에는 약간 미흡한 점이 있다고 본다.[2)]

① 우선 본 판결의 대상이 되는 회사가 모두 외국회사로서, 법인격부인의 대상이 되는 회사(X회사)가 그 설립에 근거한 법(리베리아법)에 의하여 사원과 분리된 법인격을 부여받고 있는지 여부가 불명확하다. 또한 X회사의 사실상의 소유자인 C회사가 그 설립에 근거한 법(홍콩법)에 의하여 법인격을 취득하는지 여부 및 C회사는 X회사의 사원인지 여부도 불명확하다.

② 법인격부인론이 인정되는 것은 일반적으로 사원(본 판결에서는 C회사)이 개인적으로 부담하고 있는 채무를 면하기 위하여 회사(본 판결에서는 X회사)를 설립하여(또는 반대의 경우) 회사의 법인격을 남용하는 경우인데(비록 법인격부인론의 요건에서 주관적 요건은 무시된다고 하더라도), 위 판결에서 C회사가 X회사를 설립한 것은 해상기업에서 상관습으로 인정되고 있는 편의치적을 위하여 설립한 것이므로 일반적으로 법인격부인론이 적용되는 경우와는 구별된다.

③ 대법원판결이 인용한 원심판결에서는 법인격부인이란 용어를 쓰지 않고 다만 「… 신의칙상 허용될 수 없다」고만 하였고(따라서 원심에서는 법인격부인의 문제가 당사자간에 논의되지 않았다고 보여짐), 대법원판결에서도 「… 신의성실의 원칙에 위반하거나 법인격을 남용하는 것으로 허용되어서는 아니 된다」고만 하였지 법인격부인의 요건은 물론 그 이외의 법인격부인론에 관한 설시가 전혀 없는 점으로 보아, 대법원은 본 판결에서 법인격부인론을 최초로 채택하여 이론구

1) 정동윤, "법인격부인리론의 적용요건과 근거(판결평석)," 법률신문, 제1845호(1989. 5. 22), 11면; 동, (회) 27면; 주상(제 5 판)(회사 Ⅰ), 95~96면. 동지: 강위두, "법인격부인의 법리의 적용범위와 적용요건(판례연구)," 「판례월보」, 제223호(1989. 4), 58~65면; 손(주), 435면 외.

2) 이에 관한 상세는 정찬형, "법인격부인론," 「판례월보」, 제226호(1989. 7), 29~37면 참조.
동지: 송호영, "법인격부인의 요건과 효과(대판 2001. 1. 19, 97 다 21604)," 「저스티스」, 통권 제66호(2002. 4), 258~259면; 이(철), (회) 58~59면(논리성에서 의문이고, 일반적으로 인정되는 법인격부인론의 요건과는 크게 괴리된다고 한다).

성을 한 것이라기보다는 오히려 법인격남용을 신의칙위반과 동일 또는 유사하게 사용하고자 하는 의도라고 생각한다.

④ 만일 본 판결이 법인격부인론을 명백히 채택한 판결이라면 법인격부인론을 명백히 채택하지 않은(비록 원심에서는 법인격부인론을 채택하여 판시했음에도 불구하고) 앞에서 본 대법원 1977. 9. 13. 선고 74 다 954 판결과 관련하여 볼 때 판례변경이 있었어야 할텐데(1977년 사건에서는 어떠한 이유로 법인격부인론을 채택할 수 없었으나, 이번 사건에서는 어떠한 이유로 동 이론을 채택할 수밖에 없다는 등), 이러한 판례변경은 고사하고라도 1977년의 판결과 관련한 하등의 설명이 없는 점에서 볼 때 법인격부인론을 명백하게 채택한 판결로 보기에는 미흡하다고 본다.

⑤ 만일 본 판결이 법인격부인론을 명백히 채택한 판결이라면 사실상 1인 회사로서 법인격을 남용하여 회사의 채무를 면하고자 하는 **국내회사**에 대하여는 법인격부인론의 채택을 거부하면서(앞의 1977년의 대법원판결), 해상기업의 편의를 위하여 상관습으로 그 설립이 인정되는 **외국회사**에 대하여는 법인격부인론을 채택한 결과가 되어 어딘가 균형을 잃은 감도 있다.

[법인격부인론의 적용을 긍정한 판례]

[사실관계] X는 1991. 6. 19. A회사로부터 오피스텔 건물 중 5층 2호를 금 423,832,500원에 분양받고, 1992. 3. 30.까지 계약금과 1, 2차 중도금 합계금 254,280,000원을 지급하였는데, X는 위 분양계약 당시 A회사와 입주시 잔금 84,972,500원을 지급하기로 약정하였을 뿐 위 건물의 완공 및 입주예정일에 관하여는 별도의 약정을 하지 아니하였다. A회사는 위 분양계약에 앞서 1991. 6. 10. B주식회사와의 사이에 이 사건 건물 신축공사에 관하여 공사대금 16,649, 600,000원, 공사완공일 1993. 8. 10.까지, 공사대금은 기성고 10% 완성시마다 같은 비율의 공사대금을 지급하기로 하는 내용의 공사도급계약을 체결하였다. A회사는 당초 이 사건 건물을 분양하여 그 분양대금으로 공사대금을 지급할 예정이었는데, 예상과 달리 분양이 저조하여 일부 공사대금의 지급을 지체하자 B주식회사는 1992년 8월 현재 지하 5층 지상 7층까지의 골조공사만 시행한 채 그 후 공사를 중단하여 현재까지 공사가 사실상 중단된 상태이다. 한편 X는 2차 중도금을 지급한 1992. 3. 30. A회사 분양업무 담당자인 L에게 건물 완공 및 입주 예정일을 확정하여 줄 것을 요구하자 위 L은 분양계약서에 입주 예정일을 1993. 7. 10.로 기재하여 주었고, 이에 따라 X는 그 무렵이면 입주가 가능한 것으로 알고 있었다.

따라서 X는 1996년 5월 A회사의 채무불이행을 이유로 분양계약 해제의 의사표시를 하고, 위 계약금 및 중도금의 반환청구를 A회사에 하면서 동시에 A회사는 변제능력이 없고 A회사를 사실상 지배하면서 변제능력이 있는 A회사의 사실상 1인주주인 Y를 상대로 하여 회사의 법인격을 부인하여 계약금 및 중도금의 반환을 청구하였다.

이에 대하여 원심은 X의 계약해제 및 법인격의 부인을 모두 인정하여 Y는 X에게 계약금 및 중도금을 반환하도록 판시하였다. 따라서 Y가 상고하게 된 것이다.

[판결요지] 회사는 그 구성원인 사원과는 별개의 법인격을 가지는 것이고, 이는 이른바 1인회사라 하여도 마찬가지이다. 그러나 회사가 외형상으로는 법인의 형식을 갖추고 있으나 이는 법인의 형태를 빌리고 있는 것에 지나지 아니하고 그 실질에 있어서는 완전히 그 법인격의 배후에 있는 타인의 개인기업에 불과하거나 그것이 배후자에 대한 법률적용을 회피하기 위한 수단으로 함부로 쓰여지는 경우에는 비록 외견상으로는 회사의 행위라 할지라도 회사와 그 배후자가 별개의 인격체임을 내세워 회사에게만 그로 인한 법적 효과가 귀속됨을 주장하면서 배후자의 책임을 부정하는 것은 신의성실의 원칙에 위반되는 법인격의 남용으로서 심히 정의와 형평에 반하여 허용될 수 없다 할 것이고, 따라서 회사는 물론 그 배후자인 타인에 대하여도 회사의 행위에 관한 책임을 물을 수 있다고 보아야 할 것이다.

기록에 의하면, Y는 종전부터 U유통 주식회사, J산업 주식회사 등 여러 회사를 사실상 지배하면서 이들 회사를 내세워 그 회사 명의로 또는 자신의 개인 명의로 빌딩 또는 오피스텔 등의 분양사업을 하여 왔고, 이러한 사업의 일환으로 이 사건 건물의 분양 및 관리를 위하여 1991. 5. 3. A회사 전 대표이사인 C로부터 A회사의 주식을 양수한 다음 자신이 A회사의 대표이사로 취임하였고, A회사 주식은 모두 5,000주인데 현재 외형상 Y등 4인 명의로 분산되어 있으나 실질적으로는 Y가 위 주식의 대부분을 소유하고 있고, 주주총회나 이사회의 결의 역시 외관상 회사로서의 명목을 갖추기 위한 것일 뿐 실질적으로는 이러한 법적 절차가 지켜지지 아니한 채 Y개인의 의사대로 회사 운영에 관한 일체의 결정이 이루어져온 사실, A회사 사무실은 현재 폐쇄되어 그 곳에 근무하는 직원은 없고, A회사가 수분양자들로부터 지급받은 분양대금 약 78억원 중 30억원 가량은 Y가 임의로 자신의 명의로 위 C로부터 이 사건 건물의 부지인 이 사건 대지를 매입하는 자금으로 사용하였고 회사채권자들에 의한 강제집행에 대비하여 위 대지에 관하여 제 3 자 명의로 가등기를 경료하였다가 이를 말소하는 등 A회사의 재산과 Y개인 재산이 제대로 구분되어 있지도 아니한 사실, A회사가 시행하는 이 사건 공사는 공사 발주금액만도 166억원 가량에 이르는 대규모 공사이고 이 사건 건물의 분양대금도 수백억원에 이르는 데에 반하여 A회사의 자본금은 5,000만원에 불과할 뿐만 아니라 이마저도 명목상의 것에 불과하고 위

분양대금으로 매수한 이 사건 대지는 Y 개인 명의로 소유권이전등기가 경료되어 있고 나머지 분양대금 역시 그 용도가 명확히 밝혀지지 아니한 채 모두 사용되어 버려 A회사의 실제 자산은 사실상 전혀 없다시피 한 사실을 인정할 수 있다.

이와 같은 Y의 A회사 주식양수 경위, Y의 A회사에 대한 지배의 형태와 정도, Y와 A회사의 업무와 재산에 있어서의 혼융 정도, A회사의 업무실태와 지급받은 분양대금의 용도, A회사의 오피스텔 신축 및 분양사업의 규모와 그 자산 및 지급능력에 관한 상황 등 제반 사정에 비추어 보면 A회사는 형식상은 주식회사의 형태를 갖추고 있으나 이는 회사의 형식을 빌리고 있는 것에 지나지 아니하고 그 실질은 배후에 있는 Y의 개인기업이라 할 것이고 따라서 A회사가 분양사업자로 내세워져 수분양자들에게 이 사건 건물을 분양하는 형식을 취하였다 할지라도 이는 외형에 불과할 뿐이고 실질적으로는 위 분양사업이 완전히 Y의 개인사업과도 마찬가지라고 할 것이다.

그런데 Y는 아무런 자력이 없는 A회사가 자기와는 별개의 독립한 법인격을 가지고 있음을 내세워 이 사건 분양사업과 관련한 모든 책임을 A회사에게만 돌리고 비교적 자력이 있는 자신의 책임을 부정하고 있음이 기록상 명백한바, 이는 신의성실의 원칙에 위반되는 법인격의 남용으로서 심히 정의와 형평에 반하여 허용될 수 없다 할 것이고, 따라서 A회사로부터 이 사건 오피스텔을 분양받은 X로서는 A회사는 물론 A회사의 실질적 지배자로서 그 배후에 있는 Y에 대하여도 위 분양계약의 해제로 인한 매매대금의 반환을 구할 수 있다 할 것이다.

같은 취지의 원심의 사실인정과 판단은 위에서 본 법리에 따른 것으로서 옳다 할 것이고, 거기에 상고이유에서 지적하는 바와 같이 채증법칙에 위배하여 사실을 잘못 인정하였거나 법리를 오해한 위법이 없다. 그러므로 상고를 모두 기각한다[대판 2001. 1. 19, 97 다 21604(공보 2001, 485)].

동지: 대판 2004. 11. 12, 2002 다 66892(공보 2004, 2013)(기존회사가 채무를 면탈할 목적으로 기업의 형태·내용이 실질적으로 동일한 신설회사를 설립하였다면, 신설회사의 설립은 기존회사의 채무면탈이라는 위법한 목적달성을 위하여 회사제도를 남용한 것이므로, 기존회사의 채권자에 대하여 위 두 회사가 별개의 법인격을 갖고 있음을 주장하는 것은 신의성실의 원칙상 허용될 수 없다 할 것이어서 기존회사의 채권자는 위 두 회사 어느 쪽에 대하여도 채무의 이행을 청구할 수 있다. 따라서 피고회사가 원고들에 대하여 별개의 법인격임을 내세워 그 책임을 부정하는 것은 신의성실의 원칙에 반하거나 법인격을 남용하는 것으로서 허용될 수 없다); 동 2006. 8. 25, 2004 다 26119(공보 2006, 1600)(친자회사는 상호간에 상당 정도의 인적·자본적 결합관계가 존재하는 것이 당연하므로, 자회사의 임·직원이 모회사의 임·직원 신분을 겸유하고 있었다거나 모회

사가 자회사의 전 주식을 소유하여 자회사에 대해 강한 지배력을 가진다거나 자회사의 사업규모가 확장되었으나 자본금의 규모가 그에 상응하여 증가하지 아니한 사정 등만으로는 모회사가 자회사의 독자적인 법인격을 주장하는 것이 자회사의 채권자에 대한 관계에서 법인격의 남용에 해당한다고 보기에 부족하고, 적어도 자회사가 독자적인 의사 또는 존재를 상실하고 모회사가 자신의 사업의 일부로서 자회사를 운영한다고 할 수 있을 정도로 완전한 지배력을 행사하고 있을 것이 요구되며, 구체적으로는 모회사와 자회사간의 재산과 업무 및 대외적인 기업거래활동 등이 명확히 구분되어 있지 않고 양자가 서로 혼용되어 있다는 등의 객관적 징표가 있어야 하며, 자회사의 법인격이 모회사에 대한 법률 적용을 회피하기 위한 수단으로 사용되거나 채무면탈이라는 위법한 목적 달성을 위하여 회사제도를 남용하는 등의 주관적 의도 또는 목적이 인정되어야 한다—이 판결의 결론에서는 법인격부인론을 채택하지 않았으나, 이러한 경우 법인격부인론을 주장할 수 있는 기준〈요건〉을 제시함); 동 2008. 8. 21, 2006 다 24438(공보 2008, 1269)(기존회사가 채무를 면탈하기 위하여 기업의 형태·내용이 실질적으로 동일한 신설회사를 설립하였다면, 신설회사의 설립은 기존회사의 채무면탈이라는 위법한 목적달성을 위하여 회사제도를 남용한 것에 해당한다. 이러한 경우에 기존회사의 채권자에 대하여 위 두 회사가 별개의 법인격을 갖고 있음을 주장하는 것은 신의성실의 원칙상 허용될 수 없으므로, 기존회사의 채권자는 위 두 회사 어느 쪽에 대하여도 채무의 이행을 청구할 수 있다. 여기에서 기존회사의 채무를 면탈할 의도로 신설회사를 설립한 것인지 여부는 기존회사의 폐업 당시 경영상태나 자산상황, 신설회사의 설립시점, 기존회사에서 신설회사로 유용된 자산의 유무와 그 정도, 기존회사에서 신설회사로 이전된 자산이 있는 경우 그 정당한 대가가 지급되었는지 여부 등 제반 사정을 종합적으로 고려하여 판단하여야 한다.—이 사건에서 원심은 법인격을 부인하였으나, 대법원은 다른 사정을 충분히 고려하지 아니하고 신설회사가 기존회사의 대표이사에 의하여 지배되고 있다는 사정에 기초하여 채무면탈의 목적으로 신설회사를 설립한 경우로 볼 수 없다고 하여 원심판결을 파기함); 동 2008. 9. 11, 2007 다 90982(공보 2008, 1365)(회사가 외형상으로는 법인의 형식을 갖추고 있으나 법인의 형태를 빌리고 있는 것에 지나지 아니하고 실질적으로는 완전히 그 법인격의 배후에 있는 사람의 개인기업에 불과하거나, 그것이 배후자에 대한 법률적용을 회피하기 위한 수단으로 함부로 이용되는 경우에는, 비록 외견상으로는 회사의 행위라 할지라도 회사와 그 배후자가 별개의 인격체임을 내세워 회사에게만 그로 인한 법적 효과가 귀속됨을 주장하면서 배후자의 책임을 부정하는 것은 신의성실의 원칙에 위배되는 법인격의 남용으로서 심히 정의와 형평에 반하여 허용될 수 없고, 따라서 회사는 물론 그 배후자인 타인에 대하여도 회사의 행위에 관한 책임을 물을 수 있다고 보아야 한다. 여기서 회사가 그 법인격의 배후에 있는 사람의 개인기업에 불과하다고 보려면, 원칙적으로 문제가 되고 있는 법률행위나 사실행위를 한 시점을 기준으로 하여, 회사와 배후자 사이에 재산과 업무가 구분이 어려울 정도로 혼용되었는지 여부, 주주총회나 이사회를 개최하지 않는 등 법률이나 정관에 규정된 의사결정절차를 밟지 않았는지 여부, 회사 자본의 부실 정도, 영업의 규모 및 직원의 수 등에 비추어 볼 때, 회사가 이름뿐이고 실질적으로는 개인 영업에 지나지 않는 상태로 될 정도로 형해화되어야 한다. 또한, 위와 같이 법인격이 형해화될 정도에 이르지 않더라도 회사의 배후에 있는 자가 회사의 법인격을 남용한 경우, 회사는 물론 그 배후자에게 대하여도 회사의 행위에 관한 책임을 물을 수 있으나, 이 경우 채무면탈 등의 남용행위를 한 시점을 기준으로 하여, 회사의 배후에 있는 사람이 회사를 자기 마음대로 이용할 수 있는 지배적 지위에 있고, 그와 같은 지위를 이용하여 법인 제도를 남용하는 행위를 할 것이 요구되며, 위와 같이 배후자가 법인 제도를 남용하였는지 여부는 앞서 본 법인격 형해화의 정도 및 거래상대방의 인식이나 신뢰 등 제반 사정을 종합적으로 고려하여 개별적으로 판단하여야 한다.—이 사건에서 원심은 법인격을 부인하였으나, 대법원은 위의 요건이 구비되지 않았다 하여 법인격을 부인하지 않음): 동 2010. 1. 14, 2009 다 77327(기존회사가 채무를 면탈하기 위하여 기업의 형태·내용이 실질적으로 동일한 신설회사를 설립하였다면, 신설회사의 설립은 기존회사의 채무면탈이라는 위법한 목적달성을 위하여 회사제도를 남용한 것에 해당하고, 이러한 경우에 기존회사의 채권자에 대하여 위 두 회사가 별개의 법인격을 갖고 있음을 주장하는 것은 신의성실의 원칙상 허용될 수 없으므로, 기존회사의 채권자는 위 두 회사 어느 쪽에 대하여서도 채무의 이행을 청구할 수 있다. 여기에서 기존회사의 채무를 면탈할 의도로 신설회사를 설립한 것인지 여부는 기존회사의 폐업 당시 경영상태나 자산상황, 신설회사의 설립시점, 기존회사에서 신설회사로 유용된 자산의 유무와 그 정도, 기존회사에서 신설회사로 이전된 자산이 있는 경우 그 정당한 대가가 지급되었는지 여부 등 여러 사정을 종합적으로 고려하여 판단하여야 한다); 동 2011. 5. 13, 2010 다 94472(공보 2011, 1168)(기존회사가 채무를 면탈할 목적으로 기업의 형태·내용이 실질적으로 동일한 신설회사를 설립하였다면, 신설회사 설립은 기존회사의 채무면탈이라는 위법한 목적달성을 위하여 회사제도를 남용한 것이므로, 기존회사의 채권자에게 위 두 회사가 별개의 법인격을 갖고 있음을 주장하는 것은 신의성실 원칙상 허용될 수 없다 할 것이어서 기존회사의 채권자는 위 두 회사 어느 쪽에 대하여서도 채무 이행을 청구할 수 있고, 이와 같은 법리는 어느 회사가 채무를 면탈할 목적으로 기업의 형태·내용이 실질적으로 동일한 이미 설립되어 있는 다른 회사를 이용한 경우에도 적용된다. 기존회사의 채무를 면탈할 의도로 다른 회사 법인격을 이용하였는지는 기존회사의 폐업 당시 경영상태나 자산상황, 기존회사에서 다른 회사로 유용된 자산의 유무와 정도, 기존회사에서 다른 회사로 이전된 자산이 있는 경우 정당한 대가가 지급되었는지 등 제반 사정을 종합적으로 고려하여 판단하여야 한다. 아파트 신축사업을 추진하던 갑〈甲〉 회사와 을〈乙〉 회사가 사업부지인 토지의 공유지분을 소유하고 있던 병〈丙〉과, 그에게서 공유지분을 이전받는 대신 신축 아파트 1세대를 분양해 주기로 하는 내용의 약정을 체결하면서 담보로 당좌수표를 발행해 주고, 그 약정에 따라 을 회사와 병이 분양계약을 체결하여 갑 회사가 공유지분을 이전받았는데, 아파트 공사 진행 중 갑·을 회사가 위 토지와 사업권을 정〈丁〉 회사와 무〈戊〉 회사를 거쳐 기〈己〉 회사에 매도한 사안에서, 위 회사들은 모두 영업목적이 동일하고 법인 소재지도 상당 부분 일치하는 점, 위 회사들은 을 회사의 대표이사였던 자가 사실상 지배하는 회사인 점, 위 토지 외에 별다른 자산이 없었던 갑·을 회사가 부도가 이미 발생하였거나 임박하여 위 토지와 사업권을 정당한 대가를 지급받지 않고 정 회사에 양도한 것으로 보이고, 정 회사에서 무 회사를 거쳐 기 회사에게 위 토지와 사업권이 이전되는 과정에서도 정당한 대가가 지급되었다고 볼 만한 자료가 없는 점, 갑·을 회사가 병에게서 이전받은 공유지분이 포함된 위 토지와 사업권을 정 회사에 양도하면서 위 약정 등에 따른 병에 대한 채무를 부도난 갑·을 회사에 남겨둔 점 등을 종합할 때, 위 회사들은 을 회사의 대표이사였던 자가 사실상 지배하는 동일한 회사로서 갑·을 회사가 병에 대한 채무를 면탈할 목적으로 다른 회사의 법인격을 내세운 것으로 볼 여지가 충분하므로, 갑·을 회사의 채권자인 병은 갑·을 회사뿐만 아니라 기 회사에 대해서도 위 약정에 기한 채무의 이행을 청구할 수 있다); 동 2016. 4. 28, 2015 다 13690(회사가 외형상으로는 법인의 형식을 갖추고 있으나 법인의 형태를 빌리고 있는 것에 지나지 아니하고 실질적으로는 완전히 그 법인격의 배후에 있는 타인의 개인기업에 불과하거나 그것이 배후자에 대한 법률적용을 회피하기 위한 수단으로 함부로 이용되는 경우에는, 비록 외견상으로는 회사의 행위라 할지라도 회사와 그 배후자가 별개의 인격체임을 내세워 회사에게만 법적 효과가 귀속됨을 주장하면서 배후자의 책임을 부정하는 것은 신의성실의 원칙에 위반되는 법인격의 남용으로서 정의와 형평에 반하여 허용될 수 없고, 회사는 물론 그 배후자인 타인에 대하여도 회사의 행위에 관한 책임을 물을 수 있다. 또한 기존회사가 채무면탈의 목적으로 기업의 형태나 내용이 실질적으로 동일한 회사를 설립하였다면, 신설회사의 설립은 기존회사의 채무면탈이라는 위법한 목적달성을 위하여 회사제도를 남용한 것이므로, 기존회사의 채권자에 대하여 두 회사가 별개의 법인격을 갖고 있음을 주장하는 것은 신의성실의 원칙상 허용될 수 없고, 기존회사의 채권자는 두 회사 어느 쪽에 대하여서도 채무 이행을 청구할 수 있다); 인천지판 2016. 7. 12, 2015 가단 245786(운송업을 하는 갑이 개인사업체인 을 업체를 운영하는 병과 운송계약을 체결한 후 을 업체 공장에 설치된 작업용 엘리베이터를 타고 포장자재 이동작업을 하던 중 추락하여 부상을 입자 병을 상대로 손해배상을 구하는 소를 제기하여 일부 승소 확정판결을 받았는데, 제 1 심판결 선고 이후 소송 계속 중 갑이 병의 예금채권에 대하여 채권압류 및 추심명령을 받았고, 그 직후 병이 을 업체 공장 소재지에 을 업체와 주된 업무가 동일한 정 주식회사를 설립하자 갑이 정 회사를 상대로 위 확정판결에서 인정된 손해배상금 등의 지급을 구한 사안에서, 사고 발생 당시 병이 운영하던 을 업체의 상호와 정 회사의 상호가 '회사'를 나타내는 부분을 제외하고는 동일하고, 을 업체와 정 회사의 본점소재지, 을 업체의 대표와 정 회사의 대표이사, 을 업체와 정 회사의 주된 업무가 모두 동일한 점 등에 비추어 병은 채무를 면탈할 목적으로 정 회사를 설립하여 회사제도를 남용하였으므로, 갑은 병 개인뿐만 아니라 정 회사에 대하여도 채무의 이행을 구할 수 있다); 대판 2021. 4. 15, 2019 다 293449(공보 2021, 966)(주식회사는 주주와 독립된 별개의 권리주체이므로 그 독립된 법인격이 부인되지 않는 것이 원칙이다. 그러나 개인이 회사를 설립하지 않고 영업을 하다가 그와 영업목적이나 물적 설비, 인적 구성원 등이 동일한 회사를 설립하는 경우에 그 회사가 외형상으로는 법인의 형식을 갖추고 있으나 법인의 형태를 빌리고 있는 것에 지나지 않고, 실질적으로는 완전히 그 법인격의 배후에 있는 개인의 개인기업에 불과하거나, 회사가 개인에 대한 법적 책임을 회피하기 위한 수단으로 함부로 이용되고 있는 예외적인 경우까지 회사와 개인이 별개의 인격체임을 이유로 개인의 책임을 부정하는 것은 신의성실의 원칙에 반하므로, 이러한 경우에는 회사의 법인격을 부인하여 그 배후에 있는 개인에게 책임을 물을 수 있다. 나아가 그 개인과 회사의 주주들이 경제적 이해관계를 같이하는 등 개인의 새로 설립한 회사를 실질적으로 운영하면서 자기 마음대로 이용할 수 있는 지배적 지위에 있다고 인정되는 경우로서, 회사 설립과 관련된 개인의 자산 변동 내역, 특히 개인의 자산이 설립된 회사에 이전되었다면 그에 대하여 정당한 대가가 지급되었는지 여부, 개인의 자산이 회사에 유용되었는지 여부와 그 정도 및 제 3 자에 대한 회사의 채무 부담 여부와 그 부담 경위 등을 종합적으로 살펴보아 회사와 개인이 별개의 인격체임을 내세워 회사 설립 전 개인의 채무 부담행위에 대한 회사의 책임을 부인하는 것이 심히 정의와 형평에 반한다고 인정되는 때에는 회사에 대하여 회사 설립 전에 개인이 부담한 채무의 이행을 청구하는 것도 가능하다고 보아야 한다).

[평석][1]

1) 법인격부인론의 적용요건 위의 대법원판결은 법인격부인론의 적용요건을 설시하면서 법인격부인론을 명백히 채택한 최초의 판결이라고 볼 수 있다.[2]

A회사의 법인격을 부인하기 위하여는 앞에서 본 바와 같이 지배(형태)요건과 자본불충분(공정)요건이 필요한데, 이 판결에서 대법원이 "A회사의 주식은 모두 5,000주인데 현재 외형상 Y 등 4인 명의로 분산되어 있으나 실질적으로는 Y가 위 주식의 대부분을 소유하고 있고, 주주총회나 이사회의 결의 역시 외관상 회사로서의 명목을 갖추기 위한 것일 뿐 실질적으로는 이러한 법적 절차가 지켜지지 아니한 채 Y 개인의 의사대로 회사운영에 관한 일체의 결정이 이루어져 온 사실…" 등을 지적한 점은 Y가 회사를 사실상 지배하고 있어 A회사의 법인격을 부인하기 위한 지배(형태)요건을 충족하고 있음을 밝히고 있다고 볼 수 있다. 또한 이 판결에서 대법원이 "A회사가 시행하는 이 사건 공사는 공사발주금액만도 166억원 가량에 이르는 대규모 공사이고 이 사건 건물의 분양대금도 수백억원에 이르는 데에 반하여 A회사의 자본금은 5,000만원에 불과할 뿐만 아니라 이마저도 명목상의 것에 불과하고…" 등을 지적한 점은 A회사의 자본금이 그의 사업규모에 비하여 너무나 불충분하여 A회사의 법인격을 부인하기 위한 자본불충분(공정)요건을 충족하고 있음을 밝히고 있다고 볼 수 있다. 따라서 위의 대법원판결이 법인격부인론의 적용요건을 개별적으로 나누어서 이를 충족하고 있음을 밝히지는 않았으나 그 내용에서는 위의 두 요건을 충족하고 있음을 상세하게 설명하고 있는데, 이는 적절하고 또한 타당하다고 본다. 따라서 위의 대법원판결은 법인격부인론을 명백하게 채용하고 있는 점을 이론적으로 밝힌 점에서 의미가 있을 뿐만 아니라, 그 적용요건을 지배(형태)요건과 자본불충분(공정)요건으로 보고 있는 점에서도 그 의미가 크다고 볼 수 있다. 따라서 법인격부인론을 적용하기 위한 지배(형태)요건과 자본불충분(공정)요건은 우리나라의 판례에서도 인정되고 있는 기준이라고 볼 수 있다.

앞에서 본 편의치적과 관련한 1988년 11월 22일자의 대법원판결에 비하여 위의 대법원판결은 법인격부인론의 이론 및 그 요건 등에 대하여 상세하게 판시하고 있는 점에서 볼 때 법인격부인론을 (최초로) 명백하게 채택한 판결인 점에서는 의문의 여지가 없다고 볼 수 있다. 만일 1988년 11월 22일자의 대법원판결이 우리 대법원이 최초로 명백히 법인격부인론을 채택한 판결이라고 하면 위

1) 이에 관한 상세는 정찬형, "법인격부인론," 「고려법학」(고려대 법학연구원), 제37호(2001), 293~311면; 동, "회사의 법인격부인론," 「고시계」, 2001. 7, 49~64면.

2) 동지: 송호영, 전게논문(저스티스 통권 제66호), 260면.

의 본판결은 당연히 참조판례로서 1988년 11월 22일자의 대법원판결을 인용하였어야 할 것으로 본다. 그러나 위의 판결에서 인용한 참조판례에는 1988년 11월 22일자 대법원판결은 없고 법인격부인론의 채택을 거부한 대법원 1977. 9. 13. 선고 74 다 954 판결만을 인용하고 있다. 이 점은 판결을 한 대법원 스스로 1988년 11월 22일자의 판결을 법인격부인론을 채택한 것이 아니라고 자인한 것으로도 볼 수 있다.

만일 위의 대법원판결이 참조판례로 인용한 위의 1977년 9월 13일자의 대법원판결과는 달리 법인격부인론을 명백히 채택한 최초의 판결이라면 1977년 9월 13일자의 대법원판결과의 관계를 명백히 하기 위하여 대법원 전원합의체의 판결에 의하여 종전의 의견을 변경하였어야 하지 않을까 생각한다(법원조직법 제7조 1항 3호 참조).

2) 법인격부인론의 적용 위에서 본 바와 같이 법인격부인론은 계약에서 뿐만 아니라 불법행위에서도 적용되는데, 위의 대법원판결이 법인격부인론을 적용한 것은 계약에서 적용한 것이다. 법인격부인론이 계약에서 적용되는 경우에는 위에서 본 바와 같이 자본불충분요건을 적용함에 있어서 회사와 계약을 체결하는 상대방의 인식 또는 상대적 인식을 고려하여야 한다. 그런데 이 점에 대하여 위의 대법원판결이 일체의 언급이 없는 점은 아쉽게 생각하나, 본건 사건에서 오피스텔을 분양받는 일반인인 X는 특별한 사정이 없는 한 A회사의 자본불충분에 대하여 인식하고 있거나 인식할 수 있었다고는 볼 수 없을 것이다. 따라서 이 때에 A회사의 법인격이 X에 대하여 부인되는 점은 동일하므로 위의 대법원판결이 X에 대하여 A회사의 법인격을 부인한 결론은 타당하다고 본다.

3) 법인격부인론의 인정여부 및 인정범위 위에서 본 바와 같이 법인격부인의 목적은 법인격의 남용을 방지하여 구체적인 사안에서 정의와 형평에 맞게 하고자 하는 것이므로 법인격부인론을 인정하는 것이 타당하다고 보는데, 이러한 점에서 볼 때 위의 대법원판결이 A회사의 법인격을 부인하여 A회사의 사실상의 1인주주인 Y에게 X에 대한 A회사의 채무를 이행하도록 한 것은 정의와 형평에 맞고 또한 법인격을 남용하는 자를 규제하는 것으로서 매우 타당하다고 본다.

또한 법인격부인론을 인정하는 견해에서도 이 이론은 종래의 사법이론에 의하여 적절히 해결될 수 없는 경우에만 보충적으로 적용된다는 견해가 있으나, 이와 같이 해석하면 권리남용 또는 신의칙 위반 등과 같은 포괄적인 사법규정이 있는 성문법주의 국가에서는 사실상 이 이론의 적용을 배척하는 것과 동일한 결과가 되므로 다른 사법이론에 의하여 해결할 수 없는 경우에 비로소 인정하는 것으로 제한할 것이 아니다. 다른 사법이론에 명백히 상충되지 않는 한 인정되어야 한다는 점에 대하여는 위에서 본 바와 같다.

위의 대법원판결은 Y가 X에 대하여 A회사만이 책임이 있다고 주장하는 것은 "… 이는 신의성실의 원칙에 위반되는 법인격의 남용으로서 심히 정의와 형평에 반하여 허용될 수 없다"고 판시하고 있는데, 이 점은 본건 사안이 법인격부인의 요건에 해당하는 경우에는 다른 사법규정(민 2조)이 적용되는 경우에도 법인격부인론을 채택한 것으로 볼 수 있다. 이와 같이 볼 때 위의 대법원판결은 법인격부인론은 전통적인 사법이론(구체적 규정 및 포괄규정을 포함하여)이 전혀 적용될 수 없는 경우에만 보충적으로 적용되는 것이 아니라, 그러한 규정과 병존하여 적용되는 점을 밝힌 점에서도 큰 의미가 있다고 본다.

4) 법인격부인론의 실정법상 근거 법인격부인론의 실정법상 근거에 대하여 우리나라의 학설은 위에서 본 바와 같이 민법 제2조 2항의 권리남용금지 또는 민법 제2조 1항의 신의칙 위반에서 구하는 견해도 있으나, 법인격의 개념에 내재하는 한계에서 찾는 것이 가장 타당하므로 상법 제169조에서 구하여야 할 것이다.

위의 대법원판결이 법인격부인론을 채택하는 경우 이의 실정법상 근거에 대하여는 직접적으로 명백히 밝히고 있지 않으나, 판결문상 "신의성실의 원칙에 위반하는 법인격의 남용으로서…"라고 판시한 점에서만 보면 민법 제2조에서 구하는 것이 아닌가 추측할 수 있으나, 또한 이 판결에 대한 참조조문을 민법 제2조뿐만 아니라 상법 제169조(2011년 4월 개정상법 이전에는 제171조 제1항)도 인용하고 있는 점에서 보면 상법 제169조에도 근거하고 있는 것으로 볼 수 있을 것으로 생각한다.

5) 법인격부인의 효과 법인격부인의 실체법상 효력은 법인격을 영원히 박탈하는 것이 아니라 법인격이 남용된 특정한 경우에 한하여 그 회사의 독립된 법인격이 부인되어 그 회사와 사원(주주)은 동일한 실체로 취급되어 사원(회사)은 회사(사원)의 채무를 변제할 책임이 있게 되는 것이다.

위의 대법원판결도 법인격부인의 효과에 대하여 "X로서는 A회사는 물론 A회사의 실질적 지배자로서 그 배후에 있는 Y에 대하여도 위 분양계약의 해제로 인한 매매대금의 반환을 구할 수 있다"고 판시하고 있는데, 이 점은 법인격이 부인된 한도에서 A회사와 사원인 Y는 동일한 실체인 것으로 취급되어 Y는 A회사의 채권자인 X에 대하여 개인적으로 변제할 책임을 인정한 것으로 타당하다고 보겠다.

위의 대법원판결에서는 법인격부인의 소송법상의 효력에 대하여는 언급이 없으나, 이는 이러한 점이 특히 문제가 되지 않았기 때문인 것으로 보인다. 그러나 법인격부인은 소송법상의 효력(기판력 및 집행력 등)에게까지 미치는 것이 아니므로,[1] 위의 사건에서 X가 A 회사에 대한 집행권원(채무명의)을 가지고

---

1) 동지: 대판 1995. 5. 12, 93 다 44531(공보 994, 2090).

Y의 재산에 대하여 강제집행을 할 수는 없다.

6) 기 타 법인격부인론의 적용요건에 대하여 위에서 본 요건(지배요건 및 자본불충분요건)과는 달리 (i) 회사법인격 형해론(회사가 실질적으로는 출자자의 개인기업에 지나지 않는 경우) 및 (ii) 법인격 남용론(회사의 배후에서 사실상 지배하는 자가 위법 또는 부당한 목적을 위하여 회사의 법인격을 악용하는 경우)을 들고 있는 견해가 있다.[1] 또한 위의 판결에 대하여 이러한 법인격부인론의 적용요건에 관한 견해와 관련시켜 "위의 판결에서는 두 가지 의미를 도출할 수 있는데, (i) 첫째는 구체적인 사정에 따라서는 법인격의 형해화를 인정할 수 있다는 점이고, (ii) 둘째는 그러한 상태에서는 이미 법인격이 부인될 수 있는 지위에 놓인 것이므로 그 배후에 있는 자가 독립된 법인격을 내세워 자신의 면책을 주장하는 것은 법인격의 남용에 해당하는 점이다. 요컨대 법인격이 부인되는 것으로서 법인격의 형해화 및 남용을 엄격히 구별할 실익은 없다는 점이다"고 평석하는 견해가 있다.[2]

위의 (i) 회사법인격 형해론은 법인격부인의 두 요건(지배요건 및 자본불충분)이 갖추어진 회사에 대하여 붙여진 다른 표현으로 볼 수 있다. 또한 (ii) 법인격 남용론은 신의칙 위반 등과 같이 추상적이고 포괄적인 규범적 개념으로 이는 법인격부인론의 실정법적 근거는 될 수 있을지라도,[3] 이를 사실판단의 하나의 기준이 되는 법인격부인론의 적용요건으로 볼 수는 없다고 본다.[4] 이와 같이 보면 법인격부인론의 적용요건으로 회사법인격 형해론 및 법인격 남용론을 드는 것은 적절하지 않다고 보며, 또한 이 두 개념은 그 지위(차원)가 서로 다른 것인데 이 양자를 구별할 실익이 없다고 설명하는 것은 더욱 문제가 있다고 본다.

4. 기 타

상법상 회사의 정의규정(상 169조)에 나타난 회사의 요소는 앞에서 살펴본 영리성 및 법인성의 두 가지이나, 이 밖에 상법의 일반규정의 적용에 있어서 회사는 태생적인 「상인성」과 설립에 있어서 「준칙성」이 있다. 이 점에서도 회사는 자연인이나 다른 법인(비영리법인)과 구별된다.[5]

1) 임(재), (회 I) 65~66면; 송(옥), 711~712면.
2) 김준호, "법인격부인론의 요건 및 효과," 법률저널, 제143호(2001. 5. 1), 5면.
3) 동지: 김교창, "법인격부인의 법리," 「회사법의 제문제」, 1982, 197~203면[법인격부인의 요건을 (i) 회사의 존재, (ii) 지배, (iii) 법인격의 남용·신의칙 위반으로 보면서, (iii)은 규범적 요건으로서 실정법적 근거가 된다고 한다].
4) 정찬형, 전게 논문(현대민상법의 연구), 398~399면.
5) 회사의 상인성과 준칙성을 인정하는 견해로는 정(희), 279면; 손(주), 438면; 최(기), 489면. 이에 반하여 이러한 상인성과 준칙성은 당연한 것으로 상법상의 회사의 요소가 될 수 없다는 견해로는 정(동), 10면 주 1; 채, 370면.

⑴ 상 인 성

회사의 영리성(상 169조)으로부터 당연히 회사의 상인성이 나온다(상 4조, 5조 2항). 따라서 회사는 태생적 상인이다. 그러므로 회사는 자연인 또는 비영리법인과는 달리 성립시(상 172조)부터 상인으로서 반드시 상호를 선정하여야 하는데, 그 상호에는 회사의 종류에 따라 합명회사·합자회사·유한책임회사·주식회사·유한회사의 문자를 사용하여야 한다(상 19조).

⑵ 준 칙 성

회사는 상법 회사편의 규정에 따라서만 설립되는 것이지, 주무관청 등의 허가나 면허를 요하지 않는다(준칙성). 회사의 준칙성에 대하여 민사회사의 경우에는 명문으로 규정하고 있다(민 39조 1항). 상사회사의 경우에는 이에 관한 명문규정은 없으나, 민사회사의 경우와 같다. 영리법인이라 할지라도 이 요건을 갖추지 않으면 회사가 아니다. 회사의 실체인 자본과 인력의 결합방법의 준칙성 때문에도 회사는 그 설립에 주무관청의 허가를 요하는 비영리법인(민 32조) 등과 구별된다.

제2 회사의 종류

회사는 여러 가지 기준에 따라 다음과 같이 분류된다.

I. 상법상의 종류[1)]

⑴ 합명회사·합자회사·유한책임회사·주식회사·유한회사(사원의 책임에 따른 종류)[2)]

이 구별은 상법에 의한 것이며(상 170조), 그 구별의 표준은 사원이 어떠한 책임을 지는가에 있다.

책임이라는 말은 사법상 여러 가지 뜻으로 사용되고 있지만, 회사법상의

1) 이에 관한 상세는 정찬형, "상법상 각종 회사의 비교,"「고시연구」, 1991. 2, 34~49면; 동, "상법상 각종 회사의 사원의 책임,"「월간고시」, 1992. 6, 18~32면 참조.

2) 2020년 12월 말 현재 우리나라에서 등기되어 있는 회사의 총수는 1,254,281개사인데, 이 중 주식회사가 1,139,111개(90.82%), 유한회사가 94,774개(7.56%), 합자회사가 15,660개(1.25%), 합명회사가 2,503개(0.20%), 유한책임회사가 2,233개(0.18%)이다[이(철), (회) 91면].

회사형태(특히 합명회사·합자회사·유한회사)의 실증연구에 관하여는 오수근·김성애, "회사형태의 선택에 관한 실증연구,"「상사법연구」, 제21권 1호(2002), 397~426면 참조.

「협의의 책임」은 회사가 제 3 자에 대하여 채무를 부담하는 경우에 사원이 이것을 변제할 채무를 부담하는가(직접책임) 또 어느 정도로 부담하는가(무한책임·유한책임)이고, 「광의의 책임」은 이러한 협의의 책임에 사원의 출자의무(간접책임)를 포함한다. 회사법상의 협의의 책임에는 회사채무의 증가에 따라 사원이 무한으로 이것을 변제할 채무를 부담하는 「무한책임」(합명회사 사원 및 합자회사 무한책임사원의 책임)과, 일정한 한도에서만 사원이 변제책임을 부담하는 「유한책임」(금액유한책임)(합자회사 유한책임사원의 책임)이 있다. 그런데 사원의 유한책임은 출자의무가 일정한 범위로 한정되고, 그 범위 내에서만 (회사채권자가 아니라 회사에 대하여만) 책임을 진다는 의미로도 사용된다[1)](간접책임)(주식회사·유한책임회사 및 유한회사 사원의 책임).

또한 책임에는 인적 책임과 물적 책임의 구별이 있는데, 인적 책임은 채무자가 전재산으로써 이행을 하게 되는 책임을 말하고, 물적 책임은 채무자가 특정물로써 이행을 하게 되는 책임을 말한다. 회사의 사원의 책임은 모두 인적 책임이고, 물적 책임은 없다.

이하에서는 위의 5종류의 회사를 몇 가지의 기준에 따라 간단하게 비교하여 봄으로써, 상법상 각종 회사의 전반에 관한 이해를 돕고자 한다.

1) 합명회사

㈎ 사 단 성 합명회사의 실질은 조합이므로 내부관계에 관하여는 정관 또는 상법에 다른 규정이 없으면 조합에 관한 민법의 규정이 준용된다(상 195조).

㈏ 사 원

① 수 합명회사 사원의 수는 2인 이상이고(상 178조, 227조 3호), 최고에 대하여는 제한이 없다.

② 출 자 합명회사 사원의 출자목적물은 재산(금전 또는 현물)·노무·신용이고(상 196조·222조·195조, 민 703조 2항), 이의 이행방법 및 시기에 대하여는 제한이 없으므로 각 출자의 종류에 따라 그에 맞는 방법으로 적당한 시기에 이행하면 된다. 다만 채권을 출자의 목적으로 한 사원은 채권의 존재 및 채무자의 자력을 담보한다(상 196조). 사원이 출자의무를 이행하지 않은 경우에는 채무불이행의 일반적 효과가 생기는 외에 제명 등의 원인이 된다(상 220조 1항 1호). 그러나 주식회사(상 421조 2항) 및 유한회사(상 596조)의 경우와는 달리 원칙적으로 출자의 이행을 상계로써 할 수

1) 동지: 주상(제 5 판)(회사 I), 116면.

있다.

③ 책 임 합명회사 사원의 회사채권자(제3자)에 대한 책임은 직접·연대·무한책임을 부담하는 점에서 다른 회사의 사원의 책임과 구별된다.

(i) 합명회사의 사원은 회사채권자에 대하여 「직접책임」을 부담하는 점에서 유한책임회사·주식회사 및 유한회사의 사원이 (원칙적으로) 회사에 대하여만 책임을 부담하고 회사채권자에 대하여는 책임을 부담하지 않는 간접책임을 부담하는 점과 구별된다.

(ii) 합명회사의 사원은 회사채권자에 대하여 「연대책임」을 부담하는데, 이때의 「연대」라는 의미는 사원과 회사간의 연대가 아니라 사원 상호간의 연대를 의미한다. 또한 합명회사 사원의 이러한 연대책임은 상법의 규정에 의하여 당연히 발생하는 법정담보책임이다(상 212조). 따라서 위와 같은 두 가지 점에서 합명회사의 사원의 책임은 민법상 연대보증인의 책임과 구별된다. 그러나 합명회사의 사원의 책임은 민법상 (일반)보증인의 책임과 같이 부종성과 보충성이 있다. 즉, 합명회사의 사원의 책임은 회사의 채무의 존재를 전제로 하고(상 214조 2항), 회사가 회사채권자에게 주장할 수 있는 항변사유로써 사원은 회사채권자에게 대항할 수 있으며(상 214조 1항)(부종성), 또한 사원은 회사에 변제자력이 있고 그 집행이 용이한 것을 증명하여 그 책임을 면할 수 있다(상 212조 3항)(보충성).

(iii) 합명회사의 사원은 그의 전재산으로써 회사채무에 대하여 「무한책임」을 부담한다. 이 점은 민법상 (인적)보증인의 책임과 유사하고 물상보증인의 책임과 구별된다. 그러나 합명회사의 사원의 이러한 무한책임도 절대적인 무한책임은 아니고 회사의 채무의 범위 내에서만 책임을 부담하는 점에서 상대적인 무한책임이다.

④ 교 체 사원의 교체에는 입사와 퇴사와 같은 절대적 교체와, 지분의 양도와 같은 상대적 교체가 있다. 합명회사의 사원의 성명·주민등록번호 및 주소는 정관의 절대적 기재사항이므로(상 179조 3호) 사원의 교체에는 정관변경을 요하고, 정관변경에는 총사원의 동의를 얻어야 한다(상 204조). 합명회사의 사원의 사망은 원칙적으로 퇴사원인이고(상 218조 3호) 상속되지 않는다. 다만 회사의 해산 후 사원이 사망한 경우에 한하여 사원의 지위가 상속된다(상 246조). 또한 사원의 성년후견개시도 퇴사원인이다(상 218조 4호).

합명회사 사원이 그 지분의 전부 또는 일부를 타인에게 양도하기 위하여는 다른 사원의 동의를 얻어야 한다(상 197조).

(다) 기 관

① 의사기관 합명회사는 원칙적으로 사원이 업무를 집행하는 자기기관을 갖고 있으므로 제 3 자기관을 갖고 있는 주식회사나 유한회사에서와 같은 주주총회나 사원총회가 별도로 기관으로서 존재하지 않는다.

② 업무집행기관 (i) 합명회사의 업무집행기관은 원칙적으로 「각 사원」이다(상 200조 1항). 또한 제 3 자에 대하여 회사를 대표하는 자도 원칙적으로 각 사원이다(상 207조 1문).

(ii) 합명회사의 업무집행기관은 예외적으로 정관의 규정에 의하여 「1인 또는 수인의 사원」이 될 수 있다(상 201조 1항). 이 때에는 각 업무집행사원이 제 3 자에 대하여 회사를 대표하는데(상 207조 2문), 정관 또는 총사원의 동의로 업무집행사원 중 특히 회사를 대표할 자를 정할 수 있다(상 207조 3문).

③ 감사(監査)기관 합명회사에는 주식회사에서와 같은 별도의 감사기관(감사〈監事〉 또는 감사위원회)이 없으나 업무집행권을 갖지 않는 사원이 언제든지 회사의 업무와 재산상태를 검사할 수 있다고 본다(상 195조, 민 710조).

④ 임시기관 설립이 간단하고 또 사원이 회사채권자에 대하여 무한책임을 부담하고 자기기관을 갖고 있으므로, 주식회사 또는 유한회사에서와 같은 임시기관인 검사인 등이 존재하지 않는다.

(라) 사원과 회사와의 이익조정

① 사원의 경업피지의무 사원은 「다른 사원」의 동의가 없으면 경업피지의무를 부담한다(상 198조).

② 사원의 자기거래제한 사원은 「다른 사원 과반수」의 결의가 없으면 (자기 또는 제 3 자의 계산으로) 회사와 거래를 할 수 없다(상 199조).

③ 사원과 회사간의 소 사원과 회사간의 소에서 회사를 대표할 사원이 없을 때에는 「다른 사원 과반수」의 결의로 회사를 대표할 사원을 선정하여야 한다(상 211조).

(마) 정관변경 합명회사의 정관을 변경함에는 「총사원」의 동의가 있어야 한다(상 204조). 다만 상법의 이 규정은 임의규정이므로 정관의 규정에 의하여 다수결로 할 수도 있다.

(바) 회계규정 상법상 특별히 규정하고 있지 않다. 따라서 상업장부에

관한 규정(상 29조, 33조)이 적용되고, 민법상 조합의 계산규정이 준용된다(상 195조, 민 711조). 또한 합명회사에서의 자본금이란 재산출자의 총액을 의미하는데, 주식회사의 경우와 같은 중요성도 없고 또한 상법상 정의되고 있지도 않다.

(사) 해산과 청산

① 해 산 해산사유는 (i) 존립기간의 만료, 기타 정관으로 정한 사유의 발생, (ii) 총 사원의 동의, (iii) 사원이 1인이 된 때, (iv) 합병, (v) 파산, (vi) 법원의 해산명령과 해산판결이 있는 때이다(상 227조).

② 청 산 (i) 청산인은 원칙적으로 총사원의 과반수의 결의로 선임되고(상 251조 1항), 예외적으로 업무집행사원이 청산인이 되거나(법정청산인)(상 251조 2항) 또는 일정한 경우에 법원에 의하여 선임된다(상 252조).

(ii) 청산의 방법은 원칙적으로 정관 또는 총사원의 동의로 자유로이 할 수 있는 임의청산에 의하고(상 247조~249조), 예외적으로 법정의 엄격한 절차에 의하여 회사재산을 처분하는 법정청산에 의한다(상 250조 이하).

2) 합자회사

(가) 사 단 성 합자회사는 유한책임사원이 있으므로 합명회사에 비하여 사단성이 있으나, 그 실질은 합명회사와 같이 조합이므로 내부관계에 관하여는 정관 또는 상법에 다른 규정이 없으면 조합에 관한 민법의 규정이 준용된다(상 269조, 195조).

(나) 사 원

① 수 합자회사는 무한책임사원과 유한책임사원으로 조직되는 회사이므로 사원의 수는 당연히 2인 이상이고(상 268조, 269조, 227조 3호), 최고에 대하여는 제한이 없다.

② 출 자 합자회사의 무한책임사원의 출자는 합명회사의 사원의 출자와 완전히 동일하다. 다만 유한책임사원의 출자목적물은 재산(금전 또는 현물)에 한하고, 신용 또는 노무를 출자목적물로 할 수 없다(상 272조). 그러나 출자방법과 시기에는 제한이 없으며 상계도 가능하다.

③ 책 임 합자회사의 무한책임사원의 회사채권자에 대한 책임은 합명회사의 사원의 책임과 완전히 같다. 다만 유한책임사원은 회사채권자에 대하여 직접·연대·유한책임을 부담한다.

(i) 합자회사의 유한책임사원은 그 출자가액에서 이미 이행한 부분을 공제

한 가액을 한도로 하여 회사채권자에 대하여 회사채무를 변제할 책임이 있는 점에서 「직접책임」을 부담한다(상 279조 1항). 이러한 점에서 합자회사의 유한책임사원의 책임의 성질은 주식회사·유한책임회사 또는 유한회사의 책임의 성질과 구별된다.

(ii) 합자회사의 유한책임사원은 출자가액을 한도로 유한책임을 부담한다는 점에서만 무한책임사원의 책임과 구별되고, 그 밖의 점에서는 무한책임사원의 책임과 같으므로 「연대책임」을 부담한다.[1] 따라서 유한책임사원도 다른 사원과 연대하여 책임을 부담하고, 이러한 책임에는 부종성과 보충성이 있다.

(iii) 합자회사의 유한책임사원은 출자가액을 한도로 회사채권자에 대하여 「유한책임」을 부담하는 점에서 무한책임사원의 책임과 구별된다. 그러나 유한책임사원의 출자의무의 이행은 그 범위에서 그 사원의 책임을 소멸시키고, 반대로 회사채권자에 대한 책임의 이행은 그만큼 출자의무를 소멸시킨다. 이러한 점에서 회사에 이익이 없음에도 불구하고 유한책임사원이 배당을 받은 경우에는 그 배당받은 금액만큼 책임한도액이 증대한다(상 279조 2항).

④ 교 체 　합자회사의 무한책임사원의 교체는 합명회사의 사원의 교체와 완전히 같다. 그러나 유한책임사원은 무한책임사원 전원의 동의만 있으면 그 지분의 전부 또는 일부를 타인에게 양도할 수 있다(상 276조). 또한 유한책임사원의 사망 또는 성년후견개시는 퇴사원인이 아니고(상 283조, 284조), 유한책임사원의 지분은 그 상속이 인정된다(상 283조).

㈐ 기 관

① 의사기관 　합명회사의 경우와 동일한 이유로 주주총회나 사원총회와 같은 의사기관이 별도로 존재하지 않는다.

② 업무집행기관 　(i) 합자회사의 업무집행기관은 원칙적으로 「각 무한책임사원」이다(상 273조). 또한 제 3 자에 대하여 회사를 대표하는 자도 원칙적으로 「각 무한책임사원」이다(상 269조, 207조 1문).

(ii) 합자회사의 업무집행기관은 예외적으로 정관의 규정에 의하여 「1인 또는 수인의 무한책임사원」이 될 수 있다(상 273조의 반대해석, 269조, 201조 1항). 이 때에는 업무집행사원이 제 3 자에 대하여 회사를 대표하는데, 정관 또는 총사원의 동의로 업무집행사원 중 특히 회사를 대표할 자를 정할 수 있다(상 269조, 207조 2문 및 3문). 그러나 유한책

1) 동지: 주상(제 5 판)(회사 Ⅰ), 427면.

임사원은 회사의 업무집행이나 대표행위를 하지 못한다(상 278조). 그런데 회사의 업무집행은 내부관계에 속하는 사항이므로 이에 관한 상법의 규정은 임의규정이라고 볼 수 있다. 따라서 합자회사의 정관 또는 내부규정에 의하여 유한책임사원에게 업무집행권을 부여하는 것은 무방하다고 본다(통설).[1] 그러나 회사의 대표권은 외부관계에 속하는 사항이므로 이에 관한 상법의 규정은 강행규정이라고 볼 수 있다. 따라서 합자회사의 정관 또는 내부규정(또는 총사원의 동의)에 의하여 유한책임사원에게 대표권을 부여하고 또 이의 등기까지 경료되었다 하더라도 그러한 사원은 회사대표권을 가질 수 없고 그러한 유한책임사원이 한 대표행위에 대하여는 무권대리 또는 무권대표에 관한 규정이 유추적용될 수 있을 뿐이다(통설[2]·판례[3]).

③ 감사(監査)기관　　합자회사에는 주식회사에서와 같은 별도의 감사기관(감사〈監事〉 또는 감사위원회)이 없고, 유한책임사원(및 업무집행권이 없는 무한책임사원)이 회사의 업무와 재산상태를 검사할 수 있다(상 277조).

④ 임시기관　　합명회사에서와 같은 이유로 검사인 등의 임시기관이 존재하지 않는다.

㈑ 사원과 회사와의 이익조정

① 사원의 경업피지의무　　무한책임사원은 「다른 사원」(유한책임사원을 포함함)의 동의가 없으면 경업피지의무를 부담하나(상 269조, 198조), (업무집행권이 없는) 유한책임사원은 경업피지의무를 부담하지 않는다(상 275조).

② 사원의 자기거래제한　　무한책임사원은 「다른 사원(유한책임사원을 포함함)의 과반수」의 결의가 있는 때에 한하여 (자기 또는 제3자의 계산으로) 회사와 거래를 할 수 있으나(상 269조, 199조), (업무집행권이 없는) 유한책임사원은 이러한 자기거래제한의 규정이 준용되지 않는다고 본다.[4]

③ 사원과 회사간의 소　　합명회사의 경우와 같다(상 269조, 211조).

㈒ 정관변경　　합명회사의 경우와 같다(상 269조, 204조).

---

1) 정(동), (회) 788면; 주상(제5판)(회사 Ⅰ), 426면 외. 동지: 日最高判 1949. 7. 26(民集 3-8, 283); BGHZ 17, 392.

2) 정(동), (회) 790면; 주상(제5판)(회사 Ⅰ), 426~427면 외.

3) 대판 1966. 1. 25, 65 다 2128(집 14 ① 민 15).

4) 동지: 정(희), 349면; 정(동), (회) 789면(자기거래제한을 해제하지 아니한 것은 법전기초상의 과오라고 함) 외.

(바) 회계규정 합명회사의 경우와 같다(상 29~33조 · 269조 · 195조, 민 711조).

(사) 해산과 청산

① 해 산 합자회사의 해산사유는 합명회사의 해산사유와 같은데(상 269조, 227조), 다만 무한책임사원 또는 유한책임사원의 전원이 퇴사한 때가 해산사유에 추가된다(상 285조 1항).

② 청 산 (i) 청산인은 원칙적으로 무한책임사원 과반수의 결의로 선임되는데(상 287조 1문), 예외적으로 업무집행사원이 청산인이 되거나(상 287조 2문) 또는 일정한 경우에 법원에 의하여 선임된다(상 269조, 252조). (ii) 청산의 방법은 합명회사의 경우와 같다(상 269조, 247조~249조, 250조 이하).

3) 유한책임회사

(가) 사 단 성 유한책임회사는 원칙적으로 합명회사의 성격을 갖는데, 이에 예외적으로 주식회사(물적회사)의 성격을 반영한 혼합형 회사형태이다. 그런데 유한책임회사의 내부관계에 관하여는 정관이나 상법에 다른 규정이 없으면 합명회사에 관한 규정을 준용하고(상 287조의 18), 합명회사의 내부관계에 관하여는 정관 또는 상법에 다른 규정이 없으면 조합에 관한 민법의 규정을 준용하므로(상 195조), 유한책임회사도 그 실질은 조합성이 있다고 볼 수 있다. 그러나 유한책임회사는 주식회사(물적회사)의 성격이 반영된 점에서 합명회사보다는 사단성이 어느 정도 반영되어 있다고 볼 수 있다. 그런데 유한책임회사는 물적회사(주식회사 및 유한회사)의 경우와 같이 1인회사의 설립 및 존속이 인정되므로(상 287조의 2, 287조의 38 2호) 이러한 점에서는 사단성에 반하는 면이 있는데, 이는 예외적인 경우라고 볼 수 있다.

(나) 사 원

① 수 유한책임회사는 위에서 본 바와 같이 1인회사의 설립 및 존속이 인정되므로 사원의 수는 1인 이상이고(상 287조의 2, 287조의 38 2호), 최고에 대하여는 제한이 없다.

② 출 자 유한책임회사 사원의 출자목적물은 재산(금전 또는 현물)에 한하고, 신용이나 노무를 출자의 목적으로 하지 못한다(상 287조의 4 1항). 사원은 정관의 작성 후 설립등기를 하는 때까지 금전이나 그 밖의 재산의 출자를 전부 이행하여야 하고(상 287조의 4 2항), 현물출자를 하는 사원은 납입기일에 지체 없이 유한책임회사에 출자의 목적인 재산을 인도하고 등기·등록 그 밖의 권리의 설정

또는 이전이 필요한 경우에는 이에 관한 서류를 모두 갖추어 교부하여야 한다(상 287조의 4 3항). 이 점은 합명회사의 경우와 구별되고, 물적회사(주식회사 및 유한회사)와 유사하다. 유한책임사원이 회사 성립시(설립등기시)까지 출자를 전부 이행하지 않으면 회사가 성립되지 않거나 사원으로 존속할 수 없다.

③ 책 임 유한책임회사 사원의 책임은 상법에 다른 규정이 있는 경우 외에는 그 출자금액을 한도로 한다(상 287조의 7). 이 점은 합명회사의 경우와 구별되고, 물적회사(특히 유한회사)의 경우와 유사하다.

④ 교 체 유한책임회사 사원의 교체에는 합명회사의 경우와 같이 입사(가입)와 퇴사(탈퇴)와 같은 절대적 교체와, 지분의 양도와 같은 상대적 교체가 있다. 유한책임회사 사원의 성명·주민등록번호 및 주소는 정관의 절대적 기재사항이므로(상 287조의 3 1호) 사원의 교체에는 정관변경을 요하고(상 287조의 23 1항), 정관변경에는 (정관에 다른 규정이 없는 경우) 총 사원의 동의가 있어야 한다(상 287조의 16). 다만 유한책임회사의 경우 새로 가입하는 사원은 출자의 전부를 이행하여야 하므로(상 287조의 4 2항 참조), 새로 가입하는 사원이 정관을 변경하기 전에 출자의 전부를 이행하면 '정관을 변경한 때에' 사원 가입의 효력이 발생하고(상 287조의 23 2항 본문), 정관을 변경한 때에 새로 가입하는 사원이 출자에 관한 납입 또는 재산의 전부 또는 일부의 출자를 이행하지 아니한 경우에는 '그 납입 또는 이행을 마친 때'에 사원가입의 효력이 발생한다(상 287조의 23 2항 단서). 이 점은 합명회사의 경우와 구별되는 점이다. 유한책임회사 사원의 퇴사는 대체로 합명회사의 경우와 유사하다(상 287조의 24~287조의 26). 따라서 유한책임회사 사원의 사망은 원칙적으로 퇴사원인이고(상 287조의 25, 287조의 26), 사원의 성년후견개시도 퇴사원인이다(상 287조의 25).

유한책임회사 사원은 정관에 다른 정함이 없는 경우 다른 사원의 동의가 있어야 그 지분의 전부 또는 일부를 양도할 수 있는데(상 287조의 8 1항·3항), 이 점은 합명회사의 경우(상 197조)와 유사하고 물적회사(주식회사 및 유한회사)의 경우와 구별된다. 그러나 업무를 집행하지 않는 유한책임회사 사원은 정관에 다른 규정이 없으면 업무를 집행하는 사원 전원의 동의가 있으면 그 지분의 전부 또는 일부를 타인에게 양도할 수 있는데(상 287조의 8 2항·3항), 이는 합자회사에서 유한책임사원의 지분양도의 경우(상 276조)와 유사하다.

㈐ 기 관

① 의사기관 유한책임회사에서는 인적회사에서와 같이 사원총회가 별

도로 존재하지 않는다. 따라서 유한책임회사에서 사원의 의사결정을 요하는 경우에는(상 287조의 11, 287조의 16 등) 사원총회를 소집할 필요가 없고 적당한 방법으로 사원의 의사를 파악하면 된다.

② 업무집행기관 (i) 유한책임회사는 정관으로 사원 또는 사원이 아닌 자를 업무집행자로 정하여야 하는데(상 287조의 12 1항), 이러한 업무집행자(수 인의 업무집행자가 있는 경우에는 각자)는 회사의 업무를 집행하고(상 287조의 12 2항), 회사를 대표한다(상 289조의 19 1항). 또한 유한책임회사에서는 법인이 업무집행자인 경우의 특칙을 두고 있다(상 287조의 3 4호, 287조의 5 4호, 287조의 15). 유한책임회사가 이와 같이 제 3 자기관을 둘 수 있는 점과 법인인 업무집행자의 특칙을 두고 있는 점은 합명회사의 경우와 구별된다.

(ii) 유한책임회사는 정관으로 둘 이상의 공동업무집행자를 정할 수 있는데 이 경우에는 그 전원의 동의로 업무집행에 관한 행위를 하여야 하고(상 287조의 12 3항), 또한 정관 또는 총사원의 동의로 둘 이상의 업무집행자가 공동으로 회사를 대표할 것을 정할 수 있다(상 287조의 19 3항). 유한책임회사에서 업무집행자가 둘 이상인 경우 원칙적으로 각자 회사를 대표하는데(상 287조의 19 1항), 예외적으로 정관 또는 총사원의 동의로 회사를 대표할 업무집행자를 정할 수 있다(상 287조의 19 2항). 이 점은 합명회사의 경우(상 207조)와 유사하다.

③ 감사(監査)기관 합명회사의 경우와 같이 유한책임회사에서는 주식회사에서와 같은 별도의 감사기관(감사〈監事〉 또는 감사위원회)이 없다. 그러나 업무집행자가 아닌 사원은 (합자회사의 유한책임사원과 같은) 감시권을 갖는다(상 287조의 14).

④ 임시기관 합명회사의 경우와 같이 임시기관인 검사인 등이 별도로 존재하지 않는다.

(라) 업무집행자와 회사와의 이익조정

① 업무집행자의 경업피지의무 유한책임회사의 업무집행자는 「사원 전원」의 동의가 없으면 경업피지의무를 부담한다(상 287조의 10). 이 점은 합명회사의 경우(상 198조)와 같다.

② 업무집행자의 자기거래제한 유한책임회사의 업무집행자는 「다른 사원 과반수」의 결의가 없으면 (자기 또는 제 3 자의 계산으로) 회사와 거래를 할 수 없다(상 287조의 11). 이 점도 합명회사의 경우(상 199조)와 같다.

③ 사원과 회사간의 소 유한책임회사가 사원(사원이 아닌 업무집행자를 포함한다)에 대하여 또는 사원이 유한책임회사에 대하여 소를 제기하는 경우에 유한책임회사를 대표할 사원이 없을 때에는 「다른 사원 과반수」의 결의로 회사를 대표할 사원을 선정하여야 한다(상 287조의 21). 이 점은 합명회사의 경우(상 211조)와 유사하다.

(마) 정관변경 유한책임회사에서 정관을 변경함에는 정관에 다른 규정이 없는 경우 「총사원」의 동의가 있어야 한다(상 287조의 16). 이 점도 합명회사의 경우(상 204조)와 유사하다.

(바) 회계규정 유한책임회사에서는 합명회사의 경우와는 달리 (물적회사의 경우와 같이) 회계에 관한 규정을 두고 있다(상 287조의 32~287조의 37). 따라서 유한책임회사의 회계규정이 있는 범위에서는 상법총칙의 상업장부에 관한 규정(상 29조~33조)의 적용이 배제된다. 또한 유한책임회사의 회계규정에 없는 부분에 대하여는 일반적으로 공정하고 타당한 회계관행에 따른다(상 287조의 32).

(사) 해산과 청산 등

① 해 산 해산사유 중 합명회사와 다른 점은 「사원이 1인으로 된 때」가 해산사유가 아니다(상 287조의 38 2호).

② 청 산 합명회사의 청산과 거의 같다(상 287조의 45). 그런데 합명회사와 다른 점은 임의청산(상 247조~249조)이 인정되지 않고 법정청산만이 인정되며(상 287조의 45, 251조~257조), 청산시에 회사의 현존재산이 그 채무를 변제함에 부족한 때에도 청산인은 각 사원에 대하여 출자를 청구할 수 없는 점(상 287조의 45, 258조를 준용하지 않음)이다.

③ 조직변경 유한책임회사는 인적회사의 경우와는 달리 (물적회사와 같이) 총사원의 동의로 주식회사로 조직변경할 수 있고(상 287조의 43 2항), 또한 주식회사는 총회에서 총주주의 동의로 결의한 경우 유한책임회사로 조직변경을 할 수 있다(상 287조의 43 1항).

4) 주식회사

(가) 사 단 성 주식회사는 일반적으로 「사단」의 성질이 있는데, 상법상 1인설립이 가능하고(상 288조) 또한 1인주주를 해산사유로 규정하고 있지 않으므로 1인주식회사가 가능하다(상 517조 1호). 따라서 이러한 1인주식회사는 사단은 「복수인의 결합체」라는 개념에서 볼 때 그 사단성이 의문시된다. 따라서 주식회사의

재단설도 있으나,[1] 1인주식회사는 주식회사의 특징(주식이 사원에 대체되어 증권화되고 그 자유양도성이 절대적으로 보장되는 점)에서 오는 일시적·과도적 현상으로, 이로 인하여 사단성이 완전히 상실되는 것은 아니므로 주식회사의 사단설이 타당하다고 본다.[2]

(나) 사 원

① 수 주식회사는 앞에서 본 바와 같이 「1인 설립」이 인정되고(상 288조) 또한 「사원이 1인이 된 때」가 해산사유가 아니므로(상 517조 1호), 주식회사의 최저사원의 수는 1인이다. 주식회사의 사원의 최고 수에 대하여는 제한이 없다.

② 출 자 (i) 주주의 출자목적물은 재산(금전 또는 현물)출자에 한정되는데, 원칙적으로 금전출자이고 예외적으로 현물출자가 인정된다(상 295조, 303조, 305조, 421조, 425조).

(ii) 출자의 이행방법은 전액납입(금전출자의 경우) 또는 출자의 목적인 재산을 인도·등기(현물출자인 경우)하여야 한다(상 295조, 305조, 421조, 425조). 이 때 (신주발행의 경우) 신주의 인수인은 납입에 관하여 회사의 동의 없이 회사에 대한 채권을 상계할 수 없다(상 421조 2항).

(iii) 출자시기는 회사설립의 경우는 「회사성립 전」까지이고(상 295조, 305조), 신주발행의 경우는 「납입기일」(신주효력발생 전)까지이다(상 421조 1항).

③ 책 임 주주는 회사에 대하여만 그가 가진 주식의 인수가액을 한도로 책임을 진다(상 331조). 즉, 간접·유한책임을 부담하는 점에서 인적회사의 사원의 책임과 구별되고, 어떠한 경우에도 자본금의 전보책임을 추가로 부담하지 않는 점에서 유한회사의 사원의 책임과 구별된다. 앞에서 본 바와 같이 주주의 이러한 책임은, 회사의 성립 전 또는 신주의 효력발생 전에 전부 이행되어야 하므로, 엄격히는 주식인수인으로서의 책임이라고 볼 수 있다.

④ 교 체 주식회사는 주주의 절대적 교체(입사·퇴사)는 없고, 상대적 교체(주식양도)만이 있다. 주주의 절대적 교체가 인정되지 않음으로 인하여 출자자에게 원본 회수를 용이하게 하기 위하여 주식양도의 자유를 원칙적으로 인정하고 있다. 즉, 주식의 양도는 정관에 다른 규정이 없으면 자유로이 할 수 있다(상 335조 1항). 그리고 주식은 원칙적으로 회사의 성립 후 또는 신주의 납

1) 八木 弘, 「株式會社財團論」, 1963, 1면 이하.
2) 1인회사에 관한 상세는 주상(제5판)(회사 Ⅰ), 107~113면 참조.

입기일 후 지체 없이 발행된 주권의 교부에 의하여 양도된다(상 355조 1항, 336조 1항). 또한 주식은 재산권으로 주주가 사망하면 자유로이 상속된다.

(다) 기 관

① 의사기관 주식회사의 업무집행기관은 주주임을 요하지 않으므로 (제 3 자기관)(상 387조 참조), 필연적으로 출자자단체인 주주총회가 존재한다(상 361조~381조). 그런데 주식회사는 소유와 경영의 분리 및 적자관리(適者管理)의 사상에서 주주총회가 회사의 모든 업무에 대하여 의사결정을 하는 것이 아니라, 상법 또는 정관에 정하는 사항에 한하여 의사결정을 할 수 있다(상 361조).

② 업무집행기관 주식회사의 업무집행기관으로 집행임원 비설치회사의 경우는 원칙적으로 이사회(상 390조~393조의 2)와 대표이사(상 389조)이고, 집행임원 설치회사의 경우는 이사회에서 선임된 집행임원이다(상 408조의 2~408조의 9).

③ 감사(監査)기관 주식회사의 감사기관으로는 감사(監事) 또는 감사위원회가 있다(상 409조~415조, 415조의 2, 542조의 11~542조의 12). 이사(집행임원)의 직무집행에 대한 감독권은 이사회에게 있고(상 393조 2항, 408조의 2 3항), 감사(監事) 또는 감사위원회는 이사(집행임원)의 직무집행(업무 및 회계)에 대한 감사권만을 갖는다(상 412조 1항, 415조의 2 7항). 주식회사 중에서 일정규모 이상의 주식회사(주권상장법인·직전사업년도 말의 자산총액이 500억원 이상 등)는 「주식회사 등의 외부감사에 관한 법률」(제정: 1980. 12. 31, 법 제3297호, 개정: 2020. 5. 19, 법 17298호)에 의하여 다시 외부감사인(회계법인 등)의 회계감사를 받아야 한다.

④ 임시기관 주식회사는 설립절차 또는 회사의 업무나 재산상태를 조사하기 위하여 임시기관인 검사인이 있다(상 298조, 299조, 313조, 366조 3항, 367조, 417조 3항 2문, 467조, 542조 2항).

(라) 이사와 회사와의 이익조정

① 이사(집행임원)의 경업피지의무 이사(집행임원)는 「이사회」의 승인이 없으면 경업피지의무를 부담한다(상 397조, 408조의 9).

② 이사(집행임원)의 회사기회 유용금지 이사(집행임원)는 「이사회」의 승인 없이 회사의 사업기회를 자기 또는 제 3 자의 이익을 위하여 이용할 수 없다(상 397조의 2, 408조의 9).

③ 이사의 자기거래제한 이사(집행임원) 등은 「이사회」의 승인이 있는 때에 한하여 (자기 또는 제 3 자의 계산으로) 회사와 거래를 할 수 있다(상 398조, 408조의 9).

④ 이사와 회사간의 소 주식회사에서 이사와 회사간의 소에 있어서는 「감사(監事) 또는 감사위원회」가 회사를 대표한다(상 394조, 415조의 2 7항). 집행임원과 회사

와의 소송에서는 이사회가 회사를 대표할 자를 선임한다(상 408조의 2 3항 3호).

(마) 정관변경 주식회사의 정관변경은 출석한 주주의 의결권의 3분의 2 이상의 수와 발행주식총수의 3분의 1이상의 수로써 하여야 한다(상 434조).

(바) 회계규정 주식회사는 회계제도를 진실·적정·명료하게 하고 회사의 채권자 등을 보호하기 위하여 특히 상세한 회계규정을 두고 있다(상 446조의 2~468조). 따라서 주식회사의 회계규정에 있는 범위에서는 상법총칙의 상업장부에 관한 규정(상 29조~33조)의 적용이 배제된다. 또한 주식회사의 회계규정에 없는 부분에 대하여는 일반적으로 공정하고 타당한 회계관행(한국채택국제회계기준·일반기업회계기준 등)에 따른다(상 446조의 2).

(사) 해산과 청산

① 해 산 해산사유 중 합명회사와 다른 점은 「사원(주주)이 1인으로 된 때」가 해산사유가 아니고(상 517조 1호), 주주총회의 결의에 의하여 해산되는 경우에는 총주주의 결의에 의해서가 아니라 「주주총회의 특별결의」에 의하여 해산된다(상 517조 2호, 518조). 또한 휴면회사의 해산의제가 있다(상 520조의 2 1항).

② 청 산 (i) 청산인은 원칙적으로 이사가 되며, 예외적으로 정관 또는 주주총회에서 타인이 선임되거나 법원에 의하여 선임될 수 있다(상 531조).

(ii) 청산방법은 임의청산은 인정되지 않고 법정청산만이 인정된다(상 532조~542조). 또 휴면회사의 경우 청산의제가 있다(상 520조의 2 4항).

5) 유한회사

(가) 사 단 성 유한회사는 자본단체로서 구성원의 개성이 인적회사보다 훨씬 희박한 단체이므로 사단은 「구성원의 개성을 초월한 독립한 존재」라는 특징에서는 사단성이 있다(합명회사 또는 합자회사와 구별되는 점). 그러나 유한회사에서도 1인설립이 가능하고(상 543조) 또한 1인사원을 해산사유로 규정하고 있지 않으므로 1인유한회사가 가능하다(상 609조 1항 1호). 따라서 이러한 1인유한회사는 사단이 「복수인의 결합체」라는 개념에서 사단이 될 수 있는지 여부가 의문시되는데, 앞에서 본 주식회사에서와 같이 1인유한회사는 물적회사의 특징에서 오는 일시적·과도적 현상으로 이해하여 이로 인하여 유한회사의 사단성이 완전히 상실되는 것은 아니라고 보아야 할 것이다.

(나) 사 원

① 수 유한회사의 사원의 최저 수는 1인 이상이고(상 543조, 609조 1항 1호), 최고

수에 대하여는 제한이 없다.

② 출 자　　출자목적물이 재산(금전 또는 현물)출자에 한정되고(상 548조, 596조), 출자방법은 전액납입이며(상 548조, 596조) (증자의 경우) 원칙적으로 상계가 금지되고(상 596조, 421조 2항), 출자시기는 회사의 성립 전 또는 증자의 효력발생 전에 하여야 하는 점(상 549조, 591조)은 주식회사의 경우와 대체로 같다.

③ 책 임　　유한회사의 사원이 원칙적으로 회사에 대하여 출자의무만을 부담하는 점(간접·유한책임)(상 553조)은 주식회사의 경우와 같다. 그러나 유한회사의 사원은 일정한 경우에 자본금에 대한 전보책임을 부담하는 점은 주식회사의 주주의 책임과 구별된다. 즉, 유한회사의 사원은 회사의 설립시 현물출자가 실가(實價)에 현저하게 부족하거나(상 550조) 출자미필액이 있거나(상 551조), 증자시 현물출자가 실가(實價)에 현저하게 부족하거나(상 593조), 주식회사로 조직변경시 회사에 현존하는 순재산액이 조직변경시에 발행하는 주식의 발행가액총액에 부족한 때에는(상 607조 4항) 이를 전보할 책임을 부담한다.

④ 교 체　　유한회사도 주식회사의 경우와 같이 사원의 절대적 교체(입사·퇴사)는 없고, 사원의 상대적 교체(지분양도·상속)만이 있다. 즉, 유한회사의 사원은 그 지분의 전부 또는 일부를 양도하거나 상속할 수 있는데, 다만 정관으로 지분의 양도를 제한할 수 있다(상 556조). 그러나 유한회사의 사원의 지분은 지시식 또는 무기명식의 증권으로 발행되지 못한다(상 555조).

㈐ 기 관

① 의사기관　　주식회사의 경우와 같은 이유에서(제3자기관) 의사기관으로 사원총회가 있다(상 571조~578조). 그러나 사원총회는 주주총회와는 달리 회사의 업무집행을 포함하는 모든 사항에 대하여 의사결정을 할 수 있고(만능기관), 사원총회에 관한 절차도 매우 간소화되어 총사원의 동의가 있는 경우에는 소집절차의 생략이 가능하며(상 573조) 또한 서면결의(상 577조)도 가능하다.

② 업무집행기관　　유한회사의 업무집행기관은 이사이고, 이사가 회사를 대표한다(상 562조).

③ 감사(監査)기관　　유한회사에서 감사기관은 감사(監事)인데, 이는 임의기관이다(상 568조 1항). 유한회사 중에서 일정규모 이상의 유한회사(직전사업연도 말의 자산총액이 500억원 이상 등)는 「주식회사 등의 외부감사에 관한 법률」에 의하여 다시 외부감사인(회계법인 등)의 회계감사를 받아야 한다. 이 점은 주식회사의 경우와 같다.

④ 임시기관　　유한회사에도 임시기관으로 사원총회나 법원이 선임한 검사인이 있는데(상 578조, 367조, 582조), 설립경과를 조사하기 위하여는 검사인이 선임되지 못하는 점이 주식회사와 구별된다.

(라) 이사와 회사와의 이익조정

① 이사의 경업피지의무　　이사는 「사원총회」의 승인이 없으면 경업피지의무를 부담하는데(상 567조, 397조), 이는 주식회사의 경우와 다르다.

② 이사의 자기거래제한　　이사는 「감사(監事)」가 있을 때에는 그 승인이, 감사(監事)가 없는 때에는 「사원총회」의 승인이 있는 때에 한하여 (자기 또는 제 3 자의 계산으로) 회사와 거래를 할 수 있는데(상 564조 3항), 이는 주식회사의 경우와 다르다.

③ 이사와 회사간의 소　　이사와 회사간의 소에는 사원총회가 선출한 대표가 회사를 대표하는데(상 563조), 이는 주식회사의 경우와 다르다.

(마) 정관변경　　유한회사의 정관변경에는 총사원의 과반수 이상이며 총사원의 의결권의 4분의 3 이상인 사원총회의 결의가 있어야 한다(상 585조 1항). 또한 유한회사에서는 자본금이 정관의 절대적 기재사항이므로(상 543조 2항 2호) 증자를 위해서는 정관변경의 사원총회의 결의가 있어야 한다(상 584조 이하). 그러나 증자의 효력발생시기는 증자의 변경등기를 한 때이다(상 592조).

(바) 회계규정　　유한회사도 주식회사에서와 같이 상세한 회계규정을 두고 있다(상 579조~583조). 다만 주식회사의 경우와 다른 점은 대차대조표의 공고강제가 없는 점 등이다.

(사) 해산과 청산

① 해　　산　　해산사유 중 합명회사와 다른 점은 「사원이 1인으로 된 때」가 해산사유가 아니고(상 609조 1항 1호), 사원총회의 결의에 의하여 해산되는 경우에는 총사원의 결의에 의해서가 아니라 「사원총회의 특별결의」에 의하여 해산된다(상 609조 1항 2호 · 2항).

② 청　　산　　주식회사의 경우와 같다(상 613조 1항, 531~537조, 540조~541조).

(2) 상사회사 · 민사회사(영업목적상의 종류)

상행위를 영업목적으로 하는 회사를 「상사회사」라고 하고, 상행위 이외의 영리를 영업목적으로 하는 회사를 「민사회사」라고 한다. 상사회사는 당연상인이고(상 4조, 46조) 민사회사는 의제상인인(상 5조 2항) 차이는 있으나, 민사회사도 상사회사의 설립조건에 좇아 설립되고 또 민사회사에는 상사회사에 관한 규정이 전부 준용되므로(민 39조) 양자를 구별할 실익은 없다. 상사회사이든 민사회사이든 모두 영리성을 그 요소로 하므로 상법상의 회사이고, 또한 태생적 상인이다.

이 구별은 상법의 적용범위에 관하여 상행위중심주의를 취한 데서 생긴 유물이고, 이미 상행위중심주의를 버린 우리나라의 상법에서는 이 구별이란 한낱 역사적인 의미밖에 없다.[1)]

(3) **모회사·자회사**(주식소유비율상의 종류)

상법 제342조의 2 제 1 항은 다른 회사의 발행주식 총수의 100분의 50(50%)을 초과하는 주식을 가진 회사를 「모회사」라고 하고, 그 다른 회사를 「자회사」라고 규정하고 있다. 이것은 자회사에 의한 모회사의 주식취득을 제한하기 위하여 일단 모자회사 관계성립의 기준을 정해 놓은 것이다. 그 기준이 법정되어 있다는 점에서 후술하는 일반적인 지배회사·종속회사의 개념과 다르다.

2. 설립근거법상의 종류

(1) **내국회사·외국회사**(설립준거법상의 종류)

내국회사와 외국회사를 구별하는 기준에 대하여는 여러 가지 설이 있으나 설립준거법설(통설)에 의하면, 한국법에 준거하여 설립된 회사가 「내국회사」이고, 외국법에 준거하여 설립된 회사가 「외국회사」이다.

이 구별은 국내법과 국제사법의 적용상 실익이 있다. 상법전에 외국회사에 관한 규정이 있기는 하지만, 이는 상법상의 회사가 아니다.[2)]

외국회사는 우리나라의 법률의 적용에 있어서 그 법률에 다른 규정이 있는 경우 외에는 우리나라에서 성립된 동종 또는 가장 유사한 회사로 간주된다(상 621조). 다만 외국회사가 우리나라에서 영업을 하고자 하는 경우에는 우리나라에서의 대표자를 정하고 국내에 영업소를 설치하거나 (국내)대표자 중 1명 이상이 국내에 그 주소를 두어야 하며, 또 그 영업소에 관하여는 등기하여야 한다(상 614조, 상등규 163조). 또 외국회사의 탈법행위를 방지하기 위하여 외국회사가 우리나라에서 본점을 설치하거나 우리나라에서 영업을 할 것을 주된 목적으로 하는 경우에는 내국회사로 다루어진다(상 617조).

1) 정(희), 285면.
2) 정(희), 286면.

(2) 일반법상의 회사·특별법상의 회사(설립 법원〈法源〉상의 종류)

회사는 그 설립·존속 등에 관한 법원(法源)을 기준으로 「일반법상의 회사」와 「특별법상의 회사」로 구별된다.

「일반법상의 회사」는 상법만이 적용되는 회사인데, 일반회사 또는 상법상의 회사를 말하고, 대부분의 회사가 이에 속한다.

「특별법상의 회사」는 다시 일반특별법상의 회사와 특정특별법상의 회사로 분류된다. 일반특별법상의 회사는 상법 외에 일반특별법의 적용을 받는 회사인데, 이의 예로는 은행법의 적용을 받는 각종 은행·보험업법의 적용을 받는 각종 보험회사 등이 있다. 특정특별법상의 회사란 그 회사(또는 법인)의 설립·존속 등을 위하여 특정의 특별법이 제정된 회사(특수회사)를 말하는데, 이의 예로는 한국가스공사법(전문개정: 1986. 5. 12, 법 3836호, 개정: 2019. 8. 27, 법 16568호)에 의하여 설립된 한국가스공사 등이 있다.

3. 학문(강학)상의 종류

(1) 인적회사·물적회사(사회학적 형태상의 종류)

이 구별은 사회학적 형태에 의한 것으로, 분류의 기준은 사원의 개성과 회사 기업과의 관계가 밀접한가 아닌가에 달려 있다. 이 관계는 회사의 대내·대외의 양면에 나타난다.

회사의 내부관계에서 사원의 개성이 농후하고 사원이 누구이냐 하는 회사의 인적 요소에 중점이 두어지는 회사를 「인적회사」라고 하고, 사원의 개성이 희박하고 회사재산이라는 회사의 물적요소에 중점이 두어지는 회사를 「물적회사」라고 한다.[1)]

인적회사(Personengesellschaften: sociétés de peronnes)의 대내적인 면을 보면, (i) 사원의 수는 적고, (ii) 사원이 원칙적으로 회사의 업무에 관여하며(자기기관) 의사결정에 전원일치가 필요하고, (iii) 사원지위의 양도가 곤란한 반면에 퇴사제도가 인정되며, (iv) 사원이 1인이 되면 해산사유가 되고, (v) 청산방법으로서 임의청산이 인정된다. 또 인적회사의 대외적인 면을 보면, (i) 사원과 회

---

1) 프랑스에서는 회사의 대내적 관계에 착안하여 사원지위의 이전성이 있고 없고에 따라 인적회사를 「지분에 의한 회사」(société par intérêts), 물적회사를 「주식에 의한 회사」(société par abtions)로 부르고 있다.

사채권자간에 직접적인 관계가 생기고, (ii) 회사재산의 독립성이 약하며, (iii) 회사신용의 기초는 주로 사원의 개성에 있다. 인적회사의 이러한 특색에 대하여 물적(자본)회사(Kapitalgesellschaft: sociétés de capitaux)는 대체로 반대의 입장에 있다. 일반적으로 인적회사에 있어서는 사적 자치가 어느 정도 인정되는 데 대하여, 물적회사에 있어서는 강행법적 간섭이 많다.[1)]

각국의 실정법상의 회사유형에서 보면 합명회사는 인적회사에 속하고, 주식회사와 주식합자회사는 물적회사에 속한다. 합자회사는 인적회사와 물적회사의 중간형태이나 인적회사에 가깝고, 유한회사는 대외적으로는 물적회사에 가깝고 대내적으로는 인적회사에 가까운 중간형태이나 물적회사에 가깝다고 본다.[2)]

인적회사에서는 사적 자치가 어느 정도 인정되어 내부규정은 임의법규성을 가진 것도 있으나(상 195조, 269조), 물적회사에 있어서는 내부규정이 모두 강행법규성을 갖는다.[3)] 우리나라에서 2011년 4월 개정상법에 의하여 도입된 유한책임회사는 인적회사(합명회사)에 물적회사(주식회사)의 요소를 부분적으로 반영한 회사라고 볼 수 있다.

(2) 개인주의적 회사·단체주의적 회사(법률형태상의 종류)

이는 사원자격과 업무집행기관의 자격이 동일한지 또는 분리되는지 여부에 따라 회사를 학문상 법률적 형태에 의하여 구별한 것이다(Wieland).[4)] 즉, 자기기관(Selbstorganschaft)을 가진 회사가 「개인주의적 회사」(individualistische Gesellschaften)이고, 제 3 자기관(Drittorganschaft)을 가진 회사가 「단체주의적 회사」(kollektivistische Gesellschaft)이다. 경제적으로 보면 개인주의적 회사에서는 기업소유와 기업경영이 결합되고, 단체주의적 회사에서는 그것이 분리된다. 개인주의적 회사에서는 전원일치를 원칙으로 하고 임의법적 규정이 인정되나, 단체주의적 회사에서는 다수결을 원칙으로 하고 강행법적 규정이 많다. 이는 인적회사·물적회사의 구별을 다른 각도에서 구별한 것이기는 하지만, 주식합자회사는 물적회사이면서 개인주의적 회사이다.[5)]

---

1) 정(희), 287면.
2) 동지: 정(희), 287~288면; 정(동), (회) 39면.
3) 동지: 손(주), 442면; 정(희), 287면.
4) K. Wieland, *Handelsrecht*, Bd. I, 1921, S. 474.
5) 정(희), 288면.

4. 경제상의 종류

(1) 지배회사 · 종속회사(지배 · 종속관계에 따른 종류)

일반적으로 어떤 회사가 다른 회사를 자본참가 · 임원의 파견 · 계약 등에 의하여 지배하는 경우, 전자를 「지배회사」, 후자를 「종속회사」라고 한다.[1] 앞에서 본 모자회사는 지배 · 종속회사의 하나의 형태인데, 주식취득제한의 기준을 명확히 마련하기 위하여 상법에서 정의한 것이다(상 342조의 2 1항).

(2) 내자회사 · 외자회사 · 합작회사 · 초국적 회사(다국적회사)(자본금의 내외에 따른 종류)

회사의 자본금이 내국자본인 회사를 「내자회사」라고 하고, 외국자본인 회사를 「외자회사」라고 하며,[2] 내국자본과 외국자본이 합쳐진 회사를 「합작회사」[3](joint venture corporation)라고 한다. 우리나라에서의 외자회사 또는 합작회사는 「외국인투자촉진법」(제정: 1998. 9. 16, 법 5559호, 개정: 2022. 1. 11, 법 18755호)에 의하여 규율되고 있다. 「초국적 회사」(또는 다국적회사)(multinational or transnational corporation)란 동일자본이 다수의 국가에서 동종영업을 위하여 출자되고, 이 자본으로 다수의 회사가 설립되어 그 회사들이 서로 모자회사 등으로 연결되어 있는 회사를 말한다. 이러한 초국적 회사는 전 세계적으로 통일된 계획과 지시에 의하여 경영되는데, 이는 최근 세계경제에 강력한 영향력을 행사하고 있다.

(3) 상장회사 · 비상장회사(상장 여부에 따른 종류)

「상장회사(법인)」라 함은 '증권시장[4]에 상장[5]된 증권(상장증권)을 발행한

---

1) 지배회사 · 종속회사에서 발생하는 문제점에 대하여는 정쾌영, "지배회사의 자회사 채무에 대한 책임," 「비교사법」, 제 9 권 1호(2002. 4), 339~376면(지배회사의 종속회사 채무에 대한 책임을 설명함); 최장현, "지주회사의 회사법적 문제에 관한 고찰(소수주주 및 채권자보호를 중심으로)," 「기업법연구」(한국기업법학회), 제 9 집(2002), 139~165면; 김재형 · 최장현, "지배종속관계의 종료시 지주회사의 충실의무," 「기업법연구」(한국기업법학회), 제10집(2002), 239~258면; 박진태, "모회사주주의 보호," 「상법학의 전망(평성 임홍근 교수 정년퇴임기념논문집)」(서울: 법문사, 2003), 131~146면; 황승화, "현행 지주회사제도의 문제점과 개선방안연구," 「상장협」, 제48호(2003, 추계호), 123~161면; 최성근, "지주회사와 사업회사간 지배 · 견제의 적정화를 위한 해석론 · 입법론," 「비교사법」, 제10권 2호(2003. 6), 293~319면 등 참조.

2) Würdinger, *Aktienrecht*, 4. Aufl., 1981, S. 23에서 외자회사에 대한 법형식을 상세히 설명하고 있다.

3) 이를 달리 표현하면 「합작투자회사」 · 「합판회사」 또는 「국제회사」(internationale Gesellschaften)이라고도 한다.

4) 「증권시장」이란 '증권의 매매를 위하여 거래소가 개설하는 시장'을 말하고(자금 8조의 2 4항 1호), 「증권」이란 '채무증권 · 지분증권 · 수익증권 · 투자계약증권 · 파생결합증권 · 증권예탁증권'으로 구분된다(자금 4조 2항).

회사(법인)를 말하고(자금 9조 15항 1호), 상장회사(법인)를 제외한 회사(법인)를 「비상장회사(법인)」라고 한다(자금 9조 15항 2호). 증권시장에 상장된 주권을 발행한 회사(법인) 또는 주권과 관련된 증권예탁증권이 증권시장에 상장된 경우에는 그 주권을 발행한 회사(법인)를 「주권상장회사(법인)」라고 하고(자금 9조 15항 3호), 주권상장회사(법인)를 제외한 회사(법인)를 「주권비상장회사(법인)」라고 한다(자금 9조 15항 4호).

2009년 개정상법은 상장회사의 지배구조에 관한 특례규정을 신설하여 규정하고 있다(상 제 3 편 제 4 장 제13절 상장회사에 대한 특례〈2009. 1. 30. 신설〉). 이러한 특례규정이 적용되는 상장회사는 「자본시장과 금융투자업에 관한 법률」 제 8 조의 2 제 4 항 제 1 호에 따른 증권시장(증권의 매매를 위하여 거래소가 개설하는 시장을 말함)에 상장된 주권을 발행한 주식회사를 말한다(상 542조의 2 1항 본문, 상시 29조 1항). 그러나 집합투자(2인 이상에게 투자권유를 하여 모은 금전, 그 밖의 재산적 가치가 있는 재산을 취득·처분, 그 밖의 방법으로 운용하고 그 결과를 투자자에게 배분하여 귀속시키는 것을 말함)를 수행하기 위한 기구(Mutual Fund)로서 「자본시장과 금융투자업에 관한 법률」 제 6 조 제 5 항에 따른 집합투자를 수행하기 위한 기구인 주식회사는 제외한다(상 542조의 2 1항 단서, 상시 29조 2항). 이하 이 책에서 상장회사는 이러한 상장회사를 의미한다.

한국거래소는 증권시장에 상장할 증권의 심사 및 상장증권의 관리를 위하여 규정을 제정하고 있는데, 이것이 증권상장규정이다(이 경우 유가증권시장과 코스닥시장에 대하여 별도의 상장규정으로 정할 수 있다)(자금 390조 1항). 주권을 거래소에 상장한 회사는 투자자를 보호하기 위한 여러 가지의 규제를 받는다(자금 172조~175조 등).

(4) 기업집단·계열회사·지주회사(「독점규제 및 공정거래에 관한 법률」에 의한 종류)

「기업집단」이라 함은 '동일인이 일정한 기준(주식 또는 지분의 소유나 임원파견 등)에 의하여 사실상 그 사업내용을 지배하는 회사의 집단'을 말하는데, 동일인이 회사인 경우에는 그 동일인과 그 동일인이 지배하는 하나 이상의 회사의 집단을 말하고, 동일인의 회사가 아닌 경우에는 그 동일인이 지배하는 둘 이상의 회사의 집단을 말한다(독규 2조 2호). 「계열회사」란 '둘 이상의 회사가 동일한 기업집단에 속하는 경우에 이들 회사는 서로 상대방의 계열회사'라 한다(독규 2조 3호). 이러한 개념은 기업결합을 제한하기 위하여 사용되고 있다. 「지주회사」란 '주식(지분)의 소유를 통하여 국내회사의 사업내용을 지배하는 것을 주된 사업으

5) 「상장」이라 함은 '증권시장이 특정 증권에 대해 자신의 시장에서 매매대상이 될 수 있음을 인정하는 것'을 말하는데[이(철), (회) 93면], 이에 관하여는 한국거래소가 제정한 상장규정이 있다(자금 390조).

로 하는 회사로서 자산총액이 대통령령이 정하는 금액 이상인 회사'를 말하는데(독규 2조 1의 2호), 이러한 지주회사를 설립하고자 하거나 지주회사로 전환하고자 하는 자는 대통령령이 정하는 바에 의하여 공정거래위원회에 신고하여야 한다(독규 8조).

(5) 공공적 법인(산업내용에 의한 종류)

「공공적 법인」이란 '국가기간산업 등 국민경제상 중요한 산업을 영위하는 법인으로서 대통령령으로 정하는 상장법인'을 말하다(자금 152조 3항). 이러한 공공적 법인이라는 개념은 1987년에 수립된 국영기업의 민영화계획의 시행에서 증권거래법(동법 199조 2항, 200조)(이 법은 자본시장과 금융투자업에 관한 법률이 제정됨에 따라 2009. 2. 4에 폐지됨) 등에 새로이 도입된 개념이다(예컨대, 한국전력공사).[1]

제 3 회사의 능력

Ⅰ. 회사의 권리능력[2]

우리 상법상 모든 회사는 법인이므로(상 169조) 권리의무의 주체가 될 수 있는 자격, 즉 권리능력을 가지고 있다. 이러한 권리능력을 일반적(추상적) 권리능력이라고 한다. 그러나 법인은 자연인과는 다른 특성이 있기 때문에 법인의 개별적(구체적) 권리능력은 다음과 같이 여러 가지 제한을 받는다. 이러한 문제는 회사와 거래관계를 갖는 제 3 자에게 매우 이해관계가 크다.

(1) 성질에 의한 제한

회사는 법인이므로 자연인에게 특유한 권리의무(예컨대, 신체 · 생명에 관한 권리, 친권, 상속권, 부양의무 등과 같은 신분상의 권리의무)는 가질 수 없다(그러나 유증은 받을 수 있다). 그러나 회사는 그 밖의 권리는 모두 가질 수 있다. 따라서 회사는 재산권뿐만 아니라, 명예권 · 상호권 등과 같은 권리를 가질 수 있다.

회사는 그 성질상 인적 개성이 중시되는 지배인 등과 같은 상업사용인은 되지 못하지만, 유한책임사원(합자회사의 유한책임사원, 유한책임회사의 사원, 주

---

1) 이(철), (회) 94면.

2) 이에 관한 상세는 정찬형, "회사의 권리능력(Ⅰ)(Ⅱ)," 「논문집」(충북대), 제20집(1980), 81~94면 및 제21집(1981), 151~166면; 동, "회사의 권리능력," 「판례월보」, 제217호(1988. 10), 51~59면; 동, "회사의 권리능력," 「고시계」, 1992. 12, 15~28면 참조.

식회사의 주주 및 유한회사의 사원)이나(통설)[1] 유한책임회사의 업무집행자는 될 수 있다(상 287조의 3 4호, 287조의 15).

회사가 다른 회사의 이사·집행임원이나 감사(다른 법인의 기관)가 될 수 있는가에 대하여는 긍정설[2]·부정설[3] 및 업무를 담당하지 않는 이사나 감사는 될 수 있으나 업무를 담당하는 이사나 감사는 될 수 없다는 설[4]로 나뉘어 있다.

생각건대 회사의 이사·집행임원이나 감사는 우리나라의 경우 본질적으로 인적 개성에 의하여 임면되고 또 이사·집행임원 또는 감사는 일반적으로 직무를 집행하는 자이므로, 독일 주식법과 같이 자연인에 한한다고 본다. 따라서 부정설에 찬성한다.[5] 주식회사의 발기인도 이와 동일하게 보아야 할 것이다.

(2) 법률에 의한 제한

회사는 법률에 의하여 법인격(권리능력)을 부여받으므로, 법률에 의하여 권리능력이 제한될 수 있음은 당연하다. 상법에 의하면 회사는 다른 회사의 무한책임사원이 되지 못하는데(상 173조), 이것은 회사가 자기의 위험 외에 다른 회사의 모든 위험을 부담하는 것을 회사정책상 인정하지 않기 때문이다.[6] 또한 청산중의 회사는 청산의 목적범위 내로 권리능력이 제한된다(상 245조, 269조, 287조의 45, 542조 1항, 613조 1항).

특정회사는 각종의 특별법령에 의하여 겸업 또는 특정행위가 제한되는 경우가 있다(은행 38조, 보험 10조·11조 등). 이에 대하여는 그러한 규정을 효력법규로 보고 특별법에 의한 권리능력의 제한이라고 설명하는 견해와,[7] 그러한 규정을 단속법규로 보고 이 규정을 특별법에 의한 권리능력의 제한이라고 볼 수 없다는(즉, 권리능력과는 무관하다는) 견해[8]로 나뉘어 있다.

---

1) 정(동), (회) 47면; 손(주), 446면; 이(철), (회) 77면; 주상(제 5 판)(회사 I), 136면 외.

2) 정(동), (회) 47~48면; 서·정, 289면; 정(경), 311면; 강, 177~178면; 주상(제 5 판)(회사 I), 136면.

긍정설을 취한 외국의 입법례로는 영국 회사법(2006) 155조; 프랑스 상법 225-20조 1항.

3) 이(철), (회), 77면; 임(재), (회 I) 75면; 송(옥), 731면; 이(범), (예해) 277면; 채, 387면; 박·이, 66면; 최(기), (회) 77면.

부정설을 취한 외국의 입법례로서는 독일 주식법 76조 3항 및 100조 1항(완전한 행위능력이 있는 자연인에 한한다고 규정하고 있다); 영국 회사법(2006) 155조(1인 이사의 경우 자연인이어야 한다).

4) 정(희), 290~291면, 471면; 손(주), 446면.

5) 정찬형, 전게 논문(충북대논문집, 제20집), 84면.

6) 동지: 정(희), 291면; 정(동), (회) 48면(다만 이 규정의 당부에 대하여는 의문이 있다고 한다).

7) 박·이, 69면; 이(병), 403면; 양·박, 185면.

8) 정(희), 291면; 정(동), (회) 48면; 이(철), (회) 78면(이 규정들은 대개 특별법상의 행정규제목적에 따른 단속법규로서 권리능력과는 무관하고, 따라서 그 제한의 위반도 사법상의 효력에는 영향이 없다고 한다); 임(재), (회 I) 76면; 송(옥), 731면; 이·최, 231면.

생각건대 이러한 특별법상의 제한규정을 일률적으로 단속법규로 보면 그러한 제한목적에 반할 뿐만 아니라, 때에 따라서는 일반공중의 손해발생의 위험도 있기 때문에, 일률적으로 단속법규로 보는 견해에는 찬성할 수 없다. 따라서 각종의 특별법상의 개별적인 제한규정에 따라 그 제한목적과 일반공중의 이익을 고려하여 효력규정으로 해석해야 할지의 여부를 결정해야 하고, 효력규정으로 해석될 때에는 특별법에 의한 권리능력의 제한으로 보아야 할 것이다.[1)]

(3) 목적에 의한 제한

1) 총 설 법인은 정관 소정의 목적의 범위 내에서 권리와 의무의 주체가 된다는 민법의 비영리법인에 관한 규정(민 34조)이 회사에 대해서도 적용 또는 유추적용되는 것일까. 이 문제는 회사가 성립하여 해산할 때까지의 완전활동기간중의 회사의 권리능력이 정관의 목적범위 내로 제한되는지 여부에 관한 문제이다. 따라서 이러한 회사의 권리능력은 회사의 설립행위가 시작되어 성립할 때까지 존속하는 「설립중의 회사」 및 회사의 해산에서 청산종결시까지 존속하는 「청산중의 회사」의 권리능력과는 구별된다.[2)] 「설립중의 회사」는 회사설립에 관계되는 행위에 관해서 실질적으로는 권리능력이 있으나(법인 아닌 사단으로서 그 소유형태는 총유를 하게 되고, 부동산등기능력이 있으며, 소송상 당사자능력이 있다) 형식상은 권리능력이 없으며, 「청산중의 회사」는 회사 소멸에 관계되는 행위만을 할 수 있는 것으로 법률에 의하여 그 권리능력이 제한된다[3)](상 245조, 265조, 287조의 45, 542조 1항, 613조 1항).

2) 학 설 정관의 목적에 의하여 회사의 권리능력이 제한되는지 여부에 대하여 우리나라에서 학설은 크게 제한설(제한긍정설)과 무제한설(제한부정설)로 나뉘어 있다. 이러한 문제가 특히 회사에서 논의되는 것은, 상법 회사편에서는 회사는 정관상 목적에 의하여 그의 권리능력이 제한된다는 명문규

---

1) 동지: 대판 1985. 11. 26, 85 다카 122(신문 1617, 6)는 상호신용금고법(현 상호저축은행법) 제17조(채무부담 제한에 관한 규정)를 효력규정으로 보고 이에 위반한 채무보증은 무효라고 보면서, 대판 1987. 12. 12, 87 다카 1458(공보 818, 326)은 상호신용금고법 제12조(동일인에 대한 일정액을 넘는 대출 등을 금지하는 행위)를 단속규정으로 보고 이에 위반한 대출을 유효라고 판시하고 있다.

2) 동지: 정(희), 291면.

3) 또한 설립중의 회사는 「설립목적」의 범위 내에서 실질적인 권리능력이 있고 청산중의 회사는 「청산목적」의 범위 내에서 권리능력이 제한되므로 이러한 경우도 목적에 의한 권리능력의 제한으로 생각될 수 있겠으나, 설립중의 회사는 형식상 권리능력이 없으므로 권리능력의 제한의 문제가 있을 여지가 없고, 청산중의 회사의 권리능력의 제한은 법률에 의한 제한으로 보아야 할 것이다.

정이 없어 민법 제34조(법인은 법률의 규정에 좇아 정관으로 정한 목적의 범위 내에서 권리와 의무의 주체가 된다)가 상법상 회사에도 적용 또는 유추적용되는지 여부에 관한 해석의 차이에 기인한다. 이하에서는 제한설과 무제한설에 관한 우리나라의 학설의 근거를 살펴보겠다.

(가) **제 한 설** 제한설은 법인의제설에 입각한 태도라고 볼 수 있겠는데, 그 근거는 다음과 같이 설명되고 있다.[1]

① 민법 제34조는 회사를 포함한 법인 일반에 공통되는 기본원칙이므로 상법에 이를 배제하는 규정이 없는 한 회사에도 동 규정에 적용 또는 유추적용된다(상 1조 참조).

② 법인은 원래 특정한 목적을 위하여 설립되는 인격자이므로 그 목적범위 내에 있어서만 권리·의무의 주체가 된다는 것은 법인의 본질에 속하고, 이러한 법인의 본질이 영리법인인 회사에 있어서도 해당되는 것은 일반법인과 다를 바가 없다.

③ 회사의 목적은 정관의 필요적 기재사항이고(상 179조, 270조, 287조의 3, 289조, 543조) 또 등기되는데(상 180조 1호, 271조, 287조의 5 1항 1호, 317조 2항, 549조 2항 1호), 그 목적에 의한 제한을 받지 않는다면 상법상 등기제도의 근본원칙(상 37조)이 거래의 안전 때문에 배척되어 정당한 사유가 없는 선의자에 대하여까지 회사가 대항하지 못하는 결과가 되어 이론상 시인될 수 없다.

④ 회사재산이 특정한 목적을 위하여 이용될 것을 기대하는 주주의 이익을 보호하는 데 중점을 두어야 한다. 회사설립의 기본이 되는 주주의 이익을 소홀히 하게 되면, 일반공중의 투자심을 저하시키게 되고 따라서 대자본을 흡수해야 할 회사의 설립 자체가 곤란해진다.

⑤ 회사의 권리능력을 목적에 의하여 제한하지 않는다면 회사는 비영리사

1) 정(희), 293면(회사도 법인이므로 법인에 관한 일반원칙인 민법 제34조는 상법에 이를 배제하는 규정이 없는 한 회사에도 적용되어야 할 것이다. 따라서 제한설에 찬성한다. 다만 거래 안전보호의 필요상 일반적으로는 권리능력에 관하여는 목적범위를 넓게 해석하고, 또 그 행위가 정관 소정의 목적의 수행에 필요한가 어떠한가를 객관적·추상적으로 결정하여야 한다. 그러므로 이사의 정관위반행위로 인한 유지청구권〈상 402조〉·회사의 손해배상청구권〈상 399조〉 등 거래 안전보다 사원의 보호에 치중하는 규정을 해석하는 데 있어서는 덮어놓고 목적범위를 넓힐 것도 아니요, 또 그 행위가 목적수행에 필요한 행위인가의 여부도 객관적·추상적으로 결정할 필요가 없을 것이다. 입법론으로서는 이러한 목적에 의한 권리능력의 제한을 둘러싸고 벌어지는 고질화된 논쟁을 없애기 위하여 민법 제34조를 폐지하는 것이 옳을 것이다); 박원선, "회사의 권리능력," 「연세행정논총」(연세대행정대학원편), 제5집(1987), 148~149면; 동, "회사의 목적범위외의 행위," 「고시계」, 1965. 1, 29~30면; 박·이, 69~70면; 강, 179면.

업을 할 수 있게 되는데, 이는 민법에서 비영리법인의 설립에 허가주의(민 32조)를 채용한 제도적 기능을 상실시킬 우려가 있다.

⑥ 무제한설이 그 근거의 하나로서 들고 있는 주주의 이익보호를 위한 「주주의 유지청구권」에 관한 규정(상 402조)은 회사의 목적범위의 제한 여부와는 하등 관계가 없고, 또 무제한설이 들고 있는 「회사의 권리능력은 목적에 의하여 제한되지 않거나 또는 그 제한이 완화되어 가고 있다는 비교법적 고찰」은 입법론으로는 참고할 가치가 있겠지만 이로써 우리 상법의 해석론을 좌우할 수는 없다.

(나) 무제한설　　무제한설은 법인실재설에 입각한 태도라고 볼 수 있겠는데, 그 근거는 다음과 같이 설명되고 있다.[1)]

① 민법상의 법인에 관한 규정은 비영리법인에 관한 규정으로서 사법인 일반에 관한 통칙은 아니다. 민법 제34조의 규정은 비영리법인에 대하여 정책적으로 인정한 특칙으로 활동의 범위가 넓은 영리법인에 유추적용할 것이 아니고, 상법상 민법 제34조를 준용한다는 명문의 규정이 없는 이상 회사의 목적에 의한 권리능력의 제한은 없다고 해석하는 것이 타당하다.

② 회사의 목적에 의하여 그 권리능력을 제한하면 거래의 안전을 심히 해치게 된다. 회사의 활동범위가 대단히 넓은 오늘날의 현실에서 볼 때, 거래의 안전을 희생하여서까지 사원을 보호할 필요는 없다.

③ 회사의 권리능력을 그 목적에 의하여 제한하면 회사가 목적 외의 행위를 하여서 성공하면 그냥 그 이익을 자기의 것으로 하나 손실이 있으면 그 행위의 효력을 부인하게 되어, 불성실한 회사에 대하여 책임을 회피할 수 있는 구실을 주게 되고 불필요한 분쟁이 발생하여 거래의 안전을 해할 위험성이 많다.

④ 회사의 목적은 등기되지만, 제 3 자가 거래할 때마다 이를 확인한다는 것은 번잡하고 또 목적범위에 속하는지 여부에 대한 판단이 어려워서 거래의 실정에도 맞지 않는다. 따라서 회사의 목적이 등기된다는 사실만으로 제 3 자에 대하여 대항력이 발생한다고 하면(이의 결과 목적에 의하여 권리능력이 제한된다

1) 서·정, 291～292면; 서돈각, "영미회사법에서의 ultra vires 이론," 「법학」(서울대), 제 1 권 1호(1959. 6), 131～133면; 이(철), (회) 82면; 임(재), (회 Ⅰ) 78면; 주상(제 5 판)(회사 Ⅰ), 140면; 손(주), 449면; 정(동), (회) 51면; 최(기), 507면; 최기원, "회사의 권리능력에 관한 소고(ultra vires이론을 중심으로)," 「논문집」(서울대 경영대학원 창립 5주년기념), 1971, 288～289면; 채, 389～390면; 이(기) 외, (회) 104～105면; 김(영), (회) 73면; 최병규, "회사의 권리능력," 「고시연구」, 제350호(2003. 5), 198～199면 등.

고 하면), 회사와 거래하는 상대방으로 하여금 불측(不測)의 손해를 입힐 염려가 있다.

⑤ 비교법적으로 볼 때에도 대륙법 등에서는 전혀 목적에 의하여 회사의 권리능력이 제한되지 않고, 영미법 등에서도 목적에 의한 회사의 권리능력의 제한은 점차 완화 내지는 폐지되고 있다.

⑥ 법규정의 형식에서 볼 때에도 의용(依用)상법(구〈舊〉상법) 제72조는 「정관의 변경 기타 회사의 목적의 범위 내에 들지 않는 행위를 함에는 총사원의 동의가 있어야 한다」고 규정하였으나, 이에 해당하는 현행 상법 제204조는 「정관을 변경함에는 총사원의 동의가 있어야 한다」고만 규정하여 회사의 목적 범위 외의 행위에 관한 부분은 삭제하고 있는데, 이는 현행 상법이 회사의 권리능력은 목적에 의하여 제한되지 않는 입장을 취하였기 때문에 불필요한 부분을 삭제한 것으로 볼 수 있다.

사견(私見)으로는 무제한설에 찬성하는데 그 근거는 다음과 같다.[1)]

① 민법 제34조는 모든 법인에게 적용 또는 유추적용되는 일반원칙이 될 수 있을까. 먼저 민법 제34조는 입법 당시부터 문제점이 내포된 규정이라고 볼 수 있다. 우리 민법 제34조는 일본 민법 제43조를 그대로 답습한 것인데, 일본의 민법이 대륙법을 모법으로 하면서 법인의 권리능력에 관한 일본 민법 제43조만이 유독 영미법의 ultra vires 법리를 따른 것에 대해서는 비판을 받고 있고,[2)] 또 이를 우리 민법이 실제적인 근거도 없이 그대로 모방하고 있는 점에 대해서도 비판을 받고 있다.[3)]

이와 같이 입법 당시부터 문제점이 있는 민법 제34조는 상법 회사편과 민법의 입법태도에서 볼 때 비영리법인에 관한 규정으로서, 이를 영리법인인 상법상의 회사에 적용 또는 유추적용하는 것은 무리라고 생각한다. 그 이유는 상법의 회사편의 제규정은 (회사가 법인임은 물론 민법이 상법에 대한 일반법임에도 불구하고) 민법의 법인에 관한 규정(구 상법과는 달리)을 준용한다는 규정을 전연 두고 있지 않음은 물론 오히려 준용할 수 있는 규정조차 직접 규정하고 있

1) 이에 관한 상세는 정찬형, 전게 논문(충북대논문집, 제21집), 162~164면; 동, 전게 논문(판례월보, 217호), 56~58면; 동, 전게 논문(고시계, 1992. 12), 24~27면.
동지: 권기범, "회사의 권리능력," 「상법논총」(인산정희철선생정년기념), 1985, 106~109면; 송호영, "법인의 권리능력," 「비교사법」(한국비교사법학회), 제 7 권 1호(2000. 6), 91~122면.

2) 일본 「商事法務研究」, 제211호, 331면.

3) 최기원, 전게 논문(서울대경영대학원논문집), 288면.

는 점, 민법상 법인에 관한 제규정은 그 규정의 성질에서 볼 때 민법상의 법인은 그 명칭만이 「법인」일 뿐(따라서 그 명칭에서 보면 민법의 법인에 관한 규정은 모든 법인에 공통적으로 적용되는 규정같이 보임) 그 실질은 「비영리법인」에 관한 규정이라는 점, 또 민법 제39조가 영리민사법인에 대하여는 전적으로 상사회사에 관한 규정을 준용하도록 하고 민법상 법인에 관한 규정의 적용을 배제한 것은 민법상 법인에 관한 제규정은 비영리법인에만 해당하고 영리법인에는 해당하지 않는 것을 스스로 인정한 것으로 볼 수도 있다는 점 등에서 그러하다.

② 법인은 법률에 의하여 법인격이 부여되므로 법인격을 부여하는 법률 자체에 목적에 의한 권리능력이 제한된다는 규정이 있으면 그에 따라 그 법인은 권리능력이 제한될 것이지만, 그와 같은 제한규정이 없음에도 불구하고 성질이 다른 법인(비영리법인)에 적용되는 규정을 유추해석까지 해서 목적에 의한 권리능력을 제한할 필요는 없다고 보며, 목적에 의한 권리능력의 제한 여부는 법인의 본질에 관한 문제라기보다는 입법정책의 문제라고 생각한다.

③ 회사의 목적이 정관에 기재되고 또 등기된다고 하여 상법 제37조를 적용하여 항상 제3자(거래의 상대방)의 악의를 의제할 수는 없다고 본다. 다시 말하면 거래의 상대방이 거래시마다 회사의 목적을 조사한다는 것은 집단적이고 또 신속하게 이루어지는 상사거래의 현실과 너무나 차이가 있고 또 이와 같은 조사를 하지 않고 거래를 하였다고 하여 바로 상법 제37조를 적용하여 상대방에게 악의를 의제하여 불이익을 주는 것은 거래의 안전을 심히 해하는 결과가 되어 부당하다고 본다.

④ 제한설을 취하느냐 또는 무제한설을 취하느냐 하는 것은 결국 회사재산이 특정목적을 위해서만 이용될 것을 기대하는 「사원의 이익」과 회사와 거래하는 상대방인 「제3자의 이익」의 비교가 문제되겠는데, 상법 전편을 통한 근본이념의 하나가 거래안전의 보호라는 점에서 볼 때 「제3자의 이익」을 「사원의 이익」보다 중시하여야 할 것으로 생각한다.

⑤ 비교법적으로 볼 때도 우리나라와 같은 법계에 속하는 독일과 프랑스에서는 회사의 권리능력이 정관의 목적에 의하여 전혀 제한되지 않으며, 과거에 엄격한 제한설(ultra vires doctrine)의 입장이었던 영국과 미국에서도 최근에는 이를 폐지하거나 또는 대폭 완화하여 규정하고 있다. 즉, 독일의 회사를 규율하는 법인 주식법(주식회사·주식합자회사)·유한회사법(유한회사) 및 상법(합

명회사·합자회사)의 어디에도 회사의 권리능력을 제한하는 규정을 두고 있지 않다. 독일에서는 1937년에 주식법을 제정할 때에 영국의 ultra vires 이론이 논의되기는 하였으나, 이는 법인의 기관의 대표권에 관한 독일의 규정(불가제한성)과 모순된다고 하여 이를 채택하지 않았으며,[1] 주식법은 「이사회의 대표권한은 제한될 수 없다」고 규정하여[2](AktG 1937 § 74 ②, AktG 1965 § 82 ①) 정관의 목적은 회사의 권리능력을 대외적으로 제한할 수는 없고 다만 대내적으로 업무집행권한만을 제한하는 입장을 취하고 있다[3](AktG 1965 § 82 ②). 프랑스 상법도 주식회사에서 「회사는 제 3 자에 대한 관계에 있어서는 회사의 목적범위에 속하지 아니한 이사회의 행위에 대하여 책임을 진다」고 규정하여(동법 225-35조 2항), 정관의 목적은 회사의 권리능력을 대외적으로 제한할 수 없다는 입장을 취하고 있다. 과거에는 엄격한 제한설의 입장이었던 영국에서도 그 후 유럽공동체(현재는 유럽연합)법(European Communities Act 1972 § 9 ①)의 영향에 의하여 1985년에 회사법을 개정하여 「선의로 회사와 거래를 하는 자의 이익을 위하여 이사회에 의하여 결정된 여하한 거래도 회사의 능력범위 내에 있는 것으로 보며, 또 회사의 책임을 발생시키는 이사회의 권한은 정관에 의하여 여하한 제한을 받지 않는 것으로 본다」고 규정하였고(Companies Act 1985 § 35 ①), 또한 2006년 회사법에서는 「회사의 정관이 특별히 회사의 목적을 제한하지 않으면, 회사의 목적은 무제한이다」고 규정하여(Companies Act 2006 § 31 ①) 거의 무제한설로 전환하고 있다. 미국에서도 개정된 모범사업회사법(Revised Model Business Corporation Act 2006, RMBCA)에서는 「본법에 의하여 설립된 모든 회사는 정관에 제한된 목적이 규정되지 않는 한 어떠한 적법한 사업을 영위하는 목적을 갖는다」고 규정하고(RMBCA § 3.01〈a〉), 또 일반권리능력으로서 「정관에 달리 규정되지 않는 한 모든 회사는 자연인과 동일한 권리능력을 가지며 그의 사업을 수행하는 데 필요한 모든 행위를 할 수 있다」고 규정하면서 정관에 의하여도 제한할 수 없는 광범위한 권리능력의 범위(15개항)를 열거하고 있다(RMBCA § 3.02). 또 비상권리능력을 별도로 인정하고 있으며(RMBCA § 3.03), 권리능력 외의 행위에 대하여는 회사와 주주 또는 회사와 이사 등의 내부관계에서만 그 무효를 주장할 수 있도록 대폭 제한하여 외부관계에서는 사실상 이를 주장할 수 있는

1) Begründung um Entwurf enines Aktiengesetzes, S. 124.

2) 이에 반하여 독일 민법 제26조 2항 2문은 "법인의 이사회의 대표권의 범위는 제 3 자에 대한 관계에서 정관에 의하여 제한될 수 있다"고 규정하여, 제한설의 입장이다.

3) Hueck, S. 198～199.

여지가 거의 없다(RMBCA §3.04). 또한 미국의 많은 주법(州法)도 무제한설의 입장에서 규정하고 있다(Cal. Bus. Corp. Act §208 등). 이렇게 볼 때 미국에서도 사실상은 무제한설에 가까운 입장으로 전환하고 있다고 볼 수 있다.

3) 판 례 이에 관한 우리나라의 판례는 다음과 같이 제한설의 입장에서 일관하여 판시하고 있는데, 다만 목적범위를 넓게 해석하여(목적수행에 직접·간접으로 필요한 행위를 모두 포함하며, 목적수행에 필요한지 여부도 행위의 객관적 성질에 따라 추상적으로 판단함) 거래의 안전을 도모하고 있다. 따라서 판례의 입장은 결과적으로는 무제한설과 거의 동일하다.

[제한설의 입장에서 그 목적범위를 넓게 해석한 판례]

[사실관계] A주식회사가 X(원고)로부터 금원을 차용함에 있어서 그 담보로 약속어음을 발행하고 Y(피고) 주식회사가 위 차용금을 보증하기 위하여 동 약속어음에 Y명의로 배서하여 X에게 교부하였다. 이에 X는 주위적 청구로서 배서인인 Y에 대하여 상환청구권(소구권)에 기하여 어음금을 청구하고 제 1 차 예비적 청구로서 X가 A에게 금원을 대여할 때 Y가 보증하였음을 원인으로 하여 보증금을 청구하였다.

이에 대하여 원심(대구고판 1986. 5. 9, 85 나 1213)은 Y는 단기금융업법에 의하여 설립된 회사로서 동법 제 2 조와 제 7 조에 규정된 어음의 발행·매매·인수 및 어음매매의 중개를 할 수 있고, Y의 정관상 목적도 위 업무에 제한되고 있는 점에 비추어 단기금융업을 영위하는 Y가 타인의 차용금채무에 대하여 보증을 하거나 그 목적으로 어음에 배서를 하여 채무를 부담하는 행위는 Y회사의 권리능력 밖의 법률행위로서 효력이 없다고 할 것이므로 Y회사의 배서행위나 채무보증이 유효함을 전제로 한 X의 주장은 이유 없다고 하여 배척하였다. 이에 X는 Y회사의 위의 행위는 Y회사의 권리능력 범위 내의 행위로서 Y회사는 그 책임이 있다고 주장하여 대법원에 상고하게 된 것이다.

[판결요지] 회사의 권리능력은 회사의 설립근거가 된 법률과 회사의 정관상의 목적에 의하여 제한되나 그 목적범위 내의 행위라 함은 정관에 명시된 목적 자체에 국한되는 것이 아니고, 그 목적을 수행하는 데 있어 **직접** 또는 **간접**으로 **필요한 행위**는 모두 포함되며, 목적수행에 필요한지 여부도 행위의 **객관적 성질**에 따라 **추상적**으로 판단할 것이지 행위자의 주관적·구체적 의사에 따라 판단할 것은 아니다. 이 사건 Y가 단기금융업을 영위하는 회사로서 회사의 목적인 어음의 발행·할인·매매·인수·보증·어음매매의 중개를 함에 있어서 어음의 배서는 행위의 객관적 성질상 위 목적수행에 직접·간접으로 필요한 행위라고

하여야 할 것이다. 따라서 원심이 Y의 이 사건 어음의 배서에 대하여 Y의 권리능력 밖의 법률행위라고 판단한 것은 회사의 권리능력에 관한 법리를 오해한 것이라 아니할 수 없다[대판 1987. 9. 8, 86 다카 1349].

동지: 대판 1946. 2. 8, 4278 민상 179(유기질비료·사료·생선기름·해산물의 생산, 수집, 기타 부대가공업 및 판매업을 목적으로 하는 회사가 일정한 경우에 타인을 위하여 한 「주식매입자금의 보전행위」는, 위 회사의 「목적달성에 필요한 범위 내에 속한 행위」로서 동 회사의 목적범위 내에 속하는 행위이다); 동 1955. 3. 10, 4287 민상 128(주판집, 민 Ⅱ, 288)(가마니 매매업 및 이에 관련된 부대사업 일체를 목적으로 하는 회사가 타인을 위하여 한 「짚 등으로 만든 수공품 보관계약」은, 위 회사의 「목적에 배치되지 않는 행위」로서 동 회사의 목적 범위 내에 속하는 행위이다); 동 1968. 5. 21, 68 다 46(집 16 ② 민 55)(벽지제조업·국내외수출업 등과 이에 부대하는 사업을 목적으로 하는 회사가 타인을 위하여 한 「채무인수행위」는, 위 회사의 「목적사업을 수행함에 필요한 행위」로서 동 회사의 목적범위 내에 속하는 행위이다〈원심에서는 목적범위 외의 행위로서 무효라고 판시하였음〉); 동 1975. 12. 23, 75 다 1479(집 23 ③ 민 161)(피고회사〈이 회사의 사업목적은 판결문에 나타나 있지 않음〉가 타인을 위하여 한 「손해배상의무〈원고로부터 극장위탁경영으로 인하여 발생하는 손해배상의무임〉를 연대보증한 행위」는 「피고회사의 사업목적범위에 속하지 아니하는 행위」로서 피고회사를 위하여 효력이 있는 적법한 보증으로 되지 아니한다〈원심을 지지한 판결임〉); 동 1987. 12. 8, 86 다카 1230(공보 817, 256)(피고회사〈단기금융업을 영위하는 회사〉가 타인을 위하여 한 「어음 보증행위」는 위 회사의 목적을 수행하는 데 있어서 「직접·간접으로 필요한 행위」로서 피고회사의 목적범위내에 속하는 행위이다); 동 1988. 1. 19, 86 다카 1384(공보 820, 445); 동 1999. 10. 8, 98 다 2488(공보 1999, 2280)(피고회사〈시멘트제조 주식회사〉가 타인의 대출금채무에 대하여 한 「연대보증행위」는 위 회사의 목적수행을 하는 데 있어서 객관적 성질에 따라 판단할 때 「직접·간접적으로 필요한 행위」이다)[1]; 동 2009. 12. 10, 2009 다 63236(공보 2010, 115)(원고 합자회사〈시장건물의 관리회사〉가 시장건물이 있는 토지를 「매도하는 행위」는 원고의 목적사업을 수행하는데 있어 「직접·간접으로 필요한 행위」이다).

4) 정관상 목적의 기능 제한설에 의하면 정관에 기재된 목적은 회사

1) 무제한설의 입장에서 "계열사간 보증행위는 목적범위 내의 행위이나, 아무런 거래관계나 자본관계가 없는 주채무자를 위하여 보증하는 행위는 회사의 목적범위 외의 행위에 해당한다"고 설명하는 견해가 있는데[임(재), (회 Ⅰ) 79~80면; 송(옥) 733~734면], 이는 무제한설의 취지에서 의문이다.

의 권리능력을 제한하는 기능을 한다.

그러나 무제한설에 의하면 회사의 정관상 목적은 회사의 기관(업무집행 및 대표기관)의 권한을 다만 내부적으로 제한하는 기능을 하는 것으로 해석할 수 있다. 따라서 이사 등이 그러한 정관상 목적에 위반하여 행위를 한 경우에 주주 또는 회사는 그러한 행위자에 대하여 손해배상책임을 추궁할 수 있고(상 195조, 269조, 287조의 18, 399조, 408조의 8, 402조, 403조, 406조의 2, 567조), 상대방이 악의인 경우에는 「대표권의 제한은 선의의 제 3 자에게 대항하지 못한다」(상 209조 2항, 269조, 287조의 19 5항, 389조 3항, 408조의 5 2항, 567조)는 규정의 반대해석 또는 권리남용의 법리나 신의칙(민 2조)에 의하여 대항할 수 있다고 본다.[1)]

5) 회사의 권리능력과 기부행위(정치헌금) 회사의 권리능력이 정관상 목적에 의하여 제한을 받는지 여부는 회사의 영업과 관련한(특히 거래상대방의 보호와 관련한) 거래행위에 관해서이다. 그런데 회사가 영업과 관련이 없는(특히 거래 상대방의 보호와 관련이 없는) 기부행위(또는 정치헌금)를 할 수 있는지 여부가 회사의 권리능력과 관련하여 문제된다. 이에 대하여 미국의 회사법은 회사의 사업과 업무를 촉진하는 적법한 기부행위는 가능하다는 명문규정을 두었고,[2)] 일본의 최고재판소판례도 합리적인 범위 내의 정치헌금은 정관상 목적과 무관하더라도 가능하다고 판시하고 있다.[3)]

우리나라에서 이를 어떻게 해석할 것인가에 대하여, 합리적인 규모의 기부행위는 가능하다고 보는 견해가 있다.[4)] 무제한설의 입장에서는 이의 유효를 설명하는 데 큰 문제가 없겠으나, 제한설의 입장에서는 이의 유효를 설명함에 논리에 있어서 문제가 있다고 본다.[5)] 그런데 무제한설의 입장에서도 회사의 자본금이나 경영상태에 비추어 과도한 기부행위(또는 정치헌금)는 이사·집행임원의 회사에 대한 손해배상책임의 원인이 될 수 있고[6)](상 399조, 408조의 8), 그 기부행위(또는 정치헌금)가 실질적으로 주주권을 침해하면 업무상 배임죄가 될 수 있다.[7)]

---

1) 동지: 이(철), (회) 82~83면(민 제 2 조 2항의 권리남용에 근거함); 손(주), 450~451면(민 제 2 조 2항의 권리남용에 근거함); 주상(제 5 판)(회사 Ⅰ), 141면; 임(재), (회 Ⅰ) 78면.
2) RMBCA 2006 § 3.02(15).
3) 일본 最高判 1970. 6. 24(民集 24-6, 625).
4) 정(동), (회) 54면; 채, 392면; 주상(제 5 판)(회사 Ⅰ), 142면.
5) 정찬형, 전게 논문(고시계, 1992. 12), 28면.
6) 동지: 임(재), (회 Ⅰ) 79면.
7) 동지: 대판 2010. 5. 13, 2010 도 568; 동 2005. 6. 10, 2005 도 946; 동 1985. 7. 23, 85 도 480.

2. 의사능력 · 행위능력

(1) 회사는 법인으로서 권리능력이 있으나, 그 의사능력이나 행위능력은 회사의 조직의 일부를 구성하는 기관을 통해서 갖게 되며, 그 기관이 하는 행위가 곧 회사의 행위가 된다(법인실재설).[1] 회사의 기관은 회사가 대내적·대외적 활동을 하기 위한 기구로서 회사의 조직의 일부인데, 보통 1인 또는 수인의 자연인에 의하여 구성된다.[2] 인적회사에서는 사원자격(Mitgliederschaft)과 기관자격(Organschaft)이 일치하지만, 물적회사에서는 원칙적으로 일치하지 않는다. 사원은 회사의 권리능력의 기초가 되는 자인데, 기관은 행위능력 내지 의사능력의 기초가 되는 자이다.[3]

(2) 회사의 권리능력에 관하여 무제한설에 의하면 대표권 남용의 문제는 정관상 목적범위의 내외를 불문하고 문제되겠으나(특히 목적범위 외의 행위를 한 경우에는 거의 전부 대표권 남용의 문제가 발생할 것임), 제한설에 의하면 정관상 목적범위 외의 행위는 무효가 되므로 대표권 남용을 거론할 실익이 없게 될 것이고 정관상 목적범위 내의 행위에 대해서만 대표권 남용을 거론할 실익이 있을 것이다.

3. 불법행위능력

(1) 회사의 행위능력이 인정되는 한 이의 당연한 귀결로서 회사의 불법행위능력도 인정된다. 회사의 불법행위능력에 관하여는 상법상 특별규정이 있다. 즉, 회사를 대표하는 사원이 그 업무집행으로 인하여 타인에게 손해를 가한 때에는 회사는 그 사원과 연대하여 배상할 책임이 있는 것으로 하여, 피해자의 구제에 만전을 기하고 있다(상 210조, 269조, 287조의 20, 389조 3항, 567조).[4] 이는 민법 제35조 1항과 표현

1) 이에 반하여 법인의제설에서는 회사 자체의 의사능력과 행위능력을 부정하고, 회사의 대표자는 회사의 조직 외의 대리인이라고 한다.

2) 이 기관과 회사와의 관계를 대표관계라고 하고, 이것에 대리의 규정이 준용된다(민 59조 2항). 그런데 대리는 대립하는 2인격자간의 개인법적 이원관계인데 대하여, 대표는 기관과 법인의 사단법적 일원관계인 점에 있어 법률구성이 다르다. 그러나 그 효과가 직접 회사에 귀속하는 점에서는 양자에 차이가 없다.

3) 동지: 정(희), 294면.

4) 동지: 대판 1980. 1. 15, 79 다 1230(집 28 ① 민 20)(회사의 대표이사가 그 업무집행중 불법행위로 인하여 제 3 자에게 손해를 가한 때에는 대표이사는 회사와 연대하여 배상할 책임이 있고, 그 불법행위는 고의는 물론 과실이 있는 때에도 같다).

은 다르지만 같은 취지의 규정이다. 회사가 피해자에 대하여 그 손해의 전부 또는 일부의 배상을 하였을 때에는 회사는 대표기관 개인에 대하여 구상할 수 있다.[1] 이 때에는 대표기관 개인도 피해자에 대하여 불법행위를 한 것이 되므로(민 750조),[2] 회사의 대표기관 개인은 피해자에 대하여 부진정연대책임을 부담한다.

(2) 대표기관 이외의 자(피용자)가 회사의 사무집행에 관하여 불법행위를 하였을 때에는 회사는 민법 제756조의 사용자배상책임의 법리에 의하여 책임을 진다. 이 때 동조의 「사무의 집행에 관하여」라는 것에 해당하는지의 여부는 행위의 외형을 기준으로 하여 객관적으로 판단할 것이고, 행위자의 의사를 기준으로 주관적으로 판단할 것이 아니다.[3]

4. 공법상의 능력

회사는 그 성질에 반하지 않는 한 공법상의 권리능력이 있다(예컨대, 행정소송제기권·납세의무 등). 또 회사는 소송법상의 당사자능력(민소 51조, 민 34조)과 소송능력(민소 64조, 형소 27조)을 가진다.

회사는 일반적으로 형법상 범죄능력은 없으나,[4] 특별법상 범죄능력은 있다(보험 208조 등).

---

1) 동지: 정(희), 295면.

2) 동지: 정(동), (회) 55면; 정(희), 295면.
반대: 이(철), (회) 84면(대표기관 개인의 책임은 불법행위책임이라기보다는 피해자를 두텁게 보호하기 위한 상법상의 특별책임이라고 한다).

3) 동지: 대판 1969. 7. 22, 69 다 702(집 17 ② 민 357); 동 1966. 9. 20, 66 다 1166(집 14 ③ 민 49); 동 1966. 10. 21, 64 다 1102(카드 2296), 65 다 825(카드 2297); 동 1971. 6. 8, 71 다 598(집 19 ② 민 95); 서울고판 1984. 5. 23, 83 나 3338(신문 1984. 6. 25, 8면)(회사의 자금과 직원이 대표이사의 위조 인영으로 발행된 약속어음을 할인한 경우에 회사의 책임을 인정함).

4) 동지: 서·정, 293면; 손(주), 452면; 이(기) 외, (회) 106면; 대판(전) 1984. 10. 10, 82 도 2595.

제 2 절 회사의 설립[1]

제 1 회사설립에 관한 입법주의

회사설립에 관한 입법주의에는 그때 그때의 사회적 배경과 입법정책에 따라 다음과 같이 여러 가지가 있었다.

(1) 자유설립주의

회사의 설립에 아무런 제한을 가하지 않고 영리사단의 실체만 형성되면 회사의 성립을 인정하는 입법주의이다. 이 입법주의에서는 투기성이 조장되고 회사가 남설될 위험성이 많았다.

(2) 특허주의

군주의 특허 또는 의회의 특별입법에 의하여 개별적으로 회사의 성립을 인정하는 입법주의이다. 이 입법주의는 근대국가가 식민회사를 설립하는 데 쓰던 입법주의이었지만, 현재도 특수회사의 설립에 종종 사용된다(특정특별법상의 회사).

(3) 면허주의 또는 허가주의

회사에 관한 일반법률을 미리 제정하고, 이에 근거한 행정처분(면허 또는 허가)에 의하여 회사의 성립을 인정하는 입법주의이다. 이 입법주의는 1807년의 프랑스 상법전이 채용한 이후 많은 상법전이 이를 따랐으나, 행정관청에 의한 설립 여부의 심사는 자본주의경제의 발전에 적응하지 못하는 결점이 있었다. 그러나 현재도 공익기업회사에 대하여는 실질적으로 이 입법주의가 채용되고 있다.

(4) 준칙주의

회사에 관한 일반법률(우리나라에서는 상법)에 의하여 회사의 실체형성에 관한 대내적 요건과 거래안전에 관한 대외적 요건을 정해 놓고, 이것에 준거하여 설립한 것에 대하여 당연히 회사의 성립을 인정하는 입법주의이다.[2] 이것

1) 회사가 법적 인격자로서 존재하게 되는 것을 회사의 「성립」이라고 하고, 회사를 성립시키는 절차를 동적으로 관찰하여 회사의 「설립」이라고 한다.

2) 준칙주의의 경우에도 법률상 설립요건에 일치하면 당연히 법인격을 취득하는 것이 아니라 등기에 의하여 법인격을 취득하는 것으로 하고 있는데(상 172조), 이러한 등기의 경우 등기공무원

은 회사설립을 널리 개방하되 회사로 하여금 사법상 책임주체로서의 실체를 갖추도록 하는 것으로서, 1844년 영국의 합작회사법(Joint Stock Companies Act 1844)이 처음으로 이것을 채택하였고, 1870년의 독일의 주식법(Aktienrechtsnovelle von 1870)이 이를 따른 이래, 우리나라를 포함한 오늘날 대부분의 국가는 이 입법주의를 취하고 있다.[1)]

이러한 준칙주의는 설립요건의 엄격 여부에 따라 단순준칙주의와 엄격준칙주의로 구별된다. (i) 단순준칙주의는 설립의 책임에 관하여 상세한 규정을 두지 않는 입법주의로 자유설립과 같은 폐단이 나타난다. (ii) 엄격준칙주의는 설립의 책임(발기인의 책임)에 관하여 상세한 규정을 둔 입법주의로, 오늘날 대부분의 국가는 이 입법주의를 취하고 있다. 우리 상법도 이 입법주의를 원칙으로 하고 있으나, 일정한 영업에 관하여는 영업면허제도(은행 8조 등)를 채용하고 있으므로 실질적으로는 엄격준칙주의와 설립면허주의의 중도를 가고 있다[2)](설립면허는 회사의 법인격취득에 면허를 요하는 것이지만, 영업면허는 회사가 수행하고자 하는 영업에 면허를 요하는 것이고 그 법인격취득에는 아무런 면허를 요하지 않는다).

제 2 회사의 설립절차

회사의 설립절차는 크게 「실체형성절차」와 「설립등기」로 분류된다. 이 때의 실체형성절차는 여러 가지의 행위로 이루어지는데, 이 중 법률행위인 설립행위가 가장 중요하므로 실체형성절차와 설립등기를 설명하기 전에 설립행위의 의의와 그 법적 성질을 먼저 살펴보겠다.

I. 설립행위의 의의 및 법적 성질

(1) 설립행위의 의의

1) 회사의 설립(formation, incorporation; Gründung, Errichtung)이라 함은

은 오로지 설립절차가 적법하게 밟아졌느냐의 여부만을 심사하는 데 그치고 설립의 허가 여부를 결정할 권한을 가진 것이 아니므로 이것이 준칙주의에 지장을 주는 것은 아니다[동지: 손(주), 454면].

1) 이(철), (회) 96면.

2) 동지: 정(희), 296면; 손(주), 454면(영업면허를 요하는 특정회사는 실질적으로 면허주의에 가깝다고 한다).

'회사의 실체를 갖추어 회사라는 하나의 법인을 성립시키는 여러 가지 행위로 이루어진 법률요건'이다. 이러한 회사를 성립시키는 여러 가지 행위는 정관의 작성에서 시작하여 성립등기에서 끝나는데, 이러한 여러 가지의 행위 중「법률행위」만이 설립행위가 된다. 즉, 설립행위는 설립을 위해 행하여지는 법률행위의 통칭으로서, 정관작성과 사원을 확정하는 행위(주식회사인 경우는 주식인수)를 말한다(통설).[1)]

2) 합명회사·합자회사와 같은 인적회사나 유한책임회사 및 유한회사에 있어서는 정관의 작성과 동시에 사원을 확정하는 절차가 종료되고, 따라서 그것으로 법인격취득의 기초가 되는 사단적 실체가 완성된다. 그러나 주식회사에 있어서는 정관의 작성 이외에 주식인수에 의하여 사원을 확정함으로써 사단적 실체을 확립하여야 한다.

또한 유한책임회사·주식회사·유한회사에 있어서는 그 밖에도 출자이행 등 여러 가지 복잡한 행위에 의하여 자본적 실체가 충실해짐을 기다려 비로소 법인격취득의 기초가 되는 회사의 실체가 완성한다. 물적회사에서는 사원이 다수이고 출자의무를 확정 내지 이행하는 것이 보다 중요하기 때문에 인적회사와 구별되는 점이다.[2)]

⑵ 설립행위의 법적 성질

회사의 설립행위의 법적 성질에 대하여 이를 일률적으로 합동행위라고 보는 것이 통설이다.[3)]

그러나 정관작성행위가 합동행위라는 점에서는 이론이 있을 수 없으나, (주식회사의 경우) 주식인수는 합동행위라고 볼 수는 없고 계약이라고 보아야 할 것이다. 따라서 정관작성에 의하여 사원이 확정되는 합명회사·합자회사·유한책임회사 및 유한회사의 설립행위의 법적 성질은「합동행위」이나, 정관작성에 의하여 사원이 확정되지 않고 별도의 주식인수에 의하여 사원이 확정되는 주식회사의 설립행위의 법적 성질은「합동행위와 계약」이 병존하는 것으로

1) 동지: 정(희), 296면; 손(주), 452~453면; 최(기), 512면; 채, 402면 외.
반대: 정(동), (회) 94면(설립행위란 사원으로 될 사람의 법률행위라고 한다); 이(철), (회) 98면(주식회사의 설립행위를 정관작성과 주식인수로 보는 통설을 비판하면서 주식회사의 설립행위도 정관작성만을 의미한다고 한다).
2) 동지: 정(희), 297면.
3) 서·정, 306면; 손(주), 453면; 최(기), 512면; 채, 403면; 임(재), (회 Ⅰ) 83면 외.

보아야 한다.[1)]

2. 회사의 실체형성절차

회사의 실체형성절차는 여러 가지의 행위로 진행되는데, 이 중 중요한 설립행위는 앞에서 본 바와 같이 「정관작성」 및 「사원확정절차」이다. 이 외에 유한책임회사는 「출자이행절차」가 별도로 있고, 물적회사는 「출자이행절차」 및 「기관구성절차」가 별도로 있다.

(1) 정관작성

회사의 정관의 작성에 의하여 자본과 인력을 결합하는데, 이는 회사의 실체가 형성되는 출발점이다.

1) 정관의 의의 정관(memorandum, articles; Statut, Verfassung)은 회사의 근본규칙인데, 실질적으로는 「규칙으로서의 정관」을 말하고, 형식적으로는 「서면으로서의 정관」을 말한다. 양자는 원래 일치하여야 할 것이지만, 정관변경의 경우에는 근본규칙의 변경을 의미하고 서면의 변경 없이도 정관변경의 효력이 생기므로(상 204조, 264조, 287조의 16, 433조 1항, 584조 참조) 양자가 불일치하게 된다.[2)]

2) 정관의 법적 성질 정관의 법적 성질에 대하여 사원(주식회사의 경우 발기인)간의 계약으로 보는 견해(계약설)도 있고,[3)] 정관작성행위는 계약이지만 일단 작성된 정관은 자치법규라고 보는 견해(절충설)도 있으나,[4)] 회사라는 단체의 「자치법규」라고 본다(자치법규설)(통설).[5)]

---

1) 동지: 정(희), 297면. 정(동), (회) 95면은 이를 '병합행위설'로 부르고 있다.
반대: 정(동), 95면(설립절차를 이루는 여러 가지 행위 중 한 두 가지만을 골라 이를 설립행위의 법적 성질로 파악하는 것은 이상할 뿐만 아니라 실익도 없다고 하여 합동행위설과 병합행위설을 비판하고, 문제된 개개의 행위의 성질을 음미하면 족하다고 하는데, 설립행위 개념을 설명하면서 이의 법적 성질을 파악하여 보는 것은 해석법학에서 어디에도 존재한 것이므로 굳이 설립행위의 법적 성질에서만 불필요하다고 볼 것은 아니라고 본다); 이(철), (회) 99면(설립행위의 성질을 계약으로 파악하는 것은 적절치 않고 또한 합동행위라고 보는 것도 설립행위의 성질론으로 부적합하며 실익이 있는 것도 아니므로, 회사설립행위라는 별도의 법률행위의 유형을 시인해야 한다고 한다); 정(경), 315~316면(설립행위의 법적 성질을 논하는 것은 부적절하다고 한다); 송(옥), 753면(설립행위라는 개념을 창안하여 문제를 복잡하게 만들 이유가 없고, 논의의 실익이 없다고 한다); 계약설(독일의 통설).
2) 동지: 정(희), 297면.
3) 정(동), (회) 106면.
4) 이(기) 외, (회) 50~51면.
5) 정(희), 297~298면; 서·정, 310면; 이(철), (회) 100~101면(정관의 법적 성질을 계약으로 보는 견해에 대한 비판이 상세하다); 임(재), (회 I) 83~84면 외.

정관은 이와 같이 자치법규이므로 정관을 작성한 사원이나 발기인은 물론, 그 이후에 가입한 사원이나 회사의 기관 등을 구속한다. 그러나 정관이 제 3 자를 구속하지는 못한다. 또한 정관은 법규성을 가지므로 이의 해석문제는 법의 해석문제가 되고, 이의 위반은 상고이유가 된다.[1)]

3) 정관의 방식 정관의 방식은 일정한 사항을 기재하고 사원(발기인)이 기명날인 또는 서명하면 되는 것이지만, 물적회사의 경우에는 원칙적으로 다시 공증인의 인증절차를 필요로 한다(상 292조 본문, 543조 3항). 정관의 기재사항에는 절대적 기재사항(이것을 기재하지 않으면 정관이 무효가 되는 사항)·상대적 기재사항(그 기재의 유무가 정관의 효력에 관계되는 것은 아니지만 정관에 기재하여야 비로소 그 사항이 유효해지는 것으로 상법에 규정되어 있는 사항)·임의적 기재사항(상법에 규정이 없더라도 강행법규에 반하지 않는 한 정관에 임의로 규정할 수 있는 사항)의 세 가지가 있다.

정관의 작성에 의하여 인적회사와 유한책임회사의 경우에는 법률상 충분한 회사의 실체가 이루어진 것으로 인정되지만, 물적회사의 경우에는 다시 사원의 확정절차인 주식의 인수(주식회사에만 해당) 및 납입절차에 의하여 자본을 결합시키고 기관구성(이사·감사 등의 선임)을 하여야 한다(유한책임회사의 경우에도 납입절차를 이행하여야 한다—상 287조의 4 2항).

(2) 사원확정절차

인적회사·유한책임회사 및 유한회사의 경우에는 사원의 성명·주민등록번호 및 주소가 정관의 절대적 기재사항이므로(상 179조 3호, 270조, 287조의 3 1호, 543조 2항 1호), 정관의 작성에 의하여 사원이 확정되기 때문에 특별히 사원확정절차가 있을 수 없다.

그러나 주식회사의 경우에는 사원(주주)은 정관의 기재사항이 아니고 주식인수절차에 의하여 확정되므로, 사원을 확정하기 위하여 별도의 주식인수절차를 거쳐야 한다(상 293조, 301조~304조). 이에 관하여는 주식회사의 설명에서 상술하기로 한다.

(3) 출자이행절차

인적회사 및 유한책임회사의 사원의 출자목적물은 정관의 절대적 기재사항이므로(상 179조 4호, 270조, 287조의 3 2호) 정관에 의하여 확정되지만, 그 출자이행시기에 관하여는 상법에 규정이 없다. 따라서 인적회사의 출자이행시기는 정관 또는 업무집행방법에 따라 자유로이 정할 수 있는 것으로 해석되므로, 설립등기 이전에

1) 동지: 이(철), (회) 102면.

이행할 필요는 없다고 본다. 또한 인적회사의 경우 출자이행절차는 실체형성절차의 필수불가결한 요소가 아니다(이렇게 해석하여도 인적회사는 무한책임사원이 있으므로 회사채권자보호에 문제가 없다). 유한책임회사의 경우 사원의 출자목적 및 가액이 정관의 절대적 기재사항이면서(상 287조의 3 2호) 사원은 정관의 작성 후 설립등기를 하는 때까지 이러한 출자의 전부를 이행하도록 하고 있다(상 287조의 4 2항).

그러나 물적회사의 경우에는 자본적 실체형성이 회사의 법인격취득의 기초가 되고 있으므로, 출자이행절차가 실체형성절차의 필수불가결한 요소가 된다. 따라서 상법은 주식회사 및 유한회사에 대하여 회사의 성립 전의 출자이행절차를 특별히 규정하고 있다(상 295조, 303조~307조, 548조).

(4) 기관구성절차

인적회사는 무한책임사원이 원칙적으로 회사의 기관이 되고(상 200조 1항, 207조, 273조) 이러한 무한책임사원은 정관의 절대적 기재사항이므로, 정관의 작성에 의하여 기관이 구성된 결과가 되기 때문에 새로이 기관구성절차가 없다. 유한책임회사도 업무집행자의 성명 및 주소가 정관의 절대적 기재사항이므로(상 287조의 3 4호), 인적회사의 경우와 같이 새로이 기관구성절차가 없다. 다만 유한책임회사는 정관에서 사원 또는 사원이 아닌 자를 업무집행자로 정하여야 한다(상 287조의 3 4호, 287조의 12 1항).

그러나 물적회사는 원칙적으로 소유(사원)와 경영(기관)이 분리되므로 별도의 기관구성절차가 있고, 이에 대하여 상법은 특별히 규정하고 있다(상 296조, 312조, 547조).

3. 설립등기

회사가 법정된 요건을 갖추어 실체형성절차를 완료한 경우에는, 본점소재지에서 설립등기를 함으로써 비로소 회사가 성립(entstehen)하게 된다.

설립등기는 거래안전을 위하여 필요한 제도로서, 이는 회사설립절차의 최종요건이다(상 172조). 설립등기에 관한 사항을 개별적으로 살펴보면 다음과 같다.

(1) 등기사항

개개의 회사에 따라 법정되어 있다(상 180조, 181조, 271조, 287조의 5, 317조, 549조).

(2) 등기기간

합명회사·합자회사 및 유한책임회사의 경우에는 설립등기의 등기기간에 대하여 상법에 규정이 없다. 그러나 주식회사와 유한회사의 경우에는 소정의 법정절차(주식회사의 경우에는 변태설립사항의 조사 및 변경처분 후이고, 유한회사의 경우에는 출자의 납입 또는 이행이 있은 후)를 종료한 날로부터 2주간 내에 하여야 하는데(상 317조, 549조), 이 기간은 관청의 허가 또는 인가를 요하는 것에 관하여는 그 서류가 도달한 날부터 기산한다(상 177조). 주식회사·유한회사의 발기인·이사 등이 이 기간을 위반한 때에는 과태료의 제재가 있으나(상 635조, 1항 1호), 등기기간이 경과하였다고 등기를 못하는 것은 아니다.[1)]

(3) 등기사항의 변경

등기사항에 변경이 생긴 경우에는 회사는 본점과 지점의 소재지에서 그 변경등기를 하여야 한다(상 182조, 183조, 269조, 287조의 5 4항, 317조, 549조 3항).[2)]

(4) 설립등기의 효력

1) 본질적 효력(창설적 효력) 회사는 본점소재지에서 설립등기를 함으로써 성립한다(상 172조). 이러한 회사의 설립등기의 효력은 상업등기의 일반적 효력(상 37조)의 예외가 되고 있다. 즉, 회사의 설립등기의 효력이 상업등기의 일반적 효력과 차이가 있는 점은 제 3 자의 선의 또는 정당사유의 존재 유무를 불문하고 본점소재지의 등기만으로 대항력이 발생하는 점 등에 있다.

2) 부수적 효력 회사의 설립등기를 하면 상호전용권의 배타성이 강화되고(창설적 효력), 주권의 발행·주식의 양도 등을 할 수 있으며(해제적 효력)(상 355조, 319조), 주식청약서의 요건흠결을 이유로 주식인수의 무효를 주장하거나 착오·사기·강박을 이유로 주식인수의 청약을 취소할 수 없게 된다(보완적 효력)(상 320조).

---

1) 동지: 정(희), 298면.

2) 대결 2009. 4. 23, 2009 마 120(공보 2009, 753)(회사의 등기사항에 변경이 있는 때에는 본점소재지에서는 2주간 내, 지점소재지에서는 3주간 내에 변경등기를 하여야 하는바〈상법 제183조〉, 본점소재지와 지점소재지의 관할 등기소가 동일하지 아니한 때에는 그 등기도 각각 신청하여야 하는 것이므로, 그 등기 해태에 따른 과태료도 본점소재지와 지점소재지의 등기 해태에 따라 각각 부과되는 것이다. 또한 회사의 등기는 법령에 다른 규정이 있는 경우를 제외하고는 그 대표자가 신청의무를 부담하므로〈상업등기법 제17조〉, 회사의 등기를 해태한 때에는 등기 해태 당시 회사의 대표자가 과태료 부과 대상자가 되고, 등기 해태 기간이 지속되는 중에 대표자의 지위를 상실한 경우에는 대표자의 지위에 있으면서 등기를 해태한 기간에 대하여만 과태료 책임을 부담한다).

제 3 회사설립의 하자(무효·취소)

I. 의 의

(1) 회사설립의 하자란 회사가 설립등기를 하여 외관상 유효하게 성립하고 있으나 그 설립절차(설립행위)에 중대한 하자가 있는 경우를 말하는데, 이것은 회사설립의 무효·취소의 소의 원인이 된다. 회사는 그와 관계하는 이해관계인이 다수이므로 회사설립의 하자는 민법상 법률행위(의사표시)의 하자와는 다른 특색이 있다. 즉, 회사설립에 있어서 일정한 하자는 설립등기에 의하여 치유되고(상 320조), 그 이외의 하자의 경우에도 사소한 하자는 설립무효·취소의 사유가 되지 못하고 「중대한 하자」만이 설립무효·취소의 사유가 된다. 우리 상법은 설립절차에 중대한 하자가 있는 경우에도 반드시 「소」의 방법에 의해서만 설립무효·취소를 주장할 수 있도록 하고, 또 이러한 소는 「일정한 기간 내」에서만 주장할 수 있도록 하며(상 184조 1항 등), 또 판결이 확정되어도 그 효력은 「장래에 대해서만」 그 효력이 발생하는 것으로 하였다(상 190조 등).

따라서 설립등기시부터 무효·취소의 확정판결시까지 존재하는 회사가 발생하는데, 이러한 회사를 「사실상의 회사」(표현회사)(de facto corporation; de facto Gesellschaft)라고 한다. 상법이 이렇게 회사설립의 하자에 대하여 규정하고 또 사실상의 회사를 인정하는 이유는 기존상태를 가능한 한 보호하고, 거래의 안전을 도모하기 위한 것이다.

(2) 회사설립의 하자는 하자 있는 설립절차와 회사의 성립(설립등기)을 전제로 하므로, 설립절차가 있으나 설립등기가 없는 회사의 「불성립」과 구별되며, 또한 설립절차가 전혀 없이 설립등기만이 있는 회사의 「부존재」와도 구별된다.[1)]

(3) 회사설립의 하자에는 사원의 의사무능력 등과 같은 「주관적 하자」와, 법령·정관 위반의 설립행위와 같은 「객관적 하자」가 있다. 회사설립무효원인이 되는 하자는 이러한 주관적 하자와 객관적 하자이나, 회사설립취소원인인 하자는 주관적 하자에 한한다.

---

1) 이(범), (예해) 329면.

(4) 회사설립의 하자로 인하여 회사는 설립무효·취소가 되는데, 이는 각종 회사에 따라 상이하다. 따라서 이하에서는 각종 회사의 설립하자와 이에 따른 설립무효·취소의 소에 대하여 고찰한다.

2. 합명회사의 설립하자

(1) 소의 원인

1) 합명회사의 설립하자 중 「객관적 하자」(예컨대, 정관의 불작성, 절대적 기재사항의 흠결 또는 위법기재, 설립등기의 무효 등)와, 사원의 의사무능력 등과 같은 「주관적 하자」가 있는 경우에는 설립무효의 소의 원인이 된다.

2) 그러나 제한능력자(미성년자·피한정후견인)가 법정대리인의 동의 없이 합명회사의 설립행위를 하거나(피성년후견인의 경우는 법정대리인의 동의가 있는 경우에도 동일함)(민 5조 1항, 10조, 13조), 사원이 착오·사기 또는 강박으로 인하여 설립행위를 하거나(민 109조, 110조), 사원이 그 채권자를 해할 것을 알고 회사를 설립하는 경우(상 185조) 등과 같은 「주관적 하자」가 있는 경우에는 설립취소의 소의 원인이 된다.

(2) 주장방법·소의 당사자·제소기간

1) 주장방법 합명회사의 설립절차에 하자가 있는 경우에 이는 사원뿐만 아니라 제 3 자의 이해관계에도 밀접한 관계가 있으므로, 법률관계를 획일적으로 처리하기 위하여 이는 반드시 「소」로써만 주장할 수 있게 하였다(일반적인 하자의 주장은 소 이외의 방법으로도 주장할 수 있는 점과 구별됨).

2) 소의 당사자

(가) 설립무효의 소의 제소권자(원고)는 「사원」에 한정되고(일반적인 무효의 소의 제소권자는 제한이 없는 점과 구별됨)(상 184조 1항 전단), 피고는 「회사」이다.

(나) 설립취소의 소의 제소권자(원고)는 「제한능력자, 착오에 의한 의사표시를 한 자, 하자(사기 또는 강박) 있는 의사표시를 한 자와 그 대리인 또는 승계인」이고(상 184조, 민 5조 2항·10조·13조·109조·110조·140조), 사원이 그 채권자를 해할 것을 알고 회사를 설립한 때에는 그 「채권자」이다(상 185조).

설립취소의 소의 피고는 원칙으로 「회사」이나, 사해행위에 의한 취소의 경우에는 「회사와 그 사원」이 공동피고가 된다(상 185조).

3) 제소기간 설립무효·취소의 소의 제소기간은 회사성립의 날로부터 「2년 이내」이다(일반적인 무효의 소는 제소기간이 없는 점과 구별됨)(상 184조 1항 후단).

(3) 소의 절차

설립무효 · 취소의 소의 「관할법원」은 회사의 본점소재지의 지방법원에 전속하고(상 186조), 회사는 설립무효 · 취소의 소가 제기된 때에는 지체 없이 「공고」하여야 한다(상 187조).

법원은 수 개의 설립무효 · 취소의 소가 제기된 때에는 이를 「병합심리」하여야 하고(상 188조), 소의 심리중에 원인이 된 하자가 보완되고 회사의 현황과 제반사정을 참작하여 설립을 무효 또는 취소하는 것이 부적당하다고 인정한 때에는 그 청구를 「기각」할 수 있다(상 189조).

(4) 판결의 효과

1) 원고승소의 경우

(가) 대세적 효력 · 불소급효 원고가 승소하면 설립무효 · 취소의 판결의 효력은 당사자 이외의 제 3 자에게도 미치고(대세적 효력), 판결의 효력이 소급하지 않으므로 그 판결확정 전에 생긴 회사와 사원 및 제 3 자간의 권리의무에 영향을 미치지 않는다(불소급효)(민사소송법상의 소에 있어서 판결의 효력과 구별됨)(상 190조).

(나) 등 기 설립무효의 판결 또는 설립취소의 판결이 확정된 때에는 본점과 지점의 소재지에서 등기하여야 한다(상 192조).

(다) 회사의 계속 설립무효의 판결 또는 설립취소의 판결이 확정된 경우에도 그 무효나 취소의 원인이 특정한 사원에게 있는 경우에는 다른 사원 전원의 동의로써 회사를 계속할 수 있는데(상 194조 1항), 이 때에 그 사원은 퇴사한 것으로 간주되고(상 194조 2항) 회사계속의 등기를 요한다(상 194조 3항, 229조 3항). 또한 이로 인하여 사원이 1인이 된 때에는 새로 사원을 가입시켜서 회사를 계속할 수도 있다(상 194조 3항, 229조 2항).

2) 원고패소의 경우

(가) 원고가 패소하면 그 판결의 효력에는 상법이 적용되지 않고 민사소송법의 일반원칙이 적용된다. 따라서 그 패소의 효력은 당사자간에만 미치므로, 다른 제소권자는 다시 소를 제기할 수 있다.[1)]

(나) 이 때에 패소한 원고에게 악의 또는 중과실이 있는 경우에는 원고는 회사에 대하여 연대하여 손해를 배상할 책임이 있다(상 191조).

---

1) 이(범), (예해) 332면; 채, 455면; 주상(제 5 판)(회사 Ⅰ), 200면.

3. 합자회사의 설립하자

합자회사의 설립하자의 경우에 있어서 설립무효·설립취소의 소에 관해서는 합명회사의 그것과 동일하다(상 269조, 184~194조).

합자회사의 유한책임사원에게 주관적 하자(의사무능력 또는 제한능력)가 있는 경우에도 이를 설립무효 또는 설립취소의 원인으로 볼 수 있겠는지 여부에 대하여는 의문이 있을 수 있겠으나, 역시 무한책임사원의 경우와 동일하게 보아야 할 것으로 생각한다. 이 점에서 같은 유한책임을 부담하는 주식회사의 주주와 구별되고, 유한회사의 사원과 같다(상 552조 참조). 또한 합자회사의 유한책임사원도 설립무효의 소의 제소권자가 된다고 본다(상 269조 184조 1항).

4. 유한책임회사의 설립하자

유한책임회사의 설립하자의 경우에 있어서 설립무효·설립취소의 소에 관해서는 합명회사의 그것과 동일하다(상 287조의 6 1문). 다만 설립무효의 소의 제소권자는 합명회사의 경우는 「사원」이나(상 184조). 유한책임회사의 경우는 「사원 및 업무집행자」인데(상 287조의 6 2문) 이 점은 물적회사의 경우(상 328조 1항, 552조 1항)와 유사하다.

5. 주식회사의 설립하자

(1) 소의 원인

주식회사의 설립하자에 대해서는 설립취소의 소는 없고, 「설립무효의 소」만이 있다(합명회사·합자회사·유한책임회사 및 유한회사와 구별되는 점). 그 이유는 주식회사에서는 합명회사·합자회사·유한책임회사 및 유한회사에서와는 달리 사원(주주)의 개성이 중요시되지 않고, 또 주식인수·납입에 하자가 있는 경우에도 발기인의 자본충실의 책임(상 321조)이 인정되어 있어 회사설립 자체에 영향을 주지 않기 때문이다. 주식회사의 설립무효의 소의 원인이 되는 하자에도 주관적 하자는 없고, 「객관적 하자」만이 있다(합명회사·합자회사·유한책임회사 및 유한회사와 구별되는 점). 그 이유는 위에서 본 설립취소의 소가 인정되지 않는 것과 같다.

주식회사의 설립에 특유한 객관적 하자(무효원인)의 중요한 예로는 (i) 정관에 공증인의 인증을 받아야 할 경우 받지 않은 경우(상 292조 본문), (ii) 창립총회를 소집하지 않았거나(상 308조), 그 법정업무를 수행하지 않았거나(상 310조 이하), 또는 그 결의에 하자가 있는 경우(상 309조) 등이다.

(2) 주장방법 · 소의 당사자 · 제소기간

「소」만으로 주장할 수 있고, 또 제소기간이 회사 성립의 날로부터 「2년 내」인 점은(상 328조 1항) 합명회사의 경우와 같다. 그러나 제소권자는 사원(주주)에 한하지 않고 「이사 · 감사」가 추가되어 있는 점은, 합명회사의 경우와 다르다(상 328조 1항). 피고가 「회사」인 점은 합명회사의 경우와 같다.

(3) 소의 절차

합명회사의 경우와 동일하다(상 328조 2항, 186조~189조).

(4) 판결의 효과

합명회사의 경우와 대체로 동일하다(상 328조 2항, 190~193조). 다만 합명회사와 다른 점은 주식회사에서는 주관적 하자로 인한 설립무효는 인정되지 않으므로, 특정한 사원에게 무효원인이 있어 설립무효가 된 경우의 회사계속의 제도는 없다(상 328조 2항에서 194조를 준용하지 않음).

6. 유한회사의 설립하자

합명회사의 경우와 대체로 같으나, 두 가지의 점에서만 다르다. 즉, (i) 설립무효의 소의 제소권자는 사원에 한하지 않고 「이사 · 감사」가 추가되어 있는 점(상 552조 1항)(이 점은 주식회사의 경우와 같음), (ii) 설립무효나 설립취소의 원인이 특정한 사원에 한한 경우에 그 사원을 배제하고 다른 사원의 동의로써 회사를 계속할 수 없는 점(상 552조 2항에서 194조를 준용하지 않음)이 합명회사의 경우와 다르다.

7. 사실상의 회사

(1) 의 의

위에서 본 바와 같이 회사의 설립절차에 하자가 있어 회사설립의 무효 · 취소의 소가 제기되고 또 동 소(訴)의 확정판결이 내려진 경우라도 동 판결의 효력은 장래에 향해서만 발생하고 소급하지 않으므로, 회사의 성립시부터 그 회사의 설립무효 · 취소의 판결이 확정될 때까지 존속하는 회사의 법률문제가 발생한다. 이와 같이 회사의 성립시(설립등기시)부터 설립무효 · 취소의 판결이 확정될 때까지 존속하는 회사를 「사실상의 회사」(표현회사)라고 하여 회사가

유효하게 성립한 경우와 동일하게 취급하고 있다.[1)]

이와 같이 사실상의 회사를 인정하는 이유는 앞에서 본 바와 같이 외관주의와 기존상태 존중주의에 의하여 법률관계의 안정과 거래의 안전을 기하기 위해서이다.

사실상의 회사는 회사의 설립하자로 인하여 설립무효·취소의 소가 제기된 경우에만 인정되고, 그 이외(예컨대, 회사합병무효·신주발행무효·주주총회 또는 사원총회의 결의 하자의 경우 등)의 경우에는 인정되지 않는다.

사실상의 회사는 회사가 일단 성립하였다가 설립무효·취소의 판결이 확정되는 경우에 발생하는 것이므로, 앞에서 본 바와 같이 회사의 설립절차에 착수하였으나 설립등기를 하지 못한 회사의 「불성립」이나, 설립절차가 전혀 없이 설립등기만이 있는 회사의 「부존재」의 경우에는 사실상의 회사가 발생할 여지가 없다.[2)]

(2) 사실상의 회사의 법률관계

1) 설립무효·취소판결 이전 회사의 성립 후부터 설립무효·취소판결 이전에 존속하는 사실상의 회사는 완전한 권리능력이 있는 회사이므로, 그 회사가 한 모든 행위는 완전한 회사의 경우와 같이 유효하다. 따라서 주식회사의 경우 발기인의 회사설립에 관한 책임은 회사불성립의 경우의 책임(상 326조)이 아니라, 회사성립의 경우의 책임(상 321조, 322조)을 부담한다.

2) 설립무효·취소판결 이후 설립무효·취소판결이 확정되면 사실상의 회사는 동 판결의 확정에 의하여 해산된 것으로 보게 되어, 해산에 준하여 청산을 하여야 한다(상 193조 1항, 269조, 287조의 6, 328조 2항, 552조 2항). 이 경우의 청산절차는 완전한 회사의 해산시의 청산절차와 동일하나, 상법은 다음과 같은 두 가지의 특칙을 두고 있다.

(가) 업무집행사원·업무집행자 또는 이사만이 청산인이 되지 않고(상 251조, 252조 참조), 법원은 사원 기타의 이해관계인의 청구에 의하여 청산인을 선임할 수 있다(상 193조 2항, 269조, 287조의 6, 328조 2항, 552조 2항).

(나) 인적회사 및 유한책임회사의 경우에는 회사설립무효·취소의 원인이

---

1) 이는 대륙법계 국가에서 인정하는 사실상의 회사의 개념으로, 영미법계 국가에서의 사실상의 회사(de facto corporation)의 개념과 다르다. 이에 관하여는 이(철), (회) 278~279면 참조.

2) 동지: 이(범), (예해) 334면.

특정한 사원에 한한 것인 때에는 다른 사원 전원의 동의로써 회사를 계속할 수 있는데, 이 때에 그 사원은 퇴사한 것으로 간주한다(상 194조 1항·2항, 269조, 287조의 6). 또한 이 때 사원이 1인으로 된 때에는 다른 사원을 가입시켜 회사를 계속할 수도 있다(상 194조 3항, 229조 2항, 269조, 287조의 6). 회사를 계속하는 경우에는 회사계속의 등기를 하여야 한다(상 194조 3항, 229조 3항, 269조, 287조의 6).

제 3 절 회사의 기구변경(구조조정)[1]

제 1 총 설

회사의 기구변경이란 동일회사 내에서 그 기구의 대소를 변경하는 것을 의미하는 것이 아니라, 둘 이상의 회사가 한 개의 회사로 기구변경을 하거나(합병), 한 개의 회사가 둘 이상의 회사로 기구변경을 하거나(분할), 또는 어느 회사가 다른 종류의 회사로 전환되는 것(조직변경) 등을 의미한다.

회사는 경영의 합리화·사업의 확장·(국제)경쟁력의 제고 등을 위하여 회사의 존속중에 그 기구를 변경할 필요가 종종 발생하는데, 이로 인한 이해당사자의 이익조정과 국민경제의 건전한 발전을 위하여 각국은 이에 관하여 상법 등에서 규정하고 있다. 우리 상법이 이에 관하여 규정한 것으로는 영업양도(양수)(상 41~45조, 374조), 어느 회사가 (원칙적으로) 성질이 유사한 다른 종류의 회사로 전환될 수 있도록 하는 조직변경(상 242조, 269조, 287조의 43, 604조, 607조), 두 개 이상의 회사가 한 개의 회사로 합쳐지는 합병(상 174조~175조, 230조~240조, 269조, 287조의 41, 522조~530조, 598조~603조), 기업(회사)결합(상 342조의 2, 369조 3항) 등이 있다. 또한 1998년 개정상법이 규정한 것으로 회사의 합병의 반대현상으로 (주식회사에서) 하나의 회사가 둘 이상으로 분리되는 회사의 「분할」(상 530조의 2~530조의 12), 자본시장과 금융투자업에 관한 법률에서 규정하고 있는 기업매수(M&A)(자금 133조~151조) 등이 있다.

이 중에서 영업양도에 관하여는 상법총칙에서 규정하고 있으므로, 이 곳에

---

1) 이에 관한 상세는 권기범, 「기업구조조정법(제 2 판)」(서울: 삼지원, 1999); 동, "합리적 기업구조조정수단으로서의 회사합병법제 및 회사분할법제의 개선방안," 「상장협」, 제43호(2001, 춘계호), 39~55면 참조.

서는 회사의 합병·분할·조직변경·매수(M&A)의 순으로 설명하겠다. 기업(회사)결합에 관하여는 상법에서 포괄적인 규정을 두지 않고 여기 저기에서 분산하여 규정하고 있는데, 이 곳에서 이러한 규정을 모아서 간단히 정리하여 보겠다.

또한 회사의 기구변경과 관련하여 우리 상법은 회사의 「계속」제도(일정한 해산사유로 인하여 해산된 회사가 상법의 규정과 사원의 의사에 의하여 다시 해산 전의 회사로 복귀하여 존속하는 제도)를 인정하고 있는데, 이에 관하여는 다음 절의 회사의 해산에서 상세히 살펴보겠다.[1]

제 2 회사의 합병

1. 총 설

자본주의 경제의 발전과 함께 기업집중현상이 나타나는데, 이러한 기업 집중의 수단으로는 자본참가에 의하여 지배·종속관계를 맺는 이른바 「기업결합」(상 342조의 2, 369조 3항)·「합병」(상 174조, 175조)·「영업양도」(상 41조~45조) 등의 방법이 있다. 이러한 기업집중현상은 경영을 합리화하고 이윤을 극대화하는 등의 긍정적인 면도 있으므로, 우리 상법은 기업결합에 관하여는 이를 금지하지 아니하고 그 폐단을 극소화시키는 방향에서 규정하고 있고, 영업양도와 합병은 다같이 일반제도로서 총칙과 회사편에서 각각 규정하고 있다.

상법상 합병에 관하여는 회사편 통칙(174조~175조)·합명회사(230조~240조)·합자회사(269조)·유한책임회사(287조의 41)·주식회사(522조~530조) 및 유한회사(598조~603조)에서 각각 규정하고 있다.

2. 합병의 경제적 목적

합병제도는 기업집중현상의 가장 완전한 형태로서, 경제적으로는 경영의 합리화·영업비의 절약·사업의 확장·경쟁의 회피를 통한 시장의 독점 등의 목적을 달성하기 위하여 이용되고, 법률적으로는 해산하는 회사의 청산절차를 생략하고 재산의 이전에 따르는 세금을 감경할 수 있으며 또 영업권을 상실하

1) 회사의 합병·분할·조직변경·계속의 차이점에 대한 비교로는 연습, 250~258면(사례 42) 참조.

는 것을 방지하기 위하여 이용된다.[1] 이 중에서 경쟁의 회피를 통한 시장독점을 위한 합병은 소비자를 희생시키고 중소기업을 붕괴시키는 등 국민경제에 부정적인 영향을 주기 때문에 국가는 이러한 목적을 위한 합병을 금지하고 있으나(독규 9조 1항 3호), 그 외의 목적으로 합병을 하는 것은 오히려 기업경영을 합리화하는 데 도움이 되는 경우가 많으므로 이를 보호하고 조장할 필요가 있다. 따라서 상법은 회사편에서 일반제도로서 합병제도를 두게 된 것인데, 이에 한 걸음 더 나아가 금융산업의 구조개선에 관한 법률(전문개정: 1997. 1. 13, 법 5257호, 개정: 2021. 4. 20, 법 18115호)에서는 금융기관의 대형화를 위하여 금융기관간의 합병을 장려하고(동법 3조 이하) 또한 산업발전법(전문개정: 2009. 4. 1, 법 9584호, 개정: 2022. 6. 10, 법 18888호)에서는 산업통상자원부장관이 기업구조조정을 원활하게 하기 위하여 필요한 지원시책을 수립·추진할 수 있음을 규정하고 있다(동법 25조 1항).

오늘날 합병은 기업매수(Merger and Acquisition: M & A)의 하나의 방법으로도 많이 이용되고 있는데, 이의 수단으로는 합병 외에도 주식의 매수·의결권대리행사의 위임장의 취득 및 영업양수 등이 있다. 기업매수(M & A)에서는 특히 적대적인 기업매수가 문제되는데, 이는 기업경영의 효율화와 민주화를 위하여 원칙적으로 그 필요성이 인정되나, 다수의 이해관계인을 보호하기 위하여 자본시장과 금융투자업에 관한 법률은 주식대량보유 등의 보고 등(자금 147조~151조) 및 공개매수(자금 133조~146조)에 대하여 규제하고 있고, 대상기업은 경영권을 방어하기 위하여 다양한 수단을 이용하고 있다.

3. 합병의 의의

(1) 합병의 개념

합병(merger, consolidation, amalgamation; Verschmelzung; fusion)이란 「2개 이상의 회사가 상법의 특별규정에 의하여 청산절차를 거치지 않고 합쳐져 그 중 한 회사가 다른 회사를 흡수하거나(흡수합병) 신회사를 설립함으로써(신설합병), 1개 이상의 회사의 소멸과 권리의무(및 사원)의 포괄적 이전을 생기게 하는 회사법상의 법률요건」이다.[2] 이 중 중요한 부분이 합병계약이므로 합병

1) 동지: 정(희), 302~303면; 정(동), (회) 806면; 주상(제 5 판)(회사 I), 143면.

2) 동지: 대판 2003. 2. 11, 2001 다 14351(공보 2003, 775)(회사의 합병이라 함은 두 개 이상의 회사가 계약에 의하여 신회사를 설립하거나 또는 그 중의 한 회사가 다른 회사를 흡수하고, 소멸회사의 재산과 사원〈주주〉이 신설회사 또는 존속회사에 법정 절차에 따라 이전·수용되는 효

을 합병계약과 동일하게 보는 견해도 있지만,[1] 합병계약은 합병을 이루는 절차 중의 하나이므로 합병계약과 합병은 구별되어야 할 개념이다.[2]

합병의 개념을 분설하면 다음과 같다.

1) 합병은 2개 이상의 회사가 「상법의 특별규정」에 의해서 청산절차를 거치지 않고 합쳐져야 한다. 이 점이 사실상의 합병과 다르다.[3] 「사실상의 합병」(de facto merger)이란 상법의 특별규정에 의하지 않고 해산·영업양도·사원수용 등에 의하여 사실상 합병한 것과 같은 효과를 거두는 것을 말한다. 사실상의 합병은 각 부분의 절차를 상법의 규정에 따라 하는 이상 이것을 무효로 볼 필요는 없지만, 청산절차를 밟아야 하므로 불편하다.[4] 이러한 사실상의 합병은 미국의 판례법에서 생긴 개념인데, 이는 한 회사가 다른 회사의 전재산을 양수하는 대가로 또는 전주식을 매입소각하는 대가로 자기회사의 주식을 발행교부(stock for assets or stock for stock)하는 것인데, 이 때 주식가치가 재산가치를 반영하는 경우에는 형식상의 차이에 불과하다. 이러한 사실상의 합병은 원래 쌍방회사의 주주총회의 동의와 반대주주의 주식매수청구권을 회피하기 위하여 이용되었으나, 이러한 경우 미국의 판례는 반대주주의 주식매수청구권을 인정하고 있다.[5]

합병은 이 이외에 각 회사에서 현물출자를 하여 신회사를 설립하는 「경제상의 합병」, 또는 1회사가 타회사의 영업만 양수하고 사원을 수용하지 않는 「회사의 매수」와도 구별된다.

합병은 위에서 본 바와 같이 상법의 특별규정에 의하여 그 법률상의 효력이 발생하는 단체법상의 법현상이고 또 그의 권리·의무는 당사자의 의사와는

과를 가져오는 것으로서, 소멸회사의 사원〈주주〉은 합병에 의하여 1주 미만의 단주만을 취득하게 되는 경우나 혹은 합병에 반대한 주주로서의 주식매수청구권을 행사하는 경우 등과 같은 특별한 경우를 제외하고는 원칙적으로 합병계약상의 합병비율과 배정방식에 따라 존속회사 또는 신설회사의 사원권〈주주권〉을 취득하여, 존속회사 또는 신설회사의 사원〈주주〉이 된다).

1) 서·정, 640~641면; 박, 234면; 손(주), 456면.

2) 동지: 정(희), 303면; 정(동), (회) 804면; 이(철), (회) 123~125면(양자의 구별에 관한 설명이 상세하다); 홍진기, "회사합병의 본질," 「법학의 제문제」(유민 홍진기 선생 화갑기념논문집), 1977, 388면 이하; 정희철, "회사합병본질론의 재검토," 전게 「법학의 제문제」, 78면 이하; 김교창, "회사의 합병에 관한 종합적 연구(1~7)," 「사법행정」, 1977. 8~1978. 2 및 동, "회사의 합병에 관한 종합적 연구," 「회사법의 제문제」, 1982, 13면, 53면 이하; 주상(제 5 판)(회사 I), 144면.

3) 동지: 정(동), (회) 806~807면.

4) 동지: 정(희), 303면.

5) Hariton v. Arco Electronics, Inc., 41 Del. Ch. 74, 188A. 2d 123(1963).

무관하게 포괄승계되는 점에서, 양도인과 양수인의 두 당사자가 체결하는 채권계약에 의하여 그 법률상의 효력이 발생하고(개인법상 법현상) 또 그의 권리·의무는 당사자간의 의사에 의하여 특정승계되는 「영업양도」(상 41조 이하)와 근본적으로 구별되는데, 이 밖에 영업양도와 합병의 차이점을 요약하면 다음과 같다.

① 양자의 법적 성질의 차이에서 영업양도에 있어서는 양도당사회사의 「법인격」이 소멸하지 않으나, 합병당사회사의 일방은 소멸한다. 또한 영업양도는 「영업일부의 양도」도 있으나, 합병에는 일부합병이 없다.

② 양자의 「당사자」에서 보면 영업양도의 당사자는 회사 이외에 자연인도 될 수 있으나, 합병의 당사자는 회사뿐이다.

③ 양자의 「계약형식」에서 보면 영업양도는 불요식계약이지만, 합병은 법정기재사항을 기재한 합병계약서를 작성하여야 하는 점에서 요식계약이다.

④ 양자의 「등기」에서 보면 영업양도는 그 자체의 등기가 없는데, 합병은 그 자체의 합병등기에 의하여 효력이 발생한다.

⑤ 양자의 「제 3 자에 대한 관계」에서 보면 영업양도는 사후에 채권자 등의 보호제도가 있으나, 합병은 사전에 채권자보호절차를 밟아야 한다.

⑥ 양자의 「이행 후의 당사자의 의무」에서 보면 영업양도의 경우에는 양도인에게 일정한 경업피지의무가 있으나, 회사합병의 경우에는 그러한 것이 없다.

⑦ 양자의 「절차상의 하자」에 대하여 보면 영업양도의 무효는 일반민법상의 원칙에 의하나, 합병의 무효는 회사법상 반드시 소만으로 하여야 한다.

2) 「1개 이상의 회사의 소멸과 권리의무의 포괄적 이전」이 생긴다(상 235조, 269조, 287조의 41, 530조 2항, 603조). 이것은 합병의 효과로서 생기는 것인데, 상법의 특별규정에 의하여 합병의 절차를 밟으면 청산절차를 거치지 않고 1개 이상의 회사의 소멸의 효과가 생기고(회사의 다른 해산사유와 구별되는 점), 또 권리의무가 개별적으로 이전행위를 할 필요 없이 포괄적으로 이전되는 점(영업양도와 구별되는 점)에 합병의 본질이 있다.

(2) 합병의 종류

1) 합병에는 1회사가 존속하고 다른 회사가 소멸하는 「흡수합병」(merger; Verschmelzung durch Aufnahme; fusion par voie d'absorption)과 당사회사 전부가 소멸하고 신회사를 설립하는 「신설합병」(consolidation; Verschmelzung durch

Neugründung; fusion par voie de création d'une société nouvelle)이 있다. 흡수합병에서 존속하는 회사를 존속회사, 신설합병에서 설립되는 회사를 신설회사, 이 두 경우에 해산하여 즉시 법인격이 없어지는 회사를 소멸회사라고 한다.

2) 우리나라에서는 대부분이 흡수합병이고, 신설합병의 예는 거의 없다. 그 이유는 신설합병의 경우는 회사를 설립하는 절차와 비용으로 인하여 인적 및 물적인 부담이 크고, 당사회사가 갖고 있는 영업에 관한 허가·인가 등 무형의 권리를 잃게 되며, 또 세제상으로도 불리하기 때문이다.[1)]

3) 주식회사의 합병에는 보통 합병 당사회사의 주주총회 특별결의에 의한 승인을 요하는데(상 522조 1항·3항), 합병절차를 간소화하기 위하여 어느 일방 당사회사의 주주총회의 승인결의를 요하지 아니하고 이사회결의만으로 하는 합병이 있다. 즉, 주식회사의 흡수합병에서 소멸회사의 주주총회 승인결의를 요하지 않는 합병을 「간이합병(약식합병)」(short-form merger)이라고 하고(상 527조의 2), 존속회사의 주주총회 승인결의를 요하지 않는 합병을 「소규모합병」(small scale merger)이라고 한다(상 527조의 3).

이러한 간이합병이나 소규모합병의 제도는 미국[2)] 또는 일본[3)]의 제도를 도입하여 주식회사의 합병을 신속·용이하게 할 수 있도록 하기 위하여 절차를 간소화한 것인데, 주주의 보호와 관련하여 문제가 없는 것도 아니다.

(3) 합병의 성질

합병의 의하여 소멸회사의 권리의무(및 사원)가 존속회사 또는 신설회사에 포괄적으로 이전되는데, 이러한 현상을 어떻게 법적으로 설명할 수 있을 것인가가 합병의 성질(본질)이다. 이에 대하여는 크게 인격합일설과 현물출자설로 나뉘어 있다.

1) 인격합일설 이 설에 의하면 합병이란 두 개 이상의 회사가 하나의 회사로 되는 것이라고 한다. 즉, 합병되는 것은 회사라는 법인격 자체이고, 권리의무(및 사원)의 이전은 모두 인격합일의 결과라고 한다. 따라서 이 설은 「회사합일설」이라고도 볼 수 있다. 또한 이 설은 합병의 효과로서 (사단)법인

---

1) 동지: 정(동), (회) 804~805면; 이(철), (회) 121면; 주상(제 5 판)(회사 I), 146면.
또한 신설합병은 거의 이용되지 않으므로 흡수합병제도만을 인정하여야 할 것이라는 주장도 있다(김교창, "회사의 합병에 관한 입법논적 고찰," 「상법논집」, 164면).

2) RMBCA 2006 §11.04, §11.05(간이합병에 대하여).

3) 日會 796조.

적 요소를 중시한 견해로, 엄격히는 「사원합일설」이라고도 볼 수 있다.[1)]

2) 현물출자설 이 설에 의하면 합병이란 소멸하는 회사가 영업전부를 존속회사 또는 신설회사에 현물출자함으로써 이루어지는 자본금의 증가(흡수합병의 경우) 또는 회사설립(신설합병의 경우)이라고 한다. 이 설은 합병의 효과로서 재산법적 요소를 중시한 견해이다.[2)] 이 설은 다음과 같이 다시 두 가지의 설로 나누어지고 있다.

(가) 사원현물출자설 이 설에 의하면 합병은 소멸회사의 전 사원이 그 지분(주식)을 존속회사 또는 신설회사에 현물출자하는 것이라고 한다.[3)]

이 설은 현물출자설의 난점인 현물출자를 하는 자는 소멸회사인데, 소멸회사의 사원이 어떻게 하여 존속회사(신설회사)의 사원의 지위를 취득하는가를 해결하기 위한 견해이다.

(나) 재산합일설 이 설에 의하면 합병은 소멸회사의 재산(적극재산이든 소극재산이든 불문하고)이 존속회사 또는 신설회사에 반드시 포괄적으로 합일되는 것이라고 한다.[4)]

---

1) 통설: 손(주), 457면; 정(동), (회) 809~811면(그러나 합병의 본질론은 실익이 없는 논쟁이라고 한다); 이(철), (회) 123면(합병의 본질은 인격의 실체를 계승하는 것이라고 한다); 정(경), 547~548면; 송(옥), 1137면; 채, 820면; 이(기) 외, (회) 560면; 이·최, 467면 외.

인격합일설에 대하여는 다음과 같은 비판이 있다. 즉, 인격합일설은 마치 1+1=1이 된다는 설명인바, 이는 난자와 정자가 합쳐서 태아가 된다든가 하는 설명과 같다. 이는 생물학적 설명은 되어도 법학적 설명은 되지 않는다. 마찬가지로 후술하는 회사의 분할도 1÷2=2라는 식으로 설명한다면 세포분열과 같은 생물학적 설명이 될 수밖에 없을 것이다[정(희), 304면 주 3].

2) 서·정, 641면(합병은 현물출자로써 하는 자본참가 또는 설립이라고 한다).

3) 服部榮三, "會社合併の基本的性質," 「民商法雜誌」(창간 25주년기념논집〈上〉), 290면.

이 설에 대하여는 소멸회사의 전 사원이 그 지분을 존속회사 또는 신설회사에 현물출자한다고 하여, 왜 소멸회사의 전 재산이 존속회사 또는 신설회사에 포괄승계되는지를 설명하지 못한다는 비판이 있다[鈴木竹雄, "合併契約書一考察," 「商法學論集」(小町谷先生古稀記念論集), 174면].

4) 정(희), 304면[합병의 본질이 사단법적 계기로서의 사원의 합일과 재산법적 계기인 재산의 합일이 함께 이루어지는 데 있기는 하나, 사원의 합일은 최소한도로 요구되는 데 대하여 재산의 합일은 (비록 소극재산이라고 할지라도) 완전히 이루어져야 하므로 합병의 본질은 재산의 합일(Vermögensvereinigung)에 있다고 한다(재산합일설)].

이 설에 대하여 이·이, (회)(1991) 95면은 「재산의 합일」이란 용어가 적합치 않다고 하여, 재산이 합일되는 것은 합성물이 된다든지 물리적 변화를 일으키는 경우 외에는 재산이 하나가 된다는 일은 있을 수 없다고 비판한다. 그런데 이에 대하여 정(희), 304면 주 4는 다시 이 비판은 이 때의 재산이라는 것을 민법상의 「물건」과 동일시하는 독단에서 유래하는 것이며, 재산 즉 물건은 아니고 여기서 말하는 재산이란 적극재산(자산)뿐 아니라 소극재산(부채)도 포함된 개념이라고 반박한다. 그 후 이·이, (회)(1996) 109~110면은 재산합일설에 대하여 「재산합일설은 사원의 수용이란 사단법적 계기는 일부 사상〈捨象〉될 수 있으나 재산의 합일이라는 재산법적 계기는 일부라도 사상될 수 없으므로 후자가 보다 본질적이라고 한다. 그러나 재산의 합일이 사상될 수 없는 것은 그것이 본질적이라서 사상될 수 없는 것이 아니라, 인격의 승계가 본질적이 이 설은 현물출자설의 난점인 적극재산만이 현물출자의 대상이 되고 소극재산은 현물출자의 대상이 될 수 없어 자본금의 증가가 없는 회사의 합병은 불가능한 점을 해결하기 위한 견해이다.

생각건대 현물출자설은 우리 상법이 회사를 법인이라고 하고 있는 점을 간과한 해석이라고 생각된다. 즉, 현물출자설은 소멸회사의 사원의 인계에 대해서는 전혀 설명이 없고,[1] 또 회사는 「법인」인데 소멸회사의 법인격이 소멸하는 점은 간과하고 자본금의 증가 또 회사설립의 면만을 강조하고 있다. 따라서 인격합일설에 찬성한다. 인격합일설이 법학적 설명이 되지 못한다는 비판은 있으나, 법학적 설명이 되기 위하여는 반드시 수학적 설명이어야 하는지는 의문이다.

(4) 합병계약의 성질

1) 앞에서 본 바와 같이 합병계약은 합병과는 구별되는 개념으로 합병을 이루는 중요한 절차 중의 하나이다. 이러한 합병계약의 당사자는 회사이고, 사원이 아니다. 사원이 합병에 의하여 영향을 받는 것은 합병당사자인 회사의 사원이기 때문이고, 합병계약의 당사자로서 그 효력이 미치는 것은 아니다.

2) 이러한 합병계약은 개인법상의 계약이 아니고 「단체법상에서만 생길 수 있는 특별한 채권계약」으로서, 계약당사회사는 계약에 따른 합병절차를 진행시킬 채무를 부담한다.[2]

3) 합병과 합병계약의 관계를 보면 합병은 「여러 가지 행위로 이루어지는 법률요건」이지만, 합병계약은 「특별한 채권계약」이다. 또한 합병의 효과를 생기게 하는 것은 이러한 합병계약의 이행행위의 효력이고 또한 합병절차의 하

라서 사상될 수 없으므로 아울러 사상될 수 없기 때문이다. 다시 말하면 여기서 '재산'이 독립적 실체를 가지고 재산법적으로 이전되는 것이 아니라, 피합병법인이 소멸하고 그 권리·의무를 존속법인이나 신설법인이 포괄적으로 승계함으로 말미암아 그 권리의 객체인 재산이 따라서 자동적으로 이전·합일되는 것이다」고 비판한다.

1) 동지: 전게 대판 2003. 2. 11, 2001 다 14351(공보 2003, 775).

2) 동지: 정(희), 306면; 서·정, 641면(특별한 사단법상 또는 조직법상의 계약이라고 한다); 정(동), (회) 814면(조직법상 특수한 채권계약이라고 한다); 이(철), (회), 125면(단체법상의 계약으로서 개인법상의 일반 채권계약과는 구별된다고 한다); 채, 822면(이 계약을 단체법상 특수한 채권계약이라고 하면서 또한 독립계약이라고 한다); 임(재), (회 Ⅱ) 684~685면; 이(기) 외, (회) 562면.

준물권계약설로는 박·이, 95면; 김(용), 232면.

독일에서는 이를 「재산법적· 회사법적 영역에서 채권적·물권적 효력을 갖는 계약」으로 보는 견해도 있고(Alfons Kraft, *in Kölner Komm*, §341 Rn. 1~3), 「제 3 자를 위한 계약」으로 보는 견해도 있다(RGZ 124, 355, 361).

나인 합병등기의 효력이지, 합병계약의 효력은 아니다.

4. 합병의 자유와 제한

(1) 합병의 자유

상법상 회사는 어떤 종류의 회사와도 자유로이 합병할 수 있는 것이 원칙이다(상 174조 1항). 즉, 물적회사 상호간 인적회사 상호간은 물론, 물적회사와 인적회사 간에도 합병할 수 있다.[1)]

(2) 합병의 제한

합병은 상법상 및 특별법상 다음과 같은 제한이 있다.[2)]

1) 상법상의 제한

(가) 합병을 하는 회사의 일방 또는 쌍방이 주식회사·유한회사 또는 유한책임회사인 경우에는, 존속회사 또는 신설회사는 주식회사·유한회사 또는 유한책임회사이어야 한다(상 174조 2항). 이는 존속회사 또는 신설회사가 합명회사 또는 합자회사인 경우에는 사원의 책임이 가중되기 때문이다.

(나) 주식회사와 유한회사가 합병하는 경우에 존속회사 또는 신설회사가 주식회사인 경우에는 법원의 인가를 받아야 하고(상 600조 1항), 존속회사 또는 신설회사가 유한회사인 경우에는 주식회사의 사채(사채)의 상환이 완료되어야 한다(상 600조 2항). 왜냐하면 전자의 경우에는 주식회사의 엄격한 설립절차를 탈법하는 것을 막고, 후자의 경우에는 유한회사는 사채의 발행이 인정되지 않기 때문이다.

주식회사와 유한책임회사와의 합병의 경우 이에 관한 명문의 규정은 없으나, 위의 주식회사와 유한회사와의 합병의 경우와 동일하게 보아야 할 것이다(상 287조의 44, 604조 1항 단서, 607조 3항 유추적용).[3)]

(다) 해산 후의 회사가 존립중의 회사와 합병하는 경우에는 존립중의 회사를 존속회사로 하는 경우에 한하여 합병할 수 있다(상 174조 3항).

---

1) 이에 대하여 입법론상 이렇게 합병을 넓게 인정하는 것은 실익이 없으며, 개인적 색채가 강한 인적회사는 합병에 적합하지 않다는 견해가 있다[손(주), 458면].

2) 합병에 관한 현행 상법 및 특별법상의 제한은 합병의 공정성 및 부당한 합병을 억제하기 위하여 매우 미흡하기 때문에, 이를 위한 입법론적 견해를 제시한 것으로는 정(동), (회) 812~813면 및 동, "기업합병제도의 현황과 개선방안," 한국상장회사협의회 연구보고서 90-5(1990), 37면 이하 참조.

3) 입법론으로는 상법 제287조의 41에서 동 제600조를 준용하는 규정을 두어야 할 것으로 본다.

2) 특별법상의 제한

(가) 파산절차가 진행중인 회사는 합병할 수 없고(파 329조 1항), 회사 회생절차가 진행중인 회사는 채무자회생 및 파산에 관한 법률에 의해서만 합병할 수 있다(파 193조 2항, 210조, 211조).

(나) 독점규제 및 공정거래에 관한 법률에 의하여 독점을 억제하고 자유로운 경쟁을 촉진하기 위하여 일정한 거래분야에서 경쟁을 실질적으로 제한하는 합병은 제한되고 있다(동법 9조 1항 3호, 11조 1항 4호·4항·5항).

(다) 일정한 공익회사(은행·보험회사 등)는 주무관청의 허가를 받은 경우에 한하여 합병할 수 있다(은행 55조 1항 1호, 보험 139조 등).

(라) 자본시장과 금융투자업에 관한 법률상 주권상장법인이 다른 법인과 합병하려면 대통령령으로 정하는 요건·방법 등의 기준에 따라야 한다(자금 165조의 4 1항 1호, 자금시 176조의 5).

5. 합병의 절차

상법은 각종 회사의 규정에서 합병절차를 규정하고 있는데, 특히 합명회사와 주식회사의 합병절차에 관하여 상세하게 규정하고 있다. 상법상 규정된 합병절차에 관한 규정을 정리하면 다음과 같은데, 1998년 개정상법에 의하면 합병절차를 매우 간소화하고 주주의 이익을 보호하고 있다.

(1) 합병계약

1) 합병절차는 합병계약의 체결에서 시작되는데, 합병계약을 체결하는 권한은 합병당사회사의 대표기관에게 있고, 이 계약에서 합병에 관한 여러 사항(합병의 조건, 존속회사의 정관변경의 내용, 신설회사의 정관의 내용, 합병기일, 사원승계의 요건, 합병교부금에 관한 사항, 합병절차실행의 방식 등)이 결정된다. 합병계약은 특별한 방식을 요하지 아니하나, 합병계약서를 작성하여 상호 교환하는 것이 보통이다. 합병계약서의 기재사항에 대하여 존속회사 또는 신설회사가 인적회사와 유한책임회사(상 287조의 41)인 경우에는 아무런 제한이 없으나, 물적회사인 경우에는 기재하여야 할 일정한 법정사항이 있다(상 523조, 524조, 603조).

2) 합병계약은 총사원의 동의(인적회사 및 유한책임회사의 경우) 또는 합병결의(물적회사의 경우)를 「정지조건으로 하는 본계약 또는 합병의 예약(가〈假〉

계약)」이라고 볼 수 있다.[1)] 이와 같이 합병계약을 예약으로 보면 합병결의에 의하여 본계약으로서 효력이 발생하는 것으로 볼 수 있고, 본계약으로 보면 합병결의를 정지조건으로 하여 그 효력이 발생하는 것으로 볼 수 있다.

(2) 합병결의(대내적 절차)

1) 합병결의방법

① 원 칙 합병계약의 효력이 발생하려면, 사원을 보호하는 대내적 절차를 밟아야 한다. 즉, 인적회사 및 유한책임회사에서는 총사원의 동의에 의한 승인이 있어야 하고(상 230조, 269조, 287조의 41), 물적회사에서는 주주(사원)총회의 특별결의(상 522조 1항·3항, 598조)에 의한 승인이 있어야 한다. 합병 후 존속하는 회사 또는 합병으로 인하여 설립되는 회사가 주식회사인 경우에 합병할 회사의 일방 또는 쌍방이 합명회사 또는 합자회사인 때에는 총사원의 동의를 얻어 합병계약서를 작성하여야 한다(상 525조 1항).

② 예 외

㉠ 간이합병 상법은 간이합병제도를 1995년 개정상법에 의하여 신설하였고, 1998년 개정상법에 의하여 확대하였다. 즉, 주식회사에서 흡수합병의 경우에 소멸회사의 총주주의 동의가 있거나 또는 그 회사의 발행주식총수의 100분의 90 이상(이는 1998년 개정상법에 의한 것이고, 개정 전에는 발행주식총수의 전부)을 존속회사가 소유하고 있는 경우에는, 소멸회사의 주주총회의 승인은 이사회의 승인으로 갈음할 수 있다(상 527조의 2 1항). 간이합병의 경우 합병으로 인하여 소멸하는 회사는 총주주의 동의가 있는 경우를 제외하고 합병계약서를 작성한 날부터 2주 내에 주주총회의 승인을 얻지 아니하고 합병을 한다는 뜻을 공고하거나 주주에게 통지하여야 한다(상 527조의 2 2항). 이 때 합병에 반대하는 주주는 이러한 공고 또는 통지를 한 날부터 2주 내에 회사에 대하여 서면으로 합병에 반대하는 의사를 통지하고, 위 2주가 경과한 날부터 20일 이내에 주식의 종류와 수를 기재한 서면으로 회사에 대하여 자기가 소유하고 있는 주식의

---

1) 동지: 정(희), 306~307면; 정(동), (회) 814면; 손(주), 459면; 최(기), 1222면.
이에 반하여 합병계약은 예약이나 정지조건부계약이 아니라, 언제나 합병결의와는 독립된 본계약으로서 이는 합병결의와 함께 합병이라는 조직법상의 법률요건을 구성하는 두 요소라고 보는 견해로는 서·정, 643면; 채, 822면; 이(철), (회) 125면(합병계약의 이행으로 당사회사가 사원〈주주〉총회를 소집하여 결의에 붙이는 것이므로 합병계약이 정지조건부계약이 될 수 없고, 합병계약에는 예약완결권의 행사와 같은 의사표시를 요하지 않으므로 합병계약을 합병의 예약으로 볼 수 없다고 한다).

매수를 청구할 수 있다(상 522조의 3 2항)(소규모합병의 경우에는 주식매수청구권이 인정되지 않는 점과 대비됨—상 527조의 3 5항 참조).

자본금 총액이 10억원 미만으로서 이사를 1명 또는 2명을 둔 소규모 주식회사(상 383조 1항 단서)는 이사회가 없으므로, 간이합병에 관한 이러한 규정이 적용되지 않는다(상 383조 5항).

㉡ 소규모합병 1998년 개정상법은 간이합병제도 이외에 소규모합병제도를 도입하였고, 2011년 4월 개정상법에 의하여 확대하였다. 이에 의하면 합병 후 존속하는 회사가 합병으로 인하여 발행하는 신주 또는 이전하는 자기주식의 총수가 그 회사의 발행주식총수의 100분의 10(1998년 개정상법에서는 100분의 5이었는데, 2011년 4월 개정상법에서 100분의 10으로 확대함)을 초과하지 아니한 때에는 그 존속하는 회사의 주주총회의 승인은 이사회의 승인으로 갈음할 수 있는데, 다만 합병으로 인하여 소멸하는 회사의 주주에게 지급할 금전이나 그 밖의 재산을 정한 경우에 그 금액 및 그 밖의 재산의 가액이 존속하는 회사의 최종 대차대조표상으로 현존하는 순자산액의 100분의 5(1998년 개정상법에서는 100분의 2이었는데, 2011년 4월 개정상법에서 100분의 5로 확대함)를 초과하는 때에는 정식 합병절차에 의하도록 하고 있다(상 527조의 3 1항). 이 때 존속회사의 합병계약서에는 주주총회의 승인을 받지 아니하고 합병한다는 뜻을 기재하여야 하고(상 527조의 3 2항), 이러한 뜻과 소멸회사의 상호 및 본점의 소재지와 합병을 할 날을 합병계약서를 작성한 날부터 2주 내에 공고하거나 또는 주주에게 통지하여야 한다(상 527조의 3 3항). 이러한 공고 또는 통지에 의하여 존속회사의 발행주식총수의 100분의 20 이상에 해당하는 주식을 소유한 주주가 위의 공고 또는 통지를 한 날부터 2주 내에 회사에 대하여 서면으로 이러한 합병에 반대하는 의사를 통지한 때에는 정식 합병절차를 밟아야 한다(상 527조의 3 4항). 이러한 소규모합병의 경우에는 합병반대주주의 주식매수청구권은 인정되지 아니한다(상 527조의 3 5항).

자본금 총액이 10억원 미만으로서 이사를 1명 또는 2명을 둔 소규모 주식회사(상 383조 1항 단서)는 이사회가 없으므로, 소규모 합병에 관한 이러한 규정이 적용되지 않는다(상 383조 5항)

㉢ 종류주주총회의 결의·총주주의 동의 주식회사의 경우 합병의 결과 주주의 책임이 무거워지는 경우에는 총주주의 결의를 얻어야 하고(상 530조의 3 6항 유추적용),[1] 합병으로 인하여 어느 종류주식의 주주에게 손해를 미치게 되는 경우

1) 입법론상 합병의 경우에도 분할의 경우와 같이 이에 관하여 명문규정을 두어야 한다고 본다.

에는 그 종류주식의 종류주주총회의 결의를 얻어야 한다(상 436조).

2) 합병결의와 관련된 사항

① 합병결의의 부결 또는 변경결의의 효력 합병결의의 결과 합병이 부결되면(이는 일방 당사회사의 합병결의는 성립하고 타방 당사회사의 합병결의는 불성립 또는 무효가 된 경우를 포함한다) 합병의 본계약이 성립하지 않거나(예약으로 보는 경우) 또는 합병계약의 효력이 발생하지 않게 된다(정지조건부 본계약으로 보는 경우). 이 경우에는 특약이 없는 한 상호간에 손해배상청구를 하지 못한다고 본다.[1]

합병결의에서 계약내용을 변경하는 결의가 있을 때에는 대표자간에 변경된 내용에 따라 다시 계약을 체결하여야 한다.

② 합병결의와 합병계약과의 관계 합병계약을 체결하기 전에 합병결의를 할 수 있는가. 합병계약을 합병결의와 관련하여 예약(가〈假〉계약) 또는 정지조건부계약으로 보는 이상, 합병계약이 합병결의보다 선행하여야 한다고 본다.[2] 물적회사인 경우에는 회사가 합병계약서를 작성하여 주주(사원)총회의 승인을 얻어야 한다고 규정하고 있으므로, 이 점이 법문상 명백하다고 볼 수 있다(상 522조 1항, 603조)

③ 주권상장법인이 다른 법인과 합병하는 경우의 특칙 주권상장법인이 다른 법인과 합병하는 경우에는 합병가액의 산정에서 대통령령으로 정하는 요건·방법 등의 기준에 따라야 한다(자금 165조의 4 1호, 자금시 176조의 5 1항~5항). 또한 이 경우 주권상장법인은 원칙적으로 대통령령으로 정하는 바에 따라 외부의 전문평가기관으로부터 합병가액의 적정성 등에 대하여 평가를 받아야 한다(자금 165조의 4 2항~4항, 자금시 176조의 5 7항~13항).

④ 주식매수청구권

㉠ 주식매수청구권의 내용 주식회사가 합병하는 경우에 합병결의에 반대하는 주주에게는 자기소유주식을 회사로 하여금 매수하게 하는 주식매수청구권이 인정되고 있다. 즉, 합병계약서의 주주총회의 승인에 관하여 이사회의 결의가 있는 때에 그 결의에 반대하는 주주(의결권이 없거나 제한되는 종류주식의 주주를 포함함)는 주주총

1) 동지: 정(희), 307면.
2) 동지: 손(주), 460면; 박·이, 93면; 이(철), (회) 125면(합병계약을 언제나 합병결의와 무관한 본계약으로 보는 입장에서 이 견해를 취하고 있다).
반대: 서·정, 643면; 정(동), (회) 814면(합병계약을 예약 또는 정지조건부계약이라고 보면서 이 견해에 반대하는 입장임); 임(재), (회 Ⅱ) 684~685면.

회 전에 회사에 대하여 서면으로 그 결의에 반대하는 의사를 통지한 경우에는, 그 총회의 결의일로부터 20일 이내에 주식의 종류와 수를 기재한 서면으로 회사에 대하여 자기가 소유하고 있는 주식의 매수를 청구할 수 있다(상 522조의 3 1항). 합병승인결의시의 주주의 주식매수청구권의 행사에 관한 그 밖의 사항은 후술하는 영업양도 등의 승인결의시의 주식매수청구권의 행사에 관한 규정이 준용된다(상 530조 2항, 374조 2항, 374조의 2 2항~5항). 간이합병의 경우에는 총주주의 동의가 있는 때가 아니면 소멸회사가 합병계약서를 작성한 날부터 2주내에 주주총회의 승인을 얻지 않고 합병한다는 뜻을 공고하거나 주주에게 통지하여야 하는데(상 527조의 2 2항), 이와 같이 공고하거나 또는 주주에게 통지한 날부터 2주 내에 회사에 대하여 서면으로 합병에 반대하는 의사를 통지한 주주는, 위 2주가 경과한 날부터 20일 이내에 주식의 종류와 수를 기재한 서면으로 회사에 대하여 자기가 소유하고 있는 주식의 매수를 청구할 수 있다(상 522조의 3 2항)(소규모합병의 경우에는 주식매수청구권이 인정되지 않는 점과 대비됨—상 527조의 3 5항 참조).

㉡ 주권상장법인의 주식매수청구권에 대한 특칙　　주식매수청구권은 1995년 개정상법 이전에는 주권상장회사의 주주에게만 인정되었는데(증거 191조), 1995년 개정상법에 의하여 상법상의 제도로서 도입되어 모든 주식회사의 주주가 이 제도를 이용할 수 있게 되었다. 그러나 주권상장법인의 주주가 주식매수청구권을 행사한 경우에는 (i) 당해 회사는 주주의 주식매수의 청구에 대하여 매수의 청구기간이 종료하는 날부터 1월 이내에 당해 주식을 매수하여야 하는 점(자금 165조의 5 2항과 상 374조의 2 2항의 비교), (ii) 주식매수가격에 대하여 회사와 주주간에 협의가 이루어지지 아니하는 경우에는, 이사회결의일 이전에 증권시장에서 거래된 해당 주식의 거래가격을 기준으로 하여 대통령령으로 정하는 방법에 따라 산정된 금액으로 하고, 당사자가 이러한 매수가격에 반대하는 경우에는 법원에 매수가격의 결정을 청구할 수 있도록 한 점(자금 165조의 5 3항 단서와 상 374조의 2 3항 단서 및 4항의 비교)은, 주권비상장법인의 경우와 구별되는 점이다. 또한 (iii) 주권상장법인의 경우에는 주권상장법인이 주주의 주식매수청구권의 행사에 의하여 매수한 주식을 매수한 날부터 3년 이내에 처분하여야 하는 점(자금 165조의 5 4항, 자금시 176조의 7 4항), (iv) 주주총회 소집의 통지 또는 공고(의결권이 없거나 제한되는 종류주식의 주주를 포함함)에 주식매수청구권의 내용 및 행사방법을 명시하여야 하는 점(자금 165조의 5 5항)도 이러한 의무가 없는 주권비상장법인의 경우와 구별되는 점이다.

㉢ 주식매수청구권의 불이행의 효력　　주주가 주식매수청구권을 행

사하면 회사는 이에 따른 절차를 따로 진행시켜야 하나, 이 절차의 불이행이 합병무효의 원인이 되지 않는다. 왜냐하면 합병결의 자체는 유효이므로 합병절차에 하자가 있는 것이 아니고, 또 주식매수청구권은 (적법하게 성립한) 결의에 반대한 주주의 이익을 보호하고자 하는 것이지 합병 자체의 유·무효를 다투는 것이 아니기 때문이다.

(3) 회사채권자의 보호(대외적 절차)

상법은 합병의 경우 회사채권자를 보호하기 위하여 특별한 대외적 절차를 인정하고 있다.

1) 합병결의 전의 절차(물적회사의 합병계약서 등의 공시)　　합병당사회사가 물적회사인 경우에는 회사(이사)는 합병결의를 위한 주주(사원)총회 회일 2주 전부터 합병을 한 날 이후 6월이 경과하는 날까지 (i) 합병계약서, (ii) 합병으로 인하여 소멸하는 회사의 주주에게 발행하는 주식의 배정에 관하여 그 이유를 기재한 서면 및 (iii) 각 회사의 최종의 대차대조표와 손익계산서를 본점에 비치하고, 주주 및 회사채권자가 이를 열람하거나 등·초본의 교부청구를 할 수 있도록 하여야 한다(상 522조의 2, 603조). 이에 의하여 주주(사원)는 합병결의에서 찬성할 것인지 여부를 사전에 판단할 수 있고, 회사채권자는 합병에 이의를 제기할 것인지 여부를 사전에 판단할 수 있게 된다.

2) 합병결의 후의 절차(회사채권자의 이의를 위한 조치)　　이는 합병당사회사가 어떤 회사인 경우에도 적용되는데, 회사는 합병결의(간이합병 및 소규모 합병의 경우에는 이사회의 승인결의가 있은 날인데, 자본금 총액이 10억원 미만으로서 이사를 1명 또는 2명을 둔 소규모 주식회사의 경우에는 이사회가 없으므로 이러한 규정이 적용되지 아니함 — 상 383조 5항)가 있은 날부터 2주 내에 회사채권자에 대하여 합병에 이의가 있으면 1월 이상의 기간 내에 이를 제출할 것을 공고하고 또 알고 있는 채권자에 대하여는 따로따로 이를 최고하여야 한다. 만일 이 기간 내에 이의를 제출하지 않은 채권자는 합병을 승인한 것으로 보고, 이의를 한 채권자에게는 변제를 하거나 또는 상당한 담보를 제공하거나 이를 목적으로 하여 신탁회사에 상당한 재산을 신탁하여야 한다(상 232조, 269조, 287조의 41, 527조의 5, 603조). 합병당사회사가 이 절차를 위반하면 합병무효의 원인이 된다.[1)]

(4) 그 밖의 절차

1) 신설합병의 경우에는 각 회사에서 선임한 설립위원(이의 선임에는 인적회사 및 유한책임회사의 경우에는 총 사원의 동의를 요하고, 물적회사의 경우에는 사

1) 동지: 정(희), 307면.

원총회의 특별결의를 요한다)이 정관작성, 기타 설립에 관한 행위를 공동으로 하여야 한다(상 175조, 287조의 41). 설립위원은 벌칙의 적용상 발기인과 같은 책임을 진다(상 635조).

2) 합병계약서에 정하여진 합병기일[1]에 소멸회사는 존속회사 또는 신설회사에 재산·관계서류 일체를 인도하고, 소멸회사의 주주(사원)는 그 날 원칙적으로 존속회사 또는 신설회사의 주식(지분)을 배정받게 되어 합병은 실행된다.

그런데 2011년 4월 개정상법에 의하여 주식회사의 흡수합병의 경우에는 소멸회사의 주주에게 그 대가의 전부 또는 일부로서 금전이나 그 밖의 재산을 제공할 수 있도록 하였고(상 523조 4호), 존속회사가 소멸회사의 주주에게 모회사의 주식을 교부하는 경우(삼각합병의 경우)에는 존속회사는 그 지급을 위하여 모회사의 주식을 취득할 수 있도록 하였으므로(상 523조의 2), 소멸회사의 주주에게 그 대가의 전부를 금전(현금지급합병)이나 그 밖의 재산(현물지급합병)으로 제공하는 교부금 합병의 경우에는 소멸회사의 주주는 존속회사의 주식을 배정받지 않게 되고 또한 삼각합병(자회사를 통하여 대상회사를 흡수합병하는 형태)의 경우에는 소멸회사의 주주는 존속회사(또는 자회사)의 주식을 배정받지 않게 된다.

3) 합병으로 인한 존속회사 또는 신설회사가 물적회사인 경우에는 형식적 절차로서, 흡수합병의 경우에는 이사가 보고총회를 소집하여 합병에 관한 사항을 보고하여야 하고(상 526조 1항~2항, 603조), 신설합병의 경우에는 설립위원이 창립총회를 소집하여 필요한 사항(정관변경을 포함하나, 합병계약의 취지에 반하는 사항은 제외)을 결의한다(상 527조 1항~3항, 603조). 그러나 주식회사의 경우 이러한 주주총회에 대한 보고를 이사회의 결의에 의한 공고로써 갈음할 수 있다(상 526조 3항, 527조 4항).[2] 이러한 주주총회는 합병절차의 경과와 결과에 대하여만 보고하기 위하여 소집되는 것이고 합병승인결의를 번복하거나 합병계약의 내용을 변경할 수는 없으므로, 이를 공고로써 갈음할 수 있도록 한 것이다.[3]

4) 주식회사 상호간에 합병하고 소멸회사의 주식 1주에 대하여 존속회사 또는 신설회사의 주식 1주를 배정할 수 없는 경우에는, 소멸회사의 주식에 대하여 주식병합절차를 밟아야 한다(상 530조 3항, 440조~443조).

1) 합병기일은 소멸회사의 재산이 존속회사에 승계되고, 존속회사 또는 신설회사의 주식이 소멸회사의 주주에게 배정되어, 합병당사회사가 실질적으로 합쳐지는 날을 말하는 것으로서, 이는 합병의 효력발생일인 합병등기일과 구별된다[정(동), (회) 822면].

2) 흡수합병의 경우는 1995년 개정상법에 의하여 이러한 내용이 신설되었고, 신설합병의 경우는 1998년 개정상법에 의하여 이러한 내용이 신설되었다.

3) 해설(1995), 196면.

5) 주식회사의 경우 존속회사(흡수합병의 경우)의 이사 및 감사로서 합병 전에 취임한 자는 합병계약서에 다른 정함이 있는 경우를 제외하고는 합병 후 최초로 도래하는 결산기의 정기총회가 종료하는 때에 퇴임한다(상 527조의 4 1항).[1)]

⑸ 합병등기

합병의 최종절차로서 합병등기를 하여야 한다.

1) 합병당사회사는 합병실행(합병계약서에 정하여진 합병기일에 소멸회사는 존속회사 또는 신설회사에 재산·관계서류 일체를 인도하고, 소멸회사의 주주는 원칙적으로 그 날 존속회사 또는 신설회사의 주식이나 지분을 배정받게 되어 합병은 실행된다) 후 본점소재지에서는 2주 내, 지점소재지에서는 3주 내에, 존속회사는 변경등기, 소멸회사는 해산등기, 신설회사는 설립등기를 하여야 한다(상 233조, 269조, 287조의 41, 528조, 602조). 이 때 이러한 등기기간의 기산일에 대하여 인적회사에는 규정이 없으므로 합병기일(사실상 합병실행을 한 날)로 보아야 할 것이다. 그러나 물적회사에는 명문의 규정을 두고 있다. 즉, 흡수합병의 경우에는 보고총회가 종결한 날(주식회사의 경우 이러한 보고총회에 갈음하여 이사회가 공고하는 경우에는 공고일)이고, 신설합병의 경우에는 창립총회가 종결한 날(주식회사의 경우 이러한 창립총회에 갈음하여 이사회가 공고하는 경우에는 공고일)이다(상 528조 1항, 602조).

2) 합병등기는 단순한 대항요건이 아니고, 합병의 효력발생요건이다(상 234조, 269조, 287조의 41, 530조 2항, 603조).

⑹ 합병공시

1998년 개정상법은 합병이 공정하고 투명하게 진행되도록 하기 위하여 물적회사의 경우 이에 관한 공시를 강화하였다. 즉, 주식회사와 유한회사에서는 합병계약서 등의 사전공시에서 공시할 내용을 확대함과 아울러 공시기간을 확대하고(상 522조의 2, 603조), 주식회사에서는 합병에 관한 중요서류의 사후공시를 신설하였다(상 527조의 6).

1) 사전공시 　사전공시는 앞에서 본 바와 같이 합병주주총회 회일의 2주 전부터 합병을 한 날(합병기일) 이후 6월이 경과하는 날까지 합병계약서·합병을 위하여 신주를 발행하거나 자기주식을 이전하는 경우에는 합병으로 인하여 소멸하는 회사의 주주에 대한 신주의 배정 또는 자기주식의 이전에 관하여 그 이유를 기재한 서면·각 회사의 최종대차대조표와 최종손익계산서를 본

1) 이는 1998년 개정상법에 의하여 신설된 것이다.

점에 비치하여야 한다(상 522조의 2 1항, 603조). 주주 및 회사채권자는 영업시간 내에는 언제든지 사전공시된 내용의 서류의 열람을 청구하거나, 회사가 정한 비용을 지급하고 그 등본 또는 초본의 교부를 청구할 수 있다(상 522조의 2 2항, 603조). 이러한 사전공시는 주주 또는 사원에게 합병승인총회에서 합병을 승인할 것인지 여부를 결정하는 자료를 제공하고, 또한 회사채권자에게 합병에 대한 이의를 제출할 것인지 여부를 결정하는 자료를 제공하기 위함이다.[1)]

2) 사후공시 사후공시는 합병을 한 날(합병기일)부터 6월간 채권자보호절차의 경과·합병을 한 날(합병기일)·소멸회사로부터 승계한 재산가액과 채무액·기타 합병에 관한 사항을 기재한 서면을 본점에 비치하는 것이다(상 527조의 6 1항). 이 사후공시의 경우에도 주주 및 회사채권자는 영업시간 내에는 언제든지 이러한 서면의 열람을 청구하거나, 회사가 정한 비용을 지급하고 그 등본 또는 초본의 교부를 청구할 수 있다(상 527조의 6 2항). 이러한 사후공시도 주주와 회사채권자 등 회사의 이해관계인을 보호하기 위하여 인정된 것이다.[2)]

6. 합병의 효과

합병의 효과로서 1개 이상의 회사의 소멸과 회사의 신설(신설합병) 또는 변경(흡수합병)이 생기고, 소멸회사의 권리의무(및 사원)가 신설회사 또는 존속회사에 포괄적으로 이전된다. 이를 좀더 상세히 살펴보면 다음과 같다.

(1) 회사의 소멸과 회사의 설립(변경)

1) 회사의 소멸 존속회사를 제외하고 당사회사는 청산절차를 거치지 않고 소멸한다(상 227조 4호, 269조, 287조의 38 1호, 517조 1호, 609조 1항 1호). 상법이 회사의 해산사유의 하나로 합병을 규정하고 있으나, 다른 해산사유와는 달리 합병의 경우에는 청산절차를 거치지 않고 소멸하는 점에 특색이 있다.

2) 회사의 설립 또는 변경 신설합병의 경우에는 회사가 신설되고, 흡수합병의 경우에는 존속회사의 정관변경이 발생한다.[3)] 이러한 효과는 합병등기로 인하여 당연히 발생하는 것이므로, 이에 상법상 회사의 설립 또는 자본

1) 동지: 정(동), (회) 825면.

2) 동지: 日會 801조 1항·3항·4항.

3) 이 경우 자본금(신설합병의 경우) 또는 자본금의 증가(흡수합병의 경우)와 승계되는 순재산액과의 관계를 규정할 필요가 있다고 보는데, 이는 회사분할의 경우에도 동일하다고 본다(상 360조의 7, 360조의 18, 607조 2항 참조). 동지: 권기범, "상법상 기업재편법제의 현황과 개선방안," 「상사법연구」(한국상사법학회), 제33권 제1호(2014. 5), 33면.

증가(또는 감소)에 관한 규정은 적용되지 않는다.

⑵ 권리의무 및 사원의 포괄적 이전

1) 권리의무의 포괄적 이전(재산의 합일)

㈎ 회사의 합병이 있게 되면 존속회사 또는 신설회사는 소멸회사의 모든 권리의무를 포괄적으로 승계한다(상 235조, 269조, 287조의 41, 530조 2항, 603조). 이는 상속의 경우와 같은 포괄승계로서, 소멸회사의 재산은 법률상 당연히 포괄적으로 존속회사 또는 신설회사에 이전하고 이를 구성하는 권리의무에 대하여 개별적으로 이전행위를 할 필요가 없다. 즉, 동산·부동산·유가증권 등은 인도·등기·교부 등이 없어도 권리이전의 효력이 생긴다.[1] 이 점이 영업양도의 경우와 근본적으로 다른 점이다. 다만 대항요건을 필요로 하는 권리, 예컨대 선박(상 743조 단서)·주식(상 337조 1항)·기명사채(記名社債)(상 479조 1항) 등은 소정의 법정절차를 밟아야 제 3 자(또는 회사)에게 대항할 수 있다.[2] 그러나 채권(債權)의 경우 그 대항요건은 특정승계의 경우에 한하므로 채권은 위의 대항요건을 필요로 하는 권리에 포함되지 않는다.[3] 또한 부동산 등은 공시방법(등기)을 갖추지 않아도 권리가 이전되나, 이를 처분하기 위하여는 공시방법을 갖추어야 한다(민 187조 단서).

㈏ 이전되는 권리의무에는 공법상의 권리의무도 포함된다.

㈐ 주식회사나 유한회사가 합병을 하는 경우 신설회사 또는 존속회사의 자본액은 당사회사의 자본액의 총계와 일치할 필요는 없고, 당사회사의 재산상태에 따라 이보다 많아질 수도 있고 적어질 수도 있다.[4] 또한 신설회사 또는 존속회사는 소멸회사의 법정준비금을 반드시 승계할 필요는 없고 이를 분배하여도 무방하지만,[5] 특수한 목적을 위하여 소멸회사가 적립한 법정준비금은 존속회사 또는 신설회사가 그러한 사업을 승계함에 따라 존속시킬 필요가 있으면 이를 승계할 수 있다(상 459조 2항).[6] 그러나 존속회사는 종래의 법정준비금을 반드

1) 동지: 정(희), 309면; 대판 1980. 3. 25, 77 누 265(집 28 ① 행 104).

2) 동지: 정(희), 309면.

그러나 이에 대하여 정(동), (회) 831~832면은 「상법이 선박에 관한 권리이전에 있어서 의사주의를 따르는 것은 입법상의 과오이고, 기명주식에 관하여는 회사 이외의 제 3 자에 대한 관계에서는 주권의 점유자가 권리자로 추정되는 점에서(상 336조 2항) 특별한 대항요건이 필요 없으므로, 합병의 경우 대항요건을 필요로 하는 것은 기명사채 정도이다」고 한다.

3) 동지: 정(희), 309면.

4) 동지: 정(희), 309면.

5) 이러한 소멸회사의 법정준비금은 소멸회사의 권리의무가 아니어서 그대로 존속회사 또는 신설회사에 승계되는 것이 아니고, 승계될 수 있을 뿐이다(상 459조 2항).

6) 이는 1995년 개정상법에 의하여 신설된 것이다.

시 보존하여야 한다.

2) 사원의 수용(사원의 합일)

㈎ 합병의 성질상 소멸회사의 사원은 존속회사 또는 신설회사의 사원이 되는 것이 원칙이다[1](상 523조 3호, 524조 2호, 603조 참조). 이와 같이 소멸회사의 사원이 존속회사 또는 신설회사의 사원이 되는 것은 합병의 효과로서 인정되는 것이지, 새로이 사원이 되는 절차를 밟았기 때문에 사원이 되는 것은 아니다. 이 때 사원수용의 구체적인 조건은 합병계약의 내용에 의하여 정하여진다. 이 경우 사원의 의사에 반하여 책임을 가중할 수 없는데, 이는 합병결의로도 강제하지 못한다.[2]

그러나 앞에서 본 바와 같이 주식회사의 흡수합병의 경우에 존속회사가 소멸회사의 모든 주주에게 그 대가의 전부로서 금전이나(현금교부합병) 그 밖의 재산을(현물교부합병) 제공하는 경우(교부금합병)에는 예외적으로 사원의 수용이 없는 합병이 가능하다(상 523조 4호).[3]

㈏ 주식회사의 경우 합병에 반대하는 주주는 회사에 대하여 주식매수청구권을 행사하여 사원이 되지 않을 수 있다(상 522조의 3, 530조).

⑶ 소송법상의 효과

소송당사자인 회사가 합병에 의하여 소멸한 때에는 소송절차가 중단되고, 존속회사 또는 신설회사가 이 소송절차를 승계하여야 한다(민소 234조).

7. 합병의 무효

⑴ 총　　설

합병절차에 하자가 있는 경우에 그 효력이 문제되는데, 이를 민법의 일반원칙에만 맡겨 무효·취소를 주장할 수 있게 한다면 이해관계인이 다수인 회사에서는 법률관계의 혼란과 불안정을 초래할 것이다. 따라서 상법은 단체법상의 법률관계를 획일적으로 확정하기 위하여 설립무효의 소의 경우와 같이 합병무

---

1) 동지: 전게 대판 2003. 2. 11, 2001 다 14351(공보 2003, 775)(회사의 합병이라 함은 두 개 이상의 회사가 계약에 의하여 신회사를 설립하거나 또는 그 중의 한 회사가 다른 회사를 흡수하고, 소멸회사의 재산과 사원〈주주〉이 신설회사 또는 존속회사에 법정 절차에 따라 이전·수용되는 효과를 가져오는 것으로서, 소멸회사의 사원〈주주〉은 합병에 의하여 1주 미만의 단주만을 취득하게 되는 경우나 혹은 합병에 반대한 주주로서의 주식매수청구권을 행사하는 경우 등과 같은 특별한 경우를 제외하고는 원칙적으로 합병계약상의 합병비율과 배정방식에 따라 존속회사 또는 신설회사의 사원권〈주주권〉을 취득하여, 존속회사 또는 신설회사의 사원〈주주〉이 된다).

2) 동지: 정(희), 309면.

3) 이에 관한 상세는 주상(제 5 판)(회사 V), 352~355면 참조.

효의 소에 대하여 별도로 규정하고 있다(상 236조~240조, 269조, 287조의 41, 529조~530조, 603조).

(2) 무효의 원인

합병무효의 원인에 대하여는 상법에 규정이 없으므로, 해석에 의하여 무효원인을 정할 수밖에 없다. 해석상 합병무효원인으로 인정되는 것은 합병을 제한하는 각종 법규정의 위반(상 174조 2항·3항·600조, 자금 165조의 4 등), 합병계약의 하자(상 523조, 524조), 채권자 보호절차의 불이행(상 232조, 269조, 287조의 41, 522조의 2, 527조의 5, 630조), 합병결의의 하자, 합병비율의 불공정[1] 등이 있다.[2]

(3) 합병무효의 소

1) 무효의 주장방법 합병무효의 주장은 「소」만으로 할 수 있고, 항변 등에 의한 방법으로 무효를 주장할 수 없다. 합병무효의 소는 형성의 소이

1) 대판 2008. 1. 10, 2007 다 64136(공보 2008, 199)(합병비율을 정하는 것은 합병계약의 가장 중요한 내용이고, 그 합병비율은 합병할 각 회사의 재산 상태와 그에 따른 주식의 실제적 가치에 비추어 공정하게 정함이 원칙이며, 만일 그 비율이 합병할 각 회사의 일방에게 불리하게 정해진 경우에는 그 회사의 주주가 합병 전 회사의 재산에 대하여 가지고 있던 지분비율을 합병 후에 유지할 수 없게 됨으로써 실질적으로 주식의 일부를 상실케 되는 결과를 초래하므로, 현저하게 불공정한 합병비율을 정한 합병계약은 사법관계를 지배하는 신의성실의 원칙이나 공평의 원칙 등에 비추어 무효이고, 따라서 합병비율이 현저하게 불공정한 경우 합병할 각 회사의 주주 등은 상법 제529조에 의하여 소로써 합병의 무효를 구할 수 있다. 그런데 흡수합병시 존속회사가 발행하는 합병신주를 소멸회사의 주주에게 배정·교부함에 있어서 적용할 합병비율은 자산가치 이외에 시장가치, 수익가치, 상대가치 등의 다양한 요소를 고려하여 결정되어야 하는 만큼 엄밀한 객관적 정확성에 기하여 유일한 수치로 확정할 수 없고, 그 제반 요소의 고려가 합리적인 범위 내에서 이루어졌다면 결정된 합병비율이 현저하게 부당하다고 할 수 없으므로, 합병당사자 회사의 전부 또는 일부가 주권상장법인인 경우 증권거래법〈2009. 2. 4. 이후에는 자본시장과 금융투자업에 관한 법률임〉과 그 시행령 등 관련 법령이 정한 요건과 방법 및 절차 등에 기하여 합병가액을 산정하고 그에 따라 합병비율을 정하였다면 그 합병가액 산정이 허위자료에 의한 것이라거나 터무니없는 예상 수치에 근거한 것이라는 등의 특별한 사정이 없는 한, 그 합병비율이 현저하게 불공정하여 합병계약이 무효로 된다고 볼 수 없다); 동 2009. 4. 23, 2005 다 22701·22718(공보 2009, 703)(현저하게 불공정한 합병비율을 정한 합병계약은 사법관계를 지배하는 신의성실의 원칙이나 공평의 원칙 등에 비추어 무효이고, 따라서 합병비율이 현저하게 불공정한 경우 합병할 각 회사의 주주 등은 상법 제529조에 의하여 소로써 합병의 무효를 구할 수 있다. 다만, 합병비율은 자산가치 이외에 시장가치·수익가치·상대가치 등의 다양한 요소를 고려하여 결정되어야 할 것인 만큼 엄밀한 객관적 정확성에 기하여 유일한 수치로 확정할 수 없고, 그 제반요소의 고려가 합리적인 범위 내에서 이루어진 것이라면 결정된 합병비율이 현저하게 부당하다고 할 수 없다. 따라서 합병당사회사의 전부 또는 일부가 주권상장법인인 경우 증권거래법〈2009. 2. 4. 이후에는 자본시장과 금융투자업에 관한 법률임〉과 그 시행령 등 관련 법령이 정한 요건과 방법 및 절차 등에 기하여 합병가액을 산정하고 그에 따라 합병비율을 정하였다면 그 합병가액 산정이 허위자료에 의한 것이라거나 터무니없는 예상 수치에 근거한 것이라는 등의 특별한 사정이 없는 한, 그 합병비율이 현저하게 불공정하여 합병계약이 무효로 된다고 볼 수 없다); 인천지판 1986. 2. 9, 85 가합 1526.

2) 이 외에 합병 당사회사의 대표기관간의 합병계약에서 무권대리·착오·사기 등 무효·취소의 원인이 있을 때 그것이 합병결의에도 이어질 경우에는 합병결의의 하자가 있는 경우에 해당하므로 합병무효의 원인이 된다고 하는 견해가 있다[이(철), (회) 132면].

다(통설).[1]

2) 제소권자

㈎ 합병무효의 소의 제소권자는 인적회사 및 유한책임회사에서는 「사원, 청산인, 파산관재인 또는 합병을 승인하지 아니한 채권자」에 한하고(상 236조 1항, 269조, 287조의 41), 물적회사에서는 「주주(사원)·이사·감사·청산인·파산관재인 또는 합병을 승인하지 아니한 채권자」에 한정하고 있다(상 529조 1항, 603조). 이 중에서 회사채권자가 합병무효의 소를 제기한 때에는, 법원은 채권자의 합병무효의 소가 악의임을 소명한 회사의 청구에 의하여 채권자에게 상당한 담보를 제공하도록 명할 수 있다(상 237조, 176조 3항·4항, 269조, 287조의 41, 530조 2항, 603조). 또 무효의 소를 제기한 원고가 패소한 경우, 그 원고에게 악의 또는 중과실이 있는 때에는 그 원고는 회사에 대하여 연대하여 손해배상책임을 지도록 하여(상 240조, 191조, 269조, 287조의 41, 530조 2항, 603조) 남소를 방지하고 있다.

제소권자에서 「각 회사」는 존속회사 또는 신설회사만을 의미한다고 보는 견해도 있으나,[2] 청산인·파산관재인 등이 제소권자인 점에서 볼 때 소멸회사를 포함한다고 본다.[3]

이 소의 피고는 존속회사 또는 신설회사이다.[4]

㈏ 합병이 독점규제 및 공정거래에 관한 법률에 위반한 때에는 「공정거래위원회」가 제소권자가 된다(독규 16조 2항).

3) 제소기간

㈎ 합병무효의 소의 제소기간은 합병등기가 있은 날부터 「6월 내」이다(상 236조 2항, 269조, 287조의 41, 529조 2항, 603조).

㈏ 공정거래위원회가 합병무효의 소를 제기하는 경우에는 제소기간의 제한이 없다(독규 16조 2항).

4) 소의 절차 합병무효의 소는 그 성질상 획일적으로 결정할 필요가 있고, 각 소에 따라 제기방법 등이 달라지면 곤란하다. 그러므로 상법은 소의 전속관할, 소제기의 공고, 소의 병합심리, 하자의 보완과 청구의 기각 등에 관하여 설립무효의 소의 규정을 준용하고 있다(상 240조, 186조~190조, 269조, 287조의 41, 530조 2항, 603조).

1) 손(주), 464면; 이(철), (회) 131면; 정(동), 834면; 이(기) 외, (회) 574면; 주상(제 5 판)(회사 I), 319면 외.

2) 손(주), 464면(그 이유는 존속회사 또는 신설회사만이 피고가 되기 때문이라고 한다).

3) 동지: 정(동), 835면; 최(기), 1240면; 이(기) 외, (회) 574면; 주상(제 5 판)(회사 I), 319~320면.

4) 동지: 주상(제 5 판)(회사 I), 320면.

⑷ 합병무효판결의 효과

1) 합병무효의 등기 합병무효판결이 확정된 때에는 본·지점의 소재지에서, 존속회사는 변경등기, 신설회사는 해산등기, 소멸회사는 회복등기를 하여야 한다(상 238조, 269조, 287조의 41, 530조 2항, 603조).

2) 대세적 효력 및 불소급효

㈎ 합병무효의 판결은 다른 회사법상의 소와 마찬가지로 원·피고 뿐만 아니라 제 3 자에도 그 효력이 미치는데(대세적 효력), 이는 합병당사회사 및 이해관계인들간의 법률관계를 획일적으로 처리하기 위해서이다(상 240조, 190조, 269조, 287조의 41, 530조 2항, 603조).

㈏ 합병무효의 판결의 효력은 기왕에 소급하지 않으므로(불소급효) 존속회사 또는 신설회사와 그 사원 및 제 3 자 사이에 생긴 권리의무에 영향을 미치지 아니한다(상 240조 · 190조, 269조, 287조의 41, 530조 2항, 603조). 따라서 합병에서 무효판결확정시까지에 한 이익의 배당(잉여금의 분배), 지분 또는 주식의 양도, 회사와 제 3 자와의 거래는 모두 유효하다.

3) 무효판결확정 전의 채무 및 재산의 처리 합병무효의 판결이 확정되면 단일화하였던 회사가 장래에 향하여 다시 종전의 복수로 환원한다. 따라서 소멸회사는 부활하고, 소멸회사가 당시 가지고 있었던 재산으로서 현존하는 재산은 당연히 소멸회사에 귀속된다. 그런데 합병무효판결이 확정된 경우 합병 후 무효판결확정시까지 존속회사 또는 신설회사가 부담한 채무와 취득한 재산의 처리가 문제이다. 따라서 상법은 이러한 문제에 대하여 규정하고 있는데, 부담채무에 대해서는 합병당사회사의 연대채무로 하고, 취득재산에 대하여는 그 공유로 하고 있다(상 239조 1항 · 2항, 269조, 287조의 41, 530조 2항, 603조). 이 때 각 회사의 부담부분 또는 지분은 협의로 정하는데, 만일 협의가 되지 않을 경우에는 청구에 의하여 법원이 합병당시의 각 회사의 재산상태 기타의 사정을 참작하여 정한다(상 239조 3항, 269조, 287조의 41, 530조 2항, 603조).

제 3 회사의 분할[1)]

I. 의 의

(1) 회사의 분할(scission, corporate division; Spaltung〈Aufspaltung, Abspaltung, Ausgliederung〉; scission)이란 「1개의 회사가 2개 이상의 회사로 나누어져, 분할 전 회사(분할회사)의 권리의무가 분할 후 회사에 포괄승계되고 (분할 전 회사가 소멸하는 경우에는 청산절차 없이 소멸되며) 원칙적으로 분할 전 회사의 사원이 분할 후 회사의 사원이 되는 회사법상의 법률요건」을 말한다.[2)] 1998년 개정상법은 주식회사에 대하여 회사의 분할을 규정하였는데, 이러한 회사의 분할에 대하여 「회사는 분할에 의하여 1개 또는 수 개의 회사를 설립하거나(단순분할)(상 530조의 2 1항), 또는 1개 또는 수 개의 존립중의 회사와 합병하는 것(분할합병)(상 530조의 2 2항)」이라고 규정하고 있다. 또한 상법은 회사가 단순분할과 분할합병을 겸할 수도 있음을 규정하고 있다(상 530조의 2 3항). 회사분할은 회사합병의 반대현상이라고 볼 수 있다.

(2) 회사의 기구변경의 하나인 회사분할은 영업을 전제로 하므로 단순한 영업용 재산의 분할 또는 분할합병은 회사분할이라고 볼 수 없다[3)](상 41조~45조, 374조 1항 1호 참조).

---

1) 이에 관한 상세는 김성호, "주식회사의 분할에 관한 연구(비교법적 고찰을 중심으로)," 법학박사학위논문(고려대 대학원, 1999. 8); 동, "상법상 회사분할과 계산," 「상사법연구」(한국상사법학회), 제21권 4호(2003), 9~37면(상법 규정상 미흡한 면을 지적하고 있다); 천승희, "회사분할에 관한 연구(실무적 측면을 중심으로)," 법학박사학위논문(고려대 대학원, 2008. 2); 강현구, "회사분할의 실무상 문제점에 관한 연구," 법학석사학위논문(고려대 법무대학원, 2010. 2); 한국상장회사협의회, 회사분할의 제도화에 관한 연구(상장협연구보고서 95-5), 1995. 12; 권기범, "주식회사의 분할," 「상사법논문집」(무애 서돈각교수 정년기념), 1986, 221면(프랑스 회사법상의 제도를 소개하고 있다); 정준우, "회사분할의 요건 및 절차상의 효용성 제고방안," 「비교사법」, 제 9 권 4호(2002. 12), 379~409면(회사분할제도의 활성화 및 효용성의 제고를 위하여 현행법의 개선방안을 제시하고 있다); 황남석, "회사분할과 채권자보호: 최근 대법원판례를 중심으로," 「상사법연구」(한국상사법학회), 제33권 제 1 호(2014. 5), 221~260면(입법론적으로 채권자보호의 정도에 대한 조정이 필요하다고 한다); 이(철), (회) 1126~1173면; 정(동), (회) 838~854면 등 참조.

2) 이러한 회사의 분할의 개념에는 (i) 재산 일부의 양도, (ii) 포괄승계의 양도방법 및 (iii) 지분의 교부라는 세 가지의 요소가 있어야 한다고 보는 견해가 있다[정(동), (회) 838면; Kallmeyer, Umwandlungsgesetz(Kommentar), 1997, Rdn 1~3].

3) 동지: 대판 2010. 2. 25, 2008 다 74963(공보 2010, 623)(〈2015년 개정상법 이전의〉 상법 제530조의 9 제 2 항에서 '출자한 재산'이란 영업을 의미함).

이에 관한 상세는 강현구, 전게 석사학위논문, 10~15면(동원지주는 100% 자회사인 동원증권

(3) 회사분할에 관하여는 1966년의 프랑스 상사회사법이 분할에 관한 규정을 둔 것이 입법의 효시이며(佛會 371조 이하, 현재는 佛商〈2001〉 236-1조~236-24조), 그 후 불법계(佛法系) 국가에서 이를 채택하였다.[1] 또한 EU에서 회사분할에 관한 1982년의 제 6 지침이 제정된 이후 다수의 EU 국가가 이것을 국내법화하였고,[2] 또한 미국도 이를 규율하고 있다.[3] 우리나라에서는 종래에 사실상의 회사분할[4]이 이루어지고 있었으면서도 이에 관한 규정을 두지 않았으나,[5] 1998년 개정상법이 기업의 구조조정을 제도적으로 지원하기 위하여 이것을 상법에서 규정하였는데,[6] 주식

으로부터 투자주식과 현금을 분할하여 자신과 분할합병을 하기 위하여 금융감독위원회에 인가신청을 하였는데, 동 위원회는 이에 대하여 2003. 10. 21. 법무부에 유권해석을 의뢰하였고 법무부는 이에 대하여 2004. 3. 11. 부정적인 회신을 하여 동 위원회는 동원지주에게 인가신청을 철회할 것을 권고하고 동원지주는 이에 따랐다) 참조.

1) 스위스 채무법 634조 이하, 아르헨티나 회사법 88조, 브라질 회사법 223조 등.

2) 독일 사업재편법(Umwandlungsgesetz) 123~173조(1995년 도입), 이탈리아 민법 2504조(1991년 도입), 벨기에 회사법 174조, 룩셈부르크 상사회사법 289조(1987년 도입), 포르투갈(1986년 도입), 그리스(1987년 도입), 영국 회사법(2006) 919조~934조(1987년 도입), 아일랜드(1987년 도입), 스페인(1989년 도입).

3) 미국 연방소득세법(Internal Revenue Code, I.R.C.)(26USC) 354~368조.

4) 사실상의 회사분할과 상법상 회사분할과의 차이에 관한 상세는 손(주), 1022~1026면 참조.

5) 우리나라에서는 종래에 회사분할에 관한 규정이 없었으므로 영업양도·현물출자·사후설립 등을 상호 혼합함으로써 사실상 회사분할을 하고 있었으나, 이는 매우 복잡하고 불편하였으므로 이를 제도화하여 상법에 분할절차를 규정할 필요가 있다는 점이 많이 지적되어 왔다[동지: 정(희), 312면 외].

6) 1998년 개정상법상 회사분할에 관한 규정의 주요내용은 다음과 같다.

① 회사분할의 종류는 단순분할 또는(및) 분할합병을 인정하고 있다(상 530조의 2).

② 회사분할의 범위는 원칙적으로 물적(재산) 분할 및 인적 분할을 포함하는데, 예외로 물적 분할만의 경우도 인정하고 있다(상 530조의 12).

③ 분할절차에서는 분할계획서 내지 분할합병계약서를 작성하여 주주총회의 특별결의에 의한 승인을 받도록 하였다(상 530조의 3 1항·2항).

④ 절차의 간소화를 위하여 분할에 의하여 설립되는 회사(분할 후 회사)가 분할 전 회사의 출자만으로 설립되는 경우에도 분할 전 회사의 주주에게 손해가 되지 않는 경우에는 검사인 등에 의한 조사를 생략하도록 하였다(상 530조의 4 2항).

⑤ 분할 또는 분할합병에 따르는 법률관계를 명확하게 하기 위하여 분할계획서 및 분할합병계약서의 기재사항을 법정하였다(상 530조의 5~530조의 6).

⑥ 분할 전 회사의 채권자를 보호하기 위하여 분할 또는 분할합병 후의 존속회사 또는 신설회사(분할 후 회사)는 원칙적으로 분할 전 회사의 채무에 관하여 연대책임을 지도록 하면서(상 530조의 9 1항), 예외적으로 연대책임이 배제되는 경우에는(상 530조의 9 2항·3항) 분할 전 회사의 채권자가 분할에 대하여 이의를 제기할 수 있도록 하였다(상 530조의 9 4항, 530조의 11 2항).

⑦ 분할 전 회사의 주주를 보호하기 위하여 분할합병의 경우 분할 전 회사의 주주에게 주식매수청구권을 인정하는 동시에(상 530조의 11 2항, 522조의 3), 분할 전 회사의 이사 등에게 분할대차대조표 등의 공시를 의무화하고 있다(상 530조의 7).

이러한 우리 상법상 회사분할제도의 문제점을 지적한 논문으로는 김성호, "상법상 회사분할제도의 문제점," 「상사법연구」, 제20권 1호(2001), 51~78면(분할주체를 주식회사로 한정하고 있는 점, 분할태양을 정리하지 않은 점, 의결권 없는 주식의 의결권을 인정하는 점, 소규모합병의

회사에 대하여만 인정하고 있다.[1)]

2. 분할의 경제적 목적

회사의 분할은 복합적인 사업을 경영하는 대기업에 있어서 특정사업부문의 기능별 전문화, 부진사업이나 적자사업의 분리에 의한 경영의 효율화, 이익분산에 의한 절세, 주주들간의 이해조정, 기타 국민경제적 목적 등 다양한 목적에 의하여 이루어지고 있다.[2)]

3. 분할의 종류

회사분할의 종류에는 분류기준에 따라 다음과 같은 것들이 있다.

(1) 단순분할 · 분할합병

이는 회사분할이 합병과 관련을 갖는지 여부에 따른 분류로서, 합병과 관련을 갖지 않은 회사분할을 「단순분할」이라고 하고, 합병과 결합된 회사분할을 「분할합병」이라고 한다. 1998년 개정상법은 단순분할(이에 대하여는 '분할'이라고만 규정함)과 분할합병의 모두를 인정함과 동시에, 회사는 이를 선택적으로 행사할 수도 있고 또 이를 결합하여 행사할 수도 있음을 규정하고 있다(상 530조의 2 1항~3항).

1) 단순분할에는 분할 전 회사(이를 '분할회사'라 함)[3)](갑회사)가 소멸되는 「완전분할」과 분할 전 회사(분할회사)(갑회사)가 존속하는 「불완전분할」이 있는데(이 때 분할에 의하여 설립되는 회사를 '단순분할신설회사'라 함),[4)] 이는 다음과 같다.

「완전분할」(소멸분할, 전부분할)이란 한 회사(분할 전 회사)(갑회사 〈a 영업+b 영업〉)가 분할하여 그의 전 재산이 2개 이상의 분할 후 회사인 신설회사(A 회사〈a 영업〉 및 B 회사〈b 영업〉)에

준용 등은 반드시 재검토되어야 한다고 한다. 또한 회사분할의 현실적 실현여부라는 점에서는 주주 · 채권자보호와 관련하여 심각한 입법적 모순이 있는데, 주주보호와 관련하여서는 비안분비례형분할의 경우 소수주주의 보호규정이 없는 점 · 주식매수청구권을 제한하고 있는 점 · 분할보고서제도를 채택하지 않은 점이 그것이며, 회사채권자보호와 관련하여서는 연대책임의 배제가능범위가 불명확한 점 · 분할 후 존속양도회사의 연대책임부담여부가 명백하지 않은 점 · 상호속용영업양수인의 책임에 관한 상법총칙과의 관계에 대한 규정이 없는 점이 그것이라고 한다); 김병기, "주식회사분할에 있어서 이해관계인의 보호," 「기업법연구」(한국기업법학회), 제 7 집 (2001), 29~57면; 김지환, "우리 회사분할법제에 대한 입법적 재검토," 「기업법연구」(한국기업법학회), 제 8 집(2001), 419~439면 등 참조.

1) 유한회사에 대하여도 회사의 분할을 인정하여야 한다는 견해로는 정(동), (회) 839면, 843면.

2) 이에 관한 상세는 이(철), (회) 1127면; 김성호, 전게 박사학위논문, 5~11면; 강현구, 전게 석사학위논문, 15~19면 등 참조.

3) 2015년 개정상법 제530조의 4 제 1 항에 의하여 이와 같은 명칭이 부여되었다.

4) 2015년 개정상법 제530조의 5 제 1 항에 의하여 이와 같은 명칭이 부여되었다.

현물출자되어 포괄승계되고(이 경우 A회사 또는 B회사는 갑이 출자한 재산만으로 설립할 수도 있고, 제 3 자로부터 다시 출자를 받아 설립할 수도 있다) 분할 전 회사(갑회사)는 청산절차 없이 소멸되는 회사분할의 형태를 말한다. 이것은 합병의 경우 신설합병에 대응되는 형태이고, 영업의 전부양도와 유사하다.

「불완전분할」(존속분할, 일부분할)이란 1개의 회사(갑회사)가 2개 이상의 회사(갑회사·A회사 또는 갑회사·A회사·B회사 등)로 분할되지만 당사회사의 협의에 의하여 분할 전 회사(갑회사〈a 영업+b 영업+c 영업〉)의 재산의 일부만이 분할 후 회사(A회사〈a 영업〉 또는 A회사 〈a 영업〉·B회사〈b 영업〉)에 이전되고 분할 전 회사(갑회사〈A회사만이 설립된 경우에는 갑회사에게는 b영업 및 c영업이 잔존하고, A회사 및 B회사가 설립된 경우에는 갑회사에게는 c 영업만이 잔존함〉)는 존속하는 회사분할의 형태를 말한다. 이것은 합병의 경우 흡수합병에 대응되는 형태이고, 영업의 일부양도와 유사하다.

우리 상법상 (단순)분할의 경우 분할 전 회사(갑회사)의 존속 유무를 불문하므로(상 530조의 2 1항) 완전분할과 불완전분할이 모두 인정된다(상 530조의 5 1항·2항 참조).

2) 「분할합병」이란 어느 회사(분할 전 회사)(갑회사 〈a영업+b영업〉)가 분할한 후에 그 분할된 부분(a영업 또는 b영업)이 다른 기존회사(A회사〈a영업〉, B회사〈b영업〉)나 또는 다른 회사의 분할된 부분(을회사의 a영업과 b영업 중 분할된 a영업 또는 b영업)과 합쳐져(합병하여) 하나의 회사(C회사〈예컨대, 갑회사의 a영업+을회사의 a영업〉)가 되는 형태를 말한다. 이러한 분할합병에는 다시 두 가지가 있는데, 분할된 부분(갑회사의 a영업 또는 b영업)이 다른 회사(A회사 또는 B회사)(이 회사를 '분할승계회사'라 함)[1]에 흡수되는 「흡수분할합병」(예컨대, 갑회사의 a영업이 a영업을 하는 A회사에 흡수합병되거나, 갑회사의 b영업이 b영업을 하는 을회사에 흡수합병되는 경우)과, 분할된 부분(갑회사의 a영업 또는 b영업)이 다른 기존 회사(A회사 또는 B회사) 또는 다른 회사의 분할된 부분(을회사의 a영업 또는 b영업)과 합쳐져 회사(C회사 또는 D회사)(이 회사를 '분할합병신설회사'라 함)[2]가 신설되는 「신설분할합병」(예컨대, 갑회사의 a영업이 a영업을 하는 A회사 또는 을회사의 a영업과 합쳐져 C회사가 신설되거나, 갑회사의 b영업이 b영업을 하는 B회사 또는 을회사의 b영업과 합쳐져 D회사가 신설되는 경우)이 있다.[3]

흡수분할합병에는 다시 분할 전 회사(갑회사〈a영업+b영업〉)의 영업이 전부 다른 회사(A회사 및 B회사)에 흡수되어 분할 전 회사(갑회사)가 소멸하는 완전(소멸)분할합병(예컨대, 갑회사의 a영업은 a영업을 하는 A회사에 흡수합병되고, 갑회사의 b영업은 b영업을 하는 B회사에 흡수합병되어 갑회사가 소멸하는 경우)과, 분할 전 회사의 영업의 일부(갑회사의 a영업 또는 b영업)만이 다른 회사(A회사 또는 B회사)에 흡수되어 분할 전 회사(갑회사〈b영업 또는 a영업〉)가 존속하는 불완전(존속)분할합병(예컨대, 갑회사의 a영업이 a영업을 하는 A회사에 흡수합병되면 갑회사는 b영업만을 하는 회사로 존속하는 경우나, 갑회사의 b영업이 b영업을 하는 B회사에 흡수합병되면 갑회사는 a영업만을 하는 회사로 존속하는 경우)이 있다.[4] 또한 신설분할합병에도 다시 분할 전 회사(갑회사)가 소멸하는 완전(소멸)분할합병(예컨대, 갑회사의 a영업은 a영업을 하는 A회사와 합하여 C회사

1) 2015년 개정상법 제530조의 6 제 1 항에 의하여 이와 같은 명칭이 부여되었다.
2) 2015년 개정상법 제530조의 6 제 2 항에 의하여 이와 같은 명칭이 부여되었다.
3) 동지: 정(동), (회) 842면.
4) 동지: 이(철), (회) 1131면.

를 설립하고 갑회사의 b영업은 b영업을 하는 B회사와 합하여 D회사를 설립하는 경우)과, 분할 전 회사(갑회사)가 존속하는 불완전(존속)분할합병(예컨대, 갑회사의 a영업이 a영업을 하는 A회사와 합하여 C회사를 설립하고 갑회사는 b영업만을 하는 회사로 존속하거나, 갑회사의 b영업이 b영업만을 하는 B회사와 합하여 D회사를 설립하고 갑회사는 a영업만을 하는 회사로 존속하는 경우)이 있다.

우리 상법상 분할합병의 경우에는 흡수분할합병(상 530조의 6 1항 참조)과 신설분할합병(상 530조의 6 2항 참조)의 모두를 인정하고 있다.

3) 우리 상법은 단순분할과 분할합병을 결합하여 행사할 수도 있음을 규정하고 있다(상 530조의 2 3항). 예컨대, 위의 예에서 a영업·b영업 및 c영업을 영위하는 갑회사가 a영업에 대하여는 이미 a영업을 하고 있는 A회사에 합병시키고(분할합병) b영업에 대하여는 별도로 B회사를 신설하고 갑회사는 c영업만을 영위하면서 존속하는 경우(단순분할〈불완전분할〉) 등이 이에 해당한다.[1)]

위에서 설명한 분할의 종류를 정리하면 다음과 같다.

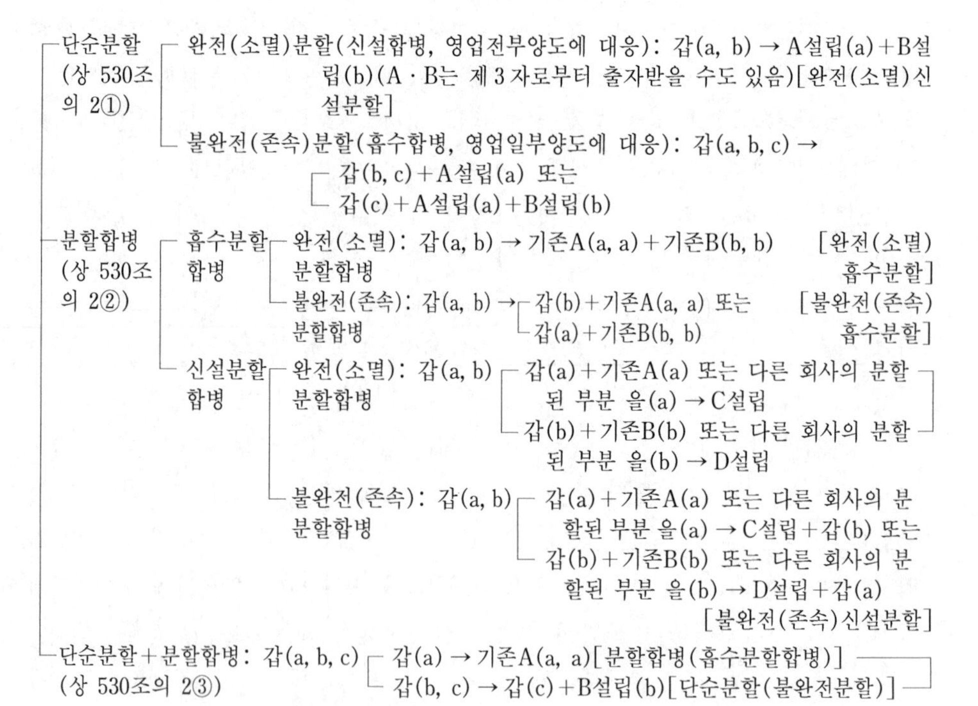

(2) 흡수분할·신설분할

이는 분할된 부분을 양수하는 회사가 기존회사인가 또는 신설회사인가에

1) 동지: 이(철), (회) 1133면.

따른 분류인데, 분할된 부분을 양수하는 회사가 기존회사(분할승계회사)이면 「흡수분할」이라고 하고, 분할된 부분을 양수하는 회사가 신설회사(분할합병신설회사)이면 「신설분할」이라고 한다.

이러한 흡수분할과 신설분할은 분할된 부분을 양수하는 회사를 기준으로 한 구별로서, 완전분할과 불완전분할이 분할된 부분을 양도하는 회사(즉, 분할회사)를 기준으로 그 존속 유무에 따라 구별한 것과 구별된다. 그러나 양자는 결합할 수 있으므로 양자의 결합형태로 완전(소멸)흡수분할(위 (1)의 경우 분할합병 중 흡수분할합병 중 일부)·완전(소멸)신설분할(위 (1)의 경우 단순분할 중 완전분할)·불완전(존속)흡수분할(위 (1)의 경우 분할합병 중 흡수분할합병 중 일부)·불완전(존속)신설분할(위 (1)의 경우 분할합병 중 신설분할합병 중 일부)이 있다.[1]

(3) 인적분할·물적(재산)분할

이는 분할 전 회사(분할회사)의 사원(주주)이 분할 후 회사의 사원(주주)이 되는지 여부에 따른 분류로서, 분할부분에 해당하는 지분(신주)을 분할 전 회사(분할회사)의 사원(주주)에 배당하는 형태의 회사분할을 「인적분할」(횡적 분할, 수평적 분할)이라고 하고(완전분할은 모두 인적분할임), 분할부분에 해당하는 지분(신주)을 분할 전 회사(분할회사)의 사원(주주)에게 배당하지 않고 분할 전 회사(분할회사)가 취득하는 형태의 회사분할(자회사의 설립)을 「물적(재산)분할」(종적 분할, 수직적 분할)이라고 한다(상 530조의 12)(단순분할 중 불완전분할, 분할합병 중 신설분할합병으로서 불완전분할합병의 경우에 인정됨). 우리나라에서 회사의 분할은 그 도입시기가 짧음에도 불구하고 기업의 구조조정의 수단으로 많이 이용되고 있는데, 인적 분할에 비하여 특히 물적 분할이 월등히 많이 이용되고 있다.[2]

단순분할의 경우에 물적 분할이 쉽게 성립할 수 있음은 의문의 여지가 없으나, 분할합병(신설분할합병)의 경우에도 물적 분할이 성립할 수 있다고 본다. 예컨대, 갑회사의 a영업이 a영업을 하는 A회사와 합하여 C회사를 설립하고 갑회사는 b영업만을 하는 회사로 존속하거나, 갑회사의 b영업이 b영업만을 하는 B회사와 합하여 D회사를 설립하고 갑회사는 a영업만을 하는 회사로 존속하는 경우에도 갑회사에 대하여는 물적 분할이 성립한다고 본다(따라서 상 530조의 12의 '설립되는 회사의 주식의 총수를 취득하는 경우'란 분할합병의 경우에는 존속회사가 자신의 분할출자에 대하여 배정되는 신설회사의 신주의 전부를 의미하는 것이지 신설회사의 발행주식 총수를 의미하는 것으로 볼 수는 없다).[3] 또한

1) 동지: 정(동), (회) 841면.

2) 황남석, "상법상 물적 분할제도의 쟁점 및 입법적 개선방안," 「상사법연구」(한국상사법학회), 제34권 제 4 호(2016. 2), 129~130면.

3) 동지: 주상(제 5 판)(회사 Ⅴ), 427면(이 경우 갑회사는 자신의 분할출자에 대하여 배정되는 C회사 또는 D회사의 신주 전부를 취득하면 된다); 황남석, 상게논문, 142면(물적 신설분할합병이 허용되지 않는다고 보는 견해는 없다고 한다).

갑회사(a, b, c, d)의 a영업은 신설되는 A회사에게 단순분할하고(인적분할), b영업은 기존의 B회사에 흡수합병시키고(인적분할), c영업은 신설되는 C회사에 물적분할하면서 갑회사(d)는 존속하는 복합적 분할(혼합분할)도 가능하다고 본다.[1)]

그러나 예컨대, 갑회사(a, b)의 a영업을 신설되는 A회사에게 단순분할하면서 그 대가로 A회사의 주식을 일부는 갑회사 자신이 갖고 나머지를 그의 주주에게 배정하는 단순분할에 있어서 인적분할과 물적분할의 혼합형태나, 흡수분할합병에서의 물적분할은 상법 제530조의 12의 문언의 해석상 불가능하다고 본다.[2)] 특히 갑회사(a, b)의 a영업이 A회사에게 흡수되거나 또는 b영업이 B회사에 흡수되는 물적 흡수분할합병이 가능한가.[3)] 이를 인정하는 견해도 있으나,[4)] 이는 해석론상 상법 제530조의 12의 규정에 반한다고 본다.[5)] 그러나 입법론상으로는 이를 인정할 필요가 있다고 본다.[6)]

1) 동지: 주상(제 5 판)(회사 Ⅴ), 427면.
2) 동지: 주상(제 5 판)(회사 Ⅴ), 427~428면.
3) 2003년 7월 경 롯데카드(주)는 경영난을 타개하고자 롯데쇼핑(주)이 가지고 있는 백화점카드 사업부문을 분할하여 자신이 흡수합병하되 분할부분에 해당하는 신주 100%를 롯데쇼핑의 주주가 아닌 롯데쇼핑 자체에게 교부하는 내용의 물적분할이면서 흡수분할합병을 하기 위하여 금융감독위원회(현재는 금융위원회)에 인가신청을 하였는데, 이 때 상법 제530조의 12의 해석상 이것이 가능한지 여부가 문제되었다. 이에 대하여 대법원 법원행정처(공탁법인과)는 물적합병으로서 흡수분할합병의 경우에도 이에 따른 변경등기가 가능하다고 하였다(롯데카드〈주〉의 2003. 9. 29자 질의에 대한 회신: 대법원 2003. 10. 8. 공탁법인 3402-239). 또한 금융감독위원회는 우리 상법의 해석상 명백하지는 않지만, 우리 상법이 참고로 하였던 독일의 사업재편법에서는 물적분할의 경우에도 신설이든 흡수이든 구분없이 물적 분할합병을 인정하고 있는 점, 1988년 상법개정 특별분과위원회 회의록에 의하면 당시 상법 개정위원들은 물적분할의 경우에도 인적분할과 마찬가지로 신설이든 흡수이든 상관 없이 분할합병을 인정하려고 하였다는 점에서, 상법 규정의 문구에 구속될 필요없이 상법 해석상 물적 흡수분할합병이 인정된다고 판단하여, 롯데쇼핑(주)과 롯데카드(주)간의 물적 흡수분할합병을 인가하였다(이에 관한 상세는 강현구, 전게 석사학위논문, 24~30면 참조).
  그런데 이러한 해석은 상법 제530조의 12의 명문규정에 너무나 반한다고 본다. 따라서 이와 같이 우리 상법의 해석상 물적 흡수분할합병이 인정되지 않는다고 보면 위의 등기나 인가는 모두 법률에 위반한 것이 된다.
4) 이(철), (회) 1157면(흡수분할합병의 경우에 유독 물적분할을 제외할 이유가 없고, 이를 규정하지 않은 것은 입법의 착오라고 한다); 임(재), (회 Ⅱ) 760면; 노혁준, 「회사분할의 제문제」(서울: 도서출판 소화, 2013), 79면; 강현구, 전게 석사학위논문, 30면, 136면; 대법원 2003. 10. 8. 공탁법인 3402-239 질의회신.
5) 동지: 권(기), (구조조정) 331면.
6) 동지: 권기범 “상법상 기업재편법제의 현황과 개선방안,” 「상사법연구」(한국상사법학회), 제33권 제 1 호(2014. 5), 11면; 황남석, 전게논문(상사법연구 제34권 제 4 호), 141~142면, 151~152면(비교법적으로 물적 흡수분할합병을 제한하는 입법례는 찾아보기 어렵고, 물적 흡수분할합병은 법인세법상 과세특례요건을 충족하지 못한다는 것이 행정해석이기 때문에 실무에서 이용되지 않으므로 입법론으로 이를 인정할 필요가 있다고 한다).

회사분할은 인적분할이 원칙이고 물적(재산)분할은 예외인데, 1998년 개정상법은 이 양자를 모두 인정하고 있다(상 530조의 2, 530조의 12).

(4) 보통분할 · 간이분할 또는 소규모분할

주식회사의 분할의 경우에는 합병의 경우와 같이 원칙적으로 분할 당사회사의 주주총회 특별결의에 의한 승인을 요하는데(상 530조의 3 1항 후단, 2항), 이를 「보통분할」이라고 볼 수 있다. 이에 반하여 예외적으로 분할절차를 간소화하여 기업구조조정의 편의를 위하여 어느 일방 당사회사의 주주총회의 승인결의를 요하지 아니하고 이사회결의만으로 하는 분할이 있는데, 흡수분할합병에서 분할회사의 주주총회의 승인결의를 요하지 않는 경우를 「간이분할」이라고 하고(상 530조의 11 2항, 527조의 2), 분할승계회사의 주주총회 승인결의를 요하지 않는 경우를 「소규모분할」이라고 한다(상 530조의 11 2항, 527조의 3).[1)]

4. 분할의 성질

분할에 의하여 분할 전 회사(분할회사)의 권리의무(및 사원)가 분할 후 회사에 포괄적으로 이전되는데, 이러한 현상을 법적으로 어떻게 설명할 수 있을 것인가가 분할의 성질이다. 이에 대하여 회사의 분할이 재산출자의 측면에서만 규정되어 있고(佛商〈2001〉 236-1조 2항) 또한 물적 분할에 대하여도 규정되어 있는 점(상 530조의 12, 독일의 사업재편법 123조 3항)에서 회사의 분할은 재산법적인 면에서 그의 성질을 파악하여야 한다는 견해도 있다.[2)]

그러나 회사의 분할은 합병의 반대현상이고, 원칙적으로 분할 전 회사(분할회사)의 사원이 분할 후 회사의 사원이 되는 것이고(인적 분할) 물적 분할은 예외적인 현상이며, 우리 상법은 회사의 분할을 재산출자의 측면에서만 규정하고 있지 않은 점(상 530조의 2) 등에서 볼 때, 회사의 합병을 인격의 합일로 본 것과 같이 회사의 분할을 인격의 분할로 보는 것이 타당하다고 본다.[3)]

---

1) 이는 1999년 개정상법에 의하여 신설된 것이다.
소규모합병에 관한 규정(상 527조의 3)을 분할합병에 준용하도록 한 것은(상 530조의 11 2항) 잘못된 입법이라는 견해로는 이(철), (회) 1154~1155면(그 이유는 흡수분할합병에 의해 분할승계회사는 재산을 얼마를 인수하든 분할회사의 채무총액에 대해 연대책임을 지므로 발행하는 주식의 수량이 소량이라 해서 분할합병으로 인한 위험도 소량이 되는 것은 아니기 때문이라고 한다).

2) 정(동), (회) 839~840면.

3) 동지: 정(경), 658면; 송(옥), 1277면(인적분할의 경우).
그러나 회사분할의 법적 성질을 이와 달리 보는 견해는 「회사분할은 회사의 영업을 분리하여

5. 분할의 자유와 제한

1998년 개정상법상 주식회사는 원칙적으로 자유롭게 분할할 수 있다(상 530조의 2 1항~3항, 530조의 12). 다만 해산 후의 회사는 분할회사가 존속할 수 없는 점에서 존립중의 회사를 존속회사로 하거나 새로 회사를 설립하는 경우에 한하여 분할할 수 있다(상 530조의 2 4항). 즉, 불완전분할이나 불완전분할합병은 불가능하고, 완전분할 또는 완전분할합병만이 가능하다는 의미이다.[1)]

6. 분할의 절차

1998년 개정상법에 규정된 분할절차에 관한 규정을 정리하면 다음과 같다.

(1) 분할계획서 또는 분할합병계약서의 작성

1) 분할절차는 분할계획서(단순분할의 경우) 또는 분할합병계약서(분할합병의 경우)의 작성을 기초로 하여 진행된다(상 530조의 3 1항 전단). 분할에 따른 법률관계(예컨대, 출자재산의 범위, 단순분할신설회사의 내용, 분할회사의 주주에게 주어지는 단순분할신설회사의 주식에 관한 사항, 분할교부금 또는 분할교부물 등)를 명확하게 하기 위하여 이러한 분할계획서 또는 분할합병계약서의 기재사항에 대하여는 상법에서 상세하게 규정하고 있다(상 530조의 5~530조의 6).[2)]

2) 2015년 개정상법은 분할계획서의 기재사항 중 '분할되는 회사의 주주에게 지급할 금액을 정한 때에는 그 규정(분할교부금)'을 '분할회사의 주주에게

그 주체인 법인격을 달리하는 동시에 분할되는 영업에 상응하여 회사의 주식소유관계를 분리하는 단체법적 법률사실」[이(철), (회) 1136면; 최(기), 1273~1274면(분할합병의 법적 성질에 대하여 이와 같이 설명하는데, 단순분할의 법적 성질에 대하여도 주식의 소유관계에 기한 인적 분할의 면을 설명하고 있다)], 또는 「현물출자만으로는 보기 어렵고 상법상의 특별한 제도」[손(주), 1029면] 등으로 설명하고 있다. 또한 인적분할은 주식의 분할이 있으므로 '인격분할'로 설명할 수 있으나 주식의 분할이 없는 물적분할은 독자적인 '회사법적 법률사실'로 보는 견해도 있다(강현구, 전게 석사학위논문, 8~10면).

1) 그러나 해산회사가 회사계속을 결의하거나 재산의 환가처분의 방법으로 분할을 하는 경우에는 불완전분할 또는 불완전분할합병이 가능하다는 견해로는 이(철), (회) 1135~1136면 참조.

2) 상법은 분할의 종류에 따라 분할계획서 또는 분할합병계약서의 기재사항을 상세히 규정하고 있다. 즉, 상법 제530조의 5 제 1 항은 단순분할(완전분할·불완전분할)의 경우 주로 분할 후 회사(단순분할신설회사)에 대한 분할계획서의 기재사항을 규정하고, 동조 제 2 항은 단순분할 중 불완전분할의 경우 분할 전 회사(분할회사)에 대한 분할계획서의 기재사항을 규정하고 있다. 또한 상법 제530조의 6 제 1 항은 분할합병 중 흡수분할합병의 경우 주로 분할합병의 상대방회사(분할승계회사)에 대한 분할합병계약서의 기재사항을 규정하고, 동조 제 2 항은 분할합병 중 신설분할합병의 경우 주로 분할합병의 신설회사(분할합병신설회사)에 대한 분할합병계약서의 기재사항을 규정하고 있으며, 동조 제 3 항은 이 경우 분할 전 회사(분할회사)에 대한 기재사항을 규정하고 있다.

제 4 호에도 불구하고 금전이나 그 밖의 재산(자신의 사채, 관련회사의 주식이나 사채, 분할회사로부터 승계한 재산의 일부 등)을 제공하는 경우에는 그 내용 및 배정에 관한 사항'으로 개정하여(상 530조의 5 1항 5호) 합병(상 523조 4호)·주식교환(상 360조의 3 3항 4호) 등의 경우와 같이 분할회사의 주주에게 제공하는 대가를 유연화하여 기업구조조정을 보다 원활히 할 수 있도록 하였다. 단순분할의 경우 주주가 없이 신설회사를 설립할 수는 없으므로 교부금만으로 하는 분할은 허용될 수 없다. 또한 '분할을 할 날(분할기일)'을 기재사항에 추가하여(상 530조의 5 1항 8의 2) 합병계약서(상 523조 6호)의 기재사항과 균형을 이루도록 하였다.

또한 2015년 개정상법은 분할합병계약서의 기재사항도 개정하여 분할회사의 주주에게 제공하는 대가에 신주뿐만 아니라 자기주식의 이전을 명문화하여 유연화하고, 삼각분할합병도 가능하도록 하여 기업구조조정을 보다 원활히 할 수 있도록 하였다. 즉, 흡수분할합병계약서의 기재사항 중 '분할합병의 상대방회사가 분할합병을 함에 있어서 발행하는 신주의 총수, 종류 및 종류별 주식의 수'를 '분할승계회사가 분할합병을 하면서 신주를 발행하거나 자기주식을 이전하는 경우에는 그 발행하는 신주 또는 이전하는 자기주식의 총수, 종류 및 종류별 주식의 수'로 개정하였고(상 530조의 6 1항 2호), '분할되는 회사의 주주에 대한 분할합병의 상대방회사의 주식의 배정에 관한 사항 및 배정에 따른 주식의 병합 또는 분할을 하는 경우에는 그에 관한 사항'을 '분할승계회사가 분할합병을 하면서 신주를 발행하거나 자기주식을 이전하는 경우에는 분할회사의 주주에 대한 분할승계회사의 신주의 배정 또는 자기주식의 이전에 관한 사항 및 주식의 병합 또는 분할을 하는 경우에는 그에 관한 사항'으로 개정하였으며(상 530조의 6 1항 3호), '분할되는 회사의 주주에 대하여 분할합병의 상대방회사가 지급할 금액을 정한 때에는 그 규정'을 '분할승계회사가 분할회사의 주주에게 제 3 호에도 불구하고 그 대가의 전부 또는 일부로서 금전이나 그 밖의 재산을 제공하는 경우에는 그 내용 및 배정에 관한 사항'으로 개정하였다(상 530조의 6 1항 4호). 이로 인하여 분할승계회사의 자본금 또는 준비금이 증가하지 않는 경우도 있으므로 '분할합병의 상대방회사의 증가할 자본의 총액과 준비금에 관한 사항'을 '분할승계회사의 자본금 또는 준비금이 증가하는 경우에는 증가할 자본금 또는 준비금에 관한 사항'으로 개정하였다(상 530조의 6 1항 5호). 상법 제530조의 6 제 1 항 제 4 호의 개정으로 인하여 삼각분할합병이 가능함에 따라 '상법 제342조의 2 제 1 항에도 불구하고 상법 제530조의 6 제 1 항 제 4 호에 따라 분할회사의 주주에게 제공하는 재산이 분할승계회사의 모회사 주식을 포함하는 경우에는 분할승계회사는 그 지급을 위하여 모회사 주식을 취득할 수 있다'는 규정(상 530조의 6 4항)과, '분할승계회사는 상법 제530조의 6 제 4 항에 따라 취득한 모회사의 주식을 분할합병 후에도 계속 보유하고 있는 경우 분할합병의 효력이 발생하는 날부터 6개월 이내에 그 주식을 처분하여야 한다'는 규정(상 530조의 6 5항)을 신설하여, 삼각합병(상 523조의 2) 및 삼각주식교환(상 360조의 3 6항 · 7항)과 균형을 이루도록 하였다.

(2) 분할결의(대내적 절차)

1) 결의방법

① 원 칙 분할계획서 또는 분할합병계약서는 주주총회의 특별결의에 의한 승인을 얻어야 한다(상 530조의 3 1항 후단, 2항). 이러한 주주총회의 소집의 통지에는 분할계획 또는 분할합병계약의 요령을 기재하여야 한다(상 530조의 3 4항). 이러한 주주총회의 승인결의에는 의결권이 없는 종류주식이나 의결권이 제한되는 종류주식(상 344조의 3 1항)을 가진 주주도 의결권이 있다(상 530조의 3 3항).[1)]

② 예 외 앞에서 본 바와 같이 1999년 개정상법에 의하여 분할합병의 경우에도 합병의 경우와 같이 간이분할과 소규모분할이 인정되어 있다.

㉠ 간이분할 흡수분할합병의 경우에 분할회사의 총주주의 동의가 있거나 또는 그 회사의 발행주식총수의 100분의 90 이상을 분할승계회사가 소유하고 있는 경우에는 분할회사의 주주총회의 승인은 이사회의 승인으로 갈음할 수 있다(상 530조의 11 2항, 527조의 2 1항). 이 때 분할회사는 주주총회의 승인을 얻지 않고 분할합병한다는 뜻을 공고하거나 또는 주주에게 통지하여야 하는데, 총주주의 동의가 있는 때에는 그러하지 아니하다(상 530조의 11 2항, 527조의 2 2항).

㉡ 소규모분할 흡수분할합병의 경우에 분할승계회사가 분할합병으로 인하여 발행하는 신주의 총수가 그 회사의 발행주식총수의 100분의 10을 초과하지 아니한 때에는 그 분할승계회사의 주주총회의 승인은 이사회의 승인으로 갈음할 수 있는데, 다만 분할회사의 주주에게 지급할 금전이나 그 밖의 재산을 정한 경우에 그 금액 및 그 밖의 재산의 가액이 분할승계회사의 최종

---

1) 이는 합병, 주식의 포괄적 교환 및 주식의 포괄적 이전의 경우에는 없는 규정으로 합병 등과 불균형한 점이 있다(동지: 권기범, 전게논문, 21면). 이는 합병 등의 경우와 불균형하고 의결권 없는 주식을 가진 주주를 보호하려면 합병 등의 경우와 같이 주식매수청구권을 확대하여 인정하면 충분하므로, 상법 제530조의 3 제 3 항은 삭제되어야 한다는 견해도 있다(강현구, 전게 석사학위논문, 137~138면).

대차대조표상으로 현존하는 순자산액의 100분의 5를 초과하는 때에는 정식 분할합병절차에 의하도록 하고 있다(상 530조의 11 2항, 527조의 3 1항). 이 때 분할승계회사의 분할합병계약서에는 주주총회의 승인을 받지 아니하고 분할합병한다는 뜻을 기재하여야 하고(상 530조의 11 2항, 527조의 3 2항), 이러한 뜻과 분할회사의 상호 및 본점의 소재지와 분할합병을 할 날을 분할합병계약서를 작성한 날부터 2주 내에 공고하거나 또는 주주에게 통지하여야 한다(상 530조의 11 2항, 527조의 3 3항). 이러한 통지 또는 공고에 의하여 분할승계회사의 발행주식총수의 100분의 20 이상에 해당하는 주식을 소유한 주주가 위의 공고 또는 통지를 한 날부터 2주 내에 회사에 대하여 서면으로 이러한 분할합병에 반대하는 의사를 통지한 때에는 정식 분할합병절차를 밟아야 한다(상 530조의 11 2항, 527조의 3 4항). 이러한 소규모분할의 경우에는 분할합병 반대주주의 주식매수청구권은 인정되지 아니한다(상 530조의 11 2항, 527조의 3 5항).

㉢ 종류주주총회의 결의 · 총주주의 동의　　회사가 종류주식을 발행한 경우에는 주식의 분할로 인하여 어느 종류의 주주에게 손해를 미치게 될 때에는, 분할에 관한 주주총회의 결의 외에 그 종류의 종류주주총회의 결의가 다시 있어야 한다(상 436조).

또한 회사의 분할로 인하여 분할에 관련되는 각 회사의 주주의 부담이 가중되는 경우에는(예컨대, 주주들로부터 추가 출자를 받고자 하는 경우),[1] 분할에 관한 주주총회의 결의 및 종류주주총회의 결의 외에 그 주주 전원의 동의가 다시 있어야 한다(상 530조의 3 6항).[2]

2) 분할결의와 관련된 사항

① 주식매수청구권　　분할합병의 경우에는 분할결의에 관한 주주총회의 특별결의에 반대하는 주주에게 합병의 경우와 같이 주식매수청구권이 인정되

1) 동지: 이(철), (회) 1141~1142면.
그러나 주식회사인 경우(상 331조 참조) 이러한 경우를 상상하기 어렵다고 보는 견해도 있고(권기범, 전게논문, 18~19면), 우리 상법은 주식회사에 대하여만 회사분할을 인정하고 있고 또한 주식회사는 주주유한책임의 원칙(상 331조)이 있어 주주의 부담이 가중되는 경우는 없으므로 상법 제530조의 3 제 6 항은 삭제되어야 한다는 견해도 있다(강현구, 전게 석사학위논문, 139면).

2) 대판 2010. 8. 19, 2008 다 92336(공보 2010, 1776)(상법 제530조의 3 제 6 항은 "회사의 분할 또는 분할합병으로 인하여 분할 또는 분할합병에 관련되는 각 회사의 주주의 부담이 가중되는 경우에는 제 2 항 및 제 5 항의 결의 외에 그 주주 전원의 동의가 있어야 한다"고 규정하고 있다. 이 규정은 회사의 분할 또는 분할합병과 관련하여 주주를 보호하기 위하여 마련된 규정이고, 분할 또는 분할합병으로 인하여 회사의 책임재산에 변동이 생기게 되는 경우 채권자를 보호하기 위하여 마련된 규정이 아니므로, 회사의 채권자는 위 규정을 근거로 회사분할로 인하여 신설된 회사가 분할 전 회사의 채무를 연대하여 변제할 책임이 있음을 주장할 수 없다).

어 있으나(상 530조의 11 2항, 522조의 3), 단순분할의 경우에는 원칙적으로 이러한 주식매수청구권이 인정되어 있지 않다.

② **주권상장법인에 대한 특칙** 주권상장법인이 분할 또는 분할합병하는 경우에는 합병의 경우와 같이 분할(분할합병)가액의 산정 및 외부평가기관에 의한 평가에 관한 특칙이 적용된다(자금 165조의 4 1항 4호, 자금시 176조의 6).

또한 주권상장법인의 경우에는 단순분할의 경우에도 물적분할이 아닌 분할로서 분할에 의하여 설립되는 법인이 발행하는 주권이 증권시장에 상장되지 아니하는 경우에는 주식매수청구권이 인정된다(자금 165조의 5 1항, 자금시 176조의 7 1항).

(3) 회사채권자의 보호(대외적 절차)

회사채권자를 보호하기 위하여 특별한 대외적 절차가 인정되어 있다.

1) 분할결의 전의 절차(분할대차대조표 등의 작성 · 비치 · 공시)[1] 분할회사의 이사는 분할을 승인하기 위한 주주총회의 회일의 2주 전부터 분할의 등기를 한 날 또는 분할합병을 한 날 이후 6월간, (i) 분할계획서 또는 분할합병계약서, (ii) 분할되는 부분의 대차대조표, (iii) 분할합병의 경우에 분할합병의 상대방회사의 대차대조표, (iv) 분할 또는 분할합병을 하면서 신주가 발행되거나 자기주식이 이전되는 경우에는 분할회사의 주주에 대한 신주의 배정 또는 자기주식의 이전에 관하여 그 이유를 기재한 서면을 본점에 비치하여야 한다(상 530조의 7 1항).

또한 흡수분할합병의 경우 분할합병의 상대방회사(분할승계회사)의 이사는 분할합병을 승인하는 주주총회의 회일의 2주 전부터 분할합병의 등기를 한 후 6월간, (i) 분할합병계약서, (ii) 분할회사의 분할되는 부분의 대차대조표, (iii) 분할합병을 하면서 신주를 발행하거나 자기주식을 이전하는 경우에는 분할회사의 주주에 대한 신주의 배정 또는 자기주식의 이전에 관하여 그 이유를 기재한 서면을 본점에 비치하여야 한다(상 530조의 7 2항).

주주 및 회사채권자는 영업시간 내에는 언제든지 위의 서류의 열람을 청구하거나, 회사가 정한 비용을 지급하고 그 등본 또는 초본의 교부를 청구할 수 있다(상 530조의 7 3항, 522조의 2 2항).

2) 분할결의 후의 절차(회사채권자의 이의를 위한 조치) 분할합병의

---

1) 우리 상법은 합병·분할·주식교환(주식이전)의 각 경우에 비치대상서류의 통일성을 결여하고 있는데, 입법론상 통일적 규율을 위한 개정이 필요하다는 견해가 있다(권기범, 전게논문, 30~31면).

경우 당사자인 회사는 주주총회의 분할승인결의가 있는 날부터 2주 내에 채권자[1]에 대하여 분할에 이의가 있으면 1월 이상의 기간 내에 이를 제출할 것을 공고하고, 또 알고 있는 채권자에 대하여는 각별로 이를 최고하여야 한다(상 530조의 11 2항, 527조의 5 1항). 채권자가 위의 기간 내에 이의를 제출하지 아니한 때에는 분할을 승인한 것으로 보고(상 530조의 11 2항, 527조의 5 3항, 232조 2항), 이의를 제출한 때에는 회사는 그 채권자에 대하여 변제 또는 상당한 담보를 제공하거나 이를 목적으로 하여 상당한 재산을 신탁회사에 신탁하여야 한다(상 530조의 11 2항, 527조의 5 3항, 232조 3항). 이 때 사채권자가 이의를 함에는 사채권자집회의 결의가 있어야 하는데, 이 경우 법원은 이해관계인의 청구에 의하여 사채권자를 위하여 이의의 기간을 연장할 수 있다(상 530조의 11 2항, 439조 3항). 이러한 절차에 위반하면 분할무효의 소의 원인이 된다(상 530조의 11 1항, 529조).

단순분할의 경우에는 분할 후 회사가 분할회사의 채무 중에서 분할계획서에 승계하기로 정한 채무만을 부담하는 경우에 한하여, 이러한 채권자이의제출권이 인정된다(상 530조의 9 4항).

(4) 그 밖의 절차

1) 회사분할에 따른 회사의 설립에 관하여는 주식회사의 설립에 관한 규정을 준용한다(상 530조의 4 본문). 이 때 분할에 의하여 설립되는 회사(분할 후 회사로서 신설회사인데, '단순분할신설회사'로 칭함)는 분할전 회사('분할회사'로 칭함)의 출자(현물출자)만으로도 설립될 수 있는데(상 530조의 4 단서), 이 경우 주식회사의 변태설립사항과 (발기설립의 경우) 현물출자의 이행에 대하여 적용되는 법원이 선임한 검사인에 의한 조사·보고의 규정(상 299조)[2]이 적용되지 않는데(상 530조의 4 단서),[3] 이는 설립절차를 간소화하기 위한 것이다.[4]

---

1) 채권자 중 회사분할로 인하여 손해를 입을 우려가 없는 채권자는 이 경우의 채권자에서 배제하여야 한다는 견해가 있다(권기범, 전게논문, 25면).

2) 상법 제530조의 4 단서는 동 제299조만의 적용을 배제하나, 이에 갈음하는 감정인의 감정에 관한 규정인 상법 제299조의 2도 배제하는 규정을 두었어야 할 것으로 본다[동지: 정(동), (회) 849~850면].

3) 2015년 개정상법 이전에는 "이 경우 분할되는 회사의 주주에게 그 주주가 가지는 그 회사의 주식의 비율에 따라서 설립되는 회사(신설회사)의 주식이 발행되는 때에는"[즉, 이는 안분비례적 분할의 경우인데, 이 때에는 분할 전 회사의 사원의 이익을 해할 염려가 없다. 동지: 정(동), (회) 841~842면]으로 제한하였는데(개정전 상 530조의 4 2항 2문), 2015년 개정상법은 이러한 제한을 폐지하였다.

EU에서 (주주 보호 차원에서) 합병비율이나 분할비율의 적정성을 검사하는 것을 주목적으로 하는 합병검사인 · 분할검사인 제도와 (회사채권자 보호차원에서) 자본충실의 원칙 위반 여부의 조사를 주목적으로 하는 현물출자검사인 제도가 있고 양자는 취지가 전혀 다르므로, 이에는 분할검사인제도의 도입을 검토하는 것이 옳다는 견해도 있다(권기범, 전게논문, 23~24면).

4) 이 경우에는 분할 후 회사가 연대책임을 지지 않는 때에는 채권자를 해할 염려가 있으므로 검

2) 회사분할에 따라 주식분할(상 329조의 2), 주식병합(상 440조~442조), 단주처리(상 443조)의 필요가 있는 경우에는 상법의 해당규정을 준용한다(상 530조의 11 1항).

⑸ 분할등기

분할의 마지막 절차는 등기이다.

1) 회사가 분할을 한 경우 본점 소재지에서는 2주 내, 지점 소재지에서는 3주 내에, 분할 후 존속하는 회사에 있어서는 변경등기, 분할로 인하여 소멸하는 회사에 있어서는 해산등기, 분할로 인하여 설립되는 회사에 있어서는 설립등기를 하여야 한다(상 530조의 11 1항, 528조). 이 때 이러한 등기기간의 기산일은 합병의 경우와 같다. 즉, 분할합병의 경우에는 보고총회가 종결한 날(이러한 보고총회에 갈음하여 이사회가 공고하는 경우에는 공고일)이고, 단순분할의 경우에는 창립총회가 종결한 날(이러한 창립총회에 갈음하여 이사회가 공고하는 경우에는 공고일)(상 530조의 11 1항, 528조)이다.

2) 회사의 분할은 분할 후 회사가 그 본점 소재지에서 위의 분할등기를 함으로써 그 효력이 생긴다(상 530조의 11 1항, 234조).

⑹ 분할공시

1) 사전공시 회사분할이 공정하고 투명하게 진행되도록 하기 위하여, 앞에서 본 바와 같이 분할계획서 또는 분할합병계약서 등의 공시(분할을 승인하기 위한 주주총회의 회일의 2주 전부터 분할의 등기를 한 날 또는 분할합병을 한 날 후 6월간 공시하는 것)에 대하여 규정하고 있다(상 530조의 7 1항·2항).[1] 이 공시된 서류에 대하여 주주 및 회사채권자는 영업시간 내에는 언제든지 이러한 서류의 열람을 청구하거나, 회사가 정한 비용을 지급하고 그 등본 또는 초본의 교부를 청구할 수 있다(상 530조의 7 3항, 522조의 2 2항).

2) 사후공시 합병의 경우(상 527조의 6)와 같다(상 530조의 11 1항, 527조의 6).

7. 분할의 효과

⑴ 권리의무의 포괄적 이전

1) 단순분할신설회사, 분할승계회사 또는 분할합병신설회사는 분할회사의

사인의 조사·보고에 관한 규정 등(상 299조, 299조의 2)이 적용되어야 한다는 견해가 있다[정(동), (회) 850면].

1) 2015년 개정상법은 흡수분할합병의 경우 분할회사의 주주에게 분할승계회사의 자기주식도 이전할 수 있음을 명문으로 규정함에 따라(상 530조의 6 1항 2호·3호), 공시사항에서도 '자기주식을 이전하는 경우에는 자기주식의 이전에 관하여 그 이유를 기재한 서면'을 추가하였다(상 530조의 7 1항 4호 및 2항 3호).

권리와 의무를 분할계획서 또는 분할합병계약서에서 정하는 바에 따라 (포괄적으로) 승계한다(상 530조의 10). 이 점에서 회사의 분할은 영업양도와 근본적으로 구별된다.

그러나 분할 전 회사의 계약상대자 지위는 이전하지 않는데, 대법원은 다음과 같이 판시하고 있다.

[분할 전 회사의 계약상대자 지위는 포괄승계의 대상이 아니라고 본 판례]

갑주식회사와 을주식회사가 공동수급체를 형성하여 한국전력공사와 공사도급계약을 체결한 후 갑회사의 전기공업사업부문과 전문소방서시설공사업 부문이 병주식회사에 분할합병된 사안에서, 갑회사의 공사계약에 관한 계약상대자 구성원의 지위는 병회사에 포괄승계의 대상이 되지 않는다[대판 2011. 8. 25, 2010 다 44002(공보 2011, 1925)].

2) 단순분할신설회사 · 분할승계회사 또는 분할합병신설회사가 분할회사의 주주에게 주식을 배정하거나 (분할승계회사가) 자기주식을 이전하는 경우에는 (인적분할)(상 530조의 5 1항 4호, 530조의 6 1항 2호 및 3호 · 2항 3호 참조) 사원(주주)의 이전이 있으나(원칙), 분할회사가 분할 또는 분할합병으로 인하여 설립되는 회사(단순분할신설회사 또는 분할합병신설회사)의 주식의 총수(분할합병신설회사의 경우는 각 분할회사가 그에 이전한 재산에 대한 주식의 총수)를 취득하는 경우에는(물적분할)(상 530조의 12 참조)의 사원(주주)의 이전이 없다(예외).

(2) 분할 후의 회사의 책임

1) 원 칙 분할회사 · 단순분할신설회사 · 분할승계회사 또는 분할합병신설회사는 분할 또는 분합합병 전의 분할회사의 모든 채무[1]를 원칙적으로 연대하여 변제할 책임이 있다(상 530조의 9 1항).[2]

우리 대법원은 분할 후 회사(단순분할신설회사 · 분할승계회사 또는 분할합병신설회사)가 연대책임을 지는 채무에는 분할 또는 분할합병 당시에 아직 그 변제기가 도래하지 않은 채무를 포함하고, 이 연대책임은 채권자에 대하여 개별최고(또는 동의)절차를 거쳤는지 여부와 관계 없이 부담하는 법정책임으로서 각자 분할계획서나 분할합병계약서에 본래 부담하기로 정한 채무 이외의 채무에 대하여는 부진정연대관계에 있다고 판시하고 있다.

---

1) 이는 '분할등기 또는 분할합병등기 전'의 분할회사의 채무로 보아야 할 것이다(동지: 강현구, 전게 석사학위논문, 123면; 독일 사업재편법 133조 1항).

2) 이러한 연대책임은 기업재편수단으로서 회사분할의 역할을 상당히 제약하므로, 입법론상 책임의 주체와 대상을 명확히 함과 동시에 책임기간이나 책임재산에 관하여 일정한 제한을 가하는 등 이를 완화할 필요가 있다는 견해가 있다(권기범, 전게논문, 26~30면).

[연대채무를 지는 채무에는 분할 또는 분할합병 당시에 아직 변제기가 도래하지 않은 채무를 포함한다고 한 판례]

상법 제530조의 9 제 1 항에 따라 주식회사의 분할 또는 분할합병으로 인하여 설립되는 회사와 존속하는 회사가 회사 채권자에게 연대하여 변제할 책임이 있는 분할 또는 분할합병 전의 회사 채무에는, 회사 분할 또는 분할합병의 효력발생 전에 발생하였으나 분할 또는 분할합병 당시에는 아직 그 변제기가 도래하지 아니한 채무도 포함된다[대판 2008. 2. 14, 2007 다 73321(공보 2008, 381)].

[연대채무는 채권자에 대한 개별 최고 · 동의 절차에 관계 없이 부담하는 법정책임이라고 본 판례]

분할 또는 분할합병으로 인하여 설립되는 회사 또는 존속하는 회사(이하 '분할당사회사'라고 한다)는 특별한 사정이 없는 한 상법 제530조의 9 제 1 항에 의하여 각자 분할계획서 또는 분할합병계약서에 본래 부담하기로 정한 채무 이외의 채무에 대하여 연대책임을 지는 것이 원칙이고, 이 연대책임은 채권자에 대하여 개별 최고를 거쳤는지 여부와 관계 없이 부담하게 되는 법정책임이므로, 채권자에 대하여 개별 최고를 하였는데 채권자가 이의제출을 하지 아니하였다거나 채권자가 분할 또는 분할합병에 동의하였기 때문에 개별 최고를 생략하였다는 등의 사정은 상법 제530조의 9 제 1 항이 규정하는 분할당사회사의 연대책임의 성부에 영향을 미치지 못한다. 이 때 분할당사회사가 상법 제530조의 9 제 1 항에 의한 연대책임을 면하고 각자 분할합병계약서에 본래 부담하기로 정한 채무에 대한 변제책임만을 지는 분할채무관계를 형성하기 위해서는, 분할합병에 따른 출자를 받는 존립중의 회사가 분할되는 회사의 채무 중에서 출자한 재산에 관한 채무만을 부담한다는 취지가 기재된 분할합병계약서를 작성하여 이에 대한 주주총회의 승인을 얻어야 하고(상법 제530조의 9 제 3 항 · 제 2 항 후단, 상법 제530조의 3 제 1 항 · 제 2 항), 이러한 요건이 충족되었다는 점에 관한 주장 · 증명책임은 분할당사회사가 연대책임관계가 아닌 분할채무관계에 있음을 주장하는 측에게 있다. 단순히 분할합병계약서에 상법 제530조의 6 제 1 항 제 6 호가 규정하는 '분할되는 회사(분할회사)가 분할합병의 상대방 회사(분할승계회사)에 이전할 재산과 그 가액'의 사항 등을 기재하여 주주총회의 승인을 얻었다는 사정만으로는 위와 같이 분할책임관계를 형성하기 위한 요건이 충족되었다고 할 수 없으므로, 분할당사회사는 각자 분할합병계약서에 본래 부담하기로 정한 채무 이외의 채무에 대하여 연대책임을 면할 수 없다. 따라서 상법 제530조의 9 제 2 항 및 제 3 항에 따른 주주총회의 특별결의 없이 갑 주식회사가 출자한 재산에 관한 채무만을 을 주식회사가 부담한다는 취지가 일간신문에 공고되었다고 하여 그에 따른 효력이 발생한다고 볼 수 없고, 채권자가 분할합병에 동의한 관계로 개별 최고를 생략하였다는 사정 등

역시 을 주식회사가 상법 제530조의 9 제 1 항에 의하여 부담하게 되는 연대책임의 성부에 아무런 영향을 미치지 못한다. 분할당사회사가 상법 제530조의 9 제 1 항에 의하여 각자 분할계획서나 분할합병계약서에 본래 부담하기로 정한 채무 이외의 채무에 대하여 연대책임을 지는 경우, 이는 회사분할로 인하여 채무자의 책임재산에 변동이 생기게 되어 채권 회수에 불이익한 영향을 받는 채권자를 보호하기 위하여 부과된 법정책임으로서 특별한 사정이 없는 한 그 법정 연대책임의 부담에 관하여 분할당사회사 사이에 주관적 공동관계가 있다고 보기 어려우므로, 분할당사회사는 각자 분할계획서나 분할합병계약서에 본래 부담하기로 정한 채무 이외의 채무에 대하여 부진정연대관계에 있다고 봄이 상당하다[대판 2010. 8. 26, 2009 다 95769(공보 2010, 1805)].

2) 예 외 예외적으로 분할승인에 관한 주주총회의 결의로 단순분할신설회사는 분할회사의 채무 중에서 분할계획서에 승계하기로 정한 채무에 대한 책임만을 부담하는 것으로 정할 수 있고(상 530조의 9 2항 1문), 분할합병승인에 관한 주주총회의 결의로 분할승계회사 또는 분할합병신설회사가 분할회사의 채무 중에서 분할합병계약서에 승계하기로 정한 채무에 대한 책임만을 부담하는 것으로 정할 수 있다(상 530조의 9 3항 1문). 이 경우 분할회사는(존속하는 경우에 한함) 단순분할신설회사 · 분할승계회사 또는 분할합병신설회사가 부담하지 아니하는 채무에 대한 책임만을 부담한다(상 530조의 9 2항 2문, 3항 2문).

2015년 개정상법 이전에는 연대책임에 대한 예외를「분할승인에 관한 주주총회의 결의로 분할 후 회사가 분할 전 회사의 채무 중에서 '출자한 재산에 관한 채무'만을 부담할 것을 정한 경우」라고 규정하였는데(개정전 상 530조의 9 2항 · 3항), 이 때 '출자한 재산에 관한 채무'가 명확하지 않다고 하여 연대책임이 배제되는 채무의 범위를 명확히 하기 위하여 2015년 개정상법이 위와 같이 개정한 것이다.

위와 같이 단순분할신설회사가 예외적으로 분할계획서에 승계하기로 정한 채무에 대한 책임(2015년 개정상법 이전에는 '분할로 인하여 출자받은 재산에 관한 채무')만을 부담하는 경우에는(즉, 연대책임을 지지 않는 경우에는) 분할회사의 채권자를 보호하기 위하여 단순분할의 경우에도 채권자이의제출권(상 527조의 5, 439조 3항)을 인정하고 있다(상 530조의 9 4항).[1]

우리 대법원은 2015년 개정전 상법에서「출자한 재산」이란 분할회사의 특

1) 분할 후 회사의 책임이 제한되는 경우(상 530조의 9 2항 본문, 3항 본문)뿐만 아니라, 분할회사의 주주에게 분할교부금을 지급하는 경우(상 530조의 5 1항 5호)에도 자본감소에 준하는 것으로 보아 상법 제439조를 유추적용하여 채권자보호절차를 취해야 한다는 견해가 있다[이(철), (회) 1155~1156면].

정재산을 의미하는 것이 아니라 조직적 일체성을 가진 영업을 의미하고,[1] 「출자한 재산에 관한 채무」란 신설회사가 분할 전 회사(분할회사)로부터 승계한 영업에 관한 채무로서 당해 영업 자체에 직접적으로 관계된 채무뿐만 아니라 그 영업을 수행하기 위해 필요한 적극재산과 관련된 모든 채무를 포함한다고, 다음과 같이 판시하고 있다.

['출자한 재산' 및 '출자한 재산에 관한 채무'의 의미에 관한 판례]

회사가 분할되는 경우 분할로 인하여 설립되는 회사 또는 존속하는 회사는 분할 전 회사 채무에 관하여 연대하여 변제할 책임이 있으나(상법 제530조의 9 제 1 항), 분할되는 회사가 상법 제530조의 3 제 2 항에 따라 분할계획서를 작성하여 출석한 주주의 의결권의 3분의 2 이상의 수와 발행주식총수의 3분의 1 이상의 수로써 주주총회의 승인을 얻은 결의로 분할에 의하여 회사를 설립하는 경우에는 설립되는 회사가 분할되는 회사의 채무 중에서 출자한 재산에 관한 채무만을 부담할 것을 정하여(상법 제530조의 9 제 2 항) 설립되는 회사의 연대책임을 배제할 수 있다. 여기서 분할되는 회사가 '출자한 재산'이라 함은 분할되는 회사의 특정재산을 의미하는 것이 아니라 조직적 일체성을 가진 영업, 즉 특정의 영업과 그 영업에 필요한 재산을 의미하며, '출자한 재산에 관한 채무'라 함은 신설회사가 분할되는 회사로부터 승계한 영업에 관한 채무로서 당해 영업 자체에 직접적으로 관계된 채무뿐만 아니라 그 영업을 수행하기 위해 필요한 적극재산과 관련된 모든 채무가 포함된다[대판 2010. 8. 19, 2008 다 92336(공보 2010, 1776)].

동지: 대판 2010. 2. 25, 2008 다 74963(공보 2010, 623)(회사가 분할되는 경우 분할로 인하여 설립되는 회사 또는 존속하는 회사는 분할 전 회사〈분할회사〉 채무에 관하여 연대하여 변제할 책임이 있으나(상법 제530조의 9 제 1 항), 분할되는 회사〈분할회사〉가 상법 제530조의 3 제 2 항에 따라 분할계획서를 작성하여 출석한 주주의 의결권의 3분의 2 이상의 수와 발행주식총수의 3분의 1 이상의 수로써 주주총회의 승인을 얻은 결의로 분할에 의하여 회사를 설립하는 경우에는 설립되는 회사가 분할되는 회사의 채무 중에서 출자한 재산에 관한 채무만을 부담할 것을 정하여(상법 제530조의 9 제 2 항) 설립되는 회사의 연대책임을 배제할 수 있고, 이 경우 분할되는 회사가 '출자한 재산'이라 함은 분할되는 회사의 특정재산을 의미하는 것이 아니라 조직적 일체성을 가진 영업, 즉 특정의 영업과 그 영업에 필요한 재산을 의미하는 것으로 해석된다).

---

1) 동지: 강현구, 전게 석사학위논문, 100면, 127면, 135면.
반대: 천승희, 전게 박사학위논문, 181면(이전할 재산을 영업으로 보기보다는 적극재산 및 소극재산으로 보는 것이 합리적이라고 한다).

우리 대법원은 이 때 채권자보호절차에서 '알고 있는 채권자'란 분할회사가 발행한 약속어음의 소지인은 이에 해당하나,[1] 분할회사의 분식회계로 손해를 입었음을 주장하는 일부 실질주주명부상 주주들은 이에 해당하지 않는다고 판시하고 있다.[2] 또한 우리 대법원은 분할회사가 이러한 채권자보호절차를 이행하지 않으면 분할회사와 단순분할신설회사는 연대책임을 지는데, 채권자가 회사 분할에 관여되어 있고 회사 분할을 미리 알고 있는 지위에 있으면 개별적인 최고절차가 필요하지 않다고 다음과 같이 판시하고 있다.

[채권자보호절차를 이행하지 않으면 분할회사와 분할 후 회사는 연대책임을 진다고 본 판례]

상법은 회사가 분할되고 분할되는 회사가 분할 후에도 존속하는 경우에, 특별한 사정이 없는 한 회사의 책임재산은 분할되는 회사와 신설회사의 소유로 분리되는 것이 일반적이므로 분할 전 회사의 채권자를 보호하기 위하여 분할되는 회사와 신설회사가 분할 전의 회사채무에 관하여 연대책임을 지는 것을 원칙으로 하고, 이 경우에는 회사가 분할되더라도 채권자의 이익을 해할 우려가 없으므로 알고 있는 채권자에 대하여 따로 이를 최고할 필요가 없도록 한 반면에, 다만 만약 이러한 연대책임의 원칙을 엄격하게 고수한다면 회사분할제도의 활용을 가로막는 요소로 작용할 수 있으므로 연대책임의 원칙에 대한 예외를 인정하여 신설회사가 분할되는 회사의 채무 중에서 출자받은 재산에 관한 채무만을 부담할 것을 분할되는 회사의 주주총회의 특별결의로써 정할 수 있게 하면서, 그 경우에는 신설회사가 분할되는 회사의 채무 중에서 그 부분의 채무만을 부담하고, 분할되는 회사는 신설회사가 부담하지 아니하는 채무만을 부담하게 하여 채무관계가 분할채무관계로 바뀌도록 규정하였다고 해석된다. 이와 같이 분할되는 회사와 신설회사가 분할 전 회사의 채무에 대하여 연대책임을 지지 않는 경우에는 채무자의 책임재산에 변동이 생기게 되어 채권자의 이해관계에 중대한 영향을 미치므로 채권자의 보호를 위하여 분할되는 회사가 알고 있는 채권자에게 개별적으로 이를 최고하도록 규정하고 있는 것이고, 따라서 분할되는 회사와 신설회사의 채무관계가 분할채무관계로 바뀌는 것은 분할되는 회사가 자신이 알고 있는 채권자에게 개별적인 최고절차를 제대로 거쳤을 것을 요건으로 하는

---

1) 대판 2011. 9. 29, 2011 다 38516(공보 2011, 2220)(분할 전 회사가 발행한 약속어음의 소지인은 분할 전 회사에 알려져 있는 채권자이다).

2) 대판 2010. 8. 19, 2008 다 92336(공보 2010, 1776)(분할 전 회사의 분식회계로 손해를 입었음을 주장하는 일부 실질주주명부상 주주들이 상법 제530조의 9 제 4 항, 제527조의 5 제 1 항에 정한 채권자보호절차에서 분할에 대한 이의 여부를 개별적으로 최고하여야 하는 분할 전 회사가 '알고 있는 채권자'에 해당한다고 볼 수 없다).

것이라고 보아야 하며, 만약 그러한 개별적인 최고를 누락한 경우에는 그 채권자에 대하여 분할채무관계의 효력이 발생할 수 없고 원칙으로 돌아가 신설회사와 분할되는 회사가 연대하여 변제할 책임을 지게 되는 것이라고 해석하는 것이 옳다[대판 2004. 8. 30, 2003 다 25973(공보 2004, 1594)].

[채권자가 회사 분할을 미리 알고 있으면 개별적인 최고절차가 필요하지 않다고 본 판례]

분할되는 회사와 신설회사가 분할 전 회사의 채무에 대하여 연대책임을 지지 않는 경우에는 채무자의 책임재산에 변동이 생기게 되어 채권자의 이해관계에 중대한 영향을 미치므로 채권자의 보호를 위하여 분할되는 회사가 알고 있는 채권자에게 개별적으로 이를 최고하고 만약 그러한 개별적인 최고를 누락한 경우에는 그 채권자에 대하여 신설회사와 분할되는 회사가 연대하여 변제할 책임을 지게 된다고 할 것이나, 채권자가 회사분할에 관여되어 있고 회사분할을 미리 알고 있는 지위에 있으며, 사전에 회사분할에 대한 이의제기를 포기하였다고 볼 만한 사정이 있는 등 예측하지 못한 손해를 입을 우려가 없다고 인정되는 경우에는 개별적인 최고를 누락하였다고 하여 그 채권자에 대하여 신설회사와 분할되는 회사가 연대하여 변제할 책임이 되살아난다고 할 수 없다[대판 2010. 2. 25, 2008 다 74963(공보 2010, 623)].

그러나 이러한 채권자이의제출권은 분할합병의 경우에는 분할합병 결의 후 채권자보호절차로서 (분할회사 및 분할승계회사 또는 분할합병신설회사에게) 위와 같은 제한이 없이(즉, 연대채무를 지는 경우이든 지지 않는 경우이든 불문하고) 인정된다(상 530조의 11 2항).

8. 분할의 무효

(1) 분할무효의 소의 절차

분할절차에 하자가 있는 경우에 그 효력이 문제되는데, 상법은 단체법상의 법률관계를 획일적으로 확정하기 위하여 합병무효의 소에 관한 규정을 준용하여 분할무효의 소를 별도로 규정하고 있다(상 530조의 11 1항, 529조). 따라서 분할무효의 소는 각 회사의 주주[1] · 이사 · 감사 · 청산인 · 파산관재인 또는 분할을 승인하지 아

1) 대판 2010. 7. 22, 2008 다 37193(공보 2010, 1633)(주주가 회사를 상대로 제기한 분할합병무효의 소에서 당사자 사이에 분할합병계약을 승인한 주주총회결의 자체가 있었는지 및 그 결의에 이를 부존재로 볼 만한 중대한 하자가 있는지 등 주주총회결의의 존부에 관하여 다툼이 있는 경우, 주주총회결의 자체가 있었다는 점에 관해서는 회사가 증명책임을 부담하고, 그 결의에 이를 부존재로 볼 만한 중대한 하자가 있다는 점에 관해서는 주주가 증명책임을 부담하는 것이 타당하다).

니한 채권자[1]에 한하여, 분할등기가 있은 날로부터 6월 내에, 소만으로 이를 주장할 수 있다(상 530조의 11 1항, 529조). 회사채권자가 분할무효의 소를 제기한 때에는 법원은 회사의 청구에 의하여 채권자에게 상당한 담보를 제공할 것을 명할 수 있는데, 이 때 회사는 채권자의 악의를 소명하여야 한다(상 530조의 11 1항, 237조, 176조 3항·4항). 그 밖의 분할무효의 소의 절차는 설립무효의 소의 규정을 준용한다(상 530조의 11 1항, 240조, 186조~190조).

(2) 분할무효판결의 효과

1) 분할무효판결이 확정된 때에는 본점과 지점의 소재지에서 존속회사는 변경등기, 신설회사는 해산등기, 소멸회사는 회복등기를 하여야 한다(상 530조의 11 1항, 238조).

2) 분할무효판결의 효력은 제 3 자에게도 그 효력이 미치고(대세적 효력), 기왕에 소급하지 않는다(불소급효)(상 530조의 11 1항, 240조, 190조).

3) 분할무효판결이 확정되면 1개 또는 수 개의 단순분할신설회사·분할승계회사 또는 분할합병신설회사에 출자하였던 재산이 환원된다. 따라서 분할 후 무효판결확정시까지 단순분할신설회사·분할승계회사 또는 분할합병신설회사가 부담한 채무와 취득한 재산의 처리가 문제된다. 이 때 단순분할의 경우에는 단순분할신설회사가 취득한 재산 및 부담한 채무는 분할회사에 귀속한다.[2] 그런데 분할합병의 경우에는 분할승계회사 또는 분할합병신설회사의 부담채무에 관해서는 분할 당사회사의 연대채무로 하고, 취득재산에 관하여는 그 공유가 된다(상 530조의 11 1항, 239조 1항·2항). 이 경우 각 회사의 부담부분 또는 지분은 협의로 정하게 되나, 만일 협의가 되지 않을 때에는 각 회사의 청구에 의하여 법원이 분할당시의 각 회사의 재산상태 기타의 사정을 참작하여 정한다(상 530조의 11 1항, 239조 3항).

제 4 회사의 조직변경

I. 경제적 목적

기존회사가 영업에 적합하지 않게 되어 다른 종류의 회사로 변경하고자 하는 경우, 기존회사를 해산하고 다른 종류의 회사를 신설하는 것은 실제에 있어서 매우 불편할 뿐만 아니라 경제적·조세적으로도 매우 불리하다. 또한 이

1) 분할회사가 자신이 알고 있는 채권자에게 개별적인 최고절차를 거치지 않은 경우, 이러한 채권자는 분할무효의 소를 제기할 수 있다고 본다.
2) 동지: 이(철), (회) 1172면.

것은 기업유지의 이념에도 반한다. 따라서 이러한 불편과 불리를 제거하기 위하여 회사의 법인격을 유지하면서 (그 성질이 유사한) 다른 종류의 회사로 변경할 수 있는 제도가 회사의 조직변경제도이다.

2. 의 의

회사의 조직변경(transformation; Formwechsel)이라 함은 「회사가 그 법인격의 동일성을 유지하면서 (그 성질이 유사한) 다른 종류의 회사로 그 법률상의 조직을 변경하는 것」을 말한다. 조직변경은 변경 전의 회사가 소멸하고 변경 후 새로운 별개의 회사가 생기는 것이 아니라, 법인격의 동일성이 그대로 유지되는 점에서 합병과 근본적으로 구별되고 있다.

이와 같은 취지의 다음과 같은 대법원판례가 있다.

[조직변경을 부정한 판례]

회사의 조직변경은 회사가 그의 인격이 동일성을 보유하면서 법률상의 조직을 변경하여 다른 종류의 회사로 되는 것을 일컫는다 할 것이고, 상법상 합명·합자회사 상호간 또는 주식·유한회사 상호간에만 회사의 조직변경이 인정되고 있을 뿐이므로, 소외 계룡건설합자회사가 그 목적·주소·대표자 등이 동일한 주식회사인 원고회사를 설립한 다음 동 소외 회사를 흡수 합병하는 형식을 밟아 사실상 합자회사를 주식회사로 변경하는 효과를 꾀하였다 하더라도 이를 법률상의 회사 조직변경으로 볼 수는 없다(이것은 법인세면세소득의 범위를 정함에 있어 기존 합자회사와 신설 주식회사의 동일성을 부인한 것이다)[대판 1985. 11. 12, 85 누 69(공보 767, 49)].

동지: 대판 1979. 7. 24, 78 다 2551(공보 618, 12144)(공주군조합이 해산하고 공주상협상호신용금고가 설립된 경우, 양자 간에 법인격의 동일성이 유지되는 법률상의 조직변경은 아니라고 할지라도 사실상 또는 경제상의 조직변경이라고 보아야 한다는 주장도 포함되어 있다).

3. 종 류

조직변경은 (원칙적으로) 그 성질이 비슷한 회사간에서만 허용된다. 따라서 우리 상법상 조직변경은 (원칙적으로) 인적회사(합명회사와 합자회사)·물적회사(주식회사와 유한회사)의 상호간에 인정된다(상 242조, 286조, 604조, 607조).[1] 다만 이에 대한

1) 조직변경을 이렇게 제한하는 점에 대하여 의문을 제기하는 견해로는 정(동), (회) 800면; 주상(제5판)(회사 I), 327면.

예외로 인적회사(합명회사)의 성격이 강한 유한책임회사와 주식회사의 상호간 조직변경을 인정하고 있다(상 287조의 43~287조의 44).[1)]

4. 절 차

회사의 조직변경은 대내적·대외적으로 회사의 이해관계인에게 매우 중요한 영향을 미친다. 따라서 상법은 대내적으로 총사원의 동의 또는 전원일치에 의한 주주(사원)총회의 결의를 받도록 하고(상 242조 1항, 286조 1항, 287조의 44, 604조 1항, 607조 1항), 대외적으로는 회사채권자의 이익을 보호하는 조치를 취하도록 하고 있다. 특히 물적회사와 유한책임회사의 경우에는 자본충실을 위하여 사원에게 전보책임(塡補責任)을 부과하고 있다(상 604조 1항 단서·2항·4항, 605조, 607조 2항·4항, 608조, 287조의 44). 조직변경은 회사의 동일성을 잃게 하지는 않지만, 형식상은 해산과 설립의 등기를 하여야 한다(상 243조, 286조 3항, 287조의 44, 606조). 이하 각종 회사의 조직변경의 절차를 보면 다음과 같다.

⑴ 합명회사에서 합자회사로의 조직변경

1) 대내적 절차

㈎ 합명회사는 「총사원의 동의」로 일부 사원을 유한책임사원으로 하거나 새로이 유한책임사원을 가입시켜, 합자회사로 조직변경할 수 있다(상 242조 1항).

㈏ 합명회사의 사원이 1인으로 되어 해산사유가 된 경우에, 새로 사원을 가입시켜 회사를 계속하는 경우에도 합자회사로 조직변경할 수 있다(상 242조 2항).

2) 대외적 절차 합명회사의 사원 중 일부를 유한책임사원으로 하여 합자회사로 조직변경을 하는 경우에는 회사채권자에 대하여 그만큼 담보가치가 감소되는 것이므로 「회사채권자를 보호하는 조치」가 필요하다. 따라서 이 경우 무한책임사원에서 유한책임사원이 된 자는 본점소재지에서 조직변경의 등기를 하기 전에 생긴 회사채무에 대하여 등기 후 2년 내에는 무한책임사원의 책임을 면하지 못한다(상 244조).

3) 등 기 합명회사를 합자회사로 조직변경을 한 경우 본점소재지에서는 2주간 내, 지점소재지에서는 3주간 내에 합명회사에 있어서는 해산등

독일에서는 인적회사도 물적회사로 조직변경될 수 있는데(독일 조직변경법 참조), 이에 관한 상세한 설명은 Hueck, S. 363 이하 참조.

1) 유한책임회사는 인적회사(합명회사)의 성격이 강한데 물적회사(주식회사)의 요소를 반영하는 일환으로 주식회사와 조직변경을 할 수 있는 것으로 규정하였기 때문에, 조직변경이 원칙적으로 그 성질이 비슷한 회사간에만 허용되는데 유한책임회사와 주식회사와의 상호간의 조직변경은 이러한 원칙에 대한 예외로 본다.

기, 합자회사에 있어서는 설립등기를 하여야 한다(상 243조).

(2) 합자회사에서 합명회사로의 조직변경

1) 대내적 절차 합자회사는 「총사원의 동의」로 유한책임사원을 무한책임사원으로 변경하여(상 286조 1항), 또는 유한책임사원 전원이 퇴사한 경우에는 무한책임사원 전원의 동의로 합명회사로 조직변경할 수 있다(상 286조 2항).

2) 대외적 절차 유한책임사원이 무한책임사원으로 된 경우에는 회사채권자에게 유리하므로 회사채권자를 보호하는 절차는 별도로 없다.

3) 등 기 합자회사를 합명회사로 조직변경을 한 경우 본점소재지에서는 2주간 내, 지점소재지에서는 3주간 내에, 합자회사에서는 해산등기를, 합명회사에 있어서는 설립등기를 하여야 한다(상 286조 3항).

(3) 주식회사에서 유한회사 또는 유한책임회사로의 조직변경

1) 대내적 절차 주식회사는 「총주주의 일치(동의)에 의한 총회의 결의」로 유한회사 또는 유한책임회사로 조직변경을 할 수 있다(상 604조 1항 본문, 287조의 43 1항). 이 결의에서는 정관 기타 조직변경에 필요한 사항을 정하여야 한다(상 604조 3항, 287조의 44).

2) 대외적 절차

(개) 유한회사 또는 유한책임회사는 사채(社債)발행이 허용되지 않으므로, 주식회사가 유한회사 또는 유한책임회사로 조직변경을 하는 경우 주식회사의 사채의 상환이 완료되지 않은 경우에는 먼저 이의 상환을 완료하여야 한다(상 604조 1항 단서, 287조의 44).

(내) 주식회사를 유한회사 또는 유한책임회사로 조직변경을 하는 경우 유한회사 또는 유한책임회사의 자본금은 주식회사에 현존하는 순재산액보다 많을 수 없다(상 604조 2항, 287조의 44). 만일 유한회사 또는 유한책임회사의 자본금을 이보다 많은 금액으로 하는 경우에는, 조직변경의 결의 당시의 이사와 주주는 회사에 대하여 연대하여 그 부족액을 지급할 책임이 있다(상 605조 1항, 287조의 44). 이 때 이사의 책임은 총사원의 동의로 면제할 수 있으나, 주주의 책임은 면제하지 못한다(상 605조 2항, 550조 2항, 551조 2항 · 3항, 287조의 44).

(대) 주식회사를 유한회사 또는 유한책임회사로 조직변경을 함에는 합병에서와 같은 채권자보호절차를 밟아야 한다(상 608조, 232조, 287조의 44).

(래) 주식회사를 유한회사 또는 유한책임회사로 조직변경을 하는 경우 종전의 주식에 대하여 설정된 질권은 물상대위(物上代位)가 인정된다(상 604조 4항, 601조, 287조의 44).

3) 등 기 주식회사를 유한회사 또는 유한책임회사로 조직변경을 한 경우에는 본점소재지에서는 2주간 내, 지점소재지에서는 3주간 내에, 주식회사에 있어서는 해산등기, 유한회사 또는 유한책임회사에 있어서는 설립등기를 하여야 한다(상 606조, 287조의 44).

(4) 유한회사 또는 유한책임회사에서 주식회사로의 조직변경

1) 대내적 절차 유한회사 또는 유한책임회사는 (원칙적으로) 「총사원의 일치에 의한 총회의 결의(유한회사) 또는 총사원의 동의(유한책임회사)」로 주식회사로 조직변경을 할 수 있다(상 607조 1항 본문, 287조의 44). 다만, 유한회사 또는 유한책임회사는 그 결의를 정관에서 정하는 바에 따라 정관변경의 특별결의로 할 수 있다(상 607조 1항 단서, 287조의 44). 이 결의에서는 정관 기타 조직변경에 필요한 사항을 정하여야 한다(상 607조 5항, 604조 3항, 287조의 44).

2) 대외적 절차

(가) 이 조직변경은 법원의 인가를 받아야 그 효력이 있다(상 607조 3항, 287조의 44). 이는 엄격한 주식회사 설립절차를 탈법하는 것을 방지하기 위한 것이다.

(나) 이 조직변경을 하는 경우 유한회사 또는 유한책임회사에 현존하는 순재산액의 범위 내에서 조직변경시에 발행하는 주식의 발행가액총액이 정하여져야 하는데, 이에 위반하여 발행가액총액을 정한 경우에는 조직변경의 결의 당시의 이사(유한책임회사에서는 업무집행자)·감사와 사원은 회사에 대하여 연대하여 그 부족액을 지급할 책임이 있다(상 607조 4항 본문, 287조의 44). 이 때 이사(유한책임회사에서는 업무집행자)·감사의 책임은 총사원의 동의로 면제할 수 있으나, 사원(조직변경 당시의 유한회사 또는 유한책임회사의 사원 겸 조직변경 후의 주식회사의 주주)의 책임은 면제할 수 없다(상 607조 4항 단서, 550조 2항, 551조 2항·3항, 287조의 44).

(다) 유한회사 또는 유한책임회사를 주식회사로 조직변경을 함에는 합병에서와 같은 채권자보호절차를 밟아야 한다(상 608조, 232조, 287조의 44).

(라) 종전의 유한회사 또는 유한책임회사의 지분에 대한 등록질권자는 회사에 대하여 주권교부청구권이 있고(상 607조 5항, 340조 3항, 287조의 44), 종전의 지분에 대하여 설정된 질권은 물상대위가 인정된다(상 607조 5항, 601조 1항, 287조의 44).

3) 등 기 유한회사 또는 유한책임회사를 주식회사로 조직변경을 한 경우의 등기에 대하여는, 주식회사를 유한회사 또는 유한책임회사로 조직변경을 하는 경우와 같이, 유한회사 또는 유한책임회사의 해산등기와, 주식회사의 설립등기를 하여야 한다(상 607조 5항, 606조, 287조의 44).

5. 효력발생

조직변경의 효력이 언제 발생하느냐에 대하여 합병의 경우와는 달리 상법에 규정이 없다(합병의 경우는 상 234조). 따라서 이에 대하여 「현실로 조직이 변경되었을 때」에 그 효력이 발생한다는 견해도 있으나,[1] 합병의 경우와 같이 「조직변경을 등기한 때」에 그 효력이 발생하는 것으로 보아야 할 것이다(상 제244조는 이를 간접적으로 표현한 것으로 볼 수 있다).[2]

6. 하 자

회사의 조직변경절차에 하자가 있는 경우, 이에 대한 처리에 관하여 합병의 경우와는 달리 상법에 규정이 없다(합병의 경우는 합병무효의 소에 대하여 상법이 상세하게 규정하고 있음). 이에 관하여도 단체법상 획일적으로 확정함을 요하므로 민법의 무효·취소에 관한 규정이 적용될 수는 없고, 회사설립절차에 하자가 있는 경우와 같이 회사설립의 무효·취소에 관한 소의 규정이 준용되어야 할 것이다.[3] 이 때 조직변경의 무효가 확정되면 조직변경 전의 회사로 복귀한다.

제 5 회사(기업)의 매수(M&A)[4]

Ⅰ. 의 의

⑴ 오늘날 합병은 기업매수(merger and acquisition: M&A)[5]의 하나의 방법

---

1) 서·정, 637면.
2) 동지: 정(동), (회) 803면; 이(철), (회) 137면; 채, 813면; 이(기) 외, (회) 111면; 주상(제 5 판)(회사 Ⅰ), 331면.
독일의 조직변경법은 이를 명문으로 규정하고 있다(동법 202조).
3) 동지: 정(동), (회) 803면; 이(철), (회) 138면; 이(기) 외, (회) 111면; 주상(제 5 판)(회사 Ⅰ), 329면; 이·최, 475면; 서울민사지판 1990. 2. 13, 88 가합 60411(신문 1924, 12)(따라서 회사를 피고로 하여 회사성립일로부터 2년 내에 설립무효의 소를 제기하여야 한다고 한다); 日最高判 1971. 6. 29(民集 25-4, 711)
4) 기업매수(M&A)에 관한 상세는 정(동), (회) 855~866면: 송종준, "공개매수에 관한 연구," 법학박사학위논문(고려대, 1990. 8); 김택주, "기업매수의 방어에 관한 연구," 법학박사학위논문(부산대, 1994. 2); 유영일, "주식공개매수에 관한 연구—방어행위의 적법성에 관한 미국회사법상의 논의를 중심으로," 법학박사학위논문(서울대, 1994. 2); 손수일, "기업지배권변동을 수반하는 기업인수 및 합병의 적정성 확보를 위한 회사법적 구제방안," 법학박사학위논문(서울대, 1996. 2), 정동윤·송종준·이문성, "적대적 기업매수에 대한 방어대책," 전경련연구보고서

으로도 많이 이용되고 있다. 기업매수(M&A)는 대상회사의 지배권(경영권)[1]을 장악함으로써 가능하고 이는 이사 선임에 필요한 의결권을 확보함으로써 가능한데, 이의 수단으로는 합병 · 주식의 매수 · 의결권대리행사의 위임장(proxy)의 취득 및 영업양수 등이 있다. 이러한 기업매수에는 우호적 매수 · 적대적 매수 및 중립적 매수 등이 있는데, 특히 문제가 되는 것은 적대적 매수이다. 기업매수에는 기업경영의 효율화와 민주화를 위하여 원칙적으로 그 필요성이 인정되는데, 다만 주주 · 경영진 기타 다수의 이해관계인을 보호하기 위하여 우리 자본시장과 금융투자업에 관한 법률(개정: 2021. 12. 28, 법 18661호)은 주식대량보유 등의 보고 등(자금 147조~151조) 및 공개매수(자금 133조~146조)[2]에 대하여 규제하고 있다.[3]

(2) 기업매수(M&A)란 기업(회사)의 지배권(경영권) 취득을 목적으로 하는 (상법 및 자본시장과 금융투자업에 관한 법률상) 모든 거래의 총체라고 볼 수 있다.[4] 상장회사의 주식은 증권시장에서 불특정다수인간에 공개경쟁적으로 유통되므로, 누구든지 증권시장을 통하여 다량의 주식을 취득함으로써 지배권(경영권)을 장악할 수 있으므로, 지배권(경영권)이 공개적인 경쟁의 대상이 되고 또한 경영권의 공방전이 발생한다.[5] 기업매수는 자본의 집중을 가져오고,[6] 또

(1996); 김순석, "M&A 활성화 방안(기업구조조정과 관련하여)," 「비교사법」, 제 9 권 4호 (2002. 12), 95~139면(특히 회사정리와 관련하여 부실기업주에 대한 징벌적 규정을 완화하여야 한다고 한다); 김홍식, "적대적 M&A에 있어서 대상회사의 방어수단에 관한 법적 연구," 법학박사학위논문(고려대, 2007. 2.); 동, 「M&A개론」(서울: 박영사 2009) 등 참조.

5) M&A는 법률학상의 용어라기보다는 경영학상의 용어로서 이를 직역하면 기업의 합병 · 인수(매수)라고 할 수 있는데, 일상용어로서는 기업의 인수 · 합병이라고 종종 부르고 있다. 그런데 M&A의 목적은 대상회사의 지배권(경영권)을 취득하고자 하는 것이므로, 즉 (흡수)합병은 기업을 매수(인수)하고자 하는 것이므로 이를 간단히 기업의 매수라고 부르기로 한다[동지: 정(동), (회) 855면].

1) 지배권은 기업의 소유(권)에 관한 개념이고 경영권은 업무집행권에 관한 개념으로 양자는 구별되는 개념인데, 기업의 소유자가 업무집행을 담당하는 경우에는 양자의 개념이 일치하게 된다.
기업매수(M&A)의 대상은 원래 지배권인데, 실무에서는 '경영권 분쟁'이라는 용어를 많이 사용한다[동지: 임(재), (회 Ⅰ) 178면].

2) 상장회사 공개매수제도에 관한 한국과 중국의 비교에 관하여는 南玉梅, "상장회사 공개매수제도에 관한 연구(한·중 비교를 중심으로)," 법학석사학위논문(고려대, 2010. 8) 참조.

3) M&A에 관한 종합적인 국내판례에 관하여는 정동윤, "M&A에 관한 판례의 동향," 「한국법학원보」, 제76호(1997. 11. 5), 51~65면 참조.

4) 송종준, "증권거래법과 M&A," 「상사법연구」(한국상사법학회), 제 9 집(1991), 151~152면; 권재열, "적대적 M&A에 대한 이사의 방어행위 기준," 「상사판례연구」(한국상사판례학회), 제 18집 제 2 권(2005), 173면; 임(재), (회 Ⅰ), 178면.

5) 이(철), (회) 487면.

6) 이(철), (회) 487면.

한 기업결합의 한 유형이다.[1)]

이러한 기업매수가 왜 발생하는가에 대하여는 비효율적인 경영진의 교체에 있다고 보는 징계이론, 대상회사 및 매수회사의 개별적인 회사로서의 가치의 합보다 매수 후의 회사가치가 커진다는 상승효과이론, 기업규모를 확대하고자 한다는 기업규모확대이론, 대상회사의 주식가치가 현실가치를 정확히 반영하지 못한다는 비효율적인 시장이 존재한다는 가정하에 그 차액을 취득하고자 한다는 착취이론 등이 있다.[2)] 실제로 발생하는 기업매수에는 가치창조적인 면과 가치파괴적인 면이 공존하는데 가치창조적인 면은 장려하고 가치파괴적인 면은 억제되어야 할 것이다.[3)]

2. 분 류[4)]

(1) 결합형태에 의하여 수평적 기업매수, 수직적 기업매수 및 혼합적(복합적) 기업매수로 분류된다. 수평적 기업매수는 동일한 제품이나 용역을 생산 또는 공급하는 기업간의 기업매수를 말하고,[5)] 수직적 기업매수는 같은 업종에 속하지만 다른 단계에 속하는 기업간의 기업매수를 말하며, 혼합적 기업매수는 수평적·수직적 관계에 있지 아니한 다른 업종에 속하는 기업간의 기업매수를 말한다.

(2) 지급수단(결제수단)에 의하여 현금매수, 주식교환매수 및 차입매수로 분류된다.[6)]

현금매수는 매수회사가 대상회사의 자산의 전부 또는 중요한 일부를 매수하고 이에 대한 대가로 현금을 지급하는 경우(현금-자산교환형) 또는 매수회사가 대상회사의 주식을 매수하고 현금을 지급하는 경우(현금-주식교환형)를 말한다.[7)]

---

1) 임(재), (회 I), 178면.
2) 이에 관한 상세한 소개는 김홍식, 전게서(M&A개론), 8~16면; 동, 전게 박사학위논문, 9~15면 참조.
3) 동지: 김홍식, 상게서, 16면; 동, 상게 박사학위논문 15면.
4) 이에 관하여는 정(동), (회) 857면; 윤종훈 외(공저), 「M&A전략과 실전사례」(서울: 매일경제신문사, 2003), 32~37면 참조.
5) 이는 생산설비의 효율적 활용 · 생산비용의 감소 · 중복투자의 배제 등의 경제적 효과가 있으나, 과점적 시장구조를 형성함으로써 생산량 감소와 가격상승이라는 문제점도 있다.
6) 미국에서의 현금매수와 주식교환매수에 대한 소개로는 임(재), (회 I) 178면 주 5 참조.
7) 현금-자산교환형의 경우는 매수회사의 자산규모는 증가하지 않고 단지 유동자산이 고정자산으로 전환될 뿐이고, 현금-주식교환형의 경우는 매수회사가 대상회사의 주주들로부터 개별계약 · 주식시장 · 공개매수 등을 통하여 주식을 매수한다.

주식교환매수는 매수회사가 대상회사의 자산의 전부 또는 중요한 일부를 매수하고 그 대가로 매수회사의 주식을 주는 경우(주식-자산교환형) 또는 매수회사가 대상회사의 주식을 매수하고 그 대가로 매수회사의 주식을 주는 경우(주식-주식교환형)를 말한다.

차입매수(leveraged-buyout: LBO)는 대상회사의 자산을 담보로 하여 기업매수자금을 외부로부터 조달하고 그것을 기초로 대상회사를 매수하는 기업매수의 방식이다.[1] 이는 법적 개념이 아니라 경영학상의 용어라고 볼 수 있다.[2] 이러한 차입매수의 유형에는 매수주체에 따라 경쟁기업에 의한 차입매수 · 경영진에 의한 차입매수(MBO) · 종업원에 의한 차입매수(EBO) · 사모투자펀드(PEF)에 의한 차입매수가 있고, 대상회사의 담보제공형식에 따라 주식담보제공 방식 · 자산담보제공 방식 · 매수후 합병방식 · 자기주식취득 방식 · 차입자금 대여방식 · 자회사자산 담보제공방식 등이 있다.[3]

(3) 매수주체에 따라 국내기업간의 기업매수, 국내기업이 해외기업을 매수하는 In-Out형 기업매수, 해외기업이 국내기업을 매수하는 Out-In형 기업매수[4]가 있다.[5]

(4) 대상회사 경영진의 입장에 따라 우호적 기업매수 · 적대적 기업매수 및 중립적 기업매수로 분류된다. 대상회사의 지배주주가 기업매수에 찬성하지만 경영진이 이에 반대하는 경우는 적대적 기업매수로 분류된다.[6]

대상회사의 경영진의 동의를 받아 이루어지는 우호적 기업매수는 매수조건을 주로 당사자간의 협상에 의하여 결정하는데, 이에 이용될 수 있는 방식으로는 합병 · 영업의 전부 또는 중요한 일부의 양수 · 대주주로부터의 주식양수 · 증권시장에서의 주식매수 · 공개매수 · 제 3 자배정의 신주발행 · 전환사채 또는 신주인수권부사채의 취득 등 모든 방식이 가능하다.

1) 차입매수(LBO)에 관한 상세는 조철, "차입매수(Leveraged Buyouts)에 관한 연구," 법학석사학위논문(고려대, 2009. 2); 이수진, "LBO 유형별 법적문제에 관한 연구," 법학석사학위논문(고려대, 2013. 8) 등 참조.

2) 대판 2010. 4. 15, 2009 도 6634(LBO는 일의적인 법적 개념이 아니라 일반적으로 기업인수를 위한 자금의 상당부분에 관하여 피인수회사의 자산을 담보로 제공하거나 그 상당부분을 피인수회사의 자산으로 변제하기로 하여 차입한 자금으로 충당하는 방식의 기업인수기법을 일괄하여 부르는 경영학상의 용어이다).

3) 이에 관한 상세는 조철, 전게 석사학위논문, 10~13면 참조.

4) 이에 관하여는 외국인투자촉진법(개정: 2022. 1. 11, 법 18755호) 제 5 조~제 6 조 참조.

5) 김홍식, 전게서(M&A개론), 5면.

6) 임(재), (회 I) 179면; 김홍식, 전게서(M&A개론), 7면.

대상회사의 경영진의 의사에 반하는 적대적 기업매수는 경영진의 동의나 협조가 필요한 합병·영업의 전부 또는 중요한 일부의 양수·대주주로부터의 주식양수·제3자배정의 신주발행 등의 방식은 불가능하고, 증권시장에서의 주식매수·공개매수·전환주식이나 전환사채 또는 신주인수권부사채의 취득·의결권 대리행사의 위임장 취득 등에 의한 방식만이 가능하다.

경영권 분쟁은 지배권이 보다 효율적인 방향으로 이동하기 위한 과정을 의미하므로 긍정적인 면도 있으나, 불공정한 수단이 동원되는 경우에는 주주들의 이익을 침해하고 회사의 건전한 운영을 해하는 부정적인 면도 있다.[1] 즉, 적대적 기업매수의 긍정적인 면은 매수 후의 영업상 이익 및 재무상 이익이 매수 전 두 회사의 영업상 이익 및 재무상 이익의 합산보다 높게 되는 상승효과(시너지 효과)가 있고, 기업매수에 의하여 부정직하거나 무능한 경영진을 축출하고 보다 정직하고 효율적으로 회사를 경영할 경영진으로 대체함으로써 경영효율이 높아지는 대리비용의 절감효과가 있으며, 국가경제적으로 산업구조조정의 촉진 및 대외경쟁력 제고 등이 있다. 그러나 적대적 기업매수의 부정적인 면은 경영진이 회사의 장기적인 발전보다는 단기적인 성과에 의존하게 되고, 기업매수로 인하여 회사의 부채가 증가하게 되어 오히려 기업의 불황에 대한 대처능력과 대외경쟁력이 약화되는 점 등이 있다.[2] 따라서 적대적 기업매수에 따른 분쟁의 경우에는 주주들의 이익과 회사의 건전한 운영을 해하지 않고 공정한 경영권의 경쟁이 이루어질 수 있도록 합리적인 법적 규율을 하고 또한 합리적인 법적 해석을 하는 것이 매우 중요하다고 본다.[3]

3. 국내입법[4]

(1) 주식대량보유의 보고의무

1) 주권상장법인의 주식 등(신주인수권증서·전환사채·신주인수권부사채·교환사채를 포함—자금 133조 1항, 자금시 139조 1호)을 대량보유(본인과 그 특별관계자가 보유하게 되는 주식 등의 수의 합계가 그 주식 등의 총수의 100분의 5 이상인 경우를 말한다)하게 된 자는 그 날부터 5일 이내에 그 보유상황·보유목적(발행인의 경영권에 영향을 주기 위한 목적 여부를 말한다)·그 보유주식 등에 관한 주요

1) 이(철), (회) 487면.
2) 이에 관한 상세는 임(재), (회 I) 180면; 정(동), (회) 856면 등 참조.
3) 동지: 이(철), (회) 487~488면.
4) 기업매수에 관한 각국의 법제에 관한 상세는 김홍식, 전게서(M&A개론), 21~63면; 동, 전게 박사학위논문, 16~45면 참조.

계약내용 · 그 밖에 대통령령으로 정하는 사항을 대통령령으로 정하는 방법에 따라 금융위원회와 한국거래소에 보고하여야 하며(5% rule), 그 보유주식 등의 수의 합계가 그 주식 등의 총수의 100분의 1 이상 변동된 경우에는 그 변동된 날부터 5일 이내에 그 변동내용을 대통령령으로 정하는 방법에 따라 금융위원회와 한국거래소에 보고하여야 한다(자금 147조 1항 1문). 금융위원회와 한국거래소는 이와 같이 제출받은 보고서를 3년간 비치하고, 인터넷 홈페이지 등을 이용하여 공시하여야 한다(자금 149조).

이러한 주식대량보유의 보고의무를 부과하는 것은 상장법인의 주식을 기습적으로 대량취득함으로써 현재의 지배주주나 경영자가 방어할 기회를 주지 않고 경영권을 탈취하도록 하는 것은 불공정하므로 이러한 것을 방지하고, 한편 대량의 주식을 취득하거나 처분하는 것은 중요한 시장정보로서 투자판단에 영향을 미치므로 일반투자자를 보호하기 위하여 공시의무도 부과한 것이다.[1)]

2) 위의 보고의무가 있는 자가 보고(정정보고를 포함함)하지 아니하거나, 대통령령으로 정하는 중요한 사항을 거짓으로 보고하거나 대통령령으로 정하는 중요한 사항의 기재를 누락하면, 대통령령으로 정하는 기간(고의나 중과실로 위반한 경우에는 해당 주식 등을 매수한 날부터 그 보고를 한 후 6개월이 되는 날까지의 기간 — 자금시 158조 1호) 동안 의결권 있는 발행주식총수의 100분의 5를 초과하는 부분 중 위반분에 대하여 그 의결권을 행사하여서는 아니되며, 금융위원회는 6개월 이내의 기간을 정하여 그 위반분의 처분을 명할 수 있다(자금 150조 1항).[2)] 위의 보고의무에 따라 주식 등의 보유목적을 발행인의 경영권에 영향을 주기 위한 것으로 보고하는 자는 그 보고하여야 할 사유가 발생한 날부터 보고한 날 이후 5일까지 그 발행인의 주식 등을 추가로 취득하거나 보유주식 등에 대하여 그 의결권을 행사할 수 없다(자금 150조 2항). 이에 위반하여 주식 등을 추가로 취득한 자는 그 추가 취득분에 대하여 그 의결권을 행사할 수 없으며, 금융위원회는 6개월 이내의 기간을 정하여 그 추가 취득분의 처분을 명할 수 있다(자금 150조 3항).

또한 이러한 보고서류에 관하여 거짓의 기재 또는 표시를 하거나 중요한 사항을 기재 또는 표시하지 아니한 자는 5년 이하의 징역 또는 2억원 이하의

1) 이(철), (회) 488면.

2) 서울행정법원 2008. 9. 5, 2008 구합 23276 판결(대상회사의 경영권에 영향을 주기 위한 목적으로 주식을 취득하였음에도 경영참가 목적이 아닌 '단순투자 목적'으로 보고하여 중요한 사항을 허위로 보고하였다는 이유로 주식처분명령을 받은 것으로, 이는 의결권 있는 발행주식총수의 100분의 5를 초과하는 부분 중 '위반분'을 의미하고 6개월의 기간동안 의결권의 행사가 제한되는 주식에 한정되지 않는다).

벌금의 형사처벌도 받는다(자금 444조 18호).

이와 같은 보고의무에 위반하거나 추가취득금지의무에 위반하여 취득한 주식양수의 사법상 효력은 유효하다고 본다. 자본시장법 제150조가 위반분에 대하여 의결권을 제한하거나 금융위원회의 처분명령을 규정한 것은 이러한 주식양수의 사법상 효력이 유효함을 전제로 한다고 볼 수 있다.

(2) 주식 등의 공개매수[1]

1) 의 의 공개매수(takeover bid, tender offer)란 불특정다수인에 대하여 의결권 있는 주식, 그 밖에 대통령령으로 정하는 증권(신주인수권증서, 전환사채, 신주인수권부사채, 교환사채 등—자금시 139조 1호)(이하 '주식 등'이라 함)의 매수(다른 증권과의 교환을 포함함)의 청약을 하거나 매도(다른 증권과의 교환을 포함함)의 청약을 권유하고 증권시장 및 다자간매매체결회사(이와 유사한 시장으로서 해외에 있는 시장을 포함함) 밖에서 그 주식 등을 매수하는 것을 말한다(자금 133조 1항). 이는 적대적 기업매수에 가장 많이 이용되는 방법이므로,[2] 자본시장과 금융투자업에 관한 법률은 투자자 보호와 경영권 경쟁의 공정성을 위하여 그 절차와 방법을 규정하고 있다[3](자금 133조 이하).

주식 등의 매수일부터 과거 6개월 동안 증권시장 밖에서 (해당 주식 등의 상대방 및 과거 6개월 동안의 매수 상대방의 수의 합계가) 10인 이상의 자로부터 매수 등을 하고자 하는 자는 그 매수 등을 한 후에 본인과 그 특별관계자(특수관계인과 공동보유자)가 보유하게 되는 주식 등의 수의 합계가 그 주식 등의 총수의 100분의 5 이상이 되는 경우(본인과 그 특별관계자가 보유하는 주식 등의 수의 합계가 그 주식 등의 총수의 100분의 5 이상인 자가 그 주식 등의 매수 등을 하는 경우를 포함)에는 공개매수를 하여야 한다(자금 133조 3항 본문, 자금시 140조~142조). 그러나 매수 등의 목적·유형·그 밖에 다른 주주의 권익침해 가능성 등을 고려하여 대통령령으로 정하는 매수 등(소각을 목적으로 하는 주식 등의 매수 등, 주식매수청구에 응한 주식의 매수, 신주인수권이 표시된 것·전환사채권·신주인수권부사채권 또는 교환사채권의 권리행사에 따른 주식 등의 매수 등)의 경우에는 공개매수 외의 방법으로 매수 등을 할 수 있다(자금 133조 3항 단서, 자금시 143조).

2) 공 시 공개매수를 하고자 하는 자는 공개매수자·공개매수할 주식 등의 발행인·공개매수의 목적 등을 공고하여야 하고(자금 134조 1항), 또한 공개매수자 및 그 특별관계자에 관한 사항·공개매수할 주식 등의 발행인·공개매수의 목적 등을 기재한 공개매수신고서를 그 공개매수공고를 한 날(공개매수공

---

1) 이에 관한 상세는 송종준, "유가증권 공개매수에 관한 연구(그 법적규제를 중심으로)," 법학박사학위논문(고려대, 1990. 8); 이희원, "공개매수 규제에 관한 연구(1997년 증권거래법 개정내용을 중심으로)," 법학석사학위논문(고려대, 1998. 2) 등 참조.

2) 정(동), (회) 859면.

3) 이(철), (회) 489면.

고일)에 금융위원회와 한국거래소에 제출하여야 한다(자금 134조 2항). 공개매수자는 공개매수를 하고자 하는 경우 대통령령으로 정하는 방법에 따라 그 공개매수설명서를 작성하여 공개매수 공고일에 금융위원회와 한국거래소에 제출하여야 하며, 이를 총리령으로 정하는 장소에 비치하고 일반인이 열람할 수 있도록 하여야 한다(자금 137조 1항 1문).

공개매수신고서가 제출된 주식 등의 발행인은 대통령령으로 정하는 방법에 따라 그 공개매수에 관한 의견을 표명할 수 있는데, 발행인이 이와 같이 의견을 표명한 경우에는 그 내용을 기재한 문서를 지체 없이 금융위원회와 한국거래소에 제출하여야 한다(자금 138조).

3) 공개매수 공개매수자는 원칙적으로 공개매수공고일 이후에는 공개매수를 철회할 수 없는데, 예외적으로 대항공개매수가 있거나 공개매수자가 사망·해산·파산한 경우 등에는 공개매수기간의 말일까지 철회할 수 있다(자금 139조 1항).

공개매수자는 원칙적으로 공개매수공고일부터 그 매수기간이 종료하는 날까지 그 주식 등을 공개매수에 의하지 아니하고는 매수 등을 하지 못하는데, 예외적으로 공개매수에 의하지 아니하고 그 주식 등의 매수 등을 하더라도 다른 주주의 권익침해가 없는 경우로서 대통령령으로 정하는 경우에는 공개매수에 의하지 아니하고 매수 등을 할 수 있다(자금 140조).

공개매수자는 원칙적으로 공개매수신고서에 기재한 매수조건과 방법에 따라 응모한 주식 등의 전부를 공개매수기간이 종료하는 날의 다음날 이후 지체 없이 매수하여야 하는데, 예외적으로 응모한 주식 등의 총수가 공개매수예정주식 등의 수에 미달할 경우 응모 주식 등의 전부를 매수하지 아니한다는 조건 또는 응모한 주식 등의 총수가 공개매수예정주식 등의 수를 초과할 경우에는 공개매수예정주식 등의 수의 범위에서 비례배분하여 매수하고 그 초과 부분의 전부 또는 일부를 매수하지 아니한다는 조건을 공개매수공고에 게재하고 공고매수신고서에 기재한 경우에는 그 조건에 따라 응모한 주식 등의 전부 또는 일부를 매수하지 아니할 수 있다(자금 141조 1항). 공개매수자가 위와 같이 공개매수를 하는 경우에는 그 매수가격은 균일하여야 한다(자금 141조 2항).

4) 결과보고 공개매수자는 금융위원회가 정하여 고시하는 방법에 따라 공개매수의 결과를 기재한 보고서(공개매수결과보고서)를 금융위원회와 한국거래소에 제출하여야 한다(자금 143조). 금융위원회와 한국거래소는 공개매수신고

서 · 정정신고서, 공개매수설명서, 발행인의 의견표명문서, 공개매수철회신고서 및 공개매수결과보고서를, 그 접수일부터 3년간 비치하고, 인터넷 홈페이지 등을 이용하여 공시하여야 한다(자금 144조).

5) 제 재

1) 공개매수신고서 및 그 공고, 정정신고서 및 그 공고 또는 공개매수설명서 중 중요사항에 관하여 거짓의 기재 또는 표시가 있거나 중요사항이 기재 또는 표시되지 아니함으로써 응모주주가 손해를 입은 경우에는 공개매수신고서 및 그 정정신고서의 신고인과 대리인, 공개매수설명서의 작성자와 그 대리인은 그 손해에 관하여 배상의 책임을 진다(자금 142조 1항 본문). 그러나 배상의 책임을 질 자가 상당한 주의를 하였음에도 불구하고 이를 알 수 없었음을 증명하거나 응모주주가 응모를 할 때에 그 사실을 안 경우에는 배상의 책임을 지지 아니한다(자금 142조 1항 단서).

2) 공개매수 강제규정(자금 133조 3항)과 공개매수 공고 · 신고서제출의무(자금 134조 1항 · 2항)에 위반하여 주식 등의 매수 등을 한 경우에는 그 날부터 그 주식(그 주식 등과 관련한 권리 행사 등으로 취득한 주식을 포함함)에 대한 의결권을 행사할 수 없으며, 금융위원회는 6개월 이내의 기간을 정하여 그 주식 등의 처분을 명할 수 있다(자금 145조). 그러나 이에 위반한 주식매수행위의 사법상 효력은 주식대량보유의 보고의무에 위반한 경우와 같이 유효하다.[1] 공개매수 강제규정에 위반하여 의결권이 제한되거나 처분명령의 대상이 되는 주식 등은 5% 초과분만 해당된다고 본다.[2]

3) 금융위원회는 투자자 보호를 위하여 필요한 경우에는 공개매수자 등에 대하여 참고가 될 보고 또는 자료의 제출을 명하거나, 금융감독원장에게 그 장부 · 서류 · 그 밖의 물건을 조사하게 할 수 있고, 공개매수공고를 하지 않은 경우 등에는 공개매수자 등에 대하여 이유를 제시한 후 그 사실을 공고하고 정정을 명할 수 있으며 필요한 때에는 그 공개매수를 정지 또는 금지하거나 대통령령으로 정하는 조치를 할 수 있다(자금 146조).

(3) 의결권 대리행사의 위임장 권유

상장주권(그 상장주권과 관련된 증권예탁증권을 포함함)의 의결권 대리행사의 권유를 하고자 하는 자(의결권권유자)는 그 권유에 있어서 그 상대방(의결권피권유자)에게 위임장 용지

1) 동지: 정(동), (회) 863면.
2) 동지: 정(동), (회) 863면.

및 참고서류를 의결권피권유자에게 직접 내어주는 방법, 우편 또는 팩스에 의한 방법, 전자우편을 통한 방법(의결권피권유자가 이에 동의한 경우), 주주총회 소집통지와 함께 보내는 방법(의결권권유자가 해당 상장주권의 발행인인 경우만 해당함) 또는 인터넷 홈페이지를 이용하는 방법의 하나의 방법으로 교부하여야 한다(자금 152조 1항, 자금시 160조).

이 때 "의결권대리행사의 권유"란 (i) 자기 또는 제 3 자에게 의결권의 행사를 대리시키도록 권유하는 행위, (ii) 의결권의 행사 또는 불행사를 요구하거나 의결권 위임의 철회를 요구하는 행위, 또는 (iii) 의결권의 확보 또는 그 취소 등을 목적으로 주주에게 위임장 용지를 송부하거나 그 밖의 방법으로 의견을 제시하는 행위를 말한다(자금 152조 2항 본문). 그러나 (i) 해당 상장주권의 발행인(그 특별관계자를 포함)과 그 임원 외의 자가 10인 미만의 의결권피권유자에게 그 주식의 의결권 대리행사의 권유를 하는 경우, (ii) 신탁, 그 밖의 법률관계에 의하여 타인의 명의로 주식을 소유하는 자가 그 타인에게 해당 주식의 의결권 대리행사의 권유를 하는 경우, 또는 (iii) 신문 · 방송 · 잡지 등 불특정다수인에 대한 광고를 통하여 의결권 대리행사를 권유하는 경우로서 그 광고내용에 해당 상장주권의 발행인의 명칭 · 광고의 이유 · 주주총회의 목적사항과 위임장 용지 · 참고서류를 제공하는 장소만을 표시하는 경우에는 의결권 대리행사의 권유로 보지 아니한다(자금 152조 2항 단서, 자금시 161조).

의결권 대리행사의 권유에서 위임장 용지는 주주총회의 목적사항 각 항목에 대하여 의결권피권유자가 찬반(贊反)을 명기할 수 있도록 하여야 하고(자금 152조 4항), 의결권권유자는 위임장 용지에 나타난 의결권피권유자의 의사에 반하여 의결권을 행사할 수 없다(자금 152조 5항). 상법 제368조 제 2 항에 의하여 주주의 의결권을 대리행사하고자 하는 자는 대리권을 증명하는 서면(위임장)을 총회에 제출하여야 하는데, 이러한 위임장은 원본이어야 하고 사본이나 팩스본은 위임장으로서의 효력이 없다.[1)]

공공적 법인의 경우에는 그 공공적 법인만이 그 주식의 의결권 대리행사의 권유를 할 수 있다(자금 152조 3항).

의결권권유자는 의결권 대리행사 권유에 따라 위임장 용지 및 참고서류를 의결권피권유자에게 제공하는 날 2일(공휴일, 근로자의 날 및 토요일을 제외함) 전까지 이를 금융위원회

1) 대판 1995. 2. 28, 94 다 34579(위임장 사본의 효력을 부인함); 동 2004. 4. 27, 2003 다 29616 (위임장 팩스본의 효력을 부인함).

와 한국거래소에 제출하여야 하며, 총리령으로 정하는 장소에 이를 비치하고 일반인이 열람할 수 있도록 하여야 한다(자금 153조, 자금시 164조). 의결권권유자는 위임장 용지 및 참고서류 중 의결권피권유자의 의결권 위임 여부 판단에 중대한 영향을 미칠 수 있는 사항(의결권 위임 관련 중요사항)에 관하여 거짓의 기재 또는 표시를 하거나 의결권 위임 관련 중요사항의 기재 또는 표시를 누락하여서는 아니되는데(자금 154조), 이에 위반하면 금융위원회가 그 이유를 제시하고 위임장용지 및 참고서류를 정정하여 제출할 것을 요구할 수 있다(자금 156조 1항). 금융위원회와 한국거래소는 이러한 위임장용지 및 참고서류, 정정내용을 그 접수일부터 3년간 비치하고, 인터넷 홈페이지 등을 이용하여 공시하여야 한다(자금 157조).

의결권 대리행사의 권유대상이 되는 상장주권의 발행인은 의결권 대리행사의 권유에 대하여 의견을 표명한 경우에는, 그 내용을 기재한 서면을 지체 없이 금융위원회와 한국거래소에 제출하여야 한다(자금 155조).

금융위원회는 투자자 보호를 위하여 필요한 경우에는 의결권권유자, 그 밖의 관계인에 대하여 참고가 될 보고 또는 자료의 제출을 명하거나, 금융감독원장에게 그 장부·서류 그 밖의 물건을 조사하게 할 수 있다(자금 158조 1항 1문). 금융위원회는 자본시장과 금융투자업에 관한 법률에 위반하여 위임장용지 및 참고서류를 의결권피권유자에게 교부하지 아니한 경우 등에는 의결권권유자에 대하여 그 이유를 제시한 후 그 사실을 공고하고 정정을 명할 수 있으며, 필요한 때에는 의결권 대리행사의 권유를 정지 또는 금지하거나 대통령령으로 정하는 조치를 할 수 있다(자금 158조 2항). 또한 자본시장과 금융투자업에 관한 법률상 의결권 대리행사의 위임장 권유 규제를 위반한 위임장에 의한 의결권 행사가 있는 주주총회의 결의는 '결의방법'이 법령에 위반한 것으로서 주주총회결의 취소사유(상 376조)가 된다고 본다.

4. 국내 판례[1)]

국내에서는 대상회사의 경영진이 지배권(경영권)을 방어하기 위하여 한 전환사채의 발행·자기주식의 처분·신주의 제3자배정 등이 유효한지 여부에 대하여, 다음과 같이 판시하고 있다.

---

1) 이에 관한 상세는 김홍식, 전게서(M&A개론), 151~161면; 동, 전게 박사학위논문, 111~124면 참조.

(1) 한화종합금융 사건[1](경영권 방어 목적의 전환사채 발행을 무효로 판시함)

한화종합금융(대상회사)의 2대주주인 B는 (대상회사의 경영권을 장악할 목적으로) 평소 친분관계가 두터웠던 W와 대상회사의 주식을 40% 이상 매입하고 임시주주총회의 소집을 요구하자, 대상회사는 발행주식총수의 17.9%에 해당하는 대규모 사모전환사채를 발행하여 제 3 에게 배정하였는데(이 경우 1대주주인 A측이 이 지분을 모두 확보하면 약 46.6% 확보하여 1대주주를 유지할 수 있게 되고 B측은 지분율이 36%까지 희석됨), B측은 이러한 전환사채 발행무효소송 및 의결권행사금지 가처분신청을 법원에 제기하였다.

이에 대하여 제 1 심 법원(서울지방법원)은 "제 3 자에 대한 전환사채의 발행은 정관의 규정에 의하여 발행된 것이므로 주주의 신주인수권을 침해하였다고 볼 수 없고, 아울러 전환사채의 발행은 조직법상의 행위가 아니라 거래법상의 행위이고 전환사채는 유통성이 강한 유가증권이므로, 전환사채에 관한 문제에 있어서는 주주의 이익보호 이상으로 거래안전의 보호를 중시하여야 할 것이어서 그 발행의 무효사유는 엄격히 보아야 하고, 대외적인 업무집행행위로서 전환사채를 발행한 것을 무효라 볼 수 없다"고 하여, B측 가처분신청을 기각하였다.

그러나 제 2 심(서울고등법원)은 다음과 같은 이유로 이 사건 전환사채 발행을 무효라고 보아 원심(제 1 심)을 파기하였다.

"전환사채의 발행이 경영권 분쟁 상황하에서 열세에 처한 구 지배세력이 지분비율을 역전시켜 경영권을 방어하기 위하여 이사회를 장악하고 있음을 기화로 기존주주를 완전히 배제한 채 제 3 자인 우호세력에게 집중적으로 신주를 배정하기 위한 하나의 방편으로 채택된 것이라면,[2] 이는 전환사채 제도를 남용하여 전환사채라는 형식으로 사실상 신주를 발행한 것으로 보아야 하며, 그

1) 서울지결(제50민사부) 1997. 2. 26, 97 가합 118; 서울고결 1997. 5. 13, 97 라 36.

2) 전환사채를 주주 외의 자에 대하여 발행하는 경우에 그 발행할 수 있는 전환사채의 액·전환의 조건·전환으로 인하여 발행할 주식의 내용과 전환을 청구할 수 있는 기간에 관하여 정관에 규정이 없으면 주주총회의 특별결의를 요하는데(상 513조 3항 1문), 본 건의 경우 정관에 규정이 있어 주주총회의 특별결의를 받지 않았는지 또는 이에 위반한 것인지 여부가 의문이다. 또한 상법 제513조 제 3 항 2문에 의하면 주주 외의 자에 대하여 전환사채를 발행하는 경우에는 상법 제418조 제 2 항 단서(신주를 제 3 자에게 배정하는 경우와 같이, 신기술의 도입·재무구조의 개선 등 회사의 경영상 목적을 달성하기 위하여 필요한 경우에 한한다)를 준용하는 것으로 되어 있으므로, 이러한 전환사채의 발행은 제 1 심 판결이유와 같은 순수한 거래법상의 행위가 아니고 조직법상의 행위로 볼 수 있는데, 이러한 점이 지켜졌는지 여부의 판단이 없는 점은 아쉽게 본다.

렇다면 그러한 전환사채의 발행은 주주의 신주인수권을 실질적으로 침해한 위법이 있어 신주발행을 그와 같은 방식으로 행한 경우와 마찬가지로 무효로 보아야 한다. 본 건의 전환사채의 발행의 주된 목적은 경영권 분쟁 상황하에서 우호적인 제 3 자에게 신주를 배정하여 경영권을 방어하기 위한 것인 점, 경영권을 다투는 상대방인 감사에게는 이사회 참석 기회도 주지 않는 등 철저히 비밀리에 발행함으로써 발행유지가처분 등 사전 구제수단을 사용할 수 없도록 한 점, 발행된 전환사채의 물량은 지배구조를 역전시키에 충분한 것이었고, 전환기간에도 제한을 두지 않아 발행 즉시 주식으로 전환될 수 있도록 하였으며, 결과적으로 인수인들의 지분이 경영권 방어에 결정적인 역할을 한 점 등에 비추어, 그 전환사채의 발행은 현저하게 불공정한 방법에 의한 발행으로서 무효라고 보아야 한다."

⑵ 현대엘리베이터 사건[1](경영권 방어 목적의 공모에 의한 신주발행을 무효로 판시함)

현대엘리베이터(대상회사)의 주식을 K가 사모펀드 및 계열사 등을 통하여 44% 매수하게 되어, 대상회사는 경영권 방어수단으로서 국민주 공모를 통한 대규모 유상증자를 발표하자, K는 이러한 유상증자에 반발하여 법원에 신주발행금지 가처분신청을 하였다.

이에 대하여 제 1 심 법원(수원지방법원 여주지원)은 다음과 같은 이유로 K 측의 주장을 인용하였다.

"대상회사의 신주발행은 상법 제418조 제 2 항 단서 및 대상회사의 정관 제 9 조 제 2 항이 규정하는 신기술의 도입 · 재무구조의 개선 등 회사의 경영상의 목적 없이 기존의 주식소유구조를 변동시켜 K와 그 특별관계자들이 최대주주로서의 지위를 상실하게 되도록 하는 것을 주된 목적으로 하는 것이어서 상법 제418조 및 대상회사의 정관이 보장하고 있는 주주의 신주인수권을 위법하게 침해하는 것이라고 볼 수 있다. 또한 대상회사의 신주발행결의는 형식적으로는 일반공모증자 방식을 취하고 있지만 실제로는 일반공모 부분의 대량 미인수 사태가 예상되는 상황에서 대상회사의 우리사주조합 등 기존 경영진에 우호적인 세력에 배정하여 일부 주주와 기존 경영진의 지배 · 경영권을 유지 · 강화하는 것을 주된 목적으로 한 것으로서 발행방법이 현저하게 불공정하다고 할 수 있다. 기업취득이 시도되는 상황에서 대상회사의 이사회가 경영권 방어

1) 수원지방법원 여주지결 2003. 12. 12, 2003 카합 369.

행위로서 하는 주주의 신주인수권을 배제하는 대규모 신주발행행위는 회사의 경영상 필요한 자금조달을 위한 경우에 해당한다고 볼 수 없다. 다만 그러한 신주발행의 주요목적이 기존 지배주주의 대상회사에 대한 지배권 및 현 이사회의 경영권 방어에 있고, 회사의 경영을 위한 기동성 있는 자금조달의 필요성 및 이를 위한 적합성을 인정하기 어려운 경우라도 적대적으로 기업취득을 시도하는 자본의 성격과 기업취득 의도, 기존 지배주주 및 현 경영진의 경영전략, 대상회사의 기업문화 및 종래의 대상회사의 사업내용이 사회경제적으로 차지하는 중요성과 기업취득으로 인한 종래의 사업의 지속 전망 등에 비추어, 기존 지배주주의 지배권 또는 현 경영진의 경영권이 유지되는 것이 대상회사와 일반 주주에게 이익이 되거나 특별한 사회적 필요가 있다고 인정되고, 한편 이러한 신주발행행위가 그 결의 당시의 객관적 사정에 의하여 뒷받침되고, 그 결의에 이르기까지의 과정에 대상회사의 경영권 분쟁 당사자인 기존 지배주주가 아닌 일반 주주의 의견과 중립적인 전문가의 조언을 듣는 절차를 거치는 등 합리성이 있는 경우라면 상법 제418조 제 2 항 및 이와 동일한 내용의 규정을 둔 대상회사의 정관규정이 정하는 회사의 경영상 목적을 달성하기 위하여 필요한 경우에 해당한다고 보아야 한다. 그런데 이 사건의 경우 기존 지배주주의 지배권 또는 현 경영진의 경영권이 유지되는 것이 대상회사나 일반 주주에게 이익이 되거나 사회적 필요가 있다는 등의 특별한 사정이 소명되지도 않으므로 이 사건 신주발행은 상법 및 대상회사 정관의 규정에 위배하여 K의 신주인수권을 위법하게 침해하는 것이라 할 수 있다."

(3) SK 사건[1](경영권 방어 목적의 자사주 매도를 경영판단으로 보아 유효로 판시함)

SK(대상회사)의 주주 A는 지분 14%로 경영권을 유지하고 있었는데, S는 대상회사의 주가가 폭락한 것을 이용하여 그의 자회사를 통하여 14.99%를 취득하였다. 이에 대상회사는 경영권 방어를 위하여 보유하고 있던 자사주 매각을 결의하였는데, 이에 S는 대상회사의 자사주 매각은 정기주주총회에서의 이사 선임권과 관련된 주주의결권을 침해하였다는 이유로 의결권침해금지 가처분신청을 법원에 제출하였다.

이에 대하여 법원(서울지방법원)은 S의 신청을 기각하였는데, 그 이유는 다음과 같다.

1) 서울지결(제50민사부) 2003. 12. 23, 2003 카합 4154.

"S가 스스로 대상회사의 주식의 14.99%를 보유하게 됨으로써 대상회사의 최대주주가 되었다고 주장하면서 대상회사의 경영권까지 장악하고자 하는 의도를 명백히 밝히고 있는 이 사건에 있어서, 비록 대상회사가 자기주식을 처분함으로 인하여 대상회사에 대한 S의 주식보유비율이 변경되고 지분율이 희석화된다 하더라도 다른 사정에 대한 소명도 없이 그와 같은 사유만으로 곧바로 그 자기주식 처분에 관한 이사회결의를 무효로 볼 수 없다. 또한 대상회사의 자기주식 취득의 경위·목적·절차 등에 비추어 자기주식 취득 자체가 위법하다는 점에 관한 아무런 주장·소명이 없는데, 자기주식의 처분행위만을 따로 떼어 위법하다고 볼 수 있을지는 의문이고, 더욱이 이 사건에 제출된 소명자료만으로는 대상회사의 현황에 비추어 지배주주 또는 경영진의 교체가 불가피하다거나, 자기주식의 처분에 있어 대상회사 이사의 이익과 대상회사 또는 주주의 이익이 충돌한다고 단정하기 어렵기에, 이러한 사정하에서는 달리 추가적인 주장·소명이 없는 이상 대상회사 이사회결의는 대상회사 이사들이 S의 기업매수에 직면하여 이를 방어하기 위한 경영판단에 의한 것이기에 적법하다."

(4) 유비케어 사건[1](지배권 방어 목적의 제 3 자배정 신주발행을 무효로 판시함)

제품의 시장점유율 2위인 회사의 모회사인 M회사가 1위인 시장점유율을 가진 유비케어(대상회사)를 매수하고자 대상회사의 지분을 19% 취득하게 되어, 대상회사는 이를 방어하기 위하여 타법인 출자 및 제 3 자배정 유상증자 등을 통하여 우호지분을 확대하였는데, M회사가 법원에 제 3 자배정으로 발행한 신주에 대하여 신주발행 무효확인소송을 제기하였다.

이에 대하여 법원(서울남부지방법원)은 다음과 같은 이유로 M회사의 청구를 인용하였다.

"이러한 신주발행으로 대상회사 경영진이 그 특수관계인 및 우호세력과 함께 보유하게 된 주식 지분율은 기존의 지배구조를 역전시키기에 충분한 것이었다고 할 수 있으므로, 이러한 신주발행은 지배권의 변경을 초래하거나 이를 저지할 목적으로 신주를 발행하였음이 객관적으로 명백한 경우로서 현저하게 불공정한 신주발행이므로 무효이다."

---

1) 서울남부지판(제14민사부) 2004. 11. 25, 2003 가합 16871.

5. 적대적 기업매수에 대한 방어

(1) 방어행위의 정당성과 적법성

1) 적대적 기업매수에 대하여 대상회사의 경영진은 방어행위를 할 권한 또는 의무가 있는지가 문제된다. 이에 관하여 우리 상법(회사법) 또는 특별법은 어디에도 규정을 두고 있지 않으므로,[1] 학설에서 해석론상 논의되고 있다.[2] 즉, 이에 관하여 적대적 기업매수에 대한 경영진의 방어행위는 대상회사에 관련된 집단적 이익을 보호하기 위한 경영판단사항이므로 대상회사의 경영진은 방어행위를 할 수 있다고 보는 긍정설,[3] 경영진이 주주의 중립적인 대표자로서 행동한다는 확실한 보장이 없는 한 경영진에게 방어권을 부여할 수는 없고 주주총회가 방어조치에 관하여 결정하도록 하여야 한다는 부정설,[4] 이사회의 중립의무를 기본원칙으로 하고 방어행위가 객관적으로 정당성이 인정되는 상황에서만 예외적으로 인정되어야 한다는 절충설[5]이 있다.

생각건대 대상회사의 경영진이 주주(특히 지배주주) 및 대상회사와 이해상충이 없고 또한 방어행위가 대상회사의 특정주주(지배주주)가 아니라 모든 주주와 이해관계인의 이익을 위하여 필요하다고 객관적으로 인정되는 경우에만 대상회사의 경영진의 방어행위가 경영판단에 속할 수 있다고 본다[6](결론적으로 절충설에 찬성함). 대상회사의 경영진에게 방어권을 폭넓게 인정하면서 대상회사의 이익과 경영진(이사)의 이익이 상충할 때 이사는 회사의 최대의 이익을 고려하여야 하는 선관의무 · 충실의무만을 강조하는 것은,[7] 현실적으로 무리라고 본다. 따라서

1) 동지: 김홍식, 전게서(M&A개론), 112면; 동, 전게 박사학위논문, 55면, 80면.
그러나 American Law Institute(ALI), Principles of Corporate Governance § 6.2는 이를 명문으로 인정하고 있다.

2) 대상회사 경영진의 방어행위에 관한 미국의 학설에 관한 소개로는 김홍식, 전게서(M&A개론), 103~109면; 동, 전게 박사학위논문, 72~77면 참조.

3) 김홍식, 전게서(M&A개론), 114~117면; 동, 전게 박사학위논문, 82~84면; 송종준, "경영권 방어수단 도입의 전제조건," 「기업법연구」(한국기업법학회), 제19권 제 4 호(2005), 203~204면; 유영일, "주식 공개매수에 관한 연구(방어행위의 적법성에 관한 미국 회사법상의 논의를 중심으로)," 법학박사학위논문(서울대, 1994. 2), 247~248면 외.

4) 유진희, "유럽연합의 기업인수 규제(공개매수 지침을 중심으로)," 「기업법연구」(한국기업법학회), 제19권 제 3 호(2005), 276면.

5) 김두식, "M&A 법제의 개선방안 연구," 「상장협」(한국상장회사협의회), 제50호(2004), 48면.

6) 동지: 서울지결(제50민사부) 2003. 12. 23, 2003 카합 4154; 수원지법 여주지결 2003. 12. 12, 2003 카합 369; 서울중앙지결 2012. 1. 17, 2012 카합 23 참조.

7) 김홍식, 전게서(M&A개론), 116면; 동, 전게 박사학위논문, 83~84면.

경영권 방어만을 위한 신주 등의 발행은 허용되지 않는다.[1)]

2) 적대적 기업매수에 대하여 대상회사의 경영진에게 방어권한이 있다고 하더라도, 이러한 경영진이 위법하게 방어수단을 행사하면 동 방어행위는 효력이 없게 되고 그러한 방어행위를 한 경영진(이사)은 회사 및 제3자에 대하여 손해배상책임을 지게 된다. 따라서 경영권 분쟁에서는 항상 양 당사자의 행위가 적법한지 여부가 분쟁의 핵심 대상이 되는데, 이는 주로 판례에 의하여 그 적법성 여부의 판단기준을 도출할 수 있다. 우리나라의 경우는 앞에서 본 판례가 이에 참고가 될 수 있다.[2)] 이때 방어행위가 직접 법령이나 대상회사의 정관에 규정된 것이면 그 법령과 정관규정에 위반하지 않아야 적법하다고 볼 것이고, 방어행위가 직접 법령이나 대상회사의 정관에 규정된 것이 아니면 방어의 동기(목적) 및 방어수단의 합리성이라는 실체적 요건(즉, 회사의 단기 및 장기의 전략적 가치를 포함한 회사의 재산·수익성·안정성·효율성·성장력 등 모든 주주 및 회사의 이해관계자에게 공통하는 기업가치에 대한 위협으로부터 경영권보호를 위한 방어행위이고 그 방어행위가 적절하였다는 실체적 요건)과 이를 실행하는 절차가 적정하였다는 절차적 요건을 충족하여야 적법하다고 볼 것이다.[3)]

(2) 방어수단[4)]

우리 법상 적대적 기업매수는 지배권(경영권) 취득을 목적으로 하는 주식매수(공개매수를 포함)·신주인수권(주식으로의 전환권 포함)의 취득·의결권 대리행사의 위임장 취득 등에 의한 방식만이 가능하므로, 이에 대한 방어수단도 이러한 목적을 달성할 수 없도록 하거나 또는 지배권(경영권)을 취득하여도 실효를 거둘 수 없도록 하는 것인데, 이에는 매우 다양한 방법이 있고 또한 그 명칭이 (미국법상) 은유법으로 표현되고 있다. 또한 이러한 방어방법을 행사하는 경우에는 그 적법성 여부에 대하여 분쟁이 많이 발생하고 있다.

이하에서는 적대적 기업매수에 대한 중요한 방어수단을 사전적 방어수단과 사후적 방어수단으로 나누어 간단히 살펴보겠는데, 그러한 방어수단이 우리 상법(회사법) 및 특별법상 인정될 수 있는지 여부도 검토하여 보겠다.

---

1) 동지: 대판 1999. 6. 25, 99 도 1141; 동 2009. 1. 30, 2008 다 50776; 서울고결 1997. 5. 13, 97 라 36; 서울남부지판 2004. 11. 25, 2003 가합 16871.

2) 방어행위의 적법성 판단기준에 관한 미국과 일본의 판례에 관한 소개로는 김홍식, 전게서(M&A개론), 117~151면; 동, 전게 박사학위논문, 84~111면; 임(재), (회 I) 199~205면 등 참조.

3) 동지: 김홍식, 전게서(M&A개론), 170~176면; 동, 전게 박사학위논문, 127~131면; 송종준, 전게논문(기업법연구 제19권 제4호), 209~212면.

4) 이에 관한 상세는 김홍식, 전게서(M&A개론), 191~329면; 동, 전게 박사학위논문, 146~233면; 임(재), (회 I) 181~199면; 정(동), (회) 864~866면; 송(옥), 1268~1270면 등 참조.

1) 사전적 방어수단(예방적 방어수단) 사전적 방어수단은 적대적 기업매수에 대비할 수 있도록 하기 위하여 미리 법률(상법 또는 특별법) 또는 정관[1]에 규정을 두는 제도적 · 정태적인 방어방법으로,[2] 이는 사전에 적대적 기업매수의 시도를 감소시킬 수 있고,[3] 다른 방어수단과 달리 경영권 방어 목적임을 표방하더라도 그 자체가 위법한 내용이 아닌 한 다른 주주들이 적법성을 문제삼을 수 없는 점 등의 장점이 있다.[4] 이에는 다음과 같은 것들이 있다.

(가) 이사 시차임기제 이사들의 임기를 3개 정도의 그룹으로 나누어 매년 1개의 그룹만이 이사로 선임되게 하면, 대상회사의 주식을 과반수 이상 취득한 경우에도 한 해에 이사회 구성원의 3분의 1만을 교체할 수 있을 뿐이므로 이사회 장악에 필요한 수의 이사를 확보하는데에는 2년 내지 3년이 걸리게 되어 이사회 장악이 지연되는 결과가 된다.[5] 이 경우 이사회 구성원의 3분의 2에 해당하는 이사를 그 임기만료 전에 해임하려면 주주총회의 특별결의에 의하고 또한 그 해임으로 인한 손해배상을 하여야 하는데(상 385조 1항) 이는 현실적으로 쉽지 않고 또한 대상회사에 부담이 되며, 그러한 이사들이 '그 직무에 관하여 부정행위 또는 법령이나 정관에 위반한 중대한 사실이 있음'에도 불구하고 주주총회에서 그 해임을 부결하면 매수자인 주주들은 이사해임안건의 부결 후 이사해임의 소를 제기할 수 있지만 이의 효과가 발생할 때까지는 상당한 시간이 소요될 것이다. 따라서 대상회사의 정관에 이러한 이사 시차임기제에 관한 규정이 있으면 대상회사의 주식을 과반수 취득하여 종래의 이사를 해임하고 자신의 인물로 교체하고자 하는 적대적 기업매수자에 대하여 사전에 이를 억제하는 역할을 할 것이다.[6] 이러한 이사 시차임기제는 매수자가 이사를 추가로 선임할 수 있도록 하면 방어의 목적을 달성할 수 없으므로 이와 함께 이사회의 정원을 최소한도로 정관에 규정하여야 할 것이다.[7]

우리 상법은 "이사의 임기는 3년을 초과하지 못한다"고만 규정하고 있다(상 383조 2항). 따라서 모든 이사의 임기가 동일하거나 또는 임기의 기산점이 동일하

---

1) 정관에 둔 이러한 규정을 인수자 격퇴규정(shark repellent provision)이라 한다.
2) 김홍식, 전게서(M&A개론), 191면; 동, 전게 박사학위논문, 146면.
3) 김홍식, 전게서(M&A개론), 193면; 동, 전게 박사학위논문, 147면.
4) 임(재), (회 Ⅰ) 181면.
5) 김홍식, 전게서(M&A개론), 194면; 동, 전게 박사학위논문, 148면.
6) 동지: 김홍식, 상게서, 195면; 동, 상게 박사학위논문, 149면.
7) 동지: 임(재), (회 Ⅰ) 182면; 김홍식, 상게서, 195면; 동, 상게 박사학위논문, 149면.

여야 하는 것은 아니므로, 정관의 규정에 의하여 이사 시차임기제가 가능하다고 본다.[1)]

(나) 이사 선임·해임시의 결의요건 가중 대상회사의 정관에 이사회 정원의 증원·이사의 선임 및 해임에 주주총회결의요건을 가중하면 대상회사의 주식을 과반수 취득하여 종래의 이사를 해임하고 자신의 인물로 교체하고자 하는 적대적 기업매수자에 대하여 사전에 이를 억제하는 역할을 할 것이다.[2)]

우리 상법상 이사의 선임은 원칙적으로 주주총회의 보통결의사항인데(상 382조 1항) 정관으로 이를 특별결의사항이나 또는 그 이상으로 강화할 수 있고(상 368조 1항 반대해석), 이사의 해임은 주주총회의 특별결의사항이나(상 385조 1문) 정관으로 이를 가중할 수 있다고 본다.[3)] 또한 이사의 해임사유(상 385조 2항 참조)도 정관의 규정에 의하여 제한할 수 있다고 본다.[4)] 이사회 정원에 관한 규정은 보통 정관에 규정될 것이므로 이사회 정원의 증원을 위하여는 정관변경에 요하는 의결정족수를 충족하는 수의 주식을 취득하여야 할 것이다. 그런데 이사회 정원의 증원이나 이사의 선임·해임에 관한 의결정족수의 가중에 관한 규정이 정관에 규정된 경우에 이러한 조항(또는 정관)의 변경에 상법에서 규정한 특별결의요건(상 434조)보다 가중할 수 있는데[5)](이를 잠금규정의 설정〈lock-up amendment〉이라 함), 이와 같이 정관변경을 가중하면 위의 이사의 선임·해임요건의 가중에 의한 방어수단이 실효를 거두어 경영권 취득 목적의 적대적 기업매수는 매우 힘들 것으로 본다.[6)]

(다) 임원 퇴직금 대상회사의 정관에 임원이 적대적 기업매수로 그 지

1) 동지: 김홍식, 상게서, 200면; 동, 상게 박사학위논문, 152면.

2) 예컨대, (주)서희건설 정관 제33조 단서는 "…단, 회사의 이사 및 감사를 해임하는 경우 등에 그 목적이 회사에 대한 적대적 M&A 목적일 때에는 출석한 주주의결권의 90% 이상과 발행주식총수의 70% 이상의 찬성으로 한다"고 규정하고 있다[이(철), (회) 491면 주 2, 572~573면].

3) 정(찬), 강의(상)(제25판), 922~923면.

주주총회 특별결의 요건을 정관으로 가중할 수 있도록 상법 제434조를 개정하자는 논의에 관하여는 권종호, "적대적 M&A 방어수단의 도입필요성," 적대적 M&A방어수단 도입을 위한 상법개정 공청회자료집(법무부), 2009. 11. 9, 14~15면.

4) 동지: 임(재), (회 Ⅰ) 182면.

5) 동지: 주상(제 5 판)(회사 Ⅳ), 214면.

6) 동지: 임(재), (회 Ⅰ) 182면; 김홍식, 전게서(M&A개론), 203~204면(잠금규정의 설정이 필요한데, 이에 관하여는 명확한 법규정이나 판례가 있지 않으므로 적법성 여부에 논란의 여지가 있을 가능성이 있다고 본다); 동, 전게 박사학위논문, 154면.

반대: 이(철), (회) 491~492면(일반적으로 이사의 해임 등에 초다수결의 결의를 요하는 정관규정은 무효로 보아야 하는데다가, 특히 과중한 결의요건의 사유로서 적대적 기업매수나 지배주주의 교체를 열거한다면 이는 주주권의 침해가 현저하고 사회질서에도 반하므로 무효라고 해야 한다), 571~573면.

위를 상실한 경우, 통상의 퇴직금 외에 현금·연금·주식매수선택권 등을 과다한 수준으로 부여함으로써,[1] 적대적 기업매수로 그 지위를 잃게 될 가능성이 큰 경영진을 보호하고 또한 적대적 기업매수자가 기업매수에 성공하면 임원들에 대한 과다한 퇴직금 부담으로 기업매수를 포기하게 하는 효과를 갖게 되므로, 이는 적대적 기업매수에 대한 방어수단이 된다. 이를 황금낙하산(golden parachute)이라 한다.[2]

우리 상법상 이사 또는 감사에 대한 퇴직위로금은 보수의 일종으로서 상법 제388조에 규정된 보수에 포함되는데,[3] 상법은 "이사의 보수는 정관에 그 액을 정하지 아니한 때에는 주주총회의 결의로 이를 정한다"고 규정하고 있다(상 388조, 415조). 따라서 정관에서 이사의 이러한 특별한 퇴직위로금을 구체적으로 정한 경우에는 적대적 기업매수에 대한 사전적 예방효과가 크다고 볼 수 있다.[4] 만일 정관에 이사의 이러한 특별한 퇴직위로금에 대하여 구체적으로 확정하지 않고 이의 총액 또는 한도액만을 규정한 경우에는 상법 제388조에 의하여 그 구체적인 금액을 주주총회의 보통결의에 의하여 정하여야 하는데, 이는 주주총회의 결의에서 그 내용에 관한 문제로 적절성 여부가 논란이 될 것이고 또한 절차적인 문제로 시간소요 등으로 인하여 적대적 기업매수에 대한 사전적 방어수단으로서 그 의미가 거의 반감될 것으로 본다.[5]

이사의 이러한 특별한 퇴직위로금에 관한 정관의 규정(및 주주총회의 결의)은 적법한가의 문제가 있다. 이에 대하여, 경영자의 보수는 업무와 합리적 비례관계를 유

---

1) 예컨대 (주)오리엔트정공의 정관 제39조 제 3 항은 "이사가 적대적 인수 또는 합병으로 인하여 비자발적인 사임 또는 해임되는 경우에는 제 2 항에 의한 퇴직금 외에 퇴직위로금으로 대표이사에게 50억원 이상, 이사에서 40억원 이상을 지급한다"고 규정하고 있다[이(철), (회) 491면 주 1].

2) 이에 관한 상세는 김홍식, 전게서(M&A개론), 212~221면; 동, 전게 박사학위논문, 163~170면; 임(재), (회 I) 183면 등 참조.

3) 대판 1999. 2. 24, 97 다 38930(공보 1999, 557); 동 2006. 5. 25, 2003 다 16092·16108(공보 2006, 1111) 외.

4) 한국기업지배구조원이 2012년 사업연도를 대상으로 국내상장기업들의 M&A 방어수단 도입현황을 조사한 바에 따르면 '황금낙하산'을 도입한 회사는 전체 상장사 1,601사 중 128개(8%)인데, 이 중 코스닥시장 상장사(908사) 중에는 12.6%가 도입하였고, 유가증권시장 상장사(693사) 중에는 2%가 도입하였다. 2013년 결산법인의 주주총회에서도 일부 상장회사가 적대적 M&A시 대표에게 30억~100억원을 지급하는 조항을 정관에 넣거나 빼는 안건을 논의했다[조선경제, 2014. 4. 18, B 7면].

5) 동지: 정(동), (회) 866면(이를 정관에 규정을 두면 가능하겠지만, 주주총회의 결의로 하는 것은 적당하지 않다고 한다).

지하는 것이 원칙이므로 특별한 보수를 지급하는 정관의 규정이나 주주총회의 결의는 무효원인이 될 수 있고, 더욱이 특별한 보수의 지급사유가 지배주주의 교체나 적대적 기업매수라고 한다면 이는 특별한 보수를 지급하는 합리적 사유가 될 수 없으므로 그 정관의 규정 또는 결의의 효력이 다투어질 수 있다고 하여 부정하는 견해도 있다.[1] 그런데 이러한 정관의 규정은 적대적 기업매수를 사전적으로 방어하기 위한 것이고,[2] 또한 적대적 기업매수를 방어하는 것이 대상회사·모든 주주 및 회사의 모든 이해관계인에게 도움이 된다면 이를 일률적으로 무효로 볼 수는 없다고 본다.[3]

㈑ **신주인수선택권(포이즌 필)** 포이즌 필(poison pill)[4]이란 적대적 기업매수를 방어하기 위하여 일정한 사건(triggering event)[5]이 발생하면 대상회사의 이사회 결의로써 기업매수자를 제외한 대상회사의 주주들에게 대폭 할인된 가격으로 대상회사나 (합병의 경우) 합병후 회사의 주식을 인수 또는 매입하거나 주식으로 전환할 수 있는 권리(call option)를 부여하는 것(또는 증권을 발행하는 것)이다.[6] 이로 인하여 적대적 기업매수가 있을 때에 대상회사의 주주들이 전환권 또는 신주인수권(또는 주식매입권)을 행사하면 대상회사의 주식수가 늘어나 기업매수자가 지배권을 갖는 다량의 주식을 취득하는 것이 어려워지고 매수비용이 늘어날 뿐만 아니라 주식의 가치가 희석되어 이것은 주식매수자에게 고통스러운 독약으로 작용한다.[7] 따라서 포이즌 필에 관한 사항이 정관에 규정되어 있으면 적대적 기업매수를 사전에 방어할 수 있는 효력이 있는데, 이외에도 포이즌 필의 상환규정(redemption provision)에 의하여 명목적인 가격(대개 1센트 정도)으

1) 이(철), (회) 491면, 685~687면.

2) 실제로 비정상적으로 높은 수준의 황금낙하산 규정으로 인하여 실제의 상황에서는 적대적 M&A가 경영진들의 협력 하에 우호적 M&A로 변경되기도 한다[임(재), (회 I) 183면 주 14].

3) 동지: 정(동), (회) 866면; 임(재), (회 I) 183면; 김홍식, 전게서(M&A개론), 219~221면; 동, 전게 박사학위논문, 170면.

4) 우리나라에서는 이를 독약계획·환약계획·독약조항·극약처방·독약증권 등으로 다양하게 표현하고 있는데, 미국에서는 shareholder rights plan 또는 share purchase rights plan으로 표현한다[김홍식, 전게서(M&A개론), 309면; 동, 전게 박사학위논문, 214~215면; 임(재), (회 I) 197면 주 39].

5) 이는 기업매수를 시도하는 회사가 대상회사의 주식을 일정 지분 이상 매입하거나 대상회사가 합병되는 경우 등이다[이인수, "포이즌 필의 도입방안과 그 적법성 판단기준에 관한 연구," 법학석사학위논문(고려대, 2010. 8), 5면].

6) 이에 관한 상세는 김홍식, 전게서(M&A개론), 309~329면; 동, 전게 박사학위논문, 214~233면; 임(재), (회 I) 196~199면 참조.

7) 정(동), (회) 865면 주 3.

로 이를 상환하거나 취소하는 조건으로 우호적 기업매수로 전환할 수 있는 효력도 있다.[1]

우리나라에서는 적대적 기업매수에 대한 방어수단으로 활용될 수 있는 신주인수선택권(포이즌 필)제도를 도입하는 상법개정안(동 개정안 432조의 2~432조의 9)이 2010년 3월 2일 국무회의에서 통과되고 동년 3월 10일에 국회에 제출되었다. 동 개정안에 의하면, 신주인수선택권을 부여하기 위하여는 우선 정관에 근거규정이 있어야 하는데, 회사(대상회사)는 정관으로 정한 바에 따라 이사회의 결의로 주주에게 그가 가진 주식의 종류 및 수에 따라 미리 정한 가액(행사가액)으로 일정한 기간(행사기간) 내에 회사에 대하여 신주의 발행을 청구할 수 있는 권리(신주인수선택권)을 부여할 수 있다(동 개정안 432조의 2 1항). 신주인수선택권을 부여하려는 회사는 정관으로 (i) 주주에게 신주인수선택권을 부여할 수 있다는 뜻과, (ii) 신주인수선택권의 행사 또는 상환에 따라 발행할 수 있는 주식의 종류 및 발행한도를 기재하여야 한다(정관상 필요적 기재사항)(동 개정안 432조의 2 2항). 신주인수선택권을 부여하려는 회사는 회사의 가치 및 주주 일반의 이익을 유지 또는 증진시키기 위하여 필요한 경우에는 정관에 (i) 일정한 사유가 있는 경우에 주주의 일부에 대하여 신주인수선택권의 행사를 허용하지 않거나 신주인수선택권 행사내용에 관하여 다른 주주와 달리 정할 수 있다는 뜻과, (ii) 일정한 사유가 있는 경우에 회사가 신주인수선택권의 전부 또는 일부를 상환할 수 있다는 뜻 및 이 경우 주주의 일부에 대하여 다른 주주와 달리 정할 수 있다는 뜻을 기재할 수 있다(정관상 임의적 기재사항)(동 개정안 432조의 2 3항). 회사는 신주인수선택권의 부여에 대한 대가를 수령할 수 없고(동 개정안 432조의 2 7항), 정관상 임의적 기재사항에 따라 신주인수선택권을 부여하는 경우에는 그 행사가액을 신주인수선택권 부여일 또는 행사일의 주식의 실질가액이나 주식의 권면액에 미달하는 가액으로 정할 수 있으며(동 개정안 432조의 2 4항) 신주인수선택권을 상환하면서 신주를 발행할 때에는 그 발행가액을 상환의 효력발생일의 주식의 실질가액이나 주식의 권면액에 미달하는 가액으로 정할 수 있다(동 개정안 432조의 2 5항). 회사의 이사회는 일정한 날을 정하여 그 날의 주주에게 신주인수선택권을 부여한다는 뜻 · 신주인수선택권의 행사로 발행할 주식의 종류와 수 또는 이를 산정하는 방법 · 신주인수선택권의 행사가

1) 김홍식, 전게서(M&A개론), 310면; 동, 전게 박사학위논문, 215~216면; 임(재), (회 I) 197면 및 같은 면 주 43.

액과 그 조정에 관한 사항 · 신주인수선택권의 행사기간 및 행사조건 · 주주의 일부에 대하여 신주인수선택권의 행사를 허용하지 않거나 행사내용을 달리 정한 경우에는 그 구체적인 내용 및 해당 주주의 범위 등을 정하여야 한다(동 개정안 432조의 3 1항). 회사가 신주인수선택권을 상환하는 경우에는 이사회는 신주인수선택권을 상환하는 뜻 및 상환의 사유 · 상환할 신주인수선택권의 범위 · 상환의 효력발생일 · 상환의 대가로 교부할 신주 또는 금전 기타 재산의 구체적인 내용 · 주주의 일부에 대하여 상환에 관하여 다른 주주와 달리 정한 경우에는 그 구체적인 내용 및 해당 주주의 범위 등을 정하여야 한다(동 개정안 432조의 7 1항). 회사는 자기주식에 관하여 신주인수선택권을 행사하지 못하고(동 개정안 432조의 6 3항), 자기주식에 부여된 신주인수선택권을 상환할 수 없다(동 개정안 432조의 7 5항). 신주인수선택권은 주식과 분리하여 양도할 수 없다(동 개정안 432조의 5 1항). 회사는 신주인수선택권의 행사기간이 개시되기 전까지 주주총회의 결의 또는 이사회 결의로써 대가를 지급하지 않고 신주인수선택권 전부를 소각할 수 있다(동 개정안 432조의 5 3항).

위에서 본 2010년 정부의 상법개정안에 규정된 신주인수선택권(포이즌 필)은 (합병의 경우) 합병 후 회사의 주식을 인수하거나 매수할 수 있는 권리는 부여하지 않았고, 주식으로 전환할 수 있는 권리도 부여하지 않았으며, 또한 주식을 매수할 수 있는 권리는 인정하지 않고, 다만 대상회사의 신주발행을 청구할 수 있는 권리(warrant: 신주인수선택권)만을 인정하였다. 다시 말하면 2010년 정부의 상법개정안에서 인정한 신주인수선택권은 (i) 자금조달수단으로서 폭넓게 활용할 수 있는 일반적인 신주인수선택권이 아니라 적대적 기업매수에 대한 방어수단으로 이용될 수 있는 신주인수선택권이고, (ii) 신주인수선택권을 대상회사의 기존주주에게만 무상으로 부여할 수 있도록 하였으며, (iii) 신주인수권만을 주식과 분리하여 양도할 수 없도록 함으로써, 매우 제한적인 내용의 신주인수선택권을 인정하였다. 이와 같이 매우 제한적인 신주인수선택권(warrant)을 (대상회사의 모든 주주에게) 인정하면서, 적대적 기업매수가 있는 경우로서 일정한 경우(회사의 가치 및 주주 일반의 이익을 유지 또는 증진시키기 위하여 필요한 경우)에는 특정주주를 차별적으로 취급할 수 있도록 하였다.[1] 이러한 신주인수선택권을 주식과 분리하여 양도할 수 없도록 한 것은 적대적 기업매수자가 낮은 가격에 신주인수선택권만을 대

1) 이현철, “방어수단으로서 신주인수선택권 제도,” 적대적 M&A방어수단 도입을 위한 상법개정 공청회 자료집(법무부), 2009. 11. 9, 58~59면.

량으로 취득하여 공격수단으로 활용할 가능성을 배제하였다.[1] 또한 '회사의 가치 및 주주 일반의 이익을 유지 또는 증진시키기 위하여 필요한 경우'에는 신주인수선택권을 행사 또는 상환함에 있어서 특정주주를 차별적으로 취급할 수 있도록 허용함으로써 주주평등의 원칙에 대한 예외를 명시적으로 인정하였는데, 이는 적대적 기업매수자가 대상회사의 주식을 매수한 후 경영권을 담보로 대상회사에게 주식을 고가로 매수하여 주도록 요구하는 경우 또는 대상회사의 자산을 기업매수자의 채무담보나 변제자원으로 유용하는 경우 등에 방어권의 발동을 허용하기 위한 것이다.[2] 또한 동 개정안에서는 회사가 신주인수권을 강제로 상환할 수 있는 규정을 두어 주주가 신주인수권을 부여받고도 이를 행사하지 않는 경우에는 대상회사가 신주인수권을 강제로 취득하고 그 대가로 신주를 교부할 수도 있고, 적대적 기업매수자가 이미 확보한 신주인수권에 대하여는 일정한 경우 대상회사가 이를 강제로 취득하고 그 대가로 신주 대신 금전 등을 지급할 수도 있다.[3] 또한 대상회사의 경영진과 기업매수자 사이에 매수조건 등에 대한 합의가 이루어졌거나 적대적 기업매수자가 매수시도를 포기하는 등 방어의 필요성이 없어진 경우 등을 위하여 대상회사는 신주인수선택권의 행사기간이 개시되기 이전에는 주주총회의 결의 또는 이사회 결의로써 대가를 지급하지 않고 신주인수선택권 전부를 소각할 수 있도록 하였다.[4]

그런데 위의 2010년 정부의 상법개정안은, 적대적 기업매수에 의하여 무능하고 비효율적인 경영진을 축출함으로써 기업가치를 높일 수 있는 점을 간과하고, 우리나라의 실정에서는 적대적 기업매수가 성공할 가능성이 크지 않으며, 소수주주들이 경영권 프리미엄을 향유할 기회를 갖는다는 등의 이유로, 국회에서 강한 반론이 있어서 입법에 이르지 못하고 제18대 국회의 임기만료로 자동폐기되었다.[5] 따라서 우리나라에서는 적대적 기업매수시 포이즌 필에 의한 경영권 방어는 인정되지 않는다고 볼 수 있다.

(마) 거부권부주식 등 2006년 7월 4일에 법무부가 상법(회사편)개정 공청회에 제시한 상법개정시안(이는 법무부가 2006년 10월 4일 법무부공고 제2006-106호로 입법예고함)에서는 적대적 기업매수

1) 이인수, 전게 석사학위논문, 61면.
2) 이인수, 상게 석사학위논문, 58면.
3) 이인수, 상게 석사학위논문, 60면.
4) 이인수, 상게 석사학위논문, 61~62면; 이현철, 전게 공청회자료집, 63~64면.
5) 임(재), (회 Ⅰ) 197면 주 40 참조.

에 대한 방어수단으로 이사의 선임과 해임에 관하여 동의권(거부권)을 갖는 거부권부주식(동 개정시안 344조 3항 2호)·그 종류주주총회에서 이사 또는 감사를 선임할 수 있는 임원임면권부주식(동 개정시안 344조 3항 3호)·그 주식의 양도에 관하여 이사회의 승인을 요하는 종류의 주식인 양도제한주식(동 개정시안 344조 3항 4호) 등을 종류주식으로 규정하였다. 그런데 거부권부주식과 임원임면권부주식은 원시정관 또는 총주주의 동의에 의하여 변경된 정관에서만 인정하여, 상장회사의 경우에는 사실상 이를 적대적 기업매수에 대한 방어수단으로 사용할 수 없고, 창업자 또는 중소기업이나 벤처기업만이 이를 이용할 수 있도록 하였다. 또한 동 개정시안에서는 주주에게 의결권이 없는 무의결권주식 또는 정관이 정하는 사항에 관하여 의결권이 없는 것으로 정한 의결권제한주식은 규정하면서(동 개정시안 344조 3항 1호), 적대적 기업매수에 대한 가장 강력한 방어수단이 되는 복수의결권주식(차등의결권주식)에 대하여는 규정하지 않고 차후의 과제로 미루었다. 그런데 2009년 11월 9일에 법무부가 적대적 M&A 방어수단 도입을 위한 상법개정 공청회에 제시한 상법개정시안에는 보통주 의결권(1주 1의결권)에 비해 최고 3배까지 의결권이 많은 복수의결권주식[1]을 인정하였는데, 이는 원시정관 또는 총주주의 동의로 변경한 정관에 규정이 있을 때에만 인정하였다(동 개정시안 344조의 5). 이로 인하여 상장회사가 적대적 기업매수에 대한 방어수단으로 복수의결권주식을 사실상 이용할 수는 없고, 이는 창업기업이나 중소기업 또는 벤처기업이 이용할 수 있게 되었다.[2] 대상회사가 복수의결권주식을 도입한 경우에는 의결권제한주식을 발행할 수 없도록 하고 이와 반대로 의결권제한주식을 도입한 회사에서는 복수의결권주식을 발행할 수 없도록 하였는데(동 개정시안 344조의 5 1항 단서), 이는 의결권제한주식과 복수의결권주식의 병용을 금지함으로써 소액의 투자로 회사를 지배하는 것을 방지하기 위한 것이다.[3]

위의 거부권부주식과 임원임면권부주식은 2008년 5월 7일에 법무부가 입법예고하였으나 2008년 10월 21일에 국회에 제출한 상법(회사편)개정안(법무부공고 제2008-47호)에서는 배제되었고, 또한 양도제한주식은 2011년 개정상법시 국회의 심의과정

1) 이러한 복수의결권주식과 거부권부주식을 황금주(golden share)라 한다[최준선·김순석, 「회사법 개정방향에 관한 연구」(서울: 한국상장회사협의회, 2004), 115~116면].

2) 권종호, "적대적 M&A 방어수단의 도입 필요성," 적대적 M&A 방어수단 도입을 위한 상법개정 공청회자료집(법무부), 2009. 11. 9, 16~18면.

3) 권종호, 상게 공청회자료집, 17면.

에서 배제되었다. 또한 복수의결권주식도 주식인수선택권에 관한 개정안과 같이 입법이 되지 못하였다. 따라서 우리나라에서는 복수의결권주식 · 거부권부주식 · 임원임면권부주식 · 양도제한주식은 적대적 기업매수에 대한 방어수단으로 인정되지 않는다고 본다.

(바) 주식양도제한 　상법상 회사는 정관으로 정하는 바에 따라 그 발행하는 주식의 양도에 관하여 이사회의 승인을 받도록 할 수 있는데(상 335조 1항 단서), 이에 위반하여 이사회의 승인을 얻지 아니한 주식의 양도는 회사에 대하여 효력이 없다(상 335조 2항). 따라서 이러한 주식양도제한은 적대적 기업매수에 대한 강력한 방어수단인데, 상장회사는 상장요건상 주식양도제한이 없어야 하므로 비상장회사에서만 이를 이용할 수 있다.[1)]

2) 사후적 방어수단(대응적 방어수단) 　적대적 기업매수에 직면한 대상회사의 이사회가 이를 방어하기 위하여 이용하는 비제도적 · 동태적인 방법에는 다음과 같은 것들이 있다.

(가) 신주 등의 발행 　적대적 기업매수를 방어하기 위하여 대상회사가 신주 · 전환사채 · 신주인수권부사채 등을 발행하여 대상회사의 경영진에게 우호적인 제 3 자(white squire)에 배정하는 것이다.[2)] 이 경우 신주를 제 3 자에게 배정하기 위하여는 정관에 규정이 있어야 하고 또한 신기술의 도입 · 재무구조의 개선 등 회사의 경영상 목적을 달성하기 위하여 필요한 경우이어야 하고(상 418조 2항), 제 3 자에게 전환사채 · 신주인수권부사채를 발행하는 경우에는 일정한 사항에 관하여 정관에 규정이 없으면 주주총회의 특별결의가 있어야 하고 또한 신주를 제 3 자에게 배정하는 경우와 같이 신기술의 도입 · 재무구조의 개선 등 회사의 경영상 목적을 달성하기 위하여 필요한 경우이어야 한다(상 513조 3항, 516조의 2 4항). 따라서 이 경우에는 '경영상 목적'이 인정되는지 여부가 가장 문제가 되는데, 이러한 '경영상 목적'이 인정되지 않으면 상법 제418조 제 2 항에 위반하고 기존 주주의 신주인수권을 침해한 것이 되어 신주발행무효사유(상 429조)가 된다.[3)] 따

1) 동지: 임(재), (회 Ⅰ) 184면.

2) 이 경우 우호적인 제 3 자가 오히려 적대적 기업매수를 시도할 수 있는 문제점이 있으므로 대상회사의 경영진과 우호적인 제 3 자는 (i) 향후 적대적 기업매수를 시도하지 않고, (ii) 일정기간 대상회사의 주식을 추가로 매수하지 않으며, (iii) 대상회사의 경영진의 동의 없이 타인에게 주식을 매도하지 않는다는 합의를 한다고 한다[임(재), (회 Ⅰ) 185면].

3) 대판 2009. 1. 30, 2008 다 50776(현 경영진의 경영권을 방어하기 위하여 제 3 자 배정방식으로 이루어진 신주발행을 무효라고 판시함); 서울고결 1997. 5. 13, 97 라 36(경영권 방어 목적의 전

라서 '경영상 목적'의 인정 여부는 경영권 방어의 적법적 기준과 관련되는데, 이는 회사 및 모든 주주의 이익보호를 위하여 필요한 것인지 여부가 기준이 된다고 본다.[1] 이러한 '경영상 목적'이 없이 대상회사가 경영권 방어를 위하여 제 3 자배정에 의한 신주발행을 한 경우에는 보통 신주발행금지가처분이 인정될 가능성이 크다.[2] 그런데 대상회사가 경영권 방어목적이 있는 경우에도 긴급한 자금조달의 필요성을 증명하면 가처분신청이 기각될 여지도 있다.[3]

적대적 기업매수에 대한 방어방법으로 대상회사가 주주배정 방식으로 신주를 발행하는 경우도 있는데, 이는 적대적 기업매수자가 충분한 자금력을 갖고 있지 않으면 유상증자에 따른 인수대금을 납입하지 못하게 되어 어느 정도 방어의 효과를 거둘 수 있다.[4] 이러한 경우 적대적 기업매수자는 대상회사가 자금조달이라는 고유한 목적으로 신주를 발행하는 것이 아니라 경영권 유지만을 목적으로 신주를 발행하는 것이라고 하여 신주발행유지청구권 등을 피보전권리로 하여 신주발행금지 가처분을 신청하는 경우가 있는데, 일반적으로는 이를 인정하지 않으나,[5] 특수한 경우에는 상법상 규정을 위반하였다고 하여 인정한 판례도 있다.[6]

㈏ 자기주식의 취득　　우리 상법상 대상회사는 해당 영업연도의 결산기에 배당가능이익의 발생이 예상되는 경우에는 직전 결산기의 대차대조표상 배당가능이익의 범위 내에서 거래소에서 시세가 있는 주식의 경우에는 거래소에서 취득하는 방법 등으로 자기주식을 대상회사의 명의와 계산으로 취득할 수 있는데(상 341조, 상시 9~10조), 이와 같이 대상회사가 자기주식을 취득하면 적대적 기업매수자가 취득할 수 있는 주식수가 줄어들고 이에 따라 기업매수자는 대상회사

환사채 발행을 무효로 판시함); 서울중앙지결 2008. 4. 28, 2008 가합 1306(본건 신주발행에서 자본을 조달하려는 목적이 회사의 이익에 부합하지 아니할 뿐만 아니라 그 목적 달성을 위하여 주주의 신주인수권을 배제하는 것이 상당하다고 인정할 만한 아무런 사정이 없는 상황에서 주주의 신주인수권을 배제하고 제 3 자배정 방식으로 신주를 발행하는 등 그 발행방법이 현저하게 불공정한 경우에는 신주발행이 무효이다).

1) 동지: 임(재), (회 Ⅰ) 186~187면('경영상 목적'이 인정되기 위하여는 주주의 신주인수권 제한이 회사가치와 주주공동이익을 위하여 필요한 것이어야 하고 또한 주주의 비례적 지위의 침해가 최소한이 되도록 하여야 한다).
2) 동지: 임(재), (회 Ⅰ) 187면.
3) 서울서부지결 2005. 11. 17, 2005 가합 1743; 서울중앙지결 2006. 5. 18, 2006 가합 1274 등 참조.
4) 임(재), (회 Ⅰ) 185면.
5) 임(재), (회 Ⅰ) 185~186면; 대판 1995. 2. 28, 94 다 34579.
6) 서울중앙지결 2009. 3. 4, 2009 카합 718.

의 주식 취득이 곤란하고 취득비용이 증가하게 되어 이는 적대적 기업매수에 대한 방어수단이 된다.[1] 이는 대상회사의 지배주주는 자금여력이 없으나 대상회사는 자금여력이 있는 경우에 이용할 수 있는 방어수단이다.[2] 이때 대상회사가 자기의 계산으로 우호적인 제 3 자의 명의로 자기주식을 취득하는 것은 상법 제341조 제 1 항 및 제341조의 2[3]에 위반하여 무효라고 본다. 따라서 이 경우에는 자기주식취득금지 가처분을 신청할 수 있다.[4]

상법상 대상회사가 직전 결산기의 배당가능이익 범위내에서 자기주식을 취득하는 방법은 거래소에서 취득하는 방법 또는 각 주주가 가진 주식수에 따라 균등한 조건으로 취득하는 것으로서 대통령령으로 정하는 방법(대상회사가 모든 주주에게 자기주식 취득의 통지 또는 공고를 하여 주식을 취득하는 방법 또는 자본시장법상 공개매수의 방법)에 한하므로(상 341조 1항, 상시 9조 1항), 적대적 기업매수자(greenmailer)와 대상회사간의 직접거래에 의하여 대상회사가 자기주식을 프리미엄이 부가된 가격으로 매수하는 것(greenmail)은 우리나라에서는 허용되지 않는다고 본다.[5]

㈐ 자기주식의 처분 　　2006년 10월 4일에 법무부가 입법예고한 회사법개정안(법무부 공고 제2006-106호) 제342조 제 2 항에서는 자기주식의 처분에 관하여 신주발행에 적용되는 규정(상법 제417조 내지 제419조, 제421조 내지 제422조, 제423조 제 2 항 및 제 3 항, 제424조, 제424조의 2, 제427조 내지 제432조)을 준용하도록 규정하고 있었다. 그런데 2007년 8월 27일에 법무부가 입법예고한 회사법개정안(법무부 공고 제2007-97호) 제342조 제 2 항에서는 자기주식 처분을 통한 효율적인 재무관리에 장애가 된다는 이유 등 재계의 반발로 인하여 제418조 및 제419조를 준용규정에서 삭제하였으며, 그 후 법무부가 2008년 5월 7일에 입법예고하여 2008년 10월 21일 국회에 제출한 회사법개정안(법무부 공고 제2008-47호)에서는 신주발행에 관한 일부 규정만을 준용하는 것은 적절하지 않다는 이유로 제342조 제 2 항 전체를 삭제하였다.

---

1) 동지: 임(재), (회 I) 188면.

2) 임(재), (회 I) 188면.

3) 대판 2003. 5. 16, 2001 다 44109(공보 2003, 1309); 동 2007. 7. 26, 2006 다 33609(공보 2007, 1346).

4) 동지: 임(재), (회 I) 189면.

5) 동지: 김홍식, 전게서(M&A개론), 255면; 동, 전게 박사학위논문, 195~196면.

반대: 유영일, "그린메일(Greenmail)의 규제에 관한 연구," 「상사법연구」(한국상사법학회), 제20권 제 1 호(2001), 591면(회사와 주주의 이익을 위한 경우에는 적법한 방어행위로 인정될 수 있다고 한다); 최준선·김순석, 「회사법 개정방향에 관한 연구」(서울: 상장회사협의회, 2004), 144면(주주총회의 특별결의에 의하여 직접 협상거래에 의하여 자기주식을 취득하게 할 필요가 있다고 한다).

따라서 2011년 개정상법 제342조는 “회사가 보유하는 자기의 주식을 처분하는 경우에, (i) 처분할 주식의 종류와 수, (ii) 처분할 주식의 처분가액과 납입기일, (iii) 주식을 처분할 상대방 및 처분방법에 대하여, 정관에 규정이 없는 것은 이사회가 결정한다”고 규정하고 있다. 따라서 이 규정은 자기주식의 처분에서 가장 중요하고 예민한 처분가액의 결정권과 처분할 상대방의 선택권을 (이를 미리 정관에 규정할 수는 없으므로) 이사회에 부여하고 있는데, 이와 같이 이사회에 폭넓게 인정된 이러한 재량권은 그의 남용여지가 있고 공정성 여부의 문제가 있으며 또한 자기주식의 취득의 경우[1]와 불균형한 점 등에서 입법론상 및 해석론상 많은 문제가 있다.[2]

외국의 입법례를 볼 때, 영국 회사법은 자기주식의 처분도 신주발행의 경우와 같이 주주의 신주인수권의 대상이 된다고 명문으로 규정하고 있고(英會〈2006〉 560조 2항 b호), 독일의 주식법은 자기주식의 (취득과) 처분은 주주평등의 원칙에 따르도록 명문으로 규정하고 있으며(獨株 71조 1항 8호), 일본 회사법은 신주인수권을 원칙적으로 인정하지 않으면서 자기주식의 처분은 신주발행과 동일한 절차에 의하도록 명문의 규정을 두고(日會 199조) 위법 · 불공정한 자기주식 처분은 무효의 소의 원인임을 규정하고 있다(日會 828조 1항 3호).

생각건대, 회사가 배당가능이익으로써 취득한 자기주식을 이사회 결의만으로 다른 주주에게 매수의 기회를 부여하지 않고 특정주주에게 처분하면 기존주주들의 비례적 지분관계 내지 지배력의 균형에 변동이 생기므로 주주평등의 원칙에 반함은 물론 기존주주의 이익을 해하게 되는 점,[3] 회사의 경영권에 관하여 분쟁이 있는 경우 이사회가 임의로 회사가 보유하는 자기주식을 그의 우호적인 주주 또는 제 3 자에게 처분하게 되면 이는 이사회가 신주를 발행하여 임의로 배정하는 것과 동일하게 되어 기존주주의 신수인수권을 침해하는

---

1) 배당가능이익에 의한 자기주식의 취득의 경우에는 거래소에서 취득하거나 모든 주주에게 매도의 기회를 부여하는 것으로 규정하여(상 341조 1항, 상시 9조) 주주평등의 원칙을 반영하였으나, 주주평등의 원칙이 취득시보다 더 필요한 자기주식의 처분에는 이러한 점을 반영하지 않아 불균형한 점이 있다[동지: 이(철), (회) 421～424면].

2) 동지: 이(철), (회) 422면, 424면(이는 법의 흠결로서 자기주식처분의 공정성과 관련하여 개정의 중요성이 돋보인다고 한다); 송(옥), 874면(이론적으로는 자기주식의 처분시에도 주주의 신주인수권을 인정하는 것이 옳고, 최소한 입법론으로는 자기주식의 처분에 주주의 신주인수권을 인정하는 것이 타당하다고 한다) 외.

3) 동지: 이(철), (회) 423면.

결과와 동일하게 되는 점,[1] 위에서 본 바와 같이 회사가 자기주식을 취득하는 것에 대하여는 모든 주주에게 동일한 기회를 부여하도록 하여 주주평등의 원칙에 부합하도록 하면서(상 341조 1항 1호·2호, 상시 9조 1항) 이의 처분은 개인법적 거래이므로 주주평등의 원칙이 적용되지 않는다고 자의로 해석하는 것은[2] 균형이 맞지 않을 뿐만 아니라 주주평등의 원칙은 회사와 주주간의 모든 법률관계에 적용되는 원칙이라는 점 등에서 볼 때, 회사가 보유하는 자기주식을 처분하는 것과 신주를 발행하여 배정하는 것은 결과적으로 동일 또는 유사하게 볼 수 있으므로[3] 입법론상 상법 제342조에서는 2006년 법무부가 입법예고한 상법개정안과 같이 상법 제418조 등 신주발행에 관한 규정을 준용하는 규정을 두어야 할 것이고,[4] 해석론상 주주평등의 원칙에 반하거나 신주인수권 등 기존주주의 이익을 해하는 회사의 자기주식의 처분은 무효의 원인으로 보아야 할 것이다.[5]

상법상 회사의 자기주식 처분은 회사의 개인법적 거래이므로 상대방의 선택이 단체법적인 이해(利害)를 야기하지 않고 또한 회사의 이해(利害)에 영향을 주지 아니하여 주주간에 불평등하다고 하더라도 이를 회사법적인 무효로 다루기는 어렵다는 견해가 있고,[6] 또한 현행 상법(상 342조)의 해석상 개인법적 거래인 자기주식 처분에 대하여 신주발행무효라는 단체법적 효과를 수반하는 신주발행절차에 관한 규정을 유추적용할 수는 없다는 견해도 있다.[7] 그러나 회

1) 동지: 송(옥), 873~874면.
2) 이(철), (회) 423~424면.
3) 동지: 송(옥), 873~874면.
4) 동지: 임(재), (회 I) 191면(적절한 방법과 범위에서 신주발행절차와 유사한 규제를 하도록 입법적 보완을 할 필요가 있다고 한다); 송(옥), 874면(최소한 입법론으로는 자기주식의 처분에 주주의 신주인수권을 인정하는 것이 타당하다고 한다); 동, "2011년 개정회사법의 해석상 주요쟁점(기업재무 분야를 중심으로)," 「저스티스」(한국법학원), 통권 제127호(2011. 12), 66면; 안성포, "자기주식 취득의 허용에 따른 법적 쟁점," 「상사법연구」(한국상사법학회), 제30권 제2호(2011. 8), 97~98면; 이영철, "자기주식의 취득 및 처분과 관련된 몇 가지 쟁점," 「기업법연구」(한국기업법학회), 제28권 제3호(2014. 9), 131~133면; 염미경, "자기주식의 취득과 처분에 관한 쟁점의 검토," 「경영법률」(한국경영법률학회), 제26집 제1호(2015. 10), 160~161면, 171~172면; 英會(2006) 560조 2항 b호; 日會 199조.
5) 반대: 이(철), (회) 424~424면(처분시의 가격의 불공정은 자본충실의 원칙에 반하므로 이사의 책임〈상 399조〉을 물을 대상이 되고 대표권의 남용으로 볼 수 있는 경우에는 회사가 무효를 주장할 수도 있다. 처분시의 상대방의 선택이 불공정한 경우에는 상황에 따라서는 주주간의 불평등이 크게 부각되지만, 상법이 자기주식의 처분을 단지 회사의 개인법적 거래로 다루고 있으므로 주주간에 불평등하다고 하더라도 이를 회사법적인 무효로 다루기는 어렵다고 한다).
6) 이(철), (회) 424면.
7) 임(재), (회 I) 191면.

참고: 김홍식, 전게서(M&A개론), 240~243면(주식선매권부 Lock-Up계약의 대상이 자기주

사의 자기주식 처분에서 모든 주주에게 동일한 기회를 부여하지 않고 특정주주 또는 제 3 자에게 처분하는 것은 기존주주의 의결권에서 지분율을 희석시키므로 기존주주의 이익을 (크게) 해하게 되어 주주평등의 원칙에 반하게 되고, 주주평등의 원칙은 이에 대한 예외가 법률에 규정되지 않는 한 정관의 규정·주주총회의 결의·이사회의 결의 및 회사의 모든 업무집행에 적용되는 원칙인 점 등에서 볼 때, 주주평등의 원칙에 반하는 회사의 자기주식 처분은 무효의 원인이 된다고 본다. 특히 경영권분쟁과 같은 이해관계가 첨예하게 대립된 상황에서 회사가 그의 자금(배당가능이익 등)으로 취득하여 보유하고 있는 자기주식을 지배주주의 지배권(경영권)을 방어하기 위하여 지배주주 또는 그와 우호적인 제 3 자에게 처분하는 것은, 이를 회사의 손익거래라고 볼 수 없는 점, 기존주주의 신주인수권 등을 위시한 이익을 침해하는 점, 주주평등의 원칙에 반하는 점 등에서 볼 때, 무효의 원인이라고 본다.

경영권분쟁이 있는 경우 회사가 자기주식을 지배주주 또는 그와 우호적인 제 3 자에게 처분하는 것이 유효인지 여부에 관하여, 우리나라의 판례는 나뉘어 있다.

일부 판례는 회사의 자기주식의 처분과 신주발행은 그 경제적 구조에 있어서 유사하므로, 회사가 주주 전원을 상대로 자기주식을 처분하는 경우가 아니고 특정주주 또는 제 3 자에게 자기주식을 처분하는 것은 무효라고 판시하였다. 즉, 회사의 자기주식의 처분은 신주발행과 달리 자본을 증가시키지 않지만 회사가 의결권을 행사할 수 없었던 자기주식을 제 3 자에게 처분할 경우 양수인은 그 주식의 의결권을 행사할 수 있고 결국 주주총회에서 의결권을 행사할 수 있는 주식수가 증가하여 신주발행과 유사한 효과를 갖게 되고, 자기주식 처분으로 인하여 양수인에게 배당금이 지급되고 유상증자시 신주인수권이 인정되어 다른 주주의 지위에 중대한 영향을 미치며, 자기주식을 특정주주에게만 매각하는 경우 기존주주들에게는 지분비율 감소로 인해 신주발행과 동일한 결과가 초래되므로, 자기주식 처분에 대하여는 신주발행과 동일한 규제를 할 필요가 있는데 현저히 불공정한 신주발행이 무효인 것과 같이 경영권 분쟁상황

식인 경우 이러한 주식선매권 행사에 따른 자기주식의 처분의 본질은 신주발행이 아니므로 신주발행과 관련된 주주의 신주인수권의 침해 및 주주평등의 원칙의 위반 문제가 발생하지 않는다고 한다).

에서 회사가 자기주식을 최대주주에게 매각하여 최대주주가 그의 지분비율을 증가시키도록 하는 것은 주주평등의 원칙에 반하고 주주의 회사지배에 대한 비례적 이익과 주식의 경제적 가치를 현저히 해하는 것으로서 무효라고 판시하면서, 최대주주에 대한 (그가 회사로부터 매수한 주식의) 의결권행사금지 가처분을 인용하였다.[1)]

이에 반하여 다른 판례는 회사의 자기주식 처분은 신주발행과 구별되므로 경영권방어를 위하여 회사가 자기주식을 제 3 자(또는 특정주주)에게 처분하는 것도 유효라고 판시하였다. 즉, 자기주식의 (취득 및) 처분에 있어 정당한 목적이 있을 것을 요구하거나 정당한 목적이 없는 경우 무효가 될 수 있다는 점에 관하여는 규정하고 있지 않은 점, 신주발행무효의 소는 그 요건 · 절차 및 효과에서 특수성을 가지므로 명문의 규정이 없이 이를 유추적용하는 것은 신중하게 판단하여야 하는 점, 자기주식을 제 3 자에게 처분하는 경우 의결권이 생겨 제 3 자가 우호세력인 경우 우호지분을 증가시켜 신주발행과 일부 유사한 효과를 가질 수 있으나 그렇더라도 자기주식 처분은 이미 발행되어 있는 주식을 처분하는 것으로서 회사의 총자산에는 아무런 변동이 없고 기존주주의 지분비율도 변동되지 않는다는 점에서 신주발행과 구별되는 점 등을 고려하면, 경영권방어 목적으로 자기주식을 처분하는 경우 신주발행의 소와 유사한 자기주식처분 무효의 소를 인정하기는 어렵다고 판시하였다.[2)] 또한 경영권 분쟁 당시 회사가 자기주식 10.41% 중 9.67%를 계열회사의 채권은행 등 지배주주와 우호적인 제 3 자에게 처분하기로 하는 이사회결의에 대하여, 법원은 법령상 자기주식의 처분에 정당한 목적이 인정되지 않는 점, 자기주식 처분으로 경영권 도전세력의 의결권 있는 주식의 지분율이 희석된다는 이유로 자기주식 처분을 무효로 볼 근거가 희박한 점, 이러한 자기주식 처분은 경영권 분쟁상황에서 이사의 경영판단에 속한다고 볼 수 있는 점 등에서, 회사가 처분한 자기주식의 의결권행사금지 가처분의 피보전권리가 인정되기 어렵다고 판시하면서, 다만 회사의 자기주식 처분이 현 이사들의 경영권 유지 또는 대주주의 지배권 유지에 주된 목적이 있는 것으로서 아무런 합리적인 이유도 없이 회사와 다른

1) 서울서부지결 2006. 3. 24, 2006 카합 393 및 이의 본안사건인 서울서부지판 2006. 6. 29, 2005 가합 8262(이 사건의 본안에서는 회사의 자기주식 처분을 무효라고 판시하여 피고가 항소하였으나, 화해가 성립하여 소를 취하함으로써 종결되었다).
2) 수원지법 성남지결 2007. 1. 30, 2007 카합 30.

주주들의 이익에 반하는 경영권의 적법한 방어행위로서의 한계를 벗어난다면 주식회사 이사로서의 주의의무에 반하는 것으로서 위법하다고 볼 여지가 전혀 없는 것도 아니라고 할 것이다고 판시하였다.[1)]

(라) 주식의 상호보유　　우리 상법상 회사·모회사 및 자회사 또는 자회사가 다른 회사의 발행주식총수의 10분의 1을 초과하는 주식을 가지고 있는 경우, 그 다른 회사가 가지고 있는 회사 또는 모회사의 주식은 의결권이 없다(상 369조 3항). 따라서 대상회사가 매수회사(다른 회사)의 주식을 발행주식총수의 10분의 1을 초과하여 매수하면 매수회사가 취득하여 가지고 있는 대상회사의 주식은 의결권이 없으므로, 이는 적대적 기업매수에 대한 방어행위가 될 수 있다.[2)]

(마) 주식매수선택권의 행사　　회사는 정관으로 정하는 바에 따라 회사의 임직원에게 주식매수선택권(stock option)을 부여할 수 있는데(상 340조의 2~340조의 5) 주식매수선택권이 부여된 회사의 임직원은 일반적으로 현 경영진에 우호적인 점에서 회사는 이러한 임직원이 주식매수선택권을 행사하면 우호적인 지분을 확보할 수 있으므로, 이는 적대적 기업매수에 대한 방어행위가 될 수 있다.[3)]

(바) 기　타　　적대적 기업매수가 있는 경우, 대상회사는 그의 경영진과 우호적인 제 3 자인 백기사(white knight)에게 대상회사를 매수하도록 함으로써 적대적 기업매수를 방어하는 경우도 있고,[4)] 대상회사가 적대적 매수인(greenmailer)이 보유하고 있는 대상회사의 주식을 적대적 매수인과의 직접거래에 의하여 프리미엄을 주고 매수하는 것(greenmail)은 우리 상법 및 자본시장과 금융투자업에 관한 법률상 인정될 수 없으나 지배주주가 적대적 매수인으로부터 대상회사의 주식을 (시가보다 비싸게) 취득함으로써 적대적 기업매수를 방어하는 경우도 있다.[5)] 또한 대상회사의 경영진이 우호적인 제 3 자에게 자산·영업 또는 주식을 매수할 수 있는 권리를 부여하는 락압(lock-up)계약을 체결하는 것을 고려할 수도 있는데, 이는 우리 상법 등에 의한 제한으로 그 효

1) 서울서부지결 2003. 12. 23, 2003 카합 4154. 동지: 서울북부지결 2007. 10. 25, 2007 카합 1082; 서울중앙지결 2007. 6. 20, 2007 카합 1721; 동 2008. 2. 29, 2008 카합 462; 동 2012. 1. 17, 2012 카합 23.
2) 동지: 임(재), (회 I) 195~196면.
3) 동지: 임(재), (회 I) 188면.
4) 이 경우 백기사에게 자금을 대여하여 대상회사의 주식을 매수하게 하면 업무상배임죄가 성립한다(대판 2012. 7. 12, 2009 도 7435).
5) 동지: 김홍식, 전게서(M&A개론), 255~257면; 동, 전게 박사학위논문, 197면.

용성이 매우 낮다고 본다. 즉, 우호적인 제 3 자에게 중요한 자산(crown jewel)을 실제 거래가격보다 낮은 가격으로 매수할 수 있는 권리를 부여하는 자산선매권부 락압계약(asset lock-up option)은 중요한 자산이 영업의 전부 또는 중요한 일부이거나(상 374조 1항 1호) 또는 그의 양도로 영업의 전부 또는 중요한 일부를 양도하거나 폐지하는 것과 같은 결과를 가져오는 영업용 재산이면[1] 주주총회의 특별결의를 요하므로 신속을 요하는 방어수단으로서의 의미는 상실될 것이고, 중요한 자산이 아닌 자산의 양도에 선매권을 부여하는 것은 적대적 기업매수에 대한 방어수단으로서의 효용성은 거의 없게 될 것이다.[2] 또한 우호적인 제 3 자에게 대상회사의 주식을 실제 거래가격보다 낮은 가격으로 매수할 수 있는 권리를 부여하는 주식선매권부 락압계약(stock lock-up option)은 대상주식이 신주이면 신주의 제 3 자배정에 따른 제약이 있고(상 418조 2항), 대상주식이 대상회사의 자기주식이면 앞에서 본 바와 같이 자기주식의 처분에 따른 제약(상 342조의 해석상 주주평등의 원칙과 주주의 신주인수권을 해하지 않아야 하는 제약)이 있어 적대적 기업매수에 대한 방어수단으로서의 효용성은 미흡하다고 본다.

제 6 기업(회사)결합

I. 의 의

기업(회사)결합이란 협의로는 2 개 이상의 기업(회사)이 경제적 공동목적을 위하여 결합하는 현상으로 각 기업(회사)이 그 법적 독립성(법인격)을 유지하는 것을 말하나, 광의로는 각 기업(회사)이 그 법인격을 상실하는 합병을 포함한다.[3] 합병에 관하여는 앞에서 상세히 설명하였으므로 이 곳에서는 협의의 기업(회사)결합에 대하여만 우리 상법의 규정을 중심으로 간단히 정리하여 보고자 한다.

이러한 기업결합은 자본주의 경제의 발전에 따라 경영합리화 · 경쟁제한을 통한 이익의 극대화 등의 목적으로 필연적으로 발생하는 것으로 기업집중의 현상을 가져오고 있다. 그런데 기업집중으로 인한 폐해에 대하여 다른 이해관

---

1) 대판 1998. 3. 24, 95 다 6885.
2) 동지: 김홍식, 전게서(M&A개론), 232~235면; 동, 전게 박사학위논문, 182~183면.
3) 정(동), (회) 885면; Hueck, S. 371.

계인의 이익을 보호하고 또한 건전한 국민경제의 발전을 위하여 우리나라는 상법 · 독점규제 및 공정거래에 관한 법률 등에서 부분적으로 그 부작용을 방지하기 위한 규정을 두고 있다.[1)]

2. 종류 및 법적 규제

기업(회사)결합은 그 목적 · 방법 등에 따라 여러 가지로 구별되고, 이에 대한 법적 규제도 다양한데, 우리 상법을 중심으로 이에 관한 규정을 정리하여 보면 다음과 같다.

(1) 계약에 의한 기업(회사)결합

상법상 당사자간의 계약에 의한 기업(회사)결합의 형태에는 영업의 양도(양수) · 임대차 · 경영위임, 이익공동계약 등이 있다.[2)] 이러한 기업(회사)결합의 방식은 대등적(평등적) 결합방식이라고 볼 수 있다. 이 중 모든 기업의 영업의 (전부)양도의 경우에는 양수인 및 양도인의 채권자와 채무자의 이익을 보호하기 위하여 규정을 두고 있다(상 41조~45조). 물적회사의 경우에는 주주(사원)의 이익을 보호하기 위하여 영업의 전부 또는 중요한 일부의 양도, 영업 전부의 임대 또는 경영 위임 · 타인과 영업의 손익 전부를 같이 하는 계약, 그 밖에 이에 준하는 계약의 체결 · 변경 또는 해약, 회사의 영업에 중대한 영향을 미치는 다른 회사의 영업 전부 또는 일부의 양수시에 주주(사원)총회의 특별결의를 받도록 하였다(상 374조 1항, 576조). 이 때 주식회사의 경우에는 이러한 결의사항에 반대하는 주주에 대하여 주식매수청구권을 인정하고 있다(상 374조의 2). 이에 관한 상세는 상법총칙 및 회사법의 해당되는 부분의 설명을 참고하기 바란다.

(2) 자본참가에 의한 기업결합

상법상 자본참가에 의한 기업(회사)결합의 형태에는 주식회사에서 주식의 상호보유가 있다. 이에는 모자회사간 주식의 상호보유와 비모자회사간 주식의 상호보유가 있는데, 모자회사간에는 자회사가 모회사의 주식을 취득할 수 없도록 하고(상 342조의 2) 비모자회사간에는 의결권만이 없는 것으로 하였다(상 369조 3항). 이에 관한 상세는 회사법의 해당되는 부분의 설명을 참고하기 바란다.

---

1) 기업결합에 관한 포괄적 입법이 필요하다는 견해로는 정(동), (회) 893~897면 참조.
2) 정(동), (회) 887~888면.

제 4 절 회사의 해산 · 청산 · 해산명령(판결) · 계속

제 1 해 산

1. 해산의 의의

(1) 회사의 해산(dissolution, winding-up; Auflösung)이라 함은 「회사의 법인격(회사의 권리능력)을 소멸시키는 원인이 되는 법률요건」을 말한다. 회사는 해산에 의하여 그 본래의 목적인 영업을 수행할 수는 없으나, 이로 인하여 바로 법인격이 소멸하는 것은 아니다. 다시 말하면 해산은 법인격 소멸의 원인은 되지만, 법인격 소멸 자체를 가져오는 것은 아니다.

(2) 회사(법인)의 경우에는 자연인의 경우와 같이 피상속인의 권리의무를 포괄적으로 승계하는 상속인이 없으므로, 회사의 권리의무의 처리를 위하여 필요한 절차를 밟게 할 필요가 있고 이러한 절차를 끝낼 때까지 권리능력을 존속시킬 필요가 있다. 따라서 회사는 해산에 의하여 영업능력은 상실하지만, 청산의 목적의 범위내에서는 권리능력(법인격)이 있고(상 245조, 269조, 287조의 45, 542조 1항, 613조 1항),[1] 이러한 권리능력(법인격)은 청산절차가 사실상 종료됨으로써 소멸된다. 회사는 청산에 의하여 그의 법인격이 소멸되지만, 청산의 방법으로 영업양도를 하는 경우 등에는 회사의 법인격은 소멸하지만 그 회사가 영위하는 영업(기업)의 실체는 소멸되지 않고 양수인의 영업(기업)으로서 존속하게 되는 것이다.

2. 해산회사의 법적 성질

해산 후 존속하는 청산중의 회사(청산회사)의 법적 성질에 관하여는, 청산회사라는 특별회사가 새로 성립한다는 「특별회사탄생설」(Sukzessionstheorie), 회사는 아니지만 편의상 회사로 의제된 것이라고 하는 「의제설」(Fiktionstheorie) 등도 있으나, 해산 전의 회사와 동일성을 가진 회사로서 다만 그 목적이 청산의 범위 내로 축소된 것이라고 하는 통설인 「동일회사설」(Identitätstheorie)이

1) 동지 판례: 대결 1966. 6. 14, 66 마 259(카드 7867); 대판 1956. 6. 8, 4289 행상 5(행판집 7, 663); 대결 1959. 5. 6, 4292 민재항 8(카드 8672) 등이 있다.

가장 타당하다고 본다.[1)]

3. 해산사유

해산사유는 회사의 종류에 따라 다르기 때문에(상 227조, 285조, 287조의 38, 517조, 609조), 이하에서는 각종 회사에 있어서의 해산사유를 간단히 살펴본 후, 각종 회사의 공통적인 해산사유인 해산명령과 해산판결에 대하여는 별도로 상세히 설명하겠다.

(1) 합명회사의 해산사유(상 227조)

1) 존립기간의 만료 기타 정관 소정사유의 발생 이것은 정관을 변경하지 않는 한 당연히 회사의 해산을 생기게 한다.

2) 총사원의 동의 이것은 회사의 발의에 의하여 수시로 하게 되지만, 상법은 기업유지의 이념에서 그 절차를 신중히 하여 총사원의 동의를 받도록 하고 있다.

3) 사원이 1인으로 된 때 사원의 복수는 합명회사의 성립요건이면서(상 178조) 또한 존속요건이다. 이는 민법상 사단법인이 사원의 복수를 존속요건으로 하고 있지 않은 점(민 77조 2항 전단)과 구별되고 있다.

4) 회사의 합병 합병의 경우 존속회사를 제외하고 언제나 당사회사의 해산사유가 된다. 다만 이 경우에 회사는 청산절차를 밟지 않고 소멸된다.

5) 회사의 파산 회사의 지급불능에 의하여 법원의 파산선고가 있으면 해산사유가 된다. 다만 이 경우에는 청산절차가 아니라 파산절차를 밟게 된다.

6) 법원의 해산명령 및 해산판결 이에 관하여는 뒤에서 상세히 설명한다.

(2) 합자회사의 해산사유(상 269조, 285조 1항)

합명회사의 해산사유와 대체로 같으나(상 269조, 227조), 다른 점은 다음과 같다. 합자회사는 무한책임사원과 유한책임사원(즉, 이원적인 사원)으로 구성되는 회사이기 때문에, 무한책임사원 또는 유한책임사원의 전원이 퇴사한 때에는 해산사유가 된다(상 285조 1항).

(3) 유한책임회사의 해산사유(상 287조의 38)

합명회사의 해산사유와 대체로 같으나(상 287조의 38), 다른 점은 합명회사는 '사

1) 우리나라 · 일본 · 독일의 정설이다.

원이 1인으로 된 때'가 해산사유인데(상 227조 3호) 유한책임회사는 '사원이 없게 된 경우'가 해산사유인 점이다(상 287조의 38 2호).

(4) 주식회사의 해산사유(상 517조)

합명회사의 해산사유와 대체로 같으나(상 517조 1호), 다른 점은 다음과 같다.

1) 합명회사의 경우에는 '사원이 1인으로 된 때'가 해산사유이나, 주식회사의 경우에는 주주가 1인으로 되어도 해산사유가 아니다(상 517조 1호). 따라서 1인 주식회사가 상법상 명문으로 가능하다.

2) 합명회사의 경우에는 총사원의 동의가 있어야 해산할 수 있으나, 주식회사의 경우에는 주주총회의 특별결의만 있으면 해산할 수 있다(상 517조 2호, 518조).

3) 주식회사에만 있는 해산사유로서 휴면회사의 해산의제가 있다. 즉, 주식회사가 폐업을 하고도 등기부상만 존속하는 회사를 「휴면회사」라고 하는데, 이러한 휴면회사가 법원이 정한 일정한 기간 내에 영업을 폐지하지 아니하였다는 뜻의 신고를 본점소재지를 관할하는 법원에 하지 않으면 해산한 것으로 본다(상 520조의 2 1항). 이 때 법원은 휴면회사에 대하여 이러한 공고가 있었다는 뜻의 통지를 발송하여야 한다(상 520조의 2 2항).

4) 주식회사에만 있는 해산사유로서 1998년 개정상법에 의하여 인정된 회사의 분할 또는 분할합병이 있다(상 517조 1호의 2). 이 때 분할전 회사(분할회사)가 소멸하는 경우 합병과 같이 청산절차를 밟지 않고 소멸한다.

(5) 유한회사의 해산사유(상 609조)

유한회사의 해산사유는 합명회사의 그것과 대체로 같으나(상 609조 1항 1호), 다른 점은 다음과 같다.

1) 합명회사의 경우에는 '사원이 1인으로 된 때'가 해산사유이나, 유한회사의 경우에는 주식회사의 경우와 같이 사원이 1인으로 되어도 해산사유가 아니다(상 609조 1항 1호).

2) 합명회사의 경우에는 총사원의 동의가 있어야 해산할 수 있으나, 유한회사의 경우에는 사원총회의 특별결의만 있으면 해산할 수 있다(상 609조 1항 2호, 2항).

4. 해산의 효과

1) 청산절차의 개시 회사가 해산하면 청산절차가 개시되는 것이 원칙이지만, 합병은 회사재산의 포괄승계가 있게 되고 또 파산은 파산절차로 이

전되므로 합병(주식회사의 경우는 분할 및 분할합병을 포함함)과 파산이 해산사유인 경우에는 청산절차가 개시되지 않는다.

2) 해산등기 합병(주식회사의 경우는 분할 및 분할합병을 포함함)과 파산의 경우를 제외하고(이 때에는 합병등기와 파산등기에 대하여 별도로 규정함)(상 233조 · 269조 · 287조의 41 · 528조 · 530조의 11 1항 · 602조, 파 23조), 그 외의 사유로 인한 해산의 경우에는 본점소재지에서는 2주간 내, 지점소재지에서는 3주간 내에 해산등기를 하여야 한다(상 228조, 269조, 287조의 39, 521조의 2, 613조 1항).

이러한 해산등기는 설립등기와는 달리 상법 제37조의 대항요건에 불과하다.[1)]

제 2 청 산

I. 청산의 의의

(1) 청산이라 함은 「회사가 해산 후 그 재산적 권리의무를 정리한 후 회사의 법인격을 소멸시키는 것」을 말한다. 합병(주식회사의 경우는 분할 및 분할합병을 포함함)과 파산이 해산사유인 경우에는 앞에서 본 바와 같이 청산을 필요로 하지 않는다.

(2) 앞에서 본 바와 같이 청산회사는 해산 전의 회사와 동일회사이므로, 상인성 · 상호 · 사원의 출자의무 · 제 3 자에 대한 책임 등은 해산 전의 회사(영업중의 회사)와 동일하다. 그러나 청산회사는 영업을 하지 않으므로 영업을 전제로 한 지배인 등 상업사용인을 둘 수 없고, 또 인적회사의 무한책임사원 · 유한책임회사의 업무집행자 및 물적회사의 이사는 경업피지의무를 부담하지 않게 된다(상 198조, 269조, 287조의 10, 397조, 567조). 또한 청산회사에서는 해산 전의 회사의 업무집행기관은 그 권한을 잃고,[2)] 이익(잉여금)은 배당(분배)되지 아니하며, 인적회사의 경우 사원의 퇴사는 인정되지 않는다.[3)]

---

1) 대결 1964. 5. 5, 63 마 29(집 21 ① 민 59); 대판 1981. 9. 8, 80 다 2511(집 29 ③ 민 1).

2) 동지: 대결 1959. 5. 6, 4292 민재항 8(카드 8672)(청산중의 법인은 적극적인 권리의 취득 등은 직무권한 외의 행위이므로 부동산을 경락취득할 수 없다).

3) 동지: 정(희), 318면.

2. 청 산 인

청산회사의 업무집행기관은 「청산인」인데, 이 청산인은 해산 전의 회사의 업무집행기관과는 다르다.

1) 원 칙 청산인은 제1차적으로 자치적으로 선임되는데, 이렇게 자치적으로 선임되지 않으면 제2차적으로 해산 전의 회사의 업무집행기관(인적회사의 경우는 업무집행사원, 유한책임회사의 경우는 업무집행자, 물적회사의 경우는 이사)이 된다(상 251조, 287조, 287조의 45, 531조 1항 본문, 613조 1항).

[대표이사를 대표청산인으로 본 판례]

휴면회사의 해산의 경우 대표이사가 있는데 감사가 청산회사를 대표하여 제기한 경매개시결정에 대한 이의신청은 각하되어야 한다[대결 2000. 10. 12, 2000 마 287(공보 2000, 2377)].

청산인의 해임은 다음과 같다. (i) 인적회사와 유한책임회사의 경우에는 사원이 선임한 청산인은 총사원 과반수의 결의로 해임할 수 있는데(상 261조, 269조, 287조의 45), 청산인이 그 직무를 집행함에 현저하게 부적임하거나 중대한 임무에 위반한 행위가 있는 때에는 법원은 사원 기타 이해관계인의 청구에 의하여 청산인을 해임할 수 있다(상 262조, 269조, 287조의 45). (ii) 물적회사의 경우에는 청산인은 (법원이 선임한 경우 외에는) 언제든지 주주(사원)총회의 결의로 이를 해임할 수 있는데(상 539조 1항, 613조 2항), 청산인이 그 업무를 집행함에 현저하게 부적임하거나 중대한 임무에 위반한 행위가 있는 때에는 발행주식총수의 100분의 3 이상에 해당하는 주식을 가진 주주(자본금총액의 100분의 3 이상에 해당하는 출자좌수를 가진 사원)는 법원에 그 청산인의 해임을 청구할 수 있다(상 539조 2항, 613조 2항).

2) 예 외

㈎ 사원이 1인이 되어 해산한 경우(주식회사 · 유한회사 및 유한책임회사는 제외)와 해산을 명하는 재판(해산명령 및 해산판결)에 의하여 해산한 경우에는 위와 같은 회사의 자치는 인정되지 않고, 법원이 이해관계인이나 검사의 청구에 의하여 또는 직권으로 청산인을 선임한다(상 252조, 269조, 287조의 45, 542조 1항, 613조 1항). 이와 같이 법원에 의하여 선임된 청산인은 법원에 의하여 해임된다.

㈏ 물적회사의 경우에는 이 외에도 위의 원칙에 의하여 청산인이 되는 자가 없는 경우에는, 이해관계인의 청구에 의하여 법원이 청산인을 선임한다(상 531조 2항, 613조 1항). 이와 같이 법원에 의하여 선임된 청산인은 법원에 의하여 해임된다.

3. 청산의 절차

⑴ 청산사무

청산인의 직무권한은 (i) 현존사무의 종결(필요한 사무원의 신규채용, 퇴직금의 지급, 공로자에 대한 위로금의 증여 등을 포함한다), (ii) 채권의 추심과 채무의 변제, (iii) 재산의 환가처분(환가방법으로 영업양도도 가능함), (iv) 잔여재산의 분배이다(상 254조, 269조, 287조의 45, 542조 1항, 613조 1항).

⑵ 청산절차의 방법

청산절차에는 임의청산과 법정청산의 두 가지가 있다.

1) 임의청산은 인적회사가 해산한 경우에(사원이 1인이 된 경우 또는 해산을 명하는 재판에 의하여 해산한 경우를 제외) 정관 또는 총사원의 동의로 회사재산의 처분방법을 임의로 정하는 청산방법이다(상 247조). 임의청산의 경우에도 채권자보호절차를 취하여야 한다(상 248조, 249조, 269조).

2) 법정청산은 물적회사 및 유한책임회사가 해산한 경우 또는 인적회사에서 임의청산의 방법에 의하지 않는 경우에 이용되는 청산방법인데, 그 절차에 관하여 상법은 상세하게 규정하고 있다. 법정청산의 경우 상법은 회사채권자와 사원을 보호하기 위하여 엄격하게 규정하고 있다(엄격주의)(상 250조 이하, 269조, 287조의 45, 542조 1항, 613조 1항).

4. 청산의 종결과 종결의제

⑴ 법정청산의 경우에는 잔여재산의 분배를 포함한 모든 청산사무를 종결하였을 때에, 청산인은 총사원(인적회사 및 유한책임사원의 경우) 또는 주주(사원)총회(물적회사의 경우)의 승인을 얻은 후 청산종결의 등기를 하여야 한다(상 264조, 269조, 287조의 45, 542조 1항, 613조 1항).

⑵ 상법 제520조의 2 1항의 규정에 의하여 해산이 의제된 주식회사가 3년 내에 회사계속의 결의를 하지 아니하면, 그 3년이 경과한 때에 청산이 종결된 것으로 본다(상 520조의 2 4항).

⑶ 청산이 사실상 종결되지 아니한 경우에는 청산종결의 등기를 하였더라도 그 등기에는 공신력이 없고 또한 회사의 법인격도 소멸되지 않는다.

우리 대법원판례도 이러한 취지에서 다음과 같이 판시하고 있다.

[청산종결의 등기를 하였더라도 청산사무가 잔존하는 한 권리능력을 인정한 판례]

청산종결의 등기를 하였더라도 채권이 있는 이상 청산은 종료되지 않으므로 그 한도에서 청산법인은 당사자능력이 있다[대판 1968. 6. 18, 67 다 2528(집 16 ② 민 133)].

동지: 대판 1969. 2. 4, 68 다 2284(민판집 136, 226); 동 1982. 3. 23, 81 도 1450(집 30 ① 형 37)(청산종결의 등기가 종료되었다고 하여도 그 피고사건이 종결되기까지는 회사의 청산사무는 종료되지 아니하고 형사소송법상 당사자능력도 존속한다); 대결 1991. 4. 30, 90 마 672(공보 899, 1596)(상법 제520조의 2 제 1 항 내지 제 4 항에 의하여 회사가 해산되고 그 청산이 종결된 것으로 보게 되는 회사라도 권리관계가 남아 있어 현실적으로 정리할 필요가 있는 때에는 그 범위 내에서는 아직 완전히 소멸하지 아니한다); 대판 1994. 5. 27, 94 다 7607 (공보 971, 1824)(상법 제520조의 2의 규정에 의하여 주식회사가 해산되고 그 청산이 종결된 것으로 보게 되는 회사라도 어떤 권리관계가 남아 있어 현실적으로 정리할 필요가 있으면 그 범위 내에서는 아직 완전히 소멸하지 아니하고, 이러한 경우 그 회사의 해산 당시의 이사는 정관에 다른 규정이 있거나 주주총회에서 따로 청산인을 선임하지 아니한 경우에 당연히 청산인이 되고, 그러한 청산인이 없는 때에는 이해관계인의 청구에 의하여 법원이 선임한 자가 청산인이 되므로, 이러한 청산인만이 청산중인 회사의 청산사무를 집행하고 대표하는 기관이 된다); 대판(전) 2019. 10. 23, 2012 다 46170(공보 2019, 2175)(상법 제520조의 2에 따라서 주식회사가 해산되고 그 청산이 종결된 것으로 보게 되는 회사라도 어떤 권리관계가 남아 있어 현실적으로 정리할 필요가 있으면 그 범위에서는 아직 완전히 소멸하지 않고, 이러한 경우 그 회사의 해산 당시의 이사는 정관에 다른 정함이 있거나 주주총회에서 따로 청산인을 선임하지 않은 경우에 당연히 청산인이 되며, 그러한 청산인이 없는 때에 비로소 이해관계인의 청구에 따라 법원이 선임한 자가 청산인이 되어 청산 중 회사의 청산사무를 집행하고 대표하는 유일한 기관이 된다).

결과 동지: 대결 1966. 10. 17, 66 마 901(민결집 27, 117)(회사가 설립되어 그 설립등기를 마친 이상 그 후 8·15해방과 더불어 동 회사의 본점소재지가 북괴치하에 들어가고 이사는 모두 행방불명이 되었다고 하더라도 동 회사가 소멸하여 그 존재가 없어진 것으로는 볼 수 없다).

제3 회사의 해산명령과 해산판결

I. 회사의 해산명령

(1) 회사의 해산명령의 의의

1) 회사의 해산명령이란 「공익상 회사의 존속이 허용될 수 없는 경우에 법원이 직권 또는 신청에 의하여 회사의 해산을 명하는 재판」이다(상 176조 1항). 이러한 회사의 해산명령제도는 회사의 설립준칙주의의 폐단을 사후에 규제하기 위한 제도로서, 민법상 법인의 설립허가취소제도(민 38조)나 회사의 설립면허주의에 있어서의 면허취소에 해당된다고 볼 수 있다.[1)]

2) 회사의 해산명령제도는 해산판결제도(상 241조, 269조, 287조의 42, 520조, 613조 1항)와 함께 법원에 의하여 회사의 법인격을 전면적으로 박탈시키는 제도라는 점 등에서는 공통점을 가지고 있다. 그러나 「해산명령제도」는 공익목적을 위한 제도로서 그 원인이 회사의 대외적인 문제이고 청구권자는 이해관계인이나 검사(또는 법원 자신의 직권)이나, 「해산판결제도」는 사원 또는 주주의 이익보호를 위한 제도로서 그 원인이 회사의 대내적인 문제이고 청구권자는 사원 또는 주주(법원 자신의 직권에 의한 경우는 없음)라는 점 등에서 양자는 구별되고 있다.[2)]

또한 「해산명령제도」는 비송사건절차에 의한 결정으로 하게 되나, 「해산판결제도」는 소송사건으로 판결로 하게 되는 점에서도 양자는 구별되고 있다.

3) 회사의 해산명령제도(및 해산판결제도)는 회사의 법인격을 남용하는 것을 시정하기 위한 제도라는 점에서는 법인격부인론과 공통점을 가지고 있다. 그러나 「해산명령제도」는 회사의 법인격을 전면적으로 박탈하는 제도이나, 「법인격부인론」은 회사의 법인격 자체를 박탈하지 않고 그 법인격이 남용된 특정한 경우에 한하여 그 회사의 독립적인 법인격을 제한함으로써 법인격의 남용에서 생기는 폐단을 시정하기 위한 제도라는 점에서 양자는 차이가 있다.[3)]

4) 회사의 해산명령제도는 법인격을 전면적으로 박탈시키는 제도라는 점에서는 휴면회사에 대한 해산의제제도(상 520조의 2)와 같으나, 「해산명령제도」는 법원

---

1) 동지: 정(희), 315면.
2) 이에 관한 상세는 이(범), (예해) 317~320면 참조.
3) 동지: 정(동), (회) 673면.

의 재판에 의한 법인격의 박탈이나, 「해산의제」는 법률의 의제규정에 의한 법인격의 박탈이라는 점에서 양자는 구별되고 있다.

⑵ 회사의 해산명령의 사유

회사의 해산명령의 사유에 대하여 상법은 다음과 같이 세 가지를 규정하고 있다(상 176조 1항).

1) 회사의 「설립목적이 불법」인 때이다. 정관에 기재된 회사의 목적이 형식적으로 불법인 경우는 물론, 실질적으로 불법인 경우를 포함한다(예컨대, 정관상 목적은 무역업이나 실질적으로 밀수를 하는 경우 등).

2) 회사가 「정당한 사유 없이 설립한 후 1년 내에 영업을 개시하지 아니하거나, 1년 이상 영업을 휴지하는 때」이다. 영업의 성질상 불가피하게 개업준비하는 데 1년 이상 소요된 경우(예컨대, 유전개발을 목적으로 하는 회사가 시추작업을 하는 데 1년 이상 소요한 경우)에는 「정당한 사유」가 있다고 볼 수 있으나, 사업자금의 부족 · 영업실적의 부진 등과 같은 회사의 내부적인 사정으로 인한 경우에는 「정당한 사유」가 있다고 볼 수 없다.[1)]

우리나라의 대법원결정은 다음과 같이 회사가 소유권분쟁 때문에 정상적인 업무수행을 하지 못하다가 승소하여 영업을 개시한 경우에는 그 결정확정 전까지 영업을 개시하지 못한 점에 대하여 「정당한 사유」가 있다고 보아 상법 제176조 1항 2호의 해산명령사유에 해당하지 않는다고 하였으나, 패소한 경우에는 회사가 그 소송으로 인하여 수 년간 정상적인 업무를 수행하지 못한 점은 상법 제176조 1항 2호의 해산명령사유에 해당되어 회사는 해산될 수 있다고 하고 있다.

[해산명령사유를 부정한 결정]

위 상인들과 X회사 사이에 위 신축중인 건물의 소유권을 둘러싸고 분쟁이 발생하여 그 때부터 본원의 확정판결이 있을 때까지 회사는 그 기능을 사실상 상실하고 시장경영, 점포임대와 그 차임징수, 납세 등 정상적인 업무수행을 하지 못하였으나, 이제 위 확정판결에 기하여 위 신축건물을 회수하고 그 기능을 회복하여 위 상인들과의 거래관계를 정산하는 등 정상적인 업무수행을 할 수 있는 위치로 복귀하였음을 인정할 수 있으므로, X회사가 과거 수 년 동안 위와 같은 특별한 사정 때문에 그 정상적인 업무수행을 하지 못한 것을 가리켜 상법

1) 동지: 이(철), (회) 139면.

제176조 1항 2호 후단 소정의 회사 해산명령사유인 회사가 정당한 사유 없이 1년 이상 영업을 휴지하는 때에 해당한다고 볼 수는 없다[대결 1978. 7. 26, 78마106(공보 597, 11083)].

[해산명령사유를 긍정한 결정]

재항고인인 X회사는 본건 재항고 이유에서 X회사가 위와 같이 그 영업을 휴지한 것은 X회사의 기본재산인 동시에 X회사의 영업에 근간이 되는 광천이 위치하고 있는 부동산에 관하여 A회사와의 사이에 그 소유권의 귀속과 등기절차 등에 관련된 소송이 계속되어 부득이 영업을 계속하지 못한 것이므로 X회사가 정당한 사유 없이 영업을 휴지한 경우에 해당되지는 않는다는 취지를 주장하고 있으나, X회사에 패소로서 확정되었음을 알 수 있으므로 결국 X회사는 부당한 소송을 제기하였던 것에 불과하였다 할 것이다. 그렇다면 위와 같은 소송관계로 인하여 X회사가 그 영업을 휴지하였던 것이라고 하더라도 이는 그 영업휴지에 관하여 정당한 사유가 있는 경우에 해당한다고는 할 수 없다[대결 1979. 1. 31, 78마56(집 27 ① 민 62)].

3) 「이사 또는 회사의 업무를 집행하는 사원이 법령 또는 정관에 위반하여 회사의 존속을 허용할 수 없는 행위를 한 때」이다. 이것은 이사 등이 기관의 지위에서 위법행위를 한 경우뿐만 아니라(예컨대, 출판회사에서 공서양속에 위반하는 도서를 출판한 경우), 이사 등이 개인적 이익을 위하여 기관의 지위를 남용한 경우(예컨대, 이사가 자기의 채무를 변제하기 위하여 회사재산을 처분한 경우)를 포함하나, 이사 등의 교체만으로는 구제될 수 없을 정도로 이사 등의 위법행위와 회사와의 관계가 밀접하여야 한다.

이러한 취지의 다음과 같은 대법원판례가 있다.

[해산명령사유를 긍정한 판례]

원심은 재항고인 X회사는 1980. 1. 16. 자본금 10,000,000원으로 관광개발준비업(그 후 관광호텔업 · 부동산임대업으로 변경되었음)을 목적으로 하여 설립된 회사로서, 설립 직후 당시 대표이사이던 A 개인 소유의 부산 남구 남천동 5의 3 대지와 그 지상의 미완성(공정 40퍼센트) 호텔용 건축물(지하 1층, 지상 7층) 연건평 4,228평방미터 43을 양수하였으나, 위 A와 함께 대표이사가 되었던 B가 발기인으로서 주금납입을 가장하고 약정한 투자도 하지 않을 뿐 아니라 위 호텔용 건축물 공사에 따른 공사보증금까지 횡령하는 바람에 자본부실로 대표이사만 빈번하게 교체될 뿐 공사를 제대로 진척시키지 못하여 이렇다 할 영업실적을 갖지 못하고 있던 중 1981. 7. 15. 남부산세무서장으로부터 영업실적이 없다고 그 세적이 제적되기에 이르렀고(현재는 위 본점소재지에 "주식회사 신라"라는 별개의 회사가 설립되어 그 명의로 사업자등록을 하여 그 회사가 영업중에 있다), 그 후에도 대표이사로 있던 자들이 위 공사를 추진함에 있어 자본을 끌어들이는 과정에서 사기행위를 하여 형사처벌을 받는 등으로 공사를 중단하기도 하고 영업을 옳게 하지 못하고 있다가 1984. 8. 14.에는 유일한 재산이던 위 대지와 건축물 중 대지는 강제경매에 의하여 제 3 자에게 경낙되어 버리고, 건물도 1986. 8. 13. 제 3 자에게 양도함으로써 현재 아무런 자산을 갖고 있지 않으며, 앞으로도 전혀 갱생할 가능성이 없음을 인정할 수 있고 반증 없으므로 X회사는 정당한 사유없이 설립 후 1년 이상 영업을 휴지하였을 뿐만 아니라 이사가 법령 또는 정관에 위반하여 회사의 존속을 허용할 수 없는 행위를 한 때에 각 해당하므로 X회사에 대하여 해산을 명한 제 1 심 결정을 정당하다 하여 항고를 기각하였는바, 이는 정당하며 X회사가 소론과 같이 위 호텔 건축물을 준공예정기일까지 준공하지 못하고 영업개시를 못한 이유가 호텔의 내부구조변경과 위 호텔 공정이 교통부 관광진흥자금이 배정되지 아니한 때문이었다 하더라도 이러한 사유는 회사가 영업을 개시하지 아니한 정당한 사유가 된다고는 할 수 없다. 위에서 본 사실관계에 비추어 X회사의 이사가 법령 또는 정관에 위반하여 회사의 존속을 허용할 수 없는 행위를 한 때에 해당한다는 원심판단도 수긍된다(대결 1987. 3. 6, 87 마 1).

(3) 회사의 해산명령의 절차

1) 법원은 이해관계인이나 검사의 청구에 의하여 또는 직권으로 회사의 해산명령을 할 수 있다(상 176조 1항). 이 때 회사는 이해관계인의 악의를 소명하여(상 176조 4항) 이해관계인에게 상당한 담보를 제공할 것을 법원에 청구할 수 있고, 법원은 이에 의하여 상당한 담보를 제공할 것을 명할 수 있다(상 176조 3항, 비송 97조).

2) 회사의 해산명령청구사건은 비송사건으로서, 이에 관한 재판절차는 비송사건절차법(동법 90조 이하)에 의한다.

3) 회사의 해산명령의 청구가 있는 때에는 법원은 회사의 해산을 명하기 전이라도, 이해관계인이나 검사의 청구에 의하여 또는 직권으로 관리인의 선임 기타 회사재산의 보전에 필요한 처분을 할 수 있다(상 176조 2항, 비송 94조).

(4) 회사의 해산명령의 효과

법원의 해산명령의 재판은 이유를 부기한 결정으로써 하는데(비송 90조 1항, 75조 1항), 이러한 해산명령재판의 확정에 의하여 회사는 해산한다(상 227조 6호, 269조, 287조의 38, 517조 1항, 609조 1항 1호). 해산명령에 대하여 회사 · 이해관계인과 검사는 즉시항고를 할 수 있다(비송 91조).

2. 회사의 해산판결

(1) 회사의 해산판결의 의의

1) 회사의 해산판결이란 「사원의 이익을 보호하기 위하여 회사의 존속이 사원의 이익을 해하는 경우에, 사원의 청구에 의하여 법원이 판결로써 회사의 해산을 명하는(법인격을 박탈하는) 재판」이다(상 241조, 269조, 287조의 42, 520조, 613조 1항).

2) 회사의 해산판결이 해산명령과 구별되는 점은 앞의 해산명령의 의의에서 본 바와 같다. 입법의 형식도 해산명령은 회사법 통칙에서 규정하고 있는데, 해산판결은 각종의 회사에 관한 규정에서 개별적으로 규정하고 있다.

(2) 회사의 해산판결의 사유

회사의 해산판결사유는 해산명령사유와는 달리 회사의 위법행위가 공익침해까지는 되지 않아도 영업의 실적을 회복할 가망이 없고, 그렇다고 자발적 해산도 하지 아니하는 경우에, 회사존속으로 인한 보다 큰 손해를 피하기 위하여 (소수)사원에게 인정된 구제책이다. 이를 인적회사 · 유한책임회사 및 물적회사로 나누어서 살펴보면 다음과 같다.

1) 인적회사 및 유한책임회사 「부득이한 사유」가 있는 때이어야 한다(상 241조 1항, 269조, 287조의 42). 이 때 「부득이한 사유」란 사원간의 불화가 극심하여 그 상태로는 회사의 존속이 곤란한 경우로서, 사원의 제명 · 퇴사 · 지분양도(소극적 방법)나 총사원의 동의에 의한 해산(적극적 방법)이 곤란한 경우를 의미한다.[1] 이 부득이한 사유는 회사의 해산명령의 사유와도 중복될 수 있는데, 이 경우에 사원은 해산명령을 청구할 수도 있고 해산판결을 청구할 수도 있다.[2]

2) 물적회사

(가) 「회사의 업무가 현저한 정돈상태를 계속하여 회복할 수 없는 손해가 생기거나 생길 염려가 있을 때」로서, 또한 「부득이한 사유」가 있는 때이다(상 520조 1항 1호, 613조 1항). 예컨대, 이사간에 분쟁이 있어서 업무가 교착상태(deadlock)에 빠진 경우로서 이사의 개선(改選) 등으로는 주주의 정당한 이익을 보호할 수 없는

---

1) 동지: 이(철), (회) 142면; 손(주), 472면; 이(기) 외, (회) 116면; 주상(제5판)(회사 I), 324면; 日最高判 1938. 10. 29; 동 1958. 5. 20(그러나 사원의 제명에 의하여 이를 해결할 수 있는 경우는 해산판결의 사유가 되지 않는다).

2) 동지: 손(주), 473면.

경우 등이다.[1] 우리 대법원판례도 이와 같은 취지에서 다음과 같이 판시하고 있다.

[상법 제520조 제 1 항 제 1 호의 해산사유가 존재한다고 본 판례]

상법 제520조 제 1 항은 주식회사에 대한 해산청구에 관하여 "다음의 경우에 부득이한 사유가 있는 때에는 발행주식의 총수의 100분의 10 이상에 해당하는 주식을 가진 주주는 회사의 해산을 법원에 청구할 수 있다."라고 하면서, 제 1 호로 "회사의 업무가 현저한 정돈(停頓)상태를 계속하여 회복할 수 없는 손해가 생긴 때 또는 생길 염려가 있는 때"를 규정하고 있다. 여기서 '회사의 업무가 현저한 정돈상태를 계속하여 회복할 수 없는 손해가 생긴 때 또는 생길 염려가 있는 때'란 이사 간, 주주 간의 대립으로 회사의 목적 사업이 교착상태에 빠지는 등 회사의 업무가 정체되어 회사를 정상적으로 운영하는 것이 현저히 곤란한 상태가 계속됨으로 말미암아 회사에 회복할 수 없는 손해가 생기거나 생길 염려가 있는 경우를 말하고, '부득이한 사유가 있는 때'란 회사를 해산하는 것 외에는 달리 주주의 이익을 보호할 방법이 없는 경우를 말한다. 따라서 원심이 이 사건의 경우 같은 취지에서 피고에게 상법 제520조 제 1 항 제 1 호의 해산사유가 존재한다고 판단한 것은 정당하다[대판 2015. 10. 29, 2013 다 53175(공보 2015, 1755)].

(나) 「회사재산의 관리 또는 처분의 현저한 실당(失當)으로 인하여 회사의 존립을 위태롭게 한 때」로서, 또한 「부득이한 사유」(다른 방법으로는 잘못된 경영이나 비행을 시정하기 어려울 때)가 있는 때이다(상 520조 1항 2호, 613조 1항). 예컨대, 이사가 회사의 재산을 부당하게 유용하거나 처분한 때로서 이사의 개선(改選)이나 위법행위유지청구 등으로는 주주의 정당한 이익을 보호할 수 없는 경우 등이다.[2]

(3) 회사의 해산판결의 절차

1) 청구권자는 인적회사 및 유한책임회사의 경우는 「각 사원」이고(상 241조 1항, 269조, 287조의 42), 물적회사의 경우는 「발행주식총수(자본금)의 100분의 10 이상에 해당하는 주식(출자좌수)을 가진 주주(사원)」이다(상 520조 1항, 613조 1항).

2) 회사의 해산판결 청구사건은 「소송사건」으로 그 소는 형성의 소에 해당하고, 재판은 「판결」에 의한다.

3) 이 소는 본점소재지를 관할하는 지방법원의 전속관할에 속한다(상 241조 2항, 186조, 269조, 287조의 42, 520조 2항, 613조 1항).

---

1) 동지: 정(동), (회) 675면; 정(희), 316면.
2) 동지: 정(동), (회) 675면; 정(희), 316면.

(4) 회사의 해산판결의 효과

1) 원고가 승소하여 해산재판이 확정되면, 회사는 해산하여 청산절차를 밟아야 한다.

2) 원고가 패소한 경우, 원고에게 악의 또는 중과실이 있으면 원고는 회사에 대하여 연대하여 손해배상할 책임을 부담한다(상 241조 2항, 191조, 269조, 287조의 42, 520조 2항, 613조 1항).

제 4 회사의 계속[1)]

1. 회사의 계속의 의의

(1) 회사의 계속이란 「일정한 해산사유로 인하여 해산된 회사가 상법의 규정과 사원의 의사에 의하여 다시 해산 전의 회사로 복귀하여 존속하는 것」을 말한다. 이러한 제도는 상법이 기업유지의 이념에서 인정한 제도이다.[2)]

(2) 상법은 각종 회사의 해산에 관한 규정에서 회사의 계속제도를 규정하고 있다(상 229조, 269조, 285조 2항, 287조의 40, 519조, 520조의 2 3항, 610조).

2. 회사의 계속의 사유 및 절차

(1) 각종 회사의 계속의 사유 및 절차

회사의 계속은 일정한 해산사유에 해당하는 회사에 대하여 인정되는데, 그 대내적 절차는 각종 회사에 따라서 또 해산사유에 따라서 상이하다(회사의 계속의 경우에는 대외적 절차로서 채권자보호절차가 필요 없다).

1) 합명회사 합명회사가 「존립기간의 만료 기타 정관으로 정한 사유의 발생」으로 인하여 해산되거나 또는 「총사원의 동의」에 의하여 해산되는 경우에는, 사원의 전부 또는 일부(이 때에 회사의 계속에 동의하지 않는 사원은 퇴사한 것으로 간주됨)의 동의로 회사를 계속할 수 있다. 또한 「사원이 1인」이 되어 해산한 경우에는, 새로 사원을 가입시켜서 회사를 계속할 수 있다(상 229조 1항 · 2항).

2) 합자회사 합자회사가 「존립기간의 만료 기타 정관으로 정한 사유의 발생」으로 인하여 해산되거나 또는 「총사원의 동의」에 의하여 해산되는 경우에는, 사원의 전부 또는 일부(이 때에 회사의 계속에 동의하지 않는 사원은 퇴

---

1) 회사의 계속과 합병 및 조직변경의 비교에 관하여는 연습, 250~258면(사례 42) 참조.

2) 동지: 정(동), (회) 677면; 정(희), 317면.

사한 것으로 간주됨)의 동의로 회사를 계속할 수 있음은 합명회사의 경우와 같다(상 269조, 229조 1항). 그런데 합자회사에 특유한 것으로는 합자회사가 「무한책임사원 또는 유한책임사원의 전원이 퇴사」하여 해산사유가 된 경우에, 잔존 무한책임사원 또는 유한책임사원의 전원의 동의로 새로 유한책임사원 또는 무한책임사원을 가입시켜서 회사를 계속할 수 있는 점이다(상 285조 2항).

3) 유한책임회사 유한책임회사가 「존립기간의 만료 기타 정관으로 정한 사유의 발생」으로 해산되거나 「총사원의 동의」에 의하여 해산되는 경우에는, 사원의 전부 또는 일부(이 때 회사의 계속에 동의하지 않는 사원은 퇴사한 것으로 간주됨)의 동의로 회사를 계속할 수 있는데(상 287조의 40), 이 점은 합명회사의 경우와 같다.

4) 주식회사 주식회사가 「존립기간의 만료 기타 정관으로 정한 사유의 발생」 또는 「주주총회의 특별결의」에 의하여 해산되는 경우에는, 주주총회의 특별결의에 의하여 회사를 계속할 수 있다(상 519조). 또한 최후의 등기 후 5년을 경과하고 또 그 후 법원에 영업을 폐지하지 아니하였다는 뜻을 신고기간(법원의 공고일로부터 2월) 내에 신고하지 않아 신고기간이 만료된 때에 「해산한 것으로 의제된 휴면회사」라도, 신고기간 후 3년 이내에는 주주총회의 특별결의에 의하여 회사를 계속할 수 있다(상 520조의 2 3항).

5) 유한회사 유한회사가 「존립기간의 만료 기타 정관으로 정한 사유의 발생」 또는 「사원총회의 특별결의」에 의하여 해산되는 경우에는, 사원총회의 특별결의에 의하여 회사를 계속할 수 있다(상 610조 1항).

(2) 조직변경에 의한 회사의 계속

회사의 계속은 원칙적으로 회사의 종류에는 변경이 없고 동일회사로 존속하므로 당사회사 내에서만 가능하다.

그러나 이에 대한 예외로서, (i) 합명회사의 「사원이 1인」이 되어(해산원인) 새로 사원을 가입시켜 회사를 계속하는 경우에는 이와 함께 합자회사로 조직변경을 할 수 있고(상 242조 2항, 229조 2항), (ii) 또한 합자회사의 「유한책임사원 전원이 퇴사」하여 해산사유가 된 경우에는(상 285조 1항) 무한책임사원 전원의 동의로써 합명회사로 조직변경하여 회사를 계속할 수 있다(상 286조 2항). 이러한 경우는 회사의 계속과 조직변경이 함께 성립하는 경우이다.

(3) 회사의 계속등기

회사의 계속의 경우에 이미 회사의 해산등기를 하였을 때에는 본점소재지에서는 2주간 내, 지점소재지에서는 3주간 내에 회사의 계속등기를 하여야 한다(상 229조 3항, 269조, 285조 1항, 287조의 40, 521조의 2, 611조). 계속등기에 있어서는 회사를 계속할 뜻과 그 연월일을 등기하여야 하고(상등 61조, 상등규 109조, 118조, 127조, 154조, 162조), 설립무효 또는 취소의 판결이 확정된 후에 회사계속등기를 신청하는 경우에는 설립무효 또는 설립취소에 관한 정보를 제공하여야 한다(상등규 109조 2항).

3. 회사의 계속의 효과

(1) 회사의 계속에 의하여 해산한 회사는 장래에 향하여 해산 전의 회사로 복귀하여 다시 영업능력을 회복한다. 해산한 회사와 부활 후의 회사는 동일성을 가지므로, 해산에 의하여 청산의 목적범위 내로 줄어들었던 권리능력은 다시 완전한 권리능력을 회복하게 된다. 회사의 계속의 효력은 장래에 향해서만 생기므로 해산 후 계속까지에 청산인이 한 행위는 그 효력이 있다. 그러나 회사의 계속은 장래에 대하여 제 3 자에게 영향을 미치는 바가 크므로, 상법은 앞에서 본 바와 같이 계속의 등기를 하도록 규정하고 있다.

(2) 회사의 계속이 언제 그 효력을 발생하느냐에 대하여는 상법에 규정이 없으므로 해석에 의할 수밖에 없는데, 합병 및 조직변경의 경우와는 달리(즉, 회사의 소멸이나 다른 종류의 회사로 변경되지 않고 같은 종류의 회사로 복귀하며, 다만 청산의 목적범위 내로 줄어 들었던 권리능력을 다시 완전히 회복하는 데 불과한 점에서) 계속등기에 의하여 비로소 그 효력이 발생하는 것은 아니라고 본다.

(3) 회사의 계속은 일정한 사유로 인하여 일단 해산한 회사에 대하여 인정되는 제도인데, 이 때 다른 사원을 가입시켜 회사를 계속하는 경우에는 다른 사원의 회사채무에 대한 책임의 문제가 있다. 합명회사에서 사원이 1인이 되어 다른 사원을 가입시켜 합명회사를 계속하는 경우 또는 합자회사에서 무한책임사원 전원이 퇴사하여 다른 무한책임사원을 가입시켜 합자회사를 계속하는 경우에, 새로 가입한 무한책임사원은 그 가입 전에 생긴 회사채무에 대하여 다른 사원과 동일한 책임을 진다(상 229조 4항, 285조 3항, 213조).

(4) 회사의 계속절차에 하자가 있는 경우에 이의 무효의 소에 대해서는 상법에 별도의 규정이 없으나, 이에 관하여도 단체법상의 획일적인 확정을 요하므로 조직변경의 경우와 같이 회사설립의 무효·취소에 관한 소의 규정이 준용되어야 할 것으로 본다.

제 2 편

회사법 각론

제 1 장　합명회사
제 2 장　합자회사
제 3 장　유한책임회사
제 4 장　주식회사
제 5 장　유한회사

제 1 장

합 명 회 사

제 1 절 총　　설

제 1 의　　의

(1) 합명회사는 2인 이상의 무한책임사원만으로 구성되는 회사이고, 자본의 결합보다는 노동력의 결합에 중점이 있다.[1] 합명회사는 사원이 회사의 채권자에 대하여 직접·연대·무한책임을 부담하고, 직접 업무집행을 담당하는 점(자기기관)에 특색이 있다.

(2) 합명회사는 다른 회사와 같이 형식은 법인으로 규정되어 있으나(상 169조), 실질은 조합적 성질이 있어 내부관계에서는 민법의 조합에 관한 규정이 준용된다(상 195조).

제 2 경제적 기능

합명회사는 전형적인 인적회사로서 자본의 결합보다는 인적 결합에 그 주된 기능을 갖고 있으므로 구성원 사이에 인적 신뢰관계가 깊은 가까운 친척이나 친지간의 기업으로서 이용될 수 있는 회사형태이다. 이러한 합명회사는 사원의 개성이 농후하고 사원이 회사의 채권자에 대하여 무한책임을 부담하며

1) 합명회사라는 명칭은 프랑스법계의 것으로 전 사원의 성명을 집합표시하여 회사의 상호로 한 데서 이 말이 사용되었다. 따라서 상호자유주의를 취하는 우리나라에서는 적당한 명칭이 아니다(중국 公司法은 無限責任公司라고 하고 있다). 독일법계의 상법에서 공연(公然)상사회사(offene Handelsgesellschaft: OHG)라고 하는 것은 익명조합(stille Gesellschaft)에 대한 것으로 역시 사원의 성명을 외부에 나타낸다는 데 중점이 있고, 이는 우리나라의 합명회사에 해당된다[정(희), 321면].

또 원칙적으로 회사의 업무를 집행하고 회사를 대표하므로, 법적으로는 법인이나(상 169조) 경제적으로는 개인기업에 가깝다.[1] 따라서 합명회사는 대기업에는 부적합하고, 특히 인적 신뢰와 노동력의 보충을 필요로 하는 중소기업에 적합한 회사형태이다.

제2절 설 립

제1 설립절차

합명회사의 설립절차는 「정관의 작성」과 「설립등기」만으로 구성되는데(물적회사와는 달리 출자이행절차는 회사의 성립요건이 아님), 이러한 절차는 회사설립을 목적으로 하는 당사자(사원)간의 계약인 민법상의 조합계약의 이행으로써 수행된다.

I. 정관의 작성

합명회사의 정관은 2인 이상의 사원이 공동으로 작성하는데(상 178조), 이 정관에는 아래와 같이 일정한 사항(절대적 기재사항·상대적 기재사항·임의적 기재사항)을 기재하고, 총사원이 기명날인 또는 서명을 하여야 한다(상 179조). 이러한 정관의 절대적 기재사항에서 나타나는 바와 같이 합명회사는 정관의 작성에 의하여 사원, 출자(상 179조 3호·4호) 및 기관(상 200조 1항)이 확정되어 실체형성절차가 끝나게 된다. 합명회사에서는 설립시에 출자의 이행이 있어야 할 필요가 없는데,[2] 이러한 점은 물적회사(특히, 주식회사)의 설립절차와 크게 구별되는 특징이다.

(1) 절대적 기재사항

정관에 기재할 절대적 기재사항은 (i) 목적(회사가 수행하는 영업의 내용을 표시하여야 하는데, 이는 회사의 권리능력과 관련된다), (ii) 상호(합명회사라는 문자를 사용하여야 한다), (iii) 사원의 성명·주민등록번호[3] 및 주소(합명회사의 사원

1) 동지: 손(주), 476면.

2) 정(동), (회) 740면; 채, 871면; 이(기) 외, (회) 616면; 주상(제5판)(회사 I), 163면, 173면; 日大判 1933. 2. 15(民集 12-3, 215).

3) 1995년 개정상법에 의하여 사원의 동일성 확인을 분명히 하기 위하여 주민등록번호가 추가되었다.

은 회사채권자에 대하여 무한책임을 지는 등 매우 중요하기 때문에 사원이 누구인지를 정관에 반드시 기재하도록 한 것이다), (iv) 사원의 출자의 목적(출자의 목적이 재산출자·신용출자·노무출자인지 여부와 그 구체적 내용)과 그 가격(금전출자 이외의 재산출자의 경우 금전으로 평가한 가격) 또는 평가의 표준(신용출자 또는 노무출자의 경우에는 손익배분의 기준으로서 가격산출이 필요하므로 이의 가격산출방법을 말하는데, 예컨대 이의 가격을 매월 일정액으로 정하거나 또는 이의 가격을 재산출자의 최저액에 준한다고 정하는 것 등이다), (v) 본점의 소재지[1], (vi) 정관의 작성연월일이다(상 179조).

(2) 상대적 기재사항

정관의 상대적 기재사항은 (i) 사원의 업무집행권의 제한(상 200조 1항), (ii) 대표사원의 결정(상 207조 단서), (iii) 공동대표의 결정(상 208조 1항), (iv) 사원의 퇴사사유의 결정(상 218조 1호), (v) 회사의 존립기간 기타 해산사유의 결정(상 217조 1항, 227조 1호), (vi) 노무 또는 신용으로 출자한 사원에 대한 지분환급의 제한(상 222조 단서), (vii) 임의청산의 결정(상 247조 1항) 등이다.[2]

(3) 임의적 기재사항

정관에는 합명회사의 본질, 강행법규, 사회질서에 반하지 않는 한 어떠한 사항(사원총회 및 이익처분에 관한 사항 등)도 기재할 수 있다.

2. 설립등기

정관의 작성에 의하여 실체가 완성된 합명회사는 본점소재지에서 설립등기를 함으로써 성립한다(상 172조). 이러한 설립등기에 의하여 합명회사의 설립절차는 종료된다. 설립등기에서의 등기사항 및 첨부서류는 다음과 같다(상 180조, 상등규 52조·98조).[3]

---

1) 지점의 소재지는 수시 변동되는 등으로 인하여 1995년 개정상법에 의하여 물적회사의 경우와 같이 「지점의 소재지」가 삭제되었다.

2) 본문의 상대적 기재사항 중 (ii) 대표사원의 결정(상 207조 단서), (iii) 공동대표의 결정(상 208조 1항), (vii) 임의청산의 결정(상 247조 1항) 등은 정관으로도 정할 수 있으나, 총사원의 동의로도 정할 수 있는 점에서, 이를 정관의 상대적 기재사항에서 제외하는 견해가 있으나[정(희), 322면], 이것도 정관에 기재하면 그 효력이 발생한다는 점에서 상대적 기재사항으로 본다[동지: 손(주), 477～478면; 정(동), (회) 739면].

3) 1995년 개정전 상법에 의하면 「총사원의 공동신청으로」 설립등기를 하도록 되어 있었으나, 1995년 개정상법은 등기신청의 번거로움을 지양하기 위하여 총사원이 공동으로 신청하도록 한 요건을 삭제하였다.

(1) 등기사항

1) 설립등기사항은 (i) 목적, (ii) 상호, (iii) 사원의 성명·주민등록번호 및 주소(회사를 대표할 사원을 정한 때에는 대표사원 이외의 사원의 주소를 제외한다), (iv) 본점의 소재지(지점을 둔 때에는 그 소재지), (v) 사원의 출자의 목적, 재산출자에는 그 가격과 이행한 부분, (vi) 존립기간 기타 해산사유를 정한 때에는 그 기간 또는 사유, (vii) 대표사원을 정한 때에는 그의 성명·주소 및 주민등록번호, (viii) 공동대표에 관한 사항을 정한 때에는 그 규정 등이다(상 180조 1호~5호).

2) 설립등기사항의 변경, 지점의 설치, 본·지점의 이전의 등기에 관한 사항은 상법 및 사업등기규칙에 상세하게 규정되어 있다(상 181조~183조, 상등규 99조~103조).

또한 업무집행사원의 업무집행의 정지·직무대행자를 선임하는 가처분, 이러한 가처분의 변경·취소의 경우에는 본점 및 지점이 있는 곳의 등기소에서 이를 등기하여야 한다(상 183조의 2).

(2) 첨부서류

1) 설립등기의 신청에는 첨부서류로서 (i) 정관, (ii) 재산출자에 관하여 이행을 한 부분을 증명하는 서면 등을 첨부하여야 한다(상등규 98조).

2) 등기사항으로서 관청(법원 또는 행정청)의 허가 또는 인가가 필요한 사항의 등기를 신청하는 경우에는 신청서에 이러한 허가서 또는 인가서의 도달연월일을 신청정보의 내용으로 등기소에 제공하여야 하는데(상등규 51조 1항 5호), 이러한 경우의 등기기간은 그 서류가 도달한 날로부터 기산한다(상 177조).

제 2 설립하자(무효·취소)

합명회사의 설립의 하자에는 설립무효의 소와 설립취소의 소가 인정되고(상 184조~193조), 또 무효나 취소의 판결이 확정된 경우에도 그 무효나 취소의 원인이 특정한 사원에 한한 것인 때에는 다른 사원 전원의 동의로써 회사를 계속할 수 있다(상 194조). 이에 관하여는 회사의 설립하자 일반에 관한 설명에서 이미 상술하였으므로, 그 설명을 생략한다.

제3절 기 구

제1관 총 설

제1 합명회사의 법률관계의 구조

합명회사의 법률관계는 크게 내부관계와 외부관계로 분류되는데, 내부관계는 ① 회사와 사원간의 관계(사단성)와 ② 사원과 사원간의 관계(조합성)이고, 외부관계는 ③ 회사와 제3자와의 관계(법인성)(상 69조 1)와 ④ 사원과 제3자와의 관계(조합성)이다. 이와 같이 합명회사의 법률관계에는 조합성이 많이 반영되어 있다(상 195조 참조). 합명회사의 법률관계를 도시(圖示)하면 다음과 같다.

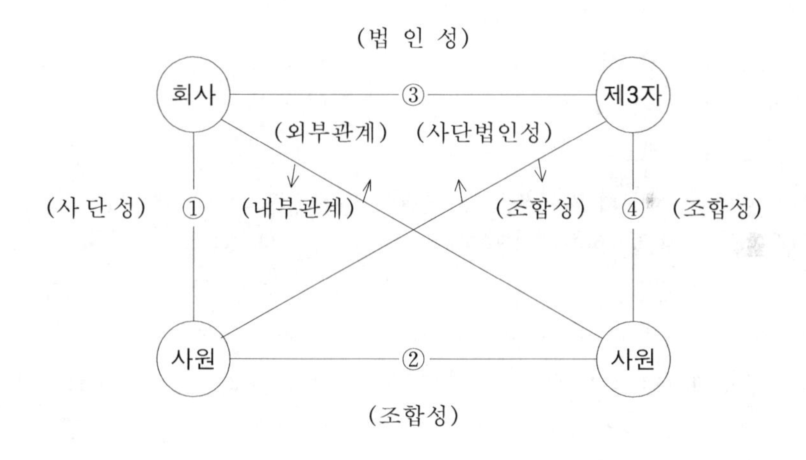

제2 합명회사에 관한 법규의 성격 및 적용순서

(1) 합명회사의 법률관계를 규율하는 규정 중 내부관계를 규율하는 규정은 당사자간의 사적 자치의 원칙이 존중되어야 하므로, 원칙적으로 임의법규이다. 따라서 합명회사의 내부관계에 관한 한 원칙적으로 정관, 상법의 규정(임의법규), 민법의 조합규정의 순으로 적용된다(상 195조 참조).

(2) 합명회사의 법률관계를 규율하는 규정 중 외부관계를 규율하는 규정은 거래의 안전이 존중되어야 하므로, 대부분 강행법규이다. 따라서 합명회사의 외부관계에 관한 한 원칙적으로 상법의 규정(강행법규), 정관, 민법의 조합규정의 순으로 적용된다.

제 2 관 내 부 관 계

제 1 출 자

I. 출자의 의의 및 종류

(1) 출자의 의의

1) 합명회사의 사원은 반드시 회사에 대하여 출자를 하여야 하는데(상 179조 4호 · 195조, 민 703조), 이렇게 사원이 회사에 대하여 사원의 자격에서는 하는 급여를 출자라 한다.[1)]

2) 사원은 반드시 출자를 하여야 하고(상 179조 4호, 195조), 정관의 규정에 의하여도 이에 반하는 정함을 할 수 없다.

3) 출자의무 및 그 범위는 정관에 의하여 확정되므로, 출자의무는 무한은 아니다. 따라서 사원의 출자의무는 사원이 대외적으로 무한책임을 지는 것이나(상 212조) 또는 손실분담의무(상 195조, 민 711조)를 부담하는 것과는 구별된다.[2)]

4) 사원의 출자의 목적 등이 정관의 절대적 기재사항이므로 출자의 변경도 정관변경의 절차에 의하여야 하는데, 특별한 제한은 없다.

5) 합명회사에는 법률상 자본금이라는 개념이 없고,[3)] 통속적으로 자본금이라고 할 때에는 노무출자와 신용출자를 제외한 「재산출자의 총액」을 말한다.[4)]

(2) 출자의 종류

합명회사 사원의 출자의 목적은 아래와 같이 재산·노무 또는 신용의 어느 것이라도 무방하다(상 196조 · 222조, 민 703조 2항). 출자의 목적에 노무와 신용이 인정되는 점이

---

1) 동지: 정(희), 325면; 정(동), (회) 744면; 이(기) 외, (회) 619면; 주상(제 5 판)(회사 I), 208~209면.

2) 동지: 정(희), 325면.

3) 주식회사의 경우는 상법 제451조가 자본금에 대하여 정의하고 있다.

4) 동지: 정(동), (회) 747면.

하나의 큰 특징인데, 이는 정관에 그 뜻과 평가의 표준을 정한 경우에 비로소 할 수 있다(상 179조 4호). 사원에게 노무와 신용의 출자가 인정되는 것은 사원이 무한책임을 지기 때문이다(상 272조 참조).

1) 재산출자 사원이 재산출자를 하는 경우에는 원칙적으로 금전출자를 하여야 하지만, 예외적으로 현물출자도 할 수 있다. 현물출자의 목적인 재산은 동산·부동산·유가증권·채권·무체재산권·영업상의 비결 등 그 제한이 없다. 영업을 일괄하여 현물출자하는 것도 가능하다.[1] 또 현물출자는 목적물 자체를 이전하는 출자이든(이전출자), 목적물의 사용의 출자이든(사용출자) 상관없다.[2]

2) 노무출자 사원이 회사를 위하여 노무(services)를 제공함으로써 하는 출자이다. 이 노무는 정신적이든 육체적이든 불문하고, 임시적이든 계속적이든 불문한다. 예컨대, 특정한 기술을 가진 자가 이러한 기술을 회사를 위하여 제공하는 것 등이 이에 속한다.[3]

3) 신용출자 사원이 회사로 하여금 자기의 신용(credit)을 이용하게 하는 출자이다. 예컨대, 회사를 위하여 인적 또는 물적 담보를 제공하거나, 회사가 발행한 어음에 배서 또는 인수를 하는 것 등이 이에 해당한다.[4]

2. 출자의무의 발생과 소멸

출자의무는 사원자격에 따른 의무이므로 원칙적으로 사원자격의 취득과 동시에 발생하고, 사원자격의 상실과 동시에 소멸한다.

(1) 출자의무는 회사설립의 경우에는 정관의 **작성**에 의하여, 회사의 성립 후 입사하는 경우에는 정관의 **변경**에 의하여 발생한다. 출자의무의 종류와 범위도 정관에 의하여 결정된다.

(2) 출자의무는 이를 이행하든가, 사원의 자격을 상실하면 소멸한다. 그러나 회사의 최고(催告) 후 또는 기한의 도래로 인하여 구체화한 출자청구권은

1) 동지: 정(희), 326면; 정(동), (회) 745면.

2) 동지: 정(희), 326면; 손(주), 484~485면(특히 이전출자와 사용출자에 관한 설명이 상세하다).

3) 사원으로서 당연히 하여야 할 업무의 집행(상 201조)을 하는 것도 정관에서 특히 출자로 인정한다면 노무의 출자가 된다고 하는 견해가 있는데[정(희), 326면], 의문이다.

4) 단지 사원으로서 가입하는 것도 신용의 출자가 될 수 있다고 하는 견해가 있는데[정(동), (회) 745면], 의문이다.

양도·압류 또는 전부(轉付)의 대상이 되고,[1] 사원의 이러한 구체적 출자의무는 사원의 자격을 상실하더라도 소멸되지 않는다.[2]

3. 출자의 이행

(1) 출자이행의 시기와 방법

1) 출자이행의 시기는 정관에 규정이 있는 경우에는 이에 의하고, 정관에 규정이 없는 경우에는 보통의 업무집행의 방법으로 자유로이 정할 수 있다.[3] 따라서 설립등기와 동시에 이행기가 도래한다고 볼 것은 아니다. 다만 합명회사의 사원의 출자시기에 관하여 상법은 하나의 특칙을 규정하고 있는데, 이에 의하면 회사의 청산시에 회사의 현존재산이 회사채무를 완제하기에 부족한 경우 청산인은 출자의 이행기에 불구하고 각 사원에 대하여 출자를 청구할 수 있다(상 258조 1항). 이 때 각 사원의 출자의무는 청산인의 청구에 의하여 구체적으로 확정되지만, 회사의 해산 당시에 이미 이행기에 있는 출자의무는 순수한 회사의 채권으로서 채권의 추심에 관한 규정(상 254조 1항 2호)에 따라야 하고 본조(상 258조 1항)의 적용은 없다.[4]

2) 출자이행의 방법은 출자의 종류에 따라 다르다. 즉, 금전출자의 경우는 금전의 납입, 현물출자의 경우는 그 목적인 재산의 이전, 노무출자의 경우는 노무의 제공, 신용출자의 경우는 신용의 제공 등으로 한다. 다만 상법은 채권출자와 관련하여 사원이 채권출자를 하는 경우에, 그러한 사원은 채무자의 자력도 담보한다고 규정하고 있다(상 196조 본문). 이 경우에 사원은 회사에 대하여 이자를 지급하는 외에 이로 인하여 생긴 손해도 배상하여야 한다(상 196조 단서). 사원이 현물출자를 하는 경우에는 이에 대하여 위험부담·하자담보책임도 부담한다(상 195조, 민 567조·570조 이하·580조).

사원의 구체화된 출자의무는——주주의 회사에 대한 납입의무의 상계금지(상 421조 2항)와는 달리——상계로써 회사에 대항할 수 있다.[5] 또 합명회사의 사원은 회사채권자에 대하여 무한책임을 부담하므로 회사재산이 중요하지 않기 때문

---

1) 동지: 日大判 1916. 5. 1(民錄 22, 841).
2) 동지: 정(희), 327면; 손(주), 486면; 정(동), (회) 746면 외.
3) 회사성립 전의 경우에는 설립조합의 업무집행의 방법이 되겠고(상 195조, 민 706조 2항), 회사성립 후의 경우에는 회사의 업무집행의 방법이 되겠다(상 200조~202조).
4) 동지: 주상(제 5 판)(회사 I), 370면; 日大判 1961. 6. 18(民錄 9, 750).
5) 동지: 정(희), 327면; 정(동), (회) 746면; 채, 880면; 주상(제 5 판)(회사 I), 210면.

에, 회사의 설립시 또는 입사시에 즉시 출자의무를 이행할 필요도 없다.[1)]

(2) 출자불이행의 효과

합명회사의 사원이 출자의무를 이행하지 않으면 민법상 채무불이행의 일반적인 효과가 발생하는 외에(민 387조 이하), 상법상 사원의 제명(상 220조 1항 1호)·업무집행권(상 205조 1항) 또는 대표권(상 216조)의 상실원인이 된다.

제 2 업무집행

1. 업무집행의 의의

업무집행이란 회사가 그 목적사업을 수행하기 위하여 하는 행위를 말하는데, 이러한 행위에는 법률행위뿐만 아니라 사실행위를 포함한다. 업무집행이란 영업의 존재를 전제로 하는 것이므로, 영업 자체에 관한 정관변경·영업양도·해산 등은 업무집행에 포함되지 않는다.

2. 업무집행기관

(1) 업무집행권의 취득

1) 원칙(자기기관) 합명회사의 업무집행기관은 원칙적으로 각 사원이다(상 200조 1항). 따라서 각 사원은 회사의 업무를 집행할 권리와 의무가 있다. 이와 같이 합명회사에서는 사원자격과 기관자격이 일치하는데, 이를 「자기기관의 원칙」이라 한다.

2) 예외(업무집행사원) 합명회사의 업무집행기관은 예외적으로 정관의 규정에 의하여 **특정한 사원**(1인 또는 수 인)만이 될 수도 있고(상 201조 1항), 수 인의 사원을 **공동업무집행사원**으로 할 수도 있다(상 202조 본문 전단). 이 경우에는 그러한 업무집행사원만이 회사의 업무를 집행할 권리와 의무를 갖고, 그 이외의 사원은 감시권만을 갖는다. 그러나 회사는 어떠한 경우에도(즉, 정관의 규정이나 총사원의 동의가 있는 경우에도) 사원 아닌 자에게 업무집행을 맡길 수는 없다(제 3 자기관은 인정되지 않는다).[2)]

1) 동지: 정(동), (회) 746면; 채, 881면; 주상(제 5 판)(회사 I), 210면; 日大判 1933. 2. 15 (民集 12-3, 215).

2) 동지: 정(동), (회) 748면; 이(철), (회) 159면; 채, 876면; 이(기) 외, (회) 621면; 주상(제 5 판)(회사 I), 223면, 228면; 이·최, 427면; BGHZ 36, 292.

또한 업무집행사원의 업무집행의 정지 및 직무대행자의 가처분이 있으면 그러한 직무대행자가 업무를 집행한다(상 183조의 2 참조).

⑵ 업무집행권의 상실(정지)

1) 사임·해임 업무집행사원은 정당한 사유 없이 「사임」할 수 없고, 다른 사원의 일치가 아니면 「해임」 할 수 없다(상 195조, 민 708조).

2) 권한상실선고

㈎ 업무집행사원이 업무를 집행함에 현저하게 부적임하거나 중대한 업무에 위반한 행위가 있는 때에는 법원은 사원의 청구에 의하여 업무집행권한의 상실을 선고할 수 있다[1](상 205조 1항).

㈏ 업무집행사원이 1인인 경우에도 업무집행권한 상실선고가 가능한가. 업무집행사원에 대한 권한상실선고제도는 회사의 존속과 운영의 계속을 전제로 하므로, 합명회사에서 업무집행사원이 1인인 경우 그의 업무집행권을 박탈하면 그 회사는 운영을 계속할 수 없는 지경에 이르게 되는 경우에는 이는 상법 제205조의 권한상실선고제도를 인정한 취지에 반하므로, 이 경우에는 비록 그 업무집행사원에게 상법 제205조의 사유가 발생한 경우에도 업무집행권의 상실선고를 할 수 없다고 볼 것이다.[2]

우리 대법원판례도 이와 같은 취지에서 다음과 같이 판시하고 있다.

[업무집행사원의 권한상실선고제도를 부정한 판례]

업무집행사원의 권한상실선고제도는 합자회사에 있어 무한책임사원이 2인 이상 있는 경우를 전제로 한 것이라고 할 것이고, 따라서 본건에 있어서와 같이 무한책임사원이 한 사람뿐인 경우에는 이 제도가 적용될 여지가 없다고 보지 않을 수 없다.

그렇다면 무한책임사원이 1인뿐인 합자회사에 있어서도 업무집행사원에 대한 권한상실선고제도가 적용될 수 있음을 전제로 한 원심판단은 필경 상법 제269조에 의하여 준용되는 같은 법 제205조의 법리를 오해하여 판결에 영향을 미친 것이라고 아니할 수 없다[대판 1995. 7. 11, 95 다 5820(공보 998, 2755)].

동지: 대판 1977. 4. 26, 75 다 1341(집 25 ① 민 166)(합자회사에서 무한책임사원이 1인으로 업무집행사원이 1인인 경우에 그의 업무집행권의 권한상실선고제도를 부정함).

---

1) 이러한 청구를 하기 위하여는 당해 업무집행사원을 제외한 나머지 모든 사원의 동의가 있어야 한다(필요적 공동소송)는 견해가 있다[정(동), (회) 748면].

2) 반대: 정(동), (회) 748면; 주상(제 5 판)(회사 I), 237면; BGHZ 51, 198.

(다) 상법 제205조는 임의규정이므로 그의 내용과 달리 정관에 규정할 수 있다.[1] 상법 제205조가 상법 제195조에 의하여 준용되는 민법 제708조에 의한 업무집행사원의 권한상실을 배제한다고 보기 어렵기 때문에 업무집행사원은 상법 제205조 또는 민법 제708조에 의하여 업무집행권한이 상실될 수 있고, 또한 정관에서 상법 제205조를 명백히 배제하지 않고 상법 제205조와 다른 내용을 규정하면 상법 제205조와 정관의 규정 중 하나의 방법으로 업무집행사원의 업무집행권한을 상실시킬 수 있다. 우리 대법원 판례도 이와 같은 취지로 다음과 같이 판시하고 있다.

[정관에서 상법 제205조를 배제하지 않고 상법 205조와 다른 내용을 규정하고 있다면, 둘 중의 하나의 방법으로 업무집행권한을 상실시킬 수 있다고 본 판례]

상법 제195조에 비추어 볼 때, 합명회사의 내부관계에 관한 상법 규정은 원칙적으로 임의규정이고, 정관에서 상법 규정과 달리 정하는 것이 허용된다. 이와 같이 합명회사의 정관에서 내부관계에 관하여 상법과 달리 정한 경우, 해당 정관 규정이 관련 상법 규정의 적용을 배제하는지는 해당 정관 규정의 내용·관련 상법 규정의 목적·합명회사의 특징 등 여러 사정을 종합적으로 고려하여 판단하여야 한다.

상법상 합명회사의 사원 또는 업무집행사원의 업무집행권한을 상실시키는 방법으로는 다음의 두 가지를 상정할 수 있다. 첫째, 상법 제205조 제 1 항에 따라 다른 사원의 청구에 의하여 법원의 선고로써 권한을 상실시키는 방법이다. 둘째, 상법 제195조에 의하여 준용되는 민법 제708조에 따라 법원의 선고절차를 거치지 않고 총사원이 일치하여 업무집행사원을 해임함으로써 권한을 상실시키는 방법이다. 위 두 가지 방법은 요건과 절차가 서로 다르므로, 상법 제205조 제 1 항이 민법 제708조의 준용을 배제하고 있다고 보기 어렵다. 따라서 정관에서 달리 정하고 있지 않는 이상, 합명회사의 사원은 두 가지 방법 중 어느 하나의 방법으로 다른 사원 또는 업무집행사원의 업무집행권한을 상실시킬 수 있다.

합명회사의 사원은 회사채권자에 대하여 직접·연대·무한책임을 진다. 만약 다른 사원 또는 업무집행사원이 업무집행에 현저히 부적합하거나 중대하게 의무를 위반하는 경우에는 그로 인하여 자신의 책임이 발생·증대될 우려가 있으므로, 다른 사원 또는 업무집행사원을 업무집행에서 배제할 수 있는지는 각 사원의 이해관계에 큰 영향을 미친다. 합명회사의 사원은 업무집행권한 상실제도를 통하여 업무집행에 현저히 부적합하거나 중대하게 의무를 위반한 사원이나

1) 동지: 정(동), (회) 748~749면; 주상(제 5 판)(회사 Ⅰ), 235면.

업무집행사원을 업무집행에서 배제함으로써 자신의 책임이 부당하게 발생·증대되는 것으로부터 자신을 보호할 수 있다.

따라서 업무집행권한 상실에 관한 정관이나 관련 법률 규정을 해석할 때에는 위와 같은 사원의 권리가 합리적 근거 없이 제한되지 않도록 신중하게 해석하여야 한다. 따라서 갑 합명회사의 정관에서 "업무집행사원이 업무를 집행함에 현저하게 부적임하거나 중대한 업무에 위반한 행위가 있는 때에는 총사원의 결의로써 업무집행권한을 상실하게 할 수 있다"라고 규정한 사안에서, 정관에서 명시적으로 상법 제205조 제 1 항의 적용을 배제하고 있지 않는 한 업무집행권한 상실과 관련하여 상법이 부여한 사원의 권리를 제한할 합리적 근거를 찾을 수 없고, 법원의 선고절차 없는 업무집행권한 상실방법과 유사한 정관 규정이 신설되었다고 하여 법원의 선고에 의한 업무집행권한 상실방법을 배제한 것이라고 해석하기는 어려우므로, 상법 제205조 제 1 항은 위 정관 규정의 신설에도 불구하고 여전히 적용된다고 보아야 하는데도, 위 정관 규정이 상법 제205조 제 1 항의 적용을 배제하는 규정이라고 본 원심판단에는 법리오해의 잘못이 있다[대판 2015. 5. 29, 2014 다 51541(공보 2015, 866)].

㈑ 업무집행사원의 권한상실의 판결이 확정된 때에는 본점과 지점의 소재지에서 등기하여야 한다(상 205조 2항).

3) 업무집행정지가처분

업무집행사원에 대하여 그 업무집행의 정지 및 직무대행자를 선임하는 가처분이 있으면, 그러한 사원은 가처분의 취소가 없는 한 업무를 집행할 수 없다. 사원의 업무집행을 정지하거나 직무대행자를 선임하는 가처분을 하거나 그 가처분을 변경·취소하는 경우에는 본점 및 지점이 있는 곳의 등기소에서 이를 등기하여야 한다(상 183조의 2).

⑶ 업무집행기관과 회사와의 관계

업무집행사원과 회사와의 관계는 「위임관계」로서, 업무집행사원은 선량한 관리자의 주의로써 업무를 집행하여야 한다(상 195조, 민 707조·681조~688조).

3. 업무집행의 방법

⑴ 업무집행의 의사결정

1) 업무집행에 관하여 먼저 '사원의 의사결정이 있어야 하는 경우'(예컨대, 상 203조·204조 등)에는 먼저 상법 또는 정관에 의한 결의를 요하고, 상법 또는 정관에 다른 규

정이 없으면 「총사원의 과반수」로써 결정하여야 한다(상 195조, 민 706조 2항 1문). 이 경우에 의결권은 원칙적으로 사원의 두수(頭數)에 의한다(1인 1의결권주의·두수주의).[1)]

2) 합명회사(인적회사)에는 물적회사의 경우와는 달리 상법상 사원총회가 없다. 따라서 위와 같이 사원의 의사결정을 요하는 경우에도 회의를 소집할 필요는 없고 적당한 방법으로 사원의 의사를 파악하면 되는데,[2)] 이러한 취지의 다음과 같은 대법원판례가 있다. 그러나 정관의 규정에 의하여 사원총회를 둘 수는 있다.[3)]

[사원의 의사결정에 특별한 방식을 요하지 않는다고 본 판례]

합자회사는 정관에 특별한 규정이 없는 한 소집절차라든지 결의방법에 특별한 방식이 있을 수 없고, 따라서 사원의 구두 또는 서면에 의한 개별적인 의사표시를 수집하여 본 결과 총사원의 동의나 사원 3분의 2 또는 과반수의 동의 등 법률이나 정관 및 민법의 조합에 관한 규정이 요구하고 있는 결의요건을 갖춘 것으로 판명되면 유효한 결의가 있다고 보아야 한다[대판 1995. 7. 11, 95 다 5820(공보 998, 2755)].

3) 합명회사에서 사원의 의사결정이 요구되는 경우에는 사원의 개성이 중요하므로 물적회사의 경우와는 달리 결의권의 대리행사는 인정되지 않는다.[4)]

⑵ 업무집행의 실행

1) 원 칙(단독업무집행) 업무집행사원은 원칙적으로(정관에 다른 규정이 없는 때에는) 각자 독립하여 회사의 업무를 집행할 수 있다(단독업무집행의 원칙)(상 200조 1항, 201조 1항).

2) 예 외

㈎ 각 사원이 업무집행사원인 경우 다른 사원의 이의가 있는 때에는 곧 그 행위를 중지하고 「총사원의 과반수」의 결의에 의하여야 한다(상 200조 2항).

㈏ 정관으로 업무집행사원을 정한 경우 다른 업무집행사원의 이의가 있는 때에는 곧 그 행위를 중지하고 「총업무집행사원의 과반수」의 결의에 의하여야 한다(상 201조 2항).

㈐ 지배인의 선임과 해임 지배인의 선임과 해임은 정관에 다른 정함이

1) 통설: 정(희), 328면; 정(동), (회) 749면; 이(철), (회) 162~163면; 채, 876면; 이(기) 외, (회) 621면; 주상(제 5 판)(회사 Ⅰ), 228면.
2) 동지: 이(철), (회) 163면.
3) 동지: 이(철), (회) 162면.
4) 동지: 이(철), (회) 163면; 이(기) 외, (회) 621면.

없으면 「총사원(업무집행사원이 아님)의 과반수」의 결의에 의하여야 한다(상 203조).

㈑ 공동업무집행사원 정관으로 공동업무집행사원이 정하여진 경우에는 그 사원의 「공동으로만」 업무집행을 할 수 있다(상 202조 본문 후단). 그러나 지체할 염려가 있는 때에는 단독으로 할 수 있다(상 202조 단서).

㈒ 업무집행사원의 업무집행의 정지 및 직무대행자를 선임하는 가처분이 있으면 그 직무대행자가 업무를 집행하는데(상 183조의 2 참조), 이 때 그러한 직무대행자는 가처분명령에 다른 정함이 있거나 또는 법원의 허가를 얻은 경우를 제외하고는 회사의 통상업무에 속하는 행위만을 할 수 있다(상 200조의 2 1항). 그러나 직무대행자가 이에 위반한 행위를 한 경우에도 회사는 선의의 제3자에 대하여 책임을 진다(상 200조의 2 2항).

4. 업무감시권

업무집행권이 없는 사원에게는 회사의 업무와 재산상태를 검사할 수 있는 권리가 인정된다(상 195조, 민 710조). 왜냐하면 그러한 사원이라도 회사채권자에 대하여 무한책임을 부담하므로, 그는 회사의 업무집행에 관하여 중대한 이해관계가 있기 때문이다. 이러한 업무감시권은 정관의 규정으로써도 박탈할 수 없다(통설).[1]

제3 경업피지의무와 자기거래제한

I. 경업피지의무

(1) 의 의

1) 합명회사의 사원(대표권 또는 업무집행권의 유무와는 무관함)[2]은 상업사용인과 같이 경업금지의무(협의의 경업피지의무)와 겸직금지의무를 부담한다. 즉, 사원은 자기를 제외한 다른 모든 사원의 동의가 없으면 자기 또는 제3자의 계산으로 회사의 영업부류에 속하는 거래를 하지 못하고(경업금지의무), 동종영업을 목적으로 하는 다른 회사의 무한책임사원 또는 이사가 되지 못한다

1) 정(희), 329면; 정(동), (회) 750면; 이(철), (회) 162면; 채, 878면; 이(기) 외, (회) 622면 외.
반대: 최(기), 1172면(업무집행의 원활을 위하여 정관으로 그 제한이 가능하다고 한다).
2) 동지: 이(철), (회) 164면; 채, 879면.

(겸직금지의무)[1](상 198조 1항).[2]

2) 이 규정은 회사의 내부관계를 규율하는 규정으로서 임의법규라고 보아야 할 것이다. 따라서 정관의 규정으로 사원의 이 의무의 범위를 증가·단축하거나 면제할 수 있다고 본다.[3]

(2) 의무위반의 효과

1) 합명회사의 사원이 경업금지의무에 위반한 경우에는 회사는 「개입권」(상 198조 2항·4항)과 「손해배상청구권」(상 198조 3항)을 행사할 수 있고, 또 다른 모든 사원의 과반수의 결의에 의하여 그 사원의 「제명」을 법원에 청구할 수 있다(상 220조 1항 2호). 회사가 개입권을 행사하는 경우 이러한 개입권은 다른 모든 사원의 과반수의 결의에 의하여 행사하고, 일정한 제척기간 내(다른 사원 1인이 그 거래를 안 날로부터 2주간 내, 그 거래가 있은 날로부터 1년 내)에 행사하여야 한다(상 198조 4항).[4]

2) 사원이 겸직금지의무에 위반한 경우에는, 회사는 개입권을 행사할 수는 없고 「손해배상청구권」을 행사할 수 있으며(상 198조 3항 유추), 또한 다른 모든 사원의 과반수의 결의에 의하여 그 사원의 「제명」을 법원에 청구할 수 있을 뿐이다(상 220조 1항 2호).

3) 사원의 경업피지의무위반이 있는 경우에 회사의 위와 같은 조치와는 별도로, 다른 사원은 해당 사원에 대하여 「업무집행권 또는 대표권의 상실의 선고」를 법원에 청구할 수 있다(상 205조 1항, 216조).

---

1) 합명회사의 사원의 겸직금지의무를 상업사용인의 그것과 비교하여 볼 때, 「동종영업을 목적으로 하는」의 요건이 있고 「다른 상인의 사용인」이 없는 점에서 구별되고 있다. 전자에 관한 상업사용인의 경우의 해석에서는 제한설과 무제한설이 있는데, 제한설의 입장에서는 합명회사의 사원의 겸직금지의무의 범위와 같고, 무제한설의 입장에서는 합명회사의 사원의 그것이 좁다. 후자에 관하여 합명회사의 사원은 무한책임사원이므로 상법 제17조에 의하여 다른 상인의 상업사용인이 겸직할 수 없게 된다.

2) 이는 주식회사 및 유한회사의 경우와 거의 동일한 규정인데, 주식회사의 경우에는 「이사회의 승인」이 있는 때에 한하여 경업피지의무가 면제되고(상 397조 1항), 유한회사의 경우에는 「사원총회의 승인」이 있는 때에 한하여 경업피지의무가 면제된다(상 567조 2문 — 1998년 개정상법에 의하여 신설됨).

3) 동지: 정(동), (회) 751면; 최(기), 1173면; 이(기) 외, (회) 622면; 주상(제 5 판)(회사 Ⅰ), 217면; 이(철), (회) 164면(동교수, 같은 책, 1991년판 137면에서는 상법 제198조 1항을 강행법규라고 보아 정관으로 그 범위를 신축하거나 면제할 수 없다고 보았으나, 1996년판 154면에서는 이와 같이 견해를 바꾼 것으로 보인다).

4) 이는 상업사용인의 그것의 경우와 대체로 같다(상 17조 4항 참조).

2. 자기거래제한

(1) 의 의

합명회사의 각 사원은 다른 모든 사원의 과반수의 결의가 있는 때에 한하여 자기 또는 제3자의 계산으로 회사와 거래를 할 수 있다(상 199조).[1]

(2) 의무위반의 효과

사원이 이에 위반한 경우에는 회사에 대하여 「손해배상의 책임」을 지는 (상 195조, 민 707조 · 681조) 외에, 다른 사원의 청구에 의하여 법원으로부터 「업무집행권 또는 대표권」의 상실을 선고받을 수 있다(상 205조, 216조). 이 행위의 사법상(私法上) 효력은 회사와 상대방인 사원 사이에는 무효이지만, 선의의 제3자에 대하여는 그 무효를 주장할 수 없다고 본다.[2]

그러나 경업피지의무위반의 경우와는 달리 사원의 자기거래제한위반의 경우에는 사원의 제명사유가 되지 못한다[3](상 220조 1항 참조).

제4 손익의 분배

1. 손익의 의의

합명회사는 영리법인이므로 영업에서 얻은 이익 또는 손실을 사원에게 분배하여야 한다. 또 합명회사는 상인이므로 매 결산기에 회계장부에 의하여 대차대조표를 작성하여야 하는데(상 30조 2항), 대차대조표상의 순재산액이 회사의 자본금(사원의 재산출자총액)을 초과하는 경우 그 초과액이 이익이고, 반대의 경우 부족액이 손실이다.[4] 노무출자와 신용출자는 대차대조표상의 순재산액이나 자본금의 계산에 산입되지 않는다.[5]

1) 이는 주식회사의 이사 등과 회사간의 거래제한과 같은 취지인데, 주식회사의 경우 이사 등이 자기거래를 하기 위해서는 「(이사 3분의 2 이상의 수로서 하는) 이사회의 승인」을 요한다(상 398조). 유한회사의 경우에는 감사가 있는 때에는 「감사의 승인」이 있는 때에 한하여, 감사가 없는 때에는 「사원총회의 승인」이 있는 때에 한하여, 이사는 회사와 거래를 할 수 있다(상 564조 3항).

2) 동지: 주상(제5판)(회사 I), 222면.

3) 반대: 주상(제5판)(회사 I), 221면; 이(철), (회) 164면(동 교수는 제명도 가능하다고 하나, 이는 제명사유인 상법 제220조 1항에서 보아 의문이다. 즉 동법에서 경업피지의무위반에 대하여는 명문으로 규정하고 있으나, 자기거래제한위반에 대하여는 규정이 없기 때문이다).

4) 동지: 정(희), 330면; 손(주), 496면; 정(동), (회) 754면.

5) 동지: 정(희), 330면; 손(주), 496면.

2. 손익분배의 표준

손익분배의 표준에 대하여 상법에는 규정이 없으므로, 정관 또는 총사원의 동의로 자유로이 정할 수 있다. 정관 또는 총사원에 의하여 정하여진 바가 없으면, 민법의 조합에 관한 규정에 의하여 정하여진다(상 195조). 즉, 각 사원의 출자가액[1]에 비례하여 손익분배의 비율이 정하여지고(민 711조 1항), 이익 또는 손실의 어느 한쪽에 대하여만 분배의 비율이 정하여진 경우에는 그 비율은 이익과 손실에 공통된 것으로 추정한다(민 711조 2항).

3. 손익분배의 시기

손익분배의 시기에 대하여 정관에 특별히 규정된 바가 있으면 이에 의하고, 정관에 규정된 바가 없으면 매 결산기에 지급한다(통설)(상 30조 2항 참조).

4. 손익분배의 방법

(1) 이익의 분배는 원칙적으로 금전배당을 현실적으로 하여야 하나, 정관의 규정 또는 총사원의 동의에 의하여 이익의 전부 또는 일부를 회사에 적립할 수도 있다(지분의 평가액이 증가).

(2) 손실의 분배는 계산상 지분의 평가액이 감소하는 데 그치고, 추가출자를 요구하는 것이 아니다. 그러나 퇴사 또는 청산의 경우에는 사원은 분담손실액을 납입하여야 한다.[2] 사원의 출자가 유한임에 반하여, 이러한 손실분담은 무한이다.[3]

(3) 합명회사는 사원이 회사신용의 기초가 되고 있으므로 주식회사에서와 같은 자본금유지(충실)의 원칙이 없다. 따라서 법정준비금제도도 없고, 이익이 없는 경우에도 배당을 할 수 있다.[4] 또 전 영업연도의 손실을 전보하지 않고도 이익배당을 할 수 있다.[5]

---

1) 이 때의 출자가액은 분할출자인 경우는 이미 이행된 출자액을 기준으로 한다[정(희), 330면; 손(주), 497면; 정(동), (회) 754면; 이(범), 214면; 이(기) 외, (회) 623면].

2) 동지: 정(희), 331면; 정(동), (회) 755면; 이(철), (회) 165면; 이(기) 외, (회) 623면 외.

3) 동지: 정(희), 331면; 정(동), (회) 755면.

4) 동지: 손(주), 497면; 이(철), (회) 165면; 이(범), 214면.

5) 동지: 정(희), 331면.

(4) 사원이 그 자격에서 가지는 이익배당청구권은 추상적인 권리이지만, 이것에서 발생한 결산기에 확정된 배당금에 대한 지급청구권은 구체적인 개인법상의 채권이다. 따라서 이러한 구체적인 배당금지급청구권에는 지분양도의 제한에 관한 규정(상 197조)이 적용되지 않고, 이 권리는 자유롭게 양도·입질될 수 있고 또 압류·전부명령의 목적이 될 수 있다.[1)]

제 5 지 분

I. 지분의 의의

(1) 지분이란 법률상 용어는 회사의 사원의 지분(상 197조, 276조, 556조) 이외에도, 공유자의 지분(공유지분)(민 262조~270조), 합유자의 지분(합유지분)(민 271조~274조, 714조, 719조), 선박공유자의 지분(상 756조~763조) 등이 있다.

(2) 상법에서 사용하는 합명회사의 사원의 지분에는 두 가지의 뜻이 있는데, 첫째는 사원권을 뜻하고(지분의 양도—상 197조), 둘째는 회사의 해산 또는 사원의 퇴사의 경우에 사원이 사원자격에 기하여 회사로부터 지급받거나(적극지분) 또는 회사에게 지급할(소극지분) 계산상(재산상)의 수액(數額)을 뜻한다[2)](퇴사한 사원의 지분의 환급—상 222조). 그런데 둘째의 의미의 지분은 첫째의 의미의 지분(사원권) 중 자익권을 의미하는 것이므로,[3)] 결국 합명회사의 사원의 지분은 사원권을 의미한다고 볼 수 있다(지분사원권설). 이렇게 볼 때 합명회사의 사원의 지분의 의미는 공유자 또는 합유자가 공유물 또는 합유물에 대하여 갖는 재산상의 지분과는 근본적으로 다르다.[4)]

(3) 합명회사의 사원의 지분은 각 사원에게 1개만이 있고(지분단일주의), 다만 그 분량이 출자액에 비례하여 상이할 뿐이다[5)](상 195조, 민 711조).

---

1) 동지: 정(희), 331면.

2) 동지: 정(희), 331~332면; 정(동), (회) 755~756면.

3) 동지: 정(동), (회) 756면; 이(기) 외, (회) 623면; 주상(제 5 판)(회사 I), 212면.

4) 대판 1962. 5. 3, 4294 민상 1590(민판집 57, 65)(합명회사의 사원은 단지 합명회사의 지분을 가졌음에 불과하고 회사재산에 대하여는 직접 아무런 권리가 없으므로 그 재산의 인도를 청구할 수 없다).

5) 이 점에서 유한회사의 사원의 지분이 균등한 비례적 단위로 되어 있는 점(지분복수주의)(상 554조)과 구별된다.

2. 지분의 양도

(1) 지분의 양도에서 지분의 뜻은 위의 첫째의 의미의 지분의 뜻(사원권)이다. 지분의 양도[1]는 당사자간의 계약(의사의 합치)에 의하여 성립하지만, 그 계약이 효력을 발생하기 위하여는 다른 모든 사원의 동의를 요하는데(효력발생요건)[2](상 197조), 이와 같은 취지의 다음과 같은 대법원판례가 있다. 이와 같이 상법은 합명회사의 사원의 지분양도를 사원 상호간의 인적 신뢰관계를 중시하여 극히 엄격하게 제한하고 있다.[3] 그러나 이러한 지분양도의 제한규정은 회사의 대내관계에 관한 임의법규에 속하는 것이므로, 정관으로써 완화하여 규정할 수 있다(통설).[4]

[지분양도에 총사원의 동의를 요한다고 본 판례]

[사실관계] 합자회사 Y의 정관상 사원이 그 지분권을 다른 사원(제 3 자—저자 주)에게 양도함에는 총사원의 동의가 있어야 하고 총사원의 동의가 없으면 신입사원으로 입사할 수 없도록 되어 있었다. X는 Y회사의 무한책임사원인 A에 대하여 63,000,000원의 약속어음채권이 있어 그 채권담보로 A의 회사에 대한 지분(총사원권의 25%)을 양수하기로 하였다. 그러나 그 지분 전부를 X명의로 이전한 경우 유한책임사원으로 있는 X의 아들 B의 지분과 합쳐 총사원권의 50% 상당이 되어 Y 회사의 운영권을 좌우하게 되므로 이를 피하기 위해서 X와 위 Y회사의 무한책임사원인 C·D 등 3인 명의로 지분을 분산하여 변경등기하였고, Y회사에 대한 손해금 등에 충당한 여분에 대하여는 위 C·D 명의의 수탁지분을 X에게 양도하여 등기이행키로 하였다. X는 위 C 등 3인에 대하여 명의신탁을 해지하고 해당 지분이전을 구하였지만 Y회사는 이 지분이전을 구하려면 정관의 규정에 의하여 총사원의 동의를 얻어야 한다고 하여 이를 거절하였다.

이에 X는 Y회사에 대하여 지분이전청구의 소를 제기하였다.

[판결요지] 합자회사인 Y회사의 정관상 사원이 그 지분권을 다른 사원(제 3 자—저자 주)에게 양도함에는 총사원의 동의가 있어야 하도록 되어 있는데, X가 무한책임사원인 A에 대한 채권의 담보로 A의 지분을 양수하기로 하되 그

---

1) 대판 1971. 10. 25, 71 다 1931(집 19 ③ 민 73)(무한책임사원의 지분은 이를 양도할 수 있다).
2) 동지: 주상(제 5 판)(회사 I), 213면.
3) 이는 주식의 자유양도성(상 335조 1항 본문)과 대조를 이루고 있다.
4) 정(희), 333면; 서·정, 590면; 손(주), 488면; 정(동), (회) 757면; 최(기), 1176면; 이(범), 211~212면; 주상(제 5 판)(회사 I), 213면 외.
반대: 이(철), (회) 168면.

전부를 X명의로 이전할 경우 Y회사의 운영권을 좌우하게 되므로 이를 피하기 위하여 다른 무한책임사원인 C·D 및 X의 3인 명의로 A의 지분을 분산하여 변경등기를 경료하였다면 C·D 명의의 지분변경등기가 X를 위한 명의신탁이었다고 하여도 X가 위 C·D에 대하여 명의신탁을 해지하고 지분이전을 구하려면 정관의 규정에 의하여 총사원의 동의를 얻어야 한다[대판 1989. 11. 28, 88 다카 33626(공보 864, 132)].

(2) 합명회사의 사원의 지분은 각 사원에게 1개가 있다는 점(지분단일주의)에서 지분의 일부양도는 가능한 것인가, 또 지분의 일부양도가 가능하다고 하더라도 지분의 일부양수인은 공익권을 취득할 수 있겠는지의 여부가 있다. 이에 대하여 상법은 지분의 일부양도를 명문으로 규정하고 있고(상 197조), 이 때에 지분양도인은 사원자격에서 탈퇴하지 않고 다만 지분의 감소를 가져오며, 지분양수인은 지분의 승계에 의하여 사원자격(특히 자익권)을 취득하는 동시에 지분양도인의 공익권과는 무관하게 공익권을 원시취득하는 것으로 해석한다.[1] 지분의 전부를 양도하게 되는 경우에는 양도인은 사원자격을 잃고(퇴사), 양수인은 지분이 증가하거나(사원인 경우) 또는 사원자격(자익권 및 공익권)을 취득하게 된다(사원이 아닌 경우). 양도인이 지분의 전부를 사원이 아닌 자에게 양도한 경우에는 사원변경이 생기고 이 경우는 정관변경사항이므로(상 179조 3호), 이 경우에 지분의 양도에 총사원의 동의를 받는 외에 다시 정관변경에 관한 총사원의 동의를 요하는가의 문제가 있다. 이 때 지분양도에 관한 동의는 동시에 이에 관한 정관변경의 동의를 포함한다고 본다.[2]

(3) 분할출자의 경우 최고를 받지 않은 추상적 출자의무는 지분양도와 함께 양수인에게 이전된다. 왜냐하면 이 출자의무도 지분의 내용이 되기 때문이다.

(4) 지분의 양도를 제 3 자에게 대항하기 위하여는 지분양도에 따른 사원변경의 「등기」를 요한다[3](상 180조 1호, 179조 3호, 183조, 37조). 또한 회사채권자를 보호하기 위하여 양

1) 동지: 정(희), 332~333면; 정(동), (회) 758면(합명회사에서 사원의 지분은 빈모류〈貧毛類〉의 환형동물과 같아서 그것이 분할되면 분할된 지분이 완전한 지분이 되는 것이므로, 일부양수인은 자익권뿐만 아니라 공익권도 취득한다고 한다); 주상(제 5 판)(회사 Ⅰ) 214면; 이(철), (회) 167면(사원이 아닌 자가 지분 일부를 양수하면 양수인이 사원으로 입사하게 된다고 한다).

2) 동지: 정(희), 333면; 이(철), (회) 168면; 채, 887면; 주상(제 5 판)(회사 Ⅰ), 213면.
결과 동지: 대판 1989. 11. 28, 88 다카 33626(공보 864, 132)(합자회사의 정관규정에 따라 지분권에 대한 명의신탁의 해지에 총사원의 동의를 요한다고 함).

3) 동지: 정(희), 333면; 정(동), (회) 757면; 대판 1968. 10. 29, 68 다 1088(집 16 ③ 민 119)(합자회사의 무한책임사원이 채무담보를 위하여 동 회사에 대하여 가진 지분을 양도한 경우에 위 지분양수인은 대외적으로 그 지분권자임을 주장할 수 있는 지위에 있으므로 회사에 대하여 사원변경등기를 청구할 수 있다).

도인은 이러한 등기 후 2년 내에는 등기 전에 생긴 회사의 채무에 대하여 다른 사원과 동일한 책임을 진다(상 225조 2항).

3. 지분의 상속

(1) 합명회사는 사원 상호간의 신뢰관계를 기초로 하므로 합명회사의 사원이 사망한 경우에 그 사원의 지분은 원칙적으로 상속되지 않고, 상속인은 다만 지분의 환급을 받게 된다(퇴사원인)(상 218조 3호). 이 때 사원의 사망 후 퇴사등기 전에 발생한 회사채무에 대하여도 상속인은 책임을 진다고 보아야 한다[1](상 225조 참조).

(2) 그러나 예외적으로 정관에 의하여 상속인이 사망한 사원의 지분을 상속하도록 규정하는 것은 무방하고, 이 때에 상속인은 상속의 개시를 안 날로부터 3월 내에 회사에 대하여 승계 또는 포기의 통지를 발송하여야 한다(상 219조 1항). 상속인이 이러한 통지 없이 3년을 경과한 때에는, 사원이 될 권리를 포기한 것으로 본다(상 219조 2항). 그러나 청산중의 회사의 사원이 사망한 경우에는, 이러한 정관의 규정이 없더라도 당연히 상속인이 피상속인의 지분을 상속한다(상 246조 참조).

4. 지분의 입질·압류

합명회사의 사원의 지분도 재산적 가치를 가지는 것이므로, 그 입질(권리질)과 압류가 가능하다고 본다.

(1) 지분의 입질

지분의 입질에 관하여는 상법상 명문규정은 없으나, 통설[2]과 판례[3]가 이를 인정하고 있다. 그런데 입질의 요건에 대하여는 견해가 나뉘어 있다. (i) 통설은 지분양도에 관한 규정(상 197조)을 유추적용하여 「입질 자체」에 다른 모든 사원의 동의를 요한다고 해석한다.[4] (ii) 그러나 소수설은 입질 자체에 다른 사원의 동의가 필요한 것은 아니고 채권자의 「지분의 환가」에 다른 사원의 동의가

1) 동지: 정(동), (회) 758면; 주상(제 5 판)(회사 Ⅰ), 215면.
반대: 日大判 1935. 3. 9(民集 14, 291).

2) 정(희), 333~334면; 정(동), (회) 758면; 서·정, 590면; 손(주), 488~489면; 최(기), 1177면; 이(철), (회) 174면; 채, 890면; 이(기) 외, (회) 624면; 주상(제 5 판)(회사 Ⅰ), 215면; 이·최, 425면 외.

3) 대판 1971. 10. 25, 71 다 1931(집 19 ③ 민 73).

4) 정(희), 334면; 손(주), 489면; 최(기), 1177면; 채, 890면; 이(기) 외, (회) 624면 외.

필요하다고 하거나[1] (그러나 다른 사원의 동의가 없으면 질권의 효력은 사원의 장차 구체화될 이익배당청구권 또는 지분환급청구권에만 그 효력이 미친다고 함), 또는 입질은「자유로이」할 수 있으나 지분의 성질상 질권의 효력은 이익배당청구권·지분환급청구권 및 잔여재산분배청구에 한하여 미칠 뿐이고(민 342조, 323조 참조) 경매권은 주어지지 않는다고 해석한다.[2]

생각건대 지분의 입질을 지분의 양도와 동일하게 보아 입질 자체에 다른 모든 사원의 동의를 요하게 하는 통설에 찬성한다. 그러나 이 경우에도 지분의 질권자는 지분에 대한 경매권은 없고, 사원의 장차 구체화될 이익배당청구권과 지분환급청구권에 그 질권의 효력을 가질 뿐이다(민 342조).

(2) 지분의 압류

지분의 압류에 관하여는 채권자를 보호하고자 하는 입법정책적 배려에서 상법은 다음과 같이 규정하고 있다[3](상 223조, 224조, 247조 4항, 249조).

1) 사원의 강제퇴사 사원의 지분의 압류채권자는 6월 전에 예고함으로써 영업연도 말에 그 사원을 퇴사시킬 수 있다(상 224조 1항). 이 사원의 채권자의 퇴사청구권은 형성권으로 채권자가 예고기간을 정하여 예고를 한 이상 (사원이 변제를 하거나 상당한 담보를 제공하지 않는 한) 다른 의사표시가 없어도 영업연도말에 당연히 퇴사의 효력이 발생하고, 영업연도말이 도래하여 일단 퇴사의 효력이 발생하였다면 그 후 사원 또는 채권자가 일방적으로 위 퇴사의 의사표시를 철회할 수 없고 이는 퇴사의 효력이 발생한 후 사원이 채권자에게 채무를 변제한 경우에도 마찬가지라는 취지의 다음과 같은 대법원 판례가 있다.

[퇴사청구권은 형성권이라고 한 판례]

상법 제224조 제 1 항의 규정 취지는, 사원의 채권자가 사원의 지분을 압류하여도 상법 제197조의 규정에 따라 다른 사원의 동의를 얻어야만 이를 환가할 수 있는 점 등을 감안하여, 사원의 지분을 압류한 채권자에게 퇴사청구권을 인정하고 지분환급에 의하여 채권의 변제를 받을 수 있게 한 것으로서, 위 퇴사청구권은 사원 지분의 압류채권자가 직접 일방적 의사표시로 사원을 퇴사시킬 수 있도록 한 형성권이다. 이에 따라 채권자가 예고기간을 정하여 예고를 한 이상

1) 정(동), (회) 758~759면; 서·정, 590면; 주상(제 5 판)(회사 Ⅰ), 215면.
2) 이(철), (회) 174~175면.
3) 동지: 대판 1971. 10. 25, 71 다 1931(집 19 ③ 민 73)(무한책임사원의 지분은 채권자에 의하여 압류될 수 있다).

다른 의사표시 없이도 영업연도말에 당연히 퇴사의 효력이 발생하고, 사원이 이를 저지하기 위하여서는 영업연도말이 되기 전에 변제를 하거나 상당한 담보를 제공하여야 하며, 변제 또는 담보제공이 없이 영업연도말이 도래하여 일단 퇴사의 효력이 발생하였다면 그 후 사원 또는 채권자가 일방적으로 위 퇴사의 의사표시를 철회할 수 없고, 이는 퇴사의 효력이 발생한 후 사원이 채권자에게 채무를 변제한 경우에도 마찬가지이다[대판 2014. 5. 29, 2013 다 212295(공보 2014, 1314)].

이 퇴사에 의하여 발생하는 지분환급청구권(상 222조)을 전부(轉付)함으로써 사원의 지분의 압류채권자는 채권의 만족을 얻을 수 있다. 다만 사원이 변제를 하거나 상당한 담보를 제공한 때에는 퇴사의 예고는 그 효력을 잃는데(상 224조 2항), 이러한 취지의 다음과 같은 대법원판례가 있다.

[중첩적 채무인수도 '상당한 담보를 제공한 때'로 본 판례]

[사실관계] X는 Y합명회사의 사원이다. X는 A주식회사를 경영하다가 C주식회사에 대한 채무를 이행하지 못하여 C회사가 X의 Y회사에 대한 사원출자지분을 압류한 후 상법 제224조 제 1 항의 규정에 의하여 퇴사예고를 하였다. 그런데 그 후 X는 A회사를 B에게 양도하고, 이 채무를 포함하여 X가 A회사를 경영하던 때에 C주식회사에 대하여 지고 있던 1,000만원의 거래채무를 양수인인 B가 중첩적(重疊的)으로 인수하여 이를 동액 상당의 양도대금지급에 갈음하기로 하였고 C회사가 이를 승낙하였다.

이에 X는 Y회사에 대하여 B가 X의 C회사에 대한 채무를 중첩적으로 인수하고 C회사가 이를 승낙함으로써 위 채무에 대한 상당한 담보가 제공되었으므로, 상법 제224조 제 2 항에 의하여 위 퇴사예고는 효력을 상실하였다고 주장하였다.

이에 대하여 원심은 C회사가 B의 채무인수를 승락하였다고 인정할 만한 증거가 없다는 이유로 X의 주장을 배척하였다. 따라서 X가 상고하게 된 것이다.

[판결요지] 상법 제224조 제 2 항 소정의 담보를 제공한 때라 함은 압류채권자와의 사이에서 담보물권을 설정하거나 보증계약을 체결한 때를 말하는 것이므로, 실질적으로 보증과 같은 채권확보의 효력이 있는 중첩적 채무인수계약이 압류채권자와의 사이에서 체결되거나 또는 압류채권자가 그 채무인수를 승낙한 때에는 퇴사예고는 그 효력을 잃는다.

본 건에서 X와 거래해 오던 C주식회사는 X의 영업을 양수한 B가 C회사에 대한 X의 채무를 중첩적으로 인수한 것을 승락하고 B에게 물품을 계속 공급한 것이라고 볼 여지가 있음에도 불구하고 원심이 C회사의 승락이 있었음을 인정할 증거가 없다고 판단하였음은 위법하여, 논지는 이유 있다[대판 1989. 5. 23, 88 다카 13516(공보 852, 987)].

2) 구체적 배당금지급청구권과 지분환급청구권에 대한 효력(상 223조) 사원의 지분에 대한 압류의 효력은 사원이 장래 배당받을 이익인 구체적 배당금청구권과 지분환급청구권에도 그 효력이 있다. 그 결과 이 청구권들을 행사할 수 있는 시기에 달할 때마다 채권자는 이를 추심하거나 전부(轉付)할 수 있다.[1]

3) 임의청산의 경우 동의권 임의청산의 경우에는 사원의 지분에 대한 압류채권자의 동의를 얻어야 한다(상 247조 4항). 회사가 이러한 압류채권자의 동의를 얻지 않고 임의청산의 방법으로 재산을 처분한 때에는, 압류채권자는 회사에 대하여 그 지분에 상당하는 금액의 지급을 청구할 수 있다(상 249조 1문).

제 3 관 외 부 관 계

합명회사의 외부관계는 회사와 제 3 자와의 관계 및 사원과 제 3 자와의 관계인데, 전자는 회사대표의 문제이고 후자는 사원책임의 문제이다.

제 1 회사대표

I. 회사대표의 의의

합명회사는 법인으로서 권리능력이 있고(상 169조), 이러한 법인은 그의 기관을 통하여 활동하므로 법인의 기관은 법인의 의사능력 및 행위능력의 기초가 된다. 이와 같이 회사와 그의 기관과의 관계는 사단법적인 일원관계로서 대표관계라 하여, 개인법적인 이원관계인 대리관계와 구별하고 있다.[2] 따라서 회사의 대표란 회사의 기관을 담당하는 자가 제 3 자에게 회사의 의사표시를 하거나 또는 회사에 대한 의사표시를 받는 것으로서 그 기관의 행위가 바로 회사 자신의 행위가 되는 관계를 말한다. 이러한 회사의 대표는 회사의 업무집행의 대외적인 면이다.[3]

---

1) 동지: 정(희), 334면.
2) 그러나 법인의 대표에 관하여도 대리에 관한 규정이 준용되고 있다(민 59조 2항).
3) 그러나 대표권의 범위와 업무집행권의 범위가 언제나 일치하는 것은 아니다. 즉, ① 대표권의 행사에는 제한이 없으나(상 207조) 업무집행권의 행사에 다른 사원의 이의가 있으면 즉시 중지

2. 대표기관

(1) 대표권의 취득

1) 원 칙(자기기관) 합명회사의 대표기관은 원칙적으로 각 사원이다(상 207조 1문). 따라서 원칙적으로 사원자격과 대표자격이 일치하므로 자기기관의 원칙이 지배한다.

2) 예 외(업무집행사원) 합명회사의 대표기관은 예외적으로 다음의 자만이 될 수 있다. 그러나 대표권은 업무집행권의 다른 면이므로 업무집행권이 없는 자에게는 대표권을 부여할 수 없고, 또 사원이 아닌 자에게 대표권을 부여할 수도 없다.[1)]

㈎ 정관의 규정에 의하여 수인의 업무집행사원을 정한 경우에는 각 업무집행사원이 대표기관이 된다(상 207조 2문).

㈏ 위 ㈎의 경우에 정관 또는 총사원의 동의로 업무집행사원 중에서 특히 회사를 대표할 자(대표사원)를 정할 수도 있다(상 207조 3문). 그러나 모든 업무집행사원의 대표권을 박탈하는 것은 정관의 규정 또는 총사원의 동의로도 할 수 없다.[2)]

㈐ 회사는 정관 또는 총사원의 동의로 수 인의 사원이 공동으로만 회사를 대표할 것을 정할 수 있는데(공동대표)(상 208조 1항), 이 때에는 그러한 공동대표사원이 공동으로만 대표권을 행사할 수 있다.

(2) 대표권의 제한 및 상실

1) 대표권의 제한

㈎ 회사가 사원에 대하여 또는 사원이 회사에 대하여 소(訴)를 제기하는 경우에 회사를 대표할 사원이 없는 때에는, 다른 사원 과반수의 결의로 회사를 대표할 자를 선정하여야 한다(상 211조).

해야 하고(상 202조 2항, 201조 2항), ② 대표권은 영업의 모든 사항에 미치나(상 209조) 업무집행권은 통상의 영업에만 미치고 비상의 영업이나 지배인의 선임·해임 등에는 미치지 않으며(상 203조). ③ 공동대표권의 행사(능동대표)는 언제나 공동으로만 하여야 하나(상 208조 1항) 공동업무집행권의 행사(능동업무집행)는 긴급한 때에는 단독으로 할 수 있고(상 202조 단서), ④ 대표권에 관한 사항의 변동은 언제나 등기사항이나(상 180조 4호·5호, 216조) 업무집행권에 관한 사항의 변동은 권한상실선고를 제외하고는(상 205조 2항) 등기사항이 아니다[정(동), (회) 764면].

1) 동지: 정(희), 335면; 정(동), (회) 761면; 주상(제 5 판)(회사 Ⅰ), 240면.

2) 동지: 정(동), (회) 761면; 주상(제 5 판)(회사 Ⅰ), 240면.

(나) 이 이외에는 대표권에 대한 제한은 선의의 제 3 자에게 대항하지 못한다(상 209조 2항).

2) 대표권의 상실

(가) 대표사원도 업무집행사원과 같이 정당한 사유 없이 「사임」할 수 없고, 다른 사원의 일치가 아니면 「해임」할 수 없다(상 195조, 민 708조).

(나) 대표권이 있는 사원이 업무를 집행함에 현저하게 부적임하거나 중대한 업무에 위반한 행위가 있는 때에는, 업무집행사원의 경우와 같이 사원의 청구에 의하여 법원은 대표권의 상실을 선고할 수 있다(상 216조, 205조 1항). 이 판결이 확정되면 본점과 지점의 소재지에서 등기하여야 한다(상 216조, 205조 2항). 대표사원이 1인인 경우에는 업무집행사원의 경우와 같이 대표권의 상실선고를 할 수 없다고 본다.[1]

3. 대표의 방법

(1) 원 칙(단독대표)

대표사원은 원칙적으로(정관 또는 총사원의 동의로 공동대표를 정하지 않은 경우) 각자 단독으로 회사를 대표한다(상 207조).

(2) 예 외(공동대표)

회사는 정관 또는 총사원의 동의로 수 인의 사원이 공동으로 회사를 대표할 것을 정할 수 있는데(상 208조 1항), 이 경우에는 「능동대표」(회사가 제 3 자에 대하여 의사표시를 하는 경우)는 반드시 공동으로 하여야 하나(상 208조 1항, 202조 본문 참조), 「수동대표」(회사가 제 3 자로부터 의사표시를 받는 경우)는 각자가 단독으로 할 수 있다(상 208조 2항).

4. 대표기관의 권한

(1) 합명회사를 대표하는 사원은 「회사의 영업에 관하여 재판상 또는 재판외의 모든 행위」를 할 권한이 있다(상 209조 1항).[2] 대표기관은 「회사의 영업에 관한 행위」만을 할 수 있으므로, 영업이 아닌 회사의 기구변경에 관한 사항(예컨대,

---

1) 반대: 정(동), (회) 761면.

2) 회사의 대표기관의 권한은 지배인의 대리권(지배권)(상 11조 1항)과 유사하나, 전자는 회사의 영업 전반에 미치고 후자는 특정영업 또는 특정영업소에 한정되는 점에서 근본적으로 구별된다[상세는 이(범), (예해) 57~60면].

사원의 입사·퇴사, 정관변경 등) 등에는 대표권이 미치지 않는다.[1] 또 회사의 영업에 관한 행위인지 여부도 객관적으로 판단할 것이지 대표사원이 주관적으로 판단할 것이 아니다. 이 때의 「재판상의 행위」란 회사의 소송대리인이 될 수 있다는 뜻이고(민소 87조), 「재판외의 행위」란 사법(私法)상의 적법행위를 말하는데 법률행위이든 준법률행위이든 이를 묻지 않으며 또 유상이든 무상이든 이를 묻지 않는다.

(2) 이러한 대표기관의 권한은 정관 또는 총사원의 동의로써 제한할 수 있으나, 그러나 제한을 가지고 선의의 제 3 자에게 대항하지 못한다[2](상 209조 2항).

이러한 대표권의 무제한성에 대하여 한 가지의 예외가 있는데, 이는 앞에서 본 바와 같이 회사와 대표사원간의 소(訴)에서 회사를 대표할 다른 사원이 없는 때에는(즉, 회사를 대표할 사원이 1인뿐인 경우에 그 사원과 회사간에 소송이 있는 때에는),[3] 그 대표사원은 대표권이 없고 다른 사원 과반수의 결의로 대표사원을 선정하여야 한다(상 211조).

또한 업무집행 및 대표권을 가지는 사원에 대하여 그 업무집행의 정지 및 직무대행자를 선임하는 가처분이 있으면(상 183조의 2 참조), 그러한 직무대행자는 가처분명령에 다른 정함이 있거나 법원의 허가를 얻은 경우를 제외하고는 회사의 통상업무에 속하는 행위만을 할 수 있다(상 200조의 2 1항). 그러나 직무대행자가 이에 위반한 행위를 한 경우에도 회사는 선의의 제 3 자에 대하여 책임을 진다(상 200조의 2 2항).

(3) 합명회사를 대표하는 사원이 그 업무집행으로 인하여 타인에게 손해(불법행위)를 가한 때에는 그 사원과 회사는 연대하여 배상할 책임이 있다(상 210조).[4] 이는 피해자를 두텁게 보호하기 위하여 회사 외에 대표사원 개인에게도 책임을 지운 것으로, 민법 제35조 1항(법인의 불법행위능력)과 표현은 다르지만 같은 취지의 규정이다.

---

1) 동지: 정(동), (회) 763면; 주상(제 5 판)(회사 Ⅰ), 245면; 이(기) 외, (회) 626면.

2) 합명회사의 대표기관의 권한은 민법상 법인의 대표기관의 권한과는 달리 그 제한을 등기하는 방법도 없기 때문에, 언제나 선의의 제 3 자에게 대항하지 못한다(민 60조 참조).

3) 동지: 정(동), (회) 763면.

4) 회사의 대표기관의 불법행위책임은 지배인의 그것과 구별된다. 즉, 지배인의 업무집행으로 인한 불법행위에 대하여는 회사는 사용자배상책임을 지고(민 756조 1항 본문), 회사가 지배인의 선임 또는 감독에 상당한 주의를 한 것을 증명한 때에는 면책될 수 있다(민 756조 1항 단서). 그러나 대표기관의 불법행위에 대하여는 회사 자신의 불법행위로서 회사는 상법 제210조에 의하여 책임을 지고, 회사의 면책이란 있을 수 없다.

5. 등 기

(1) 모든 사원에게 대표권이 있고 또 단독대표가 인정되는 경우에는 대표에 관한 사항은 별도로 등기할 필요가 없다(상 180조 1호, 179조 3호 참조). 그러나 회사를 대표할 사원을 특별히 정한 경우(즉, 대표권이 없는 사원이 있는 경우)에는 이 대표사원의 성명을 등기하여야 한다(상 180조 4호).

(2) 정관 또는 총사원의 동의로 공동대표사원을 정한 경우에는 이에 관한 사항을 등기하여 한다(상 180조 5호).

(3) 대표권이 있는 사원에게 대표권의 상실선고가 있고 이 재판이 확정된 때에는 본점과 지점의 소재지에서 등기하여야 한다(상 216조, 205조 2항).

(4) 업무집행권이 있는 대표사원에 대하여 업무집행의 정지 및 직무대행자를 선임하는 가처분이 있거나 그 가처분을 변경·취소하는 경우에는, 본점 및 지점이 있는 곳의 등기소에서 이를 등기하여야 한다(상 183조의 2).

제 2 사원의 책임

I. 사원의 책임의 성질

합명회사의 사원은 회사채권자에 대하여 인적·연대·무한·직접책임을 부담한다. 이러한 사원의 책임은 합명회사의 기본적 특색으로 사원이 대내적으로 회사에 대하여 부담하는 출자의무[1]나 손실분담의무와도 구별되고, 정관 또는 사원간의 합의로 면제할 수 없으며(강행규정), 업무집행권이나 대표권의 유무에 의하여 책임의 구별이 생기지 않는 것으로서, 회사의 담보기능을 수행한다.[2]

(1) 인적 책임

합명회사의 사원은 자기의 전 재산으로써 회사의 채무를 이행하여야 하는 「인적 책임」을 부담하는 점에서 민법상 보증인의 책임과 유사하나, 물상보증인의 책임과는 구별된다. 그러나 민법상 보증인의 책임은 채권자와 보증인간의

1) 이러한 사원의 책임이 사원의 출자의무와 구별되는 점으로는, 사원의 책임은 외부관계에서 발생하고 무한책임이며 이에 관한 규정은 강행규정이나, 사원의 출자의무는 내부관계에서 발생하고 유한책임이며 이에 관한 규정은 임의규정이라는 점이다.

2) 동지: 정(희), 336면.

보증계약에 의하여 발생하는 약정담보책임이나, 합명회사의 사원의 책임은 법률의 규정에 의하여 발생하는 법정담보책임(상 212조 1항)이다.

(2) 연대책임

합명회사의 사원은 회사채권자에 대하여 「연대책임」을 부담한다. 이러한 연대책임은 법률의 규정에 의하여 당연히 발생하는데(상 212조 1항), 이 때에 「연대」라는 의미는 사원과 회사간의 연대가 아니라 사원 상호간의 연대를 의미한다. 따라서 합명회사의 사원의 책임은 민법상 연대보증인의 책임과는 구별되고, 보증연대가 있는 보증인의 책임과 유사하다. 그러므로 합명회사의 사원의 책임은 민법상 (일반)보증인의 책임과 같이 부종성과 보충성이 있는데, 이 점을 상법은 명문으로 규정하고 있다. 즉, 합명회사의 사원의 책임은 회사의 채무의 존재를 전제로 하여 회사가 회사채권자에게 주장할 수 있는 항변사유로써 사원은 회사채권자에게 대항할 수 있고(상 214조 1항), 회사가 회사채권자에 대하여 상계·취소 또는 해제할 권리가 있는 경우에는 사원이 직접 이 권리를 행사할 수는 없지만 사원은 회사의 채무의 변제를 거절할 수 있다(상 214조 2항)(부종성). 또한 합명회사의 사원은 회사의 재산으로써 회사의 채무를 완제할 수 없는 경우(채무초과의 경우)(상 212조 1항) 또는 회사재산에 대한 강제집행이 주효하지 못한 경우(회사채권자 자신 또는 제 3 자가 강제집행한 경우)(상 212조 2항)에만 회사의 채무를 변제할 책임을 지고, 사원이 회사에 변제의 자력이 있고 또 그 집행이 용이한 것을 증명하면 그 책임을 면할 수 있다(상 212조 3항)(보충성). 따라서 합명회사의 사원의 책임은 제 2 차적 책임이고, 보충적 책임이다.

(3) 무한책임

합명회사의 사원은 그의 전재산으로써 회사채무에 대하여 「무한책임」을 부담하는 점에서 민법상 (인적) 보증인의 책임과 유사하나, 물상보증인이 물적 유한책임을 부담하는 점과는 구별된다. 그러나 합명회사의 사원도 절대적인 무한책임을 부담하는 것은 아니고, 회사의 채무의 범위 내에서만 책임을 부담하는 점에서 볼 때는 유한책임을 부담하는 것이 된다.

(4) 직접책임

합명회사의 사원은 회사채권자에 대하여 「직접책임」을 부담하는 점에서, 물적회사의 사원이 (원칙적으로) 회사에 대해서만 책임을 부담하고 회사채권자에 대해서는 책임을 부담하지 않는 간접책임을 부담하고 있는 점과 구별된다.

회사채권자에 대하여 사원이 「직접책임」을 부담하는 점에서만 보면, 합자회사의 유한책임사원의 책임과 같게 된다.

2. 사원의 책임의 존속기간

합명회사의 사원이라도 그가 입사한 후에 발생한 회사의 채무에 대해서만 책임을 부담하고, 또 이러한 책임은 그가 퇴사하거나 회사가 해산한 경우에는 소멸되는 것으로 보아야 할 것 같다. 그러나 상법은 합명회사의 사원의 책임을 이보다 훨씬 확대하여 규정하고 있다.

(1) 회사성립 후에 입사한 사원의 책임

회사성립 후에 입사한 합명회사의 사원은 그가 입사하기 이전에 생긴 회사의 채무에 대하여도 다른 사원과 동일한 책임을 진다(상 213조). 그 이유는 합명회사도 법인인 이상 대외관계에서 사원의 책임이 통일되어야 하기 때문이다.

(2) 퇴사(지분양도)·해산 후의 사원의 책임

1) 합명회사의 사원이 퇴사하거나 지분을 양도한 경우에도 퇴사 또는 지분양도에 따른 사원의 변경등기를 한 후 2년 내에는 (그러한 등기를 하기 전에 생긴 회사채무에 대하여) 다른 사원과 동일한 책임을 부담하는데(상 225조 1항·2항), 이에 관하여는 아래와 같은 대법원판례가 있다. 그 이유는 인적회사에서의 거래는 사원의 재산이 중시되는데, 퇴사(지분양도)는 회사채권자의 의사와는 상관 없이 이루어지고 또 아무런 회사채권자의 보호절차 없이 이루어지므로, 회사채권자를 보호하기 위하여 퇴사(지분양도) 후 일정한 기간까지는 책임을 부담시키는 것이 타당하기 때문이다. 등기 후 2년의 기간은 제척기간이고, 거래상대방의 선의·악의에 의하여 영향을 받지 않고 책임을 부담한다. 이 점에서 상법 제225조는 상업등기의 일반적 효력에 관한 상법 제37조의 예외가 된다.

[퇴사한 무한책임사원의 책임을 인정한 판례]

상법 제269조·제225조에 의하여 퇴사한 합자회사의 무한책임사원은 본점소재지에서 퇴사등기를 하기 전에 생긴 회사채무에 대하여는 등기 후 2년 이내에는 다른 무한책임사원과 동일한 책임이 있는바, 원심이 확정한 사실에 의하면 A회사의 소속운전수 B가 이 사건 사고를 일으킨 것은 1971. 8. 5.로서 이 때에 이 사건 사고로 인한 A회사의 채무는 발생한 것이고, A회사의 무한책임사원인 갑(피고)이 퇴사등기를 한 것은 A회사의 위 채무발생 후인 1971. 8. 19.이라는 것이고, 을(원고)이 갑에 대하여 이 사건 청구를 한 것은 위 갑의 퇴사등기일로부터 2년내인 1973. 8. 3.임이 기록상 분명하므로 갑은 위 조항에 의하여 다른 무한책임사원과 동일한 책임이 있는 것이며, 이와 같은 취지에서 판단한 원판결에는 합자회사의 무한책임사원의 책임에 관한 법리오해나 심리미진의 위법이 있다 할 수 없다. 또한 A회사에 변제의 자력이 있으며 집행이 용이하다는 사실은 갑이 그의 책임을 면하기 위하여 적극적으로 주장·입증하여야 할 사유이므로, 그 주장·입증을 하지 않은 갑에 대하여 원심은 이에 관한 석명이나 주장과 입증을 촉구하지 아니하였다 하여 심리미진의 위법을 범한 것이라고는 말할 수 없다[대판 1975. 2. 10, 74 다 1727(공보 509, 8314)].

2) 합명회사가 해산한 경우에는 사원의 책임은 본점소재지에서 해산등기 후 5년까지 연장된다(상 267조 1항).

3. 사원의 책임의 내용

(1) 책임의 내용인 회사채무의 종류

합명회사의 사원이 부담하는 책임의 내용은 「회사의 채무」인데, 이러한 회사의 채무에는 공법상의 것이든 사법상의 것이든 모두 포함된다. 또한 회사의 채무에는 거래에서 생긴 채무만이 아니고, 불법행위나 부당이득에 의하여 생긴 채무도 포함된다.[1)]

입사한 무한책임사원의 책임의 내용은 「입사 전에 생긴」 회사의 채무이고(상 213조), 퇴사(지분양도)한 무한책임사원의 책임은 「퇴사등기하기 전에 생긴」 회사의 채무이다(상 225조 1항·2항).

(2) 책임이행의 조건

1) 사원의 책임은 회사채무의 발생과 동시에 생기는 것이지만 이 책임은 앞에서 본 바와 같이 보충적 책임이므로, 그 책임의 이행은 일정한 조건 하에서만 가능하다. 즉, 회사재산으로써 회사채무를 완제할 수 없거나(상 212조 1항), 또는 회사재산에 대한 강제집행이 주효하지 않은 경우(상 212조 2항)에만 책임이행을 할 수 있는데, 이와 같은 취지의 다음과 같은 대법원판례가 있다.

1) 동지: 상게 대판 1975. 2. 10, 74 다 1727(합자회사의 불법행위책임, 즉 동 회사의 소속운전수의 자동차사고로 인한 책임에 대하여 무한책임사원의 책임을 인정함).

[합명회사 사원의 책임발생시기와 책임이행의 조건에 관한 판례]

상법 제269조에 의하여 합자회사에 준용되는 상법 제212조 제 1 항은 "회사의 재산으로 회사의 채무를 완제할 수 없는 때에는 합명회사의 각 사원은 연대하여 변제할 책임이 있다"고 규정하고, 제 2 항은 "회사재산에 대한 강제집행이 주효하지 못한 때에도 전항과 같다"고 규정하고 있는데, 합자회사의 무한책임사원 책임은 회사가 채무를 부담하면 법률의 규정에 기해 당연히 발생하는 것이고, "회사의 재산으로 회사의 채무를 완제할 수 없는 때" 또는 "회사재산에 대한 강제집행이 주효하지 못한 때"에 비로소 발생하는 것은 아니며, 이는 회사채권자가 그와 같은 경우에 해당함을 증명하여 합자회사의 무한책임사원에게 보충적으로 책임의 이행을 청구할 수 있다는 책임이행 요건을 정한 것으로 봄이 타당하다. 따라서 합자회사의 무한책임사원이 한 대물변제계약 등 법률행위가 사해행위에 해당하는지를 판단할 때, 무한책임사원 고유의 채무 총액과 합자회사의 부채 총액을 합한 액이 무한책임사원 고유의 재산 총액을 초과하는 경우에는 그 법률행위는 특별한 사정이 없는 한 사해행위에 해당한다고 볼 수 있지만, 합자회사의 무한책임사원 책임이 위와 같이 보충성을 갖고 있는 점 등에 비추어 법률행위 당시 합자회사가 그 재산으로 채무를 완제할 수 있었다는 점(상법 제212조 제 1 항)이 주장·입증된 경우에는 합자회사의 채무를 고려함이 없이 무한책임사원 고유의 채무 총액과 고유의 재산 총액을 비교하여 법률행위가 사해행위에 해당하는지를 판단하여야 한다[대판 2012. 4. 12, 2010 다 27847(공보 2012, 747)].

동지: 대판 2009. 5. 28, 2006 다 65903(공보 2009, 985)(합명회사는 실질적으로 조합적 공동기업체여서 회사의 채무는 실질적으로 각 사원의 공동채무이므로, 합명회사 사원의 책임은 회사가 채무를 부담하면 법률의 규정에 기해 당연히 발생하는 것이고, '회사의 재산으로 회사의 채무를 완제할 수 없는 때' 또는 '회사재산에 대한 강제집행이 주효하지 못한 때'에 비로소 발생하는 것은 아니며, 이는 회사 채권자가 그와 같은 경우에 해당함을 증명하여 합명회사의 사원에게 보충적으로 책임의 이행을 청구할 수 있다는 책임이행의 요건을 정한 것으로 봄이 타당하다).

이 때 「완제불능」이란 회사의 실제의 부채의 합계액이 실제의 자산의 합계액을 초과하는 경우(채무초과)를 의미하는데, 이와 같은 취지의 다음과 같은 대법원판례가 있다. 이는 계산상의 개념이다.

[회사의 채무초과의 의미에 관한 판례]

상법 제212조 제 1 항에서 정한 "회사의 재산으로 회사의 채무를 완제할 수 없는 때"란 회사의 부채 총액이 회사의 자산 총액을 초과하는 상태, 즉 채무초과 상태를 의미하는데, 이는 회사가 실제 부담하는 채무 총액과 실제 가치로 평가한 자산 총액을 기준으로 판단하여야 하고, 대차대조표 등 재무제표에 기재된 명목상 부채 및 자산 총액을 기준으로 판단할 것은 아니며, 나아가 회사의 신용·노력·기능(기술)·장래 수입 등은 원칙적으로 회사의 자산 총액을 산정하면서 고려할 대상이 아니다.[대판 2012. 4. 12, 2010 다 27847(공보 2012, 747)].

또한「강제집행부주효」는 채권자 자신의 강제집행 뿐만 아니라, 제 3 자가 강제집행을 한 경우에도 그 실효를 얻지 못한 것을 의미한다. 따라서 채권자 등이 강제집행을 하지 않은 경우에는 합명회사 사원의 책임을 물을 수 없는데, 이에 관한 다음의 대법원판례가 있다.

[채권자 등이 강제집행을 하지 않은 경우에는 합명회사 사원에게 책임을 물을 수 없다고 한 판례]

변호사법 제58조 제 1 항은 "법무법인에 관하여 이 법에 정한 것 외에는 상법 중 합명회사에 관한 규정을 준용한다"고 규정하고 있으며, 상법 제212조 제 1 항은 "회사의 재산으로 회사의 채무를 완제할 수 없는 때에는 합명회사의 각 사원은 연대하여 변제할 책임이 있다"고 규정하고, 제 2 항은 "회사재산에 대한 강제집행이 주효하지 못한 때에도 전항과 같다"고 규정하고 있다. 위 제 2 항은 회사 채권자가 제 1 항에서 규정한 '회사의 재산으로 회사의 채무를 완제할 수 없는 때'를 증명하는 것이 현실적으로 용이하지 않다는 점을 고려하여, 회사 재산에 대한 강제집행이 주효하지 못한 때에 해당한다는 객관적 사실을 증명하는 것만으로도 각 사원에게 직접 변제책임을 물을 수 있도록 함으로써 회사 채권자를 보다 폭넓게 보호하려는 데 그 취지가 있다. 위와 같은 법 규정의 취지 및 문언적 의미 등을 종합하여 보면, 상법 제212조 제 2 항에서 정한 '강제집행이 주효하지 못한 때'란 회사 채권자가 회사 재산에 대하여 강제집행을 하였음에도 결국 채권의 만족을 얻지 못한 경우를 뜻한다. 따라서 법무법인의 채권자가 법무법인의 구성원들을 상대로 그들이 상법 제212조 제 2 항에 따라 법무법인의 채무를 변제할 책임이 있다고 주장한 사안에서, 위 규정은 강제집행의 개시를 전제로 하고 있으므로 채권자가 그 동안 법무법인의 재산인 전세금 및 임대차보증금 반환청구권에 대하여 아무런 환가시도도 하지 않은 이상 위 규정이 적용될 수 없다는 이유로 위 주장을 배척한 원심판단은 정당하다[대판 2011. 3. 24, 2010 다 99453(공보 2011, 829)].

2) 위의 경우 증명책임은 회사채권자에게 있다(통설).[1] 그런데 사원이 회사에 변제능력이 있고 또 집행이 용이하다는 것을 증명하면 그 책임의 이행을 거절할 수 있다(상 212조 3항).

3) 사원이 부담하는 책임의 범위(한도)는 회사의 완제불능이나 강제집행이 주효하지 않은 부족액이 아니고, 회사채무의 전액이다.[2] 완제불능이나 강제집행이 주효하지 않은 것은 사원의 책임이행의 조건에 불과하고, 사원의 책임의 범위(한도)를 의미하는 것은 아니다.[3]

(3) 회사채무의 내용과 사원책임의 내용과의 관계

사원이 부담하는 책임의 내용은 회사가 부담하는 채무의 내용과 동일하여야 하는가. 회사의 채무가 대체성이 있는 채무인 경우에는 사원의 책임도 회사의 채무의 내용과 동일하여야 하겠으나, 회사의 채무가 대체성이 없는 채무인 경우에는(따라서 그 채무가 손해배상채무로 변경된 경우에는) 사원의 책임의 내용은 금전배상책임이라고 보아야 할 것이다.[4]

우리 대법원판례도 이와 같은 취지로 다음과 같이 판시하고 있다.

[합자회사의 채무가 대체성이 없는 경우 그 무한책임사원에게 금전배상책임을 인정한 판례]

합자회사의 채무가 전화가입권의 이전의무와 같이 대체성이 없는 채무인 경우 동 회사의 무한책임사원은 금전배상책임을 부담한다[대판 1956. 7. 5, 4289 민상 147(카드 5420)].

(4) 사원이 회사채권자인 경우

사원이 회사에 대하여 가지는 채권(즉, 회사가 사원에 대하여 부담하는 채무)에 대하여도 상법 제212조가 적용되는가. 이에 대하여는 견해가 나뉘어 있다. 즉, ① 다수설은 상법 제212조의 적용을 부정하고 각 사원은 그 손실분담의 비율에 따라 그 사원에게 변제하면 충분하다고 해석한다. 그 이유는 상법 제212조는 원래 제 3 자인 회사채권자를 보호하기 위한 특별규정이고, 또 이때 상법 제212조를 적용하면 회사채권자인 사원에게 변제한 사원이 다시 회사

1) 정(희), 338면; 정(동), (회) 766면 외.

2) 동지: 정(희), 338면(그 이유는 완제불능의 부족액이라고 보면 사원으로 하여금 회사채권자에 대하여 일부변제를 강요하는 결과가 되어 부적당하기 때문이라고 한다); 정(동), (회) 766면; 이(기) 외, (회) 627면; 주상(제 5 판)(회사 I), 255면.

3) 동지: 주상(제 5 판)(회사 I), 255면.

4) 동지: 정(동), (회) 767면; 이(철), (회) 177~178면; 채, 886면; 주상(제 5 판)(회사 I), 256면.

에 대한 구상권(민 481조, 482조)으로써 다른 사원(채권자인 사원을 포함하여)에 대하여 상법 제212조에 의하여 책임을 추궁하게 되어 이러한 행위가 순환하게 되기 때문이라고 한다.[1] ② 이에 대하여 소수설은 사원의 회사에 대한 채권을 두 가지로 나누어 (i) 사원관계와 무관한 원인에 의하여 발생한 채권(예컨대, 매매·소비대차 등에 의한 채권)에 대하여는 원칙적으로 다른 채권자와 동일하게 취급하여야 하므로 상법 제212조가 적용되어야 하나(그러나 그가 사원이라는 점에서 회사와 무관한 제 3 채권자의 채권과 동일하게 볼 수는 없고, 그는 내부관계에서 자기의 손실분담액을 공제한 잔액만을 청구할 수 있다), (ii) 사원관계를 원인으로 한 채권(예컨대, 사원의 보수청구권·비용상환청구권 등)에 대하여는 상법 제212조가 적용되지 않는다고 한다.[2]

생각건대 다수설이 타당하다고 본다. 소수설에서는 사원관계와 무관하게 발생한 채권을 한편으로는 다른 채권자의 채권과 동일하게 보면서도 다른 한편으로는 다시 그가 사원이라는 점에서 회사와 무관한 제 3 채권자의 채권과 동일하게 볼 수는 없고 달리 취급하여야 한다고 하는데,[3] 이는 논리의 일관성에서 자연스럽지 못하고 또 채권자인 사원이 자기의 손실부담액을 공제한 잔액만을 청구하는 것은 내부관계에서도 가능한데 이를 굳이 외부관계인 상법 제212조에 의한 책임으로 볼 필요는 없다고 본다. 소수설의 이러한 해석은 그 결과에 있어서 다수설과 동일하게 되며, 또한 회사가 어느 사원에 대하여 부담하는 채무란 결국 내부관계의 실질에서 보면 사원 자신의 채무와 다름 없기 때문에 다수설이 타당하다고 본다.

4. 사원의 책임이행의 효과

(1) 합명회사의 사원이 회사채권자에 대하여 회사채무를 이행하면 회사채무는 소멸한다.

(2) 회사채무를 이행한 사원은 변제자의 법정대위(민 481조)에 관한 법리에 의하여 회사에 대하여 구상권을 취득하는데, 이러한 회사에 대한 구상권은 다른 사원에 대한 구상권으로서 다른 사원에 대하여 그 부담부분을 구상할 수 있다

1) 정(희), 338면; 서·정, 596~597면; 손(주), 503면; 정(무), 622면 외.

2) 정(동), (회) 767~769면; 주상(제 5 판)(회사 I), 257면.
결과 동지: 최(기), 1183면; 채, 886면; 이(기), (회) 627면; 이(철), (회) 178면.

3) 정(동), (회) 768면.

(민 425조 1항). 이 때 다른 사원의 부담부분은 손실분담비율에 의하고, 다른 사원은 회사에 자력이 있다는 것을 이유로 하여 이러한 구상을 거절할 수 없다.[1)]

5. 자칭사원의 책임

사원이 아닌 자가 타인에게 자기를 사원이라고 오인시키는 행위를 하였을 때에는, 그는 그 오인으로 인하여 회사와 거래한 자에 대하여 사원과 동일한 책임을 진다(상 215조). 이는 금반언의 법리에 기한 사원의 책임이다.

제4절 기구변경

제1관 정관변경

1. 의 의

정관변경이란 실질적 의의의 정관을 변경하는 것을 의미하는데, 그 내용은 사회질서와 강행법규에 반하지 않은 한 어느 것도 자유로이 변경할 수 있다.

2. 절 차

(1) 합명회사는 **총사원**의 동의에 의하여 정관(실질적 의의의 정관)을 변경할 수 있다(상 204조). 총사원의 동의를 받도록 한 것은 합명회사에서는 사원의 개성이 중시되고 또 조합적 실체를 가진 점을 고려한 것이다. 정관변경에 이와 같이 총사원의 동의를 받도록 한 상법 제204조는 회사의 내부관계에 관한 규정으로 임의법규(합명회사의 조합적 성질의 반영)이므로, 정관의 규정에 의하여 그 요건을 완화할 수 있다(통설).[2)] 합명회사에는 앞에서 본 바와 같이 사원총

1) 동지: 정(희), 338면; 이(기) 외, (회) 628면; 주상(제5판)(회사 Ⅰ), 258면.
반대: 이(철), (회) 178면(변제한 사원이 다른 사원의 이익을 포기한 것이 되어 의문이라고 한다).
2) 정(동), (회) 771면; 이(철), (회) 165~166면; 채, 888면; 이(기) 외, (회) 631면; 주상(제5판)(회사 Ⅰ), 234면 외.
동지: 日大判 1930. 5. 30(民集 9, 1031).

회라는 기관이 없으므로, 정관변경시에 요구되는 총사원의 동의에는 개별적인 구두에 의한 동의도 무방하다.[1)]

우리 대법원판례도 이와 동지로 다음과 같이 판시하고 있다.

[인적회사의 사원의 동의에는 정관에 다른 규정이 없는 한 특별한 제한이 없다고 본 판례]

합자회사는 정관에 특별한 규정이 없는 한 소집절차라든지 결의방법에 특별한 방식이 있을 수 없고, 따라서 사원의 구두 또는 서면에 의한 개별적인 의사표시를 수집하여 본 결과 총사원의 동의나 사원 3분의 2 또는 과반수의 동의 등 법률이나 정관 및 민법의 조합에 관한 규정이 요구하고 있는 결의요건을 갖춘 것으로 판명되면 유효한 결의가 있다고 보아야 할 것이다[대판 1995. 7. 11, 95 다 5820(공보 998, 2755)].

(2) 사원의 성명·주민등록번호 및 주소는 정관의 절대적 기재사항이므로(상 179조 3호) 어떠한 사유로 인한 사원의 변동에도 총사원의 동의에 의한 정관변경을 요하는 것으로 생각될 수 있다. 그러나 앞에서 본 바와 같이 이미 다른 사원의 동의에 의하여 지분의 전부 또는 일부를 타인에게 양도하여 사원변경이 생긴 경우(상 197조), 사원의 사망(상 218조 3호)·임의퇴사(상 217조)·제명(상 220조) 등의 사유에 의하여 사원변경이 생긴 경우에는 총사원의 동의를 요하지 않고 바로 정관변경의 효력이 생긴다.[2)]

3. 등 기

정관변경이 동시에 등기사항의 변경인 경우에는 변경등기(상 183조)를 하여야 제 3 자에게 대항할 수 있다(상 37조).

제 2 관 사원변경(입사·퇴사)

사원변경은 사원자격의 취득과 상실을 의미하는데, 사원자격의 취득에는 원시적 취득과 승계적 취득이 있고, 사원자격의 상실에는 절대적 상실과 상대적 상실이 있다. 사원자격의 원시적 취득에는 설립행위(합동행위)(상 178조 이하)와 입

1) 동지: 이(철), (회) 166면; 주상(제 5 판)(회사 Ⅰ), 234면.
2) 동지: 정(동), (회) 771~772면; 손(주), 494면; 채, 888면; 이(기) 외, (회) 631면; 주상(제 5 판)(회사 Ⅰ), 234면.

사(계약)(상 213조, 204조)가 있고, 사원자격의 승계적 취득에는 지분의 양수(특정승계)(상 197조)와 상속(포괄승계)(정관의 규정에 의하여 상속이 인정되는 경우에 한함)(상 219조)이 있다. 사원자격의 절대적 상실에는 해산(전 사원에 해당)(청산·합병·파산절차의 종료로 인한 법인격의 소멸을 요함)(상 264조, 230조)과 퇴사(특정사원에 해당)(상 217조, 218조)가 있고, 상대적 상실에는 지분 전부의 양도(상 197조)와 사망(정관의 규정에 의하여 상속이 인정되는 경우에 한함)(상 219조)이 있다. 이하에서는 이 중 입사와 퇴사에 의한 사원변경만을 설명하고, 그 이외의 사원변경에 관한 사항은 해당되는 곳에서 개별적으로 설명한다.

제 1 입 사

1. 의 의

입사란 「회사 성립 후에 사원자격을 원시적으로 취득하는 것」을 말하고, 회사와의 사이에 입사계약[1)]을 요한다. 입사는 회사에 대한 새로운 출자를 반드시 요하는 점에서, 회사에 대한 새로운 출자 없이 사원자격을 승계취득하는 지분의 양도(상 197조)나 상속(이에 관한 정관의 규정이 있는 경우에 한함)(상 219조)과는 개념상 구별된다. 그러나 상법에서는 입사(퇴사)나 지분의 양수(양도)를 동일하게 취급하고 있으므로 양자를 구별할 실익은 없다(상 179조 3호, 204조, 197조, 225조 1항·2항).

2. 절 차

사원은 정관의 절대적 기재사항이기 때문에(상 179조 3호) 입사로 인한 사원의 증가의 경우에는 정관변경을 요하고, 따라서 입사에는 총사원의 동의를 요한다(상 204조). 따라서 총사원의 동의가 있는 시점이 사원자격의 취득시점인데, 우리 대법원판례도 이와 같은 취지로 다음과 같이 판시하고 있다.

[사원자격의 취득시기에 관한 판례]

합자회사의 성립 후에 신입사원이 입사하여 사원으로서의 지위를 취득하기 위하여는 정관변경을 요하고 따라서 총사원의 동의를 얻어야 하지만, 정관변경은 회사의 내부관계에서는 총사원의 동의만으로 그 효력이 발생하는 것이므로

1) 이 계약을 「사단법상의 특수한 사원권계약」으로 설명하는 견해가 있다[손(주), 506면].

신입사원은 총사원의 동의가 있으면 정관인 서면의 경정이나 등기부에의 기재를 기다리지 않고 그 동의가 있는 시점에 곧바로 사원으로서의 지위를 취득한다 [대판 1996. 10. 29, 96 다 19321(공보 1996, 3518)].

그러나 입사의 경우에는 회사채권자에 대한 책임자를 증가시켜 오히려 회사채권자에게 유리하므로, 채권자보호절차를 밟을 필요는 없다.

3. 등 기

입사는 등기사항의 변경을 요하므로(상 180조 1호), 변경등기를 요한다(상 183조).

4. 효 과

회사 성립 후에 입사한 사원은 입사 전에 생긴 회사의 채무에 대하여 다른 사원과 동일한 책임을 진다(상 213조).

제 2 퇴 사

1. 의 의

(1) 퇴사란 「회사의 존속중[1]에 특정사원의 사원자격이 절대적으로[2] 소멸되는 것」을 말한다.

(2) 이러한 퇴사제도가 인정되어 있는 것은 인적회사의 하나의 특색인데, 이는 지분의 양도를 제한하는 대신에 인정된 것이다. 이를 회사의 해산사유로 하지 않은 것은 기업의 유지이념에서이다.[3]

2. 퇴사원인

퇴사는 퇴사원인에 따라 임의퇴사, 강제퇴사 및 당연퇴사로 구별된다. 이러한 퇴사원인은 회사의 해산 전에 발생한 경우에만 인정되고, 회사의 해산 후 청산종결 전에 이러한 퇴사원인이 발생한 경우에는 퇴사가 인정되지 않는다.

1) 퇴사는 회사의 「존속중」이어야 하므로, 회사의 해산 후에 전 사원의 사원자격이 상실되는 것은 퇴사가 아니다.

2) 퇴사는 사원자격이 「절대적」으로 상실되는 것이므로, 사원자격이 상대적으로 소멸되는 지분의 전부양도(탈퇴)와도 구별된다.

3) 동지: 손(주), 507면.

왜냐하면 퇴사는 일부청산이라고 볼 수 있으므로, 회사의 해산에 의하여 전부 청산이 개시된 경우에는 일부청산은 필요 없기 때문이다.[1]

⑴ 임의퇴사

정관으로 회사의 존립기간을 정하지 아니하거나 어느 사원의 종신까지 존속할 것을 정한 경우에는, 사원은 일방적 의사표시에 의하여 퇴사할 수 있다(퇴사권). 이 때에 사원은 원칙적으로 6월 전의 예고에 의하여 영업연도 말에 한하여 퇴사할 수 있다(상 217조 1항). 그러나 예외적으로 사원이 부득이한 사유가 있는 때에는 언제든지 퇴사할 수 있다(상 217조 2항).

이러한 임의퇴사제도에 의하여 사원은 투하자금을 회수할 수 있다. 사원의 임의퇴사에 의하여 사원이 1인이 된 경우에도 임의퇴사가 가능하다고 본다(제명의 경우와 차이).[2] 이 경우에는 해산의 원인이 된다(상 227조 3호).

⑵ 강제퇴사

이는 지분압류채권자에 의한 사원의 강제퇴사인데, 이 때에도 압류채권자는 회사와 채무자인 사원에게 6월 전에 예고하고 영업연도 말에 한하여 그 사원을 퇴사시킬 수 있다(상 224조 1항). 압류채권자의 이러한 퇴사청구권은 형성권으로 영업연도 말에 퇴사의 효력이 발생하였다면 그 후 사원 또는 채권자가 일방적으로 이 퇴사의 의사표시를 철회할 수 없다.[3]

그러나 채무자인 사원이 변제를 하거나 상당한 담보를 제공한 경우에는, 퇴사예고가 그 효력을 잃게 되어 그 사원을 강제퇴사시킬 수 없다[4](상 224조 2항). 이는 압류채권자를 보호하기 위한 것으로 강행규정으로 보아야 하므로, 정관으로 이를 배제하거나 또는 이와 달리 규정할 수 없다.[5]

⑶ 당연퇴사

1) 사원에게 다음의 사유가 있는 경우에는, 그 사원은 당연히 퇴사한다(상 218조). 즉, (i) 사원에게 정관이 정한 사유가 발생한 때(정년 등), (ii) 총사원의 동의가 있을 때(사원이 임의퇴사사유에 해당되지 않는 경우로서 자기의 의사에 기

1) 동지: 손(주), 507면; 정(동), (회) 774면(퇴사원인인 파산에 관하여 동지 설명); 日大判 1934. 6. 27(判決全集 1, 352); 日最高判 1965. 3. 12(判時 412, 72).

2) 동지: 정(동), (회) 773면; 주상(제 5 판)(회사 Ⅰ), 267면; 日大判 1933. 6. 10(民集 12, 1426).

3) 대판 2014. 5. 29, 2013 다 212295(공보 2014, 1314).

4) 동지: 대판 1989. 5. 23, 88 다카 13516(공보 852, 42).

5) 동지: 정(동), (회) 774면; 손(주), 508면; 주상(제 5 판)(회사 Ⅰ), 284면.

하여 퇴사신고를 한 경우), (iii) 사원이 사망하였을 때(정관으로 상속을 규정하지 않은 경우에만 해당하고, 정관으로 상속을 규정한 경우에는 예외적으로 상속인이 피상속인의 사원자격을 상속한다)(상 219조), (iv) 사원이 성년후견개시의 심판을 받았을 때(이는 사원과 회사간에 신뢰관계가 상실되었기 때문이다), (v) 사원이 파산선고를 받았을 때(이는 사원과 회사간의 신뢰관계가 상실되었기 때문인데, 이 때 사원의 파산은 회사의 해산 전의 파산에 한한다),[1] (vi) 사원이 제명되었을 때이다.

2) 위의 당연퇴사원인 중 제명에 대하여 좀더 상세히 살펴보면 다음과 같다.

(가) **제명의 의의** 제명은 당해 사원의 의사에 반하여 사원자격을 박탈하는 것으로서, 신뢰를 기대할 수 없는 사원을 다른 사원들에 의하여 축출함으로써 회사존속을 도모하기 위한 것이다.[2] 상법은 제명사유 및 제명절차를 엄격하게 규정하고 있다.

(나) **제명사유** 사원의 제명사유는 (i) 사원이 출자의무를 이행하지 아니한 때, (ii) 사원이 경업피지의무를 위반한 때, (iii) 사원에게 회사의 업무집행 또는 대표행위에 관하여 부정한 행위가 있는 때, 또는 권한 없이 업무집행을 하거나 회사를 대표한 때, (iv) 기타 중요한 사유가 있는 때이다(상 220조 1항).

이러한 제명사유를 정관에 의하여 배제하거나 제한할 수 있는가. 이에 대하여, 상법 제220조는 임의법규로서 정관에 의하여 법정제명사유를 배제·제한할 수 있다고 보는 견해도 있으나(임의법규설),[3] 제명은 당해 사원의 의사에 반하여 사원자격을 박탈시키는 제도이므로 이를 엄격하게 해석하여야 할 것이므로 상법 제220조를 강행법규로 보아 정관에 의하여 법정제명사유를 배제·제한할 수 없음은 물론 추가할 수도 없다고 본다[4](강행법규설).

(다) **제명절차**

① 위의 제명사유에 해당하면 당연히 제명되는 것이 아니라, 「다른 사원 과반수의 결의에 의한 사원의 제명청구」와 「법원의 제명선고」로 제명되는 것이다.

② 이 때 다른 사원 과반수의 결의를 요하는데, 「다른 사원」이란 무엇을 의미하는가. 피제명자가 수 인인 경우에는 (i) 수 인의 피제명자를 제외한 나

---

1) 동지: 정(동), (회) 774~775면; 채, 893면; 주상(제 5 판)(회사 I), 270면.

2) 동지: 이(철), (회) 170면.

3) 최(기), 1188면.

4) 동지: 손(주), 509면; 정(동), (회) 775면; 주상(제 5 판)(회사 I), 274면, 278면.
정관에 의하여 제명사유를 확대할 수는 없으나 강화할 수는 있다는 견해도 있다[이(철), (회) 171면].

머지 사원을 의미하는 것이라고(따라서 일괄제명이 가능하다고) 보는 견해도 있으나,[1] (ii) 제명은 당해 사원의 개인적 특질이 고려되어야 하므로 일괄제명은 할 수 없고 피제명자 개인별로 제명하여야 하기 때문에 당해 피제명자 1인을 제외한 나머지 사원(당해 피제명자를 제외한 다른 피제명자를 포함함)을 의미하는 것이라고 보아야 할 것이다.[2]

갑 합자회사의 무한책임사원은 A이고 유한책임사원은 B(A의 처)·C·D인데 C·D가 A·B를 일괄제명결의한 사안에서, 우리나라의 대법원판례도 이와 동지로 다음과 같이 판시하고 있다.

[일괄제명을 부정한 판례]

제명은 원래 개인적인 것이고 제명사유에 해당한다 하여 당연히 제명되는 것이 아니고 당해 사원의 개인적 특질을 고려한 다음 결정되는 것이므로 같은 취지에서 피제명 각인에 대하여 타의 사원의 동의 여부의 기회를 주어 개별적으로 그 제명의 당부를 나머지 다른 사원의 과반수의 의결로 결의하여야 하는 것인데, 본건 결의는 적법한 제명결의라 할 수 없다고 한 원심의 판단판결은 정당하다 할 것이다[대판 1976. 6. 22, 75 다 1503(집 24 ② 민 158)].

③ 사원이 2인인 경우 그 중 1인에 제명사유가 있는 경우에 다른 사원이 제명할 수 있는가. 이 때는 그 사원을 제명하면 사원이 1인이 되어 해산사유(상 227조 3호)가 되므로 당해 사원을 제명할 수 없다고 본다.[3] 이와 동지의 다음과 같은 대법원판례가 있다. 이 경우에 다른 사원은 「부득이한 사유」를 이유로 회사의 해산을 법원에 청구하거나(상 241조 1항), 퇴사(상 217조 2항)할 수는 있다.

[사원이 2인인 경우 그 중 1인이 다른 사원을 제명할 수 없다고 본 판례]

[사실관계] X회사는 택시여객자동차운송사업 등을 목적으로 설립된 합자회사로서 그 사원은 무한책임사원인 Y와 유한책임사원인 A 등 2인의 사원이 존재하는 회사이다. X회사는 Y가 대표사원의 지위에 있으면서 ① 회사경영을 부실하게 하여 1988년 6월 초순경 액면 금 4천 6백 86만 1천 2백원 상당의 약속어음 17매를 부도내고 X회사로 하여금 금 1천만원 이상의 사채를 부담하게 하였으며, ② X회사의 직인 및 장부를 은닉하여 업무를 마비시켰고, ③ X회사

1) 최(기), 1188~1189면.

2) 동지: 정(희), 341면; 손(주), 509면; 정(동), (회) 775면; 채, 893면; 주상(제 5 판)(회사 I), 276~277면.

3) 동지: 정(희), 341면; 손(주), 509면; 정(동), (회) 775면; 이(철), (회) 170면; 이(기) 외, (회) 630면.

의 상무인 소외 S와 지속적인 불륜행위로 회사의 대외적 신용 및 명예를 실추시키는 등 X회사의 직무를 집행함에 있어 부정한 행위를 하였다는 이유로 Y를 제외한 나머지 사원인 A의 결의를 거쳐 상법 제269조, 제220조에 의하여 Y에 대한 제명선고를 청구하였다.

[판결요지] 상법 제220조 제 1 항, 제269조는 합자회사에 있어서 사원에게 같은 법조 소정의 제명사유가 있는 경우에는 다른 사원 과반수의 결의에 의하여 그 사원의 제명선고를 법원에 청구할 수 있다고 규정하고 있는바, 다른 사원 과반수의 결의란 그 문언상 명백한 바와 같이 제명대상인 사원 이외에 다른 사원 2인 이상의 존재를 전제로 하고 있으므로, 무한책임사원과 유한책임사원 각 1인만으로 된 합자회사에 있어서는 한 사원의 의사에 의하여 다른 사원의 제명을 할 수는 없다고 보아야 할 것이다.

그리고 유한책임사원과 무한책임사원의 2인만으로 된 경우에 그 1인의 제명은 상법 제285조 제 1 항에 의하여 회사가 해산되는 결과가 되는데, 상법 제220조 제 1 항에서 사원의 제명을 인정하는 이유가 회사를 해산상태로 몰고 가자는 것이 아니고 회사의 존속을 도모하여 회사의 해산 및 신설의 불이익을 면하도록 하는 데 있음을 감안하여 볼 때, 한 사람의 의사에 의하여 다른 사원을 제명하는 것을 인정하는 것은 위 취지에 어긋나고 또 제명이란 사원자격을 박탈하는 비상수단이므로 신중한 절차를 요하여야 할 것이라는 제도 자체의 성질에도 합치되며, 그와 같이 해석하지 않으면 소수자에 의하여 회사 내분이 야기될 위험성이 있게 될 것이다.

따라서 유한책임사원인 A와 무한책임사원인 Y 등 2인으로 조직된 합자회사인 X는 위 A의 결의에 의하여 Y의 제명선고를 구할 수는 없을 것이다[대판 1991. 7. 26, 90다 19206(공보 1991, 2241)][이 판결에 반대하는 평석으로는 최기원, 「법률신문」, 제2085호(1991. 12. 16), 15면 참조].

㈑ 관할법원 · 등기

① 제명청구의 소는 회사의 본점소재지의 지방법원의 관할에 속한다(상 220조 2항, 206조, 186조).

② 법원의 제명선고의 판결이 확정되면 본점과 지점의 소재지에서 등기하여야 한다(상 220조 2항, 205조 2항).

③ 이 외에 사원이 당연퇴사한 것으로 의제되는 경우가 있다. 즉, 이는 (i) 회사설립의 무효 또는 취소의 판결이 확정된 후 무효 또는 취소의 원인이 있는 사원을 제외한 다른 사원 전원의 동의로써 회사를 계속하는 경우에 그 무효 또는 취소의 원인이 있는 사원과(상 194조 2항), (ii) 회사에 해산사유가 발생한 경우

에 사원의 전부 또는 일부의 동의로써 회사를 계속할 수 있는데, 이 때 회사계속에 동의하지 않은 사원(상 229조 1항 단서)의 경우이다.

3. 퇴사절차

(1) 퇴사의 경우에는 사원의 변경이 생기고 사원은 정관의 절대적 기재사항(상 179조 3호)이므로, 총사원의 동의에 의한 정관변경(상 204조)이 있어야 하는가의 문제가 있다. 입사의 경우와는 달리 퇴사원인이 있으면 퇴사가 되는 것이고, 이를 위하여 정관변경을 요하는 것은 아니다.[1)]

(2) 사원의 퇴사의 경우에는 등기사항(상 180조 1호)의 변경이 있으므로 변경등기(상 183조)를 하여야 한다. 사원은 이 퇴사등기 후 2년이 경과하여야 회사의 채무에 대하여 책임을 면하므로(상 225조 1항), 이 등기는 사원의 면책과 관련하여 매우 중요하다.

4. 퇴사의 효과

퇴사의 효과로서 퇴사원은 사원자격을 상실한다. 퇴사원의 사원자격의 상실로 인하여 한편으로는 회사채무에 대하여 연대·무한의 책임을 지는 사원수가 감소하므로 회사채권자를 보호하는 조치가 필요하고, 다른 한편으로는 사원과 회사간의 관계를 끝맺을 조치가 필요하다. 따라서 상법은 이 두 문제에 관하여 규정을 두고 있다.

(1) 회사채권자의 보호(상 225조 1항)

퇴사한 사원은 본점소재지에서 퇴사등기를 하기 전에 생긴 회사채무에 대하여 등기 후 2년 내에는 다른 사원과 동일한 책임이 있다.

(2) 회사와 퇴사원과의 관계

1) 상호변경청구권(상 226조) 퇴사한 사원의 성명이 회사의 상호 중에 사용된 경우에는 그 사원은 회사에 대하여 그 사용의 폐지를 청구할 수 있다. 퇴사원이 이 상호변경청구권을 행사할 것인지 여부는 자유이지만, 만일 그가 회사에 대하여 그 성명의 사용을 허락한 경우에는 자칭사원으로서의 책임을 질 위험이 있다(상 215조).

---

1) 동지: 손(주), 510면; 정(동), (회) 776면.

2) 지분환급청구권 또는 손실분담금 납입의무

(가) 퇴사한 사원의 지분의 계산은 정관에 다른 규정이 없으면「퇴사 당시」의 회사재산의 상태에 따라서 하여야 하고(상 195조, 민 719조 1항), 제명의 경우에는 제명판결이 확정될 때까지는 장기간을 요하므로「소(訴) 제기시」의 회사재산의 상태에 따라서 하여야 하며 그 때부터 법정이자를 붙여야 한다(상 221조). 지분계산의 결과 지분은 적극·소극 또는 영으로 되는데, 퇴사원은 적극지분의 경우에는 출자를 환급받고, 반대로 소극지분의 경우에는 그 금액을 납입하여야 한다. 이를 구체적인 예에 의하여 살펴보면 다음과 같다.

> A가 4,000만원을 출자하고 B가 2,000만원을 출자하여 갑 합명회사를 설립한 후 손익을 균분하기로 하였는데, A가 갑 회사를 퇴사하는 경우 퇴사 당시 갑 회사에 2,000만원의 손실이 있게 되면 A는 3,000만원(4,000만원－손실분담분 1,000만원)의 적극지분을 갖게 되고, 퇴사 당시 갑 회사에 1억원의 손실이 있었다면 1,000만원(4,000만원－손실분담분 5,000만원)의 소극지분을 갖게 된다.

지분의 분배는 퇴사원이 한 출자의 종류가 무엇이든 상관 없이 모두 금전으로 할 수 있다(상 195조, 민 719조 2항). 따라서 퇴사원이 노무출자나 신용출자를 한 경우에도 정관에 다른 규정이 없는 한 지분의 환급을 받을 수 있다(상 222조). 퇴사 당시에 완결되지 아니한 사항에 대하여는 완결 후에 계산할 수 있다(상 195조, 민 719조 3항).

(나) 지분환급청구권은 퇴사원이 사원자격을 잃은 후에 취득하는 제 3 자적 권리이므로, 다른 사원은 상법 제212조에 의하여 연대·무한의 책임을 져야 한다.[1)]

(다) 사원이 특정한 재산의 사용과 용익만을 출자의 목적으로 한 경우에는 (사용출자) 그 재산의 반환을 청구할 수 있는데, 이것은 사원자격이 소멸하는 동시에 출자의무도 소멸하여 소유권에 기한 반환청구이므로 이곳에서 말하는 지분환급청구권과는 다른 것이다.[2)]

1) 동지: 정(희), 342면; 손(주), 512면.
2) 동지: 정(희), 342면; 손(주), 512면.

제 3 관 합 병

합명회사는 어느 회사와도 합병하여 기구를 변경할 수 있는데, 이에 관하여는 이미 회사에 관한 일반적 설명에서 상세하게 살펴보았다(상 174~175조, 230조~240조 참조).

제 4 관 조직변경

합명회사는 총사원의 동의로 합자회사로 조직변경을 하여 기구를 변경할 수 있는데, 이에 관하여도 이미 회사에 관한 일반적 설명에서 상세하게 살펴보았다(상 242조~244조).

제 5 절 해산과 청산

제 1 관 해 산

1. 해산사유

합명회사의 해산사유는, (i) 존립기간의 만료 기타 정관으로 정한 사유의 발생, (ii) 총사원의 동의, (iii) 사원이 1인으로 된 때,[1] (iv) 합병, (v) 파산, (vi) 법원의 해산명령(상 176조) 또는 해산판결(상 241조)이다(상 227조).

2. 해산등기

합명회사가 해산한 경우에는 합병과 파산의 경우를 제외하고는 그 해산사유가 있은 날로부터 본점소재지에서는 2주간 내, 지점소재지에서는 3주간 내에 해산등기를 하여야 한다(상 228조). 합병의 경우에는 합병등기를 하고(상 233조), 파산의 경우에는 파산등기를 하여야 한다(파 23조). 합명회사의 해산등기에 있어서는 해산한 뜻과 그 사유 및 연월일을 등기하여야 하고(상등 60조 1항), 정관에 정한 사유의 발생으로 인한 해산등기를 신청하는 경우에는 그 사유의 발생을 증명하는 정

1) 주식회사·유한회사 및 유한책임회사의 경우 (iii)의 사유는 해산사유가 아니다(상 517조 1호, 609조 1항 1호, 287조의 38 2호).

보를 제공하여야 한다(상등규 106조 2항)

3. 해산의 효과

(1) 청산절차의 개시

1) 합명회사는 해산에 의하여 청산절차가 개시되는데, 다만 합병과 파산의 경우에는 제외된다. 그 이유는 합병의 경우는 청산절차를 거치지 않고 상법상의 특별규정에 의하여 1개 이상의 회사가 바로 소멸되기 때문이고, 파산의 경우에는 청산절차가 아니라 파산절차가 개시되기 때문이다.

2) 회사는 청산절차가 개시되면 청산의 목적범위 내로 그 권리능력이 제한된다(상 245조). 따라서 청산회사에 대하여는 회사의 영업을 전제로 하는 다수의 규정(상 198조, 200조, 201조, 207조~209조 등)이 적용되지 않으나, 회사의 상인자격·상호·사원의 출자의무·사원의 책임에 관한 규정 등은 해산에 의하여 영향을 받지 않고 적용된다.

(2) 회사의 계속

1) 계속사유 합명회사가 (i) 「존립기간의 만료 기타 정관으로 정한 사유의 발생」(상 227조 1호), 또는 (ii) 「총사원의 동의」(상 227조 2호)에 의하여 해산한 경우에는, 사원의 전부 또는 일부[1]의 동의로 회사를 계속할 수 있다(상 229조 1항 본문). 또한 (iii) 회사의 「사원이 1인이 됨으로써 해산하는 경우」에도(상 227조 3호), 새로 사원을 가입시켜서 회사를 계속할 수 있다[2](상 229조 2항). 회사의 계속에 관한 다음과 같은 대법원판례가 있다.

[정관으로 정한 존립기간의 만료로 해산한 경우, 일부 사원의 동의로 회사의 계속을 인정한 판례]

합자회사가 정관으로 정한 존립기간의 만료로 해산한 경우에도(상법 제269조, 제227조 제1호), 사원의 전부 또는 일부의 동의로 회사를 계속할 수 있다(상법 제269조, 제229조 제1항). 이 경우 존립기간에 관한 정관의 규정을 변경 또는 폐지할 필요가 있는데, 특별한 사정이 없는 한 합자회사가 정관을 변경함에는 총사원의 동의가 있어야 할 것이나(상법 제269조, 제204조), 합자회사가 존립기간의 만료로 해산한 후 사원의 일부만 회사계속에 동의하였다면 그 사원들의 동의로 정관의 규정을 변경하거나 폐지할 수 있다. 그리고 회사계속 동의 여부에 대한 사원 전부의 의사가 동시에 분명하게 표

1) 이 경우에 동의하지 않은 일부의 사원은 퇴사한 것으로 간주된다(상 229조 1항 단서).

2) 이 때에 가입된 신입사원은 그 가입 전에 생긴 모든 회사채무에 대하여 기존사원과 동일한 책임을 진다(상 229조 4항, 213조).

시되어야만 회사계속이 가능한 것은 아니므로, 일부 사원이 회사계속에 동의하였다면 나머지 사원들의 동의 여부가 불분명하더라도 회사계속의 효과는 발생한다[대판 2017. 8. 23, 2015 다 70341(공보 2017, 1801)].

2) 계속등기 회사의 해산등기 후에 위와 같이 회사를 계속하는 경우에는 회사의 계속등기를 하여야 한다(상 229조 3항).

제 2 관 청 산

I. 총 설

(1) 회사는 자연인과 같은 상속이 없으므로 해산에 의하여 즉시 권리능력이 없어지는 것으로 할 수 없고 회사의 권리의무의 처리를 위하여 일정한 절차를 필요로 하는데, 이러한 절차가 청산절차이다. 따라서 회사는 해산 후에도 청산의 목적범위 내에서 권리능력이 있고(상 245조), 사실상 청산절차의 종결로써 권리능력(법인격)이 소멸한다.

(2) 합명회사의 해산 후 사원이 사망한 경우에 그 상속인이 수 인인 때에는 청산에 관한 사원의 권리를 행사할 자 1인을 정하여야 하는데, 이를 정하지 아니한 때에는 회사의 통지 또는 최고는 그 중의 1인에 대하여 하면 전원에 대하여 그 효력이 있다(상 246조).

(3) 합명회사는 정관 또는 총사원의 동의에 의하여 청산방법을 정하는 임의청산(상 247조 이하)을 원칙으로 하고, 임의청산을 할 수 없는 경우에는 예외적으로 법정의 엄격한 절차에 의하여 청산을 하는 법정청산(상 250조 이하)을 한다. 합명회사(및 합자회사)에서 법정청산 외에 임의청산의 방법이 인정되는 것은, 법정청산만이 인정되는 주식회사(유한책임회사 및 유한회사)의 청산방법과 구별되는 큰 특색이다.

2. 임의청산

(1) 사 유

합명회사는 원칙적으로 임의청산의 방법, 즉 정관 또는 총사원의 동의에 의하여 회사의 재산처분방법을 정한다(상 247조 1항). 그러나 「회사의 사원이 1인으로 되어 해산한 때」(상 227조 3호)와 「법원의 해산명령 또는 해산판결에 의하여 해산한 때」(상 227조 6호)에는, 재산처분의 공정을 기하기 위하여 임의청산의 방법이 인정되지 않는다(상 247조 2항). 또한 합병(상 227조 4호)과 파산(상 227조 5호)으로 인하여 해산한 경우에는 처음부터 청산절차가 없으므로, 결국 임의청산의 방법에 의하는 경우란 「회사의 존립기간의 만료 기타 정관으로 정한 사유의 발생」(상 227조 1호)과 「총사원의 동의」(상 227조 2호)에 의하여 회사가 해산하는 경우 뿐이다.

⑵ 채권자보호절차

임의청산의 방법은 회사채권자 및 사원채권자의 이해에 중대한 영향을 미치므로 상법은 이들을 보호하기 위하여 특별히 규정을 두고 있다. 이러한 상법의 규정을 회사채권자의 보호절차에 관한 규정과 사원채권자(특히 사원의 지분압류채권자)의 보호절차에 관한 규정으로 분류하여 살펴보면 다음과 같다.

1) 회사채권자의 보호절차

㈎ 회사는 해산사유가 있은 날로부터 2주간 내에 재산목록과 대차대조표를 작성하여야 하고(상 247조 2문), 그 기간 내에 회사채권자에 대하여 이의가 있으면 일정한 기간(1월 이상의 기간) 내에 이를 제출할 것을 공고하고 알고 있는 채권자에 대하여는 개별적으로 이를 최고하여야 한다(상 247조 3항, 232조 1항). 이 때에 채권자가 그 기간 내에 이의를 제출하지 아니한 때에는 임의청산을 승인한 것으로 본다(상 247조 3항, 232조 2항). 그러나 채권자가 그 기간 내에 이의를 제출한 때에는, 회사는 그 채권자에 대하여 변제 또는 상당한 담보를 제공하거나 이를 목적으로 하여 상당한 재산을 신탁회사에 신탁하여야 한다(상 247조 3항, 232조 3항).

㈏ 회사가 이러한 절차에 위반하여 그 재산을 처분함으로써 회사채권자를 해한 때에는, 회사채권자는 그 처분의 취소를 법원에 청구할 수 있다(상 248조 1항).[1] 그러나 회사의 재산처분으로 인하여 이익을 받은 자나 전득(轉得)한 자가 그 처분행위 또는 전득 당시에 채권자를 해함을 알지 못한 경우에는, 회사채권자는 회사의 재산처분행위를 취소할 수 없다(상 248조 2항, 민 406조 1항 단서). 이러한 회사채권자의 회사의 재산처분에 대한 취소의 소는 그 채권자가 취소원인을 안 날로부터 1년 내, 그 처분행위가 있은 날로부터 5년 내에 제기하여야 한다(상 248조 2항, 민 406조 2항). 회사채권자의 회사의 재산처분에 대한 취소 및 원상회복은 모든 채권자의 이익

1) 이는 민법 제406조 본문(채권자취소권)과 같은 취지이다.

을 위하여 그 효력이 있다(상 248조 2항, 민 407조). 회사채권자의 이러한 취소의 소는 회사의 본점소재지의 지방법원의 전속관할에 속한다(상 248조 2항, 186조).

2) 사원채권자의 보호절차

(개) 상법은 사원채권자에 대하여는, 특히 사원의 지분압류채권자의 보호절차에 관하여 규정하고 있다. 즉, 임의청산시에 사원의 지분압류채권자가 있는 경우에는 그의 동의를 얻어야 한다(상 247조 4항).

(내) 그런데 회사가 사원의 지분압류채권자의 동의를 얻지 않고 재산을 처분한 때에는, 지분압류채권자는 회사에 대하여 그 지분에 상당하는 금액의 지급을 청구할 수 있고, 회사채권자의 경우와 같이 회사의 재산처분을 취소할 수 있다(상 249조, 248조).

(3) 청산종결

해산된 회사는 그 재산의 처분을 완료한 날로부터 본점소재지에서는 2주간 내에, 지점소재지에서는 3주간 내에 청산종결의 등기를 하여야 한다(상 247조 5항).[1)]

3. 법정청산

(1) 사 유

1) 임의청산을 할 수 있는 사유(상 227조 1호·2호)[2)] 중에서 임의청산방법을 정하지 않은 경우에는 법정청산에 의한다(상 250조).

2) 처음부터 임의청산을 할 수 없는 해산사유, 즉 「회사의 사원이 1인으로 되어 해산한 때」(상 227조 3호)와 「법원의 해산명령 또는 해산판결에 의하여 해산한 때」(상 227조 6호)에는 반드시 법정청산에 의한다(상 247조 2항).

(2) 청 산 인

1) 의 의 청산인은 법정청산절차에서 청산회사의 사무를 집행하고 또 이를 대표하는 기관인데, 해산 전의 회사에서의 업무집행 및 대표사원에 대응하는 기관이다(상 255조, 265조, 207조, 208조, 209조 2항).

2) 선 임

(개) 청산인은 원칙적으로 총사원의 과반수의 결의에 의하여 선임된다(상 251조 1항).

1) 1995년 개정전 상법에는 이에 관한 규정이 없었으나, 임의청산 종결시에도 그 사실을 당연히 등기하여야 한다는 점에서 1995년 개정상법은 이를 신설하였다.

2) 이는 「회사의 존립기간의 만료 기타 정관으로 정한 사유의 발생」과 「총사원의 동의」에 의하여 해산하는 경우이다.

(나) 청산인이 위와 같이 사원에 의하여 선임되지 않는 경우에는, 예외적으로 업무집행사원이 청산인이 된다(상 251조 2항).

(다) 「사원이 1인으로 되어 해산된 때」(상 227조 3호)와 「법원의 해산명령 또는 해산판결에 의하여 해산된 때」(상 227조 6호)에는 언제나 법원에 의하여 청산인이 선임된다(상 252조).

(라) 위의 모든 청산인의 선임은 등기사항이다(상 253조).

3) 해 임

(가) 위와 같이 선임된 청산인(위의 (가)·(나)·(다))이 그 직무를 집행함에 현저하게 부적임하거나 중대한 임무위반의 행위를 한 때에는, 법원은 이해관계인의 청구에 의하여 그 청산인을 해임할 수 있다(상 262조).

(나) 그러나 사원이 선임한 청산인(위의 (가))은 이 외에도 총사원의 과반수의 결의에 의하여 언제든지 해임될 수 있다(상 261조).

4) 의무 · 책임

(가) 청산인은 회사와의 자기거래가 제한되지만(상 265조, 199조), 경업피지의무는 부담하지 않는다.

(나) 청산인은 해산 전의 대표사원과 같이 제 3 자에게 가한 손해에 대하여 손해배상책임을 지고(상 265조, 210조), 주식회사의 이사와 같이 회사 또는 제 3 자에 대하여 임무해태로 인한 손해배상책임을 진다(상 265조, 399조, 401조).

(3) 청산사무

1) 재산목록 등 작성의무 청산인은 취임 후 지체 없이 회사의 재산상태를 조사하고, 재산목록과 대차대조표를 작성하여 각 사원에게 교부하여야 한다(상 256조 1항). 또한 청산인은 사원의 청구가 있는 때에는 언제든지 청산의 상황을 보고하여야 한다(상 256조 2항).

2) 청산사무의 범위 청산인은 회사의 (i) 현존사무의 종결, (ii) 채권의 추심과 채무의 변제(상 259조), (iii) 재산의 환가처분, (iv) 잔여재산의 분배(상 260조)에 관한 직무권한이 있다[1](상 254조 1항).

이 밖에 청산인은 회사의 현존재산이 회사채무를 변제함에 부족한 때에는 변제기에 불구하고 각 사원에 대하여 출자를 청구할 수 있다(상 258조 1항). 그러나 청산회사의 업무 중 청산회사의 영업의 전부 또는 일부를 양도하는 업무는, 청산

1) 그러나 청산인의 직무권한이 상법 제254조 1항에 열거되어 있는 것에 한정되는 것은 아니다.

인이 독자적으로 처리할 수 없고 총사원의 과반수의 결의를 받아야 한다(상 257조).

(4) 청산종결

1) 사원의 승인 청산이 종결된 때에는 청산인은 지체 없이 계산서를 작성하여 각 사원에게 교부하고 그 승인을 얻어야 한다(상 263조 1항). 이 때 사원이 그 계산서를 받은 후 1월 내에 이의를 제기하지 아니하면 청산인에게 부정행위가 있는 경우를 제외하고 그 계산서를 승인한 것으로 본다(상 263조 2항).

2) 청산종결등기 청산이 종결된 때에는 청산인은 위의 계산서에 대하여 총사원의 승인을 받은 날로부터 본점소재지에서는 2주간 내, 지점소재지에서는 3주간 내에 청산종결의 등기를 하여야 한다(상 264조). 보통 회사의 법인격은 청산사무의 종결에 이은 청산종결의 등기에 의하여 소멸하는데, 청산이 실제로 종결되지 않으면 청산종결의 등기를 하더라도 그 등기에는 공신력이 없으므로 회사의 법인격은 소멸되지 않는다.[1] 따라서 회사의 법인격은 청산종결등기를 한 때가 아니라, 실제로「청산사무를 종결한 때」에 소멸한다.

3) 장부 등 보존 청산종결등기 후 회사의 장부와 영업 및 청산에 관한 중요서류는 본점소재지에서 10년간 보존하여야 하고(상 266조 1항 본문), 전표 또는 이와 유사한 서류는 5년간 보존하여야 한다(상 266조 1항 단서). 이 경우에는 총사원의 과반수의 결의로 보존인과 보존방법을 정하여야 한다(상 266조 2항).

---

1) 동지: 대판 1968. 6. 18, 67 다 2528(집 16 ② 민 133);동 1969. 2. 4, 68 다 2284 외.

제 2 장

합 자 회 사

제 1 절 총 설

제 1 의 의

합자회사는 무한책임사원과 유한책임사원으로 조직되는 회사로서[1](상 268조), 이종(異種)의 사원으로 구성되는 점에서 다른 종류의 회사와는 다른 특색이 있다.

(1) 합자회사는 유한책임사원을 갖고 있다는 점에서는 합명회사와 구별되나, 무한책임사원을 갖고 있다는 점에서는 합명회사와 같다. 이와 같이 합자회사는 무한책임사원을 갖고 있는 점에서 사원의 개성이 농후하고 인적 요소에 중점이 있는 인적회사에 속한다고 볼 수 있는데, 그 실체는 조합적 성질을 갖는다고 볼 수 있다. 따라서 합자회사는 합명회사의 하나의 변형이라고 볼 수 있다.[2] 이로 인하여 상법은 합자회사에 관하여 특별히 규정하고 있는 사항을 제외하고는 합자회사에는 합명회사에 관한 규정을 준용하고 있다(상 269조).

(2) 합자회사는 이원적인 구성원으로 조직되었다는 점에서 상법상의 익명조합(상 78조) 및 합자조합(상 86조의 2)과 그 경제적 기능에서는 유사하나, 합자회사는 법인(상 169조)이고 익명조합 및 합자조합은 법인격이 없는 조합이라는 점에서 양자는 근본적으로 구별되고 있다.[3]

---

1) 이(철), (회) 188면은 무한책임사원을 「기능자본가」로, 유한책임사원을 「지분자본가」로 표현하고 있다.

2) 동지: 정(동), (회) 785면.

3) 합자회사와 익명조합과의 비교에 관한 상세는 정(찬), 강의(상)(제25판), 269면; 연습, 139면(사례 24) 참조.

제 2 경제적 기능

합자회사는 연혁적으로 10세기 이래 익명조합과 같이 기업가와 자본가의 결합인 코멘다계약에서 출발하였는데, 자본가가 표면에 나타난 형태가 합자회사이고 자본가가 표면에 나타나지 않은 형태가 익명조합이 되었다. 따라서 합자회사는 합명회사와는 달리 가족적 공동단체에서 출발한 것이 아니라, 자본적 결합에서 출발하였다. 그런데 위에서 본 바와 같이 우리 상법은 합자회사에 대하여 합명회사의 하나의 변형으로 보고, 합명회사에 관한 규정을 많이 준용하고 있다(상 269조). 따라서 합자회사의 경제적 기능도 합명회사와 유사하다. 즉, 대기업에는 부적합하고, 중소기업에 적합한 회사형태이다.

이러한 합자회사의 형태는 우리나라에서는 많이 이용되고 있지 않으나, 독일에서는 비교적 많이 이용되고 또 이와 다른 회사의 혼합형태도 많이 있다(예컨대, GmbH & Co. KG 등)[1].

제 2 절 설 립

I. 설립절차

합자회사의 설립절차도 합명회사와 같이 「정관의 작성」과 「설립등기」로 구성된다.

(1) 정관작성

합자회사의 정관작성에서 합명회사의 그것과 구별되는 점은 다음과 같다.

1) 정관의 작성에 1인 이상의 무한책임사원 외에 1인 이상의 유한책임사원이 있어야 한다(상 268조, 269조, 178조).

2) 정관의 절대적 기재사항에는 반드시 각 사원의 무한책임 또는 유한책임을 기재하여야 한다(상 270조).

3) 정관의 절대적 기재사항 중 상호(상 270조, 179조 2호)에는 반드시 합자회사의 문자를 사용하여야 한다(상 19조).

1) 정(동), (회) 785~786면 참조.

(2) 설립등기

합자회사의 설립등기에서 등기사항은 합명회사의 그것과 같은데(상 271조 1항 전단, 2항), 다만 등기사항에 각 사원의 무한책임 또는 유한책임이 등기되어야 하는 점(상 271조 1항 후단)이 합명회사의 경우와 구별된다.

2. 설립하자(무효 · 취소)

합자회사의 설립의 하자에도 설립무효의 소와 설립취소의 소가 인정되고(상 269조, 184조~193조), 또 일정한 경우에는 무효나 취소의 판결이 확정된 경우에도 회사를 계속할 수 있다(상 269조, 194조). 이에 관하여는 이미 회사의 설립하자 일반에 관한 설명에서 상술하였다.

제 3 절 기 구

제 1 관 내 부 관 계

제 1 출 자

(1) 합자회사에서 무한책임사원의 출자의 목적은 합명회사의 그것과 같다. 따라서 무한책임사원은 재산출자 외에 노무출자 및 신용출자가 가능하다(상 269조).

(2) 합자회사의 유한책임사원은 「재산출자」만이 가능하고, 노무출자 및 신용출자는 불가능하다(상 272조). 이것은 사원 전원이 유한책임을 지는 물적회사에서 자본충실이 강조되는 것과 같은 취지이다.[1)]

제 2 업무집행

I. 업무집행기관

(1) 무한책임사원

합자회사에서의 업무집행기관은 「무한책임사원」만이 될 수 있고(상 273조) 유

1) 동지: 이(철), (회) 189면.

한책임사원은 될 수 없다(상 278조). 그런데 무한책임사원 중에서 누가 업무집행기관이 될 수 있는가. (i) 원칙적으로 각 무한책임사원이 업무집행기관이 될 수 있다(상 273조). (ii) 그러나 예외적으로 정관의 규정에 의하여 특정한 무한책임사원을 업무집행기관으로 정할 수 있다(상 269조, 201조).

(2) 유한책임사원

합자회사에서 정관 또는 내부규정에 의하여 유한책임사원에게 업무집행권을 부여할 수 있는가. 이에 대하여 (i) 업무집행은 내부관계라는 이유로 상법 제278조 전단을 임의규정으로 보아 이를 긍정하는 견해[1]와, (ii) 상법 제278조는 유한책임사원에게 회사의 관리를 맡기는 것은 적절하지 못하다는 취지에서 규정된 것이므로 동조를 강행규정으로 보아 이를 부정하는 견해[2]가 대립하고 있다.

생각건대 업무집행은 내부관계에 관한 사항이므로 이를 긍정하는 견해가 타당하다고 본다.[3]

(3) 업무집행권의 상실

합자회사의 업무집행권이 있는 사원에 대한 권한상실선고는 유한책임사원의 청구에 의하여도 가능하다[4](상 269조, 205조). 이러한 취지의 다음과 같은 대법원판례가 있다.

[합자회사의 유한책임사원도 각자 업무집행사원에 대한 권한상실선고를 청구할 수 있다고 한 판례]

상법 제205조 제 1 항은 합명회사의 업무집행사원의 권한상실선고에 관하여 "사원이 업무를 집행함에 현저하게 부적임하거나 중대한 의무에 위반한 행위가 있는 때에는 법원은 사원의 청구에 의하여 업무집행권한의 상실을 선고할 수 있다"고 규정하고 있고, 상법 제269조는 "합자회사에는 본장에 다른 규정이 없는 사항은 합명회사에 관한 규정을 준용한다"고 규정하여 상법 제205조 제 1 항을 합자회사에 준용하고 있다. 이러한 상법 규정의 문언과 취지 등에 비추어 볼 때, 합자회사의 무한책임사원뿐만 아니라 유한책임사원도 각자 업무집행사원에 대한 권한상실선고를 청구할 수 있다고 해석하는 것이 타당하다[대판 2012. 12. 13, 2010 다 82189(공보 2013, 127)].

동지: 서울고판 1974. 1. 24, 72 나 1588.

1) 정(동), (회) 788면; 손(주), 526면; 최(기), 1201면; 이(기) 외, (회) 637면; 日最高判 1949. 7. 26(民集 3-8, 283); BGHZ 17, 392; 51, 198.
2) 이(철), (회) 189~190면; 채, 904면.
3) 정(찬), 강의(상)(25판), 610면. 상세는 연습, 290면(사례 48) 참조.
4) 동지: 이(철), (회) 190면.

그런데 무한책임사원이 1인인 경우에는, 앞에서 본 바와 같이 유한책임사원은 그의 권한상실선고를 신청할 수 없다고 본다.[1] 그러나 무한책임사원이 A와 B가 있는 합자회사에서 A무한책임사원이 업무집행권한의 상실을 선고하는 판결을 받은 후 B무한책임사원이 사망으로 퇴사하여 A가 유일한 무한책임사원인 경우에는 A에 대한 형성판결인 업무집행권한의 상실을 선고하는 판결의 효력이 당연히 상실된다고 볼 수는 없고, A가 다시 업무집행권이나 대표권을 갖기 위해서는 정관이나 총사원의 동의로 새로 그러한 권한을 부여받아야 한다(상 273조, 269조, 201조 1항, 207조). 우리 대법원판례도 이러한 취지로 다음과 같이 판시하고 있다.

[업무집행권한의 상실을 선고받은 무한책임사원이 업무집행권을 갖기 위해서는 정관이나 총사원의 동의로 새로 권한을 부여 받아야 한다는 판례]

합자회사에서 업무집행권한 상실선고제도(상법 제269조, 제205조)의 목적은 업무를 집행함에 현저하게 부적임하거나 중대한 의무위반행위가 있는 업무집행사원의 권한을 박탈함으로써 그 회사의 운영에 장애사유를 제거하려는 데 있다. 업무집행사원의 권한상실을 선고하는 판결은 형성판결로서 그 판결 확정에 의하여 업무집행권이 상실되면 그 결과 대표권도 함께 상실된다. 합자회사에서 무한책임사원이 업무집행권한의 상실을 선고하는 판결로 인해 업무집행권 및 대표권을 상실하였다면, 그 후 어떠한 사유 등으로 그 무한책임사원이 합자회사의 유일한 무한책임사원이 되었다는 사정만으로는 형성판결인 업무집행권한의 상실을 선고하는 판결의 효력이 당연히 상실되고 해당 무한책임사원의 업무집행권 및 대표권이 부활한다고 볼 수 없다. 합자회사에서 업무집행권한의 상실을 선고받은 무한책임사원이 다시 업무집행권이나 대표권을 갖기 위해서는 정관이나 총사원의 동의로 새로 그러한 권한을 부여받아야 한다(상법 제273조, 제269조, 제201조 제 1 항, 제207조). 합자회사에서 무한책임사원들만으로 업무집행사원이나 대표사원을 선임하도록 정한 정관의 규정은 유효하고, 그 후의 사정으로 무한책임사원이 1인이 된 경우에도 특별한 사정이 없는 한 여전히 유효하다. 다만 유한책임사원의 청구에 따른 법원의 판결로 업무집행권한의 상실을 선고받아 업무집행권 및 대표권을 상실한 무한책임사원이 이후 다른 무한책임사원이 사망하여 퇴사하는 등으로 유일한 무한책임사원이 된 경우에는 업무집행권한을 상실한 무한책임사원이 위 정관을 근거로 단독으로 의결권을 행사하여 자신을 업무집행사원이나 대표사원으로 선임할 수는 없다고 봄이 옳다. 이렇게 해석하는 것이 판결에 의한 업무집행권한 상실선고제도의 취지와 유한책임사원의 업무감

1) 동지: 이(철), (회) 190면; 대판 1977. 4. 26, 75 다 1341(집 25 ① 민 166).
반대: 정(동), (회) 788면.

시권의 보장 및 신의칙 등에 부합한다. 결국 이러한 경우에는 유한책임사원을 포함한 총사원의 동의에 의해서만 해당 무한책임사원이 업무집행사원이나 대표사원으로 선임될 수 있을 뿐이다[대판 2021. 7. 8, 2018 다 225289(공보 2021, 1439)].

2. 업무집행의 방법

정관의 규정에 의하여 특정한 무한책임사원을 업무집행기관으로 정한 경우에도, 지배인의 선임과 해임은 모든 무한책임사원의 과반수의 결의에 의하여야 한다(상 274조).

3. 업무감시권

(1) 유한책임사원은 업무집행권이 배제되므로 언제나 업무감시권을 갖고 있다. 즉, 유한책임사원은 원칙적으로 영업연도 말에 있어서 영업시간 내에 한하여 회사의 회계장부·대차대조표 및 기타의 서류를 열람할 수 있고, 회사의 업무와 재산상태를 검사할 수 있다(상 277조 1항). 그러나 중요한 사유가 있는 때에는 유한책임사원은 언제든지 법원의 허가를 얻어 위의 감시권을 행사할 수 있다(상 277조 2항).

(2) 무한책임사원도 정관의 규정에 의하여 업무집행권이 없는 경우에는 위의 감시권이 있고, 유한책임사원이라도 정관 등의 규정에 의하여 업무집행권이 있으면(긍정설의 입장에서) 위의 감시권이 없다.

제3 경업피지의무와 자기거래제한

1. 경업피지의무

합자회사의 무한책임사원[1]은 다른 모든 사원[2]의 동의가 없으면 경업피지의무를 부담하지만(상 269조, 198조), 유한책임사원(업무집행권이 있는 유한책임사원은 제

1) 이 때의 「무한책임사원」에는 회사의 업무집행을 담당하는 무한책임사원뿐만 아니라, 업무집행을 담당하지 않는 무한책임사원을 포함한다고 해석한다(상 269조, 201조 1항 참조). 왜냐하면 업무집행을 담당하지 않는 사원이라도 회사의 업무와 재산상태에 대한 검사권은 갖고 있어(상 269조·195조, 민 710조), 회사사업의 비밀에 정통하여 회사와의 경업활동을 함으로써 회사를 희생하고 사리(私利)를 추구할 우려가 크기 때문이다[동지: 주상(제5판)(회사 I), 417면; 양(승), (사례) 86면]. 또한 정관 등에 의하여 유한책임사원에게 업무집행권이 부여되면, 이러한 유한책임사원도 이에 포함된다[동지: 정(동), (회) 789면].

2) 유한책임사원을 포함한 그 사원 이외의 모든 사원을 의미한다.

외됨)은 동 의무를 부담하지 않는다. 따라서 유한책임사원은 다른 사원의 동의 없이도 자기 또는 제 3 자의 계산으로 회사의 영업부류에 속하는 거래를 할 수 있고, 동종 영업을 목적으로 하는 다른 회사의 무한책임사원 또는 이사가 될 수 있다(상 275조). 그러나 입법론으로는 유한책임사원에게도 업무감시권이 있으므로 업무집행권이 없는 무한책임사원의 경우와 동일하게 보아 경업피지업무를 인정하여야 할 것이다.

2. 자기거래제한

합자회사의 무한책임사원은 원칙적으로 업무집행권이 있으므로, 이와 같이 업무집행권이 있는 무한책임사원은 다른 사원[1]의 과반수의 결의가 없으면 회사와 자기거래를 할 수 없다(상 269조, 199조). 그런데 유한책임사원도 회사와 자기거래를 할 수 없는가. 이에 대하여 유한책임사원에게 자기거래를 인정하는 상법상 명문규정이 없다는 이유로(상 275조 와 비교) 유한책임사원에게도 회사와의 자기거래제한의 규정이 적용된다는 견해(상 269조, 199조)가 있으나,[2] 타당하지 않다고 본다. 왜냐하면 자기거래제한의 규정은 업무집행권을 전제로 하는 규정이므로 업무집행권이 없는 유한책임사원(업무집행권이 없는 무한책임사원도 이에 포함된다고 본다)에게는 동 규정이 적용되지 않는 것으로 해석하여야 하기 때문이다.[3]

제 4 손익의 분배

정관 또는 총사원의 결의에 의하여 달리 정하여진 바가 없으면, 유한책임사원에게도 각 사원의 출자가액에 비례하여 손익이 분배된다(상 269조 · 195조, 민 711조). 다만 유한책임사원은 정관에 달리 정한 바가 없으면 출자가액을 한도로 하여서만 손실을 분담한다. 즉, 유한책임사원이 대외적으로 유한책임을 부담하는 것과(상 279조) 대내적으로 손실분담을 하는 것은 구별되는 것으로서, 유한책임사원은 정관의 규정으로 출자가액 이상의 손실분담의무를 부담할 수 있다고 본다.[4]

---

1) 유한책임사원을 포함한 그 사원 이외의 모든 사원을 의미한다.
2) 이(철), (회) 191면; 채, 904면.
3) 동지: 정(동), (회) 789면(그러나 유한책임사원에 대하여 회사와의 자기거래제한을 해제하지 아니한 것은 법전기초상의 과오라고 한다); 주상(제 5 판)(회사 I), 419면.
4) 동지: 손(주), 528면(유한책임사원에게 정관으로 출자액 이상의 손실분담의무를 부담하게 하는 것은 무방하다고 한다); 정(동), (회) 789면(유한책임사원에게 출자가액 이상으로 손실을

제5 지 분

1. 지분의 양도

무한책임사원의 지분(전부 또는 일부)의 양도에는 유한책임사원을 포함한 「모든 사원」의 동의를 요하지만[1](상 269조, 197조), 유한책임사원의 지분(전부 또는 일부)의 양도에는 「무한책임사원 전원」의 동의만 있으면 충분하고 다른 유한책임사원의 동의를 요하지 않는다(상 276조).

2. 지분의 입질·압류

유한책임사원의 지분의 입질(入質)도 해석상 가능하다고 보며, 압류도 가능하다고 본다(상 269조, 223조, 224조).

제2관 외부관계

제1 회사대표

1. 대표기관

(1) 무한책임사원

합자회사의 대표기관은, (i) 원칙적으로 각 무한책임사원이다(상 269조, 207조 1문). (ii) 그러나 예외적으로 정관의 규정에 의하여 「업무집행을 담당하는 각 무한책임사원」이 회사를 대표할 수가 있는데(상 269조, 207조 2문), 이 때에는 정관 또는 총사원의 동의로 업무집행을 담당하는 무한책임사원 중에서 「특히 회사를 대표할 자」(대표사원)를 정할 수도 있다(상 269조, 207조 3문).

(2) 유한책임사원

유한책임사원은 어떠한 경우에도 합자회사의 대표기관이 될 수 없다(상 278조 후단). 즉, 회사의 대표권은 외부관계에 속하는 사항이므로 이에 관한 상법 제278조의 규정은 강행규정이고, 이는 정관·내부규정 또는 총사원의 동의에

분담시키기로 정관에서 정하는 것은 상관이 없다고 한다); 이(기) 외, (회) 637면; 주상(제5판)(회사 I), 414면; 이·최, 444면.

1) 동지: 대판 1989. 11. 28, 88 다카 33626(공보 864, 132).

의해서도 달리 정할 수 없다(통설).[1)]

우리 대법원판례도 이와 같은 취지로 다음과 같이 판시하고 있다.

[유한책임사원의 대표권을 부정한 판례]

상법 제278조에 의하면 합자회사에 있어서 유한책임사원은 회사의 업무집행이나 대표행위를 하지 못한다고 규정하고 있고, 같은 법 제273조에 의하면 무한책임사원은 정관에 다른 규정에 없는 때에는 각자가 회사의 업무를 집행할 권리와 의무가 있다고 규정하는바, 합자회사에 있어서는 유한책임사원이 정관 또는 총사원의 동의로써 회사의 대표자로 지정되어 그와 같은 등기까지 경유되었다 하더라도 회사대표권을 가질 수 없다[대판 1966. 1. 25, 65 다 2128(집 14 ① 민 15)].

동지: 대판 1972. 5. 9, 72 다 8(집 20 ② 민 13)(유한책임사원을 대표사원으로 등기하였다고 하여도 그 유한책임사원이 회사의 대표권을 가질 수는 없으나, 그 후 그 유한책임사원을 무한책임사원으로 변경등기하였다면 그는 이 변경등기를 한 때에 대표사원의 자격을 갖게 된다); 동 1991. 7. 26, 90 다 19206.

(3) 대표권의 제한 및 상실

1) 대표권이 있는 사원의 대표권의 제한 및 상실은 합명회사의 경우와 같다. 즉, 합자회사에서 대표권이 있는 사원과 회사간의 소(訴)에서 회사를 대표할 사원이 없는 때에는 다른 사원(무한책임사원 및 유한책임사원) 과반수의 결의로 회사를 대표할 자를 선정하여야 한다(상 269조, 211조).

2) 또한 대표권이 있는 사원이 그 대표권을 행사함에 현저하게 부적임하거나 중대한 업무위반의 행위가 있는 경우에는, 사원(유한책임사원을 포함)의 청구에 의한 법원의 대표권상실선고가 인정된다(상 269조, 216조). 그러나 무한책임사원(대표권이 있는 사원)이 1인뿐인 경우에는, 업무집행사원의 경우와 같이 다른 사원은 대표권상실선고를 법원에 청구할 수 없다고 본다.[2)]

2. 대표의 방법

대표기관이 대표권을 행사하는 방법은 합명회사의 경우와 같다. 즉, 원칙

1) 정(동), (회) 790면; 이(철), (회) 193면; 채, 903면; 이(기) 외, (회) 638면; 주상(제5판)(회사 Ⅰ), 426~427면 외.

2) 동지: 대판 1977. 4. 26, 75 다 1341(집 25 ① 민 166); 정(희), 350면; 채, 906면; 정(동), (회) 790~791면(동 교수는 무한책임사원이 1인 경우 업무집행권상실선고는 가능하다고 보면서, 대표권상실선고는 불가능하다고 본다).

적으로 각자대표이나(상 269조, 207조), 예외적으로 정관 또는 총사원의 동의로 공동대표를 정할 수 있다(상 269조, 208조).

제 2 사원책임

1. 무한책임사원의 책임

합자회사의 무한책임사원은 합명회사의 사원과 같이 회사채권자에 대하여 인적·연대·무한·직접의 책임을 부담한다(상 269조, 212조)

2. 유한책임사원의 책임

(1) 합자회사의 유한책임사원은 회사채권자에 대하여 인적·연대·유한·직접의 책임을 부담한다. 또한 유한책임사원의 책임도 무한책임사원의 그것과 같이 회사채무와 관련하여 부종성과 보충성을 갖는다.[1] 다만 유한책임사원은 무한책임사원과 비교하여 유한의 책임을 부담하는 점에서 차이가 있는데, 유한책임사원의 책임은 출자가액을 한도로 한다. 따라서 유한책임사원이 회사채권자에 대하여 직접 변제책임을 지는 한도는, 출자가액에서 이미 회사에 이행한 부분을 공제한 가액이다(상 279조 1항). 이 때 유한책임사원이 회사에 이익이 없음에도 불구하고 배당을 받은 경우에는, 그 배당받은 금액은 변제책임을 정함에 있어서 이를 가산한다(상 279조 2항).

이와 같이 유한책임사원이 회사채권자에 대하여 직접 변제를 하면 그만큼 유한책임사원의 출자의무는 감소한다.[2]

(2) 유한책임사원의 출자가액의 감소는 다른 한편 그 사원의 책임의 감소를 수반하는데, 다만 회사채권자를 보호하기 위하여 그러한 사원은 출자가액의 감소에 따른 변경등기 전에 생긴 회사채무에 대하여는 변경등기 후 2년 내에는 종전의 책임을 진다(상 280조).

3. 사원의 책임의 변경

정관변경에 의하여 유한책임사원이 무한책임사원으로 변경된 경우에는,

1) 동지: 정(동), (회) 791면; 주상(제 5 판)(회사 I), 427면.
2) 동지: 정(동), (회) 791면; 주상(제 5 판)(회사 I), 428면.

그 사원은 합명회사의 신입사원의 가입과 같이 변경 전의 회사채무에 대하여 다른 무한책임사원과 동일한 책임을 진다(상 282조, 213조). 한편 정관변경에 의하여 무한책임사원이 유한책임사원으로 변경된 경우에는, 그 사원은 합명회사의 퇴사원과 같이 변경등기를 하기 전에 생긴 회사채무에 대하여 변경등기 후 2년 내에는 다른 무한책임사원과 동일한 책임을 진다(상 282조, 225조 1항).

4. 자칭무한책임사원의 책임

유한책임사원이 타인에게 자기를 무한책임사원이라고 오인시키는 행위를 한 때에는 그 오인으로 인하여 회사와 거래한 자에 대하여 무한책임사원과 동일한 책임을 진다(상 281조 1항). 유한책임사원이 그 책임의 한도를 오인시키는 행위를 한 때에도 오인시킨 한도에서 책임을 진다(상 281조 2항).

제 4 절 기 구 변 경

제 1 관 정 관 변 경

합자회사는 총사원(무한책임사원 및 유한책임사원)의 동의에 의하여 정관(실질적 의의의 정관)을 변경할 수 있다(상 269조, 204조). 그러나 이 규정은 임의규정이므로 정관의 규정에 의하여 그 요건을 완화할 수 있다(통설).

합자회사가 존립기간의 만료로 인하여 해산되는 경우, 사원의 일부만 회사계속에 동의하였다면 '총사원의 동의'가 아닌 '존속에 찬성하는 사원들의 동의' 만으로 존속기간에 관한 정관의 규정을 변경하거나 폐지할 수 있다.[1)]

제 2 관 사원변경(입사 · 퇴사)

(1) 합자회사의 사원의 입사와 퇴사는 거의 합명회사의 사원의 그것과 같다(상 269조). 합자회사 사원의 입사와 관련하여 다음과 같은 대법원판례가 있다.

---

1) 대판 2017. 8. 23, 2015 다 70341(공보 2017, 1801).

[합자회사의 대표사원과 제 3 자간의 동업계약은 입사계약이라고 본 판례]

합자회사 설립 후 제 3 자가 합자회사의 사원으로 되는 방법으로는 입사에 의하여 원시적으로 사원 자격을 취득하는 방법과 기존의 사원으로부터 지분을 양수하는 방법이 있는데, 전자의 입사 방법은 입사하려는 자와 회사 사이의 입사계약으로 이루어지고 후자의 입사 방법은 입사하려는 자와 기존 사원 개인 사이의 지분매매계약으로 이루어진다. 이러한 점에서 볼 때 합자회사의 무한책임사원인 대표사원과 제 3 자 사이의 동업계약이 그 내용에 비추어 제 3 자가 대표사원 개인에게 대금을 주고 그로부터 합자회사에 대한 지분 일부를 양수하기로 하는 지분매매계약이 아니라 제 3 자가 합자회사와 사이에 합자회사에 출자금을 출자하고 새로 유한책임사원의 지위를 원시취득하기로 하는 입사계약이라고 볼 수 있다[대판 2002. 4. 9, 2001 다 77567(공보 2002, 1064)].

[합자회사 신입사원의 입사의 효력발생시기는 정관변경에 관한 총사원의 동의시라고 본 판례]

합자회사의 성립 후에 신입사원이 입사하여 사원으로서의 지위를 취득하기 위하여는 정관변경을 요하고 따라서 총사원의 동의를 얻어야 하지만, 정관변경은 회사의 내부관계에서는 총사원의 동의만으로 그 효력이 발생하는 것이므로 신입사원은 총사원의 동의가 있으면 정관인 서면의 경정이나 등기부에의 기재를 기다리지 않고 그 동의가 있는 시점에 곧바로 사원으로서의 지위를 취득한다[대판 1996. 10. 29, 96 다 19321(공보 1996, 3518)].

다만 합명회사의 사원(합자회사의 무한책임사원)의 사망(정관의 규정으로 상속을 정하지 않은 경우) 및 성년후견개시는 (당연)퇴사원인이 되나(상 269조, 218조 3호 · 4호, 219조), 합자회사의 유한책임사원의 「사망」 및 「성년후견개시」는 (당연)퇴사원인이 되지 않는 점(상 283조 1항, 284조)만이 다르다. 상법이 이와 같이 규정한 것은 유한책임사원은 그 사원의 개성이 중시되지 않기 때문인데, 이와 같은 규정은 모두 임의규정이므로 정관에 이와 달리 규정할 수 있다.[1] 유한책임사원이 사망한 경우 상속인이 수 인인 때에는 사원의 권리를 행사할 자 1인을 정하여야 하는데, 이를 정하지 아니한 때에는 회사의 통지 또는 최고는 그 중 1인에 대하여 하면 전원에 대하여 그 효력이 있다(상 283조 2항).

(2) 무한책임사원과 유한책임사원 각 1인만으로 된 합자회사에 있어서는 한 사원이 다른 사원을 제명청구할 수 없는데, 이에 관하여는 앞에서 본 바와

1) 동지: 정(동), (회) 793면; 주상(제 5 판)(회사 Ⅰ), 438~439면.

같이 우리 대법원도 동지로 판시하고 있다.[1)]

(3) 정관에 기재된 합자회사 사원의 책임변경은 정관변경의 절차에 의하여야 하는데, 우리 대법원도 이와 같은 취지로 다음과 같이 판시하고 있다.

[합자회사 사원의 책임 변경은 정관변경사항이라고 한 판례]

상법 제270조는 합자회사 정관에는 각 사원이 무한책임사원인지 또는 유한책임사원인지를 기재하도록 규정하고 있으므로, 정관에 기재된 합자회사 사원의 책임 변경은 정관변경의 절차에 의하여야 하고, 이를 위해서는 정관에 그 의결정족수 내지 동의정족수 등에 관하여 별도로 정하고 있다는 등의 특별한 사정이 없는 한 상법 제269조에 의하여 준용되는 상법 제204조에 따라 총 사원의 동의가 필요하다. 또한 합자회사의 유한책임사원이 한 지분양도가 합자회사의 정관에서 규정하고 있는 요건을 갖추지 못한 경우에는 그 지분양도는 무효이다 [대판 2010. 9. 30, 2010 다 21337(공보 2010, 1981)].

제 3 관 합 병

합자회사는 어느 회사와도 합병하여 기구를 변경할 수 있는데, 이에 관하여는 이미 회사에 관한 일반적 설명에서 상세하게 살펴보았다(상 174조, 175조, 269조, 230조~240조 참조).

제 4 관 조직변경

합자회사는 총사원의 동의로 합명회사로 조직변경을 하여 기구를 변경할 수 있는데, 이에 관하여는 이미 회사에 관한 일반적 설명에서 상세하게 살펴보았다(상 286조).

1) 대판 1991. 7. 26, 90 다 19206(공보 1991, 2241)(상법 제220조 1항, 제269조는 합자회사에 있어서 사원에게 같은 법조 소정의 제명사유가 있는 경우에는 다른 사원 과반수의 결의에 의하여 그 사원의 제명선고를 법원에 청구할 수 있다고 규정하고 있는바, 다른 사원 과반수의 결의란 그 문언상 명백한 바와 같이 제명대상인 사원 이외에 다른 사원 2인 이상의 존재를 전제로 하고 있는 점, 위 제명선고제도의 취지나 성질 등에 비추어 보면, 무한책임사원과 유한책임사원 각 1인만으로 된 합자회사에 있어서는 한 사원의 의사에 의하여 다른 사원의 제명을 할 수는 없다고 보아야 한다).

제 5 절 해산과 청산

제 1 관 해 산

(1) 합자회사의 해산사유는 합명회사의 그것과 대체로 같으나(상 269조, 227조), 이에 추가되는 해산사유는 「무한책임사원 또는 유한책임사원의 전부가 퇴사한 때」이다(상 285조 1항). 이러한 경우에 합자회사는 「청산절차」에 들어갈 수도 있지만, 기업의 유지를 위하여 잔존한 사원 전원의 동의로써 새로 무한책임사원 또는 유한책임사원을 가입시켜서 회사를 「계속」할 수도 있다(상 285조 2항). 회사를 계속하는 경우 신입사원의 책임 및 회사계속의 등기는 합명회사의 그것과 같다(상 285조 3항, 213조, 229조 3항).

(2) 합자회사는 유한책임사원의 전원이 퇴사하여 해산사유가 발생한 경우에는, 잔존무한책임사원만으로 그의 전원의 동의로써 합명회사로 조직변경하여 회사를 「계속」할 수도 있다(상 286조 2항).

제 2 관 청 산

합자회사의 청산방법에도 임의청산과 법정청산의 두 가지 방법이 있는 것은 합명회사의 경우와 같다(상 269조, 247조~266조). 다만 법정청산의 경우에 청산인이 원칙적으로 총사원이 아니라 무한책임사원의 과반수의 결의로 선임되는 점(상 287조 본문)은 합명회사의 경우와 다르다.

그러나 예외적으로 청산인이 선임되지 않은 경우에 업무집행사원이 청산인이 되는 점(상 287조 단서), 「사원이 1인으로 되어 해산된 때」와 「법원의 해산명령 또는 해산판결에 의하여 해산된 때」에는 법원에 의하여 청산인이 선임되는 점(상 269조, 252조)은 합명회사의 경우와 같다.

제 3 장

유한책임회사

제1절 총 설

제1 의 의

(1) 유한책임회사는 대내관계에서는 조합의 요소(폭넓은 사적 자치)를 갖고 대외관계에서는 주식회사(물적회사)의 요소(사원의 유한책임)를 갖는 혼합형 회사형태라고 볼 수 있다.[1] 즉, 유한책임회사는 원칙적으로 합명회사의 성격을 갖는데, 이에 예외적으로 주식회사(물적회사)의 성격을 반영한 회사형태라고 볼 수 있다. 유한책임회사에 주식회사(물적회사)의 성격을 반영한 대표적인 것으로는, 자본금이 있고(상 287조의 3 3호) 또한 이를 등기하도록 한 점(상 287조의 5)·사원의 책임은 상법에 다른 규정이 없는 한 그 출자금액을 한도로 하는 점(상 287조의 7)·사원이 아닌 자를 업무집행자로 정할 수 있도록 한 점(상 287조의 12 1항)·대표소송에 관한 규정이 있는 점(상 287조의 22)·회계에 관한 별도의 규정이 있는 점(상 287조의 32~287조의 37)·1인회사의 설립 및 존속을 인정하는 점(상 287조의 2, 287조의 38 2호)·유한책임회사를 주식회사로 조직변경하거나 주식회사를 유한책임회사로 조직변경할 수 있도록 한 점(상 287조의 43)·임의청산을 배제한 점(상 287조의 45) 등이다.

(2) 유한책임회사는 위에서 본 바와 같이 주식회사의 요소를 반영한 부분도 있으나 전체적으로 볼 때 합명회사의 요소를 더 많이 갖고 있으므로 인적회사인 합자회사 다음에 규정하고 있다(상 170조에서도 '유한책임회사'를 합자회사와 주식회사 사이에 배열하고 있음).

(3) 우리 상법상 유한책임회사는 미국의 유한책임회사(Limited Liability Company: LLC) 및 일본의 2005년 회사법이 도입한 합동회사와 유사한 제도이

1) 동지: 정대익, "상법개정안상 새로운 기업유형에 대한 검토," 「상사법연구」(한국상사법학회), 제28권 제 3 호(2009. 11), 91면.

다. 미국의 LLC는 1977년 Wyoming주에서 최초로 입법이 되었는데, 1988년 미국 연방국세청(Internal Revenue Service: IRS)이 LLC에 대하여 조합과세 결정을 내린 것을 결정적 계기로 하여 급속도로 확산되었으며, 1996년에는 통일유한책임회사법(Uniform Limited Liability Company Act: ULLCA)이 입법되고 나서 모든 주가 LLC제도를 도입하게 되었고 2006년에는 개정통일유한책임회사법(Revised Uniform Limited Liability Company Act: RULLCA)이 제정되었다.[1] 일본의 회사법에서는 유한회사제도를 폐지하고 이에 갈음하여 합동회사를 입법하였다. 따라서 2011년 4월 개정상법에서 도입한 유한책임회사[2]는 이와 유사한 유한회사와 병존하고 있고(일본의 경우와 구별됨)[3] 또한 유한책임회사에 대하여 별도의 세제상 인센티브가 없는 상태에서(미국의 경우와 구별됨)[4] 유한책임회사의 이용이 활성화될 것인지는 매우 의문이다.[5]

제 2 경제적 기능

유한책임회사는 최근의 경제체제가 인적 자산을 중시하는 지식기반형 산업중심구조로 변화되고 있음에 따라, 사적 자치를 존중하고 인적 능력을 적절하게 평가·보상할 수 있는 기업의 형태에 부응하기 위한 회사로서, 조합과 주식회사의 장점을 살린 회사형태이다.[6]

이러한 유한책임회사는 기업형태의 선택 기회를 다양화하고 또한 지식기반사회에 적합한 기업형태로서 인적 요소가 중시되는 소규모 폐쇄기업·벤처기업 및 투자기업 등 기술이나 지식을 기반으로 하는 기업 등에서 이용될 것으로 예상하는데,[7] 앞으로 그 경제적 기능이 얼마나 활성화될지는 앞에서 본

1) 정대익, 전게논문(상사법연구 제28권 제 3 호), 99~100면.
2) 2011년 개정상법상 유한책임회사에 관한 상세는 황학천, "2011년 개정상법상의 합자조합과 유한책임회사에 관한 연구," 법학박사학위논문(고려대, 2012. 2) 참조.
3) 유한회사를 회사형태로 채택하고 있는 국가에서는 유한책임회사(LLC)를 도입하지 않고(중국·영국), 유한책임회사(LLC)를 도입한 국가에서는 유한회사제도가 없다(일본)[정대익, 전게논문(상사법연구 제28권 제 3 호), 114면 주 81 참조].
4) 유한책임회사가 이와 유사한 유한회사와 병존하고 있는 상태에서 유한책임회사에 대하여만 특별히 세제상 인센티브를 부여하는 것도 기대하기 어렵다.
5) 동지: 정대익, 전게논문(상사법연구 제28권 제 3 호), 112~116면.
6) 구승모, "상법 회사편 입법과정과 향후과제," 「선진상사법률연구」(법무부), 통권 제55호(2011. 7), 134면.
7) 정대익, 전게논문(상사법연구 제28권 제 3 호), 109면.

바와 같이 매우 의문이다.

제 3　유한책임회사와 합명회사 및 유한회사와의 차이점

I. 유한책임회사와 합명회사와의 차이점

유한책임회사와 합명회사와의 차이점은 주로 유한책임회사에 주식회사의 성격을 반영한 점인데, 이는 다음과 같다.

(1) 유한책임회사는 1인 설립과 1인 존속이 가능한데(상 287조의 2, 287조의 38 2호), 합명회사는 2인 이상의 사원이 회사를 설립하여야 하고 또한 사원이 1인으로 된 때는 해산사유가 된다(상 178조, 227조 3호).

(2) 유한책임회사는 '자본금의 액'이 정관의 절대적 기재사항이고(상 287조의 3 3호) 또한 이는 본점소재지의 등기사항인데(상 287조의 5 3호), 합명회사는 법률상 자본금이라는 개념이 없다.[1]

(3) 유한책임회사는 '업무집행자의 성명(법인인 경우에는 명칭) 및 주소'가 정관의 절대적 기재사항이고(상 287조의 3 4호) 또한 이는 본점의 등기사항인데(상 287조의 5 4호), 합명회사의 각 사원은 정관에 다른 규정이 없는 때에는 회사의 업무를 집행할 권리와 의무가 있으므로(상 200조 1항) 원칙적으로 업무집행사원은 정관의 절대적 기재사항도 아니고 또한 등기사항(상 180조)도 아니다.

(4) 유한책임회사에서는 '정관에서 공고방법을 정한 경우에는 그 공고방법'이 등기사항이나(상 287조의 5 6호), 합명회사에서는 공고방법이 등기사항(상 180조)이 아니다.

(5) 유한책임회사의 사원은 신용이나 노무를 출자의 목적으로 하지 못하는데(상 287조의 4 1항), 합명회사의 사원은 신용이나 노무도 출자의 목적으로 한다(상 195조 · 222조, 민 703조 2항).

(6) 유한책임회사의 사원은 정관의 작성 후 설립등기를 하는 때까지 금전이나 그 밖의 재산의 출자를 전부 이행하여야 하고(상 287조의 4 2항) 현물출자도 납입기일에 전부 이행하여야 하는데(상 287조의 4 3항), 합명회사에서는 사원의 출자이행의 시기와 방법에 대하여 규정하고 있지 않으므로 정관에 규정이 없으면 보통의 업무집행의 방법으로 자유로이 할 수 있다.[2]

(7) 유한책임회사는 정관에서 사원이 아닌 자를 업무집행자로 정할 수 있

---

1) 합명회사에서 통속적으로 자본금이라고 할 때에는 노무출자와 신용출자를 제외한 「재산출자의 총액」을 말한다(이 책 210면 〈출자의 의의〉 참조).

2) 이 책 212면 참조.

는데(상 287조의 12), 합명회사에서는 사원이 아닌 자에게 업무집행을 맡길 수 없다(상 200조 1항, 201조 1항).

유한책임회사에서는 법인이 업무집행자와 대표자가 될 수 있는데(상 287조의 3 4호, 287조의 5 1항 4호·5호, 287조의 15, 287조의 19 1항), 합명회사에서는 사원이 업무집행자와 대표자가 되고 회사는 합명회사의 사원이 될 수 없으므로(상 173조) 회사(법인)는 합명회사의 업무집행사원 및 대표사원이 될 수 없다.

(8) 유한책임회사의 사원은 회사채권자에 대하여 (상법에 다른 규정이 있는 경우 외에는) 그 출자금액을 한도로 하여 책임을 지는데(상 287조의 7), 합명회사의 각 사원은 회사채권자에 대하여 회사의 재산으로 회사의 채무를 완제할 수 없는 때에는 연대하여 변제할 책임이 있다(상 212조 1항).

(9) 유한책임회사에서는 대표소송이 인정되는데(상 287조의 22), 합명회사에서는 대표소송이 인정되지 않는다.

(10) 유한책임회사에서는 입사의 효력이 정관변경만으로 발생하지 않고 출자의 납입 또는 현물출자의 이행을 마친 때에 발생하나(상 287조의 23 2항·3항), 합명회사에서 입사의 효력은 총사원의 동의에 의한 정관변경시(총사원의 동의시)에 발생한다(상 204조).

(11) 유한책임회사에서는 사원이 퇴사하는 경우 퇴사하는 사원에게 환급하는 금액이 잉여금을 초과한 때에는 그 환급에 대하여 회사의 채권자가 회사에 이의를 제기할 수 있도록 하는 등 회사의 채권자보호에 관한 규정이 있는데(상 287조의 30), 합명회사에는 사원이 회사의 채권자에 대하여 무한책임을 지므로 이러한 규정이 없다.

(12) 유한책임회사에서 사원의 제명을 위한 결의요건은 원칙적으로 '다른 사원 과반수의 결의'이고 다만 정관에서 이와 달리 정할 수 있는데(상 287조의 27), 합명회사에서 사원의 제명을 위한 결의요건은 언제나 '다른 사원 과반수의 결의'이다(상 220조 1항).

(13) 유한책임회사에서는 회사의 회계에 관하여 특별한 규정을 두고 있는데(상 287조의 32~287조의 37), 합명회사에서는 회계에 관하여 특별한 규정을 두고 있지 않다.

(14) 유한책임회사는 주식회사와 상호 조직변경을 할 수 있는데(상 287조의 43), 합명회사는 합자회사와 상호 조직변경을 할 수 있다(상 242조 1항, 286조 1항).

(15) 유한책임회사에서는 법정청산만이 인정되는데(상 287조의 45), 합명회사에서는

임의청산(상 247조~248조)과 법정청산(상 250조 이하)이 모두 인정된다.

2. 유한책임회사와 유한회사와의 차이점

유한책임회사는 (내부관계에서) 폭넓은 사적 자치를 위하여 유한회사에 비하여 합명회사의 요소를 더 많이 갖고 있는데(상 287조의 18 참조), 이 점이 특히 유한회사와의 차이점이라고 볼 수 있다.

(1) 유한책임회사에서는 자본금이 균일한 비례적 단위인 출자(좌수)로 분할되지 않으나(상 287조의 35 참조)(이 점에서 각 사원의 지분은 인적회사의 지분과 같음), 유한회사에서는 자본금이 출자(좌수)로 분할되고 출자 1좌의 금액은 100원 이상으로 균일하여야 한다(상 546조)(이 점은 액면주식을 가진 주식회사와 유사함).

이러한 점에서 유한책임회사에서는 '사원의 출자의 목적 및 가액'이 정관의 절대적 기재사항이나(상 287조의 3 2호), 유한회사에서는 '각 사원의 출자좌수'가 정관의 절대적 기재사항이다(상 543조 2항 4호).

또한 유한책임회사에서의 자본금의 액은 '사원이 출자한 금전이나 그 밖의 재산의 가액'인데(상 287조의 35)(이 점은 합명회사의 경우와 유사함),[1] 유한회사의 자본금은 (상법에 정의규정은 없으나) '(출자 1좌의 발행가액－자본준비금으로 적립할 금액)×발행한 출자좌수'라고 볼 수 있다(상 546조, 583조 · 459조 1항).

(2) 유한책임회사는 설립에서 상법에 변태설립사항에 관한 규정이 없으나(이 점은 합명회사의 경우와 유사함), 유한회사는 설립에서 상법에 변태설립사항에 대하여 규정하고 있다(상 544조)(이 점은 주식회사의 경우와 유사함).

(3) 유한책임회사의 경우는 설립시 사원의 현물출자 등의 부족재산가격 및 출자불이행 등에 대하여 아무런 규정을 두고 있지 않으나(이 점은 합명회사의 경우와 유사함), 유한회사의 경우는 사원의 현물출자 등의 부족재산가격에 대하여는 회사 성립 당시의 사원에 대하여 전보책임을 부과하고(상 550조 1항) 회사 성립 후에 금전출자 또는 현물출자의 불이행이 있는 때에는 회사 성립 당시의 사원 및 이사 · 감사에 대하여 출자미필액에 대한 전보책임을 부과하고 있다(상 551조 1항)(이 점은 주식회사의 발기인의 책임과 유사함).

그러나 주식회사로의 조직변경시에 발행하는 주식의 발행가액의 총액에 부족한 순재산액에 대한 전보책임이 사원 및 이사 · 감사에게 있는 점은 유한책

1) 합명회사에서는 자본금에 대한 규정은 없으나, 자본금은 손익의 계산에 필요한데 이는 해석상 '사원의 재산출자 총액'으로 보고 있다(이 책 210면〈출자의 의의〉 참조).

임회사와 유한회사가 같다(상 287조의 44, 607조 4항).

(4) 유한책임회사에서 사원은 정관에 다른 정함이 없으면 다른 사원의 동의(업무를 집행하지 아니한 사원은 업무집행사원의 전원의 동의)를 받지 아니하면 그 지분의 전부 또는 일부를 타인에게 양도하지 못하는데(상 287조의 8)(이 점은 합명회사의 경우와 유사함), 유한회사에서 사원은 정관에서 지분의 양도를 제한하지 않으면 자유롭게 그 지분의 전부 또는 일부를 양도할 수 있다(상 556조)(이 점은 주식회사의 경우와 유사함).

(5) 유한책임회사에서는 회사가 자기지분의 전부 또는 일부를 양수할 수 없고(상 287조의 9 1항) 유한책임회사가 그의 지분을 취득하는 경우 그 지분은 취득한 때에 소멸하나(상 287조의 9 2항)(이 점은 합명회사의 경우와 유사함), 유한회사에서는 일정한 사유가 있는 경우(회사의 합병 또는 다른 회사의 영업전부의 양수로 인한 경우 등)에는 자기지분을 취득할 수 있고(상 560조 1항, 342조의 2) 또한 이와 같이 취득한 자기지분은 처분하거나 소각할 수 있다(상 560조 1항, 342조, 343조)(이 점은 주식회사의 경우와 유사함).

(6) 유한책임회사에서는 사원총회가 없는데(이 점은 합명회사의 경우와 유사함), 유한회사에는 사원총회가 있다(상 571조 이하)(이 점은 주식회사의 경우와 유사함).

(7) 유한책임회사에서는 업무집행자의 성명(법인인 경우에는 명칭) 및 주소가 정관의 절대적 기재사항이나(상 287조의 3 3호)(이 점은 합명회사에서 정관으로 업무집행사원을 정한 경우와 유사함), 유한회사에서는 초대이사에 한하여 정관에서 정할 수 있으나(정관에서 정하지 아니한 때에는 회사 성립 전에 사원총회에서 선임함) 그 이후에는 사원총회에서 선임한다(상 547조, 567조·382조)(이 점은 주식회사의 경우와 유사함).

또한 유한책임회사에서는 법인이 업무집행자인 경우의 특칙을 두고 있으나(상 287조의 3 4호, 287조의 5 4호, 287조의 15)(이 점은 합명회사의 경우와 구별됨), 유한회사에서는 법인이 이사인 경우의 특칙이 없고 법인이 이사가 될 수 있는지 여부에 대하여는 학설이 나뉘고 있다(이 점은 주식회사의 경우와 유사함).

(8) 유한책임회사에서는 감사(監事)가 없는데(이 점은 합명회사의 경우와 유사함), 유한회사는 정관에 의하여 1인 또는 수인의 감사(監事)를 둘 수 있다(상 568조)(이 점은 자본금 총액이 10억원 미만인 소규모 주식회사의 경우와 유사함).

(9) 유한책임회사에서는 업무집행자가 자기 또는 제3자의 계산으로 회사의 영업부류에 속한 거래를 하거나 같은 종류의 영업을 목적으로 하는 다른 회사의 업무집행자·이사 또는 집행임원이 되기 위하여는 '사원 전원의 동의'를 받아야 하고(상 287조의 10) 업무집행자와 회사간의 거래를 하기 위하여는 '다른 사원 과반수의 결의'가 있어야 하는데(상 287조의 11)(이 점은 합명회사의 경우와 유사함), 유한회사에서는 이사가 회사의 영업부류에 속한 거래를 하거나 같은 종류의 영업을 목적으로 하는 다른

회사의 업무집행자 등이 되기 위하여는 '사원총회의 승인'이 있어야 하고(상 567조 2문) 이사와 회사간의 거래를 하기 위하여는 '감사(監事)가 있으면 감사의 승인, 감사가 없는 때에는 사원총회의 승인'이 있어야 한다(상 564조 3항).

(10) 유한책임회사에서는 업무집행자가 아닌 사원에 대하여는 합자회사의 유한책임사원과 같은 감시권을 인정하고 있는데(상 287조의 14, 277조)[1](이 점은 인적회사의 경우와 유사함), 유한회사에서는 이사가 아닌 사원은 사원총회를 통하여 이사의 업무집행을 간접적으로 감독하고 또한 이사에 대한 위법행위 유지청구권과 대표소송권[2]을 통하여 직접적으로 감독한다(상 567조 · 382조, 564조의 2, 565조 등)(이 점은 주식회사의 경우와 유사함).

(11) 유한책임회사에서는 원칙적으로 업무집행자가 유한책임회사를 대표하고(상 287조의 19 1항) 업무집행자가 둘 이상인 경우로서 정관 또는 총사원의 동의로 유한책임회사를 대표할 업무집행자를 정할 수 있는데(상 287조의 19 3항)(이 점은 합명회사의 경우와 유사함), 유한회사에서는 원칙적으로 이사가 유한회사를 대표하는데(상 562조 1항) 이사가 수인인 경우에 정관에 다른 정함이 없으면 사원총회에서 회사를 대표할 이사를 선정하여야 한다(상 562조 2항)(반드시 대표이사를 두어야 하는 점은 주식회사의 경우와 유사하나, 대표이사의 선임방법은 합명회사의 경우와 유사함).

(12) 유한책임회사에서는 사원의 가입(입사) 및 탈퇴(퇴사)(제명을 포함함)에 대하여 규정하고 있는데(상 287조의 23~287조의 31)(이 점은 합명회사의 경우와 유사함), 유한회사에서는 (원칙적으로) 사원의 지분의 자유로운 양도를 인정하고 있으므로(상 556조) 입사와 퇴사에 대하여는 규정하고 있지 않다(이 점은 주식회사의 경우와 유사함).

(13) 유한책임회사에서의 잉여금의 분배는 대차대조표상의 순자산액으로부터 자본금의 액을 뺀 액을 한도로 하는데(상 287조의 37 1항)(이 점은 합명회사의 경우와 유사함), 유한회사에서의 이익배당은 대차대조표의 순자산액으로부터 (i) 자본금의 액 · (ii) 그 결산기까지 적립된 자본준비금과 이익준비금의 합계액 · (iii) 그 결산기에 적립하여야 할 이익준비금의 액 및 (iv) 대통령령으로 정하는 미실현이익을 공제한 액을 한도로 한다(상 583조, 462조 1항)(이 점은 주식회사의 경우와 동일함).

(14) 유한책임회사에서는 '총사원의 동의'가 있어야 해산사유가 되나(상 287조의 38 1호 · 227조 2호)(이 점은 합명회사의 경우와 동일함), 유한회사에서는 '사원총회의 특별결의'가 해산사유이다(상 609조 1항 2호, 2항)(이 점은 주식회사의 경우와 유사함).

---

1) 합명회사에서 업무집행권이 없는 사원에게도 해석상 업무감시권이 인정된다(이 책 213면, 218면 참조).

2) 유한책임회사에서는 사원의 업무집행자에 대한 위법행위 유지청구권은 인정되지 않으나, 사원의 대표소송권은 인정되고 있다(상 287조의 22).

또한 유한책임회사에서는 부득이한 사유가 있는 때에 각 사원이 회사의 해산을 청구할 수 있는데(상 287조의 42, 241조)(이 점은 합명회사의 경우와 동일함), 유한회사에서는 각 사원의 해산청구가 인정되지 않는다(이 점은 주식회사의 경우와 동일함).

제2절 설 립

제1 설립절차

유한책임회사의 설립절차는 「정관의 작성」·「출자의 이행」 및 「설립등기」로 진행된다. 「출자의 이행」절차가 있는 점에서 인적회사의 설립절차에 물적회사의 설립절차의 요소를 가미하고 있다.

Ⅰ. 정관의 작성

유한책임회사의 정관은 1인 이상의 사원이 작성하는데(상 287조의 2),[1] 이 정관에는 아래의 사항을 적고 각 사원이 기명날인하거나 서명하여야 한다(상 287조의 3).

⑴ 절대적 기재사항

유한책임회사의 정관에 기재하여야 하는 절대적 기재사항은 다음과 같다.

1) 목 적 유한책임회사가 수행하는 영업의 내용을 표시하여야 하는데, 이는 회사의 권리능력의 기초가 된다.

2) 상 호 상호에 '유한책임회사'의 문자를 사용하여야 한다(상 19조).

3) 사원의 성명·주민등록번호 및 주소 유한책임회사의 조합적 성질을 반영하여 사원을 정관의 절대적 기재사항으로 한 것이다. 따라서 사원의 변경은 정관변경사항이다.

4) 사원의 출자의 목적 및 가액 사원은 신용이나 노무를 출자의 목적으로 하지 못하고(상 287조의 4 1항) 금전이나 그 밖의 재산(현물)만을 출자의 목적으로 할 수 있으므로(상 287조의 4 2항 참조), 이 때의 「출자의 목적」은 금전 또는 현물(구체적 내용을 표시함) 중 어느 것인지 여부를 말한다. 또한 「출자의 가격」이란 현물출자의 경우 금

1) 2인 이상의 사원이 정관을 작성하는 경우에는, 이러한 사원간에 회사설립을 목적으로 하는 민법상의 조합계약이 선행되고 이러한 조합계약의 이행으로써 정관을 작성하는 것이다.

전으로 평가한 가격을 의미한다.

5) 자본금의 액 이 때의 「자본금의 액」은 '사원이 출자한 금전이나 그 밖의 재산의 가액'을 의미한다(상 287조의 35).

6) 업무집행자의 성명(법인인 경우에는 명칭) 및 주소 유한책임회사는 정관에서 사원 또는 사원이 아닌 자를 업무집행자로 정하여야 한다(상 287조의 12 1항). 유한책임회사는 법인을 업무집행자로 정할 수 있는데(상 287조의 3 4호, 287조의 5 1항 4호 참조), 법인이 업무집행자인 경우에는 그 법인은 해당 업무집행자의 직무를 행할 자(업무수행자)를 선임하여야 하고 이러한 업무수행자는 업무집행자와 동일하게 회사의 업무를 집행한다(상 287조의 15).

7) 본점의 소재지 유한책임회사는 본점의 소재지에서 설립등기를 함으로써 성립한다(상 172조).

8) 정관의 작성연월일

(2) 상대적 기재사항

정관의 상대적 기재사항은 (i) 사원의 지분양도요건의 완화(상 287조의 8 3항), (ii) 정관의 변경요건의 완화(상 287조의 16), (iii) 업무집행자가 둘 이상인 경우 대표사원의 결정(상 287조의 19 2항), (iv) 공동대표의 결정(상 287조의 19 3항), (v) 사원의 임의퇴사요건의 결정(상 287조의 24), (vi) 사원의 당연퇴사사유의 결정(상 287조의 25, 218조 1호), (vii) 사원의 제명요건의 결정(상 287조의 27 단서), (viii) 퇴사사원에 대한 지분의 환급에 관한 사항(상 287조의 28 3항), (ix) 사원에 대한 잉여금의 분배방법의 결정(상 287조의 37 4항·5항), (x) 회사의 존립기간 기타 해산사유의 결정(상 287조의 24·217조 1항, 287조의 38·227조 1호) 등이다.

(3) 임의적 기재사항

정관에는 유한책임회사의 본질·강행법규·사회질서에 반하지 않는 한 어떠한 사항도 기재할 수 있다.

2. 출자의 이행

(1) 유한책임회사에 주식회사의 요소를 반영한 것으로 회사의 설립시에 출자를 전부 이행하도록 하고 있다. 즉, 사원은 정관의 작성 후 설립등기를 하는 때까지 금전이나 그 밖의 재산의 출자를 전부 이행하여야 한다(상 287조의 4 2항). 현물출자를 하는 사원은 납입기일에 지체 없이 유한책임회사에 출자의 목적인 재산을 인도하고, 등기·등록·그 밖의 권리의 설정 또는 이전이 필요한 경우에

는 이에 관한 서류를 모두 갖추어 교부하여야 한다(상 287조의4 3항). 이는 주식회사의 경우(상 295조 1항 1문·2항)와 유사한데, 다만 납입장소에 관하여는 규정하고 있지 않다. 주식회사의 경우는 납입장소가 '은행 기타 금융기관 등'으로 지정되어야 하는데(상 295조 1항 2문), 유한책임회사에서는 납입장소가 지정되지 않으므로 사원은 업무집행자에게 출자를 이행하면 된다고 본다.

(2) 유한책임회사의 사원이 출자를 이행하지 않는 경우에는 채무불이행의 일반원칙에 따라 그 이행을 강제하든가(민 389조, 390조), 정관을 변경하여 사원을 변경함으로써 출자를 이행하도록 하여야 하는데(상 287조의 16), 그렇지 않으면 회사불성립의 결과가 된다.

3. 설립등기

정관의 작성과 사원의 출자의 이행으로 실체가 완성된 유한책임회사는 본점의 소재지에서 설립등기를 함으로써 성립한다(상 172조, 287조의 5 1항). 이러한 설립등기에 의하여 유한책임회사의 설립절차는 종료된다. 설립등기에서의 등기사항 및 첨부서류는 다음과 같다(상 287조의 5 1항 각호).

(1) 등기사항

1) 설립등기사항은 (i) 목적, (ii) 상호, (iii) 본점의 소재지와 지점을 둔 때에는 그 소재지, (iv) 존립기간 기타 해산사유를 정한 때에는 그 기간 또는 사유, (v) 자본금의 액, (vi) 업무집행자의 성명·주소 및 주민등록번호(법인인 경우에는 명칭·주소 및 법인등록번호)(다만 유한책임회사를 대표할 업무집행자를 정한 경우에는 그 외의 업무집행자의 주소는 제외한다), (vii) 유한책임회사를 대표할 자를 정한 경우에는 그 성명·주소 및 주민등록번호(법인인 경우에는 명칭·주소 및 법인등록번호), (viii) 정관에서 공고방법을 정한 경우에는 그 공고방법, (ix) 둘 이상의 업무집행자가 공동으로 회사를 대표할 것을 정한 경우에는 그 규정 등이다.

2) 설립등기사항의 변경(상 287조의 5 4항), 지점의 설치(상 287조의 5 2항, 181조), 본점이나 지점의 이전(상 287조의 5 3항, 182조)의 경우에도 일정기간 내에 등기하여야 한다.

또한 유한책임회사의 업무집행자의 업무집행을 정지하거나 직무대행자를 선임하는 가처분을 하거나 그 가처분을 변경 또는 취소하는 경우에 본점 및 지점이 있는 곳의 등기소에서 등기하여야 한다(상 287조의 5 5항).

(2) 첨부서류

설립등기의 신청에는 첨부서류로서 (i) 정관, (ii) 출자이행을 한 것을 증명하는 서류 등을 첨부하여야 한다.

제 2 설립하자(무효 · 취소)

유한책임회사의 설립의 무효와 취소에 관하여는 합명회사 설립의 무효와 취소에 관한 규정(상 184조부터 194조까지)이 준용된다(상 287조의 6 1문). 다만 유한책임회사의 설립 무효의 소의 제소권자가 '사원' 외에 '업무집행자'가 추가되어 있다(상 287조의 6 2문).

제 3 절 기 구

제 1 관 총 설

(1) 유한책임회사의 법률관계는 크게 내부관계와 외부관계로 분류된다. 내부관계는 크게 출자 및 지분 · 업무집행 · 경업피지의무와 자기거래제한 등으로 분류할 수 있고, 외부관계는 회사의 대표 · 사원의 제 3 자에 대한 책임 · 대표소송 등으로 분류할 수 있는데, 이하에서는 이에 관하여 차례대로 살펴보기로 한다.

(2) 유한책임회사의 내부관계에 관한 상법의 규정은 당사자간의 사적 자치의 원칙이 존중되어야 하므로 원칙적으로 임의법규라고 볼 수 있고, 정관이나 상법에 다른 규정이 없으면 합명회사에 관한 규정이 준용된다(상 287조의 18).

유한회사의 외부관계에 관한 상법의 규정은 거래의 안전이 존중되어야 하므로 대부분 강행법규라고 볼 수 있다.

제 2 관 내부관계

제 1 출자 및 지분

I. 출 자

(1) 유한책임회사의 사원은 반드시 회사에 대하여 출자를 하여야 하는데

(상 287조의 3 2호 참조), 사원은 신용이나 노무를 출자의 목적으로 하지 못하고(상 287조의 4 1항) 금전이나 그 밖의 재산(현물)으로써만 출자할 수 있다(상 287조의 4 2항·3항 참조). 이 점은 합명회사의 사원의 출자목적과 구별되고, 주식회사의 주주의 출자목적과 유사하다.

(2) 사원은 정관 작성 후 설립등기를 하는 때까지 재산출자(금전 또는 현물출자)를 전부 이행하여야 하는데(상 287조의 4 2항), 현물출자인 경우 납입기일에 지체 없이 출자목적인 재산을 인도하고 등기·등록 그 밖의 권리의 설정 또는 이전이 필요한 경우에는 이에 관한 서류를 모두 갖추어 교부하여야 한다. 이 점은 합명회사의 경우와 구별되고, 주식회사의 경우(상 295조)와 유사하다.

유한책임회사의 사원이 회사 성립시(설립등기시)까지 출자를 전부 이행하지 않으면 회사가 성립되지 않거나 사원으로 존속할 수 없으므로, 사원의 출자불이행시 합명회사의 경우와 같은 사원의 제명(상 220조 1항 1호)·업무집행권(상 205조 1항) 또는 대표권(상 216조)의 상실제도는 불필요하게 된다.

2. 지 분

(1) 지분의 의의

유한책임회사에서 사원의 지분은 사원권을 의미하는데(지분사원권설), 유한책임회사의 사원의 지분은 각 사원에게 1개만 있고(지분단일주의) 다만 그 분량이 출자액에 비례하여 상이할 뿐이다(상 287조의 18, 195조, 민 711조). 이 점은 합명회사의 경우와 유사하고, 주식회사의 경우와는 구별된다.

(2) 지분의 양도

1) 유한책임회사의 사원은 정관에 다른 정함이 없는 경우 다른 사원의 동의를 받지 아니하면 그 지분의 전부 또는 일부를 타인에게 양도하지 못한다(상 287조의 8 1항·3항). 이 점은 합명회사의 경우(상 197조)와 유사하고,[1] 주식회사의 경우(상 335조 1항)와 구별된다.

2) 유한책임회사의 업무를 집행하지 아니하는 사원은 정관에 다른 규정이 없는 경우 업무를 집행하는 사원 전원의 동의가 있으면 그 지분의 전부 또는

1) 합명회사의 경우 정관으로써 이 요건을 완화하여 규정할 수 있느냐에 대하여, 유한책임회사에서와 같이 명문규정은 없으나, 지분양도의 제한규정은 회사의 대내관계에 관한 임의법규에 속하는 것이므로 정관으로써 이를 완화하여 규정할 수 있다고 보는 것이 통설이다(이 책 223면 참조). 이와 같이 보면 이 점은 유한책임회사의 경우와 합명회사의 경우가 같은 점인데, 다만 규정형식에서만 차이가 있을 뿐이다.

일부를 타인에게 양도할 수 있는데(다만, 업무를 집행하는 사원이 없는 경우에는 사원 전원의 동의를 받아야 한다)[1](상 287조의 8 2항·3항), 이 점은 합자회사에서 유한책임사원의 지분양도의 경우(상 276조)와 유사하다.

(3) 자기지분의 양수금지

유한책임회사는 그 지분의 전부 또는 일부를 양수할 수 없고(상 287조의 9 1항), 유한책임회사가 자기지분을 취득하는 경우에 그 지분은 취득한 때에 소멸한다(상 287조의 9 2항). 합명회사의 경우에 이 점에 관한 명문규정은 없으나, 합명회사가 사원으로부터 그의 지분을 취득하는 것은 그 사원의 퇴사로 인한 일부청산과 유사하므로 그 지분은 합명회사가 취득한 때에 소멸한다고 볼 수 있다. 따라서 이 점은 합명회사의 경우와 유사하고, 주식회사의 경우(상 341조, 341조의 2)와 구별된다고 본다. 이 점에서 유한책임회사는 물적회사는 아니고, 인적회사에 가깝다고 볼 수 있다.

(4) 지분의 상속

유한책임회사의 사원이 사망한 경우에는 합명회사의 경우와 같이 원칙적으로 상속되지 않고, 상속인은 지분의 환급을 받게 된다(퇴사원인)(상 287조의 25, 218조 3호). 다만, 유한책임회사의 사원이 사망한 경우에는 정관으로 그 상속인이 회사에 대한 피상속인의 권리의무를 승계하여 사원이 될 수 있음을 정한 경우에만 상속되는데, 이 때 상속인은 상속의 개시를 안 날로부터 3월 내에 회사에 대하여 승계 또는 포기의 통지를 발송하여야 한다(상 287조의 26, 219조 1항). 상속인이 이러한 통지 없이 3월을 경과한 때에는 사원이 될 권리를 포기한 것으로 본다(상 287조의 26, 219조 2항). 그러나 청산중의 회사의 사원이 사망한 경우에는, 이러한 정관의 규정이 없더라도 당연히 상속인이 피상속인의 지분을 상속한다(상 287조의 45, 246조). 유한책임회사의 이러한 점은 합명회사의 경우와 동일하다.

(5) 지분의 입질·압류

유한책임회사의 사원의 지분도 재산적 가치를 가지는 것이므로, 그 입질(권리질)과 압류가 가능하다고 본다.

1) 유한책임회사의 사원의 지분의 입질에 관하여는 상법상 명문규정은 없으나, 지분의 양도와 동일한 방법(상 287조의 8)으로 질권을 설정할 수 있다고 본다.[2] 그러나 이 경우 지분의 질권자는 지분에 대한 경매권은 없고, 사원의 장차 구

1) 이는 사원이 아닌 자를 전부 업무집행자로 정한 경우이다(상 287조의 12 1항 참조).

2) 합명회사의 사원의 지분의 입질에 관하여 동지의 견해로는 이 책 225~226면 참조.

체화될 이익배당청구권과 지분환급청구권 및 잔여재산분배청구권에 그 질권의 효력을 갖는다고 본다(민 342조).

2) 유한책임회사의 사원의 지분을 압류한 채권자는 회사와 그 사원에 대하여 6월 전에 예고를 함으로써(이러한 예고는 그 사원이 변제를 하거나 상당한 담보를 제공한 때에는 그 효력을 잃음) 영업연도말에 그 사원을 퇴사시킬 수 있다(상 287조의 29, 224조). 이 때 사원의 지분의 압류채권자는 그 퇴사 사원의 지분환급청구권(상 287조의 28)을 전부(轉付)함으로써 채권의 만족을 얻을 수 있다. 이 경우 그 퇴사 사원에 대한 지분환급금액이 그 유한책임회사의 순자산액으로부터 자본금의 액을 뺀 액(잉여금)을 초과하면 그 유한책임회사의 채권자는 회사에 이의를 제기할 수 있는데(상287조의 30 1항), 이러한 이의제기가 있으면 회사는 그 채권자에 대하여 변제 또는 상당한 담보를 제공하거나 이를 목적으로 하여 상당한 재산을 신탁회사에 신탁하여야 한다(상 287조의 30 2항 본문, 232조 3항). 다만 회사가 잉여금을 초과한 지분을 환급하더라도 회사의 채권자에게 손해를 끼칠 우려가 없는 경우에는 회사는 그 채권자에게 변제 등을 하지 않아도 된다(상 287조의 30 2항 단서).

유한책임회사의 사원의 지분을 압류한 채권자는 합명회사 사원의 지분의 압류채권자와 같이 그 사원이 장래 유한책임회사로부터 받을 잉여금분배청구권(상 287조의 37 6항)과 임의퇴사나 당연퇴사에 의한 지분환급청구권(상 287조의 28)에도 압류의 효력이 미친다고 본다.[1] 이 경우 압류채권자는 이러한 청구권들을 행사할 수 있는 시기에 달할 때마다 이를 추심하거나 전부(轉付)할 수 있다.

제 2 업무집행

Ⅰ. 업무집행기관

(1) 업무집행권의 취득

1) 유한책임회사의 업무집행기관은 정관에 (절대적 기재사항으로) 업무집행자로 정하여지는 자인데(상 287조의 3 4호), 이러한 업무집행자는 사원뿐만 아니라 사원이 아닌 자도 될 수 있다(이 점은 합명회사의 경우와 구별됨).

1) 지분의 압류에서 지분의 의미를 사원권으로 보면 상법 제223조는 당연규정이라고 볼 수 있다 [동지: 정동윤, 「주석상법(회사법⟨1⟩)」(서울: 한국사법행정학회, 2003), 263~264면; 박상근, "인적회사 지분의 법률관계," 「민사판례연구」(민사판례연구회), 제24권(1996. 10), 618면].

2) 업무집행자는 자연인뿐만 아니라 법인도 될 수 있는데(상 287조의 3 4호 및 287조의 5 4호 참조)(이러한 법인은 사원인 경우도 있고[1] 사원이 아닌 경우도 있음), 법인이 업무집행자인 경우에는 그 법인은 해당 업무집행자의 직무를 행할 자(직무수행자)를 선임하고, 그 자의 성명과 주소를 다른 사원에게 통지하여야 한다(상 287조의 15). 법인이 업무집행자인 경우 위와 같이 선임된 업무수행자에 대하여는 업무집행자에 관한 일부의 규정이 준용된다(상 287조의 15 2항). 즉, 업무수행자가 그의 유한책임회사와 (자기 또는 제 3 자의 계산으로) 거래를 하는 경우에는 그 회사의 다른 사원 과반수의 결의를 받아야 하고(상 287조의 15 2항, 287조의 11), 1 명 또는 둘 이상의 업무수행자를 정한 경우에는 업무수행자 각자가 회사의 업무를 집행할 권리와 의무가 있는데 다른 업무수행자의 이의가 있는 때에는 곧 그 행위를 중지하고 업무수행자 과반수의 결의에 의하여야 하며(상 287조의 15 2항, 287조의 12 2항), 둘 이상을 공동업무수행자로 정한 경우에는 그 전원의 동의가 없으면 업무집행에 관한 행위를 하지 못한다(상 287조의 15 2항, 287조의 12 3항).

유한책임회사에서 법인을 업무집행자로 정할 수 있도록 한 것은, 합명회사의 경우와 구별되는 점이다.[2]

3) 유한책임회사는 정관의 규정에 의하여 둘 이상의 업무집행자를 공동업무집행자로 정할 수 있다(상 287조의 12 3항). 이 점은 합명회사의 경우(상 202조)와 같다.

4) 유한책임회사의 업무집행자의 업무집행을 정지하고 직무대행자를 선임하는 가처분이 있으면 직무대행자가 업무를 집행한다(상 287조의 13, 287조의 5 5항).

(2) 업무집행권의 상실(정지)

1) 사임 · 해임 업무집행자는 정당한 사유 없이 「사임」할 수 없고(상 287조의 18 · 195조, 민 708조 전단), 정관에 다른 규정이 없는 경우 총사원의 동의가 없으면 「해임」할 수 없다(상 287조의 3 4호, 287조의 16). 이 점은 합명회사의 경우(상 195조, 민 708조)와 유사하다.

2) 권한상실선고 업무집행자가 업무를 집행함에 현저하게 부적임하거나 중대한 업무에 위반한 행위가 있는 때에는 법원은 사원의 청구에 의하여 업무집행권한의 상실을 선고할 수 있는데(상 287조의 17 1항, 205조 1항), 이 소(訴)는 본점소재지

---

1) 유한책임회사의 사원은 그 출자금액을 한도로 유한책임을 지므로(상 287조의 7) 합명회사의 사원(무한책임사원)과는 달리 상법 제173조(회사는 다른 회사의 무한책임사원이 되지 못한다)가 적용되지 않고, 따라서 법인(회사)도 유한책임회사의 사원이 될 수 있다.

2) 합명회사에서는 법인(회사)이 사원이 될 수 없고(상 173조) 또한 회사는 어떠한 경우에도 사원이 아닌 자에게 업무집행을 맡길 수 없으므로(상 200조 1항, 201조 1항 참조), 법인(회사)이 업무집행자가 될 수 없다.

의 지방법원의 관할에 전속한다(상 287조의 17 2항). 업무집행자가 1인인 경우에는 업무집행 권한상실선고를 할 수 없다고 보며, 상법 제205조는 임의규정이므로 정관에 의하여 달리 규정할 수 있다고 본다.[1)]

업무집행자의 권한상실의 판결이 확정된 때에는 본점과 지점의 소재지에서 등기하여야 한다(상 287조의 17 1항, 205조 2항). 이 점은 합명회사의 경우(상 205조)와 같다.

3) 업무집행정지 가처분 업무집행자에 대하여 그 업무집행의 정지 및 직무대행자를 선임하는 가처분이 있으면, 그러한 업무집행자는 가처분의 취소가 없는 한 업무를 집행할 수 없다(상 287조의 5 5항, 287조의 13 참조). 이 점은 합명회사의 경우(상 183조의 2, 200조의 2 참조)와 같다.

(3) 업무집행자와 회사와의 관계

업무집행자와 회사와의 관계는 「위임관계」로서, 업무집행자는 선량한 관리자의 주의로써 업무를 집행하여야 한다(상 287조의 18 · 195조, 민 707조 · 681조~688조).

2. 업무집행의 방법

(1) 사원의 의사결정

1) 업무집행에 관하여 먼저 '사원의 의사결정이 있어야 하는 경우'(예컨대, 상 287조의 11, 287조의 16 등)에는 먼저 상법 또는 정관에 의한 결의를 요하고, 상법 또는 정관에 다른 규정이 없으면 「총사원의 과반수」로써 결정하여야 한다(상 287조의 18 · 195조, 민 706조 2항 1문). 이 경우에 의결권은 원칙적으로 사원의 두수(頭數)에 의한다(1인 1의결권주의 · 두수주의).

2) 유한책임회사에는 인적회사에서와 같이 사원총회가 없으므로, 사원의 의사결정을 요하는 경우에는 회의를 소집할 필요가 없고 적당한 방법으로 사원의 의사를 파악하면 된다고 본다.[2)] 그러나 정관의 규정에 의하여 사원총회를 둘 수는 있다고 본다.[3)]

3) 유한책임회사에서 사원의 의사결정을 요구하는 경우에는 사원의 개성이 중요하므로, 물적회사의 경우와는 달리 의결권의 대리행사는 인정되지 않는다고 본다.[4)]

---

1) 합명회사에서 동지의 견해로는 이 책 214~215면.
2) 합명회사에서 동지의 견해로는 이 책 217면.
3) 합명회사에서 동지의 견해로는 이 책 217면.
4) 합명회사에서 동지의 견해로는 이 책 217면.

(2) 업무집행의 실행

1) 원칙(단독업무집행) 유한책임회사가 1명 또는 둘 이상의 업무집행자를 정한 경우에는 (원칙적으로) 각자가 회사의 업무를 집행할 권리와 의무가 있다(단독업무집행의 원칙)(상 287조의12 1항 1문).

2) 예 외 (i) 둘 이상의 업무집행자를 정한 경우 각 업무집행자의 업무집행에 관한 행위에 대하여 다른 업무집행자의 이의(異議)가 있는 때에는, 곧 그 행위를 중지하고 총업무집행자의 「과반수」의 결의에 의하여야 한다(상 287조의12 2항 2문, 201조 2항). (ii) 정관에서 둘 이상의 업무집행자를 공동업무집행자로 정한 경우에는 그 전원의 동의가 없으면 업무집행에 관한 행위를 하지 못한다(상 287조의12 3항). 이 경우 합명회사의 경우는 지체할 염려가 있는 때에는 단독으로 할 수 있는데(상 202조 단서), 유한책임회사의 경우는 이러한 특칙이 없는 점에서 합명회사의 경우와 구별되고 있다. (iii) 업무집행자의 업무집행의 정지 및 직무대행자를 선임하는 가처분이 있으면 그 직무대행자가 업무를 집행하는데(상 287조의5 5항 참조), 이 때 그러한 직무대행자는 가처분명령에 다른 정함이 있거나 또는 법원의 허가를 얻은 경우를 제외하고는 회사의 통상업무에 속하는 행위만을 할 수 있다(상 287조의 13, 200조의 2 1항).

3. 업무감시권

유한책임회사에서 업무집행자가 아닌 사원은 합자회사의 유한책임사원과 같이 업무집행자에 대한 업무감시권을 갖는다(상 287조의14, 277조).

제 3 경업피지의무와 자기거래제한

I. 경업피지의무

(1) 의 의

1) 유한책임회사의 업무집행자는 사원 전원의 동의를 받지 아니하고는 자기 또는 제 3 자의 계산으로 회사의 영업부류에 속한 거래를 하지 못하며(경업금지의무), 같은 종류의 영업을 목적으로 하는 다른 회사의 업무집행자·이사 또는 집행임원이 되지 못한다(겸직금지의무)(상 287조의10 1항). 이는 합명회사의 경우(상 198조 1항)와 동일하다.

2) 이 규정은 회사의 내부관계에 관한 규정으로서 임의법규라고 볼 수 있

으므로, 정관의 규정으로 업무집행자의 이 의무의 범위를 증가·단축하거나 면제할 수 있다고 본다.[1]

⑵ 의무위반의 효과

1) 유한책임회사의 업무집행자가 경업금지의무에 위반한 경우에는 회사는 「개입권」(상 287조의 10 2항, 198조 2항·4항)과 「손해배상청구권」(상 287조의 10 2항, 198조 3항)을 행사할 수 있다. 회사가 개입권을 행사하는 경우 이러한 개입권은 사원(업무집행자가 사원인 경우에는 다른 사원)의 과반수의 결의에 의하여 행사하고, 일정한 제척기간 내(사원 또는 다른 사원의 1인이 그 거래를 안 날로부터 2주간 내, 그 거래가 있은 날로부터 1년 내)에 행사하여야 한다(상 287조의 10 2항, 198조 4항).

2) 유한책임회사의 업무집행자가 겸직금지의무에 위반한 경우에는, 회사는 개입권을 행사할 수는 없고 「손해배상청구권」만을 행사할 수 있다(상 287조의 10 2항, 198조 3항 유추).

3) 유한책임회사의 업무집행자가 경업피지의무(경업금지의무 및 겸직금지의무)에 위반하는 경우, 사원은 업무집행자의 업무집행권한의 상실을 법원에 청구할 수 있다고 본다(상 287조의 17, 205조).[2]

2. 자기거래제한

⑴ 의 의

유한책임회사의 업무집행자는 다른 사원 과반수의 결의가 있는 경우에만 자기 또는 제 3 자의 계산으로 회사와 거래를 할 수 있고, 이 경우에는 민법 제 124조가 적용되지 않는다(상 287조의 11).

⑵ 의무위반의 효과

유한책임회사의 업무집행자가 자기거래제한에 위반한 경우에는 회사에 대하여 「손해배상책임」을 지는(상 287조의 19·195조, 민 707조·681조) 외에, 다른 사원의 청구에 의하여 법원으로부터 「업무집행권 또는 대표권의 상실」을 선고받을 수 있다고 본다(상 287조의 17, 205조).[3]

---

1) 합명회사에서 동지의 견해로는 이 책 219면.
2) 합명회사에서 동지의 견해로는 이 책 219면.
3) 합명회사에서 동지의 견해로는 이 책 219면.

제 3 관 외부관계

제 1 회사대표

Ⅰ. 대표기관

(1) 대표권의 취득

1) 유한책임회사의 업무집행자는 유한책임회사를 대표한다(상 287조의 19 1항). 따라서 업무집행자가 아닌 자는 유한책임회사를 대표할 수 없고,[1] 업무집행자는 (원칙적으로) 유한책임회사의 사원이든 아니든(상 287조의 12 1항 참조) 자연인이든 법인이든(상 287조의 3 4호, 287조의 15 참조) 불문하고 유한책임회사를 대표한다. 둘 이상의 업무집행자가 있는 경우에도 (원칙적으로) 각자가 유한책임회사를 대표한다(상 287조의 12 2항 참조).

2) 업무집행자가 둘 이상인 경우 정관 또는 총사원의 동의로 유한책임회사를 대표할 업무집행자를 정할 수 있다(대표업무집행자)(상 287조의 19 2항). 이는 합명회사의 경우(상 207조 3문)와 같다. 그러나 모든 업무집행자에 대하여 유한책임회사의 대표권을 박탈하는 것은 정관의 규정 또는 총사원의 동의로도 할 수 없다.[2]

3) 유한책임회사는 정관 또는 총사원의 동의로 둘 이상의 업무집행자가 공동으로 회사를 대표할 것을 정할 수 있다(공동대표업무집행자)(상 287조의 19 3항). 이 점은 합명회사의 경우(상 208조 1항)와 같다.

4) 유한책임회사의 대표권 상실에 대하여는 상법에 규정이 없으나 대표권은 업무집행권을 전제로 하므로(상 287조의 19 1항) 업무집행권이 상실되면 자동적으로 대표권도 상실된다고 본다. 그러나 입법적으로는 대표권 상실에 대하여 규정을 두어야 할 것으로 본다. 이를 입법하는 경우에는 업무집행권은 존속시키면서 대표권만을 상실시킬 수 있다(상 216조 참조).

5) 유한책임회사에서 업무집행자의 업무집행을 정지하고 직무대행자를 선임하는 가처분이 있으면 직무대행자가 회사를 대표한다(상 287조의 13 · 287조의5 5항, 287조의 19 1항).

---

1) 합명회사에서 동지의 견해로는 이 책 229면.
2) 합명회사에서 동지의 견해로는 이 책 229면.

⑵ 대표권의 제한 및 상실

1) 대표권의 제한

유한책임회사가 사원(사원이 아닌 업무집행자를 포함한다. 이하 이 조에서 같다)에 대하여 또는 사원이 유한책임회사에 대하여 소를 제기하는 경우에 유한책임회사를 대표할 사원이 없을 때에는 다른 사원 과반수의 결의로 대표할 사원을 선정하여야 한다(상 287조의 21). 이 경우에는 업무집행권을 전제로 하지 않는 대표사원을 정할 수 있다고 본다.

유한책임회사의 대표업무집행자의 대표권에 대한 제한은 선의의 제3자에게 대항하지 못한다(상 287조의 19 5항, 209조 2항).

2) 대표권의 상실

㈎ 사임·해임 대표업무집행자도 업무집행자와 같이 정당한 사유 없이 「사임」할 수 없고(상 287조의 19 1항 · 287조의 18 · 195조, 민 708조 전단), 정관에 다른 규정이 없는 경우 총사원의 동의가 없으면 「해임」할 수 없다(상 287조의 19 2항).

㈏ 대표행위 정지가처분 유한책임회사를 대표하는 업무집행자에 대하여 그 대표행위의 정지 및 그 직무대행자를 선임하는 가처분이 있으면, 그러한 업무집행자는 가처분의 취소가 없는 한 회사를 대표하지 못한다(상 287조의 5 5항, 287조의 13, 287조의 19 1항 참조).

2. 대표의 방법

⑴ 원칙(단독대표)

유한책임회사에서 업무집행자는 원칙적으로(정관 또는 총사원의 동의로 둘 이상의 업무집행자가 공동으로 회사를 대표할 것을 정하지 않는 한) 각자 단독으로 회사를 대표한다(상 287조의 19 1항).

⑵ 예외(공동대표)

유한책임회사는 정관 또는 총사원의 동의로 둘 이상의 업무집행자가 공동으로 회사를 대표할 것을 정할 수 있는데(상 287조의 19 3항), 이 경우에는 능동대표(회사가 제3자에 대하여 의사표시를 하는 경우)는 반드시 공동으로 하여야 하나(상 287조의 19 2항), 수동대표(제3자가 유한책임회사에 대하여 의사표시를 하는 경우)는 각자가 단독으로 할 수 있다(상 287조의 19 4항).

3. 대표기관의 권한

⑴ 유한책임회사의 대표기관의 권한은 합명회사의 대표사원의 권한(상 209조)과 같다(상 287조의 19 5항). 즉, 유한책임회사를 대표하는 업무집행자는 회사의 영업에

관하여 재판상 또는 재판 외의 모든 행위를 할 권한이 있고, 이러한 권한에 대한 제한은 선의의 제 3 자에게 대항하지 못한다(상 287조의 19 5항, 209조).

(2) 유한책임회사를 대표하는 업무집행자에 대하여 그 대표행위의 정지 및 그 직무대행자를 선임하는 가처분이 있으면 그러한 직무대행자가 회사를 대표하는데(상 287조의 5 5항, 287조의 13, 287조의 19 1항 참조), 이 때 그러한 직무대행자는 가처분명령에 다른 정함이 있거나 또는 법원의 허가를 얻은 경우를 제외하고는 회사의 통상업무에 속하는 행위에 대하여만 회사를 대표할 수 있다(상 287조의 13, 287조의 19 1항, 200조의 2 1항). 그러나 직무대행자가 이에 위반하여 회사를 대표한 경우에도 회사는 선의의 제 3 자에 대하여 책임을 진다(상 287조의 13, 287조의 19 1항, 200조의 2 2항).

(3) 유한책임회사를 대표하는 업무집행자가 그 업무집행으로 타인에게 손해를 입힌 경우에는 회사는 그 업무집행자와 연대하여 배상할 책임이 있다(상 287조의 20). 이는 유한책임회사에게 불법행위능력을 인정한 것으로, 합명회사(상 201조) 등 회사의 불법행위능력과 같다.

4. 등 기

(1) 유한책임회사를 대표할 자를 정한 경우에는 그 성명·주소 및 주민등록번호(법인인 경우에는 명칭·주소 및 법인등록번호)를 등기하여야 하는데(상 287조의 5 1항 5호), 이와 같이 유한책임회사를 대표할 업무집행자를 정한 경우에는 그 외의 업무집행자에 대하여는 성명 및 주민등록번호만 등기하고 주소는 등기하지 아니한다(상 287조의 5 1항 4호 단서).

(2) 둘 이상의 업무집행자가 공동으로 회사를 대표할 것을 정한 경우에는 그 규정도 등기하여야 한다(상 287조의 5 1항 7호).

(3) 유한책임회사의 대표권이 있는 업무집행자의 업무집행을 정지하거나 직무대행자를 선임하는 가처분을 하거나 그 가처분을 변경 또는 취소하는 경우에 본점 및 지점이 있는 곳의 등기소에서 등기하여야 한다(상 287조의 5 5항).

제 2 사원의 제 3 자에 대한 책임

유한책임회사의 사원의 책임은 (상법에 다른 규정이 있는 경우 외에는) 그 「출자금액」을 한도로 한다(상 287조의 7). 이러한 유한책임회사의 사원의 책임은 합명회사의 사원의 책임(상 212조)과 크게 다르고, 주식회사의 주주의 책임(상 331조) 및 유한회사의 사원의 책임(상 553조)과 유사하다고 볼 수 있다. 이 점은 유한책임회사가 주식회사(물적회사)의 요소를 반영한 것이다. 유한회사의 사원은 회사 성립 후에 현물출자 등의 부족재산가격(상 550조 1항) 및 출자불이행(상 551조 1항)에 따른 출자미필액에 대하여 전보책임을 지므로 「유한회사 사원의 책임은 '상법에 다른 규정이 있는 경우' 외에는 그 출자금액을 한도로 한다」고 규정하고 있는데(상 553조), 유한책임회사의 경우에는 상법에 위와 같은 사원의 전보책임에 대하여 아무런 규정을 두고 있지 않으므로, 상법 제287조의 7에서 '상법에 다른 규정이 있는 경우'란 거의 그 의미가 없다. 유한책임회사를 주식회사로의 조직변경시에 발행하는 주식의 발행가액의 총액에 부족한 순재산액에 대한 전보책임이 (이사·감사 및) 사원에게 있으므로(상 287조의 44, 607조 4항) 이 점이 상법 제287조의 7의 '상법에 다른 규정이 있는 경우'라고 볼 수 있는 여지도 있으나, 이 점은 주식회사의 주주에 대하여도 동일하게 규정하고 있다(상 605조). 따라서 유한책임회사의 사원의 책임은 유한회사의 사원의 책임보다 주식회사의 주주의 책임에 더 가깝다고 볼 수 있다.

유한책임회사의 사원은 회사 성립 전에 그 출자를 전부 이행하여야 하므로(상 287조의 4 2항) 회사 채권자에 대하여 변제할 책임이 없는 점에서(간접 유한책임), 회사 채권자에 대하여 직접 변제할 책임을 지는 합자회사에서의 유한책임사원의 책임(직접 유한책임)(상 279조 1항)과 구별된다.

제3 대표소송

유한책임회사의 사원은 회사에 대하여 업무집행자의 책임을 추궁하는 소의 제기를 청구할 수 있다(상 287조의 22). 이는 주식회사(상 403조~406조) 및 유한회사(상 565조)의 경우와 유사한데, 다만 유한책임회사는 1인의 사원도 대표소송을 제기할 수 있으나 주식회사 및 유한회사는 이를 소수주주권으로 규정하고 있다(상 403조 1항, 542조의 6 6항, 565조 1항). 이 점은 유한책임회사가 주식회사(물적회사)의 요소를 반영한 것이다. 이 대표소송에 관한 구체적인 내용에 대하여는 주식회사의 주주의 대표소송에 관한 규정이 준용된다(상 287조의 22 2항).

제 4 절 기구변경

기구변경에는 정관변경·사원변경(가입 및 탈퇴)·합병 및 조직변경이 있는데, 이하에서는 이에 대하여 살펴본다.

제 1 관 정관변경

정관변경이란 실질적 의의의 정관을 변경하는 것을 의미하는데, 그 내용이 사회질서와 강행법규에 반하지 않는 한 어느 것이나 자유로이 변경할 수 있다.

유한책임회사는 정관에 다른 규정이 없으면 총사원의 동의에 의하여 정관을 변경할 수 있다(상 287조의 16). 따라서 정관상 규정으로 총사원의 동의의 요건을 완화할 수 있다. 이러한 사원의 동의에는 개별적인 구두에 의한 동의도 무방하다고 본다.[1]

사원의 지분양도에 다른 사원의 동의를 받은 경우(상 287조의8) 등 이미 총사원의 동의를 받은 경우에는, 이러한 사원의 변경에 따른 정관변경을 위하여 다시 총사원의 동의를 받을 필요는 없다고 본다.[2]

제 2 관 사원변경(가입〈입사〉 및 탈퇴〈퇴사〉)

사원변경은 사원자격의 취득과 상실을 의미하는데, 사원자격의 취득에는 원시적 취득(설립행위·가입)과 승계적 취득(지분의 양수·상속)이 있고, 사원자격의 상실에는 절대적 상실(해산·퇴사)과 상대적 상실(지분 전부의 양도·사망)이 있다. 이곳에서는 사원자격의 원시적 취득인 가입(입사)과 사원자격의 절대적 상실인 탈퇴(퇴사)에 대하여만 살펴보겠다.

제 1 가입(입사)

(1) 유한책임회사는 사원이 정관의 절대적 기재사항이므로(상 287조의3 1호) 정관을

1) 합명회사에서 동지의 견해로는 이 책 240~241면.
2) 합명회사에서 동지의 견해로는 이 책 241면.

변경함으로써 새로운 사원을 가입시킬 수 있다(상 287조의 23 1항). 정관을 변경하기 위하여는 원칙적으로(정관에 다른 규정이 없는 경우) 총사원의 동의가 있어야 하므로, 새로운 사원을 가입시키기 위하여는 원칙적으로 총사원의 동의가 있어야 한다. 이와 같이 새로운 사원의 가입에 총사원의 동의를 받은 경우에는 정관의 변경에 다시 총사원의 동의를 받을 필요가 없다.

(2) 새로 가입하는 사원은 출자의 전부를 이행하여야 하므로(상 287조의 4 2항 참조), 새로 가입하는 사원이 정관을 변경하기 전에 출자의 전부를 이행하면 '정관을 변경한 때'에 사원 가입의 효력이 발생하고(상 287조의 23 2항 본문), 정관을 변경한 때에 새로 가입하는 사원이 출자에 관한 납입 또는 재산의 전부 또는 일부의 출자를 이행하지 아니한 경우에는 '그 납입 또는 이행을 마친 때'에 사원 가입의 효력이 발생한다(상 287조의 23 2항 단서). 사원 가입시 현물출자를 하는 사원은 납입기일에 지체 없이 유한책임회사에 출자의 목적인 재산을 인도하고, 등기·등록·그 밖의 권리의 설정 또는 이전이 필요한 경우에는 이에 관한 서류를 모두 갖추어 교부하면 된다(상 287조의 23 3항, 287조의 4 3항).

(3) 유한책임회사에서 사원의 성명 등은 등기사항이 아니므로, 유한책임회사에서 사원의 가입은 변경등기를 요하지 않는다. 이것은 합명회사(상 180조, 183조) 및 합자회사(상 271조)의 경우와 구별되는 점이다.

제 2 탈퇴(퇴사)

1. 의 의

탈퇴란 「회사의 존속중에 특정사원의 사원자격이 절대적으로 소멸되는 것」을 말한다. 유한책임회사에서 사원의 탈퇴를 인정한 것은 합명회사(인적회사)의 요소를 반영한 것이다.

2. 탈퇴원인

유한책임회사의 사원의 탈퇴(퇴사)에는 합명회사의 경우와 같이(상 217조~224조) 탈퇴원인에 따라 임의퇴사·강제퇴사 및 당연퇴사가 있다. 사원의 퇴사는 일부청산이라고 볼 수 있으므로, 퇴사원인은 해산 전에 발생한 경우에만 인정된다.

(1) 임의퇴사

유한책임회사에서 사원의 임의퇴사는 정관에서 이에 관하여 달리 정하지 아니한 경우에는 합명회사 사원의 임의퇴사의 경우와 유사하다. 즉, 정관으로 회사의 존립기간을 정하지 아니하거나 어느 사원의 종신까지 존속할 것을 정한 때에는 사원은 6월 전의 일방적 예고에 의하여 영업연도 말에 한하여 퇴사할 수 있다(상 287조의 24, 217조 1항). 이러한 임의퇴사에 의하여 사원은 출자금을 회수할 수 있다. 사원의 임의퇴사에 의하여 사원이 1인이 된 경우에도 임의퇴사가 가능하다고 보는데(제명의 경우와 차이),[1] 이는 합명회사의 경우(상 227조 3호)와는 달리 유한책임회사의 해산원인도 아니다(상 287조의 38 2호 참조).

(2) 강제퇴사

유한책임사원의 지분을 압류한 채권자는 회사와 그 사원에 대하여 6월 전에 예고를 함으로써 영업연도 말에 그 사원을 퇴사시킬 수 있다(상 287조의 29, 224조 1항). 그러나 채무자인 사원이 변제를 하거나 상당한 담보를 제공한 때에는, 퇴사예고는 그 효력을 잃게 되어 그 사원을 강제퇴사시킬 수 없다(상 287조의 29, 224조 2항). 이는 합명회사의 경우와 같다. 또한 이는 압류채권자를 보호하기 위한 것으로 강행규정으로 보아야 할 것이므로, 정관으로 이를 배제하거나 또는 이와 달리 규정할 수 없다고 본다.[2]

(3) 당연퇴사

유한책임회사의 사원에게 다음의 사유가 있는 경우에는, 그 사원은 당연히 퇴사한다(상 287조의 25, 218조). 이는 합명회사의 경우와 같다.

1) 정관에서 정한 사유가 발생한 때 정관에서 사원의 퇴사사유(정년 등)를 정한 경우이다.

2) 총사원의 동의가 있는 때 사원이 임의퇴사사유에 해당하지 않는 경우로서 자기의 의사에 기하여 퇴사신고를 한 경우 등이다.

3) 사원이 사망한 때 정관으로 상속을 규정하지 않은 경우에만 해당하고, 정관으로 상속을 규정한 경우에는 그에 따라 상속된다(상 287조의 26, 219조). 이는 합명회사의 사원(상 218조 3호) 및 합자회사의 무한책임사원(상 269조, 218조 3호)의 경우와 같고, 합자회사의 유한책임사원(상 283조 1항)과는 구별된다.

---

1) 합명회사에서 이와 동지의 견해로는 이 책 244면.
2) 합명회사에서 이와 동지의 견해로는 이 책 244면.

4) 사원이 성년후견개시의 심판을 받은 때 이는 사원과 회사간의 신뢰관계가 상실되었기 때문에 당연퇴사원인으로 한 것이다.

5) 사원이 파산선고를 받은 때 이는 사원과 회사간의 신뢰관계가 상실되었기 때문에 당연퇴사원인으로 한 것이다.

6) 사원이 제명된 때 사원의 제명사유는 (i) 출자의무를 이행하지 아니한 때(이는 회사설립시의 사원에만 해당하고 사원의 가입에 의한 사원에는 해당되지 않는다—상 287조의 23 2항 단서 참조), (ii) 경업피지의무에 위반한 때(이는 사원이 업무집행자인 경우에 한한다), (iii) 회사의 업무집행 또는 대표에 관하여 부정한 행위가 있는 때(이는 사원이 업무집행자인 경우에 한한다) 또는 권한 없이 업무를 집행하거나 회사를 대표한 때, (iv) 기타 중요한 사유가 있는 때이다(상 287조의 27 본문, 220조 각호).

사원에게 위와 같은 제명사유가 있는 때에는 회사는 다른 사원 과반수의 결의에 의하여 그 사원의 제명을 본점소재지의 지방법원에 청구할 수 있고(상 287조의 27 본문, 220조 1항 본문 · 2항, 206조), 법원의 제명선고로 사원은 제명되는데, 이 경우 판결이 확정된 때에는 본점과 지점의 소재지에서 등기하여야 한다(상 287조의 27 본문, 220조 2항, 205조 2항).[1] 유한책임회사에서는 사원의 제명청구에서 「다른 사원 과반수의 결의」와 다른 결의요건을 정관에서 규정할 수 있는데(상 287조의 27 단서), 이는 합명회사의 경우(상 220조 1항 본문)와 구별되는 점이다.

3. 퇴사절차

퇴사의 경우에는 사원의 변경이 생기고 사원은 정관의 절대적 기재사항이므로(상 287조의 3 1호), 정관변경이 있어야 한다(상 287조의 16). 그런데 정관변경에는 정관에 다른 규정이 없는 경우 총사원의 동의가 있어야 하므로 이 경우에도 총사원의 동의에 의한 정관변경절차를 밟아야 하는지에 대하여 의문이 있으나, 사원의 가입(입사)의 경우와는 달리 퇴사의 경우에는 퇴사원인이 있으면 퇴사가 되는 것이므로 이를 위하여 별도로 정관변경의 절차를 밟을 필요는 없다고 본다.[2]

유한책임사원의 성명 등은 등기사항이 아니므로(상 287조의 5 1항 참조) 퇴사의 경우에 변경등기를 할 필요가 없다. 이는 합명회사(상 180조, 183조) 및 합자회사(상 271조)의 경우와 구별되는 점이다.

---

1) 유한책임회사에서의 사원의 성명 등은 등기사항이 아니므로(상 287조의 5 참조), 법원의 제명선고가 있더라도 이를 굳이 등기하도록 할 필요가 없다고 본다. 따라서 입법론으로는 상법 제287조의 27에서 상법 제205조 제 2 항의 준용을 배제하여야 할 것으로 본다.

2) 합명회사에서 이에 관하여 동지의 견해로는 이 책 248면.

4. 퇴사의 효과

(1) 지분환급청구권

1) 유한책임회사의 사원이 위의 퇴사원인에 의하여 퇴사하는 경우, 퇴사 사원은 그 지분의 환급을 금전으로 받을 수 있다(상 287조의 28 1항). 즉, 퇴사 사원이 금전 이외의 재산출자를 한 경우에도 퇴사 사원은 원칙적으로 금전으로 그 지분의 환급을 받을 수 있다. 그러나 정관으로 퇴사 사원의 지분 환급에 대하여 달리 정할 수 있다. 즉, 정관으로 금전 이외의 재산 출자의 경우 재산 자체를 반환할 것을 정할 수 있다(상 287조의 28 3항). 퇴사 사원에 대한 회사의 환급금액은 퇴사시의 회사의 재정 상황에 따라 정한다(상 287조의 28 2항).

2) 유한책임회사의 사원은 그 출자금액을 한도로 하여 책임을 지므로(상 287조의 7), 어떠한 경우에도 회사에 대하여 추가출자의무를 부담하거나 손실분담금 납입의무는 없다고 본다. 이는 물적회사의 사원의 책임과 유사하고, 인적회사의 무한책임사원의 책임과는 근본적으로 구별되는 점이다.

(2) 상호변경청구권

퇴사한 사원의 성명이 유한책임회사의 상호 중에 사용된 경우에는 그 사원은 유한책임회사에 대하여 그 사용의 폐지를 청구할 수 있다(상 287조의 31). 이는 합명회사 퇴사원의 경우와 같다(상 226조). 이 경우 유한책임회사에서 퇴사한 사원이 그 사용의 폐지를 청구하지 않으면 그 퇴사한 사원은 명의대여자로서 책임을 질 위험이 있다(상 24조).

제 3 관 합 병

유한책임회사는 어느 회사와도 합병하여 기구를 변경할 수 있는데, 이에 관하여는 합명회사의 합병에 관한 규정이 준용된다(상 287조의 41 · 174조~175조, 230조~240조).

제 4 관 조직변경

(1) 주식회사는 주주총회에서 총주주의 동의로 결의한 경우에는 그 조직을 변경하여 유한책임회사로 할 수 있고(상 287조의 43 1항), 유한책임회사는 총사원의 동의

에 의하여 주식회사로 조직변경할 수 있다(상 287조의 43 2항).

조직변경은 원래 그 성질이 비슷한 회사간에만 허용되어 인적회사(합명회사와 합자회사)·물적회사(주식회사와 유한회사)의 상호간에만 인정되었는데(상 242조, 286조, 604조, 607조), 이에 대한 예외로 인적회사(합명회사)의 성질을 많이 가진 유한책임회사가 물적회사(주식회사)로 조직변경을 할 수 있도록 한 것으로 볼 수 있다. 이는 사원의 유한책임 및 자본금과 함께 유한책임회사에 물적회사(주식회사)의 요소를 반영한 대표적인 사항의 하나라고 볼 수 있다(유한책임회사가 주식회사로 조직변경을 할 수 있다는 점만으로 유한책임회사를 유한회사와 동일하게 보아 물적회사라고 볼 수는 없다고 본다).

(2) 유한책임회사와 주식회사와의 상호 조직변경에는 유한회사와 주식회사와의 상호 조직변경에 관한 절차에 의한다(상 287조의 44, 232조, 604조~607조).

유한책임회사를 주식회사로 조직변경하는 경우에 회사에 현존하는 순재산액이 조직변경시에 발행하는 주식의 발행가액총액에 부족한 때에는 조직변경 결의 당시의 유한책임회사의 사원은 업무집행자와 연대하여 회사에 대하여 그 부족액을 지급할 책임이 있다. 사원의 이러한 책임은 면제될 수 없는데(상 287조의 44, 607조 4항), 이러한 유한책임사원의 책임은 유한책임의 예외가 된다(상 287조의 7 참조).

제 5 절 회사의 회계

제 1 총 설

유한책임회사에 대하여는 물적회사의 요소를 반영하여 회계에 관한 규정을 두고 있다. 따라서 유한책임회사의 회계에 관하여는 회계에 관한 특칙(상 287조의 32~287조의 36)이 먼저 적용되고, 이러한 특칙에 없는 사항에 대하여는 상법총칙의 상업장부에 관한 규정(상 29조~33조)이 적용되며, 상법과 상법시행령으로 규정한 것 외에는 「일반적으로 공정하고 타당한 회계관행」에 따른다(상 287조의 32). 이 때 「일반적으로 공정하고 타당한 회계관행」이란 한국채택국제회계기준(Korean International Financial Reporting Standards: K-IFRS)(외감 5조 1항), 일반기업회계기준(외감 5조 1항), 기타 일반적인 회계관행이라고 볼 수 있다.

1. 재무제표

(1) 작 성

유한책임회사의 업무집행자는 재무제표, 즉 결산기마다 대차대조표·손익계산서·그 밖에 유한책임회사의 재무상태와 경영성과를 표시하는 것으로서 대통령령으로 정하는 서류(자본변동표나 이익잉여금처분계산서 또는 결손금처리계산서)를 작성하여야 한다(상 287조의 33, 상시 5조). 유한책임회사의 재무제표는 원칙적으로 주식회사의 경우(상 447조 1항) 및 유한회사의 경우(상 579조 1항)와 같은데, 유한책임회사의 업무집행자는 재무제표 부속명세서를 작성할 필요가 없는 점에서 주식회사(상 447조 1항 본문) 및 유한회사의 경우(상 579조 1항 본문)와 구별되고, 또한 연결재무제표를 작성할 필요가 없는 점에서 주식회사의 경우(상 447조 2항)와 구별된다.

(2) 비치·공시

유한책임회사의 업무집행자는 위의 재무제표를 본점에 5년간 갖추어 두어야 하고, 그 등본을 지점에 3년간 갖추어 두어야 한다(상 287조의 34 1항). 사원과 유한책임회사의 채권자는 회사의 영업시간 내에는 언제든지 위의 재무제표의 열람과 등사를 청구할 수 있다(상 287조의 34 2항). 이 점은 주식회사(상 448조) 및 유한회사의 경우(상 579조의 3)와 같다.

2. 자본금의 증가와 감소

(1) 자본금의 의의

유한책임회사의 자본금이란 「사원이 출자한 금전이나 그 밖의 재산의 가액」이다(상 287조의 35). 이는 유한책임회사가 물적회사의 요소를 반영한 점이다. 그런데 주식회사에서의 자본금은 액면주식을 발행한 경우에는 「(상법에 달리 규정한 것 외에는) 발행주식의 액면총액」이고(상 451조 1항), 무액면주식을 발행한 경우에는 「주식 발행가액의 2분의 1 이상의 금액으로서 이사회(상 416조 단서에서 정한 주식 발행의 경우에는 주주총회)에서 자본금으로 계상하기로 한 금액의 총액」인 점(상 451조 2항 1문)에서, 유한책임회사에서의 자본금은 주식회사에서의 자본금과는 구별된다. 또한 유한회사의 자본금은 액면주식을 발행한 주식회사의 자본금과 유사하게 「(출자 1좌의 발행가액－자본준비금으로 적립할 금액)×발행한 출자좌수」인 점(상 546조, 583조·459조 1항)에서 유한책임회사의 자본금과 구별된다. 즉, 유한책임회사에서의 자본금에는 주식회사에서의 주식(유한회사에서는 출자좌수)과 같은 구성단위의 개념이 없는 점에서 주식회사 및 유한회사의 자본금과 근본적으로 구별된다. 이러한 점에서 유한책임회사에서는 주식회사에서의 주식(유한회사에서는 출자좌수)의 증가와 감소에 따른 자본금의 증가와 감소의 개념은 있을 수 없다. 그러나 유한책임회사와 유한회사에서 「자본금의 액」이 정관의 절대적 기재사항인 점(상 287조의 3 3호, 543조 2항 2호)은 두 회사에서 같다. 따라서 유한책임회사와 유한회사에서는 자본금의 증가와 감소가 모두 정관변경사항이다.

(2) 자본금의 증가

유한책임회사에서는 위에서 본 바와 같이 자본금의 구성단위가 없으므로, 이러한 구성단위의 수의 증가 또는 구성단위 금액의 증가의 방법 등에 의한 자본금의 증가는 있을 수 없다. 따라서 유한책임회사에서의 자본금의 증가는 「새로운 사원의 가입 등에 따른 출자한 금전이나 그 밖의 재산의 가액의 증가」라고 볼 수 있다(상 287조의 23, 287조의 35). 이 경우 정관의 절대적 기재사항인 「사원의 성명 등」과 「자본금의 액」의 변경을 가져오므로(상 287조의 3 1호·3호), (정관에 다른 규정이 없는 경우) 총사원의 동의에 의한 정관변경절차를 밟아야 한다(상 287조의 16).

(3) 자본금의 감소

1) 유한책임회사의 자본금의 감소에는 사원의 퇴사(상 287조의 28) 등으로 인하여 「출자한 금전이나 그 밖의 재산의 가액이 감소하는 경우」(실질상의 자본금 감소)와, 출자한 재산의 실질가치의 하락 등으로 인하여 「출자한 재산의 가액을 감소하는 경우」(명의상의 자본금 감소)가 있다. 어느 경우나 자본금이 감소하면 그만큼 회사가 유보하여야 할 현실재산이 감소하게 되어 대외적으로 회사 채권자에게 불리하게 되므로, 자본금의 감소에는 채권자보호절차를 밟아야 한다(상 287조의 36 2항 본문, 232조). 그러나 자본금 감소 후의 자본금의 액이 순자산액 이상인 경우에는 채권자보호절차를 밟지 않아도 되는 것으로 완화하고 있다(상 287조의 36 2항 단서).

2) 자본금이 감소되면 정관의 절대적 기재사항(상 287조의 3 3호)의 변경을 가져오므로, 정관 변경의 방법으로 자본금을 감소할 수 있는 점은 당연하다고 보겠다(상 287조의 36 1항).

3. 잉여금의 분배

(1) 잉여금의 분배의 요건

1) 유한책임회사에서는 대차대조표상의 순자산액으로부터 자본금의 액을

뺀 액(잉여금)을 한도로 하여 잉여금을 분배할 수 있다(상 287조의 37 1항). 상법이 이와 같이 유한책임회사의 잉여금 분배의 요건을 규정한 것은 회사 채권자를 보호하기 위한 것이다. 따라서 유한책임회사가 이 요건에 위반하여 잉여금을 분배한 경우에는 유한책임회사의 채권자는 그 잉여금을 분배받은 자에 대하여 회사에 반환할 것을 청구할 수 있는데(상 287조의 37 2항), 이러한 청구에 관한 소는 본점소재지의 지방법원의 관할에 전속한다(상 287조의 37 3항).

2) 주식회사의 경우 이익배당의 요건은 대차대조표의 순자산액으로부터 (i) 자본금의 액, (ii) 그 결산기까지 적립된 자본준비금과 이익준비금의 합계액, (iii) 그 결산기에 적립하여야 할 이익준비금의 액, (iv) 대통령령으로 정하는 미실현이익을 공제한 액을 한도로 한다(상 462조 1항). 유한회사의 경우에도 주식회사의 경우와 같다(상 583조, 462조). 따라서 유한책임회사가 물적회사의 요소를 반영하여 잉여금 분배의 요건을 상법에서 규정하고 있으나, 그 내용은 물적회사의 경우와 다르다.

(2) 잉여금 분배의 기준

1) 유한책임회사에서 잉여금 분배의 기준은 정관에 다른 규정이 없으면 각 사원이 출자한 가액에 비례한다(상 287조의 37 4항).

2) 주식회사에서 이익배당의 기준은 (종류주식의 경우를 제외하고) 각 주주가 가진 주식의 수에 따른다(상 464조). 유한회사에서 이익배당의 기준은 정관에 다른 정함이 있는 경우 외에는 각 사원의 출자좌수에 따른다(상 580조). 따라서 유한책임회사에서의 잉여금 분배의 기준은 유한회사의 경우와 유사하고(특히, 정관에 의하여 출자가액에 비례하는 원칙을 배제할 수 있는 점), 주식회사의 경우와는 구별된다고 본다.

(3) 잉여금 분배의 청구 등

1) 유한책임회사에서 잉여금의 분배를 청구하는 방법이나 그 밖에 잉여금의 분배에 관한 사항은 정관에서 정할 수 있다(상 287조의 37 5항). 유한책임회사에서는 잉여금 분배의 지급시기 등 잉여금 분배에 관한 많은 사항을 정관에서 자율적으로 정할 수 있도록 하고 있는 점에서, 물적회사에서의 경우와 구별되고 있다.

2) 유한책임회사에서 사원의 지분의 압류는 잉여금배당청구권에 대하여 그 효력이 있으므로(상 287조의 37 6항), 사원의 지분에 대하여 압류가 있으면 회사는 그 압류채권자에게 잉여금을 분배하여야 한다.

제 6 절 해산과 청산

제 1 해 산

1. 해산사유

유한책임회사의 해산사유는 (i) 존립기간의 만료 기타 정관으로 정한 사유의 발생, (ii) 총사원의 동의, (iii) 사원이 없게 된 경우, (iv) 합병, (v) 파산, (vi) 법원의 해산명령(상 176조) 또는 해산판결(상 287조의 42, 241조)이다(상 287조의 38). 합명회사의 해산사유(상 227조)와 거의 같은데, 다만 합명회사는 '사원이 1인으로 된 때'가 해산사유인데(상 227조 3호) 유한책임회사는 '사원이 없게 된 경우'가 해산사유이다(상 287조의 38 2호). 유한책임회사가 1인회사로서 존속이 가능한 점은 주식회사(상 517조 1호) 및 유한회사(상 609조 1호)와 같다.

2. 해산등기

유한책임회사가 해산된 경우에는 합병과 파산의 경우 외에는 그 해산사유가 있었던 날부터 본점소재지에서는 2주 내에 해산등기를 하고, 지점소재지에서는 3주 내에 해산등기를 하여야 한다(상 287조의 39). 합병의 경우에는 합병등기를 하고(상 233조 외), 파산의 경우에는 파산등기를 하여야 한다(파 23조).

3. 해산의 효과

(1) 청산절차의 개시

1) 유한책임회사는 해산에 의하여 청산절차가 개시되는데, 다만 합병과 파산의 경우는 제외된다. 합병의 경우는 청산절차를 거치지 않고 상법상의 특별규정에 의하여 1개 이상의 회사가 바로 소멸되는 것이고, 파산의 경우에는 청산절차가 아니라 파산절차가 개시된다.

2) 유한책임회사는 청산절차가 개시되면 청산의 목적범위 내로 그 권리능력이 제한된다(상 287조의 45, 245조). 따라서 청산회사에 대하여는 회사의 영업을 전제로 하는 다수의 규정이 적용되지 않으나, 회사의 상인자격·상호 등에 관한 규정은 해산에 의하여 영향을 받지 않고 적용된다.

(2) 회사의 계속

1) 계속사유 유한책임회사가 (i)「존립기간의 만료 기타 정관으로 정한 사유의 발생」(상 287조의 40, 227조 1호), (ii)「총사원의 동의」(상 287조의 40, 227조 2호)에 의하여 해산한 경우에는, 사원의 전부 또는 일부의 동의로 회사를 계속할 수 있다(상 287조의 40, 229조 1항 본문). 이 때 동의를 하지 않은 사원은 퇴사한 것으로 본다(상 287조의 40, 229조 1항 단서).

2) 계속등기 회사의 해산등기 후에 위와 같이 회사를 계속하는 경우에는 본점소재지에서는 2주 내에, 지점소재지에서는 3주 내에 회사의 계속등기를 하여야 한다(상 287조의 40, 229조 3항).

제 2 청 산

유한책임회사의 청산절차는 합명회사의 경우와 거의 같다(상 287조의 45). 다만 유한책임회사의 청산절차에서 합명회사의 경우와 다른 점은, 유한책임회사에서는 임의청산(상 247조~249조)이 인정되지 않는다는 점(이 점은 물적회사의 경우와 유사함), 유한책임사원은 그 출자금액을 한도로 유한책임을 지고(상 287조의 7) 또한 금전이나 그 밖의 재산의 출자를 회사 성립시 등에 전부 이행하여야 하므로(상 287조의 4 2항, 287조의 23 2항) 청산시에 회사의 현존재산이 그 채무를 변제함에 부족한 때에도 청산인은 (합명회사의 경우와 같이) 각 사원에 대하여 출자를 청구하는 것(상 258조 1항)이 있을 수 없다는 점 등이다.

제 4 장

주 식 회 사

제 1 절 총 설

제 1 주식회사의 개념

우리 상법은 주식회사의 정의규정을 두고 있지는 않으나, 주식회사에 관한 여러 규정에 의하여 주식회사는 다음과 같이 정의될 수 있다. 즉, 주식회사는 「사원(주주)의 출자에 의한 **자본금**을 가지고, 자본금은 그의 구성단위인 **주식**에 의하여 분할되며, 사원(주주)은 그가 인수한 주식의 인수가액을 한도로 회사에 대해서만 책임을 지는(**유한책임**) 회사」이다.[1] 따라서 주식회사의 세 가지 요소는 자본금·주식·주주의 유한책임이라고 볼 수 있으므로, 이하에서는 이 세 가지 요소에 관하여 상세히 살펴보겠다.

I. 자 본 금[2]

(1) 자본금의 의의

1) 자본금의 기능 　주식회사는 전형적인 물적회사로서 사람의 결합보다는 자본금의 결합에 그 특질이 있다. 따라서 주식회사의 자본금은 「회사」에 대하여는 성립의 기초가 되고, 「주주」에 대하여는 출자액 및 책임의 한계를

1) 동지: 손(주), 534면; 정(동), (회) 73면.

2) 이에 관하여는 정찬형, "주식회사의 자본," 「고시계」, 1984. 9(제331호), 121~138면; 강희갑, "세계 주요국가의 주식회사 자본제도에 관한 최근의 개정동향," 「경영법률」(한국경영법률학회), 제12집(2001), 139~171면 등 참조.

영미법상의 자본금의 개념에는 ① the nominal(authorized) capital(명목자본·수권자본), ② the issued capital(발행자본), ③ the paid up capital(납입자본)이 있고, 그 밖에 경제적 목적에 따라 Reserve liability(capital), Quasi-Capital funds, Equity share capital, Loan capital, Fixed and current capital 등의 용어도 사용된다(Palmer/Schmitthoff, p. 349).

의미하며, 「회사채권자」에 대하여는 회사신용 및 담보의 기능을 한다.[1)]

2) 자본금의 정의 주식회사의 자본금은 상법의 규정에 의하여 정의되고 있는데, 이에 의하면 자본금은 액면주식을 발행하는 경우에는 원칙적으로 「발행주식의 액면총액」이고(상 451조 1항), 무액면주식을 발행하는 경우에는 「주식의 발행가액에서 자본금으로 계상하기로 한 금액의 총액」이다(상 451조 2항).[2)] 주식회사는 정관에서 정한 경우에만 주식의 전부를 무액면주식으로 발행할 수 있는데, 무액면주식을 발행하는 경우에는 액면주식을 발행할 수 없다(상 329조 1항). 회사는 정관에서 정하는 바에 따라 발행된 액면주식을 무액면주식으로 전환하거나 무액면주식을 액면주식으로 전환할 수 있다(상 329조 4항·5항). 그런데 이 때 주식회사의 자본금은 액면주식을 무액면주식으로 전환하거나 무액면주식을 액면주식으로 전환함으로써 변경할 수 없다(상 451조 3항).

주식회사가 액면주식을 발행하는 경우 위의 자본금의 정의에 대한 예외로는 상환주식의 상환(상 345조)·배당가능이익으로써 취득한 자기주식의 소각(상 343조 1항 단서)이 있다. 이 때에는 자본금 감소절차에 따른 주식의 소각이 아니기 때문에 자본금의 감소가 생기지 않는데, 이로 인하여 소각되는 주식수만큼 자본금의 계산의 기초가 되는 주식수와 현재의 주식수간에 불일치가 생기게 된다. 그러나 액면주식의 경우 신주발행시에 할인발행을 하는 경우(상 417조)에는 자본금이 「발행주식의 액면총액」(상 451조 1항)이라는 개념에는 일치하나, 다만 신주발행에 의하여 회사가 취득하는 재산이 자본금에 미달하게 되는 점이 있을 뿐이다.

㈎ 재산과 구별 자본금은 「회사가 보유하여야 할 순재산액의 기준」으로 추상적·불변적[3)]인 계산상의 수액(數額)을 의미하는 점에서, 「회사가 현재 보유하고 있는 순재산액」으로서 회사의 경영상태에 따라서 또는 물가의 변동에 따라서 항상 변동하는 구체적·가변적인 재산과는 구별된다.

㈏ 수권자본과 구별 자본금은 회사가 액면주식을 발행하는 경우 「회사가 발행한 주식의(액면)총액」(상 451조 1항)을 의미하는 것으로, 「회사가 발행할 주

---

1) 이(철), (회) 220면.

2) 회사가 무액면주식을 발행하는 경우 주식의 발행가액에서 자본금으로 계상하기로 한 금액을 정하는 자는 원칙적으로 「이사회」인데, 신주발행사항을 정관으로 주주총회의 결의사항으로 한 경우에는 「주주총회」이다(상 451조 2항). 그런데 자본금 총액이 10억원 미만인 회사로서 이사를 1명 또는 2명 둔 경우에는 이사회가 없으므로 이를 「주주총회」가 결정한다(상 383조 4항, 451조 2항).

3) 「불변적」이라는 뜻은 「증자 또는 감자의 절차를 밟지 않는 한 불변」이라는 의미이다.

식의 (액면)총액」(상 289조 1항 3호)[1]을 의미하는 수권자본과도 구별된다.

(다) **경제상의 자본과 구별** 상법상의 자본금은 법률상의 개념이므로 경제상의 자본과도 구별된다. 경제상의 자본에는 기본자본·부가자본(기본자본과 부가자본을 합하여 자기자본이라 함) 및 외래자본(타인자본)이 있는데, 이 중에서 법률(상법)상의 자본금에 해당하는 개념은 기본자본만이다. 경제상의 개념인 부가자본은 상법에서 「준비금」으로 규정하고 있으며(상 458조~461조의 2), 외래자본 중 장기차입금의 일부는 상법에서 「사채(社債)」로 규정하고 있다(상 469조~516조의 11).

(2) **자본금의 규모**

1) 자본금은 금액으로 표시되는데 정관의 (절대적) 기재사항은 아니고,[2] 등기사항에 불과하다(상 317조 2항 2호).

2) 주식회사의 최저자본금[3] 및 최고자본금에 대하여는 제한이 없다. 주식회사의 최저자본제는 우리 상법의 제정 당시에는 없었고, 주식회사제도의 남용을 방지하기 위하여 1984년 4월 10일의 상법개정시에 신설되었으나(상 329조 1항), 주식회사 설립을 용이하게 하여 소규모 기업의 창업과 경제활동의 활성화를 지원한다는 목적으로 2009년 5월 28일 개정상법에서는 최저자본제를 폐지하였다(상 329조 1항 삭제).

(3) **자본금에 관한 입법례**

주식회사의 자본금에 관한 입법례는 회사의 설립시에 자본금 총액에 해당하는 주식의 인수를 요하는가의 여부에 따라, 총액인수제도(확정자본주의)와 수권자본제도(창립주의)가 있다.

1) 총액인수제도(확정자본주의) 총액인수제도는 대륙법계 국가의 입법례로, 자본금이 정관의 기재사항이고 회사의 설립시에 자본금 총액에 해당하는 주식의 인수를 요하는 제도이다.[4]

총액인수제도는 회사의 설립시에 자본적 기초를 확보하게 하여 회사채권

---

1) 상법 제289조 1항 3호는 「회사가 발행할 주식의 총수」로 규정하고 있는데, 이것을 정확하게 표현하면 수권주식 또는 수권주식(총)수이다[동지: 정(동), (회) 74면].

2) 상법 제289조 1항 3호(회사가 발행할 주식의 총수) 및 5호(회사의 설립시에 발행하는 주식의 총수)는 자본금을 의미하지 않는다.

3) 각국의 회사법상 주식회사의 최저자본금을 보면 독일은 5만 유로이고(獨株 7조), 영국은 공개회사의 경우(public company) 5만 파운드이며(CA 2006 제763조 제 1 항), EU회사법은 25,000 유로(유럽계산단위)(Second Council Directive 77/91/EEC of 13 Dec. 1976 제 6 조 제 1 항)이다.

4) 그러나 오늘날 대륙법계 국가에서도 회사의 자본조달의 편의를 위하여 총액인수제도를 완화하여 규정하고 있다. 예컨대, 독일 주식법 제202조 내지 제204조의 인허자본(genehmigtes Kapital)은 정관의 규정으로 회사 성립 후 5년이 경과한 뒤에 기본자본의 2분의 1을 넘지 않는 한도에서 감사회의 동의만으로 신주발행을 할 수 있게 하고 있다.

자를 보호하는 장점은 있으나, 회사설립과 자본금 조달에 탄력성이 없다는 단점이 있다.

2) 수권자본제도(창립주의) 수권자본제도는 영미법계 국가의 입법례로, 자본금은 정관의 기재사항이 아니고 정관에는 다만 「회사가 발행할 주식총수」(수권주식총수)만이 기재되며, 회사의 설립시에는 수권주식총수 중 일부만이 인수되어도 회사는 성립되고 회사는 성립 후 나머지(이 중 전부 또는 일부)에 대하여 이사회결의만으로 신주발행을 하여 자본금 조달을 할 수 있는 제도이다.

수권자본제도는 회사설립과 자본금 조달에 탄력성이 있다는 장점은 있으나, 회사의 설립시에 자본적 기초가 튼튼하지 못하다는 단점이 있다.

3) 우리 상법의 입법태도 우리 상법은 자본금을 정관의 기재사항으로 규정하지 않고(상 289조 1항 참조) 정관에는 다만 수권주식총수만을 기재하도록 하고(상 289조 1항 3호), 이러한 수권주식총수 중 미발행주식은 이사회의 결의만으로 발행할 수 있게 하여(상 416조) 자본금 조달에 탄력을 기하고 있는데, 이러한 점에서는 수권자본제도를 따른 입법을 하고 있다.

그러나 순수한 수권자본제도를 따른 입법은 아니고, 설립시의 자본적 기초를 튼튼하게 하기 위하여 설립시에 발행하는 주식의 총수를 인수하도록 하고 또한 이와 같이 인수된 주식의 총수에 대하여 전액 납입하도록 규정하고 있는데(상 295조, 305조), 이러한 점에서는 확정자본제도를 가미하고 있다(통설).[1]

(4) 자본금에 관한 원칙

물적회사인 주식회사에서의 자본금은 회사채권자 등에게 유일한 담보가 되는 기능을 하므로, 주식회사의 자본금에 관하여는 다음과 같은 원칙이 있다.[2] 이러한 자본금에 관한 원칙은 원래 총액인수제도의 입법에서 엄격하게 지켜지는 원칙이므로, 수권자본제도에 의한 입법을 기본으로 하고 있는 우리 상법의 해석에서 이러한 자본금에 관한 원칙이 그대로 유지될 수 있을 것인지에 대하여는 견해가 나뉘어 있다.

1) 다 수 설 다수설에서는 우리 상법이 주식회사의 자본금에 관하여

1) 정(희), 357면, 359면; 손(주), 536면; 정(동), (회) 76면; 최(기), 524~525면; 이(범), 122면; 채, 397면 外.

2) 자본금에 관한 이러한 원칙은 그 자체가 상법에 규정되어 있는 것은 아니고, 상법의 자본금에 관한 여러 가지의 규정에 의하여 자본금에 관한 원칙이 설명된다.

기본적으로는 수권자본제도를 채택하고 있지만 순수한 수권자본제도를 채택한 것은 아니고 확정자본제도를 가미하고 있으므로, 이 점에서 자본금의 3원칙은 유지되고 있다고 설명한다. 다만 이러한 자본금의 3원칙은 원래의 의미는 아니고 수정되어 유지되고 있다고 한다. 즉, 자본금의 3원칙 중 자본금 유지(충실)의 원칙은 원래의 의미로 유지되고 있으나, 자본금 확정의 원칙은 증자시에는 폐기되고 회사의 설립시에만 유지되고 있으며(설립시에도 원래의 의미보다는 훨씬 완화되어 있다), 자본금 불변의 원칙도 증자시에는 폐기되고 자본금 감소에서만 유지되고 있다고 한다.[1] 따라서 다수설에서는 자본금 불변의 원칙을 자본감소제한의 원칙이라고도 부르며,[2] 또한 자본금 불변의 원칙을 자본금 유지(충실)의 원칙에 포함시켜 이해할 수 있다고 보는 견해도 있다.[3]

2) 소 수 설 소수설에서는 현행 상법상 주식회사의 자본금에 관한 원칙에는 다음과 같이 자본금 유지(충실)의 원칙만이 있다는 견해도 있고, 또는 자본금에 관한 원칙을 형식적 원칙과 실질적 원칙으로 크게 분류하여 설명하는 견해도 있다.

㈎ 자본금에 관한 원칙에는 자본금 유지의 원칙만이 있다는 견해에서는 현행 상법상 주식회사의 자본금에 관한 원칙에는 자본금 유지(충실)의 원칙만이 존재한다고 한다. 이 견해에서는 자본금 확정의 원칙은 회사 설립시에만 요구되는 원칙이고 신주발행시에는 자본금 조달의 편의를 위하여 이 원칙은 적용되지 않으므로 이미 이것은 자본금에 관한 원칙이 아니라고 하고, 자본금 불변의 원칙은 자본금 증가의 경우를 제외하고 자본금 감소에 대해서만 이 원칙이 인정되기 때문에 이것도 자본금에 관한 원칙이라고 하기 어렵다고 한다.[4]

㈏ 자본금에 관한 원칙을 형식적 원칙과 실질적 원칙으로 크게 분류하여 설명하는 견해에서는 다음과 같이 설명하고 있다[5]

① **형식적 원칙** 이는 자본금의 3원칙과 관련하여 설명되는데, 자본금

1) 서·정, 296~298면; 손(주), 538~540면; 양·박, 275면; 최(기), 524~527면(특히 소수설에 대한 비판이 상세하다); 채, 396~398면; 이(철), (회) 221면(자본금 확정의 원칙에 관하여) 외.
2) 손(주), 540면; 주상(제5판)(회사 Ⅱ), 209면; 최(기), 526면(구체적으로 표현하면 자본감소절차의 엄격원칙이라고 한다); 이·최, 238면.
3) 이(철), (회) 222면.
4) 정(희), 357~358면.
5) 정(동), (회) 76~82면; 정동윤, "주식회사의 자본—그 구성과 기능—,"「고시연구」, 1986. 4, 102~110면.

확정의 원칙은 우리 상법상 자본금의 원칙이 아니고 자본금 유지(충실)의 원칙과 자본금 불변(감소제한)의 원칙이 이에 해당한다고 한다. 또한 자본금 유지(충실)의 원칙은 자본금 불변(감소제한)의 원칙과 합하여야만 완전한 구실을 할 수 있다고 한다.

이러한 자본금의 형식적 원칙은 자본금을 소극적인 면에서 유지시키고자 하는 것이라고 한다.

② **실질적 원칙** 이는 자본금 충분의 원칙으로서, 회사는 그가 영위하려는 사업의 규모와 성질에 비추어 충분하다고 인정되는 자본금을 갖지 않으면 안된다고 하는 원칙이라고 한다. 우리 상법에는 이 원칙을 정면으로 선언한 규정이 없으므로 과연 이것을 상법상의 자본금의 원칙으로 인정할 수 있을 것인가가 문제되는데, 영미에서는 오래 전부터 판례와 학설에 의하여 이 원칙이 자본금에 관한 지도원리로서 인정되어 왔고, 독일에서도 금융기관·자본투자회사 및 보험회사에 대하여는 특별법에 의하여 이 원칙이 인정되고 있으며, 또 물적회사에서 충분한 자본금이라는 전제조건이 결여된 경우에는 사원은 유한책임의 혜택을 누릴 수 없다고 하는 것이 형평상 맞고 또 물적회사제도의 법리상 당연하다고 하는 점 등에서 볼 때, 우리나라에서도 자본금 충분의 원칙을 긍정할 수 있다고 한다. 이 때에 이의 실정법적 근거를 찾는다고 하면 회사채권자의 보호를 꾀하려고 하는 자본금 유지(충실)의 원칙에 관한 상법의 제규정에서 찾아야 하고, 자본금이 충분한지 여부는 회사가 영위하는 사업의 규모·종류 및 그 영업에서 예상되는 채무액 및 기타 제반사정을 종합하여 결정되어야 할 것이라고 한다.

이러한 자본금의 실질적 원칙은 자본금을 적극적인 면에서 유지시키고자 하는 것이라고 한다.[1]

3) 사 견 생각건대 다수설에 찬성한다. 따라서 이러한 다수설에 따라 주식회사의 자본금의 3 원칙은 다음과 같이 설명될 수 있다.[2]

㈎ **자본금 확정의 원칙** 이 원칙의 원래의 의미는 회사의 자본금이 정

1) 이에 대하여 정(희), 357면 주 2는 「영업의 규모와 성질에 따른 적정한 자본금이란 케이스 바이 케이스로 정할 수밖에 없는데, 하물며 그 객관적 자본규모를 정한다는 것은 거의 불가능한 것이다. 따라서 이것의 입법화는 추상적인 선언적 규정으로 만족할 수밖에 없는 것이고, 이것의 위반에 대한 규제도 기술상 난점이 있다. 따라서 현재로서는 해석론으로서 이 원칙을 도입할 수는 있을지 모르나 그것도 한낱 탁상공론에 그칠 염려가 있다」고 비판한다.

2) 정찬형, 전게논문(고시계, 1984. 9), 123~125면.

관에 의하여 확정되고, 또 그 자본금에 대한 주식인수도 확정되어야 한다는 뜻이다. 따라서 이 원칙은 총액인수제도에 따른 입법에서는 정확하게 일치한다. 그러나 현행 우리 상법의 규정에서도 (i)「회사의 설립시에 발행하는 주식의 총수」는 정관의 (절대적) 기재사항인 점(상 289조 1항 5호), (ii) 회사의 설립시 발행된 주식에 대하여는 전부 인수와 납입이 되어야 하는 점(상 295조, 305조)에서 볼 때, 회사의 설립시에는 이 범위 내에서 자본금이 확정되어야 한다고 볼 수 있다. 따라서 우리 상법에서도 이 한도에서 자본금 확정의 원칙이 유지되고 있다고 볼 수 있다.

(나) 자본금 유지(충실)의 원칙 이 원칙은 회사는 자본금[1]에 상당하는 현실적인 재산을 항상 유지해야 한다는 원칙으로, 이는 회사채권자를 보호하기 위한 것이다. 이 원칙은 현행 상법에서도 총액인수제도에 따른 입법에서와 같은 의미로 유지되고 있다. 상법상 이 원칙을 반영한 규정은 매우 많은데, 대표적인 예는 다음과 같다. 즉, 납입기일에 있어서의 전액납입 또는 현물출자의 전부 이행(상 295조, 305조, 421조, 425조), 현물출자 기타 변태설립사항의 엄격한 규제(상 299조, 310조, 313조, 314조, 422조), 발기인과 이사의 인수 및 납입담보책임(상 321조, 428조), 주식의 할인발행의 제한(상 330조, 417조),[2] 자기주식의 질취(質取)의 제한(상 341조의 3), 법정준비금의 적립(상 458조, 459조), 이익배당의 제한(상 462조) 등이다.

(다) 자본금 불변의 원칙 이 원칙은 자본금을 임의로 변경시키지 못하고, 자본금의 변경을 위하여는 엄격한 법적 절차를 요한다는 원칙이다. 따라서 이 원칙은 자본금의 증가와 감소에 모두 적용되는 원칙이다. 그런데 우리 상법은 수권자본제도를 채택하여 자본금의 증가는 이사회의 결의만으로 가능하도록 하여(상 416조) 엄격한 법적 절차를 요하지 않고 자본금의 감소에만 엄격한 법적 절차를 요하고 있으므로(상 438조~446조), 자본금 불변의 원칙은 자본금의 감소에만 해당한다. 따라서 자본금 불변의 원칙은 우리 상법의 해석으로는「자본금 감소제한의 원칙」으로 수정된다.

---

1) 「자본금」은 현실적인 재산이 아니라, 회사가 보유하여야 할 계산상의 수액(數額)에 불과하다.
2) 주식의 할인발행은 회사의 설립시에는 금지되나(상 330조), 회사의 성립 후에는 엄격하게 제한하여 인정하고 있다(상 417조). 주식의 할인발행의 경우에도 상법상 자본금의 개념(상 451조 1항)에는 변동이 없으나, 다만 액면미달금액(할인금액)의 총액만큼 회사의 재산에 결손이 있을 뿐이다. 이것은 자본금 유지의 원칙에 반하나, 회사의 자금조달을 위하여 부득이한 경우에 예외적으로만 인정되고 있는 것이다.

2. 주 식

(1) 주식회사의 자본금은 주식으로 분할되므로(상 329조 2항, 451조 1항 · 2항), 자본금과 주식과의 관계에서 주식은 자본금의 구성단위가 된다.[1]

(2) 주식회사가 액면주식을 발행하는 경우 자본금은 원칙적으로 「발행주식의 액면총액(1주의 액면가액×발행주식수)」인데(상 451조 1항), 이에 대한 예외로 자본금과 주식과의 관계에서 위의 등식이 성립하지 않는 경우는 상환주식의 상환에 따른 주식의 소각(상 345조) 및 배당가능이익으로써 취득한 자기주식의 소각(상 343조 1항 단서)의 경우이다. 이 때에는 소각된 만큼 주식수와 그 주식의 액면총액이 감소하지만, 이는 자본금 감소절차(상 438조~446조)에 따른 것이 아니기 때문에 자본금의 감소가 생기지 않게 되어 자본금과 주식 사이에 불일치가 생긴다(통설). 이와 같은 예외적인 현상은 상법에 따로 규정이 있는 경우에만 가능한데, 이 때에는 주식이 자본금 형성의 구성단위라는 본래의 뜻은 잃게 되지만 주식이 자본금 형성의 기초가 된다는 의의마저 없어지는 것은 아니다.[2]

3. 주주의 유한책임

(1) 주주는 회사에 대하여만 그가 가진 주식의 「인수가액」[3]을 한도로 책임을 지고(출자의무)(상 331조),[4] 그 밖의 회사채권자 등에는 아무런 책임을 지지 않는다. 주주의 이러한 책임(출자의무)은 인수가액의 전액납입주의를 취하고 있는 우리 상법 하에서는(상 295조, 305조, 421조) 일반적인 경우 엄격하게 말하면 「주식인수인」으로서의 책임을 의미하는 것으로 볼 수 있는데, 주식인수인이 인수가액의 전액을 납입하면 주주(주식인수인)는 회사에 대해서도 아무런 책임을 지지 않는다는 의미이다. 그러나 회사설립의 경우 주식인수인이 주금납입을 하지 않았음에도 불구하고 회사가 성립하고 발기인이 납입담보책임(상 321조 2항)을 부담한 경우

---

1) 주식의 개념에는 이 외에도 「주주가 회사에 대하여 가지는 권리의무」라는 뜻도 있는데, 이러한 개념으로서의 주식은 주식회사의 물적 요소인 자본금과 인적 요소인 주주(사원)를 연결시킨다. 인적회사에서는 사원이 자본금에 선행하나, 주식회사에서는 자본금이 사원(주주)에 선행하고 이러한 자본금은 주식을 통하여 사원(주주)과 연결된다.

2) 정희철, "주식회사의 자본구성의 원칙과 예외," 「사법행정」, 1966. 11, 10면.

3) 이 때의 인수가액은 주식의 「액면가액」 또는 「발행가액」과 항상 일치하는 것은 아니다.

4) 주주의 출자의무는 원칙적으로 금전출자이나, 일정한 요건 하에 예외적으로 현물출자도 인정된다.

에는, 그러한 주식인수인은 회사의 성립 후에는 주주의 자격에서 인수가액의 납입의무를 지게 된다. 그러나 신주발행의 경우에는 납입을 한 주식인수인만이 납입기일의 다음 날부터 주주가 되므로(상 423조 1항), 이 때에는 미납입주주란 있을 수 없다.

(2) 주주의 이러한 책임은 「회사」에 대해서만 지는 책임이라는 점에서 **간접유한책임**이므로, 합자회사의 유한책임사원이 「회사채권자」에 대하여도 책임을 지는 **직접**유한책임과 구별된다.[1)]

(3) 주주의 이러한 유한책임은 주식회사의 본질에 관한 것이므로 정관 또는 주주총회의 결의로 이와 달리 정할 수 없다.[2)] 그러나 주주의 이러한 유한책임은 주주가 사후에 개별적으로 포기하는 것은 무방하다.[3)] 따라서 이 경우에는 주주 개개인의 동의로 주주에게 회사채무를 부담시키거나, 인수가액 이상의 추가출자를 시키는 것도 가능한데,[4)] 이와 같은 취지의 다음과 같은 대법원 판례가 있다. 주주의 개별적인 동의나 포기 없이 주주의 유한책임을 부인하는 이론으로는 법인격부인론만이 있다.[5)]

[주주의 동의하에 주주유한책임을 부정한 판례]

상법 제331조의 주주유한책임은 주주의 의사에 반하여 주식의 인수가액을 초과하는 새로운 부담을 시킬 수 없다는 취지에 불과하고, 주주들의 동의 아래 회사채무를 주주들이 분담하는 것까지 금하는 취지는 아니라 할 것이다[대판 1989. 9. 12, 89 다카 890(공보 1989, 1469)].

동지: 대판 1983. 12. 13, 82 도 735(공보 721, 210)(주주유한책임의 원칙은 주주의 의사에 반하여 주식의 인수가액을 초과하는 새로운 부담을 시킬 수 없다

---

1) 주주와 유한회사의 사원의 책임은 모두 「간접유한책임」을 지는 점에서는 공통하나, 주주의 책임은 엄격한 간접유한책임임에 반하여 유한회사의 사원은 예외적으로 현물출자 등에 관하여 전보책임을 지므로(상 550조, 593조) 완화된 간접유한책임을 지는 점에서 양자는 구별된다.

2) 1인회사의 경우에는 유한책임이 제한되어야 한다는 견해로는 양동석, "1인회사설립과 유한책임의 제한," 「비교사법」, 제 8 권 1호(하)(2001. 6), 671~699면 참조. 또한 주식회사의 본질과 주주에의 책임부과의 가능성에 대하여는 김원규, "주식회사에 있어서 주주의 책임," 「상법학의 전망(평성 임홍근교수 정년퇴임기념논문집)」(서울: 법문사, 2003), 104~130면 참조.

3) 동지: 정(희), 359면.

4) 동지: 이(기) 외, (회) 136면; 채, 399면.

5) 이는 사법상의 책임에 관해서만 그러한 것이고, 공법상의 책임은 전혀 별개이다. 즉, 국세기본법상 주식회사에서 과점주주가 출자자로서 제 2 차 납세의무를 부담하는 경우에, 이러한 과점주주는 주주유한책임이나 자기의 납세의무가 주식점유비율에 따라 제한됨을 주장할 수 없고, 회사의 체납세액 전액에 대하여 납세의무를 진다[대판 1990. 4. 11, 90 누 1083(집 38 ③ 민 129)].

는 취지에 불과하고 주주들의 동의 아래 회사채무를 주주들이 분담하는 것까지 금하는 취지는 아니다).

제 2 주식회사의 경제적 기능

(1) 오늘날 주식회사는 대표적인 공동기업의 형태이고 또한 회사 중에서도 가장 전형적인 형태이다. 그 이유는 주식회사의 형태에서는 출자자인 주주의 책임이 그가 인수한 주금액(株金額)을 한도로 하여 회사에 대하여만 책임을 지고(간접·유한책임), 또 그의 지위는 주권을 통하여 자유롭게 양도될 수 있어(주식의 자유양도성) 투자의 회수가 보장되므로, 다른 어느 종류의 회사에서보다도 투자에 가장 적합한 회사형태이다. 따라서 주식회사는 많은 투자자(주주)를 모아 대자본을 형성하게 되어 대규모의 기업에 가장 적합한 형태가 되었고, 오늘날 국민생활에 직결되는 생산·유통·금융 등을 담당하는 기업형태는 거의 전부가 주식회사의 형태이다. 또한 주식회사는 기업의 소유와 경영이 분리되어 소유자(주주)가 아닌 전문경영인이 기업경영을 담당할 수 있으므로 대기업에 가장 적합한 회사형태이고, 이는 주주의 물적 유한책임과 함께 기업의 독립성과 영속성을 유지할 수 있도록 한다. 따라서 주식회사는 자본주의 경제의 발달에 큰 공헌을 하였고, 또한 오늘날 국민경제에 미치는 기능이 매우 크다.[1)]

(2) 위와 같은 주식회사의 장점에 반하여 주식회사는 기업집중·남설(濫設)·경영기관의 횡포·소수주주 및 채권자의 이익침해·일반인의 투기심의 조장의 원인이 되는 등 그 폐해도 많다.

따라서 주식회사법은 이 주식회사제도의 장단점을 항상 고려하여 회사·주주·제 3 자 등의 이익을 조화하고 회사의 건실한 경영을 조장함으로써, 주식회사로 하여금 그 맡은 바 경제적 기능을 충분히 발휘할 수 있도록 규율하여야 할 것이다.[2)]

1) 동지: 손(주), 541~543면.
2) 동지: 정(희), 353면.
주식회사로서의 벤처기업에 대한 주식회사법의 특례규정에 대하여는 김한종, "벤처기업에 대한 회사법적 특례적용,"「한림법학 FORUM」(한림대학교 법학연구소), 제10권(2001), 209~227면 참조.

제 2 절 주식회사의 설립

제 1 관 총 설

제 1 주식회사 설립의 특색

모든 회사의 설립절차는 실체형성절차와 설립등기로 구성되는데, 실체형성절차에서 각종 회사의 설립절차의 특색이 나타난다 인적회사 및 유한책임회사에서는 정관의 작성에 의하여 사원과 그 출자액 등이 확정되므로(상 179조 3호·4호, 269조, 287조의3 1호·2호), 인적회사 및 유한책임회사의 설립은 정관의 작성만으로 실체형성절차가 끝나게 된다. 즉, 인적회사는 무한책임사원이 회사채권자에 대하여 무한책임을 지므로 사원이 회사설립 전에 「출자이행절차」를 밟아야 하는 것도 아니고, 또 무한책임사원이 업무집행 및 대표의 권한을 갖고 있으므로 회사설립 전에 「기관구성절차」를 밟을 필요도 없다. 유한회사도 정관의 작성에 의하여 사원과 출자액 등이 확정되므로(상 543조 2항 1호·4호, 179조 3호), 유한회사의 설립도 정관의 작성에 의하여 그의 실체형성절차가 거의 끝나게 된다. 다만 유한회사의 실체형성절차에는 정관작성 이외에도 회사설립 전에 「출자이행절차」를 밟아야 하고(상 548조), 정관으로 규정하지 않은 경우에는 회사설립 전에 「기관구성절차」를 밟아야 한다(상 547조). 그러나 주식회사의 설립에서는 인적회사 및 유한책임회사나 유한회사에서와는 달리, 실체형성절차에서 정관작성 이외에 여러 가지의 복잡한 절차를 밟아야 한다. 여기에서 주식회사설립의 특색이 나타나는데, 이는 다음과 같다.

(1) 주식회사의 설립사무를 담당하는 자는 모든 사원(주주)이 아니라, 특수한 지위를 가진 **발기인**이다(상 288조, 289조).

(2) 주식회사의 사원(주주)은 정관의 작성에 의해서가 아니라, 정관의 작성과는 별도의 절차인 **주식인수절차**에 의하여 확정된다(상 293조, 302조).

(3) 주식회사의 자본금은 회사채권자에 대하여 유일한 담보기능을 하므로, 이를 회사성립 전에 확보하기 위하여 주식인수인의 **출자이행절차**가 있다(상 295조, 303조~307조).

(4) 주식회사는 원칙적으로 사원(주주)이 아닌 제 3 자기관에 의하여 운영되므로, 회사성립 전에 **기관구성절차**를 밟아야 한다(상 296조, 312조).

(5) 주식회사의 설립남용을 방지하기 위하여 설립경과에 대하여는 엄격한 조사를 받도록 하고(상 298조~300조, 313조, 314조), 발기인 등 설립관여자에게는 엄격한 책임을 지우고 있다(상 321조~327조). 또한 이러한 점과 관련하여 주식회사의 설립절차에 관한 규정은 모두 엄격한 강행규정으로 되어 있다(통설).[1]

제 2 주식회사 설립의 방법

I. 발기설립과 모집설립

(1) 주식회사 설립의 방법에는 회사의 설립시에 발행하는 주식의 인수방법에 따라 「발기설립」(단순설립, 동시설립)(Übernahme-od. Simultangründung)과 「모집설립」(복잡설립, 점차설립)(Zeichnungs-od. Sukzessivgründung)이 있다. 「발기설립」이란 설립시에 발행하는 주식의 전부를 발기인만이 인수하여 회사를 설립하는 방법을 말하고(상 295조 이하), 「모집설립」이란 설립시에 발행하는 주식 중 그 일부는 발기인이 인수하고[2] 나머지 주식은 주주를 모집하여 인수시켜 회사를 설립하는 방법을 말한다(상 301조 이하).

(2) 원래 발기설립의 방법은 소규모 주식회사의 설립에 적합하고, 모집설립의 방법은 대규모 주식회사의 설립에 적합하다고 하겠다.

참고로 1995년 개정상법 이전에는 발기설립의 경우에는 반드시 법원이 선임한 검사인에 의하여 그 설립경과를 임격히 조사받도록 되어 있었으므로, 이를 회피하기 위하여 소규모 주식회사를 설립하는 경우에도 연고모집 등에 의한 모집설립의 방법을 선호하고 발기설립의 방법은 거의 이용되지 않았다.[3] 이에 대하여 우리 대법원판례는 이러한 모집설립을 절차상의 하자가 크다는 이유로 다음과 같이 무효로 하는 판결을 한 바 있다.

[실질은 발기설립이면서 모집설립의 형식을 취한 회사설립을 무효로 본 판례]

주식회사를 설립함에 있어 모집설립의 절차를 갖추었으나 발기인이 주식모집 전에 주식의 대부분을 인수하고 일반공중으로부터 주식을 모집함에 있어 발기인이 타인의 명의를 모용하여 주식을 인수하였다면, 명의모용자가 주식인수인

1) 정(동), (회) 96~97면; 최(기), 532면; 이(범), 124면; 이(기) 외, (회) 149면 외.
2) 각 발기인은 반드시 1주 이상의 주식을 인수하여야 한다(상 293조).
3) 정(동), (회) 98면; 이(범), 124면.

이라 할 것이어서 결국 주식 전부를 발기인이 인수한 결과가 되기 때문에, 이 때의 회사설립(모집설립)은 절차상의 하자가 있어 무효이다[대판 1992. 2. 14, 91 다 31494(공보 917, 1026)](이 판결에 대하여 찬성하는 취지의 평석으로는 이기수, 「법률신문」, 제2129호, 15면; 안동섭, 「법률신문」, 제2136호, 15면이 있고, 반대하는 취지의 평석으로는 최기원, 「법률신문」, 제2163호, 15면이 있다).

동지: 서울고판 1991. 7. 26, 90 나 21775(신문 2059, 11)(주식회사를 설립함에 있어 실제로는 발기인이 주식 전부를 인수하는 발기설립을 하면서 형식상으로는 모집설립을 하는 것처럼 법무사에 설립등기신청서류를 일괄 작성케 하여 설립등기를 한 것은 회사설립무효에 해당한다).

그런데 1995년 개정상법은 발기설립의 경우도 모집설립의 경우와 같이 원칙적으로 이사·감사가 자율적으로 그 설립경과를 조사하도록 개정하였으므로, 앞으로 소규모 주식회사의 설립에는 발기설립의 방법이 많이 이용될 것으로 본다.[1)]

2. 양자의 차이

발기설립과 모집설립은 근본적으로 설립시에 발행하는 주식의 인수방법에 따른 차이이나, 양자는 이 외에도 다음과 같은 설립절차상(납입해태효과·기관구성방법) 및 설립경과조사상에서 많은 차이가 있다(상 295조~316조).

(1) 설립절차상의 차이

발기설립의 경우 납입을 게을리한 때에는 채무불이행의 일반원칙(민 389조, 390조, 544조)에 의하여 처리되고, 이사·감사의 선임은 발기인의 의결권의 과반수로써 한다(상 296조). 이에 반하여 모집설립의 경우 납입을 게을리한 때에는 실권(失權)절차가 인정되고(상 307조), 이사·감사의 선임은 창립총회에서 하게 된다(상 312조).

(2) 설립경과조사상의 차이

설립경과에 대하며 원칙적으로 이사·감사가 조사하고(상 298조 1항, 313조 1항), 예외적으로 변태설립사항은 법원이 선임한 검사인이 하는 점(상 298조 4항, 310조 1항)은 발기설립과 모집설립이 같다.

그러나 발기설립의 경우에는 이사·감사의 조사보고는 발기인에게 하고(상 298조 1항), 변태설립사항을 조사하기 위하여 하는 법원에 대한 검사인의 선임청구는 이사가 하며(상 298조 4항), 변태설립사항이 부당한 때의 변경은 법원이 한다(상 300조).

1) 동지: 정(동), (회) 98면.

이에 반하여 모집설립의 경우에는 이사·감사의 조사보고는 창립총회에 하고(상 313조 1항), 변태설립사항을 조사하기 위하여 하는 법원에 대한 검사인의 선임청구는 발기인이 하며(상 310조 1항), 변태설립사항이 부당한 때의 변경은 창립총회가 하게 된다(상 314조).[1)]

(3) 정관의 효력발생시기의 차이

자본금 총액이 10억원 미만인 회사를 발기설립하는 경우에는 발기인이 정관을 작성하고 각 발기인이 정관에 기명날인 또는 서명함으로써 그 효력이 생기는데(상 292조 단서), 모집설립의 경우에는 언제나 정관은 공증인의 인증을 받아야 그 효력이 생긴다(상 292조 본문).

제 3 발기인·발기인조합·설립중의 회사

I. 발 기 인

(1) 의 의

1) 개 념 발기인은 실질적으로 보면 「회사의 설립사무에 종사한 자」(promoter)를 의미하나, 형식적으로 보면 「정관에 발기인으로 기명날인 또는 서명을 한 자」(incorporator)(상 289조 1항)를 의미한다(통설).[2)] 발기인은 법률상으로는 형식적인 면에서 파악되어 그의 권한과 책임이 부여된다. 따라서 실제로 설립사무에 종사하였더라도 정관에 발기인으로 기명날인 또는 서명을 하지 않은 자는 발기인이 아니고,[3)] 반대로 실제 설립사무에 종사하지 아니하였더라도 정관에 발기인으로 기명날인 또는 서명을 한 자는 발기인이다(통설).[4)]

2) 지 위 발기인은 대외적으로는 설립중의 회사의 기관으로서 활동하며, 대내적으로는 발기인조합의 구성원으로서 회사의 설립사무에 종사한다.

---

1) 이 외에도 원시정관의 변경에서 발기설립의 경우는 (자본금 총액이 10억원 이상인 경우) 발기인 전원의 동의를 요하지만, 모집설립의 경우는 창립총회의 결의(상 316조 1항)로 하는 점에서, 양자는 차이가 있다고 보는 견해도 있다[정(동), (회) 133면].

2) 서·정, 308면; 손(주), 547면; 정(동), (회) 100면; 이(범), 124면; 이(기) 외, (회) 150면; 주상(제 5 판)(회사 Ⅱ), 113면; 이·최, 242면 외.

3) 그러나 이러한 자라도 주식청약서 기타 주식모집에 관한 서면에 성명과 회사의 설립에 찬조하는 뜻을 기재할 것을 승낙하면, 유사발기인으로서 발기인과 동일한 책임을 진다(상 327조).

4) 서·정, 308면; 손(주), 547~548면; 채, 428~429면; 이(기) 외, (회) 150면; 주상(제 5 판)(회사 Ⅱ), 113면 외.

⑵ 자격 및 수

1) 자　　격　　발기인의 자격에 대하여 통설은 제한이 없다고 보므로 법인도 발기인이 될 수 있고, 또 제한능력자도 발기인이 될 수 있다고 본다.[1)]

생각건대 발기인은 실제로 회사의 설립사무에 종사하는 자이므로 법인이나 제한능력자는 사실상 발기인으로 활동하는 데 여러 가지 문제점이 있다고 본다. 따라서 발기인은 완전한 행위능력이 있는 자연인에 한한다고 본다.[2)]

2) 수　　발기인은 1인 이상이어야 한다(상 288조).

1995년 개정상법 이전에는 발기인이 7인 이상이었는데, 이는 영국법에 따라서 이와 같이 규정한 일본 상법을 그대로 답습한 것이었다. 이와 같이 규정한 이유는 설립행위를 신중하고 적정하게 하도록 하면서 다수의 원시주주를 확보하여 회사의 설립에 확실성을 기하고, 또 한편으로 설립행위에 관하여 다수의 사람으로 하여금 책임을 부담하도록 하여 이해관계인의 이익을 도모함과 아울러 설립시부터 자본을 분산시키려는 데에 있었다.[3)] 그런데 우리 상법상 발기인은 형식적으로만 해석되어 발기인의 수를 다수로 한 입법취지에 부응하지 못하고, 또 회사설립의 실제에서도 1인 내지 소수의 인원에 의하여 설립절차가 이루어지고 있는 점에서, 1995년 개정상법은 발기인의 수를 3인 이상으로 개정하였는데,[4)] 2001년 개정상법은 회사설립의 요건을 완화하는 외국의 입법추세에 따라[獨株 36조 2항 2문; 1989년 12월 22일 EU 지침(1인 유한회사지침) 6조 등 참조] 다시 발기인의 수를 1인 이상으로 하였다.

⑶ 권　　한

1) 학　　설　　발기인의 권한에 대하여 우리나라에서는 아래와 같이 세 개의 학설로 나뉘어 있다.

㈎ 제1설　　발기인은 회사의 설립 그 자체를 직접적 목적으로 하는 행위만을 할 수 있으므로, 개업준비행위는 당연히 제외된다는 학설이 있다. 이 설에서는 법정의 요건을 갖춘 재산인수(상 290조 3호)는 예외적으로만 인정된다고 설명

---

1) 정(희), 362면(법인도 발기인이 될 수 있다고 한다); 서·정, 308면; 손(주) 548면; 채, 429면; 이(기) 외, (회) 150면; 주상(제5판)(회사 Ⅱ), 114면; 정(동), (회) 101면(다만 제한능력자가 발기인이 되려면 민법이 정하는 요건을 갖추어야 한다고 함); 이(철), (회) 230면 외.

2) 동지: 박·이, 134면(법인에 대하여).

3) 해설(1995), 57면.

4) 이에 관한 상세는 해설(1995), 56~60면 참조.

한다.[1]

(나) 제 2 설 발기인은 회사의 설립을 위하여 법률상·경제상 필요로 하는 모든 행위를 할 수 있으나, 개업준비행위는 제외된다는 학설이 있다. 이 설에서도 법정의 요건을 갖춘 재산인수(상 290조 3호)는 예외적으로만 인정된다고 보므로, 법정의 요건을 갖추지 않은 재산인수는 원칙적으로 회사에 대하여 효력이 생기지 않는다고 본다.[2]

(다) 제 3 설 발기인은 회사설립에 필요로 하는 법률상·경제상의 모든 행위를 할 수 있으므로, 이에는 회사 성립 후의 개업을 위한 개업준비행위도 포함된다는 학설이 있다. 이 설에 의하면 발기인의 재산인수(상 290조 3호)는 개업준비행위로서 원래 발기인의 권한에 속하는 행위라고 볼 수 있으나, 이는 특히 위험성이 많으므로 이의 남용을 방지하기 위하여 상법이 이를 제한하고 있다고 한다.[3]

생각건대 발기인의 회사설립에 관한 행위가 「회사의 설립에 필요한 행위」와 「개업준비행위」로 명백하게 분리되지 않는 점, 발기인은 회사 설립에 관하여 엄격한 책임을 부담하므로(상 321조, 322조) 발기인에게 회사설립에 관하여 그 권한을 넓게 인정하여도 무방하다는 점 등에서 볼 때, 발기인의 권한에 개업준비행위를 포함하는 위 제 3 설이 타당하다고 본다. 이 때 성립 후의 회사의 보호문제는 우리 상법이 발기인에게 회사의 설립과 관련하여 엄격한 책임을 부담하는 규정을 두고 있어(상 321조, 322조) 어느 정도 해결되고 있다고 본다.[4]

2) 판 례 우리나라의 대법원판례는 다음과 같이 판시하여, 발기인의 권한에 개업준비행위를 포함시키고 있다.

[발기인의 권한에 개업준비행위를 포함시킨 판례]

[사실관계] A(Y자동차주식회사의 대표이사)와 B는 1967년 5월 13일에 자동차조립계약을 체결하고 나서, 위 B가 조립자재 중 "데후"를 개당 금 15만원에 구입하여 자동차(시외버스)를 조립하고, 이 조립한 자동차(이하 '버스'라 한다) 5

1) 이(철), (회) 236면(회사설립을 위한 법률상·경제상 필요한 행위란 그 범위가 모호하여 자칫 발기인의 권리남용을 초래하기 쉽고, 개업준비행위는 그 일종인 재산인수가 변태설립사항으로서 제한되는 취지에서 볼 때 허용되지 않는다고 보아야 할 것이라고 한다); 최(기), 533~534면.

2) 정(희), 362면, 365면, 371면(다만 개업준비행위는 그것의 추인을 인정함으로써 제 3 설과 같은 결과를 얻을 수 있을 것이라고 한다); 채, 436면; 이(기) 외, (회) 151면.

3) 정(동), (회) 145면; 임(재), (회 I) 241면.

4) 정찬형, "주식회사 발기인의 개업준비행위와 회사의 책임," 법률신문, 제1392호(1981. 4. 20), 9면.

대를 1968년 3월 22일경 Y자동차주식회사가 인수하여 운행에 이용하였다. 그런데 A와 자동차 조립업자인 B와의 사이에 체결된 이른바 자동차조립계약의 내용은 다음과 같다. 즉, 위 B가 자동차(시외버스) 5대를 조립·납품하되, 대금은 대당 금 129만원(합계 금 645만원), 조립자재 중 "데후"의 구입가격이 대당 금 12만원을 초과하면 그 초과부분은 주문자의 부담으로 하기로 하는 약정이었다.

한편 Y회사는 자동차운수사업을 목적으로 하고, 위 A가 대표이사가 되어 1967년 12월 27일에 설립등기를 필하여 설립된 회사이나, 이미 그 이전인 1965년 7월 19일경 버스여객운수사업을 목적으로 위 A 외 6인이 발기인이 되어 회사정관을 작성하고, 그 때 A가 발기인대표로 선정되어 회사의 운송사업면허 취득을 위한 모든 위임을 받고, 그 후 A는 Y회사의 발기인대표의 자격으로 위 면허취득 및 회사설립을 위한 활동을 하던 중 1967년 2월경 당국으로부터 위 회사의 운송사업면허결정통고를 받게 되자 위 A는 Y회사의 발기인대표 내지 이른바 설립중인 Y회사의 기관의 자격으로 B와 자동차조립계약을 체결하고, 이어 사업계획서 제출 등 소정의 절차를 밟아 1967년 9월 28일에 드디어 자동차운송업면허를 얻게 되고, 이에 기하여 Y회사를 설립한 것이다.

B는 자동차조립대금 중 일부인 금 130만원과 위 "데후"대금 중 초과분 금 15만원 합계 금 145만원의 채권을 1968년 5월 23일 X에 양도하고 즉일 확정일자 있는 증서에 의하여 Y회사에 통지하였다. X는 Y에 대하여 위 양도된 채권액 및 이에 대한 소장 송달 익일인 1968년 7월 23일부터 완제일까지 연 5푼의 비율에 의한 지연손해금의 지급을 구하는 청구를 하였다.

이에 대하여 원심은 위 A의 설립중의 회사 대표자격을 인정하여 X의 청구가 정당한 것으로 판결하였다. 이에 Y는 1967. 5. 13.경에는 Y회사가 설립중의 회사가 아니라고 하여 상고하게 된 것이다.

[판결요지] 주식회사의 설립과정에 있어서의 소위 설립중의 회사라 함은 상법 규정에 명시된 개념이 아니고 발기인이 회사의 설립을 위하여 필요한 행위로 인하여 취득 또는 부담하였던 권리의무가 회사의 설립과 동시에 그 설립된 회사에 귀속되는 관계(실질적으로는 회사불성립의 확정을 정지조건으로 하여 발기인에게 귀속됨과 동시에 같은 사실을 해제조건으로 하여 설립될 회사에 귀속되는 것이고, 형식적으로는 회사 성립을 해제조건으로 발기인에게 귀속됨과 동시에 같은 사실을 정지조건으로 설립될 회사에 귀속되는 관계)를 설명하기 위한 강학상의 개념이므로, A의 자격을 발기인대표 내지 Y회사의 기관이라고 한 것이나 회사설립사무의 집행을 위하여 위 계약을 체결하게 되었던 것을 인정함에는 위법이 없다. 따라서 원심판결은 정당하고, 논지는 이유 없다[대판 1970. 8. 31, 70다1357(집 18 ② 민 298)].

(4) 의무 · 책임

발기인은 설립사무와 관련하여 여러 가지의 의무와 책임을 부담하는데, 의무로는 주식인수의무(상 293조) · 의사록작성의무(상 297조) 등이 있고, 책임으로는 주식의 인수 및 납입담보책임(상 321조) · 임무를 게을리함으로 인한 손해배상책임(상 322조) 등이 있다.

2. 발기인조합

(1) 의 의

주식회사의 설립에서 발기인이 2인 이상인 경우에는 이러한 발기인 상호간에는 정관작성에 앞서 회사의 설립을 목적으로 하는 어떤 계약이 존재하는 것이 일반적이다.[1] 이러한 계약의 형태는 조합계약이고, 그러한 계약에 의하여 성립하는 조합이 발기인조합이다. 이러한 발기인조합의 성질은 민법상의 조합이므로, 발기인조합에는 조합에 관한 민법의 규정이 적용된다(통설).[2] 이와 같이 민법상 발기인조합을 인정하는 이유는 그의 업무집행방법과 대외적인 책임을 규율할 필요가 있기 때문이다.[3]

(2) 권 한

주식회사의 설립절차는 이러한 발기인조합의 업무집행으로 진행된다. 따라서 발기인조합은 정관작성 등 회사의 설립사무를 담당하는 권한을 갖는다.

(3) 발기인 및 설립중의 회사와의 관계

1) 발기인과의 관계 발기인은 발기인조합의 구성원이고 설립중의 회사의 기관이므로, 발기인이 하는 회사의 설립행위는 발기인조합계약의 이행행위이고 또한 설립중의 회사의 기관의 활동이 된다.[4]

2) 설립중의 회사와의 관계 「발기인조합」은 그 후에 성립하는 「설립중의 회사」와 구별되는데, 보통 회사의 성립시(설립등기시)까지 양자는 병존한다.[5]

---

1) 그러나 발기인조합이 반드시 있어야 하는 것은 아니고, 예컨대 발기인이 1인인 경우에는 그 성질상 발기인조합이 있을 수 없고(상 288조) 또한 가족설립의 경우에는 이러한 계약이 없는 것이 보통이다(Würdinger, S. 102 참조).

2) 정(희), 363면; 서 · 정, 309면; 손(주), 549면; 정(동), (회) 103면; 이(철), (회) 231면; 이(범), 125면; 이(기) 외, (회) 151면; 주상(제 5 판)(회사 Ⅱ), 115면 외.

3) 동지: 이(철), (회) 231면.

4) 동지: 정(동), (회) 142면; 정(희), 363면.

5) 그러나 발기인조합계약에 의하여 정관의 작성 · 인증만으로 종료되는 것으로 특약할 수는 있다고 하는 견해도 있고[정(동), (회) 142면], 설립중의 회사의 이사 · 감사가 선임될 때가지 존속

발기인조합은 발기인 상호간의 내부적인 계약관계로서 개인법상의 존재이나, 설립중의 회사는 사단법상의 존재로서 회사법적 효력을 가지는 점에서 양자는 근본적으로 구별된다. 따라서 설립중의 회사는 성립 후의 회사와 직접 관련을 갖지만, 발기인조합은 그 자체로서 설립중의 회사 및 성립 후의 회사와 직접적인 법적 관계를 갖지 못한다.[1)]

3. 설립중의 회사

(1) 의 의

설립중의 회사란「회사의 성립(설립등기) 이전에 어느 정도 회사로서의 실체가 형성된 미완성의 회사」를 말한다. 설립중의 회사라는 개념은 대륙법계의 회사법에서 입법상[2)] 또는 강학상[3)] 인정되는 개념인데, 이는 설립과정에서 생긴 발기인 내지 설립중의 회사의 기관이 취득한 권리의무가 성립 후의 회사에 이전되는 관계를 설명하기 위하여 인정된 것이다.[4)]

(2) 법적 성질

설립중의 회사의 법적 성질에 대하여 우리나라에서는「조합도 아니고 권리능력이 없는 사단도 아니며 법인도 아닌 특수한 성질의 단체」라고 보는 소수설이 있다.[5)] 이러한 견해는 설립중의 회사의 법적 성질을 권리능력과 구별하여 권리주체의 개념을 인정하는 독일의 독자성설[6)]에 따른 것으로 볼 수 있다. 이러한 견해에 의하면 법인의 구조는 행위조직(Handlungsorganisation)·책임단체(Haftungsverband) 및 동일성장치(Identitätsausstattung)의 세 가지의 요소로 구성되는데, 이들 세 가지 요소는 각 법인에 따라 그 내용을 달리 하면서

한다는 견해도 있다[정(희), 363면].

1) 동지: 이(철), (회) 231면.

2) 프랑스 상법(2001) 201-6조 2항.

3) 대판 1970. 8. 31, 70 다 1357(집 18 ② 민 298).

4) 동지: 정(희), 363면; 이(철), (회) 232면.

5) 정(동), (회) 140~141면(이 특수한 단체란 법인격이 없다는 점을 제외하고는 성립 후의 회사와 동일한 실체를 가진 단체로서, 이에는 성립 후의 회사에 적용되는 상법과 정관의 규정 중 법인격을 전제로 하지 않는 것은 모두 적용된다고 한다); 이(기) 외, (회) 153면.

설립중의 회사의 법적 성질을「조합도 아니고 권리능력이 없는 사단도 아니며 법인도 아닌 특수한 성질의 단체」라고 보는 소수설에 대한 비판으로는 이(철), (회) 232~233면 참조(특히 설립중의 회사가 권리능력이 없는 사단이 아니라고 한다면 회사성립 전의 재산소유형태를 설명할 수 없다고 함).

6) Uwe John, *Die organisierte Rechtsperson, System und Probleme der Personifikation im Zivilrecht, Berlin, 1977.*

구성원과는 독립된 독자성을 갖는다고 하면서, 설립중의 회사는 행위조직과 동일성장치에서는 성립 후의 회사의 독자성과 일치하나 다만 책임단체에서는 설립중의 회사가 성립 후의 회사의 독자성에 미치지 못할 뿐이라고 한다. 즉, 설립중의 회사의 책임은 (i) 행위조직의 행위자 · (ii) 설립사원 · (iii) 설립중의 회사 및 (iv) 성립 후의 회사가 개별적 또는 병존적으로 책임을 부담하나, 성립 후의 회사의 책임은 성립 후 회사가 회사재산만으로 책임을 진다고 한다.[1)]

그러나 통설[2)]·판례[3)]는 「권리능력이 없는 사단」으로 보고 있다.[4)]

생각건대 설립중의 회사를 인정하는 취지에서 이의 법적 성질을 명확히 할 필요가 있는 점에서 볼 때, 통설 · 판례에 찬성한다.

(3) 성립시기

설립중의 회사의 성립시기에 대하여 우리나라에서는 (i) 정관이 작성된 때라고 보는 설(이 설은 정관작성 후 발기인의 주식인수 전에도 발기인의 권리의무가 성립 후의 회사에 귀속하는 관계를 설명할 필요성이 있으며, 발기인의 주식인수는 확실하게 예정되어 있으니 사원의 일부는 확정되어 있음을 이유로 한다),[5)] (ii) 정관이 작성되고 발기인이 1주 이상의 주식을 인수한 때라고 보는 설(통설[6)]·판례[7)]), (iii) 발행주식총수가 인수된 때라고 보는 설[8)]이 있다.

생각건대 설립중의 회사가 성립하기 위하여는 사원의 일부가 확정되어야 하는데 발기인의 주식인수가 예정되어 있다 하더라도 그의 주식인수 전에는 사원의 자격으로 볼 수 없는 점에서 (i)의 설은 문제가 있고, 또 설립중의 회사는 성립 후의 회사와는 달라서 발행주식의 전부가 인수될 필요가 없다는 점에

1) 설립중의 회사에 관한 독일이론에 관한 상세는 Sung-Po An, *Die Vor-AG*(Marburg Univ. Diss., 1997) 참조.

2) 정(희), 364면; 서 · 정, 309면; 최(기), 543면; 이(철), (회) 232면; 이(범), 125면; 채, 432면; 주상(제 5 판)(회사 Ⅱ), 120면 외.

3) 전게 대판 1970. 8. 31, 70 다 1357.

4) 독일에서는 설립중의 회사의 법적 성질을 「민법상의 조합」으로 보는 견해도 있다(RGZ 144, 348, 356; 151, 85, 91)

5) 이(철), (회) 233~234면; 이(기) 외, (회) 152면; 임(재), (회 Ⅰ) 244~245면; 주상(제 5 판)(회사 Ⅱ), 119~120면.

6) 정(희), 364면; 서 · 정, 309면; 손(주), 550~551면; 최(기), 545면; 이(범), 125면; 정(경), 340면; 채, 434면 외.

7) 대판 1985. 7. 23, 84 누 678(공보 760, 1196); 동 1990. 11. 23, 90 누 2734(공보 1991, 254); 동 1990. 12. 26, 90 누 2536(공보 1991, 660); 동 1994. 1. 28, 93 다 50215(공보 964, 830); 동 1998. 5. 12, 97 다 56020(공보 1998, 1611); 동 2000. 1. 28, 99 다 35737(공보 2000, 564).

8) 독일의 통설. 동지: 정(동), (회) 139~140면(회사의 설립시에 발행하는 주식 총수 또는 설립무효가 되지 않을 정도의 주식의 인수가 확정된 때에 설립중의 회사가 창립된다고 한다).

서 (iii)의 설도 문제가 있다고 본다. 따라서 일부의 주식인수에 의하여 사원의 일부가 확정된 때를 설립중의 회사의 성립시기로 보는 (ii)의 설(통설·판례)이 가장 타당하다고 본다.

설립중의 회사의 의의 및 성립시기에 관한 다음과 같은 대법원판례가 있다.

[설립중의 회사의 의의 및 성립시기에 관한 판례]

[사실관계] 사단법인 A가 천안 중소기업시범공단에 편입되는 용지를 매수하면서 매도인들이 일 필지의 부분매도를 거부하는 바람에 그 공단 내에 편입되지 않는 토지도 이전의 소유자들로부터 매수하여 Y(천안시) 명의로 소유권이전등기를 경료함으로써 위 토지에 관하여 A가 Y에게 명의신탁을 하였다.

이후 1982. 11. 30. X주식회사의 발기인조합은 설립준비위원인 B의 친형인 C 명의로 사단법인 A로부터 위 토지를 매수하고 그 대금을 지급하였고, 1983. 4. 16. X회사는 설립등기를 마쳤다.

이에 X회사는 사단법인 A의 명의신탁자인 Y를 상대로 소유권이전등기를 청구하였으나, Y는 위 토지매매계약 체결시 X회사는 설립중의 회사로서 성립되어 있지 않았으므로 위 토지의 매매계약의 효력이 곧 바로 X회사에게 귀속될 수 없다고 항변하였다.

[판결요지] 설립중의 회사라 함은 주식회사의 설립과정에서 발기인이 회사의 설립을 위하여 필요한 행위로 인하여 취득하게 된 권리의무가 회사의 설립과 동시에 그 설립된 회사에 귀속되는 관계를 설명하기 위한 강학상의 개념으로서, 정관이 작성되고 발기인이 적어도 1주 이상의 주식을 인수하였을 때 비로소 성립하는 것이고, 이러한 설립중의 회사로서의 실체가 갖추어지기 이전에 발기인이 취득한 권리·의무는 구체적 사정에 따라 발기인 개인 또는 발기인조합에 귀속되는 것으로서, 이들에게 귀속된 권리의무를 성립 후의 회사에 귀속시키기 위하여는 양수나 채무인수 등의 특별한 이전행위가 있어야 할 것이다.

그러나 X회사의 설립등기일이 1983. 4. 16.로서, 위 매수일자인 1982. 11. 30.에는 X회사가 설립되어 있지 아니하였고, 그 당시 X회사가 설립중의 회사에 해당함을 인정할 아무런 증거가 없으므로 위 매매계약 체결 당시에는 X회사가 설립중의 회사에 해당되지 아니하여 X회사로서는 위 매매계약에 따른 권리를 취득하기 위한 특별한 이전행위를 거치지 아니하는 한 위 매매계약의 효력이 곧바로 X회사에게 귀속된다고 할 수 없다[대판 1994. 1. 28, 93 다 50215(공보 964, 830)].

동지: 대판 1990. 12. 26, 90 누 2536(공보 1991, 660)['설립중의 회사'라 함은 주식회사의 설립과정에 있어서 발기인이 회사의 설립을 위하여 필요한 행위로 인하여 취득하게 된 권리·의무가 회사의 설립과 동시에 그 설립된 회사에 귀속

되는 관계를 설명하기 위한 강학상의 개념으로서, 정관이 작성되고 발기인이 적어도 1주 이상의 주식을 인수하였을 때 비로소 성립하는 것이고(대법원 1970. 8. 31. 선고 70 다 1357 판결; 1985. 7. 23. 선고 84 누 678 판결), 이러한 설립중의 회사로서의 실체가 갖추어지기 이전에 발기인이 취득한 권리·의무는 구체적 사정에 따라 발기인 개인 또는 발기인조합에 귀속되는 것으로서, 이들에게 귀속된 권리의무를 성립 후의 회사에 귀속시키기 위하여는 양수나 채무인수 등의 특별한 이전행위가 있어야 할 것이다. 그런데 A회사의 정관은 설립등기일인 1983. 2. 11.에 작성된 사실을 인정할 수 있을 뿐 원심이 들고 있는 모든 증거를 살펴보아도 이 사건 토지대금이 전부 지급된 1983. 1. 17. 현재나 X가 합계 금 6,251만원을 출자한 1983. 2. 10.까지 A회사가 설립중의 회사로서의 실체를 갖추었다고 인정하기에 족한 자료를 발견할 수 없으므로, 설립중의 회사가 위 토지를 취득하였다거나 X가 설립중의 회사에 자금을 출자한 것이라고 볼 수 없고, 또 회사 장부에 X가 위 금원을 입금하였고 이 사건 토지를 회사자금으로 매입한 것으로 기재되었다거나 설립등기 후에 위 토지의 정지작업을 하였다는 사실만으로는 A회사가 X로부터 위 토지의 매수인으로서의 지위를 인수하였다고 보기는 어렵다); 동 1990. 11. 23, 90 누 2734(공보 1991, 254); 동 1985. 7. 23, 84 누 678(공보 760, 1196); 동 1998. 5. 12, 97 다 56020(공보 1998, 1611)(설립중의 회사는 정관이 작성되고 발기인이 적어도 1주 이상의 주식을 인수하였을 때 비로소 성립한다); 동 2000. 1. 28, 99 다 35737(공보 2000, 564)(설립중의 회사가 성립하기 위해서는 정관이 작성되고 발기인이 적어도 1주 이상의 주식을 인수하였을 것을 요건으로 한다)].

(4) 법률관계

1) 내부관계

(가) 창립총회 이는 모집설립의 경우에만 있는 기관으로, 이에는 소집절차 등에 관하여 주주총회에 관한 많은 규정을 준용하고 있다(상 308조 2항). 그러나 그 결의방법에 관하여는 「출석한 주식인수인의 의결권의 3분의 2 이상이며 인수된 주식총수의 과반수」로 특별히 규정하고 있고(상 309조), 「서면에 의한 의결권의 행사」 및 「전자적 방법에 의한 의결권의 행사」는 인정되지 않는다(상 308조 2항에서 368조의 3 및 368조의 4를 준용하지 않음).

이와 같이 모집설립의 경우에는 의결기관으로 창립총회가 있으므로, 이러한 창립총회는 회사의 설립에 관한 모든 사항을 결의할 수 있다[1](상 제308조 2항은 제361조를 준용하지 않음).

---

1) 동지: 정(동), (회) 131면.

㈏ 업무집행기관 설립중의 회사의 업무집행기관은 「발기인」이다. 발기인(발기설립의 경우)(상 296조) 또는 창립총회(모집설립의 경우)(상 312조)가 선임한 이사·감사는 설립중의 회사의 감사기관이지 업무집행기관이 아니다[1](상 313조 참조).

설립중의 회사의 업무집행기관인 발기인은 그의 권한범위(이에 관하여는 발기인의 권한에서 이미 설명함) 내에서 회사의 설립에 필요한 모든 행위(예컨대, 정관작성·주식인수절차·출자이행절차·기관구성절차 등 모든 실체형성절차)를 할 권리의무를 갖는다.

발기인의 업무집행은 원칙적으로 발기인 전원의 과반수로써 결정하여야 하나(민 706조 2항), 중요한 업무(상 291조) 또는 기본구조의 변경(예컨대, 정관변경·발기인의 변경 등)에 관한 사항은 발기인 전원의 동의에 의하여 결정하여야 한다.[2]

㈐ 감사기관 설립중의 회사의 감사기관은 앞에서 본 바와 같이 이사·감사인데, 그의 권한은 설립에 관한 사항을 조사하여 발기인(발기설립의 경우)(상 298조 1항) 또는 창립총회(모집설립의 경우)(상 313조 1항)에 보고하는 일이다.

2) 외부관계

㈎ 능 력 설립중의 회사의 법적 성질을 권리능력이 없는 사단으로 보면 설립중의 회사에는 권리능력이 없다. 그러나 우리 법상 권리능력이 없는 사단에도 민사소송법상 당사자능력이 인정되고(민소 52조) 또 부동산등기법상 등기능력이 인정되고 있으므로(부등 26조), 설립중의 회사에도 당연히 이러한 능력이 인정된다.

그러나 설립중의 회사는 다른 권리능력이 없는 사단과는 달리 그 목적이 뚜렷하고 또 존속기간이 일시적이므로, 위의 특별법상의 능력 외에도 그 목적인 설립활동에 필수불가결한 범위 내에서는 위와 같은 특별법의 규정을 유추하여 그의 능력을 인정할 수 있다고 본다. 따라서 설립중의 회사는 은행과의 예금거래능력·어음능력 등을 갖는다고 본다.[3]

㈏ 대 표 설립중의 회사를 제 3 자에게 대표하는 기관은 「발기인」이다. 따라서 발기인은 대내적으로는 설립중의 회사의 업무를 집행하고, 대외

1) 동지: 정(희), 365면.
반대: 정(동), (회) 121면, 131면(이사가 선임되면 그러한 이사가 설립중의 회사의 집행기관이라고 한다).
2) 동지: 정(동), (회) 143면.
3) 동지: 정(동), (회) 144면; 최(기), 539면.

적으로는 설립중의 회사를 대표한다. 모든 발기인은 각자 이와 같은 대표권을 갖는데, 발기인조합계약 등에 의하여 특정한 발기인을 대표발기인으로 선임할 수는 있다고 본다. 이러한 대표발기인은 보통 설립중의 회사를 대표할 권한과 발기인조합을 대리할 권한을 갖는데,[1] 이러한 대표권(대리권)의 제한은 선의의 제 3 자에게 대항할 수 없다고 본다(상 209조 2항 유추적용).

(다) 책 임 설립중의 회사가 제 3 자에 대하여 부담하는 채무에 대하여 누가 책임을 질 것인가가 문제된다. 설립중의 회사는 법인격이 없으므로 이러한 채무를 설립중의 회사 자체가 부담한다고 볼 수는 없다. 따라서 주식인수인(설립중의 회사의 구성원) 및 발기인이 부담할 수밖에 없다.

① 주식인수인은 설립중의 회사가 부담하는 채무를 준총유(민 278조)의 형식으로 공동부담하고 그 채무에 대하여는 설립중의 회사의 재산만으로 책임을 지므로, 주식인수인은 자기의 주식의 인수가액의 범위 내에서만 책임을 진다고 본다. 따라서 주식인수인이 출자의무를 이행하면 그 이상 아무런 책임을 지지 않는다.[2] 회사가 성립하고 회사의 채무가 적극재산을 초과하는 경우, 회사채권자를 보호하기 위하여 주주(사원)의 책임을 인정할 수 있을 것인가의 논의는 후술한다.

② 발기인은 설립중의 회사의 채무에 대하여 개인적으로 연대하여 무한책임을 지는 것으로 보아야 한다.[3] 우리 상법은 회사불성립이 확정된 경우에만 설립에 관한 행위에 대하여 발기인의 연대책임을 규정하고 있으나(상 326조), 이 규정을 유추하여 회사불성립이 확정되기 이전에도 발기인에게 동일한 책임(연대·무한책임)을 인정할 수 있다고 본다. 회사가 성립한 경우의 발기인의 책임에 대하여는 상법이 회사에 대한 책임(상 321조, 322조 1항)과 제 3 자에 대한 책임(상 322조 2항)으로 나누어 별도로 규정하고 있다.

(5) 권리의무의 이전

1) 설립중의 회사의 법적 성질을 권리능력이 없는 사단이라고 보면, 설립

---

1) 동지: 손(주), 552면; 주상(제 5 판)(회사 Ⅱ), 122면.
2) 동지(간접유한책임설): Hueck, S. 318 f.
반대: 정(동), (회) 147면(간접무한책임설); K. Schmidt, NJW 1981, S. 1347; BGH ZIP 1997, 679.
3) 동지: 정(동), (회) 148～149면(동 교수는 이에 대하여 민법 제135조 1항과 상법 제326조를 준용한다고 하나, 무권대리인의 책임에 관한 민법 제135조 1항을 이에 유추적용하는 것은 적절치 못하다고 본다).

중의 회사의 명의로 취득한 권리의무는 설립중의 회사에 총유(또는 준총유)의 형식으로 귀속하였다가(민 275조, 278조) 성립 후의 회사에 별도의 이전행위 없이 귀속하게 된다(통설).[1] 이는 대륙법계에서 설립중의 회사와 성립 후의 회사를 실질적으로 동일하게 보는 동일성설의 입장에 따른 설명이다.

영미법계에서는 설립중의 회사의 개념을 인정하지 않으므로 성립 전에는 발기인의 행위만이 있을 뿐인데, 이러한 발기인의 행위의 효력은 원칙적으로 성립 후의 회사에 미치지 않는다. 그러나 영국에서는 성립 후의 회사는 발기인의 계약에 대하여 직접 동의(direct agreement)하거나[2] 또는 1999년의 계약(제3자의 권리)법[Contracts(Rights of Third Parties) Act 1999]에 의하여 그 계약을 채택할(evoke) 수 있다. 또한 미국에서도 성립 후의 회사가 발기인의 계약을 추인하거나 채택하는 것을 인정하는데 이러한 경우 발기인이 체결한 계약이 경개(更改)(novation)로 인정되면 발기인은 면책되고, 성립 후의 회사는 이러한 추인 또는 채택을 명시적 또는 묵시적으로(예컨대, 발기인이 체결한 계약의 이익을 취득하는 경우 등) 할 수 있다.[3]

2) 그런데 설립중의 회사의 기관은 발기인이므로 발기인의 행위의 효과가 성립 후의 회사에 귀속하는 결과가 되어, 이 때 발기인의 권한남용에 따른 성립 후의 회사의 보호의 문제가 있다. 따라서 이러한 발기인의 행위의 효력이 성립 후의 회사로 이전되기 위하여는 다음의 요건이 구비되어야 한다.

㈎ 첫째로 형식적인 면에서 발기인은 설립중의 회사의 명의로 행위를 하여야 그 행위의 효력이 성립 후의 회사에 귀속한다. 만일 발기인이 자기 개인명의로 행위를 하거나 발기인조합명의로 행위를 한 경우에는, 그 행위의 효력은 별도의 이전행위가 없이는 성립 후의 회사에 귀속하지 않는다(통설).[4]

참고로 독일 주식법은 「주식회사의 설립등기 전에 회사의 명의로 행위를 한 자는 개인적으로 책임을 지고, 수 인이 이러한 행위를 한 때에는 그 수 인

---

1) 손(주), 551면; 이(철), (회) 235~236면; 이(범), 125면; 채, 437면; 주상(제 5 판)(회사 Ⅱ), 122~123면 외.

2) Rover International Ltd. v. Cannon Film Sales Ltd. [1987] BCLC 540.

3) Hamilton(Nutshell)(1996), pp. 83~89.

설립중의 회사가 취득한 권리의무의 이전 및 설립중의 회사를 위한 행위자(발기인 등)의 책임에 관하여 독일·영국·미국의 경우를 간단히 소개한 것으로는 정찬형, "설립중의 회사의 성립시기와 불법행위책임," 「고려법학」(고려대 법학연구원), 제36호(2001), 305~317면 참조.

4) 정(희), 365면(또한 성립한 회사의 계산으로 하여야 한다고 한다); 손(주), 552면; 이(철), (회) 236면 외.

이 연대채무자로서 책임을 진다」고 규정하여(獨株 41조 1항 2문), (설립중의 회사가 책임을 질 수 없는 경우) 상대방을 보호하고 있다.

이러한 취지의 다음과 같은 대법원판례가 있다.

[발기인명의로 취득한 권리의무가 발기인 개인 또는 발기인조합에 귀속된다고 본 판례]

X회사의 발기인 대표였던 A와 Y 사이에 체결된 이 사건 1988. 10. 4.자 약정의 효력이 X회사에게 귀속되었음을 이유로 한 X의 이 사건 청구에 대하여, 발기인이 회사 설립을 위하여 취득하고 부담한 권리의무는 그 실질에 따라 회사의 설립과 동시에 회사에 귀속되는 것이지만, 설립중의 회사는 정관이 작성되고 발기인이 적어도 1주 이상의 주식을 인수하였을 때 비로소 성립하는 것이고, 이러한 설립중의 회사로서의 실체가 갖추어지기 이전에 발기인이 취득한 권리의무는 구체적인 사정에 따라 발기인 개인 또는 발기인조합에 귀속되는 것으로서, 이들에게 귀속된 권리의무를 설립 후의 회사에게 귀속시키기 위하여는 양수나 계약자 지위인수 등의 특별한 이전행위가 있어야 할 것이다. 따라서 X회사의 정관이 1989. 1. 11. 비로소 작성된 사실에서, 이 사건 약정 당시에 X회사는 설립중의 회사로서의 실체를 갖추지 못하고 있었으므로 위 약정에 따른 권리의무는 A 개인이나 발기인조합에 귀속되고, 이를 X회사에게 귀속시키기 위해서는 특별한 이전행위가 있어야 할 것인데, 이 사건 약정 당시 A와 Y 사이에 X회사가 설립되면 이 사건 계쟁 부분에 관한 소유권이전등기는 법인 명의로 경료하기로 하는 취지의 약정이 있었다는 X의 주장은 증거가 없고, 나아가 A가 X회사가 설립된 후인 1988. 12. 30. 이 사건 임야를 X회사에게 다시 매도한 사실은 인정되지만 그와 같은 양도에 대하여 Y가 동의하였음을 인정할 증거가 없으므로, 관계당사자 전원의 중간생략등기의 합의가 있었음을 전제로 한 X의 주장 역시 이유가 없다[대판 1998. 5. 12, 97 다 56020(공보 1998, 1611)].

동지: 대판 1990. 12. 26, 90 누 2536(공보 1991, 660)(발기인이 취득한 권리의무를 성립 후의 회사에 귀속시키기 위하여는 권리의 양수나 채무인수 등의 특별한 이전행위가 있어야 한다); 동 1994. 1. 28, 93 다 50215(공보 964, 830)(설립중의 회사로서의 실체가 갖추어지기 이전에 발기인이 취득한 권리의무는 구체적 사정에 따라 발기인 개인 또는 발기인조합에 귀속되는 것으로서, 그들에게 귀속된 권리의무를 성립 후의 회사에 귀속시키기 위하여는 양수나 재산인수 등의 특별한 이전행위가 있어야 한다).

[발기인의 불법행위에 대하여 성립후 회사가 불법행위책임을 진다고 본 판례]

[사실관계] X(원고)는 1993. 11. 29. W주식회사에게 금원을 대여하면서 그

대여금 반환채권을 담보하기 위하여 W회사와의 사이에 W회사 소유의 기계(크라샤)에 관하여 양도담보계약을 체결하고 점유개정의 방식에 의하여 이를 인도받았다. 그런데 1994년 4월경 W회사가 거래은행으로부터 거래정지처분을 당하자 이 사건 기계에 대하여 A 등은 유체동산 가압류 또는 압류집행을 실시하였고, 이에 X가 A 등을 상대로 X가 이 사건 기계의 양도담보권자임을 원인으로 그 각 집행의 배제를 구하는 제 3 자 이의의 소를 제기하였다. 이 소송절차가 진행되던 중 그 사건의 피고들 중 1인인 L이 X에게 자신이 이 사건 기계의 보관장소를 본점소재지로 하여 건축폐자재처리업을 주된 영업목적으로 하는 회사를 설립중에 있다고 하면서 회사가 설립되면 같은 회사에서 X로부터 이 사건 기계를 매입 또는 임차한 후 이를 건축폐기물 파쇄용으로 활용하여 그 사업을 영위하고 거기에서 나오는 영업이익금으로 X의 손해액(W회사에 대여한 금원)을 순차로 전액 보전해 주겠다고 제의하자 X는 이를 승낙하고 L과 사이에 같은 해 7월 26일 이 사건 기계를 공동소유하기로 약정하고 그 무렵 제 3 자 이의의 소를 취하하였다. L은 같은 달 28일 건축폐자재 중간집하장 및 재활용업 등을 목적으로 하는 Y회사(피고)를 설립하면서 그 공동대표이사 중 1인으로 선임되어 선임등기를 마쳤는데, 그 후 같은 해 11월 18일에 이르러 다른 공동대표이사인 J가 사임하고 공동대표이사에 관한 규정이 폐지됨에 따라 단독으로 Y회사를 대표할 수 있는 대표이사가 되었다가 1995. 3. 15. 그 대표이사직을 사임하고 같은 날 사임등기를 마치었다. L은 1994. 7. 11. 이 사건 기계의 보관장소를 본점소재지 겸 영업장소로 사용할 목적으로 당시 아직 설립등기를 마치지 못하여 설립중의 상태에 있던 Y회사를 대표하여 그 개업준비행위의 일환으로 이 사건 기계의 보관장소인 잡종지 소유자인 S 외 5인으로부터 그 잡종지 5,000평을 임차하였고, Y회사의 설립절차가 완료된 이후에도 위의 토지상에 Y회사의 콘테이너박스로 된 사무실을 설치하고 그 곳에서 Y회사의 영업목적인 사업을 영위하는 데 필요한 여러 가지 업무를 수행하였다. 그런데 L이 Y회사를 설립하고 공동대표이사로 선임된 이후에 X와의 이 사건 기계의 보관 등에 관한 종전 합의내용을 부인하자 X도 L과의 그 합의를 파기하겠다는 의사를 통보하였고, 이에 Y회사는 같은 해 11월 24일 X에게 같은 해 12월 15일까지 이 사건 기계를 다른 장소로 이전하지 않으면 이를 임의 처분하겠다는 내용의 최고서를 보내자, X는 1995. 1. 12. 다시 L 등을 공동피고로 하여 제 3 자 이의의 소를 제기하여 같은 해 6월 15일 승소판결을 받았고, 그 무렵 위 판결이 확정되었다. 한편 L은 Y회사가 W회사로부터 이 사건 크라샤를 양수하였다고 주장하는 W회사의 채권자 P 및 W회사 근로자 등과 함께 이 사건 크라샤를 처분하기로 합의하고 1994. 12. 31. H에게 이를 대금 4,000만원에 매각하였고, 이어 H는 그 무렵 이를 인도

받아 타에 처분하였다. 이에 X는 Y회사와 H를 공동피고로 하여 불법행위에 기한 손해배상을 청구하는 소를 제기하였다.

[판결요지] 설립중의 회사가 성립하기 위하여는 정관이 작성되고 발기인이 적어도 1주 이상의 주식을 인수하였을 것을 요건으로 하는 바(대판 1998. 5. 12, 97다56020 참조), L이 1994. 7. 11. Y회사의 개업준비행위의 일환으로 이 사건 기계의 보관장소인 잡종지 5,000평을 임차할 당시 설립중인 회사의 정관이 작성되고 발기인이 적어도 1주 이상의 주식을 인수하였다는 점에 관한 증거를 전혀 찾아볼 수 없으므로, 원심의 인정사실 중 L이 1994. 7. 11. "설립중의 회사의 상태에 있던 Y회사를 대표하여" 그 잡종지 5,000평을 임차하였다는 부분은 증거 없이 사실을 인정한 잘못이 있다 할 것이다. 그러나 한편 원심은 L이 설립중인 회사를 대표하여 행한 토지 임차행위의 법률상 효력이 Y회사에게 그대로 귀속되었다고 보아 Y회사의 불법행위책임을 인정한 것이 아니라, 단지 L의 이 사건 기계의 처분행위에 관하여 Y회사의 대표이사로서의 직무관련성을 인정하기 위한 간접사실 내지 정황사실의 일부로서 그와 같은 사실을 인정하고 있는 것에 불과하므로, 설령 그 당시 Y회사가 설립중의 회사로서의 실체를 갖추고 있지 아니하였고, 따라서 L이 설립중의 회사를 대표할 여지가 없었다 하더라도 적어도 그 당시 L이 발기인의 한 사람으로서 Y회사의 설립을 추진중에 있었음을 알 수 있으므로, 그와 같은 사실에 나머지 제반 사정을 종합하여 볼 때 L의 이 사건 기계의 보관 및 처분행위는 L이 위 잡종지 5,000평을 임차할 당시 Y회사가 설립중의 회사로서의 실체를 갖추고 있었는지의 여부 또는 L이 설립중의 회사를 대표하여 그 토지를 임차하였는지의 여부에 관계없이 이 행위의 외형상 객관적으로 Y회사의 대표이사로서의 직무와 밀접한 관련이 있다고 보이므로, 원심의 위에서 본 바와 같은 사실인정 과정상의 잘못은 Y회사의 불법행위책임을 인정함에 영향을 준 바 없다. 따라서 같은 취지의 원심의 인정·판단은 정당하고 거기에 채증법칙에 위배하여 사실을 잘못 인정하였거나 설립중의 회사에 관한 법리 및 대표이사의 불법행위로 인한 주식회사의 손해배상책임에 관한 법리를 오해한 위법은 없다.

L이 명의만을 개인 명의로 하여 이 사건 기계를 취득하고 처분하였다고 하여 위의 직무집행관련성을 부정할 것은 아니다[대판 2000. 1. 28, 99다35737(공보 2000, 564)].

[평석][1] L의 잡종지 임차행위 및 이 사건 기계의 공동소유의 합의가 설립중의 회사의 성립 이전에 이루어졌고 또한 별도의 이전행위가 없었음에도 불구하고 성립 후의 대표이사인 L이 (Y회사를 대표하여) 이 사건 기계를 임의로 매도

1) 이에 관한 상세는 정찬형, "설립중의 회사의 성립시기와 불법행위책임," 「고려법학」(고려대 법학연구원), 제36호(2001), 295~322면 참조.

처분한 것은 Y회사의 직무관련성이 있다고 보기가 어렵지 않을까 생각된다. 따라서 이 경우에는 Y회사의 불법행위책임을 인정하는 것은 곤란하고 L개인의 불법행위책임을 인정하여야 할 것이다. 그런데 만일 L의 위와 같은 행위가 설립중의 회사의 성립 이후에 설립중의 회사의 명의로 이루어져 성립 후의 회사에 이전된 경우에는 당연히 L의 이 사건 기계의 임의매도는 Y회사의 업무집행에 관하여 X에게 가한 손해로서 Y회사의 불법행위책임을 인정하여야 할 것으로 본다. 그러나 사실관계에서 볼 때 L의 이 사건 기계의 취득행위는 L개인이 취득한 것으로 볼 수 있고 또한 설립중의 회사의 명의로 취득한 것으로 볼 수도 없으므로 이와 같이 해석될 여지는 없다.

이러한 점에서 볼 때 위의 대법원판결이 발기인의 행위에 대하여 성립 후의 회사가 책임을 지는 기준을 계약의 경우(또는 불법행위 외의 경우)와 불법행위의 경우를 완전히 다르게 해석하고 있는 점은 타당하지 않다고 본다. 즉 계약의 경우에는 설립중의 회사가 성립하고 발기인이 그의 권한범위 내에서 설립중의 회사의 명의로 한 경우에만 발기인의 행위의 효과가 성립 후의 회사에 이전된다고 보면서(대판 1994. 1. 28, 93 다 50215), 불법행위의 경우에는 설립중의 회사가 성립되기 전에 발기인 개인 명의로 한 경우에도 그 행위가 외형상 Y회사(성립 후의 회사)의 대표이사로서의 직무와 밀접하게 관련된 것으로 보이기만 하면 Y회사의 불법행위책임을 인정하고 있는데, 이는 의문이라고 본다. 극단적으로 보아 설립중의 회사의 발기인인 L이 설립중의 회사가 성립하기 전에 자기 개인명의로 이 사건 기계를 공동소유하기로 합의하고 별도로 성립 후의 회사에 이전행위를 하지 않은 경우에는 이 기계는 성립 후의 회사와 아무런 관련이 없는 것인데, 이 기계를 L이 Y회사를 대표하여 제 3 자에게 임의매도하였다고 하여 직무관련성을 인정하여 Y회사의 불법행위책임을 인정하는 것은 제 3 자의 보호에는 타당할는지 모르나 성립 후의 회사의 보호에는 문제가 있다고 본다. 따라서 회사의 설립사무와 관련하여 취득한 권리·의무와 연결된 성립 후 회사의 불법행위책임을 묻기 위한 직무관련성의 유무를 판단함에 있어서도 이와 유사하게 보아야 할 것으로 생각한다.

(나) 둘째로 실질적인 면에서 발기인은 설립중의 회사의 기관으로서 그의 권한범위내에서 행위를 하여야 그 행위의 효력이 성립 후의 회사에 귀속한다. 그런데 이 때에 발기인의 권한이 어디까지 미치느냐에 대하여는 이미 발기인의 권한에서 설명하였다.

3) 발기인이 한 행위의 효력이 성립 후의 회사에 이전하는 점과 관련하여 다음과 같은 두 가지 문제점이 있다.

(가) 첫째는 발기인이 설립중의 회사의 명의로 발기인의 권한범위 내에서 행위를 하여 설립중의 회사가 취득하거나 부담한 권리의무를 모두 성립 후의 회사가 포괄승계한 결과, 회사의 성립시(설립등기시)에 회사의 자본금과 실제의 재산보다 회사의 채무가 큰 경우에 회사의 채권자를 보호하기 위하여 어떠한 조치가 필요한가의 문제가 있다. 이에 대하여 이와 같은 경우에는 회사의 구성원이 그 차액에 대하여 지분의 비율에 따라 책임을 져야 한다는 독일의 차액책임이론[1]을 소개하고, 우리나라에서도 주식회사에 대하여 이 이론을 적용할 수 있다는 견해가 있다. 이 견해에서는 「주식회사에 관하여는 이와 유사한 명문의 규정은 없으나 상법 제321조에 의하여 발기인에게, 또 상법 제607조 4항에 의하여 주주·이사 및 감사에게 각각 차액책임을 지울 수 있다」고 설명한다.[2] 그러나 이 이론은 사원에게 자본금 전보책임을 인정하는(상 550조, 551조) 유한회사에서는 그 적용가능성이 있을 수 있다고 볼 수 있겠으나, 주주에게 엄격한 유한책임을 인정하는(상 331조) 주식회사에 이 이론을 적용하는 것은 실정법상 명문규정이 없는 점에서 보나 또 주식회사의 본질면(주주의 유한책임)에서 보아 무리라고 생각된다.[3]

(나) 둘째는 발기인이 권한범위 외의 행위(또는 정관에 기재하지 않고 한 재산인수)를 한 경우에 성립 후의 회사가 추인할 수 있으며, 추인할 수 있다고 보면 어떠한 방법으로 추인할 수 있는가의 문제가 있다.

① 발기인의 권한범위 외의 행위(또는 정관에 기재하지 않고 한 재산인수)를 성립 후의 회사가 추인할 수 있는지 여부에 대하여는 부정설(다수설)과 긍정설(소수설)로 나뉘어 있다.

(i) 부정설(다수설)에서는 발기인의 권한범위 외의 행위(또는 정관에 기재하지 않고 한 재산인수)는 무효로서 성립 후의 회사가 이를 추인하지 못하고, 이 무효는 회사 뿐만 아니라 양도인도 주장할 수 있다고 한다.[4] 이러한 부정설에서는, 긍정설을 실정법상의 근거가 없을 뿐만 아니라, 변태설립사항을 규정한 상법 제290조의 탈법행위를 인정하는 결과가 된다는 등의 이유를 들어 비판하

1) 이 이론은 독일의 유한회사에 관하여 1981. 3. 9자 독일연방대법원의 판례에 의하여 형성된 것이다(BGHZ 80, 129, 137 ff.).
2) 정(동), (회) 152~153면.
3) 동지: 정진세, "회사설립중의 개업준비행위," 「고시연구」, 1995. 7(통권 256호), 116면.
4) 서·정, 316면; 손(주), 554면; 정(동), (회) 236면; 이(철), (회) 248~249면; 이(기) 외, (회) 162면; 日最高判 1967. 9. 26 등.

고 있다.[1)]

(ii) 긍정설(소수설)에서는 발기인의 권한범위 외의 행위(또는 정관에 기재하지 않고 한 재산인수)는 발기인이 설립중의 회사의 명의로 성립 후의 회사의 계산으로 한 것은 비록 그것이 발기인의 권한범위 외의 행위라 할지라도 무권대리행위로서 민법 제130조 이하의 규정에 의하여 추인할 수 있다고 보며, 이렇게 성립 후의 회사가 추인하는 경우에는 상대방이 추인 전에 무효를 주장하지 않는 이상 그 효과가 회사에 귀속된다고 한다.[2)]

생각건대 긍정설이 타당하다고 본다. 왜냐하면 발기인의 권한범위 외의 행위(또는 정관에 기재하지 않고 한 재산인수)가 회사에 폐해가 없다면(더 나아가서 회사가 하고자 했던 것이라면) 그 추인을 부정할 이유가 없으며, 또 부정설도 성립 후의 회사가 상대방의 승인을 얻어 발기인의 계약상의 지위를 승계하는 것 등을 부정할 수가 없는데 이 때에 부정설은 발기인의 무권한을 알고 있는 상대방에게까지 자유로운 선택권을 인정하는 결과가 되어 부당하기 때문이다.[3)] 그러나 재산인수의 경우에는 검사인의 조사를 받지 않게 되어 문제가 있으므로, 이 점에 대하여는 입법적으로 해결하여야 할 것으로 본다.[4)]

참고로 독일 주식법상 성립 후 회사는 설립중의 회사가 부담하는 채무를 채권자와의 계약에 의하여 인수할 수 있으나(獨株 41조 2항), 변태설립사항에 관한 채무는 정관에 규정이 없으면 인수할 수 없다(獨株 41조 3항).

② 발기인의 권한범위 외의 행위(또는 정관에 기재하지 않고 한 재산인수)를 성립 후의 회사가 추인할 수 있다고 보는 경우에, 성립 후의 회사는 어떠한 방법으로 추인할 수 있는가. 이에 대하여 (i) 성립 후의 회사는 새로이 동일내용의 계약을 체결하는 경우와 동일한 방법으로써 발기인의 무권대리를 명시적·묵시적으로 추인할 수 있다는 견해도 있으나[5)](즉, 그 행위가 업무집행의 일환으

1) 정(동), (회) 114면; 이(철), (회) 249면.

2) 정(희), 371면; 채, 409면; 주상(제5판)(회사 Ⅱ), 127면; 정진세, 전게논문(고시연구, 1995. 7), 117면; 대판 1992. 9. 14, 91 다 33087(공보 931, 2851)(이 판결에 대한 평석으로는 정진세, 법률신문, 제2250호, 15면).

동지: 北澤, "設立中의 會社," 「株式會社法講座 Ⅰ」(田中耕太郎 編), 254면 이하.

3) 정찬형, "주식회사 발기인의 개업준비행위와 회사의 책임," 법률신문, 제1392호(1981. 4. 20), 9면; 연습, 302면(사례 51).

4) 獨株(AktG) 제52조 4항; 佛商(2001) 225-8조 등 참조(추인을 하는 경우에도 검사인에 의한 조사를 받도록 규정함).

5) 정진세, 전게논문(고시연구, 1995. 7), 118면(명백하지는 않으나 이러한 취지로 설명함); 平出

로 이사회 또는 대표이사에 의한 경우에는 이의 결정으로 추인한다), (ii) 성립 후의 회사는 사후설립에 관한 규정(상 375조)을 유추적용하여 주주총회의 특별결의로써 이를 추인할 수 있다고 보아야 할 것이다.[1)]

이와 관련하여 발기인의 권한범위 외의 행위(또는 정관에 기재하지 않고 한 재산인수)를 창립총회가 추인할 수 있을 것인가의 문제가 있다. 그러나 창립총회는 회사가 성립되기 전에 소집되고(상 317조 1항), 이 때에 회사의 조직은 미완성이므로 이러한 창립총회의 자치적 판단에 맡길 수 없음은 물론, 회사의 자본금 충실을 기하기 위하여 창립총회의 권한에는 엄격한 제한이 요구되므로, 위와 같은 발기인의 행위에 대하여 창립총회의 결의로써 추인하게 할 수는 없다고 본다.[2)]

제 2 관 실체형성절차

주식회사의 실체형성절차는 크게 정관의 작성과 그 밖의 실체형성절차로 분류될 수 있는데, 이하에서 차례로 설명한다.

제 1 정관의 작성

I. 정관의 의의

(1) 정관의 개념

정관(Ursatzung)[3)]이란 실질적으로는 「회사의 조직과 활동에 관하여 규정한 근본규칙」을 말하고, 형식적으로는 「이러한 근본규칙을 기재한 서면」을 말하는데, 회사설립에 있어서 작성되는 정관은 이 양자를 포함한다. 그러나 정관

慶道, "開業準備行爲," 「新商法演習 會社(1)」(東京: 有斐閣, 1979), 36면.

1) 정찬형, 전게 법률신문(1981. 4. 20), 9면; 연습, 303면(사례 51).
동지: 정(희), 371면; 채, 409면.

2) 정찬형, 전게 법률신문(1981. 4. 20), 9면; 연습, 303면(사례 51).
동지: 日最高判 1941. 12. 23.

3) 영미법에서 정관이란 기본정관과 부속정관이 있는데, 기본정관은 영국에서는 memorandum, 미국에서는 charter 또는 articles라고 하고, 부속정관은 영국에서는 articles, 미국에서는 by-laws 라고 한다. 영미법에서 기본정관은 우리 상법상 정관의 절대적 기재사항을 기재한 것이고, 부속정관은 우리 상법상 정관의 상대적 기재사항 및 임의적 기재사항을 기재한 것이다[손(주), 555면 주 3 참조].

변경에서의 정관은 실질적 의미의 정관만을 의미한다.

(2) 정관의 종류

정관은 회사의 설립시에 최초로 작성되는데 이를 「원시정관」이라 하고, 그 뒤에 변경된 정관을 「변경정관」이라 한다.

(3) 정관의 방식

주식회사의 정관은 1인 이상의 발기인이 작성하여야 하고(상 288조), 각 발기인이 이에 기명날인 또는 서명하여야 한다(상 289조). 또한 원시정관은 회사의 설립관계를 명확히 하기 위하여 원칙적으로 공증인의 인증을 효력발생요건으로 하고 있다(상 292조 본문).

그러나 2009년 5월 28일 개정상법은 자본금 총액이 10억원 미만인 소규모 주식회사의 설립절차를 간소화하기 위하여, 이러한 회사를 발기설립하는 경우에는 예외적으로 정관에 대한 공증인의 인증의무를 면제하고 각 발기인이 정관에 기명날인 또는 서명함으로써 정관의 효력이 생기는 것으로 하고 있다(상 292조 단서).

2. 정관의 기재사항

정관의 기재사항에는 반드시 정관에 기재하여야 하고 이의 기재흠결이 있으면 정관이 무효가 되는 「절대적 기재사항」(상 289조), 정관에 기재함으로써 그 효력이 발생하는 사항으로 상법에 규정되어 있는 「상대적 기재사항」(상 290조, 344조 2항, 344조의 2~346조, 356조의 2, 357조, 361조, 383조 3항, 387조, 416조, 418조, 517조 1호 등), 상법에는 규정이 없으나 강행법규 또는 주식회사의 본질에 반하지 않는 사항으로 정관에 규정함으로써 그 효력이 발생하는 「임의적 기재사항」이 있다. 이를 각각 살펴보면 다음과 같다.

(1) 절대적 기재사항

정관의 절대적 기재사항은 다음과 같다(상 289조 1항).

1) 목 적 업종을 확인할 수 있을 정도로 구체적으로 기재하여야 하는데, 이는 회사의 권리능력의 기준이 되거나(제한설의 경우) 회사기관의 권한남용여부의 기준이 된다(무제한설의 경우).

2) 상 호 회사의 명칭인데, 반드시 주식회사라는 문자를 사용하여야 한다(상 19조).

3) 회사가 발행할 주식의 총수 이는 수권주식총수(발행예정주식총수)

이다.

4) 액면주식을 발행하는 경우 1주의 금액 액면주식을 발행하는 경우 1주의 금액은 100원 이상이어야 하고(상 329조 3항), 균일하여야 한다(상 329조 2항).

1998년 개정상법 이전에는 1주의 금액이 5,000원 이상이었는데(1998년 개정전 상 329조 4항), 주권상장법인 또는 협회등록법인의 주식은 상법 제329조 4항의 규정에 불구하고 1주의 금액을 100원 이상으로 할 수 있도록 하였다(증거 192조의 2 1항). 또한 1주의 금액이 5,000원 미만인 주식을 발행한 주권상장법인 또는 협회등록법인이 주권상장법인 및 협회등록법인 중 어느 쪽에도 속하지 아니하게 된 경우에도 그 발행한 주식은 유효하다고 하였다(증거 192조의 2 2항)(이는 증권거래법이 1997. 12. 13. 법 제5423호로 개정되면서 둔 특칙인데, 이 규정은 1998년 개정상법이 1주의 금액을 100원 이상으로 함에 따라 1998년 12월 28일 증권거래법 개정시에 삭제되었다).

1998년 개정상법에서는 1주의 금액을 100원 이상으로 하였는데, 이와 같이 1주의 금액을 대폭 인하한 것은 주식분할을 자유롭게 하고 신주발행시 기업자금조달의 편의를 돕기 위한 것이다(정부의 상법개정안 제안이유). 그런데 이에 대하여는 무액면주식을 인정하지 않은 이상 기업자금조달의 편의에는 도움이 되지 않고 주식의 물량만이 증대된다는 등의 비판이 있었다. 2011년 4월 개정상법에서는 무액면주식의 발행을 인정하여(상 329조 1항) 액면주식의 경우 1주의 금액을 대폭 인하한 것은 주식분할을 자유롭게 하도록 한다는 의미밖에 없게 되었다.

5) 회사의 설립시에 발행하는 주식의 총수[1)] 이는 회사의 설립시의 자본금의 기초가 된다. 즉, 액면주식의 경우 이에 1주의 액면가액을 곱하면 회사의 설립시의 자본금이 되고(상 451조 1항), 무액면주식의 경우 이에 주식 발행가액의 2분의 1 이상의 금액으로서 이사회에서 자본금으로 계상하기로 한 금액을 곱하면 회사의 설립시의 자본금이 된다(상 451조 2항).

6) 본점의 소재지 이는 회사의 주소가 되는데(상 171조), 최소독립행정구역으로 표시하면 된다.[2)] 지점의 설치·이전 또는 폐지는 이사회의 결의사항이다(상 393조 1항).

---

1) 2011년 4월 개정상법 이전에는 회사의 설립시에 발행하는 주식의 총수가 수권주식총수의 4분의 1 이상이어야 하였는데(개정전 상 289조 2항), 2011년 4월 개정상법에서는 이를 폐지하였다.

2) 동지: 정(동), (회) 110면; 채, 407면; 이(기) 외, (회) 158면; 주상(제5판)(회사 Ⅱ), 136면.

7) 회사가 공고를 하는 방법 원칙적으로 관보 또는 일간신문 중에서 특정하여 기재하는데(상 289조 3항 본문), 회사의 모든 공고(상 354조 4항, 431조 2항, 449조 3항 등)는 이를 통하여 하게 된다. 이는 주주 또는 회사의 이해관계인으로 하여금 용이하게 공고내용을 알 수 있게 하기 위해서이다.

그러나 2009년 5월 28일 개정상법은 예외적으로 회사의 정관에서 정하는 바에 따라 전자적 방법으로 공고(전자공고)할 수 있도록 하고 있다(상 289조 3항 단서). 회사가 전자적 방법으로 공고하려는 경우에는 회사의 인터넷 홈페이지에 게재하는 방법으로 하여야 하는데(상 289조 6항, 상시 6조 1항), 이 경우 회사는 인터넷 홈페이지 주소를 등기하여야 한다(상 289조 6항, 상시 6조 2항). 회사가 이와 같이 전자적 방법으로 공고할 경우에는 대통령령으로 정하는 기간(법에서 특정한 날부터 일정한 기간 전에 공고하도록 한 경우에는 '그 특정한날'이고, 법에서 공고에서 정하는 기간 내에 이의를 제출하거나 일정한 행위를 할 수 있도록 한 경우에는 '그 기간이 지난 날'이며, 이 외의 경우에는 '해당 공고를 한 날부터 3개월이 지난 날'이다 — 상시 6조 5항)까지 계속 공고하고, 재무제표를 전자적 방법으로 공고할 경우에는 정기총회에서 이를 승인한 후 2년까지 계속 공고하여야 하는데, 이러한 공고기간 이후에도 누구나 그 내용을 열람할 수 있도록 하여야 한다(상 289조 4항). 또한 회사가 전자적 방법으로 공고를 할 경우에는 게시기간과 게시내용에 대하여 증명하여야 한다(상 289조 5항). 회사의 전자적 방법으로 하는 공고에 관하여 필요한 사항은 대통령령으로 정한다(상 289조 6항, 상시 6조).

8) 발기인의 성명·주민등록번호[1] 및 주소 발기인이 누구이냐 하는 것은 회사의 이해관계인에게 중요하므로 이를 정관의 절대적 기재사항으로 한 것이다. 이 때 정관상 발기인의 기재는 발기인의 기명날인 또는 서명만으로 충분하고 그의 주소의 기재를 생략할 수 있다는 견해가 있는데,[2] 이는 상법의 명문규정에 반하다고 본다.

(2) 상대적 기재사항

정관의 상대적 기재사항은 상법의 여러 곳에 규정되어 있다(상 344조 2항, 344조의 2~346조, 357조, 361조, 383조 3항, 387조, 416조, 418조, 463조, 517조 1호 등). 이와 같이 상법에 규정되어 있는 다수의 상대적 기재사항 중 특히 문제가 되는 것은, 회사의 설립시에 자본금 충실을 기하기 위하여 반드시 정관에 기재하여야만 그 효력이 있는 것으로 규정하고 있는 사항인 변태설립사항(위험한 약속)(qualifizierte Gründung)이다(상 290조). 이러한 변태설립사항은 그것이 남용된 경우 회사의 재산적 기초를 약화시키므로 반드시 정관에 기

1) 이는 발기인의 동일성을 명백히 하기 위하여 1995년 개정상법에서 추가된 것이다.

2) 정(동), (회) 110면; 채, 407면.
동지: 日大判 1923. 5. 9(民集 12, 1092).

재하여야 그 효력이 발생하도록 함은 물론, 주식청약서에도 기재하도록 하고(상 302조 2항 2호), 또 원칙적으로 법원이 선임한 검사인에 의하여 엄격한 조사를 받도록 하고 있다(상 299조 1항, 310조).

그러나 변태설립사항 중 발기인이 받을 특별이익(상 290조 1호)과 회사가 부담할 설립비용 · 발기인이 받을 보수액(상 290조 4호)에 관하여는 공증인의 조사보고로, 현물출자(상 290조 2호)와 재산인수(상 290조 3호)에 관한 사항과 현물출자의 이행에 관한 사항(상 295조 2항)은 공인된 감정인의 감정으로 법원이 선임한 검사인에 의한 조사에 갈음을 할 수 있다(상 298조 4항 단서, 299조의 2, 310조 3항)(이는 1995년 개정상법에 의하여 규정됨). 참고로 일본의 2005년 회사법에서는 현물출자 또는 재산인수의 목적이 일정한 요건에 해당하는 경우(소규모이거나, 상장유가증권이거나, 부동산으로서 일정한 요건을 갖춘 경우)에는 검사인에 의한 조사를 면제하고 있다(日會 33조 10항).

이러한 변태설립사항을 정관에 기재하지 않고 하였거나 또는 정관에는 기재하였으나 검사인 등에 의한 검사를 받지 않고 한 경우에는 원칙적으로 무효라고 본다.[1] 이러한 변태설립사항에는 다음과 같은 것이 있다.

1) 특별이익(상 290조 1호)

(가) 발기인이 받을 특별이익과 이를 받을 자의 성명은 변태설립사항으로 이를 정관에 기재하여야 그 효력이 발생한다. 발기인이 받을 「특별이익」이란 발기인의 회사설립에 대한 공로로서 발기인에게 부여되는 이익을 말하는데(예컨대, 이익배당 · 잔여재산분배 · 신주인수에 대한 우선권, 회사설비이용에 대한 특혜, 회사제품의 총판매권 부여, 발기인으로부터 원료의 총구입의 약속 등), 자본금 충실의 원칙에 반하는 이익(예컨대, 무상주의 교부) · 주주평등의 원칙에 반하는 이익(예컨대, 의결권에 대한 특혜) 또는 단체법의 원칙에 반하는 이익(예컨대, 이사의 지위약속) 등은 이에 포함되지 않는다.[2]

(나) 발기인에게 부여된 이러한 특별이익은 일단 부여된 뒤에는, 이익의 성질과 정관의 규정에 반하지 않는 한 양도 또는 상속의 대상이 될 수 있다.[3]

2) 현물출자(상 290조 2호)

(가) 현물출자를 하는 자가 있는 경우에는 그 자의 성명과 현물출자의 목적

1) 동지: 정(동), (회) 122면(정관에는 기재하였으나 검사인 등의 조사를 받지 아니한 경우에는 그 내용이 불공정한 경우에 한하여 무효라고 한다).
2) 정(희), 369면; 손(주), 557면; 정(동), (회) 111면 외.
3) 정(희), 369면; 손(주), 557면; 정(동), (회) 111면 외.

인 재산의 종류·수량·가격과 이에 대하여 부여할 주식의 종류와 수를 정관에 기재하여야 그 효력이 발생한다.[1] 주식회사에서는 금전출자가 원칙이나, 예외적으로 현물출자가 가능하다.[2] 현물출자에 관한 사항을 상법이 변태설립사항으로 규정한 것은 현물출자되는 재산이 과대평가되어 회사설립시부터 자본금에 결함이 생겨 회사채권자를 해하는 것을 방지하고, 또 현물출자자에게 부당하게 많은 주수(株數)를 배당함으로 인하여 금전출자한 주주를 해하는 것을 방지하려는 데 그 목적이 있다.[3]

㈏ 현물출자의 성질은 민법상 전형계약은 아니고, 상법상 「출자의 하나의 형태」라고 보아야 할 것이다. 그런데 이러한 현물출자는 쌍무·유상계약의 성질을 갖기 때문에, 위험부담·하자담보 등에 관한 민법의 규정(민 537조, 570조 이하, 580조)이 유추적용될 수 있다고 본다(통설).[4]

㈐ 현물출자의 목적물이 될 수 있는 것은 대차대조표의 자산에 기재할 수 있는 것이면 무엇이든지 가능하다고 본다. 따라서 동산, 부동산, 채권, 유가증권, 무체재산권, 영업의 전부 또는 일부, 영업상의 비결(秘訣), 컴퓨터의 소프트웨어 등 재산적 가치가 있는 것이면 무엇이든지 현물출자의 목적물이 될 수 있다.[5]

㈑ 현물출자의 이행은 납입기일에 출자의 목적인 재산을 인도하고, 등기·등록 기타 권리의 설정 또는 이전을 요하는 경우에는 이에 관한 서류를 완비하여 교부하여야 한다(상 295조 2항, 305조 3항). 현물출자의 불이행이 있는 경우에는 민법상

---

1) 동지: 대판 1967. 6. 13, 67 다 302(화물자동차를 현물출자하였다고 하더라도, 이에 관하여 정관의 규정이 없는 이상 현물출자라고 볼 수 없다).

2) 1995년 개정상법 이전에는 주식회사의 설립시에 있어서 현물출자자는 발기인으로 한정하였다(상 294조). 그 이유는 발기인 자신이 출자하는 현물에 문제가 있는 경우에는 발기인은 자본금충실의 책임을 부담하므로(상 321조) 쉽게 그 문제가 해결될 수 있기 때문에 정책적으로 발기인으로 제한한 것이다. 그러나 신주발행시에는 현물출자자의 제한도 없고 또 이를 정관에 기재할 필요도 없이(대판 1960. 11. 24, 4292 민상 874·875〈카드 6871〉) 정관에 다른 규정이 없는 한 이사회가 자유로이 정할 수 있는 점(상 416조 4호) 및 현물출자는 그 현물이 정당하게 평가되고 그 출자가 확실하게 이행되기만 하면 된다는 점 등에서 1995년 개정상법에서는 이러한 제한을 폐지하였다.

3) 동지: 대판 1960. 11. 24, 4292 민상 874·875(카드 6871); 정(희), 369면; 이(철), (회) 245면; 주상(제 5 판)(회사 Ⅱ), 146면.

4) 정(희), 370면; 손(주), 558면; 정(동), (회) 112면; 이(철), (회) 246면; 이(기) 외, (회) 160면; 주상(제 5 판)(회사 Ⅱ), 148~149면 외.

5) 동지: 정(희), 369~370면; 정(동), (회) 111면; 이(철), (회) 246면; 채, 409면; 이(기) 외, (회) 160면; 주상(제 5 판)(회사 Ⅱ), 146~147면; 이·최, 247면.

채무불이행의 일반원칙에 의하여 강제집행을 할 수 있으나(민 389조), 이행불능의 경우에는 민법상 일반원칙에 의하여 그에게 손해배상을 청구할 수 있음은 물론(민 390조, 544조, 551조) 정관을 변경하여 설립절차를 속행할 수도 있다.[1)]

3) 재산인수(상 290조 3호)

(개) 발기인은 회사의 성립을 조건으로 하여 회사를 위하여 특정인으로부터 일정한 재산을 양수하기로 약정하는 경우가 있는데(재산인수), 이 때에는 그 재산의 종류·수량·가격과 그 양도인의 성명을 정관에 기재하여야 그 효력이 발생한다. 이 때 「회사성립 후에 양수할 것을 약정한다」함은 '발기인이 설립될 회사를 위하여 회사의 성립을 조건으로 하여 발기인이나 주식인수인 또는 제 3 자로부터 일정한 재산을 매매의 형식으로 양수할 것을 약정하는 계약'을 의미한다.[2)] 이와 같은 발기인의 재산인수행위는 회사설립행위 자체에 속하는 행위는 아니고, 개업준비행위로서 성립 후의 회사의 영업개시를 위한 준비행위에 속한다.[3)]

따라서 발기인의 권한범위에 관한 학설에 따라서, 상법이 재산인수를 변태설립사항으로 규정한 이유에 대하여는 달리 설명되고 있다. 즉, 발기인의 권한에 개업준비행위를 포함시키는 견해에서는, 상법이 재산인수를 변태설립사항이라고 규정한 것은 재산인수로 인한 실제상의 폐단(재산인수의 경우에 재산이 과대평가되면 회사의 재산적 기초가 위태롭게 되고 또 양도인이 발기인인 경우에는 현물출자의 탈법행위로 악용될 염려가 있는 폐단)을 고려하여 규정한 것이라고 한다.[4)] 그러나 발기인의 권한에 개업준비행위를 포함시키지 않는 견해에서는, 재산인수를 상법이 규정하고 있는 것은 성립 후의 회사가 공백 없이 목적사업을 수행할 수 있도록 하기 위하여 예외적으로 허용한 규정이라고 한다.[5)]

재산인수 및 사후설립에 관한 다음과 같은 대법원판례가 있다.

---

1) 동지: 이(철), (회) 247면.

2) 동지: 대판 1994. 5. 13, 94 다 323(공보 970, 1681)(현물출자를 하기로 한 발기인이 현물출자에 따른 번잡함을 피하기 위하여 회사의 성립 후 회사와 현물출자자 사이의 매매계약에 의한 방법에 의하여 위 현물출자를 완성하기로 약정하였다면 그 약정은 그대로 상법 제290조 3호의 재산인수에 해당하여 이를 정관에 기재하지 않고 한 경우는 무효이다).

3) 동지: 정(동), (회) 113면.

4) 정(동), (회) 113면.

5) 이(철), (회) 247~248면; 이(기) 외, (회) 161면.

[재산인수가 동시에 사후설립에 해당하는 경우 사후설립에 관한 주주총회의 특별결의가 있으면 유효라고 한 판례]

상법 제290조 3호는 변태설립사항의 하나로서 회사성립 후에 양수할 것을 약정한 재산의 종류·수량·가격과 그 양도인의 성명을 정관에 기재함으로써 그 효력이 있다고 규정하고 있고, 이 때에 회사의 성립 후에 양수할 것을 약정한다 함은 이른바 재산인수로서, 발기인이 회사의 성립을 조건으로 다른 발기인이나 주식인수인 또는 제 3 자로부터 일정한 재산을 매매의 형식으로 양수할 것을 약정하는 계약을 의미한다고 할 것이고, 아직 원시정관의 작성 전이어서 발기인의 자격이 없는 자가 장래 성립할 회사를 위하여 위와 같은 계약을 체결하고 그 후 그 회사의 설립을 위한 발기인이 되었다면 위 계약은 재산인수에 해당하고 정관에 기재가 없는 한 무효라고 할 것이다.

A와 B가 공동으로 축산업 등을 목적으로 하는 X회사를 설립하기로 합의하고, A는 부동산을 현물로 출자하고 B는 현금을 출자하되, 현물출자에 따른 번잡함을 피하기 위하여 회사의 성립 후 X회사와 A간의 매매계약에 의한 소유권이전등기의 방법에 의하여 위 현물출자를 완성하기로 약정하고 그 후 회사설립을 위한 소정의 절차를 거쳐 위 약정에 따른 현물출자가 이루어진 것이라면, 위 현물출자를 위한 약정은 그대로 상법 제290조 3호가 규정하는 재산인수에 해당한다고 할 것이어서 정관에 기재되지 아니하는 한 무효라고 할 것이나, 위와 같은 방법에 의한 현물출자가 동시에 상법 제375조가 규정하는 사후설립에 해당하고 이에 대하여 주주총회의 특별결의에 의한 추인이 있었다면 회사는 유효하게 위 현물출자로 인한 부동산의 소유권을 취득한다.

따라서 X회사의 이 사건 토지들에 관한 소유권이전등기는 사후설립으로서 유효하다고 할 것이므로, 원심의 결론은 정당하고 논지는 이유 없다[대판 1992. 9. 14, 91 다 33087 (공보 931, 2851)].

동지: 대판 1989. 2. 14, 87 다카 1128(공보 845, 405)(A와 X회사 사이의 토지매매가 현물출자에 관한 상법상의 규제를 회피하기 위한 방편으로 행하여져 무효인지의 여부를 가리기 위하여는, 그 매매행위가 회사의 성립 전에 발기인들에 의하여 이루어진 재산인수〈상 290조 3호〉인지 아니면 회사가 성립된 후에 회사의 대표이사에 의하여 이루어진 사후설립〈상 375조〉인지를 심리·확정한 후에 그것이 유효요건을 갖추었는지 여부를 심리하여 그 유·무효를 판단하여야 한다. 그럼에도 불구하고 X회사와 A 사이의 이 사건 토지들에 대한 매매의 유효 여부가 다투어지고 있는 이 사건에서, 원심이 위 매매 자체의 법률적 성질과 유효요건의 구비 여부를 심리하지도 아니한 채, 단지 위 매매에 이르게 된 경우에 불과한 A와 X회사 사이의 현물출자의 합의와 관련하여서만 심리한 후 만연히 위 매매가

유효라고 판단하였음은 상법상 현물출자에 관한 법리를 오해한 위법이 있다).

[재산인수가 동시에 사후설립에 해당하지 않는 경우 정관에 기재하지 않으면 무효라고 본 판례]

상법 제290조 3호 소정의 '회사성립후에 양수할 것을 약정한다'함은 회사의 변태설립의 일종인 재산인수로서, 발기인이 설립될 회사를 위하여 회사의 성립을 조건으로 다른 발기인이나 주식인수인 또는 제 3 자로부터 일정한 재산을 매매의 형식으로 양수할 것을 약정하는 계약을 의미하므로, 당사자 사이에 회사를 설립하기로 합의하면서 그 일방은 일정한 재산을 현물로 출자하고 타방은 현금을 출자하되, 현물출자에 따른 번잡함을 피하기 위하여 회사의 성립 후 회사와 현물출자자 사이의 매매계약에 의한 방법에 의하여 위 현물출자를 완성하기로 약정하고 그 후 회사설립를 위한 소정의 절차를 거쳐 위 약정에 따른 현물출자가 이루어진 것이라면, 위 현물출자를 위한 약정은 그대로 위 법조가 규정하는 재산인수에 해당한다고 할 것이어서 정관에 기재되지 아니하는 한 무효이다 [대판 1994. 5. 13, 94 다 323(공보 970, 1681)].

[정관에 기재하지 아니한 재산인수는 무효이나, 회사설립 후 15년의 지난 다음 이의 무효를 주장하는 것은 신의성실의 원칙에 반한다고 본 판례]

갑이 을이 장래 설립·운영할 병 주식회사에 토지를 현물로 출자하거나 매도하기로 약정하고 병 회사 설립 후 소유권이전등기를 마쳐 준 다음 회장 등 직함으로 장기간 병 회사의 경영에 관여해 오다가, 병 회사가 설립된 때부터 약 15년이 지난 후에 토지 양도의 무효를 주장하면서 소유권이전등기의 말소를 구한 사안에서, 위 약정은 상법 제290조 제 3 호에서 정한 재산인수로서 정관에 기재가 없어 무효이나, 병 회사로서는 병 회사의 설립에 직접 관여하여 토지에 관한 재산인수를 위한 약정을 체결하고 이를 이행한 다음 설립 후에는 장기간 병 회사의 경영에까지 참여하여 온 갑이 이제 와서 병 회사의 설립을 위한 토지 양도의 효력을 문제 삼지 않을 것이라는 정당한 신뢰를 가지게 되었고, 갑이 을과 체결한 사업양도양수계약에 따른 양도대금채권이 시효로 소멸하였으며, 갑이 병 회사 설립 후 15년 가까이 지난 다음 토지의 양도가 정관의 기재 없는 재산인수임을 내세워 자신이 직접 관여한 회사설립행위의 효력을 부정하면서 무효를 주장하는 것은 회사의 주주 또는 회사채권자 등 이해관계인의 이익 보호라는 상법 제290조의 목적과 무관하거나 오히려 이에 배치되는 것으로서 신의성실의 원칙에 반하여 허용될 수 없다 [대판 2015. 3. 20, 2013 다 88829(공보 2015, 601)].

(나) 「재산인수」(상 290조 3호)는 현물출자(상 290조 2호)의 탈법행위로 악용되는 것을 방지

하기 위하여 상법이 변태설립사항으로 규정한 것이고, 또 재산인수의 탈법행위로 악용되는 것을 방지하기 위하여 상법은 다시 「사후설립」(회사의 성립 후 2년 내에 그 성립 전부터 존재하던 재산을 자본의 100분의 5 이상에 해당하는 대가로써 취득하는 계약을 하는 경우에는 주주총회의 특별결의를 요한다)(상 375조)을 규정하고 있는 것이다.[1] 따라서 「현물출자」, 「재산인수」 및 「사후설립」의 3자는 유사하면서도 매우 다르다. 즉, 「현물출자」는 단체법상의 출자행위이나 「재산인수」는 개인법상의 거래행위란 점에서 양자는 근본적으로 구별되고, 한편 「재산인수」는 회사성립 전의 계약이나 「사후설립」은 회사성립 후의 계약이라는 점에서 양자는 근본적으로 구별되고 있다.[2]

(다) 재산인수는 변태설립사항으로 반드시 정관에 기재하여야 그 효력이 발생하는데, 정관에 기재하지 아니한 재산인수의 효력은 어떠한지가 문제된다. 이는 원칙적으로 무효가 된다는 점에 대하여는 앞에서 본 바와 같이 이론이 없으나, 성립 후의 회사가 예외적으로 추인할 수 있는지 여부에 대하여는 발기인이 그의 권한범위 외의 행위를 한 경우에 성립 후의 회사가 이를 추인할 수 있는지 여부의 경우와 같이 견해가 나뉘어 있다. 즉, 이에 대하여 (i) 다수설은 정관에 규정이 없는 재산인수의 추인을 인정하면 이는 상법 제290조 3호의 취지를 무의미하게 하여 결과적으로 재산인수의 탈법행위를 인정하는 것이 되고, 또 자본금 충실에 관한 절차상의 규정은 다수결의 원리로 그 적용을 배제할 성질이 아니라는 이유로, 정관에 규정이 없는 재산인수는 주주총회의 특별결의가 있는 경우에도 절대적으로 무효라고 한다.[3] (ii) 그러나 발기인이 권한범위 외의 행위를 한 경우와 같이 성립 후의 회사는 주주총회의 특별결의로써(상 375조 유추적용) 이를 추인할 수 있다고 본다(소수설).[4] 앞에서 본 바와 같이 재산인수는 계약으로 단체법상 출자인 현물출자와는 구별되고 오히려 사후설립과 유사한 점이 많으므로, 이에 사후설립에 관한 규정이 유추적용될 수 있다고 본다. 그런데 이러한 재산인수는 회사설립시에 자본금 충실을 기하기 위하여 변태설립사항으로 규정하였고 또한 자본금에 대한 일정비율 이상의 제한도 없기 때문에(상 290조 3호)

1) 동지: 정(희), 371면.
2) 현물출자·재산인수 및 사후설립의 이동(異同)에 관한 상세는 이(범), (예해) 449~452면 참조.
3) 서·정, 316면; 손(주), 559면; 정(동), (회) 114면; 이(철), (회) 248~249면; 이(기) 외, (회) 162면; 주상(제5판)(회사 Ⅱ), 151~152면 외.
4) 정찬형, 전게 법률신문(1981. 4. 20), 9면; 연습, 302면(사례 51).
동지: 정(희), 371면; 채, 409면.

(사후설립과 구별되는 점) 재산인수의 대가가 자본금의 100분의 5 미만인 경우에도 주주총회의 특별결의가 있어야 추인할 수 있다고 본다.

4) 설립비용 등(상 290조 4호)

(가) 회사가 부담할 설립비용과 발기인이 받을 보수액도 변태설립사항으로, 이를 정관에 기재하여야 그 효력이 발생한다. 이 때 「설립비용」이란 발기인이 회사의 설립을 위하여 지출한 비용을 말하는데, 정관·주식청약서 등의 인쇄비, 주주모집을 위한 광고비, 설립사무소의 임차료 등이 이에 해당한다.[1] 그러나 회사의 개업준비를 위하여 지출한 공장·건물·집기·원료 등의 구입비인 개업준비비용은 이에 포함되지 않는다(통설).[2] 개업준비를 위한 금전차입은 비용이 아니므로 이에 포함될 수 없음은 당연하다.[3] 상법이 이와 같이 설립비용을 변태설립사항으로 규정한 것은 발기인의 권한남용에 의한 과다한 비용지출을 방지하고자 함에 있다.

「발기인이 받을 보수」란 발기인이 회사의 설립사무에 종사한 노동의 대가를 말하는 것으로서 이는 일시적으로 지급되는 급료이므로, 「발기인이 받을 특별이익」(상 290조 1호)과 구별되며, 또한 「설립비용」에도 포함되지 않는다.[4]

(나) 정관에 기재하지 않거나 기재액을 초과하여 지출한 설립비용은 발기인 자신이 부담하여야 한다. 이는 (성립 후의) 회사와 발기인간의 내부관계에 속하는 사항이나, 발기인은 이를 회사에 대하여 부당이득 또는 사무관리의 법리에 의하여 구상할 수 없다(통설).[5]

(다) (성립 후의) 회사와 발기인간의 외부관계에 속하는 사항으로 설립비용이 지급되지 않은 경우에 이를 누가 부담할 것인가의 문제가 있다. 이에 대하여 회사전액부담설[6]·발기인전액부담설[7] 및 회사·발기인중첩책임설[8] 등이 있

1) 참고로 일본 회사법은 주식회사가 부담할 설립비용에서 '정관인증의 수수료 그 밖에 주식회사에 손해를 줄 우려가 없는 것으로서 법무성령으로 정한 것'은 제외하는 것으로 규정하고 있다(日會 28조 4호).
2) 정(희), 372면; 정(동), (회) 114면; 이(철), (회) 249면; 채, 410면; 이(기) 외, (회) 162면; 주상(제 5 판)(회사 Ⅱ), 152~153면 외.
3) 동지: 대판 1965. 4. 13, 64 다 1940.
4) 입법례로 독일의 경우는 발기인의 보수를 설립비용에 포함시키고 있다(AktG §26).
5) 손(주), 559면; 정(동), (회) 115면; 이(철), (회) 249면; 주상(제 5 판)(회사 Ⅱ), 153면 외.
6) 정(동), (회) 115~116면; 이(기) 외, (회) 163면.
7) 최(기), 557면; 동, (회) 163면.
8) 손(주), 560면.

는데, 발기인의 적법한 행위로 설립중의 회사가 부담하는 채무는 동일성설에 의하여 성립 후의 회사의 채무가 된다는 점과 제 3 자의 보호면에서 볼 때 회사전액부담설이 가장 타당하다고 본다. 회사전액부담설에 의하는 경우 정관에 규정된 설립비용은 당연히 회사의 부담이나, 정관에 규정되지 않은 설립비용은 회사가 먼저 제 3 자에게 지급하고 내부관계에서 회사가 이를 추인하지 않는 한 발기인에게 구상할 수 있다고 본다.[1)]

(3) 임의적 기재사항

상법에 규정이 없더라도 강행법규 또는 주식회사의 본질에 반하지 않는 한 정관에 기재할 수 있고 이로써 그 효력이 발생하는 사항이 있는데, 이를 임의적 기재사항이라고 한다. 임의적 기재사항의 예로는 주권의 종류, 주식명의 개서절차, 이사·감사의 수, 영업연도 등이 있다.

제 2 그 밖의 실체형성절차

주식회사에서 정관작성 후 설립등기 전까지의 설립절차를 그 밖의 실체형성절차로 볼 수 있는데, 이는 주식회사의 설립절차에서 가장 중요한 부분이라고 볼 수 있다. 이러한 그 밖의 실체형성절차에는 주식발행사항의 결정절차·주식인수절차·출자이행절차·기관구성절차 및 설립경과조사절차가 있는데, 주식발행사항의 결정절차를 제외한 나머지는 회사의 설립방법이 발기설립이냐 모집설립이냐에 따라 차이가 있다. 주식인수절차 및 출자이행절차에 의하여 주식회사의 인적 기초인 사원(주주)이 확정되고, 다른 한편 물적 기초인 자본금이 확정된다. 주식회사의 설립방법으로 발기설립방법을 택할 것인가 또는 모집설립방법을 택할 것인가는, 정관의 기재사항이 아니라 발기인 전원의 합의에 의하여 정하여진다.[2)]

Ⅰ. 주식발행사항의 결정절차(공통절차)

(1) 「회사의 설립시에 발행하는 주식의 총수」(상 289조 1항 5호)와 「액면주식을 발행하는 경우 1주의 금액」(상 289조 1항 4호)은 반드시 정관에 의하여 정하여지지만, 그 이

1) 일본에는 정관에 기재된 비용은 회사가 부담하고, 그 외의 비용은 발기인이 (제 3 자에 대하여— 저자 주) 부담한다는 회사·발기인분담설도 있다[日大判 1917. 7. 4(民集 6, 429)].
2) 동지: 이(철), (회) 251면.

외의 구체적인 주식발행사항은 정관에 특별히 규정된 바가 없으면 발기인에 의하여 정하여질 수밖에 없다.

(2) 이 중에서 (i) 어떤 종류의 주식(보통주식·이익배당 또는 잔여재산분배에 관한 종류주식·상환주식·전환주식·의결권이 없거나 또는 제한되는 종류주식 등)을 몇 주 발행할 것인가의 문제[이에는 보통주를 포함하는데, 보통주를 제외한 나머지 주식은 정관에 규정이 있는 경우에만 발행할 수 있으므로(상 344조~351조), 이 때에는 정관에 규정이 없는 사항에 대해서만 발기인이 정할 수 있다], (ii) 액면주식의 경우에 액면가액 이상의 주식을 발행할 때에는[액면주식의 경우 회사의 자본금 충실을 위하여 원칙적으로 액면가액 이상으로 발행되어야 한다. 따라서 상법은 회사의 설립시에는 주식의 액면미달발행을 인정하지 않음을 명문으로 규정하고 있으나(상 330조 본문), 회사의 성립 후에는 회사의 자금조달의 편의를 위하여 엄격한 제한 하에 액면미달발행이 예외적으로 인정된다(상 330조 단서, 417조)], 그 주식의 발행가액을 얼마로 하고 또 이러한 발행가액의 주식을 몇 주 발행할 것인가의 문제 및 (iii) 무액면주식을 발행하는 경우에는 주식의 발행가액과 주식의 발행가액 중 자본금으로 계상하는 금액을 얼마로 할 것인가의 문제는, 정관에 별도로 정한 바가 없으면 발기인 전원의 동의로써 정한다(상 291조).[1] 왜냐하면 이러한 사항은 원시정관에서 미리 확정하기가 곤란하고 정관작성 후의 사정에 따라 주식발행 직전에 정하는 것이 가장 적당하며, 또 이러한 사항은 회사 및 이해관계인들에게 매우 중요한 사항이기 때문에 발기인 전원의 동의를 받도록 한 것이다.[2]

발기인 전원의 동의의 방식은 상법상 아무런 제한이 없으므로 명시이든 묵시이든, 서면이든 구두이든, 어떠한 방법에 의하더라도 무방하다. 그러나 만일 발기인 전원의 동의를 어떠한 방식에 의하든 얻지 못한 경우에는 그것이 회사의 설립을 무효로 하는가와 관련하여 문제가 있는데, 주주의 모집 직전에 발기인 전원의 동의를 받지 못하면 원칙적으로 그 주식의 인수는 무효가 되어 설립무효의 원인이 되지만, 그 후(주식인수 후 또는 설립등기 후) 동의를 받으면 예외적으로 그 하자는 치유된다고 본다.[3] 발기인이 주식발행사항을 정한 때에

1) 이는 회사설립시의 자본금 형성의 첫 단계라는 중요성 때문에 발기인 전원의 동의를 요하고, 이러한 문제가 없는 신주발행의 경우에는 이사 과반수의 출석과 출석이사 과반수의 찬성으로 정한다(상 391조 1항)[동지: 이(철), (회) 252면].

2) 동지: 정(희), 373면; 손(주), 564면; 정(동), (회) 118면 외.

3) 동지: 정(희), 374면; 서·정, 318면; 손(주), 565면; 정(동), (회) 118면; 이(철), (회)

는 이를 증명하는 정보를 등기신청시에 첨부하여야 한다(상등규 129조 4호). 따라서 실제로는 이에 관하여 발기인 전원의 동의가 없이 회사가 설립되는 경우는 거의 없다.

(3) 위의 사항을 제외한 나머지 사항(예컨대, 주식의 청약기간, 납입기일, 납입취급은행 등)은 발기인의 과반수의 다수결로써 정한다(통설).[1)]

2. 주식인수절차

(1) 발기설립의 경우

1) 주식인수방법 발기설립의 경우에는 회사의 설립시에 발행하는 주식의 총수를 발기인이 인수하는 것인데,[2)] 이 때에 발기인은 반드시 서면에 의하여 주식을 인수하여야 하고(상 293조), 이 서면은 설립등기 신청시에 제공되어야 한다(상등규 129조 2호). 이는 발기인의 주식인수내용을 대내외적으로 증거하고자 하기 위한 것뿐이므로, 발기인별로 별도의 서면을 작성할 필요는 없고 1매의 서면에 각자의 주식인수내용을 기재하여도 무방하다고 본다.

2) 주식인수의 법적 성질 발기인의 주식인수의 법적 성질에 대하여는 합동행위설(통설)[3)]과 설립중의 회사에의 입사계약설(소수설)[4)]로 나뉘어 있는데, 설립중의 회사의 성립시기를 정관작성시가 아니라 이에 더 나아가 일부의 주식인수가 있는 때라고 본다면(통설) 합동행위설이 타당하다.

3) 주식인수의 시기 발기인의 주식인수의 시기에 대하여는 정관작성의 전후를 불문한다고 보는 견해[5)]와, 정관작성 이후 또는 적어도 정관작성과

252면(그러나 설립등기 이전에 동의가 있어야 하자가 치유된다고 한다); 채, 425면; 주상(제 5 판)(회사 Ⅱ), 158~159면.

일본에는 유효설도 있다(松田, 29면).

1) 정(동), (회) 118면; 손(주), 563면; 이(기) 외, (회) 168면; 주상(제 5 판)(회사 Ⅱ), 159면 외.

2) 주식회사의 자본금은 주식의 인수에 의한 출자로써 형성되는 것이므로, 주식인수 이외의 다른 방법으로는 직접 출자할 수 없다[대판 1966. 1. 18, 65 다 880 · 881(민판집 100, 7)].

3) 정(희), 374면; 서 · 정, 320면; 손(주), 566면; 이(기) 외, (회) 170면; 주상(제 5 판)(회사 Ⅱ), 164면 외.

4) 이(철), (회) 252면(이는 설립중의 회사의 성립시기가 정관의 작성시라는 동 교수의 주장을 전제로 하며, 통설이 말하는 합동행위라는 것은 출자에 관한 발기인조합원들간의 내부적 출자합의에 지나지 않는다고 비판한다).

동지: 정(동), (회) 119면(발기인간의 계약으로 보면서, 합동행위에도 계약에 관한 규정이 준용되므로 논의의 실익은 없다고 한다).

5) 정(희), 374면; 서 · 정, 320면; 최(기), 562면; 채, 412면; 이 · 최, 250면.

동시라는 견해[1])로 나뉘어 있다.

생각건대 설립중의 회사의 성립시기와 관련하여 볼 때 발기인의 주식인수의 시기는 정관작성과 동시 또는 그 이후이어야 한다고 본다.

⑵ 모집설립의 경우

모집설립의 경우에는 회사의 설립시에 발행하는 주식의 일부는 발기인이 인수하고(즉, 발기인은 반드시 1주 이상의 주식을 주주의 모집 전에 인수하여야 한다)(상 301조 전단, 293조) 나머지는 주주를 모집[2])하여 인수시키는 것인데(상 301조 후단), 이 때에는 주주의 모집과 관련하여 발기인의 주식인수와는 다른 점이 많다.

1) 주주의 모집방법(주식청약서주의) 모집설립의 경우에 주주를 모집하는 방법에는 제한이 없으므로 공모(公募)이든 사모(私募)(연고모집)이든 무방하다. 다만 상법은 응모주주를 보호하기 위하여 주식청약서주의를 채택하고 있다. 따라서 발기인은 회사의 개요와 청약의 조건을 기재한 주식청약서를 반드시 작성하여야 하고(상 302조 2항), 주식인수의 청약을 하고자 하는 자는 반드시 이에 의하여 청약하여야 한다(상 302조 1항). 이와 같이 주식청약서에 의한 주식인수를 강제하는 이유는 청약자에게 회사에 관한 충분한 정보를 알려, 모험이 수반되는 주식투자를 하고자 하는 청약자로 하여금 신중한 판단을 한 후 주식청약을 하도록 하기 위해서이다.[3]) 이 외에 자본시장과 금융투자업에 관한 법률에서는 보다 상세한 회사정보가 수록된 투자설명서를 작성·사용하도록 하고 있다(자금 123조, 124조)

주주를 50인 이상 다수인을 상대로 공모하고자 하는 경우에는 일반투자자를 보호하기 위하여 자본시장과 금융투자업에 관한 법률상 일정한 규제를 받는다(자금 9조 7항·9항, 119조 이하, 자금시 11조 1항).

2) 주식의 인수

㈎ 주식인수의 법적 성질 모집설립에 있어서 주식의 인수는 주식을 인수하고자 하는 자의 청약과 발기인의 배정에 의하여 성립한다. 따라서 모집설립의 경우 주식인수의 법적 성질에 대하여 우리나라의 학설은 대체로 입사(入

1) 정(동), (회) 119면; 이(철), (회) 253면; 이(기) 외, (회) 170면; 주상(제 5 판)(회사 Ⅱ), 166면.

2) 주주의 모집이란 주식인수의 청약을 권유하는 것이다[정(동), (회) 123면; 이(기) 외, (회) 172면].

3) 동지; 이(철), (회) 258~259면.

社)계약이라고 보고, 입사의 대상에 대하여는「설립중의 회사」라고 보는 견해[1]와「장래 성립할 회사」라고 보는 견해[2]로 나뉘어 있다.[3]

생각건대 어떤 견해를 취하거나 결과에 있어서 차이가 있는 것은 아니나, 설립중의 회사의 성립시기를 (정관이 작성되고) 주식의 일부가 인수된 때라고 보면, 주식의 모집 전에 발기인에 의하여 이미 주식의 일부가 인수되어 설립중의 회사가 성립하였다고 볼 수 있으므로,「설립중의 회사」에의 입사계약이라고 보는 것이 보다 정확하다고 본다.

이러한 주식인수의 계약은「사단법상 특수한 계약」이므로 상행위가 될 수 없다. 따라서 이러한 계약에는 민법의 규정이 적용되는 것이지, 상행위에 관한 상법의 규정이 적용되지 않는다(예컨대, 주식인수로 인한 채권은 5년의 상사채권의 소멸시효가 아니라, 10년의 민사채권의 소멸시효에 걸린다).[4]

(나) 청 약

① 청약의 방식 주식인수의 청약을 하고자 하는 자는 주식청약서 2통[5]에 인수할 주식의 종류·수 및 주소를 기재하고 기명날인 또는 서명하여야 한다(요식행위)(상조 302 1항). 주식청약서는 발기인이 작성하는데, 이에 일정한 사항을 적어야 한다(상조 302 2항). 이러한 주식인수의 청약은 부합계약적 성질을 갖고 있기 때문에 청약자는 주식청약서에 기재된 청약조건을 변경하여 청약할 수 없고, 또한 청약자는 실제로 청약과 동시에 납입금의 전부 또는 일부를 청약증거금으로 납입하는 경우가 많다.

② 가설인(假設人) 또는 타인명의의 청약 주식인수의 청약은 가설인 명의 또는 타인의 승낙을 얻지 않고 타인명의로 하는 경우도 있는데, 이 때에는 실제로 청약을 한 자가 주식배정 후 주식인수인이 되어 그가 주식인수인으로서의 책임(예컨대, 납입책임 등)을 부담한다(상조 332 1항). 그런데 타인의 승낙을 얻어 타인명의로 주식을 청약하고 그 후 그 타인에게 주식이 배정된 경우에는 누가 주식인수인이 되는가.[6] 이에 대하여 학설은 명의대여자가 주식인수인이라고

1) 서·정, 326면; 손(주), 575~576면; 채, 419면.
2) 정(희), 377~378면; 정(동), (회) 126면.
3) 이에 반하여 발기인과 주식인수인 사이에 성립하는 계약으로 보는 견해도 있다[주상(제 5 판)(회사 Ⅱ), 219면]
4) 동지: 손(주), 576면; 주상(제 5 판)(회사 Ⅱ), 219면; 日大判 1918. 9. 4.
5) 주식청약서를 2통 요구하는 것은 1통은 회사가 보관하고, 다른 1통은 설립등기신청서에 제공하기 위한 것이다(상등규 129조 3호).
6) 이 문제에 관한 상세는 연습, 332~336면(사례 56) 참조.

보는 형식설(소수설)[1]과 명의차용자가 주식인수인이라고 보는 실질설(다수설)[2]로 나뉘어 있는데, 법률행위의 일반이론에 비추어 보나 실질적 투자자를 보호할 필요가 있는 점에서 보나 실질설이 타당하다고 본다. 그런데 이 때에 어느 설을 따르더라도 상법의 규정에 의하여 명의대여자와 명의차용자는 연대하여 주금액을 납입할 책임을 부담한다(상 332조 2항).

우리나라의 대법원판례는 종래에는 다음과 같이 실질설에 따라 일관하여 판시하였으나, 그 후 대법원 전원합의체 판결로써 형식설로 변경하였다.

[실질설에 따른 종래의 판례]

주식매매거래는 그 명의를 실거래자 이름으로 할 수 있음은 물론이고 그 명의를 타인이나 가명으로도 할 수 있고 실제거래에 있어서 거래자의 실명 아닌 다른 사람의 이름으로 거래를 하는 경우가 허다하므로, 주권매매거래 구좌설정 계약서에 그 거래자 명의를 타인으로 표시하였다고 하여 곧 그 계약이 그 타인을 위한 것이라고 단정할 수 없을 것이고, 그 후 어떠한 경위로 그 타인이 위 주식거래에 관한 주권위탁자 통장이나 거래인감을 소지하게 되었다고 하더라도 그 이치는 마찬가지이다.

이 사건에서 원심이 채용한 모든 증거에 의하더라도 이 건 주식거래가 명의대여자를 위하여 한 것이라는 직접 증거가 없음은 물론이고 위와 같은 정황을 인정하기에도 부족한데, 원심이 이 사건 주식거래 및 그 주식의 예치를 명의대여자를 위한 것이었다고 단정하였음은 필경 증거 없이 사실을 인정하였거나 채증법칙 위배 또는 심리미진으로 인하여 사실을 오인한 위법을 저질렀다고 할 것이어서, 이를 지적하는 논지는 이유 있다[대판 1986. 7. 22, 85 다카 239 · 240(공보 784, 1090)].

동지: 대판 1975. 7. 8, 75 다 410(공보 521, 8606)(X가 호남전기공업사라는 상호로 건전지 제조사업을 하다가 법인설립의 필요성을 느껴 Y주식회사를 설립함에 있어 A 등 8인의 승낙을 얻어 동인들의 명의를 빌려 발기인으로 하고, 동인들의 명의로 Y회사의 주식을 분산 · 인수케 하여 회사를 설립하였으나 A 등은 아무런 출자를 하지 아니하고 단순한 명의대여자일 뿐 실제로는 X가 단독으로 출자하여 주식을 인수한 사안에서, 원심이 명의차용자인 X가 Y회사의 실질상의 주식인수인으로서 주주가 된다 할 것이요 단순한 명의대여자에 불과한 A 등을 위 회사의 주주로 볼 수 없다는 취의로 판단하였음은 상법 제332조의 해석상 정당하다 할 것이고 따라서 A 등이 Y회사 설립 당시 주식을 인수한 주주임을 전제로 한 주장은 이유 없다고 한 원판단에 잘못이 없다); 동 1975. 9. 23, 74 다 804(집 25 ③ 민 143); 동 1977. 10. 11, 76 다 1448(공보 576, 10483)(Y회

1) 손(주), 574면; 채, 593면; 이(철), (회) 327면.
2) 정(희), 377면; 서 · 정, 325면 주 1; 정(동), (회) 125면; 이(기) 외, (회) 175면 외.

사의 설립 당시나 증자시에 각 주식을 인수하고 그 인수가액을 납입한 사람은 X뿐이고 그 외에 A 등은 모두 자금을 출자한 일 없이 다만 X를 위하여 그들의 명의를 대여한 자에 불과하여 Y회사가 임시주주총회를 개최함에 있어 A 등에게 주주총회소집통지를 하지 않은 사안에서, 주식을 인수함에 있어서 타인의 승낙을 얻어 그 명의로 출자하여 주식인수가액을 납입한 경우에는 실제로 주식을 인수하여 그 가액을 납입한 명의차용자만이 실질상의 주식인수인으로서 명의대여자로부터 명의개서 등의 절차를 밟은 여부와는 관계없이 주주가 된다 할 것이요 단순한 명의대여자는 주주가 될 수 없다 함이 당원판례의 견해인 바〈대법원 1975. 7. 8. 선고 75 다 410 및 1975. 9. 23. 선고 74 다 804 판결참조〉, 본건에서도 Y회사의 주주는 명의차용자인 X라 할 것이고 X를 위하여 단순히 명의를 대여한 A 등은 Y회사의 주주가 아니라 할 것이므로 Y회사가 본건 임시주주총회를 개최함에 있어 그 주주가 아닌 A 등에게 주주총회소집통지를 하지 않았다 하여 그 소집절차나 방법이 법령이나 정관의 규정에 위반된 하자가 있다 할 수 없다)[이 판결에 대하여 찬성하는 취지의 평석으로는, 안동섭, "명의대여에 의한 주식인수," 법률신문, 제1408호(1981. 8. 17), 12면 및 서정갑, "명의대여에 의한 주식인수," 법률신문, 제1411호(1981. 9. 7), 12면 참조]; 동 1977. 10. 21, 76 다 1443(민판집 238, 25); 동 1978. 4. 25, 78 다 805(민판집 247, 317); 대결 1980. 9. 19, 80 마 396(집 28 ③ 민 84)(명의대여자인 A 등이 주주임을 전제로 하여 임시주주총회 소집허가신청을 한 사안에서, 주식을 인수함에 있어서 타인의 승낙을 얻어 단순히 그 명의로 출자하여 주식대금을 납입한 경우에 실제로 주식을 인수하여 그 대금을 납입한 명의차용인만이 실질상의 주식인수인으로서 주주가 된다 할 것이요 단순한 명의대여인은 주주가 될 수 없다고 할 것인바〈대법원 1975. 9. 23. 선고 74 다 804 판결; 동 1975. 7. 8 선고 75 다 410 판결 각 참조〉, 본건에서 A 등은 모두 Y회사의 주식을 실제로 인수하여 그 인수가액을 납입한 것이 아니라 X가 A 등의 승인 아래 A 등의 명의만을 빌려 주식을 인수하고 단독으로 출자하여 주금을 납입하였으므로 단순히 주식명의대여자에 불과한 A 등은 Y회사의 주주로 볼 수 없고 따라서 Y회사의 주주임을 전제로 하는 A 등의 이 사건 임시주주총회 소집허가신청은 그 신청인 적격을 결여한 것으로 부적법함을 면할 수 없다); 대판 1980. 12. 9, 79 다 1989(민판집 276, 35); 동 1985. 12. 10, 84 다카 319(공보 769, 235); 동 1998. 4. 10, 97 다 50619(공보 1998, 1286)(실제로 주식을 인수하여 그 대금을 납입한 명의차용인만이 실질상의 주식인수인으로 주주가 되고, 단순한 명의대여자에 불과한 자는 주주로 볼 수 없다); 동 2004. 3. 26, 2002 다 29138(공보 2004, 709)(주식을 인수함에 있어 타인의 승낙을 얻어 그 명의로 출자하여 주식대금을 납입한 경우에는 실제로 주식을 인수하여 그 대금을 납입한 명의차용인만이 실질상의 주식인수인으로서 주주가 된다고 할 것이고 단순한 명의대여인은 주주가 될 수 없다고 할 것이다. 따라서 주식회사의 자본충실의 요청상 주금을 납입하기 전에 명의대여자 및 명의차용자 모두에게 주금납입의 연대책임을 부과하는 규정인 상법 제332조 2항은 이미 주금납입의 효력이 발생한 주금의 가장납입의 경우에는 적용되지 않는다고 할 것이고, 또한 주금의 가장납입이 일시 차입금을 가지고 주주들의 주금을 체당납입한 것과 같이 볼 수 있어 주금납입이 종료된 후에도 주주는 회사에 대하여 체당납입한 주금을 상환할 의무가 있다고 하여도 이러한 주금상환채무는 실질상 주주인 명의차용자가 부담하는 것일 뿐 단지 명의대여자로서 주식회사의 주주가 될 수 없는 자가 부담하는 채무라고는 할 수 없을 것이다); 동 2011. 5. 26, 2010 다 22552(공보 2011, 1278)(주주명부에 기재된 명의상 주주는 회사에 대한 관계에서 자신의 실질적 권리를 증명하지 않아도 주주 권리를 행사할 수 있는 자격수여적 효력을 인정받을 뿐이지 주주명부 기재에 의하여 창설적 효력을 인정받는 것은 아니므로, 주식을 인수하면서 타인의 승낙을 얻어 그 명의로 출자하여 주식대금을 납입한 경우에는 실제로 주식을 인수하여 대금을 납입한 명의차용인만이 실질상 주식인수인으로서 주주가 되고 단순한 명의대여인은 주주가 될 수 없으며, 이는 회사를 설립하면서 타인 명의를 차용하여 주식을 인수한 경우에도 마찬가지이다. 또한 상법 제403조 제 1 항은 '발행주식의 총수의 100분의 1 이상에 해당하는 주식을 가진 주주'가 주주대표소송을 제기할 수 있다고 규정하고 있을 뿐, 주주의 자격에 관하여 별도 요건을 규정하고 있지 않으므로, 주주대표소송을 제기할 수 있는 주주에 해당하는지는 위 법리에 따라 판단하여야 한다. 이러한 점에서 볼 때 전직 대통령인 갑이 대통령 재직 당시 동생 을에게 알아서 관리해보라고 하면서 돈을 교부하였고, 을이 그 돈과 은행 대출금 등으로 회사를 설립하였는데, 갑이 회사 주식 50%의 실질주주라고 주장하면서 주주대표소송을 제기한 사안에서, 위 돈의 조성 경위, 돈을 교부할 당시 갑과 을의 언동, 갑과 을의 관계, 돈의 교부가 이루어진 동기 및 경위, 당사자가 돈의 교부에 의하여 달성하려고 하는 목적과 진정한 의사, 돈의 사용처, 돈의 관리·사용에 관한 갑의 관여 여부 등 돈 교부 후의 정황 등 여러 사정 및 갑이 을에게 공동소유 회사 설립을 위임하는 계약의 본질적 사항이나 중요한 사항에 관하여 구체적으로 의사 합치가 있었다거나 적어도 장래 구체적으로 특정할 수 있는 기준과 방법 등에 관하여 합의가 있었다고 보기 어려운 점이나 관련 민사소송 확정판결에서 인정된 사실관계 등에 비추어 보면, 위 돈 교부 당시 갑과 을의 의사는 노모와 자녀들 장래를 위하여 을이 위 돈을 어떤 형태로든지 유지·보전하고 있다가 갑의 요구가 있으면 반환하라는 것으로 해석될 수 있을 뿐, 갑이 을에게 위 돈으로 회사 설립·운영을 위임하되 갑과 을이 회사 지분을 공유하기로 하는 위임에 유사한 계약이 체결된 것으로 해석하여 갑이 회사 주식 50%의 실질주주라고 인정하기에는 여러 정황상 무리가 있다); 동 2013. 2. 14, 2011 다 109708(실질주주의 채권자는 실질주주를 대위하여 명의신탁계약을 해지하고 명의주주를 상대로 주주권 확인을 구할 수 있다).

[형식설에 따른 변경된 판례]

상법이 주주명부제도를 둔 이유는, 주식의 발행 및 양도에 따라 주주의 구성이 계속 변화하는 단체법적 법률관계의 특성상 회사가 다수의 주주와 관련된 법률관계를 외부적으로 용이하게 식별할 수 있는 형식적이고도 획일적인 기준에 의하여 처리할 수 있도록 하여 이와 관련된 사무처리의 효율성과 법적 안정성을 도모하기 위함이다. 이는 회사가 주주에 대한 실질적인 권리관계를 따로 조사하지 않고 주주명부의 기재에 따라 주주권을 행사할 수 있는 자를 획일적으로 확정하려는 것으로서, 주주권의 행사가 회사와 주주를 둘러싼 다수의 이해관계인 사이의 법률관계에 중대한 영향을 줄 수 있음을 고려한 것이며, 단지 해당 주주의 회사에 대한 권리행사 사무의 처리에 관한 회사의 편의만을 위한 것이라고 볼 수 없다. 회사에 대하여 주주권을 행사할 자가 주주명부의 기재에 의하여 확정되어야 한다는 법리는 주식양도의 경우뿐만 아니라 주식발행의 경우에도 마찬가지로 적용된다. 주식양도의 경우와 달리 주식발행의 경우에는 주식발행 회사가 관여하게 되므로 주주명부에의 기재를 주주권 행사의 대항요건으로 규정하고 있지는 않으나, 그럼에도 상법은 주식을 발행한 때에는 주주명부에 주주의 성명과 주소 등을 기재하여 본점에 비치하도록 하고(제352조 제1항, 제396조 제1항), 주주에 대한 회사의 통지 또는 최고는 주주명부에 기재한 주소 또는 그 자로부터 회사에 통지한 주소로 하면 되도록(제353조 제1항) 규정하고 있다. 이와 같은 상법 규정의 취지는, 주식을 발행하는 단계에서나 주식이 양도되는 단계에서나 회사에 대한 관계에서 주주권을 행사할 자를 주주명부의 기재에 따라 획일적으로 확정하기 위한 것으로 보아야 한다. 따라서 주식을 양수하였으나 아직 주주명부에 명의개서를 하지 아니하여 주주명부에는 양도인이 주주로 기재되어 있는 경우뿐만 아니라, 주식을 인수하거나 양수하려는 자가 타인의 명의를 빌려 회사의 주식을 인수하거나 양수하고 타인의 명의로 주주명부에의 기재까지 마치는 경우에도, 회사에 대한 관계에서는 주주명부상 주주만이 주주로서 의결권 등 주주권을 적법하게 행사할 수 있다[대판(전) 2017. 3. 23, 2015 다 248342(공보 2017, 847)][이 대법원 판결(다수의견)에 대하여 반대하는 취지의 상세한 평석으로는 정찬형, "주주명부의 기재(명의개서)의 효력," 「서강법률논총」(서강대 법학연구소), 제6권 제2호(2017. 8), 145~215면].

동지: 대판 2017. 12. 5, 2016 다 265351(공보 2018, 48)(타인의 명의로 주식을 인수한 경우에 누가 주주인지는 결국 주식인수를 한 당사자를 누구로 볼 것인지에 따라 결정하여야 한다. 발기설립의 경우에는 발기인 사이에, 자본의 증가를 위해 신주를 발행할 경우에는 주식인수의 청약자와 회사 사이에 신주를 인수하는 계약이 성립한다. 이때 누가 주식인수인이고 주주인지는 결국 신주인수계약의 당사자 확정 문제이므로, 원칙적으로 계약당사자를 확정하는 법리를

따르되, 주식인수계약의 특성을 고려하여야 한다. 타인의 승낙을 얻어 그 명의로 주식을 인수하기로 약정한 경우에는 계약 내용에 따라 명의자 또는 실제 출자자가 주식인수인이 될 수 있으나, 원칙적으로는 명의자를 주식인수인으로 보아야 한다. 명의자와 실제 출자자가 실제 출자자를 주식인수인으로 하기로 약정한 경우에도 실제 출자자를 주식인수인이라고 할 수는 없다. 실제 출자자를 주식인수인으로 하기로 한 사실을 주식인수계약의 상대방인 회사 등이 알고 이를 승낙하는 등 특별한 사정 없다면, 그 상대방은 명의자를 주식인수계약의 당사자로 이해하였다고 보는 것이 합리적이기 때문이다)[이 판결에 찬성하는 취지의 평석으로는 정응기, "타인명의의 주식인수와 주주권의 귀속," 「선진상사법률연구」(법무부), 제84호(2018. 10), 1~30면(타인의 승낙을 얻어 주식을 인수하는 경우는 원칙적으로 명의신탁의 법리에 따라 명의인이 주주가 되고, 실제 출자자가 명의자의 명칭을 자신을 표시하기 위하여 사용하고 회사도 그렇게 인식한 경우에만 예외적으로 실제 출자자를 주주로 보아야 한다고 한다)]; 동 2019. 5. 16, 2016 다 240338(공보 2019, 1219)(주주명부상의 주주가 아닌 제 3 자가 주식을 인수하고 그 대금을 납입한 경우 그 제 3 자를 실질상의 주주로 보기 위해서는 단순히 제 3 자가 주식인수대금을 납입하였다는 사정만으로는 부족하고 제 3 자와 주주명부상 주주 사이의 내부관계, 주식 인수와 주주명부 등재에 관한 경위 및 목적, 주주명부 등재 후 주주로서의 권리행사 내용 등을 종합하여 판단해야 한다); 동 2020. 6. 11, 2017 다 278385 · 278392(공보 2020, 1328)(상법이 주주명부제도를 둔 이유는, 주식의 발행 및 양도에 따라 주주의 구성이 계속 변화하는 단체법적 법률관계의 특성상 회사가 다수의 주주와 관련된 법률관계를 외부적으로 용이하게 식별할 수 있는 형식적이고도 획일적인 기준에 의하여 처리할 수 있도록 하여 이와 관련된 사무처리의 효율성과 법적 안정성을 도모하기 위함이다. 이는 주식의 소유권 귀속에 관한 회사 이외의 주체들 사이의 권리관계와 주주의 회사에 대한 주주권 행사국면을 구분하여, 후자에 대하여는 주주명부상 기재 또는 명의개서에 특별한 효력을 인정하는 태도라고 할 것이다. 따라서 특별한 사정이 없는 한, 주주명부에 적법하게 주주로 기재되어 있는 자는 회사에 대한 관계에서 그 주식에 관한 의결권 등 주주권을 행사할 수 있고, 회사 역시 주주명부상 주주 외에 실제 주식을 인수하거나 양수하고자 하였던 자가 따로 존재한다는 사실을 알았든 몰랐든 간에 주주명부상 주주의 주주권 행사를 부인할 수 없으며, 주주명부에 기재를 마치지 아니한 자의 주주권 행사를 인정할 수도 없다. 그러나 상법은 주주명부의 기재를 회사에 대한 대항요건으로 정하고 있을 뿐 주식 이전의 효력발생요건으로 정하고 있지 않으므로, 명의개서가 이루어졌다고 하여 무권리자가 주주가 되는 것은 아니고, 명의개서가 이루어지지 않았다고 해서 주주가 그 권리를 상실하는 것도 아니다. 이와 같이 주식의 소유권 귀속에 관한 권리관계와 주주의 회사에 대한 주주권 행사국면은 구분되는 것이고, 회사와 주주 사이에서 주식의 소유권, 즉 주주권의 귀속이 다투어지는 경우 역시 주식의 소유권 귀속에 관한 권리관계로서 마찬가지이다).

③ **청약의 하자(무효·취소)** 주식인수의 청약도 의사표시이므로 의사표시에 관한 민법의 일반원칙이 원칙적으로 적용되어(민 107조~110조) 청약의 의사에 흠결이 있거나 하자가 있는 경우에는 무효 또는 취소가 될 수 있다. 그러나 주식인수의 청약은 단체법상의 행위로서 개인법상의 행위와는 다르기 때문에, 의사표시자의 보호에만 치중할 수 없고 주식인수의 청약의 효력을 가능한 한 확보할 필요가 있다. 따라서 상법은 이에 관한 몇 가지의 특칙을 두고 있다.

상법상 이러한 특칙으로는 (i) 주식인수의 청약자가 비진의표시를 하고 상대방(발기인)이 이를 알았거나 또는 알 수 있었을 경우에도 그 청약은 무효가 되지 않는 것으로 규정한 점(상 302조 3항), (ii) 회사성립 후 또는 창립총회에 출석하여 권리를 행사한 후에는 주식청약서의 요건의 흠결을 이유로 하여 주식인수의 무효를 주장하거나, 착오(민 109조) 또는 사기·강박(민 110조)을 이유로 하여 주식인수를 취소할 수 없도록 규정한 점(상 320조)이다.

그러나 상법상 이러한 특칙이 없는 경우에는 당연히 청약의 의사표시에 민법의 일반원칙이 적용되므로, 청약자에 제한능력(민 5조, 10조, 13조) 또는 사해행위(민 406조) 등의 사유가 있는 경우에는 그 청약을 취소할 수 있고, 또 청약자에 의사무능력 또는 통정한 허위표시 등의 사유가 있는 경우에는 그 청약의 무효를 주장할 수 있다. 주식인수의 청약자가 상대방(발기인)과 통정한 허위표시를 한 경우(민 108조 1항)에 대하여는 상대방이 안 비진의표시와 같이 그 청약은 무효가 되지 않는 것으로도 해석할 수 있겠으나(상 302조 3항의 유추적용), 상법이 이에 관하여 명문으로 규정하고 있지 않은 점과 상대방과 통정한 허위표시는 비진의표시와는 달리 상대방을 보호할 여지가 전혀 없는 점 등에서 볼 때 무효라고 보아야 할 것으로 생각한다.

(다) 배 정[1)]

① **배정자유의 원칙** 주식인수의 청약에 대하여 발기인은 배정방법을 미리 공고하지 않은 이상 자유로이 배정할 수 있다(배정자유의 원칙). 이와 같이 발기인에게 배정자유를 인정하는 이유는, 발기인은 청약자의 납입능력·주

1) 이는 계약의 일반원칙에서는 청약에 대한 「승낙」에 해당한다.

주간의 세력균형 등을 고려하여 배정할 필요가 있기 때문이다.[1] 또한 주식청약자는 아직 주주가 아니므로 이 경우에 주주평등의 원칙이 적용되지도 않는다. 그러나 발기인은 보통 주식모집의 광고나 사업설명서에서 배정방법(예컨대, 선착순·지분비례 등)을 미리 공고한다.

이 때 발기인은 설립중의 회사의 기관의 자격에서 배정하는 것이고, 청약자에 대한 배정의 의사표시의 방법에는 제한이 없으나 보통 서면의 통지로써 한다. 발기인은 배정의 통지를 주식청약서에 기재된 주소 또는 그 자로부터 회사에 통지한 주소로 하면 되는데(상 304조 2항), 이러한 통지는 보통 그 도달할 시기에 도달한 것으로 간주된다(상 304조 2항).

② 주식인수인의 의무 주식인수의 청약에 대하여 배정이 있으면 주식의 인수가 성립하는데, 이 때에 청약자는 인수인이 되어 배정받은 주식의 수에 따라서 인수가액을 납입할 의무를 부담한다(상 303조). 그런데 일반적으로 주식인수의 청약자는 주식청약시에 주금액의 상당액을 청약증거금으로 미리 납부하므로, 그가 주식의 배정을 받으면 청약증거금이 주금의 납입으로 대체된다.[2]

3. 출자이행절차

(1) 발기설립의 경우

1) 금전출자의 경우

(가) 전액납입주의 발기인이 설립시에 발행하는 주식총수를 인수하고(발기설립) 금전출자를 하는 경우에는, 그 발기인은 지체 없이 각 주식에 대하여 그 인수가액의 **전액**을 납입하여야 한다(전액납입주의)(상 295조 1항 1문). 주주가 어음이나 수표로써 금전출자를 이행한 경우에는 그 어음이나 수표가 현실적으로 결제된 때에 납입이 있다고 보아야 할 것이다.[3]

참고로 독일의 경우에는 전액납입주의가 아니므로 1인설립의 경우에 발기인은 납입한 금액을 초과하는 금전출자분에 대하여는 담보를 제공하여야 한다(獨株 36조 2항 2문).

(나) 납입방법 발기인은 납입을 맡을 은행 기타 금융기관과 납입장소를 지정하여야 하고(상 295조 1항 2문), 발기인은 이와 같이 지정된 납입장소에 인수가액의

1) 동지: 이(철), (회) 259면.
2) 동지: 정(동), (회) 126면.
3) 동지: 대판 1997. 4. 12, 76 다 943(민판집 232, 146).

전액을 납입하여야 한다. 따라서 납입금보관자의 증명(2009년 5월 28일 개정상법은 자본금 총액이 10억원 미만인 소규모 주식회사의 설립절차를 간소화하기 위하여, 이러한 회사를 발기설립하는 경우에는 주금납입금보관증명서를 잔고증명서로 대체할 수 있도록 하고 있다 — 상 318조 3항)과 책임[1](상 318조 유추적용) 및 가장납입[2] 등에 관하여는 모집설립의 경우와 같다. 그러나 납입금의 보관자 등의 변경에 법원의 허가를 얻도록 한 상법 제306조는 발기인 이외의 주식인수인을 보호하기 위한 규정으로 볼 수 있으므로 발기설립에는 유추적용되지 않는다고 본다.[3]

참고로 1995년 개정상법 이전에는 발기인의 납입방법에 관하여 상법이 특별히 규정하고 있지 않았으므로 발기인조합의 업무집행방법으로 발기인간의 합의에 의하여 할 수 있는 것으로 해석되었으나, 1995년 개정상법에서는 모집설립의 경우(상 302조 2항 9호)와 같이 납입장소를 은행 기타 금융기관으로 제한하였다. 그 이유는 1995년 개정상법 이전에도 발기설립의 경우 비송사건절차법에 의하여 설립등기신청서에 첨부할 서류로서 주금의 납입을 맡을 금융기관의 납입금보관증명서가 요구되어(비송 203조 11호, 현재는 상등 80조 11호) 실무상 이미 그렇게 실시되고 있었던 점, 주금의 납입을 확실하게 하기 위하여 납입장소를 금융기관 등으로 제한할 필요가 있는 점, 1995년 개정상법에 의하여 발기설립의 경우에도 원칙적으로 법원이 선임한 검사인에 의하여 조사를 받지 않게 된 점 등을 들고 있다.[4]

2) 현물출자의 경우 발기인이 현물출자를 하는 경우에는 그 발기인은 납입기일에 지체 없이 출자의 목적인 재산을 인도하고, 등기·등록 기타 권리의 설정 또는 이전을 요할 경우에는 이에 관한 서류를 완비하여 교부하여야 한다(상 295조 2항). 즉, 등기·등록에 필요한 협력의무를 완전히 이행하여야 한다. 회사로서는 이 경우 등기·등록을 회사성립 후에 하는 것은 무방하다고 하겠다. 이는 등기·등록의 이중적인 절차를 피하고 비용과 노력을 절약할 필요가 있기 때문이다. 부동산 또는 이것과 동일하게 취급되는 물건에 관하여 설립중의 회사명의로 등기한 경우에는 다시 성립 후 회사명의로 이전등기를 할 필요가 없다고 본다. 왜냐하면 이 경우의 부동산물권의 이전은 법률상 당연히 되는 것이므로 민법 제187조의 기타 「법률의 규정」에 포함되기 때문이다.[5]

---

1) 동지: 정(동), (회) 120면; 이(철), (회) 253면; 주상(제 5 판)(회사 Ⅱ), 169면.
2) 동지: 주상(제 5 판)(회사 Ⅱ), 175~177면
3) 동지: 주상(제 5 판)(회사 Ⅱ), 169면.
4) 해설(1995), 63면.
5) 동지: 정(동), (회) 120면; 손(주), 567면; 이(기) 외, (회) 171면.

3) 불이행에 대한 조치

(가) 금전출자의 경우　　발기인이 출자의 이행을 하지 않는 경우에는 모집설립에서와 같은 실권(失權)절차(상 307조)는 인정되지 않고, 채무불이행의 일반원칙에 따라 그 이행을 강제하든가(민 389조, 390조) 또는 회사불성립의 결과가 된다.[1]

(나) 현물출자의 경우　　발기인이 현물출자를 이행하지 않는 경우에는 민법의 일반원칙에 따라 그 이행을 강제하든가(민 389조, 390조) 또는 회사불성립의 결과가 된다.[2]

(2) 모집설립의 경우

1) 금전출자의 경우

(가) 전액납입주의　　모집설립의 경우 발기인은 발기인 이외의 주식인수인에 대하여 납입기일에 각 주식에 대한 인수가액의 전액을 납입시켜야 한다(전액납입주의)(상 305조 1항).

(나) 납입방법　　모집설립의 경우에 주식인수인의 금전출자는 반드시 주식청약서에 기재된 납입장소에서만 납입할 수 있는데, 이러한 납입장소는 「은행 또는 기타 금융기관」에 한한다(상 305조 2항, 302조 2항 9호). 한편 이러한 납입금의 보관은행 등은 법원의 허가가 있는 경우에만 변경될 수 있다(상 306조). 또한 이러한 납입금의 보관은행 등은 발기인 또는 이사의 청구가 있는 때에는 그 보관금액에 관하여 증명서를 교부할 의무가 있고, 이와 같이 증명한 보관금액에 대하여는 납입의 부실 또는 그 금액의 반환에 관한 제한이 있음을 이유로 하여 회사에 대항하지 못한다(상 318조 1항·2항). 상법의 이와 같은 규정은 납입금의 소재를 분명히 하고 납입에 따른 부정행위(가장납입행위 등)를 방지하여 자본금 충실을 기하기 위해서이다.[3]

납입금의 보관은행 등은 이러한 납입금을 회사가 성립한 이후에만 반환할 수 있다고 본다.[4]

(다) 가장납입　　주금의 납입은 현실적으로 하여야 하는데, 실제로는 납입이 가장되는 일이 많다. 이렇게 납입이 가장되는 가장납입행위(상 628조 참조)에는

1) 동지: 이(철), (회) 253면; 주상(제 5 판)(회사 Ⅱ), 171면.
2) 동지: 정(동), (회) 120면.
3) 동지: 정(동), (회) 127면.
4) 동지: 日最高判 1962. 3. 2(民集 16-3, 423).
반대 : 정(동), (회) 127～128면(창립총회 종료시 이후에는 반환할 수 있다고 한다).

(i) 납입은행과 결탁하여 하는「통모가장납입」, (ii) 납입은행과의 결탁 없이 일시 타인으로부터 자금을 차용하여 납입하고 회사성립 후 즉시 인출하여 변제하는「위장납입」및 (iii) 양자의「절충형태」가 있다.

① 통모가장납입[1]이라 함은 발기인이 납입을 맡을 은행 등으로부터 금전을 차입하여 주식의 납입에 충당하고 이것을 설립중의 회사의 예금으로 이체하지만, 그 차입금을 변제할 때까지는 그 예금을 인출하지 않을 것을 약정하는 것이다. 상법이 위에서 본 바와 같이 납입을 맡을 기관을 은행 등에 한정하고(상 302조 2항 9호) 그 은행 등에 대하여 납입금보관증명을 하도록 하며(상 318조 1항), 납입금보관증명을 한 은행 등은 그 증명한 금액에 대하여는 반환에 관한 제한이 있다는 것을 주장하여 회사에 대항하지 못하게 한 것(상 318조 2항) 등은 모두 이 통모가장납입을 방지하기 위한 것으로서, 이러한 상법의 규정에 의하여 통모가장납입행위는 방지되고 있다.

② 위장납입[2]이란 실제로 많이 발생하는 가장납입의 형태로서, 발기인이 납입금의 보관은행 등과 통모함이 없이 그 이외의 제 3 자로부터 금전을 차입하여 납입하고 회사성립 후(설립등기를 마친 후) 납입은행으로부터 즉시 인출하여 차입금을 변제하는 것이다. 이에 대하여 우리나라의 학설은 이는 실질적으로 납입이 있었다고 볼 수 없다는 이유로 무효라고 보는 견해(통설)[3]와 이를 유효라고 보는 견해(소수설)[4]로 나뉘어 있다.

생각건대 위장납입의 경우는 자금의 이동이 현실적으로 있었다는 점, 회사는 주주에 대하여 납입금의 상환을 청구할 수 있고[5] 또한 발기인은 회사에 대하여 연대하여 손해배상책임을 지는 점(상 322조)[6] 등에서 회사는 어느 정도 자본금 충실을 기할 수 있다는 점 등에서 볼 때, 유효설에 찬성한다.

우리 대법원판례는 다음과 같이 유효설의 입장에서 판시하고 있다.

1) 일본에서는 이를「預合」이라고 한다.
2) 일본에서는 이를「見金」이라고 한다.
3) 정(희), 379면(위장납입은 형식상으로는 금전의 이동에 의한 현실적 납입이 있어 유효한 납입으로 볼 수 있으나, 실제상으로는 도저히 납입한 것으로 볼 수 없으므로 납입으로서의 효력이 없다고 하여야 한다); 손(주), 577면; 정(동), (회) 129면; 이(철), (회) 267면(납입으로서 효력이 없음은 물론 주식인수 자체가 무효라고 한다); 주상(제 5 판)(회사 Ⅱ), 176면.
동지: 日最高判 1963. 12. 6(民集 17-12, 1633).
4) 서·정, 327면 주 2; 채, 423면.
5) 동지: 대판 1985. 1. 29, 84 다카 1823·1824.
6) 동지: 대판 1989. 9. 12, 89 누 916(발기인들은 공동불법행위를 한 것이므로 회사에 대하여 연대하여 손해배상책임을 진다).

[위장납입한 주식인수인을 주주로 본 판례]

회사를 설립함에 있어 일시적인 차입금을 가지고 주금납입의 형식을 취하여 회사설립절차를 마친 후 곧 그 납입금을 인출하여 차입금을 변제하는 이른바 주금의 가장납입의 경우에도 주금납입의 효력을 부인할 수는 없는 것이므로, 설사 주주가 주금을 가장납입하였다 하더라도 그 주주를 실질상의 주식인수인에게 명의만을 빌려 준 차명주주(명의주주: 저자 주)와 동일시할 수는 없다[대결 1994. 3. 28, 93 마 1916(공보 968, 1335)][이 판결에 반대하는 취지의 평석으로는 강위두, 법률신문, 제2324호(1994. 7. 4), 15면].

동지: 대판 1985. 1. 29, 84 다카 1823 · 1824(공보 748, 363)(주금의 가장납입의 경우에도 주금납입의 효력을 부인할 수 없으므로 주금납입절차는 일단 완료되고 주식인수인이나 주주의 주금납입의무도 종결되었다고 보아야 하나, 이러한 가장납입에 있어서 회사는 일시 차입금을 가지고 주주들의 주금을 체당 납입한 것과 같이 볼 수 있으므로 주금납입의 절차가 완료된 후에 회사는 주주에 대하여 체당 납입한 주금의 상환을 청구할 수 있다. 따라서 원심판결이 X는 Y회사에 대하여 주금납입의 의무가 있다고 판시한 대목은 그 표현이 미흡하기는 하나, 위와 같은 주금상환의무를 말하는 취지라고 못볼 바 아니므로, 가장납입이라고 할지라도 일단 주금납입이 끝난 이상 주주의 주금납입의무란 있을 수 없음에도 불구하고 주주인 X의 주금납입의무(주로 상환의무: 저자 주)를 인정한 원심판결은 위법을 저지른 것이 아니어서, 논지는 이유 없다); 동 1983. 5. 24, 82 누 522(공보 708, 1025)(회사의 설립이나 증자의 경우에 당초부터 진정한 주금의 납입으로서 회사자금을 확보할 의도 없이 일시적인 차입금으로 단지 주금납입의 외형을 갖추고 회사설립이나 증자절차 후 곧바로 그 납입금을 인출하여 차입금을 변제하는 주금의 가장납입, 소위 견금〈見金〉의 경우에도 금원의 이동에 따른 현실의 불입이 있는 것이고, 설령 그것이 실제로는 납입의 가장수단으로 이용된 것이라 할지라도 이는 당해 납입을 하는 발기인 또는 이사들의 주관적 의도의 문제에 불과하고 회사가 관여할 바 아니므로, 이러한 발기인 내지 이사들의 내심적 사정에 의하여 회사의 설립이나 증자와 같은 집단적 절차의 일환을 이루는 주금납입의 효력을 좌우함은 타당하지 아니하다); 동 1973. 8. 31, 73 다 824(민판집 189, 358); 동 1966. 10. 21, 66 다 1482(카드 1226); 동 1998. 12. 23, 97 다 20649(공보 1999, 211)(주식회사를 설립하면서 일시적인 차입금으로 주금납입의 외형을 갖추고 회사설립절차를 마친 다음 바로 그 납입금을 인출하여 차입금을 변제하는 이른바 가장납입의 경우에도 주금납입의 효력을 부인할 수 없다); 동 2004. 3. 26, 2002 다 29138(공보 2004, 709)(주식회사를 설립하면서 일시적인 차입금으로 주금납입의 외형을 갖추고 회사 설립절차를 마친 다음 바로 그 납입금을 인출하여 차입금을 변제하는 이른바 가장납입의 경우에도 주금납입의 효력을 부인할 수는 없다고 할 것이어서, 주식인수인이나 주주의 주금납

입의무도 종결되었다고 보아야 할 것이다).

반대: 日最高判 1963. 12. 6(民集 17-12, 1633)(탈법행위로서 가장납입을 했는지는 회사성립 후 차입금을 변제하기까지의 기간의 장단 및 회사자금으로 운용된 사실의 유무, 차입금의 변제가 회사자금에 미치는 영향의 유무 등 사안의 제반 사정을 고려하여 판단하였어야 한다).

③ 양자의 절충형태란 발기인대표가 개인자격으로 납입을 맡을 은행으로부터 납입금에 해당하는 금액을 대출받아 주금납입을 하고, 회사성립 후 회사가 그 은행으로부터 납입금을 반환받아 발기인대표이었던 자에게 빌려주어 그가 은행차입금을 변제하게 하는 것이다. 이것은 실질적으로 통모가장납입의 변형으로 통모가장납입행위를 방지하기 위한 상법의 규정을 탈법하는 행위이므로 납입으로서의 효력을 부정하여야 할 것이다.[1]

2) 현물출자의 경우 앞에서 본 바와 같이 1995년 개정상법에 의하여 설립시의 현물출자는 발기인뿐만 아니라 일반 주식인수인도 할 수 있다(상 294조 삭제). 이러한 현물출자자의 현물출자의 방법은 발기설립의 경우 발기인의 현물출자의 방법(상 295조 2항)과 같다(상 305조 3항).

3) 불이행에 대한 조치

㈎ 금전출자의 경우(실권절차) 모집설립의 경우에는 주식인수인이 금전출자 이행을 하지 않은 경우에 주식인수인으로부터의 주금 추심을 용이하게 하여 회사설립의 신속을 기하기 위하여 특별히 실권(失權)절차가 규정되어 있다. 즉, 주식인수인이 금전출자 이행을 하지 않은 때에는 발기인은 일정한 기일을 정하여 그 기일 내에 이행을 하지 않으면 실권한다는 통지를 그 기일의 2주간 전에 주식인수인에게 하여야 하는데(상 307조 1항), 이 때 주식인수인이 그 기일 내에 이행을 하지 않으면 그는 주식인수인으로서의 권리를 잃고 발기인은 다시 그 주식에 대한 주주를 모집할 수 있다(상 307조 2항). 이 때 설립중의 회사에게 손해가 있으면 발기인은 실권한 주식인수인에 대하여 손해배상도 청구할 수 있다(상 307조 3항). 모집설립의 경우 이러한 실권절차에 의하지 아니하면 금전출자 이행이 없더라도 주식인수인의 권리는 상실되지 않는다.[2] 그러나 실제로는 납입금

1) 동지: 정(희), 379면; 손(주), 578면; 정(동), (회) 129면; 이(기) 외, (회) 178면; 日最高判 1963. 12. 6(民集 17-12, 1633).

2) 동지: 서울고판 1979. 6. 21, 78 나 3263.

에 상당하는 금액을 청약증거금으로 받으므로, 이러한 실권절차가 이용될 여지는 거의 없다.

(나) 현물출자의 경우 주식인수인이 현물출자를 이행하지 않는 경우에는 현물출자는 개성이 강한 것이므로 실권절차에 의할 수는 없고, 민법의 일반원칙에 따라 그 이행을 강제하든가(민 389조, 390조) 또는 회사불성립의 결과가 된다.[1)]

4. 기관구성절차(이사·감사의 선임)

(1) 발기설립의 경우

1) 발기설립의 경우에는 출자이행절차가 완료된 때에 **발기인**에 의하여 이사와 감사(정관에 의하여 감사 대신에 감사위원회가 설치되는 경우에는 감사위원회 위원)(상 415조의 2 7항, 296조)(자본금 총액이 10억원 미만인 소규모 주식회사의 경우에는 감사를 선임하지 아니할 수 있다)(상 409조 4항)가 선임되는데, 이 때에는 발기인의 의결권의 「과반수로써」 선임된다(상 296조 1항). 이 때 발기인은 설립중의 회사의 기관으로서의 자격이 아니라, 설립중의 회사의 구성원(출자자)으로서의 자격으로 이사·감사(정관에 의하여 감사 대신에 감사위원회가 설치되는 경우에는 감사위원회 위원)(상 415조의 2 7항, 296조)(자본금 총액이 10억원 미만인 소규모 주식회사의 경우에는 감사를 선임하지 아니할 수 있다)(상 409조 4항)를 선임하는 것이다.[2)] 따라서 발기인의 의결권은 그 인수주식의 1주에 대하여 1개로 한다(상 296조 2항).

또한 이 경우에 발기인은 의사록을 작성하여 의사의 경과와 그 결과를 기재하고 기명날인 또는 서명하여야 한다(상 297조).

2) 이렇게 선임된 이사들은 정관에 달리 정한 바가 없으면 이사회를 열어 대표이사(집행임원 비설치회사의 경우)를 선임하여야 한다(상 389조 1항, 317조 2항 9호).[3)]

(2) 모집설립의 경우

1) 모집설립의 경우에는 출자이행절차가 완료된 때에 주식인수인으로 구성되는 **창립총회**에 의하여 이사와 감사(정관에 의하여 감사 대신에 감사위원회가 설치되는 경우에는 감사위원회 위원)(상 415조의 2 7항, 312조)(자본금 총액이 10억원 미만인 소규모 주식회사의 경우에는 감사를 선임하지 아니할 수 있다)(상 409조 4항)가 선임되는데(상 312조), 이러한 창립총회는 「발기인」이 소집하고(상 308조 1항) 「출석한 주식인수인의 의결권의 3분의 2 이상이며 인수된 주식총수의 과반수에

---

1) 동지: 정(동), (회) 128면.
2) 동지: 이(철), (회) 253면.
3) 동지: 이(철), (회) 257면; 이(기) 외, (회) 171면; 주상(제 5 판)(회사 Ⅱ), 180면(정관에 대표이사의 선임을 주주총회에서 하기로 정한 경우에는 발기인들이 선임하여야 한다고 한다).

해당하는 다수로써」 결의한다(상 309조).[1] 창립총회는 설립중의 회사의 의사결정기관으로 성립 후의 회사의 주주총회에 해당하므로, 주주총회에 관한 많은 규정이 준용되고 있다(상 308조 2항).

2) 창립총회에서 선임된 이사들도 정관에 달리 정한 바가 없으면 이사회를 열어 대표이사(집행임원 비설치회사의 경우)를 선임하여야 한다(상 389조 1항, 317조 2항 9호).[2]

5. 설립경과조사절차

(1) 발기설립의 경우

발기설립의 경우 설립경과조사는「이사·감사(정관에 의하여 감사 대신에 감사위원회가 설치되는 경우에는 감사위원회)(자본금 총액이 10억원 미만인 소규모 주식회사의 경우에는 감사를 선임하지 아니할 수 있다)(상 409조 4항)」와「검사인」이 하는데, 그 절차는 다음과 같다.[3]

① 이사와 감사(정관에 의하여 감사 대신에 감사위원회가 설치되는 경우에는 감사위원회)(자본금 총액이 10억원 미만인 소규모 주식회사의 경우에는 감사를 선임하지 아니할 수 있다)(상 409조 4항)는 취임 후 지체 없이 회사의 설립에 관한 모든 사항이 법령 또는 정관의 규정에 위반되지 아니하는지의 여부를 조사하여 발기인에게 보고하여야 한다(상 298조 1항). 이 때 이사와 감사(정관에 의하여 감사 대신에 감사위원회가 설치되는 경우에는 감사위원회)(자본금 총액이 10억원 미만인 소규모 주식회사의 경우에는 감사를 선임하지 아니할 수 있다)(상 409조 4항) 중에 발기인이었던 자·현물출자자 또는 회사 성립 후 양수할 재산의 계약당사자인 자는 이러한 조사·보고에 참가하지 못하는데(상 298조 2항), 이사와 감사(정관에 의하여 감사 대신에 감사위원회가 설치되는 경우에는 감사위원회)(자본금 총액이 10억원 미만인 소규모 주식회사의 경우에는 감사를 선임하지 아니할 수 있다)(상 409조 4항)의 전원이 이에 해당하는 때에는 이사는 공증인으로 하여금 이러한 조사·보고를 하게 하여야 한다(상 298조 3항).

② 변태설립에 관한 사항은 원칙적으로 법원이 선임한 검사인이 조사하는데, 이 때 이사는 이에 관한 조사를 하게 하기 위하여 법원에 검사인의 선임을

1) 주식총회의 특별결의는「출석한 주주의 의결권의 3분의 2 이상의 수와 발행주식총수의 3분의 1 이상의 수로써」하므로(상 434조), 창립총회의 결의요건이 주주총회의 특별결의요건보다 가중되어 있다고 볼 수 있다.

2) 동지: 이(철), (회) 264면, 257면; 채, 423면; 주상(제5판)(회사 Ⅱ), 246~247면(정관에 대표이사의 선임을 주주총회에서 하기로 정한 경우에는 창립총회에서 대표이사를 선임하여야 한다고 한다).

3) 발기설립의 경우 설립경과조사는 1995년 개정상법 이전에는 법원이 선임한 검사인이 하였는데, 1995년 개정상법은 원칙적으로 이사·감사가 하고 다만 변태설립사항만 법원이 선임한 검사인이 하도록 하였고, 이러한 변태설립사항도 공증인과 공인된 감정인의 조사·보고로 갈음할 수 있도록 하여 법원의 관여를 완전히 배제할 수 있도록 하였다[상세는 해설(1995), 65~71면 참조].

청구하여야 한다(상 298조 4항 본문). 이러한 검사인의 선임신청은 본점소재지의 지방법원 합의부에 하는데(비송 72조 1항), 서면으로 하여야 하고 그 신청서에는 신청의 사유·검사의 목적·연월일·법원의 표시를 하고 신청인이 이에 기명날인하여야 한다(비송 73조). 변태설립사항은 예외적으로 법원의 관여를 피할 수 있는데, 변태설립사항 중 발기인이 받을 특별이익(상 290조 1호)과 회사가 부담할 설립비용 및 발기인이 받을 보수액(상 290조 4호)에 관하여는 공증인의 조사·보고로, 현물출자(상 290조 2호)와 재산인수(상 290조 3호) 및 현물출자의 이행(상 295조 2항)에 관하여는 공인된 감정인의 감정으로, 법원이 선임한 검사인의 조사에 갈음할 수 있다(상 299조의 2 1문, 298조 4항 단서).

③ 검사인은 원칙적으로 변태설립사항(상 290조)과 현물출자의 이행에 관한 사항(상 295조 2항)을 조사한 후 조사보고서를 작성하여 이를 법원에 제출하고(상 299조 1항), 그 등본을 각 발기인에게 교부한다(상 299조 3항). 그러나 (i) 현물출자 및 재산인수의 총액이 자본금의 5분의 1을 초과하지 아니하고 대통령령으로 정한 금액(5,000만원 — 상시 7조 1항)을 초과하지 아니하는 경우, (ii) 현물출자 및 재산인수되는 재산이 거래소에서 시세가 있는 유가증권으로서 정관에 적힌 가격이 대통령령으로 정한 방법으로 산정된 시세[1]를 초과하지 아니하는 경우 및 (iii) 그 밖에 위 (i) 및 (ii)에 준하는 경우로서 대통령령으로 정하는 경우의 하나에 해당하는 경우에는, 검사인 등에 의한 조사와 법원에 대한 보고절차를 밟을 필요가 없다(상 299조 2항). 이는 설립절차를 간편하게 하기 위하여 2011년 4월 개정상법에 의하여 신설된 것이다.

이 때 검사인의 조사보고서에 사실과 상위한 사항이 있는 경우에는, 발기인은 이에 대한 설명서를 법원에 제출할 수 있다(상 299조 4항).

변태설립사항 및 현물출자의 이행에 관한 사항을 검사인에 갈음하여 공증인이 조사하거나 또는 공인된 감정인이 감정하는 경우에는 이러한 공증인 또는 감정인은 조사 또는 감정결과를 법원에 보고하여야 한다(상 299조의 2 2문).[2]

④ 법원은 위 ③의 검사인 또는 공증인의 조사보고서 또는 감정인의 감정

1) 이 때 "대통령령으로 정한 방법으로 산정된 시세"란 다음 각 호의 금액 중 낮은 금액을 말한다(상시 7조 2항). 그러나 현물출자 및 재산인수되는 재산에 그 사용, 수익, 담보제공, 소유권 이전 등에 대한 물권적 또는 채권적 제한이나 부담이 설정된 경우에는 적용하지 아니한다(상시 7조 3항).

1. 상법 제292조에 따른 정관의 효력발생일(이하 이 항에서 '효력발생일'이라 한다)부터 소급하여 1개월간의 거래소에서의 평균 종가, 효력발생일부터 소급하여 1주일간의 거래소에서의 평균 종가 및 효력발생일의 직전 거래일의 거래소에서의 종가를 산술평균하여 산정한 금액
2. 효력발생일 직전 거래일의 거래소에서의 종가

2) 이러한 내용은 1998년 개정상법에 의하여 신설되었다.

결과와 발기인의 설명서를 심사한 후 변태설립사항이 부당하다고 인정한 경우에는, 이를 변경하여 각 발기인에게 통고할 수 있다(상 300조 1항).

⑤ 위 ④의 법원의 변경에 대하여 발기인이 불복하는 경우에는 그 발기인은 자기의 주식인수를 취소할 수 있는데, 이 때에 법원은 정관을 변경하여 설립절차를 속행할 수 있다(상 300조 2항). 만일 법원의 변경통고가 있은 후 2주간 내에 주식인수를 취소한 발기인이 없는 때에는 법원의 변경통고에 따라 정관이 변경된 것으로 간주된다(상 300조 3항).

발기설립의 경우 설립경과조사절차를 도시(圖示)하면 다음과 같다.

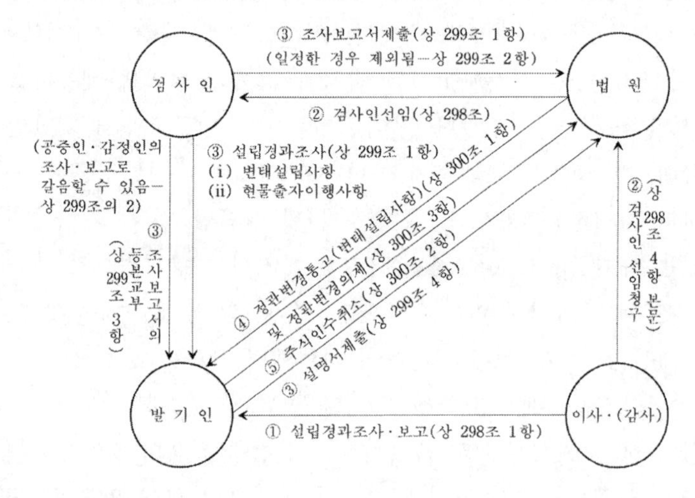

(2) 모집설립의 경우

모집설립의 경우 설립경과조사는 「이사·감사(정관에 의하여 감사 대신에 감사위원회가 설치되는 경우에는 감사위원회)(자본금 총액이 10억원 미만인 소규모 주식회사의 경우에는 감사를 선임하지 아니할 수 있다)(상 409조 4항)」와 「검사인」이 하는데, 그 절차는 다음과 같다.

① 발기인은 먼저 회사의 설립에 관한 보고서를 창립총회에 제출하여야 하는데(상 311조 1항), 이 보고서에는 주식인수절차 및 출자이행절차에 관한 사항과 변태설립에 관한 사항이 명백히 기재되어야 한다(상 311조 2항).

② 이사와 감사(정관에 의하여 감사 대신에 감사위원회가 설치되는 경우에는 감사위원회)(자본금 총액이 10억원 미만인 소규모 주식회사의 경우에는 감사를 선임하지 아니할 수 있다)(상 409조 4항)는 취임 후 지체없이 회사의 설립에 관한 모든 사항이 법령 또는 정관의 규정에 위반되지 아니하는지의 여부를 조사하여 창립총회에 보고하여야 한다(상 313조 1항). 이 때 이사와 감사(정관에

의하여 감사 대신에 감사위원회가 설치되는 경우에는 감사위원회)(자본금 총액이 10억원 미만인 소규모 주식회사의 경우에는 감사를 선임하지 아니할 수 있다)(상 409조 4항) 중에 발기인이었던 자·현물출자자 또는 회사 성립 후 양수할 재산의 계약당사자인 자가 있는 경우에는 위의 조사보고에 참가하지 못하는데(상 313조 2항), 이사와 감사(정관에 의하여 감사 대신에 감사위원회가 설치되는 경우에는 감사위원회)(자본금 총액이 10억원 미만인 소규모 주식회사의 경우에는 감사를 선임하지 아니할 수 있다)(상 409조 4항)의 전원이 이에 해당한 때에는 이사는 공증인으로 하여금 위의 사항의 조사·보고를 하게 하여야 한다.

③ 변태설립에 관한 사항은 원칙적으로 검사인에 의하여 조사를 받아야 하는데, 이 때의 검사인은 발기인의 청구에 의하여 법원이 선임한다(상 310조 1항). 이러한 검사인의 선임절차는 발기설립의 경우와 같다(비송 72조 1항, 73조). 검사인은 변태설립사항을 조사한 후 보고서를 작성하여 창립총회에 제출하여야 한다(상 310조 2항). 이러한 변태설립사항의 조사는 예외적으로 발기설립의 경우와 같이 법원의 관여를 피할 수 있는데, 변태설립사항 중 발기인이 받을 특별이익(상 290조 1호)과 회사가 부담할 설립비용 및 발기인이 받을 보수액(상 290조 4호)에 관하여는 공증인의 조사·보고로, 또한 현물출자(상 290조 2호)와 재산인수(상 290조 3호) 및 현물출자의 이행(상 305조 3항)에 관하여는 공인된 감정인의 감정으로, 법원이 선임한 검사인의 조사에 갈음할 수 있고(상 310조 3항, 299조의 2 1문), 이러한 공증인 또는 감정인은 조사 또는 감정결과를 창립총회에 보고하여야 한다(상 310조 3항, 299조의 2 2문).

④ 위 ③의 보고에 의하여 창립총회는 변태설립사항이 부당하다고 인정한 때에는 이를 변경할 수 있다(상 314조 1항). 이 때 창립총회의 변경에 불복하는 주식인수인은 그 주식의 인수를 취소할 수 있는데(상 314조 2항, 300조 2항), 창립총회의 변경통고가 있은 후 2주간 내에 주식의 인수를 취소한 주식인수인이 없는 때에는 정관은 변경통고에 따라 변경된 것으로 간주된다(상 314조 2항, 300조 3항). 그런데 이 때 발기인 및 현물출자자 이외의 주식인수인은 주식의 인수를 취소할 수 없다고 본다.[1)]

⑤ 창립총회는 위 ④의 변태설립사항 이외의 사항에 대하여도 정관을 변경할 수 있고, 심지어는 설립의 폐지를 결의할 수도 있다(상 316조 1항). 이러한 결의는 창립총회의 소집통지서에 그 뜻의 기재가 없는 경우에도 가능하다(상 316조 2항).

---

1) 동지: 정(동), (회) 132면(발기인·현물출자자 이외의 주식인수인은 이익을 입을 뿐이므로 주식인수를 취소할 수 없다고 한다); 최(기), 583면; 이(기) 외, (회) 181~182면; 주상(제5판)(회사 Ⅱ), 250면.

모집설립의 경우 설립경과조사절차를 도시(圖示)하면 다음과 같다.

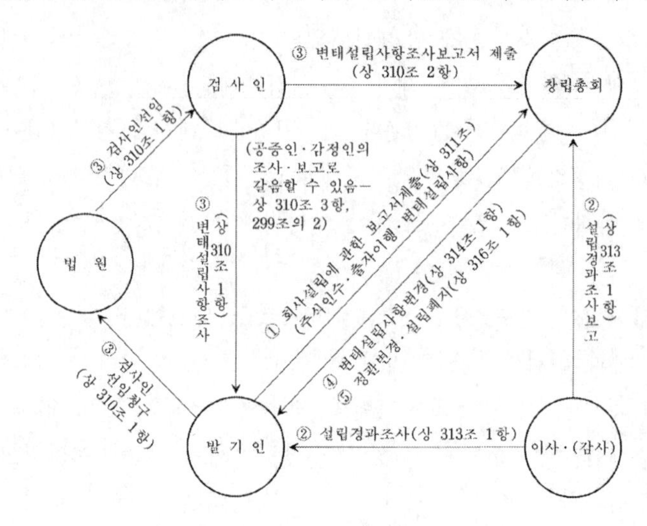

제 3 관 설 립 등 기

제 1 등기시기

주식회사의 설립등기는 발기설립의 경우에는 검사인(공증인·감정인)의 변태설립사항 조사·보고 후 또는 법원의 변태설립사항 변경처분 후 2주간 내에, 모집설립의 경우에는 창립총회 종결 후 또는 창립총회에 의한 변태설립사항 변경 후 2주간 내에 하여야 한다(상 317조 1항).

제 2 등기절차

(1) 설립등기는 대표이사가 신청하는데,[1] 신청서에는 일정한 서류를 첨부하여야 한다(상등규 129조).

(2) 설립등기를 게을리하면 과태료의 제재를 받고(상 635조 1항 1호), 설립등기를 위하여 주식의 납입이나 현물출자의 이행 기타 변태설립사항에 관하여 법원 또는

1) 1995년 개정상법 이전에는 설립등기는 「이사의 공동신청」으로 하도록 규정하였는데, 등기신청은 회사의 업무집행의 하나로서 대표이사가 당연히 담당할 업무인데 「이사의 공동신청」으로 하라고 요구하는 것은 법리상으로도 옳지 않고 또 그렇게 요구할 만한 현실적인 필요도 없다는 점 등에서 1995년 개정상법에서 이를 삭제하였다[해설(1995), 77~78면].

창립총회에 부실보고를 하거나 사실을 은폐하면 형벌의 처벌을 받는다(상 625조 1호).

(3) 설립등기에는 지방세인 등록세가 과세된다.

제 3 등기사항

(1) 등기사항은 회사의 내용을 공시하는 목적에서 입법정책적으로 정하여지는 것이므로, 정관의 절대적 기재사항과 동일하지 않다. 등기사항이 정관의 절대적 기재사항과 다른 점은, (i) 회사의 설립시에 발행하는 주식에 관하여는 그 총수 외에 그 종류와 각종 주식의 내용과 수, (ii) 자본금의 액, (iii) 주식의 양도에 관하여 이사회(자본금 총액이 10억원 미만으로서 이사를 1명 또는 2명을 둔 소규모 주식회사〈상 383조 1항 단서〉는 이사회가 없으므로, 이러한 이사회의 권한을 주주총회가 행사한다〈상 383조 4항〉)의 승인을 얻도록 정한 때에는 그 규정, (iv) 주식매수선택권을 부여하도록 정한 때에는 그 규정, (v) 지점의 소재지, (vi) 존립기간이나 해산사유, (vii) 이익소각에 관한 사항, (viii) 전환주식에 관한 사항, (ix) 사내이사, 사외이사, 그 밖에 상무에 종사하지 아니하는 이사·감사(자본금 총액이 10억원 미만인 소규모 주식회사의 경우에는 감사를 선임하지 아니할 수 있다 — 상 409조 4항) 및 집행임원의 성명과 주민등록번호, (x) 대표이사 또는 대표집행임원의 성명·주민등록번호 및 주소, (xi) 공동대표에 관한 사항, (xii) 명의개서대리인을 둔 때에는 그 상호 및 본점소재지, (xiii) 감사위원회를 설치한 때에는 감사위원회 위원의 성명 및 주민등록번호 등이다(상 317조 2항). 이와 같은 사항은 주주 및 회사의 이해관계인 등에게 중요한 사항이므로, 입법정책적으로 등기에 의하여 공시하도록 한 것이다.[1]

(2) 주식회사의 지점설치의 등기·이전등기 및 변경등기에 관한 사항은 대체로 합명회사의 경우와 같으나(상 317조 4항, 181조~183조), 다만 지점 설치 및 이전시의 지점소재지 또는 신지점소재지에서 하는 등기사항은 본점에서의 등기사항 중 일부 중요한 사항만으로 제한하였다[2](상 317조 3항).

제 4 등기효력

(1) 본질적 효력

주식회사는 설립등기에 의하여 회사가 성립하여 법인격을 취득한다(상 172조).

1) 동지: 정(희), 382면.

2) 이는 1995년 개정상법에서 신설된 것이다.

이것은 설립등기 본래의 효력으로서, 제 3 자의 선의·악의를 불문하고 등기만으로 대항력이 발생하는 점에서 상업등기의 일반적 효력(상 37조)과 구별된다(상업등기의 특수적 효력 중 창설적 효력). 이러한 설립등기의 효력에 의하여 설립중의 회사(및 발기인조합)는 소멸하고, 주식인수인은 주주가 된다.

(2) 부수적 효력

설립등기가 있으면 이 외에도 여러 가지의 부수적인 효력이 발생하는데, 이는 다음과 같다.

1) 주식인수인이 주식청약서의 요건의 흠결을 이유로 하여 그 인수의 무효를 주장하거나, 착오 또는 사기·강박을 이유로 하여 그 인수를 취소하지 못한다(상 320조 1항)(상업등기의 보완적 효력).

2) 주권발행이 허용되고(상 355조 1항·2항), 권리주양도의 제한(상 319조)이 해제된다(상업등기의 해제적 효력).

3) 그 밖에 설립등기의 효력과 관련하여 발기인은 자본금 충실의 책임을 부담하고(상 321조), 설립무효는 소에 의하지 아니하고는 그 무효를 주장할 수 없으며(상 328조 1항), 또 상호권(상등규 129조 1호, 상 289조 1항 2호)이 발생한다.

제 4 관 설립하자(무효)

주식회사의 설립절차에 있어서 하자가 있는 경우에는 설립무효의 소(상 328조)가 인정된다. 주식회사에서는 합명회사, 합자회사·유한책임회사 및 유한회사에서와는 달리 설립취소의 소는 인정되지 않고 있다(상 184조, 269조, 287조의 6, 552조 참조). 이에 관하여는 회사의 설립하자 일반에 관한 설명에서 이미 상세히 설명하였는데, 중요한 내용을 다시 반복하여 설명하면 다음과 같다.

(1) 설립무효의 원인

주식회사의 설립무효의 원인에 대하여 상법에는 규정이 없으나, 통설은 주식회사가 자본단체라는 특질에서 주주(사원)의 주관적 원인(의사무능력·비진의표시·허위표시 등)은 무효원인이 아니고 객관적 원인만을 무효원인으로 보고 있다.[1] 따라서 주식회사의 설립이 강행법규나 주식회사의 본질에 반하는 경우,

1) 정(희), 383면; 손(주), 599면; 정(동), (회) 154면; 이(철), (회) 277~278면; 이(범), (회) 132면; 주상(제 5 판)(회사 Ⅱ), 306면 외.

예컨대 정관의 절대적 기재사항에 흠결이 있는 경우 등이 설립무효의 원인이 된다.

참고로 독일에서는 설립절차상의 하자는 원칙적으로 설립등기에 의하여 치유된다.[1]

(2) 설립무효의 주장

주식회사의 설립무효의 원인이 있는 경우에는 이의 무효주장은 민법상 무효주장의 일반원칙과는 달리 반드시 「소(訴)」만으로 주장할 수 있고(무효주장 방법의 제한), 주주·이사 또는 감사에 한하여 무효를 주장할 수 있으며(제소권자의 제한), 또 회사성립의 날(설립등기의 날)로부터 「2년 내」에만(제소기간의 제한) 무효를 주장할 수 있도록 하였다(상 328조 1항). 이와 같이 무효의 주장을 제한한 것은 회사의 설립과정에서는 이해관계인이 많으므로 법률관계를 획일적으로 처리하고 기존상태를 보호하기 위한 것인데, 이를 위하여 상법은 특별히 규정하고 있는 것이다[2](상 328조).

(3) 그 밖의 사항

주식회사의 설립무효의 소에 관한 그 밖의 절차 및 판결의 효력에 관해서는 합명회사의 설립무효의 소에 관한 규정이 준용된다(상 328조 2항).

제 5 관 설립에 관한 책임

주식회사는 준칙주의에 의하여 설립되므로 설립절차에서 과오나 부정이 개입하기 쉽고, 또 사기의 목적으로 설립되는 경우도 있다. 따라서 상법은 준칙주의로 인한 이러한 설립의 폐단을 방지하기 위하여 설립관여자(발기인, 이사·감사, 검사인 및 유사발기인 등)의 책임을 엄격히 규정하고 있다. 이러한 설립관여자는 민사상의 책임(상 321조~327조)만이 아니라, 형사상의 책임(상 622조, 625조, 628조, 630조) 또는 행정상의 책임(과태료)(상 635조)도 부담한다.

---

1) Schmidt(GR), S. 606 f.
2) 동지: 이(범), 132면.

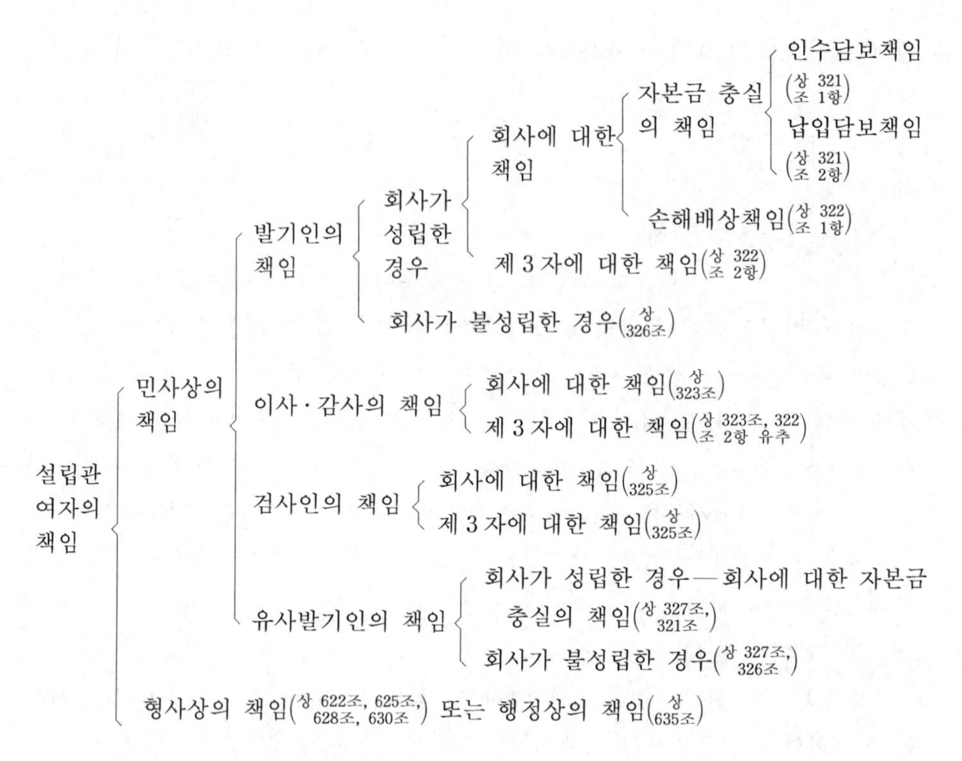

설립관여자 중에서도 발기인은 회사설립에 있어서 가장 중심적인 인물로서 그 책임이 아주 엄격하다. 발기인의 이러한 책임은 「회사가 성립한 경우」와 「회사가 불성립한 경우」로 나누어지고, 회사가 성립한 경우의 발기인의 책임은 「회사에 대한 책임」과 「제 3 자에 대한 책임」으로 다시 나누어진다. 발기인의 회사에 대한 책임은 또 다시 「자본금 충실의 책임」과 「손해배상책임」으로 나누어진다. 이러한 설립관여자의 책임을 도시(圖示)하면 위와 같은데, 이하에서는 설립관여자의 상법상 규정된 민사상의 책임에 대해서만 설명한다.

제 1 발기인의 책임

I. 회사가 성립한 경우

(1) 회사에 대한 책임

1) 자본금 충실의 책임

(가) 의 의 발기인은 회사에 대한 자본금 충실의 책임으로, 회사의

설립시에 발행하는 주식에 대하여 아래와 같은 인수담보책임과 납입담보책임을 진다. 상법은 회사의 설립시의 자본금 충실을 기하기 위하여 설립시에는 발행하는 주식총수에 대하여 전부 인수되고 또 납입되도록 하였는데(상 295조, 305조), 이를 확보하기 위하여 다시 발기인의 자본금 충실의 책임을 규정한 것이다.

① 인수담보책임 발기인은 회사설립시에 발행하는 주식으로서 회사성립 후에 아직 인수되지 아니한 주식이 있거나, 주식인수의 청약이 취소된 때에는 이를 공동으로(발기인이 수인인 경우) 인수한 것으로 본다(상 321조 1항). 이 때 「인수되지 아니한 주식이 있는 경우」란 발기인의 사무상의 과실로 인하여 인수가 없는 주식이 생긴 경우를 의미하는데, 그 밖에 주식인수인의 의사무능력·허위표시 또는 무권대리 등에 의하여 주식인수가 무효된 경우를 포함한다.[1] 그러나 상법의 특칙에 의하여 주식인수인은 비진의표시(상 302조 3항) 또는 주식청약서의 요건흠결(상 320조 1항)을 이유로 주식인수의 무효를 주장할 수 없으므로, 이 경우에는 발기인의 인수담보책임이 발생할 여지가 없다. 또한 「주식인수의 청약이 취소된 경우」란 주식인수인의 제한능력이나 사해행위를 이유로 주식인수인(제한능력의 경우) 또는 그의 채권자(사해행위의 경우)가 주식인수를 취소한 경우를 의미한다. 그러나 상법의 특칙에 의하여 주식인수인은 착오·사기·강박을 이유로 하여 주식인수를 취소할 수 없으므로(상 320조 1항), 이 경우에는 발기인의 인수담보책임이 발생할 여지가 없다.

발기인은 이 때에 인수가 의제된 주식에 대하여 납입담보책임도 부담하므로(상 333조 1항), 이를 엄격히 말하면 「인수 및 납입담보책임」이라고 말할 수 있다.

② 납입담보책임 발기인은 회사성립 후에 이미 인수된 주식에 대하여 인수가액의 전액이 납입되지 않은 주식이 있는 때에는 이를 연대하여 납입할 의무를 부담한다(상 321조 2항). 상법은 주식의 납입을 확실하게 하기 위하여 상법상 여러 가지의 특칙을 두고 있는데(상 295조 1항 2문, 302조 2항 9호, 306조, 318조), 상법은 다시 발기인의 납입담보책임을 규정하고 있는 것이다.

(나) 기 능 설립시에 발행하는 주식 중에서 인수 또는 납입이 없는 주식이 있으면 이는 자본금 확정 및 자본금 충실의 원칙에 어긋나게 되므로 원칙적으로 설립무효의 원인이 된다고 하겠으나, 인수나 납입이 없는 주식의 수가 근소한 경우까지 설립무효의 원인으로 한다면 이는 국민경제상의 손실이

1) 동지: 이(철), (회) 270면.

크다고 볼 수 있다. 따라서 이러한 경우에는 발기인에게 자본금 충실의 책임을 부과하여 회사의 자본금 충실도 기하고 또한 지금까지 진행된 설립절차의 효력도 유지시키고자 한 것이다. 이러한 점에서 볼 때 발기인의 자본금 충실의 책임은 보충적이고 부수적인 것이라고 보아야 한다.[1] 따라서 인수 또는 납입이 없는 주식의 수가 큰 경우에는, 이는 회사설립의 무효원인이 되는 것이고 발기인의 자본금 충실의 책임에 해당되지 않는다고 본다(통설).[2]

(다) 성 질 발기인의 이러한 자본금 충실의 책임은 회사의 자본금 충실과 기업유지의 이념을 위하여 「상법이 인정하는 특수한 책임」(법정책임)으로 「무과실책임」이다(이설 없음). 따라서 이 책임은 총주주의 동의로도 면제되지 못한다.

(라) 내 용 ① 발기인이 인수담보책임을 부담하는 경우는 「발기인이 이를 공동으로(발기인이 수인인 경우) 인수한 것으로 본다」고 규정하고 있으므로(상 321조 1항 후단), 발기인 전원을 공동인수인으로 의제하고 있다. 따라서 발기인 전원은 인수된 주식에 대하여 공유관계가 성립하고(민 262조 이하), 연대하여 주금액을 납입할 책임을 부담한다(상 333조 1항). 이 때에는 발기인 전원이 주주로서 그 주식을 공유하므로 공유자(발기인 전원)는 발기인 중의 1인을 주주의 권리를 행사할 자로 정하여야 하는데(상 333조 2항), 이와 같이 주주의 권리를 행사할 자를 정하지 않은 경우에는 공유자에 대한 통지나 최고는 발기인 중 1인에 대하여 하면 된다(상 333조 3항). 이러한 발기인의 인수담보책임의 발생시기는 원칙적으로 회사의 성립시이나, 예외적으로 회사성립 후 주식인수를 취소한 경우는 그 취소시이다.[3]

② 발기인이 납입담보책임을 부담하는 경우는 「발기인은 연대하여(발기인이 수인인 경우) 그 납입을 하여야 한다」고 규정하고 있으므로(상 321조 2항 후단), 발기인에게 연대납입의무를 부여하고 있다. 이 때에는 발기인의 인수담보책임과는 달리 발기인이 주주가 되는 것이 아니고, 그 주식에 대한 주식인수인이 주주가 된다. 이 때에 주식인수인도 납입담보책임을 부담하므로 발기인과 주식인수인

1) 동지: 정(희), 384면.
2) 정(희), 384면; 서·정, 334면; 손(주), 588면; 이(철), (회) 271면; 최(기), 585면 외.
동지: 日大判 1916. 10. 25(民錄 22, 1967); 동 1917. 3. 8(民錄 23, 364).
반대: 이 때에도 설립등기에 의하여 주식 전부에 대한 인수·납입이 있다고 신뢰하는 일반주주 및 회사채권자의 이익보호를 위하여, 회사설립의 유효·무효와는 무관하게 언제나 발기인의 자본금 충실의 책임을 인정하는 견해로는, 양(승), (사례) 110면.
3) 동지: 정(동), (회) 162면; 채, 440면; 이(기) 외, (회) 188면; 주상(제 5 판)(회사 Ⅱ), 280면.

은 납입에 관하여 부진정련대채무를 부담하고,[1] 발기인이 납입을 하면 주식인수인에 대하여 구상권을 행사할 수 있음은 물론(민 425조)[2] 다른 발기인에 대하여도 그의 부담부분에 대하여 구상권을 행사할 수 있다(민 425조). 납입담보책임의 발생시기도 인수담보책임의 그것과 같다.

(마) 현물출자의 경우 현물출자의 불이행이 있는 경우에도 발기인의 자본금 충실의 책임이 인정될 수 있는가. 이에 대하여 대체가능한 현물출자 또는 회사의 사업수행에 불가결한 것이 아닌 현물출자의 경우에는 (금전으로 환산하여) 발기인에게 자본금 충실의 책임을 긍정하는 견해도 있다.[3] 그러나 현물출자는 개성이 강한 것으로 일반적으로 타인이 대체이행을 하는 것이 곤란하고 또 상법은 금전출자의 납입과 현물출자의 이행을 달리 표현하고 있으므로(상 295조, 305조 1항), 현물출자에는 발기인의 자본금 충실의 책임을 부정하는 것이 타당하다고 본다(통설).[4]

참고로 일본 회사법상 발기인 및 설립시의 이사는 현물출자재산 등의 가액이 정관에 기재된 가액에 현저하게 부족하면 이 부족액을 전보할 책임을 진다(日會 52조 1항).

(바) 이행청구 발기인의 자본금 충실의 책임은 (대표)이사 또는 (대표)집행임원이 그 이행을 청구할 수 있다. 그러나 소수주주도 회사를 위하여 대표소송 또는 다중대표소송을 제기할 수 있다(상 324조, 403조~406조, 406조의 2). (대표)이사나 (대표)집행임원 또는 소수주주의 발기인에 대한 자본금 충실의 책임의 이행청구는 그에 대한 손해배상청구에 영향을 미치지 않는다(상 321조 3항).

2) 손해배상책임

(가) 의 의

① 발기인이 회사의 설립에 관하여 그 임무를 게을리한 때에는 그 발기인은 회사에 대하여 연대하여 손해를 배상할 책임이 있다(상 322조 1항). 발기인에게 이와 같이 회사에 대한 손해배상책임을 인정한 것은, 발기인은 설립중의 회사의

1) 동지: 정(동), (회) 161~162면; 채, 442면; 이(기) 외, (회) 188면; 주상(제 5 판)(회사 Ⅱ), 282면.
2) 동지: 정(희), 385면.
3) 정(동), (회) 162면; 이(철), (회) 271~272면; 이(기) 외, (회) 188면; 주상(제 5 판)(회사 Ⅱ), 283~284면; 김영곤, "발기인의 주식인수와 납입에 대한 책임,"「사회과학연구」(조선대), 1982. 1, 217면.
4) 정(희), 385면; 손(주), 589~590면; 최(기), 591면; 이·최, 264면 외.
동지: 日大判 1938. 12. 14(民集 17-23, 2371).

기관으로서 선량한 관리자의 주의로써 사무를 집행할 의무를 갖고 있기 때문이다.[1] 예컨대, 발기인이 주식인수대금을 가장납입하고 회사의 성립과 동시에 이를 인출한 경우,[2] 주식을 공모하면 액면초과액을 얻을 수 있었음에도 불구하고 액면가액으로 가족에게 배정한 경우,[3] 발기인 중의 일부가 스스로 설립사무를 이행하지 않고 발기인대표에게 그 업무를 일임하고 그 발기인대표가 임무를 게을리한 경우[4] 등이 이에 해당한다.

② 발기인의 회사에 대한 이러한 손해배상책임은 앞에서 본 바와 같이 발기인이 회사에 대하여 자본금 충실의 책임을 진다고 하여 면제되는 것은 아니다(상 321조 3항). 따라서 발기인이 임무를 게을리함으로 인하여 주식의 인수나 납입에 흠결이 생긴 경우에는, 발기인은 회사에 대하여 자본금 충실의 책임(상 321조)을 지는 외에 손해배상책임(상 322조 1항)도 연대하여 부담한다.

③ 이사와 감사(정관에 의하여 감사 대신에 감사위원회가 설치되는 경우에는 감사위원회 위원)(자본금 총액이 10억원 미만인 소규모 주식회사의 경우에는 감사를 선임하지 아니할 수 있다 — 상 409조 4항)가 설립경과에 관한 사항(상 298조 1항, 313조 1항)의 조사를 게을리하여 회사에 대하여 손해배상책임을 부담하고 발기인도 임무를 게을리하여 회사에 대하여 손해배상책임을 부담하는 경우에는, 발기인과 이사 및 감사(정관에 의하여 감사 대신에 감사위원회가 설치되는 경우에는 감사위원회 위원)(자본금 총액이 10억원 미만인 소규모 주식회사의 경우에는 감사를 선임하지 아니할 수 있다 — 상 409조 4항)는 연대하여 회사에 대하여 손해를 배상할 책임이 있다(상 323조).

④ 발기인의 이러한 손해배상책임은 회사가 성립한 경우에만 발생하고, 회사가 불성립한 경우에는 발생하지 않는다.[5] 그러나 회사가 성립한 후 설립무효가 확정된 경우에는, 일단 발생한 발기인의 책임은 소멸하지 않는다(상 328조 2항, 190조).[6]

㈏ 성 질 발기인이 임무를 게을리함으로 인한 손해배상책임은 발기인과 회사 사이에는 어떤 계약관계가 없으므로 계약상의 책임(채무불이행책임)도 아니요 또 발기인에게 위법성을 요건으로 하지 않으므로 불법행위책임

---

1) 동지: 정(희), 385면; 정(동), (회) 163면.

2) 대판 1989. 9. 12, 89 누 916(공보 1989, 1509)(발기인이 주식인수대금을 가장납입하고 회사의 성립과 동시에 이를 인출하였다면, 회사에 대하여 그 손해를 연대하여 배상할 책임을 진다).

3) 日靜岡地判 1926. 9. 28(新聞 2606, 8).

4) 정(동), (회) 163면.

5) 동지: 손(주), 590~591면; 정(동), (회) 163면; 채, 443면; 이(기) 외, (회) 189면; 주상(제 5 판)(회사 Ⅱ), 286면; 日大判 1916. 10. 9(刑錄 22, 1511).

6) 동지: 정(동), (회) 163면; 손(주), 591면; 이(철), (회) 273면; 채, 443면; 이(기) 외, (회) 189면; 주상(제 5 판)(회사 Ⅱ), 286면.

도 아닌「상법이 인정하는 특수한 손해배상책임」(법정책임)이다.[1] 또한 이 책임은「과실책임」이다.[2] 따라서 발기인의 이 책임은 총주주의 동의에 의하여 면제될 수 있다(상 324조, 400조). 발기인의 이 책임도 연대책임인데 이 책임은 과실책임이라는 점에서, 발기인의 자본금 충실의 책임(인수 및 납입담보책임)이 무과실책임으로서 연대책임인 점과 구별된다. 즉, 발기인이 회사에 대하여 부담하는 자본금 충실의 책임(인수 및 납입담보책임)은 발기인의 과실 유무에 불문하고 발기인 **전원**이 연대하여 부담하는 책임임에 반하여(상 321조 2항), 발기인이 회사에 대하여 부담하는 손해배상책임은 **과실 있는 발기인**만이 연대하여 부담하는 책임이다(상 322조 1항).

(다) 이행청구 발기인의 이러한 손해배상책임도 자본금 충실의 책임과 같이 (대표)이사나 (대표)집행임원에 의하여 추궁되거나 또는 소수주주에 의한 대표소송 또는 다중대표소송에 의하여 추궁될 수 있다(상 324조, 403조~406조, 406조의 2).

(2) 제 3 자에 대한 책임

1) 의 의 발기인이 악의 또는 중대한 과실로 인하여 그 임무를 게을리한 때에는 그 발기인은 제 3 자에 대하여도 직접 연대하여 손해를 배상할 책임을 진다(상 322조 2항). 예컨대, 발기인이 정관의 기재 없이 재산인수계약을 체결하였는데 그 계약이 무효가 되어 제 3 자가 손해를 입은 경우, 주식의 일부에 대하여 납입이 없음에도 불구하고 설립등기를 하여 그러한 회사와 거래한 제 3 자가 손해를 입은 경우 등이다.

발기인의 제 3 자에 대한 책임은 발기인에게 불법행위가 없음에도 불구하고 제 3 자를 보호하기 위하여 인정된 책임인데, 이에 경과실까지 포함시키는 것은 발기인의 기관적 지위와 설립사무의 복잡성과 관련하여 발기인에게 너무 가혹하므로 발기인을 보호하기 위하여 경과실을 배제한 것이다.[3]

2) 성 질 발기인이 직접적인 법률관계를 갖지 않는 제 3 자에 대하여 부담하는 이러한 손해배상책임의 법적 성질이 무엇이냐에 대하여 견해가 나뉘어 있다. 즉, 이를 불법행위책임의 일종이라고 보는「불법행위책임설」(소

---

1) 동지: 정(동), (회) 163면; 이(철), (회) 273면; 최(기), 593면; 채, 443면; 이(기) 외, (회) 189면; 주상(제 5 판)(회사 Ⅱ), 285면 외.

2) 동지: 손(주), 591면; 정(동), (회) 163면; 이(철), (회) 273면; 최(기), 593면; 채, 443면; 이(기) 외, (회) 189면; 주상(제 5 판)(회사 Ⅱ), 286면.

3) 동지: 정(희), 386면.

수설)[1]도 있으나, 상법이 인정하는 특수한 손해배상책임이라고 보는「법정책임설」(통설)[2]이 타당하다고 본다. 따라서 이러한 법정책임설에 의하면 발기인의 행위가 동시에 불법행위의 요건을 충족하면 당연히 청구권의 경합이 생긴다.[3]

3) 제 3 자의 범위 발기인이 책임을 부담하는「제 3 자」의 범위에 대하여 학설은 나뉘어 있다. 즉, 이에 대하여 (i) 주주를 포함하지 않는 견해(소수설)[4](회사가 손해를 배상받음으로써 주주도 간접적으로 배상을 받게 되는 경우)도 있으나, (ii) 제 3 자를 널리 보호하는 것이 상법 제322조 2항의 입법취지라는 점에서 볼 때 주주 또는 주식인수인을 포함하여 널리 회사 이외의 모든 자를 가리키는 것이라고 보아야 한다(통설).[5]

2. 회사가 불성립한 경우

1) 의 의 발기인은 회사가 성립하지 못한 경우에도 그 설립에 관한 행위에 대하여 연대책임을 지고(상 326조 1항), 회사의 설립에 관하여 지급한 비용을 부담한다(상 326조 2항).

회사가 성립하지 못한 경우에도 발기인에게 위와 같은 책임을 지우는 이유는, 주식인수인 및 설립중의 회사와 거래관계를 가진 채권자를 보호할 필요가 있는데 발기인 이외에는 다른 책임귀속의 주체가 없기 때문이다.[6]

2) 내 용 발기인은 회사불성립의 경우에(회사가 법률상은 물론 사실상으로도 성립하지 못한 경우를 의미하므로, 회사가 일단 성립하였다가 무효판결이 확정된 경우에는 발기인은 상법 제326조가 아니라 상법 제322조에 의한 책임을

1) 서·정, 335면(발기인의 이 책임은 상법이 인정한 특수한 불법행위책임이라고 하면서, 민법 제750조의 일반적 불법행위의 요건과는 관계 없이 상법 제322조 2항에 명기된 요건만 갖추면 성립한다고 한다); 이(병), 361면.

2) 정(희), 386면; 손(주), 592면; 정(동), (회) 164면; 최(기), 593면; 이(철), (회) 274면, 816~817면; 채, 444면; 이(기) 외, (회) 190면; 주상(제 5 판)(회사 Ⅱ), 288면; 이·최, 265면 외.

3) 동지: 정(희), 386면.
서·정, 335~336면은 불법행위책임설의 입장이면서 그 요건이 상이하다는 점에서 민법 제750조와의 경합을 인정한다.

4) 서·정, 336면.

5) 정(희), 386면; 정(동), (회) 164~165면; 이(철), (회) 274면, 818~819면; 채, 445면; 이(기) 외, (회) 190면; 주상(제 5 판)(회사 Ⅱ), 289면 외.

6) 동지: 정(동), (회) 166면; 이(철), (회) 275면; 손(주), 593면; 최(기), 595면; 대판 1970. 8. 31, 70 다 1357(집 18 ② 민 298)(설립중의 회사가 취득한 권리의무는 실질적으로 회사불성립을 정지조건으로 하여 발기인에게 귀속됨과 동시에, 같은 사실을 해제조건으로 하여 설립중의 회사에 귀속되는 것이다).

진다),[1] (i) 주식인수인에 대하여는 청약증거금 또는 주식납입금을 반환하여 줄 의무가 있고,[2] (ii) 제 3 자(회사채권자)에 대하여는 회사의 설립에 필요한 거래행위에서 발생한 채무를 이행할 의무가 있다(설립에 관한 행위가 무엇이냐에 대하여는 발기인의 권한범위와 관련하여 그 범위가 결정된다).

3) 성 질 발기인은 원래 설립중의 회사의 기관으로서 활동하여 온 자이므로, 회사불성립의 경우에 개인적으로 책임을 져야 할 이유는 없다. 그럼에도 불구하고 상법은 발기인에 의한 경솔한 회사설립을 막기 위하여 이러한 책임을 정책적으로 인정하고 있으므로, 발기인의 이러한 책임의 법적 성질은 「상법이 인정하는 특수한 책임」(법정책임)이라고 할 수 있다.[3] 또한 발기인의 이러한 책임은 발기인의 과실 유무를 불문하고 인정되는 책임으로 「무과실책임」이고(통설), 발기인 전원의 「연대책임」이다(상 326조 1항 후단).[4]

제 2 이사 · 감사(정관에 의하여 감사 대신에 감사위원회가 설치되는 경우에는 감사위원회 위원)(자본금 총액이 10억원 미만인 소규모 주식회사의 경우에는 감사를 선임하지 아니할 수 있다 — 상 409조 4항) · 공증인 · 감정인의 책임

(1) 의 의

1) 이사와 감사(정관에 의하여 감사 대신에 감사위원회가 설치되는 경우에는 감사위원회 위원)(자본금 총액이 10억원 미만인 소규모 주식회사의 경우에는 감사를 선임하지 아니할 수 있다 — 상 409조 4항)는 설립중의 회사의 감사기관으로 설립경과를 조사하여 발기인 또는 창립총회에 보고하여야 할 임무를 부담하고 있는데(상 298조 1항, 313조 1항), 이사와 감사(정관에 의하여 감사 대신에 감사위원회가 설치되는 경우에는 감사위원회 위원)(자본금 총액이 10억원 미만인 소규모 주식회사의 경우에는 감사를 선임하지 아니할 수 있다 — 상 409조 4항)가 이러한 임무를 게을리하여 회사 또는 제 3 자에 대하여 손해를 입힌 때에는 이를 연대하여 배상할 책임을 진다(상 323조). 이 경우에 발기인도 회사 또는 제 3 자에 대하여 손해배상책임을 지는 때에는 발기인 · 이사 · 감사(정관에 의하여 감사 대신에 감사위원회가 설치되는 경우에는 감사위원회 위원)(자본금 총액이 10억원 미만인 소규모 주식회사의 경우에는 감사를 선

---

1) 동지: 정(희), 386면.
2) 주식인수인은 설립중의 회사의 채무에 대하여 책임이 없다[동지: 이(철), (회) 276면].
3) 동지: 이(범), 135면; 정(희), 386면.
4) 정(희), 386면; 손(주), 593면; 정(동), (회) 165면; 이(철), (회) 275면; 이(범), 135면; 주상(제 5 판)(회사 Ⅱ), 298면 외.

임하지 아니할 수 있다 — 상 409조 4항)가 회사 또는 제 3 자에 대하여 연대채무를 부담한다(상 323조).

이사와 감사(정관에 의하여 감사 대신에 감사위원회가 설치되는 경우에는 감사위원회 위원)(자본금 총액이 10억원 미만인 소규모 주식회사의 경우에는 감사를 선임하지 아니할 수 있다 — 상 409조 4항)의 제 3 자에 대한 책임의 발생요건에 대하여 상법에는 명문규정이 없으나, 발기인의 제 3 자에 대한 책임과의 균형상 「악의 또는 중대한 과실」이 있는 경우에 한한다고 해석한다(상 322조 2항 유추적용).[1)]

2) 상법에는 규정이 없으나,[2)] 법원이 선임한 검사인에 갈음하여 변태설립사항을 조사·평가하는 공증인이나 감정인의 회사 또는 제 3 자에 대한 손해배상책임도 이사·감사(정관에 의하여 감사 대신에 감사위원회가 설치되는 경우에는 감사위원회 위원)(자본금 총액이 10억원 미만인 소규모 주식회사의 경우에는 감사를 선임하지 아니할 수 있다 — 상 409조 4항)의 경우와 동일하게 해석하여야 할 것으로 본다[3)](상 323조 유추적용). 왜냐하면 이러한 공증인이나 감정인의 업무가 법원이 선임한 검사인의 그것에 갈음하는 점에서는 검사인의 책임과 동일하게 보아야 할 것 같으나, 이러한 자는 회사에 의하여 선임되는 점에서 회사와의 관계에서 위임관계에 있으므로 이와 유사한 이사·감사(정관에 의하여 감사 대신에 감사위원회가 설치되는 경우에는 감사위원회 위원) 등의 책임과 유사하게 보는 것이 타당하기 때문이다.

(2) 성 질

이사·감사(정관에 의하여 감사 대신에 감사위원회가 설치되는 경우에는 감사위원회 위원)(자본금 총액이 10억원 미만인 소규모 주식회사의 경우에는 감사를 선임하지 아니할 수 있다 — 상 409조 4항) 등의 이러한 손해배상책임은 「과실책임」으로, 총주주의 동의에 의하여 면제될 수 있다(상 324조, 400조 유추적용).

(3) 이행청구

이사·감사(정관에 의하여 감사 대신에 감사위원회가 설치되는 경우에는 감사위원회 위원)(자본금 총액이 10억원 미만인 소규모 주식회사의 경우에는 감사를 선임하지 아니할 수 있다 — 상 409조 4항) 등에 대한 이러한 손해배상청구도 (대표)이사나 (대표)집행임원 또는 소수주주에 의한 대표소송·다중대표소송에 의하여 추궁될 수 있다(상 324조, 403조~406조, 406조의 2 유추적용).

1) 동지: 정(희), 387면; 정(동), (회) 168면; 이(철), (회) 276면; 최(기), 596면; 이(기) 외, (회) 193면 외.

2) 이(철), (회) 276면은 이에 대하여 상법이 규정하지 않은 것은 입법의 불비라고 한다.

3) 정(동), (회) 168면은 그 형식에 있어서는 법원이 선임한 검사인의 책임과 동일하게 설명하면서, 내용에 있어서는 이사·감사의 책임과 동일하게 보고 있다.

제 3 검사인의 책임

(1) 의 의

법원이 선임한 검사인은 회사의 설립경과(변태설립사항)를 조사할 임무를 가지는데(상 299조, 310조), 이러한 검사인이 악의 또는 중대한 과실로 인하여 그 임무를 게을리한 때에는 회사 또는 제 3 자에 대하여 손해를 배상할 책임이 있다(상 325조). 법원이 선임한 검사인의 이러한 손해배상책임은 회사에 대한 책임의 경우에도 「악의 또는 중과실」이 있는 경우에만 발생하는 점에서, 발기인 · 이사 · 감사(정관에 의하여 감사 대신에 감사위원회가 설치되는 경우에는 감사위원회 위원)(자본금 총액이 10억 원 미만인 소규모 주식회사의 경우에는 감사를 선임하지 아니할 수 있다—상 409조 4항)의 회사에 대한 책임의 발생원인과 구별된다.

(2) 성 질

법원이 선임한 검사인은 회사 또는 제 3 자와는 아무런 법률관계가 없으므로 책임을 질 이유가 없으나, 상법은 주식인수인과 회사채권자를 보호하기 위하여 정책적으로 특별히 그러한 검사인의 책임을 인정하고 있는 것이다.[1] 따라서 검사인의 이 책임은 「상법이 인정하는 특수한 책임」(법정책임)이라고 볼 수 있다.

제 4 유사발기인의 책임

(1) 의 의

주식청약서 기타 주식모집에 관한 서면에 성명과 회사의 설립에 찬조하는 뜻을 기재할 것을 승낙한 자(유사발기인)는 발기인과 동일한 책임이 있다(상 327조).

(2) 성 질

이러한 유사발기인은 발기인은 아니나 그러한 외관을 믿고 행위를 한 주식인수인 등을 보호하기 위하여, 상법이 금반언(禁反言)의 법리 또는 권리외관법리에 의하여 입법한 「상법이 인정하는 특수한 책임」(법정책임)이다.[2] 따라서 이 책임은 무과실책임과 같이 총주주의 동의로도 면제될 수 없다.

---

1) 동지: 정(동), (회) 168면; 채, 449면.
2) 동지: 정(동), (회) 167면 외.

(3) 내 용

상법은 유사발기인은 「발기인과 동일한 책임이 있다」고 규정하고 있으나, 유사발기인은 발기인과 같이 회사설립에 관한 임무를 수행하지 않으므로 이를 전제로 한 발기인의 책임(상 322조)은 해석상 제한된다. 따라서 유사발기인은 회사가 성립한 경우에는 회사에 대한 자본충실의 책임(상 321조)과 회사가 불성립한 경우에는 그에 따른 책임(상 326조)만을 부담한다(통설).[1]

(4) 이행청구

이 책임도 (대표)이사나 (대표)집행임원 또는 소수주주에 의한 대표소송·다중대표소송에 의하여 추궁될 수 있다(상 324조, 403조~406조, 406조의 2 유추적용).[2]

제 3 절 주식과 주주

제 1 관 주 식

제 1 주식의 의의

주식이라는 용어에는 법률상 두 가지의 의미가 있는데, 하나는 「자본금의 구성단위」라는 의미이고(상 329조 2항, 451조 1항·2항 등), 다른 하나는 「주주의 (회사에 대한) 지위(주주권)」를 의미한다(상 335조 등).[3] 주식이라는 말이 때에 따라서는 「주주권을 표창하는 유가증권」을 의미하는 뜻으로도 사용되는 경우가 있으나, 상법은 이를 「주권(株券)」으로 명백히 구별하여 표현하고 있어(상 335조 3항, 336조) 주권을 의미하는 뜻으로 주식이라는 용어를 사용하는 것은 잘못된 용어이거나 또는 통속적인 의미밖에 없다. 이와 같이 주식회사에서는 주식이라는 개념을 통하여 물적 요소인 자본금과 인적 요소인 사원(주주)을 결부시키고 있다. 다시 말하면 주식이라는 개념에 의하여 주식회사의 두 개의 실질적 요소인 자본금(물적 요소)과

1) 정(희), 388면; 정(동), (회) 167면; 이(철), (회) 277면; 이(범), 135면; 채, 448면; 이(기) 외, (회) 193면; 주상(제 5 판)(회사 Ⅱ), 303~304면; 이·최, 266면 외.

2) 동지: 정(동), (회) 167면; 채, 448면; 이(기) 외, (회) 193면; 주상(제 5 판)(회사 Ⅱ), 304면.

3) 인적회사에 있어서의 「지분」이라는 용어를 주식회사에서는 「주식」이라는 용어로 사용하고 있다.

사원(인적 요소)이 결부되고 있다.[1)]

I. 자본금의 구성단위로서의 주식

(1) 자본금의 구성단위

주식회사의 자본금은 액면주식(par-value share⟨stock⟩; Nennbetragsaktie)의 경우 균등한 비례적 단위인 주식으로 분할되므로(상 329조 2항) 주식은 자본금의 구성단위가 된다. 또한 액면주식의 경우 자본금의 구성단위인 주식도 금액으로 표시되는데,[2)] 액면주식 1주의 금액은 100원 이상이어야 한다(상 329조 3항).[3)] 주식회사가 액면주식을 발행한 경우 상환주식의 소각(상 345조)·배당가능이익으로써 취득한 자기주식의 소각(상 343조 1항 단서)의 경우에는 소각된 주식수만큼 주식수는 감소하지만 이는 자본금 감소절차에 의한 주식의 소각이 아닌 점에서 자본금은 감소하지 않는다고 해석되고 있으므로, 그 한도에서는 예외적으로 자본금은 「발행주식의 액면총액」(상 451조 1항)이 되지 않는다.

주식회사는 원칙적으로 액면주식을 발행하여야 하는데, 정관에서 정한 경우에는 주식의 전부를 무액면주식으로 발행할 수 있고 이 경우에는 액면주식을 발행할 수 없다(상 329조 1항). 회사가 이와 같이 무액면주식을 발행하는 경우 자본금은 「주식의 발행가액 중 회사가 자본금으로 계상하기로 한 금액의 총액」으로 하므로(상 451조 2항), 주식은 자본금의 (균등한 비례적 단위는 아니지만) 구성단위가 된다.[4)]

---

1) 동지: 정(희), 388면.

2) 자본금 또는 1주의 금액의 외화표시에 관하여는 이를 금지하는 규정이 없으므로 1주의 금액이 100원 이상에 해당되는 외화로 표시될 수 있다는 논리도 성립될 수 있으나, 환시세의 변동 등에 의한 위험부담의 문제가 있어 사실상 불가능하다고 보는 견해가 있다[정(희), 389면]. 독일 주식법 제 6 조는 「유로(€)」로 표시하도록 규정하고 있다.

3) 1998년 개정상법 이전에는 1주의 금액이 5,000원 이상이었고(상 329조 4항), 증권거래법상 주권상장법인 또는 협회등록법인의 주식의 경우 상법의 이러한 규정에 불구하고 1주의 금액을 100원 이상으로 할 수 있었다(증거 192조의 2 1항).

그런데 1998년 개정상법은 이러한 증권거래법상의 규정과 같이 1주의 금액을 100원 이상으로 할 수 있도록 대폭 인하하였는데, 이는 주식분할을 자유롭게 하고 또한 기업자금조달의 편의를 도모하기 위한 것이다(정부의 상법개정안 제안이유).

4) 우리나라는 2011년 4월 개정상법에서 무액면주식을 최초로 도입하였는데, 미국·일본·캐나다 등에서는 종래부터 액면가액이 표시되지 않고 자본금에 대한 비율만을 표시하는 무액면주식(비례주식)(no-par share⟨stock⟩; Stückaktie, Quotenaktie)을 인정하고 있었다. 이러한 무액면주식을 인정하는 취지는 액면주식의 명목가격(액면가)이 실시세를 반영하지 못하는 데도 불구하고 이를 유지하는 것은 회사의 재정상태를 오인케 할 염려가 있고, 또 액면미달발행이 금지되어 있어 회사의 사업이 부진한 경우에 증자의 방법이 없어 회사 회생의 길이 막힌다는 점에 있다. 그

주식은 자본금의 구성단위이므로 자본금의 일부분을 표창하지 않는 무상주는 인정되지 않는다.[1)]

⑵ 주식의 불가분성

주식은 주식회사의 경우 지분의 단위가 되고 있으므로 주식을 단위미만으로 다시 세분하거나(액면분할) 또는 그 주식이 표창하는 권리를 분해하여(권리분할) 이를 별도로 타인에게 양도할 수 없다(주식불가분의 원칙). 예컨대, 주주가 하나의 주식을 둘로 나누어 반을 타인에게 양도하거나, 이익배당청구권이나 의결권만을 타인에게 양도할 수 없다. 이러한 점에서 회사가 주식을 병합할 때에 주주가 가지는 주식에서 1주에 미달하는 단주(端株)가 생기는 경우, 상법은 단주를 그대로 인정하지 않고 단주의 처리방법을 특별히 규정하고 있다(상 443조).

⑶ 주식의 공유

단위주식을 세분하여 수 인에게 귀속시킬 수는 없지만, 단위주식 그 자체를 수인이 공유할 수는 있다. 이러한 주식의 공유는 수 인이 공동으로 주식을 인수한 경우(상 333조 1항), 수 인이 공동으로 주식을 상속한 경우, 발기인 또는 이사가 주식의 인수담보책임을 부담한 경우(상 321조 1항, 428조 1항) 등에 발생한다.

주식의 공유와 관련하여 다음과 같은 우리 대법원판례가 있다.

[주식의 공유자가 공유물 분할의 소를 제기할 이익의 유무에 대한 판례]

주식의 공유자들 사이에 공유주식을 분할하는 판결이 확정되면 그 공유자들 사이에서는 별도의 법률행위를 할 필요 없이 자신에게 귀속된 주식에 대하여 주주로서의 권리를 취득하는 것이고, 이와 같이 공유물 분할의 방법에 의하여 주식을 취득한 자는 회사에 대하여 주주로서의 자격을 보유하기 위하여 자기가 그 주식의 실질상의 소유자라는 것을 증명하여 단독으로 명의개서를 청구할 수 있으므로, 주식의 공유자로서는 공유물 분할의 판결의 효력이 회사에 미치는지 여부와 관계없이 공유주식을 분할하여 공유관계를 해소함으로써 분할된 주식에 대한 단독소유권을 취득하기 위하여 공유물 분할의 소를 제기할 이익이 있다[대판 2000. 1. 28, 98 다 17183(공보 2000, 551)].

이와 같이 주식을 공유하는 경우에 주주의 권리를 행사함에는 그 행사할 자 1인을 정하여야 한다(상 333조 2항). 이러한 자를 정하지 않은 때에는 공유자에 대

러나 한편 무액면주식은 주식사기와 자본금 충실의 원칙을 위반하는 원인이 되기 쉽다.

1) 동지: 정(희), 389면.

한 회사의 통지나 최고는 그 1인에 대하여 하면 된다(상 333조 3항).

(4) 주식의 분할(stock-split-up, share division)

1) 의 의 주식의 분할이란 종래의 1주를 신주 2주로 하는 경우와 같이 회사재산은 물론 자본금도 증가하지 않고 발행한 주식수만을 증가시키는 것을 말한다. 이러한 주식분할은 주식을 단위미만으로 세분화하는 것이 아니고, 단위 자체를 인하하여 종래보다 작은 단위를 만드는 것으로서 주식불가분의 원칙과 상충되는 것이 아니다.[1]

이러한 주식의 분할은 단위주식의 시가가 너무 상승하여 거래에 불편할 때 주식수를 증가시켜 단위주식의 시가를 낮추기 위한 경우, 합병절차를 간소화하기 위한 방법으로 당사회사들이 자기의 주식의 액면가를 일치시키기 위한 경우 등에 이용된다.[2]

1998년 개정상법 이전에는 상법에 주식분할에 관한 규정을 두지 않았으나 이는 정관기재사항인 「1주의 금액」의 변경이므로 주주총회의 특별결의에 의한 정관변경에 의하여 할 수 있다고 해석하였다. 그런데 1998년 개정상법은 회사합병의 준비단계에서 주가차를 조절하고 고가주의 유통성을 회복시키기 위하여 주식분할에 관한 규정을 두게 되었다[3](정부의 상법개정안 제안이유).

2) 절 차 ① 회사는 주주총회의 특별결의에 의하여 주식을 분할할 수 있는데(상 329조의 2 1항),[4] 이 때 액면주식의 경우 분할 후의 1주의 금액은 그 최저금액인 100원 미만으로 할 수 없다(상 329조의 2 2항).

② 주식분할에 관한 그 밖의 절차는 주식병합의 절차에 관한 규정을 준용하고 있다(상 329조의 2 3항, 440조~443조). 즉, 주식을 분할하고자 하는 경우에 회사는 1월 이상의 기간을 정하여 그 뜻과 그 기간 내에 주권을 회사에 제출할 것을 공고하고 주주명부에 기재된 주주와 질권자에 대하여는 따로 따로 그 통지를 하여야 하는데(상 329조의 2 3항, 440조), 주식분할은 이 기간이 만료한 때에 그 효력이 생긴다(상 329조의 2 3항, 441조). 이 때 구(舊) 주권을 회사에 제출할 수 없는 자가 있는 때에는 회사는 그 자의 청구와 비용으로 3월 이상의 기간을 정하고 이해관계인에 대하여 그 주권

---

1) 동지: 정(희), 390면; 정(동), (회) 180면.

2) 동지: 정(동), (회) 180면; 이(철), (회) 460면.

3) 주식분할에 관한 일본 회사법의 규정으로는 日會 183조 참조.

4) 일본에서는 주주총회 결의(이사회 설치회사에서는 이사회의 결의)로 주식분할을 할 수 있다 (日會 183조 2항).

에 대한 이의가 있으면 그 기간 내에 제출할 뜻을 공고하고 그 기간이 경과한 후에 신(新) 주권을 청구자에게 교부할 수 있는데(상 329조의 2 3항, 442조), 이는 분실 기타의 사유로 구 주권을 제출하지 못하는 자를 위하여 공시최고절차보다 간편한 방법을 인정한 것이다. 이 경우 분할에 적합하지 않은 구 주권을 제출할 수 없는 자가 있으면, 분할에 적합한 구 주권을 분실 등으로 제출할 수 없는 경우와 같이 이의제출의 공고절차가 끝난 후에 그 대금을 지급한다(상 329조의 2 3항, 443조 2항, 442조 1항).

③ 이 때 분할에 적합하지 않은 단주(端株)는 이것을 합하면 일정수의 신 주식이 되므로, 이것을 경매하거나 거래소의 시세가 있는 주식은 거래소를 통하여 매각하고 거래소의 시세가 없는 주식은 법원의 허가를 얻어 임의매각을 함으로써 얻은 대금을 단주의 수에 비례하여 종전의 주주에게 지급하여야 한다(상 329조의 2 3항, 443조 1항). 이와 같이 주식분할에 따른 단주의 처리규정이 있으므로, 회사는 액면가를 자유롭게 하는 주식분할을 할 수 있다.[1]

3) 효 력 주식분할의 결과 발행주식총수와 각 주주가 가지는 주식수가 증가하나, 회사의 자본금과 재산에는 변동이 없다. 이 때 분할 전후의 주식은 동질성이 있으므로 분할 전의 주식에 대한 질권은 분할 후의 주식에 대하여도 그 효력이 미친다(상 339조). 또한 회사는 주주에 대하여 신 주권을 발행하여야 하고, 발행주식총수가 증가하므로 이에 따른 변경등기를 하여야 한다(상 317조 2항 3호).

(5) 주식의 병합(share split-down; Zusammenlegung von Aktien)

주식의 병합이란 주식의 분할과는 반대로 종래의 2주를 신주 1주로 하는 경우와 같이 수 개의 주식을 합하여 종래의 주식수를 감소시키는 것을 말한다. 이러한 주식의 병합은 (액면주식의 경우) 자본금 감소의 하나의 방법으로 이용되는데, 상법 제440조 이하는 이에 관한 절차에 대하여 규정하고 있다. 이에 대하여는 자본금 감소에 관한 부분에서 상술하겠다.

2. 주주의 지위(주주의 권리의무)로서의 주식

주식은 또한 사원인 주주가 회사에 대하여 갖는 권리의무(회사와 주주간의 법률관계)를 의미하므로, 이하에서는 주식이 나타내는 권리(주주권)와 의무에 대하여 살펴본 후 주식의 평등성에 대하여 설명하겠다.

---

1) 동지: 이(철), (회) 461면.

⑴ 주식이 나타내는 권리(주주권)

1) 주식의 법적 성질

㈎ 주식의 법적 성질에 관하여는 주식회사의 본질과 관련하여 많은 학설이 나뉘어 있다.[1] 과거에는 주식회사를 조합으로 보고 주식을 회사재산에 대한 공유(합유)지분으로 보는 「물권설」도 있었고, 또 주식회사를 법인으로 보고 주식을 회사에 대한 채권으로 보는 「채권설」도 있었다. 그러나 오늘날은 주식회사를 (사단)법인으로 보고 주식은 이 (사단)법인에 대한 사원(주주)의 지위를 뜻하는 「사원권(주주권)」으로 보는 사원권(주주권)설이 우리나라를 비롯한 독일·일본의 통설이다. 이러한 사원권(주주권)설에서는 주주는 회사재산에 대하여 공유권을 가지는 것이 아니므로 주식은 물권이 아니요, 또 주주는 의결권 등과 같은 공익권을 가지므로 주식은 (순수한) 채권도 아니라고 비판한다.

이러한 사원권(주주권)설에 대하여, 공익권과 자익권의 사원권성을 부정하는 「사원권부인설」, 주식의 본질을 이익배당청구권만으로 보는 「신(新) 채권설」, 주식회사를 재단으로 보는 입장에서 주식을 순수한 금전채권으로만 파악하는 「순(純) 채권설」 등도 있는데, 모두 주식의 일면만을 강조한 견해로 타당하지 않다고 본다.[2]

㈏ 이러한 사원권(주주권)설에서도 그 사원권(주주권)의 내용이 무엇이냐에 대하여 다시 학설이 나뉘어 있다. 즉, 주주인 지위에서 갖는 권리와 의무가 합쳐서 하나의 단일한 권리를 이룬다고 하는 「단일권설」, 주주의 지위에서 갖게 되는 권리의무의 집합이라고 보는 「권리의무집합설」, 권리의무관계를 생기게 하는 법률상의 지위 또는 자격이라고 하는 「자격설(법률관계설)」 등이 있다.

㈐ 생각건대 사원권(주주권)의 개념을 인정하는 통설인 사원권(주주권)설이 타당하다고 보고, 그 사원권(주주권)의 내용은 주주의 회사에 대한 권리의무를 근거지우는 법률관계라고 본다(법률관계설).[3]

2) 지분복수주의 주주가 회사에 대하여 갖는 권리의무는 그가 갖고 있는 주식수만큼 집적되는데, 이를 지분복수주의라고 한다. 이것은 합명회사의 경우 각 사원이 회사에 대하여 갖는 사원의 지위는 항상 하나이고 출자액에

---

1) 이에 관하여는 정정일, "주식의 본질에 관한 고찰," 법학석사학위논문(서울대, 1968) 참조.

2) 이러한 견해에 대한 소개와 비판으로는 서·정, 343~344면 주 3 및 정(동), (회) 175~178면 등 참조.

3) 동지: 서·정, 343면 주 2; 정(희), 391면; Würdinger, S. 42.

비례하여 대소(大小)가 있는 지분단일주의와 구별되고 있다.

주식회사의 경우에도 합명회사의 경우와 같이 지분단일주의를 주장하는 견해가 있으나,[1] 타당하지 않다고 본다. 그 이유는 합명회사에 있어서는 손익의 분배는 각 사원의 출자의 가액에 따르고(상 195조, 민 711조), 의사결정은 중요한 사항에 관하여 총사원의 동의에 의하며(상 204조, 227조 2호, 230조, 525조), 업무집행에 관하여는 사원의 과반수에 의하는 것(상 195조·203조, 민 706조 2항)과 같이 두수제(頭數制)이기 때문에 각 사원의 지위를 하나로 보는 지분단일주의가 맞는다. 이에 반하여 주식회사에 있어서는 이익의 분배를 지주수(持株數)에 따라 하게 되는 것(상 464조)은 물론이고, 의사결정도 총주주의 동의에 의하는 것은 극히 드문 예외의 경우에 한하여 인정될 뿐이고(상 400조 1항, 604조 1항), 주주총회의 결의도 일주 일의결권(一株 一議決權)의 원칙(상 369조 1항)에 의한 다수결에 의하는 것이 원칙이므로(상 368조 1항, 434조) 주주의 지위를 수 개로 보는 지분복수주의(持分複數主義)가 타당하다.[2]

3) 주주권의 내용 주주권의 내용은 주주가 회사로부터 경제적 이익을 받는 권리(자익권)와 이를 확보하기 위한 권리(공익권)의 두 가지로 크게 분류될 수 있는데, 이는 다음과 같다. 이러한 주주권은 어떤 특정된 구체적인 청구권을 내용으로 하는 것이 아니므로, 예컨대 Y회사의 주주 X가 Y회사를 대위하여 Y회사 명의의 토지에 대하여 등기말소를 청구할 수는 없다.[3]

(가) 자 익 권 자익권은 다시 출자금에 대한 수익을 위한 권리와 출자금의 회수를 위한 권리로 분류된다.

① 출자금에 대한 수익을 위한 권리 중 대표적인 것으로는 이익배당청구권(상 462조)이 있고, 이것을 보완하는 권리로서 중간배당청구권(상 462조의 3) 및 신주인수권(상 418조) 등이 있다.

② 출자금의 회수를 위한 권리로서 대표적인 것으로는 잔여재산분배청구권(상 538조)이 있는데, 이 외에 정관에 의한 주식양도의 제한이 있는 경우 회사가 양도승인을 거부하거나(상 335조의 6) 주식의 포괄적 교환이나 이전·영업양도·합병 등의 경우에(상 360조의 5, 360조의 22, 374조의 2, 522조의 3, 530조의 11 2항) 인정되는 주식매수청구권도 출자금회수를 위한 권리이다.

주식회사의 존속중에 출자금의 회수를 보장하기 위하여 주식양도자유의

---

1) 田中耕太郎, 「改正會社法概論(下)」, 1955, 297면.
2) 동지: 정(희), 392면.
3) 대판 1998. 3. 24, 95 다 6885(공보 1998, 1127).

원칙(상 335조 1항 본문)이 있고, 이것을 뒷받침하는 권리로서 주권교부청구권(상 355조)과 명의개서청구권(상 337조 2항)이 있다.

(나) 공 익 권 　공익권은 다시 경영참여를 위한 권리와 경영감독을 위한 권리의 두 가지로 분류되는데, 이는 다음과 같다.

① 경영참여를 위한 권리에는 (i) 대표적인 것으로 주주총회에서의 의결권(단독주주권)(상 369조, 368조)이 있고, 이 외에 (ii) 주주제안권(소수주주권)(상 363조의 2, 542조의 6 2항) 및 (iii) 집중투표청구권(소수주주권)(상 382조의 2, 542조의 7)이 있다.

주주제안권은 비상장회사의 경우에는 의결권 없는 주식을 제외한 발행주식총수의 100분의 3 이상에 해당하는 주식을 가진 소수주주에게 인정되고 있는데(상 363조의 2 1항), 상장회사의 경우에는 의결권 없는 주식을 제외한 발행주식총수의 100분의 3 이상에 해당하는 주식을 가진 소수주주(상 542조의 6 10항) 또는 6개월 전부터 계속하여 상장회사의 의결권 없는 주식을 제외한 발행주식총수의 1,000분의 10(최근 사업연도 말 자본금이 1천억원 이상인 상장회사의 경우에는 1,000분의 5) 이상에 해당하는 주식을 보유한(주식을 소유하거나 주주권행사에 관한 위임을 받거나 또는 2명 이상 주주의 주주권을 공동행사의 방법으로 주식을 보유한 것을 의미함. 이하 '보유'의 개념은 이와 동일함) 소수주주(상장회사의 정관에서 이보다 단기의 주식보유기간을 정하거나 낮은 주식보유비율을 정할 수 있는데, 이 점은 이하 상장회사의 소수주주권에 공통된다)에게 인정되고 있다(상 542조의 6 2항·8항·9항, 상시 32조).

집중투표청구권은 비상장회사의 경우에는 의결권 없는 주식을 제외한 발행주식총수의 100분의 3 이상에 해당하는 주식을 가진 소수주주에게 인정되고 있는데(상 382조의 2 1항), 최근 사업연도 말 현재의 자산총액이 2조원 이상인 상장회사의 경우에는 의결권 없는 주식을 제외한 발행주식총수의 100분의 1 이상에 해당하는 주식을 보유한 소수주주에게 인정되고 있다(상 542조의 7 2항, 상시 33조).

주주의 주주총회에서의 의결권은 단독주주권이나 상법 또는 정관에 정해진 사항에 한하여 이를 행사할 수 있는 제한이 있고(상 361조), 주주제안권 및 집중투표청구권은 소수주주권으로 위에서 본 바와 같이 의결권 없는 주식을 제외한 발행주식총수의 일정비율 이상에 해당하는 주식을 가진 주주에게만 인정되는 제한이 있다.

② 경영감독을 위한 권리는 다시 단독주주권과 소수주주권으로 분류된다.

(i) 단독주주권으로는 설립무효소권(상 328조), 주식교환무효소권(상 360조의 14), 주식

이전무효소권(상 360조의 23), 주주총회결의취소의 소권(상 376조), 주주총회결의무효·부존재확인소권(상 380조), 신주발행유지청구권(상 424조), 신주발행무효소권(상 429조), 감자무효소권(상 445조), 합병무효소권(상 529조), 분할무효소권(상 530조의 11 1항) 등이 있다.

(ii) 소수주주권은 다시 (비상장회사의 경우) 발행주식총수의 100분의 10 이상에 해당하는 주식을 가진 주주에게 인정되는 소수주주권과 발행주식총수의 100분의 3 이상에 해당하는 주식을 가진 주주에게 인정되는 소수주주권 및 발행주식총수의 100분의 1 이상에 해당하는 주식을 가진 주주에게 인정되는 소수주주권이 있다. 발행주식총수의 100분의 10 이상에 해당하는 소수주주권으로는 회사의 해산판결청구권(상 520조 1항)뿐이다. 발행주식총수의 100분의 3 이상에 해당하는 소수주주권으로는 주주총회소집청구권(상 366조), 이사·감사·청산인의 해임청구권(상 385조 2항, 415조, 539조 2항), 회계장부열람청구권(상 466조), 회사의 업무와 재산상태를 조사하기 위한 검사인선임청구권(상 467조)이 있다(이러한 소수주주권은 1998년 개정상법 이전에는 발행주식총수의 100분의 5 이상에 해당하는 주식을 가진 소수주주에게 인정되었으나, 소수주주권의 강화를 통하여 주주들의 효율적인 경영감시를 유도하고 기업경영의 투명성을 보장하기 위하여 1998년 개정상법에 의하여 이와 같이 낮추었다〈정부의 상법개정안 제안이유〉). 발행주식총수의 100분의 1 이상에 해당하는 소수주주권으로는 이사·집행임원·청산인의 위법행위유지청구권(상 402조, 408조의 9, 542조 2항), 이사·집행임원·감사(정관에 의하여 감사 대신에 감사위원회가 설치되는 경우에는 감사위원회 위원)에 대한 손해배상청구 및 이익공여금지위반의 경우 이익반환에 관한 대표소송권(상 403조, 408조의 9, 415조, 467조의 2 4항)과 자회사의 이사·집행임원·발기인·감사·청산인에 대한 다중대표소송권(상 406조의 2, 408조의 9, 324조, 415조, 542조 2항)이 있다(이러한 소수주주권은 1998년 개정상법 이전에는 발행주식총수의 100분의 5 이상에 해당하는 주식을 가진 소수주주에게 인정되었으나, 소수주주권의 강화를 통하여 주주들의 효율적인 경영감시를 유도하고 기업경영의 투명성을 보장하기 위하여 1998년 개정상법에 의하여 이와 같이 낮추었고〈정부의 상법개정안 제안이유〉, 다중대표소송은 2020년 개정상법에서 신설되었다).[1)]

상장회사의 경우에는 주식보율비율을 또 다시 낮추고 이에 주식보유기간

1) 이러한 소수주주권은 1998년 개정상법 등에 의하여 낮추어졌는데, 이러한 소수주주권의 행사요건의 완화를 비판한 글로는 권재열, "소수주주권의 법리(그 행사요건의 완화에 대한 검토를 중심으로)," 「상사법연구」, 제22권 2호(2003), 133~178면 참조.

을 추가하고 있는데, 이는 다음과 같다. 6개월 전부터 계속하여 상장회사 발행주식총수의 10,000분의 1 이상에 해당하는 주식을 소유하거나 주주권행사에 관한 위임장을 취득하거나 또는 2인 이상 주주의 주주권을 공동행사하는 방법으로 주식을 보유한 자는 상법 제403조(상 324조, 408조의 9, 415조, 424조의 2, 467조의 2 및 542조에서 준용하는 경우를 포함한다)(이사·발기인·집행임원·감사·불공정가액으로 주식을 인수한 자·주주의 권리행사와 관련하여 이익공여를 받은 자 및 청산인에 대한 책임추궁을 위한 대표소송)에 따른 주주의 권리를 행사할 수 있고(상 542조의 6 6항·9항), 6개월 전부터 계속하여 상장회사 발행주식총수의 100,000분의 50(최근 사업연도 말 현재의 자본금이 1,000억원 이상인 상장회사의 경우에는 100,000분의 25) 이상에 해당하는 주식을 소유하거나 주주권 행사에 관한 위임장을 취득하거나 또는 2인 이상 주주의 주주권을 공동행사하는 방법으로 주식을 보유한 자는 상법 제402조(이사의 위법행위유지청구권)(제408조의 9 및 제542조에서 준용하는 경우를 포함한다)(집행임원 및 청산인에 준용함)에 따른 주주의 권리를 행사할 수 있고(상 542조의 6 5항·9항, 상시 32조), 6개월 전부터 계속하여 발행주식총수의 10,000분의 10(최근 사업연도 말 현재의 자본금이 1,000억원 이상인 상장회사의 경우에는 10,000분의 5) 이상에 해당하는 주식을 소유하거나 주주권행사에 관한 위임장을 취득하거나 또는 2인 이상 주주의 주주권을 공동행사하는 방법으로 주식을 보유한 자는 상법 제466조(회계장부열람권)(제542조에서 준용하는 경우를 포함한다)(청산인에 준용함)에 따른 주주권을 행사할 수 있고(상 542조의 6 4항·9항, 상시 32조), 6개월 전부터 계속하여 상장회사 발행주식 총수의 10,000분의 50(최근 사업연도 말 현재의 자본금이 1,000억원 이상인 상장회사의 경우에는 10,000분의 25) 이상에 해당하는 주식을 소유하거나 주주권 행사에 관한 위임장을 취득하거나 또는 2인 이상 주주의 주주권을 공동행사하는 방법으로 주식을 보유한 자는 상법 제385조(상 415조에서 준용하는 경우를 포함)(이사·감사의 해임청구권)·제539조(청산인의 해임청구권)에 따른 주주권을 행사할 수 있고(상 542조의 6 3항·9항, 상시 32조), 또한 6개월 전부터 계속하여 상장회사 발행주식총수의 10,000분의 50 이상에 해당하는 주식을 소유하거나 주주권 행사에 관한 위임장을 취득하거나 또는 2인 이상 주주의 주주권을 공동행사하는 방법으로 주식을 보유한 자는 자회사의 이사·집행임원·발기인·감사·청산인에 대한 다중대표소송권을 행사할 수 있으며(상 546조의 6 7항·9항)(상 324조, 408조의 9, 415조 및 542조에서 준용하는 경우를 포함), 6개월 전부터 계속하여 상장회사의 의결권 없는 주식을 제외한 발행주식총수의 1,000분의 10(최근 사업연도 말 현재의 자본금이 1,000억원 이상인 상장회사의 경우에는 1,000분의 5) 이상에 해당하는 주식을 소유하거나 주주권 행사에 관한 위임장을 취득하거나 2인 이상 주주의 주주권을 공동행사하는 방법으로 주식을 보유한 자는 제363조의 2(주주제안권)(제542조에서 준용하는 경우를 포함한다)(청산인에 준용함)에 따른 주주의 권리를 행사할 수 있고(상 542조의 6 2항·9항, 상시 32조), 6개월 전부터 계속하여 상장회사 발행주식총수의 1,000분의 15 이상에 해당하는 주식을 소유하거나 주주권 행사에 관한 위임장을 취득하거나 또는 2인 이상 주주의 주주권을 공동행사하는 방법으로 주식을 보유한 자는 상법 제366조(주주총회소집청구권)(제542조에서 준용하는 경우를 포함한다)(청산인에 준용함) 및 제467조(회사의 업무와 재산상태의 조사를 위한 검사인의 선임청구권)에 따른 주주의 권리를 행사할 수 있다(상 542조의 6 1항·9항).[1] 상장회사는 정관에서 위에서 규정된 것보다 단기의 주식 보유기간을 정하거나 낮은 주식 보유비율을 정할 수 있고(상 542조의 6 8항), 위의 상장회사의 소수주주권은 주식회사의 다른 절에서 규정한 소수주주권의 행사에 영향을 미치지 아니한다(상 542조의 6 10항).

(2) 주식이 나타내는 의무[2]

1) 주식이 나타내는 의무는 재산출자의무뿐이고, 이 의무의 내용은 주식의 인수가액을 한도로 하는 유한책임이다(상 331조). 이 주식이 나타내는 의무는 그 주식의 귀속자인 주주의 의무이기도 하므로, 이것을 주주유한책임의 원칙이라고 한다.[3]

참고로 외국의 입법례 중에는 주주에게 위의 출자의무 외에 별도의 의무를 부담시키고 있는 경우도 있다. 예컨대, 독일에서는 주식의 양도에 회사의 동의가 있어야 하는 경우 정관으로 주주에게 종급부의무(從給付義務)라고 하여 출자의무 외에 일정한 현물공급을 하여야 할 의무를 부담시킬 수 있고(獨株 55조), 미국의 뉴욕주 등에서는 종업원에 대한 임금채무에 관하여 대주주들에게 개인적 책임을 지우고 있다(N.Y. Bus. Corp. Law 630조).

2) 법인격부인론에 의하여 주주에게 회사채무에 대한 책임을 인정하는 경우에는, 위와 같은 주주유한책임의 원칙에 대하여 예외가 되고 있다. 또한 주주유한책임의 원칙에 대한 예외로서 법인격부인론 외에, 우리 상법이 (실질적으로) 인정하고 있는 것으로는 불공정인수를 한 통모인수인에게 차액에 대한

---

1) 이에 관한 문제점을 제시한 것으로는 정찬형, "2009년 개정상법 중 상장회사에 대한 특례규정에 관한 의견," 「상사법연구」(한국상사법학회), 제28권 제 1 호(2009. 5), 283~287면 참조.

2) 사원권(주주권)에는 앞에서 본 자익권 및 공익권인 권리뿐만 아니라 의무도 포함된다. 따라서 사원권 또는 주주권이라는 용어를 피하고 주주의 지위 등으로 표현하는 견해도 있다[정(동), (회) 175~176면].

3) 동지: 정(희), 393면.

추가출자의무를 부과하는 경우(상 424조 의 2)를 들 수 있다.[1)]

(3) 주식의 평등성

1) 의 의

(가) 「주주평등의 원칙」(Prinzip der Gleichbehandlung der Atkionäre)이란 주주는 회사에 대한 주주의 지위에 따른 법률관계에 있어서 원칙적으로 그가 가진 주식의 수에 따라 평등한 대우를 받는 것을 말한다. 주식회사에서는 사원인 주주가 자본적으로 결합하기 때문에 주주의 평등은 두수(頭數)에 따른 평등이 아니라, 각 주주가 갖고 있는 주식에 따른 평등을 의미한다. 따라서 주주평등의 원칙은 엄격히 말하면 주식평등의 원칙이라고 하여야 할 것이다.[2)]

(나) 상법은 주주(주식)평등의 원칙을 직접적으로 규정하고 있지는 않으나, 이익 등의 배당기준(상 464조 본문)·잔여재산의 분배기준(상 538조 본문)·주주의 의결권의 기준(상 369조 1항) 등의 규정에 의하여 이 원칙을 간접적으로 인정하고 있다.

2) 주주평등원칙의 내용 이 주식평등의 원칙의 내용은 자본금의 구성단위인 주식의 균등성(액면주식의 경우)과 종류성을 전제로 하는 「자본적 평등」을 의미하고, 그 평등의 내용은 권리의 행사와 의무의 이행 등에 관하여 기회가 균등하게 주어져야 한다는 「기회의 균등」, 주주는 지주수(持株數)에 따라 주주권을 갖는다는 「비례적 평등」 및 주식의 종류에 따른 「종류적 평등」을 의미한다[3)] (그러나 주식의 발행가액이 발생시마다 달라지는 것은 주식 그 자체의 가치가 회사의 재정상태 등에 의하여 다른 것이므로, 이는 주식의 평등성에 반하는 것이 아니다).

이러한 점에서 회사가 직원들을 유상증자에 참여시키면서 퇴직시 출자 손실금을 전액 보상하여 주기로 약정하는 것은 주주평등의 원칙에 위반되어 무효라는, 다음과 같은 대법원판례가 있다.

[회사의 직원인 주주에게 한 손실보전합의를 무효로 본 판례]

회사가 직원들을 유상증자에 참여시키면서 퇴직시 출자 손실금을 전액 보전해 주기로 약정한 경우, 그러한 내용의 '손실보전합의 및 퇴직금 특례지급기준'은 유상증자에 참여하여 주주의 지위를 갖게 될 회사의 직원들에게 퇴직시

---

1) 동지: 정(희), 394면.
반대: 정(동), (회) 204면(이를 주주의 출자의무에 포함시켜 주주유한책임의 원칙에 대한 예외가 아닌 취지로 설명하고 있다).

2) 동지: 정(희), 394면; 정(동), (회) 185면.

3) 동지: 정(희), 394면; 정(동), (회) 185면.

그 출자 손실금을 전액 보전해 주는 것을 내용으로 하고 있어서 회사가 주주에 대하여 투하자본의 회수를 절대적으로 보장하는 셈이 되고 다른 주주들에게 인정되지 않는 우월한 권리를 부여하는 것으로서 주주평등의 원칙에 위반되어 무효이다. 비록 그 손실보전약정이 사용자와 근로자의 관계를 규율하는 단체협약 또는 취업규칙의 성격을 겸하고 있다고 하더라도, 주주로서의 지위로부터 발생하는 손실에 대한 보상을 주된 목적으로 한다는 점을 부인할 수 없는 이상 주주평등의 원칙의 규율 대상에서 벗어날 수는 없을 뿐만 아니라, 그 체결 시점이 위 직원들의 주주자격 취득 이전이라 할지라도 그들이 신주를 인수함으로써 주주의 자격을 취득한 이후의 신주매각에 따른 손실을 전보하는 것을 내용으로 하는 것이므로 주주평등의 원칙에 위배되는 것으로 보아야 하고, 위 손실보전약정 당시 그들이 회사의 직원이었고 또한 시가가 액면에 현저히 미달하는 상황이었다는 사정을 들어 달리 볼 수는 없다. 또한 회사가 직원들을 유상증자에 참여시키면서 퇴직시 출자 손실금을 전액 보전해 주기로 약정한 경우, 직원들의 신주인수의 동기가 된 위 손실보전약정이 주주평등의 원칙에 위배되어 무효라는 이유로 신주인수까지 무효로 보아 신주인수인들로 하여금 그 주식인수대금을 부당이득으로서 반환받을 수 있도록 한다면 이는 사실상 다른 주주들과는 달리 그들에게만 투하자본의 회수를 보장하는 결과가 되어 오히려 강행규정인 주주평등의 원칙에 반하는 결과를 초래하게 될 것이므로, 위 신주인수계약까지 무효라고 보아서는 아니 된다[대판 2007. 6. 28, 2006 다 38161 · 38178(공보 2007, 1150)].

동지: 대판 2018. 9. 13, 2018 다 9920 · 9937(공보 2018, 1977)(주주평등의 원칙이란, 주주는 회사와의 법률관계에서는 그가 가진 주식의 수에 따라 평등한 취급을 받아야 함을 의미한다. 이를 위반하여 회사가 일부 주주에게만 우월한 권리나 이익을 부여하기로 하는 약정은 특별한 사정이 없는 한 무효이다. 갑 주식회사와 그 경영진 및 우리사주조합이 갑 회사의 운영자금을 조달하기 위하여 을과 '을은 우리사주조합원들이 보유한 갑 회사 발행주식 중 일부를 액면가로 매수하여 그 대금을 갑 회사에 지급하고, 이와 별도로 갑 회사에 일정액의 자금을 대여하며, 갑 회사 임원 1명을 추천할 권리를 가진다'는 내용의 주식매매약정을 체결하였고, 그 후 갑 회사가 을과 '을이 위 임원추천권을 행사하는 대신 갑 회사가 을 및 그의 처인 병에게 매월 약정금을 지급한다'는 내용의 약정을 체결하여 을 등에게 매월 약정금을 지급하였다. 그런데, 갑 회사가 위 약정금 지급약정이 주주평등의 원칙에 반하여 무효라고 주장하면서 약정금의 지급을 중단하고 부당이득반환을 구하였다. 이 사안에서, 을이 임원추천권을 가지게 된 것은 자금난에 처한 갑 회사에 주식매매약정에 따라 주식매매대금과 대여금으로 운영자금을 조달해 준 대가이므로, 임원추천권 대신 을 등에게 약정금을 지

급하기로 한 위 지급약정도 그러한 운용자금 조달에 대한 대가라고 볼 수 있고, 이와 같이 을 등이 지급약정에 기해 매월 약정금을 받을 권리는 주주 겸 채권자의 지위에서 가지는 계약상 특수한 권리인 반면, 을 등은 주식매매대금을 지급하고 주식을 매수한 때부터 현재까지 갑 회사의 주주이고, 이러한 주주로서의 권리는 주식을 양도하지 않는 이상 변함이 없으므로, 을 등이 갑 회사로부터 적어도 운영자금을 조달해 준 대가를 전부 지급받으면 갑 회사 채권자로서의 지위를 상실하고 주주로서의 지위만을 가지게 되는데, 채권자의 지위를 상실하여 주주에 불과한 을 등에게 갑 회사가 계속해서 지급약정에 의한 돈을 지급하는 것은 갑 회사가 다른 주주들에게 인정되지 않는 우월한 권리를 주주인 을 등에게 부여하는 것으로 주주평등의 원칙에 위배된다); 동 2020. 8. 13, 2018 다 236241(공보 2020, 1751)(주주평등의 원칙이란, 주주는 회사와의 법률관계에서는 그가 가진 주식의 수에 따라 평등한 취급을 받아야 함을 의미한다. 이를 위반하여 회사가 일부 주주에게만 우월한 권리나 이익을 부여하기로 하는 약정은 특별한 사정이 없는 한 무효이다. 회사가 신주를 인수하여 주주의 지위를 갖게 되는 자와 사이에 신주인수대금으로 납입한 돈을 전액 보전해 주기로 약정하거나, 상법 제462조 등 법률의 규정에 의한 배당 외에 다른 주주들에게는 지급되지 않는 별도의 수익을 지급하기로 약정한다면, 이는 회사가 해당 주주에 대하여만 투하자본의 회수를 절대적으로 보장함으로써 다른 주주들에게 인정되지 않는 우월한 권리를 부여하는 것으로서 주주평등의 원칙에 위배되어 무효이다. 이러한 약정의 내용이 주주로서의 지위에서 발생하는 손실의 보상을 주된 내용으로 하는 이상, 그 약정이 주주의 자격을 취득하기 이전에 체결되었다거나, 신주인수계약과 별도의 계약으로 체결되는 형태를 취하였다고 하여 달리 볼 것은 아니다. 갑 주식회사가 제 3 자 배정 방식의 유상증자를 실시하면서 이에 참여한 사람들 중 일부인 을 등과 '을 등이 투자하는 돈을 유상증자 청약대금으로 사용하되, 투자금은 30일 후 반환하고 투자원금에 관하여 소정의 수익률에 따른 수익금을 지급하며, 담보로 공증약속어음, 발행되는 주식 등을 제공한다'는 등의 내용으로 투자계약을 체결한 다음 을 등에게 담보를 제공하고 수익금을 지급하였는데, 이후 갑 회사가 위 투자계약이 주주평등의 원칙에 반하여 무효라며 을 등을 상대로 그들이 지급받은 수익금 상당의 부당이득반환을 구한 사안에서, 위 투자계약은 유상증자에 참여하여 갑 회사 주주의 지위를 갖게 되는 을 등에게 신주인수대금의 회수를 전액 보전해 주는 것을 내용으로 하고 있어서 회사가 주주에 대하여 투하자본의 회수를 절대적으로 보장하는 것인 동시에 다른 주주들에게 인정되지 않는 우월한 권리를 부여하는 계약인데, 을 등이 투자한 자금이 그 액수 그대로 신주인수대금으로 사용될 것으로 예정되어 있었고 실제로도 그와 같이 사용되었으며 이로써 을 등이 갑 회사의 주주가 된 이상, 위 투자계약이 을 등의 주주 지위에서 발생하는 손실을 보상하는 것을 주된 목적으로 한다는 점을 부인할 수 없으므로 주주평등의 원칙에 위배되어 무효이고, 투자계약이 체결된 시점이 을 등이 주주 자격을 취득하기 전이었다거나 신주인수계약과 별도로 투자계약이 체결되었다고 하여 이를 달리 볼 수 없다).

3) 주주평등원칙의 예외 위와 같은 주주(주식)평등의 원칙에 대하여 상법은 다음과 같이 이에 대한 예외를 규정하고 있다.

(가) 정관의 규정에 의하여 종류주식이 발행된 경우(상 344조 1항·2항), 그 종류주식 상호간에는 주식평등의 원칙이 적용되지 않는다. 즉, 이익배당 또는 잔여재산분배에 관한 종류주식(상 344조의 2)·의결권이 없거나 제한되는 종류주식(상 344조의 3)·상환주식(상 345조)·전환주식(상 346조) 상호간에는 주식평등의 원칙이 적용되지 않는다. 그러나 같은 종류의 주식간에는 물론 주식평등의 원칙이 적용된다.

(나) 종류주식이 발행된 경우에는 정관에 다른 정함이 없는 경우에도 주식의 종류에 따라 신주의 인수, 주식의 병합·분할·소각 또는 회사의 합병·분할로 인한 주식의 배정에 관하여 특수한 정함을 할 수 있는데(상 344조 3항), 이렇게 한 경우에는 그 범위 내에서 주식평등의 원칙이 적용되지 않는다.

(다) 단주(端株) 처리에 관하여는 특별한 규정이 있으므로(상 443조), 이 범위 내에서 주식평등의 원칙이 적용되지 않는다.

(라) 감사(감사위원회 위원) 선임 등에 발행주식총수의 100분의 3 이상을 가진 주주는 그 초과부분에 대하여 의결권이 없고(상 409조 2항, 542조의 12 4항, 542조의 7 3항), 회사가 취득한 자기주식 등에도 의결권이 없는데(상 369조 2항·3항), 이 범위 내에서 주식평등의 원칙이 적용되지 않는다.

(마) 주주권이 소수주주권으로만 인정되는 경우(상 363조의 2, 366조 1항, 382조의 2, 385조 2항, 402조, 403조, 408조의 9, 415조, 466조, 467조, 467조의 2, 520조, 542조의 6, 542조의 7 2항 등)에는, 이 범위 내에서 주식평등의 원칙이 적용되지 않는다.

4) 주주평등원칙에 대한 위반의 효과 주식평등의 원칙은 회사와 주주간의 법률관계에서 주주에 대하여 적용되는 법칙으로서 이는 주식을 평등대우하도록 회사를 구속하는 것이므로, 이에 위반한 정관의 규정·주주총회의 결의·이사회의 결의 또는 회사의 업무집행(주주와의 약정 등)은 회사의 선의·악의를 불문하고 원칙적으로 모두 무효가 된다. 따라서 주식평등의 원칙을 간접

적으로 규정한 상법의 규정은 강행법규이다.[1]

그러나 회사의 이러한 위반행위에 의하여 손해를 받은 주주가 이것을 승인하면 예외적으로 유효가 된다.[2]

제 2 주식의 분류

I. 액면주식·무액면주식

(1) 액면주식(par-value share〈stock〉; Nennbetragsaktie)

액면주식이란 1주의 금액이 정관(상 289조 1항 4호)과 주권(상 356조 4호)에 표시되는 주식을 말한다. 우리 상법상 액면주식을 발행하는 경우 주식의 액면가액은 균일하여야 하고(상 329조 2항) 또 100원 이상이어야 하는데(상 329조 3항), 이는 자본금을 산출하는 기초가 된다(상 451조 1항).

참고로 1998년 개정상법 이전에는 1주의 금액이 5,000원 이상이었고(상 329조 4항), 증권거래법상 주권상장법인 또는 협회등록법인의 주식은 상법 제329조 4항의 규정에 불구하고 1주의 금액을 100원 이상으로 할 수 있었으며(증거 192조의 2 1항) 이에 따라 1주의 금액이 5,000원 미만인 주식을 발행한 주권상장법인 또는 협회등록법인이 주권상장법인 및 협회등록법인 중 어느 쪽에도 속하지 아니하게 된 경우에도 1주의 금액을 100원 이상으로 할 수 있었다(증거 192조의 2 2항). 그런데 1998년 개정상법은 주식분할을 자유롭게 하고 또한 기업자금조달의 편의를 도모하기 위하여 1주의 금액을 100원 이상으로 할 수 있도록 대폭 인하하였다. 이에 따라 증권거래법 제192조의 2는 1998년 12월 28일 동법의 개정에 의하여 삭제되었다.

액면주식을 발행하는 경우에는 자본금 충실의 원칙상 발행가액을 액면가액 이상으로 정하여야 하는데, 이 때 액면가액은 자본금을 구성하고(상 451조 1항) 액면가액을 초과하는 금액(프리미엄)은 자본준비금으로 적립되어야 한다(상 459조 1항). 그러나 경우에 따라서는 회사의 주가가 하락하여 액면가액 이상으로 주식을 발행할 수 없는 경우가 있다. 이 때에는 회사의 자본금 충실의 요청과 자금조달의 요청이 조화되어야 한다. 이에 대하여 상법은 회사의 설립시에는 자본금

1) 동지: 정(희), 395면; 정(동), (회) 185~186면.
2) 동지: 대판 1980. 8. 26, 80 다 1263.

충실의 요청에 부응하여 주식의 액면미달발행을 금하고(상 330조 본문), 회사의 성립 후 신주발행시에는 자금조달의 요청에 부응하여 엄격한 제한 하에 주식의 액면미달발행(할인발행)을 허용하고 있다(상 330조 단서, 417조).

(2) **무액면주식**(no-par value share〈stock〉; Stückaktie, Quotenaktie)

무액면주식이란 1주의 금액이 정관 및 주권에 표시되지 않고 단지 자본금에 대한 비율만이 표시되는 주식을 말하는데(이러한 주식은 주권에 주식수만이 기재된다), 우리나라에서는 2011년 4월 개정상법에서 무액면주식제도를 최초로 도입하였다(상 329조 1항·4항·5항, 451조 2항·3항). 무액면주식의 경우에는 회사가 주식을 발행할 때마다 발행가액을 임의로 정하고, 그 발행가액의 일부가 자본금을 구성하는 것이므로 회사의 자금조달의 편의를 기할 수 있는 장점이 있다.

2011년 4월 개정상법에 의하면 회사는 정관에서 정한 경우에만 주식의 전부를 무액면주식으로 발행할 수 있는데, 이와 같이 무액면주식을 발행하는 경우에는 액면주식을 발행할 수 없다(상 329조 1항). 회사가 무액면주식을 발행하는 경우 회사의 자본금은 「주식의 발행가액의 2분의 1 이상의 금액으로서 이사회(신주발행을 정관에서 주주총회에서 결정하기로 정한 경우에는 주주총회)에서 자본금으로 계상하기로 한 금액의 총액」으로 하고(상 451조 2항 1문), 주식의 발행가액 중 자본금으로 계상하지 아니하는 금액은 자본준비금으로 계상하여야 한다(상 451조 2항 2문). 회사는 정관에서 정하는 바에 따라 발행된 액면주식을 무액면주식으로 전환하거나 무액면주식을 액면주식으로 전환할 수 있는데(상 329조 4항·5항), 회사가 액면주식을 무액면주식으로 전환하거나 무액면주식을 액면주식으로 전환함으로써 자본금을 변경할 수는 없다(상 451조 3항).

미국에서는 1915년 뉴욕주법에서 무액면주식이 처음으로 채택된 이래 오늘날 많은 주가 이 제도를 규정하고 있다. 미국에서 무액면주식을 발행한 경우 그 발행가액은 반드시 자본금과 자본준비금으로 구성되어야 하는데, 1984년 개정 전의 모범사업법에 기초한 대부분의 주의 회사법이 인정하고 있는 무액면주식은 발행가액의 전부가 자본금을 구성하도록 하고 있다. 그러나 주법(州法)은 일반적으로 이사회에게 발행가액의 전부 또는 일정비율을 자본준비금으로 적립하도록 정할 수 있는 권한을 부여한다. 1969년 이전의 모범사업회사법은 이사회의 자본준비금의 적립비율을 발행가액의 25%로 제한하였다. 그러나 오늘날 대부분의 주는 무액면주식의 발행가액에 대하여 자본금과 준비금의 구성비율을 자유롭게 정할 수 있도록 하고 있다. 그러나 세법상 액면주식은 액면가액을 기준으로 과세하는 데 비하여 무액면주식은 발행가액을 기준으로 과세하므로 과세상 불리하여 무액면주식이 액면주식을 채택하고 있는 대부분의 주에서 크게 이용되지 못하고 있다.[1)]

2. 기명주식·무기명주식

(1) 기명주식(share certificate; Namensaktie)

기명주식이란 주주의 성명이 주권과 주주명부에 표시되는 주식을 말하는데, 우리 상법은 2014년 5월 개정(2014. 5. 20. 법 12591호, 시행 2014. 5. 20)으로 기명주식만을 발행하도록 규정하고 있다(상 357조 및 358조 삭제).

기명주식의 주주는 특히 주주명부에 기재되므로 회사가 주주를 관리하거나 또는 주주가 회사에 대하여 권리를 행사함에는 이에 근거하여 하도록 되어 있다. 따라서 회사는 기명주식의 주주에 대하여는 주주명부에 기재된 주소로 통지나 최고를 하면 된다(상 353조 1항).

한편 기명주식의 주주는 주주명부의 기재에 의하여 주주로서의 자격을 가진 것으로 추정되므로, 주권이 없이도 권리를 행사할 수 있다. 또 기명주식의 주주는 처음부터 주권불소지가 가능하고(상 358조의 2), 입질의 경우에는 등록질도 가능하다(상 340조).

(2) 무기명주식(share warrant to bearer; Inhaberaktie)

무기명주식이란 주주의 성명이 주권과 주주명부에 표시되지 않는 주식을

---

1) Hamilton(Nutshell)(1996), pp. 135~136.

우리나라에서 무액면주식제도의 도입에 관한 논의로는 장지석, "무액면주식제도 도입론," 「상장협」, 제48호(2003, 추계호), 229~243면(우리나라에서도 무액면주식제도를 단계적으로 도입할 때가 되었다고 한다); 나승성, "무액면주식제도 도입방안의 법적 검토," 「안암법학」, 통권 제14호(도서출판 고려, 2002), 261~314면(현실적 필요의 관점에서 보거나 주식회사의 자본에 관한 원칙과 관련하여 보거나 투자자 보호와 관련하여 볼 때 도입의 필요성이 적다고 한다); 최병규, "무액면주식제도의 도입가능성 연구," 「상사법연구」, 제20권 1호(2001), 165~194면(무액면주식제도는 단점보다는 장점이 앞서는 것으로 제한적으로 도입하여 확대해 나가야 한다고 한다); 김기남, "무액면주식에 관한 연구," 법학석사학위논문(고려대, 2001. 8)(일본 상법상의 무액면주식제도를 우리 상법에도 도입할 것을 주장한다); 이동석, "무액면주식제도에 대한 연구," 법학석사학위논문(고려대, 2005. 2)(무액면주식제도의 도입에 따른 문제점을 제시하고, 이의 도입에는 신중할 필요가 있다고 한다) 등 참조.

무액면주식의 활성화에 관하여는 이효경, "무액면주식의 활성화를 위한 법적 문제점과 그 해결방안," 「상사법연구」(한국상사법학회), 제32권 제4호(2014. 2), 285~319면(미국과 일본에서의 무액면주식제도를 소개하고 상법상 자본금·주식분할 및 주식병합·주식소각·주식배당 등과 관련하여 무액면주식을 설명함) 참조.

말한다. 우리 상법은 제정(1962. 1. 20. 법 1000호) 이후 무기명주식을 인정하여 왔는데,[1] 2014년 5월 개정상법(2014. 5. 20. 법 12591호, 시행 2014. 5. 20)에 의하여 무기명주식제도가 폐지되었다. 그 이유는 현재까지 무기명주식은 발행사례도 없어 기업의 자금조달에 기여하지 못하고, 소유자 파악이 곤란하여 양도세 회피 등 과세사각지대의 발생 우려가 있으며, 조세 및 기업 소유구조의 투명성 결여로 인한 국가의 대외신인도를 저하시키는 원인이 되고 있고, 프랑스·일본·미국·독일 등 주요 선진국들도 무기명주식 제도를 폐지하는 추세 등으로 무기명주식제도를 더 이상 유지할 실익이 없기 때문이라고 한다.[2]

3. 종류주식

(1) 의 의

1) 상법은 종류주식에 대하여 그 의의를 규정하고 있는데, 이에 의하면 「이익의 배당, 잔여재산의 분배, 주주총회에서의 의결권의 행사, 상환 및 전환 등에 관하여 내용이 다른 주식」을 의미한다(상 344조 1항). 즉, 상법은 주식의 자익권(이익배당 및 잔여재산분배)과 공익권(의결권)에 관하여 내용이 다른 종류주식의 발행을 인정하고 있다. 2011년 4월 개정상법상 종류주식의 개념에 보통주가 제외된다는 견해와[3] 보통주가 포함된다는 견해가[4] 있다. 또한 보통주가 포함된다고 보면서(상 344조 1항), 보통주주의 종류주주총회도 가능하고(상 435조), 보통주에 대하여도 상환주의 발행이 가능하며(상 345조 5항), 전환주식도 보통주로의 전환이 가능하다는 견해도 있다[5](상 346조 1항).

1) 2014년 5월 개정상법 이전에 우리 상법은 예외적으로 정관에 규정이 있는 경우에 한하여 무기명주식의 발행을 인정하고 있었는데(2014년 개정전 상 357조 1항), 이러한 무기명주식이 발행된 경우에 그러한 주식의 주주는 언제든지 무기명주식을 기명주식으로 변경하여 줄 것을 청구할 수 있도록 하였고(2014년 개정전 상 357조 2항), 대한민국 국민만으로 조직할 주식회사나 대한민국 국민만으로 조직할 것을 조건으로 하여 특별한 권리를 가진 주식회사는 무기명주식을 발행하지 못하도록 하였다(2014년 개정전 상 부칙 4조). 무기명주식이 발행된 경우 회사는 무기명주식의 주주를 알 수 없으므로 그러한 주주에 대하여 회사가 어떤 사항을 알리고자 하는 경우에는 공고하도록 하였다(2014년 개정전 상 363조 3항). 무기명주식의 주주는 주권의 소지에 의하여 적법한 권리자로 추정받게 되므로 주권이 없이는 권리의 행사가 불가능하여 무기명주식의 주주가 권리를 행사하고자 하면 주권을 회사에 공탁하도록 하였다(2014년 개정전 상 358조). 또한 무기명주식의 주주는 주권불소지가 불가능하고(2014년 개정전 상 358조의 2 반대해석), 입질의 경우 등록질도 인정될 수 없었다(2014년 개정전 상 340조 반대해석).

2) 동 개정법률 제안이유.

3) 이(철), (회) 287～288면.

4) 임(재), (회 Ⅰ) 382～383면; 주상(제5판)(회 Ⅱ), 505～510면.

5) 정동윤, "보통주와 종류주의 개념에 관하여(개정상법의 해석과 관련하여)," 「상사법연구」(한국상사법학회), 제31권 1호(2012. 5), 37～53면.

2011년 4월 개정상법 이전에는 상법 제344조 제 1 항에서 「수종의 주식」에 대하여 '이익이나 이자의 배당 또는 잔여재산의 분배에 관하여 내용이 다른 주식'으로 규정하였고, 이에는 우선주·보통주·후배주·혼합주가 있는데, 이 중 어느 특정한 주식을 「주식의 종류」라고 표현하였으며(상 291조 1호 등), 이익배당 우선주에만 인정되는 상환주·무의결권주는 수종의 주식 중 우선주의 하나의 속성으로 보고 전환주는 수종의 주식의 하나의 속성으로 보아 이러한 상환주·무의결권주 및 전환주는 수종의 주식과 별도의 독립된 개념이 아니라 수종의 주식 내에 있어서의 다른 형태의 개념인 「특수한 주식」으로 보았다.[1)]

그런데 2011년 4월 개정상법은 「종류주식」의 개념을 '이익의 배당, 잔여재산의 분배, 주주총회에서의 의결권의 행사, 상환 및 전환 등에 관하여 내용이 다른 종류의 주식'으로 정의하고 있으므로, 개정전의 「수종의 주식」과 개정후의 「종류주식」은 개념이 같다고 볼 수 없다(즉, 상환주식·무의결권주식·전환주식은 개정전 상법상 「수종의 주식」이 아니었는데, 개정상법상 「종류주식」의 개념에 포함된다). 또한 2011년 4월 개정상법은 개정전 상법상의 「수종의 주식」에 포함되는 '주식의 종류'의 표현에 대하여는 어느 곳에서는 그대로 두면서(상 291조 1호 등), 다른 곳에서는 '종류주식'으로 변경하였다(상 346조 1항 등). 이에 더하여 개정전 상법상 「수종의 주식」을 내용이 같지 않음에도 불구하고 개정상법에서는 '종류주식'으로 변경하였다(상 346조 1항, 356조 6호, 435조 1항 등). 따라서 개정전 상법상 「수종의 주식」에 포함되고 우선주와 후배주의 표준이 되는 주식인 보통주가 개정상법상 「종류주식」에 포함되는지 여부가 문제되고, 개념상 혼란이 발생한 것은 당연하다고 보겠다. 문제는 2011년 4월 개정상법에서 용어에 대한 정의도 없이 너무 쉽게 종래의 「수종의 주식」 또는 「주식의 종류(종류의 주식)」를 '종류주식'으로 변경한 점에 있다. 따라서 입법론으로는 이 점을 명확히 규정하여야 하겠으나, 우선 해석상 '종류주식'에 보통주가 포함되는지 여부를 결정하여야 한다. 이에 대하여 '종류주식'에 보통주가 포함된다거나 또는 포함되지 않는다고 일률적으로 보면 종래의 해석과 다르거나 또는 종류주식을 인정하는 취지에 반하는 결과가 된다. 따라서 이를 일률적으로 해석할 수는 없고, 각 규정에 따라 개정전 상법과 종류주식의 취지에 따라 합리적인 해석을 하여야 할 것이다. 개정상법상 '종류주식'에 보통주가 포함되는지 여부에 대하여는, 개정상법 제344조 제 1 항의 종

---

1) 정(찬), 강의(상)(제14판), 649면.

류주식의 정의에서 보통주는 기준이 되는 주식이고, 이러한 기준이 되는 주식에 비하여 이익의 배당 등에 관하여 내용이 다른 주식이 '종류주식'이라는 점에서 볼 때, 종류주식에는 원칙적으로 보통주가 포함되지 않는다고 본다. 그러나 개정전 상법상 '수종의 주식'에 보통주가 포함된다고 보고 이러한 '수종의 주식' 중 어느 특정한 주식을 '주식의 종류' 또는 '종류의 주식'으로 표현한 점을 감안할 때, '수종의 주식'을 '종류주식'으로 변경한 규정(상 346조, 356조 6호 등) 또는 '주식의 종류'나 '종류의 주식'을 '종류주식'으로 변경한 규정(상 346조 등)에서는 원칙적으로 종류주식에 보통주를 포함한다고 보아야 할 것이다. 개정상법상 '주식의 종류'를 그대로 둔 규정(상 291조 1호 등)에서는 개정전 상법과 같이 '주식의 종류'에 보통주가 포함된다고 보아야 할 것이다. 중요한 규정에 관하여 이를 개별적으로 살펴보면 다음과 같다.

① 개정상법 第344조 2항 및 3항에서 '종류주식'은 개정전의 '수종의 주식'을 '종류주식'으로 변경했다는 점 및 기준이 되는 주식을 규정할 필요가 있다는 점 등에서 볼 때, '종류주식'에 보통주가 포함된다고 본다.

② 개정상법 제344조 4항 및 제435조에서의 '종류주식'에서는 종류주주총회의 원래의 취지에서 볼 때 보통주는 포함되지 않는 것으로 보아야 할 것이다.

③ 개정상법 第345조 5항에서의 '종류주식'에는 보통주를 포함하지 않는다고 본다. 그 이유는 개정전 상법에서도 이익배당 우선주에 대하여만 상환주를 인정하였고, 보통주를 모두 상환주로 하면 보통주를 모두 상환함으로써 자본금이 없는 회사가 발생할 우려가 있기 때문이다.

④ 개정상법 第346조에서의 '종류주식'에는 위에서 본 바와 같이 개정전 상법과의 관계에서 보통주를 포함한다고 본다. 이와 같이 해석하면 개정전 상법의 경우와 같게 된다.

⑤ 개정상법 第356조 6호·第462조의 2 2항 등에서의 '종류주식'에는 위에서 본 바와 같이 개정전 상법과의 관계에서 보통주를 포함한다고 본다. 이와 같이 해석하면 개정전 상법의 경우와 같게 된다.

2) 종류주식은 이와 같이 주주가 받는 권리의 내용에 차등을 두는 주식으로, 주주가 받는 권리의 내용에는 아무런 차이가 없는 액면주식·무액면주식, 기명주식·무기명주식 등은 종류주식에 속하지 않는다. 이러한 종류주식에는 이익배당·잔여재산분배에 관한 종류주식(상 344조의 2), 의결권의 배제·제한에 관한

종류주식(상 344조의 3), 주식의 상환에 관한 종류주식(상환주식)(상 345조) 및 주식의 전환에 관한 종류주식(전환주식)(상 346조)이 있다.

3) 상법이 이와 같이 종류주식을 발행할 수 있도록 규정한 것은 주식에 투자유인동기를 부여하여 주주의 모집을 용이하게 하고, 나아가서 자금운용의 기동성을 꾀하기 위한 것이다.[1] 특히 종류주식 중 의결권의 배제·제한에 관한 종류주식, 상환주식 또는 전환주식 등은 기호가 다양한 투자가를 대상으로 회사의 자금조달의 기동성을 위하여 개발된 다양한 상품이라고 볼 수 있다.

⑵ 발 행

1) 정관의 기재 회사가 종류주식을 발행하는 경우에는 반드시 정관에서 각 종류주식의 내용과 수를 정하여야 한다(상 344조 2항). 이 때의 정관은 원시정관뿐만 아니라 변경정관을 포함한다.[2] 종류주식이 발행되는 경우에는 기존 및 장래의 주주들에게 중대한 이해관계가 있을 뿐만 아니라, 경우에 따라서는 자본금 충실을 해할 염려가 있기 때문에 정관에 기재하게 한 것이다.[3]

2) 공 시 종류주식을 발행하는 경우에는 주식청약서(상 302조 2항 4호)·신주인수권증서(상 420조의 2 2항 3호)·주주명부(상 352조 1항 2호)·주권(상 356조 6호) 등에 기재하고, 또 이를 상업등기부에 등기(상 317조 2항 3호)하여 공시하여야 한다.

3) 결 의 회사설립시에는 「발기인 전원」의 동의로 정관에 기재된 범위 내에서 구체적으로 발행할 주식의 종류와 수를 결정하고(상 291조 1호), 회사성립 후에는 (원칙적으로) 「이사회의 결의」(원칙적으로 이사 과반수의 출석과 출석이사의 과반수의 찬성으로 결의함 — 상 391조 1항)로 발행할 신주의 종류와 수를 결정한다(상 416조 1호).

⑶ 종류주식에 관한 특칙

회사가 종류주식을 발행한 경우에는 다음과 같은 상법상의 특칙이 적용된다.

1) 주주(식)평등의 원칙의 예외 회사가 종류주식을 발행하는 때에는 정관에 다른 정함이 없는 경우에도 주식의 종류에 따라 신주의 인수, 주식의 병합·분할·소각 또는 회사의 합병·분할로 인한 주식의 배정에 관하여 특수하게 정할 수 있다(상 344조 3항). 종류주식이 발행된 경우에는 주주의 신주의 인수, 주식의 병합 등으로 인한 주식의 배정 등에서 형식적인 주식평등의 원칙의 예외

1) 동지: 이(범), (예해) 491면 이하.
2) 동지: 정(동), (회) 192면; 최(기), 609면.
3) 동지: 이(철), (회) 288면.

로서 차등을 둘 수 있는데, 이것은 정관에 규정이 없는 경우에도 가능하다. 즉, 이러한 차등에 대한 결의는 신주발행에 관한 이사회결의(상 416조 이하), 준비금의 자본금 전입에 관한 이사회결의(상 461조 이하), 주식의 병합·소각 등을 통한 자본금 감소나 주식의 분할에 관한 주주총회의 결의(상 438조 이하), 회사합병이나 회사분할에 관한 주주총회의 결의(상 522조 이하) 등에서 정하여진다.[1)]

2) 종류주주총회

㈎ 회사가 종류주식을 발행한 경우에는, (i) 정관을 변경함으로써 어느 종류주식의 주주에게 손해를 미치게 될 때(상 435조 1항),[2)] (ii) 신주의 인수 또는 주식의 병합 등으로 인한 주식의 배정에 관한 이사회 또는 주주총회의 결의에서 종류주식의 주주간에 차등을 두어 어느 종류주식의 주주에게 손해를 미치게 될 때(상 436조 전단, 344조 3항), 또는 (iii) 회사의 분할 또는 분할합병, 주식교환·주식이전 및 회사의 합병으로 인하여 어느 종류주식의 주주에게 손해를 미치게 될 때(상 436조 후단)에는, 그에 관한 이사회 또는 주주총회의 결의 외에 종류주주총회의 결의가 있어야 한다.[3)]

㈏ 위와 같은 종류주주총회의 결의는 언제나 그 종류의 「출석한 주주의 의결권의 3분의 2 이상의 수와 그 종류의 발행주식총수의 3분의 1 이상의 수로써」 하여야 한다는 점(상 344조 4항, 435조 2항)에서, 주주총회의 특별결의요건(상 434조)과 유사하다. 그러나 주주총회의 특별결의요건에서는 의결권이 없는 종류주식 또는 의결권이 제한되는 종류주식은 발행주식총수에 산입되지 않는데(상 371조 1항), 종류주주총회에서는 의결권이 없는 종류주식 또는 의결권이 제한되는 종류주식도 발행

1) 주회(상), 539면.

2) 이의 의미에 대하여는 대판 2006. 1. 27, 2004 다 44575·44582(공보 2006, 321) 참조(상법 제 435조 1항은 "회사가 수종의 주식을 발행한 경우에 정관을 변경함으로써 어느 종류의 주주에게 손해를 미치게 될 때에는 주주총회의 결의 외에 그 종류의 주주의 총회의 결의가 있어야 한다"고 규정하고 있는바, 위 규정의 취지는 주식회사가 보통주 이외의 수종의 주식을 발행하고 있는 경우에 보통주를 가진 다수의 주주들이 일방적으로 어느 종류의 주식을 가진 소수주주들에게 손해를 미치는 내용으로 정관을 변경할 수 있게 할 경우에 그 종류의 주식을 가진 소수주주들이 부당한 불이익을 받게 되는 결과를 방지하기 위한 것이므로, 여기서의 '어느 종류의 주주에게 손해를 미치게 될 때'라 함에는, 어느 종류의 주주에게 직접적으로 불이익을 가져오는 경우는 물론이고, 외견상 형식적으로는 평등한 것이라고 하더라도 실질적으로는 불이익한 결과를 가져오는 경우도 포함되며, 나아가 어느 종류의 주주의 지위가 정관의 변경에 따라 유리한 면이 있으면서 불이익한 면을 수반하는 경우도 이에 해당된다).

3) 그러나 이러한 경우에도 객관적으로 명백히 실질적 평등을 깨는 경우에는 종류주주총회의 결의가 있더라도 그러한 이사회 또는 주주총회의 결의는 무효가 된다고 보아야 할 것이다[동지: 정(희), 399면].

주식총수에 포함됨은 물론 의결권의 수에도 산입되는 점(상조 435 3항)은 주주총회의 특별결의요건과 구별되는 점이다.

(다) 위와 같이 종류주주총회의 결의를 요하는 사항에서 종류주주총회의 결의가 없는 이사회 또는 주주총회의 결의는 불발효(불완전)라고 볼 수 있는바(즉, 일반 주주총회 결의의 효력은 무효도 아니고 취소할 수 있는 것도 아닌 부동적〈浮動的〉인 상태에 있다가 후에 종류주주총회의 결의를 얻으면 확정적으로 유효가 되고, 이를 얻지 못하면 확정적으로 무효가 된다—부동적 무효설 또는 결의불발효설)[1], 이에 대하여는 주주총회결의하자에 관한 상법상의 규정이 유추적용되지 않고 민사소송법의 규정에 따라 결의불발효(또는 불완전)확인의 소를 제기할 수 있다고 본다.[2]

(라) 상환주식 또는 전환주식이 어느 종류주식(예컨대, 우선주식)과 그 범위가 일치하지 않는 경우에는 상환주식 또는 전환주식의 주주만을 보호할 필요가 있는 경우가 있으므로, 상환주식 또는 전환주식의 주주만을 위한 종류주주총회를 인정할 필요가 있다.[3] 이것은 의결권이 없는 종류주식 또는 의결권이 제한되는 종

1) 동지: 정(동), 363~364면, 377면, 656면; 동, "종류주주총회의 결의를 얻지 아니한 정관변경 결의의 효력," 「상법연구의 향기」(정희철교수 정년 20년 기념), 2004, 41~55면; 이(기) 외, (회) 396면 외(통설); 수원지판 2003. 7. 11, 2002 가합 14429, 2003 가합 6609; 서울고판 2004. 7. 9, 2003 나 55037 · 2003 나 55044; 대판 2006. 1. 27, 2004 다 44575 · 44582(공보 2006, 321)(어느 종류 주주에게 손해를 미치는 내용으로 정관을 변경함에 있어서 그 정관변경에 관한 주주총회의 결의 외에 추가로 요구되는 종류주주총회의 결의는 정관변경이라는 법률효과가 발생하기 위한 하나의 특별요건이라고 할 것이므로, 그와 같은 내용의 정관변경에 관하여 종류주주총회의 결의가 아직 이루어지지 않았다면 그러한 정관변경의 효력이 아직 발생하지 않는 데에 그칠 뿐이고, 그러한 정관변경을 결의한 주주총회결의 자체의 효력에는 아무런 하자가 없다).

이에 반하여 종류주주총회의 결의가 없는 일반주주총회의 결의의 효력을 무효로 보는 무효설[서 · 정, 503면; 손(주), 739면, 894면], 그러한 일반주주총회의 결의는 취소사유가 된다는 취소사유설(또는 유효설)[이(철), (회) 655~656면(부동적 무효설〈불발효론〉은 상법이 인정하고 있지 않은 하자의 유형을 창설하는 것이므로 찬성하기 어렵다고 한다)] 등이 있으나, 일반주주총회의 결의에는 하자가 없는데 일반주주총회의 결의에 대하여 무효 또는 취소사유로 보는 것은 타당하지 않다고 본다[취소사유설에 대한 상세한 비판으로는 정동윤, 전게 상법연구의 향기, 49~53면 참조].

2) 동지: 정(동), 363면, 377면; 동, 전게 상법연구의 향기, 54~55면; 서울고판 2004. 7. 9, 2003 나 55037 · 2003 나 55044.

반대: 대판 2006. 1. 27, 2004 다 44575 · 44582(공보 2006, 321)(정관의 변경결의의 내용이 어느 종류의 주주에게 손해를 미치게 될 때에 해당하는지 여부에 관하여 다툼이 있는 관계로 회사가 종류주주총회의 개최를 명시적으로 거부하고 있는 경우에, 그 종류의 주주가 회사를 상대로 일반 민사소송상의 확인의 소를 제기함에 있어서는, 정관변경에 필요한 특별요건이 구비되지 않았음을 이유로 하여 정면으로 그 정관변경이 무효라는 확인을 구하면 족한 것이지, 그 정관변경을 내용으로 하는 주주총회결의 자체가 아직 효력을 발생하지 않고 있는 상태〈이른바 불발효 상태〉라는 관념을 애써 만들어서 그 주주총회결의가 그러한 '불발효 상태'에 있다는 것의 확인을 구할 필요는 없다)[이 판결에 대한 반대의 평석으로는 정찬형, "종류주주총회의 결의가 없는 주주총회결의의 효력," 「고려법학」(고려대 법학연구원), 제46호(2006), 141~170면 참조].

3) 동지: 손(주), 738면; 최(기), 801면.

류주식의 주주만을 위한 종류주주총회의 경우에도 동일하다고 본다.[1)]

(4) 종류주식의 분류

1) 이익배당 또는 잔여재산분배에 관한 종류주식(상 344조의 2)

회사가 이익배당에 관하여 내용이 다른 종류주식을 발행하는 경우에는 정관에 그 종류주식의 주주에게 교부하는 배당재산의 종류·배당재산의 가액의 결정방법·이익을 배당하는 조건 등 이익배당에 관한 내용을 정하여야 하고(상 344조의 2 1항), 회사가 잔여재산의 분배에 관하여 내용이 다른 종류주식을 발행하는 경우에는 정관에 잔여재산의 종류·잔여재산의 가액의 결정방법·그 밖에 잔여재산분배에 관한 내용을 정하여야 한다(상 344조의 2 2항). 따라서 회사는 정관에서 정하는 바에 따라 주주에게 배당 또는 분배하는 재산의 종류를 달리 정할 수 있다. 즉, 회사는 정관에서 주주에게 배당 또는 분배할 현물 또는 금전 등 재산의 종류를 정하고, 현물인 경우에는 그 재산의 가액의 결정방법도 정하여야 한다.[2)] 그러나 이는 합리적인 범위 내에서만 인정되고 이를 벗어나는 극단적인 이익배당이나 재산의 분배(예컨대, A종류주식에 대하여 B종류주식의 100배에 해당하는 배당액을 지급한다는 것 또는 A종류주식에 대하여 이익배당을 일시적 또는 영구적으로 제한하는 것 등)는 무효이다.[3)] 또한 회사의 특정 사업부분의 실적에만 배당금액이 연동되는 트래킹 주식(tracking stock)은 허용되지 않는다고 본다.[4)]

동일종류의 재산인 경우에는 배당 또는 분배의 순위를 달리 정할 수 있는데, 이 경우 다음과 같이 우선주·보통주·후배주·혼합주가 있다.[5)]

(가) 우선주(preference share; Prioritätsaktie; actions de priorité)

① 우선주는 「이익의 배당 또는 잔여재산의 분배에 관하여 우선적 지위가 부여된 주식」이다.[6)] 우선주는 배당순위 또는 분배순위에 있어서 다른 주식보다 우선적 지위를 주는 것이지,[7)] 다른 주식보다 언제나 고율의 배당을 한다는

1) 동지: 손(주), 738면; 최(기), 801면.

2) 이는 2011년 4월 개정상법이 새로 신설한 내용이다.

3) 동지: 해설(2012), 133면, 135면.

4) 동지: 해설(2012), 133~134면.

5) 이는 2011년 4월 개정상법 이전과 같은 내용이다.

6) 이러한 우선주는 회사의 자금조달의 원활을 기하기 위하여 인정된 것인데, 실제에 있어서 이익배당에 관한 우선주가 주로 발행되고 잔여재산분배에 관한 우선주는 거의 없다[해설(2012), 126면, 131~132면].

참고로 우리나라의 1995년 개정상법에서는 이익배당우선주의 경우에는 정관에 최저배당률을 정하도록 규정하고 있었는데(개정전 상 344조 2항 후단), 2011년 4월 개정상법에서는 이를 폐지하였다.

7) 그런데 이익배당에 관한 종류주식에는 이러한 우선주 등만이 있는 것은 아니므로 보통주보다

의미는 아니다. 일반적으로 이익배당에 관한 우선주에 대하여는 (액면주식의 경우) 주식액면금액에 대하여 연 몇 퍼센트의 이익배당을 한다거나 또는 정기예금 이자율 중 최고율에 해당하는 비율로 이익배당을 한다는 등으로 배당률을 정하는데, 이로 인하여 배당률에 대하여 제한이 없는 보통주가 우선주보다 고율의 배당을 받는 경우가 있다. 이 때에 우선주가 보통주의 배당액과의 차액에 대하여 참가할 수 있는 우선주를 「참가적 우선주」(participating shares)라 하고, 참가할 수 없는 우선주를 「비참가적 우선주」(non-participating shares)라 한다.[1)]

② 우선주라 하더라도 이익이 없으면 배당할 수 없는데(사채〈社債〉와의 차이), 이 때 부족한 배당금을 차기에 이월시켜 차기의 배당금과 함께 합산하여 받을 수 있게 하는 우선주를 「누적적 우선주」(cumulative shares)라 하고, 차기에 이월시키지 않는 우선주를 「비누적적 우선주」(non-cumulative shares)라 한다.[2)] 회사는 우선주를 참가 여부와 누적 여부를 상호 결합하여 「참가적·비누적적 우선주식」 등으로 발행하고 있다. 이와 같은 경우에 우선주가 의결권이 없고 비참가적·누적적이면 사채(社債)와 아주 유사하게 된다.

③ 회사는 우선주를 영구적으로 존속시키면 회사에 재정상의 부담을 주게 되므로, 일정한 기한의 도래나 조건의 성취로 우선주가 자동적으로 보통주로 전환되는 것으로 약정하고 있다.[3)]

(나) **보통주**(common shares; Stammaktie) 보통주란 「우선주와 후배주의 표준이 되는 주식」을 말한다.

(다) **후배주**(deferred shares; Nachzungsaktie) 후배주란 「이익의 배당 또는 잔여재산의 분배에 관하여 열후적 지위가 부여된 주식」을 말한다. 회사의 사업이 상승할 때에는 이러한 주식도 선호하게 된다. 후배주는 배당(분배)순위

우선적 배당이 보장되지 아니하고 단지 몇 % 추가배당만을 허용하는 이익배당에 관한 종류주식(과거 1% 무의결권 우선주식과 유사한 형태)은 허용된다고 본다[동지: 해설(2012), 135면].

1) 참가적 우선주의 경우에는, 예컨대 「보통주의 배당률이 우선주의 배당률을 초과할 때에는 그 초과부분에 대하여 우선주식과 보통주식에 대하여 평등한 비율로 분배한다」고 약정하고 있다(효성물산 주식회사의 우선주식의 예).

2) 누적적 우선주의 경우에는, 예컨대 「우선주식에 대하여 당해 연도의 이익으로써 소정의 배당을 할 수 없는 경우에는 그 부족액을 차기 영업연도의 이익으로써 누적적으로 배당한다」고 약정하고 있다(효성물산 주식회사의 우선주식의 예).

3) 예컨대, 「우선주의 존속기간은 영업개시일로부터 제 4 기의 영업연도 말일까지로 하고 위 기간 만료와 동시에 보통주로 전환된다. 그러나 위 기간중에 소정의 배당을 완료하지 못한 경우에는 소정의 배당을 완료할 때까지 그 기간을 연장한다」는 등으로 약정하고 있다(국민투자금융주식회사의 우선주식의 예).

에서만 열후할 뿐이므로, 배당률에서는 다른 주식보다 고율인 경우도 있다.[1] 그러나 후배주는 보통주보다 저율의 배당을 받거나 무배당인 경우가 많다.[2]

㈑ 혼 합 주　　혼합주란 예컨대, 이익배당에 있어서는 보통주에 우선하고 잔여재산분배에 있어서는 열후한 것과 같이,「어떤 권리에 있어서는 우선적 지위가 부여되고 다른 권리에 있어서는 열후적 지위가 부여된 주식」을 말한다. 혼합주는 후배주와 같이 우리나라에서 거의 이용되고 있지 않다.

2) 의결권의 배제(무의결권주) 또는 제한에 관한 종류주식(상 344조의 3)

㈎ 의　　의　　회사가 의결권이 없는 종류주식(의결권배제종류주식 또는 무의결권주식)[3]이나 의결권이 제한되는 종류주식(의결권제한 종류주식)[4]을 발행하는 경우에는 정관에 의결권을 행사할 수 없는 사항과, 의결권행사 또는 부활의 조건을 정한 경우에는 그 조건 등을 정하여야 한다(상 344조의 3 1항). 이 때「의결권이 없는 종류주식」이란 정관에서 예컨대 "A종류주식은 법령에 특별한 정함이 있는 경우를 제외하고 주주총회에서 모든 의결권이 없다" 등과 같이 정한 종류주식을 말하고,「의결권이 제한되는 종류주식」은 정관에서 예컨대 "B종류주식은 이사의 선임에 관한 주주총회에서 의결권이 없다" 등과 같이 정한 종류주식을 말한다. 이와 같이 의결권을 배제하거나 제한하는 종류주식에 대하여는 상법에서 특별히 제한을 두고 있지 않으므로, 보통주에 대하여도 의결권을 배제하거나 제한할 수 있다.[5]

그러나 복수의결권이나 차등의결권을 부여하는 종류주식은 인정되지 않는다.[6]

㈏ 효　　용　　의결권이 없는 종류주식이나 의결권이 제한되는 종류주식은 회사의 경영에는 관심이 없고 이익배당에만 관심이 있는 투자주주로부터 자금을 조달하는 데 적합하고, 회사의 소유와 경영을 분리하는 요인이 되고 있다.

---

1) 정(희), 398면.
2) 최(기), 611면.
3) 이는 2011년 4월 개정상법 이전의 경우와 유사한 내용이다.
4) 이는 2011년 4월 개정상법이 새로 신설한 내용이다.
5) 그러나 2011년 4월 개정상법 이전에는「이익배당에 관한 우선주」에 대하여만 의결권이 없는 것으로 하였다(개정전 상 370조 1항 본문).
6) 동지: 해설(2012), 137면.
2006년 6월 법무부 상법개정안에서는 거부권부주식(golden share) 및 임원선·해임권부주식을 인정하였으나 2008년 정부의 상법개정안에서 삭제되었고, 2008년 정부의 상법개정안에서는 주식의 양도에 대한 종류주식(양도제한주식)을 인정하였으나, 이는 경영권방어수단으로 남용될 우려가 있다는 이유로 국회의결과정에서 부결되었다[해설(2012), 126~127면].

(다) 내 용

① 의결권이 배제되거나 제한되는 종류주식의 수는 주주총회의 결의(의결권이 제한되는 종류주식의 경우는 의결권이 제한되는 결의)에 관하여는 발행주식총수에 산입하지 아니한다(상 371조 1항). 따라서 이러한 종류주식은 출석한 주주의 주식수에서 제외된다. 의결권이 배제되는 종류주식을 보유하거나 또는 (의결할 사항에 관하여) 의결권이 제한되는 종류주식을 보유한 주주는 의결권을 전제로 하는 권리인 주주총회의 소집통지를 받을 권리가 없고(상 363조 7항) 또한 주주총회의 소집청구권(상 366조, 542조의 6 1항 참조)도 없다고 본다. 그러나 그 이외의 권리, 예컨대 주주총회에 출석하여 발언할 권리, 주주총회결의의 하자를 다투는 제소권(상 376조, 380조), 이사·감사·청산인의 법원에 대한 해임청구권(상 385조 2항, 415조, 539조 2항·3항, 542조의 6 3항), 이사·청산인의 위법행위유지청구권(상 402조, 542조 2항, 542조의 6 5항), 이사·감사·청산인·공모인수인(주식·전환사채·신주인수권부사채)·주주의 권리행사와 관련하여 재산상의 이익공여를 받은 자에 대한 대표소송권(상 403조, 415조, 542조 2항, 424조의 2, 516조 1항, 516조의 10, 467조의 2 4항, 542조의 6 6항), 이사·집행임원·발기인·감사·청산인에 대한 다중대표소송권(상 406조의 2, 324조, 408조의 9, 415조, 542조, 546조의 6 7항·9항), 회계장부열람권(상 466조, 542조의 6 4항), 회사의 업무와 재산상태의 조사를 위한 검사인의 선임청구권(상 467조, 542조의 6 1항) 등은 행사할 수 있다고 본다.[1]

② 의결권이 없는 종류주식 또는 의결권이 제한되는 종류주식에 관하여 의결권의 행사 또는 부활의 조건은 정관에서 정하도록 하고 있다(상 344조의 3 1항 후단).[2] 그러나 다음과 같은 경우에는, 의결권이 없는 종류주식 또는 의결권이 제한되는 종류주식에 관하여 정관에서 의결권의 행사 또는 부활의 조건을 규정하지

1) 정찬형, "의결권 없는 주식에 관한 연구,"「법학논집」(고려대 법학연구소), 제28집(1992. 12), 158~160면.

동지: 최(기), (회) 237~238면(신주인수권도 포함함); 주상(제 5 판)(회사 Ⅱ), 523면(신주인수권 및 총회소집청구권을 인정함); 정(동), (회) 201면(그러나 주주총회에 출석하여 발언할 권리는 제외함); 이(기) 외, (회) 220면(그러나 주주총회에의 출석·발언권은 제외함); 최병규, "무의결권주식에 관한 연구,"「법학논집」(목포대 법학연구소), 창간호(2001), 19~22면(그러나 주주총회소집청구권도 인정함).

반대: 이(범), (예해) 494~495면(그러나 주주총회에 출석하여 발언할 권리는 있다고 함); 서·정, 360면(주주총회결의취소권 등은 행사하지 못하나, 주주총회에 출석하여 발언할 권리는 있다고 함); 채, 611면(그러나 주주총회에 출석하여 토의에 참여할 권리는 있다고 함); 박길준, "우선주제도의 개편방향," 공청회자료 94-1(한국상장회사협의회, 1994. 11. 24), 14면(의결권의 존재를 전제로 한 공익권〈주주총회소집청구권·주주총회결의취소의 소권 등〉도 행사할 수 없다고 한다).

2) 2011년 4월 개정상법 이전에는, 상법에서 이익배당에 관한 우선주에 대해서만 인정되는 무의결권주식은 이익배당에 관하여 우선적 배당을 받지 않는 경우 자동적으로 의결권이 부활하는 것으로 규정하였다(개정전 상 370조 단서). 그러나 2011년 4월 개정상법은 이러한 점을 정관에서 규정할 수 있도록 한 점에서, 개정전 상법과 구별되고 있다.

않은 경우에도, 그러한 종류주식을 보유한 자는 상법의 규정에 의하여 당연히 의결권을 행사할 수 있다. 즉, (i) 정관의 변경, 신주의 인수 또는 주식의 병합 등으로 인한 주식의 배정, 회사의 분할 또는 분할합병·주식교환이나 주식이전 또는 회사의 합병으로 인하여 의결권이 없는 종류주식 또는 의결권이 제한되는 종류주식을 가진 주주에게 손해를 미치게 될 경우에, 이러한 종류주식을 가진 주주의 종류주주총회(상 435조 1항·3항, 436조, 344조 3항), (ii) 창립총회에서의 의결권이 없는 종류주식 또는 의결권이 제한되는 종류주식의 인수인(상 308조 2항은 363조 7항, 371조 1항을 준용하지 않음으로 인하여, 이를 간접적으로 인정하고 있음), (iii) 총주주의 동의(결의)를 요하는 이사·감사·집행임원의 책임면제(상 400조, 415조, 408조의 9) 또는 유한회사 또는 유한책임회사로의 조직변경(상 604조, 287조의 43 1항)의 경우, (iv) 회사의 분할계획서 또는 분할합병계약서를 승인하는 주주총회의 결의(상 530조의 3 3항)의 경우에는, 의결권이 없는 종류주식 또는 의결권이 제한되는 종류주식을 가진 주주도 의결권을 행사할 수 있다.

(라) 발행의 제한 　의결권이 없는 종류주식 및 의결권이 제한되는 종류주식의 총수는 발행주식총수의 4분의 1을 초과하지 못하고, 만일 이러한 종류주식이 발행주식총수의 4분의 1을 초과하여 발행된 경우에는 회사는 지체 없이 그 제한을 초과하지 아니하도록 하기 위하여 필요한 조치를 하여야 한다(상 344조의 3 2항). 이와 같이 의결권이 없는 종류주식 및 의결권이 제한되는 종류주식의 발행한도에 제한을 둔 것은 소수의 의결권이 있는 주식을 가진 주주가 회사를 지배하는 폐단을 방지하기 위해서이다.

그러나 주권상장법인이 일정한 경우(대통령령으로 정하는 방법에 따라 외국에서 주식을 발행하거나 외국에서 발행한 주권관련 사채권 및 그 밖에 주식과 관련된 증권의 권리행사로 주식을 발행하는 경우, 국가기간산업 등 국민경제상 중요한 산업을 경영하는 법인 중 대통령령으로 정하는 기준에 해당하는 법인으로서 금융위원회가 의결권 없는 주식의 발행이 필요하다고 인정하는 법인이 주식을 발행하는 경우)에 발행하는 의결권 없는 주식은 이 한도에서 배제된다(자금 165조의 15 1항, 자금시 176조의 16 1항·2항). 그러나 이러한 의결권 없는 주식과 상법 제344조의 3 1항에 따른 의결권이 없거나 제한되는 주식을 합한 의결권 없는 주식의 총수는 발행주식총수의 2분의 1을 초과하지 못한다(자금 165조의 15 2항). 또한 의결권이 없거나 제한되는 주식 총수의 발행주식총수에 대한 비율이 4분의 1을 초과하는 주권상장법인은, 발행주식총수의 2분의 1 비율 이내에서 대통령령으로 정하는 방법에 따라 신주인수권의 행사·준비금의 자본금 전입 또는 주식배당 등의 방법으로 의결권 없는 주식을 발행할 수 있다(자금 165조의 15 3항, 자금시 176조의 16 3항).

3) 주식의 상환에 관한 종류주식(상환주식)(redeemable or callable stock)(상 345조)

(가) 의 의 회사는 정관에서 정하는 바에 따라 회사의 이익으로써 소각할 수 있는 종류주식(회사상환주식 또는 상환사유부주식) 또는 정관에서 정하는 바에 따라 주주가 회사에 대하여 상환을 청구할 수 있는 종류주식(주주상환주식 또는 상환청구권부주식)을 발행할 수 있는데, 이러한 종류주식을 상환주식이라고 한다(상 345조 1항 1문 · 3항 1문). 2011년 4월 개정상법은 상환주식으로 할 수 있는 주식에 대하여 상환주식과 전환주식을 제외한 종류주식(이익배당 · 잔여재산분배에 관한 종류주식, 의결권의 배제 · 제한에 관한 종류주식 등)[1]으로 한정하고 있다(상 345조 5항).[2]

상환주식은 일정한 기간만 존속하는 점에서는 사채(社債)와 유사하나, 반드시 이익으로써만 상환된다는 점에서 사채와 다르다. 또 상환주식은 상환되는 경우에 주식이 소각되는 점에서, 우선주가 보통주 등으로 전환되는 전환주식 또는 기한부(조건부) 우선주식과 구별된다.

(나) 효 용 회사상환주식은 회사의 일시적인 자금조달의 필요와 일정기간 후에는 배당압박을 피하고 타인자본에 의하는 것이 배당보다 유리한 경우에 합리적인 재무관리를 위하여 이용되고, 주주상환주식은 주주가 상환기간 내에 회사의 경영상황을 탐색하고 투자를 용이하게 회수할 수 있으므로 주식투자로 인한 위험을 축소시키기 위하여 이용된다.[3]

(다) 종 류 상환에 대한 선택권이 회사에게 있는 회사상환주식 또는 상환사유부주식(수의〈임의〉상환주식)(상 345조 1항)과 주주에게 있는 주주상환주식 또는 상환청구권부주식(의무〈강제〉상환주식)(상 345조 3항)이 있다. 2011년 4월 개정상법은 이 두 가지의 상환주식에 대하여 명문규정을 두고 있다.[4]

---

1) 그러나 해석상 보통주에 대하여는 상환주식으로 할 수 없다고 본다. 왜냐하면 이를 허용하면 포이즌필과 유사한 기능을 하여 경영권 방어수단으로 악용될 수 있기 때문이다[동지: 해설(2012), 148면, 150면; 권종호, "방어수단으로서의 종류주식," 「상사법연구」, 제27권 제 2 호(2008), 63면 이하].

또한 어느 종류주식에 전환권과 상환권을 동시에 주는 전환상환주는 법문상 인정되지 않는다고 본다[반대: 해설(2012), 151면].

2) 2011년 4월 개정상법 이전에는 이익배당에 관한 우선주에 한하여 상환주로 할 수 있음을 규정하고 있었는데(개정전 상 345조 1항), 2011년 4월 개정상법에서는 이를 종류주식으로 확대하고 있다.

영국과 일본 등의 회사법에서는 상환주로 할 수 있는 주식에 대하여 특별히 제한하고 있지 아니한다[영국 회사법(2006) 684조; 日本 會社法 108조].

3) 동지: 이(철), (회) 298면.

4) 동지: 영국 회사법(2006) 제684조 1항.

2011년 4월 개정상법 이전에는 상법에서 의무(강제)상환주식에 대하여 명문규정을 두지 않았다(개정전 상 345조 1항).

(라) 발 행

① 회사상환주식을 발행하기 위하여는 회사는 정관에 상환가액(액면가·발행가·시가 등), 상환기간(발행 후 일정기간 경과 후 몇 년 내의 배당금 지급시 등), 상환방법과 상환할 주식의 수를 정하여야 한다(상 345조 1항 2문).

주주상환주식을 발행하기 위하여는 회사는 정관에 주주가 회사에 대하여 상환을 청구할 수 있다는 뜻, 상환가액, 상환청구기간, 상환방법을 정하여야 한다(상 345조 3항 2문).

② 상환주식을 발행하는 내용을 주식청약서(상 302조 2항 7호, 420조 2호)·주권(상 356조 6호) 등에 기재하고 또 회사의 등기부에 이를 등기하여(상 317조 2항 6호) 공시하여야 한다.

③ 회사가 수권주식총수의 범위 내에서 보통의 주식발행절차에 따라 상환주식을 발행하여야 함은 물론이다.

(마) 상환절차

① 상환주식은 배당가능이익[1])으로써 상환되는 것이므로 상환기한이 도래되었다 하더라도 배당가능이익이 없으면 상환하지 못한다. 따라서 상환주식을 발행한 회사는 매년 이익의 일부를 주식상환적립금(목적이 특정된 임의준비금) 등의 명목으로 상환기금을 적립하는 것이 보통이다.

② 회사상환주식이든 주주상환주식이든 회사는 상환주식의 취득의 대가로 현금 외에 유가증권(다른 종류주식은 제외한다)이나 그 밖의 자산을 교부할 수 있는데, 이 경우에는 그 자산의 장부가액이 상법 제462조에 따른 배당가능이익을 초과하여서는 아니 된다(상 345조 4항).

③ 회사상환주식의 경우에는 회사는 상환대상인 주식의 취득일로부터 2주 전에 그 사실을 그 주식의 주주 및 주주명부에 적힌 권리자에게 따로 통지하여야 하는데, 이러한 통지는 공고로 갈음할 수 있다(상 345조 2항). 회사는 이러한 상환대상인 주식을 취득한 후 주식실효(失效)의 절차를 밟는데(상 343조 1항 단서), 이 절차를 마친 때에 상환의 효력이 발생한다.[2])

④ 주주상환주식의 경우에는 회사는 상환청구기간 내에 상환주식을 가진 주주로부터 상환을 청구받고, 상환주식을 취득하여 주식실효(失效)의 절차를

1) 이 때의 배당가능이익은 임의준비금을 포함한다[동지: 정(동), (회) 196~197면; 채, 606면; 이(기) 외, (회) 216면].

2) 동지: 정(동), (회) 197면; 이(기) 외, (회) 216면.

밟는데, 이 절차를 마친 때에 상환의 효력이 발생한다. 따라서 상환주식의 주주가 회사에 대하여 상환권을 행사한 이후에도(상 345조 3항) 상환금을 지급받을 때까지는 원칙적으로 여전히 주주의 지위를 갖는데, 이러한 취지의 다음과 같은 대법원판례가 있다.

[주주가 회사에 대하여 상환청구권을 행사한 이후에도 상환금을 지급받을 때까지는 주주의 지위를 갖는다고 본 판례]

회사는 정관으로 정하는 바에 따라 주주가 회사에 대하여 상환을 청구할 수 있는 종류주식을 발행할 수 있다. 이 경우 회사는 정관에 주주가 회사에 대하여 상환을 청구할 수 있다는 뜻, 상환가액, 상환청구기간, 상환의 방법을 정하여야 한다(상법 제345조 제3항). 주주가 상환권을 행사하면 회사는 주식 취득의 대가로 주주에게 상환금을 지급할 의무를 부담하고, 주주는 상환금을 지급받음과 동시에 회사에게 주식을 이전할 의무를 부담한다. 따라서 정관이나 상환주식인수계약 등에서 특별히 정한 바가 없으면 주주가 회사로부터 상환금을 지급받을 때까지는 상환권을 행사한 이후에도 여전히 주주의 지위에 있다[대판 2020. 4. 9, 2017 다 251564(공보 2020, 899)].

⑤ 주금액의 일부에 대한 상환은 있을 수 없고(주식불가분의 원칙),[1] 상환의 경우 상환주식 상호간에는 주식평등의 원칙이 적용되어야 한다.

(바) 상환의 효력 상환주식의 상환의 효력이 자본금과 수권주식총수에 어떠한 영향을 미치는지가 문제된다.

① 자본금에 미치는 영향 상환주식의 상환이 자본금에 미치는 영향은 상환주식의 상환으로 상환주식만큼 주식수는 줄어드나, 자본금은 감소되지 않는다. 왜냐하면 이것은 자본금 감소절차(상 438조 이하)에 의한 주식의 소각이 아니므로 자본금 감소가 되지 않기 때문이다(상 343조 1항 단서). 따라서 이 때에는 액면주식의 경우 「자본금은 발행주식의 액면총액」이라는 자본금의 정의(상 451조 1항)에 예외적인 현상이 발생한다.

② 수권주식총수에 미치는 영향 상환주식의 상환이 수권주식총수에 어떠한 영향을 미치는지의 문제는, 먼저 수권주식총수의 감소를 가져오는지 여부가 문제되고, 그 다음으로 이에 따라 상환된 주식수만큼 주식을 새로이 발행할 수 있는지 여부가 문제된다.

가) 상환주식을 상환하면 (정관을 변경하지 않더라도) 당연히 상환된 주식

1) 동지: 이(철), (회) 304면.

수만큼 수권주식총수가 감소된다고 보면,[1] 상환된 주식수만큼 미발행주식수도 증가되지 않고 따라서 그만큼 주식을 재발행할 여지는 없게 된다.

나) 상환주식을 상환하더라도 수권주식총수는 감소되지 않는다고 보면 순 이론상으로는 상환된 주식수만큼 미발행주식수가 증가하므로 그만큼 주식을 재발행할 수 있다고 보아야 할 것 같다. 이에 대하여 우리나라의 (i) 소수설은 상환된 주식수만큼 주식을 재발행할 수 있다고 하나,[2] (ii) 다수설은 상환된 주식수만큼 미발행주식수가 증가하는 것 같지만(다시 말하면 수권주식총수는 감소하지 않지만) 상환주식의 발행에 의하여 이미 주식의 발행권한이 행사된 것이므로 (또 상환주식으로의 재발행을 인정하면 실제로 무한의 발행수권을 인정하는 것이 되고, 보통주식으로의 재발행을 인정하면 정관으로 정한 종류주식의 발행수권을 침해하는 것이 되므로) 상환주식이 상환되더라도 그만큼 주식을 재발행할 수 없다고 한다.[3]

그런데 정관에 보통주식으로의 재발행을 인정하는 규정이 있으면 어떻게 되는가. 위의 (i) 소수설에 의하면 위와 같은 정관의 규정은 당연한 사항을 규정한 것이 되나, (ii) 다수설에 의하면 위와 같은 정관의 규정의 효력이 문제된다.[4]

생각건대 상환주식의 발행으로 인하여 이미 주식의 발행권한이 행사된 것이므로 동 상환주식이 상환되었다고 하여도 수권주식총수는 감소되지 않는다고

1) 정(희), 401면(수권주식수는 정관을 변경하지 않고도 당연히 상환된 주식수만큼 감소한다고 한다).

2) 이(철), (회) 304면, 458～459면; 이(병), 507면.

3) 서·정, 357면; 손(주), 626면; 정(동), (회) 197면; 최(기), 612～613면; 동, (회) 233～234면; 주상(상), 906～907면; 채, 607면; 이(기) 외, (회) 217면 외.

4) 참고로 1995년 개정상법 이전에는 「회사가 발행할 주식의 총수를 증가하는 경우에는 발행주식총수의 4배를 초과하지 못한다」는 규정이 있어(상 437조) 이 규정을 근거로 보통주식으로의 재발행을 인정하는 정관의 규정을 무효로 보는 무효설[주상(상), 906～907면; 日最高判 1965. 2. 2]과 이를 유효로 보는 유효설[최(기), (회)(1991) 357～358면(우선주로의 재발행도 가능하다고 한다); 안동섭, 「상법판례 연습」(법지사, 1985), 341～342면]로 나뉘어 있었다. 즉, 무효설은 그러한 정관의 규정은 상법 제437조(수권주식총수는 발행주식총수의 4배를 초과하지 못함)에 위반되어 무효라고 한다. 예컨대, 발행주식총수가 6만주(보통주)인 회사가 정관을 변경하여 보통주식 12만주, 상환주식 12만주로 규정하고 상환주식을 상환한 경우에는 그만큼 보통주식을 발행할 수 있다고 규정하였다면, 이는 회사가 합계 36만주의 주식을 발행할 수 있는 것이 되어 발행주식총수 6만주의 4배를 초과하게 되어 그러한 정관의 규정은 무효라고 설명하였다. 그러나 유효설은 상환주식의 상환에 의하여 발행되는 보통주식을 기준으로 하면 상법 제437조에 위반되지 않는다는 것이다. 즉, 위의 예에서 상환주식을 상환한 때의 수권주식총수는 24만주(보통주식 12만주+상환주식의 상환에 의하여 발행되는 보통주식 12만주)가 되어 상법 제437조에 위반되지 않는다는 것이다. 그런데 1995년 개정상법은 이미 설명한 바와 같이 수권주식총수의 증가의 제한에 관한 제437조를 삭제하였으므로, 위와 같이 상법 제437조를 근거로 한 무효설과 유효설은 그 의미가 없게 되었다.

본다. 그런데 상환된 주식수만큼 주식을 재발행할 수 있는지 여부의 문제는 상환주식으로의 재발행은 정관의 규정 유무에 불문하고 무한수권(無限授權)의 폐단이 있어 인정될 수 없고, 보통주식으로의 재발행은 정관에 규정이 있으면 상환주식과 같이 정관에 의하여 발행권한을 부여받는 것이고 또 무한수권의 폐단도 없으므로 가능하나 정관에 규정이 없으면 불가능하다고 본다.[1)]

4) 주식의 전환에 관한 종류주식(전환주식)(convertible stock)(상 346조)

(가) 의 의 회사가 종류주식을 발행하는 경우에 정관에서 정하는 바에 따라 주주의 청구에 의하여 또는 정관에서 정한 일정한 사유가 발생할 때 회사가 주주의 인수주식을 다른 종류주식으로 전환할 수 있는데, 이러한 종류주식을 전환주식이라 한다(상 346조 1항·2항). 이러한 전환주식은 전환권이 주주에게 인정되는 경우도 있고(주주전환주식 또는 전환청구권부주식), 회사에게 인정되는 경우도 있다(회사전환주식 또는 전환사유부주식).[2)] 전환주식은 전환권의 행사에 의하여 다른 종류주식으로 전환되는 것이므로, 일정한 기한의 도래 또는 조건의 성취로 인하여 당연히 다른 종류주식으로 전환되는 기한부 우선주 또는 조건부 우선주 등과 구별된다.[3)]

(나) 효 용 주주전환주식은 전환권을 인정하여 투자유인동기를 마련함으로써 주주의 모집을 용이하게 하고, 이로 인하여 회사의 자금조달을 원활히 하는 기능을 하고 있다. 즉, 현재 보통주에 대하여 배당률이 저조하고 주식시세도 낮다면 주주는 전환권이 있는 우선주를 인수하여 우선배당을 받다가, 그 후 배당률도 높아지고 주식시세도 상승하면 전환권을 행사하여 보다 많은 수량의 보통주를 확보함으로써 보다 많은 배당금과 주식의 환가가치를 가질 수 있는 것이다.[4)]

이에 반하여 회사전환주식은 회사의 자금조달을 용이하게 하고 재무관리를 탄력적으로 할 수 있으며, 또 경영권 방어수단으로도 활용하는 등 다양한 용도로 이용할 수 있다.[5)]

---

1) 동지: 정(희), 401면(정관에 규정이 있는 경우 보통주로의 재발행에 관하여).

2) 2011년 4월 개정상법이 전환권을 회사(이사회)에게도 인정하는 전환주식을 인정함으로써, 적대적 M&A를 방어하기 위하여(즉, 회사는 의결권이 없는 우선주인 전환주식을 보통주로 전환함으로써) 회사전환주식제도를 도입하는 회사가 늘고 있다. 즉, 상장사 중 회사전환주식제도를 도입한 회사는 2012년에 24개사, 2013년에 8개사, 2014년에 10개사(두산그룹 5개 상장사, GS 건설 등)이다(조선경제, 2014. 4. 28, B 7면).

3) 동지: 정(희), 401~402면.

4) 동지: 이(철), (회) 305~306면.

5) 동지: 이(철), (회) 306면.

㈐ 발 행

① 전환권이 주주에게 있는 전환주식(주주전환주식 또는 전환청구권부주식)을 발행하기 위하여는 정관에 전환의 조건(전환주식 몇 주에 대하여 신주 몇 주를 주는가의 비율), 전환의 청구기간(예컨대, 전환주식을 발행한 때로부터 몇 년 경과 후 몇 년 내 등), 전환으로 인하여 발행할 주식의 수와 내용(예컨대, 보통주식 몇 주 등)을 정하여야 한다(상 346조 1항 2문).

전환권이 회사에게 있는 전환주식(회사전환주식 또는 전환사유부주식)을 발행하기 위하여는 정관에 전환의 사유, 전환의 조건, 전환의 기간, 전환으로 인하여 발행할 주식의 수와 내용을 정하여야 한다(상 346조 2항 2문).

이 때에 전환으로 인하여 새로 발행할 주식의 수는 전환청구기간 또는 전환의 기간 내에는 종류주식(상 344조 2항)의 수 중에 유보(留保)하여야 한다(상 346조 4항).

② 전환주식을 발행하는 내용을 주식청약서 또는 신주인수권증서(상 347조)·주권(상 356조 6호) 등에 기재하고, 또 설립등기시에 이를 등기하여(상 317조 2항 7호) 공시하여야 한다.

③ 회사가 수권주식총수의 범위 내에서 보통의 주식발행절차에 따라 전환주식을 발행하여야 함은 물론이다.

㈑ 전환절차

① 전환권이 주주에게 있는 전환주식(주주전환주식 또는 전환청구권부주식)을 전환하고자 하는 자는 전환하고자 하는 주식의 종류·수와 청구연월일을 기재하고 기명날인 또는 서명한 청구서 2통에, 주권을 첨부하여 회사에 제출하여야 한다(상 349조 1항·2항).

전환권이 회사에게 있는 경우(회사전환주식 또는 전환사유부주식) 회사의 이사회(자본금 총액이 10억원 미만인 회사로서 이사를 1명 또는 2명 둔 경우에는 각 이사 또는 정관에 따라 대표이사를 정한 경우에는 그 대표이사—상 383조 6항, 346조 3항)는 (i) 전환할 주식, (ii) 2주 이상의 일정한 기간 내에 전환주식의 주권을 회사에 제출하여야 한다는 뜻, (iii) 주권제출기간 내에 주권을 제출하지 아니할 때에는 그 주권이 무효로 된다는 뜻을 결정하고, 회사는 이러한 내용을 그 전환주식을 가진 주주 및 주주명부에 적힌 권리자에게 따로 통지하여야 하는데, 이러한 통지는 공고로 갈음할 수 있다(상 346조 3항). 회사전환주식을 가진 자는 회사의 이러한 통지 또는 공고에 따라 전환주식의 주권제출기간 내에 그 주권을 회사에 제출하여야 한다(상 346조 3항).

② 주주전환주식의 전환의 효력은 주주가 갖고 있는 전환권이 형성권이므로 전환을 청구한 때에 그 효력이 발생하고, 회사전환주식의 전환의 효력은 회사의 통지 또는 공고에 따른 전환주식의 주권제출기간이 끝난 때에 발생한다

(상 350조 1항). 전환주식은 주주명부폐쇄기간 중에도 전환될 수 있는데[1](상 349조 3항 삭제 참조), 이 때 전환된 주식의 주주는 그 기간중의 주주총회의 결의에 관하여는 (전환된 주식의) 의결권을 행사할 수 없다(상 350조 2항). 그러므로 예컨대 의결권 없는 우선주를 보통주로 전환한 경우에는 주주는 그 주주총회에서 의결권을 행사할 수 없다. 그러나 이와 반대로 의결권 있는 주식이 의결권 없는 주식으로 전환된 경우에는 종전의 주식의 주주는 의결권을 행사할 수 있다.[2]

③ 전환으로 인한 등기사항의 변경등기는 전환을 청구한 날(주주전환주식의 경우) 또는 전환주식의 주권제출기간이 끝난 날(회사전환주식의 경우)이 속하는 달의 마지막 날부터 2주 내에 본점소재지에서 이를 하여야 한다(상 351조).[3]

④ 전환주식에 설정된 질권의 효력은 전환으로 인하여 발행되는 신(新)주식에 미친다(질권의 물상대위)(상 339조).

⑤ 전환으로 인하여 단주(端株)가 생길 수 있는데, 이러한 단주의 처리에 관하여 상법에 명문의 규정은 없으나, 주식의 병합으로 인한 단주의 처리에 관한 상법 제443조를 유추적용하여 처리하여야 할 것으로 본다.[4]

㈑ **전환의 효과** 전환을 청구한 때(주주전환주식의 경우) 또는 전환주식의 주권제출기간이 끝난 때(회사전환주식의 경우)에 전환주식은 소멸하고 신 주식이 발행되는 효과가 발생하는데, 이 때에 전환주식의 전환이 자본금에 어떠한 영향을 미치는가의 문제와 전환주식의 전환이 수권주식총수에 어떠한 영향을 미치는가의 문제가 있다.

① **자본금에 미치는 영향** 전환주식의 전환이 자본금에 어떠한 영향을 미치는가의 문제는, 상법 제348조의 전환으로 인하여 발행하는 주식의 발행가액의 제한과 관련된다.[5] 즉, 동조에 의하여 전환주식의 발행가액총액과 신 주

---

1) 1995년 개정상법 이전에는 주주명부의 폐쇄기간중에는 주식의 전환을 청구할 수 없도록 규정하였는데(상 349조 3항), 주주총회에서의 의결권을 행사하거나 이익배당을 받을 자를 정하기 위하여 이용되는 주주명부의 폐쇄제도는 주식의 전환청구와는 별개의 사항이기 때문에 1995년 개정상법은 이 규정을 삭제하였다[해설(1995), 106면].

2) 해설(1995), 108면.

3) 1995년 개정상법 이전에는 전환한 날을 기준으로 본점소재지에서는 2주간 내, 지점소재지에서는 3주간 내에 변경등기를 하도록 규정하였으나, 전환한 날(즉, 전환을 청구한 날)을 기준으로 개별적으로 등기기간을 산정하는 것은 지나치게 번거롭고 또한 지점소재지에서 이를 등기하도록 하는 것도 번거롭기 때문에 1995년 개정상법은 이와 같이 개정한 것이다[해설(1995), 109면].

4) 동지: 김건식, "무의결권우선주에 관한 연구," 상장협연구보고서 94-2(서울: 한국상장회사협의회, 1994. 11), 92면.

5) 상법 제348조의 규정은 (액면주식의 경우) 신주의 발행가액이 액면미달이 되지 않도록 전환주식의 발행가액을 정하도록 하여, 회사의 자본금 충실을 기하기 위한 것이다.

식의 발행가액총액이 일치하여야 한다. 따라서 전환주식의 1주당 발행가액과 신 주식의 1주당 발행가액이 같은 경우에는 전환조건(전환비율)이 1 : 1이 되어 자본금의 증감을 초래하지 않으나, 이러한 경우는 실제로 거의 발생하지 않는다. 왜냐하면 전환주식(예컨대, 우선주)과 신 주식(예컨대, 보통주식)의 가치가 다르고, 또 (전환주식의 발행시와 전환청구시에 있어서) 주식의 시가가 다르기 때문이다. 따라서 전환주식의 1주당 발행가액(예컨대, 액면주식의 경우 발행가액은 10,000원, 액면가액은 5,000원)과 신 주식의 1주당 발행가액(예컨대, 액면주식의 경우 발행가액은 5,000원, 액면가액은 5,000원)이 다른 경우에는 자동적으로 전환조건(예컨대, 전환주식 1주당 신주식을 주는 비율은 1 : 2)은 달라지게 되어 자본금의 증감을 초래하게 된다.

가) 자본금이 증가하는 경우　　위의 예에서와 같이 우월적 조건을 가진 주식(예컨대, 고가인 우선주)을 열후적 조건을 가진 주식(예컨대, 저가인 보통주)으로 전환하는 경우에는 발행가액의 비율에 반비례하여 주식수가 증가하므로 액면주식의 경우 증가된 주식의 액면총액만큼 자본금의 증가를 가져오게 되는데(이는 준비금이 자본금 전입된 것과 동일한 결과가 됨), 이것은 정관의 규정에 의한 결과이므로 적법하다.[1] 즉, 위의 예에서 액면주식의 경우 전환주식을 10,000주 발행하였다면 신주식은 20,000주가 발행되어야 하고(발행가액 @₩10,000×10,000주=발행가액 @₩5,000×20,000주, 상 348조), 전환주식의 발행시에는 자본금이 5천만원(액면가 @₩5,000×10,000주, 상 451조 1항)인데(액면초과액@₩5,000×10,000주=₩50,000,000원은 자본준비금으로 적립됨, 상 459조 1항), 전환으로 인하여 신 주식이 발행된 경우에는 자본금이 1억원(액면가 @₩5,000×20,000주)이 되어 5천만원이 증자된 결과가 된다. 위와 같은 경우를 하향전환(downstream conversion)이라고 하는데, 이것은 정관의 규정에 의한 증자이므로 우리 상법의 해석상 인정된다.

나) 자본금이 감소하는 경우　　위의 예와 반대되는 경우(저가인 보통주를 고가인 우선주로 전환하는 경우)에는 신 주식수가 감소되어(전환조건은 2 : 1) 액면주식의 경우 감소된 주식의 액면총액(액면가액 @₩5,000×10,000주 〈감소된 주식수〉=₩50,000,000)만큼 자본금이 감소하게 된다. 이것은 결과적으로 상법상 엄한 자본금 감소절차를 탈법하는 것이 되므로(즉, 채권자보호절차 등과 같은 자본금 감소절차를 밟고 있지 않으므로), 우리 상법의 해석상 무효가 된다.[2] 위와 같은 경우를 상향전환(upstream conversion)이라고 하는데, 미국에서는 종래에 이를 입법으로 금지하는 주가 많았다.[3] 그러나 근래에는 이를 허용하는 경향이 많다.[4]

---

1) 동지: 손(주), 629면; 정(동), (회) 200면; 이(철), (회) 312면; 이(기) 외, (회) 218면; 주상(제 5 판)(회사 Ⅱ), 538면 외.

2) 동지: 손(주), 629면; 정(동), (회) 200면; 채, 608면; 이(기) 외, (회) 218면; 주상(제 5 판)(회사 Ⅱ), 538면(그러나 채권자보호절차를 거친다면 이론상은 가능하다고 한다) 외.
반대: 이(철), (회) 312면(자본금이 감소되는 경우에는 채권자보호절차를 밟아야 한다고 한다).

3) N.Y. Bus. Corp. Law §519; MBCA(1969) §15(e) 외(Dooley, p. 164).

4) RMBCA(2006) §6.1(c); Del. Gen. Corp. Law §151(e); Cal. Corp. Code §403.

② 수권주식총수에 미치는 영향 전환주식의 전환이 수권주식총수에 어떠한 영향을 미치는가의 문제는 상환주식의 경우와 비교하여 볼 수 있다.

가) 상환주식의 경우에는 상환주식이 상환되면 그만큼 주식수가 줄어들기 때문에 수권주식총수가 감소된다고 볼 여지가 있으나, 전환주식의 경우에는 종류가 다른 주식 상호간의 교체이므로 수권주식총수가 전환되는 주식수만큼 감소된다고 볼 여지는 없다.

나) 따라서 전환주식이 전환되더라도 수권주식총수에는 변동이 없는데, 전환에 의하여 소멸된 전환주식의 수만큼 그 종류의 미발행주식수가 부활하여 재발행이 가능한가. 재발행이 가능하다면 전환주식으로의 재발행이 가능한가의 문제가 있다.[1] 이에 대하여 우리나라의 (i) 소수설은 상환주식의 경우와 같이 전환주식의 경우에도 전환으로 인하여 소멸된 종류의 주식은 미발행주식으로 부활하지 아니한다고 보아 어떠한 형태의 주식으로도 재발행을 인정하지 않으나,[2] (ii) 다수설은 상환주식의 경우와는 달리 전환주식의 경우에는 전환으로 인하여 다른 종류의 주식으로 교체된 것에 불과하므로 전환으로 인하여 소멸된 주식만큼 그 종류의 미발행주식으로 부활한다고 보는데 다만 전환권이 없는 주식으로의 재발행을 인정한다.[3]

생각건대 전환주식을 전환한 경우에는 상환주식의 경우와는 달리 수권주식총수의 범위 내에서의 주식의 종류 상호간의 교체에 불과하므로 (정관의 규정 유무에 불구하고) 전환으로 인하여 소멸된 주식만큼 그 종류의 미발행주식으로 부활하여 재발행이 가능하다고 본다(이 점에서는 다수설에 찬성함). 그런데 어떠한 종류의 주식으로의 재발행이 가능한가의 문제가 있다. 이에 대하여는 (i) 전환주식으로의 재발행이 가능하다고 보는 견해, (ii) 전환권이 없는 전환 전의 주식(예컨대, 우선주에 대하여 보통주로의 전환권이 인정된 경우에는 전환권이 없는 우선주)으로의 재발행이 가능하다고 보는 견해, (iii) 보통주로의 재발행이 가능하다고 보는 견해의 세 가지를 생각할 수 있다. 이에 대하여 우리나라의 다수설은 (ii)의 견해에 따라 설명하고 있으나, (ii) 또는 (iii)의 견해에 따르는 경우에는 정관에서 정한 종류주식의 발행수권을 침해하는 것이 되어

1) 이러한 문제에 관한 논의에 대하여 상세한 소개로는 연습, 328~331면(사례 55) 참조.
2) 이(범), (예해) 494면.
3) 서·정, 359면 주 1; 손(주), 629면; 정(동), (회) 200면(그 이유는 이미 전환권을 행사하였기 때문이라고 한다); 이(철), (회) 312면; 이(기) 외, (회) 219면; 주상(상), 914면; 채, 609면; 이·최, 273면 외.

타당하지 않다고 본다. 따라서 정관에 재발행되는 주식의 종류에 관하여 별도의 정함이 없으면 전환주식(i)의 견해)으로의 재발행만이 가능하고, 전환권이 없는 전환 전의 주식(ii)의 견해) 또는 보통주식(iii)의 견해)으로의 재발행은 그와 같은 내용이 정관에 규정된 경우에만 가능하다고 본다(이 점에서는 다수설에 반대함). (i)의 견해와 같이 전환주식으로의 재발행을 인정하는 경우에는, 전환으로 인하여 발행할 주식의 수는 수권주식총수 내에 유보되어야 하므로(상 346조 4항) 상환주식에서와 같이 무한수권(無限授權)의 폐단은 있을 수 없고 자동적으로 제한되며, 또 정관에서 정한 종류의 주식발행이므로 (ii) 또는 (iii)의 경우와 같이 정관에서 정한 종류주식의 발행수권을 침해하는 경우도 발생하지 않는다.

제 2 관 주　　주

제 1 주주의 의의

(1) 주주의 개념

주주(shareholder; Aktionär)란 주식회사의 사원(구성원)으로서 주주권의 의미의 주식의 귀속의 주체이다. 주주의 지위는 주식의 인수 또는 양수에 의하여 취득되고,[1] 주식의 소각 또는 양도에 의하여 상실된다.[2]

(2) 주주의 자격

주주가 될 수 있는 자격에는 원칙적으로 제한이 없다. 따라서 자연인이든 법인이든, 내국인이든 외국인이든, 행위능력의 유무 등을 불문하고, 원칙적으로 아무런 제한 없이 주주가 될 수 있다. 그러나 예외적으로 상법 또는 특별법에 의하여 주주가 될 수 있는 자가 제한되는 경우가 있다(상 341조, 자금 172조, 독규 7조 1항 등).

(3) 주주의 수

주주의 수는 제한이 없으므로 1인 주주도 인정된다(상 517조 1호에서 227조 3호를 준용하지 않음). 또

1) 동지: 대판 1967. 6. 13, 62 다 302(카드 443)(주식회사에 있어서는 주식을 인수 또는 양수함으로써 주주가 되는 것이므로, 발기인 상호간에 이와 다른 약정을 하였다면 그 약정은 무효라 할 것이다).

2) 동지: 대판 1963. 11. 7, 62 다 1179(집 11 ② 민 231)(주주권은 주식양도, 주식의 소각 또는 주금액의 체납에 의한 실권절차 등 법정사유에 의해서만 상실된다); 대결 1991. 4. 30, 90 마 672(공보 899, 1596)(주주가 사실상 주권을 포기하고 회사에 주권 포기의 의사표시를 하고 반환하더라도 그러한 행위만으로는 주식이 소멸되거나 주주의 지위가 상실되는 것이 아니다).

한 주주의 수의 최고한의 제한도 없다.

제2 주주의 종류

(1) 주식의 종류에 따른 분류

주주의 종류는 주식의 종류에 따라 보통주주·우선주주·후배주주·혼합주주·상환주주·전환주주·무의결권주주 등으로 분류된다.

(2) 주식소유의 수량에 따른 분류

주식소유의 수량에 따라 대주주·소주주(소액주주)로 분류된다.

(3) 주식소유의 동기에 따른 분류

주식소유의 경제적 동기에 따라 투자주주·투기주주·기업자주주·종업원주주 등으로 분류된다.

(4) 주주명부에의 주식소유자의 등재명의에 따른 분류

기명주식의 경우 실질적인 주식소유자가 주주명부에 등재되지 않고 타인명의로 등재된 경우, 실질주주와 명의주주로 분류된다(그런데 이는 상장회사의 경우 주주실명제 이후에는 거의 그 의미가 없다). 실질주주에 관하여는 뒤에 상술한다.

(5) 주식소유자가 누구이냐에 따른 분류

주식소유자(주주)가 자연인이냐 법인이냐에 따라 개인주주·법인주주로 분류된다. 근래에는 법인주주의 수가 압도적으로 많아지고 있다.

제3 주주의 권리의무

I. 주주의 권리

주주의 권리의무는 주식이 나타내는 권리의무를 그것이 귀속되는 주체자의 면에서 본 것이므로, 이는 위에서 본 주식이 나타내는 권리의무와 같다. 다만 이에 관하여는 다음과 같은 점을 특히 유의할 필요가 있다.

(1) 의 의

주주의 권리란 주주가 회사에 대하여 가지는 권리로서 주식의 개념의 하나인 주주권을 의미한다. 이러한 주주의 권리는 「포괄적이고 추상적인 권리」로서 주식의 취득에 의하여 취득되고, 주식과 분리하여 그 자체로서 양도 또는 담보의 목적이 될 수 없으며, 또 시효에도 걸리지 않는다. 그런데 이러한 주주의 권리 중 자익권인 이익배당청구권 등은 주주총회의 이익배당에 관한 승인에 의하여(상 449조 1항, 464조의 2 1항), 구체화되고 독립된 이익배당청구권 등과 같은 주주의 「채권자적 권리」로 변한다. 주주의 이러한 권리는 주주권에서 유출되기는 하나, 이와는 분리되어 일반채권과 같이 양도 또는 압류의 대상이 된다.

(2) 종 류

1) 자익권(재산권)·**공익권**(관리권) 이는 주주의 권리행사의 목적에 의한 구별인데, 이에 관하여는 주식이 나타내는 권리의 설명에서 이미 상세히 설명하였다.

2) 단독주주권·소수주주권 이는 주주의 권리행사의 방법에 의한 구별이다.

(가) 단독주주권은 각 주주가 지주수(持株數)에 관계 없이 단독으로 행사할 수 있는 권리로서, 자익권은 전부 단독주주권에 속하고 공익권도 대부분 단독주주권에 속한다.

(나) 소수주주권은 발행주식총수의 일정비율의 주식을 가진 주주만이 행사할 수 있는 권리로서, 공익권의 일부에 대하여 인정되고 있다.[1] 이 때의 주주는 1인의 주주만을 의미하는 것이 아니라, 수 인의 주주가 소유하는 주식을 합하여 일정비율 이상이 되는 경우에는 그 수 인의 주주에게도 소수주주권이 인정된다.

우리 상법은 이미 앞에서 상세히 본 바와 같이, 비상장회사의 경우는 발행주식총수의 100분의 10 이상, 100분의 3 이상 및 100분의 1 이상에 해당하는 주식을 가진 주주의 경우에 소수주주권을 인정하고 있고, 상장회사의 경우는 주식보유비율을 이보다 완화하는 대신 주식보유기간을 두고 있다(상 542조의 6).

3) 고유권·비고유권 이는 주주의 의사에 반하여 박탈할 수 있는지 여부에 의한 구별이다.

(가) 고유권은 정관의 규정 또는 주주총회의 결의에 의하여 회사가 일방적으로 박탈할 수 없는 권리로서, 주주의 의결권(상 369조)·이익배당청구권(상 464조) 등은 이의 대표적인 예라고 볼 수 있다.[2]

1) 상법상 소수주주의 보호에 관한 규정을 정리한 것으로는 임홍근, "상법상 소수주주보호제도에 관한 연구,"「상장협」, 제43호(2001, 춘계호), 97~122면.

2) 동지: 정(동), (회) 191면; 채, 597면; 이(기) 외, (회) 213면.

(나) 비고유권은 정관의 규정 또는 주주총회의 결의에 의하여 회사가 일방적으로 박탈할 수 있는 권리이다. 그런데 현행 상법상 주주의 권리에 관한 규정은 모두 강행법규로 규정되어 있기 때문에, 고유권·비고유권을 문제로 할 것도 없이 입법에 의하여 해결되고 있다. 따라서 고유권·비고유권에 관한 논의는 실익이 없다.[1]

2. 주주의 의무

주주의 의무는 주식회사의 개념(주주의 유한책임)과 주식의 의의(주식이 나타내는 의무)에서 이미 설명한 바 있는데, 이를 다시 정리하여 보면 다음과 같다.

(1) 출자의무

(가) 주주는 회사채권자와는 직접 아무런 관계가 없고(이 점에서 주주는 회사채권자에 대하여 직접·유한책임을 지는 합자회사의 유한책임사원과 구별된다), 회사에 대하여 그가 가진 주식의 인수가액을 한도로 하는 출자의무만을 부담한다[2](상 331조)(법인격부인론이 인정되는 경우는 이에 대한 예외가 됨). 그런데 주주는 회사에 대하여 인수가액의 전액을 납입하여야 하고(전액납입주의), 이러한 납입은 회사성립 전 또는 신주발행의 효력발생 전에 전부 이행되어야 하므로(상 295조, 305조, 421조, 423조), 엄격히 말하면 이러한 출자의무는 「주주」가 아니라 「주식인수인」으로서의 의무에 해당된다고 보겠다[3](그러나 회사성립 후에도 주식인수인이 납입하지 않은 경우나, 이사와 통모하여 현저하게 불공정한 발행가액으로 주식을 인수한 자는 극히 예외적으로 주주의 자격으로 출자의무 또는 추가출자의무가 있다고 보겠다).[4]

(나) 주주의 이러한 출자의무의 이행으로서의 출자목적은 「재산출자」에 한정되며(노무출자 또는 신용출자는 인정되지 않음), 재산출자는 금전출자가 원칙

1) 동지: 서·정, 350면; 정(동), (회) 191~192면; 이(철), (회) 317면; 이(범), 141면; 채, 597면; 이(기) 외, (회) 213면; 이·최, 277면.

2) 통설: 서·정, 351면; 손(주), 683면; 이(철), (회) 320~321면; 채, 591면; 이(기) 외, (회) 221면; 주상(제 5 판)(회사 Ⅱ), 355~356면 외.

반대: 정(동), (회) 204~208면(주주는 설립중의 회사의 채무에 대하여 차액책임을 지는 등 출자의무 이외의 재산적 의무를 부담하는 경우가 있으며, 지배주주의 경우에는 충실의무도 부담한다고 한다).

영미에서의 지배주주의 신인의무(fiduciary duty)에 관한 소개로는 노일석, "회사법상 지배주주의 신인의무," 「사회과학논총」(성신여대 사회과학연구소), 제14집(2001), 17~43면.

3) 통설: 이(철), (회) 322면; 이(범), 141면; 이(기) 외, (회) 221면; 주상(제 5 판)(회사 Ⅱ), 356면 외.

4) 동지: 정(동), (회) 204면.

이고 현물출자는 예외적으로만 인정된다. 금전출자의 이행은 원칙적으로 현실적으로 납입하여야 한다.[1] 주주가 어음이나 수표로써 금전출자를 이행한 경우에는 그 어음이나 수표가 결제된 때에 납입이 있다고 보아야 할 것이다.[2]

그러나 실질적으로 자본금 충실을 해하지 않는 한 회사의 동의에 의한 상계는 허용된다(상 421조 2항).[3] 따라서 금융기관 등이 회사에 대하여 갖고 있는 대출채권을 출자로 전환하는 경우에 상계가 인정된다.[4] 또한 주주가 자발적으로 회사채무를 부담하기로 약정한 것은 개인법적 약정이므로 주주의 유한책임과 무관하게 유효하다.[5]

(다) 주주의 금전출자의 경우 이러한 출자의무는 회사의 납입최고를 전후하여 이론상 추상적 출자의무[6]와 구체적 출자의무[7]로 구분될 수 있겠으나, 우리 상법은 주식인수 후 지체 없이(회사설립시) 또는 납입기일에(신주발행시) 인수가액 전액을 납입시키는 전액납입주의를 취하고 있고(상 295조 1항, 305조 1항, 421조 1항) 또 실무상 청약시에 주금액에 상당하는 금액을 미리 청약증거금으로 받아 주식배정시 또는 납입기일에 주금액으로 대체하는 일이 많으므로, 회사로부터의 주식인수인에 대한 납입최고란 실무상 거의 없다(주식인수인에 대한 납입최고는 분할납입주의의 입법에서 실익이 있다). 따라서 현행법상 현실적으로는 주주의 추상적 출자의무는 거의 발생하지 않고, 주식인수인은 주식인수시에 구체적 출자의무(금전채무)만을 부담한다고 본다. 따라서 회사는 이 채권(구체적 출자이행청구권)을 양도할 수 있고, 회사채권자는 이를 압류하거나 대위행사할 수 있다.

(2) 유한책임

주주는 이와 같이 회사에 대하여만 일정한 출자의무만을 부담하므로, 주주

1) 동지: 대판 1963.10.22, 63다494(집 11 ② 민 200)(주금납입은 현실적 이행이 있어야 한다); 동 1977.4.12, 76다943(민판집 232, 146)(주금납입의무는 현실적 이행이 있어야 하므로 당좌수표로써 납입한 때에는 그 수표가 현실적으로 결제된 때에 납입이 있었다고 할 수 있다).

2) 동지: 상게 대판 1977.4.12, 76다943.

3) 동지: 대판 1960.11.24, 4292민상874·875(카드 6871)(주금납입에 있어 현금수수의 수고를 생략하는 의미의 대물변제나 상계는 회사측에서 이를 합의한 이상 이를 절대로 무효로 할 이유는 없다).

4) 대법원 1999.1.25, 등기예규 제960호.

5) 동지: 이(철), (회) 322면; 대판 1989.9.12, 89다카 890.

6) 대판 1969.8.19, 68다2421(집 17 ③ 민 11)(회사로부터의 납입최고가 있기 전에는 주주는 추상적 출자의무만을 부담하고 이 의무를 주주라는 자격과 분리할 수 없으므로, 회사채권자는 이를 대위행사할 수 없다).

7) 대판 1960.9.1, 4292민상915(카드 6353)(회사의 주주에 대한 구체적 주금납입청구권은 양도할 수 있다).

는 인수가액의 범위 내에서 간접유한책임을 진다. 이것을 주주유한책임의 원칙이라고 하는데, 이는 주식회사의 본질적인 요소이므로 정관 또는 주주총회의 결의로 이와 달리 정할 수 없다.[1] 따라서 회사는 이를 가중할 수도 없지만, 주주에 대한 납입청구권을 포기하거나 감경할 수도 없다. 그러므로 회사는 주주의 주금납입의무를 대체하여 이행할 수도 없다.[2]

그러나 주주는 유한책임의 원칙을 포기하고 회사채무를 부담하거나 추가출자를 할 수도 있다.[3] 이러한 주주의 의사에 반하는 주주유한책임의 원칙에 대한 예외에는 법인격부인론 등이 있다.

제 4 실질주주

I. 의 의

(1) 광의의 실질주주

광의의 실질주주란 주주명부에 기재된 주주는 아니지만 실질적으로 주식의 소유자로서 그 주식에 관하여 직접적인 이해관계를 가지는 자를 말한다. 이에 반하여 주주명부에 주주로 기재되어 있지만, 실질적인 주식의 소유자가 아닌 자를 명의주주(형식주주)라 한다. 이러한 실질주주에는 다음과 같은 자들이 있다.

1) 명의차용자 타인명의로 주식을 인수(또는 양수)하여 명의대여자가 주주명부에 주주로 기재된 경우에는 명의차용자가 실질주주가 된다.

(가) 가설인(假設人)이나 타인의 승낙 없이 타인명의로 주식을 인수한 자는 상법상 주식인수인으로서의 책임이 있으므로(상 332조 1항), 그가 주주로서 모든 권리의무를 갖는다. 가설인이나 타인의 승낙 없이 타인명의로 주식을 양수한 자에 대하여도 이와 동일하게 해석하여야 한다고 본다.

(나) 그런데 타인의 승낙을 얻어 그 명의로 주식을 인수한 자는 상법상 그 타인과 연대하여 납입할 책임만이 있을 뿐(상 332조 2항), 누가 주식인수인(주주)으로서의 권리의무가 있는지에 대하여 규정이 없으므로 이에 대하여 논의가 있다. 이에 대하여 학설은 (i) 명의대여자가 주주라고 보는 형식설(소수설)과, (ii) 명

1) 동지: 이(철), (회) 322면.
2) 동지: 대판 1963. 10. 22, 63 다 494.
3) 동지: 대판 1983. 12. 13, 82 도 735(공보 721, 210); 동 1989. 9. 12, 89 다카 890(공보 1989, 1469).

의차용자가 주주라고 보는 실질설(다수설)로 나뉘어 있는데, 실질설이 타당하다고 한 점은 이미 설명한 바와 같다.[1] 이에 대하여 종래의 판례는 실질설에 따라 판시하였으나,[2] 그 후 대법원 전원합의체 판결로써 형식설로 변경하였다.[3] 타인의 승낙을 얻어 그 명의로 주식을 양수한 자에 대하여도 이와 동일하게 해석하여야 한다고 본다. 이러한 점에서 실질주주의 채권자는 실질주주를 대위하여 명의신탁계약을 해지하고 명의주주를 상대로 주주권 확인을 구할 수 있다.[4]

2) 명의개서 미필주주 주식을 양수하였으나 주주명부에 아직 명의개서를 하지 못하여 양도인이 주주명부에 주주로 기재되어 있는 명의개서 미필주주는 실질주주가 된다. 이렇게 명의개서를 하지 않은 주식을 「광의의 실기주(失期株)」[5]라 하는데, 이러한 실기주의 주주가 실질주주가 된다.

3) 제도상의 실질주주

㈎ 주주(투자자)가 투자의 목적으로 그의 주권을 집합투자업자(위탁자)에게 맡기고 집합투자업자는 신탁업자(수탁자)와 신탁계약을 체결하여 수탁자로 하여금 당해 위탁자의 지시에 따라 투자·운용하게 하는 경우(투자신탁)(자금 188조)에는, 그 주권의 명의는 수탁자인 신탁업자의 명의로 되므로(신탁 3조), 투자자가 실질주주가 된다.[6]

㈏ 우리사주 조합제도(자금 165조의 7)에 의하여 조합원이 취득한 주식은 대표자의 명의로 증권금융회사에 예탁하도록 되어 있으므로, 이 경우에는 조합원이 실질주주가 된다.

4) 자본시장과 금융투자업에 관한 법률상의 실질주주 고객의 상장주권(유가증권)은 자본시장과 금융투자업에 관한 법률에 의하여 보통 금융투자업자(예탁자)를 통하여 한국예탁결제원에 예탁되는데, 이 때 그 주권은 한국예탁결

---

1) 이에 관한 상세는 연습, 332~336면(사례 56) 참조.

2) 대판 1986. 7. 22, 85 다카 239 · 240(공보 784, 1090) 외 다수.

3) 대판(전) 2017. 3. 23, 2015 다 248342(공보 2017, 847) 외.

4) 대판 2013. 2. 14, 2011 다 109708.

5) 이에 반하여 신주배정일까지 명의개서를 하지 않음으로 인하여 양도인에게 배정된 신주를 「협의의 실기주」라고 하는데, 양수인은 어떠한 법리에 의하여 이의 반환을 청구할 수 있는가에 대하여 논의가 있다(이에 관하여는 후술함).

6) 이 때 자산운용회사(위탁자)의 법적 지위에 관하여, 투자자에 대한 신탁관계에서의 수탁자의 지위에 있다고 보는 견해(단순신탁설·법적 신탁설)도 있으나, 위임관계에서의 수임인의 지위에 있다고 본다(조직계약설)[동지: 박삼철, "투자펀드의 법적 구조와 환매규제에 관한 연구," 법학박사학위논문(고려대, 2004. 2), 142~143면, 162~163면]. 투자신탁의 법적 성질에 관한 상세는 박삼철, 상게 박사학위논문, 128~170면 참조.

제원의 이름으로 명의개서가 되므로, 이 경우에는 그 주권을 예탁한 자(투자자 또는 예탁자)가 실질주주가 된다.

(2) 협의의 실질주주

위에서 본 광의의 실질주주 중 4) 자본시장과 금융투자업에 관한 법률상의 실질주주만을 보통 협의의 실질주주라고 한다.[1] 이러한 협의의 실질주주에 관하여는 주권예탁결제제도와 관련하여 자본시장과 금융투자업에 관한 법률 제309조 내지 제316조에서 상세히 규정하고 있으므로, 이하에서는 이에 관하여 좀더 상세히 살펴보겠다. 따라서 이하에서 실질주주라 함은 협의의 실질주주만을 의미한다.

2. 주권의 예탁

(1) 주권의 예탁절차

1) 상장주권(유가증권)을 가진 자(투자자)는 (향후 매매 등의 편의를 위하여) 금융투자업자(예탁자)에 그 주권을 예탁하는데, 이 때 금융투자업자는 일정한 사항(투자자의 성명 및 주소, 예탁증권 등의 종류 및 수와 그 발행인 명칭 등)을 기재한 「투자자 계좌부」를 작성·비치하여야 한다(자금 310조 1항).

2) 금융투자업자는 위의 주권이 투자자 예탁분이라는 것을 밝혀 지체 없이 예탁결제원에 예탁하여야 하는데(자금 310조 2항), 이 때 예탁결제원은 일정한 사항(예탁자의 명칭 및 주소, 예탁받은 증권 등의 종류 및 수와 그 발행인의 명칭 등)을 기재한 「예탁자 계좌부」를 작성·비치하되, 예탁자의 자기소유분과 투자자의 예탁분이 구분될 수 있도록 하여야 한다(자금 309조 3항). 예탁결제원은 이러한 예탁증권 등을 종류·종목별로 혼합하여 보관할 수 있다(자금 309조 4항).

(2) 예탁(계좌부기재)의 효력

1) 투자자 계좌부와 예탁자 계좌부에 기재된 자는 각각 그 증권 등을 **점유**하는 것으로 보고(자금 311조 1항), 이러한 계좌부에 증권 등의 양도를 목적으로 계좌간 대체의 기재를 하거나 질권설정의 목적으로 질물(質物)인 뜻과 질권자를 기재한 경우에는 주권의 **교부**가 있었던 것으로 본다(자금 311조 2항).

2) 투자자와 예탁자는 각각 투자자 계좌부와 예탁자 계좌부에 기재된 주권의 종류·종목 및 수량에 따라 예탁증권 등에 대한 **공유지분**을 가지는 것으로 추정하고(자금 312조 1항), 투자자는 예탁자에 대하여 예탁자는 예탁결제원에 대하여

1) 동지: 정(동), (회) 186면.

언제든지 그 공유지분에 해당하는 주권의 반환을 청구할 수 있다(자금 312조 2항).

3. 권리행사

(1) 실질주주의 권리행사

1) 실질주주(예탁주권의 공유자)가 주주로서 권리행사에 있어서는 예탁주권의 공유지분에 상당하는 주식을 가지는 것으로 본다(자금 315조 1항). 따라서 실질주주는 명의주주(예탁결제원)가 있더라도 일정한 예외를 제외하고는(자금 314조 3항), 원칙적으로 모든 주주권을 행사할 수 있다.

2) 실질주주가 예외적으로 주주권을 행사할 수 없는 경우는 다음과 같다. 즉, 실질주주는 주권불소지신고(상 358조의 2), 주주명부에의 기재 및 주권에 관하여는 주주로서의 권리를 행사할 수 없다(자금 314조 3항, 315조 2항 본문). 다만 이 경우에도 회사의 주주에 대한 통지 및 주주명부의 열람 또는 등사에 관하여는 실질주주가 그 권리를 행사할 수 있다(자금 315조 2항 단서).

(2) 명의주주(한국예탁결제원)의 권리행사

예탁결제원은 예탁주권에 대하여 자기명의로 명의개서를 청구할 수 있는데(자금 314조 2항), 이로 인하여 명의주주가 된다.

1) 예탁결제원은 (명의주주이든 아니든) 원칙적으로 실질주주의 신청에 의하여(예탁자 또는 투자자의 신청에 의하는데, 투자자의 신청은 예탁자를 거쳐야 한다) 주주권을 행사할 수 있다(자금 314조 1항).

2) 명의주주인 예탁결제원은 예외적으로 실질주주의 신청이 없는 경우에도 주권불소지신고(상 358조의 2), 주주명부의 기재 및 주권에 관하여 주주로서의 권리를 행사할 수 있다(자금 314조 3항).

제 3 관 주권과 주주명부

제 1 주 권

I. 의의와 성질

(1) 주권의 의의

주권이란 「주주의 회사에 대한 지위(주주권)를 의미하는 주식을 표창하는 유가증권」이다. 따라서 주권은 사원권적 유가증권이다. 주권은 주식회사라는 사단관계를 기초로 하여 발행되는 유가증권이므로, 유가증권의 법리뿐만 아니라 사단의 법리에 의해서도 지배된다.[1]

이러한 주권은 상법상 주식유통의 불가결한 수단으로서, 주주인 지위의 취득과 유가증권인 주권의 취득이 서로 결합되어 있다.

(2) 주권의 성질

주권은 사단의 법리에 의해서도 지배되는 점에서 어음·수표와는 다른 법적 성질을 갖고 있는데, 이는 다음과 같다. 즉, 주권은 이미 존재하는 주식을 표창하는 유가증권이고(비설권〈非設權〉증권성), 주식의 존재를 전제로 하여 주권의 효력이 발생하는 유가증권이며(요인증권), 주권의 법정기재사항이 있으나 이것이 본질적인 것이 아닌 한 이의 기재가 없거나 사실과 상이하게 기재되어도 유효한 유가증권이고(완화된 요식증권성), 주권의 기재문언에 따라 선의의 주권취득자가 그 권리를 취득하는 유가증권이 아니며(비문언〈非文言〉증권성), 권리의 이전(기명주권)에만 주권의 소지를 요하는 유가증권이고(불완전유가증권), 권리의 행사에 계속적으로 주권을 필요로 하는 유가증권(비상환증권성)이다.

2. 분　류

(1) 기명주권·무기명주권

1) 주식을 표창하는 유가증권이 주권이므로 주식에 기명주식과 무기명주식이 있는 것과 같이 주권에도 기명주권과 무기명주권이 있다. 우리나라에서는 앞의 기명주식·무기명주식에서 본 바와 같이 2014년 5월 개정상법 이전에는 무기명주식을 인정한 것과 함께 무기명주권을 인정하면서(2014년 5월 개정 전 상 357조) 무기명주주의 권리행사(2014년 5월 개정 전 상 358조) 등에 대하여도 규정하였다. 그런데 2014년 5월 개정상법에서 무기명주식제도를 폐지하였으므로, 이와 함께 무기명주권제도도 폐지되었다(상 357조·358조 삭제).

2) 기명주권을 유가증권의 입장에서 보면 주권의 교부만에 의하여 주식이 양도되고(상 336조 1항), 기명주식에서 주주의 성명을 주권에 기재하는 것은 권리지정의 의미를 갖지 않고 단순히 주주명부에 명의개서를 하였다는 기록에 지나지 않으므로, 유가증권의 종류에서 무기명증권의 범주에 속한다고 볼 수 있다. 따라서 기명주권에서 권리의 양도방법은 주권의 교부이고, 권리의 행사방법, 즉

1) 동지: 정(희), 414~415면.

기명주권을 소지하는 주주가 회사에 대하여 권리를 행사하는 방법은 주주명부에 명의개서를 하여야 한다(이 점은 다른 무기명증권과 구별됨)(상 337조 1항).

⑵ 단일주권·병합주권

주권은 그것이 표창하는 주식수에 따라 단일주권(1주권에 1주식을 표창)과 병합주권(1주권에 수 개의 주식을 표창)으로 나뉘어진다. 주주는 그의 비용으로 회사에 대하여 주권의 분할 또는 병합을 청구할 수 있다.[1)]

3. 발 행

⑴ 주권의 발행시기

1) 회사는 성립(설립등기) 후 또는 신주의 납입기일 후 지체 없이 주권을 발행하여야 한다(상 355조 1항). 이 때의 「지체 없이」란 상법 제335조 3항 단서와 관련하여 볼 때 6개월 이내라고 볼 수 있다.[2)]

주식의 양도에는 주권의 교부를 요하고(상 336조 1항) 또 주식의 자유양도성은 상법상 원칙적으로 보장되므로(상 335조 1항 본문), 회사의 성립 후 또는 신주의 납입기일 후에 회사가 지체 없이 주권을 발행하여야 한다는 상법 제355조 1항의 규정은 강행규정으로 정관에 의해서도 이와 달리 정할 수 없다고 본다.[3)] 이러한 회사의 주권발행의무는 회사성립시의 주식발행이나 회사성립 후의 신주발행(상 416조) 뿐만 아니라, 주식배당·준비금의 자본전입 등을 원인으로 하는 모든 신주발행의 경우(상 350조, 442조, 461조, 462조의 2, 515조, 523조 3호)에 적용된다.[4)]

한편 회사의 주권발행의무와 대응하여 주주는 회사에 대하여 주권발행청구권 및 주권교부청구권을 갖는다.[5)] 또한 주주의 이러한 권리는 일신전속권이라고 볼 수 없으므로 주주의 채권자가 대위행사(민 404조 1항)할 수 있다.[6)] 이 때 회사가 주권을 발행하지 않는 경우에는 이사는 회사(상 399조) 및 주주(상 401조)에 대하여 손해배상책임을 지는 외에, 과태료(상 635조 1항 19호)의 제재도 받는다.

2) 한편 회사는 회사의 성립 후 또는 신주의 납입기일 후가 아니면 주권

1) 동지: 정(동), (회) 212면; 이(기) 외, (회) 227면.
2) 동지: 정(희), 417면; 정(동), (회) 213면; 이(기) 외, (회) 228면.
3) 동지: 정(희), 417면; 정(동), (회) 212면.
4) 동지: 이(철), (회) 332면; 주상(제 5 판)(회사 Ⅱ), 560면.
5) 동지: 이(철), (회) 332면; 정(동), (회) 212면; 최(기), 641면.
6) 동지: 정(동), (회) 212면; 이(철), (회) 332면; 최(기), 641면; 이(기) 외, (회) 228면; 대판 1982. 9. 28, 82 다카 21; 동 1981. 9. 8, 81 다 141.

을 발행하지 못한다(상 355조 2항). 이것은 권리주양도제한(상 319조)에 대응하여 권리주의 유가증권화 및 이를 통한 투기를 방지하기 위한 것이다.[1] 만일 회사가 이에 위반하여 회사의 성립 전 또는 신주의 납입기일 전에 주권을 발행하면 그 주권은 무효가 되고(상 355조 3항 본문), 이를 발행한 발기인·이사 등은 그 주권이 무효가 됨으로 인하여 손해를 입은 자에 대하여 손해배상책임을 부담함은 물론(상 355조 3항 단서) 또 과태료의 제재도 받는다(상 635조 1항 19호). 한편 이렇게 무효가 된 주권은 회사의 성립 또는 신주의 납입기일의 경과로 치유되지 않고,[2] 또 회사는 이렇게 발행된 주권의 효력 및 이에 의한 권리주의 양도의 효력을 인정할 수도 없다고 본다.[3]

(2) 주권의 효력발생시기

주권의 효력발생시기를 언제로 볼 것인가는, 어음행위의 성립시기를 언제로 볼 것인가(어음이론 또는 어음학설)와 유사한 문제인데,[4] 우리나라에서는 이에 대하여 다음과 같은 세 가지의 견해가 있다.

1) 작성시설 회사가 주권을 작성한 때에 주권으로서의 효력이 발생한다고 보는 견해로, 이는 어음이론에서 창조설(엄격히는 순정창조설〈純正創造說〉)에 대응하는 견해라고 볼 수 있다. 이 견해에서는 기명주권의 경우에는 「주주의 성명이 주권에 기재된 때」에 주권으로서의 효력이 발생한다고 한다.[5] 따라서 이 견해에 의하면 주권의 작성 후 주주에게 교부하기 전이라도 선의취득·압류·제권판결 등이 가능하다고 한다. 그러나 이 견해에 의하는 경우라도 상법상 주권발행시기(회사의 성립시 또는 납입기일)(상 355조 1항) 이전에 발행된 주권은 무효가 된다(상 355조 2항·3항).

이 견해에 의하면 거래의 안전은 보호되나, 주주의 보호에 문제가 있다.

2) 발행시설 회사가 주권을 작성하여 (주주에게 교부한다는 의사로써) 누구에게든(주주 이외의 자에게) 교부한다면 주권으로서의 효력이 발생한다고

1) 동지: 정(동), (회) 213면; 이(철), (회) 332면; 채, 622면; 이(기) 외, (회) 228면.
2) 동지: 이(철), (회) 332면; 최(기), 636면(그러나 회사가 그 주권의 효력을 인정할 수는 있다고 한다).
반대: 정(동), (회) 213면(회사의 성립 또는 신주의 효력발생과 동시에 이러한 주권은 유효로 된다고 한다).
3) 동지: 이(철), (회) 332면.
반대: 최(기), 641~642면.
4) 반대: 최(기), 643(주권은 비설권증권이므로 교부계약이 있어야 교부의무와 교부청구권이 성립하는 것이 아니며, 주권의 경우에는 권리외관설이 적용될 여지가 없으므로 주권의 효력발생시기를 논함에 있어서 어음이론을 적용할 여지는 없다고 한다).
5) 배철세·강위두, 「상법강의 Ⅱ」, 273면.

보는 견해로, 이는 어음이론에서 발행설(엄격히는 수정발행설)에 대응하는 견해라고 볼 수 있다. 이 견해는 회사가 주권을 교부하여야 그 효력이 발생한다고 보는 점에서 앞에서 본 작성시설과 다르고, 주주가 아니더라도 누구에게든 교부하기만 하면 그 효력이 발생한다는 점에서 다음에서 보는 교부시설과 다르다.

이 견해에 의하면 주권의 작성 후 회사의 의사에 기한 주권의 점유이전행위(임치 등)가 있게 되면 (주주가 주권을 취득하기 전이라도) 선의취득·압류·제권판결 등이 가능하나(작성시설과 동일), 주권의 작성 후 회사의 의사에 기하지 않은 주권의 점유이탈행위(도난 등)가 있게 되면 (주주가 주권을 취득하기 전에) 선의취득·압류·제권판결 등이 불가능하다(작성시설과 차이). 이 견해는 작성시설과 교부시설을 절충한 입장이나, 주주가 자기의 과실 없이 주주권을 잃을 수 있다는 점 및 주주는 주권을 점유했던 일조차 없는데 「주권의 점유를 잃은 자」(상 359조, 수 21조)에 해당하여 제 3 자의 선의취득을 허용하게 되는바, 이는 선의취득제도의 본래의 취지에도 어긋나는 문제도 있다.

이 견해를 취한 과거의 우리나라의 대법원판례가 있다. 즉, 사망한 주주의 상속인(원고) 이외의 타인이 그 상속인의 인장을 위조하고 자기가 상속인이라 가장하여 회사(피고)에 대하여 주권교부신청을 하고, 회사는 주주인 상속인에게 교부할 의사로써 상속인을 가장한 그 타인에게 주권을 교부한 사안에서, 그 주권발행은 유효라는 취지로 다음과 같이 판시하였다.

[발행설의 입장에서 주권발행의 효력을 긍정한 판례]

주권발행이라 함은 회사의 권한 있는 기관이 주주권의 일정단위를 표시한 증권을 작성하여 이것을 주주에게 교부함을 말하고, 그와 같은 문서가 작성되었다 하여도 주주에게 교부하기 전에는 아직 주권으로서의 효력은 발생할 수 없는 것이나, 회사가 적법히 주권을 작성하여 주주에게 교부할 의사로써 교부하였고 그 교부에 있어 교부를 받을 자에 대한 착오가 있다 하여도 이미 그 주권이 유통되어 제 3 자가 악의 또는 중대한 과실 없이 선의취득을 한 경우에는 본래의 주주의 주주권은 상실되었다 아니할 수 없고, 따라서 그 주권발행은 유효라고 해석하여야 할 것이다[대판 1965. 8. 24, 65 다 968(집 13 ② 민 75)].

3) 교부시설 회사가 주권을 작성하여 주주에게 교부한 때에 주권으로서의 효력이 발생한다고 보는 견해로, 이는 어음이론에서 교부계약설(엄격히는 수정교부계약설 또는 순정발행설)에 대응하는 견해라고 볼 수 있다. 이 견해

에 의하면 주권의 작성 후 주주에게 교부하기 전에는 주권으로서의 효력이 발생하지 않으므로 선의취득·압류·제권판결 등이 불가능하다.

이 견해에 의하면 주주는 보호되나, 거래의 안전에 문제가 있다. 우리나라의 통설은 주권은 어음·수표와는 달리 사단법적 법리가 지배하는 특수성이 있어 거래의 안전보다는 진정한 주주의 보호가 더 요청된다는 이유로 교부시설을 취하고 있다.[1)]

우리나라의 대법원판례는 과거에는 앞에서 본 바와 같이 발행시설의 입장에서 판시하였으나, 그 후에는 교부시설의 입장에서 주권이 주주에게 교부된 때에 비로소 주권으로서의 효력이 발생한다는 취지로 다음과 같이 판시하고 있다.

[교부시설의 입장에서 주권발행의 효력을 부정한 판례]

상법 제355조 규정의 주권발행은 동법 제356조 소정의 형식을 구비한 문서를 작성하여 이를 주주에게 교부하는 것을 말하고 위 문서가 주주에게 교부된 때에 비로소 주권으로서의 효력을 발생한다고 해석되므로, 피고회사가 주주권을 표창하는 문서를 작성하여 이를 주주가 아닌 제 3 자에게 교부하여 주었다 하더라도 위 문서는 아직 피고회사의 주권으로서의 효력을 갖지 못한다고 보아야 할 것이다.

따라서 원심판단은 적법한 사실인정에 따른 정당한 것이라 할 것이고, 주권발행에 관한 법리오해의 위법이 있다고 볼 수 없다. 그러므로 논지는 이유 없다 [대판 1977. 4. 12, 76 다 2766(공보 559, 10005)].

동지: 대판 1987. 5. 26, 86 다카 982·983(공보 804, 1052); 동 2000. 3. 23, 99 다 67529(공보 2000, 1032)(상법 제355조의 주권발행은 같은 법 제356조 소정의 형식을 구비한 문서를 작성하여 이를 주주에게 교부하는 것을 말하고, 위 문서가 주주에게 교부된 때에 비로소 주권으로서의 효력을 발생하는 것이다)[이 판결에 찬성하는 취지의 평석으로는 정진세, "주권발행전 주식양도 및 주권의 효력발생시기," 「판례월보」, 2001. 8(통권 371호), 30~38면].

생각건대 주권은 원칙적으로 주주에게 교부한 때에 그 효력이 발생한다고 본다(교부시설). 따라서 회사가 주주 아닌 타인에게 (주주에게 교부할 의사로써) 주권을 교부하여도 그 주권은 효력을 발생하지 않고, 그 주권을 교부받은 타인

1) 정(희), 418~419면; 정(동), (회) 215면; 이(철), (회) 333면; 이(기) 외, (회) 230면; 이·최, 280면; 강, (회) 356면 외.

은 회사에 대하여 주주권을 행사할 수 없다고 본다. 그러나 회사가 주주 아닌 타인에게 주권을 교부하고 그 타인이 다시 제 3 자에게 주권을 양도한 경우에는 제 3 자가 그 타인이 적법한 주주라고 믿고 또 믿은 데 대하여 중대한 과실이 없으면 그러한 제 3 자는 보호되어야 할 것으로 본다. 따라서 이 때에는 예외적으로 주권의 효력이 발생하고, 제 3 자는 주권을 선의취득하여 회사에 대하여 주주권을 행사할 수 있다고 본다(발행시설).[1]

이렇게 보면 위의 발행시설에 의한 1965. 8. 24.자 대법원판례와 교부시설에 의한 1977. 4. 12.자 및 1987. 5. 26.자 등의 대법원판례는 서로 모순되거나 또는 판례를 변경한 것으로 볼 수 없다고 본다.

(3) 주권의 기재사항

주권은 요식증권으로서 상법이 규정하고 있는 일정한 사항[2]과 번호를 기재하고, 대표이사 또는 대표집행임원이 기명날인 또는 서명하여야 한다(상 356조, 408조의 5 2항).

주권의 발행에 대하여 우리 대법원판례는 다음과 같이 판시하고 있다.

[전무이사 명의로 발행한 주권을 무효로 본 판례]

대표이사가 주권을 발행하지 않는다고 하여 전무이사가 그 명의로 발행한 주권은 무효이다[대판 1970. 3. 10, 69 다 1812(집 18 ① 민 203)].

[주주총회나 이사회의 결의 없이 대표이사가 발행한 주권을 유효로 본 판례]

대표이사가 주권발행에 관한 주주총회나 이사회의 결의 없이 주주명의와 발행연월일을 누락한 채 단독으로 주권을 발행한 경우, 특별한 사정이 없는 한 주권의 발행은 대표이사의 권한이라고 할 것이므로 그 주권의 무효사유가 된다고 할 수 없다. 또한 이러한 점은 대표이사가 정관에 규정된 병합주권의 종류와 다른 주권을 발행하였다고 하더라도 같다[대판 1996. 1. 26, 94 다 24039(공보 1996, 715)].

---

1) 반대: 정진세, 전게 판례월보(2001. 8), 37면(주권에 있어서는 회사가 제 3 자와의 사이에서 만들어 낸 외관을 이유로 진정한 주주가 주주의 지위를 잃는 것은 부당하므로 교부시설을 권리외관설에 의하여 수정 · 보충할 것은 아니라고 한다).

2) 주권의 기재사항에서 1995년 개정상법은 「주식의 양도에 관하여 이사회(이사가 1명 또는 2명인 소규모 주식회사의 경우에는 주주총회 — 상 383조 1항 단서, 4항) 승인을 얻도록 정한 때에는 그 규정」을 추가하고 있다(상 356조 6호의 2).

참고로 일본의 2005년 회사법에서는 주권의 기재사항으로 (i) 주권발행회사의 상호, (ii) 당해 주권과 관련된 주식의 수, (iii) 주권과 관련된 주식양도에 회사의 승인을 요하는 경우에는 그 내용, (iv) 당해 주권과 관련된 주식의 종류와 그 내용을 기재하도록 하고 있다(日會 216조).

이러한 주권의 요식성은 어음·수표와 같이 엄격하지 않으므로, 본질적인 것이 아닌 사항(예컨대, 회사의 성립연월일 등)은 그 기재를 흠결하여도 주권의 효력에 영향이 없다.[1] 그러나 주권에 법정기재사항을 기재하지 아니하거나 부실한 기재를 한 경우에는 이사·집행임원은 회사(상 399조, 408조의 8 1항) 및 제 3 자(상 401조, 408조의 8 2항)에 대하여 손해배상책임을 지는 외에, 과태료의 제재(상 635조 1항 6호)도 받는다.

4. 주식의 전자등록[2]

(1) 인정이유

(가) 유가증권의 무권화(전자화)의 일환으로 2011년 4월 개정상법은 주권을 발행하지 않고 주식을 전자등록할 수 있도록 하는 입법을 하였다. 우리 상법은 주식을 표창하는 유가증권으로 주권(株券)에 대하여 규정하고 있는데(상 355조~360조), 종래의 실무에서는 주권을 한국예탁결제원에 예탁하는 증권예탁제도(자금 308조~323조)와 주주가 기명주식의 주권을 소지하지 않겠다고 회사에 신고하는 주권불소지제도(상 358조의 2) 등에 의하여 권리의 발생·이전·행사 등에 주권이 실제로 이용되지 않는 경우가 많았다. 이는 증권무권화(dematerialization) 과정의 하나의 단계라고 볼 수 있는데, 증권예탁제도나 주권불소지제도는 증권(주권)의 발행을 전제로 한다. 그런데 2011년 4월 개정상법에서 도입된 주식의 전자등록제도는 처음부터 주권을 발행하지 않는 제도로서 증권무권화제도의 최종단계라고 볼 수 있다.[3] 이와 같은 주식의 전자등록제도는 신주발행시의 신주인수권(상 420조의 4)·사채(社債)(상 478조 3항)·신주인수권부사채의 신주인수권(상 516조의 7) 및 상법상의 유가증권(상 65조 2항)에도 준용되어, 상법상의 모든 유가증권을 무권화(전자화)할 수 있도록 하였고, 주식의 전자등록에 관한 규정은 상법상의 유가증권의 무권화(전자화)에 관한 일반규정의 기능을 하고 있다.

---

1) 정(동), (회) 213면; 이(철), (회) 332면; 이(기) 외, (회) 229면; 주상(제 5 판)(회사 Ⅱ), 566면 외.

2) 이에 관한 상세는 정찬형, "전자증권제도의 도입에 따른 법적 과제,"「상사법연구」, 제22권 제 3 호 특집호(2003. 10), 11~72면; 손진화, "주식 등의 전자등록제도의 도입방안,"「상사법연구」, 제22권 제 3 호 특집호(2003. 10), 73~119면; 정경영, "전자증권의 법적 성질과 전자등록제도에 관한 고찰,"「상사법연구」, 제22권 제 3 호 특집호(2003. 10), 121~178면; 김순석, "주식 등의 전자등록제도 도입에 따른 주주 보호방안,"「상사법연구」, 제22권 제 3 호 특집호(2003. 10), 279~327면; 이병목, "전자증권제도의 법리에 관한 연구—투자증권을 중심으로," 법학박사학위논문(고려대, 2005. 8) 등 참조.

3) 이에 관한 상세는 정찬형, 전게논문(상사법연구 제22권 제 3 호 특집호), 21면 참조.

자본시장법상 증권의 전자등록에 관하여는 2016년 3월 22일에 「주식·사채 등의 전자등록에 관한 법률」(법 14096호)이 제정되었고,[1] 동 법률의 시행령(대통령령 29892호)이 2019년 6월 25일 제정되어, 동 법은 2019년 9월 16일부터 시행되고 있다. 따라서 자본시장법상 (기존) 상장주식 등은 발행인의 신규 전자등록 신청이 없더라도 동 법 시행일(2019. 9. 16.)부터 전자등록주식 등으로 전환되고 주식 등을 새로 발행하려는 경우에는 발행인은 전자등록기관에 신규 전자등록을 신청하여야 한다(전등 부칙 3조 1항, 25조 1항 단서, 전등시 18조 1항). 그 이외의 주식 등은 발행인이 전자등록기관에 신규 전자등록을 신청할 수 있다(전등 25조 1항 본문). 이러한 점에서 볼 때 상장주식 등은 「주식·사채 등의 전자등록에 의한 법률」에 의하여 의무적으로 전자등록되어야 한다고 볼 수 있다.

(나) 주식의 전자등록제도는 발행회사측에서는 실물주권의 발행과 발행된 실물주권의 관리와 관련되는 각종 절차를 간소화하고 또한 비용을 절약할 수 있는 장점이 있고, 투자자측에서는 실물주권의 보유로 인하여 발생하는 도난·분실 등의 위험이 없고 권리행사가 편리하게 되는 장점이 있으며, 금융투자업자측에서는 주권관련비용의 절감과 주권업무의 효율성을 제고할 수 있는 장점 등이 있다.[2]

(다) 2011년 4월 개정상법은 「주식의 전자등록」이라는 용어를 사용하여 주권의 발행에 갈음하여 주식을 전자등록기관의 전자등록부에 등록할 수 있고(상 356조의 2 1항) 또한 이와 같이 전자등록부에 등록된 주식의 양도나 입질(入質)은 전자등록부에 등록하여야 그 효력이 발생하는 것으로(상 356조의 2 2항) 규정하고 있는데, 이러한 주식의 전자등록의 법적 성질은 (유가증권법상 전형적인) 유가증권으로 볼 수는 없고 장부증권이론에서의 장부증권 또는 전자적 권리표창이론에서의 전자적 등록증권이라고 볼 수 있다.[3] 이러한 주식의 전자등록은 전자등록기관에의 등록을 권리관계의 기초로 하는 전자등록방식(장부등록방식)을 채택한 전자증권제도의 하나라고 볼 수 있다.[4]

---

1) 이 법률의 내용 소개 및 문제점에 관하여는 정찬형, "전자증권제도 도입에 따른 관련 제도의 정비·개선," 「예탁결제」(한국예탁결제원), 제100호(2017. 3), 7~80면 참조.

2) 이에 관한 상세는 정찬형, 전게논문(상사법연구 제22권 제 3 호 특집호), 22면 참조.

3) 이에 관한 상세는 정찬형, 상게논문, 17~20면 참조.
전자어음에서 동지의 견해로는 정(찬), 강의(하)(제22판), 503면.

4) 실물유가증권을 발행하지 않는 유가증권에 대하여 각국의 입법례는 각각 달리 표현하고 있다.

주식의 전자등록제도는 실물증권의 발행 없이 전자적으로 관리되는 증권등록부에 등록되는 형태로 증권을 발행하는 것이다. 이와 같이 유가증권상의 권리가 종래와 같이 서면에 표창되지 않고 전자매체에 표창되는 새로운 현상이 발생하여 종래의 서면인 유가증권에 적용되는 많은 규정이 그대로 적용될 수는 없으므로, 이에 적용하기 위하여 2011년 4월 개정상법은 주식의 전자등록에 관한 규정을 신설한 것이다. 주식의 전자등록을 유가증권인 주권과 관련하여 어떻게 볼 것인가에 대하여, 이를 종래의 유가증권의 틀을 벗어난 새로운 권리형태로 파악할 수는 없고, 종래의 유가증권의 연장선상에서 권리표창의 방법의 상이에 따라 종래의 유가증권상의 규정이 변경된 것으로 파악하여야 할 것이다. 따라서 이 경우에도 종래의 유가증권에 적용되는 제 규칙이 원칙적으로 모두 적용되는데, 다만 권리표창방법의 상이로 수정 적용되는 것으로 보아야 할 것이다. 이러한 점에서 볼 때 권리표창의 방법이 상이한 점만에 의하여, 이를 종래의 유가증권의 개념에서 완전히 벗어난 전혀 다른 새로운 권리라고 보거나, 종래의 유가증권에 적용되는 제 원칙이 모두 적용될 수 없다고 보는 것은 무리라고 본다. 그러므로 권리표창이 전자적으로 이루어지는 주식의 전자등록제도(전자증권제도)는 어디까지나 종래의 유가증권 개념의 연장선상에서 파악되어야 할 것으로 본다.[1)]

(2) 주식의 발행에 관한 전자등록

회사는 주권을 발행하는 대신 정관에서 정하는 바에 따라 전자등록기관(유가증권 등의 전자등록업무를 취급하는 기관을 말함)의 전자등록부에 주식을 등록할 수 있다(상 356조의 2 1항, 전등부칙 10조 1항 2문). 이는 전자어음의 발행과 유사하다고 볼 수 있다(전어 5조 1항). 주식의 발행에 관한 전자등록은 주식 자체의 발행에 관한 것이 아니고 주권의 발행에 갈음하는 것이므로 이러한 전자등록을 하기 전에 이미 주식을 발행하였어야 한다.

회사가 정관에서 주권을 발행하는 대신 전자등록기관의 전자등록부에 주

즉, 영국과 미국에서는 무증서증권(uncertificated securities), 스웨덴은 장부등록증권(book-entry securities) 또는 등록증권(registered security), 덴마크는 전자증권(electronic securities) 또는 장부등록증권(book-entry securities), 프랑스 및 노르웨이는 등록증권 등의 용어를 사용하고 있다. 일본에서는 "株券不發行" 또는 "株券代替制度"로 부르고 있다[정찬형, 전게논문(상사법연구 제22권 3호 특집호), 15면].

1) 정찬형, 상게논문, 19~20면.

동지: 맹수석, "전자증권제도의 시행과 법적 쟁점의 검토," 「경영법률」(한국경영법률학회), 제28집 제 4 호(2018. 7), 14면.

전자어음에서 동지의 견해로는 정(찬), 강의(하)(제23판), 503면.

식을 등록할 수 있도록 정한 경우에, 일부의 주주가 회사에 대하여 주권의 발행을 요청한 경우에 회사는 이에 응하여야 하는가. 이에 대하여 회사의 편의를 위하여는 부정하여야 할 것으로 볼 수 있으나[1](의무적 전자증권제도)(전등 36조), 투자자를 보호할 필요가 있는 점과 또한 상법 규정의 해석에서 볼 때(상 355조 1항, 356조의 2 1항) 이를 긍정하여야 할 것으로 본다[2](임의적 전자증권제도)(은행 33조의 5 3항 본문 및 전등 부칙 10조 2항 참조).

이러한 전자등록의 절차·방법 및 효과, 전자등록기관에 대한 감독, 그 밖에 주식의 전자등록 등에 필요한 사항은 따로 법률로 정한다(상 356조의 2 4항, 전등부칙 10조 1항 2문).[3] 이 때 전자등록기관은 전자어음에서 전자어음관리기관과 유사한데, 이러한 전자등록기관은 주식의 발행·이전 등과 관련된 전자등록에서 매우 중요한 역할을 하므로 중립성·공공성·안정성 및 신뢰성이 요구되고 또한 정부의 감독을 받아야 할 것으로 본다.[4]

회사가 주주 전원의 동의에 의한 결의로 정한 정관에 의하여 주권을 발행하는 대신 전자등록기관의 전자등록부에 주식을 등록하는 경우(즉, 주권의 발행을 요청하는 주주가 없는 경우), 회사가 전자등록기관의 전자등록부를 이전받아 전자주주명부로 이용한다면(상 352조의 2) 상법상 주식의 명의개서(상 337조 1항)·약식질(상 338조)·명의개서대리인(상 337조 2항)·주주명부의

1) 김지환, "주식의 전자등록제도에 있어서 주주 보호 방안," 「상사법연구」(한국상사법학회), 제34권 제 1 호(2015. 5), 86면.

2) 동지: 정찬형, 전게논문(상사법연구 제22권 제 3 호 특집호), 55면; 동, 전게논문(예탁결제 제100호), 36~37면.

3) 상법(회사편) 정부안에서는 전자등록의 절차·방법 및 효과, 전자등록기관의 지정·감독 등 주식의 전자등록에 관한 사항은 "따로 법률(전자유가증권법)"로 정하기로 하였다. 그러나 전자유가증권법 제정 추진 과정에서 국채등록업무를 담당하는 한국은행의 반대에 부딪쳐 전자유가증권법안은 2년 넘게 표류하고 있었고, 그 사이 금융위원회는 기업어음(CP)을 대상으로 하는 '전자단기사채 등의 발행과 유통에 관한 법률'을 단독으로 제정하여 2011. 6. 23 국회본회의를 통과하였다. 따라서 법무부는 국회 법안심사 소위에 이러한 문제상황이 있음을 밝히고, 우선 대통령령인 '상법시행령'에서 세부사항을 정하도록 기존의 합의를 변경할 필요성을 주장하여, 국회 법안심사 1소위에서 "다른 법률"이 "대통령령"으로 수정되어 가결되었다. 이와 함께 법무부는 금융위원회와 함께 '전자유가증권법'의 제정을 추진하기로 하였다[해설(2012), 167~168면].

그 후 주식·사채를 포함한 자본시장법상 증권을 전자등록할 수 있도록 한 법률인 「주식·사채 등의 전자등록에 관한 법률」(2016. 3. 22, 법 14096호)이 제정되어, 동법 부칙 제10조 제 1 항 제 2 문에서 상법 제356조의 2 제 4 항을 본문과 같이 개정하여 처음의 정부안과 같이 하였다. 따라서 이 때의 법률은 「주식·사채 등의 전자등록에 관한 법률」을 말한다. 동 법률은 공포 후 4년을 넘지 아니하는 범위에서 대통령령(제정: 2019. 6. 25, 대통령령 29892호)으로 정하는 날(시행: 2019. 9. 16.)부터 시행한다(전등 부칙 1조). 또한 동 법률의 시행으로 「공사채등록법」과 「전자단기사채 등의 발행 및 유통에 관한 법률」은 폐지된다(전등 부칙 2조).

4) 이에 관한 상세는 정찬형, 전게논문(상사법연구 제22권 제 3 호 특집호), 57~61면 참조.

위에서 본 「주식·사채 등의 전자등록에 관한 법률」의 제정으로 동법 공포 후 6개월이 경과한 날 당시 예탁결제원은 동법 제 5 조 제 1 항에 따라 전자등록기관의 허가를 받은 것으로 보고 있다(전등 부칙 8조 1항).

폐쇄(상 354조) 등의 규정은 적용될 여지가 없고 또한 실질주주와 명의주주는 언제나 일치하게 되어 실질주주와 명의주주의 불일치에서 발생하는 문제는 없게 될 것이다.[1)]

(3) 주식의 이전 등에 관한 전자등록

전자등록부에 등록된 주식의 양도나 입질(入質)은 전자등록부에 등록하여야 효력이 발생한다(상 356조의 2 2항, 전등 35조 2항 · 3항). 주식의 발행에 관한 전자등록은 정관에서 정하는 바에 따라 할 수 있으므로 회사가 임의로 선택할 수 있으나, 회사가 이를 선택하여 전자등록부에 주식을 등록하면 이의 양도나 입질을 위하여는 반드시 전자등록부에 등록하여야 양도나 입질의 효력이 발생한다.

(4) 전자등록의 권리추정적 효력 및 선의취득

전자등록부에 주식을 등록한 자는 그 등록된 주식에 대한 권리를 적법하게 보유한 것으로 추정하며, 이러한 전자등록부를 선의로 그리고 중대한 과실 없이 신뢰하고 양도나 입질(入質)에 관한 전자등록에 따라 권리를 취득한 자는 그 권리를 적법하게 취득한다(상 356조의 2 3항, 전등 35조 1항 · 5항).

주식의 전자등록제도에서 전자등록부의 기재의 내용을 전자주주명부의 기재의 내용으로 이용하는 경우(상 352조의 2), 이러한 전자등록부의 기재는 주권(유가증권)의 기능과 주주명부의 기능을 동시에 갖고 있다고 볼 수 있다.[2)] 따라서 전자등록부에의 기재에 대한 권리추정적 효력은 주권이 발행된 경우 주권의 점유자에 대한 권리추정적 효력(주식의 소유관계에서 갖는 적법소지인으로서 추정적 효력)(상 336조 2항)과 주주명부의 명의개서에 따른 추정력(회사에 대한 권리의 행사에서 갖는 추정적 효력)을 동시에 갖게 된다. 또한 전자등록부에 의한 주식의 선의취득도 주권이 발행된 경우 주권의 선의취득(상 359조)과 주주명부의 명의개서에 따른 대항력(상 337조 1항)을 동시에 갖게 된다. 따라서 이 점은 전자등록부에 의한 등록과 주권이 발행되는 경우와 구별되는 점이다.

5. 주권의 불소지제도

(1) 인정이유

1) 주주는 주주명부에 명의개서가 되어 있는 한 권리의 행사에 주권의 소지가 불필요하고(주주명부의 자격수여적 효력), 다만, 권리의 양도에만 주권의

1) 동지: 정찬형, 전게논문(상사법연구 제22권 제 3 호 특집호), 54면, 64~66면.
2) 동지: 정찬형, 상게논문, 54면.

소지가 필요하다(상 336조 1항). 그런데 주식의 양도는 주권의 단순한 교부만으로 가능하므로(상 336조 1항), 주주가 주권을 상실한 경우에는 그의 권리를 상실할 위험이 매우 크다. 따라서 상법은 1984년의 개정시에 주식을 장기간 양도할 의사가 없는 고정주주의 이익을 위하여 주권불소지제도를 채택하여 신설하였다(상 358조의 2). 이러한 주권의 불소지제도는 종래에 자본시장육성에 관한 법률(이 법률은 그 후 폐지되고, 동 법률상의 일부규정은 종래의 증권거래법에 흡수됨)에 규정되어 있던 것을 상법에 옮김으로써 일반제도화한 것이다. 이 제도는 비상장주권의 경우는 위에서 본 바와 같이 주권의 상실에 따른 위험을 방지할 수 있는 실효성이 있고, 상장주권의 경우는 주권예탁제도에 의하여 그러한 실효성은 거의 없으나 불소지제도를 이용하면 보관비용을 크게 줄일 수 있는 실효성은 있다.[1)]

2) 그런데 이러한 주권의 불소지제도는 정관에 이를 금하는 규정이 없는 경우에 한하여 이용할 수 있다(상 358조의 2 1항). 즉, 주권의 불소지제도는 회사의 사무의 번잡을 야기하므로, 회사는 정관의 규정에 의하여 이 제도를 이용하지 않을 수 있다. 그러나 정관 이외의 방법(예컨대, 회사내규 등)으로 이 제도의 이용을 배제할 수는 없다.[2)]

(2) 주주의 불소지신고

1) 신 고 자 주주는 정관에 다른 정함이 없는 한 회사에 대하여 주권의 불소지신고를 할 수 있다(상 358조의 2 1항 1문). 주주는 주식인수인의 자격으로서도 불소지신고를 할 수 있고,[3)] 또 주권발행의 전후를 불문하고 불소지신고를 할 수 있다.[4)] 다만 주권발행 후에는 주주명부상의 주주에 한하고,[5)] 또 이러한 주주는 이미 발행된 주권을 회사에 제출하여야 한다(상 358조의 2 3항 전단). 또한 주주는 자기가 소지하고 있는 주식의 일부에 대하여도 주권의 불소지신고를 할 수 있다고 본다.[6)]

주권불소지신고로 주주가 변동되는 것이 아니므로 주주는 주주명부 폐쇄

---

1) 동지: 이(철), (회) 334면. 참고로 2020년 12월 말 현재 한국예탁결제원이 예탁받은 비상장주식(상장주식은 2019년 9월부터 전자등록됨) 335억주 중 276억주(82.36%)가 불소지신고된 주권이라고 한다[이(철), (회) 334면].

2) 동지: 정(희), 419면.

3) 동지: 이(철), (회) 335면; 이(기) 외, (회) 232면; 주상(제 5 판)(회사 Ⅱ), 573면.

4) 동지: 정(동), (회) 216면; 이(철), (회) 335면; 채, 623면; 이(기) 외, (회) 232면; 주상(제 5 판)(회사 Ⅱ), 574면.

5) 동지: 이(철), (회) 334면(그 이유는 불소지신고가 주주명부에 기재되어야 하기 때문이라고 한다).

6) 동지: 이(철), (회) 335면; 주상(제 5 판)(회사 Ⅱ), 574면.

기간중에도 주권불소지신고를 할 수 있다고 본다.[1)]

2) 상 대 방 주권의 불소지신고의 상대방은 회사인데, 회사가 명의개서대리인을 두고 있는 경우에는(상 337조 2항) 그에 대하여도 불소지신고를 할 수 있다고 본다.[2)]

⑶ 회사의 처리

주주의 주권의 불소지신고가 있으면 회사는 지체 없이 주권을 발행하지 아니한다는 뜻을 주주명부와 그 복본에 기재하고, 그 사실을 주주에게 통지하여야 한다(상 358조의 2 2항 1문). 회사가 이렇게 주권을 발행하지 아니한다는 뜻을 주주명부 등에 기재한 때에는 회사는 주권을 발행할 수 없다(상 358조의 2 2항 2문). 회사가 이미 주권을 발행하여 주주로부터 주권을 제출받은 경우에는 회사는 제출받은 주권을 무효로 하거나 명의개서대리인에게 임치하여야 한다(상 358조의 2 3항 후단).[3)] 회사가 이와 같이 제출된 주권을 무효로 하거나 임치한 경우에는 그 사실을 주주에게 통지하여야 한다.[4)] 이에 위반하여 회사가 발행하거나 주주로부터 제출받은 주권이 유통된 경우에도, 그러한 주권은 무효이므로 선의취득이 있을 수 없다.[5)]

⑷ 주권의 발행

주주가 주권의 불소지신고를 한 경우에도 주식을 양도하거나 입지하기 위하여 주권이 필요한 경우에는, 언제든지 회사에 대하여 주권의 발행 또는 반환을 청구할 수 있다(상 358조의 2 4항). 이 때 발행의 청구는 회사가 전혀 주권을 발행하지 아니하였거나 또는 이미 발행한 주권을 무효로 한 경우이고, 반환의 청구는 명의개서대리인에게 그 주권을 임치한 경우이다.[6)] 이와 같이 주주가 주권의 발행 또는 반환청구를 한 경우에 회사는 지체 없이 주권을 발행하거나 반환하여야 하는데, 정관에 의하여 이를 제한하거나 금지할 수 없다.[7)]

---

1) 동지: 이(철), (회) 335면.

2) 동지: 정(동), (회) 216면; 이(철), (회) 335면; 이(기) 외, (회) 232면; 주상(제 5 판)(회사 Ⅱ), 574면.

3) 1995년 개정상법 이전에는 「회사에 제출된 주권은 이를 무효로 한다」고 규정하여(상 358조의 2 3항 후단) 회사는 이를 무효로 할 수밖에 없었으나, 1995년 개정상법은 회사의 선택에 따라 이를 무효로 할 수도 있고 이를 무효로 하지 않고 명의개서대리인에 이를 임치할 수도 있도록 개정하였다(상 358조의 2 3항 후단). 그 이유는 회사가 새로 주권을 발행하는 비용과 임치료 등을 비교하여 적당한 방법을 선택할 수 있도록 하기 위해서이다.

4) 동지: 해설(1995), 112~113면.

5) 동지: 정(동), (회) 217면; 이(철), (회) 335~336면; 이(기) 외, (회) 232면; 주상(제 5 판)(회사 Ⅱ), 575면.

6) 해설(1995), 113면

7) 동지: 정(동), (회) 218면; 주상(제 5 판)(회사 Ⅱ), 576면.

6. 주권의 상실과 선의취득

주주가 주권을 상실하면 권리의 양도를 할 수 없다. 한편 상실된 주권은 선의의 제3자에 의하여 선의취득될 수가 있다(상 359조). 상법 제359조가 어음법 제16조 2항을 준용하지 않고 수표법 제21조를 준용한 것은 어음은 무기명증권이 인정되지 않는데, (기명)주권은 무기명증권으로 (기명)주권은 무기명수표와 동일한 방법으로 선의취득되기 때문이다. 즉, (기명)주권도 주권의 교부만으로 양도되고(상 336조 1항) 또 그러한 주권의 점유자는 적법한 소지인으로 추정되므로(상 336조 2항), 모든 주권은 무기명수표와 동일한 방법으로 선의취득된다고 볼 수 있다.

따라서 상법은 주권의 상실자를 위하여 공시최고절차와 제권판결에 의하여 상실된 주권을 무효로 할 수 있게 하고(상 360조 1항, 민소 475조 이하), 또 주권의 재발행을 청구할 수 있게 하였다(상 360조 2항).

주권의 제3자에 의한 선의취득과 공시최고에 의한 제권판결에 관한 우리 대법원판례는 다음과 같은 것이 있다.

[주권의 선의취득을 인정한 판례]

회사가 적법히 주권을 작성하여 주주에게 교부할 의사로써 교부하였고 그 교부에 있어서 교부를 받을 자에 대한 착오가 있다 하여도 이미 그 주권이 유통되어 제3자가 악의 또는 중대한 과실 없이 선의취득을 한 경우에는, 본래 주주의 주주권은 상실되었다 아니 할 수 없고 따라서 그 주권발행은 유효라고 해석하여야 한다[대판 1965. 8. 24, 65 다 968(집 13 ② 민 75)].

동지: 대판 1978. 9. 26, 77 다 2289(공보 598, 11116)(외자도입법에 위반한 외국인 투자가의 국내 주식취득은 무효라고 할 것이나, 적법한 주권양도방법에 의하여 그 주권을 선의로 취득한 제3자는 상법 제359조에 의하여 보호받는 데 지장이 없다); 동 1997. 12. 12, 95 다 49646(공보 1998, 248)(주권의 양도인이 무권대리인인 경우에도 주권의 선의취득은 인정된다).

[주권의 선의취득을 부정한 판례]

양도인이 소유자로부터 보관위탁을 받아 제3자(주식회사)에게 보관시킨 주권을 양수인에게 양도한다는 약정을 하고 양수인이 제3자(주식회사)의 대표이사의 지위도 겸하고 있는 경우, 양도인이 주권반환청구권을 양도하고 지명채권 양도의 대항요건을 갖추어 양수인에게 선의취득의 요건으로서의 주권의 점유취득은 있었으나 양수인은 그 취득 당시 거래에서 필요로 하는 주의의무를 현저히 결여한 중대한 과실이 있으므로 주권을 선의취득하지 못한다[대판 2000. 9. 8, 99 다 58471(공보 2000, 2081)] [이 판결은 주권의 선의취득요건으로서 주권이 교부되는 방법 중 주권반환청구권의 양도방법을 법원이 처음으로 인정하였다는 점에 의의가 있다는 취지의 평석으로는 김재범, "주권의 선의취득요건,"「JURIST」, Vol. 381(2002. 6), 59~68면 참조].

동지: 대판 1978. 7. 25, 76 다 2990(공보 594, 11015)(일본인 소유로서 원고인 대한민국에 귀속된 본건 주권을 대한민국에서 소정 적법절차에 따른 매각 등 처분이 없는 한 피고 등이 임의로 처분할 수 없고, 따라서 이를 양수하였다 하여 거기에 선의취득의 법리가 적용될 수 없다); 동 2018. 7. 12, 2015 다 251812(공보 2018, 1578)(주권의 선의취득은 주권의 소지라는 권리외관을 신뢰하여 거래한 사람을 보호하는 제도이다. 주권 취득이 악의 또는 중대한 과실로 인한 때에는 선의취득이 인정되지 않는다〈상법 제359조, 수표법 제21조〉. 여기서 악의 또는 중대한 과실이 있는지 여부는 그 취득 시기를 기준으로 결정하여야 하며, '악의'란 교부계약에 하자가 있다는 것을 알고 있었던 경우, 즉 종전 소지인이 무권리자 또는 무능력자라거나 대리권이 흠결되었다는 등의 사정을 알고 취득한 것을 말하고, '중대한 과실'이란 거래에서 필요로 하는 주의의무를 현저히 결여한 것을 말한다〈대법원 2000. 9. 8. 선고 99 다 58471 판결 참조〉. 그리고 주권 등을 취득하면서 통상적인 거래기준으로 판단하여 볼 때 양도인이 무권리자임을 의심할 만한 사정이 있음에도 불구하고 이에 대하여 상당하다고 인정될 만한 조사를 하지 아니한 채 만연히 주권을 양수한 경우에는 양수인에게 상법 제359조, 수표법 제21조 단서에서 말하는 '중대한 과실'이 있다고 보아야 한다〈대법원 2006. 11. 9. 선고 2006 다 58684 판결〉. — 명의수탁자로부터 주식을 취득한 자가 명의수탁자의 이전 거래를 확인하지 않은 것에 '중대한 과실'이 있다고 함〈저자 주〉).

[공시최고에 의한 제권판결이 없다고 하여 주권의 재발행을 부정한 판례]

주권이 상실된 경우에는 공시최고의 절차에 의하여 이를 무효로 할 수 있고 이 절차에 의하여 제권판결을 얻지 아니하는 이상 회사에 대하여 주권의 재발행을 청구하지 못하는 것이므로, 주권을 분실한 자가 주권발행회사라 하더라도 위 주권에 대한 제권판결이 없는 이상 동 회사에 대하여 주권의 재발행을 청구할 수 없다[대판 1981. 9. 8, 81 다 141(공보 667, 14332)].

[상실된 주권에 대한 제권판결을 취소하는 판결이 선고·확정되면, 재발행된 주권은 소급하여 무효가 되므로 이를 선의취득할 수 없다고 한 판례]

상법 제360조 제 1 항은 "주권은 공시최고의 절차에 의하여 이를 무효로 할 수 있다"라고 정하고, 같은 조 제 2 항은 "주권을 상실한 자는 제권판결을 얻지 아니하면 회사에 대하여 주권의 재발행을 청구하지 못한다"라고 정하고 있다. 이는 주권은 주식을 표창하는 유가증권이므로 기존의 주권을 무효로 하지 아니하고는 동일한 주식을 표창하는 다른 주권을 발행할 수 없다는 의미로서, 위 규정에 반하여 제권판결 없이 재발행된 주권은 무효라고 할 것이다. 한편 증권이나 증서의 무효를 선고한 제권판결의 효력은 공시최고 신청인에게 그 증권 또는 증서를 소지하고 있는 것과 동일한 지위를 회복시키는 것에 그치고 공시최고 신청인이 실질적인 권리자임을 확정하는 것은 아니다. 따라서 증권이나 증서의 정당한 권리자는 제권판결이 있더라도 실질적 권리를 상실하지 아니하고, 다만 제권판결로 인하여 그 증권 또는 증서가 무효로 되었으므로 그 증권 또는 증서에 따른 권리를 행사할 수 없게 될 뿐이다. 그리고 민사소송법 제490조, 제491조에 따라 제권판결에 대한 불복의 소가 제기되어 제권판결을 취소하는 판결이 확정되면 제권판결은 소급하여 효력을 잃고 정당한 권리자가 소지하고 있던 증권 또는 증서도 소급하여 그 효력을 회복하게 된다. 그런데 위와 같이 제권판결이 취소된 경우에도 그 취소 전에 제권판결에 기초하여 재발행된 주권이 여전히 유효하여 그에 대한 선의취득이 성립할 수 있다면, 그로 인하여 정당한 권리자는 권리를 상실하거나 행사할 수 없게 된다. 이는 실제 주권을 분실한 적이 없을 뿐 아니라 부정한 방법으로 이루어진 제권판결에 대하여 적극적으로 불복의 소를 제기하여 이를 취소시킨 정당한 권리자에게 가혹한 결과이고, 정당한 권리자를 보호하기 위하여 무권리자가 거짓 또는 부정한 방법으로 제권판결을 받은 때에는 제권판결에 대한 불복의 소를 통하여 제권판결이 취소될 수 있도록 한 민사소송법의 입법 취지에도 반한다. 또한 민사소송법이나 상법은 제권판결을 취소하는 판결의 효력을 제한하는 규정을 두고 있지도 아니하다. 따라서 기존 주권을 무효로 하는 제권판결에 기하여 주권이 재발행되었다고 하더라도 제권판결에 대한 불복의 소가 제기되어 제권판결을 취소하는 판결이 선고·확정되면, 재발행된 주권은 소급하여 무효로 되고, 그 소지인이 그 후 이를 선의취득할 수 없다고 할 것이다[대판 2013. 12. 12, 2011 다 112247 · 112254(공보 2014, 158)].

[주권의 선의취득에 양도인의 무권대리도 치유된다고 본 판례]

주권의 선의취득은 양도인이 무권리자인 경우뿐만 아니라 무권대리인인 경우에도 인정되는 것이므로(당원 1995. 2. 10. 선고 94 다 55217 판결 참조), 같은 취지의 원심판결은 정당하다[대판 1997. 12. 12, 95 다 49646(공보 1998, 248)].

제 2 주주명부

1. 의 의

주주명부란 「주주 및 주권에 관한 사항을 명백히 하기 위하여 상법의 규정에 의하여 작성되는 장부」를 말한다. 주주명부는 주주를 기초로 하여 작성되는 장부라는 점에서 주권을 기초로 하여 작성되는 장부인 「주권대장」과 구별되고, 또 회계에 관한 장부가 아니라는 점에서 「상업장부」(상 29조 1항)와 구별된다.

2. 기재사항

상법은 주주명부의 기재사항에 대하여 규정하고 있는데, (기명)주식을 발행한 경우(상 352조 1항)와 전환주식을 발행한 경우(상 352조 2항)로 각각 분류하여 규정하고 있다. 주주명부 및 그 복본에 법정기재사항을 기재하지 않거나 부실기재한 경우에는 이사 또는 명의개서대리인은 과태료의 제재를 받는다(상 635조 1항 9호).

주주명부의 기재사항에 변경이 생긴 경우에는 회사는 그 변경 후 지체 없이 이를 변경하여야 한다.[1]

3. 비치 · 공시

(대표)이사는 주주명부를 작성하여 회사의 본점에 비치하여야 하는데, 명의개서대리인을 둔 경우에는 주주명부 또는 그 복본을 명의개서대리인의 영업소에 비치할 수 있다(상 396조 1항). 주주명부의 복본은 그 효력이 주주명부와 동일한 것으로, 복본에 한 명의개서는 주주명부에 한 명의개서와 동일한 효력이 있다(상 337조 2항).

주주와 회사채권자는 영업시간 내에는 언제든지 주주명부 또는 그 복본의 열람 또는 등사를 청구할 수 있다(상 396조 2항). 이 때 회사는 주주 등의 이러한 청구에 정당한 목적이 없다는 점을 증명하여 이의 청구를 거절할 수 있다.[2]

---

1) 동지: 정(동), (회) 222~223면; 이(기) 외, (회) 236면.

2) 동지: 대판 2010. 7. 22, 2008 다 37193(공보 2010, 1633)(주주 또는 회사채권자가 상법 제 396조 2항에 의하여 주주명부 등의 열람등사청구를 한 경우, 회사는 그 청구에 정당한 목적이 없는 등의 특별한 사정이 없는 한 이를 거절할 수 없고, 이 경우 정당한 목적이 없다는 점에 관한 증명책임은 회사가 부담한다); 동 2017. 11. 9, 2015 다 235841(공보 2017, 2309)

주주명부의 열람 또는 등사청구가 허용되는 범위는 '주주명부의 기재사항'(상 352조)에 한정되므로 전자우편주소는 이에 포함되지 않고, 또한 이러한 열람청구가 개인정보보호법에 위반된다고 볼 수 없다는 취지의 다음과 같은 대법원 판례가 있다.

[주주명부의 열람 또는 등사청구가 허용되는 범위는 '주주명부의 기재사항'에 한정되고, 또한 이러한 열람청구는 개인정보보호법에 위반되지 않는다고 한 판례]

주주는 영업시간 내에 언제든지 주주명부의 열람 또는 등사를 청구할 수 있고(상법 제396조 제 2 항), 자본시장과 금융투자업에 관한 법률(이하 '자본시장법'이라고 한다)에서 정한 실질주주 역시 이러한 주주명부의 열람 또는 등사를 청구할 수 있다(자본시장법 제315조 제 2 항). 이는 주주가 주주권을 효과적으로 행사할 수 있게 함으로써 주주를 보호함과 동시에 회사의 이익을 보호하려는 데에 그 목적이 있다. 그와 함께 소수주주들로 하여금 다른 주주들과의 주주권 공동행사나 의결권 대리행사 권유 등을 할 수 있게 하여 지배주주의 주주권 남용을 방지하는 기능도 담당한다. 그런데 자본시장법에 따라 예탁결제원에 예탁된 상장주식 등에 관하여 작성되는 실질주주명부는 상법상 주주명부와 동일한 효력이 있으므로(자본시장법 제316조 제 2 항), 위와 같은 열람·등사청구권의 인정 여부와 필요성 판단에서 주주명부와 달리 취급할 이유가 없다. 따라서 실질주주가 실질주주명부의 열람 또는 등사를 청구하는 경우에도 상법 제396조 제 2 항이 유추적용된다. 열람 또는 등사청구가 허용되는 범위도 위와 같은 유추적용에 따라 '실질주주명부상의 기재사항 전부'가 아니라 그중 실질주주의 성명 및 주소, 실질주주별 주식의 종류 및 수와 같이 '주주명부의 기재사항'에 해당하는 것에 한정된다. 이러한 범위 내에서 행해지는 실질주주명부의 열람 또는 등사가 개인정보의 수집 또는 제 3 자 제공을 제한하고 있는 개인정보 보호법에 위반된다고 볼 수 없다[대판 2017. 11. 9, 2015 다 235841(공보 2017, 2309)].

4. 효 력

(1) 대 항 력

주식의 양도는 주권의 교부에 의하여 가능하므로(상 336조 1항) 그러한 주식의 양수인은 주권의 교부만 받으면 주주가 되지만(효력요건), 그가 주주임을 회사에

(주주 또는 회사채권자가 상법 제396조 제 2 항에 의하여 주주명부 등의 열람·등사청구를 한 경우, 회사는 그 청구에 정당한 목적이 없는 등의 특별한 사정이 없는 한 이를 거절할 수 없고, 이 경우 정당한 목적이 없다는 점에 관한 증명책임은 회사가 부담한다. 이러한 법리는 상법 제396조 제 2 항을 유추적용하여 실질주주명부의 열람·등사청구권을 인정하는 경우에도 동일하게 적용된다).

대항하기 위하여는 주주명부에 그의 성명과 주소를 기재하여야 한다(대항요건)(상 337조 1항). 따라서 주식의 양수인은 주주명부에 명의개서를 할 때까지는 회사에 대하여 자기가 주주라는 것을 주장할 수 없다. 이것이 주주명부의 명의개서의 대항력이다.

이러한 취지의 다음과 같은 우리 대법원판례가 있다.

[명의개서가 있어야 회사에 대한 대항력이 있다고 본 판례]

주식회사의 주식양수인이 그 회사의 주주명부에 그 명의의 기재가 없는 한 그 기명주식의 양도를 가지고 그 회사에 대항할 수 없다[대판 1972. 9. 26, 72 다 1205(민판집 179, 247)].

동지: 대판 1962. 9. 20, 62 다 385(집 10 ③ 민 260); 동 1961. 11. 23, 4293 민상 727(카드 6848)(이러한 대항요건의 구비 여부는 당사자의 주장이 있음을 전제로 하여 법원이 심사판단할 문제이고, 법원이 당사자의 주장 여하에 불구하고 직권으로 심사판단할 것이 아니다); 동 2002. 12. 24, 2000 다 69927(공보 2003, 435)(기명주식이 양도된 후 주식회사의 주주명부상 양수인 명의로 명의개서가 이미 이루어졌다면, 그 후 그 주식양도약정이 해제되거나 취소되었다 하더라도 주주명부상의 주주 명의를 원래의 양도인 명의로 복구하지 않는 한 양도인은 주식회사에 대한 관계에 있어서는 주주총회에서 의결권을 행사하기 위하여 주주로서 대항할 수 없다).

그러나 회사가 명의개서를 하지 않은 주식양수인을 주주로 인정하는 것은 무방하다(통설).[1)]

우리나라의 종래의 대법원판례는 이러한 통설과 같은 입장이었으나, 대법원 2017. 3. 23. 선고 2015 다 248342 전원합의체 판결에서는 종래의 판결을 변경하여 회사는 주주명부에의 명의개서에 구속되어 주주명부에 기재되지 아니한 자를 주주로 인정할 수 없다고 판시하였다. 그러나 이는 주주의 회사에 대한 주주권 행사에 관한 것이고, 주식의 소유권 귀속에 관한 권리관계에 관한 것은 아니다. 이러한 대법원판례는 다음과 같다.

[명의개서가 없어도 회사가 주주임을 인정할 수 있다고 본 종래의 판례]

상법 제337조의 규정은 주주권 이전의 효력요건을 정한 것이 아니고 회사에 대한 관계에서 누가 주주로 인정되느냐 하는 주주의 자격을 정한 것으로서, 기명주식의 취득자가 주주명부상의 주주명의를 개서하지 아니하면 스스로 회사

1) 손(주), 673면; 정(동), (회) 276면; 채, 615면 외.

에 대하여 주주권을 주장할 수 없다는 의미이고, 회사가 이를 인정하는 것은 무방하다고 해석할 것이다[대판 1989. 10. 24, 89 다카 14714(공보 1989, 1769)].

[회사는 주주명부에의 명의개서에 구속된다는 변경된 판례]

회사가 주식발행시 작성하여 비치한 주주명부에의 기재가 회사에 대한 구속력이 있음을 전제로 하여 주주명부에의 명의개서에 대항력을 인정함으로써 주식양도에 있어서도 일관되게 회사에 대한 구속력을 인정하려는 것이므로, 상법 제337조 제 1 항에서 말하는 대항력은 그 문언에 불구하고 회사도 주주명부에의 기재에 구속되어, 주주명부에 기재된 자의 주주권 행사를 부인하거나 주주명부에 기재되지 아니한 자의 주주권 행사를 인정할 수 없다는 의미를 포함하는 것으로 해석함이 타당하다[대판(전) 2017. 3. 23, 2015 다 248342(공보 2017, 847)][이 대법원 판결(다수의견)에 대하여 반대하는 취지의 상세한 평석으로는 정찬형, "주주명부의 기재(명의개서)의 효력," 「서강법률논총」(서강대 법학연구소), 제 6 권 제 2 호(2017. 8), 145~215면].

[상법 제337조 제 1 항의 대항력은 주주의 회사에 대한 주주권 행사에 관한 것이고, 주식의 소유권 귀속에 관한 권리관계에 관한 것은 아니라는 판례]

상법은 주주명부의 기재를 회사에 대한 대항요건으로 정하고 있을 뿐 주식이전의 효력발생요건으로 정하고 있지 않으므로 명의개서가 이루어졌다고 하여 무권리자가 주주가 되는 것은 아니고, 명의개서가 이루어지지 않았다고 해서 주주가 그 권리를 상실하는 것도 아니다. 이와 같이 주식의 소유권 귀속에 관한 권리관계와 주주의 회사에 대한 주주권 행사국면은 구분되는 것이고, 회사와 주주 사이에서 주식의 소유권, 즉 주주권의 귀속이 다투어지는 경우 역시 주식의 소유권 귀속에 관한 권리관계로서 마찬가지이다[대판 2020. 6. 11, 2017 다 278385 · 278392(공보 2020, 1328)].

주권을 신탁회사에 신탁하는 경우에는 (주권에 신탁재산인 사실을 표시하고) 주주명부에 신탁재산인 사실을 기재함으로써 제 3 자에게 대항할 수 있다(신탁 1조 4항).

이 때 명의신탁자가 언제 주주권을 회복하느냐에 대하여는 다음과 같은 대법원판례가 있다.

[주주명의의 신탁자가 주주가 되는 시기에 관한 판례]

주주명의를 신탁한 사람이 수탁자에 대하여 명의신탁계약을 해지하면 바로 주주의 권리가 명의신탁자에게 복귀하는 것이지, 주식의 양도를 위하여 새로 법률행위를 하여야 하는 것은 아니다[대판 1992. 10. 27, 92 다 16386(공보 934, 3261)].

(2) 추정력(자격수여적 효력)

주식의 양수인이 주주명부에 명의개서를 하면 이후 주주로 추정되어 자기가 실질적 권리자(주주)라는 것을 증명하지 않고도 적법한 주주로서의 권리를 행사할 수 있다(또한 주주명부에 등록질권자로 기재된 자는 적법한 질권자로 추정되어 질권을 행사할 수 있다). 이것이 주주명부의 명의개서(기재)에 대한 추정력이다. 따라서 주주명부상의 명의주주는 회사 등의 반증이 없는 한 회사에 대하여 주권을 제시하지 않고도 그의 권리를 행사할 수 있다. 이러한 주주명부의 명의개서에 대한 추정력은 앞에서 본 대항력의 다른 면으로 볼 수 있다.

우리나라의 종래의 대법원판례도 이러한 주주명부의 추정력에 대하여 같은 취지로 다음과 같이 판시하고 있다.

[주주명부의 추정력을 인정한 종래의 판례]

주주명부에 주주로 등재되어 있는 자는 일응 그 회사의 주주로 추정되며, 이를 번복하기 위해서는 그 주주권을 부인하는 측에 입증책임이 있다.

본건에서 X는 Y회사에게 동사가 적법히 발행한 7,500주의 신주식을 청약하였고 주주명부상 그 주주로 등재되어 있음이 인정되므로, 다른 사정이 없는 한 X는 위 신주식을 인수하여 주금을 납입한 Y회사의 적법한 주주로 추정하여야 할 것임에도 불구하고, 원심은 위 사실만으로는 주주가 아니라는 전제 아래 달리 그 주금을 납입한 입증책임을 X에게 전도한 위법이 있다 할 것이어서, 원심판결을 파기한다[대판 1985. 3. 26, 84 다카 2082(공보 752, 623)].

동지: 대판 1989. 7. 11, 89 다카 5345(공보 855, 1229)(주주명부에 기재된 명의상의 주주에게는 실질적 권리를 증명하지 않아도 주주의 권리를 행사할 수 있게 한 자격수여적 효력만을 인정한 것뿐이지, 주주명부의 기재에 창설적 효력을 인정하는 것은 아니다); 동 1993. 1. 26, 92 다 11008(공보 940, 852)(따라서 주식의 이전을 주장하는 원고가 주주임을 입증하여야 한다); 동 2010. 3. 11, 2007 다 51505(공보 2010, 704)(주주명부에 주주로 등재되어 있는 이는 그 회사의 주주로 추정되며 이를 번복하기 위하여는 그 주주권을 부인하는 측에 입증책임이 있다. 또한 주주명부에 주주로 등재되어 있는 이는 주주로서 주주총회에서 의결권을 행사할 자격이 있다고 추정되므로, 특별한 사정이 없는 한 주주명부상의 주주는 회사에 대한 관계에서 그 주식에 관한 의결권을 적법하게 행사할 수 있다. 따라서 한편 주주명부상의 주주임에도 불구하고 회사에 대한 관계에서 그 주식에 관한 의결권을 적법하게 행사할 수 없다고 인정하기 위하여는, 주주명부상의 주주가 아닌 제 3 자가 주식인수대금을 납입하였다는 사정만으로는 부족하고, 그

제 3 자와 주주명부상의 주주 사이의 내부관계·주식 인수와 주주명부 등재에 관한 경위 및 목적·주주명부 등재 후 주주로서의 권리행사 내용 등에 비추어, 주주명부상의 주주는 순전히 당해 주식의 인수과정에서 명의만을 대여해 준 것일 뿐 회사에 대한 관계에서 주주명부상의 주주로서 의결권 등 주주로서의 권리를 행사할 권한이 주어지지 아니한 형식상의 주주에 지나지 않는다는 점이 증명되어야 한다)[이 판결에 대하여 "이는 법리적인 관점에서 향후 주주명부의 기재와 관련된 문제의 해결을 객관적으로 하도록 하라는 취지를 보여준 선도적 판결로서 의미를 가진다고 본다"는 취지의 평석으로는 최승재, "주주명부기재의 추정력과 복멸," 법률신문, 제3884호(2010. 10. 28), 15면 참조].

그러나 위와 같은 대법원판례는 대법원 2017. 3. 23. 선고 2015 다 248342 전원합의체 판결에 의하여 그 의미를 상실하였다고 볼 수 있다.

한편 주권의 점유에 의해서도 적법한 소지인으로 추정되는데(상 336조 2항), 이것은 주식의 양도와 관련하여 주권의 소지에 대하여 (소유자로서) 적법추정을 하는 것이므로, 그러한 주권의 소지인이 회사에 대하여 주주권을 행사할 수는 없는 것이다. 따라서 주권의 소지에 대한 적법추정에 관한 상법 제336조 2항은 상법 제359조(주권의 선의취득)와 관련하여서 의미가 크다. 그러므로 이는 주주권의 행사와 관련한 주주명부의 명의개서에 대한 추정력과는 구별된다.[1)]

(3) 면 책 력

주식의 이전(질권설정)에 명의개서(질권자의 성명과 주소를 주주명부에 부기)를 하면 회사는 그러한 명의주주(질권자)를 적법한 주주(질권자)로 인정하여 그에게 각종의 통지·최고·교부 등을 하면 면책이 된다(상 353조 1항). 이것이 주주명부의 명의개서(기재)에 대한 면책력이다. 이러한 면책력은 앞의 대항력 및 추정력과는 달리 회사측이 주주명부의 기재에 의하여 받는 이익이다.

(4) 그 밖의 효력

1) 등록질의 효력 주식의 등록질의 경우에 질권자를 주주명부에 부기함으로써, 그러한 질권자는 회사로부터 이익이나 이자의 배당·잔여재산의 분배 등에 의한 금전의 지급을 받아 다른 채권자에 우선하여 자기채권의 변제에 충당할 수 있는 등의 이익을 가지므로, 등록질은 약식질과는 다른 특별한 이익을 받는 효력이 있다(상 340조).

2) 주권불소지 기재의 효력 주권불소지의 신고시 회사는 그러한 주

1) 동지: 이(철), (회) 356면.

권을 발행하지 않는다는 뜻을 주주명부에 기재함으로써 회사는 그러한 주권을 발행할 수 없고, 또 이미 발행되어 제출받은 주권을 무효로 하거나 명의개서대리인에게 임치하여야 하는 효력이 있다(상 358조의 2).

5. 전자주주명부

회사는 정관으로 정하는 바에 따라 전자문서로 주주명부(전자주주명부)를 작성할 수 있는데(상 352조의 2 1항), 이러한 전자주주명부에는 주주명부의 기재사항(상 352조 1항) 외에 전자우편주소를 적어야 한다(상 352조의 2 2항). 회사가 전자주주명부를 작성하는 경우에 회사의 본점 또는 명의개서대리인의 영업소에서 전자주주명부의 내용을 서면으로 인쇄할 수 있으면 주주명부(상 396조 1항)를 갖추어 둔 것으로 본다(상 352조의 2 3항, 상시 11조 1항). 주주와 회사채권자는 영업시간 내에 언제든지 서면 또는 파일의 형태로 전자주주명부에 기록된 사항의 열람 또는 복사를 청구할 수 있는데, 회사는 주주의 전자우편주소를 열람 또는 복사의 대상에서 제외하는 조치를 하여야 한다(상 352조의 2 3항, 상시 11조 2항).

주식의 전자등록(상 356조의 2)과 함께 전자주주명부를 이용하면 상법상 주식의 명의개서(상 337조 1항)·약식질(상 338조)·명의개서대리인(상 337조 2항)·주주명부의 폐쇄(상 354조) 등의 규정은 적용될 여지가 없고,[1] 실질주주와 명의주주는 언제나 일치하게 되어 실질주주와 명의주주의 불일치에서 발생하는 문제는 없게 될 것이다.[2]

6. 주주명부의 폐쇄와 기준일

(1) 의 의

1) 개 념 주식회사에서는 주식이 유통됨에 따라 주주가 항상 변동되므로 주주권을 행사할 자를 일정한 시점의 주주로 특정시킬 필요가 있다. 따라서 상법은 일정기간 주주명부를 폐쇄하여 주주의 권리변동을 금하는 「주주명부의 폐쇄」(명의개서의 정지)와, 일정한 날에 주주명부에 기재된 주주를 권리를 행사할 자로 보는 「기준일」(등록일)의 두 제도를 두고 있다(상 354조).

---

1) 동지: 김지환, 전게논문(상사법연구 제34권 제 1 호), 84면.

2) 주식의 전자등록이 주주명부에 미치는 영향에 관하여는 최지웅, "전자증권제도의 시행과 주주명부제도 개선과제," 「경영법률」(한국경영법률학회), 제28집 제 4 호(2018. 7), 59~96면 참조(86~88면에서는 전자등록계좌부를 주주명부로 간주하기에는 어려움이 있으므로 양자를 각각 인정하는데, 소유자명세를 바탕으로 신속하게 주주명부를 작성할 수 있게 되었다고 한다. 또한 89~90면에서는 주주명부의 기재사항에 휴대폰 번호를 추가하여야 한다고 한다).

2) 양 제도의 차이점 주주명부의 폐쇄제도에 의해서도 폐쇄 당시의 주주명부상의 주주가 권리를 행사할 자가 되므로, 일정한 시점에서 권리를 행사할 자가 확정되는 것은 주주명부의 폐쇄제도와 기준일제도가 동일하다. 그러나 양 제도는 다음과 같은 점에서 차이가 있다.

㈎ 폐쇄제도에서는 폐쇄기간중에 주식이 양도되는 경우에 명의개서가 정지되므로 형식상의 주주와 실질상의 주주가 상이하나, 기준일제도에서는 기준일 이후에 주식이 양도되는 경우에 명의개서가 정지되지 않으므로 형식상의 주주와 실질상의 주주가 동일하다. 이러한 차이에서 주식양수인의 권리의 내용에도 차이가 있다.

㈏ 폐쇄제도는 특정한 목적을 위해서만 이용할 수 없으나, 기준일제도는 특정한 목적을 위해서만 이용할 수 있다.[1] 이러한 차이점으로 인하여 양 제도는 병용될 수 있고, 실무상으로도 결산기 이후 정기주주총회에 출석할 주주와 이익배당을 받을 주주를 확정하기 위하여 양 제도가 많이 병용되고 있다.

3) 이용강제·목적 주주명부의 폐쇄제도와 기준일제도는 그 이용이 강제되는 것은 아니고, 회사의 주식사무의 편의를 위하여 상법에 규정된 것이다. 그러나 회사가 일단 이 제도를 이용한다면 상법상의 규정에 따라야 한다.[2] 또한 이러한 제도는 주주 또는 질권자로서 권리를 행사할 자를 일률적으로 정하기 위해서만 이용할 수 있고, 주주의 개별적인 의사에 따라 그 권리를 행사할 자가 특정되는 경우나(예컨대, 소수주주권·각종의 소제기권 등) 그 이외에 단순히 회사의 실무상의 편의를 위해서는 이용할 수 없다고 본다.[3]

⑵ 주주명부의 폐쇄

1) 내 용

㈎ 폐쇄기간 회사는 의결권을 행사하거나 이익배당을 받을 자 기타 주주 또는 질권자로서 권리를 행사할 자를 정하기 위하여 「일정기간」 주주명부의 기재를 폐쇄(정지)할 수 있는데, 이를 주주명부의 폐쇄라고 하고(상 354조 1항 전단), 이 기간은 3월을 초과할 수 없다(상 354조 2항). 주주명부를 장기간 폐쇄하면 명의개서를 할 수 없어 사실상 주식의 유통을 제한하므로 상법은 폐쇄기간을 제한한

1) 동지: 정(희), 413면.
2) 동지: 정(희), 412면; 이(철), (회) 358면, 360~361면.
3) 동지: 정(동), (회) 225면; 이(철), (회) 358~359면; 채, 616면; 이(기) 외, 239면; 주상(제 5 판)(회사 Ⅱ), 554면.

것이다.[1] 따라서 3월을 초과하는 기간을 폐쇄기간으로 정한 경우에는 그 초과하는 기간은 무효가 되고, 시기(始期) 또는 종기(終期)가 불확정하면 그 전부가 무효가 된다.[2]

(나) 공 고 상법은 주주명부의 폐쇄에 대하여 예고절차를 두어 폐쇄기간의 2주간 전에 이를 공고하도록 규정하고 있다(상 354조 4항 본문). 이는 명의개서를 하지 않은 주식취득자로 하여금 명의개서를 하여 권리를 행사할 수 있도록 하기 위해서이다. 그러나 정관에 폐쇄기간이 정하여진 경우에는 공고할 필요가 없다(상 354조 4항 단서).

2) 효 력 주주명부의 폐쇄에 의하여 폐쇄 직전에 주주명부에 기재된 자가 주주권을 행사할 자로 확정되고, 회사는 폐쇄기간중에는 그 주식에 관하여 주주 또는 질권자의 권리를 변동시키는 일체의 기재(명의개서, 질권의 등록, 신탁재산표시 등)를 할 수 없다. 그러나 이러한 권리변동과 무관한 사항(예컨대, 주주의 주소변경 등)은 기재할 수 있으며, 예외적으로 폐쇄기간중에도 전환주식(상 349조 3항 삭제, 350조 2항 참조)·전환사채(상 516조 2항) 또는 신주인수권부사채(상 516조의 9, 516조의 10)의 권리(전환권 또는 신주인수권)의 행사가 가능하다.

그런데 이러한 주주명부의 폐쇄의 효력과 관련하여 다음과 같은 문제점이 있다.

(가) 첫째는 폐쇄기간중에 회사가 임의로 한 명의개서의 효력은 어떠한지의 문제가 있다. 이에 대하여는 (i) 이를 무효라고 보는 견해(다수설)[3]와, (ii) 명의개서 자체는 유효하나 다만 그 효력은 폐쇄기간 경과 후에 발생한다고 보는 견해(소수설)[4]가 대립하고 있다.

생각건대 폐쇄기간중의 명의개서의 효력을 폐쇄기간 경과 후에 발생한다고 하여 폐쇄제도를 둔 목적에 어긋난다고 볼 수도 없고, 또 그것이 어떠한 주주의 이익을 해하는 것도 아니므로, 후자의 견해(소수설)에 찬성한다.

---

1) 동지: 정(희), 411면; 손(주), 644면; 정(동), (회) 225면(그러나 주주명부 폐쇄기간이 종료된 후 1일 이상의 기간을 두면 계속하여 주주명부를 폐쇄할 수 있다고 한다); 이(기) 외, (회) 239면; 주상(제 5 판)(회사 Ⅱ), 554면.

2) 동지: 손(주), 645면; 정(동), (회) 228면; 이(철), (회) 361면; 최(기), 652면; 주상(제 5 판)(회사 Ⅱ), 558면.

3) 정(동), (회) 226면; 최(기), (회) 382면(그러나 소수설은 무효설과 다를 바 없다고 한다); 이(병), 402면; 이(원), 389면 외.

4) 정(희), 411면(폐쇄기간중에는 그 개서의 효과를 회사에 대하여 주장하지 못하고 회사도 이를 승인하지 못한다고 한다); 이(철), (회) 359면; 日大判 1917. 3. 9(民錄 22, 247).

(나) 둘째는 상법의 규정에 위반하여 한 주주명부의 폐쇄의 효력은 어떠한지의 문제가 있다. 이에 대하여는 (i) 이를 무효로 보는 견해도 있으나(소수설),[1] (ii) 이를 일률적으로 무효로 보지 않고 구체적인 사안에 따라서 합리적으로 판단하되 경미한 위반은 무효가 아니라고 보는 것이 상법 제354조의 입법목적에 맞는 것으로 생각한다(다수설).[2]

(3) 기 준 일

1) 내 용

(가) 설 정 회사는 의결권을 행사하거나 이익배당을 받을 자 기타 주주 또는 질권자로서 권리를 행사할 자를 정하기 위하여 「일정한 날」에 주주명부에 기재된 주주 또는 질권자를 그 권리를 행사할 주주 또는 질권자로 볼 수 있는데, 이 때의 이러한 「일정한 날」이 기준일이다(상 354조 1항 후단). 이러한 기준일은 주주 또는 질권자로서 권리를 행사할 날에 앞선 3월 내의 날로 정하여야 한다(상 354조 3항).

(나) 공 고 주주명부의 폐쇄의 경우와 같이 이러한 기준일이 정관으로 정하여지지 않은 경우에는 기준일의 2주간 전에 이를 공고하여야 한다(상 354조 4항). 기준일의 공고에는 반드시 그 목적을 기재하여야 하는데,[3] 기준일은 이와 같이 공고된 목적 이외에는 이용될 수 없다.[4] 이 점은 주주명부의 폐쇄의 경우와 다른 점으로, 이에 대하여는 이미 앞에서 설명하였다.

2) 효 력 기준일의 효력(특히 회사가 상법의 규정에 위반하여 설정한 기준일의 효력)에 대하여는 주주명부의 폐쇄의 경우와 같다.

7. 실질주주명부

(1) 의 의

실질주주명부란 자본시장과 금융투자업에 관한 법률상의 실질주주(협의의 실질주주)에 관하여 일정한 사항(그의 성명 및 주소, 그가 가진 주식의 종류 및 수 등)을 기재하여 작성한 주주명부를 말하는데, 한국예탁결제원에 예탁된 주권의 발행회사 또는 그의 명의개서대리인

1) 김(용), 334면.
2) 동지: 정(희), 412면; 정(동), (회) 228면(공고를 하지 않거나 2주간보다 짧은 기간 전에 공고를 한 때에는 주주명부의 폐쇄 또는 기준일은 효력이 없으나. 공고사항의 경미한 위반은 그 효력에 영향이 없다고 한다); 이(철), (회) 361면 외.
3) 동지: 이(철), (회) 360면; 이(기) 외, (회) 244면; 주상(제 5 판)(회사 Ⅱ), 557면.
4) 동지: 정(동), (회) 226면; 이(기) 외, (회) 244면; 주상(제 5 판)(회사 Ⅱ), 557면.

이 작성·비치하여야 한다(자금 316조 1항).

(2) 작 성

1) 한국예탁결제원이 예탁하고 있는 주권에 관하여 그 주권의 발행회사가 주주명부폐쇄기간 또는 배정일을 정한 때에는(상 354조) 발행회사는 한국예탁결제원에 이를 지체 없이 통지하여야 하고, 한국예탁결제원은 그 기간의 초일 또는 그 날의 실질주주에 관하여 일정한 사항을 지체 없이 당해 주권의 발행회사 또는 그의 명의개서대리인에게 통지하여야 한다(자금 315조 3항). 이 때 투자자에 관한 실질주주는 예탁자를 통하여 그 내용을 통보받는다(자금 315조 4항).

2) 위의 통지를 받은 주권발행회사 또는 그의 명의개서대리인은 이에 기하여 실질주주명부를 작성·비치하여야 한다(자금 316조 1항).

(3) 효 력

1) 실질주주명부에의 기재는 주주명부에의 기재와 동일한 효력을 갖는다(자금 316조 2항). 다만 이러한 기재의 효력은 주주명부폐쇄일 또는 기준일에 소급하여 발생하는 것으로 본다.[1]

2) 주권발행회사 또는 그의 명의개서대리인은 주주명부에 기재된 주주와 실질주주명부에 기재된 주주가 동일인이면 주주로서의 권리행사에 있어서 양자의 주식수를 합산하여야 한다(자금 316조 3항). 이것은 동일한 주주가 소유주권 중 일부는 자기가 직접 보관하고, 나머지는 한국예탁결제원에 예탁한 경우에 관한 것이다.

제 4 관 주식의 양도

제 1 주식양도의 의의

(1) 주식양도란 「법률행위에 의하여 주식을 이전하는 것」을 말하는데, 주식양도에 의하여 주주가 회사에 대하여 갖고 있는 일체의 권리의무가 포괄적으로 양수인에게 이전된다(사원권설). 이러한 주식양도는 회사의 자산 등의 양도와 구별되는데, 이러한 취지의 다음과 같은 대법원판례가 있다.

1) 동지: 정(동), (회) 229면.

[주식양도는 회사의 자산·부채의 이전과 구별된다고 본 판례]

회사의 주식이나 지분권을 그 소유자로부터 양수받아 양수인이 회사의 새로운 지배자로서 회사를 경영하는 경우, 양도·양수되는 것은 회사의 주식이나 지분권일 뿐 계약당사자가 아닌 회사의 자산이나 부채 자체가 이전되는 것은 아니므로, 특별한 사정이 없는 한 이러한 계약이 무효로 될 때 양도의 목적물이 아닌 회사의 자산 등이 양수인의 원상회복의무의 대상이 된다고 할 수 없다[대판 2007.6.1, 2006 다 80445(공보 2007, 981)].

그러나 주주총회(이사회)에서 배당결의가 있은 후에 발생하는 특정결산기의 배당금지급청구권 등과 같은 채권적 권리는 주주권과 분리된 구체적인 권리이므로 이전되지 않는다.[1]

지배주식의 양도와 함께 경영권이 주식양도인으로부터 주식양수인에게 이전하는 경우 그와 같은 경영권의 이전은 지배주식의 양도에 따르는 부수적인 효과에 불과하다. 따라서 지배주식의 양도와 독립된 경영권 이전은 인정될 수 없다.[2]

주식양도는 보통 매매·증여·교환 등과 같은 원인행위(채권행위)의 이행으로서 행하여지므로 원인행위와는 구별되고, 그의 법적 성질은 직접 주식이전의 효과를 생기게 하는 것이므로 「준물권행위」이다(통설).[3]

(2) 주식을 취득하는 방법에는 크게 원시취득(회사의 설립시 또는 신주발행시 발행되는 주식을 인수하는 경우, 주권을 무권리자로부터 선의취득하는 경우 등)과 승계취득이 있고, 승계취득에는 다시 포괄승계(상속·합병 등에 의하여 주식을 취득하는 경우)와 특정승계(주식의 양도·경매·공매 등에 의하여 주식을 취득하는 경우)가 있는데, 주식양도에 의한 취득은 특정승계의 대표적인 예가 된다.

(3) 주식양도는 보통 주권을 통하여 이루어지므로 주식양도의 문제는 주권양도의 문제가 된다. 그러나 이미 설명한 바 있는 주식의 전자등록(상 356조의 2), 주권예탁제도(지금 308조~323조) 및 주권불소지제도(상 358조의 2) 등에 의하여 주권에 의한 주식양도는 이론상의 제도로 되어가고 있다.

---

1) 동지: 이(철), (회) 365면; 정(동), (회) 231면; 채, 627면; 이(기) 외, 356~357면; 주상(제 5 판)(회사 Ⅱ), 372면.

2) 동지: 대판 2014.10.27, 2013 다 29424(공보 2014, 2238); 동 2021.7.29, 2017 다 3222·3239(공보 2021, 1593)(발행주식 전부 또는 지배주식의 양도와 함께 경영권이 주식 양도인으로부터 주식 양수인에게 이전하는 경우 경영권의 이전은 발행주식 전부 또는 지배주식의 양도에 따른 부수적인 효과에 지나지 않아 주식 양도의무와 독립적으로 경영권 양도의무를 인정하기 어렵다).

3) 정(희), 422면; 서·정, 368면; 정(동), (회) 231면; 채, 627면; 이(기) 외, (회) 257면; 주상(제 5 판)(회사 Ⅱ), 372면; 이·최, 284면 외.

주식의 명의수탁자의 주식반환의무는 특정물채무가 아니라 종류채무에 해당하므로, 그가 수탁받은 주식을 제 3 자에게 매도한 경우에도 명의수탁자의 주식반환의무가 이행불능이 되었다고 할 수 없다.[1]

(4) 주식양도와 관련하여 회사의 이사·집행임원·감사 또는 피용자에게 부여되는 주식매수선택권제도가 있는데(상 340조의 2~340조의 5), 이로 인하여 회사의 이사 등은 자기회사의 주식을 취득한다.

제 2 주식양도자유의 원칙

(1) 주식회사는 인적회사와는 달리 퇴사제도가 없으므로, 사원(주주)의 출자금의 회수를 위하여 주식양도의 자유를 보장할 필요가 있다. 따라서 주주에 대하여는 인적회사에서와 같은 제명이 인정되지는 않는데, 이러한 취지의 다음과 같은 대법원 판례가 있다.

[주주의 제명은 허용되지 않는다고 본 판례]

상법은 제218조 6호·제220조·제269조에서 인적 회사인 합명회사·합자회사에 대하여 사원의 퇴사사유의 하나로서 '제명'을 규정하면서 제명의 사유가 있는 때에는 다른 사원 과반수의 결의에 의하여 그 사원의 제명의 선고를 법원에 청구할 수 있도록 규정하고 있음에 비하여, 주식회사의 경우에는 주주의 제명에 관한 근거 규정과 절차 규정을 두고 있지 아니한바, 이는 상법이 인적 결합이 아닌 자본의 결합을 본질로 하는 물적 회사로서의 주식회사의 특성을 특별히 고려한 입법이라고 해석되므로, 회사의 주주의 구성이 소수에 의하여 제한적으로 이루어져 있다거나 주주 상호간의 신뢰관계를 기초로 하고 있다는 등의 사정이 있다 하더라도, 그러한 사정만으로 인적 회사인 합명회사·합자회사의 사원 제명에 관한 규정을 물적 회사인 주식회사에 유추적용하여 주주의 제명을 허용할 수 없다. 따라서 주주간의 분쟁 등 일정한 사유가 발생할 경우 어느 주주를 제명시키되 회사가 그 주주에게 출자금 등을 환급해 주기로 하는 내용의 규

1) 동지: 대판 2015. 2. 26, 2014 다 37040(공보 2015, 545)(갑이 을에게서 병 주식회사 주식을 매수한 후 을에게 명의신탁하였는데, 병 회사 주식이 제 3 자에게 매도된 후 갑이 명의신탁을 해지한 사안에서, 주식은 주주가 출자자로서 회사에 대하여 가지는 지분으로서 동일 회사의 동일 종류 주식 상호 간에는 개성이 중요하지 아니한 점, 을이 갑에게 교부한 주식보관증에 을이 보관하는 주권이 특정되어 있지 아니한 점을 고려하여 보면, 을의 갑에 대한 주식반환의무는 특정물채무가 아니라 종류채무에 해당하므로, 을 보유 주식이 제 3 자에게 매도되어 을이 이를 보유하고 있지 않다는 사정만으로는 을의 주식반환의무가 이행불능이 되었다고 할 수 없는데도, 이와 달리 본 원심판결에 법리오해의 잘못이 있다).

정을 회사의 정관이나 내부규정에 두는 것은 그것이 회사 또는 주주 등에게 생길지 모르는 중대한 손해를 회피하기 위한 것이라 하더라도 법정사유 이외에는 자기주식의 취득을 금지하는 상법 제341조의 규정에 위반되므로, 결국 주주를 제명하고 회사가 그 주주에게 출자금 등을 환급하도록 하는 내용을 규정한 정관이나 내부규정은 물적 회사로서의 주식회사의 본질에 반하고 자기주식의 취득을 금지하는 상법의 규정에도 위반되어 무효이다[대판 2007. 5. 10, 2005 다 60147(공보 2007, 853)].

사원(주주)의 출자금의 회수는 주식양도뿐만 아니라 회사에 대한 주식매수청구권에 의해서도 이루어지는데, 주식양도에 의하여 이루어지는 것이 일반적이다. 따라서 상법도 주식은 타인에게 이를 양도할 수 있다고 규정하여(상 335조 1항 본문), 주식양도의 자유를 원칙적으로 보장하고 있다.[1)]

(2) 1995년 개정상법 이전에는 「주식의 양도는 정관에 의하여도 이를 금지하거나 제한하지 못한다」고 규정하여(1995년 개정전 상 335조 1항), 주식양도의 자유를 절대적으로 보장하였다. 그런데 이와 같이 주식양도를 절대화한 우리 상법의 규정은 인적 신뢰관계를 중시하는 소규모 주식회사에서는 문제가 많으므로 입법론상 개정되어야 한다는 점이 다수의 견해에 의하여 지적되었다.[2)] 또한 비교법적으로 볼 때 외국의 회사법도 주식양도에 회사의 동의나 이사회의 승인 등을 받도록 하여 주식양도를 제한함으로써, 회사 내부에 있어서 지주비율(持株比率)을 유지하거나 회사가 우려하는 외부인사 참여를 배제하고 있다.[3)]

이러한 외국의 입법례를 참조하여 우리도 소규모 주식회사에서 주주상호간의 신뢰관계를 보호하고 주주가 바라지 않는 주주의 참여를 배제하여 경영의 안전을 도모하기 위하여, 1995년 개정상법에서는 「회사는 정관으로 정하는 바에 따라 그 발행하는 주식의 양도에 관하여 이사회의 승인을 받도록 할 수 있다」고 규정하여(상 335조 1항 단서), 주식양도자유의 원칙에 대하여 예외를 규정하고 있다. 그러나 정관의 규정으로 주식양도를 제한하는 경우에도 주식양도를 전면적으로 금지하는 규정을 둘 수는 없고, 또한 이러한 내용을 회사와 주주 사이

1) 동지: 대판 2010. 7. 22, 2008 다 37193(공보 2010, 1633)(상법 제335조 1항 본문은 "주식은 타인에게 이를 양도할 수 있다"고 하여 주식양도의 자유를 보장하고 있으므로 회사와 경쟁관계에 있거나 분쟁 중에 있어 그 회사의 경영에 간섭할 목적을 가지고 있는 자에게 주식을 양도하였다고 하여 그러한 사정만으로 이를 반사회질서 법률행위라고 할 수 없다).

2) 정(동), (회)(1991) 226면; 이·이, (회)(1991) 286~287면(특히 이에 관한 비판과 외국의 입법례의 소개가 상세함); 이(기), (회)(1990) 353면 외.

3) 주식양도를 제한할 수 있도록 한 외국의 입법례로는 獨株 68조 2항; 日會 136조 이하; RMBCA(2006) 6.27조; 英會(2006) 544조; 佛商 231-4조 등.

에서 또는 주주들 사이에서 약정을 하였더라도 회사에 대한 관계에서는 무효이다.

우리 대법원판례도 이와 동일한 취지로 다음과 같이 판시하고 있다.

[정관의 규정으로 주식의 양도를 전면적으로 금지할 수 없다고 본 판례]

상법 제335조 제 1 항 단서는 주식의 양도를 전제로 하고, 다만 이를 제한하는 방법으로서 이사회의 승인을 요하도록 정관에 정할 수 있다는 취지이지 주식의 양도 그 자체를 금지할 수 있음을 정할 수 있다는 뜻은 아니기 때문에, 정관의 규정으로 주식의 양도를 제한하는 경우에도 주식양도를 전면적으로 금지하는 규정을 둘 수는 없다.

따라서 회사와 주주들 사이에서, 혹은 주주들 사이에서 회사의 설립일로부터 5년 동안 주식의 전부 또는 일부를 다른 당사자 또는 제 3 자에게 매각·양도할 수 없다는 내용의 약정을 한 경우, 그 약정은 주식양도에 이사회의 승인을 얻도록 하는 등 그 양도를 제한하는 것이 아니라 설립 후 5년간 일체 주식의 양도를 금지하는 내용으로 이를 정관으로 규정하였다고 하더라도 주주의 투하자본회수의 가능성을 전면적으로 부정하는 것으로서 무효이므로, 이를 정관으로 규정하여도 무효가 되는 내용을 나아가 회사와 주주들 사이에서 혹은 주주들 사이에서 약정하였다고 하더라도 이 또한 무효이다[대판 2000. 9. 26, 99 다 48429(공보 2000, 2183)].

제 3 주식양도의 제한

주식양도는 법률에 의해서 제한됨은 물론, 위에서 본 바와 같이 정관에 의해서도 제한될 수 있다. 주식양도의 법률에 의한 제한은 다시 상법상의 제한과 특별법상의 제한으로 구분된다.

I. 법률에 의한 제한

(1) 상법상의 제한

1) 권리주 양도의 제한

(가) 의의 및 입법목적 권리주란 「주식의 인수로 인한 권리」(주식인수인의 지위)로서 회사의 성립시 또는 신주의 납입기일까지 존재하는데, 이러한 권리주의 양도는 회사에 대하여 효력이 없다(상 319조). 이와 같이 권리주의 양도를 제한하는 이유는 권리주는 그 양도방법이 없을 뿐만 아니라, 이의 양도의 인정

으로 인하여 회사설립절차나 신주발행절차가 복잡해지고 투기행위가 발생하는 것을 방지하기 위해서이다.[1] 만일 발기인 또는 이사가 권리주를 양도한 때에는 과태료의 제재를 받는다(상 635조 2항).

(나) 회사의 승인의 효력　　상법 제319조의 「… 회사에 대하여 효력이 없다」라는 의미가 무엇이냐에 대하여, 우리나라의 학설은 대립하고 있다. 즉, 이에 대하여 (i) 우리나라의 통설[2]·판례[3]는 회사가 권리주의 양도를 승인하더라도 효력이 없다고 해석하는데, (ii) 소수설은 회사가 권리주의 양도를 인정하는 것은 무방하고 또 이것이 거래의 실정에도 맞다고 해석한다.[4]

생각건대 권리주는 그 양도방법이 없을 뿐만 아니라 또 그 존속기간이 단기간이므로 이의 양도를 인정할 실제상의 필요성도 없으므로, 통설·판례와 같이 그 양도의 효력을 부정하는 것이 타당하다고 본다. 상장회사가 주식을 발행하는 실무를 보면 신주를 청약할 자와 수는 기준일에 의하여 미리 정하여지고 청약증거금을 100% 예납받고 납입기일은 보통 청약일의 다음 날 또는 수일 내로 정하여지고 있으므로 시간상으로 보아 권리주의 양도는 거의 발생할 여지가 없고, 주금납입영수증 또는 청약증거금영수증에 백지위임장을 첨부하여 주식이 양도되는 것은 보통 권리주 양도가 아니라 주권발행 전의 주식의 양도의 형태이다.[5]

2) 주권발행전의 주식양도의 제한

(가) 의의 및 입법목적　　회사가 성립하거나 신주의 납입기일이 경과하여 권리주의 상태가 소멸된 경우에도 주권이 발행되기 전에 한 주식의 양도는 회사에 대하여 효력이 없다(상 335조 3항 본문). 이와 같이 주권발행 전의 주식양도를 제한하는 이유는, 주식의 양도는 주권의 교부에 의하여야 하는데(상 336조 1항) 주권발행 전

---

1) 동지: 정(희), 423면; 정(동), (회) 241면; 이(철), (회) 399~400면; 채, 650면; 이(기) 외, (회) 259면.

2) 정(동), (회) 241면; 이(철), (회) 400면; 박·이, 204면; 최(기), 662~663면; 채, 650면; 이(기) 외, (회) 259면; 주상(제 5 판)(회사 Ⅱ), 272면; 이·최, 285면 외.

3) 대판 1965. 12. 7, 65 다 2069(집 13 ② 민 273); 동 2001. 4. 24, 2001 다 3719.

4) 정(희), 424면(권리주 양도제한의 목적이 제 1 차적으로 주식인수인이 교체할 때 생기는 설립절차 또는 신주발행절차의 번잡성과 정체성을 방지하고자 하는 데 있다는 점에서 볼 때, 회사가 권리주의 양도를 자발적으로 인정하는 것은 무방하다고 보는 것이 실제에 맞지 않은가 한다); 강, (회) 376면.

5) 동지: 이(철), (회) 400면 주 1.
반대: 최(기), 663면(주금납입영수증의 교부에 의하여 권리주가 실제에 있어서 양도된다고 한다).

에는 적법한 주식의 양도방법이 없고 또 적절한 공시방법(기명주식의 경우 주주명부에의 명의개서 등)도 없어 주식거래의 안전을 기할 수 없을 뿐만 아니라,[1] 또 주권발행사무의 혼잡을 방지하여 주권발행을 촉진시키려는 기술적 이유에서이다.[2]

(나) 회사의 성립(신주의 납입기일) 후 6월이 경과한 경우 주권발행 전의 주식양도의 허용과 문제점

① 주권발행 전에 한 주식양도의 효력에 대하여 1984년 개정상법시까지의 우리나라의 대법원판례는 이를 아주 엄격히 해석하여, 「주권발행 전이란 말은 주권을 발행할 수 있는 합리적 시기 이전을 의미한다고 볼 수 없고 또 주권발행 전의 주식양도는 회사가 이를 승인하여 명의개서까지 한 경우라 하더라도 역시 무효이다」라고 판시하였다.[3] 그러나 이러한 대법원판례는 다수의 학설에 의하여 비판을 받아 왔고,[4] 또 주권발행 전의 간악한 주식양도인에 의하여 회사를 도로 찾으려는 목적으로 자주 악용되었다.[5] 따라서 1984년의 개정상법에서는 「회사 성립 후 또는 신주의 납입기일 후 6월이 경과한 때에는 주권발행 전의 주식양도는 유효하다」는 규정을 신설하여(상 335조 3항 단서), 주권발행을 고의로 늦추어 자유로운 주식양도(상 335조 1항 본문 참조)를 방해하는 회사로부터 주주를 보호하고 또 위와 같은 간악한 주식양도인으로부터 선량한 주식양수인을 보호하고 있다.

한편 위의 규정(상 335조 3항 단서)은 개정상법의 시행(1984. 9. 1) 이전에 이루어진 주권발행 전의 주식양도에도 적용되어(상 부칙 6조), 이러한 문제를 둘러싸고 발생한 기존의 분쟁까지도 종식시켰다.[6]

② 그러나 위의 규정(상 335조 3항 단서)의 신설에 의하여 회사는 주권발행을 게을리

---

1) 동지: 이(철), (회) 401면; 정(희), 424면.

2) 동지: 정(동), (회) 241~242면; 이(기) 외, (회) 259면.

3) 대판 1967. 1. 31, 66 다 2221(집 15 ① 민 59)외 다수.

그러나 대판 1983. 4. 26, 80 다 580(집 31 ② 민 114)는 「주권발행 전의 주식양도인이 주식양도 후에 주식양도의 효력을 다투는 것은 신의성실의 원칙에 위배된다」고 하여, 주권발행 전에 한 주식양도의 효력을 인정하였다.

4) 이의 대표적인 학설은 합리적 시기설인데, 이에 의하면 「회사가 주권을 발행할 수 있는 합리적 시기를 경과하도록 주권을 발행하지 않는 경우에는(상 355조 1항 참조) 주권발행 전의 주식의 양도는 유효하다」고 한다. 이 외에 신의칙설에서도 유사하게 설명되고 있다.

5) 동지: 정(동), (회) 242~243면.

6) 그러나 1984년 개정상법 시행 전에 주권의 발행 없이 이루어진 주식양도에도 1984년 개정상법이 적용된다는 상법 부칙 제 6 조는, 개정상법이 시행되기 전에 주권이 발행되어 주권발행 전의 주식양수인 이외의 제 3 자에게 그 주권이 교부된 경우에는 적용될 여지가 없다[대판 1989. 6. 27, 87 도 798(집 37 ② 민 707); 동 1989. 7. 25, 87 다카 2316(집 37 ② 민 217)].

할 우려가 있고,[1] 또한 주권 없는 주식양도가 합법화되어 주식의 양도는 주권의 교부에 의하여야 한다는 규정(상 336조 1항)을 사문화(死文化)시킬 우려도 있다.[2]

(다) 주권발행 전의 주식양도의 효력

① 회사의 성립 후 또는 신주의 납입기일 후 6월 이내에 주권 없이 주식을 양도한 경우 (i) 회사의 성립 후 또는 신주의 납입기일 후 6월 이내에 주권 없이 주식을 양도한 경우에는, 그러한 주식의 양도는 회사에 대하여 효력이 없다(상 335조 3항 본문). 이러한 주식양도의 효력은 1984년 개정상법 이전의 경우와 같다. 따라서 이러한 주식양도를 회사 측에서 승인을 하고 또 주주명부에 명의개서를 하였다고 하더라도, 회사에 대한 관계에서는 아무런 효력이 생기지 않는다고 본다.[3] 따라서 이 때의 주식양수인은 회사에 대하여 주권을 자기에게 발행·교부하여 달라는 청구를 할 수 없고, 다만 주식양도인의 회사에 대한 주권발행 및 교부청구권을 대위행사하여 주식양도인에의 주권발행·교부를 청구할 수 있을 뿐이다.[4] 이러한 점에서 주식양도인(채무자)의 채권자는 주식 자체를 가압류하지 못하고 주식양도인이 회사에 대하여 가지고 있는 주권교부청구권을 가압류할 수 밖에 없다.[5] 이 경우 회사가 주식양수인에게 주권을 발행하더라도, 이는 주권으로서의 효력이 발생하지 않는다.[6] 또한 이러한 주식양수인이 주주총회를 개최하여 새로 (대표)이사 등을 선임하였더라도 그 결의는 효

---

1) 회사는 상법상 성립 후 또는 신주의 납입기일 후 지체 없이 주권을 발행할 의무가 있고(상 355조 1항) 또 회사의 발기인·이사 등이 이에 위반하면 과태료의 처벌을 받지만(상 635조 1항 19호), 주주로부터 주권발행을 독촉받을 우려가 없고 또 주권발행비용을 절약하기 위하여 주권발행을 게을리할 우려는 충분히 있다[동지: 이·이, (회)(1991) 308면. 반대: 정(동), (회) 243면].

2) 동지: 정(희), 425면.
반대: 정(동), (회) 243면.

3) 동지: 이(철), (회) 402면; 채, 648면; 이(기) 외, (회) 259면; 주상(제 5 판)(회사 Ⅱ), 383면; 대판 1965. 4. 6, 64 다 205(집 13 ① 민 101); 동 1987. 5. 26, 86 다카 982·983(공보 804, 1052) 외.

4) 동지: 대판 1981. 9. 8, 81 다 141(공보 667, 14332); 동 1982. 9. 28, 82 다카 21(공보 693, 1009).

5) 주권발행 전 주식의 경우 회사의 성립(신주의 납입기일) 후 6월 경과 주식의 경우와 같이 6월 경과 전 주식에 대하여도 주식 자체에 대한 가압류를 인정하여야 할 현실적 필요가 있다는 견해로는 송달룡, "주식 가압류 소고," 법률신문, 2014. 2. 13, 12~13면(주권교부청구권을 가압류한 채권자는 채무자인 주식양도인이 주식 자체를 제 3 자에게 양도하고 신주의 납입기일 후 6월 경과 후에 회사에게 확정일자 있는 증서로 주식양도 사실을 통지하면 회사는 주식양수인을 주주로 보지 않을 수 없게 되어, 회사가 주권을 발행하지 않는 한 주권교부청구권을 가압류한 채권자는 보전처분의 목적을 충분히 달성할 수 없다).

6) 동지: 이(철), (회) 402면; 대판 1987. 5. 26, 86 다카 982·983.

력이 없고,[1] 동 결의는 결의부존재의 원인이 된다.[2]

또한 이러한 주식양수인은 주식양도인에 대하여 채권자에 불과하므로, 주주총회결의의 무효확인을 구할 법률상 이익도 없다.[3]

(ii) 위의 주권발행 전의 주식양도가 회사에 대하여 효력이 없다 하여도, 당사자간에는 양도의 효력(채권적 효력)이 있음을 부정할 수 없다.[4]

(iii) 회사의 성립 후 또는 신주의 납입기일 후 6월 이내에 주권이 발행되기 전에 주식이 양도되고 그 후 6월 이내에 주권이 발행되었다면 동 주식양도는 회사에 대하여 효력이 없으나, 6월이 경과한 후에 주권이 발행되었다면 동 주식양도는 하자가 치유되어 유효라고 본다.[5] 왜냐하면 이를 무효라고 하면 양도인과 양수인이 6월 경과 후 주권발행 전에 다시 양도의 의사표시를 하여 동 양도를 유효로 할 수 있는데(상 335조 3항 단서), 이렇게 되면 공연히 절차만 번거롭게 되기 때문이다. 그러나 1984년 개정상법 이전에는 나중에 주권발행이 있는 경우에도 (언제나) 주권발행 전의 주식양도의 효력은 발생하지 않는 것으로 보았다.[6]

② **회사의 성립 후 또는 신주의 납입기일 후 6월 이후에 주권 없이 주식을 양도한 경우** (i) 회사의 성립 후 또는 신주의 납입기일 후 6월 이후에 주권 없이 주식을 양도한 경우에는 당사자간에는 물론이고, 회사에 대하여도 유효한 주식양도가 된다(상 335조 3항 단서). 따라서 이 때의 주식양수인은 그가 적법하게 주식을 양수하였다는 사실을 증명하여 회사에 대하여 명의개서와 주권발행·교부를 청구할 수 있다.[7] 또한 이 경우 주식양수인(채무자)의 채권자는 주식 자체를 가압류할 수 있다. 그런데 주식양도청구권이 압류 또는 가압류된 경

1) 동지: 대판 1975. 12. 23, 75 다 770(공보 530, 8890); 동 1983. 9. 27, 83 도 1622(공보 716, 1631).

2) 동지: 대판 1977. 6. 7, 77 다 54(민판집 234, 277).

3) 동지: 대판 1962. 5. 17, 4294 민상 1114(카드 6693).

4) 동지: 이(철), (회) 402면; 채, 648면; 이(기) 외, (회) 259면; 대판 1975. 4. 22, 75 다 174(공보 515, 8453); 동 1983. 2. 22, 82 다 15(공보 702, 583).

5) 동지: 정(희), 425면; 정(동), (회) 243면; 이(철), (회) 402면; 이(기) 외, (회) 262면; 대판 2002. 3. 15, 2000 두 1850(주식양도가 회사 성립 후 또는 신주의 납입기일 후 6월이 경과하기 전에 이루어졌다고 하더라도 그 이후 6월이 경과하고 그때까지 회사가 주권을 발행하지 않았다면 그 하자는 치유되어 회사에 대하여도 유효한 주식양도가 된다).

반대: 최(기), 664면.

6) 대판 1963. 11. 7, 63 다 1179(집 11 ② 민 231).

7) 동지: 이(철), (회) 402면(그러나 주권발행은 명의개서를 한 후에 청구할 수 있다고 한다); 대판 1992. 10. 27, 92 다 16386(공보 934, 3261)(이러한 양수인은 단독으로 자신이 주식을 양수한 사실을 증명함으로써 회사에 대하여 그 명의개서를 청구할 수 있다).

우, 채무자는 제3채무자를 상대로 주식의 양도를 구하는 소를 제기할 수 있으나, 법원이 이 청구를 인용하려면 가압류의 해제를 조건으로 하여야 한다. 우리 대법원판례도 이러한 취지로 다음과 같이 판시하고 있다.

[주식양도청구권이 압류된 경우에도 채무자는 주식의 양도를 구하는 소를 제기할 수 있으나, 법원이 이 청구를 인용하려면 압류의 해제를 조건으로 하여야 한다는 판례]

일반적으로 주식양도청구권의 압류나 가압류는 주식 자체의 처분을 금지하는 대물적 효력은 없고 채무자가 제3채무자에게 현실로 급부를 추심하는 것을 금지할 뿐이다. 따라서 채무자는 제3채무자를 상대로 그 주식의 양도를 구하는 소를 제기할 수 있고 법원은 가압류가 되어 있음을 이유로 이를 배척할 수 없다. 다만 주권발행 전이라도 회사성립 후 또는 신주의 납입기일 후 6개월이 지나면 주권의 교부 없이 지명채권의 양도에 관한 일반원칙에 따라 당사자의 의사표시만으로 주식을 양도할 수 있으므로, 주권발행 전 주식의 양도를 명하는 판결은 의사의 진술을 명하는 판결에 해당한다. 이러한 주식의 양도를 명하는 판결이 확정되면 채무자는 일방적으로 주식 양수인의 지위를 갖게 되고, 제3채무자는 이를 저지할 방법이 없으므로, 가압류의 해제를 조건으로 하지 않는 한 법원은 이를 인용해서는 안 된다. 이는 가압류의 제3채무자가 채권자의 지위를 겸하는 경우에도 동일하다[대판 2021. 7. 29, 2017 다 3222 · 3239(공보 2021, 1593)].

그런데 회사가 6월이 경과하도록 주권을 발행하지 않았다고 하더라도 주식의 양도일 현재 회사가 주권을 발행한 경우라면 주권 없이 주식을 양도할 수는 없다.[1)]

(ii) 1984년 개정상법은 이 때의 주식양도의 효력을 인정하면서 그 양도방법에 관하여는 아무런 규정을 두고 있지 않다. 따라서 이 때의 주식양도는 민법상 지명채권의 양도방법과 같이 당사자 사이의 의사표시에 의하여 이루어지고, 회사 기타 제 3 자에게 대항력(주식의 소유관계에서 적법한 주주임을 주장하기 위한 대항력)을 갖추기 위하여는 회사에 대한 통지 또는 회사의 승낙을 요한다(민 450조 1항)고 보는 것이 통설이다.[2)] 그러나 회사에 대하여 주주권을 행사하기 위한 대항요건(즉, 양수인이 앞으로 계속적으로 주주권을 행사하기 위한 대항요건)으로

1) 동지: 대판 1993. 12. 28, 93 다 8719; 이(철), (회) 402면.

2) 정(동), (회) 269면; 이(철), (회) 403면(여기서 회사에 대한 대항력은 회사에 대하여 적법한 양수인임을 주장하고 명의개서를 청구할 수 있음을 말한다고 한다); 해설(1984), 52면; 채, 649면 외.

는 명의개서를 요하고(이러한 대항요건을 갖추지 않으면 주주는 그가 회사에 대하여 주주권을 행사할 때마다 매번 적법한 주주임을 증명하여야 할 것임)(상 337조 1항), 제 3 자에 대한 배타적인 대항요건(양도인이 이중으로 주식을 양도한 경우에 제 1 의 양수인이 제 2 의 양수인에 대하여 주주임을 주장하기 위한 대항요건)으로는 확정일자 있는 증서에 의한 양도통지 또는 회사의 승낙을 요한다[1](민 450조 2항). 그러나 이중으로 양도받은 2인 이상의 양수인이 모두 확정일자 없이 회사에 대한 통지·승낙의 요건만 구비하였다면, 회사에 먼저 통지하거나 승낙을 받아 명의개서를 한 자가 우선한다.[2]

이러한 관계를 좀더 확실하게 하기 위하여 다음의 예에서 구체적으로 살펴본다.

> Y_1회사의 주주인 A는 X에게 자기의 주식을 양도하고, 그 후 다시 Y_2에게 동 주식을 이중으로 양도하였다. 이 때 Y_1회사는 성립 후 6월이 경과하였는데도 주권을 발행하지 않았고, X는 Y_1 회사의 확정일자 있는 승낙은 받았으나 주주명부에 명의개서를 하지 않았으며, Y_2는 주주명부에 명의개서를 하였다. 이 때 X가 Y_1 회사에 대하여 주주(주식의 소유관계에서 적법한 주주)임을 대항하기 위하여는 Y_1 회사의 승낙(또는 A의 Y_1 회사에 대한 통지)으로써 충분하고(민 450조 1항) 또 X가 Y_2에 대하여 자기가 주주임을 대항하기 위하여는 이러한 승낙서(또는 통지서)에 확정일자를 받으면 충분하나(민 450조 2항), X가 Y_1 회사에 대하여 앞으로 계속적으로 주주권을 행사하기 위한 대항요건은 명의개서이다(상 337조 1항). 한편 Y_2가 주주명부상 주주로 기재되어 있다고 하여 Y_2가 Y_1 회사에 대한 관계에서 주주(주식의 소유관계에서 적법한 주주)라고 볼 수는 없다. 왜냐하면 주주명부상 Y_2가 주주로서 기재된 것은 권리추정적 효력밖에 없으므로 X가 실질적 주주임을 증명하면 Y_2의 권리추정적 효력은 깨어지기 때문이다.[3] 따라서 이 예에서 X만이 Y_1 회사에 대한 관계에서 주주이고, X는 이를 Y_1 회사 및 Y_2에 대하여 주주임을 대항할 수 있다.[4] 또한 이 경우 X(제 1 양수인)는 A(양도인)에 대하여 불법행위에 기한 손해배상을 청구할 수 있는데, 우리 대법원판례도 이와 같은 취지로 다음과 같이 판시하고 있다.

---

1) 동지: 대판 1995. 5. 23, 94 다 36421(공보 995, 2226).

2) 동지: 대판 2010. 4. 29, 2009 다 88631; 이(철), (회) 403면.

3) 동지: 대판 1989. 7. 11, 89 다카 5345(공보 855, 1229); 동 1985. 3. 26, 84 다카 2082(공보 752, 623); 동 1996. 8. 20, 94 다 39598(공보 1996, 2779); 동 1999. 7. 23, 99 다 14808(공보 1999, 1730); 동 2000. 3. 23, 99 다 67529(공보 2000, 1032).

4) 이에 관한 상세는 정찬형, "주권발행 전 주식양도 및 이사회의 결의 없는 신주인수권 양도의 회사에 대한 효력," 「판례월보」, 제304호(1996. 1), 20~23면.

[양도인은 제 1 양수인에 대하여 불법행위에 기한 손해배상책임을 부담한다고 한 판례]

주권발행 전 주식의 양도는 양도인과 양수인 사이의 주식 양도에 관한 의사의 합치, 즉 주식양도계약만으로 그 효력이 발생하므로, 주식양도계약이 체결됨으로써 바로 양도인은 양도의 목적이 된 주식을 상실하고 양수인이 이를 이전받아 그 주주가 된다. 그와 같이 하여 주권발행 전 기명주식을 양도받은 사람은 다른 특별한 사정이 없는 한 양도인의 협력 없이도 그 주식을 발행한 회사에 대하여 자신이 주식을 취득한 사실을 증명함으로써 명의개서를 청구할 수 있고, 그 명의개서로써 회사에 대한 관계에서 주주로서의 권리를 행사할 자격을 갖추게 된다. 한편 주식양도의 원인이 된 매매·증여 기타의 채권계약에서 다른 약정이 없는 한 양도인은 그 채권계약에 기하여 양수인이 목적물인 주식에 관하여 완전한 권리 내지 이익을 누릴 수 있도록 할 의무를 진다고 할 것이다. 그러므로 양도인은 이미 양도한 주식을 제 3 자에게 다시 양도 기타 처분함으로써 양수인의 주주로서의 권리가 침해되도록 하여서는 아니된다. 나아가 회사 이외의 제 3 자에 대하여 주식의 양도를 대항하기 위하여는 지명채권의 양도에 준하여 확정일자 있는 증서에 의한 양도의 통지 또는 그와 같은 승낙〈이하 단지 '제 3 자 대항요건'이라고 한다〉이 있어야 하므로, 양도인은 위와 같은 의무의 일환으로 양수인에 대하여 회사에 그와 같은 양도통지를 하거나 회사로부터 그러한 승낙을 받을 의무를 부담한다. 따라서 양도인이 제 1 양수인에 대하여 앞서 본 바와 같은 원인계약상의 의무를 위반하여 이미 자신에 속하지 아니하게 된 주식을 다시 제 3 자에게 양도하고 제 2 양수인이 주주명부상 명의개서를 받는 등으로 제 1 양수인이 회사에 대한 관계에서 주주로서의 권리를 제대로 행사할 수 없게 되었다면, 이는 그 한도에서 이미 제 1 양수인이 적법하게 취득한 주식에 관한 권리를 위법하게 침해하는 행위로서 양도인은 제 1 양수인에 대하여 그로 인한 불법행위책임을 진다고 할 것이다. 이러한 양도인의 책임은 주식이 이중으로 양도되어 주식의 귀속 등에 관하여 각 양수인이 서로 양립할 수 없는 이해관계를 가지게 됨으로써 이들 양수인이 이른바 대항관계에 있게 된 경우에 앞서 본 대로 그들 사이의 우열이 이 중 누가 제 3 자대항요건을 시간적으로 우선하여 구비하였는가에 달려 있어서 그 여하에 따라 제 1 양수인이 제 2 양수인에 대하여 그 주식의 취득을 대항할 수 없게 될 수 있다는 것에 의하여 영향을 받지 아니한다 [대판 2012. 11. 29, 2012 다 38780(공보 2013, 34)].

주권발행 전 주식의 양도에 관하여는 다음과 같은 대법원판례가 있다.

[주권발행 전 주식양도의 방법에 관한 판례]

상법 제335조 제3항 소정의 주권발행전에 한 주식의 양도는 회사성립 후 또는 신주의 납입기일 후 6월이 경과한 때에는 회사에 대하여 효력이 있는 것으로서, 이 경우 주식의 양도는 지명채권의 양도에 관한 일반원칙에 따라 당사자의 의사표시만으로 효력이 발생하는 것이고, 상법 제337조 제1항에 규정된 주주명부상의 명의개서는 주식의 양수인이 회사에 대한 관계에서 주주의 권리를 행사하기 위한 대항요건에 지나지 아니하므로, 주권발행 전 주식을 양수한 사람은 특별한 사정이 없는 한 양도인의 협력을 받을 필요 없이 단독으로 자신이 주식을 양수한 사실을 증명함으로써 회사에 대하여 그 명의개서를 청구할 수 있다 할 것이다(대법원 1992.10.27. 선고, 92다16386 판결 참조). 따라서 주권발행 전에 주식을 양수한 자는 주주명부상의 명의개서가 없어도 회사에 대하여 자신이 적법하게 주식을 양수한 자로서 주주권자임을 주장할 수 있다 할 것이니, 같은 취지로 판단한 원심판결은 정당하고, 논지는 모두 이유가 없다.

주권발행 전의 주식 양도의 제3자에 대한 대항요건은 확정일자 있는 증서에 의한 양도통지 또는 회사의 승낙이고, 주주명부의 명의개서는 주식양수인들 상호간의 대항요건이 아니라 적법한 양수인이 회사에 대한 관계에서 주주의 권리를 행사하기 위한 대항요건에 지나지 않는다[대판 1995.5.23, 94다36421(공보 995, 2226)].

동지: 대판 1985.3.26, 84다카2082(공보 752, 623); 동 1989.7.11, 89다카5345(공보 855, 1229); 동 1996.6.25, 96다12726(공보 1996, 2309)(회사 성립 후 또는 신주의 납입기일 후 6월이 경과한 때의 주권발행 전의 주식의 양도는 지명채권양도에 관한 일반원칙에 따라 당사자의 의사표시만으로 그 효력이 발생한다); 동 1996.8.20, 94다39598(공보 1996, 2779)(회사성립 후 6월이 경과한 후에 주권발행 전 주식양도가 있고 회사가 이러한 사실을 통지받았다면 회사가 그 주식에 관하여 임의로 제3자 명의로 명의개서를 마치고 또 주권을 발행하였다고 하더라도 제3자가 주주가 되는 것이 아니다); 동 1991.8.13, 91다14093(공보 905, 2349)(주권이 발행되지 아니하였다 하더라도 회사성립 후 6개월이 경과한 경우에는 회사에 대하여 주식양도의 효력을 주장할 수 있고 주권발행 전의 주식의 양도는 지명채권양도의 일반원칙에 따라 당사자 사이의 의사표시만으로 성립하므로, 주권이 발행된 경우의 기명주식양도의 절차를 밟지 않았다고 하여 주식양도의 효력이 없다고 할 수 없다); 동 1993.12.28, 93다8719(공보 962, 511)(주권발행 전의 주식의 양도는 지명채권양도의 일반원칙에 따라 당사자 사이의 의사의 합치만으로 그 효력이 발생한다); 동 1992.10.27, 92다16386(공보 934, 3261)[이 판결에 찬성하는 취지의 평석으로는 이기수, 법률신문, 제2195호(1993.2.22.), 15면]; 동 1989.7.25, 87다카2316(공보 856, 1278)

(현행 상법 제335조 제 3 항 단서는 "그러나 회사성립 후 또는 신주의 납입기일 후 6 월이 경과한 때에는 그러하지 아니하다"라고 규정하고 있고, 같은 법 부칙 제 6 조는 주권발행 전의 주식양도에 관한 경과조치로서 "제335조 제 3 항 단서의 개정규정은 이 법 시행 전에 주권의 발행없이 이루어진 주식의 양도에 관하여도 이를 적용한다"고 규정하고 있으나, 앞서 본 이 사건의 사실관계에서와 같이 위 개정규정이 시행되기 전에 이미 주권이 발행되어 주권발행 전의 주식양수인 이외의 자들에게 주권이 교부된 경우에는 위 법 부칙 제 6 조의 규정을 적용하여 주권발행 전의 주식양도를 유효하다고 볼 여지가 없다고 할 것이므로(대법원 1989. 6. 27. 선고, 87 도 798 판결 참조), 원시주식의 양수인에 불과한 위 A는 상법이 정하는 주식양도방법에 따라 주권을 교부받기 전까지는 양수주식의 주주가 될 수 없다고 할 것이다); 동 1989. 6. 27, 87 도 798(공보 854, 1190); 동 1988. 10. 11, 87 누 481(공보 836, 1414)(주권이 발행되지 않았다고 하여도 회사성립 후 6 월이 경과한 경우에는 회사에 대하여 주식양도의 효력을 주장할 수 있고 주권발행 전의 주식의 양도는 지명채권양도의 일반원칙에 따라 당사자 사이의 의사표시만으로 성립하는 것이므로, 주권이 발행된 경우의 기명주식양도의 절차를 밟지 않았다고 하여 주식양도의 효력이 없다고는 할 수 없다); 동 1987. 7. 7, 86 다카 2675(공보 807, 1319)(주식회사의 사실상 1 인주주로서 주식 전부를 소유하면서 대표이사로 있던 자가 주권을 발행하지 아니하고 있던중 거래선에 대한 채무를 변제할 능력이 없어서 그 해결방법으로 위 주식 전부를 양도하고 회사의 경영권까지 넘겨주었던바, 양수인들이 양도받은 회사를 경영하고 있는 지금에 와서 그 주권이 발행되지 아니하였다거나 상법 소정의 주식양도방법에 따르지 아니한 양도였음을 구실로 내세워 그 주식양도의 효력을 다투는 것은 신의성실의 원칙에 위배되는 소권〈訴權〉의 행사로서 허용될 수 없다); 동 1999. 7. 23, 99 다 14808(공보 1999, 1730)(주권발행 전에 주식이 양도되는 경우라도 그것이 회사 성립 후 6 개월이 경과한 후에 이루어진 때에는 회사에 대하여 효력이 있으므로 그 주식양수인은 주주명부상의 명의개서 여부와 관계없이 회사의 주주가 되고, 그 후 주식양도 사실을 통지받은 바 있는 회사가 그 주식에 관하여 주주가 아닌 제 3 자에게 주주명부상의 명의개서절차를 마쳤다고 하더라도, 그로써 제 3 자가 주주가 되고 주식양수인이 주주권을 상실한다고 볼 수는 없다); 동 2000. 3. 23, 99 다 67529(공보 2000, 1032)(주권발행 전의 주식양도라 하더라도 회사 성립 후 6 월이 경과한 후에 이루어진 때에는 회사에 대하여 효력이 있으므로 그 주식양수인은 주주명부상의 명의개서 여부와 관계 없이 회사의 주주가 되고 그 후 그 주식양도 사실을 통지받은 바 있는 회사가 그 주식에 관하여 주주가 아닌 제 3 자에게 주주명부상의 명의개서절차를 마치고 나아가 그에게 기명식 주권을 발행하였다

하더라도, 그로써 제 3 자가 주주가 되고 주식양수인이 주주권을 상실한다고는 볼 수 없다)[이 판결에 찬성하는 취지의 평석으로는 정진세, [판례월보], 통권 371호(2001. 8), 30~38면 참조]; 동 2002. 9. 10, 2002 다 29411(공보 2002, 2431)(회사 성립 후 또는 신주의 납입기일 후 6월이 경과한 경우 주권발행 전의 주식은 당사자의 의사표시만으로 양도할 수 있고, 그 주식양도계약이 해제되면 계약의 이행으로 이전된 주식은 당연히 양도인에게 복귀한다).

참고로 1984 개정상법 이전의 주권발행 전의 주식양도에 관한 다음과 같은 판례가 있다.

[주권발행 전의 주식양도를 유효로 본 판례]

X가 여러 해 동안 실질상의 1인 회사인 Y회사의 대표이사직에 있으면서 주권을 발행하지 아니하고 있다가, X가 자금난으로 회사를 경영할 수 없어 그 주식을 모두 양도하고 그 양수인들이 Y 회사의 부채를 정리하고 경영한지 무려 7, 8년이 지난 지금에 와서 주권이 발행되지 아니하였음을 이유로 그 주식양도의 효력을 다투고 양도 후의 이 사건 주주총회결의 부존재 또는 무효확인과 X가 주주임의 확인을 구하는 이 사건 소는, 신의성실의 원칙에 위배한 소권의 행사이어서 허용되지 아니한다[대판 1983. 4. 26, 80 다 580(공보 706, 877)][이 판결에 반대하는 취지의 평석으로는 서정갑, 법률신문, 제1513호(1983. 10. 17.), 12면].

[주권발행 전의 주식양도를 무효로 본 판례]

주권발행 전의 주식양도는 그것이 회사가 주권을 발행할 충분하고도 합리적인 시기를 도과한 후에 됐다고 하더라도, 회사에 대하여 무효라고 할 것이다[대판 1980. 3. 11, 78 다 1793(공보 631, 12695)].

동지: 대판 1980. 10. 31, 80 마 446(공보 647, 13363)(주식회사에 있어서 주권발행 전에 한 주식의 양도가 회사에 대하여 효력이 없다는 것은 상법 제335조 제 3 항에서 명백히 규정하고 있으며, 위와 같은 경우에 그 주식의 양도를 회사가 승인하더라도 그 주식의 양도가 회사에 대한 관계에 있어서 유효라고는 볼 수 없다); 동 1977. 10. 11 77 다 1244(공보 573, 10359)(주식의 양도가 주권발행 전에 이루어진 것이라면 그 주식의 양도는 상법 제335조 제 3 항에 의하여 회사에 대하여 그 효력이 없으며, 회사 설립 후 주권발행 책임이 있는데도 주권발행에 필요한 충분하고도 합리적인 기간이 경과되도록 그 의무를 해태하였던 것이라고 해도 주권발행 전에 한 주식양도가 회사에 대한 관계에서 그 효력이 없음을 주장한다고 해서 신의성실의 원칙에 반한다고 할 수 없다); 동 1975. 12. 23, 75 다 770(공보 530, 8890)(주식회사에 있어서 주권발행 전에 한 주식의 양도는

회사에 대하여 효력이 없다는 것이 상법 제335조 제 3 항과 판례의 취지이므로, 회사의 주권발행 전에 원시주주들로부터 주식을 전전양수하였다고 하는 소외인들이 주주총회를 개최하여 A, B, C를 이사로 선임하고 이에 기초하여 이루어진 이사회에서 A를 대표이사로 선임하여 등기를 마친 것이라 하더라도 A가 회사를 대표할 수 있는 적법한 대표자라고 할 수 없다); 동 1977. 2. 22, 76 다 2129 (민판집 230, 629); 동 1975. 4. 22, 75 다 174(공보 515, 8453)(주권발행 전의 주식양도는 회사에 대하여 효력이 없으나 당사자 간에는 양도의 효력이 있다); 동 1974. 12. 10, 74 다 428(공보 504, 8216)(주권발행 전의 주식회사에 있어서 원시주주들에 의하여 대표이사로 선임등기된 A가 사임하고, 원시주주들로부터 주식을 전전양수한 자들이 주주총회를 개최하여 B를 회사의 후임 대표이사로 선임등기한 경우, 주식양수인들은 회사에 대한 관계에서는 유효한 주주가 될 수 없고, 따라서 그 주주총회에서 선임된 B는 회사의 적법한 대표자의 자격이 없으므로 그가 회사의 대표자로서 제기한 소〈訴〉는 부적법하다. 따라서 위의 경우 위 회사의 적법한 대표이사는 상법 제386조, 제389조 제 3 항에 의하여 당연히 당초의 대표이사인 A라 할 것이고, 위 A가 현재 생존하여 위 회사의 대표권을 행사할 수 있는 이상 위 회사는 민소법 제58조, 제60조 소정의 특별대리인 선임요건인「대표자가 없거나 대표자가 대표권을 행사할 수 없는 경우」에 해당하지 않는다); 동 1970. 3. 10, 69 다 1812(집 18 ① 민 203)(대표이사가 주권을 발행하지 않는다고 하여 전무이사가 그 명의로 발행한 주권은 무효이고, 주권발행 전의 주식의 양도는 회사에 대하여 그 효력이 없다).

(iii) 이 때에 주권발행 전의 주식양도가 인정된다고 하더라도 주권이 없기 때문에 주권의 교부에 의하여 주식을 양수한 자가 누리는 적법성의 추정(상 336조 2항)은 인정되지 않는다.[1] 따라서 주권발행 전에 주식양도가 있었다는 사실은 일반원칙에 따라 그것을 주장하는 측(양수인)에서 증명하여야 한다.[2]

3) 자기주식 취득의 제한

(가) 입법방향 　회사가 자기주식을 취득하면 실질적으로 출자를 환급하는 결과가 되어 자본금 충실(유지)의 원칙에 반하고, 또 회사는 기업위험을 부담하는 외에 주가변동에 따른 위험을 이중으로 부담하게 되며, 또 취득시에 기회의 불평등과 대가의 불공정성으로 인하여 주주평등의 원칙에 반하게 될 수 있고, 또 회사의 내부자(임원 등)에 의한 투기거래로 악용될 우려가 있는 등 여러 가지의 폐해가 있다. 따라서 2011년 4월 개정상법 이전의 상법에서는 회

1) 동지: 이(철), (회) 404면 외.
2) 동지: 이(철), (회) 404면; 해설(1984), 52면.

사의 자기주식의 취득을 원칙적으로 금지하였다.[1] 그러나 자본시장법(구 증권거래법)에서는 적대적 M&A에 대한 방어수단이나 주가관리수단 등의 기능을 중시하여[2] 주권상장법인에 대하여 자기주식의 취득을 원칙적으로 인정하고, 다만 자기주식의 취득에 따른 폐해를 방지하기 위하여 취득재원 및 취득방법 등에 대하여 규제하였다(자금 165조의 3).[3] 2011년 4월 개정상법은 회사의 자기주식의 취득은 회사의 재산을 주주에게 환급한다는 점에서 본질적으로 주주에 대한 이익배당과 유사하게 볼 수 있는 점, 자기주식을 모든 주주로부터 지분비율에 따라 취득하면 주주평등의 원칙에 위반하는 문제가 발생하지 않을 수 있는 점, 비상장회사에 대하여도 배당가능이익으로 재원을 한정하여 자기주식을 취득하도록 하면 회사채권자의 이익을 해하지 않는다는 점 등의 이유로, 자본시장법의 입법태도와 같이 배당가능이익으로써 자기주식을 취득하는 것을 원칙적으로 허용하고 있다.[4]

그러나 자본시장법은 주권상장법인이 자기주식을 취득할 수 있는 경우를 「신탁계약에 따라 자기주식을 취득한 신탁업자로부터 신탁계약이 해지되거나 종료된 때 반환받는 방법」에 의하여 자기주식을 취득하는 경우를 추가시키고, 자기주식의 취득은 상법 제341조 제 2 항에도 불구하고 이사회의 결의로써 가능하며, 자기주식을 취득하거나 취득한 자기주식을 처분하는 경우에는 대통령령으로 정하는 요건·방법 등의 기준(이사회결의사항, 취득·처분금지사항과 기간, 취득방법과 기간, 자기주식을 교환대상으로 하는 교환사채권의 발행시 그 사채권을 발행한 때에 자기주식을 처분한 것으로 간주, 금전신탁의 경우 신탁업자에 대한 취득·처분금지기간 통보의무 등을 규정함)에 따르도록 하는 등의 특칙을 두고 있다(자금 165조의 3, 자금시 176조의 2).

이러한 자기주식의 취득을 규제하는(원칙적으로 배당가능이익으로써 자기주식을 취득하는 경우에도 그 폐해를 방지하기 위하여 예외적으로 규제하는) 방법으로는 목적규제·재원규제·수량규제·보유규제·공시규제 및 거래규제 등이 있는데,[5] 우리 상법은 배당가능이익으로써(손익거래로써) 자기주식을 취득하는 경우에는 기본적으로 재원규제를 하고(상 341조)[6] 배당가능이익이 아닌 자금

1) 동지의 입법례: 獨株 71조; 佛商(2001) 225-206조; 英會(2006) 658조 1항; N.Y. Bus. Corp. Law §513 (a) 등.

2) 회사가 자기주식을 취득하는 동기에 관하여는 김정수, 「현대증권법원론」(서울: 박영사, 2002), 538~540면 참조.

3) 동지의 입법례: RMBCA(2006) §6.31.

4) 법무부, 상법개정특별분과위원회 회의록(회사편), 2006.12, 335면.

5) 동지: 정(동), (회) 244면.

6) 이는 2011년 4월 개정상법이 신설한 것이다. 이의 경우에도 입법론상 목적규제·수량규제 또

으로써(자본거래로써) 자기주식을 취득하는 경우에는 기본적으로 목적규제를 하고 있다(상 341조의 2).[1] 이하에서는 이에 관하여 차례로 살펴본다.

(나) 재원규제 회사가 배당가능이익으로써 자기주식을 취득하는 경우에는 다음과 같은 재원상 제한과 방법상 제한이 있다.

① 재원상 제한 회사가 자기주식을 취득하기 위하여는 다음과 같이 직전 결산기의 대차대조표상 이익이 현존하여야 하고 또한 당해 결산기에 이익이 예상되어야 하는데, 이 점은 중간배당의 요건(상 462조의 3 2항·3항·4항)과 아주 유사하다.

(a) 직전 결산기의 대차대조표상 이익이 현존하여야 한다(상 341조 1항 단서) 회사가 자기주식을 취득하는 경우 그 취득가액의 총액은 직전 결산기의 대차대조표상의 순자산액에서 (i) 자본금의 액, (ii) 그 결산기까지 적립된 자본준비금과 이익준비금의 합계액, (iii) 그 결산기에 적립하여야 할 이익준비금의 액 및 (iv) 대통령령으로 정하는 미실현이익(회계원칙에 따른 자산 및 부채에 대한 평가로 인하여 증가한 대차대조표상의 순자산액으로서, 미실현손실과 상계하지 아니한 금액—상시 19조)을 뺀 금액(배당가능이익)을 초과하지 못한다(상 341조 1항 단서).

직전 결산기에 배당가능이익이 없었음에도 불구하고 회사가 자기주식을 취득한 경우, 그 자기주식 취득의 사법상 효력은 어떠한가. 이에 대하여 취득한 자기주식 중 재원규제 위반분과 그렇지 않은 부분의 구별이 불가능할 수 있다는 점 등에서 재원규제에 위반한 자기주식의 취득을 유효로 보는 견해도 있다.[2] 그러나 이는 (상법 제341조의 2 각 호에 해당하지 않으면) 강행규정인 상법 제341조의 2에 위반한 자기주식의 취득인 점, 배당가능이익이 없는 위법한 이익배당을 당연무효로 보는 점 등에서 볼 때 무효로 보아야 할 것이다.

(b) 해당 영업연도의 결산기에 이익이 예상되어야 한다(상 341조 3항) 회사는 해당 영업연도의 결산기에 대차대조표상의 순자산액이 (i) 자본금의 액, (ii) 그

는(및) 보유규제가 필요하다는 견해로는 정찬형, "2011년 개정상법상 자기주식의 취득·처분 및 소각과 관련한 법적 문제점," 「법과 기업 연구」(서강대 법학연구소), 제5권 제2호(2015.8), 9~14면.

1) 이는 2011년 4월 개정상법 이전과 유사하다(개정전 상 341조).

2) 권종호, 「자본시장법(주석서 I)」(한국증권법학회)(서울: 박영사, 2009), 696면; 안성포, "자기주식취득의 허용에 따른 법적 쟁점," 「상사법연구」(한국상사법학회), 제30권 제2호(2011.8), 82면.

결산기까지 적립된 자본준비금과 이익준비금의 합계액, (iii) 그 결산기에 적립하여야 할 이익준비금의 액 및 (iv) 대통령령으로 정하는 미실현이익의 합계액에 미치지 못할 우려가 있는 경우(즉, 배당가능이익이 예상되지 않는 경우)에는 자기주식을 취득하여서는 아니 된다(상 341조 3항). 만일 해당 영업연도의 결산기에 배당가능이익이 예상되지 않는 경우에도 회사가 자기주식을 취득하면, 이사[1]는 그가 해당 영업연도의 결산기에 이익이 발생할 것으로 판단함에 있어 주의를 게을리하지 아니하였음을 증명하지 못하는 한 회사에 대하여 연대하여 그 미치지 못한 금액을 배상할 책임이 있다(상 341조 4항).

② 방법상 제한

(a) 주주총회의 결의 회사가 배당가능이익으로써 자기주식을 취득하고자 하는 경우에는 미리 주주총회의 결의로 (i) 취득할 수 있는 주식의 종류 및 수, (ii) 취득가액의 총액의 한도 및 (iii) 1년을 초과하지 아니하는 범위에서 자기주식을 취득할 수 있는 기간을 결정하여야 한다(상 341조 2항 본문). 그러나 이사회의 결의로 이익배당을 할 수 있다고 정관에서 정하고 있는 경우에는 위의 사항에 대하여 주주총회의 결의에 갈음하여 이사회의 결의로써 한다(상 341조 2항 단서). 자본금 총액이 10억원 미만인 회사로서 이사를 1명 또는 2명 둔 경우에는 이사회가 없으므로 언제나 주주총회의 결의에 의하여야 한다(상 383조 5항, 341조 2항 단서).

배당가능이익이 없음에도 불구하고 주주총회 또는 이사회가 자기주식을 취득할 것을 결의하면, 이러한 결의는 무효가 된다고 본다.[2] 그러나 주주총회 또는 이사회가 절차상의 하자로 인하여 사후에 취소된 경우 등에 회사가 취득한 자기주식의 사법상 효력은 위법한(전단적) 대표행위의 효력의 문제가 될 것이다.[3]

(b) 취득방법의 제한 회사가 배당가능이익으로써 자기주식을 취득하는 경우, 그 취득방법은 (i) 거래소에서 시세(時勢)가 있는 주식의 경우에는 거래소에서 취득하는 방법과 (ii) 상환주식의 경우 외에 각 주주가 가진 주식수에

1) 집행임원 설치회사(상 408조의 2～408조의 9)에서 자기주식 취득에 관한 사항을 주주총회에 갈음하여 이사회의 결의로 정하는 경우(상 341조 2항 단서 참조), 이사에 갈음하여 집행임원이 그 책임을 지어야 할 것으로 본다. 따라서 입법론으로는 「이사 또는 집행임원」으로 규정하였어야 한다고 본다.

2) 배당가능이익이 없음에도 불구하고 위법배당을 결의한 주주총회결의는 무효확인의 소의 대상이 된다(이 책 1059면).

3) 이에 관하여는 이 책 778～788면.

따라 균등한 조건으로 취득하는 것으로서 대통령령으로 정하는 방법[1]으로 한정된다(상 341조 1항 본문). 회사가 이와 같이 자기주식의 취득방법을 제한하는 것은 주주에게 기회의 평등과 대가의 공정을 제공하여 주주평등의 원칙에 반하지 않도록 하기 위해서이다.[2]

회사가 위와 같은 자기주식의 취득방법에 위반하여 자기주식을 취득한 경우, 그 취득행위의 사법상 효력은 어떠한가. 이에 대하여 원칙적으로 무효이나 상대방(주주)이 선의인 경우에는 유효라고 보는 견해가 있으나,[3] 이는

1) 이 때 "대통령령으로 정하는 방법"이란 다음 각 호의 어느 하나에 해당하는 방법을 말한다(상시 9조 1항).

1. 회사가 모든 주주에게 자기주식 취득의 통지 또는 공고를 하여 주식을 취득하는 방법
이 경우에는 다음 각 호의 기준에 따라야 한다(상시 10조).

(i) 법 제341조 2항에 따른 결정을 한 회사가 자기주식을 취득하려는 경우에는 이사회의 결의로써 다음 각 목의 사항을 정할 것. 이 경우 주식 취득의 조건은 이사회가 결의할 때마다 균등하게 정하여야 한다.

가. 자기주식 취득의 목적

나. 취득할 주식의 종류 및 수

다. 주식 1주를 취득하는 대가로 교부할 금전이나 그 밖의 재산(해당 회사의 주식은 제외한다. 이하 이 조에서 "금전등"이라 한다)의 내용 및 그 산정 방법

라. 주식 취득의 대가로 교부할 금전등의 총액

마. 20일 이상 60일 내의 범위에서 주식양도를 신청할 수 있는 기간(이하 이 조에서 "양도신청기간"이라 한다)

바. 양도신청기간이 끝나는 날부터 1개월의 범위에서 양도의 대가로 금전등을 교부하는 시기와 그 밖에 주식 취득의 조건

(ii) 회사는 양도신청기간이 시작하는 날의 2주 전까지 각 주주에게 회사의 재무 현황, 자기주식 보유 현황 및 위 (i) 각 목의 사항을 서면으로 또는 각 주주의 동의를 받아 전자문서로 통지할 것. 다만, 회사가 무기명식의 주권을 발행한 경우에는 양도신청기간이 시작하는 날의 3주 전에 공고하여야 한다.

(iii) 회사에 주식을 양도하려는 주주는 양도신청기간이 끝나는 날까지 양도하려는 주식의 종류와 수를 적은 서면으로 주식양도를 신청할 것

(iv) 주주가 위 (iii)에 따라 회사에 대하여 주식 양도를 신청한 경우 회사와 그 주주 사이의 주식 취득을 위한 계약 성립의 시기는 양도신청기간이 끝나는 날로 정하고, 주주가 신청한 주식의 총수가 위 (i) 나목의 취득할 주식의 총수를 초과하는 경우 계약 성립의 범위는 취득할 주식의 총수를 신청한 주식의 총수로 나눈 수에 위 (iii)에 따라 주주가 신청한 주식의 수를 곱한 수(이 경우 끝수는 버린다)로 정할 것

2. 「자본시장과 금융투자업에 관한 법률」 제133조부터 제146조까지의 규정에 따른 공개매수의 방법

이와 같이 자기주식을 취득한 회사는 지체 없이 취득 내용을 적은 자기주식 취득내역서를 본점에 6개월간 갖추어 두어야 하는데, 이 경우 주주와 회사채권자는 영업시간 내에 언제든지 자기주식 취득내역서를 열람할 수 있으며, 회사가 정한 비용을 지급하고 그 서류의 등본이나 사본의 교부를 청구할 수 있다(상시 9조 2항).

2) 동지: 권종호, 상게서(자본시장법〈주석서 Ⅰ〉), 696면; 안성포, 상게논문(상사법연구 제30권 제 2 호), 82~83면.

3) 권종호, 상게서(자본시장법〈주석서 Ⅰ〉), 696면; 안성포, 상게논문(상사법연구 제30권 제 2 호), 92면.

상법 제341조(강행법규)에 위반한 거래이고 또한 주주평등의 원칙에 반하는 회사의 행위이므로 상대방(주주)의 선의·악의를 불문하고 언제나 무효라고 본다.[1)]

(c) 회사의 명의와 회사의 계산으로 취득　　회사가 배당가능이익으로써 자기주식을 취득하는 경우에는 「자기의 명의와 자기의 계산」으로 취득하여야 한다(상 341조 1항 본문).[2)] 이 점은 주권상장법인의 경우에도 같다(자금 165조의 3 1항 1호).[3)] 이와 같이 「자기의 명의」로 취득하는 경우에만 자기주식을 취득할 수 있도록 한 것은 취득주체에 대한 공시의 진정성을 확보하기 위해서이다.[4)] 따라서 회사가 배당가능이익으로써 「타인의 명의」와 「회사의 계산」으로 자기주식을 취득하는 것은 허용되지 않는다고 본다.[5)]

(다) 목적규제

① 회사는 배당가능이익이 없는 경우 원칙적으로 (자기의 계산으로) 자기주식을 취득할 수 없고, 예외적으로 다음과 같은 특정목적이 있는 경우에는 위에서 본 재원상 제한이나 방법상 제한을 받지 않고 (자기의 계산으로) 자기주식을 취득할 수 있다. 즉, (i) 회사의 합병 또는 다른 회사의 영업전부의 양수로 인한 경우, (ii) 회사의 권리를 실행함에 있어 그 목적을 달성하기 위하여 필요한 경우,[6)] (iii) 단주(端株)의 처리를 위하여 필요한 경우 및 (iv) 주주가 주식

---

1) 상법 제341조의 2(개정전 상 341조) 위반의 효력에 대하여도 동일하게 보아야 할 것이다(이 책 478~481면).

2) 2011년 4월 개정상법 이전에는 회사가 「자기의 계산으로」 자기주식을 취득하는 것만을 제한하고(개정전 상 341조), 자기의 계산이 아니면 「자기의 명의로」 자기주식을 취득하는 것에 대하여는 제한하지 않았다(예컨대, 신탁회사 또는 위탁매매인이 고객의 계산으로 자기주식을 취득하거나, 자기주식을 무상으로 취득하는 경우 등).

3) 주권상장법인이 금전의 신탁계약에 따라 신탁업자에게 자기주식을 취득하게 하는 경우에는(자금 165조의 3 4항 전단) 신탁법리상 「타인(신탁업자)의 명의」와 「타인(신탁업자)의 계산으로」 자기주식을 취득하는 것이 되고, 이 경우 신탁업자가 증권시장에서 취득한 자기주식을 신탁계약의 해지 또는 종료로 인하여 주권상장법인이 반환받는 경우에는(자금 165조의 3 1항 2호) 「자기의 명의」와 「자기의 계산」으로 자기주식을 취득하는 것이 된다[동지: 안성포, 전게논문(상사법연구 제30권 제 2 호), 78면 주 9].

4) 동지: 안성포, 상게논문(상사법연구 제30권 제 2 호), 77면.

5) 이 점은 2011년 4월 개정전 상법 제341조와 그 취지가 같다고 볼 수 있다[동지: 안성포, 상게논문(상사법연구 제30권 제 2 호), 77면].

6) 예컨대, 회사의 채무자가 가지고 있는 유일한 재산이 동 회사의 주식이어서 그 주식을 경락하거나, 대물변제로 받거나, 또는 소송상의 화해 등에 의하여 취득하는 경우이다. 이 경우에는 채무자에게 자기주식 이외에는 다른 재산이 없다는 사실을 회사가 증명하여야 한다[대판 1977. 3. 8, 76 다 1292(집 25 ① 민 99)].

매수청구권을 행사한 경우[1]이다(상 341조의 2 1호~4호).

회사는 상법상 허용되는 이러한 경우 이외에 정관이나 내부규정에 의하여 자기주식을 취득할 수 없다.[2]

회사가 자본금 감소 등의 방법으로 자기주식을 취득하여 소각하는 경우에는 상법 제341조에 의한 자기주식의 취득에 해당하지 않으므로 상법 제341조의 2에서 (2011년 4월 개정전 상법 제341조 1호와 같이) 「주식을 소각하기 위한 경우」를 반드시 추가하여야 할 것으로 본다.[3] 이는 입법상 미비라고 본다. 또한 상법 제341조의 2 제 2 호는 입법론상 쉬운 표현으로 「회사의 채무자에게 자기주식 이외에는 다른 재산이 없는 경우」로 개정되어야 할 것으로 본다.

② 상법 제341조의 2에 의하여 자기주식의 취득이 원칙적으로 금지되는 대표적인 이유는 회사의 자본금 충실을 기하고 회사의 채권자를 보호하기 위한 것이므로, 자기주식의 취득이 금지되는 것은 취득자의 명의는 불문하고 「회사의 계산」[4]으로 취득하는 자기주식의 취득만이 금지된다고 본다(개정전 상 341조 본문 참조).[5] 이 때 회사가 자기가 발행하는 주식을 인수하려는 자 또는 이미 발행한 주식을 취득하려는 자에게 금전대여 또는 보증을 하여 자기주식을 취득시키는 것은 상법 제341조의 2의 탈법행위의 일종으로 보아 「회사의 계산」으로 자기주식을 취득하는 것으로 보아 금지된다고 본다. 우리 대법원판례도 이와 같은 취지로 다음과 같이 판시하고 있다.

[회사가 자기주식을 취득하려는 자에게 (회수할 의사가 없이) 금전을 대여하는 것도 상법 제341조의 2에 위반된다고 본 판례]

회사 아닌 제 3 자의 명의로 회사의 주식을 취득하더라도 그 주식취득을 위

1) 1995년 개정상법에 의하여 주식양도의 제한으로 회사로부터 양도상대방에 대한 주식의 양도승인을 받지 못한 주주(상 335조의 2 4항) 또는 영업양도·합병 등에 반대하는 주주(상 360조의 5, 360조의 22, 374조의 2, 522조의 3, 530조의 11 2항)에게는 주식매수청구권을 인정하였으므로, 이에 따라 예외적으로 자기주식을 취득할 수 있는 경우를 추가한 것이다.

2) 동지: 대판 2007. 5. 10, 2005 다 60147(공보 2007, 853).

3) 정찬형, 전게논문(법과 기업 연구 제 5 권 제 2 호), 13면. 또한 2011년 4월 개정상법은 (자본금이 감소하지 않는) 이익소각에 관하여는 자기주식의 취득(상 341조)과 소각(상 343조 1항 단서)에 관한 규정을 두고 있으면서, 자본금 감소에 관하여는 자기주식의 취득에 대하여는 규정하고 있지 않으면서 주식소각에 대하여만 규정하고 있어(상 343조 1항 본문) 균형을 잃은 입법을 하고 있다.

4) 이에 관한 상세는 박준, "타인명의 자기주식의 취득과 '회사의 재산'," 「상사법연구」(한국상사법학회), 제37권 제 1 호(2018. 5), 9~61면 참조.

5) 동지: 이(철), (회) 408면.

한 자금이 회사의 출연에 의한 것이고 그 주식취득에 따른 손익이 회사에 귀속되는 경우라면, 상법 기타의 법률에서 규정하는 예외사유에 해당하지 않는 한, 그러한 주식의 취득은 회사의 계산으로 이루어져 회사의 자본적 기초를 위태롭게 할 우려가 있는 것으로서 상법 제341조(2011년 4월 개정상법 제341조의 2)가 금지하는 자기주식의 취득에 해당한다. 이러한 점에서 주식회사의 자본충실의 원칙상 주식의 인수대금은 그 전액을 현실적으로 납입하여야 하고 그 납입에 관하여 상계로써 회사에 대항하지 못하는 것이므로 회사가 제 3 자에게 주식인수대금 상당의 대여를 하고 제 3 자는 그 대여금으로 주식인수대금을 납입한 경우에, 회사가 처음부터 제 3 자에 대하여 대여금 채권을 행사하지 아니하기로 약정되어 있는 등으로 대여금을 실질적으로 회수할 의사가 없었고 제 3 자도 그러한 회사의 의사를 전제로 하여 주식인수청약을 한 때에는, 그 제 3 자가 인수한 주식의 액면금액에 상당하는 회사의 자본이 증가되었다고 할 수 없으므로, 위와 같은 주식인수대금의 납입은 단순히 납입을 가장한 것에 지나지 아니하여 무효이다[대판 2003. 5. 16, 2001 다 44109(공보 2003, 1309)].

동지: 대판 2007. 7. 26, 2006 다 33609(공보 2007, 1346)(회사가 제 3 자의 명의로 회사의 주식을 취득하더라도, 그 주식 취득을 위한 자금이 회사의 출연에 의한 것이고 그 주식 취득에 따른 손익이 회사에 귀속되는 경우라면, 상법 기타의 법률에서 규정하는 예외사유에 해당하지 않는 한, 그러한 주식의 취득은 회사의 계산으로 이루어져 회사의 자본적 기초를 위태롭게 할 우려가 있는 것으로서 상법 제341조〈2011년 4월 개정상법 제341조의 2〉· 제625조 제 2 호, 제622조가 금지하는 자기주식의 취득에 해당한다).

그러나 대판 1963. 5. 30, 63 다 106(집 11 ① 민 344)은 「회사가 자기주식을 어떤 사람에게 공로주로 주기로 약정하였다 하더라도 회사가 반드시 자기주식을 취득하여 이행할 필요는 없고, 회사가 주주인 제 3 자에게 대가를 지급하고 제 3 자로부터 직접 위 사람에게 주식을 양도케 할 수 있으므로, 위 약정이 강행법규에 반하거나 원시적으로 이행이 불능한 것이라고 볼 수 없다」고 하여, 마치 자기주식 취득이 아닌 것처럼 판시하고 있으나, 이것은 회사가 「자기의 계산으로」 취득한 자기주식을 증여한 것과 동일한 결과라고 본다.

이 점에 대하여 명문으로 금지하는 입법례도 있다.[1)]

그러나 회사의 계산으로 자기주식을 취득하는 경우가 아닌 경우, 예컨대 신탁회사 또는 위탁매매인이 고객의 계산으로 자기주식을 취득하거나 자기주식을

1) 獨株 71a조 1항; 英會(2006) 677조～680조.

무상으로 취득하는 경우 등에는 자기주식의 취득이 당연히 인정된다고 본다.[1)]

③ 상법 제341조의 2에서의 「자기주식」에는 신주인수권증서(상 420조의 2)나 신주인수권증권(상 516조의 5)이 포함된다고 본다.[2)] 그러나 이 경우 신주인수권부사채나 전환사채는 포함되지 않으므로 회사는 이를 취득할 수 있으나, 신주인수권이나 전환권을 행사할 수는 없다고 본다.[3)]

이 때 자기주식의 취득에는 유상의 승계취득에 한하지 않고, 설립시 또는 신주발행시의 주식인수(원시취득)를 포함한다고 본다.[4)]

④ 회사가 상법 제342조의 2에 위반하여 각 호의 어디에도 해당하지 아니함에도 불구하고 (또한 배당가능이익이 없음에도 불구하고) 자기주식을 취득한 경우, 다음과 같이 그 취득행위의 사법상 효력과 이사 등의 책임이 문제된다.

(a) 취득행위의 사법상 효력　　회사가 상법 제341조의 2에 위반하여 자기주식을 취득한 경우 그 취득행위의 사법상 효력이 어떠한가에 대하여 다음과 같이 세 가지의 학설이 대립하고 있다.

(i) (절대적) 무효설　　이 설에서는 자기주식 취득금지에 위반하여 자기주식을 취득하는 것은 출자금을 환급하는 것과 같은 결과를 가져오는데, 이것은 주식회사의 본질적인 요청인 자본금 충실의 원칙을 침해하는 결과가 되고, 또 이를 규정한 상법 제341조의 2는 강행규정이기 때문에, 이에 위반한 취득행위는 무효가 된다고 한다.[5)] 우리 대법원판례는 (절대적) 무효설에서 다음과 같이 판시하고 있다.

[(절대적) 무효설에서 판시한 판례]

주식회사가 자기의 계산으로 자기의 주식을 취득하는 것은 회사의 자본적 기초를 위태롭게 하여 회사와 주주 및 채권자의 이익을 해하고 주주평등의 원칙

---

1) 동지: 대판 1989. 11. 28, 88 누 9268(공보 1990, 163)(회사가 무상으로 자기주식을 취득하는 것은 회사의 채권자를 해하거나 부당한 투기적 수단으로 이용될 가능성이 없는 점에서 허용된다); 이(철), (회) 418면.

2) 동지: 이(철), (회) 409면.

3) 동지: 정(동), (회) 245면.

4) 정찬형, "자기주식의 취득," 「고시계」, 2003. 9, 58면.

그러나 이에 대하여 이론상(회사가 동시에 자기의 구성원이 될 수 없는 점 및 가장납입) 당연히 금지된다고 하는 견해로는 손(주), 659면 및 같은 면 주 1(이 때의 '취득'에는 원시취득과 포괄승계는 제외된다고 한다); 정(동), (회) 245면; 이(철), (회) 409면.

5) 서·정, 373면; 정(동), (회) 248~249면; 최(기), 669면(그러나 양도인은 특별한 사정이 없으면 그 무효를 주장할 수 없다고 한다); 이(범), 145면; 이(기) 외, (회) 264면; 최병규, "자기주식취득의 제한과 허용," 「현대상사법논집」(우계강희갑박사화갑기념논문집), 2001, 161면.

을 해하며 대표이사 등에 의한 불공정한 회사지배를 초래하는 등의 여러 가지 폐해를 생기게 할 우려가 있으므로 상법은 일반 예방적인 목적에서 이를 일률적으로 금지하는 것을 원칙으로 하면서, 예외적으로 자기주식의 취득이 허용되는 경우를 유형적으로 분류하여 명시하고 있으므로 상법 제341조(2011년 4월 개정상법 제341조의 2), 제341조의 2(2011년 4월 개정상법에서는 폐지됨), 제342조의 2 또는 증권거래법 등에서 명시적으로 자기주식의 취득을 허용하는 경우 외에, 회사가 자기주식을 무상으로 취득하는 경우 또는 타인의 계산으로 자기주식을 취득하는 경우 등과 같이, 회사의 자본적 기초를 위태롭게 하거나 주주 등의 이익을 해한다고 할 수 없는 것이 유형적으로 명백한 경우에도 자기주식의 취득이 예외적으로 허용되지만, 그 밖의 경우에 있어서는, 설령 회사 또는 주주나 회사채권자 등에게 생길지도 모르는 중대한 손해를 회피하기 위하여 부득이한 사정이 있다고 하더라도 자기주식의 취득은 허용되지 아니하는 것이고 위와 같은 금지규정에 위반하여 회사가 자기주식을 취득하는 것은 당연히 무효이다 [대판 2003. 5. 16, 2001 다 44109(공보 2003, 1309)].

동지: 대판 1955. 4. 7, 4287 민상 229(민판집 11, 643)(주식회사가 주주의 출자한 재산을 그 주주에게 반환하는 동시에 그 주주가 가진 주식을 양수키로 한 것은 자기주식을 취득하는 것을 약정한 것이므로 무효이다); 대결 1964. 11. 12, 64 마 719(카드 8319)(상법 제341조〈2011년 4월 개정상법 제341조의 2〉에 위배하여 한 회사의 자기주식 취득행위는 당연무효이다); 동 2018. 10. 25, 2016 다 42800 · 42817 · 42824 · 42831(공보 2018, 2227)(주권이 발행되지 않은 주식에 관하여 체결된 매매계약이 구 상법〈2011. 4. 14. 법률 제10600호로 개정되기 전의 것, 이하 같다〉 제341조에서 금지한 자기주식의 취득에 해당하여 무효인 경우, 매도인은 지급받은 주식매매대금을 매수인에게 반환할 의무를 부담하는 반면 매수인은 매매계약 체결 당시 이행받은 급부가 없으므로 특별한 사정이 없는 한 반환할 부당이득이 존재하지 않는다. 다만 무효인 매매계약을 근거로 매수인이 마치 주주인 것처럼 취급되고 이러한 외관상 주주의 지위에서 매도인의 권리를 침해하여 매수인이 이익을 얻었다면 매수인은 그 이익을 반환할 의무가 있다. 그러나 매수인이 이러한 외관상 주주의 지위에 기하여 이익을 얻은 바도 없다면, 역시 매수인의 매도인에 대한 부당이득반환의무는 존재하지 않는다. 한편 만약 무효인 매매계약에 따라 매수인에게 상법 제337조 제 1 항에 규정된 명의개서절차가 이행되었더라도, 매도인은 특별한 사정이 없는 한 매수인의 협력을 받을 필요 없이 단독으로 매매계약이 무효임을 증명함으로써 회사에 대해 명의개서를 청구할 수 있다. 주권이 발행되지 않은 주식에 관하여 체결된 매매계약이 구 상법 제341조에서 금지한 자기주식의 취득에 해당하여 무효인 경우에

도 마찬가지이다).

[회사가 특정주주와의 약정에 따라 자기주식을 취득하는 행위는 효력이 없다는 판례]

2011. 4. 14. 법률 제10600호로 개정되어 2012. 4. 15.부터 시행된 개정 상법은 종래 자기주식 취득을 엄격히 불허하였던 것에서 이를 완화하여, 제341조에서 회사가 배당가능이익의 한도 내에서 거래소에서 취득하는 방법 등으로 자기의 명의와 계산으로 자기주식을 취득할 수 있도록 허용하고, 제341조의 2에서는 각호에서 규정한 특정한 목적이 있는 경우에는 구 상법(2011. 4. 14. 법률 제10600호로 개정되기 전의 것)과 마찬가지로 배당가능이익이나 취득 방법 등의 제한 없이 자기주식을 취득할 수 있도록 허용하면서, 제 4 호에서 주주가 주식매수청구권을 행사한 경우를 들고 있다. 따라서 개정 상법 제360조의 5 제 1 항, 제374조의 2 제 1 항, 제522조의 3 제 1 항 등에 따라 주주가 주식매수청구권을 행사하는 경우에는 개정 상법 제341조의 2 제 4 호에 따라 회사가 제한 없이 자기주식을 취득할 수 있으나, 회사가 특정 주주와 사이에 특정한 금액으로 주식을 매수하기로 약정함으로써 사실상 매수청구를 할 수 있는 권리를 부여하여 주주가 그 권리를 행사하는 경우는 개정 상법 제341조의 2 제 4 호가 적용되지 않으므로, 개정 상법 제341조에서 정한 요건하에서만 회사의 자기주식취득이 허용된다. 다만 이와 같이 개정 상법이 자기주식취득 요건을 완화하였다고 하더라도 여전히 법이 정한 경우에만 자기주식취득이 허용된다는 원칙에는 변함이 없고 따라서 위 규정에서 정한 요건 및 절차에 의하지 않은 자기주식취득 약정은 효력이 없다[대판 2021. 10. 28, 2020 다 208058(공보 2021, 2261)].

(ii) 상대적 무효설(부분적 무효설) 이 설에서는 자기주식 취득금지에 위반한 취득행위는 원칙적으로 무효이나, 다만 선의의 제 3 자에게 대항하지 못한다고 한다.[1]

(iii) 유 효 설 이 설에서는 상법 제341조의 2의 규정을 단속규정으로

---

1) 정(회), 426면(상법의 금지규정에 위반한 회사의 자기주식취득은 법률상 무효이지만, 상법 제341조〈2011년 4월 개정상법 제341조의2〉의 입법취지로 보아 동조에 의하여 보호받아야 할 자는 회사·채권자·주주이므로 양도인은 선의·악의를 불문하고 언제나 무효를 주장하지 못하고, 한편 거래안전을 고려하여 회사·회사채권자·주주도 양도인이 선의인 한 무효를 주장하지 못한다고 보는 것이〈상대적 무효설〉 관계자의 이해를 가장 잘 조정할 수 있다고 한다); 손(주), 659면(이 때 제 3 자는 회사가 타인명의로써 취득한 경우의 양도인만을 의미한다고 한다); 이(철), (회) 420면(이 때 제 3 자는 회사로부터 다시 주식을 취득한 자·압류채권자 등을 의미한다고 하고, 자기주식의 취득은 양도인의 선의·악의를 묻지 않고 무효이나 다만 전득자〈전득자〉·압류채권자 등과 같은 선의의 제 3 자에게 대항하지 못한다고 한다).

보고, 이에 위반한 자기주식의 취득행위의 사법상의 효력은 유효하다고 한다.[1)]

생각건대 회사의 자본금 충실의 원칙은 주식회사의 본질적 요소이고 또 이러한 자본금 충실을 기하고자 하는 것이 상법 제341조의 2의 입법목적인 점에서 볼 때 동 규정을 강행규정으로 보아야 할 것이므로, 이에 위반한 자기주식의 취득행위의 사법상 효력은 양도인의 선의·악의를 불문하고 언제나 무효라고 본다(무효설).[2)]

(b) 이사 등의 책임 (i) 이사·집행임원 등이 상법 제341조의 2에 위반하여 회사의 계산으로 자기주식을 취득한 경우에는 회사(상 399조, 408조의 8 1항) 또는 제 3 자(상 401조, 408조의 8 2항)에 대하여 손해배상책임을 지고, (ii) 또 그러한 이사·집행임원 등은 형벌의 제재를 받는다(상 625조 2호).

㈑ 자기주식의 지위

① 자기주식의 지위 회사가 자기주식을 취득하는 경우에 회사는 그 주식에 기하여 주주권을 행사할 수 있는가.

(i) 자기주식에 대한 공익권 중 「의결권」에 대하여는 상법이 명문으로 규정하여 이를 배제하고 있으므로(상 369조 2항) 아무런 문제가 없다. 이러한 자기주식은 발행주식총수에 산입되지 않는다(상 371조 1항).

그러나 의결권 이외의 공익권과 자익권에 대하여는 상법에 규정이 없으므로 해석에 의하여 해결될 수밖에 없다. 회사의 자기주식에 대한 「의결권 이외의 공익권」(예컨대, 소수주주권, 각종의 소제기권 등)은 그 성질상 회사에 인정될 수 없다는 데 대하여 학설은 일치하고 있다.

(ii) 「자익권」에 대하여는 견해가 나뉘어 있다. 즉, 회사의 자기주식에 대하여는 i) 자익권 중 이익배당청구권 및 잔여재산분배청구권이 인정된다고 하거나,[3)] 또는 이익배당이나 주식배당이 인정된다고 하거나,[4)] 또는 신주발행이나 준비금의 자본금 전입시에 신주인수권이 인정된다고 하는 것[5)] 등과 같이

---

1) 박·이, 206면; 강, 289면; 채, 648면.
2) 참고로 독일 주식법에서는 그 취득에 관한 행위를 채권행위와 물권행위로 나누어, 채권행위는 언제나 무효가 되고(獨株 71조 2항 1문), 물권행위는 원칙적으로 유효이고 전액납입되지 아니한 주식의 취득만이 무효라고 하고 있다(獨株 71조 2항 2문). 그러므로 계약단계에서는 무효이고, 주권의 교부가 있으면 유효하다는 결과가 된다. 이에 반하여 일본의 판례는 무효설을 엄격히 적용하여 민법 제746조에 의한 불법원인급여의 법리를 적용하고 있다[日大判 1941. 2. 20 (民集 20, 247)].
3) 배철세·강위두, 「상법강의 Ⅱ」, 294면.
4) 서(정), 224면, 267면, 447면.
5) 서(정), 447면; 최(기), 675~676면(준비금의 자본전입시의 신주인수권만을 인정함).

자익권의 일부를 인정하고 나머지를 인정하지 않는 부분적 휴지(休止)설(소수설)과, ii) 일체의 자익권을 인정하지 않는 전면적 휴지설(통설)[1]로 나뉘어 있다.

생각건대 회사가 자기주식을 취득하는 것이 인정되는 경우에도 이는 보통 주식을 실효하거나 타에 처분하기 위한 일시적인 현상인 점(상 342조, 343조 1항 단서 참조), 주주권은 본래 회사 이외의 자를 위하여 인정되는 권리로서 회사가 동시에 그 구성원이 되는 자기주식의 취득의 경우에는 그 성질상 인정될 수 없는 권리라는 점 등에서 볼 때, 통설인 전면적 휴지설에 찬성한다.[2]

(iii) 자기주식에 대하여 이렇게 주주권이 휴지(休止)되는 것은 주식 자체의 속성은 아니므로, 그 주식이 제 3 자에게 이전되면 모든 주주권이 부활되는 것은 당연하다.

② 자기주식의 회계 　한국채택국제회계기준상 자기주식의 회계처리는 자본의 재무상태표상 '기타자본구성요소'로 기재하고(IFRS기반 XBRL 표준계정과목체계), 취득한 자기주식은 취득원가를 자본항목에서 차감한다(K-IFRS 1032호 문단 33).[3]

(마) 자기주식의 처분 및 소각

① 자기주식의 처분

(a) 2011년 4월 개정상법(상 342조)은 회사가 보유하는 자기주식을 처분하는 경우, (i) 처분할 주식의 종류와 수 · (ii) 처분할 주식의 처분가액과 대가의 지급일 및 (iii) 주식을 처분할 상대방 및 처분방법에 관하여, 정관에 규정이 없으면 이사회의 결의에 의하도록 하고 있다.[4]

---

1) 정(희), 427면; 서 · 정, 375면; 손(주), 663면; 이(범), 146면; 정(동), (회) 249~250면; 이(철), (회) 425~426면(특히 부분적 휴지설에 대한 비판이 상세하다); 이(기) 외, (회) 266면; 주상(제 5 판)(회사 II), 127면; 강, (회) 385~386면; 최병규, 전게논문(현대상사법논집), 162~163면 외.

2) 참고로 독일 주식법에서는 회사가 취득한 자기주식에 대하여는 일체의 권리를 인정하고 있지 않은데(獨株 71b조), 다만 이에 대한 예외로 준비금의 자본전입으로 인한 신주는 배정받을 수 있음을 규정하고 있다(獨株 215조). 그러나 우리나라에서는 법무부장관의 유권해석에서 자기주식에 대해서는 준비금의 자본전입으로 인한 신주를 배정할 수 없다고 해석하고 있다(법무부 법심 2301-1386, 1990. 2. 2).

3) 이에 관한 상세는 김근수, 「원리를 중심으로 한 IFRS」(서울: 어울림, 2011), 316면, 328면 참조.

4) 2011년 4월 개정상법 이전의 상법에 의하면, 배당가능이익으로써 취득한 자기주식은 상당한 시기에 이를 처분하거나(개정전 상 341조의 2 1항 · 3항) 또는 소각할 수 있도록 하고(개정전 상 343조의 2), (배당가능이익이 없음에도 불구하고) 특정목적에 의하여 취득한 자기주식(개정전 상 341조)은 상당한 시기에 이를 처분하도록 하였다(개정전 상 342조).

주권상장법인이 배당가능이익으로써 취득한 자기주식을 처분하기 위하여는 이사회가 처분의 목적·금액 및 방법, 주식의 종류와 수, 그 밖에 금융위원회가 정하여 고시하는 사항을 결의하여야 한다(자금 165조의 3 4항, 자금시 176조의 2 1항 1호).

(b) 상법 제342조에서 「회사가 보유하는 자기주식」은 배당가능이익으로써 취득한(손익거래에 의하여 취득한) 자기주식(상 341조)을 의미하느냐 또는 특정목적에 의하여 취득한(자본거래에 의하여 취득한) 자기주식(상 341조의 2)을 포함하느냐의 문제가 있고, 회사가 보유하는 자기주식에 대하여 (정관에 규정이 없는 경우) 이사회가 주식을 처분할 상대방 및 처분방법 등을 임의로 결정하도록 한 경우 기존주주의 이익을 침해할 우려가 있는 문제점이 있다. 이하에서 이 두 가지 점에 대하여 살펴보기로 한다.

(i) 상법 제342조의 규정형식은 위에서 본 바와 같이 자본시장법의 규정형식과 유사하다. 이러한 점에서 보면 상법 제342조에서 「회사가 보유하는 자기주식」은 회사가 배당가능이익으로써 취득한(손익거래에 의하여 취득한) 자기주식(상 341조)만을 의미한다고 볼 수도 있다. 이와 같이 해석하면 특정목적에 의하여 취득한(자본거래에 의하여 취득한) 자기주식(상 341조의 2)의 처분에 대하여는 규정이 없게 된다. 따라서 입법론으로는 특정목적에 의하여 취득한(자본거래에 의하여 취득한) 자기주식(상 341조의 2)의 처분의무를 (2011년 4월 개정전 상법 제342조와 같이) 별도로 규정하여야 할 것이다.[1] 그러나 이러한 별도의 입법이 없는 한 해석론상으로는 상법 제342조의 「회사가 보유하는 자기주식」에 회사가 특정목적에 의하여 취득한(자본거래에 의하여 취득한) 자기주식(상 341조의 2)을 포함시켜 해석할 수밖에 없다.[2] 이와 같이 해석하면 배당가능이익으로써 취득한 자기주식(상 341조)이나 특정목적에 의하여 취득한 자기주식(상 341조의 2)은 모두 보유기간에 대한 제한이 없고[3] 언제든지 처분할 수 있게 된다.

(ii) 특히 회사가 배당가능이익으로써 취득한 자기주식(상 341조)을 이사회 결의만으로 다른 주주에게 매수의 기회를 부여하지 않고 특정주주 또는 제 3 자에

1) 정찬형, 전게논문(법과 기업 연구 제 5 권 제 2 호), 18면.
동지: 송옥렬, "2011년 개정회사법의 해석상 주요쟁점(기업재무 분야를 중심으로)," 「저스티스」(한국법학원), 통권 제127호(2011. 12), 65면; 송(옥), 873면.

2) 이와 같이 해석하면 특정목적에 의하여 취득한 자기주식(상 341조의 2)은 2011년 4월 개정상법 이전에는 상당한 시기에 처분할 의무가 있었으나(개정전 상 342조), 2011년 4월 개정상법에 의하면 회사는 이러한 처분의무가 없고 계속 보유할 수 있게 되는데, 이는 문제가 있다고 본다 [정찬형, 전게논문(법과 기업 연구 제 5 권 제 2 호), 18면].

3) 동지: 송(옥), 873면(이 점이 타당한지는 의문이라고 한다).

게 처분하면 주주평등의 원칙에 반함은 물론 기존주주의 의결권에서 지분율을 희석시키므로 기존주주의 이익을 해하게 된다.[1] 또한 회사의 경영권에 관하여 분쟁이 있는 경우 이사회가 임의로 회사가 보유하는 자기주식을 그의 우호적인 주주 또는 제 3 자에게 처분하게 되면 이는 이사회가 신주를 발행하여 임의로 배정하는 것과 동일하게 되어 기존주주의 신주인수권을 침해하는 결과와 동일하게 된다.[2] 회사가 배당가능이익 등으로써 취득하여 보유하는 회사의 자기주식은 회사 이외의 주주가 보유하는 회사의 주식과는 전혀 그 성격을 달리하므로, 회사가 자기주식을 처분하는 것을 회사 이외의 주주가 그의 주식을 처분하는 것과 동일하게 보아 이를 개인법적 거래로 보는 견해는[3] 매우 타당하지 않고, 또한 결과적으로 기존주주의 이익을 크게 해함에도 불구하고 이는 손익거래로서 개인법적 거래이므로 이에는 단체법적 거래에 적용되는 주주평등의 원칙이 적용되지 않는다고 하는 것은[4] 주주평등의 원칙은 이에 대한 예외가 법률에 규정되지 않는 한 정관의 규정·주주총회의 결의·이사회의 결의 및 회사의 모든 업무집행에 적용되는 원칙이라는 점을 망각하고 기존주주의 이익을 해하면서 하는 회사의 자기주식의 처분을 합리화하기 위한 무리한 논리라고 본다.[5] 또한 회사가 자기주식을 취득하는 것에 대하여는 모든 주주에게 동일한 기회를 부여하도록 하여 주주평등의 원칙에 합치하도록 하면서(상 341조 1항 1호·2호, 상시 9조 1항 참조) 이의 처분은 개인법적 거래이므로 주주평등의 원칙이 적용되지 않는다고 자의로 해석하는 것은[6] 균형이 맞지 않을 뿐만 아니라, 주주평등의 원칙은 회사와 주주간의 모든 법률관계에 적용되는 원칙이라는 점에서도 타당하지 않다.[7]

따라서 회사가 보유하는 자기주식을 처분하는 것과 신주를 발행하여 배정

---

1) 동지: 이(철), (회) 423면(누구에게 처분하느냐에 따라 주주들의 비례적 지분관계 나아가 지배력의 균형에 변동이 생기기 때문에 모든 주주에게 매수의 기회를 주어야 주주평등의 원칙에 부합한다).

이러한 자기주식의 매도를 무효로 본 하급심 판례로는 서울서부지결 2006. 3. 24, 2006 카합 393; 서울서부지판 2006. 6. 29, 2005 가합 8262 등 참조.

2) 동지: 송(옥), 873~874면; 대판 2009. 1. 30, 2008 다 50776 참조.

3) 이(철), (회) 424면(그런데 우리 상법상 개인법적 거래로 다루어지는 자기주식의 처분에 있어서의 불공정은 방치되어 있는 셈인데, 이는 자기주식 취득을 허용하는 폭은 넓히면서 그에 따른 후속적인 입법을 소홀히 한 탓에 생긴 법의 흠결이다); 임(재), (회 I) 191면; 대판 1980. 12. 23, 79 누 370.

4) 이(철), (회) 424면; 임(재), (회 I) 191면.

5) 동지: 안성포, 전게논문(상사법연구 제30권 제 2 호), 96면.

6) 이(철), (회) 423~424면.

7) 정찬형, 전게논문(법과 기업 연구 제 5 권 제 2 호), 18~19면, 21면.

하는 것은 결과적으로 동일 또는 유사하게 볼 수 있으므로, 입법론상 상법 제342조에서는 기존주주의 이익을 보호하기 위하여 2006년 법무부가 입법예고한 상법개정안과 같이 상법 제418조 등 신주발행에 관한 규정을 준용하는 규정을 두어야 할 것이고,[1] 해석론상 주주평등의 원칙에 반하거나 신주인수권 등 기존주주의 이익을 해하는 회사의 자기주식의 처분은 무효의 원인이 된다고 보아야 할 것이다.[2] 특히 경영권 분쟁과 같은 이해관계가 첨예하게 대립된 상황에서 회사가 그의 돈(배당가능이익 등)으로 취득하여 보유하고 있는 자기주식을 지배주주의 지배권(경영권)을 방어하기 위하여 지배주주 또는 지배주주와 우호적인 제 3 자에게 처분하는 것은, 이를 회사의 손익거래라고 볼 수 없는 점, 기존주주의 신주인수권 등을 위시한 이익을 침해하는 점,[3] 주주평등의 원칙에 반하는 점[4] 등에서 볼때, 무효의 원인이라고 본다.[5]

② 자기주식의 소각

(a) 2011년 4월 개정상법 제343조 1항은 주식의 소각에 관하여 규정하고 있는데, "주식은 자본금 감소에 관한 규정에 따라서만 소각할 수 있다. 다만, 이사회의 결의[6]에 의하여 회사가 보유하는 자기주식을 소각하는 경우에는 그

1) 정찬형, 전게논문(법과 기업 연구 제 5 권 제 2 호), 19~21면.
동지: 안성포, 전게논문(상사법연구 제30권 제 2 호), 97~98면; 임(재), (회 I) 191면; 송(옥), 874면; 동, 전게논문(저스티스 통권 제127호), 66면; 이영철, "자기주식의 취득 및 처분과 관련된 몇 가지 쟁점," 「기업법연구」(한국기업법학회), 제28권 제 3 호(2014. 9), 131~133면; 염미경, "자기주식의 취득과 처분에 관한 쟁점의 검토," 「경영법률」(한국경영법률학회), 제26집 제 1 호(2015. 10), 160~161면, 171~172면; 英會(2006) 560조 2항 b호; 日會 199조.
2006년 10월 4일에 법무부가 입법예고한 회사법개정안(법무부 공고 제2006-106호) 제342조 2항에서는 자기주식의 처분에 관하여 신주발행에 적용되는 규정(제417조 내지 제419조, 제421조 내지 제422조, 제423조 제 2 항 및 제 3 항, 제424조, 제424조의 2, 제427조 내지 432조)을 준용하도록 규정하고 있었다. 그런데 2007년 8월 27일에 법무부가 입법예고한 회사법개정안(법무부 공고 제2007-97호) 제342조 2항에서는 재계의 요구를 받아들여 제418조 및 제419조를 준용규정에서 삭제하였으며, 그 후 법무부가 2008년 5월 7일에 입법예고하여 2008년 10월 21일 국회에 제출한 회사법개정안(법무부 공고 제2008-47호)에서는 제342조 2항 전체를 삭제하였다.
2) 동지: 日會 828조 1항 3호.
3) 영국 회사법은 회사의 자기주식 처분도 주주의 신주인수권의 대상이 된다고 명문으로 규정하고 있다(英會〈2006〉 560조 2항 b호).
4) 독일 주식법은 회사의 자기주식 처분은 주주평등의 원칙에 따를 것을 요구하고 있다(獨株 71조 1항 8호).
5) 정찬형, 전게논문(법과 기업 연구 제 5 권 제 2 호), 21~24면.
동지: 송(옥), 874면(다른 경영상 목적이 인정되지 않는 이상 이사의 주의의무 위반이라고 해석해야 할 것이라고 한다).
6) 자본금 총액이 10억원 미만으로서 이사를 1명 또는 2명 둔 경우에는 이사회가 없으므로 각 이사(정관에 따라 대표이사를 정한 경우에는 그 대표이사)가 이를 결정한다(상 383조 6항, 343조 1항 단서).

러하지 아니하다"고 규정하고 있다.[1]

이 때 상법 제343조 1항 단서에서 「회사가 보유하는 자기주식」에는 배당가능이익으로써 취득한(손익거래에 의하여 취득한) 자기주식(상 341조)만을 의미하느냐 또는 특정목적에 의하여 취득한(자본거래에 의하여 취득한) 자기주식(상 341조의 2)을 포함하느냐의 문제가 있다. 만일 상법 제343조 1항 단서의 「회사가 보유하는 자기주식」에 특정목적에 의하여 취득한(자본거래에 의하여 취득한) 자기주식(상 341조의 2)을 포함시키면, 회사가 자본금으로 취득한 자기주식을 이사회의 결의만으로 소각하게 되어(즉, 실질적으로 자본금의 감소의 결과를 가져오는 주식의 소각을 이사회의 결의만으로 하는 것이 되어) 자본감소절차를 결과적으로 탈법하는 것이 된다. 따라서 입법론상 특정목적에 의하여 취득한(자본거래에 의하여 취득한) 자기주식(상 341조의 2)에 대하여는 2011년 4월 개정상법 이전과 같이 그 처분의무를 별도로 규정할 필요가 있고,[2] 상법 제343조 1항 단서는 「회사가 보유하는 자기주식」 대신에 「상법 제341조에 의하여 취득한 자기주식」으로 개정되어야 할 것으로 본다. 이와 같은 개정전에는 해석론상 특정목적에 의하여 취득한 자기주식(상 341조의 2)은 (상법 제342조에 의하여 처분하든가 또는) 제343조 1항 본문에 의하여 자본금 감소에 관한 규정에 따라서만 소각할 수 있다고 보아야 할 것이다.[3]

---

1) 2011년 4월 개정상법 이전에는 상법 제343조 단서가 「그러나 정관의 정한 바에 의하여 주주에게 배당할 이익으로써 주식을 소각하는 경우에는 그러하지 아니하다」고 규정하여, 이익소각(강제소각)에 대하여 규정하였다. 또한 2011년 4월 개정상법 이전에는 상법 제343조의 2에 의하여 정기주주총회에서 특별결의로 배당가능이익의 범위 내에서 자기주식을 매수하여 소각할 수 있음을 규정하였다(매입소각). 그런데 2011년 4월 개정상법은 자기주식 취득을 자유화하였으므로(상 341조) 강제소각제도인 이익소각제도를 폐지하고 매입소각제도로 일원화하면서 자기주식의 취득(매입)과 소각의 동시성을 배제하였다(상 343조 1항 단서)[동지: 해설(2012), 116~123면].

2) 2011년 4월 개정상법 이전에는, 특정목적에 의하여 취득한 자기주식(상 341조의 2, 개정전 상 341조)에 대하여는 「상당한 시기에 자기주식을 처분」하도록 규정하였다(개정전 상 342조).

3) 정찬형, 전게논문(법과 기업 연구 제5권 제2호), 27~28면.

동지: 안성포, 전게논문(상사법연구 제30권 제2호), 99면; 송옥렬, 전게논문(저스티스 통권 제127호), 67~68면(이는 자기주식 취득이 이원화되어 있다는 점을 인식하지 못한 것으로 보이는데, 이는 자기주식의 처분과 함께 입법과정에서 실수가 있었던 것으로 생각한다고 한다); 송(옥), 904면; 해설(2012), 120면; 이효경, "무액면주식의 활성화를 위한 법적 문제점과 그 해결방안," 「상사법연구」(한국상사법학회) 제32권 제4호(2014. 2), 310면.

이에 반하여 상법 제343조 1항 단서의 「회사가 보유하는 자기주식」은 (자본금 감소와 무관한) 무액면주식을 의미하고 이러한 무액면주식은 상법 제341조에 의하여 취득한 경우이든 상법 제341조의 2에 의하여 취득한 경우이든 불문한다고 보는 견해가 있다[이(철), (회) 456~457면]. 그러나 액면주식인 경우에도 상법 제341조에 의하여 취득한 경우에는 (자본금이 감소되지 않으므로) 이에 포함된다고 보아야 한다[동지: 임(재), (회 Ⅰ) 575면].

(b) 2011년 4월 개정상법 이전에는 상법 제343조 1항 단서에서 이익소각에 관하여 규정하고 있었는데, 이는 주주총회의 특별결의에 의하여 배당가능이익으로써 자기주식을 매수하여 소각(매입소각)할 수 있는 규정(개정전 상 343조의 2)과의 관계상 강제소각만이 인정되었다(개정전 상 343조 2항). 이러한 강제소각은 회사가 주주의 의사와 관계 없이 특정한 주식을 취득하여(예컨대, 추첨 · 안분비례 등에 의하여) 소각시키는 방법이다. 이 때에는 1월 이상의 일정한 기간을 정하여 주식을 소각한다는 뜻과 그 기간내에 주권을 회사에 제출할 것을 공고하고, 주주명부에 기재된 주주와 질권자에 대하여는 각별로 통지를 하여야 하는데(개정전 상 343조 2항, 440조), 주식소각의 효력은 위 기간이 만료한 때에 생긴다(개정전 상 343조 2항, 441조).

2011년 4월 개정상법은 위와 같은 이익소각에 대하여는 규정하지 않고,[1] (개정전 상법 제343조의 2에서 규정한 주주총회의 특별결의에 의하여 자기주식을 매수하여 소각하는 경우와 같이) 배당가능이익으로써 자기주식을 취득하는 점(상 341조)과 이러한 자기주식을 소각하는 점(상 343조 1항 단서) 및 자기주식의 취득과 소각에 대한 동시성을 배제하는 점을 규정하고 있다. 따라서 2011년 4월 개정상법에 의하면 개정전의 이익소각제도(강제소각제도)를 폐지하고 (배당가능이익으로써의) 매입소각제도만을 인정하고 있다고 볼 수 있다.[2] 이 경우에 소각된 주식수만큼 주식수는 줄어드나 자본금 감소절차를 밟지 않았기 때문에 자본금의 감소는 없다.

2011년 4월 개정상법이 이익소각제도를 폐지하고 자기주식의 취득과 소각에 대한 동시성을 배제함으로 인하여, 회사가 자기주식을 취득할 때에는 그 취득가액의 총액이 배당가능이익의 범위 내이었으나 회사가 보유하고 있는 이러한 자기주식을 소각할 때에는 그 소각되는 자기주식의 시가총액이 배당가능이익을 초과하고 있는 경우에도 이사회의 결의만으로 이러한 자기주식을 소각할 수 있는가의 문제가 있다. 2011년 4월 개정상법 이전의 상법상 이익소각(강제소각)의 경우에는 자기주식의 취득시점과 소각시점에 시간적 차이가 거의 없었기 때문에 문제가 발생하지 않았고(개정전 상 343조 1항 단서, 2항) 또한 임의소각의 경우에도 「자기주식을 매수하여 이를 소각할 수 있다」로 규정하여(개정전 상 343조의 2 1항) 자기주식의 취득시점과 소각시점에 큰 차이가 없었기 때문에 이러한 문제가 발생할 여지가 거의 없었으나, 2011년 4월 개정상법 제343조 1항 단서에 의한 회사가 보유하

---

1) 2011년 4월 개정전 상법에 의한 이익소각의 경우에는 상법 제440조 및 제441조를 준용하였는데(개정전 상 343조 2항), 2011년 4월 개정상법에서는 「자본금 감소에 관한 규정에 따라 주식을 소각하는 경우에만」 상법 제440조 및 제441조를 준용하고 있다(상 343조 2항).

2) 동지: 안성포, 전게논문(상사법연구 제30권 제 2 호), 98면.

는 자기주식의 소각에는 취득시점과 소각시점에 시간적 차이가 클 수 있기 때문에 이러한 문제가 발생한다. 이 경우 2011년 4월 개정상법 이전의 상법상 이익소각과 관련하여 볼 때 자기주식의 (취득 및) 소각 시점에 배당가능이익이 있을 것을 요한다는 점, 2011년 4월 개정상법은 자기주식의 취득과 소각을 별개로 보아 배당가능이익으로써 취득한 자기주식은 처분할 수도 있고 소각할 수도 있도록 규정한 점, 배당가능이익이 없이 자기주식을 소각하면 자본금으로써 자기주식을 소각한 것과 같게 되어 회사의 자본금 충실에 반하는 점 등에서 볼 때, 주식소각 시점에 배당가능이익이 없으면 주식소각을 인정할 수 없을 것으로 생각된다.[1] 따라서 자기주식의 소각시점에서 소각되는 주식의 시가총액이 배당가능이익을 초과하지 않는 범위 내에서만 회사가 보유하고 있는 자기주식의 소각이 가능하다고 본다.

4) 자회사에 의한 모회사 주식취득의 제한

㈎ 원 칙

① 의의 및 입법목적

(i) 갑회사가 을회사의 주식을 보유하고 반대로 을회사가 갑회사의 주식을 보유하는 형태를 「주식의 직접상호보유」[2](단순상호보유)라고 하고, 갑회사가 을회사의 주식을 보유하고 을회사는 병회사의 주식을 보유하고 병회사는 다시 갑회사의 주식을 보유하는 형태를 「주식의 간접상호보유」(고리형 또는 환상형 〈環狀型〉 상호보유)라고 한다. 이 밖에 갑회사는 을·병회사의 주식을 보유하며 을회사는 갑·병회사의 주식을 보유하고 병회사는 갑·을회사의 주식을 보유하는 형태를 「주식의 행렬(行列)(matrix)형 상호보유」라고 한다.[3]

---

1) 정찬형, 전게논문(법과 기업 연구 제 5 권 제 2 호), 29~30면.
반대: 송옥렬, 전게논문(저스티스 통권 제127호), 67면(주식소각을 할 때에는 배당가능이익이 있는지 여부는 따지지 않는다고 한다); 송(옥), 904면; 임(재), (회 I) 576면; 해설(2012), 121면(자기주식 취득 당시 배당가능이익의 한도 내에서 이를 재원으로 하여 자기주식을 취득하였을 것이므로, 소각 당시 시점에 배당가능이익의 존재 여부와 관계 없이 자기주식 소각이 가능하다고 한다).

2) 이를 「상호주」라고 표현하기도 하나[이(철), (회) 427면 이하; 증거 189조 등], 상호주라는 주식의 종류가 있는 것이 아니므로 이러한 표현은 적절하지 못하다고 본다[동지: 정(동), (회) (1991) 235면 주 40].

3) 정(동), (회) 251면; 이(철), (회) 427면.
주식의 상호보유에 관한 상세한 논문으로는 이철송, "상호주에 관한 연구," 법학박사학위논문(서울대, 1983); 유영일, "상호주(상법 제369조 제 3 항)의 판단시점과 판단기준 — 대법원 2009. 1. 30. 선고 2006 다 31269 판결을 중심으로 —," 「상사판례연구」(한국상사판례학회), 제24집 제 1 권(2011), 197~226면 등 참조.

주식의 직접상호보유에 대한 규제로는 우리 상법상 다음의 두 가지 경우가 있다.

첫째는 갑회사(모회사)가 을회사(자회사)의 발행주식총수의 100분의 50을 초과하는 주식을 소유하는 경우(모자〈母子〉회사간)에는, 을회사로 하여금 갑회사의 주식을 원칙적으로 취득할 수 없도록 규제하였다(상 342조의 2 1항).

둘째는 갑회사가 을회사의 발행주식총수의 10분의 1을 초과하는 주식을 소유하는 경우(비모자〈非母子〉회사간)에는, 을회사는 갑회사의 주식을 취득할 수는 있으나 그 주식에 대하여는 의결권이 없는 것으로 규제하였다(상 369조 3항).

위와 같이 갑회사와 을회사가 주식을 상호보유하는 경우로서, 위 첫째의 경우에는 을회사는 갑회사의 주식을 취득할 수 없고, 위 둘째의 경우에는 을회사는 갑회사의 주식을 취득할 수는 있으나 의결권이 없다. 따라서 을회사는 갑회사가 자기의 주식을 어느 정도 취득하고 있는지를 알고 있는 것은 을회사의 이해관계에 매우 중요하다. 따라서 1995년 개정상법은 갑회사가 을회사의 발행주식총수의 10분의 1을 초과하여 취득한 때에는 을회사에 대하여 지체 없이 이를 통지하도록 하여 갑회사에게 을회사의 주식취득의 통지의무를 부담시키고 있다(상 342조의 3). 이는 갑회사가 을회사의 주식을 을회사가 모르게 대량으로 은밀하게 취득하는 것을 방지하기 위하여 신의칙상 명문으로 인정한 것이다.[1)]

그런데 이 규정은 위 둘째(상 369조 3항)와 관련하는 규정이므로 상법 제369조 3항의 다음에 규정하든가, 또는 이 규정을 위 첫째(상 342조의 2)와 관련하여 상법 제342조의 2의 다음에 규정하고자 하면 갑회사가 을회사의 주식을 발행주식총수의 100분의 50을 초과하여 취득한 때에도 을회사에 대한 통지의무를 규정하였어야 할 것으로 본다.

위 첫째의 모자회사간에서 자회사에 의한 모회사의 주식취득의 금지는 주식양도의 자유에 대한 제한이므로 이곳에서 설명하고, 위 둘째의 비모자회사간에서 의결권의 제한은 주주총회의 의결권에 관한 부분에서 설명한다.

(ii) 이러한 주식의 상호보유는 실질적으로 자기주식의 취득의 경우와 같이 출자의 환급이 되어 자본의 공동화(空洞化)를 가져오고, 법인주주가 주축이 되

---

1) 해설(1995), 103면.

어 회사의 사단성이 파괴되며, 회사지배가 왜곡되는 등 많은 폐해를 가져온다.[1] 그러므로 우리 상법에서는 다른 외국의 입법례[2]와 같이 주식의 상호보유를 원칙적으로 규제하고 있는데,[3] 규제의 기술적인 어려움 때문에 주식의 직접상호보유에 대해서만 규제하고 있고, 간접상호보유 및 행렬형상호보유에 대해서는 규제하지 못하고 있다.[4]

② **상호보유규제의 내용** 위에서 본 바와 같이 모자회사간에서 자회사에 의한 모회사의 주식취득이 금지되는 것은 종래의 학설에서도 인정되어 왔는데, 1984년의 개정상법에서는 이를 명문으로 규정하게 되었고, 아울러 모자회사의 개념을 입법적으로 해결하였다는 점에 의미가 있다.

(a) 상법은 위의 예에서 갑회사가 을회사의 발행주식총수[5]의 100분의 50을 초과하는 주식을 소유하는 경우에, 갑회사를 「모회사」로 을회사를 「자회사」로 정의하고, 자회사에 의한 모회사의 주식취득을 원칙적으로 금지하고 있다(직접지배형)(상 342조의 2 1항).

(b) 상법은 병회사의 발행주식총수의 100분의 50을 초과하는 주식을 갑회사(모회사) 및 을회사(자회사)가 소유하거나(합동지배형) 또는 을회사(자회사)가 소유하는 경우에도(간접지배형),[6] 병회사(손〈孫〉회사)를 갑회사(조모〈祖母〉회사)의 자회사로 의제하여, 병회사에 의한 갑회사의 주식취득도 원칙적으로 금지하고 있다(상 342조의 2 3항)(이 때 병회사의 발행주식총수의 100분의 50을 초과하는 주식을 갑회사 및 을회사가 소유하는 경우에는 병회사는 을회사의 주식을 취득할 수 있으나, 을회사가 소유하는 경우에는 상법 제342조의 2 1항에 의하여 병회사는 을회사의 주식을 취득할 수 없다).

1) 동지: 정(희), 432면; 정(동), (회) 252~253면(이 폐해에 대한 설명이 상세함).

2) 독일 주식법 328조; 프랑스 상법 233-30조; 유럽 회사법 47조; 이탈리아 민법 2360조; 일본 회사법 308조 등.

3) 종전에는 증권거래법 제189조에 의하여 상장회사 사이에서만 주식의 상호보유를 금지하였는데, 1984년의 상법개정시에 이를 상법에 규정함으로써 모든 회사에 일반화하였다.

4) 우리 상법은 간접상호보유 및 행렬형상호보유를 규제하지 못하고, 유한회사 상호간 또는 유한회사와 주식회사간의 상호보유를 규제하지 못하는 등으로 인하여, 규제의 충분한 실효를 거두기 어렵고 운영상 많은 문제점이 발생한다고 지적되고 있다[정(동), (회)(1991), 238면 외].

5) 이 때의 「발행주식총수」는 의결권 없는 주식은 회사지배와 무관하므로 '의결권 있는 발행주식총수'라고 본다(은행 37조 1항 참조)[동지: 이(철), (회)(2014) 403면][그런데 이(철), (회)(2001) 431면은 「'의결권 있는 주식'의 과반수 소유가 논리적이나, 자본충실의 저해를 방지하는 관점에서는 과반수 출자, 즉 '발행주식총수'의 과반수 소유를 기준으로 삼는 것이 입법목적에 부합하다」고 한다].

6) 직접지배형, 합동지배형 및 간접지배형의 표현은 정(동), (회) 254면에서 사용하고 있다.

(c) 증손(曾孫)회사(및 그 이후에 계속되는 손회사)도 증조모(曾祖母)회사(및 그 이후에 계속되는 조모회사)의 자회사로 보아, 증손회사는 증조모회사의 주식취득이 금지되는가. 이에 관하여는 상법에 규정이 없고, 학설은 이를 (i) 긍정하는 견해(다수설)[1]와 (ii) 부정하는 견해(소수설)[2]로 나뉘어 있다.

생각건대 상법 제342조의 2 3항을 엄격하게 해석하여야 한다고 보며, 또 위와 같이 확대해석하여 자회사에 의한 모회사의 주식취득을 금하는 것은 거래의 실정에도 맞지 않을 뿐만 아니라 그 실효를 거두는 것도 거의 불가능하므로, 부정하는 견해에 찬성한다.[3]

③ 금지위반의 효과　　자회사가 모회사의 주식취득금지에 위반하여 모회사의 주식을 취득한 경우에는, 다음과 같이 그 취득행위의 사법상 효력과 이사 등의 책임이 문제된다.

(a) 취득행위의 사법상 효력　　이에 대하여도 특정목적 이외의 자기주식 취득금지(상 341조의 2)에 위반한 경우와 같이 (i) (절대적) 무효설,[4] (ii) 상대적 무효설[5](부분적 무효설) 및 (iii) 유효설[6]이 있다.

생각건대 이 경우에도 특정목적 이외의 자기주식 취득금지에 위반하여 취득한 경우와 같이 절대적으로 무효라고 본다(무효설).

(b) 이사 등의 책임　　(i) 자회사의 이사 등이 상법 제342조의 2에 위반하여 모회사의 주식을 취득한 경우에는, 그러한 이사 등은 회사(상 399조) 또는 제 3 자(상 401조)에 대하여 손해배상책임을 부담하는 외에, (ii) 2,000만원 이하의 벌금형의 제재를 받는다(상 625조의 2).[7]

---

1) 손(주), 665면; 최(기), 681면 외.
2) 이(철), (회) 431면 주 2; 주상(제 5 판)(회사 Ⅱ), 481면.
3) 연습, 371면(사례 62).
4) 정(동), (회) 255면; 최(기), 683면; 서 · 정, 379면; 이(기) 외, (회) 267~268면.
5) 손(주), 667면; 이(철), (회) 433~434면.
6) 정(희), 433면(상법 제342조의 2는 자회사에 의한 모회사의 주식취득을 금지하고는 있으나, 이것을 위반하여 취득한 경우에도 동조 1항 1호와 2호에 의하여 적법하게 취득한 경우와 같이 조속한 처분을 하여야 하는 것이지, 그 취득 자체가 무효가 되는 것은 아니다〈자기주식 취득금지의 위반의 효과와 구별〉. 다만 취득의 원인행위는 그 무효를 다툴 수 있을 것이나, 이 경우에도 자기주식 취득금지의 위반의 경우와 같이 상대방이 선의인 경우에는 무효를 주장하지 못한다고 보아야 할 것이다).
7) 이사가 자기주식 취득금지에 위반한 경우에는 「5년 이하의 징역 또는 1,500만원 이하의 벌금」의 처벌을 받는데(상 625조 2호), 상호보유금지에 위반하여 모회사의 주식을 취득한 경우에는 「2,000만원 이하의 벌금」의 처벌을 받는다(상 625조의 2).

(나) 예 외

① 예외가 인정되는 범위 모자회사간에서 자회사는 원칙적으로 모회사의 주식을 취득할 수 없는데, 예외적으로 자회사가 모회사의 주식을 취득할 수 있는 경우가 있다. 즉, (i) 주식의 포괄적 교환, 주식의 포괄적 이전 또는 자회사가 모회사의 주식을 갖고 있는 다른 회사와 흡수합병하거나 영업전부를 양수하는 경우와, (ii) 회사의 권리를 실행함에 있어 그 목적을 달성하기 위하여 필요한 경우에는, 자회사는 모회사의 주식을 예외적으로 취득할 수 있다(상 342조의 2 1항 1호~2호).

위의 경우에 자회사는 모회사의 주식을 취득한 날로부터 6월 이내에 처분하여야 하는데(상 342조의 2 2항), 자회사의 이사 등이 이러한 처분을 하지 않으면 회사(상 399조) 및 제 3 자(상 401조)에 대하여 손해배상책임을 부담하는 외에, 2,000만원 이하의 벌금형의 제재를 받는다(상 625조의 2).

② 모회사주식의 지위 자회사가 예외적으로 모회사의 주식을 취득하는 경우에 자회사는 그 주식에 대하여 어떠한 권리를 행사할 수 있는가. 이에 대하여 자회사는 그 주식에 관하여 공익권 중 의결권이 없음은 상법의 규정상 명백하다(상 369조 3항 참조). 그 이외의 권리(의결권 이외의 공익권 및 자익권)에 대하여는 상법에 규정이 없으므로 의문이나, 자회사가 자기주식을 취득한 경우와 같이 일체의 주주권이 휴지(休止)된다고 본다(통설).[1)]

(2) 특별법상의 제한

1) 은행법에 의한 제한 은행법은 금융자본의 독점화를 방지할 목적으로 타회사의 의결권 있는 발행주식의 100분의 15를 초과하는 주식을 소유하지 못하게 하고(그러나 금융위원회가 정하는 업종에 속하는 회사 또는 기업구조조정 촉진을 위해 필요한 것으로 금융위원회의 승인을 얻은 경우에는 발행주식의 100분의 15를 초과하는 주식을 소유할 수 있다)(은행 37조 1항·2항), 또한 주주 1인과 그와 특수관계에 있는 자(동일인)는 원칙적으로 금융기관의 의결권 있는 발행주식총수의 100분의 10을 초과하는 주식을 보유하지 못하게 하고 있으므로(은행 15조 1항 본문), 그

1) 동지: 정(희), 431면; 정(동), (회) 255~256면; 이(철), (회) 433면; 최(기), 683면(다만 준비금의 자본전입에 의한 무상주의 교부는 주식의 분할과 같으므로 인정된다고 한다); 이(기) 외, (회) 268면; 주상(제 5 판)(회사 Ⅱ), 484면.

독일 주식법은 이를 명문으로 규정하고 있다(AktG §§ 71b, 71d).

한도 내에서는 주식의 양도가 제한되고 있다.

2) 독점규제 및 공정거래에 관한 법률에 의한 제한 독점규제 및 공정거래에 관한 법률에 의하여 누구든지 직접 또는 특수관계인을 통하여 다른 회사의 주식을 취득(인수)함으로써 일정한 거래분야에서 경쟁력을 실질적으로 제한하는 경우에는 원칙적으로 그러한 주식취득을 할 수 없고(동법 9조 1항 1호·5호), 또한 상호출자제한 기업집단에 속하는 회사는 자기의 주식을 취득 또는 소유하고 있는 계열회사의 주식을 원칙적으로 취득 또는 소유할 수 없으며(동법 21조 1항), 또한 기업결합 신고대상회사는 다른 회사의 의결권 없는 주식을 제외한 발행주식총수의 100분의 20(주권상장법인의 경우는 100분의 15) 이상을 소유하는 경우에는 그 주식취득을 공정거래위원회에 신고하도록 하고 있는바(동법 11조 1항 1호·4호), 이 한도 내에서는 역시 주식양도가 제한되고 있다.

3) 자본시장과 금융투자업에 관한 법률에 의한 제한 자본시장과 금융투자업에 관한 법률 제172조는 주권상장법인의 내용을 잘 아는 내부자(임원, 직원 또는 주요주주)의 주식거래를 제한하고 있다.

2. 정관에 의한 제한

(1) 인정이유

앞에서 본 바와 같이 1995년 개정상법에 의하여 주식의 양도는 예외적으로 정관이 정하는 바에 따라 이사회(자본금 총액이 10억원 미만인으로서 이사를 1명 또는 2명을 둔 소규모 주식회사의 경우는 주주총회 — 상 383조 4항)의 승인을 얻도록 제한할 수 있다(상 335조 1항 단서). 그러나 정관의 규정에 의하여 주식양도를 전면적으로 제한하는 규정을 둔 경우, 그러한 규정은 주식회사의 본질에 반하므로 무효이다.[1]

우리 상법이 정관에 의하여 주식양도를 제한할 수 있도록 한 것은 소규모·폐쇄적인 주식회사에서 주주 상호간의 인적 관계를 존중하여 회사가 바라지 않는 주주의 참여를 막아 경영의 안전을 도모하기 위하여 인정된 것이다.[2] 그

---

1) 동지: 해설(1995), 84~85면; 대판 2000. 9. 26, 99 다 48429(공보 2000, 2183)(상법 제355조 제 1 항 단서는 주식의 양도를 전제로 하고, 다만 이를 제한하는 방법으로서 이사회의 승인을 요하도록 정관에 정할 수 있다는 취지이지, 주식의 양도 그 자체를 금지할 수 있음을 정할 수 있다는 뜻은 아니기 때문에, 정관의 규정으로 주식의 양도를 제한하는 경우에도 주식양도를 전면적으로 금지하는 규정을 둘 수 없다).

2) 동지: 이(철), (회) 385~386면(주식양도의 자유를 절대적으로 관철하는 것은 대부분의 주식

러나 이러한 경우에 사원(주주)의 퇴사제도가 인정되지 않는 주식회사에서 투자한 자금을 회수하고 사원(주주)의 지위를 떠나고자 하는 주주의 이익도 보호하여 줄 필요가 있다. 따라서 상법은 회사의 이익과 투자한 자금을 회수하고자 하는 주주의 이익을 조화시키기 위하여, 정관에 의한 주식양도제한에 관한 규정(상 335조 1항 단서)을 두면서도 다시 양도승인과 관련한 상세한 규정(상 335조의 2~335조의 7)을 두고 있다.[1)]

(2) 양도제한의 요건

1) 정관의 규정 회사가 주주의 주식양도를 제한하기 위하여는 먼저 정관에 이에 관하여 규정하여야 한다. 즉, 정관에 「주식의 양도는 이사회의 승인을 얻어야 한다」라든가, 또는 「주주는 이사회의 승인을 얻어 그가 가진 주식을 양도할 수 있다」라는 취지의 규정을 두어야 한다.[2)] 이러한 정관은 원시정관이든 변경정관이든 상관이 없으나, 승인기관은 반드시 이사회로 하여야 한다. 따라서 정관상 승인기관을 대표이사로 하든가 또는 주주총회의 결의 등으로 제한하는 것은 허용되지 않는다.[3)]

앞에서 본 바와 같이 정관의 규정으로 주식양도를 제한하는 경우에도 주식양도를 전면적으로 금지하는 규정을 둘 수는 없고, 또한 이러한 내용을 회사와 주주 사이에서 또는 주주들 사이에서 약정을 하였다 하여도 회사에 대한 관계에서는 무효이다.[4)]

2) 양도제한의 공시 정관의 규정에 의하여 주식양도를 제한한 경우 그 규정은 주식청약서[5)](상 302조 2항 5호의 2)와 주권(상 356조 6호의 2)에 기재하고 또 등기하여(상 317조 2항 3호의 2) 이를 공시하여야 한다. 또한 전환사채와 신주인수권부사채의 청약서·채

회사가 비상장회사라는 점에서 비현실적이라고 한다); 해설(1995), 84면.

1) 주식양도의 제한에 관한 각국의 입법례의 간단한 소개로는 이(철), (회) 386면 참조.
우리 상법상 정관에 의한 주식양도 제한의 문제점에 관하여는 김병연, "정관에 의한 주식양도의 제한과 문제점," 「비교사법」, 제 7 권 2호(2000. 12), 645~669면 참조.

2) 동지: 해설(1995), 84면.

3) 동지: 이(철), (회) 388면(예컨대, 특정주주의 승인을 받게 한다든지, 대표이사의 승인을 받게 하는 정관의 규정은 무효라고 한다); 해설(1995), 84면.

4) 동지: 대판 2000. 9. 26, 99 다 48429(공보 2000, 2183)[이 판결에 대하여 '이는 명의개서에 한정되는 것이고 당사자간에 채권적 효력은 있다'는 취지의 평석으로는 조민제, "주식양도 제한계약의 법적 효력," 「저스티스」, 통권 제63호(2001. 10), 215~229면].

5) 상법에는 규정이 없으나 신주발행시의 주식청약서(상 420조 참조) 및 신주인수권증서(상 420의 2 2항 참조)에도 양도제한의 사실을 기재하여야 한다고 본다[동지: 이(철), (회) 387면].

권(債券)·사채원부와 신주인수권부사채의 경우 신주인수권증권에도 양도제한의 사실을 기재하여야 한다(상 514조 1항 5호, 516조의 4 4호, 516조의 5 2항 5호).

3) 양도제한을 받는 주식 주식양도의 제한은 앞에서 본 바와 같이 주주 상호간의 인적 관계가 존중되는 소규모의 주식회사에서만 인정되는 것이므로, 주권상장회사에서는 주식양도가 제한될 수 없다.[1] 또한 회사는 주식의 양도에 관한 종류주식을 발행할 수 없다.[2] 그러나 회사가 일정한 양수인(예컨대, 외국인)에게 양도하는 경우 등에만 양도를 제한하는 것은 가능하다고 본다.[3]

주식의 양도제한은 특정승계인 주식의 양도의 경우에만 적용되는 것이므로, 포괄승계인 주식의 상속이나 합병 등에는 적용되지 않고 또한 양도가 아닌 입질·양도담보 등 담보제공행위에도 적용되지 않는다.[4] 그러나 담보제공된 주식의 경우에는 담보권자(채권자)가 담보권을 실행하는 경우(예컨대, 경매 등)에는 그 주식의 취득자가 이사회의 승인을 얻어야 한다고 본다.[5]

4) 이사회의 승인 정관의 규정에 의하여 이사회의 승인을 얻어 주식을 양도할 수 있는 주주가 이와 같은 이사회의 승인 없이 주식을 양도한 경우에는, 그 주식양도는 회사에 대하여 효력이 없다(상 335조 2항). 이 때 「회사에 대하여 효력이 없다」는 의미는 권리주양도(상 319조) 및 주권발행 전의 주식의 양도(상 335조 3항 본문)의 경우와 동일하게 해석할 수 있다고 본다. 따라서 이사회의 적법한 승인 없는 이러한 주식의 양도는 대표이사 또는 대표집행임원이 이를 승인(추인)하더라도 그 효력이 없고, 양도의 당사자간에만 그 효력이 있을 뿐이다(상 335조의 7 참조).[6] 그러나 당사자의 승인신청에 대하여 이사회의 승인결의가 없었음에도 불구하

1) 동지: 해설(1995), 85～86면; 유가증권시장 상장규정(2005. 1. 21. 제정, 2013. 2. 22. 전부개정, 2021. 8. 25. 개정) 제29조 제 1 항 제 7 호(원칙적으로 주식양도의 제한이 없어야 주권의 신규상장의 요건이 된다), 제48조 제 1 항 제13호(상장회사가 주식양도를 제한하면 원칙적으로 상장폐지의 사유가 된다).

2) 2011년 4월 개정상법의 정부안에서는 주식의 양도에 관한 종류주식에 대하여 규정하였으나(개정안 344조 1항, 344조의 4), 국회 법제사법위원회의 심의과정에서 삭제되었다.

3) 동지: 정(동), (회) 233면; 이(철), (회) 388～389면.

4) 동지: 정(동), (회) 233～234면; 이(철), (회) 389면.
반대: 日最高判 1973. 6. 15(民集 27-6, 700)(양도담보의 경우에 이사회의 승인을 요한다고 함).

5) 동지: 정(동), (회) 233～234면.

6) 동지: 이(철), (회) 390면; 정(동), (회) 239면(동 교수는 다만 이사회의 승인을 얻지 않고 주식을 양도한 경우에도 총주주의 동의가 있거나 1인회사의 1인주주가 양도한 때에는 회사에 대하여도 그 효력이 있다고 해석하는데, 조문의 규정으로 보나 또 주주의 이익을 회사의 이익과 동일시할 수 없는 점에서 볼 때 의문이다); 대판 2008. 7. 10, 2007 다 14193.

고 대표이사 또는 대표집행임원이 이사회의 승인이 있은 것으로 당사자에게 통지하고 이를 믿고 주식을 양도한 경우에는, 후술하는 바와 같이 당사자가 선의·무중과실인 한 거래의 안전을 위하여 그 양도는 회사에 대하여도 유효하다고 본다.

(3) 양도승인의 절차

1) 주주(양도인)의 양도승인의 청구 주식의 양도에 관하여 정관의 규정에 의하여 이사회의 승인을 얻어야 하는 경우에, 주식을 양도하고자 하는 주주(양도인)는 회사에 대하여 양도의 상대방 및 양도하고자 하는 주식의 종류와 수를 기재한 서면으로 양도의 승인청구를 할 수 있다(상 335조의 2 1항). 이러한 승인청구는 반드시 서면으로 하여야 하므로, 구두로 하는 것은 그 효력이 없다.[1] 또한 이러한 승인청구서에는 1인 또는 수 인의 양도의 상대방(양수인)을 특정하여 기재하고, (회사가 종류주식을 발행한 경우) 주주가 양도할 주식의 종류와 수를 확정하여 기재한 후, 주주가 기명날인 또는 서명하여야 한다. 이러한 양도인에 의한 승인청구는 주식을 양도하기 전의 사전청구인 점에서, 양수인에 의한 승인청구(상 335조의 7)가 사후청구인 점과 구별된다.

2) 승인여부의 통지 회사는 주주로부터 위 1)의 승인청구가 있는 날로부터 1월 이내에 이사회의 결의를 거쳐 그 승인여부를 서면으로 통지하여야 한다[2](상 335조의 2 2항). 주식양도의 승인기관은 이와 같이 이사회인데, 만일 대표이사 또는 대표집행임원이 이사회의 승인을 얻도록 한 정관의 규정에 위반하여 승인통지를 한 경우에는, 그러한 승인통지는 대표이사 또는 대표집행임원의 위법한(전단적〈專斷的〉) 대표행위이나 대외적 행위로서 거래의 안전을 보호하고 또 주주의 주식양도권을 보호하여 주어야 한다는 점에서 볼 때, (주주 및 양수인에게 악의 또는 중과실이 없는 한) 이를 유효로 해석하여야 할 것으로 본다.[3] 이

1) 동지: 정(동), (회) 234면; 해설(1995), 87면.

2) 이를 발신주의로 보아야 할 것인가 또는 도달주의로 보아야 할 것인가에 대하여 의문이 있으나, 양도인(주주)을 보호하기 위하여 민법의 일반원칙에 따라 도달주의로 보는 것이 타당하다고 본다[동지: 이(철), (회) 391면; 정(동), (회) 234~235면].

3) 동지: 정(동), (회) 234면, 240면; 이(철), (회) 392면(다만 선의·악의의 기준을 양수인에 의하여 판단하나, 승인통지의 상대방은 양도인〈주주〉이므로 양도인을 배제하는 것은 문제가 있다고 본다); 해설(1995), 88면(다만 이 때 주주가 그 사실을 알았느냐 아니냐에 관계 없이 그 효력이 있다고 해석하는데, 주주가 악의인 경우에도 주주의 주식양도를 회사에 대한 관계에서 유효로 보아야 하는지에 대하여는 의문이다. 이는 또한 위법한 대표행위의 대외적 행위의 효력에 관한 대법원판례의 입장에도 반한다).

때 만일 회사가 주주에게 1월의 기간 내에 이사회의 승인절차를 밟아 승인 여부를 서면으로 통지하면 그에 따라 주주는 필요한 조치를 취할 수 있겠으나, 회사가 그 기간 내에 이러한 통지를 하지 않으면 회사는 그 주식의 양도에 관하여 이사회의 결의를 거쳐 승인한 것으로 본다(상 335조의 2 3항).[1]

회사가 주주의 승인청구에 대하여 적법하게 승인하고 소정의 기간 내에 승인통지를 한 경우에는, 주주는 승인청구서에 기재된 내용대로 양도의 상대방에게 소정의 주식을 양도할 수 있다. 그런데 회사가 주주의 승인청구에 대하여 이를 받아들이기 어렵다고 판단하여 소정의 기간 내에 양도승인거부의 통지를 한 경우에는(회사가 주식의 양도에 관하여 이사회의 결의를 거쳐 승인하였다고 하더라도, 주식의 일부에 관하여만 승인하였거나 또는 조건부로 승인한 것을 통지한 경우에는 전체에 관하여 양도승인거부의 통지를 한 것이 된다),[2] 주주는 다음에서 보는 바와 같이 그 거부통지를 받은 날로부터 20일 내에 회사에 대하여 양도의 상대방의 지정 또는 그 주식의 매수를 청구할 수 있다[3](상 335조의 2 4항).

3) 양수인의 승인청구 주식의 양도에 관하여 정관의 규정에 의하여 이사회의 승인을 얻어야 하는 경우에, 주식을 취득한 자(양수인)도 회사에 대하여 그 주식의 종류와 수를 기재한 서면으로 그 취득의 승인을 청구할 수 있다(상 335조의 7 1항). 위의 주주(양도인)가 회사의 이사회의 승인 없이 주식을 양도한 경우에도 양수인은 당사자간에 유효하게 그 주식을 양수하나 회사에 대하여는 주주임을 주장할 수 없다(상 335조 2항).

따라서 이러한 주식양수인이 회사에 대하여 주주로서의 권리를 행사할 수 있도록 하기 위하여 주식양수인도 회사에 대하여 그 주식취득의 승인신청을 청구할 수 있도록 한 것이다.[4] 특히 주식을 경매 등의 방법에 의하여 취득하는 경우에는 사전승인이 불가능하거나 부적당하므로 양수인에 의한 사후승인이 큰 의미는 갖는다.[5] 이 때의 주식양수인도 주식양도인의 경우와 같이 매매

1) 이 조문은 이사회의 승인결의가 있었으나 회사가 이를 주주에게 통지하지 않은 경우에는 그 결과에서 동일하므로 이에 대하여는 규정하지 않고, 「회사가 주주에게 거부의 통지를 하지 아니한 때에」 대하여만 규정하고 있다.

2) 동지: 정(동), (회) 235면.

3) 일본 회사법에서는 회사가 승인을 거절할 경우 매수인을 지정하든가 또는 회사가 매수하도록 규정하고 있다(日會 138조, 140조).

4) 해설(1995), 96면.

5) 동지: 정(동), (회) 238면.

또는 증여 등에 의하여 개별적으로 주식을 취득한 자에 한하고, 상속이나 합병 등에 의하여 포괄적으로 주식을 취득한 자는 제외된다.[1)]

주식양수인이 주식취득의 승인청구를 하는 경우에도 주식양도인(주주)이 승인청구를 하는 경우와 동일한 절차에 의한다(상 335조의 7 2항). 다만 이 때 주의할 점은 주식양수인의 주식취득의 승인청구에 대하여 회사가 승인거부를 한 경우에는 그 주식양수인은 회사에 대한 관계에서는 주주가 아니지만, 주주가 회사로부터 승인거부의 통지를 받은 경우와 같이 거부통지를 받은 날로부터 20일 내에 회사에 대하여 상대방의 지정 또는 주식의 매수를 청구할 수 있는 절차를 밟을 수 있다(상 335조의 7 2항, 335조의 2 4항, 335조의 3 내지 335조의 6)[2)].

(4) 승인거부의 효력

주주가 회사로부터 주식양도의 승인거부의 통지를 받은 때에는, 위에서 본 바와 같이 그 효력으로서 그 통지를 받은 날로부터 20일 내에 회사에 대하여 양도의 상대방을 지정청구하거나 또는 그 주식의 매수청구를 할 수 있는데(상 335조의 2 4항), 이는 다음과 같다.

1) 양도상대방의 지정청구권

(가) 양도상대방의 지정청구 주주가 회사로부터 주식양도의 승인거부의 통지를 받은 때에는, 그 통지를 받은 날로부터 20일 내에 회사에 대하여 양도의 상대방을 지정하여 줄 것을 청구할 수 있다(상 335조의 2 4항). 이러한 청구는 앞의 양도승인의 청구와는 달리 서면으로 할 것을 요구하고 있지 않으므로, 구두의 청구도 가능하다고 본다.[3)] 이는 주주에 대하여 그의 출자금의 회수를 보장하

---

1) 동지: 해설(1995), 96면.

2) 동지: 대판 2014. 12. 24, 2014 다 221258 · 221265(공보 2015, 193)(주식의 양도에 관하여 이사회의 승인을 얻어야 하는 경우에 주식을 취득하였으나 회사로부터 양도승인거부의 통지를 받은 양수인은 상법 제335조의 7에 따라 회사에 대하여 주식매수청구권을 행사할 수 있다. 이러한 주식매수청구권은 주식을 취득한 양수인에게 인정되는 이른바 형성권으로서 그 행사로 회사의 승낙 여부와 관계 없이 주식에 관한 매매계약이 성립하게 되므로, 주식을 취득하지 못한 양수인 〈양수인은 점유개정에 의하여 주권을 교부받지 못하고 주식매수청구권을 행사한 이후에 주권을 교부받음〉이 회사에 대하여 주식매수청구를 하더라도 이는 아무런 효력이 없고, 사후적으로 양수인이 주식 취득의 요건을 갖추게 되더라도 하자가 치유될 수는 없다); 해설(1995), 97면.

이 때 양도인 또는 양수인이 거부통지를 받은 날로부터 20일 내에 회사에 대하여 상대방의 지정 또는 주식의 매수를 청구하지 않은 경우에는, 양도인 또는 양수인은 다시 승인청구를 할 수 있다는 견해가 있으나[이(철), (회) 392면], 이 때에 양수인은 양도인에게 조건의 불성취 등으로 양도계약을 해제하여 그 주식을 반환함으로써 환가할 수 있는 여지가 있고 또 조문의 해석상 그와 같이 해석하는 것도 무리인 점에서 볼 때 타당하지 않다고 본다[동지: 정(동), (회) 239면 및 같은 면 주 1].

3) 동지: 이(철), (회) 392면; 정(동), (회) 235면.

기 위하여 인정된 것이다. 법문상으로는 주주가 승인거부의 통지를 받은 경우에 비로소 양도상대방의 지정청구를 할 수 있는 것으로 규정되어 있으나, 해석상 주주가 회사에 대하여 양도승인을 청구할 때에 만일 회사가 주주의 지정양도상대방을 승인하지 않는 경우에는 양도상대방을 지정하여 줄 것을 동시에 할 수 있다고 본다.[1] 이와 같이 하는 것이 비용과 시간을 절약할 수 있어 실무상 많이 활용될 것으로 본다.

(나) 회사의 지정통지 주주가 위 (가)의 경우와 같이 회사에 대하여 양도의 상대방을 지정하여 줄 것을 청구한 경우에는, 회사는 이사회의 결의에 의하여 이를 지정하고 그 청구가 있은 날부터 2주간 내에 주주 및 지정된 상대방에게 서면으로 이를 통지하여야 한다(상 335조의 3 1항). 이 때 이사회의 양도상대방의 지정권한은 그의 재량에 속하는 것이나, 이러한 권한이 남용되면 이사는 회사 또는 제 3 자(주주 포함)에 대하여 손해배상책임을 부담한다고 본다.[2] 또한 이 때 양도의 상대방은 1인 또는 수 인이 지정될 수 있으나, 양도승인을 청구한 주식 전부에 대하여 양도의 상대방이 지정되어야 한다.[3]

만일 회사가 양도의 상대방의 지정청구가 있은 날로부터 2주간 내에 주주에게 양도의 상대방의 지정통지를 하지 아니한 때에는, 그 주식의 양도에 관하여 회사의 이사회의 승인이 있는 것으로 본다(상 335조의 3 2항). 따라서 이 때에 주주는 그 전에 그가 회사에 대하여 승인청구한 상대방에 대하여 그 주식을 양도할 수 있고, 만일 그 상대방이 그 주식의 양수를 거부한 때에는 주주는 회사에 대하여 그 주식의 매수를 청구할 수 있다.[4]

(다) 피지정자(지정매수인)의 매도청구권 회사가 위 (나)에 의하여 양도의 상대방을 지정하고 또 그에게 소정의 기간 내에 이를 통지한 경우에는, 상대방으로 지정된 자(피지정자, 지정매수인)는 지정통지를 받은 날로부터 10일 이내에 주주에 대하여 서면으로 그 주식을 자기에게 매도할 것을 청구할 수 있다(상 335조의 4 1항). 피지정자의 이러한 매도청구권은 형성권이다.[5] 이 때 회사로부터 양

1) 동지: 정(동), (회) 235～236면; 해설(1995), 90면; 日會 138조, 140조.
2) 이러한 이사회의 권한남용을 방지하기 위하여 각 주주에게 그가 가지고 있는 지주수(持株數)에 비례하여 양수할 기회를 부여해야 한다는 견해가 있으나[이(철), (회) 393면], 이는 실정법적 근거가 없는 것으로서 무리라고 본다.
3) 동지: 해설(1995), 90면.
4) 동지: 해설(1995), 91면.
5) 동지: 정(동), (회) 236면; 이(철), (회) 394면.

도의 상대방으로 지정된 자는 반드시 그 주식을 매수하여야 할 의무를 부담하는 것은 아니나, 회사가 미리 양도의 상대방의 의사를 물어 그의 동의를 받아 지정한 경우에는 그는 회사에 대하여 주식을 매수할 계약상의 의무를 부담한다.[1)]

피지정자가 소정의 기간 내에 주주에 대하여 주식매도를 청구한 때에는, 주주와의 사이에 매매계약이 성립한다. 왜냐하면 주주는 회사에 대하여 이미 회사가 지정한 양도의 상대방에게 주식을 매도하겠다는 청약을 하였고, 그 피지정자는 주주에 대하여 주식매도를 청구함으로써 매도의 청약을 승낙하였기 때문이다.[2)] 그러나 피지정자가 소정의 기일 내에 주주에 대하여 주식매도를 청구하지 아니한 때에는, 그 주식의 양도에 관하여 회사의 이사회의 승인이 있는 것으로 본다(상 335조의 4 2항, 335조의 3 2항). 따라서 이 때에 주주는 그 전에 그가 회사에 대하여 승인청구한 상대방에 대하여 그 주식을 양도할 수 있고, 만일 그 상대방이 그 주식의 양수를 거부한 때에는 주주는 회사에 대하여 그 주식의 매수를 청구할 수 있다.

(라) **매도가액의 결정** 회사의 이사회가 주식양도의 상대방을 지정한 경우, 그 피지정자와 주주간의 주식의 매도가액은 다음과 같이 결정된다.

① 첫째로 그 주식의 매도가액은 당사자간의 협의로 결정된다(상 335조의 5 1항 본문). 따라서 피지정자가 주주에 대하여 그 주식의 매도청구를 한 때에 당사자 사이에 그 주식의 가액에 대하여 협의가 이루어지면, 그 가액이 매도가액이 된다.

② 둘째로 주주가 피지정자로부터 자기주식의 매도를 청구받은 날로부터 30일 이내에 당사자간에 주식의 매도가액에 대하여 협의가 이루어지지 아니한 때에는, 주주 또는 피지정자는 법원에 대하여 매도가액의 결정을 청구할 수 있는데, 이 때 법원은 제반사정을 참작하여 공정한 가액으로 이를 산정하여야 한다(상 335조의 5 2항, 374조의 2 4항·5항). 따라서 주식의 매도가액을 산정하는 최종기관은 법원인데, 이 때 법원은 회사의 본점소재지의 지방법원이다(비송 72조 참조).

2) 회사에 대한 주식매수청구권

(가) **주주의 회사에 대한 주식매수청구** 주주가 회사로부터 주식양도의

1) 동지: 정(동), (회) 236면; 이(철), (회) 394면(따라서 피지정자가 소정의 기간 내에 주주에 대하여 주식매도를 청구하지 않아 주식양도의 승인이 있는 것으로 간주될 때에는, 피지정자는 회사에 대하여 책임문제가 발생할 수 있다고 한다); 해설(1995), 92면.

2) 동지: 정(동), (회) 237면; 해설(1995), 92~93면.

승인거부의 통지를 받은 때에는, 그 통지를 받은 날로부터 20일 내에 회사에 대하여 그 주식의 매수를 청구할 수 있다(상 335조의 2 4항). 주주가 회사로부터 주식양도의 승인거부의 통지를 받으면, 회사에 대하여 앞에서 본 바와 같이 양도상대방의 지정청구를 하든가, 또는 이와 같은 주식매수청구권을 선택적으로 행사할 수 있다고 본다.[1] 이는 앞에서 본 양도상대방의 지정청구권과 같이 주주에 대하여 그의 출자금의 회수를 보장하기 위하여 인정된 것이다.

상법에 의하여 주주의 회사에 대한 주식매수청구권은 크게 두 경우에 인정되는데, (i) 첫째는 위의 경우와 같이 주식양도의 제한에서 회사가 주주의 주식양도를 승인거부한 때에 인정되는 경우이고(상 335조의 2 4항), (ii) 둘째는 주식의 포괄적 교환과 포괄적 이전·회사의 영업양도 등·합병 또는 분할합병에 관한 주주총회의 특별결의에 반대한 주주에게 인정되는 경우이다(상 360조의 5, 360조의 22, 374조의 2, 522조의 3, 530조의 11 2항). 이러한 주주의 회사에 대한 주식매수청구권은 모두 주주의 출자금의 회수를 보장하기 위한 점에서는 공통점이 있으나, (i)의 경우는 주식양도제한과 관련하여 모든 주주의 이익을 보호하기 위하여 인정되는 것이나, (ii)의 경우는 주주의 이익에 중대한 이해관계가 있는 주주총회 결의사항과 관련하여 소수주주의 이익을 보호하기 위하여 인정되는 점에서 그 성질상 차이점이 있다.[2]

(나) 회사의 주식매수 위 (가)의 경우와 같이 회사가 주주로부터 주식매수청구를 받은 경우에는, 회사는 그 매수청구기간이 종료하는 날부터 2개월 이내에 그 주식을 매수하여야 한다(상 335조의 6, 374조의 2 2항). 이 때 '회사는 그 주식을 매수하여야 한다'는 의미를 회사는 (2개월 이내에) 이행(매수대금의 지급)을 하여야 한다고 보는 견해도 있고,[3] 주식매수청구권이 형성권임을 부인하면서 (2개월

---

1) 이에 대하여 주주가 이러한 선택권을 행사하면 주주는 회사채권자들에 앞서 출자금을 환급받는 방법으로 주식매수청구권을 행사하여 회사채권자를 해할 우려가 있다는 이유로 회사에게 이러한 선택권이 있는 것으로 해석해야 한다는 견해가 있는데[이(철), (회) 394~396면], 이는 조문규정에도 너무나 벗어난 해석일 뿐만 아니라 회사가 양도상대방의 지정통지를 하지 않으면 자동적으로 주주의 주식양도를 승인한 것으로 간주하는 상법 제335조의 3 2항을 무의미하게 하여 주주의 이익을 크게 희생하고 또 회사가 이를 악용할 우려가 있기 때문에 타당하지 않다고 본다[동지: 정(동), (회) 238면].

또한 이 경우에 대주주에 의한 악용을 방지하기 위하여 회사에 대한 주식매수청구권의 수량과 재원(財源)의 규제가 필요하다는 견해가 있는데[정(동), (회) 237면 주 2], 이는 입법론상 참고가 될 수 있을 것으로 본다.

2) 동지: 해설(1995), 98면.

3) 정(동), (회) 360면; 이(철), (회) 605면(2월 이내에 이행〈매수대금의 지급〉을 하여야 한다는 뜻으로 해석해야 한다고 한다); 임(재), (회 Ⅱ) 216면; 송(옥), 956면.

이내에) 매매계약체결청구권을 행사하여야 한다는 견해도 있는데,[1] 매매가액이 결정되지 않은 상태에서 매매계약이 체결되었다고 보기는 어려우므로 회사는 (2개월 이내에) 매수가액을 협의하여 매매계약을 체결할 의무를 부담하는 것이라고 본다.[2]

(다) 매수가액의 결정 　주주가 회사에 대하여 주식매수청구권을 행사한 경우, 회사와 주주간의 그 주식의 매수가액은 다음과 같이 결정된다.

① 첫째로 그 주식의 매수가액은 회사와 주주간의 협의로 결정된다(상 335조의 6, 374조의 2 3항 본문).

② 둘째로 회사가 주주로부터 주식매수청구를 받은 날부터 30일 이내에 당사자간에 주식의 매수가액에 대하여 협의가 이루어지지 아니하는 경우에는, 회사 또는 주식의 매수를 청구한 주주는 법원에 대하여 매수가액의 결정을 청구할 수 있는데, 이 때 법원은 회사의 재산상태 그 밖의 사정을 참작하여 공정한 가액으로 이를 산정하여야 한다(상 335조의 6, 374조의 2 4항·5항)

제 4 주식양도의 방법

I. 주권발행 전의 양도방법

1984년의 개정상법에서는 제335조 3항에 단서를 신설하여 「회사의 성립 후 또는 신주의 납입기일 후 6월이 경과하면 주권 없이도 유효하게 주식을 양도할 수 있다」고 규정하였으나, 주권발행 전의 주식의 양도방법에 대하여는 특별히 규정하지 않고 있다. 따라서 주권발행 전의 주식의 양도방법은 민법의 일반원칙에 의할 수밖에 없다. 즉, 주권발행 전의 주식의 양도는 지명채권양도의 일반원칙에 의하여 당사자 사이의 의사표시의 합치만으로 그 양도의 효력이 발생하나,[3] 이를 회사에 대항하기 위하여는 양도에 관하여 양도인이 회사에 통지하거나(양도인이 회사에 양도계약서를 제출하거나 양도인과 양수인이 함께 회사에 주식의 양도사실을 신고하는 것 등) 회사의 승낙(회사의 대표이사가 주식양도

1) 김화진, "주식매수청구권의 본질과 주식매수가격의 결정," 「인권과 정의」(대한변호사협회), 제393호(2009. 5), 29면.

2) 동지: 정(경), 464면; 이(기) 외, (회) 394면.

3) 동지: 정(동), (회) 264면, 269면; 이(철), (회) 403면; 채, 649면; 이(기) 외, (회) 275면; 주상(제 5 판)(회사 Ⅱ), 385면; 대판 1988. 10. 11, 87 누 481(공보 1988, 1414); 동 1991. 8. 13, 91 다 14093(공보 905, 2349); 동 1993. 12. 28, 93 다 8719(공보 962, 511).

를 승낙한 경우 등)을 받아야 한다(민 450조 1항).[1] 따라서 이 때에 주금납입영수증이나 주식청약증거금영수증을 교부하는 것은 주식양도의 요건은 아니다.[2] 주권발행 전의 주식양도를 회사(및 제 3 자)에 대항하기 위한 양도인의 회사에 대한 통지나 회사의 승낙(민 450조 1항)은 앞에서(주권발행 전의 주식양도의 제한) 본 바와 같이 주식의 소유관계에서 적법한 주주임을 주장하기 위한 대항요건에 불과하고,[3] (기명주식의 경우) 회사에 대하여 주주권을 행사하기 위한 대항요건(즉, 양수인이 앞으로 계속적으로 주주권을 행사하기 위한 대항요건)은 명의개서이고(상 337조 1항), 제 3 자에 대한 배타적인 대항요건은 확정일자 있는 증서에 의한 양도통지 또는 회사의 승낙이다(민 450조 2항). 이러한 취지의 다음과 같은 대법원판례가 있다.

[주권발행 전 주식양도(상법 제335조 제 3 항 단서)의 제 3 자에 대한 대항요건에 관한 판례]

회사 이외의 제 3 자에 대하여 주권발행 전 주식의 양도사실을 대항하기 위해서는 지명채권 양도의 경우와 마찬가지로 확정일자 있는 증서에 의한 양도통지 또는 회사의 승낙 요건을 갖추어야 한다. 주권발행 전 주식의 양수인과 동일 주식에 대하여 압류명령을 집행한 자 사이의 우열은 확정일자 있는 증서에 의한 양도통지 또는 승낙의 일시와 압류명령의 송달일시를 비교하여 그 선후에 따라 정하여야 한다. 주주가 제 3 자에게 주권발행 전 주식을 양도하고 확정일자 있는 증서에 의한 통지나 승낙으로 주식양도의 대항요건을 갖추었다면, 그 후 주주의 다른 채권자가 그 양도된 주식을 압류하더라도 위와 같이 먼저 주식을 양도받아 대항요건을 갖춘 제 3 자에 대하여 압류의 효력을 주장할 여지가 없다. 또한 회사성립 후 또는 신주의 납입기간 후 6월이 지나도록 주권이 발행되지 않아 주권 없이 채권담보를 목적으로 체결된 주식양도계약은 바로 주식양도담보의 효력이 생기고, 양도담보권자가 대외적으로는 주식의 소유자가 된다. 주권발행 전 주식의 양도담보권자와 동일 주식에 대하여 압류명령을 집행한 자 사이의 우열은 주식양도의 경우와 마찬가지로 확정일자 있는 증서에 의한 양도통지 또는 승낙의 일시와 압류명령의 송달일시를 비교하여 그 선후에 따라 결정된다. 이때 그

1) 동지: 정(동), (회) 269면; 채, 649면.
반대: 최(기), 702면(회사에 대한 관계에서는 명의개서만으로 대항요건이 갖추어지는 것이고, 따로 지명채권양도의 절차가 주식양도의 효력발생요건이나 대항요건이 될 수 없다고 하는데, 의문이다); 동, (회) 369면.

2) 동지: 정(동), (회) 264면; 이(기) 외, (회) 275면.
그러나 손(주), 668면은 「주식양도에 관한 의사표시와 주금납입영수증이나 주식청약증거금영수증이 있으면 이러한 것과 양도증서를 교부함으로써 하는 수밖에 없다」고 한다.

3) 동지: 이(철), (회) 403면(민법 제450조 1항에 의한 회사에 대한 통지 또는 회사의 승낙에 의한 대항력은 회사에 대하여 적법한 양수인임을 주장하고 명의개서를 청구할 수 있는 것을 말한다고 한다); 대판 1995. 5. 23, 94 다 36421(공보 995, 2226).

들이 주주명부에 명의개서를 하였는지 여부와는 상관없다[대판 2018. 10. 12, 2017 다 221501(공보 2018, 2091)].

동지: 대판 2006. 9. 14, 2005 다 45537(공보 2006, 1726)(주권발행 전 주식의 양도는 당사자의 의사표시만으로 효력이 발생하고, 주권발행 전 주식을 양수한 사람은 특별한 사정이 없는 한 양도인의 협력을 받을 필요 없이 단독으로 자신이 주식을 양수한 사실을 증명함으로써 회사에 대하여 그 명의개서를 청구할 수 있지만, 회사 이외의 제 3 자에 대하여 양도 사실을 대항하기 위하여는 지명채권의 양도에 준하여 확정일자 있는 증서에 의한 양도통지 또는 승낙을 갖추어야 한다는 점을 고려할 때, 양도인은 회사에 그와 같은 양도통지를 함으로써 양수인으로 하여금 제 3 자에 대한 대항요건을 갖출 수 있도록 해 줄 의무를 부담한다. 따라서 양도인이 그러한 채권양도의 통지를 하기 전에 제 3 자에게 이중으로 양도하고 회사에 확정일자 있는 양도통지를 하는 등 대항요건을 갖추어 줌으로써 양수인이 그 제 3 자에게 대항할 수 없게 되었고, 이러한 양도인의 배임행위에 제 3 자가 적극 가담한 경우라면, 제 3 자에 대한 양도행위는 사회질서에 반하는 법률행위로서 무효이다).

따라서 당사자가 민법 제450조에 의한 대항요건을 갖추면 회사는 명의개서를 하여야 하고, 당사자가 민법 제450조에 의한 대항요건을 갖추지 않았다고 하더라도 양수인이 양도사실에 관한 서류(예컨대, 양도계약서 등) 등을 회사에 제출하고 상법 제335조 3항 단서의 규정에 따른 양도사실을 증명하여 명의개서를 청구하면 회사는 이를 거절할 수 없다고 본다.[1]

주권발행 전 주식에 관하여 주주명의를 신탁한 자가 수탁자에 대하여 명의신탁계약을 해지하면 그 주식에 대한 주주의 권리는 해지의 의사표시만으로 명의신탁자에게 복귀한다.[2]

---

1) 동지: 손(주), 668면; 정(동), (회) 270면; 이(철), (회) 404면; 주상(제 5 판)(회사 Ⅱ), 386면; 대판 1992. 10. 27, 92 다 16386(공보 934, 3261)(이러한 양수인은 특별한 사정이 없는 한 양도인의 협력을 받을 필요 없이 단독으로 자신이 주식을 양수한 사실을 증명함으로써 회사에 대하여 그 명의개서를 청구할 수 있다).

2) 대판 2013. 2. 14, 2011 다 109708(공보 2013, 462)(주권발행 전 주식에 관하여 주주명의를 신탁한 사람이 수탁자에 대하여 명의신탁계약을 해지하면 그 주식에 대한 주주의 권리는 해지의 의사표시만으로 명의신탁자에게 복귀하는 것이고, 이러한 경우 주주명부에 등재된 형식상 주주 명의인이 실질적인 주주의 주주권을 다투는 경우에 실질적인 주주가 주주명부상 주주명의인을 상대로 주주권의 확인을 구할 이익이 있다. 이는 실질적인 주주의 채권자가 자신의 채권을 보전하기 위하여 실질적인 주주를 대위하여 명의신탁계약을 해지하고 주주명의인을 상대로 주주권의 확인을 구하는 경우에도 마찬가지이고, 그 주식을 발행한 회사를 상대로 명의개서절차의 이행을 구할 수 있다거나 명의신탁자와 명의수탁자 사이에 직접적인 분쟁이 없다고 하여 달리 볼 것은 아니다).

2. 주권발행 후의 양도방법

(1) 상법상의 양도방법(주권의 교부)

1) 주권발행 후의 주식의 양도[1]는 (주식양도의 합의와) 「주권의 교부」[2]만에 의하여 한다(상 336조 1항).

이러한 취지의 다음과 같은 대법원판례가 있다.

[주식양도에 이에 관한 합의를 요한다고 본 판례]

주식양도·양수계약이 적법하게 해제되었다면 종전의 주식양수인은 주식회사의 주주로서의 지위를 상실하였으므로 주식회사의 주권을 점유하고 있다고 하더라도 주주로서의 권리를 행사할 수 없다(즉, 주식양도의 합의가 없으면 양도인이 주권을 교부하여 양수인이 그 주권을 점유하고 있더라도 양수인은 주주권을 취득하지 못한다—저자 주)[대판 1994. 6. 28, 93 다 44906(공보 973, 2085)].

[주식양도의 효력을 부정한 판례]

기명주식의 양도는 양도약정 당시 시행되던 상법(1962. 1. 20, 법률 제1000호)상 주권의 배서 또는 주권과 이에 주주로 표시된 자의 기명날인 있는 양도증서의 교부(1984년 개정상법에 의하여 '주권의 교부'로 개정됨)에 의하도록 되어 있으므로, 당사자 간에 양도계약이 이루어졌으나 주권의 배서 또는 주권과 이에 주주로 표시된 자의 기명날인 있는 양도증서가 교부되지 아니하였다면 그와 같은 양도계약만으로는 당사자간에 주식을 양도하기로 하는 채권적 효력밖에 없는 것으로서 주식양도의 효력이 발생하였다고 볼 수는 없다.

본건에서 A회사의 이사 및 대표이사인 X가 소론과 같이 상법이 정한 주식양도의 절차를 밟지 아니하여 주주로서의 지위를 보유하고 있다 하더라도 X가 B에게 A회사의 경영권 등을 양도하고 이사직과 대표이사직을 사임하여 B가 대표이사로 취임할 수 없는 것은 아니므로, 원심이 X가 A회사로부터 이 사건 공장부지를 매수할 당시인 1981. 6. 17. A회사의 주주였던 사실을 인정하고 Y의 이 사건 과세처분이 적법하다고 판단한 조치는 정당하다. 따라서 논지는 이유 없다[대판 1987. 11. 10, 87 누 620(공보 815, 112)].

---

1) 주식의 양도가 아닌 상속이나 합병 등과 같이 포괄승계에 의하여 주식이 이전되거나 유증 등과 같이 단독행위에 의하여 주식이 이전되는 경우에는, 「주권의 교부」를 요하지 않는다.

2) 주권의 교부에는 현실의 인도(민 188조 1항)뿐만 아니라, 간이인도(민 188조 2항)·점유개정(민 189조) 및 목적물반환청구권의 양도(민 190조)를 포함한다[대판 2014. 12. 24, 2014 다 221258·221265(공보 2015, 193)].

그러나 이전의 우리 대법원판례는 현실의 인도(교부) 외에 간이인도와 반환청구권의 양도만을 인정하였다[대판 2010. 2. 25, 2008 다 96963·96970(공보 2010, 627)].

동지: 대판 1989. 2. 14, 88 누 7606(공보 845, 438)(구 법인세법〈1980. 12. 13, 법률 제3270호로 개정된 것〉 부칙 제 6 조 소정의 주식을 취득한 시기를 결정함에 있어서는 법인세부과를 위하여 따로 그 취득시기를 의제한 규정을 찾아볼 수 없으므로, 주식의 취득시기는 상법 제336조에 따라 주권을 교부받은 때로 볼 수 밖에 없다); 동 1987. 7. 7, 86 누 665(공보 807, 1319); 동 1984. 12. 11, 84 누 636(공보 746, 217)(기명주식의 양도는 상법상 양도인과 양수인의 의사의 합치와 주권의 배서 또는 주권과 이에 주주로 표시된 자의 기명날인 있는 양도증서의 교부〈1984년 개정상법에 의하여 '주권의 교부'로 개정됨〉에 의하는 것이지 주주총회의 결의사항이 아니므로, 주권의 배서교부가 있는 이상 비록 동 주식의 양도가 적법한 소집절차를 거치지 않은 임시주주총회에서 그 결의의 형식으로 되었다 하여 그 주주양도의 효력을 부인할 수는 없다); 동 1980. 1. 15, 79 다 71(공보 627, 12540)(기명주식의 양도방법에 의하지 아니한 주식양도계약만으로는 주식을 양도하기로 하는 채권적 효력밖에 없으므로, 회사에 대하여 주식양도의 효력이 있다고 주장할 수 없는 것이다).

이 때의 주권의 교부는 주식양도의 효력발생요건이지 대항요건이 아니다(민 523조 참조).[1] 따라서 (기명)주식의 양도를 회사에 대항하기 위하여는 별도로 주주명부에의 명의개서를 하여야 한다(상 337조). 그러나 (기명)주식의 양도의 제 3 자에 대한 대항요건은 「주권의 소지」이다.

2) 주식의 양도는 주권의 교부에 의하여 그 효력이 발생하므로, 그 주권의 점유자는 (점유취득원인을 불문하고) 점유 자체만으로 권리자로서의 외관을 갖게 되어 적법한 소지인으로 추정된다(상 336조 2항)(주권의 점유자에 대한 자격수여적 효력).

이와 같은 취지의 다음과 같은 대법원판례가 있다.

[주권의 점유 및 명의개서에 자격수여적 효력을 인정한 판례]

상법상 주권의 점유자는 적법한 소지인으로 추정하고 있으나(제336조 제 2 항) 이는 주권을 점유하는 자는 반증이 없는 한 그 권리자(주식의 소유관계에서 — 저자 주)로 인정된다는 것, 즉 주권의 점유에 자격수여적 효력을 부여한 것이므로 이를 다투는 자는 반대사실을 입증하여 반증할 수 있고, 또한 기명주식의 이전은 취득자의 성명과 주소를 주주명부에 기재하여야만 회사에 대하여 대항할 수 있는 바(제337조 제 1 항), 이 역시 주주명부에 기재된 명의상의 주주는 실질적 권리를 증명

1) 동지: 이(철), (회) 367면(주권의 교부는 주식양도의 성립요건이라고 한다); 정(동), (회) 266면; 채, 654면; 이(기) 외, (회) 275면; 주상(제 5 판)(회사 Ⅱ), 408면; 대판 1993. 12. 28, 93 다 8719(공보 962, 511)(주권발행 후의 주식의 양도는 주권을 교부하여야만 그 효력이 발생한다).

하지 않아도 주주의 권리를 행사할 수 있게 한(주주권의 행사에서 — 저자 주) 자격수여적 효력만을 인정한 것 뿐이지 주주명부의 기재에 창설적 효력을 인정하는 것이 아니므로 반증에 의하여 실질상 주식을 취득하지 못하였다고 인정되는 자가 명의개서를 받았다 하여 주주의 권리를 행사할 수 있는 것은 아니다[대판 1989. 7. 11, 89 다카 5345(공보 855, 1229)].

동지: 대판 1987. 11. 10, 87 누 620(공보 815, 112).

(2) 자본시장과 금융투자업에 관한 법률상의 특칙

1) 주권예탁결제제도

(가) 증권 등에 표시될 수 있거나 표시되어야 할 권리가 「주식·사채 등의 전자등록에 관한 법률」에 따라 전자등록된 경우 그 증권 등은 예탁대상증권 등이 되지 못하고(자금 308조 1항), 그 외의 증권으로서 한국예탁결제원이 지정한 증권 등(예탁대상증권 등)이 한국예탁결제원에 예탁될 수 있다(자금 308조 2항). 이에 따라 전자등록되지 않은 주권으로서 한국예탁결제원이 지정한 일정한 주권(유가증권)에 대하여는 한국예탁결제원(자금 308조 이하)에 예탁시키고 주식의 양도에 주권의 교부를 요하지 않고 계좌간 대체만으로 간단하게 처리되도록 하고 있는데, 이것이 주권예탁결제제도[1]이다. 이러한 제도에 의하여 주권의 소유자(투자자)는 먼저 자기의 주권을 금융투자업자(예탁자)에 예탁(임치)하고 계좌(투자자계좌부)를 개설한 후, 주식의 양도나 담보권의 설정은 주권을 교부하지 않고 이 계좌상의 대체만으로 하고 있다(자금 311조 2항)(이에 관한 상세는 실질주주에 관한 부분에서 이미 설명하였다).

(나) 이러한 주권예탁결제제도는 「주권 없는 주식거래」로서 주권의 중요한 기능인 양도수단의 기능을 상실시키고 있으나, 한편 증권 없는 사회를 향한 발전이라고도 볼 수 있다.[2] 그러나 이러한 제도의 시행에 따른 각종의 법률문제에 대하여는 앞으로 해결해야 할 과제라고 본다[3](이에 관하여 자본시장과 금융투자업에 관한 법률은 제309조 내지 제316조에서 규정을 두어 이러한 문제를 어느

---

1) 우리나라에서 이 제도는 1974년부터 시행되고 있는데, 이러한 예탁결제제도는 주권뿐만 아니라 회사채·국공채와 같은 채권거래에도 이용되므로 이를 합하여 증권예탁결제제도라고 한다[정(동), (회) 267면].

2) 동지: 정(동), (회) 268면.

3) 이에 관한 상세는 안문택, "증권규제에 관한 서론적 연구," 법학박사학위논문(서울대, 1984), 278면 이하.

정도 해결하고자 한다).

2) 주식의 공개매수 주식의 공개매수(take-over bid〈TOB〉, tender offer; Übernahmeangebot)란 불특정 다수인에 대하여 의결권 있는 주식, 그 밖에 대통령령으로 정하는 증권(이하 "주식 등"이라 함)의 매수(교환을 포함함)의 청약을 하거나 매도(교환을 포함함)의 청약을 권유하고 증권시장 밖에서 그 주식 등을 매수하는 것을 말하는데(자금 133조 1항), 이와 같이 주식 등을 공개매수하고자 하는 자는 당해 매수 등을 한 후에 본인과 그 특별관계자(대통령령이 정하는 특별한 관계가 있는 자를 말함)가 보유하게 되는 주식 등의 수의 합계가 그 주식 등의 총수의 100분의 5 이상이 되는 경우에는 원칙적으로 공개매수를 하여야 한다(자금 133조 3항). 자본시장과 금융투자업에 관한 법률은 제133조 내지 제146조에서 공개매수의 요건과 절차 등을 규정하고 있어 주식양도방법의 특례를 이루고 있다.[1)]

3. 명의개서(〈기명〉주식 양도의 회사에 대한 대항요건)

(1) 의의 및 필요성

주식의 양도는 주권의 교부에 의하여 그 효력이 발생하지만(효력요건)(상 336조 1항), 이를 회사에 대항하기 위하여는 명의개서를 하여야 한다.[2)] 즉, 주식양수인(주권취득자)의 성명과 주소를 주주명부에 기재하여야 하는데(상 337조), 이것을 명의개서(Umschreibung)라 한다. 이러한 명의개서제도는 빈번하고 대량적으로 이루어지는 주식유통과정에서 회사가 명의개서된 주주만을 획일적으로 주주로 인정함으로써, 주주간의 분쟁에서 회사를 보호하기 위한 기술적 제도이다.[3)] 이 때 주식의 양수인은 양도(주권의 교부)에 의하여 주식을 취득한 경우 뿐만 아니라, 상속·합병 기타에 의하여 주식을 취득한 경우에도 주주명부에 명의개서를 하지 않으면 회사에 대하여 주주로서 권리를 행사하지 못한다. 이 명의개서

---

1) 주식의 공개매수에서 종래에는 발행주식총수의 100분의 25 이상을 취득하고자 할 때에는 발행주식총수의 100분의 50에 1주를 더한 수에서 기보유 주식 등의 수를 공제한 수만큼 의무적으로 공개매수하도록 하였으나(1998년 2월 24일 개정전 증거 21조 2항, 동법 시행령 11조의 2~11조의 3), 1998년 2월 24일 법률 제5521호 및 동 일자 대통령령 제15687호로 증권거래법 및 동법 시행령을 개정하여 기업의 구조조정을 지원하기 위한 정책적인 이유로 이러한 의무공개매수제도를 폐지하였다.

2) (기명)주식의 양도의 제 3 자에 대한 대항요건은 「주권의 소지」이다「동지: 정(동), (회) 270면」.

3) 동지: 정(동), (회) 271면; 이(철), (회) 370면.

에 의하여 주권소지인과 회사는 사단법적으로 연결된다.[1)]

(2) 명의개서의 절차

1) 청구권자 주식양수인은 주주권을 회사에 대하여 행사하기 위한 전제로서 명의개서청구권을 갖는다. 주식양수인은 이러한 명의개서청구권을 단독으로 행사할 수 있고, 등록주주인 양도인의 협력을 필요로 하지 않는다.[2)] 이에 관하여 우리 대법원도 같은 취지로 다음과 같이 판시하고 있다.

[기명주식을 취득한 자만이 명의개서청구권이 있다고 한 판례]

명의개서청구권은 기명주식을 취득한 자가 회사에 대하여 주주권에 기하여 그 기명주식에 관한 자신의 성명, 주소 등을 주주명부에 기재하여 줄 것을 청구하는 권리로서 기명주식을 취득한 자만이 그 기명주식에 관한 명의개서청구권을 행사할 수 있다. 또한 기명주식의 취득자는 원칙적으로 취득한 기명주식에 관하여 명의개서를 할 것인지 아니면 명의개서 없이 이를 타인에게 처분할 것인지 등에 관하여 자유로이 결정할 권리가 있으므로, 주식 양도인은 다른 특별한 사정이 없는 한 회사에 대하여 주식 양수인 명의로 명의개서를 하여 달라고 청구할 권리가 없다. 이러한 법리는 주권이 발행되어 주권의 인도에 의하여 기명주식이 양도되는 경우뿐만 아니라, 회사 성립 후 6월이 경과하도록 주권이 발행되지 아니하여 양도인과 양수인 사이의 의사표시에 의하여 기명주식이 양도되는 경우에도 동일하게 적용된다[대판 2010. 10. 14, 2009 다 89665(공보 2010, 2079)].

명의개서청구의 상대방은 회사이지 양도인이 아니다.[3)]

2) 주권의 제시

(가) 주식을 양수한 자는 주권의 교부를 받고(상 336조 1항) 또 주권의 점유자는 적법한 소지인으로 추정되므로(상 336조 2항), 이러한 주권소지인이 주권을 제시하고 명의개서를 청구하면 회사는 그가 무권리자임을 증명하지 못하는 한 명의개서를 하여야 한다.[4)]

이에 관한 다음과 같은 대법원판례가 있다.

[(원칙적으로) 주권을 제시하여야 명의개서를 청구할 수 있다고 본 판례]

기명주식을 취득한 자가 회사에 대하여 주주로서의 자격을 인정받기 위하

1) 동지: 정(희), 438면.
2) 동지: 정(희), 438면; 정(동), (회) 271면; 이(철), (회) 371면; 이(기) 외, (회) 283면 외.
3) 동지: 정(동), (회) 271면; 이(철), (회) 371면; 서울고판 1976. 6. 19, 78 나 840.
4) 동지: 정(희), 438면.

여는 주주명부에 그 취득자의 성명과 주소를 기재하여야 하고, 취득자가 그 명의개서를 청구할 때에는 특별한 사정이 없는 한 회사에게 그 취득한 주권을 제시하여야 하므로, 주식을 증여받은 자가 회사에 그 양수한 내용만 통지하였다면 그 통지 사실만 가지고는 회사에 명의개서를 요구한 것으로 보기 어렵다[대판 1995. 7. 28, 94 다 25735(공보 999, 2965)].

동지: 대판 2019. 8. 14, 2017 다 231980(주권의 점유자는 적법한 소지인으로 추정되므로〈상법 제336조 제 2 항〉, 주권을 점유하는 자는 반증이 없는 한 그 권리자로 인정되고 이를 다투는 자는 반대사실을 입증하여야 한다〈대법원 1989. 7. 11. 선고 89 다카 5345 판결 참조〉. 주권이 발행되어 있는 주식을 양도할 때에는 주권을 교부하여야 하고〈상법 제336조 제 1 항〉, 주권이 발행되어 있는 주식을 양수한 자는 주권을 제시하여 양수사실을 증명함으로써 회사에 대해 단독으로 명의개서를 청구할 수 있다〈대법원 1995. 5. 23. 선고 94 다 36421 판결 참조〉. 이 때 회사는 청구자가 진정한 주권을 점유하고 있는가에 대한 형식적 자격만을 심사하면 족하고, 나아가 청구자가 진정한 주주인가에 대한 실질적 자격까지 심사할 의무는 없다. 따라서 주권이 발행되어 있는 주식을 취득한 자가 주권을 제시하는 등 그 취득사실을 증명하는 방법으로 명의개서를 신청하고, 그 신청에 관하여 주주명부를 작성할 권한 있는 자가 형식적 심사의무를 다하였으며, 그에 따라 명의개서가 이루어졌다면, 특별한 사정이 없는 한 그 명의개서는 적법한 것으로 보아야 한다).

(나) 명의개서청구에 주권의 제시는 절대적인 것은 아니고, 주식양수인이 상속·합병 등과 같이 포괄승계에 의하여 주식을 양수하거나 또는 주권발행 전에 주식을 양수한 경우(상 335조 3항 단서에 해당하는 경우) 등에는 양수인이 이러한 사실을 증명하면 회사는 명의개서를 하여야 한다.[1)]

이에 관한 다음과 같은 대법원판례가 있다.

[주권의 제시가 없어도 명의개서를 청구할 수 있다고 본 판례]

주권발행 전에 한 주식의 양도도 회사성립 후 또는 신주의 납입기일 후 6월이 경과한 때에는 회사에 대하여 효력이 있는 것으로서, 이 경우 주식의 양도는 지명채권의 양도에 관한 일반원칙에 따라 당사자의 의사표시만으로 효력이 발생하는 것이고, 상법 제337조 제 1 항에 규정된 주주명부상의 명의개서는 주식의 양수인이 회사에 대한 관계에서 주주의 권리를 행사하기 위한 대항요건에 지나지 않는 것이므로, 회사성립 후 또는 신주의 납입기일 후 6월이 경과하도록

1) 동지: 정(동), (회) 271면; 이(철), (회) 371면; 주상(제 5 판)(회사 Ⅱ), 413면.

회사가 주권을 발행하지 아니한 경우에 당사자간의 의사표시만으로 주식을 양수한 사람은 특별한 사정이 없는 한 양도인의 협력을 받을 필요 없이 단독으로 자신이 주식을 양수한 사실을 증명함으로써 회사에 대하여 그 명의개서를 청구할 수 있다[대판 1992. 10. 27, 92 다 16386(공보 934, 3261)].

3) 회사의 심사

(가) 주권의 점유자는 적법한 소지인으로 추정되므로(상 336조 2항), 회사는 진정한 주권을 점유하고 있는가에 대한 형식적 자격만을 심사할 의무가 있고, 그가 진정한 주주인가에 대한 실질적 자격을 심사할 의무는 없다. 따라서 회사는 명의개서를 청구한 자의 형식적 자격을 심사한 경우라면, 설사 그가 실질적 자격이 없는 경우에도 회사는 이에 관한 악의 또는 중과실이 없는 한 면책된다.[1]

이러한 취지의 다음과 같은 대법원판례가 있다.

[회사는 주권의 제시자에 대하여 형식적 자격만을 심사하여 명의개서를 하면 적법하다는 판례]

주권의 점유자는 적법한 소지인으로 추정되므로(상법 제336조 제2항), 주권을 점유하는 자는 반증이 없는 한 그 권리자로 인정되고 이를 다투는 자는 반대사실을 입증하여야 한다(대법원 1989. 7. 11. 선고 89 다카 5345 판결 참조). 주권이 발행되어 있는 주식을 양도할 때에는 주권을 교부하여야 하고(상법 제336조 제1항), 주권이 발행되어 있는 주식을 양수한 자는 주권을 제시하여 양수사실을 증명함으로써 회사에 대해 단독으로 명의개서를 청구할 수 있다(대법원 1995. 5. 23. 선고 94 다 36421 판결 참조). 이때 회사는 청구자가 진정한 주권을 점유하고 있는가에 대한 형식적 자격만을 심사하면 족하고, 나아가 청구자가 진정한 주주인가에 대한 실질적 자격까지 심사할 의무는 없다. 따라서 주권이 발행되어 있는 주식을 취득한 자가 주권을 제시하는 등 그 취득사실을 증명하는 방법으로 명의개서를 신청하고, 그 신청에 관하여 주주명부를 작성할 권한 있는 자가 형식적 심사의무를 다하였으며, 그에 따라 명의개서가 이루어졌다면, 특별한 사정이 없는 한 그 명의개서는 적법한 것으로 보아야 한다[대판 2019. 8. 14, 2017 다 231980].

[상호변경에 따른 명의개서에 회사의 중과실을 인정한 판례]

주권의 소지인이 상호변경을 이유로 주주명의개서를 요청하여 온 경우, 주식 발행회사는 위 상호변경절차가 적법하게 된 것인가를 조사한 후가 아니면 그 명의개서를 하여 주어서는 아니 될 의무가 있고, 이를 해태한 경우에는 중대한

1) 동지: 정(동), (회) 286면; 이(철), (회) 372면; 채, 657면; 주상(제 5 판)(회사 Ⅱ), 413~414면.

과실이 있다고 하여야 할 것이다[대판 1974. 5. 28, 73 다 1320(집 22 ② 민 21)].

(나) 회사는 주주명부의 폐쇄기간중에는 명의개서청구를 거절하여야 한다(상 354조 1항).

(다) 주주가 적법하게 명의개서를 청구하고 회사가 이를 수리하면, 회사가 이를 수리한 때에 명의개서의 효력이 발생한다고 본다.[1)]

(3) 명의개서의 효력

명의개서의 효력은 주주명부의 효력에서 설명한 바와 같다. 즉, 명의개서가 있으면 주식양수인은 회사에 대하여 주주임을 대항할 수 있고(대항력)(상 337조 1항), 주주명부에 기재된 주주는 권리창설적 효력은 없으나 적법한 주주로 추정되며(추정력 또는 자격수여적 효력), 회사가 주주명부에 기재된 주주를 적법한 주주로 인정하여 그에게 통지·최고 등을 하면 면책된다(면책력)(상 353조 1항).

우리나라의 대법원판례는 종래에는 주주명부의 기재에 자격수여적 효력만이 있을 뿐 권리창설적 효력이 없다고 판시하였는데, 그 후 대법원 전원합의체 판결로써 이를 변경하여 회사에 대한 관계에서는 상법 제337조 제1항의 대항력을 그 문언에 불구하고 회사도 주주명부의 기재에 구속되는 것으로 해석하여, 회사와의 관계에서 권리창설적 효력이 있는 것과 동일하게 판시하고 있다.[2)] 그러나 이러한 우리 대법원판례도 주주명부의 명의개서를 주식 이전의 효력발생요건으로 보지는 않는다. 이러한 대법원판례는 다음과 같다.

[주주명부의 기재에 자격수여적 효력만이 있고 권리창설적 효력이 없다는 종래의 판례]

주주명부에 기재된 명의상의 주주는 회사에 대한 관계에서 자신의 실질적 권리를 증명하지 않아도 주주의 권리를 행사할 수 있는 자격수여적 효력을 인정받을 뿐이지 주주명부의 기재에 의하여 창설적 효력을 인정받는 것은 아니므로, 실질상 주식을 취득하지 못한 사람이 명의개서를 받았다고 하여 주주의 권리를 행사할 수 있는 것이 아니다. 따라서 주권발행 전 주식의 이중양도가 문제되는 경우, 그 이중양수인 중 일부에 대하여 이미 명의개서가 경료되었는지 여부를 불문하고 누가 우선순위자로서 권리취득자인지를 가려야 하고, 이 때 이중양수

1) 同旨: 정(동), (회) 274면; 채, 657면; 이(기) 외, (회) 283면; 日最高判 1966. 7. 28(民集 20-6, 1251).

2) 동지: 이(철), (회) 381면.

인 상호간의 우열은 지명채권 이중양도의 경우에 준하여 확정일자 있는 양도통지가 회사에 도달한 일시 또는 확정일자 있는승낙의 일시의 선후에 의하여 결정하는 것이 원칙이다[동 2006. 9. 14, 2005 다 45537(공보 2006, 1726)].

동지: 대판 1989. 7. 11, 89 다카 5345(공보 855, 1229).

[주주명부에의 명의개서의 대항력은 회사에 대한 구속력도 있다는(쌍방적 구속설) 변경된 대법원 전원합의체 판결]

주식양도의 경우에는 주식발행의 경우와는 달리 회사 스스로가 아니라 취득자의 청구에 따라 주주명부의 기재를 변경하는 것이기는 하나, 회사가 주식발행시 작성하여 비치한 주주명부에의 기재가 회사에 대한 구속력이 있음을 전제로 하여 주주명부에의 명의개서에 대항력을 인정함으로써 주식양도에 있어서도 일관되게 회사에 대한 구속력을 인정하려는 것이므로, 상법 제337조 제 1 항에서 말하는 대항력은 그 문언에 불구하고 회사도 주주명부에의 기재에 구속되어, 주주명부에 기재된 자의 주주권 행사를 부인하거나 주주명부에 기재되지 아니한 자의 주주권 행사를 인정할 수 없다는 의미를 포함하는 것으로 해석함이 타당하다[대판(전) 2017. 3. 23, 2015 다 248342(공보 2017, 847)][이 대법원 판결(다수의견)에 대하여 반대하는 취지의 상세한 평석으로는 정찬형, "주주명부의 기재(명의개서)의 효력," 「서강법률논총」(서강대 법학연구소), 제 6 권 제 2 호(2017. 8), 145~215면. 동지: 정경영, "주식회사와 형식주주, 실질주주의 관계," 「비교사법」(한국비교사법학회), 제24권 제 2 호(2017. 6), 859면 이하; 이영철, "실질주주와 형식주주의 관계 및 주주명부의 대항력 구속범위," 「선진상사법률연구」(법무부), 제81호(2018. 1), 153~182면; 김택주, "주주명부 기재의 효력," 「상사판례연구」(한국상사판례학회), 제30집 제 4 권(2017. 12), 93~140면(대상판결은 조문해석의 한계를 벗어난 것이라고 한다); 김교창, "실질주주, 형식주주 및 회사 사이의 법률관계(판례평석)," 법률신문, 2017. 12. 7, 12면(실질주주의 주주권 행사를 원천봉쇄하고 형식주주에게 전적으로 주주권을 행사하게 하는 것은 주객전도이므로, 대상판결을 다시 변경하여야 한다); 김정호, "주주명부 기재의 효력 — 대판 2017. 3. 23, 2015 다 248342의 평석을 겸하여 —," 「선진상사법률연구」(법무부), 제82호(2018. 4), 1~38면(소규모 주식회사 등에서는 획일주의는 뿌리를 내리기 어렵고, 비상장회사에 대해서는 소수의견과 보충의견이 더 설득력이 있다고 한다) 외][이 대법원 판결(다수의견)에 대하여 찬성하는 취지의 평석으로는 정응기, "타인명의의 주식취득과 주주명부 기재의 효력," 「선진상사법률연구」(법무부), 제81호(2018. 1), 183~224면 외].

[주주명부의 명의개서를 주식 이전의 효력발생요건으로 보지는 않는 판례]

상법은 주식의 유통성으로 인해 주주가 계속 변동되는 단체적 법률관계의 특성을 고려하여 주주들과 회사 간의 권리관계를 획일적이고 안정적으로 처리할 수 있도록 명의개서제도를 마련해 두고 있다. 즉, 주식을 양수하여 기명주식을 취득한 자가 회사에 대하여 주주의 권리를 행사하려면 자기의 성명과 주소를 주주명부에 기재하여야 한다(상법 제337조 제 1 항). 주주명부에 명의개서를 한 주식양수인은 회사에 대하여 자신이 권리자라는 사실을 따로 증명하지 않고도 의결권, 배당금청구권, 신주인수권 등 주주로서의 권리를 적법하게 행사할 수 있다. 회사로서도 주주명부에 기재된 자를 주주로 보고 주주로서의 권리를 인정한 경우 주주명부상 주주가 진정한 주주가 아니더라도 책임을 지지 않는다. 그러나 상법은 주주명부의 기재를 회사에 대한 대항요건(제337조 제 1 항)으로 정하고 있을 뿐 주식 이전의 효력발생요건으로 정하고 있지 않으므로, 명의개서가 이루어졌다고 하여 무권리자가 주주가 되는 것은 아니고, 명의개서가 이루어지지 않았다고 해서 주주가 그 권리를 상실하는 것도 아니다[대판 2018. 10. 12, 2017 다 221501(공보 2018, 2091)].

(4) 명의개서 미필주주(광의의 실기주주)의 지위

1) 명의개서가 부당하게 거절된 경우 주식의 양수인이 주권을 제시하여 적법하게 명의개서를 청구하였음에도 불구하고 회사가 정당한 이유 없이 명의개서를 거절하거나 지체한 경우에는, 회사는 명의개서를 청구한 자(양수인)에게 손해배상책임을 지고 또 회사의 이사 등은 일정한 과태료의 제재를 받는다(상 635조 1항 7호). 이 때 주식양수인은 회사에 대하여 명의개서청구의 소를 제기할 수 있고, 필요한 경우에는 임시주주의 지위를 정하는 가처분을 청구할 수도 있다[1](민집 300조 2항).

그러나 회사가 부당하게 명의개서를 거절하거나 지체하였을 때에는 주식양수인은 명의개서를 하지 않고도 회사에 대하여 주주의 권리를 행사할 수 있다고 보아야 하는데,[2] 이러한 취지의 다음과 같은 대법원판례가 있다. 그러나 이러한 문제는 명의개서대리인제도에 의하여 거의 발생하지 않을 것으로

1) 동지: 정(희), 439면; 이(철), (회) 373면.

2) 동지: 정(희), 439면; 정(동), 276면; 이(철), (회) 373면(신의칙상 긍정해야 한다고 한다); 최(기), 704면; 동, (회) 383면; 채, 657면; 이(기) 외, (회) 284면.

그러나 이에 대하여 다수의 주주에 대한 획일적 처리를 필요로 하는 주주명부제도의 취지와 거절의 정당한 이유의 유무를 객관적으로 결정하는 것은 곤란하다는 이유로 명의개서를 하지 않은 주식취득자는 주주의 권리를 행사할 수 없다는 부정설도 있다[田中誠二, 「再全訂會社法詳論(上)」, 380면].

본다.[1)]

[명의개서 없이 주주의 지위를 인정한 판례]

주식을 양도받은 주식양수인들이 명의개서를 청구하였는데도 위 주식양도에 입회하여 그 양도를 승낙하였고 더구나 그 후 주식양수인들의 주주로서의 지위를 인정한 바 있는 회사의 대표이사가 정당한 사유 없이 그 명의개서를 거절한 것이라면, 회사는 그 명의개서가 없음을 이유로 그 양도의 효력과 주식양수인의 주주로서의 지위를 부인할 수 없다[대판 1993. 7. 13, 92 다 40952(공보 952, 2242)].

동지: 대판 1995. 5. 23, 94 다 36421(공보 995, 2226)(주권발행 전 주식을 양수한 사람은 특별한 사정이 없는 한 양도인의 협력을 받을 필요 없이 단독으로 자신이 주식을 양수한 사실을 증명함으로써 회사에 대하여 그 명의개서를 청구할 수 있으므로, 주주명부상의 명의개서가 없어도 회사에 대하여 자신이 적법하게 주식을 양수한 자로서 주주권자임을 주장할 수 있다); 동(전) 2017. 3. 23, 2015 다 248342(공보 2017, 847)(주주명부에 기재를 마치지 않고도 회사에 대한 관계에서 주주권을 행사할 수 있는 경우는 주주명부에의 기재 또는 명의개서 청구가 부당하게 지연되거나 거절되었다는 등의 극히 예외적인 사정이 인정되는 경우에 한한다); 대판 2019. 2. 14, 2015 다 255258(공보 2019, 731)(특별한 사정이 없는 한, 주주명부에 적법하게 주주로 기재되어 있는 자는 회사에 대한 관계에서 그 주식에 관한 의결권 등 주주권을 행사할 수 있고, 회사 역시 주주명부상 주주 외에 실제 주식을 인수하거나 양수하고자 하였던 자가 따로 존재한다는 사실을 알았든 몰랐든 간에 주주명부상 주주의 주주권 행사를 부인할 수 없으며, 주주명부에 기재를 마치지 아니한 자의 주주권 행사를 인정할 수도 없다. 주주명부에 기재를 마치지 않고도 회사에 대한 관계에서 주주권을 행사할 수 있는 경우는 주주명부에의 기재 또는 명의개서청구가 부당하게 지연되거나 거절되었다는 등의 극히 예외적인 사정이 인정되는 경우에 한한다).

2) 회사측에서 권리행사를 허용하는 경우 회사가 명의개서를 하지 않은 주식양수인(명의개서미필주주)(광의의 실기주주)를 주주로 인정하여 그 자에게 권리행사를 허용할 수 있는가. 이에 대하여 학설은 (i) 다수인의 이해관계가 교차하는 회사의 법률관계를 획일적으로 처리하기 위한 것이 명의개서의 취지인데, 회사가 주주 인정의 문제에 관하여 선택권을 갖는 것은 단체법상의 법률관계의 획일성을 저해하고 불안정을 초래하며 주주평등의 원칙에도 반한다

1) 동지: 정(희), 439면.

고 하여 이를 부정하는 견해가 있다(쌍면적〈쌍방적〉 구속설)(소수설).[1] (ii) 그러나 상법이 명의개서를 하지 않으면 「회사에 대항하지 못한다」고 규정하고 있는 것은 단순한 대항요건에 불과하므로, 회사가 그 이전이 있음을 인정하여 주식양수인을 주주로 취급하는 것은 그 법의에 어긋나는 것이 아니므로 이를 긍정하는 것이 타당하다고 본다(편면적 구속설)(다수설).[2]

우리나라의 대법원판례는 종래에는 편면적 구속설에서 판시하였는데, 그 후 대법원 전원합의체 판결로써 쌍면적(쌍방적) 구속설로 변경하였다. 이러한 우리나라 대법원판례는 다음과 같다.

[명의개서가 없는 실질상의 주주를 회사측에서 주주로 인정할 수 있다고 한 종래의 판례(편면적 구속설에 따른 판례)]

구 상법(1984. 4. 10. 법률 제3274호로 개정되기 전의 것) 제337조의 규정은 주주권 이전의 효력요건을 정한 것이 아니고 회사에 대한 관계에서 누가 주주로 인정되느냐 하는 주주의 자격을 정한 것으로서 기명주식의 취득자가 주주명부상의 주주명의를 개서하지 아니하면 스스로 회사에 대하여 주주권을 주장할 수 없다는 의미이고, 명의개서를 하지 아니한 실질상의 주주를 회사측에서 주주로 인정하는 것은 무방하다고 해석할 것이다[대판 1992. 10. 27, 92 다 16386(공보 934, 3261)].

동지: 대판 1989. 10. 24, 89 다카 14714(공보 1989, 1769)(기명주식의 취득자가 명의개서를 하지 않으면 스스로 회사에 대하여 주주권을 주장할 수 없을 뿐이고, 회사측에서 명의개서를 하지 아니한 실질상의 주주를 주주로 인정하는 것은 무방하다); 동 2001. 5. 15, 2001 다 12973(공보 2001, 1379)(상법 제337조 제 1 항의 규정은 기명주식의 취득자가 주주명부상의 주주명의를 개서하지 아니하면 스스로 회사에 대하여 주주권을 주장할 수 없다는 의미이고, 명의개서를 하지 아니한 실질상의 주주를 회사측에서 주주로 인정하는 것은 무방하다)[이 판결에 대하여 찬성하는 취지의 평석으로는 정진세, 법률신문, 제3003호(2001. 8. 20), 15면 참조].

---

1) 이(철), (회) 376면; 최(기), 705~706면; 동, (회) 283~285면.

2) 정(희), 438면, 439면; 손(주), 673면; 정(동), (회) 276면; 채, 659면; 이(기) 외, (회) 284~285면; 이·최, 291면; 임홍근, "주식명의개서상의 2가지 문제점," 「21세기 한국상사법의 진로」(내동우홍구박사정년기념논문집), 2002, 268~269면; 정진세, "주주명부제도(회사의 실질주주 인정가능성)," 「비교사법」, 제 8 권 2호(2001. 12), 311~312면(일본에서는 명의개서를 하지 않은 주식양수인을 주주로 인정할 수 없다는 견해를 사단법리설로 부르고 주주로 인정할 수 있다는 견해를 증권법리설로 부르고 있는데, 이 양자에 대한 소개와 비판이 상세하다).

[명의개서가 없는 실질상의 주주를 회사측에서 주주로 인정할 수 없다는 변경된 대법원 전원합의체 판결(쌍방적 구속설에 따른 판례)]

회사가 상법의 규정에 따라 스스로 작성하여 비치한 주주명부의 기재에 구속됨은 당연한 논리적 귀결이며, 주주명부에 기재되지 않은 타인의 주주권 행사를 인정하는 것이야말로 회사 스스로의 행위를 부정하는 모순을 초래하게 되어 부당하다. 주식양도의 경우에는 주식발행의 경우와는 달리 회사 스스로가 아니라 취득자의 청구에 따라 주주명부의 기재를 변경하는 것이기는 하나, 회사가 주식발행시 작성하여 비치한 주주명부에의 기재가 회사에 대한 구속력이 있음을 전제로 하여 주주명부에의 명의개서에 대항력을 인정함으로써 주식양도에 있어서도 일관되게 회사에 대한 구속력을 인정하려는 것이므로, 상법 제337조 제 1 항에서 말하는 대항력은 그 문언에 불구하고 회사도 주주명부에의 기재에 구속되어, 주주명부에 기재된 자의 주주권 행사를 부인하거나 주주명부에 기재되지 아니한 자의 주주권 행사를 인정할 수 없다는 의미를 포함하는 것으로 해석함이 타당하다[대판(전) 2017. 3. 23, 2015 다 248342(공보 2017, 847)][이 대법원 판결(다수의견)에 대하여 반대하는 취지의 상세한 평석으로는 정찬형, "주주명부의 기재(명의개서)의 효력," 「서강법률논총」(서강대 법학연구소), 제 6 권 제 2 호(2017. 8), 145~215면].

3) 실기주(실념주〈失念株〉) 명의개서미필과 관련하여 실기주(失期株)가 있다. 실기주란 「광의」로는 이익배당금·합병교부금 등의 지급과 관련하여 일정한 기일까지 명의개서를 하지 않은 주식을 말하고, 「협의」로는 신주발행의 경우 구(舊)주의 양수인이 배정일까지 명의개서를 하지 않음으로 인하여 주주명부상의 주주인 구주의 양도인에게 배정된 신주를 말한다.

이 때 주주명부에 명의개서가 되지 않음으로 인하여 회사는 구주의 양도인을 주주로 취급하여 그에게 이익(합병의 경우는 합병교부금)을 배당하거나 신주발행의 경우에는 신주(협의의 실기주)를 배정할 것인데, 이러한 이익이나 신주(협의의 실기주)는 누구에게 귀속되는가가 문제된다. 이는 물론 회사법상의 문제는 아니고 양도인과 양수인간의 개인법상의 문제인데, 당사자간에 별도의 약정이 없는 한 이러한 이익이나 신주는 주식양수인(광의의 실기주주)에게 귀속되어야 하는 점에 대하여는 이견(異見)이 없다.

그런데 이 때 주식양수인은 이익(또는 합병교부금)은 부당이득의 법리에 의하여 반환청구할 수 있는데, 신주(협의의 실기주)는 어떠한 법리에 근거하여 주식양도인에게 반환청구를 할 수 있는가에 대하여는 다음과 같이 세 가지의 견해로 나뉘어 있다. 즉, (i), 양수인은 「부당이득의 법리」에 의하여 양도인에게 이의 반환을 청구할 수 있다고 보는 견해,[1] (ii) 양수인은 「사무관리의 법리」에 의하여 양도인에게 이의 반환을 청구할 수 있다고 보는 견해[2] 및 (iii) 양수인은 「준(準)사무관리의 법리」에 의하여 양도인에게 이의 반환을 청구할 수 있다고 보는 견해[3]가 있다.

생각건대 준사무관리의 개념은 민법학자들간에도 그 인정 여부에 대하여 학설이 대립되어 있어 아직 정립된 개념이 아니므로[4] 이에 근거할 수는 없고, 또 양도인이 회사로부터 받은 신주를 그 자체로 양수인에게 반환하기 위하여는 부당이득의 법리로는 미흡하므로, 사무관리의 법리가 가장 타당하다고 본다.

(5) 명의개서대리인

1) 의의 및 입법목적 명의개서대리인(transfer agent)이란 「회사를 위하여 명의개서사무를 대행하는 자」이다. 주식의 명의개서는 원래 회사가 함이 원칙이나, 주식이 거래소 등을 통하여 대량적·집단적으로 거래됨으로 인하여 발생하는 회사의 명의개서사무의 번잡을 덜고 또한 주식양수인의 편의를 위하여 상법은 명의개서대리인을 둘 수 있음을 규정하고 있다. 즉, 회사는 정관이 정하는 바에 의하여 명의개서대리인을 둘 수 있는데, 이 경우에는 명의개서대리인이 주식양수인의 성명과 주소를 주주명부의 복본에 기재한 때에 주주명부의 명의개서가 있는 것으로 본다(상조 337 2항).

우리나라에서의 이러한 명의개서대리인제도는 과거에는 자본시장육성에 관한 법률(현재 이 법률은 폐지되었고, 이 법률의 규정의 일부는 종전의 증권거래법에 흡수되었는데, 이 내용은 자본시장과 금융투자업에 관한 법률에도 승계되었다 — 자금 365조~369조)에 의하여 주권상장회사나 공개회사에만 인정되었으나, 1984년의 상법개정에 의하여 상법에 규정함으로써(상조 337 2항) 모든 주식회사에 일반화하

1) 임홍근, 전게논문(내동우홍구박사정년기념논문집), 270면; 日最高判 1968. 12. 12(民集 12-13, 2943); 竹內昭夫·鈴木竹雄, 「會社法(第三版)」, 1994, 160면.

2) 정(희), 515~516면(양도인이 배정받은 신주 그 자체의 반환을 양수인이 청구할 수 있기 위하여는 사무관리의 법리에 의하는 것이 더 합리적이라고 한다).

3) 정(동), (회) 508면(동 교수는 277면에서 이익배당금이나 합병교부금에 대하여는 부당이득의 법리에 의하여 반환청구를 할 수 있다고 하고, 협의의 실기주에 대하여는 508면에서 준사무관리의 법리에 의하여 반환청구를 할 수 있는 것으로 설명하고 있다); 최(기), 712면; 채, 696면.

4) 곽윤직, 「채권각론(재전정판)」(박영사, 1992), 548~550면 참조(특히 동 교수는 505면에서 준사무관리의 개념을 부정함).

였다.

2) 지 위 명의개서대리인은 명의개서를 대행하는 자이므로 민법상 회사의 대리인은 아니고, 이행보조자 내지 수임인의 지위를 가질 뿐이다.[1] 따라서 자본시장과 금융투자업에 관한 법률에서는 「명의개서 대행회사」라고 표현하고 있다(동법 365조~369조).

3) 선 임

(가) 정관의 규정 회사는 정관이 정하는 바에 의하여 명의개서대리인을 둘 수 있을 뿐이므로(상 337조 2항 전단), 명의개서대리인을 두는지 여부는 임의적이다. 그러나 상장회사의 경우는 한국거래소가 제정한 상장규정에 의하여 명의개서 대행계약을 상장요건으로 하고 있으므로 명의개서대리인을 두는 것이 강제적이다(유가증권시장 상장규정〈개정: 2021. 8. 25, 규정 제1976호〉 26조, 28조 1항, 동 시행세칙〈개정: 2021. 7. 22, 규정 제1975호〉 20조 및 [별표 1] 7호, 22조 및 별표 3).

(나) 자 격 명의개서대리인의 자격은 자본시장과 금융투자업에 관한 법률에 의하여 한국예탁결제원 또는 전자등록기관이나 전국적인 점포망을 갖춘 은행이어야 하는 등 일정한 요건을 갖추고, 금융위원회에 등록하여야 한다(상시 8조, 자금 365조).

(다) 공 시 회사가 명의개서대리인을 둔 경우에는 그의 상호 및 본점소재지를 등기하여야 하고(상 317조 2항 11호), 또 주식청약서·신주인수권증서·사채청약서 등에 기재하여야 한다(상 302조 2항 10호, 420조 2호, 420조의 2 2항 2호, 474조 2항 15호). 이는 명의개서대리인을 주주·사채권자 등에 알리기 위해서이다.

4) 권 한 회사가 명의개서대리인을 둔 경우에는 주주명부나 사채원부 또는 그 복본을 명의개서대리인의 영업소에 비치할 수 있다(상 396조 1항 2문). 명의개서대리인이 주주명부의 복본에 명의개서를 한 때에는 그의 원본에 한 것과 동일한 효력이 있다(상 337조 2항 2문).

명의개서대리인은 명의개서의 대행업무 외에도 증권의 배당·이자 및 상환금의 지급을 대행하는 업무와 증권의 발행을 대행하는 업무를 영위할 수 있다(자금 366조).

5) 책 임 명의개서대리인이 정당한 사유 없이 주권의 명의개서를 하지 아니하거나, 주주명부 등에 기재할 사항을 기재하지 아니하거나, 또는 부실한 기재를 한 때에는 상법상 일정한 과태료의 제재가 있다(상 635조 1항 7호·9호). 그 밖

1) 동지: 이(철), (회) 375면(회사의 이행보조자로서의 지위를 갖는다고 한다); 채, 658면.

에 명의개서대리인은 수임인으로서 선관주의의무를 다하지 못하면 회사에 대하여 손해배상책임을 지고(민 680조, 681조), 주주 및 제 3 자에 대하여도 민법의 일반원칙에 따라 불법행위의 책임을 진다(민 750조).

제 5 주식매수선택권[1)]

I. 의의 및 성질

(1) 의 의

주식매수선택권(stock option)이란 「회사의 일정한 자(이사·집행임원·감사 또는 피용자 등)가 일정한 기간(행사기간) 내에 미리 정하여진 일정한 유리한 가격(행사가격)으로 일정수량의 자기회사의 주식을 취득(매수·신주인수 등에 의하여)할 수 있는 권리」를 말한다. 이에 대하여 우리 상법은 「회사의 설립·경영과 기술혁신 등에 기여하거나 기여할수 있는 회사의 이사·집행임원·감사 또는 피용자에게 미리 정한 가액(이하 '주식매수선택권의 행사가격'이라 한다)으로 신주를 인수하거나 자기의 주식을 매수할 수 있는 권리」라고 규정하고 있다(상 340조의 2 1항).

(2) 성 질

이러한 주식매수선택권은 회사와 주식매수선택권자와의 계약에 의하여 부여되는데, 주식매수선택권자가 이 권리를 행사하면 회사의 승낙을 요하지 않고 그 효력이 발생하므로 이 권리의 성질은 형성권이다.[2)]

이와 같이 주식매수선택권자는 형성권인 주식매수선택권을 행사할 수 있

1) 이에 관한 상세는 정동윤, "주식매입선택권에 관하여," 「법학논집」(고려대 법학연구소), 제33집(1997. 8), 503~522면; 염미경, "주식매수선택권에 관한 법적 규제(미국법과의 비교를 중심으로)," 법학박사학위논문(고려대, 2002. 2); 동, "주식매수선택권에 관한 법적 문제점의 검토," 「상사법연구」, 제21권 2호(2002), 217~244면; 동, "주식매수선택권에 관한 법적 규제방향과 문제점에 대한 검토," 「경영법률」(한국경영법률학회), 제13집 1호(2002. 9), 39~66면; 강석철, "주식매수선택권에 관한 연구," 법학석사학위논문(고려대, 2000. 2); 최병규, "주식매수선택권제도에 관한 연구," 「비교사법」, 제 8 권 2호(2001. 12), 49~92면; 주영은, "미국에서의 주식매수선택권이 회사재산감소를 가져오는가에 관한 고찰," 「상사법연구」, 제22권 4호(2003), 59~97면; 윤은경, "무효인 주식매수선택권 부여계약과 회사의 민사상 책임," 「법학논총」(국민대 법학연구소), 제28권 제 2 호(2015), 95~122면; 김희철, "주식매수선택권제도에 관한 소고 — 대법원 2011. 3. 24. 선고 2010다85027 판결을 중심으로 —," 「경영법률」(한국경영법률학회), 제24집 제 2 호(2014), 165~186면 등 참조.

2) 동지: 정동윤, 전게논문, 505면.

는 권리를 갖는데, 그 권리의 내용은 신주인수권(신주인수권의 행사의 경우에도 이 권리의 행사에 의하여 신주를 발행하는 때에 기존주주가 함께 참여하는 것이 아님)뿐만 아니라 주식매수권 등을 포함하고 이것도 특히 유리한 가격으로 취득할 수 있도록 하는 점에서, 제 3 자 신주인수권·제 3 자에게 신주인수권부사채를 발행하는 경우 등과 구별된다.

2. 장점과 단점

(1) 장 점

주식매수선택권제도는 권리자의 입장에서는 주가가 행사가격 이상으로 상승하였을 때에만 이 권리를 행사하여 행사 당시의 시가와 행사가격의 차액만큼 이득을 보기 때문에, 회사의 발전에 많은 공헌이 있거나 능력이 있는 임직원에게 장기인센티브 보수제도로서의 장점이 있다. 따라서 주식매수선택권을 부여하는 회사의 입장에서는 최소의 비용으로 우수한 인재를 확보하고, 임직원에게 주인의식을 심어주어 생산성을 향상시키며, 재무구조를 개선하는 등의 장점이 있다.

(2) 단 점

주식매수선택권자의 입장에서는 주식시장의 침체·행사기간이나 행사조건이 극히 불리한 경우에 자기의 노력에 대한 보상을 받지 못하는 단점이 있다. 또한 주식매수선택권을 부여하는 회사의 입장에서는 이 권리를 부여받은 임직원의 노력과는 무관한 주식시장 전체의 주가상승에 기인한 부분까지 보상하게 되는 점, 이 권리를 특정한 임직원에게 차등지급하는 경우 상호간에 신뢰나 화합을 저해할 수 있는 점, 이 권리를 부여받는 임·직원들이 장기적 성장의 잠재력보다는 단기적 성과에 집착하여 회사발전을 저해할 수 있는 우려가 있는 점 등의 단점이 있다.

3. 연혁 및 각국의 주식매수선택권제도

(1) 미 국

주식매수선택권제도가 가장 잘 발달되어 있는 나라는 미국이다. 미국은 1920년대에 최초로 이 제도를 도입하여 이용하였는데, 세금제도의 변화에 따라 이 제도가 다양하게 발전되어 왔다. 미국에서 이 제도는 세법뿐만 아니라,

1933년 증권법·1934년 증권거래법 및 1940년 연방투자회사법 등 연방법과 주(州)회사법의 규율을 받고 있다.[1] 미국에서 이 제도는 주로 임원에 대한 보수의 차원에서 널리 이용되고 있다.

(2) 프 랑 스

프랑스에서는 1970년에 개정된 회사법에서 모든 피용자에게 주식인수선택권과 주식매수선택권을 인정하고 있었는데,[2] 이는 2001년 개정상법에서도 그대로 수용되었다.[3]

(3) 일 본

일본은 회사법에서 주식매수선택권에 대하여 특별히 규정하고 있지 않으나, 신주예약권(회사에 대하여 행사함으로써 해당 회사의 주식을 교부받을 수 있는 권리 — 日會 2조 21호)에 대하여 상세한 규정을 두고 있고(日會 236조~294조) 이 신주예약권은 그 발행목적에 대하여 제한을 두고 있지 않으므로 신주예약권은 주식매수선택권의 형식으로 발행될 수 있다.[4]

(4) 우리나라

우리나라에서는 1997년 1월 13일 증권거래법(1997. 1. 13, 법 5254호)의 개정으로 처음으로 이 제도가 도입된 이래,[5] 주권상장법인과 벤처기업(중소기업창업지원법의 규정에 의한 창업자 또는 신기술사업금융지원에 관한 법률의 규정에 의한 신기술사업자로서 중소기업창업지원법의 규정에 의한 창업지원업무에 관한 기준에 적합한 업종을 영위하는 내국법인)이 이용하게 되었다(증거 189조의 4 1항, 동법시행령 84조의 6 4항).[6] 벤처기업의 경우에는 그 후 1998년 12월 30일 「벤처기업육성에 관한 특별조치법」(제정: 1997. 8. 28, 법 5381호, 개정: 2021. 12. 28, 법 18661호)의 개정에 의하여 벤처기업의 주식매수선택권은 동법이 규율하게 되었다(동법 16조의 3). 또한 2005년 3월 31일 근로복지기본법(제정: 2001. 8. 14, 법 6510호, 개정: 2021. 8. 17, 법 18424호)의 개정으로 우리사주조합이 설립되어 있는 회사의 우리사주조합원에 대하여는 발

1) 미국의 RMBCA §6.24도 주식매수선택권을 인정하고 있다.
2) 佛會(1970. 12. 31, 법 제70-1322호로 개정) 208조의 1~208조의 7.
3) 佛商(2001년 개정) 225-150조~225-197-5조.
4) 전국경제인연합회, 「주요국 회사법」, 2009. 1, 266면.
5) 이 때의 증권거래법에서는 상법과는 달리 '주식매수선택권' 대신에 '주식매입선택권'이라는 용어를 사용하였는데, 2000. 1. 21, 법 6176호로 개정된 증권거래법은 '주식매입선택권'을 전부 상법과 같이 '주식매수선택권'으로 개정하였다(증거 189조의 4).
6) 2002. 8. 14 현재 우리나라의 전체 상장회사 675개사 중 주식매수선택권을 부여하여 운영하고 있는 회사는 118개사인데, 이에 관한 부여 및 운영현황의 상세는 한국상장회사협의회, 「상장」, 2002. 10, 37~42면 참조.

행주식총수의 100분의 20의 범위 안에서 우리사주매수선택권을 인정하고 있다(동법 39조).[1)]

주식매수선택권제도는 그 동안 주권상장법인과 벤처기업에서 회사의 경영혁신과 기술개발 등에 기여하는 유용한 수단으로 활용되고 있는 점에서, 비상장 중소기업형태인 주식회사도 이 제도를 이용할 수 있도록 하기 위하여 1999년 개정상법에서 이 제도를 도입하였다(상 340조의 2 ~340조의 5). 따라서 앞으로 상법상의 모든 주식회사는 이 제도를 이용하여 최소의 비용으로 임직원에 유능한 인재를 확보하여 기업의 경쟁력을 높일 수 있게 되었다.

또한 2009년 개정상법에서는 상장회사에 대하여 (종래에 증권거래법에서 규정한) 이에 관한 특칙규정을 두고 있다(상 542 조의 3).

4. 유 형

주식매수선택권은 여러 가지의 형태로 분류되는데, 주로 미국에서의 유형을 소개하면 다음과 같다.

(1) 투자형(Investment형)

이는 주식매수선택권자에게 주식만을 지급대상으로 하며 주식매수선택권자는 (권리)행사가격만큼 자기자금을 투자하여야 하는 형태이다. 이에는 일정한 조건하에 세제상의 우대가 적용되는 「장려형 주식매수선택권」(Incentive Stock Option: ISO)[2)]과, 세제상의 우대가 적용되지 않는 「비적격 주식매수선택권」(Non-Qualified Stock Option, NQSO)이 있다.

(2) 보상형(Appreciation형)

이는 주식매수선택권자가 주식매수청구권을 행사하는 시점에 시장가격(장부가격)이 (권리)행사가격을 상회하는 경우에 이 권리를 부여한 회사는 현금·주식 또는 현금과 주식의 혼합형으로 지급하는 형태이다. 이는 주식매수선택권

---

1) 우리사주매수선택권제도의 문제점과 개선의 건의에 관하여는 상장회사협의회, 「상장」, 2005. 10, 48~51면 참조.

2) 미국에서 원래 세제상으로 세금우대를 받는 주식매수선택권을 「적격(또는 법정) 주식매수선택권」(Qualified or Statutory Stock Option)이라고 하였는데, 그 후 1964년 소득세법이 개정되어 세금우대가 줄어들게 되자 그 이용이 줄어들다가 1976년 세법개정(Federal Tax Reform Act, 1976)에 의하여 이 제도는 사라지게 되었다. 그 후 1981년에 경제회복을 위한 세법(Economic Recovery Tax Act, 1981)의 제정에 의하여 일정한 요건하에 세금우대를 부여하는 「장려형 주식매수선택권」(Incentive Stock Option)이 도입되었으므로 이는 과거의 적격 주식매수선택권의 변형이라고 볼 수 있다(정동윤, 전게논문, 505~506면).

자가 주식취득시에 주금을 납입할 필요가 없는 점에서 앞에서 본 투자형과 구별된다. 이에는 회사가 주식매수선택권자에게 이 권리를 부여한 시점의 주식의 시가와 행사한 시점의 주식의 시가와의 차액(주가상승분)을 현금 등으로 지급하는 「주가상승보상권(또는 주가차익수익권, 주식평가수익권)」(Stock Appreciation Rights: SAR)과, 회사가 주식매수선택권자에게 일정수의 가상주식(Phantom Stock)(이는 회사의 장부상에 기입되는 일정한 단위로서 회사의 주식의 주가에 상당하는 가치를 가지지만 실제 주식은 아님)[1]을 부여하고 이 주식을 부여하였을 때의 시가와 일정기간 후의 날(회사가 이를 매입한 날)의 시가와의 차액을 현금으로 지급하는(경우에 따라서는 가상주식만큼 이익배당이 추가되는 경우도 있음) 「가상주식」(Phantom Stock)의 형태가 있다.

(3) 전 가치형(Full-Value형)

이는 주식의 전체가치나 특정한 가치를 임·직원의 업무실적에 따라 성과급의 형식으로 제공하는 형태이다. 이에는 회사의 임·직원에게 무상으로 부여하는 주식에 일정기간 매도를 금지하는 「양도제한조건부 주식」(Restricted Stock)과, 주식매수선택권자의 개인적 성과나 그 실적에 따라 사전에 일정한 수의주식이나 현금을 수령할 권리를 부여하는 「성과연계형 주식」(주식지급의 경우는 Performance Share이고, 현금지급의 경우는 Performance Unit임)이 있다.

5. 부여의 주체와 대상자

(1) 부여의 주체

상법상 주식매수선택권을 부여할 수 있는 회사는 「모든 주식회사」이다(상 340조의2 1항).

(2) 부여의 대상자

1) 상법상 주식매수선택권을 부여받을 수 있는 자는 비상장회사의 경우 원칙적으로 「회사의 설립·경영과 기술혁신 등에 기여하거나 기여할 수 있는 회사의 이사·집행임원·감사 또는 피용자」이다(상 340조의2 1항). 그러나 예외적으로 대주주 등에 의한 이 제도의 남용을 방지하기 위하여 위에 해당하는 이사·집행임원·감사 또는 피용자라고 하더라도 그가 (i) 의결권이 없는 주식을 제외한 발행주식총수의 100분의 10 이상의 주식을 가진 주주이거나, (ii) 이사·집

1) 정동윤, 전게논문, 509~510면.

행임원·감사의 선임과 해임 등 회사의 주요경영사항에 대하여 사실상 영향력을 행사하는 자이거나, (iii) 위 (i)과 (ii)의 자의 배우자와 직계존·비속이면, 주식매수선택권을 행사할 수 없다(상 340조의 2 2항).

2) 상장회사의 경우 주식매수선택권을 부여받을 수 있는 자는 위의 자 이외에도 대통령령으로 정하는 관계회사[1](주식매수선택권을 부여하는 회사의 수출실적에 영향을 미치는생산 또는 판매업무를 영위하거나 해당 회사의 기술혁신을 위한 연구개발활동을 수행하는 회사로서 해당 회사가 총출자액의 100분의 30 이상을 출자하고 최대출자자로 있는 외국법인 등)의 이사·집행임원·감사 또는 피용자이다(상 542조의 3 1항 본문, 상시 30조 1항). 또한 정관에서 정하는 바에 따라 발행주식총수의 100분의 10의 범위에서 대통령령으로 정하는 한도(최근 사업연도말 현재의 자본금이 3,000억원 이상인 법인의 경우는 발행주식총수의 100분의 1에 해당하는 주식수이고, 최근 사업연도말 현재의 자본금이 3,000억원 미만인 법인의 경우는 발행주식총수의 100분의 3에 해당하는 주식수임)까지 이사회가 제340조의 3 제2항 각 호의 사항(비상장회사의 경우 주주총회의 결의사항)을 결의하는 경우 해당 회사의 집행임원·감사 또는 피용자 및 관계회사의 이사·집행임원·감사 또는 피용자에게 주식매수선택권을 부여할 수 있다(상 542조의 3 3항 1문, 상시 30조 4항).

그러나 최대주주[2] 등 대통령령으로 정하는 자(최대주주 및 그 특수관계인, 주요주주[3] 및 그 특수관계인[4])에게는 주식매수선택권을 부여할 수 없다(상 542조의 3 1항 단서, 상시 30조 2항).

6. 부여방법

우리 상법(상 340조의 2 1항)이 인정하고 있는 주식매수선택권의 부여방법에는 신주인수권방식(신주발행교부방식), 자기주식교부방식 및 주가차액교부방식(주가차익수익권방식, 주가상승보상권방식)의 세 가지가 있다. 따라서 회사는 이 세 가지 방법 중 하나에 의하여만 부여하여야 하고, 이 이외의 방법을 정하거나 또는 이 세 가지 방법 중 두 가지를 결합하는 것은 허용되지 않는다.[5]

1) 관계회사의 범위를 너무 확대하는 것은 바람직하지 않다고 본다[정찬형, "2009년 개정상법 중 상장회사에 대한 특례규정에 관한 의견," 「상사법연구」(한국상사법학회), 제28권 제 1 호(2009. 5), 275면. 동지: 김순석, "상장회사 특례제도의 문제점 및 개선방안," 「상사법연구」(한국상사법학회), 제34권 제 2 호(2015. 8), 132면(부여대상 범위를 확대하는 데에는 일정한 제한이 있을 수밖에 없는데, 부여대상 범위를 확대하는 것보다 주식매수선택권의 취소에 대한 예외사유로서 '경영에 기여한 임직원이 계열회사로 발령되는 경우'를 추가하는 것이 더 효율적이라고 한다)].

2) 이 때의 「최대주주」란 '의결권 없는 주식을 제외한 발행주식총수를 기준으로 본인 및 그의 특수관계인이 소유하는 주식의 수가 가장 많은 경우 그 본인'을 말한다(상 542조의 8 2항 5호).

3) 이 때의 「주요주주」란 '누구의 명의로 하든지 자기의 계산으로 의결권 없는 주식을 제외한 발행주식총수의 100분의 10 이상의 주식을 소유하거나 이사·감사의 선임과 해임 등 상장회사의 주요 경영사항에 대하여 사실상 영향력을 행사하는 주주'를 말한다(상 542조의 8 2항 6호).

4) 최대주주와 주요주주의 「특수관계인」에 대하여는 상법시행령 제34조 4항에서 규정하고 있다.

5) 동지: 정동윤, 전게논문, 514면.

⑴ 신주인수권방식

신주인수권방식이란 주식매수선택권자가 주식매수선택권을 행사하여 행사가격을 회사에 납입한 경우에 회사는 그에게 신주를 발행하여 교부하는 방법을 말한다. 신주인수권방식에 의한 주식매수선택권을 부여하는 경우에는 제 3 자에게 신주인수권을 부여하는 경우와 같이 주주의 신주인수권은 그 한도에서 배제된다. 그러나 신주인수권방식에 의한 주식매수선택권의 부여는 특히 유리한 가격으로 신주를 인수할 수 있게 하는 점에서 제 3 자에게 신주인수권을 부여하는 경우와 구별된다.

기존주주에게 신주를 발행하는 기회에 함께 하는 것이 아니라는 점에서는 신주발행의 경우 제 3 자의 신주인수권과 구별되나, 신주인수권부사채의 경우 신주인수권과 유사하다.

⑵ 자기주식교부방식

자기주식교부방식이란 주식매수선택권자가 주식매수선택권을 행사하여 행사가격을 회사에 납입한 경우에 회사는 이미 보유하고 있는 자기주식을 교부하는 방법을 말한다.

회사가 이와 같이 자기주식교부방식을 택하게 되면 기존주주의 주식의 소유권이 희석되는 효과가 적으므로, 경영권보호에 우려가 큰 기업은 이 방법을 택하게 될 것이다.

⑶ 주가차액교부방식

주가차액교부방식이란 주식매수선택권자가 주식매수선택권을 행사한 때에 주식매수선택권의 행사가격이 주식의 실질가격보다 낮은 경우에 회사는 그 차액을 금전으로 지급하거나 그 차액에 상당하는 자기주식을 교부하는 방법을 말한다. 이 방법에 의하는 경우에는 주식매수선택권자가 행사가격을 별도로 납입할 필요가 없는 점에 특색이 있다. 이 방법은 자기주식교부방식의 경우보다 경영권보호에 더 유리한 점이 있다.

7. 부여한도

상법은 주식매수선택권 부여의 남용을 방지하기 위하여 일정한 제한을 두고 있다.

⑴ 비상장회사의 경우 주식매수선택권 부여를 위하여 발행할 신주 또는 양

도할 자기주식은 회사의 발행주식총수의 100분의 10을 초과할 수 없다(상 340조의 2 3항). 그러나 상법은 주식매수선택권자 각각에 대하여 부여할 수 있는 주식매수선택권의 한도에 대해서는 특별한 제한을 두지 않고 회사의 자율에 맡기고 있다.

(2) 상장회사의 경우에는 발행주식총수의 100분의 20 범위에서 대통령령으로 정하는 한도(100분의 15)까지 주식매수선택권을 부여할 수 있다(상 542조의 3 2항, 상시 30조 3항).

8. 행사가격

상법상 주식매수선택권의 행사가격은, (i) 신주를 발행하는 경우에는 주식매수선택권의 부여일을 기준으로 한 주식의 실질가액과 주식의 권면액(무액면주식을 발행한 경우에는 자본금으로 계상되는 금액 중 1주에 해당하는 금액을 권면액으로 본다) 중 높은 금액 이상이어야 하고(상 340조의 2 4항 1호), (ii) 자기주식을 양도하는 경우에는 주식매수선택권의 부여일을 기준으로 한 주식의 실질가액 이상이어야 한다(상 340조의 2 4항 2호). (iii) 주가차액교부방식에 의한 주식매수선택권의 행사가격에 대하여는 상법상 제한이 없으므로 이는 계약당사자가 자유로이 결정할 수 있다고 본다(상 340조의 2 1항 1문 단서 참조).

9. 부여요건

회사가 주식매수선택권을 부여하기 위하여는 다음의 요건이 필요하다.

(1) 정관의 규정

상법상 주식회사가 주식매수선택권을 부여하기 위하여는 반드시 정관에 이에 관한 사항이 규정되어야 한다(상 340조의 2 1항). 이 경우 정관에는 (i) 일정한 경우 주식매수선택권을 부여할 수 있다는 뜻, (ii) 주식매수선택권의 행사로 발행하거나 양도할 주식의 종류와 수(예컨대, 보통주 500,000주), (iii) 주식매수선택권을 부여받을 자의 자격요건(예컨대, 대표이사 · 집행임원 · 전무이사 · 상무이사 등), (iv) 주식매수선택권의 행사기간(예컨대, 주식매수선택권을 행사할 수 있는 날로부터 3년) 및 (v) 일정한 경우 이사회결의로 주식매수청구권의 부여를 취소할 수 있다는 뜻이 기재되어야 한다(상 340조의 3 1항)(상장회사 표준약관 제10조의 3 참조).

이 때 주식매수선택권의 부여는 '정관의 규정'과 '주주총회의 특별결의'에 의하도록 하면서(상 340조의 2 1항) 그 부여의 취소는 '이사회의 결의'만으로 할 수 있도록 하고 있는 점은 불균형이 있는 면도 있으나, 주식매수선택권을 악용하는 경우 주주총회를 소집하여 이를 취소한다는 것은 사실상 곤란한 점이 있으므로 취소는 정관의 규정에 의하여 이사회의 결의만으로 할 수 있도록 하였다.

(2) 주주총회의 특별결의

1) 상법상 주식회사가 일정한 자에게 주식매수선택권을 부여하기 위하여는 주주총회의 특별결의가 있어야 한다(상 340조의 2 1항). 이 경우 주주총회의 특별결의 사항은 (i) 주식매수청구권을 부여받을 자의 성명, (ii) 주식매수선택권의 부여방법, (iii) 주식매수선택권의 행사가격과 그 조정에 관한 사항,[1] (iv) 주식매수선택권의 행사기간 및 (v) 주식매수선택권을 부여받을 자 각각에 대하여 주식매수선택권의 행사로 발행하거나 양도할 주식의 종류와 수이다(상 340조의 3 2항).

2) 그러나 상장회사의 경우에는 정관에서 정하는 바에 따라 발행주식총수의 100분의 10의 범위에서 대통령령으로 정하는 한도(최근 사업연도말 현재의 자본금이 3,000억원 이상인 법인의 경우는 발행주식총수의 100분의 1에 해당하는 주식수, 최근 사업연도말 현재의 자본금이 3,000억원 미만인 법인의 경우에는 발행주식총수의 100분의 3에 해당하는 주식수)까지 주주총회의 결의사항을 이사회가 결의함으로써 해당 회사의 집행임원·감사 또는 피용자 및 관계회사의 이사·집행임원·감사 또는 피용자에게 주식매수선택권을 부여할 수 있는데, 이 경우에는 주식매수선택권을 부여한 후 처음으로 소집되는 주주총회의 승인을 받아야 한다(상 542조의 3 3항, 상시 30조 4항).

(3) 부여계약

상법상 주식회사가 주주총회의 특별결의에 의하여 일정한 자에게 주식매수선택권을 부여한 경우에는 그와 부여계약을 체결하고, 상당한 기간 내에 그에 관한 계약서를 작성하여야 한다(상 340조의 3 3항). 상법상 주식매수선택권에 관한 부여계약서의 기재사항에 대하여는 별도의 규정이 없으므로 당사자가 자율적으로 그 내용을 기재할 수 있다고 본다.

(4) 등기 및 공시

1) 등 기 상법상 주식회사가 주식매수선택권을 부여할 것을 정한 때에는 그 회사의 등기부에 이에 관한 사항을 등기하여야 한다(상 317조 2항 3의 3호, 4항).

2) 공 시 상법상 주식회사가 주식매수선택권을 부여한 경우 회사는 주식매수선택권자와 체결한 주식매수선택권의 계약서를 주식매수선택권의 행사기간이 종료할 때까지 본점에 비치하고 주주로 하여금 영업시간 내에 이

1) 스톡옵션의 행사가격조정(option repricing)에 관하여는 안수현, "회사법상 스톡옵션의 행사가격조정(option repricing)에 따른 문제점 및 개선방안," 「상사법연구」, 제22권 제 2 호(2003), 205~237면 참조.

를 열람할 수 있도록 하여야 한다(상 340조의 3 4항)

3) 주권상장법인의 경우 주주총회 또는 이사회에서 주식매수선택권을 부여하기로 결의한 경우 대통령령으로 정하는 방법(이 경우 주주총회 의사록 또는 이사회 의사록을 첨부하여야 함)에 따라 금융위원회와 거래소에 그 사실을 신고하여야 하는데, 금융위원회와 거래소는 신고일부터 주식매수선택권의 존속기한까지 그 사실에 대한 기록을 갖추어 두고, 인터넷 홈페이지 등을 이용하여 그 사실을 공시하여야 한다(자금 165의 17 1항, 자금시 176조의 18).

10. 행 사

(1) 행사요건

1) 행사기간

① 상법상 주식매수선택권은 비상장회사의 경우 주식매수선택권자가 주식매수선택권에 관한 주주총회 결의일부터 2년 이상 재임하거나 또는 재직하여야 이를 행사할 수 있다(상 340조의 4 1항). 이 때 주식매수선택권자 본인의 귀책사유가 아닌 사유로 퇴임 또는 퇴직하게 되더라도 퇴임 또는 퇴직일까지 상법 제340조의 4 제 1 항의 '2년 이상 재임 또는 재직' 요건을 충족하지 못한다면 위 조항에 따른 주식매수선택권을 행사할 수 없다.[1] 이와 같이 상법이 주식매수선택권자가 일정기간 회사에 재임 또는 재직하여야 주식매수선택권을 행사할 수 있게 한 것은 주식매수선택권을 인정한 취지가 회사에 일정기간 근무하면서 회사에 공헌한 자에게 인정되는 권리라는 점을 고려한 것이고, 이 기간을 2년으로 한 것은 이사의 임기가 3년인 점을 고려한 것이다.

② 상장회사의 경우 주식매수선택권자가 주식매수선택권을 행사하기 위하여는 주식매수선택권에 관한 주주총회 결의일(이사회 결의일)부터 2년 이상 재임 또는 재직하여야 하는 점은 비상장회사의 경우와 같으나, 다만 대통령령으로 정하는 경우(주식매수선택권을 부여받은 자가 사망하거나 그 밖에 본인의 책임이 아닌 사유로 퇴임하거나 퇴직한 경우를 말하는데, 정년에 따른 퇴임이나 퇴직은 제외함)에는 이에 대한 예외로 2년 이상을 재임 또는 재직하지 않아도 된다(상 542조의 3 4항, 상시 30조 5항). 또한 주식매수선택권의 행사기한을 해당 이사·집행임원·감사 또는 피용자의 퇴

---

1) 동지: 대판 2011. 3. 24, 2010 다 85027(공보 2011, 818)(주식매수선택권을 부여받은 비상장법인 임직원들이 자신들의 귀책사유가 아닌 사유로 비자발적으로 퇴임·퇴직한 경우에 상법 제340조의 4 제 1 항의 최소 재임〈재직〉 요건에 관계 없이 주식매수선택권을 행사할 수 있는지에 대하여는, 그러한 경우라 하더라도 최소 재임〈재직〉 요건을 충족하지 못하는 한 위 조항에 따른 주식매수선택권을 행사할 수 없다).

임 또는 퇴직일로 정하는 경우, 이들이 본인의 귀책사유가 아닌 사유로 퇴임 또는 퇴직한 때에는 그 날부터 3월 이상의 행사기간을 추가로 부여하여야 한다(상 542조의 3 5항, 상시 30조 7항).

회사와 주식매수선택권자 간의 약정에 의하여 2년의 재임기간 경과 후 행사기간을 별도로 정할 수 있는데, 우리 대법원판례는 이러한 취지로 다음과 같이 판시하고 있다.

[회사와 주식매수선택권자 간의 약정으로 2년의 재임기간 경과 후 행사기간을 별도로 정한 것은 유효하다고 본 판례]

상법은 주식매수선택권을 부여하기로 한 주주총회 결의일(상장회사에서 이사회결의로 부여하는 경우에는 이사회 결의일)부터 2년 이상 재임 또는 재직하여야 주식매수선택권을 행사할 수 있다고 정하고 있다(상법 제340조의 4 제 1 항, 제542조의 3 제 4 항, 상법 시행령 제30조 제 5 항). 이와 같이 상법은 주식매수선택권을 행사할 수 있는 시기(始期)만을 제한하고 있을 뿐 언제까지 행사할 수 있는지에 관해서는 정하지 않고 회사의 자율적인 결정에 맡기고 있다. 따라서 회사는 주식매수선택권을 부여받은 자의 권리를 부당하게 제한하지 않고 정관의 기본 취지나 핵심 내용을 해치지 않는 범위에서 주주총회 결의와 개별 계약을 통해서 주식매수선택권을 부여받은 자가 언제까지 선택권을 행사할 수 있는지를 자유롭게 정할 수 있다고 보아야 한다. 나아가 주식매수선택권을 부여하는 주주총회 결의에서 주식매수선택권의 부여 대상과 부여방법, 행사가액, 행사기간, 주식매수선택권의 행사로 발행하거나 양도할 주식의 종류와 수 등을 정하도록 한 것은 이해관계를 가지는 기존 주주들로 하여금 회사의 의사결정 단계에서 중요 내용을 정하도록 함으로써 주식매수선택권의 행사에 관한 예측가능성을 도모하기 위한 것이다. 그러나 주주총회 결의 시 해당 사항의 세부적인 내용을 빠짐없이 정하도록 예정한 것으로 보기는 어렵다. 이후 회사가 주식매수선택권 부여에 관한 계약을 체결할 때 주식매수선택권의 행사기간 등을 일부 변경하거나 조정한 경우 그것이 주식매수선택권을 부여받은 자, 기존 주주 등 이해관계인들 사이의 균형을 해치지 않고 주주총회 결의에서 정한 본질적인 내용을 훼손하는 것이 아니라면 유효하다고 보아야 한다. 따라서 당사자 간에 2년의 재임기간이 지난 후에 퇴직한 경우에는 퇴직일로부터 3개월 이내에 주식매수청구권을 행사하여야 한다고 약정한 경우, 그러한 약정은 유효하여, 3개월이 경과한 후에 행사한 주식매수선택권은 효력이 없다[대판 2018. 7. 26, 2016 다 237714(공보 2018, 1829)].

2) 행사방법

① 주식매수선택권은 주식매수선택권자의 일방적 의사표시에 의하여 행사한다(형성권). 이러한 주식매수선택권은 주주명부폐쇄기간중에도 행사할 수 있는데, 이 경우 그 폐쇄기간중의 주주총회결의에 관하여는 의결권을 행사할 수 없다(상 340조의 5, 350조 2항).

② 신주인수권방식에 의하여 주식매수선택권을 부여하는 경우에는 주식매수선택권자는 청구서 2통을 회사에 제출하고(상 340조의 5, 516조의 9 1항), 은행 기타 금융기관의 납입장소에 행사가격을 납입하여야 한다(상 340조의 5, 516조의 9 3항). 위의 청구서 및 납입을 맡을 은행 기타 금융기관에 관하여는 모집설립의 경우와 같다(상 340조의 5, 516조의 9 4항). 이 경우에는 자본금이 증가하므로 이에 따른 변경등기를 하여야 하는데, 이는 주식매수선택권을 행사한 날이 속하는 달의 말일부터 2주 내에 본점소재지에서 하여야 한다(상 340조의 5, 351조).

⑵ 행사효과

1) 주식매수선택권 부여회사의 의무 주식매수선택권자가 주식매수선택권을 행사기간 내에 적법하게 행사하면 주식매수선택권이 형성권이라는 성질에서 부여회사는 그에 따른 의무를 부담하게 되는데, 부여회사의 의무는 주식매수선택권의 부여방법에 따라 다르다. 즉, 주식매수선택권자가 주식매수선택권을 행사기간 내에 적법하게 행사하면, 부여회사는 (i) 신주인수권방식의 경우에는 신주를 발행하여 주식매수선택권자에게 교부하여야 할 의무를 부담하고, (ii) 자기주식교부방식의 경우에는 자기주식을 교부하여야 할 의무를 부담하며, (iii) 주가차액교부방식의 경우에는 주식매수선택권을 행사한 때의 주식의 실질가격과 주식매수선택권의 행사가격의 차액을 금전으로 지급하거나 그 차액에 상당하는 자기주식을 교부할 의무를 부담한다.

2) 주주가 되는 시기

주식매수선택권자가 주주가 되는 시기도 주식매수선택권의 부여방법에 따라 다르다. 즉, (i) 신주인수권방식의 경우에는 주식매수선택권자가 주식매수선택권을 행사하고 행사가액을 납입한 때에 주주가 되고(상 340조의 5, 516조의 10 전단), (ii) 자기주식교부방식의 경우에는 상법에 이에 관한 규정은 없으나 주식양도의 경우와 같이 주식매수선택권자가 주식매수선택권을 행사하고 회사에 행사가액을 납입한 때에 주주가 되며,[1] (iii) 주가차액교부방식의 경우에는 회사가 그 차액을 현금으로 교부한 때에는 문제가 되지 않고 자기주식을 교부하는 때에는 주식매수선택권자가 주식매수선택권을 행사한 때에 주주가 된다고 본다.

11. 양도제한

상법상 주식매수선택권은 이를 양도할 수 없고, 다만 주식매수선택권자가 사망한 경우에는 그 상속인이 이를 행사할 수 있다(상 340조의 4 2항).

12. 취 소

(1) 비상장회사의 경우 주식매수선택권의 취소는 전부 회사의 자율에 맡기고 있다. 즉, 정관의 규정에 의하여 일정한 경우 이사회결의(자본금 총액이 10억원 미만인으로서 이사를 1명 또는 2명을 둔 소규모 주식회사의 경우는 주주총회의 결의—상 383조 1항 단서, 383조 4항)에 의하여 주식매수선택권의 부여를 취소할 수 있다(상 340조의 3 1항 5호). 따라서 비상장회사의 경우 주식매수선택권을 취소할 수 있는 사유는 정관이 정하는 바에 의한다.

(2) 상장회사의 경우 주식매수선택권도 정관이 정하는 바에 따라 이사회의 결의에 의하여 이를 취소할 수 있는데, 다만 그 취소사유가 상법시행령에 의하여 제한되어 있다. 즉, 주식매수선택권을 부여한 상장회사는 (i) 주식매수선택권을 부여받은 자가 본인의 의사에 따라 사임하거나 사직한 경우, (ii) 주식매수선택권을 부여받은 자가 고의 또는 과실로 회사에 중대한 손해를 입힌 경우, (iii) 해당 회사의 파산 등으로 주식매수선택권 행사에 응할 수 없는 경우, (iv) 그 밖에 주식매수선택권을 부여받은 자와 체결한 주식매수선택권 부여계약에서 정한 취소사유가 발생한 경우에, 주식매수선택권을 부여한 상장회사는 정관에서 정하는 바에 따라 이사회결의에 의하여 주식매수선택권의 부여를 취소할 수 있다(상 542조의 3 5항, 상시 30조 6항).

---

1) 동지: 정동윤, 전게논문, 519면.

제 5 관 주식의 담보[1)]

제 1 의 의

주식은 재산적 가치를 갖고 또 양도가 가능하므로 담보의 대상이 될 수 있다. 주식은 주권에 표창되어 유통되므로 주식의 담보도 주권에 의하여 설정된다. 주식의 담보방법에는 상법상 규정된 질권과 관습법상 인정된 양도담보의 방법이 있다. 주식에 대하여 담보를 설정할 때 담보의 대상이 되는 것은 주식이 갖는 권리 중 자익권뿐이고, 공익권은 담보설정자인 주주가 여전히 갖는다(통설).[2)] 그러나 담보설정자가 담보권자에게 의결권 행사를 위임하는 특약을 하면 담보권자가 의결권을 행사한다.[3)]

제 2 주식담보의 자유와 제한

1. 주식담보자유의 원칙

주식양도가 원칙적으로 자유인 것과 같이(상 335조 1항), 주식담보도 원칙적으로 자유이다.[4)]

2. 주식담보의 제한

(1) 권리주의 담보

권리주의 양도는 회사에 대하여 효력이 없는 것과 같이(상 319조), 권리주에 대한 담보설정(질권이든 양도담보이든)도 회사에 대하여 효력이 없다고 본다.[5)]

(2) 주권발행 전의 주식의 담보

주권발행 전에 한 주식의 양도는 회사에 대하여 효력이 없는 것과 같이

---

1) 이에 관하여는 박윤한, "주식의 담보에 관한 연구," 법학석사학위논문(고려대, 1997. 2) 참조.
2) 정(희), 440면; 정(동), (회) 291면; 손(주), 681면; 최(기), 721면 외.
3) 대판 2014. 1. 23, 2013 다 56839 참조.
4) 동지: 정(동), (회) 283면; 이(기) 외, (회) 288면.
5) 동지: 박윤한, 전게 석사학위논문, 38면.
반대: 정(동), (회) 283~284면(담보설정은 가능하나, 회사에 대하여 등록을 청구할 수 없다고 한다).

(상 335조 3항 본문), 주권발행 전의 주식에 대한 담보설정도(질권이든 양도담보이든) 회사에 대하여 효력이 없다고 본다.[1] 그러나 회사의 성립 후 또는 신주의 납입기일 후 6월이 경과한 때에는 주권이 없어도 주식에 대하여 담보를 설정하여 회사에 대항할 수 있다고 본다(상 335조 3항 단서 참조).[2]

이 때의 주식에 대한 담보설정방법은 질권이든 양도담보이든 지명채권의 양도방법에 의하는데, 이를 회사에 대항하기 위하여는 회사에 통지하거나 또는 회사가 승낙하여야 한다(민 346조, 349조, 450조 1항).

우리나라의 대법원결정도 이러한 입장을 취하고 있다.

[주권발행 전의 주식에 대한 질권설정의 가능성과 방법에 관한 판례]

주권발행 전의 주식에 대한 양도도 인정되고, 주권발행 전 주식의 담보제공을 금하는 법률규정도 없으므로 주권발행 전 주식에 대한 질권설정도 가능하다고 할 것이지만, 상법 제338조 제 1 항은 기명주식을 질권의 목적으로 하는 때에는 주권을 교부하여야 한다고 규정하고 있으나, 이는 주권이 발행된 기명주식의 경우에 해당하는 규정이라고 해석함이 상당하므로, 주권발행 전의 주식 입질에 관하여는 상법 제338조 제 1 항의 규정이 아니라 권리질권설정의 일반원칙인 민법 제345조로 돌아가 그 권리의 양도방법에 의하여 질권을 설정할 수 있다고 보아야 한다[대결 2000. 8. 16, 99 그 1 (공보 2000, 2051)].

(3) 자기주식의 담보

1) 의의 및 입법목적 자기주식을 질권의 목적으로 취득함에 있어서는 원칙적으로 자유이나, 다만 예외적으로 상법의 규정에 의하여 그 수량이 제한되어 있다.[3] 즉, 회사는 발행주식총수의 20분의 1을 초과하여 자기주식을 질권의 목적으로 취득하지 못한다(상 341조의 3 본문). 자기주식의 질취(質取)를 이와 같이 수량적으로 제한하는 것은, 이것이 자기계산으로 하는 자기주식의 취득과 비슷한 위험성을 내포하고 있어 자칫하면 특정목적 이외의 자기주식 취득금지

1) 반대: 정(동), (회) 283~284면(담보설정은 가능하나, 회사에 대하여 등록을 청구할 수 없다고 한다).

2) 동지: 정(동), (회) 284면; 이(기) 외, (회) 288면; 박윤한, 전게 석사학위논문, 39~40면; 이(철), (회) 447면.

3) 1984년 이전의 상법에서는 자기주식의 질취도 자기주식의 취득과 같이 원칙적으로 금지하였으나(상 341조), 1984년의 개정상법에서는 제341조의 2를 신설하여 자기주식의 질취를 원칙적으로 인정하면서 다만 수량적으로 이를 제한하였다.

의 탈법행위로 이용되기 쉽기 때문에 이것을 방지하기 위한 것이다.[1] 이 때 「질권의 목적으로」라는 것은 자기주식의 질권자가 되는 것 뿐만 아니라, (약한 의미의) 양도담보의 목적으로 하는 것을 포함한다고 보아야 한다.[2] 또한 근질(根質)로서 자기주식을 취득하는 것도 포함한다고 본다.[3]

2) 제한위반의 효과 회사가 상법의 이러한 제한규정에 위반하여 자기주식을 질권의 목적으로 취득한 경우, 그 제한비율을 초과한 부분의 질권의 효력과 이사 등의 책임이 문제된다.

(가) 질권의 효력에 대하여는 특정목적 이외의 자기주식 취득금지(상 341조의 2)의 위반의 경우와 같이(절대적) 무효설[4]·상대적 무효설[5]·유효설[6]로 나뉘어 있다.

생각건대 자기주식의 취득은 원칙적으로 금지되는데 자기주식의 질취는 원칙적으로 허용되고 다만 그 수량만이 제한되는 점, 회사는 자기주식이라도 담보로 취득하는 것이 담보가 없는 경우보다 더 유리하다는 점 등에서 볼 때, 유효설이 타당하다고 본다. 이렇게 그 제한비율을 초과한 부분의 질권의 효력을 유효로 보면, 이의 처분이 문제된다. 회사가 상법의 제한규정에 위반하여 자기주식을 질취한 경우에 그 초과부분의 처분에 대하여는 상법에 규정이 없으나, 상당한 기간 내에 이를 처분하여야 할 것이다(자금 165조의 2 5항 참조).

(나) 위법한 자기주식의 질취에 대하여 이사는 벌칙의 제재를 받고(상 625조 2호), 또한 회사나 제 3 자에 대하여 손해배상책임을 진다[7](상 399조, 401조).

---

1) 동지: 정(희), 428면; 정(동), (회) 284면; 손(주), 682면(자기주식을 질취하고 있는 경우에는 채무자가 도산하고 그 결과 자사〈自社〉도 도산하게 된 때에는 이중위험을 부담하게 된다고 하는 문제가 있다고 한다).
EU회사법 제46조 3항, 독일 주식법 제71조 3항도 이것을 금지하고 있다.
2) 동지: 정(희), 428면; 손(주), 682면; 이(기) 외, (회) 290면; 주상(제 5 판)(회사 Ⅱ), 472면.
3) 동지: 정(희), 428면; 주상(제 5 판)(회사 Ⅱ), 472면.
4) 서·정, 377면; 최(기), 721면; 김(용), 340면; 이(기) 외, (회) 290면.
5) 정(희), 429면(이 제한을 초과하여 자기주식을 담보로 잡더라도 그것은 절대적으로 무효가 되는 것이 아니라, 질권설정자가 선의인 한 회사〈질권자〉는 무효를 주장할 수 없다. 왜냐하면 법이 자기주식의 질취를 허용한 것은 채권만 가지고 있는 것보다는 자기주식이라 할지라도 담보로 잡아 두는 것이 채권확보를 위하여 유리하다는 취지인 것인바, 수량제한을 초과한 부분을 무효로 하여서는 그 취지를 살리지 못하기 때문이다); 양·박, 336면.
6) 손(주), 683면(자기주식 취득금지의 위반에 대하여는 상대적 무효설의 입장인데, 이 경우에는 질취를 무효로 하더라도 회사의 이익보호가 되지 않는다는 점에서 유효설의 입장에서 설명함); 정(동), (회) 285면(자기주식 취득금지의 위반에 대하여는 무효설의 입장임); 채, 659면; 박윤한, 전게 석사학위논문, 46~47면.
7) 동지: 정(희), 430면.

3) 제한의 예외 회사는 예외적으로 「회사의 합병 또는 다른 회사의 영업전부의 양수로 인한 때」 또는 「회사의 권리를 실행함에 있어 그 목적을 달성하기 위하여 필요한 때」에는 자기주식을 위의 한도를 초과하여 질권의 목적으로 취득할 수 있다(상 341조의 3 단서).

2011년 4월 개정상법 이전에는 이와 같이 한도를 초과하여 질권의 목적으로 취득한 자기주식은 「상당한 시기」에 질권의 처분을 하도록 하였는데(개정전 상 342조 후단), 2011년 4월 개정상법은 이러한 규정을 두고 있지 않으므로 질권자인 회사는 이러한 처분의무를 부담하지 않고 질권의 효력에 따라 그의 권리를 행사하면 된다.

4) 질취한 자기주식의 지위 질취한 자기주식에 대하여 회사는 질권자로서 갖는 일반적 권리인 우선변제권(민 329조)·전질권(민 336조)·물상대위권[1](상 339조, 461조 6항) 등을 행사할 수 있음은 물론, 등록질의 경우에는 이익배당청구권과 잔여재산분배청구권도 행사할 수 있다고 본다[2](약식질의 경우에는 후술하는 바와 같이 잔여재산분배청구권이 인정되는 데 대하여는 이견〈異見〉이 없으나, 이익배당청구권이 인정되는가에 대하여는 긍정설과 부정설로 나뉘어 있다). 그러나 질취(質取)한 자기주식에 대하여 의결권 등 공익권은 질권설정자인 주주가 갖는다.[3]

참고로 회사가 취득한 자기주식의 경우에는 이미 설명한 바와 같이 주주의 모든 권리(주주권)가 휴지(休止)된다(전면적 휴지설).

5) 자기주식을 양도담보의 목적으로 취득하는 경우 자기주식을 양도담보의 목적으로 취득함에 대하여는 상법에 별도의 규정이 없다. 따라서 이에 관하여는 해석에 의할 수밖에 없는데, 앞에서 본 바와 같이 약한 의미의 양도담보의 경우에는 상법 제341조의 3의 「질권의 목적으로」에 포함된다고 본다. 그러나 강한 의미의 양도담보나 매도담보(賣渡擔保) 등의 경우에는 대내외적으로 자기주식의 취득의 경우와 같으므로, 이 때에는 자기주식의 질취에 관한 규정(상 341조의 3)이 적용되는 것이 아니라 특정목적에 의한 자기주식의 취득에 관한 규정(상 341조의 2)이 적용되어 원칙적으로 그의 취득이 금지된다고 본다.[4]

1) 그러나 약식질의 경우에도 질권자가 회사이므로 압류할 필요는 없다고 본다[동지: 최(기), 715면].
2) 동지: 정(동), (회) 285면.
3) 동지: 박윤한, 전게 석사학위논문, 47면.
4) 동지: 정(희), 429면; 정(동), (회) 284면; 이(기) 외, (회) 290면.

(4) 자회사에 의한 모회사주식의 담보

자회사가 모회사의 주식을 취득하는 것은 원칙적으로 금지되는데(상 342조의 2), 자회사가 모회사의 주식을 담보(질권 또는 양도담보)의 목적으로 취득하는 것은 상법에 특별히 제한규정이 없으므로 아무런 제한 없이 인정된다고 본다.[1)]

제 3 주식의 입질

1. 성 질

주식의 입질의 성질이 무엇이냐에 대하여 넓게는 권리질(민 345조~346조 참조)로 볼 수 있으나, 좁게는 주권이 발행된 경우에는 유가증권의 입질(민 351조, 상 338조 · 340조)로 보고 주권이 발행되지 않은 경우(상 335조 3항 단서 참조)에는 채권질(債權質)(민 349조)로 보아야 할 것이다.

주식에 대한 질권자는 담보제공자인 주주로부터 의결권을 위임받지 않는 한 의결권을 행사할 수 없는데, 우리 대법원판례도 이와 같은 취지로 판시하고 있다.

> [주식에 대한 질권자는 의결권을 위임받지 않는 한 의결권을 행사할 수 없다고 한 판례]
>
> 주식에 대해 질권이 설정되었다고 하더라도 질권설정계약 등에 따라 질권자가 담보제공자인 주주로부터 의결권을 위임받아 직접 의결권을 행사하기로 약정하는 등의 특별한 약정이 있는 경우를 제외하고 질권설정자인 주주는 여전히 주주로서의 지위를 가지고 의결권을 행사할 수 있다[대판 2017. 8. 18, 2015 다 5569(공보 2017, 1781)].

2. 주식의 입질방법

우리 상법은 2014년 5월 개정상법에 의하여 무기명주식제도를 폐지하고 기명주식만을 인정하고 있으므로, 이하에서는 기명주식의 입질에 대하여만 설명한다.

(기명)주식의 입질방법에는 「약식질」과 「등록질」이 있는데, 각각에 대하여 그 설정방법뿐만 아니라 효력에 차이가 있다.

---

1) 동지: 정(동), (회) 284면; 손(주), 666면(그러나 모회사가 100% 투자한 자회사가 모회사주식을 담보취득하는 것은 상법 제341조의 3에 의한 자기주식의 질취의 문제가 된다고 한다); 이(기) 외, (회) 290면; 박윤한, 전게논문, 48면.

반대: 이(철), (회) 432면(자기주식의 질취와 동질적이므로 상법 제341조의 3이 적용된다고 한다).

⑴ 약 식 질

1) 설정방법

㈎ 효력요건 주식의 약식질은 당사자간의 질권설정의 「합의」와 질권자에 대한 「주권(株券)의 교부」에 의하여 그 효력이 발생한다(상 338조 1항).

㈏ 대항요건 약식질을 회사 및 제 3 자에게 대항하기 위하여는 질권자에 의한 「주권(株券)의 계속점유」를 요한다(상 338조 2항).

2) 효 력

㈎ 일반적 효력 주식의 약식질권자는 권리질권자와 같이 유치권[1](민 355조, 335조)·우선변제권(민 355조, 329조)·전질권(轉質權)(민 355조, 336조) 및 물상대위권(민 355조, 342조)을 갖는다. 다만 상법은 주식의 질권에 대한 물상대위권에 관하여는 특칙을 두고 있다. 즉, 상법은 이러한 물상대위권에 관하여 「주식의 소각·병합·분할 또는 전환이 있는 때에는 이로 인하여 종전의 주주가 받을 금전이나 주식에 대하여도 종전의 주식을 목적으로 한 질권을 행사할 수 있다」고 특별히 규정하여(상 339조), 질권자의 물상대위의 목적물의 범위를 확대하고 있다. 물상대위의 목적물은 이외에도 해석상 주주가 회사에 대하여 주식매수청구권을 행사한 경우에 받는 주식의 매수대금(상 335조의 2 4항, 335조의 6, 374조의 2, 522조의 3), 회사의 회생절차에서 주주가 권리의 변경에 의하여 받는 금전(파 252조 2항), 신주발행무효에 의하여 주주가 반환받는 주식납입금(상 432조 3항) 등에도 미친다. 다만 이 때에도 권리질의 물상대위에 관한 일반원칙에 따라 약식질권자는 금전의 지급 또는 주권의 교부 전에 이를 압류하여야 한다(통설).[2]

㈏ 이익배당청구권 약식질권자는 회사에 대하여 질취(質取)한 주식의 이익배당청구권이 있는가. 이에 대하여 우리나라의 학설은 (i) 이익배당을 과실(果實)에 준하는 것으로 보아 이를 긍정하는 긍정설[3]과, (ii) 약식질은 회사와 무관하게 설정되고 또 주식 자체의 재산적 가치만이 담보의 목적이라는 점

---

1) 주권이 발행되고 질권자가 그 주권을 점유하고 있는 경우에 한한다.

2) 서·정, 391면; 손(주), 685면; 이(병), 414면; 최(기), 725면; 채, 674면.
그러나 정(동), (회) 289면; 이(철), (회) 450면은 「주권의 제출과 교환으로 금전이 지급되거나 또는 주권이 교부되는 경우에는 금전이나 주권에 대한 물상대위는 압류가 불필요하다」고 하나, 회사의 질권자에 대한 처리를 간명하고 일원적으로 하기 위하여는 통설이 더 합리적이라고 본다.

3) 정(희), 440~441면(이익배당은 과실에 준하는 것이므로 이를 긍정하여야 한다. 다만 회사에 대하여는 이를 직접 청구하지 못하고, 지급 또는 인도 전에 압류하여야 한다); 정(동), (회) 290면; 이(병), 414면; 최(기), 720면; 채, 673면; 이(기) 외, (회) 291~292면; 日大判 1928. 1. 14(民集 17-8, 703).

에서 이를 부정하는 부정설[1]로 나뉘어 있다.

생각건대 회사에게 공시되지 않는 약식질권자에게 이러한 권리를 인정하는 것은 무리이며 또 거래의 실정에도 맞지 않으므로, 부정설에 찬성한다.

(다) 잔여재산분배청구권 약식질권자에게도 잔여재산분배청구권이 있는가. 이에 대하여 상법상 명문규정은 없으나 해석상 인정된다(이설〈異說〉 없음). 왜냐하면 잔여재산이 분배된 이후의 주식의 재산적 가치는 없는 것이고, 잔여재산분배청구권은 해산시의 주식의 변형물에 불과하기 때문이다.

(라) 신주인수권 약식질권자에게도 신주인수권이 있는가. 이에 대하여 (i) 신주가 발행된 경우에는 입질된 주식의 담보가치가 하락한다는 이유로 이를 긍정하는 긍정설[2]도 있으나, (ii) 신주인수권은 입질된 주식의 변형물이라고 볼 수 없을 뿐만 아니라, 또한 그의 행사에는 별도의 납입(또는 현물출자)을 요하는데 신주인수권을 질권자에게 인정하고 이의 납입을 질권자가 하는 경우에는 질권자에게 납입의무를 지우는 결과가 되어 부당하고, 질권설정자가 하는 경우에는 추가담보를 강요하는 것이 되어 부당하므로, 이를 부정하는 부정설[3]이 타당하다고 본다. 이를 긍정한다 하여도 질권자가 이 권리를 행사하고자 하면 이를 압류하여야 하는데, 피담보채권의 변제기가 도래하지 않는 한 질권자는 신주인수권을 압류하여 행사하지 못하므로, 이것을 인정할 실익도 거의 없다고 본다.[4]

(2) 등 록 질

1) 설정방법

(가) 효력요건 (기명)주식의 등록질은 당사자간의 질권설정의 「합의」와 질권자에 대한 「주권의 교부」 외에, 질권설정자의 청구에 의하여(질권자는 이러한 청구권이 없고, 질권설정자는 특약이 있는 경우에만 등록청구의 의무를 부담한다) 「질권자의 성명과 주소가 주주명부에 기재됨으로써」 그 효력이 발생한다[5](상 340조 1항 전단). 회사가 명의개서대리인을 둔 경우에는 그 영업소에 비치된 주주명부

1) 서 · 정, 391면; 손(주), 686면; 이(철), (회) 448~449면; 박 · 이, 214면; 박윤한, 전게 석사학위논문, 84면.

2) 정(동), (회) 291면; 채, 673면; 이(기) 외, (회) 292면.

3) 정(희), 441면; 이(철), (회) 449면; 최(기), 728면; 박윤한, 전게 석사학위논문, 92면.

4) 동지: 정(희), 441면.

5) 상법 제340조 1항 전단은 주주명부에의 기재 외에 주권에 질권자의 성명이 기재됨을 요하나, 등록질의 효력요건은 주주명부에의 기재이지 주권에의 기재는 아니다[통설: 손(주), 684면; 정(동), (회) 286면; 이(철), (회) 446면; 이(기) 외, (회) 289면; 주상(제 5 판)(회사 Ⅱ), 439면 외].

또는 그 복본에 질권자의 성명과 주소를 기재하면 등록질의 효력이 있다(상 337조 2항).

(나) 대항요건 　　등록질의 회사에 대한 (효력요건 및) 대항요건은 주주명부에의 기재이므로, 등록질권자가 회사에 대하여 권리를 행사하기 위하여는 주권의 제시나 기타 자기의 권리를 증명할 필요 없이 질권자로서의 권리를 행사할 수 있다.[1] 등록질권자가 그의 권리를 제 3 자에게 대항하기 위한 요건에 대하여 「(질권자의 성명이 기재된) 주권의 계속점유」가 있어야 한다(상 338조 2항)고 보는 견해가 있으나,[2] 「질권자의 성명을 주권에 기재한 것」이라고 볼 수 있다.[3]

2) 효 력 　　등록질권자는 위의 약식질권자의 모든 권리를 갖는 외에, 다음과 같은 권리를 추가로 갖는다.

(가) 등록질권자는 약식질권자와는 달리 물상대위권(상 339조)의 행사에 있어서 물상대위의 목적물을 그 지급 또는 인도 전에 압류할 필요가 없이(민 342조 단서 참조), 직접 회사로부터 그 목적물을 지급받을 수 있다(상 340조 1항 후단).

(나) 등록질권자는 약식질권자보다 물상대위의 목적물의 범위가 넓다. 즉, 입질된 주식에 대한 이익배당,[4] 주식배당[5] 또는 잔여재산의 분배[6]에 대하여도 물상대위하여 이를 직접(압류할 필요 없이) 회사에 대하여 청구할 수 있다(상 340조 1항 후단).

(다) 등록질권자는 약식질권자와는 달리 물상대위의 목적물이 금전이고 그 목적물의 변제기가 질권자의 채권의 변제기보다 먼저 도래한 때에는 회사에 대하여 그 금전의 공탁을 청구할 수 있는데, 이 때에는 그 공탁금에 질권의 효력이 미친다(상 340조 2항, 민 353조 3항).

(라) 등록질권자는 약식질권자와는 달리 물상대위의 목적물이 주식인 경우에는,[7] 그 주식에 대한 주권의 교부를 회사에 대하여 직접 청구할 수 있다(상 340조 3항).

---

1) 손(주), 684면; 이(철), (회) 446면; 이(기) 외, (회) 289면; 주상(제 5 판)(회사 Ⅱ), 439면.

2) 손(주), 684면; 정(동), (회) 287면; 이(기) 외, (회) 289면; 주상(제 5 판)(회사 Ⅱ), 439~440면.

3) 정찬형, 「상법강의(상)(제19판)」은 등록질의 제 3 자에 대한 대항요건을 「주권의 계속점유」라고 보았으나, 본문과 같이 견해를 바꾼다.

4) 약식질권자에게도 이익배당청구권이 인정된다고 보는 견해에서는, 등록질권자는 「이를 지급하기 전에 압류할 필요가 없이 직접 회사에 대하여 청구할 수 있다」는 점에서 차이가 있다.

5) 이는 이익배당을 주식으로 하는 경우인데(상 462조의 2), 주식배당의 법적 성질을 이익배당으로 보면 약식질권자에게 이익배당청구권을 인정할 것인지 여부에 따라 차이가 있고, 주식분할로 보면 약식질권자에게도 당연히 물상대위권이 인정되므로 양자가 유사하게 된다.

6) 잔여재산분배청구권은 약식질권자에게도 해석상 인정되므로 이 점에서는 유사하나, 이 권리를 행사하기 위하여 이를 압류할 필요가 없는 점에서 차이가 있다.

7) 이는 상법 제339조에 의하여 주식이 물상대위의 목적인 경우와 상법 제340조 1항에 의하여 이익배당으로 주식배당을 하여 그 주식이 물상대위의 목적인 경우이다.

제 4 주식의 양도담보

(1) 주식의 양도담보는 상법에는 아무런 규정이 없고 관습법상 인정되고 있는 제도인데, 채권확보가 질권보다 더 유리하고 또 그 집행이 간편하기 때문에 실제로는 질권보다 더 많이 이용되고 있다.[1] (기명)주식의 경우는 공시되지 않는 약식양도담보가 등록양도담보보다 더 많이 이용되고 있다.[2]

(2) (기명)주식의 양도담보는 (기명)주식의 입질의 경우와 같이 약식양도담보와 등록양도담보가 있다. 약식양도담보의 설정방법은 약식질과 같이 당사자간의 양도담보의 「합의」와 「주권의 교부」에 의하여 그 효력이 발생하고(상 336조 1항), 양도담보권자에 의한 「주권의 계속점유」가 회사 및 제 3 자에 대한 대항요건이다(상 338조 2항 유추적용). 이 때 양도담보권자는 대외적으로 주주이므로 그가 담보된 주식을 제 3 자에게 양도한 경우에는, 제 3 자는 (그가 선의이면) 정당하게 주주권을 취득하고 양도담보설정자는 주주권을 상실한다.

주식의 양도담보에 관한 다음과 같은 대법원판례가 있다.

[주식의 양도담보설정자는 양도담보권자로부터 그 주식을 매수한 자에 대하여 그 주식의 소유권을 주장할 수 없다고 본 판례]

채권담보의 목적으로 이루어진 주식양도약정 당시에 회사의 성립 후 이미 6 개월이 경과하였음에도 불구하고 주권이 발행되지 않은 상태에 있었다면, 그 약정은 바로 주식의 양도담보로서의 효력을 갖는다.

주식 양도담보의 경우 양도담보권자가 대외적으로 주식의 소유권자라 할 것이므로, 양도담보설정자로서는 그 후 양도담보권자로부터 담보된 주식을 매수한 자에 대하여는 특별한 사정이 없는 한 그 소유권을 주장할 수 없는 법리라 할 것이고, 설사 그 양도담보가 정산형으로서 정산 문제가 남아 있다 하더라도 이는 담보주식을 매수한 자에게 대항할 수 있는 성질의 것이 아니다[대판 1995. 7. 28, 93 다 61338(공보 999, 2958)].

동지: 대판 1993. 12. 28, 93 다 8719(공보 962, 511)(채권담보의 목적으로 주식이 양도되어 그 양수인이 양도담보권자에 불과하다고 하더라도 회사에 대한 관계에서는 양도담보권자가 주주의 자격을 갖는다).

[당사자의 약정에 의하여 주식의 양도담보권자에게 의결권의 행사를 인정하지 않을 수 있다고 본 판례]

A가 B로부터 Y회사 주식을 양수함에 있어 A의 주식인수대금채무를 연대

---

1) 정(희), 441~442면; 이(철), (회) 451면.
2) 정(동), (회) 287면.

보증한 X_1이 그와 A 및 Y회사와 사이에 위 보증채무를 이행하게 됨으로써 취득하게 될 장래의 구상채권에 대한 담보의 목적으로 B의 위 주식과 아울러 A의 보유주식을 취득하기로 하였고, 그 후 추가약정에 의하여 X_1은 담보목적 이외의 권리행사를 하지 않기로 약정한 점 등의 제반사정을 참작하면, A가 위 주식인수대금을 지급하지 않아 X_1이 그 대금을 대신 변제하기까지는 X_1이 담보목적으로 취득하기로 한 위 주식에 관하여 의결권을 비롯한 소위 공익권을 종전주주인 A와 B에게 유보하기로 하는 약정이 A · B · X_1 및 Y회사 사이에 되어 있었다고 인정함이 상당하고, 따라서 X_1은 의결전을 행사할 수 있는 Y회사의 주주로서의 지위에 있지 않다. 따라서 이와 같은 취지로 판시한 원심판단은 정당하므로, 논지는 이유 없다[대판 1992. 5. 12, 90 다 8862(공보 923, 1826)].

[등록양도담보권자는 피담보채권이 소멸한 경우에도 주주권을 행사할 수 있다고 한 판례]

채무자가 채무담보 목적으로 주식을 채권자에게 양도하여 채권자가 주주명부상 주주로 기재된 경우, 그 양수인이 주주로서 주주권을 행사할 수 있고 회사 역시 주주명부상 주주인 양수인의 주주권 행사를 부인할 수 없다. 따라서 갑 주식회사의 주주명부상 발행주식총수의 2/3 이상을 소유한 주주인 을이 상법 제366조 제 2 항에 따라 법원에 임시주주총회의 소집허가를 신청한 사안에서, 갑 회사는 을이 주식의 양도담보권자인데 피담보채무가 변제로 소멸하여 더 이상 주주가 아니므로 위 임시주주총회 소집허가 신청이 권리남용에 해당한다고 주장하나, 을에게 채무담보 목적으로 주식을 양도하였더라도 주식의 반환을 청구하는 등의 조치가 없는 이상 을은 여전히 주주이고, 갑 회사가 주장하는 사정과 제출한 자료만으로는 을이 주주가 아니라거나 임시주주총회 소집허가 신청이 권리남용에 해당한다고 볼 수 없다는 이유로 위 신청을 인용한 원심결정은 정당하다[대결 2020. 6. 11, 2020 마 5263(공보 2020, 1339)].

(기명)주식의 약식질의 설정과 약식양도담보의 설정이 그 외관상 동일하여 당사자의 의사에 따라 구별할 수밖에 없다. 이 때 당사자의 의사가 명확하지 않은 경우에는 (i) 채무자의 보호를 위하여 약식질로 해석하는 견해[1]와, (ii) 담보권자에게 유리하게 약식양도담보로 추정하는 견해[2]로 나뉘어 있다.

생각건대 당사자의 의사가 명확하지 않은 경우에는 채권자(담보권자)를 위하는 것으로 해석해야 할 것이므로, 약식양도담보로 추정해야 할 것으로 본다.

---

1) 이(철), (회) 451면.
2) 정(희), 442면; 정(동), (회) 288면; 최(기), 723면; 이(기) 외, (회) 289～290면.

제 5 주권예탁결제제도에서의 주식담보

(1) 상장주권에 대하여 인정되고 있는 주권예탁제도 하에서는, 그러한 주식에 대한 담보(질권 또는 양도담보)의 설정은 예탁기관(한국예탁결제원)에 혼장임치(混奬任置)된 주권을 현실로 움직이지 아니하고 예탁자계좌부 또는 투자자계좌부상의 담보권설정자의 계좌로부터 담보권자의 계좌로의 대체의 기재를 하거나 또는 질물(質物)인 뜻과 질권자를 기재함으로써 한다(자금 311조 2항 전단). 이러한 대체 또는 질권설정의 기재에는 주권의 교부가 있었던 것과 동일한 효력을 인정하므로(자금 311조 2항 후단), 예탁주권의 공유지분에 대하여 담보권을 설정한 것이 된다.

(2) 이 때 담보권자는 예탁자에 대하여 언제든지 공유지분에 해당하는 주권의 반환을 청구할 수 있다(자금 312조 2항).

제 6 관 주식의 소각

주식의 일생과 관련하여 주식의 발행 · 병합 · 분할 · 소각이 있다. 발행은 회사의 설립시의 주식발행과 성립 후의 신주발행이 있는데, 설립시의 주식발행에 대하여는 이미 설명하였고, 성립 후의 신주발행에 대하여는 후술한다. 또한 주식의 병합 및 분할에 대하여는 이미 주식의 개념에 관한 부분에서 설명하였다. 따라서 이곳에서는 주식의 소각에 관한 부분만을 간단히 설명한다.

제 1 의 의

주식의 소각이란 「회사의 존속중에 특정한 주식을 절대적으로 소멸시키는 회사의 행위」이다. 주식의 소각은 「회사의 존속중에 특정한 주식」을 소멸시키는 점에서 회사의 해산시에 전 주식을 소멸시키는 것과 구별되고, 「주식 자체」를 소멸시키는 점에서 주식을 소멸시키지 않고 주권만을 소멸시키는 주권의 제권판결(상 360조) 및 주식인수인의 자격만을 실효시키는 실권절차(상 307조)와도 구별된다.

주식이 소멸되거나 주주의 지위가 상실되는 것은 이와 같이 주식을 소각하거나 또는 주식의 양도나 주금체납에 의한 실권절차 등 법정사유에 의하여만 가능한 것이고, 단순히 당사자간의 특약이나 주식포기의 의사표시만으로 주식이 소멸되거나 주주의 지위가 상실되는 것이 아니다. 우리 대법원판례도 이와 같은 취지로 다음과 같이 판시하고 있다.

[주식의 상실사유에 관한 판례]

주주권은 주식양도·주식의 소각 또는 주금 체납에 의한 실권절차 등 법정사유에 의하여서만 상실되고, 단순히 당사자간의 특약이나 주식 포기의 의사표시만으로는 주식이 소멸되거나 주주의 지위가 상실되지 아니한다[대판 1999. 7. 23, 99 다 14808(공보 1999, 1730)].

제 2 종 류

주식의 소각에는 크게 「자본금 감소」의 방법으로 소각하는 경우(상 343조 1항 본문)와, 주주에게 배당할 「이익」으로써 (자기주식을 취득하여) 소각하는 경우(상 341조 · 343조 1항 단서, 345조 1항)의 두 가지가 있다. 전자의 경우에는 소각되는 주식만큼 자본금이 감소하므로 반드시 채권자보호절차를 밟아야 하나(상 439조 2항 본문), 후자의 경우에는 이익이 소각의 재원(財源)이 되어 자본금이 감소하지 않으므로 채권자보호절차를 밟을 필요가 없다.[1] 주주에게 배당할 이익으로써 (자기주식을 취득하여) 주식을 소각하는 경우는 다시 처음부터 특정주식을 대상으로 하는 상환주식의 상환(상 345조)과, 배당가능이익으로써 취득한 자기주식의 소각(상 341조, 343조 1항 단서)이 있다.

자본금 감소의 방법으로 주식을 소각하는 경우에 대하여는 자본금 감소에 관한 부분에서 후술할 것이고, 상환주식의 상환에 대하여는 이미 설명하였으므로, 이 곳에서는 배당가능이익으로써 취득한 자기주식의 소각(상 341조, 343조 1항 단서)에 대해서만 설명한다.

제 3 배당가능이익으로써 취득한 자기주식의 소각

I. 목 적

회사는 주가관리 등 재무관리의 편의를 위하여 배당가능이익으로써 자기주식을 취득할 수 있는데(상 341조), 회사는 이와 같이 보유한 자기주식을 소각할 수 있다(상 343조 1항 단서).

1) 동지: 채, 677면; 이(기) 외, (회) 294면.

2. 배당가능이익으로써 자기주식을 취득하기 위한 요건

이에 관하여는 자기주식의 취득에서 이미 상세히 살펴보았는데, 그 주요내용은 다음과 같다.

(1) 재원상 제한

1) 회사가 자기주식을 취득하기 위하여는 직전 결산기의 대차대조표상 이익이 현존하여야 한다(상 341조 1항 단서).

2) 자기주식을 취득하는 해당 영업연도의 결산기에 이익이 예상되어야 한다(상 341조 3항).

(2) 방법상 제한

1) 취득할 수 있는 주식의 종류 및 수 등에 관하여 미리 주주총회(이사회의 결의로 이익배당을 할 수 있다고 정관에서 정하고 있는 경우에는 이사회)의 결의가 있어야 한다(상 341조 2항).

2) 취득방법은 거래소에서 시세가 있는 주식의 경우에는 거래소에서 취득하는 등 주주평등의 원칙에 반하지 않는 방법으로 취득하여야 한다(상 341조 1항 1호 · 2호).

3) 회사는 자기의 명의와 자기의 계산으로 자기주식을 취득하여야 한다(상 341조 1항 본문).

3. 자기주식 소각의 방법

위와 같이 회사가 배당가능이익으로써 취득하여 보유하는 자기주식은 이사회의 결의에 의하여 소각할 수 있다(상 343조 1항 단서). 따라서 이러한 주식의 소각의 효력은 주식실효절차의 종료시에 발생한다.[1]

4. 자기주식 소각의 효과

(1) 자본금에 미치는 영향

회사가 배당가능이익으로써 취득한 자기주식을 소각하는 경우, 그만큼 발행주식수가 감소하지만 이는 자본금 감소절차에 의한 주식소각이 아니므로 자본금에는 영향이 없다. 따라서 이 때에는 자본금이 감소하지 않고, 액면주식의 경우 자본금과 주식과의 관계(상 451조 1항)는 예외적으로 끊어지게 된다.

(2) 수권주식수에 미치는 영향

회사가 배당가능이익으로써 자기주식을 취득(매입)하여 소각하는 경우, 이

1) 동지: 대판 2008. 7. 10, 2005 다 24981(공보 2008, 1118).

러한 주식소각에 의하여 발행주식수가 감소한다고 하더라도 일단 주식이 발행된 것이므로 수권주식수가 감소하는 것도 아니고, 또 미발행주식수가 그만큼 증가하는 것도 아니다. 따라서 상환주식의 상환의 경우와 같이 이 경우에도 소각된 주식수만큼 신주를 재발행할 수 없다.

제 7 관 주식의 포괄적 교환 및 이전[1]

제 1 서 언

2001년 개정상법은 지주회사 설립 등을 통한 회사의 구조조정을 원활히 할 수 있도록 하기 위하여 주식의 포괄적 교환 및 이전제도를 신설하였다. 이는 독점규제 및 공정거래에 관한 법률이 1999년에 개정되어 동법 제 8 조(개정: 1999. 2. 5, 법 5813호)가 지주회사의 설립 또는 전환을 허용하게 됨에 따라 가능하게 되었는데, 금융기관의 구조조정의 일환으로 금융지주회사의 설립에 관하여는 금융지주회사법(제정: 2000. 10. 23, 법 6274호)이 2000년에 상법보다 먼저 제정되었다.[2]

현행 상법상 지주회사의 설립방법에는 현물출자 등에 의한 자회사의 설립방법·지주회사(신회사)에 의한 사업회사의 주식의 매수방법·지주회사(신회사)가 제 3 자 배정의 방식에 의하여 신주발행(증자)하는 경우에 사업회사의 주주(제 3 자)가 자기회사의 주식을 현물출자의 방법으로 참여하는 방법·회사의 물적분할방법(상 530조의 12) 등이 있는데, 이러한 방법들은 모두 절차상 또는 비용

---

1) 이에 관한 상세는 정찬형, "주식의 포괄적 교환 및 이전제도에 관한 연구," 「고려법학」(고려대 법학연구원), 제39호(2002), 1~59면; 동, "우리 상법상 주식의 포괄적 교환 및 이전에 관한 문제점," 「고시계」, 2002. 8, 42~55면; 김동훈, "주식의 포괄적 교환·이전에 관한 소고," 「기업법연구」, 제 9 집(2002. 4), 367~391면; 동, "주식교환·이전제도의 도입에 따른 법적 과제," 「상장협」, 제44호(2001, 추계호), 87~107면; 고재종, "주식교환제도와 주주보호에 관한 고찰," 「기업법연구」, 제 8 집(2001), 373~396면; 안택식, "주식교환·주식이전제도에 관한 검토," 「비교사법」, 제 8 권 2호(2001), 99~136면; 김효신, "주식교환·주식이전제도," 「비교사법」, 제 8 권 1호(하)(2001), 759~786면; 동, "개정상법상 주식교환제도," 「현대상사법논집」(우계강희갑박사화갑기념논문집), 2001, 169~189면; 윤현석, "주식교환·이전제도에 관한 연구(세제를 중심으로)," 「상사법연구」, 제20권 1호(2001), 425~454면; 김재형·최장현, "개정상법상 지주회사의 설립방식의 검토," 「기업법연구」(한국기업법학회), 제 8 집(2001), 279~297면 등 참조.

2) 금융지주회사의 경우에는 이에 관한 특별법인 금융지주회사법이 2000년 10월 23일 법률 제6274호로 별도로 제정되었으나, 2001년 개정상법이 이에 관하여 규정함에 따라 금융지주회사법상 주식의 포괄적 교환 및 이전에 관한 규정은 2002년 4월 27일 법률 제6692호로 삭제되었다.

우리 정부의 이러한 일관성이 없는 지주회사 정책에 대한 비판으로는 전삼현, "지주회사에 대한 법적 재검토," 「상장협」, 제47호(2003, 춘계호), 145~165면 참조.

상 문제점이 많다고 볼 수 있다.[1] 그런데 주식의 포괄적 교환·이전제도는 이러한 문제점을 극복하고(특히 비용을 들이지 않고 주식을 발행하는 것만으로) 순수 지수회사를 설립하여 기업의 구조조정을 원활히 할 수 있어 그 효용이 크다고 볼 수 있다.

주식의 포괄적 교환 및 이전제도는 미국(RMBCA §11.02) 및 일본(日會767조 이하) 등에서도 인정되고 있는 제도인데, 2001년 개정상법은 주로 일본의 제도를 참고하여 입법한 것이다.[2]

제 2 주식의 포괄적 교환

I. 의 의

주식의 포괄적 교환이란 「회사(완전모회사가 되는 회사)가 다른 회사(완전자회사가 되는 회사)(둘 이상의 회사도 무방함)의 발행주식총수와 자기회사의 주식을 교환함으로써, 완전자회사가 되는 회사의 주주가 가지는 그 회사의 주식은 주식을 교환하는 날에 주식교환에 의하여 완전모회사가 되는 회사에 이전하고 그 완전자회사가 되는 회사의 주주는 그 완전모회사가 되는 회사가 주식교환을 위하여 발행하는 신주 또는 완전모회사가 되는 회사가 소유하고 있는 자기주식의 배정을 받는 것」을 말한다(상 360조의 2 2항).

이러한 주식의 포괄적 교환은 우호적인 기업매수(M&A)의 하나의 수단이 되고 있는데, 현금이 없이도 다른 기업을 매수할 수 있다는 점에서 이점이 있다.[3] 또한 주식의 포괄적 교환은 자회사를 완전자회사로 만들기 위하여도 이용된다.[4]

1) 손주찬, 「상법개정의 착안점」(법무부 용역보고서), 2000. 11, 41～43면; 안경봉, "상법상 주식매수선택권·상법상 지주회사의 설립방식," 「고시연구」, 2002. 7, 32～38면.

2) 일본의 주식교환·이전제도에 관한 소개로는 原田晃治, "株式交換等に係る平成11年改正商法の解說(上)(中)(下)," 「商事法務」, 第1536號(1999. 9. 5), 4～26면, 第1537號(1999. 9. 15), 4～19면, 第1538號(1999. 9. 25), 4～10면; 同, "平成11年改正商法の解說(株式交換·時價評價)," 「民事月報」, 第54劵 8號(1999. 8), 7～98면; 나승성, "주식교환·주식이전제도에 관한 연구," 「판례월보」, 제362호(2000. 11), 56～74면; 동, "주식교환제도에 관한 연구," 「상장협」, 제42호(2000, 추계호), 113～140면; 동, "주식이전제도에 관한 연구," 「사법행정」, 제41권 제10호(통권 478호)(2000. 10), 17～30면 등 참조.

3) 이에 관하여는 권재열, "벤처기업 M&A의 수단으로서의 주식교환에 관한 법적 검토," 법률신문, 제2932호(2000. 11. 23), 14～15면; 동, "벤처기업의 구조조정에 관한 법적 검토(이른바 주식교환에 의한 M&A를 중심으로)," 「현대상사법논집」(우계강희갑박사화갑기념논문집), 2001, 49～66면 참조.

4) 동지: 菊地 伸, "株式交換·株式移轉制度の活用と留意點," 「商事法務」, 第1539號(1999. 10. 5), 38～40면.

이러한 주식의 포괄적 교환제도는 지주회사(완전모회사)를 설립하는 방법이라는 점에서는 다음에서 보는 주식의 포괄적 이전제도와 동일하나, 주식의 포괄적 교환제도는 기존의 회사 사이에서 지주회사(완전모회사)를 신설하는 제도이나 주식의 포괄적 이전제도는 어느 회사가 스스로 자회사가 되어 지주회사를 새로이 설립하는 제도라는 점에서 양자는 구별된다.[1)]

또한 주식의 포괄적 교환은 각 회사의 법인격이 그대로 존속하고 재산관계도 이전되지 않고 그대로 남아있는 점에서 흡수합병과 구별되며, 주식취득비용을 부담하는 자회사의 주식을 매수하는 것과도 구별되다.

주식의 포괄적 교환(및 포괄적 이전)의 법적 성질은 합병과 유사한 조직법적 행위로 볼 수 있다.[2)]

2. 절 차

(1) 주식교환계약서의 작성

1) 회사가 주식교환을 하고자 하면 먼저 기존의 쌍방의 회사가 주식교환계약서를 작성하여야 한다(상 360조의 3 1항 전단). 이러한 주식교환계약서에서는 (i) 완전모회사가 되는 회사가 주식교환으로 인하여 정관을 변경하는 경우에는 그 규정, (ii) 완전모회사가 되는 회사가 주식교환을 위하여 신주를 발행하거나 자기주식을 이전하는 경우에는 발행하는 신주 또는 이전하는 자기주식의 총수·종류와 종류별 주식의 수 및 완전자회사가 되는 회사의 주주에 대한 신주의 배정 또는 자기주식의 이전에 관한 사항[3)][이 때 완전자회사가 되는 회사가 갖고 있는 자기주식에 대하여는 주식교환에 의하여 완전모회사가 되는 회사의 주식을 배당하여야 하고(상 342조의 2 1항 1호 참조), 완전모회사가 되는 회사가 갖고 있는 완전자회사가 되는 회사의 주식에 대하여는 주식교환에 의하여 발행하는 신주를 배당하거나 자기주식을 이전할 필요가 없다고 보며[4)](상 360조의 7 2항 참조), 완전자회사가 되는 회사가 종류주식을 발행한 경우

1) 동지: 永井和之, 「會社法(第3版)」(東京: 有斐閣, 2001), 421면; 林勇, "親子會社法第の改正と實務對應(上)—株式交換·株式移轉手續の概要とスケジユール—," 「商事法務」, 第1549號(2000. 1. 25), 14~15면.

2) 정찬형, "주식의 포괄적 교환 및 이전제도에 관한 연구," 「고려법학」(고려대 법학연구원), 제39호(2002), 16~17면.

3) 2015년 개정상법은 자기주식의 이전을 신주발행과 함께 규정하고, 자기주식의 이전을 별도로 규정하고 있었던 개정전 상법 360조의 3 3항 8호 및 360조의 6을 삭제하였다.

4) 동지: 原田晃治, "改正商法に基づく株式交換·株式移轉の實務(座談會)," 「商事法務」, 第1539號(1999. 10. 5), 16면.

에는 그러한 주주에게 완전모회사가 되는 회사는 같은 종류주식으로써 배정하거나 또는 보통주로써 배정할 수 있다고 본다[1]], (iii) 완전모회사가 되는 회사의 자본금 또는 준비금이 증가하는 경우에는 증가할 자본금 또는 준비금에 관한 사항, (iv) 완전자회사가 되는 회사의 주주에게 (ii)에도 불구하고 그 대가의 전부 또는 일부로서 금전(주식교환교부금)이나 그 밖의 재산(주식교환교부물)(완전모회사의 모회사의 주식을 포함함)을 제공하는 경우에는 그 내용 및 배정에 관한 사항,[2] (v) 각 회사가 주식의 포괄적 교환을 승인하는 주주총회의 기일(이는 주식교환의 예정을 명확히 하기 위한 것임), (vi) 주식교환을 할 날(이는 주식교환기일임), (vii) 각 회사가 주식교환을 할 날까지 이익배당[3]을 할 때에는 그 한도액(이는 회사의 자본금 충실을 기하기 위한 것이고, 회사의 주식교환비율을 정함에 있어 고려되는 사항임), (viii) 완전모회사가 되는 회사에 취임할 이사와 감사 또는 감사위원회의 위원을 정한 때에는 그 성명 및 주민등록번호를 기재하여야 한다(상 360조의 3 3항).

2) 2015년 개정상법은 2011년 4월 개정상법에 의하여 도입된 삼각합병제도(상 523조 4호, 523조의 2)와 함께 기업구조조정을 유연하게 할 수 있도록 하기 위하여 삼각주식교환(상 360조의 3 3항 4호, 6항)제도 및 삼각분할합병(상 530조의 6 1항 4호, 4항)제도를 도입하였다.

삼각주식교환에 의하여 모회사(A회사)의 자회사(B회사)가 다른 회사(C회사)와 주식의 포괄적 교환을 하면서 다른 회사(C회사)의 주주에게 자기회사(B회사)의 주식이 아닌 그의 모회사(A회사)의 주식을 교부하면(상 360조의 3 3항 4호, 6항) A→B→C로 순차적인 모자회사관계가 성립한다(이 경우 제1차적인 주식의 포괄적 교환에 의하여 B는 C의 완전모회사가 된다). 이 경우 제2차적으로 C회사가 B회사를 흡수합병하는 절차를 거치면(A회사는 B회사가 가지고 있는 C회사의 주식을 갖고, A회사가 가지고 있는 B회사의 주식을 소각함), 역삼각합병(모회사가 자회사를 통하여 대상회사와 합병하면서 자회사가 대상회사를 흡수하는 형태가 삼각합병이고, 이와 반대로 대상회사가 자회사를 흡수하는 형태가 역삼각합병임)이 가능하게 되어, A회사는 C회사가 보유한 독점적 사업권(인·허가권 등)·

1) 동지: 中西敏和, "平成11年改正商法に基づく株式交換契約書の記載 — 最近までの記載實態の分析 —,"「商事法務」, 第1552號(2000. 2. 25), 22면.

2) 2015년 개정상법은 흡수합병의 경우와 같이 주식교환교부물을 인정하고 또한 그 대가의 전부에 대하여도 주식교환교부금 또는 주식교환교부물을 제공할 수 있도록 하여 교환대가를 유연화함으로써 삼각주식교환(교환의 대가로 자기주식을 교부하는 것이 아니라, 모회사의 주식을 교부함)을 허용하는 등 구조조정을 용이하게 할 수 있도록 하였다.

3) 2011년 4월 개정상법 이전에는 「이익배당 한도액과 금전으로 하는 중간배당한도액」을 기재하도록 하였는데(개정전 상 360조의 3 3항 7호), 2011년 4월 개정상법은 「금전으로 하는 중간배당 한도액」을 규정하지 않았다. 그 이유가 2011년 4월 개정상법은 중간배당에도 현물배당을 인정하고 또한 중간배당은 당연히 이익배당이라는 전제하에 중간배당에 관한 규정은 불필요한 규정이므로(상 462조의 3 1항, 462조의 4) 중간배당에 관한 부분을 규정하지 않은 것인지는 알 수 없으나, 중간배당에 관한 부분을 포함시키고자 하면 중간배당의 법적 성질에 관하여 이익배당인지 여부에 대하여 학설이 나뉘어 있으므로 개정전과 같이 명백히 규정하는 것이 타당하다고 본다. 따라서 현행 상법의 해석상 중간배당은 제외된다고 해석할 수밖에 없다.

장기리스권·상표권·제 3 자의 동의가 없으면 양도할 수 없는 계약상의 권리 등을 그대로 보유할 수 있게 된다.[1)]

삼각주식교환에 의하여 다른 회사(C회사)의 주주는 그 대가로 보다 가치 있는 모회사(A회사)의 주식을 교부받을 수 있고, 모회사(A회사)는 다른 회사(C회사)를 그대로 존치시키면서 그의 독점적 사업권 등을 그대로 활용할 수 있다.

삼각주식교환의 경우 자회사(B회사)는 상법 제342조의 2 제 1 항에도 불구하고 그의 모회사(A회사)의 주식을 취득할 수 있는데(상 360조의 3 6항), 자회사(B회사)가 이와 같이 취득한 그의 모회사(A회사) 주식을 주식교환 후에도 계속 보유하게 되면 주식교환의 효력이 발생하는 날부터 6개월 이내에 그 주식을 처분하여야 한다(상 360조의 3 7항).

완전자회사가 되는 회사의 주주에게 제공되는 대가인 「그 밖의 재산(현물)」이 완전모회사가 되는 회사의 모회사 주식이면 삼각주식교환이 되고, 주식에 갈음하여 현물을 제공하게 되면 완전자회사가 되는 회사의 주주를 축출하는 효과를 갖게 된다(이는 현금주식교환의 경우에도 동일함).[2)]

⑵ 주주총회의 승인결의

1) 승인결의방법

㈎ 원 칙 주식교환을 하는 쌍방의 회사는 위의 주식교환계약서에 대하여 주주총회의 특별결의에 의한 승인을 받아야 한다(상 360조의 3 1항 후단·2항). 이는 완전모회사가 되는 회사의 기존주주에게는 합병이나 현물출자와 같은 영향이 있고 또한 완전자회사가 되는 회사의 주주(완전모회사가 되는 회사의 신주주)에게는 완전모회사의 주주가 되어 그 지위에 변동을 초래하는 등으로 모두에게 중대한 영향을 미치기 때문에 주주총회의 특별결의에 의한 승인을 얻도록 한 것이다. 그러나 이 경우 완전모회사가 되는 회사는 자본금에 변동이 없거나(완전모회사가 자기주식을 교부하는 경우) 자본금이 증가하고(완전모회사가 신주발행하여 배정하는 경우) 완전자회사가 되는 회사는 주주만의 변동이 있어 회사채권자를 해할 염려가 없기 때문에 채권자보호절차는 필요 없다고 본다.[3)]

1) 역삼각합병에 관한 상세는 송종준, "역삼각합병제도의 도입을 둘러싼 상법상의 쟁점," 「상사법연구」(한국상사법학회), 제33권 제 1 호(2014. 5), 35~72면 참조.
2) 주상(제 5 판)(회사 V), 355면 참조.
3) 동지: 永井, (會) 424~425면.

이 때 회사는 이러한 주주총회의 소집통지에 (i) 주식교환계약서의 주요내용, (ii) 주주총회의 결의에 반대하는 주주가 행사할 주식매수청구권의 내용 및 행사방법과 (iii) 일방회사의 정관에 주식의 양도에 관하여 이사회의 승인을 요한다는 뜻의 규정이 있고 다른 회사의 정관에 그 규정이 없는 경우 그 뜻을 기재하여야 한다(상 360조의 3 4항).

(나) 예 외

① 간이주식교환 완전자회사가 되는 회사의 총주주의 동의가 있거나 그 회사의 발행주식총수의 100분의 90 이상을 완전모회사가 되는 회사가 소유하고 있는 때에는 완전자회사가 되는 회사의 주주총회의 승인은 이사회의 승인으로 갈음할 수 있다(상 360조의 9 1항). 이는 주식교환절차를 간소화하기 위하여 합병의 경우(상 527조의 2)와 같이 인정한 것이다. 이 때 완전자회사가 되는 회사는 총주주의 동의가 있는 경우가 아니면 주식교환계약서를 작성한 날부터 2주 내에 주주총회의 승인을 얻지 아니하고 주식교환을 한다는 뜻을 공고하거나 주주에게 통지하여야 한다(상 360조의 9 2항).

② 소규모 주식교환 완전모회사가 되는 회사가 주식교환을 위하여 발행하는 신주 및 이전하는 자기주식의 총수가 그 회사의 발행주식 총수의 100분의 10을 초과하지 아니하고(이는 완전모회사가 되는 회사의 기존 주주의 보유주식비율이 크게 저하되지 않는 범위 내에서 주주총회의 승인결의를 생략할 수 있기 때문임) 또한 완전자회사가 되는 회사의 주주에게 제공할 금전이나 그 밖의 재산을 정한 경우에 그 금액 및 그 밖의 재산의 가액이 최종 대차대조표에 의하여 완전모회사가 되는 회사에 현존하는 순자산액의 100분의 5를 초과하지 않는 경우에는(이는 완전자회사가 되는 회사의 주주에게 제공할 금전이나 그 밖의 재산이 많은 경우 주식교환에 의하여 발행하는 신주나 이전하는 자기주식의 수를 적게 하는 탈법적인 수단이 되기 때문임) 완전모회사가 되는 회사의 주주총회의 승인은 이사회의 승인으로 갈음할 수 있다(상 360조의 10 1항).[1]

이 때에 완전모회사가 되는 회사는 주식교환계약서에 주주총회의 승인을 얻지 아니하고 주식교환을 할 수 있다는 뜻을 기재하여야 하나, 변경된 정관의 내용은 기재하지 못한다(상 360조의 10 3항).

---

1) 이는 2015년 개정상법에 의하여 소규모합병(상 527조의 3 1항)의 경우와 동일하게 개정된 것이다.

또한 이 경우에 완전모회사가 되는 회사는 주식교환계약서를 작성한 날로부터 2주 내에 완전자회사가 되는 회사의 상호와 본점·주식교환을 할 날 및 주주총회의 승인을 얻지 아니하고 주식교환을 한다는 뜻을 공고하거나 주주에게 통지하여야 한다(상 360조의10 4항). 이러한 통지 또는 공고에 의하여 완전모회사가 되는 회사의 발행주식총수의 100분의 20 이상에 해당하는 주식을 가지는 주주가 위의 통지 또는 공고를 한 날부터 2주 내에 회사에 대하여 서면으로 소규모 주식교환에 반대하는 의사를 통지한 때에는 주주총회의 승인을 얻어야 한다(상 360조의10 5항).

소규모 주식교환의 경우 주식교환계약서 등의 사전공고의 기산일은 '주주총회의 회일'이 아니라 '소규모 주식교환의 공고일 또는 통지일'이며(상 360조의10 6항), 반대주주의 주식매수청구권은 인정되지 않는다(상 360조의10 7항).

③ 종류주주총회의 결의·총주주의 결의 　주식의 포괄적 교환에 의하여 (완전모회사가 되는 회사 또는 완전자회사가 되는 회사의) 어느 종류의 주주에게 손해를 미치게 될 경우에는 그 회사의 주주총회의 특별결의 외에 종류주주총회의 결의를 얻어야 하고(상 436조), 각 회사의 주주의 부담이 가중되는 경우에는 주주 전원의 동의가 있어야 한다(상 360조의3 5항).

2) 승인반대주주의 주식매수청구권 　주식의 포괄적 교환에 관한 주주총회의 결의사항에 관하여 이사회의 결의가 있는 때에 그 결의에 반대하는 주주(의결권이 없거나 제한되는 주주를 포함함)[1]는 주주총회 전에 회사에 대하여 서면으로 그 결의에 반대하는 의사를 통지하고, 주주총회의 결의일부터 20일 이내에 주식의 종류와 수를 기재한 서면으로 회사에 대하여 자기가 소유하고 있는 주식의 매수를 청구할 수 있다(상 360조의5 1항). 간이주식교환의 경우에는 완전자회사가 되는 회사는 주식교환계약서를 작성한 날로부터 2주 내에 주주총회의 승인을 얻지 아니하고 주식교환을 한다는 뜻을 공고하거나 주주에게 통지하여야 하는데(상 360조의9 2항 본문), 이 경우 완전자회사가 되는 회사의 주주는 이러한 공고 또는 통지를 한 날로부터 2주 내에 회사에 대하여 서면으로 주식교환에 반대하는 의사를 통지하고, 그 기간이 경과한 날로부터 20일 이내에 주식의 종류와 수를 기재한 서면으로 회사에 대하여 자기가 소유하고 있는 주식의 매수를 청구할 수 있다(상 360조의5 2항).

1) 2015년 개정상법이 이에 관하여 명문규정을 두었다.

주식매수청구권을 행사하는 주주는 완전모회사가 되는 회사의 주주[1] 및 완전자회사가 되는 회사의 주주를 의미하고, 반대하는 경우는 주식교환의 조건이나 상대방 회사의 재산상황 등에 의하여 불이익을 받을 가능성이 있기 때문에 주식교환 자체를 반대하는 경우나 주식교환비율에 반대하는 경우 등이다.

이러한 주식매수청구에 대하여 회사는 매수청구기간이 종료하는 날(즉, 주식의 포괄적 교환에 관한 주주총회의 결의일부터 20일이 되는 날)[2]부터 2월 이내에 그 주식을 매수하여야 하는데(상 360조의 5 3항, 374조의 2 2항), 매수가액은 원칙적으로 주주와 회사간의 협의에 의하여 정하여지고, 예외적으로 이러한 협의가 매수청구기간이 종료하는 날부터 30일 이내에 이루어지지 아니한 경우에는 회사 또는 주식매수를 청구한 주주는 법원에 대하여 매수가액의 결정을 청구할 수 있다(상 360조의 5 3항, 374조의 2 3항~5항).

완전자회사가 되는 회사의 주주가 주식매수청구권을 행사한 경우에 그 회사는 특정목적에 의한 자기주식 취득의 경우의 하나로 자기주식을 취득하는데(상 341조의 2 4호), 이 주식에 대하여는 앞에서 본 바와 같이 완전모회사가 되는 회사의 주식이 배당된다(상 342조의 2 1항 1호). 완전자회사가 되는 회사는 이러한 완전모회사가 되는 회사의 주식을 취득한 날로부터 6월 이내에 처분하여야 한다(상 342조의 2 2항).

(3) 그 밖의 절차

1) 주식교환계약서 등의 사전공시 주식의 포괄적 교환의 경우 각 당사회사의 이사는 이를 승인하는 주주총회의 회일의 2주 전(소규모 주식교환의 경우에는 완전모회사가 되는 회사가 주주총회의 승인을 얻지 아니하고 주식교환을 한다는 뜻을 공고하거나 주주에게 통지한 날)(상 360조의 10 6항)부터 (주식교환의 날 이후 6월이 경과하는 날까지) (i) 주식교환계약서, (ii) 완전모회사가 되는 회사가 주식교환을 위하여 신주를 발행하거나 자기주식을 이전하는 경우에는 완전자회사

---

1) 주식의 포괄적 교환에 의하여 자회사의 주주에게 모회사의 주식을 교부하는 것은 모회사 신주의 제 3 자배정과 유사한데, 신주의 제 3 자배정에는 이에 반대하는 주주들에게 주식매수청구권을 인정하지 않는다. 따라서 입법론상 완전모회사가 되는 회사의 주주에 대하여 주식매수청구권을 인정하는 것은 신주의 제 3 자배정의 경우와 균형이 맞지 않기 때문에 폐지되어야 한다고 주장하는 견해가 있다[한국증권법학회, 상법개정연구보고서, 2006. 6, 429~430면; 정찬형, 회사법 중장기 개선과제에 관한 연구(상장협 연구보고서 2009-1), 36~37면].

2) 2월의 기산일에 대하여 2015년 개정상법 이전에는 '회사가 주식매수의 청구를 받은 날'로 규정하였는데, 이는 주식매수청구권을 행사한 주주별로 주식매수의 기한이 달라져 회사에 절차상 부담을 주었으므로, 2015년 개정상법은 이를 통일하기 위하여 이와 같이 기산일을 명확히 규정하였다.

가 되는 회사의 주주에 대한 신주의 배정 또는 자기주식의 이전에 관하여 그 이유를 기재한 서면(이는 주식교환비율 등에 관한 것으로서 이의 산정 등의 공정성을 확보하기 위하여는 당사회사들이 모두 인정할 수 있는 객관적인 전문가에 의한 공정한 평가가 전제되어야 할 것이다)[1] 및 (iii) 주식교환을 승인하는 주주총회의 회일(간이주식교환의 경우에는 완전자회사가 되는 회사가 주주총회의 승인을 얻지 아니하고 주식교환을 한다는 뜻을 공고하거나 또는 주주에게 통지한 날)[2](소규모 주식교환의 경우에는 완전모회사가 되는 회사가 주주총회의 승인을 얻지 아니하고 주식교환을 한다는 뜻을 공고하거나 주주에게 통지한 날)(상 360조의 10 6항) 전 6월 내의 날에 작성한 각 회사의 최종 대차대조표 및 손익계산서를 본점에 비치하여야 한다(상 360조의 4 1항).[3] 이는 주주가 주식교환조건의 적정성 여부·주식교환의 승인여부·주식매수청구권의 행사여부 등을 판단할 수 있도록 하고, 주식교환의 효력이 발생한 후에는 주식교환 무효의 소를 제기할지 여부를 결정하기 위한 정보의 공시를 목적으로 한다.[4]

주주는 영업시간 내에 이러한 서류를 열람 또는 등사를 청구할 수 있다(상 360조의 4 2항, 391조의 3 3항). 이 경우 완전모회사가 되는 회사는 자본금에 변동이 없거나 자본금이 증가하므로 회사채권자를 해할 염려가 없고 또한 완전자회사가 되는 회사는 주주만이 변동되는 것이므로 회사채권자를 해할 염려가 없기 때문에 회사채권자에게는 이러한 서류의 열람권이 없다.

2) 주권의 실효절차 주식교환에 의하여 완전자회사가 되는 회사는 이에 관한 주주총회의 승인결의가 있는 때에는 (i) 주식교환계약서에 대하여 주주총회가 승인결의를 한 뜻·(ii) 주식교환의 날의 전날까지 주권을 회사에 제출하여야 한다는 뜻과 (iii) 주식교환의 날에 주권이 무효가 된다는 뜻을 주식

---

1) 정찬형, 전게논문(고려법학 제39호), 50~52면.

2) 그런데 이와 같이 규정하는 경우 완전자회사가 되는 회사의 총주주의 동의가 있는 때에는 본문과 같은 공고 또는 통지가 필요 없는데(상 360조의 9 2항 단서). 이 때에는 주주총회 회일에 갈음하는 기산일이 없게 되어 문제가 있다[정찬형, 전게 상사법연구(제20권 1호), 122면 참조].

3) 위와 같은 서류의 사전공시제도는 출자자인 주주가 주식교환에 관한 주주총회에서 찬성할 것인지 여부를 판단하기 위한 자료라는 점에서 볼 때 6월 이내에(즉, 최근에) 작성한 것이어야 하는 점은 의미가 있으나, 6월 내의 날에 작성한 최종의 대차대조표 또는 손익계산서를 공시하도록 규정한 점은 주주총회 회일 전 6월 내의 작성한 최종의 대차대조표와 손익계산서가 없는 때에는 문제가 있으므로 6월 내에 작성한 대차대조표와 손익계산서 및 최종의 대차대조표와 손익계산서를 함께 공시하도록 하는 규정을 신설하여야 할 것으로 본다(동지: 금융지주회사법 22조 1항)[이에 관하여는 정찬형, 전게 상사법연구(제20권 1호), 120~122면 참조].

4) 동지: 原田, 前揭 商事法務(第1536號), 16면.

교환의 날 1월 전에 공고하고, 주주명부에 기재된 주주와 질권자에 대하여는 따로 따로 그 통지를 하여야 한다(상 360조의 8 1항).

이 때에 주권을 회사에 제출할 수 없는 자가 있는 때에는 회사는 그 자의 청구에 의하여 3월 이상의 기간을 정하고 이해관계인에 대하여 그 주권에 대한 이의(異議)가 있으면 그 기간 내에 제출할 뜻을 공고하고 그 기간이 경과한 후에 신주권을 청구자에게 교부할 수 있는데, 이러한 공고의 비용은 청구자의 부담으로 한다(상 360조의 8 2항, 442조).

3) 단주(端株)처리 등의 절차 주식의 포괄적 교환으로 인하여 완전자회사가 되는 회사의 주식 1주에 대하여 완전모회사가 되는 회사의 주식 1주를 교환할 수 없는 경우에는 단주처리의 절차를 밟아야 한다(상 360조의 11 1항, 443조). 주식교환의 경우에는 단주는 발생하여도 주식이 병합되는 등의 문제는 발생하지 않는다고 본다.[1]

이 경우에 완전자회사가 되는 회사의 주식을 목적으로 하는 질권에는 물상대위와 회사에 대한 주권교부청구권이 인정된다(상 360조의 11 2항, 339조, 340조 3항).

4) 완전모회사의 이사·감사의 임기 주식의 포괄적 교환에 의하여 완전모회사가 되는 회사의 이사 및 감사로서 주식교환 전에 취임한 자는, 주식교환계약서에 다른 정함이 있는 경우를 제외하고는 주식교환 후 최초로 도래하는 결산기에 관한 정기주주총회가 종료하는 때에 퇴임한다(상 360조의 13).

(4) 변경등기

주식교환의 경우에는 이로 인한 변경등기 신청서에 소정의 서류를 첨부하여 주식교환으로 인한 변경등기를 하여야 한다(상등규 146조).

(5) 공 시

주식의 포괄적 교환을 함에 있어서는 주식교환계약서 등을 사전공시하여야 함은 물론, 일정한 사항을 기재한 서면을 사후공시하여야 한다.

1) 사전공시 이에 대하여는 이미 앞에서 본 바와 같다. 즉, 주식교환을 하는 당사회사의 이사[2]는 앞에서 본 바와 같이 주식교환을 승인하는 주주총회의 회일의 2주 전(소규모 주식교환의 경우에는 완전모회사가 되는 회사가 주주총회의 승인을 얻지 아니하고 주식교환을 한다는 뜻을 공고하거나 주주에게 통지

1) 동지: 永井, (會) 425면.
2) 「이사 또는 집행임원」으로 규정하였어야 하는데, 집행임원이 누락된 것은 입법의 미비라고 본다.

한 날)(상 360조의 10 6항)부터 (주식교환의 날 이후 6월이 경과하는 날까지) (i) 주식교환계약서·(ii) 완전자회사가 되는 회사의 주주에 대한 주식의 배정에 관하여 그 이유를 기재한 서면 및 (iii) 주식교환을 승인하는 주주총회의 회일(소규모 주식교환의 경우에는 완전모회사가 되는 회사가 주주총회의 승인을 얻지 아니하고 주식교환을 한다는 뜻을 공고하거나 주주에게 통지한 날)(상 360조의 10 6항) 전 6월 내의 날에 작성한 각 회사의 최종 대차대조표 및 손익계산서를 본점에 비치하고(상 360조의4 1항), 주주의 영업시간 내의 열람 또는 등사청구에 제공하여야 한다(상 360조의 4 2항, 391조의 3 3항).

2) 사후공시 주식교환을 하는 당사회사의 이사[1]는 주식교환의 날부터 6월간 (i) 주식교환의 날·(ii) 주식교환의 날에 완전자회사가 되는 회사에 현존하는 순자산액·(iii) 주식교환으로 인하여 완전모회사에 이전한 완전자회사의 주식의 수 및 (iv) 그 밖의 주식교환에 관한 사항을 기재한 서면을 본점에 비치하고(상 360조의 12 1항), 주주의 영업시간 내의 열람 및 등사청구에 제공하여야 한다(상 360조의 12 2항, 391조의 3 3항). 이러한 사후공시는 주식교환절차가 적법하게 이행되었음을 간접적으로 담보하고, 또한 주주가 주식교환무효의 소를 제기하기 위한 판단자료를 제공하기 위하여 인정된 것이다.

(6) 주권상장법인에 대한 특칙

주권상장법인이 주식의 포괄적 교환을 하는 경우에는 합병의 경우와 같이 교환가액의 산정 및 외부평가기관에 의한 평가에 관한 특칙이 적용된다(자금 165조의 4 1항 3호 전단, 자금시 176조의 6).

3. 효 과

(1) 완전모회사가 되는 회사의 자본금의 증가

완전모회사가 되는 회사는 완전자회사가 되는 회사의 주주에게 일반적으로 신주를 발행하여 (교환비율에 따라) 교부하므로, 완전모회사가 되는 회사의 자본금은 증가한다.

이 때 완전모회사가 되는 회사의 자본금 증가의 한도액은, 주식교환의 날에 완전자회사가 되는 회사에 현존하는 순자산액에서 (i) 완전자회사가 되는 회사의 주주에게 제공할 금전이나 그 밖의 재산의 가액(주식교환교부금 또는 주식교환교부물의 가액) 및 (ii) 완전모회사가 신주발행에 갈음하여 자기주식을 이

1) 「이사 또는 집행임원」으로 규정하였어야 하는데, 집행임원이 누락된 것은 입법의 미비라고 본다.

전하는 경우 완전자회사가 되는 회사의 주주에게 이전하는 자기주식의 장부가액의 합계액을 공제한 금액이다(상 360조의 7 1항)[완전모회사가 되는 회사의 자본금 증가액≦완전자회사가 되는 회사의 현존 순자산액－(주식교환교부금 또는 주식교환교부물의 가액＋자기주식을 이전하는 경우 이전하는 자기주식의 장부가액의 합계액)].

완전모회사가 되는 회사가 주식교환 이전에 완전자회사가 되는 회사의 주식을 이미 소유하고 있는 경우에는, 완전모회사가 되는 회사의 자본금 증가의 한도액은, 주식교환의 날에 완전자회사가 되는 회사에 현존하는 순자산액에 그 회사의 발행주식총수에 대한 주식교환으로 인하여 완전모회사가 되는 회사에 이전하는 주식의 수의 비율을 곱한 금액에서 (i) 완전자회사가 되는 회사의 주주에게 제공할 금전이나 그 밖의 재산의 가액(주식교환교부금 또는 주식교환교부물의 가액) 및 (ii) 신주발행에 갈음하여 자기주식을 이전하는 경우 완전자회사가 되는 회사의 주주에게 이전하는 자기주식의 장부가액의 합계액을 공제한 금액이다(상 360조의 7 2항)[완전모회사가 되는 회사의 자본금 증가액≦완전자회사가 되는 회사의 현존 순자산액×주식교환에 의하여 완전모회사에 이전하는 주식의 수/완전자회사가 되는 회사의 발행주식총수－(주식교환교부금 또는 주식교환교부물의 가액＋자기주식을 이전하는 경우 이전하는 자기주식의 장부가액의 합계액)].

위와 같은 완전모회사가 되는 회사의 자본금 증가의 한도액이 그 회사의 실제의 증가한 자본금을 초과한 경우에는 그 초과액을 자본준비금으로 적립하여야 한다(상 459조 1항).

(2) 완전자회사가 되는 회사의 설립 및 그 회사의 구(舊)주주권의 실효

어느 회사(완전자회사가 되는 회사)의 발행주식총수는 기존의 주주에 갈음하여 위와 같이 설립된 완전모회사가 소유하게 되므로(상 360조의 2), 완전자회사가 설립되어 완전모자회사관계가 새로이 발생한다.

완전자회사가 되는 회사의 기존 주권은 실효되는데, 이에 관하여는 이미 앞에서 설명하였다(상 360조의 8).

4. 주식교환무효의 소

(1) 주식교환무효의 소의 절차

주식교환절차에 하자(예컨대, 주식교환계약 자체에 무효원인이 있는 경우, 주식교환계약서의 기재사항에 흠결이 있는 경우, 주식교환계약서 등의 비치의무를 게을리한 경우, 주식교환계약서에 대한 주주총회의 승인결의가 없는 경우 등)[1]가 있는 경우에 상법은 법률관계를 획일적으로 확정하기 위하여 소(訴)만으로 주식교환무효를 주장할 수 있도록 하였다. 즉, 주식교환의 무효는 각 회사의 주주·이사·감사나 감사위원회의 위원 또는 청산인[2]에 한하여 주식교환의 날로부터 6월 내에 소만으로 이를 주장할 수 있다(상 360조의 14 1항). 주식교환의 경우 합병과는 달리 채권자의 권리에 영향이 없으므로 채권자와 파산관재인은 제소권자가 아니다.

주식배정비율이 현저하게 불공정한 경우에는 이는 주주에게는 손해가 되나 회사의 손해는 아니므로 주주나 감사는 이사의 위법행위유지청구권(상 402조)을 행사할 수는 없고, 다만 주식교환무효의 소를 제기할 수 있을 뿐이다.[3]

주식교환무효의 소는 완전모회사가 되는 회사의 본점 소재지의 지방법원의 관할에 전속한다(상 360조의 14 2항). 주식교환무효의 소가 제기된 때에는 회사는 지체없이 공고하여야 하고(상 360조의 14 4항, 187조), 수 개의 주식교환무효의 소가 제기된 때에는 법원은 이를 병합심리하여야 한다(상 360조의 14 4항, 188조). 법원은 주식교환무효의 소의 심리중에 원인이 된 하자가 보완되고 회사의 현황과 제반사정을 참작하여 이를 무효로 하는 것이 부적당하다고 인정한 때에는 무효의 청구를 기각할 수 있다(상 360조의 14 4항, 189조). 주주가 주식교환무효의 소를 제기한 때에는 법원은 회사의 청구에 의하여 상당한 담보를 제공할 것을 명할 수 있는데, 그 주주가 이사 또는 감사나 감사위원회의 위원이면 그러하지 아니하다(상 360조의 14 4항, 377조).

⑵ 주식교환무효판결의 효과

1) 원고승소의 효과

㈎ 주식교환무효의 등기　　주식교환무효판결이 확정된 때에는 본점과 지점의 소재지에서 등기하여야 한다(상 360조의 14 4항·192조, 비송 107조 9호).

㈏ 대세적 효력 및 불소급효　　주식교환무효의 판결은 원·피고뿐만 아니라 제 3 자에게도 그 효력이 미치고(대세적 효력)(상 360조의 14 4항, 190조 본문), 장래에 대하여만 그 효력이 있다(불소급효)(상 360조의 14 4항, 431조 1항). 이 때 완전모회사가 되는 회사는 지

1) 정찬형, 전게논문(고려법학 제39호), 45면.

2) 이러한 청산인을 제소권자로 한 이유는, 청산인은 청산중의 회사의 대표권을 갖는데 주식교환계약서의 승인결의를 한 주주총회결의 취소의 소가 계속중에 주식교환일이 도래한 경우, 청산인이 주식교환무효의 소의 제소권자가 아니면 주주총회결의 취소의 소가 각하되어야 하는 부당한 경우가 생기기 때문이라고 한다[原田, 前揭 商事法務(제1536호), 25면].

3) 동지: 永井, (會) 424면.

체없이 그 뜻과 3월 이상의 기간 내에 교환된 완전모회사가 되는 회사의 신(新) 주권을 그 회사에 제출할 것을 공고하고 주주명부에 기재된 주주와 질권자에 대하여는 각별로 통지하여야 한다(상 360조의 14 4항, 431조 2항).

(다) 무효판결확정 전의 주식의 처리 주식교환을 무효로 하는 판결이 확정된 때에는 완전모회사가 된 회사는 주식교환을 위하여 발행한 신주 또는 이전한 자기주식의 주주(이 때 주주는 주식교환무효의 판결이 확정될 때까지의 주식교환을 위하여 발행한 신주 등의 양도가 유효하므로 주식교환의 무효판결이 확정된 시점의 주주임)[1]에 대하여 그가 소유하였던 완전자회사가 된 회사의 주식(완전모회사가 완전자회사의 주식을 제 3 자에게 양도한 경우에는 금전으로 처리하여야 함)[2]을 이전하여야 한다(상 360조의 14 3항). 이 때 신주 등에 대한 질권에 대하여는 물상대위 및 주권교부청구권이 인정된다(상 360조의 14 4항, 339조, 340조 3항).

2) 원고패소의 효과 주식교환무효의 소를 제기한 자가 패소한 경우에 악의 또는 중대한 과실이 있는 때에는 회사에 대하여 연대하여 배상할 책임이 있다(상 360조의 14 4항, 191조).

제 3 주식의 포괄적 이전

I. 의 의

주식의 포괄적 이전이란 「회사(둘 이상의 회사도 무방함 — 상 360조의 16 1항 8호 참조)가 스스로 완전자회사가 되는 회사가 되어 완전모회사(지주회사)를 설립하는 하나의 방법으로, 완전자회사가 되는 회사의 주주가 소유하는 그 회사의 주식은 주식이전에 의하여 설립하는 완전모회사에 이전하고 그 완전자회사가 되는 회사의 주주는 그 완전모회사가 주식이전의 위하여 발행하는 주식의 배정을 받음으로써 그 완전모회사의 주주가 되는 것」을 말한다(상 360조의 15).

이러한 주식의 포괄적 이전은 기존의 기업그룹을 재편성하고자 하거나, 합병의 대체로서 공동지주회사의 설립을 위하여 이용된다.[3][4]

---

1) 동지: 原田, 前揭 商事法務(제1536호), 25면.
2) 동지: 原田, 前揭 商事法務(제1536호), 25면.
3) 동지: 菊地 伸, 前揭 商事法務(제1539호), 40면.
4) 2001. 7. 24. 상법상 주식이전제도가 도입된 이후 상법에 따른 주식이전으로는 2005년 12월 하나금융지주회사, 2008년 9월 KB금융지주회사, 2009년 6월 한국스탠다드차타드금융지주회사,

이러한 주식의 포괄적 이전제도는 이미 앞에서 본 바와 같이 어느 회사가 스스로 자회사가 되어 지주회사(완전모회사)를 새로이 설립하는 제도라는 점에서, 기존의 회사 사이에 완전모자회사관계를 신설하는 주식의 포괄적 교환제도와는 구별된다. 또한 주식의 포괄적 이전제도는 그 대상회사(완전자회사가 되는 회사)가 존속하는 점에서 신설합병과 구별되고, 완전모회사의 사업 중 일부가 이전되어 완전자회사가 되는 물적분할과도 구별된다.

2. 절 차

(1) 주식이전계획서의 작성

회사(완전자회사가 되는 회사)가 주식이전을 하고자 하면 먼저 주식이전계획서를 작성하여야 한다(상 360조의 16 1항 전단). 이러한 주식이전계획서에는 (i) 설립하는 완전모회사의 정관의 규정, (ii) 설립하는 완전모회사가 주식이전에 있어서 발행하는 주식의 종류와 수 및 완전자회사가 되는 회사의 주주에 대한 주식의 배정에 관한 사항, (iii) 설립하는 완전모회사의 자본금 및 자본준비금에 관한 사항, (iv) 완전자회사가 되는 회사의 주주에게 (ii)에도 불구하고 금전(주식이전교부금)이나 그 밖의 재산(주식이전교부물)(완전모회사의 사채 등)을 제공하는 경우에는 그 내용 및 배정에 관한 사항(이는 단순지주회사를 설립하는 경우에는 문제가 되지 않고, 둘 이상의 공동지주회사를 설립하는 경우에 각 회사의 주주에게 배당하여야 하는 공동지주회사의 주식의 비율을 조정하기 위하여 일방 또는 쌍방의 주주에게 일정한 금전이나 그 밖의 재산을 제공할 필요가 생기는 경우에 발생함),[1] (v) 주식이전을 할 시기, (vi) 완전자회사가 되는 회사가 주식이전의 날까지 이익배당[2]을 하는 경우에는 그 한도액(이는 주식이전의 날까지 이익배당이 있는 경우에 이러한 사항을 고려하여 설립되는 완전모회사의 주식의 배당비율이 정하여지기 때문에 필요함),[3] (vii) 설립하는 완전모회사의 이사와 감사 또는 감사위원회의 위원의 성명과 주민등록번호 및 (viii) 회사가 공동으로 주식이전에 의하여 완전

2011년 3월 BS금융지주회사, 2011년 5월 DGB금융지주회사, 2013년 7월 JB금융지주회사의 설립 등이 있다.

1) 동지: 原田, 前揭 商事法務(제1537호), 6면.

2) 주식교환계약서(상 360조의 3 3항 7호)의 경우와 같이 중간배당에 관한 부분을 포함시키고자 하면 2011년 4월 상법 개정 전과 같이 명백히 규정하는 것이 타당하다고 본다. 따라서 현행 상법상 중간배당은 제외된다고 해석할 수밖에 없다.

3) 동지: 原田, 前揭 商事法務(제1537호), 6면.

모회사를 설립하는 때에는 그 뜻(이는 복수의 회사가 주식이전을 하여 완전모회사를 설립하는 경우에 주주총회의 승인을 얻어야 함은 물론, 이 경우 완전모회사의 주식의 배당비율 등에 관하여도 주주총회의 승인을 얻어야 함)[1]을 적어야 한다(상 360조의 16 1항).

⑵ 주주총회의 승인결의

1) 승인결의방법

㈎ 원 칙 완전자회사가 되는 회사는 위와 같이 주식이전계획서를 작성하여 주주총회의 특별결의에 의한 승인을 받아야 한다(상 360조의 16 1항 후단 · 2항). 이는 완전자회사가 되는 회사의 기존주주(완전모회사가 되는 회사의 주주)의 지위에 중대한 영향을 미치기 때문에 주주총회의 특별결의에 의한 승인을 얻도록 한 것이다. 그러나 이는 완전자회사가 되는 회사의 주주만이 변동을 가져오는 점에서 회사채권자를 해하는 것이 아니므로 채권자보호절차는 필요 없다.

이 때 완전자회사가 되는 회사는 주주총회의 소집통지에 (i) 주식이전계획서의 주요내용, (ii) 주주총회의 결의에 반대하는 주주가 행사할 주식매수청구권의 내용 및 행사방법과, (iii) 완전자회사가 되는 회사와 설립되는 완전모회사의 어느 일방의 정관에 주식의 양도에 관하여 이사회의 승인을 요한다는 뜻의 규정이 있고 다른 일방의 정관에 그 규정이 없는 경우에는 그 뜻을 기재하여야 한다(상 360조의 16 3항, 360조의 3 4항).

㈏ 예 외 주식의 포괄적 이전에 의하여 (완전자회사가 되는 회사의) 어느 종류의 주주에게 손해를 미치게 될 경우에는 그 회사의 주주총회의 특별결의 외에 종류주주총회의 결의를 얻어야 하고(상 436조), 주주의 부담이 가중되는 경우에는 주주 전원의 동의가 있어야 한다(상 360조의 16 4항).

2) 승인반대주주의 주식매수청구권 주식의 포괄적 이전에 관한 주주총회의 결의사항에 관하여 이사회의 결의가 있는 때에 그 결의에 반대하는 주주는 회사에 대하여 주식매수청구권을 행사할 수 있는데(상 360조의 22, 360조의 5), 이에 관하여는 주식의 포괄적 교환에 관하여 설명한 바와 같다. 주식이전의 경우에도 완전자회사가 되는 회사의 주주에게는 그의 지위에 중대한 변경을 가져오기 때문에 이에 반대하는 주주에게 주식매수청구권을 인정한 것이다.[2]

1) 동지: 原田, 上揭 商事法務(제1537호), 6면.

2) 완전자회사가 되는 회사의 주주에게 주식매수청구권을 인정하는 것에 대하여, 주식의 포괄적 이전은 완전모자회사 관계가 창설되었을 뿐 실질적으로 사업구조에 변동이 발생한 것이 아니고 채권자보호절차가 없는 주식이전제도에서 출자의 환급을 가져오는 주식매수청구권을 인정하는

(3) 그 밖의 절차

1) 주식이전계획서 등의 사전공시 주식의 포괄적 이전의 경우 (완전자회사가 되는 회사의) 이사는 이를 승인하는 주주총회의 회일의 2주 전부터 (주식이전의 날 이후 6월을 경과하는 날까지) (i) 주식이전계획서, (ii) 완전자회사가 되는 회사의 주주에 대한 주식의 배정에 관하여 그 이유를 기재한 서면 및 (iii) 주식이전을 승인하는 주주총회의 회일 전 6월 내의 날에 작성한 완전자회사가 되는 회사의 최종 대차대조표 및 손익계산서를 본점에 비치하여야 한다(상 360조의 17 1항). 이는 완전자회사가 되는 회사의 주주에게 주식이전조건의 적정성 여부·주주총회에서 주식이전의 승인여부 및 주식이전무효의 소를 제기할 것인지 여부를 판단하기 위한 정보의 공시를 목적으로 한다.

주주는 영업시간 내에 이러한 서류를 열람 또는 등사를 청구할 수 있다(상 360조의 17 2항, 391조의 3 3항). 주식이전은 완전자회사가 되는 회사의 주주에 변동을 가져오는 것뿐이고 회사재산에 변동을 가져오는 것이 아니어서 회사채권자를 해하는 것이 아니므로, 회사채권자에게는 이러한 서류의 열람권 등이 인정되지 않는다.[1]

2) 주권의 실효절차 주식이전에 의하여 완전자회사가 되는 회사는 이에 관한 주주총회의 승인결의가 있는 때에는 (i) 주식이전계획서에 대하여 주주총회가 승인결의를 한 뜻·(ii) 1월을 초과하여 정한 기간 내에 주권을 회사에 제출하여야 한다는 뜻 및 (iii) 주식이전의 날에 주권이 무효가 된다는 뜻을 공고하고, 주주명부에 기재된 주주와 질권자에 대하여 따로 따로 그 통지를 하여야 한다(상 360조의 19 1항).

이 때에 주권을 회사에 제출할 수 없는 자가 있는 때에는, 회사는 그 자의 청구에 의하여 3월 이상의 기간을 정하고 이해관계인에 대하여 그 주권에 대한 이의(異議)가 있으면 그 기간 내에 제출할 뜻을 공고하고 그 기간이 경과한 후에 신 주권을 청구자에게 교부할 수 있는데, 이러한 공고의 비용은 청구자의 부담으로 한다(상 360조의 19 2항, 442조).

3) 단주(端株)처리 등의 절차 주식의 포괄적 이전으로 인하여 완전자회사가 되는 회사의 주식 1주에 대하여 완전모회사가 되는 회사의 주식 1

것은 회사의 채권자보다 주주를 더 보호하는 결과가 된다는 점에서, 이를 반대하는 견해가 있다 [노혁준, "주식의 포괄적 교환·이전에 관한 연구," 법학박사학위논문(서울대, 2002), 118면].

1) 동지: 原田, 前揭 商事法務(제1537호), 8면.

주를 교환할 수 없는 경우에는 단주처리의 절차를 밟아야 하고(상 360조의 22, 360조의 11 1항, 443조), 또한 완전자회사가 되는 회사의 주식을 목적으로 하는 질권에는 물상대위와 회사에 대한 주권교부청구권이 인정된다(상 360조의 22, 360조의 11 2항, 339조, 340조 3항).

(4) 설립등기

주식이전의 경우에는 이로 인한 회사설립등기의 신청서에 소정의 서류를 첨부하여 주식이전에 의한 회사설립등기를 하여야 한다(상등규 147조).

(5) 공 시

주식의 포괄적 이전의 경우에는 앞에서 본 바와 같은 사전공시제도(상 360조의 17)와, 주식의 포괄적 교환에서와 같은 사후공시제도(상 360조의 22, 360조의 12)가 있다.

(6) 주권상장법인에 대한 특칙

주권상장법인이 주식의 포괄적 이전을 하는 경우에는 합병의 경우와 같이 이전가액의 산정 및 외부평가기관에 의한 평가에 관한 특칙이 적용된다(자금 165조의 4 1항 3호 후단, 자금시 176조의 6).

3. 효 과

(1) 완전모회사의 설립

완전자회사가 되는 회사의 주주는 자기의 주식을 완전모회사가 되는 회사에 이전하여 완전모회사를 설립하고, 그 완전모회사가 주식이전을 위하여 발행하는 주식의 배정을 받음으로써 그 완전모회사의 주주가 되므로(상 360조의 15), 완전모회사가 설립된다.

이 때 주식이전을 하여 설립한 완전모회사는 본점의 소재지에서는 2주 내에 또한 지점의 소재지에서는 3주 내에 설립등기사항을 등기하여야 하는데(상 360조의 20), 주식이전은 완전모회사가 본점소재지에서 이러한 등기를 함으로써 그 효력이 발생하므로(상 360조의 21) 완전모회사는 이 때에 성립한다. 이 경우 등기기산일은 '주식이전을 한 때'인데, 이는 주식이전계획서상 '주식이전을 할 시기'를 의미한다고 본다(상 360조의 16 1항 5호). 완전자회사의 경우에는 주주가 변경될 뿐 등기사항에 변경이 생기는 것이 아니므로 원칙적으로 변경등기를 요하지 않는다. 또한 주식교환의 경우에는 기존의 회사 사이에 완전모자회사관계만이 창설되는 것이므로, 주식이전에서와 같은 회사의 설립등기절차가 없다.

주식이전에 의하여 설립되는 완전모회사의 자본금은 주식이전의 날에 완전자회사가 되는 회사에 현존하는 순자산액에서 그 회사의 주주에게 제공할 금전 및 그 밖의 재산의 가액(주식이전교부금 또는 주식이전교부물의 가액)을 정한 때에는 그 금액(상 360조의 16 1항 4호)을 공제한 액을 한도로 하여야 하는데(상 360조의 18), 이는 완전모회사의 자본금 충실을 기하기 위한 것이다. 이 때 설립되는 완전모회사의 자본금의 한도액이 실제로 정한 완전모회사의 자본금을 초과하면, 그 초과액(주식이전차금)은 자본준비금으로 적립하여야 한다(상 459조 1항).

(2) 완전자회사가 되는 회사의 설립 및 그 회사의 구(舊) 주권의 실효

어느 회사(완전자회사가 되는 회사)의 발행주식총수는 기존의 주주에 갈음하여 위와 같이 설립된 완전모회사가 소유하게 되므로(상 360조의 15), 완전자회사가 설립되어 완전모자회사관계가 새로이 발생한다.

완전자회사가 되는 회사의 기존 주권은 실효되는데, 이에 관하여는 이미 앞에서 설명하였다(상 360조의 19).

4. 주식이전무효의 소

주식이전절차에 하자가 있는 경우에 각 회사의 주주·이사·감사나 감사위원회의 위원 또는 청산인은 주식이전의 날로부터 6월 내에 소(訴)만으로 이를 주장할 수 있는데(상 360조의 23 1항), 이 소는 완전모회사가 되는 회사의 본점소재지의 지방법원의 관할에 전속한다(상 360조의 23 2항).

주식이전을 무효로 하는 판결이 확정된 때에는 완전모회사가 된 회사는 주식이전을 위하여 발행한 주식의 주주에 대하여 그가 소유하였던 완전자회사가 된 회사의 주식을 이전하여야 한다(상 360조의 23 3항). 이 때 완전모회사는 해산에 준하여 청산하여야 하고, 청산인은 주주 기타 이해관계인의 청구에 의하여 법원이 선임할 수 있다(상 360조의 23 4항, 193조).

그 이외의 사항은 주식교환무효의 소의 경우와 같다(상 360조의 23 4항, 비송 107조 8호).

제 8 관 지배주주에 의한 소수주식의 강제매수

제 1 서 언

특정주주가 주식의 대부분을 보유하는 경우 회사로서는 주주총회의 운영

등과 관련하여 소수주주의 관리비용이 들고 소수주주로서는 정상적인 출자회수의 길이 막히기 때문에 대주주가 소수주주의 주식을 매입함으로써 그 동업관계를 해소할 필요가 있는데, 소수주주가 그의 주식의 매도를 원하지 않는 경우에는 그 관계의 해소가 어렵게 된다. 따라서 2011년 4월 개정상법은 회사의 발행주식총수의 100분의 95 이상을 자기의 계산으로 보유하고 있는 지배주주는 소수주주를 관리하기 위한 비용을 절약하고 또한 회사의 신속한 의사결정을 통하여 효율적인 경영의 향상을 위하여 소수주주의 주식을 강제로 매입할 수 있도록 하였다.[1] 이와 함께 소수주주에게도 그의 출자를 회수할 수 있도록 하기 위하여 지배주주에 대한 주식매수청구권을 인정하였다.

2011년 4월 개정상법은 위와 같은 지배주주에 의한 소수주식의 강제매수제도 외에, 주식회사의 (흡수)합병시에 존속회사가 소멸회사의 주주에게 합병의 대가의 전부를 금전으로 제공할 수 있도록 하는 현금지급합병제도(cash-out merger)를 도입하여(상 523조 4호) 이러한 제도에 의해서도 소수주주를 배제할 수 있도록 하였다(squeeze-out or freeze-out).

미국에서는 일반적으로 현금지급합병제도를 이용하여 소수주주를 배제하고 있고, 영국에서는 2006년 개정 회사법에 의하여 회사의 의결권 있는 주식 중 90% 이상을 취득한 공개매수청약자(지배주주)는 소수주주에게 주식매수의 통지를 하고 이러한 통지의 내용을 법원이 승인하여 지배주주는 소수주주의 주식을 강제매수할 수 있도록 하였으며(英會 979조), 독일은 2001년 주식법의 개정으로 회사의 발행주식총수 중 95% 이상을 보유한 지배주주에게 소수주주의 주식을 강제매수할 수 있는 규정을 신설하였다(獨株 327조a~327조f).[2] 2011년 4월 개정상법이 신설한 지배주주에 의한 소수주식의 강제매수에 관한 규정은 위의 독일법과 가장 근접하다고 볼 수 있다.

우리 상법상 지배주주에 의한 소수주식의 강제매수제도는 크게 지배주주의 매도청구권과 소수주주의 매수청구권으로 나누어 규정되고 있으므로, 이하에서도 이 두 가지에 대하여 차례로 설명하겠다.

---

1) 법무부, 「상법(회사법)개정 공청회자료」, 2006. 7. 4, 53～54면; 김홍식, "개정상법상 소수주식의 강제매수제도에 관한 연구," 「안암법학」(안암법학회), 통권 제36호(2011. 9), 743면.

2) 이에 관한 상세는 김홍식, 상게논문, 745～756면 참조.

제 2 지배주주의 주식매도청구권

1. 의 의

회사의 발행주식총수의 100분의 95 이상을 자기의 계산으로 보유하고 있는 주주(지배주주)는 회사의 경영상 목적을 달성하기 위하여 필요한 경우에는 회사의 다른 주주(소수주주)에게 그 보유하는 주식 전부의 매도를 청구할 수 있는데(상 360조의 24 1항), 이것이 지배주주에 의한 소수주식의 강제매수제도이다. 지배주주에 의한 소수주식의 강제매수에 의하여 지배주주는 100% 주주가 되어 불편한 동업관계를 해소할 수 있다.

우리 대법원판례도 이와 같은 취지로 다음과 같이 판시하고 있다.

[지배주주의 주식매도청구권의 대상은 소수주주가 보유하는 주식 전부라고 한 판례]

상법 제360조의 24 제 1 항은 회사의 발행주식총수의 100분의 95 이상을 자기의 계산으로 보유하고 있는 주주(이하 '지배주주'라고 한다)는 회사의 경영상 목적을 달성하기 위하여 필요한 경우에는 회사의 다른 주주(이하 '소수주주'라고 한다)에게 그 보유하는 주식의 매도를 청구할 수 있다고 규정하고 있다. 이는 95% 이상의 주식을 보유한 지배주주가 소수주주에게 공정한 가격을 지급한다면, 일정한 요건하에 발행주식 전부를 지배주주 1인의 소유로 할 수 있도록 함으로써 회사 경영의 효율성을 향상시키고자 한 제도이다. 이러한 입법 의도와 목적 등에 비추어 보면, 지배주주가 본 조항에 따라 매도청구권을 행사할 때에는 반드시 소수주주가 보유하고 있는 주식 전부에 대하여 권리를 행사하여야 한다[대판 2020. 6. 11, 2018 다 224699(공보 2020, 1331)].

이 제도는 위에서 본 바와 같이 소수주주가 그의 주식의 매도를 원하지 않으면서 회사의 경영의 효율성을 저하시키는 경우에, 소수주주의 관리비용을 절약하면서 회사의 신속한 의사결정 등에 의하여 효율적인 경영의 향상을 위하여 인정된 것이다.

2. 주식매도청구권의 법적 성질

이와 같이 지배주주가 소수주주에게 주식의 매도를 청구하면(상 360조의 24 1항) 이러한 매도청구를 받은 소수주주는 (매도청구를 받은 날부터 2개월 내에) 지배주주에게 그 주식을 매도하여야 하는 의무를 부담하므로(상 360조의 24 6항), 지배주주의 이러한 주식매도청구권의 법적 성질은 형성권의 일종이라고 볼 수 있다.

지배주주의 주식매도청구권의 행사에 의하여 당해 주식에 관한 매매가액이 정하여지지 않았음에도 불구하고 매매계약이 성립한다고 볼 수는 없고, 주식매도청구권은 형성권이므로 지배주주가 주식매도청구권을 행사하면 소수주주는 지배주주와 매도가액에 대하여 협의할 의무를 부담하는 것으로 보아야 할 것이다. 따라서 상법 제360조의 24 제 6 항에서 「소수주주는 매도청구를 받은 날부터 2개월 내에 지배주주에게 그 주식을 매도하여야 한다」는 것은 2월 이내에 매도가액을 협의결정하여 매매계약을 체결하여야 한다는 뜻으로 해석하여야 한다고 본다.[1]

3. 주식매도청구권의 당사자

(1) 주식매도청구권자(지배주주)

회사의 발행주식총수의 100분의 95 이상을 자기의 계산으로 보유하고 있는 주주(지배주주)이다. 「대상회사」는 공개매수나 합병을 전제로 하고 있지 않으며,[2] 또한 상장여부를 불문하고 모든 주식회사이다.[3]

회사의 발행주식총수의 100분의 95 이상을 보유하는 지배주주의 산정에는 자기의 명의는 불문하고 「자기의 계산」으로 보유하고 있는 모든 주식을 포함하고(상 360조의 24 1항), 또한 모회사와 자회사가 보유한 주식은 합산한다(이 경우 회사가 아닌 주주가 어느 회사의 발행주식총수의 100분의 50을 초과하는 주식을 가진 경우, 그 회사가 보유하는 주식도 그 주주가 보유하는주식과 합산한다)(상 360조의 24 2항). 이 경우 자회사가 보유하는 자기주식은 발행주식총수 및 모회사의 보유주식에 합산되는데, 이와 동지의 우리 대법원결정은 다음과 같다.

---

1) 주식매수청구권에 관하여 동지의 견해로는 이 책 655～656면.

2) 영국의 2006년 회사법은 「공개매수 청약자가 대상회사의 의결권 있는 주식의 90% 이상을 취득한 것」을 전제로 한다(英會 979조).

3) 이 제도는 상장회사에 적합한 제도이므로 상장회사만을 대상으로 하는 것이 이 제도의 시행초기에 발생할 수 있는 부작용을 감소시킬 수 있고, 이 제도를 비상장회사에까지 적용하는 것은 마치 1인회사를 장려하는 것과 같은 결과를 가져온다고 보는 견해도 있다[김홍식, 전게논문(안암법학 통권 제36호), 757면; 김화진, "소수주식의 강제매수제도," 「법학」(서울대 법학연구소), 제50권 제 1 호(2009), 342면].

[자회사가 보유하는 자기주식은 발행주식총수 및 모회사의 보유주식에 합산된다고 한 결정]

자회사의 소수주주가 상법 제360조의 25 제 1 항에 따라 모회사에게 주식매수청구를 한 경우에 모회사가 지배주주에 해당하는지 여부를 판단함에 있어, 상법 제360조의 24 제 1 항은 회사의 발행주식총수를 기준으로 보유주식의 수의 비율을 산정하도록 규정할 뿐 발행주식총수의 범위에 제한을 두고 있지 않으므로 자회사의 자기주식은 발행주식총수에 포함되어야 한다. 또한 상법 제360조의 24 제 2 항은 보유주식의 수를 산정할 때에는 모회사와 자회사가 보유한 주식을 합산하도록 규정할 뿐 자회사가 보유한 자기주식을 제외하도록 규정하고 있지 않으므로 자회사가 보유하고 있는 자기주식은 모회사의 보유주식에 합산되어야 한다[대결 2017. 7. 14, 2016 마 230(공보 2017, 1701)].

(2) 주식매도청구의 상대방(소수주주)

주식매도청구의 상대방은 회사의 발행주식총수의 100분의 5 미만의 주식을 보유하고 있는 주주(소수주주)이다(상 360조의 24 1항).

4. 주식매도청구의 행사요건

(1) 경영상 목적을 달성하기 위하여 필요

지배주주가 소수주주에 대하여 주식매도청구권을 행사하기 위하여는 회사의 「경영상 목적을 달성하기 위하여 필요한 경우」이어야 한다(상 360조의 24 1항). 지배주주가 이러한 주식매도청구권을 행사하기 위하여는 후술하는 바와 같이 미리 주주총회의 승인을 받아야 하는데(상 360조의 24 3항), 「주식매도청구의 목적」에 대하여는 이러한 주주총회의 소집통지서에 적고 또한 주주총회에서 그 내용을 설명하여야 한다(상 360조의 24 4항 2호). 그런데 이러한 주식매도청구의 목적은 경영상 목적을 달성하기 위한 경우로 한정되어 있다.[1] 이 때 지배주주는 주식매도청구의 목적이 경영상의 목적의 범주에 속한다는 점만을 주주총회에서 설명한다고 하여 경영상 목적을 달성하기 위한 필요가 존재하게 되고 또한 이로써 주식매도청구의 목적에 실질적인 정당성이 증명되었다고 볼 수는 없다고 본다.[2] 따라서 지

1) 참고로 독일의 2001년 개정주식법상 소수주식의 강제매수에 관한 규정(獨株 327조a~327조f)에는 소수주식의 강제매수를 위한 목적을 특별히 제한하고 있지 않다.

2) 동지: 김홍식, 전게논문(안암법학 통권 제36호), 758~759면(따라서 주식매도청구의 목적이 경영상 목적을 달성하기 위하여 필요한 경우로서 실질적 정당성을 가지려면 소수주주에 대한 억압의 부존재를 증명하여야 한다고 보고 있다).

배주주는 주식매도청구의 목적이 회사의 경영상 목적을 달성하기 위하여 부득이한 것이고 소수주주의 이익을 침해하고자 하는 것이 결코 아니라는 점에 관하여 주주총회에서 구체적으로 충분히 설명하고 또한 증명하여야 한다고 본다.

⑵ 사전 주주총회의 승인

지배주주가 소수주주에 대하여 주식매도청구권을 행사하기 위하여는 미리 주주총회의 승인을 받아야 한다(상 360조의 24 3항).[1]

이러한 주주총회의 소집을 통지할 때에는 (i) 지배주주의 회사 주식의 보유현황·(ii) 매도청구의 목적·(iii) 매매가액의 산정 근거와 적정성에 관한 공인된 감정인의 평가 및 (iv) 매매가액의 지급보증에 관한 사항을 통지서에 적어야 하고, 매도를 청구하는 지배주주는 주주총회에서 그 내용을 설명하여야 한다(상 360조의 24 4항).

⑶ 소수주주에 대한 사전 공고·통지

지배주주는 주식매도청구의 날 1개월 전까지 (i) 소수주주는 매매가액의 수령과 동시에 주권을 지배주주에게 교부하여야 한다는 뜻과 (ii) 주권을 교부하지 아니할 경우 매매가액을 수령하거나 지배주주가 매매가액을 공탁한 날에 주권은 무효가 된다는 뜻을 공고하고, 주주명부에 적힌 주주와 질권자에게 따로 그 통지를 하여야 한다(상 360조의 24 5항).

5. 주식매도청구의 행사효과

⑴ 소수주주의 주식매도의무

지배주주가 소수주주에게 위의 요건을 갖추어 주식매도청구를 하면, 주식매도청구를 받은 소수주주는 매도청구를 받은 날부터 2개월 내에 지배주주에게 그 주식을 매도하여야 한다(상 360조의 24 6항). 이 때 소수주주가 「매도청구를 받은 날부터 2개월 내에 그 주식을 지배주주에게 매도하여야 한다」는 의미는, 앞에서 본 바와 같이 소수주주는 지배주주와 2개월 내에 매매가격을 합의결정하여 매매계약을 체결하여야 한다는 뜻으로 해석하여야 할 것으로 본다.[2]

---

1) 이 경우 매도청구기간에 대한 제한이 없으므로 주주총회의 승인대상에 매매가액을 포함시켜야 한다는 견해가 있는데(권기범, “상법상 기업재편법제의 현황과 개선방안,” 「상사법연구」(한국상사법학회), 제33권 제 1 호(2014. 5), 32~33면), 이를 인정한다고 하더라도 이는 매매가액은 될 수 없고 협의제안가액이 될 수 있을 뿐이다(상 360조의 24 7항·8항 참조).

2) 회사에 대한 주식매수청구권에 관하여 동지의 견해로는 이 책 655~656면.

(2) 주식매도가액의 결정

소수주주의 지배주주에 대한 주식의 매도가액의 결정은, (i) 협의가액, (ii) 법원에 의한 결정가액의 2단계를 거치게 된다. 즉, (i) 매도가액은 매도청구를 받은 소수주주와 매도를 청구한 지배주주간의 협의로 결정하고(상 360조의 24 7항), (ii) 소수주주가 지배주주로부터 매도청구를 받은 날부터 30일 내에 매매가액에 대한 협의가 이루어지지 아니한 경우에는 주식매도청구를 받은 소수주주 또는 주식매도청구를 한 지배주주는 법원에 매매가액의 결정을 청구할 수 있는데(상 360조의 24 8항), 법원이 이러한 주식의 매매가액을 결정하는 경우에는 회사의 재산상태와 그 밖의 사정을 고려하여 공정한 가액으로 산정하여야 한다(상 360조의 24 9항). 이는 회사의 영업양도 등에 관한 주주총회의 특별결의시에 그 결의에 반대하는 소수주주 등에게 인정되는 주식매수청구권에서 그 주식매수가액의 결정방법과 같다(상 335조의 6, 360조의 5 3항, 360조의 22, 374조의 2 3항 · 4항 · 5항, 530조 2항, 530조의 11 2항).

(3) 주식의 이전시기

지배주주가 소수주주에 대하여 주식매도청구권을 행사한 경우, 주식을 취득하는 지배주주가 「매매가액을 소수주주에게 지급한 때」에 주식이 이전된 것으로 본다(상 360조의 26 1항). 그런데 이 때의 '매매가액'이란 상법 제360조의 24 제 7 항～제 9 항에 의하여 정하여진 가격을 말하는데, 우리 대법원판례도 이와 같은 취지에서 다음과 같이 판시하고 있다.

[상법 제360조의 26 제 1 항에서의 '매매가액'이란 동 제360조의 24 제 7 항～제 9 항에 의하여 정하여진 가격이라고 한 판례]

상법 제360조의 26 제 1 항은 상법 제360조의 24에 따라 주식을 취득하는 지배주주는 매매가액을 소수주주에게 지급한 때에 주식이 이전된 것으로 본다고 규정하고, 같은 조 제 2 항은 제 1 항의 매매가액을 지급할 소수주주를 알 수 없거나 소수주주가 수령을 거부할 경우에는 지배주주는 그 가액을 공탁할 수 있다고 규정하고 있다. 이때의 '매매가액'은 지배주주가 일방적으로 산정하여 제시한 가액이 아니라, 소수주주와 협의로 결정된 금액 또는 법원이 상법 제360조의 24 제 9 항에 따라 산정한 공정한 가액으로 보아야 한다. 이유는 다음과 같다. ① 지배주주의 일방적인 매도청구권 행사로 소수주주가 그 의사에 반하여 회사로부터 축출될 수 있기 때문에, 공정한 가격을 지급함으로써 소수주주를 보호할 필요성이 인정된다. 상법에서 '지배주주의 매도청구권이 주주총회에서 승인된 때' 또는 '소수주주가 매도청구권의 통지를 수령한 때'가 아니라 '지배주주가 매매가액을 지급한 때'에 비로소 주식이 이전된다고 규정하고, 또 지배주주의 매도청구권에 대응하는 권리로 상법 제360조의 25에서 소수주주에게도 매수청구권을 부여한 점에 비추어 보더라도 그러하다. ② 상법 제360조의 26은 상법 제360조의 24에 따라 지배주주가 매도청구권을 행사한 경우뿐 아니라 상법 제360조의 25에 따라 지배주주가 있는 회사의 소수주주가 지배주주를 상대로 매수청구권을 행사한 경우에도 동일하게 적용된다. 그런데 후자의 경우, 지배주주가 일방적으로 산정하여 제시하는 매매가액이라는 개념은 상정하기 어렵다[대판 2020. 6. 11, 2018 다 224699(공보 2020, 1331)].

그런데 지배주주가 매매가액을 지급할 소수주주를 알 수 없거나 소수주주가 수령을 거부할 경우에는 지배주주는 그 가액을 공탁할 수 있는데, 이 경우 주식은 「공탁한 날」에 지배주주에게 이전된 것으로 본다(상 360조의 26 2항). 이는 주식의 양도에 있어서는 주권을 교부하여야 한다는 원칙(상 336조 1항)에 대한 예외라고 볼 수 있다.

제 3 소수주주의 주식매수청구권

I. 의 의

회사의 발행주식총수의 100분의 95 이상을 자기의 계산으로 보유하고 있는 주주(지배주주)가 있는 회사의 다른 주주(소수주주)는 언제든지 지배주주에게 그 보유주식의 매수를 청구할 수 있는데(상 360조의 25 1항), 이것이 소수주주의 (지배주주에 대한) 주식매수청구권이다.

2011년 4월 개정상법은 지배주주에게 소수주주에 대한 주식매도청구권을 인정하고 있는 점과 대응하여, 소수주주에 대하여도 그의 출자를 회수하여 동업관계를 해소할 수 있도록 하기 위하여 소수주주의 (지배주주에 대한) 주식매수청구권을 인정하였다.[1]

이러한 소수주주의 (지배주주에 대한) 주식매수청구권(이하 이를 '지배주주에 대한 주식매수청구권'으로 약칭함)은 회사의 영업양도 등에 관한 주주총회의 특별결의시에 그 결의에 반대하는 소수주주가 회사에 대하여 청구할 수 있는 주식매수청구권 등(이하 이를 '회사에 대한 주식매수청구권'으로 약칭함)(상 335조의 6, 360조의 5, 360조의 22, 374조의 2, 522조의 3, 530조의 11 2항)과는 같은 점도 많으나, 그 상대방이 회사가 아니

1) 법무부, 전게 상법(회사법)개정 공청회 자료, 53~54면.

라 지배주주이고 또한 사전의 통지를 요하지 않는다는 점 등에서 구별된다.

2. 주식매수청구권의 법적 성질

소수주주가 지배주주에게 주식매수청구권을 행사하면 지배주주는 (매수를 청구한 날을 기준으로 2개월 내에) 매수를 청구한 소수주주로부터 그 주식을 매수하여야 하는 의무를 부담하므로(상 360조의 25 2항), 소수주주의 지배주주에 대한 이러한 주식매수청구권의 법적 성질은 형성권의 일종이라고 볼 수 있다. 이 점은 지배주주의 소수주주에 대한 주식매도청구권(상 360조의 24 1항·6항) 및 회사에 대한 주식매수청구권(상 360조의 5, 360조의 22, 374조의 2, 522조의 3, 530조의 11 2항)의 그것과 같다.

3. 주식매수청구권의 당사자

(1) 주식매수청구권자(소수주주)

회사의 발행주식총수의 100분의 95 이상을 자기의 계산으로 보유하고 있는 주주(지배주주)가 있는 회사의 다른 주주(소수주주)이다(상 360조의 25 1항). 즉, 이러한 소수주주는 회사의 발행주식총수의 100분의 5 미만을 보유한 주주이다. 그러나 회사에 대한 주식매수청구권에서는 그 주식매수청구권자에 대하여 회사의 발행주식총수의 일정한 비율 이하의 주식을 보유하는 자로 제한하고 있지 않다. 따라서 이 점에서는 지배주주에 대한 주식매수청구권과 회사에 대한 주식매수청구권이 구별되는 점이라고 볼 수 있다.

(2) 주식매수청구의 상대방(지배주주)

주식매수청구의 상대방은 발행주식총수의 100분의 95 이상을 자기의 계산으로 보유하고 있는 지배주주이다(상 360조의 25 1항). 따라서 이 점에서 지배주주에 대한 주식매수청구와 회사에 대한 주식매수청구는 근본적으로 구별되고 있다.

4. 주식매수청구의 행사요건

소수주주는 「언제든지」 지배주주에게 그 보유주식의 매수를 청구할 수 있으므로(상 360조의 25 1항), 이러한 주식매수청구에는 어떠한 전제요건이 없다고 볼 수 있다. 따라서 이 점은 지배주주가 소수주주에 대하여 주식매도청구권을 행사하기 위하여는 일정한 요건을 요하는 점(경영상 목적을 달성하기 위하여 필요하고, 사전에 주주총회의 승인을 받아야 하며, 소수주주에 대하여 사전에 공고·통지를 하여야 하는 점)과 구별되고, 또한 회사에 대한 주식매수청구권을 행사하기 위하여도 일정한 요건을 요하는 점(주주총회 전에 회사에 대하여 서면으로 그 결의에 반대하는 의사를 통지하고, 주주총회의 결의일부터 20일 이내에 회사에 대하여 주식매수를 청구하여야 하는 점)과 구별되고 있다.

5. 주식매수청구의 행사효과

(1) 지배주주의 주식매수의무

소수주주가 지배주주에게 주식매수를 청구하면, 이러한 주식매수청구를 받은 지배주주는 주식매수를 청구한 날을 기준으로 2개월 내에 매수를 청구한 주주로부터 그 주식을 매수하여야 한다(상 360조의 25 2항). 이 때 지배주주가 「매수를 청구한 날을 기준으로 2개월 내에 매수를 청구한 소수주주로부터 그 주식을 매수하여야 한다」는 의미는, 지배주주는 소수주주와 2개월 내에 매매가격을 합의결정하여 매매계약을 체결하여야 한다는 뜻으로 해석하여야 할 것으로 본다.[1)]

(2) 주식매수가액의 결정

소수주주가 지배주주에 대하여 주식매수청구권을 행사한 경우 주식의 매수가액의 결정은, (i) 협의가액, (ii) 법원에 의한 결정가액의 2단계를 거치게 된다. 즉, (i) 매수가액은 매수를 청구한 소수주주와 매수청구를 받은 지배주주간의 협의로 결정하고(상 360조의 25 3항), (ii) 매수청구를 받은 날부터 30일 내에 매수가액에 대한 협의가 이루어지지 아니한 경우에는 매수청구를 받은 지배주주 또는 매수청구를 한 소수주주는 법원에 대하여 매수가액의 결정을 청구할 수 있는데(상 360조의 25 4항), 이 때 법원은 회사의 재산상태와 그 밖의 사정을 고려하여 공정한 가액으로 산정하여야 한다(상 360조의 25 5항). 이는 지배주주가 주식매도청구권을 행사한 경우(상 360조의24 7항 · 8항 · 9항) 및 회사에 대하여 주식매수청구권을 행사한 경우(상 335조의 6, 360조의 5 3항, 360조의 22, 374조의 2 3항 · 4항 · 5항, 530조 2항, 530조의 11 2항)와 같다.

(3) 주식의 이전시기

소수주주가 지배주주에 대하여 주식매수청구권을 행사한 경우, 주식을 취득하는 지배주주가 「매매가액을 소수주주에게 지급한 때」에 주식이 이전된 것으로 보고(상 360조의 26 1항), 소수주주가 매매가액의 수령을 거부할 경우에는(소수주주가 지배주주에 대하여 주식매수청구권을 행사한 경우에는 '소수주주를 알 수 없는 경우'란 있을 수 없음) 지배주주가 매매가액을 「공탁한 날」에 주식이 지배주주

---

1) 회사에 대한 주식매수청구권에 관하여 동지의 견해로는 이 책 655~656면.

에게 이전된 것으로 본다(상 26 360조의 2항). 이는 주식의 양도에 있어서는 주권을 교부하여야 한다는 원칙(상 336조 1항)에 대한 예외인데, 소수주주가 지배주주에게 주식매수청구권을 행사한 경우에도 이러한 예외를 인정해야 하는지는 의문이다.[1] 회사에 대한 주식매수청구권에는 이러한 규정이 없다.

제4절 기 관

제1관 총 설

제1 서 설

(1) 주식회사는 법인(상 169조)이므로 자연인과는 달리 기관을 통하여 활동한다. 주식회사에서 주주(사원)는 회사의 존재의 기초가 되나, 기관은 회사의 활동의 기초가 된다. 즉, 주식회사의 주주는 권리능력의 기초가 되나, 기관은 행위능력 내지 의사능력의 기초가 된다. 인적회사에서는 원칙적으로 각 사원이 업무집행권과 대표권을 가지므로(상 200조 1항, 207조, 273조) 사원자격과 기관자격이 일치하나(자기기관), 주식회사(특히 대규모의 상장주식회사)에서는 원칙적으로 이사 또는 집행임원은 주주임을 전제로 하지 않으므로(상 387조) 사원자격과 기관자격이 분리된 소유와 경영의 분리현상이 나타난다(제3자 기관).

(2) 우리나라의 현행 상법상 주식회사의 기관은 크게 필요기관과 임시기관으로 분류될 수 있다. 필요기관에는 회사의 기본적 사항에 관한 의사결정기관으로서 「주주총회」가 있고, 업무집행기관으로서 집행임원 비설치회사의 경우는 원칙적으로 「이사회와 대표이사」[2]가 있고 집행임원 설치회사의 경우는 「집행임원」이 있으며, 이사 또는 집행임원의 업무 및 회계에 관한 감사기관으

---

1) 입법론으로는 상법 제360조의 26 제1항에서 '제360조의 25'를 삭제하는 것이 타당하다고 본다.

2) 「이사」도 독립된 업무집행기관인가와 「대표이사」는 이사회와 독립된 업무집행기관인가에 대하여는 학설이 나뉘어 있는데(이에 관하여는 후술함), 이사의 기관성을 부인하고 대표이사의 독립기관성을 긍정하는 견해(통설)에 의하면 주식회사의 업무집행기관은 이사회와 대표이사이다.

그런데 자본금 총액이 10억원 미만인 소규모 주식회사로서 1인 또는 2인의 이사만을 둔 경우에는(상 383조 1항 단서), 이사회가 없고 대표이사는 임의기관이므로, 회사의 업무집행기관은 예외적으로 각 「이사」 또는 「대표이사」라고 볼 수 있다.

로서 「감사(監事)」[1] 또는 「감사위원회」가 있다. 임시기관에는 주식회사의 설립 절차 또는 업무나 재산상태 등을 조사하기 위하여 법원 또는 주주총회에 의하여 선임되는 「검사인」이 있다. 이 외에 특별법인 「주식회사 등의 외부감사에 관한 법률」(제정: 1980. 12. 31, 법 3297호, 개정: 2020. 5. 19, 법 17298호)에 의하여 일정규모 이상의 주식회사에 대한 회계감사기관으로서 「(외부)감사인」이 있다.

(3) 주식회사의 기관의 중심은 물론 필요기관인데, 이러한 필요기관의 각 기관 상호간의 권한분배에 관하여는 연혁적으로 또 비교법적으로 차이점이 많다. 따라서 이하에서는 우리 상법상 주식회사의 각 기관을 정확히 이해하기 위하여, 먼저 주식회사의 필요기관에 대한 연혁적 및 비교법적인 고찰을 하겠다. 주식회사의 기관 상호간의 권한분배에 있어서 연혁적인 고찰에서는 주주총회와 업무집행기관간의 권한분배가 주로 문제가 되었고, 비교법적인 고찰에서는 업무집행기관과 감독(감사)기관간의 권한분배가 주로 문제되고 있다.[2]

제 2 주식회사 기관의 연혁적 고찰

(1) 우리나라에서 주식회사를 규율하는 법은 시간적으로 크게 세 단계로 분류될 수 있다. 즉, 1962년까지의 의용(依用)상법(구〈舊〉 상법), 1963년 이후의 신 상법(1962. 1. 20 제정), 1984년 개정상법(1984. 4. 10 개정) 이후가 그것이다. 따라서 우리나라 주식회사의 기관의 연혁적 고찰에서는 크게 의용상법 · 신 상법 · 1984년 개정상법 이후의 순으로 주식회사의 기관의 특징을 살펴보면 되겠다.

1) 의용(依用)상법에서의 주식회사의 기관은 현재와 같이 3기관으로 분화되어 있어, 의사기관으로 주주총회, 업무집행기관으로 이사(取締役) 및 감사기관으로 감사(監事役)가 있었다. 이 때의 주주총회는 최고 · 만능이었고, 감사는 업무감사 및 회계감사의 권한을 갖고 있었다.

2) 1962년 제정상법에서도 의용상법에서와 같이 3기관의 분화는 유지되었으나, 기관 상호간의 권한이 재조정되었다. 즉, 업무집행기관을 이사회와 대

1) 자본금 총액이 10억원 미만인 소규모 주식회사인 경우에는 감사가 임의기관이다(상 409조 4항).

2) 이에 관한 상세는 이재용, "주식회사의 업무집행에 대한 감사 · 감독제도에 관한 연구," 법학박사학위논문(고려대, 2005. 8); 김향란, "중한 주식회사의 지배구조에 관한 비교연구," 법학박사학위논문(고려대, 2009. 8) 등 참조.

표이사로 분화하고, 종래의 주주총회의 권한을 이사회에 대폭 이양하였다. 또한 종래의 감사의 권한 중 업무감사의 권한을 이사회에 이전하고, 감사(監事)에게는 회계감사의 권한만을 부여하였다. 따라서 이 때에는 회사의 중심이 주주총회에서 이사회로 옮겨졌다. 회사의 중심기관을 이사회로 변경하는 대신, 그 견제를 위하여 이사의 책임과 벌칙을 강화하고 주주에게도 감시·시정의 권리를 부여하였다.

3) 1984년 개정상법 이후에는 1984년의 대폭적인 상법개정 이외에도 1995년·1998년·1999년·2001년·2009년·2011년·2014년·2015년 및 2020년의 상법개정이 있었다.

1984년 개정상법에서도 3기관의 분화와 이사회 중심의 권한분배가 유지되었으나, 기관 상호간의 권한분배가 다시 조정되었다. 즉, 1984년 개정상법에서는 주주총회의 권한을 더욱 축소하여 이사회의 권한으로 이전하였고, 이사회의 권한으로서의 업무감사권을 감사(監事)의 권한으로 다시 부활시켰다. 이 때에 주주총회의 권한에서 이사회의 권한으로 이전된 것으로서 대표적인 것으로는 준비금의 자본전입권(상 461조), 전환사채의 발행권(상 513조), 지점의 설치·이전 또는 폐지권(상 393조 1항 후단) 등이다.

1995년 개정상법에서는 감사(監事)의 권한이 더욱 확대되었다(상 411조, 412조의 2, 412조의 3, 412조의 4).

1998년 개정상법에서는 자본금이 5억원 미만인 소규모 주식회사에서는 예외적으로 이사의 수를 1인 또는 2인으로 할 수 있도록 하였고(상 383조 1항 단서), 이사의 충실의무를 인정함과 동시에(상 382조의 3) 사실상의 이사(업무집행지시자 등)에 대하여 이사의 책임을 인정하고(상 401조의 2), 주주제안권(상 363조의 2)과 집중투표제도(상 382조의 2)를 인정함과 동시에, 소수주주권의 행사를 용이하게 하여 주주의 이사에 대한 직접감독권을 강화하였다(상 366조, 402조, 403조, 466조, 467조).

1999년 개정상법에서는 이사회 내에 2인 이상의 이사로 구성되는 각종 위원회를 설치할 수 있도록 하고(상 393조의 2), 이러한 위원회 중의 하나로 감사위원회를 감사(監事)에 갈음하여 둘 수 있도록 하였다(상 415조의 2). 이와 함께 주주총회에서 의장에게 질서유지권을 부여하였고(상 366조의 2), 주주의 서면결의를 인정하였다(상 368조의 3). 또한 이사회에서 이사에게 동영상 등의 통신수단에 의한 결의참가를 인정하였다(상 391조 2항).

2001년 개정상법에서는 주주총회의 권한을 확대하고(상 343조의 2, 360조의 3, 360조의 16, 374조 1항 4호), 이사회의 권한을 구체화하였으며(상 393조 1항), 이사의 권한(상 390조 2항, 393조 3항) 및 의무(상 382조의 4, 393조 4항)를 확대하였다.

2009년 1월 30일 개정상법에서는 종래에 증권거래법에 있었던 상장회사의 지배구조에 관한 특례규정을 신설하였다(상 제3편 제4장 제13절). 또한 2009년 5월 28일 개정상법에서는 자본금 총액이 10억원 미만인 소규모 주식회사에 대하여 주주총회 소집절차를 간소화하고(상 363조 4항~7항), 이사를 1명 또는 2명 둘 수 있도록 하였으며(이 경우에는 이사회가 없음)(상 383조 1항 단서, 4항~6항), 감사(監事)를 임의기관으로 하였다(상 409조 4항). 이와 함께 전자공고(상 289조 3항 단서, 4항~6항)·전자주주명부(상 352조의 2) 및 전자적 방법에 의한 의결권의 행사(전자투표)(상 368조의 4) 등에 대하여 규정함으로써 기업경영의 정보기술(IT)화를 일부 실현하였다.

2011년 4월 14일 개정상법에서는 집행임원제도를 도입하였고(상 408조의 2~408조의 9), 이사의 의무를 확대하였으며(상 397조의 2, 398조), 이사의 회사에 대한 책임의 감경에 관한 규정을 두었고(상 400조 2항), 감사의 권한을 확대하는 규정을 두었다(상 412조의 4).

2014년 5월 20일 개정상법에서는 1962년 제정상법부터 존재한 무기명주식제도를 폐지하였다(상 352조 2항 삭제, 357조~358조 삭제, 363조 3항 및 4항 후단 삭제, 368조 2항 삭제, 444조 삭제).

2015년 개정상법에서는 (합병의 경우와 같이) 삼각주식교환(상 360조의 3) 및 삼각분할합병(상 530조의 6)을 인정하고, 간이영업양도 등(상 374조의 3)을 인정하여, 다양한 형태의 M&A의 수요에 대응할 수 있도록 하였다.

2020년 12월 개정상법에서는 다중대표소송제도의 신설(상 406조의 2)·감사위원회 위원 중 1명의 분리선출제(상 542조의 12 2항 단서)·상장회사에서 소수주주권은 일반규정에 따라서도 행사할 수 있도록 하여(상 542조의 6 10항) 소수주주권을 행사할 수 있는 범위의 확대·신주의 이익배당 기준일에 관한 규정의 삭제(상 350조 3항 삭제, 423조 1항 2문 삭제, 461조 6항 삭제, 462조의 2 4항 2문 삭제, 462조의 3 5항 일부 삭제, 516조의 10 2문 일부 삭제)·주주총회에서 감사 또는 감사위원회 위원의 선임시 전자투표의 경우에는 '발행주식총수의 4분의 1 이상'을 의결정족수에서 배제하였다(상 409조 3항, 542조의 12 8항).

(2) 참고로 독일의 주식회사에서 오늘날과 같이 주주총회·이사회 및 감사회의 3기관이 최초로 규정된 것은 1870년의 구(舊) 상법 중 주식법 개정법률

이었다. 즉, 위의 3기관 중 맨 나중에 규정된 기관은 감사회인데, 동 감사회가 1870년의 주식법 개정법률에서 주식회사의 의무기관으로 최초로 규정되었다.[1] 그 이유는 1870년의 독일의 주식회사에 관한 입법정책에서 종래의 면허주의를 폐지하고 준칙주의로 변경하였는데, 이에 따라 주식회사에 대한 감독을 국가의 감독 대신에 회사 내부의 감독에 강제로 맡기고자 하였기 때문이다.[2] 독일에서 감사회를 최초로 의무기관으로 규정한 것은 1861년의 구(舊) 상법이었는데, 이 때에는 주식합자회사에서 감사회를 의무기관으로 규정하였고,[3] 주식회사에서는 임의기관으로 규정하였다.[4] 그 후 위에서 본 바와 같이 1870년부터 주식회사에 대하여도 감사회를 의무기관으로 규정하게 된 것이다.

이러한 주식회사의 3기관은 그 후 1897년의 신상법(HGB)·1937년의 주식법 및 1965년의 주식법에서도 그대로 유지되었으나, 각각의 법률에서의 3기관의 권한에는 차이가 있었다. 즉, 1897년의 신상법에서는 주주총회를 최상위기관으로 규정하고 주주총회에 가장 강력한 권한을 부여하였으나, 1937년의 주식법에서는 이사회의 권한을 현저히 강화하였고, 1965년의 주식법에서는 본질적인 변경은 없었으나 주주총회 및 감사회의 권한을 개별적인 점에서 다시 약간 확대하였다.[5]

(3) 이렇게 보면 우리나라의 의용(依用)상법에서 주주총회 중심의 권한분배는 1897년의 독일 신상법의 그것과 유사하고, 우리나라의 신상법에서 이사회 중심의 권한분배는 1937년의 독일 주식법의 그것과 유사하다고 볼 수 있다. 따라서 우리 상법이 주식회사의 기관의 권한분배에서 이사회 중심의 입법을 한 것이 전적으로 영미법의 영향에 의한 것으로만 볼 수는 없다. 그러나 1998년·1999년·2001년·2009년 및 2011년의 개정상법에 의하여 영미법에 많이 가깝게 되었다.

1) ADHGB i.d.F. des Gesetzes vom 11. Juni 1870 §209 Nr. 6.
2) Klaus J. Hopt, "Zur Funktion des Aufsichtsrats im Verhältnis von Industrie und Bankensystem," *Recht und Entwicklung der Grossunternehmen im 19. und frühen 20 Jahrhundert*, 1979, S. 232.
3) ADHGB §§175 Nr. 6, 191 ff.
4) ADHGB §225.
5) Hueck, S. 189.

제3 주식회사 기관의 비교법적 고찰

I. 주주총회

(1) 한 국

우리 상법상 주주총회는 상법 또는 정관에 정하는 사항에 한하여 결의할 수 있어(상 361조), 그 권한이 매우 제한되어 있다. 상법상 타기관(예컨대, 이사회)의 권한으로 규정되어 있는 것을 정관에 의하여 주주총회의 권한으로 할 수 있는가. 이에 대하여 우리나라의 학설은 후술하는 바와 같이 긍정설(통설)과 부정설(소수설)로 나뉘어 있다. (i) 긍정설에서는 주주총회는 주식회사의 최고기관이라는 이유로 주주총회의 소집결정(상 362조)과 같이 그 성질상 허용될 수 없는 것을 제외하고는 정관에 의하여 주주총회의 권한으로 할 수 있다고 한다.[1)] (ii) 그러나 부정설은 상법상 각 기관의 권한에 관한 규정은 강행규정으로 보아야 하고 또 주식회사의 3기관간에는 가능한 한 견제와 균형의 원리가 유지되어야 하기 때문에, 상법상 타기관의 권한으로 규정되어 있는 것은 정관에 의하여 주주총회의 권한으로 할 수 없다고 한다.[2)] 생각건대 후술하는 바와 같이 부정설이 타당하다고 본다.[3)]

(2) 독 일

1) 독일의 주식법에서도 주주총회는 주식법 및 정관에 명시적으로 규정된 사항에 대하여만 결의를 할 수 있다(AktG §119①). 그런데 우리 상법상 주주총회의 권한과 독일 주식법상 주주총회의 권한은 일치하지 않는다. 즉, 우리 상법상 주주총회의 권한으로 규정되어 있는 것이 독일의 주식법상 주주총회의 권한으로 규정되어 있지 않고 감사회의 권한으로 되어 있는 것으로 대표적인 것은 이사의 임면권(상 382조 1항; AktG §§119 ① Nr. 1, 101 ①, 103 ①), 재무제표의 확정권(상 449조; AktG §172), 이사의 보수의 결정권(상 388조; AktG §87) 등이다.

한편 우리 상법에는 주주총회의 권한으로 규정하고 있지 않으나 독일의 주식법에는 주주총회의 권한으로 규정하고 있는 것으로 대표적인 것은, 주주총

---

1) 정(희), 445면; 서·정, 413면; 정(동), (회) 315면; 채, 498면; 이(기) 외, (회) 363면 외.

2) 이(철), (회) 506면.

3) 정찬형, "주주총회(한국법과 독일법의 비교를 중심으로)," 「논문집」(경찰대), 제7집(1988), 350면; 동, "서독주식회사의 기관(한국법과 비교를 중심으로)," 「고시연구」, 1988.2, 78~79면.

회결의의 준비를 위하여 이사회에 요구할 권한(AktG §83 ①), 감사회의 동의를 얻어야 할 법률행위에 대하여 감사회가 동의를 거절한 경우에 이사회의 요구에 의하여 이에 대신하여 결의할 권한(AktG §111 ④), 발기인·이사·감사 등에 대한 회사의 배상청구권의 행사에 관한 의결권(AktG §147) 등이다.

2) (소수)주주의 권한으로 주주의 제안권을 인정하고 있는 점은 우리 상법(상 363조의 2)과 독일의 주식법(AktG §§126, 127)이 공통적이나, 독일의 주식법은 이 외에도 주주의 설명청구권(AktG §§131, 132) 등을 인정하고 있다.[1)]

(3) 프 랑 스

1) 프랑스 상법상 주주총회의 권한을 제한하는(즉, 우리 상법 제361조와 같은) 포괄적인 규정은 없으나, 이사회의 권한이 「법률(또는 정관)에 의하여 (감사회 및) 주주총회에 명시적으로 부여된 것을 제외하고는 회사의 명의로 하는 모든 행위」에 미친다고 규정하고 있는 점에서 보아(佛商 §§225-35 ①, 225-64 ①), 주주총회의 권한은 법률(또는 정관)에 명시적으로 규정되어 있는 사항으로 제한된다고 볼 수 있다.

2) 프랑스 상법이 이사의 임면(任免)권(佛商 §225-18 ①)·재무제표의 확정권(佛商 §225-100 ⑨) 등을 주주총회의 권한으로 규정하고 있는 점은 우리 상법의 경우와 유사하고, 독일의 주식법의 경우와 다르다고 볼 수 있다. 그런데 프랑스 상법상 주식회사가 신형이사회제도를 선택하는 경우에는 이사는 감사회에 의하여 선임되고(佛商 §225-59 ①), 주주총회의 결의(정관에 규정이 있으면 감사회의 결의)에 의하여 해임된다(佛商 §225-61 ①).

(4) 영 미

영미의 회사법에서 주주총회의 권한을 제한하는(즉, 우리 상법 제361조와 같은) 포괄적인 규정은 없다. 그러나 주주총회는 이사회의 업무집행에 대해서 단지 제한적인 범위 내에서만 관여할 수 있을 뿐이다. 즉, 주주총회의 권한으로는 (i) 이사의 임면(任免)권, (ii) 정관의 채택·변경 및 추인권, (iii) 비일상(非日常)업무(예컨대, 회사의 전 재산의 매도·합병·해산 등)에 대한 결정권 등으로 제한된다.[2)]

1) 우리 상법에도 이러한 독일법상의 주주의 설명청구권을 도입하여야 한다는 견해로는 권상로, "독일법상 주주의 설명청구권의 수용방안," 「비교사법」, 제 8 권 2호(2001. 12), 1043~1068면 참조.

2) Henn & Alexander, p. 491.

2. 업무집행기관

(1) 한 국

1) 우리 상법상 주식회사의 업무집행기관은, 집행임원 비설치회사의 경우는 원칙적으로 이사회와 대표이사이고(통설), 집행임원 설치회사의 경우는 집행임원이라고 볼 수 있다. 그러나 자본금 총액이 10억원 미만인 소규모 주식회사로서 이사를 1명 또는 2명 둔 경우에는(상 383조 1항 단서, 4항~6항), 예외적으로 이사회가 없고 (이사가 2명인 경우) 대표이사도 임의기관이다(상 383조 6항 참조). 따라서 이러한 소규모 주식회사의 업무집행기관은 각 이사(대표이사가 있는 경우에는 대표이사)이다.

집행임원 비설치회사의 업무집행기관으로서 이사회와 대표이사가 있는 경우 이사회는 상법 및 정관에 의하여 주주총회의 권한으로 규정되어 있는 사항을 제외하고는 회사의 업무집행에 관한 모든 사항에 대하여 의사결정을 할 권한이 있고(상 393조 1항) 또한 이사의 직무집행을 감독할 권한이 있으며(상 393조 2항), 대표이사는 대내적으로는 주주총회 및 이사회에서 결정한 사항에 관하여 업무를 집행할 권한이 있고(이 때 대표이사에게 구체적으로 위임된 사항과 일상업무에 대하여는 의사를 결정하여 집행할 권한이 있음) 또한 대외적으로는 회사의 영업에 관한 재판상·재판 외의 모든 행위에 대하여 회사를 대표할 권한이 있다(상 389조 3항, 209조 1항).

1999년 개정상법에 의하면 이사회 내에 각종 위원회를 설치할 수 있고, 이러한 위원회는 이사회로부터 위임받은 권한을 행사할 수 있다(상 393조의 2).

2) 위와 같이 우리 상법상 집행임원 비설치회사의 경우 이사회는 (원칙적으로) 회사의 업무집행에 관한 모든 사항에 대하여 의사결정을 할 권한을 갖고 또한 이사의 직무집행을 감독할 권한을 갖는데(이를 '참여형 이사회'라고 함), 이러한 참여형 이사회제도는 우리 상법 제정 이후부터 주식회사의 규모에 관계 없이 이용되어 왔다. 그런데 이러한 참여형 이사회제도는 이사회가 주로 업무집행기능에만 전념하여 이사회의 업무감독기능이 유명무실하게 되어, 회사경영의 투명성과 관련하여 (특히 대규모 주식회사에서) 이사회의 감독기능의 활성화 방안이 그동안 많이 논의되었다.[1] 따라서 2011년 4월 개정상법은 이사회의 실효성 있는 감독기능을 위하여 업무집행기관(집행임원)과 업무감독기관(이사회)을 분리하

---

1) 정찬형, "기업경영의 투명성 제고를 위한 주식회사의 지배구조의 개선," 「상사법연구」(한국상사법학회), 제17권 제 1 호(1998. 6), 219~230면 외.

는(이를 '감독형 이사회'라 함) 집행임원 설치회사를 둘 수 있도록 하였다(상 408조의 2 1항). 또한 IMF 경제체제 이후에는 이사회의 업무감독기능을 활성화하기 위하여 상장회사는 의무적으로 이사회에 사외이사를 두도록 하였다(상 542조의 8 1항).

따라서 이러한 집행임원 설치회사에서는 대표이사에 갈음하여 집행임원을 두고(상 408조의 2 1항) 2명 이상의 집행임원이 선임된 경우에는 이사회 결의로 대표집행임원을 선임하여야 하는데(상 408조의 5 1항 본문), 이러한 (대표)집행임원이 회사의 업무를 집행하고(상 408조의 4 1호) 회사를 대표한다(상 408조의 5 2항). 또한 이러한 집행임원은 정관이나 이사회의 결의에 의하여 위임받은 업무집행에 관한 의사결정권도 있다(상 408조의 4 2호). 집행임원 설치회사에서의 이사회의 주업무는 (대표)집행임원을 선임·해임하고 집행임원의 업무집행을 감독한다(상 408조의 2 3항). 따라서 집행임원 설치회사에서는 이사회의 회의를 주관하기 위하여 이사회 의장을 두어야 하는데, 이 경우 이사회 의장은 정관의 규정이 없으면 이사회 결의로 선임한다(상 408조의 2 4항).

(2) 독 일

1) 독일의 주식법상 업무집행기관은 「이사회」이고, 이러한 이사회는 업무집행에 관한 모든 책임을 진다(AktG §76 ①). 이러한 업무집행권은 모든 이사에게 공동으로(즉, 이사회에) 귀속되므로, 모든 업무는 원래 이사회의 다수결이 아니라 이사 전원의 승인을 받아야 한다(AktG§77 ① S.1). 그러나 정관 또는 이사회규칙에 의하여 이와 달리 규정할 수 있다(AktG§77 ① S.2). 따라서 대부분의 경우에는 정관 또는 이사회규칙에 의하여 일정한 다수결에 의하여 이사회는 업무에 관한 의사를 결정한다. 또한 그러한 규정에 의하여 실제로 업무영역에 따라 각 이사가 업무분담을 하게 되나, 이사회의 결의를 요하고 전 이사의 책임으로 집행되어야 할 업무는 분담되지 못한다.[1] 독일의 주식법상 이사회 의장이 선임될 수는 있으나(AktG §84 ②), 그러한 이사회 의장에게는 우리 상법상 대표이사와 같은 고유한 권한이 없고 단지 회의의 의장에게 일반적으로 부여되는 권한만이 있을 뿐이다. 즉, 이사회 의장은 이사회의 회의를 소집하고, 의사일정을 결정하며, 동 회의를 주재하고, 또 투표의 결과를 확정하는 등의 권한밖에 없다.[2]

2) 독일의 주식법상 주식회사의 제 3 자에 대한 대표권도 「이사회」에게 있다(AktG §78 ①②). 따라서 원칙적으로 모든 이사가 공동으로 회사를 대표하는데(AktG §78 ② S.1),

1) Hueck, S.201.
2) Hueck, S.202.

이러한 이사회는 재판상 및 재판 외의 모든 업무에 있어서(일상업무이건 비일상업무이건 불문하고) 회사를 대표한다(AktG §78 ①). 이사회가 수 인의 이사로 구성되는 경우에는 원칙적으로 전원이 공동으로만 회사를 대표할 수 있는데(AktG §78 ②), 예외적으로 정관 또는 정관으로부터 수권받은 감사회의 규정에 의하여 단독대표 또는 지배인과의 공동대표에 대하여 규정할 수 있다(AktG §78 ③). 이에 따라 독일에서는 수 인의 이사가 있는 경우에 2인의 이사(또는 1인의 이사)와 1인(또는 2인)의 지배인이 공동대표하는 것이 일반적이고, 이 외에 이사회 의장이 있는 경우에는 그가 단독대표하는 경우도 있다.[1)]

(3) 프 랑 스

1) 프랑스에서의 전통적인 주식회사의 업무집행기관은 영국에서 온 것인데, 이에 의하면 주식회사의 업무집행권은 「이사회」에 있다. 즉, 이사회는 법률(또는 정관)에 명시적으로 규정되어 있는 사항을 제외하고는 회사의 모든 업무를 집행한다(佛商 §225-35 ①). 그러나 회사의 제3자에 대한 법률관계에 있어서는 「대표이사」가 회사를 대표하고(佛商 §225-56 I. ②), 대표이사를 보좌하기 위하여 전무를 둔 경우에는 이러한 전무도 제3자에 대하여 회사를 대표한다(佛商 §§ 225-53 ①, 225-56 II. ②). 이러한 대표이사는 회사의 업무집행에 관하여는 법률(및 정관)에 의하여 주주총회와 이사회에 부여된 업무를 제외한 회사의 업무를 집행한다(佛商 § 225-56 I. ①). 따라서 이사회와 대표이사간에 업무집행에 관한 권한의 한계를 정하는 것이 종종 문제가 된다. 즉, 이사회는 대표이사의 능력과 인격에 따라 그의 권한을 달리 정하는데, 종종 강력한 대표이사에게는 많은 권한을 부여하므로 이에 따라 그의 권한의 남용이 문제된다.[2)]

2) 프랑스에서는 위와 같이 이사회와 대표이사간의 불분명한 권한분배가 자주 비판되어 1966년에는 독일의 제도인 「이사회」와 「감사회」의 중층제도를 선택적으로 도입하게 되었는데, 이러한 이사회를 신형이사회라고 한다. 이러한 신형이사회는 법률(및 정관)에 의하여 주주총회 및 감사회에 명시적으로 유보된 업무를 제외하고는 회사의 모든 업무를 집행할 권한을 갖는다(佛商 § 225-64 ①). 따라서 이러한 신형이사회는 위에서 본 바와 같이 감사회에 유보된 업무가 제외되는

1) Hueck, S.198.
2) 정찬형, "주식회사의 경영기관(비교법을 중심으로)," 「법률학의 제문제」(유기천박사고희기념논문집), 1988, 478면.

점, 또 그의 모든 업무집행은 감사회에 의하여 계속적으로 감사와 감독을 받아야 하는 점(佛商 §§ 225-58 ③, 225-68 ①) 등에서 전통적인 이사회의 권한보다 훨씬 축소되었다고 볼 수 있다. 신형이사회제도를 선택한 경우에도 대표이사제도는 존속하는데, 전통적인 이사회제도의 경우보다 훨씬 완화되었다. 즉, 전통적인 이사회제도에서는 주주총회(창립총회 또는 정관)에서 3인 이상 18인 이하의 이사를 선임하고(佛商 §§ 225-17 ①, 225-18 ①) 이러한 이사들이 이사회를 구성하여 그 구성원 중에서 대표이사를 선임하는데(佛商 §§225-47 ①), 신형이사회제도에서는 감사회가 5인 이내의 이사를 선임하고 이렇게 선임된 이사 중의 1인에게 대표이사의 자격을 준다(佛商 §§ 225-58 ①, 229-59 ①). 이 때에 감사회는 이사를 1인만 선임할 수도 있는데, 이를 단독이사라고 한다(佛商 §§ 225-58 ②, 225-59 ②). 따라서 신형이사회제도에서는 대표이사 또는 단독이사가 제 3 자와의 관계에서 회사를 대표하는데(佛商 § 225-66 ①), 이에 불구하고 감사회는 정관의 규정에 의하여 이사 중의 1인 또는 수 인에게 대표권을 부여할 수도 있다(전무제도)(佛商 § 225-66 ②).

3) 2001년에 프랑스 개정상법은 대표이사제도를 다시 개정하였다. 즉, 이사회의 운영권(이사회 소집·이사회의 회의 주재·이사회 회의결과 주주총회 보고 등)은 언제나 대표이사가 행사하지만, 회사의 전반적인 업무집행권은 회사의 선택에 따라 대표이사 또는 대표이사와는 다른 자인 집행임원이 행사할 수 있도록 하였다(佛商 225-51-1). 이 때 회사가 집행임원을 선택하는 경우에는 이사회의 업무감독권과 집행임원의 업무집행권이 분리되는데, 이는 미국 회사법의 영향을 받은 입법으로 볼 수 있다.

(4) 영 미

1) 영 국 영국에서의 주식회사의 업무집행권은 보통 개별적인 이사가 아닌 「이사회」에 있는데,[1] 공개회사(public company)는 2인 이상의 이사를 두어야 한다(CA 2006 § 154 (2)).[2] 또한 제 3 자에 대하여 회사를 대표하는 자도 제 1 차적으로 「이사회」이다. 따라서 회사의 대표권은 모든 이사에게 집단적으로(즉, 이사회에게) 부여되는 것이고, 개별적인 이사나 일부의 이사에게 부여되는 것이 아니다.[3] 그런데 위의 이사회는 사외이사(non-executive director)와 사내이사(executive director)로 구성되어 있는데, 사내이사가 회사의 일상의 업무를 처리한다. 또한 이러한 사내이사 중 최상위 사내이사를 관리이사(managing director)라고 하는

1) Gower(1992), p. 140.
2) 그러나 폐쇄회사(private company)는 1인 이상의 이사를 두어야 한다(CA 2006 § 154 (1)).
3) 정찬형, 전게논문(법률학의 제문제), 512~514면.

데, 이는 공개회사에서 대표집행임원(chief executive)으로 불린다.[1)]

또한 공개회사는 반드시 총무(secretary)를 두어야 하는데(CA 2006 §271),[2)] 이러한 총무는 회사의 업무를 집행하는 것은 아니고, 회사의 서류를 관리하는 것이 제 1 차적인 책임이다.[3)]

2) 미 국 미국에서도 영국에서와 같이 주식회사의 업무집행권은 정관에 의하여 제한되는 경우를 제외하고는 전부 「이사회」[4)]에 있다(RMBCA §8.01 ⓑ). 또한 회사의 대표권도 일반적으로는 「이사회」에 있다. 이사회의 이러한 업무집행권 및 대표권은 개개인의 이사에게 부여되는 것이 아니라, 전체로서의 이사에게 부여되어 있다. 그런데 미국의 주식회사에서 「이사회」는 회사의 주요 업무와 일반정책만을 결정하고, 이의 집행 및 일상업무의 집행은 보통 이사회에 의하여 선임된 「(집행)임원」이 한다(RMBCA §8.40 ⓑ, §8.41). 미국에서는 2006년 개정모범회사법(RMBCA §8.40)을 비롯하여 캘리포오니아주 회사법(Cal. Corp. Code §312)·델라웨어주 회사법(Del. Gen. Corp. Law §142) 등에서는 회사는 (집행)임원을 두어야 하는 것으로 규정하고, 뉴욕주 회사법(N.Y. Bus. Corp. Law §715)에서는 회사는 (집행)임원을 둘 수 있는 것으로 규정하고 있다.[5)] (집행)임원으로는 보통 사장(president)이 있고, 그 밑에 부사장(vice-president)·총무(secretary) 및 재무(cashier or treasurer)가 있다.[6)] 이러한 (집행)임원의 종류는 1969년 모범회사법에서 규정한 것인데, 1984년 모범회사법과 델라웨어주 회사법에서는 이를 변경하여 (집행)임원의 종류를 규정하지 않음으로써 (집행)임원의 종류는 회사의 정관이나 이사회가 자유롭게 정할 수 있도록 하였다.[7)] 미국법조협회(American Law Institute: ALI)가 1992년 3월 31일에 최종안으로 제안한 「회사지배구조의 원칙」(Principles of Corporate Governance)에 의하면, 공개회사의 업무집행은 이사회에 의하여 선임된 주요상급집행임원 등에 의하여 수행되어야 하는데(동 원칙 3.01조), 이러한 집행임원은 주요 상급집행

1) Gower(1992), p. 158.

2) 폐쇄회사는 총무를 두지 않을 수 있다(CA 2006 §270(1)).

3) Gower(1992), p. 162.

4) 미국의 이사회제도와 1999년 이의 개정동향에 관하여는 박세화, "미국의 회사지배구조 개선에 관한 최근 동향(이사회제도에 관한 논의를 중심으로)," 「한림법학 FORUM」(한림대학교 법학연구소), 제10권(2001), 229~250면.

5) 미국의 주법(州法)들의 (집행)임원에 관한 규정을 보면, 집행임원을 규정하지 않은 주는 3개주에 불과하고, 대부분의 주는 (집행)임원에 관하여 규정하고 있다[서규영, "주식회사의 집행임원제도에 관한 연구," 법학박사학위논문(고려대, 2009. 8), 48면].

6) Henn & Alexander, pp. 586 ff.

7) Hamilton(Nutshell)(2000), p. 322; 서규영, 전게 박사학위논문, 48~49면.

임원(principal senior executives)과 기타 임원(other officers)으로 나뉘는데, 주요 상급집행임원이란 대표집행임원(chief executive officer: CEO)·대표총무집행임원(chief operating officer: COO)·대표재무집행임원(chief financial officer: CFO)·대표법률집행임원(chief legal officer: CLO) 및 대표회계집행임원(chief accounting officer: CAO)을 말한다(동 원칙 1. 30조, 1. 27조 (a)항). 따라서 오늘날 보통 이 양자의 용어를 함께 사용하고 있다(예컨대, president and chief executive officer 등).[1] 이사와 (집행)임원은 이론상으로는 구별되는데, 이사회는 이 양자의 지위를 겸하는 사내이사와 겸하지 않는 사외이사로[2] 혼합되어 구성되어 있다.[3] 집행임원의 업무집행권은 법률·정관·회사의 내부규칙 또는 이사회의 결의에 의하여 부여되는데, 이 권한의 범위는 언제나 명백한 것이 아니다. 사장은 보통 그의 직과 관련하여 필요한 모든 업무를 수행할 수 있고 그의 직에 의하여 계약을 체결할 수 있으며, 또 회사의 일상업무로부터 발생하거나 이와 관련되는 업무에 있어서 회사를 대표할 권한을 갖는다.[4] 그러나 사장도 그 이상의 권한은 별도의 특별수권이 있어야 한다.

3. 감독(감사)기관

(1) 한 국

1) 우리 상법상 주식회사에서 이사(대표이사를 포함) 또는 집행임원의 직무집행에 대한 감독기관으로는 원칙적으로 「이사회」가 있고(상 393조 2항, 408조의 2 3항), 이사 또는 집행임원의 직무집행에 대한 감사기관(업무 및 회계감사)으로는 원칙적으로 「감사(監事)」(상 412조 1항, 542조의 10) 또는 「감사위원회」(상 415조의 2, 542조의 11 · 542조의 12)가 있다.

그러나 자본금 총액이 10억원 미만인 소규모 주식회사로서 이사가 1명 또는 2명인 경우에는(상 383조 1항 단서), 이사회가 없으므로 이러한 이사에 대한 감독기관은 이사회가 될 수 없고(상 383조 5항) 주주총회이다(상 383조 4항). 또한 이러한 소규모 주식회사의 경우에는 감사(監事)가 임의기관이므로(상 409조 4항), 이러한 소규모 주식회사가 감사(監事)를 두지 않은 경우에는 이러한 이사의 업무집행에 대한 감사기관은

1) Hamilton(Nutshell)(1996), pp. 320~321.

2) 미국의 사외이사에 대한 심층적 분석으로는 노일석, "주식회사의 사외이사(미국의 사외이사를 중심으로)," 「상사법연구」, 제21권 1호(2002), 249~300면.

3) Henn & Alexander, p. 553.

4) Joseph Greenpon's Sons Iron & Steel Co. v. Pecos Valley Gas Co., 156 A. 350, 352(Del. 1931).

주주총회이다(상 409조 6항).

또한 일정 규모 이상(주권상장법인, 직전사업연도 말의 자산총액이 500억원 이상 등)의 주식회사에서는 특별법에 의하여 인정된 회계감사기관으로 회계법인 등인 「(외부)감사인」이 있다(주식회사 등의 외부감사에 관한 법률, 제정: 1980. 12. 31, 법 3297호, 개정: 2020. 5. 19, 법 17298호).

이 외에 주식회사의 설립절차 또는 회사의 업무나 재산상태 등을 조사하기 위하여 상법상 법원 또는 주주총회에 의하여 선임되는 임시의 감사기관인 「검사인」이 있다(상 298조, 310조, 417조 3항, 467조 1항).

2) 이 중 회사내부의 독립된 기관인 「감사(監事)」(위에서 본 바와 같이 자본금 총액이 10억원 미만인 소규모 주식회사로서 감사를 두지 않은 회사에는 해당되지 않음—상 409조 4항) 또는 「감사위원회」가 특히 문제가 되고 있다.

감사는 1인 이상이면 무방하고 수 인인 경우에도 회의체를 구성하지 않는다. 감사의 독립적이고 공정한 업무수행을 위하여, 그 선임에서 대주주의 의결권을 제한하고(상 409조 2항) 또 겸직금지를 규정하고 있다(상 411조). 특히 1984년 및 1995년의 개정상법에서는 감사(監事)에 의한 감사(監査)의 실효성을 확보하기 위하여 감사(監事)의 직무와 의무를 대폭 확대하는 방향으로 개정한 바 있고, 2009년 1월 30일 개정상법은 최근 사업연도말 현재 자산총액이 1,000억원 이상인 상장회사에 대하여 감사(監査)의 실효성을 확보하기 위하여 상근감사(監事)를 의무적으로 두도록 하는 특칙규정 등을 두고 있다(상 542조의 10, 상시 36조).

1999년 개정상법에 의하여 신설된 감사위원회는 감사(監事)에 갈음하여 설치할 수 있다(상 415조의 2 1항). 이러한 감사위원회는 3인 이상의 이사로 구성되는데, 그의 독립성을 위하여 사외이사가 위원의 3분의 2 이상이어야 한다(상 415조의 2 2항). 2009년 1월 30일 개정상법은 최근 사업연도말 현재 자산총액이 2조원 이상인 상장회사에 대하여는 감사위원회를 의무적으로 두도록 하고 이러한 감사위원회의 구성·감사위원회 위원의 선임 및 해임 등에 관한 특칙규정을 두고 있다(상 542조의 11, 542조의 12, 상시 37~38조).

(2) 독 일

1) 독일의 주식회사에서는 이사회의 업무집행에 대한 감독 및 공동경영기구로서 「감사회」(Aufsichtsrat)가 있다. 이러한 감사회의 가장 중요한 두 가지의 권한은 이사회의 업무집행에 대한 계속적인 감독권(AktG §111 ①)과 이사의 임면(任免)권(AktG §84)이다. 감사회는 이러한 중요한 업무 외에도, 이사와의 재판상 및 재판 외의 회사의 행위에 대한 회사의 대표권(AktG §112), 설립검사권(AktG §33 ①), 회사의

이익을 위하여 필요한 경우 임시주주총회소집권(AktG § 113 ③), 정관에 규정이 있는 경우 이사회의 업무집행에 대한 동의권(AktG § 111 ④ S.2), 이사 · 감사 등에 대한 신용부여의 동의권(AktG §§ 89, 115), 주주총회의 의사일정상의 결의안에 대한 제안권(AktG § 124 ③), 재고보고서 및 이익처분안에 대한 검사권(AktG § 171), 재무제표의 확정권(AktG § 172), 이익준비금의 결정권(AktG § 58 ②), 이사의 보수의 결정권(AktG § 87), 이사의 경업거래에 대한 승인권 및 개입권의 행사의 권한(AktG §§ 88 ① ②, 112) 등이 있다.[1] 이렇게 보면 독일 주식회사의 감사회의 권한은 우리 주식회사의 감사(監事)의 권한(감사〈監査〉권한)을 훨씬 초월하여 이사회에 대한 감독권한 및 주주총회의 권한의 일부까지도 갖는 것을 알 수 있다.

또한 독일 주식회사의 감사회는 반드시 3인 이상의 복수의 감사로 구성되는 회의체기관이고(AktG § 95), 또 일정한 규모 이상의 회사는 특별법(몬탄공동결정법 · 공동결정보충법 · 공동결정법 및 종업원조직법)에 의하여 주주대표의 감사와 근로자대표의 감사로 공동구성되는 점은 우리 주식회사의 감사제도와는 현저하게 다르다.

2) 독일 주식회사에서 검사인(Prüfer)에는 설립검사인(AktG § 33) · 특별검사인(AktG § 142) 및 결산검사인(HGB §§ 318 ff.) 등이 있는데, 이 중에서 설립검사인과 특별검사인은 우리 주식회사의 검사인과 유사하고, 결산검사인은 우리 주식회사에서 「주식회사 등의 외부감사에 관한 법률」에 의한 (외부)감사인과 유사하다. 그런데 독일에서는 모든 주식회사가 재무제표에 대하여 반드시 전문적인 결산검사인의 검사를 받아야 한다는 점(HGB § 316 ①)은 우리의 (외부)감사제도와 다르다(우리는 주권상장법인 또는 일정규모 이상의 주식회사만이 〈외부〉감사인의 감사를 받음). 또 우리 주식회사의 경우와 다른 점은 결산검사인의 검사를 받은 재무제표는 다시 감사회에 의하여 감사를 받아야 한다는 점이다(AktG § 171 ① S.1). 독일의 이러한 결산검사인은 주주총회에서 선임되는데(AktG § 119 ① Nr. 4, HGB § 318 ①), 경제검사인 및 경제검사회사만이 결산검사인이 될 수 있다(HGB § 319 ①).

우리나라에서의 (외부)감사인은 주권상장법인 등의 경우 감사위원회에 의하여 선임되거나 또는 감사인선임위원회의 승인을 받아 감사(監事)에 의하여 선임되고 그 밖의 회사는 감사(監事) 또는 감사위원회에 의하여 선임되는데

---

1) 이에 관한 상세는 정찬형, "서독 주식회사의 감사회," 「월간고시」, 1988. 3, 127~140면; 권상로, "독일 주식법상 감사회의 영향력 행사수단에 관한 연구," 「비교사법」, 제 7 권 2호(2000. 12), 707~734면; 동, "감사기관의 영향력 행사방법에 관한 비교법적 고찰(한국 상법과 독일 주식법상의 감사기관을 중심으로)," 「기업법연구」(한국기업법학회), 제 7 집(2001), 59~82면 등 참조.

(외감 10조 4항), 다만 주권상장법인 등이 아닌 회사가 직전사업연도의 (외부)감사인을 다시 (외부)감사인으로 선임하고자 할 때에는 그러하지 아니하다(외감 10조 4항 2호 단서 및 가.). 또한 일정한 경우에는 증권선물위원회는 그가 지정하는 자를 (외부)감사인으로 선임하거나 변경선임할 것을 요구할 수 있다(외감 11조).

(3) 프 랑 스

1) 프랑스의 주식회사에서 전통적인 이사회제도를 채택한 경우에는 (대표)이사의 업무집행에 대한 감독(감사)기관은 「이사회」이다(佛商 § 225-35 ③ 참조). 다만 회계감사를 위하여는 별도의 감사기관인 「회계감사인」이 있다(佛商 §§ 225-218~225-242). 이러한 회계감사인은 주주총회에 의하여 선임되는데(佛商 § 225-228 ①), 1인 이상이어야 하고(佛商 § 225-218), 공인회계사 등 회계전문가인 자연인 또는 전문민사회사의 형태로 설립된 법인이어야 한다(佛商 § 225-219 Ⅱ.).

2) 프랑스의 주식회사에서 신형이사회제도를 채택한 경우에는 독일의 경우와 같이 이사회(및 대표이사)의 업무집행에 대한 감독(감사)기관은 「감사회」이다(佛商 §§ 225-58 ③, 225-68). 그러나 이 때에도 회계감사기관은 「회계감사인」이다(佛商 §§ 225-218~225-242). 독일의 경우와는 달리 프랑스의 경우 재무제표 및 이익은 주주총회에 의하여 확정되므로(佛商 § 225-100 ⑨), 회계감사인의 보고도 감사회에 함으로써 끝나는 것이 아니라 주주총회에까지 하여야 한다(佛商 § 225-238).

(4) 영 미

1) 영미에서 사내이사 또는 (집행)임원의 감독기관은 「이사회」이고,[1] 독일에서와 같이 내부의 독립기관으로서 업무집행을 계속적으로 감독하는 감사회는 없다. 따라서 이러한 영미의 경영기구가 「이사회」만으로 구성되었다 하여 이를 단층제도(one-tier or single-board system)라고 부르고, 이에 반하여 독일의 경영기구는 「이사회」 및 「감사회」로 구성되었다 하여 이를 중층제도(two-tier or dual-board system)라고 부른다.

2) 영국에서는 회계감사를 위하여 회계전문가인 「감사」(auditor)를 모든 회사가 반드시 선임하여야 한다(CA 2006, § 485 ①, § 489 ①, § 495, § 1212). 이러한 감사는 임원의 개념에 포함되지 않는다(CA 2006, § 1121 ②).

3) 미국에서는 업무집행기관에 대한 감사를 보통 이사회내 위원회의 하나

1) 미국에서는 이사회의 이러한 감독(감사)기능을 보조하기 위하여 이사회의 하부기관으로 「감사위원회」(audit committee)를 두어 감사업무를 담당시키고 있다. 이러한 감사위원회는 보통 사외이사로 구성되는데, 이사회와 감사(auditor)를 연결하는 기능을 한다(Hamilton, p. 533).

인 감사위원회(audit committee)가 하는데,[1)2)] 이러한 감사위원회에 의한 감사의 실효성을 위하여 2002년 사베인스·옥스리법에 의하여 미국의 증권거래법이 개정되어 상장회사의 감사위원회 위원은 전원이 사외이사(independent director)이어야 한다.[3)]

4. 종합비교

(1) 위에서 본 바와 같이 우리나라의 주식회사의 「주주총회」가 이사의 임면(任免)권이 있고 (원칙적으로) 재무제표와 이익의 확정권 등을 갖는 점은 프랑스 및 영미의 주주총회와 유사하나, 독일의 주주총회와는 다른 점이다(독일에서는 이러한 권한이 감사회에 있음). 그러나 주주총회에 관하여는 각국의 입법이 근본적으로 크게 다른 점이 없다.

(2) 우리나라의 주식회사에서 집행임원 비설치회사의 업무집행기관이 원칙적으로 「이사회」와 「대표이사」로 나뉘어 있는 점은 전통적인 프랑스의 업무집행기관과 유사하나, 독일 및 영미의 업무집행기관과는 다른 점이다(독일의 업무집행기관은 「이사회」이고, 영미의 업무집행기관은 「이사회」 또는 「집행임원」임). 그러나 집행임원 설치회사의 경우에는 업무집행기관(집행임원)과 업무감독기관(이사회)이 분리되는 점에서 독일 및 미국의 제도와 유사하게 된다.

(3) 우리나라의 주식회사의 상법상 「감사(監事)」(위에서 본 바와 같이 자본금 총액이 10억원 미만인 소규모 주식회사로서 감사를 두지 않은 회사에는 해당되지 않음 — 상 409조 4항)는 업무집행에 대한 감사권도 가지고 있는 점, 회계전문가 등의 자격을 요하지 않는 점 및 회사의 내부기관인 점 등에서 프랑스의 회계감사인 또는 영미의 감사(auditor)와 차이가 있다고 볼 수 있다. 그러나 1999년 개정상법이 신설한 감사위원회제도는 미국법을 도입한 것이다. 또한 우리나라의 주식회사의 회계감사기관인 특별법상의 「(외부)감사인」은 프랑스의 전통

1) 미국의 코네티컷주는 "주주가 100명 이상인 회사의 경우에는 2명 이상의 이사로 구성되는 감사위원회를 설치하여야 하고, 그 위원 중 1인은 사외이사이어야 한다"고 규정하여, 감사위원회를 의무적으로 설치하여야 한다는 점과 이러한 감사위원회에 사외이사를 두어야 하는 점을 규정하고 있다[Connecticut Business Corporation Act(Rev. 2009. 1. 1.) §33-753 (c) (1)].

2) 영미의 감사제도에 관하여는 정찬형, "영미법상의 감사제도," 「월간고시」, 1988. 10, 37~50면; 강희갑, "미국의 주식회사의 감사위원회제도에 관한 최근 동향과 그 시사점," 「상사법연구」, 제20권 4호(2002), 43~82면; 이영철, "영미 보통법상 회계감사인의 제 3 자에 대한 손해배상책임," 「비교사법」, 제 8 권 2호(2001. 12), 1069~1097면 등 참조.

3) Securities Exchange Act of 1934(approved Oct. 13, 2009) §10A (m) (3) (A) (B); Sarbanes-Oxley Act of 2002 §301.

적인 이사회제도에서의 회계감사인 또는 영미의 감사(auditor)와 아주 유사하다고 볼 수 있다. 우리나라의 주식회사가 회계감사에 관한 한 상법상의 감사(監事)(위에서 본 바와 같이 자본금 총액이 10억원 미만인 소규모 주식회사로서 감사를 두지 않은 회사에는 해당되지 않음 — 상 409조 4항) 또는 감사위원회와 특별법상의 (외부)감사인에 의하여 중복하여 독립적으로 감사받도록 되어 있는 점도 우리 법의 특색이라고 하겠다.

우리나라의 주식회사가 원칙적으로 내부의 필요기관으로 감사(監事)를 두고 있는 점은 독일의 감사회(및 프랑스의 신형이사회제도에서의 감사회를 포함)와 유사하다고 볼 수도 있으나, 우리나라의 이러한 감사(監事)는 독일의 감사회와는 근본적으로 구별된다. 즉, 독일의 감사회는 감사권 이외에 이사회의 업무집행에 대한 감독권·이사의 임면(任免)권·일정한 경우 이사회의 업무집행에 대한 동의권·재무제표의 확정권 등이 있어 이사회에 대한 계속적이고 실질적인 감독업무를 수행함과 함께 이사회와 더불어 공동경영기구(two-tier or dual-board system)를 구성하고 있음에 반하여, 우리나라에서 위의 감사(監事)는 이사회(및 대표이사)[1] 또는 집행임원과 함께 공동경영기구가 될 수 없음은 물론이고 이사(및 대표이사) 또는 집행임원에 대한 감독기능이 없다는 점에서 근본적으로 구별된다.

따라서 우리나라의 주식회사의 감사(監事)제도는 1950년 일본의 개정상법의 입법을 받아들인 것으로서 독일의 감사회제도를 영국의 감사(auditor)제도로 수정한 것이라고 하나,[2] 위에서 본 바와 같이 독일의 감사회와 같은 실질적인 감독 및 공동의 경영기능도 없고, 영국법상의 감사(auditor)와 같은 전문적인 회계감사기능도 없다. 따라서 우리나라에서 위의 감사(監事)는 실제로 유명무실할 수밖에 없고, 이를 극복하기 위하여 1984년 및 1995년 개정상법이 감사(監事)의 권한과 의무를 대폭 확대하는 방향으로 상법을 개정하였으나, 근본적인 문제가 해결되지 않고는 유명무실한 감사(監事)의 기능은 크게 변경되지 않으리라고 본다.[3]

종래의 감사(監事)가 이와 같이 유명무실하다고 하여, 1999년 개정상법은 감사(監事)에 갈음하여 감사위원회를 설치할 수 있다고 규정하고(상 415조의 2), 2009년 개정상법은 일정규모 이상의 상장회사에 대하여 감사위원회를 의무적으로

1) 자본금 총액이 10억원 미만인 회사로서 이사가 1명 또는 2명인 경우에는(상 383조 1항 단서) 「각 이사」(정관에 따라 대표이사를 정한 경우에는 그 대표이사)가 이에 해당한다(상 383조 6항).
2) 이범찬, 「주식회사감사제도론」(법문사, 1976), 31면.
3) 정찬형, 전게논문(월간고시, 1988. 10), 50면.

설치하도록 하고 있다(상 542조의 11 1항). 그러나 이러한 감사위원회제도는 집행임원 설치회사가 아닌 경우 이사로서 업무집행에 관여한 자가 다시 감사업무를 담당하도록 하는데 이는 자기감사의 모순이 있고, 또한 종래의 감사(監事)보다도 그 지위의 독립성에 문제가 더 있게 되었다. 또한 동일하게 미국제도를 도입하였다는 감사위원회제도와 (외부)감사인제도가 상법과 특별법에 의하여 별도로 병존하고 있는 점도 문제라고 본다. 또한 감사위원회제도는 원래 업무집행기관(집행임원)에 대하여 독립적으로 감독업무를 수행하는 (감독형) 이사회(즉, 업무집행기관〈집행임원〉과 분리된 업무감독기관인 이사회)를 전제로 하여 이러한 이사회내 위원회의 하나로서 감사업무를 수행하고 이러한 감사위원회는 이사회의 감독을 받도록 한 제도인데(상 393조의 2 4항 참조), 이와 성격이 다른 감사(監事)에 갈음하여 (일정규모 이상의 대규모 상장회사는 감사위원회를 의무적으로 두도록 하거나〈상 542조의 11 1항〉) 모든 주식회사가 감사위원회제도를 선택할 수 있도록 하는 것은(상 415조의 2 1항)(즉, 집행임원 설치회사가 아닌 회사가 이러한 감사위원회제도를 선택할 수 있도록 하는 것은) 감사(監査)의 실효성과 독립성을 감사(監事)의 경우보다도 더 떨어뜨리는 것이 아닌가 우려된다.[1)]

(4) 주식회사의 기관 중 주주총회에 대하여는 각국의 입법이 크게 다르지 않다. 그러나 업무집행기관 및 감독(감사)기관(이 양자를 합하여 경영기관)에 대하여는 그 권한 분배를 어떻게 할 것이냐에 대하여 종래에 영미제도인 단층제도(이사회)와 독일제도인 중층제도(이사회와 감사회)로 나뉘었다.[2)]

1) 감사위원회에 관한 문제점에 대하여는 강희갑, 주식회사의 경영감독·감사 및 감사위원회제도에 관한 연구(상장협연구보고서 2000-5), 2002. 8; 엄해윤, "블루리본 보고서와 최근의 미국 감사위원회," 「상사법연구」, 제21권 1호(2002), 301~330면(미국 감사위원회제도의 소개와 우리 감사위원회제도에 대하여 비판하고 있다); 임충희, "감사위원회제도의 현상과 과제," 「상사법연구」, 제20권 3호(2001), 299~320면; 권종호, "감사제도의 개선과 감사위원회제도의 과제," 「상사법연구」, 제19권 3호(2001), 99~130면; 최병규, "증권거래법·상법상 감사제도의 문제점과 개선방안," 「21세기한국상사법의 진로」(내동우홍구박사정년기념논문집), 2002, 279~306면; 최완진, "주식회사의 감사제도의 개선방안에 관한 연구(감사위원회제도를 중심으로)," 「21세기한국상사법의 진로」(내동우홍구박사정년기념논문집), 2002, 307~331면; 동, "감사제도의 변천과 개정상법상 감사위원회," 「현대상사법논집」(우계강희갑박사화갑기념논문집), 2001, 191~213면; 강대섭, "주식회사의 감사위원회제도에 관한 연구," 「법학논집」(목포대 법학연구소), 창간호(2001), 31~56면; 서완석·하삼주, "현행 감사제도의 개선방안에 관한 연구," 「상법학의 전망(평성 임홍근교수 정년퇴임기념논문집」(서울: 법문사, 2003), 207~238면; 박은경, "사외이사제도와 감사위원회제도의 운영현황에 기초한 법적 문제점 연구," 「경성법학」(경성대 법학연구소), 제11호(2002), 153~183면; 전우현, "주식회사 감사위원회제도의 개선에 관한 일고찰(집행임원제 필요성에 관한 검토의 부가)," 「상사법연구」(한국상사법학회), 제23권 3호(2004. 11), 251~295면; 강선영, "감사위원회의 실효성 확보방안에 관한 연구(미국 감사위원회와의 비교를 중심으로)," 법학석사학위논문(고려대, 2010. 8) 등 참조.

2) 이에 관하여는 권순희, "미국과 독일의 기업지배구조와 최근 동향에 관한 검토," 「상사법연

영미에서의 단층제도는 이사회가 업무집행(의사결정)기관과 업무감독기관의 두 지위를 모두 갖는 제도이고(참여형 이사회제도), 독일에서의 중층제도는 업무집행기관(이사회)과 업무감독기관(감사회)이 분리된 제도이다. 그런데 미국에서의 단층제도인 이사회는 이 두 기능 중 어느 것도 제대로 수행하지 못하고, 업무집행기능은 실제로 이사회가 선임하는 집행임원(officer)이 수행하는 것이 관행이었고, 이러한 관행은 회사법에도 반영되었다(MBCA 1999 §8. 40). 따라서 이사회는 경영일선에서 후퇴하고 집행임원에 대하여 감독기능을 수행하게 되었고(감독형 이사회제도), 이사회의 감독기능의 효율화를 위하여 이사회에 사외이사를 참여시키게 되었는데, 이는 경제계에서도 커다란 성공을 거두어 특히 대기업의 이사회에서는 사외이사가 과반수를 차지하는 현상이 1970년대부터 나타났다.[1] 또한 미국의 증권거래법은 2002년 사베인스·옥스리법에 의하여 개정되어, 상장회사는 이사회 내에 감사위원회를 두고, 감사위원회의 위원 전원을 사외이사로 하도록 하였다.[2] 따라서 오늘날 영미의 이사회가 집행임원을 선임하여 회사의 업무집행권을 부여하면서 이사회는 집행임원의 업무집행을 감독하는 기능을 수행하는 경우(즉, 감독형 이사회제도를 채택하는 경우), 영미의 단층제도는 그 의미를 상실하고 독일의 중층제도에 유사하게 되어 양자의 차이는 크게 없게 되었다.

우리나라의 주식회사에서 이사는 종래에 대부분 사내이사이고[3] 또 2011

구」(한국상사법학회), 제21권 4호(2003), 177~214면(양국의 제도는 최근 기업경영의 투명성확보와 경영진에 대한 감독기능의 강화라는 점에서 접근현상을 보이고 있고, 국내기업의 경우 주주뿐만 아니라 종업원과 채권자 등 이해관계자 모두를 중시하는 독일의 기업지배구조의 필요성은 여전히 남아 있다고 한다).

1) 김건식, 「기업지배구조와 법」(서울: 소화, 2010), 284~286면.

2) Securities Exchange Act of 1934(approved Oct. 13, 2009) sec. 10A (m) (3) (A) (B); Sarbanes-Oxley Act of 2002 sec. 301.

3) 그런데 1997년 말 IMF 경제체제를 맞으면서 상장회사 지배구조의 개선을 위하여 주권상장법인에 대하여 사외이사의 선임을 의무화하였는데, 이러한 내용이 처음에는 「유가증권상장규정」(1998년 2월 20일 개정된, 동 규정 48조의 5)에 규정되었다가 증권거래법에서 규정되었고(2000년 1월 21일 법 6176호로 개정된, 동법 191조의 16 1항) 그 후 이러한 내용이 2009년 1월의 개정상법에서 규정되었다. 즉, 상장회사는 자산규모 등을 고려하여 대통령령으로 정하는 경우를 제외하고는 이사총수의 4분의 1 이상을 사외이사로 하여야 하고, 자산규모 등을 고려하여 대통령령으로 정하는 상장회사(최근 사업연도말 현재의 자산 총액이 2조원 이상인 상장회사)의 사외이사는 3명 이상으로 하되 이사총수의 과반수가 되도록 하여야 한다(상 542조의 8 1항, 상시 34조 1항·2항). 또한 은행 등 금융회사도 사외이사가 3인 이상이며 이사총수의 과반수가 되도록 하여야 하고, 다만 대통령령으로 정하는 금융회사의 경우 이사총수의 4분의 1 이상을 사외이사로 하여야 한다(지배 12조 1항~2항).

그러나 이러한 사외이사제도가 그 실효성을 거둘 수 있을지는 매우 의문이다[이에 관하여는 정찬형, "IMF 경제체제 이후 회사지배구조에 관한 상법개정에 대한 평가," 「현대상사법논집」(우계강희갑박사화갑기념논문집), 2001, 36~40면; 동, "사외이사제도," 「고시계」, 2001. 12, 49~

년 4월 개정상법 이전에는 이사회와 분리되는 상법상 (집행)임원제도도 없어, 이사의 직무집행에 대한 이사회의 감독(상 393조 2항)은 자기감독이 되어 그 실효를 거두기는 사실상 어렵게 되어 있었다. 이에 대하여 우리나라의 학설 중에는 이사회의 감독기능의 실효를 거두기 위하여 사외이사(또는 독립적 이사)의 비율을 높여야 한다는 견해도 있었다.[1]

한편 우리나라의 감사(監事)(위에서 본 바와 같이 자본금 총액이 10억원 미만인 소규모 주식회사로서 감사를 두지 않은 회사에는 해당되지 않음—상 409조 4항)는 위에서 본 바와 같이 독일의 감사회와 같은 감독기능이 없다. 또한 1999년 개정상법이 도입한 감사위원회도 앞에서 지적한 문제점으로 인하여 그 실효성이 의문이다. 따라서 우리나라의 주식회사의 업무집행기능은 집행임원 설치회사가 아닌 경우 원칙적으로 이사회와 대표이사(실제로는 업무담당이사〈또는 사실상의 집행임원〉와 대표이사〈또는 회장〉)에 의하여 수행된다고 볼 수 있으나, 이에 대한 감독기능을 수행하는 기관(이사회) 및 감사기능을 수행하는 기관(감사〈監事〉 또는 감사위원회)은 거의 유명무실하다고 볼 수 있다. 업무집행(회계업무)에 대한 감사 중에서 어느 정도 실효를 거두고 있는 감사는 (외부)감사인에 의한 회계감사라고 볼 수 있는데, 이것도 외부기관에 의한 감사이고 또 제한적인 시간과 범위에서의 감사이기 때문에 회계업무 전반에 관한 효율적인 감사가 되지 못하고 있다. 따라서 우리나라의 주식회사의 업무집행은 집행임원 설치회사가 아닌 경우 거의 대표이사(또는 회장)에 의하여 전횡되고 있다고 하여도 과언이 아니며, 그의 권한남용도 많이 문제되고 있다.

따라서 이에 대한 효율적인 감독 및 감사기능을 수행할 수 있도록 하기 위하여는 영미제도와 같이 집행임원을 별도로 두고 이사회에 사외이사를 두어 이사회에 의한 감독과 회계전문가의 자격을 가진 감사(監事)에 의한 회계감사를 하도록 하든가, 또는 독일제도(중층제도)인 감사회에 의한 감독 및 감사와 회계감사를 보조하기 위하여 그 밑에 회계전문가의 자격을 가진 결산검사인을 두는 방법 등을 생각할 수 있다.

생각건대 우리나라에서는 사내이사가 오랜 관행으로 형성되었는데 이에 대하여 사외이사를 의무화한다고 하여 그 실효를 거둘 수 있을지는 의문인 점,[2]

67면; 동, "사외이사제도의 개선방안," 「고려법학」(고려대 법학연구원), 제40호(2003), 39~66면; 동, 사외이사제도 개선방안에 관한 연구(상장협연구보고서 2010-2)(서울: 한국상장회사협의회, 2010. 10) 참조].

1) 정(동), (회) 401면; 홍복기, "사외이사제도에 관한 입법론적 연구," 법학박사학위논문(연세대, 1988) 등.

2) 사외이사제도의 개선방안에 관하여는 정찬형, 전게 현대상사법논집(2001), 36~40면; 동, 전게 고시계(2001. 12), 49~67면; 동, 전게 고려법학(제40호, 2003), 39~66면; 동, 전게 사외이

기업의 사회적 책임과 관련하여 근로자의 경영참가의 면은 원칙적으로 감사회에 두어야 하는 점, 감사회제도가 보다 권한의 분배가 명확하고 (대표)이사의 권한남용을 보다 효율적으로 억제할 수 있다는 점 등에서 볼 때, 독일의 중층제도가 보다 더 우리 실정에 맞을 것으로 본다.[1] 그러나 1997년말 IMF경제체제를 맞으면서 1998년부터 상장회사에 대하여 이사회에 사외이사를 의무적으로 두도록 하였고, 또한 자산총액이 2조원 이상인 상장회사에 대하여는 사외이사를 3인 이상 및 이사총수의 과반수가 되도록 하면서(상 542조의 8 1항, 상시 34조 1항·2항) 감사위원회를 의무적으로 두도록 하였다(상 542조의 11 1항). 이는 우리 상법이 미국법에 더 가깝게 입법되었고 또한 이는 국제기준에 근접한 입법이기도 하다. 따라서 현재로 우리 상법상 주식회사의 지배구조를 독일의 중층제도로 변경한다는 것은 사실상 거의 불가능하고, 현행 제도에서 업무집행기관에 대한 감독 및 감사기능이 그 효율성을 발휘할 수 있도록 보완할 필요가 있다. 이를 위하여는 업무집행기능과 업무감독기능을 분리하여 업무집행기능은 집행임원이 담당하도록

사제도 개선방안에 관한 연구(상장협연구보고서 2010-2); 한국상장회사협의회, "사외이사 선임제도의 개선 심포지엄 지상중계," 「상장」, 2002. 5, 63~79면; 동, "사외이사 제도 및 운영개선에 관한 의견," 「상장」, 제339호(2003. 3), 36~42면; 이형규, "사외이사 선임제도의 문제점과 개선방안," 「21세기한국상사법의 진로」(내동우홍구박사정년기념논문집), 2002, 223~240면; 강희갑, "우리나라 주식회사의 이사회 및 사외이사의 실태와 그 개선방안(경영감독기능을 중심으로)," 「비교사법」, 제 9 권 2호(2002. 8), 225~283면; 이형규·이상복, 사외이사 선임제도 개선방안에 관한 연구(상장협연구보고서, 2002-3), 2002. 5; 안택식, "기업경쟁력 강화를 위한 사외이사제도의 개선방안," 「상사법연구」, 제21권 2호(2002), 245~287면; 이기수, "사외이사제도의 강화를 둘러싼 쟁점," 「상사법연구」, 제19권 3호(2001), 59~98면; 양동석, "사외이사제도의 운영현황과 활성화 방안," 「기업법연구」(한국기업법학회), 제 8 집(2001), 253~277면; 김용구, "사외이사제도에 관한 연구," 「기업법연구」(한국기업법학회), 제10집(2002), 347~372면; 김영곤, "주식회사에 있어서 이사회운영의 활성화 방안," 「기업법연구」(한국기업법학회), 제 8 집(2001), 397~418면 등 참조.

1) 동지의 상법상 주식회사 지배구조의 개선방안에 관한 상세는 정찬형 외, 주식회사 감사제도의 개선방안에 관한 연구(상장협연구보고서 95-4)(한국상장회사협의회, 1995. 12), 233~262면; 정찬형, 전게논문(법률학의 제문제), 529~530면; 동, 전게논문(월간고시, 1988. 10), 50면; 동, "기업경영의 투명성 제고를 위한 주식회사의 지배구조의 개선," 「상사법연구」, 제17권 1호(1998. 6), 203~230면; 동, "주식회사의 업무집행기관에 대한 감독(감사)기관," 「고려법학」, 제38호(2002), 35~59면; 동, "주식회사의 지배구조와 권한의 분배," 「상사판례연구」(한국상사판례학회), 제16집(2004), 3~51면 등 참조.

반대: 전삼현, "독일 감사회제도의 문제점," 「상사법연구」, 제22권 2호(2003), 179~203면(WTO체제 출범 이후에 급진적으로 글로벌화가 추진되고 있는 현재의 세계 경제흐름을 고려하여 볼 때, 현재는 더 이상 독일의 감사회제도가 우리의 기업지배구조개선과 관련하여 모델이 되기는 어렵다고 본다).

참고로 일본은 1993년 개정상법(1993. 10. 1 시행)에서 대회사의 경우에는 3인 이상의 감사(이 중 1인은 반드시 사외감사이어야 함)로 구성된 감사회를 두도록 하여(상특 18조~18조의 4), 대회사의 경우 독일의 중층제도의 요소를 많이 가미하고 있었다.

하고 이사회는 업무감독기능만을 담당하도록 하여야 할 것이다(특히 자산총액 2조원 이상인 대회사에서). 이를 위하여 상법에 집행임원에 관한 규정을 두어야 한다는 주장이 그동안 꾸준히 제기되어,[1] 2011년 4월 개정상법은 회사의 선택에 의하여 집행임원을 둘 수 있는 것으로 규정하였다(상 408조의 2 1항).[2] 그러나 위에서 본 바와 같이 대회사는 이사회에 의무적으로 사외이사를 이사총수의 과반수 두도록 하여 이사회의 감독기능을 강화한 점과의 균형상 대회사는 의무적으로 집행임원을 두도록 하여야 하고,[3] 감사의 실효성을 위하여 집행임원을 둔 회사에서만 감사위원회를 둘 수 있도록 하여야 할 것으로 본다.[4]

---

1) 동지: 정찬형, "한국 주식회사에서의 집행임원에 관한 연구,"「고려법학」(고려대 법학연구원), 제43호(2004), 37~62면; 강희갑, 전게 상장협 연구보고서 2002. 5, 200~254면; 동, "미국 법상의 집행임원제도의 도입에 관한 연구(주식회사의 지배구조의 개선과 관련하여),"「비교사법」, 제 7 권 2 호(2000. 12), 671 ~ 705 면; 양동석, "임원제도 도입에 따른 법적 문제,"「상사법연구」, 제20권 2호(2001), 109~148면; 동, "집행임원제도도입의 필요성,"「21세기한국상사법의 진로」(내동우홍구박사정년기념논문집), 2002, 155~176면; 동, "집행임원의 역할과 법적 지위,"「상장협」, 제48호(2003, 추계호), 162~186면; 정쾌영, "집행임원제도에 관한 상법개정안의 문제점 검토,"「기업법연구」(한국기업법학회), 제21권 제 4 호(2007. 12), 110~111면; 전우현, "주식회사 감사위원회제도 개선에 관한 일고찰 ── 집행임원제 필요성에 관한 검토의 부가,"「상사법연구」(한국상사법학회), 제23권 3호(2004. 11), 284면 등.

2) 2011년 개정상법상 집행임원제도의 활성화에 관하여는 박정민, "2011년 개정상법상 집행임원제도의 활성화방안에 관한 연구," 법학석사학위논문(고려대, 2012. 2) 참조.

3) 동지: 문상일, "상법상 집행임원제도의 지배구조적 문제점과 개선방안,"「상사법연구」(한국상사법학회), 제36권 제 4 호(2018. 2), 60~61면.

4) 정찬형, "2007년 확정한 정부의 상법(회사법)개정안에 대한 의견,"「고려법학」(고려대 법학연구원), 제50호(2008), 384~392면, 394~395면; 동, "주식회사 지배구조관련 개정의견,"「상사법연구」(한국상사법학회), 제24권 2호(2005. 8), 163~167면; 동, "2009년 개정상법중 상장회사에 대한 특례규정에 관한 의견,"「상사법연구」(한국상사법학회), 제28권 1호(2009. 5), 291~292면, 301~302면; 동, "주식회사의 지배구조,"「상사법연구」(한국상사법학회), 제28권 3호(2009. 11), 31~64면; 동, 회사법 중장기 개선과제에 관한 연구(상장협연구보고서 2009-1)(서울: 한국상장회사협의회, 2009. 9), 82~99면, 108~125면; 동, 전게 사외이사제도 개선방안에 관한 연구(상장협연구보고서 2010-2), 84~107면; 동, "주식회사법 개정제안,"「선진상사법률연구」(법무부), 제49호(2010. 1), 1~66면; 동, "우리 주식회사 지배구조의 문제점과 개선방안,"「상사법연구」(한국상사법학회), 제34권 제 2 호(2015. 8), 9~43면; 동, "집행임원,"「제 4 판 주식회사법 대계 Ⅱ」(한국상사법학회 편), 법문사, 2022. 3, 1275~1388면; 동, "대기업의 투명경영을 위한 지배구조,"「선진상사법률연구」(법무부), 통권 제78호(2017. 4), 1~28면.

주요 유럽국가의 Corporate Governance에 관한 소개로는 강희갑 · 권기범 · 정호열 · 원용수, "주요 유럽국가의 회사지배구조의 최근 동향과 우리나라의 기업결합에 있어서의 지배구조,"「상사법연구」, 제20권 1호(2001), 347~424면 참조.

제 2 관 주주총회(기본사항의 의결기관)

제 1 의 의

주주총회(general meeting; General-od. Hauptversammlung; assemblée générale)는 「주주로 구성되고 회사의 기본적 사항에 관하여 회사의 의사를 결정하는 필요상설의 기관」이다. 이를 분설하면 다음과 같다.

(1) 주주총회는 「주주」만으로 구성된다. 따라서 이사나 감사(監事)는 주주총회에 출석하더라도(상 373조 2항, 413조) 주주총회의 구성원이 되지 못한다. 주주라 하더라도 의결권이 없거나 제한되는 종류주식(상 344조의 3 1항)을 가진 주주는 의결권이 없거나 제한되는 한 주주총회의 구성원이 되지 못한다고 본다(통설).[1]

(2) 주주총회는 회사의 「기본적 사항」에 관해서만 회사의 의사를 결정할 수 있다. 즉, 주주총회는 상법 또는 정관에 정해진 사항에 한해서만 결의할 수 있다(상 361조). 의용(依用)상법에서의 주주총회는 강행법규 또는 선량한 풍속 기타 사회질서에 반하지 않는 한 어떠한 사항도 결의할 수 있어 그 권한이 매우 광범위하였으므로 명실공히 회사의 최고·만능의 기관이었으나, 1963년부터 시행되는 신 상법 이후에는 위와 같이 주주총회는 상법 또는 정관이 정하는 사항에 한해서만 결의할 수 있게 하였으므로 그 권한에서 만능기관은 아니다. 그러나 주주총회는 이사·감사(監事)의 선임·해임권(상 382조 1항, 385조 1항, 409조 1항, 415조), 정관변경권(상 433조 1항) 등이 있어 이를 통하여 회사의 업무집행을 감독하고 또 주주총회의 권한범위를 확대할 수 있으므로 회사의 최고기관이라고 볼 수는 있다.[2]

(3) 주주총회는 회사의 내부적인 「의사결정기관」이고, 이의 대외적인 대표행위는 대표이사 또는 대표집행임원이 한다. 따라서 대표이사 또는 대표집행임원이 주주총회의 결의를 요하는 업무에 관하여 동 결의가 없거나 또는 동 결의와 상이함에도 불구하고 대외적인 대표행위를 한 경우의 효력이 문제되는데, 이에 관해서는 대표이사에 관한 설명에서 후술하기로 한다.

1) 정(희), 444면; 정(동), (회) 307면; 주상(제 5 판)(회사 Ⅲ), 65면 외.
반대: 이(철), (회) 503면(주주는 의결권의 유무에 불구하고 주주인 이상 주주총회의 구성원으로 보아야 한다고 한다); 이(기) 외, (회) 361면.

2) 동지: 정(동), (회) 308면; 이(철), (회) 504면; 채, 460면; 이(기) 외, (회), 362면; 주상(제 5 판)(회사 Ⅲ), 66면.

주주총회의 의사결정은 주주들의 현실적인 집회에서의 결의에 의하는데, 이것은 주주가 적극적으로 회사의 경영에 참여하는 유일한 길이다.[1)]

(4) 주주총회는 주식회사에서 반드시 존재해야 하는 「필요기관」이고, 또 추상적 의미의 존재형식에서 「상설기관」이다[2)](주주총회는 회의체기관이므로 그 활동형식에 있어서는 이사회 등과 같이 물론 상설기관이 될 수 없다).[3)]

제 2 권 한(결의사항)

우리 상법상 주주총회는 만능의 권한을 갖는 것이 아니라 상법 또는 정관에 정하는 사항에 한하여만 결의할 수 있는 권한을 가질 뿐이다(상 361조). 즉, 1963년부터 시행되는 신상법에서는 그 이전의 의용(依用)상법에 비하여 주주총회의 권한을 대폭 축소하고, 그 대신 이사회의 권한을 강화하였다. 1984년의 개정상법에서는 종래에 주주총회의 권한으로 되어 있던 준비금의 자본전입권(상 461조 1항 본문), 전환사채의 발행권(상 513조 2항 본문) 등의 권한을 원칙적으로 이사회의 권한으로 옮김으로써 주주총회의 권한을 더욱 약화시켰는데, 이것은 현대 회사법의 입법례의 추세라고도 볼 수 있다.

이하에서는 주주총회의 권한을 상법상의 권한, 특별법상의 권한 및 정관상의 권한으로 나누어서 간단히 살펴보겠다.

---

1) 동지: 이(철), (회) 503~504면(주주는 이 외에도 각종의 제소권·유지청구권 등을 갖고 있지만 이러한 권리는 소극적인 면에서 행사할 수 있는 권리에 불과하고, 주주가 적극적인 면에서 회사경영에 참여하는 권리는 주주총회에서의 의결권뿐이라고 한다).

2) 동지(상설기관설): 정(희), 445면; 정(동), (회) 308면; 이(철), (회) 504면; 채, 460면; 이(기) 외, (회) 362면; 주상(제 5 판)(회사 Ⅲ), 67면.

반대(비상설기관설); 손(주), 698면(주주총회는 회의체기관이므로 상설기관이 아니라고 한다); 이(원), 415면.

3) 주주총회의 전자화에 대하여는 고재종, "가상공간상 주주총회의 운용에 관한 검토," 「상사법연구」, 제21권 1호(2002), 223~247면(이사회와 같이 화상회의 등을 통한 주주총회를 인정하여야 하고, 주주총회의 소집지에 가상공간을 포함하여야 하며, 주주총회의 공고도 전자적 방법에 의하여 할 수 있도록 하고, 의결권에 대한 대리권의 부여방식도 전자적 방법에 의할 수 있도록 하며, 의결권의 행사도 서면뿐만 아니라 전자적 수단으로 할 수 있도록 하여야 한다); 정쾌영, "주주총회의 전자화에 관한 입법론적 고찰," 「상사법연구」, 제21권 3호(2002), 315~345면(주주의 의결권 행사와 의결권 대리행사의 위임, 주주제안과 주식매수청구 등을 전자적 방법으로 할 수 있도록 조속한 입법이 요구된다고 한다); 차대운·정쾌영, "주주총회의 전산화와 그 법적 과제," 「상장협」, 제46호(2002, 추계호), 140~155면; 홍복기, "전자주주총회제도의 도입," 「상사법연구」, 제22권 3호(2003), 179~224면; 권재열, "주주총회의 전자화(상법 제363조 제 1 항에 대한 고찰을 중심으로)," 「비교사법」, 제10권 2호(2003. 6), 265~291면; 정준우, "상법상 주주 및 회사의 서면행위의 전자화방안," 「비교사법」, 제10권 3호(2003. 9), 349~384면 등 참조.

1. 상법상의 권한

주주총회의 상법상의 권한을 분류하여 열거하면 다음과 같다.

(1) 기관구성과 관련한 권한

회사의 기관구성과 관련한 권한으로는 이사·감사·청산인의 선임 및 해임(상 382조, 385조, 409조, 415조, 531조, 539조), 검사인의 선임(상 366조 3항, 367조) 등에 관한 권한이 있다.

(2) 회계와 관련한 권한

회사의 회계와 관련한 권한으로는 재무제표의 승인(상 449조 1항), 주식배당의 결정(상 462조의 2 1항 본문), 배당금지급시기의 결정(상 464조의 2 1항 단서), 청산의 승인(상 540조 1항) 등에 관한 권한이 있다.

(3) 업무감독과 관련한 권한

이사 등의 업무감독과 관련한 권한으로는 이사·감사·청산인의 보수결정(상 388조, 415조, 542조 2항), 사후설립(상 375조), 발기인·이사·감사·청산인의 책임면제(상 324조, 400조, 415조, 542조), 이사·감사·청산인의 책임해제의 유보(상 450조, 542조 2항), 주주 이외의 자에 대한 전환사채 또는 신주인수권부사채의 발행(상 513조 3항, 516조의 2 4항) 등에 관한 권한이 있다.

(4) 기본기구의 변경과 관련한 권한

회사의 기본기구의 변경과 관련한 권한으로는 영업의 전부 또는 중요한 일부의 양도 등(상 374조),[1] 정관변경(상 433조 1항), 자본금 감소(상 438조), 합병(상 522조), 분할(상 530조의 2~530조의 12), 주식의 포괄적 교환(상 360조의 3)·이전(상 360조의 16), 계속(상 519조), 조직변경(상 604조 1항), 해산(상 518조) 등에 관한 권한이 있다.

2. 특별법상의 권한

청산중의 회사나 파산선고 후의 회사가 회생절차의 개시신청을 함에는 채무자 회생 및 파산에 관한 법률상 주주총회의 특별결의를 요하고(파 35조), 보험회

---

1) 회사편에서의 이러한 영업양도가 총칙편의 영업양도(상 41조 1항)와 어떠한 관련을 갖는가에 대하여, 양자를 동일하게 해석하여 법해석의 통일성과 안정성을 기해야 한다는 「형식설」(주식회사의 영업용 재산 또는 중요재산의 양도는 그것이 영업양도에 해당하지 않으면 주주총회의 특별결의를 요하지 않는다는 점에서 불요설이라고도 함), 양자는 입법목적이 다르므로 동일하게 해석할 필요가 없다고 보는 「실질설」(주식회사의 영업용 재산 또는 중요재산의 양도는 그것이 비록 영업양도에 해당되지 않을지라도 주주총회의 특별결의를 요한다고 보는 점에서 필요설이라고도 함) 및 양자를 절충한 「절충설」이 있는데, 대법원판례 입장과 같은 절충설이 타당하다고 보며, 영업의 일부양도는 회사편에서만 인정하는 것이 타당하다고 본다. 이에 관하여는 후술하는 주주총회의 특별결의사항에 관한 부분에서 상세히 설명한다.

사가 계약으로써 다른 보험회사에게 그 업무와 재산의 관리를 위탁하는 경우에는 보험업법상 주주총회의 특별결의를 요한다(보험 138조, 140조).

3. 정관상의 권한

주주총회의 권한은 상법(및 특별법)에 규정된 사항 이외에도 정관에 의하여 확대될 수 있다. 이러한 권한은 다음과 같이 분류될 수 있다.

(1) 상법에 규정이 없거나, 또는 상법의 규정에 의하여 주주총회의 권한으로 유보되어 있는 사항(예컨대, 상 416조 단서)에 대하여 정관에서 주주총회의 권한으로 규정하는 것은 당연하다.

(2) 상법에서 주주총회 이외의 기관(예컨대, 이사회 등)의 권한으로 규정하고 있는 사항을 정관에서 주주총회의 권한으로 규정할 수 있는가. 이에 대하여는 이미 설명한 바와 같이 우리나라의 학설은 나뉘어 있다. 즉, (i) 통설은 주주총회의 최고기관성 및 권한분배의 자율성 등을 이유로 하여, 주식회사의 본질이나 강행법규에 위반되지 않는 한 상법상 규정된 이사회 등의 권한도 정관에 의하여 주주총회의 권한으로 규정할 수 있는데, 다만 주주총회의 소집권한(상 362조)은 그 성질상 주주총회의 권한으로 할 수 없다고 한다.[1] (ii) 그러나 소수설은 주식회사의 각 기관의 권한분배에 관한 규정은 강행규정이고, 또 통설에 의하면 상법이 주주총회의 권한으로 유보한 조항(예컨대, 상 389조 1항 단서, 416조 단서 등)이 무의미해지며, 또한 이로 인하여 주주총회가 이사회의 권한을 대폭 잠식하게 되어 주식회사의 소유와 경영의 분리를 기대하는 상법의 이념에 역행한다는 이유 등으로, 상법이 정관의 규정에 의하여 주주총회의 권한으로 할 수 있음을 명문으로 규정하지 않는 한 정관에 의하여 이사회 등의 권한을 주주총회의 권한으로 할 수 없다고 한다.[2]

생각건대 주식회사의 각 기관의 권한에 관한 상법의 규정은 입법정책의 문제로서 전부 강행규정으로 보아야 하므로, 그 범위에서 자율성은 배제된다.

---

1) 정(희), 445면(상법에서 이사회의 권한으로 되어 있는 것도 총회소집과 같이 그 성질상 허용될 수 없는 것을 제외하고는, 정관에서 주주총회의 권한으로 유보할 수 있다고 본다); 정(동), (회) 315면(다만 이 경우에는 이사의 회사 및 제 3 자에 대한 책임의 규정을 주주에게 유추적용할 필요가 생긴다고 한다); 서·정, 413면; 박·이, 231면; 이(병), 427면; 채, 498면; 이(기) 외, (회) 363면; 김영주, "정관에 의한 주주총회 권한의 확장 — 일본 최고재판소 2017. 2. 21. 결정의 분석과 시사점 —," 「상사판례연구」(한국상사판례학회), 제31집 제 1 권(2018. 3), 314면 외.

2) 이(철), (회) 506면.

따라서 상법 제361조에서 「정관에서 정한 사항」이란 상법상의 유보조항(예컨대, 상 416조 단서, 461조 1항 단서 등)에 의하여 정관에서 주주총회의 권한으로 정한 사항 및 상법에 규정이 없는 사항을 정관에서 주주총회의 권한으로 정한 사항을 말하고, 그러한 상법상의 유보조항이 없이 상법이 타 기관의 권한으로 규정하고 있는 사항을 정관의 규정만으로 주주총회의 권한으로 할 수는 없다고 본다(소수설에 찬성).

제 3 소 집

I. 소집권자

(1) 원 칙

주주총회의 소집은 원칙적으로 「이사회」가 결정한다(상 362조). 이러한 이사회의 결정의 집행은 대표이사 또는 집행임원이 한다(상 389조 3항·209조, 408조의 4 1호). 청산중의 회사의 경우에는 청산인회가 소집을 결정하고, 대표청산인이 그 결정을 집행한다(상 542조).

그러나 자본금 총액이 10억원 미만으로서 이사를 1명 또는 2명을 둔 소규모 주식회사(상 383조 1항 단서)는 이사회가 없으므로, 이러한 이사회의 기능을 각 이사(정관에 따라 대표이사를 정한 경우에는 그 대표이사)가 수행한다(상 383조 6항).

(2) 예 외

주주총회는 예외적으로 「소수주주」(상 366조 2항, 542조의 6 1항), 「감사」(상 412조의 3) 또는 감사위원회(상 415조의 2 7항, 412조의 3), 「법원의 명령」(상 467조 3항)에 의하여 소집되는 경우가 있다.

1) 소수주주에 의하여 소집되는 경우 소수주주에 의하여 주주총회가 소집되는 경우는, 비상장회사의 경우에는 발행주식총수의 100분의 3 이상에 해당하는 주식을 가진 주주가(상 366조 2항), 상장회사의 경우에는 발행주식총수의 100분의 3 이상에 해당하는 주식을 가진 주주(상 542조의 6 10항) 또는 6개월 전부터 계속하여 상장회사 발행주식총수의 1,000분의 15 이상에 해당하는 주식을 보유한 주주[1]가(상 542조의 6 1항), 회의의 목적사항과 소집의 이유를 적은 서면 또는 전자문서를

---

1) 금융회사의 경우는 6개월 전부터 계속하여 금융회사의 의결권 있는 주식총수의 10,000분의 150 이상(대통령령으로 정하는 금융회사의 경우에는 10,000분의 75 이상)에 해당하는 주식을 보유한 자이다(지배 33조 2항).

참고로 종래의 증권거래법과 상법과의 관계에 대하여 우리 대법원은 "증권거래법 제191조의 13 제 5 항(현재의 상 542조의 6 1항에 해당함) 등은 상법 제366조의 적용을 배제하는 특별법에 해당한다고 볼 수 없으므로 주권상장법인 등의 주주는 증권거래법 제191조의 13 제 5 항 등이 정하는 6월의 보유기간 요건을 갖추지 못한 경우라 할지라도 상법 제366조의 요건을 갖추고 있

먼저 이사회(자본금 총액이 10억원 미만으로서 이사를 1명 또는 2명을 둔 소규모 주식회사〈상 383조 1항 단서〉는 이사회가 없으므로, 이러한 이사회의 기능을 각 이사〈정관에 따라 대표이사를 정한 경우에는 그 대표이사〉가 수행한다〈상 383조 6항〉)에 제출하여 주주총회(임시총회)의 소집을 청구하여야 하고(상 366조 1항, 542조의 61항), 이러한 청구가 있음에도 불구하고 이사회(자본금 총액이 10억원 미만으로서 이사를 1명 또는 2명을 둔 소규모 주식회사〈상 383조 1항 단서〉는 이사회가 없으므로, 이러한 이사회의 기능을 각 이사〈정관에 따라 대표이사를 정한 경우에는 그 대표이사〉가 수행한다〈상 383조 6항〉)가 지체 없이 총회소집의 절차를 밟지 아니한 때에는(소집통지의 발송뿐 아니라 총회개최결정을 위한 이사회의 개최, 주주명부의 폐쇄, 공고 기타 소집절차 중 어느 하나라도 지체해서는 안 된다는 뜻), 그 소수주주가 법원의 허가를 받아 직접 총회를 소집하는 경우이다(상 366조 2항 1문, 542조의 6 1항). 이 경우 주주총회의 의장은 법원이 이해관계인의 청구나 직권으로 선임할 수 있다(상 366조 2항 2문). 소수주주가 법원의 허가를 받아 소집한 주주총회에서 지배주주를 대표하는 자가 주주총회의 의장을 맡게 되면 지배주주를 위한 독단적인 의사진행으로 소수주주의 이익을 해하기 때문에 이러한 규정을 2011년 4월 개정상법에서 신설하였다.

이 때 소수주주가 법원에 총회소집의 허가를 신청하는 경우에는, 이사가 그 소집을 게을리한 사실을 소명하여야 하고(비송 80조 1항 후단), 법원은 이러한 신청에 대하여 이유를 붙인 결정으로써 재판을 하여야 하는데(비송 81조 1항), 신청을 인용한 재판에 대하여는 불복의 신청을 할 수 없고(비송 81조 2항) 민사소송법 제449조에 의한 특별항고만이 허용된다.

이러한 취지의 다음과 같은 대법원판례가 있다.

> [소수주주의 신청에 의하여 법원이 허가한 주주총회의 소집을 다투는 소에 관한 판례]
>
> 상법 제366조 제 2 항의 규정에 의한 소수주주의 신청에 의하여 법원이 비송사건절차법 제81조 제 1 항의 규정에 의하여 임시주주총회의 소집을 허가한 결정에 대하여는 같은 조 제 2 항에 의하여 불복의 신청을 할 수 없고 민사소송법 제420조 소정의 특별항고가 허용되는바, 기록에 의하면 이 사건은 소수주주의 신청에 의해 임시주주총회의 소집을 허가한 항고심결정에 대하여 불복하는 사건임이 명백하므로 당원은 이를 특별항고로 보기로 한다[대결 1991. 4. 30, 90 마 672(공보 899, 1596)].
>
> 동지: 대결 1963. 9. 23, 63 마 15(민결집 10, 349).

이 때 법원이 총회의 소집기간을 구체적으로 정하지 않은 경우에도 소집허가를 받은 소수주주는 소집의 목적에 비추어 상당한 기간 내에 총회를 소집

으면 그에 기하여 주주총회소집청구권을 행사할 수 있다"고 판시하였다[대판 2004. 12. 10, 2003 다 41715(공보 2005, 97)]. 그런데 2020년 개정상법은 이를 입법적으로 명확히 하였다.

하여야 하고 이러한 상당한 기간이 경과하면 소집권한은 특별한 사정이 없는 한 소멸하는데, 우리 대법원판례도 이와 같은 취지로 다음과 같이 판시하고 있다.

[법원의 총회소집 허가결정일로부터 상당한 시간이 경과하면 특별한 사정이 없는 한 소집권한은 소멸한다는 판례]

법원은 상법 제366조 제 2 항에 따라 총회의 소집을 구하는 소수주주에게 회의의 목적사항을 정하여 이를 허가할 수 있다. 이때 법원이 총회의 소집기간을 구체적으로 정하지 않은 경우에도 소집허가를 받은 주주는 소집의 목적에 비추어 상당한 기간 내에 총회를 소집하여야 한다. 소수주주에게 총회의 소집권한이 부여되는 경우, 총회에서 결의할 사항은 이미 정해진 상태이고, 일정기간이 경과하면 소집허가결정의 기초가 되었던 사정에 변경이 생길 수 있기 때문이다. 소수주주가 아무런 시간적 제약 없이 총회를 소집할 수 있다고 보는 것은, 이사회 이외에 소수주주가 총회의 소집권한을 가진다는 예외적인 사정이 장기간 계속되는 상태를 허용하는 것이 되고, 이사회는 소수주주가 소집청구를 한 경우 지체 없이 소집절차를 밟아야 하는 것에 비해 균형을 상실하는 것이 된다. 따라서 총회소집 허가결정일로부터 상당한 기간이 경과하도록 총회가 소집되지 않았다면, 소집허가결정에 따른 소집권한은 특별한 사정이 없는 한 소멸한다. 소집허가결정으로부터 상당한 기간이 경과하였는지는 총회소집의 목적과 소집허가결정이 내려진 경위, 소집허가결정과 총회소집 시점 사이의 기간, 소집허가결정의 기초가 된 사정의 변경 여부, 뒤늦게 총회가 소집된 경위와 이유 등을 고려하여 판단하여야 한다[대판 2018. 3. 15, 2016 다 275679(공보 2018, 675)].

이 경우의 소수주주는 회사의 집행기관의 지위에 서는 것이므로, 소집비용은 회사의 부담이 될 것이다. 이렇게 소수주주에 의하여 소집된 주주총회는 회사의 재산상태의 악화에 대한 대책을 세우거나, 임원을 해임하는 경우 등에 중요한 의미를 갖는다.[1] 따라서 이렇게 소집된 주주총회에서는 회사의 업무와 재산상태를 조사하기 위하여 검사인을 선임할 수 있다(상 366조 3항).

2) 감사(監事) 또는 감사위원회에 의하여 소집되는 경우 감사 또는 감사위원회도 소수주주와 같은 방법으로 주주총회(임시총회)를 소집할 수 있다. 즉, 감사 또는 감사위원회는 먼저 회의의 목적사항과 소집의 이유를 기재한 서면(상법 제412조의 3 제 1 항에서 '또는 전자문서'가 빠진 것은 입법상 누락임)을 이사회(자본금 총액이 10억원 미만으로서 이사를 1명 또는 2명을 둔 소규모 주식회사〈상 383조 1항 단서〉는 이사회가 없으므로, 이러한 이사회의 기능을 각 이사〈정관에 따라 대표이사를 정한 경우에는 그 대표이사〉가 수행한다〈상 383조 6항〉)에 제출하여 총회의 소집을 청

1) 동지: 정(동), (회) 316면.

구하여야 하고(상 412조의 3 1항, 415조의 2 7항), 이러한 청구가 있음에도 불구하고 이사회(자본금 총액이 10억원 미만으로서 이사를 1명 또는 2명을 둔 소규모 주식회사〈상 383조 1항 단서〉는 이사회가 없으므로, 이러한 이사회의 기능을 각 이사〈정관에 따라 대표이사를 정한 경우에는 그 대표이사〉가 수행한다〈상 383조 6항〉)가 지체 없이 총회소집의 절차를 밟지 아니한 때에는, 감사 또는 감사위원회는 법원의 허가를 얻어 직접 총회를 소집할 수 있다(상 412조의 3 2항, 366조 2항 1문, 415조의 2 7항). 이 경우 주주총회의 의장은 법원이 이해관계인의 청구나 직권으로 선임할 수 있다(상 412조의 3 2항, 366조 2항 2문, 415조의 2 7항).

감사에게 이와 같이 주주총회소집권을 부여한 것은 1995년 개정상법에 의해서이고, 감사위원회에 주주총회소집권을 부여한 것은 1999년 개정상법에 의해서인데, 이는 감사 또는 감사위원회에 의한 감사의 실효성을 확보하기 위한 방안의 하나로 신설된 것이다. 따라서 이와 같이 감사 또는 감사위원회에 의하여 소집된 주주총회는 감사 또는 감사위원회로부터 감사결과를 보고받고 이에 대한 대책을 세움으로써, 감사의 실효성을 확보하는 데 기여할 수 있을 것이라는 점에서 의미가 있다고 본다.

3) 법원의 명령에 의하여 소집되는 경우 법원의 명령에 의하여 주주총회가 소집될 수 있는 경우는, 회사의 업무집행에 관하여 부정행위 또는 법령이나 정관에 위반한 중대한 사실이 있음을 의심할 사유가 있는 때에는, 비상장회사의 경우는 발행주식총수의 100분의 3(1998년 개정상법 이전에는 100분의 5) 이상에 해당하는 주식을 가진 소수주주의 청구에 의하여(상 467조 1항), 상장회사의 경우는 발행주식총수의 100분의 3 이상에 해당하는 주식을 가진 소수주주(상 542조의 6 10항) 또는 6개월 전부터 계속하여 상장회사 발행주식총수의 1,000분의 15 이상에 해당하는 주식을 보유한 소수주주의 청구에 의하여(상 542조의 6 1항) 법원이 선임한 검사인이 회사의 업무와 재산상태를 조사하여 그 결과를 법원에 보고하여야 하는데(상 467조 2항), 법원은 그 보고에 의하여 필요하다고 인정한 때에 대표이사 또는 (대표)집행임원에게 주주총회의 소집을 명하는 경우이다(상 467조 3항). 이 때에는 이사회의 결정을 요하지 아니하고 대표이사 또는 (대표)집행임원(자본금총액이 10억원 미만으로서 이사를 1명 또는 2명을 둔 소규모 주식회사〈상 383조 1항 단서〉는 이사회가 없으므로, 이러한 이사회의 기능을 각 이사〈정관에 따라 대표이사를 정한 경우에는 그 대표이사〉가 수행한다〈상 383조 6항〉)이 바로 소집한다(통설). 대표이사 또는 (대표)집행임원(자본금총액이 10억원 미만으로서 이사를 1명 또는 2명을 둔 소규모 주식회사〈상 383조 1항 단서〉는 이사회가 없으므로, 이러한 이사회의 기능을 각 이사〈정관에 따라 대표이사를 정한 경우에는 그 대표이사〉가 수행한다〈상 383조 6항〉)이 이러한 법원의 명령에 위반하여 주주총회를 소집하지 아니한 경우에는 과태료의 제재를 받는다(상 635조 1항 22호).

2. 소집시기

주주총회는 그의 소집시기를 기준으로 하여 「정기총회」(annual meeting; ordentliche Generalversammlung)와 「임시총회」(special meeting; ausserodentliche Generalversammlung)로 나뉜다. 정기총회와 임시총회는 그 권한에 있어 차이가 있다고 보는 소수설도 있으나,[1] 양자는 소집시기에 있어서만 차이가 있을 뿐 그 권한이나 소집절차 또는 결의의 효력 등에서는 차이가 없다고 본다(통설).[2]

(1) 정기총회

정기총회는 원칙적으로 매년 1회 일정한 시기(매 결산기)에 소집되는데(상 365조 1항), 예외적으로 연 2회 이상의 결산기를 정한 회사는 매 결산기에 정기총회를 소집하여야 한다(상 365조 2항). 정기총회는 원래 재무제표를 승인하고 이익처분을 결정하기 위하여 소집되는데, 이러한 점에서 정기주주총회를 결산주주총회라고도 한다. 그 시기는 보통 정관에 규정되는데, 정관에 규정이 없으면 매 결산기 후 3월 내에 소집되어야 한다[3](상 354조 2항·3항 참조).

이사(상 383조 3항) 또는 감사(상 410조)의 임기를 정기주주총회의 종결시까지로 정한 경우 이러한 이사 또는 감사의 임기는 정기총회로 불려지는 그 총회의 종결시까지 계속되는 것이 아니고, 그 임기는 정기총회가 원래 개최되어야 할 기간의 경과로 종료된다고 본다.[4]

정기총회에서는 재무제표의 승인 및 이사·감사의 개선과 같은 일상적인 사항 이 외에도 정관의 변경·합병계약서 또는 분할계획서(분할합병계약서)의 승인 등도 할 수 있으므로, 이러한 사항 때문에 정기총회에 이어 또 다시 임시총회를 개최할 필요는 없다. 또한 법원의 명령 등에 의하여 소집된 임시총회(상 467조 3항)의 시기가 마침 정기총회의 소집시기와 일치한다면, 그 정기총회에서 임시총회를 요구한 소정사항을 결의할 수 있다.[5]

(2) 임시총회

임시총회는 필요한 경우에 수시로 소집되는데(상 365조 3항), 회사의 필요에 의하

---

1) 손(주), 701면(재무제표의 승인권한은 정기주주총회에만 있다고 한다).
2) 정(희), 446면; 정(동), (회) 318면; 이(철), (회) 512~513면; 채, 463면: 이(기) 외, (회) 364면; 이·최, 305면 외.
3) 동지: 정(희), 446면; 정(동), (회) 317면; 이(철), (회) 512면(정관에 규정이 없는 경우에도 재무제표 승인의 필요상 상당한 기간 내에 소집해야 한다고 한다); 이(기) 외, (회) 363면.
4) 동지: 정(희), 446면.
5) 동지: 정(희), 446면.

여 임의로 소집되는 경우가 일반적이나, 때에 따라서는 그 소집이 강제되는 경우도 있다(상 467조, 526조, 533조 1항, 540조 1항 등).

3. 소집지와 소집장소

(1) 소 집 지

주주총회의 소집지는 정관에 다른 정함이 없으면 「본점소재지 또는 이에 인접한 지」이어야 한다(상 364조). 소집지란 최소독립행정구역(특별시·광역시·시·군)[1]을 의미하는데, 상법이 이러한 규정을 둔 것은 주주의 출석편의를 위해서이다.

(2) 소집장소

소집장소에 대하여는 상법에 규정이 없으나 「소집지 내의 특정한 장소」로 해석하고,[2] 보통 총회소집의 통지 또는 공고에 함께 기재된다. 소집장소는 위치·규모 등에서 주주가 출석하는 데 편리한 장소이어야 하므로, 교통곤란한 장소 또는 출석주주를 수용할 수 없는 협소한 건물에 소집하는 것은 소집절차의 불공정을 이유로 결의취소의 소의 원인이 될 수 있다.[3]

판례에 의하면 건물의 옥상이나 다방을 소집장소로 정한 경우에도 유효하다고 한다.[4]

만일 소집장소의 기재가 없으면 본점이 소집장소가 된다.[5]

4. 소집절차

(1) 통지의 필요성

주주총회를 소집함에 있어서는 주주에게 출석의 기회와 준비의 시간을 주기 위하여 (기명)주주에게는 「통지」하여야 한다(상 363조 1항~2항).[6] 그러나 의결권이 없

---

1) 동지: 이(철), (회) 517면.
그러나 정(동), (회) 318면 및 주상(제 5 판)(회사 Ⅲ), 87면은 시·군과 특별시 및 광역시의 경우는 구를 의미한다고 한다.

2) 동지: 정(희), 448면; 정(동), (회) 319면.

3) 동지: 정(희), 448면.

4) 대판 1983. 8. 23, 83 도 748(집 31 ④ 형 82).

5) 동지: 정(희), 448면.

6) 이러한 통지에 갈음하는 전자공시제도가 논의되고 있는데, 이에 관하여는 정대익, "전자공시제도에 관한 법적 고찰," 「상사법연구」, 제22권 3호(2003), 225~277면; 곽관훈, "전자문서에 의한 주주총회 소집통지," 「기업법연구」(한국기업법학회), 제11집(2002), 97~117면(전자공시에 관한 구체적인 절차 및 방법들에 대해서 명확히 규정해야 할 것이고, 아울러 주주의 회사에 대한 각종 청구권의 행사도 전자적 방법에 의하여 행하여질 수 있도록 입법적인 정비를 하는 것이 필요하다고 한다).

는 종류주식을 가진 주주에 대하여는 이러한 통지를 할 필요가 없다(상 363조 7항).[1] 그러나 주주총회 소집통지서에 적은 회의의 목적사항이 주식교환계약서·주식이전계획서·영업의 전부 또는 중요한 일부의 양도 등·합병계약서·분할계획서 또는 분할합병계약서를 승인하는 주주총회로서 반대주주의 주식매수청구권이 인정되는 사항(상 360조의 5, 360조의 22, 374조의 2, 522조의 3, 530조의 11)이 포함되는 경우에는 의결권이 없는 종류주식을 가진 주주도 주식매수청구권을 행사할 수 있으므로(상 374조의 2 1항), 의결권이 없는 종류주식을 가진 주주에게도 소집통지를 하여야 한다(상 363조 7항 단서).[2]

주주총회 소집통지서를 발송하였다가 이를 철회하는 경우에도 소집절차와 동일한 절차를 밟아야 하는데, 이러한 취지의 다음과 같은 대법원판례가 있다.

[주주총회 소집절차가 적법하게 철회되었다고 본 판례]

주식회사 대표이사가 이사회결의를 거쳐 주주들에게 임시주주총회 소집통지서를 발송하였다가 다시 이를 철회하기로 하는 이사회결의를 거친 후 총회 개최장소 출입문에 총회 소집이 철회되었다는 취지의 공고문을 부착하고, 이사회에 참석하지 않은 주주들에게는 퀵서비스를 이용하여 총회 소집이 철회되었다는 내용의 소집철회통지서를 보내는 한편, 전보와 휴대전화(직접 통화 또는 메시지 녹음)로도 같은 취지의 통지를 한 사안에서, 임시주주총회 소집을 철회하기로 하는 이사회결의를 거친 후 주주들에게 소집통지와 같은 방법인 서면에 의한 소집철회통지를 한 이상 임시주주총회 소집이 적법하게 철회되었다고 본 원심 판단은 정당하다[대판 2011. 6. 24, 2009 다 35033(공보 2011, 1459)].

(2) (기명)주주에 대한 통지

(기명)주주에 대한 소집통지는 회일의 2주간 전(회일의 전일부터 14일 이전까지 발송하여야 한다는 뜻)(2009년 5월 개정 상법에 의하여 자본금 총액이 10억원 미만인 소규모 주식회사의 경우에는 그 운영을 간소화하기 위하여 「10일 전」으로 단축함 — 상 363조 3항 전단)에 서면(따라서 구두·전화 등에 의한 통지, 회람, 안내방송 등은 허용되지 않는다)[3] 또는 각 주주의 동의를 받아 전자문서로 통지를 발송하여야 하고(발신주의)(상 363조 1항 본문), 그 통지서에는 회의의 목적사항[4]을 적어야 한다(상 363조 2항). 그러나

1) 이 때 「의결권이 없는 주주」란 의결권이 없는 종류주식이나 그 주주총회의 결의사항에 대하여 의결권이 제한되는 종류주식을 가진 주주를 말한다(상 344조의 3 참조).

2) 2015년 개정상법이 의결권이 없거나 제한되는 주주에게도 명문으로 주식매수청구권을 인정함에 따라(상 374조의 2 1항), 상법 제363조 제 7 항에 단서를 신설하여, 이러한 경우에는 의결권이 없거나 제한되는 주주에게도 주주총회 소집통지를 하도록 한 것이다.

3) 동지: 정(동), (회) 320면; 이(철), (회) 513면; 이(기) 외, (회) 366면.

4) 회의의 목적사항이란 '결의사항'(의안〈議案〉 또는 의사일정)을 말하고, 결의사항이 정관의 변

개개의 주주가 이러한 소집통지를 받을 권리를 포기하거나, 또는 전화나 구두에 의한 통지에 동의하는 것은 무방하다고 본다.[1)]

그런데 이러한 소집통지가 주주명부상의 주주의 주소에 계속 3년간 도달하지 아니한 때에는 회사는 해당 주주에게 총회의 소집을 통지하지 아니할 수 있다(상 363조 1항 단서). 이는 장기간 소재불명한 주주에게 무의미한 총회소집통지를 생략함으로써, 법률적 분쟁을 예방하고 총회소집비용과 번거로움을 덜어주어 회사(특히 상장회사) 운영의 편의를 도모하기 위하여 1995년 개정상법에 의하여 신설된 것이다.

2009년 1월 개정상법에 의하면 상장회사의 주주총회소집에 있어서는 대통령령이 정하는 수(의결권 있는 발행주식총수의 100분의 1) 이하의 주식을 소유하는 주주에게는 정관에서 정하는 바에 따라 주주총회 회일의 2주 전에 주주총회를 소집하는 뜻과 회의의 목적사항을 둘 이상의 일간신문에 각각 2회 이상 공고하거나 대통령령으로 정하는 바에 따라 전자적 방법(금융감독원 또는 한국거래소가 운용하는 전자공시시스템을 통하여 공고하는 방법)으로 공고함으로써 위의 소집통지에 갈음할 수 있다(상 542조의 4 1항, 상시 31조 1항·2항). 또한 상장회사가 이사·감사의 선임에 관한 사항을 목적으로 하는 주주총회를 소집통지 또는 공고하는 경우에는 이사·감사후보자의 성명, 약력, 추천인, 그 밖에 대통령령으로 정하는 후보자에 관한 사항(1. 후보자와 최대주주와의 관계, 2. 후보자와 해당 회사와의 최근 3년간의 거래내역, 3. 주주총회 개최일 기준 최근 5년 이내에 후보자가 「국세징수법」 또는 「지방세징수법」에 따른 체납처분을 받은 사실이 있는지 여부, 4. 주주총회 개최일 기준 최근 5년 이내에 후보자가 임원으로 재직한 기업이 「채무자 회생 및 파산에 관한 법률」에 따른 회생절차 또는 파산절차를 진행한 사실이 있는지 여부, 5. 법령에서 정한 취업제한사유 등 이사·감사 결격사유의 유무)을 통지하거나 공고하여야 한다(상 542조의 4 2항, 상시 31조 3항). 상장회사는 이와 같이 통지하거나 공고한 후보자 중에서 이사·감사를 선임하여

변경 기타 중요한 사항일 때에는 '의안의 요령'도 기재하여야 한다(상 433조 2항, 522조 2항). 예컨대, 「정관의 일부변경의 건」은 결의사항이고, 「정관 제 몇 조를 어떻게 개정할 것인가의 요지」는 의안의 요령이다[정(동), (회) 320면].

주주총회가 이러한 '목적사항'에 없는 사항을 결의하면 결의취소의 소(상 376조)의 원인이 되나(대판 1979. 3. 27, 79 다 19; 동 1969. 2. 4, 68 다 2284 외), '의안의 요령'과 다른 내용으로 결의하더라도 이는 결의취소의 소의 원인이 아니라고 본다. 왜냐하면 '의안의 요령'은 이사회의 하나의 안(案)이므로 주주총회에서는 그 안과 달리 결의할 수 있는 것이며, 또한 이 경우 주주총회의 권한은 '의안의 요령'에 대하여 가부(可否)만을 결의하는 것으로 한정하는 것으로 볼 수 없기 때문이다.

1) 동지: 정(동), (회) 325면; 이(철), (회) 526면.

야 하는데(상 542조의 5), 상장회사가 이에 위반하여 이사·감사를 선임한 경우에는 500만원 이하의 과태료의 처벌을 받는다(상 635조 1항 30호).

상장회사가 주주총회 소집의 통지 또는 공고를 하는 경우에는, (i) 사외이사 그 밖에 해당 회사의 상무에 종사하지 아니하는 이사의 이사회 출석률·이사회 의안에 대한 찬반 여부 등 활동내역과 보수에 관한 사항, (ii) 자산총액 2조원 이상인 상장회사의 경우 그 상장회사와 최대주주·그의 특수관계인 및 그 상장회사의 특수관계인과의 일정한 거래내역(상 542조의 9 3항) 및 (iii) 영업현황 등 사업개요와 주주총회의 목적사항별로 금융위원회가 정하는 방법에 따라 작성한 참고서류, (iv) 「자본시장과 금융투자업에 관한 법률」 제159조에 따른 사업보고서 및 「주식회사 등의 외부감사에 관한 법률」 제23조 제 1 항 본문에 따른 감사보고서(이 경우 해당보고서는 주주총회 개최 1주 전까지 전자문서로 발송하거나 회사의 홈페이지에 게재하는 것으로 갈음할 수 있다)를, 통지 또는 공고하여야 한다(상 542조의 4 3항 본문, 상시 31조 4항). 다만 상장회사가 그 사항을 대통령령으로 정하는 방법(회사의 인터넷 홈페이지에 게재하고 회사의 본·지점, 명의개서대행회사, 금융위원회 및 한국거래소에 갖추어 두어 일반인이 열람할 수 있도록 하는 방법)으로 하는 경우에는 그러하지 아니하다(상 542조의 4 3항 단서, 상시 31조 5항).

(3) 연기와 속행

1) 의 의 주주총회의 연기란 「총회가 성립한 후 의사에 들어가지 않고 회일을 후일로 다시 정하는 것」이고, 속행이란 「의사에 들어가기는 하였으나 종결하지 못하고 나머지 의사를 다음 회일에 계속하는 것」이다.

2) 소집절차의 불요 주주총회의 연기나 속행은 일단 주주총회가 성립한 후에 그 주주총회의 결의에 의하여 하는데(상 372조 1항), 이러한 결의에 의하여 후일 성립하는 연기회나 계속회는 당초의 총회와 동일성을 유지하므로 다시 소집절차를 밟을 필요가 없다(상 372조 2항).

우리 대법원판례도 이러한 취지로 다음과 같이 판시하고 있다.

[계속회를 인정한 판례]

주주총회의 계속회가 동일한 안건 토의를 위하여 당초의 회의일로부터 상당한 기간 내에 적법하게 거듭 속행되어 개최되었다면 당초의 주주총회와 동일성을 유지하고 있다고 할 것이므로, 별도의 소집절차를 밟을 필요가 없다.

따라서 이러한 취지에서 판시한 원심판결은 정당하고, 상법 제372조의 법리오해의 위법이 없다. 그러므로 논지는 모두 이유 없다[대판 1989. 2. 14, 87 다카 3200(공보 1989, 416)].

주주총회의 연기나 속행은 일단 총회가 성립한 후에 이루어지는 점에서, 총회가 성립하지도 않고 또 소집절차를 다시 밟아야 하는 총회소집의 철회나 변경과 구별된다.[1] 연기나 속행은 주주총회의 결의가 있기 전에만 가능한 것으로, 일단 주주총회의 결의가 있게 되면 그것이 가결이든 부결이든 연기나 속행이 있을 수 없다.[2]

(4) 소집절차를 흠결한 총회

소집절차를 흠결한 주주총회의 결의의 효력은 취소(상 376조) 또는 부존재(상 380조)의 원인이 되고 또 그러한 절차를 흠결한 (대표)이사 또는 (대표)집행임원은 과태료의 제재(상 635조 1항 2호)를 받으나, 다음과 같은 주주총회는 특수한 경우로서 그 소집절차에 흠결이 있다 하더라도 그 유효여부가 특히 문제된다.

1) **전원출석총회** 법정된 소집절차를 이행하지 않았으나 총주주가 주주총회의 개최에 동의하여 출석하면, 그 총회에서의 결의는 유효한가. 이것을 전원출석총회(Universalversammlung)라고 하는데, 유효라고 본다(통설).[3] 법이 소집절차를 규정한 것은 모든 주주에게 출석의 기회와 준비의 시간을 주기 위한 것이므로, 모든 주주가 그 이익을 포기하고 총회의 개최에 동의한다면, 이를 유효한 총회로 인정하여도 어느 주주의 이익을 해하는 것이 아니기 때문이다.[4]

우리 대법원판례도 이와 동지로 다음과 같이 판시하고 있다.

[1인회사에서 전원출석총회의 결의를 유효로 본 판례]

주식회사에서 총 주식을 한 사람이 소유하고 있는 1인회사의 경우에는 그

1) 동지: 대판 2009. 3. 26, 2007 도 8195(공보 2009, 590)(주주총회의 소집의 통지·공고가 행하여진 후 소집을 철회하거나 연기하기 위해서는 소집의 경우에 준하여 이사회의 결의를 거쳐 대표이사가 그 뜻을 그 소집에서와 같은 방법으로 통지·공고하여야 한다); 손(주), 709~710면(개회를 하지 않은 철회나 후일 다른 회일에 개회할 것을 정한 소집의 연기의 경우에는 소집절차를 별도로 밟아야 하는데, 다만 통지는 회일 전에 도달하여야 한다고 한다).

2) 동지: 이(철), (회) 529면.

3) 정(희), 449면; 서·정, 399면; 정(동), (회) 324면; 최(기), 759~760면; 이(기) 외, (회) 367면; 주상(제5판)(회사 Ⅲ), 80면; 이(철), (회) 526~528면(다만 이사회의 총회소집의 결의는 있어야 하며, 이의 흠결은 1인회사를 포함하여 전원출석총회의 경우에도 치유될 수 없다고 한다) 외.

독일 주식법은 이를 명문으로 규정하고 있다(AktG §241 Nr. 1).

전원출석총회에 의한 결의를 독일 주식법의 경우와 같이 유효로 하는 명문규정을 두어야 한다는 견해로는 김성호, "주식회사의 활성화를 위한 상법상의 과제(독일 주식법의 1994년 개정을 중심으로)," 「경영법률」(한국경영법률학회), 제12집(2001), 243~245면, 250면.

4) 동지: 정(희), 449면.

주주가 유일한 주주로서 주주총회에 출석하면 전원총회로서 성립하고 그 주주의 의사대로 결의될 것임이 명백하므로 따로이 총회소집절차가 필요 없다 할 것이고, 실제로 총회를 개최한 사실이 없다 하더라도 1인주주에 의하여 의결이 있었던 것으로 주주총회 의사록이 작성되었다면 특별한 사정이 없는 한 그 내용의 결의가 있었던 것으로 볼 수 있어 형식적인 사유에 의하여 결의가 없었던 것으로 다툴 수는 없다[대판 1993. 6. 11, 93 다 8702(공보 950, 2019)].

동지: 대판 1964. 9. 22, 63 다 792(민판집 82, 296)(주식회사에 있어서 회사설립 후 총주식을 한 사람이 소유하기에 이른 경우, 즉 1인회사가 된 경우에는 그 주주가 유일한 주주로서 출석하면 전원총회로서 성립할 수 있을 것이며 따로 총회소집절차는 필요 없다); 동 1966. 9. 20, 66 다 1187 · 1188(집 14 ③ 민 54); 동 1967. 2. 28, 63 다 981(집 15 ① 민 160); 동 1976. 4. 13, 74 다 1755(집 24 ① 민 203)(주식회사에 있어서 회사가 설립된 이후 총주식을 한 사람이 소유하게 된 이른바 1인회사의 경우에는 그 주주가 유일한 주주로서 주주총회에 출석하면 전원총회로서 성립하고 그 주주의 의사대로 결의가 될 것임이 명백하므로 따로이 총회소집절차가 필요 없다 할 것이고, 실제로 총회를 개최한 사실이 없었다 하더라도 그 1인주주에 의하여 의결이 있었던 것으로 주주총회 의사록이 작성되었다면 특별한 사정이 없는 한 그 내용의 결의가 있었던 것으로 볼 수 있어 형식적인 사유만에 의하여 결의가 없었던 것으로 다툴 수는 없다 할 것이다); 동 1977. 2. 8, 74 다 1754; 동 1992. 6. 23, 91 다 19500(공보 926, 2228)(Y회사는 실질적으로 A의 1인회사이므로〈A를 제외한 사람들은 단순한 명의대여자에 불과함〉 이 사건 주주총회는 그 절차상에 하자가 있다 하더라도 원심판시와 같은 결의를 한 것으로 주주총회 의사록이 작성되어 있으면, 위 A에 의하여 위와 같은 결의가 있었던 것이라고 볼 것이라고 주장하였음을 알 수 있고, 만약 이것이 사실이라면 특별한 사정이 없는 한 위 주장은 받아들여져야 할 것이다).

[1인회사가 아닌 경우에 전원출석총회의 결의를 유효로 본 판례]

임시주주총회가 법령 및 정관상 요구되는 이사회결의 없이 또한 그 소집절차를 생략하고 이루어졌다고 하더라도, 주주의 의결권을 적법하게 위임받은 수임인과 다른 주주 전원이 참석하여 총회를 개최하는 데 동의하고 아무런 이의 없이 만장일치로 결의가 이루어졌다면, 이는 다른 특별한 사정이 없는 한 유효한 것이다[대판 1993. 2. 26, 92 다 48727(공보 942, 1087)].

동지: 대판 1979. 6. 26, 78 다 1794(민판집 258, 375)(주주총회의 특별결의시 그 주주총회가 상법 소정의 적법한 소집절차를 경유하지 않았다고 하더라도 주주전원이 출석하여 만장일치로 결의한 경우라면, 위 주주총회는 이른바 전원출

석총회로서 그 결의는 주주총회 결의로서 유효하다); 동 2002. 7. 23, 2002 다 15733(공보 2002, 2020)(주식회사의 주주총회가 법령이나 정관상 요구되는 이사회의 결의나 소집절차를 거치지 아니하고 이루어졌다고 하더라도 주주 전원이 참석하여 아무런 이의 없이 일치된 의견으로 총회를 개최하는 데 동의하고 결의가 이루어졌다면 그 결의는 특별한 사정이 없는 한 유효하다); 동 2002. 12. 24, 2000 다 69927(공보 2003, 435)(주식회사의 임시주주총회가 법령 및 정관상 요구되는 이사회의 결의 및 소집절차 없이 이루어졌다 하더라도, 주주명부상의 주주 전원이 참석하여 총회를 개최하는 데 동의하고 아무런 이의 없이 만장일치로 결의가 이루어졌다면 그 결의는 특별한 사정이 없는 한 유효하다).

반대: 대판 1960. 9. 8, 4292 민상 766(카드 6359)(소집권자에 의하여 소집되지 아니한 이상 가사 전 주주가 어떤 결의를 하였더라도 이는 주주의 회합에 불과하고 이러한 회합에서의 결의는 소위 주주총회의 결의라 할 수 없으므로 그 결의는 부존재 또는 당연무효이다).

2) 총주주의 동의에 의한 소집절차의 생략 유한회사의 사원총회는 총사원의 동의가 있으면 소집절차 없이 총회를 열 수 있다(상 573조). 이것은 총사원이 소집절차 없이 총회를 개최하는 데 동의하면 결석자가 있더라도(전원출석총회와 구별) 유효한 총회로 인정하는 것이다. 이러한 규정이 없는 주주총회에 대하여도 유한회사에 관한 상법 제573조를 유추적용하여, 총주주가 동의하면 소집절차를 생략할 수 있는가.

생각건대 주주총회의 소집절차에 관한 규정은 주주에게 출석의 기회와 준비의 시간을 주기 위한 것인데 주주가 소집절차의 생략에 관하여 동의하면(그러나 이 동의는 매 총회마다 하여야 유효하고 모든 주주총회에 대하여 포괄적으로 동의하는 것은 신의칙상 인정되지 않는다고 본다) 주주가 이러한 이익을 포기한 것으로 볼 수 있는 점, 위에서 본 바와 같이 우리 대법원이 전원출석총회를 인정하는 점, 1999년 개정상법이 정관에 규정이 있으면 서면에 의한 의결권의 행사를 인정하고 있는데(상 368조의 3) 이러한 입법취지에서 볼 때 주주총회의 소집절차 및 의결권의 행사의 요건을 완화하는 경향이 있는 점 등을 고려하여 볼 때, 총주주의 동의가 있으면 그 회의 주주총회에 한하여 소집절차를 생략할 수 있다고 본다.[1)]

1) 저자는 과거에는「주식회사와 유한회사는 그 본질적 특성이 다르므로 소규모·폐쇄적인 회사를 전제로 한 유한회사에 관한 규정을 주식회사에 유추적용할 수는 없다고 보고, 소규모·폐쇄적

2009년 5월 개정상법은 자본금 총액이 10억원 미만인 소규모 주식회사의 경우에는 그 운영을 간소화하기 위하여 주주 전원의 동의가 있으면 소집절차 없이 주주총회를 개최할 수 있음을 명문으로 규정하고 있다(상 363조 4항 1문 전단).

제 4 주주제안권

I. 의 의

주주제안권(Antragsrecht)이란 「주주가 일정한 사항을 주주총회의 목적사항으로 할 것을 제안할 수 있는 권리」를 말한다. 이러한 주주제안권은 다음에서 보는 주주의 의결권과 함께 주주권 중 공익권에 해당한다. 주주제안권은 미국(증거거래위원회 규칙 14a-8조)·영국(회사법〈2006〉 292~294조)·독일(주식법 126조~127조)·일본(회사법 303조) 등에서 인정하고 있는데,[1] 우리나라에서는 1997년에 증권거래법을 개정하여 주권상장법인에 대하여 이를 인정하다가(증거 191조의 14) 1998년 개정상법이 이를 규정함으로써(상 363조의 2) 모든 주식회사에 일반화하였다.[2]

상법상 주주제안권의 내용은 일정한 사항을 주주총회의 목적사항(예컨대, '정관의 일부변경의 건')으로 할 것을 제안할 수 있는 권리뿐만 아니라(의제〈議題〉제안권)(상 363조의 2 1항), 주주총회의 목적사항에 추가하여 의안의 요령(예컨대, '정관 제 몇 조를 어떻게 개정할 것인가의 요지')을 제출할 수 있는 권리(의안〈議案〉제안권)(상 363조의 2 2항)를 포함한다. 주주의 의제제안권은 회사가 제출한 목적사항에 추가할 것을 청구하는 권리이므로 이를 추가제안권이라고도 하고, 주주의 의안제안권은 주주 자신이 제안한 목적사항에 대하여 행사할 수도 있고 회사가 채택한 목적사항에 대하여 행사할 수도 있는데 이 후자의 경우에는 회사측의 의안제안에 대하여 수정제안 또는 반대제안이 될 수 있다.[3]

인 주식회사는 유한회사로 전환시키기 위한 정책적인 목적에서도 오히려 주식회사에 관한 규정을 엄격히 적용하여야 할 것이므로 총주주의 동의에 의해서는 소집절차를 생략할 수 없다고 본다」고 하여 총주주의 동의에 의한 소집절차의 생략에 반대하였으나[정찬형, 「제 1 개정판 상법강의(상)」(서울: 박영사, 1999), 700면], 위의 내용과 같이 변경한다[동지: 정(희), 449면; 정(동), (회) 325면].

1) 독일(주식법 131조)과 일본(회사법 314조)에서는 주주제안권 외에도 주주에게 이사·감사 등에 대한 설명청구권(Auskunftsrecht)을 인정하고 있다.

2) 우리 상법 및 증권거래법상 주주제안권의 문제점을 지적한 논문으로는 정준우, "주주제안권의 행사요건과 그 문제점," 「상사법연구」, 제21권 3호(2002), 285~314면 참조.

3) 동지: 손(주), 707~708면; 정(동), (회) 322~323면.

2. 당 사 자

⑴ 제안권자

상법상 주주제안권은 개개의 주주에 대하여 인정하지 않고, 비상장회사의 경우에는 「의결권이 없는 주식을 제외한 발행주식총수의 100분의 3 이상에 해당하는 주식을 가진 주주(소수주주)」에 대하여 인정하고 있다(상 363조의 2 1항).

상장회사의 경우에는 「의결권 없는 주식을 제외한 발행주식총수의 100분의 3 이상에 해당하는 주식을 가진 주주」(상 542조의 6 10항) 또는 「6개월 전부터 계속하여 상장회사의 의결권 없는 주식을 제외한 발행주식총수의 1,000분의 10(최근 사업연도 말 자본금이 1천억원 이상인 상장회사의 경우에는 1,000분의 5) 이상에 해당하는 주식을 보유한 자」이다(상 542조의 6 2항, 상시 32조).

금융회사의 경우는 6개월 전부터 계속하여 금융회사의 의결권 있는 발행주식총수의 10,000분의 10 이상에 해당하는 주식을 대통령령으로 정하는 바에 따라 보유한 자이다(지배 33조 1항).

⑵ 상 대 방

상법상 주주제안권의 상대방은 「이사」이다(상 363조의 2 1항).

3. 행사방법

⑴ 상법상 주주제안을 할 수 있는 소수주주는 이사에게 주주총회일(정기주주총회의 경우 직전 연도의 정기주주총회일에 해당하는 그 해의 해당일. 이하 이 조에서 같다)의 6주 전에 서면 또는 전자문서로 일정한 사항을 주주총회의 목적사항으로 할 것을 제안할 수 있다(의제제안)(상 363조의 2 1항).

또한 이러한 소수주주는 이사에게 주주총회일의 6주 전에 서면 또는 전자문서로 회의의 목적으로 할 사항에 추가하여 당해 주주가 제출하는 의안의 요령을 주주총회소집의 통지에 기재할 것을 청구할 수 있다(의안제안)(상 363조의 2 2항).

⑵ 이와 같이 주주가 6주 전에 주주제안권을 행사하도록 한 것은 주주총회소집을 위한 준비기간을 고려한 것이다(상 363조 등 참조).[1]

그런데 주주가 주주총회의 회일 전 6주에 미달하는 기간에 주주제안을 하

---

1) 동지: 손(주), 708면; 정(동), (회) 323면.

는 경우, 회사는 그 제안을 채택할 수 없다는 견해가 있으나,[1] 위 기간이 주주총회의 소집준비를 위한 기간임을 고려하여 볼 때 회사는 그 제안을 채택할 의무는 없으나 이를 채택하여 주주총회의 소집통지서에 기재하여 총회에 상정할 수 있다고 본다.[2]

4. 효 과

(1) 상법상 의제제안을 받은 이사는 이를 이사회에 보고하고, 이사회는 주주제안의 내용이 법령 또는 정관에 위반되는 경우와 그 밖에 대통령령으로 정하는 경우[3]를 제외하고는 이를 주주총회의 목적사항으로 하여야 하는데, 이 경우 주주제안을 한 자의 청구가 있으면 주주총회에서 당해 의안을 설명할 기회를 주어야 한다(상 363조의 2 3항). 그런데 자본금 총액이 10억원 미만으로서 이사를 1명 또는 2명을 둔 소규모 주식회사(상 383조 1항 단서)는 이사회가 없으므로, 이러한 이사회의 기능을 각 이사(정관에 따라 대표이사를 정한 경우에는 그 대표이사)가 수행한다(상 383조 6항).

이사가 주주로부터 의안제안을 받으면 주주총회 소집통지에 이러한 의안의 요령을 기재하여야 한다(상 363조의 2 2항).

(2) 회사가 주주의 의제제안을 무시하고 한 총회결의는 주주가 제안한 의제에 관한 어떠한 결의가 있었던 것이 아니므로 다른 결의는 유효하고 다만 이사는 그러한 주주에 대하여 손해배상책임을 지고 또한 과태료의 제재를 받으나(상 635조 1항 21호), 주주의 의안제안을 무시하고 한 총회결의는 결의취소의 소(상 376조)의 원인이 된다고 본다.[4]

---

1) 손(주), 708면(다만 제안의 성질과 당해 제안주주의 의사가 차기총회에 상장할 수도 있는 것으로 판단되는 경우에는 그 제안을 부적법한 것으로 처리할 필요는 없다고 한다).

2) 동지: 정(동), (회) 323면.

3) 그 밖에 "대통령령이 정하는 경우"란 (i) 주주총회에서 의결권의 100분의 10 미만의 찬성밖에 얻지 못하여 부결된 내용과 동일한 의안을 부결된 날로부터 3년 내에 다시 제안하는 경우, (ii) 주주 개인의 고충에 관한 사항, (iii) 주주가 권리를 행사하기 위하여 일정 비율을 초과하는 주식을 보유해야 하는 소수주주권에 관한 사항, (iv) 임기중에 있는 임원의 해임에 관한 사항(상 542조의 2 1항의 상장회사에 한함) 및 (v) 회사가 실현할 수 없는 사항 또는 제안이유가 명백히 거짓이거나 특정인의 명예를 훼손하는 사항이다(상시 12조).

4) 동지: 손(주), 709면; 정(동), (회) 324면; 이(철), (회) 524면.

제5 의 결 권

I. 의의 및 성질

(1) 의 의

의결권(voting right; Stimmrecht; droit de vote)이란 「주주가 주주총회에 출석하여 결의에 참가할 수 있는 권리」를 말한다. 주주는 이러한 의결권에 의하여 경영에 참여하게 된다. 주주권에는 이미 본 바와 같이 자익권과 공익권이 있는데, 의결권은 대표적인 공익권에 속한다.

(2) 성 질

1) 의결권은 고유권에 속하는 것으로서 정관에 의해서도 이를 박탈하거나 제한할 수 없고, 주주도 이를 (미리) 포기하지 못한다.[1)] 우리 대법원판례도 이러한 취지로 다음과 같이 판시하고 있다.

[주주권은 당사자 사이의 특약이나 포기의 의사표시만으로 상실되지 않는다고 한 판례]

주주권은 주식의 양도나 소각 등 법률에 정하여진 사유에 의하여서만 상실되고, 단순히 당사자 사이의 특약이나 주주권 포기의 의사표시만으로 상실되지 아니한다. 따라서 주주가 일정기간 주주권을 포기하고 타인에게 주주로서의 의결권 행사권한을 위임하기로 약정한 사정만으로는 그 주주가 주주로서의 의결권을 직접 행사할 수 없게 되었다고 볼 수 없다[대판 2002. 12. 24, 2002 다 54691(공보 2003, 447)][이 판결에 찬성하는 취지의 평석으로는 채동헌, 「상장」, 제339호(2003. 3), 93~101면].

그러나 법률에 의하여 일정한 주식을 의결권이 없는 종류주식이나 의결권이 제한되는 종류주식으로 발행할 수는 있다(상 344조의 3).

2) 의결권은 구체적·채권적 권리로 변할 수 없으므로(이 점에서 이익배당청구권 등과 같은 자익권과 구별됨), 언제나 주식과 분리하여 양도될 수 없다.[2)]

3) 의결권은 인격권적·일신전속적인 권리는 아니고, 주주의 자익권을 확보하기 위한 권리로서 재산권적·비개성적(非個性的) 성질을 갖는 권리라고 볼

---

1) 동지: 손(주), 710면; 이(철), (회) 534면(주식과 분리하여 의결권을 포기하지 못한다고 한다).

2) 동지: 이(철), (회) 534면.
반대: 대판 1985. 12. 10, 84 다카 319(공보 769, 235)(의결권만을 양도할 수 있다고 한다).

수 있다.[1)]

2. 의결권의 수

(1) 원 칙

1) 의결권은 1주식마다 1개만이 부여되는 것이 원칙이다(1주 1의결권의 원칙)(상 369조 1항). 이는 주주가 가진 지주수(持株數)에 따라 의결권의 수를 정한 것으로, 인적회사의 의결권이 사원의 두수(頭數)에 의하는 것(상 195조·269조, 민 706조)과 크게 구별되는 점이다. 우리 상법에서는 특정한 주식에 대하여 수 개의 의결권을 인정하는 복수의결권제도[2)]는 인정되지 않는다. 이사의 선임시 모든 주식에 대하여 1주마다 선임할 이사의 수와 동일한 수의 의결권을 인정하는 집중투표제도(상 382조의 2, 542조의 7)는 2인 이상의 이사의 선임을 일괄하여 1개의 결의사항으로 하는 것으로서 의결권의 행사방법이 보통의 경우와 다른 것뿐이므로, 1주 1의결권의 원칙에 대한 예외라고 볼 수 없다.[3)]

2) 1주 1의결권의 원칙을 규정한 상법 제369조 1항은 강행규정이므로 정관이나 주주총회의 결의 등으로 이와 달리 정할 수 없다.[4)] 또한 당사자 사이의 계약에 의해서도 1주에 대하여 복수의결권을 인정하거나, 특정한 주식에 대하여 의결권을 박탈하거나, 주주가 가진 주식 중 일정한 수를 초과하는 주식에 대하여 의결권의 행사를 제한할 수 없다.[5)]

(2) 예 외

1주 1의결권의 원칙은 강행규정이므로 정관 또는 당사자간의 계약 등에 의하여는 제한될 수 없으나,[6)] 법률(상법 또는 특별법)에 의하여는 다음과 같이

1) 동지: 정(동), (회) 326면; 이(기) 외, (회) 375면.

2) 독일 주식법에서는 복수의결권제도를 인정하지 않으나(AktG §12 ②), 프랑스 상법에서는 예외적으로 2배수 의결권을 인정하고 있다(佛商 225-123조).

3) 동지: 손(주), 762면.

4) 동지: 이(철), (회) 538면; 주상(제5판)(회사 Ⅲ), 125면; 대판 2009.11.26, 2009 다 51820(공보 2010, 24)(상법 제369조 1항에서 주식회사의 주주는 1주마다 1개의 의결권을 가진다고 하는 1주 1의결권의 원칙을 규정하고 있는바, 위 규정은 강행규정이므로 법률에서 위 원칙에 대한 예외를 인정하는 경우를 제외하고, 정관의 규정이나 주주총회의 결의 등으로 위 원칙에 반하여 의결권을 제한하더라도 효력이 없다).

5) 동지: 정(동), (회) 332면(다만 의결권을 일정한 방향으로 행사할 것을 약정하는 것은 상관이 없다고 한다); 이(철), (회) 538면.

6) 동지: 정(동), (회) 332면(주주의 의결권을 정관 또는 당사자간의 계약 등으로 제한하는 것은 주주의 고유권을 해하고 또한 주주평등의 원칙에 반하므로 무효라고 한다); 이(철), (회) 538면(1주 1의결권에 반하는 주주간의 합의는 무효라고 한다).

제한될 수 있다.[1)]

1) 상법에 의한 제한

㈎ 의결권이 없거나 제한되는 종류주식[2)]

① 의결권이 없는 종류주식은 주주총회의 모든 결의사항에 대하여 의결권이 없고 의결권이 제한되는 종류주식은 의결권이 제한되는 결의사항에 대하여 의결권이 없는 것이 원칙이나(상 344조의 3 1항 전단), 예외적으로 정관에서 정한 의결권행사 또는 부활의 조건을 충족한 경우에는 의결권이 부활한다(상 344조의 3 1항 후단). 의결권이 없거나 제한되는 종류주식은 종류주주총회에서는 의결권을 갖지만(상 435조, 436조), 이 것은 주주총회에서의 의결권의 문제는 아니다.

② 이러한 의결권이 없거나 제한되는 종류주식은 그 주식 자체에 의결권이 없거나 제한되는 경우로서 그 주식을 누가 소유하든 의결권이 없거나 제한된다. 이러한 의결권이 없거나(모든 결의사항에서) 의결권이 제한되는(제한되는 결의사항에서) 종류주식은 발행주식총수에 산입되지 않는다(상 371조 1항). 따라서 이는 상법 제368조 제 1 항을 적용함에 있어 「의결권」과 「발행주식총수」에서 모두 산입되지 않는다.

㈏ 자기주식

① 회사가 보유하는 자기주식(상 341조, 341조의 2 1호~4호)에는 의결권이 없다(상 369조 2항).

② 이러한 자기주식은 그 주식 자체에는 의결권이 있으나 이를 회사가 소유하고 있는 점에서 의결권이 휴지(休止)되는 것이므로, 이러한 주식을 회사 이외의 자가 소유하는 경우에는 의결권을 갖게 된다(의결권이 없는 종류주식이나 의결권이 제한되는 종류주식과 구별되는 점). 이러한 자기주식도 발행주식총수에 산입되지 않으므로(상 371조 1항), 모든 의안에 대하여 의결권을 행사할 수 없음은 말할 나위가 없다(의결권이 없는 종류주식과 동일한 점). 따라서 이는 상법 제368조 제 1 항을 적용함에 있어 「의결권」과 「발행주식총수」에서 모두 산입되지 않는다.

㈐ 상호보유주식

① 모자회사간에는 자회사에 의한 모회사의 주식취득이 금지되나(상 342조의 2), 비모자회사간에는 주식의 상호보유 자체를 인정하면서 일정한 비율 이상의 주

1) 주주의 의결권행사 제한에 관한 종합적인 소개와 문제점의 제시에 관하여는 최규윤, "주주의 의결권행사 제한제도에 관한 고찰," 「상장협」, 제45호(2000. 3), 162~190면 참조.

2) 의결권 없는 주식에 관한 상세는 정찬형, "의결권 없는 주식(무의결권주식)에 관한 연구," 「법학논집」(고려대 법학연구소), 제28집(1992. 12), 137~167면 참조.

식을 상호보유하는 경우에는 그 주식의 의결권을 제한하고 있다. 즉, 갑회사가 을회사의 발행주식총수의 10분의 1을 초과하는 주식을 가지고 있는 경우, 을회사가 가지고 있는 갑회사의 주식에는 의결권이 없다(상 369조 3항). 이 때 갑회사가 을회사의 발행주식총수의 10분의 1을 초과하는 주식을 가지는 시점은 (주주총회에서 의결권을 행사할 주주를 정하기 위한) 기준일이 아니라 의결권이 행사되는 주주총회일이고, 갑회사가 가지는 주식은 주주명부상의 명의개서를 불문하고 실제로 소유하고 있는 주식수를 기준으로 판단한다는 다음과 같은 대법원 판례가 있다.

[갑회사의 을회사 주식 보유시점은 주주총회일이고, 명의개서를 불문하고 실제로 보유하고 있는 주식수를 기준으로 보유주식수를 계산한다고 한 판례]

상법 제369조 3항은 "회사, 모회사 및 자회사 또는 자회사가 다른 회사의 발행주식의 총수의 10분의 1을 초과하는 주식을 가지고 있는 경우 그 다른 회사가 가지고 있는 회사 또는 모회사의 주식은 의결권이 없다"고 규정하고 있다. 이와 같이 모자회사 관계가 없는 회사 사이의 주식의 상호소유를 규제하는 주된 목적은 상호주를 통해 출자 없는 자가 의결권 행사를 함으로써 주주총회결의와 회사의 지배구조가 왜곡되는 것을 방지하기 위한 것이다. 한편, 상법 제354조가 규정하는 기준일 제도는 일정한 날을 정하여 그 날에 주주명부에 기재되어 있는 주주를 계쟁 회사의 주주로서의 권리를 행사할 자로 확정하기 위한 것일 뿐, 다른 회사의 주주를 확정하는 기준으로 삼을 수는 없으므로, 기준일에는 상법 제369조 3항이 정한 요건에 해당하지 않더라도, 실제로 의결권이 행사되는 주주총회일에 위 요건을 충족하는 경우에는 상법 제369조 3항이 정하는 상호소유 주식에 해당하여 의결권이 없다. 이때 회사, 모회사 및 자회사 또는 자회사가 다른 회사 발행주식총수의 10분의 1을 초과하는 주식을 가지고 있는지 여부는 앞서 본 '주식 상호소유 제한의 목적'을 고려할 때, 실제로 소유하고 있는 주식수를 기준으로 판단하여야 하며 그에 관하여 주주명부상의 명의개서를 하였는지 여부와는 관계가 없다[대판 2009. 1. 30, 2006 다 31269(공보 2009, 209)].

또한 모회사인 갑회사와 자회사인 A회사가 합하여(이 때에 을회사가 가지고 있는 A회사의 주식에는 의결권이 있다) 또는 자회사인 A회사만이(이 때에 을회사가 가지고 있는 A회사의 주식에는 앞의 예와 동일하여〈즉, A회사가 을회사의 발행주식총수의 10분의 1을 초과하는 주식을 가지고 있음으로 인하여〉 의결권이 없다) 을회사의 발행주식총수의 10분의 1을 초과하는 주식을 가지고 있는 경우에도, 을회사가 가지고 있는 갑회사의 주식에는 의결권이 없다(상 369조 3항).

이와 같은 상법의 규정(상 369조 3항)은 모자회사간의 주식취득금지에 관한 상법의 규정(상 342조의 2)과 같이 결합기업을 규제하기 위하여 1984년의 개정상법에서 신설된 것인데, 모자회사간의 주식취득금지에 관한 규정(상 342조의 2)과 같이 입법상 많은 미비점이 있다. 즉, 갑회사의 영향 아래 있는 을회사가 갑회사의 주주로서 의결권을 행사한다면 갑회사의 결의가 왜곡될 우려가 있으므로 이를 정책적으로 금지한 것인데, 이 때 10%가 적정한 것인가, 이것을 위반하여 의결권을 행사하였을 때의 효과는 어떻게 되는가 등의 문제가 있다. 독일·일본은 25%로 되어 있으며, 독일 주식법은 통지의무를 부과하고 있으나 일본 회사법은 이러한 통지의무를 부과하고 있지 않다(獨株 19조 1항, 21조 1항 1문; 日會 308조 1항).[1] 우리나라의 경우에는 이러한 미비점을 일부라도 해결하기 위한 방안으로 이미 앞에서 본 바와 같이 1995년 개정상법에서 갑회사가 을회사의 발행주식총수의 10분의 1을 초과하여 취득한 때에는 갑회사에게 을회사에 대하여 지체 없이 이를 통지하여야 할 의무를 부담시키고 있다(상 342조의 3).

이와 관련하여 다음과 같은 대법원판례가 있다.

[상법 제342조의 3 주식취득 통지의무의 적용범위에 관한 판례]

상법 제342조의 3에는 "회사가 다른 회사의 발행주식 총수의 10분의 1을 초과하여 취득한 때에는 그 다른 회사에 대하여 지체 없이 이를 통지하여야 한다"라고 규정되어 있는바, 이는 회사가 다른 회사의 발행주식 총수의 10분의 1 이상을 취득하여 의결권을 행사하는 경우 경영권의 안정을 위협받게 된 그 다른 회사는 역으로 상대방회사의 발행주식의 10분의 1 이상을 취득함으로써 이른바 상호보유주식의 의결권 제한 규정(상 제369조 제3항)에 따라 서로 상대회사에 대하여 의결권을 행사할 수 없도록 방어조치를 취하여 다른 회사의 지배가능성을 배제하고 경영권의 안정을 도모하도록 하기 위한 것으로서, 특정 주주총회에 한정하여 각 주주들로부터 개별안건에 대한 의견을 표시하게 하여 의결권을 위임받아 의결권을 대리행사하는 경우에는 회사가 다른 회사의 발행주식 총수의 10분의 1을 초과하여 의결권을 대리행사할 권한을 취득하였다고 하여도 위 규정이 유추적용되지 않는다[대판 2001. 5. 15, 2001 다 12973(공보 2001, 1379)].

② 이러한 상호보유주식(위의 예에서 을회사가 소유하는 갑회사의 주식)은

1) 주식의 상호보유에 관한 외국의 입법례에 대하여는 이(철), (회) 429~430면 참조.

자기주식의 경우와 같이 그 주식 자체에는 의결권이 있으나 주식을 상호보유하고 있는 갑·을회사간에서 그 의결권이 휴지(休止)되는 것이므로, 만일 제 3 자가 그 주식을 소유하거나 또는 을회사가 그 주식을 소유하고 있더라도 갑회사가 소유하는 을회사의 주식의 소유비율이 10% 이하로 낮아지면 그 주식은 당연히 의결권을 갖는다.[1] 이러한 상호보유주식도 자기주식의 경우와 같이 의결권이 없으므로(상 369조 3항) 발행주식총수에 산입되지 않고(상 371조 1항), 모든 의안에 대하여 의결권을 행사할 수 없음은 말할 나위가 없다. 따라서 이는 상법 제368조 제 1 항을 적용함에 있어 「의결권」과 「발행주식총수」에서 모두 산입되지 않는다.

회사가 소유하는 자기주식에 관하여는 상법상 의결권이 없는 점에 대하여만 규정하고 있으나(상 369조 2항), 해석상 의결권 이외의 모든 공익권 및 자익권이 없는 점에 대하여는 이미 설명하였다(전면적 휴지〈休止〉설). 그런데 비모자회사간에서 주식을 상호보유하는 경우에도(위의 예에서 을회사가 소유하고 있는 갑회사의 주식의 경우에도) 이와 동일하게 해석할 수 있는가. 이에 대하여도 상법은 의결권이 없는 점만을 규정하고 있다(상 369조 3항). 이러한 주식에 대하여 자익권은 당연히 인정되어야 할 것이다.[2] 문제는 의결권을 제외한 공익권에 관한 것인데, 이에 대하여는 학설이 나뉘어 있다. 즉, 이에 대하여 (i) 의결권을 제외한 다른 공익권을 모두 긍정하는 견해[3]와, (ii) 모두 부정하는 견해[4]가 있으나, 의결권 및 의결권을 전제로 하는 공익권만을 부정하는 것이 가장 타당하다고 본다.[5]

㈃ 특별이해관계인의 소유주식

① 주주총회의 의결에 관하여 특별한 이해관계가 있는 자는 그가 가진 주식에 대하여 의결권을 행사하지 못한다(상 368조 3항). 이 때에 「특별한 이해관계를 가지는 자」가 무엇을 의미하느냐에 대하여 학설은 여러 가지로 나뉘어 있다. 즉, 이에 대하여 (i) 그 결의에 의하여 권리의무가 발생하거나 상실되는 등 법률상 특별한 이해관계를 갖는 경우라고 보거나(법률상 이해관계설)[6] 또는 모든 주주의

---

1) 동지: 이(철), (회) 438면.
2) 동지: 정(동), (회) 328면; 이(철), (회) 438면; 최(기), (회), 474면; 채, 469면; 이(기) 외, (회) 382면 외.
3) 최(기), (회) 474면.
4) 손주찬, “개정상법 제369조 3항에 관한 해석론과 입법론,” 「고시계」, 1984. 5, 135면.
5) 동지: 정(동), (회) 328면; 이(철), (회) 438면(의결권 및 의결권을 전제로 하는 권리를 제외한 그 밖의 공익권은 제한되지 않는다고 한다); 채, 469면; 이(기) 외, (회) 382~383면.
6) 이(병), 603면.

이해에 관련되지 않고 특정주주의 이해에만 관련되는 경우라고 보는(특별이해관계설)[1] 소수설도 있으나, (ii)「특정한 주주가 주주의 입장을 떠나서 개인적으로 가지는 이해관계」라고 보아(개인법설) 이를 가능한 한 좁게 해석하는 것이 타당하다고 본다(통설).[2]

따라서 이사 등의 면책결의에 있어서 해당 이사 등인 주주(상 400조, 415조, 324조), 영업양도 등의 결의에 있어서 상대방인 주주(상 374조), 이사 등의 보수결정에 있어서 해당 이사인 주주(상 388조, 415조) 등은「특별한 이해관계를 가지는 자」로서 의결권이 없다. 이러한 취지의 다음과 같은 대법원판례가 있다.

[주주총회가 재무제표를 승인한 후 2년 내에 이사와 감사의 책임을 추궁하는 주주총회의 결의에서 이사와 감사는 특별이해관계인에 해당한다고 한 판례]

주주총회가 재무제표를 승인한 후 2년 내에 이사와 감사의 책임을 추궁하는 결의를 하는 경우(상 450조 1문 반대해석) 당해 이사와 감사인 주주는 회사로부터 책임을 추궁당하는 위치에 서게 되어 주주의 입장을 떠나 개인적으로 이해관계를 가지는 경우로서 그 결의에 관한 특별이해관계인에 해당하나, 이러한 특별한 이해관계가 있음은 객관적으로 명확하여야 하므로 '제13기 결산서 책임추궁 결의에 관한 건'이라는 안건에서 이사·감사 전원이 이 사건 결의에 관하여 특별한 이해관계가 있다고 속단할 수는 없다[대판 2007. 9. 6, 2007 다 40000].

그러나 주주가 주주의 입장(사단관계)에서 이해관계를 갖는 경우, 예컨대, 이사·감사의 선임 또는 해임결의에 있어서 당사자인 주주,[3] 재무제표의 승인결의에 있어서 이사나 감사인 주주[4] 등은「특별한 이해관계를 가지는 자」가 아니다.

특별한 이해관계가 있는 주주의 의결권은 주주 자신은 물론, 그의 대리인도 행사할 수 없다고 본다.[5]

---

1) 박·이, 243면.

2) 동지: 정(동), (회) 329면(또한 동 교수는 같은 면에서 특별이해관계인의 의결권을 제한하는 상법 제368조 3항에 대하여 입법론상 의문을 제기하고 있다); 이(철), (회) 538~539면; 손(주) 713면; 최(기), 785면; 채, 478면; 이(기) 외, (회) 383면; 주상(제 5 판)(회사 Ⅲ), 114면 외.

3) 동지: 정(동), (회) 329면; 이(철), (회) 539면.
반대: 손(주), 713면.
日最高判 1967. 3. 14(民集 21-2, 378)은 선임의 경우에는 특별이해관계인이 아니라고 하고, 日最高判 1969. 3. 28(民集 23-3, 645)은 해임의 경우에는 특별이해관계인이 된다고 한다.

4) 동지: 손(주), 714면; 정(동), (회) 329~330면; 이(철), (회) 539면.

5) 동지: 정(동), (회) 330면; 이(철), (회) 539면(반대의 경우도 의결권을 행사할 수 없다고 본다); 손(주), 715면; 최(기), 786면.

② 이러한 특별이해관계인이 소유하는 주식은 그 주식 자체에 의결권이 있음은 물론 그 주식을 특별이해관계인이 소유하고 있는 동안에도 원칙적으로 의결권이 있는데, 다만 그 의안이 회사와 특별이해관계인 사이에서 위에서 본 특별이해관계가 있는 경우에만 휴지(休止)될 뿐이다. 다시 말하면 특별이해관계인이 소유하는 주식에는 모든 의안에 대하여 의결권이 휴지되는 것이 아니라, 특별이해관계가 있는 특정한 의안에 대하여만 의결권이 휴지된다.

특별이해관계가 있는 특정한 의안에서도 발행주식총수에는 산입되고, 다만 의결권의 수(의결정족수)에만 산입되지 아니한다(상조 371 2항). 따라서 상법 제368조 제 1 항을 적용함에 있어 「발행주식총수의 4분의 1 이상」에는 산입되고, 「의결권」에서만 산입되지 않는다. 예컨대, 갑주식회사의 발행주식총수가 1,000주인데, A가 600주, B가 300주, C가 100주를 갖고 있다고 가정하자. A소유 부동산을 갑회사에 매도함에 있어서 갑주식회사의 주주총회의 보통결의를 요하는 경우 A가 총회의 결의에 관하여 특별이해관계가 있는 자라면 A는 의결권을 전혀 행사할 수 없으므로 의결권(B 300주+C 100주=400주)의 과반수는 200주를 초과하여야 하나, A가 갖고 있는 주식은 발행주식총수에 포함되므로 발행주식총수(1,000주)의 4분의 1 이상은 250주 이상이어야 한다. 따라서 A와 C가 주주총회에 출석하여 이 결의에 찬성하였다면 상법 제368조 제 1 항을 적용함에 있어 발행주식총수(1,000주)의 4분의 1 이상(250주 이상)의 요건은 충족하나(A 600주+C 100주=700주) 의결권(400주) 중 C 100주만이 찬성한 것이므로 이는 의결권의 과반수(200주 초과)가 되지 못하여 부결된다. 그러나 B만이 출석하여 찬성하면(300주 출석 및 찬성) 이는 발행주식총수의 4분의 1(250주) 이상이고 또한 의결권(B 300주+C 100주=400주)의 과반수이므로 적법한 결의가 된다.

주주의 의결권이 제한되는 경우는 상법 제368조 제 1 항의 적용에서 일반적인 경우(주주의 의결권이 제한되지 않는 경우)와는 달리 해석하여야 한다고 본다. 즉, 상법 제368조 제 1 항에서의 「출석한 주주의 의결권의 과반수」와 「발행주식총수의 4분의 1 이상」은 의결권의 계산에서는 단절된다고 본다. 따라서 「출석한 주주의 의결권의 과반수」란 '출석하여 찬성한 의결권이 총의결권의 과반수'인 경우를 의미하고(문언대로 해석하면 남용의 여지가 큼), 「발행주식총수의 4분의 1 이상」이란 '출석하여 찬성한 주주가 소유하고 있는 주식이 발행주식총수의 4분의 1 이상'인 경우를 의미한다고 해석하여야 할 것이다. 이 점은 후술하는 감사의 선임의 경우에도 같다.

(마) 감사(監事)(감사위원회 위원) 선임(해임)의 경우의 주식

① 비상장회사의 경우 감사(감사위원회 위원)(자본금 총액이 10억원 미만인 소규모 주식회사로서 감사를 선임하지 아니한 회사에 대하여는 적용되지 않음—상 409조 4항)를 선임하는 주주총회의 결의에서 의결권 없는 주식을 제외한 발행주식총수의 100분의 3(정관에서 더 낮은 주식보유비율을 정할 수 있음)을 초과하는 수의 주식을 가진 주주는 그 초과하는 주식에 관하여 의결권을 행사하지 못한다(모든 주주에 대하여 단순 3% rule을 적용함)(상 409조 2항).

상장회사가 감사(監事)를 선임하거나 해임할 때에는 최대주주인 경우에는 그의 특수관계인·그 밖에 대통령령으로 정하는 자가 소유하는 주식을 합산하여 의결권 없는 주식을 제외한 발행주식총수의 100분의 3(정관에서 더 낮은 주식 보유비율을 정할 수 있으며, 정관에서 더 낮은 주식보유비율을 정한 경우에는 그 비율로 한다)을 초과하는 수의 주식을 가진 주주는 그 초과하는 주식에 관하여 의결권을 행사하지 못하고, 최대주주 이외의 경우에는 비상장회사가 감사를 선임하는 경우와 같다(최대주주에 대하여는 합산 3% rule이 적용되고, 그 이외의 주주에 대하여는 단순 3% rule이 적용됨)(상 542조의 12 7항). 상장회사가 감사위원회를 두어야 하는 경우, 사외이사가 아닌(상근) 감사위원회 위원을 선임·해임할 때에는 상장회사의 감사(監事)의 선임·해임시와 같이 주주의 의결권이 제한되고(최대주주에 대하여는 합산 3% rule이 적용되고, 그 외의 주주에 대하여는 단순 3% rule이 적용됨), 사외이사인 감사위원회 위원을 선임·해임할 때에는 비상장회사가 감사(監事)를 선임할 때와 같이 의결권이 제한된다(모든 주주에 대하여 단순 3% rule이 적용됨)(상 542조의 12 4항).

상법이 이렇게 감사(감사위원회 위원)의 선임에 있어서 그 의결권을 제한하는 이유는, 대주주의 영향을 감소시켜 중립적인 인물을 감사(監事)로 선출하려는 취지이다.[1)]

② 감사(감사위원회 위원)선임(해임) 등의 경우 (대)주주가 갖는 주식에 대하여 의결권의 행사가 제한되는 효력도 특별이해관계인이 소유하는 주식에 대하여 의결권의 행사가 제한되는 효력과 같다. 즉, (대)주주는 감사(감사위원회 위원)선임(해임) 등이라는 특정한 의안에 대하여만 의결권의 행사가 제한되는

---

1) 정(동), (회) 330면; 이(철), (회) 869면; 이(기) 외, (회) 383면.

것이지, 그 이외의 의안에 대하여는 제한되지 않는다. 또한 이 경우 (대)주주가 소유하는 일정비율 이상의 주식은 발행주식총수에는 산입되고, 다만 의결정족수에만 산입되지 않는다(상 371조 2항). 이에 관한 구체적인 예는 주주총회의 보통결의요건에서 후술한다.

2) 특별법에 의한 제한

주주의 의결권은 특별법에 의하여 다음과 같이 제한되기도 한다.

(가) 독점규제 및 공정거래에 관한 법률에 의한 제한　　상호출자제한 기업집단에 속하는 국내회사로서 금융업 또는 보험업을 영위하는 회사는, 국내 계열회사의 주식을 소유(취득)하더라도 의결권을 행사하지 못한다(독규 25조 1항 본문).

(나) 은행법에 의한 제한　　은행법의 적용을 받는 은행의 주식을 동일인이 발행주식총수(의결권이 없는 종류주식 또는 의결권이 제한되는 종류주식 제외)의 100분의 10을 초과하여 소유하더라도, 그 초과분에 대하여 의결권을 행사하지 못한다(은행 16조).

3. 의결권의 행사방법

(1) 총　　설

주주는 주주명부상의 명의개서만으로 주권의 제시 없이 의결권을 행사할 수 있다(상 337조 1항 반대해석). 주주는 이러한 의결권을 자기 스스로 행사할 수도 있지만, 대리인을 통하여 행사할 수도 있고(상 368조 2항), 주주가 수 개의 의결권을 가지는 경우에는 주주는 이러한 의결권을 통일하지 않고 행사할 수도 있으며(상 368조의 2), 주주는 이러한 의결권을 서면 또는 전자적 방법으로 행사할 수도 있다(상 368조의 3, 368조의 4). 이하에서는 상법이 명문으로 규정하고 있는 의결권의 대리행사·불통일행사·서면행사 및 전자적 방법에 의한 행사에 대하여 설명하고, 우리 상법에 없는 의결권행사방법과 관련한 그 밖의 사항을 간단히 살펴본다.

(2) 의결권의 대리행사

1) 대리행사의 의의 및 인정이유　　주주는 대리인으로 하여금 그 의결권을 대리행사시킬 수가 있는데(상 368조 2항 1문),[1] 이 때에 그 대리인은 대리권을 증명하는 서면(위임상의 원본)을 총회에 제출하여야 한다(상 368조 2항 2문). 대리권을 증명하는 서면에 관한 다음과 같은 대법원판례가 있다.

1) 독일 주식법상 의결권의 대리행사에 관한 소개로는 안성포, “주주 의결권의 대리행사(2001년 독일의 NaStraG를 중심으로),” 「경영법률」(한국경영법률학회), 제12집(2001), 251~276면 참조.

[대리권을 증명하는 서면인 위임장의 원본을 제출하였다고 하여 의결권의 대리행사를 인정한 판례]

상법 第368조 제 2 항은 주주의 의결권을 대리행사하고자 하는 자는 대리권을 증명하는 서면을 총회에 제출하도록 규정하고 있는바, 그 규정은 대리권의 존부에 관한 법률관계를 명확히 하여 주주총회 결의의 성립을 원활하게 하기 위한 데 그 목적이 있다고 할 것이므로, 대리권을 증명하는 서면은 위조나 변조 여부를 쉽게 식별할 수 있는 원본이어야 하고 특별한 사정이 없는 한 사본은 그 서면에 해당하지 않는다.

그러나 회사의 주주는 X_1과 그 회사의 대표이사들인 A · B의 3 인 뿐이었고, A · B는 X_1이 그 소유주식 일부를 X_2와 X_3에게 명의신탁하여 그들이 X_1의 단순한 명의수탁자에 불과하다는 사실을 잘 알면서 오랜기간 동안 회사를 공동으로 경영하여 왔는데, X_1이 주주총회 개최사실을 통보받고 미리 의결권을 변호사로 하여금 대리행사하게 하겠다는 의사를 주주총회 개최 전에 회사에 통보까지 하였고 그 변호사가 주주총회에 참석하여 X_1의 위임장 원본을 제출하였다면, 비록 그 변호사가 지참한 X_2 · X_3의 위임장 및 인감증명서가 모두 사본이라 하더라도 X_1이 그 소유주식 전부에 대한 의결권을 그 변호사에게 위임하였다는 사실은 충분히 증명되었다고 할 것이어서, 회사의 대표이사들은 그 변호사의 의결권 대리행사를 제한하여서는 안된다고 할 것이다[대판 1995. 2. 28, 94 다 34579(공보 989, 1460)].

동지: 대판 2004. 4. 27, 2003 다 29616(공보 2004, 881)(상법 第368조 2항의 규정은 대리권의 존부에 관한 법률관계를 명확히 하여 주주총회 결의의 성립을 원활하게 하기 위한 데 그 목적이 있다고 할 것이므로 대리권을 증명하는 서면은 위조나 변조 여부를 쉽게 식별할 수 있는 원본이어야 하고, 특별한 사정이 없는 한 사본은 그 서면에 해당하지 아니하고, 팩스를 통하여 출력된 팩스본 위임장 역시 성질상 원본으로 볼 수 없다).

이와 같이 주주의 의결권의 대리행사를 인정하는 것은 주주의 개성이 중시되지 않기 때문인데, 이로 인하여 회사는 널리 분산된 주식에 대하여 용이하게 정족수를 확보할 수 있고 또 주주는 의결권을 용이하게 행사할 수 있다.[1] 의결권의 대리행사에 관한 상법의 규정은 강행규정으로, 정관에 의해서도 이를 금지하거나 부당하게 제한하지 못한다(이설〈異說〉 없음). 그러나 어느 주주의 의결권의 대리행사로 말미암아 주주총회의 개최가 부당하게 저해되거나 또는 회사의 이익이 부당하게 침해될 염려가 있는 등의 특별한 사정이 있는 경우에

1) 동지: 이(철), (회) 544~545면; 정(희), 451면.

는, 회사는 의결권의 대리행사를 거절할 수 있다고 본다.[1)]

2) 대리인의 자격 의결권의 대리행사의 경우에 그 대리인의 자격을 정관에 의하여 제한(예컨대, 주주 등)할 수 있는가. 이는 임의대리에 한하는데, 이에 대하여 우리나라의 학설은 (i) 이를 일률적으로 유효라고 보는 유효설,[2)] (ii) 이는 원칙적으로 유효한데 법인주주인 경우에는 그 직원과 개인주주인 경우에는 그 가족을 대리인으로 선임하는 것을 제한할 수 없다는 제한적 유효설[3)] 및 (iii) 이를 일률적으로 무효라고 보는 무효설[4)] 등으로 나뉘어 있다.

우리나라의 대법원판례는 유효설의 입장에서 다음과 같이 판시하고 있다.

[대리인의 자격을 정관에 의하여 제한할 수 있다고 한 판례]

상법 제368조 2항의 규정은 주주의 대리인의 자격을 제한할 만한 합리적인 이유가 있는 경우 정관의 규정에 의하여 상당하다고 인정되는 정도의 제한을 가하는 것까지 금지하는 취지는 아니라고 해석되는바, 대리인의 자격을 주주로 한정하는 취지의 주식회사의 정관 규정은 주주총회가 주주 이외의 제 3 자에 의하여 교란되는 것을 방지하여 회사 이익을 보호하는 취지에서 마련된 것으로서 합리적인 이유에 의한 상당한 정도의 제한이라고 볼 수 있으므로 이를 무효라고 볼 수는 없다. 그런데 위와 같은 정관규정이 있다 하더라도 주주인 국가·지방공공단체 또는 주식회사 등이 그 소속의 공무원·직원 또는 피용자 등에게 의결권을 대리행사하도록 하는 때에는 특별한 사정이 없는 한 그들의 의결권 행사에는 주주 내부의 의사결정에 따른 대표자의 의사가 그대로 반영된다고 할 수 있고 이에 따라 주주총회가 교란되어 회사 이익이 침해되는 위험은 없는 반면에, 이들의 대리권 행사를 거부하게 되면 사실상 국가·지방공공단체 또는 주식회사 등의 의결권 행사의 기회를 박탈하는 것과 같은 부당한 결과를 초래할 수 있으

---

1) 동지: 대판 2001. 9. 7, 2001 도 2917(주주의 의결권 행사를 위한 대리인의 선임이 무제한으로 허용되는 것은 아니고 주주총회 개최가 부당하게 저해되거나 회사의 이익이 부당하게 침해될 염려가 있는 등의 특별한 사정이 있는 경우에는 회사는 이를 거절할 수 있다); 동 2009. 4. 23, 2005 다 22701 · 22718(공보 2009, 703)(주주의 자유로운 의결권 행사를 보장하기 위하여 주주가 의결권의 행사를 대리인에게 위임하는 것이 보장되어야 한다고 하더라도 주주의 의결권 행사를 위한 대리인 선임이 무제한적으로 허용되는 것은 아니고, 그 의결권의 대리행사로 말미암아 주주총회의 개최가 부당하게 저해되거나 혹은 회사의 이익이 부당하게 침해될 염려가 있는 등의 특별한 사정이 있는 경우에는 회사가 이를 거절할 수 있다).

2) 정(희), 451면; 손(주), 721면; 이(기) 외, (회) 377면; 이·최, 308면.

3) 정(동), (회) 336면(법인주주는 비주주인 직원 등에게, 개인주주는 비주주인 아들 등에게 의결권을 대리행사시키면 그들은 주주의 지시에 따를 것이 예상되므로 그들이 주주총회를 교란시킬 염려는 없기 때문이라고 한다); 최(기), 772~773면, 김영호, "주주의 의결권 대리행사와 행사상의 문제점," 「고시계」, 제553호(2003. 3), 64~65면.

4) 이(철), (회) 545~546면; 이(원), 426면; 채, 473면.

므로, 주주인 국가·지방공공단체 또는 주식회사 소속의 공무원·직원 또는 피용자 등이 그 주주를 위한 대리인으로서 의결권을 대리행사하는 것은 허용되어야 하고 이를 가리켜 정관 규정에 위반한 무효의 의결권 대리행사라고 할 수는 없다[대판 2009. 4. 23, 2005 다 22701 · 22718(공보 2009, 703)].

[대리인의 자격을 제한할 수 있다고 한 판례]

주주의 의결권 행사를 위한 대리인의 선임이 무제한으로 허용되는 것은 아니고, 주주총회 개최가 부당하게 저해되거나 회사의 이익이 부당하게 침해될 염려가 있는 등의 특별한 사정이 있는 경우에는 회사는 이를 거절할 수 있다[대판 2001. 9. 7, 2001 도 2917].

생각건대 주주총회가 주주 이외의 제 3 자에 의하여 교란되는 것을 방지하여 회사의 이익을 보호하고, 또 정관에 의한 이러한 제한을 금지할 합리적인 이유가 없다는 점 등에서 볼 때, 유효설에 찬성한다. 이러한 유효설에 의하는 경우에도 법인주주인 경우에는 그 법인주주 내부의 의사결정에 따른 대표자의 의사를 그대로 반영하여 그 법인의 직원이 의결권을 행사하는 것이 보통이므로(이는 엄격한 의미에서 의결권의 대행이라고 볼 수 있음) 법인의 직원의 이러한 의결권의 행사는 정관의 규정내용에 불문하고 언제나 인정되어야 할 것이다. 또한 이 때 이러한 정관의 규정은 회사가 주주 아닌 대리인에 의한 의결권행사를 거절할 수 있다는 취지로 이해하여야 하고, 회사가 주주 아닌 대리인에 의한 의결권행사를 거절하지 않고 대리행사를 시키는 것은 무방하다고 본다.[1] 유효설에 의하는 경우에도 그러한 정관의 규정은 임의대리에만 적용되는 것이므로, 제한능력자의 대리인 등과 같은 법정대리인은 그러한 정관의 규정에 불구하고 당연히 대리인이 될 수 있다. 또한 제한능력자나 법인도 의결권의 대리행사를 할 수 있다고 본다.[2]

대리인의 수에 관하여 우리 상법에는 규정이 없으나, 수 인의 대리인을 선임할 수 있다고 본다.[3]

또한 이러한 대리인은 주주의 명시적 또는 묵시적 승낙이 있으면 복대리인을 선임할 수 있는데(민 120조), 이러한 취지의 다음과 같은 대법원판례가 있다.

---

1) 동지: 정(희), 451면.

2) 동지: 정(희), 451면.

3) 동지; 이(철), (회) 547면; 최(기), 774면; 채, 473면.
반대: 정(동), (회) 335면; 일본 회사법(2005) 제310조 5항(주식회사는 주주총회에 출석할 수 있는 대리인의 수를 제한할 수 있다); 김영호, 전게 고시계(제553호), 66면.

[복대리인의 선임에 의한 의결권의 재위임을 긍정한 판례]

구 증권업감독규정(2001. 10. 4. 금융감독위원회 공고 제2001-72호로 개정되기 전의 것) 제7-16조 1항은 외국인은 보관기관 중에서 상임대리인을 선임할 수 있고 선임한 상임대리인 이외의 자로 하여금 본인을 위하여 취득유가증권의 권리행사 기타 이와 관련된 사항 등을 대리 또는 대행하게 하지 못한다고 규정하고 있다. 이는 외국인이 상임대리인을 선임하여 놓고도 수시로 상임대리인 이외의 자로 하여금 취득유가증권의 권리행사를 하도록 할 경우 발생할 수 있는 혼란을 피하기 위하여 마련된 규정이라고 해석되므로, 외국인 주주가 상임대리인이 아닌 다른 자에게 의결권 행사를 위임하는 것이 아니라, 외국인 주주로부터 의결권 행사를 위임받은 상임대리인이 제 3 자에게 그 의결권 행사를 재위임하는 것은 위 규정에 의하여 금지된다고 볼 수 없다. 그리고 대리의 목적인 법률행위의 성질상 대리인 자신에 의한 처리가 필요하지 아니한 경우에는 본인이 복대리금지의 의사를 명시하지 아니하는 한 복대리인의 선임에 관하여 묵시적인 승낙이 있는 것으로 보는 것이 타당하므로, 외국인 주주로부터 의결권 행사를 위임받은 상임대리인은 특별한 사정이 없는 한 그 의결권 행사의 취지에 따라 제 3 자에게 그 의결권의 대리행사를 재위임할 수 있다[대판 2009. 4. 23, 2005 다 22701 · 22718(공보 2009, 703)].

3) 대리행사의 방법 의결권의 대리행사의 경우에 대리인은 회사에 위임장(원본)(대리권을 증명하는 서면)을 제출하여야 하는데[1](상 368조 2항 2문), 이를 매 총회마다 제출하여야 하는가 또는 포괄적인 위임장을 제출할 수 있는가의 문제가 있다. 이에 대하여 우리나라의 학설은 (i) 매 총회마다 제출하여야 한다는 견해[2]와, (ii) 포괄적인 위임장을 제출할 수 있다는 견해[3]로 나뉘어 있다.

우리나라의 대법원판례는 포괄위임을 긍정하는 취지로 다음과 같이 판시하고 있다.

[의결권의 대리행사를 포괄위임할 수 있다고 본 판례]

주식회사에 있어 주주권의 행사를 위임함에는 구체적이고 개별적인 사항에 국한한다고 해석하여야 할 근거는 없고 주주권행사를 포괄적으로 위임할 수 있

1) 주주들의 의결권 대리행사에 관한 위임이 있다고 본 판례로는 대판 1979. 9. 25, 79 도 1300(형판집 185, 266)(다른 주주들의 인장이 대표이사에게 보관되어 일상적인 회사운영에 관한 업무가 대표이사에게 위임되어 있는 경우, 업체분리를 위한 형식상의 광산매각에 관한 주주총회결의에 관하여 다른 주주들의 위임 내지 추정적 승낙이 있다고 볼 것이다).

2) 정(희), 451면; 이(철), (회) 549~550면(포괄적인 위임장의 제출을 인정한다면 우리 법상 인정될 수 없는 의결권의 신탁이 사실상 가능하고, 극단적인 경우 의결권만의 양도가 사실상 가능한 결과가 되기 때문이라고 한다); 이(기) 외, (회) 376면; 日會 310조 2항.

3) 서 · 정, 405면; 정(동), (회) 334면; 최(기), 773면; 채, 473면.

다고 하여야 할 것이며, 포괄적 위임을 받은 자는 그 위임자나 회사재산에 불리한 영향을 미칠 사항이라고 하여 그 위임된 주주권 행사를 할 수 없는 것이 아니다[대판 1969. 7. 8, 69 다 688(집 17 ② 민 316)].

동지: 2002. 12. 24, 2002 다 54691(7년간의 의결권 위임이 유효한 것을 전제로 판시함); 동 2014. 1. 23, 2013 다 56839(의결권의 행사를 구체적이고 개별적인 사항에 국한하여 위임해야 한다고 해석하여야 할 근거는 없고, 포괄적으로 위임할 수도 있다).

생각건대 은행 등에 의하여 관리를 받고 있는 회사 등의 경우에는 포괄적인 위임장에 의하여 의결권을 대리행사시킬 실제상의 필요가 있으므로, 일정한 기간에 걸친 포괄적인 위임장의 제출도 가능하다고 본다.

의결권의 대리행사의 경우 보통 회사는 위임장과 함께 인감증명서·참석장 등을 제출하도록 요구하는데, 대리인이 이러한 서류 등을 소지하지 아니하였다 하더라도 주주 또는 대리인이 다른 방법으로 위임장의 진정성 내지 위임의 사실을 증명할 수 있다면 회사는 그 대리권을 부정할 수 없다.[1]

의결권의 대리행사의 경우 대리인은 본인인 주주에 불리하게 의결권을 행사할 수 있다고 본다.[2]

4) 대리행사의 권유

㈎ 의결권의 대리행사의 권유는 회사가 주주총회의 소집통지와 함께 백지위임장을 송부하여 하는데, 이 때 주주는 이 위임장에 대리인을 지정하지 않고 기명날인 또는 서명만을 하여 회사에 반송한다. 이 때 회사가 하는 대리행사의 권유는 대리인의 선임권에 관한 청약이고 주주가 하는 위임장의 반송은 승낙으로 볼 수 있어, 이로 인하여 대리인의 선임권에 관한 위임계약이 성립하였다고 볼 수 있다(민 680조).

㈏ 이러한 대리행사의 권유는 회사에 의한 위임장의 권유(proxy solicita-

1) 대판 2009. 4. 23, 2005 다 22701·22718(공보 2009, 703)(상법 제368조 2항이 규정하는 '대리권을 증명하는 서면'이라 함은 위임장을 일컫는 것으로서 회사가 위임장과 함께 인감증명서·참석장 등을 제출하도록 요구하는 것은 대리인의 자격을 보다 확실하게 확인하기 위하여 요구하는 것일 뿐, 이러한 서류 등을 지참하지 아니하였다 하더라도 주주 또는 대리인이 다른 방법으로 위임장의 진정성 내지 위임의 사실을 증명할 수 있다면 회사는 그 대리권을 부정할 수 없다. 한편 회사가 주주 본인에 대하여 주주총회 참석장을 지참할 것을 요구하는 것 역시 주주 본인임을 보다 확실하게 확인하기 위한 방편에 불과하므로, 다른 방법으로 주주 본인임을 확인할 수 있는 경우에는 회사는 주주 본인의 의결권 행사를 거부할 수 없다).

2) 동지: 대판 2014. 1. 23, 2013 다 56839(본인인 대주주가 대표이사인 경우, 대주주의 대리인이 주주총회에서 그 대표이사를 해임하고 다른 자를 이사로 선임함).

tion)에 의하여 행하여지는데, 이는 회사가 총회 정족수를 성립시키고 또 주주의 의사를 적극 반영하기 위하여 이용되기는 하나, 이를 남용하면 자칫 주주총회를 허구화할 우려도 있고 또 경영자의 지배권 유지를 위한 수단으로 악용될 우려도 있다.[1)]

(다) 상법은 이러한 대리행사의 권유에 대하여 특별히 규정하고 있지 않으나, 자본시장과 금융투자업에 관한 법률은 의결권 대리행사의 권유에 대하여 일정한 제한을 하고 있다(자금 152조~158조).

(3) 의결권의 불통일행사

1) 불통일행사의 의의 및 인정이유 의결권의 불통일행사란 2개 이상의 의결권을 가진 주주가 이를 통일하지 않고 행사하는 것이다. 이러한 의결권의 불통일행사는 주식의 신탁 기타 주권예탁제도에 의하여 주주명부상 형식적으로 1인의 주주(한국예탁결제원)에게 속하는 주식이 실질적으로는 복수인(예탁자 또는 예탁자의 고객)에게 귀속되는 경우에 명의주주가 실질주주(예탁증권의 공유자)의 의사에 따라 의결권을 행사할 필요가 있는 때, 주식을 법인이 소유하는 경우에 그 법인의 구성원 사이에 의견이 갈릴 때, 주식이 공유된 경우에 공유자끼리 의견이 갈릴 때(주주권을 행사할 자 1인을 정하여야 하므로) 등에 필요하게 된다. 이로 인하여 종래의 통설도 위와 같은 경우에 의결권의 불통일행사를 인정하였다.[2)] 그런데 1984년의 개정상법에서는 이러한 종래의 통설에 따라 이를 명문으로 규정하였다.[3)]

2) 불통일행사의 절차 주주가 의결권을 불통일행사하기 위해서는 주주총회일의 3일 전에 회사에 대하여 서면 또는 전자문서로 그 뜻과 이유를 통지하여야 하는데(상 368조의2 1항 2문), 이러한 통지는 3일 전까지 회사에 도달하여야 한다(통설).[4)] 그러나 이러한 통지가 주주총회일의 3일 전이라는 시한보다 늦게 도

---

1) 동지: 이(철), (회) 553면; 정(동), (회) 336면.
미국의 공개된 대회사의 경우에는 의결권의 대리행사방법으로 proxy와 voting trust가 이용되는데, 현재의 임원진이 회사의 비용으로 proxy와 voting trust를 유치·장악하여 자기들의 회사 내의 지위를 영구화하려는 경향이 있고, proxy fighting(위임장쟁탈전)을 둘러싼 문제가 회사법상 크게 거론되고 있다고 한다[정(희), 451면].

2) 그러나 주주의 의결권은 주주 1인에 대하여 1개뿐이라는 사원권부인론에서는 의결권의 불통일행사가 인정될 여지가 없다.

3) 의결권의 불통일행사에 대하여 명문으로 규정하고 있는 외국의 입법례로는 영국의 Companies Act (2006) S. 322, 일본 회사법 제313조 등이 있다.

4) 손(주), 717면; 정(동), (회) 338면; 이(철), (회) 542~543면; 채, 476면; 주상(제 5 판)(회사 Ⅲ), 117면 외.

착하였다고 하더라도 회사가 이를 받아들이는 것은 무방한데, 우리 대법원판례는 이러한 취지로 다음과 같이 판시하고 있다.

> [의결권의 불통일행사의 통지가 주주총회일의 3일 전 이후에 도착하여도 회사가 이를 받아들이는 것은 무방하다고 한 판례]
>
> 상법 제368조의 2 제 1 항은 "주주가 2 이상의 의결권을 가지고 있는 때에는 이를 통일하지 아니하고 행사할 수 있다. 이 경우 회일의 3일 전에 회사에 대하여 서면으로 그 뜻과 이유를 통지하여야 한다"고 규정하고 있는바, 여기서 3일의 기간이라 함은 의결권의 불통일행사가 행하여지는 경우에 회사 측에 그 불통일행사를 거부할 것인가를 판단할 수 있는 시간적 여유를 주고, 회사의 총회 사무운영에 지장을 주지 아니하도록 하기 위하여 부여된 기간으로서, 그 불통일행사의 통지는 주주총회 회일의 3일 전에 회사에 도달할 것을 요한다. 다만, 위와 같은 3일의 기간이 부여된 취지에 비추어 보면, 비록 불통일행사의 통지가 주주총회 회일의 3일 전이라는 시한보다 늦게 도착하였다고 하더라도 회사가 스스로 총회운영에 지장이 없다고 판단하여 이를 받아들이기로 하고 이에 따라 의결권의 불통일행사가 이루어진 것이라면, 그것이 주주평등의 원칙을 위반하거나 의결권 행사의 결과를 조작하기 위하여 자의적으로 이루어진 것이라는 등의 특별한 사정이 없는 한, 그와 같은 의결권의 불통일행사를 위법하다고 볼 수는 없다[대판 2009. 4. 23, 2005 다 22701 · 22718(공보 2009, 703)].

이 때에도 포괄적인 통지가 가능한가에 대하여는 긍정설[1]과 부정설[2]로 나뉘어 있다. 생각건대 대리행사시의 위임장과 같이 포괄적인 통지가 가능하다고 본다(긍정설에 찬성).

만일 주주가 불통일행사의 통지를 하지 않고 의결권을 불통일행사한 경우에는, 회사가 결의 후에 이를 승인할 수 있다고 하면 회사가 결의의 성부(成否)를 사후에 선택하게 되어 부당하므로 회사는 이를 승인할 수 없고, 따라서 그 결의는 하자가 있게 되어 결의취소의 소의 원인이 된다고 본다.[3] 그러나 주주가 불통일행사를 통지하였더라도 통일행사하는 것은 무방하다(통설).

3) 회사의 거부 주주로부터 의결권의 불통일행사에 관한 통지를 받

---

1) 정(희), 452면(이 통지는 총회마다 할 필요는 없고 계속적으로 불통일행사를 한다는 이유를 달아 통지하면 된다고 한다); 정(동), (회) 338~339면; 손(주), 717면; 채, 476면; 이(기) 외, (회) 379면; 주상(제 5 판)(회사 Ⅲ), 117면.

2) 이(철), (회) 543면(주주의 확정은 총회 때마다 하여야 하므로 실질주주를 확정하는 의미가 있는 불통일행사는 총회 때마다 통지하여야 한다고 한다).

3) 동지: 이(철), (회) 543면; 정(동), (회) 339면.

은 회사는 주주의 의결권의 불통일행사를 결의 전에 거부할 수 있다.[1] 그러나 주주가 「주식의 신탁을 인수하였거나」(예컨대, 주식신탁의 경우, 증권투자신탁의 경우 등), 기타 「타인을 위하여 주식을 가지고 있는 경우」(예컨대, 위탁매매인·한국예탁결제원·주식공유자·명의개서 미필주식의 양도인 등의 경우)에는 회사는 의결권의 불통일행사를 거부할 수 없다(상 368조의2 2항). 이와 같이 명의주주와 실질주주가 다른 경우 외에는 의결권의 불통일행사의 실익이 없고 오히려 주주총회 운영의 혼란만 가중하므로 회사는 이러한 불통일행사를 거부할 수 있게 한 것이다.[2]

불통일행사의 거부는 결의 전에 하여야 하는데, 거부할 수 있을 뿐이지 반드시 거부하여야 하는 것은 아니다.[3]

4) 불통일행사의 효과 적법하게 의결권이 불통일행사된 경우에는 그 의결권은 그대로 유효한 것이지, 상반하여 행사된 동수의 의결권이 상계(相計)되어 무효로 되는 것은 아니다.[4] 또한 이러한 불통일행사는 의안마다 하는 것이므로 어느 의안에 대하여는 불통일행사를 하고, 다른 의안에 대하여 통일적으로 행사하여도 무방하다고 본다.[5]

(4) 서면에 의한 의결권의 행사

1) 서면에 의한 의결권의 행사의 의의 및 인정이유 서면에 의한 의결권의 행사(서면투표제도)란 주주(주주의 대리인을 포함함)가 주주총회에 출석할 수 없는 경우에 투표용지에 필요한 사항을 기재하여 회사에 제출하여 의결권을 행사하는 방법이다.

이러한 서면에 의한 의결권의 행사방법(서면투표제도)을 인정한 것은 소수주주의 회사경영의 참여를 유도하고, 주주총회의 원활한 진행을 위하며, 회사는 주주수에 크게 구애받지 않고 주주총회의 장소를 구할 수 있도록 하고, 또한 외국인주주가 의결권을 행사함에 있어 편의를 제공하고자 하는 것 등이다.[6]

---

1) 동지: 대판 2001. 9. 7, 2001 도 2917.
2) 동지: 이(철), (회) 543면.
3) 동지: 정(희), 452면.
4) 동지: 정(희), 452면.
5) 동지: 정(동), (회) 340면; 주상(제 5 판)(회사 Ⅲ), 119면.
6) 이러한 서면투표제도의 활성화에 관하여는 정준영, 서면투표제도의 정착화 방안(상장협 연구보고서 2001-3)(한국상장회사협의회, 2001. 11); 김재범, "서면투표제도를 이용한 주주총회의 운영," 「경영법률」(한국경영법률학회), 제12집(2001), 173~201면 등 참조.

그러나 서면에 의한 의결권의 행사방법은 의사진행과정(예컨대, 수정동의 등)에 적절하게 대처하지 못하고 또한 주주총회에 출석한 주주들의 토의결과를 반영하지 못하는 등의 문제점이 있다. 또한 전 주주나 대부분의 주주가 이러한 서면에 의한 의결권의 행사방법에 의하는 경우, 주주총회가 형해화될 수 있는 등의 문제점도 있다.

이러한 서면에 의한 의결권의 행사제도는 일본에서 이를 채택하고 있고,[1] 미국의 많은 주에서도 이를 채택하고 있다. 우리나라의 경우 과거에는 상법에 이에 관한 규정이 없어 학설에서는 해석상 이를 긍정하는 견해[2]와 부정하는 견해[3]가 있었으나, 1999년 개정상법은 이에 대하여 명문규정을 두었다(상 368조의 3).

2) 행사요건 ① 정관에 이에 관한 규정이 있어야 한다(상 368조의 3 1항). 유한회사의 경우에는 총사원의 동의가 있으면 서면에 의한 결의를 할 수 있고 또한 결의의 목적사항에 관하여 총사원이 서면으로 동의하면 서면에 의한 결의가 있은 것으로 본다고 규정하여(상 577조) 서면에 의한 의결권의 행사에 관한 사항을 상법에서 직접 규정하고 있으나, 주식회사의 경우에는 원칙적으로 이를 회사가 자율적으로 정할 수 있도록 하기 위하여 정관에 규정이 있는 경우에만 서면에 의한 의결권의 행사제도를 이용할 수 있게 하였다.

그러나 2009년 5월 개정상법은 자본금 총액이 10억원 미만인 소규모 주식회사의 경우에는 그 운영을 간소화하기 위하여 예외적으로 유한회사와 같이 규정하였다(상 363조 4항 1문 후단 · 2문). 즉, 자본금 총액이 10억원 미만인 소규모 주식회사는 주주 전원의 동의가 있을 경우에는 (소집절차 없이 주주총회를 개최할 수 있고) 서면에 의한 결의로써 주주총회의 결의에 갈음할 수 있는데, 결의의 목적사항에 대하여 주주 전원이 서면으로 동의를 한 때에는 서면에 의한 결의가 있는 것으로 본다(상 363조 4항). 이러한 서면에 의한 결의는 주주총회의 결의와 같은 효력이 있고(상 363조 5항), 이러한 서면에 의한 결의에 대하여는 주주총회에 관한 규정을 준용한다(상 363조 6항).

② 회사가 정관의 규정에 의하여 서면에 의한 의결권의 행사제도를 채택

---

1) 일본에서는 종래에 감사특례법 제21조의 3(천 명 이상의 주주가 있는 특례법 규제대상회사에 대하여 서면결의를 허용함)에서 대회사에 대하여만 인정하였는데, 2005년 회사법을 제정하면서 이러한 제한을 두지 않고 인정하고 있다(日會 311조).

2) 정(희), 457면.

3) 정찬형, 「제 1 개정판 상법강의(상)」(서울: 박영사, 1999), 713면.

하면, 회사는 주주총회의 소집통지서에 (서면에 의한) 의결권을 행사하는 데 필요한 서면(예컨대, 투표용지 등)과 참고자료(예컨대, 이사 선임에 관한 의결권의 행사인 경우에는 모든 후보이사에 대한 인적 사항에 관한 서류 등)를 첨부하여야 한다(상 368조의 3 2항). 이 때 주주가 많은 대회사인 경우 회사가 모든 주주에게 이러한 참고자료를 송부하기 위하여는 많은 비용과 시간이 소요되어 이 제도의 이용을 오히려 기피할 것이므로, 이 제도의 활성화를 위하여는 입법론상 서면에 의하여 의결권을 행사할 의사를 표명한 주주에게만 필요한 참고자료를 송부하여 주도록 하는 것도 고려하여야 할 것으로 본다.

또한 서면투표의 한 형식으로 전자투표를 인정할 수 있을 것인지 여부에 대하여 이를 긍정하는 견해도 있으나,[1] 인터넷상의 투표용지를 상법 제368조의 3에서 말하는 '의결권을 행사하는 데 필요한 서면'으로 보는 것은 무리가 있는 점 및 전자투표를 이용하기 위하여는 이에 따른 많은 법률문제가 수반되므로 이에 관한 명확한 법규정이 존재하여야 한다는 점 등에서 볼 때 현행 상법 제368조의 3에만 근거하여 전자투표제도를 이용하는 것은 무리이고 이 제도를 이용하기 위하여는 새로운 입법이 필요하다고 본다.[2] 따라서 2009년 5월 개정상법은 후술하는 바와 같이 전자적 방법에 의한 의결권의 행사(전자투표)에 관하여 새로 규정하였다. 이러한 전자투표제도를 이용하면 회사 및 주주는 모두 많은 비용과 시간을 절약할 수 있게 되어 주주총회가 매우 활성화될 것으로 본다.[3]

③ 주주가 의결권을 행사한 서면(투표용지)이 언제까지 회사에 도착하여야 하는가의 문제가 있다. 이에 대하여 정관에 특별히 정함이 없으면 주주총회의 회일의 전일까지 회사에 도착하여야 한다고 본다.

3) 행사효과 주주가 서면에 의하여 의결권을 행사한 경우에는 직접

1) 박상근, "인터넷과 주주총회," 「법학」(서울대), 제42권 1호(2001. 5), 111면, 123면; 권종호, "서면투표제도, 과연 입법상의 성과인가?," 「상사법연구」(한국상사법학회), 제19권 2호(2000), 480~481면.

2) 정찬형, "주주총회 활성화를 위한 제도개선방안," 「상사법연구」(한국상사법학회), 제23권 3호(2004. 11), 78면.

전자투표제도의 도입에 관한 상세는 정찬형, 상게논문(상사법연구, 제23권 3호), 43~87면; 정경영, "전자투표제도 도입을 위한 법제정비 방안에 관한 연구," 「상사법연구」(한국상사법학회), 제23권 3호(2004. 11), 97~167면; 정완용, "바람직한 전자투표 인프라 구축방안," 「상사법연구」(한국상사법학회), 제23권 3호(2004. 11), 183~244면 등 참조.

3) 정찬형, 전게논문(상사법연구, 제23권 3호), 77면.

주주총회에 출석하여 행사한 경우와 동일하게 보아야 할 것이다(상 363조 5항·6항 참조). 따라서 그러한 주주는 출석정족수의 산정에 있어서 발행주식총수에 산입됨은 물론(상 371조 1항 참조), 의결정족수의 산정에 있어서 출석한 주주의 의결권의 수에 산입된다(상 371조 2항 참조). 또한 서면에 의하여 의결권을 행사하는 경우에도 의결권의 대리행사(상 368조 2항)와 불통일행사(상 368조의 2)가 가능하다고 본다.

(5) 전자적 방법에 의한 의결권의 행사

2009년 5월 개정상법(공포 후 1년이 경과한 날부터 시행함 — 상 부칙 1조)은 전자적 방법에 의한 의결권의 행사(전자투표)를 인정하고 있다.[1] 즉, 회사는 이사회의 결의로(자본금 총액이 10억원 미만인 소규모 주식회사로서 이사가 1명 또는 2명인 경우에는 이사회가 없으므로, 각 이사〈정관에 따라 대표이사를 정한 경우에는 그 대표이사〉가 이를 결정함 — 상 383조 6항) 주주가 주주총회에 출석하지 않고 전자적 방법으로 의결권을 행사할 수 있음(전자투표)을 정할 수 있다(상 368조의 4 1항). 이 때 회사는 주주총회의 소집통지를 할 때에 주주가 전자적 방법으로 의결권을 행사할 수 있음을 통지하여야 하고(상 368조 의 4 2항, 상시 13조 2항) 이러한 의결권 행사에 필요한 양식과 참고자료를 주주에게 전자적 방법으로 제공하여야 하며(상 368조의 4 3항 2문), 주주는 주주 확인절차 등 대통령령으로 정하는 바에 따라(「전자서명법」 제 8 조 제 2 항에 따른 운영기준 준수사실의 인정을 받은 전자서명인증사업자가 제공하는 본인확인의 방법 또는 「정보통신망 이용촉진 및 정보보호 등에 관한 법률」 제23조의 3에 따른 본인확인기관에서 제공하는 본인확인의 방법으로 — 상시 13조 1항) 의결권을 행사하여야 한다(상 368조의 4 3항 1문). 이 경우 동일한 주식에 관하여 전자투표 또는 서면투표를 행사하는 경우, 주주는 어느 하나의 방법을 선택하여야 한다(상 368조의 4 4항). 주주가 전자투표를 한 경우 회사는 의결권 행사에 관한 전자적 기록을 주주총회가 끝난 날부터 3개월간 본점에 갖추어 두어 열람하게 하고, 주주총회가 끝난 날부터 5년간 보존하여야 한다(상 368조의 4 5항). 주주 확인절차 등 전자적 방법에 의한 의결권 행사의 절차와 그 밖에 필요한 사항은 대통령령으로 정한다(상 368조 의 4 6항, 상시 13조).[2] [3]

---

1) 이에 관한 상세는 이세영, "주주총회의 전자화에 관한 법적 연구," 법학박사학위논문(성균관대, 2011. 8) 참조.

2) 이에 따라 상법 시행령 제13조는 다음과 같이 규정하고 있다.

① 상법 제368조의 4에 따라 주주가 의결권을 전자적 방법으로 행사(전자투표)하는 경우 주주는 「전자서명법」 제 8 조 제 2 항에 따른 운영기준 준수사실의 인정을 받은 전자서명인증사업자가 제공하는 본인확인의 방법 또는 「정보통신망 이용촉진 및 정보보호 등에 관한 법률」 제23조의 3에 따른 본인확인기관에서 제공하는 본인확인의 방법으로 주주 본인임을 확인하고, 「전자서명법」 제 2 조 제 2 호에 따른 전자서명을 통하여 전자투표를 하여야 한다.

② 상법 제368조의 4에 따라 전자적 방법으로 의결권을 행사할 수 있음을 정한 회사는 주주총회 소집의 통지나 공고에 다음 각 호의 사항을 포함하여야 한다.

1. 전자투표를 할 인터넷 주소
2. 전자투표를 할 기간(전자투표의 종료일은 주주총회 전날까지로 하여야 한다)

이러한 전자투표에 의하여 감사 또는 감사위원회 위원을 선임하는 경우에는 '발행주식총수의 4분의 1 이상'의 의결정족수 요건이 배제된다(상 409조 3항, 542조의 12 8항). 이는 2020년 개정상법에 의하여 신설되었다.

(6) 의결권행사방법과 관련한 그 밖의 사항

우리 상법에는 인정되지 않지만, 주로 외국에서 논의되거나 또는 외국의 입법례에서 인정되고 있는 것으로 다음과 같은 사항이 있다.[1)]

1) 의결권계약(voting agreement; Stimmrechtsverbindungsvertrag) 이것은 주주들이 의결권을 일정한 방향으로 행사하기로 미리 약정하는 계약으로 미국 및 독일에서 그 유효성이 논의되고 있는데, 신의칙에 반하지 않고 특정주주의 의결권을 박탈하거나 부당하게 제한하는 것이 아니면 당사자간에서 채권적 효력은 인정된다고 본다.[2)] 이러한 계약에 위반하여 한 의결권의 행사가 유효함은 말할 나위도 없다.

2) 의결권신탁(voting trust) 이것은 의결권계약의 가장 강화된 형태로서, 미국의 많은 주에서는 그의 유효성을 인정하여 이를 제정법에서 규정하고 있다. 우리나라에서도 (i) 상법상 및 신탁법상 이를 인정할 수 있다고 보는

---

3. 그 밖에 주주의 전자투표에 필요한 기술적인 사항

③ 삭제(2020. 1. 29.)

④ 회사는 전자투표의 효율성 및 공정성을 확보하기 위하여 전자투표를 관리하는 기관을 지정하여 주주 확인절차 등 의결권 행사절차의 운영을 위탁할 수 있다.

⑤ 회사, 제 4 항에 따라 지정된 전자투표를 관리하는 기관 및 전자투표의 운영을 담당하는 자는 주주총회에서 개표가 있을 때까지 전자투표의 결과를 누설하거나 직무상 목적 외로 사용해서는 아니 된다.

⑥ 회사 또는 제 4 항에 따라 지정된 전자투표를 관리하는 기관은 전자투표의 종료일 3일 전까지 주주에게 전자문서로 제 2 항 각 호의 사항을 한 번 더 통지할 수 있다. 이 경우 주주의 동의가 있으면 전화번호 등을 이용하여 통지할 수 있다(신설 2020. 1. 29.).

3) 2013년 7월 16일 정부(법무부)의 「상법 일부개정(안) 입법예고」(법무부공고 제2013-162호)에서는 상법 제542조의 14(전자적 방법에 의한 의결권 행사)를 신설하여 "주주의 수 등을 고려하여 대통령령으로 정하는 상장회사는 제368조의 4 제 2 항 내지 제 6 항에 따라 주주가 총회에 출석하지 아니하고 전자적 방법으로 의결권을 행사할 수 있도록 하여야 한다"고 규정함으로써, 일정규모 이상의 상장회사에 대하여 전자투표를 의무화하여 주주총회 활성화에 기여하고자 하였다.

1) 이에 관한 상세한 소개로는 정(동), (회) 342~347면 참조.

2) 이에 관한 상세는 곽관훈, "벤처기업에 있어서의 주주간계약(의결권구속계약을 중심으로)," 「상사법연구」, 제22권 제 1 호(2003), 329~357면(벤처기업의 육성이라는 차원에서 주주간 계약의 필요성을 인정하고, 실질적으로 기능할 수 있도록 하기 위한 제도적인 정비가 필요하다고 한다); 천경훈, "주주간 계약의 실태와 법리 — 투자촉진수단으로서의 기능에 주목하여 —," 「상사판례연구」(한국상사판례학회), 제26집 제 3 권(2013. 9), 3~44면 등 참조.

긍정설도 있으나,[1] (ii) 실정법상 명문규정이 없을 뿐만 아니라 의결권이 신탁의 목적이 될 수 있는지에 대하여도 의문이 있는 점에서 볼 때 이를 부정하여야 할 것으로 본다.

3) 자격양도(Legitimationsübertragung) 이것은 독일법상 인정되고 있는 제도인데, 주주가 타인에게 그 타인의 명의로 의결권을 행사할 수 있는 권한을 부여하는 것이다. 이를 우리 상법상에서도 인정할 수 있을 것인가에 대하여, (i) 이를 긍정하는 견해도 있으나,[2] (ii) 이 때 자격양수인은 자기의 이름으로 의결권을 행사하는 것이기 때문에 우리 상법상의 의결권의 대리행사와는 구별되고 또 우리나라는 독일에서와 같이 은행 등 금융기관이 주식을 예탁받고 있는 것도 아니므로 이를 부정하여야 할 것으로 본다.

제 6 의사와 결의

I. 의 사

(1) 의사방법

주주총회의 의사(議事)방법에 관하여는 상법에 명문의 규정이 없는 사항은 정관 또는 총회결의에 의하고, 이것이 없으면 관습에 의하며, 관습도 없으면 회의의 일반원칙에 의한다.

(2) 의 장

1) 선 임 주주총회는 회의체의 기관이므로 그의 의사진행을 맡을 의장이 반드시 필요하다(상 373조 2항 참조). 의장은 보통 정관의 규정에 의하여 대표이사 또는 (대표)집행임원이 될 수 있으나, 그러한 정관의 규정이 없으면 주주총회에서 선출된다(상 366조의 2 1항).[3]

우리 대법원판례도 이러한 취지로 다음과 같이 판시하고 있다.

[주주총회에서 선임한 의장을 유효로 본 판례]

개회선언된 임시주주총회에서 대표이사인 의장이 주주들의 의사에 반하여 자진 퇴장한 경우, 그 임시주주총회가 폐회되었다거나 종결되었다고 할 수는 없

1) 정(동), (회) 344면.
2) 서·정, 405면 주 1; 정(동), (회) 344~345면.
3) 이는 1999년 개정상법이 명문으로 규정하였다.

으며, 그 당시 회의장에 남아 있던 총주식수의 과반수 이상을 가진 주주들이 전주주의 동의로 임시의장을 선출하여 진행한 임시주주총회의 결의는 적법하다[대판 1983. 8. 23, 83 도 748 (공보 714, 1448)].

동지: 대판 2001. 7. 1, 2001 다 12973(공보 2001, 1379)(주주총회에서 의안에 대한 심사를 마치지 아니한 채 법률상으로나 사실상으로 의사를 진행할 수 있는 상태에서 주주들의 의사에 반하여 의장이 자진하여 퇴장한 경우 주주총회가 폐회되었다거나 종결되었다고 할 수는 없으며, 이 경우 의장은 적절한 의사운영을 하여 의사일정의 전부를 종료케 하는 등의 직책을 포기하고 그의 권한 및 권리행사를 하지 아니하였다고 볼 것이므로, 퇴장 당시 회의장에 남아 있던 주주들이 임시의장을 선출하여 진행한 주주총회의 결의도 적법하다고 할 것이다).

의장은 주주임을 요하지 않고, 주주총회의 결의에 관하여 특별한 이해관계를 갖는 경우에도 의사진행을 할 수 있다고 본다.[1]

2) 권 한 주주총회의 의장은 총회의 질서를 유지하고 의사를 정리하는데(상 366조의 2 2항), 의장은 그 총회장에서 고의로 의사진행을 방해하기 위한 발언을 하거나 행동을 하는 등 현저히 질서를 문란하게 하는 자에 대하여 그 발언의 정지 또는 퇴장을 명할 수 있다[2](상 366조의 2 3항). 이 경우 퇴장당한 주주가 있는 경우에는 출석한 주주의 의결권의 수에 산입하지 아니한다고 본다(상 371조 2항 유추적용).

상법은 소위 「총회꾼」 등의 폐단을 방지하기 위하여 의장에게 이러한 권한을 부여하였는데, 총회의 의장은 회의의 질서유지를 위하여 이 권한을 적정하게 행사하여야 하고, 주주의 발언권을 제약하는 등 이 권한을 남용하여서는 안 된다고 본다.[3]

이와 아울러 상법에서는 주주의 권리행사에 관하여 회사는 주주에게 이익을 공여하는 것을 금하는 규정을 두고 있다(상 467조의 2). 또한 총회에서의 발언 또는 의결권의 행사에 관한 증수뢰(贈收賂)에 대하여는 형벌을 과하고 있다(상 631조 1호).

---

1) 동지: 이(철), (회) 561면.

2) 과거에는 증권거래법에서만 이러한 내용이 규정되어(증거 191조의 9) 주권상장법인이나 협회등록법인의 의장에게만 이러한 권한이 인정되었으나, 1999년 개정상법이 이를 규정하여 모든 주식회사의 주주총회의 의장은 이러한 권한을 행사할 수 있게 되었다. 따라서 증권거래법상 이에 관한 규정은 삭제되었다.

3) 이와 관련하여 우리 상법상 주주의 질문권은 최대한 보장되어야 하지만 남용은 제한되어야 한다는 견해로는 김재범, "주주의 질문권과 회사의 설명의무," 「상사법연구」(한국상사법학회), 제 21권 4호(2003), 151~176면.

⑶ 의 사 록

1) 작 성 주주총회의 의사에 관하여는 의사록을 작성하여야 하는데(상 373조 1항), 이 의사록에는 의사의 경과요령과 그 결과를 기재하고 의장과 출석한 이사가 기명날인 또는 서명하여야 한다(상 373조 2항).

2) 비 치 (대표)이사 또는 (대표)집행임원은 이러한 의사록을 회사의 본·지점에 비치하여 주주 및 회사채권자의 열람에 제공하여야 한다(상 396조 1항·2항, 408조의 9). 등기에 의사록을 첨부하여야 하는 경우에는(상등규 128조 2항), 이 의사록은 공증을 받아야 한다(공증 66조의 2).

2. 결 의

⑴ 결의의 의의 및 법적 성질

1) 의 의 주주총회의 결의는 「다수결의 원리에 의하여 형성된 주주총회의 의사표시」로서, 결의의 성립이 선언된 때부터 각 주주의 의사와는 관계 없이 관계자 전원(주주 전원 및 회사의 각 기관 등)을 법적으로 구속한다.

2) 법적 성질 주주총회의 결의의 법적 성질이 무엇이냐에 대하여 크게 (i) 「전통적인 법률행위(단독행위·계약·합동행위)의 일종」이라고 보는 견해(통설)(이 견해는 다시 어떤 종류의 법률행위이냐에 대하여 계약으로 보는 계약설[1]과 합동행위로 보는 합동행위설[2]로 나뉘어 있다)와, (ii) 「전통적인 법률행위의 어느 것에도 해당되지 않는 별개의 법률행위유형」에 속한다고 보는 견해[3](특수법률행위설)(소수설)로 나뉘어 있다. 이러한 두 견해의 차이는 전자의 경우에는 원칙적으로 민법의 의사표시에 관한 제(諸) 규정(예컨대, 민 107조~112조 등)이 적용되나, 후자의 경우에는 원칙적으로 민법의 의사표시에 관한 제 규정이 적용되지 않는다고 하는 점이다.[4]

생각건대 주주총회의 결의를 법률행위로 보면서 (전통적인) 법률행위가 아

---

1) 이영준, 「민법총칙」(박영사, 1991), 155면.

2) 정(희), 455면; 곽윤직, 「신정판 민법총칙」(박영사, 1992), 346면.

3) 정(동), (회) 351면(이를 '특수한 종류의 다면적 법률행위'라고 한다); 이(철), (회) 565~566면; 이(기) 외, (회) 385면.

4) 정(동), (회) 351~352면(의결권의 행사에 관하여 의사의 하자가 있는 경우에는 민법의 원칙이 원칙적으로 적용되나, 의사의 하자 이외에는 각 개의 규정을 개별적으로 검토하여 그 적용 여부를 결정하여야 한다고 한다); 이(철), (회) 566면(주주총회의 결의에는 그 단체적 특성으로 인하여 의사표시와 법률행위의 일반원칙에 관한 민법의 제원칙은 그 적용이 배제된다고 한다).

닌 다른 유형의 법률행위라고 하는 것은 그 개념이 모호하여 타당하지 않다고 본다. 따라서 주주총회의 결의의 법적 성질은 의결권의 내용에 나타나는 의사표시를 요소로 하는 법률행위이고, 의안에 대한 복수의 의사표시가 결의요건을 충족하여 성립하는 사단법상의 합동행위라고 본다.[1] 따라서 이에 대하여는 민법의 의사표시 및 법률행위에 관한 일반원칙이 원칙적으로 적용된다고 본다.

(2) 결의방법

주주총회의 결의방법에 관하여는 상법에 특별한 제한이 없다. 따라서 이에 관하여 정관에 규정이 있으면 그에 의하고,[2] 정관에 규정이 없으면 어떠한 방법(거수·기립·기명 또는 무기명투표 등)이든 무방하다고 본다.[3]

다만 앞에서 본 바와 같이 정관에 규정이 있으면 서면결의도 가능하다(상 368조의 3).

(3) 결의요건(결의능력)

일반적으로 총회의 결의요건은 일정수의 구성원의 출석(출석정족수·의사정족수 또는 정족수〈quorum〉)과 출석한 구성원 중에서 일정수 이상의 찬성(의결정족수 또는 표결수〈voting requirement〉)을 요하는데, 1995년 개정상법은 주식이 폭넓게 분산된 주식회사에서 주주총회의 성립을 위한 출석정족수(의사정족수)를 확보하기 어려운 현실을 감안하여 주주총회의 결의요건에서 출석정족수의 요건을 폐지하고 의결정족수의 요건만을 규정하였다. 그런데 이와 같이 규정하는 경우에 일부의 주식을 가진 소수의 주주만이 출석하여 총회의 결의가 성립하는 것을 방지하기 위하여, 이에 발행주식총수의 일정수 이상의 찬성을 요하는 것을 추가요건으로 규정하고 있다(2020년 개정상법에 의하여, 전자투표를 실시하는 회사에 대하여는 감사 또는 감사위원회 위원의 선임 시 이 추가요건을 배제함〈상 409조 3항, 542조의 12 8항〉).[4]

그러나 이와 같이 주주총회에서 출석정족수의 요건을 폐지한 것은 회의의 일반원칙에 맞지 않으므로 2006년 상법개정시안에서는 1995년 개정상법 이전과 같이 출석정족수를 부활하였다. 그런데 2008년 상법개정안에서는 경제계의 의견을 반영하여 위의 상법개정시안의 내용을 삭제하였다. 그러나 2009년 5월

1) 동지: 정(희), 455면.

2) 정관에 규정이 있으면 사전투표도 가능하다는 견해로는 김성탁, "사전투표에 의한 주주의 의결권행사—필요성, 가능성, 규율의 법리를 중심으로,"「상사판례연구」(한국상사판례학회), 제28집 제 2 권(2015. 6), 3~49면 참조.

3) 동지: 정(동), (회) 352면; 채, 483면; 주상(제 5 판)(회사 Ⅲ), 100면.

4) 이와 같이 개정한 이유에 관한 상세는 해설(1995), 116~117면 참조.

이와 같이 출석정족수를 폐지한 점에 대한 상세한 비판으로는 이(철), (회) 568면 및 이철송, 상법개정공청회자료(법무부, 1994. 5. 25), 58면 참조.

개정상법에 의하여 전자투표제도가 도입되어 이를 적극 이용하면 주주의 주주총회의 참여가 많이 활성화될 것이라는 점, 주주총회의 결의요건을 일반회의의 원칙에 맞게 규정하는 것이 국제기준에 맞는다는 점 등을 고려하여 출석정족수를 부활하여야 할 것으로 본다.[1)]

주주총회의 결의요건에는 의안의 중요도에 따라 다수결의 요건에 차이를 두고 있는데, 이에는 다음과 같이 보통결의·특별결의 및 특수결의가 있다.

1) 보통결의

㈎ 보통결의요건

① 보통결의는 원칙적으로 출석한 주주의 의결권의 「과반수」(의결정족수)와 발행주식총수[2)]의 「4분의 1 이상」의 수로써(‘발행주식총수의 4분의 1 이상’의 요건은, 2020년 개정상법에 의하여, 전자투표를 실시하는 회사에 대하여는 감사 또는 감사위원회 위원의 선임시 배제된다〈상 409조 3항, 542조의 12 8항〉)하는 결의이다[3)](상 368조 1항). 이 경우에 출석한 주주의 의결권의 과반수(의결정족수)는 일반적인 경우(즉, 의결권의 제한이 없는 경우) 발행주식총수의 4분의 1 이상이어야 한다. 또한 이미 앞에서 본 바와 같이 의결권이 없는 종류주식이나 의결권이 제한되는 종류주식·회사가 갖고 있는 자기주식·자회사가 갖고 있는 모회사의 주식·상호보유주식은 발행주식총수에 산입되지 않고(상 371조 1항), 특별이해관계인의 소유주식·감사 선임에 있어서의 100분의 3을 초과하는 주식은 의결정족수에 산입되지 않는다(상 371조 2항).

예컨대, 갑주식회사의 발행주식총수가 1,000주인데, 갑회사가 갖고 있는 자기주식은 200주, A 주주가 400주, B 주주가 300주, C 주주가 100주를 갖고 있다고 가정할 경우, 보통결의요건은 다음과 같다. 이때 「발행주식총수의 4분의 1 이상」이란 [1,000주－200주(갑회사의 자기주식]×1/4＝200주 이상을 말하므로(대판 1998. 4. 10, 97 다 50619 참조), A 주주(400주) 또는 B 주주(300주)가 출석하여 찬성하면 (또는 A주주와 B주주가 출석하여 A주주는 찬성하고 B주주는 반대한 경우도 동일

1) 정찬형, “주식회사법 개정제안,” 「선진상사법률연구」(법무부), 통권 제49호(2010. 1), 42～43면.

2) 주식 자체는 유효하게 발행되었지만 주식의 이전 등 관계로 당사자간에 주식의 귀속에 관하여 분쟁이 발생하여 진실의 주주라고 주장하는 자가 명의상의 주주를 상대로 의결권의 행사를 금지하는 가처분의 결정을 받은 경우, 그 명의상의 주주는 주주총회에서 의결권을 행사할 수 없으나, 그가 가진 주식수는 주주총회의 결의요건을 규정한 상법 제368조 1항 소정의 정족수 계산의 기초가 되는 ‘발행주식의 총수’에는 산입되는 것으로 해석함이 상당하다[대판 1998. 4. 10, 97 다 50619(공보 1998, 1286)].

3) 1995년 개정상법 이전에는 「발행주식총수의 과반수에 해당하는 주식을 가진 주주의 출석(출석정족수)과, 출석주주의 의결권의 과반수(의결정족수)로써 하여야 한다」고 규정하였다(상 368조 1항).

함) 이 요건을 충족하나, C 주주(100주)만 출석하여 찬성하면 이 요건을 충족하지 못한다. 그런데 감사 D를 선임하는 경우에는 어떠한가. 감사의 선임에서 정관에 다른 규정이 없으면 의결권 없는 주식(200주)을 제외한 발행주식총수(800주)의 100분의 3(24주)을 초과하는 수의 주식을 가진 주주는 그 초과하는 주식에 관하여 감사의 선임에 있어서는 의결권을 행사하지 못하므로(상조 409 2항), A 주주·B 주주 및 C 주주는 각각 24주까지만 의결권을 행사할 수 있다. 따라서 이 경우 감사 선임에 있어서 의결정족수인 의결권(24주×3=72주)의 과반수란 37주 이상이어야 한다. 따라서 A(24주) 또는 B(24주)만 출석하여 찬성하면 발행주식총수의 4분의 1 이상이라는 요건은 충족하나 의결권의 과반수(37주)라는 요건을 충족하지 못하여 감사를 선임할 수 없게 되고, C 주주가 추가로 감사의 선임에 찬성하여야 감사를 선임할 수 있게 된다.[1] 따라서 A와 C가 감사

1) 이 경우 주주의 의결권이 제한되므로 총주주의 의결권의 합계(72주)가 발행주식총수의 4분의 1(200주)이 되지 못하는데, 출석한 주주의 의결권의 과반수가 발행주식총수의 4분의 1 이상이 될 수는 없다. 따라서 이 경우 「출석한 주주의 의결권의 과반수」란 '출석하여 찬성한 의결권이 총의결권의 과반수'인 경우를 의미하고(문언대로 해석하면 남용의 여지가 큼), 「발행주식총수의 4분의 1 이상」이란 '출석하여 찬성한 주주가 소유하고 있는 주식이 발행주식총수의 4분의 1 이상'인 경우를 의미한다고 해석하여야 할 것이다. 즉, 이 경우에는 일반적인 경우와는 달리 의결권이 제한되므로, 「출석한 주주의 의결권의 과반수」와「발행주식총수의 4분의 1 이상」은 의결권의 계산에서는 단절된다.

결과동지: 대판 2016. 8. 17, 2016 다 222996(공보 2016, 1331)(상법 제409조는 제 1 항에서 감사를 주주총회에서 선임하도록 하면서 제 2 항에서 "의결권 없는 주식을 제외한 발행주식총수의 100분의 3을 초과하는 수의 주식을 가진 주주는 그 초과하는 주식에 관하여 제 1 항의 감사의 선임에 있어서는 의결권을 행사하지 못한다"라고 규정하고 있다. 그리고 주주총회의 결의방법에 관하여 상법 제368조 제 1 항은 "총회의 결의는 이 법 또는 정관에 다른 정함이 있는 경우를 제외하고는 출석한 주주의 의결권의 과반수와 발행주식총수의 4분의 1 이상의 수로써 하여야 한다"라고 규정하고 있다. 따라서 주주총회에서 감사를 선임하려면 우선 '출석한 주주의 의결권의 과반수'라는 의결정족수를 충족하여야 하고, 나아가 그 의결정족수가 '발행주식총수의 4분의 1 이상의 수'이어야 하는데, 상법 제371조는 제 1 항에서 '발행주식총수에 산입하지 않는 주식'에 대하여 정하면서 상법 제409조 제 2 항의 의결권 없는 주식〈이하 '3% 초과 주식'이라 한다〉은 이에 포함시키지 않고 있고, 제 2 항에서 '출석한 주주의 의결권 수에 산입하지 않는 주식'에 대하여 정하면서는 3% 초과 주식을 이에 포함시키고 있다. 그런데 만약 3% 초과 주식이 상법 제368조 제 1 항에서 말하는 '발행주식총수'에 산입된다고 보게 되면, 어느 한 주주가 발행주식총수의 78%를 초과하여 소유하는 경우와 같이 3% 초과 주식의 수가 발행주식총수의 75%를 넘는 경우에는 상법 제368조 제 1 항에서 말하는 '발행주식총수의 4분의 1 이상의 수'라는 요건을 충족시키는 것이 원천적으로 불가능하게 되는데, 이러한 결과는 감사를 주식회사의 필요적 상설기관으로 규정하고 있는 상법의 기본 입장과 모순된다. 따라서 감사의 선임에 있어서 3% 초과 주식은 위 제371조의 규정에도 불구하고 상법 제368조 제 1 항에서 말하는 '발행주식총수'에 산입되지 않는다고 보아야 한다. 그리고 이는 자본금 총액이 10억 원 미만이어서 감사를 반드시 선임하지 않아도 되는 주식회사라고 하여 달리 볼 것도 아니다. 원심판결 이유에 의하면, 원심은 피고 회사가 발행한 총 1,000주를 원고가 340주〈34%〉, 소외 1이 330주〈33%〉, 소외 2가 330주〈33%〉씩 보유하고 있는 사실, 원고·소외 1·소외 2가 참석하여 개최된 피고 회사의 임시주주

D를 선임하는데 찬성하면 의결권(72주) 중 48주(A 24주+C 24주)가 찬성하므로 의결권의 과반수라는 의결정족수를 충족하고, 발행주식총수(800주) 중 500주(A 400주+C 100주)가 찬성하므로 발행주식총수의 4분의 1(200주) 이상의 요건도 충족하게 된다. 이와 같이 하면 B와 C가 찬성하면 최대주주 A의 동의가 없어도 감사 D를 선임할 수 있다(B의 의결권 24주+C의 의결권 24주=48주의 찬성이므로 출석한 주주의 의결권 72주의 과반수가 되고, B의 300주+C의 100주=400주는 발행주식총수 800주의 4분의 1 이상이 되어 상법 제368조 제1항의 요건을 갖추게 된다). 갑주식회사가 전자투표를 실시하는 경우 감사 D를 선임할 때에는 '발행주식총수의 4분의 1 이상'이라는 추가요건이 적용되지 않으나(상 409조 3항), 결과는 동일하다.

이는 감사 선임에서 소수주주의 의견을 반영하게 될 뿐만 아니라, 출석정족수가 없음으로 인하여 발생할 수 있는 소수주주의 횡포도 방지할 수 있는 것이다.

② 보통결의요건에서 '발행주식총수의 4분의 1 이상'의 요건은 전자투표를 실시하는 회사가 감사 또는 감사위원회 위원을 선임하는 경우에는 예외적으로 배제된다(상 409조 3항, 542조의 12 8항).

③ 보통결의요건은 예외적으로 정관의 규정에 의하여 출석정족수를 둘 수 있고, 또한 의결정족수를 가중(다만 특별결의 요건을 한도로 함)할 수 있다(상 368조 1항).[1] 정관의 규정으로

총회에서 소외 1과 소외 2의 찬성으로 소외 3을 감사로 선임하는 이 사건 결의가 이루어진 사실 등을 인정하였다. 나아가 원심은, 원고·소외 1·소외 2는 감사 선임에 있어서 발행주식총수의 3%〈30주〉를 초과하는 주식에 관해서는 의결권이 없으므로 의결권이 있는 발행주식총수는 90주인데, 위 90주 중 소외 3의 감사 선임에 찬성한 주식 수는 소외 1과 소외 2의 각 30주 합계 60주로서, 결국 출석한 주주의 의결권의 과반수와 발행주식총수의 1/4 이상의 찬성이 있었으므로 이 사건 결의는 적법하다고 보았다. 원심의 위와 같은 판단은 앞서 본 법리에 따른 것으로서 정당하고, 거기에 상고이유로 주장하는 법령 위반 등의 위법이 없다. 또한 원심의 소송비용에 관한 판단에 상고이유로 주장하는 법령 위반 등의 위법이 있다고 할 수도 없다).

상법 제371조 제1항은 발행주식총수에서 산입되지 않는 주식을 규정한 것이고 동조 제2항은 의결권의 수에 산입하지 않는 주식을 규정한 것으로 구별되는데, 위 판결에서 대법원은 3% 초과 주식이 발행주식총수에 산입되는 것으로 규정되었다고 하여 상법 제371조에도 불구하고 동 제368조 제1항에서 말하는 '발행주식총수'에 산입되지 않는다고 이유를 설시하고 있다. 그런데 감사의 선임의 경우에는 일반적인 경우와는 구별되므로(즉, 상법 제368조 제1항에서의 '출석한 주주의 의결권의 과반수'와 '발행주식총수의 4분의 1 이상'은 의결권의 계산에서 단절되므로) 본문의 예에서 본 바와 같이 해석하면 3% 초과 주식을 발행주식총수에 포함하더라도 위와 동일한 결과가 된다. 즉, 소외 1과 소외 2가 소외 3 감사의 선임에 찬성하면(60주) 의결권(90주)의 과반수 찬성이 되고(상 371조 2항) 또한 찬성한 소외 1과 소외 2의 주식수(330주+330주=660주)는 발행주식총수(1,000주)의 과반수가 된다(상 371조 1항 참조). 이러한 문제점을 해결하기 위하여는 상법 제368조 제1항을 개정하여 출석정족수를 부활하여야 한다고 본다.

1) 다만 단체의 의사결정의 성질상 정관의 규정에 의해서도 의결정족수를 과반수 이하로 완화하는 것은 허용되지 않는다[동지: 정(동), (회) 353면; 이(철), (회) 569면].

발행주식총수의 4분의 1 이상이라는 요건을 가중할 수는 있으나, 감경할 수는 없다고 본다.[1)]

④ 결의시에 가부 동수(可否 同數)인 경우에는 그 의안은 부결된 것으로 보아야 하고, 이 때에 의장에게 그 결정권을 주는 내용의 정관의 규정은 1주 1의결권의 원칙에 반하므로 무효라고 본다(가부 동수인 경우에 의장이 결정한다는 뜻의 정관규정은 의장이 주주인 경우에는 1주 1의결권의 원칙에 반하고, 주주가 아닌 경우에는 주주 아닌 자의 결의참가가 되므로 무효이다)(통설).[2)]

(나) **보통결의사항** 보통결의사항은 상법이나 정관에서 특별결의사항이나 특수결의사항으로 정한 이외의 모든 사항이다(상 368조 1항).

2) 특별결의

(가) **특별결의요건** 특별결의는 출석한 주주의 의결권의 「3분의 2 이상」의 수(의결정족수)와 발행주식총수의 「3분의 1 이상」의 수로써 하는 결의이다[3)](상 434조). 특별결의의 요건(의결정족수)도 정관의 규정에 의하여 출석정족수를 둘 수 있다고 본다. 또한 정관의 규정에 의하여 의결정족수를 감경할 수는 없으나(결의의 중대성과 이에 관한 상법 제434조의 규정에 근거하여 이와 같이 해석하는데, 이에 대하여는 이설〈異說〉이 없음), 가중할 수 있는가에 대하여는 긍정설[4)]과 부정설[5)]로 나뉘어 있다. 생각건대 상법의 특별결의의 요건에 관한 규정이 강행법규라고는 볼 수 없으므로, 정관의 규정에 의하여 의결정족수의 요건을 가중하는 것은 가능하다고 본다. 따라서 정관의 규정으로 발행주식총수의 3분의 1 이상이라는 요건도 가중할 수는 있으나, 감경할 수는 없다고 본다.

(나) **특별결의사항** 상법상 규정된 특별결의사항으로는 주식의 분할(상 329

---

1) 동지: 이(철), (회) 569면(4분의 1 이상이라는 요건은 조리〈條理〉상 허용될 수 있는 단체의사 결정의 최소한도의 요건을 규정한 것이므로 이를 완화할 수는 없다고 한다); 최(기), (회) (2014) 542면.

반대: 정(동), (회) 353면(사적 자치의 원칙상 가능하다고 한다).

2) 손(주), 728~729면; 정(동), (회) 353면; 이(철), (회) 569면; 이(기) 외, (회) 385면 외.

3) 1995년 개정상법에 의하여 위의 보통결의요건과 같이 출석정족수를 폐지하고 이와 같이 개정된 것인데, 그 이유에 관한 상세는 해설(1995), 151~153면 참조.

1995년 개정상법 이전에는 「발행주식총수의 과반수에 해당하는 주식을 가진 주주의 출석으로 그 의결권의 3분의 2 이상의 다수로써 하여야 한다」고 규정하였다(상 434조).

4) 정(동), (회) 354면; 이(철), (회) 570~571면(동 교수는 1991년판 435면에서는 부정설의 입장이었으나, 1996년판 513면에서는 이와 같이 긍정설로 개설〈改說〉하였는데, 다만 강화의 최대한도는 1995년 개정상법 이전의 특별결의요건과 같이 과반수출석에 3분의 2 이상의 찬성이라고 한다); 채, 482면; 이(기) 외, (회) 386면.

5) 이(병), 440면.

조의 2 1항), 주식의 포괄적 교환(상 360조의 3), 주식의 포괄적 이전(상 360조의 16), 정관의 변경(상 434조), 자본의 감소(상 438조), 회사의 해산(상 518조), 회사의 합병(상 522조), 회사의 분할(상 530조의 3 2항), 회사의 계속(상 519조), 회사의 영업의 전부 또는 중요한 일부의 양도(상 374조 1항 1호), 영업 전부의 임대 또는 경영위임·타인과 영업의 손익 전부를 같이하는 계약 기타 이에 준하는 계약의 체결이나 변경 또는 해약(상 374조 1항 2호), 회사의 영업에 중대한 영향을 미치는 다른 회사의 영업 전부 또는 일부의 양수(상 374조 1항 3호), 사후설립(상 375조), 이사·감사의 해임(상 385조 1항, 415조), 주주 이외의 자에 대한 전환사채·신주인수권부사채의 발행(상 513조 3항, 516조의 2 4항), 주식의 할인발행(상 417조 1항) 등이다.

이러한 주주총회의 특별결의사항 중 주식의 포괄적 교환(상 360조의 3 1항·2항)·주식의 포괄적 이전(상 360조의 16 1항·2항)·회사의 영업의 양도 등(상 374조 1항)·회사의 합병(상 522조) 및 분할합병(상 530조의 2 2항·3항)의 경우에는, 그 결의에 반대하는 주주에게 주식매수청구권이 인정되고(상 360조의 5, 360조의 22, 374조의 2, 522조의 3, 530조의 11 2항), 또한 이러한 사항에 관한 주주총회의 소집통지 또는 공고를 하는 경우에는 주식매수청구권의 내용 및 행사방법을 명시하여야 한다(상 374조 2항, 530조 2항, 530조의 11 2항).[1)]

위의 주주총회의 특별결의사항 중 영업의 양도 등(상 374조 1항)의 의미와 간이영업양도 등에 대하여 살펴보면 다음과 같다(그 이외의 특별결의사항에 대하여는 해당되는 곳에서 설명한다).

가) 영업의 양도 등의 의미

① 영업의 전부 또는 중요한 일부의 양도(상 374조 1항 1호) 이 때의 영업양도의 의의와 상법총칙(상 41조~45조)에서의 영업양도의 의의와의 관계에 대하여는 양자를 동일하게 해석하는 형식설(불요설), 양자를 달리 해석하는 실질설(필요설) 및 상법 제374조에 사실상의 영업양도를 포함시키는 절충설로 나뉘어 있다[정(찬), (강의)(상) 제 1 편 제 8 장에 관한 설명 참조].

이에 관한 우리나라의 대법원판례는 기본적으로는 상법 제41조 이하의 영업양도와 상법 제374조 제 1 항 제 1 호의 영업양도를 동일하게 보면서, (학설상의 절충설과는 다른) 절충설의 입장에서 다음과 같이 판시하고 있다.

[상법 제374조 제 1 항 제 1 호의 해석에 관한 판례]

상법 제374조 제 1 항 제 1 호 소정의 주주총회의 특별결의를 요하는 영업의 전부 또는 중요한 일부의 양도라 함은 일정한 영업목적을 위하여 조직되고 유기

---

1) 주식매수청구권은 주주총회결의에 반대하는 소수주주 등을 보호하기 위하여 1995년 개정상법에 의하여 신설된 것이다.

적 일체로서 기능하는 재산의 전부 또는 중요한 일부를 양도하는 것을 의미하고, 회사의 영업 그 자체가 아닌 영업용 재산의 처분이라고 하더라도 그로 인하여 회사의 영업의 전부 또는 중요한 일부를 양도하거나 폐지하는 것과 같은 결과를 가져오는 경우에는 그 처분행위를 함에 있어서 그와 같은 특별결의를 요한다. 그러나 회사가 회사존속의 기초가 되는 영업재산을 처분할 당시에 이미 영업을 폐지하거나 중단하고 있었던 경우에는 그 처분으로 인하여 비로소 영업의 전부 또는 중요한 일부가 폐지되거나 중단되기에 이른 것이라고 할 수 없으므로, 그와 같은 경우에는 주주총회의 특별결의를 요하지 않는다[대판 1998. 3. 24, 95 다 6885(공보 1998, 1127)].

동지: 대판 1988. 4. 12, 87 다카 1662(공보 824, 834); 동 2002. 4. 12, 2001 다 38807(공보 2002, 1094)(상법 제374조 제 1 항 제 1 호에 의하여 주주총회의 특별결의를 요하도록 정하여진 영업의 양도라 함은 주식회사가 상대방과의 사법상의 채권계약에 의하여 일정한 영업목적을 위하여 조직되고 유기적 일체로서 기능하는 재산의 전부 또는 그 일부를 그 동일성을 유지하면서 일체로서 이전하는 것을 가리킨다); 동 2004. 7. 8, 2004 다 13717(공보 2004, 1308)(주주총회의 특별결의가 있어야 하는 상법 제374조 1항 1호 소정의 '영업의 전부 또는 중요한 일부의 양도'라 함은 일정한 영업목적을 위하여 조직되고 유기적 일체로 기능하는 재산의 전부 또는 중요한 일부를 총체적으로 양도하는 것을 의미하는 것으로서, 이에는 양수회사에 의한 양도회사의 영업적 활동의 전부 또는 중요한 일부분의 승계가 수반되어야 하는 것이므로 단순한 영업용 재산의 양도는 이에 해당하지 않으나, 다만 영업용 재산의 처분으로 말미암아 회사 영업의 전부 또는 일부를 양도하거나 폐지하는 것과 같은 결과를 가져오는 경우에는 주주총회의 특별결의가 필요하다. 따라서 당해 특허권을 이용한 공사의 수주를 회사의 주된 사업으로 하고, 위 특허권이 회사의 자산에서 대부분의 비중을 차지하는 경우, 위 특허권의 양도는 회사 영업의 전부 또는 일부를 양도하거나 폐지하는 것과 같은 결과를 가져오는 것이므로 특허권의 양도에는 주주총회의 특별결의가 필요하다) 외.

생각건대 형식설은 주주 등의 보호에 문제가 있을 뿐더러 상법 제374조 1항 1호 후단의 「영업의 일부의 양도」를 사문화시킬 우려가 있어 찬성할 수 없고, 실질설은 같은 상법상의 영업양도의 개념을 다르게 해석한다는 것은 법해석의 통일을 기할 수 없는 점에서 뿐만 아니라 또한 상법 제374조 1항 1호의 적용범위를 너무 확대하여 거래의 안전을 해할 우려가 있다는 점에서 찬성할 수 없다. 따라서 거래의 안전을 기할 수도 있고 또한 주주 등의 이익보호도 기할 수 있으며, 아울러 기본적으로 법해석의 통일을 기할 수 있는 절충설에 찬성한다. 절충설 중에서도 우리나라의 학설에서의 절충설은 「사실상의 영업양도」의 개념이 주관적이며 또한 애매하여 취할 수 없고, 보다 객관적이고 명백한 「영업을 양도하거나 폐지한 것과 같은 결과를 가져오는 영업용재산의 양도」를 영업양도에 포함하는 판례에서의 절충설의 입장이 가장 타당하다고 생각한다. 또한 상법 제374조 1항 1호와 관련하여 상법총칙에서도 영업의 일부양도가 인정될 수 있는지 여부의 문제가 있는데, 상법총칙에서의 영업양도에는 언제나 양도인의 경업피지의무(상 41조)를 수반하므로 영업의 일부양도의 개념은 상법 제374조 1항 1호의 적용에서만 인정되고, 상법 제41조 이하를 적용하는 데에는 인정되지 않는다고 보아야 할 것이다. 따라서 이렇게 보면 상법 제374조 1항 1호 후단의 「영업의 일부양도」의 개념에는 형식설에 의하는 경우에도 그 영업양도의 개념에 「그 결과로 양도회사가 경업피지의무를 부담하는 요건」은 자동적으로 제외된다고 본다.

주식회사의 영업양도와 지배주식의 양도는 구별된다.[1)]

상법총칙에서는 규정하고 있지 않으나 상법 제374조 1항 1호 후단에서 규정하고 있는 「영업의 중요한 일부의 양도」의 의미가 무엇인지가 문제된다. 이는 회사가 제품별 또는 지역별로 사업부제를 채택하고 사업을 운영하다가 그 중 한 부문(영업)의 사업을 양도하는 경우가 영업의 일부의 양도에 해당하는 대표적인 예가 될 것이다. 그런데 중요한 일부의 양도인지 여부는 양도하고자 하는 부문의 사업(영업)이 전체 매출액 및 수익에서 차지하는 양적 요소와 그 영업양도가 장차 회사의 사업성격 및 주주에게 미치는 영향과 같은 질적 요소를 종합하여 판단하여야 할 것으로 본다.[2)] 참고로 자본시장과 금융투자업에 관한 법률 및 동법 시행령은 금융위원회에 신고하여야 할 '중요한 영업 또는 자산의 양수 또는 양도'를, (i) 양수 또는 양도하려는 영업부문의 자산액이 최근 사업연도말 현재 자산총액의 100분의 10 이상인 양수·양도, (ii) 양수·양도하려는 영업부문의 매출액이 최근사업연도말 현재 매출액의 100분의 10 이

1) 대판 1996. 11. 15, 96 다 31246(공보 1997, 12); 동 1999. 4. 23, 98 다 45546(공보 1999, 1001)(영업양도의 경우 양도인은 회사이고 양수인은 회사와는 별도의 영업의 주체이나, 지배주식의 양도의 경우 지배주주 개인과 양수인간의 주식양도이고 회사의 영업이나 재산에는 아무런 변동이 없는 점에서 양자는 구별된다).

2) 동지: 권기범, 「회사의 합병 및 영업양수·도('97 개정판)」(서울: 한국상장회사협의회, 1997), 311~312면; 上柳克部 外, 「新版注釋會社法(5)」(東京: 有斐閣, 1990), 269~270면.

상인 양수·양도, (iii) 영업의 양수로 인하여 인수할 부채액이 최근사업연도말 현재 부채총액의 100분의 10 이상인 양수, (iv) 양수·양도하려는 자산액이 최근 사업연도말 현재 자산총액의 100분의 10 이상인 양수·양도(다만, 일상적인 영업활동으로서 상품·제품·원재료를 매매하는 행위 등 금융위원회가 정하여 고시하는 자산의 양수·양도는 제외함) 중 하나에 해당하는 것으로 규정하고 있는데(자금 161조 1항 7호·165조의 4 1항 2호, 자금시 171조 2항·176조의 6 1항), 이것은 주주총회의 특별결의를 받아야 할 사항인 상법 제374조 1항 1호 후단의 '영업의 중요한 일부의 양도'에 해당되는지 여부에 관한 판단에도 참고가 될 수 있을 것으로 본다.

구체적으로 상법 제374조 1항 1호에 해당하는지 여부는 판례를 통하여 알 수 있는데, 이에 관한 우리 대법원판례는 상당히 많다. 이러한 우리 대법원판례를 상법 제374조 1항 1호의 적용(또는 유추적용)을 긍정하는 판례와, 이의 적용(또는 유추적용)을 부정하는 판례로 나누어서 정리하면 다음과 같다.

[상법 제374조 1항 1호의 적용(또는 유추적용)을 긍정하는 판례]

매매의 목적물이 회사의 영업용 재산이고 또 이것을 처분함으로써 회사의 영업의 전부 또는 중요한 일부를 양도하거나 폐지하는 결과가 되는 경우[대판 1964.7.23, 63 다 820(집 12 ② 민 51); 동 1965.12.21, 65 다 2099·2100(요지 민·상 Ⅱ, 493); 동 1966.1.25, 65 다 2140·2141(집 14 ① 민 22); 동 1969.11.25, 64 다 569(집 17 ④ 민 29); 동 1991.1.15, 90 다 10308(공보 891, 739)], 회사의 유일무이한 재산을 매도담보계약의 목적으로 한 경우[대판 1962.10.25, 62 다 538(주판집 민 Ⅳ, 666); 동 1987.4.28, 86 다카 553(공보 1987, 870)], 회사존속의 기초인 중요 재산을 처분하는 경우[대판 1955.12.15, 4288 민상 136(요지 민·상 Ⅱ, 493); 동 1958.5.22, 4290 민상 460(집 6민 29)], 양도회사의 내부에서 유일하게 수익창출 가능성이 높은 사업부문이며 또한 전체자산의 약 33.9%에 달하는 금융사업부문을 양도함으로써 양도회사의 중요한 영업의 일부를 폐지하는 것과 같은 결과를 초래하는 경우[대판 2014.10.15, 2013 다 38633(공보 2014, 2179)] 등이 있다.

이러한 상법의 규정(상 374조 1항 1호)은 강행법규이므로, 주식회사가 영업의 전부 또는 중요한 일부를 양도한 후 주주총회의 특별결의가 없었다는 이유를 들어 스스로 영업양도의 약정의 무효를 주장하더라도 그 무효 주장이 신의성실 원칙에 반한다고 할 수는 없다. 이러한 취지의 다음과 같은 우리 대법원판례가 있다.

[상법 제374조 제 1 항은 강행규정으로 회사도 이에 위반한 약정의 무효를 주장할 수 있다고 한 판례]

상법 제374조 제 1 항 제 1 호는 주식회사가 영업의 전부 또는 중요한 일부의 양도행위를 할 때에는 제434조에 따라 출석한 주주의 의결권의 3분의 2 이상의 수와 발행주식총수의 3분의 1 이상의 수로써 결의가 있어야 한다고 규정하고 있는데, 이는 주식회사가 주주의 이익에 중대한 영향을 미치는 계약을 체결할 때에는 주주총회의 특별결의를 얻도록 하여 그 결정에 주주의 의사를 반영하도록 함으로써 주주의 이익을 보호하려는 강행법규이므로, 주식회사가 영업의 전부 또는 중요한 일부를 양도한 후 주주총회의 특별결의가 없었다는 이유를 들어 스스로 그 약정의 무효를 주장하더라도 주주 전원이 그와 같은 약정에 동의한 것으로 볼 수 있는 등 특별한 사정이 인정되지 않는다면 위와 같은 무효 주장이 신의성실 원칙에 반한다고 할 수는 없다[대판 2018. 4. 26, 2017 다 288757(공보 2018, 969)].

[상법 제374조 1항 1호의 적용(또는 유추적용)을 부정하는 판례]

하천부지 복개공사에 대한 권리 외에는 다른 재산이 없는 때에도 이 처분에는 주주총회의 특별결의를 요하지는 않는다고 한 경우[대판 1970. 5. 12, 70 다 520(집 18 ② 민 48)], 회사의 중요재산에 근저당권 설정을 하는 데에 주주총회의 특별결의를 요하지 않는다고 한 경우[대결 1971. 4. 29, 71 마 226(집 19 ① 민 391); 대판 1971. 4. 30, 71 다 392(집 19 ① 민 393)], 총자산의 10퍼센트에도 미치지 못하는 회사의 부동산의 양도는 상법 제374조 1항 1호에 의한 영업의 전부 또는 중요한 일부의 양도로 볼 수 없다고 한 경우[대판 1979. 1. 16, 78 다 2138(민판집 253, 114)], 영업의 전부 또는 일부의 양도라 함은 일정한 영업목적을 위하여 조직화되고 유기적 일체로서 기능하는 재산의 전부 또는 중요한 일부를 총체적으로 양도하는 것으로서 단순한 영업용 재산의 양도는 이에 해당하지 않는다고 한 경우[대판 1987. 6. 9, 86 다카 2478(공보 805, 1137); 동 1994. 10. 28, 94 다 39253(공보 981, 3124)], 회사가 그의 존속의 기초가 되는 영업재산을 처분할 당시에 이미 영업을 폐지하거나 중단하고 있었던 경우에는 이의 양도에 주주총회 특별결의를 요하지 않는다고 한 경우[대판 1988. 4. 12, 87 다카 1662(공보 824, 834); 동 1992. 8. 18, 91 다 14369(공보 930, 2731)], 주식회사가 이사회결의에 의하여 공장을 3개월 여 이내에 이전하고 공장으로 사용하여 온 부동산을 2개월 이내에 매매하여 매도대금 중 공장이전비용을 초과하는 금액을 위 부동산을 양도한 주주에게 지급하기로 약정한 경우 이 약정은 상법 제374조 1항 1호 소정의 주주총회의 특별결의를 필요로 하는 행위가 아니라고 한 경우[대판 1991. 5. 28, 90 다 20084(공보 900, 1745)], 주식회사의 대표이사가 제 3 자와 회사의 지배주식에 대하여 매매계약을 체결한 것은 상법 제374조의 영업양도계약이 아니라고 한 경우[대판 1996. 11. 15, 96 다 31246(공보 1997, 12)], A와 Y주식회사가 A의 토지에 대하여 임대차계약을 체결하면서 Y가 영업에 필요한 신축건물을 신축하여 사용하되 임대차기간이 만료된 때에는 신축건물의 소유권을 A에게 귀속시키기로 약정한 경우 이는 Y회사의 영업의 전부 또는 일부를 양도하거나 폐지하는 것과 같은 결과를 가져오는 것이 아니므로 상법 제374조에 의한 주주총회의 특별결의를 요하지 않는다고 한 경우[대판 1997. 4. 8, 96 다 54249 · 54256(공보 1997, 1391)], 주 영업이 금속제품생산업인 회사가 온천개발사업을 계획중이던 부동산을 양도한 경우에는 상법 제374조에 의한 주주총회의 특별결의를 요하지 않는다고 한 경우[대판 1997. 7. 25, 97 다 15371(공보 1997, 2698)], 회사가 회사 존속의 기초가 되는 영업재산을 처분할 당시에 이미 영업을 폐지하거나 중단하고 있었던 경우에는 그 처분으로 인하여 비로소 영업의 전부 또는 중요한 일부가 폐지되거나 중단되기에 이른 것이라고 할 수 없으므로, 그와 같은 경우에는 주주총회의 특별결의를 요하지 않는다고 한 경우[대판 1998. 3. 24, 95 다 6885(공보 1998, 1127)] 등이 있다.

주권상장법인이 대통령령으로 정하는 중요한 영업 또는 자산을 양수 또는 양도하는 경우에는 합병의 경우와 같이 양도(양수)가액의 산정 및 외부평가기관에 의한 평가에 관한 특칙이 적용된다(자금 165조의 4 1항 2호, 자금시 176조의 5~176조의 6).

② 영업 전부의 임대 또는 경영위임, 타인과 영업의 손익전부를 같이하는 계약, 기타 이에 준하는 계약의 체결·변경 또는 해약(상 374조 1항 2호) 「영업 전부의 임대」란 객관적 의의의 영업(영업용 재산과 재산적 가치 있는 사실관계가 합하여 이루어진 조직적·기능적 재산으로서의 영업)의 소유의 법적 관계에는 영향을 주지 않고 경영의 법적 관계가 전면적으로 임차인에게 이전하는 법현상으로, 이에 의하여 임차인은 경영권행사의 주체·영업활동에 의한 권리의무의 귀속자 및 영업이윤의 제 1 차적 귀속자로서의 지위를 승계하고, 임대인은 약정된 임대료만을 취득한다(물권의 채권화 경향)[정(찬), (강의)(상) 제 1 편 제 8 장 제 4 참조]. 「영업 전부의 경영위임」이란 객관적 의의의 영업의 전부에 대한 경영을 타인에게 위임하는 것을 말하는데, 이에는 수임인이 경영권행사의 주체로서의 지위만을 갖는 경영관리계약과 수임인이 경영권행사의 주체 및 기업이윤의 제 1 차적 귀속자로서의 지위를 갖는 경영위임계약이 있다. 영업의 임대차와 다른 점은 영업활동에 의한 권리의무의 귀속자(상인)로서 지위를 위임인이 갖고 수임인이 갖지 못하는 점이다[정(찬), (강의)(상) 제 1 편 제 8 장 제 5 참조].

「타인과 영업의 손익 전부를 같이하는 계약」(손익공동계약)(Gewinngemeinschaftsvertrag)이란 수 개의 기업간에 그 법적 동일성을 유지하면서 일정기간의 영업상의 손익에 관하여 공동관계를 설정하는 계약을 말한다.[1] 이익만을 나누기로 한 동업계약은 손해까지 부담할 정도에 이르지 아니하여 이에 해당하지 않는다.[2] 「기타 이에 준하는 계약」이란 손익공동계약에 준하는 계약을 말하는데, 판매카르텔 등과 같이 회사가 타인의 계산으로 자기의 영업을 하는 계약 등을 말한다.[3] 이러한 손익공동계약 및 기타 이에 준하는 계약의 체결·

1) 동지: 정(동), (회) 888면; 주상(제 5 판)(회사 Ⅲ), 145면.
2) 동지: 대판 1965. 6. 29, 65 다 827.
3) 동지: 주상(제 5 판)(회사 Ⅲ), 145면.

변경·해약의 경우에는 합병이나 영업양도와 동일한 효과를 회사에 미치므로 각 당사회사에서 각각 주주총회의 특별결의를 받아야 한다.[1)]

③ 회사의 영업에 중대한 영향을 미치는 다른 회사의 영업 전부 또는 일부의 양수(상 374조 1항 3호) 영업의 양도인 경우에는 영업 전부를 양도하거나 또는 영업의 중요한 일부의 양도에 주주총회의 특별결의를 요하는데, 영업양수의 경우에는 회사의 영업에 중대한 영향을 미치는 경우에만 다른 회사의 영업 전부 또는 일부의 양수에 주주총회의 특별결의를 요한다. 이 때 영업 전부인가 아닌가는 경제적 관점에서 판단되어야 할 것이고, 회사의 영업에 중대한 영향을 미치는 영업의 양수인지 여부는 앞에서 본 영업의 중요한 일부의 양도에 관한 설명이 참고가 될 수 있을 것이다.

나) 간이영업양도 등

2015년 개정상법은 간이영업양도 등의 제도를 새로 도입하여 기업구조조정에 유연성을 부여함으로써 상황에 따라 다양한 방식의 M&A가 가능하도록 하였다. 즉, 상법 제374조 제 1 항 각호(영업의 전부 또는 중요한 일부의 양도 등)의 어느 하나에 해당하는 행위를 하는 회사(인수대상회사)의 총주주의 동의가 있거나 그 회사의 발행주식총수의 100분의 90 이상을 해당 행위의 상대방(인수주체)이 소유하고 있는 경우에는 그 회사(인수대상회사)의 주주총회의 승인은 이를 이사회의 승인으로 갈음할 수 있다(상 374조의 3 1항). 이 때 회사(인수대상회사)는 영업양도·양수·임대 등의 계약서 작성일부터 2주 이내에 주주총회의 승인을 얻지 아니하고 영업양도·양수·임대 등을 한다는 뜻을 공고하거나 주주에게 통지하여야 하는데, 총주주의 동의가 있는 경우에는 그러하지 아니하다(상 374조의 3 2항).

이 경우 영업양도 등에 반대하는 주주가 주식매수청구권을 행사하기 위하여는, 위의 공고 또는 통지를 한 날부터 2주 이내에 그러한 주주가 회사에 대하여 서면으로 영업양도·양수·임대 등에 반대하는 의사를 통지하여야 하고(간이영업양도 등이 아닌 경우에는 '이사회 결의 후 주주총회 전'에 반대의 통지를 하여야 함 — 상 374조의 2 1항), 이러한 통지를 한 주주는 그 2주의 기간이 경과한 날(간이영업양도 등이 아닌 경우에는 주주총회의 결의일 — 상 374조의 2 1항)부터 20일 이내에 주식의 종류와 수를 기재한 서면으로 회사에 대하여 자기가 소유하고 있는 주식의 매수를 청구할 수 있다(상 374조의 3 3항 1문). 그 이외 사항은 간이영업양도 등이 아닌 경우의 주식매수청구권의 경우와 같다(상 374조의 3 3항 2문).

1) 동지: 주상(제 5 판)(회사 Ⅲ), 145~146면.

3) 특수결의

(가) 특수결의요건 특수결의요건은 특별결의요건보다 더 가중되어 있는데, 이에는 「총주주의 동의」 또는 「총주주의 일치에 의한 총회의 결의」와 「출석한 주식인수인의 3분의 2 이상의 찬성과 인수된 주식총수의 과반수에 의한 결의」의 두 가지의 경우가 있다.

(나) 특수결의사항 특수결의사항에는 위에서 본 바와 같이 두 가지의 경우가 있다.

① 「총주주의 동의」를 요하는 사항에는 발기인·이사·감사·청산인의 회사에 대한 책임면제(상 324조, 400조, 415조, 542조 2항)에 관한 사항이 있고, 「총주주의 일치(동의)에 의한 총회의 결의」를 요하는 사항에는 주식회사의 유한회사로의 조직변경(상 604조 1항) 및 주식회사의 유한책임회사로의 조직변경(상 287조의 43 1항)에 관한 사항이 있다.[1] 이 때에는 의결권이 없는 종류주식이나 의결권이 제한되는 종류주식도 포함된다.[2] 이러한 사항은 모든 주주의 이해에 중대한 영향이 있는 사항이기 때문에 총주주의 동의를 받도록 한 것이나, 상장회사에서는 현실성이 없는 결의요건이라고 볼 수 있다.[3]

② 「출석한 주식인수인의 3분의 2 이상이며 인수된 주식총수의 과반수에 의한 결의」를 요하는 사항에는, 모집설립·신설합병·분할 또는 분할합병시의 창립총회의 결의사항이다(상 309조, 527조 3항, 530조의 11 1항). 이 때에도 의결권이 없는 종류주식이나 의결권이 제한되는 종류주식의 인수인이 포함된다.[4] 이러한 창립총회는 회사설립·(신설)합병·분할 또는 분할합병이라는 중요한 사항을 결정하기 때문에 특별결의요건보다 특히 엄격한 결의요건을 규정한 것이다. 이는 엄격히 말하여 주주총회의 결의방법은 아니나,[5] 편의상 이에 포함시켜 설명하는 것이다.

---

1) 상법은 이사 등의 책임면제의 경우에는 「총주주의 동의」로 규정하여 이 때에는 총주주의 동의만 있으면 되고 총회에서의 결의가 필요 없는 것으로 규정하고, 유한회사 또는 유한책임회사로의 조직변경의 경우에는 「총주주의 일치(동의)에 의한 총회의 결의」를 요하는 것으로 규정하여, 양자를 구별하고 있다. 그러나 이와 같이 양자를 구별하여야 할 명백한 합리적인 근거는 없으므로, 어떤 경우에도 총주주의 동의를 얻거나 또는 총회에서 총주주의 일치(동의)에 의한 결의를 얻거나 무방하다고 본다[동지: 정(동), (회) 356면]. 이렇게 보면 총주주의 동의에 의한 경우는 엄격히 보면 주주총회의 결의요건이라고 볼 수 없으나, 편의상 함께 설명하는 것이다.

2) 동지: 이(철), (회) 571면, 809면.

3) 동지: 이(철), (회) 809면.

4) 동지: 정(동), (회) 131면.

5) 동지: 정(동), (회) 356면.

제 7 주주총회결의 반대주주의 주식매수청구권

I. 의 의

위에서 본 바와 같이 정관에 의하여 주식양도가 제한된 경우 주주가 회사에 대하여 양도승인을 청구하였으나 회사가 이를 거부한 경우에 그러한 주주에게 주식매수청구권이 인정되는 경우(상 335조의 2 4항, 335조의 6) 외에, 주식의 포괄적 교환(상 360조의 3 1항 · 2항)과 포괄적 이전(상 360조의 16 1항 · 2항) · 회사의 영업의 양도 등(상 374조 1항) · 회사의 합병(상 522조) 및 분할합병(상 530조의 2 2항 · 3항)의 경우(주권상장법인의 경우에는 단순분할의 경우에도 물적분할이 아닌 분할로서 분할에 의하여 설립되는 법인이 발행하는 주권이 증권시장에 상장되지 아니하는 경우에는 주식매수청구권이 인정된다 — 자금 165조의 5 1항, 자금시 176조의 7 1항)에는 주주의 이해관계에 중대한 영향을 미치므로 주주총회의 특별결의를 요하는데, 이 때 그 결의에 반대하는 소수주주에게는 그가 출자금을 회수하고 회사를 떠날 수 있도록 하기 위하여 회사에 대하여 자기가 갖고 있는 주식의 매수청구권을 인정하고 있다.[1] 이것이 주주총회결의 반대주주의 주식매수청구권(appraisal right of dissenter, shareholder's cash-out right; Abfindungsrecht)이다(상 360조의 5, 360조의 22, 374조의 2, 522조의 3, 530조의 11 2항).[2]

주권상장법인의 경우에는 이에 관한 특례규정을 두고 있다(자금 165조의 5, 자금시 176조의 7). 즉, (i) 단순분할의 경우에도 일정한 경우에는 주식매수청구권을 인정하고(자금 165조의 5 1항, 자금시 176조의 7 1항), (ii) 해당 회사는 매수청구기간이 종료하는 날부터 1개월 이내에 해당 주식을 매수하여야 하며(자금 165조의 5 2항), (iii) 매수가격에 대하여 당사자간의 협의가격과 법원에 의한 매수가격의 결정 사이에 증권시장에서의 거래가격에 관한 특칙을 두고 있고(자금 165조의 5 3항, 자금시 176조의 7 3항),[3] (iv) 해당 회사는 매수한 주식을 3년 이내에 처분하여야 하며(자금 165조의 5 4항, 자금시 176조의 7 4항), (v) 해당 회사는 주주총회 소집의 통지 또는 공고에 주식매수청구권의 내용 및 행사방법을 명시하여야 한다(자금 165조의 5 5항).

이것은 실질적으로 주금(株金)을 환급하는 것과 다름이 없으므로 주금의

---

1) 상법상 인정되고 있는 주식매수청구권에 관하여는 정찬형, "주식매수청구권," 「고시계」, 2002. 12, 84~103면 참조.

2) 주주총회결의 반대주주의 주식매수청구권은 종래에 증권거래법에서 인정되었는데(증거 191조), 1995년 개정상법에서 상법상의 제도로 규정하였다.

3) 참고: 서울고판 2016. 5. 30, 2016 라 20189 · 20190 · 20192(주권상장법인의 주식매수가격을 산정하는 경우, 자본시장법에서 정한 산정방법 중 어느 하나를 반드시 선택하여 그에 따라서만 매수가격을 산정하여야 하는 것은 아니고, 사안의 구체적 사정을 고려하여 합리적으로 결정할 수 있다. 그러나 이 경우에도 특별한 사정이 없으면 자본시장법이 정한 시장주가에 의한 산정방식을 원칙적으로 존중하여야 한다).

환급금지라는 대원칙에 반하는 것이기는 하나, 다수결원칙 때문에 자칫 희생되기 쉬운 소수주주를 보호하기 위하여 둔 규정이다.[1)]

그러나 회사가 해산한 후 영업을 양도하거나(日會 469조 1항 단서 참조), 채무자 회생 및 파산에 관한 법률상 회생계획의 일환으로 영업양도나 합병 등을 하는 경우에는 주식매수청구권을 행사할 수 없다[2)](파 261조 2항 · 271조 3항, 일본 회사갱생법 250조 2항 · 258조 3항 참조).

2. 주식매수청구권의 법적 성질

주식매수청구권은 위와 같이 일정한 경우 상법에 의하여 주주에게 인정되는 권리인데, 주주가 그 권리를 일방적으로 행사하면 회사는 그 주식을 매수할 의무가 생기는 것이므로 형성권의 일종이라고 볼 수 있다.[3)]

주식매수청구권의 행사에 의하여 당해 주식에 관한 매매계약이 성립한다고 하는 견해가 있으나,[4)] 주식매수청구권은 형성권이므로 회사에 대하여 매수가액협의의무를 생기게 할 뿐이라고 본다.[5)] 따라서 상법 제374조의 2 2항(주식의 포괄적 교환의 경우는 상 360조의 5 3항에서, 주식의 포괄적 이전의 경우는 상 360조의 22에서, 합병의 경우는 상 530조 2항에서, 분할합병의 경우는 상 530조의 11 2항에서 각각 이를 준용함)에서 「회사는 매수청구기간이 종료하는 날(즉, 이에 관한 주주총회의 결의일부터 20일이 되는 날)부터 2월 이내(주권상장법인의 경우는 매수청

---

1) 주주총회의 다수결원칙에 대하여 소수주주를 보호하기 위한 조치에는 이러한 주주총회 결의반대주주의 주식매수청구권이 대표적인 예가 될 것이다. 그런데 이 외에도 소수주주를 보호하기 위한 상법상의 조치로는 각종의 소수주주권이 있는데, 대주주의 다수결원칙에 대한 횡포를 억제하기 위한 대표적인 소수주주권으로는 소수주주가 이사·감사의 해임을 법원에 청구할 수 있는 권리를 갖고 있는 점(이에 관하여는 후술함)(상 385조 2항, 415조) 및 대주주의 다수결원칙에 대한 횡포를 억제하고 소수주주의 의사를 가능한 한 반영하기 위한 조치로 인정된 이사선임시의 집중투표제(상 382조의 2, 542조의 7) 등이 있다.

2) 동지: 정(동), (회) 359면; 이(철), (회) 602~603면.

3) 동지: 대판 2011. 4. 28, 2010 다 94953(공보 2011, 1031); 이(철), (회) 605면; 이(기) 외, (회) 394면.

4) 대판 2011. 4. 28, 2010 다 94953(공보 2011, 1031); 동 2011. 4. 28, 2009 다 72667; 정(동), (회) 238면, 360면; 동, "개정상법상의 주식매수청구권에 대하여," 「법조」, 제45권 11호(1996), 14면(매매가격을 유보한 매매계약도 가능하기 때문에, 주주로부터 매수의 청구가 있으면 회사의 승낙을 요하지 않고 주주와 회사 사이에 주식매매계약이 체결된다고 한다); 손(주), 731~732면(주식매수청구권은 실질적으로는 주주에 의한 투자의 해지를 회사에 대하여 요구하는 권리라고 보아야 하기 때문에, 주주가 매수청구를 한 때에 그 주식의 매수계약이 성립한 것과 같은 효력이 생기는 것이라고 한다); 최(기), (회) 425면.

5) 동지: 정(희), 460면; 이(기) 외, (회) 394면; 강헌, "상법상 주식매수청구권제도의 문제점," 「상사법연구」, 제21권 제 2 호(2002), 409~410면(그러나 주식매수청구로 인하여 실질적인 매수의무, 즉 대금지급의무가 상법상의 법정의무로 발생한다고 한다); 안택식, "반대주주의 주식매수청구권의 문제점," 「경영법률」(한국경영법률학회), 제24권 제 4 호(2014. 7), 7~8면(가격합의에 실패한 귀책원인은 회사와 주주에게 있는데, 그에 대한 법률적 책임을 회사가 일방적으로 부담하는 법적 구조는 불합리하므로, 매수가격 협의의무설을 취하는 것이 타당하다고 한다).

(구기간이 종료하는 날부터 1개월 이내 — 자금 165조의 5 2항)에 그 주식을 매수하여야 한다」는 것은 2월(주권상장법인의 경우는 1월) 이내에 매수가액을 협의결정하여 매매계약을 체결하여야 한다는 뜻으로 해석하여야 한다고 본다.[1] 가액이 협의된 후의 매수가액의 지급기일에 대하여는 상법에 규정이 없으므로, 당사자가 가액협의시에 그것을 함께 합의하여야 할 것이다.[2]

3. 연혁 및 각국의 주식매수청구권

(1) 주주총회결의 반대주주의 주식매수청구권은 원래 미국의 회사법에서 발생하였다. 즉, 미국에서는 19세기 중반까지 보통법상 고유권(vested right)이론[3]에 의하여 회사의 합병 등 중요한 기구변경에는 주주 전원의 동의가 있어야 하였다. 따라서 각 주주들은 이러한 고유권이론에 의하여 자신들의 기대에 반하는 회사의 기구변경으로부터 강력한 보호를 받을 수 있었으나, 소수주주권의 남용으로 회사가 기업환경의 변화에 부응할 수 없게 되었다. 이러한 점에서 변화된 경제환경에 맞는 회사의 기구변경에는 주주총회의 다수결에 의하도록 하면서, 이에 반대하는 소수주주에게는 그들의 주식에 대하여 보상하여 줌으로써 회사를 떠날 수 있게 하였는데, 이것이 주식매수청구권제도이다.[4]

---

1) 동지: 정(희), 460면.

반대: 대판 2011. 4. 28, 2010 다 94953(공보 2011, 1031)(영업양도에 반대하는 주주의 주식매수청구권에 관하여 규율하고 있는 상법 제374조의 2 제 1 항 내지 제 4 항의 규정 취지에 비추어 보면, 영업양도에 반대하는 주주의 주식매수청구권은 이른바 형성권으로서 그 행사로 회사의 승낙 여부와 관계 없이 주식에 관한 매매계약이 성립하고, 상법 제374조의 2 제 2 항의 '회사가 주식매수청구를 받은 날로부터 2월'은 주식매매대금 지급의무의 이행기를 정한 것이라고 해석된다. 그리고 이러한 법리는 위 2월 이내에 주식의 매수가액이 확정되지 아니하였다고 하더라도 다르지 아니하다); 이(철), (회) 605면(2월 이내에 이행〈매수대금의 지급〉을 하여야 한다는 뜻으로 해석해야 한다고 한다); 양기진, "반대주주의 주식매수청구권에 관한 연구,"「기업법연구」(한국기업법학회), 제26권 제 1 호(2012. 3), 190~191면(대판 2011. 4. 28, 2010 다 94593의 입장에 찬성한다고 한다).

2) 동지: 정(희), 460면.

참고로 일본 회사법 제469조 1항은 자기가 소유하는 주식을 '공정한 가격'으로 매수할 것을 청구할 수 있도록 규정하고, 동 제470조 1항은 매수가격 협의가 이루어지면 회사는 효력발생일부터 60일 내에 지급하도록 규정하며, 동 제470조 2항은 가격결정에 관하여 효력발생일부터 30일 이내에 협의가 이루어지지 아니하면 그 기간만료일 30일 이내에 법원에 대하여 가격결정의 신청을 할 수 있음을 규정하고 있다.

3) 정동윤, 전게논문, 5면은 "vested right"을 기득권으로 번역하고 있다.

4) Lauman v. Lebanon Valley Railroad Company, 30 Pa. 42(1858); The State v. Bailey, 16 Ind. 46 (1861); 정동윤, 전게논문, 5~6면; 강헌, "반대주주의 주식매수청구권에 관한 연구," 법학박사 학위논문(고려대, 2002. 2), 10~12면.

미국에서는 회사가 이와 같이 주식매수청구권을 인정하는 경우에도 그 회사의 주식이 증권거래소에 상장되어 있거나 또는 비상장회사라고 하더라도 그 주주(株主)수가 일정수(예컨대, 2,000명) 이상인 경우에는 시장가격이 그 회사 주식의 공정한 가치를 반영하므로 주식매수청구권이 불필요하다고 하여 시장예외조항(market exception clause)을 두는 경우가 있다.[1)]

(2) 독일에서도 소수주주를 보호하기 위하여 주식매수청구권 또는 이와 유사한 제도를 인정하고 있다. 즉, 콘체른 형성을 위한 지배계약 및 이익제공계약이 체결된 경우 지배회사는 국외주주(aussenstehende Aktionäre)의 요구에 의하여 그의 주식을 취득할 의무를 부담하는데, 이러한 주식의 취득의 대가는 현금뿐만 아니라 지배회사의 주식 또는 다른 회사의 주식이다(獨株 305조). 또한 회사의 합병이나 분할의 결의에 반대하는 사원에게 지분매수청구권(Abfindungsangebot)을 인정하고 있다(독일 사업재편법 29조~34조, 125조).

(3) 일본의 경우에는 1950년 개정상법에 의하여 영업의 전부 또는 일부의 양도 등의 결의와 합병계약서의 승인결의에 반대하는 주주에게 최초로 주식매수청구권을 인정하였는데(日商 245조의 2 이하, 408조의 3), 그 후 상법개정에 의하여 주식의 양도제한을 위한 정관변경결의에 반대하는 주주(日商 349조)·주식교환과 이전의 결의에 반대하는 주주 및 회사분할의 결의에 반대하는 주주에게도 주식매수청구권을 인정하였고(日商 355조, 371조 3항, 374조의 3), 이는 2005년 회사법에서도 동일하게 인정되고 있다(日會 469조~470조, 116조, 785조, 806조).

4. 주식매수청구권의 당사자

(1) 주식매수청구권자

주식매수청구권자는 회사에 대하여 주주의 권리를 행사할 수 있는 주주로서, 사전에 당해 회사에 대하여 서면으로 반대의 통지를 한 주주이다(상 360조의 5 1항 전단·360조의 22·374조의 2 1항 전단·522조의 3 1항 전단·530조의 11 2항, 자금 165조의 5 1항). 이 때 「회사에 대하여 주주의 권리를 행사할 수 있는 주주」란 영업의 전부 양도의 경우에는 양도회사(상 374조 1항 1호) 및 양수회사(상 374조 1항 3호)의 주주이고, 영업의 일부 양도의 경우에는 그것이 양도회사의 중요한 영업의 일부가 되면 양도회사의 주주이고(상 374조 1항 1호) 또한 그것이 양수회사의

1) RMBCA §13.02(b); Del. Gen. Corp. Law §262(b)(1); Cal. Gen. Corp. Code §1300(b)(1).

영업에 중대한 영향을 미치면 양수회사의 주주이며(상 374조 1항 4호), 회사합병의 경우에는 소멸회사 및 존속회사(상 522조 1항)의 주주이고, 회사의 분할합병의 경우에는 분할 전 회사(분할회사) 및 분할 후 회사(상 530조의 3 1항~3항)의 주주를 의미한다.[1] 또한 주식매수청구권을 행사하는 주주는 주식의 포괄적 교환의 경우에는 완전모회사가 되는 회사의 주주 및 완전자회사가 되는 회사의 주주를 의미하고(상 360조의 3 1항 · 2항), 주식의 포괄적 이전의 경우에는 완전자회사가 되는 회사의 주주를 의미한다(상 360조의 16 1항 · 2항).

또한 주식매수청구권을 행사할 수 있는 주주는 원칙적으로 주주명부에 명의개서된 명의주주이다[2](상 337조 1항). 그러나 주주명부에 명의개서되지 않은 일정한 실질주주(예컨대, 상속이나 합병에 의한 포괄승계인, 증권예탁결제제도에서의 실질주주 등)도 예외적으로 주식매수청구권을 행사할 수 있다고 본다.[3]

의결권이 없거나 제한되는 종류주식의 주주에 대하여도 주식매수청구권이 인정된다(상 374조의 2 1항).[4] 따라서 회사는 이러한 주주에게도 주주총회의 소집통지를 하여야 한다(상 363조 7항 단서).

(2) 주식매수청구의 상대방

주식매수청구의 상대방은 주식매수청구권자가 속하는 회사이다. 그러나 회사가 흡수합병되어 소멸된 경우에는 주식매수청구권이 있는 주주는 존속회사에 대하여 주식매수대금의 지급을 청구할 수 있다고 본다[5](RMBCA§13.01 (3) 참조).

5. 주식매수청구권의 행사절차

(1) 사전반대통지

주식매수청구권을 행사하려는 주주는 이에 관한 「이사회의 결의가 있는 때」

1) 동지: 정(동), (회) 360면; 동, 전게논문, 12면.

2) 동지: 손(주), 733면.

3) 동지: 권기범, "주식매수청구권," 「상사법연구」, 제13집(1994), 95면; 강헌, 전게논문, 44~47면.

4) 참고로 이에 대하여 2015년 개정상법 이전에는 상법에 명문규정이 없어 학설은 부정설[손(주), 733면]과 긍정설[정(동), (회) 360면 외]로 나뉘어 있었다. 우리 자본시장과 금융투자업에 관한 법률은 의결권이 없는 주식을 가진 주주도 주식매수청구권을 행사할 수 있다고 명문으로 규정하고 있다(자금 165조의 5 1항).

2015년 개정상법은 자본시장과 금융투자업에 관한 법률에서와 같이 의결권이 없거나 제한되는 주주도 주식매수청구권을 행사할 수 있는 것으로 명문으로 규정하였다(상 374조의 2 1항). 따라서 학설상 이러한 논의는 무의미하게 되었다.

5) 동지: 강헌, 전게논문, 54면.

(자본금 총액이 10억원 미만인 소규모 주식회사로서 이사를 1명 또는 2명을 둔 경우에는 이사회가 없으므로, 이 때 '이사회의 결의가 있는 때'는 '상법 제363조 제 1 항에 따른 주주총회의 소집통지가 있는 때'로 본다 — 상 383조 4항 후단)에 주주총회 전에 회사에 대하여 서면으로 그 결의에 반대하는 의사를 통지하여야 한다(상 360조의 5 1항 전단 · 360조의 22 · 374조의 2 1항 전단 · 522조의 3 1항 전단 · 530조의 11 2항, 자금 165조의 5 1항).

주권상장법인의 경우는 주식의 포괄적 교환 등에 관한 주주총회 소집의 통지 또는 공고에 주식매수청구권의 내용 및 행사방법을 명시하여야 한다(자금 165조의 5 5항).

간이합병(합병할 회사의 일방이 합병 후 존속하는 경우에 합병으로 인하여 소멸하는 회사의 총주주의 동의가 있거나 또는 그 회사의 발행주식총수의 100분의 90 이상을 합병 후 존속하는 회사가 소유하고 있는 때에는 합병으로 인하여 소멸하는 회사의 주주총회의 승인은 이사회의 승인으로 갈음될 수 있는 합병 — 상 527조의 2 1항)의 경우에는 소멸회사가 총주주의 동의가 있는 경우를 제외하고 합병계약서를 작성한 날로부터 2주 내에 주주총회의 승인을 얻지 아니하고 합병한다는 뜻을 공고하거나 주주에게 통지하여야 하는데(상 527조의 2 2항), 주식매수청구권을 행사하고자 하는 주주는 이러한 공고 또는 통지를 한 날부터 2주 내에 회사에 대하여 서면으로 합병에 반대하는 의사를 통지하여야 한다(상 522조의 3 2항 전단, 자금 165조의 5 1항). 간이주식교환(상 360조의 9 · 360조의 5 2항 전단, 자금 165조의 5 1항) · 간이영업양도 등(상 374조의 3 3항) 및 간이분할합병(상 530조의 11 2항, 527조의 2, 522조의 3 2항 전단)의 경우에도 간이합병의 경우와 같다.

주권상장법인의 경우는 위의 공고 또는 통지에 주식매수청구권의 내용 및 행사방법을 명시하여야 한다(자금 165조의 5 5항).

주식매수청구권을 행사하려는 주주에 대하여 이와 같은 통지를 하게 하는 이유는 매수청구의 예고를 함으로써 회사에 대하여 그러한 의안제출 여부를 재고하도록 하고, 또 그 결의 성립을 위한 대책을 강구할 수 있도록 하기 위해서이다.[1]

이러한 사전반대통지는 주주권의 행사이므로 통지 당시에 주주권을 행사할 수 있는 주주만이 할 수 있고, 이는 주주총회일 이전에 회사에 도달하여야 하며, 이러한 사실은 주주가 증명하여야 한다.[2]

(2) 사후매수청구

주식매수청구권자인 주주총회결의 반대주주는 총회의 결의일부터(간이합병의 경우에는 소멸회사가 주주총회의 승인을 얻지 아니하고 합병한다는 뜻을 공고하거나 주주에게 통지한 날로부터 2주간이 경과한 날부터 — 상 522조의 3 2항 후단)(간이주식교환〈상 360조의 5 2항〉 · 간이영업양도 등〈상 374조의 3 3항〉 및 간이분할합병〈상 530조의 11, 522조의 3 2항〉의 경우도 간이합병의 경우와 같다) 20일 이내에 주식의 종류와 수를 기재한 서면으로

1) 동지: 이(철), (회) 604면; 해설(1995), 122면.
2) 동지: 이(철), (회) 604면.

회사에 대하여 자기가 소유하고 있는 주식의 매수를 청구할 수 있는데[1](상 360조의 5 1항·360조의 22 · 374조의 2 1항 후단 · 522조의 3 1항 후단 · 530조의 11 2항, 자금 165조의 5 1항), 이러한 사전반대통지와 사후매수청구의 2단계의 의사표시는 동일인에 의하여 이루어져야 한다. 따라서 매수청구권자가 사전반대통지 후 그 소유주식을 양도한 경우에는 그 양수인은 매수청구권까지 양도받은 것이 아니라고 해석되므로 매수청구를 할 수 없다고 본다.[2] 그러나 주주는 그가 소유하는 주식 중 일부만을 매수청구하여도 무방하다고 본다.[3]

회사에 대하여 사전에 주주총회결의 반대의 통지를 한 주주라도 주식매수청구를 하기 전 또는 주식매수청구와 함께 주주총회결의 하자의 소(상 376조, 380조)를 제기할 수 있다고 본다.[4] 이 때 주주가 주주총회의 결의를 유효한 것으로 전제하여 주식매수청구권을 행사하면서 다시 이의 취소 또는 무효의 소를 제기하는 것은 모순되는 것으로 생각될 수 있으나, 주주는 주주총회결의일로부터 20일이 경과하면 주식매수청구를 할 수 없으므로 양자를 동시에 청구하는 것은 무방하다고 본다. 이 경우 주식대금의 지급 전에 원고 승소의 판결이 확정되면 주식매수청구의 원인이 없게 되어 주주는 주식대금을 지급받을 수 없고, 반대로 판결이 확정되기 전에 주주가 주식대금을 지급받으면 원고는 주주의 지위를 상실하였으므로 그가 제기한 결의취소의 소 등은 당사자적격의 흠결로 인하여 각하되어야 할 것으로 본다.[5]

6. 주식매수청구권의 행사효과

(1) 회사의 주식매수의무

주주가 주식매수청구권을 행사하면 회사는 매수청구기간이 종료하는 날

---

1) 참고로 일본 회사법 제469조 2항 1. 가.는 주주가 사전반대통지를 하고 또한 주주총회를 출석하여 반대할 것을 요구하고 있으나, 우리 1991년 개정증권거래법 제191조 1항은 반대주주가 주주총회에 출석하여 반대하는 것은 불필요한 절차라고 하여 이를 삭제하였고, 1995년 개정상법은 이러한 증권거래법과 동일하게 입법한 것이다. 따라서 우리 상법상 주주는 (일본 상법의 경우와는 달리) 다시 주주총회에 출석하여 반대할 필요가 없다[동지: 정동윤, 전게논문, 12면; 손(주), 734면]. 다만 사전에 반대통지한 주주가 주주총회에 출석하여 찬성의 투표를 한 경우에는 반대의 통지를 철회한 것으로 보아 주식매수청구를 하지 못하는 것으로 보아야 할 것이다[동지: 정동윤, 전게논문, 12면; 손(주), 734면; 김병연, "주식매수청구권제도의 개선에 관한 연구," 「상장협」, 제48호(2003, 추계호), 44~45면(현실적으로 투표가 무기명·비밀투표로 이루어지므로 주주총회에 참석하는 것은 허용되나, 의결권을 행사하지 못하는 것으로 해야 한다)].

2) 동지: 정동윤, 전게논문, 12면; 이(철), (회) 605면.

3) 동지: 정(희), 461면; 정(동), (회) 360면; 이(철), (회) 605면; 해설(1995), 122면.

4) 동지: 손(주), 734면; 정동윤, 전게논문, 18면.

5) 동지: 정동윤, 전게논문, 18면.

(즉, 이에 관한 주주총회의 결의일부터 20일이 되는 날)[1]부터 2월 이내(주권상장법인의 경우는 매수청구기간이 종료하는 날부터 1개월 이내)에 그 주식을 매수하여야 한다(상 360조의 5 3항 · 360조의 22 · 374조의 2 2항 · 530조 2항 · 530조의 11 2항, 자금 165조의 5 2항). 이 때 회사가 「2월 이내(주권상장법인의 경우는 1개월이내)에 그 주식을 매수하여야 한다」는 의미에 대하여는, 앞에서 본 바와 같이 주식매수청구권은 형성권이고 또한 매매가격을 유보한 매매계약도 가능하다는 점에서 주주가 주식매수청구권을 행사하면 주주와 회사 사이에는 주식매매계약이 체결되고 회사는 매수청구기간이 종료하는 날부터 2월 이내(주권상장법인의 경우는 1개월 이내)에 그 계약에 따른 주식대금을 지급하여야 한다고 해석하는 견해도 있으나,[2] 매수가격이 합의되지 않은 상태에서 주식매수청구권자의 일방적인 의사표시만으로 매매계약이 체결되었다고 보는 것도 무리이고 또한 매수청구기간이 종료하는 날부터 2월 이내(주권상장법인의 경우는 1개월 이내)에 그 주식을 매수하여야 한다는 의미를 매매계약의 이행의 완료로 보는 것도 상법 제374조의 2 제 4 항과 관련하여 볼 때 무리인 점에서 매수청구기간이 종료하는 날부터 2월 이내(주권상장법인의 경우는 1개월 이내)에 매매가격을 합의결정하여 매매계약을 체결하여야 한다는 뜻으로 해석하여야 할 것으로 본다.[3] 이 때 회사는 특정목적에 의한 자기주식의

---

1) 2월의 기산일에 대하여 2015년 개정상법 이전에는 '회사가 주식매수의 청구를 받은 날'로 규정하였는데, 이는 주식매수청구권을 행사한 주주별로 주식매수의 기한이 달라져 회사에 절차상 부담을 주었으므로, 2015년 개정상법은 이를 통일하기 위하여 이와 같이 기산일을 명확히 규정하였다.

2) 전게 대판 2011. 4. 28, 2010 다 94953(따라서 영업양도에 반대하는 주주들의 주권이 금융기관에 예탁되어 있었는데 반대주주들이 주식매수청구권을 행사하면서 회사가 공정한 매매대금을 지급함과 동시에 언제든지 자신들이 소지하고 있는 주권을 인도하겠다는 취지의 서면을 회사에 제출한 사안에서, 반대주주들이 주식매수청구권을 행사한 날부터 2월이 경과하였을 당시 회사에 주식매수대금 지급과 동시에 주권을 교부받아 갈 것을 별도로 최고하지 않았더라도 주권 교부의무에 대한 이행제공을 마쳤다고 보아 회사의 동시이행 항변을 배척한 원심판단은 정당하다. 또한 영업양도에 반대하는 주주들이 주식매수청구권을 행사하였으나 2월의 매수기간 내에 주식대금을 지급하지 않은 회사에 지체책임을 인정한 사안에서, 반대주주들이 주식매수가액 결정에서 자신들의 희망 매수가액을 주장하는 것은 상법에 의하여 인정된 권리이고, 법원의 주식매수가액 결정에 대하여 항고 및 재항고를 하는 것 역시 비송사건절차법에 의하여 인정되는 권리이므로, 반대주주들이 위와 같은 권리를 남용하였다는 특별한 사정이 인정되지 않는 한 반대주주들이 법원의 주식매수가액 결정에 대하여 항고 및 재항고를 거치면서 상당한 기간이 소요되었다는 사정만으로 지연손해금에 관하여 감액이나 책임제한을 할 수 없다고 본 원심판단은 정당하다); 정동윤, 전게논문, 14면; 정(동), (회) 360면; 권기범, 전게논문, 97면; 이(철), (회) 605면; 임(재), (회 Ⅱ) 216~217면; 송(옥), 960면.

3) 동지: 정(희), 460면; 정(경), 464면; 이(기) 외, (회) 394면.

또한 주식매수청구권이 형성권임을 부인하면서 (2월 이내에) 매매계약체결청구권을 행사하여야 한다는 견해도 있는데[김화진, "주식매수청구권의 본질과 주식매수가격의 결정," 「인권과 정의」(대한변호사협회), 제393호(2009. 5), 29면], 이는 신속한 주식매수절차의 진행에 의하여 주주의 이익을 보호할 필요가 있는 점에서 볼 때 타당하지 않다고 본다.

취득사유의 하나로 자기주식을 취득할 수 있다(상 341조의 2 4호).

그러나 주권상장법인은 회사가 이와 같이 취득한 자기주식을 대통령령으로 정하는 기간 이내에 처분하여야 하는데, 다만 주주에게 배당할 이익으로써 그 주식을 소각할 수 있다(자금 165조의 5 4항).

(2) 주식매수가액의 결정

1) 매수가액의 결정은 비상장법인의 경우, (i) 협의가액, (ii) 법원에 의한 결정가액의 2단계를 거치게 된다. 즉, (i) 매수가액은 원칙적으로 주주와 회사 간의 협의에 의하여 결정하고(상 374조의 2 3항, 360조의 5 3항, 360조의 22, 530조 2항), (ii) 매수청구기간이 종료하는 날부터 30일 이내에 이러한 협의가 이루어지지 아니한 경우에는 회사 또는 주식매수를 청구한 주주는 법원에 대하여 매수가액의 결정을 청구할 수 있는데, 이 때 법원은 회사의 재산상태 그 밖의 사정을 참작하여 공정한 가액으로 이를 산정하여야 한다(상 374조의 2 4항·5항, 360조의 5 3항, 360조의 22, 530조 2항).[1]

비상장주식의 매수가액의 산정방법에 관하여는 다음과 같은 우리 대법원결정이 있다.

[비상장주식의 매수가액의 산정방법에 관한 결정]

회사의 합병 등에 반대하는 주주가 회사에 대하여 비상장주식의 매수를 청구하는 경우, 그 주식에 대하여 회사의 객관적 가치가 적정하게 반영된 것으로 볼 수 있는 정상적인 거래의 실례가 있으면 그 거래가격을 주식의 공정한 가액으로 보아 매수가액을 정하여야 한다. 그러나 그러한 거래사례가 없으면 비상장주식의 평가에 관하여 보편적으로 인정되는 시장가치방식·순자산가치방식·수익가치방식 등 여러 가지 평가방법을 활용하되, 회사의 상황이나 업종의 특성 등을 종합적으로 고려하여 공정한 가액을 산정하여야 한다. 만일 비상장주식에 관한 거래가격이 회사의 객관적 가치를 적정하게 반영하지 못한다고 판단되는 경우에는, 법원은 그와 같이 판단되는 사유 등을 감안하여 그 거래가격을 배제하거나 그 거래가격 또는 이를 합리적인 기준에 따라 조정한 가격을 순자산가치나 수익가치

1) 주식매수가격의 산정방법을 개선하여야 한다는 견해로는 김병연, 전게논문(상장협 제48호), 45~52면(시장가치를 기준으로 하여 자산가치와 수익가치 등 모든 요소를 종합적으로 고려하여야 한다). 주식매수가격의 산정방법에 관한 상세는 김순석, “주식매수청구권 제도의 재검토,” 「기업법연구」(한국기업법학회), 제32권 제 1 호(2018. 3), 164~174면 참조.

참고로 일본 회사법 제469조 내지 제470조는 영업양도 등에 반대하는 주주는 ‘공정한 가격’으로 매수할 것을 청구할 수 있도록 규정하고, 매수가격협의가 이루어지면 당해 회사는 효력발생일부터 60일 내에 지급하여야 하며, 효력발생일부터 30일 내에 협의가 이루어지지 않은 때에는 주주 또는 회사는 그 기간만료일 후 30일 내에 법원에 그 가격결정을 청구할 수 있음을 규정하고 있다.

등 다른 평가 요소와 함께 주식의 공정한 가액을 산정하기 위한 요소로서 고려할 수 있다. 상속세 및 증여세법(상증세법)과 그 시행령의 규정들은 납세자의 법적 안정성과 예측가능성을 보장하기 위하여 비상장주식의 가치평가방법을 정한 것이기 때문에, 합병반대주주의 비상장주식에 대한 매수가액을 정하는 경우에 그대로 적용해야 하는 것은 아니다. 비상장주식의 평가기준일이 속하는 사업연도의 순손익액이 급격하게 변동한 경우에 이러한 순손익액을 포함하여 순손익가치를 산정할 것인지는 그 변동의 원인이 무엇인지를 고려하여 결정해야 한다. 가령 비상장주식의 평가기준일이 속하는 사업연도의 순손익액이 급격하게 변동하였더라도 일시적이고 우발적인 사건으로 인한 것에 불과하다면 평가기준일이 속하는 사업연도의 순손익액을 제외하고 순손익가치를 산정해야 한다고 볼 수 있다. 그러나 그 원인이 일시적이거나 우발적인 사건이 아니라 사업의 물적 토대나 기업환경의 근본적 변화라면 평가기준일이 속하는 사업연도의 순손익액을 포함해서 순손익가치를 평가하는 것이 회사의 미래수익을 적절하게 반영한 것으로 볼 수 있다. 법원이 합병반대주주의 주식매수가액결정신청에 따라 비상장주식의 가치를 산정할 때 위와 같은 경우까지 상증세법 시행령 제56조 제 1 항에서 정한 산정방법을 그대로 적용하여 평가기준일이 속하는 사업연도의 순손익액을 산정기준에서 제외하는 것은 주식의 객관적 가치를 파악할 수 없어 위법하다[대결 2018. 12. 17, 2016 마 272(공보 2019, 286)].

동지: 대결 2006. 11. 23, 2005 마 959 · 960 · 961 · 962 · 963 · 964 · 965 · 966 (회사의 합병 또는 영업양도 등에 반대하는 주주가 회사에 대하여 비상장주식의 매수를 청구하는 경우, 그 주식에 관하여 객관적 교환가치가 적정하게 반영된 정상적인 거래의 실례가 있으면 그 거래가격을 시가로 보아 주식의 매수가액을 정하여야 할 것이나, 그러한 거래사례가 없으면 비상장주식의 평가에 관하여 보편적으로 인정되는 시장가치방식, 순자산가치방식, 수익가치방식 등 여러 가지 평가방법을 활용하되, 비상장주식의 평가방법을 규정한 관련 법규들은 그 제정 목적에 따라 서로 상이한 기준을 적용하고 있으므로, 어느 한 가지 평가방법〈예컨대, 증권거래법 시행령 제84조의 7 제 1 항 제 2 호의 평가방법이나 상속세 및 증여세법 시행령 제54조의 평가방법〉이 항상 적용되어야 한다고 단정할 수는 없고, 당해 회사의 상황이나 업종의 특성 등을 종합적으로 고려하여 공정한 가액을 산정하여야 한다. 한편, 비상장주식에 관하여 객관적 교환가치가 적정하게 반영된 정상적인 거래의 실례가 있더라도, 거래 시기, 거래 경위, 거래 후 회사의 내부사정이나 경영상태의 변화, 다른 평가방법을 기초로 산정한 주식가액과의 근접성 등에 비추어 위와 같은 거래가격만에 의해 비상장주식의 매수가액으로 결정하기 어려운 경우에는 위와 같은 거래가액 또는 그 거래가액을 합리적인 기준에 따라 조정한 가액을 주식의 공정한 가액을 산정하기 위한 요소로 고려할 수 있다. 또

한 영업양도 등에 반대하는 주주의 주식매수청구에 따라 비상장주식의 매수가액을 결정하는 경우, 특별한 사정이 없는 한 주식의 가치가 영업양도 등에 의하여 영향을 받기 전의 시점을 기준으로 수익가치를 판단하여야 하는데, 이 때 미래에 발생할 추정이익 등을 고려하여 수익가치를 산정하여야 한다. 그러나 당해 사건에서 미래의 수익가치를 산정할 객관적인 자료가 제출되어 있지 않거나, 수익가치가 다른 평가방식에 의한 요소와 밀접하게 연관되어 있어 별개의 독립적인 산정요소로서 반영할 필요가 없는 경우에는 주식매수가액 산정시 수익가치를 고려하지 않아도 된다. 또한 시장가치, 순자산가치, 수익가치 등을 종합적으로 반영하여 비상장주식의 매수가액을 산정하는 경우, 당해 회사의 상황이나 업종의 특성, 개별 평가요소의 적정 여부 등 제반 사정을 고려하여 그 반영비율을 정하여야 한다).

참고: 대결 2006. 11. 24, 2004 마 1022(공보 2007, 47)(회사의 발행주식을 회사의 경영권과 함께 양도하는 경우 그 거래가격은 주식만을 양도하는 경우의 객관적 교환가치를 반영하는 일반적인 시가로 볼 수 없고, 비상장법인의 순자산가액에는 당해 법인이 가지는 영업권의 가액도 당연히 포함된다).

협의가액에 대하여 주식매수청구권자가 수 인이면 그 각 주주마다 매수가액이 달라도 무방하다고 보는데, 이것이 주주평등의 원칙에도 반하지 않는다고 본다.[1] 그러나 이에 대하여 각 주주에 대하여 협의가액이 다르다면 회사와 특정주주가 공모하여 고액으로 매수가액을 정하여 다른 주주와 채권자를 해할 우려가 있다는 점에서 각 주주에 따라 협의가액이 다른 점을 반대하는 견해도 있다.[2] 그러나 우리 상법상 협의가액을 정하기 위한 기준일을 정하지 않고 또한 주식매수청구권자가 주식매수를 청구한 시기 및 소유하고 있는 주식수, 회사에 대한 기여도 등이 다름에 따라 각 주식매수청구권자마다 협의가액이 다른 점은 부득이하다고 본다.

법원에 의한 결정가액도 법원에 따라 또는 주식매수청구권자에 따라 다를 수 있다고 보고, 또한 법원에 의한 결정가액이 협의가액보다 높거나 낮을 수 있다고 본다. 이 때 협의가액에 만족하여 대금을 지급받은 주식매수청구권자에게는 법원에 의한 결정가액의 대세적 효력이 미치지 않는다고 본다.

2) 주권상장법인의 경우에는 (i) 협의가액, (ii) 이사회 결의일 이전에 증권시장에서 거래된 해당 주식의 거래가액을 기준으로 하여 대통령령으로 정하는 방법

1) 동지: 해설(1995), 122면.
2) 권기범, 전게논문, 102면.

에 따라 산정된 가액, (iii) 해당 법인이나 매수를 청구한 주주가 그 매수가액에 대하여도 반대하는 경우에는 법원에 의한 결정가액의 3단계를 거친다(자금 165조의 5 3항).

상장주식의 매수가액의 산정방법에 관하여는 다음과 같은 우리 대법원결정이 있다.

[상장주식의 매수가액의 산정방법에 관한 결정]

주권상장법인의 합병 등에 반대하여 주식매수를 청구한 주주가 법원에 매수가격결정을 청구한 사안에서, 회사정리절차에 있는 기업의 시장주가가 정상기업에 비해 낮게 형성되고 주당 순자산가치에 상당히 못 미친다는 사정만으로 시장주가가 기업의 객관적 가치를 반영하지 못하고 있다거나 거래 이외의 부정한 요인에 의하여 가격형성이 왜곡되었다고 볼 수 없고, 주식이 관리종목으로 지정된 사정만으로는 시장주가가 당해 기업의 객관적 가치를 반영하지 못할 정도의 거래 제약이 있다고 볼 수 없음에도, 당해 법인이 회사정리절차 중에 있었던 관계로 주식의 시장가치가 저평가되어 있고 회사정리절차가 진행되는 동안 주식이 유가증권시장에서 관리대상종목에 편입됨으로써 주식 거래에 다소의 제약을 받고 있었다는 이유로 시장주가가 당해 법인의 객관적 교환가치를 제대로 반영하고 있지 않다고 단정하여 시장가치 외에 순자산가치까지 포함시켜 매수가격을 산정한 원심결정을 파기한다[대결 2011. 10. 13, 2008 마 264(공보 2011, 2296)].

7. 주식매수청구권의 실효(失效)

회사가 주식매수청구의 원인이 된 영업양도 등을 중지한 때(즉, 그러한 결의를 철회한 때)에는, 주식매수청구의 원인이 소멸되었으므로 주주의 주식매수청구는 그 효력을 잃는다(日會 469조 7항 참조).

또한 주주가 영업양도 등의 주주총회의 결의일로부터 20일 내에 회사에 대하여 주식매수청구를 하지 않으면(상 374조의 2 1항 등 참조), 주주는 주식매수청구권을 행사할 수 없다.

제8 종류주주총회

이에 관하여는 종류주식에서 설명하였는데, 이 곳에서 다시 정리하여 보면 다음과 같다.

1. 의의 및 효력

(1) 회사가 종류주식을 발행한 경우(상 344조 1항·2항)에 주주총회(또는 이사회)[1]의 결의에 의하여 어느 특정한 종류주식의 주주에게 손해를 미치게 될 때에는, 상법은 주주총회(또는 이사회)의 결의 외에 추가로 그 종류주식을 가진 주주들만의 결의를 요하도록 규정하고 있는데, 이것이 종류주주총회이다.

(2) 이러한 종류주주총회는 회사의 기관도 아니고, 또 독립한 주주총회도 아니며, 단지 주주총회(또는 이사회)의 결의의 효력을 발생시키기 위한 추가적인 요건에 불과하다. 따라서 주주총회의 결의 외에 종류주주총회를 요하는 경우에 종류주주총회의 결의가 없거나 또는 그 결의가 무효 또는 취소가 되어 주주총회의 결의의 효력이 발생하지 않는 것을 주주총회결의의 「불발효(불완전)」라고 하는데(부동적〈浮動的〉 무효설 또는 결의불발효설),[2] 이 경우에는 주주총회결의하자에 관한 상법상의 규정이 유추적용되지 않고 민사소송법의 규정에 따라 주주총회결의 불발효확인의 소를 제기할 수 있다.[3]

2. 종류주주총회의 결의를 요하는 경우

상법상 종류주주총회의 결의를 요하는 경우는 다음과 같은 세 경우가 있다.

---

1) 종류주주총회는 반드시 주주총회를 전제로 하지 않는다. 즉, 이사회결의(예컨대, 신주발행 등)가 어느 종류의 주주에게 손해를 미치게 될 때에도 종류주주총회를 요한다.

2) 이는 일반주주총회의 결의의 효력은 무효도 아니고 취소할 수 있는 것도 아닌 부동적(浮動的)인 상태에 있다가 후에 종류주주총회의 결의를 얻으면 확정적으로 유효가 되고, 이를 얻지 못하면 확정적으로 무효가 된다는 것이다[정(동), (회) 363~364면, 377면, 656면; 이(기) 외, (회) 396면 외(통설); 수원지판 2003. 7. 11, 2002 가합 14429·2003 가합 6609; 서울고판 2004. 7. 9, 2003 나 55037·2003 나 55044; 대판 2006. 1. 27, 2004 다 44575·44582(공보 2006, 321)].

이에 반하여 종류주주총회의 결의가 없는 일반주주총회의 결의의 효력을 무효로 보는 무효설[서·정, 503면; 손(주), 739면, 894면], 그러한 일반주주총회의 결의는 취소사유가 된다는 취소사유설[이(철), (회) 617면, 656면] 등이 있으나, 일반주주총회의 결의에는 하자가 없으므로 이러한 견해는 타당하지 않다고 본다[동지: 정동윤, "종류주주총회의 결의를 얻지 아니한 정관변경결의의 효력," 「상법연구의 향기」(정희철교수 정년 20년 기념), 2004, 49~54면].

3) 동지: 정(희), 470면; 정(동), (회) 363면, 377면; 동, 전게 상법연구의 향기, 54~55면; 서울고판 2004. 7. 9, 2003 나 55037·2003 나 55044.

반대: 대판 2006. 1. 27, 2004 다 44575·44582(공보 2006, 321)(민사소송법상 확인의 소를 제기하는 것은 인정하나, 불발효 확인의 소를 제기할 필요 없이 바로 정관변경이 무효라는 확인을 구하면 족하다고 한다)[이 판결에 대하여 반대하는 취지의 평석으로는 정찬형, "종류주주총회의 결의가 없는 주주총회결의의 효력," 「고려법학」(고려대 법학연구원), 제46호(2006), 141~170면 참조].

1) 첫째는 회사가 정관을 변경함으로써 어느 종류주식의 주주에게 손해를 미치게 될 때[1]이다(예컨대, 우선주의 배당률을 낮추는 경우 등)(상 435조 1항).

2) 둘째는 주식의 종류에 따라 신주의 인수, 주식의 병합·분할·소각 또는 회사의 합병·분할로 인한 주식의 배정에 관하여 특수한 정함을 하는 경우에 어느 종류주식을 가진 주주에게 손해를 미치게 될 때이다(예컨대, 우선주에 대하여 보통주보다 신주배정의 비율을 낮게 하는 경우 등)(상 436조 전단, 344조 3항).

3) 셋째는 회사의 분할 또는 분할합병, 주식교환, 주식이전 및 회사의 합병으로 인하여 어느 종류주식을 가진 주주에게 손해를 미치게 될 때이다(예컨대, 회사의 합병의 경우 소멸회사의 우선주에 대하여 보통주보다 존속회사의 주식을 적게 배정하는 경우 등)(상 436조 후단).

3. 주주총회와의 이동(異同)

종류주주총회에는 주주총회에 관한 규정이 원칙적으로 전부 준용되는데(상 435조 3항),[2] 예외적으로 주주총회의 경우와 다른 점이 두 가지 있는데 이는 다음과 같다.

1) 첫째는 종류주주총회의 결의방법인데, 종류주주총회의 결의는 언제나 그 종류주식의 출석한 주주의 의결권의 3분의 2 이상의 수와 그 종류주식의 발행주식총수의 3분의 1 이상의 수로써 한다는 점이다[3](상 435조 2항). 이러한 결의요건은 정관의 규정으로도 가중 또는 감경하지 못한다(통설).[4]

2) 둘째는 종류주주총회에서는 의결권이 없는 종류주식이나 의결권이 제한되는 종류주식을 가진 주주도 의결권을 행사할 수 있는 점이다(상 435조 3항).

---

1) 이의 의미에 대하여는 대판 2006. 1. 27, 2004 다 44575·44582(공보 2006, 321) 참조.

2) 따라서 종류주주총회의 결의에 하자가 있는 경우에는 주주총회결의의 하자에 관한 규정이 준용되고 또한 이 경우에 종류주주총회 결의의 하자를 독립적으로 다툴 이익이 있다고 본다[동지: 정(동), (회) 363면].

그러나 이 경우 종류주주총회의 결의는 주주총회결의의 효력발생요건에 지나지 않으므로 종류주주총회의 결의의 하자는 별개의 소로 주장하지 못한다는 견해도 있다[이(철), (회) 655면].

3) 이 규정도 1995년 개정상법에 의하여 출석정족수를 폐지한 것인데, 그 이유는 주주총회의 결의요건에서 이를 폐지한 것과 같다.

1995년 개정상법 이전에는 「어느 종류의 주주의 총회의 결의는 그 종류의 발행주식총수의 과반수에 해당하는 주식을 가진 주주의 출석으로 그 의결권의 3분의 2 이상의 다수로써 하여야 한다」고 규정하였다(상 435조 2항).

4) 정(동), (회) 363면; 손(주), 738면; 이(기) 외, (회) 396면; 주상(제 5 판)(회사 Ⅳ), 219면(완화는 불가능하나 가중은 합리적인 범위 내에서 가능하다고 한다) 외.

제 9 주주총회결의의 하자

1. 총 설

(1) 주주총회의 결의는 사단적 법률행위로서 그 성립과정 및 성립 후에 있어서 다수의 이해관계인이 있게 된다. 그러므로 이러한 주주총회의 결의에 하자가 있는 경우에 법률행위의 하자에 관한 일반원칙에 의하여 해결할 수는 없다. 따라서 상법은 회사에 관한 법률관계의 획일적 처리 및 법적 안정성을 고려하여 회사설립무효의 경우와 같이 주주총회결의의 하자에 관한 소(訴)를 특별히 규정하고 있다.

(2) 상법상 규정되어 있는 주주총회결의의 하자에 대한 소에는 결의취소의 소(상 376조~379조), 결의무효확인의 소(상 380조 전단), 결의부존재확인의 소(상 380조 후단) 및 부당결의취소·변경의 소(상 381조)가 있다. 이 중에서 결의부존재확인의 소는 1984년의 상법개정시에 추가된 것이다. 이하에서는 이 네 가지의 소에 대하여 차례로 설명하겠다.

2. 결의취소의 소

(1) 소의 원인

결의의 「절차상(형식적) 또는 내용상(실질적) 경미한 하자」가 소의 원인이 된다. 즉, 상법 제376조 1항은 「총회의 소집절차 또는 결의방법이 법령 또는 정관에 위반하거나 현저하게 불공정한 때 또는 그 결의의 내용이 정관에 위반한 때」라고 규정하고 있다.[1] 이하에서는 절차상 경미한 하자 중 총회의 「소집절차」가 법령 또는 정관에 위반하여 결의취소의 소의 원인이 되는 경우와, 총

1) 1995년 개정상법 이전에는 「총회의 소집절차 또는 결의방법이 법령 또는 정관에 위반하거나 현저하게 불공정한 때」라고 규정하여(상 376조 1항) 절차상(형식적) 하자만을 결의취소의 소의 원인으로 하였으나, 1995년 개정상법에서는 이에 「또는 그 결의의 내용이 정관에 위반한 때」를 추가하여 경미한 내용상 하자도 결의취소의 소의 원인으로 하였다. 따라서 1995년 개정상법에 의하면 경미한 절차상 및 내용상 하자는 결의취소의 소의 원인이 되고, 중대한 절차상 하자는 결의부존재확인의 소의 원인이 되며, 중대한 내용상 하자는 결의무효확인의 소의 원인이 되는 것으로 정리할 수 있다.

그런데 '결의의 내용이 정관에 위반한 때'란 정관변경의 절차를 거치지 아니한 것으로 이것도 절차상의 하자의 하나로 볼 여지가 있다는 견해가 있는데[해설(1995), 127면], 이는 절차상의 하자로 무리하게 의제하고자 하는 것으로 타당하지 않다고 본다.

회의 「결의방법」이 법령 또는 정관에 위반하여 결의취소의 소의 원인이 되는 경우를 판례를 중심으로 하여 차례로 살펴본다.

1) 「소집절차」가 법령 또는 정관에 위반하거나 현저하게 부공정한 경우

소집절차가 법령 또는 정관에 위반하거나 현저하게 불공정하다고 하여 취소사유로 인정한 판례로는 다음과 같은 것이 있다.

[전무이사가 소집한 주주총회의 결의는 취소사유에 해당한다고 본 판례]

주식회사의 정관의 규정에 주주총회는 대표이사가 이를 소집하고 대표이사가 유고시에는 부사장·전무이사 등의 순서로 대표이사를 대리한다고 규정되어 있을 때에, 위 규정 중 대표이사가 유고시라는 것은 신병 등으로 사무를 집행할 수 없는 경우를 의미하며 주주총회를 정당한 이유 없이 소집하지 않는 경우는 포함되지 않는다고 해석되고 이와 같은 경우에는 법원의 허가를 얻어 소집하는 방법으로 하여야 하므로, 주식회사의 대표이사가 정당한 사유 없이 주주총회를 소집하지 않는다 하여 전무이사가 대표권행사의 순위에 관한 정관의 규정에 따라 대표이사 명의로 주주총회를 소집한 경우는, 소집권이 없는 자가 소집한 주주총회이므로 그 주주총회결의는 상법 제376조가 적용되어 취소되어야 할 것이다[대판 1962. 1. 11, 4294 민상 490(카드 7137)].

[이사회의 결의 없이 소집한 주주총회의 결의는 취소사유에 해당한다고 본 판례]

주주총회의 소집은 소집결정권이 있는 이사회의 결정에 따라 그 결정을 집행하는 권한을 가진 대표이사가 하는 것이고, 이사회의 결정이 없이는 이를 소집할 수 없는 것이지만, 이사회의 결정이 없다고 하더라도 외관상 이사회의 결정에 의한 소집형식을 갖추어 소집권한이 있는 자가 적법하게 소집절차를 밟은 이상, 이렇게 소집된 총회에서 한 결의는 부존재한다고 볼 수는 없고, 이사회의 결정이 없었다는 사정은 취소사유가 됨에 불과하다[대판 1980. 10. 27, 79 다 1264(집 28 ③ 민 141)].

동지: 대판 1989. 5. 23, 88 다카 16690(공보 1989, 993)(이사회의 결의 없이 소집되었고 주주명부상 명의개서가 되어 있지 않은 주주에게 소집통지를 하지 않은 주주총회의 결의는, 취소사유는 될지언정 무효 또는 부존재사유는 되지 않는다).

[소집통지에 하자가 있는 주주총회의 결의는 취소사유에 해당한다고 본 판례]

적법한 소집권자에 의하여 소집된 주주총회에서 총주식의 과반수를 넘는 주식을 소유한 주주가 참석하여 참석주주 전원의 찬성으로 결의가 있었으나, 일부주주에게 소집통지를 하지 아니하였거나 법정기간을 준수한 서면통지를 하지 아니하여 그 소집통지에 하자가 있었다면 이 하자는 동 결정의 무효사유가 아니라 취소사유에 해당한다[대판 1981. 7. 28, 80 다 2745·2746(집 29 ② 민 244)].

동지: 대판 1987. 4. 28, 86 다카 553(공보 1987, 870)(정당한 소집권자에 의하여 소집된 주주총회가 아니라면 그 결의는 당연 무효라 할 것이나, 그렇지 아니하고 정당한 소집권자에 의하여 소집된 주주총회의 결의라면 설사 주주총회의 소집에 이사회의 결의가 없었고 그 소집통지가 서면에 의하지 아니한 구두소집 통지로서 법정소집기간을 준수하지 아니하였으며 또한 극히 일부의 주주에 대하여는 소집통지를 빠뜨렸다 하더라도 그와 같은 주주총회소집절차상의 하자는 주주총회결의의 단순한 취소사유에 불과하다 할 것이고, 취소할 수 있는 결의는 법정기간 내에 제기된 소에 의하여 취소되지 않는 한 유효하다); 동 1993. 1. 26, 92 다 11008(공보 940, 852)(2 인의 공동대표이사 중 1 인이 다른 공동대표이사와 임시주주총회를 소집하지 않았다거나 또는 다른 공동대표이사와 발행주식총수의 41%의 주식을 보유한 주주에게 소집통지를 하지 않았다는 등의 소집절차상의 하자만으로는, 그 주주총회의 결의가 부존재한다거나 무효라고 할 정도의 중대한 하자라고 볼 수 없고 결의취소의 소의 원인에 해당한다); 동 1993. 10. 12, 92 다 21692(공보 957, 3057)(정당한 소집권자에 의하여 소집된 주주총회에서 정족수가 넘는 주주의 출석으로 출석주주 전원의 찬성에 의하여 이루어진 결의라면, 설사 일부 주주에게 소집통지를 하지 아니하였거나 법정기간을 준수하지 아니한 서면통지에 의하여 주주총회가 소집되었다 하더라도 그와 같은 주주총회소집절차상의 하자는 주주총회결의의 부존재 또는 무효사유가 아니라 단순한 취소사유에 불과하다); 동 1993. 12. 28, 93 다 8719(공보 962, 511)(회사가 발행한 주식 200,000주 중 6,300주의 주식을 소유한 주주들에게 주주총회의 소집통지를 하지 아니한 것은 결의취소의 소의 원인에 해당한다); 동 2010. 7. 22, 2008 다 37193(공보 2010, 1633)(갑 회사와 을 회사가 분할합병계약을 체결한 후 갑 회사가 임시주주총회를 개최하여 위 분할합병계약을 승인하는 결의를 하였으나, 갑 회사가 위 주주총회를 소집하면서 소수주주들에게 소집통지를 하지 아니한 사안에서, 갑 회사가 위 주주총회를 개최함에 있어 발행주식의 9.22%를 보유한 소수주주들에게 소집통지를 하지 아니한 것만으로 위 주주총회결의가 부존재한다고 할 수 없고 이는 결의 취소사유에 해당한다).

[주주총회의 개회시각을 사실상 부정확하게 한 경우 주주총회의 결의는 취소사유에 해당한다고 본 판례]

주주총회의 개회시각이 부득이한 사정으로 당초 소집통지된 시각보다 지연되는 경우에도 사회통념에 비추어 볼 때 정각에 출석한 주주들의 입장에서 변경된 개회시각까지 기다려 참석하는 것이 곤란하지 않을 정도라면 절차상의 하자가 되지 아니할 것이나, 그 정도를 넘어 개회시각을 사실상 부정확하게 만들고 소집통지된 시각에 출석한 주주들의 참석을 기대하기 어려워 그들의 참석권을 침해하기에 이르렀다면 주주총회의 소집절차가 현저히 불공정하다고 하지 않을 수 없다. 또한, 소집통지 및 공고가 적법하게 이루어진 이후에 당초의 소집장소에서 개회를 하여 소집장소를 변경하기로 하는 결의조차 할 수 없는 부득이한 사정이 발생한 경우, 소집권자가 대체 장소를 정한 다음 당초의 소집장소에 출석한 주주들로 하여금 변경된 장소에 모일 수 있도록 상당한 방법으로 알리고 이동에 필요한 조치를 다한 때에 한하여 적법하게 소집장소가 변경되었다고 볼 수 있을 것이다. 따라서 피고 은행 노동조합원 등의 방해행위로 인하여 소집통지된 시각에 그 소집장소에서 주주총회를 개회할 수 없었던 사정은 인정되나, 소집통지된 시각 이후 언제 개회될지 알 수 없는 불확정한 상태가 지속되다가 12시간이 경과한 같은 날 22:15경 주주총회가 개회된 것이라면, 이미 사회통념상 당초의 개회시각에 출석하였던 주주들의 참석을 기대할 수 없어 이들의 참석권을 침해하였다 할 것이고, 또한 그나마 같은 날 22:15까지 개회를 기다리고 있던 일반 주주들에게 소집장소가 변경되었다는 통지마저 제대로 이루어지지 아니하였다는 것이므로, 이 사건 주주총회의 소집절차는 일부 주주에 대하여 주주총회 참석의 기회를 박탈함으로써 현저하게 불공정하였다 할 것이다[대판 2003. 7. 11, 2001 다 45584(공보 2003, 1705)].

[소집통지에 하자가 있는 주주총회의 결의를 유효로 본 판례]

「법정기간을 준수한 서면통지를 하지 아니한 채 임시주주총회가 소집된 경우라도, 정족수가 넘는 주주의 출석으로 결의를 하였다면 그 결의는 적법하다」고 한 판례도 있다[대판 1991. 5. 28, 90 다 6774(공보 900, 1732)]. 또한 이미 설명한 바와 같이 「1인회사」[대판 1966. 9. 20, 66 다 1187 · 1188(집 14 ③ 민 54); 동 1967. 2. 28, 63 다 981(집 15 ① 민 160); 동 1976. 4. 13, 74 다 1755(집 24 ① 민 203); 동 1977. 2. 8, 74 다 1754; 동 1992. 6. 23, 91 다 19500(공보 926, 2228) 외] 또는 「전원출석총회」[대판 1979. 6. 26, 78 다 1794(민판집 258, 375)]의 경우에는, 소집절차상의 위와 같은 하자는 결의취소의 원인이 되지 않는다고 한다.

2) 「결의방법」이 법령 또는 정관에 위반하거나 현저하게 불공정한 경우

결의방법이 법령 또는 정관에 위반하거나 현저하게 불공정하다고 하여 취소사유로 인정한 판례로는 다음과 같은 것이 있다.

[의결권이 없는 자가 의결권을 행사한 주주총회의 결의는 취소사유에 해당한다고 본 판례]

주주총회가 적법하게 소집되어 개회된 이상 의결권이 없는 자가 의결권을 행사하였으며 동인이 의결권을 행사한 주식수를 제외하면 의결정족수에 미달하여 총회결의에 하자가 있었다는 주장은, 주주총회 결의방법이 법령 또는 정관에 위반하는 경우에 해당하여 결의취소의 사유에 해당한다[대판 1983. 3. 23, 83 도 748(집 31 ④ 형 82)].

[주주명부상의 주주가 실질주주가 아님을 회사가 알고 있었고 이를 용이하게 증명할 수 있었는데도 형식주주에게 소집통지를 하고 의결권을 행사하게 한 경우에는 주주총회결의 취소사유가 된다고 본 판례]

주식회사가 주주명부상의 주주에게 주주총회의 소집을 통지하고 그 주주로 하여금 의결권을 행사하게 하면, 그 주주가 단순히 명의만을 대여한 이른바 형식주주에 불과하여도 그 의결권 행사는 적법하지만, 주식회사가 주주명부상의 주주가 형식주주에 불과하다는 것을 알았거나 중대한 과실로 알지 못하였고 또한 이를 용이하게 증명하여 의결권 행사를 거절할 수 있었음에도 의결권 행사를 용인하거나 의결권을 행사하게 한 경우에는 그 의결권 행사는 위법하게 된다. 따라서 주주명부상의 주주가 실질주주가 아님을 회사가 알고 있었고 이를 용이하게 증명할 수 있었는데도 위 형식주주에게 소집통지를 하고 의결권을 행사하게 한 잘못이 인정되면 그 주주총회결의를 취소할 수 있다[대판 1998. 9. 8, 96 다 45818(공보 1998, 2400)] [이 판례상 취소사유는 대법원 2017. 3. 23, 2015 다 248342 전원합의체 판결로 변경된 판례에 의하면 취소사유가 되지 않을 수 있음 — 저자 주].

[소집통지서에 기재하지 않은 사항(목적사항)을 결의한 주주총회의 결의는 취소사유에 해당한다고 본 판례]

청산인을 해임하는 것이 청산종료를 위한 하나의 방법으로서 긴박을 요한다 할지라도 주주총회에서는 소집통지서에 기재된 바 없는 청산인 해임 및 선임에 관한 결의를 할 수는 없는 것이므로, 이에 위배되는 임시주주총회결의는 취소를 면할 수 없다[대판 1962. 1. 31, 4294 민상 452(카드 7170)].

동지: 대판 1969. 2. 4, 68 다 2284(민판집 136, 226); 동 1978. 8. 22, 76 다 1747; 동 1979. 3. 27, 79 다 19(집 27 ① 민 228)(소집당시 목적사항 이외의 안건을 결의한 경우, 상법 제376조에 해당하는 것으로 판시함).

[정관상 의장이 될 사람이 아닌 자가 의장이 된 주주총회의 결의는 취소사유에 해당한다고 본 판례]

정관상 의장이 될 사람이 아닌 자가 정당한 사유 없이 주주총회의 의장이 되어 의사에 관여하였다고 가정하더라도, 그 사유만으로서는 위 주주총회에서의 결의가 부존재한 것으로는 볼 수 없는 것이고, 그러한 하자는 다만 그 결의방법이 정관에 위반하는 것으로서 주주총회의 결의취소사유에 해당하는 데 지나지 않는 것으로 볼 수밖에 없다[대판 1977. 9. 28, 76 다 2386(집 25 ③ 민 73)].

참고: 대판 2001. 5. 15, 2001 다 12973(주주총회의 의장이 주주들의 의사에 반하여 자진하여 퇴장한 경우, 퇴장 당시 회의장에 남아 있던 주주들이 임시의장을 선출하여 진행한 주주총회의 결의는 적법하다).

[주주의 회의장 입장을 부당하게 방해하는 것은 주주총회 결의방법이 현저하게 부공정하여 그 결의는 취소사유에 해당한다고 본 판례]

사실상 주주 2인으로 구성된 주식회사의 일방 주주측이 다른 주주의 회의장 입장을 부당하게 방해하는 등 그의 의결권 행사를 최대한 보장하는 방법으로 이루어지지 아니하여 신의칙에 반하는 경우에는 주주총회 결의방법이 현저하게 불공정하여 결의취소의 소의 원인이 된다[대판 1996. 12. 20, 96 다 39998(공보 1997, 363)].

[정족수에 미달한 결의는 취소사유에 해당한다고 본 판례]

명의개서를 하지 아니한 주식양수인에 대하여 주주총회 소집통지를 하지 않았다고 하여 주주총회결의에 절차상의 하자가 있다고 할 수 없고, 주식양수인이 명의개서절차 이행청구의 소를 제기한 경우에도 그 주식이 전체 주식의 43%에 불과한 경우에는 결의무효나 부존재의 사유가 될 수 없고, 주주총회가 소집권자에 의하여 소집된 이상 (출석)정족수에 미달한 결의가 이루어졌다고 하더라도 이는 결의취소의 사유에 불과하고 무효 또는 부존재의 결의라 할 수 없다[대판 1996. 12. 23, 96 다 32768 · 32775 · 32782(공보 1997, 514)].

동지: 대판 2001. 12. 28, 2001 다 49111(신문 3047, 9)(정족수에 미달한 결의는 결의취소의 사유이다).

참고: 대판 2010. 1. 28, 2009 다 3920(공보 2010, 396)(의결권행사금지가처분과 동일한 효력이 있는 강제조정 결정에 위반하는 의결권행사로 주주총회 결의에 가결정족수 미달의 하자 여부가 문제된 사안에서, 가처분의 본안소송에서 가처분의 피보전권리가 없음이 확정됨으로써 그 가처분이 실질적으로 무효임이 밝혀진 이상 위 강제조정 결정에 위반하는 의결권 행사는 결국 가처분의 피보전권리를 침해한 것이 아니어서 유효하다).

(2) 소의 당사자

1) 원　　고 　상법 제376조 1항은 주주총회결의취소의 소의 원고는 「주주 · 이사 · 감사」에 한하는 것으로 규정하고 있다. 감사는 1984년의 상법개정시에 감사의 권한확대의 일환으로 추가된 것이다. 주주총회결의 취소의 소의 원고에 관한 다음과 같은 대법원판례가 있다.

[주주는 다른 주주에 대한 소집절차의 하자를 이유로 주주총회결의 취소의 소를 제기할 수 있다고 본 판례]

주주는 다른 주주에 대한 소집절차의 하자를 이유로 주주총회결의 취소의 소를 제기할 수도 있다[대판 2003. 7. 11, 2001 다 45584(공보 2003, 1705)].

[주주총회 결의에 참가한 주주도 결의취소의 소의 원고가 될 수 있다고 한 판례]

상법 제363조 제 1 항, 제 2 항의 규정에 의하면 주주총회를 소집함에 있어서는 회의의 목적사항을 기재하여 서면으로 그 통지를 발송하게 되어 있으므로 주주총회에 있어서는 원칙적으로 주주총회 소집을 함에 있어서 회의의 목적사항으로 한 것 이외에는 결의할 수 없는 것이며, 이에 위배하여 목적사항 이외의 안건을 부의하여 결의하였다면 특별한 사정이 없는 한 상법 제376조 소정의 총회의 소집절차 또는 결의방법이 법령에 위반한 것으로 보아야 한다. 따라서 원고가 주주총회에 참석하여 그 결의에 가담했다 해도 그로써 곧 그 결의의 취소를 구함이 신의성실의 원칙에 위배되거나 금반언의 원칙에 반한다고 할 수 없다[대판 1979. 3. 27, 79 다 19(집 27 ① 민 228)].

또한 이러한 주주는 결의 당시의 주주가 아니더라도 제소 당시의 주주이면 되고,[1] 의결권 없는 주주도 제소권이 있다고 본다.[2] 하자 있는 결의에 의하여 해임당한 이사·감사도 제소권이 있다고 보며,[3] 청산중의 회사에서는 청산인도 제소권이 있다(상 542조 2항, 376조).

2) 피 고 주주총회결의취소의 소의 피고에 대하여는 상법에 명문의 규정이 없으나, 「회사」만이 피고가 될 수 있다(통설).

우리 대법원판례도 이와 같은 취지로 다음과 같이 판시하고 있다.

[결의취소의 소의 피고는 회사로 한정된다고 본 판례]

주주총회결의취소의 판결은 대세적 효력이 있으므로 그와 같은 소송의 피고가 될 수 있는 자는 그 성질상 회사로 한정된다[대판 1982. 9. 14, 80 다 2425(집 30 ③ 민 9)].

(3) 제소기간

상법 제376조 1항은 주주총회결의취소의 소의 제소기간을 「결의의 날로부터 2월 내」로 규정하고 있다.

이 때 이러한 제소기간에 관하여 다음과 같은 대법원판례가 있다.

[결의취소의 소의 제소기간의 기산일에 관한 판례]

주주총회의 결의내용이 등기할 사항이라든가 주주나 이사가 위 결의 있음을 몰랐다고 하는 경우라고 하여서 결의취소의 소의 제소기간의 기산일을 늦춰

1) 동지: 정(동), (회) 367면(그러나 이러한 주주는 그 소송의 판결이 확정될 때까지 주주의 지위를 유지하여야 한다고 한다); 이(철), (회) 620면.
2) 동지: 정(동), (회) 367면; 이(철), (회) 620면.
3) 동지: 이(철), (회) 621면.

야 할 법적 근거는 없다[대판 1966. 10. 4, 66 다 2269(카드 2249)].

[부존재 확인의 소를 2월 내에 제기하였으면 2월 경과 후 취소소송으로 변경할 수 있다고 한 판례]

주주총회결의 취소의 소는 상법 제376조에 따라 결의의 날로부터 2월 내에 제기하여야 할 것이나, 동일한 결의에 관하여 부존재확인의 소가 상법 제376조 소정의 제소기간 내에 제기되어 있다면, 동일한 하자를 원인으로 하여 결의의 날로부터 2월이 경과한 후 취소소송으로 소를 변경하거나 추가한 경우에도 부존재확인의 소 제기시에 제기된 것과 동일하게 취급하여 제소기간을 준수한 것으로 보아야 한다[대판 2003. 7. 11, 2001 다 45584(공보 2003, 1705)].

[주주총회에서 여러 개의 안건이 상정되어 각각 그 결의가 있은 경우에 제소기간의 준수 여부는 각 안건에 대한 결의마다 별도로 판단하여야 한다고 한 판례]

주주총회결의 취소의 소는 상법 제376조 1항에 따라 그 결의의 날로부터 2개월 내에 제기하여야 하고, 이 기간이 지난 후에 제기된 소는 부적법하다. 그리고 주주총회에서 여러 개의 안건이 상정되어 각기 결의가 행하여진 경우 위 제소기간의 준수 여부는 각 안건에 대한 결의마다 별도로 판단되어야 한다. 따라서 임시주주총회에서 이루어진 여러 안건에 대한 결의 중 이사선임결의에 대하여 그 결의의 날로부터 2개월 내에 주주총회결의 무효확인의 소를 제기한 뒤, 위 임시주주총회에서 이루어진 정관변경결의 및 감사선임결의에 대하여 그 결의의 날로부터 2개월이 지난 후 주주총회결의 무효확인의 소를 각각 추가적으로 병합한 후, 위 각 결의에 대한 주주총회결의 무효확인의 소를 주주총회결의 취소의 소로 변경한 경우, 위 정관변경결의 및 감사선임결의 취소에 관한 부분은 위 각 주주총회결의 무효확인의 소가 추가적으로 병합될 때에 주주총회결의 취소의 소가 제기된 것으로 볼 수 있으나, 위 추가적 병합 당시 이미 2개월의 제소기간이 도과되었으므로 부적법하다[대판 2010. 3. 11, 2007 다 51505(공보 2010, 704)].

(4) 소의 절차

1) 주주총회결의취소의 소의 절차에 대하여 상법은 합명회사의 설립무효·취소의 소의 절차에 관한 규정을 많이 준용하고 있다(상 376조 2항). 즉 결의취소의 소는 회사의 본점소재지의 지방법원의 전속관할에 속하고(상 376조 2항, 186조), 소가 제기된 때에는 회사는 지체 없이 공고하여야 하며(상 376조 2항, 187조), 수 개의 취소의 소가 제기된 때에는 법원은 이를 병합심리하여야 한다(상 376조 2항, 188조).

2) 상법은 남소(濫訴)를 방지하기 위하여 이사·감사가 아닌 주주가 결의취소의 소를 제기한 때에는, 회사의 청구에 의하여 법원은 그러한 주주에게 상

당한 담보를 제공할 것을 명할 수 있음을 규정하고 있다(상 377조 1항). 다만 회사가 이러한 청구를 함에는 주주의 청구가 악의임을 소명하여야 한다(상 377조 2항, 176조 4항).[1)]

그런데 이때 제소주주가 제공할 「담보액의 기준」에 관하여 다음과 같은 대법원결정이 있다.

[제소주주의 담보액은 법원의 자유재량에 의하여 결정된다고 본 결정]

주주가 결의취소의 소를 제기한 경우에 제공하는 담보는 그 소송제기로 인하여 회사가 받고 또 장차 받게 될 모든 손해를 담보하는 것이 목적이므로, 그 담보액은 회사가 받게 될 모든 불이익을 표준으로 하여 법원의 자유재량에 의하여 정할 수 있다[대결 1963. 2. 28, 63 마 2(카드 798)].

3) 상법은 경미한 하자에 대한 남소를 방지하여 회사를 보호하기 위하여 법원의 재량에 의하여 결의취소의 소의 청구를 기각할 수 있음을 규정하고 있다. 즉, 법원은 결의취소의 소가 제기된 경우에 결의의 내용, 회사의 현황과 제반사정을 참작하여 그 취소가 부당하다고 인정한 때에는 그 청구를 기각할 수 있다(상 379조).

이 때 법원의 재량에 의한 청구기각의 전제로는 먼저 주주총회결의 자체가 법률상 존재하여야 하는데, 이러한 취지의 다음과 같은 대법원판례가 있다.

[주주총회결의 자체가 부존재한다고 하여 법원의 재량에 의한 청구기각을 할 수 없다고 한 판례]

이사회의 결정 없이 소집된 본건 주주총회는 주주총회 자체의 성립을 인정하기 어려웁고 주주총회 자체를 부인하는 이상 그 결의 자체도 법률상 존재한다고 할 수 없다(대법원 1973. 6. 29 선고, 72 다 2611 판결 참조). 그런데 상법 제379조의 재량기각을 함에 있어서는 첫째로 주주총회결의 자체가 법률상 존재함이 전제가 되어야 할 것이고, 만약에 주주총회결의 자체가 법률상 존재하지 않는 경우는 결의취소의 소는 부적법한 소에 돌아가고 따라서 상법 제376조를 적용할 여지도 없다 할 것이다. 따라서 이 사건 소를 소송판결로써 각하하여야 함에도 불구하고 원심이 실체판결로써 원고의 청구를 기각하였음은 위법이라 아니할 수 없다[대판 1978. 9. 26, 78 다 1219(집 26 ③ 민 76)].

---

1) 독일 판례에 나타난 주주총회결의 취소소송의 남용사례에 관한 소개는 김성호, "주주총회결의 취소소송과 신의성실의 원칙," 「안암법학」(안암법학회 편), 통권 제12호(2000), 303~330면(독일 주식법상 주주소송의 남용에 관하여는 거의 규정하고 있지 않으므로, 판례는 주주가 이러한 소송을 제기함으로써 '이기적인 이익'을 추구하면 권리남용에 해당한다고 판시하고 있다) 참조.

법원은 주주총회결의절차에 하자가 있는 경우로서 그 결의를 취소하여도 회사 또는 주주에게 아무런 이익이 되지 않든가, 또는 이미 그 결의가 집행되었기 때문에 이를 취소하여도 아무런 효과가 없는 경우 등에는 주주총회결의 취소청구를 기각할 수 있는데, 이러한 취지의 다음과 같은 대법원판례가 있다.

[주주총회결의취소의 소를 제반사정에 의하여 법원이 청구기각한 판례]

피고는 상호신용금고회사로서 전국상호신용금고연합회의 결의 및 재무부의 승인에 의하여 다른 상호신용금고들과 함께 결산기를 변경시행하여 오던 중 일부 주주가 참석하지 못한(위임장의 접수거절로 인함) 가운데 주주총회에서 이러한 결산기의 변경에 관한 정관변경을 결의하였다. 이에 대하여 원심은 위의 정관변경결의는 결의방법이 현저하게 불공정하여 취소사유에 해당되나, 제반사정을 참작하여 위 주주총회의 결의를 취소함은 부적당하다 하여 원고들의 주주총회결의취소청구를 기각하였다. 주주총회결의취소의 소에 있어 법원의 재량에 의하여 청구를 기각할 수 있음을 밝힌 상법 제379조는 결의의 절차에 하자가 있는 경우에 결의를 취소하여도 회사 또는 주주의 이익이 되지 않든가, 이미 결의가 집행되었기 때문에 이를 취소하여도 아무런 효과가 없든가 하는 때에 결의를 취소함으로써 오히려 회사에게 손해를 끼치거나 일반거래의 안전을 해치는 것을 막고 또 소의 제기로써 회사의 질서를 문란케 하는 것을 방지하려는 취지이므로 원심이 그 인정의 결의내용, 피고의 현황, 다른 금융기관의 실태, 원고들의 제소 목적 등 제반사정을 참작하여 원고들의 청구를 기각하였음은 정당하다 [대판 1987. 9. 8, 86 다카 2971(공보 811, 1557)].

동지: 대판 2003. 7. 11, 2001 다 45584(공보 2003, 1705)(주주총회결의 취소의 소에 있어 법원의 재량에 의하여 청구를 기각할 수 있음을 밝힌 상법 제379조는, 결의의 절차에 하자가 있는 경우에 결의를 취소하여도 회사 또는 주주에게 이익이 되지 않든가 이미 결의가 집행되었기 때문에 이를 취소하여도 아무런 효과가 없든가 하는 때에 결의를 취소함으로써, 회사에 손해를 끼치거나 일반거래의 안전을 해치는 것을 막고 결의취소의 소의 남용을 방지하려는 취지이며, 또한 위와 같은 사정이 인정되는 경우에는 당사자의 주장이 없더라도 법원이 직권으로 재량에 의하여 취소청구를 기각할 수도 있다); 동 2010. 7. 22, 2008 다 37193(공보 2010, 1633)(상법 제530조의 11 제 1 항 및 제240조는 분할합병무효의 소에 관하여 상법 제189조를 준용하고 있고 상법 제189조는 "설립무효의 소 또는 설립취소의 소가 그 심리중에 원인이 된 하자가 보완되고 회사의 현황과 제반 사정을 참작하여 설립을 무효 또는 취소하는 것이 부적당하다고 인정한 때에는 법원은 그 청구를 기각할 수 있다"고 규정하고 있으므로, 법원이 분할합병

무효의 소를 재량기각하기 위해서는 원칙적으로 그 소 제기 전이나 그 심리중에 원인이 된 하자가 보완되어야 할 것이나, 그 하자가 추후 보완될 수 없는 성질의 것인 경우에는 그 하자가 보완되지 아니하였다고 하더라도 회사의 현황 등 제반 사정을 참작하여 분할합병무효의 소를 재량기각할 수 있다. 따라서 분할합병계약의 승인을 위한 주주총회를 개최하면서 소수주주들에게 소집통지를 하지 않음으로 인하여 위 주주들이 주식매수청구권 행사 기회를 갖지 못하였으나, 주식매수청구권은 분할합병에 반대하는 주주로 하여금 투하자본을 회수할 수 있도록 하기 위해 부여된 것인데 분할합병무효의 소를 제기한 소수주주가 자신이 보유하고 있던 주식을 제 3 자에게 매도함으로써 그 투하자본을 이미 회수하였다고 볼 수 있고, 위 분할합병의 목적이 독점규제 및 공정거래에 관한 법률상 상호출자관계를 해소하기 위한 것으로 위 분할합병을 무효로 함으로 인하여 당사자 회사와 그 주주들에게 이익이 된다는 사정이 엿보이지 아니하는 점 등을 참작해 볼 때, 분할합병무효청구를 기각한 원심판단은 타당하다).

4) 주주총회결의취소의 소는 단체의 법률관계를 대상으로 하는 소로서 제소권자나 회사가 임의로 처분할 수 있는 이익이 아니므로, 당사자간의 화해(和解)나 인낙(認諾) 등은 허용되지 않는다고 본다.[1)]

(5) 판결의 효력

1) 원고가 승소한 경우　원고가 승소한 경우에는 주주총회결의취소의 판결의 효력은 민사소송법상의 취소판결의 효력과 같이 소급효는 있으나(상 376조 2항, 190조 단서 준용배제),[2)] 민사소송법상의 취소판결의 효력과는 달리 대세적 효력이 있다(상 376조 2항, 190조 본문). 이러한 대세적 효력으로 인하여 주주총회결의 하자를 다투는 소에서 청구의 인낙이나 화해·조정은 할 수 없고, 설사 이러한 청구의 인낙 등이 이루어졌다 하더라도 그러한 인낙조서 등은 효력이 없는데, 이러한 취지의 다음과

---

1) 동지: 이(철), (회) 638면; 대판 1993. 5. 27, 92 누 14908(회사법상의 주주총회결의의 하자를 다투는 소에서는 청구의 인낙은 인정되지 아니한다).

2) 1995년 개정상법 이전에는 주주총회결의취소의 판결의 효력에 대하여 소급효를 제한하였으나(상 376조 2항, 190조 단서 준용), 이로 인하여 원고는 이러한 소를 제기한 보람이 없어지는 경우가 많다는 이유로 1995년 개정상법에서는 소급효를 인정하는 것으로 개정하였다(상 제376조 2항, 190조 단서 준용배제).

1995년 개정상법이 소급효를 제한하는 규정(상 190조 단서)을 준용하지 않는 것으로 한 점에 대하여, 이는 취소판결에 일률적으로 소급효를 인정하고 이로부터 발생하는 제 3 자의 보호는 상법 제39조·제395조 등에 의하여 보호할 수밖에 없다고 해석하는 것이 다수의 견해이나[이(철), (회) 641~642면; 최(기), (회) 523면 외], 상법이 불소급효에 관한 규정을 준용하지 않는다고 하여 그것이 곧 소급효를 인정한다는 뜻은 아니고 취소판결이 소급하느냐 여부는 여러 가지 사정을 종합하여 판단하여야 할 문제라고 해석하는 견해도 있다[정(동), (회) 370면].

같은 대법원판례가 있다.

[주주총회결의취소의 판결의 대세적 효력으로 인하여 청구의 인낙·화해·조정을 할 수 없다고 본 판례]

주주총회결의의 부존재·무효를 확인하거나 결의를 취소하는 판결이 확정되면 당사자 이외의 제 3 자에게도 그 효력이 미쳐 제 3 자도 이를 다툴 수 없게 되므로, 주주총회결의의 하자를 다투는 소에 있어서 청구의 인낙이나 그 결의의 부존재·무효를 확인하는 내용의 화해·조정은 할 수 없고, 가사 이러한 내용의 청구인낙 또는 화해·조정이 이루어졌다 하여도 그 인낙조서나 화해·조정조서는 효력이 없다[대판 2004. 9. 24, 2004 다 28047(공보 2004, 1737)].

이 때에 주주총회의 결의사항이 등기된 경우에는 결의취소의 판결이 확정된 때에 본점과 지점의 소재지에서 등기하여야 한다(상 378조).

2) 원고가 패소한 경우 원고가 패소한 경우에는 그 판결의 효력은 민사소송법의 일반원칙에 따라 당사자 사이에만 미친다(민소 218조 1항).[1] 이 때 원고에게 악의 또는 중과실이 있으면 원고는 연대하여 회사에 대하여 손해를 배상할 책임이 있다(상 376조 2항, 191조).

(6) 소의 성질

결의취소의 소의 성질이 「형성의 소」라는 점에서는 이설(異說)이 없다.[2] 따라서 주주총회의 소집절차가 법령이나 정관에 위배된 경우 등에도 상법 제376조에 의하여 취소되지 않는 한 유효하다.

3. 결의무효확인의 소

(1) 소의 원인

결의의 「내용상(실질적) 중대한 하자」가 소의 원인이 된다. 상법 제380조는 「총회의 결의의 내용이 법령에 위반한 때」라고 규정하고 있다.[3]

결의무효확인의 소의 원인에 관한 판례는 거의 없고(대부분이 결의부존재확

1) 동지: 정(동), (회) 370면; 채, 505면; 이(기) 외, (회) 403면; 주상(제 5 판)(회사 Ⅲ), 169면.

2) 대판 1965. 11. 16, 65 다 1683(카드 1539); 동 1987. 4. 28, 86 다카 553(공보 1987, 870).

3) 1995년 개정상법 이전에는 「총회의 결의의 내용이 법령 또는 정관에 위반하는 때」라고 규정하여(상 380조 전단) 모든 결의의 내용상의 하자를 무효확인의 소의 원인으로 하였으나, 1995년 개정상법에서는 '결의의 내용이 정관에 위반한 때'를 결의취소의 소의 원인으로 옮김으로써 내용상의 중대한 하자만을 무효확인의 소의 원인으로 하였다.

인에 관한 판례임), 학설은 주주평등의 원칙에 반하는 결의·주주유한책임의 원칙에 반하는 결의·주주총회의 권한에 속하지 아니하는 사항에 대한 결의·선량한 풍속 기타 사회질서에 반하는 결의·강행법규에 반하는 결의 등을 결의무효확인의 소의 원인으로 들고 있다.

(2) 소의 당사자

1) 원 고 주주총회결의무효확인의 소의 원고에 대하여는 취소의 소의 경우와는 달리 상법상 제한이 없다.

따라서 이론상은 누구나 무효확인의 소를 제기할 수 있으나, 우리 대법원 판례는 다음과 같이 제한하여 해석하고 있다.

[주주총회결의무효확인의 소에서 원고가 될 수 있는 자에 관한 판례]

「그 무효확인에 관하여 정당한 법률상의 이익이 있는 자」로 제한하여 판시하고 있다[대판 1959. 12. 3, 4290 민상 669(카드 8201)].

그런데 무효확인에 관하여 정당한 법률상의 이익이 있는 자란 「원고의 권리 또는 법률상의 지위에 현존하는 불안·위험이 있고 그 불안·위험을 제거함에는 확인판결을 받는 것이 가장 유효·적절한 수단이 되는 자」인데[대판 2016. 7. 22, 2015 다 66397(신문 4434, 10)], 구체적으로 누구이냐에 대하여 판례는 다음과 같이 판시하고 있다. 「무효인 주주총회의 결의로 대표이사직을 해임당한 자는 그가 주주이거나 아니거나를 막론하고 주주총회결의의 무효확인을 청구할 수 있다」고 하고[대판 1962. 1. 25, 4294 민상 525(집 10 ① 민 52); 동 1966. 9. 27, 66 다 980(집 14 ③ 민 87); 동 1975. 4. 22, 74 다 1464(민판집 208, 387)], 이와 유사하게 「무효인 주주총회의 결의에 의하여 이사직을 해임당한 자도 그가 주주인지 여부를 막론하고 주주총회결의의 무효확인을 청구할 수 있다」고 한다[대판 1982. 4. 27, 81 다 358(집 30 ① 민 167)].

그런데 「사임한 이사는 주주총회결의의 무효확인을 구할 법률상 이익이 없다」고 하나[대판 1982. 9. 14, 80 다 2425(집 30 ③ 민 9); 동 1992. 8. 14, 91 다 45141(공보 929, 2655)], 「사임으로 인하여 법정 또는 정관 소정의 이사의 원수(員數)를 결한 경우에는 무효확인을 구할 법률상 이익이 있다」고 한다[대판 1985. 12. 10, 84 다카 319(공보 769, 235)(이는 부존재확인에 관한 판결이나, 무효확인과 동일하게 볼 수 있다); 동 1992. 8. 14, 91 다 45141(공보 929, 2655)(이는 후임이사를 선임한 주주총회결의나 이사회결의의 하자를 주장하여 부존재확인을 구할 법률상의 이익이 있다고 한다)]. 또한 「임기만료로 퇴임하는 이사는 후임이사의 취임시까지는 이사로서의 권리의무가 있으므로 후임이사를 선임하는 주주총회결의에 대하여 그 무효확인을 구할 법률상 이익이 있다」고 한다[대판 1982. 12. 14, 82 다카 957(집 30 ④ 민 144)].

한편 「회사에 대하여 효력이 없는 주권발행 전의 주식양수인은 주식양도인에 대하여 채권자에 불과하므로 주주총회결의의 무효확인을 구할 법률상 이익이 없다」고 하고[대판 1962. 5. 17, 4294 민상 1114(카드 6693)(이는 1984년 개정상법에 의하면 회사의 성립 후 또는 신주의 납입기일 후 6월이 경과하기 전의 주권발행전의 주식양수인을 의미한다—상 335조 3항 단서 참조)], 또한 「기명주식의 양수인이 명의개서를 하지 않은 경우나 주권을 제권판결 이전에 선의취득한 자라도 그 제권판결이 취소되지 않는 한 회사에 대하여 적법한 주주로서의 권한을 행사할 수 없으므로 주주총회결의의 무효확인을 소구(訴求)할 이익이 없다」고 하나[대판 1991. 5. 28, 90 다 6774(공보 900, 1732)], 「주권발행 전의 주식인수인(증자에 따른 신주인수인)은 사실상 주주이므로 무효확인을 구할 정당한 이익이 있다」고 한다[서울고판 1967. 1. 27, 66 나 880(고집 1967 민 42)(부존재확인에 관한 판결); 대구고판 1969. 10. 22, 69 나 265(고집 1969 민 ② 155)(존재확인에 관한 판결)]. 또한 「주주총회의 결의에 찬동·추인한 주주도 다시 그 결의의 무효(부존재)확인을 주장할 수 있다」고 하고[대판 1977. 4. 26, 76 다 1440·1441(민판집 232, 718); 서울고판 1976. 4. 20, 75 나 1890·1891)], 「주주총회의 소집통지를 받지 못한 주주도 무효확인을 구할 법률상의 이익이 있다」고 한다[대판 1995. 7. 28, 93 다 61338(공보 999, 2958)].

그러나 「법원의 해산판결에 의하여 회사가 해산되고 법원이 적법하게 청산인을 선임한 경우에는 주주총회의 이사해임결의가 무효라 하더라도 그 이사로서는 청산인의 지위에 이를 수 없으므로 주주총회결의의 무효확인을 구할 법률상 이익이 없다」고 하고[대판 1991. 11. 22, 91 다 22131(공보 912, 263)], 「이사가 임원 개임(改任)의 주주총회결의에 의하여 임기만료 전에 이사직에서 해임당하고 그 후임이사의 선임이 있었다 하더라도 그 후에 적법한 절차에 의하여 후임이사가 선임되었을 경우에는, 당초의 이사개임결의의 부존재 또는 무효확인을 구할 이익이 없다」고 한다[대판 1993. 10. 12, 92 다 21692(공보 957, 3057); 동 1995. 2. 24, 94 다 50427(공보 989, 1439)].

그러나 「후임이사를 선임한 주주총회의 결의가 무권리자에 의하여 소집된 총회라는 하자 이외의 다른 절차상·내용상의 하자로 인하여 부존재임이 인정되는 경우에는, 그 임원을 선임한 당초 결의의 무효 여부는 현재의 임원을 확정함에 있어서 직접적인 이해관계가 있는 것이므로 이 경우 당초의 선임결의의 무효확인을 구할 법률상의 이익이 있고, 여기서 말하는 '후임이사를 선임한 결의'는 특별한 사정이 없는 한 당초에 이사직에서 해임된 바로 그 자를 후임이사로 선임한 결의도 포함된다고 보아야 한다」고 한다[대판 1995. 7. 28, 93 다 61338(공보 999, 2958)].

2) 피 고 주주총회결의의 무효확인의 소의 피고에 대하여도 상법에는 규정이 없으나, 「회사」로 한정된다는 것이 통설·판례[1]이다.

주식회사의 이사·감사를 선임하거나 해임하는 주주총회결의의 무효확인을 구하는 소송에 있어서, 동 결의에 의하여 선임되거나 해임된 이사·감사는 회사를 대표할 수 있는가. 이에 대하여 과거의 판례는 이를 부정하였으나,[2] 그 후의 판례는 전원합의체판결에 의하여 과거의 판례를 변경하여 이를 긍정하고 있다.[3]

1) 대판 1982. 9. 14, 80 다 2425(집 30 ③ 민 9)(부존재확인의 소에 관한 판결); 서울고판 1967. 3. 14, 66 나 1816·1853(고집 1967 민 156).
2) 대판 1963. 4. 25, 62 다 836(집 11 ① 민 263).
3) 대판 1983. 3. 22, 82 다카 1810(집 31 ② 민 43)(전원합의체판결에 의하여 과거의 판례변경); 동 1985. 12. 10, 84 다카 319(공보 769, 235).

(3) 제소기간

결의취소의 소와는 달리 상법상 제소기간의 제한이 없으므로, 원고는 언제든지 결의무효확인의 소를 제기할 수 있다.

(4) 소의 절차

결의취소의 소의 절차에 관한 상법상의 대부분의 규정은 결의무효의 확인의 소에도 준용되므로, 이 점에서는 양자에 큰 차이가 없다(상 380조, 186조~188조, 377조). 다만 법원의 재량에 의한 청구기각에 관한 규정(상 379조)만이 무효확인의 소에 준용되지 않는다. 왜냐하면 법원의 재량에 의한 청구기각의 규정(상 379조)은 주주총회결의 자체가 법률상 존재함을 전제로 하므로, 주주총회결의 자체가 무효이거나 불존재한 경우에는 동 규정이 적용될 여지가 없기 때문이다.[1)]

(5) 판결의 효력

결의무효확인의 소의 판결의 효력도 결의취소의 소의 판결의 효력과 같다. 즉, 대세적 효력이 있고 또한 소급효가 있다(상 380조, 190조 본문).[2)] 결의무효확인의 소의 판결의 효력이 대세적 효력이 있는 점에서, 주주총회결의의 부존재 또는 무효확인을 구하는 소를 여러 사람이 공동으로 제기한 경우, 민사소송법 제67조가 적용되는 필수적 공동소송에 해당한다는, 다음과 같은 대법원 전원합의체 판결이 있다.

[주주총회결의 무효확인의 소를 여러 사람이 공동으로 제기한 경우, 필수적 공동소송(민소 67조)에 해당한다는 대법원 전원합의체 판결]

다수의견: 주주총회결의의 부존재 또는 무효 확인을 구하는 소의 경우, 상법 제380조에 의해 준용되는 상법 제190조 본문에 따라 청구를 인용하는 판결은 제 3 자에 대하여도 효력이 있다. 이러한 소를 여러 사람이 공동으로 제기한 경우 당사자 1인이 받은 승소판결의 효력이 다른 공동소송인에게 미치므로 공동소송인 사이에 소송법상 합일확정의 필요성이 인정되고, 상법상 회사관계소송에 관한 전속관할이나 병합심리 규정(상법 제186조, 제188조)도 당사자 간 합일확정을 전제로 하는 점 및 당사자의 의사와 소송경제 등을 함께 고려하면, 이는 민사소송법 제67조가 적용되는 필수적 공동소송에 해당한다.

1) 동지: 대판 1978. 9. 26, 78 다 1219(집 26 ③ 민 76)(주주총회결의 자체가 부존재한 경우이나, 무효인 경우에도 동일함).

2) 1995년 개정상법에서 결의취소의 소의 판결의 효력과 같이 소급효를 인정하는 것으로 개정하였다.

대법관 이기택, 대법관 박정화, 대법관 김선수, 대법관 이흥구의 별개의견: 청구를 기각하는 판결은 제 3 자에 대해 효력이 없지만 청구를 인용하는 판결은 제 3 자에 대해 효력이 있는 상법상 회사관계소송에 관하여 여러 사람이 공동으로 소를 제기한 경우, 이러한 소송은 공동소송의 원칙적 형태인 통상공동소송이라고 보아야 한다. 필수적 공동소송의 요건인 합일확정의 필요성을 인정할 수 없어, 민사소송법 제67조를 적용하여 소송자료와 소송 진행을 엄격히 통일시키고 당사자의 처분권이나 소송절차에 관한 권리를 제약할 이유나 필요성이 있다고 할 수 없다[대판(전) 2021. 7. 22, 2020 다 284977(공보 2021, 1554)].

(6) 소의 성질

결의무효확인의 소의 성질이 무엇이냐에 대하여 학설은 「확인소송설」[1]과 「형성소송설」[2]로 나뉘어 있다.

우리 대법원판례는 확인소송설의 입장에서 다음과 같이 판시하고 있다.

[결의무효확인의 소의 성질을 확인소송으로 본 판례]

주주총회결의의 내용이 법령(또는 정관—1995년 개정상법 이전이기 때문에 정관위반이 포함된 것임〈저자 주〉)에 위반되는 경우에는 그 결의는 당연히 무효인 것이므로, 일반원칙에 의하여 누구나 언제든지 여하한 방법으로라도 그 무효를 주장할 수 있는 것이고, 그 무효의 주장은 소의 방법에 한한다고 해석할 수 없다[대판 1962. 5. 17, 4294 민상 1114(카드 6693)].

동지: 대판 1992. 8. 18, 91 다 39924(공보 930, 2741); 동 1992. 9. 22, 91 다 5365(공보 932, 2950); 동 2011. 6. 24, 2009 다 35033(공보 2011, 1459)(주주총회결의 효력이 회사 아닌 제 3 자 사이의 소송에서 선결문제로 된 경우에 당사자는 언제든지 당해 소송에서 주주총회결의가 처음부터 무효 또는 부존재한다고 주장하면서 다툴 수 있고, 반드시 먼저 회사를 상대로 주주총회의 효력을 직접 다투는 소송을 제기하여야 하는 것은 아니다).

결의무효확인의 소의 법적 성질을 확인의 소라고 보는 확인소송설의 근거는 상법이 결의무효확인의 소에 대하여는 결의취소의 소와는 달리 「제소권자」

---

1) 서 · 정, 419~420면; 손(주), 748~749면; 양 · 박, 365면; 양승규, "1 인회사의 주주가 회의 없이 의사록을 작성한 주주총회결의의 효력,"「고시연구」, 1993. 4, 94면; 최(기), (회) 526~527면; 채, 509면; 이(기) 외, (회) 404면; 이 · 최, 314면 외.

2) 정(희), 468~469면; 정(동), (회) 374면; 이(철), (회) 627~628면(확인소송설에 대한 비판이 상세함); 주상(제 5 판)(회사 Ⅲ), 180면; 이영섭,「민사소송법(제 7 개정판)」, 198면; 방순원,「민사소송법(상)」, 186면; 이시윤,「민사소송법」, 297면; 송상현,「민사소송법(상)」, 187면; 이(병), 619면 외.

와「제소기간」에 대하여 제한을 두고 있지 않은 점에 근거하고, 형성의 소라고 보는 형성소송설의 근거는 상법이 결의무효확인의 소의「판결의 효력」을 결의취소의 소의 판결의 효력(대세적 효력·소급효)과 동일하게 규정한 점에 근거한다.

어느 설을 취하느냐에 따라 발생하는 실제적인 차이는 소(訴)로써만 무효를 주장할 수 있느냐(형성소송설), 또는 소 이외의 방법으로도 무효를 주장할 수 있느냐(확인소송설)에 있다. 생각건대 결의의 내용이 강행법규 또는 주식회사의 본질에 반하는 결의까지 일단 효력이 발생하고 소로써만 무효로 할 수 있다는 것은 부당하므로, 확인소송설에 찬성한다.

참고로 독일의 주식법에서는 무효판결의 효력에 대세적 효력을 인정하면서(AktG §248 S. 1), 무효는 소 이외의 방법으로도 주장할 수 있음을 명문으로 규정하고 있다(AktG §249 ① S. 2).

4. 결의부존재확인의 소

(1) 소의 원인

결의의「절차상(형식적) 중대한 하자」가 소의 원인이다. 즉,「총회의 소집절차 또는 결의방법에 총회결의가 존재한다고 볼 수 없을 정도의 중대한 하자가 있는 경우」가 결의부존재확인의 소의 원인이 된다(상 380조 후단).

우리 대법원판례에서 주주총회결의의 부존재를 인정한 것으로는 다음과 같은 것들이 있다.

[주주총회결의 부존재확인의 소의 원인에 관한 판례]

「소집통지한 지정된 일시에 주주총회가 유회(流會)된 후 소집권자의 적법한 새로운 소집절차 없이 동일장소, 동일자, 다른 시간에 개최된 주주총회에서의 결의」[대판 1964. 5. 26, 63 다 670(집 12 ① 민 108)][1],

1) 동지: 대판 1993. 10. 12, 92 다 28235 · 28242(공보 957, 3059)(① 대표이사가 1987. 2. 26. 10 : 00 회사 사무실에서 임시주주총회를 개최한다는 통지를 하였으나 주주총회 당일 16 : 00경 소란으로 인하여 사회자가 주주총회의 산회선언을 하였는데 그 후 주주 3인이 별도의 장소에 모여 결의를 한 것이라면, 위 주주 3인이 과반수를 훨씬 넘는 주식을 가진 주주라고 하더라도 나머지 일부 소수주주들에게는 그 회의의 참석과 토의·의결권 행사의 기회를 전혀 배제하고 나아가 법률상 규정된 주주총회소집절차를 무시한 채 의견을 같이 하는 일부주주들만 모여서 한 그러한 결의는 주주총회결의부존재라고 볼 수 있다. ② 제 1 주주총회결의가 부존재로 된 이상 이에 기하여 대표이사로 선임된 자들은 적법한 주주총회의 소집권자가 될 수 없어 그들에 의하여 소집된 주주총회에서 이루어진 제 2 주주총회결의 역시 법률상 결의부존재라고 볼 것이다).

「권한이 없는 자가 소집한 주주총회의 결의」(1945. 8. 9 이전에 한국 내에서 설립된 주식회사이나 주식이 전부 한국정부에 귀속되어 권한이 없는 일본인 대표이사가 주주총회를 소집한 경우)[대판 1959. 11. 19, 4292 민상 604(민판집 38, 632)],[1]

「이사회의 결의 없이 무권한자가 일부주주에게만 구두통지하여 소집한 주주총회의 결의」[대판 1973. 6. 29, 72 다 2611(공보 468, 7348)],

「주주의 전부 또는 대부분의 주주에게 소집통지를 발송하지 아니하고 개최된 주주총회의 결의」[대판 1978. 11. 14, 78 다 1269(공보 603, 11589)],

「발행주식총수 20,000주식 중 12,000주식에 기한 의결권을 행사할 수 있는 자에게 소집통지를 하지 아니하고 한 주주총회의 결의」[대판 1980. 12. 9, 80 다 128(민판집 276, 70)],

「주식수탁자에 의한 결의」[대판 1975. 7. 8, 74 다 1969(민판집 211, 221)],

「주권발행 전의 주식양수인들이 한 주주총회의 결의」[대판 1977. 6. 7, 77 다 54(민판집 234, 277)],

「기명주식의 양도방법(명의개서—저자 주)에 의하지 아니한 기명주식의 양도의 경우 주식양수인들에 의한 주주총회의 결의」[대판 1980. 1. 15, 79 다 71(집 28 ① 민 16)],

「제 1 주주총회의 결의가 부존재인 경우 이에 기하여 선임된 대표이사가 소집한 제 2 주주총회의 결의」[대판 1993. 10. 12, 92 다 28235 · 28242(공보 957, 3059)],

「주식의 소유가 실질적으로 분산되어 있는 주식회사에서 총 주식 대다수를 소유하고 있는 지배주주 1인이 실제의 소집절차와 결의절차를 거치지 아니한 채 주주총회의 결의가 있었던 것처럼 의사록을 허위로 작성한 경우」[대판 2007. 2. 22, 2005 다 73020(공보 2007, 490)],

등에 주주총회결의의 부존재를 인정하고 있다.

---

1) 동지: 대판 1959. 12. 31, 4291 민상 150 · 151(카드 8204)(앞의 경우와 동일내용); 동 1962. 12. 27, 62 다 473(카드 6398)(앞의 경우와 동일내용); 동 1969. 9. 2, 67 다 1705 · 1706(집 17 ③ 민 81); 동 1973. 7. 24, 73 다 326(민판집 188, 476)(본 판결에서는 '무효'라고 판시하고 있으나, 내용상의 하자가 아니라 절차상의 하자이므로 '부존재'라고 하였어야 할 것이다); 동 1990. 2. 9, 89 누 4642(공보 1990, 661)(주주총회를 소집할 권리가 없는 자들이 소집한 주주총회에서 이사를 선임한 결의와 그 이사에 의한 이사회결의는 존재하지 않는 것이거나 당연무효이다); 동 2010. 6. 24, 2010 다 13541(공보 2010, 1442)(주주총회를 소집할 권한이 없는 자가 이사회의 주주총회 소집결정도 없이 소집한 주주총회에서 이루어진 결의는, 1인회사의 1인 주주에 의한 총회 또는 주주 전원이 참석하여 총회를 개최하는 데 동의하고 아무런 이의 없이 결의가 이루어졌다는 등의 특별한 사정이 없는 이상, 총회 및 결의라고 볼 만한 것이 사실상 존재한다고 하더라도 그 성립 과정에 중대한 하자가 있어 법률상 존재하지 않는다고 보아야 한다. 따라서 임기만료로 퇴임한 이사 갑이 소집한 이사회에 갑과 임기만료로 퇴임한 이사 을 및 이사 병이 참석하여 정을 대표이사에서 해임하고 갑을 대표이사로 선임하는 결의를 한 다음, 갑이 곧바로 소집한 주주총회에 갑 · 을 · 병이 주주로 참석하여 정을 이사에서 해임하고 갑과 무를 이사로 선임하는 결의를 한 경우, 위 이사회결의는 소집권한 없는 자가 소집하였을 뿐 아니라 이사가 아닌 자를 제외하면 이사 1인만 참석하여 이루어진 것이 되어 정관에 정한 소집절차 및 의결정족수에 위배되어 무효이고, 위 주주총회결의는 소집권한 없는 자가 이사회의 소집결정 없이 소집한 주주총회에서 이루어진 것으로 그 하자가 중대하여 법률상 존재하지 않는다고 보아야 한다).

[1995년 개정상법 이전에 비결의로 본 판례]

1995년 개정상법 이전의 상법 제380조에 의한 판례에서는 「전혀 주주총회를 소집·개최함이 없이 주주총회 의사록만을 작성하였거나 또는 외형상 당해 회사의 주주총회로 볼 수 없는 회의를 개최하여 의사록을 작성한 경우(그러나 이 경우에도 허위로 의사록을 작성한 주주가 회사의 과반수 주식을 보유하거나 회사의 운영을 사실상 지배하는 주주인 경우에는 주주총회결의 부존재확인의 소에 준하여 회사의 책임을 인정할 수 있다고 한다)」[대판 1992. 8. 18, 91 다 14369(공보 930, 2731)] 등에는, 처음부터 주주총회결의가 존재하지 않으므로 상법 제380조(및 제190조)가 적용될 여지가 없다고 판시하였다.

동지: 대판 1993. 3. 26, 92 다 32876(공보 944, 1296)(주주총회 자체가 소집된 바 없을 뿐만 아니라 결의서 등 그 결의의 존재를 인정할 아무런 외관적인 징표도 찾아볼 수 없으므로 이 사건 주주총회결의 부존재확인의 소는 확인의 이익이 없어 부적법하다); 동 1996. 6. 11, 95 다 13982(공보 1996, 2109)(대판 1992. 8. 18, 91 다 14369 판결의 내용과 동일함); 동 1992. 8. 18, 91 다 39924(공보 930, 2741)(회사와 전혀 관계가 없는 사람이 주주총회 의사록을 위조한 경우와 같이 회사 내부의 의사결정 자체가 아예 존재하지 않는 경우); 동 1992. 9. 22, 91 다 5365(공보 932, 2950)(① 주주총회결의의 효력이 그 회사 아닌 제 3 자 사이의 소송에 있어 선결문제로 된 경우에는 당사자는 언제든지 당해 소송에서 주주총회결의가 처음부터 무효 또는 부존재하다고 다투어 주장할 수 있는 것이고, 반드시 먼저 회사를 상대로 제소하여야만 하는 것은 아니며, 이와 같이 제 3 자간의 법률관계에 있어서는 상법 제380조, 제190조는 적용되지 아니한다. ② 상법 제380조가 규정하는 주주총회결의부존재확인판결은 '주주총회결의'라는 주식회사 내부의 의사결정이 일단 존재하기는 하지만 그와 같은 주주총회의 소집절차 또는 결의방법에 중대한 하자가 있기 때문에 그 결의를 법률상 유효한 주주총회의 결의라고 볼 수 없음을 확인하는 판결을 의미하는 것으로 해석함이 상당하고, 실제의 소집절차와 실제의 회의절차를 거치지 아니한 채 주주총회 의사록을 허위로 작성하여 도저히 그 결의가 존재한다고 볼 수 없을 정도로 중대한 하자가 있는 경우에는 상법 제380조 소정의 주주총회결의부존재확인판결에 해당한다고 보아 상법 제190조를 준용할 것도 아니다. 따라서 이와 같은 취지에서 판시한 원심판단은 정당하고, 논지는 이유없다. ③ 실제의 소집절차와 회의절차를 거치지 아니한 채 주주총회 의결서가 작성된 것이라면, 그 주주총회 의결서가 비록 절대다수의 주식을 소유하는 대주주로부터 주주권의 위임을 받은 자에 의하여 작성된 것이라고 할지라도 위 주주총회의 결의는 부존재하다고 볼 수밖에 없고, 그것이 그 일부 주주에게 소집통지를 하지 아니한 정도의 하자로서 주주총회 결의의 취소사유에 불과하다고 할 수는 없다); 동 1994. 3. 25, 93 다 36097(공보 968, 1324)(상법 제380조가 규정하고 있는 주주총회결의 부존재확

인판결은, '주주총회의 결의'라는 주식회사 내부의 의사결정이 일단 존재하기는 하지만 그와 같은 의사결정을 위한 주주총회의 소집절차 또는 결의방법에 중대한 하자가 있기 때문에 그 결의를 법률상 유효한 주주총회의 결의라고 볼 수 없음을 확인하는 판결을 의미하는 것으로 해석함이 상당하고, 주식회사와 전혀 관계 없는 사람이 주주총회의사록을 위조한 경우와 같이 주식회사 내부의 의사결정 자체가 아예 존재하지 않는 경우에 이를 확인하는 판결도 상법 제380조 소정의 주주총회결의 부존재확인판결에 해당한다고 보아 상법 제190조를 준용하여서는 안 된다); 동 1995. 6. 29, 94 다 22071(공보 997, 2522)(이미 회사에서 퇴직하여 경영에서 완전히 물러난 종전 대표이사가 주주도 아닌 자들을 다방에 불러모아 의사록을 작성하여 총회결의의 외관을 현출시킨 데 지나지 않는다면, 이에 대한 주주총회결의 부존재확인판결은 상법 제380조에 규정된 결의부존재의 범주에 들어가지 않는다 할 것이다).

위의 판례에서 보는 바와 같이 우리 대법원은 1995년 개정상법 이전의 결의부존재확인의 판결에서 상법 제380조를 적용함에 있어서, 결의라고 볼 만한 실체가 사실상 존재하기는 하지만 소집절차 또는 결의방법에 있어서 총회결의가 존재한다고 볼 수 없을 정도의 중대한 하자가 있는 경우(표현결의〈表見決議〉)에만 상법 제380조를 적용하고, 총회결의사실이 전혀 존재하지 않는 경우(비결의〈非決議〉)에는 상법 제380조를 적용하지 않았다. 그 이유는 결의부존재확인의 소의 판결의 효력이 소급하지 않았으므로 결의부존재확인의 소에서 승소한 원고가 아무런 승소의 이익을 가질 수 없는 점에서, 비결의의 경우에는 상법 제380조가 적용되지 않는다고 하여야 처음부터 그 효력이 없다고 볼 수 있었기 때문이다.

그런데 1995년 개정상법에서는 위와 같은 논리구성의 정당성에도 의문이 있을 뿐만 아니라, 표현결의 이외에 비결의도 상법 제380조의 결의부존재확인의 소의 원인이 될 수 있다고 볼 수 있는 점에서, 결의부존재확인판결의 효력에 소급효를 인정하였다.[1] 따라서 1995년 개정상법 이후에는 결의부존재확인판결에서 표현결의와 비결의로 나누어서 판시하는 것은 거의 그 의미가 없게 되었다. 우리 대법원판례도 이와 같은 취지에서 다음과 같이 판시하고 있다.

[주주총회 소집절차와 회의절차를 거치지 않고 의사록을 허위로 작성한 경우, 주주총회결의 부존재로 본 판례]

실제의 소집절차와 회의절차를 거치지 아니한 채 주주총회 의사록을 허위로 작성하는 등 도저히 그 결의가 존재한다고 볼 수 없을 정도로 중대한 하자가 있는 경우에는 그 주주총회의 결의는 부존재하다고 보아야 할 것이다[대법원 1992. 9. 22. 선고 91 다 5365 판결]. Y회사는 주주총회의 소집을 위한 각 주주에 대한 아무런 서면통지나 소

1) 해설(1995), 127~129면.

집공고 없이, 또 실제 결의를 한 바 없이, 1999. 3. 30. 마치 주주 전원이 참석하여 주주총회의 결의를 한 것처럼 허위의 주주총회 의사록을 작성한 것은 주주총회 절차상의 하자가 너무 중대하여 그 주주총회에서 하였다는 정관변경결의는 그 존재를 인정할 수 없고, 나아가 비록 이 사건 Y회사의 이사회결의나 그에 따른 전환사채 발행의 효력을 부인할 수는 없다 하더라도, 위와 같은 정관변경결의가 있었던 것 같은 외관이 실제로 존재하고 있고, 앞으로 위와 같이 부존재한 정관변경결의의 내용에 따라 주주 이외의 자에 대하여 전환사채를 발행할 위험성이 계속 존재하는 이상, X의 이 사건 정관변경결의 부존재확인청구는 그 확인의 이익도 있다[대판 2004. 8. 16, 2003 다 9636(공보 2004, 1522)].

(2) 소의 당사자

1) 원 고 결의무효확인의 소의 경우와 동일한데, 특히 결의부존재확인의 소의 원고의 범위 및 이 소에 기한 가처분의 효력에 관하여 다음과 같은 대법원판례가 있다.

[주주총회결의 부존재확인의 소에서 원고가 될 수 있는 자에 관한 판례]

주식회사의 「금전상의 채권자」는 그 회사의 주주총회결의의 부존재확인을 구할 법률상의 이익이 있고[대판 1970. 2. 24, 69 다 2018(집 18 ① 민 146)], 회사의 단순한 채권자는 「그 회사의 주주총회의 결의로 인하여 권리 또는 법적 지위에 현실적으로 직접 어떠한 구체적인 영향을 받게 되는 경우」에 한하여 주주총회결의의 부존재확인을 구할 수 있다[대판 1977. 5. 10, 76 다 878(집 25 ② 민 1); 동 1980. 1. 29, 79 다 1322(공보 628, 12592); 동 1980. 10. 27, 79 다 2267(집 28 ③ 민 161); 동 1992. 8. 14, 91 다 45141(공보 929, 2655)].

「이사가 임원개임(改任)의 주주총회결의에 의하여 임기만료 전에 이사직에서 해임당한 경우 그 이사」는, 후임이사 선임결의가 부존재하거나 무효 등의 사유가 있고 구(舊) 이사가 상법 제386조 1항에 의하여 계속 천거의무를 갖게 되는 경우에는, 당초의 해임결의의 부존재확인을 구할 법률상 이익이 있다[대판 1991. 12. 13, 90 다카 1158(공보 913, 496). 동지: 대판 1985. 12. 10, 84 다카 319(공보 769, 235)(사임한 이사·감사의 경우); 동 1992. 2. 28, 91 다 8715(공보 918, 1149)].

「주권발행 전 주식양도 제한규정에 위반하여 주식을 양도한 자」는 결의부존재확인을 구할 수 있으나[대판 1980. 1. 15, 79 다 71(집 28 ① 민 16)], 「명의대여자」는 주주로 볼 수 없으므로 결의부존재확인을 구할 정당한 지위에 있지 않다[대판 1980. 12. 9, 79 다 1989(민판집 276, 35)].

「회사의 소유 및 경영을 양도한 지배주주」[대판 1988. 10. 11, 87 다카 113(공보 1988, 1399); 동 1992. 8. 14, 91 다 45141(공보 929, 2655)], 「주권의 교부의무를 이행하지 않은 주식양도인」[대판 1991. 12. 13, 90 다카 1158(공보 913, 496); 동 1992. 2. 28, 91 다 8715(공보 918, 1149)] 등이 부존재확인청구를 하는 것도 신의성실의 원칙에 반하는 소권(訴權)의 행사로서 인정될 수 없다. 또한 「소송의 계속중에 주식의 포괄적 교환에 의하여 피고의 주주의 지위를 상실하고 그의 완전모회사의 주주가 된 자」는 이 사건 주주총회결의 부존재 확인을 구할 확인의 이익이 없다[대판 2016. 7. 22, 2015 다 66397(신문 4434, 10)].

[주주총회결의 부존재확인의 소를 피보전권리로 한 가처분의 효력은 결의 자체의 집행 또는 효력정지의 효력만이 있다고 한 결정]

주식회사의 주주는 주식의 소유자로서 회사의 경영에 이해관계를 가지고 있다고 할 것이나, 회사의 재산관계에 대하여는 단순히 사실상·경제상 또는 일반적·추상적인 이해관계만을 가질 뿐 구체적 또는 법률상의 이해관계를 가진다고는 할 수 없고, 직접 회사의 경영에 참여하지 못하고 주주총회의 결의를 통해서 또는 주주의 감독권에 의하여 회사의 영업에 영향을 미칠 수 있을 뿐이므로 주주는 일정한 요건에 따라 이사를 상대로 그 이사의 행위에 대하여 유지(留止) 청구권을 행사하여 그 행위를 유지시키거나, 또는 대표소송에 의하여 그 책임을 추궁하는 소를 제기할 수 있을 뿐 직접 제 3 자와의 거래관계에 개입하여 회사가 체결한 계약의 무효를 주장할 수는 없다. 따라서 주식회사의 주주가 주주총회결의에 관한 부존재확인의 소를 제기하면서 이를 피보전권리로 한 가처분이 허용되는 경우라 하더라도, 주주총회에서 이루어진 결의 자체의 집행 또는 효력정지를 구할 수 있을 뿐, 회사 또는 제 3 자의 별도의 거래행위에 직접 개입하여 이를 금지할 권리가 있다고 할 수는 없다[대결 2001. 2. 28, 2000 마 7839(공보 2001, 1440)].

2) 피 고 결의취소의 소 및 결의무효확인의 소의 경우와 같이, 결의부존재확인의 소송에 있어서 피고가 될 수 있는 자는 「회사」로 한정된다.[1)]

(3) 제소기간

결의무효확인의 소의 경우와 같이 상법상 제소기간의 제한이 없다.

(4) 소의 절차

결의무효확인의 소의 경우와 동일하다.

(5) 판결의 효력

결의취소의 소 및 결의무효확인의 소의 경우와 동일하다(상 380조, 190조 본문).[2)] 즉, 대세적 효력이 있고 또한 소급효가 있다.[3)]

---

1) 대판 1982. 9. 14, 80 다 2425(집 30 ③ 민 9)(통설도 이와 동지이다).

2) 대판 1983. 3. 22, 82 다카 1810(집 31 ② 민 43)(이사선임결의 부존재확인소송에서 결의부존재확인판결은 그 결의에 의하여 선임된 이사가 그 이전에 한 소송행위에는 아무런 영향을 미치지 아니한다)(이 판결은 결의부존재확인판결이 소급하지 않는다는 1995년 개정상법 이전의 판결인데, 동 판결의 효력이 소급하는 것으로 개정한 1995년 개정상법에 의하면 맞지 않게 된다—저자 주); 동 1988. 4. 25, 87 누 399(공보 1988, 915).

3) 1995년 개정상법에서 결의취소의 소의 판결의 효력과 같이 소급효를 인정하는 것으로 개정하였다.

(6) 소의 성질[1)]

주주총회결의 부존재확인의 소가 「형성의 소」이냐 또는 「확인의 소」이냐에 대하여 학설은 결의무효확인의 소의 경우와 동일하게 견해가 나뉘어 있는데, 판례는 「확인의 소」라고 판시하고 있다.[2)]

이에 관한 사건도 결의무효확인의 소의 경우와 같다.

5. 부당결의취소·변경의 소

(1) 소의 원인

주주총회의 결의에 관하여 특별한 이해관계가 있는 자는 의결권을 행사하지 못하는데(상 368조 3항), 이러한 자가 의결권을 행사하지 못함으로 말미암아 주주총회의 결의가 현저하게 부당하고 그 주주가 의결권을 행사하였더라면 이를 저지할 수 있었을 경우이다(상 381조 1항). 이에 관한 우리나라의 판례는 아직 없다.

(2) 소의 당사자

1) 원 고 「주주총회결의에 관하여 특별한 이해관계가 있어 의결권을 행사할 수 없었던 자」이다(상 381조 1항).

2) 피 고 「회사」이다.[3)]

(3) 제소기간

「결의의 날로부터 2월 내」이다(상 381조 1항).

(4) 소의 절차

결의취소의 소의 경우와 동일한데, 다만 법원의 재량에 의한 청구기각에 관한 규정(상 379조)은 준용되지 않는다(상 381조 2항).

---

1) 결의부존재확인의 소에 대하여 1984년의 개정상법 이전에는 상법에 규정이 없었기 때문에, 그것이 「민사소송법상의 소」이냐 또는 「상법상의 소」이냐에 대하여 학설·판례는 나뉘어 있었다 [이에 관한 과거의 대법원판례를 정리한 것으로는 정찬형, "주주총회결의의 하자," 「고시계」, 1988. 7, 94~95면 참조]. 그러나 1984년의 개정상법에서는 상법 제380조에 결의부존재확인의 소를 결의무효확인의 소와 함께 규정하고 있으므로, 그것이 「상법상의 소」라는 점에 대하여 입법적으로 해결하였다.

2) 대판 1980. 10. 27, 79 다 2267(집 28 ③ 민 161); 동 1965. 9. 28, 65 다 940(카드 1822)(결의부존재의 주장은 항변으로서도 가능한 것이며, 반드시 소제기의 방법에 의하여야 한다고만 볼 수 없다); 동 1992. 8. 18, 91 다 39924(공보 930, 2741)(상법 제380조에 규정된 주주총회결의 부존재확인의 소는 그 법적 성질이 확인의 소에 속하는 것인데, 이에 상법 제190조의 규정을 준용하는 것은 이 소를 회사법상의 소로 취급하여 그 판결에 대세적 효력을 부여하고 또 소급효를 제한하여〈이는 1995년 개정상법 이전의 규정에 의하여 소급효를 인정하지 않음 — 저자 주〉 이미 형성된 법률관계를 유효한 것으로 취급함으로써 회사에 관한 법률관계에 법적 안정성을 보장하여 주려는 법정책적인 판단의 결과이다).

3) 동지: 정(동), (회) 376면; 이(철), (회) 644면; 채, 512면 외.

(5) 판결의 효력

결의취소의 소의 판결의 효력과 같이, 대세적 효력이 있고 또한 소급효가 있다(상 381조 2항, 190조 본문).[1]

(6) 소의 성질

결의취소의 소의 경우와 같이 「형성의 소」라는 점에 대하여 이설(異說)이 없다.

제3관 이사회·대표이사 또는 집행임원(업무집행기관)

제1 총 설

(1) 1962년 우리 상법 제정 이후 2011년 4월 개정상법 이전까지 주식회사의 업무집행기관은 원칙적으로 이사회(의사결정기관)와 대표이사(대내적으로 회사의 업무를 집행하고 대외적으로 회사를 대표하는 기관)만이 있었는데, 이 경우 이사회는 한편으로는 회사의 업무집행에 관한 의사를 결정할 권한을 갖고(상 393조 1항) 다른 한편으로는 (대표)이사의 직무집행을 감독할 권한을 갖는다(상 393조 2항)(이러한 회사를 이사회의 면에서 보면 '참여형 이사회'라 하고, 집행임원의 면에서 보면 '집행임원 비설치회사'라 함). 이에 반하여 2011년 4월 개정상법은 집행임원제도를 도입하여, 회사는 선택에 의하여 대표이사에 갈음하여 집행임원을 둘 수 있도록 하였다(이러한 회사를 이사회의 면에서 보면 '감독형 이사회'라 하고, 집행임원의 면에서 보면 '집행임원 설치회사'라 함)(상 408조의 2 1항). 이러한 집행임원 설치회사는 회사의 업무집행기관(집행임원)과 업무감독기관(이사회)을 분리하여, 이사회는 회사의 업무를 잘 알고 또한 경영의 전문가인 집행임원을 업무집행기관으로 선임·해임하여 회사의 업무집행(경영)을 맡기고, 이사회는 이에 대한 감독만을 하면서 (필요한 경우) 회사의 중요한 사항에 대하여 의사를 결정하는 회사를 말한다.

참여형 이사회제도에서는 이사회가 주로 업무집행기능에만 전념하여 이사회의 업무감독기능은 유명무실하게 되었다. 따라서 우리나라에서는 1998년 IMF 경제체제 이후 이사회의 감독기능을 강화하기 위하여 상장회사의 경우

---

1) 1995년 개정상법에서 결의취소·결의무효확인 및 결의부존재확인의 소의 효력에 대하여 소급효를 인정하는 것으로 개정하면서(상 376조 2항 및 380조에서 190조 단서의 적용배제), 부당결의취소·변경의 소의 판결의 효력에 대하여는 이와 동일하게 개정하지 않아 이 경우에만 소급효가 제한되는 것으로 되었는데, 이는 법개정에 있어서의 과오로서 1998년 개정상법에 의하여 결의취소 등의 판결의 효력과 동일하게 개정하였다(상 381조 2항에서 190조 본문만 준용하는 것으로 개정함).

이사회에 사외이사를 의무적으로 두도록 하였다(상 542조의 8 1항).[1)]

2011년 4월 개정상법 이전에 법률상 집행임원에 관한 규정을 두지는 않고 (즉, 이사회를 참여형 이사회에서 감독형 이사회로 변경하지 않고) 위와 같이 상장회사 등에게 (참여형 이사회에) 사외이사를 두는 것을 강제함으로써 상장회사 등은 사외이사를 두는 것을 최소화할 목적으로[2)] 이사의 수를 대폭 축소하고 회사의 정관 또는 내규에 의하여 또는 대표이사에 의하여 선임된 (사실상의) 집행임원을 두게 되었다. 또한 이러한 집행임원은 등기되지 않으므로 비등기임원이라고도 불리운다. 이러한 (사실상의) 집행임원은 실제로 (사외이사를 강제하기 전에) 등기이사가 수행하던 직무를 담당하고 이로 인하여 보수 등에서도 등기이사와 거의 동등한 대우를 받고 있으면서도, 상법 등 법률상 근거가 없는 새로운 제도로서 발생하게 되었다. 또한 이러한 (사실상) 집행임원은 회사의 규모가 클수록 그 수가 많다. 이러한 (사실상) 집행임원(비등기이사)은 오늘날 실제로 IMF 경제체제 이전의 등기이사의 업무를 수행하면서도 주주총회에서 선임되지 않았고 또한 등기가 되지 않았다는 이유로, 우리 대법원판례는 이러한 (사실상) 집행임원은 상법상 이사로서의 직무권한을 행사할 수 없고 근로기준법상의 근로자에 해당한다고 다음과 같이 판시하였다.

---

1) 정부는 1998년 2월 6일 경제위기를 극복하고 회사의 경영투명성 제고를 위하여 발표한 회사구조조정 추진방안에서 주권상장법인에 대하여 전격적으로 사외이사의 선임을 의무화하기로 정하였다. 이에 따라 1998년 2월 20일 유가증권상장규정을 개정하여 주권상장법인은 (회사경영의 공정과 투자자의 보호를 위하여) 이사총수의 4분의 1(최소 1인) 이상의 사외이사를 의무적으로 두도록 하였고, 사외이사의 적극적 자격요건과 소극적 자격요건을 규정하였다(동 규정 48조의 5). 2000년 1월 21일(법률 제6176호) 증권거래법이 개정되어 사외이사에 관하여 "주권상장법인은 사외이사를 이사총수의 4분의 1 이상이 되도록 하여야 한다. 다만, 대통령령이 정하는 주권상장법인의 사외이사는 3인 이상으로 하되, 이사총수의 2분의 1 이상이 되도록 하여야 한다"고 규정함으로써(동법 191조의 16 1항), 유가증권상장규정상의 사외이사에 관한 규정은 삭제되었다. 그 후 증권거래법은 2001년 3월 28일(법률 제6423호) 개정되어 사외이사를 의무적으로 두어야 할 회사에 주권상장법인뿐만 아니라 (대통령령이 정하는) 협회등록법인을 추가하고(동법 191조의 16 1항), 2003년 12월 31일(법률 제7025호) 다시 개정되어 대통령령이 정하는 주권상장법인 또는 협회등록법인의 사외이사는 3인 이상으로 하되 이사총수의 (2분의 1 이상에서) 과반수로 상향하였다(동법 191조의 16 1항 단서). 이러한 증권거래법상의 사외이사에 관한 규정의 내용은 2009년 1월 30일(법률 제9362호) 개정상법에 의하여 신설된 상장회사에 대한 특례에서 규정되고 있다(상 542조의 8).

2) 이와 같이 사외이사를 두는 것을 최소화하는 것은 참여형 이사회제도에서 사외이사가 회사의 의사를 결정하는 이사회에 매번 참여함으로써 사외이사의 기업정보에 대한 대외유출을 우려하고, 사외이사로 인한 이사회의 의사결정 지연 및 비용부담의 증가를 우려하기 때문이다[동지: 양동석, "임원제도도입에 따른 법적 문제," 「상사법연구」(한국상사법학회), 제20권 2호(2001), 113~114면].

[(사실상의) 집행임원을 근로자라고 한 판례]

상법상 이사와 감사는 주주총회의 선임 결의를 거쳐 임명하고 그 등기를 하여야 하며, 이사와 감사의 법정 권한은 위와 같이 적법하게 선임된 이사와 감사만이 행사할 수 있을 뿐이고 그러한 선임절차를 거치지 아니한 채 다만 회사로부터 이사라는 직함을 형식적 · 명목적으로 부여받은 것에 불과한 자는 상법상 이사로서의 직무권한을 행사할 수 없다. 주식회사의 이사 · 감사 등 임원은 회사로부터 일정한 사무처리의 위임을 받고 있는 것이므로, 사용자의 지휘 · 감독 아래 일정한 근로를 제공하고 소정의 임금을 받는 고용관계에 있는 것이 아니며, 따라서 일정한 보수를 받는 경우에도 이를 근로기준법 소정의 임금이라 할 수 없고, 회사의 규정에 의하여 이사 등 임원에게 퇴직금을 지급하는 경우에도 그 퇴직금은 근로기준법 소정의 퇴직금이 아니라 재직중의 직무집행에 대한 대가로 지급되는 보수에 불과하다. 근로기준법의 적용을 받는 근로자에 해당하는지 여부는 계약의 형식에 관계없이 그 실질에 있어서 임금을 목적으로 종속적 관계에서 사용자에게 근로를 제공하였는지 여부에 따라 판단하여야 할 것이므로, 회사의 이사 또는 감사 등 임원이라고 하더라도 그 지위 또는 명칭이 형식적 · 명목적인 것이고 실제로는 매일 출근하여 업무집행권을 갖는 대표이사나 사용자의 지휘 · 감독 아래 일정한 근로를 제공하면서 그 대가로 보수를 받는 관계에 있다거나 또는 회사로부터 위임받은 사무를 처리하는 외에 대표이사 등의 지휘 · 감독 아래 일정한 노무를 담당하고 그 대가로 일정한 보수를 지급받아 왔다면 그러한 임원은 근로기준법상의 근로자에 해당한다[대판 2003. 9. 26, 2002 다 64681(공보 2003, 2075)].

그러나 그 이후에는 생명보험주식회사의 '방카슈랑스 및 직접 마케팅' 부문을 총괄하는 업무책임자이고 이사회에서 선임된 미등기임원인 상무에 대하여, 근로기준법상 근로자에 해당한다고 보기 어렵다고 다음과 같이 판시하고 있는데, 이는 상법상 집행임원(상 408조의 2 2항)에 준하여 이러한 (사실상) 집행임원과 회사와의 관계는 위임관계라고 본 것이라고 볼 수 있다.

[(사실상의) 집행임원을 근로자가 아니라고 한 판례]

회사의 임원이라 하더라도, 업무의 성격상 회사로부터 위임받은 사무를 처리하는 것으로 보기에 부족하고 실제로는 업무집행권을 가지는 대표이사 등의 지휘 · 감독 아래 일정한 노무를 담당하면서 그 노무에 대한 대가로 일정한 보수를 지급받아 왔다면, 그 임원은 근로기준법에서 정한 근로자에 해당할 수 있다. 그러나 회사의 임원이 담당하고 있는 업무 전체의 성격이나 업무수행의 실질이 위와 같은 정도로 사용자의 지휘 · 감독을 받으면서 일정한 근로를 제공하는 것에 그치지 아니하는 것이라면, 그 임원은 위임받은 사무를 처리하는 지위에 있다고 할 수 있으므로, 근로기준법상 근로자에 해당한다고 보기는 어렵다.

특히 대규모 회사의 임원이 전문적인 분야에 속한 업무의 경영을 위하여 특별히 임용되어 해당 업무를 총괄하여 책임을 지고 독립적으로 운영하면서 등기 이사와 마찬가지로 회사 경영을 위한 의사결정에 참여하여 왔고 일반 직원과 차별화된 처우를 받은 경우에는, 이러한 구체적인 임용 경위, 담당 업무 및 처우에 관한 특수한 사정을 충분히 참작하여 회사로부터 위임받은 사무를 처리하는지를 가려야 한다. 대규모 금융회사인 갑 보험회사에서 미등기임원인 상무로 선임되어 '방카슈랑스 및 직접마케팅(Direct Marketing)' 부문을 총괄하는 업무책임자(Function Head)의 업무를 담당하다가 해임된 을이 근로기준법상 근로자에 해당하는지 문제된 사안에서, 갑 회사의 규모, 경영 조직 및 대규모 금융회사로서의 특수성, 갑 회사의 경영목적상 필요에 의하여 을이 외부에서 미등기임원으로 선임된 경위, 그 과정에서 고려된 을의 전문적인 능력 및 담당 직위와의 상관관계, 을이 실제로 담당한 포괄적인 권한과 업무수행 실태, 갑 회사의 의사결정·경영에 대한 을의 참여 정도, 갑 회사의 임원과 직원에 대한 구분 및 분리임용, 직원보다 현저하게 우대받은 을의 보수 및 처우, 해임의 경위와 취지 등에 관한 여러 사정을 관련 법리에 비추어 종합하여 보면, 을은 갑 회사의 대표이사 등으로부터 구체적인 지휘·감독을 받으면서 정해진 노무를 제공하였다기보다 기능적으로 분리된 특정 전문 부분에 관한 업무 전체를 포괄적으로 위임받아 이를 총괄하면서 상당한 정도의 독자적인 권한과 책임을 바탕으로 처리하는 지위에 있었으므로 근로기준법상 근로자에 해당한다고 보기 어렵다[대판 2017. 11. 9, 2012 다 10959 (공보 2017, 2275)][이 판결에 대한 평석으로는 김선정, "주주총회에서 선임되지 않은 보험사 임원의 법적 지위," 「월간생명보험」(생명보험협회), Vol. 469(2018. 3), 30~46면].

이와 같이 2011년 4월 개정상법 이전에 사외이사를 강제하는 법률에서 집행임원에 대하여는 규정을 두지 않음으로써, 사실상 종래의 임원(이사)의 업무를 수행하는 (사실상) 집행임원은 그 설치근거도 법률에 없었을 뿐만 아니라 그의 지위·권한·의무·책임에 대하여도 법률에 규정이 없었고 또한 그러한 집행임원은 등기되어 공시되지도 않음으로 인하여 (사실상) 집행임원과 거래하는 제 3 자의 보호에 많은 문제점을 제기하였다. 이러한 (사실상) 집행임원은 (참여형 이사회에) 사외이사의 설치 강요에 따라 발생한 새로운 기업에서의 현상으로서 법률이 미처 이를 규정하지 못한 점에서 발생한 특수한 현상(법률상 미아 현상)이라고 볼 수 있다. 따라서 해석론상으로는 이러한 집행임원에 대하여 그 성질이 허용하는 한 이사에 관한 규정을 유추적용하여 그의 의무·책임 등을 인정하여야 하고, 입법론상으로는 집행임원에 관하여 그의 지위·권한·

의무 · 책임 등에 대하여 상법에서 규정하여야 한다는 주장이 제기되었다.[1]

비교법적으로 볼 때 (앞에서 본 바와 같이) 독일에서는 업무집행기관(이사회)과 업무감독기관(감사회)이 처음부터 분리되었고(중층제도), 미국에서는 초기에 참여형 이사회제도이었으나(단층제도) 근래에는 감독형 이사회제도를 많이 채택하여 독일의 중층제도와 유사하게 되었다. 따라서 오늘날은 업무집행기관과 업무감독기관을 분리하는 입법추세가 국제적인 기준이 되고 있다고 볼 수 있다. 미국에서 집행임원을 의무적으로 두도록 한 주법(州法)으로는 캘리포니아주[2] · 델라웨어주[3] 등이 있고, 정관에 의하여 집행임원을 둘 수 있도록 한 주로는 뉴욕주[4] 등이 있다. 미국법조협회(American Law Institute: ALI)가 1992년 3월 31일에 최종안으로 제안한 회사지배구조의 원칙(Principles of Corporate Governance: Analysis and Recommendation)에 의하면 일정규모 이상의 공개회사는 집행임원제도를 채택하도록 하고(동 원칙 3.01조), 개정모범사업회사법(Revised Model Business Corporation Act 2006: RMBCA)도 회사는 집행임원을 두도록 하고 있다(동법 8.40조 (a)항). 프랑스의 2001년 개정상법에서도 회사의 전반적인 업무집행권은 회사의 선택에 따라 대표이사 또는 대표이사와는 다른 자인 집행임원이 행사할 수 있도록 하였다(佛商 225-51-1조). 일본의 2005년 신회사법에서는 사외이사를 과반수로 한 위원회를 설치하는 위원회설치회사에서는 집행임원(執行役)을 의무적으로 두도록 하고 있고(日會 402조 1항), 2005년 개정된 중국 회사법도 주식회사에서는 집행임원(經理)을 의무적으로 두도록 하고 있다(中會 114조 1문).[5]

---

1) 이에 관한 상세는 정찬형, "한국 주식회사에서의 집행임원에 관한 연구," 「고려법학」, 제43호(2004. 11), 37~62면; 동, "주식회사의 지배구조와 권한분배," 「상사판례연구」(한국상사판례학회), 제16집(2004), 32~35면; 동, "2007년 확정한 정부의 상법(회사법) 개정안에 대한 의견," 「고려법학」(고려대 법학연구원), 제50호(2008), 384면; 동, "주식회사의 지배구조," 「상사법연구」(한국상사법학회), 제28권 3호(2009. 11), 39~48면, 54면; 동, 사외이사제도 개선방안에 관한 연구(한국상장회사협의회)(상장협 연구보고서 2010-2), 2010. 10, 98~103면.

동지: 정쾌영, "집행임원제도에 관한 상법개정안의 문제점 검토," 「기업법연구」(한국기업법학회), 제21권 제 4 호(2007. 12), 110~111면, 116면; 전우현, "주식회사 감사위원회제도의 개선에 관한 일고찰 —— 집행임원제 필요성에 관한 검토의 부가," 「상사법연구」(한국상사법학회), 제23권 3호(2004. 11), 284면; 원동욱, "주식회사 이사회의 기능변화에 따른 집행임원제도의 도입에 관한 연구," 법학박사학위논문(고려대, 2006. 2), 86~87면, 167~169면, 181면; 서규영, "주식회사의 집행임원제도에 관한 연구," 법학박사학위논문(고려대, 2009. 8), 101~102면, 182면 외.

2) Cal. Corp. Code 제312조.

3) Del. Gen. Corp. Law 제142조.

4) N. Y. Bus. Corp. Law 제715조.

5) 중국 회사법상 집행임원제도에 관하여는 席丹丹, "중국회사법상 집행임원제도에 관한 연구," 법학석사학위논문(고려대, 2011. 2) 참조.

위에서 본 바와 같이 우리나라의 (대규모) 상장회사에서 실무상 두고 있는 (사실상) 집행임원에 대하여 법적 근거를 마련하고, 대내적으로 경영의 안정성과 효율성을 확보하고 대외적으로 거래의 안전을 기할 수 있도록 하기 위하여, 2011년 4월 개정상법은 이사회와는 별도의 집행임원을 둘 수 있도록 하여 업무집행기관(집행임원)과 업무감독기관(이사회)을 분리한 지배구조(집행임원 설치회사, 감독형 이사회제도)를 가질 수 있도록 하였다.

따라서 이하에서는 주식회사의 업무집행기관에 대하여 집행임원이 없는 종래와 같은 이사회·대표이사의 경우(집행임원 비설치회사, 참여형 이사회제도)와 2011년 4월 개정상법이 도입한 집행임원이 있는 경우(집행임원 설치회사, 감독형 이사회제도)로 나누어 설명하겠다.

(2) 집행임원 비설치회사의 경우 주식회사의 업무집행기관이 원칙적으로 이사회와 대표이사로 분화되는 경우에 이사의 기관성 여부에 대하여는 (i) 긍정설[1](소수설)과 (ii) 부정설[2](다수설)이 있으나, 부정설이 타당하다고 본다. 이렇게 볼 때 집행임원 비설치회사의 경우 상법상 업무집행기관은 원칙적으로 이사 전원으로 구성되고 업무집행의 의결을 하는 「이사회」(board of directors; Vorstand; conseil d'administration)와, 이사회(또는 주주총회)에서 선임되고 업무집행 자체를 수행하며 제 3 자에 대하여 회사를 대표하는 「대표이사」로 구성된다. 그러므로 부정설에서 보면 이사는 직접 회사의 기관이 되는 것이 아니고 「이사회」와 「대표이사」만이 기관이며, 이사는 다만 이사회의 구성원과 대표이사가 될 수 있는 전제자격[3]에 불과하다. 이렇게 볼 때 상법상 이사가 주주총회에 출석하여 의사록에 기명날인 또는 서명하는 권한(상 373조 2항), 설립무효의 소(상 328조)·총회결의취소의 소(상 376조)·신주발행무효의 소(상 429조)·자본금 감소무효의 소(상 445조)·합병무효의 소(상 529조) 등 각종의 소를 제기할 수 있는 권한, 이사의 부작위의무(상 397조, 397조의 2, 398조) 및 임무해태로 인한 책임(상 399조) 등은 이사가 기관으로서 갖는 권리·의무·책임이 아니라, 이사가 기관구성원으로서 개인의 지위에서 갖는 권리·의무·책임이라고 보아야 할 것이다.[4]

그러나 자본금이 10억원 미만인 소규모 주식회사의 경우에는 1명 또는 2

1) 이(철), (회) 659면; 박·이, 252면.
2) 정(희), 470면; 서·정, 426면; 손(주), 754면; 정(동), (회) 382~383면; 서(정), 277면; 이(원), 256면; 차, 334면; 최(기), (회) 540면; 이(병), 447면; 강, 136면; 주회(상), 660면; 주상(제 5 판)(회사 Ⅲ), 191면; 채, 545면; 이(기) 외, (회) 298면; 이·최, 318면.
3) 동지: 정(희), 470면.
4) 동지: 정(동), (회) 382~383면.

명의 이사를 둘 수 있는데(상 383조 1항 단서), 이로 인하여 그러한 회사가 1명 또는 2명의 이사를 둔 경우에는 이사회가 없고(상 383조 5항) 또한 (이사가 2명인 경우에도) 대표이사가 임의기관이므로(상 383조 6항), 이러한 소규모 주식회사의 업무집행기관은 이사회와 대표이사로 이원화되지 않고 예외적으로 각 이사(정관에 따라 대표이사를 정한 경우에는 그 대표이사)로 일원화되어 있다(상 383조 6항). 따라서 이러한 소규모 주식회사의 업무집행기관은 유한회사의 업무집행기관과 아주 유사하게 된다(상 561조 참조).

(3) 집행임원 설치회사의 경우 주식회사의 업무집행기관은 집행임원이라고 볼 수 있다(상 408조의 4). 이 때 이사회는 집행임원의 업무집행을 감독하는 것을 주업무로 한다(상 408조의 2 3항 2호).

(4) 이하에서는 집행임원 비설치회사의 경우 주식회사의 업무집행기관이 원칙적으로 이사회와 대표이사로 분화되는 점을 전제로 하여, 이사회의 구성원이고 대표이사가 될 수 있는 전제자격인 이사에 대하여 먼저 설명하고, 다음으로 이사회와 대표이사에 대하여 차례로 설명하겠다. 또한 집행임원 설치회사의 경우 주식회사의 업무집행기관은 대표이사에 갈음하여 집행임원인 점에서 대표이사 다음에 집행임원을 설명하겠다. 마지막으로 이사·집행임원의 의무와 책임에 대하여 설명하겠다.

제 2 이 사

I. 의 의

(1) 개 념

이사(director; Vorstandsmitglieder; directeur)는 앞에서 본 바와 같이 원칙적으로 기관이 아니라 기관인 이사회의 구성원에 불과하다. 따라서 이사란 집행임원 비설치회사의 경우 「이사회의 구성원으로서 이사회의 회사의 업무집행에 관한 의사결정과 (대표)이사의 업무집행을 감독하는 데 참여할 권한을 갖는 자」라고 볼 수 있다. 그런데 집행임원 설치회사에서의 이사란 「이사회의 구성원으로서 원칙적으로 집행임원의 업무집행을 감독하는 데 참여할 권한을 가진 자」라고 볼 수 있다.

그러나 이사가 1명 또는 2명인 소규모 주식회사의 경우에는 앞에서 본 바와 같이 예외적으로 각 이사(정관에 따라 대표이사를 정한 경우에는 그 대표이사)는 「업무집행기관 및 대표기관」으로서의 지위를 갖는다(상 383조 6항).

(2) 회사와의 관계

이사와 회사와의 관계는 위임관계이므로(상업사용인과 회사와의 관계가 보통 고용관계인 점과 구별됨), 민법상의 위임에 관한 규정이 이에 준용된다(상 382조 2항). 그러나 민법상의 위임계약이 원칙적으로 무상인 점과는 달리 회사는 이사에게 보수를 주는 것이 보통이다(유상계약). 따라서 상법은 이사의 보수의 액을 정관에서 정하지 아니한 때에는 주주총회의 결의로 이를 정하여야 하는 것으로 규정하고 있다(상 388조).

2. 선임·종임

(1) 선 임

1) 선임기관·방법

(가) 이사는 「주주총회」에서 「보통결의」[1]에 의하여 선임된다(주주총회의 전속권한사항)(상 382조 1항).

이사의 선임방법에는 단순투표제(straight voting)와 집중투표제(누적투표제)(cumulative voting)가 인정되는데, 집중투표제에 대하여는 다음에서 상세히 살펴보겠다.

(나) 설립시의 경우에는 위와 달리 선임되는데, 발기설립의 경우는 「발기인」에 의하여 선임되고(상 296조), 모집설립의 경우에는 「창립총회」에서 선임된다(상 312조).

(다) 이사는 주주총회에서 선임되는데, 언제 이사의 지위를 취득하는지가 문제된다. 이에 대하여 종래의 대법원판례는 주주총회의 결의 후 회사대표자의 청약과 피선임자의 승낙으로 피선임자가 이사의 지위를 취득한다고 판시하였는데, 그 후 대법원 전원합의체 판결(2017. 3. 23, 2016 다 251215)로써 이러한 종래의 대법원판례를 변경하여 주주총회의 선임결의와 피선임자의 승낙만 있으면 피선임자는 대표이사와 별도의 임용계약을 체결하였는지 여부와 관계없이 이사의 지위를 취득한다고 판시하였다. 이러한 대법원판례는 다음과 같다.

---

1) 1995년 개정상법 이전에는 이사 선임을 하기 위한 결의요건은 발행주식의 과반수에 해당하는 주식을 가진 주주의 출석이라는 출석정족수와 그 의결권의 과반수의 결의가 있어야 한다는 의결정족수가 엄격하게 지켜져야 하며, 정관에 의해서도 그 요건을 완화 내지 배척하지 못하는 것으로 규정하였다(상 384조). 이는 개정전 상법이 보통결의요건을 정관의 규정에 의하여 완화할 수 있도록 규정하였기 때문에(상 368조 1항) 이사선임의 경우에는 이를 완화할 수 없도록 규정한 것인데(상 384조), 1995년 개정상법에서는 보통결의요건(상 368조 1항)을 정관의 규정에 의하여 강화할 수는 있으나 완화할 수는 없다고 해석하므로 이를 완화할 수 없도록 한 상법 제384조의 의미가 없어졌다. 따라서 1995년 개정상법에서는 제384조를 삭제한 것이다[동지: 해설(1995), 130~131면].

[대표이사와의 임용계약을 요한다는 종래의 대법원판례]

주주총회의 결의는 피선임자를 회사의 기관인 이사(감사)로 한다는 취지의 회사 내부의 의사결정에 불과하므로 주주총회에서 이사(감사)의 선임결의가 있었다고 하여 바로 피선임자가 이사(감사)의 지위를 취득하는 것이 아니고, 주주총회의 이 결의에 따라 회사대표자의 청약과 피선임자의 승낙(묵시적이라도 무관)으로 피선임자가 이사(감사)의 지위를 취득한다(상 382조 2항)[대판 1995. 2. 28, 94 다 31440(공보 1995, 1458); 대결 2005. 11. 8, 2005 마 541(공보 2006, 89)][동지: 임중호, "주주총회의 이사·감사선임행위의 법적 구조," 「21세기한국상사법의 진로」(내동우홍구박사정년기념논문집), 2002, 252면, 253~255면(다만 임용계약의 체결시에 요구되는 회사대표권도 원칙적으로 주주총회에 귀속된다고 한다)].

[대표이사와의 임용계약을 요하지 않는다는 변경된 대법원 전원합의체 판결]

이사·감사의 지위가 주주총회의 선임결의와 별도로 대표이사와 사이에 임용계약이 체결되어야만 비로소 인정된다고 보는 것은, 이사·감사의 선임을 주주총회의 전속적 권한으로 규정하여 주주들의 단체적 의사결정 사항으로 정한 상법의 취지에 배치된다. 또한 상법상 대표이사는 회사를 대표하며, 회사의 영업에 관한 재판상 또는 재판 외의 모든 행위를 할 권한이 있으나(제389조 제 3 항, 제209조 제 1 항), 이사·감사의 선임이 여기에 속하지 아니함은 법문상 분명하다. 그러므로 이사·감사의 지위는 주주총회의 선임결의가 있고 선임된 사람의 동의가 있으면 취득된다고 보는 것이 옳다. 상법상 이사는 이사회의 구성원으로서 회사의 업무집행에 관한 의사결정에 참여할 권한을 가진다(제393조 제 1 항). 상법은 회사와 이사의 관계에 민법의 위임에 관한 규정을 준용하고(제382조 제 2 항), 이사에 대하여 법령과 정관의 규정에 따라 회사를 위하여 그 직무를 충실하게 수행하여야 할 의무를 부과하는 한편(제382조의 3), 이사의 보수는 정관에 그 액을 정하지 아니한 때에는 주주총회의 결의로 이를 정한다고 규정하고 있는데(제388조), 위 각 규정의 내용 및 취지에 비추어 보아도 이사의 지위는 단체법적 성질을 가지는 것으로서 이사로 선임된 사람과 대표이사 사이에 체결되는 계약에 기초한 것은 아니다. 또한 주주총회에서 새로운 이사를 선임하는 결의는 주주들이 경영진을 교체하는 의미를 가지는 경우가 종종 있는데, 이사 선임결의에도 불구하고 퇴임하는 대표이사가 임용계약의 청약을 하지 아니한 이상 이사로서의 지위를 취득하지 못한다고 보게 되면 주주로서는 효과적인 구제책이 없다는 문제점이 있다. 한편 감사는 이사의 직무의 집행을 감사하는 주식회사의 필요적 상설기관이며(제412조 제 1 항), 회사와 감사의 관계에 대해서는 이사에 관한 상법 규정이 다수 준용된다(제415조, 제382조 제 2 항, 제388조). 이사의 선임과 달리 특히 감사의 선임에 대하여 상법은 제409조 제 2 항에서 "의결권 없는 주식을 제외한 발행주식총수의 100분의 3을 초과하는 수의 주식을 가진 주주는 그 초과하는 주식에 관하여는 의결권을 행사하지 못한다"라고 규정하고 있다. 따라서 감사 선임결의에도 불구하고 대표이사가 임용계약의 청약을 하지 아니하여 감사로서의 지위를 취득하지 못한다고 하면, 위 조항에서 감사 선임에 관하여 대주주의 의결권을 제한한 취지가 몰각되어 부당하다. 이사의 직무집행에 대한 감사를 임무로 하는 감사의 취임 여부를 감사의 대상인 대표이사에게 맡기는 것이 단체법의 성격에 비추어 보아도 적절하지 아니함은 말할 것도 없다. 결론적으로, 주주총회에서 이사나 감사를 선임하는 경우, 선임결의와 피선임자의 승낙만 있으면, 피선임자는 대표이사와 별도의 임용계약을 체결하였는지와 관계없이 이사나 감사의 지위를 취득한다[대판(전) 2017. 3. 23, 2016 다 251215(공보 2017, 863)][이 판결에 찬성하는 취지의 평석으로는 김성탁, "주주총회의 선임결의와 피선임자의 승낙에 의한 이사·감사 지위 취득의 법리," 「상사법연구」(한국상사법학회), 제36권 제 2 호(2017. 8), 263~306면; 김선광, "이사·감사 지위의 실효성 요건," 「기업법연구」(한국기업법학회), 제32권 제 3 호(2018. 9), 73~97면].

㈑ 이사의 선임이 끝나면 그 성명과 주민등록번호를 「등기」하여야 한다(상 317조 2항 8호). 따라서 상법상 이사는 위와 같은 주주총회의 선임절차를 거쳐 이사의 지위를 취득한 후 등기된 자만이다.[1)]

2) 집중투표제

㈎ 의 의 집중투표제란 2명 이상의 이사의 선임에서 각 주주가 1주마다 선임할 이사의 수와 동일한 의결권을 갖고(이 점에서는 단순투표제와 동일), 이 의결권을 이사후보자 1명 또는 수 명에게 집중하여 투표하는 방법으로(이 점에서 단순투표제와 구별) 그 의결권을 행사하는 제도이다. 예컨대, 2명의 이사를 동일한 주주총회에서 선임하는 경우에 발행주식총수(10,000주) 중 6,000주를 가진 주주 갑은 12,000개의 의결권이 있고 4,000주를 가진 주주 을은 8,000개의 의결권이 있다. 이 때 갑측 이사후보자는 A와 B이고 을측 이사후보자는 C인 경우, 갑은 A에 대하여 7,000개의 의결권을 행사하면 B에 대하여는 5,000개의 의결권을 행사할 수밖에 없는데, 을은 그의 의결권 8,000개를 전부 C에게 행사하면, 이사는 A와 C가 된다.

1) 동지: 대판 2003. 9. 26, 2002 다 64681(공보 2003, 2075)(상법상 이사와 감사는 주주총회의 선임 결의를 거쳐 임명하고 그 등기를 하여야 하며, 이사와 감사의 법정 권한은 위와 같이 적법하게 선임된 이사와 감사만이 행사할 수 있을 뿐이고 그러한 선임절차를 거치지 아니한 채 다만 회사로부터 이사라는 직함을 형식적·명목적으로 부여받은 것에 불과한 자는 상법상 이사로서의 직무권한을 행사할 수 없다).

이와 같이 집중투표제는 소수주주의 대표자가 이사로 선임될 수 있어 다수주주에 의하여 선임된 이사의 경영을 견제할 수 있는 장점도 있으나, 이사회 구성원의 이질성(異質性)으로 인하여 회사경영의 원활을 해칠 수 있는 단점도 있다.[1)]

이러한 집중투표제는 미국[2)]과 일본[3)] 등에서 인정되고 있는데,[4)] 1998년 개정상법이 이를 도입한 것이다. 이러한 집중투표제는 2명 이상의 이사의 선임을 일괄하여 1개의 결의사항으로 취급하는 것으로서, 의결권의 행사방법이 보통의 의결권의 행사방법과 다를 뿐이므로 1주 1의결권의 원칙에 반하는 것이 아니고,[5)] 또한 의결권을 같은 방향으로 행사하는 것이므로 의결권의 불통일행사가 아니다.[6)]

(나) 요 건

① 정관에 이를 배제하는 규정이 없을 것 정관에서 집중투표제를 배제하는 규정을 두지 않아야 한다(상 382조의2 1항). 즉, 집중투표제는 회사의 선택에 의하여 그 실시 여부를 결정할 수 있는데, 회사는 이와 같이 정관에 이를 배제할 수 있는 규정을 두거나 이사의 임기를 시차별로 하여 사실상 이 제도를 무력화시킬 수 있다.[7)]

---

1) 동지: 손(주), 761~762면; 정(동), (회) 385면.

2) RMBCA(2006) §7.28; Cal. §301.5.

3) 日會 342조.

4) 러시아의 「주식회사에 관한 연방법」에서는 2004년 개정 후에 모든 주식회사가 이사의 선임은 집중투표에 의하도록 하고 있다(동법 제66조 4항)(그런데 2004년 개정 전에는 의결권 있는 주식을 가진 주주가 1,000명을 초과하는 회사만 집중투표제를 의무적으로 하도록 하고, 그 이하의 회사는 회사가 선택하여 할 수 있도록 하였다).

5) 동지: 손(주), 762면; 정(동), (회) 384면; 김성탁, "대주주의 이사선임 독점현상을 시정하기 위한 제도모색(집중투표제의 실효성 제고방안을 중심으로)," 「상사법연구」, 제20권 3호(2001), 257~258면.

반대: 이(철), (회) 670면(1주 1의결권의 원칙에 대한 예외라고 함).

6) 동지: 손(주), 762면.

7) 동지: 정(동), (회) 385면.

2010년 4월 1일 현재 유가증권시장 주권상장법인 713개사(외국회사 3개사 제외) 중 649개 회사(91.0%)가 정관에 의하여 집중투표제를 배제하고 있다[한국상장회사협의회, 「유가증권시장 주권상장법인 정관 기재유형」, 2010. 6, 60면 참조]. 따라서 우리나라에서는 집중투표제에 대한 정관배제조항을 삭제하여 이를 의무화해야 한다고 주장하는 견해도 있으나, 회사의 원만한 경영을 위해서나 소수주주를 보호하기 위한 예외적인 제도를 근본적인 이유 없이 상법에 의하여 의무규정으로 두는 것은 (자본)다수결의 원칙에 반하는 점 등에서 볼 때 이의 채택여부를 회사의 자치에 맡기는 것이 타당하다고 본다[이에 관한 상세는 정찬형, "IMF경제체제 이후 회사지배구조에 관한 상법개정에 대한 평가," 「현대상사법논집」(우계강희갑박사화갑기념논문집), 2001. 12, 30~34면 참조. 동지: 이형규, "집중투표제와 그 의무화에 대한 검토," 「현대상사법논집」(우계강희갑박사화갑기념논문집), 2001, 114~115면].

최근 사업연도말 현재의 자산총액이 2조원 이상인 상장회사가 정관으로 집중투표를 배제하거나 그 배제된 정관을 변경하려는 경우에는 의결권 없는 주식을 제외한 발행주식총수의 100분의 3(정관으로 이보다 낮은 주식보유비율을 정한 경우에는 그 비율로 한다)을 초과하는 수의 주식을 가진 주주는 그 초과하는 주식에 관하여 의결권을 행사하지 못하고(상 542조의 7 3항, 상시 33조), 집중투표의 배제에 관한 정관의 변경을 주주총회의 목적사항으로 하는 의안은 그 밖의 사항의 정관 변경에 관한 의안과 별도로 상정하여 의결하여야 한다(상 542조의 7 4항).[1]

② 2인 이상의 이사 선임　　2인 이상의 이사를 선임하는 주주총회의 결의의 경우에 한하여 집중투표제를 채택할 수 있다(상 382조의 2 1항).

③ 소수주주의 청구　　의결권 없는 주식을 제외한 발행주식총수의 100분의 3 이상에 해당하는 주식을 가진 주주가 회사에 대하여 집중투표의 방법으로 이사를 선임할 것을 청구하여야 한다(상 382조의 2 1항).

그러나 최근 사업연도말 자산총액이 2조원 이상인 상장회사는 의결권 없는 주식을 제외한 발행주식총수의 100분의 1 이상에 해당하는 주식을 보유한 주주가 집중투표의 방법으로 이사를 선임할 것을 청구할 수 있다(상 542조의 7 2항, 상시 33조).[2]

소수주주는 이러한 청구를 비상장회사의 경우는 이사 선임을 위한 주주총회 회일의 7일 전까지 회사에 서면 또는 전자문서로 하여야 하고(상 382조의 2 2항), 상장회사의 경우는 주주총회일(정기주주총회의 경우에는 직전 연도의 정기주주총회일에 해당하는 그 해의 해당일) 6주 전까지 서면 또는 전자문서로 회사에 청구하여야 한다(상 542조의 7 1항). 소수주주가 이와 같이 집중투표의 청구를 한 경우에 주주총회는 이를 배제하는 결의를 할 수 없다고 본다. 왜냐하면 다수결로써 이를 배제하면 집중투표제를 인정하는 의미가 없기 때문이다.[3]

1) 입법론상 상법 제542조의 7 제 3 항 및 제 4 항은 정당한 이유 없이 주주의 의결권을 제한하는 것으로서 삭제되어야 한다고 본다[정찬형, "2009년 개정상법 중 상장회사에 대한 특례규정에 관한 의견," 「상사법연구」(한국상사법학회), 제28권 제 1 호(2009. 5), 289면. 동지: 김순석, "상사회사 특례제도의 문제점 및 개선방안," 「상사법연구」(한국상사법학회), 제34권 제 2 호(2015. 8), 140면; 송양호, "상장회사 특례규정 및 동 시행령에 관한 검토 및 개선방안," 「기업법연구」(한국기업법학회), 제26권 제 1 호(2012. 3), 163면].

2) 2013년 7월 16일 정부(법무부)의 「상법 일부 개정(안) 입법예고」(법무부 공고 제2013-162호)에서는 상법 제542조의 7 제 1 항을 개정하여 "자산규모 등을 고려하여 대통령령으로 정하는 상장회사에서 2인 이상의 이사의 선임을 목적으로 하는 총회가 있는 경우 제542조의 6 제 2 항에 해당하는 주식(원칙적으로 발행주식총수의 1,000분의 10)을 보유한 주주는 집중투표의 방법으로 이사를 선임할 것을 청구할 수 있다"고 규정함으로써, 이 경우 회사는 정관배제와 관계없이 이를 채택하도록 의무화 하였다(동 개정안 개정이유 참조).

3) 동지: 이(철), (회) 670면.

④ 회사의 공시 소수주주가 위와 같이 집중투표를 서면으로 청구하면 회사는 이러한 서면을 주주총회가 종결될 때까지 본점에 비치하고 주주로 하여금 영업시간 내에 열람할 수 있게 하여야 하고(상 382조의 2 6항), 주주총회의 의장은 이사 선임의 결의에 앞서 집중투표의 청구가 있다는 취지를 알려야 한다(상 382조의 2 5항). 회사가 이러한 공시를 하지 않으면 소집절차 또는 결의방법에 하자가 있는 것이므로 결의취소의 소의 원인이 된다고 본다.[1] 또한 회사는 주주에 대하여 주주총회의 소집의 통지와 공고를 함에 있어서는 주주가 집중투표의 청구를 할 것인가 여부를 결정할 수 있도록 하기 위하여 선임할 이사의 수를 기재하여야 한다고 본다.[2]

(다) 투표방법 및 선임결정

① 위의 요건이 구비되면, 각 주주는 1주마다 선임할 이사의 수와 동일한 수의 의결권을 갖고, 그 의결권을 이사후보자 1인 또는 수 인에게 집중하여 투표할 수도 있으며, 분산하여 투표할 수도 있다(상 382조의 2 3항). 이에 관한 구체적인 예는 앞에서 본 바와 같다.

이 때 정관에 의하여 출석정족수(의사정족수)가 규정되어 있으면(상 368조 1항) 이를 충족하여야 한다.[3]

② 위와 같이 투표한 결과 투표의 최다수를 얻은 자부터 순차적으로 이사에 선임된다(상 382조의 2 4항).

3) 자 격

(가) 이사가 될 수 있는 자격에는 원칙적으로 제한이 없으므로,[4] 주주가 아니어도 무방하다. 따라서 주식회사의 소유와 경영은 분리되고 있다. 그러나 정관으로 이사는 주주이어야 한다는 것 등을 정할 수 있는데(자격주〈資格株〉), 이 때에 이사는 그 수의 주권을 감사 또는 감사위원회(대표위원)에게 공탁하여야 한다(상 387조, 415조의 2 7항).

(나) 2009년 1월 개정상법에 의하면 사외이사의 결격사유에 대하여 규정하고, 사외이사가 그러한 결격사유의 하나에 해당하게 되면 그 직을 상실하는 것

1) 동지: 정(동), (회) 386면; 최(기), 831면.
2) 동지: 정(동), (회) 386면; 최(기), 830면.
3) 동지: 대판 2017. 1. 12, 2016 다 217741(신문 4479, 10).
4) 日會 331조 1항은 이사의 결격사유를 규정하고 있다(특히 법인을 이사의 결격사유로 규정하고 있다).

으로 규정하고 있다(상 382조 3항). 즉, 사외이사는 해당 회사의 상무에 종사하지 아니하는 이사로서, 다음의 결격사유 중 어느 하나에도 해당하지 아니하는 자를 말한다. 사외이사의 이러한 결격사유는 (i) 회사의 상무에 종사하는 이사·집행임원 및 피용자 또는 최근 2년 이내에 회사의 상무에 종사한 이사·감사·집행임원 및 피용자, (ii) 최대주주가 자연인인 경우 본인과 그 배우자 및 직계 존·비속, (iii) 최대주주가 법인인 경우 그 법인의 이사·감사·집행임원 및 피용자, (iv) 이사·감사 및 집행임원의 배우자 및 직계 존·비속, (v) 회사의 모회사 또는 자회사의 이사·감사·집행임원 및 피용자, (vi) 회사와 거래관계 등 중요한 이해관계에 있는 법인의 이사·감사·집행임원 및 피용자, (vii) 회사의 이사·집행임원 및 피용자가 이사·집행임원으로 있는 다른 회사의 이사·감사·집행임원 및 피용자인 자이다.

(다) 법인이 이사가 될 수 있는가에 대하여는 이미 설명한 바와 같이(회사의 권리능력에 관한 부분 참조) 긍정설,[1] 부정설[2] 및 업무를 담당하는 이사(사내이사·상근이사)는 될 수 없으나 업무를 담당하지 않는 이사(사외이사·비상근이사)는 될 수 있다는 설[3]로 나뉘어 있다.

생각건대 이사는 본질적으로 인적 개성에 의하여 임면(任免)되므로 이사는 자연인에 한한다고 본다(부정설에 찬성).

(라) 이사는 자연인인 이상 행위능력의 유무를 묻지 아니하나(민 117조 유추)[4] 파산자 또는 피성년후견인(금치산자)은 이사가 되지 못한다고 보아야 할 것이다(민 690조 참조).[5] 그러나 후술하는 바와 같이 상장회사의 경우 미성년자·피성년후견인(금치산자)·피한정후견인(한정치산자) 및 파산자는 사외이사가 될 수 없음을 명문으로 규정하고 있다(상 542조의 8 2항 1호·2호). 또 감사(監事)는 그 회사 및 자회사의 이사가 되지 못한다(상 411조). 지배인 기타의 상업사용인은 영업주의 허락이 없으면

---

1) 서·정, 427면; 정(동), (회) 387면; 이(병), 449면; 강, 317면; 주회(상), 659면.
외국의 입법례로는 프랑스 상법 제225-20조 1항이 명문의 규정을 두고 있다.

2) 이(철), (회) 661면; 최(기), (회) 552면; 김(용), 374면; 서(정), 241면; 정(무), 448면; 채, 546면; 이(기) 외, (회) 299면; 주상(Ⅱ-하), 188면; 이·최, 318면.
외국의 입법례로는 독일 주식법 제76조 3항 및 일본 회사법 제331조 1항이 있다.

3) 정(희), 471면; 손(주), 759면.

4) 동지: 정(희), 471면; 서·정, 427면; 손(주), 759면; 채, 546면.
반대: 이(철), (회) 661면(이사는 법률행위를 하고 회사와 제 3 자에 대하여 책임을 지므로 법인 및 제한능력자는 이사가 될 수 없다고 한다).

5) 동지: 정(희), 471면(파산자에 대하여); 정(동), (회) 387면(법인을 통한 범법행위가 늘어나는 추세에 비추어 볼 때 범법자 등도 이사가 될 수 없도록 규제하는 것이 타당하다고 한다).

다른 회사의 이사가 되지 못하고(상 17조 1항), 대리상 · 인적회사의 무한책임사원 · 유한책임회사의 업무집행자 또는 물적회사의 이사(집행임원)는 본인 · 다른 사원 또는 이사회(사원총회)의 허락(승인)이 없으면 동종영업을 목적으로 하는 다른 회사의 업무집행자 · 이사 또는 집행임원이 되지 못한다(상 89조, 198조 1항, 269조, 287조의 10 1항, 397조 1항, 567조).

4) 상장회사의 사외이사에 관한 특칙[1)]

(가) 사외이사의 선임의무 상장회사는 대통령령으로 정하는 경우(1. 벤처기업 중 최근 사업연도말 현재의 자산총액이 1,000억원 미만으로서 코스닥시장 또는 코넥스시장에 상장된 주권을 발행한 벤처기업, 2. 「채무자 회생 및 파산에 관한 법률」에 따른 회생절차가 개시되었거나 파산선고를 받은 상장회사, 3. 유가증권시장, 코스닥시장 또는 코넥스시장에 주권을 신규로 상장한 상장회사〈신규상장 후 최초로 소집되는 정기주주총회 전날까지만 해당한다〉. 다만, 유가증권시장에 상장된 주권을 발행한 회사로서 사외이사를 선임하여야 하는 회사가 코스닥시장 또는 코넥스시장에 상장된 주권을 발행한 회사로 되는 경우 또는 코스닥시장 또는 코넥스시장에 상장된 주권을 발행한 회사로서 사외이사를 선임하여야 하는 회사가 유가증권시장에 상장된 주권을 발행한 회사로 되는 경우에는 그러하지 아니하다, 4. 「부동산투자회사법」에 따른 기업구조조정 부동산투자회사, 5. 해산을 결의한 상장회사)를 제외하고 사외이사[2)]를 이사 총수의 4분의 1 이상이 되도록 하여야 하는데, 최근 사업연도말 현재의 자산총액이 2조원 이상인 상장회사는 사외이사를 3인 이상으로 하고 또한 이사 총수의 과반수가 되도록 하여야 한다(상 542조의 8 1항, 상시 34조 1항 · 2항).[3)] 상장회사는 사외이사의 사임 · 사망 등의 사유로 인하여 사외이사의 수가 이러한 요건에 미달하게 되면 그 사유가 발생한 후 처음으로 소집되는 주주총회에서 이러한 요건에 합치되도록 사외이사를 선임하여야 한다(상 542조의 8 3항).

이와 같이 상장회사 등에게 사외이사를 두는 것을 강제하면서 2011년 4월 개정상법 이전에는 집행임원에 관한 규정을 두고 있지 않았기(즉, 감독형 이사회 제도가 없었기) 때문에 앞에서 본 바와 같이 상장회사 등은 사외이사를 두는 것을 최소화할 목적으로 이사의 수를 대폭 축소하고 회사의 정관 또는 내규에 의하여 또는 대표이사에 의하여 선임된 (사실상의) 집행임원을 두게 되었다. 또한 이러한 (사실상) 집행임원은 등기되지 않았기 때문에 비등기임원이라고도 불리었는데, 실제로 (사외이사를 강제하기 전에) 등기이사가 수행하던 직무를 담당하고 이로 인하여 보수 등

1) 중국 상장회사의 사외이사(독립이사)제도에 관하여는 仇燕妮, "中國 上場會社의 獨立理事制度에 관한 硏究," 법학석사학위논문(고려대, 2012. 2) 참조.

2) 사외이사의 지위에 관하여는 이균성, "주식회사의 사외이사의 지위," 「상사법연구」, 제20권 1호(2001), 233~262면 참조.

3) 금융회사는 원칙적으로 이사회에 사외이사를 3인 이상이며 이사 총수의 과반수 두어야 하는데, 다만 대통령령으로 정하는 금융회사의 경우 이사 총수의 4분의 1 이상을 사외이사로 하여야 한다(지배 12조 1항 · 2항).

증권거래법(현재는 상 542조의 8 1항) 등에서 이와 같이 일정비율 이상의 사외이사를 강제로 두도록 하는 규정은 삭제되고 원칙적으로 기업의 자율에 맡겨야 한다는 견해로는 전삼현, "사외이사와 감사위원회제도의 활성화방안," 「상장」, 제342호(2003. 6), 6~9면.

에서도 등기이사와 거의 동등한 대우를 받고 있었다. 이러한 (사실상) 집행임원(비등기이사)은 2011년 4월 개정상법 이전에는 상법 등 법률상 근거가 없는 특수한 현상(법률상 미아 현상)이었으나, 2011년 4월 개정상법에서는 집행임원에 관하여 규정하고 있으므로(상 408조의 2~408조의 9) 종래의 (사실상) 집행임원(비등기이사)은 상법상 집행임원으로 대체되어 상법상 규정에 따라 선임·해임되고 공시(등기)되어야 할 것으로 본다.

(나) 사외이사의 결격사유 　상장회사의 사외이사는 위에서 본 이사의 결격사유 이외에도, (i) 미성년자·피성년후견인(금치산자) 또는 피한정후견인(한정치산자), (ii) 파산선고를 받은 자로서 복권되지 아니한 자, (iii) 금고 이상의 형을 선고받고 그 집행이 끝나거나 집행이 면제된 후 2년이 지나지 아니한 자, (iv) 대통령령으로 별도로 정하는 법률[1]에 위반하여 해임되거나 면직된 후 2년이 지나지 아니한 자, (v) 최대주주[2] 및 그의 특수관계인,[3] (vi) 주요주주 및 그

1) 상법 제542조의 8 2항 4호에서 "대통령령으로 별도로 정하는 법률"이란 다음 각 호의 금융 관련 법령(이에 상응하는 외국의 금융 관련 법령을 포함한다)을 말한다(상시 34조 3항).

1. 「한국은행법」, 2. 「은행법」, 3. 「보험업법」, 4. 「자본시장과 금융투자업에 관한 법률」, 5. 「상호저축은행법」, 6. 「금융실명거래 및 비밀보장에 관한 법률」, 7. 「금융위원회의 설치 등에 관한 법률」, 8. 「예금자보호법」, 9. 「한국자산관리공사 설립 등에 관한 법률」, 10. 「여신전문금융업법」, 11. 「한국산업은행법」, 12. 「중소기업은행법」, 13. 「한국수출입은행법」, 14. 「신용협동조합법」, 15. 「신용보증기금법」, 16. 「기술신용보증기금법」, 17. 「새마을금고법」, 18. 「중소기업창업 지원법」, 19. 「신용정보의 이용 및 보호에 관한 법률」, 20. 「외국환거래법」, 21. 「외국인투자촉진법」, 22. 「자산유동화에 관한 법률」, 23. 삭제(2021. 2. 1.), 24. 「금융산업의 구조개선에 관한 법률」, 25. 「담보부사채신탁법」, 26. 「금융지주회사법」, 27. 「기업구조조정투자회사법」, 28. 「한국주택금융공사법」.

2) 상법 제542조의 8 제 2 항 제 5 호의 최대주주는 "…본인 및 특수관계인이 소유하는 주식의 수가 가장 많은 경우 그 본인"이라고 규정하고, 자본시장과 금융투자업에 관한 법률(이하 '자본시장법'으로 약칭함) 제9조 제 1 항 및 금융회사의 지배구조에 관한 법률 제 2 조 제 6 호 가.의 최대주주는 "…본인 및 특수관계인이 누구의 명의로 하든지 자기의 계산으로 소유하는 주식을 합하여 그 수가 가장 많은 경우의 그 본인"이라고 규정하여, 양자는 최대주주의 정의를 달리 규정하고 있어, 예컨대 상법 제542조의 12 제 4 항을 적용하는 경우 등에 어떻게 최대주주를 정할 것인가가 문제된다. 상장회사에서 최대주주인지 여부는 자본시장법이 아니라 상법의 상장회사에 대한 특례규정(상 542조의 8 2항 5호)에 의하여 판단하여야 할 것으로 본다(따라서 구 증권거래법에 따른 자본시장법의 규정은 상법에 맞게 개정되어야 할 것으로 본다). 이와 같이 상장회사에서 최대주주인지 여부를 상법에 의하여 판단할 때, 상법에서는 "…계산으로 주식을 보유하는 자"에 대하여는 별도로 명문의 규정을 두고 있으므로(상 360조의 24 1항, 상시 38조 1항 1호 등), 상법에서 "…소유하는 주식의 수"는 주주명부상 주주의 주식수를 의미하는 것으로 보아야 할 것이다[동지: 이동욱, "상법상 최대주주의 판단기준," 법률신문, 제4607호(2018. 5. 28), 12면].

3) 상법 제542조의 8 2항 5호에서 "대통령령으로 정하는 특수한 관계에 있는 자"란 다음 각 호의 어느 하나에 해당하는 자(이하 "특수관계인"이라 한다)를 말한다(상시 34조 4항).

1. 본인이 개인인 경우에는 다음 각 목의 어느 하나에 해당하는 사람

가. 배우자(사실상의 혼인관계에 있는 사람을 포함한다)

의 배우자와 직계존비속, (vii) 그 밖에 사외이사로서의 직무를 충실하게 수행하기 곤란하거나 상장회사의 경영에 영향을 미칠 수 있는 자로서 대통령령으로 정하는 자[1]는 사외이사가 될 수 없으며, 사외이사가 이에 해당하게 된 경우에

나. 6촌 이내의 혈족
다. 4촌 이내의 인척
라. 본인이 단독으로 또는 본인과 가목부터 다목까지의 관계에 있는 사람과 합하여 100분의 30 이상을 출자하거나 그 밖에 이사·집행임원·감사의 임면 등 법인 또는 단체의 주요 경영사항에 대하여 사실상 영향력을 행사하고 있는 경우에는 해당 법인 또는 단체와 그 이사·집행임원·감사
마. 본인이 단독으로 또는 본인과 가목부터 라목까지의 관계에 있는 자와 합하여 100분의 30 이상을 출자하거나 그 밖에 이사·집행임원·감사의 임면 등 법인 또는 단체의 주요 경영사항에 대하여 사실상 영향력을 행사하고 있는 경우에는 해당 법인 또는 단체와 그 이사·집행임원·감사
2. 본인이 법인 또는 단체인 경우에는 다음 각 목의 어느 하나에 해당하는 자
가. 이사·집행임원·감사
나. 계열회사 및 그 이사·집행임원·감사
다. 단독으로 또는 제1호 각 목의 관계에 있는 자와 합하여 본인에게 100분의 30 이상을 출자하거나 그 밖에 이사·집행임원·감사의 임면 등 본인의 주요 경영사항에 대하여 사실상 영향력을 행사하고 있는 개인 및 그와 제1호 각 목의 관계에 있는 자 또는 단체(계열회사는 제외한다. 이하 이 호에서 같다)와 그 이사·집행임원·감사
라. 본인이 단독으로 또는 본인과 가목부터 다목까지의 관계에 있는 자와 합하여 100분의 30 이상을 출자하거나 그 밖에 이사·집행임원·감사의 임면 등 단체의 주요 경영사항에 대하여 사실상 영향력을 행사하고 있는 경우 해당 단체와 그 이사·집행임원·감사

1) 상법 제542조의 8 2항 7호에서 "대통령령으로 정하는 자"란 다음 각 호의 어느 하나에 해당하는 자를 말한다(상시 34조 5항).
1. 해당 상장회사의 계열회사의 상무에 종사하는 이사·집행임원·감사 및 피용자이거나 최근 2년 이내에 계열회사의 상무에 종사하는 이사·집행임원·감사 및 피용자였던 자
2. 다음 각 목의 법인 등의 이사·집행임원·감사 및 피용자[사목에 따른 법무법인, 법무법인(유한), 법무조합, 변호사 2명 이상이 사건의 수임·처리나 그 밖의 변호사 업무수행 시 통일된 형태를 갖추고 수익을 분배하거나 비용을 분담하는 형태로 운영되는 법률사무소, 합작법무법인, 외국법자문법률사무소의 경우에는 해당 법무법인 등에 소속된 변호사, 외국법자문사를 말한다]이거나 최근 2년 이내에 이사·집행임원·감사 및 피용자였던 자(그러나 은행법에 따른 은행 등인 기관투자자 및 이에 상당하는 외국금융회사는 제외됨—상시 34조 6항)
가. 최근 3개 사업연도 중 해당 상장회사와의 거래실적의 합계액이 자산총액(해당 상장회사의 최근 사업연도 말 현재의 대차대조표상의 자산총액을 말한다) 또는 매출총액(해당 상장회사의 최근 사업연도 말 현재의 손익계산서상의 매출총액을 말한다. 이하 이 조에서 같다)의 100분의 10 이상인 법인
나. 최근 사업연도 중에 해당 상장회사와 매출총액의 100분의 10 이상의 금액에 상당하는 단일의 거래계약을 체결한 법인
다. 최근 사업연도 중에 해당 상장회사가 금전, 유가증권, 그 밖의 증권 또는 증서를 대여하거나 차입한 금액과 담보제공 등 채무보증을 한 금액의 합계액이 자본금(해당 상장회사의 최근 사업연도 말 현재의 대차대조표상의 자본금을 말한다)의 100분의 10 이상인 법인
라. 해당 상장회사의 정기주주총회일 현재 그 회사가 자본금(해당 상장회사가 출자한 법인의 자본금을 말한다)의 100분의 5 이상을 출자한 법인
마. 해당 상장회사와 기술제휴계약을 체결하고 있는 법인
바. 해당 상장회사의 감사인으로 선임된 회계법인

는 그 직을 상실한다(상 542조의 8 2항, 상시 34조 3항·4항·5항·6항).[1]

(다) 사외이사의 선임방법 최근 사업연도말 현재의 자산총액이 2조원 이상인 상장회사는 사외이사후보를 추천하기 위하여 이사회내 위원회의 하나인 「사외이사 후보추천위원회」를 설치하여야 하는데, 이 위원회는 사외이사가 총위원의 과반수가 되도록 구성하여야 한다(상 542조의 8 4항).

위의 상장회사가 주주총회에서 사외이사를 선임하려는 때에는 「사외이사 후보추천위원회」의 추천을 받은 자 중에서 선임하여야 하는데, 이 경우 「사외이사 후보추천위원회」가 사외이사후보를 추천할 때에는 주주제안권을 행사할 수 있는 요건을 갖춘 주주(상 363조의 2 1항, 542조의 6 2항)가 주주총회일(정기주주총회의 경우 직전연도의 정기주주총회일에 해당하는 당해 연도의 해당일)의 6주 전에 추천한 사외이사후보를 포함시켜야 한다(상 542조의 8 5항).

(라) 주권상장법인의 사외이사에 관한 특칙 주권상장법인은 사외이사를 선임 또는 해임하거나 사외이사가 임기만료 외의 사유로 퇴임한 경우에는 그 내용을 선임·해임 또는 퇴임한 날의 다음 날까지 금융위원회와 거래소에 신고하여야 한다(자금 165조의 17 3항).

5) 원수(員數) 이사는 원칙적으로 3인 이상이어야 한다(상 383조 1항 본문).

상장회사의 경우 사외이사의 수에 대하여는 앞에서 본 바와 같이 최저수의 제한이 있다(상 542조의 8 1항).

그러나 자본금 총액이 10억원 미만인 소규모 주식회사의 경우에는 예외적으로 이사를 1명 또는 2명 둘 수 있도록 하고 있다(상 383조 1항 단서).[2]

사. 해당 상장회사와 주된 법률자문·경영자문 등의 자문계약을 체결하고 있는 법무법인, 법무법인(유한), 법무조합, 변호사 2명 이상이 사건의 수임·처리나 그 밖의 변호사 업무수행 시 통일된 형태를 갖추고 수익을 분배하거나 비용을 분담하는 형태로 운영되는 법률사무소, 합작법무법인, 외국법자문법률사무소, 회계법인, 세무법인, 그 밖에 자문용역을 제공하고 있는 법인

3. 해당 상장회사 외의 2개 이상의 다른 회사의 이사·집행임원·감사로 재임 중인 자

4. 해당 상장회사에 대한 회계감사 또는 세무대리를 하거나 그 상장회사와 법률자문·경영자문 등의 자문계약을 체결하고 있는 변호사(소속 외국법자문사를 포함한다), 공인회계사, 세무사, 그 밖에 자문용역을 제공하고 있는 자

5. 해당 상장회사의 발행주식총수의 100분의 1 이상에 해당하는 주식을 보유(「자본시장과 금융투자업에 관한 법률」 제133조 제 3 항에 따른 보유를 말한다)하고 있는 자

6. 해당 상장회사와의 거래(「약관의 규제에 관한 법률」 제 2 조 1호의 약관에 따라 이루어지는 해당 상장회사와의 정형화된 거래는 제외한다) 잔액이 1억원 이상인 자

7. 해당 상장회사에서 6년을 초과하여 사외이사로 재직했거나 해당 상장회사 또는 그 계열회사에서 각각 재직한 기간을 더하면 9년을 초과하여 사외이사로 재직한 자

1) 금융회사의 사외이사의 결격사유에 대하여는 별도로 규정하고 있는데(지배 6조 1항), 다만 금융회사의 사외이사에 대하여는 적극적 자격요건도 규정하고 있다(지배 6조 3항).

2) 1인 이사인 주식회사에서의 상법 적용상 문제점에 관한 상세는 김성탁, "이사가 1인인 주식회사의 법률문제," 「비교사법」, 제 8 권 2호(2001. 12), 705~744면 참조.

6) 임 기

(가) 이사의 임기는 원칙적으로 3년을 초과하지 못한다(상 383조 2항).[1] 그러나 임기중의 최종의 결산기에 관한 정기주주총회가 종결하기 전에 임기가 만료할 때에는 예외적으로 정관의 규정에 의하여 정기주주총회의 종결에 이르기까지 임기를 연장할 수 있다(상 383조 3항)(예컨대, 12월 31일을 결산기로 하는 회사의 이사의 임기가 다음해 1월 10일에 만료하고 정기주주총회일이 2월 20일이면 2월 20일에 임기가 만료된다는 의미이다).[2] 이사의 임기를 이와 같이 제한한 것은 이사의 권한이 매우 강력하고 또 임기중에는 해임이 쉽지 않기 때문이다. 그러나 임기만료 후의 재선은 가능하다.[3]

상법상 이사의 임기는 3년을 초과하지 않으면 되고(상 383조 2항), 모든 이사의 임기가 동일하거나 또는 임기의 기산점이 동일하여야 하는 것은 아니므로, 정관의 규정에 의하여 이사시차임기제가 가능하다고 본다.[4]

(나) 이사의 임기의 기산점은 변경된 대법원 전원합의체 판결(2017. 3. 23, 2016 다 251215)에 의하면 이사의 지위를 취득한 날(선임결의 후 피선임자의 동의가 있으면 그 동의시이고, 선임결의 전 피선임자의 동의가 있으면 선임결의시 또는 그 선임결의에서 정한 임기개시일)이다.[5]

7) 선임결의의 하자(이사의 직무집행정지와 직무대행자선임의 가처분제도)

(가) **의의 · 성질** 이사 선임결의의 무효나 취소의 소(또는 이사 해임의 소)가 제기된 경우에는 법원은 당사자의 신청에 의하여 가처분으로써 그 이사

---

1) 상법 제383조 2항과 동일한 내용을 회사의 정관에서 규정한 것이 이사의 임기를 3년으로 정하는 취지라고 해석할 수는 없다[대판 2001. 6. 15, 2001 다 23928(공보 2001, 1610)].

2) 동지: 대판 2010. 6. 24, 2010 다 13541(공보 2010, 1442)(상법 제383조 3항은 이사의 임기는 3년을 초과할 수 없도록 규정한 같은 조 제 2 항에 불구하고 정관으로 그 임기중의 최종의 결산기에 관한 정기주주총회의 종결에 이르기까지 이를 연장할 수 있다고 규정하고 있는바, 위 규정은 임기가 만료되는 이사에 대하여는 임기중의 결산에 대한 책임을 지고 주주총회에서 결산서류에 관한 주주들의 질문에 답변하고 변명할 기회를 주는 한편, 회사에 대하여는 정기주주총회를 앞두고 이사의 임기가 만료될 때마다 임시주주총회를 개최하여 이사를 선임하여야 하는 번거로움을 덜어주기 위한 것에 그 취지가 있다. 위와 같은 입법취지 및 그 규정내용에 비추어 보면, 위 규정상의 '임기중의 최종의 결산기에 관한 정기주주총회'라 함은 임기중에 도래하는 최종의 결산기에 관한 정기주주총회를 말하고, 임기 만료 후 최초로 도래하는 결산기에 관한 정기주주총회 또는 최초로 소집되는 정기주주총회를 의미하는 것은 아니므로, 위 규정은 결국 이사의 임기가 최종 결산기의 말일과 당해 결산기에 관한 정기주주총회 사이에 만료되는 경우에 정관으로 그 임기를 정기주주총회 종결일까지 연장할 수 있도록 허용하는 규정이라고 보아야 한다).

3) 동지: 정(희), 472면; 정(동), (회) 388면.

4) 동지: 김홍식, 「M&A개론」(서울: 박영사, 2009), 200면; 동, "적대적 M&A에 있어서 대상회사의 방어수단에 관한 법적 연구," 법학박사학위논문(고려대, 2007. 2), 152면.

5) 동지: 정(동), (회) 388면(임용계약의 효력발생시라고 함).

선임결의시 또는 선임결의에서 정한 임기개시일이라고 보는 견해로는 정(희), 472면; 이(철), (회) 672면.

의 직무집행을 정지할 수 있고, 또는 직무대행자를 선임할 수 있다(상 407조 1항 1문). 이러한 가처분을 이사 직무집행정지 가처분 또는 이사 직무대행자선임 가처분이라고 하는데, 이는 이사 선임결의의 무효나 취소의 소(또는 이사 해임의 소)의 판결이 확정될 때까지 그 이사로 하여금 그대로 직무를 계속하게 하는 것은 회사에 예기치 못한 손해를 생기게 할 염려가 있기 때문이다.

이러한 가처분은 「임시의 지위를 정하는 가처분」[1](민집 300조 2항)으로 그 절차나 효력에 관하여는 민사집행법에 의하나(민집 300조 이하), 상법은 이에 관한 특칙을 규정한 것이다.

우리 대법원판례도 이와 같은 취지에서 다음과 같이 판시하고 있다.

[가처분의 성질과 존속기간에 관한 판례]

주식회사 이사의 직무집행을 정지하고 그 대행자를 선임하는 가처분은 민사소송법 제714조 제 2 항에 의한 임시의 지위를 정하는 가처분의 성질을 가지는 것으로서, 본안소송의 제 1 심판결 선고시 또는 확정시까지 그 직무집행을 정지한다는 취지를 결하였다 하여 당연무효라 할 수 없으나, 가처분에 의해 직무집행이 정지된 당해 이사 등을 선임한 주주총회결의의 취소나 그 무효 또는 부존재확인을 구하는 본안소송에서 가처분채권자가 승소하여 그 판결이 확정된 때에는 가처분은 그 직무집행정지기간이 정함이 없는 경우에도 본안승소판결의 확정과 동시에 그 목적을 달성한 것이 되어 당연히 효력을 상실한다[대판 1989. 5. 23, 88 다카 9883(공보 852, 983)].

동지: 대판 1989. 5. 23, 88 다카 9890(월보 226, 91); 동 1989. 9. 12, 87 다카 2691(공보 1989, 1446)(가처분에 의해 직무집행이 정지된 당해 이사 등을 선임한 주주총회 결의의 취소나 그 무효 또는 부존재확인을 구하는 본안소송에서 가처분채권자가 승소하여 그 판결이 확정된 때에는, 가처분은 그 직무집행정지기간의 정함이 없는 경우에도 본안승소판결의 확정과 동시에 그 목적을 달성한 것이 되어 당연히 효력을 상실하게 된다); 동 1989. 9. 12, 88 다카 17877(월보 231, 109).

['임시의 지위를 정하는 가처분'에는 다툼 있는 권리관계의 존재를 요건으로 한다는 판례]

민사집행법 제300조 제 2 항에서 정한 '임시의 지위를 정하는 가처분'은 다툼 있는 권리관계에 관하여 그것이 본안소송에 의하여 확정되기까지 가처분권

1) 가처분에는 두 가지가 있는데, (i) 하나는 현상의 변경으로 당사자의 권리를 실행하지 못하거나 이를 실행함에 현저히 곤란할 염려가 있는 때이고(민집 300조 1항), (ii) 다른 하나는 임시의 지위를 정하기 위하여 필요한 때이다(민집 300조 2항).

리자가 현재의 현저한 손해를 피하거나 급박한 위험을 막기 위하여 또는 그 밖에 필요한 이유가 있는 경우 허용되는 응급적·잠정적인 처분이므로 다툼 있는 권리관계의 존재를 요건으로 한다[대결 2020. 4. 24, 2019 마 6918(공보 2020, 951)].

[가처분결정에 의하여 이사의 임기가 정지되거나 연장되지 않는다고 한 판례]

이러한 이사의 직무집행을 정지하고 직무대행자를 선임하는 가처분결정이 있는 경우, 이사의 임기가 당연히 정지되거나 가처분결정이 존속하는 기간만큼 연장된다고 할 수 없다[대판 2020. 8. 20, 2018 다 249148(공보 2020, 1769)].

(나) 절 차 이러한 가처분은 (i) 원칙적으로 본안소송이 제기된 경우에 본안의 관할법원이 당사자의 신청에 의하여 하나(상 407조 1항 1문), 급박한 사정이 있는 때에는 본안소송의 제기 전이라도 관할법원은 그러한 가처분을 할 수 있다(상 407조 1항 2문). (ii) 또한 이러한 가처분은 그러한 이사가 계속하여 직무를 집행하는 경우에 회사에 현저하게 손해가 발생할 염려가 있어야 하는 보전의 필요가 있어야 한다(민집 300조 2항).

이러한 가처분의 원인 및 직무대행자의 자격에 대하여 우리 대법원판례는 다음과 같이 판시하고 있다.

[가처분의 원인이 되지 않는다고 본 판례]

회사주식의 60%를 소유하고 있는 주주의 의사에 의하여 대표이사 등 임원이 선임된 경우, 선임절차상의 잘못이 있어 무효로 돌아간다 하더라도 그 직무집행을 정지시키고 그 대행자를 선임하여야 할 필요성이 있다고 볼 수는 없다[대결 1991. 3. 5, 90 마 818(공보 896, 1236)].

[가처분을 구할 피보전권리가 존재한다고 한 판례]

갑 주식회사가 이사회를 개최하여 정기주주총회에서 실시할 임원선임결의에 관한 사전투표 시기(始期)를 정관에서 정한 날보다 연장하고 사전투표에 참여하거나 주주총회에서 직접 의결권을 행사하는 주주들에게 골프장 예약권과 상품교환권을 제공하기로 결의한 다음 사전투표 등에 참여한 주주들에게 이를 제공하여 주주총회에서 종전대표이사 을 등이 임원으로 선임되자, 대표이사 등 후보자로 등록하였다가 선임되지 못한 주주 병 등이 주주총회결의의 부존재 또는 취소사유가 존재한다고 주장하면서 을 등에 대한 직무집행정지 가처분을 구한 사안에서, 위 주주총회결의는 정관을 위반하여 사전투표기간을 연장하고 사전투표기간에 전체 투표수의 약 67%에 해당하는 주주들의 의결권행사와 관련하여 사회통념상 허용되는 범위를 넘어서는 위법한 이익이 제공됨으로써 주주총회결의 취소사유에 해당하는 하자가 있으므로, 위 가처분신청은 을 등에 대한 직무집행정지 가처분을 구할 피보전권리의 존재가 인정되는데도, 이와 달리 보아 가처분신청을 기각한 원심결정에는 주주총회결의 취소사유에 관한 법리오해의 위법이 있다[대결 2014. 7. 11, 2013 마 2397(공보 2014, 1572)].

[직무대행자의 자격이 되지 않는다고 본 판례]

가처분에 의하여 직무집행이 정지된 종전의 이사 등은 직무대행자로 선임될 수 없다[대판 1990. 10. 31, 90 그 44(공보 886, 2417)].

이 때 이사 직무정지가처분의 신청인이 될 수 있는 자는 본안소송의 원고 또는 원고가 될 수 있는 자이고,[1] 피신청인이 될 수 있는 자는 그 성질상 「이사」이고 회사가 아니다.

우리 대법원판례도 이와 같은 취지로 다음과 같이 판시하고 있다.

[이사 직무집행정지가처분의 피신청인이 될 수 있는 자는 당해 이사라고 본 판례]

민사소송법 제714조 제 2 항 소정의 임시의 지위를 정하기 위한 이사 직무집행정지 가처분에 있어서 피신청인이 될 수 있는 자는 그 성질상 당해 이사인 Y이고, 회사에게는 피신청인의 적격이 없다[대판 1982. 2. 9, 80 다 2424(공보 678, 333)].

동지: 대판 1972. 1. 31, 71 다 2351(집 20 ① 민 41)(임시의 지위를 정하는 가처분인 청산인 직무집행정지 및 직무대행자선임 가처분신청에 있어서는, 신청인 주장 자체에 의하여 신청인과 저촉되는 지위에 있는 청산인을 피신청인으로 하여야 하고, 회사는 피신청인의 적격이 없다).

반대: 피신청인은 회사라는 견해[日大判 1933. 6. 30(民集 12, 1711)], 회사 및 이사라는 견해[김광일, "회사 이사 등의 직무집행정지·직무대행자선임의 가처분," 「사법논집」, 제 3 권, 505면]도 있다.

㈐ 효 력 직무집행의 정지를 당한 이사가 가처분의 취지에 반하여 한 행위는 제 3 자에 대한 관계에서는 절대적으로 무효이고, 그 후 가처분이 취소된 경우에도 소급하여 유효가 되는 것이 아니다.[2] 또한 직무집행의 정지를 당한 이사는 직무집행에서 배제되므로 그 직무와 관련하여 발생하는 책임도 없다.[3] 이러한 이사의 직무집행정지가처분은 그 존속기간의 정함이 없는 경우

---

1) 동지: 정(동), (회) 397면.
2) 동지: 정(희), 502면.
3) 동지: 대판 1980. 3. 11, 79 누 322(공보 632, 12747).

에도 본안소송에서 가처분신청자가 승소하여 그 판결이 확정된 때에는, 그 목적을 달성한 것이 되어 당연히 그 효력을 상실한다.[1)]

(라) 가처분의 변경·취소 　법원은 당사자(피신청인)의 신청에 의하여 이러한 가처분을 변경 또는 취소할 수 있다(상 407조 2항). 이 변경이나 취소에 관하여는 상법에 특별한 규정이 없으므로 민사집행법의 규정에 의하여야 한다고 본다.[2)] 이사의 직무집행정지 또는 직무대행자선임의 가처분이 있거나 또는 가처분의 변경이나 취소가 있을 때에는, 이는 당사자 및 제 3 자에게 미치는 영향이 크므로 본점과 지점의 소재지에서 등기하여야 한다(상 407조 3항).[3)] 왜냐하면 이러한 가처분은 임시의 지위를 정하는 것이므로 가처분절차의 효력이 당사자에게뿐만 아니라 제 3 자에게도 미치는 까닭이다.

직무집행정지·대행자선임의 가처분에 의하여 직무의 집행이 정지된 이사가 사임하고 주주총회의 결의로 후임이사가 선임되더라도, 그것만으로 즉시 위 가처분이 실효하거나 위 대행자의 권한이 소멸하는 것이 아니고, 가처분의 취소가 있어야 가처분에 의한 직무대행자의 권한이 소멸하는 것이다.[4)] 또한 그러한 후임이사가 이사회에서 대표이사로 선임되더라도 그 대표이사는 가처분이 취소되지 않는 한 그 권한을 행사하지 못한다.[5)]

우리 대법원판례도 이와 동지로 다음과 같이 판시하고 있다.

[가처분에 의한 직무대행자의 권한은 그 가처분이 취소되어야 소멸한다고 본 판례]

청산인의 직무대행자는 회사계속의 결의(상 519조)와 아울러 새로운 이사 및 감사선임의 결의가 있었다고 하여 그의 권한이 당연히 소멸되는 것이 아니고(상 408조 1항), 이 때에는 가처분에 의하여 직무집행이 정지되었던 피신청인이 그 사정변경을

1) 동지: 대판 1989. 5. 23, 88 다카 9883(공보 852, 983; 집 37 ② 민 107); 동 1989. 9. 12, 87 다카 2691(공보 1989, 1446).

2) 동지: 정(동), 399면; 日名古屋高判 1960. 1. 30(高民集 13-1, 78면).
　반대: 정(희), 503면(가처분의 변경이나 취소에 관하여는 간이·신속을 위주로 하는 상법적 요청으로 보아 민사소송법상의 일반가처분의 변경과 취소의 절차와 요건을 필요로 하지 않는다고 한다).

3) 즉, 이러한 가처분이 있는 때에는 본점과 지점의 소재지에서 그 등기를 하여야 하는데(상 407조 3항), 이사 결원의 경우의 직무대행자(상 386조 2항 1문)에 대하여는 1995년 개정상법에서 본점소재지에서만 등기하도록 규정하였다(상 386조 2항 2문). 이와 같이 양자의 경우에 등기범위에 반드시 차이를 두어야 하는지는 의문이며, 차이를 둘 필요가 없다면 상법 제407조 3항도 본점소재지에서만 등기하도록 개정되어야 할 것으로 본다.

4) 동지: 정(희), 503면.

5) 동지: 정(희), 503면.

이유로 가처분이의의 소를 제기하여 위 가처분의 취소를 구할 수 있다[대판 1997. 9. 9, 97 다 12167(공보 1997, 3054)].

[직무대행자선임의 가처분이 취소되기 전에 선임된 대표이사의 제 3 자와의 행위의 효력을 부정한 판례]

대표이사의 직무집행정지 및 직무대행자선임의 가처분이 이루어진 이상, 그 후 대표이사가 해임되고 새로운 대표이사가 선임되었다 하더라도 가처분결정이 취소되지 아니하는 한 직무대행자의 권한은 유효하게 존속하는 반면, 새로이 선임된 대표이사는 그 선임결의의 적법 여부에 관계없이 대표이사로서의 권한을 갖지 못한다.

위의 경우 위 가처분은 그 성질상 당사자 사이에서 뿐만 아니라 제 3 자에게도 효력이 미치므로, 새로이 선임된 대표이사가 위 가처분에 위반하여 회사 대표자의 자격에서 한 법률행위는 결국 제 3 자에 대한 관계에서도 무효이고, 이 때 위 가처분에 위반하여 대표권 없는 대표이사와 법률행위를 한 거래 상대방은 자신이 선의였음을 들어 위 법률행위의 유효를 주장할 수는 없다[대판 1992. 5. 12, 92 다 5638(공보 923, 1850)].

동지: 대판 2014. 3. 27, 2013 다 39551(공보 2014, 936)(주식회사 이사의 직무집행을 정지하고 직무대행자를 선임하는 가처분은 성질상 당사자 사이뿐만 아니라 제 3 자에 대한 관계에서도 효력이 미치므로 가처분에 반하여 이루어진 행위는 제 3 자에 대한 관계에서도 무효이므로 가처분에 의하여 선임된 이사직무대행자의 권한은 법원의 취소결정이 있기까지 유효하게 존속한다. 또한 등기할 사항인 직무집행정지 및 직무대행자선임 가처분은 상법 제37조 제 1 항에 의하여 이를 등기하지 아니하면 위 가처분으로 선의의 제 3 자에게 대항하지 못하지만 악의의 제 3 자에게는 대항할 수 있고, 주식회사의 대표이사 및 이사에 대한 직무집행을 정지하고 직무대행자를 선임하는 법원의 가처분결정은 그 결정 이전에 직무집행이 정지된 주식회사 대표이사의 퇴임등기와 직무집행이 정지된 이사가 대표이사로 취임하는 등기가 경료되었다고 할지라도 직무집행이 정지된 이사에 대하여는 여전히 효력이 있으므로 가처분결정에 의하여 선임된 대표이사 및 이사 직무대행자의 권한은 유효하게 존속하고, 반면에 가처분결정 이전에 직무집행이 정지된 이사가 대표이사로 선임되었다고 할지라도 그 선임결의의 적법 여부에 관계 없이 대표이사로서의 권한을 가지지 못한다).

(마) 직무대행자의 권한 ① 직무대행자의 선임은 일시적인 필요에 의한 것이므로 이러한 직무대행자는 원칙적으로 회사의 상무(常務)에 속하는 행위만을 할 수 있다(상 408조 1항 본문 후단). 그러나 가처분명령에 다른 정함이 있거나[1] 또는

1) 동지: 대판 1982. 4. 27, 81 다 358(집 30 ① 민 167)(가처분결정에 의하여 다른 정함이 있는 경우 외에는 회사의 상무에 속하지 아니한 행위를 하지 못한다고 한다).

법원의 허가[1]가 있으면 직무대행자는 예외적으로 회사의 일상에 속하는 행위가 아니라도 할 수 있다(상 408조 1항 본문 전단 및 단서).

회사의 상무에 속하는지 여부에 관한 대법원판례로는 다음과 같은 것이 있다.

[상무에 속한다고 본 판례]

「종업원이 회사로부터 지급받을 출장비 대신에 부동산을 대물변제받기로 한 약정에 따라 회사에게 그 소유권이전등기절차의 이행을 구하는 소송에서 회사의 대표이사 직무대행자가 법원으로부터 적법한 소환을 받고도 변론기일에 출석하지 아니하여 의제자백으로 승소하였고 또 그에 대하여 위 직무대행자가 항소를 제기하지 아니하여 그 판결이 확정되었으므로, 비록 위 직무대행자의 위와 같은 행위로 인하여 청구를 인낙하는 것과 같은 효과를 가져왔다고 하더라도 그 부동산이 회사의 기본재산이거나 중요한 재산에 해당한다고 볼 수 없다면 회사의 직무대행자의 위 일련의 행위는 회사의 상무행위에 해당하지 아니한다고 할 수 없다」라고 하고[대판 1991. 12. 24, 91 다 4355(공보 914, 664)],

「변호사에게 소송대리를 위임하고 그 보수계약을 체결하는 행위는 회사의 상무에 속한다」고 하였다[대판 1970. 4. 14, 69 다 1613(집 15 ① 민 326); 동 1989. 9. 12, 87 다카 2691(공보 1989, 1446)].

[상무에 속하지 아니한다고 본 판례]

「회사를 대표하여 소송상의 인낙을 하는 것은 회사의 상무에 속하는 것이 아니므로 특별수권이 있어야 한다」고 하고[대판 1975. 5. 27, 75 다 120(집 23 ② 민 102)],

「법원의 가처분명령에 의하여 선임된 회사의 대표이사 직무대행자가 회사의 업무집행기관으로서의 기능발휘를 전혀 하지 아니하고 그 가처분을 신청한 사람측에게 그 권한의 전부를 위임하여 회사의 경영을 일임하는 행위는, 가처분명령에 의하여 정하여진 대표이사 직무대행자의 회사경영책임자로서의 지위에 변동을 가져오게 하는 것으로서 가처분명령에 위배되는 행위일 뿐만 아니라 회사업무의 통상적인 과정을 일탈하는 것으로서 이를 회사의 상무(常務)라고 할 수 없으므로, 가처분명령에 특히 정한 바가 있거나 법원의 허가를 얻지 않고는 할 수 없다 할 것이다」고 하며[대판 1984. 2. 14, 83 다카 875 · 876 · 877(집 32 ① 민 61)],

「가처분에 의하여 대표이사 직무대행자로 선임된 자가 변호사에게 소송대리를 위임하고 그 보수계약을 체결하거나 그와 관련하여 반소제기를 위임하는 행위는 회사의 상무에 속하나, 회사의 상대방 당사자의 변호사의 보수지급에 관

1) 대결 2008. 4. 14, 2008 마 277(공보 2008, 677)(법원이 주식회사의 이사 직무대행자에 대하여 상법 제408조 1항에 따라 상무 외 행위를 허가할 것인지 여부는 일반적으로 당해 상무 외 행위의 필요성과 회사의 경영과 업무 및 재산에 미치는 영향 등을 종합적으로 고려하여 결정하여야 한다).

한 약정은 회사의 상무에 속한다고 볼 수 없으므로 법원의 허가를 받지 않는 한 효력이 없다」고 하고[대판 1989. 9. 12, 87 다카 2691(공보 1989, 1446)],

「가지위를 정하는 가처분결정에 의하여 선임된 이사 또는 청산인 직무대행자는 그 가처분결정에 의하여 다른 정함이 있는 경우 외에는 회사의 상무에 속하지 아니한 행위를 하지 못하는데, 이 때 소위 회사의 상무라 함은 회사가 영업을 계속함에 있어서의 통상의 업무범위에 속하는 사무를 말하므로 제 1 심판결에 대한 항소취하는 회사의 상무가 아니다」고 한다[대판 1982. 4. 27, 81 다 358(집 30 ① 민 167)].

「대표이사 직무대행자가 회사에 관한 소송에서 상대방 당사자의 변호사의 보수지급에 관하여 약정하는 것은 회사의 상무에 속한다고 볼 수 없다」고 하고[대판 1989. 9. 12, 87 다카 2691(공보 1989, 1446)],

또한 「직무대행자가 정기주주총회를 소집함에 있어서 그 안건에 이사회의 구성 자체를 변경하는 행위나 상법 제374조의 특별결의사항에 해당하는 행위 등 회사의 경영 및 지배에 영향을 미칠 수 있는 것이 포함되어 있다면 그 안건의 범위에서 정기총회의 소집이 상무에 속하지 않는다고 할 것이고, 직무대행자가 이러한 정기주주총회를 소집하는 행위가 상무에 속하지 아니함에도 법원의 허가 없이 이를 소집하여 결의한 때에는 소집절차상의 하자로 결의취소사유에 해당한다」고 하였다[대판 2007. 6. 28, 2006 다 62362(공보 2007, 1159)].

② 직무대행자가 그 권한을 초과한 행위를 한 경우에도, 거래안전을 위하여 회사는 선의의 제 3 자에 대하여는 책임을 져야 한다[1](상 408조 2항).

(2) 종 임

1) 종임사유

(가) 일반적 종임사유 ① 이사와 회사간에는 위임에 관한 규정이 준용되기 때문에(상 382조 2항) 이사는 위임의 종료사유에 의하여 종임된다. 위임계약은 약정종료사유(각 당사자의 계약해지)(민 689조)와 법정종료사유(위임인의 사망·파산, 수임인의 사망·파산·성년후견)(민 690조)에 의하여 종료된다. 따라서 이사도 회사에 의한 해임(회사에 의한 위임계약의 해지)이나 이사의 사임(이사에 의한 위임계약의 해지)에 의하여 종료되고(약정종료사유), 회사의 해산·파산이나 이사의 사망·파산·성년후견에 의하여 종료된다(법정종료사유). 회사가 해산한 경우에는 원칙적으로 이사가 청산인이 된다(상 531조 1항 본문). 회사가 파산한 경우에는 주주총회는

1) 동지: 대판 1965. 10. 26, 65 다 1677(집 13 ② 민 212)(그런데 제 3 자의 선의라는 점에 대한 주장과 증명책임은 상대방에 있다고 한다).

새로 이사를 선임하여야 하지만, 그러한 이사는 파산재단에 대한 관리처분권이 없으므로 그 권한은 한정된다(파 384조 참조).

이 때 사임과 사망에 의한 위임계약의 종료시기에 관한 다음과 같은 대법원판례가 있다.

[사임의 효력발생시기에 관한 판례]

주식회사와 이사의 관계는 위임에 관한 규정이 준용되므로, 이사는 언제든지 사임할 수 있고, 사임의 의사표시가 대표이사에게 도달하면 그 효과가 발생하나(대법원 1997. 9. 11.자 97 마 1474 결정, 1993. 9. 14. 선고 93 다 28799 판결 등 참조), 대표이사에게 사표의 처리를 일임한 경우에는 사임 의사표시의 효과발생 여부를 대표이사의 의사에 따르도록 한 것이므로, 대표이사가 사표를 수리함으로써 사임의 효과가 생긴다[대판 1998. 4. 28, 98 다 8615(공보 1998, 1498)].

[대표이사의 사망은 상대방에 대한 통지를 요하지 않고 그 효력이 발생한다고 본 판례]

상법 제382조 제 2 항에 의하여 회사와 이사의 관계에는 위임에 관한 규정이 준용되고, 위임에 관한 민법 제690조에 의하면 당사자 일방의 사망 등은 위임종료사유이고 동 제692조에 의하여 위임종료사유는 이를 상대방에게 통지하거나 상대방이 이를 안 때가 아니면 이로써 상대방에게 대항하지 못하나, 주식회사 대표이사의 사망과 같은 사유는 회사의 기관구성원으로서의 자연인이 절대적인 권리능력 소멸사유에 해당할 뿐 아니라 사망자가 상대방과 법률행위를 한다 함은 전혀 있을 수 없는 일이고 따라서 선의의 상대방 보호라는 문제도 발생할 여지조차 없는 것이니, 주식회사 대표이사의 사망 사실과 같은 사유는 상대방에게 통고하지 않으면 아니될 사유에 해당하지 않는다고 보는 것이 정당하고 상대방에 통고를 요하는 사유는 사망 이외의 권한소멸 사유라고 해석하는 것이 타당하다[대판 1963. 9. 5, 63 다 233(집 11 ② 민 99)].

② 이사는 위와 같은 일반적 종료사유 이외에 임기의 만료 · 정관소정 자격의 상실 등에 의하여도 종임된다. 또한 회사의 회생절차에서 회생계획에 의하여 유임할 것을 정하지 않은 경우에도 이사의 해임을 수반하는 일이 있다(파 263조 4항).

③ 이사가 종임한 때에는 이를 등기하여야 한다(상 317조 2항 8호 · 4항, 183조).

(나) 해임결의와 해임판결　이사의 종임사유 중 특히 문제가 되는 것은 해임이다. 해임에는 주주총회의 결의에 의하는 것과, 법원의 판결에 의하는 것이 있다.

① 주주총회는 이사의 선임권이 있으므로 해임권도 있다. 다만 해임의 대

상인 이사에는 임기만료 후 이사로서의 권리의무를 행사하고 있는 퇴임이사는 포함되지 않는다는 다음과 같은 대법원판례가 있다.

[임기만료 후 이사로서의 권리의무를 행사하고 있는 퇴임이사는 해임판결 대상인 이사에 포함되지 않는다고 한 판례]

주식회사의 이사는 임기가 만료됨에 따라 이사의 지위를 상실하는 것이 원칙이지만, 소유와 경영의 분리를 원칙으로 하는 주식회사에 있어 경영자 지위의 안정이라는 이사의 이익뿐만 아니라 주주의 회사에 대한 지배권 확보라는 주주의 이익 또한 보호되어야 하므로, 위와 같은 주주와 이사의 이익을 조화시키기 위해 상법 제385조 제1항은 회사가 언제든지 주주총회의 결의로 이사를 해임할 수 있도록 하는 한편 이사를 선임할 때와 달리 이사를 해임할 때에는 주주총회의 특별결의를 거치도록 하고, 임기가 정해진 이사가 임기만료 전에 정당한 이유 없이 해임된 때에는 회사에 대하여 손해배상을 청구할 수 있도록 하고 있다. 한편 임기만료로 퇴임한 이사라 하더라도 상법 제386조 제1항 등에 따라 새로 선임된 이사의 취임 시까지 이사로서의 권리의무를 가지게 될 수 있으나(이와 '퇴임이사'라고 한다), 그와 같은 경우에도 새로 선임된 이사가 취임하거나 상법 제386조 제2항에 따라 일시 이사의 직무를 행할 자가 선임되면 별도의 주주총회 해임결의 없이 이사로서의 권리의무를 상실하게 된다. 이러한 상법 제385조 제1항의 입법 취지, 임기만료 후 이사로서의 권리의무를 행사하고 있는 퇴임이사의 지위 등을 종합하면, 상법 제385조 제1항에서 해임대상으로 정하고 있는 퇴임이사의 지위 등을 종합하면, 상법 제385조 제1항에서 해임대상으로 정하고 있는 '이사'에는 '임기만료 후 이사로서의 권리의무를 행사하고 있는 퇴임이사'는 포함되지 않는다고 보아야 한다. 따라서 이러한 이사에 대한 주주총회의 해임결의는 효력이 없고, 회사는 이러한 이사에게 임원연봉규정에 따라 퇴직금을 지급할 의무가 있다[대판 2021. 8. 19, 2020 다 285406(공보 2021, 1708)].

주주총회가 이 해임권을 행사함에는 (선임의 경우에는 보통결의에 의하는 것과는 달리) 특별결의에 의하여야 하고, 만일 정당한 이유 없이 그 임기중에 해임한 때에는 회사는 그 이사에 대하여 손해배상책임을 진다(상 385조 1항). 이 때 「정당한 이유」란 주주와 이사 사이에 불화 등 단순히 주관적인 신뢰관계가 상실된 것만으로는 부족하고, 이사가 법령이나 정관에 위배된 행위를 하였거나 정신적·육체적으로 경영자로서의 직무를 감당하기 현저하게 곤란한 경우, 회사의 중요한 사업계획 수립이나 그 추진에 실패함으로써 경영능력에 대한 근본적인 신뢰관계가 상실된 경우 등과 같이, 당해 이사가 경영자로서 업무를 집행하는 데 장해가 될 객관적 상황이 발생한 경우이다.

그러나 이사가 의원면직의 형식으로 해임된 경우에는 상법 제385조 1항 단서에 해당하지 않으므로 이사는 회사에 대하여 손해배상을 청구할 수 없다.[1)]

이사의 해임에 관하여는 다음과 같은 대법원판례가 있다.

[(대표)이사의 해임에 '정당한 이유'가 있다고 본 판례]

Y주식회사의 대표이사인 X는 Y회사의 경영계획 중 1년 동안 어느 것 하나 제대로 실천된 것이 없을 정도로 투자유치능력이나 경영능력 및 자질이 부족하였다고 보여지고, 이로 인하여 대표이사인 X가 Y회사를 위하여 수임한 직무를 수행하기 곤란하게 되었을 뿐만 아니라 대표이사와 Y회사간의 인적 신뢰관계가 무너져 Y회사가 대표이사인 X를 믿고 그에게 Y회사의 경영을 맡길 수 없는 사정이 생겼다는 이유로 Y회사가 X를 해임한 것은 정당한 이유가 있다 [대판 2004. 10. 15, 2004 다 25611(공보 2004, 1827)].

[정관에서 정하지 아니한 사유로 이사를 해임하는 것은 '정당한 이유'가 없다고 본 판례]

법인과 이사의 법률관계는 신뢰를 기초로 한 위임 유사의 관계로 볼 수 있는데, 민법 제689조 제 1 항에서는 위임계약은 각 당사자가 언제든지 해지할 수 있다고 규정하고 있으므로, 법인은 원칙적으로 이사의 임기 만료 전에도 이사를 해임할 수 있지만, 이러한 민법의 규정은 임의규정에 불과하므로 법인이 자치법규인 정관으로 이사의 해임사유 및 절차 등에 관하여 별도의 규정을 두는 것도 가능하다. 그리고 이와 같이 법인이 정관에 이사의 해임사유 및 절차 등을 따로 정한 경우 그 규정은 법인과 이사와의 관계를 명확히 함은 물론 이사의 신분을 보장하는 의미도 아울러 가지고 있어 이를 단순히 주의적 규정으로 볼 수는 없다. 따라서 법인의 정관에 이사의 해임사유에 관한 규정이 있는 경우 법인으로서는 이사의 중대한 의무위반 또는 정상적인 사무집행 불능 등의 특별한 사정이 없는 이상, 정관에서 정하지 아니한 사유로 이사를 해임할 수 없다[대판 2013. 11. 28, 2011 다 41741(공보 2014, 10)].

[감사의 해임에 '정당한 이유'가 없다고 본 판례]

감사에게 감사정보비 · 업무추진비 · 출장비 일부의 부적절한 집행 등 잘못이 있는 경우만으로는 정당한 해임사유가 아니고, 그 감사가 다른 직장에 종사하여 얻은 이익은 손해배상액에서 공제되어야 한다[대판 2013. 9. 26, 2011 다 42348(공보 2013, 1880)][이 판결에서의 손익상계에 대하여 부정하는 견해로는 이철송, "이사 · 감사의 해임에 따른 손해배상 손익상계," 법률신문, 2014. 3. 10, 10면; 동, "이사의 해임에 따른 손해배

1) 대판 1993. 8. 24, 92 다 3298(공보 954, 2570).

상과 손익상계," 「상장」, 제472호(2014. 4), 17~22면이 있고, 찬성하는 견해로는 김홍기, 법률신문, 2014. 4. 24, 13면이 있다].

[정당한 이유의 존부에 관한 증명책임은 이사에게 있다고 한 판례]

주식회사 이사의 임기를 정한 경우에 주식회사가 정당한 이유 없이 임기만료 전에 이사를 해임한 때에는 그 이사는 회사에 대하여 해임으로 인한 손해의 배상을 청구할 수 있는데(상법 제385조 1항 후문), 이러한 경우 '정당한 이유'의 존부에 관한 입증책임은 손해배상을 청구하는 이사가 부담한다[대판 2006. 11. 23, 2004 다 49570(공보 2007, 11)].

[이사의 임기가 없어 임기중 해임이 아니라고 본 판례]

상법 제385조 제 1 항에 의하면 "이사는 언제든지 주주총회의 특별결의로 해임할 수 있으나, 이사의 임기를 정한 경우에 정당한 이유 없이 그 임기만료 전에 이를 해임한 때에는 그 이사는 회사에 대하여 해임으로 인한 손해의 배상을 청구할 수 있다"고 규정하고 있는바, 이 때 이사의 임기를 정한 경우라 함은 정관 또는 주주총회의 결의로 임기를 정하고 있는 경우를 말하고, 이사의 임기를 정하지 않은 때에는 이사의 임기의 최장기인 3년을 경과하지 않는 동안에 해임되더라도 그로 인한 손해의 배상을 청구할 수 없다고 할 것이다. 회사의 정관에 상법 제383조 제 2 항과 동일하게 "이사의 임기는 3년을 초과하지 못한다"고 규정하고 있는 경우, 회사의 정관이 이사의 임기를 3년으로 정하는 취지라고 해석할 수는 없다[대판 2001. 6. 15, 2001 다 23928(공보 2001, 1610)][이 판결에 대하여 찬성하는 취지의 평석으로는 채동헌, 「상장」, 2002. 9, 91~96면].

이사의 해임결의에 있어서 해임대상인 이사가 주주인 경우에 그 주주는 특별이해관계인(상 368조 3항)에 해당하지 않는 점은 이미 앞에서 설명하였다. 해임의 효과는 해임되는 이사에게 해임의 고지를 한 때에 발생하는 것이지, 해임결의로 즉시 생기는 것이 아니다.[1)]

② 이사가 직무에 관하여 「부정행위 또는 법령이나 정관에 위반한 중대한 사실」이 있음에도 불구하고 주주총회에서 그 해임을 부결한 때에는, 비상장회사의 경우는 발행주식총수의 100분의 3 이상에 해당하는 주식을 가진 주주는 그 결의가 있은 날로부터 1월 내에 본점소재지의 지방법원에 그 이사의 해임을 청구할 수 있다(상 385조 2항 · 3항). 그러나 상장회사의 경우는 발행주식총수의 100분의

---

1) 동지: 정(희), 473면 외.
반대: 정(동), (회) 389면(해임의 효과는 피해임자의 동의를 요하지 않고 또 그에게 해임의 고지를 요하지 않고 발생한다고 한다)(동 교수는 제 4 전정판 366면에서는 저자와 동지의 견해이었으나, 제 5 판에서 이와 같이 개설〈改說〉하였다); 日最高判 1966. 12. 20(民集 20-10, 2160)(해임결의 즉시 효력이 발생한다고 한다).

3 이상에 해당하는 주식을 가진 주주(상 542조의6 10항) 또는 6개월 전부터 계속하여 상장회사 발행주식총수의 10,000분의 50(최근 사업연도말 자본금이 1천억원 이상인 상장회사의 경우에는 10,000분의 25) 이상에 해당하는 주식을 보유한 자가 그 이사의 해임청구의 소를 제기할 수 있다(상 542조의6 3항, 상시 32조).

금융회사의 경우는 6개월 전부터 계속하여 금융회사의 발행주식총수의 100,000분의 250(대통령령으로 정하는 금융회사의 경우에는 100,000분의 125) 이상에 해당하는 주식을 보유한 자가 그 이사의 해임청구의 소를 제기할 수 있다(지배 33조 3항).

이사가 '그 직무에 관하여 부정행위 또는 법령이나 정관에 위반한 중대한 사실'이 있다고 보아 소수주주의 해임판결청구의 대상을 인정한 다음의 대법원 판례가 있다.

[대표이사가 상법 제397조 1항을 위반하여 소수주주의 해임판결청구의 대상이 된다고 본 판례]

A가 갑회사의 대표이사로서 주주총회의 승인 없이 갑회사와 동종영업을 목적으로 하는 을회사를 설립하고 을회사의 이사 겸 대표이사가 되어 영업준비작업을 하여 오다가 영업활동을 개시하기 전에 을회사의 이사 및 대표이사직을 사임하였다고 하더라도, 이는 상법 제397조 1항 소정의 경업금지의무를 위반한 행위로서 특별한 다른 사정이 없는 한 이사의 해임에 관한 상법 제385조 2항 소정의 '법령에 위반한 중대한 사실'이 있는 경우에 해당한다[대판 1993. 4. 9, 92 다 53583(공보 945, 1365)].

동지: 대결 1990. 11. 2, 90 마 745(공보 886, 2417); 동 2010. 9. 30, 2010 다 35985(공보 2010, 2000)(직무에 관한 부정행위 또는 법령이나 정관에 위반한 중대한 사실이 있어 해임되어야 할 이사가 대주주의 옹호로 그 지위에 그대로 머물게 되는 불합리를 시정함으로써 소수주주 등을 보호하기 위한 상법 제385조 2항의 입법 취지 및 회사 자본의 충실을 기하려는 상법의 취지를 해치는 행위를 단속하기 위한 상법 제628조 1항의 납입가장죄 등의 입법 취지를 비롯한 위 각 규정의 내용 및 형식 등을 종합하면, 상법 제628조 1항에 의하여 처벌 대상이 되는 납입 또는 현물출자의 이행을 가장하는 행위는 특별한 다른 사정이 없는 한, 상법 제385조 2항에 규정된 '그 직무에 관하여 부정행위 또는 법령에 위반한 중대한 사실'이 있는 경우에 해당한다고 보아야 한다).

이 소는 회사와 그 이사를 공동피고로 하고,[1] 또 원고승소의 판결이 확정

1) 동지: 정(희), 473면; 정(동), (회) 390면.
이에 반하여 피고를 회사로 하여야 한다는 견해[김(용), 378면; 이(병), 630면], 이사로 하여야 한다는 견해[서·정, 431면; 손(주), 768면]도 있다.

되면 회사의 해임행위를 요하지 않고 해임의 효력이 발생한다(형성판결).[1] 이와 같이 소수주주에게 이사의 해임판결을 청구할 수 있도록 한 것은 대주주의 다수결원칙에 의한 횡포로부터 (회사 및) 소수주주를 보호하기 위한 것이고, 이 경우에 당해 이사의 직무집행을 정지하고 직무대행자를 선임하는 가처분을 신청할 수 있는 점(상 407조)은 이미 설명한 바와 같다.

이 때 이사의 직무집행정지 가처분의 신청요건에 관하여 다음의 대법원결정이 있다.

[상법 제385조 2항의 소수주주에 의한 이사해임의 소의 제기절차 및 이사의 직무집행정지신청시 구비해야 할 요건에 관한 결정]

상법 제385조 제 2 항에 의하면 이사가 그 직무에 관하여 부정행위 또는 법령이나 정관에 위반한 중대한 사실이 있음에도 불구하고 주주총회에서 그 해임을 부결한 때에는 발행주식 총수의 100분의 5(개정법상 100분의 3—저자 주) 이상에 해당하는 주식을 가진 주주는 총회의 결의가 있은 날로부터 1월 내에 그 이사의 해임을 법원에 청구할 수 있고, 그와 같은 해임의 소를 피보전권리로 하는 이사의 직무집행정지신청은 본안의 소송이 제기된 경우뿐만 아니라 급박한 경우에는 본안소송의 제기 전에라도 할 수 있음은 같은 법 제407조에서 명문으로 인정하고 있을 뿐더러, 그와 같은 직무집행정지신청을 민사소송법 제714조 제 2 항 소정의 임시의 지위를 정하는 가처분과 달리 볼 것은 아니므로 반드시 본안소송을 제기하였음을 전제로 하지는 않는다.

이사의 직무권한을 잠정적이나마 박탈하는 가처분은 그 보전의 필요성을 인정하는 데 신중을 기해야 할 것인바, 소수주주가 피보전권리인 해임의 소를 제기하기 위한 절차로는 발행주식 총수의 100분의 5(개정법상 100분의 3—저자 주) 이상에 해당하는 주식을 가진 소수주주가 회의의 목적과 소집의 이유를 기재한 서면을 이사회에 제출하여 임시총회의 소집을 요구하고, 그렇게 하였는데도 소집을 불응하는 때에는 법원의 허가를 얻어 주주총회를 소집할 수 있고, 그 총회에서 해임을 부결한 때 그로부터 1월 내에 이사의 해임을 법원에 청구할 수 있는 것이므로 그와 같은 해임의 소를 제기하기 위한 절차를 감안해 보면 특별히 급박한 사정이 없는 한 해임의 소를 제기할 수 있을 정도의 절차요건을 거친 흔적이 소명되어야 피보전권리의 존재가 소명되는 것이고, 그 가처분의 보전의 필요성도 인정될 수 있다[대결 1997. 1. 10, 95 마 837(공보 1997, 591)].

2) 결원의 경우의 조치 법률 또는 정관에 정한 이사의 원수(員數)를

1) 동지: 정(희), 473면; 정(동), (회) 390면.

결한 경우에는 「임기의 만료」 또는 「사임」으로 인하여 퇴임한 이사는 새로 선임된 이사가 취임할 때까지 이사의 권리의무를 갖는데(상 386조 1항), 이 때 필요하다고 인정한 때에는 법원은 이사·감사·기타의 이해관계인의 청구에 의하여 일시 이사의 직무를 행할 자(직무대행자, 임시이사 또는 가〈假〉이사)를 선임할 수 있다(상 386조 2항 1문).

이에 대하여 우리 대법원판례는 다음과 같이 판시하고 있다.

[상법 제386조 1항에 관한 판례]

「수 회에 걸쳐 이사(또는 감사)로 선임 또는 중임되어 온 자를 다시 이사(또는 감사)로 선임하는 주주총회결의가 부존재한다고 하더라도 이 경우에는 후임이사(또는 감사)가 없는 결과가 되어 퇴임이사(또는 퇴임감사)는 계속 이사(또는 감사)로서의 권리의무를 가진다」고 하고(대판 1991. 12. 27, 91 다 4409·4416(공보 915, 765); 동 1971. 3. 9, 71 다 251(집 19 ① 민 167)),

「임기만료로 퇴임한 이사가 상법 제386조 1항에 의하여 여전히 이사의 권리의무가 있다 하여도 그는 상법 제317조에 의한 변경등기절차의 이행의무를 진다」고 한다[대결 1968. 2. 28, 67 마 921(집 16 ① 민 125)].

이러한 경우 「(퇴임)이사의 퇴임등기를 하여야 하는 2주 또는 3주의 기간(상 317조 4항, 183조)은 일반의 경우처럼 퇴임한 이사의 퇴임일부터 기산하는 것이 아니라 후임이사의 취임일부터 기산한다고 보아야 하며, 후임이사가 취임하기 전에는 퇴임한 이사의 퇴임등기만을 따로 신청할 수 없다」고 한다[대결 2005. 3. 8, 2004 마 800(공보 2005, 541); 동 2007. 6. 19, 2007 마 311(공보 2007, 1131)].

또한 「상법 제386조 1항은 법률 또는 정관에 정한 이사의 원수를 결한 경우에는 임기의 만료 또는 사임으로 인하여 퇴임한 이사로 하여금 새로 선임된 이사가 취임할 때까지 이사의 권리의무를 행하도록 규정하고 있는바, 위 규정에 따라 이사의 권리의무를 행사하고 있는 퇴임이사로 하여금 이사로서의 권리의무를 가지게 하는 것이 불가능하거나 부적당한 경우 등 필요한 경우에는 상법 제386조 2항에 정한 일시 이사의 직무를 행할 자의 선임을 법원에 청구할 수 있으므로, 이와는 별도로 상법 제386조 1항에 정한 바에 따라 이사의 권리의무를 행하고 있는 퇴임이사를 상대로 해임사유의 존재나 임기만료·사임 등을 이유로 그 직무집행의 정지를 구하는 가처분신청은 허용되지 않는다. 그런데 상법 제386조 1항의 규정에 따라 퇴임이사가 이사의 권리의무를 행할 수 있는 것은 법률 또는 정관에 정한 이사의 원수를 결한 경우에 한정되는 것이므로, 퇴임할 당시에 법률 또는 정관에 정한 이사의 원수가 충족되어 있는 경우라면 퇴임하는 이사는 임기의 만료 또는 사임과 동시에 당연히 이사로서의 권리의무를 상실하는 것이고, 그럼에도 불구하고 그 이사가 여전히 이사로서의 권리의무를 실제로 행사하고 있는 경우에는 그 권리의무의 부존재확인청구권을 피보전권리로 하여 직무집행의 정지를 구하는 가처분신청이 허용된다」고 한다[대결 2009. 10. 29, 2009 마 1311(공보 2009, 2008)].

[상법 제386조 2항에 관한 판례]

「상법 제386조 제 2 항 소정의 "전항의 경우"라 함은 법률 또는 정관에 정한 이사의 원수(員數)를 결한 일체의 경우를 말하는 것이지, 단지 임기의 만료 또는 사임으로 인하여 이사의 원수(員數)를 결한 경우만을 지칭하는 것은 아니라고 해석되므로, 어떠한 경우이든 이사의 결원이 있을 때에는 법원은 이사직무를 행할 자를 선임할 수 있다. 따라서 상법 제386조 제 2 항에 의하여 법원에 의한 이사의 직무를 행할 자의 선임은 이사 전원이 부존재하든, 사망으로 인하여 이사의 결원이 있든, 장구한 시일에 걸쳐 주주총회의 개최도 없고 이사의 결원이 있든, 그 어떠한 경우든간에 이사의 결원이 있을 때에는 가능하다고 할 것이다」고 하고[대판 1964. 4. 28, 63 다 518(집 12 ① 민 53)],

「직무대행자 선임신청인이 추천한 사람이 선임되지 아니하고 다른 사람이 선임되었다고 하여 선임신청을 불법한 결정이라고 볼 수 없으므로 이에 대한 불복을 할 수 없다」고 하며[대결 1985. 5. 28, 85 그 50(공보 762, 1297)],

「이러한 직무대행자의 자격에는 아무런 제한이 없으므로 회사와 이해관계가 있는 자에 한하는 것이 아니다」고 한다[대판 1981. 9. 8, 80 다 2511(공보 668, 14367)].

또한 이러한 직무대행자를 선임할 수 있는 경우에 대하여 「회사가 휴면회사가 되어 해산등기가 마쳐졌음에도 대표청산인이 청산절차를 밟지 않고 있고 회사채권자인 재항고인의 수 차례에 걸친 주소보정에도 불구하고 대표청산인에 대한 재산관계 명시결정이 계속적으로 송달불능 상태에 있는 경우에는 직무대행자를 선임할 필요성이 인정된다」고 하고[대결 1998. 9. 3, 97 마 1429(공보 1998, 2819)],

「여기에서 '필요한 때'라 함은 이사의 사망으로 결원이 생기거나 종전의 이사가 해임된 경우, 이사가 중병으로 사임하거나 장기간 부재중인 경우 등과 같이 퇴임이사로 하여금 이사로서의 권리의무를 가지게 하는 것이 불가능하거나 부적당한 경우를 의미한다고 할 것인데, 회사의 대표이사 및 이사의 임기만료로 법률 또는 정관에 정한 원수(員數)에 결원이 발생한 경우 회사 동업자들 사이에 동업을 둘러싼 분쟁이 계속되고 있다는 사정만으로는 이에 해당한다고 볼 수 없다」고 판시하고 있다[대결 2000. 11. 17, 2000 마 5632(공보 2001, 111)].

「이러한 임시이사의 선임이 필요하다고 인정되는 때라 함은 이사가 사임하거나 장기간 부재중인 경우와 같이 퇴임이사로 하여금 이사로서의 권리의무를 갖게 하는 것이 불가능하거나 부적당한 경우를 의미하는 것으로서, 이의 필요성은 임시이사제도의 취지와 관련하여 사안에 따라 개별적으로 판단되어야 할 것이다」고 판시하고 있다[대결 2001. 12. 6, 2001 그 113(공보 2002, 337)].

이러한 직무대행자(임시이사)는 이사의 직무집행정지의 가처분(상 407조)과 함께 선임되는 직무대행자와 구별되고, 그 권한은 법원에 의하여 특히 제한되지 않는 한 본래의 이사와 같다.[1] 그러나 이사의 직무집행정지의 가처분과 함께 선임되는 직무대행자의 권한은 상법의 규정에 의하여 회사의 상무에 속하는 행위로 제한되어 있다(상 408조).

우리 대법원도 이러한 취지로 다음과 같이 판시하고 있다.

[이사결원의 경우의 직무대행자의 권한은 상무에 한하지 않는다고 본 판례]

주식회사의 이사의 결원이 있어 법원에서 일시 이사의 직무를 행할 자를 선임한 경우에, 그 이사직무대행자는 이사직무집행정지 가처분결정과 동시에 선임된 이사직무대행자와는 달라 그 권한은 회사의 상무에 속한 것에 한한다는 제한을 받지 않는다[대결 1968. 5. 22, 68 마 119(집 16 ② 민 62)].

이러한 직무대행자의 경우에는 본점소재지에서 그 등기를 하여야 한다(상 386조 2항 2문).[2]

상장회사의 사외이사가 사임 · 사망 등의 사유로 인하여 사외이사의 수가 법정요건(상 542조의 8 1항)에 미달하게 되면, 그 사유가 발생한 후 처음으로 소집되는 주주총회에서 법정요건에 합치되도록 사외이사를 선임하여야 한다(상 542조의 8 3항).

3. 권 한

(1) 회사의 업무집행기관이 원칙적으로 이사회와 대표이사로 분화되는 경우에 이사는 이사회의 구성원으로서 회사의 업무집행에 관한 의사결정과 (다른) 이사의 직무집행의 감독에 참여할 권한이 있고 대표이사가 될 수 있는 전제자격을 가지나, 대표이사가 아닌 이사는 원칙적으로 회사의 업무집행권 및 대표권이 없다. 다만 정관 또는 내부규칙에 의하여 일정한 이사에게 내부적으로 업무집행권한을 부여할 수는 있다(업무담당이사).

예외적으로 자본금 총액이 10억원 미만인 소규모 주식회사로서 이사를 1명 또는 2명 둔 경우에는 각 이사(정관에 따라 대표이사를 정한 경우에는 그

---

1) 동지: 정(동), (회) 391면.

2) 1995년 개정상법 이전에는 이러한 직무대행자는 본·지점소재지에서 등기하도록 되어 있었으나, 그 절차가 매우 번거롭고 불필요한 비용이 들기 때문에 1995년 개정상법에 의하여 본점소재지에서만 등기하도록 개정되었다.

대표이사)는 회사의 업무집행권과 대외적으로 회사를 대표할 권한을 갖는다(상 383조 1항 단서, 6항).

(2) 이사가 개인의 지위에서 상법상 여러 가지의 권한(상 328조, 373조 2항, 376조, 393조 3항, 429조, 445조, 529조 등)을 갖는 점에 대하여는 이미 설명하였다.

4. 이사의 보수

(1) 보수의 개념

이사의 보수란 이사의 직무집행에 대한 대가로서 지급되는 것으로 그 명칭을 불문한다. 따라서 봉급·각종의 수당·상여금[1]·퇴직위로금·해직보상금·실적금 등을 포함한다. 이사가 회사의 지배인 기타 사용인을 겸직하는 경우에 사용인분 급여도 이에 포함되는가. 이에 대하여 (i) 사용인분 급여를 이에 포함시키지 않는다면 상법 제388조를 탈법하는 결과가 되므로 사용인분 급여를 이에 포함시켜야 한다는 견해(포함설)[2]도 있으나, (ii) 사용인분 급여는 사용인의 노무에 대한 근로계약에 기한 대가로서 이사의 경우와는 그 법적 성질을 달리하므로[3] 이에 포함시키지 않는 것이 타당하다고 본다(불포함설).[4]

명목상 이사·감사도 법적으로는 이사·감사의 지위를 가지므로 상법 제388조에 따라 정관의 규정 또는 주주총회의 결의에 의하여 결정된 보수청구권을 갖는다.

---

1) 다만 상여금이 이익처분의 방법으로 지급되는 특별한 경우에는 보수라고 볼 수 없다. 따라서 이 때에는 상법 제449조에 의한 주주총회의 결의만 있으면 되고 상법 제388조에 의한 주주총회의 결의를 요하지 않는다[동지: 정(동), (회) 393면].

모든 상여금의 지급을 언제나 이익처분의 방법으로 보아 이 때의 보수에 포함시키지 않는 견해로는 최(기), (회) 567면.

2) 이(철), (회) 683면.

3) 대판 1988. 6. 14, 87 다카 2268(집 36 ② 민 42)(이사의 보수는 위임사무처리에 대한 대가이므로 근로기준법 소정의 임금이라 할 수 없고, 또 이사의 퇴직금도 근로기준법 소정의 퇴직금이 아니라 재직중 직무집행에 대한 대가로 지급되는 보수의 일종이므로, 이에는 임금채권의 시효에 관한 규정이 적용되지 아니하고 일반채권의 시효에 관한 규정이 적용되어야 한다); 동 2003. 9. 26, 2002 다 64681(공보 2003, 2075)(주식회사의 이사·감사 등 임원은 회사로부터 일정한 사무처리의 위임을 받고 있는 것이므로, 사용자의 지휘·감독 아래 일정한 근로를 제공하고 소정의 임금을 받는 고용관계에 있는 것이 아니며, 따라서 일정한 보수를 받는 경우에도 이를 근로기준법 소정의 임금이라 할 수 없고, 회사의 규정에 의하여 이사 등 임원에게 퇴직금을 지급하는 경우에도 그 퇴직금은 근로기준법 소정의 퇴직금이 아니라 재직중의 직무집행에 대한 대가로 지급되는 보수에 불과하다).

4) 동지: 정(동), (회) 392면(다만 사용인분의 급여를 주주총회에 명확히 밝힐 필요는 있다고 한다); 이(기) 외, (회) 308면.

이사의 보수에 포함된다고 하는 다음과 같은 대법원판례가 있다.

[퇴직(위로)금이 이사의 보수에 포함된다고 한 판례]

상법 제388조가 정하는 '이사의 보수'에는 월급·상여금 등 명칭을 불문하고 이사의 직무수행에 대한 보상으로 지급되는 대가가 모두 포함되고, 퇴직금 또는 퇴직위로금도 그 재직 중의 직무수행에 대한 대가로 지급되는 급여로서 상법 제388조의 '이사의 보수'에 해당한다. 주식회사의 이사, 대표이사(이하 '이사 등'이라고 한다)의 보수청구권(퇴직금 등의 청구권을 포함한다)은, 그 보수가 합리적인 수준을 벗어나서 현저히 균형을 잃을 정도로 과다하거나, 이를 행사하는 사람이 법적으로는 주식회사 이사 등의 지위에 있으나 이사 등으로서의 실질적인 직무를 수행하지 않는 이른바 명목상 이사 등에 해당한다는 등의 특별한 사정이 없는 이상 민사집행법 제246조 제 1 항 제 4 호 또는 제 5 호가 정하는 압류금지채권에 해당한다고 보아야 한다[대판 2018. 5. 30, 2015 다 51968(공보 2018, 1164)].

동지: 대판 1977. 11. 22, 77 다 1742(집 25 ③ 민 320); 동 1988. 6. 14, 87 다카 2268(집 36 ② 민 42); 동 1999. 2. 24, 97 다 38930(공보 1999, 557)(이사 또는 감사에 대한 퇴직위로금은 보수의 일종으로서 상법 제388조에 규정된 보수에 포함된다); 동 2006. 5. 25, 2003 다 16092·16108(공보 2006, 1111).

[해직보상금이 이사의 보수에 포함된다고 한 판례]

주식회사와 이사 사이에 체결된 고용계약에서 이사가 그 의사에 반하여 이사직에서 해임될 경우 퇴직위로금과는 별도로 일정한 금액의 해직보상금을 지급받기로 약정한 경우, 그 해직보상금은 형식상으로는 보수에 해당하지 않는다 하여도 보수와 함께 같은 고용계약의 내용에 포함되어 그 고용계약과 관련하여 지급되는 것일 뿐 아니라, 의사에 반하여 해임된 이사에 대하여 정당한 이유의 유무와 관계없이 지급하도록 되어 있어 이사에게 유리하도록 회사에 추가적인 의무를 부과하는 것인바, 보수에 해당하지 않는다는 이유로 주주총회결의를 요하지 않는다고 한다면, 이사들이 고용계약을 체결하는 과정에서 개인적인 이득을 취할 목적으로 과다한 해직보상금을 약정하는 것을 막을 수 없게 되어, 이사들의 고용계약과 관련하여 그 사익 도모의 폐해를 방지하여 회사와 주주의 이익을 보호하고자 하는 상법 제388조의 입법 취지가 잠탈되고, 나아가 해직보상금액이 특히 거액일 경우 회사의 자유로운 이사해임권 행사를 저해하는 기능을 하게 되어 이사선임기관인 주주총회의 권한을 사실상 제한함으로써 회사법이 규정하는 주주총회의 기능이 심히 왜곡되는 부당한 결과가 초래되므로, 이사의 보수에 관한 상법 제388조를 준용 내지 유추적용하여 이사는 해직보상금에 관하여도 정관에서 그 액을 정하지 않는 한 주주총회결의가 있어야만 회사에 대하여 이를 청구할 수 있다[대판 2006. 11. 23, 2004 다 49570(공보 2007, 11)].

[실적금이 이사의 보수에 포함된다고 한 판례]

정관 규정에 따라 공동대표이사 갑과 을이 해외 유명상표 사용에 관한 라이센스 계약의 체결·유지 및 창업에 대한 공로의 대가로 지급받기로 한 실적급은, 갑과 을이 대표이사로 재직하면서 그 직무집행의 대가로 받는 보수의 성격을 가진 것이어서 대표이사의 지위를 전제로 지급되는 것이라고 봄이 상당하다[대판 2010. 12. 9, 2009 다 59237(공보 2011, 97)].

[명목상의 이사(감사)도 상법 제388조에 의한 보수청구권을 갖는다고 한 판례]

법적으로는 주식회사 이사·감사의 지위를 갖지만 회사와의 명시적 또는 묵시적 약정에 따라 이사·감사로서의 실질적인 직무를 수행하지 않는 이른바 명목상 이사·감사도 법인인 회사의 기관으로서 회사가 사회적 실체로서 성립하고 활동하는 데 필요한 기초를 제공함과 아울러 상법이 정한 권한과 의무를 갖고 의무 위반에 따른 책임을 부담하는 것은 일반적인 이사·감사와 다를 바 없으므로, 과다한 보수에 대한 사법적 통제의 문제는 별론으로 하더라도, 오로지 보수의 지급이라는 형식으로 회사의 자금을 개인에게 지급하기 위한 방편으로 이사·감사로 선임한 것이라는 등의 특별한 사정이 없는 한, 회사에 대하여 상법 제388조, 제415조에 따라 정관의 규정 또는 주주총회의 결의에 의하여 결정된 보수의 청구권을 갖는다. 따라서 이러한 이사·감사의 보수청구권을 부정한 원심의 판단은 명목상 이사·감사의 보수청구권에 관한 법리를 오해하여 판결 결과에 영향을 미친 잘못이 있다[대판 2015. 7. 23, 2014 다 236311(공보 2015, 1236)].

동지: 대판 2015. 9. 10, 2015 다 213308(공보 2015, 1493)(주식회사의 주주총회에서 이사·감사로 선임된 사람이 주식회사와 계약을 맺고 이사·감사로 취임한 경우에, 상법 제388조·제415조에 따라 정관 또는 주주총회 결의에서 정한 금액·지급시기·지급방법에 의하여 보수를 받을 수 있다. 이에 비추어 보면, 주주총회에서 선임된 이사·감사가 회사와의 명시적 또는 묵시적 약정에 따라 업무를 다른 이사 등에게 포괄적으로 위임하고 이사·감사로서의 실질적인 업무를 수행하지 않는 경우라 하더라도 이사·감사로서 상법 제399조·제401조·제414조 등에서 정한 법적 책임을 지므로, 이사·감사를 선임하거나 보수를 정한 주주총회 결의의 효력이 무효이거나 또는 소극적인 직무 수행이 주주총회에서 이사·감사를 선임하면서 예정하였던 직무 내용과 달라 주주총회에서 한 선임 결의 및 보수지급 결의에 위배되는 배임적인 행위에 해당하는 등의 특별한 사정이 없다면, 소극적인 직무 수행 사유만을 가지고 이사·감사로서의 자격을 부정하거나 주주총회 결의에서 정한 보수청구권의 효력을 부정하기는 어렵다. 다만 이

사 · 감사의 소극적인 직무 수행에 대하여 보수청구권이 인정된다 하더라도, 이사 · 감사의 보수는 직무 수행에 대한 보상으로 지급되는 대가로서 이사 · 감사가 회사에 대하여 제공하는 반대급부와 지급받는 보수 사이에는 합리적 비례관계가 유지되어야 하므로, 보수가 합리적인 수준을 벗어나서 현저히 균형성을 잃을 정도로 과다하거나, 오로지 보수의 지급이라는 형식으로 회사의 자금을 개인에게 지급하기 위한 방편으로 이사 · 감사로 선임하였다는 등의 특별한 사정이 있는 경우에는 보수청구권의 일부 또는 전부에 대한 행사가 제한되고 회사는 합리적이라고 인정되는 범위를 초과하여 지급된 보수의 반환을 구할 수 있다. 이 때 보수청구권의 제한 여부와 제한 범위는, 소극적으로 직무를 수행하는 이사 · 감사가 제공하는 급부의 내용 또는 직무 수행의 정도, 지급받는 보수의 액수와 회사의 재무상태, 실질적인 직무를 수행하는 이사 등의 보수와의 차이, 소극적으로 직무를 수행하는 이사 · 감사를 선임한 목적과 선임 및 자격 유지의 필요성 등 변론에 나타난 여러 사정을 종합적으로 고려하여 판단하여야 한다. 따라서 이러한 이사 · 감사에게 지급된 보수 명목의 돈을 소극적인 직무수행에 대한 대가로 보지 아니하고 단순히 명의대여의 대가에 불과하다고 본 원심의 판결은 적절하지 아니하나, 이들에 대한 보수의 약정이 유효하다는 원심의 결론은 수긍할 수 있다).

(2) 보수액의 결정방법

1) 이사와 회사간의 관계에는 위임에 관한 규정이 준용되지만(상 382조 2항), 민법상의 수임인이 무상인 것과는 달리 이사는 선임된 사실만으로 명시 또는 묵시의 보수지급에 관한 특약을 한 것이라고 보아야 할 것이다.[1] 이사의 보수액은 정관에 그 액을 정하지 아니한 때에는 주주총회의 결의로 이를 정하도록 되어 있는데(상 388조), 물가변동 등과 같은 이유로 정관으로 이를 정하는 경우는 거의 없고 주주총회의 결의로 정하는 것이 보통이다.[2] 이 때 이사의 보수액을 각 이사별로 정할 필요는 없다. 따라서 이사 전원에 대한 보수의 총액 또는 한도

1) 동지: 대판 1964. 3. 31, 63 다 715(집 12 ① 민 16)(정관이나 주주총회의 결의 또는 주무부장관의 승인에 의한 보수액의 결정이 없었다고 하더라도, 주주총회의 결의에 의하여 상무이사로 선임되고 그 임무를 수행한 자에 대하여는 명시적이든 묵시적이든 보수금 지급의 특약이 있었다고 볼 것이다); 동 1969. 2. 4, 68 다 2220(민판집 136, 195).

그러나 주주총회에서 정한 사칙에 비록 대표이사에 대한 보수규정이 있다 하더라도, 대표이사 본인이 그 보수를 원하지 아니한다고 회사에 의사표시를 하면 그 의사표시는 회사에 대하여 효력이 있다[대판 1973. 5. 8, 73 다 213(민판집 186, 110)].

2) 동지: 정(동), (회) 392면; 정(희), 474면; 대판 1983. 3. 22, 81 다 343(공보 704, 728)(정관 및 관계규정상 이사의 보수에 관하여는 사원총회의 결의가 있어야 한다고 규정되어 있는 경우, 그와 같은 절차가 이행되지 않는 한 이사의 보수청구는 이유 없다).

액을 정하고 각 이사에 대한 배분의 결정을 이사회에 위임할 수는 있다.[1] 그러나 보수액의 결정 및 지급을 전적으로 이사회나 대표이사에게 위임하는 내용의 주주총회의 결의는 무효이다.[2]

이사의 보수액 및 이의 결정방법과 관련하여 다음과 같은 대법원판례가 있다.

[과다한 이사의 보수는 주주총회의 결의를 거쳤다 하더라도 효력이 없다고 한 판례]

상법이 정관 또는 주주총회의 결의로 이사의 보수를 정하도록 한 것은 이사들의 고용계약과 관련하여 사익 도모의 폐해를 방지함으로써 회사와 주주 및 회사채권자의 이익을 보호하기 위한 것이므로, 비록 보수와 직무의 상관관계가 상법에 명시되어 있지 않더라도 이사가 회사에 대하여 제공하는 직무와 지급받는 보수 사이에는 합리적 비례관계가 유지되어야 하며, 회사의 재무상황이나 영업실적에 비추어 합리적인 수준을 벗어나서 현저히 균형성을 잃을 정도로 과다하여서는 아니 된다. 따라서 회사에 대한 경영권 상실 등으로 퇴직을 앞둔 이사가 회사에서 최대한 많은 보수를 받기 위하여 그에 동조하는 다른 이사와 함께 이사의 직무내용, 회사의 재무상황이나 영업실적 등에 비추어 지나치게 과다하여 합리적 수준을 현저히 벗어나는 보수 지급 기준을 마련하고 지위를 이용하여 주주총회에 영향력을 행사함으로써 소수주주의 반대에 불구하고 이에 관한 주주총회결의가 성립되도록 하였다면, 이는 회사를 위하여 직무를 충실하게 수행하여야 하는 상법 제382조의 3에서 정한 의무를 위반하여 회사재산의 부당한 유출을 야기함으로써 회사와 주주의 이익을 침해하는 것으로서 회사에 대한 배임행위에 해당하므로, 주주총회결의를 거쳤다 하더라도 그러한 위법행위가 유효하다 할 수는 없다[대판 2016. 1. 28, 2014 다 11888(공보 2016, 340)].

[(유한)회사와 이사간의 보수의 약정은 임용계약의 내용이 되므로 사원총회가 일방적으로 이러한 보수의 박탈이나 감액을 결의하여도 이는 이사에 대하여 효력이 없다는 판례]

유한회사에서 상법 제567조 · 제388조에 따라 정관 또는 사원총회 결의로

1) 동지: 정(희), 474면; 정(동), (회) 393면 외.

2) 동지: 정(동), (회) 393면; 이(기) 외, (회) 308면; 대판 1979. 11. 27, 79 다 1599(공보 625, 12409)(3,000주 중 2,000주를 가지고 있는 대표이사가 한 이사에 대한 보수·퇴직금 등에 관한 약정은 무효라고 한다); 日東京地判 1951. 4. 28(下民集 2-4, 566).

반대: 대판 1979. 2. 27, 78 다 1852 · 1853(주주총회에서 이사의 퇴직위로금의 지급여부 및 그 금액의 결정을 이사회에 위임할 수 있다고 한다); 동 1978. 1. 10, 77 다 1788(공보 580, 10605; 집 26 ① 민 10)(회사주식의 80%를 소유한 대표이사가 주주총회결의를 거치지 않고 이사에게 공로상여금을 지급하겠다는 약속은 유효라고 한다). 그러나 이러한 판결은 극히 의문이다[동지: 정(동), (회) 393~394면].

특정 이사의 보수액을 구체적으로 정하였다면, 보수액은 임용계약의 내용이 되어 당사자인 회사와 이사 쌍방을 구속하므로, 이사가 보수의 변경에 대하여 명시적으로 동의하였거나, 적어도 직무의 내용에 따라 보수를 달리 지급하거나 무보수로 하는 보수체계에 관한 내부규정이나 관행이 존재함을 알면서 이사직에 취임한 경우와 같이 직무내용의 변동에 따른 보수의 변경을 감수한다는 묵시적 동의가 있었다고 볼 만한 특별한 사정이 없는 한, 유한회사가 이사의 보수를 일방적으로 감액하거나 박탈할 수 없다. 따라서 유한회사의 사원총회에서 임용계약의 내용으로 이미 편입된 이사의 보수를 감액하거나 박탈하는 결의를 하더라도, 이러한 사원총회 결의는 결의 자체의 효력과 관계없이 이사의 보수청구권에 아무런 영향을 미치지 못한다. 갑 유한회사의 사원이자 이사인 을 등이 갑 회사가 사원총회를 열어 을 등의 보수를 감액하는 내용의 결의를 하자, 갑 회사를 상대로 보수감액 결의의 무효확인을 구한 사안에서, 보수감액 결의는 그 자체로 임용계약에 이미 편입된 을 등의 보수청구권에 아무런 영향을 미칠 수 없는 것이므로, 을 등은 사원의 지위에서 법률상 의미가 없는 보수감액 결의에 구속되는 법률관계에 있다거나 결의내용의 객관적 성질에 비추어 사원으로서의 이익이 침해될 우려가 있다고 볼 수 없고, 이사의 지위에서 스스로 위와 같은 결의를 준수하여 자신들에 대한 보수를 감액 지급할 의무를 부담하는 것도 아닐 뿐만 아니라, 임용계약의 당사자로서 을 등에게 야기될 수 있는 불안도 갑 회사가 보수감액 결의에 의하여 감액된 보수를 지급하지 않을 수 있다는 사실상 · 경제상 이익에 대한 것일 뿐 을 등의 권리나 법적 지위에 어떠한 위험이나 불안이 야기되었다고 볼 수 없으며, 을 등이 갑 회사에 대하여 감액된 보수의 지급을 구하는 것이 갑 회사의 보수청구권을 둘러싼 분쟁을 해결하는 데에 직접적인 수단이 되는 것이므로, 보수감액 결의의 무효확인을 구하는 것이 을 등의 불안과 위험을 제거하는 가장 유효 · 적절한 수단이라고 볼 수 없다. 확인의 소에 있어서 확인의 이익은 원고의 권리 또는 법률상의 지위에 현존하는 불안 · 위험이 있고 확인판결을 받는 것이 불안 · 위험을 제거하는 가장 유효 · 적절한 수단일 때에만 인정된다[대판 2017. 3. 30, 2016 다 21643(공보 2017, 867)].

[이사의 보수가 직무집행에 대한 정상적인 대가가 아니라 법인에 유보된 이익을 분여하기 위한 것인 것이면 (이사의 보수라고 볼 수 없음으로) 손금에 산입할 수 없다고 한 판례]

법인이 지배주주인 임원에게 지급한 보수가 법인의 영업이익 등에서 차지하는 비중과 규모, 해당 법인 내 다른 임원들 또는 동종업계 임원들의 보수와의 현격한 격차 여부, 법인의 소득을 부당하게 감소시키려는 주관적 의도 등 제반 사정을 종합적으로 고려할 때, 그 보수가 임원의 직무집행에 대한 정상적인 대가라기보다는 주로 법인에 유보된 이익을 분여하기 위하여 대외적으로 보수의 형식을 취한 것에 불과하다면(월 3,000만원 이하의 보수를 3억원으로 인상), 이는 이익처분으로 손금불산입 대상이 되는 상여금과 그 실질이 동일하므로, 법인세법 시행령 제43조에 따라 손금에 산입할 수 없다. 증명의 어려움이나 공평의 관념 등에 비추어, 위와 같은 사정이 상당한 정도로 증명된 경우에는 보수금 전체를 손금불산입의 대상으로 보아야 하고, 위 보수금에 직무집행의 대가가 일부 포함되어 있어 그 부분이 손금산입의 대상이 된다는 점은 보수금 산정 경위나 그 구성내역 등에 관한 구체적인 자료를 제출하기 용이한 납세의무자가 이를 증명할 필요가 있다[대판 2017. 9. 21, 2015 두 60884(공보 2017, 2000)].

[주주총회의 결의 없이 이사에게 지급한 보수(특별성과금)는 효력이 없어 부당이득으로 반환하여야 한다고 한 판례]

상법 제388조는 이사의 보수는 정관에 그 액을 정하지 아니한 때에는 주주총회의 결의로 이를 정한다고 규정한다. 이는 이사가 자신의 보수와 관련하여 개인적 이익을 도모하는 폐해를 방지하여 회사와 주주 및 회사채권자의 이익을 보호하기 위한 강행규정이다. 따라서 정관에서 이사의 보수에 관하여 주주총회의 결의로 정한다고 규정한 경우 그 금액·지급방법·지급시기 등에 관한 주주총회의 결의가 있었음을 인정할 증거가 없는 한 이사는 보수청구권을 행사할 수 없다. 이때 '이사의 보수'에는 월급, 상여금 등 명칭을 불문하고 이사의 직무수행에 대한 보상으로 지급되는 대가가 모두 포함되고, 회사가 성과급, 특별성과급 등의 명칭으로 경영성과에 따라 지급하는 금원이나 성과 달성을 위한 동기를 부여할 목적으로 지급하는 금원도 마찬가지이다. 갑 주식회사의 정관에 이사의 보수에 관하여 주주총회의 결의로 정하도록 규정하고 있는데, 갑 회사의 대표이사인 을이 주주총회의 결의 없이 갑 회사로부터 '특별성과급'이라는 명목으로 금원을 지급받은 사안에서, 을이 '특별성과급'이라는 명목으로 지급받은 금원은 직무수행에 대한 보상으로 지급된 보수에 해당하는데, 을이 특별성과급을 지급받을 때 주주총회의 결의 없이 갑 회사의 대주주의 의사결정만 있었다면, 주주총회를 개최하였더라도 결의가 이루어졌을 것이 예상된다는 사정만으로 결의가 있었던 것과 같게 볼 수 없고, 특별성과급 일부가 주주총회에서 정한 이사의 보수한도액 내에 있다는 사정만으로 그 부분의 지급을 유효하다고 볼 수도 없으므로, 을에게 지급된 특별성과급은 법률상 원인 없이 이루어진 부당이득에 해당한다고 본 원심판단은 타당하다[대판 2020. 4. 9, 2018 다 290436(공보 2020, 906)].

[주주총회에서 이사의 보수에 관한 구체적인 사항을 이사회에게 위임하는 것은 가능하나 포괄적인 위임은 할 수 없고, 1인회사인 경우에는 주주총회의 결의가 없어도 1인 주주의 의사와 일치하면 이사의 보수를 지급할 수 있다고 한 판례]

상법 제388조는 "이사의 보수는 정관에 그 액을 정하지 아니한 때에는 주주총회의 결의로 이를 정한다"라고 규정하고 있고, 위 규정의 보수에는 연봉·수당·상여금 등 명칭을 불문하고 이사의 직무수행에 대한 보상으로 지급되는 모든 대가가 포함된다. 이는 이사가 자신의 보수와 관련하여 개인적 이익을 도모하는 폐해를 방지하여 회사와 주주 및 회사채권자의 이익을 보호하기 위한 강행규정이다. 상법 제361조는 "주주총회는 본법 또는 정관에 정하는 사항에 한하여 결의할 수 있다"라고 규정하고 있는데, 이러한 주주총회 결의사항은 반드시 주주총회가 정해야 하고 정관이나 주주총회의 결의에 의하더라도 이를 다른 기관이나 제 3 자에게 위임하지 못한다. 따라서 정관 또는 주주총회에서 임원의 보수 총액 내지 한도액만을 정하고 개별 이사에 대한 지급액 등 구체적인 사항을 이사회에 위임하는 것은 가능하지만, 이사의 보수에 관한 사항을 이사회에 포괄적으로 위임하는 것은 허용되지 아니한다. 그리고 주주총회에서 이사의 보수에 관한 구체적 사항을 이사회에 위임한 경우에도 이를 주주총회에서 직접 정하는 것도 상법이 규정한 권한의 범위에 속하는 것으로서 가능하다. 주식회사의 총주식을 한 사람이 소유하는 이른바 1인회사의 경우에는 그 주주가 유일한 주주로서 주주총회에 출석하면 전원 총회로서 성립하고 그 주주의 의사대로 결의가 될 것이 명백하다. 이러한 이유로 주주총회 소집절차에 하자가 있거나 주주총회의 사록이 작성되지 않았더라도, 1인주주의 의사가 주주총회의 결의내용과 일치한다면 증거에 의하여 그러한 내용의 결의가 있었던 것으로 볼 수 있다. 그러나 이는 주주가 1인인 1인회사에 한하여 가능한 법리이다. 1인회사가 아닌 주식회사에서는 특별한 사정이 없는 한, 주주총회의 의결정족수를 충족하는 주식을 가진 주주들이 동의하거나 승인하였다는 사정만으로 주주총회에서 그러한 내용의 결의가 이루어질 것이 명백하다거나 또는 그러한 내용의 주주총회 결의가 있었던 것과 마찬가지라고 볼 수는 없다[대판 2020. 6. 4, 2016 다 241515 · 241522(공보 2020, 1313)].

2) 이사의 보수액을 정하는 주주총회의 결의에서 주주인 이사는 특별이해관계인이나, 주주총회에서 결정된 이사의 보수총액에서 각 이사에 대한 보수를 이사회의 결의로 배분하는 경우에 이사는 특별이해관계인이 아니라고 본다.[1]

1) 동지: 정(희), 474면.

(3) 퇴 직 금

이사가 종임하였을 때에 그에게 보통 퇴직금이 지급되는데, 이 퇴직금도 앞에서 본 바와 같이 보수에 포함되므로 보수와 같이 정관이나 주주총회의 결의로 그 총액 또는 한도액만을 정하고 구체적으로 각 이사에게 지급할 퇴직금의 액수·지급기일·지급방법 등의 결정은 이사회에 위임할 수 있다.[1)]

그런데 이 때 퇴직금은 보통 이미 정하여진 퇴직금지급규정에 의하여 지급되는데, 이에 의한 퇴직금의 지급이 유효한지 여부에 대하여 판례상 자주 논의되고 있는데, 이는 다음과 같다.

[퇴직금지급규정에 의한 퇴직금의 지급을 주주총회결의에 의하여 지급하지 않기로 할 수 없다고 한 판례]

이사에 대한 퇴직위로금이 이미 퇴직금지급규정에 의하여 결정되어 있는데, 그 규정에 주주총회의 승인을 얻어 지급한다고 되어 있는 경우, 이의 의미는 그 지급시기와 지급방법 등을 규제하려는 내부적인 절차규정에 불과하므로 주주총회에서 지급하지 않기로 결의한 것은 무효이다[대판 1977. 11. 22, 77 다 1742(집 25 ③ 민 320)].

동지: 대판 2006. 5. 25, 2003 다 16092·16108(공보 2006, 1111)(회사가 정관에서 퇴직하는 이사에 대한 퇴직금액의 범위를 구체적으로 정한 다음, 다만 재임중 공로 등 여러 사정을 고려하여 이사회가 그 금액을 결정할 수 있도록 하였다면, 이사회로서는 퇴직한 이사에 대한 퇴직금액을 정하면서, 퇴임한 이사가 회사에 대하여 배임행위 등 명백히 회사에 손해를 끼쳤다는 등의 특별한 사정이 없는 한, 재임중 공로의 정도를 고려하여 정관에서 정한 퇴직금액을 어느 정도 감액할 수 있을 뿐 퇴직금 청구권을 아예 박탈하는 결의를 할 수는 없으므로, 이사회가 퇴직한 이사에 대한 퇴직금을 감액하는 등의 어떠한 결의도 하지 않았을 경우 회사로서는 그와 같은 이사회 결의가 없었음을 이유로 퇴직한 이사에 대하여 정관에 구체적으로 정한 범위 안에서의 퇴직금 지급을 거절할 수는 없다).

[주주총회의 묵시적 승인에 의한 퇴직금규정으로 볼 수 있다고 한 판례]

Y회사의 퇴직금규정이 주주총회의 승인이 없이 이사회의 결의에 의하여 만들어진 것이었다 할지라도 X가 상무이사에 취임한 이래 전무이사를 사임할 당시까지 그 규정에 따라 보수를 받았던 것이었으니 X에 대한 퇴직금도 그 규정에 의하여 지급되어야 할 것이었다고 주장하였음이 뚜렷한 본건에 있어서, 원판결이 X의 재임중의 보수가 위 규정에 의하여 지급된 여부와 종래 Y회사의 퇴임이사에 대하여 그 규정에 의한 퇴직금이 지급된 사실의 유무(위 각 사실관계의

1) 동지: 전게 대판 2020. 6. 4, 2016 다 241515·241522.

여하에 따라서는 Y회사의 주주총회가 위 규정에 대한 승인결의를 한 사실이 없었다 할지라도 위와 같은 각 보수금의 지급으로서 그 규정을 묵시적으로 승인하였던 것이라고 볼 수 있었을 것이다) 및 Y회사가 여하한 사정하에 X의 퇴직금에 관한 결의를 하지 아니하였든가(장기근무의 이사에 대한 퇴직금의 지급은 영리회사의 통례에 속하는 사항이었다고 할 것이다) 등의 여러 가지 사항에 관하여는 아무런 심리와 판단이 없이 단지 전술과 같은 판시만으로서 X의 본소 청구를 기각하였음은 심리미진으로 인한 이유불비의 위법을 면치 못할 것이다[대판 1969. 5. 27, 69 다 327(집 17 ② 민 143)].

동지: 대판 2004. 12. 10, 2004 다 25123(공보 2005, 107)(상법 제388조에 의하면, 주식회사 이사의 보수는 정관에 그 액을 정하지 아니한 때에는 주주총회의 결의로 이를 정한다고 규정되어 있는바, 이사에 대한 퇴직위로금은 그 직에서 퇴임한 자에 대하여 그 재직중 직무집행의 대가로 지급되는 보수의 일종으로서 상법 제388조에 규정된 보수에 포함되고, 정관 등에서 이사의 보수 또는 퇴직금에 관하여 주주총회의 결의로 정한다고 규정되어 있는 경우 그 금액·지급방법·지급시기 등에 관한 주주총회의 결의가 있었음을 인정할 증거가 없는 한 이사의 보수나 퇴직금청구권을 행사할 수 없다. 그런데 임원퇴직금지급규정에 관하여 주주총회 결의가 있거나 주주총회 의사록이 작성된 적은 없으나 위 규정에 따른 퇴직금이 사실상 1인회사의 실질적 1인 주주의 결재·승인을 거쳐 관행적으로 지급되었다면 위 규정에 대하여 주주총회의 결의가 있었던 것으로 볼 수 있다).

반대: 대판 1979. 11. 27, 79 다 1599(공보 625, 12409)(주식회사의 정관에 이사의 보수 및 퇴직금은 주주총회의 결의에 의하여 정하게 되어 있는 경우, 동 회사의 대표이사가 이사에 대한 보수 및 퇴직금에 관하여 한 약정은 그 대표이사가 동 회사의 전 주식 3,000주 중 2,000주를 가지고 있더라도 주주총회의 결의가 없는 이상 동 회사에 대하여 효력이 있다고 할 수 없다).

[정관 등에서 이사의 보수는 주주총회의 결의로 정한다고 규정한 경우 주주총회의 결의가 없으면 퇴직금 중간정산금을 지급할 수 없다고 한 판례]

상법 제388조에 의하면 주식회사의 이사의 보수는 정관에 그 액을 정하지 아니한 때에는 주주총회의 결의로 이를 정한다고 규정되어 있다. 이는 이사가 자신의 보수와 관련하여 개인적 이익을 도모하는 폐해를 방지하여 회사와 주주 및 회사채권자의 이익을 보호하기 위한 강행규정이다. 따라서 정관 등에서 이사의 보수에 관하여 주주총회의 결의로 정한다고 규정되어 있는 경우 그 금액·지급방법·지급시기 등에 관한 주주총회의 결의가 있었음을 인정할 증거가 없는 한 이사는 보수청구권을 행사할 수 없다. 이사의 퇴직금은 상법 제388조에 규정된 보수에 포함되고, 퇴직금을 미리 정산하여 지급받는 형식을 취하는 퇴직금 중간정산금도 퇴직금과 성격이 동일하다. 다만 이사에 대한 퇴직금은 성격상 퇴직한 이사에 대해 재직 중 직무집행의 대가로 지급되는 보수의 일종이므로, 이사가 재직하는 한 이사에 대한 퇴직금 지급의무가 발생할 여지가 없고 이사가 퇴직하는 때에 비로소 지급의무가 생긴다. 그런데 퇴직금 중간정산금은 지급시기가 일반적으로 정해져 있는 정기적 보수 또는 퇴직금과 달리 권리자인 이사의 신청을 전제로 이사의 퇴직 전에 지급의무가 발생하게 되므로, 이사가 중간정산의 형태로 퇴직금을 지급받을 수 있는지 여부는 퇴직금의 지급시기와 지급방법에 관한 매우 중요한 요소이다. 따라서 정관 등에서 이사의 퇴직금에 관하여 주주총회의 결의로 정한다고 규정하면서 퇴직금의 액수에 관하여만 정하고 있다면, 퇴직금 중간정산에 관한 주주총회의 결의가 있었음을 인정할 증거가 없는 한 이사는 퇴직금 중간정산금 청구권을 행사할 수 없다[대판 2019. 7. 4, 2017 다 17436(공보 2019, 1517)].

[이사에게 지급되는 보수(퇴직금)는 근로기준법상 임금도 아니고 또 이의 시효에 관한 규정도 적용되지 않는다고 본 판례]

회사의 업무집행권을 가진 이사 등 임원은 회사로부터 일정한 사무처리의 위임을 받고 있는 것이므로, 사용자의 지휘감독 아래 일정한 근로를 제공하고 소정의 임금을 지급받는 고용관계에 있는 것이 아니며 따라서 일정한 보수를 받는 경우에도 이를 근로기준법 소정의 임금이라 할 수 없다.

회사의 규정에 의하여 이사 등 임원에게 퇴직금을 지급하는 경우에도 그 퇴직금을 근로기준법 소정의 퇴직금이 아니라 재직중의 직무집행에 대한 대가로 지급되는 보수의 일종이라 할 것이므로, 이사 등 임원의 퇴직금청구권에는 근로기준법 제41조 소정의 임금채권의 시효에 관한 규정이 적용되지 아니하고 일반채권의 시효규정이 적용되어야 한다.

따라서 원심이 이사인 X의 퇴직금청구권을 근로기준법상의 퇴직금청구권으로 보아 소멸시효기간을 동법 소정의 3년이라고 판단한 것은 잘못이나, X의 이 사건 제소일에 비추어 X의 퇴직금청구권이 시효에 걸리지 아니한 것은 분명하므로 Y회사의 시효소멸의 항변을 배척한 결론은 정당하다. 그러므로 논지는 이유없다[대판 1988. 6. 14, 87 다카 2268(공보 828, 1023)].

[이사는 근로기준법상 근로자가 아니며 주주총회의 결의가 없는 이상 보수나 퇴직금청구권을 행사할 수 없다고 한 판례]

회사의 업무집행권을 가진 이사 등 임원은 그가 회사의 주주가 아니라 하더라도 회사로부터 일정한 사무처리의 위임을 받고 있는 것이므로, 특별한 사정이 없는 한 사용자의 지휘감독 아래 일정한 근로를 제공하고 소정의 임금을 받는 고용관계에 있는 것이 아니어서 근로기준법상의 근로자라고 할 수 없다.

정관 및 관계법규상 이사의 보수 또는 퇴직금에 관하여 주주총회의 결의로 정한다고 규정되어 있는 경우, 금액·지급방법·지급시기 등에 관한 주주총회의 결의가 있었음을 인정할 증거가 없는 한 이사의 보수나 퇴직금청구권을 행사할 수 없다[대판 1992. 12. 22, 92 다 28228(공보 938, 560)].

동지: 대판 2003. 9. 26, 2002 다 64681(공보 2003, 2075)(주식회사의 이사·감사 등 임원은 회사로부터 일정한 사무처리의 위임을 받고 있는 것이므로, 사용자의 지휘·감독 아래 일정한 근로를 제공하고 소정의 임금을 받는 고용관계에 있는 것이 아니며, 따라서 일정한 보수를 받는 경우에도 이를 근로기준법 소정의 임금이라 할 수 없고, 회사의 규정에 의하여 이사 등 임원에게 퇴직금을 지급하는 경우에도 그 퇴직금은 근로기준법 소정의 퇴직금이 아니라 재직중의 직무집행에 대한 대가로 지급되는 보수에 불과하다); 동 2006. 5. 25, 2003 다 16092·16108(공보 2006, 1111)(회사의 직원으로 근무하면서 맺은 근로관계는 이사로 취임함으로써 종료되고 이후로는 회사와 새로이 위임관계를 맺었다고 할 것이지만, 이사로 취임할 때 회사가 직원으로 근무한 데에 대한 퇴직금을 지급하지 아니하였고 퇴직한 다른 이사에게 퇴직금을 지급하면서 직원으로 근무한 기간까지 정관에 정하여진 근속연수에 계산하여 퇴직금을 산정하여 지급한 사례 등을 고려하여, 퇴직한 이사에 대하여 직원으로 근무한 기간과 이사로 근무한 기간을 합쳐서 퇴직금을 산정한 원심의 판단은 타당하다).

제 3 이 사 회

I. 의 의

이사회(board of directors; Vorstand)는 집행임원 비설치회사의 경우는 「회사의 업무집행에 관한 의사결정 및 이사의 직무집행을 감독할 권한을 갖는 이사 전원으로 구성되는 주식회사의 기관」이나(상 393조 1항·2항), 집행임원 설치회사의 경우는 「(대표)집행임원의 선임·해임 등과 집행임원의 업무집행을 감독하는 것을 주업무로 하는 이사 전원으로 구성되는 주식회사의 기관」이다(상 408조의 2 3항). 기관인 이사회는 원칙적으로 상설적 존재이나, 그 활동은 정기 또는 임시의 회의 형식으로 한다.[1] 따라서 기관으로서의 이사회(board of directors)와 그 이사회가 업무수행을 위하여 개최하는 정기 또는 임시의 이사회(엄격히는 이사회의 회의)(meeting of the

1) 동지: 정(희), 475면; 정(동), (회) 400면.

board of directors)는 개념상 명백히 구별되는 것이다(그러나 상법은 이를 구별하지 않고 있다).[1)]

앞에서 본 바와 같이 자본금이 10억원 미만인 소규모 주식회사로서 이사를 1명 또는 2명 둔 경우에는 각 이사(정관에 따라 대표이사를 정한 경우에는 그 대표이사)가 회사의 업무집행에 관한 의사결정을 하여 집행하고(상 383조 6항 후단), 이사회가 존재하지 아니하므로 이러한 이사회에 관한 규정이 적용되지 아니한다(상 383조 1항 단서, 5항).

2. 소 집

(1) 소집권자

이사회의 소집권자는 원칙적으로 「각 이사」이나, 예외적으로 이사회의 결의로 특정한 이사(대표이사 또는 이사회의장)에게 소집권을 위임할 수도 있다(이로 인하여 내규인 이사회규칙 등으로 이사회의 소집권자의 순위를 정하는 경우가 보통이다)(상 390조 1항). 이 때 소집권자로 지정되지 않은 다른 이사는 소집권자인 이사에게 이사회의 소집을 요구할 수 있는데, 소집권자인 이사가 정당한 이유 없이 이사회 소집을 거절하는 경우에는 다른 이사가 이사회를 소집할 수 있다(상 390조 2항). 이는 종래에 통설[2)]이 인정하고 있었는데, 2001년 개정상법이 명문화하였다.[3)]

우리 대법원판례도 종래에 이와 동일한 취지로 다음과 같이 판시하고 있다.

[대표이사가 정당한 사유 없이 다른 이사의 이사회 소집청구를 거절한 경우, 그 이사가 이사회를 소집할 수 있다고 한 결정]

상법 제390조 제1항의 취지는 이사 각자가 본래적으로 할 수 있는 이사회 소집에 관한 행위를 대표이사로 하여금 하게 하는 데 불과하므로, 대표이사가 다른 이사의 정당한 이사회 소집요구가 있는 때에는 정당한 사유 없이 거절할 수 없으며, 만일 대표이사가 정당한 사유 없이 거절한 경우에는 그 이사회의 소집을 요구한 이사가 이사회를 소집할 수 있다[대결 1975. 2. 13, 74 마 595(공보 510, 8346)].

동지: 대판 1976. 2. 10, 74 다 2255(민판집 218, 53).

집행임원은 필요하면 이사(소집권자가 있는 경우에는 소집권자)에게 이사회 소집을 청구할 수 있

1) 동지: 정(동), (회) 400면; 이(철), (회) 697면(회의〈會議〉인 이사회는 기관인 이사회의 구체적인 권한실행방법일 뿐이라고 한다).

2) 동지: 정(동), (회) 403면; 채, 518면; 이(기) 외, (회) 320면 외.

3) 동지: 日會 366조 3항.

는데, 이 때 이사가 지체 없이 이사회 소집절차를 밟지 아니하면 집행임원은 법원의 허가를 받아 이사회를 소집할 수 있다(상 408조의 7). 또한 감사도 필요하면 이사(소집권자가 있는 경우에는 소집권자)에게 이사회 소집을 청구할 수 있는데, 이 때 이사가 지체 없이 이사회를 소집하지 아니하면 그 청구한 감사가 이사회를 소집할 수 있다(상 412조의 4).

자본금 총액이 10억원 미만으로서 이사가 1명 또는 2명인 소규모 주식회사의 경우에는 이사회가 없으므로, 이러한 규정이 적용되지 않는다(상 383조 5항).

(2) 소집절차

이사회를 소집하기 위하여는 출석의 기회와 준비를 위하여 회일로부터 1주간 전에 각 이사 및 감사에게 통지를 발송하여야 한다(발신주의)(상 390조 3항 본문).

이사에 대한 소집통지에 관한 우리 대법원판례에는 다음과 같은 것들이 있다.

[이사에 대한 소집통지에 관한 판례]

「이사 3인 중 2인에 대하여 직접 소집통지서를 발송한 경우에는 다른 1인에 대하여도 소집통지가 있는 것으로 추정함이 정당하고, 통지의 흠결의 입증책임은 이를 주장하는 측에 있다」고 하고[대판 1963. 6. 20, 62 다 685(민판집 67, 102)],

「이사 3인 중 회사의 경영에 전혀 참여하지 않고 경영에 관한 모든 사항을 다른 이사들에게 위임하여 놓고 그들의 결정에 따르며 필요시 이사회 회의록 등에 날인만 하여 주고 있는 이사에 대한 소집통지 없이 열린 이사회에서 한 결의는 유효하다」고 하며[대판 1992. 4. 14, 90 다카 22698(공보 921, 1551)][이 판결의 이론구성에 반대하는 취지의 평석으로는 강위두, 법률신문, 제2161호, 15면],

「정관에 이사회의 의장은 회장이 되고 회장 유고시 사장이 의장이 된다고 규정하고 있는 경우, 회장이 적법한 소집통지를 받고도 이사회에 출석하지 않은 이상 이는 회장 유고시에 해당하여 사장이 이사회의 의장이 된다」고 한다[대판 1984. 2. 28, 83 다 651 (공보 727, 580)].

감사에게도 통지하도록 한 것은 1984년 개정상법에 의하여 감사에게 이사회에의 출석 및 의견진술권이 인정되었기 때문이다(상 391조의 2 1항).

이 통지기간은 정관에 의하여 단축될 수 있는데(상 390조 3항 단서), 사실상 출석불능한 정도의 단축이나 통지의 폐지를 정관에 규정할 수는 없다.[1] 이에 더 나아

1) 동지: 정(희), 475면.

가 이사 및 감사 전원의 동의가 있으면 위의 절차를 밟지 않고 언제든지 회의를 할 수 있다(상 390조 4항). 이것은 정기회일을 정하거나 개별적인 회의에서 이사 및 감사 전원의 동의를 받아 소집절차를 생략하는 것을 말하고, 장래의 모든 이사회에 대하여 그 절차를 생략하는 동의는 인정되지 않는다.[1] 통지는 서면으로 하지 않고 구두로 하여도 무방하고, 또 통지에 의안(목적사항)을 기재할 필요도 없다.[2] 우리 대법원도 이와 동지로 다음과 같이 판시하고 있다.

[이사회 소집통지에 목적사항을 함께 통지할 필요가 없다고 한 판례]

이사회 소집통지를 할 때에는, 회사의 정관에 이사들에게 회의의 목적사항을 함께 통지하도록 정하고 있거나 회의의 목적사항을 함께 통지하지 아니하면 이사회에서의 심의·의결에 현저한 지장을 초래하는 등의 특별한 사정이 없는 한, 주주총회 소집통지의 경우와 달리 회의의 목적사항을 함께 통지할 필요는 없다[대판 2011. 6. 24, 2009 다 35033(공보 2011, 1459)].

이사회의 소집시기에 관하여도 상법상 특별한 규정이 없다. 그러나 이사는 3월에 1회 이상 업무의 집행상황을 이사회에 보고하여야 하는 점에서(상 393조 4항) 3월에 1회 이상은 개최되어야 한다고 본다.[3]

이와 같이 이사회의 소집절차는 주주총회의 소집절차(상 363조)보다 훨씬 완화되어 있다. 이러한 점에서 볼 때 개개의 이사 또는 감사가 소집통지를 받을 권리를 포기하거나 소집통지가 없는 경우의 전원출석총회는 당연히 인정되어야 할 것이다.[4]

자본금 총액이 10억원 미만으로서 이사가 1명 또는 2명인 소규모 주식회사의 경우에는 이사회가 없으므로, 위와 같은 규정이 적용되지 않는다(상 383조 5항).

3. 권 한

이사회의 권한은 집행임원 비설치회사와 집행임원 설치회사에서 각각 다

1) 동지: 정(희), 475면.

2) 동지: 정(희), 475면; 정(동), (회) 403~404; 이(기) 외, (회) 320면(소집통지에 목적사항을 기재할 필요가 없다고 한다); 주상(제 5 판)(회사 Ⅲ), 263면; 채, 519면.
반대: 최(기), (회) 571면(목적사항을 통지하여야 한다고 한다).

3) 동지: 日會 363조 2항은 「이사회설치회사에서 이사는 3월에 1회 이상 자기의 직무집행 상황을 이사회에 보고하여야 한다」고 규정하여, 간접적으로 3월에 1회 이상 이사회를 개최하도록 하고 있다.

4) 동지: 정(동), (회) 404면; 채, 519면; 이(기) 외, (회) 320면.

르다. 따라서 이하에서는 이를 나누어서 설명한다.

⑴ 집행임원 비설치회사에서의 이사회의 권한

집행임원 비설치회사에서의 이사회는 첫째로 법령 또는 정관에 의하여 주주총회의 권한으로 되어 있는 사항을 제외하고는 회사의 모든 업무집행에 관하여 의사결정을 할 권한(상 393조 1항)과, 둘째로 이사의 직무집행을 감독할 권한을 갖는다(상 393조 2항). 이를 좀더 상세히 살펴보면 다음과 같다.

1) 업무집행에 관한 의사결정권

㈎ 집행임원 비설치회사에서의 이사회는 (업무집행에 관한 구체적인 사항으로서 대표이사 등에게 위임한 경우에는 직접 결정할 필요가 없으나) 원칙적으로 업무집행에 관한 모든 사항을 결정하여야 한다. 이사회는 특히 상법 또는 정관이 그의 권한으로 규정한 사항에 대하여는 그 결정을 후술하는 이사회 내의 위원회에 위임하는 경우(상 393조의 2)를 제외하고 대표이사 등 다른 기관에 위임하지 못한다.[1]

자본금 총액이 10억원 미만으로서 이사를 1명 또는 2명을 둔 소규모 주식회사(상 383조 1항 단서)는 이사회가 없으므로, 이러한 이사회의 기능을 각 이사(정관에 따라 대표이사를 정한 경우에는 그 대표이사)가 수행한다(상 383조 6항).

㈏ 상법이 이사회의 결의사항으로 규정한 것으로는 주식매수선택권 부여의 취소(상 340조의 3 1항 5호),[2] 주주총회의 소집(상 362조),[3] 대표이사의 선임과 공동대표의 결정(상 389조), 이사회 소집권자의 특정(상 390조 1항 단서), 중요한 자산의 처분 및 양도·대규모 자산의 차입·지배인의 선임·해임과 지점의 설치·이전 또는 폐지(상 393조 1항),[4] 이사의 경업거래와 겸직의 승인 및 경업의 경우의 개입권의 행사(상 397조),[5] 이사의 회사 사업기회 이용의 승인(상 397조의 2),[6] 이사의 자기거래의 승인(상 398조),[7] 신주발행사항

---

1) 동지: 정(희), 476면; 정(동), (회) 402면(상법이 이사회의 결의사항으로 구체적으로 명정하고 있는 것은 정관의 규정에 의하여 주주총회의 권한으로 하지 않는 한, 하위의 기관인 대표이사나 상무회의 결정에 맡길 수 없다고 한다); 채, 521면; 이(기) 외, (회) 318면.

2) 이사가 1명 또는 2명인 소규모 주식회사의 경우에는 주주총회가 이 업무를 수행한다(상 383조 4항).

3) 이사가 1명 또는 2명인 소규모 주식회사의 경우에는 각 이사(정관에 따라 대표이사를 정한 경우에는 그 대표이사)가 이 업무를 수행한다(상 383조 6항).

4) 이사가 1명 또는 2명인 소규모 주식회사의 경우에는 각 이사(정관에 따라 대표이사를 정한 경우에는 그 대표이사)가 이 업무를 수행한다(상 383조 6항).

5) 이사가 1명 또는 2명인 소규모 주식회사의 경우에는 주주총회가 이 업무를 수행한다(상 383조 4항).

6) 이사가 1명 또는 2명인 소규모 주식회사의 경우에는 주주총회가 이 업무를 수행한다(상 383

의 결정(상 416조 본문),[1] 정관에서 정하고 일정한 요건을 갖춘 경우 재무제표 등의 승인(상 449조의 2 1항), 무액면주식을 발행하는 경우 자본금으로 계상하기로 한 금액의 결정(상 451조 2항),[2] 준비금의 자본금 전입(상 461조 1항 본문),[3] 중간배당의 결정(상 462조의 3 1항),[4] 이익배당의 지급시기 결정(상 464조의 2 1항),[5] 사채의 발행(상 469조 1항),[6] 전환사채 및 신주인수권부사채의 발행(상 513조 2항 본문, 516조의 2 2항 본문),[7] 대통령령으로 정하는 상장회사가 최대주주 등과 일정규모 이상인 거래를 하는 경우의 승인(상 542조의 9 3항) 등이 있다. 이 밖에도 상법상 회사가 결정하여야 할 것으로 된 사항은 성질상 이사회의 결의사항이라고 보아야 할 것이 많다.

이사회의 결의사항 중 특히 '중요한 자산의 처분 및 양도'(상 393조 1항)에 관하여, 우리 대법원판례는 이사회가 직접 결의하여야 한다는 취지로 다음과 같이 판시하고 있다.

[회사의 '중요한 자산의 처분 및 양도'는 대표이사에게 일임할 수 없고 반드시 이사회가 직접 결의를 하여야 한다고 한 판례]

상법 제393조 제 1 항은 주식회사의 중요한 자산의 처분 및 양도는 이사회의 결의로 한다고 규정하고 있는바, 여기서 말하는 중요한 자산의 처분에 해당하는가 아닌가는 당해 재산의 가액·총자산에서 차지하는 비율·회사의 규모·회사의 영업 또는 재산의 상황·경영상태·자산의 보유목적·회사의 일상적 업무와 관련성·당해 회사에서의 종래의 취급 등에 비추어 대표이사의 결정에 맡기는 것이 상당한지 여부에 따라 판단하여야 할 것이고, 중요한 자산의 처분에 해당하는 경

조 4항).

7) 이사가 1명 또는 2명인 소규모 주식회사의 경우에는 주주총회가 이 업무를 수행한다(상 383조 4항).

1) 이사가 1명 또는 2명인 소규모 주식회사의 경우에는 주주총회가 이 업무를 수행한다(상 383조 4항).

2) 이사가 1명 또는 2명인 소규모 주식회사의 경우에는 주주총회가 이 업무를 수행한다(상 383조 4항).

3) 이사가 1명 또는 2명인 소규모 주식회사의 경우에는 주주총회가 이 업무를 수행한다(상 383조 4항).

4) 이사가 1명 또는 2명인 소규모 주식회사의 경우에는 주주총회가 이 업무를 수행한다(상 383조 4항).

5) 이사가 1명 또는 2명인 소규모 주식회사의 경우에는 주주총회가 이 업무를 수행한다(상 383조 4항).

6) 이사가 1명 또는 2명인 소규모 주식회사의 경우에는 주주총회가 이 업무를 수행한다(상 383조 4항).

7) 이사가 1명 또는 2명인 소규모 주식회사의 경우에는 주주총회가 이 업무를 수행한다(상 383조 4항).

우에는 이사회가 그에 관하여 직접 결의하지 아니한 채 대표이사에게 그 처분에 관한 사항을 일임할 수 없는 것이므로 이사회규정상 이사회 부의사항으로 정해져 있지 아니하더라도 반드시 이사회의 결의를 거쳐야 한다[대판 2005. 7. 28, 2005 다 3649(공보 2005, 1415)].

동지: 대판 2011. 4. 28, 2009 다 47791(공보 2011, 1014)(상법 제393조 제 1 항은 주식회사의 중요한 자산의 처분 및 양도는 이사회의 결의로 한다고 규정하고 있는데, 여기서 말하는 중요한 자산의 처분에 해당하는지 아닌지는 당해 재산의 가액, 총자산에서 차지하는 비율, 회사의 규모, 회사의 영업 또는 재산의 상황, 경영상태, 자산의 보유목적, 회사의 일상적 업무와 관련성, 당해 회사의 종래 취급 등에 비추어 대표이사의 결정에 맡기는 것이 타당한지 여부에 따라 판단하여야 하고, 중요한 자산의 처분에 해당하는 경우에는 이사회가 그에 관하여 직접 결의하지 아니한 채 대표이사에게 그 처분에 관한 사항을 일임할 수 없으므로 이사회규정상 이사회 부의사항으로 정해져 있지 않더라도 반드시 이사회의 결의를 거쳐야 한다. 따라서 갑 주식회사가 을 유한회사와 체결한 부동산 양도계약에 관하여 갑 회사의 이사회결의에 하자가 있었던 사안에서, 위 양도계약은 갑 회사의 일상적 업무에 해당한다거나 대표이사 개인의 결정에 맡기는 것이 타당하다고 보기 어려워 상법 제393조 제 1 항에 따라 이사회결의를 필요로 하는 주식회사의 중요한 자산의 처분에 해당하고, 갑 회사에게서 대여금 및 미지급 공사대금 채권을 변제받을 목적으로 자산유동화거래를 위한 특수목적회사인 을 회사를 설립하여 그 회사로 하여금 위 양도계약을 체결하도록 한 병 주식회사가, 갑 회사 대표이사 등의 내용증명 통지를 통해 위 양도계약에 관한 갑 회사 이사회결의의 하자를 알고 있는 상태에서, 을 회사의 설립 및 자산유동화 계획의 수립을 주도하고 스스로의 인적·물적 기반이 없는 을 회사를 대신하여 위 양도계약의 체결 및 이행 업무를 실제로 처리한 사실에 비추어, 위 양도계약과 관련한 갑 회사 이사회결의의 하자에 관한 병 회사의 인식에 근거하여 양도계약 당사자인 을 회사가 갑 회사 이사회결의의 하자를 알았거나 알 수 있었다고 볼 수 있다); 동 2016. 7. 14, 2014 다 213684(투자자가 주식을 매수하면서 해당 주식에 대하여 풋옵션을 설정하고 투자자가 이를 행사하면 당해 회사가 이를 매수하기로 한 경우에는 상법 제393조 제 1 항에 해당하여 이사회의 결의를 거쳐야 하고, 이를 거치지 않으면 회사는 악의의 투자자에게 대항할 수 있다); 대결 2021. 8. 26, 2020 마 5520(공보 2021, 1747)(상법 제393조 제 1 항 '중요한 자산의 처분 및 양도, 대규모 재산의 차입 등 회사의 업무집행은 이사회의 결의로 한다.'고 정함으로써 주식회사의 이사회는 회사의 업무집행에 관한 의사결정권한이 있음을 명시하고 있다. 주식회사가 중요한 자산을 처분하거나 대규모 재산을 차입하는 등의 업무집행을 할 경우에 이사회가 직접 결의하지 않고 대표이사

에게 일임할 수 없다. 즉, 이사회가 일반적·구체적으로 대표이사에게 위임하지 않은 업무로서 일상 업무에 속하지 않은 중요한 업무의 집행은 반드시 이사회의 결의가 있어야 한다. 주식회사 이사회의 역할과 주식회사에 대한 회생절차 개시결정의 효과 등에 비추어 주식회사가 회생절차 개시신청을 하는 것은 대표이사의 업무권한인 일상 업무에 속하지 않는 중요한 업무에 해당하여 이사회 결의가 필요하다. 회생절차 개시신청에 관한 이러한 법리는 파산신청의 경우에도 유사하게 적용할 수 있다. 위와 같은 주식회사 이사회의 역할, 파산이 주식회사에 미치는 영향, 회생절차 개시신청과의 균형, 파산신청권자에 대한 규정의 문언과 취지 등에 비추어 보면, 주식회사의 대표이사가 회사를 대표하여 파산신청을 할 경우 대표이사의 업무권한인 일상 업무에 속하지 않는 중요한 업무에 해당하여 이사회 결의가 필요하다고 보아야 하고, 이사에게 별도의 파산신청권이 인정된다고 해서 달리 볼 수 없다. 그러나 자본금 총액이 10억 원 미만으로 이사가 1명 또는 2명인 소규모 주식회사에서는 대표이사가 특별한 사정이 없는 한 이사회 결의를 거칠 필요 없이 파산신청을 할 수 있다. 소규모 주식회사는 각 이사〈정관에 따라 대표이사를 정한 경우에는 그 대표이사를 말한다〉가 회사를 대표하고 상법 제393조 제 1 항에 따른 이사회의 기능을 담당하기 때문이다(상법 제383조 제 6 항, 제 1 항 단서).

그러나 이사가 주주의 의결권 행사를 불가능하게 하거나 현저히 곤란하게 하는 것은 주식회사제도의 본질적 기능을 해하는 것으로서 허용되지 아니하고, 그러한 것을 내용으로 하는 이사회결의는 무효이다.[1]

---

1) 대판 2011. 6. 24, 2009 다 35033(공보 2011, 1459)(소유와 경영의 분리를 원칙으로 하는 주식회사에서 주주는 주주총회 결의를 통하여 회사 경영을 담당할 이사의 선임과 해임 및 회사의 합병, 분할, 영업양도 등 법률과 정관이 정한 회사의 기초 내지는 영업조직에 중대한 변화를 초래하는 사항에 관한 의사결정을 하기 때문에, 이사가 주주의 의결권행사를 불가능하게 하거나 현저히 곤란하게 하는 것은 주식회사 제도의 본질적 기능을 해하는 것으로서 허용되지 아니하고, 그러한 것을 내용으로 하는 이사회결의는 무효로 보아야 한다. 그런데 주식회사 대표이사 갑이 자신이 을에게 교부하였던 주식에 대하여 갑 측과 경영권 분쟁 중인 을 측의 의결권행사를 허용하는 가처분결정이 내려진 것을 알지 못한 채 이사회결의를 거쳐 임시주주총회를 소집하였다가 나중에 이를 알고 가처분결정에 대하여 이의절차로 불복할 시간을 벌기 위해 일단 임시주주총회 소집을 철회하기로 계획한 후 이사회를 소집하여 결국 임시주주총회 소집을 철회하기로 하는 내용의 이사회결의가 이루어진 사안에서, 을 측은 발행주식총수의 100분의 3 이상에 해당하는 주식을 가진 주주로서 구 상법〈2009. 5. 28. 법률 제9746호로 개정되기 전의 것〉 제366조에 따라 임시주주총회 소집을 청구할 수 있고 소집절차를 밟지 않는 경우 법원의 허가를 얻어 임시주주총회를 소집할 수 있었던 점 등에 비추어 볼 때, 임시주주총회 소집을 철회하기로 하는 이사회결의로 을 측의 의결권행사가 불가능하거나 현저히 곤란하게 된다고 볼 수 없으므로 위 이사회결의가 주식회사 제도의 본질적 기능을 해하는 것으로서 무효가 되기에 이르렀다고 보기 어렵다).

상법은 이사회가 업무집행에 관한 권한의 행사를 원활하게 수행하도록 하기 위하여 이사에게 회사의 업무에 관한 정보접근권을 강화하였다. 즉, 이사는 대표이사로 하여금 다른 이사 또는 피용자의 업무에 관하여 이사회에 보고할 것을 요구할 수 있고(상 393조 3항), 이사는 3월에 1회 이상 업무의 집행상황을 이사회에 보고하여야 한다(상 393조 4항).

자본금 총액이 10억원 미만으로서 이사가 1명 또는 2명인 소규모 주식회사의 경우에는 이사회가 없으므로, 이러한 규정이 적용되지 않는다(상 383조 5항).

(다) 특별법이 이사회의 결의사항으로 규정한 것으로는, 주권상장법인이 정관으로 정하는 바에 따라 일반공모증자에 관하여 결의를 하는 경우(자금 165조의 6) 등이 있다.

(라) 상법(특별법 포함) 또는 정관에 이사회의 권한사항으로 규정된 것이 아니라 하여도 상법 또는 정관의 규정에 의하여 주주총회의 권한사항으로 규정한 것이 아니면, 업무집행에 관한 의사결정권한은 전부 이사회의 권한사항이다(상 393조 1항).

2) 이사 직무집행에 관한 감독권

(가) 이사회는 이사(대표이사 및 기타의 이사)의 직무집행을 감독할 권한을 갖는다(상 393조 2항). 이사회는 대표이사의 선임·해임권을 가지므로(상 389조 1항 본문), 이러한 점에서도 이사회는 대표이사에 대한 실질적인 감독권을 갖는다. 즉, 이사회는 (대표)이사의 업무집행에 관한 의사결정기관일 뿐만 아니라, 사후의 업무집행감독기관도 겸하고 있음이 상법의 명문의 규정상 명백하다.[1]

이와 같이 집행임원 비설치회사에서의 이사회는 업무집행에 관한 의사결정권과 이사(업무집행기관)의 직무집행에 관한 감독권을 동일기관이 갖게 되어 자기감독이 되므로, 이사(업무집행기관)의 직무집행에 대한 감독은 사실상 유명무실할 수밖에 없다.

자본금 총액이 10억원 미만으로서 이사가 1명 또는 2명인 소규모 주식회사

---

1) 이러한 이사회의 (대표)이사에 대한 감독권의 효율성을 높이기 위하여는 입법론상 대표이사 이외의 이사는 되도록 업무담당을 하지 않게 하는 것이 이사회제도의 취지에 맞는다고 하거나 [정희철, "이사회제도의 비교법적 고찰," 「법학」(특별호), 제 4 권(1979. 12), 49~69면 참조], 사내이사(inside director)들로 이사회가 구성되면 자칫하여 이사회가 허수아비가 될 위험성이 있으므로 그 권한을 제대로 행사하자면 사외이사(outside director)의 비율을 높여야 한다거나[홍복기, "사외이사제도에 관한 입법론적 연구," 법학박사학위논문(연세대, 1988) 참조], 이사에게 이사회에 대한 업무집행의 보고의무를 부여하여야 한다(日會 363조 2항은 이를 명문화함)는 견해[정(동), (회) 403면] 등이 있다.

사의 경우에는 이사회가 존재하지 않으므로, 이러한 이사에 대한 감독권이 이사회에 있을 여지는 없고(상 383조 5항), 주주총회에 있다고 보아야 할 것이다.

(나) 이사회의 (대표)이사에 대한 이러한 감독권은 상하관계(대표이사의 지위에 관하여 독립기관설에 의하는 경우에는 대표이사를 제외한 이사와의 관계에서만 상하관계임)에서 행사되는 것이고 또 타당성(합목적성) 감사에도 미치는 점에서, 감사(監事) 또는 감사위원회의 감사권(수평적 지위에서 원칙적으로 적법성감사만을 함)이나 업무집행권이 없는 이사가 업무집행권이 있는 이사에 대하여 하는 감시권과 구별된다.[1]

(2) 집행임원 설치회사에서의 이사회의 권한

1) 집행임원 설치회사(감독형 이사회제도)[2]에서의 이사회는 원칙적으로 회사의 중요한 사항에 대하여만 결의하고 그 이외의 업무집행에 관한 의사결정은 집행임원에게 위임하며, 주로 업무집행기관(집행임원)에 대한 업무감독권한을 갖는다. 따라서 상법은 집행임원 비설치회사(참여형 이사회제도)에서의 이사회 권한(상 393조, 특히 동조 1항 및 2항)에 갈음하여 집행임원 설치회사(감독형 이사회제도)에서의 이사회 권한에 관하여 별도로 규정하고 있다(상 408조의 2 3항). 즉, 이사회는 (i) 집행임원과 대표집행임원의 선임·해임권, (ii) 집행임원의 업무집행 감독권, (iii) 집행임원과 집행임원 설치회사의 소송에서 집행임원 설치회사를 대표할 자의 선임권, (iv) 집행임원에게 업무집행에 관한 의사결정의 위임권(상법에서 이사회 권한사항으로 정한 경우[3]는 제외함), (v) 집행임원이 여러 명인 경우 집행임원의 직무 분담 및 지휘·명령관계, 그 밖에 집행임원의 상호관계에 관한 사항의 결정권, (vi) 정관에 규정이 없거나 주주총회의 승인이 없는 경우 집행임원의 보수결정권을 갖는다(상 408조의 2 3항).

상법 제393조는 원래 집행임원 비설치회사(참여형 이사회제도)를 전제로 한 규정이므로, 이는 집행임원 설치회사(감독형 이사회제도)에 대하여는 적용되

1) 동지: 손(주), 774면; 정(동), (회) 403면.

2) 집행임원 설치회사는 업무집행기관과 업무감독기관을 분리한 지배구조를 가진 회사인데, 업무집행기관의 면에서 보면 '집행임원 설치회사'로 부를 수 있고, 업무감독기관의 면에서 보면 '감독형 이사회제도'라고 부를 수 있다.

이에 반하여 업무집행기관과 업무감독기관을 분리하지 않은 종래의 이사회제도를 가진 회사는 업무집행기관의 면에서 보면 '집행임원 비설치회사'라고 부를 수 있고, 업무감독기관의 면에서 보면 '참여형 이사회제도'로 부를 수 있다.

3) 상법 제393조는 원래 집행임원 비설치회사(참여형 이사회제도)에서 적용되는 규정이므로 '상법에서 이사회 권한사항으로 정한 경우'에는 해석상 상법 제393조가 배제된다고 본다. 그런데 이러한 점을 명확히 하기 위하여 입법론상 "제393조를 제외하고 이 법에서 이사회 권한사항으로 정한 경우는 제외한다"로 규정하는 것이 바람직하다고 본다(법무부, 2017 상법특별위원회 회의록, 2018. 1., 220면 참조).

지 않는다고 본다.[1)] 즉, 상법 제393조 제 1 항은 집행임원 설치회사에서는 그 성질상 적용될 여지가 없고(그 권한이 이사회의 고유권한이 아니라는 점에서는 지배 15조 3항 참조), 동조 제 2 항은 집행임원 설치회사에서는 제408조의 2 제 3 항에서 구체적으로 규정하고, 동조 제 3 항 및 제 4 항은 집행임원 설치회사에서는 제408조의 6에서 별도로 규정하고 있다.

2) 집행임원 비설치회사(참여형 이사회제도)에서는 회사의 업무집행에 관한 의사결정을 원칙적으로 이사회의 결의로 하는데(상 393조 1항), 집행임원 설치회사에서는 업무집행(의사결정 및 집행)을 원칙적으로 집행임원이 한다(상 408조의 4, 408조의 2 3항 4호). 또한 집행임원 설치회사는 (상법에 의하여 이사회 권한사항으로 정한 경우를 제외하고) 회사의 업무에 관한 이사회 결의사항에 대하여 이사회 결의에 의하여 집행임원에 (그 업무집행에 관한) 의사결정을 위임할 수 있는데(상 408조의 2 3항 4호), 이 때 집행임원은 위임받은 업무집행에 관하여는 의사를 결정하여 집행한다(상 408조의 4 2호). 따라서 집행임원 설치회사에서의 이사회는 (상법에서 이사회 권한사항으로 규정한 것을 포함한) 회사의 중요한 사항에 대하여만 결의하고, 나머지는 집행임원에 그 의사결정을 위임할 것으로 본다.

집행임원 비설치회사에서도 대표이사는 일상업무에 관한 사항 및 이사회가 구체적으로 위임한 사항에 대하여는 의사결정권이 있다고 해석하는데,[2)] 이 경우에는 집행임원 설치회사와 유사하게 되는 것이 아니냐 하는 점도 있다. 그러나 (i) 집행임원 설치회사에서의 이사회는 집행임원 비설치회사에서와는 달리 주업무가 업무집행에 관한 의사결정을 하는 것이 아니라 업무집행기관(집행임원)을 감독하며(상 408조의 2 3항 2호) 회사의 중요한 사항에 대하여만 의사결정을 하고, 업무집행은 원칙적으로 각 집행임원이 의사를 결정하여 집행하므로(집행임원의 경우는 이사회와 같이 회의체기관이 아니어서 각 집행임원이 업무집행에 관한 의사를 결정하여 집행하므로, 즉 업무집행에 관한 의사결정기관과 집행기관이 분리되지 않으므로) 업무집행의 효율성을 기할 수 있는 점(상 408조의 2 3항 4호, 408조의 4), (ii) 집행임원 설치회사에서의 이사회는 집행임원을 선임 · 해임하고(상 408조의 2 3항 1호) (정관이나 주주총회의 승인이 없는 경우) 집행임원의

---

1) 입법론으로는 상법 제408조의 2 제 3 항 본문이 "집행임원 설치회사에 대하여는 제393조가 적용되지 않고, 이사회는 다음의 권한을 갖는다"로 개정되어야 할 것으로 본다(법무부, 2017 상법특별위원회 회의록, 2018. 1., 220면 참조).

법무부, 2005년 상법 개정위원회에 집행임원에 관하여 발제한 안 제408조의 2 제 1 항에서는 감독형 이사회에 대하여 상법 제393조를 배제하고 있다(법무부, 2017 상법특별위원회 회의록, 2018. 1, 221면 참조).

2) 이 책 766~767면 참조.

보수를 결정하며(상 408조의 2 3항 6호) 또한 집행임원이 여러 명인 경우 집행임원의 직무분담 및 지휘·명령관계 등에 관한 사항을 결정함으로써(상 408조의 2 3항 5호) 집행임원 비설치회사의 경우보다 실질적으로 집행임원의 업무집행에 관한 감독을 효율적으로 할 수 있는 점, (iii) 집행임원 설치회사는 업무집행기관(집행임원)과 업무집행을 감독하는 기관(이사회)의 양자가 확연히 구별되는 점 등에서 집행임원 비설치회사에서의 이사회와 대표이사와는 구별된다.

집행임원 설치회사에서는 상법에 이사회 권한으로 규정하고 있는 사항을 제외하고는 업무집행에 관한 의사결정권을 집행임원에게 위임할 수 있고(상 408조의 2 3항 4호, 408조의 4 2호) 또한 이와 같이 업무집행에 관한 의사결정권을 집행임원에게 위임하는 것이 일반적일 것이므로, 이사회는 그 결과에 따라 집행임원을 재선임 또는 해임하거나 보수를 조정하는 점 등을 함으로써 실질적 감독권을 실효성 있게 행사하는 것이다. 또한 집행임원 비설치회사에서는 이사회가 업무집행에 관한 의사결정권을 대표이사에게 위임한다고 하더라도 대표이사의 수와 그 대표권의 행사와 관련하여 한계가 있으나, 집행임원 설치회사에서는 업무집행에 관한 경영전문가를 별도로 선임하여 업무집행을 위임하는 것이므로 이러한 제한이 있을 수 없고 포괄적·일반적 위임이 가능하다.

3) 집행임원 설치회사는 업무집행기관(집행임원)과 업무감독기관(이사회)의 분리가 명확하고 또한 경영전문가에게 업무집행기능을 맡길 수 있어, 업무집행기능과 업무감독기능의 효율성을 보다 더 높일 수 있다. 특히 이사회에 사외이사가 과반수인 대회사의 경우에는 사외이사가 개별적인 업무집행(의사결정)에 참여하지 않게 되어 업무집행의 효율성을 높일 수 있고, 사외이사는 업무집행기관(집행임원)의 선임·해임 등과 중요한 회사의 (정책적인) 의사결정에만 참여하여 감독권을 효율적으로 행사할 수 있는 것이다. 사외이사는 또한 이사회 구성원으로서 업무집행기관과 이해관계가 없으므로 이사회의 업무집행기관(집행임원)에 대한 업무감독에 참여하여 업무감독의 효율성을 높일 뿐만 아니라, 이사회내 위원회의 하나인 감사위원회에도 참여하여 업무집행기관(집행임원)의 직무집행에 대하여 효율적인 감사를 할 수 있게 된다.

4) 상법상 이사회의 권한으로 규정하고 있는 사항(앞에서 본 바와 같이 상 393조는 제외)은 집행임원 설치회사에서도 집행임원 비설치회사의 경우와 같다(상 408조의 2 3항 4호, 408조의 9 참조). 대표적인 것으로는 집행임원의 경업거래와 겸직의 승인 및 경

업의 경우의 개입권의 행사(상 408조의 9, 397조), 집행임원의 회사 사업기회 이용의 승인(상 408조의 9, 397조의 2), 집행임원의 자기거래의 승인(상 408조의 9, 398조) 등이다.

4. 결 의

(1) 결의요건(결의능력)

1) 원 칙 이사회의 결의요건은 원칙적으로 이사의 과반수의 출석(출석정족수)과 출석이사의 과반수(의결정족수)이다(상 391조 1항 본문). 이러한 결의요건을 충족하는지 여부는 이사회 결의 당시를 기준으로 판단한다. 또한 이사회의 출석정족수는 이사회의 개회시뿐만 아니라 회의의 전과정에서 유지되어야 하고,[1] 그 수는 재임이사의 과반수를 말한다. 이사회의 결의는 1인 1의결권에 의한 다수결로 한다(주주총회의 결의가 1주 1의결권인 점과 구별됨). 이 때 재임이사의 산정에 있어서 이사선임결의의 취소·무효확인 또는 이사해임의 소가 제기되어 직무집행이 정지된 이사(상 407조)는 재임이사에서 제외되지만, 이 경우에 선임된 「직무대행자」(상 408조)는 그 권한범위 내의 사항에 관하여는 재임이사에 산입된다.[2] 이사의 종임으로 상법 또는 정관에 정한 이사의 원수(員數)를 결하게 되어 후임자가 취임할 때까지 「이사의 권리의무를 갖는 자」(상 386조 1항), 또 이 때에 선임된 「임시이사」(직무대행자)(상 386조 2항)도 재임이사에 산입된다.[3] 따라서 이사 전원이 임기만료되었어도 후임자가 선임되기 전에 이사의 과반수 출석과 출석이사의 과반수 찬성으로 한 결의는 유효하다.[4]

자본금 총액이 10억원 미만으로서 이사가 1명 또는 2명인 소규모 주식회사의 경우에는 이사회가 존재하지 않으므로, 이러한 규정이 적용될 여지가 없다(상 383조 5항).

이사회의 출석정족수와 결의요건을 충족하는지 여부에 관한 다음의 대법원판례가 있다.

[재적 6명의 이사 중 3명이 참석한 경우, 출석정족수를 부정한 판례]

재적 6명의 이사 중 3인이 참석하여 참석이사의 전원의 찬성으로 연대보증을 의결하였다면, 위 이사회의 결의는 과반수에 미달하는 이사가 출석하여 상법

1) 동지: 정(동), (회) 406면; 日最高判 1966. 8. 26(民集 20-6, 1289).
2) 동지: 정(희), 477면.
3) 동지: 정(희), 477면.
4) 동지: 정(희), 477면; 대판 1963. 4. 18, 63 다 15(집 11 ① 민 269).

제391조 제 1 항 본문 소정의 의사정족수가 충족되지 아니한 이사회에서 이루어진 것으로 무효라고 할 것이다[대판 1995. 4. 11, 94 다 33903(공보 992, 1835)].

[이사회 결의요건을 충족하는지 여부는 이사회 결의 당시를 기준으로 판단하여야 한다고 한 판례]

이사회 결의요건을 충족하는지 여부는 이사회 결의 당시를 기준으로 판단하여야 하고, 그 결의의 대상인 행위(연대보증행위)가 실제로 이루어진 날을 기준으로 판단할 것은 아니다[대판 2003. 1. 24, 2000 다 20670(공보 2003, 683)].

2) 예 외(가중) 상법에서 이사·집행임원의 회사기회 이용 또는 회사와의 자기거래를 승인하는 경우 및 감사위원회위원의 해임의 경우에는 예외적으로 재적이사 3분의 2 이상의 찬성을 받도록 이사회의 결의요건을 가중하고 있다(상 397조의 2 1항 2문, 398조 2문, 408조의 9, 415조의 2 3항).

또한 정관으로 이사회의 결의요건을 가중할 수는 있으나, 완화할 수는 없다(상 391조 1항 단서). 따라서 정관으로 이사회의 결의요건을 이사 전원의 과반수로 하거나 또는 3분의 2 이상의 다수로 정할 수도 있다. 그러나 일부 이사에게 거부권을 주는 것과 같은 정도로 강화할 수는 없다.[1)]

⑵ 결의와 관련된 제반사항

1) 가부동수(可否同數) 가부동수인 경우에 특정인(대표이사 등)에게 결정권을 주도록 정한 정관의 규정은 유효한가. 이에 대하여 (i) 이사회는 업무집행에 관한 의사결정을 신속히 할 필요가 있고 이사의 경우에는 주주처럼 의결권의 평등을 강하게 요청할 필요가 없다는 점에서 이를 긍정하는 견해도 있으나,[2)] (ii) 이것은 결의요건을 가중시킬 수만 있도록 규정한 상법 제391조 1항 단서의 취지에 어긋날 뿐만 아니라, 법적 근거 없이 특정인에게 복수의결권을 주는 것이 되므로 이를 부정하는 것이 타당하다고 본다.[3)]

---

1) 동지: 정(희), 477면; 이(철), (회) 706면(그러나 동 교수는 통상의 업무집행에 관해서는 재적이사 과반수보다 더 강화할 수는 없다고 한다).
반대: 정(동), (회) 405면(동 교수는 제 4 전정판 379면에서 '이사회의 결의에 특정인의 동의를 요하게 하는 것은 이사회의 권한을 제약하는 것으로서 무효이다'는 견해이었으나, 제 5 판에서는 '결의요건의 강화에 한계를 설정하려고 하는 것은 부당하다'고 하여 개설〈改說〉한 것으로 보인다).

2) 서·정, 435면; 정(동), (회) 405면; 이(병), 645면; 박·이, 271면; 주회(상), 685면.

3) 동지: 정(희), 477면; 손(주), 776면; 이(철), (회) 707면; 금(용), 382면; 서(정), 248면; 강, 323면; 채, 521면; 이(기) 외, (회) 321면; 주상(제 5 판)(회사 Ⅲ), 269면; 日大阪地判 1953. 6. 19.

2) 특별이해관계인 이사회의 결의에 특별한 이해관계를 가진 이사는 의결권을 행사하지 못한다(상 391조 3항, 368조 3항). 이사회의 결의에서 특별한 이해관계를 갖는 이사로서 대표적인 예는 이사와 회사간의 거래(상 398조)에서의 당해 이사이다.[1] 이러한 특별이해관계인인 이사도 이사회의 소집통지를 받고 이사회에 출석하여 의견을 진술할 수 있으므로, 이사회의 출석정족수에는 산입되나, 의결정족수에는 산입되지 아니한다(상 391조 3항, 371조 2항).

우리 대법원판례도 이와 같은 취지에서 다음과 같이 판시하고 있다.

[특별이해관계인인 이사의 출석으로 출석정족수를 충족하고, 또한 그를 제외한 의결정족수를 충족한다고 본 판례]

특별이해관계가 있는 이사는 이사회에서 의결권을 행사할 수는 없으나 의사정족수 산정의 기초가 되는 이사의 수에는 포함되고 다만 결의 성립에 필요한 출석이사에는 산입되지 아니하는 것이므로, 회사의 3 명의 이사 중 대표이사와 특별이해관계가 있는 이사 등 2 명이 출석하여 의결을 하였다면 이사 3 명 중 2 명이 출석하여 과반수 출석의 요건을 구비하였고, 특별이해관계 있는 이사가 행사한 의결권을 제외하더라도 결의에 참여할 수 있는 유일한 출석이사인 대표이사의 찬성으로 과반수의 찬성이 있는 것으로 되어 그 결의는 적법하다[대판 1992. 4. 14, 90 다카 22698(공보 921, 1551)].

동지: 대판 1991. 5. 28, 90 다 6774(공보 900, 1732).

3) 대리행사 등 이사는 그의 직책상 스스로 회의에 출석하여 토의하고 결의하여야 하므로 의결권의 대리행사는 허용되지 않는다(통설).[2]

우리 대법원판례도 이러한 취지에서 다음과 같이 판시하고 있다.

[이사는 타인에게 이사회의 출석과 의결권을 대리행사시킬 수 없다고 한 판례]

주식회사 이사회는 주주총회의 경우와는 달리, 원칙적으로 소집권 있는 이사가 다른 이사 전원에 대하여 이사회의 소집통지를 하여야 하고 이사 자신이 이사회에 출석하여 결의에 참가하여야 하며, 대리인에 의한 출석은 인정되지 않고 따라서 이사 개인이 타인에게 출석과 의결권을 위임할 수도 없는 것이니, 이에 위배된 이사회의 결의는 무효이다[대판 1982. 7. 13, 80 다 2441(공보 688, 743)][이 판결에 찬성하는 취지

---

1) 동지: 대판 1992. 4. 14. 90 다카 22698(공보 921, 1551)(이사 겸 주주로부터 회사가 자기 주식을 양수하는 경우).

2) 정(희), 478면; 정(동), (회) 406면; 채, 520면; 이(기) 외, (회) 321면; 주상(제 5 판)(회사 Ⅲ), 269면; 이 · 최, 322면 외.

의 평석으로는 서정갑, 법률신문, 제1504호(1983. 8. 15.), 12면이 있고, 이와 같은 문제는 상법 제380조를 준용하는 규정을 신설하여 입법으로 해결하는 것이 타당하다는 취지의 평석으로는 안동섭, 법률신문, 제1646호(1986. 8. 4.), 16면이 있으며, 이 판결은 종래의 이론을 확인한 것이라는 취지의 평석으로는 이윤영, 법률신문, 제1467호(1982. 11. 1.), 12면 등이 있다].

또 구체적인 회의를 요하는 점에서 일반전화나 서면에 의한 결의(주주총회에서는 서면결의가 가능한 점과 비교)(상 368조의 3 참조) 또는 공람·회람 등에 의한 결의도 불가한 것으로 본다(통설).[1] 다만 정관에서 달리 정하는 경우를 제외하고 이사회는 이사의 전부 또는 일부가 직접 회의에 출석하지 아니하고 모든 이사가 음성을 동시에 송·수신하는 원격통신수단에 의하여(2011년 4월 개정상법에 의하여 동영상이 없어도 음성을 동시에 송·수신하는 원격통신수단이면 족한 것으로 개정함) 결의에 참가하는 것이 허용되는데, 이 경우 당해 이사는 이사회에 직접 출석한 것으로 본다(상 391조 2항).[2] 이는 1999년 개정상법에 의하여 신설되고 2011년 4월 개정상법에 의하여 개정된 것인데, 첨단의 통신수단을 활용하여 이사회 운영의 원활함과 편의성을 제고하기 위한 것이다. 위와 같은 통신수단에 의하여 회의에 참가하는 이사는 이사회에 출석한 것은 물론 결의에 참가한 것으로 인정된다.

4) 결의방법 이사회의 결의방법에 대하여는 상법에 특별한 제한이 없다. 따라서 이에 관하여 정관에 별도의 규정이 없으면 어떠한 방법(거수·기립·투표 등)에 의하여도 무방하다. 다만 투표에 의하는 경우에는 이사는 그 결과에 대하여 책임을 져야 하므로(상 399조 2항 참조) 무기명투표는 허용되지 않는다고 본다.[3]

5) 감사(監事)의 출석·의견진술권 감사는 이사회에 출석하여 의견을 진술할 수 있고(상 391조의 2 1항), 이사가 법령 또는 정관에 위반한 행위를 하거나 그 행위를 할 염려가 있다고 인정한 때에는 이사회에 이를 보고하여야 한다(상 391조의 2 2항). 그러나 감사는 이사회의 구성원은 아니므로 결의에 참가하지 못함은 물론이다.

6) 회의의 연기 또는 속행 이사회는 회의의 연기나 속행의 결의를

1) 정(희), 478면(서면결의에 대하여); 정(동), (회) 406면; 이(철), (회) 709면(서면결의는 인정되지 않는다고 한다); 채, 520면 외. 동지: 日最高判 1969. 11. 27(民集 23-11, 2301).

2) 동지: 미국의 개정모범사업회사법(2006) 제8.20조 (b)항 2문.

3) 동지: 이(철), (회) 709면.

할 수 있는데, 이 때에는 주주총회의 경우와 같이 다시 소집절차를 밟을 필요가 없다(상 392조, 372조).

7) 이사간의 계약 주주인 이사들이 이사회에서 일정한 방법으로 의결권을 행사하기로 약정하는 경우, 주주측에서 보면 주주간의 계약이나 이사측에서 보면 이사간의 계약이다. 이러한 이사간의 계약을 미국에서는 인정하는 경우도 있으나, 우리나라에서는 당연히 부정되어야 한다.[1]

⑶ 결의의 하자

1) 이사회의 결의에 절차상 또는 내용상의 하자가 있는 경우에 그 결의의 효력에 관하여 상법상 아무런 규정이 없다. 따라서 이사회의 결의에 하자가 있는 경우에는 민법의 일반원칙에 의하여 처리하여야 한다(통설).[2] 그러므로 이사회의 결의에 하자가 있는 경우에는 그것이 절차상의 하자이든 내용상의 하자이든 불문하고, 원칙적으로 법률상 당연히 무효가 된다고 보아야 할 것이다. 따라서 누구나 언제든지 어떠한 방법으로든 그 무효를 주장할 수 있는데,[3] 필요한 경우에는 결의무효확인의 소를 제기할 수도 있다.

우리 대법원판례도 이와 같은 취지에서 다음과 같이 판시하고 있다.

[이사회결의의 하자는 무효주장의 일반원칙에 의한다고 본 판례]

이사회결의에 하자가 있는 경우에는 이해관계인은 언제든지 또 어떤 방법에 의하든지 그 무효를 주장할 수 있다고 할 것이지만, 이와 같은 무효주장의 방법으로 무효확인의 소송이 제기되어 승소확정판결을 받은 경우 그 판결의 효력에는 상법 제190조가 준용될 근거가 없으므로 대세적 효력은 없다[대판 1988. 4. 25, 87 누 399(공보 1988, 915)].

동지: 대판 1982. 7. 13, 80 다 2441(집 30 ② 민 169)

참고: 대판 2004. 2. 27, 2002 다 19797(공보 2004, 519)(이사 선임의 주주총회결의에 대한 취소판결이 확정된 경우 그 결의에 의하여 이사로 선임된 이사들에 의하여 구성된 이사회에서 선정된 대표이사는 소급하여 그 자격을 상실하고, 그 대표이사가 이사 선임의 주주총회결의에 대한 취소판결이 확정되기 전에 한

---

1) 동지: 정(동), (회) 407-1면.

2) 정(동), (회) 407-2면; 이(철), (회) 714면; 채, 523면; 이(기) 외, (회) 322면; 주상(제 5 판)(회사 Ⅲ), 271~272면 외.

3) 동지: 정(희), 478면; 정(동), (회) 407-2면 외.

반대: 日最高判 1969. 12. 2(民集 23-12, 2396)(일부의 이사에게 소집통지를 하지 않은 경우 그 이사가 출석하여도 결의의 효력에 영향이 없다고 인정될 특별한 사정이 있는 때에는 위 하자는 결의의 효력에 영향이 없다고 판시함).

행위는 대표권이 없는 자가 한 행위로서 무효가 된다).

[이사회결의무효확인의 소의 피고는 회사라 본 판례]

이사회결의무효확인의 소를 제기하는 경우에 피고는 「회사」가 되는 것이고, 이사회결의에 참여한 이사가 되는 것이 아니다[대판 1982. 9. 14, 80 다 2425(집 30 ③ 민 9)].

결의무효확인의 소를 제기한 경우 이 무효확인의 판결의 효력은 어떠한가. 즉, 주주총회결의 무효확인의 판결의 효력과 같이 대세적 효력을 인정할 것인지 여부가 문제된다. 이에 대하여 이사회결의 무효확인의 판결도 획일적 확정이 필요한 때에는 대세적 효력을 인정하여야 할 것이며 앞으로 이에 대한 입법이 필요하다고 하는 견해도 있으나,[1] 이사회결의의 하자의 경우에는 민법의 일반원칙이 적용되므로 그 결의무효확인의 판결의 효력도 판결의 기판력(민소 218조)의 일반원칙에 따라 대세적 효력이 없는 것으로 보아야 할 것이다(통설[2]·판례[3]).

2) 대표이사 또는 (대표)집행임원이 이사회결의를 위반하거나 또는 하자 있는 결의에 따라 업무를 집행한 경우에는, 대내적인 사항(예컨대, 지배인선임 등)은 무효이나, 대외적인 사항(예컨대, 타인과의 매매 등)은 거래안전과 관련하여 상대방이 선의이면 유효로 보아야 할 것이다(이에 관하여는 후술하는 부적법한 대표행위의 효력에서 상술함)(통설).[4]

우리 대법원판례도 이와 같은 취지로 다음과 같이 판시하고 있다.

[이사회결의 없는 대표행위는 선의의 제 3 자에게 대항하지 못한다고 본 판례]

대표이사가 이사회결의를 거쳐야 할 대외적 거래행위에 관하여 이를 거치지 아니하고 한 경우라도 그러한 이사회의 결의사항은 회사의 내부적인 의사결정에 불과하므로, 그 거래상대방이 그와 같은 이사회결의가 없었음을 알았거나 알 수 있었을 경우가 아니라면 그 거래행위는 유효하다고 해석함이 상당하고, 상대방의 악의는 이를 주장하는 주식회사측에서 주장·입증하여야 한다[대판 1978. 6. 27, 78 다 389(집 26 ② 민 151)].

---

1) 정(희), 478면.
2) 정(동), (회) 407-2면; 이(철), (회) 714면 외.
3) 대판 1988. 4. 25, 87 누 399(상법 제190조가 준용될 근거가 없으므로 대세적 효력이 없다고 한다).
4) 정(희), 478~479면; 정(동), (회) 417면; 이(철), (회) 715면; 채, 524면; 주상(제 5 판)(회사 Ⅲ), 273면 외.

5. 의 사 록

(1) 의사록의 작성의무

이사회의 의사에 관하여는 (대표이사 또는 집행임원이) 의사록을 작성하여야 한다(상 391조의 3 1항). 이러한 이사회의 의사록은 이사의 책임을 물을 수 있는 증거가 되고(상 399조 2항·3항 참조) 이사회에서 논의된 중요한 내용들이 기재되므로, 1999년 개정 상법은 이사회의 의사록에 기재할 내용을 구체적으로 확대하면서 한편 이러한 의사록의 열람 또는 청구를 제한하였다.

자본금 총액이 10억원 미만으로서 이사를 1명 또는 2명을 둔 소규모 주식회사(상 383조 1항 단서)는 이사회가 없으므로, 이러한 규정이 적용되지 않는다(상 383조 5항).

(2) 의사록의 기재사항

이사회의 의사록에는 의사의 안건·경과요령·그 결과·반대하는 자와 그 반대이유를 기재하고, 출석한 이사 및 감사가 기명날인 또는 서명하여야 한다(상 391조의 3 2항). 위에서 본 바와 같이 이사회의 의사록의 기재사항은 이사의 책임과 직결되어 있으므로 그 기재사항을 구체적으로 상세하게 기재하도록 한 것이다.

(3) 의사록의 열람 또는 등사청구

이사회의 의사록은 1999년 개정상법 이전에는 회사의 본점에 비치하여 주주와 회사채권자가 영업시간 내에는 언제든지 열람 또는 등사를 청구할 수 있는 것으로 하였는데(상 396조 참조), 1999년 개정상법에서는 이사회의 의사록에 기재된 회사의 중요한 정보와 영업비밀을 유지시켜 주기 위하여 이사회 의사록의 열람 또는 등사청구에 대하여 제한을 하였다. 즉, 주주(회사채권자는 해당되지 않음)는 영업시간 내에 이사회 의사록의 열람 또는 등사를 청구할 수 있는데(상 391조의 3 3항), 회사는 주주의 이러한 청구에 대하여 이유를 붙여 이를 거절할 수 있도록 하였다(상 391조의 3 4항 1문). 회사가 주주에게 이와 같이 이유를 붙여 이사회 의사록의 열람 또는 등사를 거절하면, 주주는 법원의 허가를 얻어서만 이사회 의사록을 열람하거나 등사할 수밖에 없다(상 391조의 3 4항 2문).

주주의 이사회의 의사록 열람 또는 등사 청구가 정당한지 여부(따라서 회사의 거절이 정당한지 여부)에 대한 우리 대법원결정은 다음과 같다.

[주주의 이사회의 의사록 열람 또는 등사 청구가 부당하다고 한 결정]

상법 제391조의 3 제3항, 제466조 제1항에서 규정하고 있는 주주의 이사회의 의사록 또는 회계의 장부와 서류 등에 대한 열람·등사청구가 있는 경우, 회사는 그 청구가 부당함을 증명하여 이를 거부할 수 있는바, 주주의 열람·등사권 행사가 부당한 것인지 여부는 그 행사에 이르게 된 경위·행사의 목적·악의성 유무 등 제반 사정을 종합적으로 고려하여 판단하여야 할 것이고, 특히 주주의 이와 같은 열람·등사권의 행사가 회사업무의 운영 또는 주주 공동의 이익을 해치거나 주주가 회사의 경쟁자로서 그 취득한 정보를 경업에 이용할 우려가 있거나, 또는 회사에 지나치게 불리한 시기를 택하여 행사하는 경우 등에는 정당한 목적을 결하여 부당한 것이라고 보아야 한다[대결 2004. 12. 24, 2003 마 1575(공보 2005, 232)].

[주주의 이사회의 의사록 열람 또는 등사 청구가 정당하다고 한 결정]

상법 제391조의 3 제3항, 제466조 제1항에서 규정하고 있는 주주의 이사회 의사록 또는 회계 장부와 서류 등에 대한 열람·등사청구가 있는 경우, 회사는 청구가 부당함을 증명하여 이를 거부할 수 있는데, 주주의 열람·등사권 행사가 부당한 것인지는 행사에 이르게 된 경위·행사의 목적·악의성 유무 등 제반 사정을 종합적으로 고려하여 판단하여야 하고, 특히 주주의 이와 같은 열람·등사권 행사가 회사업무의 운영 또는 주주 공동의 이익을 해치거나 주주가 회사의 경쟁자로서 취득한 정보를 경업에 이용할 우려가 있거나, 또는 회사에 지나치게 불리한 시기를 택하여 행사하는 경우 등에는 정당한 목적을 결하여 부당한 것이라고 보아야 한다. 적대적 인수·합병을 시도하는 주주의 열람·등사청구라고 하더라도 목적이 단순한 압박이 아니라 회사의 경영을 감독하여 회사와 주주의 이익을 보호하기 위한 것이라면 허용되어야 하는데, 주주가 회사의 이사에 대하여 대표소송을 통한 책임추궁이나 유지청구, 해임청구를 하는 등 주주로서의 권리를 행사하기 위하여 이사회 의사록의 열람·등사가 필요하다고 인정되는 경우에는 특별한 사정이 없는 한 그 청구는 회사의 경영을 감독하여 회사와 주주의 이익을 보호하기 위한 것이므로, 이를 청구하는 주주가 적대적 인수·합병을 시도하고 있다는 사정만으로 청구가 정당한 목적을 결하여 부당한 것이라고 볼 수 없고, 주주가 회사의 경쟁자로서 취득한 정보를 경업에 이용할 우려가 있거나 회사에 지나치게 불리한 시기를 택하여 행사하는 등의 경우가 아닌 한 허용되어야 한다. 이러한 점에서 갑 주식회사의 엘리베이터 사업부문을 인수할 의도로 갑 회사 주식을 대량 매집하여 지분율을 끌어올려 온 을 외국법인이 갑 회사가 체결한 파생상품계약 등의 정당성을 문제 삼으면서 갑 회사 이사회 의사록의 열람·등사를 청구한 사안에서, 을 법인이 이사에 대한 대표소송 등 주주로서의 권리를 행사하기 위하여 이사회 의사록의 열람·등사가 필요하다고 인정되는 점, 을 법인이 이사회 의사록으로 취득한 정보를 경업에 이용할 우려가 있다거나 갑 회사에 지나치게 불리한 시기에 열람 · 등사권을 행사하였다고 볼 수 없는 점 등 여러 사정에 비추어, 을 법인의 열람 · 등사청구가 갑 회사의 경영을 감독하여 갑 회사와 주주의 이익을 보호하기 위한 것과 관계없이 갑 회사에 대한 압박만을 위하여 행하여진 것으로서 정당한 목적을 결하여 부당하다고 할 수 없는데도, 이와 달리 보아 위 청구를 배척한 원심결정은 주주의 이사회 의사록 열람 · 등사권 행사에 관한 법리오해의 위법이 있다. 또한 이사회결의 등을 위해 이사회에 제출된 관련 서류라도 그것이 이사회 의사록에 첨부되지 않았다면 이는 이사회 의사록 열람 · 등사청구의 대상에 해당하지 않으나, 이사회 의사록에서 '별첨' · '별지' 또는 '첨부' 등의 용어를 사용하면서 내용을 인용하고 있는 첨부자료는 해당 이사회 의사록의 일부를 구성하는 것으로서 이사회 의사록 열람 · 등사청구의 대상에 해당한다[대결 2014. 7. 21, 2013 마 657(공보 2014, 1767)].

6. 이사회내 위원회

(1) 의 의

1999년 개정상법은 이사회는 정관이 정한 바에 따라 이사회 내에 위원회를 설치할 수 있도록 하고 있는데(상 393조의 2 1항), 이러한 위원회는 이사회로부터 위임받은 업무에 대하여 이사회의 권한을 행사하는 이사회의 하부조직이다.

이러한 이사회내 위원회제도는 이사회의 효율적 운영(예컨대, 이사의 수가 많고 각 이사의 사정으로 인하여 이사회를 빈번하게 개최하기가 곤란한 경우)과 또한 의사결정의 객관성과 전문성을 확보하기 위하여(예컨대, 경영진의 인사 · 보수 등과 같은 사항에 대하여 사외이사로 구성된 위원회에 위임하는 경우), 미국의 제도[1]를 도입하여 1999년 개정상법이 신설한 것이다. 상법이 이와 같이 이사회내 위원회를 설치할 수 있는 근거규정을 두게 됨으로써 그 동안 실무에서 실시하고 있었던 이사회 내의 각종 위원회가 그 법률상 지위를 얻게 되었고, 또한 감사(監事)에 갈음하여 설치되는 감사위원회(상 415조의 2)의 설치근거가 마련된 것이다.

이러한 위원회는 모든 주식회사가 강제적으로 두어야 하는 것은 아니고, 자율적으로 정관의 규정에 의하여 설치할 수 있다(상 393조의 2 1항). 또한 이러한 위원회는 2인 이상의 이사로 구성되므로(상 393조의 2 3항), 이사가 1명 또는 2명인 자본금 총액이 10억원 미만인 주식회사(상 383조 1항 단서)는 성질상 이 위원회를 설치할 수 없다고 본다.

---

1) 미국의 개정모범사업회사법(2006) 제8.25조, 델라웨어주 일반회사법 제141조, 뉴욕주 사업회사법 제712조, 캘리포니아주 회사법 제9212조.

(2) 구 성

1) 위원의 수 이사회내 각 위원회는 원칙적으로 2인 이상의 이사로 구성되는데(상 393조의 2 3항), 다만 감사위원회는 3인 이상의 이사로 구성된다(상 415조의 2 2항 본문).

금융회사는 감사위원회 뿐만 아니라 임원후보추천위원회도 3명 이상의 위원으로 구성한다(지배 17조 2항, 19조 1항 1문).

이러한 위원회의 구성원인 이사가 법률 또는 정관에 정한 이사의 원수(員數)를 결한 경우에는 임기만료 또는 사임으로 인하여 퇴임한 이사는 새로 선임된 이사가 취임할 때까지 이사의 권리·의무가 있다(상 393조의 2 5항, 386조 1항).

2) 위원의 자격·선임·종임 이사회내 위원회의 위원은 이사의 자격이 있어야 함은 상법상 명백한데(상 393조의 2 3항), 어느 이사를 어느 위원회에 배정할 것인가 등에 관한 위원의 선임·해임기관은 이사회라고 보아야 할 것이다(상 393조의 2 2항 3호 참조).

3) 위원의 임기 이사회내 위원회의 위원의 임기에 대하여는 상법에 규정이 없다. 따라서 이러한 위원의 임기는 정관에 규정이 있으면 그에 의하고, 정관에 규정이 없으면 이사회가 이를 정할 수 있다고 보는데, 이사회도 이를 정하지 아니하면 이사의 지위의 종료와 함께 위원의 임기도 종료된다고 본다.

4) 위원회의 종류 이사회내 위원회로서 어떠한 위원회를 둘 것인가는 회사의 자율에 맡겨져 있어, 정관이 정하는 바에 의한다.[1]

다만 이사 총수의 과반수이며 3인 이상의 사외이사를 두어야 하는 최근 사업연도말 현재의 자산총액이 2조원 이상인 상장회사는, 이사회내 위원회에 반드시 사외이사후보를 추천하기 위한 「사외이사후보 추천위원회」를 두어야 하고(이 위원회는 사외이사가 총 위원의 과반수가 되도록 구성하여야 함)(상 542조의 8 4항), 또한 「감사위원회」를 설치하여야 한다(이 위원회는 총위원의 3분의 2 이상을 사외이사로 구성하여야 함)(상 542조의 11 1항, 415조의 2 2항 단서).

금융회사는 이사회내 위원회로서 (i) 임원후보추천위원회, (ii) 감사위원회, (iii) 위험관리위원회 및 (iv) 보수위원회를 설치하여야 한다(지배 16조 1항). 이러한 위원회

1) 미국의 회사에서 두고 있는 이사회내 위원회의 종류에는 집행위원회(executive committee), 보수위원회(compensation committee), 이사후보지명위원회(nominating committee), 재무위원회(finance committee), 공공정책위원회(public policy committee) 및 주주대표위원회(committee of shareholder representatives) 등이 있다.

일본 개정상법상(2002년) 각종 위원회에 대한 소개로는 이범찬, "일본개정상법상의 각종위원회제도," 「상법학의 전망」(평성 임홍근교수 정년퇴임기념논문집)(서울: 법문사, 2003), 88~103면 참조.

위원의 과반수는 사외이사로 구성하고(지배 16조 3항), 위원회의 대표는 사외이사로 한다(지배 16조 4항).

위의 규정은 일본 회사법상 위원회설치회사에서의 위원회와 유사하게 규정하고 있는데(日會 400조, 404조), 일본 회사법상 위원회설치회사는 집행임원을 두는 것을 전제로 한다(日會 402조, 403조). 이러한 점에서 볼 때 우리 「금융회사의 지배구조에 관한 법률」상 이러한 위원회는 상법상 집행임원 설치회사에서만 의미가 있는데, 이를 전제로 규정하지 않은 점은 아쉽게 생각하며, 또한 집행임원 비설치회사에서의 이러한 위원회에 관한 규정이 실효를 거둘 수 있을지는 매우 의문이다.

(3) 소 집

1) 소집권자 이사회내 위원회는 원칙적으로 각 위원이 소집하는데, 예외적으로 위원회의 결의로 소집할 위원을 정한 때에는 그러하지 아니하다(상 393조의 2 5항, 390조 1항).

2) 소집절차 위원회를 소집함에는 회일을 정하고 그 1주일(이 기간은 정관으로 단축할 수 있음) 전에 각 위원에 대하여 통지를 발송하여야 하는데(상 393조의 2 5항, 390조 3항), 위원회는 위원 전원의 동의가 있으면 이러한 절차 없이 언제든지 회의를 할 수 있다(상 393조의 2 5항, 390조 4항).

(4) 권 한

이사회내 위원회는 이사회의 하부조직으로서의 지위를 가지므로, 원칙적으로 이사회로부터 위임받은 업무에 대하여만 이를 결의할 권한을 갖는다.

그러나 이사회는 그의 권한을 모두 위원회에 위임할 수 있는 것은 아니고, 위임할 수 없는 권한이 있다. 즉, 이사회는 (i) 주주총회의 승인을 요하는 사항의 제안, (ii) 대표이사(집행임원 설치회사의 경우는 집행임원과 대표집행임원 — 상 408조의 2 3항 1호)[1]의 선임과 해임, (iii) 위원회의 설치와 그 위원의 선임 및 해임, (iv) 정관에서 정하는 사항에 대하여는, 그 권한을 위원회에 위임할 수 없다(상 393조의 2 2항).

(5) 결 의

1) 결의요건(결의능력) 이사회내 위원회의 결의요건도 이사회의 그것과 같이 정관에 달리 정한 바가 없으면 위원 과반수의 출석(출석정족수)과 출

---

1) 상법 제393조의 2 제 2 항 2호에 '(대표)집행임원'을 추가하지 않은 것은 입법의 미비라고 본다.

석위원의 과반수(의결정족수)이다(상 393조의 2 5항, 391조 1항). 이 때 법률 또는 정관에 정한 위원의 원수(員數)를 결한 경우에는 임기만료 또는 사임으로 인하여 퇴임한 위원은 새로 선임된 위원이 취임할 때까지 위원의 권리의무가 있으므로(상 393조의 2 5항, 386조 1항), 출석정족수의 산정에 있어서 재임위원에 포함된다. 또한 정관에서 달리 정하는 경우를 제외하고 위원회는 위원의 전부 또는 일부가 출석하지 아니하고 모든 위원이 음성을 동시에 송수신하는 원격통신수단에 의하여 결의에 참가하는 것을 허용할 수 있는데, 이 경우 당해 위원은 위원회에 직접 출석한 것으로 본다(상 393조의 2 5항, 391조 2항). 또한 위원회의 결의에 있어서 특별이해관계가 있는 위원은 의결권을 행사하지 못하는데(상 393조의 2 5항, 391조 3항, 368조 3항), 이러한 특별이해관계가 있는 위원의 의결권의 수는 출석한 위원의 의결권의 수에 산입하지 아니한다(상 393조의 2 5항, 391조 3항, 371조 2항).

금융회사의 임원후보추천위원회에서 동 위원회의 위원은 본인을 임원 후보로 추천하는 임원후보추천위원회 결의에 관하여 의결권을 행사하지 못한다(지배 17조 5항).

2) 결의방법 위원회의 결의방법에 대하여 상법에 특별한 규정은 없다. 따라서 이에 관하여 정관에 별도의 정함이 없으면 어떠한 방법(예컨대, 거수·기립·투표 등)에 의하여도 무방하다고 보나, 다만 투표에 의하는 경우에는 위원은 그 결과에 대하여 책임을 져야 하므로 무기명투표는 허용되지 않는다고 본다.

3) 결의효력 이사회내 위원회의 결의의 효력은 이사회로부터 위임받은 범위 내에서는 이사회의 결의와 동일한 효력을 갖는다(상 393조의 2 2항 참조).

4) 결의의 통지 및 이사회의 재(再)결의 위원회는 결의된 사항을 각 이사에게 통지하여야 한다(상 393조의 2 4항 1문). 이 경우 이를 통지받은 각 이사는 이사회의 소집을 요구할 수 있고, 이사회는 위원회가 결의한 사항에 대하여 다시 결의할 수 있다(상 393조의 2 4항 2문). 그러나 감사위원회가 결의한 사항에 대하여는 이사회가 다시 결의하지 못한다(상 415조의 2 6항).

5) 회의의 연기 또는 속행 위원회는 회의의 연기나 속행의 결의를 할 수 있는데, 이 때에는 다시 소집절차를 밟을 필요가 없다(상 393조의 2 5항, 392조, 372조, 363조).

6) 결의의 하자 위원회의 결의에 절차상 또는 내용상 하자가 있는 경우에 그 결의의 효력에 관하여 상법상 아무런 규정이 없으나, 이사회의 결의에 하자가 있는 경우와 같이 민법의 일반원칙에 의하여 처리하여야 한다고 본

다. 따라서 위원회의 결의에 하자가 있는 경우에는 그것이 어떠한 절차상의 하자이든 어떠한 내용상의 하자이든 불문하고, 원칙적으로 법률상 당연히 무효가 된다고 보아야 할 것이다. 따라서 누구나 언제든지 어떠한 방법에 의하여도 무효를 주장할 수 있는데, 필요한 경우에는 결의무효확인의 소를 제기할 수도 있다고 본다.

(6) 의 사 록

위원회의 의사에 관하여는 의사록을 작성하여야 하는데(상 393조의 2 5항, 391조의 3 1항), 이 의사록에는 의사의 안건·경과요령·그 결과·반대하는 자와 그 반대이유를 기재하고 출석한 위원이 기명날인 또는 서명하여야 한다(상 393조의 2 5항, 391조의 3 2항).

주주는 영업시간 내에 위원회 의사록의 열람 또는 등사를 청구할 수 있고(상 393조의 2 5항, 391조의 3 3항), 회사는 주주의 이러한 청구에 대하여 이유를 붙여 이를 거절할 수 있는데 이 경우 주주는 법원의 허가를 얻어 위원회 의사록을 열람 또는 등사할 수 있다(상 393조의 2 5항, 391조의 3 4항).

제4 대표이사

I. 의 의

(1) 집행임원 비설치회사의 경우 주식회사의 업무집행기관이 원칙적으로 이사회와 대표이사로 분리되는데, 대표이사는 「대내적으로는 회사의 업무를 집행하고 대외적으로는 회사를 대표하는 두 권한을 가진 주식회사의 독립적 기관」이다. 이하에서는 집행임원 비설치회사의 경우 대표이사에 대하여 먼저 설명한 후, 집행임원 설치회사에서의 업무집행기관인 집행임원에 대하여는 대표이사 다음에 설명하겠다.

대표이사와 이사회와의 관계에서 대표이사의 지위에 대하여는 (i) 파생기관설(소수설)[1]과 (ii) 독립기관설(다수설)[2]로 나뉘어 있는데, 독립기관설에 의하면 대표이사는 이사회와는 「독립적 기관」이다. 또한 (i) 대표이사가 이사회에 의하여 임면(任免)되고 또 그의 감독을 받는다고 하여 대표이사를 이사회

1) 대표이사를 이사회의 파생기관으로 보는 견해로는 서·정, 437면; 이(병), 649면; 주회(상), 658면, 676면; 채, 515~516면 등이 있다.

2) 대표이사를 이사회와는 독립기관으로 보는 견해로는 정(동), (회) 382면; 서(정), 283면; 박·이, 313면; 최(기), 869면; 동, (회) 585면; 이(원), 256면; 강, 325면; 양·박, 322면; 정찬형, "주식회사의 대표이사," 「고시연구」, 1981. 7, 155면 등이 있다.

의 하부기관으로 보는 견해도 있으나,[1] (ii) 독립기관설에 의하는 한 대표이사는 이사회의 하부기관이 아니라 이사회와는 별개의 독립된 병렬적 기관이라고 보아야 할 것이다.[2] 그러나 어느 설에 의하더라도 실제적인 차이가 생기는 것은 아니라고 보는 견해도 있다.[3]

(2) 집행임원 비설치회사의 경우 주식회사의 업무집행에 관하여는 원칙적으로 의사결정기관과 집행 및 대표기관이 분리되어, 전자는 이사회가 담당하고 후자는 대표이사가 담당한다. 따라서 대표이사가 아닌 이사는 원칙적으로 이사회의 구성원으로서 회사의 업무집행 및 이사의 직무집행감독에 관한 의사결정에 참여할 수 있을 뿐이다. 그러나 대표이사는 동시에 이사로서 이사회의 구성원이므로, 이로 인하여 회사의 의사결정의 기능과 집행의 기능이 상호 연결된다. 이로 인하여 대표이사는 이사회의 의사에 따라 업무를 집행할 수 있고, 또 이사회는 대표이사의 업무집행을 효율적으로 감독할 수 있다는 것이다.[4]

자본금 총액이 10억원 미만으로서 이사가 1명 또는 2명인 소규모 주식회사의 경우에는 각 이사(정관에 따라 대표이사를 정한 경우에는 그 대표이사)가 회사의 업무집행에 관하여 의사결정 및 집행을 하고 또한 대외적으로 회사를 대표하므로(상 383조 6항), 이러한 회사에서는 회사의 업무집행 및 대표기관이 각 이사(정관에 따라 대표이사를 정한 경우에는 그 대표이사)로 일원화되었다고 볼 수 있다. 따라서 이러한 (대표)이사에 대하여는 아래의 대표이사의 선임·종임에 관한 규정은 적용될 여지가 없고, 대표이사의 권한에 관한 규정은 대체로 적용된다고 본다.

(3) 대표이사인지 여부는 대표권 유무에 의하여 결정되는 것이므로, 대표권이 부여된 이상 대내적인 실제상의 명칭(회장·사장·전무·상무 등) 여하를 묻지 아니하고 대표이사이나, 대표이사는 대외적으로는 대표이사라는 명칭을 부기하여야 한다.

2. 선임·종임

(1) 선 임

1) 선임기관 대표이사는 원칙적으로 이사회의 결의로 선임되나, 예외적으로 정관의 규정에 의하여 주주총회에서 선임된다(상 389조 1항). 이미 설명한 바

---

1) 손(주), 783면; 정(동), (회) 410면(동 교수는 독립기관설의 입장이면서 대표이사는 이사회의 하부기관이라고 한다); 이(기) 외, (회) 324면.
2) 정찬형, 전게논문(고시연구, 1981. 7), 156면.
3) 이(철), (회) 724면.
4) 동지: 정(회), 479면.

와 같이 이사회나 주주총회의 대표이사 선임결의에 있어서 대표이사의 후보자인 이사 또는 주주는 특별이해관계인이 아니다(상 368조 3항, 391조 3항).[1] 대표이사는 이와 같이 적법한 선임기관에 의하여 선임되어야 하므로, 적법한 선임기관에 의하여 대표이사로 선임되지 않은 이사가 사실상 대표이사의 직무를 수행하더라도 그를 대표이사로 볼 수는 없다.[2]

2) 자 격 대표이사의 자격은 이사이면 되고, 그 밖의 특별한 자격제한은 없다.[3] 그러나 정관으로 대표이사의 자격을 정하는 것은 무방하다고 본다.[4]

3) 원수(員數) 대표이사의 원수에 관하여는 아무런 제한이 없으므로 1인 또는 수 인을 대표이사로 선임할 수 있다. 이사회 또는 주주총회는 보통 이사 중의 1인 또는 수 인을 대표이사로 선임하는데, 모든 이사를 대표이사로 선임할 수 있는가. 이에 대하여 (i) 이는 위법은 아니나 이사회는 대표이사의 업무집행을 감독하는 지위에 있는데 위와 같은 것은 이러한 제도의 취지에 맞지 않는다거나[5] 또는 관리와 지휘의 합일을 가져오지 못하므로 상법의 이념에 반한다고 하여[6] 이를 반대하는 견해도 있으나, (ii) 이사의 지위와 대표이사의 지위는 엄연히 구별된다는 점에서 볼 때 이사회에 대표이사의 감독권을 준 제도의 취지에 반한다고 할 수 없고 또 회사의 필요에 의하여 실제상 업무분담이 다른 이사 모두에게 대표권을 부여할 필요도 있을 것이므로 모든 이사를 대표이사로 하여도 무방하다고 본다.[7]

4) 등 기 대표이사의 성명 · 주민등록번호 및 주소는 등기사항이다(상 317조 2항 9호)(대표이사가 선임등기되어 활동을 개시한 뒤에 그 선임결의가 무효 또는 취소가 되면 회사는 상법 제39조의 법리에 의하여 책임을 져야 할 것이다). 대표이사는 등기사항이지만 대표이사의 자격의 존재 유무는 등기 유무에 의하여 결정되는 것이

---

1) 동지: 정(희), 479면; 정(동), (회) 410면; 채, 525면.
2) 동지: 대판 1989. 10. 24, 89 다카 14714.
3) 따라서 대표이사는 회사의 주주인지 여부에 관계가 없으므로 그 소유주식 전부를 매도하였다 하여 회사를 대표할 권한을 상실하는 것은 아니다[대판 1963. 8. 31, 63 다 254(카드 6052)].
4) 동지: 이(철), (회) 720면.
5) 정(동), (회) 411면; 채, 526면; 주상(제 5 판)(회사 Ⅲ), 245면.
6) 주상(상), 1002면.
7) 동지: 이(철), (회) 720면.
본조와 같은 규정을 갖고 있는 일본에서는 1951. 10. 10일자로 静岡地方法務局長의 질의에 대하여 法務部 民事局長은 "이사 전원을 대표이사로 하는 것은 무방하다"는 회답을 함으로써 유권해석을 하고 있다.

아니라, 대표이사의 선임행위로써 결정된다.[1)]

⑵ 종 임

1) 종임사유

㈎ 대표이사는 이사의 자격을 전제로 하므로 이사의 자격을 상실하면 당연히 대표이사의 자격을 상실하게 된다. 그러나 반대로 대표이사의 자격을 상실하더라도 이사의 자격을 상실하는 것은 아니다.

㈏ 회사는 정당한 사유가 있거나 없거나 언제든지 이사회의 결의로 대표이사를 해임할 수 있다. 정관으로 주주총회에서 대표이사를 선임하도록 한 경우에는 주주총회의 결의로 대표이사를 해임할 수 있다. 대표이사의 임기를 정한 경우에 회사가 정당한 사유 없이 그 임기만료 전에 대표이사를 해임한 때에는 그 대표이사는 회사에 대하여 해임으로 인한 손해의 배상을 청구할 수 있다고 보는 견해가 있는데[2)](상 385조 1항 단서의 유추적용), 대표이사는 이사와는 달리 그 업무집행에 있어서 집행임원의 성격이 강하므로 대표이사에 대하여는 상법 제385조 1항 단서를 유추적용하지 않는 것이 타당하다고 본다(저자는 이 책 제 3 판까지 상법 제385조 1항 단서를 유추적용해야 한다는 견해를 취하였으나, 제 4 판부터 이와 같이 견해를 변경한다). 우리 대법원판례도 이와 동지로 이사회가 대표이사를 해임하는 경우에는 상법 제385조 1항 단서의 유추적용을 부정하고 다음과 같이 있다.

[이사회가 대표이사를 해임하는 경우 상법 제385조 1항 단서의 유추적용을 부정한 판례]

상법 제385조 1항은 주주총회의 특별결의에 의하여 언제든지 이사를 해임할 수 있게 하는 한편, 임기가 정하여진 이사가 그 임기 전에 정당한 이유 없이 해임당한 경우에는 회사에 대하여 손해배상을 청구할 수 있게 함으로써 주주의 회사에 대한 지배권 확보와 경영자 지위의 안정이라는 주주와 이사의 이익을 조화시키려는 규정이고, 이사의 보수청구권을 보장하는 것을 주된 목적으로 하는 규정이라 할 수 없으므로, 이를 이사회가 대표이사를 해임한 경우에도 유추적용할 것은 아니고, 대표이사가 그 지위의 해임으로 무보수·비상근의 이사로 되었

---

1) 동지: 주상(상), 1002면; 주상(제 5 판)(회사 Ⅲ), 245면; 대판 1959. 7. 23, 4291 민상 759·760; 동 1995. 2. 14, 94 다 42174(신문 2397, 9)(주식회사의 대표이사직에서 사임한 자는 사임등기가 경료되지 아니하여도 그 사임 이후의 회사의 대표이사의 자격으로 한 법률행위의 효력이 회사에 대하여 미칠 수는 없다. 그러나 상법 제39조나 동 제395조가 적용되는 경우에는 별도의 문제이다).

2) 동지: 정(희), 480면; 정(동), (회) 411면 외.

다고 하여 달리 볼 것도 아니다[대판 2004. 12. 10, 2004 다 25123(공보 2005, 107)].

해임의 효과에 대하여 이사회(또는 주주총회)의 결의만으로 그 효력이 생기고 본인에 대하여 고지를 요하지 않는다고 보는 견해가 있으나,[1] 본인에 대하여 고지를 함으로써 그 효력이 생긴다고 본다.[2]

(다) 대표이사는 언제든지 그 직을 사임할 수 있다. 다만 부득이한 사유 없이 회사의 불리한 시기에 사임하여 회사에 손해가 발생한 때에는 이를 배상하여야 한다[3](상 382조 2항, 민 689조 2항). 사임의 효과는 그 의사표시가 회사에 도달한 때에 생긴다.

2) 등 기 대표이사가 종임한 때에는 회사는 이를 등기하여야 한다(상 317조 2항 9호 · 4항, 183조).

3) 결원의 경우의 조치 법률 또는 정관에 정한 대표이사의 원수(員數)를 결(缺)한 경우에는 임기의 만료 또는 사임으로 인하여 퇴임한 대표이사는 새로 선임된 대표이사가 취임할 때까지 대표이사의 권리의무가 있다(상 389조 3항, 386조 1항). 또 필요한 때에는 일시 대표이사의 직무를 행할 자(임시대표이사 또는 직무대행자)의 선임을 법원에 청구할 수 있다(상 389조 3항, 386조 2항). 이 때 법원에 의하여 임시대표이사가 선임될 수 있는 경우는 대표이사의 임기만료 또는 사임의 경우에 한하지 않고,[4] 또 법원에 의하여 선임된 임시대표이사는 대표이사와 동일한 권리의무를 갖는다.[5]

3. 권 한

대표이사는 대내적으로는 회사의 업무집행권을 갖고, 대외적으로는 회사의 대표권을 갖는다. 그런데 대표이사는 일정한 경우에는 업무집행 그 자체에 관한 행위뿐만 아니라, 이에 관한 의사결정권까지 갖는다. 대표이사가 갖는 이러한 권한(업무집행권 및 대표권)의 근거는 무엇이고 또 업무집행에 관한 의사결정권은 어느 범위 내에서 갖는가에 대하여, 앞에서 본 바와 같이 파생기관설

1) 정(동), (회) 411～412면(대표이사의 자격만을 박탈하는 데 그치고 또 회사의 손해를 줄여야 한다는 이유로, 고지를 요하지 않고 결의만 있으면 즉시 그 해임의 효력이 발생한다고 한다); 日最高判 1966. 12. 20(民集 20-10, 2160).
2) 동지: 정(희), 480면.
3) 동지: 이(철), (회) 721면.
4) 동지: 대판 1964. 4. 28, 63 다 518.
5) 동지: 대결 1968. 5. 22, 68 마 119.

과 독립기관설은 달리 설명하고 있다. 이에 대하여 참고적으로 좀더 상세히 살펴보면 다음과 같다.

파생기관설에서는 이사회를 업무집행에 관한 의사결정은 물론 구체적인 그 집행 자체에 관해서까지도 전 권한을 갖는 유일한 업무집행기관으로 보고, 이사회가 업무에 관하여 결정한 것을 합의체인 이사회가 직접 집행하는 것은 불편한데다가 모든 업무를 이사회에서 결정하도록 하는 것은 불필요하므로, 이사회의 결정사항의 집행과 상무의 결정·집행은 이사회의 파생기관인 대표이사에게 맡기는 것이라고 한다.[1)]

그러나 독립기관설에서는 이사회와 대표이사는 대등한 독립기관이며, 이사회는 업무집행에 관한 의사를 결정하고 대표이사는 그 결정에 따라서 업무를 집행하며 대외적으로는 회사를 대표한다고 한다. 이 설에서는 대표이사는 「이사회의 기관」이 아니라 「회사의 기관」으로 법정되었고, 조문상으로 보아도 이사회가 (회사의 업무집행을) 「결의한다」로 되었지 「집행한다」고 한 것이 아니므로 이사회만을 유일한 업무집행기관으로 보는 것은 해석론상 무리라고 한다.[2)]

생각건대 상법 제389조와 제393조의 해석상 업무집행권의 다른 면인 회사의 대표권[3)]이 원래 이사회에 속하였던 것이 대표이사에게 위임되었다고 해석하는 것은 무리인 것 같으며, 또 파생기관설에서는 대표이사를 주주총회에서 선임하는 경우에 이사회가 언제·어떻게 그 고유의 권한을 대표이사에게 위임하였는가를 설명하기가 곤란한 점 등에서 볼 때, 앞에서 본 바와 같이 독립기관설이 타당하다고 본다.[4)]

⑴ 업무집행권

1) 업무집행권의 범위

㈎ 대표이사는 이사회가 결정한 사항을 집행하고, 이사회가 구체적으로 위임한 사항과 일상업무에 관한 사항을 결정·집행할 권한을 갖는다. 대표이사는 엄격히 보면 「집행과 대표이사」이나,[5)] 상법이 대표이사의 대표권에 관해서

1) 서·정, 426면 및 주 1, 437면; 동 "이사회와 이사·대표이사," 「법정」, 1963. 8, 58면 이하.
2) 정(희), 480면; 정(동), (회) 382면, 413면; 최(기), 872면; 동, (회) 590~591면; 이(범), (예해) 580면; 채, 516면 외.
3) 상법 제389조는 대표권에 관하여만 규정하고 있으나, 회사대표는 대내적으로 보면 항상 업무집행이 되고 회사대표의 권한은 항상 동시에 업무집행의 권한에 의하여 뒷받침되어 있어야 한다. 따라서 대표권만 분리하여 이는 원래 대표이사에 고유한 권한이라고 볼 수는 없다.
4) 정찬형, 전게논문(고시연구, 1981. 7), 155면.
5) 동지: 정(희), 480면.

만 규정하는 것은(상 389조 3항, 209조) 대표이사가 원칙적으로 회사의 모든 업무에 관한 집행권(의사결정권이 아님)을 가진다는 것을 전제로 하여 그 업무집행이 대외관계를 수반하는 경우의 회사대표권에 관하여 규정한 것으로 해석된다. 이와 같이 대표이사의 업무집행권 그 자체는 회사의 모든 업무에 미친다.

대표이사의 업무집행권에 관하여는 다음과 같은 우리 대법원판례가 있다.

[대표이사의 업무집행권에는 회사가 제 3 자에 대하여 가지는 재산상의 청구권을 직접 또는 대위행사할 수 없다는 판례]

대표이사의 업무집행권 등은 대표이사의 개인적인 재산상의 권리가 아니며, 주주권도 어떤 특정된 구체적인 청구권을 내용으로 하는 것이 아니므로, 특별한 사정이 없는 한 대표이사의 업무집행권 등이나 주주의 주주권에 기하여 회사가 제 3 자에 대하여 가지는 특정물에 대한 물권적 청구권 등의 재산상의 청구권을 직접 또는 대위행사할 수 없다[대판 1998. 3. 24, 95 다 6885(공보 1998, 1127)].

(나) 대표이사의 업무집행에 관한 의사결정권은 앞에서 본 바와 같이 이사회로부터 구체적(이사회규칙 또는 개별적인 이사회결의에 의하여)으로 위임받은 사항 및 일상업무에 한한다고 본다.[1)]

(다) 상법이 이사의 직무권한으로 규정하고 있는 대부분의 사항은 대표이사의 권한에 속하는 사항이다. 예컨대, 주주총회 또는 이사회의 의사록·정관·주주명부·사채원부의 비치(상 396조), 재무제표의 작성·비치·공고·제출(상 447조, 447조의 3, 448조, 449조), 주식·사채청약서의 작성(상 420조, 474조 2항), 신주인수권증서·신주인수권증권의 기명날인 또는 서명(상 420조의 2 2항, 516조의 5 2항) 등이 그것이다.

2) 업무집행방법 대표이사가 수 인 있는 경우에도 업무집행방법은 원칙적으로 각자 단독으로 집행하나, 예외적으로 공동대표인 경우에는 공동으로 집행하여야 한다(상 389조 2항).

3) 업무담당이사

(가) 우리 상법상 대표이사만이 업무집행기관이지만 회사는 보통 (정관 등의 규정에 의하여) 대표이사 이외의 이사에게도 대내적으로 업무집행권을 부여하는데(업무담당이사), 이러한 이사를 사내이사(inside director) 또는 상근이사라고

1) 정(동), (회) 413면은 독립기관설의 입장이면서 「대표이사는 이사회의 결정사항으로 유보되지 아니한 (모든) 업무집행사항에 관하여 스스로 의사결정을 하여 집행할 수 있다」고 하는데, 의문이다.

도 한다. 이러한 사내이사는 부장·지점장 등 상업사용인의 직무를 겸하는 경우도 있다(겸직이사).[1] 이러한 사내이사는 그의 담당업무의 내용과 승진단계에 따라 전무이사·상무이사 등으로 불리고 있다. 이에 반하여 회사의 내부에서 업무를 담당하지 않는 이사를 사외이사(outside director) 또는 비상근이사라고 한다.[2]

상법이 대표이사에 대하여서만 규정하고 있는 것은 필요한 최소한도를 규정한 것뿐이고, 이 외에 업무담당이사나 겸직이사를 두는 것을 금하는 것은 아니며, 또한 인적회사에서는 업무집행자와 대표자를 분리하여 상법이 명백하게 규정하고 있으나(상 207조 단서) 상법상 이러한 규정이 없는 물적회사의 경우에도 동일하게 해석하여야 한다고 본다.[3]

(나) 대표권이 없는 이러한 업무담당이사가 대외적인 행위를 한 경우에는 회사는 선의의 제 3 자에 대하여 표현대표이사의 책임을 지게 된다(상 395조). 업무담당이사는 대표권은 없으나, 회사는 그 자가 직무를 수행함에 있어 타인에게 가한 손해를 배상할 책임이 있다고 해석하여야 할 것이다.[4]

(2) 대 표 권

1) 대표권의 범위 대표이사는 회사의 영업에 관한 재판상·재판 외(gerichtlich und aussergerichtlich)의 모든 행위에 대하여 회사를 대표할 수 있는 권한을 갖고(포괄·정형성), 이 권한에 대한 내부적 제한은 선의의 제 3 자에게 대항하지 못한다(획일성 또는 불가제한성)(상 389조 3항, 209조). 이 때의 제 3 자의 「선의」에 대하여 우리 대법원판례는 종래에는 「선의·무과실」이라고 하였으나, 2021. 2. 18. 대법원 전원합의체판결에서는 이를 변경하여 다음과 같이 「선의·무중과실」로 하였다.

[대표권의 내부적 제한은 선의·무중과실의 제 3 자에 대하여 대항하지 못한다는 변경된 대법원 전원합의체판결]

다수의견: 주식회사의 대표이사는 대외적으로는 회사를 대표하고 대내적으로는 회사의 업무를 집행할 권한을 가진다. 대표이사는 회사의 행위를 대신하는 것이 아니라 회사의 행위 자체를 하는 회사의 기관이다. 회사는 주주총회나 이

1) 동지: 정(희), 481면; 정(동), (회) 413면.
2) 사외이사에 관한 상세는 홍복기, 전게 박사학위논문, 31면, 특히 52면 이하 참조.
3) 동지: 정(희), 481면.
4) 동지: 정(희), 481면; 정(동), (회) 413면.

사회 등 의사결정 기관을 통해 결정한 의사를 대표이사를 통해 실현하며, 대표이사의 행위는 곧 회사의 행위가 된다. 상법은 대표이사의 대표권 제한에 대하여 선의의 제3자에게 대항하지 못한다고 정하고 있다(상법 제389조 제3항, 제209조 제2항). 대표권이 제한된 경우에 대표이사는 그 범위에서만 대표권을 갖는다. 그러나 그러한 제한을 위반한 행위라고 하더라도 그것이 회사의 권리능력을 벗어난 것이 아니라면 대표권의 제한을 알지 못하는 제3자는 그 행위를 회사의 대표행위라고 믿는 것이 당연하고 이러한 신뢰는 보호되어야 한다. 일정한 대외적 거래행위에 관하여 이사회 결의를 거치도록 대표이사의 권한을 제한한 경우에도 이사회 결의는 회사의 내부적 의사결정절차에 불과하고, 특별한 사정이 없는 한 거래 상대방으로서는 회사의 대표자가 거래에 필요한 회사의 내부절차를 마쳤을 것으로 신뢰하였다고 보는 것이 경험칙에 부합한다. 따라서 회사 정관이나 이사회 규정 등에서 이사회 결의를 거치도록 대표이사의 대표권을 제한한 경우(이하 '내부적 제한'이라 한다)에도 선의의 제3자는 상법 제209조 제2항에 따라 보호된다.

거래행위의 상대방인 제3자가 상법 제209조 제2항에 따라 보호받기 위하여 선의 이외에 무과실까지 필요하지는 않지만, 중대한 과실이 있는 경우에는 제3자의 신뢰를 보호할 만한 가치가 없다고 보아 거래행위가 무효라고 해석함이 타당하다. 중과실이란 제3자가 조금만 주의를 기울였더라면 이사회 결의가 없음을 알 수 있었는데도 만연히 이사회 결의가 있었다고 믿음으로써 거래통념상 요구되는 주의의무를 현저히 위반하는 것으로, 거의 고의에 가까운 정도로 주의를 게을리하여 공평의 관점에서 제3자를 구태여 보호할 필요가 없다고 볼 수 있는 상태를 말한다. 제3자에게 중과실이 있는지는 이사회 결의가 없다는 점에 대한 제3자의 인식가능성, 회사와 거래한 제3자의 경험과 지위, 회사와 제3자의 종래 거래관계, 대표이사가 한 거래행위가 경험칙상 이례에 속하는 것인지 등 여러 가지 사정을 종합적으로 고려하여 판단하여야 한다. 그러나 제3자가 회사 대표이사와 거래행위를 하면서 회사의 이사회 결의가 없었다고 의심할 만한 특별한 사정이 없다면, 일반적으로 이사회 결의가 있었는지를 확인하는 등의 조치를 취할 의무까지 있다고 볼 수는 없다[대판(전) 2021. 2. 18, 2015 다 45451(공보 2021, 598)].

주식회사의 대표이사의 대표권의 성질과 내용은 합명회사의 대표사원의 그것과 같으나, 지배인의 대리권(상 11조)과는 구별된다. 다시 말하면, 대표이사의 대표권과 지배인의 지배권은 포괄·정형성과 획일성이 있고(상 389조 3항, 209조 2항, 11조 1항), 공동대표(지배)가 인정되며(상 389조 2항, 12조 1항), 표현대표(지배)가 인정되고(상 395조, 14조), 등기사항(상 317조 2항 9호, 13조)이라는 점에서는 공통하나, 다음과 같은 차이점이 있다. 즉, 대표이사의 대표권은, (i) 회사의 기관으로서 갖는 권한(단체법상의 대표관계)이지 개인법상의 대리관계와는 다르고, (ii) 그 범위가 회사의 영업전반에 걸치는 것이지 특정 영업소의 영업에 한정되는 것은 아니며, (iii) 대표이사는 지배인의 선임과 해임에 관여할 수 있으나(상 393조 1항) 지배인은 다른 지배인의 선임·해임에 관여할 수 없고(상 11조 2항 반대해석), (iv) 대표이사의 불법행위에 대하여는 상법 제389조, 동 제210조(민법 제35조 1항도 같은 취지)에 의하여 회사가 그 책임을 부담하는데 지배인의 불법행위에 대하여는 민법 제756조에 의하여 회사가 그 책임을 부담한다는 점 등에서, 지배인의 대리권과는 상이하다.

또 대표권제한은 등기를 할 수도 없고 이를 등기하였다고 하더라도 선의의 제3자에게 대항할 수 없는 점에서, 비영리법인의 이사의 그것과 다르다(민 60조 참조).

대표이사가 대표권의 범위에서 한 적법한 대표행위는 그 자체가 바로 회사의 행위가 되는 것이지 그 행위의 효과가 회사에 귀속하는 것이 아니라는 점에서는 대표가 대리와 근본적으로 구별되는 것이지만, 대표에 관하여도 그 성질이 허용하는 한 대리에 관한 규정이 준용된다(민 59조 2항).

2) 대표권의 행사방법

(가) 대표이사가 수 인 있는 경우에도 수 인의 대표이사는 원칙적으로 각자 독립하여 회사를 대표한다(각자대표).

(나) 회사는 대표권의 남용 또는 오용을 방지하기 위하여 이사회(또는 주주총회)의 결의로써 예외적으로 수 인의 대표이사가 공동으로 회사를 대표하도록 정할 수 있다(공동대표)(상 389조 2항). 참고로 독일 주식법상은 공동대표가 원칙이고 정관으로 각자대표 또는 지배인과의 공동대표를 정할 수 있을 뿐이며, 따로 대표이사를 두는 제도는 없다(獨株 78조 참조).

이와 같이 이사회의 결의로써 공동대표이사를 정한 경우에는, 이를 폐지하는 것도 이사회의 결의로써 할 수 있는데, 이러한 취지의 다음과 같은 대법원 판례가 있다.

[이사회의 결의만으로 공동대표이사제도를 폐지할 수 있다고 본 판례]

주식회사의 정관으로 수 인의 대표이사가 공동으로 회사를 대표할 것을 특별히 정하지 않은 이상, 공동대표이사제도를 폐지하는 결의를 함에 있어서는 이사회 결의만으로 족하고 반드시 정관변경의 절차를 거쳐야 되는 것은 아니다

[대판 1993. 1. 26, 92 다 11008(공보 940, 852)].

동지: 대판 1992. 10. 27, 92 다 19033(공보 934, 3271).

① 공동대표의 경우에 공동대표이사는 상대방에 대한 의사표시(능동대표)는 공동으로 하여야 하고, 또 요식행위에는 공동대표이사 전원의 기명날인 또는 서명이 있어야 한다.

그런데 이러한 공동대표이사가 단독으로 회사를 대표하여 한 행위에 대하여 회사는 이를 추인할 수 있는데, 이에 관한 다음의 대법원판례가 있다.

[공동대표이사가 단독으로 대표한 경우 회사의 추인의 상대방에 관한 판례]

회사가 공동대표이사가 단독으로 회사를 대표하여 제 3 자와 한 법률행위를 추인함에 있어, 그 의사표시는 단독으로 행위한 공동대표이사나 그 법률행위의 상대방인 제 3 자 중 어느 사람에게 대하여서도 할 수 있다[대판 1992. 10. 27, 92 다 19033(공보 934, 3271)].

이 때 공동대표이사의 일부가 그의 대표권을 다른 공동대표이사에게 위임할 수 있는지 여부의 문제가 있다. 이에 대하여 (i) 대표권의 포괄적 위임은 명백히 공동대표이사제도의 입법취지에 반하므로 인정될 수 없다고 본다.[1] (ii) 그러나 대표권의 개별적 위임에 대하여는 공동대표이사 전원의 합의가 있는 때에는 의사표시만을 일부의 자에게 개별적으로 위임할 수 있다고 본다.[2]

우리 대법원판례도 이와 같은 취지에서 다음과 같이 판시하고 있다.

[공동대표이사 중의 1인이 대표권을 포괄적으로 위임하는 것을 부정한 판례]

주식회사에 있어서의 공동대표제도는 대외관계에서 수 인의 대표이사가 공동으로만 대표권을 행사할 수 있게 하여 업무집행의 통일성을 확보하고, 대표권 행사의 신중을 기함과 아울러 대표이사 상호간의 견제에 의하여 대표권의 남용 내지는 오용을 방지하여 회사의 이익을 도모하려는 데 그 취지가 있으므로, 공동대표이사의 1 인이 그 대표권의 행사를 특정사항에 관하여 개별적으로 다른 공동대표이사에게 위임함은 별론으로 하고, 일반적 포괄적으로 위임함은 허용되

1) 동지: 이(철), (회) 736면(포괄위임은 전면적이든 부분적이든 허용되지 않는다고 한다).
반대: 정(동), (회) 419면(동 교수는 이사 전원의 동의가 있으면 일정한 종류의 사항에 관하여도 그 결정과 집행을 일부의 자에게 포괄적으로 위임할 수 있다고 한다); 日最高判 1979. 3. 8 (民集 33-2, 245)(포괄적 위임을 인정함).

2) 동지: 손(주), 787~788면; 이(철), (회) 737면(공동대표이사 1인에게 개별적인 행위를 위임하는 것은 가능하다고 보는데, 다만 위임관계를 행위시에 현명〈顯名〉하여야 한다고 한다); 채, 536면; 이(기) 외, (회) 329면; 주상(제 5 판)(회사 Ⅲ), 255~256면.

지 아니한다[대판 1989. 5. 23, 89 다카 3677(공보 852, 998)].

② 공동대표이사가 상대방으로부터 의사표시를 수령하는(수동대표) 경우에는 공동대표자 중의 1인이 하면 그 효력이 생긴다(상 389조 3항, 208조 2항).

3) 대표권의 제한 대표이사의 대표권은 법률·정관·이사회규칙 등에 의하여 제한을 받는다.

㈎ 대표이사의 대표권이 법률(상법)에 의하여 제한을 받는 경우는 한 가지뿐인데, (대표)이사와 회사간의 소송행위에 관한 경우이다. 즉, 회사와 (대표)이사와의 소송에 관하여는 어느 쪽이 원고이고 피고인가를 불문하고 대표이사는 대표권이 없고, 감사(監事) 또는 감사위원회가 회사를 대표한다(상 394조 1항, 415조의 2 7항).

이에 관하여 우리 대법원판례는 다음과 같이 판시하고 있다.

[이사와 회사간의 소에서 대표이사가 이를 대표한 경우에는 그 소는 무효이나, 소장(訴狀)을 감사로 정정함으로써 그 소를 유효로 본 판례]

Y주식회사의 이사인 X가 Y회사에 대하여 소를 제기함에 있어서 상법 제394조에 의하여 그 소에 관하여 회사를 대표할 권한이 있는 감사를 대표자로 표시하지 아니하고 대표이사를 Y회사의 대표자로 표시한 소장을 법원에 제출하고, 법원도 이 점을 간과하여 Y회사의 대표이사에게 소장의 부본을 송달한 채, Y회사의 대표이사로부터 소송대리권을 위임받은 변호사들에 의하여 소송이 수행되었다면, 이 사건 소에 관하여는 Y회사를 대표할 권한이 대표이사에게 없기 때문에 소장이 Y에게 적법유효하게 송달되었다고 볼 수 없음은 물론, Y회사의 대표이사가 Y를 대표하여 한 소송행위나 Y회사의 대표이사에 대하여 X가 한 소송행위는 모두 무효이다.

그러나 이와 같은 경우에도 X가 스스로 또는 법원의 보정명령에 따라 소장에 표시된 Y회사의 대표자를 이 사건 소에 관하여 Y회사를 대표할 권한이 있는 감사로 표시하여 소장을 정정함으로써 그 흠결을 보정할 수 있고, 이 경우 법원은 X의 보정에 따라 Y회사의 감사에게 다시 소장의 부분을 송달하여야 되고, 소장의 송달에 의하여 소송계속의 효과가 발생하게 됨에 따라 Y회사의 감사가 위와 같이 무효인 종전의 소송행위를 추인하는지의 여부와는 관계없이 법원과 X·Y의 3자간에 소송법률관계가 유효하게 성립한다고 보아야 할 것이다[대판 1990. 5. 11, 89 다카 15199(공보 875, 1253)].

[이사와 회사간의 소에서 대표이사의 대표권을 인정한 판례]

「이사 또는 대표이사의 선임결의의 부존재를 다투는 분쟁중에 한 결의부존재확인의 소를 제기하지 않겠다는 불제소약정에 있어서는 그 대표이사가 부존재를 다투는 결의에서 선임되었다 하더라도 그는 주식회사를 대표할 수 있다」고 판시하고[대판 1985. 12. 10, 84 다카 319(공보 769, 235)],

「대표이사는 자기를 이사로 선임한 주주총회결의의 무효 또는 부존재확인소송에서도 회사를 대표하여 그 소송을 수행한다」고 판시하며[대판 1983. 3. 22, 82 다카 1810(집 31 ② 민 43)],

「원고회사의 이사 겸 대표이사와 피고간에 이해관계가 동일하고 회사와 이익이 상반되는 경우에도, 위의 대표이사는 회사를 대표하여 소송을 진행할 수 있다」고 판시하고[대판 1962. 1. 11, 4294 민상 558(민판집 53, 101)],

「소송의 목적이 되는 권리관계가 이사의 재직중에 일어난 사유로 말미암는다 하더라도 회사가 그 사람을 이사의 자격으로 제소하는 것이 아니고, 이사가 이미 이사의 자리를 떠난 경우에 회사가 그 사람을 상대로 제소하는 경우에는 상법 제394조를 적용할 수 없다」고 판시하고[대판 1977. 6. 28, 77 다 295(집 25 ③ 민 145)], 또한 그 후에도 같은 취지로 「상법 제394조 제 1 항에서는 이사와 회사 사이의 소에 있어서 양자간에 이해의 충돌이 있기 쉬우므로 그 충돌을 방지하고 공정한 소송수행을 확보하기 위하여 비교적 객관적 지위에 있는 감사로 하여금 그 소에 관하여 회사를 대표하도록 규정하고 있는바, 소송의 목적이 되는 권리관계가 이사의 재직중에 일어난 사유로 인한 것이라 할지라도 회사가 그 사람을 이사의 자격으로 제소하는 것이 아니고 이사가 이미 이사의 자리를 떠난 경우에 회사가 그 사람을 상대로 제소하는 경우에는 특별한 사정이 없는 한 위 상법 제394조 제 1 항은 적용되지 않는다. 또한 전 이사들을 상대로 하는 주주대표소송에 회사가 참가하는 경우, 상법 제394조 1항의 적용이 배제되어 회사를 대표하는 자는 감사가 아닌 대표이사이다.」고 판시하며[대판 2002. 3. 15, 2000 다 9086(공보 2002, 864)],

「회사의 이사로 등기되어 있던 사람이 회사를 상대로 사임을 주장하면서 이사직을 사임한 취지의 변경등기를 구하는 소에서는 상법 제394조 제 1 항이 적용되지 아니한다」고 판시하고 있다[대결 2013. 9. 9, 2013 마 1273(공보 2013, 2057)].

또한 「상법 제394조 제 1 항은 이사와 회사 사이의 소에 관하여 감사로 하여금 회사를 대표하도록 규정하고 있는데, 이는 이사와 회사 양자 간에 이해의 충돌이 있기 쉬우므로, 그 충돌을 방지하고 공정한 소송수행을 확보하기 위한 것이다. 갑 주식회사의 일시대표이사인 을이 갑 회사를 대표하여 갑 회사의 소수주주가 소집한 주주총회에서 이사로 선임된 병을 상대로 이사선임결의의 부존재를 주장하며 이사 지위의 부존재 확인을 구하자, 병이 회사와 이사 사이의 소는 상법 제394조 제 1 항에 따라 감사가 회사를 대표하여야 한다고 주장한 경우, 소 제기 전 갑 회사의 주주가 갑 회사를 적법하게 대표할 사람이 없다는 이유로 일시대표이사 및 이사의 선임을 구하는 신청을 하여 변호사인 을이 갑 회사의 일시대표이사 및 이사로 선임된 것이어서 일시대표이사인 을로 하여금 갑 회사를 대표하도록 하였더라도 그것이 공정한 소송수행을 저해하는 것이라고 보기는 어려우므로, 위 소에 상법 제394조 제 1 항은 적용되지 않는다」고 판시하고 있다[대판 2018. 3. 15, 2016 다 275679(공보 2018, 675)].

자본금 총액이 10억원 미만인 소규모 주식회사인 경우에는 감사가 임의기관이므로(상 409조 4항) 이러한 소규모 주식회사가 감사를 선임하지 아니한 때에는, 이 경우 회사·이사 또는 이해관계인이 법원에 회사를 대표할 자를 선임하여 줄 것을 신청하여야 한다(상 409조 5항).

(나) 대표이사의 대표권이 정관·이사회규칙·이사회의 결의 등에 의하여 제한을 받는 경우(내부적 제한)에는 대표이사는 이에 따라야 할 것이나, 대표이사가 이에 위반한 경우에도 회사는 이러한 제한으로써 선의의 제 3 자에게 대항하지 못한다(상 389조 3항, 209조 2항).[1)]

우리 대법원판례도 이와 같은 취지에서 다음과 같이 판시하고 있는데, 이 때의 「선의」에 대하여는 앞에서 본 바와 같이 2021. 2. 18. 대법원 전원합의체 판결로써 종래의 판례를 변경하여 「선의·무중과실」로 판시하고 있다.

[대표권의 제한은 선의의 제 3 자에게 대항할 수 없다고 본 판례]

일반적으로 주식회사 대표이사는 회사의 권리능력의 범위 내에서 재판상 또는 재판 외의 일체의 행위를 할 수 있고, 이러한 대표권 그 자체는 성질상 제한될 수 없는 것이지만 대외적인 업무집행에 관한 결정 권한으로서의 대표권은 법률의 규정에 의하여 제한될 뿐만 아니라 회사의 정관, 이사회의 결의 등의 내부적 절차 또는 내규 등에 의하여 내부적으로 제한될 수 있으며, 이렇게 대표권한이 내부적으로 제한된 경우에는 그 대표이사는 제한 범위 내에서만 대표권한이 있는 데 불과하게 되는 것이지만, 그렇더라도 그 대표권한의 범위를 벗어난 행위, 다시 말하면 대표권의 제한을 위반한 행위라 하더라도 그것이 회사의 권리능력의 범위 내에 속한 행위이기만 하다면 대표권의 제한을 알지 못하는 제 3 자는 그 행위를 회사의 대표행위라고 믿는 것이 당연하고 이러한 신뢰는 보호되어야 한다(상 389조 3항, 209조)[대판 1997. 8. 29, 97 다 18059(공보 1997, 2870)].

동지: 대판 2004. 3. 26, 2003 다 34045(공보 2004, 712)(대표이사의 대표권한 범위를 벗어난 행위라 하더라도 그것이 회사의 권리능력의 범위 내에 속한 행위이기만 하면 대표권의 제한을 알지 못하는 제 3 자가 그 행위를 회사의 대표

1) 동지: 정(희), 483면; 정(동), (회) 414면(이 때 선의에는 무중과실임을 요한다고 한다).

행위라고 믿은 신뢰는 보호되어야 한다).

[대표권의 제한은 회사가 거래상대방의 악의를 입증하면 대항할 수 있다고 한 판례]

일반적으로 주식회사 대표이사의 대표권한의 범위는 회사의 권리능력의 범위와 일치되는 것이다. 그러나 회사는 정관, 이사회의 결의 등의 내부적 절차 또는 내규 등에 의하여 이러한 대표권한에 대하여 내부적인 제한을 가할 수가 있는 것이고, 이렇게 대표권한에 내부적인 제한이 가해진 경우에는 그 대표이사는 제한범위 내에서만 대표권한이 있는데 불과하게 되는 것이지만, 그렇더라도 그 대표권한의 범위를 벗어난 행위 다시 말하면 대표권의 제한 위반행위라 하더라도 그것이 회사의 권리능력의 범위 내에 속한 행위이기만 하면 대표권의 제한을 알지 못하는 제 3 자는 그 행위를 회사의 대표행위라고 믿는 것이 당연하고 이러한 신뢰는 보호되어야 하는 것이므로, 우리 상법이 대표권의 제한은 이로써 선의의 제 3 자에 대항할 수 없다고 규정하고 있는 것(제389조, 제209조)은 이러한 취지라 할 것이며, 따라서 대표권에 제한이 가해지고 있는 경우에 당해 대표이사의 그러한 구체적인 대표권한의 범위를 알고 있으면서도 그 범위를 벗어난 행위에 대하여 상대방이 된 악의의 제 3 자를 보호해야 할 필요성은 없는 것이므로 회사는 그의 악의를 입증하여 그 행위의 효력을 부인할 수 있는 것은 당연하다[대판 1988. 8. 9, 86 다카 1858(공보 832, 1207)].

[대표권의 내부적 제한은 선의 · 무중과실의 제 3 자에 대하여 대항하지 못한다는 변경된 대법원 전원합의체판결]

다수의견: 주식회사의 대표이사는 대외적으로는 회사를 대표하고 대내적으로는 회사의 업무를 집행할 권한을 가진다. 대표이사는 회사의 행위를 대신하는 것이 아니라 회사의 행위 자체를 하는 회사의 기관이다. 회사는 주주총회나 이사회 등 의사결정기관을 통해 결정한 의사를 대표이사를 통해 실현하며, 대표이사의 행위는 곧 회사의 행위가 된다. 상법은 대표이사의 대표권 제한에 대하여 선의의 제 3 자에게 대항하지 못한다고 정하고 있다(상법 제389조 제 3 항, 제209조 제 2 항). 대표권이 제한된 경우에 대표이사는 그 범위에서만 대표권을 갖는다. 그러나 그러한 제한을 위반한 행위라고 하더라도 그것이 회사의 권리능력을 벗어난 것이 아니라면 대표권의 제한을 알지 못하는 제 3 자는 그 행위를 회사의 대표행위라고 믿는 것이 당연하고 이러한 신뢰는 보호되어야 한다. 일정한 대외적 거래행위에 관하여 이사회 결의를 거치도록 대표이사의 권한을 제한한 경우에도 이사회 결의는 회사의 내부적 의사결정절차에 불과하고, 특별한 사정이 없는 한 거래 상대방으로서는 회사의 대표자가 거래에 필요한 회사의 내부절차를 마쳤을 것으로 신뢰하

였다고 보는 것이 경험칙에 부합한다. 따라서 회사 정관이나 이사회 규정 등에서 이사회 결의를 거치도록 대표이사의 대표권을 제한한 경우(이하 '내부적 제한'이라 한다)에도 선의의 제 3 자는 상법 제209조 제 2 항에 따라 보호된다.

거래행위의 상대방인 제 3 자가 상법 제209조 제 2 항에 따라 보호받기 위하여 선의 이외에 무과실까지 필요하지는 않지만, 중대한 과실이 있는 경우에는 제 3 자의 신뢰를 보호할 만한 가치가 없다고 보아 거래행위가 무효라고 해석함이 타당하다. 중과실이란 제 3 자가 조금만 주의를 기울였더라면 이사회 결의가 없음을 알 수 있었는데도 만연히 이사회 결의가 있었다고 믿음으로써 거래통념상 요구되는 주의의무를 현저히 위반하는 것으로, 거의 고의에 가까운 정도로 주의를 게을리하여 공평의 관점에서 제 3 자를 구태여 보호할 필요가 없다고 볼 수 있는 상태를 말한다. 제 3 자에게 중과실이 있는지는 이사회 결의가 없다는 점에 제 3 자의 인식가능성, 회사와 거래한 제 3 자의 경험과 지위, 회사와 제 3 자의 종래 거래관계, 대표이사가 한 거래행위가 경험칙상 이례에 속하는 것인지 등 여러 가지 사정을 종합적으로 고려하여 판단하여야 한다. 그러나 제 3 자가 회사 대표이사와 거래행위를 하면서 회사의 이사회 결의가 없었다고 의심할 만한 특별한 사정이 없다면, 일반적으로 이사회 결의가 있었는지를 확인하는 등의 조치를 취할 의무까지 있다고 볼 수는 없다[대판(전) 2021. 2. 18, 2015 다 45451(공보 2021, 598)].

4) 부적법한 대표행위의 효력 부적법한 대표행위에는 대표이사의 불법행위·위법한 대표행위(전단적〈專斷的〉인 대표행위) 및 대표권의 남용행위가 있는데, 이하에서 차례로 고찰한다.

㈎ 대표이사의 불법행위 대표이사가 그 업무집행으로 인하여 타인에게 손해를 가한 때에는 **회사와 그 대표이사**는 연대하여(부진정연대채무) 그 손해를 배상할 책임이 있다(상 389조 3항, 210조).

이에 관하여 우리 대법원판례도 다음과 같이 판시하고 있다.

[대표이사의 불법행위에 대하여 회사의 불법행위를 인정한 판례]

Y상호신용금고의 대표이사인 A_1이 X로부터 일정한 금원을 예탁금으로 입금처리하여 줄 것을 의뢰받고 당시 공동대표이사인 A_2의 개인자금을 조달할 목적으로 위 금원을 차용하면서도 외관상으로만 위 금원을 위 금고의 차입금으로 입금처리하는 양 가장하여 X를 속이고 실제로는 차입금원장 등 장부에도 기장하지 아니한 채 위 금고용 차입금증서가 아닌 A_2 개인명의로 발행된 약속어음을 X에게 교부하여 주었다면, 이는 실질적으로는 A_1의 개인적인 융통행위로서 위 금고의 차용행위로서는 무효라 하겠으나, 그의 행위는 위 금고 대표이사로서

의 직무와 밀접한 관련이 있을 뿐만 아니라 외형상으로는 위 금고 대표이사의 직무범위 내의 행위로 보아야 할 것이고 X의 처지에서도 위 금고와의 거래로 알고 있었던 것이므로, 위 금고는 그 대표이사 A_1의 직무에 관한 불법행위로 인하여 X가 입은 손해를 배상할 책임이 있다.

따라서 이와 같은 취지의 원심판결은 정당하고, 논지는 이유 없다[대판 1990. 3. 23, 89 다카 555(공보 872, 943)].

동지: 대판 1990. 11. 13, 89 다카 26878(공보 887, 63)(Y상호신용금고가 정상적인 거래 외에도 장부와 거래원장에 등재하지 아니 한 이른바 부외거래를 하여 왔다면, X가 금원을 예탁하면서 금고의 표준채무증서가 아닌 대표이사 A 개인명의의 약속어음을 교부받고 정상적인 예탁금의 경우보다 높은 이자를 받기로 하는 등 정상적인 예탁절차에 따르지 아니하였다고 하더라도, X로서는 금고에서 부외거래로서 위와 같은 변칙적인 방법으로 금원차입을 하는 것으로 믿고 금고와 거래할 의사로 금원을 예탁할 수도 있는 것이므로, 원심이 X의 예탁거래가 Y금고의 사장실에서 Y금고 대표이사 A와의 사이에 직접 이루어졌고 또 X가 위 금원의 예탁 전에 표준채무증서를 이용한 정상적인 예탁거래를 해 본 경험이 있다는 사실만으로써 X가 A개인과의 순수한 금전소비대차관계로 인식하고 금원의 예탁거래를 한 것이라고 판단하였음은 채증법칙에 위반한 증거판단으로 사실을 오인한 위법을 저지른 것이다); 동 1988. 11. 8, 87 다카 958(공보 838, 1525)(Y상호신용금고의 대표이사인 A가 피해자 X로부터 일정금액을 예탁금으로 입금처리하여 줄 것을 의뢰받음을 기화로 위 금고의 사주인 B의 개인자금 조달을 위하여 귀 금원을 차용할 목적으로 외관상은 위 금고의 차입금으로 입금처리하는 양 가장하여 X를 속여서 위 금원을 교부받고서는 장부에 기장도 하지 아니한 채 B 개인명의로 발행된 약속어음을 X에게 교부하여 주었다면, 이는 실질적으로 A가 개인적으로 융통한 행위로서 위 금고의 차입행위로서는 무효라 하겠지만, A의 행위는 위 금고의 대표이사로서의 직무와 밀접한 관련이 있고 외형상, 객관적으로 위 금고의 대표이사의 직무범위 내의 행위로 보여지며 X의 입장에서는 위 금고와의 거래로 알고 있었으므로 위 금고는 A의 행위에 대하여 사용자로서 X가 입은 손해를 배상할 책임이 있다); 동 1980. 1. 15, 79 다 1230(공보 627, 12541)(회사의 대표이사가 그 업무집행중 불법행위로 인하여 제 3 자에게 손해를 가한 때에는 대표이사는 회사와 연대하여 배상할 책임이 있고, 그 불법행위는 고의는 물론 과실 있는 때에도 성립된다); 동 1959. 8. 27, 4291 민상 395(카드 6930)(대표이사가 집달리의 강제집행을 방해하여 회사의 채권자에게 손해를 입힌 경우 회사와 그 대표이사는 채권자에게 연대하여 그 손해를 배상할 책임이 있다); 동 2009. 3. 26, 2006 다 47677(공보 2009, 528)(주식회

사의 대표이사가 이사회결의 절차를 거치지 아니하고 타인의 채무에 대하여 보증 기타 이와 유사한 약정〈이하 '보증'이라고 한다〉을 한 경우 채권자가 이사회결의가 없음을 알지 못한 데 대하여 과실이 있는 경우에는 그 보증은 무효이지만, 이 경우 그 대표이사가 상법이 정한 이사회결의 절차를 거치지 아니하여 채권자와의 보증계약이 효력을 갖지 못하게 한 것은 업무의 집행자로서의 주의의무를 다하지 못한 과실행위이고, 그 대표이사가 위와 같이 이사회결의의 절차를 거치지 아니하여 그 보증계약이 무효임에도 불구하고 그 보증이 유효한 것으로 오신한 채권자로 하여금 그 거래를 계속하게 하여 손해를 입게 한 경우에는, 이는 주식회사의 대표이사가 그 업무집행으로 인하여 타인에게 손해를 가한 때에 해당하므로 당해 주식회사는 상법 제389조 3항에 의하여 준용되는 상법 제210조에 의하여 그 대표이사와 연대하여 손해를 배상할 책임이 있다. 위와 같은 경우 이사회결의의 부존재를 이유로 주식회사에 대한 보증계약의 효력을 부정하면서 회사의 손해배상책임을 인정한다고 하여 상법 제393조 1항의 규정 취지를 몰각하였다고 볼 수는 없다. 또한 불법행위의 피해자가 제 3 자에 대하여 채권을 가지게 되어 그의 변제를 받는다면 손해가 생기지 않게 되는 경우에도 피해자는 불법행위자에 대하여 손해배상청구권을 행사할 수 있으므로, 위의 경우에 채권자가 채무자로부터 변제를 받을 경우 손해를 회복할 수 있게 된다 하더라도 그러한 사정만으로 보증계약을 한 주식회사 및 그 대표이사에 대하여 보증의 무효로 인한 손해배상을 청구하지 못하는 것은 아니다); 동 2013. 6. 27, 2011 다 50165(건축회사인 주식회사의 대표이사가 건축대금을 받기 위하여 직원으로 하여금 타인의 부동산을 지배·관리하게 하는 등으로 소유자의 사용수익권을 침해한 경우, 대표이사는 회사와 별도로 손해배상책임을 진다)(이 판결에 반대하는 견해로는 김홍기, 법률신문, 2014. 4. 24, 12면); 동 2017. 9. 26, 2014 다 27425(공보 2017, 2063)(상법 제389조 제 3 항, 제210조에 의하여 주식회사가 대표이사의 불법행위로 손해배상책임을 지는 것은 대표이사가 '업무집행으로 인하여' 타인에게 손해를 입힌 경우이어야 한다. 여기에서 '업무집행으로 인하여'라는 것은 대표이사의 업무 그 자체에는 속하지 않으나 행위의 외형으로부터 관찰하여 마치 대표이사의 업무 범위 안에 속하는 것으로 보이는 경우도 포함한다. 행위의 외형상 주식회사의 대표이사의 업무집행이라고 인정할 수 있는 것이라면 설령 그것이 대표이사의 개인적 이익을 도모하기 위한 것이거나 법령의 규정에 위배된 것이라고 하더라도 주식회사의 손해배상책임을 인정하여야 한다).

이 때 회사가 타인에게 배상한 경우에는 대표이사에게 구상할 수 있음은 물론이다. 이에 관하여는 회사의 불법행위능력에서 이미 설명하였다.

㈏ 위법한(전단적) 대표행위의 효력　　주주총회나 이사회의 결의를 얻어

야 하는 경우에 이것을 얻지 않고(또는 그 결의가 무효 또는 취소된 경우에) 한 대표이사의 행위, 또는 결의가 있는 경우에도 그 결의에 위반하여 한 대표이사의 행위의 효력은 어떠한가. 이 경우 행위 자체는 위법이라고 하지 않을 수 없으므로 그 행위가 대내적인 행위(예컨대, 주주총회의 결의 없는 정관변경, 이사회의 결의 없는 준비금의 자본전입 등)인 경우에는 언제나 무효이다(통설[1]·판례[2]).

그러나 그 행위가 대외적인 행위인 경우에는 거래의 안전과 관련하여 특히 그 효력이 문제된다. 이에 대하여 학설 중에는 주주총회 또는 이사회의 결의를 얻어야 하는 경우에 이것을 얻지 않고 한 대표이사의 대외적 행위의 효력은 외관주의와 거래안전의 필요상 이것을 유효로 보아야 한다고 하여 이를 일률적으로 유효로 보는 견해가 많다.[3] 예컨대, 보통의 영업거래(상대방이 악의인 경우에는 악의의 항변권이 있음), 신주의 발행(상 416조), 사채의 모집(상 469조) 등이 그것이다.

생각건대 주주총회 또는 이사회의 결의를 요하는 경우에 대표이사가 이러한 결의 없이 한 대외적 행위를 일률적으로 유효라고 볼 수는 없고, 다음과 같이 그러한 결의가 없는 것이 법률에 위반한 것이냐 또는 정관 등 단순한 회사의 내부규칙에 위반한 것이냐, 또한 주주총회결의사항이냐 또는 이사회결의사항이냐에 따라 그 효력을 달리 보아야 할 것이다.

① 법률(상법 또는 특별법)에 의하여 주주총회의 결의(상 374조, 375조 등)를 요하는 경우에, 그러한 결의 없이(즉, 그러한 법률에 위반하여) 대표행위를 한 경우에는 그것이 대외적 행위인 경우에도 무효라고 보아야 한다. 왜냐하면 그러한 법률의 규정은 강행법규라고 보아야 하고 또한 제 3 자도 이를 미리 예견하고 있다고 볼 수 있으며, 법률에 의하여 주주총회의 결의사항으로 규정된 사항은 회사

1) 정(희), 482면 외.
그러나 이에 대하여 (주주총회 또는) 이사회의 결의가 없는 후속행위(예컨대, 신주발행 등)의 효력을 다투는 소(예컨대, 신주발행무효의 소 등)가 별도로 인정되는 경우에는 이러한 결의의 결여는 그 후속행위의 하자에 흡수되어 그 행위 자체의 효력으로 다루어지고, 그러한 소가 규정되어 있지 않은 후속행위의 효력만이 문제되는데, 이 때 대내적인 행위는 무효이고 대외적인 행위는 상대방이 선의인 경우에는 유효라고 보는 견해가 있다[이(철), (회) 714~715면]. 그러나 이 견해는 그러한 무효의 소의 성질에 대하여 형성의 소로 보면 후속행위의 하자에 흡수될 수 있으나, 확인의 소로 보면 다시 결의가 없는 후속행위의 효력이 소와 관계 없이 문제되므로 위의 견해는 소의 성질을 어떻게 보든 공통적으로 타당한 것으로는 볼 수 없다. 따라서 위 본문에서 보는 바와 같이 주주총회결의 또는 이사회결의의 위반이 법률에 위반한 것이냐 또는 회사의 내부규칙에 위반한 것이냐에 따라 그 효력을 다루는 것이 타당하다고 본다.
2) 대판 1961. 12. 3, 1961 민재항 500.
3) 정(희), 482면 외.

(또는 주주)의 이익을 위하여 아주 중요한 사항이므로 제 3 자보다는 회사(또는 주주)를 보호하는 것이 이익교량의 면에서 타당하기 때문이다.[1)]

우리 대법원판례도 이와 같은 취지로 다음과 같이 판시하고 있다.

[상법상 주주총회의 결의사항은 강행법규로 이러한 결의가 없는 위법한 대표행위는 무효라고 한 판례]

상법 제374조 제 1 항 제 1 호는 주식회사가 영업의 전부 또는 중요한 일부의 양도행위를 할 때에는 제434조에 따라 출석한 주주의 의결권의 3분의 2 이상의 수와 발행주식총수의 3분의 1 이상의 수로써 결의가 있어야 한다고 규정하고 있는데 이는 주식회사가 주주의 이익에 중대한 영향을 미치는 계약을 체결할 때에는 주주총회의 특별결의를 얻도록 하여 그 결정에 주주의 의사를 반영하도록 함으로써 주주의 이익을 보호하려는 강행법규이므로, 주식회사가 영업의 전부 또는 중요한 일부를 양도한 후 주주총회의 특별결의가 없었다는 이유를 들어 스스로 그 약정의 무효를 주장하더라도 주주 전원이 그와 같은 약정에 동의한 것으로 볼 수 있는 등 특별한 사정이 인정되지 않는다면 위와 같은 무효 주장이 신의성실 원칙에 반한다고 할 수는 없다[대판 2018. 4. 26, 2017 다 288757(공보 2018, 969)].

그런데 이에 대하여 (법률에 의하여 주주총회의 특별결의를 얻어야 할 사항인지 또는 정관에 의하여 주주총회의 특별결의를 얻어야 할 사항인지는 명백하지 않으나, 주주총회의 특별결의를 얻어야 할 사항에서 이를 얻지 않고 한 대표행위의 효력에 대하여) 우리 대법원판례는 형식상 이와 반대의 취지에서 다음과 같이 판시한 것도 있다.

[주주총회의 결의가 없었으나 주주총회의 특별결의에 필요한 의결권을 가진 대주주의 의사에 합치하여 한 회사의 외부적 거래를 유효로 본 판례]

부동산이 매각될 당시 갑, 을은 그들이 법정대리인이 된 미성년 자녀들 주식을 포함하여 회사의 발행주식 중 72% 남짓한 주식을 보유하고 있어 주주총회의 특별결의에 필요한 의결권을 갖고 있으면서 주주총회를 개최하지 않고 부

1) 정찬형, “주식회사의 경영기관(비교법을 중심으로),” 「법률학의 제문제」(유기천박사고희기념논문집)(서울: 박영사, 1988), 503면(다만 법률에 의하여 이사회결의사항으로 규정된 것을 이사회결의 없이 대표이사가 한 행위의 대외적 효력도 무효라고 한 점에 대하여는, 본문과 같이 개설〈改說〉한다). 동지: 정(동), (회) 416면(그러나 주주총회결의사항이면 〈법률에 규정된 것이든 정관 등 회사의 내부규칙에 규정된 것이든 이를 구별하지 않고〉 총회의 결의가 그 효력요건이고, 따라서 대표이사가 총회의 결의 없이 법률행위를 한 경우에는 원칙적으로 무효라고 한다); 이(철), (회) 726면(법률상 주주총회결의를 요건으로 하는 행위를 대표이사가 주주총회결의 없이 한 경우에는 무효라고 한다).

동산매도의 임시주주총회 의사록만을 작성한 경우, 주주총회결의의 존재를 인정할 수 없다 하더라도 외부적 거래는 상대방이 선의이면 유효하다(그러나 이는 대주주의 의사와 합치하는 것으로, 대주주의 의사에 반하여 대표이사가 독단적으로 한 외부적 거래가 유효한가의 문제와는 구별된다고 본다 — 저자 주)[대판 1993. 9. 14, 91 다 33926(공보 955, 2738)].

대표이사가 주주총회의 특별결의를 얻어 소송행위를 하여야 할 경우에 이를 얻지 않고 한 소송행위의 효력에 대하여, 우리 대법원판례는 다음과 같이 재심사유에 해당한다고 판시하고 있다.

[주주총회의 특별결의 없이 제소전 화해를 한 것은 특별수권 없는 소송행위로서 재심사유에 해당한다고 본 판례]

주식회사의 대표이사가 금원을 차용함에 있어 주주총회의 특별결의 없이 제소전 화해를 하였다면 이는 소송행위를 함에 있어서 필요한 특별수권을 얻지 않고 한 셈이 되어 민사소송법 제422조 제 1 항 제 3 호(법정대리권·소송대리권 또는 대리인이 소송행위를 함에 필요한 수권의 흠결이 있는 때) 소정의 재심사유에 해당되는 것이지만, 전연 대리권을 갖지 아니한 자가 소송대리를 한 대리권 흠결의 경우와는 달라서 같은 법 제427조(대리권의 흠결을 이유로 하는 재심의 소에는 재심제기의 기간에 관한 규정이 적용되지 않는다)가 적용되지 아니한다[대판 1980. 12. 9, 80 다 584 (공보 649, 13456)].

참고로 법률에 의하여 대표권 자체가 제한되는 경우에, 이 제한에 위반하여 한 대표이사의 행위는 모두 무효가 된다. 이는 회사와 (대표)이사간의 소송에 관한 행위(상 394조)인데, 이는 대내적 행위라는 점에서도 당연히 무효가 된다.

② 그러나 법률(상법 또는 특별법)에 의하여 이사회의 결의를 요하거나(상 393조, 398조[1]), 416조, 469조 등) 또는 정관 등 회사의 내부규칙에 의하여 주주총회 또는 이사회의 결의를 요하는 경우에, 이러한 결의 없이 대표이사가 한 대외적 행위의 효력은 제 3 자(상대방)가 선의인 한(악의 및 중과실이 없는 한) 유효라고 본다.[2] 왜냐

1) 이러한 결론은 상법 제398조 위반의 효력에 대한 상대적 무효설(통설·판례)과도 일치한다.

2) 동지: 정(동), (회) 414면, 417면(제 3 자의 선의에 대하여 대표권의 내부적 제한〈정관 등에 의하여 이사회의 결의를 받도록 한 경우 등〉에는 선의·무중과실이라고 하고, 대표권의 법률적 제한〈법률에 의하여 이사회의 결의를 받도록 한 경우 등〉에는 선의·무과실의 취지로 설명함); 이(철), (회) 726~727면(다만 법률에 의하여 이사회의 결의를 요하는 행위와 정관 등에 의하여 이사회의 결의를 요하는 행위로 구별하여, 전자의 경우 제 3 자의 선의는 선의 및 무과실이어야 하나, 후자의 경우 제 3 자의 선의는 과실 유무를 묻지 않는다고 보아 과실 있는 선의도 포함된다고 한다. 그러나 이와 같이 구별할 필요는 없다고 본다. 우리 대법원판례도 같다); 日最高判 1965. 9. 22(民集 19-6, 1656).

하면 법률에 의하여 이사회의 결의사항으로 되어 있는 것은 법률에 의하여 주주총회의 결의사항으로 되어 있는 것보다 회사(또는 주주)의 이익을 위하여 아주 중요한 사항이 아니고, 또 정관 등 회사의 내부규칙에 의하여 주주총회 또는 이사회의 결의를 요하는 사항으로 되어 있는 것은 제 3 자에게 회사의 정관 등 내부규칙을 예견하고 있다고 기대할 수 없으므로, 이 경우에는 회사(또는 주주)보다는 제 3 자를 보호하는 것이 이익교량의 면에서 타당하기 때문이다.

우리 대법원판례도 이와 같은 취지에서 다음과 같이 판시하고 있다. 다만 이 때의 제 3 자의 「선의」에 대하여 우리 대법원판례는 종래에는 「선의·무과실」이라고 하였으나, 2021. 2. 18. 대법원 전원합의체판결에서는 이를 변경하여 「선의·무중과실」로 변경하고 이는 이사회결의를 정관 등에 의하여 받도록 하는 경우(내부적 제한)이든 법률에 의하여 받도록 하는 경우이든 동일하게 적용된다고 한다.

[대표권의 제한(이사회결의 없는 대표행위)은 선의·무과실의 제 3 자에 대하여 대항하지 못한다는 종래의 판례]

주식회사의 대표이사가 이사회의 결의를 거쳐야 할 대외적 거래행위에 관하여 이를 거치지 아니하고 한 경우라도 이와 같은 이사회 결의사항은 회사의 내부적 의사결정에 불과하다 할 것이므로, 그 거래상대방이 그와 같은 이사회결의가 없었음을 알았거나 알 수 있었을 경우가 아니라면 그 거래행위는 유효하다고 해석되고, 위와 같은 상대방의 악의는 이를 주장하는 회사측이 주장·입증하여야 할 것이다[대판 1993. 6. 25, 93 다 13391(공보 951, 2117)].

동지: 대판 1996. 1. 26, 94 다 42754(공보 1996, 722)(주식회사의 대표이사가 이사회의 결의를 거쳐야 할 대외적 거래행위에 관하여 이를 거치지 아니한 경우라도 그 거래상대방이 그와 같은 이사회결의가 없었음을 알았거나 알 수 있었을 경우가 아니라면 그 거래행위는 유효하다 할 것이고, 이 경우 거래상대방의 이러한 사정은 회사측이 주장·입증하여야 한다); 동 1994. 10. 28, 94 다 39253(공보 981, 3124)(Y회사의 대표이사인 A가 이 사건 금원을 이사회의 결의를 받지 않고 X로부터 차입한 경우에도, X가 위 금원의 대여 당시에 이사회의 결의가 없었음을 알았거나 알 수 있었다는 점에 대하여 Y회사가 입증하지 않는 이상 Y회사의 금원차입행위는 유효하다); 동 1995. 4. 11, 94 다 33903(공보 992, 1835)(주식회사의 대표이사가 이사회의 결의를 요하는 대외적 거래행위를 함에 있어서 실제로 이사회결의를 거치지 아니하였거나 이사회결의가 있었다고 하더라도 그 결의가 무효인 경우, 거래상대방이 그 이사회결의의 부존재 또는 무효사실을

알았거나 알 수 있었다면 그 거래행위는 무효라 할 것이다); 동 1989. 5. 23, 89 도 570(집 37 ② 민 650)(법인의 대표자가 이사회의 결의를 거쳐야할 대외적 거래행위에 관하여 이를 거치지 아니한 경우라도, 그 거래상대방이 이를 알았거나 알 수 있었을 경우가 아니라면 그 거래행위는 유효하다); 동 1978. 6. 27, 78 다 389(공보 592, 10971)(주식회사의 대표이사가 이사회의 결의를 거쳐야 할 대외적 거래행위에 관하여 이를 거치지 아니하고 한 경우라도, 이와 같은 이사회결의사항은 회사의 내부적 의사결정에 불과하다 할 것이므로 그 거래상대방이 그와 같은 이사회 결의가 없었음을 알았거나 알 수 있었을 경우가 아니라면 그 거래행위는 유효하다 해석함이 상당하고, 위와 같은 상대방의 악의는 이를 주장하는 회사측에서 주장 입증하지 아니하는 한 유효하다 해석함이 상당하다); 동 1998. 3. 24, 95 다 6885(공보 1998, 1127)(법인의 대표자가 이사회의 결의를 거쳐야 할 대외적 거래행위에 관하여 이를 거치지 아니한 경우라도 그 거래상대방이 그와 같은 이사회 결의가 없었음을 알았거나 알 수 있었을 경우가 아니라면 그 거래행위는 유효하고, 이 경우 거래상대방의 악의나 과실은 거래행위의 무효를 주장하는 자가 주장 · 입증하여야 한다); 동 1998. 7. 24, 97 다 35276(공보 1998, 2197)(주식회사의 대표이사가 이사회결의를 요하는 대외적 거래행위를 하면서 실제로 이사회결의를 거치지 아니하였거나 이사회결의가 무효인 경우, 거래상대방이 그 이사회결의의 부존재 또는 무효사실을 알았거나 알 수 있었다면 그 거래행위는 무효이다); 동 1999. 10. 8, 98 다 2488(공보 1999, 2280)(시멘트제조주식회사가 타인의 대출금채무에 대하여 이사회결의 없이 연대보증한 행위는 그 거래상대방이 그와 같은 이사회결의가 없었음을 알았거나 알 수 있었을 경우가 아니면 유효하고, 이의 입증책임은 이를 주장하는 회사측이 부담한다); 동 2003. 1. 24, 2000 다 20670(공보 2003, 683)(주식회사의 대표이사가 이사회의 결의를 거쳐야 할 대외적 거래행위에 관하여 이를 거치지 아니한 경우라도, 이와 같은 이사회 결의사항은 회사의 내부적 의사결정에 불과하다 할 것이므로, 그 거래 상대방이 그와 같은 이사회 결의가 없었음을 알았거나 알 수 있었을 경우가 아니라면 그 거래행위는 유효하다 할 것이고, 이 경우 거래의 상대방이 이사회의 결의가 없었음을 알았거나 알 수 있었음은 이를 주장하는 회사측이 주장 · 입증하여야 한다); 동 2005. 7. 28, 2005 다 3649(공보 2005, 1415)(주식회사의 대표이사가 이사회의 결의를 거쳐야 할 대외적 거래행위에 관하여 이를 거치지 아니한 경우라도, 이와 같은 이사회 결의사항은 회사의 내부적 의사결정에 불과하다 할 것이므로, 그 거래상대방이 그와 같은 이사회결의가 없었음을 알았거나 알 수 있었을 경우가 아니라면 그 거래행위는 유효하다 할 것이고, 이 경우 거래의 상대방이 이사회의 결의가 없었음을 알았거나 알 수 있었음은 이를 주장하는 회사측이 주장 · 입증하여야 한다); 동 2009. 3. 26, 2006 다 47677(공보 2009,

528)(주식회사의 대표이사가 이사회의 결의를 거쳐야 할 대외적 거래행위에 관하여 이를 거치지 아니한 경우라도, 이와 같은 이사회결의 사항은 회사의 내부적 의사결정에 불과하므로 그 거래 상대방이 그와 같은 이사회결의가 없었음을 알았거나 알 수 있었을 경우가 아니라면 그 거래행위는 유효하고, 이 때 거래 상대방이 이사회결의가 없음을 알았거나 알 수 있었던 사정은 이를 주장하는 회사가 주장·증명하여야 할 사항에 속하므로, 특별한 사정이 없는 한 거래 상대방으로서는 회사의 대표자가 거래에 필요한 회사의 내부절차는 마쳤을 것으로 신뢰하였다고 보는 것이 일반 경험칙에 부합하는 해석이다).

[대표권의 제한(이사회결의 없는 대표행위)은 법률에 의한 제한이든 정관 등에 의한 내부적 제한이든 선의·무중과실의 제 3 자에 대하여 대항하지 못한다는 변경된 대법원 전원합의체판결]

다수의견: (개) 주식회사의 대표이사는 대외적으로는 회사를 대표하고 대내적으로는 회사의 업무를 집행할 권한을 가진다. 대표이사는 회사의 행위를 대신하는 것이 아니라 회사의 행위 자체를 하는 회사의 기관이다. 회사는 주주총회나 이사회 등 의사결정기관을 통해 결정한 의사를 대표이사를 통해 실현하며, 대표이사의 행위는 곧 회사의 행위가 된다. 상법은 대표이사의 대표권 제한에 대하여 선의의 제 3 자에게 대항하지 못한다고 정하고 있다(상법 제389조 제 3 항, 제209조 제 2 항).

대표권이 제한된 경우에 대표이사는 그 범위에서만 대표권을 갖는다. 그러나 그러한 제한을 위반한 행위라고 하더라도 그것이 회사의 권리능력을 벗어난 것이 아니라면 대표권의 제한을 알지 못하는 제 3 자는 그 행위를 회사의 대표행위라고 믿는 것이 당연하고 이러한 신뢰는 보호되어야 한다. 일정한 대외적 거래행위에 관하여 이사회 결의를 거치도록 대표이사의 권한을 제한한 경우에도 이사회 결의는 회사의 내부적 의사결정절차에 불과하고, 특별한 사정이 없는 한 거래 상대방으로서는 회사의 대표자가 거래에 필요한 회사의 내부절차를 마쳤을 것으로 신뢰하였다고 보는 것이 경험칙에 부합한다. 따라서 회사 정관이나 이사회 규정 등에서 이사회 결의를 거치도록 대표이사의 대표권을 제한한 경우(이하 '내부적 제한'이라 한다)에도 선의의 제 3 자는 상법 제209조 제 2 항에 따라 보호된다.

거래행위의 상대방인 제 3 자가 상법 제209조 제 2 항에 따라 보호받기 위하여 선의 이외에 무과실까지 필요하지는 않지만, 중대한 과실이 있는 경우에는 제 3 자의 신뢰를 보호할 만한 가치가 없다고 보아 거래행위가 무효라고 해석함이 타당하다. 중과실이란 제 3 자가 조금만 주의를 기울였더라면 이사회 결의가 없음을 알 수 있었는데도 만연히 이사회 결의가 있었다고 믿음으로써 거래통념상 요구되는 주의의무를 현저히 위반하는 것으로, 거의 고의에 가까운 정도로 주의를 게을리하여 공평의 관점에서 제 3 자를 구태여 보호할 필요가 없다고 볼 수 있는 상태를 말한다. 제 3 자에게 중과실이 있는지는 이사회 결의가 없다는 점에 대한 제 3 자의 인식가능성, 회사와 거래한 제 3 자의 경험과 지위, 회사와 제 3 의 종래 거래관계, 대표이사가 한 거래행위가 경험칙상 이례에 속하는 것인지 등 여러 가지 사정을 종합적으로 고려하여 판단하여야 한다. 그러나 제 3 자가 회사 대표이사와 거래행위를 하면서 회사의 이사회 결의가 없었다고 의심할 만한 특별한 사정이 없다면, 일반적으로 이사회 결의가 있었는지를 확인하는 등의 조치를 취할 의무까지 있다고 볼 수는 없다.

(나) 대표이사의 대표권을 제한하는 상법 제393조 제 1 항은 그 규정의 존재를 모르거나 제대로 이해하지 못한 사람에게도 일률적으로 적용된다. 법률의 부지나 법적 평가에 관한 착오를 이유로 그 적용을 피할 수는 없으므로, 이 조항에 따른 제한은 내부적 제한과 달리 볼 수도 있다. 그러나 주식회사의 대표이사가 이 조항에 정한 '중요한 자산의 처분 및 양도, 대규모 재산의 차입 등의 행위'에 관하여 이사회의 결의를 거치지 않고 거래행위를 한 경우에도 거래행위의 효력에 관해서는 위에서 본 내부적 제한의 경우와 마찬가지로 보아야 한다.

대법관 박상옥, 대법관 민유숙, 대법관 김상환, 대법관 노태악의 반대의견: (가) 주식회사의 대표이사가 '이사회 결의를 거쳐야 하는 경우'가 모두 대표이사의 대표권에 대한 제한에 해당한다는 전제하에 상법 제209조 제 2 항이 전면적으로 적용된다고 보는 것은 부당하다. 대표권의 법률상 제한이 존재하는 주식회사와 그렇지 않은 합명회사의 구조적 차이 등을 고려해 보면, 정관 등 내부 규정에 의하여만 대표권이 제한될 것이 예정되어 있는 합명회사의 대표사원에 관한 상법 209조 제 2 항을 상법 제389조 제 3 항에 따라 주식회사의 대표이사에 준용하더라도, 대표이사의 대표권 제한에 관한 모든 경우에 그대로 준용할 것이 아니라 성질상 준용이 가능한 범위에서만 준용되어야 하므로, 상법 제393조 제 1 항에 따라 이사회의 결의로 회사의 의사결정을 하여야만 하는 경우에까지 적용되어야 한다고 볼 수는 없다.

(나) 거래 상대방을 보호하는 기준을 '선의·무과실'에서 '선의·무중과실'로 변경하는 것은 거래안전 보호만을 중시하여 회사법의 다른 보호가치를 도외시하는 것일뿐더러 '전부 아니면 전무'의 결과가 되어 개별 사건을 해결할 때 구체적이고 합리적인 타당성을 기하기 어렵다. 지금까지의 판례는 선의·무과실의 거래 상대방을 보호한다는 원칙하에 주식회사의 여러 다양한 실질관계에 따라 보호되는 '과실'의 범위를 해석하는 데에 집중하는 한편, 보호되지 않는 경과실의 거래 상대방은 회사에 대한 손해배상청구가 가능하도록 제도를 운용함으로써 과실상계를 통한 손해의 공평·타당한 분담을 도모하고 있다. 이러한 관점에

서 지금까지의 판례가 보호기준으로 삼고 있는 '선의·무과실'은 단순한 '선의·무과실'이라는 표현에 그치는 것은 아니다. 다수의견과 같이 거래 상대방의 보호기준을 '선의·무중과실'로 판례를 변경하는 것은 강학적인 의미에서 '무과실'을 '무중과실'이라는 용어로 대치하는 것 외에 재판실무에 큰 변화를 가져올 것으로 보이지 않는다. 오히려 판례를 변경한다면, 거래 상대방의 과실의 정도가 큰 경우에도 중과실에 해당하지 않는 한 그 거래행위를 유효하다고 보게 될 것이어서, 특히 보증과 같은 거래행위를 한 경우에는 회사의 재정건전성을 악화시키는 결과를 가져올 수 있다. 결론적으로 구체적 타당성과 쌍방의 이해관계 조정에 있어 지금까지의 판례가 더 우월하기 때문에 판례 변경의 필요성이 없다[대판(전) 2021. 2. 18, 2015 다 45451(공보 2021, 598)][이러한 대법원판결에 대하여, 대표이사의 대표권의 법률적 제한에는 반대하는(즉, 선의·무과실을 요한다는) 취지의 평석으로는 이철송, "대표이사의 전단행위의 효력," 「선진상사법률연구」(법무부), 통권 제94호(2021. 4), 1～30면(그러나 대표이사의 대표권의 내부적 제한에는 판지에 찬성함); 김희철, "대법원 2021. 2. 18. 선고 2015다45451 전원합의체판결에 대한 소고," 「상사판례연구」(한국상사판례학회), 제34권 제 2 호(2021. 6), 209～230면(상법 제209조 제 2 항은 내부적 제한을 허용하지 아니하는 취지의 조문으로, 이를 법률상 제한에 적용할 경우 회사가 제한하지 아니한 내용에 대한 위험을 회사가 부담하는 결과를 초래한다)].

[대표이사가 회사 내부의 준칙에 위반하여 제 3 자와 한 행위의 효력을 유효로 본 판례]

골프장 및 부대시설을 이용할 수 있는 권리자들로 모집·구성된 골프클럽의 업무도 골프장을 운영하는 Y주식회사의 영업에 관한 것이라고 보아야 할 것인바, 회사의 업무에 관하여 포괄적 대표권을 가진 대표이사 A가 설사 대표권에 터잡지 아니하고 X에게 입회를 권유하고 입회금을 받은 다음 회원증을 발급하였다고 하더라도 골프클럽의 입회절차나 자격요건은 회사 내부의 준칙에 지나지 아니한다고 할 것이므로, 거래상대방인 X가 이를 알았거나 알 수 있었다는 특별한 사정이 없는 한 그 거래행위는 유효하여 X는 회원자격을 취득한 것이라고 보아야 할 것이고, 또한 X로서는 Y회사의 대표이사의 권유를 받고 소정의 입회금을 납부한 후 Y회사 대표이사 명의로 된 영수증과 회원증 등을 교부받은 이상 특별한 사정이 없는 한 내부절차는 Y회사가 다 마쳤으리라고 신뢰하였다고 보는 것이 경험법칙에도 합치된다.

따라서 X는 Y회사의 회원이라고 볼 수 있고, 이에 반하는 원심판결은 위법하고 논지는 이유 있다[대판 1990. 12. 11, 90 다카 25253(공보 889, 469)].

[이사회 또는 청산인회의 승인 없이 이사 또는 청산인이 제 3 자와 거래한 경우, 회사는 제 3 자의 악의를 입증하지 못하면 책임을 진다고 본 판례]

주식회사의 이사 또는 청산인이 이사회 또는 청산인회의 승인 없이 회사를 대표하여 자기를 위하여 회사 이외의 제 3 자와의 사이에 회사와 이해상반하는 거래를 한 경우 및 회사와 직접 거래하여 취득한 목적물을 제 3 자에게 매도한 경우에 회사는 당해 이사 또는 청산인에 대하여는 이사회 또는 청산인회의 승인이 없었다는 이유로 그 행위의 무효를 주장할 수 있지만, 위 제 3 자에 대하여는 그 거래에 대하여 이사회 또는 청산인회의 승인이 없었다는 것 외에 상대방인 제 3 자가 악의라는 사실을 주장 입증하여야만 비로소 그 무효를 제 3 자에게 주장할 수 있다.

주식회사의 청산인이 청산인회의 승인 없이 회사소유 부동산을 매수하여 타에 매도한 경우에, 회사의 제 3 취득자에 대한 동 부동산소유권 이전등기청구가 청산인회의 승인이 없었다는 점에 관한 제 3 취득자의 악의를 입증하지 못하여 기각되는 때에는, 위 청산인에 대한 관계에 있어서도 청산인회의 승인이 없다는 무효 주장으로 동 부동산소유권 이전등기의 말소를 구할 이익이 없다. 따라서 이와 같은 취지에서 판시한 원심판결은 정당하고, 논지는 이유 없다[대판 1981. 9. 8, 80다2511(공보 668, 14367)][이 판결에 찬성하는 취지의 평석은 안동섭, 법률신문, 제1425호(1981. 12. 21), 11면].

다만 이 경우에 신주발행이나 사채발행(일반사채뿐만 아니라, 원칙적으로 전환사채나 신주인수권부사채 등 특수사채의 발행을 포함한다. 다만 주주 외의 자에 대하여 전환사채 또는 신주인수권부사채를 발행하는 경우에는 일정한 사항에 대하여 주주총회의 특별결의를 받아야 하므로〈상 513조 3항, 516조의 2 4항〉 이러한 주주총회의 특별결의 없이 발행한 전환사채 또는 신주인수권부사채는 앞에서 본 법률에 의하여 주주총회의 결의를 요하는 사항에 대하여 그러한 결의 없이 한 대표이사의 대표행위와 같이 무효라고 본다)과 같은 집단적 행위에는 제 3 자의 선의 · 악의에 의하여 개별적으로 그 효력이 달라지는 것으로 할 수는 없고 획일적으로 보아야 하기 때문에, 언제나 유효라고 본다.[1] 이에 반하여 이사회결의 없이(상 362조 위반)

1) 동지: 정(동), (회) 417~418면; 최(기), (회) 594~595면(신주발행은 무효로 보면서, 사채발행은 유효로 본다); 이(기) 외, (회) 330면; 日最高判 1961. 3. 31(民集 15-3, 645).

반대: 서 · 정, 500면(신주발행의 경우 이를 유효로 보지 않고 신주발행무효의 소의 원인이 된다고 한다); 이(철), (회) 714~715면(이사회 결의 없는 신주발행은 신주발행 무효의 소에 의하여 그 효력이 다투어지고, 이사회 결의 없는 사채발행은 상대방이 선의인 경우에는 유효이고 악의 또는 과실 있는 선의인 경우에는 무효라고 한다); 최준선, "경영권 방어를 목적으로 하는 전환사채 발행의 효력," 「고시계」, 제554호(2003. 4), 34면(이사회의 결의 없는 신주발행은 수권자본제도의 내재적 한계로서 무효이고, 이사회의 결의 없는 전환사채의 발행도 무효라고 한다).

대표이사가 소집한 주주총회결의의 효력은 주주의 선의·악의에 불문하고 언제나 결의취소의 소의 원인(상조 376 1항)이 된다(통설·판례).

㈐ 대표권남용행위의 효력 대표이사가 객관적으로는 그 대표권의 범위에 속하는 행위를 하였으나 주관적으로는 자기 또는 제 3 자의 이익을 위하여 대표행위를 하는 경우(예컨대, 대표이사가 자기의 권한범위 내에서 약속어음을 발행하여 자기 개인의 채무를 변제한 경우 등)가 대표권의 남용행위인데, 이 때 그 대표이사가 회사에 대하여 대내적으로 손해배상책임을 지는 것은 당연하고, 대외적으로 그 행위의 효력이 문제된다. 이러한 행위가 객관적으로 대표권의 범위 내의 행위인 이상 그 대외적 효력은 거래의 안전을 위하여 원칙적으로 당연히 유효로 보아야 할 것이다. 다만 제 3 자(상대방)가 대표권의 남용을 알고 있거나(악의) 알 수 있었을 경우(중과실)에는 회사는 그 무효를 주장할 수 있다.

이와 같은 취지의 다음과 같은 대법원판례가 있다.

[대표이사의 대표권남용에 대하여 회사의 책임을 인정한 판례]

상호신용금고의 대표이사가 타인의 개인자금조달을 위하여 외관상 동 금고의 차입금으로 가장한 경우, 동 금고는 사용자로서 대주(貸主)에게 손해배상할 책임이 있다[대판 1988. 11. 8, 87 다카 958(공보 1988, 1525)].

[대표이사의 대표권남용에 대한 형사책임]

대표이사가 대표권을 남용하여 약속어음을 발행하고 동 어음이 제 3 자에게 유통되지 않았다면 대표이사는 배임미수죄로 처벌받는다[대판(전) 2017. 7. 20, 2014 도 1104].

그런데 제 3 자(상대방)가 대표권의 남용을 알고 있는 경우에 회사가 이의 무효를 주장할 수 있는 근거에 대하여는 다음과 같이 견해가 나뉘어 있다.

① 비진의표시설 대표권의 남용행위는 원칙적으로 유효한데, 다만 제 3 자(상대방)가 대표권의 남용(대표이사의 진의)을 알았거나 알 수 있었을 때에는 민법 제107조 단서의 규정을 유추적용하여 무효라고 한다.[1]

이러한 취지의 다음과 같은 대법원판례가 있다.

[대표권남용의 사실을 상대방이 알았거나 알 수 있었을 때에는 비진의표시가 되어 무효라고 본 판례]

주식회사의 대표이사가 그 대표권의 범위 내에서 한 행위는 설사 대표이사

1) 최(기), (회) 596~597면; 채 535면; 日最高判 1963. 9. 5(民集 17-8, 909); 同 1976. 11. 26(判時 839, 111).

가 회사의 영리목적과 관계없이 자기 또는 제 3 자의 이익을 도모할 목적으로 그 권한을 남용한 것이라 할지라도 일단 회사의 행위로서 유효하고, 다만 그 행위의 상대방이 대표이사의 진의를 알았거나 알 수 있었을 때에는 회사에 대하여 무효가 되는 것이다[대판 1997. 8. 29, 97 다 18059(공보 1997, 2870)].

동지: 대판 1988. 8. 9, 86 다카 1858(공보 882, 1207) (대표이사의 행위가 대표권한의 범위 내의 행위라 하더라도 회사의 이익 때문이 아니고 자기 또는 제 3 자의 개인적인 이익을 도모할 목적으로 그 권한을 행사한 경우에, 상대방이 대표이사의 진의를 알았거나 알 수 있었을 때에는 회사에 대하여 무효가 되는 것이다. 원심이 소론과 같은 사실심에서의 주장에 대하여 판단한 설시내용을 보면 그 표현이 미흡하고 부적절한 감이 없지 아니하나, 그 설시이유를 전개하는 가운데 인용한 증거들을 기록에 비추어 검토해 보면, 원고가 위에서 본 대표권 제한 또는 남용사실을 알고 있었거나 알 수 있었다는 점에 증거가 없다는 취지로 판시한 것으로 보지 못할 바 아니므로 원심판결은 정당하고, 논지는 이유 없다)[이 판결에 반대하는 취지의 평석으로는 정동윤, 법률신문, 제1811호(1989. 1. 12), 10면]; 동 1993. 6. 25, 93 다 13391(공보 951, 2117)(주식회사의 대표이사가 회사의 이익을 위해서가 아니고 자기 또는 제 3 자의 이익을 도모할 목적으로 그 권한을 행사한 경우에, 상대방이 대표이사의 진의를 알았거나 알 수 있었을 때에는 그 행위는 회사에 대하여 무효가 된다); 동 2004. 3. 26, 2003 다 34045(공보 2004, 712)(대표이사가 대표권의 범위 내에서 한 행위는 설사 대표이사가 회사의 영리목적과 관계 없이 자기 또는 제 3 자의 이익을 도모할 목적으로 그 권한을 남용한 것이라 할지라도 일단 회사의 행위로서 유효하고, 다만 그 행위의 상대방이 대표이사의 진의를 알았거나 알 수 있었을 때에는 회사에 대하여 무효가 되는 것이며, 이는 민법상 법인의 대표자가 대표권한을 남용한 경우에도 마찬가지이다. 따라서 법인의 대표자의 행위가 직무에 관한 행위에 해당하지 아니함을 피해자 자신이 알았거나 또는 중대한 과실로 인하여 알지 못한 경우에는 법인에게 손해배상책임을 물을 수 없다고 할 것이고, 여기서 중대한 과실이라 함은 거래의 상대방이 조금만 주의를 기울였더라면 대표자의 행위가 그 직무권한 내에서 적법하게 행하여진 것이 아니라는 사정을 알 수 있었음에도 만연히 이를 직무권한 내의 행위라고 믿음으로써 일반인에게 요구되는 주의의무에 현저히 위반하는 것으로 거의 고의에 가까운 정도의 주의를 결여하고, 공평의 관점에서 상대방을 구태여 보호할 필요가 없다고 봄이 상당하다고 인정되는 상태를 말한다); 동 2005. 7. 28, 2005 다 3649(공보 2005, 1415)(주식회사의 대표이사가 그 대표권의 범위 내에서 한 행위는 설사 대표이사가 회사의 영리목적과 관계 없이 자기 또는 제 3 자의 이익을 도모할 목적으로 그 권한을 남용한 것이라

할지라도 일단 회사의 행위로서 유효하고, 다만 그 행위의 상대방이 대표이사의 진의를 알았거나 알 수 있었을 때에는 회사에 대하여 무효가 되는 것이다).

② 권리남용설 대표권의 남용행위는 원칙적으로 유효한데, 제 3 자(상대방)가 대표권남용의 사실을 알고 있거나 또는 중과실로 모른 경우에 회사에 대하여 권리를 주장하는 것은 신의칙위반 또는 권리남용(민 2조)에 해당하여 허용될 수 없다고 한다.[1]

이러한 취지의 다음과 같은 대법원판례가 있다.

[대표권남용의 사실을 알고 있으면서 회사에 대하여 권리를 주장하는 것은 신의칙에 반한다고 한 판례]

대표이사가 회사의 영리목적과 관계 없이 자기의 개인적인 이익을 위하여 그 권한을 남용한 것이라고 하여 이 사건 어음발행이 원인관계가 없는 것이라고 할 수는 없는 것이다. 이러한 경우에는 상대방이 대표이사의 진의를 알았거나 알 수 있었을 때에는 그로 인하여 취득한 권리를 회사에 대하여 주장하는 것은 신의칙에 반하므로 회사는 상대방의 악의를 입증하여 그 행위의 효력을 부인할 수 있을 것이다[대판 1990. 3. 13, 89 다카 24360(공보 1990, 880)].

동지: 대판 1987. 10. 13, 86 다카 1522(공보 1987, 1699); 동 2016. 8. 24, 2016 다 222453(공보 2016, 1357)(주식회사의 대표이사가 대표권의 범위 내에서 한 행위는 설사 대표이사가 회사의 영리 목적과 관계없이 자기 또는 제 3 자의 이익을 도모할 목적으로 권한을 남용한 것이라도 일응 회사의 행위로서 유효하다. 그러나 행위의 상대방이 그와 같은 정을 알았던 경우에는 그로 인하여 취득한 권리를 회사에 대하여 주장하는 것이 신의칙에 반하므로 회사는 상대방의 악의를 입증하여 행위의 효과를 부인할 수 있다).

③ 이익교량설(상대적 무효설) 대표권의 남용행위는 대표이사의 개인적 이익을 위하여 행사한 경우로서 선관주의의무에 위반하여 원칙적으로 무효이지만, 다만 선의의 제 3 자(상대방)에 대하여는 유효하다고 한다. 그러나 제 3 자에게 악의 또는 중과실이 있는 경우에는 다시 원칙으로 돌아가서 무효라고 한다.[2]

1) 정(희), 482면(신의칙의 법리에 반한다고 한다); 손(주), 786면; 정(동), (회) 416면; 이(철), (회) 730면(비진의표시설을 취할 때에는 과실 있는 선의의 상대방이 악의의 상대방과 같이 취급되고, 또한 남용행위의 개념과 괴리되는 설명이라고 한다); 이(기) 외, (회) 331면; 이영철, "대표권남용과 어음행위," 「상사법연구」, 제19권 3호(2001), 165면.

2) 北澤, 「會社法(新版)」, 1982, 363면; 鈴木·竹內, 「會社法」, 211면.

④ **대표권제한설**(내부적 제한설) 대표권의 남용행위를 대표권의 내부적 제한위반의 경우와 동일하게 보아(상 389조 3항, 209조 2항 참조) 선의의 제 3 자(상대방)에 대하여는 유효하나, 그가 악의이면 무효를 주장할 수 있다고 한다.[1)]

생각건대 대표권은 포괄·정형성의 성질을 갖고 있고 이 정형성은 주관적으로 판단되는 것이 아니라 객관적으로 판단되는 것이므로, 대표행위가 객관적으로 대표권의 범위 내의 행위라면 당연히 대표행위로서 유효하여 회사는 이에 대하여 책임을 진다. 다만 제 3 자(상대방)가 이를 알고 있거나 또는 중과실로 모른 경우에 권리를 주장하는 것은 신의칙위반 또는 권리남용에 해당하여(민 2조) 회사는 그 이행을 거절할 수 있다고 본다(권리남용설에 찬성). 이 때에 제 3 자의 악의 또는 중과실의 증명책임은 회사가 부담하고, 제 3 자에게 선의 또는 경과실이 있는 경우에는 회사는 신의칙위반을 주장할 수 없다고 본다.

4. 표현대표이사

(1) 의의 및 인정이유

1) 주식회사에서 회사의 대표권은 (집행임원 비설치회사의 경우) 대표이사에게 있으므로(상 389조, 209조), 이러한 대표이사가 아닌 이사는 회사를 대표할 권한이 없다. 그러나 회사에서는 대표이사가 아닌 이사에게 사장·부사장·전무이사·상무이사 등과 같이 대표권이 있다고 믿을 만한 명칭의 사용을 허락하는 경우가 많고, 이와 같은 명칭을 사용한 자와 거래한 제 3 자는 그가 대표권이 없음에도 불구하고 그 명칭으로 보아서 회사를 대표할 수 있는 권한이 있다고 믿고 거래한 경우가 많으므로, 이와 같은 선의의 제 3 자를 보호할 필요가 있다. 따라서 상법 제395조는 「그러한 명칭을 사용한 이사의 행위에 대하여는 그 이사가 회사를 대표할 권한이 없는 경우에도 회사는 선의의 제 3 자에 대하여 그 책임을 진다」고 규정하고 있다.[2)]

2) 이러한 표현대표이사제도는 기업거래에 있어서의 일반적인 통념에 따라 선의의 제 3 자를 보호하려는 입법정책의 소산이나,[3)] 이 제도가 제 3 자를

---

1) 服部, "代表取締役,"「法學セミナー」, 45號, 34면; 大森,「會社法講義」, 16면; 日大判 1935. 3. 30; 日大判高判 1961. 4. 12.

2) 일본 회사법도 우리와 동일하게 표현대표이사를 규정하고 있는데(日會 354조), 일본은 1938년 상법개정시에 이러한 표현대표이사제도를 신설하였다[田村諄之輔, "表見代表取締役,"「新商法演習 2會社(2)」(東京: 有斐閣, 1976), 64면].

3) 박길준, "표현대표이사,"「상사법논집」(무애서돈각교수정년기념)(법문사, 1986), 189면.

지나치게 보호하고 또 상업등기제도(상 37조)와도 모순된다는 점 등에서 이 제도를 (입법론상) 반대하는 견해도 있다.[1]

3) 표현대표이사제도의 기초가 되는 법리에 대하여는 영미법상의 금반언(禁反言)의 법리(estoppel by representation)에 의하여 설명하는 견해,[2] 독일법상의 외관이론(Rechtsscheintheorie)에 의하여 설명하는 견해,[3] 또는 위 두 이론을 구별하지 않고 함께 금반언 내지 외관이론에 의하여 설명하는 견해[4]가 있으나, 어느 이론에 의하여 설명한다고 하여도 그 결과에 있어서 차이가 있는 것은 아니다.[5]

4) 자본금 총액이 10억원 미만으로서 이사가 1명 또는 2명(정관에 따라 대표이사가 없는 경우)인 소규모 주식회사의 경우에는 각 이사에게 회사의 대표권이 있으므로(상 383조 6항), 이러한 이사에 대하여는 표현대표이사에 관한 규정(상 395조)이 적용될 여지가 없다.

(2) 타제도와의 관계

표현대표이사제도는 먼저 상업등기의 일반적 효력(상 37조)과 충돌하는 문제점이 있고, 민법상 표현대리(민 125조, 126조, 129조)·상법상 부실등기(상 39조)·표현지배인(상 14조)·사실상의 대표이사(상 376조, 380조, 381조)·공동대표이사(상 389조 2항·3항) 및 무권대행(위조)과는 어떠한 관련을 갖고 있는 것인가의 문제점이 있다. 이하에서는 이에 대하여 먼저 간단히 살펴보겠다.

1) 민법상 표현대리(민 125조, 126조, 129조)와의 관계

(가) 표현대표이사를 규정한 상법 제395조는 대리권수여의 표시에 의한 표현대리에 관한 민법 제125조의 특칙으로 해석될 수도 있겠으나, 표현대표이사는 이에 한하지 않고 권한유월(踰越)의 경우나 대표권이 소멸한 후에도 성립할 수 있으므로 민법 제126조(권한을 넘은 표현대리) 및 민법 제129조(대리권소멸 후의 표현대리)의 특칙으로도 해석할 수 있다고 본다.[6]

---

1) 정동윤, "표현대표이사," 「상법논집」(정희철선생화갑기념)(경문사, 1979), 105면; 정(동), (회) 420~421면(제 3 자의 보호는 사실상의 이사제도나 일반이론에 의하여 보호하면 충분하다고 한다).

2) 주상(상), 1017면; 박준용, "표현대표이사제도," 「사법연구자료」, 제 6 집, 164~165면.

3) 정(희), 484면; 정동윤, 전게논문, 85면; 이(기) 외, (회) 332면.

4) 서·정, 444면; 채, 537면; 주상(제 5 판)(회사 Ⅲ), 294면.

5) 동지: 이(철), (회) 739면.

6) 동지: 정(동), (회) 420면; 동, 전게논문, 85~86면; 최(기), (회) 601면.

(나) 이와 같이 상법 제395조가 표현대표이사에 관하여 민법의 표현대리에 관한 제(諸)규정(민 125조, 126조, 129조)의 특칙으로 규정되어 있다고 하여, 표현대표이사에 관한 상법 제395조는 민법의 표현대리에 관한 제규정의 적용을 배척한다고 볼 수는 없다. 따라서 이 때에 민법의 표현대리에 관한 제규정의 적용요건을 충족한 경우에는 회사는 그러한 민법의 규정에 의하여도 책임을 부담할 수 있다.[1] 그러나 상법 제395조는 민법의 표현대리에 관한 제규정보다 제 3 자를 더 광범위하게 보호하고 있으므로,[2] 상법 제395조가 적용되는 경우에는 민법상의 표현대리에 관한 제규정이 적용될 여지가 거의 없을 것이다.

2) 표현지배인(상 14조)과의 관계

(가) 상법 제395조는 「… 그 이사가 회사를 대표할 권한이 없는 경우에도 회사는 선의의 제 3 자에 대하여 그 책임을 진다」고 규정하여, 표현대표이사가 되기 위하여는 적어도 이사의 자격이 있을 것을 요건으로 규정하고 있으나, 통설[3]은 이사의 자격이 없는 「회사의 사용인 등」이나 「이사직을 사임한 자」가 회사를 대표할 권한이 있는 것으로 인정될 만한 명칭을 사용한 경우에도 상법 제395조를 유추적용하고 있다.

우리 대법원도 이와 동지로 다음과 같이 판시하고 있다.

[이사의 자격이 없는 자에게 회사가 명시적 · 묵시적으로 표현대표이사의 명칭사용을 하게 한 경우에도 표현대표이사의 법리가 적용된다고 본 판례]

상법 제395조가 회사를 대표할 권한이 있는 것으로 인정될 만한 명칭을 사용한 이사의 행위에 대한 회사의 책임을 규정한 것이어서 표현대표이사가 이사의 자격을 갖출 것을 그 요건으로 하고 있으나, 이 규정은 표시에 의한 금반언의 법리나 외관이론에 따라 대표이사로서의 외관을 신뢰한 제 3 자를 보호하기 위하여 그와 같은 외관의 존재에 관하여 귀책사유가 있는 회사로 하여금 선의의 제 3 자에 대하여 그들의 행위에 관한 책임을 지도록 하려는 것이므로, 회사가 이사의 자격이 없는 자에게 표현대표이사의 명칭을 사용하게 허용한 경우는 물론, 이사의 자격도 없는 사람이 임의로 표현대표이사의 명칭을 사용하고 있는 것을 회사가 알면서도 아무런 조치를 취하지 아니한 채 그대로 방치하여 소극적

1) 동지: 주상(상), 128면(표현지배인과 민법의 표현대리와의 관계에 대하여).
2) 예컨대, 상법 제395조에 의하면 과실 있는 제 3 자도 보호되나(통설 · 판례), 민법상 표현대리에 관한 제규정에서는 과실 있는 제 3 자는 보호되지 않는다[곽윤직, 「(신정판)민법총칙」, 1992, 482면, 487면, 491면].
3) 정(희), 485면; 정(동), (회) 421면; 동, 전게논문, 92면; 채, 539면; 이(기) 외, (회) 333면; 주상(제 5 판)(회사 Ⅲ), 295～296면; 이 · 최, 326면 외.

으로 묵인한 경우에도, 위 규정이 유추적용되는 것으로 해석함이 상당하다[대판 1992. 7. 28, 91 다 35816 (공보 928, 2547)].

동지: 대판 1987. 7. 7, 87 다카 504(공보 807, 1319)(표현대표이사가 이사의 자격이 없다 하더라도 회사가 그에게 표현대표이사의 명칭을 사용하게 하거나 그 명칭을 사용하는 것을 회사가 알고 그대로 용인하는 경우에도 회사는 상법 제395조에 따라 그 표현대표이사의 행위에 대하여 선의의 제 3 자에게 책임을 져야 한다); 동 1985. 6. 11, 84 다카 963(공보 757, 995)(상법 제395조는 표현대표이사가 이사의 자격을 갖출 것을 형식상의 요건으로 하고 있으나, 위 규정은 법일반에 공통되는 거래의 안전의 보호와 금반언의 원칙에서 나온 것으로서 이사의 자격이 없는 자—주주총회의사록을 허위로 작성하여 그를 이사로 선임한 후, 이사회에서 다시 그를 대표이사로 선임하고 등기를 마친 경우—에게 회사의 표현대표이사의 명칭을 사용케 한 경과나 이사자격 없이 표현대표이사의 명칭을 사용하는 것을 회사가 알고도 그대로 두거나 아무런 조치도 쓰지 않고 용인상태에 놓아 둔 경우에도 위 규정이 유추적용되는 것으로 해석함이 상당하다); 동 1979. 2. 13, 77 다 2436(공보 609, 11790)(상법 제395조는 표현대표이사가 이사의 자격을 갖출 것을 법형식상의 요건으로 하고 있지만, 이사 자격이 없는 자에게 회사가 표현대표이사의 명칭을 사용케 한 경우나 이사자격 없이 표현대표이사의 명칭을 사용하는 것을 회사가 알고 그대로 두거나 용인상태에 놓아 둔 경우도 포함한다고 해석하여야 한다); 동 1998. 3. 27, 97 다 34709(공보 1998, 1176)(상법 제395조가 회사를 대표할 권한이 있는 것으로 인정될 만한 명칭을 사용한 이사의 행위에 대한 회사의 책임을 규정한 것이어서 표현대표이사가 이사의 자격을 갖출 것을 요건으로 하고 있으나, 이 규정은 표시에 의한 금반언의 법리나 외관이론에 따라 대표이사로서의 외관을 신뢰한 제 3 자를 보호하기 위하여 그와 같은 외관의 존재에 대하여 귀책사유가 있는 회사로 하여금 선의의 제 3 자에 대하여 그들의 행위에 관한 책임을 지도록 하려는 것이므로, 회사가 이사의 자격이 없는 자에게 표현대표이사의 명칭을 사용하게 허용한 경우는 물론, 이사의 자격이 없는 사람이 임의로 표현대표이사의 명칭을 사용하고 있는 것을 회사가 알면서도 아무런 조치를 취하지 아니한 채 그대로 방치하여 소극적으로 묵인한 경우에도 위 규정이 유추적용되는 것으로 해석함이 상당하다).

따라서 이렇게 보면 회사는 회사의 사용인 등이 사용하는 명칭 및 이에 대한 회사의 귀책사유에 의하여 표현지배인(상 14조)으로서 책임을 부담하기도 하고 또는 표현대표이사(상 395조)로서 책임을 부담하기도 한다. 즉, 회사의 사용인 등이 지배권이 없으면서 「본점 또는 지점의 본부장·지점장·그 밖에 지배인으로 인정될 만한 명칭」을 사용하고[1] 그러한 명칭 사용에 회사의 귀책사유가 있으면 회사는 상법 제14조에 의하여 그 책임을 지고, 회사의 사용인 등이 대표권이 없으면서 「사장 · 부사장 · 전무 · 상무 기타 회사를 대표할 권한이 있는 것으로 인정될 만한 명칭」을 사용하고 그러한 명칭사용에 회사의 귀책사유가 있으면 회사는 상법 제395조에 의하여 그 책임을 지는 것이다.

(나) 따라서 지배권이 있는 회사의 사용인(지배인) 등이 자기명의(지배인명의)로 행위를 하였다면 회사는 상법 제11조 1항에 의하여 당연히 책임을 지나, 그러한 지배인이 회사의 상무라고 칭하면서 대표권에 속하는 행위를 하고 회사가 이에 대하여 귀책사유가 있다면 회사는 상법 제395조에 의하여 책임을 진다.[2]

3) 상업등기의 일반적 효력(상 37조)과의 관계 대표이사의 성명 등은 등기사항이고(상 317조 2항 9호), 이러한 등기사항을 등기하면 회사는 선의의 제 3 자에게도 (그가 정당한 사유로 인하여 이를 모른 경우를 제외하고) 대항할 수 있다(상업등기의 적극적 공시의 원칙)(상 37조 1항 반대해석 및 2항). 그런데 상법 제395조는 제 3 자에게 정당한 사유가 있건 없건 불문하고 제 3 자가 현실로 선의이기만 하면 회사에게 그 책임을 인정한 것으로서, 이러한 상법 제395조는 상법 제37조와 모순된다. 이러한 모순을 해결하기 위하여 우리나라의 학설은 (i) 상법 제395조는 상법 제37조와는 차원(법익)을 달리한다고 설명하는 견해(이차원설〈異次元說〉)[3]와, (ii) 상법 제395조는 상법 제37조의 예외규정이라고 설명하는 견해(예외규정설)[4]가 있다.[5]

이에 대하여 우리나라의 대법원판례는 이차원설에서 다음과 같이 판시하

---

1) 또한 당해 사용인의 근무장소가 상법상의 영업소인 본점 또는 지점의 실체를 가지고 어느 정도 독립적으로 영업활동을 할 수 있는 것임을 요한다(대판 1978. 12. 13, 78 다 1567〈집 26 ③ 민 295〉).

2) 동지: 서울고판 1972. 12. 30, 72 나 2141(고집 1972 민 ② 527)(피고회사 사고처리담당 업무부장의 지위에 있는 자가 그 회사 상무라고 칭하면서 회사소속 차량사고 피해자에 대한 치료비를 부담하겠다고 원고에게 약속하였고 원고도 이를 믿고 치료를 받았다면, 위 업무부장이 회사를 대표할 권한이 없었다 하더라도 피고회사는 선의인 원고에게 위 의사표시에 따른 책임을 면할 수 없다—상 395조 참조).

3) 정(동), (회) 424면; 이(철), (회) 739면; 이(기) 외, (회) 337면.

4) 정(희), 484면; 최(기), (회) 602~603면; 채, 544면; 주상(제 5 판)(회사 Ⅲ), 303면.

5) 일본의 학설 중에는 상법 제395조에서 제 3 자가 대표권이 있는 것으로 신뢰한 것은 상법 제37조 2항의 정당한 사유에 해당되기 때문에 회사는 그러한 제 3 자에게 대항할 수 없다고 설명하는 견해[野津務, 「改正新會社法(上)」, 231면]도 있으나(정당사유설), 우리나라에서 이와 같이 설명하는 견해는 없는 것 같다.

고 있다.

[상법 제395조는 동법 제37조와는 다른 차원에서 입법이 된 것으로 본 판례]

상법 제395조와 상업등기(상 37조 — 저자 주)와의 관계를 헤아려 보면 본조는 상업등기와는 다른 차원에서 회사의 표현책임을 인정한 규정이라고 해야 옳겠으니, 이 책임을 물음에 상업등기가 있는 여부는 고려의 대상에 넣어서는 아니된다고 하겠다. 따라서 원판결이 피고의 상호변경에 대하여 원고의 악의를 간주한 판단은 당원이 인정치 않는 법리 위에 선 것이라 하겠다[대판 1979. 2. 13, 77 다 2436(집 27 ① 민 66)].

생각건대 회사의 대표이사와 거래하는 제 3 자가 거래시마다 일일이 등기부를 열람하여 대표권 유무를 확인하는 것은 제 3 자에게 너무 가혹하고 또 집단적·계속적·반복적·대량적 회사기업의 거래실정에도 맞지 않는 점을 고려하면, 상법 제395조는 상법 제37조의 예외규정이라고 보는 것이 타당하다고 본다. 상법 제395조를 단순히 「차원을 달리한다」거나 「법익을 달리한다」고 설명하는 것은 애매모호한 설명이라고 생각된다.[1)]

4) 부실등기의 공신력(상 39조)과의 관계

(개) 대표이사를 선임하지 않고도 선임한 것으로 하여 등기하였거나 또는 대표이사가 퇴임하였는 데도 퇴임등기를 하지 않은 동안에 그러한 자가 회사를 대표하여 제 3 자와 거래행위를 한 경우에, 회사는 선의의 제 3 자에 대하여 상법 제39조에 의하여 책임을 지는가 또는 상법 제395조에 의하여 책임을 지는가.

① 이 때 제 3 자는 그러한 자가 대표이사임을 위의 부실등기에 의하여 신뢰하고 또 그러한 부실등기에 대하여 등기신청권자(적법한 대표이사)에게 고의·과실이 있다면, 회사는 그러한 선의의 제 3 자에 대하여 부실등기의 공신력에 관한 상법 제39조에 의하여 책임을 진다. 우리 대법원도 이러한 취지로 다음과 같이 판시하고 있다.

[하자 있는 주주총회결의에 의하여 선임된 이사 겸 대표이사가 제 3 자와 한 행위에 대하여 상법 제39조를 적용한 판례]

이사 선임의 주주총회결의의 취소판결이 확정되어 그 이사 겸 대표이사의 행위가 무효인 경우에 그가 제 3 자와 한 행위에 대하여는 상법 제39조를 적용

1) 정찬형, 전게논문(고시연구, 1981. 7), 160면.

내지 유추적용하여 제 3 자를 보호할 필요가 있다[대판 2004. 2. 27, 2002 다 19797(공보 2004, 519)].

② 그런데 이 경우에 회사는 그러한 자가 회사의 대표명의를 사용하여 제 3 자와 거래하는 것을 적극적 또는 묵시적으로 허용하였다고 할 수 있는 사정이 있고 또 이러한 사정을 제 3 자가 증명할 수 있다면, 회사는 상법 제395조에 의해서도 이 책임을 부담할 수 있다.[1] 그런데 이 때에 그러한 제 3 자는 상법 제39조에 의하여 이미 보호받고 있으므로, 제 3 자가 다시 「회사의 적극적 또는 묵시적인 명칭사용의 허용사실」을 증명하여 상법 제395조의 적용을 주장할 필요는 없다고 본다.[2]

이러한 경우 원고가 피고회사에 대하여 상법 제395조에 의한 책임만을 물은 경우, 이에 대하여 상법 제395조가 적용될 수 있는지 여부에 대하여 우리 대법원판례는 다음과 같이 판시하고 있다.

[피고회사의 대표자로 부실등기되어 있는 자의 행위에 대하여 회사에게 적극적 또는 묵시적인 명칭사용의 허락이 없다고 하여 상법 제395조의 적용을 부정한 판례]

원심판결은 X 등으로부터 임차보증금의 지급을 받은 대표자들이 Y회사의 적법한 주주총회 등의 결의에 의하여 선임된 사람들이 아니라고 하더라도 X 등으로부터 위 임차보증금을 지급받은 사람들은 모두 Y회사의 대표이사 또는 공동대표이사로 등기되어 있고, 실제로도 Y회사를 대표하여 이건 법률행위 등을 하였고, X 등도 그를 그대로 믿었던 사실을 인정할 수 있으니, Y회사는 상법 395조에 의하여 선의의 제 3 자인 X 등에게 책임을 져야 한다고 판단을 하였다.

그런데 동 판결에서 적시된 Y보조참가인이 주장하는 바는 Y회사는 1961. 11. 24. A 등 7인의 주주들이 발기인이 되어 설립된 후 그 주식의 양수를 받은 사람들이 1963. 1. 10. 주주총회를 개최하여 그 대표자들을 개선한 후 그 후로도 수시로 회사의 명칭을 변경하거나 대표자들을 개선하면서 현재에 이르렀는데, X 등은 Y회사가 1966. 12. 31. 국가로부터 매수한 서울 성동구 신당동 308의 55 소재 271평(이하 이건 '토지'라고 약칭하기로 한다) 위에 Y회사가 시장건물을 건축하게 될 때에는 Y회사로부터 그 건물 1층부분 일부씩을 우선해서 임차하기로 하고 그 임차보증금 명목으로 장차 임차할 점포의 평수에 따른 금액을 당시 Y회사의 대표자로 등기되어 있던 사람들에게 지급하여 보관시켜 놓고 있는 것에 불과한데, Y회사는 설립된 후 X가 주장하는 바 대로 그간에 주권을 발행한

1) 반대: 정(희), 484면(이는 상법 제39조에 의하여 생기는 책임이지, 상법 제395조에 의한 책임은 아니라고 한다).

2) 동지: 이·이, (회)(1991) 535면.

사실이 없으니 이에서 적시한 바의 주주총회를 개최한 사람들의 주식의 양수는 무효이고, 따라서 동인 등은 주주라고 할 수 없으므로 동인 등이 개최한 주주총회에 의하여 대표자로 선임된 사람은 Y회사를 대표할만한 정당한 권한이 없는 사람이라 할 것이니 X 등이 위와 같은 사람들에게 금원을 지급하였다 하더라도 Y회사에 대하여 아무런 효력을 발생할 수 없을 것이라는 것이다.

그렇다면 결국 원심의 위 판시는 주주라고 할 수 없는 사람들에 의해서 개최된 주주총회결의에 의하여 선임된 대표이사 또는 공동대표자는 Y회사를 대표할 정당한 권한이 없는 자이나, 그와 같은 자라고 하더라도 그들이 Y회사의 대표이사 또는 공동대표이사로 등기되어 있고 또 실제로 그들이 Y회사를 대표하여 법률행위를 하였으며, X 등이 그를 그대로 믿었다면 그로써 Y회사는 상법 395조에 의한 책임을 져야 한다는 것으로 돌아간다고 할 것이다.

그런데 상법 395조는 표현대표에 대한 회사의 책임을 규정한 것으로서 그 취지는 표현대표에 대하여 회사에게 책임이 있고, 그를 믿었던 제 3 자가 선의인 경우에 회사는 제 3 자에게 책임을 져야 한다는 데 있다고 할 것이므로, 회사가 동 법조에 의하여 책임을 지게 되는 것은 회사가 적극적으로 또는 묵시적으로 표현대표를 허용했을 때에 한한다고 함이 상당하다고 할 것이다.

과연 그렇다면 이 건에 있어서 대표이사 또는 공동대표이사로 등기되어 있는 사람들이 적법한 주주총회의 결의에 기하지 아니하여, Y회사의 적법한 대표이사 또는 공동대표이사가 아니라면, 그 사람들이 Y회사를 대표해서 한 행위에 대하여 Y회사가 상법 395조에 의해서 책임을 지기 위해서는 Y회사가 그들 대표명의 사용을 적극적으로 또는 묵시적으로 허용하였다고 할 수 있는 사정이 있어야 할 것인데, 원심이 상법 395조를 적용하기 위해서 내세우는 위에서 적은 바의 사정만으로서는 이 건에 있어서 Y회사가 위 대표이사 또는 공동대표이사로 등기되어 있는 사람들이 그 대표명의를 사용하는 것을 허용하였다고 할 수 있는 사정이 있었다고 논단할 수 없는 것이라고 하여야 할 것이므로, 결국 원심은 상법 395조의 법리를 오해하고 동 법조를 적용할 수 있는 사정이 구비되지 아니하였음에도 불구하고 이를 적용한 결과가 되었다고 아니 할 수 없다. 그 뿐만 아니라 이 건에 있어서 X 등이 그 부존재의 확인을 구하고 있는 주주총회결의 또는 이사회결의가 X 등의 권리 또는 법적 지위에 현실적으로 직접 어떠한 구체적인 영향을 현재 미치고 있는 것인지도 명확치 아니하니 이 점을 밝히지 아니하고, 확인의 이익에 관한 Y보조참가인의 주장을 배척한 원심판결은 이유를 명시못한 흠이 있다고도 아니할 수 없다. 그러므로 이 점을 지적하는 논지는 이유 있다[대판 1977. 5. 10, 76 다 878(집 25 ② 민 1)].

[피고회사의 대표자로 부실등기되어 있는 자의 행위에 대하여 회사에게 묵시적 인 명칭사용의 허락이 있다고 하여 상법 제395조의 적용을 긍정한 판례]

Y회사의 대표이사로 등기되어 있는 A는 무효인 주주총회와 이사회에서 각각 이사 및 대표이사로 선임되었는데, A가 Y회사의 재산을 X에게 매도하였다. 이에 대하여 원심은 X로서는 A가 Y소유의 이 사건 대지 등에 관하여 매매계약을 체결하고 그 소유권이전등기절차를 이행할 권한을 가진 Y회사의 정당한 대표이사인줄로만 믿었던 것이라 할 것이므로, 비록 위 A가 Y회사를 대표할 권한이 없었다고 할지라도 Y는 상법 제395조의 표현대표의 법리에 따라 그 권한이 있는 것으로 믿는 선의의 제 3 자인 X에게 그 처분행위의 효력을 부인할 수 없다고 판단하고 있다.

그런데 상법 제395조는 외부에서 회사의 대표권이 있다고 오인할 염려가 있는 명칭을 사용한 이사가 한 행위에 대하여 회사책임을 규정한 것으로서 표현대표이사가 이사의 자격을 갖출 것을 형식상의 요건으로 하고 있음은 소론과 같으나, 위 규정은 법일반에 공통되는 거래의 안전의 보호와 금반언의 원칙에서 나온 것으로서 이사의 자격이 없는 자에게 회사의 표현대표이사의 명칭을 사용한 경우나 이사자격 없이 표현대표이사의 명칭을 사용하는 것을 회사가 알고도 그대로 두거나 아무런 조치도 쓰지 않고 용인상태에 놓아 둔 경우에도 위 규정이 유추적용되는 것으로 해석함이 상당할 것인바, 원심이 확정한 위 사실관계에 의하면 위 A가 이사자격 없이 표현대표이사의 명칭을 사용하는 것을 회사가 알고도 아무런 조치도 쓰지 않고 그대로 용인한 상태에 둔 경우에 해당한다 할 것이므로 Y는 위 A가 한 이 사건 행위에 대하여 상법 제395조에 의하여 X에 대하여 그 책임을 져야 할 것이다.

따라서 이와 같은 취지의 원심판결은 정당하고 거기에 소론과 같은 위법이 있다고는 할 수 없고, 소론 인용의 판례들은 사안을 달리하여 이 사건에 적절하지 아니하다. 논지는 이유 없다[대판 1985. 6. 11, 84 다카 963(공보 757, 995)].

(나) 위 (가)의 경우에 등기신청권자(적법한 대표이사)에게 고의·과실이 없이 회사의 이사 또는 감사가 주주총회의사록 및 이사회의사록을 위조하여 대표이사를 변경등기하고, 그러한 대표이사가 제 3 자와 거래행위를 한 경우에도 동일한가.

① 이에 대하여 우리 대법원판례는 상법 제39조를 적용하기 위한 전제로서 부실등기에서의 고의·과실의 판단기준을, (합명회사에서) 「회사를 대표할 수 있는 업무집행사원」을 표준으로 하고 또한 「대표사원의 유고시 회사정관에 따라 업무를 집행하는 사원이 있다고 하더라도 그 사원을 표준으로 할 수는 없다」고, 다음과 같이 판시하고 있다.

[합명회사에서 대표사원만을 기준으로 하여 회사의 부실등기 유무를 판단한다고 한 판례]

원심이 확정한 사실에 의하면, B는 Y회사의 불법 대표사원으로서 당시 Y회사의 적법한 대표권이 없었고, 나아가 X의 주장, 즉 B가 불법 대표사원으로 등기되었다 하더라도 이는 Y회사의 유일한 업무집행사원인 C의 고의로 인하여 사실과 상위된 사항을 등기한 데 기인한 것으로서 그를 적법한 대표사원으로 믿고 매수한 선의의 제 3 자인 X 등에 대항할 수 없다는 주장에 대하여, 원심이 전단(논지 제 1 점)에서 인정한 바와 같이 Y회사의 대표사원으로 등기된 위 B와 X 등과의 간에 X 주장과 같은 매매가 있었다는 사실을 인정할 수 없을 뿐 아니라, 가사 X 주장과 같은 매매가 있었다고 가정하더라도 상법 제39조 소정의 부실등기에 있어서의 고의·과실은 Y합명회사의 대표사원인 A를 기준으로 그 고의·과실의 유무를 결정하여야 한다 할 것이고, Y회사의 정관에 대표사원 유고시는 사원이 업무집행을 할 수 있게 되어 있다 하여 동인을 표준으로 하여 결정할 수는 없다 할 것이며, 위 A는 당시 행방불명 상태에 있었으므로 동 부실등기를 Y의 책임으로 돌릴 수 없다고 판단하고 있는바, 원심의 위와 같은 사실인정 및 판단조치는 정당하다 시인되는 바인 즉(대법원 1971. 2. 23. 선고, 70 다 1362 판결 참조), 원심이 위 B와 X 등과의 간에 X 주장과 같은 매매가 있었음을 인정할 수 없다고 적법하게 인정하고 있는 본건에 있어서는 그 매매를 전제로 하는 논지는 이유 없다 할 뿐더러, 소론과 같은 상법 제227조 제 3 호 및 제229조 제 2 항, Y회사의 정관 등의 법리를 오해하여 그 판단을 일탈한 이유불비의 위법이 있다거나 또는 표현대리에 대한 판단, 상법 제39조의 적용에 있어서 판단유탈과 법령을 오해한 위법 등이 있다 할 수 없으므로 소론은 모두 그 이유 없음에 귀착된다고 할 것이다[대판 1981. 1. 27, 79 다 1618·1619(집 29 ① 민 27)].

동지: 대판 1971. 2. 23, 70 다 1361(집 19 ① 민 93).

② 따라서 우리 대법원판례는 등기신청권자 아닌 제 3 자의 문서위조 등의 방법에 의하여 이루어진 부실등기에 대하여는 회사에게 책임이 없다고 다음과 같이 판시하고 있다.

[감사가 문서위조 등의 방법으로 대표이사의 부실등기를 한 경우 회사에게 이를 방치한 과실이 있어도 회사는 책임을 지지 않는다고 한 판례]

상법 제39조는 고의나 과실로 스스로 사실과 상위한 내용의 등기신청을 함으로써 부실의 사실을 등기하게 한 자는 그 부실등기임을 내세워 선의의 제 3 자에게 대항할 수 없다는 취지로서 등기신청권자 아닌 제 3 자가 문서위조 등의 방법으로 등기신청권자의 명의를 모용하여 부실등기를 경료한 것과 같은 경우에는 비록 그 제 3 자가 명의를 모용하여 등기신청을 함에 있어 등기신청권자 자신이 고의나 과실로 사실과 상위한 등기를 신청한 것과 동일시할 수는 없는 것이고, 또 이미 경료되어 있는 부실등기를 등기신청권자가 알면서 이를 방치한 것이 아니고 이를 알지 못하여 부실등기 상태가 존속된 경우에는 비록 등기신청권자에게 부실등기 상태를 발견하여 이를 시정하지 못한 점에 있어서 과실이 있다 하여도 역시 이로써 곧 스스로 사실과 상위한 등기를 신청한 것과 동일시할 수 없는 법리라 할 것이므로 등기신청권자 아닌 제 3 자의 문서위조 등의 방법으로 이루어진 부실등기에 있어서는 등기신청권자에게 그 부실등기의 경료 및 존속에 있어서 그 정도가 어떠하건 과실이 있다는 사유만 가지고는 상법 제39조를 적용하여 선의의 제 3 자에게 대항할 수 없다고 볼 수는 없다 할 것인바, 원판결이 이와 반대의 견해로 Y회사의 감사이었던 자가 회사 명의를 모용하여 A를 대표이사로 등기한 부실등기의 경료 및 그 존속에 있어 Y회사에게 중대한 과실이 있다는 사유를 들어 Y회사는 등기의 상위로서 선의의 제 3 자인 X에게 대항할 수 없다고 판단한 것은 상법상의 부실등기의 효력에 관한 법리를 오해한 위법이 있다[대판 1975. 5. 27, 74 다 1366(집 23 ② 민 71)][따라서 이 경우에는 상법 제39조가 아니라 제395조의 (유추)적용을 주장하였어야 할 것으로 본다(전게 대판 1985. 6. 11, 84 다카 963 참조) — 저자 주].

그러나 위의 대법원판례는 타당하지 않다고 본다. 위의 경우에는(주주총회 의사록을 허위로 작성하여 대표이사를 선임하고, 이에 대하여 회사에 귀책사유가 있는 경우) 굳이 상법 제395조를 유추적용할 것이 아니라, 상법 제39조를 적용하여 회사의 책임을 인정하여야 할 것으로 본다. 왜냐하면 상법 제39조의 고의·과실에 의한 부실등기는 적법한 대표이사(등기신청권자)의 등기신청에 기한 등기가 아니라 하더라도, 이와 비견되는 정도의 회사책임에 기한 신청으로 등기된 경우이거나 또는 이미 이루어진 부실등기의 존속에 관하여 회사에서 이를 알고도 묵인한 경우에 비견되는 중대한 과실이 있는 경우에는, 이에 포함되는 것으로 보아야 하기 때문이다.[1)]

위의 대법원판결(대판 1975. 5. 27, 74 다 1366)의 원판결인 서울고등법원은 이와 같은 취지에서 다음과 같이 판시하여, 본건과 같은 경우에 상법 제39조를 적용하고 있다.

[적법한 대표이사에 의한 부실등기가 아니라도 회사에게 이를 방치한 중과실이 있으면 회사는 책임을 진다고 한 하급심판례]

상법 제39조의 고의·과실에 의한 부실등기는 적법한 대표이사의 등기신청

1) 연습, 73~74면(사례 12). 동지: 양(승), (사례) 53면.

에 기한 등기가 아니라 하더라도 이와 비견되는 정도의 회사책임에 기한 신청으로 등기된 경우이거나 또는 이미 이루어진 부실등기의 존속에 관하여 회사에서 이를 알고도 묵인한 경우에 비견되는 중대한 과실이 있는 경우도 이에 포함되는 것으로 해석해야 할 것인데, 본건 부실등기는 Y회사의 주주와 대표이사 및 이사들이 6년 여에 걸쳐 회사를 방치하여 부실등기를 하도록 한 점, 또 Y회사의 대표이사가 대표이사의 인장 보관상태를 한번도 점검하지 아니하고 방치한 점 등의 회사의 잘못이 본건 부실등기의 원인이 되었다 할 것이고, 부실등기가 경료된 후에도 X가 본건 부동산을 매수한 1969. 12. 27까지 무려 6년간 그 상태가 계속되어 오는 동안 회사등기부상 두 차례의 이사 및 대표이사의 중임등기 등 회사변경등기가 있었음에도 불구하고 … 이를 발견하지 못하고 있었던 점은 그 과실의 정도가 극히 크다고 하지 않을 수 없고, 이와 같은 부실등기 및 그 등기상태의 존속에 있어서의 Y회사의 과실은 그 자신이 부실등기를 하고 또 부실등기를 묵인한 경우에 비견할 수 있는 정도의 중대한 과실이라 볼 것이므로 Y회사는 상법 제39조에 의하여 등기의 상위로서 선의의 제 3 자인 X에게 대항할 수 없다[서울고판 1974. 7. 9, 72 나 1289].

5) 주주총회결의 하자(瑕疵, 흠)의 소(상 376조, 380조, 381조)와의 관계

㈎ 주식회사의 이사는 주주총회에서 선임되고(상 382조 2항), 이렇게 선임된 이사 중에서 대표이사는 이사회(또는 정관의 규정에 의하여 주주총회)의 결의로 선임된다(상 389조 1항). 그런데 이사를 선임한 주주총회의 결의에 하자가 있어 주주총회결의 하자의 소(결의취소의 소〈상 376조〉, 결의무효확인의 소〈상 380조〉, 결의부존재확인의 소〈상 380조〉, 부당결의취소변경의 소〈상 381조〉)가 제기되고 원고가 승소의 확정판결을 받으면(따라서 이사를 선임한 주주총회결의가 취소되거나 무효 또는 부존재가 확정되면), 원고가 그러한 승소의 확정판결을 받기 이전에 위의 이사 및 대표이사(사실상의 이사 및 대표이사)가 제 3 자와 한 거래행위에 대하여도 상법 제395조가 적용되는가.

이에 대하여 1995년 개정상법 이전에는 그 판결의 소급효가 제한되는 점과 관련하여 이러한 사실상의 이사 및 대표이사의 거래행위에도 상법 제395조가 유추적용된다는 긍정설[1)]과 유추적용될 여지가 없다는 부정설[2)]로 나뉘어 있

1) 정(희), 485면; 박길준, 전게논문(상사법논집), 193면; 주상(Ⅱ-하), 239면.
1995년 개정상법 이전의 판례로서 주주총회의 비결의(非決議)가 있는 경우에 상법 제395조가 유추적용될 수 있다고 보는 판례로는 대판 1977. 5. 10, 76 다 878(집 25 ② 민 1); 동 1985. 6. 11, 84 다카 963(공보 757, 995)(이 때에는 상법 제395조가 유추적용된다고 판시하고 있다); 동 1992. 8. 18, 91 다 14369(공보 930, 2731); 동 1992. 8. 18, 91 다 39924(공보 930, 2741); 동 1994. 12. 27, 94 다 7621·7638(공보 985, 661)(주주총회를 소집·개최함이 없이 의사록만을

었다.

생각건대 1995년 개정상법 이전에는 주주총회결의 하자의 소의 판결의 효력이 소급하지 않았으므로(상 376조 2항, 380조, 381조 2항은 모두 상 190조를 준용함), 원고가 그러한 소에서 승소의 확정판결을 받더라도 확정판결 전에 한 사실상의 이사 및 대표이사의 거래행위는 당연히 유효하므로, 이에 상법 제395조가 유추적용될 여지는 없었다(따라서 이 때에는 그러한 이사 및 대표이사와 거래한 제 3 자의 선의·악의를 불문하고 이사 및 대표이사의 행위는 회사의 행위로서 유효하다). 그런데 1995년 개정상법에서는 이미 앞에서 본 바와 같이 주주총회결의하자의 소의 판결의 효력은 소급하는 것으로 개정되었으므로(상 376조 2항, 380조 및 381조 2항에서 190조 단서의 준용배제), 1995년 개정상법의 시행 후에 있어서 위의 사실상의 이사 및 대표이사의 거래행위에는 회사가 이에 대한 귀책사유가 있다면 상법 제395조가 유추적용될 수 있을 것이다.[1]

(나) 주주총회에서 이사를 선임한 결의에는 하자가 없으나, 이사회에서 대표이사를 선임한 결의에 하자가 있는 경우에는 어떠한가. 이 때에 이사회결의의 하자에 대하여는 이미 설명한 바와 같이 주주총회결의 하자의 경우와 같이 이를 소추(訴追)하는 상법상의 규정도 없고 또 주주총회결의 하자의 소에 관한 규정이 유추적용되지도 않으므로, 민법의 일반원칙에 의하여 법률상 당연히 무효가 되고 필요한 경우에는 (민사소송법상의 소로서) 결의무효확인의 소를 제기할 수도 있다(통설·판례[2]). 따라서 이사회결의에 하자가 있어 무효가 되는 경우에는 소급효가 있게 되어 사실상의 대표이사가 무효확인 전에 한 행위의 효력이 문제되는데, 이러한 사실상의 대표이사가 한 행위에 대하여는 상법 제

작성한 주주총회의 결의로 대표자로 선임된 자의 행위에 대하여 회사에게 그 책임을 물으려면, 의사록작성으로 대표자격의 외관이 현출된 데에 대하여 회사에 귀책사유가 있음이 인정되어야 한다) 등이 있다.

2) 정(동), (회)(1991) 399면; 이·이, (회)(1991) 534~535면.

1) 동지: 이(철), (회) 745면(1995년 개정상법 하에서는 특히 이를 표현대표이사로 볼 실익이 커졌다고 한다).

결과 동지: 대판 2004. 2. 27, 2002 다 19797(공보, 2004, 519)(이사 선임의 주주총회결의에 대한 취소판결이 확정된 경우 그 결의에 의하여 이사로 선임된 이사들에 의하여 구성된 이사회에서 선정된 대표이사는 소급하여 그 자격을 상실하고, 그 대표이사가 이사 선임의 주주총회결의에 대한 취소판결이 확정되기 전에 한 행위는 대표권이 없는 자가 한 행위로서 무효가 된다. 이와 같이 이사 선임의 주주총회결의에 대한 취소판결이 확정되어 그 결의가 소급하여 무효가 된다고 하더라도 그 선임 결의가 취소되는 대표이사와 거래한 상대방은 상법 제39조의 적용 내지 유추적용에 의하여 보호될 수 있으며, 주식회사의 법인등기의 경우 회사는 대표자를 통하여 등기를 신청하지만 등기신청권자는 회사 자체이므로 취소되는 주주총회결의에 의하여 이사로 선임된 대표이사가 마친 이사 선임 등기는 상법 제39조의 부실등기에 해당된다).

2) 대판 1988. 4. 25, 87 누 399(공보 1988, 915).

395조가 유추적용되어 회사의 책임이 인정된다고 본다.[1] 그러나 이러한 사실상의 대표이사가 등기되어 있는 경우에는(상 317조 2항 9호) 상법 제39조에 의하여 사실상의 대표이사와 거래한 제 3 자는 이미 충분히 보호되고 있으므로, 이에 다시 상법 제395조를 유추적용할 실익은 없다고 본다.[2]

6) 공동대표이사(상 389조 2항)와의 관계

(가) 이사회(정관의 규정이 있는 경우에는 주주총회)는 수 인의 대표이사가 공동으로 회사를 대표할 것을 정할 수 있는데(공동대표)(상 389조 2항), 이 때에는 회사가 제 3 자에 대하여 하는 의사표시(능동대표)는 반드시 공동대표이사의 공동으로 하여야 하나, 제 3 자의 회사에 대한 의사표시(수동대표)는 공동대표이사의 1 인에 대하여 할 수 있다(상 389조 3항, 208조 2항). 그런데 이 때 공동대표이사 중의 1 인이 제 3 자에 대하여 단독대표행위를 하고 제 3 자가 그러한 공동대표이사에게 단독으로 대표할 수 있는 권한이 있다고 믿은 경우에, 상법 제395조가 적용 또는 유추적용될 수 있는가. 이 때에 특히 문제가 되는 경우는 회사가 공동대표이사에게 「사장」 또는 「대표이사 사장」 등과 같이 단독대표권을 수반하는 것으로 인식되는 명칭사용을 허락한 경우에는 회사에 명백히 귀책사유가 있어 회사는 상법 제395조에 의한 책임을 지므로 문제가 되지 않으나,[3] 회사가 단지 공동대표이사에게 「대표이사」라는 명칭사용을 허락한 경우이다. 즉, 이 때에도 회사는 그 명칭사용에 대한 귀책사유가 있어 상법 제395조에 의하여 책임을 부담하는지 여부가 문제된다.

(나) 이에 대하여 우리나라에서는 (i) 대표이사의 권한남용으로 인한 위험을 예방하려는 공동대표이사제도의 기본취지에서 상법 제395조의 적용을 부정하는 견해(소수설)[4]와, (ii) 대표이사라는 명칭은 가장 뚜렷하게 대표권이 있다는 외관을 나타내는 명칭임에도 불구하고 단지 그 행사방법을 제한한 공동대표이사제도에서 그 중 1 인이 한 대표행위에 대하여 회사가 책임을 지지 않는다고 하면 대표권이 전혀 없는 표현대표이사의 행위에 대하여도 회사가 책임을 지는 것과 형평에 반하고 또 거래의 안전을 심히 저해하게 된다는 점에서 상법

1) 동지: 정(동), (회) 422면; 이(철), (회) 745면.
2) 동지: 이·이, (회)(1991) 535면; 전게 대판 2004. 2. 27, 2002 다 19797.
3) 日最高判 1968. 12. 24(民集 22-13, 3349).
4) 이(철), (회) 745면.

제395조의 (유추)적용을 긍정하는 견해(통설)[1]로 나뉘어 있다.

우리 대법원판례도 이를 긍정하는 입장에서 다음과 같이 판시하고 있다.

[공동대표이사 중의 1인이 대표이사라는 명칭으로 회사를 대표한 경우에, 이에 대하여 회사에 귀책사유가 있으면 회사는 상법 제395조에 의한 책임을 진다는 판례]

회사가 공동으로만 회사를 대표할 수 있는 공동대표이사에게 대표이사라는 명칭의 사용을 용인 내지 방임한 경우에는 회사가 이사 자격이 없는 자에게 표현대표이사의 명칭을 사용하게 한 경우이거나 이사 자격 없이 그 명칭을 사용하는 것을 알고서도 용인상태에 둔 경우와 마찬가지로, 회사는 상법 제395조에 의한 표현책임을 면할 수 없다. 따라서 이와 같은 취지에서 판시한 원심판결은 정당하고, 논지는 이유 없다[대판 1991. 11. 12, 91 다 19111(공보 911, 94)].

동지: 대판 1993. 12. 28, 93 다 47653(공보 962, 532)(회사가 수 인의 대표이사가 공동으로 회사를 대표할 것을 정하고 이를 등기한 경우에도, 공동대표이사 중의 1인이 대표이사라는 명칭을 사용하여 법률행위를 하는 것을 용인하거나 방임한 때에는, 그 공동대표이사가 단독으로 회사를 대표하여 한 법률행위에 관하여 회사가 선의의 제 3 자에 대하여 상법 제395조에 따른 책임을 진다); 동 1992. 10. 27, 92 다 19033(공보 934, 3271).

생각건대 회사는 공동대표이사가 제 3 자와 거래하는 경우는 반드시 「공동대표이사」라는 명칭을 사용하도록 하여야 하는데, 회사가 공동대표이사에게 단순히 「대표이사」라는 명칭사용을 허락하거나 또는 이를 묵인한 경우에는 회사에게 귀책사유가 있다고 보아야 할 것이고, 이렇게 회사에게 귀책사유가 있음으로 인하여 회사를 보호하고자 하는 공동대표이사제도의 입법취지가 무시되는 것은 부득이한 일이라고 본다. 또 공동대표이사는 등기사항(상 317조 2항 10호)이고 이를 등기하면 선의의 제 3 자에게 대항력이 발생하나(상 37조), 상법 제395조가 적용될 때는 상법 제37조에 의한 대항력을 주장할 수 없다고 하는 점은 앞에서 본 바와 같다. 또 상법 제395조는 대표권이 없는 자의 표현대표규정이므로 대표권이 있는 자의 공동대표에는 적용되지 않는다고 하는 것은 이유가 되지 않는다고 본다. 왜냐하면 대표권이 있는 자가 「대표이사」라는 명칭을 사용한 경우에는, 대표권이 없는 자가 「상무」 등의 명칭을 사용한 경우보다도 오히려 우선

1) 정(동), (회) 426면; 동, 전게논문, 102면; 최(기), (회) 611면; 주상(상), 1019면; 주상(제 5 판)(회사 Ⅲ), 297~298면; 채, 543면; 이(기) 외, (회) 336면 외.

적으로 표현대표이사에 관한 규정을 적용하는 것이 형평에 맞기 때문이다.[1)]

7) 무권대행(無權代行)과의 관계 표현대표이사가 자기명의(상무·전무 등)로 대표권이 없으면서 대표권에 속하는 행위를 제 3 자와 한 경우에는 상법 제395조가 바로 적용되는 경우이나, 표현대표이사가 대표이사(타인)명의로 대표권이 없으면서 대표권에 속하는 행위를 제 3 자와 한 경우에도 상법 제395조가 적용될 수 있는가. 이것은 무권대행으로서 위조가 되는데, 이 때 피위조자(회사)의 책임을 인정하는 근거를 상법 제395조에 의할 것인가 또는 민법상 표현대리에 관한 규정에 의할 것인가가 문제된다.

이에 대하여 우리나라의 학설·판례는 상법 제395조의 적용을 부정하는 견해[2)](따라서 민법상 표현대리에 관한 규정이 적용 또는 유추적용되어야 한다는 견해)와, 상법 제395조의 적용을 긍정하는 견해[3)]로 나뉘어 있다.[4)]

1) 정찬형, "표현대표이사의 적용상 문제점,"「고시연구」, 1989. 3, 37～38면; 동, 전게논문(고시연구, 1981. 7), 164면.

2) 이(철), (회) 746면.

동지: 대판 1968. 7. 16, 68 다 334·335(카드 8502); 동 1968. 7. 30, 68 다 127(집 16 ② 민 324); 동 1969. 9. 30, 69 다 964(판총 11-2, 980-4-2).

3) 박길준, 전게논문(상사법논집), 194면; 정동윤, 전게논문(상법논집), 90～91면; 주상(제 5 판)(회사 Ⅲ), 296～297면.

동지: 대판 1979. 2. 13, 77 다 2436(집 27 ① 민 66)[본 판결에 대한 평석으로는 정찬형, "어음행위의 표현책임(판례평석)," 법률신문, 제1642호(1986. 7. 7), 15～16면 참조(판지에 반대함)]; 동 1988. 10. 25, 86 다카 1228(공보 837, 1467); 동 1988. 10. 11, 86 다카 2936(공보 836, 1396)[본 판결에 대한 평석으로는 서정갑, "표현대표이사의 법률행위와 회사책임," 법률신문, 제1805호(1988. 12. 12), 11면(판지에 찬성함)]; 동 1998. 3. 27, 97 다 34709(공보 1998, 1176)(상법 제395조는 표현대표이사가 자기의 명칭을 사용하여 법률행위를 한 경우는 물론이고, 자기의 명칭을 사용하지 아니하고 다른 대표이사의 명칭을 사용하여 행위를 한 경우에도 적용된다); 동 2003. 7. 22, 2002 다 40432(공보 2003, 1765)(상법 제395조는 표현대표이사가 자기의 명칭을 사용하여 법률행위를 한 경우는 물론이고 자기의 명칭을 사용하지 아니하고 다른 대표이사의 명칭을 사용하여 행위를 한 경우에도 유추적용되고, 이와 같은 대표권 대행의 경우 제 3 자의 선의나 중과실은 표현대표이사의 대표권 존부에 대한 것이 아니라 대표이사를 대행하여 법률행위를 할 권한이 있느냐에 대한 것이다); 동 2003. 9. 26, 2002 다 65073(공보 2003, 2080); 동 2011. 3. 10, 2010 다 100339(공보 2011, 734)(표현대표이사의 행위로 인한 주식회사의 책임에 대하여 정한 상법 제395조는 표현대표이사가 자신의 이름으로 행위한 경우는 물론이고 대표이사의 이름으로 행위한 경우에도 적용된다. 그리고 이 경우에 상대방의 악의 또는 중대한 과실은 표현대표이사의 대표권이 아니라 대표이사를 대리하여 행위를 할 권한이 있는지에 관한 것이다. 따라서 갑 회사의 표현대표이사 을이 대표이사를 대리하여 자신의 채권자 병에게 차용증을 작성해 준 사안에서, 상대방인 병의 악의 또는 중과실은 을에게 대표권이 있는지가 아니라 그에게 대표이사를 대리하여 위 차용증을 작성함으로써 채무를 부담할 권한이 있는지 여부에 따라 판단되어야 하므로, 을이 갑 회사의 대표이사가 아님을 병이 알았다고 하더라도 그 점은 병의 악의 또는 중과실을 판단하는 데 결론을 좌우할 만한 의미가 있는 사정이 된다고 할 수 없고, 상법 제395조의 취지와 위 중과실의 의미 내지 판단 기준 등에 비추어 보면, 을이 갑 회사의 표현대표이사에 해당하는 한 그에게 대표권 등 권한이 있는지를 당연히 의심하여 보아야 하는 객관적 사정이 있

생각건대 표현대표이사가 「자기명의」로 행위를 한 경우와 「대표이사명의」로 행위를 한 경우는 구별되어야 할 것으로 본다. 왜냐하면 표현대표이사가 자기명의로 행위를 한 경우에 거래의 상대방의 신뢰의 대상은 그 명칭에 의한 「대표권(대리권)」임에 반하여, 표현대표이사가 대표이사(타인) 명의로 행위를 한 경우에 거래의 상대방의 신뢰의 대상은 그 명칭과는 무관한 「대행권」이기 때문이다.[1] 따라서 자기명의로 한 경우에는 「행위자」가 누구이며 그가 「대표권이 있다고 믿을 만한 명칭」을 사용하였는지 여부가 문제되겠지만, 대표이사명의로 행위를 한 경우에는 행위자가 누구인지는 전혀 불문하고(상무이사이든, 경리과장이든 또는단순한 경리직원이든 불문함) 그의 「대행권한 유무」만이 문제가 된다. 따라서 표현대표이사의 행위에 대하여 거래의 상대방의 신뢰를 보호하기 위하여 회사의 책임을 인정하는 것인데, 이와 같이 상대방의 신뢰의 대상이 다른 경우를 동일하게 취급하여 모두 상법 제395조를 적용하는 것은 타당하지 않다고 본다. 따라서 표현대표이사가 대행권한 없이 대표이사명의로 한 행위는 무권대행(위조)이 되고, 이 때에 회사에게 무권대행(위조)에 대한 귀책사유가 있다면 민법상 표현대리에 관한 규정을 유추적용하여 회사의 책임을 인정하여야 할 것이다. 이 때에 회사의 책임이 인정되는 근거는 무권대행자에게 그 행위에 관한 기본적인 대리권이 있다면(상무이사·경리부장 등) 민법 제126조가 유추적용될 것이고(회사의 표현책임), 이러한 기본적인 대리권이 없다면(단순한 경리직원 등) 민법 제756조가 적용되어 회사의 책임이 인정될 것이다[2](회사의 불법행위책임).

8) 대표권제한과의 관계 표현대표이사와 대표권제한과는 제 3 자의 신뢰의 대상이 다르다. 즉, 표현대표이사의 경우 제 3 자의 신뢰의 대상은 대표

는 등의 경우가 아닌 이상 갑 회사에 을이 대표이사를 대리하여 위 차용증을 작성할 권한이 있는지 여부에 관하여 확인하지 않았다는 사정만으로 병의 악의 또는 중과실을 쉽게 인정할 수는 없다).

4) 이에 관한 상세는 정찬형, 「사례연구 어음·수표법」(법문사, 1987), 146~149면; 동, 전게논문(고시연구, 1989. 3), 38~41면 참조.

1) 참고로 우리 대법원판례도 표현대표이사의 행위와 이사회의 결의를 거치지 아니한 대표이사의 행위에 대하여 제 3 자의 신뢰의 대상이 다르다는 것을 전제로(즉, 전자에 있어서의 신뢰의 대상은 「대표권의 존재」인 반면에, 후자에 있어서의 신뢰의 대상은 「대표권의 범위」임) 그 법률취급을 달리 하여, 표현대표이사의 행위로 인정되는 경우에도 거래의 상대방이 이사회결의가 없었음을 알았거나 알 수 있었을 경우에는 회사는 그 행위에 대하여 책임을 면한다고 판시하고 있다[대판 1998. 3. 27, 97 다 34709(공보 1998, 1176)].

2) 상세는 정찬형, 전게서(사례연구어음·수표법), 147~149면; 동, 전게 법률신문(1986. 7. 7), 15~16면; 동, 전게논문(고시연구, 1989. 3), 41면 참조.

권의 존재이나 대표권제한의 경우 제 3 자의 신뢰의 대상은 대표권의 범위이다.

우리 대법원판례도 이와 같은 취지로 다음과 같이 판시하고 있다.

[표현대표이사와 대표권제한과의 차이를 설시한 판례]

표현대표이사의 행위와 이사회의 결의를 거치지 아니한 대표이사의 행위는 모두 본래는 회사가 책임을 질 수 없는 행위들이지만 거래의 안전과 외관이론의 정신에 입각하여 그 행위를 신뢰한 제 3 자가 보호된다는 점에 공통되는 면이 있으나, 제 3 자의 신뢰의 대상이 전자에 있어서는 대표권의 존재인 반면, 후자에 있어서는 대표권의 범위이므로 제 3 자가 보호받기 위한 구체적인 요건이 반드시 서로 같다고 할 것은 아니고, 따라서 표현대표이사의 행위로 인정이 되는 경우라고 하더라도 만일 그 행위에 이사회의 결의가 필요하고 거래의 상대방인 제 3 자의 입장에서 이사회의 결의가 없었음을 알았거나 알 수 있었을 경우라면 회사로서는 그 행위에 대한 책임을 면한다[대판 1998. 3. 27, 97 다 34709(공보 1998, 1176)].

(3) 요 건

1) 외관의 부여

(가) **회사가 표현대표이사의 명칭사용을 허락한 경우**에 한하여 본조가 적용되고, 당해 행위자가 임의로 그와 같은 명칭을 사용(참칭)한 경우에는 본조가 적용되지 않는다(상법 14조의 표현지배인과 같은 법리). 즉, 회사에 귀책사유가 있어야 상법 제395조가 적용된다. 이 때 회사의 허락은 적극적인 승낙뿐만 아니라, 소극적인 묵인을 포함한다.

우리 대법원판례도 이와 같은 취지로 다음과 같이 판시하고 있다.

[회사의 귀책사유를 긍정한 판례]

상법 제395조의 대표이사 책임에 관한 규정의 취지는 회사의 대표이사가 아닌 이사가 외견상 회사의 대표권이 있는 것으로 인정될 만한 명칭을 사용하여 거래행위를 하고, 이러한 외견상 회사의 대표행위에 대하여 회사에게 귀책사유가 있는 경우에 그 외견을 믿은 선의의 제 3 자를 보호함으로써 상거래의 신뢰와 안전을 도모하려는 데에 있다.

이 사건에서 시장건물의 점포들을 상인들에 임대하는 영업을 하는 회사인 Y주식회사의 점포분양을 담당하는 이사인 B가 X로부터 금전을 차용한 경우, B의 그러한 분양계약 체결은 외관상 Y회사의 대표권을 표시한 행위라고 보기에 충분하고, Y회사는 위 B의 대표권 표시행위를 사전에 승낙한 것이거나 적어도 묵인한 것이라고 볼 수 있다. 따라서 Y회사는 상법 제395조에 의하여 X에게 차용금을 변제할 책임이 있는데, 이와 달리 판시한 원심의 판결은 위법하고 논지는 이유 있다[대판 1988. 10. 11, 86 다카 9362(공보 1988, 1396)][이 판결에 찬성하는 취지의 평석으로는 서정갑, 법률신문, 제1805호(1988. 12. 12), 11면].

동지: 대판 1955. 11. 24, 4288 민상 340(카드 4933); 동 1988. 11. 22, 86 다카 2843(월보 220, 103); 동 1994. 12. 2, 94 다 7591(공보 984, 428)(회사의 운영권을 인수한 자라 하더라도 그가 이사회에서 대표이사로 선정된 바 없는 이상 회사의 적법한 대표자라고 볼 수 없다. 그런데 Y회사의 대표이사 A가 심각한 건강문제로 그 회사의 주식을 양도하고 중도금까지 수령한 후 B에게 회사의 경영권 및 회사운영권 일체 등 회사의 전권을 위임한다는 내용의 위임장을 작성하여 주고, 운영권 행사에 지장이 없도록 대표이사의 인감과 고무인을 인도하고 사무실까지 넘겨 주었고, 이에 따라 B는 C에게 부사장의 직함을 주어 회사의 운영을 돕도록 하는 한편 스스로 회사에서 발생한 노사분규를 수습하였으며, $X_1 \cdot X_2 \cdot X_3$들과의 택시운행권 매매 이전에도 여러 사람에게 회사의 택시운영권을 매매하는 등 그 후 A와의 분쟁이 발생하기까지의 4개월여 동안 아무런 장애 없이 독자적으로 회사운영권을 행사하여 온데다가 $X_1 \cdot X_2 \cdot X_3$들은 택시운행권 매매계약 후 B로부터 계약이 불이행될 경우 대금반환의 확보를 위하여 회사의 택시에 근저당권을 설정받기까지 하였다면, 달리 특단의 사정이 없는 한 $X_1 \cdot X_2 \cdot X_3$들은 B가 회사의 경영권을 가지고 적법한 대표권을 행사하는 자라고 믿을만한 사정이 있었다고 보아야 할 것이고, 따라서 $X_1 \cdot X_2 \cdot X_3$들이 B가 회사의 적법한 대표이사가 아니라는 사실을 알았거나 알지 못한 데에 중대한 과실이 있었다고 하기는 어렵다고 보아 B의 표현대표행위에 대한 Y회사의 책임을 부정한 원심판결을 파기한다).

[회사의 귀책사유를 부정한 판례]

상법 제395조의 규정에 의하여 회사가 표현대표자의 행위에 대하여 책임을 지는 것은 회사가 표현대표자의 명칭 사용을 명시적으로나 묵시적으로 승인함으로써 대표자격의 외관현출에 책임이 있는 경우에 한하는 것이고, 이 사건의 경우와 같이 주주총회를 소집 · 개최함이 없이 의사록만을 작성한 주주총회의 결의로 대표자로 선임된 자의 행위에 대하여 회사에게 그 책임을 물으려면, 의사록 작성으로 대표자격의 외관이 현출된 데에 대하여 회사에 귀책사유가 있음이 인정되어야만 할 것이다(대법원 1992. 8. 18. 선고, 91 다 14369 판결; 동 1992. 9. 22. 선고, 91 다 5365 판결 등 참조).

그런데 원심이 확정한 대로 Y주식회사의 창립 당시 사실상 1인주주인 A가 주주총회의사록을 위조하여 자신을 대표이사로 등기할 당시 그는 Y주식회사의 대표이사나 이사가 아니었고, Z회사에 Y주식회사의 주식과 자산 전부를 양도하여 주주의 지위에 있은 것도 아니라면, 위 A의 행위가 대표이사인 B의 의사에 반하지 않는다는 등의 특별한 사정이 없는 이상 위 A가 권한 없이 대표자격의 외관을 만들어 낸 데 대하여 Y회사에 어떠한 책임이 있다고 보기 어렵다.

결국, 원심으로서는 먼저 위 A의 대표이사로서의 외관이 현출된 데 대하여 Y회사에 어떠한 귀책사유가 있는가를 살피고 이에 따라 Y회사에게 표현대표이사로 인한 책임이 있는지 여부를 가렸어야 할 것임에도, 이에 이르지 아니하고 막연히 위 A의 경영권행사에 대하여 Y회사의 대표이사가 이를 방치하였고 이사인 C 등이 A의 행위에 동조하였다는 사실만을 들어 Y회사 이사 정원의 과반수가 위 A의 표현대표를 허용한 것이라고 판단하여, Y회사로서는 위 A를 적법한 대표이사로 믿고 거래한 X 등에 대하여 책임을 면할 수 없다고 판단하고 말았음은 상법 제395조가 규정하는 회사의 책임요건에 관한 법리를 오해하고 심리를 다하지 아니한 것이라 할 것이다. 따라서 이 점을 지적하는 논지는 이유 있다[대판 1994. 12. 27, 94 다 7621·7638(공보 985, 661)].

동지: 대판 1975. 5. 27, 74 다 1366(집 23 ② 민 71)(상법 제395조가 적용되기 위하여는 회사가 표현대표자의 명칭사용을 명시적으로나 묵시적으로 승인한 경우에 한하며, 회사가 그 명칭사용을 알지 못하고 이를 제지하지 못한 점에 있어서 회사에게 과실이 있는 경우는 해당되지 않는다); 동 1972. 9. 26, 71 다 2197(집 20 ③ 민 12)(사임한 대표이사가 사임등기 경료 후에 대표이사 명의를 모용하여 수표를 발행한 경우, 회사에 귀책사유가 없다고 하여 회사의 책임을 부정함); 동 1974. 11. 12, 74 다 1091(민판집 203, 151)(명목상 회사로서의 법정요건인 기관을 갖추기 위하여 이사로 등기되어 있는 자들이 자의로 금전을 차용한 경우, 회사의 귀책사유를 부정하여 회사의 책임을 인정하지 않고 있다); 동 1992. 8. 18, 91 다 14369(공보 930, 2731)(상법 제395조의 규정에 의하여 회사가 표현대표자의 행위에 대하여 책임을 지는 것은 회사가 표현대표자의 명칭 사용을 명시적으로나 묵시적으로 승인함으로써 대표자격의 외관 현출에 책임이 있는 경우에 한하는 것이므로, 주주총회를 소집·개최함이 없이 의사록만을 작성한 주주총회 의결로 대표자로 선임된 자의 행위에 대하여 상법 제395조에 따라 회사에게 그 책임을 물으려면, 의사록 작성으로 대표자격의 외관이 현출된 데에 대하여 회사에 귀책사유가 있음이 인정되어야만 할 것이다); 동 1995. 11. 21, 94 다 50908(공보 1996, 42)(상법 제395조에 의하여 회사가 책임을 지는 것은 회사가 표현대표자의 명칭사용을 명시적으로나 묵시적으로 승인한 경우에 한하는 것이고, 회사의 명칭사용 승인 없이 임의로 명칭을 잠칭한 자의 행위에 대하여는 비록 그 명칭사용을 알지 못하고 제지하지 못한 점에 있어 회사에게 과실이 있다 할지라도 그 회사의 책임으로 돌려 선의의 제 3 자에 대하여 책임을 지게 할 수 없다).

(나) 회사의 허락(승낙 또는 묵인)의 판단기준은 정관 등 회사의 내규에 특별히 규정이 없으면 「업무집행기관(특히 대표이사)」인데, 대표이사 전원[1] 또는 이사 전원[2]의 허락이 있는 경우는 물론, 이사 과반수[3] 또는 수인의 대표이사 중의 1인[4]이 알고 있는 경우에도, 허락(묵인)이 있다고 보아야 한다.

우리나라의 대법원판례도 이와 동지로 다음과 같이 판시하고 있다.

[회사의 허락의 판단기준에 관한 판례]

상법 제395조에 의하여 회사가 표현대표이사의 행위에 대하여 책임을 지기 위하여는 표현대표이사의 행위에 대하여 그를 믿었던 제 3 자가 선의였어야 하고 또한 회사가 적극적 또는 묵시적으로 표현대표를 허용한 경우에 한한다고 할 것이며, 이 경우 회사가 표현대표를 허용하였다고 하기 위하여는 진정한 대표이사가 이를 허용하거나, 이사 전원이 아닐지라도 적어도 이사회의 결의의 성립을 위하여 회사의 정관에서 정한 이사의 수, 그와 같은 정관의 규정이 없다면 최소한 이사 정원의 과반수의 이사가 적극적 또는 묵시적으로 표현대표이사를 허용한 경우이어야 할 것이므로, 대표이사로 선임등기된 자가 부적법한 대표이사로서 사실상의 대표이사에 불과한 경우에 있어서는 먼저 위 대표이사의 선임에 있어 회사의 귀책사유가 있는지를 살피고, 이에 따라 회사에게 표현대표이사로 인한 책임이 있는지 여부를 가려야 할 것이다[대판 1992. 9. 22, 91 다 5365(공보 932, 2950)].

동지: 대판 2011. 7. 28, 2010 다 70018(공보 2011, 1749)(상법 제395조에 의하여 회사가 표현대표이사의 행위에 대하여 책임을 지기 위하여는 표현대표이사의 행위에 대하여 그를 믿었던 제 3 자가 선의이어야 하고, 또한 회사가 적극적 또는 묵시적으로 표현대표를 허용한 경우에 한한다. 여기서 회사가 표현대표를 허용하였다고 하기 위하여는 진정한 대표이사가 이를 허용하거나, 이사 전원이 아닐지라도 적어도 이사회결의의 성립을 위하여 회사의 정관에서 정한 이사의 수, 그와 같은 정관의 규정이 없다면 최소한 이사 정원의 과반수 이사가 적극적 또는 묵시적으로 표현대표를 허용한 경우이어야 한다).

2) 외관의 존재(사용)

(가) 거래의 통념상 회사대표권의 존재를 표시하는 것으로 인정될 만한 명칭을 사용하여야 한다.[5] 상법 제395조는 사장 · 부사장[6] · 전무 · 상무를 예시하

1) 日最高判 1960. 10. 14(民集 14-12, 2499).
2) 日最高判 1967. 4. 28(民集 21-3, 796).
3) 정(동), (회) 422~423면; 日東京地判 1956. 9. 10(下民集 7-9, 2455).
4) 정(동), (회) 422~423면; 최(기), (회) 607면; 채, 540면.
5) 대판 1959. 12. 3, 4292 민상 123(카드 8214)(상무이사가 제 3 자와 납품계약을 체결하면서 형식

고 있으나, 이에 한하지 않고 총재·은행장·이사장 등과 같이 일반관행에 비추어 대표권이 있는 것으로 사용되는 모든 명칭을 포함한다. 이러한 자가 법률행위를 함에는 그 자신의 명칭을 사용하여야 하는가 또는 진정한 대표이사의 명칭을 사용하여도 무방한가에 대하여는 학설·판례가 나뉘어 있는데, 이에 대하여는 이미 무권대행과의 관계에서 설명하였다.

㈏ 상법 제395조는 이러한 명칭을 사용하는 자가 이사임을 요하는 것으로 규정하고 있으나, 제 3 자의 신뢰를 보호하여 거래의 안전을 보장하려는 동조의 입법취지에서 이사임을 요하지 않는다고 보는 것이 통설[1]·판례[2]임은 이미 설명한 바와 같다.

㈐ 명칭을 사용하는 것은 요식행위인 경우에는 표현적 명칭과 성명을 기재하는 것이나, 불요식행위인 경우에는 상대방에게 자기가 대표권이 있는 자임을 인식시킴으로써 충분하다.[3] 또한 명칭사용은 성질상 대외적 행위에 한한다.

3) 외관의 신뢰

㈎ 제3자는 행위자가 대표권이 없음을 알지 못하여야 한다.[4] 이 때 「제 3 자」는 직접의 거래상대방뿐만 아니라, 그 명칭의 표시를 신뢰한 모든 제 3 자(예컨대, 어음의 제 3 취득자)를 포함한다고 본다.[5]

상 당사자를 대표이사로 하고 상무이사는 입회인으로만 표시하였다고 하더라도, 회사는 선의의 제 3 자에 대하여 책임을 진다); 동 2003. 2. 11, 2002 다 62029(공보 2003, 785)(상법 제395조에 정한 표현대표이사의 행위로 인한 회사의 책임이 성립하기 위하여는 회사의 대표이사가 아닌 이사가 외관상 회사의 대표권이 있는 것으로 인정될 만한 명칭을 사용하여 거래행위를 하여야 하고, 그와 같은 명칭이 표현대표이사의 명칭에 해당하는지 여부는 사회 일반의 거래통념에 따라 결정하여야 한다. 따라서 '경리담당이사'는 회사를 대표할 권한이 있는 것으로 인정될 만한 명칭에 해당한다고 볼 수 없으므로 상법 제395조에 따른 회사의 책임을 물을 수 없다).

6) 동지: 대판 1971. 6. 29, 71 다 946(집 19 ② 민 168)(부사장을 표현대표이사로 인정하고 있다).

1) 정(희), 485면; 정(동), (회) 421면; 이(철), (회) 740면; 채, 540면; 이(기) 외, (회) 333면; 주상(제 5 판)(회사 Ⅲ), 295~296면; 이·최, 326면 외.

2) 대판 1979. 2. 13, 77 다 2436(집 27 ① 민 66); 동 1985. 6. 11, 84 다카 963(공보 757, 995); 동 1992. 7. 28, 91 다 35816(공보 928, 2547); 동 2004. 2. 27, 2001 다 53387.

3) 동지: 이(철), (회) 740면.

4) 동지: 대판 1998. 3. 27, 97 다 34709(공보 1998, 1176)(상법 제395조 소정의 '선의'란 표현대표이사가 대표권이 없음을 알지 못한 것을 말하는 것이지, 반드시 형식상 대표이사가 아니라는 것을 알지 못한 것에 한정할 필요는 없다); 동 1971. 12. 28, 71 다 2141(민판집 170, 984)(제 3 자의 악의를 인정하여 회사의 표현책임을 부정한 판례).

5) 동지: 정(동), (회) 423면; 이(철), (회) 743면; 채, 540면; 이(기) 외, (회) 336면; 주상(제 5 판)(회사 Ⅲ), 301면; 대판 2003. 9. 26, 2002 다 65073(공보 2003, 2080)(회사를 대표할 권한이 없는 표현대표이사가 다른 대표이사의 명칭을 사용하여 어음행위를 한 경우, 회사가 책임을 지는 선의의 제 3 자의 범위에는 표현대표이사로부터 직접 어음을 취득한 상대방뿐만 아니라, 그로부터 어음을 다시 배서양도받은 제 3 취득자도 포함된다); 서울민사지판 1986. 2. 12,

(나) 제 3 자의 「선의」에는 무과실을 요하는가. 이에 대하여 무과실을 요한다고 보는 견해[1)]도 있으나, 무과실을 필요로 하지 않는다고 본다. 다만 대표권이 있는지 여부에 대하여 중대한 과실이 있는 경우(예컨대, 의심할만한 중대한 사유가 있음에도 불구하고 등기열람을 하지 않은 경우 등)에는 악의로 보아야 할 것이다.[2)]

우리 대법원판례도 같은 취지에서 무과실까지 요하는 것은 아니라고 다음과 같이 판시하고 있다.

[상법 제395조의 적용에 있어서의 제 3 자의 선의에는 무과실까지 요하지 않는다고 본 판례]

상법 제395조에 무과실을 요한다는 규정이 없고 또 거래의 신속과 안전 등을 위하여야 한다는 점에서 제 3 자에게 무과실까지 요하는 것은 아니다[대판 1973. 2. 28, 72다 1907(집 21 ① 민 111)].

[제 3 자의 중과실을 인정한 판례]

상법 제395조가 규정하는 표현대표이사의 행위로 인한 주식회사의 책임이 성립하기 위하여는 법률행위의 상대방이 된 제 3 자의 선의 이외에 무과실까지도 필요로 하는 것은 아니지만, 그 규정의 취지는 회사의 대표이사가 아닌 이사가 외관상 회사의 대표권이 있는 것으로 인정될 만한 명칭을 사용하여 거래행위를 하고, 이러한 외관이 생겨난 데에 관하여 회사에 귀책사유가 있는 경우에 그 외관을 믿은 선의의 제 3 자를 보호함으로써 상거래의 신뢰와 안전을 도모하려는 데에 있다 할 것인바, 그와 같은 제 3 자의 신뢰는 보호할 만한 가치가 있는 정당한 것이어야 할 것이므로 설령 제 3 자가 회사의 대표이사가 아닌 이사가 그 거래행위를 함에 있어서 회사를 대표할 권한이 있다고 믿었다 할지라도 그와 같이 믿음에 있어서 중대한 과실이 있는 경우에는 회사는 그 제 3 자에 대하여는 책임을 지지 아니한다.

상법 제395조는 표현대표이사의 명칭을 예시하면서 사장 · 부사장 · 전무 · 상무 등의 명칭을 들고 있는바, 사장 · 부사장 · 전무 · 상무 등의 명칭은 표현대표이사의 명칭으로 될 수 있는 직함을 예시한 것으로서 그와 같은 명칭이 표현대표이사의 명칭에 해당하는가 하는 것은 사회 일반의 거래통념에 따라 결정하여

---

85 가합 50; 日東京地判 1954. 7. 28.

1) 日大阪高判 1963. 12. 24.

2) 동지: 정(희), 485면; 정(동), (회) 423면; 이(철), (회) 744면; 채(기), (회) 608~609면; 이(기) 외, (회) 335면; 주상(제 5 판)(회사 Ⅲ), 301~302면; 日最高判 1966. 11. 10; 同 1977. 10. 14(判時 871, 8262).

야 할 것인데, 상법은 모든 이사에게 회사의 대표권을 인정하지 아니하고, 이사회 또는 주주총회에서 선정한 대표이사에게만 회사 대표권을 인정하고 있으며, 그와 같은 제도는 상법이 시행된 이후 상당한 기간 동안 변함 없이 계속하여 시행되어 왔고, 그 동안 국민 일반의 교육수준도 향상되고 일반인들이 회사 제도와 대표이사 제도를 접하는 기회도 현저하게 많아졌기 때문에 일반인들도 그와 같은 상법의 대표이사 제도를 보다 더 잘 이해하게 되었으며, 적어도 직제상 사장·부사장·전무·상무 등의 직책을 두고 있는 주식회사의 경우라면 상법상 대표이사에게는 사장 등의 직책과는 별도로 대표이사라는 명칭을 사용하도록 하고 상법상 대표이사가 아닌 이사에게는 대표이사라는 명칭을 사용하지 못하도록 하고 있으며, 또한 규모가 큰 주식회사의 경우 직제상 사장의 직책을 가지는 이사는 대표이사로 선정되어 있는 경우가 많은 반면, 직제상 전무 또는 상무의 직책을 가지는 이사는 반드시 그러하지는 아니하고, 전무 또는 상무의 직책을 가지면서 동시에 대표이사로 선정되어 있는 이사들은 '대표이사 전무, 대표이사 상무' 등의 명칭을 사용하는 것이 현재 우리나라 경제계의 실정이고, 따라서 상법 제395조가 표현대표이사의 명칭으로 사장·부사장·전무·상무 등의 명칭을 나란히 예시하고 있다 하더라도 그 각 명칭에 대하여 거래통념상 제 3 자가 가질 수 있는 신뢰의 정도는 한결같다고 할 수 없으므로 위와 같은 각 명칭에 대하여 제 3 자가 그 명칭을 사용한 이사가 회사를 대표할 권한이 있다고 믿었는지 여부, 그와 같은 믿음에 있어서 중과실이 있는지 여부 등은 거래통념에 비추어 개별적·구체적으로 결정하여야 할 것이며, 특히 규모가 큰 주식회사에 있어서 '대표이사 전무' 또는 '대표이사 상무' 등의 명칭을 사용하지 아니하고, 단지 '전무이사' 또는 '상무이사' 등의 명칭을 사용하는 이사에 대하여는 제 3 자가 악의라거나 중과실이 있다는 회사측의 항변을 배척함에 있어서는 구체적인 당해 거래의 당사자와 거래 내용 등에 관하여 신중한 심리를 필요로 하고, 함부로 그 항변을 배척하여서는 아니된다.

따라서 금융기관 임직원이 상장회사의 전무이사/주택사업본부장에게 회사를 대표하여 백지어음에 배서할 권한이 있다고 믿은 데 중과실이 있다고 볼 수 있어, 회사는 금융기관에 대하여 상법 제395조에 의한 표현대표이사의 책임을 부담하지 않는다[대판 1999. 11. 12, 99 다 19797(공보 1999, 2483)][이 판결에 대하여 찬성하는 취지의 평석으로는 최준선, 법률신문, 제2880호(2000. 5. 1), 15면 참조].

[제 3 자의 중과실을 부정한 판례]

상법 제395조가 규정하는 표현대표이사의 행위로 인한 주식회사의 책임이 성립하기 위하여는 법률행위의 상대방이 된 제 3 자의 선의 이외에 무과실까지도 필요로 하는 것은 아니지만, 그 규정의 취지는 회사의 대표이사가 아닌 이사가 외관상 회사의 대표권이 있는 것으로 인정될 만한 명칭을 사용하여 거래행위를 하고, 이러한 외관이 생겨난 데에 관하여 회사에 귀책사유가 있는 경우에 그 외관을 믿은 선의의 제 3 자를 보호함으로써 상거래의 신뢰와 안전을 도모하려는 데에 있다 할 것인바, 그와 같은 제 3 자의 신뢰는 보호할 만한 가치가 있는 정당한 것이어야 할 것이므로 설령 제 3 자가 회사의 대표이사가 아닌 이사가 그 거래행위를 함에 있어서 회사를 대표할 권한이 있다고 믿었다 할지라도 그와 같은 믿음에 있어서 중대한 과실이 있는 경우에는 회사는 그 제 3 자에 대하여는 책임을 지지 아니하고, 여기서 제 3 자의 중대한 과실이라 함은 제 3 자가 조금만 주의를 기울였더라면 표현대표이사의 행위가 대표권에 기한 것이 아니라는 사정을 알 수 있었음에도 만연히 이를 대표권에 기한 행위라고 믿음으로써 거래통념상 요구되는 주의의무에 현저히 위반하는 것으로, 공평의 관점에서 제 3 자를 구태여 보호할 필요가 없다고 봄이 상당하다고 인정되는 상태를 말한다. 이러한 점에서 피고은행이 A가 위조한 약속어음 3장 합계 86억원 상당을 할인대출하면서 A가 이 사건 근질권 설정행위에 관하여 대표이사의 대표권을 대행하는 데 대하여, 피고은행에게 중대한 과실이 있다고 보기는 어렵다[대판 2003. 7. 22, 2002 다 40432(공보 2003, 1765)].

동지: 대판 2003. 9. 26, 2002 다 65073(공보 2003, 2080)(상게 대판 2003. 7. 22, 2002 다 40432에서 피고은행이 원고가 되어 제소한 사건에서 동지로 판시함); 동 2013. 2. 14, 2010 다 91985(공보 2013, 449)(상법 제395조가 표현대표이사의 행위로 인한 주식회사의 책임을 인정하는 취지는, 회사의 대표이사가 아닌 이사가 외관상 회사의 대표권이 있는 것으로 인정될 만한 명칭을 사용하여 거래행위를 하고 그러한 외관이 생겨난 데에 회사의 귀책사유가 있는 경우에 그 외관을 믿은 선의의 제 3 자를 보호함으로써 상거래의 신뢰와 안전을 도모하려는 데 있다. 따라서 거래의 상대방인 제 3 자가 대표이사가 아닌 이사에게 그 거래행위를 함에 있어 회사를 대표할 권한이 있다고 믿었다 할지라도 그와 같이 믿은 데에 중대한 과실이 있는 경우에는 회사는 위 규정에 의한 책임을 지지 아니한다. 여기서 제 3 자의 중대한 과실이라 함은 제 3 자가 조금만 주의를 기울였더라면 표현대표이사의 행위가 대표권에 기한 것이 아니라는 사정을 알 수 있었음에도 만연히 이를 대표권에 기한 행위라고 믿음으로써 거래통념상 요구되는 주의의무에 현저히 위반하는 것으로서, 공평의 관점에서 제 3 자를 구태여 보호할 필요가 없다고 봄이 상당하다고 인정되는 상태를 말하고 제 3 자에게 중과실이 있는지는 거래통념에 비추어 개별적 · 구체적으로 판단하여야 한다. 이 사건은 상표의 전용사용권자인 갑 주식회사로부터 상표의 사용허락을 받은 통상사용권자인 을 주식회사의 이사 병이 갑 회사의 동의 없이 정에게 위 상표의 사용권을 부여하는 내용의 업무협약을 체결하였고, 정이 위 상표를 부착하여 상품을 제조 ·

납품하여 오다가 갑 회사로부터 형사고소와 민사소송을 제기당한 사건인데, 을 회사가 전용사용권자인 갑 회사 등으로부터 정의 상표 사용에 대한 승낙을 받아 줄 의무를 이행하지 아니한 상태에서 정이 업무협약 체결에 따라 상표 사용권을 취득하였다고 믿고 제조한 상품에 상표를 부착한 후 거래처에 납품하여 납품대금을 수령하는 이익을 얻었다 하더라도〈정을 상법 제395조의 적용에 있어서 제 3 자로 보고, 또한 정의 중과실을 부인함—저자 주〉, 그 이득은 상표에 화체된 신용과 고객흡인력 및 정의 노력과 비용이 투입된 상품의 제조·납품행위로 인하여 생긴 것일 뿐 상표의 적법한 사용권을 정에게 부여한 바 없는 업무협약과 상당인과관계가 있다고 볼 수 없으므로, 그 납품대금 상당의 이득을 을 회사가 정에게 배상하여야 할 손해액에서 공제할 수 없다).

㈐ 제 3 자의 선의 여부(즉, 악의)에 대한 증명책임은 「회사」에게 있다[1] (이설〈異說〉 없음).

⑷ 효 과

상법 제395조가 적용되는 경우에는 표현대표이사의 행위에 대하여 회사는 마치 대표권이 있는 대표이사의 행위와 같이, 제 3 자에 대하여 권리를 취득하고 의무를 부담한다. 따라서 이 경우에는 무권대리에 관한 민법의 규정(민 130조 이하)이 적용될 여지가 없다.[2] 다만 표현대표이사가 어음행위를 한 경우에는 어음법의 특칙에 의하여 표현대표이사도 어음상의 권리자에 대하여 어음채무를 부담한다(어 8조 1문).

⑸ 적용범위

1) 상법 제395조는 거래의 안전을 보호하기 위한 것이므로 법률행위에 대해서만 적용된다. 이 때의 법률행위에는 준법률행위 및 수동적 대표행위(예컨대, 의사표시의 수령 등)를 포함한다.[3] 따라서 표현대표이사의 불법행위에는 본조가 적용되지 않고, 민법 제35조 또는 제756조에 의하여 회사는 그 책임을 부담하게 될 것이다(통설).[4] 또한 표현대표이사가 한 법률행위는 대표이사의 권한에 속하는 행위이어야 한다.[5]

1) 동지: 대판 1971. 6. 29, 71 다 946(집 19 ② 민 168).
2) 동지: 정(동), (회) 425면; 최(기), (회) 611~612면; 채, 541면.
3) 동지: 이(철), (회) 742면.
4) 정(동), (회) 424면; 이(철), (회) 742면; 최(기), (회) 603면; 채, 539면; 이(기) 외, (회) 332면 외.
5) 동지: 이(철), (회) 742~743면.

우리 대법원판례도 이와 같은 취지에서 다음과 같이 판시하고 있다.

[대표이사의 권한범위 외의 행위에 대하여 상법 제395조의 적용을 부정한 판례]

대표이사로서도 주주총회의 특별결의 없이는 할 수 없는 회사의 유일무이한 재산(부동산)을 매도담보로 제공한 행위에 대하여는 상법 제395조가 적용될 여지가 없다[대판 1964. 5. 19, 63 다 293(민판집 76, 438)].

동지: 대판 1998. 3. 27, 97 다 34709(공보 1998, 1176)(표현대표이사의 행위와 이사회의 결의를 거치지 아니한 대표이사의 행위는 모두 본래는 회사가 책임을 질 수 없는 행위들이지만 거래의 안전과 외관이론의 정신에 입각하여 그 행위를 신뢰한 제 3 자가 보호된다는 점에 공통되는 면이 있으나, 제 3 자의 신뢰의 대상이 전자에 있어서는 대표권의 존재인 반면 후자에 있어서는 대표권의 범위이므로, 제 3 자가 보호받기 위한 구체적인 요건이 반드시 서로 같다고 할 것은 아니고, 따라서 표현대표이사의 행위로 인정이 되는 경우라고 하더라도 만일 그 행위에 이사회의 결의가 필요하고 거래의 상대방인 제 3 자의 입장에서 이사회의 결의가 없었음을 알았거나 알 수 있었을 경우라면 회사로서는 그 행위에 대한 책임을 면한다).

2) 상법 제395조는 소송행위에도 적용되지 않는다(상 14조 1항 단서의 유추적용)(통설).[1]

3) 상법 제395조는 조세의 부과 및 징수의 경우에도 적용되지 않는다.[2]

제 5 집행임원[3]

Ⅰ. 의 의

(1) 2011년 4월 개정상법은 주식회사(특히 대규모 주식회사)의 경영의 투명성과 효율성을 높이기 위하여 주식회사는 (선택에 의하여) 대표이사에 갈음하여 집행임원을 둘 수 있도록 하였는데(상 408조의 2 1항), 이와 같이 집행임원을 둔 회사를 '집행임원 설치회사'라 한다. 이러한 집행임원 설치회사는 회사의 업무집행

1) 정(동), (회) 424면; 이(철), (회) 742면; 채, 539면; 이(기) 외, (회) 332면; 이·최, 326면 외.

반대: 대판 1970. 6. 30, 70 후 7(집 18 ② 행 27)(전무이사의 항소취하에 대하여 상법 제395조를 적용함).

2) 동지: 정(희), 485면; 정(동), (회) 424면; 대판 1987. 7. 21, 87 누 224(공보 808, 1414).

3) 이에 관한 상세는 정찬형, "2011년 개정상법에 따른 준법경영제도 발전방향(집행임원 및 준법지원인을 중심으로)," 「선진상사법률연구」, 통권 제55호(2011. 7), 11~29면 참조.

기관(집행임원)과 업무감독기관(감독형 이사회)을 분리하여, 이사회(감독형 이사회)는 회사의 업무를 잘 알고 또한 경영의 전문가인 집행임원을 업무집행기관으로서 선임(해임)하여 회사의 업무집행(경영)을 맡기고, 이사회는 이에 대한 감독만을 하면서 (필요한 경우) 회사의 중요한 사항에 대하여 의사를 결정하는 회사를 말한다. 따라서 집행임원 설치회사에서의 집행임원은 (집행임원 비설치회사에서의 대표이사에 갈음하여) 「대내적으로 회사의 업무를 집행하고 대표집행임원은 대외적으로 회사를 대표하는 기관」이라고 볼 수 있다. 집행임원 설치회사에서 집행임원이 수인인 경우에 각 집행임원은 회사의 업무를 집행할 뿐만 아니라(상 408조의 4 1호) 정관이나 이사회의 결의에 의하여 위임받은 업무집행에 관한 의사결정을 (대표권 유무에 관계 없이) 각 집행임원이 하므로(상 408조의 4 2호)(즉, 집행임원회는 상법상 없음) 업무집행의 효율성을 기할 수 있는 점, 또한 집행임원은 언제나 이사회에 의하여 선임·해임될 뿐만 아니라(상 408조의 2 3항 1호) (정관에 규정이 없거나 주주총회의 승인이 없는 경우) 그의 보수도 이사회에 의하여 결정되므로(상 408조의 2 3항 6호) 이사회에 의한 실효성 있는 감독을 받는다는 점 등으로 인하여, 집행임원 비설치회사에서의 대표이사와는 구별되고 업무집행기관(집행임원)과 업무감독기관(이사회)의 구별이 좀 더 명확하게 되어 업무집행의 효율성과 업무감독의 실효성을 거둘 수 있는 것이다.[1] 집행임원 비설치회사에서는 회사의

1) 집행임원 설치회사의 집행임원제도가 집행임원 비설치회사에서의 업무집행기관(대표이사)과 다른 점을 간단히 정리하면 다음과 같다[정찬형, "상법 회사편(특히 주식회사의 지배구조) 개정안에 대한 의견," 국회 법사위 상법 일부개정법률안에 관한 공청회 자료, 2009.11.20, 27~28면; 동, 전게논문(선진상사법률연구 제55호), 23면 주 16)].

(i) 집행임원 비설치회사에서는 업무집행에 관한 의사결정을 회의체인 이사회에서 하고(상 393조 1항) 이의 집행은 대표이사가 하나(상 389조), 집행임원 설치회사에서는 일반적으로 이사회의 위임에 의하여 각 집행임원이 결정하여 집행하므로(이사회와 같은 회의체 기관이 아니고, 이 경우 업무집행에 관한 의사결정기관과 집행기관이 분리되지 않으므로) 업무집행의 효율성을 기할 수 있다(상 408조의 2 3항 4호, 408조의 4).

(ii) 집행임원 비설치회사에서는 대표이사가 정관의 규정에 의하여 주주총회에서 선임되는 경우에는(상 389조 1항 2문) 이사회가 대표이사의 선임·해임권이 없으므로 이사회가 대표이사의 직무집행을 실제로 감독할 수 없다. 집행임원 비설치회사에서 대표이사가 이사회에서 선임되는 경우에도(상 389조 1항 1문) (대표)이사의 보수는 정관에 규정이 없으면 주주총회의 결의로 정하여지므로(상 388조) 이사회는 대표이사의 직무집행을 실제로 감독할 수 없다. 그러나 집행임원 설치회사에서는 이사회가 집행임원의 선임·해임권 및 보수결정권(정관·주주총회의 승인이 없는 경우)이 있으므로(상 408조의 2 3항), 이사회는 실질적으로 집행임원에 대한 감독권을 실효성 있게 행사할 수 있다.

(iii) 집행임원 비설치회사에서는 현행 상법상 (대표)이사는 한편으로 이사회 구성원으로서 업무집행과 업무감독에 관한 의사결정을 하고(상 393조 1항·2항) 다른 한편 업무집행기능을 수행하나, 집행임원 설치회사에서는 이 양자가 명확히 분리되어(상 408조의 2 3항·4항, 408조의

대표권을 갖는 대표이사에 대하여만 규정하고(상 389조) 대내적인 업무집행권에 관하여는 상법에 규정이 없고 업무집행권은 대표권의 대내적인 면이라는 점에서 대표이사에게만 있다고 설명한다. 또한 이러한 회사는 보통 (정관 등의 규정에 의하여) 대표이사 이외의 이사에게도 대내적으로 업무집행권을 부여한다고 설명한다(업무담당이사)·집행임원 설치회사에서는 집행임원 비설치회사에서의 이러한 대표이사 및 업무담당이사의 업무집행권을 상법상 명문으로 규정하고(상 408조의 4) 대표권에 대하여는 별도로 규정하고 있는 점(상 408조의 5)에서도 그 의미가 크다.

(2) 최근 사업연도말 현재의 자산총액 2조원 이상인 주식회사는 의무적으로 이사회를 사외이사가 이사총수의 과반수로 구성하고(상 542조의 8 1항 단서, 동법 시행령 34조 2항) 또한 이사회내 위원회의 하나이고 사외이사가 위원의 3분의 2 이상인 감사위원회를 의무적으로 두어야 하는 규정(상 542조의 11 1항, 동법 시행령 37조 1항)의 취지에서 볼 때 이러한 이사회는 업무감독기능에 중점이 있으므로, 이러한 주식회사에서는 이사회(업무감독기관)와는 분리된 집행임원(업무집행기관)을 반드시 두어야 할 것으로 본다(즉, 이러한 회사는 상법상 집행임원 설치회사를 선택하여야 하는데, 선택하지 않는 경우 발생하는 문제점을 해결하기 위하여 입법론상 상법 제542조의 8 제 1 항 단서의 "상장회사의"를 "상장회사로서 집행임원 설치회사의"로 수정하여야 할 것이다).[1]

그러나 그 이외의 주식회사는 임의로 집행임원 설치회사를 선택할 수 있는데, 사외이사가 이사총수의 과반수인 주식회사는 위에서 본 대회사의 경우와 같은 취지에서 볼 때 집행임원 설치회사를 선택하여야 한다고 본다.[2] 다시 말

4, 408조의5) 이사회는 업무집행기관(집행임원)에 대하여 실효성 있는 감독업무를 수행할 수 있다.

1) 이러한 대회사에 대하여는 이사회에 의무적으로 이사총수의 과반수의 사외이사를 두도록 하고 (상 542조의 8 1항 단서) 또한 감사위원회를 의무적으로 두도록 한 점(상 542조의 11 1항)과의 균형상 집행임원도 의무적으로 두도록 하여야 하는데[정찬형, "주식회사법 개정제안,"「선진상사법률연구」, 통권 제49호(2010. 1), 14~15면; 동, 전게논문(선진상사법률연구 통권 제55호), 14면. 동지: 문상일, "상법상 집행임원제도의 지배구조적 문제점과 개선방안,"「상사법연구」(한국상사법학회), 제36권 제 4 호(2018. 2), 60~61면], 상법이 집행임원제도를 임의규정으로 하였다고 하더라도 위와 같이 사외이사 및 감사위원회를 의무적으로 두도록 한 규정의 취지 및 현실적으로 사실상 집행임원을 두고 있는 점에서 이러한 대회사는 집행임원 설치회사의 지배구조를 선택하여야 할 것으로 본다. 이러한 대회사가 집행임원 비설치회사인 경우, 발생하는 문제점에 관한 상세는 정찬형, "우리 주식회사 지배구조의 문제점과 개선방안,"「상사법연구」(한국상사법학회), 제34권 2호(2015. 8), 19~21면, 25~27면, 33~35면; 동, "대기업의 투명경영을 위한 지배구조,"「선진상사법률연구」(법무부), 통권 제78호(2017. 4), 1~28면 등 참조.

2) 정찬형, 전게논문(선진상사법률연구 통권 제49호), 170면; 동, 전게논문(선진상사법률연구 통권 제55호), 14면; 동, 전게논문(상사법연구 제34권 2호), 19면.

하면 집행임원 설치회사는 사외이사가 이사총수의 과반수이어야 한다. 이러한 점에서 볼 때 입법론상 상법 제408조의 2에 이러한 내용의 규정을 두어야 할 것으로 본다. 또한 감사위원회는 원래 감독형 이사회에 설치되는 것이므로 집행임원 설치회사에 한하여 감사위원회를 두도록 하는 것이 감사(監査)의 실효성 면에서 타당하다고 본다(이러한 점에서 입법론상 상법 제415조의 2 제 1 항의 "회사"는 "집행임원 설치회사"로 수정되어야 할 것이다)(상 415조의 2 1항 참조).[1]

(3) 자본금 총액이 10억원 미만으로서 이사를 1명 또는 2명 둔 경우에는 이사회가 없으므로 집행임원 설치회사가 있을 수 없다고 본다.[2]

(4) 집행임원 설치회사에서는 대표이사가 없으므로 대외적으로 회사를 대표하는 자는 (대표)집행임원(CEO)이지 대표이사가 아니고, 이사회의 회의를 주관하기 위하여는 (정관에 규정이 없으면 이사회의 결의로) 이사회 의장을 두어야 한다(상 408조의 2 4항). (대표)집행임원과 이사회 의장은 분리되는 것이 집행임원 설치회사의 원래의 취지(집행과 감독의 분리)에 맞으나,[3] 우리 상법상 이를 금지하는 규정을 두고 있지 않으므로 이 양자의 지위를 겸할 수 있다고 본다(이 경우 법률상 명칭은 종래의 대표이사에 갈음하여 '대표집행임원 및 이사회 의장'이다).

그런데 금융회사의 지배구조에 관한 법률에서는 "금융회사의 이사회는 매년 사외이사 중에서 이사회 의장을 선임하는데, 이사회가 사외이사가 아닌 자를 이사회 의장으로 선임하는 경우에는 그 사유를 공시하고 선임사외이사를 별도로 선임하여야 한다"고 규정하고 있다(지배 13조 1항·2항).

---

1) 정찬형, 전게논문(상사법연구 제34권 2호), 29면, 32면, 34면. 2013년 7월 16일 정부(법무부)의 「상법 일부 개정(안) 입법예고」(법무부공고 제2013-162호)에서는 상법 제415조의 2 제 1 항 제 2 문을 개정하여 "감사위원회를 설치한 경우에는 감사를 둘 수 없고, 제408조의 2 이하의 규정에 의한 집행임원을 두어야 한다"고 규정하고 있다. 이는 감사위원회 설치회사로서 상법상 집행임원을 두지 않은 경우 업무집행 및 감독기능이 모두 이사회에 집중되어 자기감독의 모순이 발생하고 견제와 균형이 유지되기 어려운 문제가 발생하여, 이와 같은 개정으로 기업지배구조내 견제와 균형을 회복함으로써 지배구조의 투명성을 제고하고자 하는 것이다(동 개정안 개정이유).

2) 이러한 점에서 볼 때, 2011년 개정상법 제383조 제 5 항은 자본금 총액이 10억원 미만으로서 이사를 1명 또는 2명 둔 주식회사에 대하여 집행임원에 관한 일부 규정만을 적용하지 않는 것으로 규정하고 있으나, 집행임원에 관한 규정 전부(상 408조의 2부터 408조의 9까지)를 적용하지 않는 것으로 규정하였어야 한다고 본다. 이는 입법의 미비라고 본다[동지: 정찬형, 상게논문(선진상사법률연구 통권 제55호), 14면 주 4)].

3) 2013년 7월 16일 정부(법무부)의 「상법 일부 개정(안) 입법예고」(법무부공고 제2013-162호)에서는 상법 제408조의 2 제 4 항 제 1 문을 "집행임원 설치회사는 이사회의 회의를 주관하기 위하여 집행임원이 아닌 이사회 의장을 두어야 한다"고 규정함으로써, 집행임원과 이사회 의장의 지위를 분리하였다.

또한 집행임원과 이사와의 관계에서도 원래는 분리되어야 집행임원 설치회사의 취지에 맞으나,[1] 우리 상법상 이 양자의 지위를 금지하는 규정을 두고 있지 않으므로 이 양자의 지위도 겸할 수 있다고 본다(이 경우 법률상 사내이사는 '집행임원 및 이사'이고, 사외이사 및 그 밖에 상무에 종사하지 않는 이사는 '집행임원이 아닌 이사'를 의미한다).

2. 지 위

집행임원 설치회사와 집행임원의 관계는 민법 중 위임에 관한 규정이 준용된다(상 408조의 2 2항).[2] 이는 이사와 회사와의 관계와 같고(상 382조 2항), 상업사용인과 회사와의 관계가 보통 고용관계인 점과 구별된다. 민법상의 위임계약이 원칙적으로 무상인 점과는 달리 집행임원 설치회사는 (이사의 경우와 같이) 집행임원에게 보수를 주는 것이 보통이므로(유상계약), 집행임원의 보수에 대하여는 정관에 규정이 없거나 주주총회의 승인이 없는 경우 이사회가 이를 결정한다(상 408조의 2 3항 6호).

2011년 개정상법은 주식회사에서 이와 같이 집행임원에 대하여 규정하고 이와 함께 집행임원과 집행임원 설치회사와의 관계가 위임관계임을 명백히 규정하고 있으므로, 종래에 사실상 집행임원(비등기임원)에 대하여 우리 대법원 판례가 주주총회에서 선임되지 않았고 또한 등기되지 않았다는 이유를 들어 이사가 아니라는 점에서 회사와의 관계는 (고용계약을 전제로 하는) 근로자이고 또한 이러한 사실상 집행임원(비등기임원)에 대하여는 근로기준법이 적용된다고 판시한 것은,[3] 이에 관한 근거규정이 제정되었으므로 수정되어야 할 것으로 본다.

2011년 개정상법 이후에 우리 대법원판례도 이와 같은 취지로 다음과 같이 판시하고 있다.

[보험회사의 미등기임원인 상무를 근로자가 아니라고 한 판례]

대규모 금융회사인 갑 보험회사에서 미등기임원인 상무로 선임되어 '방카슈

1) 동지: 문상일, 전게논문(상사법연구 제36권 제 4 호), 61～62면(집행임원의 이사 겸직을 엄격히 제한하는 명문규정을 마련할 필요가 있다고 한다).

2) 금융회사의 지배구조에 관한 법률에서는 주요업무집행책임자와 해당 금융회사의 관계에 대하여만 민법상 위임관계로 규정하고(지배 8조 3항) 임원에 속하는 업무집행책임자와 해당 금융회사와의 관계에 대하여는 규정을 두고 있지 않다.

3) 대판 2003. 9. 26, 2002 다 64681(비등기임원을 원심에서는 근로자가 아니라고 보았으나, 대법원에서는 이러한 비등기임원을 근로자라고 보고 원심을 파기환송함) 외.

랑스 및 직접마케팅(Direct Marketing)' 부문을 총괄하는 업무책임자(Function Head)의 업무를 담당하는 을은 기능적으로 분리된 특정 전문 부분에 관한 업무 전체를 포괄적으로 위임받아 이를 총괄하면서 상당한 정도의 독자적인 권한과 책임을 바탕으로 처리하는 지위에 있었으므로 근로기준법상 근로자에 해당한다고 보기 어렵다[대판 2017. 11. 9, 2012 다 10959(공보 2017, 2275)].

동지: 서울고판 2015. 5. 15, 2014 나 2049096(동양그룹의 상무였던 L 등 전 임원 2명이 근로자임을 전제로 퇴직금청구소송을 제기한 사안에서, L 등이 비등기이사라 하더라도 등기이사와 동일한 보수를 받고 업무에 대한 위임전결 권한을 갖고 있었다면 근로자를 볼 수 없으므로 퇴직금청구권이 없다).

3. 선임 · 해임

(1) 집행임원 설치회사에서는 집행임원과 대표집행임원의 선임 및 해임권이 이사회에 있다(상 408조의 2 3항 1호).[1] 따라서 이사회는 정관에 (높은 비율로) 달리 규정하고 있지 않는 한 이사 과반수의 출석과 출석이사 과반수의 찬성으로 집행임원을 선임 · 해임할 수 있다(상 391조 1항). 이 때 가부동수(可否同數)인 경우 이사회 의장에게 결정권을 주는 것으로 정한 정관의 규정은 법적 근거 없이 이사회 의장에게 복수의결권을 주는 것이 되어 무효라고 본다.[2] 이사회 결의에 관하여 특별한 이해관계를 갖는 이사는 이사회에서 의결권을 행사하지 못하는데(상 391조 3항, 368조 3항), 집행임원 후보인 이사가 이사회에서 의결권을 행사할 수 있는지 여부가 문제될 수 있다. 주주총회의 결의에서 주주가 주주의 입장(사단관계)에서 이해관계를 갖는 경우에는 특별한 이해관계를 갖지 않는 것으로 보고 주주가 주주의 입장을 떠나서 개인적으로 갖는 이해관계만을 특별한 이해관계를 갖는 것으로 해석하는 것(개인법설)이 통설인데,[3] 이러한 통설을 이사회에서도 동일하게 적용한다면 집행임원 후보인 이사는 의결권을 행사할 수 있는 것으로 볼 수 있다. 또한 이러한 이사회의 결의에 대하여 이사는 책임을 져야 하므로(상 399조 2항 · 3항 참조) 무기명투표는 허용되지 않는다.

집행임원은 이와 같이 이사회에서 선임 · 해임되어야 하므로 (이사회에서 선임 · 해임되지 않는) 회장(또는 지배주주겸 대표이사) 등과 이들이 선임 · 해임하는

1) 금융회사의 지배구조에 관한 법률상 주요업무집행책임자는 이사회의 의결을 거쳐 임면된다(지배 8조 1항).
2) 이 책 750면 참조.
3) 이 책 622면; 정(동), (회), 329면; 이(철), (회) 539면 외.

(사실상) 집행임원은 상법상 집행임원은 아니나, 상법상 집행임원과 동일하게 보아 그의 책임을 물을 수 있다고 본다(상 408조의 9, 401조의 2).

(2) 집행임원의 수에는 (최저이든 최고이든) 제한이 없다. 또한 집행임원이 다수인 경우에도 (이사회와 같이) 회의체를 구성하는 것이 아니다.

(3) 집행임원의 자격에는 제한이 없다. 그러나 해석상 집행임원은 당해 회사 및 자회사의 감사(監事)를 겸직할 수 없다고 본다(상 411조 참조).[1] 따라서 이사회는 유능한 경영인을 집행임원으로 선임하여 업무집행의 효율성을 극대화할 수 있고, 언제든지 그 결과에 대하여 책임을 물을 수 있다.

(4) 집행임원의 임기는 정관에 다른 규정이 없으면 2년을 초과하지 못한다(상 408조의 3 1항).[2] 정관의 규정에 의하여 이와 달리(1년 또는 3년) 임기를 정할 수 있다. 집행임원의 임기에 관하여는 이사의 임기와 그 기간만이 다르지, 임기의 산정에 관하여는 이사의 임기에 관한 해석과 같다. 따라서 이사회는 집행임원을 선임할 때에 정관에 달리 규정하고 있지 않으면 2년을 초과하지 않는 범위 내에서 집행임원의 임기를 정하여야 한다.[3] 이사의 임기가 3년을 초과하지 못하는 점(상 383조 2항)과 관련하여 이사회는 그가 선임한 집행임원에 대하여 책임을 물을 수 있도록 하기 위하여(즉, 이사회가 집행임원을 해임할 수 있도록 하기 위하여) 2년으로 단축한 것이다.

이사회는 집행임원의 임기중에도 집행임원에게 정당한 사유가 있거나 없거나 언제든지 집행임원을 해임할 수 있다. 따라서 집행임원의 임기를 2년으로 정하고 이사회가 2년 전에 집행임원을 해임하였다고 하여도, 집행임원은 정당한 사유 없이 임기만료 전에 해임하였다고 하여 회사에 손해배상을 청구할 수는 없다.[4] 집행임원에 대하여 2년의 임기만료 전에 이사회가 정당한 사유가 없는 경우에도 해임할 수 있는 점을 들어 상법이 집행임원의 임기를 규정한 의미가 없다는 의견이 있을 수 있으나, 상법이 이와 같이 집행임원의 임

1) 따라서 상법 제411조에서는 당연히 집행임원이 추가되어야 한다고 본다. 상법 제411조의 감사의 겸직금지의 대상에 집행임원이 빠진 것은 입법의 미비라고 본다.

2) 금융회사의 지배구조에 관한 법률상 주요업무집행책임자의 임기는 정관에 다른 규정이 없으면 3년이다(지배 8조 2항).

3) 대판 2001. 6. 15, 2001 다 23928(회사의 정관에서 상법 제383조 제 2 항과 동일하게 규정한 것이 이사의 임기를 3년으로 정하는 취지라고 해석할 수는 없다) 참조.

4) 대판 2004. 12. 10, 2004 다 25123(대표이사에 대하여는 상법 제385조 제 1 항 단서가 유추적용되지 않는다) 참조.

기를 규정함으로써 정관 또는 이사회가 집행임원의 임기를 정함에 있어서 기준이 되는 점 또한 집행임원의 종임의 사유가 임기만료와 해임은 구별되는 점 등에서 상법에서 집행임원의 임기를 규정하는 것은 의미가 있다고 본다.

집행임원이 임기만료 후에 재선이 가능한 점은 이사의 경우와 같다.

그런데 이러한 집행임원의 임기는 정관에 그 임기중의 최종 결산기에 관한 정기주주총회가 종결한 후 가장 먼저 소집하는 이사회의 종결시까지로 정할 수 있다(상 408조의 3 2항)(예컨대, 12월 31일을 결산기로 하는 회사의 집행임원의 임기가 다음 해 1월 10일에 만료하고 정기주주총회일이 다음 해 3월 20일이며 이후 가장 먼저 소집하는 이사회가 다음 해 3월 30일이면, 정관의 규정으로 집행임원의 임기를 3월 30일에 만료되는 것으로 할 수 있다).

현재 대기업에서 시행하고 있는 사실상 집행임원(비등기임원)에 대하여는 상법상 규정이 없으므로 임기에 대한 보장이 있을 수 없으나, 그러한 대기업이 상법상 집행임원 설치회사의 지배구조를 채택하면 집행임원은 (이사회에 의하여 선임·해임되는 점과 함께) 상법상 2년까지 임기를 어느 정도 보장받게 되어 안정된 상태에서 업무집행기능을 수행할 수 있게 될 것으로 본다.

(5) 집행임원의 성명과 주민등록번호는 이사와 같이 등기사항이고(상 317조 2항 8호), 또한 회사를 대표할 집행임원(대표집행임원)의 성명·주민등록번호 및 주소도 등기사항이며(상 317조 2항 9호), 둘 이상의 대표집행임원이 공동으로 회사를 대표할 것을 정한 경우에는 그 규정(공동대표집행임원)도 등기사항이다(상 317조 2항 10호).

회사가 집행임원을 선임하여 회사의 업무집행권한을 부여하면서 (대표)집행임원에 관한 등기를 하지 않으면, 그러한 집행임원은 집행임원으로서의 권한을 갖고 회사는 다만 선의의 제3자에게 대항하지 못하는 (상업등기의 일반적 효력상) 불이익을 받게 된다(상 37조 1항). 이는 (대표)이사 및 지배인의 경우에도 동일하다.

현재 대회사에서 많이 시행하고 있는 사실상 집행임원(비등기임원)에 대하여는, IMF 경제체제 이전(즉, 의무적인 사외이사제도가 도입되기 이전)에 이사의 업무를 수행하는 자의 경우에는 2011년 4월 개정상법상(이사회에 의한 선임절차를 취함과 동시에 — 상 408조의 2 3항 1호) 집행임원으로 등기하여야 할 것이고(상 317조 2항 8호), 종래의 이사와 같은 업무를 수행하지 않고 지배인과 동일 또는 유사한 업무를 수행하는 자에 대하여는 지배인 등기를 하여 공시하여야 할 것으로 본다(상 13조). 만일 현행 사실상 집행임원(비등기임원)이 실제로 상법상 부분적 포괄대리권을 가진 상업사용인(상 15조)에 해당된다면(회사의 차장·과장 등) 등기할 필요가 없을 것인데, 이러한 비등기임원이 부분적 포괄대리권을 가진 상업사용인에 해당한다고 보기는 (특별한 경우를 제외하고는) 사실상 어려울 것으로 본다.

4. 권 한

(1) 업무집행권

집행임원은 (i) 집행임원 설치회사의 업무를 집행하고, (ii) 정관이나 이사회의 결의에 의하여 위임받은 업무집행에 관한 의사를 결정한다(상 408 조의 4). 즉, 집행임원은 종래의 대표이사와 같이 회사 내부적으로 업무를 집행한다. 종래의 대표이사에 대하여는 대표권에 관하여만 규정하고(상 389조 3항, 209조) 업무집행권에 대하여는 규정하고 있지 않았다. 그러나 대표이사는 원칙적으로 회사의 모든 업무에 관하여 집행권을 가진다는 것을 전제로 하여, 그 업무집행이 대외관계를 수반하는 경우에서 회사대표권에 관하여 규정한 것으로 해석하였다(즉, 대표이사는 엄격히 말하면 「집행과 대표이사」라고 볼 수 있다고 하였다).[1] 그런데 집행임원 설치회사의 경우에는 집행임원의 업무집행에 대하여 명확히 규정한 것이다. 이는 합명회사(상 201조) 및 합자회사(상 273조, 278조)의 경우에도 같다.

집행임원은 필요하면 회의의 목적사항과 소집이유를 적은 서면을 이사(소집권자가 있는 경우에는 소집권자)에게 제출하여 이사회를 소집청구할 수 있다(상 408조의 7 1항). 집행임원이 이러한 청구를 한 후 이사(소집권자가 있는 경우에는 소집권자)가 지체 없이 이사회 소집의 절차를 밟지 아니하면 소집을 청구한 집행임원이 법원의 허가를 받아 이사회를 소집할 수 있는데, 이 경우 이사회 의장은 법원이 이해관계자의 청구에 의하여 또는 직권으로 선임할 수 있다(상 408조의 7 2항). 이사회 소집을 하지 않고자 하는 이사회 의장(이는 보통 이사회의 소집권자임)이 집행임원이 법원의 허가를 받아 소집한 이사회에서 이사회의 의장을 맡는다는 것은 원만한 이사회의 운영을 위하여 적절하지 않으므로, 이 경우에는 법원이 이해관계자의 청구 또는 직권으로 이사회 의장을 선임하도록 한 것이다.

---

1) 이 책 766~767면.

(2) 대 표 권

집행임원 설치회사에서는 대표집행임원이 회사를 대표한다.[1] 2명 이상의 집행임원이 선임된 경우는 이사회 결의로 대표집행임원을 선임하여야 하는데, 집행임원이 1명인 경우에는 그 집행임원이 대표집행임원이 된다(상 408조의 5 1항). 대표집행임원에 관하여 상법에 다른 규정이 없으면 주식회사의 대표이사에 관한 규정을 준용하고(상 408조의 5 2항), 표현대표이사에 관한 규정(상 395조)도 준용한다(상 408조의 5 3항).

제 6 이사·집행임원의 의무(이사·집행임원과 회사간의 이익조정)

I. 일반적 의무(선관의무와 충실의무)

(1) 이사(집행임원 설치회사에서는 '집행임원'을 포함한다. 이하 같다)와 회사간의 관계는 위임관계이므로(상 382조 2항, 408조의 2 2항), 이사는 일반적인 의무로서 회사에 대하여 선량한 관리자의 주의의무(선관의무)를 부담한다(민 681조). 그런데 1998년 개정상법은 이사의 책임강화를 통한 건전한 기업운영을 촉진한다는 목적으로, 다시 이사의 충실의무를 도입하여 「이사는 법령과 정관의 규정에 따라 회사를 위하여 그 직무를 충실하게 수행하여야 한다」고 규정하고 있다(상 382조의 3, 408조의 9). 이사의 선관의무는 대륙법계의 위임관계에 기초한 의무인데, 1998년 개정상법은 이에 다시 영미법계의 충실의무에 대하여 1개의 조문을 둔 것이다. 이로 인하여 이사의 회사에 대한 일반적 의무가 달라지는 것일까. 이에 대하여 (i) 이사의 충실의무를 규정한 상법 제382조의 3은 종래의 선관의무와는 전혀 다른 영미법상의 충실의무를 도입한 것이라고 보는 견해(이질설〈異質說〉)도 있으나,[2] (ii) 이사의 선관의무도 단순한 주의의무가 아니라 항상 위임자의 이익을 위하여 행동하여야 할 의무라고 해석하면 선관의무와 충실의무는 크게 다르지 않고, 1998년 개정상법이 신설한 이사의 충실의무는 이사의 회사에 대한 선관의

1) 대표집행임원은 대표이사와는 반대로 회사의 업무집행을 전제로 하여 대외적으로 회사를 대표하는 권한을 부여받고 있다고 볼 수 있다.

2) 정(동), (회) 427면, 431~433면(따라서 선관의무는 이사에게 보통 요구되는 주의와 역할을 다할 것을 요구하고 이사가 고의·과실로 이를 위반하면 회사에 발생한 손해를 배상하여야 할 책임을 지나, 충실의무는 이사가 그 지위를 이용하여 자기 또는 제 3 자를 위하여 회사의 이익을 희생시키는 것을 금지하고 이사와 회사 사이에 이익충돌의 위험이 있을 때에는 회사의 이익을 우선시킬 것을 요구하는 것인 바 충실의무의 위반에는 원칙적으로 필요한 고의·과실이 요구되지 않고 그 위반시 책임의 범위도 회사가 입은 손해의 배상에 그치지 않고 이사가 얻은 모든 이득의 회사에 대한 반환에까지 미친다고 한다).

무를 구체화한 것이거나 또는 이사의 주의의무를 다시 강조한 선언적인 규정이라고 볼 수 있다(동질설〈同質說〉).[1]

이와 같은 점은 일본 상법이 1950년의 개정상법에서 이사의 충실의무를 도입하여 규정하였으나(日商 254조의 3, 日會 355조), 다수설과 판례는 이 규정을 이사의 선관의무를 구체화한 것이거나 또는 주의적으로 규정한 것이지 이보다 높거나 다른 주의를 요하는 것은 아니라고 해석하고 있는 점[2]에서도 많은 참고가 될 수 있다고 본다. 또 충실의무설에 관한 우리나라의 대법원판례[3]도(비록 충실의무를 상법에서 규정한 1998년 개정상법 이전의 것이기는 하나) 「악의 또는 중과실로 임무를 해태한 행위라 함은 이사의 충실의무 또는 선관의무의 위반행위로서 위법성이 있는 것을 말한다」고 하여, 양자를 동의어로 쓰고 있을 뿐, 충실의무를 선관의무와 구별하여 특별한 의미를 부여하지 않고 있는 것도 이러한 점을 반영하고 있다고 볼 수 있다.

(2) 상법은 이사와 회사간의 이익조정을 위하여 구체적으로 이사에게 경업피지의무(상 397조, 408조의 9)·회사기회유용금지의무(상 397조의 2, 408조의 9)·자기거래금지의무(상 398조, 408조의 9) 및 비밀유지의무(상 382조의 4, 408조의 9)의 네 가지를 특별히 규정하고, 또한 (감사〈監事〉 또는 감사위원회에 의한 감사〈監査〉의 실효성을 확보하며) 회사의 손해를 사전에 방지하기 위하여 이사의 감사(監事) 또는 감사위원회에 대한 보고의무(상 412조의 2, 415조의 2 7항, 408조의 9)[4]와 이사의 정보접근권을 강화하기 위하여 이사의 이사회에 대한 업무보

1) 동지: 손(주), 794~795면(상법 제382조의 3은 선관의무 이외에 특별히 가중된 의무를 규정한 것으로는 보기 어렵고 추상적인 선관의무를 주식회사의 이사의 의무로서 구체적으로 명확하게 한 것이며, 이 밖에 강행규정이라는 의미도 인정된다고 한다); 이(철), (회) 759~760면(주의의무의 범위를 벗어나는 내용은 우리의 법제하에서는 성문의 규정이 없이는 인정할 수 없는 규범으로서, 상법 제382조의 3의 '이사는 … 충실하게 … '라는 표현만으로는 영미법의 duty of loyalty를 수용하였다고 볼 수는 없다고 한다); 최(기), 898~899면(선관의무의 내용은 통일적으로 정형화되는 것이 아니라 기업의 종류와 규모 등과 각 이사의 특별한 직무에 따라 달라지므로 이사회의 권한이 확대되면 선관의무도 그만큼 그 내용도 강화된다고 해석할 수 있으므로, 기업의 거대화·국제화에 따라 이사는 그에 상응하는 선관의무를 가진다고 볼 수 있기 때문에 동질설이 타당하다고 한다); 鈴木竹雄·竹內昭夫, 「會社法(第三版)」(東京: 有斐閣, 1994), 289면 註 1; 日最高判 1970. 6. 24(民集 24-6, 625).

2) 上柳克郎 外, 「新版注釋會社法(6)」, 28면; 日最高判 1970. 6. 24(民集 24-6, 625).

3) 대판 1985. 11. 12, 84 다카 2490(공보 767, 18).

4) 이사의 감사에 대한 보고의무(상 412조의 2)는 1995년 개정상법에 의하여 신설된 것인데, 이는 직접적으로 이사와 회사간의 이익조정을 목적으로 한 이사의 의무는 아니고 감사(監事)에 의한 감사(監査)의 실효성을 확보하여 간접적으로 회사의 이익을 보호하려는 것이다. 또한 이러한 이사의 감사에 대한 보고의무는 적극적인 작위의무인 점에서, 이사의 경업피지의무나 자기거래금지의무가 소극적인 부작위의무인 점과 구별된다.

고의무(상 393조 4항)를 규정하고 있는데, 이러한 의무가 이사의 회사에 대한 선관의무 (duty of due care and diligence)(상 382조 2항·408조의 2 2항, 민 681조)를 구체화한 것이냐 또는 충실의무 (fiduciary duty of loyalty)(상 382조의 3, 408조의 9)를 구체화한 것이냐에 대하여, 우리나라의 학설은 다음과 같이 크게 두 가지로 나뉘어 있다.

1) 선관의무설(同質說) 이 설에서는 위에서 본 바와 같이 상법 제382조의 3의 충실의무는 상법상 선관의무 이외에 특별히 가중된 의무를 규정한 것으로 보기 어렵고 선관의무를 구체화한 것이나 다시 강조한 것에 불과하다고 보기 때문에, 상법상 이사에게 인정된 경업피지의무 등은 이사의 회사에 대한 선관의무를 구체화한 것이라고 한다.[1]

2) 충실의무설(異質說)[2] 이 설에서는 민법상의 수임인은 원칙적으로 무보수인데(민 686조) 이러한 수임인(이사)이 위임과 관계 없는 개인적 사항에 관하여 위임인(회사)의 이익을 우선시키고 자기의 이익을 무시해야 할 의무를 부담한다고 보는 것은 어렵고, 또 우리 상법은 영미법상의 이사회제도를 도입하여 이사회의 권한을 확대하였으므로 이에 맞추어 이사의 의무와 책임도 강화해야 할 필요가 있고, 또 상법이 기업경영의 투명성을 제고하고 기업지배구조의 선진화를 꾀하기 위하여 이사의 책임을 강화하는 개정을 하면서 이사의 충실의무를 특히 규정한 점에 비추어, 이사의 경업피지의무 등을 충실의무에 의하여 설명하여야 한다고 한다.[3] 이 설에서는 이사가 회사를 위하여 직무를 집행하는 측면(기관관계적 측면)에서 요구되는 의무는 선관의무이고, 이사가 그 지위를 이용하여 자기 또는 제 3 자의 이익을 위하여 행동하는 측면(개인관계적 측면)에서 요구되는 의무는 충실의무라고 한다.[4] 따라서 이사의 선관의무에는 수임인으로서 일반적인 주의의무(민 681조) 외에 이사의 보고의무(상 412조의 2, 408조의 9)·감시의무 및 영업비밀준수의무가 있고, 충실의무에는 상법상 인정된 것으로 경업피지의무 (상 397조, 408조의 9)·회사기회유용금지의무(상 397조의 2, 408조의 9)·자기거래금지의무(상 398조, 408조의 9) 등이 있고 자본시장과 금융투자업에 관한 법률상 인정된 것으로 이사(내부자)의 주식거래제한(자금 172조, 174조) 등이 있는데, 이 외에도 영미법상의 구체적인 충실의무(소수

---

1) 손(주), 792～793면; 이(철), (회) 750면, 759～760면; 최(기), 897면.

2) 외국의 충실의무제도에 관한 소개로는 정(동), (회) 432～434면; 이(철), (회) 760～762면; 송상현, "주식회사 이사의 충실의무론," 「법학」(서울대), 제14권 2호, 119면 이하; 김성배, "미국법상 이사의 이익충돌거래와 충실의무," 「비교사법」, 제 9 권 2호(2002. 8), 285～317면 등 참조.

3) 정(동), (회) 431～433면.

4) 정(동), (회) 432면.

주주의 억압 및 지배권의 매도의 이론 등)의 도입가능성도 신중이 검토되어야 한다고 설명한다.[1)]

3) 사 견 생각건대 선관의무의 내용을 반드시 이사가 기관관계적 측면에서 요구되는 의무(이렇게 보면 이사의 기관성을 부인하는 견해에 의하면 대표이사 이외의 이사는 선관의무를 부담하지 않는 결과가 되어 상법에 정면으로 반함)로 제한하여 볼 이유는 없고 매우 탄력성 있게 해석하여 회사에 최선의 이익이 되는 결과를 추구해야 할 의무(적극적 의무)를 포함하는 것으로 볼 수 있는데 이렇게 해석하면 선관의무와 충실의무는 크게 구별되는 것이 아닌 점[2)] 등에서 볼 때, 위의 이사의 경업피지의무 등을 반드시 이사의 충실의무에 의하여만 설명할 필요는 없다고 본다.

이렇게 볼 때 상법에서 인정한 이사의 경업피지의무(상 397조, 408조의 9)·회사기회유용금지의무(상 397조의 2, 408조의 9)·자기거래금지의무(상 398조, 408조의 9)·비밀유지의무(상 382조의 4, 408조의 9) 및 이사의 감사(監事) 또는 감사위원회에 대한 보고의무(상 412조의 2, 415조의 2 7항, 408조의 9)와 판례에서 인정한 이사의 감시의무[3)] 등은 모두 이사의 회사에 대한 선관의무를 구체화한 것으로도 볼 수 있다. 또 이와 같이 광범위한 선관의무를 부담하는 이사는 상근·비상근, 보수의 유무 등에 관계 없이 모든 이사를 의미하고, 그 의무의 범위는 이사의 직무와 관련된 모든 행위(이사의 의무로 규정된 직무의 수행뿐만 아니라, 법상 모든 직무상의 권한행사에 관련된 행위)에 미친다.[4)]

이하에서는 이사와 회사간의 이익조정을 위하여 상법에서 규정하고 있고 또한 판례에서 인정한 이사의 회사에 대한 구체적인 의무에 대하여 개별적으로 살펴본다.[5)]

2. 경업피지의무

집행임원 비설치회사의 경우 이사는 이사회를 통하여 또는 대표이사의 지

1) 정(동), (회) 431~445면; 정(희), 486면[상법은 이사에게 일반적으로 요구되는 선관의무를 위반한 경우로서 경업(상 397조)과 자기거래(상 398조)를 규정하고 있지만, 기업의 규모가 거대화되고 국제화되며 또 공개화되고 있는 우리나라의 회사법적 현실로서는 한 걸음 더 나아가 영미법상의 충실의무의 관념과 몇 가지 선진 미국판례법상의 이론을 도입할 필요가 있다고 한다].

2) 동지: 이(철), (회) 750면, 759~760면.

3) 대판 1985. 6. 25, 84 다카 1954(집 33 ② 민 103).

4) 동지: 이(철), (회) 750면.

5) 한국과 중국의 회사법상 임원의 의무와 책임을 비교한 것으로는 劉定湘, "회사의 임원의 의무와 책임에 관한 연구(한중 회사법의 비교를 중심으로)," 법학박사학위논문(고려대, 2010. 8) 참조.

위에서(자본금이 10억원 미만으로서 이사가 1명 또는 2명인 소규모 주식회사〈이하 '소규모 주식회사'로 약칭함〉의 경우로서 정관상 대표이사가 없는 경우에는 이사의 지위에서 — 상 383조 1항 단서 · 5항 · 6항) 회사의 업무를 집행하므로 회사의 비밀을 잘 알게 되는데, 이사(집행임원 설치회사에서는 '집행임원'을 포함한다. 이하같다)는 이렇게 업무수행상 알게 된 비밀을 이용하여 자기 또는 제 3 자의 이익을 도모해서는 안 되는 선관의무(상 382조 2항, 408조의 2 2항, 민 681조)와 충실의무(상 382조의 3, 408조의 9)를 부담한다. 상법은 앞에서 본 바와 같이 이사의 이러한 선관의무를 구체화하여 회사의 이익을 보호하기 위하여 이사의 (광의의) 경업피지의무에 대하여 규정하고 있다(상 397조, 408조의 9).[1] 이사의 이러한 (광의의) 경업피지의무는 상업사용인의 그것과 마찬가지로 법정의 부작위의무인데, 이에는 경업금지의무(협의의 경업피지의무)와 겸직금지의무가 있다. 각각의 내용 및 그 위반효과는 상업사용인의 그것과 거의 같으므로, 이 곳에서는 차이점만을 간단히 보기로 한다.[2]

(1) 경업금지의무(협의의 경업피지의무)

1) 이사는 이사회(이사가 1명 또는 2명인 소규모 주식회사의 경우에는 이사회가 없으므로 주주총회 — 상 383조 4항)의 승인이 없으면 자기 또는 제 3 자의 계산으로 회사의 영업부류에 속한 거래를 하지 못한다(상 397조 1항 전단, 408조의 9).[3] 이사가 회사의 영업부류에 속한 거래를 자기 또는 제 3 자의 계산으로 하기 위하여는 상업사용인의 경우에는 「영업주」의 허락이 있어야 하는데, 주식회사의 경우에는 「이사회의 승인」이 있어야 한다.

이사가 경업대상 회사의 지배주주가 되어 그 회사의 의사결정과 업무집행

1) 미국법상 이에 관한 내용을 소개하고 상법 제397조의 입법적 보완에 관한 견해를 밝힌 논문으로는 허덕회, "이사의 회사기회유용에 관한 규제(ALI의 Principles of Corporate Governance를 중심으로)," 「상사법연구」, 제20권 2호(2001), 473~503면; 동, "이사의 회사기회유용에 관한 규제(ALI의 Principles of Corporate Governance를 중심으로)," 「21세기한국상사법의 진로」(내동우홍구박사정년기념논문집), 2002, 333~354면 참조.

2) 경업피지의무는 상업사용인 및 주식회사의 이사뿐만 아니라, 대리상(상 89조) · 합명회사의 사원(상 198조) · 합자회사의 무한책임사원(상 269조) · 유한책임회사의 업무집행자(상 287조의 10) 및 유한회사의 이사(상 567조)에게도 부여되어 있는데, 이 중에서 상업사용인의 경업피지의무가 맨 먼저 나오므로 경업피지의무에 대하여는 상업사용인에서 상세히 설명된다.

3) 1995년 개정상법 이전에는 이사의 경업행위에 대한 승인기관을 「주주총회」로 하였는데, 1995년 개정상법에서는 이를 「이사회」로 개정하였다(일본 상법은 1980년의 개정에서 이사의 경업거래의 승인기관을 주주총회에서 이사회로 변경하였는데, 2005년 회사법에서는 승인기관을 주주총회로 하고 있다〈日會 356조 1항〉). 이는 이사의 경업행위에 대한 승인기관을 주주총회로 한 경우 주주총회의 소집 및 결의라는 형식적인 절차가 번거로워서 그 승인절차를 간소화할 필요가 있다는 점[해설(1995), 134면]과, 또 이사의 자기거래의 승인기관이 「이사회」인데(상 398조) 이와 균형을 맞출 필요가 있다는 점[정(동), (회) 435~436면] 등에서 그 이유를 들고 있다. 그러나 이사의 경업금지는 이사의 자기거래와는 달리 직접적으로 출자자의 이익을 보호하고자 하는 면이 강한데, 출자자인 주주의 의사를 묻지 않고 이사회의 승인사항으로만 하는 것은 너무나 회사의 업무처리의 편의성만을 고려한 것으로 타당하지 않다고 본다.

에 관여할 수 있게 되면 자신이 속한 회사의 이사회의 승인을 얻어야 한다는 다음의 대법원판례가 있다.

[이사가 경업대상 회사의 지배주주가 되는 경우 자기 회사의 이사회의 승인을 얻어야 한다는 판례]

상법 제397조 제 1 항은 "이사는 이사회의 승인이 없으면 자기 또는 제 3 자의 계산으로 회사의 영업부류에 속한 거래를 하거나 동종영업을 목적으로 하는 다른 회사의 무한책임사원이나 이사가 되지 못한다"라고 규정하고 있다. 이 규정의 취지는, 이사가 그 지위를 이용하여 자신의 개인적 이익을 추구함으로써 회사의 이익을 침해할 우려가 큰 경업을 금지하여 이사로 하여금 선량한 관리자의 주의로써 회사를 유효적절하게 운영하여 그 직무를 충실하게 수행하여야 할 의무를 다하도록 하려는 데 있다. 따라서 이사는 경업대상 회사의 이사 · 대표이사가 되는 경우뿐만 아니라, 그 회사의 지배주주가 되어 그 회사의 의사결정과 업무집행에 관여할 수 있게 되는 경우에도 자신이 속한 회사 이사회의 승인을 얻어야 한다[대판 2018. 10. 25, 2016 다 16191(공보 2018, 2219)].

그러나 이사가 실질적으로 그가 속한 회사의 지점 내지 영업부문으로 운영되고 공동의 이익을 추구하는 관계에 있는 다른 회사의 지배주주가 되는 경우에는 자신이 속한 회사의 이사회의 승인을 얻을 필요가 없다.[1]

2) 이사가 경업금지의무에 위반한 경우에 위반한 거래 자체는 유효하나, 회사는 이사를 해임할 수 있다(상 385조, 408조의 2 3항 1호).

이에 관한 다음과 같은 대법원결정이 있다.

[이사가 경업금지의무에 위반한 행위를 한 경우, 법령에 위반한 중대한 사실이 있는 경우로서 해임사유가 된다고 본 판례]

이사가 주주총회의 승인 없이(이는 1995년 개정상법 이전의 판례이기 때문에 '이사회의 승인'이 아니라 '주주총회의 승인'임—저자 주) 그 회사와 동종영업을 목적으로 하는 회사를 설립하고 그 회사의 이사 겸 대표이사로 있다가 그 회사가 영업활동을 개시하기 전에 이사 및 대표이사직을 사임하였다고 하더라도, 이는 분명히 상법 제397조 1항 소정의 경업금지의무를 위반한 행위로서 이는 이사의 해임에 관한 상법 제385조 2항 소정의 '법령에 위반한 중대한 사실'에 해당한다[대결 1990. 11. 2, 90 마 745(공보 886, 2417)].

---

1) 대판 2013. 9. 12, 2011 다 57869(공보 2013, 1752).

또 회사는 그 이사에 대하여 손해배상을 청구할 수 있음은 물론(상 399조, 408조의 8 1항·3항) 개입권을 행사할 수 있는데(상 397조 2항, 408조의 9),[1] 이러한 점은 상업사용인의 경우와 같다. 이사의 회사에 대한 이러한 손해배상책임은 상법 제397조를 강행규정으로 보면 주주 전원의 동의로 면제될 수 없다고 보며(상 400조 1항, 408조의 9 적용배제),[2] 감경될 수도 없다(상 400조 2항 단서, 408조의 9)(이에 관한 상세는 뒤에서 보는 '회사기회유용금지의무'의 위반에 관한 부분을 참조함). 다만 회사가 개입권을 행사하고자 하면 「이사회(이사가 1명 또는 2명인 소규모 주식회사의 경우에는 주주총회)(상 383조 4항)의 결의(보통결의)」를 얻어야 하고(상 397조 2항 전단, 408조의 9), 개입권의 행사기간(제척기간)이 상업사용인의 경우는 「영업주가 그 거래를 안 날로부터 2주간, 그 거래가 있은 날로부터 1년」이나(상 17조 4항) 주식회사의 이사의 경우에는 단지 「거래가 있은 날로부터 1년」이다(상 397조 3항, 408조의 9). 이와 같이 주식회사의 이사의 경우에는 「그 거래를 안 날로부터 2주간 내」라는 제척기간을 두지 않은 이유는, 이러한 주관적 기준이 회사에는 적합하지 않을 뿐만 아니라 또 개입권의 행사에 이사회의 결의를 요하기 때문에 단기의 제척기간을 둘 수가 없기 때문이다.[3]

(2) 겸직금지의무

1) 이사는 이사회(이사가 1명 또는 2명인 소규모 주식회사의 경우에는 주주총회)(상 383조 4항)의 승인[4]이 없으면 「동종영업을 목적으로 하는 다른 회사」의 무한책임사원이나 이사[5]가 되지 못한다(상 397조 1항 후단, 408조의 9).

이 때 「동종영업을 목적으로 하는 다른 회사」의 의미에 대하여 우리 대법원판례는 다음과 같이 판시하고 있다.

---

1) 1995년 개정상법에 의하여 이사의 경업행위에 대한 승인기관이 주주총회에서 이사회로 변경됨에 따라, 회사의 개입권의 결정기관도 주주총회에서 이사회로 변경되었다.

2) 상법 제397조·제397조의 2 및 제398조의 위반의 효력에 관하여 저자는 종래에 [상법강의(상)(제15판)] "주주 전원의 동의로 면제할 수 있다"(상 400조 1항, 408조의 9)고 보았으나, 상법 제397조 등을 강행규정으로 보고 또한 회사 및 제 3 자의 이익을 고려할 때 "주주 전원의 동의로 면제할 수 없다"고 보는 것이 타당하다고 생각한다(상 400조 1항, 408조의 9 적용배제). 따라서 저자는 [상법강의(상)(제16판)]부터는 이에 관하여 이와 같이 저자의 견해를 바꾸었다.

3) 동지: 이(철), (회) 770면.

4) 1995년 개정상법에 의하여 이사의 경업행위에 대한 승인기관과 같이 이사의 겸직행위에 대한 승인기관도 주주총회에서 이사회로 변경되었다.

5) 입법론상 상법 제397조 1항 후단에 '업무집행자'(유한책임회사) 및 '집행임원'을 추가하여야 한다고 본다.

[영업을 개시하지 못한 회사라도 겸직금지의무의 대상이 되는 '동종영업을 목적으로 하는 다른 회사'가 될 수 있다고 본 판례]

이사의 경업금지의무를 규정한 상법 제397조 제 1 항의 규정취지는 이사가 그 지위를 이용하여 자신의 개인적 이익을 추구함으로써 회사의 이익을 침해할 우려가 큰 경업을 금지하여 이사로 하여금 선량한 관리자의 주의로써 회사를 유효적절하게 운영하여 그 직무를 충실하게 수행하여야 할 의무를 다하도록 하려는 데 있으므로, 경업의 대상이 되는 회사가 영업을 개시하지 못한 채 공장의 부지를 매수하는 등 영업의 준비작업을 추진하고 있는 단계에 있다 하여 위 규정에서 말하는 '동종영업을 목적으로 하는 다른 회사'가 아니라고 볼 수는 없다.

회사의 이사가 회사와 동종영업을 목적으로 하는 다른 회사를 설립하고 다른 회사의 이사 겸 대표이사가 되어 영업준비작업을 해 오다가 영업활동을 개시하기 전에 다른 회사의 이사 및 대표이사직을 사임하였다고 하더라도 이는 상법 제397조 제 1 항 소정의 경업금지의무를 위반한 행위로서, 특별한 다른 사정이 없는 한 이사의 해임에 관한 상법 제385조 제 2 항 소정의 '법령에 위반한 중대한 사실'이 있는 경우에 해당한다. 따라서 원심판결은 정당하고, 논지는 이유없다[대판 1993. 4. 9, 92 다 53583(공보 945, 1365)][이 판결의 결론에 찬성하는 취지의 평석으로는 임홍근, 법률신문, 제2238호(1993. 8. 9), 15면].

동지: 대결 1990. 11. 2, 90 마 745(공보 886, 2417)(상법 제397조 제 1 항이 이사의 경업금지의무를 규정한 취지는 이사가 그 지위를 이용하여 자신의 개인적 이익을 추구함으로써 회사의 이익을 침해할 우려가 큰 경업을 금지하여 이사로 하여금 선량한 관리자의 주의로써 회사를 유효적절하게 운영하여 그 직무를 충실하게 수행하지 않으면 안 될 의무를 다하도록 하려는 데 있는 것이므로 아직 영업을 개시하지 못한 채 공장의 부지를 매수하는 등 영업의 준비작업을 추진하고 있는 회사라고 하여 경업이 금지된 위 법조항에 규정된 '동종영업을 목적으로 하는 다른 회사'가 아니라고 볼 것이 아니다. 따라서 A주식회사의 이사가 주주총회의 승인 없이 그 회사와 동종영업을 목적으로 하는 B회사를 설립하고 B회사의 이사 겸 대표이사가 되었다면 설령 B회사가 영업활동을 개시하기 전에 B회사의 이사 및 대표이사를 사임하였다고 하더라도, 이는 분명히 상법 제397조 제 1 항 소정의 경업금지의무를 위반한 행위로서 특별한 다른 사정이 없는 한 이사의 해임에 관한 상법 제385조 제 2 항 소정의 '법령에 위반한 중대한 사실'이 있는 경우에 해당한다); 대판 2013. 9. 12, 2011 다 57869(공보 2013, 1752)(모자회사 사이에는 서로 이익충돌의 여지가 없으나, 「(동종영업을 목적으로 하는 다른 회사의) 무한책임사원이나 이사」에는 '그 회사의 지배주주가 되어 그 회사의 의사결정과 업무집행에 관여할 수 있게 되는 경우'를 포함한다).

이사의 겸직금지의무가 상업사용인의 그것과 다른 점은, 상업사용인의 경우는「다른 모든 회사의 무한책임사원·이사 또는 다른 상인의 사용인」[1]이나(상 17조 1항), 주식회사의 이사의 경우는「동종영업을 목적으로 하는 다른 회사의 무한책임사원·이사」[2]에 한한다는 점이다(상 397조 1항, 408조의 9). 따라서 상업사용인의 경우 무제한설에 의하면 상업사용인은 이종(異種)영업을 목적으로 하는 다른 회사의 무한책임사원이나 이사도 될 수 없으나, 주식회사의 이사의 경우는 이종(異種)영업을 목적으로 하는 다른 회사의 무한책임사원이나 이사가 될 수 있다. 또 법문만에 의하면 상업사용인은 다른 모든(동종영업이든, 이종영업이든) 상인의 상업사용인이 될 수 없으나, 주식회사의 이사는 다른 모든 상인의 상업사용인이 될 수 있을 것 같다. 그러나 상업사용인의 겸직금지의무에서 볼 때, 주식회사의 이사는 다른 상인의 상업사용인이 될 수 없다고 본다.

2) 이사가 겸직금지의무에 위반한 경우에 회사는 그 이사를 해임할 수 있고(상 385조, 408조의 2 3항 1호) 또 회사에 손해가 있는 경우에는 손해배상청구를 할 수 있는 점은(상 399조, 408조의 8 1항·3항), 상업사용인의 경우와 같다. 이 경우 이사의 회사에 대한 이러한 손해배상책임의 면제 또는 감경에 관하여는 경업금지위반의 경우와 같다(상 400조 1항 배제·2항 단서, 408조의 9).

3. 회사기회유용금지

(1) 의 의

1) 2011년 4월 개정상법은 이사(집행임원 설치회사에서는 '집행임원'을 포함한다. 이하 같다)의 회사기회유용금지의무를 신설하여, 이사가 직무상 알게 된 회사의 정보를 이용하여 회사의 이익이 될 수 있는 사업기회를 이사회의 승인 없이 자기 또는 제 3 자의 이익을 위하여 이용하지 못하도록 하였다(상 397조의 2 1항, 408조의 9).[3]

---

1) 입법론상 상법 제17조 1항 후단에 '업무집행자'(유한책임사원) 및 '집행임원'을 추가하여야 한다고 본다.

2) 입법론상 상법 제397조 1항 후단에 '업무집행자'(유한책임회사) 및 '집행임원'을 추가하여야 한다고 본다.

3) 회사기회유용금지에 관한 상세는 천경훈, "회사기회의 법리에 관한 연구," 법학박사학위논문(서울대, 2012. 8); 강태훈, "회사기회유용금지의 법리에 관한 연구(미국 판례의 발전과 우리 상법의 해석을 중심으로)," 법학박사학위논문(고려대, 2013. 2) 등 참조.

이러한 상법상 이사의 회사기회유용금지의무에 관한 규정은 미국에서 논의되는 회사기회유용금지의 법리[1)]에 따른 입법이라고 볼 수 있다.[2)]

2) 이사의 경업피지의무(상 397조, 408조의 9)는 '현재'의 회사의 이익을 보호하기 위한 것인데, 이사의 회사기회유용금지의무(상 397조의 2, 408조의 9)는 '장래'의 회사의 이익을 보호하기 위한 것이라는 점에서 양자는 구별되나, 본질적으로는 양자가 유사한 점이 많다는 점에서 이사의 회사기회유용금지의무에 관한 규정을 이사의 경업피지의무에 관한 규정 다음에 규정하게 된 것이다.[3)]

3) 이사의 회사기회유용을 원칙적으로 금지하는 상법 제397조의 2의 법적 성질은 앞에서 본 바와 같이 이사에게 일반적으로 요구되는 (충실의무를 포함한) 선관의무(상 382조의 3 · 382조 2항, 408조의 2 2항 · 408조의 9, 민 681조 참조)를 구체화한 것이라고 본다.

⑵ 회사의 사업기회

1) 이사가 이사회의 승인 없이 자기 또는 제 3 자의 이익을 위하여 이용할 수 없는 회사의 사업기회는 「현재 또는 장래에 회사에 이익이 될 수 있는 사업기회」로서(상 397조의 2 1항 본문, 408조의 9), 「직무를 수행하는 과정에서 알게 되거나 회사의 정보를 이용한 사업기회」(주관적 사유에 따른 사업기회)(상 397조의 2 1항 1호, 408조의 9)[4)] 또는 「회사가 수행하고 있거나 수행할 사업과 밀접한 관계가 있는 사업기회」(객관적 사유에 따른 사업기회)(상 397조의 2 1항 2호, 408조의 9)[5)]이어야 한다. 「회사의 현재 또는 장래의 사업기회」라는 개념이 매우 포괄적이고 추상적인 내용이라 이를 좀 더 구체화하기 위하여 상법 제397조의 2 제 1 항 1호 및 2호에서 주관적 사유에 따른 사업기회 및 객관적 사유에 따른 사업기회를 규정하게 된 것인데, 이와 같은 규정에도 불구하고 회사의 사업기회의 개념은 매우 광범위하고 비정형적인 면이 있어 구체적인 경우에 회사의 사업기회에 해당하는지 여부는 법원의 판단에 맡길 수밖에 없다.[6)]

구체적으로 '자동차 제조회사'의 경우 '그의 생산된 자동차와 부품 등의

---

1) ALI원칙 제5.05조; RMBCA 제8.70조.

2) 천경훈, "개정상법상 회사기회유용 금지규정의 해석론 연구," 「상사법연구」(한국상사법학회), 제30권 제 2 호(2011. 8), 144면.

3) 상법 제397조의 2의 입법과정에 관하여는 구승모, "상법 회사편 입법과정과 향후과제," 「선진상사법률연구」(법무부), 통권 제55호(2011. 7), 123～125면 참조.

4) 이는 ALI원칙 §5.05(b)(1)(A)(B)와 유사하다.

5) 이는 ALI원칙 §5.05(b)(2)와 유사하다.

6) 동지: 구승모, 전게논문(선진상사법률연구 통권 제55호), 123면.

운송 및 물류업'은 자동차회사의 객관적 사유에 따른 사업기회가 될 수 있을 것이다.[1)]

2) 주관적 사유에 따른 사업기회는 이사가 회사에 대하여 (충실의무를 포함한) 선관의무(상 382조의 3 · 382조 2항, 408조의 2 2항 · 408조의 9, 민 681조)를 부담하기 때문에 회사의 기관으로서 알게 된 사업기회는 회사에 우선적으로 귀속시켜야 하는 점, 객관적 사유에 따른 사업기회는 회사와 이사간의 이익상충의 우려가 크고 또한 사회경제적으로도 회사에 그 기회를 부여하는 것이 효율적일 가능성이 높기 때문에 그 사업기회는 회사에 우선적으로 귀속시켜야 하는 점에서, 이사의 회사사업기회 유용금지의 당위성을 인정할 수 있을 것으로 본다.[2)]

우리 대법원판례도 이와 같은 취지에서 다음과 같이 판시하고 있다.

[이사의 회사사업기회 유용금지에 관한 판례]

이사는 회사에 대하여 선량한 관리자의 주의의무를 지므로, 법령과 정관에 따라 회사를 위하여 그 의무를 충실히 수행한 때에야 이사의 임무를 다한 것이 된다. 이사는 이익이 될 여지가 있는 사업기회가 있으면 이를 회사에 제공하여 회사로 하여금 이를 이용할 수 있도록 하여야 하고, 회사의 승인 없이 이를 자기 또는 제 3 자의 이익을 위하여 이용하여서는 아니 된다[대판 2018. 10. 25, 2016 다 16191(공보 2018, 2219)].

3) 이사가 회사의 사업기회를 이용하는 유형에는 이사가 그 사업기회를 이용하면 회사와 거래관계에 있게 되는 「자기거래형」(자동차를 제조하는 Y회사의 이사 A가 그가 100% 출자한 X회사를 설립하여 X회사는 Y가 생산한 자동차와 부품 등의 운송 및 물류업을 거의 전적으로 영위하는 경우), 회사의 사업과 경쟁관계에 있게 되는 「경업형」(백화점을 영위하는 Y회사의 이사 A가 그가 100% 출자한 X회사를 설립하여 X회사는 다른 지방도시 백화점을 영위하는 경우)[3)] 및 이 두 가지 유형에는 해당하지 않지만 이사가 회사의 사업기회를 이용하는 경우(기타 유형)가 있다. 이 세 가지 유형 중에서 기타 유형은 거의 없고, 대부분 자기

1) 이에 대하여 상법 제397조의 2가 규정되기 전에 제 1 심판결(서울중앙지판 2011. 2. 25, 2008 가합 47881)에서는 일반적인 선관주의의무와 충실의무의 해석을 통해 자동차회사에 현존한 구체적이고 현실적인 사업기회가 아니라고 판시하였으나, 상법 제397조의 2에 의하면 자동차회사의 객관적 사유에 따른 사업기회에 해당한다고 볼 수 있다(동지: 구승모, 상게논문〈선진상사법률연구 통권 제55호〉, 125면).

2) 동지: 천경훈, 전게논문(상사법연구 제30권 제 2 호), 160~162면.

3) 동지: 대판 2018. 10. 25, 2016 다 16191(공보 2018, 2219)(Y회사의 이사 A가 X회사를 설립하여 Y회사와 동종영업을 하는 경우).

거래형이나 경업형이다.[1)]

위에서 본 바와 같이 회사의 사업기회를 상법 제397조의 2 제 1 항 1호 및 2호에서 좀 더 구체화하고 또한 이에 관한 거래유형이 위와 같이 있다고 하더라도, 회사의 사업기회의 개념이 포괄적이고 비정형적인 속성상 회사의 사업기회에 해당하는지 여부는 상당히 넓게 인정될 수밖에 없고, 그로부터의 면책은 이사회의 승인과정에서 경영판단의 원칙을 넓게 인정할 수밖에 없다고 본다. 따라서 회사의 사업기회에 해당하는지 여부에 대하여 의심스러운 사항은 이사회의 승인을 받도록 하고, 이사회의 승인과정에서 이사들이 선관주의의무 및 충실의무를 다하여 승인하였다면 이사는 면책될 수 있다고 본다.[2)]

(3) 회사의 사업기회 유용금지의 대상

1) 상법은 이사의 자기거래가 금지되는 대상에 대하여는 이사뿐만 아니라 주요주주 · 이사 및 주요주주의 배우자와 직계존비속 등(이사의 주변인물)이 포함되는 것으로 규정하였으나(상 398조, 408조의 9), 회사의 사업기회 유용금지의 대상에 대하여는 이사의 경업피지의무(상 397조, 408조의 9)와 같이 「이사」에 대하여만 규정하고 있다. 그 이유는 이사의 자기거래는 이사의 주변인물들이 회사와 직접적인 거래를 하여 회사와 실질적인 연관성을 가지나, 경업금지와 회사의 사업기회 유용은 이사의 주변인물들이 회사와 직접적인 연관을 갖는 것이 아니라는 점에서 차이가 있는 점 또한 이를 이사의 주변인물들에게까지 확대하면 그들의 영업의 자유를 침해할 우려가 있다는 점 등을 고려하였기 때문이다.[3)] 그런데 이와 관련하여 업무집행지시자 등(상 401조의 2, 408조의 9)은 이사와 동일한 책임을 지므로 이사와 같이 회사의 사업기회 유용금지의 대상이 된다고 보면서, 이를 명확히 하기 위하여 입법론상 상법 제401조의 2 제 1 항 본문에 "제397조의 2"를 추가하여야 할 것으로 본다는 견해가 있다.[4)] 그런데 상법 제401조의 2 제 1 항에서는 이사의 책임과 관련한 제399조 · 제401조 및 제403조만 적용하고 있는데, 이사의 의무에 관한 제397조의 2만을 적용하는 것은 적절치 않으므로 타당하지 않다고 본다.[5)]

1) 이에 대한 미국 · 한국의 사례에 관하여는 천경훈, 전게논문(상사법연구 제30권 제 2 호), 168~178면 참조.

2) 동지: 천경훈, 상게논문(상사법연구 제30권 제 2 호), 181~182면, 198~201면, 206면.

3) 구승모, 전게논문(선진상사법률연구 통권 제55호), 125면.

4) 천경훈, 전게논문(상사법연구 제30권 제 2 호), 182~183면.

5) 저자는 종래에 [상법강의(상)(제15판)]에서는 업무집행지시자 등(상 401조의 2, 408조의 9)도 이사의 사업기회유용금지의 대상이 된다고 보았으나, [상법강의(상)(제16판)]부터는 본문과 같이 견해를 바꾸었다.

집행임원은 상법상 명문으로 회사의 사업기회 유용금지의 대상이 되고 있다(상 408조의 9, 397조의 2).

2) 지배주주가 직접 또는 그가 직접·간접적으로 전부 또는 대부분의 지분을 소유한 별도법인이 회사의 사업기회를 이용한 경우에는, 그 지배주주가 회사의 이사·집행임원을 겸하고 있으면 당연히 이사 등과 같은 의무와 책임을 진다. 그런데 그러한 지배주주가 이사 등을 겸하고 있지 않으면, 그러한 지배주주 자체에 대하여는 이사에 준하는 의무와 책임을 물을 수 없고, 지배주주가 회사의 사업기회를 이용하는 것을 적극적으로 관여하였거나 또는 선관주의의무 내지 충실의무에 반하여 이를 묵인·방치한 이사 등은 "제 3 자의 이익을 위하여" 회사의 사업기회를 이용한 것이므로(즉, 부작위에 의한 회사의 사업기회를 이용한 것이므로) 이에 따른 책임을 부담하여야 할 것으로 본다.[1]

(4) 이사회의 승인

1) 이사의 회사의 사업기회 유용금지의 대상이 되는 사업이라도, 이사는 이사회의 승인이 있는 때에는 유효하게 그러한 사업을 수행할 수 있고, 이사회의 의사결정과정에 현저한 불합리가 없는 한 그와 같이 결의한 이사들의 경영판단은 존중되어야 한다.

우리 대법원판례도 이와 같은 취지로 다음과 같이 판시하고 있다.

[이사회가 이사에 대하여 회사의 사업기회 이용을 승인한 경우 이사의 책임(원칙적으로 없음)에 관한 판례]

이사는 회사에 대하여 선량한 관리자의 주의의무를 지므로, 법령과 정관에 따라 회사를 위하여 그 의무를 충실히 수행한 때에야 이사로서의 임무를 다한 것이 된다. 이사는 이익이 될 여지가 있는 사업기회가 있으면 이를 회사에 제공하여 회사로 하여금 이를 이용할 수 있도록 하여야 하고, 회사의 승인 없이 이를 자기 또는 제 3 자의 이익을 위하여 이용하여서는 아니 된다. 그러나 회사의 이사회가 그에 관하여 충분한 정보를 수집·분석하고 정당한 절차를 거쳐 의사를 결정함으로써 그러한 사업기회를 포기하거나 어느 이사가 그것을 이용할 수 있도록 승인하였다면 의사결정과정에 현저한 불합리가 없는 한 그와 같이 결의한 이사들의 경영판단은 존중되어야 할 것이므로, 이 경우에는 어느 이사가 그

1) 동지: 천경훈, 전게논문(상사법연구 제30권 제 2 호), 184~185면; 구승모, 전게논문(선진상사법률연구 통권 제55호), 125~126면(이사 등의 이러한 부작위에 의한 책임은 작위의무 불이행의 경우보다 적극적으로 넓게 해석하여야 한다고 한다).

러한 사업기회를 이용하게 되었더라도 그 이사나 이사회의 승인 결의에 참여한 이사들이 이사로서 선량한 관리자의 주의의무 또는 충실의무를 위반하였다고 할 수 없다[대판 2017. 9. 12, 2015 다 70044(공보 2017, 1941)].

동지: 대판 2013. 9. 12, 2011 다 57869(공보 2013, 1752)(회사의 이사회가 그에 관하여 충분한 정보를 수집·분석하고 정당한 절차를 거쳐 회사의 이익을 위하여 그러한 사업기회를 포기하거나 어느 이사가 그것을 이용할 수 있도록 승인하였다면 그 의사결정과정에 현저한 불합리가 없는 한 그와 같이 결의한 이사들의 경영판단은 존중되어야 한다).

이사회가 승인하는 것은 회사가 그 사업이 중소기업의 고유업종이거나, 협력업체와의 관계개선 등을 위해서나, 또는 퇴직자의 복지차원 등에서 그 사업을 포기하는 것이다.[1]

2) 승인기관은 「이사회」에 한하고, 정관의 규정에 의해서도 주주총회의 결의사항으로 할 수 없다고 보고, 또한 이는 주주만의 이익을 위한 것이 아니고 회사의 이익을 위한 것이므로 총주주의 동의에 의해서도 이사회의 승인을 갈음할 수 없다고 본다.

그러나 자본금 총액이 10억원 미만인 회사로서 이사가 1명 또는 2명인 경우에는 이사회가 없으므로, 이사회에 갈음하여 주주총회의 승인이 있어야 한다(상 383조 4항, 397조의 2 1항).

3) 승인시기는 「사전」에 하여야 하고, 사후승인(추인)은 인정되지 않는다고 본다.[2] 입법론상 상법 제398조와 같이 '미리'의 문구를 넣어 명확하게 하여야 할 것으로 본다.[3]

4) 승인방법은 이사회가 개별 사업기회를 검토하여 승인여부를 결정하여야 할 것이므로 포괄승인 등은 원칙적으로 인정되지 않으나, 예외적으로 예측가능하고 정형화된 거래에 대하여는 일정한 기간별로 포괄승인이 가능하다고

1) 이에 관한 상세는 천경훈, 전게논문(상사법연구 제30권 제 2 호), 197~198면 참조.

2) 상법 제397조의 2에 대한 국회의 논의과정에서 이는 제398조와 평행하게 당연히 '사전'에 이사회의 승인이 있어야 한다고 이해하였는데, "이사회의 승인 없이 … 이용하여서는 아니 된다"는 조건부 부정문으로 표현된 결과 그 문맥상 당연히 사전승인이라는 의미가 내포되어 있다는 이유로 "미리" 또는 "사전"이라는 문구가 삽입되지 않았다고 한다(구승모, 전게논문〈선진상사법률연구 통권 제55호〉, 126면).

이에 반하여 사후추인을 인정하는 견해도 있다[천경훈, 상게논문(상사법연구 제30권 제 2 호), 190~193면].

3) 동지: 천경훈, 상게논문(상사법연구 제30권 제 2 호), 193면.

본다.[1]

이사회의 승인결의에 있어서 당해 이사는 특별이해관계가 있는 자이므로 의결권을 행사하지 못한다(상 391조 3항, 368조 3항).

상법에 명문규정은 없으나 이사의 자기거래의 경우(상 398조, 408조의 9)와 같이[2] 당해 이사는 회사의 이사회의 승인을 받기 전에 이사회에 그 사업기회에 대하여 알리고 그에 관한 정보를 제공하여야 한다(사전정보개시의무)고 본다.[3] 이를 명확히 하기 위하여 입법론으로는 상법 제398조의 경우와 같이 "이사회에서 해당 사업기회에 관한 중요사실을 밝히고"를 추가하여야 할 것으로 본다.

5) 회사가 그 사업기회를 이용할 것인지 여부에 관한 이사회의 승인요건에 대하여, 상법은 이사의 자기거래의 경우(상 398조, 408조의 9)와 같이 "이사 3분의 2 이상의 수로써 하여야 한다"고 규정하고 있다(상 397조의 2 1항 2문, 408조의 9). 이 때 「이사」란 재적이사(당해 이사를 포함함)를 의미한다고 본다.[4] 이와 같이 회사가 그 사업기회를 이용할 것인지 여부에 관한 이사회의 승인요건을 강화한 것은 기업경영의 투명성을 강화하기 위한 것으로 이해할 수도 있는데, 이러한 이사회의 특별결의의 요건은 이사회의 신속한 결의를 저해하며 또한 이를 사실상 이사회내 위원회에게도 위임할 수 없게 되어 이사회의 기동성을 매우 하향시키는 점 등에서 볼 때 이러한 특별결의요건은 삭제되어야 할 것으로 본다.[5]

이사회의 승인내용은 조문의 규정상 적극적인 승인(예컨대, 회사는 A의 사업기회를 이사 B가 이용하는 것을 승인한다)만을 의미하는 것으로 해석될 수 있으나, 소극적 승인(회사는 A의 사업기회를 이용하지 않는다)을 포함한다고 본다.[6]

회사가 그 사업기회를 이용할 것인지 여부에 관한 이사회의 논의과정에서

1) 동지: 천경훈, 상게논문(상사법연구 제30권 제 2 호), 193면.
2) 동지: 대판 2007. 5. 10, 2005 다 4284(공보 2007, 842).
3) 동지: 천경훈, 전게논문(상사법연구 제30권 제 2 호), 182면, 185~187면.
4) 이에 대하여, 송(옥), 1074면; 천경훈, 상게논문(상사법연구 제30권 제 2 호), 188면은 "이 때 「이사」란 이사회 결의에 관하여 특별한 이해관계가 있어 의결권을 행사하지 못하는 이사(상 391조 3항, 368조 3항)를 제외한 나머지 재적이사를 의미한다고 본다"고 하는데, 타당하지 않다고 본다. 왜냐하면 당해 이사는 의결권만을 행사하지 못하는 것이므로 재적이사에는 포함되어야 한다고 본다(상 371조 2항 참조)[동지: 주상(제 5 판)(회사 Ⅲ), 325면; 이(철), (회) 772면(이사 전원의 3분의 2 이상의 찬성이라고 함)].
입법론상은 상법 제415조의 2 제 3 항과 같이 「이사」를 「이사 총수」로 하여야 할 것으로 본다.
5) 동지: 천경훈, 상게논문(상사법연구 제30권 제 2 호), 188~189면.
6) 동지: 천경훈, 상게논문(상사법연구 제30권 제 2 호), 187~188면.

이사는 선관주의의무와 충실의무를 다하여야 한다. 이사가 이러한 선관주의의무와 충실의무에 위반하여 회사의 사업기회를 당해 이사에게 승인하였다면 그와 같이 승인한 이사는 당해 이사와 연대하여 회사에 대하여 손해배상을 할 책임을 부담하고(상 397조의 2 2항·399조, 408조의 9·408조의 8 1항 및 3항), 이사가 선관주의의무와 충실의무를 충실히 이행한 후에 회사의 사업기회를 당해 이사에게 승인하였다면 당해 이사는 적법하게 회사의 사업기회를 자기 또는 제 3 자의 이익을 위하여 이용할 수 있고(상 397조의 2 1항 반대해석) 다른 이사는 그러한 승인으로 인하여 회사에 손해가 발생하였다고 하여도 경영판단의 원칙에 따라 면책된다고 본다.[1]

6) 이사회의 그 승인은 그 이사가 회사의 사업기회를 이용할 수 있는 「유효요건」(엄격하게 말하면, 이는 이사의 회사에 대한 책임과 관련하여 그 이사는 이사회의 승인이 있으면 원칙적으로 회사에 대하여 책임을 지지 않는다는 의미임)에 불과하고(상 397조의 2 1항 1문 반대해석, 408조의 9), 다른 이사의 책임을 면제하는 것은 아니다. 따라서 앞에서 본 바와 같이 이사회의 승인에서 이사가 선관주의의무와 충실의무에 위반하였다면 당해 이사 및 승인결의에 찬성한 이사는 연대하여 회사에 대하여 손해배상을 할 책임을 부담한다(상 397조의 2 2항·399조, 408조의 9·408조의 8 1항 및 3항).

(5) 상법 제397조의 2 위반의 효과

1) 회사의 사업기회 이용행위의 효력 이사의 자기거래의 경우(상 398조, 408조의 9)는 이사가 이사회의 승인 없이 한 회사와의 거래행위의 사법상 효력이 문제될 수 있으나, 이사가 회사의 사업기회를 이사회의 승인 없이 이용하여 한 여러 가지의 법률행위 및 사실행위(예컨대, 회사설립·주식인수·계약체결·인력채용·물건공급·물건인수 등)는 당연히 유효하다. 즉, 이사가 회사의 사업기회를 이용하여 한 그 사업에 관한 모든 행위는 그에 관한 이사회의 승인여부와는 무관하게 유효하다고 보아야 할 것이다.[2] 따라서 위에서 본 이사회의 승인이 있는 경우 회사에 대하여 유효하다는 의미는 그 행위 자체의 효력이 아니라, 회사에 대한 책임과 관련하여 이사회의 승인이 있으면 원칙적으로 회사에 대하여 책임을 지지 않는다는 의미라고 볼 수 있다(이 점은 이사의 자기거래와 구별됨).

---

1) 동지: 구승모, 전게논문(선진상사법률연구 통권 제55호), 126~127면; 천경훈, 전게논문(상사법연구 제30권 제 2 호), 198~201면(이러한 이사회의 승인에 대하여 상장회사의 경우 공시의무 대상으로 하면 투자자의 감시대상이 되어 경영판단의 원칙을 적용한다고 하여 이사회의 승인이 유명무실화되지는 않는다고 한다).

2) 동지: 천경훈, 상게논문(상사법연구 제30권 제 2 호), 194면.

2) 이사의 책임 상법 제397조의 2 제 1 항을 위반하여 회사에 손해를 발생시킨 이사 및 승인한 이사는 연대하여 회사에 대하여 손해를 배상할 책임이 있는데, 이 때 이로 인하여 이사 또는 제 3 자가 얻은 이익은 손해로 추정한다(상 397조의 2 2항, 408조의 9).

(가) 상법 제397조의 2 제 2 항에서 「제 1 항에 위반하여」의 의미는 이사회의 승인이 없는 경우뿐만 아니라, 이사회의 승인이 있었으나 이사가 선관주의의무와 충실의무에 위반하여 승인한 경우를 포함한다고 본다.[1] 따라서 이와 같은 경우 「당해 이사 및 승인한 이사」가 연대하여 손해를 배상할 책임이 있게 되는 것이다.[2] 이러한 이사의 책임은 상법 제397조의 2 제 2 항(집행임원의 경우는 상 408조의 9)에 의하여도 물을 수 있지만 상법 제399조(집행임원의 경우는 상 408조의 8 1항)에 의해서도 물을 수 있다. 그러나 상법 제397조의 2 제 2 항에 의하여 책임을 묻게 되는 경우에는 「이사 또는 제 3 자가 얻은 이익은 손해로 추정한다」는 점에서 손해를 증명할 책임을 면하게 되는 이익이 있다.

이사회의 승인이 없는 경우에는 당해 이사만이 책임이 있고, 이사회의 승인이 있고 이사에게 선관주의의무와 충실의무의 위반이 없었다면 (회사에게 손해가 있은 경우에도) 경영판단의 원칙에 의하여 이사는 책임이 없는 것이다.

(나) 이사가 이사회의 승인 없이 회사의 사업기회를 이용한 경우 「회사에 손해를 발생시킨 경우」에만 이사는 회사에 대하여 손해를 배상할 책임을 지고, 회사에 손해가 없는 경우에는 당해 이사는 회사에 손해를 배상할 책임이 없다.

이 때 「회사에 발생시킨 손해액」이란 '회사가 그 사업기회를 이용하여 사업을 하였더라면 얻을 수 있었던 일실이익'인데, 회사가 소송과정에서 이를 산정하고 증명하는 것은 매우 어려운 문제이다. 따라서 이러한 문제를 해결하

---

1) 따라서 「제 1 항에 위반하여」의 의미를 이사회의 승인이 없는 경우로만 해석하여 당해 이사와 승인한 이사에 대하여 연대책임을 지우는 것은 모순이라고 비난할 필요는 없다고 본다.

2) 동지: 천경훈, 전게논문(상사법연구 제30권 제 2 호), 204~205면(그러나 상법 제397조의 2 제 1 항의 '승인'의 의미와 동조 제 2 항의 '승인'의 의미를 달리 해석하는 것은 부자연스럽고 또한 '승인한 이사'는 상법 제399조 2항에 의하여 책임을 지게 하면 족하므로 상법 제397조의 2 제 2 항에서 '및 승인한 이사는 연대하여'를 삭제하는 것이 타당하다고 한다. 그러나 상법 제399조 2항에 의하여 책임을 지게 할 수 있는 점은 당해 이사도 동일하므로 '승인한 이사'만을 삭제할 이유는 없다고 보며, 이는 후단의 손해의 추정과 관련하여 상법 제399조 2항과 중복되지만 규정한 것으로 보는데, 상법 제398조와는 다른 입법형식이다); 구승모, 전게논문(선진상사법률연구 통권 제55호), 127면.

기 위하여 상법 제397조의 2 제 2 항 후단은 「이사가 회사의 사업기회를 이용함으로써 이사 또는 제 3 자가 얻은 이익은 손해로 추정한다」는 규정을 두었다(日會 423조 2항 참조).[1] 따라서 회사가 그의 사업기회를 이용하여 얻을 수 있는 일실이익이 이사 또는 제 3 자가 얻은 이익보다 크다는 것을 증명하면 회사는 그의 일실이익을 손해액으로 배상청구할 수 있을 것이다.

이사의 회사사업기회 유용에 따른 「회사에 발생시킨 손해액」에 관한 다음의 대법원판례가 있다.

[이사의 회사사업기회 유용에 따른 회사의 일실이익 산정에 관한 판례]

갑은 을 주식회사의 이사로 재직하던 중 병 주식회사를 설립하여 이사 또는 실질주주로서 병 회사의 의사결정과 업무집행에 관여할 수 있는 지위에 있었는데, 병 회사가 을 회사와 정 외국법인이 체결한 정 법인 제품에 관한 독점판매계약의 기간이 종료하기 전부터 정 법인 제품을 수입·판매하는 사업을 하다가 위 계약 기간 종료 후 정 법인과 독점판매계약을 체결하여 정 법인의 한국 공식 총판으로서 위 제품의 수입·판매업을 영위하고 그 후 이를 제 3 자에게 양도하여 영업권 상당의 이득을 얻자, 위 사업기회를 상실한 후 운영에 어려움을 겪다가 해산한 을 회사의 주주 무가 갑을 상대로 경업금지의무 및 기회유용금지의무 위반에 따른 손해배상을 구하였다. 이 사안에서, 갑은 경업금지의무를 위반하고 사업기회를 유용하여 을 회사의 이사로서 부담하는 선량한 관리자의 주의의무 및 충실의무를 위반하였으므로 을 회사의 손해를 배상할 책임이 있는데, 을 회사가 갑의 경업행위와 사업기회 유용행위로 입은 손해는 을 회사의 매출액 감소에 따른 영업수익 상실액 상당이며, 을 회사의 매출액 감소분은 병 회사가 판매한 정 법인 제품의 매출액 상당이라고 봄이 타당하다. 또한 병 회사는 갑이 유용한 을 회사의 사업기회를 이용하여 직접 사업을 영위하면서 이익을 얻고 있다가 이를 제 3 자에게 양도하면서 영업권 상당의 이익을 얻었는데, 그 영업권 속에는 병 회사가 직접 사업을 영위하여 형성한 가치 외에 갑의 사업기회 유용행위로 을 회사가 상실한 정 법인과의 독점판매계약권의 가치도 포함되어 있고, 위 사업 양도 후 수개월이 지나 을 회사가 해산하였다고 하여 해산 전에 을 회사가 입은 손해와 상당인과관계가 단절되지도 않으므로, 병 회사가 받은 양도대금 중 병 회사가 을 회사의 사업기회를 이용하여 수년간 직접 사업을 영위하면서 스스로 창출한 가치에 해당하는 부분을 제외하고 을 회사가 빼앗긴 사업기회의 가치 상당액을 산정하는 등의 방법을 통해 이를 을 회사의 손해로 인정하여야 한다[대판 2018. 10. 25, 2016 다 16191(공보 2018, 2219)].

1) 구승모, 상게논문(선진상사법률연구 통권 제55호), 127면.

이사가 이사회의 승인을 받지 않고 회사의 사업기회를 이용함으로써 회사에 손해를 발생시킨 경우에는, 상법 제397조의 2를 강행규정으로 보면 주주 전원의 동의로 이사의 회사에 대한 책임은 면제될 수 없다고 보며(상 400조 1항, 408조의 9 적용배제) 그러한 이사의 책임은 경감될 수도 없다(상 400조 2항 단서, 408조의 9). 그러나 당해 이사가 아니라 이사회에서 승인한 이사의 선관주의의무와 충실의무에 위반한 책임은 원래 상법 제399조에 의한 책임이므로, 주주 전원의 동의로 면제될 수 있고(상 400조 1항, 408조의 9) 그러한 이사는 '고의 또는 중대한 과실이 있는 경우'에만 그의 책임이 감경되지 않는 것으로 보아야 할 것이다(상 400조 2항 단서, 408조의 9).[1)]

4. 자기거래금지의무

(1) 의 의

1) 이사(집행임원 설치회사에서는 '집행임원'을 포함한다. 이하 같다) 등(후술하는 바와 같이 이사·주요주주 및 이들의 주변인물을 포함하여 '이사 등'으로 함)은 회사의 업무집행에 관여하여 그 내용을 잘 아는 자이므로 이사 등이 회사와 거래한다면 이사 등 또는 제 3 자의 이익을 위하여 회사의 이익을 희생하기 쉽다. 따라서 상법은 이사 등이 자기 또는 제 3 자의 계산으로 회사와 거래를 하는 것을 원칙적으로 금지하고, 다만 예외적으로 이를 하는 경우에는 이사회(이사가 1명 또는 2명인 소규모 주식회사의 경우에는 이사회가 없으므로 주주총회—상 383조 4항)의 승인을 받아야 하는 것으로 규정하고 있다(상 398조 본문, 408조의 9). 이 때의 이사 등과 회사간의 거래는 누구의 명의로 하느냐는 문제되지 않고, 경제상의 이익의 주체가 「이사 등 또는 제 3 자」이면 된다. 또한 이 때에 이사라 함은 「거래 당시 이사와 이에 준하는 자(직무대행자·청산인 등)」에 한하고, 거래 당시 이사의 직위를 떠난 자나 사실상의 이사 등은 이에 포함되지 않는다.

이에 관하여 우리 대법원판례도 다음과 같이 동지의 판시를 하고 있다.

[일시 사장직을 맡고 있는 자가 회사를 위하여 출연하는 행위에 상법 제398조가 적용되지 않는다고 본 판례]

X가 일시 실질적으로 Y주식회사의 사장직을 맡고 있었을 뿐 이사나 대표이사는 아니었고 필요한 자금을 Y회사를 위하여 일시 출연·투입하였을 뿐이라면, 이는 상법 제398조가 금지하고 있는 Y회사와의 자기거래인 「이사와 회사

1) 동지: 천경훈, 전게논문(상사법연구 제30권 제 2 호), 205면.

간의 거래」에 해당하지 아니한다[대판 1981. 4. 14, 80 다 2950(민판집 280, 195)].

동지: 대판 1966. 1. 18, 65 다 880·881(민판집 100, 7).

[거래 당시 이사의 직위를 떠난 자에 대한 투자금 반환에는 상법 제398조가 적용되지 않는다고 본 판례]

상법 제398조에서 주식회사의 이사는 이사회의 승인이 있는 때에 한하여 회사와 거래를 할 수 있도록 제한한 취지는 이사가 회사의 이익을 희생으로 하여 자기 또는 제 3 자의 이익을 도모할 염려가 있기 때문에 이것을 방지하여 회사의 이익을 보호하려는 데 목적이 있는 것이므로, 여기에서 이사라 함은 거래 당시의 이사와 이에 준하는 자(이사직무대행자, 청산인 등)에 한정한 것이고, 거래 당시 이사의 직위를 떠난 사람은 여기에 포함되지 않는다 할 것이며, 이사가 회사에 투자를 하였다가 위 투자금을 반환받는 거래의 경우에도 마찬가지라고 할 것이다.

원심판결 이유에 의하면, 원심은 X가 Y주식회사의 공동대표이사로 취임하는 조건으로 Y회사에 대한 투자를 하기로 하여 그 일부로 돈을 납입하였고 이에 따라 X가 Y회사의 공동대표이사로 취임하였다고 전제하고, 사정이 그와 같다면 X가 그 후 위 대표이사직을 사임하였다 하더라도(이 사건의 경우 X는 이사직까지 사임하였다) X가 위 투자금을 돌려받기 위하여는 위 법을 준용하여 Y회사 이사회의 사전 승인결의를 거쳐야 할 것인데, Y회사의 위 투자금 반환약정에 관하여 Y회사의 승인이 없었으므로 X·Y 사이의 위 돈의 반환약정은 무효라고 판단하였으나, 이는 위 법을 불필요하게 확대적용한 것이라고 보아야 할 것이다.

따라서 원심판결에는 이사와 회사간의 자기거래의 제한에 관한 상법 제398조의 법리를 오해한 위법이 있다 할 것이고, 이는 판결에 영향을 미치는 것이므로 논지는 다른 점에 관하여 판단한 것 없이 이유 있다[대판 1988. 9. 13, 88 다카 9098(공보 834, 1277)].

2011년 4월 개정상법은 이사와 주요주주[1)]가 회사의 재산을 빼돌려 사익추구하는 것을 방지하여 회사경영의 투명성을 강화하기 위하여, 이사회의 승인 없이 회사와 하는 거래가 금지되는 범위를 이사 본인이 회사와 거래하는 경우뿐만 아니라 주요주주 및 이사와 주요주주의 주변인물이 회사와 거래하는 경우까지 확대하였다(이들을 모두 합하여 '이사 등'이라 함).[2)] 즉, (i) 이사 또는 주

1) 이 때 「주요주주」란 '누구의 명의로 하든지 자기의 계산으로 의결권 없는 주식을 제외한 발행주식총수의 100분의 10 이상의 주식을 소유하거나 이사·집행임원·감사의 선임과 해임 등 회사의 주요 경영사항에 대하여 사실상의 영향력을 행사하는 주주'이다(상 542조의 8 2항 6호).
2) 이에 관한 상세는 구승모, 전게논문(선진상사법률연구 통권 제55호), 117~122면 참조.

요주주, (ii) (i)의 자의 배우자 및 직계존비속, (iii) (i)의 자의 배우자의 직계존비속, (iv) (i)부터 (iii)까지의 자가 단독 또는 공동으로 의결권 있는 발행주식총수의 100분의 50 이상을 가진 회사 및 그 자회사 또는 (v) (i)부터 (iii)까지의 자가 (iv)의 회사와 합하여 의결권 있는 발행주식총수의 100분의 50 이상을 가진 회사가, 자기 또는 제 3 자의 계산으로 (이사 또는 주요주주가 속한) 회사와 거래를 하기 위하여는 미리 이사회의 승인을 받아야 한다(상 398조 1문, 408조의 9). 따라서 상법 제398조의 제목도 「이사 등과 회사간의 거래」로 하고 있다.

2) 이사 등의 자기거래를 원칙적으로 금지하는 상법 제398조(집행임원에 대하여는 상 408조의 9에서 이를 준용함)의 법적 성질은 (주요주주를 제외하면) 이사에게 일반적으로 요구되는 (충실의무를 포함한) 선관의무(상 382조의 3 · 408조의 9, 382조 2항·408조의 2 2항, 민 681조 참조)를 구체화한 것이라고 보고, 주요주주의 경우에는 법정의무라고 본다.

(2) 적용범위

1) 상법 제398조(집행임원에 대하여는 상 408조의 9에서 이를 준용함)의 법문에서 보면 「이사 등이 (자기 또는 제 3 자의 계산으로) 회사와 하는 모든 거래」가 이에 해당하는 것같이 생각되나, 형식상 이사 등과 회사간의 모든 거래가 이에 해당하는 것이 아니라 그 실질에 의하여 「이사 등과 회사간의 이해충돌을 생기게 할 염려가 있는 모든 재산상의 법률행위」가 이에 해당한다(통설).[1] 따라서 형식상은 이사 등과 회사간의 거래라도 실질상 이해충돌을 생기게 할 염려가 없는 거래는 상법 제398조(집행임원에 대하여는 상 408조의 9에서 이를 준용함)의 이사 등의 자기거래에 포함되지 않는다. 예컨대, 회사에 대한 부담 없는 증여, 회사에 대한 무이자·무담보의 금전대여, 상계, 채무의 이행, 보통거래약관에 의한 거래 등이 이에 속한다.

우리나라의 대법원도 이러한 통설과 같이 형식상은 이사 등과 회사간의 거래이나 실질상은 이해충돌을 생기게 할 염려가 없는 거래에 대하여는 상법 제398조(집행임원에 대하여는 상 408조의 9에서 이를 준용함)가 적용되지 않는 것으로 다음과 같이 판시하고 있다.

[이사의 회사에 대한 무담보·무이자의 금전대여에는 상법 제398조가 적용되지 않는다고 한 판례]

이사가 회사에 대하여 담보약정이나 이자약정 없이 금전을 대여하는 행위와 같이 성질상 회사와 이사 사이의 이해충돌로 인하여 회사에 불이익이 생길

1) 정(희), 487면; 정(동), (회) 439면 외.

염려가 없는 경우에는 이사회의 승인을 거칠 필요가 없다[대판 2010. 1. 14, 2009 다 55808(신문 3813, 12)].

[이사와 회사간의 보통거래약관에 의한 거래에는 상법 제398조가 적용되지 않는다고 한 판례]

상법 제398조 전문이 이사와 회사 사이의 거래에 관하여 이사회의 승인을 얻도록 규정하고 있는 취지는, 이사가 그 지위를 이용하여 회사와 직접 거래를 하거나 이사 자신의 이익을 위하여 회사와 제 3 자 간에 거래를 함으로써 이사 자신의 이익을 도모하고 회사 및 주주에게 손해를 입히는 것을 방지하고자 하는 것이므로, 이사와 회사 사이의 거래라고 하더라도 양자 사이의 이해가 상반되지 않고 회사에 불이익을 초래할 우려가 없는 때에는 이사회의 승인을 얻을 필요가 없다. 따라서 주식회사의 이사가 자신을 피보험자 및 수익자로 하여 회사 명의로 퇴직보험에 가입한 사안에서, 회사가 이사를 피보험자로 하여 퇴직보험계약을 체결한 것은 임원퇴직금지급규정상 임원의 보수를 지급하기 위한 수단에 불과하고, 회사에게 퇴직금을 조성하기 위한 일반적인 자금 운영의 범위를 넘는 실질적인 불이익을 초래할 우려가 없으므로, 이에 관하여 이사회의 승인을 얻을 필요가 없다[대판 2010. 3. 11, 2007 다 71271(공보 2010, 709)].

[회사의 채무를 담보하기 위하여 회사가 약속어음을 이사에게 발행한 것은 상법 제398조가 적용되지 않는다고 한 판례]

Y주식회사의 대표이사인 A가 자기회사의 채무를 담보하기 위하여 자기 앞으로 Y회사의 약속어음을 발행한 것은 회사와 이해관계가 반대되는 경우가 아님이 분명하여 (상법 제398조에 의한 이사회의 승인이 없는 경우에도—저자 주) 적법하다[대결 1962. 3. 13, 62 라 1(집 10 ① 민 196)].

2) 실질적으로 이사 등과 회사간에 이해충돌을 생기게 할 염려가 있는 거래이면, 형식상 이사 등과 회사간의 거래이든(직접거래) 회사와 제 3 자간의 거래이든(간접거래) 불문한다(통설). 이러한 직접거래와 간접거래에는 각각 「자기계약의 형태」와 「쌍방대리의 형태」가 있는데, 이는 다음과 같다.[1)]

㈎ 직접거래

① 자기계약의 형태 　예컨대, Y회사의 대표이사 A가 Y회사로부터 동 회사 소유의 재산을 양수하는 경우는, 이는 회사(Y)와 이사(A)간의 자기계약 형태의 직접거래로서 상법 제398조(집행임원에 대하여는 상 408 조의 9에서 이를 준용함)에 해당하는 전형적인 경우이다. 또한 이 때의 「Y·A간의 거래」는 그 실질에 있어서 「이사와 회사

1) 이에 관한 상세는 연습, 454~458면(사례 74); 정찬형, 「사례연구 어음·수표법」(서울: 법문사, 1987), 88면 이하 참조.

간의 이해충돌을 생기게 할 염려가 있는 재산상의 행위」이므로, A가 이러한 행위를 하기 위하여는 상법 제398조(집행임원에 대하여는 상 408조의 9에서 이를 준용함)에 의하여 Y회사의 이사회(이사가 1명 또는 2명인 소규모 주식회사의 경우에는 주주총회)(상 383조 4항)의 승인을 받아야 한다.

우리나라의 대법원판례도 이와 동지로 다음과 같이 판시하고 있다.

[자기계약 형태의 직접거래에 대하여 상법 제398조를 적용한 판례]

상법 제398조는 이사 등이 그 지위를 이용하여 회사와 거래를 함으로써 자기 또는 제3 자의 이익을 도모하고 회사와 주주에게 예기치 못한 손해를 끼치는 것을 방지하기 위한 것으로, 이사와 지배주주 등의 사익추구에 대한 통제력을 강화하고자 적용대상을 이사 외의 주요주주 등에게까지 확대하고 이사회 승인을 위한 결의요건도 가중하여 정하였다. 다만 상법 제383조에서 2인 이하의 이사만을 둔 소규모회사의 경우 이사회의 승인을 주주총회의 승인으로 대신하도록 하였다. 이 규정을 해석·적용하는 과정에서 이사 등의 자기거래를 제한하려는 입법 취지가 몰각되지 않도록 해야 한다. 일반적으로 주식회사에서 주주총회의 의결정족수를 충족하는 주식을 가진 주주들이 동의하거나 승인하였다는 사정만으로 주주총회에서 그러한 내용의 주주총회 결의가 있는 것과 마찬가지라고 볼 수 없다. 따라서 자본금 총액이 10억 원 미만으로 이사가 1명 또는 2명인 회사의 이사가 자기 또는 제 3 자의 계산으로 회사와 거래를 하기 전에 주주총회에서 해당 거래에 관한 중요사실을 밝히고 주주총회의 승인을 받지 않았다면, 특별한 사정이 없는 한 그 거래는 무효라고 보아야 한다. Y주식회사의 이사 2인 중 1인인 A가 주주총회 결의 없이 Y회사와 주식양수도계약을 체결한 사안에서, 주식양수도계약 체결 당시 A가 대표이사로 있던 S주식회사가 Y회사의 주식 65%를 보유하고 있었고, Y회사가 A로부터 주식양수도대금을 지급받아 이를 S회사에 대여하였다는 사실만으로는 주주총회 결의가 없는데도 주식양수도계약을 유효로 볼 만한 특별한 사정이 있다고 인정하기 부족하다는 이유로 위 주식양수도계약이 무효라고 본 원심판단은 정당하다[대판 2020. 7. 9, 2019 다 205398(공보 2020, 1580)].

② 쌍방대리(대표)의 형태 예컨대, Y회사와 X회사의 대표이사가 동일인인 A가 「Y·X간의 계약」으로 Y회사에게는 불리하고 X회사에게는 유리한 계약을 체결하는 경우는, 이는 쌍방대리(대표)의 형태의 직접거래로서 상법 제398조(집행임원에 대하여는 상 408조의 9에서 이를 준용함)에 해당하여 이러한 행위를 하기 위하여는 그 행위의 결과에서 불리한 Y회사의 이사회(이사가 1명 또는 2명인 소규모 주식회사의

경우에는 주주총회)(상조 383 4항)의 승인을 요한다.

우리나라의 대법원판례도 이와 동지로 다음과 같이 판시하고 있다.

[쌍방대표 형태의 직접거래에 대하여 상법 제398조를 적용한 판례]

Y회사와 X회사는 형식상 전연 별개의 회사이고 같은 사람(A)이 위 양 회사의 대표이사를 겸하면서 그 같은 사람이 이해관계가 상반된 양 회사의 대표자로서 위와 같은 상호협약을 체결한 경우에는 역시 상법 제398조의 규정이 적용된다고 해석하여야 할 것인즉, 원심이 Y회사에 불리함이 명백한 본건에 있어서 그 협약체결에 Y회사 이사회의 승인이 있었는가의 여부를 심리판단하지 않고 A의 위의 행위를 적법한 행위라고 판단하였음은 상법 제398조의 규정을 오해하고 또 심리를 다하지 못한 위법이 있다[대판 1969. 11. 11, 69 다 1374(집 17 ④ 민 6)].

동지: 대판 1996. 5. 28, 95 다 12101 · 12118(공보 1996, 1977).

(나) 간접거래

① 자기계약의 형태 예컨대, Y회사가 동 회사의 대표이사 A가 개인적으로 X(제 3 자)에 대하여 부담하고 있는 채무를 「Y · X간의 계약」으로 인수한 경우는,[1] 형식적으로 보면 회사(Y)와 제 3 자(X)간의 거래이나 실질적으로 보면 이사(A)에게는 유리하고 회사(Y)에게는 불리하다. 따라서 이러한 거래는 간접거래로서 상법 제398조(집행임원에 대하여는 상 408조의 9에서 이를 준용함)에 해당된다. 그런데 이러한 거래는 실질적으로 이사와 회사간의 관계이므로 자기계약 형태에 속하는 간접거래이다.

우리나라의 대법원판례도 이러한 경우에 이와 동지로 다음과 같이 판시하고 있다.

[자기계약 형태의 간접거래에 대하여 상법 제398조를 적용한 판례]

상법 제398조 소정의 거래 가운데는 이사와 주식회사간에 성립될 이해상반의 행위 뿐만 아니라, 이사 개인의 채무에 관하여 채권자에게 면책적이든 중첩적이든 채무인수를 하는 것과 같은 결국 이사에게는 이롭고 회사에게는 불이익한 것으로 인정되는 행위가 포함된다고 할 것이다[대판 1965. 6. 22, 65 다 734(집 13 ① 민 208)].

---

1) Y회사는 채권자(X)와의 계약으로 채무를 인수할 수 있다(민 453조 1항 본문). 채무인수의 방법은 이 외에도 Y회사와 채무자(A)와의 계약으로도 할 수 있는데, 이 때에는 채권자(X)의 승낙에 의하여 그 효력이 생긴다(민 454조 1항). 이 밖에 채무인수는 해석상 3당사자(Y · X · A)의 합의로도 할 수 있다.

동지: 대판 1980. 1. 29, 78 다 1237(공보 628, 12589)(이사가 회사로부터 채권양도를 받는 경우); 동 1980. 7. 22, 80 다 341 · 342(공보 641, 13075)(Y주식회사의 이사인 A가 X에게 금원을 대여함에 있어 Y회사가 그 채무에 대하여 연대보증을 하였다면, 이는 이사와 회사 사이의 이익상반되는 거래행위이므로 이사회의 승인이 없는 한 연대보증행위는 무효이다); 동 1980. 7. 22, 80 다 828(공보 641, 13078)(이사가 타인에게 금원을 대여함에 있어 회사가 그 채무를 연대보증하는 경우); 동 1989. 1. 31, 87 누 760(공보 1989, 362; 집 37 ① 민 352)(대표이사가 개인적 용도에 사용할 목적으로 회사명의의 수표를 발행하거나 타인이 발행한 약속어음에 회사명의의 배서를 하여 준 경우); 동 1981. 9. 8, 80 다 2511(공보 668, 14367)(주식회사의 이사 또는 청산인이 이사회 또는 청산인회의 승인 없이 회사를 대표하여 자기를 위하여 회사 이외의 제 3 자와의 사이에 한 거래 및 회사와 직접 거래하여 취득한 목적물을 제 3 자에게 매도한 경우, 회사는 당해 이사 또는 청산인에 대하여는 위 승인을 얻지 못한 것을 이유로 그 행위의 무효를 주장할 수 있지만, 제 3 자에 대하여는 그 거래에 대하여 위 승인을 얻지 못한 것 외에 상대방인 제 3 자가 악의라는 사실을 주장 · 입증하여야 비로소 그 무효를 제 3 자에게 주장할 수 있다)[이 판결에 찬성하는 취지의 평석으로는 안동섭, 법률신문, 제1425호(1981. 12. 21), 11면]; 동 1980. 1. 29, 78 다 1237(공보 628, 12589); 동 1978. 3. 28, 78 다 4(공보 585, 10785)(회사의 이사가 한 어음의 발행 또는 배서행위가 상법 제398조에 저촉되는 경우에도 회사는 위 어음의 취득자가 악의였음을 주장 · 입증하여야 위 어음행위의 무효를 주장할 수 있다); 동 1973. 10. 31, 73 다 954(공보 477, 7567)(이사와 회사간에 직접 있은 이익상반하는 거래에 있어서는 회사는 당해 이사에 대하여 이사회의 승인을 못 얻은 것을 내세워 그 행위의 무효를 주장할 수 있지만, 회사 이외의 제 3 자와 이사가 회사를 대표하여 자기를 위하여 한 거래에 있어서는 회사는 그 거래에 대하여 이사회의 승인을 안 받은 것 외에 상대방인 제 3 자가 악의라는 사실을 주장 입증하여야 비로소 그 무효를 그 상대방인 제 3 자에게 주장할 수 있다); 동 1974. 1. 15, 73 다 955(카드 10637).

② 쌍방대리(대표)의 형태 예컨대, Y회사와 X회사의 대표이사가 동일인인 A가 X회사의 B(제 3 자)에 대한 채무를 위하여 Y회사가 「Y · B간의 계약」으로 보증을 하는 경우에는, 형식적으로 보면 Y회사와 제 3 자간의 거래이나 실질적으로 보면 X회사에게는 유리하고 Y회사에게는 불리한 거래이므로 이는 쌍방대리(대표) 형태의 간접거래로서 상법 제398조(집행임원에 대하여는 상 408조의 9에서 이를 준용함)에 포함된다.

우리나라의 대법원판례도 이와 동지로 다음과 같이 판시하고 있다.

[쌍방대표 형태의 간접거래에 대하여 상법 제398조를 적용한 판례]

상법 제398조에서 말하는 거래에는 이사와 회사 사이에 직접 성립하는 이해상반하는 행위뿐만 아니라 이사가 회사를 대표하여 자기를 위하여 자기 개인채무의 채권자인 제 3 자와의 사이에 자기 개인채무의 연대보증을 하는 것과 같은 이사 개인에게 이익이 되고 회사에 불이익을 주는 행위도 포함하는 것이라 할 것이므로, 별개 두 회사의 대표이사를 겸하고 있는 자가 어느 일방 회사의 채무에 관하여 나머지 회사를 대표하여 연대보증을 한 경우에도 역시 상법 제398조의 규정이 적용되는 것으로 보아야 한다.

별개 두 회사의 대표이사를 겸하고 있는 자가 어느 일방 회사의 채무에 관하여 타회사를 대표하여 연대보증을 한 경우, 회사가 위 거래가 이사회의 승인을 얻지 못하여 무효라는 것을 거래의 상대방인 제 3 자에게 주장하기 위해서는 거래의 안전과 선의의 제 3 자를 보호할 필요상 이사회의 승인을 얻지 못하였다는 것 외에 거래의 상대방인 제 3 자가 이사회의 승인 없음을 알았다는 사실을 주장·입증하여야만 한다. 따라서 원심이 Y회사의 이사회의 승인이 있었는가의 여부와 이사회의 승인이 없었다면 그 사실을 X가 알고 있었는지의 여부를 심리판단하지 아니한 채 위와 같이 판시하여 위 A의 행위를 적법한 행위라고 판단하였음은 상법 제398조의 규정의 오해로 인한 위법이 있다 할 것이고, 이 점을 지적하는 논지는 이유 있다[대판 1984. 12. 11, 84 다카 1591(공보 745, 166)][이 판결에 찬성하는 취지의 평석으로는 정찬형, "이사의 자기거래," 법률신문, 제1586호(1985. 4. 22), 12면 참조].

3) 상법 제398조(집행임원에 대하여는 상 408조의 9에서 이를 준용함)의 거래에는 어음행위를 포함하는가. 이에 대하여 학설은 (i) 어음행위는 거래의 수단에 지나지 않는행위로서 그 자체 이해충돌을 일으키는 행위가 아니라는 이유로 상법 제398조(집행임원에 대하여는 상 408조의 9에서 이를 준용함)에 포함되지 않는다고 보는 부정설[1](소수설)도 있으나, (ii) 어음행위자는 어음행위에 의하여 오히려 원인관계와는 무관하고 더 엄격한 어음채무를 부담하고 또 이러한 어음채무와 관련하여 당사자간에는 이해충돌이 생기게 될 염려가 있으므로 어음행위는 상법 제398조(집행임원에 대하여는 상 408조의 9에서 이를 준용함)에 포함된다고 보는 긍정설[2](통설)이 타당하다고 본다.[3]

우리나라의 대법원판례도 통설과 동지로 다음과 같이 판시하고 있다.

---

1) 서·정, 446면.
2) 정(희), 487~488면; 정(동), (회) 441면; 손(주), 799면: 최(기), 907면; 이(철), (회) 784면; 채, 559면; 이·최, 328면 외.
3) 정찬형, 전게서(사례연구 어음·수표법), 92면; 연습, 456면(사례 74).

[어음행위에도 상법 제398조가 적용된다고 본 판례]

본건 약속어음의 발행에 관하여는 상법 제398조에 의하여 Y회사의 이사회의 승인이 있어야 할 터이므로 원심은 이 점을 심사판단하였어야 할 것임에도 불구하고…, (이를 하지 않고) 본건 약속어음의 발행행위는 유효한 것으로 판단한 것은 잘못이다[대판 1966. 9. 6, 66 다 1146(집 14 ③ 민 15)].

동지: 대판 1965. 6. 22, 65 다 734(집 13 ① 민 208)(이사회의 승인 없이 인수된 채무의 지급을 위하여 발행된 어음이라는 원인관계를 주장할 수 있다고 한다); 동 1978. 3. 28, 78 다 4(집 26 ① 민 252) 외.

4) 이사 등과 회사의 자회사와의 거래에는 상법 제398조(집행임원에 대하여는 상 408조의 9에서 이를 준용함)가 적용되지 않는다.[1)]

⑶ 이사회의 승인

이사 등과 회사간의 행위가 이해충돌을 생기게 할 염려가 있는 재산상의 행위이더라도, 이사 등은 이사회의 승인이 있는 때에는 유효하게 그러한 행위를 할 수 있다(상 398조, 408조의 9).

1) 승인기관은 「이사회」에 한하고, 정관의 규정에 의해서도 주주총회의 결의사항으로 할 수 없다.[2)] 다만 자본금 총액이 10억원 미만으로서 이사가 1명 또는 2명인 소규모 주식회사의 경우에는 이사회가 없으므로 주주총회의 승인이 있어야 한다(상 383조 4항).

또한 이는 주주만의 이익을 위한 것이 아니고 회사의 이익을 위한 것이므로, 총주주의 동의에 의해서도 이사회의 승인을 갈음할 수 없다고 본다.[3)] 따라서 1인주주인 회사의 경우에도 (자본금 총액이 10억원 미만으로서 이사가 1명 또

---

1) 동지: 대판 2013. 9. 12, 2011 다 57869(공보 2013, 1752).

2) 동지: 이(철), (회) 784면(그 이유는 상법 제398조에 주주총회의 결의로 할 수 있다는 유보조항이 없고 또 주주총회의 승인에 대해서는 승인한 자에 대한 책임추궁이 불가능하기 때문이라고 한다).

반대: 대판 2007. 5. 10, 2005 다 4284(공보 2007, 842)(정관에 주주총회의 권한사항으로 정해져 있다는 등의 특별한 사정이 없는 한 이사회의 전결사항이다); 이(병), 471면; 채, 559면.

3) 동지: 이(철), (회) 784면; 이(기) 외, (회) 345면; 김(홍), 605면.

반대: 정(동), (회) 442면(상법 제398조는 회사, 나아가 주주의 이익보호를 목적으로 하므로 주주 전원이 합의하는 경우에는 자기거래를 할 수 있다고 한다); 최(기), 908면; 이(병), 675면; 日最高判 1974. 9. 26(民集 28-6, 1306); 이상훈, "주주 전원 동의에 의한 자기거래 승인: 부정설 비판과 긍정설의 재구성 — 대법원 2017. 8. 18. 선고 2015다5569 판결을 계기로 —," 「기업법연구」(한국기업법학회), 제32권 제 3 호(2018. 9), 149~177면; 동, "자기거래와 주주 전원의 동의: 주주의 비례적 이익, 패러다임 전환을 제안하며 — 자기거래 규율의 대상, 취지, 구조 분석을 토대로 —," 「선진상사법률연구」(법무부), 제84호(2018. 10), 31~58면.

는 2명인 소규모 주식회사가 아니면) 1인주주(그가 이사인지 여부를 불문함)와 회사간의 거래에는 이사회의 승인을 요한다(상 398조 1호 후단).

그런데 우리 종래의 대법원판례는 사전의 총주주의 동의가 있었다면 이사회의 승인이 없었더라도 회사는 그 책임을 부담한다는 취지로 다음과 같이 판시하고 있다.

[총주주의 동의가 상법 제398조의 이사회의 승인을 갈음할 수 있다고 본 판례]

회사의 이사에 대한 채무부담행위가 상법 제398조 소정의 이사의 자기거래에 해당하여 이사회의 승인을 요한다고 할지라도, 위 규정의 취지가 회사 및 주주에게 예기치 못한 손해를 끼치는 것을 방지함에 있다고 할 것이므로, 그 채무부담행위에 대하여 사전에 주주 전원의 동의가 있었다면 회사는 이사회의 승인이 없었음을 이유로 그 책임을 회피할 수 없다[대판 1992. 3. 31, 91 다 16310(공보 920, 1400)].

동지: 대판 2002. 7. 12, 2002 다 20544(공보 2002, 1952)(회사의 채무부담행위가 상법 제398조 소정의 이사의 자기거래에 해당하여 이사회의 승인을 요한다고 할지라도, 위 규정의 취지가 회사 및 주주에게 예기치 못한 손해를 끼치는 것을 방지함에 있다고 할 것이므로, 그 채무부담행위에 대하여 사전에 주주 전원의 동의가 있었다면 회사는 이사회의 승인이 없었음을 이유로 그 책임을 회피할 수 없다); 동 2007. 5. 10, 2005 다 4284(공보 2007, 842)(이사와 회사 사이의 이익상반거래에 대한 승인은 주주 전원의 동의가 있다거나 그 승인이 정관에 주주총회의 권한사항으로 정해져 있다는 등의 특별한 사정이 없는 한 이사회의 전결사항이라 할 것이므로, 이사회의 승인을 받지 못한 이익상반거래에 대하여 아무런 승인 권한이 없는 주주총회에서 사후적으로 추인결의를 하였다 하여 그 거래가 유효하게 될 수는 없다); 동 2017. 8. 18, 2015 다 5569(공보 2017, 1781)(구 상법〈2011. 4. 14. 법률 제10600호로 개정되기 전의 것, 이하 같다〉 제398조는 "이사는 이사회의 승인이 있는 때에 한하여 자기 또는 제 3 자의 계산으로 회사와 거래를 할 수 있다. 이 경우에는 민법 제124조의 규정을 적용하지 아니한다"라고 정하고 있다. 그러나 회사의 채무부담행위가 구 상법 제398조에서 정한 이사의 자기거래에 해당하여 이사회의 승인이 필요하다고 할지라도, 위 규정의 취지가 회사와 주주에게 예기치 못한 손해를 끼치는 것을 방지함에 있으므로, 그 채무부담행위에 대하여 주주 전원이 이미 동의하였다면 회사는 이사회의 승인이 없었음을 이유로 그 책임을 회피할 수 없다〈다만 2011. 4. 14. 법률 제10600호로 개정되어 2012. 4. 15.부터 최초로 체결된 거래부터 적용되는 현행 상법 제398조는 '상법 제542조의 8 제 2 항 제 6 호에 따른 주요주주의 경우에도 자기 또는 제 3 자의 계산으로 회사와 거래를 하기 위해서는 미리 이사회에 해당

거래에 관한 중요사실을 밝히고 이사회의 승인을 받아야 한다'고 정하고 있다〉).

2) 승인시기는 「사전」에 하여야 하고, 사후승인(추인)은 인정되지 않는다. 2011년 4월 개정상법 이전에는 이에 관하여 명문규정이 없었기 때문에 사후승인(추인)을 인정할 것인지 여부에 대하여 부정설[1]과 긍정설[2]로 나뉘어 있었으나, 2011년 4월 개정상법에서는 「미리」 이사회의 승인을 받도록 명문으로 규정하였다(상 398조 1문, 408조의 9).

3) 승인방법은 원칙적으로 개개의 거래에 관하여 「개별적」으로 하여야 한다고 본다(통설).[3] 다만 반복하여 이루어지고 있는 동종거래에서는 종류·기간·금액의 한도 등을 정하여 합리적인 범위 내에서의 포괄적인 승인이 예외적으로 가능하다고 본다.[4] 또한 승인방법은 반드시 이사회(이사가 1명 또는 2명인 소규모 주식회사의 경우에는 주주총회)(상 383조 4항)의 회의의 방법에 의하여야 하는데, 우리 대법원은 이사회의 회의의 방법에 의하지 않더라도 당해 이사 이외의 나머지 이사들의 「합의」가 있으면 무방하다고 다음과 같이 판시하고 있다.

[상법 제398조의 이사회의 승인은 이사들의 합의로도 무방하다고 본 판례]

대표이사가 개인명의로 차용한 금원을 일부는 회사가 인수하고 일부는 회사가 상환하기로 나머지 이사가 합의한 경우, 회사는 채무를 이행할 책임이 있다[대판 1967. 3. 21, 66 다 2436(민판집 113, 249)].

---

1) 정(희), 488면; 정(동), (회) 442면(추인을 인정하면 이사가 이를 예상하여 함부로 거래할 염려가 있기 때문이라고 한다); 이(철), (회) 784면; 채, 560면; 이(기) 외, (회) 345면.

2) 대판 2007. 5. 10, 2005 다 4284(공보 2007, 842)(상법 제398조 전문이 이사와 회사 사이의 거래에 관하여 이사회의 승인을 얻도록 규정하고 있는 취지는, 이사가 그 지위를 이용하여 회사와 거래를 함으로써 자기 또는 제 3 자의 이익을 도모하고 회사 나아가 주주에게 불측의 손해를 입히는 것을 방지하고자 함에 있는바, 이사회의 승인을 얻은 경우 민법 제124조의 적용을 배제하도록 규정한 상법 제398조 후문의 반대해석상 이사회의 승인을 얻지 아니하고 회사와 거래를 한 이사의 행위는 일종의 무권대리인의 행위로 볼 수 있고 무권대리인의 행위에 대하여 추인이 가능한 점에 비추어 보면, 상법 제398조 전문이 이사와 회사 사이의 이익상반거래에 대하여 이사회의 사전 승인만을 규정하고 사후 승인을 배제하고 있다고 볼 수는 없다. 이 때 회사가 이익상반거래를 묵시적으로 추인하였다고 보기 위해서는 그 거래에 대하여 승인 권한을 갖고 있는 이사회가 그 거래와 관련된 이사의 이해관계 및 그와 관련된 중요한 사실들을 지득한 상태에서 그 거래를 추인할 경우 원래 무효인 거래가 유효로 전환됨으로써 회사에 손해가 발생할 수 있고 그에 대하여 이사들이 연대책임을 부담할 수 있다는 점을 용인하면서까지 추인에 나아갔다고 볼 만한 사유가 인정되어야 한다).

3) 정(희), 488면; 정(동), (회) 442면 외.

4) 동지: 정(동), (회) 442면; 이(철), (회) 785면; 채, 560면; 이(기) 외, (회) 345면; 주상(제 5 판)(회사 Ⅲ), 343~344면; 日最高判 1961. 12. 23(判時 656, 85).

이사회(이사가 1명 또는 2명인 소규모 주식회사의 경우에는 주주총회)(상 383조 4항)의 승인결의에 있어서 거래당사자인 이사는 특별이해관계가 있는 자이므로 의결권을 행사하지 못한다(상 391조 3항, 368조 3항). 또한 거래당사자인 이사는 이사회(이사가 1명 또는 2명인 소규모 주식회사의 경우에는 주주총회)(상 383조 4항)의 승인결의 이전에 이사회에서 「해당거래에 관한 중요 사실」을 밝혀야 한다(이사의 사전정보 개시의무)(상 398조 1문, 408조의 9).

이사의 사전정보 개시의무는 종래에 학설·판례에서도 해석상 인정되었으나,[1] 2011년 4월 개정상법은 이 점에 대하여 명문으로 규정하였다.[2]

4) 승인결의는 이사(당해 이사를 포함한 재적이사를 의미함)[3] 3분의 2 이상의 수로써 하여야 하고, 그 거래의 내용과 절차는 공정하여야 한다(상 398조 2문, 408조의 9). 따라서 이사회는 이사와 회사와의 거래의 내용과 절차가 공정한지 여부도 고려하여 승인하여야 한다. 이러한 이사회의 결의요건은 이사의 회사기회 이용을 허용하는 경우(상 397조의 2 1항 2문, 408조의 9)와 같다.

1) 정(동), (회) 442면; 이(철), (회)(2005) 628면; 대판 2007. 5. 10, 2005 다 4284(공보 2007, 842)(이사와 회사 사이의 이익상반거래가 비밀리에 행해지는 것을 방지하고 그 거래의 공정성을 확보함과 아울러 이사회에 의한 적정한 직무감독권의 행사를 보장하기 위해서는 그 거래와 관련된 이사는 이사회의 승인을 받기에 앞서 이사회에 그 거래에 관한 자기의 이해관계 및 그 거래에 관한 중요한 사실들을 개시하여야 할 의무가 있고, 만일 이러한 사항들이 이사회에 개시되지 아니한 채 그 거래가 이익상반거래로서 공정한 것인지 여부가 심의된 것이 아니라 단순히 통상의 거래로서 이를 허용하는 이사회의 결의가 이루어진 것에 불과한 경우 등에는 이를 가리켜 상법 제398조 전문이 규정하는 이사회의 승인이 있다고 할 수는 없다).

2) 동지: 대판 2017. 9. 12, 2015 다 70044(공보 2017, 1941)(구 상법〈2011. 4. 14. 법률 제10600호로 개정되기 전의 것〉 제398조에 의하면 "이사는 이사회의 승인이 있는 때에 한하여 자기 또는 제삼자의 계산으로 회사와 거래를 할 수 있다"라고 규정하고 있다. 여기서 이사회의 승인이 필요한 이사와 회사의 거래에는 이사가 거래의 상대방이 되는 경우뿐만 아니라 상대방의 대리인이나 대표자로서 회사와 거래를 하는 경우와 같이 특별한 사정이 없는 한 회사와 이사 사이에 이해충돌의 염려 내지 회사에 불이익을 생기게 할 염려가 있는 거래도 해당된다. 이러한 이사의 거래에 이사회의 승인을 요하는 이유는 이사와 회사 사이의 이익상반거래가 비밀리에 행해지는 것을 방지하고 그 거래의 공정성을 확보함과 아울러 이사회에 의한 적정한 직무감독권의 행사를 보장하기 위해서이다. 따라서 그 거래와 관련된 이사는 이사회의 승인을 받기에 앞서 이사회에 그 거래에 관한 자기의 이해관계 및 그 거래에 관한 중요한 사실들을 개시하여야 할 의무가 있다).

3) 동지: 이(철), (회) 784면(이사 전원의 3분의 2의 찬성을 요한다고 함); 주상(제 5 판)(회사 Ⅲ), 345면.

입법론상은 상법 제415조의 2 제 3 항과 같이 「이사」를 「이사 총수」로 하여야 할 것으로 본다. 이사회의 승인결의요건을 이사 재적인원 3분의 2 이상의 찬성으로 하도록 한 것에 대하여 법무부는 이는 과도한 제약이 될 수 있고 또한 현행 상법상 이사회에서는 특별결의요건이 규정된 바 없다는 이유로 반대하였으나, 국회 법사위의 논의과정에서 회사의 투명경영의 강화가 절실하다는 점에서 이와 같이 결정되었다(구승모, 전게논문〈선진상사법률연구 통권 제55호〉, 121~122면).

5) 이사회(이사가 1명 또는 2명인 소규모 주식회사의 경우에는 이사회가 없으므로 주주총회 — 상 383조 4항)의 승인은 해당 이사 등의 자기거래의 「유효요건」에 불과하고, 그 이사의 책임을 면제하는 것이 아니다. 따라서 이사회(이사가 1명 또는 2명인 소규모 주식회사의 경우에는 이사회가 없으므로 주주총회 — 상 383조 4항)의 승인이 있는 해당 이사 등의 자기거래로 인하여 회사에 손해가 발생하였다면, 그 이사 및 승인결의에 찬성한 이사(이사가 1명 또는 2명인 소규모 주식회사에서 주주총회의 승인이 있는 경우에 이에 찬성한 주주는 해당되지 않음)는 연대하여 회사에 대하여 손해배상을 할 책임을 부담한다(상 399조 1항 · 2항, 408조의 8 1항 · 3항).[1]

우리 대법원판례도 이와 동지로 다음과 같이 판시하고 있다.

[상법 제398조의 이사회의 승인은 이사의 책임을 면제하는 것이 아니라고 본 판례]

주식회사의 대표이사가 그의 개인적인 용도에 사용할 목적으로 회사명의의 수표를 발행하거나 타인이 발행한 약속어음에 회사명의의 배서를 해 주어 회사가 그 지급책임을 부담하고 이를 이행하여 손해를 입은 경우에는, 당해 주식회사는 대표이사의 위와 같은 행위가 상법 제398조 소정의 이사와 회사간의 이해상반하는 거래행위에 해당한다 하여 이사회의 승인여부에 불구하고 같은 법 제399조 소정의 손해배상청구권을 행사할 수 있음은 물론이고 대표권의 남용에 따른 불법행위를 이유로 한 손해배상청구권도 행사할 수 있는 것이다[대판 1989. 1. 31, 87 누 760(공보 1989, 362)].

참고(회사사업기회 이용 승인의 경우 — 상 397조의 2): 대판 2017. 9. 12, 2015 다 70044(공보 2017, 1941)(이사는 회사에 대하여 선량한 관리자의 주의의무를 지므로, 법령과 정관에 따라 회사를 위하여 그 의무를 충실히 수행한 때에야 이사로서의 임무를 다한 것이 된다. 이사는 이익이 될 여지가 있는 사업기회가 있으면 이를 회사에 제공하여 회사로 하여금 이를 이용할 수 있도록 하여야 하고, 회사의 승인 없이 이를 자기 또는 제 3 자의 이익을 위하여 이용하여서는 아니 된다. 그러나 회사의 이사회가 그에 관하여 충분한 정보를 수집·분석하고 정당한 절차를 거쳐 의사를 결정함으로써 그러한 사업기회를 포기하거나 어느 이사가 그것을 이용할 수 있도록 승인하였다면 의사결정과정에 현저한 불합리가 없는 한 그와 같이 결의한 이사들의 경영판단은 존중되어야 할 것이므로, 이 경우에는 어느 이사가 그러한 사업기회를 이용하게 되었더라도 그 이사나 이사회의 승인 결의에 참여한 이사들이 이사로서 선량한 관리자의 주의의무 또는 충실의무를 위반하였다고 할 수 없다).

---

1) 동지: 손(주), 801면; 정(동), (회) 442~443면; 이(철), (회) 785면.

(4) 상법 제398조 위반의 효과

1) 거래행위의 사법상의 효력 상법 제398조(집행임원에 대하여는 상 408조의 9에서 이를 준용함)에 위반한 행위의 효력에 대하여는 회사의 이익보호와 거래안전을 어떻게 조화할 것인가가 문제인데, 이에 대하여는 아래와 같이 크게 세 가지의 견해가 있다.

(가) 무 효 설 무효설에는 절대무효설과 단순무효설이 있는데, 우리나라에서는 절대무효설을 취하는 견해는 없고 단순무효설을 취하는 견해만이 있다. 단순무효설에서는 상법 제398조(집행임원에 대하여는 상 408조의 9에서 이를 준용함)를 강행규정으로 보고 이에 위반하는 행위를 일단 무효로 보면서, 선의의 제 3 자는 선의취득규정에 의하여 보호된다고 한다.[1]

(나) 유 효 설 유효설은 상법 제398조(집행임원에 대하여는 상 408조의 9에서 이를 준용함)를 명령규정으로 보고 이에 위반하는 행위를 유효로 보면서, 회사의 이익은 이사의 손해배상책임과 악의의 항변의 원용에 의하여 보호된다고 한다.[2] 유효설은 상법 제398조의 성격을 어떻게 보느냐에 따라 명령규정설과 업무집행규정설로 다시 나누어진다.

(다) 상대적 무효설 무효설과 유효설을 절충한 견해로 절충설이 있고, 이에는 효력부동설과 상대적 무효설이 있는데, 우리나라에는 효력부동설(무권대리이론에 의하여 이사회가 추인하면 유효해진다는 설)을 취하는 견해는 없고 상대적 무효설만이 있다. 상대적 무효설은 상법 제398조(집행임원에 대하여는 상 408조의 9에서 이를 준용함)의 위반의 효력을 대내적으로는 무효, 대외적으로는 상대방인 제 3 자의 악의를 회사가 증명하지 못하는 한 유효라고 하여, 거래의 안전과 회사의 이익보호라는 두 요청을 함께 만족시키고 있다(통설).[3]

우리나라의 대법원판례도 상대적 무효설의 입장에서 다음과 같이 판시하고 있다.

[상법 제398조의 위반효과에 대하여 상대적 무효설인 판례]

당해 이사에 대하여 이사회의 승인을 못 얻은 것을 내세워 그 행위의 무효를 주장할 수 있음은 그 규정으로 당연하지만, 회사 이외의 제 3 자와 이사가 회

1) 서·정, 445면; 김(용), 389면.
2) 박·이, 303면; 서(정), 286면; 양·박, 383면.
3) 정(희), 489면; 손(주), 800~801면(종래의 무효설에서 상대적 무효설로 개설〈改說〉함); 정(동), (회) 444면; 이(철), (회) 786면(상대적 무효설이 통설·판례의 일관된 입장이라고 한다); 채, 561면; 이(기) 외, (회) 345면 외.

사를 대표하여 자기를 위하여 한 거래에 대하여는 거래안전의 견지에서 선의의 제 3 자를 보호할 필요가 크므로, 회사는 그 거래에 대하며 이사회의 승인을 안 받은 것 외에 상대방인 제 3 자가 악의(이사회의 승인 없음에 대하여 알고 있음)라는 사실을 주장·입증하여야 비로소 그 무효를 그 상대방인 제 3 자에게 주장할 수 있다고 해석해야 옳을 것이다[대판 1973. 10. 31, 73 다 954(집 21 ③ 민 138)].

동지: 대판 1974. 1. 15, 73 다 955(카드 10637); 동 1978. 3. 28, 78 다 4(집 26 ① 민 252); 동 1978. 11. 14, 78 다 513(민판집 251, 130); 동 1978. 12. 26, 77 다 907(민판집 252, 382); 동 1981. 9. 8, 80 다 2511(집 29 ③ 민 1); 동 1984. 12. 11, 84 다카 1591(집 32 ④ 민 174); 동 1994. 10. 11, 94 다 24626(공보 980, 2964).

제 3 자의 악의 또는 중과실을 인정하여 대표이사의 자기거래행위(약속어음의 발행행위)를 무효로 본 판례로는 대판 2004. 3. 25, 2003 다 64688(공보 2004, 701)(회사의 대표이사가 이사회의 승인 없이 한 이른바 자기거래행위는 회사와 이사간에서는 무효이지만, 회사가 위 거래가 이사회의 승인을 얻지 못하여 무효라는 것을 제 3 자에 대하여 주장하기 위해서는 거래의 안전과 선의의 제 3 자를 보호할 필요상 이사회의 승인을 얻지 못하였다는 것 외에 제 3 자가 이사회의 승인 없음을 알았다는 사실을 입증하여야 할 것이고, 비록 제 3 자가 선의였다 하더라도 이를 알지 못한 데 중대한 과실이 있음을 입증한 경우에는 악의인 경우와 마찬가지라고 할 것이며, 이 경우 중대한 과실이라 함은 제 3 자가 조금만 주의를 기울였더라면 그 거래가 이사와 회사간의 거래로서 이사회의 승인이 필요하다는 점과 이사회의 승인을 얻지 못하였다는 사정을 알 수 있었음에도 불구하고, 만연히 이사회의 승인을 얻은 것으로 믿는 등 거래통념상 요구되는 주의의무에 현저히 위반하는 것으로서 공평의 관점에서 제 3 자를 구태여 보호할 필요가 없다고 봄이 상당하다고 인정되는 상태를 말한다. 따라서 어음할인 등 여신을 전문적으로 취급하는 은행이 대표이사의 개인적인 연대보증채무를 담보하기 위하여 대표이사 본인 앞으로 발행된 회사 명의의 약속어음을 취득함에 있어서 당시 위 어음의 발행에 관하여 이사회의 승인이 없음을 알았거나 이를 알지 못한 데 대하여 중대한 과실이 있다고 볼 수 있다).

생각건대 무효설(단순무효설)은 거래의 안전을 지나치게 희생하는 결과가 되어 타당하지 않고, 또 유효설은 상법 제398조(집행임원에 대하여는 상 408조의 9에서 이를 준용함)의 존재의의를 거의 반감시키므로 타당하지 않다고 본다. 따라서 거래의 안전과 회사의 이익을 모두 보호할 수 있는 상대적 무효설에 찬성한다.[1] 이 때 거래의 무효

1) 정찬형, 전게서(사례연구 어음·수표법), 95면; 동, "이사의 자기거래," 법률신문, 제1586호(1985. 4. 22), 12면.

를 주장할 수 있는 자는 회사이지, 이사나 제 3 자가 아니다.[1]

2) 이사의 책임 이사회(이사가 1명 또는 2명인 소규모 주식회사의 경우에는 이사회가 없으므로 주주총회 — 상 383조 4항)의 승인을 받지 않고 이사 등이 회사와의 자기거래를 한 경우에는, 그 이사는 법령위반의 행위를 한 것이므로 회사에 대하여 손해배상의 책임을 진다(상 399조, 408조의 8 1항·3항).[2] 이 책임은 상법 제398조를 강행규정으로 보면 총주주의 동의로 면제될 수 없다고 보며(상 400조 1항, 408조의 9 적용배제), 감경될 수도 없다(상 400조 2항단서, 408조의 9)(이에 관한 상세는 앞에서 본 '회사기회유용금지의무'의 위반에 관한 부분을 참조함).

⑸ 상장회사에 대한 특칙

상법은 상장회사와 이사 등과의 거래에 대하여는 회사의 이익을 보호하기 위하여 금지행위 및 제한행위(일정규모 이상의 상장회사가 일정규모 이상의 거래를 하는 경우 이사회의 승인을 받아야 하는 행위)에 대하여 특별히 규정하고 있다(상 542조의 9).

1) 금지행위

㈎ 금지행위의 내용 상장회사는 (i) 주요주주 및 그의 특수관계인, (ii) 이사(상법 401조의 2 1항 각호의 업무집행지시자 등을 포함함. 이하 이 특칙에서 같음)·집행임원 또는 (iii) 감사(監事)의 어느 하나에 해당하는 자를 상대방으로 하거나 그를 위하여 신용공여(금전 등 경제적 가치가 있는 재산의 대여·채무이행의 보증·자금지원적 성격의 증권 매입·그 밖에 거래상의 신용위험이 따르는 직접적·간접적 거래로서 대통령령으로 정하는 거래〈담보를 제공하는 거래·무담보배서를 제외하고 어음을 배서하는 거래·출자의 이행을 약정하는 거래 등〉를 말함. 이하 이 특칙에서 같음)를 하여서는 아니 된다(상 542조의 9 1항, 상시 35조 1항). 상장회사에 대하여는 이러한 특칙의 규정(상 542조의 9 1항)이 상법 제398조에 우선하여 적용되므로, 이러한 신용공여행위는 금지된다. 이러한 신용공여는 상장회사가 그 이사 등을 직접 상대방으로 하는 경우뿐만 아니라, 그 금전 등의 대여행위(신용공여)로 인한 경제적 이익이 실질적으로 상장회사의 이사 등에게 귀속하

---

1) 동지: 광주고판 1984. 5. 18, 83 나 292; 이(철), (회) 786~787면.

2) 이 경우 이사는 민사책임 외에 형사책임을 지는 경우도 있다. 즉, 1인 회사의 주주이자 대표이사가 자신의 채무담보를 위하여 회사의 재산을 제공한 행위는 회사의 재산에 손해를 가한 행위가 되어 업무상 배임죄가 성립하고(대판 2005. 10. 28, 2005 도 4915), 회사소유재산을 주주나 대표이사가 제 3 자의 자금조달을 위하여 담보로 제공하는 등 사적인 용도로 임의 처분하였다면 그 처분에 관하여 주주총회나 이사회의 결의가 있었는지 여부와는 관계없이 횡령죄가 성립하며(대판 2005. 8. 19, 2005 도 3045), 주식회사의 임원이나 회계책임자가 당해 회사의 주식을 매수하여 대주주가 되려는 자에게 대여금 명목으로 회사자금을 교부하면 특별한 사정이 없는 한 업무상 배임죄가 성립한다(대판 2007. 2. 8, 2006 도 483).

는 경우(기업집단 내 비상장법인이나 개인을 통하여 받는 경우 등)를 포함한다.[1]

(나) 위반의 효과 위의 금지행위에 관한 규정은 효력규정으로 볼 수 있으므로, 이에 위반한 행위의 사법상 효력은 무효라고 본다.

우리 대법원판례도 이와 같은 취지로 다음과 같이 판시하고 있다.

[상법 제542조의 9 제 1 항을 위반하여 한 신용공여는 사법상 무효(그러나 상대방이 선의·무중과실이면 무효를 주장하지 못함)라고 본 판례]

상법 제542조의 9 제 1 항의 입법 목적과 내용, 위반행위에 대해 형사처벌이 이루어지는 점 등을 살펴보면, 위 조항은 강행규정에 해당하므로 위 조항에 위반하여 이루어진 신용공여는 허용될 수 없는 것으로서 사법상 무효이고, 누구나 그 무효를 주장할 수 있다. 그리고 위 조항의 문언상 상법 제542조의 9 제 1 항을 위반하여 이루어진 신용공여는, 상법 제398조가 규율하는 이사의 자기거래와 달리, 이사회의 승인 유무와 관계없이 금지되는 것이므로, 이사회의 사전 승인이나 사후 추인이 있어도 유효로 될 수 없다. 다만 상법 제542조의 9는 제 1 항에서 신용공여를 원칙적으로는 금지하면서도 제 2 항에서는 일부 신용공여를 허용하고 있는데, 회사의 외부에 있는 제 3 자로서는 구체적 사안에서 어떠한 신용공여가 금지대상인지 여부를 알거나 판단하기 어려운 경우가 생길 수 있다. 상장회사와의 상거래가 빈번한 거래현실을 감안하면 제 3 자로 하여금 상장회사와 거래를 할 때마다 일일이 상법 제542조의 9 위반 여부를 조사·확인할 의무를 부담시키는 것은 상거래의 신속성이나 거래의 안전을 해친다. 따라서 상법 제542조의 9 제 1 항을 위반한 신용공여라고 하더라도 제 3 자가 그에 대해 알지 못하였고 알지 못한 데에 중대한 과실이 없는 경우에는 그 제 3 자에 대하여는 무효를 주장할 수 없다고 보아야 한다. 그런데 이 사건에서는 제 3 자에게 중대한 과실이 있다고 볼 수 있으므로 무효이다[대판 2021. 4. 29, 2017 다 261943(공보 2021, 1045)].

또한 이에 위반하여 신용공여를 한 자는 5년 이하의 징역 또는 2억원 이하의 벌금에 처하는 형사처벌을 받는다(상 624 조의 2).

(다) 예 외 상장회사가 이사 등에게 하는 신용공여라 하더라도 (i) 복리후생을 위한 이사·집행임원 또는 감사(監事)에 대한 금전대여 등으로서 대통령령으로 정하는 신용공여(학자금·주택자금 또는 의료비 등 복리후생을 위하여 그 회사가 정하는 바에 따라 3억원 범위 안에서 금전을 대여하는 행위), (ii) 다른 법령에서 허용하는 신용공여, 또는 (iii) 그 밖에 상장회사의 경영건전성을 해칠

1) 대판 2013. 5. 9, 2011 도 15854.

우려가 없는 금전대여 등으로서 대통령령으로 정하는 신용공여(회사의 경영상 목적을 달성하기 위하여 필요한 경우로서 법인인 주요주주 등을 상대로 하거나 그를 위하여 적법한 절차에 따라 이행하는 신용공여를 말함)를 할 수 있다(상 542조의 9 2항, 상시 35조 2항·3항).

2) 제한행위

(가) 제한행위의 내용 자산규모 등을 고려하여 대통령령으로 정하는 상장회사(최근 사업연도말 현재의 자산총액이 2조원 이상인 상장회사)(상시 35조 4항)는 최대주주, 그의 특수관계인 및 그 상장회사의 특수관계인으로서 대통령령으로 정하는 자(상시 35조 5항, 34조 4항의 특수관계인)를 상대방으로 하거나 그를 위하여(위 금지행위를 제외하고) (i) 단일 거래규모가 대통령령으로 정하는 규모 이상인 거래(해당 회사가 「금융위원회의 설치 등에 관한 법률」 제38조에 따른 검사 대상 기관인 경우에는 해당 회사의 최근 사업연도말 현재의 자산총액의 100분의 1이고, 동 검사 대상 기관이 아닌 경우에는 해당 회사의 최근 사업연도말 현재의 자산총액 또는 매출총액의 100분의 1 이상인 거래) 또는 (ii) 해당 사업연도 중에 특정인과 해당 거래를 포함한 거래총액이 대통령령으로 정하는 규모 이상인 거래(해당 회사가 위 「금융위원회의 설치 등에 관한 법률」 제38조에 따른 검사 대상 기관인 경우에는 해당 회사의 최근 사업연도말 현재의 자산총액의 100분의 5이고, 동 검사 대상 기관이 아닌 경우에는 해당 회사의 최근 사업연도말 현재의 자산총액 또는 매출총액의 100분의 5 이상인 거래)를 하려는 경우에는 이사회의 승인을 받아야 한다(상 542조의 9 3항, 상시 35조 4항~7항).

이 경우 상장회사는 이사회의 승인 결의 후 처음으로 소집되는 정기주주총회에 해당 거래의 목적·상대방·그 밖에 대통령령으로 정하는 사항(거래의 내용·날짜·기간 및 조건, 해당 사업연도 중 거래상대방과의 거래유형별 총 거래금액 및 거래잔액)을 보고하여야 한다(상 542조의 9 4항, 상시 35조 8항).

회사와 이사 등의 거래가 상법 제542조의 9 제 3 항과 제398조에 중복하여 해당하는 경우, 상법 제542조의 9 제 3 항이 상장회사에 대한 특칙이라는 점에서 보면 이러한 특칙규정이 상법 제398조에 우선하여 적용되어야 할 것 같으나(상 542조의 2 2항), 2011년 4월 개정상법에서 상법 제398조를 강화하여 규정함으로써 비상장회사도 강화된 규정의 적용을 받는데 상장회사가 완화된 규정의 적용을 받는 것은 불균형하고 또한 이는 입법상 과오에서 발생한 것이므로 해석상 상장회사에 대하여도 상법 제398조에 의한 이사회의 승인을 받아야 할 것으로 본다(상 542조의 2 2항 적용배제). 그러나 입법론으로는 상법 제542조의 9 제 3 항 내지 제 5 항을 폐지하든가 또는 제398조와 조화할 수 있도록 수정하여 규정하여야 할 것으로 본다.

(나) 위반의 효과 위의 제한행위에 대하여 이사회의 승인을 받지 않고 한 거래행위의 사법상 효력은 상법 제398조 위반의 효력과 같다고 본다.

이 경우 위반행위를 한 자(상법 635조 1항 각 호 외의 부분에 규정된 자)는 5,000만원 이하의 과태료가 부과된다(상 635조 3항 4호). 또한 이러한 회사의 이사 또는 집행임원은 법령위반의 행위를 한 것이므로 회사에 대하여 손해배상책임을 지는데(상 399조, 408조의 8 1항·3항), 이사 또는 집행임원의 이러한 책임의 면제 또는 감경에 대하여는 상법 제398조의 위반의 경우와 같다고 본다.[1]

(다) 예 외 상장회사가 경영하는 업종에 따른 일상적인 거래로서 (i) 약관에 따라 정형화된 거래로서 대통령령으로 정하는 거래(약관의 규제에 관한 법률 2조 1호의 약관에 따라 이루어지는 거래) 또는 (ii) 이사회에서 승인한 거래 총액의 범위 안에서 이행하는 거래는 이사회의 승인을 받지 아니하고 할 수 있다(상 542조의 9 5항 전단, 상시 35조 9항).

이러한 행위를 이사회의 승인을 받지 않고 하더라도 위의 규모 이상인 거래의 경우에는 거래 후 처음으로 소집되는 정기주주총회에 해당 거래내용을 보고하여야 하는데, 위 (ii)에 해당하는 거래에 대하여는 그 거래내용을 주주총회에 보고하지 아니할 수 있다(상 542조의 9 5항 후단).

5. 보고의무

(1) 의의 및 인정이유

이사(집행임원 설치회사에서는 '집행임원'을 의미한다. 이하 같다)의 보고의무는 이사회에 대한 보고의무와 감사(監事) 또는 감사위원회에 대한 보고의무의 두 경우가 있다.

1) 이사는 3개월에 1회 이상 업무의 집행상황을 이사회에 보고하여야 할 의무를 부담한다(상 393조 4항, 408조의 6 1항). 이는 이사회의 활성화를 위한 방안의 하나로 2001년 개정상법에 의하여 신설된 것이고,[2] 집행임원에 대하여는 2011년 4월

1) 입법론상 상법 제400조 2항에 "제542조의 9 제 3 항"을 포함시켜야 한다고 본다.
2) 이사의 정보접근권에 관한 미국과 한국의 법제와 현황에 대하여는 김대연, "이사의 정보접근권,"「비교사법」, 제 8 권 1호(하)(2001. 6), 701~728면 참조.

개정상법에 의하여 신설된 것이다.

자본금 총액이 10억원 미만으로서 이사를 1명 또는 2명을 둔 소규모 주식회사(상 383조 1항 단서)는 이사회가 없으므로, 이러한 규정이 적용되지 않는다(상 383조 5항).

집행임원 비설치회사의 경우 이사는 대표이사로 하여금 다른 이사 또는 피용자의 업무에 관하여 이사회에 보고할 것을 요구할 수 있는데(상 393조 3항), 대표이사는 이에 따를 의무가 있다. 집행임원 설치회사의 경우 집행임원은 이사회에 3개월에 1회 이상 하는 정기보고 외에도 이사회의 요구가 있으면 언제든지 이사회에 출석하여 요구한 사항을 보고할 의무가 있고(상 408조의 6 2항), 이사는 대표집행임원으로 하여금 다른 집행임원 또는 피용자의 업무에 관하여 이사회에 보고할 것을 요구할 수 있는데(상 408조의 6 3항) 대표집행임원은 이에 따를 의무가 있다.

2) 이사는 회사에 현저하게 손해를 미칠 염려가 있는 사실을 발견한 때에는 즉시 감사(監事) 또는 감사위원회에게 이를 보고하여야 할 의무를 부담한다(상 412조의 2, 415조의 2 7항, 408조의 9). 이는 감사(監事) 또는 감사위원회에 의한 감사의 실시를 용이하게 하고 또한 회사의 손해를 사전에 방지할 수 있도록 하기 위하여 감사의 실효성을 확보하기 위한 방안의 하나로 인정된 것이다.[1] 이로 인하여 이사는 감사(監事) 또는 감사위원회의 요구가 있는 때에만 하는 소극적인 보고의무(상 412조 2항, 415조의 2 7항, 408조의 9)에서 감사(監事) 또는 감사위원회의 요구가 없더라도 스스로 하여야 하는 적극적인 보고의무를 부담하게 되었다.

자본금 총액이 10억원 미만으로서 감사(監事)를 선임하지 아니한 소규모 주식회사(상 409조 4항)는 이러한 감사(監事)의 업무를 주주총회가 수행한다(상 409조 6항).

(2) 내 용

1) 이사가 이사회에 대한 보고의무를 부담하는 경우는 자기의 모든 업무집행과정에서 하는 것이고, 보고방법에는 제한이 없으므로 구두 또는 서면으로 보고할 수 있다.

2) 이사가 감사(監事) 또는 감사위원회에 대한 보고의무를 부담하는 경우는 모든 업무집행과정에서 하는 것은 아니고 「회사에 현저하게 손해[2]를 미칠 염려가 있는 사실을 발견한 때」(예컨대, 회사의 중요한 거래처의 도산, 공장 등의

1) 동지: 해설(1995), 140면; 日會 357조 1항.

2) 이러한 「현저한 손해」는 「회복할 수 없는 손해」(상 402조)와 구별되어, 이에 이르지 않아도 당해 회사에 있어서 중요하다고 인정되는 손해를 말한다[해설(1995), 141면].

화재로 인한 소실, 회사재산에 대한 횡령이 있는 경우 등)에 한하고, 이사의 위법행위를 원인으로 하여 발생하였는지 여부를 불문한다.[1] 이 때 이사의 보고방법에는 제한이 없으므로 구두 또는 서면으로 보고할 수 있고, 감사(監事)가 수인이면 그 중 1인에게 보고하고 감사위원회에 보고하는 경우에는 위원 중의 1인에게 보고하면 충분하다.[2]

(3) 위반효과

이사가 이러한 보고의무에 위반하고 이로써 회사에 손해가 발생하면, 이사는 회사에 대하여 법령위반을 한 것으로써 손해배상책임을 진다(상 399조 1항, 408조의 8 1항 · 3항). 이사가 감사(監事) 또는 감사위원회에 대한 보고의무를 위반하면, 감사(監事) 또는 감사위원회는 이를 감사보고서에 기재하여야 한다[3](상 447조의 4 2항 10호).

6. 비밀유지의무

이사(집행임원 설치회사에서는 '집행임원'을 포함한다. 이하 같다)는 재임중뿐만 아니라 퇴임 후에도 직무상 알게 된 회사의 영업상 비밀을 누설하여서는 아니되는 의무를 부담한다(상 382조의 4, 408조의 9). 이사의 이러한 의무는 회사의 이익을 보호하기 위하여 정책적으로 인정한 법정의무라고 볼 수 있는데, 이사가 퇴임 후에도 이러한 의무를 부담하도록 한 점에서 법정의무로서의 의미가 크다고 볼 수 있다.

7. 감시의무

(1) 인정여부

1) 대표이사(집행임원 설치회사의 경우는 '대표집행임원'을 말한다)가 다른 이사(집행임원 설치회사의 경우는 '집행임원'을 말한다)의 직무집행을 감시할 의무가 있는 점은 그의 직무의 성질에서 당연하고, 공동대표이사(집행임원 설치회사의 경우는 '공동대표집행임원'을 말한다)의 경우 각 대표이사(집행임원 설치회사의 경우는 '대표집행임원'을 말한다)는 다른 대표이사(집행임원 설치회사의 경우는 '대표집행임원'을 말한다)의 직무집행을 상호 감시할 의무가 있다.

---

1) 동지: 해설(1995), 140~141면.
2) 동지: 해설(1995), 142면.
3) 동지: 해설(1995), 142면.

우리 대법원도 이와 같은 취지로 다음과 같이 판시하고 있다.

[대표이사의 다른 대표이사나 업무담당이사에 대한 감시권을 인정한 판례]

대표이사는 이사회의 구성원으로서 다른 대표이사를 비롯한 업무담당이사의 전반적인 업무집행을 감시할 권한과 책임이 있으므로, 다른 대표이사나 업무담당이사의 업무집행이 위법하다고 의심할 만한 사유가 있음에도 악의 또는 중대한 과실로 인하여 감시의무를 위반하여 이를 방치한 때에는 그로 말미암아 제3자가 입은 손해에 대하여 배상책임을 면할 수 없다. 이러한 감시의무의 구체적인 내용은 회사의 규모나 조직, 업종, 법령의 규제, 영업상황 및 재무상태에 따라 크게 다를 수 있는바, 고도로 분업화되고 전문화된 대규모의 회사에서 공동대표이사와 업무담당이사들이 내부적인 사무분장에 따라 각자의 전문 분야를 전담하여 처리하는 것이 불가피한 경우라 할지라도 그러한 사정만으로 다른 이사들의 업무집행에 관한 감시의무를 면할 수는 없고, 그러한 경우 무엇보다 합리적인 정보 및 보고시스템과 내부통제시스템을 구축하고 그것이 제대로 작동하도록 배려할 의무가 이사회를 구성하는 개개의 이사들에게 주어진다는 점에 비추어 볼 때, 그러한 노력을 전혀 하지 아니하거나, 위와 같은 시스템이 구축되었다 하더라도 이를 이용한 회사 운영의 감시·감독을 의도적으로 외면한 결과 다른 이사의 위법하거나 부적절한 업무집행 등 이사들의 주의를 요하는 위험이나 문제점을 알지 못한 경우라면, 다른 이사의 위법하거나 부적절한 업무집행을 구체적으로 알지 못하였다는 이유만으로 책임을 면할 수는 없고, 위와 같은 지속적이거나 조직적인 감시 소홀의 결과로 발생한 다른 이사나 직원의 위법한 업무집행으로 인한 손해를 배상할 책임이 있다[대판 2008. 9. 11, 2006 다 68636(공보 2008, 1345)].

동지: 日最高判 1969. 11. 26(民集 23-11, 2150).

2) 집행임원 비설치회사의 경우 대표권이 없는 업무담당이사의 다른 이사(대표이사를 포함)의 직무집행에 대한 감시권도 그의 직무에서 대표이사와 동일하게 볼 수 있다.[1] 그러나 집행임원 설치회사의 경우 집행임원의 다른 집행임원(대표집행임원을 포함)의 직무집행에 대한 감시권은 (집행임원 비설치회사의 경우 이사회와 같은 의사결정기관이 별도로 없으므로) 원칙적으로 없다고 본다.

3) 집행임원 비설치회사의 경우 대표권도 없고 업무도 담당하지 않는 평이사(사외이사 또는 비상근이사)는 다른 이사에 대한 감시의무를 부담하는가. 이러한 평이사가 이사회를 통하여 다른 이사의 직무집행을 감시(감독)하는 점

1) 동지: 이(철), (회) 751~752면(그의 직무에서 다른 이사를 감시할 기회가 보다 많이 주어지기 때문이라고 한다).

(소극적 감시의무)은 상법의 규정상 명백하다(상 393조 2항). 그런데 이러한 평이사가 이사회를 통하지 않고 개별적으로 회사의 업무 전반에 관하여 다른 이사에 대하여 감시의무(적극적 감시의무)를 부담하는가에 대하여는 의문이 있다. 이에 대하여 (i) 이사의 직무집행에 대한 감독(상 393조 2항) 및 이사의 의무위반에 대한 책임(상 399조 2항)에 관한 상법의 규정을 엄격하게 해석하여 평이사에게 그러한 감시의무가 없다는 부정설도 있으나,[1] (ii) 이사는 회사에 대하여 개인적으로 선관의무 및 충실의무를 부담하고 이사의 직무집행에 대한 이사회의 감독기능의 효율성을 높인다는 점 등에서 볼 때 이를 인정하는 긍정설이 타당하다고 본다.[2]

그런데 집행임원 설치회사의 경우 사외이사는 이사회를 통하여 집행임원에 대한 감독권을 행사하는 것(상 408조의2 3항 2호)뿐만 아니라, 이사회를 통하지 않고 개별적으로 집행임원에 대하여 이러한 감시의무(적극적 감시의무)를 부담한다고 본다.

우리나라의 대법원판례도 평이사의 감시의무를 인정하는 입장에서 다음과 같이 판시하고 있다.

[평이사의 업무담당이사의 업무집행에 대한 감시의무를 인정한 판례]

주식회사의 업무집행을 담당하지 아니한 평이사는 이사회의 일원으로서 이사회를 통하여 대표이사를 비롯한 업무담당이사의 업무집행을 감시하는 것이 통상적이긴 하나, 평이사의 임무는 단지 이사회에 상정된 의안에 대하여 찬부의 의사표시를 하는 데에 그치지 않으며 대표이사를 비롯한 업무담당이사의 전반적인 업무집행을 감시할 수 있는 것이므로, 업무담당이사의 업무집행이 위법하다고 의심할만한 사유가 있음에도 불구하고 평이사가 감시의무를 위반하여 이를 방치한 때에는 이로 말미암아 회사가 입은 손해에 대하여 배상책임을 면할 수 없다.

따라서 이와 같은 취지로 업무담당이사의 부정한 업무집행을 알 수 있었음에도 불구하고 이러한 감시의무를 게을리한 평이사의 책임을 인정한 원심판단

1) 大阪谷公雄, "取締役の責任,"「株式會社法講座」, 第 3 巻, 1121면.

2) 동지: 정(동), (회) 429~430면(동 교수는 이사의 경업피지의무·자기거래금지의무는 이사의 충실의무에 근거를 두면서, 이사의 감시의무는 이사의 선관의무에 근거를 둔다); 이(철), (회) 753~754면(평이사는 경영 전반의 개황을 파악해야 하고, 이를 벗어나는 사항은 그가 '알았거나 알 수 있었을 경우'에 한하여 감시의무를 부담한다고 한다).

미국법상 이사의 감시의무에 관한 소개로는 김이수, "미국법상 이사의 감시의무와 위반책임,"「상사법연구」, 제20권 1호(2001), 307~346면; 김성호, "미국에서의 이사의 감시의무와 책임의 완화,"「상사법연구」, 제19권 3호(2001), 189~216면; 정봉진, "이사의 감시의무에 관한 미국법 연구,"「비교사법」, 제10권 2호(2003. 6), 357~391면 참조.

은 정당하고, 논지는 이유 없다[대판 1985. 6. 25, 84 다카 1954(공보 758, 1049)][이 판결에 대한 평석으로는 양승규, 「법학」(서울대), 제26권 4호(1985), 187～196면; 강희갑, 「판례월보」, 제216호, 58～68면].

동지: 대판 2002. 5. 24, 2002 다 8131(신문 3084, 9); 동 2004. 12. 10, 2002 다 60467(공보 2005, 87)(주식회사의 이사는 이사회의 일원으로서 이사회에 상정된 의안에 대하여 찬부의 의사표시를 하는 데에 그치지 않고, 담당업무는 물론 다른 업무담당이사의 업무집행을 전반적으로 감시할 의무가 있으므로, 주식회사의 이사가 다른 업무담당이사의 업무집행이 위법하다고 의심할 만한 사유가 있음에도 불구하고 이를 방치한 때에는 이로 말미암아 회사가 입은 손해에 대하여 배상책임을 면할 수 없다); 동 2007. 9. 20, 2007 다 25865(공보 2007, 1632)(주식회사의 이사는 이사회의 일원으로서 이사회에 상정된 의안에 대하여 찬부의 의사표시를 하는 데 그치지 않고, 담당업무는 물론 다른 업무담당이사의 업무집행을 전반적으로 감시할 의무가 있으므로, 주식회사의 이사가 다른 업무담당이사의 업무집행이 위법하다고 의심할 만한 사유가 있음에도 불구하고 이를 방치한 때에는 이사에게 요구되는 선관주의의무 내지 감시의무를 해태한 것이므로 이로 말미암아 회사가 입은 손해에 대하여 배상책임을 면할 수 없다); 동 2007. 12. 13, 2007 다 60080(공보 2008, 25)(주식회사의 이사는 이사회의 일원으로서 이사회에 상정된 의안에 대하여 찬부의 의사표시를 하는 데 그치지 않고, 담당업무는 물론 다른 업무담당이사의 업무집행을 전반적으로 감시할 의무가 있으므로, 주식회사의 이사가 다른 업무담당이사의 업무집행이 위법하다고 의심할 만한 사유가 있음에도 불구하고 이를 방치한 때에는 그로 말미암아 회사가 입은 손해에 대하여 배상책임을 면할 수 없다); 서울지판 2000. 11. 21, 2000 가합 57165(신문 2937, 11)(임원에 대한 보수지급행위가 주주총회에서 주주 전원의 동의가 있었다고 하더라도 그 보수지급이 회사의 채권자를 해하는 등 객관적으로 위법·불공정하면 평이사는 감시의무 위반의 책임을 진다)[이 판결에 대하여 원칙적으로 찬성하면서 보수지급행위로 인하여 회사채권자의 채권실현이 어느 정도로 침해되고 있는지에 관한 판단도 있어야 한다는 점 등을 지적한 평석으로는 김재범, "평이사의 감시의무 위반과 주주총회의 동의," 「안암법학」(안암법학회 편), 통권 제13호(2001), 345～366면 참조].

4) 자본금 총액이 10억원 미만으로서 이사가 1명인 경우는 문제가 되지 않고, 2명인 소규모 주식회사의 경우에는 각 이사(정관에 따라 대표이사를 정한 경우에는 그 대표이사)가 (회사의 업무를 집행하고) 회사를 대표하므로(상 383조 1항 단서 · 6항) 이 때에 각 이사는 다른 이사의 업무집행에 대한 감시의무가 있다고 본다. 즉,

이사가 2명이면서 각 이사가 (회사의 업무를 집행하고) 회사를 대표하는 경우에는 각 이사가 다른 이사의 업무집행에 대한 감시의무를 부담하고, 정관에 따라 대표이사를 정하고 그 대표이사만이 회사의 업무를 집행하고 회사를 대표하는 경우에는 다른 이사가 대표이사에 대한 이러한 감시의무를 부담한다고 본다.

(2) 인정범위

집행임원 비설치회사의 경우 위와 같이 평이사에게 감시의무를 인정한다고 하더라도, 업무집행을 담당하지 않는 평이사가 회사의 모든 업무집행에 관하여 적극적으로 상황을 파악하여 위법 또는 부당한지 여부에 대한 감시를 한다는 것은 불가능하거나 또는 실현성이 없다. 따라서 평이사는 다른 이사의 업무집행이 위법함을 「알았거나 또는 알 수 있었을 경우」에만 감시의무를 부담한다고 본다.[1)]

집행임원 설치회사의 경우 사외이사의 감시의무에 대하여도 이 점은 같다고 본다.

(3) 위반효과

평이사(집행임원 설치회사의 경우는 '사외이사'를 말한다)가 위와 같은 감시의무에 위반하면 선관의무 및 충실의무에 위반하여 임무를 해태한 것이 되므로, 그 이사는 회사에 대하여 손해배상책임을 지고[2)](상 399조, 408조의 8 1항·3항), 악의 또는 중과실이 있으면 제 3 자에 대하여도 손해배상책임을 진다(상 401조, 408조의 8 2항·3항).

제 7 이사·집행임원의 책임

이사(집행임원 설치회사의 경우 '집행임원'을 포함한다. 이하 같다)의 책임[3)]은 발기인의 그것과 같이 크게 「회사에 대한 책임」과 「제 3 자에 대한 책임」으로 분류

---

1) 동지: 정(동), (회) 430면; 이(철), (회) 753~754면(평이사는 회사의 경영 전반의 개황을 파악하여 감시할 의무를 부담하는데, 다만 경영 전반의 개황을 벗어나는 사항은 평이사가 이를 '알았거나 알 수 있었을 경우'에 한하여 감시의무를 부담한다고 한다); 상게 대판 1985. 6. 25, 84 다카 1954(평이사는 다른 업무집행이사의 업무집행이 위법하다고 의심할 만한 사유가 있는 경우에 감시의무를 부담한다고 함).

2) 동지: 상게 대판 1985. 6. 25, 84 다카 1954.

3) 사외이사의 책임에 관하여는 김재걸, "주식회사의 사외이사의 책임에 관한 법적 고찰(일본의 판례를 중심으로 하여)," 「상사법연구」, 제21권 2호(2002), 289~329면 참조.

되고, 회사에 대한 책임은 다시 업무집행과 관련한 「손해배상책임」(상 399조, 408조의 8 1항·3항)과 「자본금 충실의 책임」(집행임원은 이러한 책임이 없음)(상 428조)으로 분류된다. 이사의 제 3 자에 대한 책임은 언제나 업무집행과 관련한 손해배상책임이다(상 401조, 408조의 8 2항·3항). 이사의 이러한 책임은 민사책임으로 이사가 무자력인 경우에는 실효가 없다(따라서 이에 대하여 이사의 책임보험제도를 도입할 필요가 있다는 견해[1]도 있다). 이사는 이 외에도 벌칙의 제재를 받는다(상 3편 7장 참조).

I. 회사에 대한 책임

(1) 손해배상책임

이사는 회사에 대하여 수임인으로서 선관의무를 부담하고(상 382조 2항·408조의 2 2항, 민 681조) 또한 충실의무를 부담하므로(상 382조의 3, 408조의 9) 채무불이행으로 인한 손해배상책임(민 390조)을 지고, 또 불법행위의 요건을 갖춘 때에는 불법행위로 인한 손해배상책임(민 750조)[2]을 지는 것은 말할 나위가 없다. 그러나 광범위한 권한을 갖고 있는 이사의 지위에서 상법은 이사에게 이러한 민법상의 일반책임에 대한 특칙으로 이사의 책임을 규정하고 있다.[3] 즉, 상법은 이사의 회사에 대한 책임에 관하여 「이사가 고의 또는 과실로 법령이나 정관을 위반한 행위를 하거나 그 임무를 게을리한 경우에는, 그 이사는 회사에 대하여 연대하여 손해를 배상할 책임이 있다」(상 399조 1항)고 규정하고,[4] 집행임원의 회사에 대한 책임에 관하여 「집행임원이 고의 또는 과실로 법령이나 정관을 위반한 행위를 하거나 그 임무를 게을리한 경우에는

1) 정(동), (회) 446면; 김문환, "이사의 회사에 대한 책임," 「회사법의 현대적 과제」(무애서돈각박사화갑기념논문집)(법문사, 1981), 145면 이하.

2) 참고: 대판 2016. 2. 18, 2015 다 13386(주식회사의 대표이사가 회사의 금원을 인출하여 사용하였는데 그 사용처에 관한 증빙자료를 제시하지 못하고 있고 그 인출사유와 금원의 사용처에 관하여 납득할 만한 합리적인 설명을 하지 못하고 있다면, 이러한 금원은 그가 불법영득의 의사로 회사의 금원을 인출하여 개인적 용도로 사용한 것으로 추단할 수 있다〈대법원 2008. 3. 27. 선고 2007 도 9250 판결, 대법원 2010. 4. 29. 선고 2007 도 6553 판결 등〉는 기존 형사판례의 법리에 따라, 피고가 인출한 회사 자금의 사용처에 대하여 납득할 만한 설명을 하지 못하고 있는 이상 이를 개인적 용도로 사용하여 횡령한 것으로 추단하여야 한다).

3) 동지: 정(동), (회) 446면(상법은 민법의 일반책임 외에 특별책임을 규정하고 있다고 한다); 이(철), (회) 790면(상법은 이사의 지위의 특수성을 감안하여 민법상의 채무불이행책임이나 불법행위책임과는 다른 특수한 책임을 인정하고 있다고 한다).

반대: 전게 대판 1985. 6. 25, 84 다카 1954(상법 제399조 1항의 임무해태로 인한 책임은 위임관계로 인한 채무불이행책임이라고 한다).

4) 상법 제399조 제 1 항에 대하여, 헌법재판소는 재산권을 침해하지 않는다고 판시하였다(헌결 2015. 3. 26, 2014 헌바 202).

그 집행임원은 집행임원 설치회사에 손해를 배상할 책임이 있다」(상 408조의 8 1항)고 규정하고 있다. 이사의 책임은 연대책임이나 집행임원의 책임은 연대책임이 아닌 점에서 집행임원의 책임에 대하여 별도로 규정하고 있다.

1) 책임의 원인 및 성질 이사가 책임을 지는 원인은 「이사가 고의 또는 과실로 법령이나 정관을 위반한 행위를 하거나」 또는 「고의 또는 과실로 임무를 게을리한 경우」인데, 이를 좀더 상세히 살펴보면 다음과 같다.

㈎ 이사가 「고의 또는 과실로 법령[1]이나 정관을 위반한 행위를 한 경우」란 다음과 같은 경우이다. 예컨대, 상법에 위반하여 자기주식을 취득하거나(상 341조, 341조의 2), 손실전보나 법정준비금을 적립하지 아니하고 이익배당안을 주주총회에 제출하거나(상 462조 참조), 배당가능이익이 없음에도 있는 것으로 재무제표를 분식하여 주주에 대하여 이익배당을 하거나(상 462조),[2] 이사회(이사가 1명 또는 2명인 소규모 주식회사의 경우에는 이사회가 없으므로 주주총회—상 383조 4항)의 승인 없이 경업피지의무 또는 회사기회유용금지의무를 위반한 행위를 하거나(상 397조, 397조의 2, 408조의 9), 이사회(이사가 1명 또는 2명인 소규모 주식회사의 경우에는 이사회가 없으므로 주주총회—상 383조 4항)의 승인 없이 자기거래를 하거나(상 398조, 408조의 9), 또는 인수인과 통모하여 현저하게 불공정한 발행가액으로 주식을 인수시킨 경우(상 424조의 2 3항)[3], 이사가 자본금 감소를 위한 주식소각 과정에서 법령을 위반하여 회사에 손해를 끼친 경우(상 445조)[4] 등이다.[5] 또한 이사가 「회사의 자금으로 뇌물을 공여한 경우」도 이에 해당한다.[6]

이와 같이 이사가 법령에 위반한 행위를 한 때에는 경영판단의 원칙이 적용될 여지가 없다.

1) 이 때의 '법령'은 법률과 그 밖의 법규명령으로서의 대통령령·총리령·부령 등을 의미하고, 종합금융회사 업무운용지침·외화자금거래취급요령·외국환관리규정·종합금융회사 내부의 심사관리규정 등은 이에 해당하지 않는다[대판 2006. 11. 9, 2004 다 41651·41668(공보 2006, 2053)].

2) 대판 2007. 11. 30, 2006 다 19603(공보 2007, 2043).

3) 입법론상 상법 제424조의 2 제 1 항 및 제 3 항에 '집행임원'을 추가하여야 한다고 본다.

4) 대판 2021. 7. 15, 2018 다 298744(공보 2021, 1478)(이사가 고의 또는 과실로 법령 또는 정관에 위반한 행위를 하거나 그 임무를 게을리한 경우에는 그 이사는 회사에 대하여 연대하여 손해를 배상할 책임이 있다〈상법 제399조 제 1 항〉. 이사가 임무를 수행함에 있어서 법령을 위반한 행위를 한 때에는 그 행위 자체가 회사에 대하여 채무불이행에 해당하므로, 그로 인하여 회사에 손해가 발생한 이상 특별한 사정이 없는 한 손해배상책임을 면할 수 없다. 자본금 감소를 위한 주식소각 절차에 하자가 있다면, 주주 등은 자본금 감소로 인한 변경등기가 된 날부터 6개월 내에 소로써만 무효를 주장할 수 있다〈상법 제445조〉. 그러나 이사가 주식소각 과정에서 법령을 위반하여 회사에 손해를 끼친 사실이 인정될 때에는 감자무효의 판결이 확정되었는지 여부와 관계없이 상법 제399조 제 1 항에 따라 회사에 대하여 손해배상책임을 부담한다).

5) 동지: 정(희), 491면; 정(동), (회) 447면.

6) 대판 2005. 10. 28, 2003 다 69638(공보 2005, 1847).

우리 대법원판례도 이와 동지로 다음과 같이 판시하고 있다.

[이사의 법령위반행위에 대하여 경영판단의 원칙이 적용되지 않는다고 한 판례]

상법 제399조는 이사가 법령을 위반한 행위를 한 경우에 회사에 대하여 손해배상책임을 지도록 규정하고 있는데, 이사가 임무를 수행하면서 위와 같이 법령을 위반한 행위를 한 때에는 그 행위 자체가 회사에 대한 채무불이행에 해당하므로, 그로 인하여 회사에 손해가 발생한 이상 특별한 사정이 없는 한 손해배상책임을 면할 수 없고, 법령을 위반한 행위에 대하여는 원칙적으로 경영판단의 원칙이 적용되지 않는다[대판 2008. 4. 10, 2004 다 68519(공보 2008, 646)].

동지: 대판 2005. 10. 28, 2003 다 69638; 동 2006. 11. 9, 2004 다 41651·41668(공보 2006, 2053); 동 2007. 7. 26, 2006 다 33609(공보 2007, 1346)(상법 제399조는 이사가 법령에 위반한 행위를 한 경우에 회사에 대하여 손해배상책임을 지도록 규정하고 있는데, 이사가 임무를 수행함에 있어서 위와 같이 법령에 위반한 행위를 한 때에는 그 행위 자체가 회사에 대하여 채무불이행에 해당하므로, 그로 인하여 회사에 손해가 발생한 이상 특별한 사정이 없는 한 손해배상책임을 면할 수 없다. 한편, 이사가 임무를 수행함에 있어서 선량한 관리자의 주의의무를 위반하여 임무위반으로 인한 손해배상책임이 문제되는 경우에도, 통상의 합리적인 금융기관의 임원이 그 당시의 상황에서 적합한 절차에 따라 회사의 최대이익을 위하여 신의성실에 따라 직무를 수행하였고 그 의사결정과정 및 내용이 현저하게 불합리하지 않다면, 그 임원의 행위는 경영판단이 허용되는 재량범위 내에 있다고 할 것이나, 위와 같이 이사가 법령에 위반한 행위에 대하여는 원칙적으로 경영판단의 원칙이 적용되지 않는다).

이러한 이사의 법령이나 정관을 위반한 행위에 대한 책임은 과실책임이다[1]

1) 동지: 대판 2007. 9. 20, 2007 다 25865(공보 2007, 1632)(상법 제399조는 이사가 법령 또는 정관에 위반한 행위를 하거나 그 임무를 해태한 때에는 회사에 대하여 손해배상책임을 지도록 규정하고 있는데, 이사가 회사에 대하여 손해배상책임을 지는 사유가 되는 법령에 위반한 행위는 이사로서 임무를 수행함에 있어서 준수하여야 할 의무를 개별적으로 규정하고 있는 상법 등의 제 규정과 회사가 영업활동을 함에 있어서 준수하여야 할 제 규정을 위반한 경우가 이에 해당하고, 이사가 임무를 수행함에 있어서 위와 같은 법령에 위반한 행위를 한 때에는 그 행위 자체가 회사에 대하여 채무불이행에 해당하므로 이로 인하여 회사에 손해가 발생한 이상 손해배상책임을 면할 수 없다); 정(동), (회) 448면; 이(철), (회) 791~792면; 채, 564면; 이(기) 외, (회) 346면; 허덕회, "이사의 법령위반행위에 대한 책임," 「상사법연구」, 제22권 1호(2003), 359~392면(이사는 자신의 직무가 법령에 위반한다는 인식이 없는 상태에서 행위를 하였으나, 그 후에 법령에 위반한다는 결과가 나온 경우에는, 이사가 합리적으로 신뢰할 수 있는 전문가의 의견을 들어야 하는 조사의무의 이행결과에 따라 그 책임을 결정하면 될 것이다); 독일 주식법 제93조 2항 2문(이는 이사의 책임이 과실책임을 전제로 한다고 볼 수 있다).

(상 399조 1항, 408조의 8 1항). 2011년 4월 개정상법 이전에는 이에 대하여 상법에 명문규정이 없어 과실책임인지 여부에 대하여 학설이 나뉘어 있었는데, 2011년 4월 개정상법에서는 이에 대하여 「고의 또는 과실로」라고 명문으로 규정하여 과실책임임을 입법적으로 해결하였다.

(나) 이사가 「고의 또는 과실로 임무를 게을리한 경우」란 이사의 감독불충분으로 지배인이 회사재산을 낭비한 경우, 이사의 조사불충분으로 대차대조표를 잘못 작성하여 부당하게 이익배당을 한 경우,[1] 이사회가 채권을 회수할 수 있는 조치를 취함이 없이 만연히 채권을 포기하고 이를 위한 저당권설정등기까지 말소한다는 결의를 한 경우,[2] 평이사가 대표이사 등 업무담당이사의 업무집행이 위법하다고 의심할 만한 사유가 있음에도 감시의무를 위반하여 방치한 경우[3] 등이다. 이 외에도 (대표)이사가 임무를 게을리한 경우를 인정하여 회사에 대한 손해배상책임을 인정한 대법원판례에는 다음과 같은 것이 있다.

[상호신용금고의 대표이사에게 임무를 게을리한 것을 인정하여 회사에 대한 손해배상책임을 인정한 판례]

상호신용금고의 대표이사가 재직 당시 동일인에 대한 대출 한도를 초과하여 돈을 대출하면서 충분한 담보를 확보하지 아니하는 등 그 임무를 해태하여 상호신용금고로 하여금 대출금을 회수하지 못하게 하는 손해를 입게 한 경우, 그 대표이사는 상호신용금고에게 회수하지 못한 대출금 중 동일인 대출 한도를 초과한 금액에 해당하는 손해를 배상할 책임이 있다[대판 2002. 2. 26, 2001 다 76854(공보 2002, 810)].

동지: 대판 2002. 3. 15, 2000 다 9086(공보 2002, 864)(금융기관인 은행은 주식회사로 운영되기는 하지만, 이윤추구만을 목표로 하는 영리법인인 일반의 주식회사와는 달리 예금자의 재산을 보호하고 신용질서 유지와 자금중개 기능의 효율성 유지를 통하여 금융시장의 안정 및 국민경제의 발전에 이바지해야 하는 공공적 역할을 담당하는 위치에 있는 것이기에, 은행의 그러한 업무의 집행에 임하는 이사는 일반의 주식회사 이사의 선관의무에서 더 나아가 은행의 그 공공적 성격에 걸맞는 내용의 선관의무까지 다할 것이 요구된다 할 것이고, 따라서 금융기관의 이사가 위와 같은 선량한 관리자의 주의의무에 위반하여 자신의 임무를 해태하였는지의 여부는 그 대출결정에 통상의 대출담당임원으로서 간과해서는 안 될 잘못이 있는지의 여부를 금융기관으로서의 공공적 역할의 관점에서 대출의 조건과 내

1) 동지: 日大判 1908. 5. 4(民集 14, 532).
2) 대판 1965. 1. 26, 64 다 1324(민판집 86, 366).
3) 대판 1985. 6. 25, 84 다카 1954(공보 758, 1050).

용, 규모, 변제계획, 담보의 유무와 내용, 채무자의 재산 및 경영상황, 성장가능성 등 여러 가지 사항에 비추어 종합적으로 판정해야 한다. 이러한 점에서 볼 때 본건의 경우 은행의 대표이사 내지 이사가 〈한보철강에 대한〉 대출결정에 있어서 선관의무에 위반하여 임무를 해태하였다고 볼 수 있으므로 회사에 대하여 손해배상 책임을 진다)[이 판결에 찬성하는 취지의 논문으로는 정대, "미국의 금융기관 이사의 주의의무에 관한 고찰," 「비교사법」, 제 9 권 2호(2002. 8), 319～350면; 동, "미국 금융기관 이사의 주의의무와 책임에 관한 연구," 「기업법연구」(한국기업법학회), 제10집(2002), 259～295면 참조]; 동 2002. 6. 14, 2001 다 52407(공보 2002, 1650)(금융기관의 임원, 특히 새마을금고의 임원이 대출을 결정함에 있어서 임원이 법령이나 정관에 위반한 대출이었음을 알았거나 또는 부정한 청탁을 받거나 당해 대출에 관한 어떤 이해관계가 있어 자기 또는 제 3 자의 부정한 이익을 취득할 목적으로 대출을 감행한 경우 또는 조금만 주의를 기울였으면 임원으로서의 주의의무를 다할 수 있었을 것임에도 그러한 주의를 현저히 게을리하여 쉽게 알 수 있었던 사실을 알지 못하고 대출을 실행한 경우에는 회사에 대하여 고의 또는 중과실로 인한 책임을 진다); 동 2002. 6. 14, 2002 다 11441(공보 2002, 1658)(상호신용금고의 대표이사가 재직 당시 동일인에 대한 대출 한도를 초과하여 돈을 대출하면서 충분한 담보를 확보하지 아니하는 등 그 임무를 해태하여 상호신용금고로 하여금 대출금을 회수하지 못하게 하는 손해를 입게 한 경우, 회수하지 못한 대출금 중 동일인 대출 한도를 초과한 금액에 해당하는 손해를 상법 제399조에 따라 상호신용금고에게 배상할 책임이 있다. 이 때 동 상호신용금고의 사실상의 1 인주주인 그 대표이사로부터 상호신용금고의 100% 주식과 경영권을 양수한 자 및 새로운 경영진도 그 대표이사에 대하여 이러한 손해배상을 청구할 수 있다)[이 판결에 대하여 찬성하는 취지의 평석으로는 정진세, 「JURIST」, Vol. 384(2002. 9), 67～71면].

[대표이사가 개인적으로 지급의무를 부담하여야 할 사저(私邸)근무자들의 급여를 회사의 자금으로 지급하도록 한 경우, 임무를 게을리한 책임을 인정한 판례]

주식회사의 이사 내지 대표이사가 개인적으로 지급의무를 부담하여야 할 사저(私邸) 근무자들의 급여를 회사의 자금으로 지급하도록 한 행위는 이사로서의 선관주의의무를 위반하여 회사로 하여금 그 급여액 상당의 손해를 입게 한 것이므로 위 이사는 상법 제399조 1항에 따라 회사가 입은 손해를 배상할 책임이 있다. 이 때 이사가 법령 또는 정관에 위반한 행위를 하거나 그 임무를 해태함으로써 회사에 대하여 손해를 배상할 책임이 있는 경우에 그 손해배상의 범위를 정함에 있어서는, 당해 사업의 내용과 성격, 당해 이사의 임무위반의 경위 및 임무위반행위의 태양, 회사의 손해 발생 및 확대에 관여된 객관적인 사정이나 그 정도, 평소 이사의 회사에 대한 공헌도, 임무위반행위로 인한 당해 이사의 이득 유무, 회사의 조직체계의 흠결 유무나 위험관리체제의 구축 여부 등 제반 사정을 참작하여 손해분담의 공평이라는 손해배상제도의 이념에 비추어 그 손해배상액을 제한할 수 있는데, 이 때에 손해배상액 제한의 참작 사유에 관한 사실인정이나 그 제한의 비율을 정하는 것은 민법상 과실상계의 사유에 관한 사실인정이나 그 비율을 정하는 것과 마찬가지로 그것이 형평의 원칙에 비추어 현저히 불합리한 것이 아닌 한 사실심의 전권사항이다[대판 2007. 10. 11, 2007 다 34746(공보 2007, 1750)].

동지: 대판 2012. 7. 12, 2012 다 20475(공보 2012, 1416)(그런데 이 판결에서는 대표이사의 불법행위책임을 인정하고, 채무면제행위 당시 대표이사와 감사가 함께 그 자리에 있었음에도 감사가 필요한 조치를 전혀 취하지 않았다면 민법 제766조 제 1 항의 '손해 및 가해자를 안 날'이란 대표이사 및 감사를 제외한 다른 임원 또는 사원이나 직원 등이 이를 안 때를 기산점으로 하여야 한다고 한다); 동 2010. 7. 29, 2008 다 7895(공보 2010, 1741)(정부투자기관인 한국석유공사의 사장 및 부사장이자 이사들인 갑과 을이 전환사채 인수의 형식을 취하고 있으나 실질적으로 출자에 해당하는 '전자석유거래소 개설·운영을 위한 합작회사 설립 및 업무협력에 관한 기본합의'를 이사회의 심의·의결을 거치지 않고 독단적으로 체결한 것은 위 공사의 이사로서 직무상 충실 및 선관주의의무를 해태한 행위에 해당하므로, 갑과 을은 구 정부투자기관 관리기본법 제13조의 7 제 1 항 및 상법 제399조에 의한 책임을 진다); 동 2019. 5. 16, 2016 다 260455(공보 2019, 1222)(주식회사 이사들이 이사회에서 회사의 주주 중 1인에 대한 기부행위를 결의하면서 기부금의 성격, 기부행위가 회사의 설립 목적과 공익에 미치는 영향, 회사 재정상황에 비추어 본 기부금 액수의 상당성, 회사와 기부상대방의 관계 등에 관해 합리적인 정보를 바탕으로 충분한 검토를 거치지 않았다면, 이사들이 결의에 찬성한 행위는 이사의 선량한 관리자로서의 주의의무에 위배되는 행위에 해당한다. 카지노사업자인 갑 주식회사의 이사회에서 주주 중 1인인 을 지방자치단체에 대한 기부행위를 결의하였는데, 갑 회사가 이사회 결의에 찬성한 이사인 병 등을 상대로 상법 제399조에 따른 손해배상을 구한 사안에서, 위 이사회 결의는 폐광지역의 경제 진흥을 통한 지역 간 균형발전 및 주민의 생활향상이라는 공익에 기여하기 위한 목적으로 이루어졌고, 기부액이 갑 회사 재무상태에 비추어 과다하다고 보기 어렵다고 하더라도, 기부행위가 폐광지역 전체의 공익 증진에 기여하는 정도와 갑 회사에 주는 이익이 그다지 크지 않고, 기부의 대상 및 사용처에 비추어 공익 달성에 상당한 방법으로 이루어졌다고 보기 어려울 뿐만 아니라 병 등이 이사회에서 결의를 할 당시 위와 같은 점들에 대해 충분히 검토하였다고 보기도 어려우므로, 병 등이 위 결의에 찬성한 것은 이사의 선량한 관리자로서의 주의의무에 위배되는 행위에 해당

한다고 본 원심판단은 타당하다); 동 2019. 11. 28, 2017 다 244115(공보 2020, 166)(주식회사의 이사는 선량한 관리자의 주의로써 대표이사 및 다른 이사들의 업무집행을 전반적으로 감시할 권한과 책임이 있고, 주식회사의 이사회는 중요한 자산의 처분 및 양도, 대규모 재산의 차입 등 회사의 업무집행사항에 관한 일체의 결정권을 갖는 한편, 이사의 직무집행을 감독할 권한이 있다. 따라서 이사는 이사회의 일원으로서 이사회에 상정된 안건에 관해 찬부의 의사표시를 하는 데 그치지 않고, 이사회 참석 및 이사회에서의 의결권 행사를 통해 대표이사 및 다른 이사들의 업무집행을 감시·감독할 의무가 있다. 이러한 의무는 사외이사라거나 비상근이사라고 하여 달리 볼 것이 아니다. 코스닥 시장 상장회사였던 갑 주식회사가 추진한 유상증자 이후, 차명 지분 등을 통해 갑 회사를 포함한 그룹을 지배하며 실질적으로 운영하던 을 및 그의 지휘 아래 그룹 업무를 총괄하던 병 등이 유상증자대금의 일부를 횡령하자, 갑 회사가 횡령행위 기간 중 갑 회사의 이사 또는 대표이사 및 감사로 재직하였던 정 등을 상대로 상법 제399조, 제414조 등에 따른 손해배상을 구한 사안에서, 정 등이 재직하는 기간 동안 한 번도 이사회 소집통지가 이루어지지 않았고 실제로도 이사회가 개최된 적이 없는데도, 갑 회사는 이사회를 통해 주주총회 소집·재무제표 승인을 비롯하여 위 유상증자 안건까지 결의한 것으로 이사회 회의록을 작성하고, 그 내용을 계속하여 공시하였는데, 이사회에 참석한 바 없어 그 내용이 허위임을 알았거나 알 수 있었던 정 등이 한 번도 그 점에 대해 의문을 제기하지 않은 점, 유상증자대금이 갑 회사의 자산과 매출액 등에 비추어 볼 때 규모가 매우 큰데도 정 등이 위와 같은 대규모 유상증자가 어떻게 결의되었는지, 결의 이후 대금이 어떻게 사용되었는지 등에 관하여 전혀 관심을 기울이지 않았고, 유상증자대금 중 상당액이 애초 신고된 사용 목적과 달리 사용되었다는 공시가 이루어졌는데도 아무런 의문을 제기하지 않은 점, 회계감사에 관한 상법상의 감사와 '주식회사의 외부감사에 관한 법률'상의 감사인에 의한 감사는 상호 독립적인 것이므로 외부감사인에 의한 감사가 있다고 해서 상법상 감사의 감사의무가 면제되거나 경감되지 않는 점 등에 비추어 보면, 정 등은 갑 회사의 이사 및 감사로서 이사회에 출석하고 상법의 규정에 따른 감사활동을 하는 등 기본적인 직무조차 이행하지 않았고, 을 등의 전횡과 위법한 직무수행에 관한 감시·감독의무를 지속적으로 소홀히 하였으며, 이러한 정 등의 임무 해태와 을 등이 유상증자대금을 횡령함으로써 갑 회사가 입은 손해 사이에 상당인과관계가 충분히 인정되는데도, 이와 달리 보아 정 등의 책임을 부정한 원심판단에는 상법상 이사 및 감사의 주의의무에 관한 법리오해의 잘못이 있다).

그러나 이사가 단순히 경영상의 판단(business judgement)을 잘못한 것은 임무를 게을리한 것(선관의무위반)으로 볼 수 없다.[1] 이에 관한 우리나라의 판례는 다음과 같다.

[경영판단을 인정한 판례]

이사의 충실의무는 회사를 위한 것으로 그 속에 소수주주에 대한 공정의무는 포함하지 않으며, 자본적인 위기에 처한 회사를 살리기 위하여 실시된 신주의 제3자 배정은 이사들의 정당한 경영판단에 기한 것으로서 그 책임을 물을 수 없다 [서울고판 2001. 10. 19, 2001 나 18904].

[경영판단을 부정한 판례]

회사의 이사가 법령에 위반됨이 없이 관계회사에게 자금을 대여하거나 관계회사의 유상증자에 참여하여 그 발행 신주를 인수함에 있어서, 관계회사의 회사 영업에 대한 기여도, 관계회사의 회생에 필요한 적정 지원자금의 액수 및 관계회사의 지원이 회사에 미치는 재정적 부담의 정도, 관계회사를 지원할 경우와 지원하지 아니할 경우 관계회사의 회생가능성 내지 도산가능성과 그로 인하여 회사에 미칠 것으로 예상되는 이익 및 불이익의 정도 등에 관하여 합리적으로 이용가능한 범위 내에서 필요한 정보를 충분히 수집·조사하고 검토하는 절차를 거친 다음, 이를 근거로 회사의 최대 이익에 부합한다고 합리적으로 신뢰하고 신의성실에 따라 경영상의 판단을 내렸고, 그 내용이 현저히 불합리하지 않은 것으로서 통상의 이사를 기준으로 할 때 합리적으로 선택할 수 있는 범위 안에 있는 것이라면, 비록 사후에 회사가 손해를 입게 되는 결과가 발생하였다 하더라도 그 이사의 행위는 허용되는 경영판단의 재량범위 내에 있는 것이어서 회사에 대하여 손해배상책임을 부담한다고 할 수 없다. 그러나 회사의 이사가 이러한 과정을 거쳐 이사회 결의를

---

1) 동지: 정(동), (회) 428면, 448면; 이(철), (회) 796면.

이사의 책임과 경영판단의 원칙과의 관계에 대하여는 이균성, "CEO의 책임과 경영판단의 원칙," 「상장협」, 제45호(2002. 3), 3~16면; 정봉진, "이사의 주의의무와 경영판단의 법칙간의 관계에 관한 미국법 고찰," 「상사법연구」, 제21권 2호(2002), 331~366면; 동, "미국 회사법상의 경영판단의 법칙," 「경영법률」(한국경영법률학회), 제13집 1호(2002. 9), 99~137면; 김효신, "회사지배거래에 있어 이사의 경영판단(지배·종속회사간 합병과 적대적 기업매수에 대한 방어행위를 중심으로)," 「상사법연구」, 제20권 2호(2001), 445~472면; 윤보옥, "미국 회사법에서의 이사의 의무와 경영판단의 법칙," 「비교사법」, 제 7 권 2호(2000. 12), 335~376면; 최병규, "미국법상 경영판단의 원칙과 우리나라에의 도입가능성," 「안암법학」(안암법학회 편), 통권 제12호(2000), 279~302면; 양동석, "경영판단원칙의 수용가능성," 「기업법연구」(한국기업법학회), 제 7 집(2001), 83~118면; 홍복기, "이사의 의무와 경영판단의 원칙의 적용," 「21세기 한국상사법의 진로」(내동우홍구박사정년기념논문집), 2002, 355~370면; 김재형, "이사의 기부행위와 경영판단의 법칙," 「상사법연구」, 제22권 4호(2003), 239~266면(자선단체 등에 대한 기부행위는 경영판단의 범위에 속하나, 정치헌금은 원칙적으로 이에 속하지 아니한다고 한다); 김은정, "이사의 신인의무와 경영판단의 원칙에 관한 연구," 법학박사학위논문(성균관대, 2011. 2); 윤동인, "주식회사 이사의 책임과 경영판단의 원칙," 법학석사학위논문(고려대, 2006. 2) 등 참조.

통하여 자금지원을 의결한 것이 아니라, 단순히 회사의 경영상의 부담에도 불구하고 관계회사의 부도 등을 방지하는 것이 회사의 신인도를 유지하고 회사의 영업에 이익이 될 것이라는 일반적·추상적인 기대하에 일방적으로 관계회사에 자금을 지원하게 하여 회사에 손해를 입게 한 경우 등에는, 그와 같은 이사의 행위는 허용되는 경영판단의 재량범위 내에 있는 것이라고 할 수 없다[대판 2007. 10. 11, 2006 다 33333(공보 2007, 1738)].

금융기관의 이사가 대출 관련 임무를 수행함에 있어 필요한 정보를 충분히 수집·조사하고 검토하는 절차를 거친 다음 이를 근거로 금융기관의 최대 이익에 부합한다고 합리적으로 신뢰하고 신의성실에 따라 경영상의 판단을 내렸고, 그 내용이 현저히 불합리하지 아니하여 이사로서 통상 선택할 수 있는 범위 안에 있는 것이라면, 비록 사후에 회사가 손해를 입게 되는 결과가 발생하였다고 하더라도 그로 인하여 이사가 회사에 대하여 손해배상책임을 부담한다고 할 수 없지만, 금융기관의 이사가 이러한 과정을 거쳐 임무를 수행한 것이 아니라 단순히 회사의 영업에 이익이 될 것이라는 일반적·추상적인 기대하에 일방적으로 임무를 수행하여 회사에 손해를 입게 한 경우에는 필요한 정보를 충분히 수집·조사하고 검토하는 절차를 거친 다음 이를 근거로 회사의 최대 이익에 부합한다고 합리적으로 신뢰하고 신의성실에 따라 경영상의 판단을 내린 것이라고 볼 수 없으므로, 그와 같은 이사의 행위는 허용되는 경영판단의 재량범위 내에 있는 것이라고 할 수 없다[대판 2008. 7. 10, 2006 다 39935 (공보 2008, 1125)].

금융기관의 임원은 소속 금융기관에 대하여 선량한 관리자의 주의의무를 지므로 그 의무를 충실히 이행해야 임원으로서 임무를 다한 것이다. 금융기관의 임원이 위와 같은 선량한 관리자의 주의의무를 위반하여 자신의 임무를 게을리하였는지는 대출결정에 통상의 대출 담당 임원으로서 간과해서는 안 될 잘못이 있는 여부를 관련 규정의 준수 여부, 대출의 조건, 내용과 규모, 변제계획, 담보 유무와 내용, 채무자의 재산과 경영상황, 성장가능성 등 여러 가지 사항에 비추어 종합적으로 판정해야 한다. 이른바 프로젝트 파이낸스 대출은 부동산 개발 관련 특정 프로젝트의 사업성을 평가하여 사업에서 발생할 미래의 현금흐름을 대출원리금의 주된 변제재원으로 하는 금융거래이므로, 대출을 할 때 이루어지는 대출상환능력에 대한 판단은 프로젝트의 사업성에 대한 평가에 주로 의존한다. 이러한 경우 금융기관의 이사가 대출 요건인 프로젝트의 사업성에 관하여 심사하면서 필요한 정보를 충분히 수집·조사하고 검토하는 절차를 거친 다음 이를 근거로 금융기관의 최대 이익에 부합한다고 합리적으로 신뢰하고 신의성실에 따라 경영상의 판단을 하였고, 그 내용이 현저히 불합리하지 않아 이사로서 통상 선택할 수 있는 범위에 있는 것이라면, 비록 나중에 회사가 손해를 입게 되는 결과가 발생하였다고 하더라도 그로 인하여 이사가 회사에 대하여 손해배상책임을 부담한다고 할 수 없다. 그러나 금융기관의 이사가 이러한 과정을 거쳐 임무를 수행한 것이 아니라 단순히 회사의 영업에 이익이 될 것이라고 기대하고 일방적으로 임무를 수행하여 회사에 손해를 입게 한 경우에는 필요한 정보를 충분히 수집·조사하고 검토하는 절차를 거친 다음 이를 근거로 회사의 최대 이익에 부합한다고 합리적으로 신뢰하고 신의성실의 원칙에 따라 경영상의 판단을 한 것이라고 볼 수 없으므로, 그와 같은 이사의 행위는 허용되는 경영판단의 재량범위에 있다고 할 수 없다[대판 2021. 5. 7, 2018 다 275888(공보 2021, 1179)].

또한 흡수합병에서 소멸회사의 이사가 동의한 합병비율이 객관적으로 불합리하지 아니할 정도로 상당성이 있는 경우 선관주의의무를 다한 것으로 볼 수 있는데, 우리 대법원판례도 이와 같은 취지로 다음과 같이 판시하고 있다.

[비상장회사간 흡수합병시 소멸회사의 이사가 객관적으로 불합리하지 아니한 합병비율에 동의한 경우, 선관주의의무를 다한 것으로 본 판례]

흡수합병시 존속회사가 발행하는 합병신주를 소멸회사의 주주에게 배정·교부함에 있어서 적용할 합병비율을 정하는 것은 합병계약의 가장 중요한 내용이고, 만일 합병비율이 합병할 각 회사의 일방에게 불리하게 정해진 경우에는 그 회사의 주주가 합병 전 회사의 재산에 대하여 가지고 있던 지분비율을 합병 후에 유지할 수 없게 됨으로써 실질적으로 주식의 일부를 상실하게 되는 결과를 초래하므로, 비상장법인 간 흡수합병의 경우 소멸회사의 주주인 회사의 이사로서는 합병비율이 합병할 각 회사의 재산 상태와 그에 따른 주식의 실제적 가치에 비추어 공정하게 정하여졌는지를 판단하여 회사가 합병에 동의할 것인지를 결정하여야 한다. 다만 비상장법인 간 합병의 경우 합병비율의 산정방법에 관하여는 법령에 아무런 규정이 없을 뿐만 아니라 합병비율은 자산가치 이외에 시장가치·수익가치·상대가치 등의 다양한 요소를 고려하여 결정되어야 하는 만큼 엄밀한 객관적 정확성에 기하여 유일한 수치로 확정할 수 없는 것이므로, 소멸회사의 주주인 회사의 이사가 합병의 목적과 필요성·합병 당사자인 비상장법인 간의 관계·합병 당시 각 비상장법인의 상황·업종의 특성 및 보편적으로 인정되는 평가방법에 의하여 주가를 평가한 결과 등 합병에 있어서 적정한 합병비율을 도출하기 위한 합당한 정보를 가지고 합병비율의 적정성을 판단하여 합병에 동의할 것인지를 결정하였고, 합병비율이 객관적으로 현저히 불합리하지 아니할 정도로 상당성이 있다면, 그 이사는 선량한 관리자의 주의의무를 다한 것이다[대판 2015. 7. 23, 2013 다 62278(공보 2015, 1211)].

이사의 이러한 임무를 게을리함으로 인한 손해배상책임은 위임계약의 불이행에 의한 손해배상책임으로서 과실책임인 점도 있다. 다만 이 책임은 과실 있는 이사들의 연대책임인 점(상 399조, 408조의 8 3항)에서 민법의 일반원칙에 대한 예외를 이루고 있다.[1)]

임무를 게을리함으로 인한 손해배상청구의 경우에는 일반원칙에 따라 이를 주장하는 자(회사 또는 제 3 자)가 증명책임을 부담한다.[2)]

㈐ 이사의 「법령·정관에 위반한 행위」 또는 「임무를 게을리한 행위」와 회사의 손해와의 사이에는 상당인과관계가 있어야 한다. 이 때 법원은 제반사정을 참작하여 이사의 손해배상액을 제한할 수 있다.

우리 대법원도 이와 동지로 다음과 같이 판시하고 있다.

[이사의 법령위반행위 또는 임무를 게을리한 행위와 회사와의 손해 사이에는 상당인과관계가 있어야 한다고 한 판례]

이사의 법령·정관 위반행위 혹은 임무해태행위로 인한 상법 제399조의 손해배상책임은 그 위반행위와 상당인과관계 있는 손해에 한하여 인정될 뿐이므로, 그 결과로서 발생한 손해와의 사이에 상당인과관계가 인정되지 아니하는 경우에는 이사의 손해배상책임이 성립하지 아니한다고 할 것이고(대법원 2005. 4. 29. 선고 2005 다 2820 판결 등 참조), 회사 자금의 횡령행위가 이루어진 이후에 그로 인한 회사 자금의 부족을 은폐하기 위하여 허위로 회계처리하도록 업무를 집행한 이사는 그 회계처리 당시에는 횡령행위에 관여한 자들로부터 횡령금액 또는 횡령으로 인한 손해배상채권을 회수할 수 있었으나 허위로 회계처리함으로써 횡령행위를 적발하고 회수할 수 있는 기회를 놓쳤고 그 사이 그들의 자금사정이 악화되어 이를 회수할 수 없게 되었다는 등의 사정이 없는 한, 손해배상책임을 부담하지 않는다고 할 것이다[대판 2007. 8. 23, 2007 다 23425(공보 2007, 1456)].

이사의 법령·정관 위반행위 혹은 임무위반행위로 인한 상법 제399조 소정의 손해배상책임과 감사의 임무위반행위로 인한 상법 제414조 소정의 손해배상책임은 그 위반행위와 상당인과관계 있는 손해에 한하여 인정될 뿐이므로, 비록 이사나 감사가 그 직무수행과정에서 법령·정관 위반행위 혹은 임무위반행위를 하였다고 하더라도, 그 결과로서 발생한 손해와의 사이에 상당인과관계가 인정되지 아니하는 경우에는 이사나 감사의 손해배상책임이 성립하지 아니한다. 따라서 종합금융회사가 자신의 계산 아래 제 3 자의 명의로 자기주식을 취득하기 위한 목적의 대출약정은 무효로서 그 대출금 중 주금으로 납입된 부분은 위 회사에 실제 손해가 발생한 것으로 볼 수 없으나, 주식취득을 위한 비용으로 지출

1) 동지: 정(희), 491면.
2) 동지: 정(동), (회) 448면; 채, 564면; 이(철), (회) 794면.

한 나머지 부분은 그 대출에 관여한 이사와 감사의 임무위반으로 인하여 발생한 손해라고 볼 것이다[대판 2007. 7. 26, 2006 다 33609(공보 2007, 1346)].

[손해배상액의 범위를 정함에는 제반사정을 참작하여야 한다고 한 판례]

이사가 법령 또는 정관에 위반한 행위를 하거나 그 임무를 게을리함으로써 회사에 대하여 손해를 배상할 책임이 있는 경우에 그 손해배상의 범위를 정함에 있어서는, 당해 사업의 내용과 성격, 당해 이사의 임무위반의 경위 및 임무위반 행위의 태양, 회사의 손해 발생 및 확대에 관여된 객관적인 사정이나 그 정도, 평소 이사의 회사에 대한 공헌도, 임무위반행위로 인한 당해 이사의 이득 유무, 회사의 조직체계의 흠결 유무나 위험관리체제의 구축 여부 등 제반 사정을 참작하여 손해분담의 공평이라는 손해배상제도의 이념에 비추어 그 손해배상액을 제한할 수 있다[대판 2007. 7. 26, 2006 다 33609(공보 2007, 1346)].

동지: 대판 2018. 10. 25, 2016 다 16191(공보 2018, 2219)(이사가 법령 또는 정관을 위반한 행위를 하거나 임무를 해태함으로써 회사에 대하여 손해를 배상할 책임이 있는 경우에 그 손해배상의 범위를 정할 때에는, 당해 사업의 내용과 성격, 당해 이사의 임무 위반의 경위 및 임무위반행위의 태양, 회사의 손해 발생 및 확대에 관여된 객관적인 사정이나 그 정도, 평소 이사의 회사에 대한 공헌도, 임무위반행위로 인한 당해 이사의 이득 유무, 회사의 조직체계의 흠결 유무나 위험관리체제의 구축 여부 등 제반 사정을 참작하여 손해분담의 공평이라는 손해배상제도의 이념에 비추어 그 손해배상액을 제한할 수 있다. 이때에 손해배상액 제한의 참작 사유에 관한 사실인정이나 그 제한의 비율을 정하는 것은, 그것이 형평의 원칙에 비추어 현저히 불합리한 것이 아닌 한 사실심의 전권사항이다); 동 2019. 5. 16, 2016 다 260455(공보 2019, 1222)(이사가 법령 또는 정관에 위반한 행위를 하거나 임무를 해태함으로써 회사에 대하여 손해를 배상할 책임이 있는 경우에 손해배상의 범위를 정할 때에는, 당해 사업의 내용과 성격, 당해 이사의 임무 위반의 경위 및 임무 위반행위의 태양, 회사의 손해 발생 및 확대에 관여된 객관적인 사정이나 정도, 평소 이사의 회사에 대한 공헌도, 임무 위반행위로 인한 당해 이사의 이득 유무, 회사의 조직체계의 흠결 유무나 위험관리체제의 구축 여부 등 제반 사정을 참작하여 손해분담의 공평이라는 손해배상제도의 이념에 비추어 손해배상액을 제한할 수 있다. 이때 손해배상액 제한의 참작 사유에 관한 사실인정이나 제한의 비율을 정하는 것은, 그것이 형평의 원칙에 비추어 현저히 불합리한 것이 아닌 한 사실심의 전권사항이다).

2) 책임의 부담자 회사에 대하여 손해배상책임을 부담하는 자는 이사(상 399조, 408조의 8)와 업무집행지시자 등(상 401조의 2, 408조의 9)이다.

㈎ 이 사 행위자인 이사가 이 책임을 지는 것은 당연하다. 그런데 (대표)이사가 이사회의 승인을 받아 거래를 한 경우(예컨대, 이사가 이사회의 승인을 받아 자기거래를 하였는데 그 대가가 부당하여 회사에 손해가 발생한 경우 등)에는 그 결의에 찬성한 이사도 임무를 게을리한 것이라고 할 수 있으므로 그 결의에 찬성한 이사도 같은 책임을 지고(이사가 1명 또는 2명인 소규모 주식회사의 경우에는 이사회가 없으므로 이 규정이 적용될 여지가 없다—상 383조 5항), 그 결의에 참가한 이사로서 의사록에 이의(異議)(기권을 포함)를 하지 않은 자는 그 결의에 찬성한 것으로 추정되어 반증을 들지 못하는 한 책임을 지게 된다(상 399조 2항·3항). 책임을 지는 이사가 다수인 때에는 그 책임은 연대책임이다(상 399조 1항, 408조의8 3항).

이에 관하여 우리 대법원판례도 같은 취지로 다음과 같이 판시하고 있다.

[회사에 대하여 책임을 지는 이사의 행위가 이사회의 결의에 의한 경우 그 결의에 찬성한 이사도 책임을 지는 이사와 같은 책임을 진다고 한 판례]

비록 대표이사에 의해 대출이 이미 실행되었다고 하더라도 이에 대한 추인행위는 대표이사의 하자 있는 거래행위의 효력을 확정적으로 유효로 만들어 주는 것으로서, 피고(이사)가 선관의무를 다하지 아니하여 이와 같은 추인결의에 찬성하였다면 손해 발생과 인과관계가 인정된다. 또한 이사회의 추인결의에 찬성한 이사들의 행위와 이 사건 대출금의 회수 곤란으로 인한 손해 사이의 인과관계는 이사 개개인이 선관의무를 다하였는지 여부에 의해 판단되어야 하고, 다른 이사들이 선관의무에 위반하여 이사회의 추인결의에 찬성하는 등 행위를 전제로 판단할 것은 아니다. 이사회의 결의는 법률이나 정관 등에서 다른 규정을 두고 있지 않는 한 출석한 이사들의 과반수 찬성에 의해 이루어지는바, 피고의 주장대로 한다면 이사회의 결의를 얻은 사항에 관하여 이사 개개인에게 손해배상책임을 묻는 경우, 당해 이사 개개인은 누구나 자신이 반대하였다고 해도 어차피 이사회 결의를 통과하였을 것이라는 주장을 내세워 손해배상책임을 면하게 될 것이기 때문이다. 또한 부실대출이 실행된 후 여러 차례 변제기한이 연장된 끝에 최종적으로 당해 대출금을 회수하지 못하는 손해가 발생한 경우, 그에 대한 손해배상책임은 원칙적으로 최초에 부실대출 실행을 결의하거나 이를 추인한 이사들만이 부담하고, 단순히 변제기한의 연장에만 찬성한 이사들은, 그 기한 연장 당시에는 채무자로부터 대출금을 모두 회수할 수 있었으나 기한을 연장함으로써 채무자의 자금사정이 악화되어 대출금을 회수할 수 없게 된 경우가 아닌 한 손해배상책임을 부담하지 않는다고 보아야 한다[대판 2007. 5. 31, 2005 다 56995(공보 2007, 956)].

[이사회결의에 기권한 자는 이의를 제기한 자에 해당하여 책임이 없다고 한 판례]

이사가 이사회에 출석하여 결의에 기권하였다고 의사록에 기재된 경우에 그 이사는 "이의를 한 기재가 의사록에 없는 자"라고 볼 수 없으므로, 상법 제399조 제 3 항에 따라 이사회 결의에 찬성한 것으로 추정할 수 없고, 따라서 같은 조 제 2 항의 책임을 부담하지 않는다고 보아야 한다[대판 2019. 5. 16, 2016 다 260455(공보 2019, 1222)].

집행임원 비설치회사의 경우는 회사의 업무집행에 관한 의사결정은 (원칙적으로) 이사회의 결의에 의하고(상 393조 1항) 이러한 이사회의 결의에 찬성한 이사는 연대하여 회사 또는 제 3 자에 대하여 손해배상책임을 부담하므로 상법은 이사의 책임에 대하여는 「연대하여」라고 규정하였으나(상 399조 1항, 401조 1항), 집행임원 설치회사의 경우 집행임원의 업무집행에 대하여는 집행임원회라는 제도가 없을 뿐만 아니라 집행임원회의 의사결정을 거쳐야 하는 절차도 없으므로 집행임원의 회사 또는 제 3 자에 대한 책임에 대하여는 상법에서 「연대하여」라고 규정하지 않고(상 408조의 8 1항 · 2항) 다만 책임이 있는 집행임원 · 이사 또는 감사와 연대책임을 지는 것으로 규정하고 있다(상 408조의 8 3항). 그러나 책임 있는 이사 · 집행임원 또는 감사만이 연대하여 손해배상책임을 진다는 점에서는 집행임원 설치회사의 경우나 집행임원 비설치회사의 경우나 큰 차이가 없다고 본다.

(나) 업무집행지시자 등

① 의 의 1998년 개정상법은 업무집행지시자 등의 책임에 관한 규정을 신설하여(상 401조의 2) 회사에 대한 영향력을 이용하여 이사에게 업무집행을 지시하거나 경영권을 사실상 행사하는 지배주주 등을 이사로 보아 이러한 자는 회사에 대하여 이사와 동일한 책임을 지도록 하고, 이사도 책임을 지는 경우 이러한 자는 이사와 연대책임을 부담하도록 하였다. 즉, (i) 회사에 대한 자신의 영향력을 이용하여 이사에게 업무집행을 지시한 자(업무집행지시자),[1] (ii) 이사의 이름으로 직접 업무를 집행한 자(무권대행자), (iii) 이사가 아니면서 명예회장 · 회장 · 사장 · 부사장 · 전무 · 상무 · 이사 · 기타 회사의 업무를 집행할 권한이 있는 것으로 인정될 만한 명칭을 사용하여 회사의 업무를 집행한 자(표현이사)(이하 '업무집행지시자 등'으로 약칭함)는, 그 지시하거나 집행한 업무에 관하여 회사에

---

1) 동지: 이(철), (회) 823~827면.

(i)의 업무집행지시자와 (ii)의 무권대행자를 합하여 '배후이사'로 부르는 견해가 있다[손(주), 813~814면; 정(동), (회) 457면 및 같은 면 주 4)].

대하여 손해배상책임을 지는데(상 401조의 2 1항), 이 때 회사에 대하여 손해를 배상할 책임이 있는 이사는 이러한 자와 연대하여 그 책임을 진다(상 401조의 2 2항).

이러한 업무집행지시자 등을 합하여 사실상의 이사(de facto director)[1] 또는 실질상의 이사[2]로 부르기도 한다. 이는 독일[3] · 영국[4] 등에서 인정하고 있는 제도를 1998년 개정상법이 도입한 것인데, 특히 지배주주 등의 지위남용을 방지하기 위한 것이다.[5]

또한 2011년 4월 개정상법에서는 집행임원제도가 도입됨에 따라 집행임원 설치회사의 경우 집행임원에 대하여 업무집행을 지시한 자 등에 대하여도 집행임원과 동일한 책임을 인정하였다(상 408조의 9, 401조의 2). 따라서 이하에서 이사는 집행임원 설치회사의 경우 집행임원을 포함한다.

② 종 류 우리 상법은 업무집행지시자 등에 대하여 다음과 같이 세 종류를 규정하고 있다(상 401조의 2, 408조의 9).

㉠ 업무집행지시자 업무집행지시자는 '회사에 대한 자신의 영향력을 이용하여 이사 · 집행임원에게 업무집행을 지시한 자'이다(상 401조의 2 1항 1호, 408조의 9). 이러한 업무집행지시자는 법률상의 이사 · 집행임원이 아니어야 하고,[6] 「영향력」이란 '지배주주 등이 회사의 의사결정을 자신이 의도하는 바대로 유도하는 사실상의 힘'이라고 볼 수 있다.[7] 이러한 업무집행지시자의 범위에 대하여 주주 외에 거액의 채권을 가진 금융기관 · 회사와 거액의 공급거래를 갖는 회사 등으로 확대하고 또한 일시적인 영향력을 이용하더라도 본조의 적용대상이 된다고 하여 넓게 보는 견해와,[8] 좁게 보는 견해가 있는데,[9] 이러한 자의 지시는 1회에 지시하는 것만으로는 부족하고 통상적 · 관행적인 것으로서 경영권의 행사와 관련하여 구속력을 가져야 하는 점에서 볼 때, 좁게 해석하는 것이 입법의

---

1) 손(주), 813면; 최(기), 927～928면, 934면.
2) 정(동), (회) 457면, 458면 주 1).
3) 獨株(AktG) 117조.
4) 英會(CA)(2006) 251조; 英會(CA)(1985) 741조 2항(shadow director).
5) 입법의 배경에 관한 상세는 이(철), (회) 822～823면.
이러한 사실상의 이사의 책임에 관한 상세는 이균성, "주식회사의 사실상의 이사의 책임," 「21세기 한국상사법의 진로」(내동우홍구박사정년기념논문집), 2002, 13～42면; 김동근, "상법상 업무집행지시자 등의 책임," 「기업법연구」(한국기업법학회), 제 9 집(2002), 551～591면 등 참조.
6) 동지: 손(주), 813면.
7) 동지: 이(철), (회) 823～824면.
8) 이(철), (회) 825면.
9) 손(주), 814면; 정(동), (회) 458면; 최(기), 937면.

취지에 맞는 것이 아닌가 한다.[1] 지시를 받은 자의 범위에 대하여 법문에는 이사·집행임원으로 규정하고 있으나, 이사·집행임원에 한하지 않고 부장·과장 등 상업사용인에 대한 지시도 포함한다고 본다.[2] 지시받은 업무집행의 범위는 법률행위뿐만 아니라 사실행위(불법행위를 포함)를 포함한다고 본다.[3]

ⓛ 무권대행자 무권대행자는 '이사·집행임원의 이름으로 직접 업무를 집행하는 자'인데(상 401조의 2 1항 2호, 408조의 9), 위의 업무집행지시자와 다른 점은 이사·집행임원에 대한 지시에 의하여 간접적으로 회사의 업무에 관여하는 것이 아니고 본인이 직접 명목상의 이사·집행임원의 명의로 업무집행을 하는 것이다. 법문에는 영향력이 있어야 하는 규정이 없으나, 업무집행지시자로서의 요건을 갖춘 자가 이사·집행임원에게 지시하는 대신에 자신의 영향력을 이용하여 이사·집행임원의 이름으로 직접 업무를 집행하는 경우라고 보아야 할 것이다.[4] 중소규모의 회사에 있어서는 이러한 형태로 업무를 집행하는 경우가 있다.[5]

ⓒ 표현이사·표현집행임원 표현이사[6]·표현집행임원은 '이사·집행임원이 아니면서 명예회장·회장·사장·부사장·전무·상무·이사 기타 회사의 업무를 집행할 권한이 있는 것으로 인정될 만한 명칭을 사용하여 회사의 업무를 집행하는 자'이다(상 401조의 2 1항 3호, 408조의 9). 표현이사·표현집행임원은 이와 같이 예시된 명칭을 사용하는 자 외에도 회사의 업무를 집행할 권한이 있는 것으로 인정될 만한 명칭을 사용하는 자(예컨대, 그룹 기획조정실장·그룹 비서실 임원 등)를 포함한다.[7] 이러한 표현이사·표현집행임원은 그 명칭 자체가 영향력 행사의 근거가 되므로 별도의 영향력 행사라는 요건은 필요하지 않다.[8]

---

1) 英會(CA)(2006) 251조 1항(shadow director란 회사의 이사가 그의 명령과 지시에 따라 행동하는 것이 관행화된 경우 이를 지시하는 자를 말한다) 참조.
2) 동지: 獨株(AktG) 117조 1항; 손(주), 815면; 정(동), (회) 459면.
3) 동지: 손(주), 814면; 정(동), (회) 459면; 최(기), 937면.
4) 동지: 이(철), (회) 827면.
5) 정(동), (회) 459면; 최(기), 938면.
6) 금융회사의 지배구조에 관한 법률은 이러한 표현이사의 개념과 유사하게 금융회사의 '업무집행책임자'를 정의하고 있는데(지배 2조 5호), 이는 타당하지 않다고 본다. 왜냐하면 금융회사의 업무집행책임자는 금융회사의 임원으로서(지배 2조 2호) 정당하게 금융회사의 업무를 집행하는 자이나, 표현이사의 규정은 표현이사 개인의 책임 면탈을 방지하기 위하여 둔 규정이기 때문이다.
7) 동지: 손(주), 816면; 정(동), (회) 459면; 최(기), 938~939면(이 외에도 등기를 하지 않은 임원, 이사선임결의가 취소 또는 무효로 된 자, 이사선임절차 없이 취임등기에 동의한 자 또는 사임 후에도 퇴임등기를 하지 않기로 승낙한 자도 이에 해당할 수 있다고 한다).
8) 동지: 정(동), (회) 460면; 이(철), (회) 828면; 대판 2009. 11. 26, 2009 다 39240(공보 2010, 20)(상법 제399조·제401조·제403조의 적용에 있어 이사로 의제되는 자에 관하여, 상법

이러한 표현이사 · 표현집행임원을 표현대표이사(집행임원 설치회사의 경우는 '표현대표집행임원')(상 395조, 408조의 5 3항)와 비교하여 보면, (i) 입법취지가 전자는 표현이사 · 표현집행임원 자신의 책임면탈을 방지하기 위한 것이나 후자는 회사대표의 외관을 신뢰한 자를 보호하기 위한 것으로서, (ii) 책임의 주체에 대하여 전자는 표현이사 · 표현집행임원 개인이나 후자는 회사이고, (iii) 회사의 명칭사용에 대한 귀책사유에 대하여 전자는 이를 요하지 아니하나 후자는 이를 요하며, (iv) 제 3 자의 외관의 신뢰에 대하여 전자는 이를 요하지 아니하나 후자는 이를 요하고, (v) 대표소송 · 다중대표소송(상 403조, 406조의 2, 408조의 9)에 의한 책임추궁에 대하여 전자는 가능하나 후자는 성질상 가능하지 않다.[1]

또한 표현이사 · 표현집행임원을 앞의 업무집행지시자나 무권대행자와 비교하여 보면 전자는 표현이사 · 표현집행임원의 명칭 자체가 영향력의 근거가 되므로 회사에 대한 영향력의 행사의 요건은 별도로 필요하지 않으나, 후자는 이의 요건이 필요하다.[2]

③ 책　　임

㉠ 책임의 성질　　상법은 업무집행지시자 등의 책임에 대하여 「지시하거나 집행한 업무에 관하여 제399조 · 제401조 · 제403조 및 제406조의 2의 적용에 있어서 이를 이사 · 집행임원으로 본다」고 규정하고 있다(상 401조의 2 1항, 408조의 9). 업무집행지시자 등의 책임의 성질에 대하여, 이를 (i) 불법행위책임의 일종으로 보는 견해도 있으나,[3] (ii) 법문의 규정으로 보아 이사 · 집행임원의 지위에 따른 기관책임(법정책임)이라고 본다.[4]

㉡ 책임의 내용　　업무집행지시자 등은 회사에 대하여 이사 · 집행임원으로서의 손해배상책임(상 399조, 408조의 8 1항 · 3항)을 진다. 이 때 회사에 대하여 손해를 배상할 책임이 있는 이사 · 집행임원이 있는 경우에는, 업무집행지시자 등은 그러

제401조의 2 제 1 항 제 1 호는 '회사에 대한 자신의 영향력을 이용하여 이사에게 업무집행을 지시한 자', 제 2 호는 '이사의 이름으로 직접 업무를 집행한 자', 제 3 호는 '이사가 아니면서 명예회장 · 회장 · 사장 · 부사장 · 전무 · 상무 · 이사 기타 업무를 집행할 권한이 있는 것으로 인정될 만한 명칭을 사용하여 회사의 업무를 집행한 자'라고 규정하고 있는바, 제 1 호 및 제 2 호는 회사에 대해 영향력을 가진 자를 전제로 하고 있으나, 제 3 호는 직명 자체에 업무집행권이 표상되어 있기 때문에 그에 더하여 회사에 대해 영향력을 가진 자일 것까지 요건으로 하고 있는 것은 아니다).

1) 이에 관한 상세한 손(주), 816~817면. 동지: 정(동), (회) 460면; 최(기), 939~940면.

2) 동지: 이(철), (회) 827~828면; 정(동), (회) 460면.

3) 이(철), (회) 827~828면(무권대행자와 표현이사의 책임에 대하여).

4) 동지: 정(동), (회) 460면.

한 이사·집행임원과 연대책임을 진다(상 401조의 2 2항, 408조의 9).

3) 책임의 감경 이사의 회사에 대한 손해배상책임의 감경에 대하여 2011년 4월 개정상법은 신설하여 규정하였다(상 400조 2항, 408조의 9). 즉, 회사는 정관에서 정하는 바에 따라 이사의 회사에 대한 책임을 이사가 그 행위를 한 날 이전 최근 1년간의 보수액(상여금과 주식매수선택권의 행사로 인한 이익 등을 포함한다)의 6배(사외이사의 경우는 3배)를 초과하는 금액에 대하여 면제할 수 있다(상 400조 2항 본문, 408조의 9). 그러나 이사가 고의 또는 중대한 과실로 손해를 발생시킨 경우와, 경업피지의무 위반(상 397조, 408조의 9)·회사기회유용금지의무 위반(상 397조의 2, 408조의 9)및 자기거래금지의무 위반(상 398조, 408조의 9)의 경우에는 그러하지 아니하다(상 400조 2항 단서, 408조의 9). 따라서 이사의 회사에 대한 책임은 이사가 회사의 업무를 집행하는 중에 경과실로 인하여 회사에 손해가 발생한 경우에 정관에서 정하는 바에 따라 감경될 수 있을 것으로 본다.

2011년 4월 개정상법 이전에도 법원은 제반사정을 참작하여 이사의 손해배상액을 감경하였다. 즉, 법원은 이사가 법령 또는 정관에 위반한 행위를 하거나 그 임무를 해태함으로써 회사에 대하여 손해를 배상할 책임이 있는 경우에 그 손해배상의 범위를 정함에 있어서는, 당해 사업의 내용과 성격·당해 이사의 임무위반의 경위 및 임무위반행위의 태양·회사의 손해 발생 및 확대에 관여된 객관적인 사정이나 그 정도·평소 이사의 회사에 대한 공헌도·임무위반행위로 인한 당해 이사의 이득 유무·회사의 조직체계의 흠결 유무나 위험관리체제의 구축 여부 등 제반 사정을 참작하여 손해분담의 공평이라는 손해배상제도의 이념에 비추어 그 손해배상액을 제한하였다.[1]

4) 책임의 면제 이사의 회사에 대한 손해배상책임은 다음과 같이 주주 전원의 동의에 의한 적극적 책임면제와, 일정한 경우에 책임이 면제된 것으로 의제되는 소극적 책임면제가 있다.

㈎ 적극적 책임면제 이사의 회사에 대한 이러한 손해배상책임은 주주 전원의 동의로 면제될 수 있다(상 400조 1항, 408조의 9). 그러나 이사가 고의 또는 중대한 과실로 회사에 손해를 발생시킨 경우와, 앞에서 본 바와 같이 상법 제397조·제397조의 2 및 제398조에 위반한 경우에는 주주 전원의 동의로 이사의 회사에

1) 대판 2004. 12. 10, 2002 다 60467·60474(공보 2005, 87); 동 2005. 10. 28, 2003 다 69638(공보 2005, 1847).

대한 책임을 면제할 수 없다고 본다(상 400조 2항 단서 참조). 이것은 회사가 적극적으로 이사의 책임을 면제하는 방법인데, 주주 전원의 동의는 개별적인 동의도 무방하고[1] 또한 묵시적인 의사표시의 방법으로도 할 수 있다.

우리 대법원판례도 이와 같은 취지에서 다음과 같이 판시하고 있다.

[총주주의 동의는 묵시적 의사표시로 할 수 있다고 본 판례]

상법 제399조 소정의 이사의 책임은 상법 제400조의 규정에 따라 총주주의 동의로 이를 면제할 수 있는데, 이 때 총주주의 동의는 묵시적 의사표시의 방법으로 할 수 있고 반드시 명시적·적극적으로 이루어질 필요는 없으며, 실질적으로는 1인에게 주식 전부가 귀속되어 있지만 그 주주명부상으로만 일부 주식이 타인 명의로 신탁되어 있는 경우라도 사실상의 1인 주주가 한 동의도 총주주의 동의로 볼 것이다[대판 2002. 6. 14, 2002 다 11441(공보 2002, 1658)].

이 때의 주주에는 의결권이 없는 종류주식이나 의결권이 제한되는 종류주식을 가진 주주도 포함된다(통설).[2] 따라서 이사의 이러한 책임은 1주의 주주라도 반대하면 그 책임을 면제할 수 없어 소규모의 가족회사를 제외하고는 실질적으로 면제를 인정하지 않는 것과 거의 다름이 없기 때문에, 입법론으로는 이사가 이사회의 승인을 받아 행위를 한 경우에는 그 책임면제의 결의요건을 완화하는 것이 바람직하다는 견해가 있다.[3]

---

1) 동지: 이(철), (회) 809면; 주상(상), 1029면; 주상(제 5 판)(회사 Ⅲ), 369면.

2) 손(주), 807면; 정(동), (회) 449면; 이(철), (회) 809면; 채, 565면; 이(기) 외, (회) 347면; 주상(제 5 판)(회사 Ⅲ), 369면 외.

3) 동지: 정(동), (회) 449면.

참고로 일본은 2001년 12월에 상법을 개정하여 이사의 책임면제의 요건을 크게 완화하였다. 즉, 이사의 경우 법령 또는 정관에 위반하는 행위를 선의·무과실로 한 때에는 해당 이사가 원래 배상하여야 할 손해액으로부터 그 이사의 보수의 일정분 등을 공제한 금액을 한도로 주주총회의 특별결의 또는 정관의 정함에 기한 이사회 결의로써 책임을 면제할 수 있도록 하였고(日商 266조 7항~18항), 사외이사의 경우 책임면제사유는 이사의 경우와 마찬가지로 선의·무중과실에 의한 법령 또는 정관위반행위로 국한되나, 책임면제방법에 있어서는 정관에 사전에 정한 일정금액으로 손해배상액을 제한하는 내용의 계약을 체결할 수 있는 취지의 규정을 둔 경우에는 계약으로 이사의 책임을 면제할 수 있도록 하였다(日商 266조 19항~23항). 이러한 일본의 개정상법의 특징은 (i) 책임면제의 요건을 종래의 '총주주의 동의'로부터 '주주총회 특별결의나 정관의 정함에 기한 이사회결의'로 완화한 점, (ii) 책임면제의 범위에 대하여 일정한 제한이 있다는 점(즉, 전액면제는 허용되지 않는다는 점), (iii) 사외이사의 경우 계약으로써 사전에 배상책임액을 일정 한도로 제한하는 것이 가능하다는 점, (iv) 책임면제의 대상은 선의·무중과실에 의한 법령·정관위반행위로 국한된다는 점으로 요약할 수 있다[동지: 권종호, "이사의 배상책임 완화," 「상장」, 2002. 5, 8면; 동, "이사의 배상책임의 완화(2001년 일본 개정상법을 중심으로)," 「21세기 한국상사법의 진로」(내동우홍구박사정년기념논문집), 2002, 95~96면; 동, "감사의 기능강화·이사의 책임완화·주주대표소송의 합리화(2001년 12월 일본 개정상법을 중심으로)," 「비교사법」,

이 때 주주 전원의 동의로 면제되는 이사의 책임은 상법 제399조(집행임원의 경우에는 상 408조의 8 1항) 소정의 이사의 책임에 국한되는 것이지, 이사의 불법행위로 인한 손해배상책임까지 면제되는 것은 아니다.

우리 대법원판례도 이와 같은 취지로 다음과 같이 판시하고 있다.

[상법 제400조에 의한 이사의 책임면제에는 불법행위책임이 제외된다고 본 판례]

총 주주의 동의를 얻어 대표이사의 행위로 손해를 입게 된 금액을 특별손실로 처리하기로 결의하였다면 그것은 바로 상법 제400조 소정의 이사의 책임소멸의 원인이 되는 면제에 해당되는 것이나, 이로써 법적으로 소멸되는 손해배상청구권은 상법 제399조 소정의 권리에 국한되는 것이지 불법행위로 인한 손해배상청구권까지 소멸되는 것으로 볼 수 없다[대판 1989. 1. 31, 87 누 760(공보 1989, 362)].

동지: 대판 1996. 4. 9, 95 다 56316(공보 1996, 1395)(감사의 회사에 대한 책임에 관하여).

(나) 소극적 책임면제 재무제표(상 447조)를 정기주주총회(상 449조 1항) 또는 이사회(상 449조의 2)[1]에서 승인한 후 2년 내에 다른 결의가 없으면 이사의 부정행위를 제외하고 회사는 그 이사의 책임을 해제한 것으로 의제하고 있다(상 450조). 이것은 회사가 소극적으로 이사 등의 책임을 면제하는 방법인데, 이사 등이 이와 같이 소극적으로 책임이 면제되는 사항은 재무제표 등에 기재되어 정기주주총회 등에서 승인을 얻은 사항에 한한다.

우리 대법원판례도 같은 취지에서 다음과 같이 판시하고 있다.

[재무제표 등에 기재되어 정기주주총회에서 승인을 얻은 사항에 한하여 이사의 책임이 소극적으로 면제된다고 본 판례]

상법 제450조에 따른 이사의 책임해제는 재무제표 등에 기재되어 정기총회

제 9 권 2호(2002. 8), 351~380면]. 2005년 일본 회사법에서도 이사·사외이사 등의 회사에 대한 책임에 대하여 그러한 이사 등이 선의이며 중과실이 없으면 주주총회의 결의 또는 정관의 규정에 의하여 그 책임을 제한할 수 있음을 규정하고 있다(日會 425조~428조).

위와 같은 일본의 입법례를 참조하여 우리나라에서도, 이사의 책임제한을 주장하는 견해로는 양동석, "이사의 책임제한," 「상법학의 전망(평성 임홍근교수 정년퇴임기념논문집)」(서울: 법문사, 2003), 169~186면; 안성포, "이사의 면책에 관한 입법론적 고찰(책임면제와 화해를 중심으로)," 「상사법연구」, 제22권 2호(2003), 85~132면; 김대연, "이사의 책임제한 및 면제," 「비교사법」, 제10권 2호(2003. 6), 321~355면.

1) 2011년 4월 개정상법에서는 제449조의 2를 신설하면서 제450조에서는 이에 관하여 명확히 규정하고 있지 않은데, 이는 입법의 미비라고 본다. 즉, 상법 제450조의 "전조 제 1 항"이 무엇을 의미하는지에 관하여 명확히 규정하여야 할 것이다.

에서 승인을 얻은 사항에 한정되는데, 상호신용금고의 대표이사가 충분한 담보를 확보하지 아니하고 동일인 대출 한도를 초과하여 대출한 것은 재무제표 등을 통하여 알 수 있는 사항이 아니므로, 상호신용금고의 정기총회에서 재무제표 등을 승인한 후 2년 내에 다른 결의가 없었다고 하여 대표이사의 손해배상책임이 해제되었다고 볼 수 없다[대판 2002. 2. 26, 2001 다 76854(공보 2002, 810)].

동지: 대판 2007. 12. 13, 2007 다 60080(공보 2008, 25)(상법 제450조에 따른 이사·감사의 책임 해제는 재무제표 등에 그 책임사유가 기재되어 정기총회에서 승인을 얻은 경우에 한정된다).

집행임원 설치회사의 경우에는 집행임원이 재무제표를 작성하여(상 447조) 정기주주총회 또는 이사회에 제출할 것이므로 집행임원에 대하여도 그의 책임을 해제한 것으로 의제하는 규정을 두어야 할 것으로 본다(그 방법으로는 상법 제450조에 집행임원을 추가하든가 또는상법 제408조의 9에 450조를 준용하는 규정을 둘 수 있다).

이 때에 「2년 내에 다른 결의」란 '주주총회결의만이 아니라 이사회결의나 회사의 제소(提訴)행위 등'을 의미하고, 「부정행위」란 '반드시 악의의 가해행위뿐만 아니라 불법행위 이외에 이사의 권한 내의 행위라 할지라도 당해 사정하에서 이를 행함이 정당시될 수 없는 모든 경우'를 의미한다.

우리 대법원판례도 이와 같은 취지로 다음과 같이 판시하고 있다.

[상법 제450조의 부정행위를 인정한 판례]

이사가 회사가 보유하고 있는 비상장주식을 적정가격보다 현저히 낮은 가액으로 매도한 것은 상법 제450조의 부정행위에 해당한다[대판 2005. 10. 28, 2003 다 69638(공보 2005, 1847)].

동지: 서울고판 1977. 1. 28, 75 나 2885(고집 1977 민 ① 27).

5) 책임의 시효 이사의 회사에 대한 손해배상책임의 시효기간은 채권의 일반시효기간(민 162조 1항)과 같이 10년이다(통설).[1] 또한 상법 제399조(집행임원의 경우에는 상 408조의 8 1항)에 의한 이사의 회사에 대한 손해배상청구의 소를 제기한 것이 일반 불법행위로 인한 손해배상청구권에 대한 소멸시효 중단의 효력은 없다.

우리 대법원판례도 이와 같은 취지로 다음과 같이 판시하고 있다.

---

1) 정(희), 492면; 손(주), 807면; 정(동), (회) 449면; 이(철), (회) 813면; 채, 565면; 주상(제 5 판)(회사 Ⅲ), 368면 외.

[이사의 회사에 대한 손해배상책임의 소멸시효기간은 10년이라고 본 판례]

주식회사의 이사 또는 감사의 회사에 대한 임무해태로 인한 손해배상책임은 일반불법행위책임이 아니라 위임관계로 인한 채무불이행책임이므로, 그 소멸시효기간은 일반채무의 경우와 같이 10년이라고 보아야 한다[대판 1985. 6. 25, 84 다카 1954(공보 758, 1049)].

동지: 대판 1969. 1. 28, 68 다 305(집 17 ① 민 86)(주식회사 이사의 임무해태로 인한 회사의 손해배상청구권은 일반채권의 소멸시효기간과 같이 10년이 지나야 소멸시효가 완성한다).

[상법 제399조에 기한 소의 제기는 불법행위로 인한 손해배상청구권에 대한 소멸시효 중단의 효력이 없다고 본 판례]

상법 제399조에 기한 손해배상청구의 소를 제기한 것이 일반 불법행위로 인한 손해배상청구권에 대한 소멸시효 중단의 효력은 없다[대판 2002. 6. 14, 2002 다 11441(공보 2002, 1658)].

(2) 자본금 충실의 책임

1) 신주발행의 경우 이사는 회사 설립의 경우의 발기인과 같이 자본금 충실의 책임을 진다. 즉, 신주발행의 경우 이로 인한 변경등기가 있은 후에 아직 인수하지 않은 주식이 있거나 주식인수의 청약이 취소된 때에는 이사가 이를 공동으로 인수한 것으로 보고(상 428조 1항), 이렇게 인수가 의제된 주식에 대하여는 이사는 납입책임을 부담한다(상 333조 1항 참조).

2) 위와 같이 이사가 자본금 충실의 책임을 지는 경우가 발생하는 경우에는 동시에 이사에게 임무를 게을리하였다고 볼 수 있기 때문에(상 399조 1항 참조), 그로 인하여 회사에게 손해가 발생한 때에는 이사는 회사에 대하여 자본금 충실의 책임을 부담하는 것과는 별도로 손해배상책임도 부담한다(상 428조 2항).

3) 이사의 자본금 충실의 책임은 회사채권자에 대한 담보의 기능을 가지기 때문에 무과실책임이고, 총주주의 동의에 의해서도 면제될 수 없다.[1)]

4) 2011년 4월 개정상법은 집행임원에 대하여는 자본금 충실의 책임을 규정하고 있지 않으나, 집행임원 설치회사의 경우 신주발행에 관한 의사결정은 원칙적으로 이사회에서 하나(상 416조 본문) 신주발행에 관한 업무집행 및 변경등기는 집행임원이 할 것이므로 집행임원에 대하여도 자본금 충실의 책임을 규정하여야 할 것으로 본다(그 방법으로는 상법 제428조에 집행임원을 추가하든가 또는 상법 제408조의 9에 제428조를 준용하는 규정을 둘 수 있다).

1) 동지: 정(동), (회) 450면; 이(기) 외, (회) 348면; 주상(제 5 판)(회사 Ⅳ), 167~168면.

2. 제 3 자에 대한 책임

(1) 의의 및 인정이유

1) 이사와 회사간의 관계는 위임관계(상 382조 2항, 408조의 2 2항)이므로 이사는 회사에 대하여 수임인으로서 선량한 관리자의 주의로써 그 직무를 수행할 의무를 부담한다(민 681조). 따라서 이사가 그 임무를 게을리하여 회사에 손해를 입혔을 경우에는, 그 이사는 회사에 대하여 채무불이행으로 인한 손해배상책임을 부담한다(상 399조 1항, 408조의 8 1항). 그러나 이사가 임무를 게을리함으로 인하여 제 3 자에게 손해를 입혔을 경우에는 (회사가 이사의 행위로 인하여 책임을 지는 것은 몰라도) 이사가 개인적으로 직접 제 3 자에 대하여 책임을 지는 경우는 (민법상 불법행위의 책임을 지는 경우를 제외하고는) 없다. 따라서 상법은 제 3 자를 보호하고 또 이사의 직무집행을 신중하게 하기 위하여, 이사가 고의 또는 중대한 과실로 그 임무를 게을리한 경우에는 그 이사(개인)는 제 3 자에 대하여 직접 손해배상을 하도록 규정하고 있는데,[1] 이사의 제 3 자에 대한 책임은 연대책임으로 규정하고 집행임원의 제 3 자에 대한 책임은 연대책임이 아닌 것으로 규정하고 있다(그 이유는 앞에서 설명함)(상 401조 1항, 408조의 8 2항). 따라서 이사가 그 임무를 게을리하여 제 3 자에게 직접 또는 간접으로 손해를 입힌 경우에는, 비록 불법행위의 요건을 갖추지 않아도 그 이사는 제 3 자에 대하여 상법 제401조(집행임원의 경우는 상 408조의 8 2항)에 의하여 손해배상책임을 부담하는 것이다.

2) 이러한 이사의 제 3 자에 대한 책임을 규정한 상법 제401조(집행임원의 경우는 상 408조의 8 2항)는 주주가 동시에 이사인 소규모 주식회사에서는 법인격부인론의 대체적 기능을 하고 있다고 볼 수 있다.[2]

(2) 대표이사 · 대표집행임원의 제 3 자에 대한 책임과의 관계

1) 상법은 대표이사(집행임원 설치회사에서는 '대표집행임원'을 말한다. 이하 같다)의 제 3 자에 대한 책임에 대하여는 불법행위에 관하여 규정하고 있는바, 이에 대하여는 회사의 책임을 인정하고 있다(상 389조 3항 · 408조의 5 2항, 210조). 이는 대표이사의 행위는 바로 회사의 행위로 인정되는 성질(대표는 기관과 법인의 사단법적인 일원관계)과 피해자의 구제에 만전을 기하고자 하는 정책적인 배려에서 상법에서

1) 동지: 정(희), 493면; 정(동), (회) 450면; 대판 1985. 11. 12, 84 다카 2490(공보 767, 18).

2) 동지: 정(희), 495면; 정(동), (회) 456면; 이(철), (회) 820면.

특별히 규정하고 있는 것으로 볼 수 있다. 따라서 이 규정에 의하여 회사의 불법행위능력이 설명된다. 이러한 상법의 규정은 민법 제35조 1항과 표현은 다르지만 같은 취지의 규정이다. 만일 이러한 규정이 없다면 대표이사도 회사의 피용자이고 회사는 사용자이므로 회사는 사용자로서 대표이사의 선임·감독에 과실이 없음을 증명하여 대표이사의 제 3 자에 대한 불법행위책임을 면할 수 있을 것인데(민 756조 1항 단서), 동 규정(상 389조 3항 · 408조의 5 2항, 210조)에 의하여 대표이사의 업무집행으로 인하여 제 3 자에게 가한 불법행위에 대하여는 회사는 그 책임을 면하지 못하는 것이다.[1] 그런데 대표이사의 불법행위에 대하여 회사만이 책임을 지는 것은 아니고, 대표이사 개인도 책임을 지며, 양자는 제 3 자에 대하여 연대책임을 진다(상 389조 3항 · 408조의 5 2항, 210조).

2) 대표이사(개인) 및 대표이사 이외의 이사(개인)의 제 3 자에 대한 손해배상책임은 상법 제401조(집행임원의 경우는 상 408조의 8 2항) 및 민법 제750조에 의하여 부담하며(다만 대표이사의 불법행위로 인한 손해배상책임은 회사와 부진정연대책임이다 — 상 389조 3항 · 408조의 5 2항, 210조), 대표이사 및 이사 이외의 회사의 피용자의 제 3 자에 대한 손해배상책임은 민법 제750조에 의하여 부담한다.

한편 대표이사의 제 3 자에 대한 불법행위에 대하여 회사가 그 책임을 부담하는 것은 상법 제389조 3항(대표집행임원의 경우는 상 408조의 5 2항)(상 210조 준용)에 의해서이고, 대표이사 이외의 자(이사 · 집행임원 · 지배인 등)의 제 3 자에 대한 불법행위에 대하여 회사가 그 책임을 부담하는 것은 민법 제756조(사용자의 배상책임)에 의해서이다.[2]

이와 같이 (대표)이사가 상법 제401조(집행임원의 경우는 상 408조의 8 2항)에 의하여 제 3 자에 대하여 책임을 지고 또한 회사도 제 3 자에 대하여 책임을 지는 경우, 양자는 부진정연대의 관계에 있다. 그러나 양자는 법률적으로 발생원인을 달리하는 별개의 책임이므로, 채권자가 회사에 대한 채권을 타인에게 양도하였다고 하여 이사에 대한 채권이 함께 당연히 수반되어 양도되는 것은 아니다.

우리 대법원판례도 이와 같은 취지로 다음과 같이 판시하고 있다.

---

1) 동지: 주상(상), 1004면.
2) 동지: 주상(상), 1004면 외.

[채권자가 회사에 대한 채권을 양도하였다고 하여, 이사에 대한 채권이 당연히 수반되지 않는다고 한 판례]

금융기관이 회사 임직원의 대규모 분식회계로 인하여 회사의 재무구조를 잘못 파악하고 회사에 대출을 해 준 경우, 회사의 금융기관에 대한 대출금채무와 회사 임직원의 분식회계 행위로 인한 금융기관에 대한 손해배상채무는 서로 동일한 경제적 목적을 가진 채무로서 서로 중첩되는 부분에 관하여는 일방의 채무가 변제 등으로 소멸하면 타방의 채무도 소멸하는 이른바 부진정연대의 관계에 있다. 그러나 금융기관의 회사에 대한 대출금채권과 회사 임직원에 대한 손해배상채권은 어디까지나 법률적으로 발생원인을 달리하는 별개의 채권으로서 그 성질상 회사 임직원에 대한 손해배상채권이 회사에 대한 대출금채권의 처분에 당연히 종속된다고 볼 수 없을 뿐만 아니라, 특히 금융기관이 부실채권을 신속하게 정리하기 위하여 타인에게 대출금채권을 양도하고 받은 대금이 대출금채권액에 미달하는 경우에는 미회수된 채권 상당액을 회사 임직원에 대한 손해배상청구를 통하여 회수할 실익이 있는 점 등에 비추어 볼 때, 금융기관이 회사에 대한 대출금채권을 타인에게 양도하였다는 사정만으로 회사 임직원에 대한 손해배상채권까지 당연히 함께 수반되어 양도된 것이라고 단정할 수는 없다. 따라서 금융기관이 회사 임직원의 대규모 분식회계로 인하여 회사의 재무구조를 잘못 파악하고 회사에 대출을 해 준 후 구 금융기관 부실자산 등의 효율적 처리 및 한국자산관리공사의 설립에 관한 법률(2001. 5. 31. 법률 제6561호로 개정되기 전의 것) 제 4 조에서 정한 바에 따라 부실채권을 신속하게 정리하기 위하여 회사에 대한 대출금채권을 한국자산관리공사에게 양도하고 그 대출금채권의 실질적 가액에 관한 정산을 거쳐 대가를 지급받은 경우, 부실대출로 인한 금융기관의 손해는 그 양도대가에 의하여 회수되지 아니하는 대출금채권액으로 확정되고, 그 후 한국자산관리공사가 그 대출금채권을 행사하거나 그에 관한 담보권을 실행하여 어떠한 만족을 얻었다 하더라도 이미 대출금채권을 양도한 금융기관의 회사 임직원에 대한 손해배상채권이 그 대등액 상당만큼 실질적인 만족을 얻어 당연히 소멸하게 된다고 볼 수 없으므로 그 대등액 상당을 회사 임직원이 배상할 손해액을 산정함에 있어서 당연히 공제할 수는 없고, 다만 대출금채권을 양수한 한국자산관리공사가 대출금채권을 행사하거나 담보권을 실행하여 회수한 금액이 대출금채권의 양도대금을 상당히 초과하여 그 대가 산정의 적정성이 문제될 수 있는 등의 특별한 사정이 인정되는 경우에 한하여 회사 임직원의 손해배상책임을 제한하는 참작사유가 될 수 있을 뿐이다[대판 2008. 1. 18, 2005 다 65579(공보 2008, 225)].

(3) 책임의 원인

이사가 주식청약서 · 사채청약서 · 재무제표 등에 허위의 기재를 하거나 허위의 등기나 공고를 하여 제 3 자에게 손해를 입힌 경우에는, 「고의 또는 중대한 과실로 그 업무를 게을리한 행위」라고 볼 수 있어 본조의 책임을 진다.[1] 또한 이사가 회사의 자산·경영상태 등에 비추어 만기에 지급가능성이 없는 어음을 발행한 경우에도 그 어음의 소지인(제 3 자)에 대하여 본조의 책임을 지고,[2] 대표이사가 회사의 경영을 지나치게 방만하게 경영한 결과 회사의 채무를 지급할 수 없게 된 경우에는 회사채권자에 대하여 본조의 책임을 진다.[3]

이사의 제 3 자에 대한 상법 제401조의 책임을 인정한 우리 대법원판례는 다음과 같은 것이 있다.

[부동산 매수회사의 대표이사는 매도인(제 3 자)에 대하여 상법 제401조의 책임을 진다고 한 판례]

상법 제401조 제 1 항에 규정된 주식회사의 이사의 제 3 자에 대한 손해배상책임은 이사가 악의 또는 중대한 과실로 인하여 그 임무를 해태한 것을 요건으로 하는 것이어서 단순히 통상의 거래행위로 인하여 부담하는 회사의 채무를 이행하지 않는 것만으로는 악의 또는 중대한 과실로 그 임무를 해태한 것이라고 할 수 없지만, 이사의 직무상 충실 및 선관의무 위반의 행위로서 위법성이 있는 경우에는 악의 또는 중대한 과실로 그 임무를 해태한 경우에 해당한다. 이러한 점에서 볼 때 본 건의 경우 부동산의 매수인인 주식회사의 대표이사가 매도인과 사이에 매매잔대금의 지급방법으로 매수부동산을 금융기관에 담보로 제공하여 그 대출금으로 잔금을 지급하기로 약정하였으나, 대출이 이루어진 후 해당 대출금 중 일부만을 매매잔대금으로 지급하고 나머지는 다른 용도로 사용한 후, 나머지 잔금이 지급되지 않은 상태에서 피담보채무도 변제하지 아니하여 그 부동산이 경매절차에서 경락되어 결과적으로 매도인이 손해를 입었다면, 그 주식회사의 대표이사가 악의 또는 중대한 과실로 인하여 그 임무를 해태한 경우에 해당한다고 볼 수 있다[대판 2002. 3. 29, 2000 다 47316(공보 2002, 990)][이 판결에 찬성하는 취지의 평석으로는 박효관, "이사의 제 3 자에 대한 책임(위법성 요건을 중심으로)," 「판례연구」(부산판례연구회), 제14집(2003), 529～567면이 있고, 이 판결의 결론에 반대하면서 '피고는 제 3 자의 직접손해에 대하여 일반불법행위상의 책임을 부담할 수 있다'는 취지의 평석으로는 정진세, "이사의 제 3 자에 대한 책임," 「JURIST」, 2002. 8(Vol. 383), 69～75면].

---

1) 日會 429조의 2항 1호 참조.
2) 동지: 日最高判 1966. 4. 15(民集 20-4, 660).
3) 동지: 日最高判 1966. 4. 15(民集 20-4, 660).

[대표이사가 대표이사로서의 업무 일체를 다른 이사 등에게 위임한 경우, (대표)이사의 제 3 자에 대한 책임을 인정한 판례]

상법 제401조 1항에 규정된 주식회사의 이사의 제 3 자에 대한 손해배상책임은 이사가 악의 또는 중대한 과실로 인하여 그 임무를 해태한 것을 요건으로 하는 것이어서 단순히 통상의 거래행위로 인하여 부담하는 회사의 채무를 이행하지 않는 것만으로는 악의 또는 중대한 과실로 그 임무를 해태한 것이라고 할 수 없지만, 이사의 직무상 충실 및 선관의무 위반의 행위로서 위법성이 있는 경우에는 악의 또는 중대한 과실로 그 임무를 해태한 경우에 해당한다 할 것이고, 대표이사가 대표이사로서의 업무 일체를 다른 이사 등에게 위임하고 대표이사로서의 직무를 전혀 집행하지 않는 것은 그 자체가 이사의 직무상 충실 및 선관의무를 위반하는 행위에 해당한다고 할 것이므로 대표이사는 회사가 발행한 수출환어음의 소지인에게 그가 입은 손해를 배상할 책임을 진다[대판 2003. 4. 11, 2002 다 70044(공보 2003, 1167)]. [이 판결에 찬성하는 취지의 평석으로는 채동헌, "명목상 대표이사의 제 3 자에 대한 책임," 「상장」, 제344호(2003. 8), 102～109면].

동지: 대판 2006. 9. 8, 2006 다 21880(공보 2006, 1662)(주식회사의 대표이사가 대표이사의 업무 일체를 다른 이사 등에게 위임하고 대표이사의 직무를 전혀 집행하지 않는 것은 그 자체가 이사의 직무상 충실 및 선관의무를 위반하는 행위에 해당하므로, 명의상 대표이사에 불과하더라도 상법 제401조 1항에 의한 손해배상책임이 있다).

[이사가 대규모 분식회계에 가담한 경우, 이사의 제 3 자에 대한 책임을 인정한 판례]

기업체의 재무제표 및 이에 대한 외부감사인의 회계감사 결과를 기재한 감사보고서는 대상 기업체의 정확한 재무상태를 드러내는 가장 객관적인 자료로서 증권거래소 등을 통하여 일반에 공시되고 기업체의 신용도와 상환능력 등의 기초자료로서 그 기업체가 발행하는 회사채가 기업어음의 신용등급평가와 금융기관의 여신제공 여부 결정에 중요한 판단 근거가 된다. 따라서 기업체의 임직원 등이 대규모 분식회계에 가담하거나 기업체의 감사가 대규모로 분식된 재무제표의 감사와 관련하여 중요한 감사절차를 수행하지 아니하거나 소홀히 한 잘못이 있는 경우에는, 그로 말미암아 금융기관이 기업체에게 여신을 제공하기에 이르렀다고 봄이 상당하고, 위와 같은 재무상태가 제대로 밝혀진 상황에서라면 금융기관이 여신을 제공함에 있어서 고려할 요소로서 '재무제표에 나타난 기업체의 재무상태' 외의 다른 요소들, 즉 상환자원 및 사업계획의 타당성, 채권의 보전방법, 거래실적 및 전망, 기업체의 수익성, 사업성과, 기업분석 및 시장조사 결과 등도 모두 극히 저조한 평가를 받을 수밖에 없으므로, 이러한 '재무제표에 나타난 기업체의 재무상태' 외의 요소들이 함께 고려된다는 사정을 들어 여신 제공 여부의 판단이 달라졌으리라고 볼 수 없다. 따라서 이러한 기업체의 이사·감사는 여신을 제공한 금융기관(제 3 자)에 대하여 손해배상책임을 진다[대판 2008. 1. 18, 2005 다 65579(공보 2008, 225)].

동지: 2008. 9. 11, 2006 다 68636(공보 2008, 1345)(대표이사가 다른 이사의 업무집행이 위법하다고 의심할 만한 사유가 있음에도 이를 방치한 경우, 그로 인하여 제 3 자가 입은 손해에 대하여 배상책임을 진다).

[회사 재산을 횡령한 이사가 악의 또는 중대한 과실로 부실공시를 하고 이로 인하여 주주(제 3 자)가 손해를 입었다면 그 이사는 주주(제 3 자)에 대하여 손해배상책임이 있다고 한 판례]

주식회사의 주주가 이사의 악의 또는 중대한 과실로 인한 임무해태행위로 직접 손해를 입은 경우에는 이사에 대하여 구 상법(2011. 4. 14. 법률 제10600호로 개정되기 전의 것, 이하 '상법'이라 한다) 제401조에 의하여 손해배상을 청구할 수 있으나, 이사가 회사의 재산을 횡령하여 회사의 재산이 감소함으로써 회사가 손해를 입고 결과적으로 주주의 경제적 이익이 침해되는 손해와 같은 간접적인 손해는 상법 제401조 제 1 항에서 말하는 손해의 개념에 포함되지 아니하므로 이에 대하여는 위 법조항에 의한 손해배상을 청구할 수 없다. 그러나 회사의 재산을 횡령한 이사가 악의 또는 중대한 과실로 부실공시를 하여 재무구조의 악화 사실이 증권시장에 알려지지 아니함으로써 회사 발행주식의 주가가 정상주가보다 높게 형성되고, 주식매수인이 그러한 사실을 알지 못한 채 주식을 취득하였다가 그 후 그 사실이 증권시장에 공표되어 주가가 하락한 경우에는, 주주는 이사의 부실공시로 인하여 정상주가보다 높은 가격에 주식을 매수하였다가 주가가 하락함으로써 직접 손해를 입은 것이므로, 이사에 대하여 상법 제401조 제 1 항에 의하여 손해배상을 청구할 수 있다. 이러한 점에서 갑 주식회사 주주인 을 등이 이사 병을 상대로, 병의 횡령, 주가조작, 부실공시 등 임무해태행위로 인한 주가 하락으로 손해를 입었음을 이유로 상법 제401조 제 1 항에 기한 손해배상을 구한 사안에서, 병이 주가 형성에 영향을 미칠 수 있는 사정들에 관하여 언제 어떠한 내용의 부실공시를 하거나 주가조작을 하였는지, 을 등이 어느 부실공시 또는 주가조작으로 인하여 주식 평가를 그르쳐 몇 주의 주식을 정상주가 보다 얼마나 높은 가격에 취득하였는지 등에 관하여 심리하여 을 등이 주장하는 손해가 상법 제401조 제 1 항에 정한 손해에 해당하는지 및 상당인과관계를 인정할 수 있는지를 가려본 후 손해액 산정에 나아가야 하는데도, 이에 관하여 제대로 심리하지 아니한 채 을 등의 청구를 인용한 원심판결에는 상법 제401조 제 1 항의 해석 및 상당인과관계에 관한 법리를 오해한 위법이 있다[대판 2012. 12. 13, 2010 다 77743(공보 2013, 121)].

[이 판결에 대한 반대의 취지의 평석으로는 김순석, "이사의 제 3 자에 대한 손해배상책임과 주주의 간접손해,"「상사법연구」(한국상사법학회), 제33권 제 1 호(2014. 5), 177~219면].

그러나 이사가 통상의 거래행위로 인하여 부담하는 회사의 채무를 이행할 능력이 있었음에도 단순히 그 이행을 지체하고 있는 사실로 인하여 상대방에게 손해를 끼친 사실만으로는 본조의 책임을 지지 않는데, 이러한 취지의 다음과 같은 대법원판례가 있다.

[대표이사의 단순한 이행지체로 인한 거래상대방의 손해에 대하여는 상법 제401조가 적용되지 않는다고 한 판례]

상법 제401조는 이사가 악의 또는 중대한 과실로 인하여 그 임무를 해태한 때에는 그 이사는 제 3 자에 대하여 연대하여 손해를 배상할 책임이 있다고 규정하고 있는바, 원래 이사는 회사의 위임에 따라 회사에 대하여 수임자로서 선량한 관리자의 주의의무를 질 뿐 제 3 자와의 관계에 있어서 위 의무에 위반하여 손해를 가하였다 하더라도 당연히 손해배상의무가 생기는 것은 아니로되, 경제사회에 있어서의 중요한 지위에 있는 주식회사의 활동이 그 기관인 이사의 직무집행에 의존하는 것을 고려하여 제 3 자를 보호하고자 이사의 악의 또는 중대한 과실로 인하여 위 의무에 위반하여 제 3 자에게 손해를 입힌 때에는 위 이사의 악의 또는 중과실로 인한 임무해태행위와 상당인과관계가 있는 제 3 자의 손해에 대하여 그 이사가 손해배상의 책임을 진다는 것이 위 법조의 취지라 할 것이고, 따라서 고의 또는 중대한 과실로 인한 임무해태행위라 함은 이사의 직무상 충실 및 선관의무 위반의 행위로서(예를 들면 회사의 경영상태로 보아 계약상 채무의 이행기에 이행이 불가능하거나 불가능할 것을 예견할 수 있었음에도 이를 감추고 상대방과 계약을 체결하고 일정한 급부를 미리 받았으나 그 이행불능이 된 경우와 같이) 위법한 사정이 있어야 하고, 통상의 거래행위로 인하여 부담하는 회사의 채무를 이행할 능력이 있었음에도 단순히 그 이행을 지체하고 있는 사실로 인하여 상대방에게 손해를 끼친 사실만으로는 이들 임무를 해태한 위법한 경우라고는 할 수 없다 할 것이다.

원심이 확정한 바와 같이 Y가 A회사의 대표이사로 취임한 후 X와의 사이에 이 사건 매매목적물에서 발생하는 위와 같은 손해(A회사가 X로부터 광구의 임야를 비롯한 부동산과 광업권을 매수한 후 위 부동산의 소유권이전등기만을 끝내고 위 광업권의 소유권이전등록을 하지 않음으로써 X에게 발생한 손해)는 계약체결시부터 A회사가 지기로 한 특약의 내용을 잘 알았고 또 X로부터 이 사건 광업권이전등록절차에 필요한 서류를 교부받은 후 여러 차례 그 이전절차의 이행을 독촉

받았음에도 그 이전등록을 기피하였든가(A회사가 광업권자가 될 경우의 책임을 의식하여 기피했더라도), 위 특약에 따른 이 사건 매매목적물에서 발생한 광해에 대한 판시와 같은 피해보상과 광해복구 및 방지시설 등의 이행을 촉구받고도 단지 이에 응하지 아니하였다 하더라도, 이는 X와 A회사 사이의 이 사건 목적물의 매매계약에 따른 회사의 채권의 수령지체나 계약상의 채무의 이행지체에 지나지 아니한다 할 것이고, X가 피해복구 및 방지시설을 대신함으로써 입은 공사비 상당의 손해는 A회사의 X에 대한 계약상의 채무의 이행지체로 인한 것이라 할 것이고, 달리 위 채무의 이행지체가 Y의 A회사에 대한 악의 또는 중대한 과실로 인한 임무해태라고 인정될 사정이 엿보이지 아니하는 이 사건에서 Y가 A회사의 대표이사로서의 X의 이 손해를 배상할 책임이 있다고 할 수 없다 할 것임에도, 원심이 위 사실만으로 Y에게 대표이사로서의 X에 대한 손해배상책임을 인정한 조치는 필경 상법 제401조의 요건에 관한 법리를 오해하였거나 심리를 다하지 못하여 판결에 영향을 미친 위법을 저질렀다 할 것이다. 따라서 이를 탓하는 논지는 이유 있다[대판 1985. 11. 12, 84 다카 2490(공보 767, 18)][이 판결에 대한 평석으로는 이병태, "이사의 제 3 자에 대한 책임," 법률신문, 제1629호(1986. 3. 24), 15면].

동지: 대판 2006. 8. 25, 2004 다 26119(공보 2006, 1600)(상법 제401조의 2 제 1 항 1호의 '회사에 대한 자신의 영향력을 이용하여 이사에게 업무집행을 지시한 자'에는 자연인뿐만 아니라 법인인 지배회사도 포함되나, 나아가 상법 제401조의 제 3 자에 대한 책임에서 요구되는 '고의 또는 중대한 과실로 인한 임무해태행위'는 회사의 기관으로서 인정되는 직무상 충실 및 선관의무 위반의 행위로서 위법한 사정이 있어야 하므로, 통상의 거래행위로 부담하는 회사의 채무를 이행할 능력이 있었음에도 단순히 그 이행을 지체하여 상대방에게 손해를 끼치는 사실만으로는 임무를 해태한 위법한 경우라고 할 수 없다).

또한 이사 등의 경영상의 판단에 과오(경과실)가 있고 이로 인하여 제 3 자에게 손해를 끼친 경우에도 이사는 본조에 의한 책임을 지지 않는다.[1]

(4) 책임의 성질[2]

상법 제401조(집행임원의 경우는 상 408조의 8 2항)에 의한 이사의 제 3 자에 대한 책임의 법적 성질에 대하여, 학설은 크게 법정책임설(다수설)과 불법행위책임설(소수설)로 나뉘어 있다.

1) 동지: 정(동), (회) 428면, 448면(선관의무에 관하여).

2) 이에 관한 논문으로는 정희철, "상법 제401조에 의한 이사의 책임," 「기업법의 전개」, 181면 이하; 서돈각, "이사의 제 3 자에 대한 책임," 「신주식회사법의 기본문제」, 96면 이하; 이병태, "이사의 제 3 자에 대한 책임," 「법률행정논집」(고려대), 제10집, 163면 이하.

1) 법정책임설 이 설에서는 이사는 제 3 자에 대하여 원래 직접 아무런 법률관계를 가지는 것이 아니므로 이사는 당연히 타인자격으로 제 3 자에 대하여 책임을 지는 것이 아니나, 이사의 직무의 성질상 제 3 자에게 손해를 입히는 것을 고려하여 제 3 자를 보호하기 위하여 상법이 인정한 특수한 책임이 상법 제401조(집행임원의 경우는 상 408조의 8 2항)의 이사의 제 3 자에 대한 책임이라는 것이다.

이러한 법정책임설은 다시 「일반법정책임설」(이사는 제 3 자에 대하여 직접손해이든 간접손해이든 모든 손해배상책임을 짐)과 「특수법정책임설」(이사는 회사에 생긴 손해 때문에 간접적으로 제 3 자에게 생긴 손해를 배상할 책임을 짐)로 나누어지는데, 우리나라의 다수설은 일반법정책임설이다.[1)]

이러한 법정책임설에서는 이사의 이 책임을 민법상 불법행위책임(민 750조)과는 별개의 책임으로 보기 때문에, 민법상 불법행위책임과의 경합을 인정하고 있다. 또한 법정책임설에서는 이사의 고의 또는 중과실은 회사에 대하여 임무를 게을리한 점에 존재하여야 하고, 제 3 자에는 주주를 포함하며, 이사의 이 책임의 소멸시효기간은 일반채권과 같이 10년이라고 한다.[2)]

2) 불법행위책임설 이 설에서는 상법 제401조(집행임원의 경우는 상 408조의 8 2항)의 이사의 제 3 자에 대한 책임은 민법상 불법행위책임의 성질을 가지는 것이나, 「경과실」이 제외되고 「위법행위」를 요건으로 하지 않는 점에서 특수한 불법행위책임이라고 한다. 불법행위책임설은 다시 「불법행위특칙설」[3)](민 750조와 비교하여 이사의 책임을 경감함)과 「특수불법행위설」[4)](민 755조~759조의 특수불법행위의 일종으로 봄)로 나뉜다.

불법행위책임설 중 「불법행위특칙설」은 민법상 불법행위책임(민 750조)과의 경합을 인정하지 않고, 이사의 고의·중과실은 제 3 자에 대한 가해행위에 존재하여야 하며, 제 3 자에는 주주를 포함하고, 제 3 자의 손해는 직접손해에 한하며,

---

1) 정(희), 494면; 손(주), 809면; 정(동), (회) 451~452면; 이(철), (회) 816~817면; 김(용), 390면; 채, 567면; 이(기) 외, (회) 359면; 주상(제 5 판)(회사 Ⅲ), 376면; 이·최, 332면 외.

2) 동지: 대판 2008. 1. 18, 2005 다 65579(공보 2008, 225); 동 2008. 2. 14, 2006 다 82601(공보 2008, 370)(상법 제401조에 기한 이사의 제 3 자에 대한 손해배상책임이 제 3 자를 보호하기 위하여 상법이 인정하는 특수한 책임이라는 점을 감안할 때 일반 불법행위책임의 단기소멸시효를 규정한 민법 제766조 1항은 적용될 여지가 없고, 일반 채권으로서 민법 제162조 1항에 따라 그 소멸시효기간은 10년이며, 제 3 자가 상법 제401조에 기한 이사의 제 3 자에 대한 손해배상책임만을 묻는 손해배상청구소송에 있어서 주식회사의 외부감사에 관한 법률 제17조 7항이 정하는 단기소멸시효는 적용될 여지가 없다).

3) 서(정), 242면, 288면(그러나 용어는 특수한 불법행위라고 쓰고 있음); 이(원), 262면.

4) 서·정, 455~456면; 주회(상), 717면; 이(병), 692면.

이사의 이 책임의 소멸시효기간은 불법행위책임과 같이 3년이라고 한다. 그러나 「특수불법행위설」은 민법상 불법행위책임(민 750조)과의 경합을 인정하는데, 이 설은 책임의 소멸시효기간을 3년으로 보고 있는 점 이외에는 그 밖의 사항이 법정책임설(일반법정책임설)의 경우와 같다.

생각건대 상법 제401조(집행임원의 경우는 상 408조의 8 2항)의 입법취지가 이사의 책임을 강화하고 제 3 자를 보호하고자 하는 데에 있는 점에서 볼 때, 법정책임설(일반법정책임설)이 타당하다고 본다. 따라서 이러한 법정책임설에 의하면 상법 제401조(집행임원의 경우는 상 408조의 8 2항)에 의한 이사의 제 3 자에 대한 손해배상책임의 소멸시효기간은 민사채권의 그것과 같이 10년으로 보아야 할 것이다.[1)]

(5) 제 3 자의 범위

1) 제 3 자의 범위에 주주(또는 주식인수인)도 포함되는가. 이에 대하여 우리나라의 학설 중에는 (i) 주주가 직접손해를 입은 경우(예컨대, 이사가 임무를 게을리함으로 인하여 주가가 하락하여 주주가 손해를 입은 경우)에는 제 3 자의 범위에 주주가 포함되나, 회사가 손해를 입음으로써 주주가 간접손해를 입은 경우에는 회사가 손해의 배상을 받음으로써 주주의 손해는 간접적으로 보상되는 것이므로(만일 이 때 제 3 자의 범위에 주주를 포함시키면 주주가 회사채권자에 우선하여 변제를 받는 결과가 되므로) 제 3 자의 범위에 주주가 포함되지 않는다고 보는 것이 다음에서 보는 우리 대법원판례의 입장이나, (ii) 주주는 언제나 제 3 자의 범위에 포함된다고 본다(통설).[2)]

1) 동지: 대판 2006. 12. 12, 2004 다 63354(공보 2007, 199)(상법 제401조에 기한 이사의 제 3 자에 대한 손해배상책임이 제 3 자를 보호하기 위하여 상법이 인정하는 특수한 책임이라는 점을 감안할 때, 일반 불법행위책임의 단기소멸시효를 규정한 민법 제766조 1항은 적용될 여지가 없고, 일반 채권으로서 민법 제162조 1항에 따라 그 소멸시효기간은 10년이다).

2) 손(주), 810~811면; 이(철), (회) 818~819면; 채, 568면; 이(기) 외, (회) 339면; 주상(제 5 판)(회사 Ⅲ), 379~381면; 권기범, 「현대회사법론」(서울: 삼지원, 2001), 691면 외.

동지 판례: 서울지판 2002. 11. 12, 2000 가합 6051(하집 2002-2, 278)(이사가 회사재산을 횡령하여 회사재산이 감소함으로써 회사가 손해를 입고 결과적으로 주주의 경제적 이익이 침해되는 손해와 같은 간접적인 손해는 상법 제401조 1항에서 말하는 손해의 개념에 포함되지 아니한다고 볼 것이므로 이에 대하여는 위 법조항에 기한 손해배상을 청구할 수 없다고 할 것이나, 회사 경영진이 기업 경영자에게 일반적으로 기대되는 충실·선관의무를 위배하여 비합리적인 방법으로 기업을 운영하고 이로 인해 회사의 채권자나 주주 등 회사의 이해관계인조차도 도저히 예상할 수 없는, 통상적인 기업경영상 손실을 넘어서는 특별한 손실이 회사에 발생하고, 이러한 손실의 원인이 회사 경영진의 명백히 위법한 임무해태행위에 있으며, 그 손실의 규모가 막대하여 이를 직접적인 원인으로 회사가 도산하는 등 소멸하여 회사 경영진에 대한 회사의 책임 추궁이 실질적으로 불가능하고, 따라서 회사 경영진에 대한 주주의 직접적인 손해배상청구를 인정하지 않는다면 주주에게 발생한 손해의 회복은 사실상 불가능한 경우와 같이 특별한 사정이 인정되는 경우에는 주주의 간접손해에 대해서도 상법 제401조의 적용을 인정함이 타당하다).

우리 대법원판례는 간접손해에 대하여는 제 3 자의 범위에 주주를 포함하지 않는다는 입장에서 다음과 같이 판시하고 있다.

[주주가 간접손해를 입은 경우에는 상법 제401조에 의하여 이사에 대한 손해배상청구권이 없다고 한 판례]

주식회사의 주주가 대표이사의 악의 또는 중대한 과실로 인한 임무해태행위로 직접손해를 입은 경우에는 이사와 회사에 대하여 상법 제401조 · 제389조 제 3 항 · 제210조에 의하여 손해배상을 청구할 수 있으나, 대표이사가 회사 재산을 횡령하여 회사 재산이 감소함으로써 회사가 손해를 입고 결과적으로 주주의 경제적 이익이 침해되는 손해와 같은 간접적인 손해는 상법 제401조 제 1 항에서 말하는 손해의 개념에 포함되지 아니하므로 이에 대하여는 위 법조항에 의한 손해배상을 청구할 수 없고, 이와 같은 법리는 주주가 중소기업창업지원법상의 중소기업창업투자회사라고 하여도 다를 바 없다. 따라서 원심판결은 정당하고, 논지는 이유 없다[대판 1993. 1. 26, 91 다 36093(공보 940, 845)].

동지: 대판 2003. 10. 24, 2003 다 29661(공보 2003, 2250)(주식회사의 주주가 이사의 악의 또는 중대한 과실로 인한 임무해태행위로 직접 손해를 입은 경우에는 이사에 대하여 상법 제401조에 의하여 손해배상을 청구할 수 있으나, 이사가 회사재산을 횡령하여 회사재산이 감소함으로써 회사가 손해를 입고 결과적으로 주주의 경제적 이익이 침해되는 손해와 같은 간접적인 손해는 상법 제401조 1항에서 말하는 손해의 개념에 포함되지 아니하므로 이에 대하여는 위 법조항에 의한 손해배상을 청구할 수 없다〈대법원 1993. 1. 26. 선고 91 다 36093 판결 참조〉. 따라서 가사 A건설회관의 이사인 Y가 대출금을 횡령하여 A건설회관의 재산을 감소시킴으로써 주주임을 전제로 하는 X의 경제적 이익이 결과적으로 침해되는 손해를 입혔다 하더라도 이는 간접적인 손해에 불과하므로 X로서는 상법 제401조에 의하여 Y에 대하여 손해배상을 구할 수 없다).

이와 같이 주주가 언제나 제 3 자의 범위에 포함된다고 보더라도 주주의 이사에 대한 손해배상청구방법에는 차이가 있다. 즉, (i) 주주는 그가 입은 「직접손해」(예컨대, 이사의 허위정보를 믿고 주식을 인수 · 매수하거나 또는 매도할 기회를 잃은 주주의 손해)에 대하여는 상법 제401조(집행임원의 경우는 상 408조의 8 2항)에 의하여 해당 이사에 대하여 직접 손해배상청구권을 행사할 수 있다.[1] (ii) 그러나 주주가 입

1) 동지: 양승규, "이사의 제 3 자에 대한 책임," 법률신문, 제1466호(1982. 10. 25), 9면; 스위스 채무법 제754조 1항 및 제755조 참조.

은 「간접손해」(예컨대, 이사가 회사재산에 대하여 손해를 가하였기 때문에 이익배당을 받지 못한 주주가 입은 손해)에 대하여는, 주주는 그 이사에 대하여 자기에게 직접 손해배상을 할 것을 청구할 수는 없고 회사에게 손해배상을 할 것을 청구할 수 있을 뿐이다[1](자기에게 직접 손해배상할 것을 청구할 수 없는 점에서는 우리 대법원판례와 같으나, 상법 제401조〈집행임원의 경우는 상 408조의 8 2항〉에 의하여 회사에게 손해배상할 것을 청구할 수 있는 점에서는 우리 대법원판례와 다르다)(즉, 회사채권자인 제 3 자는 이러한 간접손해에 대하여도 상법 제401조〈집행임원의 경우는 상 408조의 8 2항〉에 의한 손해배상청구권이 있다). 그런데 이 때에 주주는 대표소송(상 403조)을 제기할 수 있으므로 주주는 이에 의하여 그의 간접손해가 전보될 수도 있다. 이렇게 보면 이 경우에는 주주를 제 3 자의 범위에 포함시키는 실익이 없는 것으로 생각될 수도 있다. 그러나 이 때 주주를 제 3 자의 범위에 포함시키지 않으면 주주는 대표소송(상 403조 이하)의 요건이 구비된 경우에 한하여 이러한 권리를 주장할 수 있고 또 일정한 경우에는 담보를 제공하여야 하나(상 403조 7항, 176조 3항), 주주를 제 3 자의 범위에 포함시키면 이러한 요건이나 제한 없이 이사에 대하여 회사에게 손해배상을 할 것을 청구할 수 있다는 점에서 차이가 있으므로, 이 때에도 주주에게 상법 제401조(집행임원의 경우는 상 408조의 8 2항)에 의한 권리를 인정할 실익이 있게 된다.[2)]

2) 제 3 자의 범위에 공법관계인 국가와 지방자치단체는 포함되지 않는다. 우리 대법원판례도 이와 같은 취지에서 다음과 같이 판시하고 있다.

[국가 또는 지방자치단체는 상법 제401조에 의한 손해배상청구권이 없다고 본 판례]

상법 제401조는 이사의 제 3 자에 대한 손해배상책임을 규정한 것으로서 공법관계에 속하는 서울특별시 급수조례 제27조의 규정에 의한 급수사용료의 회사임원에 대한 부과처분에 대한 근거규정이 될 수 없다[대판 1983. 7. 12, 82 누 537(공보 712, 1279)].

동지: 대판 1983. 4. 12, 82 누 517(공보 705, 838); 동 1982. 12. 14, 82 누 374(공보 698, 296).

(6) 책임의 부담자

상법 제401조(집행임원의 경우는 상 408조의 8 2항)에 의하여 제 3 자에 대하여 책임을 부담하는 자는 「고의 또는 중과실로 임무를 게을리한 이사 자신」이고, 그가 수 인인 때에는 연대하여 책임을 진다(상 401조 1항, 408조의 8 3항). 또한 이사(이 경우 이사에 집행임원은 포

---

1) 결과 동지: 대판 1993. 1. 26, 91 다 36093(공보 940, 845).
2) 동지: 이(철), (회) 818~819면.

함되지 않음)의 그러한 임무를 게을리한 행위가 이사회의 결의에 의한 경우에는 결의에 찬성한 이사도 연대책임을 지고(이사가 1명 또는 2명인 소규모 주식회사의 경우에는 이사회가 없으므로 이 규정이 적용될 여지가 없다—상 383조 5항)(상 401조 2항, 399조 2항), 그 결의에 참가한 이사로서 의사록에 이의(異議)를 제기한 기재가 없는 경우에는 그 결의에 찬성한 것으로 추정한다(상 401조 2항, 399조 3항).

앞에서 본 바와 같이 이사가 아닌 업무집행지시자 등은 회사에 대하여 손해배상책임을 부담하는 것과 같이 제 3 자에 대하여도 손해배상책임을 지고, 이사도 책임을 지는 경우 이러한 자는 이사와 연대하여 그 책임을 진다(상 401조의 2, 408조의 9).[1)]

제 8 이사·집행임원의 위법행위에 대한 주주의 직접감독

I. 총 설

회사의 업무집행권이 집행임원 비설치회사의 경우 이사회와 대표이사(이사가 1명 또는 2명인 소규모 주식회사의 경우에는 각 이사〈정관에 따라 대표이사를 정한 경우에는 그 대표이사〉—상 383조 6항)에게 있고(상 393조 1항, 389조), 집행임원 설치회사의 경우 집행임원에 있지만(상 408조의 4), 주주는 회사의 구성원으로서 이해관계가 크므로 이를 감독할 권한을 갖는다. 주주는 이러한 감독권을 주주총회에서 이사의 선임·해임과 재무제표의 승인 등을 통하여(집행임원 설치회사의 경우는 이 외에도 이사회를 통하여) 간접적으로 행사하는 것이 원칙이지만, 일정한 경우에는 예외적으로 소수주주를 통하여 직접적으로 행사할 수 있다. 이사(집행임원 설치회사의 경우 '집행임원'을 포함한다. 이하 같다)의 위법행위에 대한 주주의 이러한 직접감독권은 사전의 조치로서 위법행위 유지청구권이 있고, 사후의 조치로서 대표소송권 또는 다중대표소송권이 있다.

주주는 이와 같이 이사의 위법행위에 대하여 사전에 유지청구권을 행사하든가 사후에 대표소송 또는 다중대표소송을 제기할 수 있을 뿐 회사(이사)와 거래한 제 3 자에 대하여 직접 그 거래가 무효임을 주장할 수는 없는데, 이러한 취지의 다음과 같은 대법원 결정이 있다.

1) 이에 관하여는 김재걸, "사실상의 이사의 제 3 자에 대한 책임(일본의 판례를 중심으로 하여)," 「상법학의 전망(평성 임홍근교수 정년퇴임기념논문집)」(서울: 법문사, 2003), 187~206면 참조.

[주주가 직접 제 3 자와의 거래관계에 개입하여 회사가 체결한 계약의 무효를 주장할 수 없다고 본 판례]

주식회사의 주주는 주식의 소유자로서 회사의 경영에 이해관계를 가지고 있다고 할 것이나, 회사의 재산관계에 대하여는 단순히 사실상·경제상 또는 일반적·추상적인 이해관계만을 가질 뿐, 구체적 또는 법률상의 이해관계를 가진다고는 할 수 없고, 직접 회사의 경영에 참여하지 못하고 주주총회의 결의를 통해서 또는 주주의 감독권에 의하여 회사의 영업에 영향을 미칠 수 있을 뿐이므로 주주는 일정한 요건에 따라 이사를 상대로 그 이사의 행위에 대하여 유지(留止)청구권을 행사하여 그 행위를 유지시키거나, 또는 대표소송에 의하여 그 책임을 추궁하는 소를 제기할 수 있을 뿐 직접 제 3 자와의 거래관계에 개입하여 회사가 체결한 계약의 무효를 주장할 수는 없다.

주식회사의 주주가 주주총회결의에 관한 부존재확인의 소를 제기하면서 이를 피보전권리로 한 가처분이 허용되는 경우라 하더라도, 주주총회에서 이루어진 결의 자체의 집행 또는 효력정지를 구할 수 있을 뿐, 회사 또는 제 3 자의 별도의 거래행위에 직접 개입하여 이를 금지할 권리가 있다고 할 수는 없다[대결 2001. 2. 28, 2000 마 7839(공보 2001, 1440)].

이러한 두 제도는 상법이 이사회제도를 채용함으로써 주주의 지위가 상대적으로 약화된 것을 보완하고, 또한 이사의 권한 확대에 대응하여 주주에게도 강력한 감독권을 부여함으로써 상호간에 균형을 유지하게 한 것으로서, 이는 미국 회사법상의 제도를 도입한 것이다. 다만 모법인 미국법이나 그를 도입한 일본법은 이 위법행위 유지청구권과 대표소송권을 모두 단독주주권으로 인정하고 있음에 반하여, 우리나라는 이의 남용을 방지한다는 이유로 소수주주권으로 인정하고 있다.

2. 위법행위 유지청구권[1)]

(1) 의 의

1) 주주의 위법행위 유지청구권이란 「이사가 법령 또는 정관에 위반한 행위를 하여 이로 인하여 회사에 회복할 수 없는 손해가 생길 염려가 있는 경우에, 회사를 위하여 그 이사에 대하여 그 행위를 유지할 것을 청구할 수 있는

1) 이사의 위법행위 유지청구권에 관하여는 강태훈, "이사의 위법행위 유지청구권(상법 제402조)," 「사법논집」(법원도서관), 제56집(2013. 12), 1~64면 참조(유지가처분결정에도 불구하고 위법행위가 있으면 그 행위의 효력을 부인하는 것으로 해석하면 위법행위 유지청구권의 활성화가 이루어질 것이라고 한다).

권리」이다(상 402조, 408조의 9).

상법상 주주의 위법행위 유지청구권은 앞에서 본 바와 같이 영미법상의 소에서 인정되는 법원의 유지명령제도[1](injunction)를 도입한 것인데, 이와 다른 점은 영미법상의 위법행위 유지청구는 개개의 주주가 이를 청구할 수 있으나, 우리 상법상 위법행위 유지청구는 소수주주 또는 감사(監事)나 감사위원회가 이를 청구할 수 있도록 규정한 점이다.

2) 앞에서 본 바와 같이 우리 상법은 이사(회)의 업무집행에 대한 주주의 직접감독권으로서 주주의 유지청구권(상 402조·408조의 9, 424조)과 대표소송권(상 403조, 408조의 9)·다중대표소송권(상 406조의 2, 408조의 9)을 규정하고 있는데, 주주의 유지청구권은 사전조치이나 대표소송권·다중대표소송권은 사후조치라는 점에서 양자는 근본적으로 구별되고 있다.

3) 주주의 유지청구권에는 이사의 위법행위 유지청구권(상 402조, 408조의 9)과 신주발행 유지청구권(상 424조)이 있는데, 양자는 다음과 같은 점에서 다르다.

㈎ 목 적 위법행위 유지청구권은 회사에 회복할 수 없는 손해가 생길 염려가 있는 경우에 「회사의 손해방지」를 직접의 목적으로 하나(따라서 주주가 회사에 갈음하여 행사하는 것이므로 이것은 주주의 공익권에 속함), 신주발행 유지청구권은 주주 자신이 불이익을 받을 염려가 있는 경우에 「주주의 개인적인 손해방지」를 직접의 목적으로 한다(따라서 이는 주주의 자익권에 속함).

㈏ 청구권자 위법행위 유지청구권은 「소수주주」에 의하여 행사되는데, 신주발행 유지청구권은 「주주 개인」에 의하여 행사된다. 또한 감사(監事) 또는 감사위원회는 위법행위 유지청구권을 행사할 수 있으나, 신주발행 유지청구권을 행사할 수는 없다.[2]

㈐ 상 대 방 위법행위 유지청구권의 상대방은 「이사」 또는 「집행임원」 개인인데, 신주발행 유지청구권의 상대방은 「회사」이다.

㈑ 요 건 위법행위 유지청구권의 요건은 「이사가 법령 또는 정관에 위반한 행위를 하는 때」에 인정되지만, 신주발행 유지청구권은 「회사가 법

1) 이에 관한 간단한 소개로는 이(철), (회) 829면 참조.

2) 감사(監事)에게 위법행위 유지청구권을 인정한 것은 1984년 개정상법에 의하여서인데, 종래에 주주의 위법행위 유지청구권이 활용되지 못하고 또 감사(監事)가 위법행위를 유지청구하는 것이 효율적이고 감사기능도 활성화하는 것이 된다는 판단에서 감사(監事)에게도 위법행위 유지청구권을 인정하게 된 것이다.

령 또는 정관에 위반하거나 현저하게 불공정한 방법으로 신주를 발행한 때」에 인정된다.

(2) 요 건

1) 이사가 「법령 또는 정관에 위반한 행위」를 하여야 한다(상 402조, 408조의 9). 이러한 이사의 행위는 불법행위는 물론 법률행위나 준법률행위 나아가서 사실행위도 포함되고, 또한 회사의 목적범위 내외 또는 이사의 고의·과실이나 권한 내외를 묻지 않는다.[1)]

2) 위와 같은 이사의 행위로 인하여 「회사에 회복할 수 없는 손해가 생길 염려」가 있어야 한다(상 402조, 408조의 9). 이 때에 「회복할 수 없는 손해」인지 여부는 사회통념에 따라 판단되는데, 반드시 법률적으로 불가능한 것만을 뜻하는 것은 아니다.[2)]

(3) 당 사 자

1) 청구권자 「감사(監事)」나 「감사위원회」 또는 「소수주주」이다(상 402조, 408조의 9, 415조의 2 7항, 542조의 6 5항). 단독주주에게 이러한 권리를 인정하지 않은 것은 제도의 남용의 폐단을 방지하기 위한 것이다.[3)] 소수주주의 지주수(持株數)의 계산에서는 의결권이 없는 종류주식이나 의결권이 제한되는 종류주식을 포함하고(통설),[4)] 유지청구의 당시 이의 요건이 충족되면 된다.[5)]

위법행위 유지청구권을 행사하기 위하여 소수주주가 보유하여야 하는 주식의 비율은, 비상장회사의 경우는 발행주식총수의 100분의 1 이상에 해당하는 주식을 가진 주주이고(상 402조, 408조의 9), 상장회사의 경우는 발행주식총수의 100분의 1 이상에 해당하는 주식을 가진 주주(상 542조의 6 10항) 또는 6개월 전부터 계속하여 상장회사 발행주식총수의 100,000분의 50(최근 사업연도말 자본금이 1천억원 이상인 상장회사의 경우에는 100,000분의 25) 이상에 해당하는 주식을 보유한 자이다(상 542조의 6 5항, 상시 32조).

---

1) 동지: 이(철), (회) 830~831면; 주상(제 5 판)(회사 Ⅲ), 391~392면.
2) 동지: 이(철), (회) 831면; 채, 572면; 주상(제 5 판)(회사 Ⅲ), 392면.
3) 동지: 이(철), (회) 831면; 주상(상), 1032면; 이(기) 외, (회) 352면.
4) 정(동), (회) 463면; 이(철), (회)(2014) 789면; 채, 572면; 이(기) 외, (회) 352면; 주상(제 5 판)(회사 Ⅲ), 393면 외.
5) 동지: 주상(제 5 판)(회사 Ⅲ), 393면.
일본 회사법에서는 (단독주주권으로 인정하고 있지만) 권리행사의 6월 전부터 주식을 계속하여 소유할 것을 요한다(日會 360조 1항).

금융회사의 경우는 6개월 전부터 계속하여 금융회사의 발행주식총수의 1,000,000분의 250 이상(대통령령으로 정하는 금융회사의 경우에는 1,000,000분의 125 이상)에 해당하는 주식을 보유한 자이다(지배 33조 4항).

이의 요건이 충족된 경우에 주주가 이 권리를 행사할 것인지 여부는 임의이지만, 감사(監事) 또는 감사위원회는 반드시 행사하여야 하고 이를 행사하지 않으면 임무를 게을리한 것이 된다.[1)]

2) 피청구자 위법행위 유지청구의 상대방은 법령 또는 정관에 위반한 행위를 한 「이사 또는 집행임원」이다.

(4) 행사방법

1) 위법행위 유지청구는 이사가 그 행위를 하기 **전**에 행사하여야 하지만, 소(訴)에 의하여 할 수도 있고 소 이외의 방법(의사표시)에 의하여 할 수도 있다. 소에 의하여 하는 경우에는 이 소를 본안으로 하여 가처분으로 그 행위를 유지시킬 수 있다(민집 300조).

2) 유지의 소에 대하여는 상법에 규정이 없으나, 그 성질은 대표소송의 일종이므로 대표소송에 관한 규정(상 403조~406조, 408조의 9)이 유추적용된다고 본다. 이러한 유지의 소는 회사 자체의 이익을 위하여 하는 것이므로, 그 판결의 효력은 회사에 미친다(민소 218조).

(5) 효 과

1) 감사(監事)나 감사위원회 또는 소수주주가 위의 요건이 구비된 경우에 위법행위 유지청구를 하면, 그 이사는 그 행위를 중지하여야 한다. 만일 이사가 유지청구에도 불구하고 그 행위를 하였다면, 유지청구가 그 행위의 사법상의 효력에는 영향이 없고,[2)] 이사는 법령 또는 정관에 위반한 행위를 하였음이 나중에 확정된 경우에 한하여 책임을 진다(상 399조 1항, 408조의 8 1항). 이사의 이러한 책임은 주주 등이 유지청구권을 행사하였는지 여부에 불문하고 생기는 것이므로, 이러한 책임이 유지청구권의 효과라고도 볼 수 없다. 다만 이사의 그러한 행위가 그 후에 법령 또는 정관에 위반한 행위로 확정되면, 그러한 이사는 중과실이 의제되어(따라서 이 때 그러한 이사의 무과실의 반증은 인정되지 않음) 언제나 상

1) 동지: 이(철), (회) 831면.
2) 동지: 정(동), (회) 464면(그 이유에 관하여 상세히 설명하고 있음).

법 제399조(집행임원의 경우는 상 408조의 8 1항 · 3항)에 의한 책임을 부담한다고 본다.[1)]

2) 유지청구는 소에 의하든 소 이외의 방법(의사표시)에 의하든 그 위반에 대하여 특별한 책임을 부과하지 않고 또 유지청구에 위반한 행위의 효력에도 영향이 없으므로, 유지청구권의 실효성은 거의 없다.[2)] 따라서 유지청구권의 실효성을 확보하기 위하여는, 적어도 유지청구가 소에 의하여 제기되고 그 소의 확정판결 전에 그 소에 기한 가처분이 내려진 경우에 그 가처분을 위반한 행위 자체를 처벌할 수 있게 하거나,[3)] 또는 그 가처분에 위반하여 한 행위를 무효라고 보아야 할 것이다.[4)]

3) 위법행위 유지청구권의 행사에 관한 증(贈) · 수뢰(收賂)에 대하여는 형벌의 제재가 있다(상 631조 1항 3호).

3. 대표소송(representative suit or derivative suit)

(1) 의 의

1) 주주의 대표소송이란「소수주주가 회사를 위하여 이사 등의 책임을 추궁하기 위하여 제기하는 소송」을 말한다. 집행임원 비설치회사의 경우 이사와 회사간의 소송에 관하여는 감사(監事)나 감사위원회가 회사를 대표하여 회사가 스스로 소를 제기하여야 하는데(상 394조, 415조의 2 7항), 감사(監事)나 감사위원회와 이사간의 정실관계로 그 실현을 기대하기가 어렵다. 또한 집행임원 설치회사의 경우 집행임원과 집행임원 설치회사간의 소송에 관하여는 이사회가 회사를 대표할 자를 선임하는데(상 408조의 2 3항 3호) 이사회가 이와 같이 회사를 대표할 자를 선임하여 집행임원에 대하여 쉽게 소송을 제기하지 않을 것이다. 그런데 이는 회사와 주주의 이익을 해하는 것이므로 상법은 소수주주에게 회사를 대위하여 직접 이사의 책임을 추궁하는 소를 제기할 수 있도록 한 것이다(상 403조 3항, 408조의 9).[5)]

---

1) 동지: 이(철), (회) 832면.
정(동), (회) 464면은 중과실로 추정된다고 하는데, 같은 책 448면에서 이사의 법령위반행위를 이미 과실로 추정하고 있으므로 간주로 보지 않고 이와 같이 추정으로 보는 의미는 거의 없다고 본다.

2) 동지: 정(동), (회) 464면; 이(철), (회) 833면(이와 같이 위법행위 유지청구권이 실효성이 없게 된 이유는 영미법에서의 유지청구제도가 원래 보전처분의 성격을 갖는 것임에도 불구하고 이를 실체법상의 권리로 수용한 데서 비롯된 것이라고 하고, 따라서 입법론상 재고를 요한다고 한다).

3) 동지: 정(동), (회) 465면; 이(기) 외, (회) 353면.

4) 동지: 강태훈, 전게논문(사법논집 제56집), 59～61면.

5) 주주의 대표소송에 관한 상세는 신홍기, "주주대표소송에 관한 연구," 법학석사학위논문(고려

이 제도는 원래 미국의 형평법에서 인정된 것인데,[1] 우리 상법이 이를 도입한 것이다. 다만 미국 및 이를 도입한 일본에서는 이를 단독주주권으로 인정하고 있으나,[2] 주주들이 이를 남용하는 경우가 많으므로 우리 상법은 이 제도를 도입하면서도 제소권자를 소수주주로 제한하였다.[3]

2) 주주의 대표소송은 앞에서 본 바와 같이 사후조치인 점에서, 사전조치인 유지청구권과는 근본적으로 구별된다.

(2) 성 질

대표소송은 소수주주가 회사의 이익을 위하여 회사의 대표기관적 자격에서 소송을 수행하는 것이므로 「제 3 자의 소송담당」에 해당한다.[4] 따라서 판결의 효력은 당연히 회사(및 다른주주)에 미치고(민소 218조 3항), 소수주주의 이 권리는 공익권의 일종이다.

(3) 인정범위

1) 대표소송의 대상이 되는 이사의 책임범위에 대하여 학설은 나뉘어 있다. 즉, (i) 소수설은 이사가 상법 제399조(집행임원의 경우는 상 408조의 8 1항 · 3항) 및 제428조에 의하여 회사에 대하여 부담하는 채무만을 의미한다고 하나,[5] (ii) 다수설은 이러한 채무 이외에 이사가 회사에 대하여 부담하는 모든 채무(예컨대, 이사와 회사간의 거래에서 이사가 회사에 대하여 부담하는 모든 거래상의 채무 및 손해배상책임,

---

대, 2003. 2); 김영곤, "주주의 대표소송에 관한 소고," 「기업법연구」(한국기업법학회), 제11집 (2002), 9~31면(단독주주권으로 하고 이사회 내에 소송위원회를 두어 남소를 방지하여야 한다고 한다); 최문희, "판례에 나타난 주주대표소송의 절차법적 논점 — 주주의 제소청구 요건을 중심으로 —," 「선진상사법률연구」(법무부), 제82호(2018. 4), 39~71면(대표소송이 경미한 절차적 요건의 하자로 각하되는 이유를 분석하고, 향후 개선방안을 시도함) 참조.

1) 이에 관한 간단한 소개로는 이(철), (회) 834면 참조.

주주의 대표소송은 미국에서 처음에 1주주가 전 주주를 대표하는 소송으로 생각하여 형평법상의 대표당사자소송(class suit) 내지 대표소송(representative suit)의 하나이었으나, 그 후 주주가 회사를 대위하여 이 소송을 제기한다는 관념이 발생하여 대위소송(derivative suit)이라는 명칭이 생겨났고, 이러한 점에서 이는 이사의 책임추궁의 경우에만 한정되는 것이 아니라고 한다[정(동), (회) 465~466면].

2) 미국법에서는 주주의 회사에 대한 소제기 청구 후 회사가 부정 · 부당하게 또는 재량권의 남용에 의하여 소를 제기하지 아니할 때에만 주주들이 직접 소를 제기할 수 있게 하고 있어, 주주의 대표소송의 인정범위를 제한하고 있다.

3) 우리나라에서도 주주의 대표소송 제기권을 단독주주권으로 하여야 한다고 주장하는 견해도 있으나(김영곤, 전게 기업법연구〈제11집〉, 24면 외), 우리의 실정에서 이를 단독주주권으로 하는 것은 무리라고 본다[이에 관한 상세는 정찬형, "IMF 경제체제 이후 회사지배구조에 관한 상법개정에 대한 평가," 「현대상사법논집」(우계강희갑박사화갑기념논문집), 2001. 12, 34~36면 참조].

4) 동지: 정(희), 500면; 정(동), (회) 466면.

5) 정(희), 398~399면; 강, (회) 582면; 박 · 이, 317면.

이사로 취임하기 전에 회사에 대하여 부담한 채무, 상속 또는 채무인수에 의하여 승계취득한 채무 등)도 포함한다고 한다.[1)]

생각건대 주주의 대표소송은 감사(監事)나 감사위원회(집행임원에 대한 대표소송에서는 이사회에 의하여 선임된 회사를 대표할 자)가 이사(집행임원)의 책임을 추궁하지 않음으로 인하여 회사에 발생하는 손해를 방지하여 모든 주주(및 회사)의 이익을 보호하는 것이 그 인정취지이므로, 이러한 취지에서 보면 이사가 회사에 대하여 부담하는 책임범위를 제한할 이유가 없다고 본다. 따라서 다수설에 찬성한다.

2) 이사의 책임을 추궁하는 대표소송에 관한 규정은 발기인(상 324조)·업무집행지시자 등(상 401조의 2)·집행임원 설치회사에서의 집행임원(상 408조의 9)·감사(監事)(상 415조)·청산인(상 542조 2항), 불공정한 가액으로 신주를 인수한 자(상 424조의 2) 및 주주권의 행사와 관련하여 이익을 공여받은 자(상 467조의 2)에 대한 책임을 추궁하는 경우에도 준용된다.

3) 회사가 파산절차중에는 주주가 이사나 감사(監事)의 책임을 추궁하는 이러한 대표소송을 제기하지 못한다.[2)]

(4) 당 사 자

1) 원 고 소(訴) 제기시에 비상장회사의 경우는 발행주식총수(의결권이 없는 종류주식 또는 의결권이 제한되는 종류주식을 포함)의 100분의 1 이상에 해당하는 주식을 가진 소수주주이고(상 403조 1항 전단, 408조의 9), 상장회사의 경우는 발행주식총수의 100분의 1 이상에 해당하는 주식을 가진 소수주주(상 542조의 6 10항) 또는 6개월 전부터 계속하여 상장회사 발행주식총수(의결권이 없는 종류주식 또는 의결권이 제한되는 종류주식을 포함)의 10,000분의 1 이상에 해당하는 주식을 보유한 소수주주이다(상 542조의 6 6항).

금융회사의 경우는 6개월 전부터 계속하여 금융회사의 발행주식총수의 100,000분의 1 이상에 해당하는 주식을 보유한 자이다(지배 33조 5항).

대표소송을 제기하는 소수주주가 보유하여야 할 이러한 주식의 비율은 「소(訴) 제기시」에만 유지하면 되고, 그의 보유주식이 제소 후 이러한 주식의 비율 미만으로 감소한 경우(발행주식을 보유하지 아니하게 된 경우를 제외한

1) 서·정, 472면; 손(주), 821면; 정(동), (회) 467면; 이(병), 701면; 양·박, 402면; 이(철), (회) 836면; 주회(상), 725면; 주상(제 5 판)(회사 Ⅲ), 398면; 채, 575면; 이(기) 외, (회) 354면; 이·최, 334면.

2) 동지: 대판 2002. 7. 12, 2001 다 2617(신문 3097, 9).

다[1])에도 제소의 효력에는 영향이 없다(상 403조 5항, 408조의 9).[2] 이는 대표소송의 제기를 쉽게 하고 또한 이러한 소를 가능한 한 유지시킴으로써 소수주주권을 강화하여 주주들의 효율적인 경영감시를 유도하며 또한 기업경영의 투명성을 보장하기 위하여 1998년 개정상법이 신설한 것이다.[3]

이 때 의결권이 없는 종류주식 또는 의결권이 제한되는 종류주식도 위에서 본 바와 같이 이에 포함됨은 유지청구권의 경우와 같다(통설).[4]

주주대표소송의 이러한 주주가 확정판결을 받으면 이를 집행권원으로 하여 채무자(이사 등)를 상대로 채권압류 및 전부명령신청을 할 수 있는 집행채권자가 될 수 있다.[5]

2) 피 고 이사 · 집행임원 등이다.[6] 즉, 회사의 이사(상 403조 1항) · 집행임원(상 408조의 9)뿐만 아니라, 회사의 발기인(상 324조), 업무집행지시자 등(상 401조의 2), 감사(상 415조), 청산인(상 542조 2항) 등도 피고가 될 수 있다.

(5) 요 건

대표소송은 다음과 같은 요건이 구비된 경우에 인정된다.

1) 첫째, 소수주주는 먼저 회사(이사의 위법행위의 경우는 감사〈監事〉 또는 감사위원회이고〈상 394조 1항 2문, 415조의 2 7항〉, 집행임원의 위법행위의 경우는 이사회에 의하여 선임된 회사를 대표할 자〈상 408조의 2 3항 3호〉)에 대하여 이유를 기재한 서면으로 이사의 책임을 추궁하는 소의 제기를 청구하여야 한다(상 403조 1항 · 2항, 408조의 9).[7] 이러한 '이유를 기재한 서

1) 동지: 대판 2013. 9. 12, 2011 다 57869(공보 2013, 1752); 동 2018. 11. 29, 2017 다 35717(공보 2019, 138)(갑 은행 발행주식의 약 0.013%를 보유한 주주인 을 등이 대표소송을 제기한 후 소송 계속 중 갑 은행과 병 주식회사가 주식교환을 완료하여 병 회사가 갑 은행의 100% 주주가 되고 을은 갑 은행의 주주로서의 지위를 상실한 경우, 대표소송 제기 후 갑 은행의 주식을 전혀 보유하지 않게 된 을은 원고적격을 상실하였다고 본 원심판단은 타당하다).

2) 1998년 개정상법 이전에는 대표소송을 제기하는 소수주주는 소 제기시부터 변론종결시까지 그가 보유하여야 할 소수주주의 비율을 유지하여야 한다고 해석되었으므로 제소시에 이 비율을 유지한 경우에도 변론종결 전에 일부주주가 이탈한 경우에는 당사자적격을 갖추지 못하여 그 소가 각하될 수밖에 없었다. 따라서 이 때에 회사나 피고측에서 일부주주를 회유하여 그 소에서 이탈하도록 하는 것을 막고 또한 그 소가 장기화하는 경우에 원고주주들이 주식양도를 할 수 없게 되는 것을 방지하기 위하여 1998년 개정상법에서 이러한 규정을 두게 된 것이다[법무부, 상법개정공청회자료(1998. 4. 1), 29면].

3) 이에 대하여 「이는 대표소송 제기권을 사실상 단독주주권으로 만든 것이나 다름이 없으므로 문제이다」고 비판하는 견해가 있다[정(동), (회) 468면].

4) 정(동), (회) 468면; 이(철), (회) 837~838면; 채, 576면; 이(기) 외, (회) 354면; 주상(제5판)(회사 Ⅲ), 399면 외.

5) 대결 2014. 2. 19, 2013 마 2316(공보 2014, 585).

6) 미국에서는 회사를 명목상 피고로 인정하고 있다.

7) 이 때 감사(監事)는 소를 제기할 것인지 여부를 결정할 재량이 없고, 반드시 소를 제기하여야 한다[동지: 정(동), (회) 469면].

면(제소청구서)'에는 책임추궁 대상 이사의 성명과 책임발생 원인사실이 기재되어야 하는데, 이에 대하여 우리 대법원판례는 다음과 같이 판시하고 있다.

[상법 제403조 제 2 항의 '이유를 기재한 서면(제소청구서)'에 기재할 사항에 관한 판결]

상법 제403조 제 1 항, 제 2 항, 제 3 항은 '발행주식 총수의 100분의 1 이상에 해당하는 주식을 가진 주주는 그 이유를 기재한 서면으로 회사에 대하여 이사의 책임을 추궁할 소의 제기를 청구할 수 있고, 회사가 그 청구를 받은 날로부터 30일 내에 소를 제기하지 아니한 때에는 위 주주가 즉시 회사를 위하여 소를 제기할 수 있다.'고 정하고 있는데, 그 취지는 주주가 회사를 위해 회사의 권리를 행사하여 이사의 책임을 추궁할 수 있는 대표소송을 인정함으로써 회사의 이익보호를 도모하면서도, 주주의 대표소송이 회사가 가지는 권리에 바탕을 둔 것임을 고려하여 제소요건을 마련함으로써 주주에 의한 남소를 방지하고자 함에 있다. 따라서 상법 제403조 제 2 항에 따른 서면에 기재되어야 하는 '이유'에는 권리귀속주체인 회사가 제소 여부를 판단할 수 있도록 책임추궁 대상 이사, 책임발생 원인사실에 관한 내용이 포함되어야 한다. 다만 주주가 언제나 회사의 업무 등에 대해 정확한 지식과 적절한 정보를 가지고 있다고 할 수는 없으므로, 주주가 상법 제403조 제 2 항에 따라 제출한 서면에 책임추궁 대상 이사의 성명이 기재되어 있지 않거나 책임발생 원인사실이 다소 개략적으로 기재되어 있더라도, 회사가 그 서면에 기재된 내용, 이사회 의사록 등 회사 보유 자료 등을 종합하여 책임추궁 대상 이사, 책임발생 원인사실을 구체적으로 특정할 수 있다면, 그 서면은 상법 제403조 제 2 항에서 정한 요건을 충족하였다고 보아야 한다[대판 2021. 5. 13, 2019 다 291399(공보 2021, 1194)].

동지: 대판 2021. 7. 15, 2018 다 298744(공보 2021, 1478)(만약 회사가 이사의 책임을 추궁하지 않는다면, 발행주식의 총수의 100분의 1 이상에 해당하는 주식을 가진 주주는 회사를 위하여 직접 이사의 책임을 추궁할 소를 제기할 수 있다〈상법 제403조 제 3 항〉. 주주는 소를 제기하기 전에 먼저 회사에 대하여 소의 제기를 청구해야 하는데, 이 청구는 이유를 기재한 서면〈이하 '제소청구서'라 한다〉으로 하여야 한다〈상법 제403조 제 1 항, 제 2 항〉. 제소청구서에 기재되어야 하는 '이유'에는 권리귀속주체인 회사가 제소 여부를 판단할 수 있도록 책

이러한 대표소송의 제기요건을 단독주주권으로 하고 이의 남소를 방지하기 위하여는 소송위원회제도를 도입할 것을 입법론으로 주장하는 견해로는 정쾌영, "대표소송의 단독주주권화와 남소를 방지하기 위하여는 소송위원회제도를 도입할 것을 입법론으로 주장하는 견해로는 정쾌영, "대표소송의 단독주주권화와 남소 제한에 관한 연구," 「상사법연구」, 제20권 2호(2001), 413~443면.

임추궁 대상 이사, 책임발생 원인사실에 관한 내용이 포함되어야 한다. 다만 주주가 언제나 회사의 업무 등에 대해 정확한 지식과 적절한 정보를 가지고 있다고 할 수는 없으므로, 제소청구서에 책임추궁 대상 이사의 성명이 기재되어 있지 않거나 책임발생 원인사실이 다소 개략적으로 기재되어 있더라도, 회사가 제소청구서에 기재된 내용, 이사회의사록 등 회사 보유 자료 등을 종합하여 책임추궁 대상 이사, 책임발생 원인사실을 구체적으로 특정할 수 있다면, 그 제소청구서는 상법 제403조 제 2 항에서 정한 요건을 충족하였다고 보아야 한다. 주주가 아예 상법 제403조 제 2 항에 따른 서면〈이하 '제소청구서'라 한다〉을 제출하지 않은 채 대표소송을 제기하거나 제소청구서를 제출하였더라도 대표소송에서 제소청구서에 기재된 책임발생 원인사실과 전혀 무관한 사실관계를 기초로 청구를 하였다면 그 대표소송은 상법 제403조 제 4 항의 사유가 있다는 등의 특별한 사정이 없는 한 부적법하다. 반면 주주가 대표소송에서 주장한 이사의 손해배상책임이 제소청구서에 적시된 것과 차이가 있더라도 제소청구서의 책임발생 원인사실을 기초로 하면서 법적 평가만을 달리한 것에 불과하다면 그 대표소송은 적법하다. 따라서 주주는 적법하게 제기된 대표소송 계속 중에 제소청구서의 책임발생 원인사실을 기초로 하면서 법적 평가만을 달리한 청구를 추가할 수도 있다).

2) 둘째, 회사가 이러한 청구를 받은 날로부터 30일 내에 소를 제기하지 않을 때에는, 1)의 소수주주는 즉시 회사를 위하여 직접 소를 제기할 수 있다(상 403조 3항, 408조의 9). 다만 이러한 30일의 경과로 인하여 회사에 회복할 수 없는 손해가 생길 염려가 있는 경우(예컨대, 시효완성, 이사가 재산을 처분하려 하는 경우 등)에는, 예외적으로 그 소수주주는 즉시 소를 제기할 수 있다(상 403조 4항, 408조의 9).

(6) 절 차

이사의 책임을 추궁하는 소송은 회사가 스스로 제기하는 경우이든 소수주주가 회사를 위하여 제기하는 경우이든 공정하게 되어야 하는데, 상법은 이 점에 관하여 특별한 소송법적 규정을 두고 있다(상법은 대표소송에 관하여만 규정하고 있으나, 이는 유지의 소 등에도 유추적용되어야 한다는 점에 대하여는 이미 설명하였다).

1) 전속관할 이사의 책임을 추궁하는 소는 회사 본점소재지의 지방법원의 전속관할이다(상 403조 7항, 408조의 9, 186조).

2) 담보제공 소수주주가 악의(원고인 주주가 피고인 이사를 해한다는 것을 아는 것)로 대표소송을 제기하는 경우, 피고인 이사는 원고인 주주의 악

의를 소명하여 주주에게 상당한 담보를 제공하게 할 것을 법원에 청구할 수 있다(상 403조 7항, 408조의 9, 176조 3항 · 4항).[1] 이것은 대표소송의 남용을 방지하기 위한 것이다.

3) 소송참가와 소송고지 판결이 확정되면 기판력이 생겨 그 이사의 회사에 대한 책임을 또 다시 문제삼을 수 없게 되므로 소수주주가 이러한 대표소송을 제기한 경우에는 그러한 소수주주는 회사에게 소송참가의 기회를 주기 위하여 지체 없이 회사에 대하여 그 소송의 고지를 하여야 하고(상 404조 2항, 408조의 9), 회사는 소수주주가 제기한 대표소송에 소송참가를 할 수 있다(상 404조 1항, 408조의 9). 이러한 소송참가는 원래 회사가 소를 제기한 경우에는 주주가, 소수주주가 소를 제기한 경우에는 회사와 다른 주주가 유효적절한 소송수행을 위하여 할 수 있는 것인데, 많은 주주의 소송참가는 부당하게 소송을 지연시키거나 법원의 부담을 무겁게 할 염려가 있기 때문에 상법은 소수주주가 제소한 경우에 한해서 회사만이 소송참가를 할 수 있게 하였다[2](상 404조 1항).

이러한 회사의 소송참가와 관련하여 다음과 같은 대법원판례가 있다.

[회사의 소송참가의 법적 성격과 그 효력에 관한 판례]

이러한 회사의 소송참가의 법적 성격은 공동소송참가를 의미한다. 또한 비록 원고 주주들이 주주대표소송의 사실심 변론종결시까지 대표소송상의 원고주주 요건을 유지하지 못하여 종국적으로 소가 각하되는 운명에 있다고 할지라도 회사인 원고 공동소송참가인의 참가시점에서는 원고 주주들이 적법한 원고적격을 가지고 있었다고 할 것이어서 회사인 원고 공동소송참가인의 참가는 적법하다고 할 것이고, 뿐만 아니라 원고 주주들의 주주대표소송이 확정적이고 각하되기 전에는 여전히 그 소송계속 상태가 유지되고 있는 것이어서, 그 각하판결 선고 이전에 회사가 원고 공동소송참가를 신청하였다면 그 참가 당시 피참가소송의 계속이 없다거나 그로 인하여 참가가 부적법하게 된다고 볼 수는 없다[대판 2002. 3. 15, 2000 다 9086(공보 2002, 864)].

4) 소의 취하 등의 제한 위의 소수주주의 청구에 의하여 회사가 소

---

1) 이에 관하여는 김대연, "주주대표소송에서의 담보제공명령제도(일본법제의 현황을 중심으로)," 「상사법연구」, 제21권 2호(2002), 367~396면; 김영균, "주주대표소송에 있어서 담보제공제도에 관한 소고," 「상법학의 전망(평성 임홍근교수 정년퇴임기념논문집)」(서울: 법문사, 2003), 147~168면(우리 상법상 담보제공명령제도는 그 나름으로의 역할을 수행하고 있어 대표소송 활성화를 위하여 재검토해야 할 이유는 없다고 한다) 참조.

2) 동지: 정(희), 501면.

반대: 정(동), (회) 469면(다른 주주도 대표소송에 참가할 수 있고, 회사가 이사의 책임을 추궁하는 소를 제기한 경우에는 주주도 이에 참가할 수 있다고 한다); 채, 576면; 日會 849조 1항(주주 또는 회사는 이사의 책임을 추궁하는 소송에 참가할 수 있다).

를 제기하거나 또는 소수주주가 직접 대표소송을 제기한 경우 당사자는 법원의 허가를 얻지 아니하고는 소의 취하·청구의 포기·인낙[1]·화해를 할 수 없다(상 403조 6항, 408조의 9).[2] 이러한 소송은 위에서 본 바와 같이 소수주주가 회사의 이익을 위하여 제기하는 것이므로 회사 또는 제소주주가 쉽게 소의 취하·화해 등을 하는 것은 곤란하지만, 한편 소송수행중 부득이하게 소의 취하·화해 등을 할 필요성이 있는 경우에 이를 인정하지 않을 수 없는 경우도 있다. 따라서 1998년 개정상법은 이러한 양자를 조화하여 「법원의 허가」가 있는 경우에만 회사 또는 제소주주는 소의 취하 등을 할 수 있게 하였다.[3]

5) 재심의 소 이사의 책임을 추궁하는 소가 제기된 경우에 원고와 피고의 공모로 인하여 소송의 목적인 회사의 권리를 사해(詐害)할 목적으로 판결을 하게 한 때에는 회사(소수주주가 원고인 경우) 또는 주주(회사가 원고인 경우인데, 여기에서의 주주는 소수주주에 한하지 않는다)는 확정된 종국판결에 대하여 재심의 소를 제기할 수 있다(상 406조 1항, 408조의 9). 이사의 책임을 추궁하는 소는 소송참가제도가 있음에도 불구하고 원고와 피고와의 공모에 의해서 불공정한 결과가 발생할 염려가 크므로, 민사소송법에도 재심의 제도가 있으나(민소 451조) 그것만으로는 충분하지 않기 때문에 상법은 이에 관하여 특칙을 둔 것이다.[4]

재심의 소는 당사자가 판결확정 후 재심의 사유를 안 날로부터 30일 내에 제기하여야 하고, 판결확정 후 5년을 경과한 때에는 재심의 소를 제기하지 못한다(민소 456조). 이 재심의 소를 제기한 주주도 후술하는 바와 같이 승소의 경우에는 회사에 대하여 변호사보수의 청구권을 갖고, 패소의 경우에는 악의가 없는 한 책임이 없다(상 406조 2항, 405조, 408조의 9).

---

1) 청구의 「인낙」은 이사가 하는 것으로서 이를 금할 이유가 없는 것이므로 입법의 착오라고 하는 견해가 있다[이(철), (회) 841면].

2) 동지: 미국 연방민사소송규칙(Federal Rules of Civil Procedure) §23.1; N.Y. Bus. Corp. Law §626(d).

3) 동지: 법무부, 전게 상법개정공청회자료(1998. 4. 1), 30면.
주주의 대표소송을 포함하여 이사의 책임을 추궁하는 소송은 회사와 다른 주주의 이해가 관련되어 있으므로 당사자처분권주의를 제한한 것이다[정(동), (회)(제 6 판, 2000) 470면].

4) 상법상 재심제도는 대표소송의 경우에 한하여 인정되고 있으나, 원래 회사법상의 소는 모두 원고와 피고의 공모의 위험성이 내포되어 있는 것이며, 더구나 그 판결의 효력이 대세적이고 법률관계가 획일적으로 해결되기 때문에 부당한 결과를 고칠 길이 없으므로 회사법상의 소를 전체적으로 개관할 때 그 소의 목적이나 절차·효력 등이 비슷한 점에 비추어 대표소송에 관한 재심의 소의 규정을 다른 소에 대하여도 유추적용할 필요가 있고, 입법론적으로는 회사법상의 소에 관하여 변론주의보다도 직권탐지주의로 하여 그 소송에서 생기는 폐단을 미연에 방지하도록 하여야 한다는 견해가 있다[정(희), 502면].

⑺ 효 과

1) 판결의 효력 대표소송은 앞에서 본 바와 같이 제 3 자의 소송담당의 한 경우이므로, 원고인 소수주주가 받는 판결의 효력(승소이든 패소이든)은 당연히 회사에 미치게 된다(민소 218조 3항). 또 원고인 소수주주가 받는 판결의 효력에 대하여 다른 주주도 동일한 주장을 하지 못하고, 피고인 이사도 원고인 소수주주에게 반소를 제기할 수 없다.[1]

2) 소송비용부담

㈎ 원고인 소수주주가 승소하면 그 주주는 회사에 대하여 소송비용[2] 및 그 밖에 소송으로 인하여 지출한 비용 중 상당한 금액의 지급을 청구할 수 있다[3](상 405조 1항 1문, 408조의 9). 이 경우 소송비용은 패소한 이사가 부담하게 되므로(민소 89조) 소송비용을 지급한 회사는 그 이사에 대하여 구상권이 있는데(상 405조 1항 2문, 408조의 9),[4] 회사를 대표하여 그 이사에 대한 손해배상책임을 묻지 않은 감사(監事)(상 394조 1항)에 대하여도 소송비용을 지급한 회사는 구상권이 있다(상 405조 1항 2문, 408조의 9). 이와 같이 회사에 대하여 소송비용 등을 지급하도록 한 것은, 원고의 이러한 소송으로 인하여 이익을 받게 되는 자는 회사와 다른 주주들도 해당되므로 회사가 이러한 비용을 모두 부담하도록 하고, 다만 소송비용은 패소한 이사 또는 감사에게 구상하도록 한 것이다.[5] 상법이 「소송비용 및 그 밖에 소송으로 인하여 지출한

---

1) 동지: 정(희), 500면; 정(동), (회) 470면.

2) 참고: 대결 2020. 4. 24, 2019 마 6990(공보 2020, 954)(민사소송법 제109조 제 1 항은 "소송을 대리한 변호사에게 당사자가 지급하였거나 지급할 보수는 대법원규칙이 정하는 금액의 범위 안에서 소송비용으로 인정한다"라고 규정하고 있고, 변호사보수의 소송비용 산입에 관한 규칙 제 3 조 제 1 항은 "소송비용에 산입되는 변호사의 보수는 당사자가 보수계약에 의하여 지급한 또는 지급할 보수액의 범위 내에서 각 심급 단위로 소송목적의 값에 따라 별표의 기준에 의하여 산정한다"라고 규정하고 있다. 따라서 소송비용에 산입되는 변호사의 보수에는 당사자가 보수계약에 의하여 현실적으로 지급한 것뿐만 아니라 사후에 지급하기로 약정한 것까지 포함되고, 제 3 자가 지급한 경우에도 당사자가 지급한 것과 동일하다고 볼 수 있는 사정이 인정되면 소송비용에 산입되는 변호사보수로 인정할 수 있다).

3) 이에 관하여는 윤영신, "주주대표소송의 변호사보수 등 소송관련비용의 부담," 「상사법연구」, 제20권 1호(2001), 195~232면 참조.

4) 이와 반대로 이사가 회사의 업무수행과 관련하여 소송에 연루됨으로써 부담하는 비용을 회사가 보상하는 미국법상의 제도를 소개한 글로는 정봉진, "미국법상 이사에 대한 보상," 「상사법연구」, 제22권 4호(2003), 99~129면(이에 관한 우리나라의 현행법의 규정으로는 민법상 수임인의 비용상환청구권밖에 없다고 한다).

5) 승소한 원고가 소송비용을 패소한 이사에게 청구하지 않고 이러한 소송비용까지 회사에 대하여 직접 청구할 수 있도록 한 것은 대표소송의 제기를 쉽게 하기 위하여 2001년 개정상법이 변경한 것인데, 이는 패소한 이사가 자력이 없는 경우 그 소송에 참가하여 승소한 원고(회사)가 결과적으로 소송비용을 부담하게 되는 문제점이 있고, 또한 남소의 위험도 있다고 본다[이에 관한 상세는 정찬형, "2000년 정부의 상법개정안에 대한 검토의견," 「상사법연구」(한국상사법학회), 제20권 1호(2001. 5), 129~130면 참조].

비용 중 상당한 금액」이라는 표현을 쓰고 있는데, 이는 변호사비용 등이 부당하게 다액으로 약정되는 폐해를 방지하기 위하여 이와 같이 표현한 것으로 본다.[1]

(나) 원고인 주주가 패소한 때에는 그가 악의인 경우 외에는 과실이 있다 하더라도 회사에 대하여 손해배상의 책임을 지지 아니한다(상 405조 2항, 408조의 9). 이것은 원고인 주주가 패소를 두려워하여 대표소송제도의 이용을 기피하는 것을 방지하기 위한 것이다.

3) 벌 칙 대표소송에 관한 증(贈) · 수뢰(收賂)에 관하여는 벌칙의 제재가 있다(상 631조 1항 2호).

4. 다중대표소송(이중대표소송)(multiple derivative suit)

(1) 입법연혁

모회사의 주주가 자회사를 위하여 자회사의 이사(집행임원 설치회사의 경우 '집행임원'을 포함함)의 책임을 추궁하는 소송을 대위하여 행사하는 것과 같은 경우를 이중대표소송(관련회사가 2개인 경우) 또는 다중대표소송(관련회사가 3개 이상인 경우)이라고 하는데, 이에 관한 상법의 규정이 없었던 경우에도 이를 인정할 수 있을 것인지가 문제되었다. 이는 자회사뿐만 아니라 자회사의 주주인 모회사가 제소(提訴)를 게을리한 것까지 있어야 하는 점이 일반적인 대표소송과 다르다. 미국의 판례에서는 이를 인정하고 있는데,[2] 상법의 규정이 없는 우리나라에서도 이를 긍정하는 견해가 있었다.[3] 그러나 우리 대법원판례는 이를 부정하였다.[4]

---

1) 동지: 정(희), 500면.

2) Henn & Alexander, p. 1056. 미국에서 다중대표소송에 대하여 명문으로 규정하고 있는 주법은 없고, 델라웨어 주 등에서 판례법상 인정되고 있음; 일본은 2014년 회사법 개정으로 100% 완전 모자회사에 한정하여 다중대표소송이 허용됨(日會 847조의 3); 영국은 다중대표소송을 허용하나 법원의 제소허가를 받아야 함(英會 260조 이하)[다중대표소송에 관한 외국 입법례의 상세는 천경훈, "다중대표소송 재론," 「법학연구」(연세대 법학연구원), 제28권 제 1 호(2018. 3), 86면 이하 참조].

3) 정(동), (회) 471면; 김동훈, "다중대표소송에 대한 고찰," 「21세기한국상사법의 진로(내동우홍구박사정년기념논문집), 2002, 65~67면, 77면; 김대연, "주식의 포괄적 교환 및 이전과 대표소송," 「상장협」, 제46호(2002, 추계호), 156~173면(지배회사의 주주가 종속회사를 위하여 중복대표소송을 제기할 수 있는 방향으로 해석 또는 입법되는 것이 바람직하다고 한다).

4) 대판 2004. 9. 23, 2003 다 49221(공보 2004, 1702)(어느 한 회사가 다른 회사의 주식의 전부 또는 대부분을 소유하여 양자간에 지배종속관계에 있고, 종속회사가 그 이사 등의 부정행위에 의하여 손해를 입었다고 하더라도, 지배회사와 종속회사는 상법상 별개의 법인격을 가진 회사이고, 대표소송의 제소자격은 책임추궁을 당하여야 하는 이사가 속한 당해 회사의 주주로 한정되어 있으므로, 종속회사의 주주가 아닌 지배회사의 주주는 상법 제403조 · 제415조에 의하여 종속회사의 이사 등에 대하여 책임을 추궁하는 이른바 이중대표소송을 제기할 수 없다).

그런데 그 후 법무부의 상법개정안 작성시에, 지배주주 및 경영진의 사익추구 행위를 견제하는 사후적 견제장치로 주주 대표소송제도의 취지가 충분히 구현될 수 있는 이중 또는 다중대표소송법제를 마련하여야 한다는 의견이 제기되어, 2006년 10월 4일 입법예고한(법무부공고 2006-106호) 법무부의 상법개정안에서는 제406조의 2(이중대표소송 등)를 신설하여 이중대표소송에 관한 규정을 두었으나, 경제계(재계)의 '남소우려'·'기업활동 위축' 등의 주장으로 인하여 최종안에서 삭제되었다. 그 후 또 다시 2013년 7월 16일 정부(법무부)의 「상법 일부 개정(안) 입법예고」(법무부공고 제2013-162호)에서 상법 제406조의 2(다중대표소송)를 신설하여 다중대표소송에 대하여 규정하였는데,[1] 경제단체의 강력한 반발로 유보되었다. 그 후 2017년 12월 법무부의 상법개정안에서도 상법 제406조의 2(다중대표소송)를 신설하여 다중(이중)대표소송제도를 규정하였는데, 2020년 8월 31일 정부가 국회에 보낸 상법 일부 개정법률안의 내용은 대체로 이와 같은 내용이고, 2020년 12월 9일 국회 본회의에서 통과된 상법개정안도 대체로 이와 같은 내용인데 상장회사의 경우 다중대표소송을 행사하기 위한 소수주주권의 주식보유비율을 상향하였다(정부안은 발행주식총수의 '10,000분의 1 이상'이었으나, 국회에서 '10,000분의 50 이상'으로 상향함).[2]

1) 동 상법개정안 제406조의 2 제 1 항은 "모회사의 발행주식총수의 100분의 1 이상에 해당하는 주식을 가진 주주는 자회사에 대하여 자회사 이사의 책임을 추궁할 소의 제기를 청구할 수 있다"고 규정하였고, 동조 제 2 항은 이에 대표소송에 관한 규정 등의 준용규정을 두었으며, 동조 제 3 항은 "제 1 항의 소의 제기를 청구한 후 모회사의 자회사에 대한 보유주식이 발행주식총수의 100분의 50 이하로 감소한 경우에도 제소의 효력에는 영향이 없다"고 규정하였고, 동조 제 4 항은 "본조의 소는 자회사의 본점 소재지의 지방법원의 관할에 전속한다"고 규정하였다. 이로 인하여 자회사 이사의 위법행위로 자회사에 손해가 발생하고 이로 인하여 모회사도 손해를 입게 되었음에도, 자회사나 그 주주 또는 모회사가 책임을 추궁하지 않는 경우, 모회사의 주주가 권리를 구제받을 수 있도록 하였다(동 개정안 개정이유 참조).

2) 다중(이중)대표소송제도의 인정 여부에 대하여는 반대론과 찬성론이 있다. 반대론에서는 (i) 이를 인정하면 모회사와 자회사간의 독립된 법인격 부인의 법리적 문제가 있고, (ii) 이를 인정하면 남소의 우려가 있으며, (iii) 이를 인정하면 책임증가에 따라 위험회피적 소극 경영을 하여 회사 경영에 악영향을 미칠 우려가 있다는 점 등을 들고 있다. 이에 반하여 찬성론에서는 (i) 해석상 독립된 법인격 부인의 문제는 입법적으로 해결하면 되고, (ii) 다중대표소송에도 대표소송에 적용되는 남소방지의 규정이 그대로 적용되므로 남소의 우려가 특별히 크다고 할 수 없으며, (iii) 이를 인정하더라도 주주가 승소한 경우 그 이익은 회사에 귀속되므로 전체 주주와 기업에 유익한 제도라는 점 등을 들고 있다.

사견으로, 우리 대기업의 경우 모자회사 등으로 많이 연결되어 있어 상법상 대표소송만으로는 기업집단구조에 적용하기 어려운 문제가 있은 점, 독립된 법인격의 한계를 극복하기 위하여는 입법적 해결이 불가피한 점, 위법한 경영진에 대한 책임추궁의 실효화를 기할 필요가 있는 점, 주주 전체와 기업의 이익을 보호할 필요가 있는 점 등을 고려하면, 다중(이중)대표소송제도를 도입할 필요성은 있다고 본다. 다만 다중(이중)대표소송으로 인한 폐해인 남소 등의 폐해를 방지하기 위하여는 모자회사에 구속되지 말고 종속회사(자회사)에 대한 지분비율(100% 소유, 80% 이상 소유 등)을 조정하는 방법이 있을 수 있다.

⑵ 의 의

1) 상법상 인정되고 있는 다중대표소송(이중대표소송)은 「모회사 발행주식총수의 100분의 1 이상에 해당하는 주식을 가진 주주(상장회사의 경우는 이 경우뿐만 아니라, 6개월 전부터 계속하여 모회사 발행주식총수의 1만분의 50 이상에 해당하는 주식을 보유한 주주)가 자회사[1]의 이사의 책임을 추궁하는 소송」을 말한다(상 406조의 2 1항, 542조의 6 7항·10항). 예컨대, B회사의 이사인 C가 고의 또는 과실로 법령 또는 정관에 위반한 행위를 하거나 그 임무를 게을리하여 B회사에 손해를 가한 경우, B회사가 C에 대하여 손해배상청구를 하여야 하는데(상 399조) B회사가 이러한 청구를 하지 않는 경우 B회사의 주주(특히 소수주주)가 B회사를 대위하여 직접 C의 책임을 추궁하는 소를 제기할 수 있도록 한 것이 주주의 대표소송이고(상 403조), B회사가 이러한 청구를 하지 않고 또한 B회사의 주주(B회사의 발행주식총수의 100분의 50을 초과하는 주식을 가지고 있는 A회사〈상 342조의 2 1항〉 및 B회사의 소수주주)도 대표소송을 제기하지 않는 경우에 B회사의 모회사인 A회사의 소수주주가 B회사를 대위하여 C의 책임을 추궁할 수 있도록 한 것이 다중대표소송(이중대표소송)이다. 이때 A회사와 B회사는 모자회사라고 하여도 별개의 법인이므로 원래는 A회사의 주주(소수주주)가 B회사를 대위하여 C의 책임을 추궁하는 소를 제기할 수 없는 것이지만,[2] 2020년 개정상법은 다중대표소송에 관한 규정을 신설하여(상 406조의 2) 이를 입법적으로 해결하였다. 이러한 다중대표소송(이중대표소송)제도의 도입으로 종속회사(B회사)의 이사(C)의 위법행위에 대하여 종속회사(B회사) 또는 그 주주인 지배회사(A회사)(특히 A회사가 B회사의 100% 모회사이거나 또는 100% 모회사가 아니더라도 B회사가 비상장회사로서 소수주주가 극소수인 경우)가 C의 책임을 추궁하지 않는 경우에는 실질적인 이해관계를 갖는 지배회사(A회사)의 소수주주에게 B회사를 대위하여 C의 책임을 묻도록 하는 것이(즉, 다중대표소송제도를 인정하는 것이) 주주의 대표소송제도의 취지가 충분히 구현될 수 있다.

2) 다중대표소송도 대표소송과 같이 사후조치인 점에서, 사전조치인 유지청구권과는 근본적으로 구별된다.

⑶ 성 질

다중대표소송도 대표소송과 같이 모회사의 소수주주가 자회사의 이익을

---

1) 이때의 「자회사」는, 예컨대 A회사가 B회사 발행주식총수의 100분의 50을 초과하는 주식을 가진 경우의 B회사뿐만 아니라(상 342조의 2 1항), D회사 발행주식총수의 100분의 50을 초과하는 주식을 A회사 및 B회사 또는 B회사가 가지고 있는 경우 D회사(손회사)도 자회사로 의제되므로(상 342조의 2 3항) D회사를 포함한다고 본다(법무부, 2017 상법특별위원회 회의록, 2018. 1, 161~162면 참조).

2) 대판 2004. 9. 23, 2003 다 49221(공보 2004, 1702) 참조.

위하여 자회사의 대표기관적 자격에서 소송을 수행하는 것이므로 「제 3 자의 소송담당」에 해당하고, 그 판결의 효력은 자회사에 미치며(민소 218조 3항), 모회사 소수주주의 이 권리는 공익권의 일종이라고 볼 수 있다.

(4) 인정범위

1) 다중대표소송의 대상이 되는 자회사 이사의 책임범위도 대표소송의 경우와 같이 상법 제399조(집행임원의 경우는 상 408조의 8 1항·3항) 및 제428조에 의하여 회사에 대하여 부담하는 채무뿐만 아니라, 그 이외에 이사가 회사에 대하여 부담하는 모든 채무도 포함한다고 본다.

2) 자회사 이사의 책임을 추궁하는 대표소송에 관한 규정은 발기인(상 324조)·업무집행지시자 등(상 401조의 2)·집행임원 설치회사에서의 집행임원(상 408조의 9)·감사(監事)(상 415조)·청산인(상 542조 2항)의 책임을 추궁하는 경우에도 적용한다.

(5) 당 사 자

1) 원 고 소(訴) 제기시에 (위의 예에서 A회사가), 비상장회사의 경우에는 모회사 발행주식총수(의결권이 없는 종류주식 또는 의결권이 제한되는 종류주식을 포함)의 100분의 1 이상에 해당하는 주식을 가진 소수주주이고(상 406조의 2 1항, 408조의 9), 상장회사의 경우에는 모회사인 상장회사 발행주식총수의 100분의 1 이상에 해당하는 주식을 가진 소수주주(상 542조의 6 10항) 또는 6개월 전부터 계속하여 모회사인 상장회사 발행주식총수(의결권이 없는 종류주식 또는 의결권이 제한되는 종류주식을 포함)의 10,000분의 50 이상에 해당하는 주식을 보유한 소수주주이다(상 542조의 6 7항).

다중대표소송을 제기하는 소수주주(위의 예에서 A회사의 소수주주)가 보유하여야 할 이러한 주식의 비율은 「소(訴) 제기시」에만 유지하면 되고 그의 보유주식이 제소 후 이러한 주식의 보유비율 미만으로 감소한 경우(발행주식을 보유하지 아니하게 된 경우를 제외한다)에도 제소의 효력에는 영향이 없다(상 406조의 2 3항·403조 5항, 408조의 9). 이는 대표소송의 경우와 같다.

다중대표소송의 경우에는 모회사의 소수주주가 자회사 이사의 책임을 추궁하는 소이기 때문에 소 제기 이후 모자회사관계의 변동이 이 소에 어떠한 영향을 미치는지가 문제된다. 이에 관하여 상법은 특별히 규정하고 있다. 즉, 모회사(A회사)의 소수주주가 자회사(B회사)에 대하여 자회사 이사(C)의 책임을 추궁할 '소의 제기를 청구한 후' 모회사(A회사)가 보유한 자회사(B회사)의 주식이 자회사(B회사) 발행주식총수의 100분의 50 이하로 감소한 경우(발행주식을 보유하지 아니하게 된 경우를 제외한다)에도 자회사(B회사)에 대하여 자회사 이사(C)의 책임을 추궁할 소의 제기의 청구(상 406조의 2 1항)와 자회사(B회사)를 위한 제소(상 406조의 2 2항)의 효력에는 영향이 없다(상 406조의 2 4항). 다시 말하면 다중대표소송에서 모자회사관계는 모회사(A회사)의 소수주주가 자회사(B회사)에 대하여 자회사 이사(C)의 책임을 추궁할 '소의 제기를 청구할 때'에만 유지되면 되는 것이다(그러나 다중대표소송에서 모회사의 소수주주가 보유하여야 할 주식의 비율은 '소 제기시'에만 유지되면 된다).

2) 피 고 자회사(B회사)의 이사 · 집행임원 등이다. 즉, 자회사의 이사(상 406조의 2 1항) · 집행임원(상 408조의 9)뿐만 아니라, 자회사의 발기인(상 324조), 업무집행지시자 등(상 401조의 2), 감사(상 415조), 청산인(상 542조 2항)도 피고가 될 수 있다.

이때 자회사(B회사)는 앞에서 본 바와 같이 의제자회사(손회사)를 포함하므로(상 342조의 2 3항), 위의 예에서 A회사의 의제자회사(손회사)(D회사)의 이사 · 집행임원 등도 피고가 될 수 있다고 본다.

(6) 요 건

다중대표소송은 다음과 같은 요건이 구비된 경우에 인정된다.

1) 첫째, 모회사(A회사)의 소수주주는 먼저 자회사(B회사)에 대하여 그 이유를 기재한 서면으로 자회사 이사(C)의 책임을 추궁할 소의 제기를 청구하여야 한다(상 406조의 2 1항 · 3항, 403조 2항, 408조의 9). 이러한 점은 대표소송의 경우와 같다(상 403조 1항 · 2항).

2) 둘째, 자회사(B회사)가 이러한 청구를 받은 날부터 30일 내에 소를 제기하지 아니한 때에는 1)의 모회사(A회사)의 소수주주는 즉시 자회사(B회사)를 위하여 직접 소를 제기할 수 있다(상 406조의 2 2항, 408조의 9). 다만 이러한 30일의 경과로 인하여 자회사(B회사)에 회복할 수 없는 손해가 생길 염려가 있는 경우에는, 예외적으로 모회사(A회사)의 소수주주는 즉시 소를 제기할 수 있다(상 406조의 2 3항, 403조 4항, 408조의 9). 이러한 점도 대표소송의 경우와 같다(상 403조 3항 · 4항, 408조의 9).

3) 셋째, 해석상 자회사(B회사)의 주주가 대표소송(상 403조, 408조의 9)을 제기하지 않은 경우에 모회사(A회사)의 주주(소수주주)가 다중대표소송(상 406조의 2, 408조의 9)을 제기할 수 있다고 본다.[1] 왜냐하면 자회사(B회사)의 이사(C)의 책임을 추궁하는 소는 모두 동일한 소송이므로, B회사가 C의 책임을 추궁하지 않는 경우 B회

1) 위의 예에서 손회사(D회사)의 이사(E)의 책임을 추궁하는 소의 경우에는, D회사가 E의 책임을 추궁하지 않고, D회사의 주주(소수주주)도 E에 대하여 대표소송(상 403조, 408조의 9)을 기하지 않으며, B회사가 D회사의 모회사인 경우 B회사의 주주(소수주주)도 다중대표소송(이중대표소송)으로(상 406조의 2, 408조의 9) E의 책임을 추궁하지 않는 경우에, A회사(조모회사)의 주주(소수주주)는 다중대표소송(상 406조의 2, 408조의 9)으로 E의 책임을 추궁할 수 있다고 본다.

사의 주주(소수주주)에게 대표소송을 인정하고(상 403조, 408조의 9), B회사의 주주(소수주주)가 대표소송을 제기하지 않는 경우에 B회사의 모회사인 A회사의 주주(소수주주)에게 다중대표소송(이중대표소송)이 인정되는 것으로 해석하여야 할 것이기 때문이다(403조 1항 및 406조의 2 1항의 취지 참조).

(7) 절 차

다중대표소송의 절차에 관하여 상법은 대표소송에 관한 규정을 주로 준용하여 특별한 소송법적 규정을 두고 있다.

1) 전속관할 자회사의 이사의 책임을 추궁하는 다중대표소송은 자회사의 본점소재지의 지방법원의 전속관할이다(상 406조의 2 5항, 408조의 9).

2) 담보제공 모회사의 소수주주가 악의로 다중대표소송을 제기하는 경우, 피고인 자회사의 이사는 원고인 주주의 악의를 소명하여 주주에게 상당한 담보를 제공하게 할 것을 법원에 청구할 수 있다(상 406조의 2 3항, 176조의 3항·4항, 408조의 9). 이것은 다중대표소송의 남용을 방지하기 위한 것이다. 이는 대표소송의 경우와 같다(상 403조 7항, 176조 3항·4항, 408조의 9).

3) 소송참가와 소송고지 모회사의 소수주주가 다중대표소송을 제기한 경우에는 그러한 소수주주는 자회사에게 소송참가의 기회를 주기 위하여 지체 없이 자회사에 대하여 그 소송의 고지를 하여야 하고(상 406조의 2 3항, 404조 2항, 408조의 9), 자회사는 모회사의 소수주주가 제기한 다중대표소송에 참가할 수 있다(상 406조의 2 3항, 404조 1항, 408조의 9). 이는 대표소송의 경우와 같다(상 404조, 408조의 9). 따라서 자회사만이 다중대표소송에 참가할 수 있다고 본다.

4) 소의 취하 등의 제한 모회사의 소수주주의 청구에 의하여 자회사가 그의 이사의 책임을 추궁하는 소를 제기하거나 또는 모회사의 소수주주가 직접 자회사의 이사의 책임을 추궁하는 다중대표소송을 제기한 경우, 당사자는 법원의 허가를 얻지 아니하고는 소의 취하·청구의 포기·인낙·화해를 할 수 없다(상 406조의 2 3항, 403조 6항, 408조의 9). 이는 대표소송의 경우와 같다(상 403조 6항, 408조의 9).

5) 재심의 소 자회사 이사의 책임을 추궁하는 소가 제기된 경우에 원고와 피고의 공모로 인하여 소송의 목적인 자회사의 권리를 사해할 목적으로써 판결을 하게 한 때에는 자회사 또는 모회사의 소수주주는 확정한 종국판결에 대하여 재심의 소를 제기할 수 있다(상 406조의 2 3항, 406조, 408조의 9). 이는 대표소송의 경우와 같다(상 406조, 408조의 9).

⑻ 효 과

1) 판결의 효력 다중대표소송도 앞에서 본 바와 같이 대표소송과 같이 「제 3 자의 소송담당」의 한 경우이므로, 원고인 모회사의 소수주주가 받는 판결의 효력(승소이든 패소이든)은 당연히 자회사에 미치게 된다(민소 218조 3항). 또 원고인 모회사의 소수주주가 받는 판결의 효력에 대하여 (모회사 및 자회사의) 다른 주주도 동일한 주장을 하지 못하고, 피고인 자회사의 이사도 원고인 모회사의 소수주주에게 반소를 제기할 수 없다고 본다.

2) 소송비용부담

㈎ 다중대표소송에서 원고인 모회사의 소수주주가 승소하면 그 주주는 자회사에 대하여 소송비용(소송을 대리한 변호사비용은 대법원규칙이 정하는 금액의 범위 안에서 소송비용으로 인정됨〈민소 109조 1항〉) 및 그 밖에 소송으로 인하여 지출한 비용 중 상당한 금액의 지급을 청구할 수 있는데, 이 경우 소송비용을 지급한 자회사는 그의 패소한 이사 또는 감사에 대하여 구상권이 있다(상 406조의 2 3항, 405조 1항, 408조의 9). 이 점은 대표소송의 경우와 같다(상 405조 1항, 408조의 9).

㈏ 다중대표소송에서 원고인 모회사의 소수주주가 패소한 때에는 그에게 악의가 있는 경우 외에는 과실이 있다 하더라도 자회사에 대하여 손해를 배상할 책임이 없다(상 406조의 2 3항, 405조 2항, 408조의 9). 이 점은 대표소송의 경우와 같다(상 405조 2항, 408조의 9).

3) 벌 칙 다중대표소송에 관한 증(贈)·수뢰(收賂)에 관하여는 벌칙의 제재가 있다(상 631조 1항 2호).

제 4 관 감사(監事)·감사위원회·검사인·(외부)감사인·준법지원인·준법감시인(감사기관)

주식회사의 감사기관에는 상법상 필요기관인 감사(監事) 또는 감사위원회와 임시기관인 검사인이 있고, 특별법인 주식회사 등의 외부감사에 관한 법률(제정: 1980. 12. 31, 법 3297호, 개정: 2020. 5. 19, 법 17298호)에 의하여 일정규모 이상의 주식회사에 대한 회계감사기관으로 (외부)감사인이 있다. 또한 2011년 4월 개정상법에서 신설된 준법지원인이 있고, 2000년부터 은행 등에서 시행되고 있는 준법감시인이 있다. 이하에서 차례로 살펴본다.

제 1 감사(監事)

1. 감사제도의 발생

이사의 업무집행에 대한 감독(감사)기관의 기원은 1623년의 「네덜란드」에서 생긴 대주주회(Hauptpartizipanten)에 있는데, 이는 그 후 주주총회를 갈음하는 관리위원회(Verwaltungsrat)로 되었다가, 다시 독일의 감사회(Aufsichtsrat) 및 영미의 이사회(board of directors)의 두 방향으로 발전하였다.[1]

독일의 감사회제도의 특색은, 감사의 수가 3인 이상으로 3배수이고(AktG §95) 그 3분의 1은 근로자대표이어야 하는 점,[2] 감사회가 이사 선출의 권한을 갖는 점(AktG §84), 결산검사인(Abschlussprüfer)이 따로 있는 점(HGB §§318 ff.) 등이다.

미국에서는 업무집행기관에 대한 감독기관으로 이사회가 있고, 감사(監事)라는 내부기관으로서의 감사기관을 두지 않고 일정한 경우 회계감사인인 감사(監事)(auditor)를 별도로 선임한다. 그러나 영국에서는 이러한 감사(auditor)가 필요기관이다(영회〈2006〉 485조 1항, 489조 1항).

2. 감사(監事)의 의의

(1) 감사(auditor; Aufsichtsratmitglieder; membre du conseil de surveillance)는 「이사(집행임원 설치회사의 경우에는 '집행임원'을 포함한다. 이하 같다)의 업무집행과 회계를 감사할 권한을 가진 주식회사의 기관」이다. 주식회사의 감사(監事)는 원칙적으로 필요기관인 점에서 유한회사의 감사(監事)가 언제나 임의기관인 점(상 568조)과 다르고, 원칙적으로 상설기관인 점에서 언제나 임시기관인 검사인과 다르다. 또 우리 상법상 감사(監事)는 그 지위 및 권한에서 독일의 주식법상 감사회와는 매우 다르다. 따라서 우리 상법상 감사(監事)가 수 인인 경우에도 독일의 주식법상 감사회와는 달리 회의체를 구성하는 것이 아니고, 원칙적으로 각자가 그의 업무를 수행한다.

금융회사는 원칙적으로 '감사위원회'를 두어야 하는데(지배 16조 1항 2호), 완전자회사

---

1) 정(동), (회) 473면.

2) 이는 공동결정에 관한 4개의 특별법 중 종업원조직법이 적용되는 경우에 해당하는데(BetrVG 1952 §§76, 77), 동법은 모든 주식회사(및 주식합자회사)에 적용된다(BetrVG 1952 §76 ①). 다만 주식회사라도 1인회사이거나 가족회사로서 근로자가 500명 미만인 경우에는 동법이 적용되지 않는다(BetrVG 1952 §76 ⑥).

등에서 사외이사를 두지 아니하거나 이사회에 위원회를 설치하지 아니하는 경우에는 '상근감사'를 선임하여야 한다(지배 23조).

자본금 총액이 10억원 미만인 소규모 주식회사의 경우에는 감사(監事)가 예외적으로 임의기관이다(상 409조 4항). 따라서 이하의 감사(監事)에 관한 설명은 자본금 총액이 10억원 미만인 소규모 주식회사로서 감사(監事)를 두지 않은 주식회사에는 해당하지 아니한다.

(2) 우리 상법상 감사(監事)는 업무감사권과 회계감사권을 갖는 강력한 기관이기는 하지만, 실무에서는 감사(監事)의 독립성과 실효성(전문성)이 확보되지 못하여 유명무실한 감사를 하는 경우가 많다.

따라서 (i) 우리 상법은 감사(監事)의 독립성을 확보하기 위하여 감사(監事)선출방법에 있어서 1주 1의결권의 원칙의 예외를 인정하여 대주주의 뜻에 좌우되지 않는 공정한 선출을 보장하기 위한 방법을 만들었고(상 409조 2항), (ii) 주식회사 등의 외부감사에 관한 법률은 회계감사의 실효성을 확보하기 위하여 일정규모 이상의 주식회사는 반드시 회계법인 등에 의한 외부의 회계감사를 받도록 하였다.

또한 상법상 감사(監事)의 독립성을 보장하고 감사(監査)의 실효성을 확보하기 위하여 1984년 · 1995년 및 2011년 4월 개정상법에서도 감사(監事)에 관한 규정이 많이 개정 또는 보완되었는데, 1995년 개정상법에서 이를 반영한 것으로는 다음과 같은 사항이 있다. 즉, 감사(監事)의 독립성을 보장하기 위하여 감사(監事)의 해임시에는 감사(監査)에게 주주총회에서의 의견진술권을 부여하였고(상 409조의 2), 감사(監事)의 임기를 2년에서 3년으로 연장하였으며(상 410조), 감사(監事)는 회사뿐만 아니라 자회사의 이사 또는 지배인 기타의 사용인의 직무도 겸하지 못하게 하였다(상 411조). 감사(監事)에 의한 감사(監査)의 실효성을 확보하기 위하여 이사의 감사(監事)에 대한 보고의무를 인정하였고(상 412조의 2), 감사(監事)에게 주주총회소집청구권을 인정하였으며(상 412조의 3), 또한 감사(監事)에게 자회사에 대한 조사권도 인정하였다(상 412조의 5). 2011년 4월 개정상법은 감사(監事)에 의한 감사(監査)의 실효성을 확보하기 위하여 감사(監事)에게 이사회소집(청구)권을 인정하였다(상 412조의 4).

3. 감사(監事)의 선임·종임

(1) 선 임

1) 선임기관·방법

(가) 감사(監事)는 주주총회에서 선임된다(주주총회의 전속권한 사항)(상 409조 1항).

(나) 감사(監事)의 선임방법은 보통결의의 방법에 의하는데(상 368조 1항), 다만 회사가 상법 제368조의 4 제 1 항에 따라 전자적 방법으로 의결권을 행사할 수 있도록 한 경우에는 동 제368조 제 1 항에도 불구하고 출석한 주주의 의결권의 과반수로써만 감사의 선임을 결의할 수 있다(즉 '발행주식총수의 4분의 1 이상'은 의결정족수에서 배제됨)(상 409조 3항). 또한 감사(監事)의 선임에는 앞에서 본 바와 같이 대주주의 의결권의 행사가 제한된다. 즉, 비상장회사의 경우에는 의결권 없는 주식을 제외한 발행주식총수의 100분의 3(정관에서 더 낮은 주식 보유비율을 정할 수 있으며, 정관에서 더 낮은 주식 보유비율을 정한 경우에는 그 비율로 한다)을 초과하는 수의 주식을 가진 주주는 감사(監事)의 선임에서 그 초과하는 주식에 관하여 의결권을 행사하지 못한다(모든 주주에 대하여 단순 3% rule을 적용함)(상 409조 2항). 이는 상법 제368조 제 1 항을 적용함에 있어 「의결권의 과반수」(의결정족수)에서 의결권에 해당하는 것이지(상 371조 2항), 「발행주식총수의 4분의 1 이상」에서의 발행주식총수(상 371조 1항)와는 무관하다. 이에 관한 구체적인 예는 주주총회 보통결의 요건에서 살펴본 바와 같다. 이는 이사를 선임한 대주주가 감사기관인 감사(監事)를 다시 선임하는 것을 방지하고 감사(監事)의 선임에서는 소수주주의 의사가 반영될 수 있도록 하기 위한 것인데, 우리 상법의 특색이기도 하다.[1)]

상장회사의 경우에는 감사(監事)의 선임에서 최대주주 이외의 주주는 비상장회사에서 감사를 선임할 때와 같이 의결권이 제한되나(최대주주 이외의 주주에 대하여 단순 3% rule을 적용함)(상 542조의 12 7항), 최대주주는 그와 그의 특수관계인·그 밖에 대통령령으로 정하는 자(최대주주 또는 그 특수관계인의 계산으로 주식을 보유하는 자, 최대주주 또는 그 특수관계인에게 의결권〈의결권의 행사를 지시

1) 동지: 정(동), (회) 476면; 정(희), 505면.
참고판례: 서울고판 2015. 4. 10, 2014. 나 2028587(정관상 필요적 최소 감사 수에 해당하는 감사가 재임중인 상황에서 '감사를 추가로 선임할지의 여부'에 관한 안건은 특정인을 감사로 선임하는 안건이 아니므로 상법 제409조 제 2 항이 적용되지 않는다).

할 수 있는 권한을 포함한다〉을 위임한 자〈해당 위임분만 해당한다〉)가 소유하는 (상장회사의 의결권 있는) 주식의 합계가 그 회사의 의결권 없는 주식을 제외한 발행주식총수의 100분의 3(정관에서 이보다 낮은 주식보유비율을 정할 수 있다)을 초과하는 경우 그 초과하는 주식에 관하여 의결권을 행사하지 못한다(최대주주에 대하여 합산 3% rule을 적용함)(상 542조의 12 7항, 상시 38조 1항). 즉, 감사의 선임에서 최대주주에 대하여는 합산 3% rule을 적용하나, 그 이외의 주주에 대하여는 단순 3% rule을 적용한다. 따라서「최대주주가 아닌 주주와 그 특수관계인 등」에 대하여도 일정비율을 초과하여 소유하는 주식에 관하여 감사(監事)의 선임 및 해임에 있어서 의결권을 제한하는 내용의 정관 규정이나 주주총회결의 등은 무효이다.[1]

또한 상장회사가 주주총회의 목적사항으로 감사(監事)의 선임을 위한 의안을 상정하려는 경우에는 이사의 선임을 위한 의안과는 별도로 상정하여 의결하여야 한다(상 542조의 12 5항).

최근 사업연도말 현재의 자산총액이 1천억원 이상 2조원 미만인 상장회사는 상근감사를 1명 이상 두어야 하는데(상 542조의 10 1항, 상시 36조 1항), 상법의 상장회사에 대한 특례규정(상 542조의 11, 542조의 12) 및 다른 법률에 따라 감사위원회를 설치한 회사는 그러하지 아니하다(상 542조의 10 1항 단서).

(다) 주주총회에서 선임된 감사(監事)가 언제 감사의 지위를 취득하는가에 대하여, 이사의 경우와 같이 우리 종래의 대법원판례는 감사(監事)의 선임결의가 있었다고 하여 바로 피선임자가 감사(監事)의 지위를 취득하게 되는 것은 아니고 주주총회의 선임결의에 따라 회사의 대표기관이 그 선임된 감사(監事)에 대하여 임용계약의 청약을 하고 피선임자가 승낙을 함으로써 하는 임용계약이 체결되어야 비로소 감사(監事)의 지위를 취득한다고 판시하였다. 그러나 2017. 3. 23. 우리 대법원 전원합의체 판결은 이사의 경우와 같이 이러한 종래

1) 동지: 대판 2009. 11. 26, 2009 다 51820(공보 2010, 24)(상법 제409조 2항은 '주주'가 일정 비율을 초과하여 소유하는 주식에 관하여 감사의 선임에 있어서 그 의결권을 제한하고 있고, 구 증권거래법〈2007. 8. 3. 법률 제8635호 자본시장과 금융투자업에 관한 법률 부칙 제 2 조로 폐지〉 제191조의 11은 '최대주주와 그 특수관계인 등'이 일정 비율을 초과하여 소유하는 주권상장법인의 주식에 관하여 감사의 선임 및 해임에 있어서 의결권을 제한하고 있을 뿐이므로, '최대주주가 아닌 주주와 그 특수관계인 등'에 대하여도 일정 비율을 초과하여 소유하는 주식에 관하여 감사의 선임 및 해임에 있어서 의결권을 제한하는 내용의 정관 규정이나 주주총회결의 등은 무효이다).

의 대법원판례를 변경하여 주주총회의 선임결의와 피선임자의 승낙만 있으면 피선임자는 감사의 지위를 취득한다고 판시하였다. 이러한 대법원판례는 다음과 같다.

[주주총회에서 감사(監事)로 선임되었다고 하더라도 아직 임용계약이 체결되기 전에는 아직 감사(監事)로서의 지위를 취득하지 못한다고 한 종래의 판례]

주식회사와 임용계약을 체결하고 새로이 회사의 감사의 지위에 취임하여 감사로서의 직무를 수행할 권리와 의무를 가지게 된 자로서는, 아직 감사로서 회사등기부에 등재되지 아니한 상태라면 등기에 의하여 선의의 제3자에 대항할 수 없어 완전한 감사로서의 직무를 수행할 수 없으므로, 회사에 대하여 회사와의 임용계약에 기하여 회사등기부상 감사변경의 등기절차의 이행을 구할 수 있으나, 감사의 선임에 관한 주주총회의 결의는 피선임자를 회사의 기관인 감사로 한다는 취지의 회사 내부의 결정에 불과한 것이므로, 주주총회에서 감사선임 결의가 있었다고 하여 바로 피선임자가 감사의 지위를 취득하게 되는 것은 아니고, 주주총회의 선임결의에 따라 회사의 대표기관이 임용계약의 청약을 하고 피선임자가 이에 승낙을 함으로써 비로소 피선임자가 감사의 지위에 취임하여 감사로서의 직무를 수행할 수 있게 되는 것이므로, 주주총회에서 감사선임의 결의만 있었을 뿐 회사와 임용계약을 체결하지 아니한 자는 아직 감사로서의 지위를 취득하였다고 할 수 없고, 따라서 감사로서의 지위에서 회사와의 임용계약에 기하여 회사에 대하여 감사선임등기가 지연됨을 이유로 감사변경의 등기절차의 이행을 구할 수 없다[대판 1995. 2. 28, 94 다 31440(공보 1995, 1458)].

동지: 대결 2005. 11. 8, 2005 마 541(공보 2006, 89)(감사의 선임에 관한 주주총회의 결의는 피선임자를 회사의 기관인 감사로 한다는 취지의 회사 내부의 결정에 불과한 것이므로, 주주총회에서 감사선임결의가 있었다고 하여 바로 피선임자가 감사의 지위를 취득하게 되는 것은 아니고, 주주총회의 선임결의에 따라 회사의 대표기관이 임용계약의 청약을 하고 피선임자가 이에 승낙을 함으로써 비로소 피선임자가 감사의 지위에 취임하여 감사로서의 직무를 수행할 수 있게 되는 것이므로, 주주총회에서 감사선임의 결의만 있었을 뿐 회사와 임용계약을 체결하지 아니한 자는 아직 감사로서의 지위를 취득하였다고 할 수 없다).

[감사는 주주총회에서의 선임결의와 피선임자의 승낙만 있으면 감사의 지위를 취득한다는 변경된 대법원 전원합의체 판결]

이사·감사의 지위가 주주총회의 선임결의와 별도로 대표이사와 사이에 임용계약이 체결되어야만 비로소 인정된다고 보는 것은, 이사·감사의 선임을 주주총회의 전속적 권한으로 규정하여 주주들의 단체적 의사결정 사항으로 정한 상법의 취지에 배치된다. 또한 상법상 대표이사는 회사를 대표하며, 회사의 영업에 관한 재판상 또는 재판 외의 모든 행위를 할 권한이 있으나(제389조 제 3 항, 제209조 제 1 항), 이사·감사의 선임이 여기에 속하지 아니함은 법문상 분명하다. 그러므로 이사·감사의 지위는 주주총회의 선임결의가 있고 선임된 사람의 동의가 있으면 취득된다고 보는 것이 옳다. 상법상 이사는 이사회의 구성원으로서 회사의 업무집행에 관한 의사결정에 참여할 권한을 가진다(제393조 제 1 항). 상법은 회사와 이사의 관계에 민법의 위임에 관한 규정을 준용하고(제382조 제 2 항), 이사에 대하여 법령과 정관의 규정에 따라 회사를 위하여 그 직무를 충실하게 수행하여야 할 의무를 부과하는 한편(제382조의 3), 이사의 보수는 정관에 그 액을 정하지 아니한 때에는 주주총회의 결의로 이를 정한다고 규정하고 있는데(제388조), 위 각 규정의 내용 및 취지에 비추어 보아도 이사의 지위는 단체법적 성질을 가지는 것으로서 이사로 선임된 사람과 대표이사 사이에 체결되는 계약에 기초한 것은 아니다. 또한 주주총회에서 새로운 이사를 선임하는 결의는 주주들이 경영진을 교체하는 의미를 가지는 경우가 종종 있는데, 이사 선임결의에도 불구하고 퇴임하는 대표이사가 임용계약의 청약을 하지 아니한 이상 이사로서의 지위를 취득하지 못한다고 보게 되면 주주로서는 효과적인 구제책이 없다는 문제점이 있다. 한편 감사는 이사의 직무의 집행을 감사하는 주식회사의 필요적 상설기관이며(제412조 제 1 항), 회사와 감사의 관계에 대해서는 이사에 관한 상법 규정이 다수 준용된다(제415조, 제382조 제 2 항, 제388조). 이사의 선임과 달리 특히 감사의 선임에 대하여 상법은 제409조 제 2 항에서 "의결권 없는 주식을 제외한 발행주식총수의 100분의 3을 초과하는 수의 주식을 가진 주주는 그 초과하는 주식에 관하여는 의결권을 행사하지 못한다"라고 규정하고 있다. 따라서 감사 선임결의에도 불구하고 대표이사가 임용계약의 청약을 하지 아니하여 감사로서의 지위를 취득하지 못한다고 하면, 위 조항에서 감사 선임에 관하여 대주주의 의결권을 제한한 취지가 몰각되어 부당하다. 이사의 직무집행에 대한 감사를 임무로 하는 감사의 취임 여부를 감사의 대상인 대표이사에게 맡기는 것이 단체법의 성격에 비추어 보아도 적절하지 아니함은 말할 것도 없다. 결론적으로, 주주총회에서 이사나 감사를 선임하는 경우, 선임결의와 피선임자의 승낙만 있으면, 피선임자는 대표이사와 별도의 임용계약을 체결하였는지와 관계없이 이사나 감사의 지위를 취득한다[대판(전) 2017. 3. 23, 2016 다 251215(공보 2017, 863)][이 판결에 찬성하는 취지의 평석으로는 김성탁, "주주총회의 선임결의와 피선임자의 승낙에 의한 이사·감사 지위 취득의 법리," 「상사법연구」(한국상사법학회), 제36권 제 2 호(2017. 8), 263~306면; 김선광, "이사·감사 지위의 실효성 요건," 「기업법연구」(한국기업법학회), 제32권 제 3 호(2018. 9), 73~97면].

이러한 절차에 의하여 감사(監事)의 선임이 끝나면 그 성명과 주민등록번호는 등기사항이다(상 317조 2항 8호).[1]

2) 자 격 감사(監事)의 자격은 이사의 그것과 같이 원칙적으로 아무런 제한이 없다. 그러나 정관의 규정으로 주주 등과 같이 감사(監事)의 자격을 정할 수는 있다.[2] 감사(監事)는 직무의 성질상 자연인에 한한다.[3] 그러나 감사(監事)는 그의 지위의 독립성과 감사의 공정성을 기하기 위하여, 그의 회사 및 자회사의 이사·집행임원[4] 또는 지배인 기타의 사용인의 직무를 겸하지 못한다(상 411조).[5] 따라서 회사의 이사 등이 감사(監事)로 선임되면 종전의 이사 등의 직을 사임하는 의사를 표시한 것으로 해석한다.[6] 그러나 모회사의 감사(監事)가 자회사의 감사(監事)를 겸하거나 모회사의 이사 등이 자회사의 감사(監事)를 겸하는 것은 무방하다고 본다.[7]

상장회사의 상근감사(監事)의 결격사유에 대하여는 상법이 별도로 규정하고 있는데, 상근감사(監事)가 이러한 결격사유에 해당하게 되는 경우에는 그 직을 상실한다(상 542조의 10 2항, 상시 36조 2항). 즉, 상근감사(監事)가 될 수 없는 결격사유는 (i) 미성년자·피성년후견인 또는 피한정후견인, (ii) 파산선고를 받고 복권되지 아니한 자, (iii) 금고 이상의 형을 선고받고 그 집행이 끝나거나 집행이 면제된 후 2년이 지나지 아니한 자, (iv) 대통령령으로 별도로 정하는 법률(상시 34조 3항)에 위반하여 해임되거나 면직된 후 2년이 지나지 아니한 자, (v) 해당 회사의 주요주주 및 그의 배우자와 직계존속·비속, (vi) 해당 회사의 상무에 종사하는 이사·

---

1) 1995년 개정상법에 의하여 등기사항이 「주소」 대신에 「주민등록번호」로 변경되었다.

2) 동지: 정(희), 505면; 정(동), (회) 476면 외.

3) 동지: 정(희), 505면; 독일 주식법 100조 1항.
반대: 정(동), (회) 476면(법인도 감사가 될 수 있다고 한다); 프랑스 상법 225-219조.

4) 2011년 4월 개정상법이 상법 제411조에 '집행임원'을 추가하지 않은 것은 중대한 입법의 미비라고 본다.

5) 이미 앞에서 본 바와 같이 감사(監事)의 독립성을 보장하고 감사의 공정성과 적정성을 확보하기 위하여, 1995년 개정상법은 감사(監事)의 겸직금지의무에 대하여 감사(監事)는 피감사회사뿐만 아니라 그의 자회사의 이사 또는 지배인 기타 사용인의 직무도 겸하지 못하도록 개정하였다.
동지: 日會 335조 2항.

6) 대판 2007. 12. 13, 2007 다 60080(공보 2008, 25)(감사가 회사 또는 자회사의 이사 또는 지배인 기타의 사용인에 선임되거나 반대로 회사 또는 자회사의 이사 또는 지배인 기타의 사용인이 회사의 감사에 선임된 경우에는 그 선임행위는 각각의 선임 당시에 있어 현직을 사임하는 것을 조건으로 하여 효력을 가지고, 피선임자가 새로이 선임된 지위에 취임할 것을 승낙한 때에는 종전의 직을 사임하는 의사를 표시한 것으로 해석하여야 한다).

7) 동지: 해설(1995), 139면; 정(동), (회) 476면.

집행임원 및 피용자 또는 최근 2년 이내에 해당 회사의 상무에 종사한 이사·집행임원 및 피용자(다만 상법의 상장회사에 대한 특례규정상 감사위원회 위원으로 재임중이거나 재임하였던 이사는 제외함), (vii) 위 (i) 내지 (vi) 외에 해당 회사의 경영에 영향을 미칠 수 있는 자로서 대통령령으로 정하는 자(해당 회사의 상무에 종사하는 이사·집행임원의 배우자 및 직계존속·비속, 계열회사의 상무에 종사하는 이사·집행임원 및 피용자이거나 최근 2년 이내에 상무에 종사한 이사·집행임원 및 피용자)이다.

3) 원수(員數) 감사(監事)의 수에 대하여는 상법상 제한이 없다. 감사가 2인 이상이 있는 경우에도 각자가 그 권한을 단독으로 행사하는 것이지, 이사회와 같이 회의체를 구성하는 것이 아니다.[1)]

상장회사로서 최근 사업연도말 현재 자산총액이 1,000억원 이상인 상장회사는 (감사위원회의 설치의무 유무를 불문하고 감사위원회를 설치한 경우가 아니면) 반드시 1인 이상의 상근감사(常勤監事)(회사에 상근하면서 감사업무를 수행하는 감사)를 두어야 한다(상 542조의 10 1항, 상시 36조 1항).

4) 임 기 감사(監事)의 임기는「취임 후 3년 내의 최종의 결산주주총회의 종결시」까지이다[2)](결산기가 취임 후 3년 내에 도달하면 되고, 정기총회가 3년 내에 도달할 필요는 없다)[3)](상 410조). 이러한 감사(監事)의 임기는 정관 또는 주주총회의 결의에 의하더라도 이와 달리 단축 또는 연장할 수 없다고 본다.[4)] 그러나 중임하는 것은 무방하다.

5) 보 수 감사(監事)의 보수에 관한 사항도 이사의 경우와 같다(상 415조, 388조).

1) 일본의 1993년 개정상법(1993. 10. 1 시행)에 의하면 대회사의 경우 감사의 수를 3인 이상으로 하여 회의체의 기관으로 변경하고, 이 중 1인은 반드시 사외감사이어야 하는 것으로 하였는데(商特 18조~18조의 4), 2005년 회사법에서는 감사회설치회사에서는 감사는 3명 이상이고, 그 중 반수 이상은 사외감사이어야 하는 것으로 규정하고 있다(日會 335조 3항).

2) 이미 앞에서 본 바와 같이 감사(監事)의 임기에 대하여 감사(監事)의 독립성을 보장하고 그 지위의 안정을 도모하기 위하여 1995년 개정상법은 이사의 그것과 유사하게 3년으로 연장하였다(일본도 1993년 개정상법〈1993. 10. 1 시행〉 제273조 1항에 의하여 감사의 임기를 2년에서 3년으로 연장하였는데, 2005년 회사법에서는 원칙적으로 4년이고 일정한 경우 10년까지 연장하는 것으로 규정하고 있다〈日會 336조 1항·2항〉). 그러나 1995년 개정상법의 시행 당시(1996. 10. 1) 재임중인 주식회사의 감사(監事)의 임기는 종전의 규정에 의한다(따라서 그 임기는 2년이다)(상부 5조).

3) 동지: 정(동), (회) 477면.

4) 동지: 주상(제 5 판)(회사 Ⅲ), 627~628면.

상장회사의 경우 주주총회의 목적사항으로 감사(監事)의 보수결정을 위한 의안을 상정하려는 경우에는 이사의 보수결정을 위한 의안과는 별도로 상정하여 의결하여야 한다(상 542조의 12 5항).

6) 선임결의의 하자 감사(監事)선임결의에 하자가 있는 경우에 그 감사(監事)의 직무집행정지와 직무대행자선임의 가처분제도는 이사의 경우와 같다(상 415조, 407조).

이와 관련한 다음과 같은 대법원판례가 있다.

[감사(이사)의 직무집행정지와 직무대행자선임의 가처분은 그 감사(이사)의 임기에 영향을 주지 않고, 이로 인하여 그 감사(이사)의 임기가 경과한 경우에도 확인소송에서 확인의 이익이 있다고 한 판례]

주식회사의 이사나 감사를 피신청인으로 하여 그 직무집행을 정지하고 직무대행자를 선임하는 가처분이 있는 경우 가처분결정은 이사 등의 직무집행을 정지시킬 뿐 이사 등의 지위나 자격을 박탈하는 것이 아니므로, 특별한 사정이 없는 한 가처분결정으로 인하여 이사 등의 임기가 당연히 정지되거나 가처분결정이 존속하는 기간만큼 연장된다고 할 수 없다. 나아가 위와 같은 가처분결정은 성질상 당사자 사이뿐만 아니라 제 3 자에 대해서도 효력이 미치지만, 이는 어디까지나 직무집행행위의 효력을 제한하는 것일 뿐이므로, 이사 등의 임기 진행에 영향을 주는 것은 아니다. 일반적으로 과거의 법률관계는 확인의 소의 대상이 될 수 없지만, 그것이 이해관계인들 사이에 현재적 또는 잠재적 분쟁의 전제가 되어 과거의 법률관계 자체의 확인을 구하는 것이 관련된 분쟁을 일거에 해결하는 유효·적절한 수단이 될 수 있는 경우에는 예외적으로 확인의 이익이 인정된다. 갑 주식회사의 주주들이 법원의 허가를 받아 개최한 주주총회에서 을이 감사로 선임되었는데도 갑 회사가 감사 임용계약의 체결을 거부하자, 을이 갑 회사를 상대로 감사 지위의 확인을 구하는 소를 제기하여, 소를 제기할 당시는 물론 대법원이 을의 청구를 받아들이는 취지의 환송판결을 할 당시에도[대판 2017. 3. 23, 2016 다 251215로 판례변경] 을의 감사로서 임기가 남아 있었는데, 환송 후 원심의 심리 도중 을의 임기가 만료되어 후임 감사가 선임된 사안에서, 을의 임기가 만료되고 후임 감사가 선임됨으로써 을의 감사 지위 확인 청구가 과거의 법률관계에 대한 확인을 구하는 것이 되었으나, 과거의 법률관계라고 할지라도 현재의 권리 또는 법률상 지위에 영향을 미치고 이에 대한 위험이나 불안을 제거하기 위하여 그 법률관계에 관한 확인판결을 받는 것이 유효·적절한 수단이라고 인정될 때에는 확인을 구할 이익이 있으므로, 을에게 현재의 권리 또는 법률상 지위에 대한 위험이나 불안을 제거하기 위해 과거의 법률관계에 대한 확인을 구할 이익이나 필요성이 있는지를 석명하고 이에 관한 의견을 진술하게 하거나 청구취지를 변경할 수 있는 기회를 주어야 하는데도, 종전의 감사 지위 확인 청구가 과거의 법률관계에 대한 확인을 구하는 것이 되었다는 등의 이유만으로 확인의 이익이 없다고 보아 을의 청구를 부적법 각하한 원심판결에는 확인소송에서 확인의 이익 및 석명의무의 범위에 관한 법리오해의 잘못이 있다[대판 2020. 8. 20, 2018 다 249148(공보 2020, 1769)].

(2) 종 임

1) 종임사유 감사(監事)의 종임사유는 대체로 이사의 그것과 같다[1](상 415조, 382조 2항, 385조). 감사가 임기만료 전에 정당한 이유 없이 해임되어(상 415조, 385조 1항) 회사를 상대로 보수 상당액을 해임으로 인한 손해배상액으로 청구하는 경우, 남은 임기동안 다른 직장에 종사하여 얻은 이익은 상당인과관계가 있는 한 손해배상액에서 공제되어야 한다.[2]

주주총회에서 감사(監事)를 해임결의를 하는 경우에 당해 감사(監事)는 그의 해임의 부당성에 관하여 의견을 진술할 수 있다(상 409조의 2). 이는 감사(監事)의 독립성을 보장하고 그의 지위의 안정·강화를 도모하기 위하여 1995년 개정상법에 의하여 신설된 것이다.[3] 이 때 주주총회에서 그의 의견을 진술할 수 있는 자는 당해 감사(監事)는 물론이고 그의 동료 감사(監事)도 포함된다고 보며, 의견을 진술할 수 있는 경우는 감사(監事)해임안이 위법하거나 현저하게 부당한 경우에만 한하는 것이 아니라 그러한 사유가 없더라도 의견을 진술할 수 있다고 본다[4](상 413조와 비교).

상장회사의 경우에는 감사(監事)의 해임에서 최대주주 이외의 주주는 비상장회사에서 감사를 선임할 때와 같이 의결권이 제한되나(최대주주 이외의 주주에 대하여 단순 3% rule을 적용함)(상 542조의 12 7항), 최대주주는 그와 그의 특수관계인·그 밖에 대통령령이 정하는 자(최대주주 또는 그 특수관계인의 계산으로 주식을 보유하는 자, 최대주주 또는 그 특수관계인에게 의결권〈의결권의 행사를 지시할 수 있는 권한을 포함한다〉을 위임한 자〈해당 위임분만 해당한다〉)가 소유하는 (상

1) 감사의 사망으로 인한 종임의 경우에는 회사와의 관계는 종료되므로, 상속인이 그 지위를 승계하는 것이 아니다[대판 1962. 11. 29, 62 다 524(카드 6418)].

2) 대판 2013. 9. 26, 2011 다 42348(공보 2013, 1880).

3) 동지: 해설(1995), 135면.

4) 동지: 이(철), (회) 878면(그러나 의견진술의 범위는 결의의 위법·부당의 지적 등 결의의 공정성을 기하기 위한 범위 내에서 인정된다고 한다); 해설(1995), 136~137면.

장회사의 의결권 있는) 주식의 합계가 그 회사의 의결권 없는 주식을 제외한 발행주식총수의 100분의 3(정관에서 이보다 낮은 주식보유비율을 정할 수 있다)을 초과하는 경우 그 초과하는 주식에 관하여 의결권을 행사하지 못한다(최대주주에 대하여 합산 3% rule을 적용함)(비상장회사의 경우 감사의 해임에 있어서는 이러한 제한을 하고 있지 않은 점과 비교)(상 542조의 12 7항, 상시 38조 1항). 즉, (감사의 선임의 경우와 같이) 해임에서도 최대주주에 대하여는 합산 3% rule을 적용하나, 그 이외의 주주에 대하여는 단순 3% rule을 적용한다.

소수주주에 의한 감사(監事)의 해임청구의 소도 이사의 그것과 같다. 즉, 감사(監事)가 그 직무에 관하여 부정행위 또는 법령이나 정관에 위반한 중대한 사실이 있음에도 불구하고 주주총회에서 그 해임을 부결한 때에는, 비상장회사의 경우는 발행주식총수의 100분의 3 이상에 해당하는 주식을 가진 주주, 상장회사의 경우는 발행주식총수의 100분의 3 이상에 해당하는 주식을 가진 주주(상 542조의 6 10항) 또는 6개월 전부터 계속하여 상장회사 발행주식총수의 10,000분의 50(최근 사업연도말 자본금이 1,000억원 이상인 상장회사의 경우에는 10,000분의 25) 이상에 해당하는 주식을 보유한 자가, 그러한 주주총회의 결의가 있은 날로부터 1월 내에 그 감사(監事)의 해임을 본점소재지의 지방법원에 청구할 수 있다(상 415조, 385조 2항 · 3항, 542조의 6 3항, 상시 32조).

금융회사의 경우는 6개월 전부터 계속하여 금융회사의 발행주식총수의 100,000분의 250(대통령령으로 정하는 금융회사의 경우에는 100,000분의 125) 이상에 해당하는 주식을 보유한 자가 이러한 감사(監事)의 해임의 소를 제기할 수 있다(지배 33조 3항).

회사의 해산의 경우에도 청산회사의 감사(監事)는 여전히 필요하므로, 해산은 원칙적으로 감사(監事)의 종임사유가 아니다.

2) 등 기 감사(監事)의 종임도 등기사항이다(상 317조 2항 8호).

3) 결원의 경우의 임시조치 이사의 경우와 같다(상 415조, 386조).

4. 감사(監事)의 권한

(1) 업무 및 회계감사권

감사(監事)는 이사(집행임원 설치회사의 경우는 '집행임원'을 포함한다. 이하 같다)의 직무집행을 감사할 권한을 갖는다(상 412조 1항). 이것은 감사(監事)가 회계감사를 포함하여 업무집행 전반을 감사할 권한을 갖는다는 것을 의미한다.[1] 감사(監事)의 업무감사권의 범위에 대하여는 위법성감사에 한하는가, 타당성감사를 포함하는가에 관하여 견해가 나뉘어 있다. 즉, (i) 원칙적으로 위법성감사에 한하는데, 상법에 명문의 규정(상 413조, 447조의 4 2항 5호·8호)이 있는 경우에는 타당성감사에도 미친다는 견해(다수설),[2] (ii) 원칙적으로 위법성감사에 한하는데, 예외적으로 타당성감사에도 미치는 경우는 상법에 명문의 규정이 있는 경우뿐만 아니라 이사의 업무집행이 현저하게 타당성을 결하는 경우에도 미친다는 견해(소수설),[3] (iii) 이사회에 의한 위법성감사에 공정을 기대할 수 없고 또 위법성과 타당성은 명확히 구별되지 않는다는 이유로 위법성감사에 한하지 않고 타당성감사에도 미친다는 견해(소수설)[4]로 나뉘어 있다.

생각건대 이사의 업무집행에 대한 타당성감사에 관한 권한은 이사회(이사가 1명 또는 2명인 소규모 주식회사에는 해당되지 않음—상 383조 5항)에 있으므로(상 393조 2항, 408조의 2 3항 2호), 감사(監事)는 상법에 명문규정이 있는 경우를 제외하고는 위법성감사만을 할 수 있다고 본다((i)설에 찬성함).

그러나 자본금 총액이 10억원 미만으로서 감사(監事)를 선임하지 아니한 소규모 주식회사(상 409조 4항)는 이러한 감사(監事)의 업무를 주주총회가 수행한다(상 409조 6항).

(2) 그 밖의 권한

감사(監事)의 업무감사권의 내용을 명확히 하고 또 이를 보충하기 위하여 상법은 감사(監事)에게 다음과 같은 구체적인 직무권한을 인정하고 있다.

1) 회사에 대한 보고요구·조사권 감사(監事)는 언제든지 이사에 대하여 영업에 관한 보고를 요구하거나, 회사의 업무와 재산상태를 조사할 수 있다(상 412조 2항). 또한 앞에서 본 바와 같이 1995년 개정상법에 의하여 이사는 회사에 현저하게 손해를 미칠 염려가 있는 사실을 발견한 때에는 감사(監事)의 요구가 없다 하더라도 즉시 이를 감사(監事)에게 보고하여야 할 의무를 부담한다(상 412조의 2). 따라서 이사는 감사(監事)의 요구에 의하여 보고의무를 부담하는 경우(소극적 보고의무)와, 스스로 보고의무를 부담하는 경우(적극적 보고의무)가 있다. 감사(監事)의 이러한 조사를 방해하거나 요구를 거부한 때에는 과태료의 제재가 있고(상 635조 1항 3호·4호), 감사(監事)는 필요한 조사를 할 수 없었다는 뜻 및 그

1) 동지: 정(희), 506면; 정(동), (회) 478면 외.
2) 서·정, 477면; 정(동), (회) 479면; 이(철), (회) 873~874면 외.
3) 정(희), 506면; 채, 583면.
4) 최(기), 953면; 이(기) 외, (회) 415면; 주상(제 5 판)(회사 Ⅲ), 643면.

이유를 감사보고서에 기재하여야 한다(상 447조의 4 2항 11호).

그러나 자본금 총액이 10억원 미만으로서 감사(監事)를 선임하지 아니한 소규모 주식회사(상 409조 4항)는 이러한 감사(監事)의 업무를 주주총회가 수행한다(상 409조 6항).

2) 자회사에 대한 보고요구·조사권 모회사의 감사(監事)는 그 직무를 수행하기 위하여 필요한 때에는 자회사에 대하여 영업의 보고를 요구할 수 있는데(상 412조의 5 1항), 이 때 자회사가 지체 없이 보고를 하지 아니하거나 보고를 한 경우로서 그 보고의 진부(眞否)를 확인할 필요가 있는 때에는 자회사의 업무와 재산상태를 조사할 수 있다(상 412조의 5 2항). 이 때 자회사는 정당한 이유가 없는 한 위의 보고 또는 조사를 거부하지 못한다(상 412조의 5 3항). 이는 모회사가 자회사를 이용하여 분식결산을 하는 경우가 있을 수 있으므로, 모회사의 감사(監事)에 의한 감사(監査)의 실효를 거두기 위하여 감사(監事)의 권한강화의 하나로 1995년 개정상법에 의하여 신설된 것이다.[1]

그러나 자본금 총액이 10억원 미만으로서 감사(監事)를 선임하지 아니한 소규모 주식회사(상 409조 4항)는 이러한 감사(監事)의 업무를 주주총회가 수행한다(상 409조 6항).

3) 이사회출석·의견진술·기명날인 또는 서명권 감사(監事)는 이사회에 출석하여 의견을 진술할 수 있다(상 391조의 2 1항). 따라서 이사회의 소집통지는 감사(監事)에게도 하여야 한다(상 390조 3항). 그러나 감사(監事)는 의결권이 없으므로 감사(監事)가 의견을 진술한다는 것은 의안에 대한 찬반의사를 표시하는 것을 뜻하는 것이 아니다. 감사(監事)는 이사회의사록의 정확·진정을 보장하기 위하여 이에 대한 기명날인권 또는 서명권이 있다(상 391조의 3 2항).

그러나 자본금 총액이 10억원 미만으로서 이사를 1명 또는 2명을 둔 소규모 주식회사(상 383조 1항 단서)는 이사회가 없으므로, 이러한 규정이 적용되지 않는다(상 383조 5항).

4) 이사·집행임원의 위법행위 유지청구권 감사(監事)는 이사·집행임원이 법령 또는 정관에 위반한 행위를 하여 이로 인하여 회사에 회복할 수 없는 손해가 생길 염려가 있는 경우에는, 이사·집행임원에 대하여 그 행위를 하지 말도록 유지청구할 수 있다(상 402조, 408조의 9).

5) 이사와 회사간의 소(訴)에 관한 회사대표권 회사가 이사에 대하여 또는 이사가 회사에 대하여 소를 제기하는 경우에 감사(監事)는 그 소에

1) 동지: 해설(1995), 144면; 日會 381조 3항·4항.

관하여 회사를 대표한다(상 394조 1항 1문). 이 때 감사(監事)는 회사를 대표하여 이사에 대하여 소를 제기할 것인지의 여부를 결정할 수 있고,[1] 소수주주가 회사에 대하여 이사의 책임을 추궁하는 소의 제기를 청구할 때(상 403조 1항, 406조의 2 1항)에는 감사(監事)에 대하여 이를 청구하여야 한다(상 394조 1항 2문). 이에 위반하여 대표이사가 회사를 대표하여 수행한 소송행위는 무효가 된다(상법 394조는 효력규정임).[2]

그러나 집행임원 설치회사에서 집행임원과 회사와의 소송에서는 이사회가 집행임원 설치회사를 대표할 자를 선임하고(상 408조의 2 3항 3호), 자본금 총액이 10억원 미만인 소규모 주식회사로서 감사(監事)를 선임하지 아니한 때에는 회사·이사 또는 이해관계인은 법원에 회사를 대표할 자를 선임하여 줄 것을 신청하여야 한다(상 409조 5항).

6) 주주총회의 소집청구권 감사(監事)는 회의의 목적사항과 소집의 이유를 기재한 서면을 이사회에 제출하여 임시총회의 소집을 청구할 수 있는데(상 412조의 3 1항), 이 때 이사회가 지체 없이 총회소집의 절차를 밟지 아니하면 감사(監事)가 법원의 허가를 얻어 총회를 직접 소집할 수 있다[3](상 412조의 3 2항, 366조 2항). 이는 감사(監事)의 조사나 이사의 보고에 따라 감사(監事)가 이사회에 적절한 조치를 촉구하여도 이사회가 이를 받아들이지 않는 경우에 감사(監事)가 직접 임시총회를 소집하여 이에 대한 대책을 강구할 수 있도록 하기 위하여 감사(監事)의 권한강화의 하나로 1995년 개정상법에 의하여 신설된 것이다.[4]

그러나 자본금 총액이 10억원 미만으로서 이사를 1명 또는 2명을 둔 소규모 주식회사(상 383조 1항 단서)는 이사회가 없으므로, 이러한 이사회의 기능을 각 이사(정관에 따라 대표이사를 정한 경우에는 그 대표이사)가 수행한다(상 383조 6항은 412조의 3 1항을 규정하고 있지 않은데, 이는 입법상 누락임).

7) 이사회의 소집청구권 감사(監事)는 필요하면 회의의 목적사항과 소집이유를 적은 서면을 이사(소집권자가 있는 경우에는 소집권자를 말함)에게

1) 동지: 정(희), 507면; 정(동), (회) 480면; 이(철), (회) 879면; 채, 583면; 이(기) 외, (회) 416면; 주상(제 5 판)(회사 Ⅲ), 292~293면.

2) 동지: 대판 1990. 5. 11, 89 다카 15199(공보 875, 1253).

3) 동지: 獨株 111조 3항.

4) 동지: 해설(1995), 143면. 이러한 감사의 주주총회소집청구권은 감사업무의 실효성을 확보하기 위한 것으로 감사는 감사업무와 관련한 긴급한 의견을 위해서만 주주총회의 소집을 청구할 수 있다는 견해로는 이(철), (회) 877~878면; 서울중앙지결 2016. 1. 14, 2015 비합 30056(감사가 이사의 선임과 해임을 목적사항으로 하는 주주총회의 소집허가를 위한 가처분신청을 기각함).

제출하여 이사회의 소집을 청구할 수 있는데(상 412조의 4 1항), 이 때 이사가 지체 없이 이사회를 소집하지 않으면 그 청구한 감사(監事)가 이사회를 소집할 수 있다(상 412조의 4 2항). 이는 감사(監事)의 충실한 감사업무를 위하여 2011년 4월 개정상법에 의하여 신설된 것이다.[1)]

8) 전문가의 도움청구권 감사(監事)는 회사의 비용으로 전문가의 도움을 구할 수 있는 권리를 갖는다(상 412조 3항). 이는 감사위원회에게 인정하고 점(상 415조의 2 5항)과 같은데, 감사(監事)의 충실한 감사업무를 위하여 2011년 4월 개정상법에 의하여 신설된 것이다.

9) 각종의 소권(訴權) 감사(監事)는 회사법상 각종의 소(訴)를 제기할 권한을 갖는다. 즉, 감사(監事)는 회사설립무효의 소(상 328조), 주주총회결의취소의 소(상 376조 1항), 신주발행무효의 소(상 429조), 자본감소무효의 소(상 445조), 합병무효의 소(상 529조 1항) 및 회사분할·분할합병무효의 소(상 530조의 11 1항, 529조 1항) 등을 제기할 수 있다.[2)]

5. 감사(監事)의 의무

(1) 선관의무

감사(監事)와 회사간의 관계는 위임관계이므로(상 415조, 382조 2항), 감사(監事)는 수임인으로서 회사에 대하여 선량한 관리자의 주의로써 위임사무를 처리할 의무를 부담한다. 그러나 감사(監事)는 이사와는 달리 업무집행권이 없으므로, 이와 관련된 의무인 충실의무(상 382조의 3)·경업피지의무(상 397조)·회사기회유용금지의무(상 397조의 2) 및 자기거래금지의무(상 398조)는 없다.[3)]

(2) 그 밖의 의무

1) 이사회에 대한 보고의무 감사(監事)는 이사가 법령 또는 정관에

1) 동지: 日會 383조 2항은 감사에게 이사(이사회소집권자)에 대하여 하는 이사회소집청구권을 인정하고 있고, 동 383조 3항에 의하여 이사가 이러한 이사회소집청구를 받고 일정 기간 내에 이사회 소집통지를 발송하지 아니한 경우에는 감사가 직접 이사회를 소집할 수 있다.

2) 감사(監事)가 주주총회결의취소의 소, 신주발행무효의 소, 자본감소무효의 소를 제기한 경우에는 이사인 주주가 제소한 경우와 같이 담보제공의무가 면제된다(상 377조, 430조, 446조).

3) 반대: 윤성승, "주식회사 감사의 주의의무에 대한 검토 — 감사의 회사에 대한 이해상충행위를 중심으로 —," 「상사판례연구」(한국상사판례학회), 제31집 제 2 권(2018. 6), 135~159면(특히, 141~146면, 148면, 153~154면)(감사의 경우에도 이해상충행위를 규율하기 위하여 선관주의의무 이외에 충실의무·경업피지의무·회사기회유용금지의무 및 자기거래금지의무를 명시적으로 준용할 필요가 있다고 한다. 이와 같이 하는 것이 감사위원회 위원의 주의의무와 균형을 이룬다고 한다).

위반하거나 또는 위반할 염려가 있다고 인정한 때에는 이를 이사회에 보고할 의무가 있다(상 391조의 2 2항). 그러나 이것을 위한 이사회소집청구권은 인정되지 않는다.[1)]

2) 비밀유지의무 감사(監事)는 재임중뿐만 아니라 퇴임 후에도 직무상 알게 된 회사의 영업상 비밀을 누설하여서는 아니 될 의무가 있다(상 415조, 382조의 4).

3) 주주총회에 대한 의견진술의무 감사(監事)는 주주총회에 제출될 의안 및 서류를 조사하여 법령 또는 정관에 위반하거나 현저하게 부당한 사항이 있는지의 여부에 관하여 주주총회에 그 의견을 진술할 의무가 있다(상 413조).

4) 감사록의 작성의무 감사(監事)는 감사록의 작성 및 그것에 기명날인 또는 서명할 의무가 있다(상 413조의 2). 감사록은 감사실시의 일지인데, 감사할 때마다 감사의 실시요령과 그 결과를 기재한다.

5) 감사보고서의 작성·제출의무 감사(監事)는 매 결산기에 이사로부터 제출받은 재무제표와 영업보고서를 감사한 후 감사보고서를 작성하여, 이를 일정기간 내에 이사(대표이사)에게 제출할 의무가 있다(상 447조의 4 1항). 감사보고서의 기재사항은 상법에 상세히 규정되어 있다(상 447조의 4 2항).

6. 감사(監事)의 책임

감사(監事)와 회사간의 관계는 위임관계이므로(상 415조, 382조 2항), 감사(監事)가 수임인으로서 그 임무를 게을리하였을 때에는 그 감사(監事)는 연대하여 회사에 대하여 손해배상의 책임을 진다(상 414조 1항). 또 감사(監事)가 고의[2)] 또는 중대한 과실로 인하여 그 임무를 게을리하고 그로 말미암아 제 3 자에게 손해를 입힌 경우에는, 그 감사(監事)는 제 3 자에 대하여 직접 연대하여 손해를 배상할 책임을 진다(상 414조 2항).

감사(監事)의 회사에 대한 책임과 제 3 자에 대한 책임에 관하여는 다음의 대법원판례가 있다.

[감사(監事)의 회사에 대한 손해배상책임을 부정한 판례]

상호신용금고의 출자자 등에 대한 대출 또는 동일인에 대한 여신한도 초과

1) 위에서 본 바와 같이 日會 제383조 제 2 항~제 4 항은 이를 인정하고 있다.

2) 2011년 4월 개정상법에서 상법 제414조 2항의 '악의'도 상법 제399조 1항과 같이 '고의'로 수정하였어야 한다고 본다.

대출이 대표이사 등에 의하여 조직적으로 이루어지고 또한 타인의 명의를 빌림으로써 적어도 서류상으로는 그 대출행위가 위법함을 알아내기 어려운 경우, 사후에 그 대출의 적법 여부를 감사하는 것에 그치는 감사로서는 불법대출의 의심이 든다는 점만으로는 바로 관계 서류의 제출요구·관계자의 출석 및 답변요구·회사관계 거래처의 조사자료 징구·위법부당행위의 시정과 관계 직원의 징계요구 및 감독기관에 보고 등의 조치를 취할 것을 기대하기는 어렵기 때문에 감사의 회사에 대한 임무해태로 인한 손해배상책임을 인정할 수 없다[대판 2003. 10. 9, 2001 다 66727(공보 2003, 2152)].

[감사(監事)의 회사에 대한 손해배상책임을 인정한 판례]

주식회사의 감사는 회사의 필요적 상설기관으로서 회계감사를 비롯하여 이사의 업무집행 전반을 감시할 권한을 갖는 등 상법 기타 법령이나 정관에서 정한 권한과 의무가 있다. 감사는 이러한 권한과 의무를 선량한 관리자의 주의의무를 다하여 이행하여야 하고, 이에 위반하여 그 임무를 해태한 때에는 그로 인하여 회사가 입은 손해를 배상할 책임이 있다. 코스닥 시장 상장회사였던 갑 주식회사가 추진한 유상증자 이후, 차명 지분 등을 통해 갑 회사를 포함한 그룹을 지배하며 실질적으로 운영하던 을 및 그의 지휘 아래 그룹 업무를 총괄하던 병 등이 유상증자대금의 일부를 횡령하자, 갑 회사가 횡령행위 기간 중 갑 회사의 이사 또는 대표이사 및 감사로 재직하였던 정 등을 상대로 상법 제399조, 제414조 등에 따른 손해배상을 구한 사안에서, 정 등은 갑 회사의 이사 및 감사로서 이사회에 출석하고 상법의 규정에 따른 감사활동을 하는 등 기본적인 직무조차 이행하지 않았고, 을 등의 전횡과 위법한 직무수행에 관한 감시·감독의무를 지속적으로 소홀히 하였으며, 이러한 정 등의 임무 해태와 을 등이 유상증자대금을 횡령함으로써 갑 회사가 입은 손해 사이에 상당인과관계가 충분히 인정되는데도, 이와 달리 보아 정 등의 책임을 부정한 원심판단에는 상법상 이사 및 감사의 주의의무에 관한 법리오해의 잘못이 있다[대판 2019. 11. 28, 2017 다 244115(공보 2020, 166)].

[감사(監事)의 제 3 자에 대한 손해배상책임을 인정한 판례]

회사의 감사가 회사의 사정에 비추어 회계감사 등의 필요성이 있음을 충분히 인식하고 있었고 또 경리업무 담당자의 부정행위의 수법이 교묘하게 저질러진 것이 아닌 것이어서 어음용지의 수량과 발행매수를 조사하거나 은행의 어음결제량을 확인하는 정도의 조사만이라도 했다면 위 경리업무 담당자의 부정행위를 쉽게 발견할 수 있었을 것인데도 아무런 조사도 하지 아니하였다면, 이는 감사로서의 중대한 과실로 인하여 그 임무를 해태한 것이 되므로, 위 경리업무 담당자의 부정행위로 발행된 어음을 취득함으로써 손해를 입은 어음소지인들에 대하여 위 감사는 상법 제414조 제 2 항·제 3 항에 의해 손해를 배상할 책임이 있다.

따라서 원심이 위와 같은 사실관계에서 감사에게 상법 제414조 제 2 항·제 3 항에 의한 책임을 인정한 것은 정당하므로, 논지는 이유 없다[대판 1988. 10. 25, 87 다카 1370(공보 1988, 1473)] [이 판결에 찬성하는 취지의 평석으로는 강위두, 법률신문, 제1842호(1989. 5. 8), 11면].

동지: 대판 2008. 9. 11, 2006 다 68636(공보 2008, 1345)(감사는 상법 기타 법령이나 정관에서 정한 권한과 의무를 선량한 관리자의 주의의무를 다하여 이행하여야 하고, 악의 또는 중과실로 선량한 관리자의 주의의무에 위반하여 그 임무를 해태한 때에는 그로 인하여 제 3 자가 입은 손해를 배상할 책임이 있는바, 이러한 감사의 구체적인 주의의무의 내용과 범위는 회사의 종류나 규모, 업종, 지배구조 및 내부통제시스템, 재정상태, 법령상 규제의 정도, 감사 개개인의 능력과 경력, 근무 여건 등에 따라 다를 수 있다 하더라도, 감사가 주식회사의 필요적 상설기관으로서 회계감사를 비롯하여 이사의 업무집행 전반을 감사할 권한을 갖는 등 상법 기타 법령이나 정관에서 정한 권한과 의무를 가지고 있는 점에 비추어 볼 때, 대규모 상장기업에서 일부 임직원의 전횡이 방치되고 있거나 중요한 재무정보에 대한 감사의 접근이 조직적·지속적으로 차단되고 있는 상황이라면, 감사의 주의의무는 경감되는 것이 아니라 오히려 현격히 가중된다. 따라서 감사가 위와 같은 이유로 필요한 회계감사를 제대로 실시하지 않았다면 악의 또는 중대한 과실을 인정할 수 있어 제 3 자에 대한 책임이 있다).

[감사(監事)의 제 3 자에 대한 손해배상책임을 부정한 판례]

주식회사의 감사가 실질적으로 감사로서의 직무를 수행할 의사가 전혀 없으면서도 자신의 도장을 이사에게 맡기는 등의 방식으로 그 명의만을 빌려줌으로써 회사의 이사로 하여금 어떠한 간섭이나 감독도 받지 않고 재무제표 등에 허위의 사실을 기재한 다음 그와 같이 분식된 재무제표 등을 이용하여 거래 상대방인 제 3 자에게 손해를 입히도록 묵인하거나 방치한 경우, 감사는 악의 또는 중대한 과실로 인하여 임무를 해태한 때에 해당하여 그로 말미암아 제 3 자가 입은 손해를 배상할 책임이 있다. 그런데 주식회사의 감사가 감사로서 결산과 관련한 업무 자체를 수행하기는 하였으나 재무제표 등이 허위로 기재되었다는 사실을 과실로 알지 못한 경우에는, 문제된 분식결산이 쉽게 발견 가능한 것이어서 조금만 주의를 기울였더라면 허위로 작성된 사실을 알아내 이사가 허위의 재무제표 등을 주주총회에서 승인받는 것을 저지할 수 있었다는 등 중대한 과실을 추단할 만한 사정이 인정되어야 비로소 제 3 자에 대한 손해배상의 책임을 인정할 수 있고, 분식결산이 회사의 다른 임직원들에 의하여 조직적으로 교묘하게 이루어진 것이어서 감사가 쉽게 발견할 수 없었던 때에는 분식결산을 발견하지 못하였다는 사정만으로 중대한 과실이 있다고 할 수는 없고, 따라서 감사에게 분식결산으로 인하여 제3자가 입은 손해에 대한 배상책임을 인정할 수 없다[대판 2008. 2. 14, 2006 다 82601(공보 2008, 370)].

이러한 감사(監事)의 책임은 상근감사이든 비상근감사이든 동일하다. 우리 대법원판례도 이러한 취지로 다음과 같이 판시하고 있다.

[감사(監事)의 책임은 상근감사이든 비상근감사이든 동일하다고 본 판례]

상법이 감사를 상임 감사와 비상임 감사로 구별하여 비상임 감사는 상임 감사에 비해 그 직무와 책임이 감경되는 것으로 규정하고 있지도 않을 뿐 아니라, 우리나라의 회사들이 비상임 감사를 두어 비상임 감사는 상임 감사의 유고시에만 감사의 직무를 수행하도록 하고 있다는 상관습의 존재도 인정할 수 없으므로, 비상임 감사는 감사로서의 선관주의의무 위반에 따른 책임을 지지 않는다는 주장은 허용될 수 없다[대판 2007. 12. 13, 2007 다 60080(공보 2008, 25)].

감사가 회사 또는 제3자에 대하여 손해배상책임을 지는 경우에 이사·집행임원도 책임을 져야 할 때에는, 그 감사(監事)와 이사·집행임원은 연대하여 배상할 책임이 있다(상 414조 3항, 408조의 8 3항).

감사(監事)의 회사에 대한 책임면제의 요건과 책임추궁을 위한 소수주주의 대표소송 및 다중대표소송에 관하여는 이사의 경우와 같다(상 415조, 400조, 403조~406조, 406조의 2, 542조의 6 6항·7항·10항). 이 때 이러한 소수주주가 승소한 때에는 회사에 대하여 소송비용 및 그 밖에 소송으로 인하여 지출한 비용 중 상당한 금액의 지급을 청구할 수 있다(상 415조, 405조 1항).

감사(監事)의 책임면제에 관한 다음의 대법원판례가 있다.

[총주주의 동의로 면제할 수 있는 감사(監事)의 책임은 채무불이행책임에 한한다고 본 판례]

상법 제415조, 제400조에 의하여 총주주의 동의로 면제할 수 있는 감사의 회사에 대한 책임은 위임관계로 인한 채무불이행책임이지 불법행위책임이 아니므로, 사실상의 1인 주주가 책임면제의 의사표시를 하였더라도 감사의 회사에 대한 불법행위책임은 면제할 수 없다[대판 1996. 4. 9, 95 다 56316(공보 1996, 1395)][이 판례에 대하여 채무불이행책임도 면제되지 않는다는 취지의 평석으로는 강위두, 법률신문, 제2599호(1997. 5. 19), 14면이 있고, 불법행위책임도 면제된다는 취지의 평석으로는 김동완, 「판례월보」, 제320호, 26~31면].

1999년 개정상법에 의하면 감사위원회의 위원이 소의 당사자인 경우에는 감사위원회 또는 이사는 법원에 회사를 대표할 자를 선임하여 줄 것을 신청하도록 하고 있다(상조 394 2항). 그런데 감사(監事)가 1인인 경우 또는 수 인이 있는 경우에도 그들의 책임을 공동으로 추궁받을 때에 이사도 책임을 져야 할 경우에는 대표소송제기의 청구를 누구에게 하고 누가 그 소송에 관하여 회사를 대표할 것인가의 문제가 있는데, 이 경우에도 상법 제394조 2항을 유추적용하여 대표이사가 법원에 회사를 대표할 자를 선임하여 줄 것을 청구하여야 한다고 본다.

제 2 감사위원회

I. 의 의

1999년 개정상법은 주식회사는 이사회내 위원회의 하나로서 감사위원회제도를 감사(監事)에 갈음하여 채택할 수 있음을 규정하고 있다(상 415조의 2 1항). 따라서 이러한 감사위원회란 「감사(監事)에 갈음하여 업무집행기관의 업무집행과 회계를 감사할 권한을 가진 이사회내 위원회의 하나인 기관」이라고 볼 수 있다. 이러한 감사위원회는 합의체의 의결기관인 점에서 위의 감사(監事)가 수 인이 있는 경우와 구별된다.

감사위원회제도는 미국에서 발생하였는데, 현재는 영국·캐나다 등 많은 국가에 확산되고 있다.[1] 감사(監査)제도에 관한 외국의 입법례는 크게 (i) 이사회의 과반수 이상을 독립된 사외이사로 구성하고 이러한 사외이사로 구성되는 미국의 감사위원회(audit committee)제도,[2] (ii) 3인 이상의 감사(監事)로 구성되는 독일의 감사회(Aufsichtsrat)제도, (iii) 일본의 감사제도(위원회설치회사는 감사위원회〈日會 404조 2항〉, 감사회설치회사는 감사회〈日會 390조 이하〉, 그 밖의 경우는 감사〈日會 381조 이하〉) 등이 있는데, 1999년 개정상법은 그간의 기업풍토와 감사현실에서 종래의 감사(監事)제도가 그 실효를 거두지 못하였다는 점 또한 자본시장의 국제화에 따라 회사의 지배구조에 관한 세계적인 추세[3]를 반

1) 법무부, 상법개정공청회 자료(1999. 9. 14), 28면.
2) 미국의 감사위원회제도에 관하여는 김순석, "미국 감사위원회 제도의 최근 동향과 시사점," 「상법학의 전망(평성 임홍근교수 정년퇴임기념논문집)」(서울: 법문사, 2003), 239～260면 참조.
3) 회사의 지배구조에 관한 세계적인 논의는 1999년 5월 OECD 각료회의에서 공식문서로 채택한 「OECD 기업지배의 원칙」(OECD Principles of Corporate Governance), 1998년 1월에 발표된 영

영한다는 점 등에서 미국의 감사위원회제도를 채택하게 된 것이다.[1)]

미국의 감사위원회제도는 주(州) 회사법상으로는 Connecticut주[2)]를 제외하고는 강제되어 있지 않으나, 회사의 업무집행에 대한 감독기능을 수행할 이사회가 그 역할을 다하고 있지 않기 때문에 업무집행을 담당하지 않는 독립된 사외이사 등이 중심이 되어 업무집행에 대한 책임추궁을 종전보다 매우 엄격하게 하여야 한다는 사회적 요구가 있었으며 또한 증권거래위원회(SEC) 등이 공개회사에 대하여 회사의 재무제표를 감사하는 독립의 감사(auditor)를 지명하고 이러한 감사와 감사업무를 협의하는 것을 임무로 하는 사외이사로 구성된 감사위원회(audit committee)를 설치할 것을 권고하였던 점에 영향을 받아 1970년대부터 감사위원회는 크게 증가하였다.[3)]

그러나 우리 상법이 이러한 감사위원회제도를 성급하게 도입한 것에 대하여는 많은 문제점이 있다고 본다.[4)] 즉, (i) 첫째는 감사위원회제도는 원래 감독

국의 Hampel Report(Report of the Committee on Corporate Governance: Final Report)가 있고, 1992년 4월에 최종안을 공표한 미국 법조협회(American Law Institute: A.L.I.)의 「ALI원칙」(Principles of Corporate Governance: Analysis and Recommendations)(Interim Report, 1997) 등이 있다[이에 관한 상세는 나승성, "주식회사 지배구조에 관한 연구," 법학박사학위논문(고려대, 2000. 2) 참조]. 이 중에서 특히 미국의 ALI원칙은 대규모 공개회사(주주가 2,000명 이상이고 총자산 1억불 이상인 회사)는 이사회내 위원회로서 감사위원회를 설치하고, 동 위원회는 회사와 고용관계가 없고 직전 과거 2년 내에 회사와 고용관계가 없었던 이사 3명으로 구성하며, 그 과반수는 회사의 임원(officer)으로부터 독립성이 있는 자로 구성할 것을 내용으로 하여 각 주 회사법에서 이를 채택할 것을 권고하고 있다.

이러한 세계적인 추세에 영향을 받아 우리나라에서도 1999년 7월 28일에 기업지배구조개선위원회에서 「기업지배구조모범규준」의 최종안을 마련하였는데, 이에 의하면 이사회에는 경영진과 지배주주로부터 독립적으로 기능을 수행할 수 있는 사외이사를 두도록 하고, 이러한 사외이사는 독립적으로 중요한 기업경영정책의 결정에 참여하고 이사회의 구성원으로서 경영진을 감독·지원할 수 있어야 한다고 규정하고 있다.

1) 1999년 개정상법이 감사위원회를 전격적으로 도입하게 된 배경에는 1997년말 이후 외환위기에서 우리 정부와 IMF 및 IBRD와 합의한 사항을 이행하는 점[홍복기, "현행 감사제도와 감사위원회제도, 외부감사제도의 합리적 조화방안(심포지엄 Ⅱ)," 「상장」, 1999. 12(제300호), 97면], 1998년 12월 금융감독위원회가 국제회계기준(International Accounting Standards)에 부합하도록 기업회계기준을 대폭 개정함으로써 우리 기업회계는 국제적인 표준에 한 걸음 더 접근하였는데 외국기관들은 이러한 기업회계의 투명성은 감사위원회의 설치 없이는 담보될 수 없다고 보기 때문에 이에 부응하고자 하는 점[법무부, 상법개정공청회자료(1999. 9. 14), 29면 주 12)] 등이다.

2) Conn. Gen. Stat. §33-318(b).

3) 이에 관한 상세는 홍복기, "주식회사의 경영구조의 변화와 그 전망—감사위원회제도의 도입을 중심으로," 21세기의 기업지배구조(대한상공회의소·성균관대학교 비교법연구소 공동세미나자료, 1999. 11. 26), 52~54면 참조.

4) 이에 관한 상세는 정찬형, "IMF 경제체제 이후 회사지배구조에 관한 상법개정에 대한 평가," 「현대상사법논집」(우계강희갑박사화갑기념논문집), 2001. 12, 42~48면; 동, "주식회사의 업무집행기관에 대한 감독(감사)기관," 「고려법학」, 제38호(2002), 54~59면; 동, "사외이사제도,"

형 이사회제도(즉, 업무집행기관과 업무감독기관을 분리한 지배구조)에서 감사(監査)의 실효성을 기할 수 있는 제도인데, 우리 상법은 이사회와 분리된 업무집행기관(집행임원)이 별도로 없는 참여형 이사회제도에서 감사위원회를 두도록 하거나(상 542조의 11 1항) 둘 수 있는 것으로(상 415조의 2 1항) 함으로써 업무집행에 관한 의사결정에 참여하는 이사가 다시 감사위원회 위원으로서 업무집행을 담당한 이사의 직무를 감사한다는 것은 자기감사의 모순이고 또한 이는 종래의 감사(監事)보다도 그 지위의 독립성과 감사(監査)의 실효성에 문제가 더 있는 점[1](이러한 문제점의 해결방안으로는 상법 제415조의 2 제 1 항 제 1 문에서 "회사는"을 "집행임원설치회사는"으로 수정하고, 상법 제542조 11 제 1 항에서 "상장회사는"을 "상장회사로서 집행임원설치회사는"으로 수정하면 된다),[2] (ii) 둘째는 의무적 감사위원회에서 감사위원회 위원은 주주총회에 의하여 선임되고(상 542조의 12 1항) 임의적 감사위원회에서 감사위원회 위원은 이사회에서 선임되도록 한 것은(상 415조의 2 1항, 393조의 2) 통일성이 없는 점(이러한 문제점의 해결방안으로는 집행임원 설치회사에서만 감사위원회를 두는 것을 전제로 하여 감사위원회 위원의 선임·해임을 이사회에서 하도록 통일하기 위하여 상법 제542조의 12 제 1 항~제 4 항을 삭제하면 된다),[3] (iii) 셋째는 감사위원회의 지위와 기능이 감사(監事)의 그것과 동일하지 않음에도 불구하고 감사(監事)에 갈음하여 감사위원회를 두는 것으로 규정한 점(상 415조의 2 1항 참조), (iv) 넷째는 주식회사 등의 외부감사에 관한 법률의 적용을 받는 주식회사의 경우에는 종래의 (내부)감사(監事)에 의한 감사 외에도 (외부)감사인에 의한 회계

「고시계」, 2001. 12, 62~67면 참조.

동지: 정준우, "감사위원회의 법적 지위와 그 문제점,"「비교사법」, 제 8 권 1호(하)(2001. 6), 729~758면; 최완진, "감사위원회에 관한 법적 고찰,"「경영법률」(한국경영법률학회), 제12집(2001), 203~228면; 최윤범, "감사위원회제도의 문제점과 개선방안,"「기업법연구」(한국기업법학회), 제 8 집(2001), 819~852면; 전삼현, "사외이사와 감사위원회제도의 활성화 방안,"「상장」, 제342호(2003. 6), 6~9면(감사위원의 책임을 종래의 감사의 책임보다 더 엄격하게 규정하고, 감사위원회의 법적 지위에 대하여 새로운 검토가 필요하다고 한다) 등.

1) 이러한 문제점에 관한 상세는 정찬형, "주식회사의 지배구조,"「상사법연구」(한국상사법학회), 제28권 3호(2009. 11), 34~36면; 동 "금융기관 지배구조의 개선방안,"「금융법연구」(한국금융법학회), 제12권 제 1 호(2015), 77~81면 참조.

동지: 손주찬, "상법(회사법)의 개정과 2000년의 과제,"「법조」, 제520호(2000. 1), 131~132면; 한국상장회사협의회, "사외이사제도의 문제점 및 개선방안,"「상장」, 2001. 6, 43면; 김상규, "감사위원회제도에 관한 연구,"「상사법연구」, 제20권 4호(2002), 95~98면.

2) 동지: 정찬형 "우리 주식회사 지배구조의 문제점과 개선방안,"「상사법연구」(한국상사법학회), 제34권 2호(2015. 8), 34면, 37면.

3) 동지: 정찬형, 상게논문, 36~37면.

감사를 받는데 이러한 주식회사가 감사위원회를 도입하면 (결과적으로) 같은 미국제도를 상법과 특별법에서 이중으로 도입하여 유사한 내용에 관하여 유사한 두 기관으로부터 독립적으로 이중으로 감사를 받게 한 점(이러한 문제점의 해결방안으로는 앞으로 주식회사 등의 외부감사에 관한 법률은 필요한 사항은 상법에서 규정하고 폐지되어야 할 것으로 본다) 등을 들 수 있다.

2. 설 치

1) 상법상 감사위원회의 설치는 원칙적으로 임의사항이다. 즉, 회사는 정관이 정한 바에 따라 감사(監事)에 갈음하여 감사위원회를 설치할 수 있는데, 감사위원회를 설치한 경우에는 감사(監事)를 둘 수 없다(상 415조의 2 1항).

2) 그러나 최근 사업연도말 현재 자산총액이 2조원 이상인 상장회사는 일정한 회사를 제외하고는 의무적으로 감사위원회를 설치하여야 한다(상 542조의 11 1항, 상시 37조 1항).

금융회사는 원칙적으로 감사위원회를 설치하여야 하는데(지배 16조 1항 2호), 다만 자산규모 등을 고려하여 대통령령으로 정하는 금융회사는 상근감사를 1명 이상 두어야 한다(지배 19조 8항).

최근 사업연도말 현재의 자산총액이 1천억원 이상 2조원 미만인 상장회사는 감사위원회를 설치할 의무가 없고 1인 이상의 상근감사를 두어야 하는데(상 542조의 10 1항 본문), 이러한 회사가 상근감사에 갈음하여 감사위원회를 설치하는 경우에는 자산총액 2조원 이상의 상장회사와 같은 감사위원회를 설치하여야 한다(상 542조의 10 1항 단서).

3. 구 성

(1) 위원의 수

감사위원회는 이사회내 위원회의 일종이기는 하나, 이사회내 위원회가 2인 이상의 이사로 구성되는 데 반하여(상 393조의 2 3항), 이에 불구하고 반드시 3인 이상의 이사로 구성된다(상 415조의 2 2항 본문).

(2) 위원의 자격·선임·종임

1) 자 격 상법상 감사위원회 위원의 3분의 2 이상은 사외이사이어야 한다(상 415조의 2 2항 단서). 감사위원회를 임의적으로 설치한 상장회사(상법 415조의 2 1항에 따라 감사위원회를 설치한 상장회사)의 경우, 감사위원회 위원인 사외이사의 사임·사망 등의 사유로 인하

여 사외이사의 수가 이러한 요건에 미달하게 되면, 그 사유가 발생한 후 처음으로 소집되는 주주총회에서 그 요건에 합치되도록 하여야 한다(상 542조의 11 4항 2호).

앞에서 본 바와 같이 감사위원회를 의무적으로 설치하여야 하는 상장회사(상 542조의 11 1항, 상시 37조 1항)의 경우는 위의 요건 이외에도, 감사위원회 위원 중 1명 이상은 대통령령으로 정하는 회계 또는 재무전문가이어야 하고,[1] 또한 감사위원회 대표는 사외이사이어야 하는 요건이 추가된다(상 542조의 11 2항, 상시 37조 2항). 감사위원회를 의무적으로 설치하여야 하는 상장회사(상법 542조의 11 1항에 따라 감사위원회를 설치한 상장회사)의 경우, 감사위원회 위원인 사외이사의 사임·사망 등의 사유로 인하여 사외이사의 수가 위의 요건에 미달하게 되면, 그 사유가 발생한 후 처음으로 소집되는 주주총회에서 그 요건에 합치되도록 하여야 한다(상 542조의 11 4항 1호).

또한 감사위원회를 의무적으로 설치하여야 하는 상장회사의 사외이사가 아닌(상근) 감사위원회 위원에 대하여는, 상근감사의 결격사유가 동일하게 적용된다(상 542조의 11 3항, 542조의10 2항).[2] 금융회사의 사외이사가 아닌 감사위원의 자격요건에 관하여는 사외이사의 자격요건에 관한 규정이 준용된다(지배 19조 10항 본문, 6조 1항·2항).

2) 선　　임

㈎ 감사위원회를 임의적으로 설치하는 회사에서 감사위원회 위원은 이사 중에서 이사회의 결의로 선임된다(상 415조의 2 1항 1문, 393조의 2 2항 3호 참조). 감사위원회를 임의적으로 설치하는 상장회사 중 최근 사업연도말 현재의 자산총액이 1천억원 미만인 상

---

1) 상법 제542조의 11 2항 1호에서 "대통령령으로 정하는 회계 또는 재무 전문가"란 다음 각 호의 어느 하나에 해당하는 사람을 말한다(상시 37조 2항).

1. 공인회계사의 자격을 가진 사람으로서 그 자격과 관련된 업무에 5년 이상 종사한 경력이 있는 사람
2. 회계 또는 재무 분야에서 석사학위 이상의 학위를 취득한 사람으로서 연구기관 또는 대학에서 회계 또는 재무 관련 분야의 연구원이나 조교수 이상으로 근무한 경력이 합산하여 5년 이상인 사람
3. 상장회사에서 회계 또는 재무 관련 업무에 합산하여 임원으로 근무한 경력이 5년 이상 또는 임직원으로 근무한 경력이 10년 이상인 사람
4. 「금융회사의 지배구조 관한 법률 시행령」 제16조 제 1 항 제 4 호·제 5 호의 기관 또는 「한국은행법」에 따른 한국은행에서 회계 또는 재무 관련 업무나 이에 대한 감독 업무에 근무한 경력이 합산하여 5년 이상인 사람
5. 「금융회사의 지배구조에 관한 법률 시행령」 제16조 제 1 항 제 6 호에 따르 금융위원회가 정하여 고시하는 자격을 갖춘 사람

2) 상법 제542조의 10 제 2 항 2호의 「회사의 상무(常務)에 종사하는 이사」는 업무집행을 전제로 하는 것으로 보아야 하므로 감사(監事)업무만을 위하여 상근하는 이사는 이에 해당하지 않는 것으로 보아야 하고, 업무집행을 담당하는 「그 밖에 상무에 종사하지 아니하는 이사」(상 317조 2항 8호 참조)는 「사외이사가 아닌 감사위원회 위원」이 될 수 없다고 본다.

장회사(상 542조의 10 1항 단서의 반대해석, 상시 36조 1항 참조)는 감사위원회 위원을 이사회에서 선임(해임)하므로(상 393조의 2 2항 3호) 감사위원회 위원의 선임(해임)에 소수주주의 의견이 반영될 여지가 전혀 없다(상 409조 2항 참조). 따라서 이러한 상장회사의 지배주주는 감사기관으로 소수주주의 의견이 반영되는 감사(監事)를 두는 것보다 감사위원회를 선호할 것이다.

(나) 감사위원회를 의무적으로 설치하여야 하는 상장회사(상 542조의 11 1항, 상시 37조 1항) 및 상근감사에 갈음하여 감사위원회를 설치하는 상장회사(상 542조의 10 1항 단서)의 경우, 감사위원회 위원을 선임하는(또는 해임하는) 권한은 주주총회에 있는데(상 542조의 12 1항), 이 경우 주주총회는 원칙적으로 이사를 선임한 후 선임된 이사 중에서 감사위원회 위원을 선임하여야 한다(일괄선출방식)(상 542조의 12 2항 본문).

감사위원회 위원을 이와 같이 일괄선출방식에 의하여 선출하는 경우 선임된 이사 중에서 감사위원회 위원을 선임할 때에 주주의 의결권을 제한하더라도(단순 3% rule 또는 합산 3% rule) 감사(監事)의 선임시 주주의 의결권을 제한하여(단순 3% rule 또는 합산 3% rule) 소수주주의 의견을 반영한 것과 같은 효과를 얻을 수는 없다. 또한 (상법상 집행임원을 두고 있지 않은) 참여형 이사회를 두고 있는 회사는 감사(監事)를 두도록 하여야 하는데(감사기관의 독립성과 자기감사를 피하는 점에서), 감사위원회를 두도록 하거나 또는 둘 수 있도록 함으로써 감사(監事)의 선임에서 소수주주의 의견을 반영하고자 하는 입법취지도 반영할 수 없게 되고 또한 감사기관의 독립성에서 감사(監事)보다도 못하고 자기감사의 결과가 되어 감사(監査)의 효율성에서도 감사(監事)보다도 못하게 되었다. 따라서 주식회사(특히 대규모 상장회사)의 지배주주는 감사기관의 선임시 그의 의결권 행사가 제한되는 감사(監事)보다는 감사위원회를 선호하고 이와 함께 감사위원회의 감사기관으로서의 독립성이 떨어지고 자기감사로서 감사(監査)의 효율성이 떨어지는 (상법상 집행임원을 두지 않는) 참여형 이사회제도를 선호하여, 우리나라의 대규모 상장회사는 거의 전부 이러한 지배구조를 취하고 있다.

이와 같이 일괄선출방식에 의하여 감사위원회 위원을 선출하는 경우 감사(監事)의 선임에서와 같이 소수주주의 의견을 반영하지 못하여, 2020년 개정상법은 감사위원회 위원의 선임시 소수주주의 의견을 반영하기 위하여 예외적으로 분리선출방식을 도입하였다. 즉, 감사위원회 위원 중 1명(정관에서 2명 이상으로 정할 수 있으며, 정관으로 정한 경우에는 그에 따른 인원으로 한다)은 주주총회의 결의로 다른 이사들과 분리하여 감사위원회 위원이 되는 이사로 선임하여야 한다고 규정하였다(분리선출방식)(상 542조의 12 2항 단서). 금융회사는 감사위원이 되는 사외이사 1명 이상에 대해서는 다른 이사와 분리하여 선임하여야 한다(분리선출 방식)(지배 19조 5항).

2020년 개정상법은 이와 같이 감독형 이사회를 전제로 하지 않고 (상법상 집행임원을 두고 있지 않은) 참여형 이사회에서도 '감사위원회 위원 중 1명'을 분리선출방식에 의하여 선임하는 것으로 하였는데, 이는 다음과 같은 문제점이 있다고 본다.

① 감사위원회는 원래 업무집행기관(집행임원)과 감독기관(이사회)이 분리되는 감독형 이사회제도에서 그 이사회내 위원회의 하나로서 감사업무를 수행하는 기관이므로, 감사위원회를 둔 회사는 의무적으로 상법상 집행임원을 두도록 먼저 규정을 하였어야 하는데(후술하는 2017년 12월 법무부 상법개정안 및 2013년 7월 법무부 상법개정안 참조), (상법상 집행임원을 두지 않은) 참여형 이사회제도에서 감사위원회를 두도록(또는 둘 수 있도록) 하면, 이사회내 위원회의 하나인 감사위원회는 그 자체로서 독립성이 결여되고 자기감사로 인한 감사(監査)의 효율성이 종래의 감사(監事)의 경우보다 떨어지는데, 이러한 것은 감사위원회 위원 중 1명을 분리선출방식에 의하여 주주의 의결권을 제한하여(3% rule을 적용하여) 주주총회에서 선임한다고 하여 달라질 것이 없다. 따라서 참여형 이사회에서는 감사기관의 독립성, 자기감사의 회피(감사의 효율성) 및 소수주주의 의견을 적극 반영하는 면 등에서 볼 때 (감사위원회는 매우 부적절하고) 감사(監事)를 두도록 하여야 할 것이다. (상법상 집행임원을 두고 있는) 감독형 이사회에서 감사기관으로 (이사회내 위원회의 하나인) 감사위원회를 두는 경우에 감사(監事)의 선임방법과의 균형상 소수주주의 의견을 반영하고자 하면(즉, 지배주주의 영향력을 배제시키고자 하면), 2017년 12월 법무부 상법개정안과 같이 '사외이사 1명'만 분리선출방식으로 주주총회에서 선임(해임)하도록 하면서 감사(監事)의 경우와 같이 (지배)주주의 의결권을 제한하면 될 것으로 본다(이 경우 나머지 감사위원회 위원은 감독형 이사회에서 선임·해임된다). 감독형 이사회에서의 감사위원회 위원은 업무집행기관(집행임원)에 대한 감독업무

를 수행하는 감독형 이사회의 구성원인 이사로서 업무집행기관인 참여형 이사회의 구성원인 이사와는 구별된다.

② 2020년 개정상법에 의하면 대규모 상장회사(자산총액 2조원 이상인 상장회사)의 경우 '감사위원회 위원 중 1명'은 주주총회에서 분리선출되면서 주주의 의결권을 제한하고(소수주주의 의견 반영됨) 나머지 감사위원회 위원은 주주총회에서 일괄선출되면서 주주의 의결권을 제한하며(소수주주의 의견이 반영되지 못함), 그 외의 상장회사(자산총액이 1천만원 미만인 상장회사 — 상 542조의 10 1항 단서의 반대해석, 상시 36조 1항 참조)가 감사위원회를 두는 경우에는 감사위원회 위원이 이사회에서 선임되므로(상 393조의 2 2항 3호) 소수주주의 의견이 반영될 여지가 없다. 상장회사가 감사위원회를 두는 경우 감사위원회 위원의 선임방법이 이와 같이 3원화되어 있어 매우 복잡하게 되어 있으나, 소수주주의 의견을 반영하는 것은 감사(監事)의 경우에 비하여 없거나 미미하다. 따라서 참여형 이사회에서는 이러한 감사위원회보다는 소수주주의 의견이 충분히 반영될 수 있고 감사기관의 독립성과 자기감사를 회피할 수 있는 감사(監事)를 두도록 하여야 할 것이다.

③ 참여형 이사회에서 '감사위원회 위원이 되는 이사'는 업무집행에 참여하는 이사인데, 이러한 이사의 선임에서 (지배)주주의 의결권을 제한하는 것은 자본다수결에 반하는 문제가 있으며, 특히 상근 감사위원회 위원인 이사의 선임에 (지배)주주의 의결권을 제한하는 것은 이러한 문제가 더 크다고 볼 수 있다.

④ 참여형 이사회에서 감사위원회 위원은 이사로서 이사회의 업무집행에 관한 의사결정에 참여하는데 감사위원회가 이를 감사한다는 것은 (감사기관의 독립성 결여와) 자기감사의 문제가 있다. 그러나 감독형 이사회에서는 이사회가 업무집행기관인 집행임원과 분리되어 감독업무를 수행하고, 감사업무는 이러한 이사회내 위원회의 업무로서 감독업무의 하부업무라고 볼 수 있으므로 감사기관의 독립성 결여 및 자기감사의 문제가 없다.

2017년 12월 법무부의 상법개정안에서는 자산총액 2조원 이상인 대규모 상장회사는 의무적으로 상법상 집행임원을 두도록 하면서(동 개정안 408조의 2 1항 1문: 제542조의 8 제 1 항 단서의 회사는 집행임원을 두어야 하고, 그 이외의 회사는 제542조의 8 제 1 항 단서의 사외이사를 둔 경우에 집행임원을 둘 수 있다), 감사위원회 위원 중 사외이사 1명(정관으로 이보다 많은 수를 정할 수 있음)은 상법 제393조의 2에도 불구하고 주주총회에서 선임(해임)하고, 그 이외의 감사위원회 위원은 이사회에서 선임(해임)하는 것으로 하였다(동 개정안 542조의 12 1항). 또한 주주총회에서 선임(해임)되는 감사위원회 위원은 주주총회의 보통결의로 다른 이사들과 분리하여 '감사위원회 위원이 되는 이사'로 선임되고(분리선출방식)(동 개정안 542조의 12 2항), 주주총회의 특별결의로 해임할 수 있도록 하였다(동 개정안 542조의 12 3항). 이러한 감사위원회 위원의 선임(해임)시에는 감사의 선임의 경우와 같이 단순 3% rule(최대주주인 경우에는 합산 3% rule)에 의하여 주주의 의결권을 제한하였고(동 개정안 542조의 12 4항), 이는 상장회사가 감사를 선임(해임)할 때에 준용하였다(동 개정안 542조의 12 5항).

2013년 7월 16일 정부(법무부)의 「상법 일부 개정(안) 입법예고」(법무부 공고 제2013-162호)에서는 감사위원회를 설치한 회사는 상법 제408조의 2 이하의 규정에 의한 집행임원을 의무적으로 두도록 하면서(동 개정안 415조의 2 1항 2문 후단), 상법 제542조의 12 제 2 항을 "제542조의 11 제 1 항의 상장회사는 주주총회에서 감사위원회 위원이 되는 이사를 다른 이사들과 분리하여 선임하여야 한다"고 개정함으로써, 일괄선출방식에서 분리선출방식을 도입하여 감사위원회 위원이 되는 이사의 선임 단계에서 감사의 경우와 같이 대주주의 의결권이 3%로 제한될 수 있도록 하여 감사의 선임과 균형을 이루도록 하였다.

감사위원회를 의무적으로 설치하여야 하는 상장회사가 사외이사인 감사위원회 위원을 선임(해임)할 때에는, 그 상장회사의 의결권 없는 주식을 제외한 발행주식총수의 100분의 3(정관에서 이보다 낮은 주식 보유비율을 정할 수 있음)을 초과하는 수의 주식을 가진 주주는 그 초과하는 주식에 관하여 의결권을 행사하지 못한다(모든 주주에 대하여 단순 3% rule을 적용함)(상 542조의 12 4항). 그러나 이러한 상장회사(상 542조의 12 1항)가 사외이사가 아닌(즉, 상근) 감사위원회 위원을 선임(해임)할 때에는, 최대주주는 그와 그의 특수관계인·그 밖에 대통령령으로 정하는 자가 소유하는 주식을 합산하여 의결권이 없는 주식을 제외한 발행주식총수의 100분의 3(정관에서 이보다 낮은 주식보유비율을 정할 수 있음)을 초과하는 주식에 관하여 의결권을 행사하지 못하고(최대주주에 대하여 합산 3% rule을 적용함)(상 542조의 12 4항, 상시 38조 1항), 최대주주 이외의 주주는 사외이사인 감사위원회 위원을 선임(해임)할 때와 같이 의결권이 제한된다(최대주주 이외의 주주에 대하여 단순 3% rule을 적용함)(상 542조의12 4항). 즉, 상근 감사위원회 위원의 선임(해임)에는 최대주주에 대하여는 합산 3% rule을 적용하고, 그 외의 주주에 대하여는 단순 3% rule을 적용한다. 이는 상장회사에서 감사(監事)를 선임(해임)할 때와 동일하게 최대주주의 의결권이 제한된다(상 542조의12 7항).

금융회사의 감사위원의 선임·해임권도 주주총회에 있는데(지배 19조 6항 1문), 이 경우 감사위원이 되는 이사의 선임에 관하여는 상법 제409조 제 2 항을 준용하고(지배 19조 6항 2문), 특수관계인 등을 포함한 최대주주가 소유하는 금융회사의 의결권 있는 주식의 합계가 그 금융회사의 의결권 없는 주식을 제외한 발행주식총수의 100분의 3을 초과하는 경우 그 주주는 100분의 3을 초과하는 주식에 관하여 감사위원이 되는 이사의 선임·해임시 의결권을 행사하지 못한다(합산 3% rule)(지배 19조 7항 본문). 다만 금융회사는 정관으로 100분의 3보다 낮은 비율을 정할 수 있다(지배 19조 7항 단서).

감사위원회를 의무적으로 설치하여야 하는 상장회사가 전자적 방법으로 의결권을 행사할 수 있도록 한 경우에는 (감사의 선임의 경우와 같이) 상법 제368조 제 1 항에도 불구하고 출석한 주주의 의결권의 과반수로써 감사위원회 위원의 선임을 결의할 수 있다(즉, '발행주식총수의 4분의 1 이상'은 의결정족수에서 배제된다)(상 542조의12 8항).

3) 해　임

㈎ 감사위원회를 임의적으로 설치하는 회사의 경우 이사회에서 선임된 감사위원회 위원은 이사총수의 3분의 2 이상의 결의로 하는 이사회결의로 해임된다(상 415조의2 3항). 이는 감사위원회 위원의 독립성을 보장하기 위하여 선임과는 달리 해임의 요건을 엄격하게 한 것이다.

㈏ 감사위원회를 의무적으로 설치하여야 하는 상장회사의 경우에는 감사위원회 위원을 해임할 수 있는 권한이 주주총회에 있다(상 542조의12 1항). 이 때 감사위원회 위원의 해임은 주주총회의 특별결의에 의한다(상 542조의12 3항 1문). 이 경우 분리선출방법에 의하여 선임된 감사위원회 위원은 해임에 의하여 이사와 감사위원회 위원의 지위를 모두 상실한다(상 542조의12 3항 2문).

위에서 본 바와 같이 감사위원회를 의무적으로 설치하여야 하는 상장회사의 경우에는 선임의 경우와 같이 해임의 경우에도 주주의 의결권이 제한된다.

즉, 사외이사인 감사위원회 위원을 해임할 때에는 단순 3% rule이 적용되는데, 사외이사가 아닌(상근) 감사위원회 위원을 해임하는 경우에는 최대주주에 대하여는 합산 3% rule이 적용되고(상 542조의 12 4항), 최대주주 이외의 주주에 대하여는 단순 3% rule이 적용된다(상 542조의 12 4항).

(3) 위원의 임기

1) 감사위원회 위원의 임기에 대하여는 상법에 규정이 없다. 따라서 이에 관하여 정관의 규정이 있으면 그에 의하고, 정관의 규정이 없으면 이사회(감사위원회 위원을 주주총회에서 선임하는 경우에는 주주총회)가 이를 정할 수 있는데, 이사회(감사위원회 위원을 주주총회에서 선임하는 경우에는 주주총회)도 이를 정하지 아니하면 이사의 지위의 종료와 함께 감사위원회 위원의 임기도 종료된다고 본다.[1]

2) 회사의 합병의 경우 합병 전에 취임한 감사위원회 위원은, 합병계약서에 다른 정함이 있는 경우를 제외하고는, 합병 후 최초로 도래하는 결산기의 정기총회가 종료하는 때에 퇴임한다(상 415조의 2 7항, 527조의 4).

4. 운 영

(1) 대표·공동대표

감사위원회는 그 결의로 위원회를 대표할 자(대표위원)를 선정하여야 한다(상 415조의 2 4항 1문). 이 때 감사위원회는 수 인의 위원이 공동으로 감사위원회를 대표할 것을 정할 수 있다(공동대표위원)(상 415조의 2 4항 2문).

(2) 소집·결의 등

감사위원회는 이사회내 위원회 중의 하나이므로, 위원회의 소집(상 393조의 2 5항, 390조), 결의(상 393조의 2 5항, 391조), 결의의 통지(상 393조의 2 4항), 회의의 연기 또는 속행(상 393조의 2 5항, 392조, 372조)에 관한 규정과 결의의 하자에 관한 사항 등은 당연히 감사위원회에도 적용된다고 본다.

(3) 전문가의 도움

감사위원회는 회사의 비용으로 전문가의 도움을 구할 수 있다(상 415조의 2 5항). 변호사 또는 공인회계사 등의 전문가의 도움을 회사의 비용으로 구하는 경우가 대표적인 예가 될 것이다.

---

1) 동지: 손주찬, 전게논문(법조 제520호), 124면.

5. 권 한

(1) 업무 및 회계감사권

감사위원회는 감사(監事)에 갈음하여 이사의 직무집행을 감사할 권한을 갖는다(상 415조의 2 7항, 412조 1항). 이는 감사(監事)의 경우와 같이 감사위원회가 회계감사를 포함하여 업무집행 전반을 감사할 권한을 갖는다는 것을 의미하고, 업무감사의 범위는 원칙적으로 상법에 명문규정이 있는 경우를 제외하고는 위법성감사만을 할 수 있다고 본다.

2009년 1월 개정상법에 의하여 감사위원회가 결의한 사항에 대하여는 (이사회내 다른 위원회의 경우와는 달리) 이사회가 다시 결의할 수 없도록 하였다(상 415조의 2 6항).

모회사의 감사위원회는 자회사에 대한 조사권도 갖는다(상 415조의 2 7항, 412조의 5).

(2) 그 밖의 권한

감사위원회는 감사(監事)와 같이 업무감사권의 내용을 명확히 하고 또 이를 보충하기 위하여 다음과 같은 많은 권한을 갖는다. 즉, 감사위원회는 언제든지 이사에 대하여 영업에 관한 보고를 요구하거나 회사의 업무와 재산상태를 조사할 권한을 갖고(상 415조의 2 7항, 412조 2항), 이사는 회사에 현저하게 손해를 미칠 염려가 있는 사실을 발견한 때에는 즉시 감사위원회에게 이를 보고하여야 한다(상 415조의 2 7항, 412조의 2). 또한 감사위원회는 임시주주총회의 소집청구권이 있고(상 415조의 2 7항, 412조의 3), 이사회 소집청구권이 있으며(상 415조의 2 7항, 412조의 4), 이사의 위법행위 유지청구권이 있고(상 415조의 2 7항, 402조), 이사와 회사간의 소(소)에 관한 회사대표권(상 415조의 2 7항, 394조) 등이 있다.

6. 의 무

(1) 선관의무

감사위원회 위원(이사)과 회사와의 관계는 위임관계이므로(상 382조 2항) 감사위원회는 수임인으로서 회사에 대하여 선량한 관리자의 주의로써 위임사무를 처리할 의무를 부담한다.

(2) 그 밖의 의무

감사위원회는 이사가 법령 또는 정관에 위반한 행위를 하거나 그 행위를 할 염려가 있다고 인정한 때에는 이사회에 이를 보고할 의무를 부담하고(상 415조의 2 7항, 391조의 2 2항),

이사가 주주총회에 제출할 의안 및 서류를 조사하여 법령 또는 정관에 위반하거나 현저하게 부당한 사항이 있는지 여부에 관하여 주주총회에 그 의견을 진술할 의무를 부담하며(상 415조의 2 7항, 413조), 감사록(상 415조의 2 7항, 413조의 2)과 감사보고서(상 415조의 2 7항, 447조의 4)를 작성할 의무를 부담한다.

7. 책 임

감사위원회 위원(이사)과 회사와의 관계는 위임관계이므로(상 382조 2항) 감사위원회 위원이 수임인으로서 그 임무를 게을리한 때에는 그 위원은 연대하여 회사에 대하여 손해배상의 책임이 있다(상 415조의 2 7항, 414조 1항).

이와 관련하여 상근감사위원의 회사에 대한 책임을 인정한 다음의 대법원 판례가 있다.

[상호저축은행의 상근 감사위원에게 회사에 대한 손해배상책임을 인정한 판례]

갑 상호저축은행이 상근 감사위원이었던 을을 상대로 병 주식회사 등에 대한 불법·부당대출로 인한 손해배상을 구한 사안에서, 을은 자신이 서명한 대출 관련 심사부의안과 대출심사자료만 선량한 관리자의 주의의무로 검토하였더라도 병 회사 등에 대한 대출이 형식적인 신용조사만을 거쳐 충분한 채권보전조치 없이 이루어지는 것임을 쉽게 알 수 있었으므로, 관계 서류의 제출 요구 등을 통해 대출이 위법·부당한 것인지 여부에 관하여 추가로 조사하거나 감사위원회를 통해 이사회에 위와 같은 사실을 보고하여 위법·부당한 행위의 시정 등을 요구할 의무가 있었음에도 그와 같은 의무를 다하지 않았다고 볼 여지가 충분한데도, 이와 달리 본 원심판단에 법리오해 등의 잘못이 있다[대판 2017. 11. 23, 2017 다 251694(공보 2018, 13)].

이 때 감사위원회 위원이 악의 또는 중과실로 인하여 그 임무를 게을리한 때에는 그 위원은 제 3 자에 대하여 연대하여 손해를 배상할 책임이 있다(상 415조의 2 7항, 414조 2항).

또한 감사위원회 위원이 회사 또는 제 3 자에 대하여 손해를 배상할 책임이 있는 경우에 이사·집행임원도 그 책임이 있는 때에는 그 감사위원회 위원과 이사·집행임원은 연대하여 배상할 책임을 진다(상 415조의 2 7항, 414조 3항, 408조의 8 3항).

이러한 감사위원회 위원의 회사에 대한 책임면제·감경의 요건과 책임추궁을 위한 소수주주의 대표소송 및 다중대표소송에 관하여는 이사의 경우와 같다(상 415조의 2 7항, 400조, 403조~406조, 406조의 2).

제 3 검 사 인

1. 의 의

검사인(inspector; Abschlussprüfer; commissaire aux comptes)은 「주식회사의 설립절차, 회사의 업무나 재산상태, 또는 주주총회의 소집절차나 결의방법의 적법성을 조사할 임무가 있는 임시적 감사기관」이다.

2. 선임기관 및 직무권한

검사인은 법원 또는 주주총회에 의하여 선임된다.

(1) 법원이 선임하는 경우

법원이 검사인을 선임하는 경우로는 (i) 설립시 변태설립사항을 조사하기 위하여 이사(발기설립의 경우) 또는 발기인(모집설립의 경우)의 청구가 있는 경우(상 298조 4항 본문, 310조 1항), (ii) 주주총회의 소집절차나 결의방법의 적법성을 조사하기 위하여 주주총회 전에 회사 또는 발행주식총수의 100분의 1 이상에 해당하는 소수주주의 청구가 있는 경우(상 367조 2항),[1] (iii) 할인발행의 인가 여부를 결정하기 위하여 회사의 재산상태를 조사하게 하기 위하여 법원이 직권으로 선임하는 경우(상 417조 3항), (iv) 신주발행시 현물출자를 검사하기 위하여 이사의 청구가 있는 경우(상 422조 1항), (v) 업무집행에 관하여 부정행위 또는 법령이나 정관에 위반한 중대한 사실이 있음을 의심할 사유가 있는 때에 소수주주의 청구가 있는 경우(상 467조) 등이다.

(2) 주주총회가 선임하는 경우

주주총회가 검사인을 선임하는 경우로는 (i) 소수주주에 의하여 소집된 임시주주총회가 회사의 업무와 재산상태를 조사하게 하기 위한 경우(상 366조 3항), (ii) 이사나 청산인의 제출서류와 감사(監事) 또는 감사위원회의 보고서를 조사하게 하기 위한 경우(상 367조 1항, 542조 2항, 415조의 2 7항) 등이다.

---

1) 적대적 M&A의 경우 현 경영진이 주주총회에서의 투표와 개표를 방해하거나 조작하는 경우가 종종 발생하여, 2011년 4월 개정상법에서 이러한 규정을 신설하게 되었다.

3. 자격·원수(員數)·임기·등기

(1) 자 격

검사인의 자격은 법률상 아무런 제한이 없으나, 직무의 성질상 감사(監事)와 같이 자연인에 한한다고 본다.[1] 그러나 당해 회사의 이사·집행임원·감사(監事)·지배인 기타의 사용인(또한 변태설립사항의 검사를 위한 검사인은 현물출자자 등 당사자) 등을 겸할 수 없다(통설).[2]

(2) 원수(員數)

법률상 아무런 제한이 없으므로 1인 이상이다.

(3) 임 기

법률상 규정은 없으나, 그 직무의 종료시까지이다.[3]

(4) 등 기

임시기관이므로 등기할 필요가 없다.[4]

4. 책 임

(1) 검사인은 벌칙적용에 있어 회사의 기관과 같이 처벌대상에 들어간다(상 625조, 630조, 635조).

(2) 법원이 변태설립사항 및 발기설립의 경우 출자이행에 관한 사항을 조사하게 하기 위하여 선임한 검사인(상 299조, 310조)은, 상법상 고의[5] 또는 중대한 과실로 인하여 그 임무를 게을리한 때에는, 회사 또는 제3자에 대하여 손해를 배상할 책임이 있다(상 325조). 이사·집행임원 또는 감사(監事)의 회사에 대한 손해배상책임이 단순히 임무를 게을리한 것에 의하여 발생하는 데 대하여, 검사인의 책임은 「고의 또는 중대한 과실로 인하여 임무를 게을리한」 경우에만 발생하는 점에서 다르다. 그 이유는 검사인이 직무수행을 소신껏 하도록 하기 위해서이다. 그러나 제3자에 대한 책임발생요건은 검사인과 이사·집행임원 또는 감사(監事)의 경우가 동일하다.

---

1) 반대: 이(철), (회) 894면(검사전문법인 등도 검사인이 될 수 있다고 한다).
2) 정(동), (회) 490-1면; 이(철), (회) 894면; 이(기) 외, (회) 425면 외.
3) 동지: 정(동), (회) 490-1면.
4) 동지: 정(동), (회) 490-2면.
5) 2011년 4월 개정상법에서 상법 제325조의 '악의'도 상법 제399조 1항과 같이 '고의'로 수정하였어야 한다고 본다.

위 이외의 경우의 법원이 선임한 검사인의 책임에 대하여는 상법상 명문 규정은 없으나, 회사의 설립시에 선임된 검사인과 동일하게 보아야 할 것으로 본다.[1]

(3) 주주총회가 선임한 검사인은 회사와의 관계에서 위임관계라고 볼 수 있으므로 회사에 대하여는 수임인으로서 채무불이행의 책임을 지고(민 390조), 제 3 자에 대하여는 불법행위의 책임(민 750조)만을 부담할 뿐이다.[2]

제 4 (외부)감사인

I. 감사인의 의의·선임

(1) 의 의

주식회사 등의 외부감사에 관한 법률(제정: 1980. 12. 31, 법 3297호, 개정: 2020. 5. 19, 법 17298호, 시행일: 2021. 5. 20)('외부감사법'으로 약칭함)[3] 및 동법 시행령(개정: 2022. 5. 3, 대통령령 32626호, 시행: 2022. 5. 3)에 의하여 주권상장법인·주권상장법인이 되려는 회사·그 밖에 대통령령이 정하는 기준에 해당하는 회사(직전 사업연도 말의 자산총액이 500억원 이상인 회사 등—동법 시행령 5조 1항)(주식회사 및 유한회사—동법 2조 1호)는 감사(監事) 또는 감사위원회에 의한 내부감사 외에 회사로부터 독립된 외부의 감사인(재무제표 및 연결재무제표의 감사인은 동일하여야 함)에 의한 회계감사를 받아야 하는데(동법 4조 1항), 이와 같이 회사의 외부에서 회계감사를 하는 자가 (외부)감사인이다.

이 외부감사제도의 목적은 회사의 회계처리의 적정을 기하게 함으로써 이해관계인을 보호하고 회사의 건전한 경영과 국민경제의 발전에 이바지함을 목적으로 하는 데 있는데(동법 1조), 감사(監事) 또는 감사위원회의 내부감사가 실효를 거두지 못한 것을 보강하기 위한 것이다.[4]

---

1) 동지: 정(동), (회) 490-2면(법원이 선임한 검사인과 회사와의 관계에서는 위임관계가 없기 때문이라고 한다).
반대: 최(기), 969면.

2) 동지: 이(철), (회) 895면.

3) 이에 관하여는 홍복기, "외부감사법 전면개정의 의의와 과제," 법률신문, 제14566호(2017. 12. 18), 12면 참조.

4) 미국의 회계감사에 관한 개혁입법에 관한 소개로는 김순석, "미국 기업개혁법(Sarbanes-Oxley Act of 2002)의 주요내용과 우리나라에 대한 시사점," 「상장협」, 제47호(2003, 춘계호), 117~144면; 강희갑, "미국의 기업지배구조 및 회계감사에 관한 최근의 개혁입법," 「상사법연구」(한국상사법학회), 제21권 4호(2003), 215~251면 참조(Sarbanes-Oxley Act of 2002, 2002. 3. 7의

(2) 선 임

감사인은 회계법인 또는 한국공인회계사회에 등록한 감사반이어야 하고(동법 2조 7호), 해당 사업연도의 감사인은 매 사업연도 개시일부터 45일 이내(감사위원회 설치 의무가 있는 회사는 매 사업연도 개시일 이전)에 선임되어야 한다(동법 10조 1항 본문). 그러나 이에도 불구하고 직전 사업연도에 회계감사를 받지 아니한 회사는 해당 사업연도 개시일부터 4개월 이내에 감사인을 선임하여야 한다(동법 10조 2항). 그러나 주권상장법인·대형비상장주식회사 또는 금융회사(이하 '주권상장법인 등'이라 함)는 연속하는 3개 사업연도의 감사인을 동일한 감사인으로 선임하여야 한다(동법 10조 3항 본문). 이 경우 주권상장법인 등인 회사가 일정한 사유의 발생으로(동법 10조 7항 각 호) 감사인을 선임하는 경우에는 해당 사업연도의 다음 사업연도부터 연속하는 3개 사업연도의 감사인을 동일감사인으로 선임하여야 한다(동법 10조 3항 단서).

회사는 주권상장법인 등인 경우에 감사위원회가 설치된 때에는 감사위원회가 선정한 감사인을, 감사위원회가 설치되지 아니한 때에는 감사인선임위원회의 승인을 받아 감사(監事)가 선정한 감사인을, 각각 해당 회사의 감사인으로 선임하여야 한다(동법 10조 4항 1호). 주권상장법인 등이 아닌 그 밖의 회사는 감사(監事) 또는 감사위원회가 선정한 감사인을 해당 회사의 감사인으로 선임하여야 하는데, 다만 직전 사업연도의 감사인을 다시 감사인으로 선임하는 경우에는 그 감사인을 해당 회사의 감사인으로 선임하여야 하고, 감사(監事)가 없는 대통령령으로 정하는 일정 규모 이상의 유한회사인 경우에는 사원총회의 승인을 받은 감사인을 해당 회사의 감사인으로 선임하여야 한다(동법 10조 4항 2호).

증권선물위원회는, 감사인의 선임기간 내에 증권선물위원회에 감사인 지정을 요청하거나 감사인의 선임기간 내에 감사인을 선임하지 아니한 회사 등 일정한 회사에 대하여는, 3개 사업연도의 범위에서 증권선물위원회가 지정하는 회계법인을 감사인으로 선임하거나 변경선임할 것을 요구할 수 있다(동법 11조 1항).

회사는 감사인을 선임 또는 변경선임하는 경우 그 사실을 감사인을 선임한 이후에 소집되는 상법에 따른 정기총회에 보고하거나 대통령령으로 정하는

부시 대통령의 제안, 2002. 6. 26의 SEC의 개혁안, 2002. 6. 6의 NYSE의 개혁안을 소개하고 있다). 또한 미국의 외부감사의 독립성에 관하여는 김선정, "미국에 있어서 외부감사에 대한 비감사업무규제," 「상법학의 전망(평성 임홍근교수 정년퇴임기념논문집)」(서울: 법문사, 2003), 261~278면 참조.

바에 따라 주주 또는 사원(이하 '주주 등'이라 함)에게 통지 또는 공고하여야 하고(동법 12조 1항), 회사가 감사인을 선임 또는 변경선임하는 경우 해당 회사 및 감사인은 대통령령으로 정하는 바에 따라 원칙적으로 증권선물위원회에 보고하여야 한다(동법 12조 2항).

2. 감사인의 권한 · 의무 · 책임

(1) 권 한

감사인은 일반적으로 공정·타당하다고 인정되는 회계감사기준에 따라 감사를 실시하여야 하는데(동법 16조 1항), 이러한 회계감사기준은 감사인의 독립성 유지와 재무제표의 신뢰성유지에 필요한 사항 등을 포함하여 대통령령으로 정하는 바에 따라 한국공인회계사회가 금융위원회의 사전승인을 받아 정한다(동법 16조 2항). 감사인은 이러한 직무를 수행하기 위하여 언제든지 회사 및 관계회사의 회계장부 및 서류의 열람 또는 등사청구권·회계자료제출요구권·업무와 재산상태 조사권 등을 갖는다(동법 21조 1항). 연결재무제표를 감사하는 감사인은 그 직무의 수행을 위하여 필요하면 회사 또는 관계회사의 감사인에게 감사 관련 자료의 제출 등 필요한 협조를 요청할 수 있다(동법 21조 2항).

이러한 감사인은 피감회사의 채권과 관련하여 소멸시효 중단사유로서 채무승인의 통지를 수령할 대리권을 갖는다.[1)]

(2) 의 무

1) 감사인은 감사결과를 기술(記述)한 감사보고서를 작성하여야 할 의무가 있다(동법 18조 1항). 또한 감사인은 감사를 실시하여 감사의사를 표명한 경우에는 감사조서를 작성하여야 할 의무가 있다(동법 19조 1항). 또한 감사인은 감사업무의 품질이 보장될 수 있도록 감사인의 업무설계 및 운영에 관한 기준(품질관리기준)을 준수하여야 할 의무가 있다(동법 17조 1항).

---

1) 동지: 대판 2013. 11. 14, 2013 다 56310(공보 2013, 2216)(주식회사인 채권자의 외부감사인이 채권자에 대한 회계감사를 위하여 채권자의 재무제표에 기재된 매출채권 등 채권의 실재 여부를 확인함에 있어서 채권자가 외부감사인으로 하여금 해당 채권의 채무자에 대하여 채권 존부 확인을 하지 못하도록 하였다거나 해당 채무자로부터의 채무승인의 통지를 수령할 권한을 배제하겠다고 하는 등의 특별한 사정이 없는 한, 외부감사인은 채권자와의 외부감사인 선임계약에 기하여 피감 주식회사가 가지는 재무제표상 매출채권, 대여금채권 등의 채권과 관련하여 그 채무자로부터 적법한 감사활동의 일환으로 행하여지는 채무 확인 등의 절차를 통하여 소멸시효 중단사유로서 채무승인의 통지를 수령할 대리권을 가진다고 봄이 타당하다).

2) 감사인은 감사보고서를 작성하여(동법 18조) 대통령령으로 정하는 기간 내에 회사(감사〈監事〉 또는 감사위원회를 포함한다)·증권선물위원회 및 한국공인회계사회에 제출하여야 할 의무가 있다(동법 23조 1항 본문).

3) 감사인 또는 그에 소속된 공인회계사는 주주총회 등이 요구하면 주주총회 또는 사원총회(이하 '주주총회 등'이라 함)에 출석하여 의견을 진술하거나 주주 등의 질문에 답변하여야 할 의무가 있고(동법 24조), 그가 직무를 수행할 때 이사의 직무수행에 관하여 부정행위 또는 법령이나 정관에 위반되는 중대한 사실을 발견하면 이를 감사(監事) 또는 감사위원회에게 통보하고 주주총회 등에 보고할 의무가 있다(동법 22조 1항). 또한 감사인은 회사가 회계처리 등에 관하여 회계처리기준을 위반한 사실을 발견하면 이를 감사(監事) 또는 감사위원회에게 통보하여야 한다(동법 22조 2항). 이와 함께 감사(監事) 또는 감사위원회에게도 이사의 직무수행에 관하여 부정행위 또는 법령이나 정관에 위반되는 중대한 사실을 발견하면 이를 감사인에게 통보하여야 할 의무를 부담시키고 있다(동법 22조 6항).

4) 감사인과 그에 소속된 공인회계사 등은 그 직무상 알게 된 비밀을 누설하거나 부당한 목적을 위하여 이용해서는 아니 될 의무가 있다(동법 20조 본문).

5) 감사인은 감사조서를 감사종료 시점부터 8년간 보존하여야 하고, 이를 위조·변조·훼손 및 파기하여서는 아니 될 의무가 있다(동법 19조 2항·3항).

(3) 책 임

1) 감사인의 회사 및 제 3 자에 대한 손해배상책임은 감사(監事)의 그것과 유사하다(동법 31조 1항~3항). 감사인이 회사 또는 제 3 자에 대하여 손해를 배상할 책임이 있는 경우에 당해 회사의 이사 또는 감사(監事)(감사위원회가 설치된 경우에는 감사위원회 위원을 말한다)도 그 책임이 있는 때에는 그 감사인과 해당 회사의 이사 또는 감사(監事)는 연대하여 손해를 배상할 책임이 있다(동법 31조 4항 본문).[1] 다만 손해를 배상할 책임이 있는 자가 고의가 없는 경우에 그 자는 법원이 귀책사유에 따라 정하는 책임비율에 따라 손해를 배상할 책임이 있다(동법 31조 4항 단서).

감사인의 제 3 자(주주)에 대한 손해배상책임에 관하여 다음과 같은 대법원판례가 있다.

1) 주식회사의 감사와 (외부)감사인의 책임의 비교에 관하여는 정우용, "주식회사 감사·외부감사인의 책임에 관한 소고,"「상장협」, 제43호(2001, 춘계호), 153~169면.

[(외부)감사인의 제 3 자에 대한 손해배상책임을 인정한 판례]

증권거래법 제197조 제 1 항에 의하여 준용되는 구「주식회사의 외부감사에 관한 법률」제17조 제 2 항, 제 6 항 전단에 의하면, 감사인이 중요한 사항에 관하여 감사보고서에 기재하지 아니하거나 허위의 기재를 함으로써 제 3 자에게 손해를 발생하게 한 때에는 그 감사인은 제 3 자에 대하여 손해배상책임이 있고, 이 손해배상책임은 그 청구권자가 당해 사실을 안 날로부터 1년 이내 또는 감사보고서를 제출한 날로부터 3년 이내에 청구권을 행사하지 아니한 때에는 소멸한다고 규정하고 있는바, 여기서 '당해 사실을 안 날'이라 함은 문언 그대로 청구권자가 외부감사법 제17조 제 2 항 소정의 감사보고서의 기재 누락이나 허위 기재의 사실을 현실적으로 인식한 때라고 볼 것이고, 일반인이 그와 같은 감사보고의 기재 누락이나 허위 기재의 사실을 인식할 수 있는 정도라면 특별한 사정이 없는 한 청구권자 역시 그러한 사실을 현실적으로 인식하였다고 봄이 상당하다.

주식거래에 있어서 대상 기업의 재무상태는 주가를 형성하는 가장 중요한 요인 중의 하나이고, 대상 기업의 재무제표에 대한 외부감사인의 회계감사를 거쳐 작성된 감사보고서는 대상 기업의 정확한 재무상태를 드러내는 가장 객관적인 자료로서 일반투자자에게 제공·공표되어 그 주가 형성에 결정적인 영향을 미치는 것이므로, 주식투자를 하는 일반투자가로서는 그 대상 기업의 재무상태를 가장 잘 나타내는 감사보고서가 정당하게 작성되어 공표된 것으로 믿고 주가가 당연히 그에 바탕을 두고 형성되었으리라는 생각 아래 대상 기업의 주식을 거래한 것으로 보아야 한다.

주식을 매수한 원고가 소외 회사의 분식결산 및 피고의 부실감사로 인하여 입은 손해액은 위와 같은 분식결산 및 부실감사로 인하여 상실하게 된 주가 상당액이라고 봄이 상당하고, 이 사건의 경우 이와 같은 분식결산 및 부실감사로 인하여 상실하게 된 주가 상당액은 특별한 사정이 없는 한 분식결산 및 부실감사가 밝혀져 거래가 정지되기 전에 정상적으로 형성된 주가와 분식결산 및 부실감사로 인한 거래정지가 해제되고 거래가 재개된 후 계속된 하종가를 벗어난 시점에 정상적으로 형성된 주가의, 또는 그 이상의 가격으로 매도한 경우에는 그 매도가액과의 차액 상당이라고 볼 수 있다[대판 1997. 9. 12, 96 다 41991(공보 1997, 3079)].

동지: 대판 1998. 4. 24, 97 다 32215(공보 1998, 1446)(일반적으로 감사인의 부실감사를 토대로 주식거래를 한 주식투자자가 부실감사를 한 감사인에 대하여 민법상의 불법행위책임을 근거로 배상을 구할 수 있는 손해액은 부실감사로 인하여 상실하게 된 주가 상당액이고, 주식투자자는 이러한 민법상의 불법행위책임과 함께 증권거래법 제197조의 책임도 물을 수 있다); 동 1999. 10. 22, 97

다 26555(공보 1999, 2391)(감사인의 부실감사로 손해를 입게 된 주식투자자가 민법상의 불법행위책임에 기하여 배상을 구할 수 있는 손해액은 부실감사가 밝혀지기 직전의 정상적인 주가와 부실감사가 밝혀진 후의 주가 또는 매도가액이고, 이러한 민법상의 불법행위책임과 증권거래법상의 손해배상책임과는 청구권경합관계에 있다); 동 2007. 1. 11, 2005 다 28082(공보 2007, 270)(기업체의 대규모 분식회계사실을 밝히지 못한 외부감사인의 회계감사상의 과실과 그 기업체가 발행한 기업어음을 매입하는 방식으로 여신을 제공한 금융기관의 손해 사이에는 인과관계가 인정된다. 또한 대규모 분식회계가 있음을 모른 채 기업어음을 회전매입하는 방식으로 기업체에 여신을 제공해 온 금융기관이 기업체의 자금에 의한 여신 회수가 사실상 불가능한 상태에서 정책적인 고려 아래 회전매입을 계속한 경우, 대규모 분식회계가 행하여진 재무제표에 대한 외부감사인의 회계감사상의 과실과 금융기관의 기업어음 매입으로 인한 손해 사이에는 인과관계가 단절되지 않는다); 동 2007. 7. 26, 2006 다 20405(공보 2007, 1342)(은행이 회계법인으로부터 기업의 회계감사에 필요한 은행조회서를 송부받아 제대로 확인하지 않고 회신한 주의의무 위반과 이를 바탕으로 작성된 부실감사보고서를 믿고 주식을 매수한 일반투자자들의 손해발생 사이에는 인과관계가 있다. 이 때 부실감사로 인하여 주식을 매수한 자들이 입은 손해액은 위와 같은 부실감사로 인하여 상실하게 된 주가 상당액이라고 봄이 상당하고, 이는 특별한 사정이 없는 한 부실감사 사실이 밝혀지기 전에 정상적으로 형성된 주가와 부실감사 사실이 밝혀지고 계속된 하종가를 벗어난 시점에 정상적으로 형성된 주가의 차액, 또는 그 이상의 가격으로 매도한 경우에는 그 매도가액과의 차액 상당이다); 동 2008. 7. 10, 2006 다 79674(공보 2008, 1141)(신용보증기관의 유동화자산 편입대상 적격업체 선정에 재무제표에 나타난 기업체의 재무상태 외에 상환자원 및 사업계획의 타당성·기업체의 수익성 등 다른 요인들도 함께 고려된다는 사정만으로는, 외부감사인의 감사보고서 허위기재와 이를 신뢰한 신용보증기관의 적격업체 선정 및 그에 따른 보증책임 발생 사이의 인과관계를 부정할 수 없다); 동 2008. 6. 26, 2007 다 90647(공보 2008, 1065)(투자자가 기업체의 대규모 분식회계사실을 제대로 알고 있었다면 그 기업체가 발행한 기업어음을 매입하지 않았을 것이므로, 재무제표의 감사와 관련하여 분식회계사실을 밝히지 못한 외부감사인의 과실과 그 기업체가 발행한 기업어음 매입 사이에 인과관계가 인정된다); 동 2020. 4. 29, 2014 다 11895(공보 2020, 957)(주식거래에서 대상 기업의 재무상태는 주가를 형성하는 가장 중요한 요인 중의 하나이고, 대상 기업의 재무제표에 대한 외부감사인의 회계감사를 거쳐 작성된 감사보고서는 대상 기업의 정확한 재무상태를 드러내는 가장 객관적인 자료로서 일반투자자에게 제공·

공표되어 주가 형성에 결정적인 영향을 미친다. 주식투자를 하는 일반투자자로서는 대상 기업의 재무상태를 나타내는 감사보고서가 정당하게 작성되어 공표된 것으로 믿고 주가가 당연히 그에 바탕을 두고 형성되었으리라고 생각하여 대상 기업의 주식을 거래한 것으로 보아야 한다. 감사인의 부실감사를 토대로 주식거래를 한 주식투자자가 부실감사를 한 감사인에게 민법상 불법행위책임을 근거로 배상을 구할 수 있는 손해액은 일반적으로 그와 같은 부실감사로 상실하게 된 주가에 상응하는 금액이다. 이러한 주가에 상응하는 금액은 특별한 사정이 없는 한 부실감사가 밝혀져 거래가 정지되기 직전에 정상적으로 형성된 주가와 부실감사로 인한 거래정지가 해제되고 거래가 재개된 후 계속된 하종가를 벗어난 시점에서 정상적으로 형성된 주가의 차액이라고 볼 수 있다. 그와 같이 주가가 다시 정상적으로 형성되기 이전에 매도가 이루어지고 매도가액이 그 후 다시 형성된 정상적인 주가를 초과하는 경우에는 그 매도가액과의 차액이라고 할 수 있다).

[(외부)감사인의 제 3 자에 대한 손해배상책임을 부정한 판례]

구 자본시장과 금융투자업에 관한 법률(2013. 5. 28. 법률 제11845호로 개정되기 전의 것) 제170조 제 1 항은 선의의 투자자가 사업보고서 등에 첨부된 회계감사인의 감사보고서를 신뢰하여 손해를 입은 경우에 그 회계감사인의 손해배상책임에 관하여 구 주식회사의 외부감사에 관한 법률(2013. 12. 30. 법률 제12148호로 개정되기 전의 것, 이하 '구 외부감사법'이라고 한다) 제17조 제 2 항부터 제 7 항까지의 규정을 준용하고 있다. 구 외부감사법 제17조 제 2 항은 감사인이 중요한 사항에 관하여 감사보고서에 기재하지 아니하거나 거짓으로 기재를 함으로써 이를 믿고 이용한 제 3 자에게 손해를 발생하게 한 경우에는 그 감사인은 제 3 자에게 손해를 배상할 책임이 있다고 규정하고 있다. 이때 감사인의 손해배상책임이 인정되기 위해서는 손해배상을 청구하는 자가 감사인이 중요한 사항에 관하여 감사보고서에 기재하지 아니하거나 거짓으로 기재를 하였다는 점을 주장·증명해야 한다. 갑 회계법인이 을 저축은행에 대한 회계감사를 수행한 후 감사보고서에 '적정' 의견을 표시하자, 을 은행이 회사채를 발행하면서 증권신고서에 '갑 법인이 을 은행의 재무제표에 관하여 적정 의견을 제출하였다'고 기재하였는데, 위 회사채를 취득하였다가 을 은행의 파산으로 손해를 입은 병 등이 갑 법인을 상대로 구 자본시장과 금융투자업에 관한 법률(2013. 5. 28. 법률 제11845호로 개정되기 전의 것, 이하 '구 자본시장법'이라고 한다) 제170조 제 1 항, 구 주식회사의 외부감사에 관한 법률(2013. 12. 30. 법률 제12148호로 개정되기 전의 것, 이하 '구 외부감사법'이라고 한다) 제17조 제 2 항 등에 따른 손해배상을 구한 사안에서, 갑 법인이 감사업무를 수행하는 과정에서 을 은행에 대하여 일부 대출채권의 자산건전성 분류 및 대손충당금 적립 액수의 오류를 지적하고 이를 바로잡을 것을 요청한 사실이 있고, 위 감사 당시 적용된 회계감사기준 등에 비추어 보면, 사후적으로 재무제표에서 일부 부정과 오류가 밝혀졌다고 하더라도, 감사인이 감사업무를 수행하면서 전문가적 의구심을 가지고 충분하고 적합한 감사증거를 확보하고 경영자 진술의 정당성 여부를 판단하기 위한 확인절차를 거치는 등 회계감사기준 등에 따른 통상의 주의의무를 다하였다면 그 임무를 게을리하지 아니하였음을 증명하였다고 봄이 타당하므로, 갑 법인이 위와 같이 요청한 이후에 그 내용이 최종 감사보고서와 최종 재무제표 등에 반영되어 수정되었는지 여부와 그 과정의 합리성과 적절성 등에 관하여 더 살펴보았어야 하는데도, 만연히 갑 법인이 을 은행의 재무제표상 거짓 기재를 인지하고서도 이를 지적하지 아니한 채 적정 의견의 감사보고서를 작성하여 제출하였다고 판단하여 갑 법인이 구 자본시장법 제170조 제 1 항, 구 외부감사법 제17조 제 2 항 또는 민법 제750조에 따라 병 등에게 손해배상책임을 부담한다고 본 원심판단에는 심리미진 등의 잘못이 있다[동 2020. 7. 9, 2016 다 268848(공보 2020, 1567)].

동지: 대판 2011. 1. 13, 2008 다 36930(공보 2011, 293)(구 주식회사의 외부감사에 관한 법률〈2009. 2. 3. 법률 제9408호로 개정되기 전의 것〉상의 감사인이 피감사회사의 재무제표에 대한 회계감사를 실시하면서 피감사회사 자금팀장이 제공한 허위의 조회처 주소를 신뢰한 나머지 이를 제대로 확인하지 않고 예금잔액조회를 하여 위 자금팀장의 횡령 등 범행을 발견하지 못한 경우, 조회처 주소를 제대로 확인하지 않은 감사인의 잘못과 특정 회계연도에 대한 외부감사가 종료한 후에 자금팀장의 횡령 등 범행이 계속됨으로 인하여 피감사회사에게 확대된 횡령금액 상당의 손해 사이에는 상당인과관계가 없다).

[외감법상 손해배상책임을 지는 (외부)감사인의 범위]

주식회사의 외부감사에 관한 법률 제17조 제 1 항은 “감사인이 그 임무를 게을리하여 회사에 대하여 손해를 발생하게 한 때에는 그 감사인은 회사에 대하여 손해를 배상할 책임이 있다”고 규정하고, 제 2 항은 “감사인이 중요한 사항에 관하여 감사보고서에 기재하지 아니하거나 허위의 기재를 함으로써 이를 믿고 이용한 제 3 자에게 손해를 발생하게 한 경우에는 그 감사인은 제 3 자에 대하여 손해를 배상할 책임이 있다”고 규정하고 있지만, 위 제17조 제 2 항의 규정에 따라 손해배상책임을 지는 감사인은 같은 법 제 3 조에 따라 외부감사를 하는 감사인에 한정되고, 주식회사의 외부감사에 관한 법률은 그 입법목적이 ‘주식회사로부터 독립된 외부의 감사인이 그 주식회사에 대한 회계감사를 실시하여 회계처리의 적정을 기하게 함으로써 이해관계인의 보호와 기업의 건전한 발전에 기여함을 목적’으로 하고 있고(제 1 조), 외부감사의 대상이 되는 회사 및 감사의 범위에 관하여 '직전사업연도 말의 자산총액이 대통령령이 정하는 기준액 이상인 주식회사'와 '재무제표'로 한정하고 있고(제2조), 그러한 감사를 실시할 수 있는 감사인에 대하여 '공인회계사법 제23조의 규정에 의한 회계법인(제3조 제1항 제1호)' 또는 '공인회계사법 제41조의 규정에 의하여 설립된 한국공인회계사회에 총리령이 정하는 바에 의하여 등록을 한 감사반(제3호)'으로 한정하고 있음에 비추어 볼 때, 위 제17조 제2항의 규정에 따라 손해배상책임을 지는 감사인은 주식회사의 외부감사에 관한 법률 제2조에 따라 외부감사의 대상이 되는 회사에 대하여 외부감사를 하는 같은 법 제3조의 감사인에 한정된다[대판 2002. 9. 24, 2001 다 9311 · 9328(공보 2002, 2485)].

2) 감사인은 이러한 손해배상책임을 보장하기 위하여 한국공인회계사회에 손해배상 공동기금(이하 '공동기금'이라 함)을 적립하여야 한다(동법 32조 1항 본문).[1] 다만 대통령령으로 정하는 배상책임보험에 가입한 경우에는 공동기금 중 연간적립금(동법 32조 2항)을 적립하지 아니할 수 있다(동법 32조 1항 단서).

3) 감사인의 이러한 책임은 청구권자가 당해 사실을 안 날부터 1년 이내 또는 감사보고서를 제출한 날부터 8년 이내에 청구권을 행사하지 않으면 소멸한다(동법 31조 9항 본문). 이 기간을 시효기간으로 보는 견해도 있으나,[2] 제척기간으로 보는 것이 입법의 취지에 맞는다고 본다. 다만 이 기간은 감사인의 선임계약으로 연장할 수 있다(동법 31조 9항 단서).

4) 감사인에 대하여도 엄격한 벌칙이 규정되어 있다(동법 39조~48조).

제 5 준법지원인

Ⅰ. 준법지원인의 의의

(1) 2011년 4월 개정상법은 대통령령으로 정하는 일정규모 이상의 상장회사에 대하여 준법통제기준과 준법지원인을 두도록 하는 규정을 신설하였다. 즉, 자산 규모 등을 고려하여 대통령령으로 정하는 상장회사(최근 사업연도 말 현재의 자산총액이 5,000억원 이상인 회사를 말하는데〈2013년 12월 31일까지는 1억원〉, 다만 다른 법률에 따라 내부통제기준 및 준법감시인을 두어야 하는 상장회사는 제외함)는 법령을 준수하고 회사경영을 적정하게 하기 위하여 임직원이 그 직무를 수행할 때 따라야 할 준법통제에

1) 공인회계사의 배상책임보험에 관한 상세는 이영철, "공인회계사의 전문직업인배상책임보험에 관한 연구," 「기업법연구」(한국기업법학회), 제 9 집(2002), 105~138면 참조.

2) 정(동), (회) 490-1면.

관한 기준 및 절차(이하 "준법통제기준"이라 한다)를 마련하여야 하고(상 542조의 13 1항, 상시 39조.40조 및 상시부칙 5조),[1] 동시에 준법통제기준의 준수에 관한 업무를 담당하는 사람(이하 "준법지원인"이라 한다)을 1인 이상 두어야 한다(상 542조의 13 2항, 상시 39조). 따라서 준법지원인이란 「준법통제기준의 준수에 관한 업무를 담당하는 사람」이라고 볼 수 있다.

내부통제기준과 준법지원인에 관하여 필요한 사항은 대통령령으로 정한다(상 542조의 13 12항).

(2) 준법지원인은 (집행임원 설치회사로서) 감사위원회가 있는 경우에 두도록 하여야 할 필요성이 크다고 본다. 왜냐하면 감사위원회의 위원의 3분의 2 이상을 차지하는 사외이사는 외부자로서 상장회사의 업무파악 및 실질적인 감사기능의 수행에 한계가 있고 또한 합의체 성격인 감사위원회 조직의 특성상 신속한 의사결정과 중요업무에 대한 사전통제의 역할을 수행하기가 곤란한 측면이 많은데, 이 경우 준법지원인이 임직원의 업무수행에 관한 준법 여부를 상시 점검할 필요성이 더 크기 때문이다. 따라서 (집행임원 설치회사로서) 감사위원회를 둔 회사는 준법지원인을 반드시 두도록 하는 조치가 필요하다고 본다.

2. 지 위

(1) 준법지원인은 '임직원이 준법통제기준을 준수하고 있는지 여부를 점검하고 그 결과를 이사회에 보고하는 자'라고 볼 수 있는데(상 542조의 13 2·3항), 이러한 준법지원인은 (이사회가 제정한) 준법통제기준에 의하여 회사의 내부에서 임직원이 업무를 수행하기 이전에 관련법규 위반 등을 점검하는데, 감사위원회 또는 감사(監事)는 주주를 대리하여 업무집행기관 이외의 제 3 자로서 업무집행기관

---

1) 상법 시행령 제40조(준법통제기준 등) ① 상법 제542조의 13 제 1 항에 따른 준법통제기준(이하 "준법통제기준"이라 한다)에는 다음 각 호의 사항이 포함되어야 한다.

1. 준법통제기준의 제정 및 변경의 절차에 관한 사항
2. 상법 제542조의 13 제 2 항에 따른 준법지원인(이하 "준법지원인"이라 한다)의 임면절차에 관한 사항
3. 준법지원인의 독립적 직무수행의 보장에 관한 사항
4. 임직원이 업무수행과정에서 준수해야 할 법규 및 법적 절차에 관한 사항
5. 임직원에 대한 준법통제기준 교육에 관한 사항
6. 임직원의 준법통제기준 준수 여부를 확인할 수 있는 절차 및 방법에 관한 사항
7. 준법통제기준을 위반하여 업무를 집행한 임직원의 처리에 관한 사항
8. 준법통제에 필요한 정보가 준법지원인에게 전달될 수 있도록 하는 방법에 관한 사항
9. 준법통제기준의 유효성 평가에 관한 사항

② 준법통제기준을 정하거나 변경하는 경우에는 이사회의 결의를 거쳐야 한다.

이 수행한 업무 및 회계 등의 적법성 여부를 (일반적으로) 사후에 감사한다고 볼 수 있다.

(2) 이러한 준법지원인은 이사회에 의하여 선임·해임되고(상 542조의13 4항) 또한 그의 업무수행의 결과를 이사회에 보고하며(상 542조의13 3항) 또한 (회사와의 관계에서 위임관계를 전제로 하여) 준법지원인은 회사에 대하여 선관주의의무를 부담하는 점(상 542조의13 7항) 등에서 볼 때, 집행임원에 준하는 지위에 있다고 볼 수 있으므로,[1] 집행임원을 감독하는 이사회 및 업무집행기관을 감사하는 감사(監事) 또는 감사위원회와는 구별된다고 본다.[2]

(3) 이러한 점에서 준법지원인에 대하여도 집행임원에 준하여 등기하도록 하고, 또한 집행임원에 준하는 의무를 부담하도록 하며, 집행임원에 준하여 그의 회사 및 제 3 자에 대한 책임을 규정하여야 할 것으로 본다. 또한 회사에 이미 있는 법무담당 임직원이 준법지원인을 겸할 수 있도록 하면 회사는 비용을 절약할 수 있을 것으로 본다.[3]

3. 선임·해임

(1) 준법지원인은 이사회의 결의로 선임·해임된다(상 542조의13 4항). 이러한 이사회의 결의요건에 대하여 특별한 제한이 없으므로 준법지원인의 선임과 해임은 이사 과반수의 출석과 출석이사의 과반수로 하여야 하는데, 다만 정관으로 이 비율을 높게 정할 수 있다고 본다(상 391조). 이는 감사위원회의 위원의 해임에 관한 이사회의 결의는 이사총수의 3분의 2 이상의 결의로 하도록 한 점(상 415조의2 3항)과 대비된다.

(2) 준법지원인은 (i) 변호사의 자격이 있는 사람, (ii) 고등교육법 제 2 조에

1) 금융회사의 준법감시인은 원칙적으로 사내이사 또는 업무집행책임자 중에서 선임된다(지배 25조 2항 본문).

준법지원인이 그 직무를 실효적으로 수행할 수 있도록 회사 내부에서의 직위를 임원급으로 부여하여야 한다는 견해로는 정준우, "준법경영의 확립을 위한 준법지원인제도의 문제점 및 개선방안 — 준법지원인의 법적 지위를 중심으로 —," 「상사법연구」(한국상사법학회), 제34권 제 2 호 (2015. 8), 440면.

미국의 경우에는 기업실무에서 준법지원인을 CCO(Chief Compliance Officer)라고 하여 집행임원으로서의 명칭을 사용한다(정준우, 상게논문, 446면 주 34).

2) 정찬형, "2011년 개정상법에 따른 준법경영제도 발전방향(집행임원 및 준법지원인을 중심으로)," 「선진상사법률연구」(법무부), 통권 제55호(2011. 7), 32면.

3) 정찬형, 상게논문(선진상사법률연구 통권 제55호), 32면.

따른 학교의 법률학 조교수 이상의 직에 5년 이상 근무한 사람, (iii) 그 밖에 법률적 지식과 경험이 풍부한 사람으로서 대통령령으로 정하는 사람이다(상 542조의 13 5항, 상시 41조).[1]

금융회사의 준법감시인의 자격요건은 적극적 요건과 소극적 요건에 대하여 규정하고 있는 점(지배 26조)과 관련하여, 준법지원인에 대하여도 그의 적극적 요건을 균형 있게 상세히 규정하여야 할 것으로 본다. 즉, 준법지원인의 적극적 요건인 변호사에 대하여는 그 자격과 관련한 업무경력을 요하지 않는 것으로 규정하고 있는데, 이는 금융회사의 준법감시인의 적극적 요건(지배 26조 1항 2호 다.)과도 균형을 잃고 또한 상법 제542조의 13 제5항 2호(법률학 조교수 이상의 직에 5년 이상 근무한 사람)와도 균형을 잃은 규정이라고 본다. 또한 준법지원인에 대하여도 금융회사의 준법감시인과 같이(지배 26조 1항 1호) 소극적 요건을 규정하여야 할 것으로 본다.[2]

(3) 준법지원인의 임기는 3년으로 하고, 준법지원인은 상근으로 한다(상 542조의 13 6항). 준법지원인의 임기에 관하여 다른 법률의 규정이 3년보다 단기로 정하고 있는 경우에는 3년으로 하고 있다(상 542조의 13 11항 단서).

준법지원인을 위에서 본 바와 같이 집행임원에 준하여 볼 수 있다면 집행임원의 임기가 최장 2년인 점(상 408조의 3 1항)과 관련하여 볼 때, 정관에 다른 규정이 없으면 2년으로 하는 것이 타당하다고 본다. 금융회사의 준법감시인의 임기도 2년 이상이다(지배 25조 4항). 또한 다른 법률에 준법지원인의 임기를 3년보다 단기로 정하고 있으면 3년으로 한다고 규정한 상법 제542조의 13 제11항 단서의 규정은, 다른 법률이 상법보다 우선하여 적용된다는 상법 제542조의 13 제11항 본문과도 상반할 뿐만 아니라, 상법은 다른 법률에 대하여 일반법인데 (특별한 사정도 없으면서) 일반법의 규정이 특별법에 우선하는 것으로 규정하는 것은 법제정 및 법적용의 일반원칙에도 반하는 입법이 아닌가도 생각된다.[3]

1) 상법 제542조의 13 제5항 3호에서 "대통령령으로 정하는 사람"이란 다음 각 호의 어느 하나에 해당하는 사람을 말한다(상시 41조).
1. 상장회사에서 감사·감사위원·준법감시인 또는 이와 관련된 법무부서에서 근무한 경력이 합산하여 10년 이상인 사람
2. 법률학 석사학위 이상의 학위를 취득한 사람으로서 상장회사에서 감사·감사위원·준법감시인 또는 이와 관련된 법무부서에서 근무한 경력이 합산하여 5년 이상인 사람

2) 정찬형, 전게논문(선진상사법률연구 통권 제55호), 33면. 동지: 김순석, "상장회사 특례제도의 문제점 및 개선방안,"「상사법연구」(한국상사법학회), 제34권 제2호(2015. 8), 166면.

3) 정찬형, 상게논문(선진상사법률연구 통권 제55호), 33~34면.

4. 의 무

상법상 준법지원인은 다음의 의무를 부담한다.[1]

(1) 선관주의의무

준법지원인은 선량한 관리자의 주의로 그 직무를 수행하여야 한다(상 542조의 13 7항).

(2) 보고의무

준법지원인은 준법통제기준의 준수여부를 점검하고 그 결과를 이사회에 보고하여야 한다(상 542조의 13 3항).

(3) 영업비밀준수의무

준법지원인은 재임중 뿐만 아니라 퇴임 후에도 직무상 알게 된 회사의 영업상 비밀을 누설하여서는 아니 된다(상 542조의 13 8항).

(4) 경업피지의무

준법지원인은 자신의 업무수행에 영향을 줄 수 있는 영업관련 업무를 담당하여서는 아니 된다(상시 42조).

5. 책 임

2011년 4월 개정상법은 준법지원인의 책임에 대하여는 전혀 규정하고 있지 않다. 그런데 준법지원인의 지위를 집행임원에 준하여 보는 경우, 준법지원인의 회사 및 제 3 자에 대한 책임에 관하여 규정하여야 할 것으로 본다.[2]

6. 준법지원인과 관련한 회사의 의무

(1) 준법지원인을 둔 상장회사는 준법지원인이 그 직무를 독립적으로 수행할 수 있도록 하여야 하고, 준법지원인을 둔 상장회사의 임직원은 준법지원인이 그 직무를 수행할 때 자료나 정보의 제출을 요구하는 경우 이에 성실하게 응하여야 한다(상 542조의 13 9항).[3]

준법지원인을 둔 상장회사는 준법지원인이었던 사람에 대하여 그 직무수

1) 준법지원인에 대하여는 상법 제542조의 13 제 3 항·제 7 항 및 제 8 항의 의무 외에 회사의 이익과 상충되는 업무를 할 수 없도록 하는 규정을 상법시행령(상시 42조)에서 포괄적으로 규정할 것이 아니라 반드시 상법에 구체적으로 두어야 할 것이고(지배 29조 참조), 이 외에도 집행임원에 준하는 의무를 부담하는 것으로 규정하여야 할 것이다.

2) 정찬형, 상게논문(선진상사법률연구 통권 제55호), 34면.

3) 금융회사의 준법감시인에 대하여도 이와 유사하게 규정하고 있다(지배 30조 3항).

행과 관련된 사유로 부당한 인사상의 불이익을 주어서는 아니 된다(상 542조의13 10항).[1]

(2) 2011년 4월 개정상법이 위와 같은 규정을 둔 것은 준법지원인의 독립성과 업무의 효율성을 위한 것으로 볼 수 있는데, 이의 위반에 따른 제재규정이 없어(금융회사의 경우에도 같음) 그 실효성이 의문이다.[2]

제 6 준법감시인

(1) 은행·보험회사 및 금융투자업자(구〈舊〉 증권회사 등)에서는 은행법·보험업법 및 자본시장과 금융투자업에 관한 법률(2009. 2. 4 이전에는 증권거래법 등)의 규정에 의하여 이미 2000년부터 내부통제기준 및 준법감시인이 실시되고 있었고, 현재는 이러한 내용이 '금융회사의 지배구조에 관한 법률'에서 규정되고 있다. 즉, 금융회사는 법령을 준수하고 경영을 건전하게 하며 주주 및 이해관계자 등을 보호하기 위하여 금융회사의 임직원이 직무를 수행할 때 준수하여야 할 기준 및 절차(이하 "내부통제기준"이라 한다)를 마련하야야 하고(지배 24조 1항), 금융회사는 내부통제기준의 준수 여부를 점검하고 내부통제기준을 위반하는 경우 이를 조사하는 등 내부통제 관련 업무를 총괄하는 사람(이하 "준법감시인"이라 한다)을 1명 이상 두어야 하며, 준법감시인은 필요하다고 판단하는 경우 조사결과를 감사위원회 또는 감사에게 보고할 수 있다(지배 25조 1항).[3] 금융회사의 내부통제기준과 준법감시인에 관하여 그 밖의 필요한 사항은 대통령령으로 정한다(지배 24조 3항, 26조 1항 2호 마.).

(2) 금융회사는 사내이사 또는 업무집행책임자 중에서 준법감시인을 선임하여야 하고(지배 25조 2항 본문), 금융회사가 준법감시인을 임면하려는 경우에는 이사회의 의결을 거쳐야 하며(지배 25조 3항 전단), 해임할 경우에는 이사총수의 3분의 2 이상의 찬성으로 의결한다(지배 25조 3항 후단). 준법감시인의 임기는 2년 이상으로 한다(지배 25조 4항).

---

1) 금융회사의 준법감시인에 대하여도 이와 유사하게 규정하고 있다(지배 30조 4항).

2) 정찬형, 전게논문(선진상사법률연구 통권 제55호), 35면.

3) 금융회사의 이러한 준법감시인은 상법상 준법지원인으로 통일되어야 할 것으로 본다. 따라서 준법감시인의 보고대상도 감사(감사위원회)가 아닌 이사회가 되어야 하고, 입법론상 준법감시인(준법지원인)은 집행임원에 준하여 등기하도록 하여야 할 것이다(동지: 이종건, "준법감시인에 대한 단상," 법률신문, 2014. 2. 24, 13면).

제 5 절 자본금의 증감(변동)

제 1 관 총 설

(1) 우리 상법상 자본금은 액면주식의 경우 원칙적으로 「발행주식의 액면총액」이므로(상 451조 1항) 자본금을 증가하기 위하여는 액면가액을 높이든가 또는 발행주식수를 늘리는 방법이 있을 수 있고, 자본금을 감소하기 위하여는 이와 반대로 액면가액을 낮추든가 또는 발행주식수를 줄이는 방법이 있을 수 있다. 회사가 무액면주식을 발행하는 경우 자본금은 「주식 발행가액의 2분의 1 이상의 금액으로서 이사회(주주총회)에서 자본금으로 계상하기로 한 금액의 총액」이므로(상 451조 2항 1문)(즉, 주식의 액면가액이 없으므로) 자본금을 증가하기 위하여는 발행주식수를 늘리는 방법밖에 없고, 자본금을 감소하기 위하여는 자본금의 액을 임의로 낮추는 방법과 발행주식수를 줄이는 방법이 있다.

(2) 액면주식의 경우 증자(增資)의 방법으로서 액면가액을 높이는 것은 모든 주주에게 추가납입의무를 발생시키는 것으로서 이는 주주유한책임의 원칙에 반하므로 실제상 불가능하다. 따라서 액면주식의 경우에도 증자의 방법으로는 발행주식수를 늘리는 방법인 신주발행의 방법밖에 없다. 따라서 자본금 증가는 신주발행과 거의 동일하다고 볼 수 있다.[1)]

자본금 증가를 가져오는 신주발행(광의의 신주발행)에는 두 가지가 있는데, 하나는 회사가 자금조달을 직접적인 목적으로 하여 신주를 발행하는 경우로서 반드시 회사의 재산이 증가하는 「보통의(통상의) 신주발행」과, 다른 하나는 회사가 경리정책상 하는 신주발행으로 회사의 재산에는 원칙적으로 변동이 없는 「특수한 신주발행」이 있다.

보통의 신주발행의 경우에는 회사의 재산이 증가하므로 이를 「실질상 자본금 증가」 또는 「유상증자」라 한다. 그런데 이 때 증가되는 재산액은 증가되는 자본금과 반드시 일치하는 것은 아니다. 즉, 액면주식의 경우 회사가 신주의 발행가액을 액면가액과 동일하게 하면 양자는 일치하지만, 발행가액을 액면가액보다 높게 정하면(액면초과발행) 발행주식수의 액면초과액의 합계액만큼 증자액보다 증가하는 재산이 많게 되고(이 금액은 자본준비금으로 적립됨 — 상 459조 1항), 발행가액을 액면가

1) 동지: 정(희), 520면; 이(철), (회) 899면.

액보다 낮게 정하면(할인발행) 발행주식수의 액면미달금액의 합계액만큼 증자액보다 증가하는 재산이 적게 된다(상 417조 참조). 무액면주식의 경우에도 주식 발행가액을 전부 자본금으로 계상하지 않는 이상 증가되는 재산액과 증가되는 자본금은 불일치하는데, 다만 증가되는 재산이 증가되는 자본금보다 적게 되는 경우는 없다(즉, 액면주식에서의 할인발행과 같은 문제는 발생할 여지가 없다).

특수한 신주발행의 경우에는 (자본금은 증가하지만) 회사의 재산은 원칙적으로 변동이 없으므로 이를 「명의상 자본금 증가」 또는 「무상증자」라 한다. 이러한 특수한 신주발행으로서 상법이 인정하고 있는 것으로는 준비금의 자본금 전입에 의한 신주발행(상 461조), 주식배당에 의한 신주발행(상 462조의 2 1항), 전환주식(상 346조 이하) 또는 전환사채(상 513조 이하)의 전환에 의한 신주발행, 신주인수권부사채의 신주인수권의 행사에 의한 신주발행(대용납입이 인정되는 경우)(상 516조의 2 2항 5호, 516조의 8), 회사의 흡수합병 또는 분할합병으로 인한 신주발행(상 523조 3호, 530조의 6 1항 2호), 주식의 포괄적 교환으로 인한 신주발행(상 360조의 2 2항), 주식의 병합 또는 분할에 의한 신주발행(상 440조~444조, 329조의 2) 등이 있다.

포괄증자라 함은 「주식의 발행가액 중 일부분을 법정준비금의 자본금 전입에 의하여 무상으로 하고, 나머지 부분을 유상으로 하는 신주발행」을 말한다.[1] 이러한 포괄증자는 유상증자와 무상증자를 유기적으로 결합시킨 것으로서 무상증자의 변형이라고 볼 수도 있고, 주주배정에 의한 유상증자로서 발행가액의 할인을 인정한 것이라고도 볼 수 있다. 포괄증자를 어떻게 보든 주주가 유상분을 납입하지 않으면 무상분에 대한 권리도 잃게 되는데, 이 점에서 주주배정에 의한 유상증자와 무상증자를 동시에 행하는 「유상·무상의 병행증자」와 구별된다.[2] 일부 상장회사는 유상증자시에 신주의 납입기일 직후의 어느 날을 기준일로 하여 무상증자를 병행하여 유상증자에 따른 청약·납입이 없으면 무상증자에 따른 신주의 배정을 받을 수 없도록 하는데, 이를 「사실상의 포괄증자」라 한다.[3] 상법상 포괄증자가 적법이냐 위법이냐 하는 것에 대하여는 견해가 나뉘어 있고, 또한 상법에서 이것을 받아들일 것인가에 대하여도 견해가 나뉘어 있다.[4]

1) 우리나라에서는 과거에 한국전력주식회사법에서 포괄증자를 규정하였으나(동법 17조의 3), 한국전력주식회사의 공사화 방침에 따라 한국전력공사법이 제정되면서 위 법은 폐지되었다.

2) 동지: 정(희), 520면.

3) 이(철), (회) 936면.

4) 이것을 상법에서 입법화하자는 견해로는 의견서, 100면 이하가 있고, 포괄증자는 주주권을 침해하므로 명문의 규정이 없는 상법하에서는 허용되지 않는다는 견해로는 이(철), (회) 936면 등이 있다.

⑶ 감자(減資)의 방법으로서 액면주식의 경우 액면가액을 낮추거나 또는 발행주식수를 줄이는 것은 주주유한책임과 충돌하는 것이 아니므로 어느 방법도 가능하다.[1] 무액면주식의 경우는 감자의 방법으로 자본금 자체의 감소(이는 액면주식의 경우 주금액의 감소에 해당) 또는 자본금 자체의 감소와 발행주식수를 줄이는 방법이 있다.[2] 무액면주식의 경우 '발행주식수를 줄이는 방법'이란 발행주식수를 줄이면서(예컨대, 주식의 병합이나 소각) 자본금을 감소하는 방법을 말하는 것이지, 발행주식수를 줄이는 것만으로는 자본금이 감소하지 않는다. 왜냐하면 무액면주식에서는 발행가액의 2분의 1 이상을 자본금으로 계상한 이후에는 발행주식수와 자본금의 관계는 끊어지기 때문이다.[3]

이러한 감자에도 증자의 경우와 같이 실제로 회사의 재산이 감소하는 「실질상 자본금 감소」와, (원칙적으로) 회사의 재산에 변동이 없는 「명의상 자본금 감소」가 있다.

어떠한 방법에 의한 감자이든 감자의 경우에는 회사채권자를 위한 담보력을 감소시키는 것이므로(실질상 감자는 현실적으로 담보력을 감소시키고, 명의상 감자는 회사가 확보하고 있어야 할 기준이 되는 자본금을 감소시키는 것이므로 장래의 담보력을 감소시킴), 증자의 경우와는 달리 반드시 채권자보호절차를 밟아야 한다.

⑷ 자본금은 정관의 절대적 기재사항이 아니고 등기사항에 불과하므로(상 317조 2항 2호), 자본금의 변동(증감)은 정관변경과는 무관하고 등기사항만을 변경하면 된다.

제 2 관 자본금의 증가(신주발행)

제 1 보통의 신주발행

Ⅰ. 의 의

⑴ 보통의 신주발행이란 「회사성립 후 회사의 자금조달을 직접적인 목적으로 수권주식총수의 범위 내에서 미발행주식을 발행하는 것」을 말한다.

1) 이러한 보통의 신주발행은 「회사성립 후」에 하는 신주발행으로, 회사

1) 동지: 이(철), (회) 899면.
2) 동지: 송(옥), 901면.
3) 동지: 이(철), (회) 900면, 960면(무액면주식을 발행한 경우에는 단지 회사의 자본금 감소의 의사결정만으로 자본금을 감소할 수 있고, 이와 함께 주식을 소각하거나 병합할 수도 있으나 이는 양자의 단순한 병행에 불과하다고 한다); 송(옥), 901~902면.

설립시의 주식발행의 경우와 많은 차이점이 있다.[1)]

2) 보통의 신주발행은 회사의 「자금조달」을 직접적인 목적으로 하는 것이므로 회사의 재산이 증가한다. 따라서 이를 실질상 증자 또는 유상증자라고 하는데, 이는 사채발행과 함께 회사에 의한 직접자금조달방법이 된다.[2)] 이 때 신주의 인수인은 주주가 되는 경우와 제 3 자가 되는 경우가 있다.

3) 보통의 신주발행은 「수권주식총수의 범위 내」에서 미발행주식을 발행하는 것이므로, 수권주식총수 자체를 증가하는 정관변경과 다르다.

(2) 우리 상법은 회사의 자금조달의 편의를 도모하기 위하여 수권자본제도를 도입하여, (보통의) 신주발행은 원칙적으로 이사회에서 자유롭게 결정하여 할 수 있도록 하였다(상 416조).

상법이 이와 같이 이사회에 신주발행에 관한 강력한 권한을 주는 대신에, 그 권한의 남용을 방지하고 주주의 이익을 보호하기 위하여 상법은 다시 다음과 같은 세 가지에 대하여 규정하고 있다.[3)] 즉, (i) 첫째는 이사회는 수권주식총수의 범위 내에서만 신주를 발행할 수 있도록 제한하여(상 289조 1항 3호, 416조 참조), 이사회가 신주를 남발하지 못하도록 하고 있다. (ii) 둘째는 주주에게 원칙적으로 신주인수권을 부여하여(상 418조 1항), 신주발행에 있어서 기존주주의 이익을 보호하고 이사회에 의한 신주인수권의 자의적인 부여를 금지하고 있다. 따라서 이사회가 주주 이외의 자에게 신주인수권을 부여하는 경우는 일정한 경우에 한하여 정관(또는 주주총회의 특별결의)의 규정에 의한 수권이 있어야 하는 것으로 하였다(상 418조 2항). (iii) 셋째는 이사회의 불공정한 신주발행을 사전에 예방하기 위하여 각 주주에게 신주발행 유지청구권을 인정하고 있다(상 424조).

(3) 보통의 신주발행방법은 누구에게 신주를 인수시킬 것인가(즉, 주식의 인수방법)에 따라 주주배정·제 3 자배정 및 모집의 세 가지가 있다. 주주배정의 방법은 주주에게 신주인수권이 인정된 경우이고, 제 3 자배정의 방법은 제 3 자에게 신주인수권이 인정된 경우이며, 모집의 방법은 누구에게도 신주인수권이 인정되지 않은 경우이다. 정관에 다른 규정이 없으면 기존주주의 이익을 보호하기 위하여 주주에게 신주인수권이 인정되고, 제 3 자에게 신주인수권을 인정하거나 또는 모집에 의한 신주발행을 하는 등 주주 외의 자에게 신주를 배정하는 경우

1) 이러한 차이점에 관한 상세는 정(동), (회) 495~496면.

2) 중국법상 주식회사의 신주발행에 관하여는 南玉梅, "株式會社의 新株發行에 관한 研究－中國法의 문제점과 개선방안을 중심으로," 법학박사학위논문(고려대, 2013. 8) 참조.

3) 동지: 정(희), 512~513면.

에는 신기술의 도입·재무구조의 개선 등 회사의 경영상 목적을 달성하기 위하여 필요한 경우로서 정관에 규정이 있어야 한다(상 418조 2항). 따라서 이하에서는 신주인수권을 먼저 설명한 후, 신주발행의 절차 등에 대하여 설명하겠다.

2. 신주인수권

(1) 의 의

1) 신주인수권(preemptive right; Bezugsrecht; droit de souscription)이란 「회사의 성립 후 신주를 발행하는 경우에 다른 사람에 우선하여 신주를 인수할 수 있는 권리」를 말하는데, 이것에는 주주의 신주인수권과 제 3 자의 신주인수권이 있다.[1] 상법은 주주의 신주인수권을 원칙적으로 법적인 권리로 규정하고(상 418조 1항), 다만 예외적으로 일정한 경우에 한하여 정관에 의하여 제 3 자에게 신주인수권을 부여하는 등 주주 외의 자에게 신주를 배정할 수 있음을 규정하고 있다(상 418조 2항). 앞에서 본 바와 같이 우리 상법은 수권자본제도의 도입에 따라 신주발행사항을 원칙적으로 이사회가 결정하도록 하면서, 이사회의 이러한 권한남용을 방지하기 위하여 주주에 대하여 신주인수권을 인정한 것이다.

2) 회사가 주주 이외의 자에게 신주를 발행하는 경우에는 회사의 지배력에 변동을 초래함은 물론 주가의 하락에 의하여 기존주주에게 손실을 주게 되므로, 우리 상법은 위에서 본 바와 같이 기존주주의 이익을 보호하기 위하여 원칙적으로 주주에게 신주인수권을 부여하고 있으나(상 418조 1항), 이것은 한편으로 회사의 자금조달의 편의에 방해가 되는 경우가 있다. 따라서 보통의 신주발행의 경우에는 기존주주의 이익보호와 회사의 자금조달의 편의를 어떻게 조화시킬 것인가가 과제이다.[2]

---

1) 워런트(Warrant)에 관한 상세는 김종선, "워런트(Warrant)제도에 관한 법적 연구," 법학박사학위논문(고려대, 2013. 2) 참조.

2) EU회사법 제 2 지침(자본지침)(1976. 12. 13. 공포)(동 지침 29조)·독일(獨株 186조 1항)·프랑스(佛商 225-132조)·이탈리아(伊民 2441조)·스위스(스위스 채무법〈1991〉 652조 b) 등의 입법은 우리나라의 경우와 같이 주주의 이익보호를 위하여 원칙적으로 주주에게 신주인수권을 인정하고 있다. 영국도 EU회사법 지침을 받아들여 1980년 회사법 개정에서 주주의 신주인수권을 인정하고 있다(英會〈1985〉 89조; 동〈2006〉 561조).

미국은 모범사업회사법에서는 주주의 신주인수권을 정관에 규정이 없는 한 인정하지 않고(동법〈2006〉 6.30조 a항), 각 주법은 신주인수권을 인정하는 주(네바다·네브라스카 등 18개 주)와 인정하지 않는 주(뉴저지·델라웨어 등 25개 주)로 나뉘어 있다. 일본도 자금조달의 기동성을 위하여 원칙적으로 주주에게 신주인수권을 인정하고 있지 않다(주주에게 신주인수권을 부여하는가의 여부는 신주발행을 결정할 때에 정하도록 함—日會 202조)[각국의 신주인수권법제에 관한 상세는 이동승, "주주의 신주인수권에 관한 연구(그 배제요건을 중심으로)," 법학박사학위논문

(2) 주주의 신주인수권

1) 의의·성질　　주주의 신주인수권이란 「주주가 종래 가지고 있던 주식의 수에 비례하여 우선적으로 신주의 배정을 받을 수 있는 권리」이다(예컨대 100,000주를 발행한 회사가 20,000주의 신주발행을 한다면 주주는 구주 5주에 대하여 신주 1주를 인수할 권리가 있다). 주주의 신주인수권에 기하여 신주를 발행하는 것을 주주배정에 의한 신주발행이라고 한다. 주주의 이러한 신주인수권은 정관이나 이사회의 결의에 의해서 생기는 권리가 아니라, 법률의 규정에 의하여 주주에게 당연히 생기는 권리이다(상 418조 1항).[1] 이러한 주주의 신주인수권은 주주권(자익권)의 내용의 하나인 「추상적 신주인수권」과, 이를 기초로 하여 이사회의 신주발행의 결의에 의하여 구체화된 권리인 「구체적 신주인수권」으로 구별된다(이것은 마치 주주의 이익배당청구권도 추상적 이익배당청구권과 주주총회의 이익배당의 결의에 의하여 구체적으로 발생하는 구체적 이익배당청구권으로 구별되는 것과 같다). 추상적 신주인수권은 주주권의 내용을 이루고 있으므로, 주식과 분리하여 이를 양도·처분 등을 할 수 없으나(주식불가분의 원칙), 구체적 신주인수권은 주주권과는 별개의 구체화된 채권적 권리[2]이므로 주식과 독립하여 이를 양도·처분 등을 할 수 있다. 구체적 신주인수권의 양도는 신주인수권증서의 교부에 의하여 하고(상 420조의 2, 420조의 3), 구체적 신주인수권은 이사회의 결의로 정하여진 배정일 현재의 주주명부상의 주주에게 귀속된다.

우리 대법원판례도 이와 동지에서 다음과 같이 판시하고 있다.

> [구체적 신주인수권은 배정일 현재 주주명부에 기재된 주주에게 귀속된다고 한 판례]
>
> 상법 제416조에 의하여 주식회사가 주주총회나 이사회의 결의로 신주를 발행할 경우에 발생하는 구체적 신주인수권은 주주의 고유권에 속하는 것이 아니고 위 상법의 규정에 의하여 주주총회나 이사회의 결의에 의하여 발생하는 구체적 권리에 불과하므로 그 신주인수권은 주주권의 이전에 수반되어 이전되지 아니 하는바, 회사가 신주를 발행하면서 그 권리의 귀속자를 주주총회나 이사회의 결의에 의한 일정 시점에 있어서의 주주명부에 기재된 주주로 한정할 경우, 그 신주인수권은 그 일정 시점에 있어서의 실질상의 주주인가의 여부와 관계 없이

(고려대, 1998. 8), 47～96면 참조].

독일 주식법상 주주의 신주인수권 배제요건에 관한 판례의 소개로는 최준선, "주주의 신주인수권에 관한 연구 ── 독일 주식법을 중심으로," 「상장협」, 제43호(2001, 춘계호), 192～205면.

1) 따라서 이를 「자연법적 권리이며 주주자격에 필연적인 부수현상」이라고 표현하기도 한다[정(희), 514면].

2) 이 권리에 기하여 신주인수권자가 주식인수의 청약을 하고 또 회사의 배정에 의하여 주식인수의 효과가 발생하는 것이므로, 이 권리는 형성권이 아니라 채권적 권리이다.

회사에 대하여 법적으로 대항할 수 있는 주주, 즉 주주명부에 기재된 주주에게 귀속된다[대판 1995. 7. 28, 94 다 25735(공보 999, 2965)].

구체적 신주인수권자가 이 권리에 기하여 '청약'을 하고 또 회사로부터 '배정'을 받으면 「주식인수인의 지위」(권리주)를 갖게 되는데, 주식인수인이 납입 또는 현물출자를 이행한 때에는 '납입기일의 다음날'부터 「주주」가 된다(상 423조 1항).

2) 신주인수권의 대상이 되는 주식

㈎ 주주는 법률상 당연히 신주인수권을 가지고 있으므로, **원칙적**으로 「장래 발행될 모든 신주」가 신주인수권의 대상이 된다. 따라서 현재의 수권주식총수의 범위 내의 미발행주식뿐만 아니라, 그 후의 정관변경에 의하여 증가된 수권주식총수의 범위 내의 미발행주식에도 신주인수권이 미친다.

㈏ 주주는 **예외적**으로 다음과 같은 신주발행의 경우에는 신주인수인이 모든 주주로 미리 정하여져 있어 청약과 배정이 없기 때문에 주주의 신주인수권이 문제되지 않거나 또는 신주인수인으로 될 자가 미리 특정되어 있기 때문에 일반주주의 신주인수권의 대상이 되지 않는다.

① 신주인수인이 모든 주주로 미리 정하여져 있어 청약과 배정이 없기 때문에 주주의 신주인수권이 문제되지 않는 경우로는, 준비금의 자본전입에 의한 신주발행(상 461조), 주식배당에 의한 신주발행(상 462조의 2), 주식병합이나 주식분할에 의한 신주발행(상 440~443조, 329조의 2) 등이 있다.

② 신주인수인으로 될 자가 미리 특정되어 있어 일반주주의 신주인수권의 대상이 되지 않는 경우로는, 현물출자자에게 배정하기 위한 신주발행(상 416조 4호), 전환주식 또는 전환사채의 전환에 의한 신주발행(상 346조 이하, 513조 이하), 신주인수권부사채권자의 신주인수권의 행사에 의한 신주발행(상 516조의 8), 흡수합병으로 인하여 존속회사가 소멸회사의 주주에게 배정하기 위한 신주발행(상 523조 3호), 분할합병으로 인하여 분할합병의 상대방회사(분할후 회사)가 분할되는 회사(분할전 회사, 분할회사)의 주주에게 배정하기 위한 신주발행(상 530조의 6 1항 3호) 및 주식의 포괄적 교환으로 인하여 완전자회사의 주주에게 배정하기 위한 신주발행(상 360조의 2 2항) 등이 있다.

우리 대법원판례도 이러한 취지에서 다음과 같이 판시하고 있다.

[현물출자자에게 발행하는 신주에 대하여는 신주인수권이 미치지 않는다고 본 판례]

주주의 신주인수권은 주주가 종래 가지고 있던 주식의 수에 비례하여 우선적으로 인수의 배정을 받을 수 있는 권리로서 주주의 자격에 기하여 법률상 당연히 인정되는 것이지만, 현물출자자에 대하여 발행하는 신주에 대하여는 일반 주주의 신주인수권이 미치지 않는다[대판 1989. 3. 14, 88 누 889(공보 847, 619)].

[특별법에 의하여 사채권자의 사채가 주식으로 전환되는 경우에 신주인수권이 미치지 않는다고 본 판례]

X는 A주식회사에 대하여 경제의 안정과 성장에 관한 긴급명령(1972년 8월 3일 시행, 이하 '긴급명령'이라 칭한다) 소정의 사채권자였는데, X는 경제의 안정과 성장에 관한 긴급명령 제22조에 의하여 조정사채액을 출자로 전환하였다. 이에 Y(관할 세무서장)는 상속세법 제34조의4에 의거 특수관계에 있는 자로부터 현저히 저렴한 대가로써 이익을 받은 경우에 해당한다 하여, X가 상법소정의 구 주로서의 주식소유비율을 초과하여 인수한 신주(구 주가 없을 경우는 인수한 전 주식이 될 것임)를 상속세법시행령 제 5 조의 평가방식에 의하여 평가한 후 그 차액상당액은 위 A회사의 구 주주들로부터 증여받은 것으로 보고 이에 대하여 증여세를 과세하였다.

그러나 이러한 경우에는 주식회사의 기존 주주의 신주인수에 관한 상법 제418조의 규정이 적용될 여지가 없다 할 것이요, 따라서 이 경우는 상속세법 제34조의4가 규정하는 것처럼 조정사채를 출자로 전환한 자가 대통령령이 정하는 특수관계에 있는 자(상속세법 시행령 제41조 2항, 동 시행규칙 제19조)로부터 대가를 지불하지 아니하거나 또는 현저히 저렴한 대가로써 이익을 받은 자라고 볼 수는 없는 것이다. 따라서 Y의 세금부과처분을 인정한 원심은 위법하고, 논지는 이유 있다[대판 1977. 8. 23, 77 누 109(공보 569, 10273)].

3) 신주인수권의 제한[1]

(가) 정관에 의한 제한　　주주의 신주인수권은 정관에 의하여 제한될 수 있는데, 다만 이 경우에는 신기술의 도입·재무구조의 개선 등 회사의 경영상 목적을 달성하기 위하여 필요한 경우에 한한다(상 418조 2항, 420조 5호).[2] 여기에서의 「제

---

1) 이에 관한 상세는 이동승, 전게 박사학위논문 참조.

2) 「신기술의 도입·재무구조의 개선 등 회사의 경영상 목적을 달성하기 위하여 필요한 경우에 한하여」는 2001년 개정상법이 제 3 자에 대한 신주인수권의 부여가 남용되는 것을 방지하기 위하여 신설한 것인데, 회사의 자금조달의 편의성에서 문제가 있으며 또한 그 내용도 매우 추상적이어서 제한의 실효성도 없다고 본다[이에 관한 상세는 정찬형, "2000년 정부의 상법개정안에 대한 검토의견," 「상사법연구」(한국상사법학회), 제20권 1호(2001. 5), 128면 참조].

한」이라는 것은 박탈을 포함한다고 본다(통설).[1] 또한 이 때의 제한이란 보통 종류주식이 발행된 경우에 신주인수로 인한 주식의 배정에 관하여 특수한 정함을 하는 등과 같은 신주인수권의 부여비율에 관한 제한을 의미하나(상 344조 3항 참조), 공모(公募)발행의 병행으로 인한 주주의 신주인수권의 제한, 공모만에 의하여 신주발행을 하는 경우에 있어서 주주의 신주인수권의 박탈, 제 3 자에게 신주인수권을 부여하는 경우에 있어서 주주의 신주인수권의 제한 또는 박탈 등도 이것에 포함된다.[2]

(나) 법률에 의한 제한

① 자본시장과 금융투자업에 관한 법률상 대통령령으로 정하는 주권상장법인 또는 주권을 대통령령으로 정하는 증권시장에 상장하려는 법인이 주식을 모집하거나 매출하는 경우 해당 법인의 우리사주조합원은 원칙적으로 (상법 제418조의 규정에도 불구하고) 모집 또는 매출하는 주식총수의 100분의 20의 범위에서 우선적으로 주식[3]을 배정받을 권리가 있다(자금 165조의 7 1항). 이는 우리사주조합원의 권리이고 동시에 당해 회사의 의무인데, 당해 회사의 기존주주의 신주인수권은 이 범위 내에서 제한된다. 그러나 그 법인의 우리사주조합원이 소유하는 주식수가 신규로 발행되는 주식과 이미 발행된 주식의 총수의 100분의 20을 초과하는 경우에는 그러하지 아니하다(자금 165조의 7 2항).

또한 자본시장과 금융투자업에 관한 법률이 인정하는 바에 따라 주권상장법인이 불특정 다수인에게 신주인수의 청약을 할 기회를 부여하고 이에 따라 청약을 한 자에 대하여 신주를 배정하는 방식으로 신주를 발행하는 경우에는 (자금 165조의 6 4항) 이 범위 내에서 주주의 신주인수권은 제한된다.

---

1) 정(희), 516면; 서·정, 491면; 정(동), (회) 503면(정관에 규정을 두면 신주인수권의 완전박탈도 가능하다고 본다); 채, 698면; 이(기) 외, (회) 441면; 주상(제 5 판)(회사 Ⅳ), 66면(신주인수권의 일부 박탈은 허용되나, 정관의 규정으로 주주의 신주인수권을 획일적·전면적으로 배제하는 것은 허용되지 아니한다고 한다) 외(비고유권설).

獨株 제186조 3항·4항·5항은 신주인수권의 전부 또는 일부를 주주총회의 결의로 박탈할 수 있음을 규정하고 있으며(이러한 신주인수권의 배제는 금전에 의한 자본증가가 기본자본의 100분의 10을 초과하지 않으며 발행가액이 시가를 현저하게 하회하지 않는 경우에 특히 허용된다 — 獨株 186조 3항 4문), 瑞(스위스)債 제652조는 정관이나 증자결의에서 다른 정함을 하지 않을 때에 한하여 주주에게 신주인수권이 있는 것으로 규정하고 있다.

2) 동지: 정(희), 516면.

3) 대판 2014. 8. 28, 2013 다 18684(공보 2014, 1850)(이러한 '주식'에는 사채의 일종인 신주인수권부사채가 포함되지 아니하고, 또한 우리사주조합원에게 주식 외에 신주인수권부사채까지 우선적으로 배정받을 권리가 있다고 유추해석하기도 어렵다).

② 회사회생절차상 회생계획에 의한 신주발행의 경우에도 주주의 신주인수권이 제한된다(파 265조 2항, 266조 3항).[1)]

㈐ 기타의 제한 해석상 주주의 신주인수권이 제한되는 경우는 다음과 같다.

① 회사가 취득하고 있는 자기주식(상 341조, 341조의 2)·자회사가 취득하고 있는 모회사의 주식(상 342조의 2 1항 1호~2호)에는 신주인수권이 없다(이러한 주식을 처분하는 것은 신주발행이 아니므로, 이때에 다른 주주의 신주인수권이 인정될 여지는 없다).

② 후술하는 실권주(失權株)·단주(端株)에는 신주인수권이 미치지 않는다.

4) 실기주(失期株)·실권주(失權株) 및 단주(端株)의 처리문제

㈎ 실기주의 처리문제

① 실기주(실념주〈失念株〉)의 의의 이사회가 신주발행을 결의하는 날의 주주명부에 기재된 주주에게 주주의 구체적 신주인수권을 부여하면, 이사회의 신주발행 결의 전에 이미 주식을 취득하였으나 아직 명의개서를 하지 않은 자(실질주주)는 구체적 신주인수권을 취득할 수 없게 된다. 따라서 상법은 회사가 이사회의 신주발행 결의 후의 「일정한 날」을 정하여 그 날에 주주명부에 기재된 주주가 (구체적) 신주인수권을 갖는다는 뜻을 그 날의 2주간 전에 공고하도록 하고(상 418조 3항 1문), 그 날이 주주명부의 폐쇄기간중인 때에는 그 폐쇄기간의 초일의 2주간 전에 공고하도록 규정하고 있는데(상 418조 3항 2문), 이러한 일정한 날을 신주배정일(배정기준일)이라 한다. 그런데 이러한 신주배정일의 사전 공고에도 불구하고 주식양수인이 신주배정일까지 주주명부에 명의개서를 하지 않아 새로 발행되는 신주가 주주명부상의 주주인 주식양도인에게 배정되는 경우가 있다. 이 때 신주배정일까지 명의개서를 하지 않은 주식양수인의 주식을 「광의의 실기주」라고 하고, 주식양수인이 명의개서를 하지 않음으로써 주주명

1) 동지: 대결 2008. 5. 9, 2007 그 127(공보 2008, 839)(구 회사정리법〈2005. 3. 31. 법률 제7428호 채무자 회생 및 파산에 관한 법률 부칙 제 2 조로 폐지〉 제222조 제 3 항, 상법 제418조 제 2 항의 입법취지 등에 비추어 볼 때, 정관에 규정된 수권자본금 한도 내에서 정리법원의 허가하에 향후 제 3 자 배정방식의 신주발행을 계획한 정리계획 조항은 무효라고 볼 수 없다. 따라서 정리회사의 관리인이 정관에 규정된 수권자본금 한도 내에서 정리법원의 허가하에 향후 제 3 자 배정방식의 신주발행을 계획하고 있는 정리계획 조항에 따라 신규자금을 유치할 목적으로 정리법원의 허가를 받아 신주를 발행하는 경우에는 정리회사의 기존 주주들이 정리계획에 의하여 감수하기로 예정한 불이익이 구체적으로 현실화되는 것에 불과하므로 특별한 사정이 없는 한 제 3 자 배정방식의 신주발행을 위하여 정리계획 변경절차를 거칠 필요가 없다).

부상의 주주인 주식양도인이 배정받은 신주를 「협의의 실기주」라고 한다. 이러한 협의의 실기주는, 회사의 이사회가 신주발행을 결의함으로써 발생하는 구체적 신주인수권은 주주의 고유권에 속하는 것이 아니고 구체적 권리에 불과하므로 주식의 이전에 수반되어 이전되지 아니하고 신주배정일에 있어서 실질주주가 누구인가에 관계 없이 주주명부에 기재된 명의주주에게 귀속되어 회사는 그러한 명의주주(주식양도인)에게 신주를 배정하기 때문에, 발생하는 것이다.[1)]

② 실기주의 처리

(i) 광의의 실기주의 경우에는 주식양수인(실기주주)은 주식양도인이 회사로부터 지급받은 이익배당금·합병교부금 등을 부당이득의 법리에 의하여 반환청구할 수 있는데, 이 점에 관하여는 이론(異論)이 없다.

(ii) 협의의 실기주의 경우에는 주식양수인(실기주주)이 주식양도인에 대하여 어떠한 법리에 의하여 이의 양도를 청구할 수 있을 것인가가 문제된다. 이 때에도 당사자간에는 주식양수인이 추상적 신주인수권뿐만 아니라 구체적 신주인수권도 가지고 있으므로(그러나 회사에 대한 관계에서는 위에서 본 바와 같이 주식양도인이 구체적 신주인수권을 갖는다), 주식양수인이 주식양도인에 대하여 신주배정에 의하여 취득한 권리를 반환청구할 수 있는 점에 대하여는 이론(異論)이 없다. 다만 주식양수인은 주식양도인에 대하여 어떠한 법리에 의하여 이의 반환을 청구할 수 있는가에 대하여 부당이득설·사무관리설·준사무관리설로 나뉘어 있다. 부당이득설에 의하면 양수인은 양도인에 대하여 신주 그 자체의 반환청구를 할 수는 없고 다만 신주인수에 의하여 얻은 이익(신주발행 직후의 주가와 납입금액과의 차액)만을 부당이득으로 반환청구할 수 있다고 하고,[2)] 사무관리설에 의하면 양도인은 양수인을 위하여 사무관리를 한 것이므로 양수인은 양도인에 대하여 신주 자체의 인도를 청구할 수 있고 만일 양도인이 신주를 처분하였을 때에는 그에 따른 이득금(利得金)의 인도를 청구할 수 있다고 하며,[3)] 준사무관리설에 의하면 양도인에게 「타인을 위하여」 신주를 인수한다는

1) 대판 1995. 7. 28, 94 다 25735(공보 999, 2965); 동 2010. 2. 25, 2008 다 96963·96970(공보 2010, 627)(회사가 신주를 발행하면서 그 권리의 귀속자를 주주총회나 이사회의 결의에 의한 일정시점에 있어서의 주주명부에 기재된 주주로 한정할 경우, 그 신주인수권은 위 일정시점에 있어서의 실질상의 주주인가의 여부에 관계 없이 회사에 대하여 법적으로 대항할 수 있는 주주, 즉 주주명부에 기재된 주주에게 귀속된다고 할 것이다).

2) 日最高判 1968. 12. 12(民集 22-13, 2943).

3) 정(희), 516면.

의사가 없으므로 사무관리는 성립되지 않고 양수인은 준사무관리의 법리에 의하여 양도인이 취득한 권리를 반환청구할 수 있다고 한다.[1)]

생각건대 양수인은 신주 그 자체의 반환을 청구할 수 있다고 보아야 하므로 부당이득설은 타당하지 않고, 또 준사무관리설은 민법에서도 확립된 개념이 아니므로 이에 근거하는 것도 문제가 있으므로, 사무관리의 법리에 의하는 것이 가장 무난하다고 본다(이에 관한 상세는 주식에 관한 부분에서 이미 설명함).

(나) 실권주(失權株)·단주(端株)의 처리문제

① 실권주·단주의 의의

(i) 신주인수권을 갖는 주주(또는 신주인수권증서를 취득한 자)가 청약기일까지 청약을 하고 또 납입기일까지 발행가액의 전액을 납입하면 그 자는 납입기일의 다음 날로부터 주주가 되는데(상 423조 1항), 청약기일까지 주식인수의 청약을 하지 않으면 신주인수권을 잃게 되고(상 419조 3항) 또 청약기일까지 주식인수의 청약을 하였더라도 납입기일에 납입을 하지 않으면 주식인수인으로서의 지위를 잃게 되어(상 423조 2항) 실권주가 발생한다. 이와 같이 신주인수권을 가진 주주가 신주인수의 청약을 하지 않거나 또는 납입을 하지 않음으로 인하여 신주인수권의 대상인 주식이 실권된 주식을 「실권주」라고 한다. 실권주가 확정되는 것은 납입기일이나, 실무에서는 청약기일까지 납입금과 동액의 청약증거금을 청약과 동시에 납입하게 하므로 이러한 실권주는 실무상 납입기일이 아니라 청약기일에 사실상 확정된다.

(ii) 「단주」란 1주 미만의 주식을 말하는데, 신주인수권자에게 신주를 배정하는 과정에서 발생한다. 예컨대, 구주(舊株) 1주에 대하여 0.5주의 비율로 배정을 하는 경우에, 5주를 가진 주주는 2주를 배정받고 0.5주의 단주가 발생한다.

② 실권주·단주의 처리

(i) 신주인수권의 대상인 주식 중에서 실권주가 생긴 경우에 이에 관한 처리방법이 상법에는 없다. 따라서 회사는 이것을 방치할 수 있는데, 이 경우에 실권주는 수권주식 중 미발행주식으로 남게 된다. 또한 신주인수권과 관련하여 단주가 생긴 경우에도 회사는 이것을 방치할 수 있는데, 이 경우에도 단주의 합계에 해당하는 주식은 미발행주식으로 남게 된다. 신주발행시의 단주처리에 관하여는 자본금 감소의 경우와 같은 상법상 처리규정도 없다. 이 경우에는 회

1) 정(동), (회) 508면; 채, 696면.

사설립의 경우와는 달리 이사의 인수·납입담보책임이 생기지 않고, 신주발행의 효력은 실권주·단주를 제외한 범위에서 발생할 뿐이다.[1]

(ii) 그런데 실무에서는 실권주와 단주의 합계에 해당하는 주식에 대하여 「이사회」의 결의로 주주를 모집하는 경우가 많다. 이 경우에 보통 실권주나 단주의 처리를 「이사회」에서 임의로 할 수 있음을 미리 공고하고 이에 따라 회사는 이를 자유로이 제 3 자에게 처분하는데, 우리 대법원 판례는 정관에 이에 관한 근거규정이 없는 경우에도 이를 유효로 보고 있다.[2] 그러나 이사회가 실권주 및 단주를(경우에 따라서는 이의 발생을 유도하여) 특정인에게 배정함으로써 회사지배권에 변동을 초래하는 것은 허용되지 않는다고 본다.[3] 또한 주식의 시가가 당초의 발행가액을 상회하는 경우에는 실권주 및 단주에 대하여 다시 주주를 모집하는 경우에도 그 발행가액은 당초의 발행가액으로 하지 않고 시세를 감안한 공정한 가액으로 하여야 한다고 본다.[4] 단주의 경우에는 위의 발행가액과 주주에게 배정된 신주의 발행가액과의 차액을 단주수에 비례하여 단주의 주주에게 분배하여야 한다고 본다.[5]

(iii) 주권상장법인의 경우에는 자본시장과 금융투자업에 관한 법률상 실권주의 처리에 관한 특칙규정이 적용된다.[6] 즉, 실권주에 대하여는 원칙적으로 발행을 철회하여야 하는데, 다만 금융위원회가 정하여 고시하는 방법에 따라 산정한 가격 이상으로 신주를 발행하는 경우로서 계열회사의 관계에 있지 아니한 투자매매업자가 실권주 전부를 인수하는 경우 등에는 그러하지 아니하다

1) 동지: 정(동), (회) 524면.
2) 대판 2012. 11. 15, 2010 다 49380(공보 2012, 2009); 동 2013. 9. 12, 2011 다 57869. 동지: 이(철), (회) 933면(실권주에 관하여).
3) 동지: 정(동), (회) 525면(이사회가 단주의 발생을 유도하여 회사지배권의 변동을 초래하는 것은 허용되지 않는다고 한다); 나세준, "상장회사의 실권주 처리에 관한 연구," 법학석사학위논문(고려대, 2017. 8), 22면(제 3 자 배정절차에서의 제한을 회피하기 위하여 의도적으로 실권주를 발생시켜 특정주주에게 집중 배정하는 것은 허용되지 않는다고 한다).
4) 동지: 정(희), 519면; 나세준, 상게 법학석사학위논문, 16~17면; 최문희, "실권주에 관한 법적 쟁점의 검토 — 최근의 판례를 소재로 하여 —," 「상사법연구」(한국상사법학회), 제32권 제 3 호(2013. 11), 137~138면; 대판 2017. 5. 17, 2014 두 14976(회사가 주주배정 방식으로 신주를 발행하는 과정에서 발생한 실권주를 이사회결의로 제 3 자에게 동일한 조건으로 배정한 경우, 구 상증세법 제39조 제 1 항 제 1 호 가목 괄호에 따라 증여세 과세대상에서 제외되지 않는다).
5) 동지: 정(희), 519~520면; 서·정, 492면; 정(동), (회) 525면; 이(철), (회) 934면(시가로 처분하여 발행가와의 차액을 단주의 주주에게 돌려주어야 공평하고, 실무상으로도 이와 같이 하고 있다고 한다); 채, 697면 외.
6) 이에 관하여는 나세준, 전게 법학석사학위논문, 29면 이하 참조.

(자금 165조의 6 2항, 자금시 176조의 8 1항~3항). 실권주의 처리에 관한 이러한 특칙규정은 조건부자본증권·교환사채·상환사채·전환사채 및 신주인수권부사채에도 적용된다(자금 165조의 10 1항).

5) 신주인수권의 양도

(가) 신주인수권의 양도성 주주는 그에게 부여된 구체적 신주인수권을 행사하여 주식을 청약·납입할 수 있으나, 발행가액에 상당하는 자금이 없거나 부족한 경우에는 이러한 신주인수권의 전부 또는 일부를 포기하지 않을 수 없다. 이러한 경우 그 주주는 신주식의 시가와 발행가액과의 차액을 잃게 된다(보통 시가가 발행가액보다 높다). 그러나 주주가 신주인수권을 양도할 수 있다면, 그가 신주의 청약과 납입을 하지 않더라도 신주인수권을 양도함으로써 그 차액을 얻을 수 있기 때문에 이는 주주에게 매우 유리하다. 따라서 상법은 1984년의 개정시에 신주인수권의 양도성을 명문으로 인정하고 그 양도방법을 규정하였다.[1)]

(나) 신주인수권의 양도요건 주주의 신주인수권은 정관 또는 이사회결의(정관상 주주총회의 결의로 신주발행을 할 수 있도록 규정된 경우에는 주주총회의 결의)로 이를 양도할 수 있음을 정한 경우에만, 회사에 대한 관계에서 유효하게 양도할 수 있다(상 416조 5호).

정관 또는 이사회결의로 신주인수권의 양도를 정하지 않은 경우에 주주는 이를 양도할 수 있는가. 이에 대하여 ① 채권양도의 방법과 효력으로써 이를 양도할 수 있다고 보는 견해가 있다(소수설).[2)]

우리 대법원판례도 이와 같은 취지에서 다음과 같이 판시하고 있다.

[정관 또는 이사회의 결의가 없어도 신주인수권을 양도할 수 있으며, 신주인수권증서가 발행되지 않은 경우에는 지명채권양도의 일반원칙에 의하여 양도할 수 있다고 본 판례]

상법 第416조 제 5 호에 의하면, 회사의 정관 또는 이사회의 결의로 주주가 가지는 신주인수권을 양도할 수 있는 것에 관한 사항을 결정하도록 되어 있는 바, 신주인수권의 양도성을 제한할 필요성은 주로 회사측의 신주발행사무의 편의를 위한 것에서 비롯된 것으로 볼 수 있고, 또 상법이 주권발행 전 주식의 양도는 회사에 대하여 효력이 없다고 엄격하게 규정한 것과는 달리 신주인수권의 양도에 대하여는 정관이나 이사회의 결의를 통하여 자유롭게 결정할 수 있도록 한 점에 비추어 보면, 회사가 정관이나 이사회의 결의로 신주인수권의 양도에

1) 독일·프랑스·일본·미국 등에서도 신주인수권의 양도를 인정하고 있다.

2) 이(철), (회), 924면; 최준선, "이사회의 결의가 없는 신주인수권의 양도방법," 법률신문, 제2452호(1995. 11. 6), 14면.

동지: 森本滋, 「新版註釋 會社法(7)」(東京: 有斐閣, 1985), 44~47면.

관한 사항을 결정하지 아니하였다 하여 신주인수권의 양도가 전혀 허용되지 아니하는 것은 아니고, 회사가 그와 같은 양도를 승낙한 경우에는 회사에 대하여도 그 효력이 있다고 할 것이므로, 같은 취지로 판단한 원심판결은 정당하고, 논지는 이유가 없다.

주권발행 전의 주식의 양도는 지명채권양도의 일반원칙에 따른다 함은 앞서 본 바와 같고, 신주인수권증서가 발행되지 아니한 신주인수권의 양도 또한 주권발행 전의 주식양도에 준하여 지명채권양도의 일반원칙에 따른다고 보아야 하므로, 주권발행 전의 주식양도나 신주인수권증서가 발행되지 아니한 신주인수권 양도의 제 3 자에 대한 대항요건으로는 지명채권의 양도와 마찬가지로 확정일자 있는 증서에 의한 양도통지 또는 회사의 승낙이라고 보는 것이 상당하고, 주주명부상의 명의개서는 주식 또는 신주인수권의 양수인들 상호간의 대항요건이 아니라 적법한 양수인이 회사에 대한 관계에서 주주의 권리를 행사하기 위한 대항요건에 지나지 아니한다고 볼 것이다.

따라서 원심이 확정일자 있는 증서에 의하여 피고회사의 승낙을 받은 원고를 적법한 주식 및 신주인수권의 양수인이라고 판단한 것은 정당하다 할 것이고, 논지는 이유가 없다[대판 1995. 5. 23, 94 다 36421(공보 995, 2226)].

② 그러나 이렇게 보면 상법 제416조 5호가 무의미하게 되고 또 신주인수권의 양도방법을 정한 상법 제420조의 3은 강행규정으로 보아야 하므로, 이 경우 신주인수권의 양도는 회사에 대하여는 효력이 없다고 보아야 할 것이다(다수설).[1]

㈐ 신주인수권의 양도방법 　신주인수권의 양도는 신주인수권증서(이에 관하여는 다음 항에서 상세히 살펴본다)의 교부에 의하여서만 할 수 있다(상 420조의 3 1항). 신주인수권증서의 점유자는 적법한 소지인으로 추정받으므로, 이러한 점유자로부터 악의나 중과실 없이 이것을 양수한 자는 신주인수권을 선의취득한다(상 336조 2항).

6) 신주인수권증서

㈎ 의의·성질 　신주인수권증서(stock subscription warrant)는 「주주의 신주인수권을 표창하는 유가증권」이다. 이러한 신주인수권증서는 주주에게 발행되는 것으로서, 신주인수권부 사채권자에게 발행되는 신주인수권증권(상 516조의 5)

1) 정찬형, "주권발행전의 주식양도 및 이사회의 결의 없는 신주인수권 양도의 회사에 대한 효력," 「판례월보」, 제304호(1996. 1), 23~29면(특히 그 이유에 관한 상세는 25~28면); 서·정, 490~491면; 손(주), 861면; 정(동), (회) 510면; 양·박, 412면; 이(기) 외, (회) 446~447면; 채, 700면; 이·최, 349면; 주상(제 5 판)(회사 Ⅳ), 102면(상법 제420조의 3은 강행규정이며, 이에 반하는 양도방식은 정관으로 정하여도 무효라고 한다) 외.

과 구별된다. 이러한 신주인수권증서는 원칙적으로 청약기일 전 약 2주간 동안만 유통될 수 있는 단명의 유가증권이다.[1)]

신주인수권증서는 이미 발생한 신주인수권을 표창하는 유가증권이므로 비설권증권이고, 또 교부만에 의하여 양도되므로 무기명증권이다.[2)]

(나) 발 행

① 발행요건 신주인수권증서는 정관 또는 이사회결의(또는 주주총회결의)로 신주인수권을 양도할 수 있다는 것을 정한 경우(상 416조 5호)에 한하여 발행될 수 있다(상 420조의 2 1항 전단).

회사는 이러한 신주인수권증서를 발행하는 대신 정관에서 정하는 바에 따라 전자등록기관의 전자등록부에 신주인수권을 등록하여 발행할 수 있는데(상 420조의 4 1문), 이의 내용은 주식의 전자등록과 같다(상 420조의 4 2문). 이는 2011년 4월 개정상법에 의하여 신설되었다.

주권상장법인이 이사회에서 주주배정 증자방식의 유상증자를 결의하는 때에는 상법 제416조 제 5 호 및 제 6 호에도 불구하고 주주에게 신주인수권증서를 발행하여야 하는데, 이 경우 증권시장에 상장하는 방법 등에 의하여 신주인수권증서가 유통될 수 있도록 하여야 한다(자금 165조의 6 3항, 자금시 176조의 8 4항).

② 발행시기

(i) 정관 또는 이사회결의(또는 주주총회결의)로 「주주의 청구」가 있는 때에만 신주인수권증서를 발행한다는 것과 그 「청구기간」을 정한 경우(상 416조 6호)에는, 회사는 그 청구기간 내에 신주인수권증서의 발행을 청구한 주주에 한하여 신주인수권증서를 발행하여야 한다(상 420조의 2 1항 전단).

(ii) 위와 같은 정함이 없는 경우에는 「신주의 청약기일(상 419조 1항)의 2주간 전」에 모든 주주에게 신주인수권증서를 발행하여야 한다(상 420조의 2 1항 후단).

③ 발행방법 신주인수권증서에는 신주인수권증서라는 뜻의 표시, 신주인수권의 목적인 주식의 종류와 수, 청약기일까지 주식의 청약을 하지 아니하면 그 권리를 잃는다는 뜻, 주식청약서의 기재사항(상 420조)과 같은 사항과 번호

---

1) 우리나라에서 신주인수권증서의 발행현황은 1994년에는 13개 회사에 34건이고, 1995년에는 6개 회사에 17건에 불과하다. 이와 같이 신주인수권증서의 발행이 저조한 이유는 발행회사 및 주주의 인식부족과 이에 대한 유통시장의 미비 등에 있음을 지적하고, 이의 활성화 방안을 제시한 견해로는 박순표, "신주인수권증서 발행의 활성화," 「상장」(한국상장회사협의회), 제259호(1996. 7), 56~65면 참조.

2) 동지: 정(희), 518면; 정(동), (회) 511면; 이(철), (회) 925면; 채, 701면.

를 기재하고, (대표)이사가 기명날인 또는 서명하여야 한다(상 420조의 2 2항).

④ 벌 칙 회사가 위의 규정에 위반하여 신주인수권증서를 작성하지 아니하거나, 이에 기재할 사항을 기재하지 아니하거나, 또는 부실기재를 한 경우에는 이사 등은 과태료의 제재를 받는다(상 635조 1항 16호).

(다) 효 력

① 신주인수권의 양도방법 앞에서 본 바와 같이 신주인수권은 반드시 「신주인수권증서의 교부」에 의해서만 양도된다(상 420조의 3 1항). 또 신주인수권증서의 유통성을 강화하기 위하여 이에는 권리추정력과 선의취득이 인정된다(상 420조의 3 2항).

② 주식인수의 청약 신주인수권증서를 발행한 경우에는 「신주인수권증서」에 의하여 주식인수의 청약을 한다(상 420조의 5 1항 전단). 이 경우에는 주식청약자는 신주인수권증서에 주식청약서의 경우와 같은 법정사항을 기재하여 기명날인 또는 서명하여야 한다(상 420조의 5 1항 후단, 302조 1항). 신주인수권증서를 상실한 자는 회사로부터 「주식청약서」를 교부받아 그것에 의하여 주식의 청약을 할 수 있다(상 420조의 5 2항 본문). 그러나 이 경우 상실된 신주인수권증서에 의한 주식인수의 청약이 있으면, 신주인수권증서에 의한 청약이 우선하고 주식청약서에 의한 청약은 그 효력을 잃는다(상 420조의 5 2항 단서).

7) 위반의 효과 회사가 주주의 신주인수권을 무시하고 신주를 발행한 경우에는 후술하는 바와 같이 주주는 사전에 「신주발행 유지청구권」(상 424조)을 행사할 수 있고, 또 사후에 「신주발행무효의 소」(상 429조 이하)를 제기할 수 있다. 또 주주는 회사에 대하여 불법행위를 원인으로 손해배상을 청구할 수 있고(상 389조, 210조), 이사·집행임원에 대하여는 고의 또는 중과실로 그 임무를 게을리한 것으로서 손해배상을 청구할 수 있다(상 401조, 408조의 8 2항).

(3) 제 3 자의 신주인수권

1) 의의·필요성 제 3 자의 신주인수권이란 「주주 이외의 제 3 자가 우선적으로 신주를 배정받을 수 있는 권리」를 말한다. 제 3 자가 사실상 주주라 하더라도 주주자격에 의하지 않고 이러한 신주인수권을 갖는 경우에는 제 3 자의 신주인수권에 해당한다. 그러나 공모(公募)에 의하여 일반인이 주식인수의 청약을 하고 이에 대하여 회사가 배정을 하는 경우에는, 청약자(제 3 자)에게 우선적으로 배정받을 권리를 인정하는 것이 아니므로 제 3 자의 신주인수권에 해당하지 않는다.

제 3 자에게 신주인수권을 주는 경우 회사의 지배관계 등에 변동을 생기게 할 수도 있고, 또 회사가 자금조달에 급급하여 지나치게 유리한 조건으로 제 3 자에게 신주를 발행하면 이는 주주의 권리를 해하게 된다. 그러나 회사의 신기술의 도입·재무구조의 개선 등 회사의 경영상 목적을 달성하기 위하여 필요한 경우에는, 제 3 자에게 신주인수권을 부여할 필요성이 발생한다. 이와 같은 점을 감안하여 상법 및 특별법은 주주의 이익을 배려하면서 제 3 자에게 신주인수권을 부여하고 있다[1](상 418조 2항·516조의 2 4항, 자금 165조의 7 1항).

제 3 자에게 신주를 배정하는 경우에는 회사는 주주에게 (i) 신주의 종류와 수, (ii) 신주의 발행가액과 납입기일, (iii) 무액면주식의 경우에는 신주의 발행가액 중 자본금으로 계상하는 금액, (iv) 신주의 인수방법 및 (v) 현물출자를 하는 자의 성명과 그 목적인 재산의 종류·수량·가액과 이에 대하여 부여할 주식의 종류와 수를 그 납입기일의 2주 전까지 주주에게 통지하여야 한다(상 418조 4항). 이는 주주를 위하여 2011년 4월 개정상법에 신설된 규정이다.

그러나 주권상장법인의 경우 금융위원회에 제출한 주요사항보고서가 금융위원회와 거래소에 공시된 경우에는 이러한 통지·공고의무가 면제된다(자금 165조의 9).

2) 근거·성질

(개) 법률에 의한 경우 상법에 의하여 신주인수권부사채(상 516조의 2 2항 8호)를 제 3 자배정의 방법으로 발행하는 경우는(이 때에는 주주총회의 특별결의를 요한다 — 상 516조의 2 4항) 법률에 의하여 제 3 자에 대하여 신주인수권을 주는 한 경우이다. 이러한 제 3 자배정에 의한 신주인수권부 사채권자의 신주인수권은 제 3 자가 정하여지지 않은 상태에서 신주인수권을 인정할 수는 없으므로 상법의 규정만으로 당연히 발생하는 것으로는 볼 수 없고(따라서 이 경우에는 성질상 추상적 신주인수권은 인정될 수 없고, 구체적 신주인수권만이 있음), 「회사가 신주인수권부사채를 제 3 자에게 구체적으로 배정하였을 때」에 비로소 발생한다고 본다.

자본시장과 금융투자업에 관한 법률 제165조의 7 1항에 의하여 우리사주

---

1) 참고: 대판 2007. 2. 22, 2005 다 73020(공보 2007, 490)(주식회사가 타인으로부터 돈을 빌리는 소비대차계약을 체결하면서 "채권자는 만기까지 대여금액의 일부 또는 전부를 회사 주식으로 액면가에 따라 언제든지 전환할 수 있는 권한을 갖는다"는 내용의 계약조항을 둔 경우, 달리 특별한 사정이 없는 한 이는 전환의 청구를 한 때에 그 효력이 생기는 형성권으로서의 전환권을 부여하는 조항이라고 보아야 하는바, 신주의 발행과 관련하여 특별법에서 달리 정한 경우를 제외하고 신주의 발행은 상법이 정하는 방법 및 절차에 의하여만 가능하다는 점에 비추어 볼 때, 위와 같은 전환권 부여조항은 상법이 정한 방법과 절차에 의하지 아니한 신주발행 내지는 주식으로의 전환을 예정하는 것이어서 효력이 없다).

조합원(종업원)은 주식을 모집하거나 매출하는 경우에 원칙적으로 해당 법인의 모집하거나 매출하는 주식총수의 100분의 20 범위에서 우선적으로 주식을 배정받을 권리를 갖는데, 이것은 종업원지주제도를 법제화한 것으로서 법률에 의하여 제 3 자에게 신주인수권이 주어진 대표적인 예이다. 이 경우 우리사주조합원의 신주인수권(추상적 신주인수권)은 법률의 규정에 의하여 「우리사주조합원의 지위의 취득」과 함께 당연히 발생한다고 본다.

(나) 정관에 의한 경우 정관의 규정에 의하여 발기인에게 특별이익으로서 신주인수권을 부여하는 경우가 있는데(상 290조 1호), 이러한 신주인수권은 정관의 규정에 의하여 발생한다. 그러나 보통은 상법 제418조 2항의 규정에 의하여 정관의 규정으로 제 3 자에게 신주인수권이 부여되는데, 다만 이 경우에는 신기술의 도입·재무구조의 개선 등 회사의 경영상 목적을 달성하기 위하여 필요한 경우에 한한다. 이 때 정관의 규정에 의하여 제 3 자에게 신주인수권을 부여하는 경우에는 특정인을 미리 지정할 수도 있고, 「임원·구(舊) 임원·종업원·구(舊) 종업원에게 신주인수권을 부여할 수 있다」는 정도의 규정을 정관에 두고 그 후 신주를 발행할 때에 이사회에서 제 3 자의 범위를 구체적으로 정하여도 무방하다고 본다.[1] 이러한 제 3 자의 신주인수권은 정관의 규정만으로는 발생하지 않고, 「회사와 제 3 자간의 계약」이 있어야만 비로소 발생한다고 본다(통설).[2] 왜냐하면 제 3 자는 사단관계 이외의 자이므로 회사의 규칙인 정관이 적용되지 않기 때문이다. 이러한 점에서 제 3 자의 신주인수권은 주주의 신주인수권이 주주자격에서 사단법상의 관계에서 법률상 당연히 인정되는 권리라는 점과 구별된다.

위와 같이 정관의 규정에 의하여 제 3 자에게 신주인수권을 부여하는 경우, 앞에서 본 바와 같이 회사는 (i) 신주의 종류와 수, (ii) 신주의 발행가액과 납입기일, (iii) 무액면주식의 경우에는 신주의 발행가액 중 자본금으로 계상하는 금액, (iv) 신주의 인수방법 및 (v) 현물출자를 하는 자의 성명과 그 목적인 재산의 종류·수량·가액과 이에 대하여 부여할 주식의 종류와 수를 그 납입기일의 2주 전까지 주주에게 통지하거나 공고하여야 한다(상 418조 4항). 이는 주주를 보호

1) 동지: 정(희), 521면.

2) 정(희), 521면; 정(동), (회) 513면; 채, 703면; 이(기) 외, (회) 449면 외.
반대: 이(철), (회) 922면(발기인·이사 등과 같은 회사조직상의 지위로 특정되어 있는 제 3 자는 정관의 규정에 의하여 신주인수권을 취득한다고 한다).

하기 위하여 2011년 4월 개정상법에 의하여 신설된 것이다.

3) 양 도 제 3 자의 신주인수권을 양도할 수 있는가. 이에 대하여 학설은 나뉘어 있다. 즉, (i) 이는 계약상의 권리라는 점에서 양도할 수 있다는 견해,[1] (ii) 이는 제 3 자와 회사간의 특별한 관계에서 인정되는 권리이므로 양도할 수 없다고 보는 견해,[2] (iii) 회사가 승인한 경우에만 양도가 가능하다고 보는 견해[3]로 나뉘어 있다.

생각건대 법률에 의하여 제 3 자에게 신주인수권이 인정된 경우로서 우리사주조합원에게 인정된 신주인수권(자금 165조의 7)은 이에 관한 입법취지상 우리사주조합원 상호간에는 양도할 수 있으나 조합원 이외의 제 3 자에게는 양도할 수 없다고 보고, 신주인수권부 사채권자에게 인정된 신주인수권은 채권(債券)(비분리형인 경우) 또는 신주인수권증권(분리형인 경우 — 상 516조의 6 1항)의 양도방법에 의하여 양도할 수 있다.[4] 정관에 의하여 제 3 자에게 신주인수권이 인정된 경우에도(발기인에게 인정된 경우이든, 그 이외의 제 3 자에게 인정된 경우이든) 제 3 자의 이익을 보호하기 위해서나 또는 회사의 자금조달의 편의를 위해서나, 정관에 반하지 않는 한 신주인수권의 양도를 인정하여야 할 것으로 본다.

4) 위반의 효과 회사가 제 3 자의 신주인수권(법률에 의하여 부여된 경우이든, 정관에 의하여 부여된 경우이든)을 무시하고 신주발행을 한 경우에는, 회사는 채무불이행을 한 것이므로 제 3 자에 대하여 손해배상책임을 지나 그 신주발행이 무효가 되는 것은 아니다(통설)[5](민 390조). 이 때 (대표)이사 또는 (대표)집행임원이 고의 또는 중과실로 그 임무를 게을리한 경우에는 그는 제 3 자에 대하여 연대하여 손해배상할 책임을 부담한다(상 401조, 408조의 8 2항). 그러나 이 경우에는 회사가 주주의 신주인수권을 무시하고 신주발행을 한 경우에 주주에게 인정되는 신주발행 유지청구권(상 424조)·신주발행무효의 소(상 429조 이하) 등은 제 3 자에게 인정되지 않는다.

3. 신주발행의 절차

신주발행의 절차는 신주발행사항의 결정, 신주인수권자가 있는 경우에는 (즉, 주주배정 또는 제 3 자 배정의 경우에는) 신주인수권자를 확정하기 위한 신주배정일의 공고 및 신주

1) 서·정, 493면; 정(희), 521면.
2) 정(동), (회) 514면; 이(철), (회) 922면; 이(기) 외, (회) 450면.
3) 양·박, 415면; 박(상), (회) 532면.
4) 그러나 법률에 의하여 부여된 신주인수권은 양도할 수 없다는 견해로는 정(희), 521면; 정(동), (회) 514면; 이(철), (회) 921면; 채, 705면; 이(기) 외, (회) 449면.
5) 정(희), 521면; 정(동), (회) 515면; 이(철), (회) 922면 외.

인수권자에 대한 청약최고, 신주인수권자가 없는 경우에는(즉, 주주를 모집하는 경우에는) 모집절차, 인수(청약 및 배정), 납입 및 현물출자의 이행, 등기의 순으로 진행된다. 이하에서 차례로 설명한다.

(1) 신주발행사항의 결정

실질상 증자를 위한 보통의 신주발행사항은 정관으로 주주총회에서 정하기로 정한 경우를 제외하고는 수권주식의 범위 내에서 이사회가 결정하는데, 다음의 사항 중에서 정관에 규정이 없는 사항을 결정한다(상 416조). 아래 사항 중 1) 내지 4)의 사항은 주주배정·제 3 자배정 및 모집에 공통하는 사항이나, 5) 내지 7)의 사항은 주주배정의 경우에만 해당되는 사항이다. 이사회는 아래의 사항을 대표이사 등에게 위임할 수 없다(통설).[1]

자본금 총액이 10억원 미만으로서 이사를 1명 또는 2명을 둔 소규모 주식회사(상 383조 1항 단서)는 이사회가 없으므로, 이러한 이사회의 권한을 주주총회가 행사한다(상 383조 4항).

1) 신주의 종류와 수(상 416조 1호) 신주의 종류와 수는 정관에 종류주식의 발행이 규정된 경우(상 344조 2항), 그 중 어떤 종류주식(예컨대, 이익배당에 관한 우선주식)을 몇 주(예컨대, 10,000주) 발행하는가를 정하는 것이다. 발행하고자 하는 신주의 최고수는 수권주식수 중 미발행주식수의 범위 내에서 정하여져야 하는데, 발행할 주식의 최저수에 관한 제한은 없다.

2) 신주의 발행가액과 납입기일(상 416조 2호) 액면주식의 경우 신주의 발행가액은 액면가액 또는 그 이상으로 정하는 것만을 이사회에서 결정할 수 있다. 왜냐하면 액면미달의 발행여부 및 최저발행가액의 결정은 주주총회의 특별결의사항이기 때문이다[2](상 417조 1항·2항). 신주의 발행가액은 기존주주의 이익을 해하지 않도록 하기 위하여 회사의 자산상태·영업이익 등을 고려하여 공정하게 결정되어야 한다.

무액면주식의 경우에는 신주의 발행가액 중 자본금으로 계상하는 금액을 이사회에서 결정하여야 한다(상 416조 2호의 2).

납입기일은 신주인수인이 인수한 주식에 대하여 납입 또는 현물출자를 이

---

1) 정(동), (회) 496면; 이(철), (회) 904면(그러나 이사회 내의 위원회에는 위임할 수 있다고 한다); 채, 680면 외.

2) 그러나 할인발행의 경우에도 주주총회에서 정한 최저발행가액 이상으로 발행하는 것은 이사회에서 정할 수 있다는 견해가 있다[서·정, 485면].

행하여야 할 날을 말한다. 주식인수인이 납입기일까지 납입 또는 현물출자를 이행하면 납입기일의 다음 날로부터 주주가 되지만(상 423조 1항), 이를 이행하지 않으면 실권하고 실권주(失權株)가 발생한다.

3) 신주의 인수방법(상 416조 3호) 주주배정 · 제 3 자배정 또는 모집 중 어느 방법에 의하여 신주를 발행할 것인가를 정하는 것인데, 제 3 자배정 또는 모집의 경우에는 주주의 신주인수권을 제한하는 것이므로 이에 관하여 법률 또는 정관(정관의 규정에 의하여 주주 외의 자에게 신주를 배정하는 경우에는 신기술의 도입·재무구조의 개선 등 회사의 경영상 목적을 달성하기 위하여 필요한 경우에 한한다)에 규정이 있어야 한다.

법률 또는 정관에 아무런 규정이 없으면 이사회는 주주배정의 방법으로만 신주를 발행하여야 한다(상 418조 1항). 정관에 제 3 자의 신주인수권 또는 모집에 관하여 정하여져 있으면(상 418조 2항), 그 범위 내에서 구체적으로 어떻게 신주의 인수방법을 정할 것인가는 이사회가 결정한다.[1] 이사회는 이 외에도 신주의 인수방법으로 주식의 청약단위, 청약증거금 또는 주금납입을 취급할 금융기관, 단주(端株) 및 실권주(失權株)의 처리방법 등을 결정한다.

주권상장법인의 경우에는 정관에서 정하는 바에 따라 이사회의 결의로써 대통령령으로 정하는 일반공모증자방식(주주의 신주인수권을 배제하고 불특정다수인〈당해 법인의 주주를 포함한다〉을 상대방으로 하여 신주를 모집하는 방식)에 의하여 신주를 발행할 수 있는데(자금 165조의 6 1항), 이 경우 신주의 발행가격은 대통령령으로 정하는 방법에 따라 산정한 가격 이상(청약일 전 제 5 거래일부터 과거 1월간 공표된 매일의 증권거래소 최종시세가격의 평균액, 청약일 전 제 5 거래일부터 과거 1주간 공표된 매일의 증권거래소 최종시세가격의 평균액, 청약일 전 제 5 거래일의 증권거래소 최종시세가격 중 높은 가격의 100분의 70 이상)이어야 한다(자금 165조의 6 2항). 현행 상법 제418조 2항에 의하여 일정한 경우 주주 외의 자에게 신주를 배정할 수 있음을 정관에 규정하면 일반공모증자를 할 수 있으나, 상법 제418조 2항의 해석상의 다의성과 또한 기존주주의 신주인수권이 철저히 보호되어야 한다는 증자관행에서 대부분의 증자가 주주배정방식에 의존하고 있어 일반공모증자는 기업공개시를 제외하고는 거의 활용되지 못하였다. 이에 주권상장법인이 유상증자를 하는 때에 일반공모증자의 중요성을 인식하고 또한 효율적인 자금조달을 촉진시키는 방안의 하나로 1997년 증권거래법(이는 현재 자본시장과 금융투자업에 관한 법률임) 개정시(1997. 1. 13, 법 5254호로 개정)에 위와 같은 일반공모증자제도를 신설하게 된 것이다.[2]

---

1) 따라서 이사회는 정관에서 위임되지 않는 한 적극적으로 특정인에게 신주인수권을 수여하는 것 또는 특정주주의 신주인수비율을 인상 · 인하하는 것 등을 결정하지 못한다[정(희), 522면].

2) 주권상장법인의 일반공모증자제도의 도입필요성에 관한 연구보고서로는 한국상장회사협의회, 「일반공모증자제도의 도입과 대책」(상장협 연구보고서 95-3)(1995. 11) 참조.

4) 현물출자에 관한 사항(상 416조 4호) 현물출자를 하는 자의 성명과 그 목적인 재산의 종류·수량·가액과 이에 대하여 부여할 주식의 종류와 수를 결정하여야 한다. 설립의 경우와 다른 점은 현물출자에 관한 사항이 정관의 기재사항이 아니라는 점이다(설립의 경우에는 정관의 상대적 기재사항으로 정관에 기재하여야 그 효력이 생긴다 — 상 290조 2호). 그러나 현물출자는 법원이 선임한 검사인에 의하여 검사를 받아야 하는데, 이 경우 공인된 감정인의 감정으로 이러한 검사인의 조사에 갈음할 수 있는 점은 설립의 경우와 같다(상 422조 1항, 298조 4항, 299조의 2, 310조).

5) 주주의 신주인수권의 양도에 관한 사항(상 416조 5호) 주주의 신주인수권은 이사회가 이를 양도할 수 있음을 결정한 경우에 한하여 회사에 대한 관계에서 유효하게 양도할 수 있다.

6) 주주의 청구가 있는 때에만 신주인수권증서를 발행한다는 것과 그 청구기간(상 416조 6호) 이사회가 이러한 사항을 결의하지 않고 주주의 신주인수권의 양도에 관하여만 결의하면, 모든 주주에게 청약기일의 2주간 전에 신주인수권증서를 발행하여야 한다(상 420조의 2 1항 후단).

7) 신주배정일(상 418조 3항) 회사는 일정한 날(신주배정일)을 정하여 그 날에 주주명부에 기재된 주주가 신주인수권을 갖는다는 것을 결정하여야 한다.

(2) 신주배정기준일 공고 및 청약최고(신주인수권자가 있는 경우)

1) 신주배정기준일 공고 신주배정기준일은 그 날의 2주간 전에 공고하여야 하고(상 418조 3항 본문), 그 날이 주주명부의 폐쇄기간중인 때에는 그 폐쇄기간의 초일의 2주간 전에 공고하여야 한다(상 418조 3항 단서). 이러한 신주배정기준일의 공고는 주식을 양수한 자가 명의개서를 하여 신주인수권을 행사할 수 있도록 하기 위해서이다. 이와 같은 공고에도 불구하고 신주배정일까지 명의개서를 하지 않은 주식은 광의의 실기주가 된다.

2) 신주인수권자에 대한 청약최고 신주인수권은 권리이고 의무가 아닌 점에서 회사가 신주인수권자에 대하여 신주인수권을 행사할 것을 사전에 촉구하는 의미에서 상법은 실권예고부 청약최고에 대하여 규정하고 있다. 즉, 신주인수권을 가진 자(주주 또는 제 3 자)가 있는 때에는 회사는 그 자가 신주인수권을 가지는 주식의 종류와 수, 신주인수권을 양도할 수 있음을 정한 때에는 그 뜻(상 416조 5호), 주주의 청구가 있는 때에만 신주인수권증서를 발행한다는 것과 그 청구기간을 정한 경우에는 이에 관한 사항(상 416조 6호) 및 일정한 기일(청약기

일)까지 주식의 청약을 하지 않으면 그 권리를 잃는다는 뜻을 그 기일의 2주간 전에 신주인수권자에게 통지하여야 한다(상 419조 1항~2항). 만일 신주인수권자가 그 기일까지 신주인수의 청약을 하지 아니하면 당연히 실권하게 되는데(상 419조 3항), 이러한 주식이 실권주(失權株)이다.

이러한 실권예고부 청약최고의 경우에는 모집설립의 경우 주식인수인에 대한 실권예고부 납입최고(상 307조)와는 달리, 다시 일정한 기일을 정하여 청약최고를 할 필요 없이 청약기일의 경과로 당연히 실권한다.

⑶ **모집절차**(신주인수권자가 없는 경우)

1) **모집에 의한 신주발행의 의의**　신주인수권자가 없는 경우(주주배정 또는 제 3 자배정의 어느 경우에도 해당하지 않는 경우)의 신주발행(즉 누구에게도 신주인수권을 부여하지 아니하고 하는 신주발행)을 모집에 의한 신주발행이라고 한다. 모집에 의한 신주발행은 상장회사가 많이 이용하는데, 회사가 실권주(失權株)·단주(端株)를 처리하는 방법으로도 이용된다. 다만 모집에 의한 신주발행은 주주의 신주인수권을 제한하므로, 제 3 자배정에 의한 신주발행의 경우와 같이 법률 또는 정관에 의하여 주주의 신주인수권을 제한하는 규정이 있는 경우에 한하여 이 방법에 의하여 신주를 발행할 수 있다(자금 165조의6 4항 참조).

2) **모집방법**

㈎ 모집의 **범위**에 따라서 연고모집과 공모(公募)가 있다. 즉, 모집의 범위를 회사임원·종업원·거래처 등과 같이 연고자로 한정하는 모집방법을 「연고모집」이라고 하고,[1] 이와 같이 모집의 범위를 한정하지 않고 널리 일반으로부터 주주를 모집하는 모집방법을 「공모」(일반모집)라고 한다. 우리나라의 상장회사가 모집에 의하여 신주발행을 하는 경우는 대부분 공모에 의한다.

㈏ 모집의 **절차**를 누가 하느냐에 따라 직접모집과 간접모집이 있다. 즉, 발행회사 자신이 직접 모집의 절차를 취하는 모집방법을 「직접모집」(자기모집)이라고 하고, 발행회사로부터 위탁을 받은 금융투자업자가 모집의 절차를 취하는 모집방법을 「간접모집」(위탁모집)이라고 한다. 우리나라의 상장회사는 거의 대부분 간접모집을 한다.

또 간접모집은 다시 금융투자업자가 모집을 주선하기만 하는 「모집주선」, 금융투자업자가 모집을 주선하고 남은 주식을 스스로 인수하는 「잔액인수」(도

---

1) 그러나 정관에 미리 이들에게 신주인수권을 준다는 것을 정한 경우에는 앞에서 설명한 제 3 자배정의 신주발행이 된다.

급모집), 금융투자업자가 발행회사의 주식을 전부 자기명의로 인수하여 일반에게 매출하는 「총액인수」(매수인수)의 방법이 있다. 우리나라에서는 상장회사가 신주를 공모하는 경우에 총액인수의 방법을 택하는 것이 보통이다.[1)]

3) 신주의 발행가액 모집발행의 경우에도 이사회가 신주발행사항(상 416조)을 결정하는데, 이 중에서 신주의 발행가액을 정함에는 신주인수권자에 대한 신주발행의 경우와 차이가 있다. 즉, 신주인수권자에게 신주를 발행하는 경우에는(주주 또는 제 3 자배정에 의한 신주발행의 경우에는) 발행가액을 「액면가액」으로 하는 것이 보통이지만, 공모에 의한 신주발행의 경우에는 「시가발행」을 하는 것이 보통이다. 왜냐하면 액면가액으로 신주를 발행하면 구(舊) 주주의 이익을 해하기 때문이다. 따라서 이 경우의 신주의 발행가액은 회사의 자산상태, 영업이익, 신주의 소화전망 등 제반사정을 참작하여 구(舊) 주주의 이익과 유리한 자금조달을 실현하고자 하는 회사의 이익을 조화하는 범위 내에서 공정한 발행가액으로 발행되어야 한다.[2)]

우리나라에서 상장회사가 공모에 의하여 신주발행을 하는 경우에는 금융위원회가 정하는 「증권의 발행 및 공시 등에 관한 규정」에 의하여 시가발행을 할 수 있도록 규정하고 있는데, 적정한 시가의 산정방법에 관하여는 동 규정이 상세히 규정하고 있다(동 규정 5~18조).[3)]

4) 일정규모 이상의 신주발행에 관한 특칙 회사가 신주를 모집에 의하여 발행하는 경우에는 투자자보호를 위하여 자본시장과 금융투자업에 관한 법률상의 특칙이 적용된다. 즉, 회사가 신주를 모집에 의하여 발행을 하는 경우 그 모집가액의 총액이 일정규모 이상인 경우에는 발행회사가 그 증권신고서를 금융위원회에 제출하여 이로부터 일정기간이 경과하여 신고의 효력이 발생한 후가 아니면 신주발행을 하지 못한다(자금 118조~122조). 또 증권신고서에 기재한 내용과 동일한 사항을 기재한 「투자설명서」를 작성하여 일정한 장소(발행인의 본점, 금융위원회, 한국거래소 및 청약사무를 취급하는 장소)에 비치하고, 일반인에게 공람하게 하여야 한다(자금 123조, 금융투자업규칙 13조). 또 주식을 청약하고자 하는 자에게 이 투자설명서를 미리 교부한 후가 아니면 청약을 받을 수 없다(자금 124조 1항). 또 신주발행 후에는 발행회사는 「증권발행 실적보고서」를 작성하여 금융위원회에 제출하여야 한다(자금 128조). 또 금융위원회는 증

1) 안문택, 「증권거래법개설」, 1982, 132면.
2) 동지: 정(희), 524면.
3) 시가발행에 관하여는 이(철), (회) 908~909면 참조.

권신고서·투자설명서·증권발행 실적보고서를 3년간 일정한 장소에 비치하고 인터넷 홈페이지 등을 이용하여 공시하여야 한다(자금 129조).

⑷ 인 수(청약과 배정)

신주발행의 인수절차는 많은 점에서 모집설립의 경우와 비슷하다(상 420조 이하).

1) 청 약 신주인수권자(주주·제 3 자)이든 모집발행의 경우의 일반인이든 신주인수의 청약을 하고자 하는 경우에는, 누구든지(현물출자의 경우를 제외함) 이사(대표이사) 또는 (대표)집행임원[1]이 작성한 주식청약서 2통에 인수할 주식의 수·주소·기타의 법정사항을 기재하고(상 420조) 기명날인 또는 서명하여야 한다(상 425조, 302조 1항)(주식청약서주의). 신주인수의 청약에 대하여는 비진의(非眞意)표시가 무효인 경우에 관한 민법의 규정(민 107조 1항 단서)이 적용되지 않는다(상 425조, 302조 3항). 신주인수권증서가 발행된 경우에는 앞에서 본 바와 같이 원칙적으로 신주인수권증서에 의하여 청약을 한다(상 420조의 4 1항). 다만 신주인수권증서를 상실한 경우에는 주식청약서에 의하여 청약할 수 있다(상 420조의 4 2항).

신주인수권자가 있는 경우에는 앞에서 본 바와 같이 신주인수의 청약을 촉구하는 의미에서 실권예고부 청약최고를 하여야 한다(상 419조).

2) 배 정 주식인수의 청약에 대하여 회사는 배정을 하는데, 이로써 주식인수가 성립한다. 배정자유의 원칙은 신주인수권이 없는 자에게 적용되고, 신주인수권자에게는 적용되지 않는다. 주식인수의 법적 성질은 설립의 경우와 같이 입사계약이다(통설). 청약자가 배정을 받아 주식인수가 성립한 경우, 이러한 주식인수로 인한 권리인 권리주의 양도는 회사에 대하여 효력이 없다(상 425조, 319조).

⑸ 납입 및 현물출자의 이행

1) 신주의 인수인은 납입기일에 그 인수가액의 전액을 납입하고(상 421조 1항), 현물출자를 하는 자는 납입기일에 지체 없이 출자의 목적인 재산을 인도하고 권리의 설정 또는 이전에 등기나 등록을 요하는 것은 그 서류를 완비하여 교부하여야 한다(상 425조, 305조 3항, 295조 2항). 납입장소, 납입금보관자 또는 납입장소의 변경, 납입금보관자의 증명과 책임 등은 모집설립의 경우와 같다(상 425조, 305조 2항, 306조, 318조). 납입은 원칙적으로 현실적으로 하여야 하고, 회사의 동의 없이 상계(相計)로써 회사에

---

1) 집행임원 설치회사의 경우에는 이사(대표이사)에 갈음하여 (대표)집행임원일 것이다. 이는 입법의 미비라고 본다.

대항하지 못한다(상 421조 2항). 이는 2011년 4월 개정상법에 의하여 종래의 상법 제334조를 삭제하고, 신설한 것이다. 따라서 신주의 인수인은 회사의 동의를 받아 신주의 납입채무와 회사에 대한 채권을 상계할 수 있다.[1]

2) 현물출자를 하는 자가 있는 경우에 이사는 이를 조사하게 하기 위하여 검사인의 선임을 법원에 청구하여야 한다(상 422조 1항 1문). 그런데 이 경우 공인된 감정인의 감정으로 검사인의 조사에 갈음할 수 있다(상 422조 1항 2문). 그러나 현물출자가 (i) 제416조 4호의 현물출자의 목적인 재산의 가액이 자본금의 5분의 1을 초과하지 아니하고 대통령령으로 정한 금액(5,000만원 — 상시 14조 1항)을 초과하지 아니하는 경우, (ii) 제416조 4호의 현물출자의 목적인 재산이 거래소의 시세 있는 유가증권인 경우 제416조 본문에 따라 결정된 가격이 대통령령으로 정한 방법으로 산정된 시세(상법 제416조에 따른 이사회 또는 주주총회의 결의가 있은 날〈이하 "결의일"이라 함〉부터 소급하여 1개월간의 거래소에서의 평균 종가, 결의일부터 소급하여 1주일간의 거래소에서의 평균 종가 및 결의일 직전 거래일의 거래소에서의 종가를 산술평균하여 산정한 금액이나 결의일 직전 거래일의 거래소에서의 종가 중 낮은 금액을 말하는데, 현물출자의 목적인 재산에 그 사용·수익·담보제공·소유권 이전 등에 대한 물권적 또는 채권적 제한이나 부담이 설정된 경우에는 적용하지 아니한다 — 상시 14조 2항·3항)를 초과하지 아니하는 경우, (iii) 변제기가 돌아온 회사에 대한 금전채권을 출자의 목적으로 하는 경우로서 그 가액이 회사장부에 적혀 있는 가액을 초과하지 아니하는 경우, (iv) 그 밖에 (i)부터 (iii)까지의 규정에 준하는 경우로서 대통령령으로 정하는 경우(이에 관하여 상법시행령에서는 규정하지 않음)의 어느 하나에 해당할 경우에는 검사인에 의한 조사나 공인된 감정인의 감정을 받을 필요가 없다(상 422조 2항).[2] 이는 회사설립의 경우(상 299조 2항)와 같이 신주발행절차를 간편하게 하기 위하여 2011년 4월 개정상법에 의하여 신설된 것이다.

법원은 검사인의 보고서 또는 감정인의 감정결과를 심사하여 부당하다고 인정한 때에는 이를 변경하여 이사와 현물출자자에게 통고할 수 있다(상 422조 3항). 이러한 법원의 통고에 현물출자자가 불복하는 경우에는 2주 내에 그 주식의 인수를 취소할 수 있는데(상 422조 4항), 통고가 있은 후 2주 내에 주식의 인수를 취소하지 않으면 그 통고에 따라 변경된 것으로 본다(상 422조 5항). 신주발행시의 현물출자의 조사에 관하여는 발기설립의 경우와 유사한 면이 있다(상 298조 4항, 299조, 299조의 2 후단, 300조, 422조).

1) 동지: 대판 1960. 11. 24, 4292 민상 874·875(카드 6871)(주금납입에 있어 단순한 현금수수의 수고를 생략하는 의미의 대물변제나 상계는 회사측이 이에 합의한 이상 이를 절대로 무효로 할 이유는 없다).

2) 참고로 일본 회사법 207조 9항에 의하면, 신주발행시의 현물출자에 관하여 현물출자를 하는 자에게 부여하는 주식의 수가 발행주식총수의 10분의 1을 초과하지 않는 경우, 현물출자의 가액의 총액이 500만엔을 초과하지 않는 경우, 그 밖에 현물출자의 가액을 객관적으로 확정할 수 있는 경우 등에는 검사인에 의한 검사가 면제된다.

검사인에 의한 검사절차(또는 공인된 감정인의 감정절차)를 거치지 않았다고 하더라도 그 사유만으로는 이미 경료된 신주발행 및 변경등기의 당연무효사유(상 429조)가 되는 것은 아니다.[1)]

(6) 신주발행의 효력발생

1) 효력발생시기 신주의 인수인이 신주의 납입기일에 납입 또는 현물출자의 이행을 하면, 그 한도에서 신주발행의 효력이 발생하여 납입 또는 현물출자의 이행을 한 인수인은 「납입기일의 다음 날」로부터 주주가 된다(상 423조 1항 1문).[2)] 그러나 신주의 인수인이 납입기일까지 납입 또는 현물출자의 이행을 하지 않으면 그 인수인에게 배정된 신주는 법률상 당연히 실권되고(失權株)(상 423조 2항), 그 주식의 인수인은 회사에 대하여 손해배상책임을 진다(상 423조 3항). 모집설립의 경우(상 307조)와는 달리 납입기일 후 다시 일정한 기일을 정하여 그 기일 내에 납입하도록 실권예고부 납입최고를 할 필요는 없다.

2) 효력발생범위 이와 같이 신주발행의 경우에는 이사회의 신주발행 결의에서 정한 주식총수에 관하여 인수와 납입이 없더라도, 납입기일까지 현실로 인수와 납입이 있는 주식에 관하여만 그 범위 내에서 신주발행의 효력이

---

1) 동지: 대판 1980. 2. 12, 79 다 509(집 28 ① 민 72)(현물출자에 관하여 이와 같은 검사절차를 거치지 않았더라도 신주발행이나 이로 인한 변경등기가 무효가 되는 것은 아니다).

2) 2020년 개정상법 이전에는 상법 제423조 제 1 항에 제 2 문을 신설하여 「이 경우 제350조 제 3 항 후단의 규정을 준용한다」고 규정하였다. 이에 따라 신주에 대한 이익이나 이자의 배당에 관하여는 정관이 정하는 바에 따라 「그 청구를 한 때가 속하는 영업연도의 직전영업연도말」에 주주가 되는 것으로 할 수 있었다(개정전 상 423조 1항 2문, 350조 3항 2문). 따라서 이익이나 이자의 배당에 관하여는 회사의 선택에 의하여(즉, 정관의 규정에 의하여) 동액배당을 할 수도 있고, 일할배당을 할 수도 있었다.

이는 1995년 개정상법에 의하여 신설된 것인데, 신주발행의 경우(개정전 상 423조 1항 2문)뿐만 아니라, 준비금의 자본금 전입(개정전 상 461조 6항)이나 주식배당(개정전 상 462조의 2 4항 2문)의 경우에도 이와 동일하게 규정하여, 회사의 선택에 의하여 동액배당(同額配當) 또는 일할배당(日割配當)을 할 수 있게 하였다. 그런데 2020년 개정상법은 이러한 규정을 모두 삭제하였다. 그 이유에 대하여는 "신주의 이익배당 기준일에 대한 실무상 혼란을 초래한 규정을 정비하여 신주의 발행일에 상관 없이 이익배당 기준일을 기준으로 구주와 신주 모두에게 동등하게 이익배당을 할 수 있음을 명확히 하기 위한 것이다"고 설명한다(2020. 8. 31. 정부의 상법 일부개정 법률안 제안이유 및 2020년 개정상법 공포에 관한 관보상 개정이유).

참고로 1995년 개정상법 이전에는 이러한 규정이 없었기 때문에 반드시 일할배당을 하여야 한다는 견해[의무설: 법무부유권해석(법무 810-25466, 74. 11. 25), 법무부 법령해석질의응답집, 제13집, 169면], 회사의 선택에 따라 동액배당 또는 일할배당을 할 수 있다는 견해[임의설: 정동윤, 「회사법(3정증보판)」(법문사, 1992), 591면] 및 일할배당은 위법하다는 견해[위법설: 이태로 · 이철송, 「회사법강의(제4판)」(박영사, 1994), 716면]로 나뉘어 있었는데, 1995년 개정상법은 이를 다수설인 임의설의 입장에서 규정함으로써 입법적으로 해결하였다고 볼 수 있었다[동지: 해설(1995), 148면].

생기는 것이다. 이와 같이 이사회의 결의에서 정한 신주의 총수 중 그 일부에 관하여 인수 또는 납입이 없으면 회사의 자금계획에 차질이 발생하기는 하지만, 인수 또는 납입이 없는 주식은 미발행주식수로 남게 되어 다음에 발행할 수 있으므로 인수 및 납입된 주식에 대하여만 유효한 신주발행으로 인정한 것이다.[1)]

위에서 본 바와 같이 인수 또는 납입이 되지 않은 주식(失權株)은 미발행주식으로 남게 되는데, 회사는 이러한 실권주를 그대로 둘 수도 있고 또는 다시 주주를 모집할 수도 있다. 또한 이러한 실권주에 대하여는 이사의 담보책임도 없다(다만 변경등기 후에는 책임이 있다). 이러한 점은 회사설립의 경우에 설립시에 발행하는 주식은 전부 인수 및 납입되도록 하여 자본금 확정의 원칙이 적용되고(상 295조, 305조), 또 이에 대하여 발기인에게 자본충실의 책임을 부여하는 점(상 321조)과 구별되고 있다.[2)]

3) 효력발생의 효과 신주발행의 효력발생의 효과로서 다음과 같은 점이 있다.

(개) 권리주 및 이의 양도제한(상 425조, 319조)이 없어진다. 따라서 주주는 주식을 양도할 수 있으나, 신주의 납입기일 후 6월까지 주권발행 전에 한 주식의 양도는 회사에 대하여 효력이 없다(상 335조 3항).

(내) 회사는 주식양도의 원활을 위하여 신주의 납입기일 후 지체 없이 주권을 발행하여야 한다(상 355조 1항).

(대) 발행주식총수·자본금의 액 및 경우에 따라서는 주식의 종류와 수에 변경이 생긴다.

(7) 등 기

1) 변경등기사항 신주발행의 효력이 생기면 발행주식총수·주식의 종류와 수(상 317조 2항 3호)에 변경이 생기고 또 자본금의 액(상 317조 2항 2호)도 증가하므로, 일정한 기일 내(본점소재지에서는 납입기일로부터 2주간 내, 지점소재지에서는 납입기일로부터 3주간 내)에 변경등기를 하여야 한다(상 317조 4항, 183조). 후술하는 할인발행을 한 경우에는 변경등기에 미상각액(未償却額)도 동시에 등기하여야 한다(상 426조).

2) 변경등기의 효력

(개) 신주발행의 변경등기의 본질적 효력은 이미 효력을 발생하고 있는 신

1) 동지: 정(희), 527면.
2) 동지: 정(희), 527면.

주발행 및 이에 따른 자본금 증가 등을 공시하는 효력이 있다(적극적 공시의 원칙)(상 37조).

(나) 신주발행의 변경등기에는 다음과 같은 부수적 효력이 있다. (i) 첫째는 신주발행으로 인한 변경등기를 하면 그 날부터 1년을 경과한 후에는 신주인수인은 주식청약서 또는 신주인수권증서의 요건흠결을 이유로 하여 인수의 무효를 주장하거나, 착오·사기·강박을 이유로 하여 인수를 취소하지 못한다(보완적 효력). 1년을 경과하지 않은 경우에도 주주가 그 주식에 대하여 주주권을 행사한 때에는 동일한 제한을 받는다(상 427조). (ii) 둘째는 다음에서 보는 이사의 자본금 충실의 책임(상 428조 1항)이 발생한다.

4. 이사의 책임

(1) 자본금 충실책임

1) 신주의 발행은 인수·납입된 주식을 한도로 그 효력이 발생하지만, 변경등기를 하게 되면 그 외관에 따른 자본금 충실을 기하여 법률관계의 안정을 도모할 필요가 있다. 따라서 이러한 점에서 상법은 변경등기(공시)에 부합하는 자본금 충실을 기하기 위하여 이사의 인수담보책임을 규정하고 있다. 즉, 신주발행으로 인한 **변경등기**가 있은 후에 아직 인수하지 아니한 주식이 있거나 주식인수의 청약이 취소된 때에는 이사(2011년 4월 개정상법에는 규정이 없으나, 집행임원 설치회사의경우에는 집행임원이 변경등기를 포함한 신주발행절차의 업무를 수행하므로 '집행임원'을 포함하여야 한다고 본다)가 이를 공동으로 인수한 것으로 본다(상 428조 1항). 이사는 인수가 의제된 주식에 관하여는 당연히 연대하여 납입할 책임을 진다(상 333조 1항).

2) 이사의 자본금 충실책임은 설립시 발기인의 책임과 같이 무과실책임이고, 총주주의 동의로도 면제할 수 없다. 그러나 이사의 자본금 충실책임에는 발기인의 그것과는 달리 인수담보책임만이 있고 납입담보책임이 없다. 그 이유는 신주발행의 경우에는 인수만이 있고 납입기일에 납입이 없으면 인수가 당연히 무효가 되기 때문이다(상 423조 2항). 또 발기인의 자본금 충실책임은 설립무효를 회피하는 기능을 갖지만(따라서 설립시에 인수·납입되지 않은 주식이 현저한 경우에는 설립무효사유가 되나, 근소한 경우에는 발기인의 자본금 충실책임에 의하여 보충됨), 신주발행의 경우 이사의 자본금 충실책임은 신주발행의 무효를 회피하는 기능은 없고(신주의 인수·납입이 없더라도 다른 주식의 발행은 무효가 되지 않기 때문임) 오로지 공시된 자본에 대한 신뢰를 보호하는 기능만을 한다.[1)]

1) 정(동), (회) 527면.

(2) 손해배상책임

이사는 자본금 충실책임(인수담보책임)과는 별도로, 이로 인하여 회사에 손해가 발생한 경우에는 회사에 대하여 손해배상책임을 진다(상 428조 2항, 399조).

5. 신주의 할인발행(액면미달발행)(issue of shares at a discount)

(1) 할인발행의 의의

회사설립의 경우에는 자본금 충실의 원칙상 주식의 액면미달발행이 금지되어 있으나(상 330조), 이 원칙을 회사성립 후에도 일관하면 액면주식의 경우 그 회사의 주식의 시가가 액면가 이하이면 회사성립 후의 자금조달이 사실상 불가능하게 되므로, 우리 상법은 (과거의) 영국 회사법상의 제도[1]를 도입하여 신주발행시에는 엄격한 제한하에 주식의 할인발행(액면미달발행)을 할 수 있음을 규정하고 있다[2](상 417조).

(2) 할인발행의 요건

회사가 신주발행의 경우에 할인발행을 하기 위하여는 다음의 요건을 갖추어야 한다(상 417조).

1) 회사가 성립한 후 2년을 경과하였어야 한다(상 417조 1항).

---

1) 영국에서는 1948년의 회사법에서 주식의 할인발행을 규정하였는데(Companies Act 1948, S. 57), 이 제도는 거의 이용되지 않았다고 한다. 그러던 중 자본충실을 주 내용으로 하는 EC회사법 제 2 지침(1976. 12. 31)에 따라 1980년의 회사법 개정에서는 주식의 할인발행에 관한 회사법 제57조를 폐지하고(Palmer/Schmitthoff, 18~25면, 290면), 1985년 회사법에서는 할인발행을 금지하는 규정을 두고 있다(英會 100조 1항). 영국에서 이와 같이 1985년 회사법에서 주식의 할인발행을 금지하는데, 이에 대한 유일한 예외는 주식인수의 수수료나(주식발행가액의 10% 이하) 중개료를 지급하는 경우이다(英會 97조). 이러한 경우를 제외하고는 주식이 할인발행된 경우에 인수인은 회사에 대하여 할인된 금액과 그에 대한 이자를 지급할 의무를 부담한다(英會 100조 2항). 따라서 영국 회사법상 주식의 할인발행 또는 할인배정의 계약은 무효이고 강제이행할 수 없다[John Birds · A. J. Boyle · Eils Ferran & Charlotte Villiers, *Boyle & Birds' Company Law*, 4th ed.(2000), p. 201]. 2006년 영국 회사법은 주식의 할인발행(배정)을 금지하고, 이에 위반하여 주식을 인수한 자는 할인금액 및 상당한 이율로 계산한 이자를 회사에 지급하여야 함을 규정하고 있다(英會〈2006〉 580조).

많은 나라에서는 주식의 할인발행제도 대신에 무액면주식제도를 이용하고 있다[정(동), (회) 499면 주 2].

2) 신주의 할인발행과 구별되는 것으로 신주의 고가매입에 관한 판례로는 대판 1989. 12. 22, 88 누 7255(집 37 ④ 민 416)(신주의 액면미달발행이 엄격하게 제한되어 신주를 인수하고자 할 때에 그 액면가액대로 인수할 수밖에 없다고 할지라도, 세무회계상 다른 법인 발행의 신주인수는 투자자산의 매입에 해당하므로 신주발행 당시 발행회사의 자산상태 등의 평가에 의한 신주의 정당한 평가가액과 신주인수가액과의 차액을 비교하여 고가매입 여부를 따져 보아야 할 것이다) 참조.

2) 할인발행의 여부와 최저발행가액의 결정은 이사회의 결의가 아니라 주주총회의 특별결의에 의하여야 한다(상 417조 1항).

3) 법원의 인가를 얻어야 한다(상 417조 1항, 비송 86조). 최저발행가액은 주주총회의 특별결의로 정하여지는데(상 417조 2항), 법원은 할인발행을 인가함에 있어 회사의 현황과 제반사정을 참작하여 최저발행가액을 변경하여 인가할 수 있다(상 417조 3항 본문). 이 경우에 법원은 회사의 재산상태 기타 필요한 사항을 조사하게 하기 위하여 검사인을 선임할 수 있다(상 417조 3항 단서).

그러나 주권상장법인의 경우에는 할인발행에 대한 특례가 인정되어 (이미 액면미달금액의 총액에 대하여 상각을 완료하였으면) 법원의 인가를 얻지 아니하고도 주주총회의 특별결의만으로 신주의 할인발행을 할 수 있다(자금 165조의 8 1항). 이 때 신주의 최저발행가액은 위의 주주총회의 결의로 정하는데, 이 때 대통령령이 정하는 방법에 따라 산정한 가격 이상으로 하여야 한다(자금 165조의 8 2항).

4) 회사는 법원의 인가를 얻은 날로부터 1월 내(법원은 이 기간을 연장하여 인가할 수 있음)에 신주발행을 하여야 한다(상 417조 4항).

주권상장법인의 경우로서 위의 할인발행에 대한 특례가 인정되는 경우에는 회사는 주주총회에서 다르게 정하는 경우를 제외하고는 주주총회의 결의일부터 1월 이내에 이러한 신주를 발행하여야 한다(자금 165조의 8 3항).

⑶ 회사채권자의 보호절차

회사가 신주를 할인발행하는 경우에 회사채권자를 보호하기 위하여 상법상 다음의 절차를 취해야 한다.

1) 주식청약서와 신주인수권증서에 할인발행의 조건과 미상각액을 기재하여야 한다(상 420조 4호, 420조의 2 2항 2호).

2) 신주발행으로 인한 변경등기에 할인발행으로 인한 미상각액을 등기하여야 한다(상 426조).

6. 신주의 위법·불공정발행에 대한 조치

⑴ 총 설

수권자본제도하에서의 신주발행은 원칙적으로 이사회의 권한에 속하므로 자금조달의 편의를 도모할 수는 있으나, 이에 반하여 이사회의 위법·불공정한 신주발행에 의한 회사·주주 또는 회사채권자의 이익을 해할 우려가 있게 되었다. 따라서 상법은 이에 대한 세 가지의 구제방법을 규정하고 있는데, 이는 다음과 같다. (i) 첫째는 그러한 불공정한 신주발행으로 인하여 불이익을 받을 염려가 있는 각 주주는 회사에 대하여 신주발행 유지청구권을 행사할 수 있고(회사에 대한 사전의 예방조치)(상 424조), (ii) 둘째는 이사(집행임원 설치회사의 경우에는 '집행임원'을 의미한다. 이하 같다)와 통모하여 현저하게 불공정한 발행가액으로 주식을 인수한 자에 대하여 회사에게 공정한 발행가액과의 차액에 상당한 금액을 지급하도록 주주는 대표소송을 제기할 수 있으며(제 3 자에 대한 사후의 구제조치)(상 424조의 2 2항), (iii) 셋째는 주주는 신주를 발행한 날로부터 6월 내에 회사를 상대로 하여 신주발행무효의 소를 제기할 수 있다(회사에 대한 사후의 구제조치)(상 429조~432조).

이하에서 차례로 설명한다.

(2) 주주의 신주발행 유지청구권(상 424조)

1) 의　　의

(가) 회사가 법령·정관에 위반하거나(예컨대, 수권주식총수를 초과하는 신주발행, 이사회의 결의 없는 신주발행, 주주의 신주인수권을 무시한 신주발행, 법정요건을 무시한 신주의 할인발행 등) 또는 현저하게 불공정한 방법에 의하여(예컨대, 회사임원 또는 특정인에게 부당하게 많은 신주를 배정하는 경우, 현물출자를 과대평가를 하는 경우 등) 신주를 발행함으로써, 이로 인하여 주주가 불이익을 받을 염려가 있는 경우에는 그 주주는 회사에 대하여 신주발행을 유지할 것을 청구할 수 있다(상 424조).

제 3 자가 신주인수권을 갖는 경우에는 회사가 제 3 자의 신주인수권을 무시하고 신주발행을 하여도 그는 회사에 대하여 신주발행 유지청구를 하지 못하고, 다만 손해배상청구를 할 수 있을 뿐이다.

주주는 회사에 대하여 직접 이 청구를 할 수도 있지만(의사표시), 이의 실효를 거두기 위하여 회사를 피고로 하는 신주발행 유지의 소(訴)를 제기하고 이 소를 본안으로 하여 소(訴) 제기 전이라도 신주발행 유지의 가처분을 신청할 수도 있다(민집 300조 이하).[1)]

(나) 주주의 신주발행 유지청구권은 주주의 이사에 대한 위법행위 유지청구권과 같이 영미법상의 소에서 인정되는 법원의 유지명령제도(injunction)를 도입한 것이다. 그러나 신주발행 유지청구권은 주주 개인의 손해방지를 직접 목적으로 하고(자익권), 단독주주권이며, 상대방은 회사이고, 「현저하게 불공정한 방법」으로 신주를 발행한 경우에도 인정되는 점 등에서, 위법행위 유지청구권과 구별된다. 이에 관하여는 위법행위 유지청구권에 관한 설명에서 이미 상세

1) 동지: 정(희), 529면.

히 보았다.

2) 요 건

(가) 회사가 「법령 또는 정관에 위반」하거나 「현저하게 불공정한 방법」에 의하여 주식을 발행하여야 한다(상 424조). 신주의 발행방법이 다소 불공정한 경우는 유지청구의 대상이 되지 못하고(이는 회사의 운영에 지장을 주지 않기 위함), 법령 또는 정관에 위반하거나 현저하게 불공정한 방법에 의한 신주발행은 그것이 유효인가 무효인가에 관계 없이 유지청구의 대상이 된다.[1]

(나) (가)로 말미암아 「주주가 불이익을 받을 염려」가 있어야 한다(상 424조). 이는 특정주주에게 직접적으로 불이익이 생기는 것을 의미하고, 회사에게 손해가 생김으로 말미암아 모든 주주에게 간접적으로 불이익이 생기는 것을 의미하지 않는다.[2]

3) 당 사 자

(가) **청구권자** 불이익을 입을 염려가 있는 「주주」(단독주주도 무방)이다. 신주인수권의 유무 또는 의결권의 유무를 묻지 않는다.[3]

(나) **피청구권자** 「회사」이다.

4) 행사방법

(가) 신주발행 유지청구는 사전조치이므로 신주발행의 효력이 생기는 「납입기일의 다음 날(상 423조 1항) 이전」에(즉, 납입기일까지) 행사하여야 한다.[4]

(나) 신주발행 유지청구의 방법에 대하여도 상법상 특별한 규정이 없으므로, 위법행위 유지청구의 경우와 같이 「소(訴)」에 의해서 할 수도 있고, 「소 이외의 방법」(의사표시)에 의하여 할 수도 있다고 본다. 다만 소에 의하는 경우에는 대표소송에 관한 규정(상 403조~406조)을 유추적용할 수밖에 없는데, 이렇게 되면 단독주주는 제소할 수 없고 소수주주만이 제소할 수 있게 된다.

5) 효 과

(가) 주주의 신주발행 유지청구가 있게 되면 회사(이사회)는 위법 또는 불공정 여부를 심사하여 그 유지(留止) 여부를 결정하여야 한다. 이 때 회사가

1) 동지: 정(동), (회) 528면; 이(기) 외, (회) 459면.
2) 동지: 이(철), (회) 939~940면(회사의 손해에 의한 주주의 간접손해는 상법 제402조의 위법행위 유지청구권 또는 상법 제429조의 신주발행무효의 소나 상법 제399조의 이사의 회사에 대한 손해배상책임에 의하여 구제되어야 한다고 한다).
3) 동지: 이(철), (회) 940면; 주상(제 5 판)(회사 Ⅳ), 140면.
4) 동지: 이(철), (회) 940면; 주상(제 5 판)(회사 Ⅳ), 141면.

유지(留止)를 결정한 경우에는 지금까지 진행되어 온 신주발행절차의 전부가 효력이 없게 되고 또 앞으로 신주발행절차를 계속할 수 없는가. 신주발행 유지청구권을 단독주주에게도 인정한 점과 관련하여 볼 때 이의 효과는 지나친 것이므로, 회사는 위법 또는 불공정한 사항을 시정하여 신주발행절차를 속행할 수 있다고 보는 것이 보다 더 현실에 맞는 것으로 본다.[1)]

(나) 회사가 주주의 신주발행 유지청구를 무시하고 신주발행절차를 속행한 경우에 그 효력은 어떤가. 이에 대하여는 소(訴)에 의한 경우와, 소 이외의 방법(의사표시)에 의한 경우로 나누어 그 효력을 볼 수 있다.

① 신주발행 유지의 소가 제기되어 이에 기한 유지(留止)의 판결이나 가처분이 있음에도 불구하고 이에 위반하여 한 신주발행은 무효가 된다고 본다(통설).[2)]

② 신주발행 유지청구를 소 이외의 방법(의사표시)으로 한 경우에 이를 무시하고 한 신주발행은 무효원인이 되지 않고, 다만 이사의 책임(상 401조)이 생길 뿐이다(통설).[3)] 이 때 주주는 회사를 상대로 손해배상을 청구할 수도 있는데, 이로 인하여 회사에게 손해가 생겼다면 신주발행을 한 이사(들)는 회사에 대하여 손해배상책임이 있다(상 399조).[4)]

(3) 통모인수인의 책임(상 424조의 2)

1) 의 의

(가) 일반적으로 회사가 신주를 불공정한 가액으로 발행하면 회사는 공정한 가액으로 발행하였다면 얻을 수 있었던 이익을 잃고, 구(舊) 주주는 주식의 가치를 희석당한 것이 되어 불이익을 받는다. 이 경우 이사는 임무를 게을리한 것을 이유로 회사 또는 주주(제 3 자)에 대하여 손해배상책임을 지지만(상 399조 1항, 401조, 408조의 8),

1) 동지: 이(철), (회) 940~941면(회사가 신주발행 유지청구를 받았을 때에는 신주발행의 위법·불공정 여부를 심사해야 할 주의의무를 지지만, 이에 응하지 아니하였다 하여 신주발행이 무효가 되는 것은 아니라고 한다).

2) 손(주), 825면(그러나 무효의 소의 원인이라고 한다); 정(동), (회) 529면; 최(기), (회) 752면; 채, 713면; 이(기) 외, (회) 459면; 주상(제 5 판)(회사 Ⅳ), 144~145면; 이·최, 359면 외.

3) 손(주), 874~875면; 정(동), (회) 529면; 이(기) 외, (회) 459면 외. 동지: 서울고판 1977. 4. 7, 76 나 2887.

그러나 일본에서는 이 경우도 무효라는 견해가 있다[北澤正啓, 「會社法(第 4 版)」, 1994, 528면; 정(동), (회) 529면 주 3 참조].

4) 이에 반하여 위법·불공정하지 않음에도 신주발행을 유지하여 회사에 손해가 생겼다면 그러한 유지를 한 이사들은 회사에 대하여 손해배상책임을 진다는 견해가 있다[이(철), (회) 941면].

주식인수인으로서는 회사가 정한 가액으로 주식을 인수한 것이므로 불법행위로 인한 손해배상책임(민 750조)이 성립하지 않는 한 그 가액 이상의 책임을 지지 않는다. 그러나 그 발행가액이 현저하게 불공정하고 또 이사와 주식인수인이 그 점에 관하여 통모를 한 경우에는, 회사의 자본금 충실을 기하고 또한 기존 주주의 이익을 보호하기 위하여 주식인수인에게 공정한 가액과 발행가액과의 차액을 직접 회사에 지급할 의무를 부담시키고 있다(상 424조의 2).

(나) 주주배정에 의한 신주발행의 경우에도 자본금 충실을 이유로 본조의 적용을 주장하는 견해가 있으나,[1] 이 경우에는 주주평등의 원칙의 위반문제는 생길 수 있어도 본조 적용의 문제는 거의 생길 여지가 없을 것으로 본다.[2] 따라서 본조는 제 3 자배정에 의한 신주발행 및 모집에 의한 신주발행의 경우에 거의 대부분 적용될 것이다.

2) 책임의 성질 통모인수인의 책임은 이사와의 통모를 요건으로 하므로 법률적으로는 회사에 대한 불법행위에 기한 손해배상책임의 일종이라고 할 수 있으나, 책임의 내용은 실제의 불공정한 발행가액과 공정한 발행가액과의 차액을 지급하는 것이므로, 실질적으로는 회사의 자본금 충실을 위한 추가 출자의무로서의 성질을 갖고 있는 것으로서 주주유한책임의 원칙(상 331조)의 예외가 된다고 볼 수 있다.[3] 따라서 회사는 통모인수인의 이 책임을 면제하거나 지급금액을 반환하여 줄 수 없고, 통모인수인은 그 차액의 지급을 상계로써 대항할 수 없다고 본다.[4]

3) 책임발생의 요건

(가) 「발행가액이 현저하게 불공정」하여야 한다.

이 때의 「발행가액」이란 이사회가 결정한 발행가액(발행예정가액)이 아니

---

1) 정(동), (회) 535면; 최(기), (회) 762면; 이(기) 외, (회) 464면; 주상(제 5 판)(회사 Ⅳ), 149~150면.

2) 동지: 정(희), 530면; 이(철), (회) 942면.

3) 동지: 정(희), 530면; 정(동), (회) 535면; 이(기) 외, (회) 465면 외(통설).
반대: 주상(제 5 판)(회사 Ⅳ), 151면(이는 주주가 당연히 납입하여야 할 책임을 사후에 이행하는 것이므로, 주주유한책임원칙의 예외라고 볼 수 없다고 한다); 최(기), (회) 763면(공정한 가액을 납입하는 것이므로 주주유한책임원칙의 예외가 아니라고 한다). 그러나 인수가액을 한도로 하는 주주의 책임 외에 차액을 납입할 의무가 생긴다는 점에서는 역시 주주유한책임의 원칙에 대한 예외라고 보지 않을 수 없다.

4) 동지: 정(동), (회) 535면.
반대: 주상(제 5 판)(회사 Ⅳ), 151면(차액책임은 주주의 출자책임이므로 통모인수인은 그 지급에 관하여 회사의 동의를 얻어 상계〈상 421조 2항〉할 수 있다고 한다).

라, 신주의 배정시에 있어서의 실제의 발행가액(배정가액 또는 인수액가)(상 421조 참조)이다.[1] 이사회가 현저하게 불공정한 발행가액을 정하고 따라서 실제의 인수가액도 현저하게 불공정한 경우(예컨대, 현물출자의 평가를 현저하게 부당하게 한 경우 등)에는, 본조가 적용되는 데 아무런 문제가 없다. 또한 이사회가 정한 발행가액이 현저하게 불공정한 경우에도 실제의 인수가액이 공정한 경우에는 본조가 적용되지 않는다(통설).[2]

그러나 이와 반대로 이사회가 정한 발행가액이 공정한 것인데 실제의 인수가액이 이것을 무시하고 현저하게 불공정한 경우에는 본조가 적용될 것인가에 관하여 견해가 나뉘어 있다. 이에 대하여 (i) 이는 자본금 충실의 원칙에 정면으로 위배되므로 본조가 적용되지 않고 신주발행무효의 소의 원인이 된다고 보는 견해도 있으나,[3] (ii) 이에 대하여도 본조를 적용하여 그 차액을 지급하도록 함으로써 자본금 충실을 기하도록 하는 것이 타당하다고 본다.[4]

발행가액이 「현저하게」 불공정하다는 것은 공정한 가액이 보통 시가보다 낮게 책정되므로 이러한 공정한 가액보다 객관적으로 보아 훨씬 낮은 경우를 일반적으로 의미하는데, 이사회가 정한 발행가액보다 낮은 가액으로 배정이나 인수를 하였다고 하여 무조건 현저하게 불공정하다고 보아서는 안 된다.

발행가액이 현저하게 「불공정」하여야 하는데, 이 때 먼저 현저하게 「불공정」한지의 여부를 가릴 표준이 되는 공정한 가액이 문제가 된다. 이것은 한편 공모주의 발행가액의 기준이 된다. 이 가액은 발행회사의 주식의 시가를 기초로 하여 회사의 자산상태·영업이익 등을 참작하여 결정되는데, 다시 발행주식수량과 청약시까지의 주가의 변동을 감안하여 시가보다 약간 낮게 정하여진다.

(나) 주식인수인이 이사와 「통모」하여야 한다. 상법 제424조의 2의 책임은 이사와 통모한 인수인에 대하여서만 인정되고, 이사와 이러한 통모가 없으면 비록 발행가액이 현저하게 불공정하여도 주식인수인은 책임을 지지 않는다. 이 때 「통모」라는 것은 이사와 인수인이 사전에 모의하는 것을 말한다. 원래 발행가액의 적부(適否)를 판단한다는 것은 쉬운 일이 아니고, 또 설사 발행가액

1) 동지: 정(희), 529면; 정(동), (회) 534면.
2) 정(동), (회) 534면; 이(철), (회) 941~942면; 이(기) 외, (회) 464면; 주상(제 5 판)(회사 Ⅳ), 147면 외.
3) 이(철), (회) 942면.
4) 동지: 정(희), 530면; 정(동), (회) 534~535면; 이(기) 외, (회) 464면.

이 불공정하다고 인정되는 경우에도 발행가액을 결정한 이사가 제 1 차적으로 책임을 지는 것이고 인수인은 공시된 가액에 따라 인수하면 되는 것이므로 인수인에게 책임을 지우는 것은 타당하지 않다. 그러나 이사와 통모한 인수인은 이사의 임무해태행위에 가담한 자이므로, 상법은 이러한 인수인에게 본조의 책임을 인정한 것이다.

(다) 이상의 요건에 해당하는 사실은 원고인 「회사」, 또는 대표소송을 제기하는 「주주」가 증명하여야 한다.

4) 책임의 내용 통모인수인의 책임은 신주를 인수한 때에 생기고, 후에 그 주식을 양도하더라도 그 책임이 당연히 양수인에게 이전하지는 않는다.[1] 통모인수인이 지는 이 책임의 내용은 납입기일에 차액을 지급하는 의무이고, 이 의무의 소멸시효기간은 10년이다. 차액이라 함은 공정한 가액과 실제의 인수가액과의 차액이고, 이것에 납입기일의 다음 날부터 지연손해금이 가산되는데, 그 이율은 연 5퍼센트이다(그러나 주식인수를 상행위로 보면 시효기간은 5년, 이율은 연 6퍼센트로 보게 된다).

현저하게 불공정한 가액으로 신주를 발행한 이사는 회사에 대하여 손해를 배상할 책임을 지는데(상 399조 1항), 이 배상책임액은 공정가액과 인수가액의 차액에 한하지 않는다. 상법 제424조의 2의 통모인수인의 책임과 이사의 회사에 대한 이러한 책임은 부진정연대채무의 관계에 있다.[2]

5) 차액의 처리 통모인수인이 지급하여야 할 차액은 앞에서 본 바와 같이 실질적으로 추가출자로서의 성질을 갖기 때문에 상계·지급의무의 면제·지급금의 환급 등은 금지되고, 또 현실의 납입을 필요로 하기 때문에 대물변제도 금지된다.[3]

이 지급된 금액은 실질적으로 추가출자이므로 이익배당의 재원이 될 수 없다. 이의 처리에 대하여 상법은 특히 규정하고 있지 않으나, 이는 자본거래에서 발생한 잉여금으로 볼 수 있으므로 자본준비금으로 적립되어야 할 것으로 본다(상 459조 1항).[4]

---

1) 동지: 정(희), 530면; 정(동), (회) 535면; 이(철), (회) 943면; 채, 710면; 이(기) 외, (회) 464면.

그러나 영미에서는 악의의 양수인은 전보책임을 진다[영국 회사법(2006) 593조 3항 등 참조].

2) 동지: 정(희), 530면; 정(동), (회) 535면; 채, 710면; 이(기) 외, (회) 464면 외(통설).

반대: 이(철), (회) 943~944면(양 책임은 서로 성질을 달리하는 상호 독립의 채무이므로 부진정연대책임의 성질이 아니라고 한다); 주상(제 5 판)(회사 Ⅳ), 150면.

3) 동지: 정(동), (회) 535면.

4) 동지: 정(희), 531면; 정(동), (회) 536면; 이(철), (회) 943면; 채, 710면; 이(기) 외, (회) 465면 외(통설).

6) 책임추궁의 방법 원래는 「회사」가 통모인수인의 이러한 책임을 추궁하여야 할 것이나, 이사와 통모한 자에 대하여 회사가 그 책임을 추궁하는 것은 사실상 기대할 수 없으므로 「주주의 대표소송」이 인정된다(상 424조의 2 2항, 408조의 9, 542조의 6 6항).[1] 이러한 대표소송을 제기할 수 있는 소수주주가 보유하여야 할 주식의 비율은, 비상장회사의 경우에는 발행주식총수의 100분의 1 이상에 해당하는 주식을 가진 주주이고(상 424조의 2 2항, 403조, 408조의 9), 상장회사의 경우에는 발행주식총수의 100분의 1 이상에 해당하는 주식을 가진 주주(상 542조의 6 10항) 또는 6개월 전부터 계속하여 상장회사 발행주식총수의 10,000분의 1 이상에 해당하는 주식을 보유한 자이다(상 542조의 6 6항).

금융회사의 경우는 6개월 전부터 계속하여 발행주식총수의 100,000분의 1 이상에 해당하는 주식을 보유한 자이다(지배 33조 5항).

통모인수인이 이러한 책임을 지는 경우에도, 이사는 회사(상 399조, 408조의 8 1항 · 3항) 및 주주(상 401조, 408조의 8 2항 · 3항)에 대한 책임을 면하지 못한다(상 424조의 2 3항).

(4) 신주발행의 무효(상 429조~432조)

1) 신주발행 무효의 의의

(가) 신주발행의 무효란 「신주발행이 법령이나 정관에 위반한 하자가 있는 경우에 새로이 발행되는 주식의 전부를 무효로 하는 것」으로서, 개개의 주식인수의 무효와 구별된다.

(나) 신주발행의 무효는 법률관계의 안정과 획일적인 처리를 위하여 민법상 무효의 일반원칙과는 달리 일정한 자가 일정한 기간 내에 소(訴)로써만 주장할 수 있게 하고(상 429조), 또 판결의 효력에 대세적 효력을 인정하며 소급효를 제한하고 있다(상 430조, 190조 본문, 431조).

(다) 신주발행 무효의 소의 법적 성질은 「형성의 소」이다.[2]

2) 신주발행의 무효원인

(가) 신주발행의 무효원인에 관하여는 상법에 규정이 없고, 학설은 일반적으로 신주발행에 법령 또는 정관에 위반한 하자가 있어야 한다고 한다. 그런데 이 때 법령이나 정관에 위반한 신주발행이라도 이미 그 신주가 유통되어 신주발행의 유효성을 전제로 하여 많은 행위가 진전된 경우도 있으므로, 신주발행 유지청구의 대상으로 할 수 있거나(상 424조) 또는 이사의 손해배상책임(상 399조, 401조, 408조의 8)

1) 동지: 정(동), (회) 536면; 이(철), (회) 943면; 채, 710면; 이(기) 외, (회) 465면; 주상(제 5 판)(회사 Ⅳ), 151~152면.

2) 동지: 정(동), (회) 530면; 이(기) 외, (회) 460면; 주상(제 5 판)(회사 Ⅳ), 170면.

등에 의하여 해결될 수 있는 비교적 가벼운 위법행위는 이를 모두 무효로 할 필요가 없다.[1]

신주발행무효의 원인이 아니라고 본 다음과 같은 대법원판례가 있다.

[주주가 신주배정통지를 받고도 주식대금을 납입하지 아니하여 실권된 경우, 신주발행무효사유가 아니라고 본 판례]

회사가 주주에게 상법 제418조 제 1 항 소정의 주주의 신주인수권을 배제한 바 없고 오히려 그 주주가 회사로부터 신주배정통지를 받고도 그 주식대금을 납입하지 아니하여 실권된 경우, 가사 발행주식의 총수를 증가시키는 정관변경의 주주총회결의 이전에 그 주주와 회사의 대표이사 사이에 회사의 경영권에 관하여 분쟁이 있었고, 그 주주가 자기소유 주식을 그 대표이사에게 양도하고 회사경영에서 탈퇴하려고 하였지만 그 양도대금에 관한 합의가 이루어지지 않은 상태에서 발행주식총수를 현저하게 증가시키는 신주발행이 이루어짐으로써 회사에 대한 그 주주의 지배력이 현저하게 약화되고, 그로 인하여 그 주주가 대표이사에게 적정한 주식대금을 받고 주식을 양도하는 것이 더욱 어려워지게 되었다고 하더라도, 그러한 사유만으로는 그 신주발행이 현저하게 불공정한 방법에 의한 신주발행으로서 무효라고 볼 수 없다[대판 1995. 2. 28, 94 다 34579(공보 989, 1460)].

따라서 주식회사의 본질에 반하는 중대한 위법행위만을 신주발행의 무효원인으로 보아야 할 것이다.[2] 예컨대, 수권주식총수를 초과하는 신주발행, 정관이 인정하지 않는 종류의 신주발행, 법정의 절차를 밟지 않고 한 액면미달의 신주발행, 주주의 신주인수권을 무시한 신주발행 등이 이에 해당한다. 신주발행 무효의 원인이 된다고 본 판례는 다음과 같다.

[신주발행 무효의 원인이 된다고 본 판례

신주발행이 범죄행위를 수단으로 하여 행하여져 선량한 풍속 기타 사회질서에 반하여 현저히 불공정한 방법으로 이루어진 경우에는 무효이다[대판 2003. 2. 26, 2000 다 42786 (공보 2003, 897)][이 판결에 찬성하는 취지에서 이 사건의 경우 자본충실의 원칙에 반하여 무효원인이라는 평석으로는 채동헌, "회사지배권 유지를 위한 부당한 신주

1) 동지: 정(희), 531면; 정(동), (회) 530면; 노혁준, "신주발행의 무효사유에 관한 연구," 「선진상사법률」(법무부), 통권 제60호(2012. 10), 56면, 60~61면, 48~50면(그러나 주주에 대한 통지 및 공고를 누락한 경우에는 그 자체만으로 신주발행 무효사유라고 한다).

2) 동지: 정(희), 531면; 이(철), (회) 944~945면(특히 수권자본제 · 자본충실 및 주주의 신주인수권에 관한 사항이 주식회사의 본질에 속하는 사항으로 이에 위반한 신주발행이 무효원인이 된다고 한다); 채, 713면; 주상(제 5 판)(회사 Ⅳ), 172면~173면.

발행의 효력,"「상장」, 제354호(2003. 9), 110~117면].

상법 제418조 제 1 항, 제 2 항의 규정은 주식회사가 신주를 발행하면서 주주 아닌 제 3 자에게 신주를 배정할 경우 기존 주주에게 보유 주식의 가치 하락이나 회사에 대한 지배권 상실 등 불이익을 끼칠 우려가 있다는 점을 감안하여, 신주를 발행할 경우 원칙적으로 기존 주주에게 이를 배정하고 제 3 자에 대한 신주배정은 정관이 정한 바에 따라서만 가능하도록 하면서, 그 사유도 신기술의 도입이나 재무구조 개선 등 기업 경영의 필요상 부득이한 예외적인 경우로 제한함으로써 기존 주주의 신주인수권에 대한 보호를 강화하고자 하는 데 그 취지가 있다. 따라서 주식회사가 신주를 발행함에 있어 신기술의 도입, 재무구조의 개선 등 회사의 경영상 목적을 달성하기 위하여 필요한 범위 안에서 정관이 정한 사유가 없는데도, 회사의 경영권 분쟁이 현실화된 상황에서 경영진의 경영권이나 지배권 방어라는 목적을 달성하기 위하여 제 3 자에게 신주를 배정하는 것은 상법 제418조 제 2 항을 위반하여 주주의 신주인수권을 침해하는 것이다. 또한 신주발행을 사후에 무효로 하는 경우 거래의 안전과 법적 안정성을 해할 우려가 큰 점을 고려할 때, 신주발행 무효의 소에서 그 무효원인은 가급적 엄격하게 해석하여야 한다. 그러나 신주발행에 법령이나 정관의 위반이 있고 그것이 주식회사의 본질 또는 회사법의 기본원칙에 반하거나 기존 주주들의 이익과 회사의 경영권 내지 지배권에 중대한 영향을 미치는 경우로서 주식에 관련된 거래의 안전, 주주 기타 이해관계인의 이익 등을 고려하더라도 도저히 묵과할 수 없는 정도라고 평가되는 경우에는 그 신주의 발행을 무효라고 보지 않을 수 없다 [대판 2009. 1. 30, 2008 다 50776(공보 2009, 247)].

신주발행 무효의 소를 규정하는 상법 제429조에는 그 무효원인이 따로 규정되어 있지 않으므로 신주발행유지청구의 요건으로 상법 제424조에서 규정하는 '법령이나 정관의 위반 또는 현저하게 불공정한 방법에 의한 주식의 발행'을 신주발행의 무효원인으로 일응 고려할 수 있다고 하겠으나, 다른 한편 신주가 일단 발행되면 그 인수인의 이익을 고려할 필요가 있고 또 발행된 주식은 유가증권으로서 유통되는 것이므로 거래의 안전을 보호하여야 할 필요가 크다고 할 것인데, 신주발행유지청구권은 위법한 발행에 대한 사전 구제수단임에 반하여 신주발행 무효의 소는 사후에 이를 무효로 함으로써 거래의 안전과 법적 안정성을 해칠 위험이 큰 점을 고려할 때, 그 무효원인은 가급적 엄격하게 해석하여야 하고, 따라서 법령이나 정관의 중대한 위반 또는 현저한 불공정이 있어 그것이 주식회사의 본질이나 회사법의 기본원칙에 반하거나 기존 주주들의 이익과 회사의 경영권 내지 지배권에 중대한 영향을 미치는 경우로서 신주와 관련된 거래의 안전, 주주 기타 이해관계인의 이익 등을 고려하더라도 도저히 묵과할 수 없는 정도라고 평가되는 경우에 한하여 신주의 발행을 무효로 할 수 있을 것이다. 따라서 신주발행을 결의한 갑 회사의 이사회에 참여한 이사들이 하자 있는 주주총회에서 선임된 이사들이어서, 그 후 이사 선임에 관한 주주총회결의가 확정판결로 취소되었고, 위와 같은 하자를 지적한 신주발행금지가처분이 발령되었음에도 위 이사들을 동원하여 위 이사회를 진행한 측만이 신주를 인수한 경우, 이 신주발행은 신주의 발행사항을 이사회결의에 의하도록 한 법령과 정관을 위반하였을 뿐만 아니라 현저하게 불공정하고, 그로 인하여 기존 주주들의 이익과 회사의 경영권 내지 지배권에 중대한 영향을 미쳤으므로 무효이다[대판 2010. 4. 29, 2008 다 65860(공보 2010, 974)].

이사회의 결의가 없거나 또는 이사회의 결의에 하자가 있음에도 대표이사가 신주를 발행한 경우에 대하여, 이는 수권자본제의 한계를 넘는 것이라고 하여 무효로 보는 견해도 있으나,[1] 이것은 위법한(전단적) 대표행위로서 대외적 행위이므로 거래의 안전을 중시하여 유효로 보는 것이 타당하다고 생각한다.[2] 또한 현물출자시 검사인의 선임절차를 거치지 아니하였다 하여도, 그 사유만으로 이미 경료된 신주발행 및 변경등기가 당연무효의 원인이 되는 것은 아니다[3] (그러나 현물출자가 과대하게 평가된 경우는 무효원인이 된다). 신주발행의 유지청구를 무시하고 한 신주발행은 유지청구의 무시 자체를 무효의 원인으로 볼 수는 없고, 유지가처분(留止假處分)이나 유지판결(留止判決)을 무시한 것은 무효의 원인이 된다고 본다.[4]

현저하게 불공정한 방법에 의하여 신주가 발행된 경우(예컨대, 공모의 경우 특정인에게 집중적으로 배정을 한 경우 등)에 대하여, 이를 무효로 보는 견해와[5] 거래의 안전을 위하여 이를 유효로 보는 견해가 있으나,[6] 이를 언제나 무효 또는 유효로 볼 수는 없고 일정한 경우(예컨대, 회사지배에 변동을 가져오는 경우 등)에만 이를 무효로 보아야 할 것이다(일부무효설).[7]

---

1) 서·정, 500면; 이(철), (회) 945면; 최(기), (회) 754~755면; 채, 714면; 이·최, 360면.
2) 동지: 대판 2007. 2. 22, 2005 다 77060·77077; 정(희), 531면; 정(동), (회) 531면; 이(기) 외, (회) 461면; 주상(제 5 판)(회사 Ⅳ), 177면; 홍복기, "신주발행의 무효," 「고시연구」, 2002. 10, 32면; 노혁준, 전게논문(선진상사법률연구 통권 제60호), 52~53면; 日最高判 1961. 3. 31(民集 15-3, 645); 동 1994. 7. 14.
3) 동지: 대판 1980. 2. 12, 79 다 509(집 28 ① 민 72).
4) 동지: 정(희), 531~532면; 정(동), (회) 531면; 이(기) 외, (회) 461~462면; 주상(제 5 판)(회사 Ⅳ), 176면; 노혁준, 전게논문(선진상사법률연구 통권 제60호), 55~56면.
5) 최(기), (회) 757면.
6) 이(기) 외, (회) 462면.
7) 동지: 정(동), (회) 532면; 이(철), (회) 947면(회사지배에 대한 영향력에 변동을 줄 정도에 이

(나) 신주발행을 위한 이사회결의 또는 주주총회결의에 하자가 있는 경우, 신주발행이 효력을 발생하기 전에는 이러한 결의하자의 소를 제기할 수 있으나, 신주발행이 효력을 발생한 후에는 이러한 결의의 하자는 신주발행의 무효원인에 흡수되어 이러한 결의의 하자의 소를 별도로 제기할 수 없다고 본다. 그러나 신주발행절차의 하자가 아니라 이의 전제요건(예컨대, 수권주식총수 등을 변경하기 위한 정관변경 등)을 위한 주주총회결의에 하자가 있는 경우에는, 이는 신주발행의 무효원인에 흡수될 수 없다. 따라서 이러한 하자의 소는 별도로 제기되어야 하는데, 편의상 신주발행무효의 소와 동시에 제기되어 병합심리될 수 있다고 본다.[1]

3) 신주발행무효의 소의 절차

(가) 신주발행무효는 「주주·이사 또는 감사(監事)」(원고)에 한하여, 신주를 발행한 날로부터 「6월 내」(제소기간)에, 「회사」(피고)를 상대로 하는, 「소(訴)」만으로(형성의 소) 주장할 수 있다(상 429조).

이는 모든 신주발행의 경우에 해당하는데, 이러한 취지의 다음과 같은 대법원판례가 있다.

[위법한 신주발행의 경우에도 6월내에 소로써만 이의 무효를 주장할 수 있다고 본 판례]

경제의 안정과 성장에 관한 긴급명령에 의하여 채무가 소멸한 사채를 회사가 출자로 전환하여 신주를 발행한 경우에도, 그 신주발행일로부터 6월 내에 소로써 신주발행의 무효를 주장하지 않는 한 그 무효를 주장할 수 없는데, 이로 인하여 사채권자는 신주발행에 의한 주식배정을 받은 만큼의 이득을 보았다고 할 것이다[대판 1975. 7. 8, 74 누 270(집 23 ② 행 48)].

동지: 대판 2012. 11. 15, 2010 다 49380(공보 2012, 2009)(신주를 발행한 날부터 6월의 출소기간이 경과한 후에는 새로운 무효사유를 추가하여 주장할

르면 무효라고 한다); 채, 714면; 홍복기, "신주인수권의 제한과 그 양도," 「고시계」, 제554호(2003. 4), 13면(주주에 대한 신주인수권의 부여는 그의 회사에 대한 지분비율을 유지함에 있어 중요한 의미가 있으므로, 대부분의 주주의 신주인수권을 무시하거나 또는 신주인수권을 무시한 결과 회사지배에 대한 영향을 끼친 경우에 무효원인이 된다); 주상(제 5 판)(회사 Ⅳ), 179면; 노혁준, 전게논문(선진상사법률연구 통권 제60호), 58~59면; 대판 2015. 12. 10, 2015 다 202919(공보 2016, 120)(경영권 분쟁이 현실화된 상황에서 경영진의 경영권이나 지배권 방어라는 목적을 달성하기 위하여 제 3 자에게 신주를 배정하는 것은 상법 제418조 제 2 항을 위반하여 주주의 신주인수권을 침해하는 것으로서 신주발행 무효의 소의 원인이 된다).

1) 동지: 이(철), (회) 949면.

수 없다).

(나) 소의 전속관할(상 186조), 소제기의 공고(상 187조), 소의 병합(상 188조), 하자의 보완과 청구의 기각(상 189조), 패소원고의 손해배상책임(상 191조), 무효판결의 등기(상 192조)에 관하여는, 회사의 설립무효의 소에 관한 규정이 준용된다(상 430조). 또한 제소주주의 담보제공의무(상 377조)는 주주총회결의취소의 소에 관한 규정이 준용된다(상 430조).

4) 신주발행무효판결의 효력 신주발행 무효판결이 확정된 때에는 법률관계의 획일적 처리를 위하여 대세적 효력이 인정되고(상 430조, 190조 본문), 또한 거래의 안전을 기하기 위하여 그 신주발행은 판결이 확정된 때부터 장래에 대하여 효력이 없게 된다(상 431조 1항).[1)]

5) 신주발행무효판결 후의 처리

(가) 신주발행무효의 판결이 확정되면 그 신주는 장래에 대하여 효력이 없으므로 회사는 유통되고 있는 신주권(新株券)을 회수하여 강제적으로 소각할 필요가 있다. 따라서 회사는 지체 없이 그 신주무효의 뜻과 3월 이상의 일정 기간 내에 주권을 회사에 제출할 것을 공고하고, 주주명부에 기재된 주주와 질권자에 대하여는 각별로 그 통지를 하여야 한다(상 431조 2항).

(나) 신주발행 무효의 판결이 확정되면 회사는 신주의 주주에 대하여 납입금액을 환급하여야 한다(상 432조 1항). 그러나 회사가 환급할 납입금액이 무효판결 확정시의 회사의 재산상태에 비추어 현저하게 부당한 때에는 회사는 환급금액의 감액을, 신주주(新株主)는 그 증액을 법원에 청구할 수 있는데, 법원은 사정에 따라 그 증감을 명할 수 있다(상 432조 2항). 또 신주주(新株主)가 환급을 받는 경우 신주의 질권자의 권리는 그 환급금액 위에 물상대위한다(상 432조 3항, 339조, 340조 1항·2항).

(다) 무효판결에 의하여 신주가 실효하고 납입금액의 환급이 있게 되면, 회사의 발행주식수와 자본금은 그만큼 감소하므로 변경등기를 하여야 한다(상 317조 2항 2호·3호, 4항, 183조). 이 때 회사의 미발행주식수는 신주발행 전의 수로 증가한다.

6) 신주발행의 부존재 신주발행의 실체가 전혀 없고 다만 신주발행

---

1) 1995년 개정상법 제430조에서는 다른 회사법상의 소의 판결의 효력과 같이 제190조 단서를 준용하지 않는 것으로 규정하여, 결과적으로 제431조 1항의 내용과 모순되게 되었다[해설(1995), 149~150면 참조]. 이에 대하여 상법 제431조 1항에 의하여 신주발행무효판결의 효력은 소급하지 않으므로 불필요하게 제190조 단서를 준용할 필요가 없었기 때문이라고 설명하는 견해가 있으나[정(동), (회) 533면 주 1], 두 조문 사이의 모순과 오해를 방지하기 위하여 상법 제430조에 제190조 단서도 준용하는 규정을 그대로 두었어야 한다고 본다.

의 변경등기만 있는 경우에는 신주발행의 부존재가 있게 된다. 이 경우에는 누구나 언제든지 또 어떠한 방법으로도 그 무효를 주장할 수 있는데, 필요한 경우에는 신주발행부존재확인의 소도 제기할 수 있다.[1)]

우리 대법원판례도 이와 동지로 다음과 같이 판시하고 있다.

[부존재한 이사회에서 결의하고 또한 이러한 이사회에서 선임된 대표이사가 집행한 신주발행은 부존재하다고 본 판례]

주주들에게 통지하거나 주주들의 참석 없이 주주 아닌 자들이 모여서 개최한 임시주주총회에서 발행예정주식총수에 관한 정관변경 결의와 이사선임 결의를 하고, 그와 같이 선임된 이사들이 모인 이사회에서 대표이사 선임 및 신주발행 결의를 하였다면, 그 이사회는 부존재한 주주총회에서 선임된 이사들로 구성된 부존재한 이사회에 지나지 않고 그 이사들에 의하여 선임된 대표이사도 역시 부존재한 이사회에서 선임된 자이어서, 그 이사회의 결의에 의한 신주발행은 의결권한이 없는 자들에 의한 부존재한 결의와 회사를 대표할 권한이 없는 자에 의하여 이루어진 것으로서 그 발행에 있어 절차적·실체적 하자가 극히 중대하여 신주발행이 존재하지 않는다고 볼 수밖에 없으므로, 회사의 주주는 위 신주발행에 관한 이사회 결의에 대하여 상법 제429조 소정의 신주발행무효의 소의 제기기간에 구애되거나 신주발행무효의 소에 의하지 않고 부존재확인의 소를 제기할 수 있다[대판 1989. 7. 25, 87 다카 2316(공보 856, 1278)].

제2 특수한 신주발행

I. 준비금의 자본전입에 의한 신주발행

(1) 의 의

1) 개 념 준비금의 자본금 전입이란 「회사의 계산상 법정준비금 계정으로 되어 있는 금액의 전부 또는 일부를 자본금계정으로 이체하는 것」을 말한다. 상법은 법정준비금을 원칙적으로 자본금의 결손에 충당하는 경우 외에는 사용하지 못하는 것으로 하고 있지만(상 460조), 예외적으로 이를 자본금 전입에 사용할 수 있게 하고 있다(상 461조 1항).

상법상 준비금의 자본금 전입과 같은 취지의 규정으로 자산재평가법에 의한 재평가적립금의 자본금 전입이 있다(동법 28조 2항 2호). 다만 동법에는 자본금 전입절

1) 동지: 정(동), (회) 533면; 이(철), (회) 952~953면; 이(기) 외, (회) 460면.

차에 관한 규정이 없으므로, 이 경우에도 상법의 규정에 의하여 자본금 전입하여야 할 것으로 본다.[1]

2) 본 질 준비금의 자본금 전입은 (액면주식의 경우) 신주의 무상교부가 있게 되므로 실질적으로는 주식의 분할(stock-split-up)(상 329조의 2)과 비슷한 경제적 효과를 갖게 된다. 즉, 준비금의 자본금 전입에 의한 신주발행과 주식분할은 회사의 실제 재산에는 아무런 변동이 없으면서 주주는 그가 가진 주식수가 늘어나지만, 그것을 합한 가치는 그 때까지 가지고 있던 주식의 가치와 같다는 점에서 양자는 공통점을 갖고 있다. 그러나 준비금의 자본금 전입에 의한 신주발행의 경우에는 자본금이 명목상 증가하지만, 주식분할의 경우에는 자본금에 아무런 변동이 없다는 점에서 양자는 구별되고 있다.

회사가 무액면주식을 발행한 경우에는 신주발행을 하지 않고 준비금을 자본금에 전입할 수도 있는데(상 461조 1항),[2] 이 경우에는 이러한 문제가 발생할 여지가 없다.

3) 기 능

㈎ 준비금(특히 적립에 제한이 없는 자본준비금)이 자본금에 비하여 너무 과대한 경우 이는 자본금구성의 면에서 적당하지 않으므로, 이를 자본금에 전입하여 시정함으로써 실정에 맞는 이윤율을 산출할 수 있다.[3]

㈏ 주식의 시가가 너무 높아 거래에 불편한 경우 이는 주식의 시장성을 저하시키므로, 이를 자본금에 전입하여 무상주를 교부하면 주식수가 늘어나서 주가가 하락하여 주식의 시장성이 상승하고 또 회사의 신주발행에 의한 자금조달이 용이하게 된다.[4]

㈐ 준비금의 자본금 전입은 회사재산의 확실한 사내유보를 증가시키므로 회사채권자를 보호할 수 있게 된다.

⑵ 자본금 전입의 대상

자본금 전입의 대상이 되는 준비금은 「법정준비금」(자본준비금 및 이익준비금)만을 의미한다(통설).[5] 왜냐하면 상법은 주식배당제도를 규정하고 있으므로(상 462조의 2), 임의준

1) 동지: 정(희), 534면.
2) 동지: 이(철), (회) 997~998면(신주를 발행하지 않는 것이 원칙이라고 한다); 주상(제 5 판)(회사 Ⅳ), 336면.
3) 동지: 정(희), 533면.
4) 동지: 정(희), 533면.
5) 정(희), 533면; 서·정, 525면 주 2; 양·박, 421면; 정(동), (회) 617면; 강, 394면; 이(철),

비금은 주식배당의 방법으로 동일한 효과를 얻을 수 있으므로 이를 자본금 전입할 필요가 없고, 또한 임의준비금은 정관 또는 주주총회의 결의에 의하여 적립하는 것이므로 이것을 이사회의 결의로 처리하게 할 수 없기 때문이다.[1] 자본금 전입의 대상이 되는 법정준비금은 이익준비금이든 자본준비금이든 무방하다.[2]

⑶ 자본금 전입의 결의기관

1) 준비금의 자본금 전입의 결의기관은 원칙적으로 「이사회」이다(상 461조 1항 본문). 즉, 이사회는 원칙적으로 자본금에 전입할 준비금의 종류·액수·주식발행사항 등을 구체적으로 결의하여야 하고, 이러한 사항을 대표이사 또는 (대표)집행임원에게 위임할 수는 없다.[3] 준비금의 자본금 전입을 이사회의 결의에 의하는 경우 이사회는 신주배정일을 정하여야 하는데, 이사회가 신주배정일을 정한 때에는 회사는 이를 공고하여야 한다(상 461조 3항).

이사회가 신주배정일을 정한 때에는 신주배정일 현재 주주명부에 기재된 주주만이 회사에 대한 관계에서 신주의 주주가 되는데, 우리 대법원판례도 이러한 취지로 다음과 같이 판시하고 있다.

[신주배정일까지 명의개서를 하지 않은 경우, 양도인이 배정받은 신주에 대한 압류는 유효하다고 본 판례]

상법 제461조에 의하여 주식회사가 이사회의 결의로 준비금을 자본에 전입하여 주식을 발행할 경우에는 회사에 대한 관계에서는 이사회의 결의로 정한 일

(회) 996면; 채, 775면; 주상(제 5 판)(회사 Ⅳ), 334면 외.

1984년 상법개정 전에는 주식배당제도가 상법에 규정되어 있지 않았기 때문에 그것과 동일한 경제적 효과를 얻게 하기 위하여 임의준비금도 자본전입능력이 있다고 해석할 여지가 있었다[정희철, "임의준비금의 자본전입능력," 「법학」(서울대), 제 4 권 1호·2호, 270면 이하].

1) 동지: 정(희), 533면.

2) 이에 대하여 입법론상 자본금 전입의 대상이 되는 준비금에는 이익준비금을 제외시켜야 한다는 견해가 있다. 이 견해에서는 그 이유를 (i) 이익준비금은 자본준비금과 달리 적립한도가 정하여져 있으므로(상 458조) 자본금과 불균형을 이룰 수가 없고, (ii) 이익준비금을 자본금 전입할 수 있게 하면 이익준비금이 그만큼 감소하므로 다시 이익 중에서 이익준비금으로 적립하여야 하고 이는 결국 차기 이후의 배당가능이익을 감소시키는 것이 되며, (iii) 일단 이익준비금으로 적립되었던 것을 자본금 전입할 수 있다고 하면 주주총회의 결의로 하여야 할 주식배당을 이사회결의로 할 수 있다는 결과가 되어 주식배당의 탈법수단으로 악용될 염려가 있기 때문이라고 한다(그러나 이 점은 이익준비금은 반드시 주식배당의 방법만으로 자본에 전입할 수 있다는 것을 전제로 한다고 본다)[정(희), 533~534면].

3) 동지: 정(희), 535면; 정(동), (회) 618면; 주상(제 5 판)(회사 Ⅳ), 335면(정관의 규정에 의하여서도 법정준비금의 자본금 전입을 대표이사에게 위임할 수 없다고 한다).

정한 날에 주주명부에 주주로 기재된 자만이 신주의 주주가 된다고 할 것이므로, Y가 B주식회사의 기명주식을 실질적으로 취득하였으나 B주식회사의 이사회가 신주를 발행하면서 정한 기준일 현재 Y가 기명주식의 명의개서를 하지 아니하여 A가 그 주주로 기재되어 있었다면 B주식회사에 대한 관계에서는 신주의 주주는 A라 할 것이다.

따라서 원심이 이와 같은 견해에서 X의 A의 신주에 대한 주식압류가 무효라는 Y의 주장을 배척한 조치는 정당하고, 명의개서를 하지 않은 주식의 양도인과 양수인 사이에서 신주인수권은 양수인에게 귀속하여야 한다는 견해를 내세워 원심에 신주인수권과 소위 실념주 내지 실기주에 관한 법리오해의 위법이 있다는 주장은 받아들일 수 없다. 그러므로 논지는 이유 없다[대판 1988. 6. 14, 87 다카 2599 · 2600(공보 828, 1026)] [이 판결은 법이론상으로 보거나 주주명부상의 명의에 대한 이제까지의 법원의 태도에 비추어 보거나 타당하지 않다는 취지의 평석으로는 김건식, 「판례월보」, 제223호, 66~74면].

[연부매매계약의 경우, 매도인에게 신주가 귀속된다고 본 판례]

주식의 연부매매계약에 있어서 매수인이 주식매매대금을 완급할 때까지는 매도인에게 주식의 소유권 즉 주주권이 그대로 유보되어 있는 것으로 약정된 경우에, 매수인이 주식매매대금을 완급하지 않고 있는 사이에 자본증가로 인하여 생긴 유상주나 자본전입에 의하여 생긴 무상주는 당연히 주주권을 그대로 유보하고 있는 매도인에게 귀속되는 것이다[대판 1974. 6. 25, 74 다 164(공보 496, 7982)].

2) 준비금의 자본금 전입은 주주에게 특히 불이익을 주지 않기 때문에 위와 같이 원칙적으로 이사회의 결의사항으로 하였으나, 예외적으로 정관의 규정에 의하여 준비금의 자본금 전입을 「주주총회」의 결의사항으로 할 수 있다(상 461조 1항 단서).

그러나 이사가 1명 또는 2명인 소규모 주식회사의 경우에는 이사회가 없으므로 준비금의 자본금 전입은 (정관의 규정 유무에 불문하고) 언제나 「주주총회」의 결의사항이다(상 383조 4항).

(4) 자본금 전입의 결의시기 · 효력발생시기

1) 이사회(또는 주주총회)는 「언제든지」 준비금의 자본금 전입의 결의를 할 수 있으며, 영업연도의 중간이라도 무방하다.

2) 자본금 전입의 효력은 이사회의 결의에 의한 경우에는 「신주배정 기준일」에 발생하고(상 461조 3항), 주주총회의 결의에 의한 경우에는 「주주총회의 결의시」

에 발생하나(상 461조 4항) 그 결의에 조건이나 기한을 붙인 경우에는 그 조건이나 기한이 합리적인 경우이면 그에 따라 효력이 발생한다. 자본금 전입의 효력이 발생한 때에는 소정의 금액만큼 준비금이 감소하는 동시에 자본금이 증가한다.

(5) 자본금 전입에 의한 무상주 교부

1) 무상주의 발행과 배정비율 회사는 준비금의 자본금 전입에 따라 증가하는 자본금에 관하여 주주가 가지는 주식의 수에 따라 신주를 발행하여(상 461조 2항 1문), 주주에게 그 배정비율에 따라 무상으로 교부하여야 한다. 왜냐하면 원래 주주는 자본금으로 전입된 준비금에 상당한 회사재산에 대하여도 지분을 가지고 있는 것이고, 신주는 이 지분이 종래의 주식으로부터 분리하여 독립된 주식이 된 것에 불과하기 때문이다.[1] (액면주식의 경우) 신주의 발행이 강제되기 때문에 신주를 발행하지 않는다는 결의는 그 효력이 없지만, 이 때의 신주발행은 반드시 자본금 전입과 동시에 할 필요는 없고 수 회의 자본금 전입이 있은 후 그 총액에 대하여 한꺼번에 신주를 발생할 수도 있다.[2] 종류주식을 발행한 회사가 이러한 무상주를 교부하는 때에는 이로 인하여 불이익을 받게 되는 종류주식을 가진 주주들의 종류주주총회의 결의가 있으면 기존 비율관계에 변동을 가져오는 무상주 교부도 할 수 있다.[3] 이 때 발행되는 무상주는 보통주에 한한다고 보는 견해가 있는데,[4] 주주에게 기존 비율관계에 변동을 가져오지 않는 한(기존 비율관계에 변동을 가져오면 종류주주총회의 결의에 의하여) 보통주로 제한할 이유는 없다고 본다.[5] 그러나 회사의 자기주식은 이러한 무상주의 교부를 받을 수 없다고 본다.[6] 준비금의 자본금 전입에 의한 신주발행은 신주발행의 특수한 경우로서 보통의 신주발행의 절차에 관한 규정이 당연히 적용된다고 할 수는 없으나, 일정한 경우에는 보통의 신주발행에 관한 규정이 유추적용될 수 있다고 본다. 따라서 예컨대, 신주배정일의 공고를 하지 않

1) 동지: 정(희), 536면.
2) 동지: 정(희), 536면.
3) 동지: 정(희), 535~536면.
4) 이(철), (회) 997면(우선주로 발행할 동기가 없기 때문이라고 한다).
5) 동지: 임(재), (회 Ⅰ) 753면(자본전입의 경우 종류주식의 주주에게는 같은 종류의 주식을 배정해야 한다고 한다).
6) 동지: 정(희), 536면; 정(동), (회) 250면, 619면; 이(철), (회) 426면.
반대: 최(기), (회) 350~351면(준비금의 자본금 전입을 그 성질이 주식의 분할이고 또 회사는 자기주식을 무상으로 취득할 수 있다는 점에서 이를 긍정한다); 채, 778면; 주상(Ⅱ-하), 577면.

았다든가, 자본금전입에 관한 이사회의 결의에 하자가 있었다든가 하는 경우 등에는 신주발행유지청구권(상 424조) 또는 신주발행 무효의 소(상 429조 이하)에 관한 규정이 유추적용될 수 있다.[1]

공공적 법인(자금 152조 3항)이 준비금의 전부 또는 일부를 자본금에 전입할 때에는 예외적으로 정부에 대하여 발행할 주식의 전부 또는 일부를 대통령령으로 정하는 기준 및 방법에 따라 공공적 법인의 발행주식을 일정기간 소유하는 주주에게 발행할 수 있는데, 이러한 주주가 공공적 법인이 발행하는 주식을 취득한 때에는 그 취득일부터 5년간 그 주식을 예탁하여야 한다(자금 165조의 14 2항, 자금시 176조의 15 3항·4항).

2) 발행한도 신주의 발행한도는 정관에서 정한 수권주식총수 중 미발행주식의 범위 내이어야 하고, 정관에서 종류주식이 규정된 경우에는 그 종류의 미발행주식의 범위 내이어야 한다(상 344조~346조, 370조). 만일 정관상의 수권주식총수 중에 필요한 미발행주식수가 없거나 또는 부족한 경우에는, 먼저 정관을 변경하여 수권주식총수를 늘려야 한다(상 433조~434조).

3) 발행가액 준비금의 자본금 전입에 의하여 발행되는 신주는 무상으로 주주에게 교부되는 것이므로, (액면주식의 경우) 신주의 발행가액은 「액면가액」이어야 한다.[2] 이 경우에도 액면미달발행은 인정되지 않으며(상 330조), 액면초과발행을 하는 경우 액면초과액은 다시 자본준비금으로 적립되어야 하므로 무의미하다.[3]

(6) 신주의 효력발생시기(무상신주의 주주가 되는 시기)

1) 이사회의 결의에 의한 경우 준비금의 전부 또는 일부를 자본금으로 전입한다는 이사회의 결의(이사가 1명 또는 2명인 소규모 주식회사의 경우에는 이사회가 없으므로 주주총회의 결의—상 383조 1항 단서, 4항)가 있은 때에는, 회사는 일정한 날(신주배정일)을 정하여 그 날에 주주명부에 기재된 주주가 무상신주(상 461조 3항 전단)의 주주가 된다는 뜻을 신주배정일의 2주간 전에(그 날이 주주명부폐쇄기간중인 때에는 그 초일의 2주간 전에) 공고하여야 한다(상 461조 3항). 왜냐하면 이러한 사전의 공고 없이 준비금을 자본금으로 전입하면, 명의개서 전의 주식양수인은 무상주를 교부받지 못하고 또 주가는 무상교부의 비율에 따라 하락하여 주식양수인은 불측의 손

---

1) 동지: 정(희), 536면; 서·정, 527면; 손(주), 932면; 정(동), (회) 619면; 양·박, 423면; 채, 778면 외(통설).

2) 동지: 정(희), 536면.

3) 동지: 정(희), 536면.

해를 보게 되므로, 주식양수인에게 이러한 손해를 방지할 수 있도록 명의개서를 할 수 있는 기회를 주기 위해서이다. 따라서 이러한 공고 없이 한 무상주의 교부는 신주발행 유지청구 또는 신주발행 무효의 소의 원인이 된다고 본다.[1)]

따라서 준비금의 자본금 전입이 이사회의 결의에 의한 경우에는 원칙적으로 회사에서 정한 「신주배정일」에 신주발행의 효력이 생긴다. 그러므로 신주배정일 현재 주주명부에 기재된 주주가 무상신주의 주주가 된다.

2) 주주총회의 결의에 의한 경우 정관으로 준비금의 자본금 전입을 주주총회에서 결정하도록 정한 경우에는(이사가 1명 또는 2명인 소규모 주식회사의 경우에는 이사회가 없으므로 정관의 규정 유무를 불문하고 언제나 주주총회의 결의에 의함—상 383조 4항) 자본금 전입결의에서 다른 정함이 없는 한 「주주총회 결의시」부터 신주발행의 효력이 생기고, 주주는 그 때부터 배정받은 무상신주에 대하여 주주가 된다(상 461조 4항). 즉, 이러한 무상신주를 배정받을 수 있는 권리를 갖는 주주는 준비금의 자본금전입 결의시에 있어서의 주주명부상의 주주이다.

그러나 이러한 법의 원칙에 따르면 주주총회에 참석할 주주를 확정하기 위한 기준일제도나 주주명부폐쇄제도와 관련하여 볼 때 불일치하여, 실무상 무상신주를 받을 주주의 확정에 곤란한 점이 많다. 그러므로 준비금의 자본금 전입의 권한을 주주총회가 갖는 경우에는 주주총회는 무상신주를 배정받을 주주를 확정하기 위하여 배정일(사실상의 배정일)을 정하는 것이 보통인데, 이 배정일은 준비금의 자본금 전입을 결의하는 날의 이후일 수도 있고 이전일 수도 있다. 주주총회가 결의일 이후의 날을 배정일로 정한 경우에는 기한부결의가 되어 그 기한이 도래하여야 주주총회결의의 효력이 발생하고 그 날의 주주명부상의 주주가 무상신주의 주주가 되나, 주주총회가 결의일 이전의 날을 배정일로 정하는 경우에는 보통 주주명부폐쇄 직전의 날을 배정일로 정하는데 이 때에는 이러한 배정일 현재 주주명부상에 기재된 주주가 무상신주의 주주가 되는데 다만 그 효력은 주주총회결의일에 발생한다.[2)]

3) 주권의 발행 준비금의 자본금 전입에 의한 신주발행의 효력이 발생한 때에는, 회사는 그 효력이 발생한 날로부터 6월 이내에 주권을 발행하여야 한다(상 335조 3항 단서, 355조 참조).

1) 동지: 정(희), 537면.
2) 동지: 정(희), 537~538면.

(7) 단주(端株)의 처리

회사가 준비금을 자본금 전입하여 무상신주를 발행하여 주주에게 교부하는 경우에는 주주가 가진 주식의 수에 비례하여 교부하여야 하는데, 이 때 보통 1주에 미달하는 단주(端株)가 발생한다. 이 경우에 회사는 이러한 단주(端株)를 모아서 경매하여 그 대금을 단주주(端株主)에게 그 주수(株數)에 따라 지급하여야 한다(상 461조 2항 2문, 443조 1항 본문). 그러나 거래소의 시세가 있는 주식은 거래소를 통하여 매각하고, 거래소의 시세가 없는 주식은 법원의 허가를 받아 경매 이외의 방법으로 매각할 수 있다(상 461조 2항 2문, 443조 1항 단서).

(8) 무상주교부의 통지 및 물상대위

1) 통 지 준비금의 자본금 전입에 관한 이사회 또는 주주총회의 결의가 있어 신주의 주주가 확정되면, (대표)이사 또는 (대표)집행임원은 지체 없이 신주의 효력발생일(배정일·사실상의배정일 또는 주주총회일)의 주주명부상의 주주와 등록질권자에 대하여 그 주주가 받을 주식의 종류와 수를 통지하여야 한다(상 461조 5항).

2) 물상대위 준비금의 자본금 전입에 의하여 발행되는 신주는 실질적으로 종전의 주식의 분할에 의하여 생긴 것과 같으므로, 종전의 주식이 입질(入質)된 경우에는 그 주주가 받은 무상신주 및 단주(端株)의 처분에 의하여 받은 대금 위에 물상대위의 효력이 생긴다(상 461조 6항, 339조).

(9) 등 기

준비금을 자본금 전입하면 자본금이 증가하고 또 (액면주식의 경우) 발행주식수도 증가하므로, 이에 관하여 변경등기를 하여야 한다(상 317조 2항 2호·3호, 4항, 183조).

2. 주식배당에 의한 신주발행

(1) 주식배당은 배당가능이익을 자본금 전입함으로써 신주를 발행하는 것인데(상 462조의 2 1항 본문), 이 때에 발행되는 신주에 대하여도 주식배당을 결의한 주주총회에 의하여 당연히 그 인수가 확정되고 납입도 한 것이 된다. 따라서 회사는 주식배당에 의한 신주발행의 경우에도 준비금의 자본금 전입에 의한 신주발행의 경우와 같이, 무상신주를 기존주주에 대하여 그가 가진 주식수에 비례하여 교부한다. 주식배당은 이익배당총액의 2분의 1을 초과할 수 없다(상 462조의 2 1항 단서).

그러나 주권상장법인의 경우에는 주식의 시가가 액면액 이상이면 이익배당총액을 주식배당으로 할 수 있다(자금 165조의 13 1항).

(2) 주식배당의 법적 성질에 대하여는 후술하는 바와 같이 현금배당에 갈음하는 이익배당으로 보는 견해(다수설)와, 주식분할이라고 보는 견해(소수설)로 나뉘어 있다.

(3) 주식배당의 경우에도 발행되는 신주의 액면가액만큼 자본금이 증가한다.

(4) 주식배당에 의한 신주발행의 효력발생시기는 이익배당·의결권행사 등과 중대한 관계가 있으므로, 상법은 이를 명문으로 하여 「주식배당을 결의한 주주총회의 종결시」라고 규정하고 있다(상 462조의 2 4항).

3. 전환주식 또는 전환사채의 전환에 의한 신주발행

(1) 회사가 종류주식을 발행한 경우에 정관의 규정으로 주주에게 다른 종류주식으로 전환할 권리(전환권)가 인정되거나(주주전환주식) 정관에서 정한 일정한 사유가 발생할 때 회사가 전환권을 행사하는 주식(회사전환주식)(상 346조 이하)과 사채권자에게 사채발행회사의 주식으로 전환할 것을 청구하는 권리(전환권)가 인정된 사채(전환사채)(상 513조 이하)의 경우에, 전환권자가 전환기간중에 전환권을 행사하면 회사는 신주를 발행하여 주주 또는 사채권자에게 교부하여야 한다(회사전환주식의 경우에는 '정관에서 정한 일정한 사유가 발생한 때' 회사는 전환권을 행사할 수 있다). 이 때 회사의 재산에는 변동이 없다. 주주전환주식과 전환사채의 전환권은 형성권이므로 전환의 효력은 전환권자가 전환을 청구한 때(회사전환주식의 경우에는 '주권제출기간이 끝난 때')에 생긴다(상 350조 1항, 516조 2항). 따라서 주주전환주식 또는 전환사채의 전환에 의한 신주발행의 효력발생시기는 전환권자에 의한 「전환의 청구시」라고 볼 수 있다. 이러한 전환의 청구는 주주명부 폐쇄기간중에도 할 수 있는데, 다만 이 때에는 주주명부 폐쇄기간중의 총회의 결의에 관하여 의결권을 행사할 수 없다(상 350조 2항, 516조 2항).[1] 그러나 회사전환주식의 전환에 의한 신주발행의 효력발생시기는 회사의 통지·공고에 의한 「주권제출기간이 끝난 때」라고 볼 수 있다.

(2) 액면주식의 경우 전환주식이 전환되어 신주가 발행된 경우에 전환주식과 신주식의 수가 동수이면(즉, 전환비율이 1 : 1이면) 자본금에는 변동이 없으나, 신주식의 수가 증가하면 그만큼 자본금은 증가한다(반대로 신주식의 수가 감소하는 전환은 인정되지 않는다). 그러나 전환사채

1) 1995년 개정상법 이전에는 「주주명부 폐쇄기간중에는 전환을 청구하지 못한다」고 규정된 것을(상 349조 3항), 1995년 개정상법이 이와 같이 개정한 것이다.

의 경우에는 언제나 발행되는 신주의 액면총액(액면주식의 경우) 또는 자본금으로 계상하기로 한 금액(무액면주식의 경우)만큼 자본금이 증가한다.

4. 신주인수권부사채의 신주인수권의 행사에 의한 신주발행

(1) 신주인수권부사채란 사채권자에게 신주인수권이 부여된 사채인데, 사채권자는 이러한 신주인수권에 의하여 소정의 가액으로 신주의 발행을 기채(起債)회사에 청구할 수 있다. 사채권자는 이러한 청구를 주주명부 폐쇄기간중에도 할 수 있는데, 다만 이 때에는 주주명부 폐쇄기간중의 총회의 결의에 관하여 의결권을 행사할 수 없다(상 516조의 10, 350조 2항).[1] 이렇게 사채권자의 신주인수권의 행사에 의하여 발행된 신주의 효력발생시기는 원칙적으로 대용(代用)납입이 인정되지 않으므로, 신주의 「발행가액의 전액을 납입한 때」이다(상 516조의 10 1문).

이러한 신주발행의 경우에는 회사의 자본금이 증가함은 물론 재산도 증가한다.

(2) 신주인수권부사채의 발행시에 예외적으로 대용(代用)납입(신주인수권부사채의 상환에 갈음하여 신주인수권의 행사에 의하여 발행되는 신주의 발행가액의 납입으로 하는 것)이 인정되는 경우에는(상 516조의 2 2항 5호) 신주인수권부사채권자의 신주인수권의 행사시에 신주인수권부사채의 상환에 갈음하여 신주의 발행가액이 납입된 것으로 보게 되므로(전환사채의 전환청구의 경우와 비슷한 결과), 대용납입이 인정되는 경우에는 「신주인수권의 행사시」에 신주발행의 효력이 발생하는 것으로 보아야 할 것이다(상 350조 1항 유추적용). 이에 관하여는 상법에 규정이 없으나, 입법론적으로 전환사채의 경우와 같이(상 516조 2항 참조) 상법 제350조를 준용하는 규정을 두어야 할 것으로 본다.

이러한 신주발행의 경우에는 자본금은 증가하나 재산은 증가하지 않는다.

5. 회사의 흡수합병 또는 분할합병으로 인한 신주발행

(1) 회사의 흡수합병 또는 분할합병의 경우 존속회사(분할합병의 경우는 분할합병의 상대방회사〈분할후 회사〉)는 소멸회사(분할합병의 경우는 분할되는 회사〈분할전 회사〉)의 순재산을 승계하고, 이것에 해당하는 신주를 발행하여 소멸회사(분할합병의 경우는 분할회사〈분할전 회사〉)의 주주에게 교부하게 되는데, 이 때에 발행되는 신주는 「합병 또는 분할합병의 효력이 발생하는 때」에 그 효력이 발생한다고 보아야 할 것이다. 그런데 (흡수)합병 또는 분할합병의 효력은 존속회사

1) 이는 1995년 개정상법에 의하여 개정된 것이다.

(분할합병의 경우는 분할합병의 상대방회사〈분할후 회사〉)가 본점소재지에서 합병으로 인한 「변경등기시」에 발생한다(상 234조, 530조 2항, 530조의 11). 이 때 존속회사(분할합병의 경우는 분할합병의 상대방회사〈분할후 회사〉)는 흡수합병(분할합병)의 보고총회(주주총회)가 종결한 날(소규모 합병의 경우에는 보고에 갈음하는 공고일)로부터 본점소재지에서는 2주 내, 지점소재지에서는 3주 내에 변경등기를 하여야 한다(상 528조 1항, 530조의 11 1항).

(2) 흡수합병 또는 분할합병으로 인한 신주발행은 회사의 재산 및 자본금이 동시에 증가하는 점에서 보통의 신주발행의 경우와 유사하다.[1] 그러나 보통의 신주발행은 주식인수의 청약과 배정에 의하여 주식인수인이 확정되고 또 이러한 주식인수인의 개별적인 출자를 요하는 것이나, 흡수합병 또는 분할합병으로 인한 신주발행은 주식인수의 청약과 배정이 없고 소멸회사(분할합병의 경우는 분할회사〈분할전 회사〉)의 주주에게 그의 지주수(持株數)에 비례하여 존속회사(분할합병의 경우는 분할합병의 상대방회사〈분할후 회사〉)의 신주식이 교부되고 또 소멸회사(분할합병의 경우는 분할회사〈분할전 회사〉)의 재산이 존속회사(분할합병의 경우는 분할합병의 상대방회사〈분할후 회사〉)에 포괄적으로 이전되는 점에서 양자는 구별된다.[2]

6. 주식의 포괄적 교환으로 인한 신주발행

(1) 주식의 포괄적 교환에 의하여 완전자회사가 되는 회사의 주주가 소유하는 그 회사의 주식은 완전모회사가 되는 회사에 이전하고 그 완전모회사가 되는 회사는 완전자회사가 되는 회사의 주주에게 배정하기 위하여 신주를 발행하는데(상 360조의 2 2항), 이러한 신주발행의 효력은 「주식교환을 할 날(주식교환일)」에 발생한다(상 360조의 3 3항 6호, 360조의 2 2항).

참고로 주식의 포괄적 이전에 의하여 완전자회사가 되는 회사의 주주가 소유하는 그 회사의 주식은 주식이전에 의하여 설립하는 완전모회사에 이전하고 그 완전모회사가 되는 회사는 완전자회사가 되는 회사의 주주에게 배정하

---

1) 그러나 소멸회사(분할합병의 경우는 분할회사〈분할전 회사〉)의 계수상의 자본액이 그대로 존속회사(분할합병의 경우는 분할합병의 상대방회사〈분할후 회사〉)의 자본액에 첨가되는 것이 아니라, 소멸회사(분할합병의 경우는 분할회사〈분할전 회사〉)의 순재산액에서 합병교부금의 액을 공제한 잔액이 첨가되는 것이 보통이다. 또 소멸회사(분할합병의 경우는 분할회사〈분할전 회사〉)로부터 승계한 순재산액으로부터 합병교부금 및 존속회사(분할합병의 경우는 분할합병의 상대방회사〈분할후 회사〉)의 증자액을 공제하고, 잔액(합병차액)이 있으면 존속회사(분할합병의 경우는 분할합병의 상대방회사〈분할후 회사〉)의 자본준비금으로 적립하여야 한다(상 459조 1항 3호, 459조 1항 3호의 2). 그러나 예외적으로 이러한 합병차액 중 소멸 또는 분할되는 회사의 이익준비금 기타 법정준비금은 합병후 또는 분할·분할합병후 존속 또는 설립되는 회사가 이를 승계할 수 있다(상 459조 2항).

2) 동지: 정(동), (회) 538면; 이(기) 외, (회) 467면.

기 위하여 주식을 발행하는데(상 360조의 15 2항), 이는 회사설립시의 주식발행에 해당하고 성립 후의 회사의 신주발행과는 구별된다.

(2) 주식의 포괄적 교환에 의하여 신주를 발행하는 완전모회사의 자본금은 일정한 한도 내에서 증가하게 된다(상 360조의 7). 또한 완전모회사가 되는 회사의 경우는 완전자회사의 주식을 취득하는 만큼의 재산의 증가를 가져온다고 볼 수 있다. 따라서 주식의 포괄적 교환에 의한 신주발행은 현물출자 또는 흡수합병과 유사한 자본금 및 재산의 증가를 가져온다고 볼 수 있다.

7. 주식의 병합 또는 분할에 의한 신주발행

(1) 주식의 병합은 수 개의 주식을 합하여 종래보다 소수의 주식으로 함으로써 발행주식총수를 감소시키는 것인데, 자본금 감소(상 440조~442조)·합병(상 530조 3항) 또는 분할이나 분할합병(상 530조의 11 1항)의 절차로 한다. 주식을 병합하는 경우에 회사는 1월 이상의 기간을 정하여 그 뜻과 그 기간 내에 주권을 회사에 제출할 것을 공고하고 주주명부에 기재된 주주와 질권자에 대하여는 각별로 그 통지를 하여야 하는데(상 440조), 병합은 이 기간이 만료한 때에 그 효력이 생긴다(상 441조 본문). 그러나 채권자보호절차(상 232조)가 종료하지 아니한 때에는 그 절차가 종료한 때에 효력이 생긴다(상 441조 단서).

자본금 감소의 절차로 주식을 병합하여 신주를 발행하는 경우에는(즉, 명의상 감자인 경우에는), 회사의 재산에는 아무런 변동이 없으나 자본금은 감소한다. 회사의 합병·분할이나 분할합병의 절차로 주식을 병합하여 신주를 발행하는 경우에는, 흡수합병의 존속회사나 분할합병의 상대방회사(분할후 회사)의 경우를 보면 합병전보다 합병 후에 회사의 재산 및 자본금이 증가하는 것이 일반적이다.

(2) 주식의 분할은 기존의 주식을 세분화하여 발행주식총수를 증가하는 것인데, 이에 대하여 1998년 개정상법은 명문으로 규정하고 있다(상 329조의 2). 이에 의하면 회사는 주주총회의 특별결의로 주식을 분할할 수 있는데(상 329조의 2 1항), 이 때 액면주식의 경우 분할 후의 1주의 금액은 1주의 최저금액인 100원 미만으로 할 수 없다(상 329조의 2 2항). 이러한 주식분할의 경우에도 주식병합에 관한 규정이 준용되므로(상 329조의 2 3항), 주식분할의 효력도 주식병합의 경우와 같이 「주권제출기간의 만료시」에 발생한다고 본다(상 329조의 2 3항, 441조).

주식분할에 의한 신주발행에는 회사의 재산 및 자본금에 변동을 가져오지 않는다.

제 3 관 자본금의 감소(감자〈減資〉)

제 1 의 의

(1) 자본금의 감소(reduction of capital; Kapitalherabsetzung)란 「회사의 자본금을 감소하는 것」을 말한다. 자본금이 감소하면 그만큼 회사가 유보하여야 할 현실재산이 감소하게 되므로 대외적으로는 회사 채권자에게 불리하게 되고, 대내적으로는 주주의 권리의 존재와 범위에 영향을 주게 된다.[1] 이러한 점으로 인하여 상법은 감자가 정관변경사항은 아니지만, 이에 대하여 엄격한 요건(채권자보호 절차 등)을 규정하고 있다(자본금 감소 제한의 원칙).

(2) 자본금 감소에는 증자의 경우와 같이 실질상의 자본금 감소와 명의상의 자본금 감소가 있는데, 실무상 행하여지고 있는 것은 명의상의 자본금 감소가 대부분이다.[2] 회사는 재무구조를 개선하기 위하여 명의상의 자본금 감소와 실질상의 자본금 증가(특히 공모)를 병행할 수도 있다.[3]

제 2 감자의 방법

자본금을 감소하는 방법에는 액면주식의 경우 주금액의 감소·주식수의 감소 또는 양자의 병행이 있고, 무액면주식의 경우에는 자본금 자체의 감소(이는 액면주식의 경우 주금액의 감소에 해당) 또는 주식수의 감소와 자본금 자체의 감소의 병행이 있다.[4]

---

1) 동지: 이(철), (회) 955면.

2) 정(동), (회) 660면; 이(기) 외, (회) 497면.

3) 상법·금융산업의 구조개선에 관한 법률 및 채무자회생 및 파산에 관한 법률상의 자본금 감소의 절차와 방법을 비교하여 소개한 것으로는 권재열, "기업구조조정을 위한 자본감소의 방법과 절차," 「판례월보」, 통권 368호(2001. 5), 29~43면; 동, "주식회사에서의 자본감소의 목적과 태양에 관한 소고(기업구조조정에 관련된 법률을 중심으로)," 「상사법연구」, 제19권 3호(2001), 283~312면.

4) 동지: 송옥렬, "2011년 개정 회사법의 해석상 주요쟁점 — 기업재무 분야를 중심으로 —," 「저스티스(한국법학원)」, 통권 제127호(2011. 12), 48면(무액면주식에서도 주당 자본금의 개념이 있어 자본금을 감소시키는 방법은 액면주식과 다르지 않으므로, 단순히 자본금의 액을 임의로 낮추는 방법과 발행주식총수를 줄이는 방법을 모두 사용할 수 있다고 한다); 송(옥), 901~902면; 이(철), (회) 900면, 960면(무액면주식을 발행한 경우에는 단지 회사의 자본금 감소의 의사결정만으로 자본금을 감소할 수 있고, 이와 함께 주식을 소각하거나 병합할 수도 있으나 이는 양자의 단순한 병행에 불과하다고 한다).

어떤 경우이든 주주평등의 원칙에 의하여야 하는데, 회사가 종류주식을 발행한 경우로서 감자의 방법으로 주식의 병합 또는 소각을 하는 경우에는 이의 예외가 인정된다(상 344조 3항). 다만 이러한 예외의 경우에는 종류주주총회의 결의가 있어야 한다(상 436조).

1. 액면주식에서 주금액의 감소 또는 무액면주식에서 자본금의 액의 감소

(1) 액면주식에서 주금액의 감소

액면주식의 경우 주금액의 감소의 방법에는 절기(切棄)[1](cancelling; Abschreibung)와 환급(還給)(returning; Rückzahlung)의 두 방법이 있다. 어느 방법이든 새로운 주금액은 100원을 밑돌 수 없고(상 329조 3항) 또 균일하여야 한다(상 329조 2항). 또 액면주식의 경우 1주의 금액은 정관의 절대적 기재사항(상 289조 1항 4호)이므로 주금액을 감소하기 위하여는 주주총회의 특별결의에 의한 정관변경절차(상 433조, 434조)를 거쳐야 한다.

1) 절기(切棄) 절기란 주주가 납입주금액의 일부를 포기하여 주주의 손실에서 주금액을 감소시키는 것으로서, 명의상의 자본금 감소에 이 방법이 이용된다.

2) 환급(還給) 환급이란 회사가 주금액의 일부를 주주에게 반환하고 남은 주금액으로만 주금액을 감소하여 새로이 정하는 것으로서, 실질상의 자본금 감소에 이 방법이 이용된다.

(2) 무액면주식에서 자본금의 액의 감소

무액면주식의 경우 단순히 자본금의 액을 임의로 낮추는 방법이 있는데, 이 경우 자본금을 발행주식수로 나누면 주당 자본금이 감소하므로 이는 액면주식의 경우 주금액을 감소시키는 것과 유사하게 된다.

2. 주식수의 감소

(1) 액면주식에서 주식수의 감소

액면주식에서 주식수의 감소에는 주식의 병합과 주식의 소각의 두 가지 방법이 있다.

---

1) 정(동), (회) 661면 및 같은 면 주 3은 "절기"라는 말이 국어대사전에는 없다고 하여, "삭감"(감액)이라고 표현하고 있다.

1) 주식의 병합

주식의 병합이란「다수의 주식을 합하여 소수의 주식으로 하는 회사의 행위」이다. 예컨대, 5주를 1주로 하거나, 8주를 1주로 하는 것 등이다. 주식의 병합은 명의상의 감자방법인데, 실제로 가장 많이 이용되는 감자방법이다.[1] 상법은 감자방법으로 주식의 병합에 대하여 규정하고 있는데(상 440조~443조), 주식의 병합시에 단주(端株)가 발생하는 경우에는 단주의 처리방법도 규정하고 있다(상 443조). 이 방법은 소수주주를 축출하는 수단으로 악용되는 수도 있다.[2]

2) 주식의 소각

주식의 소각이란「회사의 존속중에 특정한 주식을 절대적으로 소멸시키는 회사의 행위」이다. 주식의 소각에는 그 주식의 주주의 승낙을 요하는지 여부에 따라 임의소각과 강제소각, 대가를 주는지 여부에 따라 유상소각과 무상소각으로 분류된다. 임의·유상소각(매입소각)이 보통이다. 어떠한 방법에 의한 소각이라도 주주평등의 원칙에 따라서 하여야 한다(예컨대, 강제소각의 경우는 추첨·안분비례, 임의소각의 경우는 청약선착순 등으로 평등의 기회를 주면 된다). 또 주식의 소각에 의한 감자에 의하여 주식수가 감소하더라도, 그 감소한 수의 주식에 대하여는 이미 주식의 발행권한을 행사하였기 때문에 수권주식총수 중의 미발행주식수가 그만큼 환원·증가하는 것이 아니다.[3]

(2) 무액면주식에서 주식수의 감소

무액면주식을 발행한 때에는 발행가액의 2분의 1 이상을 자본금으로 계상하여야 하지만(상 451조 2항 본문) 이를 자본금에 계상한 이후에는 발행주식수와 자본금의 관계는 끊어지기 때문에, 회사는 발행주식수를 감소시키면서(예컨대, 주식의 병합이나 소각) 자본금의 액을 감소할 수도 있으나(이 경우에는 주당 자본금의 액이 변하지 않을 수 있음), 발행주식수를 그대로 두면서 앞에서 본 바와 같이 자본금의 액만을 감소할 수도 있다(이 경우에는 주당 자본금의 액이 낮아짐). 무액면주식의 경우 자본금 감소는 발행주식수를 감소시키는 경우이든 아니든 반드시 자본금의 액을 감소시켜야 하고, 발행주식수를 감소시키는 것만으로는 자본금이 감소하지 않는다[4](액면주식과 다른 점).

---

1) 정(동), (회) 662면; 이(기) 외, (회) 498면.
2) 정(동), (회) 662면.
3) 동지: 정(희), 541면.
4) 동지: 이(철), (회) 900면, 960면; 송(옥), 901~902면.

제 3 감자의 절차

1. 주주총회의 특별결의

감자 그 자체는 정관변경을 요하는 사항이 아니지만, 이는 주주에게 중대한 이해관계가 있으므로(즉, 주주의 권리를 감소 또는 소멸시키는 것이므로) 정관변경의 경우와 같이 주주총회의 특별결의를 받아야 한다(상 438조 1항)(그러나 부실화 우려 있는 금융기관의 경우에는 이사회결의만으로 자본금 감소를 할 수 있도록 하고 있는데〈금융산업의 구조개선에 관한 법률 12조 4항〉, 이것은 주주 재산권의 본질적 내용을 침해하는 것이 아니다[1]).

그러나 결손의 보전을 위한 자본금의 감소는 주주총회의 보통결의(상 368조 1항)에 의한다(상 438조 2항). 이러한 경우 감자절차를 간소화하기 위하여, 2011년 4월 개정상법이 이를 신설하였다.

자본금 감소를 결의하기 위한 주주총회의 소집통지에는 의안의 요령을 적어야 하고(상 438조 3항), 또 감자에 관한 주주총회결의에서는 감자의 방법도 결정하여야 한다[2](상 439조 1항).

감자의 방법으로 액면주식의 경우 주금액을 감소하는 방법을 선택한 때에는, 감자의 결의 외에 다시 주금액을 변경하는 정관변경을 위한 주주총회의 특별결의는 필요하지 않다고 본다.[3] 감자의 방법으로 주식수를 감소하는 방법을 선택한 경우, 수권주식총수는 (수권에 의하여 이미 주식이 발행되었던 것이므로) 감소되지 않는다.

2. 채권자보호절차

실질상의 감자는 회사의 순재산을 감소시키고 또 명의상의 감자도 회사의 순재산의 공제금액을 감소시켜 이익배당을 가능하게 하므로, 어떤 경우든 감자는 직접·간접으로 사내 유보재산의 액을 감소하게 하여 채권자의 일반적 담보력을 감소시킨다.

따라서 상법은 감자의 경우 채권자보호를 위하여 회사는 감자결의일로부터 2주간 내에 일정한 기간(1월 이상)을 정하여 그 기간 내에 채권자는 이의(異議)

---

1) 대판 2010. 4. 29, 2007 다 12012(공보 2010, 964).
2) 따라서 감자방법을 이사회에 위임할 수는 없다[日大判 1926. 3. 27(民集 5, 222)].
3) 동지: 정(동), (회) 663면; 이(철), (회) 961면; 채, 803면; 이(기) 외, (회) 499면.

가 있으면 이를 제출하도록 하는 일반적 공고를 하고, 알고 있는 채권자에 대하여는 각별로 최고하도록 하고 있다(상 439조 2항 본문, 232조 1항).

그러나 결손의 보전을 위한 자본금 감소의 경우에는 이러한 채권자보호절차가 필요 없다(상 439조 2항 단서). 이는 감자절차를 간소화하기 위하여 2011년 4월 개정 상법에 의하여 신설된 것이다.

사채권자가 이의(異議)를 하자면 사채권자집회의 결의가 있어야 하는데, 이 경우에 법원은 이해관계인의 청구에 의하여 사채권자를 위하여 이의제기기간을 연장할 수 있다(상 439조 3항). 회사의 채권자가 이의를 제출한 때에는 회사는 그 채권자에게 변제하거나, 상당한 담보를 제공하거나, 또는 이를 목적으로 하여 신탁회사에 상당한 재산을 신탁하여야 한다(상 439조 2항 본문, 232조 3항). 그러나 회사의 채권자가 이의제기기간내에 이의를 제출하지 아니한 때에는 감자를 승인한 것으로 본다(상 439조 2항 본문, 232조 2항).

3. 주식에 대한 조치

주식에 대한 조치는 감자방법에 따라 아래와 같이 다르다. 상법이 규정하고 있는 감자방법에는 주식의 병합(상 440조~443조)과 강제소각(상 343조 2항)만이 있으므로 이 경우의 주식에 대한 조치는 상법에 규정되어 있으나, 그 이외의 경우에는 상법에 규정이 없으므로 해석에 의할 수밖에 없다.

(1) 액면주식에서 주금액의 감소의 경우

액면주식에서 주금액의 감소의 방법에 의할 때에는, 이에 관한 상법의 규정은 없지만, 회사가 주주에게 그 뜻을 통지·공고하고 주주로부터 주권을 제출받아 권면액을 정정하면 된다.[1]

(2) 주식수의 감소의 경우

1) 주식의 병합의 경우 회사가 주식의 병합에 의하여 자본금 감소를 하는 경우에는, 회사는 먼저 1월[2] 이상의 기간을 정하여 그 뜻과 그 기간 내에 주권을 회사에 제출할 것을 공고하고 주주명부에 기재된 주주와 질권자에

1) 동지: 정(희), 542면; 정(동), (회) 664면.

2) 자본금 감소의 목적으로 하는 주식병합절차에서 구(舊)주권의 제출기간을 1995년 개정상법 이전에는 「3월」로 하였으나, 이 기간이 너무 장기라는 이유로 1995년 개정상법은 「1월」로 단축하였다. 이로 인하여 주식병합으로 인한 신주발행의 효력발생시기도 2개월이 단축되었다[해설(1995), 158면].

대하여는 각별로 그 통지를 하여야 하는데(상 440조), 회사가 이 기간 내에 구주권(舊株券)을 제출받으면 이를 회수하고 신주권(新株券)을 교부한다. 분실 기타의 사유로 구주권을 제출하지 못하는 자가 있으면, 공시최고절차보다 간편한 방법으로 회사는 그 자의 청구와 비용으로 이해관계인에 대한 이의제출의 공고를 하고, 일정한 기간(3월 이상)이 경과한 후에 신주권을 교부할 수 있다(상 442조). 이러한 신주권은 병합 전의 주식을 여전히 표창하면서 그와 동일성을 유지한다.[1]

병합에 적합하지 않은 단주(端株)는 이것을 합하면 일정수의 신주식이 되므로, 이것을 경매하거나 거래소의 시세가 있는 주식은 거래소를 통하여 매각하고 거래소의 시세가 없는 주식은 법원의 허가를 얻어 임의매각을 함으로써 얻은 대금을 단주의 수에 비례하여 종전의 주주에게 지급하여야 한다(상 443조 1항). 병합에 적합하지 않은 구(舊)주권을 제출할 수 없는 자가 있으면, 병합에 적합한 구(舊)주권을 분실 등으로 제출할 수 없는 경우와 같이 이의제출의 공고절차가 끝난 후에 그 대금을 지급한다(상 443조 2항, 442조).

2) 주식의 소각의 경우

(가) 임의소각의 경우에는, 이에 관한 상법의 규정은 없으나, 주주의 신청과 주권을 제출받거나 또는 시장에서 매입하여 회사가 자기주식을 취득하여 지체 없이 주식실효의 절차를 밟아서 한다.[2] 이 때 주식의 임의소각의 효력은 주식실효절차를 마친 때에 발생하고, 주주의 주식소각대금채권의 발생시기는 상법 소정의 자본금 감소절차가 마쳐진 때에 발생한다.[3]

(나) 강제소각의 경우에는 이에 관한 상법의 규정이 있다. 즉, 회사는 주식

---

1) 동지: 대판 2005. 6. 23, 2004 다 51887(공보 2005, 1228)(주식병합의 효력이 발생하면 회사는 신주권을 발행하고〈상법 제442조 1항〉, 주주는 병합된 만큼 감소된 수의 신주권을 교부받게 되는바, 이에 따라 교환된 주권은 병합 전의 주식을 여전히 표창하면서 그와 동일성을 유지한다).

2) 동지: 정(희), 542면; 정(동), (회) 664면.

3) 동지: 대판 2008. 7. 10, 2005 다 24981(공보 2008, 1118)(주식의 강제소각의 경우와 달리, 회사가 특정 주식의 소각에 관하여 주주의 동의를 얻고 그 주식을 자기주식으로서 취득하여 소각하는 이른바 주식의 임의소각에 있어서는, 회사가 그 주식을 취득하고 상법 소정의 자본감소의 절차뿐만 아니라 상법 제342조가 정한 주식실효 절차까지 마친 때〈2011년 4월 개정상법 이전의 내용으로, 회사가 주식을 소각하기 위하여 자기주식을 취득하면 지체없이 주식실효의 절차를 밟도록 함〉에 소각의 효력이 생긴다. 또한 주식 임의소각의 경우 그 소각의 효력이 상법 제342조의 주식실효 절차까지 마쳐진 때에 발생한다 하더라도, 주주가 주식소각대금채권을 취득하는 시점은 임의소각의 효력발생시점과 동일한 것은 아니며, 적어도 임의소각에 관한 주주의 동의가 있고 상법 소정의 자본감소의 절차가 마쳐진 때에는 주식소각대금채권이 발생하고, 다만 그 때까지 주주로부터 회사에 주권이 교부되지 않은 경우에는 회사는 주주의 주식소각대금청구에 대하여 주권의 교부를 동시이행항변 사유로 주장할 수 있을 뿐이다).

의 병합의 경우와 같이 그 뜻과 일정기간(1개월 이상) 내에 주권을 회사에 제출할 것을 공고하고, 또 주주명부에 기재된 주주와 등록질권자에게 각별로 그 통지를 하여야 한다(상 343조 2항, 440조). 이러한 주식의 소각은 위의 기간이 만료한 때에 그 효력이 생기는데, 다만 채권자보호절차가 종료하지 아니한 때에는 그 절차가 종료한 때에 효력이 생긴다(상 343조 2항, 441조, 232조).

4. 등 기

자본금의 액, 발행주식총수가 모두 감소하므로 감자의 효력이 생기면 소정기간 내에 변경등기를 하여야 한다(상 317조 2항 2호·3호, 4항, 183조). 그러나 이 등기는 자본금 감소의 효력발생요건이 아니다.

제4 감자의 효력

1. 감자의 효력발생시기

(1) 감자의 효력은 액면주식의 경우 원칙적으로 감자의 모든 절차, 즉 주주총회의 결의·채권자보호절차·주식에 대한 조치가 모두 완료한 때에 생긴다.[1)]

그러나 무액면주식의 감자의 경우에는 주주총회에서 감소되는 자본금의 액을 정하고 채권자보호절차를 밟으면 족하므로, 자본금 감소를 위한 주주총회에서 정한 자본금 감소의 효력발생일[2)](이 때 채권자보호절차가 종료되지 않으면 채권자보호절차 종료시—상 441조 단서 유추적용)에 자본금 감소의 효력이 발생한다.[3)]

(2) 액면주식에 대한 감자에서 강제소각 및 주식병합의 경우에는 예외적으로 주권제출기간의 만료시[4)](만일 채권자보호절차가 아직 종료하지 아니한 때에는

1) 동지: 정(희), 543면; 정(동), (회) 666면; 日大判 1930. 7. 17(民集 9, 868).
2) 日會 447조 1항 3호 참조.
3) 동지: 이(철), (회) 964면.
4) 그러나 1인 주주인 경우에는 주식병합에 관한 주주총회의 결의에 따라 그 변경등기의 경료시에 주식병합의 효력이 발생한다[대판 2005. 12. 9, 2004 다 40306(공보 2006, 111)(상법상 주식병합에 있어서 일정한 기간을 두어 공고와 통지의 절차를 거치도록 한 취지는 신 주권을 수령할 자를 파악하고 실효되는 구 주권의 유통을 저지하기 위하여 회사가 미리 구 주권을 회수하여 두려는 데 있다 할 것인바, 사실상 1인 회사에 있어서 주식병합에 관한 주주총회의 결의를 거친 경우에는 회사가 반드시 위와 같은 공고 등의 절차를 통하여 신 주권을 수령할 자를 파악하거나 구 주권을 회수하여야 할 필요성이 있다고 보기는 어려우므로, 주식병합에 관한 주주총회의 결의에 따라 그 변경등기가 경료되었다면 위와 같은 공고 등의 절차를 거치지 않았다고 하더라도 그 변경등기 무렵에 주식병합의 효력이 발생한다고 봄이 상당하다)].

그 종료시)에 그 효력이 생긴다(상 343조 2항, 440조, 441조).

(3) 자본금 감소의 효력이 발생할 때까지는 주주총회의 특별결의로 자본금 감소의 결의를 철회할 수 있다.[1)]

2. 감자차익금(減資差益金)의 처리

자본금 감소에 의하여 감소된 자본금의 액이 주식의 소각 또는 주금의 반환에 요한 금액과 결손의 전보에 충당한 금액을 초과하는 경우에는, 그 초과금액(감자차익금)을 대통령령으로 정하는 바에 따라 자본준비금으로 적립하여야 한다(상 459조 1항, 상시 18조).

제 5 감자의 무효

1. 의 의

자본금 감소의 절차 또는 내용에 하자가 있는 경우에는, 일정한 자가 일정한 기간 내에 소(訴)만으로써 감자의 무효를 주장할 수 있다. 이는 회사설립무효의 소와 같은 취지이고, 민법의 일반원칙에 의한 무효의 주장 및 그 효력과 구별된다.

2. 감자무효의 소

(1) 무효원인

감자의 절차 또는 그 내용에 하자가 있는 경우에 감자는 무효원인이 된다. 예컨대, 감자에 관한 주주총회의 특별결의가 소에 의하여 취소되거나 또는 무효가 확인된 경우(상 376조, 380조), 채권자보호절차를 이행하지 않은 경우, 주식병합에 관한 적법한 공고·통지절차를 이행하지 않은 경우,[2)] 감자의 방법이 주주평등

1) 동지: 정(희), 543면; 정(동), (회) 666면; 日大判 1930. 7. 17(民集 9, 868).

2) 동지: 대판 2009. 12. 24, 2008 다 15520(공보 2010, 208)(상법 부칙〈1984. 4. 10.〉 제 5 조 2항이 구 상법〈1991. 5. 31. 법률 제4372호로 개정되기 전의 것〉 제440조를 준용하여 주식병합에 일정한 기간을 두어 공고와 통지의 절차를 거치도록 한 취지는, 신 주권을 수령할 자를 파악하고 실효되는 구 주권의 유통을 저지하기 위하여 회사가 미리 구 주권을 회수하여 두려는 데 있다. 회사가 위와 같은 공고 등의 절차를 거치지 아니한 경우에는 특별한 사정이 없는 한 주식병합의 무효사유가 존재한다고 할 것이지만, 회사가 주식병합에 관한 주주총회의 결의 등을 거쳐 주식병합 등기까지 마치되 그와 같은 공고만을 누락한 것에 불과한 경우에는 그러한 사정만으로 주

의 원칙에 반하는 경우 등이 감자무효의 소의 원인이 된다.

(2) 소의 요건

감자의 무효원인이 있는 경우에도 회사의 법률관계를 획일적으로 처리하고 기존상태를 보호하기 위하여, 상법은 일정한 자만이 제소기간 내에 소(訴)만으로 감자무효를 주장할 수 있도록 하여, 감자무효의 주장을 가능한 한 억제하고 있다(상 445조).

1) 소의 당사자

(가) 감자무효의 소의 제소권자(원고)는 「주주·이사·감사(監事)·청산인·파산관재인 또는 자본감소를 승인하지 않은 채권자」이다(상 445조).

(나) 이 소의 피고는 「회사」이다.

2) 제소기간 감자무효의 소의 제소기간은 자본금 감소로 인한 변경등기가 있은 날로부터 「6 개월 내」이다(상 445조). 이 제소기간은 제척기간이다.[1]

3) 주장방법 감자무효의 주장은 「소(訴)」만으로 할 수 있다(상 445조). 따라서 감자무효의 소는 형성의 소이다.[2]

(3) 감자무효의 소와 주주총회결의취소의 소 등과의 관계

감자에 관한 주주총회결의의 취소를 구하는 소가 결과적으로 감자의 무효를 생기게 하는 경우가 있는데, 이 때 감자무효의 소와 감자를 결의한 총회결의취소의 소와는 어떠한 관계에 있는가가 문제된다.

이 때 자본금 감소의 효력발생 전에는 자본금 감소무효의 소를 제기할 수 없으므로 감자결의의 하자의 주장은 총회결의취소의 소 등에 의하지만,[3] 자본

식병합의 절차적·실체적 하자가 극히 중대하여 주식병합이 부존재한다고 볼 수는 없다. 따라서 상법 부칙〈1984. 4. 10.〉 제 5 조 2항의 주식병합에 관하여 공고누락의 하자만을 이유로 주식병합의 무효를 주장하기 위해서는 구 상법 제445조에 따라 주식병합의 등기일로부터 6월 내에 주식병합 무효의 소를 제기하지 않으면 아니된다).

1) 동지: 대판 2010. 4. 29, 2007 다 12012(공보 2010, 964)(상법 제445조는 "자본감소의 무효는 주주·이사·감사·청산인·파산관재인 또는 자본감소를 승인하지 아니한 채권자에 한하여 자본감소로 인한 변경등기가 있는 날로부터 6월 내에 소만으로 주장할 수 있다"고 규정하고 있는바, 이는 자본감소에 수반되는 복잡한 법률관계를 조기에 확정하고자 하는 것이므로 새로운 무효사유를 출소기간의 경과 후에도 주장할 수 있도록 하면 법률관계가 불안정하게 되어 위 규정의 취지가 몰각된다는 점에 비추어 위 규정은 무효사유의 주장시기도 제한하고 있는 것이라고 해석함이 상당하고 자본감소로 인한 변경등기가 있는 날로부터 6월의 출소기간이 경과한 후에는 새로운 무효사유를 추가하여 주장할 수 없다).

2) 동지: 대판 2009. 12. 24, 2008 다 15520(공보 2010, 208)(상법 제445조에서 규정하는 자본감소 무효의 소는 형성의 소를 의미한다).

3) 이 소를 본안으로 하여 자본감소실행금지의 가처분을 얻을 수 있다[정(희), 544면].

금 감소의 효력발생 후에는 자본금 감소의 절차의 일부에 지나지 않는 자본금 감소의 결의의 효력만을 다투는 총회결의취소의 소 등은 자본금 감소무효의 소에 의하여 흡수된다고 본다(흡수설).[1] 다만 총회결의취소의 소의 제소기간이 결의의 날로부터 「2월 내」이므로, 결의의 절차상의 하자를 이유로 하는 감자결의취소의 소는 위의 기간 내에 반드시 먼저 제기되어야 한다. 이 때 자본금 감소의 효력발생 전에 결의취소의 소 등이 제기된 경우로서, 그 원고가 감자무효의 소의 제소권자라면 감자의 효력발생 후에는 감자무효의 소의 제기기간 내에 소의 변경절차에 따라 감자결의취소의 소를 감자무효의 소로 변경하여야 할 것이다.[2]

(4) 소의 절차

소의 전속관할, 소제기의 공고, 원고주주 또는 채권자의 담보제공, 소의 병합심리, 감자무효의 등기, 하자의 보완과 청구의 기각[3] 등은 회사설립무효의 소의 그것과 거의 같다(상 446조, 377조, 176조 4항, 186조~189조, 192조).

(5) 판결의 효력

1) 감자무효의 소에서 원고가 승소하면 그 판결의 효력은 총회결의하자의

---

1) 동지: 정(희), 544면; 정(동), (회) 669면; 이(철), (회) 646면, 966면; 채, 807면; 이(기) 외, (회) 502면; 대판 2010. 2. 11, 2009 다 83599(공보 2010, 557)(상법 제445조는 자본감소의 무효는 주주 등이 자본감소로 인한 변경등기가 있은 날로부터 6월 내에 소만으로 주장할 수 있다고 규정하고 있으므로, 설령 주주총회의 자본감소 결의에 취소 또는 무효의 하자가 있다고 하더라도 그 하자가 극히 중대하여 자본감소가 존재하지 아니하는 정도에 이르는 등의 특별한 사정이 없는 한 자본감소의 효력이 발생한 후에는 자본감소 무효의 소에 의해서만 다툴 수 있다. 따라서 상법 제445조의 자본감소 무효의 소를 제기한 것으로 볼 여지가 충분한데도, 석명권을 행사하여 이를 분명히 하고 그에 따른 청구취지와 청구원인을 정리하지 아니한 채 자본감소 결의의 무효확인 판결을 선고한 원심판결을 파기한다).

2) 동지: 정(희), 544면; 정(동), (회) 669면.

3) 대판 2004. 4. 27, 2003 다 29616(공보 2004, 881)(법원이 감자무효의 소를 재량 기각하기 위해서는 원칙적으로 그 소제기 전이나 그 심리중에 원인이 된 하자가 보완되어야 한다고 할 수 있을 것이지만, 하자가 추후 보완될 수 없는 성질의 것으로서 자본감소 결의의 효력에는 아무런 영향을 미치지 않는 것인 경우〈신분증의 사본 등이 첨부되지 아니한 위임장의 접수를 거부한 하자가 있는 경우인데, 이를 포함하여 출석주식수를 계산하더라도 찬성주식수가 의결정족수를 충족하는 경우〉 등에는 그 하자가 보완되지 아니하였다 하더라도 회사의 현황 등 제반사정을 참작하여 자본감소를 무효로 하는 것이 부적당하다고 인정한 때에는 법원은 그 청구를 기각할 수 있다. 따라서 주주총회의 감자결의에 결의방법상의 하자가 있으나, 그 하자가 감자결의의 결과에 아무런 영향을 미치지 아니하였고, 감자결의를 통한 자본감소 후에 이를 기초로 채권은행 등에 대하여 부채의 출자전환 형식으로 신주발행을 하고 수 차례에 걸쳐 제 3 자에게 영업을 양도하는 등의 사정이 발생하였다면, 자본감소를 무효로 할 경우 부채의 출자전환 형식으로 발행된 신주를 인수한 채권은행 등의 이익이나 거래의 안전을 해할 염려가 있으므로 자본감소를 무효로 하는 것이 부적당하다고 볼 사정이 있다).

소의 경우와 같이 대세적 효력과 소급효가 있다(상 446조, 190조 본문).[1] 대세적 효력을 인정한 것은 법률관계를 획일적으로 처리하기 위한 것이다.

2) 감자무효의 소에서 원고가 패소하면 원고에게 고의[2] 또는 중과실이 있는 때에는 원고는 회사에 대하여 연대하여 손해배상할 책임을 진다(상 446조, 191조).

제 6 절 정관의 변경

제 1 정관변경의 의의

정관변경(미국: amendment of articles, 영국: alteration of memorandum; Satzungsänderung; imodification des statuts)이란 「회사의 조직과 활동에 관한 근본규칙인 정관(실질적 의의의 정관)을 변경하는 것」을 의미하고, 정관을 기재한 서면(형식적 의의의 정관)을 변경하는 것을 의미하지 않는다.[3]

정관의 변경은 그것이 반사회적이거나 주식회사의 본질에 반하거나 또한 주주의 고유권을 해하지 않는 한, 원칙적으로 어떠한 내용이라도 자유롭게 변경할 수 있다.[4]

원시정관에 정관을 변경할 수 없다는 규정을 두어도 그 규정은 무효이고, 이에 불구하고 어떠한 내용도 정관변경절차에 의하여 변경할 수 있다.[5] 다만

---

1) 1995년 개정상법 이전에는 회사설립무효의 소의 경우와 같이 대세적 효력과 불소급효가 있는 것으로 규정하였으나(상 446조, 190조), 1995년 개정상법은 총회결의하자의 소의 경우와 같이 대세적 효력은 인정하나 소급효가 있는 것으로 개정하였다(상 446조, 190조 본문). 이로 인하여 자본감소의 방법의 하나인 주식의 병합에 의하여 새로 발행된 주식이 유통된 경우에 거래의 안전에는 문제가 있으나, 채권자보호의 실익은 크게 나타날 것으로 본다[동지: 해설(1995), 159면].
이러한 개정상법에도 불구하고 감자무효의 소의 판결의 효력은 소급하지 않는다고 보는 견해(불소급설)로는 이(철), (회) 968면; 김정호, 「상법강의(제 3 판)」, 법문사, 810면; 동, "자본감소무효와 판결의 효력," 「상법학의 전망(평성 임홍근교수 정년퇴임기념논문집)」(서울: 법문사, 2003), 293~308면.

2) 2011년 4월 개정상법에서 상법 제191조의 '악의'도 상법 제399조 1항과 같이 '고의'로 수정하였어야 한다고 본다.

3) 정관변경에서는 서면인 정관(형식적 의의의 정관)의 변경을 의미하지 않는 점에서, 회사설립시의 정관작성(상 289조)에서 의미하는 정관은 실질적 의의의 정관과 형식적 의의의 정관의 양자를 모두 포함하는 점과 구별되고 있다.

4) 동지: 정(희), 545면; 정(동), (회) 654~655면.
상법은 수권자본제도를 채용한 결과 자본액은 정관의 기재사항이 아니고 등기사항에 불과하므로, 자본의 증가는 정관변경사항이 아니다.

5) 동지: 정(동), (회) 655면; 이(기) 외, (회) 165면; 주상(제 5 판)(회사 Ⅳ), 203면 외.

정관의 변경은 자본단체인 주식회사의 경우 특히 주주에게 미치는 영향이 크므로 엄격한 절차를 밟도록 하고 있다. 회사에 이러한 정관변경이 있더라도 회사의 동일성에는 아무런 영향이 없다.

제 2 정관변경의 절차

I. 주주총회의 특별결의

정관을 변경하기 위하여는 주주총회의 특별결의가 있어야 하고(상 433조 1항, 434조), 이러한 총회소집의 통지에는 의안의 요령(정관의 변경내용의 요점)을 기재하여야 한다(상 433조 2항).

정관변경에 주주총회의 특별결의가 있었다는 자료가 있음을 요한다는 취지의 다음과 같은 대법원판례가 있다.

[가족회사인 경우에도 정관변경에는 주주총회 특별결의가 있었다는 자료가 있어야 이의 요건의 성립을 인정할 수 있다고 본 판례]

주주가 모두 가족들로써 구성된 주식회사라 할지라도 정관변경을 위하여 주주총회의 특별결의를 요하는 경우에는 실제로 주주총회의 특별결의가 있음을 요하는 것이므로, 그 특별결의에 관한 결의서 등 기타 주주총회의 적법·유효한 특별결의가 있음을 추단할 수 있는 자료가 있어야 비로소 그 특별결의의 적법·유효한 성립을 추인할 수 있다[대판 1964. 9. 15, 64 다 512(민판집 81, 445)].

동지: 대판 1974. 2. 24, 72 다 1532(공보 507, 8268)(정관변경에 관한 주주총회의 특별결의서가 존재한다면 특단의 사정이 없는 한 일응 그에 관한 주주총회의 특별결의가 있었다고 추단할 수 있을 것이고, 또 그렇게 추단함에 주주총회의 소집 및 결의절차의 적법성 여부는 고려의 대상이 되지 않는다).

정관변경에 관하여 통지된 '목적사항'에 반하는 결의는 결의취소의 소(상 376조)의 원인이 되나,[1] '의안의 요령'에 반하는 결의는 결의취소의 소의 원인이 아니라고 본다(왜냐하면 '의안의 요령'은 이사회의 하나의 안이므로 주주총회에서는 그와 달리 결의할 수 있기 때문이다).

결의의 방법은 출석한 주주의 의결권의 3분의 2 이상의 수와 발행주식총

1) 동지: 대판 1979. 3. 27, 79 다 19; 동 1969. 2. 4, 68 다 2284 외.

수의 3분의 1 이상의 수로써 하여야 한다(상 434조).[1] 이러한 정관변경을 위한 특별결의요건은 정관의 규정으로 완화할 수는 없으나 가중(예컨대, 발행주식총수의 과반수의 출석을 요구하는 출석정족수의 신설, 의결정족수를 출석주주의 주식수의 4분의 3 등으로 강화하는 경우 등)할 수는 있다고 본다.[2]

정관의 기재내용이 사실에 기초를 둔 규정(예컨대, 본점소재지 등)이면 그 사실의 변경(예컨대, 지명의 변경 등)에 따라 당연히 정관이 변경되는 것이고, 이를 위하여 주주총회의 특별결의를 밟을 필요가 없다.[3] 또한 정관변경은 주주총회의 전속사항으로 이를 타기관에 위임할 수 없다.[4]

2. 종류주주총회의 결의

정관의 변경이 어느 종류주식의 주주에게 손해를 입히게 될 때에는 다시 그 종류주식의 주주총회의 결의가 있어야 한다(상 435조 1항). 이 종류주주총회의 결의는 그 종류주식의 출석한 주주의 의결권의 3분의 2 이상의 수와 그 종류주식의 발행주식총수의 3분의 1 이상의 수로써 하여야 하고(상 435조 2항),[5] 그 밖의 사항은 주주총회에 관한 규정이 준용된다(상 435조 3항). 그러나 의결권이 없는 종류주식 또는 의결권이 제한되는 종류주식을 가진 주주도 종류주주총회에서는 의결권을 행사할 수 있다(상 435조 3항).

종류주주총회의 결의를 요하는 경우에 주주총회의 특별결의만이 있고 종류주주총회의 결의가 없으면, 그 주주총회의 결의는 불발효하게 되어(부동적〈浮動的〉 효력설 또는 결의불발효설), 정관변경의 효력이 발생하지 않는다.

3. 등 기

정관변경 그 자체는 등기를 요하지 아니하나, 등기사항인 정관의 규정을

---

1) 이러한 주주총회의 특별결의방법은 이미 앞에서 본 바와 같이 1995년 개정상법에 의하여 이와 같이 개정된 것인데, 1995년 개정상법 이전에는 「발행주식총수의 과반수에 해당하는 주식을 가진 주주의 출석으로, 그 결의권의 3분의 2 이상의 다수로써 하여야 한다」고 규정하였다(상 434조).

2) 동지: 주상(제 5 판)(회사 Ⅳ), 214면.

3) 동지: 손(주), 894면; 정(동), (회) 655면; 이(철), (회) 969~970면, 이(기) 외, (회) 165면; 이· 최, 405면.

4) 동지: 정(동), (회) 655면; 채, 809면; 이(기) 외, (회) 165면; 주상(제 5 판)(회사 Ⅳ), 206면.

5) 이러한 종류주주총회의 결의방법은 이미 앞에서 본 바와 같이 1995년 개정상법에 의하여 이와 같이 개정된 것인데, 1995년 개정상법 이전에는 「그 종류의 발행주식총수의 과반수에 해당하는 주식을 가진 주주의 출석으로 그 의결권의 3분의 2 이상의 다수로써 하여야 한다」고 규정하였다(상 435조 2항).

변경하는 경우에는 그 변경등기를 하여야 한다(상 317조 4항, 183조).

제 3 정관변경의 효력

(1) 정관변경은 원칙적으로 「주주총회의 결의시」에 즉시 그 효력이 생긴다. 서면인 정관의 변경은 그 후에 하게 되는데, 이것은 정관변경의 효력발생요건이 아니다. 또한 정관변경이 등기사항의 변경을 생기게 하는 경우에도 그 변경등기가 정관변경의 효력발생요건이 아니다.[1] 회사설립시의 원시정관(상 292조)과는 달리 정관변경에는 공증인의 인증도 필요 없다.

우리 대법원판례도 이러한 취지에서 다음과 같이 판시하고 있다.

[정관변경은 이에 관한 주주총회 결의시에 그 효력이 발생한다고 본 판례]

주식회사의 원시정관은 공증인의 인증을 받음으로써 효력이 생기는 것이지만, 일단 유효하게 작성된 정관을 변경할 경우에는 이에 관한 주주총회의 특별결의가 있으면 그 때 유효하게 정관변경이 이루어지는 것이며, 서면인 정관이 고쳐지거나 변경내용이 등기사항인 때의 변경등기 여부 내지 공증인의 인증 여부는 정관변경의 효력발생에는 아무런 영향이 없다[대판 1978. 12. 26, 78 누 167(집 26 ③ 행 179)].

(2) 그러나 예외적으로 조건부 또는 기한부로 정관을 변경하면, 그 조건이 성취한 때 또는 기한이 도래한 때에 정관변경의 효력이 생긴다.

제 4 정관변경에서의 특수한 문제

I. 수권주식총수의 증감

(1) 회사의 수권주식총수(즉 회사가 발행할 주식의 총수)는 정관의 절대적 기재사항이므로(상 289조 1항 3호), 그것을 증가하는 경우에는 정관을 변경하여야 한다. 따라서 이를 변경하고자 하는 경우에는 정관변경절차를 밟아야 한다.[2]

---

1) 반대: 독일 주식법 제181조 3항은 등기를 효력발생요건으로 규정하고 있다.

2) 1995년 개정상법 이전에는 수권주식총수의 증가는 발행주식총수의 4배를 초과하지 못하도록 규정하였다(상 437조). 이러한 제한을 둔 이유는 신주발행권을 무한히 확장함으로써 거대한 자본액을 조작하여 일반대중을 기만할 위험성이 있고, 또 이사회에 너무 광범위한 신주발행권을 부여하는 것은 주주의 보호에 충실하지 못할 염려가 있으며, 또 설립시에 수권주식총수의 4분의 1 이상을 발행하도록 하여 어느 정도 자본확정·자본충실의 원칙을 유지하도록 하고 있는 것(상

(2) 수권주식총수를 감소하는 경우에 관하여는 상법에 명문규정이 없으나, 정관변경의 방법으로 이를 할 수 있다고 본다.[1] 다만 전환주식·전환사채 또는 신주인수권부사채를 발행한 경우에는 그 전환기간 또는 신주인수권의 행사기간 내에는 그에 해당하는 발행예정주식을 유보하여야 한다.[2]

2. 액면주식에서 주금액의 변경

(1) 액면주식에서 주금액의 인상

액면주식의 경우 1주의 금액은 정관의 절대적 기재사항이므로(상 289조 1항 4호), 주금액을 인상하기 위하여는 정관의 변경을 요한다. 그런데 주금액을 인상하기 위하여는 정관을 변경하는 것뿐만 아니라 주주에게 추가납입하도록 하거나 또는 주식을 병합하여야 하는 문제가 있다. 이 때 주주에게 추가납입을 하도록 하면 주주유한책임의 원칙에 반하므로 이 경우에는 단순한 정관변경절차를 밟는 것만으로는 부족하고 「총주주의 동의」를 받아야 하고, 주식을 병합하여야 하는 경우에는 단주(端株)가 발생하지 않으면 단순한 정관변경절차를 밟는 것만으로 충분하나 단주가 생기면 주주평등의 원칙에 반하므로 「총주주의 동의」에 의한 정관변경절차를 밟아야 한다(통설).[3]

그러나 준비금의 자본금 전입에 의하여 주식을 무상교부함과 동시에 그 신주(新株)와 구주(舊株)를 병합하여 주금액을 인상하는 경우에는 주주에게 추가납입을 하도록 하는 문제도 없고 또 주식의 병합에 따른 단주가 생기는 문제도 발생하지 않는다. 따라서 이와 같이 주주에게 추가납입이나 단주의 문제

289조 2항)과 대응시키기 위한 것이었다. 그러나 자금조달의 기동성과 탄력성을 보장하고, 수권자본제도의 본래의 취지에 맞도록 하며, 종래에 대규모의 자본수요를 직면한 회사가 이를 조달하기 위하여 정관변경절차를 수 차례 반복하거나 주주총회결의를 조건부로 하여야 하는 번거로움이 있었는데, 이러한 불필요한 번거로움을 덜어주기 위하여 1995년 개정상법에서는 동 규정을 삭제함으로써 이러한 제한을 폐지하였다[英會(2006) 761조, 763조, RMBCA(2006) §6.01, §10.01 이하 참조][개정이유에 관한 상세는 해설(1995), 155~157면 참조].

1) 동지: 정(희), 547면; 정(동), (회) 658면; 손(주), 895면.

2) 동지: 손(주), 895면.

3) 정(희), 547면; 정(동), (회) 658~659면; 채, 810면; 이(기) 외, (회) 167면 외.
동지: 日大判 1901. 5. 22(民集 7, 5106)(주주에게 추가납입을 시키는 경우 총주주의 동의를 요한다고 함).
반대: 손(주), 896면(주식을 병합하여 주금액을 인상하는 경우에 단주가 발생하면 자본감소의 경우의 단주의 처리방법에 의하여 하면 되므로 총주주의 동의를 요하지 않는다고 한다); 이(철), (회) 971면(주주의 지분을 현저히 감소시키지 않는 한, 주식병합에 의해 주금액을 인상하는 정관변경은 가능하다고 한다).

가 생기지 않는 주금액의 인상의 경우에는 주주총회의 「특별결의」만에 의하여 가능하다(통설).[1)]

⑵ 액면주식에서 주금액의 인하

액면주식의 경우 1주의 금액은 정관의 절대적 기재사항이므로(상 289조 1항 4호), 정관에 기재된 1주의 금액을 인하하기 위하여는 주주총회의 특별결의를 받아야 한다. 그러나 주금액의 인하로 인하여 자본금 감소의 문제가 발생하는 경우에는, 이외에 「자본금 감소의 절차」를 별도로 밟아야 한다. 따라서 이와 같은 자본금 감소가 발생하지 않는 주금액의 인하의 경우에만(예컨대, 주식분할) 주주총회의 정관변경의 결의로써 가능하다. 액면주식의 경우 어떤 경우이든 새로운 주금액이 법정된 최저한(100원) 미만이어서는 아니 된다(상 329조 3항 참조).

제 7 절 회사의 계산

제 1 계산규정의 필요성

⑴ 주식회사는 영리를 추구하는 경제적 생활체이므로 이러한 이익을 계획적으로 추구하기 위하여 회계를 기본으로 활동하고 있으며, 이 회계제도는 매우 기술적으로 발달하여 조직적으로 제도화되어 있다.[2)]

주식회사의 회계제도를 진실·적정·명료하게 운영하는 것은, 첫째로 회사채권자를 보호하고, 둘째로 현재의 주주 및 장래의 주주를 보호하며, 셋째로 국민경제를 건전하게 발전시킨다.[3)] 따라서 주식회사에서의 회계의 건전성은 회사의 모든 이해관계인을 보호하는 면에서나 건전하고 투명한 경영을 위하여 매우 중요하게 요구되는 것이다.

⑵ 회사법은 이러한 요구에 의하여 물적회사에 대하여는 회사의 회계(Rechnungslegung)라는 하나의 절을 두어 결산절차에 관하여 상세하게 규정하고 있는데, 이러한 회계규정을 분류하여 보면 다음과 같다.[4)]

1) 첫째로 재무제표의 작성·공시·승인에 관한 규정(결산절차에 관한 규정)을 두어, 주

1) 이(철), (회) 971면 외.
2) 동지: 정(희), 548면.
3) 동지: 정(동), (회) 582~583면; 정(희), 548면.
4) 동지: 정(희), 548~549면.

주와 회사채권자로 하여금 회사의 재산상태에 관한 명확한 지식을 갖게 하였다(상 447조~450조).

2) 둘째로 대차대조표에 기재할 자본금과 준비금에 관한 규정을 두었다(재무제표의 기재사항에 관한 규정)(상 451조, 458조~461조의 2).

3) 셋째로 이익배당·주식배당·현물배당 및 중간배당에 관한 규정을 두어 회사 자본금의 건실성을 촉구하고 있다(이익배당에 관한 규정)(상 462조~464조의 2).

4) 넷째로 회사의 업무와 재산상태의 검사에 관한 규정을 두어 경리의 부정을 시정하는 대책을 세우고 있다(주주의 경리검사에 관한 규정)(상 466조~467조).

5) 다섯째로 회사의 회계와 직접 관련은 없으나 주주의 권리행사와 관련하여 이익공여를 금지하여 회사재산의 부당유용을 방지하고, 회사와 사용인간의 고용관계에 기하여 생긴 채권에 대하여 우선변제권을 인정함으로써 회사의 재산과 간접적으로 관련을 갖는 규정을 두고 있다(기타의 규정)(상 467조의 2, 468조). 이하에서는 이에 관하여 차례로 설명한다.

(3) 회사의 회계에 관한 규정은 회사·회사채권자·주주 및 기타 일반공중의 이해관계와 직결되는 것이므로, 강행규정으로 보아 정관으로도 변경할 수 없는 것으로 해석하여야 한다.[1]

(4) 총칙의 상업장부에 관한 규정(상 29조~33조)은 소상인을 제외한 모든 상인에 적용되는데(상 9조 참조), 모든 회사는 상인이므로 총칙의 이 규정은 회사법상 특칙이 있는 것을 제외하고는 주식회사에도 당연히 적용된다.

(5) 주식회사의 회계는 상법과 대통령령으로 규정한 것을 제외하고는 일반적으로 공정하고 타당한 회계관행에 따른다(상 446조의 2). 이 때 '대통령령으로 규정한 것'이란 ①「주식회사 등의 외부감사에 관한 법률」 제 4 조에 따른 외부감사 대상 회사는 같은 법 제 5 조 1항에 따른 회계처리기준(한국채택국제회계기준 및 일반기업회계기준)이고, ②「공공기관의 운영에 관한 법률」 제 2 조에 따른 공공기관은 같은 법에 따른 공기업·준정부기관의 회계원칙이며, ③ ① 및 ②에 해당하는 회사 외의 회사 등은 회사의 종류 및 규모 등을 고려하여 법무부장관이 중소벤처기업부장관 및 금융위원회와 협의하여 고시한 회계기준이다(상시 15조).

따라서 상법과 특별법에 규정이 없는 사항에는 한국채택국제회계기준(K-IFRS)·일반기업회계기준 등이 보충적으로 적용된다.

---

1) 동지: 정(동), (회) 583면; 채, 755면; 이(기) 외, (회) 504면.

우리나라의 주권상장법인·은행·투자매매업자·보험회사·신용카드업자 등은 2011년 1월 1일부터 한국채택국제회계기준(Korean International Financial Reporting Standards: K-IFRS)을 적용하여 재무제표 및 연결재무제표를 작성하여야 하는데(외감 13조 1항, 외감시 7조의 2 1항·동 부칙 6조)(2017. 10. 31, 법 15022호로 전부개정되고 2018. 11. 1. 시행되는 「주식회사 등의 외부감사에 관한 법률」〈이하 '2017년 개정 외감법'으로 약칭함〉에 의하면 5조 3항 2문, 외감시 6조 1항), 한국채택국제회계기준은 금융위원회가 증권선물심의위원회의 심의를 거쳐 국제회계기준위원회의 국제회계기준을 채택한 것으로(외감 13조 1항 1호)(2017년 개정 외감법 5조 1항 1호), 이의 법적 성격은 '국제적으로(일반적으로) 인정된 회계관행'이라고 볼 수 있다.1)

우리나라의 기업회계처리의 기준으로 2010년까지는 기업회계기준이 있었다. 이러한 기업회계기준은 「주식회사의 외부감사에 관한 법률」(이하 '외감법'으로 약칭함) 제13조에 의하여 동법의 적용을 받는 대상회사의 회계처리기준으로서, 1981년 12월 23일에 증권관리위원회가 재정경제원장관(2011년 현재는 금융위원회)의 승인을 얻어 제정한 것이다. 외감법은 그 후 1998년 1월 8일 법 5497호로 개정되어 기업회계기준을 금융감독위원회(2011년 현재는 금융위원회)가 증권선물위원회의 심의를 거쳐 제정하도록 하였고(외감 13조 1항), 동법은 2000년 1월 12일 법 6108호로 다시 개정되어 금융감독위원회는 기업회계기준의 제정권을 대통령령이 정하는 바에 따라 전문성을 갖춘 민간법인 또는 단체(회계기준제정기관)에 위탁할 수 있도록 하고(외감 13조 4항)(2017년 개정 외감법 5조 4항) 이 경우 이 업무를 위탁받은 민간법인 또는 단체는 금융감독원이 유가증권 발행기업으로부터 징수한 분담금의 일정비율에 상당하는 금액을 지원받을 수 있도록 하였다(외감 13조 6항)(2017년 개정 외감법 5조 6항). 따라서 금융위원회의 위탁을 받은 한국회계연구원이 설치한 회계기준위원회가 기업회계기준을 심의·의결하여 제정·개정하였다(기준 문단 1조의 3).

그런데 한국회계기준원 회계기준위원회는 2009년 11월 27일 이러한 기업회계기준을 수정·보완하여 「일반기업회계기준」으로 제정하였는데, 이러한 일반기업회계기준은 「주식회사 등의 외부감사에 관한 법률」(이하 '외부감사법'으로 약칭함)의 적용대상 기업 중 한국채택국제회계기준에 따라 회계처리를 하지 아니하는 기업의 회계처리에 적용한다(동법 5조 1항 2호). 그런데 이 기준은 외부감사법의 적용대상이

1) IFRS의 시행에 따른 국내 기업의 회계감사와 관련한 문제점에 대하여는 오수근, IFRS 시행에 따른 감사환경의 변화와 내부감사의 법적 책임(한국상장회사협의회)(상장협연구보고서 2010-3), 2010. 11. 참조.

아닌 기업의 회계처리에 준용할 수 있다(일반기업회계기준 제 1 장 적용 1. 3).[1)]

2017년 10월 31일 법률 제15022호로 전부개정되고, 2018년 11월 1일부터 시행되는 「주식회사 등의 외부감사에 관한 법률」에 의하면, 감사인은 일반적으로 공정·타당하다고 인정되는 '회계감사기준'에 따라 감사를 실시하여야 하는데(동법 16조 1항), 이러한 '회계감사기준'은 한국공인회계사회가 감사인의 독립성 유지와 재무제표의 신뢰성 유지에 필요한 사항 등을 포함하여 대통령령으로 정하는 바에 따라 금융위원회의 사전승인을 받아 정한다(동법 16조 2항, 동법 시행령 22조 4항).

상법이 이러한 회계기준과 상충하는 경우에는 이러한 회계기준을 상관습(법)의 일종으로 보고 성문법과 관습법과의 관계에서 대등적 효력설의 입장에서 보면 이러한 회계기준이 상법에 우선한다고 볼 수 있다[2)](상 29조 2항).

주권상장법인의 경우에는 금융위원회가 투자자를 보호하고 공정한 거래질서를 확립하기 위하여 (i) 유상증자의 요건에 관한 사항·(ii) 주권 관련 사채권의 발행에 관한 사항·(iii) 배당에 관한 사항·(iv) 대통령령으로 정하는 해외증권(주권상장법인이 해외에서 발행하는 주권·주권관련 사채권·이익참가부채권·증권예탁증권·그 밖에 이와 비슷한 증권)의 발행에 관한 사항 및 (v) 그 밖에 건전한 재무관리에 필요한 것으로서 대통령령으로 정하는 사항(이익참가부채권의 발행에 관한 사항·

---

1) 우리나라의 기업회계기준과 유사한 것으로 일본에는 기업회계원칙(1949년 경제안정본부 기업회계제도 대책조사회 제정) 및 회계기준(1990~1999년 기업회계심의회 제정)이 있고[이에 관한 상세는 권종호, "기업회계기준에 관한 일본의 최근 동향과 회사법 개정," 「상법상의 계산규정과 기업회계기준과의 조화」(1999. 11. 12의 한국상사법학회·한국회계학회 공동심포지엄 자료), 3~27면 참조], 미국에는 Generally Accepted Accounting Principle(GAAP)(Financial Accounting Standards Board: FASB〈이는 민간부문기관인 재무회계기준심의회〉 제정)이 있고[이에 관한 상세는 최현돌, 전게 한국상사법학회·한국회계학회 공동심포지엄 자료, 85~118면 참조], 프랑스에는 Plan Comptable General(PCG)(1947년 국가회계심의회 제정)이 있다(이에 관하여는 박정우, 전게 한국상사법학회·한국회계학회 공동심포지엄 자료, 61면 참조).

2) 동지: 정(동), (회) 585면; 손(주), 148~149면(기업회계기준은 '일반적으로 공정타당한 회계관행'이라고 한다. 그러나 동 교수, 같은 책, 947면에서는 '기업회계기준은 법률이 아니므로 그 내용이 상이한 부분에 관하여는 상법이 적용된다'고 한다).

반대: 오수근, "회계에 관한 법적 규율체계," 상법상의 계산규정과 기업회계기준과의 조화(1999. 11. 12의 한국상사법학회·한국회계학회 공동심포지엄 자료), 32~38면(기업회계기준을 주식회사의 외부감사에 관한 법률의 일부로 보고 동법의 적용대상인 주식회사에는 기업회계기준만이 적용되고, 상법상 상업장부의 규정 및 주식회사의 계산규정이 적용되지 않는다고 한다); 왕순모, "기업회계법의 구축과 전망(1) ── 기업회계기준의 법적 지위," 「상사법연구」(한국상사법학회), 제21권 4호(2003), 109~149면(기업회계기준은 그 자체를 법이라고 볼 수 없고, 하나의 이상적 회계처리기준 내지는 지침에 지나지 않는다고 한다); 동, 「기업회계법의 구축과 전망」(부산: 경성대출판부, 2004), 39~40면, 77~78면(민간기구가 작성한 기업회계기준에 의하여 상법상의 강행규정이 개폐된다는 점을 인정한다는 것은 그야말로 상법규제의 포기를 의미하는 것이며, 상법규정의 사문화를 조장하는 행위이다).

(결손금에 관한 사항·계산서류 및 재무에 관한 사항의 신고 및 공시방법에 관한 사항)에 관하여, 주권상장법인 재무관리기준을 정하여 고시하거나 그 밖에 필요한 권고를 할 수 있는데(자금 165조의 16 1항, 자금시 176조의 17 1항·2항), 주권상장법인은 이러한 재무관리기준에 따라야 한다(자금 165조의 16 2항).

제 2 회계절차

I. 재무제표 등의 작성

(1) 상업장부의 작성

주식회사는 상인이므로(상 169조, 4조, 5조 2항) 위에서 본 바와 같이 상업장부에 관한 상법총칙의 규정(상 29조 이하)이 적용된다. 따라서 주식회사는 그 재산 및 손익의 상황을 명백하게 하기 위하여 상업장부인 「회계장부」와 「대차대조표」를 작성하여야 한다(상 29조 1항). 이 경우 「회계장부」에는 거래와 기타 영업상 재산에 영향이 있는 사항을 일반적으로 공정·타당한 회계관행에 의하여 작성하여야 하고(상 30조 1항, 29조 2항), 「대차대조표」는 회사성립시 및 매결산기에 회계장부에 의하여 작성하여야 한다(상 30조 2항).

(2) 재무제표 및 그 부속명세서의 작성

주식회사의 이사(집행임원 설치회사의 경우는 '집행임원'을 말한다. 이하 같다)[1]는 매 결산기에 위의 대차대조표 이외에 손익계산서·그 밖에 회사의 재무상태와 경영성과를 표시하는 것으로서 대통령령으로 정하는 서류와 그 부속명세서를 작성하여야 하는데(상 447조 1항), 부속명세서를 제외한 이 세 가지를 재무제표라고 한다.[2] 영업보고서(상 447조의 2)는 전 영업연도의 영업의 경과나 상황의 설명서로서 재무제표가 아니다. 즉, 재무제표라 함은 대차대조표·손익계산서·그 밖에 회사의 재무상태와 경영성과를 표시하는 것으로서 대통령령으로 정하는 서류를 말하는데(상 447조 1항 각 호에 규정한 서류), 이는 기업의 재무상태와 경영성과를 기재하여 이해관계인에게 필요한 회계사실을 알리기 위하여 매결산기에 작성되는 서류이다. 이러한 재무제표의 중심은 손익계

1) 상법 제447조에서는 「이사·집행임원」으로 규정하였어야 하는데, 이를 규정하지 않은 것은 입법의 미비라고 본다.

2) 일본 회사법은 이를 계산서류라고 하고, 이는 대차대조표·손익계산서·그 밖에 주식회사의 재산 및 손익상황을 나타내기 위하여 필요한 것으로서 법무성령이 정하는 것이라고 규정하고 있는데(日會 435조 2항), 이는 우리 상법상 재무제표와 유사하다.

산서이고, 대차대조표는 단지 기간손익계산서의 작성을 위한 가교표(架橋表)에 지나지 않는다.[1)]

회사법상의 재무제표를 상법총칙상의 상업장부와 비교하여 보면, 대차대조표는 상업장부 및 회사법상의 재무제표에 공통하나, 회계장부는 상업장부에만 있고, 손익계산서 및 그 밖에 회사의 재무상태와 경영성과를 표시하는 것으로서 대통령령으로 정하는 서류는 재무제표에만 있다. 이하에서는 각종의 재무제표에 대하여 좀더 상세히 살펴보겠다.

1) 대차대조표 대차대조표는 「일정시(대차대조표일)에 있어서 기업의 재무상태를 명확히 보고하기 위하여, 대차대조표일 현재의 모든 자산·부채 및 자본금을 차변과 대변의 두 란으로 나누어 적정하게 표시하는 개괄표」이다(기준 문단 2.17 참조).[2)]

회사는 성립한 때와 매결산기에 회계장부에 의하여 대차대조표를 작성하여야 한다(유도법)(상 30조 2항).

2) 손익계산서 손익계산서는 「1영업기간(회계기간)의 기업의 경영성과를 명백히 보고하기 위하여, 그 기간에 속하는 모든 수익과 이에 대응하는 모든 비용을 적정하게 기재하여 손익과 그 발생원인을 일람표시하는 보고서」이다[3)](기준 문단 2.44 참조).[4)] 손익계산서는 대차대조표에 나타난 이익 또는 손실을 전기적(傳記的)으로 기술한 서류로서, 1영업기간의 이익 또는 손실의 발생원인을 명백히 하는 것이다.[5)] 대차대조표가 일정시에 있어서의 기업의 정적 상태로서의 재무구조를 표시하는 데 대하여, 손익계산서는 일정기간의 기업경영의 동적 상태의 누적결과를 표시하는 결산표이다.

3) 그 밖에 회사의 재무상태와 경영성과를 표시하는 것으로서 대통령령이 정하는 서류 대차대조표와 손익계산서 이외의 재무제표는 대통령령에 위임하여 기업회계관행을 고려하여 융통성 있게 정할 수 있도록 하였다. 즉, 이때 "대통령령으로 정하는 서류"란 (i) 자본변동표나, (ii) 이익잉여금처분계산서

1) 동지: 정(희), 549면.

2) K-IFRS에서는 재무상태표(대차대조표)상 표시되어야 할 항목의 순서나 형식을 규정하지 않고 있다(기업회계기준서 1001호 문단 57).

3) 손(주), (축조) 381면, 396면.

4) K-IFRS에서는 '손익계산서'라는 용어와 '포괄손익계산서'라는 용어를 함께 사용하고 있는데, 이에 대한 정의규정은 없다(기업회계기준서 1001호 문단 81 이하).

5) 손(주), (축조) 397면.

또는 결손금처리계산서 중의 어느 하나에 해당하는 서류를 말한다(상시 16조 본문). 그러나 외부감사 대상회사의 경우에는(외감 4조) (i) 자본변동표, (ii) 이익잉여금계산서 또는 결손금처리계산서, (iii) 현금흐름표 및 (iv) 주석(註釋)의 모든 서류를 말한다(상시 16조 1항 단서).

4) 현금흐름표　일반기업회계기준에서 현금흐름표란 「기업의 현금흐름을 나타내는 표로서 현금의 변동내용을 명확하게 보고하기 위하여 당해 회계기간에 속하는 현금의 유입과 유출내용을 적정하게 표시한 보고서」를 말한다(기준 문단 2.58). 여기에서 '현금'이란 현금 및 현금성자산을 말한다(기준 문단 2.59, 기업회계기준서 1007호 문단 6). 이러한 현금흐름표는 모든 주식회사가 다 작성하여야 한다(기준 문단 2.4, 기업회계기준서 1001호 문단 3).

5) 재무제표부속명세서　상법은 재무제표부속명세서를 재무제표와 함께 매결산기에 작성하여 이사회의 승인을 받도록 규정하고 있다(상 447조 1항). 재무제표부속명세서는 대차대조표와 손익계산서의 중요한 항목에 관하여 그 명세를 기재한 보고서이고, 대차대조표 및 손익계산서의 기재만으로 불충분한 것을 보충하는 기능을 가지는 것이다. 재산이나 비용의 각 항목마다 각별로 작성하고, 대개는 기중(期中)의 증감변화의 과정을 상세하게 표시하는 동적 명세서로 되어 있다.[1)]

6) 연결재무제표　연결재무제표란 「주식회사와 다른 회사(조합 등 법인격이 없는 기업을 포함함)가 대통령령으로 정하는 지배·종속관계에 있는 경우 지배회사가 작성하는 연결재무상태표·연결손익계산서 또는 연결포괄손익계산서·그 밖에 대통령령으로 정하는 서류」를 말한다(외감 2조 3호). 한국채택국제회계기준과 일반기업회계기준에 의하면 타회사를 지배하는 회사(지배회사)는 그 종속회사와의 연결재무제표를 작성하여야 한다(기업회계기준서 1027호 문단 9, 기준 문단 4.2).

2011년 4월 개정상법도 외부감사의 대상회사(외감 4조) 중 지배회사(외감 2조 3호)의 이사는 연결재무제표를 작성하여 이사회의 승인을 받도록 하였다(상 447조 2항, 상시 16조 2항).

(3) 영업보고서의 작성

영업보고서는 앞에서 말한 바와 같이 재무제표는 아니다. 이는 영업에 관한 중요한 사항을 기재한 설명서에 불과하고 계수적(計數的)인 것이 아니다.

1) 한국채택국제회계기준(기업회계기준서 1001호 참조) 및 일반기업회계기준(기준문단 2.82 이하)에서는 '재무제표부속명세서'라는 용어를 사용하지 않고, 그 내용을 '주석'에 기재하도록 하고 있다.

이사 또는 집행임원은 매 결산기에 영업보고서를 작성하여 이사회의 승인을 받아(상 447조의 2) 감사(監事) 또는 감사위원회에게 제출하여야 한다[1](상 447조의 3, 415조의 2 7항). 또한 이사 또는 집행임원은 이러한 영업보고서를 주주총회에 제출하여 그 내용을 보고하기만 하면 되고(상 449조 2항), 그 승인을 받을 필요는 없다. 영업보고서의 기재사항은 상법시행령(2021. 12. 28, 대통령령 32274호) 제17조가 상세하게 규정하고 있다.[2]

2. 재무제표 등의 감사와 비치·공시

(1) 재무제표 등의 감사

1) 재무제표 등의 제출 (대표)이사 또는 (대표)집행임원은 재무제표(대통령령으로 정하는 회사는 이와 함께 연결재무제표를 포함한다. 이하 같다)와 그 부속명세서(상 447조)[3] 및 영업보고서(상 447조의 2)를 작성하여 이사회의 승인을 받은 후(상 447조, 447조의 2), 감사(監事) 또는 감사위원회의 감사를 받기 위하여 정기총회의 회일의 6주간 전에 감사(監事) 또는 감사위원회에게 제출하여야 한다(상 447조의 3, 415조의 2 7항).

2) 감사보고서의 내용 비상장회사의 감사(監事) 또는 감사위원회는 위의 서류를 받은 날로부터 4주간 내에(주주총회일의 2주 이상 전까지) 감사를 하여 감사보고서를

---

1) 이사회의 승인과 감사(監事)의 감사를 받은 영업보고서의 효력에 관한 대법원판례로는 대판 1990. 9. 28, 89 후 2281(공보 1990, 2167)(영업보고서가 상법 제447조의 2에 의한 이사회 승인과 동법 제447조의 4에 따른 감사를 거친 것이라면, 특별한 사정이 없는 한 그 신빙성이 있다고 보아야 할 것이다) 참조.

2) 상법 제447조의 2 제2항에 따라 영업보고서에 기재할 사항은 다음 각 호와 같다(상시 17조).
1. 회사의 목적 및 중요한 사업 내용, 영업소·공장 및 종업원의 상황과 주식·사채의 상황
2. 해당 영업연도의 영업의 경과 및 성과(자금조달 및 설비투자의 상황을 포함한다)
3. 모회사와의 관계, 자회사의 상황, 그 밖에 중요한 기업결합의 상황
4. 과거 3년간의 영업성적 및 재산상태의 변동상황
5. 회사가 대처할 과제
6. 해당 영업연도의 이사·감사의 성명, 회사에서의 지위 및 담당 업무 또는 주된 직업과 회사와의 거래관계
7. 상위 5인 이상의 대주주(주주가 회사인 경우에는 그 회사의 자회사가 보유하는 주식을 합산한다), 그 보유주식 수 및 회사와의 거래관계, 해당 대주주에 대한 회사의 출자 상황
8. 회사, 회사와 그 자회사 또는 회사의 자회사가 다른 회사의 발행주식총수의 10분의 1을 초과하는 주식을 가지고 있는 경우에는 그 주식 수, 그 다른 회사의 명칭 및 그 다른 회사가 가지고 있는 회사의 주식 수
9. 중요한 채권자 및 채권액, 해당 채권자가 가지고 있는 회사의 주식 수
10. 결산기 후에 생긴 중요한 사실
11. 그 밖에 영업에 관한 사항으로서 중요하다고 인정되는 사항

3) 상법 「제447조의 서류」라고 할 때에는(상 447조의 3, 448조 1항 등) 재무제표와 그 부속명세서를 의미하고, 상법 「제447조 각 호에 규정한 서류」라고 할 때에는(상 449조 1항 등) 재무제표만을 의미한다[동지: 정(동), (회) 587면].

(대표)이사 또는 (대표)집행임원에게 제출하여야 한다(상 447조의 4 1항, 415조의 2 7항). 그러나 상장회사의 감사(監事) 또는 감사위원회는 주주총회일의 1주 전까지 감사보고서를 제출할 수 있고(상 542조의 12 6항), 또한 (한국채택국제회계기준을 적용하는 회사의) (외부)감사인은 감사보고서를 작성하여 당해 회사(감사〈監事〉 또는 감사위원회를 포함한다)에 대하여는 정기총회 1주일 전에 제출하여야 한다(외감 23조 1항, 외감시 27조 1항).

상법상 감사(監事) 또는 감사위원회의 감사보고서에는 다음 사항을 적어야 한다(상 447조의 4 2항, 415조의 2 7항).

㈎ 감사방법의 개요(상 447조의 4 2항 1호) 이는 업무감사의 방법과 회계감사의 방법을 포함한다.

㈏ 회계장부에 기재될 사항이 기재되지 아니하거나 부실기재된 경우 또는 대차대조표나 손익계산서의 기재내용이 회계장부와 맞지 아니하는 경우에는 그 뜻(동 2호) 이는 회계감사에 관한 것이다.

㈐ 대차대조표 및 손익계산서가 법령과 정관에 따라 회사의 재무상태와 경영성과를 적정하게 표시하고 있는 경우에는 그 뜻(동 3호) 이는 회계감사에 관한 것이다.

㈑ 대차대조표 또는 손익계산서가 법령이나 또는 정관을 위반하여 회사의 재무상태와 경영성과를 적정하게 표시하지 아니하는 경우에는 그 뜻과 이유(동 4호) 이는 회계감사에 관한 것인데, 그 사유도 기재하여야 하는 점을 유의하여야 한다.

㈒ 대차대조표 또는 손익계산서의 작성에 관한 회계방침의 변경이 타당한지 여부와 그 이유(동 5호) 이는 회계감사에 관한 것이다. 이 때 회계방침(accounting policy)의 변경이란 회계처리방법의 변경을 의미하는데, 그 변경 자체가 위법은 아니어도 분식결산 등을 위하여 이를 변경하는 경우도 있으므로 이러한 점을 지적하라는 의미이다.[1] 따라서 이는 타당성감사에 관한 것이다.

㈓ 영업보고서가 법령과 정관에 따라 회사의 상황을 적정하게 표시하고 있는지 여부(동 6호) 영업보고서는 재무제표는 아니지만, 이것도 회계감사와 관련된 것이다.

㈔ 이익잉여금의 처분 또는 결손금의 처리가 법령 또는 정관에 맞는지 여부(동 7호) 이는 회계감사에 관한 것이다.

㈕ 이익잉여금의 처분 또는 결손금의 처리가 회사의 재무상태나 그 밖의

1) 동지: 정(희), 551~552면.

사정에 비추어 현저하게 부당한 경우에는 그 뜻(동 8호) 이는 회계감사에 관한 것이다. 이 때 현저하게 부당하다는 것은 위법의 경우에 한하지 않는다. 예컨대, 결산기에는 상당한 배당가능이익이 있었으나 그 후 정기총회까지 현저한 손실이 발생한 때에는 결산기의 시점에 있어서의 재산상태에 따라 이익배당을 하는 것은 위법은 아니지만 현저하게 부당한 경우라 할 수 있고, 또한 회사자산의 유동비율이 매우 작은데 차금(借金)하여 무리하게 배당하는 것도 현저하게 부당한 경우라고 할 수 있다. 따라서 이는 타당성감사에 관한 것이다.

(자) 재무제표 부속명세서에 기재할 사항이 기재되지 아니하거나 부실기재된 경우 또는 회계장부 · 대차대조표 · 손익계산서나 영업보고서의 기재 내용과 맞지 아니하게 기재된 경우에는 그 뜻(동 9호) 이는 회계감사에 관한 것이다.

(차) 이사의 직무수행에 관하여 부정한 행위 또는 법령이나 정관의 규정을 위반하는 중대한 사실이 있는 경우에는 그 사실(동 10호) 이는 업무감사에 관한 것이다.

상법상 감사(監事) 또는 감사위원회는 위의 사항 이외에도 감사를 하기 위하여 필요한 조사를 할 수 없었던 경우에는 감사보고서에 그 뜻과 이유를 적어야 한다(상 447조의 4 3항, 415조의 2 7항).

3) 외부감사를 받아야 하는 주식회사의 경우 「주식회사 등의 외부감사에 관한 법률(외감법)」에 의하여 외부감사를 받아야 하는 주식회사(외감 4조 1항 외감시 5조 1항)는 위에서 말한 감사(監事) 또는 감사위원회에 의한 내부감사 외에, 감사인(외감 2조 7호)에 의한 외부감사를 받아야 한다.

회사는 상법에 따라 정기총회 또는 이사회의 승인을 받은 재무제표를 대통령령으로 정하는 바에 따라 증권선물위원회에 제출하여야 하는데, 이러한 재무제표가 감사인이 증권선물위원회에 제출하는 감사보고서에 첨부된 재무제표 또는 회사가 금융위원회와 거래소에 제출하는 사업보고서에 적힌 재무제표와 동일하면 제출하지 아니할 수 있다(외감 23조 3항).

감사인은 감사보고서를 작성하여(외감 18조) 대통령령으로 정하는 기간 내에 이를 당해 회사(감사〈監事〉 또는 감사위원회를 포함한다), 증권선물위원회 및 한국공인회계사회에 각각 제출하여야 한다(외감 23조 1항 본문).

(2) 재무제표 등의 비치 · 공시

(대표)이사 · (대표)집행임원은 재무제표 · 그 부속명세서 · 영업보고서 및 감

사보고서를 정기총회 회일의 1주간 전부터 본점에 비치하여 주주와 회사채권자에게 공시하여야 한다(상 448조).

위에서 말한 외부감사를 받아야 하는 주식회사는 감사인의 감사보고서도 함께 비치하여야 한다(외감 23조 5항).

재무제표·부속명세서·영업보고서와 감사보고서는 본점에 5년간, 그 등본을 지점에 3년간 비치하여야 한다(상 448조 1항). 이 기간은 주주총회 승인의 날부터 기산한다.[1)]

주주와 회사채권자는 영업시간 내에 언제든지 위 비치서류를 열람할 수 있으며, 회사가 정한 비용을 지급하고 그 서류의 등본이나 초본의 교부를 청구할 수 있다(상 448조 2항).

3. 재무제표 등의 승인·공고

(1) 정기총회에서의 승인

(대표)이사·(대표)집행임원은 재무제표를 정기총회에 제출하여 그 승인을 요구하여야 한다(상 449조 1항). 영업보고서는 정기총회에 제출하되 그 내용을 보고만 하면 되고(상 449조 2항), 감사보고서는 총회에 제출할 필요가 없다.[2)] 주주총회는 (대표)이사·(대표)집행임원이 제출한 재무제표와 감사(監事) 또는 감사위원회가 제출한 보고서의 조사를 위하여 필요하다고 인정하는 경우에는 검사인을 선임할 수 있다(상 367조 1항).[3)]

재무제표의 승인은 주주총회의 보통결의에 의하는데, 주주총회는 그 승인을 가결 또는 부결할 수 있을 뿐만 아니라 그 내용을 수정하여 결의할 수도

---

1) 동지: 정(희), 553면; 정(동), (회) 591면.

2) 동지: 정(희), 553면; 정(동), (회) 591면; 이(기) 외, (회) 512면.
일본 회사법 제437조는 이사회설치회사에서는 정기총회 소집통지서에 감사보고서를 첨부하도록 규정하고 있으나, 우리나라는 그에 해당하는 조문이 없으므로 주주가 개별적으로 열람하거나 등본교부를 청구할 수밖에 없다.

3) 참고로 회사 또는 발행주식총수의 100분의 1 이상에 해당하는 주식을 가진 주주는 총회의 소집절차나 결의방법의 적법성을 조사하기 위하여 총회 전에 법원에 검사인의 선임을 청구할 수 있다(상 367조 2항). 이는 주주의 위임장의 유효·무효 조사, 투표·개표의 공정성 등을 확보하기 위하여 이사(집행임원) 또는 소수주주가 총회 전에 법원에 검사인을 선임청구할 수 있도록 한 것인데, 2011년 4월 개정상법에 의하여 신설되었다. 상법 제367조 1항의 경우 검사인 선임권자는 주주총회이고 선임시기는 총회 중이고 선임목적은 재무제표와 감사보고서를 조사하기 위한 것인데, 상법 제367조 2항의 경우 검사인 선임권자는 법원이고 선임시기는 총회 전이며 선임목적은 총회의 소집절차나 결의방법의 적법성을 조사하기 위한 것이라는 점에서, 양자는 구별된다.

있다.[1)]

그러나 회사는 정관에서 정하는 바에 따라 재무제표를 이사회 승인사항으로 할 수 있는데, 이 경우는 외부감사인의 적정의견이 있고 감사(監事) 또는 감사위원(감사위원회가 설치된 회사의 경우) 전원의 동의가 있는 때에 한한다(상 449조의 2 1항). 이와 같이 이사회가 재무제표를 승인한 경우에는 이사 또는 집행임원은 재무제표의 내용을 주주총회에 보고하여야 한다(상 449조의 2 2항). 이는 2011년 4월 개정상법에 의하여 신설된 것인데, 입법론으로는 집행임원 설치회사에서만 재무제표를 이사회 승인사항으로 할 수 있는 것으로 규정하여야 한다고 본다.

(2) 재무제표의 승인의 효과

1) 재무제표의 확정 주주총회 또는 이사회가 재무제표를 승인하면 직접효과로서 그 재무제표는 확정되고, 이에 따라 이익 또는 손실의 처분안도 확정된다.

2) 이사·집행임원·감사(監事) 또는 감사위원회의 책임해제 정기총회(상 449조 1항) 또는 이사회(상 449조의 2 1항)[2)]가 재무제표를 승인하면, 그 후 2년 내에 다른 결의(예컨대, 임원의 책임추궁의 결의, 승인결의를 철회하는 결의 등)가 없으면 이사·집행임원[3)] 및 감사(監事) 또는 감사위원회의 책임은 부정행위가 있는 경우를 제외하고 해제된 것으로 본다(상 450조, 415조의 2 7항).[4)]

(가) 이러한 책임해제의 법적 성질에 대하여 (i) 재무제표의 승인결의의 부수적인 법정효과(승인결의효과설)라고 보는 견해도 있으나(일본의 다수설), (ii) 결의시를 기산점으로 하여 2년의 제척기간이 경과한 효과(제척기간설)라고 본다(우리나라의 다수설).[5)]

(나) 이사 등의 책임해제가 미치는 범위는 재직 중인 이사 등에 한하고 퇴직한 이사 등은 제외되는데, 우리 대법원판례도 이러한 취지에서 다음과 같이 판시하고 있다.

---

1) 동지: 정(동), (회) 591면; 이(철), (회) 986~987면; 채, 760면; 이(기) 외, (회) 512면; 주상(제 5 판)(회사 Ⅳ), 300~301면.

2) 2011년 4월 개정상법이 제449조의 2를 신설하면서 제450조를 개정하지 않은 것은, 입법의 미비라고 본다.

3) 집행임원 설치회사의 경우에는 집행임원도 면책되어야 할 것이므로, 상법 제450조에서 집행임원을 추가하지 않은 것은 입법의 미비라고 본다.

4) 독일 주식법은 감사회가 이사의 책임면제를 결의할 수 있도록 하는데, 이는 손해배상청구권의 포기를 뜻하는 것이 아니라고 한다(AktG §120 ②).

참고로 일본 상법은 우리 상법 제450조에 해당하는 제284조를 1981년 개정에서 삭제하였고, 2005년 회사법에서도 이에 대하여 규정하지 않고 있다.

5) 정(희), 553~554면; 서·정, 514면; 손(주), 921면; 정(동), (회) 592면; 이(철), (회) 987면; 채, 761면 외.

[퇴직한 이사에는 상법 제450조가 적용되지 않는다고 한 판례]

소송의 목적이 되는 권리관계가 이사의 재직중에 일어난 사유로 말미암는다 하더라도 회사가 그 사람을 이사의 자격으로 제소하는 것이 아니라 이사가 이미 이사의 자리를 떠나서 이사 아닌 경우에 회사가 그 사람을 상대로 제소하는 경우에는, 상법 제450조의 계산서류에 관한 이사의 책임해제규정은 적용할 수 없다[대판 1977. 6. 28, 77 다 295(공보 566, 10197)].

(다) 책임해제의 효력이 미치는 범위는 재무제표에 기재되었거나 또는 그 기재로부터 알 수 있는 사항에 한한다(다수설).[1] 부정행위가 있는 경우의 의미는 회사에 대하여 고의 또는 중과실로 가해행위를 한 경우뿐만 아니라, 이사·집행임원의 권한 내의 행위일지라도 당해 사정하에서 정당시될 수 없는 모든 행위를 의미하는데,[2] 이러한 취지의 다음과 같은 하급심판례가 있다.

[시가의 2배가 넘는 가격으로 회사의 대표이사가 토지를 매수한 것은 상법 제450조의 부정행위에 해당한다고 한 판례]

상법 제450조의 이사의 부정행위라 함은 반드시 악의의 가해행위일 뿐만 아니라 이사의 권한 내의 행위라 할지라도 당해 사정하에서 이를 행함이 정당시될 수 없는 모든 경우를 포함한다.

따라서 X회사의 대표이사직을 맡고 있던 Y는 자기 소유의 이 사건 토지를 X회사에 매도함에 있어서 스스로 적정한 매매가격을 사정하여 X회사가 이를 매수하도록 하여야 할 선량한 관리자로서의 주의의무가 있음에도 불구하고, 자신의 이익만을 도모하기 위하여 그 임무를 해태하여 위 토지의 적정한 시가조차 확인함이 없이 매수인인 X회사의 대표자 및 매도인의 지위에서 일방적으로 그 시가의 무려 2배가 넘는 매매대금으로 X회사가 매수한 것은 상법 제450조의 이사의 부정행위에 해당한다[서울고판 1977. 1. 28, 75 나 2885(고집 1977 민 ① 27)].

또한 이러한 부정행위에는 원인행위가 부정한 경우(예컨대, 밀수를 위한 금전의 차입행위 등)와, 승인요구 자체와 관련하여 부정행위를 한 경우(예컨대, 사기 또는 강박에 의하여 승인결의를 시킨 경우 등)가 있다.[3]

1) 정(희), 553면; 손(주), 921면; 이(철), (회) 987면; 채, 761면 외(다수설).
동지: 대판 1969. 1. 28, 68 다 305. 반대: 정(동), (회) 592면(제척기간설을 취하는 한 재무제표의 기재사항에 한정할 이유는 없다고 한다).

2) 반대: 정(동), (회) 592~593면(부정행위란 회사에 대하여 악의 또는 중대한 과실로 가해행위를 한 경우를 말한다고 한다); 정(희), 553면(부정행위란 회사에 대하여 악의 또는 중과실로 인하여 가해행위를 한 경우를 말한다고 한다).

3) 동지: 정(희), 553면; 정(동), (회) 593면; 이(철), (회) 989면; 최(기), (회) 833면; 채, 762면.

책임해제에 관한 증명책임은 이사 · 집행임원 · 감사(監事) 또는 감사위원회에게 있다. 따라서 이사 · 집행임원 · 감사(監事) 또는 감사위원회는 그가 책임질 사항이 재무제표에 기재되었고 이러한 재무제표를 주주총회 또는 이사회가 승인하였다는 사실을 증명하여야 한다.[1]

우리 대법원판례도 이러한 취지에서 다음과 같이 판시하고 있다.

[상법 제450조에 의한 책임해제의 증명책임은 이사에게 있다고 한 판례]

주식회사의 이사가 구 상법 제284조(현행상법 450조)의 규정에 의하여 그 책임을 해제한 것으로 간주되려면 동법 제283조(현행상법 449조)의 규정에 의하여 동법 제281조(현행상법 447조에 해당)에 규정된 서류를 정기주주총회에 제출하여 그 승인을 받아야 하는 것이고, 그 서류에 기재되지 아니한 사항에 대하여는 그 책임이 해제되지 아니한다고 하여야 할 것인바, X회사 주주총회에 제출된 영업보고서에 A상사주식회사로부터 중석매매계약금으로 금 25,000,000환과 7,261,000환이 수입(受入)되었다고 기재된 명세표가 있을 뿐이고, 본건에 있어서 Y들의 임무해태가 있다고 한 생산실적으로는 따를 수가 없는 과다한 양의 흑중석매매계약을 Y들이 위 A회사와 체결하고, 그로 인하여 X회사에게 손해배상을 하여야 한다는 점이나 그 배상액을 제출하였다는 점에 대하여 X회사의 정기주주총회에 제출한 서류에 기재되어 있다고 인정할 수 있는 자료를 찾아볼 수 없으므로, 위 각 영업보고서에 기재된 수입금에 대해서는 위 총회의 승인을 얻었다고 한 것이나, 그 각 보고서에 기재되지 아니한 사유나 지출에 대하여 위 총회의 승인이 있었다고 할 수 없는 것이니, 위와 같이 각 영업보고서에 그 수입금이 기재되었으니 그에 관한 모든 계약사항이 승인된 것이라는 취지의 주장은 받아들일 것이 못 되며, 책임해제를 주장하는 주식회사의 이사는 그 회사의 주주총회에 제출 · 승인된 서류에 그 책임사유가 기재되어 있다는 것을 입증할 책임을 져야 한다고 할 것이니, 본건에 있어서는 주주총회에 Y들의 책임사항에 관한 서류를 제출하고 승인을 받았다는 사실의 입증책임이 Y들에게 있다고 하여야 할 것이다[대판 1969. 1. 28, 68 다 305(집 17 ① 민 86)].

(3) 대차대조표의 공고

(대표)이사 · (대표)집행임원은 재무제표에 대한 주주총회 또는 이사회의 승인을 얻은 때에는 지체 없이 대차대조표를 정관상 공고방법(상 289조 1항 7호 · 3항)인 일간신문에 공고하여야 한다(상 449조 3항).

외부감사를 받아야 하는 주식회사는 위 대차대조표의 공고시에 감사인의

1) 동지: 정(희), 554면; 정(동), (회) 593면; 이(철), (회) 988면; 이(기) 외, (회) 512면.

명칭과 감사의견을 병기하여야 한다(외감 23조 6항).

제 3 재무제표의 기재사항

1. 총 설

(1) 2011년 4월 개정상법 이전에는 자본금에 관하여 액면주식만을 인정하였기 때문에 「회사의 자본은 상법에 다른 규정이 있는 경우 외에는 발행주식의 액면총액으로 한다」고 간단히 규정하였으나, 2011년 4월 개정상법은 무액면주식제도를 도입하였기 때문에 주식회사의 자본금은 액면주식을 발행한 경우와 무액면주식을 발행한 경우로 나누어서 정의되고 있다.

(2) 재무제표의 기재사항에 대하여 2011년 4월 개정상법 이전에는 자산의 평가방법(개정전 상 452조)과 이연자산(개정전 상 453조~457조의 2)에 대하여 상세한 규정을 두었으나, 2011년 4월 개정상법에서는 이러한 사항은 대통령령으로 규정하거나 또는 일반적으로 공정하고 타당한 회계관행에 따라서 하도록 하고(상 446조의 2) 상법에서는 전부 삭제하였다. 주식회사에서의 자산의 평가방법에 관한 특칙과 함께 총칙에서 회계장부에 기재될 자산의 평가방법도 2010년 5월 개정상법에서 삭제하였다.

(3) 2011년 4월 개정상법 이전에는 법정준비금의 재원에 대하여 개별적으로 규정하였으나(개정전 상 459조 1호~4호), 2011년 4월 개정상법에서는 이를 개별적으로 규정하지 않고 대통령령에 위임하였다(상 459조 1항, 상시 18조). 또한 2011년 4월 개정상법에서는 법정준비금의 총액이 자본금의 1.5배를 초과하는 경우 주주총회의 결의만으로 감액할 수 있는 규정을 신설하였다(상 461조의 2).

2. 자 본 금

(1) 회사가 액면주식을 발행하는 경우 자본금은 「상법에 달리 규정한 경우 외에는 발행주식의 액면총액」으로 한다(상 451조 1항). 액면주식의 금액은 균일하여야 하고(상 329조 2항), 액면주식 1주의 금액은 100원 이상으로 하여야 한다(상 329조 3항). 또한 액면주식을 발행하는 경우 1주의 금액은 정관의 절대적 기재사항이고(상 289조 1항 4호), 등기사항이다(상 317조 2항 1호).

(2) 회사가 무액면주식을 발행하는 경우 회사의 자본금은 「주식 발행가액

의 2분의 1 이상의 금액으로서 이사회(정관에 의하여 신주발행사항을 주주총회에서 결정하기로 정한 경우에는 주주총회)에서 자본금으로 계상하기로 한 금액의 총액」을 말한다(상 451조 2항 1문). 이 경우 주식의 발행가액 중 자본금으로 계상하지 아니하는 금액은 자본준비금으로 계상하여야 한다(상 451조 2항 2문). 회사는 정관에서 정한 경우에는 주식의 전부를 무액면주식으로 발행할 수 있는데, 무액면주식을 발행하는 경우에는 액면주식을 발행할 수 없다(상 329조 1항).

(3) 회사는 정관에서 정하는 바에 따라 발행된 액면주식을 무액면주식으로 전환하거나, 무액면주식을 액면주식으로 전환할 수 있다(상 329조 4항). 이 경우에는 주식병합에 관한 규정(상 440조, 441조 본문, 442조)을 준용한다(상 329조 5항). 회사의 자본금은 액면주식을 무액면주식으로 전환하거나, 무액면주식을 액면주식으로 전환함으로써 변경할 수 없다(상 451조 3항).

3. 준 비 금

(1) 총 설

1) 의의·기능

(가) 준비금(reserve; Reservefonds, Rücklage; fonds de réserve)이란 「회사가 순자산액으로부터 자본금을 공제한 금액(잉여금) 중 일부를 장래 생길지도 모르는 필요에 대비하기 위하여 회사에 적립해 두는 금액」을 말하는데, 적립금이라고도 한다.[1] 이러한 준비금은 일종의 기업저축으로서 자본금과 함께 경제학상 자기자본이 되어 영업활동의 기금(基金)이 되고 있다.[2]

(나) 준비금은 자본금과 같이 계산상의 수액(數額)으로서 그 액수만큼 순자산을 유지하고 보유하여야 할 구속이고,[3] 자본금과 함께 대차대조표의 부채항목에 기재되어 이익산출에 있어서 공제항목이 되고 있다(상 462조 1항). 이러한 점에서 볼 때 준비금은 자본금을 보전 및 강화하고, 자본금과 함께 이익배당을 규제하는 기능을 한다.[4]

---

1) 동지: 정(희), 559면; 정(동), (회) 609면.
2) 동지: 정(희), 559면.
3) 그러나 준비금은 자본금에 비하여 그 구속의 정도가 약하다. 즉, 자본금은 엄격한 자본금 감소절차에 의하지 아니하고는 감소할 수 없고 회사가 소멸할 때까지 그에 해당하는 재산을 항상 유지하여야 하나, 준비금은 자본금 감소절차보다는 간편한 절차로 이를 결손전보에 사용하거나 또는 자본금 전입하여 사용할 수 있다[정(동), (회) 609~610면].
4) 동지: 정(동), (회) 610면.

2) 종 류

(가) 준비금에는 법률의 규정에 의하여 적립이 강제되는 법정준비금과, 정관 또는 주주총회의 결의에 의하여 적립하는 임의준비금이 있다. 법정준비금에는 자본준비금(상 459조)과 이익준비금(상 458조)이 있는데, 상법이 단순히 준비금이라고 규정하는 경우에는(상 460조 등) 이러한 법정준비금을 의미한다.

(나) 준비금은 상법이 규정하는 법정준비금 외에도 자산재평가법(2019. 8. 27, 법 16568호)이 규정하는 재평가적립금(revaluation reserve)이 있다. 이는 고정자산의 재평가차액(평가익)에서 재평가일 1일 전의 대차대조표상의 이월결손금을 공제한 잔액을 말한다(동법 8조 1항, 28조 1항).

(다) 준비금과 유사한 것으로 장래에 예상되는 지출(충당부채) 또는 손실(대손충당금)을 대비하기 위한 것으로 충당금이 있다. 이러한 충당금에 대하여 한국채택국제회계기준 및 일반기업회계기준은 대손충당금·충당부채 등을 규정하고 있다(기업회계기준서 1039호 문단 63 · 1037호, 기준 문단 6.17의 2 · 문단 14.3).

(라) 위 (다)의 경우와는 반대로 대차대조표에 형식상 준비금으로 기재되지는 않으나 실질상 준비금의 성질을 갖는 비밀준비금(secret reserve; stille Reservefonds)이 있다. 이는 자산항목을 과소평가하거나 부채항목을 과대평가함으로써 발생한다.[1]

이러한 비밀준비금이 적법한가에 대하여는, 이의 적법성을 긍정하는 견해[2]와 부정하는 견해[3]로 나뉘어 있다. 생각건대 상업장부 및 재무제표상의 자산평가는 진실하여야 하는 점, 분식결산을 방지할 필요가 있는 점 등에서 볼 때, 비밀준비금을 부정하는 것이 타당하다고 본다.[4]

(2) 법정준비금(legal reserve; gesetzlicher Reservefonds; fonds de réserve légale)

1) 법정준비금의 내용 법정준비금은 앞에서 본 바와 같이 법률의 규정에 의해서 그 적립이 강제되어 있는 준비금을 말하는데, 상법상 법정준비금

1) 이에 대하여 법정준비금이나 임의준비금을 「공연한 준비금」으로 부른다[정(동), (회) 611면].
2) 정(희), 563면; 서 · 정, 528면; 정(동), (회) 611면(그러나 상법은 자산의 평가방법에 관하여 상세한 규정을 두고 있으므로 사실상 비밀준비금이 생길 여지는 별로 없다고 한다); 이(철), (회) 992면(일반의 관행에 비추어 합리적이라고 인정하는 범위에서는 비밀준비금도 적법하다고 한다); 이(기) 외, (회) 516면; 주상(Ⅱ-하), 566면.
3) 손(주), 923~924면; 박 · 이, 387면; 김(용), 434면; 채, 771면; 주상(제 5 판)(회사 Ⅳ), 321면.
4) 외국의 경우에도 준비금의 적립요건을 엄격하게 하거나, 재산평가규정을 세밀화하여 비밀준비금의 적립을 금지하는 입법례가 있다. 예컨대, 독일 주식법 제153조와 제154조는 자의적인(willkürlich) 비밀준비금의 적립을 막기 위하여 과소평가의 시기 · 방법 등을 제한하고 있다.

은 그 적립의 재원에 의하여 이익준비금(earned surplus reserve)과 자본준비금(capital surplus reserve)으로 나누어진다.[1] 다만 합병이나 회사의 분할 또는 분할합병의 경우 소멸 또는 분할되는 회사(분할회사)의 이익준비금이나 그 밖의 법정준비금은 합병·분할·분할합병 후 존속되거나 새로 설립되는 회사가 승계할 수 있다(상 459조 2항).

㈎ 이익준비금 이익준비금이란 「이익(이익잉여금)을 재원으로 하여 적립되는 법정준비금」이다. 이 때의 이익이란 매 결산기의 당기이익만을 의미하는 것이 아니라, 그 결산기의 당기이익이 없는 경우에 전기이월이익이나 임의준비금으로 금전배당을 하는 경우를 포함한다.[2]

이익준비금의 적립액과 적립한도에 대하여 상법은 「회사는 그 자본금의 2분의 1이 될 때까지 매 결산기의 (금전 및 현물에 의한) 이익배당액의 10분의 1 이상을 이익준비금으로 적립하여야 한다(다만, 주식배당의 경우에는 그러하지 아니하다)」고 규정하고 있다(상 458조). 이 때 「(금전 및 현물에 의한) 이익배당액」이란 주식배당의 경우를 제외하고 그 결산기에 (이익발생 유무를 불문하고) 주주에게 금전 및 현물로 배당하기로 결정된 금액을 말하고, 실제로 주주에게 지급한 액을 의미하지 않는다.[3] 이러한 금전 및 현물에 의한 이익배당액에는 금전 및 현물의 사외유출이 없는 주식배당을 포함하지 않는다.

이익준비금의 적립한도는 「자본금의 2분의 1이 될 때까지」이므로, 자본금의 2분의 1을 초과한 금액은 (비록 그것이 정관의 규정에 의하여 이익준비금으로 규정된 것이라도) 임의준비금의 성질을 갖는다.[4] 이러한 이익준비금의 적립한도는 자본금의 증감에 따라 증감됨은 물론이다.

은행 등과 같은 공공기업의 경우에는 특별법에 의하여 법정준비금의 적립률과 적립한도가 별도로 규정되어 있다(은행 40조).

---

1) 법정준비금의 입법론상 논의에 관하여는 왕순모, 「기업회계법의 구축과 전망」(부산: 경성대출판부, 2004), 295~374면 참조.

2) 동지: 정(희), 560면; 정(동), (회) 612면.

3) 동지: 정(희), 560면; 이(철), (회) 993면; 재정경제부 유권해석(증권 22325-57, 1986. 2. 4) (배당 여부에 불구하고 회사는 자본의 2분의 1에 달할 때까지는 이익준비금을 적립할 수 있으며, 배당을 하지 않는다고 하여 이것이 임의준비금이 되는 것은 아니다).

참고로 일본의 2005년 회사법은 준비금의 적립기준에 대하여 「이익배당금액의 10분의 1을 자본준비금 또는 이익준비금으로 적립하여야 한다」고 규정하고 있다(日會 445조 4항).

4) 동지: 정(희), 560면; 정(동), (회) 612면; 이(철), (회) 993면; 이(기) 외, (회) 514면; 주상(제 5 판)(회사 Ⅳ), 325면.

(나) 자본준비금 자본준비금이란 「영업이익 이외의 자본거래에서 발생한 잉여금을 재원으로 하여 적립되는 법정준비금」을 말한다. 이는 그 자체가 잉여자본으로서 자본금의 일종의 성질을 갖고 있기 때문에 적립이 강제된다.[1]

한국채택국제회계기준에서는 자본잉여금에 대하여 규정하지 않고, 일반기업회계기준은 자본잉여금의 예로서 주식발행초과금·자기주식처분이익·감자차익 등을 규정하고 있다(기준 문단 2.30).

2011년 4월 개정상법은 자본준비금의 재원에 대하여 개별적으로 규정하지 않고, 「회사는 자본거래에서 발생한 잉여금을 대통령령으로 정하는 바에 따라 자본준비금으로 적립하여야 한다」고 규정하여(상 459조 1항, 상시 18조), 개별적인 자본준비금의 재원에 대하여는 대통령령에 위임하였다. 이에 따라 주식회사는 상법 시행령 제15조[2]에서 정한 회계기준에 따라 자본잉여금을 자본준비금으로 적립하도록 하였다(상시 18조).

2) 법정준비금의 사용 법정준비금은 원칙적으로 자본금의 결손 보전에만 충당하여야 하는데(상 460조 1항), 예외적으로 이를 자본금에 전입할 수 있다(상 461조).

(가) 자본금의 결손 보전 「자본금의 결손」이란 회사의 순자산액이 자본금과 법정준비금의 합계액보다 적은 경우를 의미하는데, 이는 결산기에 확정된다.[3] 법정준비금을 자본금의 결손 보전에 사용한다고 하는 것은 대차대조표상의 부채란의 법정준비금액을 감소시키고 동시에 자산란의 손실액을 그만큼 감소시키는 계산상(장부상)의 행위를 의미한다.[4]

자본금의 결손 보전를 위하여 사용하는 법정준비금에는 제한이 없다.[5]

1) 동지: 정(회), 561면.

2) 상법 제446조의 2에서 "대통령령으로 규정한 것"이란 다음 각 호의 구분에 따른 회계기준을 말한다(상시 15조〈회계원칙〉).

1. 「주식회사 등의 외부감사에 관한 법률」 제 4 조에 따른 외부감사 대상 회사: 같은 법 제 5 조 1항에 따른 회계처리기준

2. 「공공기관의 운영에 관한 법률」 제 2 조에 따른 공공기관: 같은 법에 따른 공기업·준정부기관의 회계원칙

3. 제 1 호 및 제 2 호에 해당하는 회사 외의 회사 등: 회사의 종류 및 규모 등을 고려하여 법무부장관이 중소벤처기업부장관 및 금융위원회와 협의하여 고시한 회계기준

3) 동지: 정(동), (회) 614면; 이(기) 외, (회) 516면; 이(철), (회) 995면; 주상(제 5 판)(회사 Ⅳ), 331면.

4) 동지: 정(회), 562면; 정(동), (회) 614면.

5) 2011년 4월 개정상법 이전에는 「이익준비금으로 자본의 결손의 전보에 충당하고서도 부족한 경우가 아니면 자본준비금으로 이에 충당하지 못한다」고 규정하여(개정전 상 460조 2항) 이익준비금을 먼저 자본금의 결손에 충당하도록 하였으나, 2011년 4월 개정상법은 이를 폐지하였다.

임의준비금과 법정준비금 사이에는 임의준비금을 먼저 사용하여야 하고,[1] 또 자본금의 결손이 있는 경우에 이를 임의준비금이나 법정준비금으로써 보전하지 않고 이연손실로 하여 차기로 이연시킬 수도 있다.[2]

(나) **자본금 전입** 이에 관하여는 특수한 신주발행에서 이미 상세히 설명하였다(상 461조). 준비금의 자본금 전입에도 대차대조표상의 부채란의 준비금계정의 금액을 필요한 만큼 감소하고 동시에 자본금계정의 금액을 증가시키는 것인데, 다만 이 경우에는 신주를 발행하여 종전의 주주[3]에게 그 지주수(持株數)에 따라 무상으로 교부한다.

(다) **법정준비금의 감소** 회사의 법정준비금의 총액이 자본금의 1.5배를 초과하는 경우에는 주주총회의 결의에 따라 그 초과한 금액 범위에서 자본준비금과 이익준비금을 감액할 수 있다(상 461조의 2). 이는 법정준비금이 자본금에 비하여 과다한 경우에 법정준비금을 간편하게 감소할 수 있도록 하기 위하여, 2011년 4월 개정상법이 신설한 조문이다.

(3) 임의준비금(voluntary reserve; freiwilliger Reservefonds; fonds de resérve statutaire)

임의준비금(임의적립금)이란 「(법률에 의하여 그 적립이 강제되지 않고) 정관의 규정 또는 주주총회의 결의에 의하여 적립되는 준비금」을 말한다(기준 문단 2.40 참조).

임의준비금의 적립률이나 그 한도에 대하여는 제한이 없다.[4]

임의준비금은 적립목적에 따라서만 사용되고, 준비금의 자본금 전입에서 설명한 바와 같이 자본금 전입의 목적이 되지 못한다. 임의준비금의 폐지·변경·유용은 그 적립근거에 따라 정관에 의한 것은 정관의 변경으로, 주주총회

---

1) 동지: 정(희), 562면; 서·정, 524면; 정(동), (회) 614면 외(다수설).

2) 동지: 정(희), 562면; 이(철), (회) 995면.

3) 준비금의 자본금 전입에 의한 신주발행의 경우 신주(무상주)를 배정받을 주주에 대하여 우리 대법원판례는 소유권 유보부 주식매매에 있어서는 매수인이 주식매매대금을 완납하지 않고 있는 사이에 준비금의 자본금 전입에 의하여 생긴 무상주는 당연히 주주권을 그대로 유보하고 있는 매도인에게 귀속된다고 판시하고[대판 1974. 6. 25, 74 다 164(집 22 ② 민 133)], 주식을 양도하고서 명의개서를 하지 않은 경우에는 이사회의 결의로 정한 일정한 날(배정기준일)에 주주명부에 주주로 기재된 주주만이 신주의 주주가 되므로 배정기준일 현재 주주명부에 기재된 주주(명의주주)가 준비금의 자본금 전입에 의한 무상주의 주주가 된다고 판시하고 있다[대판 1988. 6. 14, 87 다카 2599·2600(공보 1988, 1026)].

4) 동지: 정(동), (회) 615면.

그러나 독일 주식법은 임의준비금의 적립한도에는 제한이 없으나 연도이익의 절반까지 임의준비금으로 적립할 수 있음을 규정하고 있다(AktG §58 ①).

의 결의에 의한 것은 주주총회의 결의로 자유롭게 할 수 있다.[1)]

제 4 이익배당

Ⅰ. 총 설

(1) 이익배당(dividend)이란 광의로는 「주식회사가 그 영업에 의하여 얻은 이익을 주주에게 분배하는 것」을 의미하는데, 주식회사에는 인적회사에서와 같은 퇴사제도가 없고 또 그 영속적 성질로 인하여 잔여재산분배도 쉽게 할 수 없으므로 이익배당은 주식회사의 본질에 해당한다.[2)] 이의 결과 주주의 이익배당청구권은 주주의 권리 중에서도 가장 중요한 자익권에 속하고, 또한 고유권이므로 주주의 동의 없이는 이를 박탈하거자 제한할 수 없다.[3)] 이와 같이 이익배당은 주식회사의 생리적 현상이지만, 한편 회사의 업무집행기관이 주주와 영합하여 재산을 부당평가하여 이익배당을 함으로써 회사채권자를 해하거나 주주총회에서 의결된 이익배당을 고의로 지연시킴으로써 주주를 해하는 경우에는 병리적 현상인 폐해도 발생한다.[4)] 따라서 상법은 회사채권자의 이익을 보호하기 위하여 이익배당의 요건을 엄격하게 규정하고(상 462조, 464조), 한편 주주의 이익을 보호하기 위하여 배당금지급시기를 규정하고 있다(상 464조의 2).

이익배당과 관련하여 주주의 이익을 해하는 경우로 회사에 많은 이익이 발생하였음에도 불구하고 회사의 임원은 이를 주주에게 배당하는 의안을 주주총회에 제출하지 않고 사내에 유보하는 경우가 있다. 이러한 폐해를 규제하기 위하여는 상법에 규정이 없고, 학설 중에는 주주에게 배당강제소송(이익배당청구소송)을 인정하여야 한다는 견해도 있으나,[5)] 우리 대법원판례는 다음에서 보는 바와 같이 이를 인정하지 않는다.

[이익배당에 관한 주주총회의 결의가 없으면 주주는 회사에 대하여 구체적인 이익배당청구권을 행사할 수 없다고 본 판례]

정관의 제 규정 및 관계 상법규정이 정하고 있는 사원총회(주주총회—저자

1) 동지: 정(희), 563면; 정(동), (회) 615면.
2) 동지: 정(희), 564면.
3) 동지: 손(주), 934면.
4) 동지: 정(희), 564면.
5) 정(동), (회) 622면.

주)의 계산서류(재무제표—저자 주) 승인에 의한 배당금의 확정과 배당에 관한 결의가 없는 경우에는 (주주의 회사에 대한) 이익배당금청구는 이유 없다[대판 1983. 3. 22, 81 다 343(공보 704, 728)].

동지: 서울고판 1976. 6. 11, 75 나 1555(고집 1976 민 ② 329)(이익배당의 결정은 주주총회의 권한에 전속하기 때문에 주주총회결의에 의하여 비로소 그 내용이 구체적으로 확정되는 것이고, 이익배당이 확정되기 전에는 주주의 이익배당청구권은 일종의 기대권을 내용으로 하는 추상적 권리에 지나지 않는다 할 것이므로 … 10,000주 이상을 소유하는 대주주〈원고〉에 대하여는 별도의 배당결의가 없어서 이러한 대주주의 권리는 추상적 권리에 지나지 않고, 현행 상법상 법원이 주주총회에 갈음하여 이사회에서 제출한 이익금 처분안을 수정하여 주주의 구체적 이익배당을 확정지을 길이 없고 주주가 이익배당에 관한 주주총회결의를 강요할 수도 없는 것이므로, 결국 이러한 대주주에게는 확정적인 이익배당청구권이 없고 또 적법한 이익배당에 관한 주주총회의 결의가 없다 하여 상법상의 채무불이행 또는 불법행위도 될 수 없다 할 것이므로, 이러한 대주주에게 이익배당청구권이 있음을 전제로 한 동 대주주의 청구는 이유 없다).

(2) 이익배당의 방법에는 현금배당(금전배당)·현물(재산)배당 및 주식배당의 세 가지가 있는데, 우리 상법은 이 세 가지를 모두 인정하고 있다(상 462조, 462조의 2, 462조의 4).[1)]

따라서 우리 상법상 광의의 이익배당이란 현금배당·현물배당 및 주식배당을 의미하지만, 협의의 이익배당이란 현금배당만을 의미한다. 한편 상법은 연 1회의 결산기를 정한 회사가 정관의 규정에 의하여 영업연도중 1회에 한하여 이익배당을 할 수 있는 중간배당을 인정하고 있다(상 462조의 3). 그러므로 이하에서는 협의의 이익배당(현금배당)·현물배당·주식배당 및 중간배당에 대하여 차례로 살펴보겠다.

2. 이익배당(협의의 이익배당 또는 현금배당)

(1) 의 의

앞에서 본 바와 같이 광의의 이익배당이란 「주식회사가 그 영업에 의하여 얻은 이익을 주주에게 분배하는 것」을 말하는데, 협의의 이익배당이란 「주식회사가 그 영업에 의하여 얻은 이익을 주주에게 현금(금전)으로 분배하는 것」

1) 1984년의 상법개정 이전에는 현금배당만을 인정하였으나(상 462조), 1984년 상법개정에서 주식배당을 인정하고 있고(상 462조의 2), 2011년 4월 개정상법에서 현물배당을 인정하고 있다(상 462조의 4).

을 말한다.

(2) 이익배당의 요건

회사는 대차대조표상의 순자산액으로부터 자본금의 액과 그 결산기까지 적립된 법정준비금·그 결산기에 적립하여야 할 이익준비금 및 대통령령으로 정하는 미실현이익[1]을 공제한 액(배당가능이익)[2]을 한도로 하여 이익배당을 할 수 있다(상 462조 1항).[3] 정관의 규정 또는 주주총회의 결의로 임의준비금의 적립을 정한 때에는 이것도 공제하여야 하고, 자산재평가법에 의한 재평가적립금이 있는 경우에는 이것도 공제하여야 한다(자재 28조). 또한 이 이익의 일부를 임원상여금으로 지급하거나 차기이월이익으로 유보하는 경우도 있다.[4]

상법이 이와 같이 이익배당의 요건으로서 배당가능이익의 산출방법을 엄격히 규정한 것은 회사채권자를 보호하기 위한 것으로서 자본금 유지(충실)의 원칙의 하나가 되고 있다.

(3) 이익배당의 확정

이익배당의 결정은 원칙적으로 「주주총회」의 전권사항이다(상 449조, 462조 2항 본문).[5] 주주총회가 대차대조표와 손익계산서를 승인하면 이익이 확정된다. 주주총회가 이익배당안을 결의하면 배당액이 확정되는 것이지만(상 462조 2항 본문), 실제에 있어서는 재무제표와 이익배당안을 일괄하여 결의하는 것이 보통이다. 이에 앞서 이사·

1) 이는 2011년 4월 개정상법에서 신설된 것인데, "상법 제446조의 2의 회계원칙에 따른 자산 및 부채에 대한 평가로 인하여 증가한 대차대조표상의 순자산액으로서, 미실현손실과 상계(相計)하지 아니한 금액"을 말한다(상시 19조 1항). 그러나 파생결합증권 또는 파생상품거래의 위험을 회피하려고 그 거래와 연계된 반대거래를 하는 경우에 발생하는 미실현이익은 그에 상응하는 미실현손실과 상계할 수 있다(상시 19조 2항). 이는 2014. 2. 24. 상법시행령의 개정으로 신설된 것인데, 이로 인하여 2012년 기준 국내 10대 증권사의 배당가능이익이 약 6조원, 은행권 기준 파생상품관련 배당가능이익이 약 26조원 증가하게 되었다.

2) 상법상 배당가능이익에 관하여는 이경석, "주식회사 배당가능이익의 산정에 관한 연구(상법 개정안의 미실현이익 공제를 중심으로)," 법학석사학위논문(고려대, 2011. 2); 최병성·홍복기·박정우, 상법상 배당가능이익 산정에 관한 연구(상장협 연구보고서 2002-4)(한국상장회사협의회, 2002. 7); 홍복기·박정우, "회사의 계산제도 개선에 관한 연구(배당가능이익 산정을 중심으로)," 「상사법연구」(한국상사법학회), 제20권 3호(2001), 47~95면; 심영, "주식회사의 배당가능이익 계산과 미실현이익," 「상사법연구」(한국상사법학회), 제33권 제 3 호(2014. 11), 43~71면 등 참조.

3) 이러한 이익배당규제의 문제점과 개선방향에 관하여는 왕순모, 「기업회계법의 구축과 전망」(부산: 경성대출판부, 2004), 171~194면 참조.

4) 한국채택국제회계기준에 의한 당기순손익의 계산에 관하여는 기업회계기준서 제1001호 문단 88을, 일반기업회계기준에 의한 당기순손익의 계산에 관하여는 문단 2. 56을 각각 참조.

5) 정찬형, "주식회사의 재무제표의 확정권한에 관한 연구," 「상장협」, 제47호(2003, 춘계호), 81~95면(재무제표의 확정권을 정관 또는 특별법에 의하여 이사회에 부여할 수 없다).

집행임원은 매 결산기에 이러한 재무제표를 작성하여 이사회의 승인과 감사(監事) 또는 감사위원회의 감사(監査)를 받은 후에, 이를 주주총회의 승인을 받기 위하여 주주총회에 제출한다. 주주총회는 이익배당을 결의함에 있어 이사회가 작성한 이익배당안을 수정변경할 수도 있다. 위와 같이 주주총회의 재무제표에 대한 승인 및 이익배당안에 대한 결의가 있으면 회사의 이익배당은 확정되고, 주주는 회사에 대하여 구체적인 이익배당청구권을 취득한다.[1)]

앞에서 본 바와 같이 회사는 정관에서 정하는 바에 따라 일정한 경우 재무제표를 이사회가 승인하도록 할 수 있는데(상 449조의2 1항), 이 경우에는 이익배당안이 이사회의 결의로 확정된다(상 462조 2항 단서).

⑷ 이익배당의 기준

1) 주주평등의 원칙

㈎ 원 칙 이익배당은 원칙적으로 주주평등의 원칙에 의하여 각 주주가 가진 주식의 수에 따라 지급하여야 한다(상 464조 본문). 이 때 대주주는 무배당 또는 5%, 일반주주는 10%라는 등으로 차등배당을 결의하는 경우에는 대주주가 자기의 이익배당청구권의 전부 또는 일부를 포기한 것이라고 볼 수 있으므로, 주주평등의 원칙에 반하는 것이 아니다.

우리 대법원판례도 이러한 취지로 다음과 같이 판시하고 있다.

[대주주가 소액주주보다 적게 배당받기로 한 것은 주주평등의 원칙에 위반되지 않는다고 본 판례]

대주주가 참석하여 당해 사업연도 잉여이익 중 자기들이 배당받을 몫의 일부를 스스로 떼어내 소액주주들에게 고루 나눠 주기로 한 것이니, 이는 주주가 스스로 그 배당받을 권리를 포기하거나 양도하는 것과 마찬가지로서 상법 제464조의 규정에 위반된다고 할 수 없다(즉 주주평등의 원칙에 위반되지 않는다—저자 주)[대판 1980. 8. 26, 80 다 1263 (요지 민·상 Ⅱ, 548)].

그러나 반대로 일반주주에게는 무배당으로 하고 특정한 대주주에게는 증여형식으로 일정한 금액을 지급하기로 하는 약정은 주주평등의 원칙에 반하므로 무효라고 보아야 한다.[2)]

1) 동지: 대판 1983. 3. 22, 81 다 343(공보 704, 728).
2) 동지: 정(희), 565면; 손(주), 935면; 정(동), (회) 624~625면; 日最高判 1970. 11. 24(民集 24-12, 1963).

(나) 예 외

① 상법상의 예외로 회사가 정관의 규정에 따라 내용이 다른 종류주식을 발행한 경우에는(상 344조 1항), 이러한 정관의 규정에 따라 회사는 종류주식 사이에 차등배당을 할 수 있다(상 464조 단서). 그러나 이 경우에도 같은 종류주식 사이에는 주주평등의 원칙에 따라 배당되어야 한다.

② 특별법상의 예외로는 공공적 법인(국가기간산업 등 국민경제상 중요한 산업을 영위하는 법인으로서 대통령령으로 정하는 상장법인 — 자금 152조 3항)은, 이익배당을 할 때 정부에 지급할 배당금의 전부 또는 일부를 상법 제464조에도 불구하고 대통령령으로 정하는 방법에 따라(정부로부터 직접 매수하여 계속 소유하는 주식수에 따라 배당함) 해당 법인의 주주 중 (i) 해당 주식을 발행한 법인의 우리사주조합원, (ii) 연간 소득수준 및 소유재산규모 등을 고려하여 대통령령으로 정하는 기준에 해당하는 자에게 지급할 수 있다(자금 165조의 14 1항, 자금시 176조의 15 1항 · 2항).

2) 일할배당 · 동액배당 영업연도의 중간에 신주가 발행된 경우에 회사는 신주의 효력발생일로부터 결산일까지의 일수를 계산하여 이익배당을 하는 것을 일할배당이라고 하는데, 이는 주주의 실질적 평등에 합치하는 것이므로 위법이 아니라고 본다(일할배당 적법설).[1] 1995년 개정상법에 의하여 신설된 규정에 의하면, 신주에 대한 이익배당에 관하여 정관이 정하는 바에 따라 그 청구를 한 때가 속하는 영업연도의 직전영업연도 말에 주주가 되는 것으로 할 수 있었는데(1995년 개정 상 461조 6항, 423조 1항 2문, 350조 3항 2문), 이 경우에는 동액배당을 한다는 의미이다. 그런데 2020년 개정상법은 이러한 규정들을 모두 삭제하면서 그 개정이유에서는 "신주의 이익배당 기준일에 대한 실무상 혼란을 초래한 규정을 정비하여 신주의 발행일에 상관 없이 이익배당 기준일을 기준으로 구주와 신주 모두에게 동등하게 이익배당을 할 수 있음을 명확히 한다"고 하여(2020. 8. 31. 정부의 상법 일부개정법률안 개정이유 및 2020년 개정상법 공포에 관한 관보상 개정이유), 동액배당을 전제로 하여 이러한 규정들을 삭제한 것으로 설명하고 있다. 따라서 우리 상법상 주주의 실질적 평등에 따라 일할배당으로 할 것인가, 형식적 평등에 따라 동액배당으로 할 것인가는 회사의 임의라고 본다(일할배당 임

1) 동지: 정(희), 566면; 정(동), (회) 624~625면; 손(주), 936면; 법무부유권해석 — 법무 810-25466, 74. 11. 25(주식회사의 이익배당에 관한 질의) 및 법무 810-11582, 74. 5. 25(자산재평가적립금 및 준비금 자본전입에 따라 발행하는 신주의 배당기산일에 관한 질의).
반대: 이철송, "신주에 대한 일할배당과 대소주주에 대한 차등배당의 적법성," 「월간고시」, 1986. 5, 46~57면.

의설).[1]

⑸ 이익배당금의 지급

1) 이익배당청구권(배당금지급청구권) 주주의 이익배당청구권에는 신주인수권의 경우와 같이 추상적 이익배당청구권과 구체적 이익배당청구권의 두 가지가 있다. 추상적 이익배당청구권(Dividendenrecht)은 주주권의 내용을 이루는 권리로서 주주의 지위와 불가분의 관계에 있고, 개별적으로 처분하지 못하며(주식불가분의 원칙), 또 시효에 걸리지 않는다(주주의 고유권). 그러나 주주총회(상 449조 1항, 462조 2항 본문) 또는 이사회(상 449조의 2 1항, 462조 2항 단서)가 이익배당안을 결의하면 주주는 회사에 대하여 채권적 성질을 가진 구체적 이익배당청구권(배당금지급청구권)(Dividendenanspruch)을 취득하는데[2](금전채권), 이는 독립하여 양도·압류·전부명령 등의 목적이 될 수 있고 또 시효에도 걸린다. 주주의 이러한 구체적 이익배당청구권의 시효기간은 5년이므로(상 464조의 2 2항), 주주는 이 시효기간 내에 배당금지급청구권을 행사하여야 한다. 이러한 구체적인 이익배당청구권을 갖는 주주는 결의 당시의 주주명부에 기재된 주주이어야 하겠으나, 실제로는 주주명부의 폐쇄 또는 기준일의 설정으로 인하여 결산일의 주주이다.[3]

2) 배당금 지급시기 이익배당금 지급의 지연에 따른 주주의 손해를 방지하기 위하여 상법은 회사는 주주총회 또는 이사회에 의한 이익배당의 결의(상 462조 2항)가 있은 날부터 1개월 내에 배당금을 지급하여야 하는 것으로 규정하고 있다(상 464조의 2 1항 본문).[4] 그러나 주주총회 또는 이사회에서 배당금의 지급시기를 따로 정한 경우에는 그에 의한다(상 464조의 2 1항 단서).

회사가 1개월 내에 배당금을 지급하지 아니한 때에는 이사 등은 과태료의 제재를 받는다(상 635조 1항 27호). 또 주주총회 또는 이사회의 배당결의 후 1개월 내(주주총회

---

1) 과거에 일할배당 적법설은 다시 일할배당 의무설과 일할배당 임의설로 나뉘어 있었다.

2) 동지: 서울고판 1967. 3. 2, 66 구 256(고집 1967 특 188); 동 1976. 6. 11, 75 나 1555(고집 1976 민〈2〉 329).

유한회사에서도 이와 동지의 판례로는 대판 1983. 3. 22, 81 다 343(공보 704, 728)(사원총회의 재무제표승인에 의한 배당금의 확정과 배당에 관한 결의가 없는 경우에는 사원의 이익배당금청구는 이유 없다).

3) 동지: 정(희), 567면.

4) 배당금의 지급시기가 1995년 개정상법 이전에는 주주총회의 재무제표의 승인결의시부터 「2월」이었으나, 회사는 이를 근거로 1월 이내에 지급할 수 있음에도 불구하고 실제로 2월이 다 되어야 지급하는 폐단을 방지하기 위하여 1995년 개정상법은 「1월」로 단축하였다[해설(1995), 172~173면].

(또는 이사회에서 배당금지급시기를 따로 정한 때에는 그 시기 내)에 회사가 배당금을 지급하지 아니하면 주주는 회사에 대하여 지연배상금을 청구할 수 있는데, 이 때에 지연배상금의 산정은 배당금 지급청구권이 민사채권이므로 연 5퍼센트의 이율에 의하고(민 379조), 주주는 이에 관한 손해를 증명할 필요가 없으며, 회사는 무과실의 항변을 주장하지 못한다[1] (민 397조).

(6) 위법배당의 효과

1) 위법배당의 의의 위법배당(제꼬리배당)이란 「배당가능이익이 없음에도 불구하고 이익배당을 하거나, 배당가능이익을 초과하여 이익배당을 하는 것」을 말하는데, 이러한 위법배당은 당연무효가 된다.[2]

회사가 자산을 부당평가하는 등의 방법으로 재무제표를 작성하여, 실질적으로는 배당가능이익이 없는데 형식적으로 배당가능이익이 있는 것이 되어 이익배당하는 경우를 「실질적인 위법배당(분식결산)」이라고 하는데,[3] 이것도 위법배당에 포함된다고 본다.[4]

2) 위법배당액의 반환청구 위법배당은 위에서 본 바와 같이 당연무효이므로 위법배당을 받은 주주는 배당받은 이익을 부당이득으로 회사에 반환할 의무를 부담한다(민 741조, 748조). 이 때 주주가 스스로 반환하지 않거나 회사에서 반환청구를 하지 않는 경우에는, 「회사채권자」가 직접 주주에 대하여 위법배당액을 회사에 반환할 것을 청구할 수 있다(상 462조 3항). 이 때 회사채권자는 이익배당 당시의 채권자가 아니라도 무방하고, 채권액의 많고 적음을 불문하며, 반환청구할 수 있는 금액은 채권액이 아니라 위법배당한 전액이다.[5] 회사채권자의 이러한 반환청구는 소(訴)의 방법으로도 가능하고 소 이외의 방법(의사표시)으로도 가능한데, 소(訴)의 방법으로 하는 경우에는 본점소재지의 지방법원에 제기하여야 한다(상 462조 4항, 186조).

위법배당을 결의한 주주총회결의는 무효확인의 소의 대상이 되는데, 이 소

---

1) 동지: 정(희), 567면.
2) 동지: 정(동), (회) 627면.
3) 분식결산의 법적 의의와 책임문제에 관하여는 왕순모, 「경성법학」(경성대 법학연구소), 제10호(2001), 37~62면; 동, 「기업회계법의 구축과 전망」(부산: 경성대출판부, 2004), 85~122면 참조.
4) 동지: 정(동), (회) 627면; 이(기) 외, (회) 522면; 주상(제 5 판)(회사 Ⅳ), 353~354면.
5) 동지: 정(동), (회) 627면; 이(기) 외, (회) 523면; 주상(Ⅱ-하), 583면.

의 성질을 확인소송으로 보면 회사채권자는 주주총회결의 무효확인판결 이전에도 위법배당액의 반환청구를 할 수 있으나, 형성소송으로 보면 회사채권자는 주주총회결의 무효확인판결 이후에만 위법배당액의 반환청구를 할 수 있다.[1)]

위법배당은 당연무효이므로 회사 또는 회사채권자가 위법배당액을 반환청구하는 경우에는 주주의 선의·악의를 불문한다(통설).[2)]

위법배당에 따른 부당이득반환청구권은 상법 제64조가 적용되지 않고 민법 제162조 제 1 항이 적용되어 소멸시효기간이 10년인데, 우리 대법원판례도 이와 동지로 다음과 같이 판시하고 있다.

[위법배당에 따른 부당이득반환청구권의 소멸시효기간은 10년이라고 한 판례]

회사는 대차대조표의 순자산액으로부터 자본의 액, 그 결산기까지 적립된 자본준비금과 이익준비금의 합계액, 그 결산기에 적립하여야 할 이익준비금의 액을 공제한 액을 한도로 하여 이익의 배당을 할 수 있고(상법 제462조 제 1 항), 일정한 요건을 갖추면 중간배당을 할 수 있지만 이때에도 배당 가능한 이익이 있어야 한다(상법 제462조의 3 제 1 항, 제 2 항). 만약 회사가 배당 가능한 이익이 없음에도 이익의 배당이나 중간배당을 하였다면 위 조항에 반하는 것으로 무효라 할 것이므로 회사는 배당을 받은 주주에게 부당이득반환청구권을 행사할 수 있다. 이익의 배당이나 중간배당은 회사가 획득한 이익을 내부적으로 주주에게 분배하는 행위로서 회사가 영업으로 또는 영업을 위하여 하는 상행위가 아니므로 배당금지급청구권은 상법 제64조가 적용되는 상행위로 인한 채권이라고 볼 수 없다. 이에 따라 위법배당에 따른 부당이득반환청구권 역시 근본적으로 상행위에 기초하여 발생한 것이라고 볼 수 없다. 특히 배당가능이익이 없는데도 이익의 배당이나 중간배당이 실시된 경우 회사나 채권자가 주주로부터 배당금을 회수하는 것은 회사의 자본충실을 도모하고 회사 채권자를 보호하는 데 필수적이므로, 회수를 위한 부당이득반환청구권 행사를 신속하게 확정할 필요성이 크다고 볼 수 없다. 따라서 위법배당에 따른 부당이득반환청구권은 민법 제162조 제 1 항이 적용되어 10년의 민사소멸시효에 걸린다고 보아야 한다[대판 2021. 6. 24, 2020 다 208621(공보 2021, 1340)].

1) 정(희), 565면.
그러나 정(동), (회) 374면은 위법배당을 결의한 주주총회결의의 무효확인의 소의 법적 성질을 형성소송설로 보면서, 정(동), (회) 628면은 회사의 채권자는 주주총회결의 무효확인의 소를 거치지 않고도 주주에 대하여 위법배당액을 반환청구할 수 있다고 한다(후단 부분은 개설〈改說〉함).

2) 정(희), 565면; 정(동), (회) 627면; 연습, 561면; 채, 785면; 이(기) 외, (회) 522면; 주상(제 5 판)(회사 Ⅳ), 355~356면 외.

3) 이사 · 집행임원 · 감사(監事) 또는 감사위원회 등의 책임 위법배당안을 이사회에서 찬성하고(상 447조) 이를 정기주주총회에 제출한 이사 · 집행임원 등은 회사에 대하여 연대하여 손해배상책임을 부담하며(상 399조, 408조의 8 1항 · 3항), 또한 이러한 이사 · 집행임원 등에 고의 또는 중과실이 있는 경우에는 그는 회사채권자 및 주주 등에 대하여도 손해배상책임을 부담한다(상 401조, 408조의 8 2항 · 3항). 감사(監事) 또는 감사위원회도 재무제표를 감사하여 감사보고서를 제출하고(상 447조의 4, 415조의 2 7항) 또 주주총회 또는 이사회에 그 의견을 보고할 의무가 있으므로(상 413조, 415조의 2 7항, 391조의 2 2항), 재무제표에 부정이나 허위가 있음에도 불구하고 이를 정당한 것으로 보고한 때에는 그 임무를 게을리한 것으로 볼 수 있으므로 회사 또는 제 3 자에 대하여 연대하여 손해배상책임을 부담한다(상 414조, 415조의 2 7항).

(외부)감사인이 있는 경우에는 이러한 자도 회사 및 제 3 자에 대하여 손해배상책임을 부담한다(외감 31조).

이 때에 이러한 이사 · 집행임원 등의 책임은 과실책임이다(상 399조 · 401조, 408조의 8).

4) 벌 칙 위법배당을 한 이사 등은 5년 이하의 징역 또는 1,500만원 이하의 벌금에 의한 처벌도 받는다(상 625조 3호).

3. 현물배당

(1) 현물배당의 의의 · 효용

1) 2011년 4월 개정상법 이전에는 금전배당과 주식배당만을 인정하였으나,[1] 2011년 4월 개정상법에서는 이 외에 현물배당도 인정하고 있다(상 462조의 4).[2] 즉, 현물배당이란 「주식회사가 정관에 의하여 그 영업에 의하여 얻은 이익을 주주에게 금전 외의 재산으로 분배하는 것」이라고 볼 수 있다(상 462조의 4 1항). 다만 주주의 이익을 보호하기 위하여 주주는 회사에 대하여 금전배당을 청구할 수 있도록 하고 있다(상 462조의 4 2항 1호).

2) 2011년 4월 개정상법이 이익배당에서 배당재원을 현물로까지 확대함으로써 실무상 다양한 수요에 대응할 수 있게 되었다. 회사는 현물배당을 이용함으로써 금전배당에 따른 자금조달의 어려움을 덜 수 있고, 또한 주식배당에

1) 2011년 4월 개정상법 이전에도 특별법에서는 현물배당을 인정하고 있는 예가 있었다(한국산업은행법 43조 3항).

2) 현물배당에 관하여는 이영철, "현물배당제도에 관한 쟁점사항의 검토," 「상사법연구」(한국상사법학회), 제33권 제 3 호(2014. 11), 197～228면 등 참조.

따른 복잡한 절차(신주발행 등)를 피할 수 있을 것으로 본다. 그러나 현물배당의 경우 현물의 평가에 따른 어려움은 있을 것으로 본다.

(2) 현물배당의 요건

1) 배당가능이익의 존재 현물배당을 하기 위하여 상법 제462조 1항에 의한 배당가능이익이 있어야 하는 점은, 금전배당 및 주식배당의 경우와 같다.

2) 정관의 규정 현물배당을 하기 위하여는 정관에 이에 관한 규정이 있어야 한다. 이는 주주들이 정관에 의하여 수권한 경우에 한하여 현물배당을 할 수 있도록 한 것으로서, 현물배당을 할 것인지 여부를 이사회에서 결정하도록 한 것이 아니라 주주총회의 특별결의로 결정하도록 한 것이라고 볼 수 있다. 이러한 점은 금전배당 및 주식배당의 경우와 구별되는 점이다.

3) 현물의 범위 현물배당에서 현물의 범위에 대하여 상법은 특별히 제한하고 있지 않고,[1] 「금전 외의 재산」으로만 규정하고 있다(상 462조의 4 1항). 이에 대하여 「대차대조표상의 자산의 부에 기재할 수 있는 종류물」로 제한하여야 한다는 견해도 있으나,[2] 현물에 대한 평가가 공정하고 또한 어느 주주의 이익도 해하지 않는다면(즉, 주주평등의 원칙에 합치하는 한) 이와 같이 임의로 현물의 범위를 제한하는 것도 현물배당을 인정한 취지에 반한다고 본다.[3]

4) 현물배당의 제한 상법은 회사가 정관의 규정에 의하여 현물배당을 하는 경우에도 주주에게 현물배당액에 상당한 금전의 지급을 청구할 수 있는 선택권을 부여함과 동시에, 일정 수 미만의 주식을 보유한 주주에 대하여는 회사가 금전배당을 할 수 있도록 하였다. 즉, 회사가 현물배당을 하는 경우에도 주주는 회사에 대하여 현물배당 대신 금전배당을 청구할 수 있는데, 이 경우 회사는 그 금액 및 청구할 수 있는 기간을 정하여야 한다(상 462조의 4 2항 1호). 또한 회사는 현물배당을 하는 경우에도 일정 수 미만의 주식을 보유한 주주에게 현물배당 대신 금전배당을 할 수 있는데, 이 경우 회사는 그 일정 수 및 금액을 정

1) 일본의 회사법에서는 자사주식·신주예약권·사채 등은 (배당절차 이외에 별도의 절차가 필요하므로) 현물에 포함되지 않는 것으로 규정하고 있다(日會 454조 1항 1호).
우리나라에서 자기주식을 현물배당할 수 있는지 여부에 대하여 긍정설과 부정설이 있는데, 자기주식의 처분은 신주발행과 유사하다고 볼 수 있는 점에서 볼 때 부정설이 타당하다고 본다(동지: 이영철, 상게논문, 208면).

2) 안수현, "기업회계," 「21세기 회사법 개정의 논리」(2006년 법무부 상법개정작업 기초실무 자료〈기업재무편〉)(서울: 도서출판 소화, 2007), 264~265면(종류물이 아닌 이상 주주평등의 원칙이 문제될 수 있고〈주주들이 모두 동의한 경우에는 그렇지 않음〉, 현물배당의 경우 현물을 평가하는 문제가 제기될 수 있기 때문이다).

3) 동지: 이영철, 전게논문(상사법연구 제33권 제 3 호), 206면.

하여야 한다(상 462조의 4 2항 2호).

4. 주식배당

(1) 주식배당의 의의·효용

1) 의 의 우리 상법상 주식배당이란 「주식회사가 주주에게 배당할 수 있는 이익의 일부를(이익배당총액의 2분의 1까지) 새로이 발행하는 주식으로써 주주에게 그 지분비율에 따라 무상으로 배당하는 것」을 말한다.[1] 상법은 1984년의 개정으로 미국과 일본의 입법례를 참고하여 주식배당제도를 도입하였다.[2] 이러한 주식배당제도는 배당가능이익을 사내에 유보할 수 있도록 하여 회사의 자금조달을 원활히 한다는 가장 큰 장점이 있으나, 한편으로는 주주의 이익배당청구권을 침해할 우려가 있는 등(특히 주식의 시가가 액면가에 미달하는 경우)의 단점이 있다. 따라서 상법은 이러한 주식배당제도의 단점을 보완하기 위하여 주식배당의 한도를 배당가능이익의 2분의 1로 제한하고 있다(상 462조의 2 1항 단서). 그러므로 상법상의 주식배당제도는 회사의 자금조달의 원활화와 주주 등의 이익을 보호하는 점을 조화하여 입법화한 것이다.[3]

우리 상법상 이러한 주식배당은 다음과 같은 개념과 구별된다.

(개) 주식배당은 회사가 새로이 발행하는 주식으로써 배당하는 것이므로, 회사가 이미 가지고 있는 「자기주식(사내주 또는 금고주〈金庫株〉)」[4]으로써 배당하는 것과 구별된다.[5]

---

1) 이러한 주식배당의 의의는 각국의 상이한 입법례에 따라 각각 달리 설명될 수 있는데, 우리 상법의 주식배당에 관한 입법례는 배당재원이 배당가능이익에 한정되는 점에서 프랑스(프랑스 상법 §§ 232-11 ①, 232-20)의 입법례와 유사하고, 영국(CA 1985 § 278, CA 1980 § 45 ①, CA 2006 §§ 829~830) 및 미국(New York Business Corporation Law § 511)의 입법례와는 상이하다. 일본의 입법례는 과거에는 우리 상법의 경우와 같이 주식배당제도를 규정하였으나, 1990년의 개정상법(1991. 4. 1부터 시행)에서는 배당가능이익의 자본전입제도로 바꾸었고(일본 상법 293조의 2), 2005년 회사법에서는 배당가능이익(잉여금)을 감소하여 자본금 또는 준비금을 증가할 수도 있고 또한 금전 이외의 재산으로도 배당할 수 있음을 규정하고 있다(日會 450조~454조).

2) 법무부, 상법개정안사항별축조설명, 1982, 134~135면; 해설(1984), 30면.

3) 박길준, "주식배당제도," 「고시계」, 1984. 6, 36면.

4) 미국에서는 회사의 발행주식(issued shares)을 둘로 구별하여 회사가 소유하는 주식을 사내주 또는 금고주(treasury shares)라고 하고, 회사 이외의 자가 소유하는 주식을 사외주(outstanding shares)라고 한다.

5) 미국에서도 회사에 의한 금고주(金庫株)의 배당은 잉여금의 자본화가 없기 때문에 주식배당으로 인정될 수 없다고 설명되고 있다(Ballantine, p. 484). 또한 미국의 개정모범사업회사법(Revised Model Business Corporation Act 2006, RMBCA)도 주식의 발행(an issuance of shares…)에 의한 배당을 주식배당의 개념으로 정의하고 있다(RMBCA § 6.23 (a)). 또한 동법은 「회사가 취득하는 자기주식은 미발행수권주식(authorized but unissued shares)으로 된다」고 규정하여(RMBCA § 6.31 (a)), 금고주(金庫株)의 개념을 폐지하고 있다.

(나) 주식배당은 이로 인하여 발행되는 신주의 금액만큼 **자본금의 증가**를 가져오는 점에서, 자본금에는 전혀 변동을 가져오지 않는 「주식분할」(상 329조의 2)과 근본적으로 구별된다.

(다) 주식배당은 **배당가능이익**을 재원으로 하는 점에서, 배당가능한 이익의 발생 여부와 무관하고 또 배당불가능한 법정준비금을 재원으로 하는 「준비금의 자본금 전입」과도 구별된다.

(라) 그 밖에 주식배당은 **자기회사의 주식**을 배당하는 것으로서, 회사가 소유하고 있는 다른 회사의 주식을 배당하는 것, 종속회사의 주식을 배당하는 것, 또는 자회사를 설립하여 그 주식을 배당하는 것 등과 같은 「현물배당」과도 구별된다.[1)]

2) 효 용 1984년 개정상법 전에는 이익배당으로서 현금(금전)배당만을 인정하고 있었기 때문에(상 462조 1항 참조), 회사가 결산시에 재무제표상 이익이 발생하여 배당을 하여야 하는데 현금이 없는 경우에는 회사채(會社債)를 발행하여 배당을 하고 다시 원리금을 갚으려고 유상증자를 하는 악순환이 거듭되었다.[2)] 또한 회사는 이러한 배당자금을 사내유보하기 위하여 (이익배당의 우회적인 방법으로) 현금배당과 때를 맞추어 유상증자를 하여 배당된 자금을 환수하거나, 배당자금을 주주총회결의로 이익준비금으로 적립한 뒤 다시 자본금 전입을 하는 등의 편법을 써왔다.[3)] 그러나 이러한 절차와 방법은 번거로울 뿐만 아니라 이중의 경비와 시간을 필요로 하며 또 주주는 그가 받은 배당금으로 반드시 신주를 인수할 것이라는 보장도 없기 때문에, 회사는 확실하고 간편한 방법으로 배당자금을 사내유보할 수 있도록 하기 위하여 주식배당제도가 필요하게 된 것이다. 이와 같이 주식배당제도는 본질적으로 배당자금(이익)의 사내유보의 효용이 있을 뿐만 아니라, 현금배당에 따른 자금압박을 피할 수 있고, 또 주식의 증가에 따른 주가의 시장성을 높이는 효용도 있다.[4)] 또한 주식배당

---

1) 이에 관한 상세는 민병준, "주식배당제도에 관한 연구," 법학석사학위논문(경희대, 1989. 2), 6면 참조.

2) 법무부, 민법 · 상법개정특별심의위원회 상법분과위원회 회의록, 1982, 101면(김표진 위원 발언 부분).

3) 해설(1984), 30면.

4) 동지: 정(동), (회) 629면.

주식배당의 실무상 절차에 관하여는 한국상장회사협의회, "주식배당실무," 「상장」, 2003. 1, 73~81면 참조.

은 회사의 채권자에게는 자본이 증가하므로 담보가 증가하여 유리하고, 또 주주로서는 소득세가 시가가 아니라 권면액으로 부과되는 등의 이점도 있다. 그러나 주식수의 증가에 따른 배당압력의 가중은 문제점이 되겠다.

⑵ 주식배당의 본질

1) 학설의 대립 주식배당의 본질에 관하여 우리나라의 학설은 아래와 같이 이익배당설(다수설)과 주식분할설(또는 자본전입설)(소수설)로 나뉘어 있다.

㈎ 이익배당설 이익배당설은 그 이유로 주식배당에 관한 규정형식이 이익배당의 한 경우로 규정되어 있고 또 주식배당은 이익배당과 같이 배당가능이익의 존재를 전제로 하는 점, 주식배당은 주식배당 전후의 회사자산과 비교하면 회사자산에 변동이 없으나 (배당 후의 자산을 기준으로 현금배당과 비교하여 보면) 회사자산의 증가(소극적 의미에서의 증가)가 있게 되어 주식분할과 구별되는 점(그러나 이 때에 1주당 자산가치는 주식배당의 경우나 현금배당의 경우나 거의 동일하다), 주식배당은 사외유출될 뻔한 자산이 유출되지 않았다는 점에서도 소극적인 의미에서의 회사자산이 증가하고 있으나 (법정)준비금의 자본금 전입의 경우에는 회사자산에 전혀 변동이 없는 점에서 양자는 구별된다는 점 등을 들고 있다.[1]

㈏ 주식분할설(또는 자본전입설) 주식분할설(또는 자본전입설)은 그 이유를 주식배당의 실질은 기업이윤의 사내유보에 의하여 회사의 자본적 수요를 충족시키는 것이므로 배당가능이익의 자본금 전입으로 파악해야 한다고 설명하거나,[2] 주식배당은 실질적으로 주식배당의 전후를 통하여 회사의 자산에 증감이 없고 단순히 이익항목으로부터 자본항목으로의 대체가 있을 따름이므로 준비금의 자본금 전입에 의한 신주의 무상교부와 같이 주식분할이라고 보는 것이 타당하다고 설명한다.[3]

2) 사 견 사견으로는 이익배당설이 타당하다고 생각하는데, 그 이유는 다음과 같다.

---

1) 정(희), 568~569면; 손(주), 944면; 이(철), (회) 1017~1018면; 이(기) 외, (회) 525면; 채, 787~788면; 이정한, "주식배당제도에 관한 연구," 「상법논총」(인산정희철선생정년기념), 1985, 160면; 김두환, "주식배당의 본질," 「고시연구」, 1988. 10, 64면; 최(기), (회) 869면; 이·최, 399면.

2) 박길준, "주식배당제도," 「고시계」, 1984. 6, 38면; 주상(Ⅱ-하), 589면.

3) 정(무), 540면; 정(동), (회) 631면[정(동), (회)(1991) 597~598면에서는 이익배당설의 입장이었으나, 1996년 판에서는 위와 같이 주식분할설로 개설(改說)함]; 김(용), 438면; 양명조, "개정상법과 주식회사의 이익배당," 「월간고시」, 1984. 5, 63~64면. 결과 동지: 주상(제 5 판)(회사 Ⅳ), 360면.

㈎ 영미법에서 주식배당을 주식분할[1] 또는 준비금의 자본금 전입[2]과 유사하다고 하는 설명은 그 내용이 다른 우리의 주식배당에는 맞지 않는다고 본다. 다시 말하면 무액면주식을 인정하고 있는 미국에서 주식배당을 주식분할과 유사한 것으로 설명할 수 있겠으나, 그러한 설명이 무액면주식을 인정하고 있지 않았거나(2011년 4월 개정전 상 329조 3항 · 4항) 무액면주식제도가 거의 이용되고 있지 않는(우리나라에서도 2011년 4월 개정상법에서는 무액면주식제도를 최초로 도입하였으나〈상 329, 451조〉, 2022년 현재 무액면주식을 발행한 상장회사는 17개사인데 이것도 대부분 국내에 상장된 외국계 회사임〈예탁결제원 보도자료〉) 우리나라에서 그대로 적용될 수는 없다고 본다. 또한 (법정)준비금으로써도 이익배당을 할 수 있는 영국의 입법에서 주식배당을 준비금의 자본금 전입과 유사한 것으로 보는 것은 당연하나, 그러한 설명이 (법정)준비금으로써 이익배당을 할 수 없도록 규정하고 있는 우리나라에서는(상 460조) 그대로 적용될 수 없다고 본다.

㈏ 주식배당은 주식분할과 유사하다고 보는 견해는 배당 전후에 있어서 회사의 자산에는 변동이 없음에 근거하나, 현금배당의 경우와 비교하면 현금배당에 필요한 자산만큼 자산이 증가한 것이므로 회사자산에 전혀 변동이 없다고 볼 수는 없다. 또한 주식배당의 경우에도 현금배당의 경우와 같이 회사자산에 대한 일주당 지분비율이 거의 동일하기 때문에, 현금배당의 경우와 비교하면 배당받은 신주만큼 주주의 순자산은 증가한 것으로 볼 수 있다. 따라서 주식배당이 이익배당이 아니고 주식분할에 더 가깝다는 근거는 (적어도 우리 상법상의 주식배당의 설명에는) 희박하다고 본다.

㈐ 영국의 회사법에서는 주식배당을 이익배당이 아니라고 명문으로 규정하고 있고(CA 2006 § 829 (2) (a)) 또 주식배당을 준비금의 적립과 함께 규정함으로써 「회사의 이익으로써 바로 신주를 발행하는 경우」와 「회사의 이익을 일단 준비금으로 적립하고 그 후에 이 준비금으로써 (이익배당의 방법으로) 신주를 발행하는 경우」를 거의 동일시하므로 주식배당을 준비금의 자본금 전입과 아주 유사하게 볼 수 있으나, 우리나라에서는 주식배당을 이익배당에서 규정하고 있는 점(상 462조의 2)으로 보나 (법정)준비금은 주주에게 이익으로 배당하지 못하고 원칙적으로 자본금의 결손전보에만 충당할 수 있도록 규정하고 있는 점(상 460조) 등에서 볼 때, 우리의 주식배당을 이익배당이 아니라 준비금의 자본금 전입에 더 가깝다는 근거는 희박하다고 본다.

---

1) Henn & Alexander, pp. 919～920; Hamilton, pp. 382～385; Ballantine, pp. 482～483.

2) Morse, pp. 604～606.

㈑ 1995년 개정상법은 「회사가 종류주식을 발행한 때에는 각각 그와 같은 종류의 주식으로 주식배당을 할 수 있다」고 규정하고 있는데(상 462조의 2 2항 후단), 이 규정에서 종류주식으로 주식배당할 수 있는 점에서만 보면 우리 상법이 주식분할설의 입장을 취한 것 같으나, 이 규정이 임의규정인 점에서 보면 결과적으로 이익배당설을 취한 것으로 볼 수 있다.[1)]

3) 양설의 차이 주식배당의 본질에 관하여 어느 설을 취하느냐에 따라 다음의 경우에 그 결론이 달라질 수 있다(그러나 어느 설을 취한다고 하여 그에 따라 논리필연적으로 모든 경우를 일률적으로 그 학설에 따라서 해석하여야 한다고 볼 필요는 없고, 각각의 경우에 따라 거기에 가장 알맞은 해석을 하더라도〈따라서 주식배당의 본질에 관하여 취한 학설과 상이하더라도〉 무방하다고 본다).

㈎ 회사가 종류주식을 발행한 경우(상 344조 1항), 주식배당에 의한 신주발행의 경우에도 같은 종류의 주식을 비례적으로 발행하여 주주에게 배당하여야 하는가. 이익배당설을 취하면 이를 부정하고 일률적으로 동일종류의 주식으로써 배당할 수 있으나,[2)] 주식분할설을 취하면 이를 긍정하고 종류주주 상호간에 비례관계가 유지되어야 한다.[3)]

생각건대 이익배당설의 입장에서 주주총회의 결정에 의하여 주식의 종류에 불문하고 동일종류의 주식으로써 주식배당을 할 수 있다고 본다.

1995년 우리 개정상법에 의하면 이 때 회사는 각각 그와 같은 종류의 주식으로 배당할 수도 있지만(상 462조의 2 2항 후단), 주주총회의 결정에 의하여 어느 한 종류의 주식으로써 배당할 수도 있다고 본다.

㈏ 회사의 자기주식에 대하여 주식배당을 할 수 있는가. 이익배당설을 취하면 자기주식이 이익배당청구권을 갖는지 여부에 따라 그 결론이 달라지겠다.[4)] 즉, 자기주식도 이익배당청구권을 갖는다고 보면(소수설)[5)] 회사의 자기주

1) 동지: 해설(1995), 169면.

2) 정(희), 575면(주식배당을 이익배당의 일종으로 본다고 하더라도 주식배당은 이익배당과 동일시될 수는 없으므로 주식배당의 경우에도 종류주주의 배당가능이익을 해치지 않고 종류주주의 비례관계를 유지시켜야 하는 것이 대전제가 되겠으나, 이는 사실상 불가능하므로 종류주식의 내용을 변경하는 정관변경 또는 불이익을 받는 종류주주의 종류주주총회의 승인을 받아 같은 종류의 주식으로써 배당할 수 있다고 본다); 이정한, 전게논문, 169면; 주식분할설의 입장이면서 이 견해에 따르는 학설로는 김(용), 438면.

3) 정(동), (회) 634면(또한 주식분할설의 입장에서 1995년의 개정상법 제462조의 2 2항은 이익배당설의 입장과 저촉된다고 한다); 박길준, 전게논문, 42면; 정(무), 541면; 양명조, 전게논문, 66면; 주상(제 5 판)(회사 Ⅳ), 371~372면(회사가 이러한 내용을 정관에 규정함으로써 주식분할설의 결과를 선택할 수 있다고 한다).

4) 상법은 자기주식에 대하여 의결권이 없다고만 규정하고 있기 때문에(상 369조 2항), 그 이 외의 공익권 및 자익권의 인정 여부에 대하여 학설은 나뉘어 있다.

5) 서(정), 267면; 강, 289~290면.

식에 대하여도 주식배당을 할 수 있다는 결론이 되고, 자기주식은 이익배당청구권(엄격히 말하면 의결권 이외의 모든 공익권 및 자익권)을 갖지 않는다고 보면(통설)[1] 회사의 자기주식에 대하여는 주식배당을 할 수 없다고 본다.[2] 그러나 주식분할설을 취하면 자기주식도 이미 발행한 주식인 이상 분할의 대상에서 제외될 수 없으므로 회사의 자기주식에 대하여도 주식배당을 할 수 있다고 본다.[3]

생각건대 주식배당의 본질을 이익배당으로 보고 자기주식은 이익배당청구권(및 모든 자익권)을 갖지 않는다고 보아, 회사의 자기주식에 대하여는 주식배당을 할 수 없다고 본다.[4]

(다) 회사가 현금배당(중간배당을 포함함)을 하는 경우에 연도중에 발행한 신주에 대하여 회사의 선택에 의하여 동액배당을 할 수 있으나 일할배당을 할 수도 있다고 본다. 회사가 주식배당을 하는 경우에도 연도중에 배정한 신주에 대하여 일할배당을 할 수 있는가. 이에 대하여 순 이론상으로만 보면 이익배당설을 취하면 일할배당이 가능하나,[5] 주식분할설을 취하면 동액배당을 하여야 할 것이다.[6]

생각건대 주식배당의 본질을 이익배당으로 보기 때문에 주식배당의 경우에도 순 이론상은 신주에 대한 현금배당의 경우와 같이 일할배당이 가능하다고 보겠으나, 실무상은 계산의 편의상 동액배당을 하는 경우가 많을 것으로 본다.

(라) 주식배당에 의하여 배당된 신주에 대하여 등록질의 효력이 미치는 것은 상법이 명문으로 규정하고 있고(상 462조의 2 6항), 준비금의 자본금 전입에 의한 신주발행의 경우에도 질권(등록질이든, 약식질이든)의 물상대위를 상법이 명문으로 규정하고 있어(상 461조 7항, 339조), 이러한 점에 관하여는 문제가 없다.

1) 정(희), 427면; 서·정, 375면; 채, 782면 외.

2) 정(희), 575~576면(자기주식에 대하여 주식배당을 인정하면 주식배당을 통한 또 하나의 자기주식취득방법을 인정하는 것이 되어 상법 제341조〈2011년 4월 개정상법 제341조의 2〉의 명문 규정에 반한다) 외.

3) 정(동), (회) 635면; 김(용), 438면; 주상(Ⅱ-하), 592면.

4) 정찬형, "주식배당제도,"「경제법·상사법논집」(춘강손주찬교수정년기념)(한국경제법학회 편, 1989), 476면; 동, "주식배당제도,"「월간고시」, 1989. 6, 39면.

입법례로서는 미국의 개정모범사업회사법(2006) 제6.31조 ⓐ호 및 일리노이주 회사법 제41조 등은 사외주(社外株)에 대한 주식배당만을 인정하고 있으나, 독일 주식법 제215조 1항은 자기주식도 자산증가에 참여할 수 있다고 하고, 미국의 뉴욕사업회사법 제511조 ⓑ항도 회사의 자기주식에 대한 주식배당을 명문으로 인정하고 있다.

5) 이정한, 전게논문, 170면; 채, 788면.

6) 양명조, 전게논문, 67면; 주상(Ⅱ-하), 596면.

그런데 약식질의 효력이 주식배당에 의하여 배당된 신주에도 미치는가에 대하여는, 상법에 명문의 규정이 없어 논의가 있다. 이익배당설을 취하면 약식질의 효력이 이익배당청구권에 미치는지 여부에 따라 그 결론이 달라지겠다. 즉, 약식질의 효력이 이익배당청구권에도 미친다고 보면(긍정설)[1] 약식질의 효력이 주식배당에 의하여 배당된 신주에도 미친다는 결론이 되나,[2] 약식질의 효력이 이익배당청구권에는 미치지 않는다고 보면(부정설)[3] 약식질의 효력은 주식배당에 의하여 배당된 신주에는 미치지 않는다는 결론이 된다. 그러나 주식분할설을 취하면 약식질의 효력은 주식배당에 의하여 배당된 신주에 당연히 미친다고 본다.[4]

생각건대 주식배당의 본질을 이익배당이라고 보고 회사측에서 알 수 없는 약식질권자는 이익배당청구권을 갖지 않는다고 보기 때문에, 약식질의 효력은 주식배당에 의하여 배당된 신주에는 미치지 않는다고 본다.[5] 또 이렇게 해석하는 것이 상법 제462조의 2 제 6 항의 입법취지에도 맞는 것이 아닌가 생각된다.

(마) 주식배당에 의하여 배당된 신주에 대하여 과세할 수 있는가. 순수하게 이론적으로만 보면 이익배당설을 취하면 과세하여야 하나(소득 17조 1항 1호), 주식분할설을 취하면 과세할 수 없다고 보아야 할 것이다. 그러나 주식배당의 본질을 무엇이라고 보든 우리 세법상 주식배당은 의제배당에 해당되어 과세된다(소득 17조 1항 3호, 2항 2호).

(3) 주식배당의 요건

1) 배당가능이익의 존재 배당가능이익이란 상법 제462조 1항에 의하여 산출된 이익을 말하는데, 당기이익에 한하지 않고 이월이익을 포함한다.[6] 주식배당은 배당가능이익만을 재원으로 하는 점에서 준비금의 자본금 전입(상 460조)과 구별되는 점은 앞에서 본 바와 같다. 임의준비금은 그 적립근거가 되는 정관 또는 주주총회의 결의에 따른 소정의 절차를 밟아(용도변경을 포함함) 배당가능이익으로 환원시킨 후 상법 제462조의 2에 의한 주식배당절차를 밟아 자본금 전입할

1) 정(희), 440~441면(다만 지급 또는 인도 전에 압류하여야 한다고 한다); 이(기) 외, (회) 291~292면 외.
2) 정(희), 576면.
3) 서·정, 391면 외.
4) 정(무), 542면.
5) 동지: 이(철), (회) 1022면; 이정한, 전게논문, 175면.
6) 동지: 정(희), 573면; 박길준, 전게논문, 40면; 이정한, 전게논문, 161면; 주상(제 5 판)(회사 Ⅳ), 362면.

수 있다고 본다.[1)]

2) 배당가능이익의 제한 배당가능이익을 주식배당한다고 하더라도 그 전부를 할 수는 없고, 「2분의 1까지」만 가능하다는 상법상의 제한이 있다(상 462조의 2 1항 단서). 이와 같이 주식배당을 할 수 있는 배당가능이익을 제한하는 이유는 주주들에게 현금배당을 받을 수 있는 권리를 보장하여 주주의 이익배당청구권을 보호하기 위한 것이다.[2)]

그러나 주권상장법인은 주식의 시가(이는 대통령령으로 정함)가 액면액 이상이면 이익배당총액에 상당하는 금액까지 주식배당을 할 수 있다(자금 165조의 13 1항, 자금시 176조의 14).

3) 미발행수권주식의 존재 주식배당의 경우에도 신주가 발행되므로 이렇게 발행될 신주는 미발행수권주식의 범위 내이어야 한다. 만일 미발행수권주식수가 주식배당에 의하여 발행하여야 할 주식수에 부족한 경우에는 먼저 정관변경을 하여 수권주식총수(발행예정주식총수)를 증가시켜야 한다.

(4) 주식배당의 절차

1) 주식배당의 결정 주식배당을 하기 위해서는 먼저 이익잉여금처분계산서에 그 내용을 기재하여 이사회의 승인을 받고,[3)] 주주총회의 결의가 있어야 한다[4)](상 462조의 2 1항 본문). 이 때의 주주총회의 결의는 보통결의로 해석하고(통설),[5)] 정기주주총회에서 하는 것이 일반적이겠으나 임시주주총회에서 하는 것도 무방하다.[6)]

주주총회의 결의내용은 배당가능이익의 일부를 주식으로써 배당할 수 있다는 것과, 배당가능이익의 총액 중 2분의 1을 초과하지 않는 범위 내에서 실

1) 동지: 정(희), 571~572면(당해 영업연도에 생긴 이익에 한하지 않고 기존의 임의준비금을 헐어서 생기는 것도 포함한다고 한다); 정(동), (회) 633면; 최(기), (회) 872면; 박길준, 전게논문, 40면; 이정한, 전게논문, 161~162면; 주상(제 5 판)(회사 Ⅳ), 362면.

2) 제한의 이유에 관한 상세한 설명은 해설(1984), 31면 참조. 정(희), 572~573면은 그 이유를 「첫째는 이익금처분은 현금배당을 원칙으로 하는 것과 주식배당액은 금전배당액과 동액 이하이어야 한다는 것을 천명하고, 둘째는 이익잉여금의 사내유보한도를 그것의 2분의 1로 제한함으로써 현금배당을 보장하는 데 있다」고 한다.

3) 이익잉여금의 처분은 배당금의 과목을 정하여 다음과 같은 요령으로 기재하여야 한다. 즉, 이는 당기에 처분할 배당액으로 하되 금전에 의한 배당과 주식에 의한 배당으로 구분하여 기재하는데, 주식의 종류별 주당배당금액·액면배당률은 주기(註記)하고, 배당수익률·배당성향 및 배당액의 산정내역은 주석으로 기재한다(기준 77조 3호 라).

4) 보통의 신주발행(상 416조 본문) 및 준비금의 자본금 전입에 의한 신주발행(상 461조 1항 본문)은 원칙적으로 「이사회의 결의」만으로 가능하다.

5) 정(동), (회) 634면; 이(철), (회) 1019면; 채, 789면; 이(기) 외, (회) 532면; 주상(제 5 판)(회사 Ⅳ), 364~365면 외.

6) 동지: 이정한, 전게논문, 164면.

제로 얼마를 주식배당액으로 할 것이며, 또 어느 종류의 주식을 몇 주 발행할 것인가를 결의한다(상 462조 1항).

주주총회가 위의 내용을 결의함에 있어서는 주주평등의 원칙에 따라서 하여야 한다. 따라서 일부 주식에는 현금배당을 하고 다른 주식에는 주식배당을 하거나, 지주수(持株數)에 따라 차별을 하거나, 또는 주식의 종류에 따라 현금배당과 주식배당의 비율에 차이를 두는 경우 등은 모두 위법이다.[1] 이와 관련하여 종류주식이 발행된 경우에 각 종류의 주식에 대하여 주식배당을 어떻게 할 것인가, 또 자기주식에 대하여도 주식배당을 할 수 있는가 등에 관하여는 이미 설명한 바와 같다.

2) 주식배당의 통지·공고 주식배당이 주주총회에서 결의된 때에는 이사는 지체 없이 배당을 받을 주주와 주주명부에 기재된 질권자에게 그 주주가 받을 주식의 종류와 수를 통지하여야 한다(상 462조의 2 5항).

3) 신주의 발행

(가) 주주총회의 주식배당결의가 있는 경우에는 회사는 그 결의에 따라 배당가능이익을 자본전입하고, 그에 해당하는 신주를 발행하여야 한다.

(나) 이 때의 신주의 발행가액은 「권면액」으로 하고, 회사가 종류주식을 발행한 때에는 각각 그와 같은 종류의 주식으로 할 수 있다(상 462조의 2 2항).[2] 따라서 액면미달 또는 액면초과의 발행가액을 정할 수 없고,[3] 회사가 종류주식을 발행한 경우 회사는 주주총회의 결의에 따라 각각 그 종류의 주식으로 발행할 수도 있고 또는 한 종류의 주식으로 발행할 수도 있다.[4]

(다) 이 때에 배당받은 신주에 대하여 주주가 되는 시기는 「주주총회의 종결시」이다(상 462조의 2 4항). 이것은 보통의 신주발행의 경우에는 「납입기일의 다음 날」부터 주주가 되고(상 423조 1항 1문), 준비금의 자본금 전입의 경우에는 「이사회에서 정한 신주배정기준일」(주주총회의 결의에 의하여 자본금 전입을 하는 경우에는 주주총회의 결의시)부터 주주가 되는 것과 다른

1) 동지: 정(동), (회) 634면; 이(철), (회) 1020면; 채, 788면; 주상(제5판)(회사 Ⅳ), 363면.

2) 상법 제462조의 2 제2항 후단의 규정은 1995년 개정상법에 의하여 신설된 것인데, 이에 관하여는 이미 위에서 상세히 설명한 바와 같다.

3) 동지: 정(동), (회) 633면; 이(철), (회) 1020면; 채, 789면; 이(기) 외, (회) 532면.
반대: 김(용), 438면(액면초과발행을 인정하면서 액면초과액이 자본준비금으로 되는 것은 아니라고 한다); RMBCA § 6.23 참조.

4) 동지: 해설(1995), 168면.

점이다(상 461조 3항 · 4항).

㈑ 주식배당에 의한 신주발행의 경우에 단주(端株)가 생기는 경우에는 그 부분에 대하여 단주처리에 관한 상법 제443조 1항에 의한다(상 462조의 2 3항).[1] 따라서 회사는 이러한 단주를 경매하여 각 주수(株數)에 따라 그 대금을 종전의 주주에게 지급하여야 하는데, 거래소의 시세 있는 주식은 거래소를 통하여 매각하고 거래소의 시세 없는 주식은 법원의 허가를 받아 경매 외의 방법으로 매각할 수 있다(상 443조 1항).

4) 등 기 주식배당에 의하여 신주를 발행하게 되면 자본금의 총액(상 317조 2항 2호)이 증가하게 됨은 물론, 회사의 발행주식총수·그 종류와 각종 주식의 내용과 수(상 317조 2항 3호)에 변경이 있게 된다. 따라서 회사는 주주총회 종결일(신주발행의 효력이 발생하는 때)로부터 본점소재지에서는 2주 내, 지점소재지에서는 3주 내에 이에 관한 변경등기를 하여야 한다(상 317조 4항, 183조).

⑸ 주식배당의 효과

1) 자본금 및 주식수의 증가 주식배당을 하면 배당가능이익이 그만큼 자본화되므로 자본금이 증가하게 되고, 또 이에 따라 신주가 발행되므로 발행주식수가 증가하게 된다. 그러나 주식배당의 전후에 있어 주주의 회사자산에 대한 지분은 원칙적으로 변동이 없으나,[2] 단주(端株)가 발생하여 이를 단주처리방법(상 443조 1항)에 따라 배당한 경우(상 462조의 2 3항)와 종류주식을 발행한 경우에 이에 비례하여 같은 종류의 주식을 발행하여 배당하지 않는 경우(상 462조의 2 2항 후단은 임의규정이므로 주주총회의 결의에 의하여 한 종류의 주식으로 배당한 경우)에는 예외적으로 주주의 회사자산에 대한 지분이 달라지게 된다.

2) 질권(質權)의 효력 주식배당의 경우에 등록질권자의 권리는 주식

---

1) 이에 대하여 1995년 개정상법 이전에는 「금전으로 배당한다」고만 규정하여(상 462조의 2 3항), 이 때에 「금전으로 배당한다」는 의미가 무엇이냐에 대하여 학설은 (i) 현금배당을 의미하는 것이라고 보는 견해[정(동), (회)(1991) 602면; 최(기), (회)(1991) 877면], (ii) 원칙적으로 현금배당을 의미하나 예외적으로 주식의 시가와 권면액이 불일치하는 경우에는 별도의 처리방법(단주를 합하여 매각하는 방법)을 인정하는 것은 무방하다고 보는 견해[이정한, 전게논문, 168면; 채, (1990) 727면], (iii) 상법 제443조 1항을 유추적용하여 단주를 합하여 매각하고 그 대가를 분배하여야 한다고 보는 견해[김(용), (1984) 438~439면] 등으로 나뉘어 있었다. 그런데 1995년 개정상법은 단주를 금전으로 환가하여야 금전지급이 가능한데 개정전 상법이 이에 관하여는 규정하고 있지 않음을 감안하여 위 학설 중 (iii)설에 따라 그 환가방법에 대하여 상법 제443조 1항을 준용하는 것으로 규정하게 된 것이다[동지: 해설(1995), 170면].

2) 현금배당과 비교하면 1주당 (회사자산에 대한) 지분비율이 같으나, 주주의 주식수는 증가한 것이므로 주주의 자산은 그만큼 증가한 것이 된다.

배당에 의하여 신주가 발행되어 채무자인 주주가 받을 신주에 미친다(상 462조의 2 6항 1문). 이 때에 질권자는 회사에 대하여 질권의 효력이 미치는 신주에 대한 주권의 교부를 청구할 수 있다(상 462조의 2 6항 2문, 340조 3항).

약식질의 효력이 주식배당에 의하여 발행되는 신주에 미치는가의 여부는 이미 앞에서 설명한 바와 같다.

⑹ 위법한 주식배당

회사가 상법에서 정한 주식배당의 요건 및 절차를 위반하여 주식배당을 한 경우(위법한 주식배당)를 「이익배당의 요건」(상 462조)을 위반한 경우와, 그 이외의 「신주발행의 요건」을 위반한 경우로 나누어서 아래에서 살펴보겠다.[1)]

1) 이익배당의 요건을 위반한 경우 주식배당을 하기 위하여는 현금배당의 경우와 같이 상법 제462조 1항에 의하여 계산한 배당가능이익이 존재하여야 하는데, 배당가능이익이 존재하지 않음에도 불구하고 주식배당을 한 경우에 대하여 아래와 같이 나누어서 살펴보겠다.

㈎ 배당가능이익이 없음에도 불구하고 주식배당을 하여 이에 따라 신주를 발행한 경우에 그 신주발행의 효력에 대하여 우리나라의 학설은 다음과 같이 무효설과 유효설로 나뉘어 있다.

① 무효설에서는 배당가능이익이 객관적으로 존재하지 않는 경우에도 주식배당을 하는 경우에는, 액면미달의 신주발행이 될 것이기 때문에 이러한 신주발행은 신주발행무효의 소의 원인이 된다고 한다.[2)]

② 유효설에서는 배당가능이익이 없음에도 불구하고 주식배당을 하고 이에 따른 신주발행을 한 경우에, 이를 무효로 하더라도 무효의 소를 제기할 수 있는 자는 주주·이사 또는 감사(監事)이기 때문에 채권자를 보호하는 데 도움이 되지 못하고, 또 이러한 경우에 신주발행을 유효라고 하더라도 자본금이 증가하였을 뿐 구체적인 회사재산이 유출·감소된 것이 아니므로 채권자에게 불리할 것도 없기 때문에 유효라고 한다. 한편 주주의 입장에서 보더라도 신주가 발행된 이상 장래의 이익배당액이 감소되긴 하겠으나 불이익이 되는 것은 아

1) 이정한, 전게논문, 172면은 이익배당의 요건을 위반한 경우를 「실질적 위법배당」으로, 그 이외의 신주발행의 요건을 위반한 경우를 「형식적 위법배당」으로 부르고 있으나, 적절하지 않다고 생각한다.

2) 정(희), 577면; 정(동), (회) 636면; 이(철), (회) 1025면; 이(기) 외, (회) 533면; 주상(Ⅱ-하), 597면.

니기 때문에 유효라고 보아도 무방하다고 한다.[1]

생각건대 배당가능이익이 없음에도 불구하고 주식배당에 의하여 증자하고 신주를 발행하는 것은 결과적으로 납입이 없는 신주발행과 같게 되어 자본금 충실의 원칙에 반하므로 무효(정확하게 말하면 무효의 소의 원인)라고 본다. 따라서 무효설에 찬성한다.[2]

(나) 배당가능이익이 없음에도 불구하고 현금배당을 한 경우에는 회사채권자는 그 이익을 회사에 반환할 것을 주주에 대하여 청구할 수 있는데(상 462조 2항), 이러한 회사채권자의 반환청구권은 주식배당의 경우에도 동일하게 인정될 수 있는가. 이에 대하여 우리나라의 학설은 다음과 같이 긍정설과 부정설로 나뉘어 있다.

① 긍정설에서는 주식배당도 일종의 (이익)배당이므로 위법배당의 경우에 회사채권자는 직접 주주에 대하여 위법배당한 주식을 회사에 반환할 것을 청구할 수 있다고 한다[3](상 462조 2항 유추적용).

② 부정설에서는 주식배당에 의하여 신주를 배당받은 주주는 신주를 스스로 인수한 것도 아니고 또 납입을 한 것도 아닌데, 회사채권자의 주주에 대한 반환청구권을 인정하면(따라서 배당된 주식수의 액면총액에 해당하는 현금의 지급의무를 부과하는 것은) 주주에 대하여 강제배당된 신주의 출자의무를 강요하는 것이 되어, 결과적으로 주주유한책임의 원칙에 반하므로 회사채권자의 반환청구는 인정될 수 없다고 한다. 한편 회사채권자의 입장에서 보아도 배당가능이익이 없이 주식배당이 있었다고 하더라도 이것은 회사재산의 사외유출이 있었던 것도 아니요 오히려 사외로 유출될 뻔하였던 회사재산이 자본으로 전입된 것이므로 회사채권자는 아무런 불이익을 받지 않으므로, 주식배당의 경우 회사채권자에게는 위법배당된 주식의 반환청구권을 인정할 필요가 없다는 것이다.[4]

생각건대 배당가능이익이 없음에도 불구하고 주식배당에 의한 주식발행을 한 것이 자본금 충실의 원칙에 반하여 무효(정확하게 말하면 무효의 소의 원인)라고 본다면, 이의 결과 회사채권자는 신주발행무효의 판결이 확정되기 전에는 자기의 이익을 보호

---

1) 이정한, 전게논문, 173면; 이범찬, "주식배당제도의 연구," 「상장협」, 제 1 호(1980. 1), 21면.

2) 정찬형, 전게논문(경제법·상사법논집), 479~480면; 동, 전게논문(월간고시, 1989. 6), 45면.

3) 이정한, 전게논문, 173면; 채, 792면.

4) 정(희), 577면; 정(동), (회) 636~637면; 이(철), (회) 1025면; 최(기), (회) 874~875면 (주식배당의 경우 현금의 유출이 없었으므로 주주는 회사에 대하여 반환의무가 없다고 한다); 손(주), 948~949면.

하기 위하여 주주에 대하여 배당된 신주를 회사에 반환할 것을 청구할 수 있는 권리를 갖는다고 보아야 할 것이고, 신주발행무효의 판결이 확정된 후에는 무효인 주식(주권)이 이후 유통되는 것을 방지하기 위하여 주주에 대하여 배당된 신주를 회사에 반환할 것을 청구할 수 있는 권리를 갖는다고 보아야 할 것이다(상 462조 2항 유추적용). 따라서 긍정설에 찬성한다. 회사채권자는 이러한 반환청구를 반드시 소(訴)의 방법으로 할 필요는 없으나, 소에 의하는 경우에는 본점소재지의 지방법원에 제기한다(상 462조 3항, 186조 유추적용). 또한 이 때에 회사도 물론 주주에 대하여 배당받은 신주의 반환청구를 부당이득의 법리에 의하여 행사할 수 있다(민 741조).

㈐ 배당가능이익이 없음에도 불구하고 주식배당을 한 경우에 이사·집행임원·감사(監事) 또는 감사위원회 등은 회사 또는 제 3 자에 대하여 어떠한 책임을 부담하는가. 이에 대하여 우리나라의 학설은 다음과 같이 긍정설과 부정설로 나뉘어 있다.

① 긍정설에서는 이 때에 이사·집행임원은 법령위반행위를 한 것이므로 회사에 대하여 그로 인한 손해배상책임을 부담하고(상 399조, 408조의 8 1항), 신주발행의 등기 후에는 자본금 충실의 책임(상 428조)을 진다고 한다. 한편 감사(監事) 또는 감사위원회는 임무해태로 인하여 회사에 대하여 이사와 연대하여 손해배상책임을 진다고 한다[1](상 414조).

② 부정설에서는 이사·집행임원이 위법한 주식배당을 하였다고 하더라도 회사에 손해가 발생하였다고 볼 수 없으므로 이사의 회사에 대한 손해배상책임(상 399조, 408조의 8 1항)을 인정할 수가 없고, 또한 주식배당의 경우에는 주식의 인수와 납입이 있었던 것도 아니므로 이사에 대하여 자본금 충실책임(상 428조)을 물을 수도 없다고 한다.[2]

생각건대 이 때에 이사·집행임원은 분명히 법령위반행위를 한 것이고(상 462조 1항, 462조의 2 1항에 위반) 감사(監事) 또는 감사위원회는 그 임무를 게을리한 것이며, 또 이로 인하여 회사에 손해가 발생하지 않았다고 단정할 수도 없는 것이므로, 그러한 이사·집행임원·감사(監事) 또는 감사위원회 등은 회사에 대하여 연대하여 손해를 배상할 책임이 있다고 본다(상 399조, 408조의 8 1항, 414조 1항·3항). 또한 이 때에 제 3 자가 회사의

1) 정(희), 577면; 정(동), (회) 637면(이사·감사 등의 손해배상책임에 대하여만); 이정한, 전게논문, 174면; 채, 792면; 이(기) 외, (회) 534면.

2) 이범찬, 전게논문(상장협), 21면.

증자를 믿고 거래하고 또 이로 인하여 제 3 자에게 손해가 발생한 경우에는, 이사·집행임원·감사(監事) 또는 감사위원회 등은 그러한 제 3 자에 대하여 악의 또는 중과실로 인하여 그 임무를 게을리한 것이므로 손해배상책임을 부담한다고 본다(상 401조, 408조의 8 2항, 414조 2항·3항). 그러나 그러한 이사라도 회사에 대한 자본금 충실의 책임(상 428조)은 부담하지 않는다고 본다. 그 이유는 신주를 배당받은 주주도 인수 및 납입의무를 부담하지 않는데, 이를 이사에게 부담시킬 수는 없다고 보기 때문이다.

그러한 이사·집행임원·감사(監事) 또는 감사위원회 등은 위와 같은 손해배상책임(민사책임)을 부담하는 외에 형사책임도 부담한다(상 625조 3호).

2) 신주발행의 요건을 위반한 경우 주식배당에 관한 주주총회결의에 하자가 있는 경우, 정관 소정의 수권주식총수의 한도를 넘어 신주를 발행한 경우, 정관에서 정하지 않은 종류의 주식을 발행한 경우 등이 이에 속한다. 이 때에는 「신주발행무효의 소에 관한 규정」(상 429조 이하)을 유추적용하여 주주·이사·감사(監事) 또는 감사위원회는 신주를 발행한 날로부터 6월 내에 소로써만 이러한 신주발행의 무효를 주장할 수 있다고 본다.[1] 그런데 이 때에 주주 등이 신주발행무효의 소를 제기하여 승소의 확정판결을 받은 경우에도, 주주는 원래부터 주금액을 납입했던 것이 아니므로 회사는 신주의 주주에 대하여 납입했던 금액을 반환하여야 하는 규정이 적용될 여지는 없다(상 432조의 유추적용 배제).[2]

또한 이 때 신주발행을 하기 전이면 「신주발행 유지청구권에 관한 규정」(상 424조)을 유추적용할 수 있다고 본다.[3]

5. 중간배당

(1) 중간배당의 의의 및 성질

1) 의 의 중간배당이란 「연 1회의 결산기를 정한 회사가 정관의 규정에 의하여 영업연도중 1회에 한하여 이사회의 결의(이사가 1명 또는 2명인 소규모 주식회사의 경우에는 이사회가 없으므로 각 이사가 이사회의 기능을 담당한다—상 383조 1항 단서, 6항)로 일정한 날을 정하여 그 날의 주주에 대하여 이익을 배당하는 것」을 말한다(상 462조의 3 1항). 이익배당이란 앞에서 본 바와 같이 결산

1) 동지: 이정한, 전게논문, 172면; 채, 791면; 이(기) 외, (회) 534면; 주상(제 5 판)(회사 Ⅳ), 369면.
2) 동지: 이정한, 전게논문, 172면; 이(철), (회) 1025면; 주상(제 5 판)(회사 Ⅳ), 369면.
3) 동지: 이정한, 전게논문, 172면; 주상(제 5 판)(회사 Ⅳ), 369면.

기에 발생한 이익을 주주에게 분배하는 것을 말하므로, 결산기가 도래하지 않으면 주주에게 이익배당을 할 수 없다. 그러나 연 1회의 결산기를 정한 회사는 영업연도중에 중간배당을 할 경제적 필요성이 발생한다. 따라서 1998년 개정상법은 이러한 회사에 한하여 회사의 선택에 의하여(정관의 규정이 있는 경우에 한하여) 영업연도 말의 이익배당 외에 영업연도중 1회에 한하여 중간배당을 할 수 있게 하였다.[1)]

이러한 중간배당제도는 배당수익을 기대한 투자관행의 정착과 투자수요기반의 확충을 통한 증권시장의 안정화를 위하여 1997년에 증권거래법(2009. 2. 4. 이후에는 자본시장과 금융투자업에 관한 법률)에 의하여 주권상장법인 또는 코스닥상장법인에 대하여 인정되었는데(증거 192조의 3), 1998년 개정상법에 의하여 이를 상법상의 제도로 한 것이다. 따라서 상법상 이러한 중간배당제도의 도입으로 모든 주식회사는 자율적으로 이를 시행할 수 있게 되었는데, 이를 통하여 건전한 배당투자관행을 정착하고 결산기말의 현금배당으로 인한 기업의 일시 자금압박을 완화하며 기업의 경영성과에 대한 경영진의 중간점검의 기회를 제공하게 되었다.[2)]

자본시장과 금융투자업에 관한 법률은 분기배당(연 1회의 결산기를 정한 주권상장법인이 정관에서 정하는 바에 따라 사업연도중 그 사업연도 개시일부터 3월, 6월 및 9월 말일 당시의 주주에게 이사회결의로써 금전으로 하는 이익배당)을 인정하고 있다(자금 165조의 12).

2) 성 질 이러한 중간배당은 결의기관이 언제나 「이사회」이고 「배당재원」이 당해 연도의 이익이 아니라는 점에서 (광의의) 이익배당과 구별된다.[3)] 따라서 중간배당의 법적 성질은 이익배당이 아니고, 「영업연도중의 금전의 분배」라고 볼 수 있다.[4)] 왜냐하면 이익배당이란 법률적으로는 영업연도 말(결산기)의 이익을 주주총회의 결의를 받아 주주에게 분배하는 것을 말하는데,

---

1) 중간배당제도를 도입한 외국의 입법례로는 일본 회사법 제454조 5항(이사회설치회사의 경우), 독일 주식법 제58조 등이 있다.

2) 중간배당제도에 관하여는 한국상장회사협의회 조사부, "중간배당제도에 관한 소고," 「상장협」, 제40호(1999.10), 115~128면(상법상 중간배당제도와 관련하여 기업실무에서 발생할 수 있는 제반 문제점을 지적하고 있다); 왕순모, "중간배당제도의 도입과 그 활성화 방안," 「상장협」, 제47호(2003, 춘계호), 53~79면(중간배당시점에 있어서의 가결산을 의무화하고, 중간배당에 따른 이사회의 책임을 완화해야 한다고 한다); 동, 「기업회계법의 구축과 전망」(부산: 경성대출판부, 2004), 195~230면.

3) 동지: 정(동), (회) 634면.

4) 동지: 손(주), 943면, 938면; 정(동), (회) 637면; 이(철), (회) 1009면(이익배당의 후급 〈後給〉이라고 한다); 鈴木竹雄·竹內昭夫, 「會社法(第三版)」(東京: 有斐閣, 1994), 380면.

중간배당은 영업연도의 도중에 언제나 이사회의 결의만으로 주주에게 이익을 분배하는 것으로서 이익배당의 요건을 갖추지 않았기 때문이다. 그러나 경제적으로는 이익배당의 성격을 갖고 있으므로 일반적으로 이를 중간배당이라고 부르고, 또한 이익배당에 관한 많은 규정을 중간배당에 준용하고 있다(상 462조의 3 5항 · 6항).

중간배당의 성질을 그의 재원(財源)과 관련하여 (i) 전기에 발생한 이익의 후급으로 보는 전기이익후급설[1](상 462조의 3 2항 참조)과 (ii) 당기에 발생한 이익의 선급(가지급)으로 보는 당기이익선급설[2](상 462조의 3 3항 참조)이 있는데, 중간배당의 재원을 상법 제462조의 3 제 2 항에서 규정하고 있는 점에서 볼 때 전기이익후급설이 타당하다고 본다.

(2) 중간배당의 요건

1) 형식적 요건

(가) 연 1회의 결산기를 정한 회사 중간배당을 할 수 있는 회사는 연 1회의 결산기를 정한 회사에 한한다(상 462조의 3 1항).

(나) 정관의 규정 중간배당을 할 수 있는 회사는 이에 관하여 정관에 규정이 있어야 한다(상 462조의 3 1항).

(다) 이사회의 결의 중간배당을 하기 위하여는 위와 같은 정관의 범위 내에서 이사회의 결의가 있어야 한다(상 462조의 3 1항). 자본금 총액이 10억원 미만인 회사로서 이사를 1명 또는 2명 둔 경우에는 이사회가 없으므로, 이를 각 이사(정관에 따라 대표이사를 정한 경우에는 그 대표이사)가 결정한다(상 383조 6항, 462조의 3 1항).

주권상장법인의 경우 분기배당을 할 수 있는데, 이에 관한 이사회결의는 분기말일부터 45일 이내에 하여야 하고, 분기배당금은 정관에서 그 지급시기를 따로 정하지 않으면 이사회결의일부터 20일 이내에 지급하여야 한다(자금 165조의 12).

이 때 중간배당을 받는 주주를 확정하기 위한 「일정한 날」(중간배당 기준일)을 자본시장과 금융투자업에 관한 법률의 경우(자금 165조의 12 1항)와 같이 정관이 정하여야 한다고 해석하는 견해가 있으나,[3] 상법의 규정상(상 462조의 3 1항 · 5항〈354조 1항 준용〉) 이사회의 결의로 정하는 것으로 해석하여야 한다고 본다.[4] 따라서 이사회는 중간배당을 할 것인지 여부를 결정하고, 중간배당을 할 것을 결정하면 중간배당 기

1) 정(동), (회) 638면; 이(철), (회) 1009면; 최(기), 1049면.
2) 손(주), 943면, 938면; 왕순모, 전게 「기업회계법의 구축과 전망」, 213면.
3) 손(주), 939면; 이(철), (회) 1008면.
4) 동지: 최(기), 1065면.

준일을 정하여야 한다고 본다.

또한 이사회는 연 1회에 한하여 중간배당을 할 것을 결의할 수 있다(상 462조의 3 1항).

정관에서 금전 외의 재산으로 배당을 할 수 있음을 정한 경우, 이사회는 중간배당을 현물로 할 수 있을 것인가의 문제가 있다. 중간배당을 이익배당으로 보지 않는 경우에도 현물배당에 관한 상법 제462조의 4에서 「배당」이란 이익배당뿐만 아니라 중간배당을 포함한다고 보면, 이 경우 이사회는 중간배당으로 현물배당을 결의할 수 있다고 본다.[1)]

2) 실질적 요건(중간배당의 한도)

㈎ 직전 결산기의 대차대조표상 이익이 현존하여야 한다 중간배당은 위에서 본 바와 같이 영업연도(결산기)를 1년으로 한 회사가 영업연도중 1회에 한하여 정관에서 정한 바에 따라 하는 것인데, 중간배당을 할 때에 가결산을 하지 않는 대신에 직전 결산기의 대차대조표상 이익이 현존하여야 한다. 즉, 중간배당은 직전 결산기의 대차대조표상의 순자산액에서 (i) 직전 결산기의 자본금의 액, (ii) 직전 결산기까지 적립된 자본준비금과 이익준비금의 합계액, (iii) 직전 결산기의 정기총회에서 이익으로 배당하거나 또는 지급하기로 정한 금액 및 (iv) 중간배당에 따라 당해 결산기에 적립하여야 할 이익준비금을 공제한 액을 한도로 한다(상 462조의 3 2항). 이 때 중간배당에 따라 당해 결산기에 적립하여야 할 이익준비금은 중간배당액의 10분의 1 이상의 금액이다(상 462조의 3 5항, 458조).

㈏ 당해 결산기에 이익이 예상되어야 한다 즉, 회사는 당해 결산기의 대차대조표상의 순자산액이 (i) 당해 결산기의 자본금의 액, (ii) 당해 결산기까지 적립된 자본준비금과 이익준비금의 합계액, (iii) 당해 결산기에 적립하여야 할 이익준비금 및 (iv) 대통령령으로 정하는 미실현이익의 합계액에 미치지 못할 우려가 있는 때에는 중간배당을 하여서는 아니 된다(상 462조의 3 3항). 만일 이사·집행임원[2)]이 이에 위반하여 중간배당을 한 경우에는 그가 당해 결산기에 이익이 발생할 것으로 판단함에 있어 주의를 게을리하지 아니하였음을 증명하지

---

1) 2011년 4월 개정상법 이전에는 상법 제462조의 3 제1항에서 「금전의 이익」을 배당할 수 있는 것으로 규정하였으나, 2011년 4월 개정상법에서는 「이익을」 배당할 수 있는 것으로 개정하였다.

중간배당에 대하여도 현물배당이 인정된다고 보는 견해로는 안수현, 전게논문(21세기 회사법 개정의 논리), 264면.

2) 집행임원 설치회사의 경우에는 (대표이사에 갈음하여) 집행임원이 이러한 중간배당안을 이사회에 제출할 것이므로, 집행임원도 이에 대한 책임을 부담하여야 할 것으로 본다.

못하는 한 그 이사·집행임원은 회사에 대하여 연대하여 그 차액(배당액이 그 차액보다 적을 경우에는 배당액)을 배상할 책임을 진다(상 462조의 3 4항).

⑶ 중간배당의 확정

위와 같이 중간배당의 결정은 「이사회」의 결의사항이므로(상 462조의 3 1항), 이사회가 정관의 규정에 의하여 중간배당을 결정하면 이사회의 결의로 정한 배당기준일(일정한 날)의 주주는 회사에 대하여 구체적인 중간배당청구권을 취득한다.

⑷ 중간배당의 기준

1) 주주평등의 원칙

㈎ 원 칙 중간배당도 이익배당과 같이 원칙적으로 주주평등의 원칙에 의하여 각 주주가 가진 주식의 수에 따라 지급하여야 한다(상 462조의 3 5항, 464조 본문).

㈏ 예 외 상법상의 예외로 회사가 정관의 규정에 따라 내용이 다른 종류주식을 발행한 경우에는(상 344조 1항), 이러한 정관의 규정에 따라 회사는 종류주식 사이에 차등배당을 할 수 있다(상 462조의 3 5항, 464조 단서).

2) 일할배당·동액배당 영업연도의 중간에 신주가 발행된 경우에는 납입기일의 다음 날로부터 주주의 권리의무가 있으므로(상 423조 1항) 이러한 신주발행의 효력일이 중간배당 기준일 이전이면 신주에 대하여 동액배당 또는 일할배당을 할 수 있다고 본다. 또한 전환주식이 전환된 경우, 전환사채가 전환된 경우, 신주인수권부사채에서 신주인수권의 행사가 있은 경우에도 전환 또는 신주발행의 효력일(상 350조 1항, 516조 2항, 516조의 10)이 중간배당 기준일 이전이면 신주에 대하여 동액배당 또는 일할배당을 할 수 있다고 본다.

⑸ 중간배당금의 지급

1) 중간배당청구권(중간배당금 지급청구권) 이사회에서 중간배당을 결의하면 이사회의 결의로 정한 배당기준일(일정한 날)의 주주는 회사에 대하여 구체적인 중간배당청구권을 취득하는데(금전채권), 이는 독립하여 양도·압류·전부명령 등의 목적이 될 수 있고 또 시효에도 걸린다. 이러한 중간배당청구권의 시효기간은 5년이다(상 464조의 2 2항).

기명주식의 등록질권자도 중간배당청구권을 갖는다(상 462조의 3 5항, 340조 1항). 회사는 중간배당을 받을 주주 또는 등록질권자를 확정하기 위하여 배당기준일을 정하여야 하는데(상 462조의 3 1항), 이에 관하여는 상법의 기준일에 관한 규정이 적용된다(상 462조의

(3 5항, 354조 1항).

2) 배당금지급시기 중간배당의 지연에 따른 주주의 손해를 방지하기 위하여 상법은 중간배당에 관한 이사회의 결의(자본금 총액이 10억원 미만으로서 이사를 1명 또는 2명 둔 소규모 주식회사의 경우에는 이사회가 없으므로, 주주총회의 결의—상 383조 4항)가 있은 날부터 1개월 내에 중간배당을 하여야 할 것으로 규정하고 있다(상 464조의 2 1항 본문). 그러나 이사회의 결의로 중간배당의 지급시기를 따로 정한 경우에는 그러하지 아니하다(상 464조의 2 1항 단서). 회사가 중간배당의 지급을 지연한 경우 회사의 주주에 대한 책임은 이익배당의 지연의 경우와 같다.

(6) 위법중간배당의 효과

1) 위법중간배당의 의의 위법중간배당이란 「중간배당의 요건에 위반하여 이익을 배당하는 것」을 말한다. 다시 말하면 직전 결산기의 대차대조표상 이익이 없거나(또는 없고) 당해 결산기에 이익이 예상되지 않음에도 불구하고 중간배당을 하는 것을 말한다. 이러한 위법중간배당도 위법이익배당과 같이 당연무효가 된다고 본다.

2) 위법중간배당액의 반환청구 위법중간배당은 당연무효이므로 위법중간배당을 받은 주주는 배당받은 이익을 부당이득으로 회사에 반환할 의무를 부담한다(민 741조, 748조). 이 때 주주가 스스로 반환하지 않거나 회사에서 반환청구를 하지 않는 경우에는, 「회사채권자」가 직접 주주에 대하여 위법배당한 이익을 회사에 반환할 것을 청구할 수 있다(상 462조의 3 6항, 462조 3항). 이에 관한 그 밖의 사항은 위법한 이익배당의 경우와 같다(상 462조의 3 6항, 462조 4항).

3) 이사·집행임원·감사(監事) 등의 책임 중간배당과 관련하여 상법은 이사·집행임원에게 앞에서 본 바와 같이 당해 결산기에 이익이 예상되지 않는 경우에는 중간배당을 하여서는 아니 될 의무를 부담시키고(상 462조의 3 3항), 이 의무에 위반한 이사·집행임원에 대하여 특별한 차액배상책임을 부담시키고 있다(상 462조의 3 4항). 즉, 이사·집행임원은 당해 결산기에 이익이 예상되지 않으면 중간배당을 하여서는 아니 되는데(상 462조의 3 3항), 만일 이사·집행임원이 이에 위반하여 중간배당을 한 경우에는 그 이사·집행임원은 회사에 대하여 연대하여 그 차액(배당액이 그 차액보다 적을 경우에는 배당액)을 배상할 책임을 진다(상 462조의 3 4항 본문). 다만 이사·집행임원이 당해 결산기에 이익이 발생할 것으로 판단함에 있어 주의를 게을리하지 아니하였음을 증명한 때에는 이사·집행임원은 이러한 책임

을 면한다(상 462조의 3 4항 단서). 중간배당에 관한 이사회의 결의에 찬성한 이사는 모두 연대하여 이러한 책임을 지는데(상 462조의 3 6항, 399조 2항), 이러한 이사회결의에 참가한 이사로서 이의(異議)를 한 기재가 의사록에 없는 자는 그 결의에 찬성한 것으로 추정한다(상 462조의 3 6항, 399조 3항). 이사·집행임원의 이러한 책임은 주주 전원의 동의로 면제할 수 있고 정관에서 정하는 바에 따라 감경할 수 있다(상 462조의 3 6항, 400조).

이사·집행임원·감사(監事) 또는 감사위원회 등의 그 밖의 회사 및 제 3 자(주주포함)에 대한 책임(상 399조, 401조, 408조의 8 2항·3항)과 위법중간배당을 한 이사·집행임원 등의 형벌(상 462조의 3 5항, 625조 3호)은 위법한 이익배당의 경우와 같다.

제 5 주주의 경리감독

I. 총 설

주주는 주주총회에서 회사의 기본적인 사항의 결의에 관하여 의결권을 행사할 수 있을 뿐(상 361조, 369조), 회사의 업무집행에는 관여하지 못한다. 이사(집행임원 설치회사의 경우는 '집행임원'을 의미한다. 이하 같다)의 업무집행(특히 경리)에 대한 감독 또는 감사를 주주총회가 하거나 주주총회에서 선임한 감사(監事) 또는 이러한 감사(監事)에 갈음하는 감사위원회가 하여야 하는데, 모두 그 실효를 거두기 어렵기 때문에 상법은 일정한 경우 주주가 직접 이사에 대한 감독권을 행사하도록 하고 있다. 따라서 상법은 이사의 권한남용을 방지하기 위하여 주주의 감독권으로서 이사의 해임청구권(상 385조)·이사의 위법행위 유지청구권(상 402조, 408조의 9)·대표소송제기권(상 403조, 408조의 9) 및 다중대표소송제기권(상 406조의 2, 408조의 9)을 규정하고 있다.

그러나 주주가 이러한 감독권을 효율적으로 행사하기 위하여는 회사의 업무와 재산상태에 관한 정확한 정보와 지식이 필요하므로, 상법은 이를 위하여 주주에게 다음과 같은 경리검사권을 부여하고 있다. 주주의 이러한 경리검사권은 검사의 대상이 간접적인 서류(재무제표 등)에서 직접적인 서류(회계장부 등)로 확대되고, 또 검사의 범위가 회계관계사항으로부터 업무 및 재산관계사항(검사인을 통한 업무 및 재산조사권)으로 확대되고 있다.

2. 재무제표와 그 부속명세서·영업보고서 및 감사보고서의 열람권 (단독주주권)

이사는 정기총회 회일의 1주간 전부터 재무제표와 그 부속명세서[1]·영업보고서 및 감사보고서를 본점에서는 5년간 비치하고 지점에서는 3년간 비치하여야 하는데(상 448조 1항), 주주(및 회사채권자)는 영업시간 내에 언제든지 이를 열람하고, 그 등본이나 초본의 교부를 청구할 수 있다(상 448조 2항).

이러한 서류는 이사가 주주 등에게 열람시키고 주주총회의 승인을 얻기 위하여 작성하는 것으로서 원시기록은 아니다.[2] 또한 주주가 이러한 서류를 열람할 수 있는 권리는 개개의 주주에게 인정된 단독주주권이다.

3. 회계장부열람권(소수주주권)

(1) 인정이유

주주가 재무제표와 그 부속명세서·영업보고서 및 감사보고서를 가지고는 충분히 그 내용을 알 수 없는 경우에는, 주주는 다시 그 기재가 진실하고 정확한 기재인가를 알기 위하여 그 원시기록인 회계의 장부와 서류의 열람·등사를 청구할 수 있는 권리를 갖는다. 주주의 이러한 회계장부열람권(right of inspection of books and records)은 미국 회사법상의 제도를 따라 인정된 것이다.[3]

(2) 열람권자

주주의 이 권리는 남용될 위험성이 많기 때문에 소수주주의 권리로서만 행사할 수 있다(상 466조 1항, 542조의 6 4항).[4] 이 경우의 발행주식총수에는 의결권이 없는 종류

1) 재무제표는 일반적인 서류이고, 그 부속명세서는 부정이 있기 쉬운 부분을 특별히 상세하게 꾸민 서류이다. 주주의 부속명세서열람권은 재무제표열람권과 후술하는 회계장부열람권과의 중간적인 성질을 가진 것으로서, 이사의 업무집행에 대한 감독시정권을 유효적절하게 할 수 있게 하기 위하여 인정된 제도이다. 상법은 주주의 지위를 강화하기 위한 불가결한 전제가 된다고 하여 이 부속명세서 열람권제도를 두었으나, 그 실효성은 의문이다.

그리고 주주의 감사보고서열람권과 같은 것은 그 내용의 전문성 때문에 그 이해도 어렵거니와 또한 이것은 기관으로서의 감사(監事)의 감사(監査)를 주주가 다시 감사하는 것이 되어, 그 타당성도 의심스럽다.

2) 동지: 손(주), 953면.

3) 손(주), 954면; 정(동), (회) 643면.

4) 일본은 종래에 발행주식총수의 100분의 10 이상에 해당하는 주식을 가진 소수주주권으로 규정하였으나, 1993년 개정상법(1993. 10. 1 시행)에 의하여 100분의 3으로 완화하였고(동법 293조의 6 1항), 이는 2005년 회사법에서도 그대로 유지되고 있다(日會 433조 1항).

주식이나 의결권이 제한되는 종류주식을 포함한다.[1)]

이 권리를 행사할 수 있는 소수주주는, 비상장회사의 경우는 발행주식총수의 100분의 3 이상에 해당하는 주식을 가진 주주이고(상 466조 1항), 상장회사의 경우는 발행주식총수의 100분의 3 이상에 해당하는 주식을 가진 주주(상 542조의 6 10항) 또는 6개월 전부터 계속하여 상장회사 발행주식총수의 10,000분의 10(최근 사업연도말 자본금이 1,000억원 이상인 상장회사의 경우에는 10,000분의 5) 이상에 해당하는 주식을 보유한 주주이다(상 542조의 6 4항, 상시 32조).

금융회사의 경우는 6개월 전부터 계속하여 금융회사의 발행주식총수의 100,000분의 50 이상(대통령령으로 정하는 금융회사의 경우에는 100,000분의 25 이상)에 해당하는 주식을 보유한 주주이다(지배 33조 6항).

주주가 이 청구를 함에는 이유를 붙인 서면으로 하여야 한다(상 466조 1항).

이와 관련한 우리 대법원판례는 다음과 같다.

[소수주주의 주식 보유요건은 열람·등사의 전 기간, 이를 재판상 청구하는 경우에는 소송이 계속되는 동안 유지하여야 한다고 본 판례]

발행주식의 총수의 100분의 3 이상에 해당하는 주식을 가진 주주는 상법 제466조 제 1 항에 따라 이유를 붙인 서면으로 회계의 장부와 서류의 열람 또는 등사를 청구할 수 있다. 열람과 등사에 시간이 소요되는 경우에는 열람·등사를 청구한 주주가 전 기간을 통해 발행주식 총수의 100분의 3 이상의 주식을 보유하여야 하고, 회계장부의 열람·등사를 재판상 청구하는 경우에는 소송이 계속되는 동안 위 주식 보유요건을 구비하여야 한다[대판 2017. 11. 9, 2015 다 252037(공보 2017, 2313)].

[주식매수청구권을 행사한 소수주주도 주식의 매매대금을 지급받지 아니하고 있는 동안에는 회계장부열람권을 갖는다고 한 판례]

주식매수청구권을 행사한 소수주주도 회사로부터 주식의 매매대금을 지급받지 아니하고 있는 동안에는 이러한 회계장부열람권(상 466조 1항)을 갖는다[대판 2018. 2. 28, 2017 다 270916(공보 2018, 635)].

[소수주주의 회계장부열람의 청구이유는 서면에 구체적으로 기재하여야 한다는 판례]

소수주주가 회계의 장부와 서류의 열람 또는 등사를 청구를 함에는 이유를 붙인 서면으로 하여야 하는데(상 466조 1항), 회계의 장부와 서류를 열람 또는 등사시키는 것은 회계운영상 중대한 일이므로 그 절차를 신중하게 함과 동시에 상대방인

1) 동지: 손(주), 954면.

회사에게 열람 및 등사에 응하여야 할 의무의 존부 또는 열람 및 등사를 허용하지 않으면 안 될 회계의 장부 및 서류의 범위 등의 판단을 손쉽게 하기 위하여 그 이유는 구체적으로 기재하여야 한다[대판 1999. 12. 21, 99 다 137(공보 2000, 273)].

(3) 권리의 내용

열람 또는 등사의 대상인 회계의 「장부」란 재무제표와 그 부속명세서의 작성의 기초가 되는 장부로서(상 29조 참조) 회계에 관한 모든 장부인데, 예컨대 원장·전표 등을 의미한다. 회계의 「서류」란 회계장부의 기재의 원재료가 되는 서류로서, 예컨대 계약서·영수증·납품증 등을 말한다. 또한 이 때의 회계의 장부 및 서류에는 자회사의 회계장부도 포함된다.

우리 대법원판례도 이와 같은 취지로 다음과 같이 판시하고 있다.

[자회사의 회계장부도 모회사의 회계장부열람권에 관한 소수주주권의 범위에 포함된다고 본 판례]

상법 제466조 제 1 항에서 정하고 있는 소수주주의 열람·등사청구의 대상이 되는 '회계의 장부 및 서류'에는 소수주주가 열람·등사를 구하는 이유와 실질적으로 관련이 있는 회계장부와 그 근거자료가 되는 회계서류를 가리키는 것으로서, 그것이 회계서류인 경우에는 그 작성명의인이 반드시 열람·등사제공의무를 부담하는 회사로 국한되어야 하거나, 원본에 국한되는 것은 아니며, 열람·등사제공의무를 부담하는 회사의 출자 또는 투자로 성립한 자회사의 회계장부라 할지라도 그것이 모자관계에 있는 모회사에 보관되어 있고, 또한 모회사의 회계상황을 파악하기 위한 근거자료로서 실질적으로 필요한 경우에는 모회사의 회계서류로서 모회사 소수주주의 열람·등사청구의 대상이 될 수 있다[대판 2001.10. 26, 99 다 58051(공보 2001, 2532)][이 판결에 대하여 찬성하는 취지의 평석으로는 채동헌, 「상장」, 2002. 10, 94~101면].

주주의 회계장부 및 서류의 열람·등사청구권이 인정되는 이상 그 열람·등사청구권은 그 권리행사에 필요한 범위 내에서 허용되어야 할 것이지, 열람 및 등사의 횟수가 1회에 국한되는 등으로 사전에 제한될 성질의 것은 아니다.[1]

(4) 열람의 거부

소수주주의 회계장부열람의 이러한 청구가 있을 때에는, 회사는 주주의 청구가 부당함을 증명하지 않으면 이를 거부하지 못한다.[2](상 466조 2항). 만일 회사가

1) 대판 1999. 12. 21, 99 다 137(공보 2000, 273).

2) 소수주주의 청구가 「부당한 경우」란 주주로서 가지는 권리의 확보나 행사를 위하여 청구하는

정당한 이유 없이 소수주주의 이러한 청구를 거절한 경우에는, 주주는 열람청구의 소(訴)를 제기하고 또 필요한 경우(은닉·변경할 우려 등이 있는 경우)에는 장부서류보전의 가처분의 신청을 할 수도 있다.[1]

이에 관한 우리 대법원결정 및 판례는 다음과 같다.

[소수주주의 청구가 '부당한 경우'라고 본 경우]

상법 제391조의 3 제 3 항, 제466조 제 1 항에서 규정하고 있는 주주의 이사회의 의사록 또는 회계의 장부와 서류 등에 대한 열람·등사청구가 있는 경우, 회사는 그 청구가 부당함을 증명하여 이를 거부할 수 있는바, 주주의 열람·등사권 행사가 부당한 것인지 여부는 그 행사에 이르게 된 경위, 행사의 목적, 악의성 유무 등 제반 사정을 종합적으로 고려하여 판단하여야 할 것이고, 특히 주주의 이와 같은 열람·등사권의 행사가 회사업무의 운영 또는 주주 공동의 이익을 해치거나 주주가 회사의 경쟁자로서 그 취득한 정보를 경업에 이용할 우려가 있거나, 또는 회사에 지나치게 불리한 시기를 택하여 행사하는 경우 등에는 정당한 목적을 결하여 부당한 것이라고 보아야 할 것이다[대결 2004. 12. 24, 2003 마 1575(공보 2005, 232)].

동지: 대결 2014. 7. 21, 2013 마 657(공보 2014, 1767)(상법 제391조의 3 제 3 항, 제466조 제 1 항에서 규정하고 있는 주주의 이사회 의사록 또는 회계 장부와 서류 등에 대한 열람·등사청구가 있는 경우, 회사는 청구가 부당함을 증명하여 이를 거부할 수 있는데, 주주의 열람·등사권 행사가 부당한 것인지는 행사에 이르게 된 경위·행사의 목적·악의성 유무 등 제반 사정을 종합적으로 고려하여 판단하여야 하고, 특히 주주의 이와 같은 열람·등사권 행사가 회사업무의 운영 또는 주주 공동의 이익을 해치거나 주주가 회사의 경쟁자로서 취득한 정보를 경업에 이용할 우려가 있거나, 또는 회사에 지나치게 불리한 시기를 택하여 행사하는 경우 등에는 정당한 목적을 결하여 부당한 것이라고 보아야 한다); 서울민사지판 1998. 4. 1, 97 가합 68790(신문 2692, 12)(소수주주의 회계장부열람권은 회사가 업무를 집행함에 있어서 부정한 행위를 했다고 의심할 만한 구체적인 사유가 발생하였다거나 경영상태를 악화시킬만한 구체적인 사유가 있는 경우 등에는 인정되지만, 단지 세무회계상의 이익유무 및 그 규모, 현황, 재정상태 등을 파악하기 위한 것은 인정되지 아니한다).

것이 아닌 경우(예컨대, 회사와의 거래 등을 위한 경우) 또는 열람의 허용이 회사의 이익에 반하는 경우(예컨대, 경쟁회사의 이익을 위하여 청구하는 경우) 등이다[손(주), 954면; 정(동), (회) 644면].

1) 동지: 정(희), 580면; 정(동), (회) 644면.

[소수주주의 청구가 '부당한 경우'가 아니라고 본 경우]

상법 제466조 제 1 항에서 규정하고 있는 주주의 회계장부와 서류 등에 대한 열람·등사청구가 있는 경우 회사는 청구가 부당함을 증명하여 이를 거부할 수 있고, 주주의 열람·등사권 행사가 부당한 것인지는 행사에 이르게 된 경위, 행사의 목적, 악의성 유무 등 제반 사정을 종합적으로 고려하여 판단하여야 한다. 특히 주주의 이와 같은 열람·등사권 행사가 회사업무의 운영 또는 주주 공동의 이익을 해치거나 주주가 회사의 경쟁자로서 취득한 정보를 경업에 이용할 우려가 있거나, 또는 회사에 지나치게 불리한 시기를 택하여 행사하는 경우 등에는 정당한 목적을 결하여 부당한 것이라고 보아야 한다. 그러나 주식매수청구권을 행사한 주주도 회사로부터 주식의 매매대금을 지급받지 아니하고 있는 동안에는 주주로서의 지위를 여전히 가지고 있으므로 특별한 사정이 없는 한 주주로서의 권리를 행사하기 위하여 필요한 경우에는 위와 같은 회계장부열람·등사권을 가진다. 주주가 주식의 매수가액을 결정하기 위한 경우뿐만 아니라 회사의 이사에 대하여 대표소송을 통한 책임추궁이나 유지청구, 해임청구를 하는 등 주주로서의 권리를 행사하기 위하여 필요하다고 인정되는 경우에는 특별한 사정이 없는 한 그 청구는 회사의 경영을 감독하여 회사와 주주의 이익을 보호하기 위한 것이므로, 주식매수청구권을 행사하였다는 사정만으로 청구가 정당한 목적을 결하여 부당한 것이라고 볼 수 없다[대판 2018. 2. 28, 2017 다 270916(공보 2018, 635)].

[소수주주의 회계장부열람권의 가처분·청구방법 및 회수에 관한 판례]

상법 제466조 제 1 항 소정의 소수주주의 회계장부열람·등사청구권을 피보전권리로 하여 당해 장부 등의 열람·등사를 명하는 가처분이 실질적으로 본안소송의 목적을 달성하여 버리는 면이 있다고 할지라도, 나중에 본안소송에서 패소가 확정되면 손해배상청구권이 인정되는 등으로 법률적으로는 여전히 잠정적인 면을 가지고 있기 때문에 임시적인 조치로서 이러한 회계장부열람·등사청구권을 피보전권리로 하는 가처분도 허용된다고 볼 것이고, 이러한 가처분을 허용함에 있어서는 피신청인인 회사에 대하여 직접 열람·등사를 허용하라는 명령을 내리는 방법뿐만 아니라, 열람·등사의 대상 장부 등에 관하여 훼손, 폐기, 은닉, 개찬이 행하여질 위험이 있는 때에는 이를 방지하기 위하여 그 장부 등을 집행관에게 이전 보관시키는 가처분을 허용할 수도 있다.

주식회사 소수주주가 상법 제466조 제 1 항의 규정에 따라 회사에 대하여 회계의 장부와 서류의 열람 또는 등사를 청구하기 위하여는 이유를 붙인 서면으로 하여야 하는바, 회계의 장부와 서류를 열람 또는 등사시키는 것은 회계운영상 중대한 일이므로 그 절차를 신중하게 함과 동시에 상대방인 회사에게 열람 및 등사에 응하여야 할 의무의 존부 또는 열람 및 등사를 허용하지 않으면 안

될 회계의 장부 및 서류의 범위 등의 판단을 손쉽게 하기 위하여 그 이유는 구체적으로 기재하여야 한다.

상법 제466조 제 1 항 소정의 소수주주의 회계장부 및 서류의 열람·등사청구권이 인정되는 이상 그 열람·등사청구권은 그 권리행사에 필요한 범위 내에서 허용되어야 할 것이지, 열람 및 등사의 횟수가 1 회에 국한되는 등으로 사전에 제한될 성질의 것은 아니다[대판 1999. 12. 21, 99 다 137(공보 2000, 273)].

이 때 정당한 사유 없이 이를 거부한 관계이사는 500만원 이하의 과태료의 제재를 받는다(상 635조 1항 4호).

4. 검사인을 통한 회사의 업무·재산상태조사권(소수주주권)

(1) 인정이유

주주가 위와 같이 회계관계서류의 열람 등을 통하여 업무집행기관의 불법·부정의 사실을 명백히 인정할 수 있는 경우에는, 주주는 사전의 조치로서 이사의 위법행위 유지청구권을 행사하여 그 행위를 방지하거나 사후의 조치로서 대표소송권을 행사하여 이사에 대하여 사후에 그 책임을 추궁하는 방법을 쓸 수도 있고, 또 임시총회를 소집하여 주주가 공동으로 그러한 이사에 대하여 책임을 물을 수도 있다. 그러나 주주의 위와 같은 경리검사권은 그 대상이 회계에 관한 서류·장부에 한정되고 또 그 방법도 열람 등에 그치므로, 회사의 업무집행에 관하여 불법·부정이 있음을 의심할 만한 사유가 있는 경우가 더 많다. 이를 위하여 상법은 주주에게 법원이 선임한 검사인을 통하여 회사의 업무와 재산상태를 조사할 수 있는 권리를 인정하고 있다(상 467조).

(2) 검사인의 선임

1) 법원에 검사인의 선임을 청구할 수 있는 주주는 그 남용을 방지하기 위하여 소수주주권으로 하였다.

이 권리를 행사할 수 있는 소수주주는, 비상장회사의 경우는 발행주식총수의 100분의 3 이상에 해당하는 주식을 가진 주주이고(상 467조 1항), 상장회사의 경우는 발행주식총수의 100분의 3 이상에 해당하는 주식을 가진 주주(상 542조의 6 10항) 또는 6개월 전부터 계속하여 상장회사의 발행주식총수의 1,000분의 15 이상에 해당하는 주식을 보유한 주주이다(상 542조의 6 1항).

금융회사의 경우에는 6개월 전부터 계속하여 금융회사의 발행주식총수의

10,000분의 150 이상(대통령령으로 정하는 금융회사의 경우에는 10,000분의 75 이상)에 해당하는 주식을 보유한 주주이다(지배 33조 2항).

이 때 소수주주가 보유하는 주식에는 의결권 없는 주식을 포함한다.

이러한 검사인의 선임신청은 본점 소재지의 지방법원 합의부에 하는데(비송 72조 1항), 서면으로 하여야 하고, 그 신청서에는 신청의 사유·검사의 목적·연월일·법원의 표시를 하며 신청인이 이에 기명날인하여야 한다(비송 73조). 이 때 법원이 검사인의 선임에 관한 재판을 할 경우에는 법원은 이사와 감사(監事)의 진술을 들어야 한다(비송 76조).

검사인으로 선임될 수 있는 자는 이사·집행임원·감사(監事)·지배인·기타 상업사용인을 제외하고는 특별한 제한이 없다.

우리 대법원판례도 이러한 취지로 다음과 같이 판시하고 있다.

[상법 제467조의 검사인의 자격에 관한 판례]

상법 제467조의 검사인 피선자격에 대하여는 이사·지배인 기타 사용인이나 감사가 검사인으로 피선될 수 없음은 검사인의 성질상 당연하다 할 것이나, 그 외에는 하등의 제한이 없으므로 상대방의 대리인을 검사인에 선임하였다 하더라도 이를 위법이라 할 수 없다[대판 1960. 8. 18, 4293 민재항 167(민결집 7, 3)].

2) 검사인의 선임을 청구할 수 있는 이유는, 회사의 업무집행에 관하여 부정행위 또는 법령이나 정관에 위반한 중대한 사실이 있음을 의심할 사유가 있는 때에 한하여 인정된다(상 467조 1항). 따라서 구체적이고 명시적이 아닌 막연한 내용만으로는 검사인의 선임청구사유가 되지 않는데, 우리 대법원결정도 이러한 취지로 다음과 같이 판시하고 있다.

[상법 제467조의 검사인의 선임청구사유에 관한 결정]

상법 제467조 제 1 항이 규정하고 있는 검사인 선임청구사유인 「업무집행에 관하여 부정행위 또는 법령이나 정관에 위반한 중대한 사실」에 대하여는, 그 내용을 구체적으로 명확히 적시하여야 하고 단순히 결산보고서의 내용이 실제의 재산상태와 일치하는지 여부에 의심이 간다는 정도의 막연한 것으로 그 사유를 삼을 수는 없다[대결 1985. 7. 31, 85 마 214(공보 762, 1304)].

동지: 대결 1996. 7. 3, 95 마 1335(공보 1996, 2445)(검사인의 선임청구사유에 대하여는 그 내용을 명확히 적시하여 입증하여야 하고, 단순히 일반적으로 그러한 의심이 간다는 정도의 막연한 것만으로는 그 사유로 삼을 수 없다).

(3) 검사인의 업무처리

1) 소수주주의 청구에 의하여 법원이 선임한 검사인은 단순히 회계의 장부와 서류뿐만 아니라, 회사의 업무와 재산상태를 조사하여 그 결과를 법원에 보고하여야 한다(상 467조 1항·2항). 검사인의 보고는 서면으로 하여야 하고, 법원은 검사에 관하여 설명을 필요로 할 때에는 검사인을 심문할 수 있다(비송 74조).

2) 법원은 검사인의 조사보고에 의하여 필요하다고 인정한 때에는 (대표)이사 또는 (대표)집행임원[1]에게 일정기간 내에 주주총회를 소집할 것을 명할 수 있다(상 467조 3항 1문, 비송 79조).

3) 주주총회가 소집되는 경우 검사인은 그 조사보고서를 주주총회에도 제출하여야 한다(상 467조 3항 2문, 310조 2항). 이 때 이사·집행임원과 감사(監事)는 지체 없이 검사인의 조사보고서의 정확 여부를 조사하여 주주총회에 보고하여야 한다(상 467조 4항).[2] 주주총회는 이 결과에 따라 이사의 해임 또는 손해배상책임의 추궁 등을 결정하게 된다.

제 6 회사의 계산에 관한 기타규정

상법은 회사의 회계와 관련하여 이익공여의 금지(상 467조의 2) 및 사용인의 우선변제권(상 468조)을 규정하고 있다. 이러한 사항은 직접적으로는 회사의 회계와 관련이 없으나, 회사재산의 사외유출에 관한 것으로서 간접적으로 회사의 회계와 관련이 있는 사항이므로, 상법은 이러한 사항을 회사의 회계에 관한 규정에서 함께 규정하고 있다.

Ⅰ. 회사의 이익공여금지

(1) 이익공여금지의 취지

1984년의 개정상법은 제467조의 2를 신설하여 주주의 권리행사와 관련한 회사의 이익공여를 금지하고 있다. 1984년의 상법개정 전에도 특별법(증거 191조의 9)[3]

---

1) 집행임원 설치회사의 경우는 대표이사에 갈음하여 '대표집행임원'이 될 것이다. 2011년 4월 개정상법이 이에 대하여 규정하지 않은 것은 명백한 입법의 미비라고 본다.

2) 1995년 개정상법에 의하여 제313조 1항 3호(변태설립사항에 관한 검사인의 보고서의 정확 여부)가 삭제되었으므로, 제467조 3항에서 제313조 1항 3호의 준용규정을 삭제하고 이의 내용을 제467조 4항을 신설하여 규정하였다.

3) 증권거래법 제191조의 9(이 규정은 1996년 12월 증권거래법의 개정 전에는 자본시장육성에

및 상법의 벌칙규정(권리행사방해 등에 관한 증수뢰죄〈贈收賂罪〉— 상 631조)[1]에 의하여 정상적인 주주총회의 운영을 방해하는 자가 어느 정도 규제되었으나, 이러한 규정만으로는 불충분하였으므로 1984년 개정상법에서 제467조의 2의 규정을 두게 된 것이다.[2] 이러한 상법 제467조의 2는 주식을 상호보유한 경우 의결권을 제한한 상법 제369조 3항과 함께 주주의 의결권의 정당한 행사를 도모하여 회사지배의 왜곡을 방지하고 있다.[3]

(2) 이익공여의 요건

본조의 이익공여가 되기 위하여는 다음의 요건을 갖추어야 한다.

1) 이익공여의 당사자

(가) 이익의 「공여자」는 회사이다(상 467조의 2 1항 · 2항 · 3항). 대표이사 · 대표집행임원이 공여하는 경우는 물론, 이사 · 집행임원 · 감사(監事), 지배인 기타의 사용인이 공여한 경우에도 회사의 계산으로 공여한 경우에는 회사가 공여한 것이 된다.[4]

(나) 이익공여의 「상대방」은 제한이 없다. 따라서 주주뿐만 아니라, 주주 이외의 자(예컨대, 주주가 경영하는 회사, 주주에게 영향력을 미치는 제 3 자 등)도 이익공여의 상대방이 된다. 상법이 이익공여의 상대방에 대하여 「누구에게든지」

관한 법률 제22조에서 규정되었고, 2000년 1월 21일의 증권거래법의 개정에 의하여 삭제됨): ① 주권상장법인 또는 협회등록법인의 주주총회의 의장은 그 주주총회장에서 고의로 의사진행을 방해하기 위한 언동을 하거나 질서를 문란하게 하는 자에 대하여 그 발언의 정지 또는 취소나 그의 퇴장을 명할 수 있다.

② 주권상장법인 또는 협회등록법인의 주주총회의 의장은 의사진행을 원활하게 하기 위하여 필요하다고 인정할 때에는 주주의 발언시간 및 발언횟수를 제한할 수 있다.

1) 회사의 이익공여를 금지한 상법 제467조의 2는 권리행사방해 등에 관한 증수뢰죄(贈收賂罪)를 규정한 상법 제631조를 사법적(司法的)으로 보완한 것으로 볼 수 있다. 이에 따라 상법 제634조의 2에서 이익공여죄에 관한 벌칙규정을 신설하고 있다. 상법 제631조의 증수뢰죄는 동조 1항 1호 내지 3호에 게기된 주주 등의 권리행사에 관하여 「부정한 청탁을 받고 재산상의 이익을 수수 · 요구 또는 약속하는 것」을 범죄구성요건으로 하는 데 대하여, 상법 제634조의 2의 이익공여죄는 「회사의 계산으로 재산상의 이익을 공여하는 것」을 구성요건으로 하는 점이 다르다. 또 상법 제631조는 사법상의 효과에 대한 규정이 없는 데 대하여, 상법 제634조의 2는 동법 제467조의 2에서 그것을 규정하고 있는 점이 다르다[정(희), 582면].

2) 상법 제467조의 2를 신설하게 된 입법의 취지는 (i) 첫째로 총회꾼의 농간에 의한 주주총회의 꼭두각시 노릇을 예방하고, (ii) 둘째로 회사의 소유자로서 하는 주주권의 행사에 대하여 회사의 계산으로 금전을 공여하는 행위가 있어서는 아니되며, (iii) 셋째로 공여된 금전이 불법원인급여(不法原因給與)(민 746조)나 비채변제(非債辨濟)(민 742조)에 해당하는 경우에는 회사측에서 반환을 청구할 수 없는 결과가 되기 쉬우므로, 이익공여금지를 위반하여 이익을 공여한 경우에는 회사가 이의 반환청구를 할 수 있음을 일반적으로 규정할 필요가 있고, (iv) 넷째로 그 반환청구의 방법을 규정할 필요가 있다는 점 등에 있다. 따라서 이로 인하여 주주총회의 원활한 운영을 기하고, 또한 회사의 이익을 보호하기 위하고자 하는 것이다[정(희), 582면].

3) 동지: 정(희), 582~583면.

4) 동지: 정(희), 583면; 정(동), (회) 647면.

라고 규정한 것은(상 467조의 2 1항) 이를 의미한다.

2) 주주의 권리행사와의 관련

㈎ 본조의 이익공여가 되기 위하여는 「주주의 권리행사와 관련하여」 이익공여가 있어야 한다. 이 때 「주주의 권리행사와 관련하여」란 주주의 권리행사에 영향을 미치기 위한 것으로서 주주의 회사에 대한 계약상의 특수한 권리는 포함되지 않는다.

또한 주주의 권리행사에 관련한 것이라 함은 주주의 공정한 권리행사에 영향을 미치는 모든 경우를 의미하고(예컨대, 주주권의 행사·불행사·행사방법 등), 주주총회에서뿐만 아니라 주주총회 외(대표소송 등의 제기)에서 행사하는 경우를 포함한다.[1]

우리 대법원판례도 이러한 취지로 다음과 같이 판시하고 있다.

[상법 제467조의 2 제 1 항의 '주주의 권리행사와 관련하여'의 해석에 관한 판례]

상법 제467조의 2 제 1 항에서 정한 '주주의 권리'란 법률과 정관에 따라 주주로서 행사할 수 있는 모든 권리를 의미하고, 주주총회에서의 의결권, 대표소송 제기권, 주주총회결의에 관한 각종 소권 등과 같은 공익권뿐만 아니라 이익배당청구권, 잔여재산분배청구권, 신주인수권 등과 같은 자익권도 포함하지만, 회사에 대한 계약상의 특수한 권리는 포함되지 아니한다. 그리고 '주주의 권리행사와 관련하여'란 주주의 권리행사에 영향을 미치기 위한 것을 의미한다. 갑 주식회사가 운영자금을 조달하기 위해 을과 체결한 주식매매약정에서 을이 갑 회사의 주식을 매수하는 한편 갑 회사에 별도로 돈을 대여하기로 하면서 을이 '갑 회사의 임원 1명을 추천할 권리'를 가진다고 정하였는데, 주식매매약정 직후 을이 임원추천권을 행사하지 아니하는 대신 갑 회사가 을에게 매월 돈을 지급하기로 하는 내용의 지급약정을 체결한 사안에서, 을이 가지는 임원추천권은 주식매매약정에 정한 계약상의 특수한 권리이고 이를 주주의 자격에서 가지는 공익권이나 자익권이라고 볼 수는 없으므로 상법 제467조의 2 제 1 항에서 정한 '주주의 권리'에 해당하지 아니하고, 지급약정은 을이 갑 회사에 운영자금을 조달하여 준 것에 대한 대가를 지급하기로 한 것일 뿐 주주의 권리행사에 영향을 미치기 위하여 돈을 공여하기로 한 것이라고 할 수 없으므로, 지급약정이 상법 제467조의 2 제 1 항에 위배된다고 볼 수 없다[대판 2017. 1. 12, 2015 다 68355·68362].

㈏ 주주의 권리행사에 관한 것인지의 여부는 그의 증명이 경우에 따라서

1) 동지: 손(주), 957면; 정(동), (회) 647면; 채, 798면; 이(철), (회) 1036면; 주상(제 5 판)(회사 Ⅳ), 401면.

는 매우 곤란하다. 따라서 상법은 이에 관한 추정규정을 두어, 특정주주에게 무상으로 재산상의 이익을 공여하였거나, 특정주주에 대하여 유상으로 재산상의 이익을 공여한 경우에도 회사가 얻은 이익이 공여한 이익에 비하여 현저하게 적은 때에는 주주의 권리행사와 관련된 것으로 추정하고 있다(상 467조의 2 2항).

이러한 취지의 다음과 같은 우리 대법원결정이 있다.

[주주의 권리행사와 관련하여 제공한 것으로 추정한 결정]

회사가 사전투표에 참여하거나 주주총회에서 직접 투표권을 행사한 주주들에게 무상으로 골프장예약권과 상품권을 제공한 것은 주주의 의결권이라는 주주의 권리행사에 영향을 미치기 위하여 제공된 것으로 주주의 권리행사와 관련하여 제공한 것으로 추정된다[대결 2014. 7. 11, 2013 마 2397(공보 2014, 1572)].

따라서 이 때 상대방이 이익반환청구를 거절하자면 그 이익공여가 주주의 권리행사와 관련이 없다는 것을 증명하여야 한다.[1]

3) 재산상의 이익 본조의 이익공여가 되기 위하여는 「재산상의 이익」이어야 한다. 이 때 재산상의 이익이란 금전의 경우가 일반적이겠으나, 이외에 동산·부동산·유가증권일 수도 있고, 각종 이권(利權)(예컨대, 향응을 제공하거나, 건물공사를 도급시키는 경우 등)일 수도 있다.[2]

4) 회사의 계산 본조의 이익공여가 되기 위하여는 「회사의 계산」으로 한 것이어야 한다. 따라서 이사가 자기의 개인재산을 지출하여 재선을 위한 운동을 하는 것은 본조에 해당하지 않으나, 이사의 급료를 증액하여 이것으로써 총회꾼에게 총회의 결의와 관련하여 쓰게 하는 것은 본조에 해당한다.[3]

(3) 이익공여의 효과(이익반환의무)

1) 주주 등의 이익반환의무

(ア) 회사가 상법 제467조의 2 제 1 항에 위반하여 재산상의 이익을 공여한 때에는 그 이익을 공여받은 자는 이를 회사에 반환하여야 한다(상 467조의 2 3항 1문). 이익공여계약은 법률위반으로서 무효이므로, 그 이익을 공여받은 주주 등은 부당이득으로 이를 회사에 반환할 의무를 부담한다. 그런데 이는 비채변제(非債辨濟)(민 742조) 또는 불법원인급여(不法原因給與)(민 746조)의 법리에 의하여, 경우에 따라서

1) 동지: 정(희), 583~584면.
2) 동지: 정(희), 584면; 정(동), (회) 648면 등.
3) 동지: 정(희), 584면; 정(동), (회) 648면.

는 회사가 반환청구를 할 수 없는 경우가 발생한다. 따라서 상법은 부당이득에 관한 특칙으로서 이를 규정하여, 회사의 반환청구권을 인정하고 있는 것이다(통설).[1] 회사의 이 반환청구권은 주주 등이 이득한 재산상의 이득 그 자체를 반환시키는 것이므로, 이 경우 상대방이 회사에 지급한 대가가 있으면 상대방은 그것의 반환을 청구할 수 있다(상 467조의 2 3항 2문). 또 만일 그것이 이미 제 3 자에게 이전된 경우에는 그 가액 상당액의 지급을 청구할 수 있을 것이다.[2]

(나) 회사의 이익반환청구는 보통 (대표)이사 또는 (대표)집행임원이 하나, 소수주주도 회사의 이익을 위하여 이익반환청구에 관한 대표소송을 제기할 수 있다(상 467조의 2 4항, 403조~406조, 542조의 6 6항).

비상장회사의 경우에는 이러한 대표소송을 제기할 수 있는 소수주주가 보유하여야 할 주식의 비율은 앞에서 본 바와 같이 발행주식총수의 100분의 1 이상에 해당하는 주식을 가진 주주이나(상 467조의 2 4항, 403조 1항), 상장회사의 경우에는 발행주식총수의 100분의 1 이상에 해당하는 주식을 가진 주주(상 542조의 6 10항) 또는 6 개월 전부터 계속하여 상장회사 발행주식총수의 10,000분의 1 이상에 해당하는 주식을 보유한 주주이다(상 542조의 6 6항).

금융회사의 경우에는 6개월 전부터 금융회사의 발행주식총수의 100,000분의 1 이상에 해당하는 주식을 대통령령으로 정하는 바에 따라 보유한 주주이다(지배 33조 5항).

이 때 상법상 소수주주가 승소한 때에는 회사에 대하여 소송비용 및 그 밖에 소송으로 인하여 지출한 비용 중 상당한 금액의 지급을 청구할 수 있다(상 467조의 2 4항, 405조 1항).

(다) 주주의 의결권행사와 관련하여 주주가 회사로부터 이익공여를 받았다고 하더라도, 주주의 의결권행사 그 자체의 효력에는 아무런 영향이 없다.[3]

2) 이사 등의 책임

(가) 이사·집행임원 등이 본조를 위반하여 주주 등에게 이익을 공여한 경우에, 이것으로 말미암아 회사에 손해가 발생한 경우에는 이사·집행임원 등은 이를 배상할 책임이 있다(상 399조, 408조의 8 1항, 414조).

1) 정(희), 584면; 손(주), 959면; 정(동), (회) 649면; 이(철), (회) 1038면; 이(기) 외, (회) 543면; 주상(제 5 판)(회사 Ⅳ), 402~403면 외.

2) 동지: 정(희), 584면.

3) 동지: 정(동), (회) 648면; 이(철), (회)(2014) 987면(2021년판에서는 이 내용이 삭제됨); 채, 799면; 주상(Ⅱ-하), 611면.

(나) 본조를 위반하여 이익을 공여한 이사·집행임원·감사(監事) 또는 감사위원회 위원 및 사용인 등은 형벌의 제재도 받는다(상 634조의 2 1항). 이 때에 이러한 이익을 수수하거나 제 3 자에게 이를 공여하게 한 자도 함께 형벌의 제재를 받는다(상 634조의 2 2항).

2. 회사사용인의 우선변제권

(1) 주식회사와 고용관계가 있는 사용인은 이 고용관계로 인하여 회사에 대하여 여러 가지 채권을 갖는 경우가 많다. 예컨대, 신원보증금 반환채권·급료채권·퇴직금채권 등이 그것이다. 회사에 따라서는 이러한 채권을 위하여 임의준비금이 적립되는 경우가 있는데, 이것을 회사는 결손전보를 위하여 사용할 수 있으므로 이는 사용인에 대한 충분한 보호가 되지 못한다. 이로 인하여 회사의 재산상태가 악화된 경우에는 대채권자(大債權者)에 의하여 회사사용인의 채권이 희생될 염려가 있다. 따라서 상법은 고용관계상의 채권을 갖는 사용인을 보호하기 위하여 사회정책적인 입장에서 특별규정을 두고 있다.[1] 즉, 이러한 고용관계로 인한 채권을 가진 사용인에게 회사의 총자산으로부터 우선변제를 받을 수 있는 권리를 인정하였다(상 468조 본문). 상법은 고용관계로 인한 사용인의 채권만을 보호하므로, 위임관계에 기한 이사·집행임원·감사(監事) 등의 보수채권은 보호되지 않는다.[2]

(2) 회사사용인의 이러한 우선변제권은 상법상 특별히 인정된 「법정담보물권」이고, 상법에 명문규정은 없으나 회사자산에 대한 경매청구권도 있다고 보아야 할 것이다(통설)[3](민 322조 유추적용). 다만 이 경우 회사사용인의 우선변제권은 질권·저당권이나 「동산·채권 등의 담보에 관한 법률」에 따른 담보권에는 우선하지 못하기 때문에(상 468조 단서) 담보권으로서의 효력이 약하다고 할 수 있는데,[4] 이는 질권·저당권이나 「동산·채권 등의 담보에 관한 법률」에 따른 특정재산에 대한 담보권이 아니라 일반재산에 대한 담보권이기 때문에 불가피하다고

1) 동지: 정(희), 581면; 정(동), (회) 650면.
2) 동지: 서·정, 543면; 손(주), 956면; 정(동), (회) 650면; 이(철), (회) 1040면; 주상(제 5 판)(회사 Ⅳ), 405면 외.
3) 정(희), 581면; 손(주), 956면; 정(동), (회) 650면; 이(철), (회) 1040면; 이(기) 외, (회) 543면; 주상(제 5 판)(회사 Ⅳ), 405면.
4) 따라서 사용인의 우선변제권은 해상법상의 선박우선특권(상 861조 이하, 872조 참조)보다 훨씬 약하다.

볼 수 있다.[1]

(3) 채무자 회생 및 파산에 관한 법률은 회사(채무자)의 근로자의 임금·퇴직금 및 재해보상금과 회생절차개시 전의 원인으로 생긴 회사(채무자)의 근로자의 임치금 및 신원보증금의 반환청구권 등을 공익채권(公益債權)으로 하여(동법 179조 10호·11호), 이를 정리채권과 정리담보권에 우선하여 변제하도록 하고 또 수시로 변제하게 함으로써 이를 우선적으로 보호하고 있다(동법 180조).

제 8 절 사 채

제 1 관 일 반 사 채

제 1 사채(社債)의 개념

I. 사채의 의의

(1) 사채의 경제적 의의

경제학상 자본은 자기자본과 타인자본으로 구별되는데, 보통 자기자본(상법상의 자본금)은 주식발행에 의하여 조달되는 주식납입금이고 타인자본은 회사의 신용에 의하여 조달되는 차입금이다. 타인자본은 차입금의 기간에 따라 단기자본조달형식(이는 유동자산의 보충을 위하여 사용되는데, 그 중요한 것이 어음할인·당좌차월·담보부신용과 같은 은행신용이다)과 장기자본조달형식(이는 회사사업의 확장이나 구채〈舊債〉의 상환 등의 목적으로 사용된다)이 있는데, 장기자본조달형식의 대표적인 것이 사채(社債)이다. 원래 주식회사에 있어서의 장기자본조달형식으로서는 신주를 발행하는 것과 사채(社債)를 발행하는 것의 두 방법이 있다.[2] 그런데 신주발행이 조만간 회수될 자본을 조달하는 경우와 같

---

1) 동지: 정(희), 581~582면.

2) 신주발행과 사채발행을 서로 대체적 수단으로 하여 자본시장의 여건변화에 적응하며 적절히 활용하면 자금의 흡인력을 최대화할 수 있다[이(철), (회) 1042면].

주식회사의 자금조달에 관한 상세는 문준우, "주식회사의 자금조달에 관한 연구(주식과 사채를 중심으로)," 법학박사학위논문(고려대, 2010. 8) 참조.

기업금융법제에 관한 일반적인 내용에 관하여는 정찬형, "경제환경의 변화와 기업금융법제의

이 금융시장의 상황에서 적당하지 않거나, 신주발행이 어려운 경우에는 사채에 의하여 자금을 조달할 수밖에 없다.[1)]

(2) 사채의 법률적 의의

사채(debenture,[2)] bond[3)]; Anleihen, Obligation, Schuldverschreibungen)란 「주식회사가 일반공중으로부터 비교적 장기의 자금을 집단적·대량적으로 조달하기 위하여 채권(債券)을 발행하여 부담하는 채무」이다. 이를 좀더 상세히 살펴보면 다음과 같다.

1) 사채를 발행할 수 있는 회사는 보통 「주식회사」이다. 유한회사는 상법의 규정에 의하여 이를 발행할 수 없는 것으로 해석하고 있다(통설)[4)](상 600조 2항, 604조 1항 단서 참조). 유한책임회사도 사채를 발행할 수 없다고 본다(상 287조의 44, 604조 1항 단서). 인적회사는 (i) 사채발행을 금지하는 규정이 없다고 하여 사채발행을 할 수 있다고 보는 견해도 있으나,[5)] (ii) 실제로 인적회사가 사채를 발행한 예는 없으므로 해석상 이를 인정한다고 하더라도 의미가 없다.[6)] 공익법인도 사채를 발행하는 경우가 있으나,[7)] 이는 상법상의 사채(社債)라고 볼 수 없다. 또한 사채(社債)는 보통 국가 또는 지방자치단체가 발행하는 공채(公債)와 대립되는 의미로 사용된다.[8)]

2) 사채는 「회사의 채무」이다. 따라서 사채권자는 회사에 대하여 개인법상의 채권자인데, 사채의 집단적 성질로 인하여 개인법상의 채권자와는 구별되는 점이 많다.

3) 사채는 「채권(債券)발행형식」에 의하여 회사가 부담하는 채무이다. 이 점이 차용증서나 어음에 의하여 회사가 부담하는 채무와 다르다. 채권(債券)발행형식에 의한 영업자금의 차입방법은 증권제도의 발달에 의하여 거액의 영업자금을 일반대중으로부터 쉽게 모집할 수 있게 되는 것이다.[9)] 또한 이러한 채

발전," 「상사법연구」(한국상사법학회), 제34권 제 1 호(2015. 5), 9～41면 참조.

1) 동지: 정(희), 585면.

2) 보통 무담보로 발행되는 사채를 의미한다.

3) 보통 담보부로 발행되는 사채를 의미한다.

4) 정(희), 586면; 서·정, 545면; 손(주), 960면; 정(동), (회) 541면; 이(철), (회) 1040면; 채, 717면; 주상(제 5 판)(회사 Ⅴ), 40면; 이·최, 361면 외.

5) 서·정, 545면; 손(주), 960면.

6) 동지: 정(희), 586면; 이(철), (회) 1040; 정(동), (회) 541면(인적회사는 관념적으로 사채를 발행할 수 있지만 그 실례가 없다고 한다).

7) 日最高判 1969. 6. 24(民集 23-7, 1143).

8) 동지: 정(동), (회) 540면; 채, 717면; 주상(Ⅲ), 31면.

9) 동지: 정(희), 587면.

권(債券)은 유가증권으로서 고도의 유통성이 요구되므로, 이에 대한 법적 규제가 요구된다.

4) 사채는 회사가 일반대중으로부터 「집단적·대량적」으로 부담하는 채무이다. 집단적·대량적인 성질은 사채의 개성을 상실시켜 이에 기술적 특성을 갖게 하고, 사채계약의 내용을 정형화한다. 이러한 의미에서 사채권자간에는 평등의 원칙이 적용되고, 또한 사채권자는 다수의 일반대중이므로 사채권자의 보호가 특히 필요하게 된다.[1)]

2. 사채와 주식의 이동(異同)[2)]

사채는 회사의 채무라는 점에서 주식과 근본적으로 구별되는데, 주식과의 이동(異同)은 다음과 같다.

(1) 양자의 공통점

(i) 주식이나 사채는 모두 장기자금조달의 목적으로 발행된다. (ii) 주식이나 사채는 모두 분할되고, 또 유가증권화하여(주권이나 채권〈債券〉으로 하여) 유통성을 높이고 있다. (iii) 주식이나 사채는 모두 그 발행을 원칙적으로 이사회가 결정한다(상 416조, 469조). (iv) 주식이나 사채는 모두 인수(引受)에 일정한 형식을 갖춘 청약서에 의하도록 하고 있다(상 420조, 474조). (v) 주식이나 사채는 기명식으로 발행한 경우에는 그의 이전에 소정의 대항요건을 갖추어야 한다(상 337조, 479조). (vi) 주식이나 사채는 모두 공모를 하는 경우로서 모집액이 일정금액을 초과하는 경우에는 자본시장과 금융투자업에 관한 법률상 일정한 제한을 받는다(자금 119조, 120조, 123조).

(2) 양자의 차이점

(i) 주식발행에 의하여 조달된 금액은 회사의 자기자본(자본금)을 형성하여 회사는 이를 반환할 채무를 부담하지 않으나, 사채발행에 의하여 조달된 금액은 회사의 타인자본(부채)이 되어 회사는 이를 반환할 채무를 부담한다. (ii) 주식의 발행에는 수권주식총수(상 289조 1항 3호)와 액면주식의 경우 액면가액(상 330조)에 의한 제한이 있으나, 사채의 발행에는 특별한 제한이 없다. (iii) 주식에는 현물출자가 인정되나, 사채에는 금전납입만이 인정된다(상 476조 참조). (iv) 주식에 대한 주금액의 납입에 있어서는 회사의 동의 없이 상계(相計)로써 회사에 대항하지 못

---

1) 동지: 정(희), 587면.

2) 이에 관하여는 정(희), 586~587면; 손(주), 961~962면; 정(동), (회) 542~543면 등 참조.

하나(상 421조 2항), 사채의 납입에 있어서는 이러한 제한이 없다. (v) 주식의 납입에는 전액납입이 요구되나(상 295조, 305조, 421조), 사채의 납입에는 분할납입이 인정된다(상 476조 1항). (vi) 주식에 대하여는 주주권을 표창하는 주권(株券)이 발행되나, 사채에 대하여는 순수한 채권(債權)을 표창하는 채권(債券)이 발행된다. (vii) 주식에 대하여는 이익이 있는 경우에만 존재하는 이익배당이 있으나, 사채에 대하여는 이익의 유무에 불구하고 존재하는 확정이자가 있다. 따라서 이를 표창하는 유가증권의 측면에서 보면 주식은 투기증권이라고 볼 수 있는 데 대하여, 사채는 투자증권(이자증권)이라고 볼 수 있다. (viii) 주주는 회사의 사원으로서 회사의 관리·운영에 참여하지만(예컨대, 주주총회에 있어서의 의결권·각종의 제소권 등을 통하여), 사채권자는 회사의 채권자에 불과하므로 회사의 관리·운영에 참여하지 못한다. (ix) 주식은 원칙적으로 회사의 존속중에 상환(출자의 환급)되지 않으나(예외적으로 상환주식은 상환됨), 사채는 상환기에 상환된다. 또한 회사해산의 경우에 사채가 주식에 우선하므로 회사는 사채권자에게 변제한 후에 주주에게 잔여재산을 분배할 수 있다(상 542조 1항, 260조). (x) 주식에 있어서는 자기주식의 취득에 일정한 제한이 있으나(상 341조, 341조의 2), 사채에 있어서는 자기사채의 취득에 특별한 제한이 없다. (xi) 주식의 입질(入質)에 관하여는 특별규정이 있으나(상 338조, 340조), 사채의 입질에 관하여는 특별규정이 없다. (xii) 주식은 기명식으로만 발생할 수 있는데(상 357조 및 358조 삭제), 사채는 원칙적으로 기명식이나 무기명식으로 발행할 수 있다(상 480조 참조).

(3) 양자의 접근

주식과 사채는 위와 같은 법률상 차이가 있으나, 경제적으로는 매우 유사하다. 또한 회사의 자금조달의 편의를 위하여 법률상으로도 주식의 사채화와 사채의 주식화 현상이 발생하여, 양자의 중간적 성질을 가지는 증권(hybrid securities)이 많이 생기고 있다. 이러한 예로 주식의 사채화 현상으로 발생한 주식에는 의결권이 없거나 제한되는 종류주식·상환주식 등이 있고, 사채의 주식화 현상으로 발생한 사채에는 전환사채·신주인수권부사채·이익참가부사채·교환사채 등이 있다.[1)]

1) 미국의 주식매수권부사채(bond with stock purchase warrants)·소득사채(income bond)·이익참가사채(participating bond)와, 프랑스의 교환사채(obligtion échangeables contre de actions)와 같은 것도 사채의 주식화현상으로 발생하는 사채이다[정(희), 587면; 정(동), (회) 543면].

3. 사채의 종류

사채는 여러 가지 표준에 의하여 다음과 같이 분류된다.

(1) 사채권자에게 부여된 권리의 내용에 따른 분류(일반〈보통〉사채·특수사채)

사채권자에게 특수한 권리가 부여되지 않은 사채를 「일반(보통)사채」라고 하고, 특수한 권리가 부여되어 있는 사채를 「특수사채」라고 한다. 특수사채에는 전환사채·신주인수권부사채·이익참가부사채·교환사채·상환사채·파생결합사채 및 담보부사채(이는 담보부사채신탁법에서 인정됨) 등이 있다.

(2) 사채권(社債券)에 사채권자의 성명이 기재되어 있는지 여부에 따른 분류(기명사채·무기명사채)

사채권(社債券)에 사채권자의 성명이 기재되는 사채를 「기명사채」라고 하고, 그 기재가 없는 사채를 「무기명사채」라고 한다. 양자는 양도와 입질의 대항요건에서 차이가 있고, 양자 사이에는 상호 전환이 인정된다(상 480조).

(3) 사채를 위하여 물상담보가 설정되어 있는지 여부에 따른 분류(무담보사채·담보부사채)

사채를 위하여 법정의 물상담보가 설정되어 있지 않은 사채를 「무담보사채」(상법상의 사채)라고 하고, 이러한 물상담보가 설정되어 있는 사채를 「담보부사채」(담보부사채신탁법〈제정: 1962. 1. 20, 법 991호, 개정: 2021. 4. 20, 법 18120호〉상의 사채)라고 한다.

(4) 사채의 (전자)등록여부에 따른 분류(현물사채·〈전자〉등록사채)

사채를 (전자)등록기관에 등록하지 않고 현실로 사채권(社債券)이 발행된 사채를 「현물사채」[1]라고 하고, 사채를 종래의 공사채등록법(그 후 「주식·사채 등의 전자등록에 관한 법률」)[2]에 의하여 일정한 등록기관[3]에 등록한 사채 또는 상법에 의하여 일정한 전자등록기관의 전자등록부에 등록한 사채(상 478조 3항)를 「등

1) 정(동), (회) 541면; 이(기) 외, (회) 470면.

2) 공사채등록법은 「주식·사채 등의 전자등록에 관한 법률」(2016. 3. 22, 법 14096호)의 시행으로 폐지되었는데(전등 부칙 2조 1항, 전등시 부칙 3조 1항), 「주식·사채 등의 전자등록에 관한 법률」은 공포(2016. 3. 22) 후 4년을 넘지 않는 범위에서 대통령령으로 정하는 날(2019. 9. 16)부터 시행하고(전등 부칙 1조, 전등시 부칙 1~2조), 공사채등록법에 의하여 등록된 사채 등의 전자등록에 관한 경과규정을 두고 있다(전등 부칙 3조~6조, 전등시 4조 4항~8항, 7조, 10조).

3) 공사채등록법 시행령(개정: 2015. 3. 17, 대통령령 26147호) 제 1 조의 2 제 1 항에 의한 등록기관은 한국예탁결제원 및 일정한 요건을 갖춘 금융기관인데, 「주식·사채 등의 전자등록에 관한 법률」 및 동법 시행령에 의하면 한국예탁결제원(전등 부칙 8조, 전등시 부칙 8조) 및 (금융위원회와 법무부장관으로부터 허가를 받은) 전자등록기관이다(전등 2조 6호·5조 이하, 전등시 3조 이하).

록사채」라고 한다.

종래의 공사채등록법에 의한 등록사채를 인정하는 취지는 사채발행을 간편하게 하고 사채권자의 권리보전을 확실하게 하기 위함인데(공사등 1조), 등록사채의 경우에는 채권(債券)이 발행되지 않고(공사등 5조 1항) 이미 채권(債券)이 발행된 경우에는 이를 회수하여야 한다(공사등 5조 2항). 종래의 공사채등록법에 의하여 등록한 기명식의 사채를 이전하거나 담보권의 목적으로 하거나 신탁재산으로 위탁한 때에는, 이를 등록하고 발행자가 비치하는 사채원부에 그 뜻을 기재하여야 발행자 및 기타 제 3 자에게 대항할 수 있다(공사등 6조 2항). 종래의 공사채등록법에 의하여 등록한 무기명식의 사채의 경우에는 이전 등을 등록기관에게 등록하기만 하면, 당해 사채의 발행자 및 기타 제 3 자에게 대항할 수 있다(공사등 6조 1항).

종래의 공사채등록법에 의한 등록사채는 1993년에 한국예탁결제원(1993. 9. 15 재정경제부장관으로부터 공사채등록기관으로 인가를 받고, 1993. 12. 1부터 이의 업무를 개시함)이 전문등록기관으로서 등록업무를 취급하게 된 점, 또한 1980년대를 거쳐 1990년대에 이르는 동안 우리나라의 자본시장규모가 급속히 확대되면서 채권(債券)발행 및 유통물량이 지속적으로 증대된 점 등으로 인하여, 1995년부터 급속히 증가하였다.[1] 이러한 사채등록제도는 주권예탁결제제도 및 주권불소지제도 등과 함께 회사법에서 증권의 무권화를 반영하였다.

그런데 2011년 4월 개정상법에 의하여 회사는 채권(債券)을 발행하는 대신 정관으로 정하는 바에 따라 전자등록기관의 전자등록부에 채권(債權)을 등록할 수 있도록 하였고, 「주식 · 사채 등의 전자등록에 관한 법률」(2016. 3. 22, 법 14096호)(이하 '전자등록법'으로 약칭함) 및 동법 시행령(2019. 6. 25, 대통령령 29892호)이 2019년 9월 16일부터 시행됨에 따라(전등 부칙 1조, 전등시 부칙 1~2조) 자본시장법상 증권도 전자등록을 할 수 있게 되었다.[2] 이와 같이 전자등록된 유가증권을 전자증권으로 부를 수 있는데, 이러한 전자증권의 출현으로 증권의 무권화가 완성되었다고 볼 수 있다.

---

1) 1998. 6. 30 현재 상장회사채(특수채 및 금융채는 제외)는 거의 100% 한국예탁결제원을 등록기관으로 지정해서 등록발행되었다(8879 종목, 등록잔액 104조원).

2) 「주식 · 사채 등의 전자등록에 관한 법률」 및 동법 시행령에 관한 (간단한) 소개는 이 책의 후단 제2 특별법상의 특수사채 4. 전자증권에서 하고 있고, 상세한 소개 및 문제점에 관하여는 정찬형, "전자증권제도 도입에 따른 관련제도의 정비 · 개선," 「예탁결제」(한국예탁결제원), 제100호(2017. 3), 7~80면 참조.

4. 사채계약의 법적 성질

(1) 사채가 채권(債權)이라는 점에는 이론(異論)이 없다. 그런데 사채의 성립의 원인이 되는 사채계약의 법적 성질에 관하여는 (i) 소비대차설,[1] (ii) 소비대차에 유사한 무명계약설,[2] (iii) 채권(債券)매매설,[3] (iv) 매출발행의 경우는 채권(債券)매매이고, 그 이외의 경우는 소비대차에 유사한 무명계약이라고 하는 절충설(구분설)[4] 등이 있다.

(2) 생각건대 (i) 소비대차설과 (ii) 소비대차에 유사한 무명계약설은 사채계약에 의하여 회사가 채무를 부담하는 점에서 소비대차와 유사한 점에 착안한 것이나, 사채의 경우에는 소비대차와는 다른 분할납입(상 476조 1항) 등이 인정되는데, 소비대차설과 소비대차에 유사한 무명계약설에서는 이 점을 설명할 수 없는 점에서 문제가 있다고 본다. 또한 (iv) 절충설(구분설)은 사채계약의 성질을 통일적으로 파악하지 못하고 있을 뿐만 아니라 위에서 본 소비대차에 유사한 무명계약설에 대한 비판이 동일하게 적용되는 점에서 문제가 있다고 본다. 따라서 (iii) 채권(債券)매매설이 가장 타당하다고 본다. 소비대차에 유사한 무명계약설과 절충설은 사채계약과 채권(債券)발행이 구별되는 점을 전제로 하여 사채계약의 법적 성질을 규명하고자 하는 것이지만, 우리 상법상 사채발행은 원칙적으로 채권(債券)발행을 전제로 하여 규정하고 있는 점(상 478조, 488조 2호·5호·7호 참조) 등에서 볼 때, 채권(債券)이 발행되는 사채발행의 경우는 채권(債券)매매설이 가장 무난하다고 본다.[5]

1) 이(철), (회) 1043면.

2) 최(기), (회) 774면; 채, 719면; 이(기) 외, (회) 470~471면.

3) 정(희), 588면; 서·정, 545~546면; 서(정), 317면; 김(용), 446면; 주상(Ⅲ), 44면.

4) 정(동), (회) 543면; 손(주), 960~961면; 이(병), 762면; 정(무), 554면.

5) 동지: 정(희), 588면. 그러나 이러한 채권매매설에 대하여, 「채권매매설은 사채권자가 사채금액의 납입 후 채권의 교부 전에 이미 사채권을 가지고 있는 것을 설명할 수 없다」는 비판이 있다[정(동), (회) 544면]. 그러나 이는 채권(債券)의 요인증권성을 강조하여 사채계약이 채권발행과 필연적으로 결합된 것이 아니라는 점을 전제로 한 것이나, 우리 상법상 사채발행이 채권(債券)의 발행을 전제로 하여 규정하고 있는 점에서 보거나 또 사채계약의 법적 성질을 통일적으로 설명하기 위하여는 채권매매설로 설명하는 것이 가장 무난하다고 본다.

제 2 사채의 모집(발행)

I. 총 설

2011년 4월 개정상법 이전에는 사채총액을 제한하였고(개정전 상 470조), 전에 모집한 사채총액의 납입이 완료된 후에만 다시 사채를 모집할 수 있도록 하는 사채의 재모집을 제한하였으며(개정전 상 471조), 사채금액을 1만원 이상으로 제한하였고(개정전 상 472조), 할증상환의 경우 권면액 초과액은 동률이어야 한다는 제한을 하였다(개정전 상 473조).

이러한 사채발행의 제한에 관한 규정은 2011년 4월 개정상법에서 모두 폐지되었다. 사채총액의 제한은 사채발행시의 제한에 불과하고 회사가 그 후에 자본금 등을 감소하는 경우에 이러한 제한이 유지될 수 없고 또한 회사가 그 후에 개별적으로 차입하여 많은 부채를 부담하면 이러한 제한이 사채권자의 보호에 의미가 없어 사채총액을 제한하는 규정의 실효가 없다는 이유로 학설은 종래부터 이 규정을 폐지할 것을 입법론상 주장하였는데,[1] 2011년 4월 개정상법에서 사채총액의 제한에 관한 규정을 폐지한 것이다.[2] 사채의 재모집에 관한 제한은 사채발행의 남용을 방지하기 위한 것인데, 이러한 제한은 회사의 자금조달의 기동성을 저해하고 또한 실제로 실효성이 없다는 이유로 2011년 4월 개정상법에서 이를 폐지하였다.[3] 사채의 금액을 제한한 것은 사채권자집회에서 의결권 산정을 용이하게 하기 위한 것인데, 의결권의 산정은 사채권자가 가지고 있는 미상환사채의 합계액을 기준으로 하는 것이 합리적인 점에서 사채의 금액에 대한 제한은 불필요하다는 이유로 2011년 4월 개정상법에서 이를 폐지하였다.[4] 할증상환의 경우 권면액 초과액은 동률이어야 한다는 제한은 할증상환이 도박으로 악용되는 것을 방지하기 위한 것인데, 사행심에 대한 규제는 상법의 규율대상이 아니고 형벌규정 등으로 할 수 있는 것이므로 상법에

1) 정(찬), (상)(제14판), 1087면.
2) 사채총액의 제한에 관한 규정의 폐지 이유에 관하여는 해설(2012), 361~362면 참조(일반부채에 의한 자금조달의 액수에 대하여는 제한을 하고 있지 않은 점, 채권자에게 지급불능의 위험을 증가시키는 것은 부채총액이지 사채총액만이 아니라는 점 등을 들고 있다).
3) 해설(2012), 363면; 윤영신, "사채제도," 21세기 회사법 개정의 논리(2006년 법무부 상법개정작업 기초실무 자료〈기업재무편〉)(서울: 도서출판 소화, 2007), 316~317면.
4) 해설(2012), 364면; 윤영신, 상게논문(21세기 회사법 개정의 논리), 318~319면.

서 이를 규제하는 것이 불필요하다는 이유로 2011년 4월 개정상법에서 이를 폐지하였다.[1)]

2. 사채모집의 방법

사채모집의 경우에는 신주발행시의 신주인수권에 해당하는 것이 없으므로 주주배정이나 제 3 자배정의 방법은 있을 수 없고, 언제나 모집에 의한 방법에 의한다.[2)] 그런데 이러한 모집에 의한 방법에는 총액인수(상 475조)와 공모(公募)(상 474조)가 있다.

⑴ 총액인수

기채회사(起債會社)와 특정인간의 계약으로 특정인(인수인)에게 사채총액을 일괄하여 인수시키는 방법이다(상 475조 1문). 이 때 특정인(인수인)은 그 인수한 사채를 매출하여 그 차액을 이득하게 된다.

사채인수를 하는 자는 일정규모 이상의 자본을 가진 주식회사로서 금융위원회로부터 금융투자업의 인가를 받은 자이어야 한다(자금 12조).

⑵ 공 모

기채회사가 일반공중으로부터 사채를 모집하는 방법인데, 이것은 다음과 같이 네 가지 방법으로 나누어진다.

1) 직접모집 기채회사(起債會社)가 직접 일반공중으로부터 사채를 모집하는 방법이다. 상법은 이 방법을 중심으로 규정하고 있으나, 실제로 이 방법은 거의 이용되지 않는다.

2) 간접모집 기채회사(起債會社)(위탁회사)가 다른 회사(수탁회사)에 사채의 모집을 위탁하는 방법인데, 이에는 수탁회사가 응모액이 사채총액에 미달하는 경우 그 부족분을 인수하지 않는 위탁모집과 부족분을 인수하는 도급모집이 있다.

㈎ 위탁모집 이는 수탁회사가 사채모집의 업무를 단순히 수임하는 데 불과한 사채모집의 방법인데, 이 때에 수탁회사는 그의 명의로 기채회사의 계산으로 사채청약서의 작성 및 사채의 납입 등의 사채발행에 관한 모든 행위를 한다(상 476조 2항). 따라서 이 때 수탁회사는 사채의 모집절차에 관한 권리의무(예컨

1) 해설(2012), 365면.
2) 동지: 정(동), (회) 545면.

대, 사채인수인에 대한 납입청구권, 채권〈債券〉교부청구권 등)를 직접 갖게 되나, 사채관계는 직접 기채회사와 사채권자 사이에 발생한다.[1)]

사채모집의 수탁회사는 상법부칙(1962. 1. 20)에 의하여 은행·신탁회사(2009. 2. 4 이후에는 금융투자업자) 또는 증권회사(2009. 2. 4 이후에는 금융투자업자)에 한하고(상부 6조), 사채모집의 주선회사는 자본시장과 금융투자업에 관한 법률에 의하여 금융투자업자에 한정된다(자금 6조 3항, 12조 1항 1호). 따라서 사채모집의 수탁회사가 은행인 경우에는 이들이 사채청약서를 작성하고 사채를 납입시키며 그 납입금을 기채회사에 인도하는 등의 업무를 수행하고, 주선회사인 금융투자업자는 사채모집의 선전과 주선 등의 업무를 하므로 업무가 이원화된다. 그러나 수탁회사와 주선회사가 다같이 금융투자업자인 경우에는 이러한 업무가 일원화된다.[2)]

(나) 도급모집(위탁인수모집) 이는 수탁회사가 응모액이 사채총액에 미달하는 경우 그 부족액을 스스로 인수하는 모집방법이다(상 474조 2항 14호).

수탁회사가 은행인 경우 주선회사가 되지 못할 뿐만 아니라(앞에서 본 바와 같이 주선회사는 금융투자업자에 한정됨) 스스로 응모잔액을 인수하지 못하므로(사채를 인수할 수 있는 자는 금융투자업자에 한정됨 — 자금 6조 2항·3항, 9조 11항, 12조 1항 1호) 기채회사는 은행과 「모집위탁계약」을 체결하여 사채의 모집을 위탁하는 동시에 금융투자업자와 「인수 및 모집주선계약」을 체결하여 사채모집의 주선 및 응모잔액을 인수시킨다. 이 방법을 「위탁인수모집」이라고 하는데, 현재 많이 이용되고 있는 사채모집방법이다.[3)] 그러나 수탁회사가 금융투자업자인 경우에는 이러한 업무가 하나의 계약에 의하여 수행되는데, 이것이 전형적인 금융투자업자에 의한 도급모집(위탁인수모집)의 방법이다.

위탁인수모집의 경우 수탁회사인 은행이 사채상환을 보증하면 그 사채를 「보증사채」라고 한다.

3) 매출발행 이는 사채총액을 확정하지 않고 일정한 매출기간을 정하여 그 기간 내에 이미 완성된 채권(債券)을 공중에 대하여 개별적으로 매출하는 방법이다.[4)]

1) 동지: 정(희), 590면; 정(동), (회) 546면.
2) 동지: 정(동), (회) 546면.
3) 동지: 정(동), (회) 546면.
4) 주권은 신주의 납입기일 후에 한하여 발행할 수 있으므로(상 355조 2항), 주식의 매출발행은 있을 수 없다[정(동), (회) 547면].

이 방법에 의한 사채모집은 발행회사가 직접 공중을 상대로 하여 모집하는 것인데, 사채청약서의 작성을 요하지 않고 일정한 사항을 공고만 하면 되므로 그 절차가 매우 간단하다. 현재 이러한 매출발행은 일반회사에는 인정되지 않고, 은행(금융채)에만 인정되고 있다(대표적인 예로는 산업금융채권 등이 있다)(은행 시행령 19조 3항, 산은 시행령 27조).

3. 사채모집의 절차

(1) 이사회의 결의

사채의 모집은 이사회의 결의에 의한다(상 469조 1항). 이것은 신주발행의 경우와 같이 회사의 자금조달의 신속을 위하여 이사회의 결의사항으로 한 것이다. 이사회의 이 결의에서는 사채총액, 사채의 이율, 사채상환의 방법 및 기한 등을 정하여야 한다. 이사회의 결의 없이 대표이사·대표집행임원이 사채를 모집한 경우에도 그 사채의 모집은 거래의 안전을 위하여 유효하다고 본다(통설).

그런데 이사회는 정관에서 정하는 바에 따라 대표이사 또는 대표집행임원에게 사채의 금액 및 종류를 정하여 1년을 초과하지 아니하는 기간 내에 사채를 발행할 것을 위임할 수 있다(상 469조 4항, 408조의 5 2항). 이는 사채발행의 기동성을 위한 것으로 2011년 4월 개정상법에 의하여 신설된 것이다.

자본금 총액이 10억원 미만으로서 이사를 1명 또는 2명을 둔 소규모 주식회사(상 383조 1항 단서)는 이사회가 없으므로, 이러한 이사회의 권한을 주주총회가 행사한다(상 383조 4항).

(2) 사채계약의 성립(인수)

사채계약은 청약과 배정에 의하여 성립한다. 즉, 이 때 사채의 인수가 있게 된다.

1) 청 약 사채의 청약방법은 사채의 모집방법에 따라 다음과 같이 다르다.

㈎ 직접모집과 위탁모집의 방법에 의하는 경우에는, 일반 공중을 보호하기 위하여 사채청약서주의에 의하고 있다. 이 경우 사채의 모집에 대한 청약은 사채청약서 2통에 인수할 사채의 수와 주소를 기재하고 기명날인 또는 서명하여야 한다(상 474조 1항). 사채청약서는 원칙적으로 기채회사(起債會社)의 이사·집행임원[1]이 작성하지만(상 474조 2항), 예외적으로 수탁회사가 작성한다(상 476조 2항). 사채청약서에

1) 집행임원 설치회사의 경우 이사에 갈음하여 '집행임원'이 작성할 것이다. 2011년 4월 개정상

법정사항을 기재하도록 한 것은(상 474조 2항) 일반 공중을 보호할 목적으로 사채의 내용을 널리 공시하기 위한 것일 뿐 이것이 사채계약의 내용이 되는 것이 아니므로, 법정기재사항의 일부의 기재가 없는 경우에도 그것이 일반 공중의 보호에 본질적으로 중요한 것이 아니면 사채발행의 효력에 영향을 주지 않는다고 본다.[1] 그러나 사채청약서에 의하지 않은 사채청약이나 일반 공중의 보호에 본질적인 중요한 법정기재사항을 기재하지 않은 사채청약서에 의한 사채청약은 무효라고 본다.[2]

(나) 총액인수(상 475조 1문)·도급모집에서 수탁회사가 사채의 일부를 인수하는 경우(상 475조 2문) 및 매출발행의 경우에는 사채청약서에 의한 청약을 요하지 않는다. 왜냐하면 총액인수 및 도급모집에서 수탁회사가 사채의 일부를 인수하는 경우에는 일반공중을 상대로 하지 않고, 매출발행의 경우는 공고가 사채청약서의 작성을 면제하고 있기 때문이다.[3]

2) 배 정 청약에 대하여 기채회사 또는 수탁회사가 배정을 하면 사채계약이 성립하고, 사채의 인수가 있게 된다. 이 때 응모총액이 사채총액에 미달한 경우에 응모총액을 한도로 하여 사채발행의 효력이 생기는지 여부가 문제된다. 이에 대하여 (i) 사채발행의 통일성·일체성을 중시하는 입장에서 이를 무효로 보는 견해도 있으나,[4] (ii) 신주발행의 효력과 같이(상 423조) 응모총액에 대하여만 사채발행의 효력이 생긴다고 본다.[5]

(3) 납 입

사채모집이 완료되면 기채회사(起債會社)의 이사·집행임원[6] 또는 수탁회사는 지체 없이 사채인수인에 대하여 각 사채의 전액 또는 제 1 회의 납입을 시켜야 한다(상 476조 1항).

사채의 납입에 관한 사항이 주식의 그것과 다른 점은 분할납입이 인정되고, 납입지체가 있는 경우 회사설립에 있어서의 주식모집과 같은 실권절차(失

법이 집행임원을 추가하지 않은 것은 명백한 입법의 미비이다.

1) 동지: 정(희), 592면; 정(동), (회) 547면.
2) 동지: 정(희), 592면; 손(주), 966면; 정(동), (회) 547면; 이(기) 외, (회) 476면.
3) 동지: 정(동), (회) 547면.
4) 田中 外, 「コンメンタール會社法(四全訂)」, 1270면.
5) 동지: 정(동), (회) 547~548면; 이(철), (회) 1047면; 채, 722면; 이(기) 외, (회) 477면.
6) 집행임원 설치회사의 경우 이사에 갈음하여 '집행임원'이 납입시켜야 할 것이다. 2011년 4월 개정상법이 집행임원을 추가하지 않은 것은 명백한 입법의 미비이다.

權節次)가 인정되지 않으며, 주금납입의 경우와는 달리 회사의 동의가 없는 경우 상계금지의 제한(상 421조 2항)이 없고, 납입장소의 제한(상 295조 2문, 302조 2항 9호, 425조 1항)이 없는 점 등이다.

(4) 등 기

전환사채·신주인수권부사채 등과 같은 특수사채를 제외하고는, 일반사채의 경우는 1984년 개정상법 이후부터는 등기를 요하지 않는다.

(5) 일정규모 이상의 사채발행에 관한 특칙

사채의 모집가액 또는 매출가액 각각의 총액이 일정액 이상인 경우에는, 기채회사(起債會社)는 당해 사채에 관하여 금융위원회에 「증권신고서」를 제출하여야 하고, 이것이 수리되어 신고의 효력이 발생한 경우에만 사채를 발행할 수 있다(자금 119조). 사채권(社債券)에 관한 신고서는 금융위원회에 제출되어 수리된 날로부터 일정한 기간이 경과한 날에 그 효력이 발생한다(자금 120조 1항). 또 일정액 이상의 사채를 발행하는 기채회사는 사채의 모집 또는 매출 전에 「투자설명서」를 작성하여, 일정한 장소에 비치하고 일반인에게 공람하게 하여야 한다(자금 123조).

제 3 채권(債券)과 사채원부·사채등록부

I. 채권(債券)

(1) 채권(債券)의 의의·성질

1) 채권(bond certificate; Anleiheschein) 또는 사채권(社債券)이란 「사채를 표창하는 유가증권」으로서, 사채총액에 대한 분할채무증서이다.

2) 이러한 채권(債券)의 유가증권으로서의 특성은 채권(債權)증권·상환증권·요식증권(상 478조 2항)·문언증권의 성질이 있다. 그런데 채권(債券)이 무인증권이냐 또는 요인(유인)증권이냐에 대하여는 사채계약의 법적 성질을 어떻게 보느냐에 따라 다르다. 즉, 사채계약의 법적 성질에 대하여 채권(債券)매매설을 취하는 입장에서는 이를 무인증권으로 보나, 소비대차설 또는 소비대차에 유사한 무명계약설을 취하는 입장에서는 이를 요인증권으로 본다.[1] 또한 절충설(구분설)에서는

1) 그러나 학설 중에는 사채계약의 법적 성질과 채권의 요인증권성 여부에 관하여 반드시 일치하여 설명하지 않는다. 따라서 무인증권설로는 서(정), 320면 등이 있고(소수설), 요인증권설로는 손(주), 968면; 이(기) 외, (회) 477면; 최(기), (회) 783면; 이(병), 770면; 박·이, 411면; 김(용), 453면; 서·정, 551면; 정(무), 559면; 강, 421면 등이 있다(다수설).

원칙적으로 요인증권이나, 매출발행에 의한 채권은 무인증권이라고 해석한다.[1]

(2) 채권(債券)의 종류

채권(債券)의 종류에는 앞에서 본 사채의 종류와 같이 기명채권(債券)과 무기명채권(債券)이 있다. 양자는 양도·입질에 있어서 대항요건이 다르다. 사채권자는 원칙적으로 언제든지 양자간의 상호 전환을 회사에 대하여 청구할 수 있다(상 480조 본문). 그러나 채권(債券)을 기명식 또는 무기명식에 한하여 발행할 것을 발행조건으로 정한 때에는 그러하지 아니하다(상 480조 단서).

(3) 채권(債券)의 발행

1) 채권(債券)은 앞에서 본 바와 같이 요식증권이므로, 일정한 법정사항과 번호를 기재하고 대표이사 또는 대표집행임원이 이에 기명날인 또는 서명하여야 한다(상 478조 2항, 408조의 5 2항).

2) 채권(債券)은 사채 전액의 납입이 완료한 후가 아니면 이를 발행하지 못한다(상 478조 1항). 이에 위반하여 발행한 채권(債券)은 유효하나,[2] 이사 등은 과태료의 제재를 받는다(상 635조 1항 28호).

3) 회사는 이러한 채권(債券)을 발행하는 대신 정관에서 정하는 바에 따라 전자등록기관의 전자등록부에 채권(債權)을 등록하여 발행할 수 있는데, 이 경우에는 주권의 전자등록발행과 같다(상 478조 3항). 이는 2011년 4월 개정상법에 의하여 신설된 것이다.

(4) (전자)등록사채에 있어서의 채권(債券)의 불발행

종래의 공사채등록법은 사채에 관하여 등록제도를 도입하여 등록기관(한국예탁결제원·금융기관·공사채발행자로서 금융위원회의 인가를 받은 자)에 등록한 사채에 대하여는 채권(債券)을 발행하지 않고, 또 이미 채권(債券)이 발행된 사채에 대하여 등록을 하는 경우에는 등록기관이 그 채권(債券)을 회수하여야 하는 것으로 규정하고 있었다[3](동법 5조 1항·2항).

상법에서도 전자등록기관의 전자등록부에 채권(債權)을 등록한 경우에는 채권(債券)을 발행할 수 없다(상 478조 3항). 전자등록법상 사채의 발행인은 원칙적으

1) 정(동), (회) 549면.

2) 이 점에 대하여 채권(債券)을 무인증권으로 보는 견해에 의하면 아무런 문제가 없으나, 요인증권으로 보는 견해에서는 문제가 있다[동지: 정(동), (회) 550면(회사가 스스로 그 이익을 포기하고 채권〈債券〉을 발행한 것이므로 유효라고 한다)].

3) 공사채등록제도에 관한 상세는 문승진, “공사채등록제도에 관한 연구,” 법학석사학위논문(고려대, 1997. 2) 참조.

로 전자등록기관에 사채를 임의로 전자등록 신청할 수 있으나(전등 25조 1항 본문), 증권시장에 상장하는 사채는 의무적으로 전자등록기관에 신규 전자등록을 신청하여야 한다(전등 25조 1항 단서). 사채의 발행인은 전자등록한 사채에 대해서는 증권 또는 증서를 발행해서는 아니되고(전등 36조 1항), 이에 위반하여 발행된 증권 또는 증서는 효력이 없다(전등 36조 2항·3항).

(5) 채권(債券)의 재발행

기명채권(債券)은 기명증권으로서 이는 배서 또는 교부에 의하여 양도되지 못하므로 이를 상실한 경우에 관하여는 공시최고에 의한 제권판결이 인정되지 않지만, 무기명채권(債券)은 무기명증권으로서 이는 단순한 교부에 의하여 양도되므로 이를 상실한 경우에 상실자는 공시최고의 절차에 의한 제권판결을 받아(민 524조, 521조) 채권(債券)의 재발행을 청구할 수 있다고 본다[1](상 360조 유추적용).

2. 사채원부

사채원부란 「사채·채권(債券) 및 사채권자에 관한 사항을 명백하게 하기 위하여 작성되는 장부」이다. 이러한 사채원부는 (대표)이사·(대표)집행임원[2]이 작성·보존의 의무를 부담하고, 또한 본점 또는 명의개서대리인의 영업소에 비치하여 주주와 회사채권자의 열람에 제공하여야 한다(상 396조). 사채원부의 기재사항은 상법에 규정되어 있는데(상 488조), 이 사채원부의 기능은 주주명부의 그것과 같이 기명사채 이전의 대항요건이 되고(상 479조) 사채권자에 대한 통지·최고의 근거가 된다(상 489조 1항). 그러나 실제로는 무기명채권(債券)이 대부분이므로 사채원부의 의미는 거의 없다.[3]

3. 사채등록부(전자등록부, 전자등록계좌부)

사채등록부는 종래의 공사채등록법에 의하여 사채의 등록기관이 비치하고 필요한 사항을 기재하여야 할 장부인데(동법 9조), 등록기관은 등록사채권자 기타 이해관계인의 열람·등초본의 교부청구에 따라 이를 제공하여야 하였다(동법 12조). 사

1) 동지: 정(희), 593면.

2) 집행임원 설치회사의 경우는 (대표)이사에 갈음하여 (대표)집행임원이 사채원부의 작성·보존의무가 있을 것이다. 2011년 4월 개정상법이 이에 '집행임원'을 규정하지 않은 것은 명백한 입법의 미비이다.

3) 동지: 정(동), (회) 550면.

채등록부는 이미 앞(사채의 종류)에서 본 바와 같이 등록채(무기명식이든, 기명식이든)의 이전·입질(入質)·신탁의 대항요건을 갖추는 데 그 의미가 있었다(동법 6조).

상법에서도 전자등록부에 등록된 사채의 양도나 입질은 전자등록부에 하여야 효력이 있다(상 478조 2문, 356조의 2 2항). 전자등록법상 전자등록된 사채를 양도하는 경우에는 전자등록계좌부상 해당 전자등록된 사채의 계좌간 대체의 전자등록을 하여야 그 효력이 발생한다(전등 30조, 35조 2항). 전자등록된 사채에 질권을 설정하거나 말소하려는 경우 및 신탁재산의 표시·말소의 경우에도 같다(전등 31조, 32조, 35조 3항·4항). 전자등록된 사채의 권리자는 전자등록기관을 통하여 원리금의 수령 등 사채에 관한 권리를 행사할 수 있고(전등 38조), 전자등록기관은 사채의 소유자가 소유자증명서의 발행을 신청하면 이를 발행하여야 한다(전등 39조).

제 4 사채의 양도와 입질

사채의 양도와 입질(入質)은 아주 자유롭다. 따라서 주식의 경우와 같은 기채회사(起債會社)의 자기사채의 취득이나 입질의 제한이 없다(상 341조, 341조의 2 참조).

1. 무기명사채의 양도와 입질

이에 대하여는 상법이 특별히 규정하고 있지 않으므로 민법에 의하여 무기명사채의 양도는 양수인에게 채권(債券)을 교부함으로써 그 효력이 발생하고(민 523조), 무기명사채의 입질은 채권(債券)을 질권자에게 교부함으로써 그 효력이 생긴다(민 351조).

상법에 의하여 전자등록기관의 전자등록부에 등록된 무기명사채의 양도나 입질은 전자등록부에 등록하여야 그 효력이 발생한다(상 478조 3항, 356조의 2 2항). 전자등록법상 전자등록계좌부에 전자등록된 무기명사채를 양도하거나 입질하는 경우에도 같다(전등 30조, 31조, 35조 2항·3항).

2. 기명사채의 양도와 입질

(1) 기명사채의 양도

기명사채의 양도방법에 대하여는 상법에 특별한 규정이 없다(〈기명〉주식의 양도방법에 관하여는 상 336조에 규정이 있음). 기명사채는 지시증권이 아니고 기명증권이므로 기명사채의 양도는 지명채권의 양도방법에 의한다. 즉, 기명사채의 양도는 양도의 의사표시에 의하여 그 효력이 발생하는데, 기명채권(債券)은 기명증권으로서 권리가 증권에 화체된 유가증권이므로 이외에 증권의 교부가 있어야 양도의 효력이 발생한다고 본다(효력요건)[1](이 점에서 민법상 지명채권의 양도방법과 구별된다). 또한 기명사채의 양도는 그 효력을 회사나 제 3 자에게 대항하기 위하여는, 취득자의 성명과 주소를 사채원부에 기재하고 그 성명을 채권(債券)에 기재하여야 한다(대항요건)(이 점에서 민법상 지명채권의 양도의 대항요건과 구별된다)(상 479조 1항). 회사가 정관이 정하는 바에 의하여 명의개서대리인을 둔 경우에는 명의개서대리인에게 그 영업소에 비치된 사채원부 또는 복본에 이러한 절차를 이행하도록 할 수 있다(상 479조 2항). 기명채권(債券)은 기명증권이고 법률상 당연한 지시증권이 아니므로 배서에 의하여 양도할 수는 없다(통설).[2]

상법은 사채에 대하여 기명식과 무기명식의 두 종류의 사채만을 인정하고 지시식 사채를 인정하고 있지 않은데, 사채를 지시식으로 발행할 수 있는지 여부에 대하여 의문이 있다. 이에 대하여 (i) 이를 긍정하는 견해도 있으나,[3] (ii) 위와 같이 상법에서 이를 인정하고 있지 않은 점 및 유가증권법정주의의 원칙 등에서 볼 때 이를 부정하는 것이 타당하다고 본다.[4]

상법에 의하여 전자등록기관의 전자등록부에 등록된 기명사채의 양도나 입질은 전자등록부에 등록하여야 그 효력이 발생한다(상 478조 3항, 356조의 2 2항). 전자등록법상 전자등록계좌부에 전자등록된 기명사채를 양도하거나 입질하는 경우에도 같다(전등 30조, 31조, 35조 2항·3항).

기명사채의 양도와 관련하여 기업금융조달의 담보수단으로 이용되는 「환매조건부채권매매」라는 것이 있다. 환매조건부채권매매란 채권(債券)을 일정기

---

1) 통설: 정(희), 594면; 손(주), 969~970면; 정(동), (회) 551면; 이(철), (회) 1049면(그런데 기명사채는 채권〈債券〉에 배서하여 양수인에게 교부함으로써 양도된다고 한다); 채, 728면; 이(기) 외, (회) 479면; 주상(제 5 판)(회사 Ⅴ), 102면 외.

그러나 기명사채(기명증권)에서 「증권의 교부」는 권리의 행사에 증권의 소지를 요하기 때문에 이를 위하여 수반되는 것이다[이에 관한 상세는 정찬형, 「어음·수표법강의(제 7 개정판)」(서울: 박영사, 2009), 35~36면 및 36면 주 2 참조].

2) 정(희), 594면 외.

3) 손(주), 970면; 서·정, 552면; 주상(Ⅲ), 71면.

4) 동지: 정(동), (회) 551면; 이(기) 외, (회) 479면; 채, 726면; 정(희), 594~595면; 주상(제 5 판)(회사 Ⅴ), 102면.

간 후에 일정가액으로 환매(還買)할 것을 조건으로 매도하는 것(금융투자업자가 자금이 필요한 경우에 고객에게 채권〈債券〉을 파는 형식임)(조건부채권〈債券〉매도)과 일정기간 후 일정가액으로 환매(還賣)할 것을 조건으로 매수하는 것(자금이 필요한 고객으로부터 금융투자업자가 채권〈債券〉을 사는 형식임)(조건부채권〈債券〉매수)을 말한다. 이러한 환매조건부채권매매는 금융투자업규정에 의하여 수행되는데, 금융투자업자가 기업금융을 조달하는 방법으로 많이 이용되고 있다.[1)]

(2) 기명사채의 입질

기명사채의 입질방법에 대하여도 상법에 특별한 규정이 없다. 따라서 기명사채의 입질방법은 기명주식의 입질에 관한 상법의 규정을 유추적용할 것이 아니라, 민법의 권리질(權利質)의 입질방법(민 346조~347조)에 의하여야 한다고 본다. 따라서 기명사채의 입질은 질권설정의 의사표시와 채권(債券)을 질권자에게 교부함으로써 질권설정의 효력이 발생한다(효력요건)(통설).[2)] 또한 기명사채의 입질의 대항요건도 민법의 권리질의 대항요건(민 349조)에 의하여야 한다고 본다. 그러므로 질권설정자가 입질을 제 3 채무자인 기채회사(起債會社)에 대하여 통지하거나 또는 기채회사의 승낙이 있어야 기채회사 또는 기타 제 3 자에게 대항할 수 있다(대항요건)(다수설).[3)]

상법 또는 전자등록법에 의하여 전자등록기관의 전자등록부 또는 전자등록계좌부에 등록된 기명사채의 입질에 대하여는 기명사채의 양도에서 이미 본 바와 같다.

3. 선의취득

무기명채권(債券)은 금전의 지급을 목적으로 하는 유가증권이므로 당연히 선의취득이 인정된다(상 65조, 민 524조 · 514조). 그러나 기명채권(債券)은 기명증권으로서 그

---

1) 이에 관한 간단한 설명으로는 이(철), (회) 1049~1050면 참조.

2) 정(희), 595면; 서 · 정, 552~553면; 정(동), (회) 551면; 손(주), 970면; 이(기) 외, (회) 479면 외.

3) 정(희), 595면; 정(동), (회) 551~552면(입법론으로는 대항요건을 상법 제338조, 제340조와 같이 규정하는 것이 바람직스럽다고 한다); 손(주), 971면; 이(기) 외, (회) 479면 외.

이에 반하여 기명사채의 입질의 대항요건을 기명주식의 입질의 대항요건(상 338조, 340조)과 동일하게 보는 견해[김(용), 454면; 이(병), 772면]도 있고, 기명사채의 양도의 대항요건(상 479조 1항)과 동일하게 보는 견해[이(철), (회) 1049면; 채, 730면]도 있다.

점유에 자격수여적 효력이 없기 때문에(상 336조 2항과 비교) 선의취득이 인정되지 않는다.[1)]

상법에 의하여 전자등록부에 등록된 사채에 대하여는 선의취득이 인정된다(상 478조 3항, 356조의 2 3항). 전자등록법상 전자등록계좌부에 등록된 사채에 대하여도 선의취득이 인정된다(전등 35조 5항).

제 5 사채의 이자지급과 상환

I. 사채의 이자지급

(1) 이자지급

1) 사채에는 이자가 붙는데, 이 이자의 지급에 관한 사항(이율·지급방법 및 기한 등)은 모두 사채모집조건에서 정하여지고(상 474조 2항) 또한 공시되어야 한다(상 474조 2항, 478조 2항, 488조).[2)]

2) 사채의 이자의 지급은 기명채권(債券)의 경우는 사채원부에 기재된 사채권자에게 지급되고, 무기명채권의 경우는 이권(利券)(coupon; Talon; coupon d'intérêt)의 소지인에게 이 이권(利券)과 상환으로 지급된다.

3) 사채의 이자지급청구권(흠결이권소지인의 공제금액지급청구권)의 소멸시효기간은 5년이다(상 487조 3항).

또한 사채의 이자에 대한 지연손해금의 소멸시효기간도 사채의 이자와 같이 5년이다.[3)]

(2) 이권(利券)

이권(利券)이란 「무기명사채에서 각 이자지급시기에 이자지급청구권을 표창하는 유가증권」인데, 이는 채권(債券)과 분리되어 독립하여 유통의 대상이 될 수 있다. 이와 같이 이권(利券)은 각각 채권(債券)과 별개로 유통의 대상이 될 수 있으므로 회사가 무기명사채를 상환하는 경우에 이권(利券) 중에는 흠결된 것이 있을 수 있다. 회사가 무기명사채를 상환기한 도래 전에 미리 상환

1) 동지: 정(희), 595면; 정(동), (회) 552면; 최(기), (회) 784면; 이(기) 외, (회) 479면.

2) 2011년 4월 개정상법 이전에는 회사가 사채의 이자의 지급을 게을리한 때 또는 정기에 사채의 일부를 상환하여야 할 경우에 그 상환을 게을리한 때에는 사채의 총액에 관한 기한의 이익의 상실에 관하여 규정하였는데(개정전 상 505조, 506조), 이는 적기의 사채관리에 심각한 장애가 된다는 이유로 2011년 4월 개정상법에서 폐지하였다.

이에 관한 상세는 윤영신, 전게논문(21세기 회사법 개정의 논리), 350~352면 참조.

3) 대판 2010. 9. 9, 2010 다 28031(공보 2010, 1895).

하는 경우에는 지급기가 도래하지 않은 이권(利券)이 있게 되고 이러한 이권(利券)이 흠결되면 회사는 사채권자에게 그 흠결된 이권(利券)에 상당한 금액을 사채상환액으로부터 공제하여 지급하고(상 486조 1항), 이권(利券)소지인은 그 후 언제든지 이권(利券)과 상환하여 이 공제액의 지급을 청구할 수 있다(상 486조 2항).

그러나 이미 지급기가 도래한 이권(利券)이 흠결된 경우에는 회사는 사채상환액과는 별도로 이의 지급의무를 부담하고 있었으므로, 회사가 사채상환금의 상환시에 그 이권(利券)의 권면액에 상당하는 금액을 상환액에서 공제하여야 할 이유가 없다고 본다.[1)]

2. 사채의 상환

(1) 의 의

기채회사(起債會社)가 사채권자에 대하여 부담하는 채무를 변제하는 것을 사채의 상환(redemption; Tilgung der Anleiheschuld; motization)이라고 한다. 이러한 사채상환의 방법과 기한은 사채모집시의 발행조건에서 정하여지고, 이는 또한 사채청약서·채권(債券) 및 사채원부에 기재된다(상 474조 2항 8호, 478조 2항, 488조 3호).

(2) 상환의 기한

사채의 상환기한은 사채발행 후 일정한 거치기간을 정하고 그 후 일정한 기일까지 수시로 상환하든가, 또는 정기적으로 일정액을 상환하거나(정기분할상환) 또는 일정액을 추첨에 의하여 상환하여 일정한 기일까지 전부의 상환을 할 것을 정할 수 있다.[2)] 이 거치기간중에는 사채권자의 의사에 반하여 상환할 수 없지만(민 153조 2항), 이 거치기간 경과 후에는 기채회사(起債會社)는 상환조건에 따라 상환의무를 진다.

(3) 상환의 방법

1) 사채의 상환은 채권(債券)과 상환하여 한다. 상법상 전자등록사채의 상환방법에 대하여는 특별한 규정이 없다(상 478조 3항 참조). 그러나 전자등록법에 의하여 전자등록기관에 전자등록된 사채의 권리자는 전자등록기관을 통하여 사채의

1) 동지: 정(희), 596면; 이(철), (회) 1051면(상법 제486조는 사채의 상환기한도래 전의 조기상환의 경우에만 적용되는 것이고, 상환기한경과 후에는 적용될 여지가 없다고 한다).
반대: 정(동), (회) 553면(이권<利券>이 상환증권이라는 점에서 이를 공제하여야 한다고 하나, 상환금액<원금>에서 이를 공제하여야 할 이유가 없다고 본다).

2) 동지: 손(주), 979면; 정(동), (회) 554면.

원리금을 수령하는 등 사채에 관한 권리를 행사할 수 있다(전등 38조).

2) 기채회사(起債會社)는 자기사채 취득의 제한이 없으므로(상 341조, 341조의 2와 비교), 기채회사는 증권시장에서 자기사채를 언제든지 시가로 매입하여 채권(債券)을 파기함으로써 사채의 상환에 갈음할 수 있다(매입소각). 이는 사채의 시장가격이 상환가격보다 낮은 경우에 보통 이용하는 방법이다. 채권(債券)은 독립한 유가증권이므로 회사가 자기사채를 취득한 것만으로는 혼동에 의하여 소멸하지 않고, 채권(債券)을 파기하여야 사채가 소멸한다.[1)]

(4) 사채관리회사가 있는 경우의 상환

후술하는 사채관리회사가 있는 경우에는 이러한 사채관리회사가 사채권자를 위하여 사채에 관한 채권을 변제받거나 채권의 실현을 보전하기 위하여 필요한 재판상·재판 외의 모든 행위를 할 권한을 갖는다(상 484조 1항). 사채관리회사가 이 권한을 행사하여 기채회사(起債會社)로부터 사채의 상환을 받은 때에는 기채회사의 상환의무는 소멸하고(즉, 사채는 소멸하고) 채권(債券)은 사채관리회사에 대한 상환지급청구권을 표창하는 유가증권이라고 볼 수 있다. 이 때 사채관리회사는 사채에 관한 채권을 변제받으면 지체 없이 그 뜻을 공고하고 알고 있는 사채권자에 대하여는 각별로 이를 통지하여야 하며(상 484조 2항), 사채권자는 사채관리회사에 대하여 채권(債券)과 상환하여 상환액지급청구를 하고 이권(利券)과 상환하여 이자지급청구를 하여야 한다(상 484조 3항). 이 때 사채관리회사가 둘 이상 있을 때에는 그 권한에 속하는 행위는 공동으로 하여야 하고(상 485조 1항), 각 사채관리회사는 사채권자에 대하여 연대하여 변제액을 지급할 의무를 부담한다(상 485조 2항). 사채관리회사는 사채권자를 위하여 사채에 관한 채권을 변제받거나 채권의 실현을 보전하기 위하여 필요한 재판상 또는 재판 외의 행위를 하기 위하여 필요하면 법원의 허가를 받아 기채회사의 업무와 재산상태를 조사할 수 있다(상 484조 7항).

사채관리회사가 이러한 권한을 갖는다고 하여도 사채관리회사가 이 권한을 행사하여 기채회사(起債會社)로부터 사채의 상환을 받기 전에는, 사채권자는 개별적으로 기채회사에 대하여 사채의 상환을 청구할 수 있다고 본다.[2)]

---

1) 동지: 정(희), 597면.

2) 동지: 정(동), (회) 555면; 日大判 1928. 11. 28(民集 7, 1008).

(5) 상환청구권의 소멸시효기간

사채권자의 기채회사(起債會社)에 대한 상환청구권과 사채관리회사에 대한 사채의 상환청구권은 10년간 행사하지 않으면 소멸시효가 완성한다(상 487조 1항 · 2항). 사채의 공중성과 계속성을 고려하여 상사채권의 소멸시효기간에 관한 일반원칙을 배제하고 있다.[1)]

또한 사채의 상환청구권에 대한 지연손해금도 사채의 상환청구권과 같이 10년간 행사하지 아니하면 소멸시효가 완성한다.[2)]

(6) 기채회사의 불공정행위에 대한 사채관리회사의 취소의 소

기채회사(起債會社)가 사채권자평등의 원칙에 반하여 어느 사채권자에 대하여 한 변제 · 화해 · 그 밖의 행위가 현저하게 불공정한 때에는, 사채관리회사는 그 원인인 사실을 안 때로부터 6개월, 행위가 있은 때부터 1년 내에, 소(訴)만으로 그 행위의 취소를 청구할 수 있다(상 511조 1항 · 2항). 기채회사의 위의 행위가 사채권자집회의 결의가 있는 때에는 사채권자집회의 대표자 또는 집행자도 위 행위가 있은 때로부터 1년 내에 위 행위의 취소의 소권을 갖는다(상 512조). 이 소는 기채회사의 본점소재지의 지방법원의 관할에 전속하고(상 511조 3항, 186조), 기채회사의 위의 행위로 인하여 이익을 받은 자(사채권자)나 전득(轉得)한 자가 그 행위 또는 전득 당시에 (다른) 채권자를 해함을 알지 못한 경우에는 위 소를 제기할 수 없고(상 511조 3항, 민 406조 1항 단서), 취소의 효력은 모든 사채권자의 이익을 위하여 발생한다(상 511조 3항, 민 407조). 위의 취소권은 민법의 채권자취소권과 경합하여 적용될 수 있다.[3)]

제 6 사채권자의 공동단체성

사채권자는 공통의 이해관계를 갖고 있으므로 공동단체성을 갖는다. 따라서 상법은 사채권자의 공동의 이익을 위하여 사채관리회사와 사채권자집회를 인정하고 있다.[4)]

---

1) 동지: 정(동), (회) 556면; 주상(제 5 판)(회사 V), 155면.
2) 대판 2010. 9. 9, 2010 다 28031(공보 2010, 1895).
3) 동지: 정(희), 598면; 정(동), (회) 556면.
4) 사채권자의 보호를 위한 방안을 제시한 논문으로는 윤영신, "사채권자보호에 관한 연구(주주와 사채권자의 이익충돌을 중심으로)," 법학박사학위논문(서울대, 1997. 2)(회사채시장이 가장 발달한 미국에서 논의되고 있는 사채권자 보호를 위한 방안을 소개하고, 우리 상법상 수탁회사 및 사채권자집회에 관한 규정의 개정을 제시함).

I. 사채관리회사

(1) 사채관리회사의 의의

1) 2011년 4월 개정상법 이전에는 기채회사(起債會社)(사채발행회사)로부터 사채모집의 위탁을 받은 수탁회사(受託會社)는 한편으로는 기채회사와 위임계약을 체결하고 기채회사의 「임의대리인」의 자격에서 사채모집의 업무를 수행하였고, 다른 한편으로는 사채권자와 특별한 계약관계에 있지 않으면서 사채권자의 「법정대리인」의 자격에서 사채권자를 위하여 사채의 상환을 받는 등의 업무를 수행하였다.

2) 그런데 수탁회사가 이해가 상반하는 기채회사와 사채권자의 대리인이 동시에 되는 것은 문제가 있다 하여, 2011년 4월 개정상법은 이 양자의 지위를 분리하여 기채회사로부터 사채모집의 위탁을 받아 사채모집의 업무를 수행하는 수탁회사는 그대로 두고, 사채권자의 대리인으로서 사채권자를 위하여 사채의 상환을 받는 등의 업무를 수행하는 자에 대하여는 수탁회사와는 별도로 사채관리회사를 둘 수 있도록 하였다(상 480조의 2 이하).[1]

3) 따라서 사채관리회사란 「회사가 사채를 발행하는 경우에 회사의 위탁에 의하여 사채권자를 위하여 변제의 수령·채권의 보전·그 밖의 사채의 관리를 하는 회사」라고 말할 수 있다(상 480조의 2).

이러한 사채관리회사도 기채회사와 위임계약에 의하여 선임되고(상 480조의 2) 사채권자와는 특별한 계약관계에 있지 않으므로, 사채권자와의 관계에서는 「법정대리인」으로서의 지위를 갖는다고 볼 수 있다.

(2) 사채관리회사의 자격

사채관리회사는 은행·신탁회사·그 밖에 대통령령으로 정하는 자만이 될 수 있다(상 480조의 3 1항, 상시 26조).[2]

---

1) 해설(2012), 371면. 실무상 사채관리회사에 관하여는 김종현, "국내 사채관리회사 실무현황과 제도개선에 관한 의견," 「선진상사법률연구」(법무부), 통권 제64호(2013. 10), 176~190면 참조(사채관리회사 선임을 강제화하고, 사채관리회사의 자격요건을 강화할 필요가 있다고 함).
일본의 회사법도 사채관리회사에 대하여 규정하고 있다(日會 702조~714조).

2) 상법 제480조의 3 제1항에서 "은행, 신탁회사, 그 밖에 대통령령으로 정하는 자"란 다음 각 호의 어느 하나에 해당하는 자를 말한다(상시 26조).
1. 「은행법」에 따른 은행
2. 「한국산업은행법」에 따른 한국산업은행
3. 「중소기업은행법」에 따른 중소기업은행

그러나 (i) 사채의 인수인 및 (ii) 기채회사와 특수한 이해관계가 있는 자로서 대통령령으로 정하는 자는 사채관리회사가 될 수 없다(상 480조의 3 2항·3항, 상시 27조).[1)]

(3) 사채관리회사의 선임·해임

사채관리회사는 앞에서 본 바와 같이 기채회사(起債會社)와의 위임계약에 의하여 선임되고, 동 위임계약의 종료에 의하여 해임된다(상 480조의 2).

그런데 사채관리회사는 모든 사채권자를 보호할 임무를 갖는 법정대리인의 지위에 있으므로, 상법은 사채관리회사의 해임 및 사임에 일정한 제한을 두고 있다(민법상 위임계약은 각 당사자가 언제든지 해지할 수 있음—민 689조 1항). 즉, 기채회사(위탁회사)는 언제든지 사채관리회사를 해임할 수 있는 것이 아니라, 사채관리회사가 그 사무를 처리하기에 적임이 아니거나 그 밖에 정당한 사유가 있는 때에 한하여 기채회사 또는 사채권자집회의 청구에 의하여 법원만이 이를 해임할 수 있다(상 482조). 또한 사채관리회사는 언제든지 사임할 수 있는 것이 아니라, 기채회사와 사채권자집회의 동의를 받아 사임할 수 있고 부득이한 사유가 있는 경우에는 법원의 허가를 받은 경우에만 사임할 수 있다(상 481조).

---

4. 「농업협동조합법」에 따른 농협은행
5. 「수산업협동조합법」에 따른 수협은행
6. 「자본시장과 금융투자업에 관한 법률」에 따라 신탁업 인가를 받은 자로서 일반투자자로부터 금전을 위탁받을 수 있는 자
7. 「자본시장과 금융투자업에 관한 법률」에 따라 투자매매업 인가를 받은 자로서 일반투자자를 상대로 증권의 인수업무를 할 수 있는 자
8. 한국예탁결제원
9. 「자본시장과 금융투자업에 관한 법률」에 따른 증권금융회사

1) 상법 제480조의 3 제 3 항에서 "대통령령으로 정하는 자"란 사채관리회사가 되려는 자가 다음 각 호의 어느 하나에 해당하는 경우 그 회사(사채관리회사가 된 후에 해당하게 된 자를 포함한다)를 말한다(상시 27조).

1. 사채관리회사가 사채발행회사에 대하여 상법 제542조의 8 제 2 항 5호에 따른 최대주주 또는 같은 항 6호에 따른 주요주주인 경우
2. 사채발행회사가 사채관리회사에 대하여 다음 각 목의 어느 하나에 해당하는 경우
   가. 사채관리회사가 상법시행령 제26조 1호의 은행인 경우: 「은행법」 제 2 조 1항 10호에 따른 대주주
   나. 사채관리회사가 상법시행령 제26조 6호 및 7호의 자인 경우: 「자본시장과 금융투자업에 관한 법률」 제 9 조 1항에 따른 대주주
3. 사채발행회사와 사채관리회사가 「독점규제 및 공정거래에 관한 법률」 제 2 조 3호에 따른 계열회사(이하 "계열회사"라 한다)인 경우
4. 사채발행회사의 주식을 보유하거나 사채발행회사의 임원을 겸임하는 등으로 인하여 사채권자의 이익과 충돌하는 특수한 이해관계가 있어 공정한 사채관리를 하기 어려운 경우로서 법무부장관이 정하여 고시하는 기준에 해당하는 회사

⑷ 사무승계자

위와 같이 해임 또는 사임에 의하여 사채관리회사가 없게 된 경우에는 기채회사는 사채권자집회의 동의를 받아 사무승계자를 정할 수 있는데(상 483조 1항), 부득이한 사유가 있을 때에는 이해관계인의 청구에 의하여 법원이 사무승계자를 정할 수 있다(상 483조 2항). 이러한 사무승계자는 사채관리회사와 같은 지위에서 사채관리회사가 사채권자를 위하여 취득 또는 부담한 모든 권리의무를 승계한다.[1)]

⑸ 보수·비용

사채관리회사, 그 대표자 또는 집행자에 대하여 줄 보수와 사무처리비용에 관하여는 사채관리회사 등을 보호하기 위하여 상법이 특별히 규정하고 있다(상 507조). 즉, 이에 관하여 기채회사와 사채관리회사간의 계약에서 약정된 경우에는 그 약정에 따르고, 그러한 약정이 없는 경우에는 법원의 허가를 받아 기채회사로 하여금 이러한 보수 등을 부담하게 할 수 있다(상 507조 1항). 또한 사채관리회사·그 대표자 또는 집행자는 사채에 관한 채권을 변제받은 금액에서 사채권자보다 우선하여 이러한 보수와 비용을 변제받을 수 있다(상 507조 2항).

⑹ 사채관리회사의 권한

사채관리회사는 다음의 권한을 갖는다.

1) 사채에 관한 채권의 변제수령권 등 사채관리회사는 사채권자를 위하여 사채에 관한 채권을 변제받거나 채권의 실현을 보전하기 위하여 필요한 재판상 또는 재판 외의 모든 행위를 할 수 있다(상 484조 1항). 사채관리회사가 사채에 관한 채권의 변제를 받으면 지체 없이 그 뜻을 공고하고, 알고 있는 사채권자에게 통지하여야 한다(상 484조 2항). 이러한 공고는 기채회사가 하는 공고와 같은 방법으로 하여야 한다(상 484조 6항). 이러한 통지 등을 받은 사채권자는 사채관리회사에 사채 상환액 및 이자 지급을 청구할 수 있는데, 이 경우 사채권(社債券)이 발행된 때에는 사채권과 상환하여 상환액을 지급청구하고 이자는 이권(利券)과 상환하여 지급청구하여야 한다(상 484조 3항).

그런데 사채관리회사는 사채에 관한 채권을 변제받거나 채권의 실현을 보전하기 위한 행위를 제외하고, (i) 해당 사채 전부에 대한 지급의 유예·그 채무의 불이행으로 발생한 책임의 면제 또는 화해, (ii) 해당 사채 전부에 관한 소

---

1) 동지: 정(동), (회) 557면; 정(희), 599면(그러나 이러한 사무승계자는 사채관리회사는 아니라고 한다).

송행위 또는 채무자회생 및 파산에 관한 절차에 속하는 행위를 하는 경우에는, 사채권자집회의 결의에 의하여야 한다(상 484조 4항 본문). 다만, 기채회사는 위 (ii)의 행위를 사채관리회사가 사채권자집회결의에 의하지 아니하고 할 수 있음을 정할 수 있는데(상 484조 4항 단서), 사채관리회사가 사채권자집회결의에 의하지 아니하고 위 (ii)의 행위를 한 때에는 지체 없이 그 뜻을 공고하고, 알고 있는 사채권자에게는 따로 통지하여야 한다(상 484조 5항). 이러한 공고는 기채회사가 하는 공고와 같은 방법으로 하여야 한다(상 484조 6항).

2) 사채권자집회의 소집권 등 사채관리회사는 사채권자집회를 소집할 수 있고(상 491조 1항), 사채관리회사의 대표자를 사채권자집회에 출석하게 하거나 서면으로 의견을 제출할 수 있으며(상 493조 1항), 사채권자집회의 결의를 집행한다(상 501조 전단).

3) 기채회사의 현저한 불공정행위에 대한 취소의 소의 제기권 기채회사가 어느 사채권자에게 한 변제·화해·그 밖의 행위가 현저하게 불공정한 때에는 사채관리회사는 소(訴)만으로 그 행위의 취소를 청구할 수 있다(상 511조 1항). 사채관리회사는 이 소를 취소의 원인을 안 때부터 6개월, 행위가 있은 때부터 1년 내에 제기하여야 한다(상 511조 2항).

(7) 사채관리회사의 의무·책임

1) 앞에서 본 바와 같이 사채관리회사는 사채권자에 대하여 법정대리인으로서의 지위에 있으므로, 사채관리회사는 사채권자를 위하여 공평하고 성실하게 사채를 관리하여야 할 의무(상 484조의 2 1항)와, 사채권자에 대하여 선량한 관리자의 주의로써 사채를 관리하여야 할 의무를 부담한다(상 484조의 2 2항).

2) 사채관리회사가 상법이나 사채권자집회의 결의를 위반한 행위를 한 때에는 사채권자에 대하여 연대하여 이로 인하여 발생한 손해를 배상할 책임이 있다(상 484조의 2 3항).

(8) 둘 이상의 사채관리회사의 권한·의무

1) 사채관리회사가 둘 이상 있을 때에는 그 권한에 속하는 행위는 공동으로 하여야 한다(상 485조 1항).

2) 사채관리회사가 둘 이상 있을 때에는 사채관리회사가 사채에 관한 채권의 변제를 받은 때에는 사채관리회사는 사채권자에 대하여 연대하여 변제액을 지급할 의무가 있다(상 485조 2항).

2. 사채권자집회

(1) 의의·소집·구성

1) 의 의

(가) 사채권자집회는 「같은 종류의 사채권자에 의하여 구성되고, 사채권자에게 중대한 이해관계가 있는 사항에 관해서만 의결하는 회사 밖에 존재하는 임시기관」인데, 다음과 같은 특징이 있다. 즉, (i) 주주총회가 회사 안에 존재하는 상설기관인 데 대하여, 사채권자집회는 회사 밖에 존재하는 임시기관으로 회사의 기관이 아니다. 그러나 사채권자집회는 주식회사에 있어서 타인자본에 대한 법적 기구이므로 매우 중요하다.[1] (ii) 사채권자집회는 (주주총회와 같이) 의결기관이므로, 그 결의의 집행은 사채관리회사나 사채권자집회의 대표자 또는 사채권자집회의 결의로써 따로 정한 집행자가 한다(상 501조). (iii) 회사가 수 종의 사채를 발행한 경우에는 각 종류의 사채별로 사채권자집회가 있을 뿐이고(상 509조), 모든 종류의 사채에 공통된 사채권자집회는 없다.[2]

(나) 사채권자집회는 모든 사채권자의 이익을 보호하기 위하여 인정된 제도이나, 기채회사를 위하여도 단일의 상대방이 있게 되어 매우 편리한 제도이다.[3]

2) 소 집

(가) 소집권자는 기채회사(起債會社)·사채관리회사 및 소수사채권자(사채의 종류별로 해당 종류의 사채총액〈상환받은 액은 제외함〉의 10분의 1 이상에 해당하는 사채권자)이다(상 491조 1항·2항). 소수사채권자는 먼저 기채회사 또는 사채관리회사에 소집을 청구할 수 있고(상 491조 2항), 이러한 청구를 받은 회사가 지체 없이 소집절차를 밟지 않는 경우에는 법원의 허가를 얻어 직접 사채권자집회를 소집할 수 있다(상 491조 3항). 이 때 무기명채권을 가진 사채권자는 그 채권(債券)을 공탁하여야 이러한 권리를 행사할 수 있다(상 491조 4항).

(나) 소집시기는 정기적으로 하는 것이 아니고, 필요에 따라 수시로 한다.

(다) 소집지에 관한 특별한 제한은 없다.

---

1) 동지: 정(희), 600면.
2) 동지: 정(희), 600면.
3) 동지: 정(동), (회) 558면.

㈑ 소집절차는 기명사채인 경우에는 주주총회에 준한다(상 491조의 2 1항, 363조 1항 · 2항). 그러나 무기명사채인 경우에는 회사가 사채권자집회일의 3주(자본금총액이 10억원 미만인 회사는 2주) 전에 사채권자집회를 소집하는 뜻과 회의의 목적사항을 공고하여야 한다(상 491조의 2 2항)

3) 구　　성　　사채권자집회를 구성하고 의결권을 갖는 자는 사채권자이다(상 492조 1항).

기채회사(起債會社)나 사채관리회사에게는 의결권이 없다. 그러나 이러한 회사는 사채권자집회의 결의에 중대한 이해관계를 가지므로, 대표자를 사채권자집회에 출석하게 하거나 또는 서면으로 의견을 제출할 수 있는 권리를 갖는다(상 493조 1항). 그러므로 사채권자집회의 소집은 이러한 회사에 대하여도 소집통지를 하여야 한다(상 493조 2항 · 3항, 363조 1항 · 2항).

또 사채권자집회(또는 소집권자)는 필요하다고 인정하는 때에는, 기채회사(起債會社)에 대하여 그 대표자의 출석을 청구할 수 있다(상 494조).

⑵ 사채권자집회의 결의

1) 결의사항(권한)　　사채권자집회의 결의사항(권한)은 크게, (i) 상법이 특히 규정한 것(상 439조 3항, 481조, 482조, 483조 1항, 484조 4항, 494조, 500조 1항, 501조 단서, 504조)과, (ii) 사채권자의 이해관계가 있는 사항[1](상 490조)에 한정된다.

2) 의 결 권　　각 사채권자는 그가 갖는 해당 종류의 사채금액의 합계액(상환받은 액은 제외한다)에 따라 의결권을 갖는다(상 492조 1항).[2]

무기명채권(債券)을 가진 자는 회일로부터 1주간 전에 그 채권(債券)을 공탁하여야 의결권을 행사할 수 있다(상 492조 2항).

의결권의 대리행사(상 510조 1항, 368조 2항), 회사가 소유하는 자기사채의 의결권행사의 제한(상 510조 1항, 369조 2항), 특별이해관계인의 의결권행사의 제한(상 510조 1항, 368조 3항), 정족수 및 의결권수의 계산(상 510조 1항, 371조) 등은 주주총회의 경우와 같다.

사채권자집회에서도 서면결의 또는 전자투표가 인정된다(상 495조 3항~6항). 이는 2011년 4월 개정상법에 의하여 인정된 것이다.

---

1) 2011년 4월 개정상법 이전에는 「사채권자의 이해에 중대한 관계가 있는 사항으로서 법원의 허가를 얻은 것」으로 규정하였으나, 2011년 4월 개정상법은 「사채권자의 이해관계가 있는 사항」으로 개정하였다.

2) 2011년 4월 개정상법 이전에는 「각 사채권자는 사채의 최저액마다 한 개의 의결권을 갖는다」고 규정하였으나, 2011년 4월 개정상법에 의하여 사채의 최저액에 관한 규정이 폐지됨에 따라 이와 같이 규정하였다.

3) 결의의 방법 사채권자집회의 결의의 방법은 원칙적으로 주주총회의 특별결의의 방법에 의하는데(상 495조 1항, 434조), 예외적으로 사채관리회사의 사임 동의·사채관리회사의 법원에 대한 해임 청구·사채관리회사의 사무승계자의 선임·기채회사(起債會社)의 대표자의 사채권자집회에 출석 청구 등의 경우에는 출석한 사채권자의 의결권의 과반수로써 할 수 있다(상 495조 2항, 481조~483조, 494조).

4) 결의의 효력 사채권자집회의 결의는 결의 그 자체만으로는 효력이 없고, 원칙적으로 법원의 인가에 의하여 그 효력이 생긴다(상 498조 1항 본문). 이와 같이 사채권자집회의 결의에 원칙적으로 법원의 인가를 얻도록 한 것은, 결의의 하자의 문제를 법원의 인가절차에 흡수시키고, 사채권자를 보호하기 위한 것이다.[1] 따라서 사채권자집회결의의 하자의 소는 없다.

사채권자집회의 결의에 대하여 법원의 인가를 받아야 할 경우, 사채권자집회의 소집자는 결의한 날부터 1주간 내에 결의의 인가를 법원에 청구하여야 한다(상 496조). 법원은 이러한 인가의 청구가 있는 경우에, (i) 사채권자집회소집의 절차 또는 그 결의방법이 법령이나 사채모집의 계획서의 기재에 위반한 때, (ii) 결의가 부당한 방법에 의하여 성립하게 된 때, (iii) 결의가 현저하게 불공정한 때, (iv) 결의가 사채권자 일반의 이익에 반하는 때에는, 원칙적으로 그 결의를 인가하지 못한다(상 497조 1항). 그러나 (i)·(ii)의 경우는 절차상의 하자이므로, 법원은 결의의 내용 기타 모든 사정을 참작하여 예외적으로 그 결의를 인가할 수 있다(상 497조 2항). 사채권자집회의 결의에 대하여 법원의 인가 또는 불인가의 결정이 있은 때에는, 기채회사(起債會社)는 지체 없이 그 뜻을 공고하여야 한다(상 499조).

그러나 그 종류의 사채권자 전원이 동의한 결의는 법원의 인가가 필요 없다(상 498조 1항 단서). 이는 2011년 4월 개정상법이 신설하였다.

사채권자집회의 결의는 그 종류의 사채를 가진 모든 사채권자에게 그 효력이 있다(상 498조 2항).

5) 결의의 집행 사채권자집회의 결의가 집행을 필요로 하는 경우에는 집회의 결의로써 따로 집행자를 정하였을 때에는 그 집행자, 이를 정하지 않았을 때에는 사채관리회사, 사채관리회사가 없는 때에는 사채권자집회의 대표자(상 500조)가 이를 집행한다(상 501조).

이러한 집행자·사채관리회사 또는 사채권자집회의 대표자는 사채에 관한

---

1) 동지: 정(동), (회) 560면; 이(기) 외, (회) 485면.

채권을 변제받은 금액에서 사채권자에 우선하여 보수와 비용의 변제를 받을 수 있다(상 507조 2항).

6) 의사록 등 사채권자집회의 의사에는 의사록을 작성하여야 하고(상 510조 1항, 373조), 이를 기채회사(起債會社)의 본점에 비치하여(상 510조 2항) 사채관리회사와 사채권자가 열람할 수 있도록 하여야 한다(상 510조 3항). 사채권자집회는 회의의 속행 또는 연기를 결의할 수도 있다(상 510조 1항, 372조).

(3) 사채권자집회의 대표자

사채권자집회는 해당 종류의 사채총액(상환받은 금액을 제외함)의 500분의 1 이상을 가진 사채권자 중에서 1명 또는 여러 명의 대표자를 선임하여 사채권자집회가 결의할 사항의 결정을 그 대표자에게 위임할 수 있다(상 500조 1항). 이 경우에는 그 대표자가 집회의 결의에 갈음하여 결정을 하는데, 이는 사채권자집회를 개최하기가 곤란한 경우에 대비하고 경미한 사항을 용이하게 결정하기 위한 것이다.[1]

대표자가 여러 명인 때에는 이러한 결정은 그 과반수로써 하고(상 500조 2항), 또 그 권한에 속하는 행위는 공동으로 하여야 하며, 채무는 연대하여 지급할 의무를 부담한다(상 502조, 485조).

사채권자집회는 언제든지 대표자(또는 집행자)를 해임하거나 위임한 사항을 변경할 수 있다(상 504조). 대표자는 기채회사(起債會社)로부터 사채에 관한 채권을 변제받은 금액에서 사채권자보다 우선하여 보수와 비용을 변제받을 수 있다(상 507조 2항).

(4) 비용의 부담

사채권자집회에 관한 비용은 원칙적으로 기채회사(起債會社)가 부담한다(상 508조 1항). 법원에 대한 사채권자집회결의 인가청구의 비용도 원칙적으로 기채회사(起債會社)가 부담하여야 하는데, 예외적으로 법원은 이해관계인의 신청 또는 직권으로 그 비용의 전부 또는 일부에 관하여 비용의 부담자를 따로 정할 수 있다(상 508조 2항).

1) 동지: 정(동), (회) 561면.

제 2 관 특 수 사 채

특수사채는 크게 상법이 인정하고 있는 특수사채와 특별법이 인정하고 있는 특수사채로 분류된다. 상법이 인정하고 있는 특수사채로는 전환사채 · 신주인수권부사채 · 이익참가부사채 · 교환사채 · 상환사채 등이 있고,[1] 특별법이 인정하고 있는 특수사채로는 담보부사채(담보사 17조) 등이 있다.

「전환사채」란 '사채권자에게 기채회사(起債會社)의 주식으로 전환할 수 있는 권리(전환권)가 인정된 사채'이고, 「신주인수권부사채」란 '사채권자(또는 신주인수권증권의 정당한 소지인)에게 기채회사(起債會社)에 대한 신주인수권(신주의 발행을 청구할 수 있는 권리)이 인정된 사채'이다. 「이익참가부사채」란 '사채권자에게 사채의 이율에 따른 확정이자가 부여되는 외에 기채회사(起債會社)의 이익배당에도 참가할 수 있는 권리가 부여된 사채'를 말하고, 「교환사채」란 '사채권자에게 기채회사(起債會社)가 소유하고 있는 주식이나 그 밖의 다른 유가증권으로 교환청구권이 부여된 사채'를 말하며, 「상환사채」란 '기채회사(起債會社)에게 사채권자에 대하여 주식이나 그 밖의 유가증권으로 상환할 수 있는 권리(상환권)가 부여된 사채'이다.

또한 「담보부사채」란 '사채의 담보를 위하여 기채회사(起債會社)의 물상담보권이 붙어 있는 사채'를 말한다(이는 사채관리회사인 금융기관의 인적 보증이 붙어 있는 「보증사채」와 구별된다).

이와 같은 특수사채(담보부사채를 제외함)는 주식과 사채의 중간형태(또는 혼합형태)로서, 회사의 자금조달을 원활하게 하는 공통된 기능을 수행하고 있다.

---

1) 2011년 4월 개정상법 이전에는 이익참가부사채(자금 165조의 11) 및 교환사채(자금 165조의 11)에 대하여 상법에는 규정이 없었고 자본시장과 금융투자업에 관한 법률에서 규정하였는데, 2011년 4월 개정상법에서는 이러한 특수사채에 관하여 상법에서 규정하게 되었고, 이 외에도 상환사채에 관하여 규정하였으며 파생결합사채도 발행할 수 있는 근거규정을 두었다. 그런데 이러한 특수사채의 내용 및 발행방법 등 발행에 필요한 구체적인 사항은 대통령령으로 정하도록 하고 있다(상 469조 3항, 상시 20조~24조).

제 1 상법상의 특수사채[1)]

Ⅰ. 전환사채

(1) 의 의

전환사채(convertible bonds; Wandelschuldverschreibungen; obligations convertibles)란 「기채회사(起債會社)의 주식으로 전환할 수 있는 권리(전환권)가 인정된 사채」이다. 전환사채는 사채의 안전적 성질과 주식의 투기적 성질을 함께 갖고 있으므로(잠재적 주식), 보통의 사채보다 유리한 모집조건으로 사채를 모집할 수 있게 하여, 회사의 자금조달이 매우 용이하게 된다. 이와 같은 전환사채는 원래 미국에서 발생한 제도이나, 현재 우리나라에서도 많이 이용되고 있다.[2)]

(2) 발 행

1) 전환사채 발행사항의 결정 전환사채의 발행방법에는 주주배정·제 3 자배정 및 모집의 세 가지 방법이 있는데, 제 3 자배정 및 모집에 의한 전환사채의 발행을 상법은 「주주 외의 자에 대하여 전환사채를 발행하는 경우」로 규정하고 있다(상 513조 3항·4항). 따라서 이하에서는 「주주배정에 의한 전환사채의 발행의 경우」와 「주주 외의 자에 대하여 전환사채를 발행하는 경우」로 나누어서 설명한다.

㈎ 주주배정에 의한 전환사채의 발행의 경우 주주배정에 의한 전환사채를 발행함에는 정관으로 주주총회에서 결정하기로 정한 경우를 제외하고, 다음의 사항을 이사회(자본금 총액이 10억원 미만으로서 이사가 1명 또는 2명인 소규모 주식회사의 경우에는 이사회가 없으므로, 정관의 규정 유무에 불구하고 언제나 주주총회 — 상 383조 1항 단서, 4항)에서 결정하여야 한다(상 513조 2항). 신주발행이나 일반사채의 발행이 이사회의 결의사항으로 되어 있는 점에서, 전환사채도 신주발행의 특수한 경우로 보아 이사회의 권한으로 한 것이다.

---

1) 혼합증권에 관한 상세는 정승화, "혼합증권에 관한 법적 연구," 법학박사학위논문(고려대, 2012. 2) 참조.

2) 전환사채는 일찍이 미국에서 발달한 제도로서 화폐가치하락의 위험이 있는 시기에 장래 단순히 일정금액의 상환을 받는 보통의 사채보다는 주식으로 전환할 수 있는 권리를 가진 전환사채가 투자자의 환영을 받았다고 한다. 독일법에서는 1924년 이후 이 제도가 채용되었고(獨株 221조 참조), 프랑스에서는 1953년 이후 법제화되었으며, 일본에서는 1940년 상법개정시에 이를 채용하였다고 한다. 이 전환사채제도를 가능하게 하는 실질적 근거는 증권시장의 발달에 따르는 주식출자의 이자부자본화(利子附資本化)의 현상이므로, 증권시장의 발달 없이는 이 제도의 효용이 발휘될 수 없다고 한다[정(희), 604~605면].

전환사채의 발행권한을 정관의 규정에 의한 신주발행과 동일하게 보는 다음과 같은 대법원판례가 있다.

[전환사채의 발행권한을 정관의 규정에 의한 신주발행의 그것과 동일하게 본 판례]

회사의 정관에 신주발행 및 인수에 관한 사항은 주주총회에서 결정하고 자본의 증가 및 감소는 발행주식총수의 과반수에 상당한 주식을 가진 주주의 출석과 출석주주가 가진 의결권의 3분의 2 이상의 찬성으로 의결하도록 규정되어 있는 경우, 전환사채는 전환권의 행사에 의하여 장차 주식으로 전환될 수 있어 이를 발행하는 것은 사실상 신주발행으로서의 의미를 가지므로, 회사가 전환사채를 발행하기 위하여는 주주총회의 특별결의를 요한다[대판 1999. 6. 25, 99 다 18435(공보 1999, 1516)].

① 전환사채의 총액(상 513조 2항 1호)

② 전환의 조건(상 513조 2항 2호) 전환조건은 전환비율로 정하는 방법과 전환가액으로 정하는 방법이 있다. 전환비율은 전환될 사채와 이에 대하여 줄 주식의 비례(예컨대, 사채액면 얼마에 대하여 주식 몇 주라고 하는 경우)를 말하고, 전환가액은 전환에 의하여 발행되는 주식 1주에 대하여 요구되는 사채액면금액(예컨대, 주식 1주에 대하여 사채액 몇 원이라고 하는 경우)을 말한다. 또한 전환가액을 정하는 방법에 시가전환방식과 액면전환방식이 있는데, 시가전환방식은 전환사채 발행 당시의 기채회사(起債會社)의 주식의 시가를 기준으로 하여 전환가액을 정하는 방식이고, 액면전환방식은 기채회사(起債會社)의 주식의 액면가액을 기준으로 하여 전환가액을 정하는 방식이다.

③ 전환으로 인하여 발행할 주식의 내용(상 513조 2항 3호) 전환으로 인하여 발행할 주식의 내용은, 정관에 의하여 종류주식의 발행이 인정되는 경우(상 344조 1항 · 2항) 주식의 종류를 말한다.

④ 전환을 청구할 수 있는 기간(상 513조 2항 4호) 전환청구기간은 보통 시기(始期)와 종기(終期)를 정하는데, 이 기간은 주주명부 폐쇄기간중이어도 무방하다(상 516조 2항, 350조 2항 참조).

⑤ 주주에게 전환사채의 인수권을 준다는 뜻과 인수권의 목적인 전환사채의 액(상 513조 2항 5호) 전환사채의 경우는 신주발행의 경우와는 달리 주주에게 전환사채의 인수권이 당연히 발생하는 것이 아니고, (정관에 이에 관한 규정이 없고 또한 정관에서 주주총회의 결의를 받도록 규정하지 않는 한) 이사회의 이에 관한 결의

에 의하여 부여된다.[1)]

(나) 주주 외의 자에 대하여 전환사채를 발행하는 경우 주주 외의 자에 대하여 전환사채를 발행하는 경우에는, 먼저 (i) 전환사채의 총액, (ii) 전환의 조건, (iii) 전환으로 인하여 발행할 주식의 내용, (iv) 전환을 청구할 수 있는 기간 및 (v) 주주 외의 자에게 전환사채를 발행하는 것과 이에 대하여 발행할 전환사채의 액에 대하여, 「이사회의 결의」(정관에 이에 관한 규정이 없고 또한 정관에서 주주총회의 결의를 받도록 규정하지 않는 한)가 있어야 한다(상 513조 2항).

또한 이외에 (i) 주주 외의 자에 대하여 발행할 수 있는 전환사채의 액, (ii) 전환의 조건(이 때 전환조건은 전환비율로 정하는 방법과 전환가액으로 정하는 방법이 있고, 전환가액으로 정하는 방법에는 시가전환방식과 액면전환방식이 있다. 이 경우 시가전환방식을 정하면서 전환가액을 1주당 주식의 시가보다 낮게 정하는 경우에도 특별히 이사에게 위법행위나 불법행위가 없고 또한 이사로서 그의 선관의무를 다하였다면 이는 이사의 경영판단에 속하는 사항으로 이사는 회사에 대하여 임무해태를 하였다고 볼 수 없고 또한 이 경우 회사에게 손해가 발생하였다고 볼 수도 없다),[2)] (iii) 전환으로 인하여 발행할 주식의 내용 및 (iv) 전환을 청구할 수 있는 기간에 관하여는, 정관에 규정이 없으면 다시 「주주총회의 특별결의」가 있어야 한다(상 513조 3항 1문). 그런데 이 경우에는 신기술의 도입·재무구조의 개선 등 회사의 경영상 목적을 달성하기 위하여 필요한 경우에 한한다(상 513조 3항 2문, 418조 2항).[3)] 이 때에는 주주 외의 자에게 전환사채를 발행한다는 내용의 의안의 요령을 주주총회의 소집에 관한 통지에 기재하여야 한다(상 513조 4항). 이와 같이 주주 외의 자에 대하여 전환사채를 발행하는 경우에 주주총회의 특별결의를 받도록 한 것은, 회사의 자금조달의 편의와 주주의 이익보호를 조화하기 위한 것이다.[4)]

---

1) 동지: 정동윤, "경영권을 지키기 위한 신주 및 잠재적 주식의 발행," 「기업구조의 재편과 상사법(I)」(회명 박길준교수 화갑기념논문집)(도서출판 정문, 1998), 673면; 이준섭, "주주의 신주인수권 배제 ── 정당화요건을 중심으로," 「상사법연구」(한국상사법학회), 제13집(1994), 241면.

반대: 이철송, "전환사채의 발행에 따르는 몇 가지 문제점," 「사법행정」(한국사법행정학회), 제336호(1988), 33면; 최완진, "특수사채에 관한 법적 연구," 법학박사학위논문(고려대, 1988. 2), 96면; 김두환, "전환사채에 관한 법적 연구," 법학박사학위논문(고려대, 2003. 8), 93~94면.

2) 이에 관한 상세는 정찬형, "전환사채의 발행과 관련된 몇 가지 문제점," 「고려법학」, 제43호(2004. 11), 260~262면.

3) 이는 주주의 신주인수권을 제한하는 경우(상 418조 2항)와 같이 제 3 자에 대한 기채회사 주식의 전환권의 부여가 남용되는 것을 방지하기 위하여 2001년 개정상법에 의하여 신설된 것인데, 회사의 자금조달의 편의성에서 보거나 제한의 실효성에서 볼 때 문제가 있다고 본다[이에 관한 상세는 정찬형, "2000년 정부의 상법개정안에 대한 검토의견," 「상사법연구」(한국상사법학회), 제20권 1호(2001. 5), 128면 참조].

4) 동지: 법무부, 「상법개정안 사항별 축조설명」, 1982. 9, 156~157면. 그런데 이러한 상법의 규정에 대하여, 다음과 같이 비판하는 견해가 있다. 즉, 주주 외의 자에 대하여 전환사채를 발행하는 경우에 주주총회의 특별결의를 요하게 한 것은 전환사채의 발행권한을 이사회에 넘긴 입법의 기본입장과는 상치되는 것이며, 결국 이사회의 사채발행권한은 주주배정에 의한 전환사채발행의

전환의 조건(전환가액)에 관한 다음과 같은 대법원판례가 있다.

[정관에 '전환가액은 주식의 액면금액 또는 그 이상의 가액으로 사채발행시 이사회가 정한다'라고 규정된 경우, 전환가액을 주주총회 특별결의 없이 이사회가 이에 따라 정할 수 있다고 한 판례]

구 상법〈2001. 7. 24. 법률 제6488호로 개정되기 전의 것〉 제513조 3항은 '주주 외의 자에 대하여 전환사채를 발행하는 경우에 그 발행할 수 있는 전환사채의 액·전환의 조건·전환으로 인하여 발행할 주식의 내용과 전환을 청구할 수 있는 기간에 관하여 정관에 규정이 없으면 상법 제434조의 결의로써 이를 정하여야 한다'고 규정하고 있는바, 전환의 조건 등이 정관에 이미 규정되어 있어 주주총회의 특별결의를 다시 거칠 필요가 없다고 하기 위해서는 전환의 조건 등이 정관에 상당한 정도로 특정되어 있을 것이 요구된다고 하겠으나, 주식회사가 필요한 자금수요에 대응한 다양한 자금조달의 방법 중에서 주주 외의 자에게 전환사채를 발행하는 방법을 선택하여 자금을 조달함에 있어서는 전환가액 등 전환의 조건을 그때 그때의 필요자금의 규모와 긴급성·발행회사의 주가·이자율과 시장상황 등 구체적인 경제사정에 즉응하여 신축적으로 결정할 수 있도록 하는 것이 바람직하다 할 것이고, 따라서 주주총회의 특별결의에 의해서만 변경이 가능한 정관에 전환의 조건 등을 미리 획일적으로 확정하여 규정하도록 요구할 것은 아니며, 정관에 일응의 기준을 정해 놓은 다음 이에 기하여 실제로 발행할 전환사채의 구체적인 전환의 조건 등은 그 발행시마다 정관에 벗어나지 않는 범위에서 이사회에서 결정하도록 위임하는 방법을 취하는 것도 허용된다. 따라서 정관이 전환사채의 발행에 관하여 '전환가액은 주식의 액면금액 또는 그 이상의 가액으로 사채발행시 이사회가 정한다'라고 규정하고 있는 경우, 이는 구 상법〈2001. 7. 24. 법률 제6488호로 개정되기 전의 것〉 제513조 3항에 정한 여러 사항을 정관에 규정하면서 전환의 조건 중의 하나인 전환가액에 관하여는 주식의 액면금액 이상이라는 일응의 기준을 정하되 구체적인 전환가액은 전환

경우에만 그 실효성이 있을 뿐 주주 이외의 자에 대하여 전환사채를 발행하는 경우에는 1984년 개정 전의 상법(1984년 개정 전의 상법은 전환사채의 발행은 주주총회의 특별결의를 요하는 것으로 하였으나, 1984년 개정상법에서 원칙적으로 이사회결의만을 요하는 것으로 하였다)과 다를 바가 없게 되었다. 주주 외의 자에 대하여 발행하는 경우라도 어느 특정인에게 특히 유리한 조건으로 전환사채를 발행하지 않는 한 기존주주의 이익이 침해된다고 할 수 없는 만큼, 이 경우를 포함하여 주주총회의 특별결의를 얻게 한 것은 문제점이 있다. 그러나 상법 제513조 3항이 제 3 자배정에 의한 경우만을 규정한 것이라고 해석하는 한, 모집에 의한 전환사채의 발행은 증권거래법(이 법은 2009. 2. 4. 폐지되고, 자본시장과 금융투자업에 관한 법률로 대체됨)에 따른 절차를 필요로 함은 물론이나, 주주총회의 결의 없이 이사회의 결의만으로 할 수 있게 된다. 그러나 이 경우에도 주주는 주주의 자격을 떠나서 그 모집에 응모할 수 있으므로, 회사는 모집에 관한 사항을 주주에게 공시하는 절차를 규정하는 것이 주주의 이익보호를 위하여 바람직하다고 한다[정(희), 608～609면; 정(동), (회) 565면 주 2].

사채의 발행시마다 이사회에서 결정하도록 위임하고 있는 것이라고 할 것인데, 전환가액 등 전환의 조건의 결정방법과 관련하여 고려되어야 할 특수성을 감안할 때, 이러한 정관의 규정은 같은 법 제513조 3항이 요구하는 최소한도의 요건을 충족하고 있는 것이라고 봄이 상당하고, 그 기준 또는 위임방식이 지나치게 추상적이거나 포괄적이어서 무효라고 볼 수는 없다[대판 2004. 6. 25, 2000 다 37326(공보 2004, 1207)].

회사가 이러한 주주총회의 특별결의 없이 주주 외의 자에 대하여 발행한 전환사채는 법률에 의하여 주주총회의 (특별)결의를 요하는 경우에 그러한 결의 없이 한 대표이사·대표집행임원의 대표행위(위법한 대표행위)에 해당하므로 무효라고 본다.

2) 전환사채발행의 절차 전환사채의 발행절차는 일반사채의 발행절차(상 469조 이하)와 거의 동일한데, 이와 다른 점은 다음과 같다.

(가) 전환사채발행의 공시 사채청약서·채권(債券)과 사채원부에, (i) 사채를 주식으로 전환할 수 있다는 뜻, (ii) 전환의 조건, (iii) 전환으로 인하여 발행할 주식의 내용, (iv) 전환을 청구할 수 있는 기간 및 (v) 주식의 양도에 관하여 이사회의 승인을 얻도록 정한 때에는 그 규정[1]을 기재하여야 한다(상 514조).

(나) 전환사채의 배정

① 주주배정에 의한 전환사채의 발행의 경우

(a) 배정방법 전환사채의 인수권을 가진 주주는 그가 가진 주식의 수에 따라 전환사채를 배정받을 권리가 있으나, 다만 각 전환사채의 금액 중 최저액에 미달하는 단수(端數)에 대하여는 그러하지 아니하다(상 513조의 2 1항). 주주배정의 경우에 전환조건은 보통 액면전환이므로, 이 때 최저액은 액면가가 된다. 회사는 일정한 날을 정하여 그 날에 주주명부에 기재되어 있는 주주가 전환사채의 인수권이 있다는 뜻을 그 날의 2주간 전에 공고하여야 한다(상 513조의 2 2항, 418조 3항).

(b) 실권예고부 청약최고 주주가 전환사채의 인수권을 갖는 경우에는 회사는 각 주주에 대하여 그가 인수권을 갖는 전환사채의 액, 발행가액, 전환의 조건, 전환으로 인하여 발행할 주식의 내용, 전환을 청구할 수 있는 기간과 일정한 기일까지 전환사채의 청약을 하지 아니하면 그 권리를 잃는다는 뜻을

---

1) 이는 1995년 개정상법에 의하여 신설된 것인데, 1995년 개정상법이 정관에 의한 주식양도의 제한을 인정하고 있으므로(상 335조 1항 단서) 이에 따라 전환사채를 인수한 사채권자가 이 사실을 알 필요가 있기 때문에 사채청약서·주권 등에 이 사실을 기재하도록 한 것이다[동지: 해설(1995), 181면].

통지하여야 한다(상 513조의 3 1항). 이 통지는 위 기일의 2주간 전에 하여야 하고, 전환사채의 인수권을 갖는 주주가 청약기일까지 청약을 하지 아니하면 전환사채인수권을 잃는다[1](상 513조의 3 2항, 419조 2항·3항).

② 주주 외의 자에 대하여 전환사채를 발행하는 경우 주주 외의 자에 대하여 전환사채를 발행하는 경우는 앞에서 본 바와 같이 주주 외의 제 3 자에게 전환사채인수권을 주는 경우(제 3 자배정에 의하여 전환사채를 발행하는 경우)와, 모집에 의하여 전환사채를 발행하는 경우가 있다. 이 경우에는 앞에서 본 주주총회의 특별결의에 따라 제 3 자배정의 경우는 제 3 자에게 소정의 전환사채를 배정하고, 모집의 경우에는 일반사채의 경우와 동일한 방법으로 배정한다.

㈐ 전환사채의 등기 회사가 전환사채를 발행한 때에는 그 납입이 완료된 날로부터 2주간 내에 본점소재지에서 전환사채의 등기를 하여야 한다(일반사채의 발행은 등기사항이 아님)(상 514조의 2 1항).[2] 이 때 외국에서 전환사채를 모집한 경우에 등기할 사항이 외국에서 생긴 때에는 등기기간은 그 통지가 도달한 날로부터 기산한다(상 514조의 2 4항). 등기할 사항은 상법에 상세히 규정되어 있다(상 514조의 2 2항).

3) 불공정한 전환사채의 발행에 대한 조치[3]

㈎ 회사가 법령 또는 정관에 위반하거나 현저하게 부공정한 방법에 의하여 전환사채를 발행함으로써 주주가 불이익을 받을 염려가 있는 경우에는, 주주는 회사에 대하여 그 발행을 유지(留止)할 것을 청구할 수 있다(상 516조 1항, 424조). 이러한 전환사채발행 유지청구권은 사전조치이므로 주주는 전환사채발행의 효력이 생기기 전(즉, 전환사채의 납입기일까지)에 이를 행사하여야 하는데, 이와 같은 취지의 다음과 같은 대법원판례가 있다.

[전환사채발행 유지청구권은 전환사채의 납입기일까지(전환사채 발행 효력이 생기기 전) 행사하여야 한다고 본 판례]

전환사채 발행유지청구는 회사가 법령 또는 정관에 위반하거나 현저하게

---

1) 일반사채의 발행의 경우에는 주주에게 사채인수권이 인정되지 않으므로 이러한 절차가 있을 수 없다.

2) 1995년 개정상법 이전에는 전환사채의 등기를 「지점소재지에서는 3주간 내」에 하도록 규정하였는데, 1995년 개정상법은 회사의 등기에 따른 부담을 덜어주기 위하여 본점소재지에서만 등기하도록 하고 지점소재지에서의 등기는 폐지하였다[동지: 해설(1995), 182면].

3) 일반사채의 경우에는 이러한 구제조치가 인정되지 않는다.

불공정한 방법에 의하여 전환사채를 발행함으로써 주주가 불이익을 받을 염려가 있는 경우에 회사에 대하여 그 발행의 유지를 청구하는 것으로서(상법 제516조 1항, 제424조), 전환사채 발행의 효력이 생기기 전, 즉 전환사채의 납입기일까지 이를 행사하여야 할 것이고, 한편 전환사채권자가 전환 청구를 하면 회사는 주식을 발행해 주어야 하는데, 전환권은 형성권이므로 전환을 청구한 때에 당연히 전환의 효력이 발생하여 전환사채권자는 그 때부터 주주가 되고 사채권자로서의 지위를 상실하게 되므로(상법 제516조, 제350조) 그 이후에는 주식전환의 금지를 구할 법률상 이익이 없게 될 것이다[대판 2004. 8. 16, 2003 다 9636(공보 2004, 1522)].

(나) 이사와 통모하여 현저하게 부공정한 가액으로 전환사채를 인수한 자는 회사에 대하여 공정한 발행가액과의 차액에 상당한 금액을 지급할 의무가 있다(상 516조 1항, 424조의 2 1항). 이러한 통모인수인의 책임은 주주 외의 자에 대하여 전환사채가 발행되는 경우에 거의 대부분 적용될 것이다(이에 관하여는 보통의 신주발행시 통모인수인의 책임에 관한 설명 참조). 이 경우에는 주주의 대표소송이 인정되고(상 516조 1항, 424조의 2 2항), 이사는 회사 또는 주주에 대하여 손해배상책임을 진다(상 516조 1항, 424조의 2 3항).

(다) 상법상 신주발행무효의 소에 대응하는 전환사채발행무효의 소의 제도는 인정되지 않는다.[1)]

그러나 우리 대법원판례는 전환사채를 발행한 경우에도 신주발행무효의 소에 관한 상법 제429조가 유추적용된다고 다음과 같이 판시하고 있다.

[전환사채의 발행에 신주발행무효의 소의 규정이 유추적용된다고 한 판례]

상법은 제516조 1항에서 신주발행의 유지청구권에 관한 제424조 및 불공정한 가액으로 주식을 인수한 자의 책임에 관한 제424조의 2 등을 전환사채의 발행의 경우에 준용한다고 규정하면서도, 신주발행무효의 소에 관한 제429조의 준용여부에 대해서는 아무런 규정을 두고 있지 않으나, 전환사채는 전환권의 행사에 의하여 장차 주식으로 전환될 수 있는 권리가 부여된 사채로서, 이러한 전환

1) 동지: 임(홍), (회) 610면; 정동윤, "경영권을 지키기 위한 신주 및 잠재적 주식의 발행," 「기업구조의 재편과 상사법(Ⅰ)」(회명 박길준교수 화갑기념논문집)(도서출판 정문, 1998), 674~676면; 송종준, "회사지배권의 쟁탈과 자본구조변경에 의한 방어책의 효력," 「법조」, 1997. 4, 124면(그러나 이를 주식으로 전환할 수 있도록 정한 전환권 행사의 조건은 무효라고 한다); 전삼현, "경영권 방어목적을 위한 사모 전환사채 발행의 유효성," 「고시계」, 제554호(2003. 4), 43~44면; 동, "전환사채발행시의 주주보호," 「상장협」, 제48호(2003, 추계호), 115면.

반대: 김교창, "M&A의 방어수단으로 발행된 전환사채의 효력," 「인권과 정의」, 1998. 3, 120면; 권기범, 주식회사의 자금조달에 관한 연구(코협연구보고서, 2001), 145면; 최준선, "전환사채 발행무효," 「고시연구」, 통권 378호(2005. 9), 111면.

사채의 발행은 주식회사의 물적 기초와 기존 주주들의 이해관계에 영향을 미친다는 점에서 사실상 신주를 발행하는 것과 유사하므로, 전환사채의 발행의 경우에도 신주발행무효의 소에 관한 상법 제429조가 유추적용된다고 봄이 상당하다. 신주발행무효의 소에 관한 상법 제429조에도 무효원인이 규정되어 있지 않고, 다만 전환사채의 발행의 경우에도 준용되는 상법 제424조에 '법령이나 정관의 위반 또는 현저하게 불공정한 방법에 의한 주식의 발행'이 신주발행유지청구의 요건으로 규정되어 있으므로, 위와 같은 요건을 전환사채 발행의 무효원인으로 일응 고려할 수 있다고 하겠으나, 다른 한편 전환사채가 일단 발행되면 그 인수인의 이익을 고려할 필요가 있고 또 전환사채나 전환권의 행사에 의하여 발행된 주식은 유가증권으로서 유통되는 것이므로 거래의 안전을 보호하여야 할 필요가 크다고 할 것인데, 전환사채발행유지청구권은 위법한 발행에 대한 사전 구제수단임에 반하여, 전환사채발행무효의 소는 사후에 이를 무효로 함으로써 거래의 안전과 법적 안정성을 해칠 위험이 큰 점을 고려할 때, 그 무효원인은 가급적 엄격하게 해석하여야 하고, 따라서 법령이나 정관의 중대한 위반 또는 현저한 불공정이 있어 그것이 주식회사의 본질이나 회사법의 기본원칙에 반하거나 기존 주주들의 이익과 회사의 경영권 내지 지배권에 중대한 영향을 미치는 경우로서 전환사채와 관련된 거래의 안전, 주주 기타 이해관계인의 이익 등을 전부 고려하더라도 도저히 묵과할 수 없는 정도라고 평가되는 경우에 한하여 전환사채의 발행 또는 그 전환권 행사에 의한 주식의 발행을 무효로 할 수 있을 것이며, 그 무효원인을 원심이 판시하는 바와 같이 회사의 경영권분쟁이 현재 계속 중이거나 임박해 있는 등 오직 지배권의 변경을 초래하거나 이를 저지할 목적으로 전환사채를 발행하였음이 객관적으로 명백한 경우에 한정할 것은 아니다. 그리고 전환사채발행무효의 소에 있어서의 무효원인을 위와 같이 엄격하게 해석하여야 하는 이상, 단지 전환사채의 인수인이 회사의 지배주주와 특별한 관계에 있는 자라거나 그 전환가액이 발행시점의 주가 등에 비추어 다소 낮은 가격이라는 것과 같은 사유는 일반적으로 전환사채발행유지청구의 원인이 될 수 있음은 별론으로 하고 이미 발행된 전환사채 또는 그 전환권의 행사로 발행된 주식을 무효화할 만한 원인이 되지는 못한다 할 것이다[대판 2004. 6. 25, 2000 다 37326(공보 2004, 1207)].

동지: 대판 2004. 8. 16, 2003 다 9636(공보 2004, 1522)(상법은 제516조 1항에서 신주발행의 유지청구권에 관한 제424조 및 불공정한 가액으로 주식을 인수한 자의 책임에 관한 제424조의 2 등을 전환사채의 발행의 경우에 준용한다고 규정하면서도, 신주발행무효의 소에 관한 제429조의 준용여부에 대해서는 아무런 규정을 두고 있지 않으나, 전환사채는 전환권의 행사에 의하여 장차 주식으로 전환될 수 있는 권리가 부여된 사채로서, 이러한 전환사채의 발행은 주식

회사의 물적 기초와 기존 주주들의 이해관계에 영향을 미친다는 점에서 사실상 신주를 발행하는 것과 유사하므로, 전환사채 발행의 경우에도 신주발행무효의 소에 관한 상법 제429조가 유추적용된다. 따라서 전환사채 발행의 경우에도 신주발행무효의 소에 관한 상법 제429조가 유추적용되므로 전환사채발행무효 확인의 소에 있어서도 상법 제429조 소정의 6월의 제소기간의 제한이 적용된다 할 것이나, 이와 달리 전환사채 발행의 실체가 없음에도 전환사채발행의 등기가 되어 있는 외관이 존재하는 경우 이를 제거하기 위한 전환사채발행부존재 확인의 소에 있어서는 상법 제429조 소정의 6월의 제소기간의 제한이 적용되지 아니한다); 서울고결 1997. 5. 13, 97 라 36(하집 1997-1, 48)(전환사채의 발행에 무효사유가 있는 경우 그 무효를 인정하여야 하고, 그 방법은 신주발행무효의 소에 관한 상법 제429조를 유추적용할 수 있다. 전환사채의 발행이 경영권 분쟁 상황하에서 열세에 처한 구지배세력이 지분 비율을 역전시켜 경영권을 방어하기 위하여 이사회를 장악하고 있음을 기화로 기존 주주를 완전히 배제한 채 제 3 자인 우호세력에게 집중적으로 '신주'를 배정하기 위한 하나의 방편으로 채택된 것이라면, 이는 전환사채제도를 남용하여 전환사채라는 형식으로 사실상 신주를 발행한 것으로 보아야 하며, 그렇다면 그러한 전환사채의 발행은 주주의 신주인수권을 실질적으로 침해한 위법이 있어 신주발행을 그와 같은 방식으로 행한 경우와 마찬가지로 무효로 보아야 하고, 뿐만 아니라 그 전환사채 발행의 주된 목적이 경영권 분쟁 상황하에서 우호적인 제 3 자에게 신주를 배정하여 경영권을 방어하기 위한 것인 점, 경영권을 다투는 상대방인 감사에게는 이사회 참석 기회도 주지 않는 등 철저히 비밀리에 발행함으로써 발행유지가처분 등 사전 구제수단을 사용할 수 없도록 한 점, 발행된 전환사채의 물량은 지배구조를 역전시키기에 충분한 것이었고, 전환기간에도 제한을 두지 않아 발행 즉시 주식으로 전환될 수 있도록 하였으며, 결과적으로 인수인들의 지분이 경영권 방어에 결정적인 역할을 한 점 등에 비추어, 그 전환사채의 발행은 현저하게 불공정한 방법에 의한 발행으로서 이 점에서도 무효라고 보아야 한다)[이 판결에 찬성하는 견해로는 최준선, "경영권 방어를 목적으로 하는 전환사채 발행의 효력,"「고시계」, 제554호(2003. 4), 36면이 있고, 반대하는 견해로는 전삼현, 전게 고시계(2003. 4), 44~49면이 있다].

(3) 전환의 절차

1) 전환청구기간 전환사채권자가 전환을 청구하는 경우에는 전환기간 중 청구서 2통에 채권(債券)을 첨부하여 회사에 제출하여야 하는데(상 515조 1항 본문), 이 청구서에는 전환하고자 하는 사채와 청구의 연월일을 기재하고 기명날인 또는

서명을 하여야 한다(상 515조 2항).

전환사채를 전자등록기관의 전자등록부에 등록하여 발행한 경우에는 그 채권을 증명할 수 있는 자료를 첨부하여 회사에 제출함으로써 전환을 청구한다(상 515조 1항 단서). 이는 2011년 4월 개정상법이 채권(債券)을 발행하는 대신 정관에서 정하는 바에 따라 전자등록기관의 전자등록부에 채권(債權)을 등록할 수 있는 채권등록제도를 도입함에 따라(상 478조 3항), 신설된 내용이다.

전환기간중 주주명부폐쇄기간이 포함된 경우에는 이 폐쇄기간중에도 전환청구를 할 수 있는데, 다만 이 기간중에 전환된 전환사채의 주주는 그 기간중의 주주총회의 결의에 관하여는 의결권을 행사할 수 없다(상 516조 2항, 350조 2항).[1)]

2) 발행가액 상법이 전환사채의 발행가액총액을 전환에 의하여 발행하는 주식의 발행가액총액으로 하고 있으므로(상 516조 2항, 348조), 전환사채권자의 전환청구가 있으면 회사는 사채의 발행가액총액과 동액의 주식을 발행하여(즉, 발행하는 주식의 발행가액총액과 일치시켜) 전환가액(시가전환방식 또는 액면전환방식 등)으로 나눈 수의 주식을 전환사채권자에게 주어야 한다. 상법 제348조에서 말하는 발행가액이라는 것은 발행가액의 총액을 의미하는 것이므로, 동조는 양자의 발행가액의 총액이 일치하여야 한다는 것을 의미한다. 예컨대, 전환사채의 발행가액총액이 500억원인 경우 1주의 액면가액이 5,000원이고 전환가액을 10,000원으로 하였다면, 전환조건을 전환가액으로 정한 경우 시가전환방식이면 500만주의 주식으로 전환되고, 액면전환방식이면 1,000만주의 주식으로 전환된다.

이와 같이 전환으로 인하여 발행되는 주식의 발행가액총액을 전환사채의 발행가액총액과 일치시키는 이유는, 주식의 액면미달발행의 제한(상 330조, 417조)과 함께 전환조건을 제한하여 이사회가 자금조달에 급급하여 무모한 조건으로 전환사채를 발행하는 것을 방지함으로써 회사의 자본금 충실을 기하고자 하는 것이다.[2)] 시가전환방식인 경우 주식의 액면상당액은 자본금이 되고, 액면초과액은 자본준비금으로 적립되어야 한다(상 459조 1항).

---

1) 1995년 개정상법 이전에는 전환주식의 전환청구를 주주명부폐쇄기간중에는 하지 못하도록 규정하였으나(상 349조 3항), 1995년 개정상법은 이 규정을 삭제하여 주주명부폐쇄기간중에도 전환을 청구할 수 있도록 하고 다만 이 기간중에 전환된 주식의 주주는 그 기간중의 주주총회의 결의에 관하여는 의결권을 행사할 수 없도록 개정하였다(상 350조 2항). 이에 따라 전환사채의 경우에도 동일하게 개정한 것이다.

2) 동지: 이(철), (회) 311면(전환주식에 관하여).

또한 회사가 전환사채 발행 후 전환가액 이하로 신주를 발행하거나 또는 준비금의 자본전입 등에 의한 신주의 무상교부에 의하여 주식의 가치를 희석시키면 전환사채권자의 보호에 문제가 있다.

(4) 전환의 효력

1) 전환의 효력발생시기 전환청구권(Umtauschrecht)은 형성권이므로, 전환은 전환사채권자가 「전환을 청구한 때」에 그 효력이 발생하여(상 516조 2항, 350조 1항) 이 때 전환사채권자는 사채권자로서의 지위를 상실하고 전환에 의하여 발행되는 신주의 주주가 된다.

전환사채를 목적으로 하는 질권에는 전환으로 인하여 발행된 신주에 물상대위가 인정된다(상 516조 2항, 339조).

2) 신주의 발행 전환사채의 전환에 의하여 신주가 발행되므로, 회사는 전환기간중 전환에 의하여 발행될 주식의 수(종류주식이 발행된 경우에는 정관에서 정한 종류주식의 수)를 미발행주식수 중에 유보하여야 하는데(상 516조 1항, 346조 4항), 전환이 있으면 유보되었던 미발행주식수는 그만큼 감소한다. 따라서 회사의 경우에는 전환청구를 받으면 그 청구받은 전환사채의 금액만큼 사채가 감소하고, (액면전환방식인 경우) 이에 상당하는 자본금이 증가한다.

3) 전환의 등기 전환사채의 전환이 있으면 등기사항(상 514조의 2 2항 1호, 317조 2항 2호·3호 등)이 변경되므로 이에 관한 변경등기를 하여야 하는데, 이러한 변경등기는 「전환을 청구한 날이 속하는 달의 말일로부터 2주간 내」에 본점소재지에서 이를 하여야 한다(상 516조 2항, 351조).[1)]

2. 신주인수권부사채

(1) 개 념

1) 의 의 신주인수권부사채(bonds with stock purchase warrants[2)];

---

1) 이는 1995년 개정상법에 의하여 전환주식의 전환의 등기기간이 개정됨에 따라(상 351조) 이와 동일하게 개정한 것이다. 전환주식의 등기기간에 대하여 1995년 개정상법 이전에는 「전환한 날로부터 본점소재지에서는 2주간 내, 지점소재지에서는 3주간 내」에 이를 하도록 되어 있었는데(상 351조), 이와 같이 각 주주가 청구한 날을 기준으로 개별적으로 등기하도록 하면 너무나 번거롭고 또 등기에 따른 회사의 부담을 덜어주기 위하여 1995년 개정상법은 위와 같이 개정한 것이다[동지: 해설(1995), 109면].

2) 워런트(warrant)에 관한 상세는 김종선 "워런트(warrant) 제도에 관한 법적 연구," 법학박사 학위논문(고려대 대학원, 2013. 2) 참조.

Wandelschuldverschreibungen mit Bezugsrecht auf Aktien, Aktienbezugsobligation)란 「사채권자(또는 신주인수권증권의 정당한 소지인)에게 기채회사(起債會社)에 대한 신주인수권이 부여된 사채」를 말한다. 여기에서의 「신주인수권」이란 '발행된 신주에 대하여 다른 사람보다 우선적으로 배정받을 수 있는 권리'(상 418조 1항)를 의미하는 것이 아니라, '기채회사(起債會社)에 대하여 신주발행을 청구하고 이에 따라 기채회사(起債會社)가 신주를 발행하면 그 신주에 대하여 당연히 주주가 되는 권리'를 의미한다.[1] 따라서 신주인수권부사채는 「신주발행청구권부사채」라고도 볼 수 있다.[2] 신주인수권부사채에서 사채권자(또는 신주인수권증권의 정당한 소지인)가 신주인수권을 행사하면 기채회사(起債會社)는 당연히 신주를 발행하여야 할 의무를 부담하므로, 이러한 신주인수권은 전환사채에서의 전환권과 같이 형성권이다.

「신주인수권부사채」는 1984년 개정상법에 의하여 비로소 도입된 것인데, 그 이유는 다음과 같다. (i) 1984년 개정 전의 상법에서도 정관에 의하여 제 3 자에게 신주인수권을 부여할 수 있었으므로 신주인수권부사채의 발행이 가능하기는 하였으나, 회사의 자금조달의 대량화를 기하기 위하여는 그 내용을 정형화·일반화할 필요가 있었고, (ii) 또 발행회사의 입장에서 보아도 신주인수권부사채를 발행하는 것이 회사의 자금조달면에서(대용납입〈代用納入〉이 인정되지 않는 경우) 전환사채제도보다 훨씬 더 유리하기 때문이다.[3]

2) 종 류

(가) 신주인수권부사채에는 분리형과 비분리형이 있다. 분리형 신주인수권부사채는 사채권을 표창하는 유가증권인 「채권(債券)」과 신주인수권을 표창하는 유가증권인 「신주인수권증권」을 별도로 발행하는 형태이고, 비분리형 신주인수권부사채는 사채권과 신주인수권을 동일한 유가증권인 「채권(債券)」에 표창하여 발행하는 형태이다. 따라서 분리형 신주인수권부사채의 경우에는 사채권과 분리하여 신주인수권을 양도할 수 있으나, 비분리형 신주인수권부사채의 경우에는 사채권과 분리하여 신주인수권을 양도할 수 없다. 우리 상법상 두 종류의 신주인수권부사채를 다 발행할 수 있으나, 분리형의 경우에는 이사회에서

1) 동지: 최완진, "특수사채에 관한 법적 연구," 법학박사학위논문(고려대, 1987. 12), 11면 주 11.
2) 손주찬, "신주인수권부사채," 「고시계」, 1983. 2, 78면.
3) 동지: 해설(1984), 114면.

이에 관한 별도의 결의를 하여야 하므로(상 516조의 2 2항 4호) 비분리형 신주인수권부사채의 발행을 원칙으로 하고 있다고 볼 수 있다.

㈏ 사채권자가 신주인수권을 행사한 경우에 이에 기하여 발행되는 신주의 발행가액의 납입방법에 따라 대용납입(代用納入)이 인정되는 것과, 대용납입이 인정되지 않는 것이 있다. 대용납입이 인정되는 경우는 신주인수권을 행사하려는 자의 청구가 있는 때에 한하여 신주인수권부사채의 상환에 갈음하여 그 발행가액으로 신주의 납입을 의제하는 것이고(상 516조의 2 2항 5호), 대용납입이 인정되지 않는 것은 신주인수권을 행사한 자가 이에 기하여 발행되는 신주의 발행가액의 전액을 현실로 납입하여야 하는 것이다(상 516조의 8 1항). 우리 상법은 대용납입을 인정하지 않는 것을 원칙으로 하고 있다.

3) 경제적 기능[1)]

㈎ 기채회사(起債會社)의 입장에서 보면 회사의 자금조달을 보다 원활히 하는 기능을 갖고 있다. 즉, 회사가 신주인수권부사채를 발행하는 경우에는 신주인수권이라는 매력의 대가로 저리의 사채를 모집할 수 있고, 또 전환사채의 경우와는 달리 (원칙적으로 대용납입이 인정되지 않으므로) 신주인수권의 행사에 따라 추가자금을 납입받게 되어 그만큼 회사의 실질적인 자금조달을 기할 수 있다.

㈏ 사채권자의 입장에서 보면 신주인수권의 행사에 의하여 사채권자의 지위와 주주의 지위를 동시에 향유할 수 있는 점에서 투자의 매력을 갖게 된다(특히 비분리형으로서 대용납입이 인정되지 않는 경우). 또한 분리형의 신주인수권부사채의 경우에는 신주인수권이 사채권으로부터 분리·독립되어 유통될 수 있으므로, 이 때에는 전환사채에서의 전환권보다 시장성이 높게 되어 투자효율이 높게 되고, 또 사채가 상환되어도 신주인수권 부분은 그 가치에 있어 아무런 변화가 없으므로 사채권자(투자가)에게는 그 투기성을 지속할 수 있는 큰 매력이 있다. 또한 신주인수권부사채에서는 사채권자가 신주인수권을 행사하더라도 (원칙적으로 대용납입이 인정되지 않으므로) 사채는 소멸되지 않으므로, 사채권자는 사채의 안전적 성질과 주식의 투기적 성질을 가장 효율적으로 이용할 수 있다.

1) 이에 관한 상세는 최완진, 전게논문, 14~18면 참조.

4) 전환사채와의 차이점

(가) 경제적 기능 전환사채의 경우에는 회사에 있어서 현실적인 자금조달의 기능이 없으나, 신주인수권부사채의 경우에는 (원칙적으로 대용납입이 인정되지 않으므로) 신주인수권의 행사에 의하여 발행되는 신주의 발행가액은 전액이 납입되어야 하므로(상 516조의 9) 자금조달의 기능이 있다. 그러나 신주인수권부사채의 경우에도 예외적으로 대용납입이 인정되는 경우에는(상 516조의 2 2항 5호) 전환사채의 경우와 유사해진다.

(나) 증권 및 양도 전환사채의 경우에는 기채회사(起債會社)는 채권(債券)만 발행하면 되나(언제나 단일증권)(상 478조 1항), 분리형 신주인수권부사채의 경우에는 기채회사는 채권(債券)과 함께 신주인수권증권을 발행하여야 한다(복수증권)(상 516조의 5 1항). 따라서 전환사채의 경우는 사채와 분리하여 전환권만을 양도하는 것은 있을 수 없으나, 분리형 신주인수권부사채의 경우에는 사채와 분리하여 신주인수권만을 양도할 수 있는데 이 때에 신주인수권의 양도는 신주인수권증권의 교부에 의해서만 가능하다(상 516조의 6 1항). 그러나 비분리형 신주인수권부사채의 경우에는 전환사채의 경우와 유사하다(상 478조 1항).

(다) 행사방법 전환사채의 경우는 채권(債券)을 발행하고 전자등록을 하지 않으면 사채권자가 전환청구기간 내에 전환청구서에 채권(債券)을 첨부하여 회사에 제출함으로써 전환권을 행사하나(상 515조, 516조 2항, 349조 3항, 354조 1항), 신주인수권부사채의 경우는 채권(債券) 및 신주인수권증권을 발행하고 전자등록을 하지 않으면 사채권자(비분리형인 경우) 또는 신주인수권증권의 정당한 소지인(분리형인 경우)이 신주발행청구서에 채권(債券)(비분리형인 경우)의 제시 또는 신주인수권증권(분리형인 경우)을 첨부하여 회사에 제출함으로써 신주인수권을 행사한다(상 516조의 9 1항·2항). 또한 신주인수권부사채의 경우는 (원칙적으로 대용납입이 인정되지 않으므로) 전환사채와는 달리 신주의 발행가액을 별도로 납입해야 하므로(상 516조의 9 1항), 시간의 경과로 인하여 주식화되는 경향이 없다. 또한 대용납입을 인정하는 경우에도 신주인수권의 행사기간이 없으므로, 시간의 경과로 주식화되는 경향이 없다.

(라) 신주의 발행가액의 제한 전환사채의 경우는 전환으로 인하여 발행되는 신주의 발행가액총액은 전환사채의 발행가액총액과 같아야 하지만(상 516조 2항, 348조), 신주인수권부사채의 경우는 신주인수권의 행사로 인하여 발행되는 신주의 발

행가액총액은 신주인수권부사채의 금액(발행가액총액)을 초과하지 않는 범위 내에서 자유로이 조정될 수 있다(상 516조의 2 3항).

(마) 신주의 효력발생시기 전환사채의 경우는 전환권이 형성권이므로 전환권의 행사에 의하여 발행되는 신주의 효력발생시기는 원칙적으로 사채권자가 「전환을 청구한 때」이다(상 516조 2항, 350조). 그러나 신주인수권부사채에서 신주인수권의 행사로 인하여 발행되는 신주의 효력발생시기는 원칙적으로 대용납입이 인정되지 않으므로 「신주의 발행가액의 전액을 납입한 때」이나, 예외적으로 대용납입이 인정되는 경우에는 「신주발행의 청구서를 제출한 때」이다[1] (따라서 대용납입이 인정되는 경우는 전환사채의 경우와 유사하다).

(바) 사채의 존속유무 전환사채의 경우는 전환권을 행사하면 사채가 소멸하여 주식으로 변경되지만, 신주인수권부사채의 경우는 신주인수권의 행사로 인하여 발행되는 신주는 원칙적으로 (대용납입이 인정되지 않으므로) 발행가액의 전액이 납입되어야 하므로(상 516조의 9 1항) 사채는 소멸되지 않고 사채와 주식이 병존하게 된다. 다만 신주인수권부사채의 경우에도 예외적으로 대용납입이 인정되는 경우에는 사채의 상환금으로 신주의 주금을 납입한 것으로 보기 때문에(상 516조의 2 2항 5호), 사채는 소멸하고 주식만이 있게 되어 전환사채의 경우와 유사하게 된다.

(사) 질권의 물상대위 전환사채의 경우는 전환사채를 목적으로 한 질권자는 전환으로 인하여 받을 주식에 대하여 물상대위권을 행사할 수 있으나(상 516조 2항, 339조), 신주인수권부사채의 경우는 신주인수권부사채를 목적으로 한 질권자는 신주인수권의 행사로 인하여 받을 주식에 대하여 원칙적으로 (대용납입이 인정되지 않으므로) 물상대위권을 행사할 수 없다. 그러나 신주인수권부사채의 경우에도 예외적으로 대용납입이 인정되는 경우에는 사채 자체가 소멸하므로 새로이 발행되는 주식에 대하여 물상대위권을 행사할 수 있다고 본다.[2]

(2) 발 행

신주인수권부사채의 발행도 전환사채의 경우와 같이 주주배정에 의하여

---

1) 해설(1984), 119면.

그러나 이(범), (예해) 662면은 「대용납입의 청구서를 제출한 때」라고 한다. 실제로 신주발행의 청구서와 대용납입의 청구서는 동시에 제출될 것이므로 양자는 같은 의미라고 보나, 엄격히는 「대용납입의 의사와 함께 신주발행의 청구서를 제출한 때」라고 보아야 할 것이다.

2) 동지: 이(범), (예해) 662면.

발행하는 경우와 주주 외의 자에 대하여 발행하는 경우가 있으므로, 이하에서는 이를 나누어서 살펴본다.

1) 주주배정에 의하여 신주인수권부사채를 발행하는 경우

(가) 발행사항의 결정 신주인수권부사채의 발행사항(상 516조의 2 2항 1호~5호 및 7호까지 규정된 사항)[1]에 관하여 정관에 규정이 없는 것은 원칙적으로 이사회(자본금 총액이 10억원 미만으로서 이사가 1명 또는 2명인 소규모 주식회사의 경우에는 이사회가 없으므로, 정관의 규정 유무에 불구하고 언제나 주주총회 — 상 383조 1항 단서, 4항)가 결정하는데, 예외적으로 정관으로 주주총회에서 이를 결정하기로 정한 경우에는 주주총회의 결의에 의한다(상 516조의 2 2항). 회사가 이와 같이 신주인수권부사채(분리형이든 비분리형이든)를 발행하여 주주에게 배정하는 경우에는 주주의 이익을 해하지 않으므로, 회사는 주주총회의 결의를 받을 필요없이 이사회의 결의만으로 발행할 수 있도록 한 것이다.

신주인수권부사채의 발행사항에 대하여 이와 같이 이사회가 결정하여야 하는 구체적인 내용은 전환사채의 경우와 유사하므로 그 설명을 생략한다.

(나) 발행절차 신주인수권부사채도 사채이므로 원칙적으로 일반사채의 발행절차에 의하나, 예외적으로 일반사채의 발행절차와는 다른 특칙이 규정되어 있는데 이는 다음과 같다.

① 신주인수권부사채 발행의 공시 사채청약서 및 사채원부에는 신주인수권부사채라는 뜻, 각 신주인수권부사채에 부여된 신주인수권의 내용, 신주인수권을 행사할 수 있는 기간, 신주인수권만을 양도할 수 있는 것에 관한 사항, 대용납입(代用納入)에 관한 사항, 신주인수권의 행사에 의하여 신주의 납입을 맡을 은행 기타 금융기관과 납입장소 및 주식의 양도에 관하여 이사회의 승인을 얻도록 정한 때에는 그 규정[2]을 기재하여야 한다(상 516조의 4 본문). 비분리형 신주인수권부사채의 경우에는 채권(債券)에 위의 내용을 기재하여야 하나, 분리형 신주인수권부사채의 경우에는 신주인수권증권에 위의 내용이 기재되므로(상 516조의 5 2항) 채권(債券)에는 위의 내용이 기재될 필요가 없다(상 516조의 4 단서).

② 배정방법 주주는 이사회의 결의(정관으로 주주총회에서 이를 결정하도록 정한 경우에는 주주총회의 결의)에 의하여 비로소 신주인수권부사채의 인수

1) 1995년 개정상법에 의하여 제516조의 2 2항 6호(이익이나 이자의 배당에 관하여는 제516조의 8 1항의 규정에 의한 납입을 한 때가 속하는 영업연도 말에 신주의 발행이 있는 것으로 본다는 뜻)가 삭제되었다.

2) 이는 1995년 개정상법에 의하여 정관의 규정으로 주식양도를 제한할 수 있음에 따라(상 335조 1항 단서), 이러한 경우에 회사는 이의 내용을 신주인수권부 사채청약서·채권(債券) 등에 기재하여 공시하도록 한 것이다[동지: 해설(1995), 186면].

권을 부여받는데(상 516조의 2 2항 7호), 이 때에 주주는 그가 가진 주식의 수에 따라 신주인수권부사채의 배정을 받을 권리를 갖는다(상 516조의 11, 513조의 2 1항 본문). 다만 신주인수권부사채의 금액 중 최저액에 미달하는 단수(端數)에 대하여는 그러하지 아니하다(상 516조의 11, 513조의 2 1항 단서).

회사는 일정한 날(배정일)을 정하여 그 날에 주주명부에 기재된 주주가 신주인수권부사채의 인수권을 가진다는 뜻과 신주인수권을 양도할 수 있을 경우에는 그 뜻을, 그 날의 2주 전에 공고하여야 한다(상 516조의 11, 513조의 2 2항, 418조 3항).

③ 실권예고부(失權豫告附) 청약최고　　회사는 기명주주에 대하여는 신주인수권을 가지는 신주인수권부사채의 액·발행가액·신주인수권의 내용·신주인수권을 행사할 수 있는 기간과 일정한 기일(청약기일)까지 신주인수권부사채의 청약을 하지 아니하면 그 권리를 잃는다는 뜻 등을 통지하여야 한다(실권예고부 청약최고)(상 516조의 3 1항). 회사는 위의 내용을 청약기일의 2주 전에 통지하여야 하는데(상 516조의 3 2항, 419조 2항), 이러한 통지에도 불구하고 주주가 청약기일에 청약을 하지 않을 경우에는 실권한다(상 516조의 3 2항, 419조 3항).

④ 신주인수권부사채의 등기　　회사가 신주인수권부사채를 발행한 경우에는 보통의 일반사채의 경우와는 달리 이에 관한 일정한 사항을 등기하여야 한다(상 516조의 8).

2) 주주 외의 자에 대하여 신주인수권부사채를 발행하는 경우

㈎ 발행사항의 결정　　주주 외의 자에 대하여 신주인수권부사채를 발행하는 경우(제 3 자 배정 및 모집)에는, 주주의 이익을 보호하기 위하여 위의 절차(주주배정의 경우의 절차) 외에 일정한 사항에 관하여 주주총회의 특별결의를 받아야 한다. 즉, 그 발행할 수 있는 신주인수권부사채의 액, 신주인수권의 내용과 신주인수권을 행사할 수 있는 기간에 관하여 정관에 규정이 없으면 주주총회의 특별결의로써 이를 정하여야 한다[1](상 516조의 2 4항 1문). 그런데 이 경우에는 신기술의 도입·재무구조의 개선 등 회사의 경영상 목적을 달성하기 위하여 필요한 경우에 한한다(상 516조의 2 4항 2문, 418조 2항).[2] 이 때에 주주총회소집의 통지와 공고에는 신주

1) 이와 같이 우리 상법은 주주 외의 자에게 신주인수권부사채를 발행하는 경우에는 언제나 주주총회의 특별결의를 받도록 규정하고 있는데, 학설 중에는 입법론으로 주주 외의 자에게 특히 유리한 내용의 신주인수권을 붙인 신주인수권부사채를 발행하는 경우에만 주주총회의 특별결의를 받도록 하는 것이 타당하다고 하는 견해가 있다[정(희), 614면; 정(동), (회) 571면 주 2].

2) 이는 주주의 신주인수권 제한(상 418조 2항) 및 주주 외의 자에 대하여 전환사채를 발행하는 경우(상 513조 3항 2문)와 같이, 제 3 자에 대한 기채회사(起債會社) 신주인수권의 부여가 남용

인수권부사채의 발행에 관한 의안의 요령을 기재하여야 한다(상 516조의 2 5항, 513조 4항, 363조).

회사가 이러한 주주총회의 특별결의 없이 주주 외의 자에 대하여 발행한 신주인수권부사채는 법률에 의하여 주주총회의 (특별)결의를 요하는 경우에 그러한 결의 없이 한 대표이사 또는 대표집행임원의 대표행위(위법한 대표행위)에 해당하므로 무효라고 본다.

(나) 발행절차 이에 대하여 상법은 특별히 규정하고 있지 않다. 따라서 일반사채의 발행에 관한 규정과 주주 외의 자에 대한 전환사채의 발행에 관한 규정을 유추적용하여 발행할 수 있다고 본다. 주주배정에 의한 신주인수권부사채의 발행절차와 비교하여 보면, 인수권자가 주주인 경우에 적용되는 절차는 필요 없다(즉, 위 1) (나)에서 ②·③은 주주 외의 자에 대하여 신주인수권부사채를 발행하는 경우에는 적용되지 않고, ①·④의 절차는 공통적으로 적용된다). 주주 외의 자에 대하여 신주인수권부사채를 발행하는 경우에는 제 3 자배정에 의한 경우와 모집에 의한 경우가 있는데, 제 3 자배정의 경우에는 주주배정에 의한 발행절차와 유사하나 모집(모집에는 그 범위에 따라 연고모집과 공모가 있다)의 경우에는 일반사채의 모집에 의한 발행절차에 의한다.

3) 불공정한 발행에 대한 조치

(가) 회사가 법령 또는 정관에 위반하거나 현저하게 불공정한 방법에 의하여 신주인수권부사채를 발행함으로써 주주가 불이익을 받을 염려가 있는 경우에는, 주주는 회사에 대하여 그 발행을 유지(留止)할 것을 청구할 수 있다(상 516조의 11, 516조 1항, 424조). 주주는 이러한 발행 유지청구를 소(訴)의 방법으로도 할 수 있고, 소 이외의 방법(의사표시)으로도 할 수 있다.

(나) 이사와 통모하여 현저하게 불공정한 발행가액으로 신주인수권부사채를 인수한 자가 있는 경우에는 그는 회사에 대하여 공정한 발행가액과의 차액에 상당한 금액을 지급할 의무를 부담하고(상 516조의 11, 516조 1항, 424조의 2 1항), 주주는 이에 관하여 대표소송을 제기할 수 있다(상 516조의 11, 516조 1항, 424조의 2 2항). 이러한 통모인수인의 책임은 주주 외의 자에 대하여 신주인수권부사채가 발행되는 경우에 거의 대부분 적용될 것이다(이에 관하여는 보통의 신주발행시 통모인수인의 책임에 관한 설명 참조).

(다) 그러나 신주발행의 경우와는 달리 발행무효의 소의 제도는 인정되지

되는 것을 방지하기 위하여 2001년 개정상법에 의하여 신설된 것인데, 회사의 자금조달의 편의성에서 보거나 제한의 실효성에서 볼 때 문제가 있다고 본다[이에 관한 상세는 정찬형, 전게 상사법연구(제20권 1호), 128면 참조].

않는다.

그런데 우리 대법원판례는 다음과 같이 이에 신주발행무효의 소에 관한 상법 제429조를 유추적용하고 있다.

[신주인수권부사채의 발행에 상법 제429조(신주발행무효의 소)를 유추적용하면서 무효원인이 아니라고 본 판례]

상법 제418조 제 1 항, 제 2 항은 회사가 신주를 발행하는 경우 원칙적으로 기존 주주에게 배정하고 정관에 정한 경우에만 제 3 자에게 신주배정을 할 수 있게 하면서 사유도 신기술의 도입이나 재무구조의 개선 등 경영상 목적을 달성하기 위하여 필요한 경우에 한정함으로써 기존 주주의 신주인수권을 보호하고 있다. 따라서 회사가 위와 같은 사유가 없음에도 경영권 분쟁이 현실화된 상황에서 경영진의 경영권이나 지배권 방어라는 목적을 달성하기 위하여 제 3 자에게 신주를 배정하는 것은 상법 제418조 제 2 항을 위반하여 주주의 신주인수권을 침해하는 것이다. 그리고 이러한 법리는 신주인수권부사채를 제 3 자에게 발행하는 경우에도 마찬가지로 적용된다(상법 제516조의 2 제 4 항 후문, 제418조 제 2 항 단서). 또한 신주 발행을 사후에 무효로 하는 것은 거래의 안전을 해할 우려가 크기 때문에 신주발행무효의 소에서 무효원인은 엄격하게 해석하여야 하나, 신주 발행에 법령이나 정관을 위반한 위법이 있고 그것이 주식회사의 본질 또는 회사법의 기본원칙에 반하거나 기존 주주들의 이익과 회사의 경영권 내지 지배권에 중대한 영향을 미치는 경우에는 원칙적으로 신주의 발행은 무효이다. 신주인수권부사채는 미리 확정된 가액으로 일정한 수의 신주 인수를 청구할 수 있는 신주인수권이 부여된 사채로서 신주인수권부사채 발행의 경우에도 주식회사의 물적 기초와 기존 주주들의 이해관계에 영향을 미친다는 점에서 사실상 신주를 발행하는 것과 유사하므로, 신주발행무효의 소에 관한 상법 제429조가 유추적용되고, 신주발행의 무효원인에 관한 법리 또한 마찬가지로 적용된다. 그런데 이 사건 신주인수권부사채는 피고의 정관에서 정한 긴급한 자금조달의 필요성이 있어 그러한 자금조달을 위하여 발행된 것이므로 신주인수권부사채의 발행의 무효원인이 아니다[대판 2015. 12. 10, 2015 다 202919(공보 2016, 120)]

[이 판결에 반대하는 취지의 평석으로는 정찬형, "신주인수권부사채 발행의 무효— 대법원 2015. 12. 10. 선고 2015다202919 판결," 「법조(별책 최신판례분석 제 2 호)」(법조협회), 통권 제719호(2016. 10), 697~719면; 김태진, "신주인수권부사채 발행의 무효— 대법원 2015. 12. 10, 2015다202919 판결의 평석을 겸하여 —," 「기업법연구」(한국기업법학회), 제32권 제 3 호(2018. 9), 99~147면].

(3) 양 도

1) 비분리형인 경우 비분리형 신주인수권부사채의 경우에는 채권(債

券)이 채권(債權) 및 신주인수권을 표창하고 있으므로, 채권(債券)의 양도에 의하여 두 권리가 동시에 양수인에게 이전한다. 채권(債券)의 양도방법은 기명채권(債券)과 무기명채권(債券)에 따라 상이한데, 이에 관하여는 이미 앞에서 설명하였다.

2) 분리형인 경우

㈎ 분리형 신주인수권부사채의 경우에는 채권(債券) 외에 신주인수권을 표창하는 신주인수권증권이 별도로 발행되므로, 두 증권을 분리하여 양도할 수 있다. 회사는 이사회의 결의에 의하여 「신주인수권만을 양도할 수 있는 것에 관한 사항」을 결정하면(상 516조의 2 2항 4호) 채권(債券)과 함께 신주인수권증권을 발행하여야 하는데(상 516조의 5 1항), 이러한 신주인수권증권에는 일정한 사항[1]과 번호를 기재하고 (대표)이사 또는 (대표)집행임원[2]이 기명날인 또는 서명하여야 한다(상 516조의 5 2항). 이와 같이 신주인수권증권이 발행되면 신주인수권은 신주인수권증권의 양도방법에 의하여 양도되는데, 신주인수권증권의 양도방법은 양도인의 의사표시와 동 증권의 교부이다(상 516조의 6 1항).

회사는 신주인수권증권을 발행하는 대신 정관에서 정하는 바에 따라 전자등록기관의 전자등록부에 신주인수권을 등록할 수 있는데, 이 경우에는 주권의 전자등록과 같다(상 516조의 7). 이는 주식의 전자등록 등과 같이 2011년 4월 개정상법에 의하여 신설된 것이다.

주권상장법인은 분리형 신주인수권부사채를 발행할 수 없다(자금 165조의 10 2항). 그동안 분리형 신주인수권부사채는 일부 한계기업의 편법적 지분확보나 대주주 등에게 저가매각 등을 통한 경영권 보호수단으로 악용되어 이의 발행을 자본시장과 금융투자업에 관한 법률에서 금지하게 된 것이다.[3]

㈏ 신주인수권증권은 보통의 신주발행시에 주주의 신주인수권의 양도의 편의를 위하여 발행되는 신주인수권증서와 다음과 같은 공통점과 차이점이 있다.

---

1) 신주인수권증권의 기재사항에는 1995년 개정상법에 의하여 정관의 규정으로 주식양도를 제한할 수 있음에 따라(상 335조 1항 단서), 이러한 경우에 회사는 이의 내용을 신주인수권증권의 소지인에게도 공시할 필요가 있으므로 신주인수권증권의 기재사항에 「정관에 의하여 주식의 양도에 관하여 이사회의 승인을 얻도록 정한 때에는 그 규정」(상 516조의 5 2항 5호)을 기재하도록 추가하였다.

2) 집행임원 설치회사의 경우에는 (대표)이사에 갈음하여 (대표)집행임원일 것이다. 2011년 4월 개정상법이 '집행임원'을 추가하지 않은 것은 명백한 입법의 미비라고 본다.

3) 유춘화, "자본시장법 개정에 즈음하여," 「예탁결제」(한국예탁결제원), 제87호(2013년 3분기), 56면.

① 공 통 점 (i) 신주인수권증서나 신주인수권증권은 모두 신주인수권을 표창하는 유가증권이다.[1] (ii) 신주인수권증서나 신주인수권증권의 점유자는 모두 적법한 소지인으로 추정된다(상 420조의 3 2항, 516조의 6 2항, 336조 2항). 또한 이로 인하여 선의취득이 인정되고 있다(상 420조의 3 2항·516조의 6 2항, 수 21조). (iii) 신주인수권증서나 신주인수권증권은 모두 증서 또는 증권의 교부에 의하여 신주인수권이 양도된다(상 420조의 3 1항, 516조의 6 1항).

② 차 이 점 (i) 신주인수권증서나 신주인수권증권은 모두 그 기재사항이 법정되어 있으나, 그 기재사항의 내용에는 차이가 있다(상 420조의 2 2항, 516조의 5 2항). (ii) 신주인수권증서는 이사회결의 등으로 주주의 청구가 있는 때에만 이를 발행한다는 것과 그 청구기간을 정한 경우에는 그 청구기간 내에 이를 청구한 주주에게만 그 청구기간 내에 발행되고, 이와 같은 사항의 정함이 없는 경우에는 신주의 청약기일의 2주간 전에 모든 주주에게 발행되지만(상 416조 6호, 420조의 2 1항), 신주인수권증권은 신주인수권부사채를 분리형으로 발행하는 경우에 언제나 모든 사채권자에게 의무적으로 발행되어야 한다(상 516조의 5 1항). (iii) 신주인수권증서는 그 이용기간이 단기간(약 2주간)이므로(상 420조의 2 1항, 420조의 4 1항 참조) 그 상실의 경우에 제권판결에 의한 재발행이 인정되지 않고 간편한 구제조치(주식청약서에 의한 주식청약이 가능)가 인정되지만(상 420조의 4 2항), 신주인수권증권은 그 존속기간이 장기에 걸치므로 그 상실의 경우에 제권판결에 의한 재발행이 인정된다(상 516조의 6 2항, 360조). (iv) 신주인수권증서가 발행된 경우에는 신주인수권증서 자체에 의하여 주식의 청약을 하여야 하나(상 420조의 4 1항), 신주인수권증권이 발행된 경우에는 신주인수권의 행사는 신주발행청구서에 의하여 하고 신주인수권증권은 단순히 이에 첨부될 뿐이다(상 516조의 9 2항).

(4) 행 사

1) 행사방법

(가) 신주인수권부사채에서 신주인수권을 행사하려는 자는 청구서 2통을 회사에 제출하여야 하는데(상 516조의 9 1항 전단), 이 청구서에는 인수할 주식의 종류 및 수와 주소를 기재하고 기명날인 또는 서명하여야 한다(상 516조의 9 4항, 302조 1항). 이 때 신주인수

1) 그러나 각각의 신주인수권의 내용은 상이하다. 즉, 신주인수권증서에서의 신주인수권은 신주가 이미 발행된 경우에 주주(및 동 증서의 양수인)가 이러한 신주를 우선하여 배정받을 권리이고(상 418조 1항), 신주인수권증권에서의 신주인수권이란 분리형 신주인수권부사채에서 사채권자(및 동 증권의 양수인)가 신주발행을 청구할 수 있는 권리(및 이렇게 발행된 신주를 전부 동 증권상의 권리자가 배정받을 권리)를 의미한다.

권부사채가 분리형인 경우(즉, 신주인수권증권이 발행된 경우)에는 신주인수권증권을 첨부하고, 비분리형인 경우에는 채권(債券)을 제시하여야 한다(상 516조의 9 2항 본문).

그러나 채권(債券)이나 신주인수권을 발행하는 대신 전자등록기관의 전자등록부에 전자등록한 경우에는 그 채권(債權)이나 신주인수권을 증명할 수 있는 자료를 첨부하여 회사에 제출함으로써 신주인수권을 행사한다(상 516조의 9 2항 단서). 이는 2011년 4월 개정상법이 채권(債權)이나 신주인수권의 전자등록을 인정함에 따라 신설된 내용이다.

(나) 신주인수권의 행사는 그 행사기간중에 하여야 한다. 그 행사기간중에 주주명부폐쇄기간이 포함된 경우에는 이 폐쇄기간중에도 신주인수권을 행사할 수 있는데, 다만 이 주주명부폐쇄기간중에 신주인수권을 행사한 경우 그 주주는 그 기간중의 주주총회의 결의에 관하여는 의결권을 행사할 수 없다(상 516조의 10 2문, 350조 2항).[1]

(다) 회사는 신주인수권의 행사기간 동안은 신주인수권의 행사로 인하여 발행될 주식수를 수권주식총수 중 미발행주식수에 유보하여야 한다(상 516조의 11, 516조 1항, 346조 4항).

2) 발행가액의 제한

(가) 신주인수권의 행사로 인하여 발행할 주식의 발행가액총액은 각 신주인수권부사채의 금액(발행가액총액)을 초과할 수 없다(상 516조의 2 3항). 이러한 제한을 둔 이유는 사채액에 비하여 과대한 신주인수권을 부여하는 것을 방지함으로써 주주의 이익을 보호하기 위한 것이다.[2] 전환사채의 경우는 사채발행액만큼 신주가 발행되므로(상 516조 2항, 348조) 전환되는 주식의 수가 적을수록 전환가액이 높아져야 하나, 신주인수권부사채의 경우에는 신주의 발행가액총액을 각 신주인수권부사채의 금액범위 내에서 자유로이 조절할 수 있으므로 신주의 발행가액총액과 발행주식수 및 주식시가를 균형 있게 맞출 수 있다.[3]

신주인수권의 행사로 인하여 발행할 주식의 발행가액총액에 대한 위의 제한은 (i) 신주인수권부사채의 발행시에만 적용된다는 견해(발행시설)[4]와, (ii) 신주인수권의 행사시에도 적용된다는 견해(행사시설)[5]로 나뉘어 있다. 생각건대

---

1) 이는 전환주식의 경우와 같이 1995년 개정상법에 의하여 개정된 것이다.

2) 동지: 정(동), (회) 571면; 이(철), (회) 1080~1081면(소액의 사채에 다량의 신주인수권을 주는 것은 실질적으로 신주인수권만을 부여하는 것과 같으므로 이를 방지하기 위한 것이라고 한다); 채, 744면.

3) 동지: 최완진, 전게논문, 17면.

4) 이(철), (회) 1081면; 채, 745면; 최완진, 전게논문, 86면.

5) 정(동), (회) 571면; 안동섭, "신주인수권부사채," 법률신문, 제1574호(1985. 1. 28), 9면.

행사시설에 의하면 분리형 신주인수권부사채에 있어서 사채와 신주인수권이 별도로 유통되는 경우에 양자의 관계를 현실적으로 파악하는 것이 불가능하고 또한 사채가 전액 상환되더라도 신주인수권을 행사할 수 있도록 하는 것이 타당하므로 발행시설에 찬성한다.[1]

(나) 신주인수권만의 양도가 가능한 분리형 신주인수권부사채를 발행한 회사가 발행조건으로 주식의 시가하락시 신주인수권의 행사가액을 하향조정하는 조항(리픽싱〈refixing〉 조항)을 둔 경우, 신주인수권자가 주식의 시가하락에 따른 신주인수권 행사가액의 조정을 거절하는 발행회사를 상대로 신주인수권 행사가액 조정절차의 이행을 구하는 소를 제기할 수 있는데, 이러한 이행의 소는 신주인수권의 행사 여부와 관계 없이 허용된다.[2]

3) 납 입

(가) 신주인수권을 행사한 자는 원칙적으로 신주의 발행가액의 전액을 납입하여야 한다(대용납입이 인정되지 않음)(상 516조의 9 1항 후단). 이 때의 납입은 채권(債券) 또는 신주인수권증권에 기재된 납입장소인 은행 기타 금융기관의 납입장소에서 하여야 하는데(상 516조의 9 3항), 이러한 납입금보관은행의 변경 및 증명과 책임에 관하여는 회사설립(모집설립)의 경우와 같다(상 516조의 9 4항, 306조, 318조).

(나) 신주인수권을 행사하려는 자의 청구가 있는 때에는 예외적으로 신주인수권부사채의 상환에 갈음하여 신주인수권의 행사에 의한 신주의 발행가액의

1) 동지: 최완진, 전게논문, 86면; 이(철), (회) 1081면.

2) 대판 2014. 9. 4, 2013 다 40858(공보 2014, 2002)(신주인수권만의 양도가 가능한 분리형 신주인수권부사채를 발행한 발행회사가 신주인수권의 발행조건으로 주식의 시가하락시 신주인수권의 행사가액을 하향조정하는 이른바 '리픽싱〈refixing〉 조항'을 둔 경우, 주식의 시가하락에 따른 신주인수권 행사가액의 조정사유가 발생하였음에도 발행회사가 그 조정을 거절하고 있다면, 신주인수권자는 발행회사를 상대로 조정사유 발생시점을 기준으로 신주인수권 행사가액 조정절차의 이행을 구하는 소를 제기할 수 있고, 신주인수권자가 소송과정에서 리픽싱 조항에 따른 새로운 조정사유의 발생으로 다시 조정될 신주인수권 행사가액의 적용을 받겠다는 분명한 의사표시를 하는 등의 특별한 사정이 없는 한 위와 같은 이행의 소에 대하여 과거의 법률관계라는 이유로 권리보호의 이익을 부정할 수는 없다. 그리고 위와 같은 발행조건의 리픽싱 조항에서 신주인수권의 행사를 예정하고 있지 아니하고 신주인수권자가 소로써 신주인수권 행사가액의 조정을 적극적으로 요구하는 경우와 발행회사가 자발적으로 행사가액을 조정하는 경우를 달리 볼 이유가 없는 점, 주식의 시가하락이 있는 경우 리픽싱 조항에 따른 신주인수권 행사가액의 조정이 선행되어야만 신주인수권자로서는 신주인수권의 행사 또는 양도 등 자신의 권리행사 여부를 결정할 수 있는 점, 반면 위와 같은 이행의 소에 신주인수권의 행사가 전제되어야 한다면 이는 본래 신주인수권의 행사기간 내에서 신주인수권의 행사 여부를 자유로이 결정할 수 있는 신주인수권자에 대하여 신주인수권의 행사를 강요하는 결과가 되어 불합리한 점 등을 종합하면, 신주인수권 행사가액 조정절차의 이행을 구하는 소는 신주인수권의 행사 여부와 관계없이 허용된다고 보아야 한다).

납입이 있는 것으로 본다(대용납입이 인정됨)(상 516조의 2 2항 5호).

이러한 대용납입의 법적 성질에 관하여는 (i) 신주인수권의 행사를 조건으로 하는 사채의 기한 전 상환에 의한 상환청구권과 납입의무와의 상계(相計)로 보는 상계설(다수설)[1]과, (ii) 사채와 주식은 전혀 그 성질을 달리한다는 점에서 대물변제로 보는 대물변제설(소수설)[2]이 있다. 생각건대 대용납입은 실질적으로는 상계이므로, 상계설에 찬성한다. 이러한 상계설에서는 대용납입은 주식인수인의 회사의 동의 없는 납입상계금지원칙(상 421조 2항)에 대한 중대한 예외라고 볼 수 있다.[3]

4) 신주의 효력발생시기

(가) 신주인수권의 행사로 인하여 발행되는 신주의 효력발생시기는 원칙적으로 대용납입이 인정되지 않으므로, 신주인수권을 행사한 자가 「신주의 발행가액의 전액을 납입한 때」이다(상 516조의 10 1문).

(나) 대용납입이 인정되는 경우에는 예외적으로 현실적인 주금납입이 없으므로, 신주인수권을 행사하는 자가 회사에 (신주인수권증권을 첨부하거나 채권〈債券〉을 제시하여) 「신주발행의 청구서를 제출한 때」에(상 516조의 9 1항·2항 참조) 신주발행의 효력이 발생한다.[4]

5) 변경등기 신주인수권을 행사하면 등기사항인 신주인수권부사채의 총액(상 516조의 8 1항 5호, 516조의 2 2항 1호)이 감소하는 경우가 있고(대용납입이 있는 경우), 또한 발행주식총수와 자본금의 액(상 317조 2항 2호·3호)이 증가하므로, 이에 관한 변경등기를 하여야 한다. 이 변경등기는 위와 같은 「신주의 효력발생시기가 속하는 달의 말일로부터 2주간 내」에 본점소재지에서 이를 하여야 한다(상 516조의 11, 351조).[5]

3. 이익참가부사채

(1) 개 념

2011년 4월 개정상법은 사채발행근거를 탄력적·무제한적 규정으로 해석·

1) 이(철), (회) 1080면(상법 421조 2항을 신주인수권부사채에 대한 신주발행에도 유추적용해야 한다고 한다); 양·박, 447면; 최(기), (회) 810면; 해설(1984), 118면.
2) 정(희), 617면; 정(동), (회) 575면.
3) 동지: 양·박, 447면; 해설 118면.
4) 동지: 해설(1984), 119면.
5) 이는 1995년 개정상법에 의하여 전환주식의 전환의 등기기간이 개정됨에 따라(상 351조) 이와 동일하게 개정한 것이다.

운용할 수 있도록 하기 위하여 특수사채에 기존의 전환사채·신주인수권부사채 외에 이익참가부사채·교환사채·상환사채 및 파생결합사채를 추가하여 규정하고 있다(상 469조 2항).[1)]

1) 의 의 이익참가부사채(participating bonds; Gewinnschuldverschreibung; obligations participants)란 「사채권자에게 사채의 이율에 의한 확정이자를 지급하는 외에, 배당가능이익이 있는 경우에는 발행회사의 이익배당에도 참가할 수 있는 권리를 부여한 사채」를 말한다[2)](상 469조 2항 1호·3항, 상시 21조 1항 본문).

2) 법적 성질 이익참가부사채는 전환사채와 신주인수권부사채와 같이 주식과 사채의 중간형태로서, 회사의 자금조달의 편의를 위하여 인정된 제도이다. 그런데 이익참가부사채는 사채의 내용이 소정이자 이외에 이익배당에도 참가할 수 있으므로, 처음부터 주식으로서의 성질을 갖고 있는 점에서 전환사채나 신주인수권부사채가 장래 주식으로 변할 가능성을 가지고 있는 사채인 점과 구별되고 있다.[3)]

(2) 발 행

1) 발행사항의 결정 이익참가부사채도 전환사채나 신주인수권부사채와 같이 「주주배정에 의하여 발행하는 경우」와 「주주 외의 자에 대하여 발행

---

1) 해설(2012), 357면.

이익참가부사채는 미국·독일(獨株 221조)·프랑스 등에서 인정된 제도를 과거에 증권거래법(2009. 2. 4.부터는 자본시장과 금융투자업에 관한 법률)에 의하여 도입한 것이고, 교환사채는 프랑스에서 인정된 제도를 과거에 증권거래법(2009. 2. 4.부터는 자본시장과 금융투자업에 관한 법률)에 의하여 도입한 것이다(증거 191조의 4).

우리나라에서의 이익참가부사채는 후술하는 교환사채와 같이 당초에는 1987년에 개정된 자본시장육성에 관한 법률 및 동법시행령에 의하여 도입되었다. 그런데 1996년 12월에 증권거래법을 대폭 개정하면서 자본시장육성에 관한 법률을 폐지하고 동 법률에서 존치가 필요한 사항만을 증권거래법에 이관하였다. 따라서 이익참가부사채 및 교환사채를 발행할 수 있는 근거조항이 자본시장육성에 관한 법률 제 9 조에서 증권거래법 제191조의 4 로 이관되었고, 이익참가부사채의 발행절차에 관하여는 동법시행령 제84조의 12에서 규정하였고 교환사채의 발행절차에 관하여는 동법시행령 제84조의 13에서 각각 규정하였다.

그런데 2009년 2월 4일 자본시장과 금융투자업에 관한 법률이 시행됨과 동시에 증권거래법이 폐지되면서 증권거래법상 이익참가부사채 및 교환사채를 발행할 수 있는 근거조항이 자본시장과 금융투자업에 관한 법률 제165조의 11로 이관되고, 이익참가부사채의 발행절차에 관하여는 동법시행령 제176조의 12에서 규정하고 교환사채의 발행절차에 관하여는 동법시행령 제176조의 13에서 각각 규정하였다.

2011년 4월 개정상법에 의하여 이익참가부사채는 상법과 상법시행령에서 규정하게 되었다(상 469조 2항 1호·3항, 상시 21조).

2) 이러한 이익참가부사채의 발행의 적법성에 관하여는 안동섭, "이익참가부사채와 교환사채," 「고시계」, 1992. 11, 123~125면 참조.

3) 동지: 정(희), 618면; 정(동), (회) 578면.

하는 경우」(제 3 자 배정 및 모집)로 나누어진다.

(가) 주주배정에 의하여 발행하는 경우　　주주배정에 의하여 이익참가부사채를 발행하는 경우에는 다음의 사항으로서 정관에 규정이 없는 것은「이사회」가 이를 결정한다. 그러나 정관으로 주주총회에서 이를 결정하도록 정한 경우에는 그러하지 아니하다[1](상 469조 3항, 상시 21조 1항).

① 이익참가부사채의 총액

② 이익배당참가의 조건 및 내용(예컨대, 배당률, 배당액의 최대 또는 최소, 배당순서 등)

③ 주주에게 이익참가부사채의 인수권을 준다는 뜻과 인수권의 목적인 이익참가부사채의 금액

(나) 주주 외의 자에 대하여 발행하는 경우　　주주 외의 자에 대하여 이익참가부사채를 발행하는 경우에는 (i) 주주 외의 자에 대하여 발행할 수 있는 이익참가부사채의 가액과, (ii) 이익배당참가의 내용에 관하여, 정관에 규정이 없으면「주주총회의 특별결의」가 있어야 한다(상 469조 3항, 상시 21조 2항). 이 때에는 주주 외의 자에게 이익참가부사채를 발행한다는 내용의 의안의 요령을 주주총회의 소집에 관한 통지와 공고에 적어야 한다(상 469조 3항, 상시 21조 3항).

2) 발행절차

(가) 이익참가부사채의 발행의 공시　　사채청약서 · 채권(債券)과 사채원부에 (i) 이익참가부사채의 총액, (ii) 이익배당 참가의 조건 및 내용, (iii) 주주에게 이익참가부사채의 인수권을 준다는 뜻과 인수권의 목적인 이익참가부사채의 금액을 기재하여 공시하여야 한다(상 469조 3항, 상시 25조 1호).

(나) 이익참가부사채의 배정

① 주주배정에 의하여 이익참가부사채를 발행하는 경우

(a) 배정방법　　이익참가부사채의 인수권을 가진 주주는 그가 가진 주식의 수에 따라 이익참가부사채의 배정을 받을 권리가 있다. 그러나 각 이익참가부사채의 금액 중 최저액에 미달하는 끝수에 대하여는 그러하지 아니하다(상 469조 3항, 상시 21조 4항). 회사는 일정한 날을 정하여 그 날에 주주명부에 기재된 주주가 이

---

1) 독일 주식법 제221조는 주주총회의 결의(결의시에 출석한 주식의 4분의 3 이상의 다수결)에 의해서만 발행할 수 있고〔유럽회사법 제60조 (a)항도 동일함〕, 종류주식이 발행된 경우에는 종류주주총회의 결의도 요하는 것으로 규정하여, 이익참가부사채의 발행에 신중을 기하도록 하고 있다.

익참가부사채의 인수권이 있다는 뜻을 그 날의 2주간 전에 공고하여야 한다. 다만 그 날이 주주명부 폐쇄기간중일 때에는 그 기간의 초일의 2주일 전에 이를 공고하여야 한다(상 469조 3항, 상시 21조 5항).

(b) 실권예고부 청약최고　　주주가 이익참가부사채의 인수권을 가진 경우에는 회사는 각 주주에 대하여 인수권을 가진 이익참가부사채의 액, 발행가액, 이익참가의 조건과 일정한 기일까지 이익참가부사채의 청약을 하지 아니하면 그 권리를 잃는다는 뜻을 통지하여야 한다(상 469조 3항, 상시 21조 6항). 회사가 무기명식의 주권을 발행한 때에는 위 사항을 공고하여야 한다(상 469조 3항, 상시 21조 7항). 이 통지나 공고는 청약기일의 2주일 전에 하여야 한다(상 469조 3항, 상시 21조 8항). 이익참가부사채의 인수권을 가진 주주가 위의 통지·공고에도 불구하고 청약기일까지 이익참가부사채의 인수의 청약을 하지 아니하면 그 인수권을 잃는다(상 469조 3항, 상시 21조 9항).

② 주주 외의 자에 대하여 이익참가부사채를 발행하는 경우　　주주 외의 자에 대하여 이익참가부사채를 발행하는 경우에는(이에는 모집발행과 제 3 자배정에 의한 발행이 있다) 앞에서 본 바와 같이 주주총회의 특별결의가 있어야 하는데, 모집발행의 경우에는 일반사채와 동일한 방법의 모집절차를 밟아 이익참가부사채를 배정하고, 제 3 자배정의 경우는 제 3 자에게 소정의 이익참가부사채를 배정한다.

(다) 등　기　　회사가 이익참가부사채를 발행하였을 때에는 사채의 납입이 완료된 날부터 2주일 내에 본점소재지에서, 이익참가부사채의 총액·각 이익참가부사채의 금액·각 이익참가부사채의 납입금액·이익배당에 참가할 수 있다는 뜻과 이익배당참가의 조건 및 내용을 등기하여야 한다(상 469조 3항, 상시 21조 10항). 이에 관한 변경등기는 본점소재지에서 2주일 내(지점소재지에서는 3주일 내)에 하여야 하고(상 469조 3항, 상시 21조 11항), 등기할 사항이 외국에서 생긴 때에는 이 등기기간은 그 통지가 도달한 날부터 기산한다(상 469조 3항, 상시 21조 12항).

(3) 이익배당참가의 내용

이익참가부사채권자는 사채계약에서 정한 비율에 따라 이자를 받을 뿐만 아니라, 회사의 이익배당에도 참가하여 그 배당을 받을 수 있다. 이익배당참가의 내용에 대하여는 상법 및 상법시행령에서 특별히 규정하고 있지 않으므로, 주주배정의 경우에는 원칙적으로 이사회에서 자유롭게 결정되나(상 469조 3항, 상시 21조 1항 참조), 주주 외의 자에 대하여 발행하는 경우에는 정관에서 정함이 없으면 주주총회의 특별결의에 의하여 결정된다고 본다(상 469조 3항, 상시 21조 2항 참조). 그러나 성질상 주식배당에는 참가할 수 없다고 본다.[1)]

4. 교환사채

(1) 개 념

1) 의 의 교환사채(exchangeable bonds; obligation échangeables contre des action)란 「사채권자에게 당해 발행회사가 소유하고 있는 주식이나 그 밖의 다른 증권과의 교환을 청구할 수 있는 권리가 부여된 사채」를 말한다(상 469조 2항 2호·3항, 상시 22조 1항 본문).[2)]

2) 전환사채와의 이동(異同)[3)]

(가) 같은 점 교환사채는 발행회사 주식(발행회사가 소유하고 있는 주식이나 그 밖의 다른 유가증권)으로의 교환청구권이 부여된 점, 이사회의 결의에 의하여 발행되는 점(상 469조 3항, 상시 22조 1항), 교환사채의 발행에 관하여는 이에 관한 일정한 사항을 사채청약서·채권(債券) 및 사채원부에 기재하여 공시하도록 한 점(상 469조 3항, 상시 25조 2호) 등은 전환사채의 경우(상 513조 2항, 514조 2)와 유사하다.

(나) 다른 점

① 주주 외의 자에게 발행회사의 자기주식으로 교환할 수 있는 사채를 발행하는 경우에 사채를 발행할 상대방에 관하여 정관에 규정이 없으면 이사회의 결의만 있으면 되나(상 469조 3항, 상시 22조 2항), 전환사채를 주주 외의 자에게 발행하는 경우에는 정관에 규정이 없으면 주주총회의 특별결의가 있어야 한다(상 513조 3항).

② 교환사채는 회사가 이미 소유하고 있는 기존주권을 교환사채와 교환하여 교부하는데, 전환사채는 전환에 의하여 회사가 신주를 발행하여 교부한다.

③ 교환사채를 발행한 회사는 교환에 필요한 주식 또는 유가증권을 사채권자의 교환청구가 있는 때 또는 그 사채의 교환청구기간이 끝나는 때까지 한

---

1) 동지: 정(동), (회) 579면; 이(기) 외, (회) 495면.

2) 교환사채는 1966년의 프랑스 상사회사법 제200조~제208조가 최초로 규정하였는데(2001년 프랑스 상법 228-91조~228-106조), 우리나라의 경우 당초에는 1987년에 개정된 자본시장육성에 관한 법률 제 9 조 및 동 시행령 제 9 조와 제10조에 의하여 법제화되었고, 그 후에는 증권거래법 제191조의 4 및 동 시행령 제84조의 13에서 규정하였으며, 그 후에는 자본시장과 금융투자업에 관한 법률 제165조의 11 및 동 시행령 제176조의 13에서 규정하였는데, 현재는 상법 제469조 2항 2호·3항 및 동 시행령 제22조에서 규정하고 있다.

3) 이에 관하여는 정(희), 621~622면 참조.

국예탁결제원에 예탁하거나 전자등록법에 의한 전자등록기관에 전자등록을 하여야 하는데(상 469조 3항, 상시 22조 3항), 전환사채는 이러한 제한이 없고 전환에 의하여 회사가 신주를 발행하면 된다.

④ 교환사채가 교환할 수 있는 증권은 발행회사가 소유하고 있는 주식이나 그 밖의 다른 유가증권이면 무방하나(즉, 발행회사의 자기주식을 포함함), 전환사채는 전환으로 인하여 기채회사가 자기의 신주를 발행하여 교부하여야 한다.

(2) 발 행

1) 발행사항의 결정

(가) 주식회사는 이사회의 결의에 의하여 교환사채를 발행할 수 있다(상 469조 3항, 상시 22조 1항). 이 점은 일반사채의 경우(상 469조 1항)와 같다. 그러나 교환사채는 상법이 인정하는 전환사채(상 513조 3항)·신주인수권부사채(상 516조의 2 4항)의 경우와는 달리 주주배정에 의한 발행이나 주주 외의 자에 대한 발행이 구별되지 않고 원칙적으로 이사회의 결의에 의하는데, 다만 주주 외의 자에게 발행회사의 자기주식으로 교환할 수 있는 사채를 발행하는 경우에 사채를 발행할 상대방에 관하여 정관에 규정이 없으면 이사회가 이를 결정한다(상시 22조 2항).[1)]

(나) 이사회에서 교환사채의 발행에 관하여 결의할 사항은 (i) 교환할 주식이나 유가증권의 종류 및 내용, (ii) 교환의 조건, (iii) 교환을 청구할 수 있는 기간이다(상 469조 3항, 상시 22조 1항).

2) 공 시 사채청약서·채권(債券) 및 사채원부에 위에서 본 이사회의 결의사항의 내용을 기재하여 공시하여야 한다(상 469조 3항, 상시 25조 2호).

3) 발행가액 교환사채의 발행가액에 대하여는 상법 및 상법시행령에 특별한 규정이 없으나, 프랑스법과 같이 교환할 주식의 액면가액 이상이어야 한다고 본다.[2)]

(3) 교환의 절차

1) 교환청구는 교환청구기간 내에 청구서 2통에 사채권(社債券)을 첨부하여 회사에 제출하여야 한다(상 469조 3항, 상시 22조 4항). 교환청구서에는 교환하려는 주식이나 유가증권의 종류 및 내용, 수와 청구연월일을 적고 기명날인 또는 서명하여야

---

1) 주주 외의 자에게 발행회사의 자기주식으로 교환할 수 있는 (교환)사채를 이사회의 결의만으로 발행할 수 있도록 하는 것은 기존주주의 이익보호 및 상법 제418조 2항의 취지에서 문제가 있다고 본다.

2) 동지: 정(희), 623면.

한다(상 469조 3항, 상시 22조 5항). 만일 기채회사(起債會社)가 교환청구기간을 정하지 아니한 경우에는 사채권자는 수시로 교환을 청구할 수 있다고 본다.[1)]

2) 교환사채를 발행하는 주식회사는 교환에 필요한 주식 또는 유가증권을 사채권자가 교환청구를 하는 때 또는 그 사채의 교환청구기간이 끝나는 때까지 한국예탁결제원에 예탁하거나 전자등록법에 의한 전자등록기관에 전자등록을 하여야 하는데, 이 경우 한국예탁결제원 또는 전자등록기관은 그 주식 또는 유가증권을 신탁재산임을 표시하여 관리하여야 한다(상 469조 3항, 상시 22조 3항).

5. 상환사채

(1) 의 의

상환사채란 「기채회사(起債會社)가 사채권자에 대하여 그 소유의 주식이나 그 밖의 다른 유가증권으로 상환할 수 있는 사채」라고 볼 수 있다(상 469조 2항 2호, 상 469조 3항, 상시 23조 1항). 일반사채의 발행회사는 금전으로 사채의 상환을 하는데, 상환사채의 발행회사는 금전이 아니라 '발행회사 소유의 주식이나 그 밖의 유가증권'으로써 상환할 수 있고 또 이러한 상환은 발행회사의 선택 또는 일정한 조건의 성취나 기한의 도래에 따라 하는 점(상 469조 3항, 상시 23조 1항 3호)에 특색이 있다(교환사채는 사채권자가 교환을 청구하는 점과 구별됨).

(2) 발 행

1) 발행사항의 결정 상환사채를 발행하는 경우에는 이사회가 (i) 상환할 주식이나 유가증권의 종류 및 내용, (ii) 상환의 조건, (iii) 회사의 선택 또는 일정한 조건의 성취나 기한의 도래에 따라 주식이나 그 밖의 다른 유가증권으로 상환한다는 뜻을 결정하여야 한다.

주주 외의 자에게 발행회사의 자기주식으로 상환할 수 있는 사채를 발행하는 경우에도 사채를 발행할 상대방에 관하여 원칙적으로 이사회의 결의에 의하는데,[2)] 다만 정관에 규정이 있으면 그에 의한다(상 469조 3항, 상시 23조 2항).

2) 상환사채 발행의 공시 상환사채를 발행하는 경우에는 사채청약서, 채권(債券), 사채원부에 위의 이사회의 결의사항을 기재하여 공시하여야

1) 동지: 정(희), 623면.

2) 주주 외의 자에게 발행회사의 자기주식으로 상환할 수 있는 (상환)사채를 이사회의 결의만으로 발행할 수 있도록 하는 것은, 기존주주의 이익보호 및 상법 제418조 2항의 취지에서 문제가 있다고 본다.

한다(상 469조 3항, 상시 25조 3호).

(3) 상환의 절차

일정한 조건의 성취나 기한의 도래에 따라 상환할 수 있는 경우에는, 상환사채를 발행하는 회사는 조건이 성취되는 때 또는 기한이 도래하는 때까지 상환에 필요한 주식 또는 유가증권을 한국예탁결제원에 예탁하거나 전자등록기관에 전자등록을 하여야 하는데, 이 경우 한국예탁결제원 또는 전자등록기관은 그 주식 또는 유가증권을 신탁재산임을 표시하여 관리하여야 한다(상 469조 3항, 상시 23조 3항).

제 2 특별법상의 특수사채

I. 담보부사채

(1) 의 의

담보부사채(mortgage bond; obligation hypothécaries)란 「사채권을 담보하기 위하여 물상담보가 붙어 있는 사채」를 말한다. 사채발행의 경우에 기채회사(起債會社)가 각 사채권자에 대하여 개별적으로 담보권을 설정하는 것은 실제로 불가능하므로, 신탁의 법리에 의하여 수탁회사를 통하여 집단적 담보권을 설정할 수 있게 하는 담보부사채신탁법이 제정되었는데(1962. 1. 10, 법 991호, 개정: 2021. 4. 20, 법 18120호), 보통 담보부사채라 함은 이 법에 의하여 담보권이 설정된 사채를 말한다.

담보부사채는 물상담보가 붙여진 사채로서, (보통 수탁회사인 금융기관의) 인적 담보가 붙여진 「보증사채」(guaranteed obligations)와 구별된다.

(2) 신탁계약

1) 담보부사채신탁법에 의하면 사채에 대하여 물상담보권을 설정하고자 하는 경우에는 사채발행회사(기채회사)를 위탁회사로 하고, 자본시장과 금융투자업에 관한 법률에 의한 신탁회사 또는 은행법에 의한 은행으로서 금융위원회에 등록한 자를 수탁회사(신탁업자)로 하여(동법 5조), 양자간의 신탁계약에 의하여 사채를 발행하여야 한다(동법 3조). 이 때 수탁회사는 신탁증서에 총사채를 위하여 물상담보권을 취득하는 동시에(동법 60조 1항) 이 담보권을 총사채권자를 위하여 보존하고 또 실행하여야 할 의무를 부담하므로(동법 60조 2항), 사채권자는 수익자로서 그 담보의 이익을 채권액에 비례하여 평등하게 받는다(동법 61조).

2) 담보부사채에 관한 신탁계약은 법정요건을 기재한 신탁증서(trust indenture)에 의하여 체결되는데(동법 12조 이하), 이러한 담보권은 다음과 같은 중요한 특징이 있다. 즉, (i) 신탁계약에 의한 물상담보가 사채(주채무) 성립 이전에도 그 효력이 발생하는 점(동법 62조), (ii) 담보권의 주체(수탁회사)와 채권의 주체(사채권자)가 상이한 점(동법 60조), (iii) 수탁회사가 신탁계약의 당사자가 아닌 사채권자에 대하여 선량한 관리자의 주의로써 신탁사무를 처리하여야 하는 의무를 부담하는 점(동법 59조), (iv) 사채에 붙일 수 있는 물상담보의 종류가 제한되어 있는 점(동법 4조) 등이다.

(3) 물상담보의 종류

신탁계약에 의하여 설정할 수 있는 물상담보의 종류는, (i) 동산질, (ii) 증서 있는 채권질, (iii) 주식질(상법 제542조의 2에 따른 상장회사가 아닌 회사가 발행한 주식을 물상담보의 목적으로 하고자 할 때에는 금융위원회의 인가를 받아야 한다), (iv) 부동산저당이나 그 밖에 법령이 인정하는 각종의 저당(예컨대, 선박저당·공장저당·광업저당·자동차저당·비행기저당 등), (v) 그 밖에 재산적 가치가 있는 것으로서 대통령령으로 정하는 담보권에 한정된다[1](동법 4조). 이러한 담보권은 총사채를 위하여 수탁회사에 귀속된다(동법 60조).

(4) 담보부사채의 발행

1) 기채회사(起債會社)는 동일담보권으로서 담보된 사채의 총액을 수 회로 분할하여 발행할 수 있다. 이 때 발행되는 각 회의 사채는 그 담보권에 대하여 동일순위에 있게 된다(동법 14조, 15조, 17조 2항, 60조). 다만 이 경우에 그 최종회의 발행은 신탁증서 작성일로부터 5년 이내에 하여야 한다(동법 26조). 이것은 신주발행에 있어서 수권자본제도와 유사한 것으로,[2] 미국법상의 개방적 담보제도(open-end mortgage)를 도입한 것이다.[3]

이에 반하여 동일담보권으로서 담보된 사채의 총액을 일시에 발행하도록 하는 제도를 폐쇄적 담보제도(closed-end mortgage)라고 하는데, 사채발행액이 소액인 경우를 제외하고는 거의 이용되지 않는다.[4]

1) 외국에서는 기채회사의 총재산을 일괄하여 담보하는 부동(浮動)담보(floating charge) 내지 기업담보를 인정하고 있다(일본의 담보부사채신탁법 4조 14호 등 참조).
2) 정(동), (회) 563면.
3) 정(희), 604면; 정(동), (회) 563면.
4) 정(동), (회) 563면.

2) 기채회사(起債會社)가 담보부사채를 모집하는 경우에는 사채청약서(상 474조) 대신에 공고(동법 17조)에 의하고 있다.

(5) 수탁회사

1) 수탁회사의 자격은 앞에서 본 바와 같이 자본시장과 금융투자업에 관한 법률에 의한 신탁회사 또는 은행법에 의한 은행으로서(동법 5조 2항), 금융위원회에 등록하여야 한다(동법 5조 1항).

2) 수탁회사는 앞에서 본 바와 같이 물상담보권의 귀속자로서(동법 60조 1항), 총사채권자를 위하여 담보권을 보존·실행하여야 하는 업무(동법 60조 2항) 외에, 다음과 같은 권한을 갖는다. 수탁회사는 위탁회사를 위하여 담보부사채의 모집에 관한 업무를 수행할 수 있고(동법 18조, 19조), 사채권자집회를 소집하고 그 결의를 집행할 수 있으며(동법 41조, 54조 본문), 담보권을 실행·강제집행할 수 있고(동법 71조, 72조), 채권의 변제를 받음에 필요한 모든 업무(동법 73조) 등을 수행할 권한을 갖는다.

(6) 사채권자집회

담보부사채신탁법 제 6 장(41조~58조)은 담보부사채의 사채권자집회에 대하여 상세하게 규정하고 있는데, 일반사채의 사채권자집회(상 490조~512조)와 비교하여 특히 차이가 큰 점은 다음과 같다.

1) **결의사항** 일반사채의 경우는 상법에서 규정하고 있는 사항 및 사채권자의 이해관계가 있는 사항에 관하여 결의할 수 있는데(상 490조), 담보부사채의 경우는 담보부사채신탁법에 규정된 것 외에는 따로 신탁계약에 정한 것에 한하여 결의할 수 있다(담보사 51조).

2) **결의요건** 일반사채의 경우는 원칙적으로 주주총회의 특별결의요건(상 434조)과 같으나(상 495조 1항), 담보부사채의 경우는 원칙적으로 행사된 의결권의 과반수(보통결의)로써 결의한다(담보사 45조 1항 본문).

3) **결의효력** 일반사채의 경우는 원칙적으로 법원의 인가를 받음으로써 그 효력이 생기나(상 498조 1항 본문), 담보부사채의 경우는 법원의 인가를 요하지 않고 결의의 절차 등에 하자가 있는 경우에는 위탁회사·수탁회사 또는 각 사채권자가 그 결의의 무효를 법원에 청구할 수 있다(담보사 50조).

2. 파생결합사채

(1) 총 설

2011년 4월 개정상법은 사채의 발행을 탄력적으로 운용할 수 있도록 하기 위하여, 종래에 특별법에 의하여 발행할 수 있도록 한 이익참가부사채(상 469조 2항 1호)·교환사채 및 상환사채(상 469조 2항 2호)를 상법에 의하여 발행할 수 있도록 한 것뿐만 아니라, 파생결합사채(상 469조 2항 3호)도 발행할 수 있는 근거규정을 두었다. 그런데 파생결합사채는 상법에 그 근거규정이 있다고 하여도 현실적으로는 자본시장과 금융투자업에 관한 법률이 정하는 내용과 절차에 따라 발행되므로, 실제로는 특별법상의 특수사채로 볼 수 있다.

(2) 상법상 파생결합사채

파생결합사채란 「유가증권이나 통화 또는 그 밖에 대통령령으로 정하는 자산이나 지표 등의 변동과 연계하여 미리 정하여진 방법에 따라 상환 또는 지급금액이 결정되는 사채」이다(상 469조 2항 3호, 상시 24조). 이 때 "대통령령으로 정하는 자산이나 지표"란 자본시장과 금융투자업에 관한 법률 제 4 조 10항에 따른 기초자산의 가격·이자율·지표·단위 또는 이를 기초로 하는 지수를 말한다(상 469조 3항, 상시 20조). 상법상 파생결합사채는 자본시장과 금융투자업에 관한 법률상 파생결합증권을 전제로 하여 상법(회사법)상 발행근거를 둔 것으로 두 개념이 유사하기는 하나 완전히 일치한다고 볼 수는 없다.[1] 또한 파생결합사채와 상환사채를 조합한 신종사채도 발행이 가능하다.[2]

주식회사가 파생결합사채를 발행하는 경우에는 이사회가 (i) 상환 또는 지급 금액을 결정하는 데 연계할 유가증권이나 통화 또는 그 밖의 자산이나 지표, (ii) 위 (i)의 자산이나 지표와 연계하여 상환 또는 지급 금액을 결정하는 방법을 결정한다(상 469조 3항, 상시 24조). 또한 사채청약서, 채권(債券) 및 사채원부에는 이러한 이사회의 결의사항을 기재하여 공시하여야 한다(상 469조 3항, 상시 25조 4호).

---

1) 해설(2012), 360면. 이에 관한 상세는 정재은, "파생결합사채의 발행과 관련된 법률문제 연구,"「예탁결제」(한국예탁결제원), 제90호(2014-2분기), 3~38면(특히 11~14면) 참조(워런트증권은 자본시장법상 파생결합증권에 해당하나 상법상 파생결합사채에는 해당하지 않고, 원금보장형 파생결합증권은 상법상 파생결합사채에 해당하나 자본시장법상 채무증권에 해당하는 점에서, 양자의 범위가 일치하지 않는다고 한다).

2) 해설(2012), 360면.

⑶ 자본시장과 금융투자업에 관한 법률상 파생상품

자본시장과 금융투자업에 관한 법률에서는 파생상품을 "(i) 기초자산이나 기초자산의 가격·이자율·지표·단위 또는 이를 기초로 하는 지수 등에 의하여 산출된 금전 등을 장래의 특정 시점에 인도할 것을 약정하는 계약상의 권리, (ii) 당사자 어느 한쪽의 의사표시에 의하여 기초자산이나 기초자산의 가격·이자율·지표·단위 또는 이를 기초로 하는 지수 등에 의하여 산출된 금전 등을 수수하는 거래를 성립시킬 수 있는 권리를 부여하는 것을 약정하는 계약상의 권리, (iii) 장래의 일정기간 동안 미리 정한 가격으로 기초자산이나 기초자산의 가격·이자율·지표·단위 또는 이를 기초로 하는 지수 등에 의하여 산출된 금전 등을 교환할 것을 약정하는 계약상의 권리, 또는 (iv) (i)부터 (iii)까지의 규정에 따른 계약과 유사한 것으로서 대통령령으로 정하는 계약상의 권리"라고 정의하고 있다(다만, 해당 금융투자상품의 유통 가능성, 계약 당사자, 발행 사유 등을 고려하여 증권으로 규제하는 것이 타당한 것으로서 대통령령으로 정하는 금융투자상품은 그러하지 아니하다)(자금 5조 1항). 이러한 파생상품에는 장내파생상품과 장외파생상품이 있는데, 장내파생상품이란 "파생상품시장에서 거래되는 파생상품, 해외 파생상품시장(파생상품시장과 유사한 시장으로서 해외에 있는 시장과 대통령령으로 정하는 해외 파생상품거래가 이루어지는 시장을 말한다)에서 거래되는 파생상품 또는 그 밖에 금융투자상품시장을 개설하여 운영하는 자가 정하는 기준과 방법에 따라 금융투자상품시장에서 거래되는 파생상품"을 말하고(자금 5조 2항), 장외파생상품이란 "파생상품으로서 장내파생상품이 아닌 것"을 말한다(자금 5조 3항).

자본시장과 금융투자업에 관한 법률에서는 파생상품거래에 대하여 많은 규제를 하고 있다.[1]

3. 조건부자본증권

⑴ 총 설

1) 의의 및 종류 조건부자본증권이란 「사채의 발행 당시 객관적이고 합리적인 기준에 따라 미리 정하는 사유가 발생하는 경우 주식으로 전환되거

1) 이에 관한 상세는 박철우, "파생상품거래의 규제에 관한 연구," 법학석사학위논문(고려대, 2010. 8); 동, "파생상품거래와 투자자보호의 법리에 관한 연구," 법학박사학위논문(고려대, 2017. 2); 동, 「파생상품거래와 투자자보호의 법리 — 국내외 법제·판례 및 이슬람 파생상품 분석 —」(서울: 세창출판사, 2017) 참조.

나 그 사채의 상환과 이자지급 의무가 감면된다는 조건이 붙은 사채」를 말한다(자금 165조의 11 1항). 따라서 조건부자본증권에는 주식으로 전환되는 조건이 붙은 사채인 「전환형(출자 전환형) 조건부자본증권」(자금 165조의 11 2항, 자금시 176조의 12)과 사채의 상환과 이자지급의무가 감면된다는 조건이 붙은 사채인 「상각형(채무조정형) 조건부자본증권」(자금 165조의 11 2항, 자금시 176조의 13)이 있다.

2) 도입배경 이러한 조건부자본증권은 기업의 재무건전성 유지와 다양한 자금조달수단을 기업에 제공한다는 차원에서 2013년 5월 28일 개정된 자본시장과 금융투자업에 관한 법률에서 도입되었다(자금 165조의 11, 자금시 176조의 12~176조의 13). 조건부자본증권은 금융안정위원회(FSB)와 바젤금융감독위원회(BCBS)에서 금융회사의 자본규제 강화방안의 일환으로 2010년 12월 바젤Ⅲ에서 그 도입이 논의된 것인데, 바젤Ⅲ는 은행 등 금융기관이 독자생존이 불가능한 상황에서 공적 자금투입 이전에 '자본증권은 이에 상각 또는 보통주로 전환되는 조건이 부가된 경우에만 자기자본으로 인정이 가능하다'고 규정하였다. 따라서 금융기관은 조건부자본증권을 활용하는 경우 외부 제 3 자가 아닌 주주 또는 채권자에 의한 구제금융이 가능하게 된다.[1] 조건부자본증권은 이러한 바젤Ⅲ에 의하여 금융회사의 자본규제 및 강화방안의 일환으로 도입된 점과 우리 은행법에서는 2016년 3월 29일 개정에서(시행: 2016. 8. 1) 비로소 도입된 점(은행 33조~33조의 4, 은행시 19조~19조의 2)에서 볼 때, 우리나라에서 자본시장과 금융투자업에 관한 법률이 아니라 은행법에서 먼저 규정하였어야 한다고 본다.

3) 법적 성질 이러한 조건부자본증권은 상법이 정한 방법과 절차에 의하지 아니한 신주발행 내지는 주식으로의 전환이거나(전환형 조건부자본증권의 경우)[2] 또는 원금상환성이 결여되어(상각형 조건부자본증권의 경우), 상법상 사채라고 볼 수 없다. 자본시장과 금융투자업에 관한 법률에서도 조건부자본증권은 「상법 제469조 2항, 제513조 및 제516조의 2에 따른 사채와 다른 종류의 사채」라고 규정하고 있다(자금 165조의 11 1항 전단).

4) 상법상 다른 특수사채와의 구별 조건부자본증권은 '미리 정한 일정한 사유'에 의하여 주식으로 전환되거나 상환이나 이자지급의무가 감면되는

1) 유춘화, "자본시장법 개정에 즈음하여," 「예탁결제」(한국예탁결제원), 제87호(2013년 3분기), 53~54면. 이에 관한 상세는 양기진, "은행에서의 조건부자본증권 도입에 관한 연구(자본시장법 개정안의 논의를 중심으로)," 「금융법연구」(한국금융법학회), 제 9 권 제 1 호(2012), 257면 이하.

2) 동지: 대판 2007. 2. 22, 2005 다 73020.

점에서, 전환권이 사채권자에 있는 전환사채(상 515조)와 다르고, 교환권이 사채권자에게 있는 교환사채(상 469조 2항 2호, 상시 22조 1항)와 다르며, 또한 상환권이 기채회사에 있는 상환사채(상 469조 2항 2호, 상시 23조 1항)와 구별된다.[1] 또한 사채권자(또는 신주인수권증권의 정당한 소지인)에게 신주인수권이 부여된 신주인수권부사채(상 516조의 9)와도 구별된다. 조건부자본증권에서 '미리 정한 일정한 사유'가 '유가증권이나 통화 또는 그 밖에 대통령령으로 정하는 자산이나 지표 등의 변동'과 연계되어 있으면 조건부자본증권이 파생결합사채에 포함될 수 있는 것으로 볼 수 있는 여지도 있으나,[2] 일반적으로 이와 연계되지 않을 뿐만 아니라 또한 조건부자본증권은 발행회사의 주식으로 전환되거나 사채의 상환과 이자지급의무가 감면되는 것이지 사채의 상환이나 지급금액이 결정된다고 볼 수 없으므로 조건부자본증권은 파생결합사채와 구별되는데, 자본시장과 금융투자업에 관한 법률도 이 점을 분명히 규정하고 있다(자금 165조의 11 1항 전단, 4조 7항 3호).

(2) 전환형 조건부자본증권의 발행 및 주식으로의 전환

1) 전환형 조건부자본증권의 발행

(개) 정관 등의 규정 　전환형 조건부자본증권을 발행하기 위하여는 주권상장법인의 정관에 (i) 전환형 조건부자본증권을 발행할 수 있다는 뜻, (ii) 전환형 조건부자본증권의 총액, (iii) 전환의 조건, (iv) 전환으로 인하여 발행할 주식의 종류와 내용, (v) 주주에게 전환형 조건부자본증권의 인수권을 준다는 뜻과 인수권의 목적인 전환형 조건부자본증권의 액 및 (vi) 주주 외의 자에게 전환형 조건부자본증권을 발행하는 것과 이에 대하여 발행할 전환형 조건부자본증권의 액에 관한 사항이 규정되어야 한다(자금 165조의 11 2항, 자금시 176조의 12 1항).

또한 전환형 조건부자본증권의 사채청약서 및 사채원부에는 (i) 조건부자본증권을 주식으로 전환할 수 있다는 뜻, (ii) 전환사유 및 전환의 조건 및 (iii) 전환으로 인하여 발행할 주식의 종류와 내용을 적어야 한다(자금 165조의 11 2항, 자금시 176조의 12 4항).

(내) 발행방법 　전환형 조건부자본증권은 전자등록의 방법으로 발행하여야 한다(자금 165조의 11 2항, 자금시 176조의 12 3항). 이는 신속한 권리관계의 확정을 위하여 전자등록발행을 의무화한 것이다.

---

1) 이에 관한 상세는 양기진, 전게논문(금융법연구 제 9 권 제 1 호), 264~265면.
2) 양기진, 상게논문, 265~266면(자기자본이익률 또는 자기자본비율의 하락은 기초자산으로서의 성질을 배제할 수 없다. 조건부자본증권은 그 성질상 전환사채적 성격과 파생결합증권적 성격을 일정 부분 갖고 있다고 볼 수 있다).

㈐ 등 기 전환형 조건부자본증권을 발행한 경우에는 상법 제476조에 따른 납입이 완료된 날부터 2주일 이내에 본점소재지에서 (i) 전환형 조건부자본증권의 총액, (ii) 각 전환형 조건부자본증권의 금액, (iii) 각 전환형 조건부자본증권의 납입금액, (iv) 사채청약서 및 사채원부에 전환형 조건부자본증권에 관하여 기재한 사항을 등기하여야 한다(자금 165조의 11 2항, 자금시 176조의 12 6항).

㈑ 신주발행에 관한 규정 등의 준용 전환형 조건부자본증권의 발행에 관하여는 상법 및 자본시장과 금융투자업에 관한 법률상 신주발행 및 전환주식에 관한 규정이 준용된다(자금 165조의 10 1항, 165조의 11 1항, 자금시 176조의 12 7항). 그 밖에 전환형 조건부자본증권의 발행 및 유통 등에 관하여 필요한 세부사항은 금융위원회가 정하여 고시한다(자금 165조의 11 2항, 자금시 176조의 12 8항).

2) 전환형 조건부자본증권에서 주식으로의 전환

㈎ 주식전환사유 전환형 조건부자본증권을 발행하는 경우 그 조건부자본증권의 주식전환사유는 (i) 적정한 방법에 의하여 산출 또는 관찰이 가능한 가격·지표·단위·지수로 표시되는 것이거나 「금융산업의 구조개선에 관한 법률」 제10조 제 1 항에 따른 적기시정조치 등의 사건(이하 "사유 등"이라 함)이어야 하고, (ii) 전환형 조건부자본증권의 발행과 관련하여 이해관계를 가지는 자의 통상적인 노력으로 변동되거나 발생할 가능성이 현저히 낮은 사유 등으로서 금융위원회가 정하여 고시하는 요건에 부합하여야 하며, (iii) 사유 등이 금융위원회가 정하여 고시하는 기준과 방법에 따라 증권시장 등을 통하여 충분히 공시·공표될 수 있어야 한다(자금 165조의 11 2항, 자금시 176조의 12 2항).

㈏ 주식전환 효력발생시기 전환형 조건부자본증권의 주식전환은 전환사유가 발생한 날부터 제 3 영업일이 되는 날에 그 효력이 발생한다(자금 165조의 11 2항, 자금시 176조의 12 5항).

㈐ 전환주식에 관한 규정 등의 준용 전환형 조건부자본증권의 주식으로의 전환에 관하여는 상법의 전환주식에 관한 규정 등을 준용한다(자금 165조의 11 2항, 자금시 176조의 12 7항 후단). 그 밖에 전환사유 발생에 따른 전환형 조건부자본증권의 주식으로의 전환가격 등에 관하여 필요한 세부사항은 금융위원회가 정하여 고시한다(자금 165조의 11 2항, 자금시 176조의 12 8항).

(3) 상각형 조건부자본증권의 발행 및 채무재조정

1) 상각형 조건부자본증권의 발행

㈎ 정관 등의 규정 상각형 조건부자본증권을 발행하기 위하여는 주권

상장법인의 정관에 (i) 상각형 조건부자본증권을 발행할 수 있다는 뜻, (ii) 상각형 조건부자본증권의 총액, (iii) 사채의 상환과 이자지급의무가 감면(이하 "채무재조정"이라 함)되는 조건 및 (iv) 채무재조정으로 인하여 변경될 상각형 조건부자본증권의 내용에 관한 사항이 규정되어야 한다(자금 165조의 11 2항, 자금시 176조의 13 1항).

또한 상각형 조건부자본증권의 사채청약서 및 사채원부에는 (i) 상각형 조건부자본증권에 대한 채무재조정이 발생할 수 있다는 뜻, (ii) 채무재조정 사유 및 채무재조정의 조건 및 (iii) 채무재조정으로 인하여 변경될 상각형 조건부자본증권의 내용을 적어야 한다(자금 165조의 11 2항, 자금시 176조의 13 2항).

(나) 발행방법 상각형 조건부자본증권도 전환형 조건부자본증권과 같이 전자등록의 방법으로 발행하여야 한다(자금 165조의 11 2항, 자금시 176조의 13 4항 후단).

2) 상각형 조건부자본증권의 채무재조정

(가) 채무재조정 사유 전환형 조건부자본증권의 주식전환사유와 같다(자금 165조의 11 2항, 자금시 176조의 13 4항 전단·176조의 12 2항).

(나) 채무재조정 효력발생시기 상각형 조건부자본증권의 채무재조정은 채무재조정 사유가 발생한 날부터 제 3 영업일이 되는 날에 그 효력이 발생한다(자금 165조의 11 2항, 자금시 176조의 13 3항).

4. 전자증권

(1) 총 설

2016년 3월 22일 「주식·사채 등의 전자등록에 관한 법률」(이하 '전자등록법'으로 약칭함)이 제정되고(법률 제14096호) 2019년 6월 25일 「주식·사채 등의 전자등록에 관한 법률 시행령」(이하 '전자등록법시행령'으로 약칭함)이 제정됨(대통령령 제29892호)에 따라 동법은 2019년 9월 16일부터 시행되고 있다. 이로 인하여 상법상의 유가증권뿐만 아니라 자본시장법상 증권에 대하여도 전자등록을 할 수 있게 되었고, 또한 전자등록법은 전자등록기관 등의 지정·감독과 전자등록의 절차·방법·효과 등에 관하여 규정함으로써(상 356조의 2 4항 참조), 동법의 시행에 의하여 주식등을 실제로 전자등록할 수 있게 되었다.[1)]

이와 같이 모든 (유가)증권에 대하여 전자등록을 할 수 있게 함에 따라

1) 이 법률의 내용 소개 및 문제점에 관하여는 정찬형, "전자증권제도 도입에 따른 관련 제도의 정비·개선," 「예탁결제」(한국예탁결제원), 제100호(2017. 3), 7~80면; 맹수석, "전자증권제도의 시행과 법적 쟁점의 검토," 「경영법률」(한국경영법률학회), 제28집 제 4 호(2018. 7), 1~35면 등 참조.

그동안 일부의 (유가)증권에 대하여 (전자)등록을 할 수 있도록 한 특별법인 「공사채등록법」과 「전자단기사채 등의 발행 및 유통에 관한 법률」은 폐지하고(전등 부칙 2조), 또한 이에 관한 많은 경과규정을 두고 있다(전등 부칙 5조~7조, 9조, 11조).

전자등록법은 공포 후 4년을 넘지 아니하는 범위에서 대통령령(전자등록법시행령, 대통령령 제29892호)으로 정하는 날(2019년 9월 16일, 전등시 부칙 1조)부터 시행한다(전등 부칙 1조). 전자등록 주식등에 관하여는 다른 법률에 특별한 규정이 있는 경우를 제외하고는 전자등록법이 적용되므로(전등 3조), 상법 등 다른 법률이 우선 적용된다고 볼 수 있다.

전자등록법은 제1장 총칙, 제2장 제도운영기관(전자등록기관 및 계좌관리기관), 제3장 계좌의 개설 등, 제4장 전자등록, 제5장 전자등록주식등에 대한 권리 행사, 제6장 전자등록의 안전성 확보, 제7장 검사 및 감독, 제8장 단기사채등에 대한 특례, 제9장 보칙, 제10장 벌칙, 부칙으로 구성되어 있다. 이하에서 주요내용을 간단히 소개한다.

(2) 전자등록의 적용대상

자본시장법상 증권에는 채무증권·지분증권·수익증권·투자계약증권·파생결합증권 및 증권예탁증권이 있는데(자금 4조 2항), 전자등록법에서는 투자계약증권을 제외한 증권이 표창하는 권리를 대부분 전자등록의 적용대상으로 명시적으로 열거하여 규정하고 있다. 즉, 전자등록법상 전자등록의 적용대상이 되는 사채·국채·지방채·특수채·이중상환청구권부채권·주택저당증권 또는 학자금대출증권에 표시되어야 할 권리(전등 2조 1. 나.~마., 자., 차.)는 자본시장법상 채무증권에 해당하고, 전자증권법상 주식·신주인수권증서 또는 신주인수권증권에 표시되어야 할 권리 및 자산유동화증권에 표시될 수 있거나 표시되어야 할 권리(전등 2조 1. 가., 바., 카.)는 자본시장법상 지분증권에 해당하며, 전자등록법상 (발행)신탁의 수익권 및 투자신탁의 수익권(전등 2조 1. 사.~아.)은 자본시장법상 수익증권에 해당하고, 전자등록법상 파생결합증권에 표시될 수 있거나 표시되어야 할 권리로서 대통령령으로 정하는 권리(증권 및 장외파생상품에 대한 투자매매업의 인가를 받은 금융투자업자가 발행하는 일정한 파생상품, 신주인수권증서, 신주인수권증권상의 권리 등)(전등 2조 1. 타., 전등시 2조 1항)는 자본시장법상 파생결합증권에 해당하고, 전자등록법상 증권예탁증권에 표시될 수 있거나 표시되어야 할 권리로서 대통령령으로 정하는 권리(증권예탁증권 중 국내에서 발행되는 것에 표시될 수 있거나 표시되어야 할 권리)(전등 2조 1. 파., 전등시 2조 2항)는 자본시장법상 증권예탁증권에 해당한다. 전자등록법은 이 외에 "외국법인 등이 국내에서 발행하는 증권 또는 증서에 표시될 수 있거나 표시되어야 할 권리로서 지분증권·채무증권·수익증권 및 파생결합증권이 표창하는 권리"를 전자등록의 적용대상으로 하고 있다(전등 2조 1. 하.). 또한 전자등록법은 향후 신종 금융상품의 출현 등에 대비하여 대통령령에 의하여 전자등록대상을 열거할 수 있도록(양도성예금증서, 조건부 자본증권상의 권리 등) 위임규정을 두고 있다(전등 2조 1. 거., 전등시 2조 3항).

(3) 제도운영기관

1) 전자등록기관 전자등록업을 하려는 자는 전자등록의 대상이 되는 주식등의 범위를 구성요소로 하여 대통령령으로 정하는 업무 단위(전자등록법시행령 별표 1에 따른 전자등록업 허가업무 단위)(이하 "전자등록업 허가업무 단위"라 함)의 전부 또는 일부를 선택하여 금융위원회 및 법무부장관으로부터 하나의 전자등록업허가를 받아야 한다(전등 5조 1항, 전등시 3조 1항). 전자등록업의 허가를 받으려는 자는 주식회사이어야 하고, 100억원 이상으로서 전자등록업 허가업무 단위별로 대통령령으로 정하는 금액(전자등록법시행령 별표 1에 따른 전자등록업 허가업무 단위별 최저 자기자본 금액) 이상의 자기자본을 갖추어야 하며, 사업계획이 타당하고 건전할 것 등의 요건을 갖추어야 하는데(전등 5조 2항, 전등시 3조 2항·3항), 허가요건에 관한 구체적인 사항은 대통령령으로 정한다(전등 5조 3항, 전등시 3조 3항~8항). 그런데 전자등록법 공포 후 6개월이 경과한 날 당시 예탁결제원은 동법 제 5 조 1항에 따라 전자등록기관의 허가를 받은 것으로 본다(전등 부칙 8조 1항).

전자등록기관은 주식등의 전자등록에 관한 업무, 발행인관리계좌·고객관리계좌 및 계좌관리기관 등 자기계좌의 개설·폐지 및 관리에 관한 업무, 발행인관리계좌부·고객관리계좌부 및 계좌관리기관 등 자기계좌부의 작성 및 관리에 관한 업무, 외국 전자등록기관과의 약정에 따라 설정한 계좌를 통하여 하는 주식등의 전자등록에 관한 업무, 소유자명세(전등 37조)의 작성에 관한 업무, 전자등록주식등에 대한 권리행사의 대행에 관한 업무, 주식등의 전자등록 및 관리를 위한 정보통신망의 운영에 관한 업무, 전자등록주식등의 발행 내용의 공개에 관한 업무 및 그 밖에 금융위원회로부터 승인을 받은 업무를 수행한다(전등 14조 1항).

전자등록기관은 주식등의 전자등록과 전자등록주식등의 관리를 위하여 전자등록업무규정을 제정하여 금융위원회의 승인을 받아야 하는데, 이 경우 금융위원회는 그 승인을 할 때에 미리 법무부장관과 협의하여야 한다(전등 15조 1항).

2) 계좌관리기관 고객(투자자) 소유 주식등의 관리를 담당하는 기관이 계좌관리기관인데, 이러한 계좌관리기관이 될 수 있는 자는 자본시장법상 증권에 관한 투자매매업자 또는 투자중개업자·집합투자재산을 보관·관리하는 신탁업자, 은행법에 따라 인가를 받아 설립된 은행 또는 은행으로 보는 자·은

행법 제5조에서 은행으로 보는 신용사업 부문·농협은행·한국산업은행·중소기업은행, 한국은행, 보험회사, 외국전자등록기관, 명의개서대행회사, 법령에 따른 업무를 하기 위하여 고객계좌를 관리할 필요가 있는 자로서 대통령령으로 정하는 자(한국자산관리공사, 정리금융회사 등) 및 그 밖에 업무의 성격 등을 고려하여 대통령령으로 정하는 자(증권금융회사, 종합금융회사, 여신전문금융회사, 한국수출입은행, 상호저축은행 및 동 중앙회, 수산업협동조합 및 동 중앙회, 수협은행, 농업협동조합 및 동 중앙회, 신용협동조합 및 동 중앙회, 새마을금고 및 동 중앙회, 체신관서, 전자등록기관 등)이다(전등 19조, 전등시 11조).

계좌관리기관은 고객계좌부에 따른 주식등의 전자등록에 관한 업무, 고객계좌의 개설·폐지 및 관리에 관한 업무, 고객계좌부의 작성 및 관리에 관한 업무 및 위의 업무에 부수하는 업무를 수행한다(전등 20조 1항).

(4) 계좌의 개설 등

1) 전자등록기관에 계좌의 개설 주식등을 전자등록의 방법으로 새로 발행하려는 자, 이미 주권(株券)·그 밖에 대통령령으로 정하는 증권 또는 증서(비상장 채권〈債券〉, 비상장 유동화증권 또는 기명식 수익증권)(이하 "주권등"이라 함)가 발행된 주식등의 권리자에게 전자등록의 방법으로 주식등을 보유하게 하거나 취득하게 하려는 자 및 그 밖에 이에 준하는 자로서 대통령령으로 정하는 자(국내에서 주권을 새로 발행하려는 외국법인등, 이미 국내에서 주권을 발행한 자로서 해당 주권의 권리자에게 전자등록의 방법으로 주식을 보유하게 하거나 취득하게 하려는 외국법인등)는 전자등록기관에 「발행인관리계좌」를 개설하여야 한다(전등 21조 1항, 전등시 12조 1항·2항). 발행인관리계좌가 개설된 경우 전자등록기관은 발행인의 명칭 및 사업자등록번호·그 밖에 발행인을 식별할 수 있는 정보로서 대통령령으로 정하는 정보(발행인의 법인등록번호 또는 고유번호, 발행인의 본점과 지점·그 밖의 영업소의 소재지, 발행인의 설립연월일·업종 및 대표자의 성명·그 밖에 이에 준하는 정보), 전자등록주식등의 종류·종목 및 종목별 수량 또는 금액 등을 기록하여 발행인별로 「발행인관리계좌부」를 작성하여야 한다(전등 21조 2항, 전등시 12조 3항·4항).

계좌관리기관은 고객계좌부에 전자등록된 전자등록주식등의 총수량 또는 총금액을 관리하기 위하여 전자등록기관에 「고객관리계좌」를 개설하여야 하고(전등 22조 3항), 전자등록기관은 이에 일정한 사항을 기록하여 계좌관리기관별로 「고객관리계좌부」를 작성하여야 한다(전등 22조 4항).

계좌관리기관, 법률에 따라 설립된 기금, 그 밖에 전자등록기관에 주식등을 전자등록할 필요가 있는 자로서 대통령령이 정하는 자(법률에 따라 설립된 기금을 관리·운용하는 법인 등)(이하 "계좌관리기관등"이라 함)가 전자등록주식등의 권리자가 되려는 경우에는 전자등록기관에 「계좌관리기관등 자기계좌」를 개설할 수 있다(전등 23조 1항, 전등시 16조).

2) 계좌관리기관에 계좌의 개설 전자등록주식등의 권리자가 되려는

자는 계좌관리기관에 「고객계좌」를 개설하여야 한다(간접등록방식)(전등 22조 1항). 고객계좌가 개설된 경우 계좌관리기관은 권리자의 성명 또는 명칭 및 주소, 발행인의 명칭, 전자등록주식등의 종류·종목 및 종목별 수량 또는 금액, 전자등록주식등에 질권이 설정되거나 신탁재산이거나 또는 처분이 제한되는 경우에는 그에 관한 사항 등을 전자등록하여 권리자별로 「고객계좌부」를 작성하여야 한다(전등 22조 2항).

(5) 주식등의 전자등록

1) 전자등록의 유형 및 절차

(가) 신청주의(원칙) 주식등의 전자등록은 발행인이나 권리자의 신청 또는 관공서의 촉탁에 따라 한다(전등 24조 1항 본문). 주식등의 전자등록은 전자등록법에 다른 규정이 없으면 발행인이나 권리자 단독으로 신청하고(전등 24조 2항), 관공서의 촉탁에 따라 전자등록을 하는 경우에 대해서는 신청에 따른 전자등록에 관한 규정을 준용한다(전등 24조 3항).

① 발행인은 전자등록의 방법으로 주식등을 새로 발행하려는 경우 또는 이미 주권등이 발행된 주식등을 권리자에게 보유하게 하거나 취득하게 하려는 경우 전자등록기관에 주식등의 신규 전자등록을 신청할 수 있다(임의전자등록)(전등 25조 1항 본문).

그러나 증권시장에 상장하는 주식등이거나 투자신탁의 수익권 또는 투자회사의 주식 등에 대해서는 발행인은 전자등록기관에 신규 전자등록을 신청하여야 한다(의무전자등록)(전등 25조 1항 단서).

전자등록기관은 새로 발행되는 주식등의 신규 전자등록을 할 때 신청내용을 발행인관리계좌부에 기록하고, 신청내용 중 전자등록기관에 전자등록될 사항은 계좌관리기관등 자기계좌부에 전자등록하고, 신청내용 중 계좌관리기관에 전자등록될 사항은 고객관리계좌부에 기록하고 지체 없이 그 신청내용과 관련된 각각의 권리자가 고객계좌를 개설한 계좌관리기관에 통지하고 계좌관리기관은 지체 없이 그 통지내용에 따라 전자등록될 사항을 고객계좌부에 전자등록하여야 한다(전등 26조).

② 발행인이 이미 주권등이 발행된 주식등의 신규 전자등록을 신청하는 경우에는 신규 전자등록을 하려는 날(이하 "기준일"이라 함)의 직전 영업일을 말일로 1개월 이상의 기간을 정하여 기준일부터 주권등이 그 효력을 잃는다는 뜻, 권리자는

기준일의 직전 영업일까지 발행인에게 주식등이 전자등록되는 고객계좌 또는 계좌관리기관등 자기계좌(이하 "전자등록계좌"라 함)를 통지하고 주권등을 제출하여야 한다는 뜻 및 발행인은 기준일의 직전 영업일에 주주명부등에 기재된 권리자를 기준으로 전자등록기관에 신규 전자등록의 신청을 한다는 뜻을 공고하고, 주주명부 그 밖에 대통령령으로 정하는 장부(국채법·국고금 관리법 또는 한국은행 통화안정증권법에 따른 등록부, 사채원부·신탁사채원부, 신탁법에 따른 수익자명부)(이하 "주주명부등"이라 함)에 권리자로 기재되어 있는 자에게 그 사항을 통지하여야 한다(전등 27조 1항, 전등시 22조 1항).

발행인은 이미 주권등이 발행된 주식등을 전자등록하는 경우 신규 전자등록을 신청하기 전에 전자등록계좌를 통지하지 아니하거나 주권등을 제출하지 아니한 주식등의 소유자 또는 질권자를 위하여 명의개서대행회사 그 밖에 대통령령으로 정하는 기관(전자등록기관)(이하 "명의개서대행회사등"이라 함)에 기준일의 직전 영업일을 기준으로 주주명부등에 기재된 주식등의 소유자 또는 질권자를 명의자로 하는 전자등록계좌(이하 "특별계좌"라 함)를 개설하여야 한다(전등 29조 1항, 전등시 24조 1항).

(나) 예 외 전자등록법에 다른 규정이 있는 경우에는 전자등록기관 또는 계좌관리기관이 직권으로 전자등록을 할 수 있다(전등 24조 1항 단서).

2) 전자등록의 효력

(가) 발행인은 전자등록주식등에 대해서는 증권 또는 증서를 발행해서는 아니 되고(전등 36조 1항), 이에 위반하여 발행된 증권 또는 증서는 효력이 없다(전등 36조 2항). 또한 이미 주권등이 발행된 주식등이 신규 전자등록된 경우 그 전자등록주식등에 대한 주권등은 기준일부터 그 효력을 잃는다(전등 36조 3항 본문).

(나) 전자등록주식등의 양도(상속·합병 등 포괄승계를 포함함)를 위하여 계좌간 대체를 하려는 자는 해당 전자등록주식등이 전자등록된 전자등록기관 또는 계좌관리기관에 계좌간 대체의 전자등록을 신청하여야 하고(전등 30조 1항), 이러한 전자등록 신청을 받은 전자등록기관 또는 계좌관리기관은 지체 없이 전자등록계좌부에 해당 전자등록주식등의 계좌간 대체의 전자등록을 하여야 한다(전등 30조 2항).

전자등록주식등에 질권을 설정하거나 말소하려는 경우(전등 31조) 및 전자등록주식등에 대하여 신탁재산이라는 사실을 표시하거나 그 표시를 말소하려는 경우(전등 32조)에도 같다.

전자등록주식등을 양도하는 경우에는 이와 같이 계좌간 대체의 전자등록을 하여야 그 효력이 발생한다(전등 35조 2항). 전자등록주식등의 질권 설정 및 신탁의 경우에도 같다(전등 35조 3항 · 4항).

(다) 전자등록계좌부에 전자등록된 자는 해당 전자등록주식등에 대하여 전자등록된 권리를 적법하게 가지는 것으로 추정한다(전등 35조 1항). 선의(善意)로 중대한 과실 없이 전자등록계좌부의 권리 내용을 신뢰하고 소유자 또는 질권자로 전자등록된 자는 해당 전자등록주식등에 대한 권리를 적법하게 취득한다(전등 35조 5항).

(라) 원리금·상환금 지급 등으로 인한 전자등록주식등에 관한 권리의 전부 또는 일부의 소멸, 발행인이 회사의 정관변경 등으로 인한 전자등록주식등의 주권등으로의 전환, 발행인인 회사의 합병 및 분할(분할합병을 포함함), 발행인인 회사의 전자등록된 주식의 병합·분할·소각 또는 액면주식과 무액면주식간의 전환 또는 그 밖에 주식등에 대한 권리가 변경되거나 소멸되는 경우로서 대통령령으로 정하는 사유(발행인이 해산·청산된 경우, 법원의 판결·결정·명령이 있는 경우, 채권자가 전자등록주식등에 관한 채무면제의 의사표시를 한 경우, 투자신탁 또는 투자회사의 합병이 있는 경우 등)로 신규 전자등록을 변경하거나 말소하려는 자는 해당 전자등록주식등이 전자등록된 전자등록기관 또는 계좌관리기관에 신규 전자등록의 변경·말소의 전자등록을 신청하여야 하고(전등 33조 1항, 전등시 28조 1항), 이러한 전자등록 신청을 받은 전자등록기관 또는 계좌관리기관은 지체 없이 전자등록주식등에 관한 권리내용을 변경하거나 말소하는 전자등록을 하여야 한다(전등 33조 2항).

(6) 전자등록주식등에 대한 권리행사

1) 소유자명세 전자등록주식등으로서 기명식 주식등의 발행인은 상법 제354조(주주명부의 폐쇄, 기준일) 제 1 항에 따라 일정한 날을 정한 경우에는 전자등록기관에 그 일정한 날을 기준으로 해당 주식등의 소유자의 성명 및 주소, 소유자가 가진 주식등의 종류·종목·수량 등을 기록한 명세(이하 "소유자명세"라 함)의 작성을 요청하여야 한다(의무요청)(전등 37조 1항 본문). 또한 발행인이 법령 또는 법원의 결정 등에 따라 해당 전자등록주식등의 소유자를 파악하여야 할 경우 등에는 전자등록기관에 소유자명세의 작성을 요청할 수 있다(임의요청)(전등 37조 2항).

전자등록기관은 발행인으로부터 이러한 요청을 받은 경우에는 소유자명세를 작성하여 그 주식등의 발행인에게 지체 없이 통지하여야 하는데, 이 경우 전자등록기관은 계좌관리기관에 소유자명세의 작성에 필요한 사항의 통보를 요청할 수 있으며 그 요청을 받은 계좌관리기관은 그 사항을 지체 없이 전자등록기관에 통보하여야 한다(전등 37조 4항).

발행인은 전자등록기관으로부터 이러한 통지를 받은 경우 통지받은 사항과 통지 연월일을 기재하여 주주명부등을 작성·비치하여야 한다(전등 37조 6항 본문).

전자등록주식등의 신규 전자등록이 말소된 경우에는 전자등록기관은 신규 전자등록이 말소된 날을 기준으로 해당 주식등의 소유자명세를 작성하여 발행인에게 지체 없이 통지하여야 한다(전등 37조 7항).

2) 소유자증명서 전자등록기관은 전자등록주식등의 소유자가 자신의 권리를 행사하기 위하여 해당 전자등록주식등의 전자등록을 증명하는 문서(이하 "소유자증명서"라 함)의 발행을 신청하는 경우에는 대통령령으로 정하는 방법(1. 전자등록기관에 전자등록된 주식등의 소유자증명서: 계좌관리기관등 자기계좌부에 따라 증명 내용을 작성할 것, 2. 계좌관리기관에 전자등록된 주식등의 소유자증명서: 해당 계좌관리기관이 전자등록기관에 통지한 고객계좌부에 따라 증명 내용을 작성할 것)에 따라 발행하여야 하는데, 이 경우 계좌관리기관에 고객계좌를 개설한 전자등록주식등의 소유자는 해당 계좌관리기관을 통하여 신청하여야 한다(전등 39조 1항, 전등시 33조 1항·2항).

전자등록기관이 이러한 소유자증명서를 발행하였을 때에는 발행인, 그 밖에 대통령령으로 정하는 자(소유자가 전자등록주식등에 대한 권리를 행사하기 위해 법원에 신청 또는 청구를 하거나 소송을 제기하려는 경우 해당 법원을 말한다)(이하 "발행인등"이라 함)에게 그 사실을 지체 없이 통지하여야 한다(전등 39조 3항, 전등시 33조 4항). 전자등록기관이 이와 같이 소유자증명서를 발행한 경우 해당 전자등록주식등이 전자등록된 전자등록기관 또는 계좌관리기관은 이러한 전자등록주식등의 처분을 제한하는 전자등록을 하여야 하며, 그 소유자증명서가 반환된 때에는 그 처분을 제한하는 전자등록을 말소하여야 한다(전등 39조 4항).

전자등록주식등의 소유자가 소유자증명서를 발행인이나 그 밖에 대통령령으로 정하는 자(신청·청구 또는 소송을 제기하려는 경우 해당 법원, 사채관리회사 등)에게 제출한 경우에는 그 자에 대하여 소유자로서의 권리를 행사할 수 있다(전등 39조 5항, 전등시 33조 6항).

3) 소유 내용의 통지 전자등록기관은 전자등록주식등의 소유자로부터 자신의 전자등록주식등에 대한 소유 내용을 발행인등에게 통지하여 줄 것을 신청 받아 그 내용을 통지한 경우에는(전등 40조 1항), 전자등록주식등의 소유자는 이와 같이 통지된 내용에 대하여 해당 전자등록주식등의 발행인등에게 소유자로서의 권리를 행사할 수 있다(전등 40조 4항).

4) 권리 내용의 열람 등 전자등록기관 또는 계좌관리기관은 해당 기관에 전자등록계좌를 개설한 전자등록주식등의 권리자가 자신의 권리 내용을 주식등의 전자등록 및 관리를 위한 정보통신망 등을 통하여 열람 또는 출력·복사할 수 있도록 하여야 한다(전등 41조 1항).

또한 전자등록기관은 발행인관리계좌를 개설한 발행인이 자신의 발행 내용을 정보통신망 등을 통하여 열람 또는 출력·복사할 수 있도록 하여야 한다(전등 41조 2항).

5) 전자등록기관을 통한 권리 행사　　전자등록주식등의 권리자는 전자등록주식등에 대한 권리(배당금·원리금·상환금 등의 수령 등)를 (직접 행사할 수 있으나) 전자등록기관을 통하여 행사할 수 있다(전등 38조 1항). 전자등록기관을 통하여 권리를 행사하려는 전자등록주식등의 권리자는 전자등록기관을 통하여 권리를 행사한다는 뜻과 권리 행사의 내용을 구체적으로 밝혀 전자등록기관에 신청하여야 한다(전등 38조 2항 1문).

전자등록주식등의 발행인은 전자등록기관을 통한 권리 행사를 위하여 대통령령으로 정하는 사항(전자등록주식등의 종류 및 발행회차, 전자등록주식등의 권리의 종류·발생사유·내용 및 권리행사 일정과 발행조건이 변경된 경우에는 그 변경 내역 등)을 지체 없이 전자등록기관에 통지하여야 한다(전등 38조 3항, 전등시 32조 1항).

(7) 전자등록의 안전성 확보

1) 초과분에 대한 해소 의무 등　　계좌관리기관은 고객계좌부에 전자등록된 주식등의 종목별 총수량 또는 총금액이 고객관리계좌부에 기록된 전자등록주식등의 종목별 총수량 또는 총금액을 초과하는 경우에는 대통령령으로 정하는 바에 따라(초과분이 발생한 경우에는 고객계좌를 확인하여 지체 없이 그 초과분을 말소하는 전자등록을 해야 한다) 지체 없이 그 초과분을 해소하여야 한다(전등 42조 1항, 전등시 35조 1항). 또한 전자등록기관은 계좌관리기관등 자기계좌부에 전자등록된 주식등의 종목별 총수량 또는 총금액과 고객관리계좌부에 기록된 전자등록주식등의 종목별 총수량 또는 총금액의 합이 발행인관리계좌부에 기록된 전자등록주식등의 종목별 총수량 또는 총금액을 초과하는 경우에는 대통령령으로 정하는 바에 따라(계좌관리기관등 자기계좌 또는 고객관리계좌를 확인하여 지체 없이 그 초과분을 말소하는 전자등록을 해야 한다) 지체 없이 그 초과분을 해소하여야 한다(전등 42조 2항, 전등시 35조 2항).

초과분에 해당하는 전자등록주식등의 권리자로 전자등록된 자로서 대통령령으로 정하는 자(1. 초과분 선의취득자가 없는 경우: 초과분의 권리자로 전자등록된 자, 2. 초과분 선의취득자가 있는 경우: 초과 전자등록 종목의 권리자로 전자등록된 자)는 대통령령으로 정하는 바에 따라(발행인에게 권리를 주장할 수 없는 수량 또는 금액은 다음과 같다. 1. 초과분 선의취득자가 없는 경우: 전자등록법 제42조 제1항에 따른 초과분 중 각 권리자로 전자등록된 자의 고객계좌부에 전자등록된 수량 또는 금액, 2. 초과분 선의취득자가 있는 경우: 초과분 중 선의취득된 수량 또는 금액×각 권리자의 고객계좌부에 전자등록된 초과 전자등록 종목의 수량 또는 금액 / 해당 계좌관리기관의 고객계좌부 전체에 전자등록된 초과 전자등록 종목의 총수량 또는 총금액) 산정된 수량 또는 금액에 대한 권리를 발행인에게 주장할 수 없다(전등 43조 1항·2항, 전등시 36조 1항·2항).

2) 전자등록의 안정성 확보　　누구든지 전자등록기관 또는 계좌관리기관의 주식등의 전자등록 및 관리를 위한 정보통신망(정보처리장치를 포함함)에 거짓 정보 또는 부정한 명령을 입력하거나 권한 없이 정보를 입력·변경해서는 아니 된다(전등

44조 1항). 또한 누구든지 전자등록기관 또는 계좌관리기관에 보관된 전자등록정보 또는 기록정보를 멸실하거나 훼손해서는 아니 되고(전등 44조 2항), 누구든지 정당한 접근권한 없이 또는 허용된 접근권한을 초과하여 전자등록기관 또는 계좌관리기관의 주식등의 전자등록 및 관리를 위한 정보통신망에 침입해서는 아니 된다(전등 44조 3항).

(8) 기　타

1) 단기사채등에 대한 특례　「전자단기사채 등의 발행 및 유통에 관한 법률」(이하 '단기사채법'이라 약칭함)이 폐지됨에 따라(전등 부칙 2조 2항) 동법상 상법 특례조항을 전자등록법에 이관하였다. 특례조항에서 전자단기사채의 발행요건은 단기사채법과 같이 규정하고 있는데(전등 59조, 전단 2조 1호), 그 명칭을 '전자단기사채등'에서 '단기사채등'으로 변경하였고(전등 59조~61조), 상법 특례조항으로는 단기사채등에 대하여 사채원부 작성의무를 면제하였으며(전등 60조), 사채권자집회에 관한 규정의 적용을 배제하였다(전등 61조).

2) 국채등에 대한 한국은행에 관한 특례　한국은행은 국고채권·재정증권 또는 통화안정증권(이하 '국채등'이라 약칭함)의 소유자가 되려는 자가 국채등의 발행을 청구하는 경우에는 그 소유자가 되려는 자의 신청으로 이들을 갈음하여 전자등록기관을 명의인으로 하는 국채등의 등록을 할 수 있고(전등 72조 1항), 이에 따라 전자등록기관의 명의로 등록된 국채등이 전자등록법에 따라 소유자의 명의로 전자등록될 수 있도록 한국은행의 등록내용을 전자등록기관에 통지하여야 한다(전등 72조 2항 1문). 이 경우 전자등록법상 주식등의 신규 전자등록(전등 25조) 및 새로 발행되는 주식등의 신규 전자등록에 따른 조치(전등 26조)의 규정을 준용한다(전등 72조 2항 2문).

3) 상법 및 은행법 등 관련 규정의 개정　상법 제65조 제 2 항 전단 중 "제 1 항의 유가증권"을 "제 1 항의 유가증권으로서 그 권리의 발생·변경·소멸을 전자등록하는 데에 적합한 유가증권"으로 개정하고(전등 부칙 10조 1항 1문), 동 제356조의 2 제 4 항을 "전자등록의 절차·방법 및 효과, 전자등록기관에 대한 감독, 그 밖에 주식의 전자등록 등에 필요한 사항은 따로 법률로 정한다"로 개정하였다(전등 부칙 10조 1항 2문).

은행법을 개정하여 사채등의 소유자·질권자·그 밖의 이해관계자는 해당 사채등을 발행하는 은행에 각각 그 권리를 등록할 수 있는데, 사채등의 소유자는 언제든지 발행은행에 사채등의 등록을 말소하고 사채등이 표시된 증권이나 증서의 발행을 청구할 수 있다(전등 부칙 10조 2항).

제 9 절　조직변경 · 합병 · 분할

제 1　조직변경

회사의 조직변경에 관하여는 이미 회사법 통칙에서 설명하였으나, 이 곳에서는 주식회사에 관하여만 좀더 상세히 살펴본다.

1) 주식회사는 「유한회사」 또는 「유한책임회사」로 조직변경을 할 수 있는데, 다만 유한회사 또는 유한책임회사는 사채발행을 하지 못하므로 주식회사가 「사채의 상환」을 완료하지 않은 경우에는 유한회사 또는 유한책임회사로 조직변경을 하지 못한다(상 604조 1항, 287조의 44).

2) 주식회사의 유한회사 또는 유한책임회사로의 조직변경에는 「총주주의 일치(동의)에 의한 총회의 결의」가 필요한데(상 604조 1항, 287조의 43 1항), 이 결의에서는 정관 기타 조직변경에 필요한 사항을 정하여야 한다(상 604조 3항, 287조의 44). 이 때 변경 후의 유한회사 또는 유한책임회사의 자본금의 총액은 변경 전의 주식회사에 현존하는 순재산액보다 많게 하지 못한다(자본금 충실의 원칙)(상 604조 2항, 287조의 44). 만일 조직변경 후의 유한회사 또는 유한책임회사에 현존하는 순재산액이 그 자본금에 부족한 때에는 조직변경결의 당시의 이사 · 집행임원[1]과 주주가 연대하여 그 부족액을 지급할 책임이 있다(상 605조 1항, 287조의 44). 주주의 이 책임은 면제될 수 없고, 이사 · 집행임원의 이 책임은 총사원의 동의에 의하여 면제될 수 있다(상 605조 2항 · 287조의 44, 550조 2항, 551조 2항 · 3항 참조).

3) 조직변경에는 위의 절차 외에 「채권자보호의 절차」를 요한다(상 608조 · 232조, 287조의 44).

4) 조직변경에서 위의 절차가 종료하면 본점소재지에서는 2주간 내, 지점소재지에서는 3주간 내에 주식회사에 있어서는 「해산등기」, 유한회사 또는 유한책임회사에 있어서는 「설립등기」를 하여야 한다(상 606조, 287조의 44). 이 등기에 의하여 조직변경의 효력이 생긴다.[2] 이 때 종전의 주식을 목적으로 하는 질권은 그 주식을 갖고 있는 주주가 취득하는 유한회사 또는 유한책임회사의 지분 및 조직변경시의 수령금 위에 물상대위한다(상 604조 4항 · 287조의 44, 601조).

---

1) 집행임원 설치회사의 경우에는 이사 대신에 집행임원이 이러한 책임을 부담하여야 할 것으로 본다. 따라서 2011년 4월 개정상법이 상법 제605조 1항에서 '집행임원'을 추가하지 않은 것은 입법의 미비라고 본다.

2) 동지: 정(희), 624면.

제 2 합 병

1. 총 설

회사의 합병에 관하여는 이미 회사법 통칙에서 설명하였으나, 이 곳에서는 주식회사에 특유한 것만을 좀더 상세히 설명한다.

(1) 주식회사는 원칙적으로 다른 어떠한 회사와도 합병할 수 있다(상 174조 1항). 그러나 예외적으로 합병을 하는 회사의 일방 또는 쌍방이 주식회사·유한회사 또는 유한책임회사인 경우에는 존속회사 또는 신설회사는 주식회사·유한회사 또는 유한책임회사이어야 하고(상 174조 2항), 해산한 주식회사는 존립중의 회사를 존속회사로 하는 경우에 한하여 합병할 수 있다(상 174조 3항).

(2) 주식회사가 유한회사와 합병하는 경우에 존속회사 또는 신설회사가 유한회사이면 특별한 절차가 필요 없으나, 주식회사이면 합병은 법원의 인가를 얻어야 합병의 효력이 생긴다(상 600조 1항).[1] 상법이 이와 같이 규정한 것은 합병의 수단에 의하여 주식회사의 설립과 증자에 관한 엄격한 감독규정을 탈법할 우려가 있고, 또 주주의 책임은 유한회사의 사원의 책임(상 550조, 551조 참조)과 같은 전보책임이 없기 때문이다.[2] 또 주식회사가 사채의 상환을 완료하지 않고 유한회사와 합병하는 경우에는 존속회사나 신설회사는 유한회사가 될 수 없다(상 600조 2항).

2. 합병계약의 내용

상법은 주식회사가 합병을 하는 경우 합병계약의 내용을 명백히 하여 사후 분쟁을 방지하기 위하여 합병계약에 요식주의를 채택하고(상 523조, 524조), 또한 합병계약서 등을 공시하도록 하였다(상 522조의 2). 상법이 규정하고 있는 합병계약서의 기재사항은 다음과 같다.

(1) 흡수합병의 합병계약서의 기재사항(상 523조)

1) 존속하는 회사가 합병으로 인하여 그 발행할 주식의 총수를 증가하는 때에는 그 증가할 주식의 총수·종류와 수 흡수합병의 경우 존속회사는

1) 주식회사와 유한책임회사가 합병하여 존속회사 또는 신설회사가 유한책임회사가 되는 경우에도 2011년 4월 개정상법 제287조의 41에서 상법 제600조를 준용하는 규정을 두어야 할 것으로 본다.

2) 동지: 정(희), 625면.

보통 신주를 발행하여 소멸회사의 주주에게 배정하여야 하는데, 이 신주발행이 정관에서 정한 수권주식총수(상 289조 1항 3호)의 범위 내이면 그 미발행주식의 부분에서 발행하면 되나, 그 범위를 초과하면 수권주식총수를 적어도 그 이상으로 증가하여야 한다. 이 때 이것을 합병계약서에서 규정하고 합병승인을 위한 주주총회의 특별결의를 받으면, 그러한 정관변경에 대하여 별도로 주주총회의 특별결의를 받을 필요는 없다.[1)]

그러나 교부금합병(상 523조 4호)의 경우, 존속회사가 소멸회사의 주식을 100% 소유하는 경우, 존속회사가 소멸회사의 주주에게 배정할 충분한 자기주식을 보유하는 경우 등에는 무증자합병이 가능하다.[2)]

2) 존속하는 회사의 자본금 또는 준비금이 증가하는 경우에는 증가할 자본금 또는 준비금에 관한 사항 존속하는 회사의 자본금이 증가하는 경우는 존속하는 회사가 합병대가로 교부할 신주를 발행하는 경우에 해당하고, 존속하는 회사의 준비금이 증가하는 경우는 소멸하는 회사의 준비금의 승계(상 459조 2항) 또는 합병차익 발생 등으로 인한 자본준비금으로 적립(상 459조 1항) 등의 경우에 해당한다.

존속회사가 소멸회사로부터 승계하는 것은 소멸회사의 순재산이므로(상 360조의 7, 360조의 18 참조), 합병당사회사의 자본금이나 준비금의 합계가 존속회사의 자본금이나 준비금의 합계가 되는 것은 아니다. 왜냐하면 존속회사가 소멸회사의 전 재산을 승계하는 것으로 하면 소멸회사에 결손이 있는 경우에는 자본금 충실의 원칙에 반하기 때문이다. 따라서 존속회사의 증가되는 자본금 및 준비금의 기준이 되는 것은 원칙적으로 소멸회사의 순재산의 가액이나,[3)] 자본시장과 금융투자업에 관한 법률 및 동 시행령이 적용되는 흡수합병의 경우에는 (예외적으로) 존속회사의 증가할 자본금이 반드시 소멸회사의 순재산가액의 범위 내로 제한된다고 할 수 없다[4)](그 이유는 주권상장법인은 합병가액을 최근 증권시장에서

1) 동지: 정(동), (회) 816면.

2) 동지: 송(옥), 1240면.

3) 동지: 정(희), 626면.

반대: 송(옥), 1239면(정책적으로는 존속회사의 증가하는 자본금은 소멸회사의 순자산가액으로 제한하지 않는 것이 타당하다고 한다).

4) 대판 2008. 1. 10, 2007 다 64136(공보 2008, 199)(상법 제523조 제 2 호가 흡수합병계약서의 절대적 기재사항으로 '존속하는 회사의 증가할 자본'을 규정한 것은 원칙적으로 자본충실을 도모하기 위하여 존속회사의 증가할 자본액〈즉, 소멸회사의 주주들에게 배정·교부할 합병신주의 액면총액〉이 소멸회사의 순자산가액 범위 내로 제한되어야 한다는 취지라고 볼 여지가 있기는 하나, 합병당사자의 전부 또는 일방이 주권상장법인인 경우 그 합병가액 및 합병비율의 산정에 있어서는 증권거래법〈2009. 2. 4.부터는 자본시장과 금융투자업에 관한 법률〉과 그 시행령 등이 특별법

의 거래가격을 기준으로 금융위원회가 정하는 방법으로 산정한 가격으로 하기 때문이다). 그러나 소멸회사의 이익준비금 기타 법정준비금은 존속회사가 이를 그대로 승계할 수 있다(상 459조 2항).

3) 존속회사가 합병을 하면서 신주를 발행하거나 자기주식을 이전하는 경우에는 발행하는 신주 또는 이전하는 자기주식의 총수·종류와 수 및 합병으로 인하여 소멸하는 회사의 주주에 대한 신주의 배정 또는 자기주식의 이전에 관한 사항 이는 합병조건의 중심이 되는 사항으로 소멸회사의 주주가 받을 주식의 내용 및 배정비율에 관한 것이다.[1)]

이 때 '합병으로 인하여 소멸하는 회사의 주주에 대한 신주의 배정에 관한 사항'의 핵심적인 내용은 합병비율인데, 이는 공정하여야 하고, 현저하게 불공정한 합병비율을 정한 합병계약은 신의성실의 원칙이나 공평의 원칙 등에 비추어 무효이다.[2)]

4) 존속회사가 합병으로 인하여 소멸회사의 주주에게 배정할 신주의 전부 또는 일부로서 제공할 금전이나 그 밖의 재산(합병교부금이나 합병교부물)**을 정한 때에는 그 내용 및 배정에 관한 사항** 합병교부금에 대하여 2011년 4월 개정상법 이전에는 금전으로써만 지급하도록 하고 또한 이는 신주배정비율의 조정 및 이익배당의 조정에 필요한 경우에만 인정되는 것으로 보았으나,[3)]

으로서 일반법인 상법에 우선하여 적용되고, 증권거래법 시행령 제84조의7〈현 자본시장과 금융투자업에 관한 법률시행령 176조의 5〉 소정의 합병가액 산정기준에 의하면 주권상장법인은 합병가액을 최근 유가증권시장에서의 거래가격을 기준으로 재정경제부〈현 금융위원회〉령이 정하는 방법에 따라 산정한 가격에 의하므로 경우에 따라 주당 자산가치를 상회하는 가격이 합병가액으로 산정될 수 있고, 주권비상장법인도 합병가액을 자산가치·수익가치 및 상대가치를 종합하여 산정한 가격에 의하는 이상 역시 주당 자산가치를 상회하는 가격이 합병가액으로 산정될 수 있으므로, 결국 소멸회사가 주권상장법인이든 주권비상장법인이든 어느 경우나 존속회사가 발행할 합병신주의 액면총액이 소멸회사의 순자산가액을 초과할 수 있게 된다. 따라서 증권거래법〈2009. 2. 4.부터는 자본시장과 금융투자업에 관한 법률〉 및 그 시행령이 적용되는 흡수합병의 경우에는 존속회사의 증가할 자본액이 반드시 소멸회사의 순자산가액의 범위 내로 제한된다고 할 수 없다).

1) 이에 관한 상세는 정(동), (회) 818~820면; 김희준, "상장법인 간 합병에 적용되는 합병비율 산정방식 검토 — 삼성물산과 제일모직의 합병사례를 중심으로 —," 「상사법연구」(한국상사법학회), 제34권 제 3 호(2015. 11), 331~366면(상장법인 간 합병에 원칙적 주가기준방식을 유지하는 것에 찬성하면서, 개선방안 중에서 하나를 택해야 한다면 경영상의 판단에 맡기는 방법에 찬성한다고 한다. 즉, 현행 자본시장법 규정을 삭제하여 일반 상장회사의 합병비율은 사적 자치에 맡기고, 대규모 기업집단 내 계열사 간 합병비율만을 별도로 규정하는 방식이 차선책이 될 것이라고 한다).

2) 대판 2008. 1. 10, 2007 다 64136 참조.

3) 동지: 정(희), 626면; 정(동), (회) 821~822면.

2011년 4월 개정상법에서는 합병대가를 유연화하여 기업의 경영합리화를 위한 기업구조조정을 보다 용이하게 할 수 있도록 하기 위하여 소멸회사의 주주에게 배정할 신주의 전부에 대하여도 합병교부금 또는 합병교부물을 제공할 수 있도록 하였고(현금〈현물〉지급합병 또는 교부금〈물〉합병) 또한 소멸회사의 주주에 대하여는 금전(합병교부금)뿐만 아니라 「그 밖의 재산」을 제공할 수 있는 것으로(합병교부물) 하였다.[1] 2011년 개정상법상 이와 같은 합병대가의 유연화는 회사의 조직변경을 용이하게 할 수 있는 점은 있으나, 소멸회사의 소수주주의 보호 및 소멸회사의 주주평등의 원칙과 관련하여서는 문제가 있다고 본다.

또한 이 경우 소멸하는 회사의 주주에게 제공하는 재산이 존속하는 회사의 모회사 주식을 포함하는 경우에는 존속하는 회사는 상법 제342조의 2에도 불구하고 모회사의 주식을 취득할 수 있다(상 523조의 2). 이는 2011년 4월 개정상법에서 신설된 것으로 상법 제523조 제 4 호와 함께 삼각합병(triangular merger)(대상회사를 직접 흡수합병하지 않고 자회사를 통하여 대상회사를 흡수합병하는 형태)을 인정한 것이다. 이러한 삼각합병은 대상회사의 채무가 모회사에 승계되는 것을 차단시키고자 하거나, 외국회사와의 기업결합 등에서 이용된다.[2]

존속하는 회사가 위와 같이 삼각합병을 위하여 취득한 모회사의 주식을 합병 후에도 계속 보유하고 있는 경우에는, 합병의 효력이 발생하는 날부터 6개월 이내에 그 주식을 처분하여야 한다(상 523조의 2 2항). 이는 삼각주식교환(상 360조의 3 7항) 및 삼각분할합병(상 530조의 6 5항)의 경우와 같이 2015년 개정상법이 신설한 것인데, 자회사가 예외적으로 취득한 모회사의 주식의 처분의무(상 342조의 2 2항)와 균형을 이루기 위한 것이다.

5) 각 회사에서 합병의 승인결의를 할 사원총회 또는 주주총회의 기일

이는 합병당사회사에서 합병계약서를 승인하는 총회기일을 말하는데, 이러한 승인결의가 없으면 합병계약은 그 효력을 잃는다. 합병승인결의의 기일은 보통 각 당사회사가 같은 날로 정하는 것이 보통이지만, 다른 날로 정하여도 무방하다.[3]

1) 2011년 4월 개정상법은 소수주주를 배제하는 방법으로 지배주주에 의한 소수주식의 강제매수(상 360조의 24)와 현금(현물)지급합병(상 523조 4호)을 인정하였는데, 이는 현금(현물)지급합병에 의하여 소수주주를 배제하는 방법이다.

2) 이에 관한 상세는 임(재), (회Ⅱ), 723~731면; 윤영신, "삼각합병제도의 도입과 활용상의 법률문제," 「상사법연구」(한국상사법학회), 제32권 제 2 호(2013), 14~16면 참조.

3) 동지: 정(동), (회) 822면.

6) 합병을 할 날(합병기일)[1] 이러한 합병기일이란 소멸회사의 재산이 존속회사에 승계되고 존속회사의 주식이 소멸회사의 주주에게 배정되어 실질적으로 당사회사가 합해지는 날을 말한다. 이러한 합병기일은 합병의 효력이 발생하는 날인 합병등기의 날과 구별된다. 합병기일은 보통 합병신주의 배정일과 같은 날인데, 배정일이 합병기일 이전이어도 무방하다.[2]

7) 존속하는 회사가 합병으로 인해 정관을 변경하기로 정한 때에는 그 규정[3]

8) 각 회사가 합병으로 이익배당[4]**을 할 때에는 그 한도액** 이는 회사의 자본금 충실을 기하기 위한 것이고 또한 당사회사의 주식교환비율을 정하기 위하여 고려되어야 하기 때문에 합병계약서에 기재하도록 한 것이다.

9) 합병으로 인하여 존속하는 회사에 취임할 이사와 감사(監事) 또는 감사위원회의 위원을 정한 때에는 그 성명 및 주민등록번호[5]

(2) 신설합병의 합병계약서의 기재사항(상 524조)

1) 신설회사의 목적·상호·수권주식총수·액면주식을 발행하는 경우 1주의 금액·종류주식을 발행할 때에는 그 종류와 수 및 본점소재지

2) 신설회사가 합병 당시에 발행하는 주식의 총수와 종류·수 및 각 회사의 주주에 대한 주식의 배정에 관한 사항

3) 신설회사의 자본금과 준비금의 총액

4) 각 회사의 주주에게 2)에도 불구하고 금전이나 그 밖의 재산을 제공하는 경우에는 그 내용 및 배정에 관한 사항

5) 합병승인총회의 기일과 합병을 할 날(합병기일)

6) 신설회사의 이사와 감사(監事) 또는 감사위원회의 위원을 정한 때에는 그 성명 및 주민등록번호[6]

---

1) 이러한 합병기일을 종래에는 임의적 기재사항으로 규정하였으나, 1998년 개정상법은 필요적 기재사항으로 규정하였다.

2) 동지: 정(동), (회) 822면.

3) 이는 1998년 개정상법에 의하여 신설된 것이다.

4) 2011년 4월 개정상법에서는 '중간배당'에 대하여 규정하지 않고 있는데, 중간배당의 법적 성질이 이익배당이 아니라고 보면 이는 제외된다고 본다. 따라서 이를 포함시킬 의도라면 입법상 명백히 규정하여야 할 것으로 본다.

5) 이는 2001년 개정상법에 의하여 신설된 것이다.

6) 이는 2001년 개정상법에 의하여 신설된 것이다.

3. 합병의 절차

(1) 합병계약서의 작성

합병계약은 당사회사의 대표기관에 의하여 체결되는데, 이 경우 위에서 본 합병계약서를 작성하여야 한다. 이 때 존속회사와 신설회사가 주식회사인 경우에 당사회사의 일방 또는 쌍방이 합명회사나 합자회사이면 총사원의 동의를 얻어 합병계약서를 작성하여야 한다(상 525조 1항).

(2) 합병계약서 등의 공시

주식회사의 이사 또는 집행임원은 합병결의를 하기 위한 주주총회 회일의 2주 전부터 합병을 한 날(합병기일) 이후 6월이 경과하는 날까지, (i) 합병계약서, (ii) 소멸회사의 주주에게 발행하는 주식의 배정에 관하여 그 이유를 기재한 서면 및 (iii) 각 회사의 최종의 대차대조표와 손익계산서를 본점에 비치하여야 한다(상 522조의 2 1항). 주주 및 회사채권자는 영업시간 내에는 언제든지 이러한 서류의 열람을 청구할 수 있고, 회사가 정한 비용을 지급하고 등본이나 초본의 교부를 청구할 수 있다(상 522조의 2 2항).

(3) 합병계약서의 승인

1) 주식회사가 합병을 함에는 합병계약서를 작성하여 주주총회의 특별결의에 의한 승인을 받아야 한다(상 522조 1항 본문 · 3항). 이러한 주주총회의 통지에는 합병계약의 요령을 기재하여야 한다(상 522조 2항).

2) 흡수합병의 경우에 소멸회사의 총주주의 동의가 있거나 또는 그 회사의 발행주식총수의 100분의 90 이상을 존속회사가 소유하고 있는 때에는, 소멸회사의 주주총회의 승인은 이사회의 승인으로 갈음할 수 있다(간이합병)(상 527조의 2 1항).[1] 이러한 간이합병의 경우에는 소멸회사의 총주주의 동의가 있는 경우를 제외하고 소멸회사는 합병계약서를 작성한 날부터 2주 내에 주주총회의 승인을 얻지 아니하고 합병을 한다는 뜻을 공고하거나 주주에게 통지하여야 한다(상 527조의 2 2항).

3) 흡수합병의 경우에 존속회사가 합병으로 인하여 발행하는 신주의 총수가 그 회사의 발행주식총수의 100분의 10을 초과하지 아니하는 때에는, 존속회사의 주주총회의 승인은 이사회의 승인으로 갈음할 수 있다(소규모합병)(상 527조의 3 1항 본문).

---

1) 1995년 개정상법에 의하여 미국의 모범사업회사법 및 각 주(州)의 회사법에서 인정되고 있는 간이합병제도를 처음으로 인정하였고[동지: 해설(1995), 193면], 1998년 개정상법에서는 이를 더욱 확대하여 규정하였다.

그러나 소멸회사의 주주에게 지급할 금액을 정한 경우에 그 금액이 존속회사의 최종대차대조표상으로 현존하는 순자산액의 100분의 5를 초과하는 때에는, 그러하지 아니하다(상 527조의 3 1항 단서). 이러한 소규모합병의 경우에는 존속회사의 합병계약서에 주주총회의 승인을 얻지 아니하고 합병한다는 뜻을 기재하여야 하고(상 527조의 3 2항), 존속회사는 합병계약서를 작성한 날로부터 2주 내에 소멸회사의 상호 및 본점의 소재지·합병을 할 날·주주총회의 승인을 얻지 아니하고 합병을 한다는 뜻을 공고하거나 주주에게 통지하여야 한다(상 527조의 3 3항). 합병 후 존속회사의 발행주식총수의 100분의 20 이상에 해당하는 주식을 소유한 주주가 이러한 공고 또는 통지를 한 날로부터 2주 내에 회사에 대하여 서면으로 소규모합병을 반대하는 의사를 통지한 때에는, 소규모합병을 할 수 없다(상 527조의 3 4항).

4) 주주총회의 합병결의사항에 관하여 반대하는 주주는 주주총회 전에 회사에 대하여 서면으로 그 결의에 반대하는 통지를 하면, 그 주주총회의 결의일로부터 20일 이내에 주식의 종류와 수를 기재한 서면으로 회사에 대하여 자기가 소유하고 있는 주식의 매수를 청구할 수 있다(상 522조의 3 1항). 간이합병의 경우에는 소멸회사가 주주총회의 승인을 얻지 아니하고 합병한다는 뜻을 공고하거나 주주에게 통지한 날로부터 2주 내에 회사에 대하여 서면으로 합병에 반대하는 의사를 통지한 주주가 이 기간이 경과한 날로부터 20일 이내에 회사에 대하여 주식매수청구권을 행사할 수 있고(상 522조의 3 2항), 소규모합병의 경우 존속회사의 주주는 주식매수청구권을 행사할 수 없다(상 527조의 3 5항).

(4) 채권자보호절차

이 절차를 밟아야 하는 점은 흡수합병 및 신설합병에 공통된다(상 527조의 5).

(5) 주식병합 또는 회사설립의 절차

흡수합병의 경우에는 자본감소의 경우와 같은 주식병합의 절차를 밟고(상 530조 3항, 440조~444조), 신설합병의 경우에는 당사회사에서 선임한 설립위원이 공동으로 정관의 작성 기타 설립의 절차를 밟는다(상 175조).

(6) 이사·감사(監事)의 임기

흡수합병의 경우에 존속회사의 이사·감사(監事)로서 합병 전에 취임한 자는 합병계약서에 다른 정함이 있는 경우를 제외하고는, 합병 후 최초로 도래하는 결산기의 정기총회가 종료하는 때에 퇴임한다(상 527조의 4 1항).

(7) 보고총회 또는 창립총회의 소집

1) 흡수합병의 경우 존속회사의 이사·집행임원은 채권자보호절차의 종료 후(상 527조의 5), 합병으로 인한 주식의 병합이 있을 때에는 그 효력이 생긴 후, 병합에 적당하지 아니한 주식이 있을 때에는 이에 대한 단주(端株)의 처분을 한 후(상 443조), 소규모합병의 경우에는 존속회사가 이에 관한 사항을 공고하거나 주주에게 통지하고 이에 따라 주주의 합병반대의사의 통지절차가 종료한 후(상 527조의 3 3항·4항), 지체 없이 주주총회를 소집하고 합병에 관한 사항을 보고하여야 한다(상 526조 1항). 존속회사가 주주총회(보고총회)를 소집하는 경우, 합병 당시에 발행하는 신주의 인수인은 이 보고총회에서 주주와 동일한 권리가 있다(상 526조 2항).

그러나 이 경우에 이사회는 공고로써 주주총회에 대한 보고에 갈음할 수 있다(상 526조 3항).[1]

이 때 자본금 총액이 10억원 미만으로서 이사를 1명 또는 2명을 둔 소규모 주식회사(상 383조 1항 단서)는 이사회가 없으므로, 이러한 규정이 적용되지 않는다(상 383조 5항).

2) 신설합병의 경우 설립위원은 흡수합병에서와 같은 위의 절차(소규모 합병에 관한 사항은 제외함)를 마친 후 지체 없이 창립총회를 소집하고, 설립에 관한 사항을 보고하여야 한다(상 527조 1항·3항). 이 총회에서는 합병계약의 취지에 위반하지 않는 한 정관변경의 결의도 할 수 있다(상 527조 2항). 따라서 신설합병의 창립총회는 합병폐지의 결의는 할 수 없다고 본다[2](상 527조 2항과 상 316조 1항과 비교). 이러한 창립총회에는 모집설립에 있어서의 창립총회에 관한 규정이 준용된다(상 527조 3항).

그러나 이 경우에 이사회는 공고로써, 창립총회에 대한 보고에 갈음할 수 있다(상 527조 4항).[3] 이는 신설합병의 창립총회 자체를 이사회의 공고로써 갈음할 수 있음을 규정한 것이고, 이사회 공고는 합병당사회사의 정관에 규정한 일반적인 공고방식에 의하여 할 수 있다.[4]

---

1) 이는 1995년 개정상법에 의하여 신설된 것인데, 그 이유는 합병보고만을 듣기 위한 보고총회를 생략하도록 함으로써 합병절차를 간소화하기 위한 것이다[이에 관한 상세는 해설(1995), 195~197면].

2) 동지: 정(동), (회) 829면.

3) 이는 1998년 개정상법에 의하여 신설된 것이다.

4) 동지: 대판 2009. 4. 23, 2005 다 22701·22718(공보 2009, 703)(상법 제527조 4항은 신설합병의 경우 이사회의 공고로써 신설합병의 창립총회에 대한 보고에 갈음할 수 있다고 규정하고 있고, 상법 제528조 1항은 신설합병의 창립총회가 종결한 날 또는 보고에 갈음하는 공고일로부터 일정기간 내에 합병등기를 하도록 규정하고 있으므로, 상법 제527조 4항은 신설합병의 창립총회 자체를 이사회의 공고로써 갈음할 수 있음을 규정한 조항이라고 해석된다. 한편 상법 제527조 2

이 때 자본금 총액이 10억원 미만으로서 이사를 1명 또는 2명을 둔 소규모 주식회사(상 383조 1항 단서)는 이사회가 없으므로, 이러한 규정이 적용되지 않는다(상 383조 5항).

(8) 주권상장법인에 대한 특칙

주권상장법인이 다른 법인과 합병하는 경우에는 대통령령으로 정하는 요건·방법 등의 기준에 따라야 한다(자금 165조의 4 1호, 자금시 176조의 5).

(9) 합병의 등기

1) 흡수합병의 경우는 보고총회가 종결한 날 또는 보고에 갈음하는 공고일, 신설합병의 경우는 창립총회가 종결한 날 또는 보고에 갈음하는 공고일부터, 본점소재지에서는 2주 내, 지점소재지에서는 3주 내에 존속회사에 있어서는 변경등기, 소멸회사에 있어서는 해산등기, 신설회사에 있어서는 설립등기를 하여야 한다(상 528조 1항).

2) 존속회사 또는 신설회사가 합병으로 인하여 전환사채 또는 신주인수권부사채를 승계한 때에는 합병의 등기와 동시에 사채의 등기도 하여야 한다(상 528조 2항).

3) 합병은 존속회사나 신설회사의 본점소재지에서 등기를 함으로써 그 효력이 생긴다(상 530조 2항, 234조).

(10) 합병에 관한 서류의 사후공시

합병을 한 후 이사·집행임원[1]은 채권자보호절차의 경과, 합병을 한 날, 합병으로 인하여 소멸하는 회사로부터 승계한 재산의 가액과 채무액 기타 합병에 관한 사항을 기재한 서면을, 합병을 한 날로부터 6월간 본점에 비치하여야 한다(상 527조의 6 1항). 주주 및 회사채권자는 영업시간 내에는 언제든지 위의 서류

항은 신설합병의 창립총회에서 정관변경의 결의를 할 수 있되 합병계약의 취지에 위반하는 결의는 하지 못하도록 규정하고 있는바, 정관변경은 창립총회에서 할 수 있다는 것이지 반드시 하여야 하는 것은 아니고, 주식회사를 설립하는 창립총회에서는 이사와 감사를 선임하여야 한다는 상법 제312조의 규정이 상법 제527조 3항에 의해서 신설합병의 창립총회에 준용되고 있다 하더라도, 상법 제524조 6호에 의하면 합병으로 인하여 설립되는 회사의 이사와 감사 또는 감사위원회 위원을 정한 때에는 신설합병의 합병계약서에 그 성명 및 주민등록번호를 기재하게 되어 있고, 그 합병계약서가 각 합병당사회사의 주주총회에서 승인됨으로써 합병으로 인하여 설립되는 회사의 이사와 감사 등의 선임이 이루어지는 만큼, 이러한 경우에는 굳이 신설합병의 창립총회를 개최하여 합병으로 인하여 설립되는 회사의 이사와 감사 등을 선임하는 절차를 새로이 거칠 필요가 없고 이사회의 공고로 갈음할 수 있다. 또한 상법은 신설합병의 창립총회에 갈음하는 이사회 공고의 방식에 관하여 특별한 규정을 두고 있지 아니하므로, 이 경우 이사회 공고는 상법 제289조 1항 7호에 의하여 합병당사회사의 정관에 규정한 일반적인 공고방식에 의하여 할 수 있다).

1) 집행임원 설치회사의 경우에는 이사에 갈음하여 집행임원이 이 업무를 수행할 것이다. 따라서 2011년 4월 개정상법이 '집행임원'에 대하여 규정하지 않은 것은 입법의 미비라고 본다.

의 열람을 청구하거나, 회사가 정한 비용을 지급하고 그 등본 또는 초본의 교부를 청구할 수 있다(상 527조의 6 2항).[1)]

4. 합병의 무효

합병무효는 각 회사의 주주·이사·감사(監事)·청산인·파산관재인 또는 합병을 승인하지 아니한 채권자에 한하여, 합병의 등기가 있은 날로부터 6월 내에 소(訴)만으로 이를 주장할 수 있다(상 529조). 그러나 공정거래위원회가 합병무효의 소를 제기하는 경우에는 제소기간의 제한이 없다(독규 16조 2항).

합병무효의 소의 피고는 존속회사 또는 신설회사이다.[2)] 이 소의 절차, 무효판결의 효력 등은 회사법 통칙에서 이미 설명한 바와 같다.

제3 분 할

1998년 개정상법은 주식회사에 대해서만 회사의 분할(및 분할합병)을 인정하고 있는데(상 530조의 2~530조의 12), 이에 대하여는 이미 회사법 통칙에서 설명하였으므로 이 곳에서는 그 설명을 생략한다.

제10절 해산과 청산

회사의 해산과 청산에 관하여도 회사법 통칙에서 이미 설명하였으므로, 이 곳에서는 주식회사에 대하여만 간단히 다시 정리하여 본다.

제1 해 산

I. 해산원인

주식회사의 해산원인은 다음과 같다(상 517조).

1) 이는 1998년 개정상법에 의하여 신설된 것이다.
2) 동지: 정(희), 629면; 정(동), (회) 835면.

1) 존립기간의 만료 기타 정관으로 정한 사유의 발생

2) 주주총회의 결의　　이 결의는 특별결의의 방법에 의하여야 한다(상 518조).

3) 회사의 합병

4) 회사의 분할 또는 분할합병[1)]

5) 파　산

6) 법원의 명령 또는 판결　　법원의 명령이란 법원의 해산명령(상 176조)을 의미하고, 법원의 판결이란 소수주주의 청구에 의한 해산판결(상 520조)을 의미한다.

7) 휴면회사의 정리(상 520조의 2)

주식회사가 위의 해산사유에 해당하면 청산사무만을 할 수 있고 종전사업을 계속할 수 없는데, 우리 대법원결정도 이와 같은 취지로 다음과 같이 판시하고 있다.

[주식회사에 해산원인이 있으면 해산되고 종전의 사업을 계속할 수 없다고 본 판례]

주식회사는 그 존립기간이 만료되면 해산되고, 회사가 해산하면 청산사무만을 할 수 있는 것이지, 종전의 사업을 그대로 계속할 수는 없는 것이다[대결 1968. 4. 22, 67 마 659(집 16 ① 민 259)].

2. 해산의 공시

회사가 해산한 때에는 파산의 경우(파 133조에 의한 공고가 있음) 외에는 이사는 지체 없이 주주에 대하여 그 통지를 하여야 한다(상 521조). 또 해산사유가 있은 날로부터 본점소재지에서는 2주간 내, 지점소재지에서는 3주간 내에 해산등기를 하여야 한다(상 521조의 2, 228조).

이러한 해산등기는 상법 제37조의 대항요건에 불과한데, 우리 대법원판례도 이러한 취지로 다음과 같이 판시하고 있다.

[해산등기의 효력에 관한 판례]

이 때의 해산등기는 제 3 자에 대한 대항요건(상 37조)에 불과하므로, 이 등기가 없다 하여도 해산에 영향이 없다[대판 1981. 9. 8, 80 다 2511(집 29 ③ 민 1)].

1) 이는 1998년 개정상법이 회사의 분할 및 분할합병의 제도를 인정함에 따라 신설된 것이다.

3. 회사의 계속

(1) 회사가 「존립기간의 만료 기타 정관에 정한 사유의 발생」 또는 「주주총회의 결의」에 의하여 해산한 경우에는, 청산중에도 주주총회의 특별결의에 의하여 회사를 계속할 수 있다(상 519조). 회사계속의 결의는 해산등기 후에도 할 수 있는데, 이 때에는 본점소재지에서는 2주간 내, 지점소재지에서는 3주간 내에 회사계속의 등기를 하여야 한다(상 521조의 2, 229조 3항).

(2) 파산선고에 의하여 회사가 해산한 경우에도, 강제화의(強制和議)의 가결이 있은 때 또는 파산폐지의 신청을 한 때에는 주주총회의 특별결의에 의하여 회사계속을 할 수 있다(파 283조, 320조).

(3) 후술하는 휴면회사로서 해산한 것으로 의제된 회사도, 그 후 3년 내에는 주주총회의 특별결의에 의하여 회사를 계속할 수 있다(상 520조의 2 3항).

4. 휴면회사의 해산

영업을 폐지한 회사가 등기부상 그대로 남아 있으면 거래에 악용될 우려가 있고 또한 등기와 실체가 불일치하여 타인의 상호선정의 자유를 부당하게 방해하는 등(상 22조 참조) 그 부작용이 많다. 이러한 회사는 오랫동안 아무런 등기도 하지 않는 경우가 많으므로 다년간 아무런 등기를 하지 않은 이러한 휴면회사를 정리하여 거래의 안전을 보호하기 위하여 1984년 개정상법은 제520조의2를 신설하였다.[1]

이에 의하면 법원행정처장이 최후의 등기 후 5년을 경과한 회사는 본점소재지를 관할하는 법원에 아직 영업을 폐지하지 아니하였다는 뜻의 신고를 하도록 관보로써 공고하여야 하는데, 이를 공고한 경우에 그 공고한 날에 이미 최후의 등기 후 5년을 경과한 회사가 공고한 날로부터 2월 내에 상법시행령 제28조[2]가 정하는 바에 의하여 신고를 하지 아니한 때에는, 그 회사는 그 신

1) 동지: 정(희), 630면; 정(동), (회) 675~676면.

2) 상법시행령 제28조(휴면회사의 신고) ① 상법 제520조의 2 제1항에 따른 영업을 폐지하지 아니하였다는 뜻의 신고는 서면으로 하여야 한다.

② 제1항의 서면에는 다음 각 호의 사항을 적고, 회사의 대표자 또는 그 대리인이 기명날인하여야 한다.

1. 회사의 상호, 본점의 소재지, 대표자의 성명 및 주소
2. 대리인이 제1항의 신고를 할 때에는 대리인의 성명 및 주소

고기간이 만료된 때에 해산한 것으로 보게 되는데, 그 기간 내에 등기를 한 회사에 대하여는 그러하지 아니하다(상 520조의 2 1항). 법원행정처장이 위의 공고를 한 때에는 법원은 해당 회사에 대하여 그 공고가 있었다는 뜻의 통지를 발송하여야 한다(상 520조의 2 2항).

제 2 청 산

1. 총 설

주식회사에 있어서는 회사재산만이 회사채권자의 유일한 담보이고 또 이해관계인이 다수이며 그 기구가 복잡하기 때문에, 그 청산방법을 회사에 임의로 맡길 수 없고 상법에서 강행법규로 규정할 필요가 있다.[1] 따라서 주식회사의 청산에는 인적회사와는 달리 임의청산이 없고 법정청산만이 있다.[2]

2. 관할법원

주식회사의 청산에 관한 사건은 회사의 본점소재지의 지방법원의 합의부의 관할에 속하고, 청산은 그 감독을 받는다(비송 117조 2항, 118조).

3. 청 산 인

(1) 의 의

청산인은 「청산중의 회사의 청산사무를 담당하는 자」이다. 이러한 청산인의 수에 대하여는 상법상 제한이 없으므로(상 542조에서 383조를 준용하지 않음) 1인 이상이면 무방하다고 보는데 청산인이 1인이면 그가 대표청산인이 된다.[3] 다만 청산인이 3인

---

3. 아직 영업을 폐지하지 아니하였다는 뜻
4. 법원의 표시
5. 신고 연월일

③ 대리인이 제 1 항의 신고를 할 경우 제 1 항의 서면에는 그 권한을 증명하는 서면을 첨부하여야 한다.

④ 제 1 항 또는 제 3 항의 서면에 찍을 회사 대표자의 인감은 「상업등기법」 제24조 제 1 항에 따라 등기소에 제출된 것이어야 한다. 다만, 상법 제520조의 2 제 2 항에 따라 법원으로부터 통지서를 받고 이를 첨부하여 신고하는 경우에는 그러하지 아니하다.

1) 동지: 정(희), 630~631면; 정(동), (회) 679면.
2) 의용(依用) 상법에 있던 특별청산제도는 없다.
3) 동지: 대판 1989. 9. 12, 87 다카 2691.
저자는 상법강의(상) 제17판(2014)까지는 청산인이 원칙적으로 청산인회를 구성한다는 점에

이상 복수로서 청산인회를 구성하는 경우에는 이사회에 관한 규정이 준용된다(상 542조 2항, 390조~393조의 2).

청산인의 임기에 대하여도 상법상 제한이 없으므로(상 542조에서 383조를 준용하지 않음) 선임시부터 (사실상) 청산종결시까지라고 본다.

청산중의 회사에도 영업을 전제로 하지 않는 규정은 그대로 적용되므로 주주총회나 감사(監事) 등은 그대로 존속한다. 또한 필요한 경우에는 검사인도 선임될 수 있다.[1)]

(2) 선임·해임

1) 주식회사의 청산인은 합병·분할·분할합병 또는 파산의 경우 외에는 원칙적으로 「이사」가 되지만(법정청산인), 예외적으로 정관에서 다른 정함을 하거나 주주총회의 결의로 이사 외의 자를 선임할 수 있다(상 531조 1항).

우리 대법원판례도 이와 같은 취지에서 다음과 같이 판시하고 있다.

[주식회사가 해산한 경우, 이사가 청산인이 된다고 하는 판례]

회사가 해산한 경우 합병 또는 파산의 경우 외에는 정관에 다른 규정이 있거나 주주총회에서 따로 청산인을 선임하지 아니하였다면 이사가 당연히 청산인이 되고, 이사가 임기만료되면 새로운 이사를 선임할 수 있다 할 것이므로, 청산법인의 주주총회에서 청산인을 선임하지 아니하고 이사를 선임하였다 하여 그 선임결의가 그 자체로서 무효가 된다고 볼 수 없다[대판 1989. 9. 12, 87 다카 2691(공보 1989, 1446)].

동지: 대판 1981. 9. 8, 80 다 2511(공보 668, 14367)(주식회사가 해산〈상법시행법 제15조 제 3 항에 의하여 해산으로 간주된 경우를 포함〉한 경우 〈합병 또는 파산의 경우 제외〉, 정관에 다른 규정이 있거나 주주총회에서 타인을 선임한 때를 제외하고는 해산 당시의 일시이사 및 일시대표이사는 청산인 및 대표청산인이 된다).

위와 같은 방법에 의한 청산인이 없는 때에는 「법원」이 이해관계인의 청구에 의하여 선임한다(상 531조 2항). 또 회사가 해산명령이나 해산판결에 의하여 해산한 때에도 법원이 주주 기타의 이해관계인이나 검사의 청구에 의하여 또는 직권으로 청산인을 선임하고(상 542조 1항, 252조), 또 설립무효의 판결이 확정된 때에도 법원이 주주 기타의 이해관계인의 청구에 의하여 청산인을 선임할 수 있다

서 복수임을 전제로 하여 설명하였으나, 동 제18판(2015)부터는 이와 같이 견해를 변경한다.

1) 동지: 日大判 1924. 7. 28(民集 3, 381).

(상 328조, 193조 2항).

이러한 청산인은 취임한 날로부터 2주 내에, (i) 해산의 사유와 그 연월일, (ii) 청산인의 성명·주민등록번호[1] 및 주소를 법원에 신고하여야 한다(상 532조).

청산인의 선임은 등기사항이다[2](상 542조 1항, 253조 1항).

청산인의 원수(員數)에 관하여는 상법에 규정이 없다. 이에 대하여 청산인회와의 관계상 원칙적으로 3인 이상이어야 한다는 견해도 있는데,[3] 앞에서 본 바와 같이 1인 이상이면 무방하다고 본다.[4] 그런데 자본금 총액이 10억원 미만인 회사로서 이사가 1명 또는 2명인 소규모 주식회사의 경우에는 (이사가 청산인이 되는 경우) 청산인도 1명 또는 2명이 된다(상 383조 1항 단서·6항, 531조 1항).

우리 대법원판례도 청산인은 1인 이상이라도 무방하다는 취지로 다음과 같이 판시하고 있다.

[청산인은 1인 이상이라도 무방하다고 본 판례]

주식회사의 청산인의 수에 대하여는 제한이 없으므로 1인이라도 상관 없으며, 이 경우에는 1인의 청산인이 당연히 대표청산인이 된다[대판 1989. 9. 12, 87 다카 2691(공보 1989, 1446)].[5]

청산인과 회사와의 관계는 이사의 경우에 준하므로 위임관계이다(상 542조 2항, 382조 2항).

2) 청산인은 법원이 선임한 경우 외에는 언제든지 주주총회의 결의로 해임될 수 있다(상 539조 1항). 또 청산인이 그 업무를 집행함에 현저하게 부적임하거나 중대한 임무에 위반한 행위가 있는 때에는, 법원은 소수주주의 청구에 의하여 그 선임의 방법 여하를 불문하고 청산인을 해임할 수 있다[6](상 539조 2항). 청산인을 해임하기 위한 소수주주권은, 비상장회사의 경우는 발행주식총수의 100분의 3 이상에 해당하는 주식을 가진 주주이고(상 539조 2항), 상장회사의 경우는 발행주식총수의 100분의 3 이상에 해당하는 주식을 가진 주주(상 542조의 6 10항) 또는 6개월 전부

1) 청산인의 주민등록번호는 1995년 개정상법에 의하여 신설된 것이다.
2) 이 때의 청산인 취임등기도 제3자에 대한 대항요건(상 37조)에 불과하므로, 이 등기가 없다 하여도 청산인 자격에 영향이 없다[동지: 대판 1981. 9. 8, 80 다 2511(집 29 ③ 민 1)].
3) 정(희), 631면; 서·정, 575면; 손(주), 1087~1088면; 채, 835면 외.
4) 동지(1인이어도 무방하다는 견해): 정(동), (회) 681면; 이(기) 외, (회) 548면; 주상(제5판)(회사 V), 494면.
5) 동지: 日最高判 1971. 10. 19(民集 25-7, 951).
6) 상법 제539조 2항에 의한 청산인의 해임은 회사의 본점소재지의 법원에 그 회사와 청산인들을 상대로 하는 소에 의해서만 이를 청구할 수 있다[대결 1976. 2. 11, 75 마 533(집 24 ① 민 75)].

터 계속하여 상장회사의 발행주식총수의 10,000분의 50(최근 사업연도말 자본금이 1,000억원 이상인 상장회사의 경우에는 10,000분의 25) 이상에 해당하는 주식을 보유한 주주이다(상 542조의 6 3항, 상시 32조).

금융회사의 경우는 6개월 전부터 계속하여 금융회사의 발행주식총수의 100,000분의 250(대통령령으로 정하는 금융회사의 경우에는 100,000분의 125) 이상에 해당하는 주식을 보유한 주주이다(지배 33조 3항).

청산인의 종임도 등기사항이다(상 542조 1항, 253조).

(3) 직무권한

1) 청산인의 직무는 현존사무의 종결, 채권의 추심과 채무의 변제, 재산의 환가처분, 잔여재산의 분배이다(상 542조 1항, 254조 1항). 이러한 직무는 청산인회의 과반수의 결의로 정하는데, 대표청산인은 이 직무에 관하여 모든 재판상·재판 외의 행위를 할 권한이 있다(상 542조 1항·2항, 254조 2항·3항, 389조 3항, 209조). 청산인은 이외에 존속중의 회사의 이사의 직무도 수행한다(상 542조 2항, 362조, 388조 이하 등). 그러나 자본금 총액이 10억원 미만인 회사로서 이사가 1명 또는 2명인 소규모 주식회사의 경우에는 각 청산인(정관에 따라 대표이사를 정한 경우에는 그 대표이사)이 그 직무권한을 수행한다(상 383조 1항 단서·5항·6항, 531조 1항).

2) 청산사무 중 법률적으로 가장 문제가 되는 것은 「채무의 변제」이므로, 상법은 이에 관하여 상세한 규정을 두고 있다. 즉, 청산인은 취임한 날로부터 2월 내에 회사채권자에 대하여 일정한 기간 내(이 기간은 2월 이상이어야 함)에 그 채권을 신고할 것과, 그 기간 내에 신고하지 않으면 청산에서 제외될 뜻을 2회 이상 공고로써 최고하여야 한다(상 535조 1항). 또 청산인은 알고 있는 채권자에 대하여는 각별로 그 채권의 신고를 최고하여야 하는데, 그 채권자가 신고하지 않은 경우에도 청산에서 제외하지 못한다(상 535조 2항). 청산인은 이러한 채권의 신고기간 내에는 변제하지 못하는 것이 원칙인데(그러나 그 변제의 지연으로 인한 손해배상책임은 면하지 못한다), 다만 소액의 채권과 담보부채권 기타 변제로 인하여 다른 채권자를 해칠 염려가 없는 채권에 한해서 법원의 허가를 얻어 예외적으로 변제할 수 있다(상 536조). 위와 같은 채권신고의 최고에도 불구하고 신고를 하지 않은 채권자는 미분배의 잔여재산(이 때 일부의 주주에 대하여 재산의 분배를 한 경우에는 다른 주주에게 그와 동일한 비율로 분배할 재산을 잔여재산에서 공제한다)에 대하여서만 변제의 청구를 할 수 있다(상 537조).

3) 채권자에 대한 채무를 변제한 후에 잔여재산이 있으면, 각 주주에 대하여 그가 가진 주식수에 비례하여 분배한다(그러나 종류주식이 발행된 경우에는 그러하지 아니하다)(상 538조).

4) 청산인의 직무와 관련하여 청산인은 많은 의무를 부담한다. 즉, 청산인은 법원에 대한 청산인의 취임신고의무(상 532조), 회사재산의 조사보고의무(상 533조), 감사(監事)에 대한 대차대조표 및 그 부속명세서와 사무(事務)보고서의 제출의무 및 본점비치와 열람제공의무(상 534조 1항·3항·4항), 정기총회에 대한 대차대조표 및 사무(事務)보고서의 승인요구의무(상 534조 5항), 파산원인을 발견한 경우 파산선고의 신청의무(상 542조 1항·254조 4항, 민 93조) 등을 부담한다.

4. 감사(監事) 또는 감사위원회의 감사보고서 제출의무

청산인은 정기총회 회일로부터 4주간 전에 대차대조표 및 그 부속명세서와 사무(事務)보고서를 작성하여 감사(監事) 또는 감사위원회에게 제출하여야 하고(상 534조 1항, 415조의 2 6항), 감사(監事) 또는 감사위원회는 정기총회 회일로부터 1주간 전에 그 서류에 관한 감사보고서(상 447조의 4)를 청산인에게 제출하여야 한다(상 534조 2항, 415조의 2 7항).

5. 청산의 종결

(1) 청산종결 후의 절차

1) 청산사무가 종결된 때에는 청산인은 지체 없이 결산보고서를 작성하고 이를 주주총회에 제출하여 승인을 얻은 후(상 540조 1항), 이 승인이 있은 날로부터 본점소재지에서는 2주간 내, 지점소재지에서는 3주간 내에 청산종결의 등기를 하여야 한다(상 542조 1항, 264조). 주주총회의 결산보고서에 대한 승인이 있는 때에는, 회사는 청산인에 대하여 부정행위가 있는 경우를 제외하고는 그 책임을 해제한 것으로 본다(상 540조 2항).

2) 회사의 장부 기타 영업과 청산에 관한 중요한 서류는 본점소재지에서는 청산종결의 등기를 한 후 10년간 보존하여야 한다(상 541조 1항 본문). 다만 전표 또는 이와 유사한 서류는 5년간 보존하여야 한다(상 541조 1항 단서).[1] 회사의 장부 등의 보존인과 보존방법은 청산인 기타의 이해관계인의 청구에 의하여 법원이 이를 정

1) 이는 1995년 개정상법에 의하여 신설된 것인데, 상업장부 등의 보존의 경우(상 33조 1항)와 같이 전표 등의 보존기간을 단축하였다.

한다(상 541조 2항).

(2) 휴면회사의 청산종결의제

해산한 것으로 의제된 휴면회사는 그 후 3년 내에 주주총회의 특별결의에 의하여 회사를 계속할 수 있는데(상 520조의 2 3항), 이와 같이 회사를 계속하지 아니한 경우에는 그 3년이 경과한 때에 청산이 종결된 것으로 의제된다(상 520조의 2 4항). 이러한 회사에 대하여는 해산의제만으로는 휴면회사의 정리가 종결되지 않기 때문에 청산종결까지 의제한 것이므로, 비록 실질적으로 청산사무가 종결되지 아니한 경우에도 이 기간의 경과로 인하여 청산종결이 의제된다.[1)]

1) 동지: 정(희), 633면.

제 5 장

유 한 회 사

제 1 절 총 설

제 1 유한회사의 의의

유한회사(Gesellschaft mit beschränkter Haftung, GmbH; société à resposabilité limitée, SARL)란 「사원의 출자에 의한 자본금을 가지고, 이 자본금은 균일한 비례적 단위인 출자에 의하여 분할되며, 사원은 원칙적으로 그 출자금액을 한도로 하여 회사에 대하여만 책임을 지는 회사」를 말한다.

유한회사의 의의는 주식회사의 그것과 같이 「자본금」, 「출자」 및 「사원의 유한책임」으로 구성된다. 유한회사의 자본금은 주식회사의 경우와 같이 최저자본금이 없고(2011년 4월 개정상법에 의하여 최저자본을 폐지함), 자본금의 균등한 비례적 단위인 출자 1좌의 금액은 100원 이상(2011년 4월 개정상법에 의하여 출자 1좌의 금액을 100원 이상으로 함)이어야 한다(상 546조). 유한회사의 사원은 원칙적으로 회사에 대하여만 출자금액을 한도로 하는 간접·유한책임을 부담하는데, 일정한 경우에는 이에 대한 예외로서 자본금의 전보(塡補)책임을 부담한다(상 550조, 551조, 593조 등).

유한회사는 주식회사와 같이 물적회사이기는 하나, 주식회사가 대기업에 적합한 회사형태임에 반하여 유한회사는 중소기업에 적합한 회사형태라는 점에서 양자는 구별된다. 또한 유한회사는 합자회사와 같이 유한책임사원을 갖고 있으나, 합자회사의 유한책임사원은 직접·유한책임을 부담함에 반하여 유한회사의 (유한책임)사원은 간접·유한책임을 부담하는 점에서 양자는 구별된다. 유한회사와 유한책임회사의 사원의 책임은 상법에 다른 규정이 없으면 출자금액을 한도로 하는 점에서는 같으나(상 553조, 287조의 7), 유한회사의 사원은 현물출자 등의 부족재산가격 및 출자불이행 등에 대하여 전보책임을 지나(상 550조 1항, 551조 1항) 유한책임회사의 사원은 이러한 전보책임을 부담하지 않는 점에서 양자는 구별된다.

제 2 유한회사의 경제적 기능

유한회사는 인적회사와 주식회사의 장점만을 채택하여 만든 회사인데, 「중소기업」에 가장 적합한 회사형태이다.[1] 대표적인 인적회사인 합명회사는 사원의 신뢰와 신용을 기초로 하여 설립되므로 회사조직이 간편하고 설립절차가 용이하다는 장점이 있다. 또한 대표적 물적회사인 주식회사는 모든 주주의 유한책임의 원칙을 기초로 설립되므로 대(大)자본을 모집할 수 있고 사원의 개성을 떠난 회사의 영속성과 경영의 합리화를 기할 수 있는 등의 장점이 있다. 유한회사는 주식회사의 장점인 사원의 유한책임의 원칙을 채택하여 회사의 영속성과 경영의 합리화를 도모하고, 또한 합명회사의 장점인 회사조직의 간이성과 설립절차의 용이성을 반영하고 있다.[2]

독일이나 영국 등에서는 유한회사의 수가 주식회사의 그것에 비하여 훨씬 많다.[3] 그러나 우리나라에서는 기업들이 주식회사만을 선호하여 유한회사는 거의 이용되고 있지 않다. 그 이유는 여러 가지가 있겠으나, 현행 유한회사에 관한 상법의 규정이 지나치게 경직된 것도 그 이유 중의 하나라고 한다. 따라서 앞으로 명실공히 유한회사가 중소기업의 회사형태에 맞게 적절한 법개정이 있어야 할 것으로 본다.[4]

1) 유한회사의 연혁은 상법상의 다른 회사에 비하여 가장 새로운 회사형태로서 19세기 후반에 비로소 발생하였는데, 이에는 두 가지의 기원이 있다. 하나는 독일에서 발생한 것으로 독일에서의 유한회사는 입법자의 합리적인 창작인 1892년의 유한회사법의 제정에 의하여 처음으로 생겨난 것인데, 이 제도가 프랑스 등 유럽 제국에 보급되고 일본을 거쳐 우리나라에 도입되었다. 다른 하나는 영국에서 발생한 것으로 영국에서는 유한회사에 유사한 회사형태로서 사(私)회사(private company)가 있는데, 이는 실업계의 실제적인 필요성에 따라 정관 또는 관행으로 보급되다가 1907년에 회사법에 입법화되었다. 미국에서의 유한회사는 영국의 사(私)회사와 유사한 회사형태로서 폐쇄회사(close corporation)가 있는데, 이는 대부분의 주에서 주식회사의 일종으로 주식회사와 함께 규정되고 있으나, 근래에는 이에 관한 독립된 법을 제정하는 주(州)가 증가하고 있다[정(희), 640면; 손(주), 1101면; 정(동), (회) 702면].

2) 동지: 정(희), 640~641면; 동 "유한회사의 본질," 「기업법의 전개」, 266면 이하; 이기수, "유한회사법에서의 채권자보호제도," 「상법논집」, 221면 이하 참조.

그런데 우리나라의 유한회사는 영국의 사(私)회사나 독일의 유한회사보다 한층 더 인적회사에 가까운 것으로 되어 있다[동지: 손(주), 1101면].

3) 참고로 미국의 유한책임회사에 관한 소개로는 김동석, "미국 유한책임회사(LLC)의 특징과 설립," 「상사법연구」, 제20권 3호(2001), 321~343면.

4) 동지: 정(동), (회) 702~703면(이를 위하여는 독일의 유한회사법이 우리의 입법과 해석에 많은 참고가 될 것이라고 한다).

제 3 유한회사의 특색

유한회사는 앞에서 본 바와 같이 인적회사와 주식회사의 장점을 취한 것으로, 그의 특색도 이러한 점이 반영되어 크게 자본단체성(주식회사의 장점)과 소규모폐쇄성(인적회사의 장점)이 있다.

(1) 자본단체성

유한회사는 주식회사와 같이 사원의 출자에 의한 자본 중심의 물적회사이다. 유한회사의 자본금은 정관의 절대적 기재사항이고(상 543조 2항 2호)(자본금 확정의 원칙), 그 증감은 정관변경의 절차를 요한다(상 584조 이하)(자본금 불변의 원칙). 또한 유한회사의 자본금은 회사채권자에 대하여 유일한 재산이므로 자본금에 해당하는 재산이 현실적으로 유지되어야 한다(상 544조, 548조, 550조, 551조, 583조 등)(자본금 유지〈충실〉의 원칙). 이와 같이 유한회사에서의 자본금은 총액인수제도(확정자본주의)를 취하고 있는 점에서, (원칙적으로) 수권자본제도를 취하고 있는 주식회사보다 자본금에 관한 원칙이 철저하게 지켜지고 있다.

(2) 소규모폐쇄성

유한회사는 위에서 본 바와 같이 자본단체성이 있으나, 주식회사와 같이 일반대중으로부터 대(大)자본을 모집하는 회사형태가 아니고 출자자 상호간의 인적 신뢰를 중시하는 소규모·폐쇄적인 회사이다. 따라서 상법은 이러한 성격을 반영하여 다음과 같은 규정을 두고 있다.

1) 설 립

(가) 설립절차가 간소하여 주식회사의 경우 모집설립에 해당하는 방법은 인정되지 않고(상 589조 2항 참조) 발기설립에 해당하는 방법만이 인정되며(상 543조 이하), 설립경과에 대한 조사절차가 없고, 정관에 의하여 각 사원의 출자좌수가 확정된다(상 543조 2항 4호).

(나) 유한회사는 그 폐쇄성으로 인하여 (설립의 경우는 물론이고 자본금 증가의 경우에도) 사원의 공모(公募)가 인정되지 않고(상 589조 2항), 증자의 경우 원칙적으로 사원의 출자인수권만이 인정된다(상 588조).

(다) 유한회사는 그 폐쇄성으로 인하여 사채(社債)발행도 인정되지 않는다(상 600조 2항).

2) 사 원 유한회사는 그 소규모폐쇄성으로 인하여 사원의 개성이

강하고 사원 상호간의 유대관계가 높은데, 상법은 이를 반영하여 다음과 같이 규정하고 있다.

(가) 설립시 또는 증자시에 자본금의 결함이 있는 경우에 사원은 연대하여 이를 전보(塡補)할 책임을 진다(상 550조, 551조, 593조).

(나) 사원의 지분에 관하여 지시식 또는 무기명식의 증권을 발행하지 못하도록 하고 있다(상 555조).

3) 기 관 유한회사의 소규모폐쇄성은 그 기관구성에도 반영되어 있는데, 이에 관한 대표적인 상법의 규정은 다음과 같다.

(가) 총사원의 동의가 있으면 사원총회의 소집절차를 생략할 수 있고(상 573조), 서면에 의한 결의도 가능하다(상 577조).

(나) 업무집행기관은 이사인데, 이사의 수에도 제한이 없으므로 1인 이상이면 된다(상 561조).[1)]

(다) 감사(監事)가 임의기관으로 되어 있고(상 568조), 감사위원회제도는 인정되지 않는다(상 415조의 2 참조).

4) 기 타

(가) 유한회사는 확정자본제도를 채택하고 있다.

(나) 유한회사는 공시주의를 완화하여 대차대조표의 공고를 요하지 아니하고(주식회사의 경우는 상 449조 3항 참조), 법원에 의한 감독이 매우 완화되어 변태설립사항 등에 법원이 선임한 검사인에 의한 조사 등이 없다(주식회사의 경우는 상 299조, 310조 등 참조).

제 2 절 설 립

제 1 설립의 특색

유한회사의 설립절차는 주식회사의 발기설립과 비슷하다. 그러나 유한회

1) 2009년 개정상법에 의하여 자본금 총액이 10억원 미만인 소규모 주식회사는 이사를 1명 또는 2명으로 할 수 있는데(상 383조 1항 단서) 이 때에는 각 이사(정관에 따라 대표이사를 정한 경우에는 그 대표이사)가 회사의 업무를 집행하고 또한 대표하므로(상 383조 6항) 주식회사의 업무집행기관과 같이 이사회와 대표이사로 이원화되지 않고 이사(정관에 따라 대표이사를 정한 경우에는 그 대표이사)로 일원화되는데(상 383조 6항), 이 경우에는 주식회사의 업무집행기관이 유한회사의 그것과 매우 유사하게 된다.

사의 설립에는 발기인이 없는 점, 법원이 선임한 검사인에 의한 조사제도가 없는 점(주식회사의 경우 상 299조, 310조 참조), 사원이 정관에 의하여 확정되고(상 543조 2항 1호, 179조 3호) 기관(이사)도 정관에서 정할 수 있는 점(상 547조 1항), 사원과 이사에게 무거운 자본금의 전보(塡補)책임이 있는 점(상 550조, 551조, 593조), 사원의 개성이 중시되므로 설립취소의 소가 인정되는 점(상 552조) 등은 주식회사의 설립절차와는 다른 특색이다. 한마디로 유한회사의 설립의 특색은 주식회사의 그것보다 훨씬 간소화되어 있다.[1)]

제 2 설립절차

I. 정관의 작성

(1) 유한회사의 설립은 먼저 1인 이상의 사원이 정관을 작성하고(상 543조 1항),[2)] 각 사원이 기명날인 또는 서명하여야 한다(상 543조 2항). 이 정관은 주식회사의 경우와 같이 공증인의 인증을 받음으로써 그 효력이 생긴다(상 543조 3항, 292조).

(2) 정관의 기재사항은 다음과 같다.

(가) 정관의 절대적 기재사항은 (i) 목적, (ii) 상호, (iii) 사원의 성명·주민등록번호 및 주소(주식회사와는 달리 정관에 의하여 사원이 확정된다), (iv) 자본금의 총액(자본금의 총액은 주식회사와는 달리 정관에 의하여 확정된다), (v) 출자 1좌의 금액(주식회사가 액면주식을 발행하는 경우와 같이 출자 1좌의 금액은 100원 이상으로 균일하여야 한다 — 상 546조), (vi) 각 사원의 출자좌수(유한회사는 주식회사와는 달리 출자의 인수절차가 없으므로 각 사원이 인수할 출자좌수는 정관에 의하여 확정되고, 각 사원의 출자목적은 주식회사와 같이 재산출자에 한정된다), (vii) 본점의 소재지이다(상 543조 2항).

(나) 정관의 상대적 기재사항은 현물출자·재산인수·설립비용의 변태설립사항(상 544조) 등이 있다. 이러한 변태설립사항으로서 재산인수를 탈법하기 위하여 이용되는 사후설립에는 주식회사의 경우와 같이 사원총회의 특별결의가 있어야 한다(상 576조 2항).

(다) 정관의 임의적 기재사항으로는 이사의 수·결산기 등과 같은 사항(유한회사의 본질 또는 강행법규에 위반되지 않는 사항) 등이 있다.

---

1) 동지: 정(희), 643면; 정(동), (회) 701면.

2) 우리 상법상 유한회사는 1인 사원에 의하여 설립될 수 있는데, 이는 독일 유한회사법상 유한회사가 1인 사원에 의하여 설립될 수 있는 점과 같다(동법 1조).

2. 출자의 이행

이사는 사원으로 하여금 출자 전액의 납입 또는 현물출자의 목적인 재산 전부의 급여를 시켜야 한다(상 548조 1항). 이 경우에 현물출자의 목적인 재산이 등기·등록 등을 요하는 경우에는 이에 관한 서류를 갖추어 교부하여야 한다(상 548조 2항, 295조 2항). 그러나 주식회사의 경우와 같이 변태설립사항의 경우 법원이 선임한 검사인에 의한 조사나 법원의 처분제도는 없다.

3. 이사·감사(監事)의 선임

유한회사의 설립에서는 주식회사에서와 같은 발기인이 없으므로 이사(초대이사)를 정관에서 직접 정할 수도 있으나, 정관에서 이를 정하지 아니한 때에는 회사성립 전에 사원총회를 열어 선임하여야 한다(상 547조 1항). 이 사원총회는 각 사원이 소집할 수 있다(상 547조 2항).

정관에서 감사(監事)를 두기로 정한 경우에는 이러한 감사(監事)의 선임의 경우에도 같다(상 568조 2항).

4. 설립등기

유한회사의 설립등기는 출자의 납입 또는 현물출자의 이행이 있은 날로부터 2주간 내에 본점소재지에서 하여야 한다(상 549조 1항, 상등규 156조). 설립등기사항은 법정되어 있다(상 549조 2항).[1] 유한회사도 다른 회사와 같이 설립등기에 의하여 성립한다(상 172조).

제 3　설립의 하자(무효와 취소)

(1) 유한회사의 설립무효에 관하여는 주식회사의 경우와 같다(상 552조 1항).

(2) 유한회사에는 합명회사·합자회사 및 유한책임회사와 같고 주식회사와는 다른 설립취소의 제도가 있다(상 552조 1항·2항, 184조 2항, 185조, 287조의 6). 이것은 유한회사가 자본단체이기는 하지만, 사원간의 조합계약적 성격이 있기 때문에 각 사원의 개성이

1) 유한회사의 설립등기사항도 주식회사의 경우와 같이 1995년 개정상법에 의하여 일부 개정되었다.

중요시되는 데서 인정되는 것이다. 그러므로 유한회사에서는 설립취소가 인정되는 범위 내에서는 법인격부인론이 적용될 여지가 없다고 하겠으나, 그 외에는 유한회사의 사원이 유한책임을 부담하는 점에서 회사의 채권자를 보호하기 위하여 법인격부인론이 적용되어야 할 것으로 본다.

제 4 설립관여자의 책임

유한회사의 설립경과에 대하여는 자치적인 조사이든 법원이 선임한 검사인에 의한 공권적 조사이든 일체의 조사절차가 없는 대신에(주식회사의 경우에는 298조~300조, 310조~314조 참조), 자본금 충실을 기하기 위하여 현물출자 및 출자미필에 대하여 사원과 이사 및 감사(監事)에 대하여 자본금 전보책임을 인정하고 있다. 사원의 이러한 자본금 전보책임은 사원의 유한책임의 원칙에 대한 중대한 예외가 된다.

I. 사원의 현물출자 등의 부족재산가격 전보책임(변태설립사항)

현물출자 또는 재산인수의 목적인 재산의 회사성립 당시의 실가(實價)가 정관에 정한 가격에 현저하게 부족한 때에는, 회사성립 당시의 사원은 회사에 대하여 그 부족액을 연대하여 지급할 책임이 있다(상 550조 1항).[1] 유한회사의 변태설립사항은 주식회사에서와 같이 법원이 선임한 검사인에 의하여 조사를 받거나(상 298조 4항 본문, 299조, 310조 1항·2항) 공인된 감정인에 의한 감정을 받는 제도(상 298조 4항 단서, 299조의 2, 310조 3항)가 없는 대신, 이와 같이 사원의 책임으로 이에 갈음하고 있다.

이것은 정관작성 당시의 평가가 정당한지 여부를 불문하고, 회사성립 당시의 자본금에 상당하는 재산을 유지할 것을 요구하는 것으로, 자본금 충실의 원칙을 반영한 것이기도 하다.[2] 따라서 여기에서 「현저하게 부족한 때」란 재산의 과대평가로 인한 경우뿐만 아니라, 경제의 변동에 따른 재산가격의 하락을 포함한다.[3]

사원의 이러한 책임은 무과실책임으로 어떠한 경우에도 면제되지 못한다(상 550조 2항). 사원의 연대책임으로 인한 구상관계는 출자좌수에 비례한다.[4]

1) 독일 유한회사법은 이러한 책임을 차액책임(Differenzhaftung)으로 규정하고 있다(동법 9조).
2) 동지: 정(희), 645면.
3) 동지: 정(동), (회) 706면.
4) 동지: 정(희), 645면.

2. 사원과 이사 및 감사(監事)의 출자미필액 전보책임(출자불이행)

회사성립 후에 금전출자의 납입 또는 현물출자의 이행이 완료되지 아니하였음이 발견되었을 때에는, 회사성립 당시의 사원과 이사 및 감사(監事)는 회사에 대하여 그 납입되지 아니한 금액 또는 이행되지 아니한 현물의 가액을 연대하여 지급할 책임이 있다(상 551조 1항). 이 책임은 주식회사의 경우 발기인의 자본금 충실의 책임(상 321조)에 해당하는 것이다.[1] 따라서 유한회사의 사원 등의 이 책임은 무과실책임이다. 다만 유한회사의 사원 등은 인수담보책임을 부담하지 않고 또 현물출자에 대하여도 책임을 부담하는 점에서 주식회사의 발기인의 자본금 충실의 책임과 구별된다.

사원의 이 책임은 사원의 현물출자 등의 부족재산가격 전보책임(상 550조)과 같은 취지이다. 이사는 소정의 납입 또는 이행을 청구할 의무가 있기 때문에 이 책임을 지고(상 548조), 감사(監事)는 업무감사권이 있기 때문에 이 책임을 진다(상 569조). 이사·감사(監事)는 유한회사의 수임인이므로(상 567조, 382조 2항), 총사원의 동의가 있으면 그 책임이 면제된다(상 551조 3항). 그러나 사원의 책임은 면제되지 아니한다(상 551조 2항). 이것은 주식회사의 경우 발기인의 자본금 충실의 책임이 면제되지 않는 점과 유사하다고 볼 수 있다.

제 3 절 사원의 지위

제 1 사원의 자격과 원수(員數)

I. 사원의 자격

유한회사의 사원의 자격에는 특별한 제한이 없으므로, 자연인 및 회사 기타의 법인이 사원이 될 수 있다.

---

1) 주식회사의 경우 현물출자 불이행에 대하여 발기인이 자본충실의 책임을 지는지에 대하여는 상법에 규정이 없고, 학설은 나뉘어 있는데 부정하는 것이 타당하다고 본다.

2. 사원의 원수(員數)

사원의 원수(員數)는 제한이 없다. 2011년 4월 개정상법 이전에는 유한회사의 사원의 수에 대하여 원칙적으로 1인 이상 50인 이하이어야 하는 제한을 두었으나(개정전 상 545조 1항 본문), 2011년 4월 개정상법은 유한회사 사원의 수의 최고한을 폐지하였다(상 545조).

사원의 성명·주소 및 출자좌수를 기재하기 위하여 사원명부가 작성되는데, 이는 주주명부와 유사한 기능을 갖는다(상 557조, 559조 2항, 560조 2항, 353조).

제 2 사원의 권리의무

I. 사원의 권리

(1) 유한회사의 사원의 권리는 원칙적으로 주식회사의 주주의 그것과 비슷하다. 주식회사의 주주의 주식이나 유한회사의 사원의 지분은 원칙적으로 자유롭게 양도할 수 있다(상 335조 1항, 556조).[1]

그러나 유한회사의 사원의 대표소송권을 자본금의 100분의 3 이상에 해당하는 출자좌수를 갖는 소수사원권으로 인정하고 있는 점(상 565조 1항) 및 소수사원에 의한 사원총회의 소집권에 관하여 정관으로 다른 정함을 할 수 있게 한 점(상 572조 2항) 등은 주식회사의 경우(상 403조 1항, 366조)와 차이가 있다.

(2) 유한회사의 사원의 자익권(自益權)으로는 이익배당청구권(상 583조 1항, 462조), 잔여재산분배청구권(상 612조), 출자인수권(상 588조 본문) 등이 있다.

유한회사의 사원의 공익권(共益權)으로서는 의결권(상 575조), 총회소집청구권(상 572조), 총회결의에 대한 취소·무효 또는 부존재확인·부당결의취소변경의 소권(상 578조, 376조~381조), 회사의 설립무효 또는 취소(상 552조)·증자무효(상 595조)·감자무효(상 597조, 445조~446조)·합병무효(상 603조, 529조)의 소권, 이사의 책임을 추궁하는 사원의 대표소송제기권(상 565조), 이사의 위법행위 유지청구권(상 564조의 2), 회사의 업무·재산상태에 대한 검사청구권(상 582조), 사원의 회계장부열람권(상 581조) 등이 인정되는 점은 주식회사의 경

1) 유한회사 사원의 지분의 이전은 2011년 4월 개정상법 이전에는 크게 제한을 받았는데(개정전 상 556조), 2011년 4월 개정상법에서는 주식회사에서의 주식과 같이 원칙적으로 자유롭게 이전할 수 있도록 하였다(상 556조).

우와 유사하다.

그러나 유한회사의 사원에게는 사원제안권 및 다중대표소송제기권을 인정하지 않은 점은 주식회사의 경우(상 363조의 2, 406조의 2)와 차이가 있다.

2. 사원의 의무

(1) 유한회사의 사원은 원칙적으로 그가 인수한 출자에 대한 출자의무만을 부담하고, 사원의 책임은 원칙적으로 그 출자금액을 한도로 한다(상 553조).

(2) 유한회사의 사원은 예외적으로 일정한 경우에 자본금 전보(塡補)책임을 진다. 즉, 회사성립 당시의 사원, 증자에 동의한 사원, 조직변경결의 당시의 사원은 앞에서 본 바와 같이 일정한 자본금 전보의 책임을 진다(상 550조, 551조, 593조, 605조). 다시 말하면 회사성립 당시의 사원은 변태설립사항(현물출자 및 재산인수)의 부족재산을 전보할 책임(상 550조)과 출자불이행분을 전보할 책임(상 551조)이 있고, 증자에 동의한 사원은 변태설립사항(현물출자 및 재산인수)의 부족재산을 전보할 책임(상 593조)이 있으며, 조직변경결의 당시의 사원은 현존하는 순자산액이 자본금의 총액에 부족한 때에는 이를 전보할 책임(상 605조)이 있다.

제 3 사원의 지분

I. 지분의 의의

(1) 유한회사의 지분(Anteil)은 합명회사의 그것과 같이 「출자자인 사원의 회사에 대한 법률상의 지위(즉, 사원이 회사에 대하여 갖는 권리의무의 총체)」를 말한다. 주식회사에서의 주식은 자본의 구성단위로서의 주식과 주주의 회사에 대한 권리의무(사원권)로서의 주식이라는 두 가지 개념이 있으나, 유한회사에서는 전자에 해당하는 개념으로 「출자(좌수)」라는 용어를 사용하고 후자에 해당하는 개념으로 「지분」이라는 용어를 사용하고 있다(상 554조 참조).[1)]

(2) 각 사원은 출자좌수에 따라 지분을 가지는데(상 554조)(지분복수주의), 이는 유한회사의 자본단체적 성격을 반영하는 것이다. 이러한 점은 주식회사의 주식과 같고 인적회사의 지분과 다른 점이다.

---

1) 동지: 정(동), (회) 708면.

(3) 유한회사는 소규모 폐쇄적 성격을 갖고 있으므로 지분의 유가증권화를 허용하지 않는다. 즉, 유한회사는 사원의 지분에 관하여 지시식 또는 무기명식의 유가증권을 발행하지 못한다(상 555조). 다만 기명식의 지분증권을 발행할 수는 있으나, 이는 증거증권으로서만 인정되고 유가증권으로서는 인정되지 않는다.[1]

(4) 유한회사의 지분을 공유하는 것은 인정되는데, 이 경우에는 주식의 공유에 관한 규정이 준용된다(상 558조, 333조).[2]

2. 지분의 양도

(1) 유한회사의 사원이 출자금을 회수할 수 있는 방법으로는 (i) 자본감소 절차에 의한 지분의 유상소각이나 환급의 방법(상 597조, 439조) 및 (ii) 지분을 양도하는 방법이 있다.[3] 이 중에서 지분의 양도는 사원이 출자금을 회수하는 방법으로서 매우 중요한 기능을 가지므로, 유한회사는 지분의 양도성을 인정하지 않을 수 없다. 따라서 유한회사는 지분의 양도를 주식회사의 주식의 양도와 같이 인정하고 있다. 즉, 유한회사의 사원은 그 지분의 전부 또는 일부를 양도하거나 상속할 수 있는데, 다만 정관에서 지분의 양도를 제한할 수 있다(상 556조).

(2) 지분양도의 방법은 당사자간의 의사표시만으로 그 효력이 발생하는데, 양수인의 성명·주소와 그 목적이 되는 출자좌수를 사원명부에 기재하지 않으면 양수를 회사와 제 3 자에게 대항하지 못한다(상 557조).

3. 지분의 입질

유한회사의 사원의 지분은 재산적 가치가 있는 것이므로 질권의 목적으로 할 수 있다(상 559조 1항). 지분 입질(入質)의 요건 및 방법은 지분 양도의 경우와 같다.

질권 설정을 회사와 제 3 자에게 대항하기 위해서는 질권자의 성명·주소와 질권의 목적이 되는 출자좌수를 사원명부에 기재하여야 한다(상 559조 2항, 557조). 유한회사의 지분의 입질은 주식회사의 주식의 입질과는 달리 약식질은 인정되지

1) 동지: 정(동), (회) 709면; 주상(제 5 판)(회사 Ⅵ), 122~123면.

2) 유한회사 사원의 지분을 수 인이 공유하는 경우, 사원의 수를 공유자 전원으로 계산하지 않고 공유자 전원을 1인의 사원으로 계산하여야 한다는 견해가 있다[정(동), (회) 708면; 최(기), (회) 999면; 채, 858면].

3) 상법 제560조에서 상법 제341조를 준용하고 있지 않으므로 유한회사는 배당가능이익으로써 자기지분을 취득할 수 없다. 따라서 유한회사는 배당가능이익으로써 자기지분을 매입소각할 수 없다고 본다.

않고 등록질만이 인정되므로, 지분의 질권자는 주식의 등록질권자와 같은 권리를 갖는다(상 560조 1항, 339조, 340조 1항 · 2항).

4. 자기지분의 취득 및 질취의 제한

유한회사는 배당가능이익으로써 자기지분을 취득할 수 없는 점은 주식회사의 경우와 구별되고, 질취의 제한은 주식회사의 경우와 같다(상 560조, 341조의 2, 341조의 3).

제 4 절 회사의 관리

제 1 총 설

유한회사의 기관에는 의사기관으로 사원총회와 업무집행기관으로 이사가 있다. 유한회사의 감사기관으로 감사(監事)가 있는데, 이는 임의기관이다. 유한회사의 기관이 주식회사의 경우와 근본적으로 다른 점은 업무집행기관이 이사회와 대표이사로 이원화되거나 집행임원이 있지 않고 이사로 일원화되어 있으며,[1] 감사기관인 감사(監事)가 임의기관으로 되어 있는 점이다.[2] 또한 유한회사에서도 임시기관으로 검사인이 선임되는 경우가 있다.

제 2 사원총회

I. 의 의

사원총회란 「사원에 의하여 구성되고 회사에 관한 모든 사항에 대하여 결의할 수 있는 최고·만능의 필요상설기관」이다. 유한회사의 사원총회는 주식회

1) 2009년 개정상법에 의하여 자본금 총액이 10억원 미만인 소규모 주식회사는 이사를 1명 또는 2명으로 할 수 있고(상 383조 1항 단서) 이 때에는 각 이사(정관에 따라 대표이사를 정한 경우에는 그 대표이사)가 회사의 업무를 집행하고 또한 대표하므로(상 383조 6항) 주식회사의 업무집행기관이 이사회와 대표이사로 이원화되지 않고 이사(정관에 따라 대표이사를 정한 경우에는 그 대표이사)로 일원화되는데(상 383조 6항), 이 경우에는 주식회사의 업무집행기관이 유한회사의 그것과 매우 유사하게 된다.
2) 감사(監事)가 임의기관인 점은 자본금 총액이 10억원 미만인 주식회사의 경우(상 409조 4항)와 같다.

사의 주주총회와 대체로 같다. 그러나 주식회사의 주주총회의 권한이 상법 또는 정관에 정하는 사항에 한하여 결의할 수 있음에 대하여(상 361조), 유한회사의 사원총회에는 그러한 제한이 없기 때문에 유한회사의 사원총회는 법령이나 유한회사의 본질에 반하지 않는 한 회사의 (업무집행을 포함한) 모든 사항에 관하여 결의할 수 있는 회사의 만능의 기관이라는 점에서 구별된다. 그러나 유한회사는 소규모·폐쇄적인 성질로 인하여 사원총회에 관한 절차는 주식회사의 그것에 비하여 매우 간단하다.

2. 소 집

(1) 소집권자

1) 사원총회(정기총회와 임시총회를 불문함)는 원칙적으로 이사가 소집한다. 이사가 수 인이 있는 경우에는 이사의 과반수의 결의를 요하는가. 이에 대하여 사원총회의 소집의 결정은 이사의 과반수의 결의에 의하되 소집 자체는 이사 각자가 할 수 있다는 견해가 있으나(소수설),[1] 사원총회의 소집에 관한 이사의 권한(상 571조 1항 본문)은 독립된 권한으로 보아야 할 것이므로 이사가 수 인인 경우에도 단독으로 결정하여 집행할 수 있다고 본다(다수설)[2](즉, 상법 제571조 1항 본문은 제564조에 대한 특칙으로 보아야 할 것이다).

2) 사원총회의 소집에 관한 이러한 원칙에 대하여 다음과 같은 예외가 있다. 즉, 소수사원(자본금 총액의 100분의 3 이상에 해당하는 출자좌수를 가진 사원)에게 소집청구권이 인정되고(상 572조 1항·3항), 또한 감사(監事)에게 임시총회소집권이 인정된다(상 571조 1항 단서). 소수사원에 의한 소집청구권이 인정되는 경우에는 그 요건을 정관에 의하여 상법과 달리 정할 수 있는데(상 572조 2항), 이 점은 주식회사에서의 소수주주에 의한 주주총회의 소집과 다른 점이다.

(2) 소집절차

사원총회의 소집절차는 회일로부터 1주간 전에 각 사원에게 서면으로 통지서를 발송하거나 각 사원의 동의를 받아 전자문서로 통지서를 발송하여야 한다(상 571조 2항). 주식회사의 경우(상 363조 1항)와 비교하여 볼 때 통지발송시기가 단축되어 있는 점이 다르다. 그러나 이 통지서의 기재사항·소집지 등은 주주총회에 관한 규정이 준용되므로(상 571조 3항, 363조 2항, 364조), 주식회사의 경우와 같다. 따라서 통지서에

1) 정(희), 651면; 주상(제 5 판)(회사 Ⅵ), 258~260면.

2) 동지: 손(주), 1110면; 정(동), (회) 715면 외.

목적사항을 기재하지 않고 통지하거나 소집지를 본점소재지 또는 이에 인접한 지로 하지 않는 것은 인정되지 않는다.

위와 같은 소집절차를 밟지 않은 경우에도 총사원의 동의가 있으면 총회를 열 수 있다(전원출석총회)(상 573조). 유한회사는 이 점에 대하여 명문으로 규정하고 있는 점이 주식회사의 경우와 구별된다.

(3) 소집시기

사원총회에는 매년 정기적으로 소집되는 정기총회(상 578조, 365조 1항)와 필요한 경우에 임시로 소집되는 임시총회(상 578조, 365조 3항)가 있는데, 이 점은 주식회사의 경우와 같다.

3. 의 결 권

각 사원은 원칙적으로 출자 1좌에 대하여 1개의 의결권을 갖는데(1출좌 1의결권)(상 575조 본문), 정관으로 이와 다른 정함을 할 수 있다(상 575조 단서). 따라서 정관(원시정관 또는 변경정관)의 규정에 의하여 두수주의(頭數主義)(1사원 1의결권)로 하거나, 일정 좌수 이상을 가진 사원의 의결권을 제한하거나, 출자 1좌에 대하여 복수의결권을 부여할 수 있다.[1] 이 점은 주식회사의 경우와 다른 점이다. 그러나 유한회사의 경우에도 사원의 의결권을 완전히 박탈할 수는 없다.[2]

또한 유한회사에서는 소수사원권으로서 사원제안권을 인정하고 있지 않은 점(상 363조의 2 참조), 이사의 선임에 있어서 집중투표제도를 인정하고 있지 않은 점(상 382조의 2 참조), 사원의 지분매수청구권을 인정하지 않은 점(상 374조의 2 참조) 및 지분의 상호보유의 경우에 의결권이 제한되지 않는 점(상 369조 3항 참조) 등은 주식회사의 경우와 다르다.

그러나 의결권의 대리행사, 특별이해관계인의 의결권행사의 제한 및 출석한 주주의 의결권의 수에 산입하지 아니하는 점 등은 주주총회의 그것과 같다(상 578조, 368조 2항·3항, 371조 2항 등).

4. 의사(議事)·결의

(1) 의 사

의사의 진행과 의사록의 작성은 주주총회의 그것과 같다(상 578조, 373조).

---

1) 동지: 정(희), 651면; 정(동), (회) 716~717면; 최(기), (회) 1008면.

2) 동지: 정(희), 651면; 이(철), (회) 1223면.

⑵ 결의요건

결의요건에는 보통결의·특별결의 및 총사원의 일치에 의한 결의가 있다.

1) 보통결의는 정관에 다른 정함이 없으면 총사원의 의결권의 과반수를 갖는 사원이 출석하고, 그 의결권의 과반수로써 한다(상 574조). 이 점은 주주총회의 보통결의요건(상 368조 1항)과 다른 점이다.

2) 특별결의는 총사원(의결권을 행사할 수 없는 사원은 총사원의 수에 산입하지 아니한다)의 반수 이상이고, 총사원의 의결권(행사할 수 없는 의결권은 이를 의결권의 수에 산입하지 아니한다)의 4분의 3 이상을 가지는 자의 동의로 한다(상 585조). 의결권의 수와 관계없이 총사원의 과반수를 요구하는 것은 유한회사에서는 사원의 개성이 중시되기 때문이다.[1] 주주총회의 특별결의의 요건(상 434조)과 비교하여 그 요건이 더욱 가중되어 있는 점이 다르다.

특별결의를 요하는 사항은 영업양도 등의 승인(상 576조 1항, 374조), 정관변경(상 585조 1항), 증자의 경우 현물출자·재산인수·(사원 이외의 자에 대한) 출자인수권의 부여(상 586조, 587조), 자본금의 감소(상 597조, 584조), 사원의 출자인수권의 제한(상 588조 2문), 사후설립(상 576조 2항), 사후증자(상 596조), 합병 및 (신설합병의 경우) 설립위원의 선임(상 598조, 599조), 정관에서 정하는 경우 주식회사로의 조직변경(상 607조 1항 단서), 회사의 해산(상 609조 1항 2호·2항), 회사의 계속(상 610조 1항) 등이다.

3) 총사원의 일치에 의한 총회의 결의를 요하는 사항은 정관에 다른 정함이 없는 경우 유한회사의 주식회사로의 조직변경이다(상 607조 1항 본문). 이 밖에 총사원의 동의를 요하는 사항으로는 이사와 감사(監事)의 책임면제(상 551조 3항, 607조 4항)가 있다.

⑶ 서면결의

유한회사의 소규모·폐쇄적 성격을 반영하여 상법은 유한회사에서 회의를 필요로 하는 총회의 결의에 갈음하여, 서면에 의한 사원의 찬성과 반대의 의사표시를 계산하여 회사의 의사를 결정하는 방법을 규정하고 있는데, 이것을 서면결의라고 한다. 이러한 서면결의는 총회의 결의와 동일한 효력이 인정되고(상 577조 3항), 또 총회에 관한 규정이 준용되고 있는데(상 577조 4항), 이에는 다음과 같은 두 가지의 방법이 있다.

1) 첫째는 총회의 결의사항을 총회를 소집하지 않고 서면에 의한 결의로 할 것을 총사원이 동의한 경우이다(상 577조 1항). 이는 의안에 대한 가부(可否)는 별

1) 동지: 정(동), (회) 717면.

문제로 하고 결의방법에 관하여 총사원이 동의하는 경우로서, 서면결의의 원래의 방법이다.[1] 이 방법에 의한 서면결의는 특정사항에 관하여 하는 경우에만 인정되고, 미리 포괄적으로 이러한 방법으로 할 것을 정하는 것은 인정되지 않는다.[2] 서면결의에 관한 총사원의 동의가 있으면, 다음으로 사원은 서면에 의하여 의안에 대한 찬성 또는 반대의 의사표시를 하고 이 의사표시가 결의요건을 구비하는 경우에 의안이 확정된다. 이 경우 결의요건의 구비 여부는 결의사항의 종류에 따라 다른데, 출석정족수의 산정이 문제된다. 이에 대하여 (보통결의사항의 경우) 총사원의 의결권의 과반수를 가지는 사원이 가부(可否)의 의사를 표시하고(즉, 가부〈可否〉의 서면을 송부하고) 그 표시된 의결권의 과반수가 찬성하여야 한다는 견해도 있으나,[3] 사원은 가부(可否)에 관한 서면의 송부 여부를 불문하고 전원 출석한 것으로 보아야 할 것이다.[4]

2) 둘째는 결의의 목적사항에 관하여 총사원이 서면으로 동의한 경우이다. 결의방법에 관하여는 사전에 총사원의 동의가 없었으나, 결의내용인 의안(議案)(목적사항)에 관하여 총사원이 서면에 의하여 동의하면 서면에 의하여 결의가 있은 것으로 보는 것이다(상 577조 2항).

5. 결의의 하자

사원총회의 결의의 하자에 관하여는 주주총회에 관한 규정이 그대로 준용된다(상 578조, 376조~381조).

제 3 이 사

1. 의 의

유한회사의 이사(Geschäftsführer: gérant)는 「대내적으로 회사의 업무를 집행하고 대외적으로 회사를 대표하는 유한회사의 필요상설의 기관」이다. 앞에서 본 바와 같이 유한회사의 업무집행기관은 언제나 이사로 일원화되어 있고,

---

1) 동지: 정(희), 652면.
2) 동지: 정(희), 652면; 손(주), 1113면; 정(동), (회) 718면; 이(철), (회) 1224면; 이(기) 외, (회) 606면.
3) 정(동), (회) 718면.
4) 동지: 정(희), 652면.

주식회사의 경우와 같이 이사회와 대표이사로 이원화되거나 집행임원이 있는 경우가 없다.[1)]

2. 선임·해임

(1) 선 임

이사의 선임은 원칙적으로 사원총회의 결의에 의한다(상 547조 1항, 567조, 382조 1항). 그러나 예외적으로 회사설립의 경우 초대이사는 정관에 의하여 정할 수 있다(상 547조 1항). 이사의 자격·임기·수에는 상법상 제한이 없다. 이사의 자격에 제한이 없는 점에서 유한회사는 자기기관이나 제 3 자기관이 모두 가능하고,[2)] 이사의 임기 및 수에 제한이 없는 점은 주식회사의 이사의 경우(상 383조)와 구별된다.[3)]

이사와 회사와의 관계는 위임관계이고(상 567조, 382조 2항) 또한 이사가 받을 보수는 정관이나 총회의 결의로 정하는 점은(상 567조, 388조) 주식회사의 경우와 같다.

이사의 회사에 대한 보수청구권에 대하여 다음과 같은 대법원판례가 있다.

[이사의 보수청구권은 사원총회의 결의가 있어야 발생한다고 본 판례]

정관 및 관계법규상 이사의 보수에 관하여는 사원총회의 결의가 있어야 한다고 규정되어 있는 경우, 그와 같은 절차가 이행되었다고 인정할 증거가 없는 한 이사의 보수청구는 이유 없다[대판 1983. 3. 22, 81 다 343(공보 704, 728)].

(2) 해 임

사원총회의 특별결의로 이사가 해임될 수 있고 또 일정한 경우에는 소수사원이 이사의 해임의 소권(訴權)을 갖는 점도 주식회사의 경우와 같다(상 567조, 385조). 이사의 결원이 있는 경우 등에 취하는 조치도 주식회사의 경우와 같다(상 567조, 386조, 407조, 408조).

1) 앞에서 본 바와 같이 자본금 총액이 10억원 미만인 소규모 주식회사에서 이사가 1명 또는 2명인 경우에는 주식회사의 업무집행기관도 유한회사의 그것과 같이 각 이사 또는 대표이사(정관에 따라 대표이사를 정한 경우)로 일원화되어 있다(상 383조 1항 단서·6항).

2) 동지: 정(동), (회) 719면.

3) 그러나 주식회사의 경우에도 자본금 총액이 10억원 미만인 소규모 회사에서는 이사를 1명 또는 2명 둘 수 있으므로(상 383조 1항 단서), 이 경우에는 유한회사와 유사하게 된다.

3. 권 한

(1) 업무집행권

이사는 회사의 업무집행권이 있는데, 이사가 수 인 있는 경우에는 회사의 업무집행의사는 통일되어야 하므로 정관에 다른 규정이 없는 한 그 과반수로써 업무집행의 의사를 결정하여야 한다(상 564조 1항). 지배인의 선임·해임(사원총회가 지배인을 선임·해임하는 경우는 제외됨—상 564조 2항)과 지점의 설치·이전 또는 폐지의 경우에도 같다(상 564조 1항). 그러나 이 경우에도 수 인의 이사는 주식회사의 이사회와 같이 회의체형식의 기관으로서 활동하는 것이 아니므로, 반드시 회의를 열어서 결의하여야 하는 것은 아니다[1](주식회사의 이사회와 구별됨—상 393조 참조). 또한 이와 같이 결의된 사항에 관한 업무집행은 각 이사가 단독으로 한다(단독집행의 원칙).

(2) 대 표 권

이사는 원칙적으로 각자 회사의 대표권이 있다(상 562조 1항). 대표권의 범위(상 209조) 및 (대표)이사의 손해배상책임(상 210조) 등은 합명회사의 대표사원(주식회사의 대표이사 또는 대표집행임원)의 그것과 같다(상 567조). 이사가 수 인 있는 경우에 정관에 다른 정함이 없으면 사원총회에서 회사를 대표할 이사를 선정하여야 한다[2](상 562조 2항).

이사는 단독대표가 원칙이나, 정관 또는 사원총회의 결의로 수 인의 이사가 공동으로 회사를 대표할 것을 정할 수 있다(공동대표)(상 562조 3항). 공동대표의 경우 제3자와의 대표행위에 관하여는 주식회사의 경우와 같다(상 562조 4항, 208조 2항).

회사가 이사에 대하여 또는 이사가 회사에 대하여 소를 제기하는 경우에는 이사가 대표권이 없고, 사원총회에서 그 소에 관하여 회사를 대표할 자를 선정하여야 한다(상 563조).

표현대표이사에 관하여는 주식회사의 그것과 같다(상 567조, 395조).

4. 의 무

이사와 회사와의 관계는 위임관계이므로(상 567조, 382조 2항), 주식회사의 경우와 같이 이사는 회사에 대하여 일반적인 선관주의의무(민 681조)를 부담한다. 이사는 이 외

---

1) 동지: 정(희), 649면; 정(동), (회) 720면.

2) 상법 제562조 1항이 이사의 각자대표를 원칙으로 내세우면서, 동조 2항이 대표이사의 선정을 강요하는 것은 모순이다. 가능규정으로 고쳐야 할 것이다[동지: 정(동), (회) 720면].

에도 주식회사의 경우와 같이 경업피지의무(상 567조, 397조)[1]·자기거래금지의무(상 564조 3항) 등을 부담한다.

그러나 주식회사의 경우(상 382조의 3)와는 달리 유한회사의 이사에 대하여는 충실의무에 대하여 규정하고 있지 않다. 또한 유한회사의 이사에게는 주식회사의 경우(상 397조의 2)와는 달리 회사기회유용금지의무가 없고, 자기거래금지의무에서도 주식회사의 경우(상 398조)와는 달리 이사의 주변인물과 회사와의 거래에 대하여는 제한을 하지 않고 있다.

이사는 이 밖에도 그 권한과 관련하여, 정관 등의 비치의무(상 566조 1항), 재무제표의 작성·제출의무(상 579조, 583조, 449조 1항) 등을 부담한다.

5. 책 임

(1) 손해배상책임

유한회사의 이사는 주식회사의 이사와 같이 회사 및 제 3 자에 대하여 법령위반 또는 임무를 게을리함으로 인한 손해배상책임을 진다(상 567조, 399조~401조).

(2) 자본금 전보책임(자본금 충실책임)

이사(및 감사〈監事〉)는 회사성립 후에 출자(금전 및 현물)불이행이 있는 것에 대하여 이를 연대하여 전보(塡補)할 책임이 있고(상 551조 1항), 증자시에 출자의 인수 및 납입(현물출자의 목적인 재산에 대하여는 급여미필재산가액)담보책임이 있으며(상 594조), 또한 조직변경시에 현존하는 순자산액이 조직변경시에 발행하는 주식의 발행가액총액에 부족한 경우에는 이를 연대하여 전보할 책임이 있다(상 607조 4항).

이사(및 감사)의 이러한 책임은 총사원의 동의에 의하여 면제될 수 있다(상 551조 3항, 594조 3항, 607조 4항).

6. 사원의 이사에 대한 위법행위 유지청구권과 대표소송권

이에 관하여는 상법이 유한회사의 경우에 별도로 규정하고 있으나(상 564조의 2, 565조), 그 내용은 대체로 주식회사의 주주의 이사에 대한 경우와 같다(상 402조, 403조). 다만 유한회사의 경우 이사의 위법행위에 대하여 유지청구권을 행사할 수 있는 소

1) 다만 이사가 자기 또는 제 3 자의 계산으로 회사의 영업부류에 속하는 거래를 하거나 동종영업을 목적으로 하는 다른 회사의 무한책임사원이나 이사가 되고자 하는 경우에, 주식회사의 경우에는 이사회의 승인을 받아야 하나(상 397조 1항), 유한회사의 경우에는 이사회가 없으므로 사원총회의 승인을 받아야 한다(상 567조 2문).

수사원권의 비율이 자본금의 총액의 100분의 3 이상에 해당하는 출자좌수를 가진 사원이고(상 564조의 2와 402조의 비교), 대표소송을 제기할 수 있는 소수사원권의 비율이 자본금의 총액의 100분의 3 이상에 해당하는 출자좌수를 가진 사원이라는 점에서 주식회사의 경우와 다르다(상 565조 1항과 403조 1항의 비교). 또한 유한회사에서는 주식회사의 경우(상 406조의 2)와는 달리 다중대표소송을 인정하지 않는다.

제 4 감사(監事)·검사인 및 (외부)감사인

1. 감 사

(1) 유한회사는 소규모·폐쇄적 성격이 있으므로 감사(監事)는 임의기관인데, 이 점은 주식회사(소규모 주식회사를 제외함)의 경우와 크게 구별되는 점이다. 즉, 유한회사는 정관에 의하여 1인 또는 수 인의 감사(監事)를 둘 수 있다(상 568조 1항). 정관에서 감사(監事)를 두기로 한 경우에 (초대)감사의 선임은 (초대)이사의 선임방법과 같다(상 568조 2항, 547조). 그 밖에 감사(監事)의 해임의 결의요건(상 385조 1항), 결원의 경우의 조치(상 386조), 책임면제 및 감경(상 400조), 직무집행정지 및 직무대행자의 선임(상 407조), 겸임금지(상 411조), 총회에 대한 재무제표의 조사보고의무(상 413조), 손해배상책임(상 414조) 등은 모두 주식회사의 경우와 같다(상 570조).

그러나 소수사원에 의한 해임의 소가 인정되지 않는 점(상 570조에서는 385조 2항을 준용하지 않음), 임기의 제한이 없는 점(상 570조에서는 410조를 준용하지 않음), 자본전보책임이 있는 점(상 551조, 594조, 607조 4항) 등은 주식회사의 경우와 다르다.

(2) 감사(監事)는 언제든지 회사의 업무와 재산상태를 조사할 수 있고, 이사에 대하여 영업에 관한 보고를 요구할 수 있다(상 569조). 이 밖에 감사(監事)는 직접적인 임시사원총회의 소집권(상 571조 1항 단서, 412조의 3과 비교), 설립무효 및 증자무효의 소의 제기권(상 552조, 595조), 이사의 자기거래에 대한 승인권(상 564조 3항) 등이 있다.

(3) 감사(監事)의 의무와 책임은 이사 및 주식회사의 감사(監事)의 경우와 유사하다(상 570조·411조·413조·414조·565조, 551조, 594조, 607조 등).

2. 검 사 인

유한회사의 임시의 감사기관으로 검사인이 있다. 이러한 검사인은 사원총회나 법원에 의하여 선임될 수 있는데, 이 점은 주식회사의 경우와 같다(상 578조·367조, 582조).

그러나 회사의 변태설립사항을 조사하기 위하여 검사인이 선임되지 않는 점은 주식회사의 경우와 근본적으로 다르다.

3. (외부)감사인

2017년 10월 31일 「주식회사 등의 외부감사에 관한 법률」(개정: 2020. 5. 19, 법 17298호)의 전부개정으로 직전 사업연도 말의 자산, 부채, 종업원 수 또는 매출액, 사원 수, 유한회사로 조직변경 후 기간 등을 고려하여 대통령령으로 정하는 기준(직전 사업연도 말의 자산총액이 500억원 이상인 회사 등 — 외감시 5조 2항)에 해당하는 유한회사는 회계법인 또는 한국공인회계사회에 등록한 감사반인 「(외부)감사인」(외감 2조 7호)을 의무적으로 두어야 한다(외감 4조 1항 3호, 2조 1호).

이러한 (외부)감사인에 관하여는 주식회사에서 설명한 바와 같다.

제 5 회사의 계산

1. 총 설

유한회사도 물적회사이므로 회사채권자를 보호하기 위하여 회사재산을 확보하는 것이 무엇보다도 중요하다. 따라서 유한회사의 회계에 관하여는 주식회사의 회계에 관한 규정을 많이 준용하고 있다(상 583조). 다만 유한회사는 소규모·폐쇄적 성격 때문에 대차대조표의 공고강제가 없는 점(상 449조 3항 참조) 등은 주식회사의 경우와 다르다.

2. 재무제표

(1) 작성·제출

재무제표의 작성(상 579조), 영업보고서의 작성(상 579조의 2), 이들의 사원총회에의 제출·승인(상 583조 1항, 449조 1항·2항, 450조), 재무제표부속명세서의 작성 등은 대체로 주식회사의 경우와 유사하다.

(2) 내 용

유한회사는 법정준비금(이익준비금 및 자본준비금)을 적립하여야 하고, 이는 자본금의 결손전보에만 충당할 수 있는 점(상 583조 1항, 458조~460조) 등은 주식회사의 경우와 같다.

그러나 준비금의 자본금 전입이 인정되지 않는 점은 주식회사의 경우와 구별되는 점이다(상 461조 참조).

(3) 비치·공시

재무제표·영업보고서 및 감사보고서는 정기총회 회일의 1주간 전부터 5년간 회사의 본점에 비치하여야 한다(상 579조의 3 1항). 사원과 회사채권자는 영업시간 내에 언제든지 위 서류의 열람을 청구할 수 있고, 회사가 정한 소정의 비용을 지급하고 그 등본이나 초본의 교부를 청구할 수 있는데(상 579조의 3 2항, 448조 2항), 이 점은 주식회사의 경우와 대체로 같다(상 448조 참조).

그러나 앞에서 본 바와 같이 대차대조표의 공고강제가 없는 점은 주식회사의 경우와 다르다(상 449조 3항 참조).

3. 이익의 배당

(1) 이익배당의 요건은 주식회사의 경우와 같다(상 583조 1항, 462조).

(2) 이익배당의 기준이 원칙적으로 각 사원의 출자좌수에 따라야 하는 점은 주식회사의 경우와 같지만, 정관으로 그 예외를 규정할 수 있는 점은 주식회사의 경우와 다르다(상 580조).

(3) 유한회사의 경우에도 주식회사의 경우와 같이 중간배당을 인정하고 있다(상 583조 1항, 462조의 3).[1]

4. 기타의 경리문제

(1) 소수사원이 회계의 장부와 서류의 열람 또는 등사를 청구할 수 있는 권리를 갖는 점(상 581조 1항)은 주식회사의 경우와 같다(상 466조). 그러나 유한회사의 경우 이러한 권리를 정관의 규정에 의하여 단독사원권으로 할 수 있고, 이 경우에 회사는 재무제표부속명세서를 작성하지 아니하는 점은(상 581조 2항), 주식회사의 경우와 다르다(상 466조 참조).

(2) 소수사원의 검사인선임청구권(상 582조)은 주식회사의 경우(상 467조)와 유사하다.

(3) 유한회사가 사원의 권리행사와 관련한 이익공여금지의 규정을 두고 있지 않은 점은 주식회사의 경우(상 467조의 2)와 구별되나, 회사 피용자의 우선변제권을

1) 1999년 개정상법에 의하여 유한회사에 대하여도 중간배당제도를 인정하고 있다.

인정한 점은 주식회사의 경우와 동일하다(상 583조 2항, 468조).

제 5 절 정관의 변경(자본금의 증감)

제 1 총 설

유한회사의 정관의 변경은 사원총회의 특별결의에 의하는 점은(상 584조, 585조) 주식회사의 경우와 유사한데, 이 결의에서는 결의요건이 주식회사의 경우보다 가중되어 있고(상 585조 1항) 또 정관에 규정이 없더라도 서면결의의 방법을 이용할 수 있는 점은(상 577조) 주식회사의 경우와 구별된다.

정관변경이 등기사항에 관한 경우에는 그 변경등기를 하여야 한다(상 549조 4항, 183조). 그러나 이러한 변경등기는 원칙적으로 정관변경의 효력요건이 아니고 대항요건이다(상 37조). 그러나 자본금 증가의 변경등기는 예외적으로 본점소재지에서 변경등기를 함으로써 그 효력이 생기므로(상 592조) 효력요건이다.

유한회사에서는 자본금의 총액이 정관의 절대적 기재사항이므로(상 543조 2항 2호), 자본금의 증감은 정관의 변경에 관한 사항이다. 따라서 이하에서는 정관변경사항 중 가장 중요한 것으로 볼 수 있는 자본금 증가와 자본금 감소에 대하여만 설명한다.

제 2 자본금 증가

I. 의 의

자본금 증가(증자)란 「정관에서 규정하고 있는 자본금의 총액을 증가하는 것」을 말하는데, 유한회사에서의 증자는 정관변경을 수반하는 기구변경이다.[1] 유한회사에서는 사채(社債)의 발행이 인정되지 않으므로 회사가 다액의 장기자금을 조달하기 위해서는 자본금 증가의 방법에 의할 수밖에 없다.[2]

증자의 방법에는 (i) 출자좌수의 증가, (ii) 출자 1 좌의 금액의 증가 및 (iii)

1) 동지: 정(동), (회) 728~729면; 채, 864면; 이(기) 외, (회) 608면.
2) 동지: 정(희), 655면; 정(동), (회) 729면.

양자의 병용의 세 가지 방법이 있다. 그런데 출자 1좌의 금액의 증가에는 사원에게 추가출자를 요하는 것이므로 사원의 유한책임의 원칙에서(상 553조) 총사원의 동의를 요하므로, 실제로는 출자좌수의 증가에 의한 방법이 많이 이용되고 있는 점에서, 상법도 이에 대하여만 규정하고 있다.

2. 증자의 절차

(1) 사원총회의 특별결의

유한회사의 자본금은 정관의 절대적 기재사항이므로(상 543조 2항 2호) 증자를 위하여는 사원총회의 특별결의에 의한 정관변경이 있어야 한다(상 584조, 585조). 이 결의에서는 정관에 다른 정함이 없더라도 현물출자, 재산인수 및 증자부분의 출자인수권을 부여할 자에 관하여 정할 수 있다(상 586조).

(2) 출자의 인수

1) 사원은 원칙적으로 증가할 자본금에 대하여 그 지분에 따라 출자를 인수할 출자인수권을 갖는다(법정출자인수권)(상 588조 본문).

그러나 예외적으로 정관변경의 사원총회에서 출자인수권을 부여할 자를 정한 경우(상 586조 3호) 또는 사원총회의 특별결의로 특정한 제 3 자에 대하여 출자인수권을 부여할 것을 약속한 경우(상 587조)에는, 이 범위에서 사원은 출자인수권을 갖지 못한다(상 588조 단서). 이 점이 주식회사에서는 주주의 신주인수권을 제한하거나 또는 특정한 제 3 자에게 신주인수권을 부여함에는 신기술의 도입·재무구조의 개선 등 회사의 경영상 목적을 달성하기 위하여 필요한 경우로서 반드시 정관에 이를 규정하여야 하는 점과 다르다(상 418조 2항, 420조 5호 참조).

2) 출자인수의 방법은 출자인수인이 출자인수를 증명하는 서면에 그 인수할 출자좌수와 주소를 기재하고 기명날인 또는 서명하여야 한다(서면에 의한 요식행위)(상 589조 1항). 그러나 사원 또는 출자인수권이 부여된 제 3 자가 출자인수를 하지 않는 경우에는(출자인수권은 사원의 권리이지 의무가 아님) 회사는 다른 출자인수인을 구할 수는 있으나, 광고 기타의 방법에 의하여 출자인수인을 공모하지는 못한다(상 589조 2항). 이와 같이 유한회사에서는 출자인수권자가 출자를 인수하지 않아도 다른 인수인을 공모하지 못하는 점이 주식회사의 경우와 다르다. 또 주식회사의 경우와는 달리 신주인수권증서에 해당하는 제도도 없다.

3) 유한회사의 증자의 경우에는 정관상 자본금의 총액이 이미 변경되어

있으므로, 증자액에 해당하는 출자 전좌(全座)의 인수가 있어야 한다. 이 점도 주식회사의 신주발행에 있어서는 발행신주의 총수의 인수가 없어도 신주발행의 효력이 있는 점과 다르다.

(3) 출자의 이행

증자액에 해당하는 출자 전좌(全座)의 인수가 있으면 이사는 설립의 경우와 같이 출자인수인으로 하여금 출자 전액의 납입 또는 현물출자의 목적인 재산 전부의 급여를 시켜야 하는데, 이 경우 출자인수인은 회사의 동의없이 회사에 대하여 상계를 주장하지 못한다(상 596조, 548조, 421조 2항). 만일 이 때 증자액에 해당하는 출자 전좌(全座)의 이행이 없으면 증자는 효력을 발생하지 않는데, 이 점도 주식회사의 경우와 다른 점이다.

(4) 증자의 등기

자본금 증가로 인한 출자 전액의 납입 또는 현물출자의 이행이 끝나면 회사는 그 이행이 완료된 날부터 2주 내에 본점소재지에서 증자에 대한 변경등기를 하여야 하는데(상 591조),[1] 증자는 이와 같이 본점소재지에서 등기를 함으로써 그 효력이 생긴다(상 592조). 그러므로 출자인수인은 이 때부터 사원이 되는데, 다만 이익배당에 관하여는 납입의 기일 또는 현물출자의 목적인 재산의 급여의 기일로부터 사원과 동일한 권리를 갖는다(상 590조).

3. 증자에 관한 책임

증자의 경우에 자본금 충실의 원칙상 상법은 사원에게 변태설립사항(현물출자·재산인수)의 부족재산가격 전보책임(상 593조)과 이사 및 감사(監事)에게 자본금 충실책임(인수 및 이행담보책임)(상 594조)을 인정하고 있다. 또한 사후증자의 경우에도 동일한 책임을 인정하고 있다.

(1) 사원의 현물출자 등의 부족재산가격 전보책임(변태설립사항)

현물출자나 재산인수의 목적인 재산의 자본금 증가 당시의 실가(實價)가 증자결의에 의하여 정한 평가액에 현저하게 부족한 때에는, 그 증자결의에 동의한 사원은 회사에 대하여 연대하여 그 부족액을 전보할 책임을 진다(유한책임원칙의 예외)(상 593조).

---

1) 이 등기기간에 대하여 1995년 개정상법 이전에는 「본점소재지에서는 2주간 내, 지점소재지에서는 3주간 내에」라고 규정하였으나(상 591조), 1995년 개정상법은 「2주간 내에 본점소재지에서」라고 개정하여 지점소재지에서의 등기를 폐지하였다.

이러한 사원의 책임은 면제되지 못한다(상 593조 2항, 550조 2항, 551조 2항).

⑵ 이사 및 감사(監事)의 자본금 충실책임

자본금 증가 후(증자등기 후)에 아직 인수되지 아니한 출자가 있는 경우에는 이사와 감사(監事)가 공동으로 이를 인수한 것으로 보고(인수담보책임)(상 594조 1항), 아직 출자 전액의 납입 또는 현물출자의 목적인 재산의 급여가 없는 경우에는 이사와 감사(監事)가 연대하여 그 납입 또는 급여미필재산의 가액을 지급할 책임을 진다(이행담보책임)(상 594조 2항). 이사와 감사(監事)의 이 책임은 총사원의 동의로 면제될 수 있다(상 594조 3항, 551조 3항).

이를 회사설립시의 경우(상 551조)와 비교하면, 증자시의 사원은 이러한 책임을 부담하지 않는 점과, 증자시의 이사 및 감사(監事)는 인수담보책임도 부담한다는 점에서 양자는 구별된다.

4. 사후증자

사후증자(유한회사가 증자 후 2년 내에 증자 전부터 존재하는 재산으로써 영업을 위하여 계속하여 사용할 것을 자본금의 20분의 1 이상에 상당하는 대가로 취득하는 계약을 체결하는 경우)는 증자는 아니지만 현물출자나 재산인수에 의한 증자를 탈법하기 위하여 이용되므로 사후설립의 경우와 같이 사원총회의 특별결의를 받도록 하고 있는데(상 596조, 576조 2항), 이 점은 주식회사의 경우와 구별되고 있다.

제 3 자본금 감소

유한회사의 자본금 감소의 방법 및 절차는 주식회사에서 액면주식을 발행한 경우 자본금 감소와 대체로 같다(상 597조). 즉, 정관변경에 관한 사원총회의 특별결의(상 543조 2항 2호, 584조, 585조 1항, 597조, 439조 1항), 채권자보호절차(상 597조, 439조 2항), 출자에 대한 조치(출자1좌의 금액 감소의 경우에는 환급 또는 절기〈切棄〉, 출자좌수의 감소의 경우에는 이의 소각이나 병합)(상 597조, 443조) 및 감자의 변경등기(상 549조 4항, 183조)를 하여야 한다. 다만 이 때 감자는 등기 전의 감자절차의 종료로써 효력이 생기므로 감자등기는 효력발생요건이 아니고 단순한 대항요건인데, 이 점은 증자등기가 효력발생요건인 점(상 592조)과 구별되고 있다.

제 4 증자·감자의 무효

증자·감자의 무효에 대하여는 주식회사의 신주발행무효의 소 및 감자무효의 소의 규정을 준용하므로 주식회사의 경우와 거의 동일하다(상 595조 2항, 597조). 다만 증자무효의 소의 제소기간인 6월을 산정함에 있어서 그 기산점이 주식회사의 경우는 「신주를 발행한 날(납입기일의 다음 날)」인데(상 429조), 유한회사의 경우는 「증자발효일(본점소재지에서 증자등기를 한 날)」이다(상 595조 1항).

제 6 절 합병과 조직변경

제 1 합 병

(1) 유한회사는 어떤 회사와도 합병을 할 수 있다(상 174조 1항). 그런데 합병을 하는 회사의 일방 또는 쌍방이 주식회사·유한회사 또는 유한책임회사인 경우에는 존속회사나 신설회사는 주식회사·유한회사 또는 유한책임회사이어야 한다(상 174조 2항). 유한회사와 주식회사가 합병을 하는 경우에 합병 후 존속하는 회사 또는 합병으로 인하여 설립되는 회사가 주식회사이면 법원의 인가를 얻어야 하고(상 600조 1항), 유한회사이면 사채의 상환이 완료되어야 한다(상 600조 2항).

(2) 유한회사가 다른 회사와 합병을 함에는 사원총회의 특별결의가 있어야 한다(상 598조). 신설합병의 경우에는 당사회사인 유한회사는 사원총회의 특별결의에 의하여 설립위원을 선임하여야 하는데(상 599조), 이러한 설립위원이 정관작성 기타 설립에 관한 행위를 한다(상 175조 1항).

(3) 유한회사가 주식회사와 합병하는 경우에 합병 후의 존속회사 또는 신설회사가 유한회사인 경우에는, 소멸한 주식회사의 주식 위에 있는 질권은 그 유한회사의 지분에 물상대위하지만, 유한회사의 지분에는 약식질의 방법이 없으므로 사원명부에 질권의 등록을 하여야 회사 기타 제 3 자에게 대항을 할 수 있다(상 601조).

(4) 그 밖에 합병의 절차, 합병계약서의 작성, 합병계약서 등의 공시, 합병

의 효력, 합병의 등기 등에 관하여는 앞에서 이미 설명한 합병에 대한 일반적인 경우와 같다(상 602조, 603조). 다만 유한회사의 경우에는 이사회가 없으므로 이사회의 공고로써 흡수합병의 보고총회나 신설합병의 창립총회에 갈음할 수 있는 제도는 없다(상 603조에서 526조 3항 및 527조 4항을 준용하지 않음).

제 2 조직변경

(1) 유한회사는 정관에 다른 규정이 없으면 총사원의 일치에 의한 사원총회의 결의로(2011년 4월 개정상법에 의하여 정관에서 정하는 바에 따라 제585조의 사원총회의 특별결의로 할 수 있도록 하고 있다—상 607조 1항 단서) 주식회사로만 그 조직을 변경할 수 있다(상 607조 1항). 이 조직변경에 관한 결의에서는 정관 기타 조직변경에 필요한 사항을 정하여야 한다(상 607조 5항, 604조 3항). 이 조직변경에는 채권자보호절차를 밟아야 하고(상 608조, 232조), 조직변경이 끝나면 이를 등기하여야 한다(상 608조에서 606조를 준용하든가 또는 변경등기에 관한 별도의 규정을 두었어야 할 것으로 본다). 이 조직변경은 법원의 인가를 받아야 그 효력이 있다(상 607조 3항).

(2) 조직변경시의 자본충실을 위하여 조직변경시에 발행하는 주식의 발행가액총액은 회사에 현존하는 순재산액을 초과하지 못하도록 하고 있고(상 607조 2항), 만일 이를 초과하면 그 초과액에 대하여 결의 당시의 이사·감사(監事)와 사원이 연대하여 회사에 대하여 그 부족액을 전보할 책임을 진다(상 607조 4항 1문).

조직변경 전의 유한회사의 지분상의 질권자는 주권교부청구권 및 물상대위에 의하여 보호된다(상 607조 5항, 340조 3항, 601조 1항).

제 7 절 해산과 청산

제 1 해 산

(1) 유한회사의 해산사유는 (i) 존립기간의 만료 기타 정관으로 정한 사유의 발생, (ii) 사원총회의 결의(특별결의), (iii) 합병, (iv) 파산, (v) 법원의 해산명령 또는 해산판결이다(상 609조).

(2) 위의 (i) 또는 (ii)의 경우에는 사원총회의 특별결의에 의하여 회사를 계

속할 수 있다(상 610조 1항). 이와 같이 회사를 계속하는 경우에는 해산등기 후에도 계속이 가능한데, 다만 해산등기 후에는 일정한 기간 내에 회사의 계속등기를 하여야 한다(상 611조, 229조 3항).

제 2 청 산

(1) 유한회사의 청산은 주식회사의 경우와 같이 언제나 법정청산이다. 따라서 유한회사의 청산절차는 주식회사의 경우와 거의 동일하다(상 613조).

(2) 유한회사의 청산인은 집행임원 비설치회사인 주식회사의 경우와 같이 청산인회와 대표청산인으로 분화되지 않는다. 따라서 각 청산인이 청산사무의 집행권과 대표권을 갖는데, 이 점은 해산 전의 유한회사의 이사와 같다. 또 잔여재산분배의 기준이 원칙적으로 각 사원의 출자좌수에 따르는 점은 주식회사의 경우와 같으나, 예외적으로 정관의 규정에 의하여 이와 달리 정할 수 있는 점은 주식회사의 경우와 다르다(상 612조).

제 3 편
외국회사 및 벌칙

제 1 편 회사법 총론

제 1 장 총 설

제 2 장 회사법 통칙

제 2 편 회사법 각론

제 1 장 합 명 회 사

제 2 장 합 자 회 사

제 3 장 유한책임회사

제 4 장 주 식 회 사

제 1 절 총 설

제 2 절 주식회사의 설립

제 3 절 주식과 주주

제 4 절 기 관

제 5 절 자본금의 증감(변동)

제 6 절 정관의 변경

제 7 절 회사의 회계

제 8 절 사 채

제 9 절 조직변경·합병 및 분할

제 10 절 해산과 청산

제 4 장 유 한 회 사

제 3 편 외국회사 및 벌칙

제 1 장 외 국 회 사

제 2 장 벌 칙

제 1 장

외국회사

제 1 외국회사의 의의

상법은 외국회사(foreign company; ausländische Gesellschaft; société étrangère)에 관한 규정(제6장)을 두고 있으나, 외국회사의 의의에 관하여는 아무런 규정을 두고 있지 않다. 그러나 외국회사와 내국회사를 구별하는 것은 외국회사에 관한 규정을 적용하기 위하여 필요하므로, 이를 구별하여야 할 실제적인 필요성이 있다. 외국회사의 구별표준에 관하여 (국제사법상) 학설은 나뉘어 있다. 즉, 이에 대하여 주소지주의·설립준거법주의·설립지주의·사원의 국적주의·주식인수지주의 등이 있는데, 주소지주의는 다시 영업중심지주의와 본점소재지주의로 나뉘어 있다.

생각건대 설립준거법 주의가 타당하다고 본다.[1] 이 견해에 의하면 내국회사는 한국법에 의하여 설립된 회사이고, 외국회사는 외국법에 의하여 설립된 회사를 의미한다. 우리 상법은 설립준거법을 등기사항으로 하고 있는 점(상 614조 3항 전단), 「외국에서 설립된 회사」라고 표현하고 있는 점(상 617조) 등에서 볼 때, 설립준거법주의를 취하고 있다고 볼 수 있다.[2] 이러한 점에서 볼 때 상법 제617조의 입법취지는 외국회사라 할지라도 한국 내에 본점을 설치하거나 또는 한국 내에서 영업할 것을 주된 목적으로 하는 때에는 「한국에서 설립된 회사」(내국회사)와 동일한 규정에 의한다는 점을 명시한 것이다.

이와 같이 설립준거법주의에 의하여 외국회사와 내국회사를 구별하는 이

1) 동지: 정(희), 660면; 손(주), 1135면; 정(동), (회) 884면; 이(기) 외, (회) 99면; 천경훈, "상법상 외국회사 규정의 몇 가지 문제점: 2011년 개정의 분석과 비판을 겸하여," 「상사법연구」(한국상사법학회), 제32권 제 4 호(2014. 2), 239~240면 외(우리나라의 통설).

이에 대하여 설립준거법설과 본점소재지설의 절충설을 취하는 견해로는 박·이, 513면; 차, 391면.

2) 동지: 정(희), 660면; 정(동), (회) 884면.

상, 외국회사는 내국회사와 같은 영리성 및 법인성을 요하지 않는다고 본다.[1)]

제 2 외국회사의 권리능력

외국회사의 일반적 권리능력의 유무(법인격존재의 유무)는 그 설립준거법(속인법)에 의하여 결정될 문제이다. 그런데 그 설립준거법에 의하여 일반적 권리능력이 인정된 외국회사가 우리나라에서 어떠한 범위 내의 개별적 권리능력을 가질 수 있는가는, 우리나라의 법이 결정할 문제이다. 이에 대하여 우리 민법은 외국법인에 관해서는 규정을 두고 있지 않고, 상법은 이에 관하여 「외국회사는 다른 법률(공사법〈公私法〉·조약을 포함함)[2)]의 적용에 있어서는 법률에 다른 규정이 있는 경우 외에는 대한민국에서 성립된 동종 또는 가장 유사한 회사로 본다」(상 621조)라고 규정하고 있다. 이것은 자연인에 관하여 평등주의를 취하고 있는 것과 같이, 외국회사에 대하여도 내국회사와 동일하게 그 권리능력을 인정한 것이다.[3)]

앞에서 본 바와 같이 외국회사라도 국내에 본점을 두거나 또는 국내에서 영업할 것을 주된 목적으로 하는 회사는 내국회사와 동일하게 취급된다(상 617조). 이것은 우리 상법의 규정을 회피하기 위하여 외국법에 의하여 설립된 유사(類似)외국회사를 규제하기 위한 것이다.[4)]

제 3 외국회사에 대한 감독규정

이하의 규정들은 외국회사가 한국에서 영업을 하는 경우 이를 감독하기 위한 것이고, 그 회사가 외국법상 법인인가 아닌가를 묻지 아니한다.[5)]

1) 동지: 천경훈, 전게논문(상사법연구 제32권 제 4 호), 240~241면.
2) 동지: 정(동), (회) 885면; 이(기) 외, (회) 100면.
3) 동지: 정(희), 661면; 정(동), (회) 885면.
그러나 외국의 입법례 중에는 그 나라 국내법에 의하여 승인을 받아야 그 나라에서 영업활동을 할 수 있는 것으로 규정한 경우도 있다(일본 민법 35조 등).
4) 동지: 정(동), (회) 885면; 채, 909면; 이(기) 외, (회) 99~100면; 주상(제 5 판)(회사 Ⅶ), 72면.
5) 동지: 정(희), 661면; 서·정, 662면; 손(주), 1136면; 정(동), (회) 884면; 이(기) 외, (회) 100면; 주상(제 5 판)(회사 Ⅶ), 33면 외.

1. 등 기

(1) 외국회사가 대한민국에서 영업을 하려면 대한민국에서의 「대표자」를 정하고 대한민국 내에 「영업소」를 설치하거나 대표자 중 1명 이상이 대한민국에 그 「주소」를 두어야 한다(상 614조 1항). 2011년 4월 개정상법에 의하여 외국회사는 대한민국 내에 영업소를 설치하거나 대표자 중 1명 이상이 대한민국에 그 주소를 두어야 하는 것으로 규정하였다(상 614조 1항).

이 때 외국회사는 그 영업소의 설치에 관하여 한국 내에서 설립되는 동종의 회사 또는 가장 유사한 회사의 지점과 동일한 등기를 하여야 한다(상 614조 2항).

이에 관하여 다음과 같은 대법원판례가 있다.

[외국회사가 국내에 사무소를 설치한 경우에는 지점설치의 등기를 하여야 제3자에게 대항할 수 있다고 한 판례]

외국회사의 사장·부사장 등 이사 전원이 한국 내에 주소를 두고 사무소를 설치한 때에는 그 사무소의 명칭 여하에 상관 없이 국내에 지점을 설치한 것이라 할 것인즉, 지점설치의 등기를 하여야 하고, 이를 하지 아니한 때에는 제3자는 외국회사의 성립을 부인할 수 있다[대판 1959. 7. 30, 4291 민상 331(카드 4781)].

(2) 외국회사의 영업소의 등기에서는 회사설립의 준거법과 대한민국에서의 대표자의 성명과 그 주소 및 대한민국에서의 공고방법 등을 등기하여야 한다(상 614조 3항, 상등규 163조). 입법론상 외국회사가 영업소를 설치하지 않고 대표자 중 1명 이상이 대한민국에 그 주소를 둔 경우(상 614조 1항)에도 등기사항을 규정할 필요가 있다고 본다.[1)]

이러한 등기사항이 외국에서 생긴 때에는 그 등기기간의 기산점은 그 통지가 도달한 날이다(상 615조).

(3) 외국회사의 한국에서의 대표자는 주식회사의 대표이사 또는 대표집행임원(합명회사의 대표사원)과 동일한 권한과 불법행위능력을 갖는다(상 614조 4항, 209조, 210조).

2. 등기 전의 계속거래의 금지

외국회사가 그 영업소의 소재지에서 일정한 사항을 등기하기 전에는 계속

1) 동지: 천경훈, 전게논문(상사법연구 제32권 제4호), 255~256면.

적 거래를 하지 못한다(상 616조 1항). 이에 위반하여 거래를 한 자는 그 거래에 대하여 회사와 연대하여 책임을 지고(상 616조 2항), 그 회사는 등록세의 배액에 상당한 과태료의 제재를 받는다(상 636조 2항). 이는 국내거래의 안전을 기하기 위한 것이다.[1)]

3. 대차대조표 등의 공고 의무

외국회사로서 상법에 따라 등기를 한 외국회사(대한민국에서의 같은 종류의 회사 또는 가장 비슷한 회사가 주식회사인 것만 해당한다)는 재무제표에 따른 승인과 같은 종류의 절차 또는 이와 비슷한 절차가 종결된 후 지체 없이 대차대조표 또는 이에 상당하는 것으로서 대통령령으로 정하는 것을 대한민국에서 공고하여야 한다(상 616조의2 1항, 상시 43조).[2)] 이의 공고방법은 우리 상법상 주식회사의 공고방법(상 289조 3항부터 6항까지)과 같다(상 616조의2 2항). 이는 2011년 4월 개정 상법에 의하여 신설되었다.

따라서 외국회사는 그 설립준거법상 요구되는 정도의 대차대조표를 중요한 요지 위주로 한글로 표시하여 공고하여야 한다고 본다.[3)]

4. 외국회사의 주권 또는 채권(債券)의 발행과 유통

외국회사가 한국 내에서 그 회사의 주권 또는 채권(債券)의 발행·주식의 이전·입질(入質)과 사채(社債)의 이전 등에 관하여는, 그 유통시장이 한국이고 이의 관계자의 이익을 보호하기 위하여 상법의 주식 및 사채(社債)의 해당 규정을 많이 준용하고 있다(상 618조).

5. 영업소의 폐쇄와 청산

(1) 외국회사는 외국법에 의하여 그 법인격이 인정되기 때문에, 우리 상법에 의한 해산명령을 하여 법인격을 박탈할 수는 없다. 따라서 외국회사에 대하여는 회사의 해산명령(상 176조)에 갈음하여 영업소 폐쇄명령의 제도를 두고 있는데(상 619조), 그 요건은 대체로 해산명령의 그것과 유사하다. 다만 그 요건에서 「정당한 사유 없는 지급정지」(상 619조 1항 2호 후단) 및 대표자 등의 행위가 「선량한 풍속

1) 동지: 정(희), 662면; 정(동), (회) 886면.
2) 상법 제616조의 2 제 1 항에서 "대통령령으로 정하는 것"이란 복식부기의 원리에 의하여 해당 회사의 재무상태를 명확히 하기 위하여 회계연도 말 현재의 모든 자산·부채 및 자본의 현황을 표시한 서류로서 대차대조표에 상당하는 형식을 갖춘 것을 말한다(상시 43조).
3) 동지: 천경훈, 전게논문(상사법연구 제32권 제 4 호), 258~260면.

기타 사회질서에 위반한 행위」도 포함되어 있는 점(상 619조 1항 3호)에서는 해산명령보다 가중되어 있으나, 「정관 위반의 경우」가 제외된 점(상 619조 1항 3호)에서는 해산명령보다 완화되어 있다.[1)]

(2) 위와 같은 법원의 폐쇄명령이 있는 경우에는 법원은 이해관계인의 신청이나 직권으로 한국에 있는 그 회사 재산의 전부에 대하여 청산개시를 명하고, 청산인을 선임하여야 한다(상 620조 1항). 이는 한국에 있어서의 이해관계인을 보호하기 위한 것인데,[2)] 이러한 법원의 청산개시명령에 관한 규정은 외국회사가 스스로 영업소를 폐쇄한 경우에도 준용된다(상 620조 3항). 외국회사 영업소에 대한 법원의 청산개시명령에 의한 청산절차에는 주식회사의 청산에 관한 규정이 그 성질이 허용하는 한 준용된다(상 620조 2항).

1) 동지: 정(희), 662면.
2) 동지: 정(희), 662면.

제 2 장

벌 칙

제 1 총 설

회사제도는 자본주의 경제조직에서 핵심적인 형태인데, 그 필요성이 큰 것과 비례하여 남용의 위험도 크다. 따라서 상법은 회사제도에서 발생하는 폐해를 방지하기 위하여 회사에 관한 규정을 사법적(私法的)으로는 강행규정으로 규정하는 한편, 공법적으로는 이러한 위반행위(회사범죄)에 대하여 형사처벌을 하고 있다.[1)]

상법 회사편 제 7 장 벌칙에서 규정하고 있는 회사범죄에 대한 벌칙은 크게 형벌(징역·벌금·몰수 등)과 행정벌(과태료)이 있는데, 전자는 형사소송법에 의하여 부과되고 후자는 비송사건절차법(비송 247조~250조)에 의하여 처리된다.[2)]

이하에서는 회사범죄에 대한 이러한 벌칙을 피처벌자, 제재의 종류, 가벌행위로 분류하여 간단히 소개하겠다.

제 2 피처벌자

Ⅰ. 형벌규정이 적용되는 자

회사범죄자로서 형벌의 제재를 받는 자는 다음과 같다.

1) 발 기 인 발기인은 주식회사의 설립사무와 관련하여 부정행위가 있는 경우 특별배임죄, 회사재산을 위태롭게 하는 죄, 부실문서행사죄, 납입가

1) 동지: 정(동), (회) 895면.

2) 동지: 정(동), (회) 895면.

이 때의 행정벌(과태료)은 행정청(검사)이 위반사실을 적발하여 통보함으로써 과태료에 처할 자의 주소지를 관할하는 지방법원이 결정으로써 과하는데(비송 247조, 248조 1항), 법원은 재판을 하기 전에 당사자의 진술을 듣고 검사의 의견을 구하여야 한다(비송 248조 2항). 당사자와 검사는 과태료의 재판에 대하여 즉시항고를 할 수 있다(비송 248조 3항).

장죄, 수권주식총수의 초과발행죄, 독직죄 등의 처벌을 받는다(상 622조, 625조, 627조, 628조, 629조, 630조).

2) 설립위원 신설합병의 경우 설립위원도 발기인과 유사한 지위에 있으므로 발기인과 같은 형벌의 제재를 받는다(상 622조 2항).

3) 이사·집행임원 또는 그 직무대행자 주식회사나 유한회사의 이사·주식회사의 집행임원과 그 직무대행자(상 386조 2항, 407조 1항, 415조, 567조)도 발기인과 유사한 형벌의 제재를 받는다(상 622조, 625조, 630조).

4) 업무집행사원 인적회사의 업무집행사원과 유한책임회사의 업무집행자[1]도 물적회사의 이사·집행임원과 같은 형벌의 제재를 받는다(상 622조, 625조).

5) 감사(監事) 또는 그 직무대행자 감사(監事)와 그 직무대행자는 특별배임죄, 회사재산을 위태롭게 하는 죄, 부실보고죄, 부실문서 행사죄, 납입가장죄, 독직죄 등의 처벌을 받는다(상 622조, 625조~628조, 630조).

6) 회사의 지배인 또는 부분적 포괄대리권을 가진 상업사용인(상 10조, 15조) 이러한 상업사용인도 특별배임죄, 회사재산을 위태롭게 하는 죄, 부실문서 행사죄, 납입가장죄, 독직죄 등의 처벌을 받는다(상 622조, 625조, 627조~630조).

7) 청산인 또는 그 직무대행자 회사의 청산인 또는 그 직무대행자도 특별배임죄 등의 처벌을 받는다(상 622조 2항).

8) 검 사 인 검사인도 회사재산을 위태롭게 하는 죄 등의 처벌을 받는다(상 625조).

9) 공증인(인가공증인의 공증담당변호사를 포함함)·감정인[2] 이들도 회사재산을 위태롭게 하는 죄(상 625조), 독직죄(상 630조 1항) 등의 처벌을 받는다.

10) 외국회사의 대표자 외국회사의 대표자도 부실문서 행사죄 등의 처벌을 받는다(상 627조).

11) 사채권자집회의 대표자 또는 그 결의집행자 이들은 사채권자단체의 수임자로서 단체의 이익을 해할 지위에 있으므로 특별배임죄 등의 처벌을 받는다(상 623조).[3]

---

1) 2011년 4월 개정상법은 상법 제622조 등에 유한책임회사의 '업무집행자'를 추가하지 않았는데, 이는 입법상 미비라고 본다.

2) 이들은 1995년 개정상법에 의하여 주식회사의 설립경과 및 현물출자를 조사할 수 있는 지위를 갖게 되었으므로(공증인의 경우는 상 298조 3항, 299조의 2, 310조 3항, 313조 2항, 감정인의 경우는 상 299조의 2, 310조 3항, 422조 1항 참조), 이와 관련된 부정을 방지하기 위하여 이들의 부실보고죄(상 625조 1호) 및 독직죄(상 630조 1항)를 신설하였다.

3) 입법론상 이에 '사채관리회사'를 포함시켜야 할 것으로 본다.

12) **주식 또는 사채의 모집을 위탁받은 자 또는 매출인** 이들은 직접 투자자인 일반공중을 상대로 업무를 하는 점에서 진실성이 요구되므로 부실문서 행사죄 등의 처벌을 받는다(상 627조).

13) **주주·사채권자·기타의 자** 주주·사채권자 등이 그의 권리행사와 관련하여 부정한 청탁을 받고 재산상의 이익을 수수·요구 또는 약속하는 경우에는 권리행사방해 등에 관한 증수뢰죄의 처벌을 받고(상 631조 1항), 주주 등이 납입의 책임을 면하기 위하여 타인 또는 가설인의 명의로 주식 또는 출자를 인수하면 납입책임면탈죄의 처벌을 받으며(상 634조), 납입가장에 응하거나 이를 중개한 자도 납입가장죄의 처벌을 받는다(상 628조 2항).

위의 피처벌자가 법인인 경우에는 일정한 회사범죄에 대하여는 그 행위를 한 이사·집행임원·감사(監事) 그 밖에 업무를 집행한 사원 또는 지배인을 처벌한다(상 637조).

2. 행정벌(과태료)이 적용되는 자

행정벌인 과태료 제재가 적용되는 자는 대체로 위의 형벌규정이 적용되는 자와 동일한데,[1] 부분적 포괄대리권을 가진 상업사용인이 제외되고 대신 사채모집의 수탁회사와 그 사무승계자가 추가되어 있다.

또한 회사성립 전에 회사명의로 영업한 자·외국회사의 영업소 등기 전의 거래금지에 위반한 자(상 636조) 및 회사가 아니면서 회사 상호를 부당사용한 자(상 28조) 등도 과태료의 처벌을 받는다.

또한 상법(상 363조의 2 1항, 542조 2항, 542조의 6 2항)에 위반하여 주주가 제안한 사항을 주주총회의 목적사항으로 하지 아니한 자(상 635조 1항 21호)·주주총회의 소집통지·공고에 없는 후보자를 이사·감사(監事)로 선임한 자(상 635조 1항 30호 542조의 5)·사외이사 선임의무를 이행하지 아니한 경우 등 상장회사의 지배구조요건에 위반하는 자(상 635조 3항) 등도 과태료의 처벌을 받는다.

1) 이에는 1995년 개정상법에 의하여 공증인과 감정인이 추가되어 있고(상 635조), 1999년 개정상법에 의하여 감사위원회의 위원이 추가되어 있다(상 635조).

제 3 제재의 종류

1. 형 벌

회사범죄에 대한 형벌은 자유형인 「징역」과 재산형인 「벌금」(상 622조 등) 및 부가형인 「몰수」·「추징」(상 633조)이 있다. 징역의 최고한은 10년, 벌금의 최고한은 3,000만원이다(상 622조 1항). 일정한 범죄에 대하여는 징역과 벌금을 병과할 수 있다(상 632조). 이러한 형벌은 앞에서 본 바와 같이 형사소송법의 절차에 따라 과하여진다.

2. 행 정 벌

회사범죄인 행정벌은 과태료인데, 그 액의 최고한은 원칙적으로 500만원이지만(상 635조), 예외적으로 등록세액의 배액으로 하는 경우도 있다(상 636조). 회사범죄에 대하여 형벌을 과할 때에는 과태료에 처하지 아니한다(상 635조 1항 단서). 이러한 과태료는 대통령령으로 정하는 바에 따라 법무부장관이 부과·징수하는데, 이에 이의를 제기한 때에는 법무부장관은 지체 없이 관할법원에 그 사실을 통보하여야 하고 그 통보를 받은 관할법원은 비송사건절차법에 따른 과태료 재판을 한다(상 637조의 2).

제 4 가벌행위

1. 특별배임행위

상법상 특별배임죄는 회사의 발기인·업무집행사원·업무집행자[1]·이사·집행임원·감사위원회 위원·감사(監事) 또는 그 직무대행자·지배인·부분적 포괄대리권을 가진 상업사용인이 그 임무에 위반한 행위로써 재산상의 이익을 취득하거나 제 3 자로 하여금 이를 취득하게 하여 회사에 손해를 가한 경우에 성립하는데, 이는 형법상의 배임죄(형 355조 2항)에 대한 특별규정이다.

이에 관하여 다음과 같은 대법원판례가 있다.

1) 2011년 4월 개정상법이 유한책임회사의 '업무집행자'를 추가하지 않은 것은 입법의 미비라고 본다.

[부존재한 주주총회의 결의에 의하여 선임된 이사는 특별배임죄의 주체가 될 수 없다고 본 판례]

특별배임죄의 주체는 적법한 이사나 대표이사에 한하고, 그가 선임된 주주총회의 결의가 부존재한 것으로 된 경우에는 그 주체가 될 수 없다[대판 1986. 9. 9, 85 도 218(공보 786, 1327)].

동지: 대판 1978. 11. 28, 78 도 1297(공보 604, 11622).

[포괄대리권이 없는 회사의 사용인은 특별배임죄의 주체가 될 수 없다고 본 판례]

특별배임죄의 주체가 되는 회사사용인은 적어도 회사의 영업의 어떤 종류 또는 특정한 사항에 관하여 대외적으로 회사를 대리할 수 있는 부분적이기는 하나 포괄대리권을 가진 자만을 말하므로, 위임된 회사의 업무가 개별적·구체적 사항에 관한 것인 경우는 이에 해당되지 아니한다[대판 1978. 1. 24, 77 도 1637(공보 581, 10646)].

특별배임행위의 내용은 배임의 인식이 있는 이상 작위이든 부작위이든, 법률행위이든 사실행위이든 무방하다.[1)]

이에 관하여 특별배임죄를 부정하는 대법원판례와 긍정하는 대법원판례는 다음과 같다.

[특별배임행위를 부정한 판례]

「은행융자에 있어서 담보물이 충분하여 은행에 손해가 없다면, 특단의 사정이 없는 한 은행원에게 은행의 융자적합성 등의 검토에 있어서 잘못이 있다고 하더라도 상법 제622조에 의한 특별배임죄를 구성하지 않는다」고 하고[대판 1971. 4. 13, 71 도 326(집 19 ① 형 145)], 「주식회사의 임원들이 과대계상에 의하여 생긴 잉여금을 추석찬대겸 체불된 노임조로 주주들에게 배당하였다고 하더라도 그 배당절차가 적법하고 그 액수도 통상노임액수에 미달되어 회사에 손해를 가한 것이 없다면 특별배임죄가 성립될 수 없다」고 한다[대판 1981. 1. 27, 79 도 2810(공보 653, 13703)].

[특별배임행위를 긍정한 판례]

「회사와 제3자간에 임대차관계 분쟁해결에 있어 회사가 지급할 금액을 보증금 및 손해금을 합하여 금 1,700만원으로 상호 인정하고 일단 합의가 이루어졌는데도 회사 대표이사가 처벌받게 됨을 두려워하여 별도로 권리금 명목으로 금 700만원을 더 지급하였다면, 이는 회사가 지급할 의무 없는 권리금 명목의 금원을 지급한 것으로서 소위 특별배임죄에 해당한다」고 하고[대판 1984. 2. 28, 83 도 2928(공보 726, 556)], 「주식회사의 주주인 대표이사와 이사가 회사의 경비를 허위로 과다하게 지출한

1) 동지: 정(희), 668면. 상법상 특별배임죄에 관한 상세는 김병기, "상법 제622조 임원 등의 특별배임죄에 관한 연구," 「상사판례연구」(한국상사판례학회), 제28집 제2권(2015. 6), 51~80면 참조.

양 경리장부를 작성하게 하여 그 돈을 회사의 정식경리에서 제외시킨 경우, 정식경리에서 제외된 공금의 용도가 구체적으로 밝혀지지 아니하고 또 거액으로서 위의 대표이사 및 이사가 그 지출내역에 관하여 주장조차 하지 못하고 있다면, 위 금액이 회사의 자금으로 관리되었다고 보기 어렵기 때문에 특별배임죄를 구성할 수 있다」고 한다[대판 1989. 10. 10, 87 도 966(집 37 ③ 민 678)].

특별배임죄는 회사에 현실로 손해가 발생한 경우에 기수(既遂)가 되는데, 이 범죄의 미수도 처벌된다(상 624조).

특별배임죄에 대한 형벌은 회사범죄 중 가장 무거운 10년 이하의 징역 또는 3,000만원 이하의 벌금인데, 이를 병과할 수도 있다(상 622조, 632조). 다만 사채권자집회의 대표자 또는 그 결의집행자는 7년 이하의 징역 또는 2,000만원 이하의 벌금으로 경감되어 있다(상 623조, 632조).

2. 회사재산을 위태롭게 하는 행위

물적회사에서 회사의 재산적 기초를 위태롭게 하는 죄는 전형적인 회사범죄인데, 이하에서 이를 살펴보면 다음과 같다.

(1) 부실보고 등의 행위

물적회사의 설립 또는 증자시에 자본금 충실에 관한 사항(인수, 납입, 현물출자의 이행, 변태설립사항)에 대하여 법원·총회 또는 발기인[1]에게 부실한 보고를 하거나 사실을 은폐하는 행위이다(상 625조 1호). 유한회사와 주식회사 상호간의 조직변경 또는 유한책임회사와 주식회사 상호간의 조직변경시에 순재산액에 관하여 법원 또는 총회에 부실한 보고를 하거나 사실을 은폐하는 행위도 같다(상 626조).[2]

(2) 부정한 자기주식(지분)의 취득 또는 질취(質取)행위

법률이 인정하는 경우(상 341조, 341조의 2, 341조의 3, 560조)를 제외하고 자기주식(지분)을 회사의 계산으로 부정하게 취득하거나 질취(質取)하는 행위이다(상 625조 2호).

(3) 법령 또는 정관에 위반한 이익의 배당행위

법령 또는 정관에 위반하여(예컨대 상법에 위반하여 법정준비금을 적립하지 않거나 정관에 위반하여 임의준비금을 적립하지 않은 경우) 이익을

1) 1995년 개정상법에 의하여 발기설립의 경우 이사·감사는 회사의 설립에 관한 모든 사항을 조사하여 발기인에게 보고하도록 되어 있으므로(상 298조 1항), 발기인에 대한 부실보고 등도 처벌하게 된 것이다.

2) 상법 제626조에 유한책임회사와 주식회사 상호간의 조직변경에 관한 '상법 제287조의 44'를 추가하여야 할 것으로 본다. 이는 입법상 미비라고 본다.

배당하는 행위(위법배당 또는 제꼬리배당)이다(상 625조 3호).

⑷ 투기에 의한 회사재산의 처분행위

회사의 정당한 영업범위 외에서 투기행위를 하기 위하여 회사재산을 처분하는 행위이다(상 625조 4호).

위와 같은 회사재산을 위태롭게 하는 범죄에 대한 형은 5년 이하의 징역 또는 1,500만원 이하의 벌금인데(상 625조), 이를 병과할 수 있다(상 632조).

3. 자회사에 의한 모회사의 주식취득제한을 위반한 행위

상법 제342조의 2 제 1 항 · 제 2 항, 제360조의 3 제 7 항, 제523조의 2 제 2 항 및 제530조의 6 제 5 항의 규정을 위반하여 자회사가 모회사의 주식을 위법하게 취득하였거나 적법하게 취득한 주식이라도 그 주식을 취득한 날 · 교환의 효력이 발생하는 날 · 합병의 효력이 발생하는 날 · 분할합병의 효력이 발생하는 날부터 6월 이내에 모회사의 주식을 처분하지 않은 때에는 2,000만원 이하의 벌금에 처한다(상 625조의 2). 자유형이 없는 대신 무거운 벌금형을 과하고 있다.

4. 주식 또는 사채의 모집 및 매출에 관한 부실문서의 행사

주식회사의 발기인 · 업무집행사원 · 업무집행자 · 이사 · 집행임원 · 감사위원회 위원 · 감사(監事) 또는 그 직무대행자 · 지배인 · 부분적 포괄대리권을 가진 상업사용인 · 외국회사의 대표자, 주식 또는 사채의 모집수탁자 및 매출인이 주식 또는 사채의 모집이나 매출을 함에 있어 중요한 사항에 관하여 부실한 기재가 있는 문서(주식청약서 · 사채청약서 · 사업계획서 · 모집광고 등)를 행사하는 행위이다(상 627조).

이는 주식회사가 직접 자금을 모집함에 있어 과대선전을 방지하기 위한 것으로, 이에 위반하면 5년 이하의 징역 또는 1,500만원 이하의 벌금에 처하는데(상 627조 1항), 병과할 수도 있다(상 632조).

5. 납입가장행위

통모가장납입(발기인이 납입을 맡은 은행으로부터 금전을 차입하여 이것을 설립중의 회사의 예금으로 이체하여 주식의 납입에 충당하지만, 그 차입금을 변제할 때까지 그 예금을 인출하지 않을 것을 약정하는 것) 또는 위장납입(주식납입의 의사 없이 고리대금업자 등으로부터 일시 납입금에 충당할 목적으로 차입하여 은행에 예입하고, 등기 즉시 이를 꺼내어 반환하는 것)을 말하는데(상 628조), 현물출자의 이행이 있는 것처럼 가장하는 부정행위도 이에 포함된다.[1)]

이러한 행위를 한 자는 5년 이하의 징역 또는 1,500만원 이하의 벌금에 처하고(상 628조 1항), 병과할 수도 있다(상 632조).

이러한 납입가장행위에 대하여 다음과 같은 대법원판례가 있다.

[납입가장죄의 성립을 부정한 판례]

납입한 돈을 회사설립등기가 된 다음 날에 곧 납입맡은 은행에서 꺼내갔다 하더라도, 이를 회사를 위하여 썼다면 자본충실을 해친다고 할 수 없어서 주식납입의 의사 없이 납입하였다고는 할 수 없다(즉 위장납입이라고 하기 위하여는 그 돈이 회사를 위하여 쓰이지 않고, 즉시 대주에게 반환되어야 한다는 의미이다—저자 주)[대판 1977. 11. 8, 77 도 2439(집 25 ③ 형 67)].

동지: 대판 1973. 8. 31, 73 다 824(민판집 189, 358); 동 1979. 12. 11, 79 도 1489(형판집 188, 103); 동 2001. 8. 21, 2000 도 5418(주식납입금을 회사 설립등기 후 바로 인출하였으나, 그 인출금을 주식납입금 상당 자산의 양수대금으로 사용한 경우에는 납입가장죄가 성립할 수 없다).

[납입가장죄의 성립을 긍정한 판례]

주금으로 납입할 의사 없이 마치 주식인수인들이 그 인수주식의 주금으로 납입하는 양 돈을 은행에 예치하고 주금납입보관증을 교부받아 등기신청을 하여 상업등기부의 원본에 기재된 다음 그 예치한 돈을 인출하였다면, 이를 회사를 위하여 사용하였다는 등 특별한 사정이 없는 한 납입가장죄가 성립한다[대판 1986. 9. 9, 85 도 2297(공보 787, 1419)].

동지: 대판 1982. 4. 13, 80 도 537(집 30 ① 형 67); 동 1976. 1. 27, 75 도 3282(형판집 141, 393)(회사설립에 있어서 주금액의 위장납입방법이 공공연하게 묵인되는 것이 관례가 되어 있는 사유만으로는 가장납입행위가 범죄가 된다고 생각하지 않은 것을 정당화할 수 있는 사유가 될 수 없다).

[납입가장죄의 성립 여부와는 별도로 위장납입이 주식납입으로 유효하다고 본 판례]

일시 차입한 금원으로 납입하고 회사설립이나 증자절차 후 곧 바로 그 납입

---

1) 동지: 정(희), 670면.
납입가장죄에 관한 상세는 김성탁, "주식인수금의 가장납입에 대한 상법상의 형사처벌조항," 「기업법연구」(한국기업법학회), 제 8 집(2001), 565~588면 참조.

금을 인출하여 차입금을 변제한 경우라도, 주금납입으로는 유효하다[대판 1983. 5. 24, 82 누 522 (공보 708, 1025)].

6. 주식의 초과발행행위

주식회사의 발기인·이사·집행임원 또는 그 직무대행자가 정관소정의 발행예정주식총수(수권주식총수)를 초과하여 주식을 발행한 경우에는, 5년 이하의 징역 또는 1,500만원 이하의 벌금에 처하고(상 629조), 병과할 수도 있다(상 632조).

7. 증(贈)·수뢰(收賂)행위

물적회사의 공공적 성격을 반영하는 것으로서 주목된다. 이것에는 다음의 두 가지가 있다.

(1) 임원의 독직(瀆職)행위

이는 회사의 발기인·업무집행사원·업무집행자·이사·집행임원·감사위원회 위원·감사(監事) 또는 그 직무대행자·지배인·부분적 포괄대리권을 가진 상업사용인·사채권자집회의 대표자 또는 그 결의집행자·검사인·공증인 및 감정인[1]이 그 직무에 관하여 부정한 청탁을 받고 재산상의 이익을 수수·요구 또는 약속하는 행위이다(상 630조 1항).

이러한 행위를 하는 자는 5년 이하의 징역 또는 1,500만원 이하의 벌금에 처하고(상 630조 1항), 병과할 수도 있다(상 632조). 이 행위의 상대방으로서 이익을 약속·공여 또는 공여의 의사를 표시한 자도 동일한 처벌을 받는다(상 630조 2항).

이에 관하여 다음과 같은 대법원판례가 있다.

[상법 제630조의 독직죄(瀆職罪)의 구성요건에 관한 판례]

상법 제630조의 독직죄에 관한 규정은 그들 임원의 직무의 엄격성을 확보한다는 것보다 회사의 건전한 운영을 위하여 그들의 회사에 대한 충실성을 확보하고 회사에 재산상 손해를 끼칠 염려가 있는 직무위반행위를 금하려는 데 그 취지가 있으므로, 단지 감독청의 행정지시에 위반하거나 사회상규에 반하는 것이라고 해서 부정한 청탁이라고 할 수는 없다[대판 1980. 2. 12, 78 도 3111(공보 629, 12635)].

---

1) 공증인과 감정인은 1995년 개정상법에 의하여 추가된 것인데, 그 이유는 앞에서 본 바와 같이 이들이 설립경과 및 현물출자를 조사할 수 있는 권한을 갖기 때문이다(상 298조 3항, 299조의 2, 310조 3항, 313조 2항, 422조 1항).

⑵ 권리행사방해 등에 관한 증(贈)·수뢰(收賂)행위

이는 주주(사원) 또는 사채권자 등이 그의 권리행사와 관련하여 부정한 청탁을 받고 재산상의 이익을 수수·요구 또는 약속하는 행위이다('총회꾼'에 의한 행위가 대표적인 예이다). 이러한 자의 행위에는 (i) 창립총회·주주총회·사원총회·사채권자집회에 있어서의 발언 또는 의결권의 행사에 관한 부정행위, (ii) 회사법상의 소(訴)의 제기·소수주주권(소수사원권)이나 소수사채권자의 권리행사에 관한 부정행위, (iii) 이사·집행임원[1]에 대한 위법행위 유지청구권 또는 신주발행 유지청구권의 행사에 관한 부정행위이다.

이러한 행위를 한 자는 1년 이하의 징역 또는 300만원 이하의 벌금에 처하고(상 631조 1항), 병과할 수도 있다(상 632조). 이 행위의 상대방으로서 이익을 약속· 공여 또는 공여의 의사를 표시한 자도 동일한 처벌을 받는다(상 631조 2항).

위 (1)과 (2)의 경우 범인이 수수한 이익은 이를 몰수하고, 그 전부 또는 일부를 몰수하기 불능한 때에는 그 가액을 추징한다(상 633조).

또한 (1)과 (2)의 경우에 부정한 청탁의 의미는 뚜렷이 법령에 위반한 행위 외에도 회사의 사무처리규칙에 위반한 것 중 중요한 사항에 위반한 행위를 포함하는데, 단순한 감독청의 행정지시나 사회상규에 반하는 것이라고 하여 부정한 청탁이라고 할 수는 없다.

이에 관하여 다음과 같은 대법원판례가 있다.

[상법 제631조의 권리행사방해 등에 관한 증(贈)·수뢰(收賂)죄의 구성요건에 관한 판례]

이 때의 부정은 뚜렷이 법령에 위반한 행위 외에도 회사의 사무처리규측에 위반한 것 중 중요한 사항에 위반한 행위를 포함하며, 이러한 부정한 청탁으로 재물의 수수만 있으면 증·수뢰죄가 구성되는 것이지, 회사에 손해가 발생하였는지 여부는 구성요건이 아니다[대판 1971. 4. 13, 71 도 326(집 19 ① 형 145)].

[주주의 권리행사에 관한 이익공여죄(상법 제631조)를 인정한 판례]

대표이사가 사전투표와 직접투표를 한 주주들에게 무상으로 회사가 계산한 20만원 상당의 상품교환권 등을 제공한 행위는 주주총회 의결권 행사와 관련된 이익의 공여로서 사회통념상 허용되는 범위를 넘어서서 상법상 주주의 권리행사에 관한 이익공여의 죄에 해당한다[대판 2018. 2. 8, 2015 도 7397].

1) 상법 제631조 제 1 항 제 3 호에 집행임원에 관한 '상법 제408조의 9'를 추가하여야 할 것으로 본다. 이는 입법의 미비이다.

8. 납입책임 면탈행위

납입의 책임을 면하기 위하여 타인 또는 가설인의 명의로 주식 또는 출자를 인수하는 행위인데, 이러한 행위를 한 자는 1년 이하의 징역 또는 300만원 이하의 벌금에 처한다(상 634조).

9. 주주의 권리행사에 관한 이익공여행위

주식회사의 이사·집행임원·감사위원회 위원·감사(監事) 또는 그 직무대행자·지배인 그 밖의 사용인이 주주의 권리행사와 관련하여 회사의 계산으로 재산상의 이익을 공여하는 행위인데, 이러한 자는 1년 이하의 징역 또는 300만원 이하의 벌금에 처한다(상 634조의 2 1항). 이러한 이익을 수수한 자, 제3자에게 이를 공여하게 한 자도 같다(상 634조의 2 2항).

10. 회사법상의 질서위반행위

회사의 발기인·설립위원·업무집행사원·업무집행자·이사·집행임원·감사(監事)·감사위원회 위원·외국회사의 대표자·검사인·공증인·감정인·지배인·청산인·명의개서대리인·사채모집의 수탁회사와 그 사무승계자 등이 등기나 공고를 게을리하거나 검사나 조사를 방해하거나 또는 그 밖에 상법에 위반하는 행위 등을 하는 경우가 이에 해당하는데(상 635조),[1] 이러한 행위를 한 자는 500만원·1,000만원 또는 5,000만원 이하의 과태료에 처한다(상 635조 1항 본문, 3항 본문, 4항 본문).[2] 그러

1) 이에는 1995년 개정상법에 의하여 주식회사의 이사 등이 「회사의 영업양도 등과 합병에 관한 주주총회의 소집통지나 공고를 할 때에 주식매수청구권의 내용과 행사방법을 통지 또는 공고하지 아니하는 경우」와 「자회사가 정당한 이유 없이 모회사의 감사의 조사를 거부한 경우」가 추가되어 있다.

또한 1998년 개정상법에 의하여 「주식회사의 이사·청산인이 주주제안의 규정에 위반하여 주주가 제안한 사항을 주주총회의 목적사항으로 하지 아니하는 경우」, 「주식회사의 이사 등이 분할합병시에 주식매수청구권의 내용과 행사방법을 통지 또는 공고하지 아니하거나 부실한 통지 또는 공고를 한 경우」 및 「주식회사의 이사 등이 합병에 관한 서류의 사후공시의무를 위반하거나 회사분할시 분할대차대조표 등의 공시의무를 위반한 경우」가 추가되어 있다.

또한 1999년 개정상법에 의하여 「자회사가 정당한 이유 없이 모회사의 감사위원회의 조사를 거부한 경우」가 추가되어 있다.

또한 2009년 개정상법에서는 상장회사에 대한 특례규정이 신설됨으로써 이에 위반하는 많은 행위가 과태료를 부과할 수 있는 행위로 추가되었고, 2011년 4월 개정상법에서도 많은 행위가 과태료를 부과할 수 있는 행위로 추가되었다.

2) 행정벌과 형벌과의 한계는 그 시대의 일반사회통념과 형사정책의 여하에 따라 상대적으로 결정된다[정(희), 672면].

나 500만원 이하의 과태료에 처할 행위에 대하여 형벌을 과할 때에는 그러하지 아니하다(상 635조 1항 단서).

회사의 성립 전에 회사의 명의로 영업을 하는 행위와 외국회사의 영업소 등기 전의 거래금지행위를 한 자는 등록세의 배액에 상당한 과태료에 처한다(상 636조).

과태료는 대통령령으로 정하는 바에 따라 법무부장관이 부과·징수하는데, 이에 관한 상세한 절차는 상법 및 상법시행령에 규정되어 있다(상 637조의 2, 상시 44조).

부　　록

(상장회사 표준정관 2021. 1. 5. 개정)

상장회사 표준정관

상장회사 표준정관

사단법인 한국상장회사협의회

제정	1980. 2. 5.		
개정	1984. 7. 13.	1988. 1. 25.	1989. 12. 6.
	1991. 8. 21.	1993. 6. 22.	1996. 1. 17.
	1996. 10. 10.	1997. 2. 21.	1998. 2. 17.
	1999. 2. 23.	2000. 2. 10.	2001. 3. 2.
	2003. 2. 4.	2004. 1. 27.	2007. 12. 20.
	2009. 2. 4.	2009. 5. 18.	2010. 1. 22.
	2012. 1. 16.	2013. 1. 3.	2013. 12. 27.
	2018. 11. 28.	2021. 1. 5.	

제 1 장 총　　칙

제 1 조(상호) 이 회사는 ○○○주식회사(또는 주식회사 ○○○)라 한다. 영문으로는 ○○○(약호 ○○○)라 표기한다.

제 2 조(목적) 이 회사는 다음의 사업을 영위함을 목적으로 한다.

1.

2.

⋮

6. 전 각호에 부대되는 사업

제 3 조(본점의 소재지 및 지점 등의 설치) ① 이 회사는 본점을 ○○에 둔다.

② 이 회사는 필요에 따라 이사회의 결의로 지점을 둘 수 있다.

※ 1. 본점의 소재지는 서울특별시(○○광역시) 또는 ○○도 ○○시(군) 정도로 규정하여도 무방함.

2. 상법상 지점 이외에 출장소, 사무소 및 해외현지법인 등을 이사회 결의에 의하여 두고자 할 때에는 제 2 항을 다음과 같이 규정할 수 있음.

예) 이 회사는 필요에 따라 이사회의 결의로 국내외에 지점, 출장소, 사무소 및 현지법인을 둘 수 있다.

일간신문에 게재하는 경우

제 4 조(공고방법①) 이 회사의 공고는 ○○시에서 발행되는 ○○일보(신문)에 게재한다. 다만 폐간, 휴간, 기타 부득이한 사유로 ○○일보(신문)에 게재할 수 없는 경우에는 ○○시에서 발행되는 △△일보(신문)에 게재한다. (단서신설 2012. 1. 16.)

인터넷 홈페이지에 게재하는 경우

제 4 조(공고방법②) 이 회사의 공고는 회사의 인터넷 홈페이지(http://www.○○○.…)에 게재한다. 다만, 전산장애 또는 그 밖의 부득이한 사유로 회사의 인터넷 홈페이지에 공

고를 할 수 없을 때에는 ○○시에서 발행되는 ○○신문에 한다.

※ 공고방법으로 회사의 인터넷 홈페이지에 의하는 경우에는 홈페이지 주소를 등기하여야 함.
(본조신설 2010. 1. 22.)

제2장 주 식

제5조(발행예정주식의 총수) 이 회사가 발행할 주식의 총수는 ○○주로 한다.

액면주식을 발행하는 경우

제6조(일주의 금액①) 이 회사가 발행하는 주식 일주의 금액은 ○○원으로 한다.

무액면주식을 발행하는 경우

제6조(무액면주식의 발행②) ① 이 회사가 발행하는 주식은 무액면주식으로 한다.
② 신주를 발행하는 경우에는 신주의 발행가액 중 자본금으로 계상하는 금액은 총발행가액의 2분의 1이상 범위에서 발행시 이사회가 정한다.

※ 기존의 액면주식을 무액면주식으로 전환하는 경우에는, 부칙에 경과규정을 두어 전환비율을 정해야 함.

(본조신설 2012. 1. 16.)

제7조(설립시에 발행하는 주식의 총수) 이 회사가 설립시에 발행하는 주식의 총수는 ○○주로 한다.

기명식 보통주식만을 발행할 경우

제8조(주식의 종류①) 이 회사가 발행할 주식은 기명식 보통주식으로 한다.

보통주식외에 종류주식을 발행할 경우

제8조(주식의 종류②) 이 회사가 발행할 주식의 종류는 기명식 보통주식과 기명식 종류주식으로 한다. (개정 2012. 1. 16.)
② 회사가 발행하는 종류주식은 이익배당에 관한 우선주식, 의결권 배제 또는 제한에 관한 주식, 상환주식, 전환주식 및 이들의 전부 또는 일부를 혼합한 주식으로 한다. (신설 2012. 1. 16.)

※ 종류주식은 보통주식을 제외하면 1)이익배당에 관한 우선주식, 2)무의결권 또는 의결권제한주식, 3)상환주식, 4)전환주식, 5)이들의 전부 또는 일부를 혼합한 주식으로 나눌 수 있으며, 혼합방법에 따라 다양한 형태의 종류주식으로 만들 수 있음. 다만, 상법 제345조 제5항에 의거 종류주식(상환과 전환에 관한 것은 제외)에 한정하여 상환주식을 발행할 수 있음에 따라 보통주식에 대하여는 상환주식으로 발행할 수 없음. (주석신설 2012. 1. 16.)
※ 회사가 필요에 따라 2가지 이상의 종류주식을 발행하고자 할 때에는 개별적으로 조문을 두고 그 수와 내용을 기재하는 것이 바람직함. 복수의 종류주식을 구분하기 위하여 1종 종류주식, 2종 종류주식, …… 등으로 표시하여야 함. (주석신설 2012. 1. 16.)

[유형1] 무의결권 배당우선 (존속기한부)전환주식을 발행할 경우[표준형]

※ 조문제목에서 "종류주식"이란 일반용어가 아닌 앞의 특정종류주식(무의결권 배당우선 전환주식)을 가리키는 것임. (주석신설 2012. 1. 16.)

※ 의결권과 관련한 종류주식에는 무의결권주식과 의결권제한주식이 있는데, 여기서는 무의결권주식을 표준형으로 하고, 의결권제한주식에 대하여는 회사가 필요하면 선택할 수 있도록 [유형2]에서 예시함. 또한 [유형2]를 활용하여 '의결권제한 전환주식', '의결권제한 상환주식'의 설계가 가능함. (주석신설 2012. 1. 16.)

※ 주식의 소멸방법도 존속기한부 전환방식 외에 강제전환 또는 의무전환방식이 있으며, 회사가 필요하면 선택할 수 있도록 [유형3]에서 예시함. (주석신설 2012. 1. 16.)

※ 소멸방법으로 상환(소각)방식을 택하는 경우 강제상환 및 의무상환방식이 있는바, 회사가 필요하면 선택할 수 있도록 [유형4]에서 예시함. (주석신설 2012. 1. 16.)

※ 예시한 유형 이외에도 '의결권있는 배당우선 전환주식', '의결권있는 배당우선 상환주식', '의결권없는 전환주식', '의결권없는 상환주식', '의결권제한 전환주식', '의결권제한 상환주식', '의결권있는 전환주식' 등은 회사의 사정에 맞추어 정관에 규정할 수 있음. 그러나 '의결권있는 상환주식'은 발행이 불가능함을 유의하여야 함. (주석신설 2012. 1. 16.)

제8조의2(종류주식의 수와 내용①) ① 이 회사가 발행할 (1종) 종류주식은 무의결권 배당우선 전환주식(이하 이조에서는 "종류주식"이라 함)으로 하며, 그 발행주식의 수는 ○○주로 한다.

※ 괄호안의 '1종'이라는 표현은 복수의 종류주식을 발행하는 경우 종류주식 간의 구별을 위해 표시한 것으로 한 종류의 종류주식만을 발행하는 경우에는 표시하지 아니할 수 있음.

② 종류주식에 대하여는 액면금액을 기준으로 년 ○○% 이상 ○○% 이내에서 발행시에 이사회가 정한 우선 비율에 따른 금액을 현금으로 우선 배당한다.

※ 무액면주식인 경우 '○○%'는 '○○원'으로, '우선 비율에 따른 금액을'은 '우선배당액을'으로 규정하여야 함. 이하 같음.

③ 보통주식의 배당률이 종류주식의 배당률을 초과할 경우에는 그 초과분에 대하여 보통주식과 동일한 비율로 참가시켜 배당한다.

※ 위 단순참가방식 외에 즉시참가방식을 택하고자 할 때에는 ③항을 「우선주식에 배당하고 잔여이익을 보통주식에 배당하는 경우 종류주식의 배당률에 보통주식의 배당률을 추가하여 배당한다」로 규정함.

※ 또 비참가형으로 하고자 할 때에는 ③항을 「종류주식은 보통주식의 배당에 참가하지 아니한다」로 규정하여야 함.

④ 종류주식에 대하여 어느 사업년도에 있어서 소정의 배당을 하지 못한 경우에는 누적된 미배당분을 다음 사업년도의 배당시에 우선하여 배당한다.

※ 우선배당을 비누적적으로 하고자 할 때에는 본 항을 「④ 종류주식에 대하여 어느 사업연도에 있어서 소정의 배당을 하지 못한 경우 그 부족분은 다음 년도의 배당시에 전보하지 아니한다」로 규정하여야 함.

⑤ 이 회사가 신주를 발행하는 경우 종류주식에 대한 신주의 배정은 유상증자 및 주식배당의 경우에는 보통주식에 배정하는 주식과 동일한 주식으로, 무상증자의 경우에는 그

와 같은 종류의 주식으로 한다.

※ 유상증자 시 우선주에 대한 신주의 배정은 정관의 정함이 없는 경우에 회사는 보통주식과 같이 또는 달리 정할 수 있음(상법 제344조 제3항). 다만, 보통주식과 달리 정하는 경우에는 종류주주총회의 결의가 필요할 수 있으므로 신중을 요함.

⑥ 종류주식에 대하여 소정의 배당을 하지 아니한다는 결의가 있는 경우에는 그 결의가 있는 총회의 다음 총회부터 그 우선적 배당을 한다는 결의가 있는 총회의 종료시까지는 의결권이 있는 것으로 한다.

※ 의결권이 부활되지 않는 것으로 할 경우에는 이항을 규정하지 않으면 됨. 따라서 이 경우에는 우선주에 의결권을 부여하지 아니한 것과 같은 결과가 됨.

⑦ 종류주식의 존속기간은 발행일로부터 ○년으로 하고 이 기간 만료와 동시에 보통주식(또는 제○조의 종류주식)으로 전환된다.

※ 존속기간 대신 여타 전환주식으로 하고자 할 때에는 [유형3]을 참조하여 본 항을 대체하고, 상환주식으로 하고자 할 경우에는 [유형4]의 상환조항을 참조하여 그 규정으로 대체하면 됨.

⑧ 전환기간 만료일까지 소정의 배당을 완료하지 못한 경우에는 소정의 배당을 완료할 때까지 그 기간을 연장한다.

※ 우선배당을 비누적적 조건으로 한 경우에는 본 항은 필요하지 아니함.

⑨ (삭제 2021. 1. 5.)

[유형2] 의결권제한 배당우선 (존속기한부)전환주식을 발행할 경우

※ 무의결권 배당우선 (존속기한부)전환주식을 의결권제한 배당우선 (존속기한부)전환주식으로 발행하려는 경우에는 [유형1](이하 "표준형"이라 함) 제1항을 다음과 같이 규정함

제8조의3(종류주식의 수와 내용②) ① 이 회사가 발행할 (○종) 종류주식은 주주총회결의사항 중 다음 각 호에 대하여 의결권이 없는 배당우선 전환주식(이하 이조에서는 "종류주식"이라 함)으로 하며, 그 발행주식수는 ○○주로 한다.

1. ....
2. ....
3. ....

※ 주주총회 결의사항중 이사의 선임·해임, 감사의 선임·해임 등 회사의 사정에 따라 기재함.

※ 괄호안의 '○종'이라는 표현은 복수의 종류주식을 발행하는 경우 종류주식 간의 구분을 위해 표시한 것으로 회사의 사정에 따라 변경하여 규정하여야 함.

②~⑧ ([표준형] ②~⑧와 동일)

(본조신설 2012. 1. 16.)

[유형3] 무의결권 배당우선 전환주식을 발행할 경우

※ 표준형 제1항과 제7항을 다음과 같이 규정하고, 제2항 내지 제6항과 제8항, 제9항은 동일함.

제 8 조의4(종류주식의 수와 내용③) ① 이회사가 발행할 (○종) 종류주식은 무의결권 배당우선 전환주식(이하 이조에서는 "종류주식"이라 함)으로 하며, 그 발행주식의 수는 ○○주로 한다.

※ 괄호안의 '○종'이라는 표현은 복수의 종류주식을 발행하는 경우 종류주식 간의 구분을 위해 표시한 것으로 회사의 사정에 따라 변경하여 규정하여야 함.

②~⑥ ([표준형] ②~⑥과 동일)

⑦-1 종류주식은 다음 각 호에 의거 회사의 선택에 따라 전환할 수 있다.

1. 전환으로 인하여 발행할 주식의 수는 전환전의 수와 동수로 한다.
2. 전환할 수 있는 기간은 발행일로부터 ○○년 이상 ○○년 이내의 범위에서 이사회결의로 정한다. 다만 전환기간 내에 전환권이 행사되지 아니하면, 전환기간 만료일에 전환된 것으로 본다.
3. 전환으로 인하여 발행할 주식은 보통주식(또는 제○조의 종류주식)으로 한다.
4. 종류주식은 다음 각목의 사유가 발생한 경우 전환할 수 있다.
   가. ························
   나. ························
   다. ························
   라. ························

※ 전환사유는 회사 사정에 따라 조정하여 규정할 수 있음. 예를 들면 보통주식의 주가가 종류주식의 주가를 (1년 평균 1.3배) 상회하는 경우, 종류주식의 유통주식 비율이 (1년간 10%) 미만인 경우, 특정인이 ○○%이상 주식을 취득하는 경우, 기타 적대적 M&A가 우려되는 경우 등임.

※ 회사는 주주 간 이해 조정수단, 적대적 M&A 방어수단 등으로 전환사유를 설계하여 활용할 수 있음.

⑦-2 종류주식은 다음 각 호에 의거 주주가 회사에 대하여 전환을 청구할 수 있다.

1. (⑦-1의 1호와 동일)
2. (⑦-1의 2호에서 "전환할 수 있는 기간"을 "전환을 청구할 수 있는 기간"으로 하고, 나머지는 동일)
3. (⑦-1의 3호와 동일)

※ [유형3]에서 ⑦-1은 회사가 전환권을 갖는 경우이고, ⑦-2는 주주에게 전환청구권이 있는 경우인데, 이를 각각 별개의 항으로 규정할 수 있고, 또 통합하여 하나의 항으로 규정할 수도 있음. 하나의 항으로 규정하는 경우 문언은 "⑦ 종류주식은 다음 각 호에 의거 회사의 선택 또는 주주의 청구에 따라 전환할 수 있다"로 하고, ⑦-1의 제 2 호의 "전환할 수 있는 기간"을 "전환 또는 전환청구를 할 수 있는 기간"으로 수정하고, 나머지는 그대로 기재하면 됨. 다만, 회사가 전환권을 행사할 수 있는 경우는 전환사유가 발생한 때이므로, 이에 관한 제 4 호는 그대로 두어야 함.

⑧ ([표준형] ⑧과 동일)

(본조신설 2012. 1. 16., 개정 2021. 1. 5.)

[유형4] 무의결권 배당우선 상환주식을 발행할 경우

※ 표준형 제 1 항과 제 7 항을 다음과 같이 규정하고, 제 2 항 내지 제 6 항은 동일하나 제 8 항은 삭제되어야 함.

제 8 조의5(종류주식의 수와 내용④) ① 이 회사가 발행할 (○종) 종류주식은 무의결권 배당우선 상환주식(이하 이조에서는 "종류주식"이라 함)으로 하며, 그 발행주식의 수는 ○○주로 한다.

※ 괄호안의 '○종'이라는 표현은 복수의 종류주식을 발행하는 경우 종류주식 간의 구분을 위해 표시한 것으로 회사의 사정에 따라 변경하여 규정하여야 함.

②~⑥ ([표준형] ②~⑥과 동일)

⑦-1 종류주식은 다음 각 호에 의거 회사의 선택에 따라 상환할 수 있다.

1. 상환가액은 「발행가액+연 ○%를 초과하지 않는 범위 내에서 정한 가산금액」으로 하며, 가산금액은 배당률, 시장상황 기타 종류주식의 발행에 관련된 제반 사정을 고려하여 발행시 이사회가 정한다. 다만, 상환가액을 조정할 수 있는 것으로 하려는 경우 이사회에서 상환가액을 조정할 수 있다는 뜻, 조정사유, 조정의 기준일 및 조정방법을 정하여야 한다.

※ 가산금액은 본조와 같이 비율한도를 정하거나 금액을 정할 수 있는 지표를 정하는 등 구체적인 기준을 정하여야 함.

2. 상환기간은 발행일이 속하는 회계연도의 정기주주총회 종료일 익일부터 발행 후 ○년이 되는 날이 속하는 회계연도에 대한 정기주주총회 종료일 이후 1개월이 되는 날 이내의 범위에서 이사회가 정한다. 다만, 상환기간이 만료되었음에도 불구하고 다음 각 호의 1에 해당하는 사유가 발생하면 그 사유가 해소될 때까지 상환기간은 연장된다.
   가. 상환기간 내에 상환하지 못한 경우
   나. 우선적 배당이 완료되지 아니한 경우
3. 종류주식을 일시에 또는 분할하여 상환할 수 있다. 다만, 분할상환하는 경우에는 회사가 추첨 또는 안분비례의 방법에 의하여 종류주식을 정할 수 있으며, 안분비례시 발생하는 단주는 이를 상환하지 아니한다.
4. 회사는 상환대상인 주식의 취득일 2주일 전에 그 사실을 그 주식의 주주 및 주주명부에 기재된 권리자에게 통지 또는 공고하여야 한다.

⑦-2 종류주식은 다음 각 호에 의거 주주가 회사에 대하여 상환을 청구할 수 있다.

1. ⑦-1의 1호와 동일함.
2. ⑦-1의 2호와 동일함. 다만 가목의 "상환기간"은 "상환청구기간"으로 본다.
3. 주주는 종류주식 전부를 일시에 또는 이를 분할하여 상환해 줄 것을 회사에 청구할 수 있다. 다만, 회사는 상환청구당시에 배당가능이익이 부족한 경우에는 분할상환할 수 있으며 분할상환하는 경우에는 회사가 추첨 또는 안분비례의 방법에 의하여 상환할 주식을 정할 수 있고, 안분비례시 발생하는 단주는 이를 상환하지 아니한다.
4. 상환청구주주는 2주일 이상의 기간을 정하여 상환할 뜻과 상환대상주식을 회사에 통

지하여야 한다.

※ ⑦-1과 ⑦-2중 어느 하나를 선택하여 ⑦항으로 규정할 수 있고, 또한 이를 각항으로 나누어 규정(⑦항 및 ⑧항)하거나 통합하여 ⑦항으로 규정할 수도 있음.

⑧ 회사는 주식의 취득의 대가로 현금 외의 유가증권(다른 종류의 주식은 제외한다)이나 그 밖의 자산을 교부할 수 있다.

※ 상환의 대가를 금전으로 한정하고자 하는 경우에는 본 항을 규정하지 아니하면 됨.

(본조신설 2012. 1. 16.)

제 9 조(주식 및 신주인수권증서에 표시되어야 할 권리의 전자등록) 이 회사는 주권 및 신주인수권증서를 발행하는 대신 전자등록기관의 전자등록계좌부에 주식 및 신주인수권증서에 표시되어야 할 권리를 전자등록한다. (개정 2018. 11. 28.)

제10조(주식의 발행 및 배정) ① 이 회사가 이사회의 결의로 신주를 발행하는 경우 다음 각 호의 방식에 의한다. (개정 2013. 12. 27.)

1. 주주에게 그가 가진 주식 수에 따라서 신주를 배정하기 위하여 신주인수의 청약을 할 기회를 부여하는 방식
2. 발행주식총수의 100분의 ○○(또는 액면총액이 ○○원)을 초과하지 않는 범위 내에서 신기술의 도입, 재무구조의 개선 등 회사의 경영상 목적을 달성하기 위하여 필요한 경우 제 1 호 외의 방법으로 특정한 자(이 회사의 주주를 포함한다)에게 신주를 배정하기 위하여 신주인수의 청약을 할 기회를 부여하는 방식
3. 발행주식총수의 100분의 ○○(또는 액면총액이 ○○원)을 초과하지 않는 범위 내에서 제 1 호 외의 방법으로 불특정 다수인(이 회사의 주주를 포함한다)에게 신주인수의 청약을 할 기회를 부여하고 이에 따라 청약을 한 자에 대하여 신주를 배정하는 방식

※ 본항 각호의 어느 하나에서 정한 "발행주식총수의 100분의 ○○"는 실제 신주를 발행하는 시점의 발행주식총수를 기준으로 판단하며, 이 때 발행주식총수는 발행할 신주와 기 발행주식총수를 합산하여 계산함. 또한 각호의 어느 하나에 근거하여 이미 발행된 주식은 다음 발행한도 계산시 한도에서 차감하는 누적적 방식에 의해 계산함. (주석개정 2013. 12. 27)

※ 본항 제 2 호의 경우 한도를 규정하더라도 지나치게 높은 비율이나 큰 금액을 기재하는 경우에는 주주의 신주인수권을 침해할 소지가 있음. 따라서 한도를 규정하는 경우 발행주식총수의 20% (액면총액은 발행주식총수의 20%를 금전으로 환산한 액수) 내외로 정할 것을 권고함.
아울러 정관에 적법한 근거를 두었다고 하더라도 신주 발행 당시 신주발행의 필요성, 공정성과 함께 적합성, 비례성이 확보되도록 하여야 함. (주석개정 2003. 2. 4., 2007. 12. 20., 2013. 12. 27)

※ 본항 제 2 호 및 제 3 호에서 한도를 설정할 경우 개정전 각호의 사유로 기발행된 주식의 수는 개정후 설정된 한도에서 차감되는 것으로 하여야 하며, 이 경우 기발행된 주식의 수가 개정후 한도를 초과하지 않도록 설정하여야 함. 또한, 개정정관의 부칙에 경과조치를 두어 기발행된 주식의 수를 개정 후 한도에서 차감하지 않고 새로이 계산하는 것으로 규정할 수 있음. (주석신설 2013. 12. 27.)

② 제 1 항 제 3 호의 방식으로 신주를 배정하는 경우에는 이사회의 결의로 다음 각 호의 어느 하나에 해당하는 방식으로 신주를 배정하여야 한다. (개정 2003. 2. 4., 2007. 12.

20., 2013. 12. 27)

1. 신주인수의 청약을 할 기회를 부여하는 자의 유형을 분류하지 아니하고 불특정 다수의 청약자에게 신주를 배정하는 방식
2. 관계 법령에 따라 우리사주조합원에 대하여 신주를 배정하고 청약되지 아니한 주식까지 포함하여 불특정 다수인에게 신주인수의 청약을 할 기회를 부여하는 방식
3. 주주에 대하여 우선적으로 신주인수의 청약을 할 수 있는 기회를 부여하고 청약되지 아니한 주식이 있는 경우 이를 불특정 다수인에게 신주를 배정받을 기회를 부여하는 방식
4. 투자매매업자 또는 투자중개업자가 인수인 또는 주선인으로서 마련한 수요예측 등 관계 법규에서 정하는 합리적인 기준에 따라 특정한 유형의 자에게 신주인수의 청약을 할 수 있는 기회를 부여하는 방식

③ 제1항 제2호 및 제3호에 따라 신주를 배정하는 경우 상법 제416조제1호, 제2호, 제2호의2, 제3호 및 제4호에서 정하는 사항을 그 납입기일의 2주 전까지 주주에게 통지하거나 공고하여야 한다. 다만, 자본시장과 금융투자업에 관한 법률 제165조의9에 따라 주요사항보고서를 금융위원회 및 거래소에 공시함으로써 그 통지 및 공고를 갈음할 수 있다. (신설 2012. 1. 16., 개정 2013. 12. 27.)

④ 제1항 각호의 어느 하나의 방식에 의해 신주를 발행할 경우에는 발행할 주식의 종류와 수 및 발행가격 등은 이사회의 결의로 정한다. (신설 2003. 2. 4, 개정 2007. 12. 20., 2013. 12. 27.)

※ 발행가격은 관련 법조문에 따라 이사회 결의 시 정하도록 함(증권의 발행 및 공시 등에 관한 규정 제5-18조).

⑤ 회사는 신주를 배정하는 경우 그 기일까지 신주인수의 청약을 하지 아니하거나 그 가액을 납입하지 아니한 주식이 발생하는 경우에 그 처리방법은 발행가액의 적정성등 관련 법령에서 정하는 바에 따라 이사회 결의로 정한다. (신설 1997. 2. 21., 개정 2013. 12. 27.)

※ 실권주는 신주의 발행가액이 금융위가 정하는 방법에 따라 산정된 가격에 대한 할인율이 주주배정방식의 경우 40%, 제3자배정방식의 경우 10%, 일반공모방식의 경우 30% 이내이면서 i) 해당법인과 특수관계에 있지 아니한 투자매매업자가 실권주 전부를 인수하거나, ii) 주주배정시 배정주식 수의 20%까지 초과청약을 할 수 있도록 하고 초과청약을 한 주주에게 우선적으로 실권주를 배정하거나, iii) 신고서를 제출하지 않으면서 10억원미만의 신주를 발행하거나, iv) 우리사주조합원에 대하여 신주를 발행하지 않은 경우로서 실권주를 우리사주조합원에게 배정하는 경우중 어느 하나에 해당하는 경우 발행할 수 있음(자본시장과 금융투자업에 관한 법률 제165조의6 제2항 및 동법 시행령 176조의8 제2항·제3항, 증권의 발행 및 공시등에 관한 규정 제5-15조의2). (주석신설 2013. 12. 27.)

⑥ 회사는 신주를 배정하면서 발생하는 단주에 대한 처리방법은 이사회의 결의로 정한다. (신설 2013. 12. 27.)

⑦ 회사는 제1항 제1호에 따라 신주를 배정하는 경우에는 주주에게 신주인수권증서를 발행하여야 한다. (신설 2013. 12. 27.)

제10조의2 (삭제 2003. 2. 4)

제10조의3(주식매수선택권) ① 이 회사는 임·직원(상법 시행령 제30조에서 정하는 관계회사의 임·직원을 포함한다. 이하 이조에서 같다)에게 발행주식총수의 100분의 ○의 범위내에서 주식매수선택권을 주주총회의 특별결의에 의하여 부여할 수 있다. 다만 발행주식총수의 100분의 ○의 범위내에서는 이사회의 결의로 회사의 이사를 제외한 자에 대하여 주식매수선택권을 부여할 수 있다. 이사회의 결의로 주식매수선택권을 부여한 경우 회사는 부여 후 처음으로 소집되는 주주총회의 승인을 받아야 한다. 주주총회 또는 이사회 결의에 의해 부여하는 주식매수선택권은 경영성과목표 또는 시장지수 등에 연동하는 성과연동형으로 할 수 있다. (개정 2001. 3. 2. , 2003. 2. 4., 2009. 2. 4., 2013. 1. 3)

※ 제1항 본문의 상법 시행령에서 정하는 관계회사란 i) 당해 법인이 자본금의 100분의 30 이상을 출자하고 최다출자자로 있는 외국법인, ii) i)의 외국법인이 자본금의 100분의 30 이상을 출자하고 최대출자자로 있는 외국법인과 그 법인이 자본금의 100분의 30 이상을 출자하고 최대출자자로 있는 외국법인, iii) 해당 회사가 「금융지주회사법」에서 정하는 금융지주회사인 경우 그 자회사 또는 손자회사 가운데 상장회사가 아닌 법인. 다만, i) 및 ii)의 법인은 주식매수선택권을 부여하는 회사의 수출실적에 영향을 미치는 생산 또는 판매업무를 영위하거나 해당 회사의 기술혁신을 위한 연구개발활동을 수행하는 경우에 한함(상법 시행령 제30조 제1항). (개정 2009. 2. 4., 2013. 1. 3.)

※ 주주총회 특별결의로 부여할 수 있는 한도는 발행주식총수의 100분의 15이며(상법 시행령 제6조의3 제3항), 이사회결의로 부여할 수 있는 한도는 최근 사업년도말 자본금을 기준으로 i) 3천억원 이상인 법인은 발행주식총수의 100분의 1, ii) 3천억원 미만인 법인은 발행주식총수의 100분의 3(상법 시행령 제30조 제4항). (개정 2001. 3. 2. , 2003. 2. 4., 2009. 2. 4., 2013. 1. 3.)

② 주식매수선택권을 부여받을 자는 회사의 설립·경영·해외영업 또는 기술혁신 등에 기여하거나 기여할 수 있는 자로 한다. (개정 2000. 2. 10., 2003. 2. 4., 2009. 2. 4.)

③ 주식매수선택권의 행사로 교부할 주식(주식매수선택권의 행사가격과 실질가액과의 차액을 현금 또는 자기주식으로 교부하는 경우에는 그 차액의 산정기준이 되는 주식을 말한다)은 제8조의 주식 중 주식매수선택권을 부여하는 주주총회 또는 이사회 결의로 정한다. (개정 2000. 2. 10., 2009. 2. 4.)

④ 주식매수선택권의 부여대상이 되는 임·직원의 수는 재직하는 임·직원의 100분의 ○을 초과할 수 없고, 임원 또는 직원 1인에 대하여 부여하는 주식매수선택권은 발행주식총수의 100분의 ○을 초과할 수 없다. (개정 2000. 2. 10.)

⑤ 주식매수선택권을 행사할 주식의 1주당 행사가격은 다음 각호의 가액 이상이어야 한다. 주식매수선택권을 부여한 후 그 행사가격을 조정하는 경우에도 또한 같다. (개정 2000. 2. 10., 2009. 2. 4.)

1. 새로이 주식을 발행하여 교부하는 경우에는 다음 각목의 가격 중 높은 금액
   가. 주식매수선택권의 부여일을 기준으로 한 주식의 실질가액
   나. 당해 주식의 권면액
2. 자기주식을 양도하는 경우에는 주식매수선택권 부여일을 기준으로 한 주식의 실질가액

※ 상법은 행사가격 및 그 조정에 관한 사항을 주주총회의 특별결의로 정하도록 하고 있음(제340조의3 제2항 제3호). (주석개정 2000. 2. 10., 2009. 2. 4.)

⑥ 주식매수선택권은 제 1 항의 결의일부터 ○년이 경과한 날로부터 ○년 내에 행사할 수 있다. (개정 2001. 3. 2.)

※ 주식매수선택권은 결의일로부터 2년 이상 재임 또는 재직하여야 이를 행사할 수 있음(상법 제542조의3 제 4 항). (주석개정 2004. 1. 27., 2009. 2. 4.)

※ 주식매수선택권의 행사기간 만료일을 당해 임·직원의 퇴임 또는 퇴직일로 정하는 경우 당해 임·직원이 본인의 귀책사유가 아닌 사유로 퇴임 또는 퇴직한 때에는 그 날부터 3월 이상의 행사기간을 추가로 부여하여야 함(상법 시행령 제30조 제 7 항). (주석신설 2000. 2. 10., 주석개정 2009. 2. 4., 2013. 1. 3.)

⑦ 주식매수선택권을 부여받은 자는 제 1 항의 결의일부터 2년 이상 재임 또는 재직하여야 행사할 수 있다. 다만, 주식매수선택권을 부여받은 자가 제 1 항의 결의일부터 2년내에 사망하거나 기타 본인의 귀책사유가 아닌 사유로 퇴임 또는 퇴직한 경우에는 그 행사기간 동안 주식매수선택권을 행사할 수 있다. (신설 2000. 2. 10., 개정 2013. 1. 3.)

⑧ 다음 각호의 어느 하나에 해당하는 경우에는 이사회의 결의로 주식매수선택권의 부여를 취소할 수 있다. (개정 2000. 2. 10., 2009. 2. 4.)

1. 주식매수선택권을 부여받은 임·직원이 본인의 의사에 따라 퇴임하거나 퇴직한 경우 (개정 2001. 3. 2.)
2. 주식매수선택권을 부여받은 임·직원이 고의 또는 과실로 회사에 중대한 손해를 입힌 경우 (개정 2001. 3. 2. , 2009. 2. 4.)
3. 회사의 파산 또는 해산 등으로 주식매수선택권의 행사에 응할 수 없는 경우 (신설 2001. 3. 2.)
4. 기타 주식매수선택권 부여계약에서 정한 취소사유가 발생한 경우 (개정 2000. 2. 10.)

(본조신설 1997. 2. 21.)

제10조의4(동등배당) 이 회사는 배당 기준일 현재 발행(전환된 경우를 포함한다)된 동종주식에 대하여 발행일에 관계 없이 모두 동등하게 배당한다. (개정 2021. 1. 5.)

제11조(명의개서대리인) ① 이 회사는 주식의 명의개서대리인을 둔다.

② 명의개서대리인 및 그 사무취급장소와 대행업무의 범위는 이사회의 결의로 정한다. (개정 2010. 1. 22.)

③ 이 회사의 주주명부 또는 그 복본을 명의개서대리인의 사무취급장소에 비치하고 주식의 전자등록, 주주명부의 관리, 기타 주식에 관한 사무는 명의개서대리인으로 하여금 취급케 한다. (개정 2018. 11. 28.)

④ 제 3 항의 사무취급에 관한 절차는 명의개서대리인이 정한 관련 업무규정에 따른다. (개정 1996. 1. 17., 2009. 2. 4., 2021. 1. 5.)

제12조(주주명부 작성·비치) ① 이 회사는 전자등록기관으로부터 소유자명세를 통지받은 경우 통지받은 사항과 통지 연월일을 기재하여 주주명부를 작성·비치하여야 한다.

② 이 회사는 5% 이상 지분을 보유한 주주(특수관계인 등을 포함한다)의 현황에 변경이 있는 등 필요한 경우에 전자등록기관에 소유자명세의 작성을 요청할 수 있다.

③ 이 회사는 전자문서로 주주명부를 작성한다.

(본조신설 2021. 1. 5.)

※ 전자문서로 주주명부를 작성하기를 원하지 않는 회사는 제3항을 삭제하면 됨.
(주석신설 2021. 1. 5.)

제13조(기준일) ① 이 회사는 매년 1월 ○○일 최종의 주주명부에 기재되어 있는 주주를 정기주주총회에서 권리를 행사할 주주로 한다.

※ 제1항의 기준일은 12월말 결산법인을 전제로 하였으며, 제1항과 달리 영업년도말 또는 1월 중의 날이 아닌 날(예컨대 2월 ○○일)로 정할 수 있고, 정관에서 기준일을 정하지 않고 정기주주총회 개최시마다 이사회 결의로 정하는 것도 가능함. 정관 또는 이사회에서 기준일을 정한 경우에는 그 날로부터 3개월 이내에 정기주주총회를 개최하여야 함. (주석신설 2021. 1. 5.)

② 이 회사는 임시주주총회의 소집 기타 필요한 경우 이사회의 결의로 정한 날에 주주명부에 기재되어 있는 주주를 그 권리를 행사할 주주로 할 수 있으며, 회사는 이사회의 결의로 정한 날의 2주간 전에 이를 공고하여야 한다.
(본조신설 2018. 11. 28., 개정 2021. 1. 5.)

※ 정기주주총회를 결산기말로부터 3개월 이후에 개최하기 위해서는 기준일에 관한 규정과 함께 정기주주총회 소집시기를 결산기말로부터 3개월 이내에 정한 규정(표준정관 제17조) 및 결산기말을 배당기준일로 정한 규정(표준정관 제45조 제2항)을 개정하여야 함. (주석신설 2018. 11. 28., 개정 2021. 1. 5.)

제3장 사 채

제14조(사채의 발행) ① 이 회사는 이사회의 결의에 의하여 사채를 발행할 수 있다.
② 이사회는 대표이사에게 사채의 금액 및 종류를 정하여 1년을 초과하지 아니하는 기간 내에 사채를 발행할 것을 위임할 수 있다.

※ 이사회에서 대표이사에게 사채발행을 위임하는 경우 제2항에서 정한 사항 이외에도 발행조건, 상환기간 등을 정하여 위임할 수 있음.
※ 집행임원을 설치한 회사는 "대표이사"를 "대표집행임원"으로 변경하여 규정하여야 함.
(본조신설 2012. 1. 16.)

제14조의2(전환사채의 발행) ① 이 회사는 다음 각호의 어느 하나에 해당하는 경우 이사회 결의로 주주 외의 자에게 전환사채를 발행할 수 있다. (개정 2000. 2. 10., 2007. 12. 20., 2013. 12. 27.)

1. 사채의 액면총액이 ○○원을 초과하지 않는 범위 내에서 신기술의 도입, 재무구조의 개선 등 회사의 경영상 목적을 달성하기 위하여 필요한 경우 제10조 제1항 제1호 외의 방법으로 특정한 자(이 회사의 주주를 포함한다)에게 사채를 배정하기 위하여 사채인수의 청약을 할 기회를 부여하는 방식으로 전환사채를 발행하는 경우
2. 사채의 액면총액이 ○○원을 초과하지 않는 범위 내에서 제10조 제1항 1호 외의 방법으로 불특정 다수인(이 회사의 주주를 포함한다)에게 사채인수의 청약을 할 기회를 부여하고 이에 따라 청약을 한 자에 대하여 사채를 배정하는 방식으로 전환사채를 발행하는 경우

※ 본항 제1호의 경우 한도를 규정하더라도 지나치게 높은 비율이나 큰 금액을 기재하는 경우에는 주주의 신주인수권을 침해할 소지가 있음. 따라서 한도를 규정하는 경우 사채의 액면총액은 발행주식총수의 20%를 금전으로 환산한 액수 내외로 정할 것을 권고함. (주석신설 2000. 2. 10., 주석개정 2007. 12. 20., 2013. 12. 27.)

※ 본항 제1호 및 제2호에서 한도를 설정할 경우 개정전 각호의 사유로 기발행된 사채의 액면총액은 개정후 설정된 한도에서 차감되는 것으로 하여야 하며, 이 경우 기발행된 사채의 액면총액이 개정후 한도를 초과하지 않도록 설정하여야 함. 또한, 개정정관의 부칙에 경과조치를 두어 기발행된 사채의 액면총액을 개정 후 한도에서 차감하지 않고 새로이 계산하는 것으로 규정할 수 있음. (주석신설 2013. 12. 27.)

② 제1항 제2호의 방식으로 사채를 배정하는 경우에는 이사회의 결의로 다음 각 호의 어느 하나에 해당하는 방식으로 사채를 배정하여야 한다. (개정 2013. 12. 27.)

1. 사채인수의 청약을 할 기회를 부여하는 자의 유형을 분류하지 아니하고 불특정 다수의 청약자에게 사채를 배정하는 방식
2. 주주에 대하여 우선적으로 사채인수의 청약을 할 수 있는 기회를 부여하고 청약되지 아니한 사채가 있는 경우 이를 불특정 다수인에게 사채를 배정받을 기회를 부여하는 방식
3. 투자매매업자 또는 투자중개업자가 인수인 또는 주선인으로서 마련한 수요예측 등 관계 법규에서 정하는 합리적인 기준에 따라 특정한 유형의 자에게 사채인수의 청약을 할 수 있는 기회를 부여하는 방식

③ 제1항의 전환사채에 있어서 이사회는 그 일부에 대하여만 전환권을 부여하는 조건으로도 이를 발행할 수 있다. (개정 2013. 12. 27.)

④ 전환으로 인하여 발행하는 주식은 ○○주식으로 하고 전환가액은 주식의 액면금액 또는 그 이상의 가액으로 사채발행시 이사회가 정한다. (개정 2013. 12. 27.)

※ 회사가 전환사채의 전환청구로 인하여 발행할 신주의 종류를 여러 종류의 주식으로 하고자 할 경우에는 다음과 같이 규정할 수 있음. (주석신설 2000. 2. 10, 주석개정 2012. 1. 16.)
예) 전환으로 인하여 발행하는 주식은 사채의 액면총액중 ○○원은 보통주식으로, ○○원은 제○조(내지 제○조)의 종류주식으로 하고, 전환가액은 주식의 액면금액 또는 그 이상의 가액으로 사채발행시 이사회가 정한다.

※ 회사가 무액면주식을 발행한 경우에는 동 항을 "전환으로 인하여 발행하는 주식은 ○○주식으로 하고 전환가액은 사채발행시 이사회가 정한다."로 변경하여야 함. (주석신설 2012. 1. 16.)

⑤ 전환을 청구할 수 있는 기간은 당해 사채의 발행일후 ○○월(또는 ○○일)이 경과하는 날로부터 그 상환기일의 직전일까지로 한다. 그러나 위 기간내에서 이사회의 결의로써 전환청구기간을 조정할 수 있다. (개정 2013. 12. 27.)

⑥ 주식으로 전환된 경우 회사는 전환 전에 지급시기가 도래한 이자에 대하여만 이자를 지급한다. (개정 1996. 1. 17., 2013. 12. 27., 2021. 1. 5.)

※ 시가하락에 의한 전환가액 조정시 이사회 결의로 발행당시의 전환가액의 100분의 70 미만으로 조정할 수 있도록 하기 위해서는 아래와 같은 내용을 정관에 추가하여 규정하여야 함(증권의 발행 및 공시 등에 관한 규정 제5-23조).
1) 정관 규정만으로 가능하게 하는 경우
예) 이사회는 사채의 액면총액이 ○○억원을 초과하지 않는 범위 내에서 주주의 주식소유비율에

따라 전환사채를 발행하거나 제○항 제○호의 사유로 인하여 전환사채를 발행하는 경우에는 시가하락에 의한 조정후 전환가액의 최저한도를 ○○원으로 할 수 있다.
2) 정관에서 주주총회 특별결의에 위임하는 경우
예) 회사는 시가하락에 의한 조정후 전환가액의 최저한도를 주주총회 특별결의로 전환사채 부여시의 전환가격의 100분의 70 미만으로 정할 수 있다.
(주석신설 2003. 2. 4, 주석개정 2004. 1. 27., 2009. 2. 4.)

제15조(신주인수권부사채의 발행) ① 이 회사는 다음 각호의 어느 하나에 해당하는 경우 이사회 결의로 주주 외의 자에게 신주인수권부사채를 발행할 수 있다. (개정 2000. 2. 10., 2007. 12. 20., 2013. 12. 27.)

1. 사채의 액면총액이 ○○원을 초과하지 않는 범위 내에서 신기술의 도입, 재무구조의 개선 등 회사의 경영상 목적을 달성하기 위하여 필요한 경우 제10조 제1항 제1호 외의 방법으로 특정한 자(이 회사의 주주를 포함한다)에게 사채를 배정하기 위하여 사채인수의 청약을 할 기회를 부여하는 방식으로 신주인수권부사채를 발행하는 경우
2. 사채의 액면총액이 ○○원을 초과하지 않는 범위 내에서 제10조 제1항 1호 외의 방법으로 불특정 다수인(이 회사의 주주를 포함한다)에게 사채인수의 청약을 할 기회를 부여하고 이에 따라 청약을 한 자에 대하여 사채를 배정하는 방식으로 신주인수권부사채를 발행하는 경우

※ 본항 제1호의 경우 한도를 규정하더라도 지나치게 높은 비율이나 큰 금액을 기재하는 경우에는 주주의 신주인수권을 침해할 소지가 있음. 따라서 한도를 규정하는 경우 사채의 액면총액은 발행주식총수의 20%를 금전으로 환산한 액수 내외로 정할 것을 권고함. (주석신설 2000. 2. 10., 주석개정 2007. 12. 20., 2013. 12. 27.)

※ 본항 제1호 및 제2호에서 한도를 설정할 경우 개정전 각호의 사유로 기발행된 사채의 액면총액은 개정후 설정된 한도에서 차감되는 것으로 하여야 하며, 이 경우 기발행된 사채의 액면총액이 개정후 한도를 초과하지 않도록 설정하여야 함. 또한, 개정정관의 부칙에 경과조치를 두어 기발행된 사채의 액면총액을 개정 후 한도에서 차감하지 않고 새로이 계산하는 것으로 규정할 수 있음. (주석신설 2013. 12. 27.)

② 제1항 제2호의 방식으로 사채를 배정하는 경우에는 이사회의 결의로 다음 각 호의 어느 하나에 해당하는 방식으로 사채를 배정하여야 한다. (개정 2013. 12. 27.)

1. 사채인수의 청약을 할 기회를 부여하는 자의 유형을 분류하지 아니하고 불특정 다수의 청약자에게 사채를 배정하는 방식
2. 주주에 대하여 우선적으로 사채인수의 청약을 할 수 있는 기회를 부여하고 청약되지 아니한 사채가 있는 경우 이를 불특정 다수인에게 사채를 배정받을 기회를 부여하는 방식
3. 투자매매업자 또는 투자중개업자가 인수인 또는 주선인으로서 마련한 수요예측 등 관계 법규에서 정하는 합리적인 기준에 따라 특정한 유형의 자에게 사채인수의 청약을 할 수 있는 기회를 부여하는 방식

③ 신주인수를 청구할 수 있는 금액은 사채의 액면총액을 초과하지 않는 범위내에서 이사회가 정한다. (개정 2013. 12. 27.)

④ 신주인수권의 행사로 발행하는 주식은 ○○주식으로 하고 그 발행가액은 액면금액

또는 그 이상의 가액으로 사채발행시 이사회가 정한다. (개정 2013. 12. 27.)

※ 신주인수권 행사로 발행하는 주식의 종류를 다양하게 하고자 하는 경우에는 전환사채의 예를 참조하여 규정할 수 있음. (주석신설 2012. 1. 16.)

※ 회사가 무액면주식을 발행한 경우에는 동 항을 "신주인수권의 행사로 발행하는 주식은 ○○주식으로 하고 그 발행가액은 사채발행시 이사회가 정한다"로 변경하여야 함. (주석신설 2012. 1. 16.)

⑤ 신주인수권을 행사할 수 있는 기간은 당해 사채발행일후 ○○월(또는 ○○일)이 경과한 날로부터 그 상환기일의 직전일까지로 한다. 그러나 위 기간내에서 이사회의 결의로써 신주인수권의 행사기간을 조정할 수 있다. (개정 2013. 12. 27.)

⑥ (삭제 2021. 1. 5.)

※ 시가하락에 의한 신주인수권부사채의 행사가격 조정시 이사회 결의로 발행당시의 행사가액의 100분의 70 미만으로 조정할 수 있도록 하기 위해서는 아래와 같은 내용을 정관에 추가하여 규정하여야 함(증권의 발행 및 공시 등에 관한 규정 제5-24조).

1) 정관 규정만으로 가능하게 하는 경우

예) 이사회는 사채의 액면총액이 ○○억원을 초과하지 않는 범위 내에서 주주의 주식소유비율에 따라 신주인수권부사채를 발행하거나 제○항 제○호의 사유로 인하여 신주인수권부사채를 발행하는 경우에는 시가하락에 의한 조정후 신주인수권 행사가액의 최저한도를 ○○원으로 할 수 있다.

2) 정관에서 주주총회 특별결의에 위임하는 경우

예) 회사는 시가하락에 의한 조정후 신주인수권 행사가액의 최저한도를 주주총회 특별결의로 신주인수권부사채 부여시의 신주인수권 행사가격의 100분의 70 미만으로 정할 수 있다.

(주석신설 2003. 2. 4, 주석개정 2004. 1. 27., 2009. 2. 4.)

제15조의2(사채 및 신주인수권증권에 표시되어야 할 권리의 전자등록) 이 회사는 사채권 및 신주인수권증권을 발행하는 대신 전자등록기관의 전자등록계좌부에 사채권 및 신주인수권증권에 표시되어야 할 권리를 전자등록한다. 다만, 사채의 경우 법령에 따라 전자등록이 의무화된 상장사채등을 제외하고는 전자등록을 하지 않을 수 있다.

(본조신설 2018. 11. 28., 개정 2021. 1. 5.)

※ 회사가 조건부자본증권을 발행하더라도 사채에 포함되는 것으로 보아 정관에 별도의 규정을 둘 필요가 없으나 조건부자본증권의 발행근거를 정관에 규정한 경우에는 해당 조문과의 균형을 고려하여 위 조문에 조건부자본증권의 전자등록에 관한 근거 규정을 추가할 수 있음.(주석신설 2018. 11. 28.)

제16조(사채발행에 관한 준용규정) 제11조의 규정은 사채발행의 경우에 준용한다. (개정 1996. 1. 17., 2018. 11. 28.)

※ 회사는 「상법」 제469조제 2 항, 제513조 및 제516조의2에 따른 사채와 다른 종류의 사채로서 일정 범위 내에서 자본시장법 시행령 제176조의12, 제176조의13에 따른 조건부자본증권을 발행할 수 있음. (주석신설 2013. 12. 27.)

1. 전환형 조건부자본증권의 경우에는 아래의 사항을 정관으로 정해야 함.

   1) 전환형 조건부자본증권을 발행할 수 있다는 뜻

   2) 전환형 조건부자본증권의 총액

   3) 전환의 조건

4) 전환으로 인하여 발행할 주식의 종류와 내용
5) 주주에게 전환형 조건부자본증권의 인수권을 준다는 뜻과 인수권의 목적인 전환형 조건부자본증권의 액
6) 주주 외의 자에게 전환형 조건부자본증권을 발행하는 것과 이에 대하여 발행할 전환형 조건부자본증권의 액

2. 상각형 조건부자본증권의 경우에는 아래의 사항을 정관으로 정해야 함.
1) 상각형 조건부자본증권을 발행할 수 있다는 뜻
2) 상각형 조건부자본증권의 총액
3) 사채의 상환과 이자지급 의무가 감면(이하 이 조에서 "채무재조정"이라 한다)되는 조건
4) 채무재조정으로 인하여 변경될 상각형 조건부자본증권의 내용

제 4 장 주주총회

第17조(소집시기) ① 이 회사의 주주총회는 정기주주총회와 임시주주총회로 한다.
② 정기주주총회는 제13조 제 1 항에서 정한 기준일로부터 3개월 이내에, 임시주주총회는 필요에 따라 소집한다. (개정 2021. 1. 5.)
(본조신설 2018. 11. 28.)

※ 정기주주총회 의결권행사 기준일을 결산기말이 아닌 날로 변경하였더라도 배당기준일을 결산기말(또는 의결권행사 기준일과 다른 날)로 정한 경우 정기총회 개최일은 배당기준일과 의결권행사 기준일 중 앞선 날을 기준으로 3개월 이내의 날로 정하여야 함. 다만, 이익배당을 이사회에서 정하는 경우, 결산기말이 아닌 의결권행사 기준일로부터 3개월 이내에 정기총회를 개최할 수 있음. (주석신설 2021. 1. 5.)

第18조(소집권자) ① 주주총회의 소집은 법령에 다른 규정이 있는 경우를 제외하고는 이사회의 결의에 따라 대표이사가 소집한다.
② 대표이사가 유고시에는 제34조 제 2 항의 규정을 준용한다. (개정 2018. 11. 28.)

※ 회사가 복수의 대표이사를 선임한 경우 "대표이사회장" 또는 "대표이사사장" 등으로 특정하는 것이 바람직함. (주석신설 2018. 11. 28.)
※ 집행임원을 설치한 회사는 제 1 항의 "대표이사"를 "대표집행임원"으로 변경하여 규정하여야 하며, 제 2 항은 회사의 사정에 맞추어 새로이 규정하여야 함. (주석신설 2012. 1. 16., 개정 2018. 11. 28.)

第19조(소집통지 및 공고) ① 주주총회를 소집함에는 그 일시, 장소 및 회의의 목적사항을 총회일 2주간전에 주주에게 서면 또는 전자문서로 통지를 발송하여야 한다. (개정 2003. 2. 4)
② 의결권있는 발행주식총수의 100분의 1 이하의 주식을 소유한 주주에 대한 소집통지는 2주간전에 주주총회를 소집한다는 뜻과 회의 목적사항을 ○○에서 발행하는 ○○일보(신문)와 ○○신문(일보)에 2회 이상 공고하거나 금융감독원 또는 한국거래소가 운용하는 전자공시시스템에 공고함으로써 제 1 항의 소집통지에 갈음할 수 있다. (개정 2003. 2. 4., 2009. 2. 4)
③ (삭제 2001. 3. 2.)

※ 이사·감사의 선임의 경우에는 이사·감사후보자의 성명, 약력, 추천인 등을 통지·공고하여야 함 (상법 제542조의4 제2항). (주석신설 2001. 3. 2., 주석개정 2009. 2. 4.)

※ 회사가 주주총회 소집의 통지 또는 공고를 하는 경우 사외이사의 활동내역과 보수에 관한 사항, 사업개요 등을 통지·공고하거나 회사 인터넷 홈페이지에 게재하고 일정 장소에 비치하여야 함 (상법 제542조의4 제3항, 상법 시행령 제31조). (주석신설 2001. 3. 2, 주석개정 2009. 2. 4., 2013. 1. 3.)

제20조(소집지) 주주총회는 본점소재지에서 개최하되 필요에 따라 이의 인접지역에서도 개최할 수 있다.

※ 지방에 본점을 둔 회사가 특정시에서 주주총회를 개최하고자 하는 경우에는 제20조에 그 장소를 다음과 같이 추가하여도 무방함.
예) 주주총회는 본점소재지 또는 이의 인접지 이외에 ○○시에서도 개최할 수 있다.

제21조(의장) ① 주주총회의 의장은 대표이사로 한다.
② 대표이사가 유고시에는 주주총회에서 따로 정한 자가 있으면 그 자가 의장이 된다. 다만, 주주총회에서 따로 정한 자가 없을 경우에는 제34조 제2항의 규정을 준용한다. (본조개정 2018. 11. 28.)

※ 회사가 복수의 대표이사를 선임한 경우 "대표이사회장" 또는 "대표이사사장" 등으로 특정하는 것이 바람직함. (주석신설 2018. 11. 28.)

※ 집행임원을 설치한 회사는 제1항의 "대표이사"를 "대표집행임원"으로 변경하여 규정하여야 하며, 제2항은 회사의 사정에 맞추어 새로이 규정하여야 함. (주석신설 2012. 1. 16., 개정 2018. 11. 28.)

제22조(의장의 질서유지권) ① 주주총회의 의장은 고의로 의사진행을 방해하기 위한 발언·행동을 하는 등 현저히 질서를 문란하게 하는 자에 대하여 그 발언의 정지 또는 퇴장을 명할 수 있다. (개정 2000. 2. 10.)
② 주주총회의 의장은 의사진행의 원활을 기하기 위하여 필요하다고 인정할 때에는 주주의 발언의 시간 및 횟수를 제한할 수 있다.

제23조(주주의 의결권) 주주의 의결권은 1주마다 1개로 한다.

제24조(상호주에 대한 의결권 제한) 이 회사, 모회사 및 자회사 또는 자회사가 다른 회사의 발행주식총수의 10분의 1을 초과하는 주식을 가지고 있는 경우 그 다른 회사가 가지고 있는 이 회사의 주식은 의결권이 없다.

제25조(의결권의 불통일행사) ① 2이상의 의결권을 가지고 있는 주주가 의결권의 불통일행사를 하고자 할 때에는 회일의 3일전에 회사에 대하여 서면으로 그 뜻과 이유를 통지하여야 한다.
② 회사는 주주의 의결권의 불통일행사를 거부할 수 있다. 그러나 주주가 주식의 신탁을 인수하였거나 기타 타인을 위하여 주식을 가지고 있는 경우에는 그러하지 아니하다.

제26조(의결권의 대리행사) ① 주주는 대리인으로 하여금 그 의결권을 행사하게 할 수 있다.
② 제1항의 대리인은 주주총회 개시 전에 그 대리권을 증명하는 서면(위임장)을 제출하여야 한다.

제27조(주주총회의 결의방법) 주주총회의 결의는 법령에 다른 정함이 있는 경우를 제외하

고는 출석한 주주의 의결권의 과반수로 하되 발행주식총수의 4분의 1 이상의 수로 하여야 한다. (개정 1996. 1. 17.)

서면에 의한 의결권행사제도를 도입하는 경우

※ 상법 제368조의3에 따라 서면에 의한 의결권행사제도를 도입하기 위하여는 다음과 같이 제27조의2의 규정을 두어야 함.

第27條의2(서면에 의한 의결권의 행사) ① 주주는 총회에 출석하지 아니하고 서면에 의하여 의결권을 행사할 수 있다.

② 회사는 제1항의 경우 총회의 소집통지서에 주주의 의결권 행사에 필요한 서면과 참고자료를 첨부하여야 한다.

③ 서면에 의하여 의결권을 행사하고자 하는 주주는 제2항의 서면에 필요한 사항을 기재하여, 회일의 전일까지 회사에 제출하여야 한다.

(본조신설 2000. 2. 10.)

서면에 의한 의결권행사제도를 도입하지 않는 경우

※ 서면에 의한 의결권행사제도를 도입하지 않는 경우에는 제27조의2와 같은 규정을 두지 아니함.

第28條(주주총회의 의사록) 주주총회의 의사는 그 경과의 요령과 결과를 의사록에 기재하고 의장과 출석한 이사가 기명날인 또는 서명을 하여 본점과 지점에 비치한다. (개정 1996. 1. 17.)

제5장 이사·이사회

第29條(이사의 수) ① 이 회사의 이사는 3명 이상 ○명 이내로 하고, 사외이사는 이사총수의 4분의 1 이상으로 한다. (개정 2000. 2. 10., 2018. 11. 28.)

② 사외이사의 사임·사망 등의 사유로 인하여 사외이사의 수가 제1항에서 정한 이사회의 구성요건에 미달하게 되면 그 사유가 발생한 후 처음으로 소집되는 주주총회에서 그 요건에 합치되도록 사외이사를 선임하여야 한다. (신설 2018. 11. 28.)

※ 최근사업년도말 자산총액이 2조원 이상인 상장회사는 3인 이상으로 이사총수의 과반수를 사외이사로 선임하여야 함(상법 제542조의8 제1항). (주석신설 2000. 2. 10., 주석개정 2001. 3. 2., 2004. 1. 27., 2009. 2. 4.)

※ 이사회 구성원을 특정 성(性)의 이사로 구성하지 않고자 하는 경우에는 위의 항에 추가하여 아래와 같이 규정할 수 있음(자본시장법 제165조의20). 다만, 해당 규정의 시행은 2022. 8. 5.까지 유예할 수 있음에 따라 회사가 그에 맞추어 시행코자 하는 경우 부칙에 별도의 경과규정을 두어야 함.
"③ 이 회사의 이사회는 이사 전원을 특정 성(性)의 이사로 구성하지 아니한다."(주석신설 2021. 1. 5.)

第30條(이사의 선임) ① 이사는 주주총회에서 선임한다. (개정 2000. 2. 10.)

※ 이사회에서 제1항의 이사 중 사내이사와 기타 상무에 종사하지 아니하는 이사(기타비상무이사)

를 구분하여 결정할 수 있다는 정관 규정을 추가할 경우 사내이사와 기타비상무이사의 구분선임을 이사회에서 할 수 있음. (주석신설 2018. 11. 28.)

② 이사의 선임은 출석한 주주의 의결권의 과반수로 하되 발행주식총수의 4분의 1 이상의 수로 하여야 한다. (개정 1996. 1. 17., 2000. 2. 10.)

집중투표제를 채택할 경우

※ 집중투표제에 대한 배제규정을 정관에 두지 않는 경우에는 상법 제382조의2 규정에 의한 집중투표제를 적용하는 것임.

집중투표제를 채택하지 않을 경우

③ 2인 이상의 이사를 선임하는 경우 상법 제382조의2에서 규정하는 집중투표제는 적용하지 아니한다. (신설 1999. 2. 23., 개정 2000. 2. 10.)

사외이사후보추천위원회를 설치한 경우

제30조의2(사외이사 후보의 추천) ① 사외이사후보추천위원회는 상법등 관련 법규에서 정한 자격을 갖춘 자 중에서 사외이사 후보를 추천한다. (개정 2009. 2. 4.)

② 사외이사 후보의 추천 및 자격심사에 관한 세부적인 사항은 사외이사후보추천위원회에서 정한다.

※ 자산규모 2조원 이상인 회사는 상법 제542조의8 제5항에 의하여 사외이사후보추천위원회의 설치가 의무화되어 있으나, 그 밖의 회사에서도 자율적으로 설치·운영할 수 있음. 이에 사외이사후보추천위원회를 설치한 회사의 경우 위와 같이 사외이사 후보 추천에 관한 근거를 추가로 규정할 수 있음. (주석개정 2009. 2. 4.)

※ "사외이사후보추천위원회"를 설치하는 경우 제39조의2(위원회)에 그 설치근거를 규정하여야 함.

(본조신설 2003. 2. 4.)

제31조(이사의 임기) 이사의 임기는 3년으로 한다. 그러나 그 임기가 최종의 결산기 종료 후 당해 결산기에 관한 정기주주총회 전에 만료될 경우에는 그 총회의 종결시까지 그 임기를 연장한다. (개정 2000. 2. 10.)

※ 이사의 임기를 항상 정기주주총회에서 종결하는 것으로 하고자 하는 경우에는 이사의 임기를 아래와 같이 규정할 수 있음. (주석신설 2009. 2. 4.)

예) 제31조(이사의 임기) 이사의 임기는 취임후 ○년내의 최종의 결산기에 관한 정기주주총회 종결시까지로 한다.

제32조(이사의 보선) 이사중 결원이 생긴 때에는 주주총회에서 이를 선임한다. 그러나 이 정관 제29조에서 정하는 원수를 결하지 아니하고 업무수행상 지장이 없는 경우에는 그러하지 아니한다. (개정 2001. 3. 2., 2021. 1. 5.)

제33조(대표이사 등의 선임) 이 회사는 이사회의 결의로 대표이사, 부사장, 전무 및 상무 약간 명을 선임할 수 있다. (개정 2012. 1. 16., 2018. 11. 28.)

※ 사장, 부사장, 전무, 상무 등과 다른 임원 직위명을 사용하는 경우 회사에서 사용하는 임원의 직위명으로 수정, 활용할 수 있음. (주석신설 2018. 11. 28.)

※ 집행임원을 설치한 회사는 동 조를 다음과 같이 규정하여야 함.
예) 第33조(집행임원) ① 이 회사는 대표집행임원과 집행임원을 둔다. 대표집행임원과 집행임원의 수, 직책, 보수 등은 이사회의 결의로 정한다.
② 대표집행임원과 집행임원은 이사회의 결의로 선임한다.
③ 대표집행임원과 집행임원의 임기는 취임후 (2)년내의 최종의 결산기에 관한 정기주주총회가 종결한 후 가장 먼저 소집하는 이사회의 종결시까지로 한다.
(주석신설 2012. 1. 16.)

第34조(이사의 직무) ① 대표이사는 회사를 대표하고 업무를 총괄한다. (개정 2018. 11. 28.)
② 부사장, 전무, 상무 등은 대표이사를 보좌하고 이사회에서 정하는 바에 따라 이 회사의 업무를 분장 집행하며 대표이사의 유고시에는 이사회에서 정한 순서에 따라 그 직무를 대행한다. (개정 2012. 1. 16., 2018. 11. 28.)

※ 집행임원을 설치한 회사는 동 조를 다음과 같이 규정하여야 함.
예) 第34조(대표집행임원과 집행임원의 직무) ① 대표집행임원은 회사를 대표하고 이 회사의 업무를 총괄한다.
② 집행임원은 대표집행임원을 보좌하고 이 회사의 업무를 분장한다.
③ 대표집행임원과 집행임원은 3개월에 1회 이상 업무의 집행상황을 이사회에 보고하여야 한다.
④ 대표집행임원과 집행임원은 회의의 목적사항과 소집의 이유를 기재한 서면을 이사회의 소집권자에게 제출하여 이사회의 소집을 청구할 수 있다.
(주석신설 2012. 1. 16.)

第34조의2 (삭제 2012. 1. 16.)

第34조의3(이사의 보고의무) ① 이사는 3월에 1회 이상 업무의 집행상황을 이사회에 보고하여야 한다. (신설 2003. 2. 4.)
② 이사는 회사에 현저하게 손해를 미칠 염려가 있는 사실을 발견한 때에는 즉시 감사에게 이를 보고하여야 한다. (개정 2003. 2. 4.)

※ 집행임원을 설치한 회사는 제 1 항을 규정할 필요가 없으며, 제 2 항의 "이사"를 "이사 또는 집행임원"으로 변경하여 규정하여야 함. (주석신설 2012. 1. 16.)
※ 감사위원회를 설치한 회사는 "감사위원회에" 보고하는 것으로 규정하여야 함. (주석신설 2000. 2. 10.)

第35조(이사·감사의 회사에 대한 책임감경) ① 이 회사는 주주총회 결의로 이사 또는 감사의 상법 제399조에 따른 책임을 그 행위를 한 날 이전 최근 1년 간의 보수액(상여금과 주식매수선택권의 행사로 인한 이익등을 포함한다)의 ○배(사외이사의 경우는 ○배)를 초과하는 금액에 대하여 면제할 수 있다.

※ 상법 제400조 제 2 항에서는 이사(감사는 제415조에서 준용)는 보수액의 6배, 그리고 사외이사는 보수액의 3배를 책임경감의 최저한도로 정하고 있으므로 회사는 정관규정시 그 이상으로 정할 수 있음.

② 이사 또는 감사가 고의 또는 중대한 과실로 손해를 발생시킨 경우와 이사가 상법 제397조(경업금지), 제397조의2(회사기회유용금지) 및 상법 제398조(자기거래금지)에 해당하는 경우에는 제 1 항의 규정을 적용하지 아니한다.

※ 집행임원을 설치한 회사는 이사에 "집행임원"을 추가하여 규정할 수 있으며, 감사위원회를 설치한 회사는 감사를 삭제하여야 함.

(본조신설 2012. 1. 16.)

第36条 (삭제 2000. 2. 10)

第37条(이사회의 구성과 소집) ① 이사회는 이사로 구성하며 이 회사 업무의 중요사항을 결의한다.

② 이사회는 각 이사가 소집한다. 그러나 이사회에서 따로 정한 이사가 있을 때에는 그러하지 아니하다. (개정 2018. 11. 28.)

③ 이사회를 소집하는 이사는 이사회 회일 ○일전에 각 이사 및 감사에게 통지하여 소집한다. 그러나 이사 및 감사 전원의 동의가 있을 때에는 소집절차를 생략할 수 있다. (신설 2018. 11. 28.)

※ 감사위원회를 설치한 경우에는 "감사"를 삭제하여야 함. (주석신설 2001. 3. 2.)

④ 이사회의 의장은 이사회에서 정한다. 다만, 제 2 항의 단서에 따라 이사회의 소집권자를 이사회에서 따로 정한 경우에는 그 이사를 의장으로 한다. (신설 2000. 2. 10., 개정 2018. 11. 28.)

第38条(이사회의 결의방법) ① 이사회의 결의는 이사 과반수의 출석과 출석이사의 과반수로 한다. 다만 상법 제397조의2(회사기회유용금지) 및 제398조(자기거래금지)에 해당하는 사안에 대한 이사회 결의는 이사 3분의 2 이상의 수로 한다. (개정 2012. 1. 16.)

② 이사회는 이사의 전부 또는 일부가 직접 회의에 출석하지 아니하고 모든 이사가 음성을 동시에 송·수신하는 통신수단에 의하여 결의에 참가하는 것을 허용할 수 있다. 이 경우 당해 이사는 이사회에 직접 출석한 것으로 본다. (개정 2000. 2. 10., 2012. 1. 16.)

③ 이사회의 결의에 관하여 특별한 이해관계가 있는 자는 의결권을 행사하지 못한다.

第39条(이사회의 의사록) ① 이사회의 의사에 관하여는 의사록을 작성하여야 한다.

② 의사록에는 의사의 안건, 경과요령, 그 결과, 반대하는 자와 그 반대이유를 기재하고 출석한 이사 및 감사가 기명날인 또는 서명하여야 한다.

(본조개정 1996. 1. 17., 2000. 2. 10.)

※ 감사위원회를 설치한 경우에는 감사를 삭제하여야 함. (주석신설 2000. 2. 10.)

第39条의2(위원회) ① 이 회사는 이사회내에 다음 각호의 위원회를 둔다.

1. ○○위원회
2. ……………
3. ……………
4. ……………

※ 최근사업년도말 자산총액이 2조원 이상인 상장회사는 상법 제542조의8 제 4 항 및 제542조의11에 의하여 사외이사후보추천위원회와 감사위원회를 반드시 설치하여야 함. 각 위원회의 명칭은 다음과 같이 규정할 수 있음. (주석신설 2000. 2. 10., 주석개정 2009. 2. 4.)

예) 1. 경영위원회
  2. 보수위원회

3. 사외이사후보추천위원회
4. 감사위원회

② 각 위원회의 구성, 권한, 운영 등에 관한 세부사항은 이사회의 결의로 정한다.
③ 위원회에 대해서는 제37조, 제38조 및 제39조의 규정을 준용한다.
(본조신설 2000. 2. 10.)

제40조(이사의 보수와 퇴직금) ① 이사의 보수는 주주총회의 결의로 이를 정한다. (개정 2000. 2. 10.)
② 이사의 퇴직금의 지급은 주주총회 결의를 거친 임원퇴직금지급규정에 의한다. (개정 2000. 2. 10.)

제41조(상담역 및 고문) 이 회사는 이사회의 결의로 상담역 또는 고문 약간명을 둘 수 있다.

감사를 두는 경우

제6장 감 사

제41조의2(감사의 수와 선임) ① 이 회사의 감사는 1명 이상 ○명 이내로 한다. 그 중 1명이상은 상근으로 하여야 한다.
② 감사는 주주총회에서 선임하며, 감사의 선임을 위한 의안은 이사의 선임을 위한 의안과는 구분하여 의결하여야 한다. (개정 2001. 3. 2.)
③ 감사의 선임은 출석한 주주의 의결권의 과반수로 하되 발행주식총수의 4분의 1이상의 수로 하여야 한다. 다만, 상법 제368조의4 제1항에 따라 전자적 방법으로 의결권을 행사할 수 있도록 한 경우에는 출석한 주주의 의결권의 과반수로써 감사의 선임을 결의할 수 있다. (개정 2021. 1. 5.)
④ 감사의 선임과 해임에는 의결권 없는 주식을 제외한 발행주식총수의 100분의 3을 초과하는 수의 주식을 가진 주주(최대주주인 경우에는 그의 특수관계인, 그 밖에 상법시행령으로 정하는 자가 소유하는 주식을 합산한다)는 그 초과하는 주식에 관하여 의결권을 행사하지 못한다. (신설 2021. 1. 5.)
(본조신설 2000. 2. 10.)

제41조의3(감사의 임기) 감사의 임기는 취임후 3년내의 최종의 결산기에 관한 정기주주총회 종결시까지로 한다. (신설 2000. 2. 10.)

제41조의4(감사의 보선) 감사중 결원이 생긴 때에는 주주총회에서 이를 선임한다. 그러나 이 정관 제○조에서 정하는 원수를 결하지 아니하고 업무수행상 지장이 없는 경우에는 그러하지 아니한다. (신설 2000. 2. 10.)

제41조의5(감사의 직무 등) ① 감사는 이 회사의 회계와 업무를 감사한다.
② 감사는 이사회에 출석하여 의견을 진술할 수 있다. (신설 2001. 3. 2.)
③ 감사는 필요하면 회의의 목적사항과 소집이유를 서면에 적어 이사(소집권자가 있는 경우에는 소집권자를 말한다. 이하 같다.)에게 제출하여 이사회 소집을 청구할 수 있다. (신설 2012. 1. 16.)

④ 제3항의 청구를 하였는데도 이사가 지체 없이 이사회를 소집하지 아니하면 그 청구한 감사가 이사회를 소집할 수 있다. (신설 2012. 1. 16.)

⑤ 감사는 회의의 목적사항과 소집의 이유를 기재한 서면을 이사회에 제출하여 임시총회의 소집을 청구할 수 있다.

⑥ 감사는 그 직무를 수행하기 위하여 필요한 때에는 자회사에 대하여 영업의 보고를 요구할 수 있다. 이 경우 자회사가 지체없이 보고를 하지 아니할 때 또는 그 보고의 내용을 확인할 필요가 있는 때에는 자회사의 업무와 재산상태를 조사할 수 있다.

⑦ 감사는 회사의 비용으로 전문가의 도움을 구할 수 있다. (신설 2012. 1. 16.)

(본조신설 2000. 2. 10.)

제41조의6(감사록) 감사는 감사에 관하여 감사록을 작성하여야 하며, 감사록에는 감사의 실시요령과 그 결과를 기재하고 감사를 실시한 감사가 기명날인 또는 서명하여야 한다.

(본조신설 2000. 2. 10.)

제41조의7(감사의 보수와 퇴직금) ① 감사의 보수는 주주총회의 결의로 이를 정한다. 감사의 보수결정을 위한 의안은 이사의 보수결정을 위한 의안과는 구분하여 의결하여야 한다.

② 감사의 퇴직금의 지급은 주주총회 결의를 거친 임원퇴직금지급규정에 의한다.

(본조신설 2000. 2. 10.)

감사위원회를 두는 경우

제6장 감사위원회

제41조의2(감사위원회의 구성) ① 이 회사는 감사에 갈음하여 제39조의2의 규정에 의한 감사위원회를 둔다.

② 감사위원회는 3인 이상의 이사로 구성한다.

③ 위원의 3분의 2 이상은 사외이사이어야 하고, 사외이사 아닌 위원은 상법 제542조의10 제2항의 요건을 갖추어야 한다. (개정 2009. 2. 4.)

④ 감사위원회 위원은 주주총회에서 이사를 선임한 후 선임된 이사 중에서 감사위원을 선임하여야 한다. 이 경우 감사위원회 위원 중 1명은 주주총회 결의로 다른 이사들과 분리하여 감사위원회 위원이 되는 이사로 선임하여야 한다. (신설 2021. 1. 5.)

※ 분리선임할 감사위원회 위원의 수를 2명이상으로 하고자 하는 경우에는 제4항을 개정하여 그 수를 명시하여야 함. (주석 신설 2021. 1. 5.)

⑤ 감사위원회 위원의 선임은 출석한 주주의 의결권의 과반수로 하되 발행주식총수의 4분의 1이상의 수로 하여야 한다. 다만, 상법 제368조의4 제1항에 따라 전자적 방법으로 의결권을 행사할 수 있도록 한 경우에는 출석한 주주의 의결권의 과반수로써 감사위원회 위원의 선임을 결의할 수 있다. (개정 2021. 1. 5.)

⑥ 감사위원회 위원은 상법 제434조에 따른 주주총회의 결의로 해임할 수 있다. 이 경우 제4항 단서에 따른 감사위원회 위원은 이사와 감사위원회 위원의 지위를 모두 상실한다. (신설 2021. 1. 5.)

⑦ 감사위원회 위원의 선임과 해임에는 의결권 없는 주식을 제외한 발행주식총수의 100분의 3을 초과하는 수의 주식을 가진 주주(최대주주인 경우에는 사외이사가 아닌 감사위원회 위원을 선임 또는 해임할 때에는 그의 특수관계인, 그 밖에 상법시행령으로 정하는 자가 소유하는 주식을 합산한다)는 그 초과하는 주식에 관하여 의결권을 행사하지 못한다. (신설 2021. 1. 5.)

⑧ 감사위원회는 그 결의로 위원회를 대표할 자를 선정하여야 한다. 이 경우 위원장은 사외이사이어야 한다. (개정 2001. 3. 2.)

⑨ 사외이사의 사임·사망 등의 사유로 인하여 사외이사의 수가 이 조에서 정한 감사위원회의 구성요건에 미달하게 되면 그 사유가 발생한 후 처음으로 소집되는 주주총회에서 그 요건에 합치되도록 하여야 한다. (신설 2018. 11. 28.)

(본조신설 2000. 2. 10.)

※ 자산총액 1천억 원 이상인 상장회사가 감사위원회를 설치하려는 경우 상장회사 특례의 감사위원회제도를 따라야 하며, 자산총액 1천억 원 미만으로서 상근감사설치의무가 없는 상장회사가 상법 제415조의2에 의해 감사위원회를 설치하는 경우 아래와 같이 감사위원회 설치근거 규정을 조정하여 규정할 수 있음. (주석개정 2012. 1. 16.)

예) **제41조의2(감사위원회의 구성)** ① 이 회사는 감사에 갈음하여 제39조의2의 규정에 의한 감사위원회를 둔다.

② 감사위원회는 3인 이상의 이사로 구성하며, 위원의 3분의 2 이상은 사외이사이어야 한다.

③ 감사위원회 위원의 선임에 관한 이사회 결의는 이사 과반수의 출석과 출석이사의 과반수로 한다. 다만 감사위원회 위원 해임에 관한 결의는 이사 총수의 3분의 2 이상의 결의로 하여야 한다. 또한 사외이사 아닌 감사위원회 위원 선임·해임의 경우에도 같다. (개정 2009. 5. 18.)

④ 감사위원회는 그 결의로 위원회를 대표할 자를 선정하여야 한다.

⑤ 사외이사의 사임·사망등의 사유로 인하여 사외이사의 수가 이 조에서 정한 감사위원회의 구성요건에 미달하게 되면 그 사유가 발생한 후 처음으로 소집되는 주주총회에서 그 요건에 합치되도록 하여야 한다. (신설 2018. 11. 28.)(주석신설 2009. 2. 4.)

제41조의3(감사위원회의 직무 등) ① 감사위원회는 이 회사의 회계와 업무를 감사한다.

② 감사위원회는 필요하면 회의의 목적사항과 소집이유를 서면에 적어 이사(소집권자가 있는 경우에는 소집권자를 말한다. 이하 같다.)에게 제출하여 이사회 소집을 청구할 수 있다. (신설 2012. 1. 16.)

③ 제2항의 청구를 하였는데도 이사가 지체 없이 이사회를 소집하지 아니하면 그 청구한 감사위원회가 이사회를 소집할 수 있다. (신설 2012. 1. 16.)

④ 감사위원회는 회의의 목적사항과 소집의 이유를 기재한 서면을 이사회에 제출하여 임시총회의 소집을 청구할 수 있다.

⑤ 감사위원회는 그 직무를 수행하기 위하여 필요한 때에는 자회사에 대하여 영업의 보고를 요구할 수 있다. 이 경우 자회사가 지체없이 보고를 하지 아니할 때 또는 그 보고의 내용을 확인할 필요가 있는 때에는 자회사의 업무와 재산상태를 조사할 수 있다.

⑥ 감사위원회는 회사의 외부감사인을 선정한다. (개정 2001. 3. 2., 2018. 11. 28.)

⑦ 감사위원회는 제1항 내지 제6항 외에 이사회가 위임한 사항을 처리한다. (개정 2012. 1. 16.)

⑧ 감사위원회 결의에 대하여 이사회는 재결의할 수 없다. (신설 2009. 2. 4.)

⑨ 감사위원회는 회사의 비용으로 전문가의 도움을 구할 수 있다. (신설 2012. 1. 16.)

(본조신설 2000. 2. 10.)

第41조의4(감사록) 감사위원회는 감사에 관하여 감사록을 작성하여야 하며, 감사록에는 감사의 실시요령과 그 결과를 기재하고 감사를 실시한 감사위원회 위원이 기명날인 또는 서명하여야 한다. (신설 2000. 2. 10.)

제 7 장 계 산

第42조(사업년도) 이 회사의 사업년도는 매년 ○○월 ○○일부터 (익년) ○○월 ○○일까지로 한다. (개정 1996. 1. 17.)]

감사위원회를 두는 경우

第43조(재무제표와 영업보고서의 작성·비치 등①) ① 이 회사의 대표이사는 정기주주총회 회일의 6주간전에 다음의 서류와 그 부속명세서 및 영업보고서를 작성하여 감사의 감사를 받아야 하며, 다음 각호의 서류와 영업보고서를 정기총회에 제출하여야 한다.

1. 대차대조표
2. 손익계산서
3. 그 밖에 회사의 재무상태와 경영성과를 표시하는 것으로서 상법시행령에서 정하는 서류 (개정 2012. 1. 16., 2018. 11. 28.)

② 이 회사가 상법시행령에서 정하는 연결재무제표 작성대상회사에 해당하는 경우에는 제 1 항의 각 서류에 연결재무제표를 포함한다. (신설 2012. 1. 16.)

③ 감사는 정기주주총회일의 1주전까지 감사보고서를 대표이사에게 제출하여야 한다. (개정 1997. 2. 21., 2018. 11. 28.)

※ 제 1 항과 제 3 항의 경우 감사위원회를 설치한 회사는 "감사"를 "감사위원회"로 변경하여 규정하여야 함. (주석신설 2000. 2. 10., 주석개정 2012. 1. 16.)

④ 대표이사는 제 1 항의 서류와 감사보고서를 정기주주총회 회일의 1주간 전부터 본사에 5년간, 그 등본을 지점에 3년간 비치하여야 한다. (개정 2012. 1. 16., 2018. 11. 28.)

⑤ 대표이사는 제 1 항 각 서류에 대한 주주총회의 승인을 얻은 때에는 지체없이 대차대조표와 외부감사인의 감사의견을 공고하여야 한다. (개정 2012. 1. 16., 2018. 11. 28.)

※ 집행임원을 설치한 회사는 본조의 "대표이사"를 "대표집행임원"으로 변경하여 규정하여야 함. (주석개정 2012. 1. 16., 2018. 11. 28.)

재무제표 확정권을 이사회가 행사할 수 있도록 하는 경우

第43조(재무제표와 영업보고서의 작성·비치 등②) ① 이 회사의 대표이사는 정기주주총회 회일의 6주간전에 다음의 서류와 그 부속명세서 및 영업보고서를 작성하여 감사의 감사를 받아야 하며, 다음 각호의 서류와 영업보고서를 정기총회에 제출하여야 한다.

1. 대차대조표

2. 손익계산서
3. 그 밖에 회사의 재무상태와 경영성과를 표시하는 것으로서 상법시행령에서 정하는 서류(개정 2018. 11. 28.)

② 이 회사가 상법시행령에서 정하는 연결재무제표 작성대상회사에 해당하는 경우에는 제1항의 각 서류에 연결재무제표를 포함한다.

③ 감사는 정기주주총회일의 1주전까지 감사보고서를 대표이사에게 제출하여야 한다. (개정 2018. 11. 28.)

※ 제1항과 제3항의 경우 감사위원회를 설치한 회사는 "감사"를 "감사위원회"로 변경하여 규정하여야 함.

④ 제1항에 불구하고 이 회사는 다음 각호의 요건을 모두 충족한 경우에는 이사회의 결의로 이를 승인할 수 있다.

1. 제1항의 각 서류가 법령 및 정관에 따라 회사의 재무상태 및 경영성과를 적정하게 표시하고 있다는 외부감사인의 의견이 있을 때
2. 감사 전원의 동의가 있을 때

※ 제2호의 경우 감사위원회를 설치한 회사는 "감사"를 "감사위원"로 변경하여 규정하여야 함.

⑤ 제4항에 따라 이사회가 승인한 경우에는 대표이사는 제1항의 각 서류의 내용을 주주총회에 보고하여야 한다. (개정 2018. 11. 28.)

⑥ 대표이사는 제1항의 서류와 감사보고서를 정기주주총회 회일의 1주간전부터 본사에 5년간, 그 등본을 지점에 3년간 비치하여야 한다. (개정 2018. 11. 28.)

⑦ 대표이사는 제1항 각 서류에 대한 주주총회의 승인 또는 제4항에 의한 이사회의 승인을 얻은 때에는 지체없이 대차대조표와 외부감사인의 감사의견을 공고하여야 한다. (개정 2018. 11. 28.)

※ 집행임원을 설치한 회사는 본조의 "대표이사"를 "대표집행임원"으로 변경하여 규정하여야 함. (본조신설 2012. 1. 16., 2018. 11. 28.)

第43조의2(외부감사인의 선임) 회사는 주식회사 등의 외부감사에 관한 법률의 규정에 의한 감사인선임위원회의 승인을 받아 감사가 선정한 외부감사인을 선임하며 그 사실을 선임한 이후에 소집되는 정기총회에 보고하거나 주식회사 등의 외부감사에 관한 법률 시행령에서 정하는 바에 따라 주주에게 통지 또는 공고하여야 한다. (신설 2000. 2. 10., 개정 2010. 1. 22., 2018. 11. 28.)

※ 감사위원회를 설치한 회사는 감사위원회가 선정한 외부감사인을 선임하는 것으로 내용을 변경하여 규정하여야 함. (주석신설 2000. 2. 10., 주석개정 2001. 3. 2., 개정 2018. 11. 28.)

※ 인터넷홈페이지 공고기간은 감사대상 사업년도 종료일까지임. (주석신설 2010. 1. 22.)

第44조(이익금의 처분) 이 회사는 매사업년도의 처분전이익잉여금을 다음과 같이 처분한다. (개정 1996. 10. 10.)

1. 이익준비금
2. 기타의 법정적립금

3. 배당금
4. 임의적립금
5. 기타의 이익잉여금처분액

제44조의2 (삭제 2012. 1. 16.)

제45조(이익배당) ① 이익의 배당은 금전, 주식 및 기타의 재산으로 할 수 있다. (개정 2012. 1. 16.)

② 제1항의 배당은 제13조 제1항에서 정한 날 현재의 주주명부에 기재된 주주 또는 등록된 질권자에게 지급한다.(개정 2012. 1. 16., 2021. 1. 5.)

※ 회사가 현물배당을 하는 경우 주주가 배당되는 금전 외의 재산 대신 금전의 지급을 청구할 수 있으며, 일정 수 미만의 주식을 보유한 주주에게 금전 외의 재산 대신 금전으로 지급할 수 있음. (주석신설 2012. 1. 16.)

※ 회사는 제13조 제1항에서 정한 정기주주총회 의결권행사 기준일과 다른 날로 제2항의 배당기준일을 정할 수 있음. 또한, 배당기준일을 정관에서 규정하지 않고 이사회 결의로 정하는 것도 가능함. (주석신설 2021. 1. 5.)

※ 정기주주총회 의결권행사 기준일과 배당기준일이 다를 경우 정기주주총회 소집시기는 두 기준일 중 앞선 날을 기준으로 3개월 이내의 날에 개최하여야 함. (주석신설 2021. 1. 5.)

중간배당제도를 도입할 경우

제45조의2(중간배당①) ① 이 회사는 ○월 ○일 0시 현재의 주주에게 상법 제462조의3에 의한 중간배당을 할 수 있다. (개정 2004. 1. 27, 단서삭제 2012. 1. 16.)

② 제1항의 중간배당은 이사회의 결의로 하되, 그 결의는 제1항의 기준일 이후 45일 내에 하여야 한다.

③ 중간배당은 직전결산기의 대차대조표상의 순자산액에서 다음 각호의 금액을 공제한 액을 한도로 한다. (개정 2009. 2. 4.)

1. 직전결산기의 자본금의 액 (개정 2012. 1. 16.)
2. 직전결산기까지 적립된 자본준비금과 이익준비금의 합계액
3. 상법시행령에서 정하는 미실현이익 (신설 2012. 1. 16.)
4. 직전결산기의 정기주주총회에서 이익배당하기로 정한 금액
5. 직전결산기까지 정관의 규정 또는 주주총회의 결의에 의하여 특정목적을 위해 적립한 임의준비금
6. 중간배당에 따라 당해 결산기에 적립하여야 할 이익준비금

④ (삭제 2021. 1. 5.)

⑤ (삭제 2012. 1. 16.)

(본조신설 1999. 2. 23.)

분기배당제도를 도입할 경우

※ 중간배당제도를 이미 도입하고 있는 회사가 분기배당제도를 도입할 경우에는 기존의 중간배당조문을 아래의 내용으로 변경하여야 함.

제45조의2(분기배당②) ① 이 회사는 사업년도 개시일부터 3월, 6월 및 9월 말일 현재의 주주에게 자본시장과 금융투자업에 관한 법률 제165조의12에 의한 분기배당을 할 수 있다. 분기배당은 금전으로 한다. (개정 2009. 2. 4.)

② 제 1 항의 분기배당은 이사회의 결의로 하되, 그 결의는 제 1 항의 각 기준일 이후 45일 내에 하여야 한다.

③ 분기배당은 직전결산기의 대차대조표상의 순자산액에서 다음 각호의 금액을 공제한 액을 한도로 한다. (개정 2009. 2. 4.)

1. 직전결산기의 자본금의 액 (개정 2012. 1. 16.)
2. 직전결산기까지 적립된 자본준비금과 이익준비금의 합계액
3. 상법시행법령에서 정하는 미실현이익 (신설 2012. 1. 16.)
4. 직전결산기의 정기주주총회에서 이익배당하기로 정한 금액
5. 직전결산기까지 정관의 규정 또는 주주총회의 결의에 의하여 특정목적을 위해 적립한 임의준비금
6. 분기배당에 따라 당해 결산기에 적립하여야 할 이익준비금
7. 당해 영업년도 중에 분기배당이 있었던 경우 그 금액의 합계액

④ (삭제 2021. 1. 5.)

⑤ (삭제 2012. 1. 16.)

(본조신설 2004. 1. 27.)

중간배당 및 분기배당제도를 도입하지 않을 경우

※ 중간배당 및 분기배당은 정관에 규정한 경우에 한하여 실시할 수 있는 것이므로 중간배당제도 및 분기배당제도를 도입하지 않을 경우에는 정관에 규정할 필요가 없음.

제46조(배당금지급청구권의 소멸시효) ① 배당금의 지급청구권은 5년간 이를 행사하지 아니하면 소멸시효가 완성한다.

② 제 1 항의 시효의 완성으로 인한 배당금은 이 회사에 귀속한다.

부 칙

이 정관은 1980년 2월 5일부터 시행한다.

부 칙

이 정관은 1984년 7월 13일부터 시행한다.

부 칙

이 정관은 1988년 1월 25일부터 시행한다.

부 칙

이 정관은 1989년 12월 6일부터 시행한다.

부 칙

이 정관은 1991년 8월 21일부터 시행한다.

부 칙

이 정관은 1993년 6월 22일부터 시행한다.

부 칙

1. **(시행일)** 이 정관은 1996년 1월 17일부터 시행한다. 다만, 제10조의2, 제12조, 제27조, 제28조, 제30조, 제31조, 제34조의2, 제35조, 제36조, 제39조, 제45조의 개정규정은 1996년 10월 1일부터 시행한다.

   ※ 제10조의2의 개정규정의 시행에 관하여는 개정상법시행일이전에 정관을 개정하는 회사로서 개정상법시행일이전에 유상증자, 무상증자 및 주식배당으로 인한 신주가 발행되었거나 발행될 것으로 예상되는 경우 및 개정상법시행일이후에 정관을 개정하는 회사로서 정관개정일 이전에 유상증자, 무상증자 및 주식배당으로 인한 신주가 발행된 경우에는 제10조의2의 개정규정의 시행에 대하여 아래와 같이 별도규정하여야 함.
   "제10조의2의 개정규정은 본 정관개정일 이후 최초로 개시되는 사업년도부터 시행한다."

2. **(전환사채 및 신주인수권부사채의 발행에 관한 적용례)** 제14조 및 제15조의 개정규정은 이 정관시행일 이후 발행되는 분부터 적용한다.

   ※ 제14조 및 제15조에 대한 개정전 규정이 개정규정과 동일한 경우에는 동 조항을 신설할 필요가 없음.

부 칙

1. **(시행일)** 이 정관은 1996년 10월 10일부터 시행한다.
2. **(우선주식에 대한 경과조치)** 이 회사가 개정상법시행일(1996년 10월 1일) 이전에 발행한 우선주식(보통주식배당율+1%추가현금배당 우선주식)에 대하여 무상증자에 의하여 우선주식을 발행하는 경우에는 제 8 조의2의 규정에 의한 새로운 우선주식을 배정한다.

   ※ 이 경과조치는 회사가 본 표준정관 제 8 조의2를 예시된 개정조문으로 개정한 회사로서 개정상법시행일(1996년 10월 1일) 이전에 발행된 우선주식(보통주식배당율+1%추가현금배당 우선주식)이 있는 회사에만 적용되므로 이러한 회사에서는 반드시 부칙에 이를 명시하여야 함.

부 칙

이 정관은 1997년 2월 21일부터 시행한다. 다만, 제10조 제2항 제4호 및 제10조의3은 증권거래법 시행령 공포일부터 시행하며, 제10조, 제10조의2, 제19조 제3항, 제30조, 제40조 제1항, 제43조 제2항은 1997년 4월 1일부터 시행한다.

부 칙

이 정관은 1998년 2월 17일부터 시행한다.

부 칙

이 정관은 1999년 2월 23일부터 시행한다. 다만, 제30조 제3항은 1999년 6월 29일부터 시행한다.

부 칙

이 정관은 2000년 2월 10일부터 시행한다.

부 칙

감사를 두는 경우

제1조(시행일) 이 정관은 2001년 3월 2일부터 시행한다. 다만 제19조, 제43조의2 및 제44조의2는 2001년 4월 1일부터 시행한다.

제2조(주식의 소각에 관한 경과조치) 개정증권거래법 시행(2001년 4월 1일)당시 증권거래법 제189조의2의 규정에 의하여 취득하여 소유하고 있는 자기주식은 제44조의2 제1항 개정규정에 의하여 이를 소각할 수 있다.

※ 증권거래법 등 관련법률의 개정·시행 이전에 정관을 개정하는 경우에는 부칙 제1조의 단서를 삭제하는 대신 경과규정으로 다음과 같이 규정하도록 함.
"다만, 제10조의3 제1항 및 제6항, 제19조, 제44조의2의 개정규정은 개정 증권거래법 시행일부터 그리고 제43조의2의 개정규정은 주식회사의 외부감사에 관한 법률의 시행일부터 시행한다."

감사위원회를 두는 경우

제1조(시행일) 이 정관은 2001년 3월 2일부터 시행한다. 다만 제19조, 제41조의3, 제43조의2 및 제44조의2는 2001년 4월 1일부터 시행한다.

제2조(주식의 소각에 관한 경과조치) 개정증권거래법 시행(2001년 4월 1일)당시 증권거래법 제189조의2의 규정에 의하여 취득하여 소유하고 있는 자기주식은 제44조의2 제1항 개정규정에 의하여 이를 소각할 수 있다.

※ 증권거래법 등 관련법률의 개정·시행 이전에 정관을 개정하는 경우에는 부칙 제1조의 단서를 삭제하는 대신 경과규정으로 다음과 같이 규정하도록 함.
"다만, 제10조의3 제1항 및 제6항, 제19조, 제41조의2, 제44조의2의 개정규정은 개정 증권거래법 시행일부터 그리고 제41조의3, 제43조의2의 개정규정은 주식회사의 외부감사에 관한 법률의 시행일부터 시행한다."

부 칙

이 정관은 2003년 2월 4일부터 시행한다.

부 칙

이 정관은 2004년 1월 27일부터 시행한다.

부 칙

이 정관은 2007년 12월 20일부터 시행한다.

부 칙(2009. 2. 4.)

이 정관은 제○기 정기 주주총회에서 승인한 날(또는 주주총회에서 승인한 ○○○○년 ○월 ○일)부터 시행한다.

부 칙(2009. 5. 18.)

이 정관은 제○기 정기 주주총회에서 승인한 날(또는 주주총회에서 승인한 ○○○○년 ○월 ○일)부터 시행한다.

부 칙(2010. 1. 22.)

이 정관은 제○기 정기 주주총회에서 승인한 날(또는 주주총회에서 승인한 ○○○○년 ○월 ○일)부터 시행한다. 다만 제4조 및 제12조의2 개정내용은 2010년 5월 29일부터 시행한다.

부 칙(2012. 1. 16.)

1. 이 정관은 제○기 정기 주주총회에서 승인한 날(또는 주주총회에서 승인한 ○○○○년 ○월 ○일)부터 시행한다. 다만 제○조 및 제○조의 개정내용은 2012년 4월 15일부터 시행한다.

※ 표준정관에 따라 정관을 정비한 경우 표준정관 조문을 기준으로 제6조, 제8조, 제8조의2, 제8조의3, 제8조의4, 제8조의5, 제10조 제3항, 제14조, 제14조의2, 제15조 제3항, 제18조, 제21조, 제33조, 제34조, 제34조의3, 제35조, 제37조, 제38조, 제41조의5(감사 대신에 감사위원회를 둔 회사의 경우에는 제41조의3 제2항 및 제3항), 제43조, 제44조의2, 제45조, 그리고 제45조의2를 개정한 경우 해당 조문을 단서에서 규정하여야 함.

무액면주식을 도입할 경우

2. 이 정관 제6조의 개정에 따라 액면주식을 무액면주식으로 전환하는 경우 그 전환 비율은 액면주식 1주당 무액면주식 ○주의 비율로 한다.

부 칙(2013. 12. 27.)

이 정관은 제○기 정기 주주총회에서 승인한 날(또는 주주총회에서 승인한 ○○○○년 ○월 ○일)부터 시행한다.

부 칙(2018. 11. 28.)

이 정관은 제○기 정기 주주총회에서 승인한 날(또는 정기주주총회에서 승인한 2019년 ○월 ○○일)부터 시행한다. 다만, 제9조, 제11조, 제12조, 제15조의2 및 제16조 개정내용은 「주식·사채 등의 전자등록에 관한 법률 시행령」이 시행되는 2019년 ○월 ○○일부터 시행한다.

부 칙(2021. 1. 5.)

이 정관은 제○기 정기 주주총회에서 승인한 날(또는 주주총회에서 승인한 2021년 ○월 ○일)부터 시행한다.

Ⅰ. 판례색인

Ⅱ. 사항색인

저자약력
서울대학교 법과대학(법학과) 졸업
서울대학교 대학원(법학석사)
법학박사(서울대학교)
미국 워싱턴대학교 Law School 및 듀크대학교 Law School에서 상법연구(Visiting Scholar)
독일 뮌스터대학교 법과대학에서 상법연구(Gastprofessor)
충북대학교 법학과 전임강사 및 국립경찰대학 법학과 조교수·부교수
사법시험위원·공인회계사시험위원, 대한상사중재원 중재인
법무부 법무자문위원회 위원
고려대학교 법과대학 및 법학전문대학원 교수(상법 및 금융법 담당)
현 고려대학교 법학전문대학원 명예교수

저　　서
어음·수표선의취득연구(박영사)
사례연구 어음·수표법(법문사)
어음법·수표법(공저)(서울대출판부)
EC 회사법(박영사)
주석어음·수표법(Ⅰ)(Ⅱ)(Ⅲ)(공저)(한국사법행정학회)
주석 상법(제 5 판)(회사 Ⅲ)(회사 Ⅴ)(회사 Ⅵ)(공저)(한국사법행정학회)
회사법강의(제 4 판)(박영사)
어음·수표법강의(제 7 판)(박영사)
상법판례평석(홍문사)
상법개론(제18판)(법영사)
객관식 상법(제 5 판)(법영사)
판례상법(상)·(하)(제 2 판)(박영사)
상법강의(상)(제26판)(박영사)
상법강의(하)(제23판)(박영사)
상법사례연습(제 4 판)(박영사)
상법강의요론(제19판)(박영사)
영미어음·수표법(고려대출판부)
은행법강의(제 3 판)(공저)(박영사)
주석 금융법 Ⅰ(은행법)·Ⅱ(보험업법)·Ⅲ(자본시장법)(공저)(한국사법행정학회)
백산상사법논집 Ⅰ·Ⅱ(박영사)
로스쿨 금융법(공저)(박영사)
금융법강의(공저)(제 2 판)(박영사)
로스쿨 회사법(제 2 판)(박영사)
로스쿨 어음·수표법(박영사)
로스쿨 상법총칙·상행위법(공저)(박영사)

제4판

회사법강의

초판발행 2002년 6월 15일
제4판발행 2022년 9월 30일
중판발행 2023년 12월 30일

지은이 정찬형
펴낸이 안종만

편 집 이승현
기획/마케팅 조성호
표지디자인 이수빈
제 작 고철민·조영환

펴낸곳 도서출판 박영사
경기도 파주시 회동길 37-9(문발동)
등록 1952. 11. 18. 제406-3000000251001952000002호(倫)
전 화 02)733-6771
f a x 02)736-4818
e-mail pys@pybook.co.kr
homepage www.pybook.co.kr
ISBN 978-89-10-98031-5 93360

정 가 68,000원